Y0-BHY-065

WITHDRAWN

ST/ESA/STAT/SER.O/8/Add.1

Department of International Economic and Social Affairs
Statistical Office of the United Nations

Yearbook of NATIONAL ACCOUNTS STATISTICS 1978

Volume II
International tables

UNITED NATIONS
New York, 1979

NOTE

Symbols of United Nations documents are composed of capital letters combined with figures. Mention of such a symbol indicates a reference to a United Nations document.

The *Yearbook of National Accounts Statistics, 1978* consists of two volumes. The volumes are not sold separately.

The first 14 editions of the *Yearbook* were issued without series symbols.

ST/ESA/STAT/SER.O/8/Add.1

UNITED NATIONS PUBLICATION

Sales No. E.79.XVII.8, Vol. II

Price: $U.S. 70.00 (Vols. I and II)
(or equivalent in other currencies)
(only clothbound edition for sale)

Inquiries should be directed to:

PUBLISHING SERVICE
UNITED NATIONS
NEW YORK, N. Y. 10017

CONTENTS

INTRODUCTION

This is the twenty-second issue of the *Yearbook of National Accounts Statistics.*[1] Like the first 21 issues, it has been prepared by the Statistical Office of the United Nations with the generous co-operation of national statistical services. It is issued in accordance with the request of the Statistical Commission[2] that the latest available data on national accounts for as many countries and areas as possible be published regularly.

The present *Yearbook* is issued in two volumes. Volume I, "Individual country data", shows in "III Country tables", detailed national accounts estimates for 151 countries and areas.

Volume II, "International tables", contains the following: table 1 (A, B, C) shows for 155 countries and areas estimates of total and *per capita* gross domestic product, national income, and national disposable income expressed in United States dollars for the years 1960, 1963, 1970, 1975, 1976 and 1977. Table 2 (A, B) and table 3 show the percentage distribution of gross domestic product and net material product by type of final expenditure and use and the percentage distribution of gross domestic product and net material product by kind of economic activity, respectively, for some or all of the years 1960-1977. Table 4 shows the percentage distribution of gross domestic product by cost-structure for some or all of the years 1960-1977. Table 5 shows the percentage distribution of the cost structure of national income and national disposable income for some or all of the years 1960-1977. Table 6 (A, B) shows in semi-matrix forms average annual rates of growth of real gross domestic product and net material product by type of expenditure and use and by kind of economic activity between any two years within the period 1960 to 1977, where available. Tables 7 and 8 (A, B) show world and regional index numbers of real gross domestic product by type of expenditure and by kind of economic activity, respectively, for the period 1960-1977 (base year: 1975 = 100). Table 9 shows index numbers of total and *per capita* real product for the period 1960-1977 (base year: 1975 = 100). Table 10 (A, B, C) shows implicit price deflator index numbers of gross domestic product by expenditure and by kind of economic activity, and of gross fixed capital formation by kind of economic activity of owner, respectively, for the period 1960-1977 (base year: 1975 = 100). Tables 11 and 12 show the finance of gross accumulation and saving as percentage of disposable income and by percentage distribution by institutional sector, respectively, for some or all of the years 1960-1977. Table 13 shows principal aggregates and their interrelationships for 156 countries and areas; these are time series, for some or all of the years 1960-1977, for the former System of National Accounts (SNA) and/or for the present SNA.

[1] United Nations publications. Previous editions of the *Yearbook* were issued under the following sales numbers: *1957*, 58.XVII.3; *1958*, 59.XVII.3; *1959*, 60.XVII.3; *1960*, 61.XVII.4; *1961*, 62.XVII.2; *1962*, 63.XVII.2; *1963*, 64.XVII.4; *1964*, 65.XVII.2; *1965*, 66.XVII.2; *1966*, 67.XVII.14; *1967*, 69.XVII.6; *1968*, vol. I, 70.XVII.2, vol. II, 70.XVII.3; *1969*, vol. I, 71.XVII.2, vol. II, 71.XVII.3; *1970*, 72.XVII.3, vol. I, 72.XVII.3, vol. II; *1971* (3 volumes), E.73.XVII.3; *1972* (3 volumes), E.74.XVII.3; *1973* (3 volumes), E.75.XVII.2; *1974* (3 volumes), E.75.XVII.5; *1975* (3 volumes), E.76.XVII.2; *1976* (2 volumes), E.77.XVII.2; *1977* (2 volumes), E.78.XVII.2.

[2] See *Official Records of the Economic and Social Council, First Year, Second Session,* annex III, chap. IV.

Scope of publication

The form and concepts of the statistical tables in the present volume generally agree, for the countries with market economies, with the recommendations in *A System of National Accounts,*[3] Studies in Methods, Series F, No. 2, Rev. 3. For the countries with centrally planned economies, the form and concepts generally agree with the recommendations in *Basic Principles of the System of Balances of the National Economy,* Studies in Methods, Series F, No. 17.[4] A summary of the conceptual framework of both systems, their classifications and definitions of transaction items, and also of the differences between the former and present SNA and between the present SNA and MPS, is provided in chapters I and II.

Collection and presentation of data

To collect this sizable body of national accounts material, the Statistical Office of the United Nations each year sends to countries or areas with market economies a national accounts questionnaire; those with centrally planned economies receive a material balances questionnaire. The recipients of the questionnaires are also requested to indicate where the scope and coverage of the country estimates differ for conceptual or statistical reasons from the definitions and classifications recommended in SNA or in the System of Material Product Balances. Data obtained from these replies are supplemented by information obtained from correspondence

[3] United Nations publication, Sales No. E.69.XVII.3. The first edition of the report, published in 1953, was prepared by an expert committee appointed by the Secretary-General of the United Nations.

[4] United Nations publication, Sales No. E.71.XVII.10.

with the national statistical services and from national source publications.

In the tables of volume II, except tables 2B, 6B, 10A, 10B, 10C and 13, regions and countries within the regions are listed in alphabetical order. In tables 2B, 6B, 10A, 10B, 10C and 13, countries or areas are listed in alphabetical order without regional classification.

Unless otherwise stated, the data in the *Yearbook* tables relate to the calendar year against which they are shown.

The data which relate to the Federal Republic of Germany and the German Democratic Republic include the relevant data relating to Berlin for which separate data have not been supplied. This is without prejudice to any question of status which may be involved.

Comparability of the national estimates

Every effort has been made to present the estimates of the various countries or areas in a form designed to facilitate international comparability. To this end, important differences in concept, scope, coverage and classification have been described in the notes which accompany the tables. Such differences should be taken into account if misleading comparisons among countries or areas are to be avoided.

Revisions

The figures shown are the most recent estimates and revisions available at the time of compilation. In general, figures for the latest year are to be regarded as provisional.

Explanation of symbols

The following symbols have been employed:

Data not available . . . .

Category not applicable . . . .

Magnitude nil or less than half of the unit employed . . . . –

Decimal figures are always preceded by a period (.)

Details and percentages in tables do not necessarily add to totals shown because of rounding.

General disclaimer

The designations employed and the presentation of material in this publication do not imply the expression of any opinion whatsoever on the part of the Secretariat of the United Nations concerning the legal status of any country, territory, city or area or of its authorities, or concerning the delimitation of its frontiers or boundaries.

Where the designation "country or area" appears in the headings of tables, it covers countries, territories, cities or areas. In prior issues of this publication, where the designation "country" appears in the headings of tables, it should be interpreted to cover countries, territories, cities or areas.

In some tables, the designation "developed" and "developing" economies is intended for statistical convenience and does not, necessarily, express a judgement about the stage reached by a particular country or area in the development process.

INTERNATIONAL TABLES

1A ESTIMATES OF TOTAL AND PER CAPITA GROSS DOMESTIC PRODUCT EXPRESSED IN UNITED STATES DOLLARS

1960, 1963, 1970, 1975, 1976, 1977

REGION, COUNTRY OR AREA	TYPE OF ESTIMATE (1975)	GROSS DOMESTIC PRODUCT 1960	1963	1970	1975	1976	1977	PER CAPITA GROSS DOMESTIC PRODUCT 1960	1963	1970	1975	1976	1977
		(MILLIONS OF DOLLARS)						(DOLLARS)					
MARKET ECONOMIES 1/	..	1128700	1394900	2487900	4987100	5435600	6121600	570	670	1030	1870	2000	2200
DEVELOPED MARKET ECONOMIES 1/2/	..	944000	1168700	2098900	4064200	4395400	4935400	1490	1780	2970	5500	5910	6590
DEVELOPING MARKET ECONOMIES 1/	..	182700	226200	389000	922800	1040200	1186100	140	160	230	480	530	580
AFRICA 1/	..	34700	43800	76500	176500	195900	231900	130	150	220	440	480	550
AFRICA EXCLUDING SOUTH AFRICA 1/	..	27300	34500	58500	139500	160800	192100	110	130	180	370	420	480
ALGERIA	A	2675	2660	4639	14380	16497	19738	248	237	324	857	954	1102
ANGOLA	C	...	...	1645	2701	...	...	...	...	294	434	...	...
BENIN	A	3/146	3/169	247	526	559	604	3/70	3/76	91	169	175	184
BOTSWANA 3/	A	...	44	85	377	344	...	...	86	146	547	498	...
BURUNDI	B	...	...	218	349	...	...	...	...	65	93	...	...
CENTRAL AFRICAN EMPIRE	B	...	...	205	391	...	...	...	...	127	218	...	...
CHAD	A	...	213	326	693	651	...	...	67	90	172	158	...
COMOROS	B	14	20	29	70	...	...	65	87	107	229	...	...
CONGO	B	...	149	274	784	...	...	...	144	230	581	...	...
DJIBOUTI	B	24	41	65	113	...	...	294	495	688	1068	...	...
EGYPT 16/	A	3355	4340	7231	12432	16051	18775	129	155	217	334	424	485
EQUATORIAL GUINEA	B	...	...	76	112	...	...	...	...	261	360	...	...
ETHIOPIA 4/	A	985	1069	1784	2669	2900	...	49	51	72	97	103	...
GABON	A	127	178	335	2158	3009	2588	284	391	670	4071	5677	4882
GAMBIA	B	...	...	46	118	...	...	...	...	101	226	...	...
GHANA	B	1339	1692	2214	4912	...	...	198	231	257	498	...	...
GUINEA	C	...	...	320	723	...	...	...	...	82	164	...	...
GUINEA - BISSAU	C	...	...	96	177	...	...	...	...	196	335	...	...
IVORY COAST	A	578	794	1494	3894	4661	6441	179	217	347	796	929	1251

1A ESTIMATES OF TOTAL AND PER CAPITA GROSS DOMESTIC PRODUCT EXPRESSED IN UNITED STATES DOLLARS (CONTINUED)

1960, 1963, 1970, 1975, 1976, 1977

REGION, COUNTRY OR AREA	TYPE OF ESTIMATE	GROSS DOMESTIC PRODUCT						PER CAPITA GROSS DOMESTIC PRODUCT					
	(1975)	1960	1963	1970	1975	1976	1977	1960	1963	1970	1975	1976	1977
		(MILLIONS OF DOLLARS)						(DOLLARS)					
KENYA	A	678	922	11/ 1604	3180	3419	4427	84	102	11/ 143	237	247	309
LESOTHO 5/	B	...	...	69	143	...	...	...	...	74	138	...	...
LIBERIA	A	222	235	11/ 408	610	632	700	176	177	11/ 268	356	361	389
LIBYAN ARAB JAMAHIRIYA	A	193	709	3723	13164	17017	19363	143	471	1869	5395	6758	7422
MADAGASCAR	A	544	613	899	1858	1757	1857	101	106	130	232	212	218
MALAWI	A	132	155	321	661	723	852	38	41	72	131	140	154
MALI	B	...	320	275	507	...	...	...	73	54	89	...	...
MAURITANIA	B	77	111	191	386	...	...	84	114	165	292	...	...
MAURITIUS	A	11/ 136	11/ 214	11/ 189	627	662	769	11/ 212	11/ 305	11/ 233	729	761	873
MOROCCO	A	11/ 1796	11/ 2344	3840	8986	9351	10398	11/ 160	11/ 192	257	519	524	570
MOZAMBIQUE	C	...	...	1827	2722	...	...	...	...	222	295	...	...
NIGER	B	203	267	400	736	...	...	69	80	100	160	...	...
NIGERIA 5/	A	3380	4125	7872	25120	...	...	79	89	143	399	...	...
REUNION	A	...	...	425	1168	1264	1392	...	...	944	2335	2479	2840
RWANDA	A	...	...	220	568	666	761	...	...	60	135	155	174
SENEGAL	A	591	722	865	1896	1922	1974	173	197	200	382	375	374
SEYCHELLES	A	...	...	15	49	51	63	...	...	297	839	857	1052
SIERRA LEONE 3/	A	...	305	418	682	666	...	...	119	147	222	214	...
SOMALIA	C	...	...	221	492	...	...	...	...	79	155	...	...
SOUTH AFRICA 6/	A	7429	9290	17975	37005	35133	39793	421	486	774	1403	1300	1436
SOUTHERN RHODESIA	A	843	935	1512	3217	3505	3569	219	221	285	510	537	530
SUDAN 17/	A	1111	1334	2187	5310	...	...	106	116	157	338	...	...
SWAZILAND 3/	A	...	54	113	346	313	356	...	157	270	707	626	699
TOGO	A	...	134	264	577	560	...	...	84	135	259	245	...
TUNISIA	A	796	1055	1444	4339	4438	4981	194	243	289	773	773	821
UGANDA	A	451	679	1323	2567	2914	3738	60	83	135	222	244	303
UNITED REP. OF CAMEROON 3/	A	...	634	1157	3087	3309	...	...	105	167	407	427	...
UNITED REP. OF TANZANIA 7/	A	549	683	1284	2564	2762	3417	53	61	97	167	177	212
UPPER VOLTA	B	185	220	320	610	...	...	42	47	59	101	...	...
ZAIRE	A	...	...	1904	3695	...	...	...	...	88	148	...	...

1A ESTIMATES OF TOTAL AND PER CAPITA GROSS DOMESTIC PRODUCT EXPRESSED IN UNITED STATES DOLLARS (CONTINUED)

1960, 1963, 1970, 1975, 1976, 1977

REGION, COUNTRY OR AREA	TYPE OF ESTIMATE (1975)	GROSS DOMESTIC PRODUCT 1960	1963	1970	1975	1976	1977	PER CAPITA GROSS DOMESTIC PRODUCT 1960	1963	1970	1975	1976	1977
		(MILLIONS OF DOLLARS)						(DOLLARS)					
ZAMBIA	A	586	588	1780	2443	2698	2549	183	168	419	491	525	481
NORTH AMERICA 1/8/	..	546600	637600	1064000	1690600	1891100	2079000	2750	3060	4700	7160	7940	8660
CANADA	A	39918	43055	82810	164045	196149	200149	2229	2270	3884	7217	8517	8583
UNITED STATES	A	506696	594501	981199	1526508	1694968	1878835	2804	3142	4789	7148	7878	8665
CARIBBEAN AND LATIN AMERICA 1/	..	69400	85700	161400	357100	391600	429000	340	380	600	1160	1230	1310
ANTIGUA	B	...	...	22	31	...	...	...	...	339	448	...	...
ARGENTINA	A	12483	13851	24998	49088	...	...	606	643	1053	1934	...	...
BARBADOS	A	79	98	162	369	379	...	340	412	676	1537	1515	...
BELIZE	A	...	...	53	107	84	...	...	...	440	766	581	...
BOLIVIA	A	372	483	1053	2508	2923	3427	97	117	214	445	505	576
BRAZIL	A	11/ 17331	11/ 24619	46351	124170	146161	166344	11/ 247	11/ 322	501	1169	1339	1482
BRITISH VIRGIN ISLANDS	A	...	...	16	21	23	24	...	...	1595	2137	1942	2007
CHILE	A	2080	2885	8081	4952	8418	11487	274	354	862	483	806	1078
COLOMBIA	A	3893	4620	7103	13231	15268	19379	252	272	346	560	628	774
COSTA RICA	A	479	514	985	1961	2413	3066	382	369	569	995	1194	1481
DOMINICA	A	...	...	22	29	28	31	...	...	318	362	353	394
DOMINICAN REPUBLIC	A	724	1013	1485	3600	3935	4467	238	306	366	766	813	897
ECUADOR	A	957	954	1639	4330	5207	6152	221	201	275	613	712	814
EL SALVADOR	A	566	677	1028	1824	2184	2619	237	255	298	455	530	615
GRENADA	B	...	...	32	39	...	...	...	...	342	375	...	...
GUADELOUPE	C	...	...	284	658	...	...	...	...	874	1879	...	...
GUATEMALA	A	1044	1263	1904	3646	4365	5593	265	292	361	600	697	869
GUYANA	A	170	176	268	504	438	437	304	284	382	638	562	527
HAITI 9/	A	296	295	411	821	1090	1302	82	78	97	179	233	274
HONDURAS	A	340	410	715	1056	1219	1470	194	212	301	384	431	506
JAMAICA	A	660	781	1402	2896	2990	3262	405	460	750	1420	1444	1561
MARTINIQUE	A	110	166	312	877	947	1072	398	572	916	2437	2560	2896
MEXICO	A	12041	15679	33496	79077	79599	74248	331	391	661	1315	1277	1150
MONTSERRAT	B	...	...	7	7	7	...	...	...	543	566	546	...

1A ESTIMATES OF TOTAL AND PER CAPITA GROSS DOMESTIC PRODUCT EXPRESSED IN UNITED STATES DOLLARS (CONTINUED)

1960, 1963, 1970, 1975, 1976, 1977

REGION, COUNTRY OR AREA	TYPE OF ESTIMATE	GROSS DOMESTIC PRODUCT						PER CAPITA GROSS DOMESTIC PRODUCT					
	(1975)	1960	1963	1970	1975	1976	1977	1960	1963	1970	1975	1976	1977
		(MILLIONS OF DOLLARS)						(DOLLARS)					
NETHERLANDS ANTILLES	B	242	240	303	616	...	...	1259	1189	1376	2567	...	...
NICARAGUA	A	335	439	777	1585	1856	2233	238	285	424	735	832	967
PANAMA	A	416	559	1046	1934	2004	2213	392	479	731	1158	1165	1250
PARAGUAY	A	287	384	595	1511	1699	2092	166	203	259	570	611	745
PERU	A	2083	2632	5045	9016	9840	10365	208	240	375	583	618	634
PUERTO RICO 3/	A	1859	2570	5678	8946	9848	10902	788	1030	2089	2867	3068	3304
ST.KITTS-NEVIS-ANGUILLA	A	...	13	16	34	29	30	...	237	261	488	412	432
ST.LUCIA	A	...	19	35	57	58	65	...	199	345	526	535	593
ST. VINCENT	B	...	16	20	31	...	...	...	195	234	296	...	...
SURINAME	A	108	138	294	503	...	...	373	439	793	1194	...	...
TRINIDAD AND TOBAGO	A	536	668	867	2628	2772	3509	645	726	844	2433	2520	3147
TURKS AND CAICOS ISLANDS	B	...	...	2	4	...	...	...	...	400	690	...	...
URUGUAY	A	1511	1600	2449	3640	3830	4194	651	661	927	1309	1368	1493
VENEZUELA	A	7663	7089	11432	29253	30885	35592	1043	871	1112	2440	2499	2794
ASIA - MIDDLE EAST 1/	..	19700	24500	45800	195000	234100	269700	250	280	440	1600	1870	2100
BAHRAIN	A	...	...	244	919	1359	1655	...	...	1111	3536	5032	6129
CYPRUS	A	257	330	543	688	805	1042	442	568	906	1075	1258	1629
IRAN 10/	A	4388	4925	11109	53061	66777	...	204	210	388	1607	1988	...
IRAQ	A	1685	1979	3505	13635	15794	19293	245	262	371	1226	1372	1620
ISRAEL	A	11/ 1986	2528	5603	13057	13716	14724	11/ 939	1062	1886	3774	3885	4079
JORDAN 18/	A	275	362	489	873	1210	1452	168	202	299	455	606	697
KUWAIT 5/	A	...	1902	2693	11307	...	...	...	4877	3639	11307	...	...
LEBANON	B	894	974	1488	3247	...	...	481	480	603	1131	...	...
OMAN	A	...	...	256	2099	2397	...	...	...	388	2726	3034	...
QATAR	B	...	...	159	2360	...	...	...	...	1128	11800	...	...
SAUDI ARABIA 12/	A	1685	2071	3866	44872	56870	...	282	322	500	5005	6155	...
SYRIAN ARAB REPUBLIC	A	...	1042	1684	5280	6021	6581	...	210	269	718	792	839
TURKEY	A	5220	7434	12796	35659	41051	47790	190	251	367	884	999	1134
YEMEN	B	234	257	439	1135	...	...	51	52	76	170	...	...
YEMEN,DEMOCRATIC	A	...	...	170	290	374	...	...	...	116	171	213	...

1A ESTIMATES OF TOTAL AND PER CAPITA GROSS DOMESTIC PRODUCT EXPRESSED IN UNITED STATES DOLLARS (CONTINUED)

1960, 1963, 1970, 1975, 1976, 1977

REGION, COUNTRY OR AREA	TYPE OF ESTIMATE (1975)	GROSS DOMESTIC PRODUCT 1960	1963	1970	1975	1976	1977	PER CAPITA GROSS DOMESTIC PRODUCT 1960	1963	1970	1975	1976	1977
		(MILLIONS OF DOLLARS)						(DOLLARS)					
ASIA - EAST AND SOUTHEAST 1/	..	110700	151400	331800	742300	827500	997000	130	160	300	600	660	770
ASIA - EAST AND SOUTHEAST EXCLUDING JAPAN 1/	..	67600	83200	127200	240300	263400	305500	90	100	130	210	230	260
AFGHANISTAN	B	...	...	1713	2809	...	...	...	...	115	168	...	...
BANGLADESH 3/	A	...	...	5530	8913	6838	7663	...	...	79	113	85	93
BHUTAN	C	...	...	48	104	...	...	...	...	45	89	...	...
BRUNEI	C	...	93	179	544	...	...	...	974	1378	3400	...	...
BURMA 9/	A	1367	1594	2155	2998	3468	3786	61	69	80	99	112	120
DEMOCRATIC KAMPUCHEA	B	...	729	718	1192	...	...	...	124	102	147	...	...
EAST TIMOR	C	...	...	65	109	...	...	...	...	108	163	...	...
HONG KONG	A	1068	1399	3080	7329	9287	10737	348	409	778	1666	2092	2381
INDIA 5/	A	31537	41277	53948	87098	86152	...	73	89	100	146	141	...
INDONESIA	A	11/ 6780	11/ 6957	9151	30464	37269	45896	11/ 73	11/ 70	77	224	267	320
JAPAN	A	43063	68171	204627	501960	564041	...	458	704	1961	4499	5002	...
KOREA, REPUBLIC OF	A	3740	3843	8561	20254	27139	34615	150	141	266	574	757	950
LAO PEOPLES DEMOCRATIC REPUB	C	...	...	167	300	...	...	...	...	56	91	...	...
MALAYSIA	A	13/ 1920	13/2131	3459	9297	10978	13019	13/ 278	13/ 288	333	781	892	1033
MALDIVES	C	...	...	7	10	...	...	...	...	68	78	...	...
NEPAL 14/	A	...	...	969	1500	1392	1388	...	...	86	119	108	106
PAKISTAN 3/	A	15/ 7710	15/9274	10581	13134	14788	16970	15/ 81	15/ 89	175	187	204	225
PHILIPPINES	A	4804	5755	6999	15753	17831	20675	175	192	190	370	408	459
SINGAPORE	A	706	911	1896	5640	5899	6550	432	506	916	2507	2587	2835
SRI LANKA	A	1403	1524	2213	3400	3140	3412	142	143	177	252	229	244
THAILAND	A	2560	3273	6541	14539	16283	18159	96	112	180	347	379	412
EUROPE 1/	..	324900	426600	762900	1713200	1775800	1995400	1060	1350	2290	4980	5140	5750
EUROPEAN ECONOMIC COMMUNITY 1/	..	269600	352200	619000	1355800	1399400	1581100	1170	1480	2460	5250	5410	6100
BELGIUM	A	11279	13822	25618	62682	67911	79205	1232	1488	2652	6396	6916	8058

1A ESTIMATES OF TOTAL AND PER CAPITA GROSS DOMESTIC PRODUCT EXPRESSED IN UNITED STATES DOLLARS (CONTINUED)

1960, 1963, 1970, 1975, 1976, 1977

REGION, COUNTRY OR AREA	TYPE OF ESTIMATE	GROSS DOMESTIC PRODUCT						PER CAPITA GROSS DOMESTIC PRODUCT					
	(1975)	1960	1963	1970	1975	1976	1977	1960	1963	1970	1975	1976	1977
		(MILLIONS OF DOLLARS)						(DOLLARS)					
DENMARK	A	5905	7859	15876	37533	41188	46017	1289	1678	3220	7418	8124	9041
FRANCE	A	61041	83322	140900	338528	349228	380692	1336	1743	2775	6413	6599	7172
GERMANY, FEDERAL REPUBLIC OF	A	72095	95617	185451	419269	447014	516150	1325	1687	3055	6781	7267	8406
IRELAND	A	1768	2217	3885	8141	8108	9389	624	778	1322	2601	2566	2943
ITALY	A	34611	49685	92699	176261	172835	196045	690	970	1727	3157	3077	3473
LUXEMBOURG	A	519	585	1071	2298	2418	2778	1652	1807	3159	6383	6717	7717
NETHERLANDS	A	11011	14252	31650	82914	90011	106406	959	1191	2429	6074	6537	7683
UNITED KINGDOM	A	71401	84868	121808	228131	220691	244457	1358	1585	2198	4082	3949	4377
EUROPEAN FREE TRADE ASSOCIATION 1/	..	41000	53200	96400	232300	247800	270800	1130	1430	2470	5730	6080	6580
AUSTRIA	A	6279	7974	14451	37679	40560	47954	891	1112	1945	5011	5401	6377
FINLAND	A	4945	6419	10379	26627	28499	30171	1116	1420	2251	5653	6025	6365
ICELAND	A	244	323	496	1268	1479	1917	1385	1746	2432	5764	6724	8715
NORWAY	A	4575	5814	11182	28449	31046	35589	1277	1586	2882	7094	7704	8809
PORTUGAL	A	11/2474	11/3079	6168	14724	15375	16302	11/ 306	11/372	712	1558	1580	1627
SWEDEN	A	13949	17844	33023	69227	74066	78259	1865	2347	4107	8453	9010	9474
SWITZERLAND	A	8546	11723	20733	54303	56784	60578	1594	2060	3349	8472	8942	9570
OTHER EUROPE 1/	..	14200	21200	47500	125100	128600	143500	360	530	1100	2760	2810	3080
GREECE	A	3506	4690	9964	20818	22512	26208	424	557	1134	2300	2455	2824
MALTA	A	135	135	227	434	479	568	410	412	689	1315	1453	1722
SPAIN	A	10345	16070	36779	102944	104620	115590	341	512	1089	2892	2909	3152
OCEANIA 1/	..	20700	25300	45500	112400	119700	119600	1320	1510	2360	5280	5550	5470
AUSTRALIA 3/	A	16297	19984	37524	94579	101980	100533	1586	1825	3000	6869	7326	7145
COOK ISLANDS	A	...	...	9	10	14	...	...	...	465	516	682	...
FIJI	A	...	135	220	685	694	772	...	311	423	1202	1197	1287
FRENCH POLYNESIA	A	47	67	213	578	...	...	586	744	1933	4444	...	...
NEW CALEDONIA	A	104	113	360	809	777	831	1278	1254	3276	6220	5974	5937
NEW ZEALAND 5/	A	3737	4552	6281	13904	13571	...	1576	1798	2235	4529	4392	...

1A ESTIMATES OF TOTAL AND PER CAPITA GROSS DOMESTIC PRODUCT EXPRESSED IN UNITED STATES DOLLARS (CONTINUED)

1960, 1963, 1970, 1975, 1976, 1977

REGION, COUNTRY OR AREA	TYPE OF ESTIMATE	GROSS DOMESTIC PRODUCT						PER CAPITA GROSS DOMESTIC PRODUCT					
	(1975)	1960	1963	1970	1975	1976	1977	1960	1963	1970	1975	1976	1977
		(MILLIONS OF DOLLARS)						(DOLLARS)					
PAPUA NEW GUINEA	A	236	283	696	1385	1518	...	124	138	280	502	536	...
SAMOA	C	...	...	34	78	...	...	...	...	239	512	...	...
SOLOMON ISLANDS	A	17	19	32	65	72	77	129	135	199	341	362	385
TONGA 3/	A	...	...	15	37	...	44	...	...	165	371	...	494

* Data underlined are in terms of the Present System of National Accounts.

** For general note and footnotes, see end of Table 1C.

1B ESTIMATES OF TOTAL AND PER CAPITA NATIONAL INCOME EXPRESSED IN UNITED STATES DOLLARS

1960, 1963, 1970, 1975, 1976, 1977

REGION, COUNTRY OR AREA	TYPE OF ESTIMATE	NATIONAL INCOME						PER CAPITA NATIONAL INCOME					
	(1975)	1960	1963	1970	1975	1976	1977	1960	1963	1970	1975	1976	1977
		(MILLIONS OF DOLLARS)						(DOLLARS)					
MARKET ECONOMIES 1/	..	1019700	1264200	2234900	4448500	4859600	5466100	520	600	930	1670	1790	1970
DEVELOPED MARKET ECONOMIES 1/2/	..	849900	1054200	1879800	3594700	3895000	4370200	1350	1610	2660	4870	5240	5830
DEVELOPING MARKET ECONOMIES 1/	..	169800	210100	355100	853800	964600	1096000	130	150	210	440	490	540
AFRICA 1/	..	32100	40500	67700	159100	175700	208700	120	140	190	400	430	490
AFRICA EXCLUDING SOUTH AFRICA 1/	..	25800	32500	52300	128200	146800	176100	100	120	160	340	380	440
ALGERIA	A	2939	2546	3743	13468	15156	17931	272	227	261	803	876	1001
ANGOLA	C	...	...	1529	2512	...	...	...	...	274	404	...	...
BENIN	A	3/ 141	3/ 161	206	503	...	...	3/ 67	3/ 72	76	162	...	...
BOTSWANA 3/	A	...	41	79	355	326	...	...	80	137	515	472	...
BURUNDI	B	...	...	207	331	...	...	...	...	62	88	...	...
CENTRAL AFRICAN EMPIRE	B	...	...	192	368	...	...	...	...	119	205	...	...
CHAD	A	...	190	313	665	...	...	...	60	86	165	...	...
COMOROS	B	...	19	28	67	...	...	...	83	102	217	...	...
CONGO	B	...	138	260	730	...	...	...	134	219	541	...	...
DJIBOUTI	B	22	39	62	108	...	...	276	472	654	1015	...	...
EGYPT 16/	B	3191	4109	6740	11450	...	...	123	147	202	308	...	...
EQUATORIAL GUINEA	B	...	...	72	106	...	...	...	...	248	342	...	...
ETHIOPIA 4/	B	931	1090	1670	2495	...	...	47	52	68	91	...	...
GABON	A	...	170	234	1709	2498	...	...	372	468	3225	4713	...
GAMBIA	B	...	...	39	117	...	...	...	...	86	225	...	...
GHANA	B	1232	1550	2036	4578	...	...	182	211	236	464	...	...
GUINEA	C	...	...	304	687	...	...	...	...	78	155	...	...
GUINEA - BISSAU	C	...	...	91	168	...	...	...	...	187	318	...	...
IVORY COAST	A	541	735	1399	3580	4259	5923	167	201	324	732	848	1150

1B ESTIMATES OF TOTAL AND PER CAPITA NATIONAL INCOME EXPRESSED IN UNITED STATES DOLLARS (CONTINUED)

1960, 1963, 1970, 1975, 1976, 1977

REGION, COUNTRY OR AREA	TYPE OF ESTIMATE (1975)	NATIONAL INCOME (MILLIONS OF DOLLARS) 1960	1963	1970	1975	1976	1977	PER CAPITA NATIONAL INCOME (DOLLARS) 1960	1963	1970	1975	1976	1977
KENYA	B	653	843	1431	2853	...	...	81	93	127	213	...	...
LESOTHO 5/	B	...	...	88	224	...	...	...	...	94	216	...	...
LIBERIA	A	...	150	11/ 287	615	739	...	...	113	11/ 189	360	422	...
LIBYAN ARAB JAMAHIRIYA	A	185	599	2812	11269	14787	16829	137	399	1412	4618	5873	6451
MADAGASCAR	B	517	583	836	1735	...	...	96	101	121	216	...	...
MALAWI	A	125	146	286	626	...	...	36	39	64	124	...	...
MALI	B	...	301	267	546	...	...	...	68	53	96	...	...
MAURITANIA	B	73	103	157	317	...	...	80	105	135	240	...	...
MAURITIUS	B	130	202	180	507	537	...	202	288	223	589	617	...
MOROCCO	B	11/ 1737	11/ 2292	3401	8048	8357	9203	11/ 155	11/ 188	228	465	469	505
MOZAMBIQUE	C	...	...	1709	2545	...	...	...	...	208	275	...	...
NIGER	B	193	254	380	699	...	...	66	76	95	152	...	...
NIGERIA 5/	B	3129	3841	7064	23496	...	...	73	83	128	373	...	...
REUNION	B	...	...	425	1168	1264	...	...	...	944	2335	2479	...
RWANDA	A	...	...	212	552	646	...	...	...	58	131	151	...
SENEGAL	B	546	658	797	1704	...	...	160	180	184	343	...	...
SEYCHELLES	B	...	...	14	44	...	...	...	...	270	767	...	...
SIERRA LEONE 3/	A	...	278	377	616	601	...	...	109	133	201	193	...
SOMALIA	C	...	...	215	478	...	...	...	...	77	151	...	...
SOUTH AFRICA 6/	A	6307	8013	15370	30870	28856	32531	357	419	661	1170	1067	1174
SOUTHERN RHODESIA	B	784	870	1406	2992	...	...	204	206	265	474	...	...
SUDAN 17/	A	1071	1260	2025	4775	...	...	103	110	145	304	...	...
SWAZILAND 3/	B	...	42	89	325	...	...	...	122	212	664	...	...
TOGO	A	...	124	245	543	528	626	...	78	125	244	231	266
TUNISIA	A	787	1024	1334	4085	4077	4589	192	236	267	728	710	756
UGANDA	B	427	643	1242	2407	...	...	57	79	127	208	...	...
UNITED REP. OF CAMEROON 3/	A	...	602	1047	2759	...	...	...	99	151	363	...	...
UNITED REP. OF TANZANIA 7/	A	514	637	1209	2435	2621	3260	50	57	91	159	168	203
UPPER VOLTA	B	177	209	298	568	...	...	40	45	55	94	...	...
ZAIRE	A	...	...	1654	3158	2982	...	...	...	76	127	117	...

1B ESTIMATES OF TOTAL AND PER CAPITA NATIONAL INCOME EXPRESSED IN UNITED STATES DOLLARS (CONTINUED)

1960, 1963, 1970, 1975, 1976, 1977

REGION, COUNTRY OR AREA	TYPE OF ESTIMATE (1975)	NATIONAL INCOME 1960	1963	1970	1975	1976	1977	PER CAPITA NATIONAL INCOME 1960	1963	1970	1975	1976	1977
		(MILLIONS OF DOLLARS)						(DOLLARS)					
ZAMBIA	A	482	483	1542	1949	2168	2029	150	138	363	391	422	383
NORTH AMERICA 1/8/	..	486300	572900	949600	1487800	1670800	1841000	2450	2750	4200	6300	7020	7670
CANADA	A	34195	37124	71760	143701	171490	174551	1909	1958	3366	6322	7446	7485
UNITED STATES	A	452143	535805	877860	1344079	1499341	1666489	2502	2831	4285	6294	6969	7686
CARIBBEAN AND LATIN AMERICA 1/	..	64000	79200	147900	327000	358700	393000	310	350	550	1060	1130	1200
ANTIGUA	B	...	...	21	30	...	...	...	...	322	425	...	...
ARGENTINA	A	12129	13177	23366	47055	...	...	588	611	984	1854	...	...
BARBADOS	B	77	94	158	357	366	...	330	399	656	1486	1464	...
BELIZE	A	...	...	49	89	75	...	...	...	405	639	524	...
BOLIVIA	A	339	453	970	2334	...	...	89	110	197	415	...	...
BRAZIL	A	11/ 16357	11/ 23287	43645	116327	136648	155331	11/ 233	11/ 305	472	1095	1252	1384
BRITISH VIRGIN ISLANDS	B	...	...	13	18	...	...	...	...	1290	1789	...	...
CHILE	A	1732	2535	7203	4319	7441	...	228	311	769	421	712	...
COLOMBIA	A	3461	4101	6357	11795	13658	17519	224	241	310	499	561	699
COSTA RICA	A	447	475	909	1793	2208	2828	357	342	525	910	1093	1366
DOMINICA	B	...	...	22	28	...	...	...	...	310	354	...	...
DOMINICAN REPUBLIC	A	671	932	1370	3271	3575	4074	221	282	338	696	739	818
ECUADOR	A	885	894	1498	3994	4769	5603	204	188	251	566	652	741
EL SALVADOR	A	536	639	970	1711	2072	...	224	241	281	427	503	...
GRENADA	B	...	...	31	37	...	...	...	...	325	356	...	...
GUADELOUPE	C	...	...	270	625	...	...	...	...	831	1785	...	...
GUATEMALA	A	984	1190	1633	3174	3436	4823	250	275	310	522	549	749
GUYANA	A	149	150	230	471	394	...	267	242	328	596	506	...
HAITI 9/	A	275	313	399	799	1063	1272	76	83	94	174	228	268
HONDURAS	A	325	384	673	983	1109	1338	186	199	283	357	392	460
JAMAICA	A	592	699	1200	2568	2635	2833	363	412	642	1259	1273	1355
MARTINIQUE	C	104	158	296	833	...	...	379	543	870	2315	...	...
MEXICO	A	11166	14567	30870	71628	70763	65261	307	363	609	1191	1135	1010
MONTSERRAT	B	...	...	6	7	...	...	...	...	516	538	...	...

1B ESTIMATES OF TOTAL AND PER CAPITA NATIONAL INCOME EXPRESSED IN UNITED STATES DOLLARS (CONTINUED)

1960, 1963, 1970, 1975, 1976, 1977

REGION, COUNTRY OR AREA	TYPE OF ESTIMATE (1975)	NATIONAL INCOME 1960	1963	1970	1975	1976	1977	PER CAPITA NATIONAL INCOME 1960	1963	1970	1975	1976	1977
		(MILLIONS OF DOLLARS)						(DOLLARS)					
NETHERLANDS ANTILLES	B	229	225	280	495	...	...	1193	1113	1275	2062	...	...
NICARAGUA	A	320	421	720	1462	1711	2058	227	273	393	678	767	891
PANAMA	A	371	503	924	1732	1773	1962	349	431	646	1037	1031	1108
PARAGUAY	A	268	358	549	1421	1560	1860	155	189	239	536	561	662
PERU	A	1911	2419	4372	7848	...	...	191	221	325	507	...	...
PUERTO RICO 3/	A	1694	2307	4848	6904	7438	8225	718	925	1784	2213	2317	2492
ST.KITTS-NEVIS-ANGUILLA	B	...	12	15	32	...	...	...	225	248	463	...	...
ST.LUCIA	B	...	18	33	54	...	...	...	189	328	499	...	...
ST. VINCENT	B	...	15	19	30	...	...	...	185	222	281	...	...
SURINAME	A	85	112	241	438	...	...	294	354	650	1040	...	...
TRINIDAD AND TOBAGO	B	430	550	752	1998	...	...	517	598	732	1850	...	...
TURKS AND CAICOS ISLANDS	B	...	...	2	4	...	...	...	...	380	656	...	...
URUGUAY	A	1444	1521	2338	3422	3602	3935	622	628	885	1231	1286	1400
VENEZUELA	A	6314	5817	9693	25511	29128	33398	859	715	943	2128	2357	2622
ASIA - MIDDLE EAST 1/	..	17000	21500	42000	183700	222900	252000	210	250	400	1500	1780	1960
BAHRAIN	B	...	...	195	741	...	...	...	...	888	2852	...	...
CYPRUS	A	252	326	536	694	801	1042	435	562	893	1084	1252	1628
IRAN 10/	B	3794	4502	10586	52835	66703	...	176	192	369	1600	1986	...
IRAQ	A	1359	1568	2831	12889	15441	18591	198	208	300	1159	1342	1561
ISRAEL	A	11/ 1812	2265	4976	11182	11700	12489	11/ 857	952	1676	3232	3314	3460
JORDAN 18/	A	285	370	487	878	1101	...	174	207	298	457	552	...
KUWAIT 5/	A	...	1325	2082	11431	...	...	...	3397	2814	11431	...	...
LEBANON	B	863	939	1455	3198	...	...	465	463	589	1114	...	...
OMAN	B	...	...	182	1526	...	...	...	...	277	1982	...	...
QATAR	B	...	...	113	1688	...	...	...	...	801	8440	...	...
SAUDI ARABIA 12/	B	1137	1312	3563	39188	51887	...	190	204	460	4371	5616	...
SYRIAN ARAB REPUBLIC	B	...	1002	1610	5161	5881	...	...	202	257	702	774	...
TURKEY	B	4903	6997	12200	35230	...	...	178	236	350	873	...	...
YEMEN	B	232	254	446	1122	...	...	51	52	77	168	...	...
YEMEN,DEMOCRATIC	B	...	...	133	242	...	...	...	...	91	143	...	...

1B ESTIMATES OF TOTAL AND PER CAPITA NATIONAL INCOME EXPRESSED IN UNITED STATES DOLLARS (CONTINUED)

1960, 1963, 1970, 1975, 1976, 1977

REGION, COUNTRY OR AREA	TYPE OF ESTIMATE	NATIONAL INCOME						PER CAPITA NATIONAL INCOME					
	(1975)	1960	1963	1970	1975	1976	1977	1960	1963	1970	1975	1976	1977
		(MILLIONS OF DOLLARS)						(DOLLARS)					
ASIA - EAST AND SOUTHEAST 1/	..	103400	137300	292500	652700	728300	876200	120	150	260	530	580	680
ASIA - EAST AND SOUTHEAST EXCLUDING JAPAN 1/	..	64200	78400	116200	222400	244100	283200	80	90	120	200	210	240
AFGHANISTAN	B	...	...	1627	2669	...	...	...	...	109	160	...	...
BANGLADESH 3/	B	...	...	5298	8492	...	...	...	...	76	108	...	...
BHUTAN	C	...	...	45	103	...	...	...	...	43	88	...	...
BRUNEI	C	...	...	153	465	...	...	...	...	1178	2908	...	...
BURMA 9/	A	1280	1472	2005	2739	3187	3563	57	63	74	91	103	113
DEMOCRATIC KAMPUCHEA	B	...	689	682	1132	...	...	...	117	97	140	...	...
EAST TIMOR	C	...	...	62	103	...	...	...	...	103	154	...	...
HONG KONG	B	1034	1344	2958	7036	...	...	338	393	747	1599	...	...
INDIA 5/	A	29843	38940	50580	81540	80546	...	69	84	94	136	132	...
INDONESIA	A	11/6780	11/6522	8414	27145	33803	...	11/73	11/65	70	200	242	...
JAPAN	A	39245	58822	176342	430255	484153	...	417	608	1690	3856	4293	...
KOREA, REPUBLIC OF	A	3579	3666	8055	18295	24797	31549	143	134	250	519	691	866
LAO PEOPLES DEMOCRATIC REPUB	C	...	...	159	285	...	...	...	...	54	86	...	...
MALAYSIA	B	13/1732	13/1959	3776	8491	...	...	13/251	13/264	363	714	...	...
MALDIVES	C	...	...	7	10	...	...	...	...	66	76	...	...
NEPAL 14/	B	...	...	939	1452	...	...	...	...	84	115	...	...
PAKISTAN 3/	B	15/7207	15/8649	9899	12692	14506	...	15/75	15/83	163	181	200	...
PHILIPPINES	A	4475	5359	6272	14153	15939	18566	163	179	170	333	364	412
SINGAPORE	B	685	893	1743	5128	...	...	419	496	842	2279	...	...
SRI LANKA	A	1329	1541	2056	3215	2944	3227	134	145	164	238	214	231
THAILAND	A	2478	3132	6065	13522	15059	16698	93	107	167	323	351	379
EUROPE 1/	..	298000	389900	693900	1534800	1593000	1785400	970	1230	2080	4460	4610	5150
EUROPEAN ECONOMIC COMMUNITY 1/	..	247700	322000	563600	1211300	1252500	1411800	1070	1350	2240	4690	4840	5450
BELGIUM	A	10303	12576	23345	57691	62905	73224	1126	1354	2417	5887	6406	7449

1B ESTIMATES OF TOTAL AND PER CAPITA NATIONAL INCOME EXPRESSED IN UNITED STATES DOLLARS (CONTINUED)

1960, 1963, 1970, 1975, 1976, 1977

REGION, COUNTRY OR AREA	TYPE OF ESTIMATE	NATIONAL INCOME						PER CAPITA NATIONAL INCOME					
	(1975)	1960	1963	1970	1975	1976	1977	1960	1963	1970	1975	1976	1977
		(MILLIONS OF DOLLARS)						(DOLLARS)					
DENMARK	A	5454	7207	14753	34131	37557	41734	1191	1539	2992	6745	7408	8199
FRANCE	A	54910	75076	127176	301452	310835	338632	1202	1570	2505	5710	5874	6380
GERMANY,FEDERAL REPUBLIC OF	A	66517	86777	166844	372154	398086	458363	1222	1531	2748	6019	6472	7465
IRELAND	A	1699	2099	3630	7564	7504	8647	600	737	1235	2417	2375	2711
ITALY	A	31954	45629	85078	156171	153173	173655	637	891	1585	2797	2727	3076
LUXEMBOURG	A	448	514	927	2441	2461	3042	1425	1586	2734	6780	6837	8450
NETHERLANDS	A	10104	13071	29110	74947	81751	96801	880	1092	2234	5491	5937	6989
UNITED KINGDOM	A	66294	79036	112777	204769	198179	217684	1261	1476	2035	3664	3546	3898
EUROPEAN FREE TRADE ASSOCIATION 1/	..	36900	47800	86700	207800	221700	240700	1020	1290	2220	5130	5440	5850
AUSTRIA	A	5622	7106	12722	32918	35545	41935	798	991	1712	4377	4733	5576
FINLAND	A	4434	5755	9210	23762	25480	26827	1001	1273	1998	5045	5387	5660
ICELAND	A	207	282	422	1052	1235	1628	1178	1525	2068	4783	5615	7401
NORWAY	A	3913	5003	9549	24043	25952	29303	1093	1364	2461	5996	6440	7253
PORTUGAL	A	11/2345	11/ 2905	5873	14004	14575	15414	11/290	11/351	678	1482	1498	1539
SWEDEN	A	12552	16042	29916	61921	66004	69131	1678	2110	3721	7561	8030	8369
SWITZERLAND	A	7842	10750	19017	50128	52912	56450	1463	1889	3072	7820	8333	8918
OTHER EUROPE 1/	..	13400	20100	43500	115600	118800	132900	340	500	1010	2550	2590	2850
GREECE	A	3393	4545	9585	19943	21575	25064	410	540	1090	2204	2353	2701
MALTA	A	138	142	238	467	506	593	420	432	721	1417	1533	1798
SPAIN	A	9613	15087	33260	94358	95779	106213	317	481	985	2651	2663	2896
OCEANIA 1/	..	18800	22900	41200	103500	110300	109900	1200	1370	2130	4860	5110	5020
AUSTRALIA 3/	A	14770	18066	33877	87311	94245	92612	1438	1650	2708	6341	6770	6582
COOK ISLANDS	B	...	...	9	10	...	...	...	...	448	498	...	...
FIJI	A	...	117	201	656	660	738	...	269	386	1151	1138	1230
FRENCH POLYNESIA	B	...	...	202	549	...	...	...	...	1836	4222	...	...
NEW CALEDONIA	B	...	...	342	768	...	...	...	...	3112	5909	...	...
NEW ZEALAND 5/	A	3428	4171	5704	12564	12222	...	1445	1647	2030	4092	3955	...

1B ESTIMATES OF TOTAL AND PER CAPITA NATIONAL INCOME EXPRESSED IN UNITED STATES DOLLARS (CONTINUED)

1960, 1963, 1970, 1975, 1976, 1977

REGION, COUNTRY OR AREA	TYPE OF ESTIMATE	NATIONAL INCOME						PER CAPITA NATIONAL INCOME					
	(1975)	1960	1963	1970	1975	1976	1977	1960	1963	1970	1975	1976	1977
		(MILLIONS OF DOLLARS)						(DOLLARS)					
PAPUA NEW GUINEA	A	227	272	634	1237	1370	...	120	132	255	448	484	...
SAMOA	B	...	...	21	59	...	...	...	...	151	389	...	...
SOLOMON ISLANDS	B	16	17	32	64	...	...	121	125	199	339	...	...
TONGA 3/	A	...	...	15	36	...	44	...	...	162	363	...	484

* Data underlined are in terms of the Present System of National Accounts.

*** For general note and footnotes, see end of Table 1C.

1C ESTIMATES OF TOTAL AND PER CAPITA NATIONAL DISPOSABLE INCOME EXPRESSED IN UNITED STATES DOLLARS

1960, 1963, 1970, 1975, 1976, 1977

REGION, COUNTRY OR AREA	TYPE OF ESTIMATE	NATIONAL DISPOSABLE INCOME						PER CAPITA NATIONAL DISPOSABLE INCOME					
	(1975)	1960	1963	1970	1975	1976	1977	1960	1963	1970	1975	1976	1977
		(MILLIONS OF DOLLARS)						(DOLLARS)					
AFRICA													
ALGERIA	B	...	...	...	13497	15192	...	...	...	...	804	878	...
BENIN	A	...	...	222	543	...	...	...	...	82	175	...	...
CHAD	A	...	...	271	701	...	...	...	...	74	174	...	...
EGYPT 16/	B	3184	4118	7009	12917	15640	18629	123	1[illegible]7	210	347	413	481
ETHIOPIA 4/		...	1095	1778	...	...	...	...	52	72	...	...	...
GABON	A	...	...	...	1705	2490	...	...	...	...	3217	4698	...
GHANA		...	...	2032	...	...	...	...	...	235	...	...	...
IVORY COAST	A	...	...	1370	3433	4087	5710	...	...	318	702	814	1109
KENYA	B	...	...	1455	2903	3090	4029	...	...	130	217	223	281
LIBERIA	A	...	...	279	585	707	...	...	...	183	342	404	...
LIBYAN ARAB JAMAHIRIYA	A	185	627	2692	11099	14635	16698	137	417	1351	4549	5812	6400
MALAWI		...	...	318	...	...	...	...	...	72	...	...	...
MAURITIUS	B	130	201	182	513	543	...	201	287	225	596	624	...
MOROCCO		1755	2291	...	...	...	...	157	188	...	...	...	...
RWANDA	A	...	...	...	602	690	...	...	...	...	143	161	...
SEYCHELLES		...	...	...	...	51	...	...	...	...	...	872	...
SIERRA LEONE 3/	A	...	278	382	626	612	...	...	109	135	204	197	...
SOUTH AFRICA 6/	A	6301	8031	15438	31059	28967	32594	357	420	664	1177	1072	1176
SOUTHERN RHODESIA		763	816	1366	...	...	...	199	193	257	...	...	...

1C ESTIMATES OF TOTAL AND PER CAPITA NATIONAL DISPOSABLE INCOME EXPRESSED IN UNITED STATES DOLLARS (CONTINUED)

1960, 1963, 1970, 1975, 1976, 1977

REGION, COUNTRY OR AREA	TYPE OF ESTIMATE	NATIONAL DISPOSABLE INCOME						PER CAPITA NATIONAL DISPOSABLE INCOME					
	(1975)	1960	1963	1970	1975	1976	1977	1960	1963	1970	1975	1976	1977
		(MILLIONS OF DOLLARS)						(DOLLARS)					
SUDAN 3/		...	...	2014	...	...	...	...	...	145	...	...	...
SWAZILAND 3/		...	...	100	...	...	...	...	...	239	...	...	...
TOGO		...	129	252	...	...	...	...	80	129	...	...	...
TUNISIA	A	783	1022	1344	4082	4076	4588	191	236	269	728	710	756
UGANDA		...	...	1237	...	...	...	...	...	126	...	...	...
UNITED REP. OF CAMEROON 3/	A	...	...	1048	2785	...	...	...	...	151	367	...	...
UNITED REP. OF TANZANIA 7/	A	...	...	1222	2528	2676	3376	...	...	92	165	171	210
ZAIRE	A	...	...	1711	3273	...	...	...	...	79	131	...	...
ZAMBIA	A	486	482	1395	1824	2056	1947	151	138	328	366	400	367
NORTH AMERICA													
CANADA	A	34130	37130	71724	143588	171454	174491	1906	1958	3364	6317	7445	7482
UNITED STATES	A	448148	531501	871899	1337893	1494809	1662087	2480	2809	4256	6265	6948	7666
CARIBBEAN AND LATIN AMERICA													
BARBADOS		82	101	...	...	...	...	354	425	...	...	...	...
BELIZE	A	...	...	...	93	79	...	...	...	...	664	545	...
BOLIVIA	A	346	461	973	2346	...	...	90	112	197	417	...	...
CHILE	A	1752	2538	7242	4338	7467	...	231	312	773	423	715	...
COLOMBIA	A	...	...	6383	11841	13707	17575	...	...	311	501	563	702
COSTA RICA	A	452	483	912	1803	2222	2843	360	347	527	915	1100	1373
ECUADOR	A	893	900	1512	4023	4798	5619	206	189	254	570	656	743
EL SALVADOR	A	538	646	984	1739	2102	...	224	243	285	434	510	...
GUYANA	A	149	149	230	467	388	...	266	240	328	591	497	...
HAITI 9/	A	282	317	414	838	1128	1380	78	84	98	183	242	291
HONDURAS	A	328	387	679	1000	...	...	188	201	286	364	...	...
JAMAICA	A	609	716	1227	2589	2637	2852	374	422	656	1269	1274	1365
MEXICO	A	11196	14581	30924	71768	70917	65435	308	364	610	1193	1138	1013
NETHERLANDS ANTILLES		229	225	280	...	...	...	1193	1113	1275	...	...	...
NICARAGUA	A	323	425	726	1479	1722	2069	229	276	396	686	772	896
PANAMA	A	370	503	928	1727	1769	...	349	431	649	1034	1029	...

1C ESTIMATES OF TOTAL AND PER CAPITA NATIONAL DISPOSABLE INCOME EXPRESSED IN UNITED STATES DOLLARS (CONTINUED)

1960, 1963, 1970, 1975, 1976, 1977

REGION, COUNTRY OR AREA	TYPE OF ESTIMATE	NATIONAL DISPOSABLE INCOME						PER CAPITA NATIONAL DISPOSABLE INCOME					
	(1975)	1960	1963	1970	1975	1976	1977	1960	1963	1970	1975	1976	1977
		(MILLIONS OF DOLLARS)						(DOLLARS)					
PARAGUAY	A	268	358	549	1421	1560	1860	155	189	239	536	561	662
PERU	A	1933	2435	4434	7878	...	...	193	222	330	509	...	...
PUERTO RICO 3/	A	1805	2458	5312	8734	9428	10399	765	985	1954	2800	2937	3151
SURINAME	A	...	...	...	441	...	...	...	...	...	1048	...	...
URUGUAY	A	1444	...	2336	3422	...	...	622	...	884	1231	...	...
VENEZUELA	A	6314	5817	9624	25356	28877	33098	859	715	936	2115	2336	2598
ASIA - MIDDLE EAST													
CYPRUS	A	272	344	553	766	862	1115	469	593	922	1197	1347	1742
IRAQ	A	1348	1583	2833	12432	...	...	196	210	300	1118	...	...
JORDAN 18/	A	343	419	616	1484	1878	...	209	234	377	772	941	...
KUWAIT 5/	A	...	...	1913	10748	...	...	...	...	2585	10748	...	...
SAUDI ARABIA 12/	B	...	...	3285	36445	48642	...	...	...	424	4065	5264	...
TURKEY		...	...	12262	...	...	...	...	...	352	...	...	...
YEMEN	A	...	...	...	2556	...	...	...	...	...	383	...	...
ASIA - EAST AND SOUTHEAST													
BHUTAN		35	38	...	...	...	...	41	42	...	...	...	...
INDIA 5/	A	29901	39028	50744	82170	...	...	69	84	94	137	...	...
INDONESIA		6780	6304	7898	...	...	...	73	63	66	...	...	...
JAPAN	A	39220	60443	176231	430063	483946	...	417	624	1689	3855	4291	...
KOREA, REPUBLIC OF	A	3863	3917	8235	18522	25145	31772	154	144	255	525	701	872
PHILIPPINES	A	4550	5441	6375	14435	16193	18815	166	182	173	339	370	418
SINGAPORE		669	882	1893	...	...	...	410	490	914	...	...	...
SRI LANKA	A	1334	1543	2068	3294	3009	3287	135	145	165	244	219	235
THAILAND	A	2514	3183	6114	13608	15100	16746	94	109	168	325	351	380

1C ESTIMATES OF TOTAL AND PER CAPITA NATIONAL DISPOSABLE INCOME EXPRESSED IN UNITED STATES DOLLARS (CONTINUED)

1960, 1963, 1970, 1975, 1976, 1977

REGION, COUNTRY OR AREA	TYPE OF ESTIMATE	NATIONAL DISPOSABLE INCOME						PER CAPITA NATIONAL DISPOSABLE INCOME					
	(1975)	1960	1963	1970	1975	1976	1977	1960	1963	1970	1975	1976	1977
		(MILLIONS OF DOLLARS)						(DOLLARS)					
EUROPE													
EUROPEAN ECONOMIC COMMUNITY													
BELGIUM	A	10303	12582	23247	57136	62449	72685	1126	1354	2407	5830	6359	7394
DENMARK	A	5437	7179	14728	34279	37932	42222	1187	1533	2987	6775	7482	8295
FRANCE	A	53883	74083	125804	274369	307473	334630	1179	1549	2478	5197	5810	6304
GERMANY, FEDERAL REPUBLIC OF	A	65760	85572	164005	364518	390520	449931	1208	1509	2701	5895	6349	7328
IRELAND	A	1748	2148	3716	7738	7648	...	617	754	1264	2472	2420	...
ITALY	A	32243	46000	85322	156489	153400	173989	642	898	1590	2803	2731	3082
LUXEMBOURG	A	445	511	915	2425	2441	3019	1416	1579	2699	6735	6780	8387
NETHERLANDS	A	10097	13093	29069	74207	81331	96182	880	1094	2231	5436	5906	6945
UNITED KINGDOM	A	65922	78434	111501	202204	195132	213981	1254	1465	2012	3618	3491	3831
EUROPEAN FREE TRADE ASSOCIATION													
AUSTRIA	A	5663	7128	12743	32862	35531	41841	803	994	1715	4370	4731	5564
FINLAND	A	4436	5755	9205	23733	25450	26790	1001	1273	1997	5039	5380	5652
ICELAND	A	207	282	421	1051	1234	1628	1178	1524	2066	4777	5611	7398
NORWAY	A	3926	5003	9538	23884	25754	29002	1096	1364	2458	5956	6390	7179
PORTUGAL	A	11/ 2400	11/ 2973	6380	15041	15547	...	11/ 297	11/ 359	737	1592	1598	...
SWEDEN	A	12531	16026	29840	61324	65343	68274	1675	2108	3711	7488	7949	8266
SWITZERLAND	A	7754	10524	18698	49489	52376	55849	1447	1850	3021	7721	8248	8823
OTHER EUROPE													
GREECE	A	3493	4717	9925	20666	22324	25940	423	560	1129	2284	2435	2795
MALTA	A	145	146	260	496	...	633	439	445	789	1503	...	1917
SPAIN	A	9700	15278	33719	95292	96722	107257	320	487	998	2677	2689	2925
OCEANIA													
AUSTRALIA 3/	A	14722	18016	33797	86987	93838	92290	1433	1645	2702	6317	6741	6559
FIJI		...	116	203	...	...	...	...	268	390	...	...	...
NEW ZEALAND 5/	A	3414	4157	5695	12586	12224	13107	1439	1642	2027	4100	3956	4214
PAPUA NEW GUINEA	A	257	321	750	1453	1568	...	135	156	301	526	554	...
TONGA 3/		...	...	16	...	...	...	...	...	180	...	...	...

General note. The estimates in Tables 1A, 1B and 1C of total and per capita gross domestic product in purchasers' values (Table 1A), national income in market prices (Table 1B), and national disposable income (Table 1C) expressed in current U.S. dollars are designed to facilitate international comparisons of levels of economic activity. For most of the countries represented, the estimates have been prepared by converting the official figures in current prices shown either in Country Tables (Chapter IV, Volume I) or in Principal Aggregates and their interrelationships, Table 13, Vol. II of this Yearbook by the prevailing dollar exchange rates. Pupulation figures used in calculating per capita product are generally mid-year estimates reported in the United Nations Monthly Bulletin of Statistics. A special effort has been made to present a complete set of estimates for the year 1975 for Tables 1A and 1B.

A broad indication of the quality of the estimates presented for the year 1975 is given in the first column of the tables. The letter shown there refers to the nature of the original estimate.

Estimates are assigned to one of three classes as indicated by the letter in the column. The first class (A) refers to all official estimates of gross domestic product in purchasers' values, national income in market prices and national disposable income converted without adjustment of any kind by the Statistical Office. The second class (B) refers to all estimates which have involved the adjustment of official estimates of a related income or product aggregate for 1975 or the adjustment of the official estimates or a related aggregate for a year other than 1975. The third class (C) refers to all other estimates. In general, estimates in class (C) are rough estimates prepared by the Statistical Office for the specific purposes of compiling the regional and global aggregates shown.

In converting estimates expressed in national currency units into U.S. dollars, the prevailing exchange rate was employed with a minimum of adjustment. Prior to 1971, for countries with a single fixed exchange rate system, the conversion rate chosen was normally the par value of the currency. For countries with a single fluctuating rate, the conversion rate was normally the period average of the official rates. Since 1971, annual average of market rates as reported by the IMF has been used. For a few countries with multiple exchange rates, the conversion rate was obtained by comparing the implicit price deflators of the country and those of the United States; in certain special cases the rate employed for conversion was arrived at after a close examination of the pattern of international trade, production and the level of internal prices.

For many countries, the comparability of the estimates for the six years shown is substantially impaired by the existence of divergencies between the conversion rate adopted and the hypothetical "equilibrium" rates of exchange. The estimates, however, are in terms of current prices and current exchange rates and thus reflect the fluctuations of the U.S. dollar exchange rates during the period. Inter-temporal comparisons of total and per capita product in real terms should, therefore, not be made on the basis of the estimates presented in these tables.

The estimates in these tables have been prepared in response to many requests for statistics of this nature. They should be considered as indicators of the total and per capita production of goods and services of the countries represented and not as measures of the standard of living of their inhabitants. No particular significance should be attached to small differences between the estimates of two countries because of the margin of error inherent in the method of estimation.

Alternative methods for making international comparisons of national and domestic product have been developed in recent years, the most important of these methods requiring a detailed valuation by a common set of prices of each country's aggregate of final goods and services. Owing to the practical complexity of the procedure, the results of such comparisons are available at the present time for a limited number of countries only. No attempt has been made to include estimates of this nature in the present tables.

Data underlined are in terms of the present System of National Accounts while the rest are calculated in terms of the former System of National Accounts.

Footnotes.

1/ The total was arrived at after making a rough estimate for territories not listed for the region. The estimates for aggregates have been rounded to hundreds; and per capita estimates to tens.
2/ Europe, North America (Canada and United States), Oceania (Australia and New Zealand), Israel, Japan and South Africa.
3/ Year beginning 1 July.
4/ Year ending 7 July.
5/ Year beginning 1 April.
6/ Including Namibia. Data provided by the South African Reserve Bank.
7/ Former Tanganyika only.
8/ Totals were calculated in terms of the present System of National Accounts.
9/ Year ending 30 September.
10/ Year beginning 21 March.
11/ Data not strictly comparable with those for subsequent years.
12/ Estimates relate to Hejra fiscal year.
13/ West Malaysia only.
14/ Year ending 15 July.
15/ Including data for Bangladesh.
16/ Data for years prior to 1975 refer to fiscal year beginning 1 July.
17/ Data beginning 1970 refer to fiscal year beginning 1 July.
18/ Data beginning 1970 refer to East Bank only.

2A. EXPENDITURE ON GROSS DOMESTIC PRODUCT

COUNTRY OR AREA AND CURRENCY UNIT	YEAR	GROSS DOMESTIC PRODUCT	GOVERNMENT FINAL CONSUMPTION EXPENDITURE	PRIVATE FINAL CONSUMPTION EXPENDITURE	INCREASE IN STOCKS	GROSS FIXED CAPITAL FORMATION	EXPORTS	LESS IMPORTS
							OF GOODS AND SERVICES	
			1	2	3	4	5	6
			PERCENTAGE DISTRIBUTION					
AFRICA								
ALGERIA	*1973*	*34.5*	*14*	*49*	*4*	*41*	*23*	*32*
(1000 MILLION ALGERIAN DINARS)	*1974*	*52.4*	*12*	*44*	*10*	*34*	*38*	*37*
	1975	*56.8*	*15*	*48*	*7*	*43*	*34*	*47*
	1976	*68.7*	*14*	*46*	*1*	*46*	*33*	*40*
BENIN	1963[1]	41.8	19	75	0	17	8	20
(1000 MILLION CFA FRANCS)	1964[1]	42.7	17	78	0	15	12	22
	1965[1]	46.5	17	81	1	13	13	24
	1966[1]	48.2	16	82	1	13	14	26
	1967[1]	48.7	17	78	1	18	18	32
	1968[1]	51.3	...	...	...	...	...	...
	1969[1]	55.1	...	...	...	...	...	...
	1970[3]	68.7	13	75	1	15	32	35
	1971	72.7	12	81	2	14	33	43
	1972	82.1	12	83	3	16	27	41
	1973	89.0	11	82	2	14	30	39
	1974	107.6	11	74	3	19	26	33
	1975	112.8	11	83	2	16	22	34
	1976	133.5	9	82	3	17	24	35
	1977	148.5	10	87	2	18	24	41
BOTSWANA	1965	32.8	24	89	-16	22	32	51
(MILLION PULA)	1966	36.8	25	78	-4	22	29	51
	1967[1,3]	43.8	26	87	5	23	23	63
	1968[1]	51.2	22	84	14	19	23	63
	1971[1]	102.6	16	57	1	52	39	64
	1973[1]	197.5	14	54	13	39	39	59
	1974[1]	213.1[4]	18	59	21	27	44	67
	1975[1]	276.2	18	54	13	29	49	63
	1976[1]	299.2	24	62	6	26	52	69
BURUNDI	*1965*	*13436.0*	*7*	*89*	*0*	*6*	*10*	*13*
(MILLION BURUNDI FRANCS)								
CENTRAL AFRICAN EMPIRE	*1962*	*34.2*	...	...	...	...	...	...
(1000 MILLION CFA FRANCS)	*1964*	*39.0*	*22*	*67*	*0*	*18*	*21*	*28*
	1967	*46.6*	*20*	*72*	*2*	*18*	*19*	*32*
	1968	*49.8*	...	...	...	...	...	...
	1970	*57.0*	*19*	*70*	*4*	*14*	*19*	*26*
CHAD	*1961*	*47.3*	*13*	*82*	*3*	*9*	*16*	*25*
(1000 MILLION CFA FRANCS)	*1962*	*50.6*	*14*	*86*	*-1*	*11*	*16*	*26*
	1963	*52.6*	*14*	*83*	*1*	*11*	*15*	*25*
	1968	*58.5*	*21*	*76*	*1*	*10*	*19*	*27*
	1970	90.5	11	85	1	10	23	30
	1971	98.4	12	85	1	10	22	30
	1972	93.6	12	83	2	10	23	31
	1973	91.8	12	87	1	12	24	36
	1974	115.5	11	85	1	15	25	36
	1975	148.6	9	90	1	17	17	34
	1976	155.5	8	87	1	17	21	35
COMOROS	*1960*	*3.5*	...	...	...	...	...	...
(1000 MILLION CFA FRANCS)	*1961*	*3.5*	...	...	...	...	...	...
	1962	*4.0*	...	...	...	...	...	...
	1963	*5.0*	...	...	...	...	...	...
	1964	*5.6*	...	...	...	...	...	...
	1965	*7.0*	...	...	...	...	...	...
	1966	*6.7*	...	...	...	...	...	...
	1967	*7.1*	...	...	...	...	...	...
	1968	*7.1*	...	...	...	...	...	...
EGYPT	*1960[1]*	*1459.3*	*18*	*68*	*0*	*15*	*19*	*20*
(MILLION EGYPTIAN POUNDS)	*1961[1]*	*1513.3*	*16*	*73*	*0*	*17*	*16*	*21*
	1962[1]	*1684.6*	*19*	*69*	*0*	*18*	*19*	*25*
	1963[1]	*1887.9*	*21*	*66*	*0*	*20*	*19*	*26*
	1964[1]	*2213.5*	*20*	*66*	*1*	*16*	*19*	*21*
	1965[1]	*2402.9*	*20*	*66*	*3*	*16*	*17*	*22*
	1966[1]	*2480.7*	*20*	*66*	*1*	*14*	*17*	*18*
	1967[1]	*2533.0*	*22*	*70*	*2*	*12*	*12*	*18*
	1968[1]	*2696.4*	*24*	*67*	*-1*	*12*	*14*	*17*
	1969[1]	*2971.3*	*24*	*65*	*2*	*12*	*14*	*18*
	1970[1]	*3145.5*	*25*	*66*	*3*	*11*	*14*	*19*
	1971[1]	*3336.7*	*26*	*66*	*1*	*11*	*14*	*19*
	1972[3]	*3417.0*	*26*	*65*	*2*	*12*	*13*	*19*
	1973	*3663.0*	*28*	*64*	*1*	*13*	*14*	*20*
	1974	*4197.0*	*26*	*68*	*2*	*15*	*21*	*33*
	1975	*4860.8*	*25*	*68*	*2*	*25*	*19*	*40*
	1976	*6275.8*	*25*	*62*	*3*	*22*	*16*	*28*
	1977	*7341.0*	*21*	*61*	*4*	*24*	*20*	*31*

2A. EXPENDITURE ON GROSS DOMESTIC PRODUCT (CONTINUED)

COUNTRY OR AREA AND CURRENCY UNIT	YEAR	GROSS DOMESTIC PRODUCT	GOVERNMENT FINAL CONSUMPTION EXPENDITURE	PRIVATE FINAL CONSUMPTION EXPENDITURE	INCREASE IN STOCKS	GROSS FIXED CAPITAL FORMATION	EXPORTS	LESS IMPORTS
							OF GOODS AND SERVICES	
			1	2	3	4	5	6
			PERCENTAGE DISTRIBUTION					
EQUATORIAL GUINEA	*1960*	*2119.0*	...	...	...	...	...	...
(MILLION E G EKUELES)	*1961*	*1904.0*	...	...	...	...	...	...
	1962	*2301.0*	...	...	...	...	...	...
	1964	*2662.0*	*11*	*64*	—— *21* ——		*56*	*51*
	1965	*2862.0*	*11*	*65*	*21*		*54*	*51*
	1966	*3078.0*	*11*	*66*	*22*		*53*	*51*
	1967	*3311.0*	*11*	*66*	*23*		*52*	*52*
ETHIOPIA [5]	*1961*	*2446.7*	*8*	—— *81* ——		*12*	*9*	*10*
(MILLION ETHIOPIAN BIRR)	*1962*	*2534.0*	*8*	*82*		*12*	*11*	*13*
	1963	*2656.6*	*10*	*80*		*13*	*11*	*13*
	1964	*2927.0*	*10*	*79*		*12*	*12*	*13*
	1965	*3258.1*	*10*	*79*		*12*	*12*	*14*
	1966	*3382.9*	*11*	*79*		*13*	*12*	*15*
	1967	*3604.4*	*11*	*77*		*14*	*10*	*13*
	1968	*3837.5*	*11*	*77*		*14*	*10*	*12*
	1969	*4063.5*	*10*	*79*		*13*	*10*	*12*
	1970	*4460.6*	*10*	*79*		*11*	*11*	*11*
	1971	*4710.4*	*10*	*80*		*12*	*10*	*12*
	1972	*4743.7*	*11*	*78*		*13*	*10*	*12*
	1973	*5005.2*	*11*	*76*		*11*	*13*	*11*
	1974	*5551.2*	*11*	*76*		*10*	*15*	*12*
	1975	*5524.5*	*13*	*80*		*10*	*12*	*16*
	1976	*6004.0*	*14*	*77*		*10*	*13*	*14*
GABON	*1960*	*31.3*	*14*	*46*	*1*	*39*	*39*	*38*
(1000 MILLION CFA FRANCS)	*1961*	*37.6*	...	...	...	...	...	...
	1962	*41.0*	...	...	...	...	...	...
	1963	*44.0*	...	...	...	...	...	...
	1964	*47.7*	...	...	...	...	...	...
	1965	*50.8*	...	...	...	...	...	...
	1966	*56.5*	...	...	...	...	...	...
	1967	*58.8*	...	...	...	...	...	...
	1968	*75.9*	*17*	*42*	*1*	*28*	*44*	*32*
	1969	*85.1*	*18*	*41*	*2*	*28*	*46*	*35*
	1970	*93.1*	*19*	*40*	*2*	*28*	*48*	*37*
	1972	108.5	18	33	1	47	73	72
	1973	161.1	16	46	5	32	59	58
	1974	371.7	9	25	10	42	58	43
	1975	462.4	12	24	7	56	50	48
	1976	719.1	11	20	13	61	44	48
GHANA	*1960*	*956.0*	*10*	*73*	*2*	*20*	*26*	*31*
(MILLION GHANAIAN CEDIS)	*1961*	*1022.0*	*11*	*79*	*-2*	*21*	*24*	*32*
	1962	*1094.0*	*11*	*76*	*-1*	*17*	*22*	*25*
	1963	*1208.0*	*11*	*76*	*-1*	*18*	*19*	*24*
	1964	*1357.0*	*12*	*73*	*1*	*17*	*18*	*21*
	1965	*1608.0*	*13*	*78*	*0*	*17*	*16*	*23*
	1966	*1793.0*	*15*	*75*	*1*	*14*	*12*	*16*
	1967	*1778.0*	*17*	*72*	*0*	*12*	*15*	*17*
	1968	1700.2	17	70	0	11	23	22
	1969	1998.9	14	73	2	10	22	21
	1970	2258.6	13	74	2	12	23	24
	1971	2500.5	13	77	2	12	18	21
	1972	2815.4	13	74	-2	9	23	17
	1973	3501.2	11	75	1	8	23	18
	1974	4660.1	12	77	1	12	21	23
IVORY COAST	*1966*	*257.3*	*14*	*64*	*2*	*17*	*32*	*29*
(1000 MILLION CFA FRANCS)	*1967*	*274.4*	*14*	*65*	*1*	*17*	*33*	*29*
	1968	*325.1*	*13*	*62*	*0*	*17*	*36*	*28*
	1969	*363.4*	*14*	*58*	*2*	*17*	*37*	*28*
	1970	414.9	16	59	2	20	37	34
	1971	439.8	17	61	1	21	36	35
	1972	471.8	16	61	1	20	37	35
	1973	566.2	17	60	1	22	39	39
	1974	739.0	16	57	3	19	47	41
	1975	834.5	17	62	0	22	38	39
	1976	1114.0	16	57	1	22	43	38
	1977	1582.5	13	54	2	25	42	36

2A. EXPENDITURE ON GROSS DOMESTIC PRODUCT (CONTINUED)

COUNTRY OR AREA AND CURRENCY UNIT	YEAR	GROSS DOMESTIC PRODUCT	GOVERNMENT FINAL CONSUMPTION EXPENDITURE	PRIVATE FINAL CONSUMPTION EXPENDITURE	INCREASE IN STOCKS		GROSS FIXED CAPITAL FORMATION	EXPORTS (OF GOODS AND SERVICES)		LESS IMPORTS (OF GOODS AND SERVICES)
			1	2	3		4	5		6
			PERCENTAGE DISTRIBUTION							
KENYA	1964	356.7	14	69	1		12	33		29
(MILLION KENYA POUNDS)	1965	358.7	15	71	2		13	32		32
	1966	416.8	14	67	3		15	33		32
	1967	440.1	14	67	2		19	30		31
	1968	483.3	15	65	2		19	29		29
	1969	520.8	16	63	1		18	30		28
	1970	572.7	16	60	5		20	30		31
	1971	635.1	18	65	1		23	29		35
	1972[3]	721.3	18	62	-1		23	28		30
	1973	828.0	17	64	-2		22	29		30
	1974	1017.1	17	62	8		20	35		43
	1975	1167.1	18	67	-1		21	31		36
	1976	1429.1	17	61	0		20	33		33
	1977	1832.7	17	58	0		21	35		32
LESOTHO [6]	1964	37.1[4]	15	109	1		9	——	-34	——
(MILLION SOUTH AFRICAN RAND)	1965	39.2[4]	18	107	0		11	16		53
	1966	40.5	12	123	——	10	——	11		57
	1967	42.3	16	119		11		10		56
	1968	43.9	14	123		11		7		55
	1969	47.1	13	117		10		8		49
	1970	49.1	13	119		10		7		49
	1971	54.7	15	124		12		5		56
	1972	62.2	15	139	2		10	9		75
	1973	84.1	11	137	7		12	11		79
	1974	95.0	10	138	2		10	15		76
LIBERIA	1964	275.4	12	53	8		23	49		45
(MILLION LIBERIAN DOLLARS)	1965	289.4	12	50	11		17	50		40
	1966	307.1	13	51	5		20	54		42
	1967	329.5	13	52	1		23	56		45
	1968	351.2	12	50	3		16	58		39
	1969	386.9	12	48	0		16	61		37
	1970	407.8	11	51	2		20	59		42
	1971	430.0	12	52	3		18	59		44
	1972	466.0	12	50	3		20	59		44
	1973[3]	414.6[4]	14	48	-4		21	80		58
	1974	507.2[4]	13	48	-1		23	80		65
	1975	609.6[4]	12	42	9		26	66		61
	1976	632.4[4]	14	45	-1		33	74		70
	1977	699.7[4]	16	53	2		33	65		74
LIBYAN ARAB JAMAHIRIYA	*1962*	*172.4*	*15*	*80*	*1*		*37*	*37*		*70*
(MILLION LIBYAN DINARS)	*1963*	*253.4*	*13*	*56*	*1*		*29*	*52*		*51*
	1964	*384.9*	*12*	*41*	*0*		*28*	*61*		*42*
	1965	*517.2*	*12*	*37*	*1*		*28*	*58*		*35*
	1966	*664.4*	*12*	*36*	*1*		*29*	*56*		*34*
	1967	*777.8*	*13*	*36*	*1*		*27*	*55*		*32*
	1968	*1110.7*	*13*	*29*	*1*		*26*	*61*		*30*
	1969	*1267.2*	*16*	*30*	*1*		*25*	*62*		*33*
	1970	*1329.3*	*17*	*30*	*0*		*18*	*65*		*30*
	1971	1626.8	20	29	1		18	60		27
	1972	1798.5	20	30	1		24	55		31
	1973	2246.2	21	31	1		28	55		37
	1974	3973.0	22	29	0		25	63		38
	1975	3896.5	27	35	1		28	53		44
	1976	5037.0	22	30	0		25	57		34
	1977	5731.5	21	28	1		25	57		32
MADAGASCAR	*1960*	*134.2*	*20*	*75*	*1*		*10*	*12*		*18*
(1000 MILLION MALAGASY FRANCS)	*1962*	*147.4*	*24*	*72*	——	*8*	——	——	*-4*	——
	1964	*160.0*	*23*	*72*	*1*		*10*		*-6*	
	1965	*166.2*	*23*	*74*	*1*		*10*		*-6*	
	1966	*181.6*	*22*	*71*	*1*		*12*	*15*		*22*
	1967	*192.9*	*21*	*70*	*1*		*13*	*15*		*21*
	1968	*208.2*	*22*	*69*	*2*		*14*	*15*		*22*
	1969	*224.3*	*22*	*69*	*2*		*15*	*15*		*22*
	1970	*249.8*	*20*	*67*	*1*		*15*	*18*		*21*
	1971	*268.5*	*21*	*67*	*2*		*16*	*18*		*24*
	1972	*273.1*	*19*	*70*	*1*		*13*	*17*		*20*
	1973	*297.6*	*17*	*72*	*1*		*13*	*17*		*21*
	1974	*372.9*	*16*	*74*	*2*		*13*	*18*		*22*
	1975	*398.2*	...	...	...		...	...		...
	1976	*419.9*	...	...	...		...	...		...
	1977	*456.3*	...	...	...		...	...		...

2A. EXPENDITURE ON GROSS DOMESTIC PRODUCT (CONTINUED)

COUNTRY OR AREA AND CURRENCY UNIT	YEAR	GROSS DOMESTIC PRODUCT	GOVERNMENT FINAL CONSUMPTION EXPENDITURE	PRIVATE FINAL CONSUMPTION EXPENDITURE	INCREASE IN STOCKS	GROSS FIXED CAPITAL FORMATION	EXPORTS (OF GOODS AND SERVICES)	LESS IMPORTS (OF GOODS AND SERVICES)
			1	2	3	4	5	6
			PERCENTAGE DISTRIBUTION					
MALAWI	*1964*	*153.4*	*16*	*84*	*-1*	*9*	*18*	*26*
(MILLION MALAWI KWACHA)	*1965*	*180.7*	*15*	*83*	*3*	*11*	*18*	*30*
	1966	*205.2*	*15*	*81*	*3*	*14*	*20*	*34*
	1967	*215.5*	*16*	*79*	*2*	*12*	*23*	*32*
	1968	*226.0*	*16*	*81*	*0*	*17*	*22*	*35*
	1969	*244.4*	*16*	*79*	*-1*	*19*	*21*	*35*
	1970	*267.1*	*15*	*72*	*3*	*23*	*22*	*35*
	1971	*335.0*	*14*	*77*	*3*	*16*	*21*	*32*
	1972	*369.3*	*13*	*76*	*4*	*20*	*21*	*34*
	1973	*401.3*	*13*	*74*	*4*	*19*	*25*	*34*
MALI	*1964*	*84.5*	...	...	...	...	...	...
(1000 MILLION MALI FRANCS)	*1969*	*135.5*	*16*	*72*	*4*	*13*	*16*	*22*
	1971	*166.9*	*16*	*71*	*2*	*13*	*19*	*22*
MAURITANIA	*1964*	*6.3*	*3*	*71*	*5*	*10*	*52*	*40*
(1000 MILLION M OUGUIYAS)	*1968*	*6.5*	*6*	*42*	*2*	*35*	*61*	*46*
	1972	12.3	17	44	3	39	68	71
	1973	13.0	16	52	2	33	49	51
MAURITIUS	*1960*	*650.0*	*15*	*79*	...	*30*	*32*	*55*
(MILLION MAURITIAN RUPEES)	*1961*	*769.0*	*13*	*68*	...	*20*	*45*	*46*
	1962	*793.0*	*14*	*72*	...	*18*	*41*	*46*
	1963	*1018.0*	*11*	*58*	...	*16*	*52*	*37*
	1964	*878.0*	*14*	*77*	...	*20*	*39*	*51*
	1965	*922.0*	*15*	*69*	...	*17*	*47*	*47*
	1966	*912.0*	*17*	*72*	...	*15*	*41*	*44*
	1967	*969.0*	*17*	*71*	...	*15*	*43*	*46*
	1968	*966.0*	*16*	*74*	...	*15*	*46*	*50*
	1969	*1036.0*	*15*	*66*	...	*14*	*49*	*43*
	1970	*1048.0*	*16*	*70*	...	*14*	*49*	*49*
	1971	*1161.0*	*16*	*67*	...	*16*	*52*	*51*
	1972	*1432.0*	*15*	*65*	...	*16*	*54*	*50*
	1973	*1852.0*	*13*	*61*	...	*26*	*57*	*56*
	1974[3]	*3516.0*	*10*	*55*	*8*	*21*	*60*	*54*
	1975	*3778.0*	*11*	*58*	*-1*	*30*	*60*	*59*
	1976	*4423.0*	*13*	*56*	*6*	*33*	*54*	*61*
	1977	*5073.0*	*15*	*58*	*6*	*33*	*52*	*64*
MOROCCO	1960	9.1	13	75	0	10	27	26
(1000 MILLION MOROCCAN DIRHAMS)	1961	9.0	14	79	-2	12	25	28
	1962	10.6	14	78	1	11	20	24
	1963	11.9	14	76	1	12	20	23
	1964	12.5	15	74	0	11	22	22
	1965	13.2	14	74	0	11	21	19
	1966	12.8	14	75	-1	12	21	22
	1967	13.6	14	74	0	14	21	23
	1968	15.3	14	70	5	13	20	22
	1969	15.9	14	74	-1	14	21	22
	1970[3]	19.4	13	75	0	15	18	21
	1971	21.4	13	74	0	15	18	20
	1972	22.7	13	74	-1	14	19	19
	1973	24.9	12	74	1	14	22	22
	1974	33.6	12	67	6	15	28	27
	1975	36.4	16	68	1	24	23	33
	1976	41.3	22	67	0	29	19	37
	1977	46.8	22	68	-3	33	19	39
NIGER	*1960*	*50100.0*	...	...	...	...	...	...
(MILLION CFA FRANCS)	*1961*	*54100.0*	...	...	...	...	...	...
	1962	*61600.0*	...	...	...	...	...	...
	1963	*66021.9*	*13*	*70*	*5*	*12*	*15*	*14*
	1964	*66397.9*	*13*	*73*	*5*	*10*	*15*	*15*
	1965	*74137.9*	*12*	*78*	*0*	*11*	*15*	*15*
	1966	95999.9	11	82	0	9	14	16
	1967	97499.9	12	82	0	9	13	16
	1968	95499.9	12	83	1	10	12	17
	1969	97799.9	13	87	0	6	11	18

2A. EXPENDITURE ON GROSS DOMESTIC PRODUCT (CONTINUED)

COUNTRY OR AREA AND CURRENCY UNIT	YEAR	GROSS DOMESTIC PRODUCT	GOVERNMENT FINAL CONSUMPTION EXPENDITURE	PRIVATE FINAL CONSUMPTION EXPENDITURE	INCREASE IN STOCKS	GROSS FIXED CAPITAL FORMATION	EXPORTS (OF GOODS AND SERVICES)	LESS IMPORTS (OF GOODS AND SERVICES)
			1	2	3	4	5	6
			PERCENTAGE DISTRIBUTION					
NIGERIA [6 13]	1960	2413.5	6	87		13	14	20
(MILLION NIGERIAN NAIRA)	1961	2544.1	6	85		14	15	20
	1962	2791.3	6	85		13	13	16
	1963	2945.7	6	83		13	14	16
	1964	3144.9	6	82		16	15	19
	1965	3360.9	7	77		18	17	19
	1966	3614.5	6	78		17	17	18
	1967[3]	2950.2	7	80		16	18	21
	1968	2877.8	9	79		15	16	20
	1969	3851.3	11	75		14	18	18
	1970[3]	5620.5	10	74		16	17	17
	1971	7098.3	9	72		18	20	19
	1972	7703.2	10	68		18	20	17
	1973	9001.2	9	67		17	27	20
	1974	14424.3	7	51		18	43	19
	1975	15448.7	13	52		31	35	32
REUNION	1965	1321.3	14	83	2	24	14	38
(MILLION FRENCH FRANCS)	1966	1473.2	15	82	0	25	15	37
	1967	1592.8	15	86	0	24	13	38
	1968	1848.3	15	78	-3	27	17	35
	1969	2090.1	16	81	2	28	11	38
	1970	2358.8	15	88	-3	26	13	40
	1971	2682.9	15	88	0	25	9	37
	1972	3184.8	14	86	1	23	9	34
	1973	3585.5	15	89	-1	24	11	38
	1974	4347.1	15	91	1	21	8	37
	1975	5004.0	16	93	2	20	5	37
	1976	6042.7	16	96	2	15	6	36
	1977	6836.6	17	93	14		-24	
RWANDA	1967	15960.0	...	...	...	...	...	...
(MILLION RWANDA FRANCS)	1968	17220.0	9	90	1	7	9	15
	1969	18870.0	9	91	0	7	8	14
	1970	21990.0	9	88	0	7	12	15
	1971	22230.0	10	88	0	9	10	17
	1972	22700.0	11	88	0	10	8	16
	1973	24400.0	11	81	9		12	13
	1974	28680.0	12	87	10		12	21
	1975	52760.0	17	78	1	13	9	18
	1976	61850.0	17	74	1	13	15	19
SENEGAL	1961	161.6	...	...	...	...	...	...
(1000 MILLION CFA FRANCS)	1962	171.2	...	...	...	...	...	...
	1963	178.2	...	...	...	...	...	...
	1964	189.5	...	...	...	...	...	...
	1965	198.8	...	...	...	...	...	...
	1966	205.3	...	...	...	...	...	...
	1967	205.4	...	...	...	...	...	...
	1968	217.2	16	80	2	10	23	30
	1969	216.6	16	79	3	10	25	33
	1970	240.1	15	74	3	12	27	32
	1971	247.2	16	75	4	13	27	34
	1972	273.6	15	72	3	14	31	35
	1973	278.2	16	76	5	14	28	39
	1974	338.8	15	69	7	15	43	49
	1975	406.4	15	72	4	14	36	42
SEYCHELLES	1972	172.0	...	...	...	...	...	...
(MILLION SEYCHELLES RUPEES)	1973	209.0	...	...	...	...	...	...
	1974	241.0	...	...	...	...	...	...
	1975	292.0	...	...	...	...	...	...
	1976	373.4	22	63	0	32	65	82
	1977	482.4	...	...	...	...	...	...
SIERRA LEONE [1]	1963	217.9[4]	8	80	-1	11	30	31
(MILLION LEONES)	1964	246.6[4]	8	83	-1	13	30	33
	1965	266.7[4]	7	80	0	15	28	32
	1966	269.6[4]	7	81	0	12	25	29
	1967	269.7[4]	8	85	0	12	24	27
	1968	310.9[4]	7	78	1	12	30	28
	1969	353.3[4]	7	76	1	15	32	30
	1970	348.6	9	77	2	14	31	32
	1971	355.8	9	81	0	12	29	30
	1972	393.3	11	76	1	11	29	28
	1973	477.8	10	76	4	12	28	30
	1974	572.7	11	83	2	13	27	37
	1975	613.5	10	86	0	13	23	31
	1976	737.3	10	84	2	12	21	29

2A. EXPENDITURE ON GROSS DOMESTIC PRODUCT (CONTINUED)

COUNTRY OR AREA AND CURRENCY UNIT	YEAR	GROSS DOMESTIC PRODUCT	GOVERNMENT FINAL CONSUMPTION EXPENDITURE	PRIVATE FINAL CONSUMPTION EXPENDITURE	INCREASE IN STOCKS	GROSS FIXED CAPITAL FORMATION	EXPORTS (OF GOODS AND SERVICES)	LESS IMPORTS (OF GOODS AND SERVICES)
			1	2	3	4	5	6
			PERCENTAGE DISTRIBUTION					
SOUTH AFRICA [7] (MILLION SOUTH AFRICAN RAND)	1960	5304.0[4]	9	63	2	20	30	25
	1961	5592.0[4]	9	62	1	19	30	21
	1962	5964.0[4]	10	61	1	18	30	21
	1963	6633.0[4]	10	59	3	20	29	23
	1964	7300.0[4]	11	60	2	22	28	25
	1965	7977.0[4]	11	59	3	25	26	27
	1966	8672.0[4]	11	59	1	23	26	23
	1967	9693.0[4]	11	57	6	22	25	24
	1968	10467.0[4]	11	59	2	22	25	22
	1969	11758.0[4]	11	59	3	22	23	22
	1970	12834.0[4]	12	60	4	25	21	25
	1971	14214.0[4]	13	61	4	26	21	25
	1972	15927.0[4]	13	61	-1	27	25	22
	1973	19577.0[4]	12	59	1	25	26	22
	1974	23973.0[4]	12	57	4	25	28	29
	1975	27088.0[4]	14	58	2	29	27	30
	1976	30566.0[4]	15	58	-1	29	28	29
	1977	34620.0[4]	15	56	-1	26	30	24
SOUTHERN RHODESIA (MILLION RHODESIAN DOLLARS)	1960	601.8	11	64	4	22	—— -1 ——	
	1961	636.9	11	64	4	20	1	
	1962	647.6	12	64	3	15	5	
	1963	667.8	13	65	0	14	8	
	1964	703.2	12	67	3	12	6	
	1965	738.7	11	65	2	13	8	
	1966	736.3	12	69	5	12	3	
	1967	799.0	12	69	6	13	0	
	1968	847.4[4]	13	68	6	18	-4	
	1969	1002.2[4]	12	67	5	14	3	
	1970	1079.4[4]	12	66	4	16	1	
	1971	1243.4[4]	12	66	4	17	-2	
	1972	1413.1[4]	11	65	3	18	3	
	1973	1553.1[4]	12	62	3	21	2	
	1974	1863.0[4]	12	62	7	22	-1	
	1975	2010.8[4]	13	61	6	23	-3	
	1976	2166.1[4]	15	61	3	18	4	
	1977	2219.9[4]	17	62	3	17	2	
SUDAN (MILLION SUDANESE POUNDS)	1960	386.8	8	79	1	11	17	16
	1961	420.0	9	78	3	13	15	18
	1962	456.2	9	76	2	14	17	19
	1963	464.1	10	78	-1	16	19	23
	1964	476.8	12	78	0	14	18	22
	1965	496.9	13	77	2	11	17	19
	1966[1]	575.0	17	72	1	12	15	17
	1967[1]	613.2	18	73	0	11	15	17
	1968[1]	647.8	17	72	2	11	16	17
	1969[1]	701.5	21	68	-1	11	16	15
	1970[1]	761.1	21	69	2	10	16	18
	1971[1]	832.4	17	76	0	9	15	17
	1972[1]	896.8	18	68	1	11	17	15
	1973[1]	1246.2	14	68	7	11	13	14
	1974[1]	1510.8	14	77	3	14	12	21
SWAZILAND [1] (MILLION S EMALANGENI)	1965	50.2	13	——	——	87	——	——
	1966	54.9	12	55	5	19	—— 9 ——	
	1967	53.4	13	62	-2	21	74	68
	1968	57.0	15	62	1	19	76	72
	1969	76.1	14	60	4	12	64	54
	1970	81.0	13	54	3	20	69	60
	1971	97.6	14	61	3	20	67	65
	1972	112.9	12	69	4	18	65	67
	1973	152.5	12	69	4	14	62	61
TOGO (MILLION CFA FRANCS)	1963	32381.1	8	89	4	9	17	27
	1964	38431.4	9	78	6	15	23	31
	1965	43473.8	8	74	5	19	21	27
	1966	53084.6	7	78	3	14	24	26
	1967	57025.9	7	80	-5	18	23	23
	1968	59903.4	7	80	-1	12	26	24
	1969	69643.7	6	79	1	13	29	27
	1970	73436.2	7	81	2	13	29	32
	1971	79885.8	8	79	2	17	28	35
	1972	86715.9	8	80	2	19	23	32
	1973	91799.9	9	76	3	21	20	28
	1974	127899.9	8	55	2	17	43	26
	1975	123599.9	12	...	2	26	...	...
	1976	133828.9	14	...	2	26	...	...

2A. EXPENDITURE ON GROSS DOMESTIC PRODUCT (CONTINUED)

COUNTRY OR AREA AND CURRENCY UNIT	YEAR	GROSS DOMESTIC PRODUCT	GOVERNMENT FINAL CONSUMPTION EXPENDITURE	PRIVATE FINAL CONSUMPTION EXPENDITURE	INCREASE IN STOCKS	GROSS FIXED CAPITAL FORMATION	EXPORTS (OF GOODS AND SERVICES)	LESS IMPORTS (OF GOODS AND SERVICES)
			1	2	3	4	5	6
			PERCENTAGE DISTRIBUTION					
TUNISIA	1960	334.2	17	76	-3	18	23	30
(MILLION TUNISIAN DINARS)	1961	368.4	17	76	-1	19	20	29
	1962	378.6	17	71	3	20	19	29
	1963	443.3	15	71	2	21	17	26
	1964	469.0	15	71	-1	26	18	29
	1965	533.7	15	71	0	27	19	31
	1966	559.6	16	68	1	23	21	30
	1967	582.7	17	67	2	23	21	30
	1968	633.9	17	63	1	22	21	24
	1969	686.3	17	65	1	22	22	26
	1970	758.0	17	67	0	20	22	26
	1971	887.5	16	66	1	19	24	26
	1972	1077.6	14	64	2	20	25	26
	1973	1162.8	15	68	-1	21	26	28
	1974	1527.0	13	63	2	21	36	35
	1975	1744.2	14	59	5	26	31	36
	1976	1904.0	15	62	2	29	30	38
	1977	2137.0	16	64	0	30	31	41
UGANDA	1968	7406.0	— 84 —		0	15	23	21
(MILLION UGANDA SHILLINGS)	1969	8342.0	82		3	14	22	20
	1970	9449.0	84		1	12	22	19
	1971	10367.0	88		0	16	19	23
UNITED REP OF CAMEROON [1]	1962	144.7	15	— 73 —		11	22	21
(1000 MILLION CFA FRANCS)	1963	156.5	15	72		11	23	21
	1964	167.7	17	68		15	23	22
	1965	176.0	18	68		16	20	21
	1966	194.5	16	68		16	19	20
	1967	219.4	16	70		16	20	22
	1968	247.3	16	69	2	12	21	20
	1969	300.4	13	68	2	15	28	26
	1970	321.3	13	73	2	16	26	29
	1971	355.9	13	74	2	17	21	27
	1972	400.5	12	73	3	18	22	29
	1973	492.6	12	66	3	15	28	24
	1974	580.2	11	72	4	17	25	30
	1975	661.7	11	75	1	18	22	27
	1976	790.9	10	75	1	19	25	30
UNITED REP OF TANZANIA [8]	1964	6030.0[4]	10	72	2	11	28	23
(MILLION T SHILLINGS)	1965	6140.0[4]	10	73	2	13	26	25
	1966	7042.0[4]	10	75	2	14	29	27
	1967	7343.0[4]	11	71	1	17	27	26
	1968	7874.0[4]	11	72	1	17	24	27
	1969	8271.0[4]	12	70	1	15	25	24
	1970	9173.0[4]	13	70	2	20	24	28
	1971	9814.0[4]	14	70	2	24	24	33
	1972	11172.0[4]	13	73	1	21	25	30
	1973	13103.0[4]	15	71	1	20	22	29
	1974	15994.0[4]	16	74	3	19	21	35
	1975	19011.0	17	75	2	19	18	31
	1976	23139.0	15	67	1	19	23	25
	1977	28270.0	14	72	1	17	20	23
UPPER VOLTA	1965	56.4	11	83	3	12	11	20
(1000 MILLION CFA FRANCS)	1966	58.2	10	84	3	12	12	20
	1968	79.0	13	85	1	9	9	17
	1970	88.8	—	102	—	7	6	15
	1972	92.8	10	86	4	17	12	28
	1974	109.6	9	81	5	26	15	37
ZAIRE	1967	540.4	26	45	— 17 —		54	43
(MILLION ZAIRES)	1968	728.5	24	50	20		43	37
	1969	902.4	23	46	24		42	36
	1970	952.1	27	45	4	21	44	42
	1971	1030.8	26	50	4	29	36	45
	1972	1128.1	25	54	1	33	33	47
	1973	1501.8	21	55	5	25	37	43
	1974	1837.0	24	52	0	30	44	51
	1975	1847.4	25	61	...	26	28	40

2A. EXPENDITURE ON GROSS DOMESTIC PRODUCT (CONTINUED)

COUNTRY OR AREA AND CURRENCY UNIT	YEAR	GROSS DOMESTIC PRODUCT	GOVERNMENT FINAL CONSUMPTION EXPENDITURE	PRIVATE FINAL CONSUMPTION EXPENDITURE	INCREASE IN STOCKS	GROSS FIXED CAPITAL FORMATION	EXPORTS (OF GOODS AND SERVICES)	LESS IMPORTS (OF GOODS AND SERVICES)
			1	2	3	4	5	6
			PERCENTAGE DISTRIBUTION					
ZAMBIA	*1960*	*418.6*[4]	*10*	*48*	*6*	*18*	— *18*	—
(MILLION ZAMBIAN KWACHA)	*1961*	*406.2*[4]	*12*	*50*	*5*	*20*	*15*	
	1962	*401.0*[4]	*13*	*55*	*4*	*18*	*12*	
	1963	*419.8*[4]	*14*	*52*	*2*	*16*	*18*	
	1964	*489.6*[4]	*13*	*48*	*-4*	*16*	*29*	
	1965[3]	*730.0*	*11*	*48*	*5*	*20*	*51*	*36*
	1966	*853.0*	*10*	*46*	*6*	*24*	*53*	*39*
	1967	*923.0*	*12*	*49*	*5*	*27*	*51*	*45*
	1968	*1083.0*	*12*	*50*	*5*	*26*	*50*	*43*
	1969	*1326.0*	*10*	*39*	*-3*	*21*	*65*	*32*
	1970	1271.0	16	39	-1	30	54	37
	1971	1181.0	23	42	4	33	42	45
	1972	1338.0	23	40	2	33	44	42
	1973	1588.0	20	35	3	26	49	33
	1974	1873.0	18	35	10	27	50	41
	1975	1571.0	27	52	3	38	37	56
	1976	1924.0	25	38	0	31	43	38
	1977	2011.0	27	40	0	33	39	39
NORTH AMERICA								
CANADA	1960	38720.0[4]	14	65	1	22	17	19
(MILLION CANADIAN DOLLARS)	1961	40115.0[4]	15	64	0	21	18	19
	1962	43433.0[4]	15	63	2	20	18	18
	1963	46542.0[4]	15	62	1	21	19	18
	1964	50884.0[4]	15	61	1	22	20	19
	1965	56040.0[4]	15	60	2	24	19	19
	1966	62597.0[4]	16	58	2	25	20	20
	1967	67257.9[4]	17	59	0	23	21	20
	1968	73324.9[4]	17	59	1	21	22	21
	1969	80492.9[4]	18	58	2	21	22	22
	1970	86453.9[4]	19	58	0	21	23	21
	1971	95364.9[4]	19	58	0	22	22	20
	1972	106004.9[4]	19	58	1	22	22	21
	1973	124505.9[4]	18	57	1	22	24	22
	1974	148890.9[4]	19	55	2	23	25	25
	1975	166833.8[4]	20	58	0	24	23	25
	1976	193402.8[4]	20	57	1	23	23	23
	1977	212958.8[4]	20	57	0	23	24	24
UNITED STATES	1960	506.7	17	64	1	18	5	4
(1000 MILLION US DOLLARS)	1961	523.6	18	64	0	17	5	4
	1962	563.9	18	63	1	17	5	4
	1963	594.5	18	63	1	18	5	4
	1964	635.0	17	63	1	18	5	4
	1965	687.1	17	62	1	19	5	4
	1966	752.3	18	62	2	18	5	5
	1967	795.4	19	61	1	18	5	5
	1968	867.2	19	62	1	18	5	5
	1969	934.3	19	62	1	18	5	5
	1970	981.2	19	63	0	17	6	6
	1971	1061.1	19	63	1	18	6	6
	1972	1168.3	18	63	1	18	6	6
	1973	1302.1	18	62	1	18	7	7
	1974	1406.8	19	63	0	18	9	9
	1975	1526.5	19	64	-1	16	9	8
	1976	1695.0	19	65	1	16	8	9
	1977	1878.8	18	65	1	17	8	10
CARIBBEAN AND LATIN AMERICA								
ARGENTINA	*1960*	*10.1*	*9*	*71*	*1*	*21*	*10*	*11*
(1000 MILLION ARGENTINE PESOS)	*1961*	*12.1*	*10*	*72*	*0*	*22*	*8*	*11*
	1962	*14.9*	*11*	*70*	*0*	*21*	*10*	*12*
	1963	*18.7*	*9*	*72*	*-1*	*18*	*11*	*9*
	1964	*26.0*	*9*	*72*	*2*	*16*	*8*	*8*
	1965	*36.4*	*9*	*70*	*2*	*17*	*8*	*6*
	1966	*45.4*	*10*	*70*	*0*	*17*	*8*	*6*
	1967	*59.6*	*10*	*70*	*0*	*18*	*9*	*7*
	1968	*68.7*	*9*	*14*	*0*	*19*	*9*	*7*
	1969	*81.0*	*9*	*70*	*0*	*20*	*9*	*8*
	1970	*94.8*	*10*	*70*	*0*	*20*	*8*	*8*
	1971	*132.7*	*10*	*70*	*1*	*19*	*9*	*9*
	1972	*219.9*	*9*	*69*	*1*	*20*	*9*	*8*
	1973	*364.6*	*10*	*66*	*1*	*19*	*10*	*7*
	1974	*497.1*	*10*	*68*	*2*	*20*	*9*	*8*
	1975	*1345.0*	*10*	*71*	*0*	*21*	*7*	*10*

2A. EXPENDITURE ON GROSS DOMESTIC PRODUCT (CONTINUED)

COUNTRY OR AREA AND CURRENCY UNIT	YEAR	GROSS DOMESTIC PRODUCT	GOVERNMENT FINAL CONSUMPTION EXPENDITURE	PRIVATE FINAL CONSUMPTION EXPENDITURE	INCREASE IN STOCKS	GROSS FIXED CAPITAL FORMATION	EXPORTS (OF GOODS AND SERVICES)	LESS IMPORTS (OF GOODS AND SERVICES)
			1	2	3	4	5	6
			PERCENTAGE DISTRIBUTION					
BARBADOS	*1960*	*135.6*	*11*	*91*	*1*	*25*	*42*	*71*
(MILLION BARBADOS DOLLARS)	*1961*	*144.3*	*12*	*85*	*1*	*22*	*44*	*64*
	1962	*152.1*	*12*	*86*	*1*	*19*	*49*	*67*
	1963	*167.2*	*11*	*81*	*0*	*21*	*54*	*67*
	1964	*165.1*	*11*	*83*	*0*	*21*	*51*	*66*
	1974	639.1	18	74	...	24	60	76
	1975	745.0	16	72	...	21	60	68
	1976	758.8	19	79	...	22	54	73
BELIZE	*1962*	*47.8*	*18*	*84*	— *38*	—	*26*	*65*
(MILLION BELIZE DOLLARS)	*1963*	*50.9*	*18*	*68*	*31*		*37*	*54*
	1964	*52.7*	*17*	*75*	*34*		*38*	*64*
	1973	114.7	14	69	5	24	55	67
	1974	158.6	13	63	3	24	70	73
	1975	193.1	13	61	4	27	78	84
	1976	185.4	15	72	6	31	61	86
BOLIVIA	*1960*	*4419.0*	*9*	*84*	*1*	*14*	*16*	*24*
(MILLION BOLIVIAN PESOS)	*1961*	*4872.0*	*9*	*86*	*0*	*11*	*16*	*23*
	1962	*5327.0*	*9*	*83*	*1*	*16*	*16*	*25*
	1963	*5736.0*	*10*	*84*	*0*	*16*	*17*	*26*
	1964	*6463.0*	*10*	*78*	*1*	*15*	*21*	*24*
	1965	*7180.0*	*12*	*77*	*2*	*15*	*21*	*27*
	1966	*7950.0*	*12*	*76*	*4*	*12*	*22*	*26*
	1967	*8979.0*	*11*	*78*	*1*	*13*	*22*	*26*
	1968	*10192.0*	*11*	*76*	*1*	*17*	*20*	*24*
	1969	*11074.0*	*11*	*78*	*2*	*14*	*19*	*24*
	1970	12505.0	11	73	3	14	20	20
	1971	13677.0	11	75	3	14	17	20
	1972	17413.0	11	74	2	15	17	20
	1973	26466.0	11	70	4	17	22	23
	1974	44339.0	10	64	5	15	28	22
	1975	50156.0	11	70	6	18	21	26
BRAZIL	*1960*	*2.8*	*13*	*70*	*1*	*17*	*6*	*7*
(1000 MILLION BRAZILIAN CRUZEIROS)	*1961*	*4.1*	*13*	*68*	*2*	*17*	*7*	*7*
	1962	*6.6*	*13*	*69*	*2*	*18*	*5*	*7*
	1963	*11.9*	*13*	*68*	*1*	*18*	*10*	*10*
	1964	*23.1*	*13*	*68*	*2*	*17*	*7*	*6*
	1965[3]	*44.1*	*10*	*66*	*4*	*18*	*7*	*5*
	1966	*63.7*	*10*	*67*	*2*	*20*	*6*	*6*
	1967	*86.2*	*11*	*70*	*0*	*19*	*5*	*6*
	1968	*122.4*	*10*	*69*	*0*	*21*	*6*	*6*
	1969	*161.9*	*10*	*65*	*3*	*22*	*6*	*6*
	1970	*208.3*	*10*	*67*	*1*	*22*	*7*	*7*
	1971	*276.8*	*10*	*66*	*2*	*23*	*6*	*8*
	1972	*363.2*	*10*	*66*	*3*	*23*	*7*	*8*
	1973	*498.3*	*10*	*64*	*4*	*23*	*8*	*9*
	1974	*719.5*	*9*	*65*	*7*	*24*	*8*	*14*
	1975	*1009.4*	*10*	— *69*	—	*25*	*7*	*11*
	1976	*1560.3*	*10*	*69*		*24*	*7*	*10*
	1977	*2352.8*	*9*	*69*		*22*	*8*	*8*
BRITISH VIRGIN ISLANDS	1969	13.5[4]	12	61	3	59	40	81
(MILLION DOLLARS)	1970	15.9[4]	14	57	3	84	39	84
	1971	13.8[4]	17	59	2	70	53	88
	1972	14.4[4]	18	44	2	47	61	76
	1973	16.3[4]	13	52	2	49	63	83
	1974	19.5[4]	15	54	4	44	60	80
	1975	21.4[4]	12	53	1	45	67	81
	1976	23.3[4]	15	46	1	35	74	80
	1977	24.1[4]	15	36	1	31	86	78
CHILE	*1960*	*4.2*	*11*	*75*	*2*	*15*	*14*	*17*
(MILLION CHILEAN PESOS)	*1961*	*4.7*	*11*	*75*	*1*	*17*	*12*	*16*
	1962	*5.7*	*11*	*75*	*0*	*15*	*12*	*13*
	1963	*8.7*	*10*	*75*	*1*	*17*	*13*	*15*
	1964	*13.2*	*10*	*75*	*1*	*16*	*12*	*13*
	1965	*18.8*	*11*	*71*	*2*	*15*	*13*	*13*
	1966	*26.2*	*11*	*70*	*3*	*15*	*15*	*14*
	1967	*34.4*	*11*	*73*	*1*	*14*	*14*	*13*
	1968	*46.3*	*11*	*72*	*1*	*14*	*14*	*14*
	1969	*67.4*	*11*	*70*	*2*	*14*	*17*	*15*
	1970	*97.0*	*13*	*71*	*2*	*14*	*15*	*14*
	1971	*129.0*	*15*	*72*	*1*	*13*	*11*	*12*
	1972	*239.0*	*16*	*75*	*1*	*12*	*9*	*13*
	1973	*1213.1*	*12*	*75*	*1*	*13*	*13*	*15*
	1974	*9660.5*	*13*	*73*	*1*	*12*	*17*	*17*
	1975	*42090.9*	*13*	*84*	*-4*	*10*	*20*	*23*
	1976	*146647.8*	*13*	*78*	*-3*	*9*	*21*	*17*
	1977	*321187.7*	*12*	— *80*	—	*9*	*17*	*19*

2A. EXPENDITURE ON GROSS DOMESTIC PRODUCT (CONTINUED)

COUNTRY OR AREA AND CURRENCY UNIT	YEAR	GROSS DOMESTIC PRODUCT	GOVERNMENT FINAL CONSUMPTION EXPENDITURE	PRIVATE FINAL CONSUMPTION EXPENDITURE	INCREASE IN STOCKS	GROSS FIXED CAPITAL FORMATION	EXPORTS	LESS IMPORTS
							OF GOODS AND SERVICES	
			1	2	3	4	5	6
			PERCENTAGE DISTRIBUTION					
COLOMBIA (MILLION COLOMBIAN PESOS)	1960	26747.0	6	73	2	18	16	16
	1961	30421.0	7	74	2	18	13	15
	1962	34199.0	7	75	1	18	12	13
	1963	43525.0	7	76	2	16	12	13
	1964	53760.0	6	77	2	16	12	13
	1965	60798.0	7	75	2	16	11	10
	1966	73611.9	7	76	4	17	12	15
	1967	83082.9	7	74	1	18	12	11
	1968	96421.9	7	73	2	20	13	14
	1969	110952.9	7	74	1	19	13	14
	1970	130360.9	8	72	2	20	14	16
	1971	152262.8	9	72	2	21	13	16
	1972	186091.8	8	72	2	19	14	14
	1973	243235.7	8	74	-1	17	15	14
	1974	329154.7	7	72	3	19	14	16
	1975	412828.7	7	74	-1	19	15	15
	1976	534014.6	—	80	—	18	16	15
	1977	716970.6		79		18	16	13
COSTA RICA (MILLION COSTA RICAN COLONES)	1960	2860.5	10	77	1	16	21	26
	1961	2929.3	12	74	2	17	21	25
	1962	3186.6	11	72	1	19	23	26
	1963	3404.2	12	74	1	18	22	27
	1964	3608.2	13	75	0	16	25	29
	1965	3928.5	13	78	1	19	23	33
	1966	4288.4	13	74	2	17	25	31
	1967	4633.9	13	74	1	18	25	32
	1968	5126.7	12	74	1	17	28	33
	1969	5655.3	12	73	2	18	27	32
	1970	6524.5	13	74	1	19	28	35
	1971	7137.0	14	72	2	22	27	38
	1972	8215.8	14	70	0	22	31	37
	1973	10162.4	14	68	2	22	31	37
	1974	13215.7	14	74	3	24	34	48
	1975	16804.6	15	71	0	22	30	39
	1976	20675.6	16	66	0	23	29	35
	1977	26272.6	15	65	2	23	31	36
DOMINICA (MILLION EC DOLLARS)	1971	50.9[4]	29	68	5	33	32	66
	1973	62.3[4]	25	70	2	18	39	53
	1974	56.5[4]	26	76	3	15	52	74
	1975	62.9	29	69	...	25	49	72
	1976	73.9	27	69	...	23	49	68
	1977	85.0	25	75	...	...	47	70
DOMINICAN REPUBLIC (MILLION DOMINICAN PESOS)	1960	723.6	13	68	1	10	24	16
	1961	704.2	13	71	0	8	22	14
	1962	887.2	15	73	1	10	22	21
	1963	1012.7	15	73	2	13	19	22
	1964	1104.2	15	74	2	16	18	24
	1965	957.1	18	75	0	9	15	17
	1966	1059.5	14	77	1	13	15	22
	1967	1114.6	13	78	1	14	17	21
	1968	1162.2	13	78	0	15	17	23
	1969	1325.4	12	76	2	14	17	22
	1970	1485.5	12	77	3	17	17	25
	1971	1666.5	10	79	0	18	18	25
	1972	1987.4	9	73	-2	21	21	22
	1973	2344.8	8	72	1	21	22	24
	1974	2922.6	10	73	1	22	25	31
	1975	3599.9	6	69	2	22	28	28
	1976	3935.2	4	78	2	20	21	26
	1977	4466.6	5	77	3	20	21	25
ECUADOR (MILLION ECUADORAN SUCRES)	1960	14358.0	10	75	2	13	18	17
	1961	15397.0	11	75	2	13	16	17
	1962	16734.0	10	76	2	12	18	18
	1963	18261.0	10	77	2	12	17	16
	1964	19204.0	11	76	2	12	17	17
	1965	20146.0	11	74	4	12	18	18
	1966	22851.0	10	74	4	13	17	17
	1967	25470.0	9	76	4	15	16	19
	1968	27379.0	12	73	4	16	16	21
	1969	29921.0	13	73	4	15	14	19
	1970	34275.0	12	70	7	15	15	19
	1971	40247.0	11	72	3	22	17	25
	1972	47102.0	11	69	1	19	20	20
	1973	63575.0	12	62	3	18	25	19
	1974	93582.9	10	60	4	20	35	29
	1975	108245.9	10	65	3	25	26	30
	1976	130182.8	10	62	3	23	28	26
	1977	153811.8	9	64	3	26	26	28

2A. EXPENDITURE ON GROSS DOMESTIC PRODUCT (CONTINUED)

COUNTRY OR AREA AND CURRENCY UNIT	YEAR	GROSS DOMESTIC PRODUCT	GOVERNMENT FINAL CONSUMPTION EXPENDITURE	PRIVATE FINAL CONSUMPTION EXPENDITURE	INCREASE IN STOCKS	GROSS FIXED CAPITAL FORMATION	EXPORTS	LESS IMPORTS
							OF GOODS AND SERVICES	
			1	2	3	4	5	6
			PERCENTAGE DISTRIBUTION					
EL SALVADOR	1960	1420.0[4]	10	81	1	14	20	25
(MILLION SALVADORAN COLONES)	1961	1444.1[4]	10	79	2	12	22	22
	1962	1602.6[4]	10	76	1	11	23	23
	1963	1693.6[4]	9	77	1	12	24	26
	1964	1866.7[4]	9	76	3	14	26	29
	1965	1992.2[4]	9	77	1	15	27	29
	1966	2109.7[4]	9	78	2	15	25	30
	1967	2215.7[4]	9	78	0	15	26	29
	1968	2291.9[4]	9	80	0	11	26	27
	1969	2381.8[4]	10	78	1	11	23	26
	1970	2571.4[4]	11	75	1	12	25	25
	1971	2703.9[4]	10	76	2	13	25	27
	1972	2881.9[4]	11	75	-2	16	29	28
	1973	3331.6[4]	10	74	3	16	30	33
	1974	3943.6[4]	11	75	4	18	32	41
	1975	4559.9[4]	12	72	0	21	32	38
	1976	5463.7[4]	12	72	-1	20	37	39
	1977	6548.0[4]	11	70	3	19	40	41
GUADELOUPE	1965	957.5	11	93	1	21	21	47
(MILLION FRANCS)	1966	1062.5	11	90	3	24	19	47
	1967	1111.6	12	97	1	21	17	48
	1968	1244.0	12	94	-1	21	18	44
	1969	1372.2	13	91	2	20	18	44
	1970	1578.5	13	95	0	21	20	49
	1971	1777.2	14	88	0	23	18	43
	1972	1898.4	14	95	0	20	14	43
	1973	2271.9	14	91	2	22	14	43
	1974	2602.6	14	84	34		-32	
	1975	3142.2	14	77	39		-30	
	1976	3438.8	14	80	39		-33	
	1977	3888.2	15	86	35		-37	
GUATEMALA	1960	1043.6[4]	8	84	1	10	13	16
(MILLION G QUETZALES)	1961	1076.7[4]	8	85	-1	10	12	15
	1962	1143.6[4]	7	86	-1	9	12	15
	1963	1262.7	7	84	1	10	14	16
	1964	1288.6	7	83	1	12	16	18
	1965	1331.4	7	82	0	13	17	20
	1966	1390.7	8	82	-1	12	19	19
	1967	1453.5	8	83	0	13	16	20
	1968	1610.6	7	79	1	14	17	18
	1969	1715.4	8	80	-2	13	18	17
	1970	1904.0	8	78	0	13	19	18
	1971	1984.8	7	80	1	13	17	19
	1972	2101.6	7	80	-1	13	19	19
	1973	2569.3	6	79	0	14	21	20
	1974	3161.5	7	78	4	15	22	26
	1975	3646.0	7	79	0	16	22	24
	1976	4365.3	7	78	1	21	22	28
	1977	5593.4	6	74	2	20	24	26
GUYANA	1960	291.8	11	69	1	27	49	57
(MILLION GUYANA DOLLARS)	1961	318.5	12	66	0	24	52	53
	1962	334.2	12	60	-1	17	56	45
	1963	301.4	12	53	4	13	63	46
	1964	333.7	14	67	0	16	57	53
	1965	362.3	15	65	3	19	55	58
	1966	388.7	15	66	2	22	55	60
	1967	425.2	16	62	1	25	57	60
	1968	459.4[4]	15	62	1	21	58	55
	1969	499.0[4]	16	61	1	20	59	55
	1970	535.5[4]	17	60	2	21	56	57
	1971	564.1[4]	18	60	0	18	58	55
	1972	599.3[4]	20	61	2	18	57	59
	1973	644.8[4]	25	65	3	24	52	69
	1974	954.8[4]	17	54	6	21	68	66
	1975	1187.9[4]	20	47	4	29	75	74
	1976	1117.5	30	57	4	34	67	92

2A. EXPENDITURE ON GROSS DOMESTIC PRODUCT (CONTINUED)

COUNTRY OR AREA AND CURRENCY UNIT	YEAR	GROSS DOMESTIC PRODUCT	GOVERNMENT FINAL CONSUMPTION EXPENDITURE	PRIVATE FINAL CONSUMPTION EXPENDITURE	INCREASE IN STOCKS	GROSS FIXED CAPITAL FORMATION	EXPORTS (OF GOODS AND SERVICES)	LESS IMPORTS (OF GOODS AND SERVICES)
			1	2	3	4	5	6
			PERCENTAGE DISTRIBUTION					
HAITI [12]	1960	1365.9	—— 90 ——		0	7	20	18
(MILLION HAITIAN GOURDES)	1961	1355.3	100		1	7	17	24
	1962	1409.5	91		0	8	19	18
	1963	1474.4	93		1	7	18	19
	1964	1626.4	95		1	7	14	16
	1965	1766.3	98		1	6	13	18
	1966	1844.7	99		1	5	11	16
	1967	1845.6	98		1	5	11	14
	1968	1839.8	96		1	5	13	15
	1969	1959.1	96		1	6	12	15
	1970	2054.6	95		1	8	13	17
	1971	2242.0	94		1	8	16	19
	1972	2308.5	94		1	9	17	21
	1973	2862.2	93		1	10	18	22
	1974	3411.3	93		1	12	19	25
	1975	4107.2	94		1	13	19	26
	1976	5448.1	94		0	12	19	26
	1977	6510.6	97		0	11	20	28
HONDURAS	*1960*	*680.0*	*11*	*77*	*1*	*12*	*22*	*23*
(MILLION HONDURAN LEMPIRAS)	*1961*	*718.0*	*11*	*76*	*1*	*11*	*23*	*22*
	1962	*781.0*	*11*	*74*	*1*	*14*	*23*	*22*
	1963	*820.0*	*11*	*76*	*1*	*15*	*23*	*25*
	1964	*914.0*	*11*	*75*	*1*	*13*	*24*	*25*
	1965	*1017.0*	*10*	*74*	*2*	*13*	*28*	*27*
	1966	*1100.0*	*10*	*74*	*2*	*14*	*29*	*30*
	1967	*1196.0*	*10*	*72*	*2*	*18*	*29*	*30*
	1968	*1299.0*	*10*	*72*	*1*	*17*	*31*	*31*
	1969	*1348.0*	*11*	*72*	*1*	*18*	*28*	*30*
	1970	*1430.0*	*12*	*74*	*3*	*19*	*26*	*34*
	1971	*1516.0*	*12*	*75*	*0*	*17*	*26*	*29*
	1972	*1648.0*	*12*	*72*	*0*	*15*	*28*	*27*
	1973	*1813.0*	*10*	*72*	*1*	*18*	*32*	*33*
	1974	*1995.0*	*12*	*75*	*6*	*20*	*33*	*46*
	1975	*2112.0*	*13*	*76*	*-1*	*22*	*32*	*43*
	1976	*2438.0*	*14*	*73*	*-3*	*23*	*36*	*43*
	1977	*2940.0*	*14*	*68*	*1*	*22*	*38*	*44*
JAMAICA	*1960*	*471.3*	*9*	*72*	*1*	*21*	*36*	*39*
(MILLION JAMAICAN DOLLARS)	*1961*	*503.8*	*10*	*70*	*2*	*19*	*36*	*36*
	1962	*524.3*	*10*	*71*	*1*	*19*	*36*	*36*
	1963	*557.4*	*11*	*70*	*1*	*16*	*37*	*35*
	1964	*605.2*	*11*	*74*	*1*	*18*	*36*	*40*
	1965	*656.1*	*11*	*71*	*1*	*19*	*36*	*38*
	1966	*748.1*	*10*	*67*	*1*	*20*	*39*	*36*
	1967	*797.1*	*11*	*67*	*1*	*21*	*37*	*37*
	1968	*867.6*	*12*	*66*	*1*	*26*	*38*	*42*
	1969	990.6	10	62	3	32	37	44
	1970	1167.5	12	61	0	31	33	38
	1971	1275.9	12	63	4	28	34	41
	1972	1434.1	13	67	2	26	33	41
	1973	1733.6	16	62	5	26	31	41
	1974	2265.4	17	65	3	21	37	44
	1975	2632.5	18	65	1	23	37	45
	1976	2717.6	22	69	2	17	28	38
	1977	2965.5	22	69	-1	12	31	33
MARTINIQUE	*1960*	*541.0*	...	...	...	...	...	...
(MILLION FRANCS)	*1961*	*637.0*	...	...	...	...	...	...
	1963	*819.0*	...	...	...	...	...	...
	1965	*1112.9*	*16*	*84*	*2*	*20*	*23*	*43*
	1966	*1191.1*	*15*	*82*	*2*	*20*	*22*	*41*
	1967	*1247.9*	*16*	*87*	*1*	*21*	*20*	*45*
	1968	*1413.1*	*17*	*84*	*0*	*22*	*17*	*40*
	1969	*1586.6*	*18*	*90*	*0*	*20*	*16*	*44*
	1970	*1730.1*	*19*	*90*	*0*	*26*	*15*	*50*
	1971	*1970.4*	*18*	*87*	*1*	*23*	*18*	*47*
	1972	*2234.4*	*17*	*87*	*0*	*19*	*18*	*42*
	1973	*2666.4*	*16*	*90*	*0*	*22*	*15*	*43*
	1974	*3397.7*	*17*	*84*	—— *28* ——		—— *-29* ——	
	1975	*3760.1*	*18*	*91*	*16*		*-25*	
	1976	*4526.9*	*18*	*85*	*25*		*-27*	
	1977	*5264.5*	*19*	*88*	*17*		*-24*	

2A. EXPENDITURE ON GROSS DOMESTIC PRODUCT (CONTINUED)

COUNTRY OR AREA AND CURRENCY UNIT	YEAR	GROSS DOMESTIC PRODUCT	GOVERNMENT FINAL CONSUMPTION EXPENDITURE	PRIVATE FINAL CONSUMPTION EXPENDITURE	INCREASE IN STOCKS	GROSS FIXED CAPITAL FORMATION	EXPORTS	LESS IMPORTS
							OF GOODS AND SERVICES	
			1	2	3	4	5	6
			PERCENTAGE DISTRIBUTION					
MEXICO .... (1000 MILLION MEXICAN PESOS)	1960	150.5	6	76	3	17	10	13
	1961	163.3	6	76	3	16	10	11
	1962	176.0	7	76	2	16	10	11
	1963	196.0	7	74	3	17	10	11
	1964	231.4	7	74	3	17	9	11
	1965	252.0	7	72	4	18	9	10
	1966	280.1	7	72	3	18	9	10
	1967	306.3	7	72	2	19	8	10
	1968	339.1	8	73	1	19	9	10
	1969	374.9	8	72	2	19	9	10
	1970	418.7	8	72	3	20	8	10
	1971	452.4	8	73	2	18	8	9
	1972	512.3	9	73	0	19	9	10
	1973	619.6	9	72	0	20	9	11
	1974	813.7	10	67	5	21	9	12
	1975	988.3	11	68	2	22	8	11
	1976	1227.9	12	66	2	22	8	10
	1977	1676.0	12	64	4	20	10	10
NETHERLANDS ANTILLES .... *(MILLION GUILDERS)*	*1960*	*456.0*	*12*	*69*	— *14* —		*53*	*49*
	1961	*453.0*	*13*	*70*	*15*		*49*	*47*
	1962	*456.0*	*14*	*70*	*23*		*48*	*55*
	1963	*453.0*	*14*	*71*	*23*		*45*	*52*
	1964	*451.0*	*15*	*72*	*18*		*48*	*53*
	1965	*447.0*	*16*	*73*	*13*		*52*	*54*
	1966	*457.0*	*16*	*72*	*16*		*52*	*55*
	1967	*468.0*	*16*	*71*	*17*		— *-4* —	
	1968	*499.0*	*16*	*68*	*18*		*-3*	
	1972	713.2	23	57	10		238	229
	1973	816.3	21	56	34		352	364
NICARAGUA .... (MILLION NICARAGUAN CORDOBAS)	1960	2348.4	9	79	2	13	23	25
	1961	2526.9	8	78	2	13	22	24
	1962	2783.0	8	77	2	15	26	28
	1963	3075.6	7	77	2	15	28	30
	1964	3590.3	7	75	2	17	28	30
	1965	3965.8	8	74	2	19	29	32
	1966	4246.7	9	75	2	21	27	34
	1967	4600.2	9	78	2	19	26	35
	1968	4871.3	9	77	2	16	27	30
	1969	5235.8	9	75	2	17	24	27
	1970	5436.1	10	74	2	16	27	29
	1971	5786.0	10	75	2	16	26	29
	1972	6165.9	9	72	-2	15	35	30
	1973	7655.0[4]	8	77	5	19	31	38
	1974	10646.3	8	74	8	23	29	43
	1975	11133.0	9	78	-1	23	28	37
	1976	13037.8	9	72	-1	20	33	32
	1977	15691.2	9	70	3	24	32	38
PANAMA .... *(MILLION PANAMANIAN BALBOAS)*	*1960*	*415.8*	*11*	*78*	*2*	*15*	*31*	*36*
	1961	*463.7*	*11*	*74*	*2*	*17*	*32*	*35*
	1962	*504.8*	*11*	*71*	*3*	*17*	*36*	*38*
	1963	*559.5*	*12*	*73*	*2*	*17*	*35*	*40*
	1964	*600.8*	*11*	*75*	*2*	*15*	*35*	*38*
	1965	*659.9*	*11*	*73*	*2*	*15*	*36*	*38*
	1966	*719.0*	*12*	*69*	*2*	*20*	*37*	*40*
	1967	*800.7*	*13*	*67*	*2*	*19*	*38*	*38*
	1968	*861.4*	*13*	*64*	*2*	*20*	*38*	*37*
	1969	*945.4*	*13*	*65*	*2*	*21*	*38*	*39*
	1970	*1045.8*	*14*	*63*	*2*	*24*	*37*	*41*
	1971	*1157.0*	*14*	*62*	*2*	*26*	*37*	*41*
	1972	*1297.8*	*15*	*59*	*2*	*30*	*36*	*41*
	1973	*1472.5*	*15*	*61*	*2*	*28*	*36*	*41*
	1974	*1834.7*	*14*	*67*	*4*	*23*	*42*	*51*
	1975	*1934.2*	*15*	*61*	*2*	*29*	*45*	*52*
	1976	*2004.3*	*16*	*58*	*1*	*32*	*42*	*49*
	1977	*2212.9*	*15*	*69*	*1*	*22*	*38*	*45*

2A. EXPENDITURE ON GROSS DOMESTIC PRODUCT (CONTINUED)

COUNTRY OR AREA AND CURRENCY UNIT	YEAR	GROSS DOMESTIC PRODUCT	GOVERNMENT FINAL CONSUMPTION EXPENDITURE	PRIVATE FINAL CONSUMPTION EXPENDITURE	INCREASE IN STOCKS	GROSS FIXED CAPITAL FORMATION	EXPORTS (OF GOODS AND SERVICES)	LESS IMPORTS (OF GOODS AND SERVICES)
			1	2	3	4	5	6
			PERCENTAGE DISTRIBUTION					
PARAGUAY	*1960*	*35580.7*	*7*	*84*	*0*	*12*	*15*	*19*
(MILLION P GUARANIES)	*1961*	*40578.5*	*7*	*83*	*1*	*12*	*15*	*18*
	1962	*45447.7*	*7*	*82*	*1*	*12*	*13*	*15*
	1963	*48372.3*	*7*	*83*	*1*	*10*	*12*	*13*
	1964	*51452.3*	*7*	*83*	*1*	*11*	*12*	*14*
	1965	*55891.9*	*7*	*79*	*1*	*14*	*15*	*16*
	1966	*58701.5*	*8*	*79*	*0*	*15*	*13*	*16*
	1967	*62077.4*	*8*	*79*	*0*	*16*	*12*	*16*
	1968	*65224.3*	*8*	*80*	*0*	*15*	*12*	*17*
	1969	*70092.9*	*9*	*80*	*1*	*15*	*14*	*18*
	1970	*74921.1*	*9*	*77*	*0*	*15*	*15*	*16*
	1971	*83735.8*	*8*	*80*	*0*	*14*	*13*	*16*
	1972	*96898.9*	*8*	*77*	*1*	*14*	*14*	*14*
	1973	*125436.9*	*7*	*74*	*3*	*16*	*15*	*14*
	1974	*168017.4*	*5*	*75*	*3*	*18*	*16*	*17*
	1975	*190438.3*	*6*	*74*	*3*	*21*	*13*	*18*
	1976	*214068.8*	*6*	*74*	*2*	*23*	*12*	*17*
	1977	*263611.7*	*6*	*74*	*1*	*24*	*15*	*20*
PERU	*1960*	*56.9*	*8*	*67*	*5*	*17*	*24*	*21*
(1000 MILLION PERUVIAN SOLES)	*1961*	*63.9*	*9*	*67*	*3*	*19*	*24*	*23*
	1962	*73.4*	*9*	*68*	*2*	*21*	*23*	*22*
	1963	*80.5*	*10*	*71*	*2*	*19*	*21*	*22*
	1964	*96.7*	*11*	*69*	*3*	*16*	*21*	*19*
	1965	*114.9*	*11*	*72*	*2*	*17*	*18*	*19*
	1966	*136.8*	*11*	*71*	*4*	*16*	*18*	*19*
	1967	*156.9*	*11*	*72*	*5*	*15*	*17*	*20*
	1968	*185.8*	*10*	*74*	*1*	*13*	*21*	*19*
	1969	*209.0*	*10*	*74*	*1*	*12*	*20*	*17*
	1970	256.3	11	72	-1	14	19	15
	1971	281.8	12	72	1	14	15	14
	1972	317.4	12	74	-1	14	14	14
	1973	381.9	12	72	1	16	14	14
	1974	483.3	12	71	3	19	15	20
	1975	605.8	12	72	5	19	11	20
	1976	827.7	12	74	3	17	12	18
	1977	1157.7	14	74	1	15	16	20
PUERTO RICO [1]	*1960*	*1865.1*	*13*	*80*	*1*	*20*	*45*	*60*
(MILLION US DOLLARS)	*1961*	*2094.3*	*13*	*79*	*4*	*21*	*45*	*63*
	1962	*2333.7*	*13*	*78*	*3*	*21*	*46*	*61*
	1963	*2570.4*	*13*	*80*	*3*	*23*	*45*	*64*
	1964	*2881.2*	*13*	*78*	*4*	*25*	*43*	*64*
	1965	*3169.8*	*13*	*78*	*4*	*23*	*46*	*64*
	1966	*3532.7*	*14*	*75*	*1*	*25*	*48*	*63*
	1967	*3941.7*	*14*	*74*	*2*	*25*	*47*	*62*
	1968	*4460.7*	*14*	*75*	*2*	*25*	*47*	*63*
	1969	*5034.7*	*15*	*74*	*1*	*28*	*44*	*63*
	1970	*5678.5*	*16*	*76*	*2*	*28*	*41*	*63*
	1971	*6333.5*	*16*	*75*	*2*	*28*	*40*	*61*
	1972	*7030.4*	*18*	*74*	*3*	*23*	*45*	*62*
	1973	*7758.6*	*17*	*73*	*2*	*22*	*53*	*67*
	1974	*8207.7*	*20*	*78*	*2*	*25*	*49*	*74*
	1975	*8946.0*	*18*	*82*	*4*	*20*	*49*	*73*
	1976	*9848.2*	*18*	*83*	*2*	*16*	*57*	*74*
	1977	*10902.5*	*17*	*83*	*0*	*16*	*55*	*71*
ST KITTS-NEVIS-ANGUILLA	1973	48.6	22	98	6	15	34	73
(MILLION EC DOLLARS)	1975	74.1	16	77	2	10	63	69
ST LUCIA	*1975*	*123.2*	*19*	*78*	*5*	*41*	*42*	*85*
(MILLION EC DOLLARS)	*1976*	*152.5*	*17*	*71*	*2*	*41*	*54*	*86*
	1977	*176.1*	*21*	*63*	*6*	*44*	*61*	*94*
SURINAME	*1960*	*174.3*	...	...	...	...	...	...
(MILLION SURINAME GUILDERS)	*1961*	*189.1*	...	...	...	...	...	...
	1962	*205.3*	...	...	...	...	...	...
	1963	*222.9*	...	...	...	...	...	...
	1964	*235.9*	...	...	...	...	...	...
	1965	*270.0*	...	...	...	...	...	...
	1972	619.3	22	51	—— 22 ——		57	51
	1973	676.2	22	51	24		55	52
	1974	796.4	22	47	33		62	64
	1975	897.3	16	42	48		65	70

2A. EXPENDITURE ON GROSS DOMESTIC PRODUCT (CONTINUED)

COUNTRY OR AREA AND CURRENCY UNIT	YEAR	GROSS DOMESTIC PRODUCT	GOVERNMENT FINAL CONSUMPTION EXPENDITURE	PRIVATE FINAL CONSUMPTION EXPENDITURE	INCREASE IN STOCKS	GROSS FIXED CAPITAL FORMATION	EXPORTS	LESS IMPORTS
							OF GOODS AND SERVICES	
			1	2	3	4	5	6
			PERCENTAGE DISTRIBUTION					
TRINIDAD AND TOBAGO	*1960*	*918.3*	*10*	*60*	*2*	*29*	*60*	*61*
(MILLION TT DOLLARS)	*1961*	*1002.8*	*11*	*59*	*0*	*26*	*70*	*65*
	1962	*1061.7*	*12*	*59*	*0*	*28*	*66*	*64*
	1963	*1144.6*	*12*	*64*	*0*	*24*	*63*	*62*
	1964	*1220.4*	*12*	*63*	*0*	*22*	*67*	*65*
	1965	*1262.7*	*12*	*67*	*0*	*26*	*65*	*69*
	1966	*1334.0*	*13*	*73*	—— *21* ——		*37*	*43*
	1967	*1420.0*	*13*	*73*	*16*		*39*	*41*
	1968	*1631.0*	*13*	*70*	*16*		*40*	*39*
	1969	*1684.0*	*13*	*75*	*16*		*41*	*45*
	1970	*1735.0*	*14*	*71*	*24*		*39*	*48*
	1971	*1919.0*	*15*	*66*	*33*		*37*	*52*
	1972	*2205.0*	*15*	*71*	*29*		*36*	*50*
	1973	*2715.0*	*14*	*66*	*23*		*40*	*43*
	1974	*4260.0*	*12*	*57*	*20*		*57*	*46*
	1975	*5702.0*	*11*	*58*	*20*		*56*	*45*
	1976	*6758.0*	*11*	*58*	*24*		*57*	*49*
	1977	*8422.0*	*13*	*58*	*24*		*53*	*48*
URUGUAY	*1960*	*13.6*	*9*	*79*	*3*	*15*	*14*	*20*
(MILLION URUGUAYAN NEW PESOS)	*1961*	*17.3*	*11*	*73*	*2*	*16*	*14*	*15*
	1962	*18.8*	*14*	*74*	*0*	*15*	*12*	*15*
	1963	*22.4*	*14*	*73*	*1*	*13*	*13*	*13*
	1964	*32.6*	*14*	*75*	*1*	*11*	*12*	*12*
	1965	*52.5*	*15*	*68*	*0*	*11*	*19*	*12*
	1966	*99.6*	*13*	*70*	*1*	*11*	*17*	*11*
	1967	*169.8*	*14*	*71*	*0*	*13*	*14*	*13*
	1968	*374.5*	*13*	*74*	*0*	*10*	*15*	*12*
	1969	*506.1*	*15*	*73*	*0*	*11*	*13*	*12*
	1970	*612.2*	*15*	*75*	*0*	*11*	*12*	*13*
	1971	*735.7*	*16*	*73*	*1*	*11*	*10*	*11*
	1972	*1237.8*	*12*	*75*	*2*	*10*	*14*	*14*
	1973	*2576.1*	*14*	*72*	*4*	*9*	*14*	*13*
	1974	*4604.4*	*15*	*77*	*1*	*10*	*14*	*17*
	1975	*8368.8*	*13*	*78*	*0*	*13*	*14*	*18*
	1976	*13003.0*	*15*	*73*	*-1*	*13*	*18*	*18*
	1977	*19922.0*	*11*	*75*	*0*	*15*	*20*	*21*
VENEZUELA	*1960*	*25671.0*	*14*	*56*	*-1*	*19*	*32*	*20*
(MILLION V BOLIVARES)	*1961*	*26997.0*	*13*	*55*	*1*	*16*	*34*	*19*
	1962	*29525.0*	*12*	*54*	*2*	*16*	*35*	*19*
	1963	*32186.0*	*13*	*53*	*1*	*16*	*34*	*17*
	1964	*35637.0*	*12*	*55*	*4*	*18*	*32*	*20*
	1965	*37925.0*	*12*	*57*	*2*	*18*	*31*	*21*
	1966	*39516.0*	*13*	*58*	*1*	*19*	*29*	*19*
	1967	*41625.0*	*13*	*57*	*1*	*19*	*29*	*19*
	1968	44822.0	12	52	6	22	27	20
	1969	46420.0	13	54	3	24	27	20
	1970	51443.0	13	54	5	22	25	19
	1971	57094.0	14	51	5	23	27	19
	1972	63112.0	13	51	3	25	28	20
	1973	76096.9	13	45	3	24	33	19
	1974	127740.8	10	34	4	16	52	17
	1975	125346.9	13	44	4	24	39	24
	1976	132495.9	15	49	0	32	32	29
	1977	152795.8	15	51	3	36	29	35
ASIA								
MIDDLE EAST								
CYPRUS	*1960*	*91.6*	*12*	*81*	*0*	*18*	*33*	*43*
(MILLION CYPRUS POUNDS)	*1961*	*100.4*	*11*	*79*	*2*	*18*	*32*	*41*
	1962	*112.8*	*10*	*76*	*3*	*22*	*31*	*42*
	1963	*117.7*	*10*	*78*	*0*	*23*	*32*	*43*
	1964	*107.9*	*13*	*79*	*0*	*16*	*30*	*38*
	1965	*135.8*	*11*	*74*	*3*	*18*	*32*	*38*
	1966	*147.9*	*10*	*75*	*0*	*19*	*35*	*39*
	1967	*168.7*	*9*	*74*	*2*	*19*	*34*	*38*
	1968	*183.4*	*9*	*75*	*0*	*20*	*38*	*43*
	1969	*210.9*	*9*	*74*	*2*	*22*	*38*	*45*
	1970	*226.6*	*10*	*76*	*1*	*24*	*38*	*47*
	1971	*261.5*	*10*	*74*	*1*	*22*	*38*	*45*
	1972	*296.9*	*10*	*74*	*1*	*23*	*39*	*46*
	1973	*335.7*	*11*	*77*	*2*	*24*	*39*	*52*
	1974	*298.9*	*15*	*86*	*-2*	*22*	*39*	*59*
	1975	*253.3*	*19*	*85*	*2*	*15*	*36*	*58*
	1976	*330.1*	*15*	*79*	*3*	*16*	*50*	*63*
	1977	*425.3*	*15*	*79*	*3*	*23*	*47*	*67*

2A. EXPENDITURE ON GROSS DOMESTIC PRODUCT (CONTINUED)

COUNTRY OR AREA AND CURRENCY UNIT	YEAR	GROSS DOMESTIC PRODUCT	GOVERNMENT FINAL CONSUMPTION EXPENDITURE	PRIVATE FINAL CONSUMPTION EXPENDITURE	INCREASE IN STOCKS	GROSS FIXED CAPITAL FORMATION	EXPORTS (OF GOODS AND SERVICES)	LESS IMPORTS (OF GOODS AND SERVICES)
			1	2	3	4	5	6
			PERCENTAGE DISTRIBUTION					
IRAN [9]	*1960*	*332.4*	*10*	*69*	*0*	*17*	*18*	*15*
(1000 MILLION IRANIAN RIALS)	*1961*	*328.2*	*10*	*74*	*0*	*17*	*-1*	
	1962	*351.2*	*10*	*74*	*0*	*13*	*2*	
	1963	*373.1*	*11*	*71*	*0*	*14*	*4*	
	1964	*420.0*	*12*	*71*	*0*	*15*	*2*	
	1965	*478.2*	*14*	*67*	*0*	*18*	*1*	
	1966	*522.6*	*14*	*68*	*0*	*17*	*0*	
	1967	*577.1*	*15*	*65*	*0*	*21*	*0*	
	1968	*658.8*	*15*	*65*	*0*	*21*	*-1*	
	1969	*741.9*	*16*	*63*	*0*	*21*	*-1*	
	1970	*841.5*	*17*	*64*	*0*	*20*	*-1*	
	1971	*1014.3*	*19*	*56*	*0*	*21*	*4*	
	1972	*1264.4*	*20*	*54*	*0*	*23*	*4*	
	1973	*1860.9*	*17*	*47*	*0*	*20*	*16*	
	1974	*3159.8*	*20*	*37*	*0*	*18*	*25*	
	1975	*3589.0*	*22*	*39*	*0*	*30*	*8*	
	1976	*4689.2*	*21*	*38*	*0*	*30*	*11*	
IRAQ	*1960*	*601.4*	*18*	*48*		*20*	*42*	*28*
(MILLION IRAQI DINARS)	*1961*	*653.9*	*17*	*50*		*21*	*39*	*27*
	1962	*695.9*	*17*	*51*		*17*	*38*	*23*
	1963	*706.5*	*19*	*43*	*2*	*15*	*42*	*21*
	1964	*809.8*	*21*	*46*	*2*	*15*	*40*	*23*
	1965	*886.0*	*20*	*48*	*2*	*15*	*39*	*23*
	1966	*961.6*	*20*	*49*	*1*	*16*	*38*	*23*
	1967	*969.7*	*21*	*48*	*1*	*15*	*34*	*19*
	1968	*1100.7*	*20*	*47*	*1*	*13*	*37*	*17*
	1969	*1150.4*	*21*	*47*	*1*	*14*	*36*	*18*
	1970	*1251.2*	*21*	*46*	*1*	*15*	*35*	*19*
	1971	*1433.8*	*22*	*44*	*1*	*14*	*42*	*22*
	1972	*1440.9*	*66*		*4*	*15*	*35*	*20*
	1973	*1626.4*	*57*		*4*	*18*	*44*	*24*
	1974	*3378.0*	*42*		*9*	*19*	*61*	*32*
	1975	*4022.4*	*51*		*9*	*27*	*58*	*45*
ISRAEL	*1960*	*4577.0*	*18*	*68*	*2*	*25*	*14*	*26*
(MILLION ISRAEL POUNDS)	*1961*	*5528.0*	*18*	*66*	*2*	*27*	*13*	*26*
	1962	*6632.0*	*20*	*66*	*2*	*30*	*20*	*39*
	1963	*7906.0*	*20*	*66*	*1*	*28*	*21*	*37*
	1964[3]	*9031.0*	*19*	*66*	*2*	*30*	*20*	*37*
	1965	*10768.0*	*20*	*65*	*1*	*27*	*19*	*32*
	1966	*11730.0*	*22*	*66*	*1*	*21*	*20*	*30*
	1967	*12092.0*	*29*	*66*	*0*	*16*	*21*	*33*
	1968	*14420.0*	*28*	*63*	*2*	*20*	*27*	*41*
	1969	*16870.0*	*29*	*61*	*2*	*23*	*26*	*42*
	1970	*19610.0*	*34*	*58*	*2*	*26*	*25*	*44*
	1971	*24829.0*	*32*	*54*	*2*	*28*	*27*	*43*
	1972	*32359.0*	*29*	*53*	*2*	*29*	*28*	*39*
	1973	*41640.0*	*39*	*53*	*1*	*30*	*27*	*50*
	1974	*59668.0*	*37*	*56*	*0*	*29*	*26*	*48*
	1975	*83433.9*	*41*	*56*	*2*	*28*	*27*	*54*
	1976	*109409.9*	*38*	*57*	*1*	*24*	*31*	*51*
	1977	*153999.9*	*34*	*57*	*2*	*20*	*37*	*51*
JORDAN	1960[15]	98.3	27	90	0	18	13	48
(MILLION JORDAN DINARS)	1961[15]	120.1	23	86	2	14	14	39
	1962[15]	118.9	24	86	-2	19	16	44
	1963[15]	129.1	26	91	0	16	16	47
	1964[15]	148.9	22	83	4	13	16	38
	1965[15]	167.6	22	82	2	14	17	38
	1966[15]	170.6	23	88	-1	16	19	45
	1967[3]	131.2	34	79	-1	18	16	46
	1968	156.1	36	82	0	17	12	47
	1969	183.4	35	85	2	20	11	53
	1970	174.4	34	88	-2	14	10	44
	1971	186.2	32	87	2	16	10	48
	1972	207.2	33	86	3	18	18	57
	1973	218.3	37	84	-4	22	24	62
	1974	247.3	40	81	1	26	32	79
	1975	278.6	40	94	0	32	43	108
	1976	401.7	39	81	3	34	48	105
	1977	477.6	33	86	1	42	51	113

2A. EXPENDITURE ON GROSS DOMESTIC PRODUCT (CONTINUED)

COUNTRY OR AREA AND CURRENCY UNIT	YEAR	GROSS DOMESTIC PRODUCT	GOVERNMENT FINAL CONSUMPTION EXPENDITURE	PRIVATE FINAL CONSUMPTION EXPENDITURE	INCREASE IN STOCKS	GROSS FIXED CAPITAL FORMATION	EXPORTS OF GOODS AND SERVICES	LESS IMPORTS OF GOODS AND SERVICES
			1	2	3	4	5	6
			PERCENTAGE DISTRIBUTION					
KUWAIT [6] *(MILLION KUWAITI DINARS)*	*1962*	*653.0*	*12*	*29*	*1*	*12*	*65*	*19*
	1963	*679.0*	*13*	*28*	*0*	*14*	*65*	*21*
	1964	*740.0*	*14*	*27*	*0*	*13*	*65*	*19*
	1965 [3]	*751.0*	*13*	*25*	*2*	*13*	*69*	*22*
	1966	*854.0*	*14*	*27*	*2*	*16*	*66*	*24*
	1967	*872.0*	*15*	*32*	*3*	*19*	*60*	*28*
	1968	*951.0*	*15*	*31*	*1*	*17*	*62*	*26*
	1969	*989.0*	*15*	*31*	*2*	*17*	*63*	*29*
	1970	961.0	21	25	0	11	67	25
	1971	1347.0	19	19	0	9	71	17
	1972	1562.0	18	18	0	10	71	17
	1973	2111.0	15	15	0	7	78	15
	1974	3450.0	12	12	0	5	87	16
	1975	3279.0	16	18	0	8	81	22
LEBANON *(MILLION LEBANESE POUNDS)*	*1964*	*3200.0*	*10*	*89*	*0*	*22*	*-21* (exports less imports)	
	1965	*3523.4*	*10*	*88*	*0*	*22*	*-21*	
	1966	*3866.7*	*10*	*88*	*1*	*23*	*-22*	
	1967	*3820.1*	*11*	*86*	*0*	*20*	*-18*	
	1968	*4273.2*	*10*	*86*	*0*	*18*	*-14*	
	1969	*4564.6*	*10*	*86*	*0*	*19*	*-16*	
	1970	*4865.8*	*11*	*86*	*-1*	*19*	*-15*	
	1971	*5399.0*	*10*	*86*	*1*	*19*	*-16*	
	1972	*6365.0*	*9*	*87*	*0*	*20*	*-16*	
OMAN *(MILLION RIALS OMANI)*	*1970*	*106.8*	*13*	*19*	...	*14*	*74*	*20*
	1971	*125.1*	*21*	*17*	...	*28*	*66*	*32*
	1972	*140.8*	*30*	*25*	...	*30*	*59*	*44*
	1973	*169.4*	*37*	*24*	...	*26*	*60*	*48*
	1974	*568.5*	*35*	*9*	...	*31*	*69*	*43*
	1975 [3]	*724.2*	*32*	*17*	...	*36*	*68*	*52*
	1976	*827.0*	*29*	*16*	...	*39*	*16* (exports less imports)	
SAUDI ARABIA [14] *(MILLION SA RIYALS)*	*1962*	*8673.0*	*14*	*32*	*-1*	*14*	*57*	*16*
	1963	*9319.0*	*15*	*30*	*-1*	*13*	*59*	*17*
	1964	*10404.0*	*16*	*28*	*-2*	*16*	*60*	*19*
	1965	*11939.0*	*16*	*25*	*-3*	*20*	*61*	*19*
	1966	13143.0	20	30	2	16	58	27
	1967	14657.0	19	31	5	16	59	30
	1968	15975.0	19	34	5	16	57	30
	1969	17399.0	20	34	1	15	59	29
	1970	22921.0	17	28	-1	13	66	23
	1971	28257.0	15	24	0	12	70	22
	1972	40551.0	13	19	0	14	74	20
	1973	99314.9	10	10	1	8	86	15
	1974	134209.9	12	10	2	11	85	20
	1975	157860.8	19	12	1	22	76	31
	1976	200751.8	25	13	-1	30	70	36
SYRIAN ARAB REPUBLIC *(MILLION SYRIAN POUNDS)*	*1963*	*3980.0*	*14*	*73*	...	*13*	*25*	*25*
	1964	*4596.0*	*15*	*75*	...	*12*	*19*	*21*
	1965	*4614.0*	*16*	*74*	...	*10*	*19*	*19*
	1966	*4698.0*	*16*	*78*	...	*12*	*20*	*26*
	1967	*5437.0*	*15*	*77*	...	*11*	*16*	*20*
	1968	*5514.0*	*19*	*71*	...	*14*	*18*	*23*
	1969	*5997.0*	*19*	*68*	...	*17*	*22*	*26*
	1970	*6433.0*	*18*	*70*	...	*15*	*20*	*24*
	1971	*7448.0*	*18*	*70*	...	*17*	*20*	*25*
	1972	*8891.0*	*18*	*69*	...	*18*	*21*	*26*
	1973	*9413.0*	*22*	*60*	...	*20*	*25*	*27*
	1974	*14870.0*	*18*	*71*	...	*21*	*29*	*39*
	1975	*19536.0*	*21*	*65*	...	*28*	*25*	*39*
	1976	*23409.0*	*21*	*61*	...	*33*	*23*	*38*
	1977	*25993.0*	*20*	*62*	...	*40*	*22*	*44*
TURKEY (1000 MILLION TURKISH LIRAS)	1960	47.0	11	76 (private consumption and increase in stocks)		16	-2 (exports less imports)	
	1961	49.8	12	75		16	-3	
	1962	57.9	11	77		15	-4	
	1963	66.9	11	78	1	14	-4	
	1964	71.5	12	74	1	15	-2	
	1965	76.4	12	74	0	15	-1	
	1966	90.8	12	72	2	16	6	8
	1967	101.2	12	71	1	16	6	7
	1968	112.2	13	71	1	17	5	7
	1969	124.5	12	72	0	17	5	7
	1970	145.5	13	70	1	19	6	9
	1971	187.1	13	73	1	17	7	11
	1972	232.1	14	73	0	17	7	11
	1973	295.5	14	69	1	18	9	11
	1974	409.7	...	...	...	...	7	14
	1975	515.0	...	...	...	...	7	15
	1976	659.0	...	...	...	...	...	...

2A. EXPENDITURE ON GROSS DOMESTIC PRODUCT (CONTINUED)

COUNTRY OR AREA AND CURRENCY UNIT	YEAR	GROSS DOMESTIC PRODUCT	GOVERNMENT FINAL CONSUMPTION EXPENDITURE	PRIVATE FINAL CONSUMPTION EXPENDITURE	INCREASE IN STOCKS	GROSS FIXED CAPITAL FORMATION	EXPORTS	LESS IMPORTS
							OF GOODS AND SERVICES	
			1	2	3	4	5	6
			PERCENTAGE DISTRIBUTION					
YEMEN (MILLION YEMENI RIALS)	1969	2214.6	4	99	0	8	1	12
	1970	2416.5	5	99	0	8	1	14
	1971	2895.0	5	98	I	8	2	14
	1972	3399.8	7	98	1	8	1	15
	1973	3709.7	10	97	2	10	3	22
ASIA								
EAST AND SOUTHEAST								
BANGLADESH [1] (MILLION BANGLADESH TAKA)	*1972*	*43898.0*	*5*	*85*	*0*	*9*	*6*	*5*
	1973	*69819.9*	*6*	*89*	*0*	*11*	*4*	*10*
	1974	*124550.9*	*5*	*94*	*0*	*7*	*3*	*9*
	1975	*107128.9*	*7*	*89*	*0*	*13*	*5*	*14*
	1976	*104941.9*	*9*	*80*	*0*	*19*	*6*	*13*
	1977	*117819.9*	...	...	...	...	...	...
BURMA [12] (MILLION BURMESE KYATS)	*1962*	*6658.0*	—— *85* ——		*1*	*10*	*19*	*16*
	1963	*7590.0*	*87*		*1*	*9*	*17*	*14*
	1964	*6977.0*	*89*		*-1*	*11*	*16*	*16*
	1965	*7742.0*	*86*		*8*	*10*	*14*	*18*
	1966	*7627.0*	*94*		*-7*	*11*	*12*	*11*
	1967	*8198.0*	*90*		*0*	*12*	*8*	*10*
	1968	*9341.0*	*87*		*4*	*11*	*6*	*8*
	1969	*9915.0*	*89*		*2*	*11*	*6*	*8*
	1970	*10260.0*	*89*		*3*	*11*	*5*	*9*
	1971	*10437.0*	*91*		*2*	*10*	*6*	*8*
	1972	*10772.0*	*90*		*1*	*11*	*6*	*9*
	1973	*11735.0*	*89*		*1*	*9*	*6*	*6*
	1974	*14700.0*	*87*		*2*	*8*	*6*	*4*
	1975	*19348.0*	*92*		*2*	*7*	*5*	*5*
	1976	*23477.0*	*91*		*3*	*7*	*5*	*6*
	1977	*27016.0*	*91*		*2*	*8*	*5*	*6*
DEMOCRATIC KAMPUCHEA (1000 MILLION RIELS)	*1962*	*23.1*	*20*	*71*	*1*	*17*	*14*	*23*
	1963	*25.5*	*19*	*66*	*1*	*17*	*17*	*21*
	1964	*27.5*	*19*	*65*	*3*	*13*	*15*	*16*
	1965	*30.4*	*16*	*71*	*2*	*12*	*12*	*12*
	1966	*32.0*	*17*	*70*	*3*	*16*	*8*	*13*
HONG KONG (MILLION HONG KONG DOLLARS)	*1961*	*6050.0*	*7*	*88*	...	*21*	*91*	*107*
	1962	*6882.0*	*6*	*86*	...	*25*	*88*	*105*
	1963	*7994.0*	*6*	*82*	...	*28*	*84*	*100*
	1964	*8894.0*	*6*	*81*	...	*30*	*86*	*103*
	1965	*10516.0*	*6*	*77*	...	*28*	*80*	*91*
	1966	*11091.0*	*7*	*83*	...	*23*	*85*	*97*
	1967	*12411.0*	*7*	*79*	...	*17*	*87*	*90*
	1968	*13356.0*	*7*	*81*	...	*15*	*96*	*100*
	1969	*15791.0*	*6*	*77*	...	*15*	*101*	*100*
	1970	*18670.0*	*6*	*75*	...	*19*	*100*	*100*
	1971	*20976.0*	*6*	*76*	...	*23*	*98*	*102*
	1972	*24156.0*	*7*	*72*	...	*22*	*96*	*97*
	1973	*30736.0*	*6*	*74*	*0*	*22*	*99*	*101*
	1974	*35252.0*	*7*	*75*	*1*	*22*	*100*	*105*
	1975	*37268.0*	*7*	*76*	*0*	*21*	*94*	*99*
	1976	*47226.0*	*7*	*70*	*1*	*20*	*103*	*101*
	1977	*54599.0*	*7*	*74*	*0*	*24*	*96*	*100*
INDIA [6] (1000 MILLION INDIAN RUPEES)	1960	150.2[4]	7	80	3	14	5	8
	1961	159.8[4]	8	78	2	15	5	7
	1962	171.0[4]	9	77	2	16	5	7
	1963	196.6[4]	10	75	2	16	5	7
	1964	230.4[4]	9	76	2	16	4	7
	1965	241.1[4]	10	77	1	17	4	6
	1966	276.6[4]	9	79	3	17	5	8
	1967	322.9[4]	9	81	2	16	5	7
	1968	332.8[4]	9	79	0	16	5	6
	1969	368.5[4]	9	77	2	16	4	5
	1970	404.6[4]	9	75	3	16	4	5
	1971	435.6[4]	10	75	3	16	4	5
	1972	480.6[4]	10	74	2	17	4	5
	1973	591.9[4]	9	76	3	15	4	5
	1974	700.3[4]	9	76	5	15	5	6
	1975	729.5[4]	9	73	4	18	7	7
	1976	771.9	10	71	3	19	...	...

2A. EXPENDITURE ON GROSS DOMESTIC PRODUCT (CONTINUED)

COUNTRY OR AREA AND CURRENCY UNIT	YEAR	GROSS DOMESTIC PRODUCT	GOVERNMENT FINAL CONSUMPTION EXPENDITURE	PRIVATE FINAL CONSUMPTION EXPENDITURE	INCREASE IN STOCKS	GROSS FIXED CAPITAL FORMATION	EXPORTS	LESS IMPORTS
							OF GOODS AND SERVICES	
			1	2	3	4	5	6
			PERCENTAGE DISTRIBUTION					
INDONESIA	*1960*	*0.4*	*12*	*80*	—	*8* —	*13*	*13*
(1000 MILLION INDONESIAN RUPIAHS)	*1961*	*0.5*	*12*	*82*		*10*	*10*	*14*
	1962	*1.3*	*6*	*88*		*6*	*5*	*5*
	1963	*3.2*	*7*	*85*		*8*	*9*	*9*
	1964	*7.1*	*7*	*82*		*12*	*12*	*13*
	1965	*23.7*	*6*	*88*		*7*	*5*	*6*
	1966	*315.9*	*9*	*96*		*5*	*13*	*22*
	1967	*847.8*	*7*	*93*		*8*	*9*	*17*
	1968	*1993.9*	*7*	*89*		*9*	*11*	*16*
	1969[3]	*2718.0*	*7*	*87*		*12*	*9*	*15*
	1970	*3340.0*	*9*	*81*		*14*	*13*	*16*
	1971	*3672.0*	*9*	*77*		*16*	*14*	*17*
	1972	*4564.0*	*9*	*75*		*19*	*17*	*19*
	1973	*6753.4*	*11*	*71*		*18*	*20*	*19*
	1974	*10708.0*	*8*	*68*		*17*	*29*	*21*
	1975	*12642.5*	*10*	*69*		*20*	*23*	*22*
	1976	*15466.7*	*10*	*68*		*21*	*22*	*21*
	1977	*19046.7*	*11*	*67*		*19*	*22*	*19*
JAPAN	*1960*	*15502.8*	*9*	*57*	*4*	*30*	*11*	*11*
(1000 MILLION JAPANESE YEN)	*1961*	*19161.8*	*8*	*53*	*7*	*33*	*9*	*11*
	1962	*21252.4*	*9*	*55*	*2*	*34*	*10*	*10*
	1963	*24541.7*	*9*	*56*	*4*	*32*	*9*	*10*
	1964	*29014.4*	*9*	*55*	*4*	*32*	*10*	*10*
	1965	32163.1	8	58	2	30	11	9
	1966	37463.8	8	57	2	31	11	9
	1967	44197.4	8	56	4	32	10	10
	1968	52752.7	8	54	3	34	10	9
	1969	61778.5	7	54	2	35	11	9
	1970	73665.6	7	52	3	35	11	9
	1971	81027.6	8	54	1	34	12	9
	1972	92751.4	8	54	1	34	11	8
	1973	113084.4	8	53	2	37	10	10
	1974	135344.4	9	54	3	35	13	14
	1975	148981.7	10	57	0	32	13	13
	1976	167266.2	10	58	1	31	14	13
KOREA, REPUBLIC OF	*1960*	*243.1[4]*	*15*	*85*	*0*	*11*	*3*	*13*
(1000 MILLION KOREAN WON)	*1961*	*291.4[4]*	*14*	*84*	*2*	*12*	*5*	*15*
	1962	*352.4[4]*	*14*	*84*	*-1*	*14*	*5*	*17*
	1963	*499.6[4]*	*11*	*81*	*5*	*14*	*5*	*16*
	1964	*711.1[4]*	*9*	*83*	*3*	*11*	*6*	*14*
	1965	*798.1[4]*	*9*	*84*	*0*	*15*	*9*	*16*
	1966	*1023.7[4]*	*10*	*79*	*1*	*20*	*10*	*20*
	1967	*1259.3[4]*	*10*	*80*	*0*	*22*	*11*	*22*
	1968	*1629.7[4]*	*11*	*76*	*1*	*25*	*13*	*26*
	1969	*2130.2[4]*	*10*	*72*	*3*	*26*	*14*	*25*
	1970	*2663.5[4]*	*11*	*72*	*2*	*25*	*14*	*24*
	1971	*3279.7[4]*	*11*	*74*	*3*	*23*	*16*	*26*
	1972	*4017.7[4]*	*11*	*73*	*1*	*21*	*20*	*25*
	1973	*5236.1[4]*	*9*	*67*	*2*	*24*	*30*	*33*
	1974	*7345.2[4]*	*10*	*68*	*6*	*25*	*28*	*40*
	1975	*9803.1[4]*	*10*	*69*	*3*	*26*	*28*	*37*
	1976	*13135.2[4]*	*11*	*65*	*2*	*24*	*33*	*35*
	1977	*16753.6[4]*	*12*	*62*	*1*	*26*	*36*	*36*
MALAYSIA [10]	*1960*	*5866.0*	*12*	*62*	*1*	*11*	*53*	*39*
(MILLION MALAYSIAN RINGGITS)	*1961*	*5822.0*	*14*	*66*	*0*	*13*	*48*	*42*
	1962	*6127.0*	*14*	*67*	*1*	*16*	*46*	*43*
	1963	*6505.0*	*15*	*67*	*0*	*16*	*45*	*42*
	1964	*6968.0*	*16*	*66*	*0*	*15*	*43*	*41*
	1965	*7590.0*	*17*	*63*	*0*	*15*	*44*	*39*
	1966	*7977.0*	*18*	*63*	*0*	*15*	*42*	*38*
	1967	*8229.0*	*18*	*64*	*1*	*15*	*38*	*36*
	1968	*8512.0*	*17*	*64*	*1*	*14*	*41*	*38*
	1969	9811.0	16	60	1	13	44	33
	1970	10588.0	16	60	3	16	41	36
	1971	12955.0	17	61	0	21	40	39
	1972	14220.0	19	61	-1	23	36	37
	1973	18622.0	16	56	0	22	42	36
	1974	22858.0	15	56	3	25	48	48
	1975	22332.0	18	59	-2	25	46	45
	1976	27964.0	15	52	0	22	52	42
	1977	32263.0	17	52	1	23	50	42

2A. EXPENDITURE ON GROSS DOMESTIC PRODUCT (CONTINUED)

COUNTRY OR AREA AND CURRENCY UNIT	YEAR	GROSS DOMESTIC PRODUCT	GOVERNMENT FINAL CONSUMPTION EXPENDITURE	PRIVATE FINAL CONSUMPTION EXPENDITURE	INCREASE IN STOCKS	GROSS FIXED CAPITAL FORMATION	EXPORTS	LESS IMPORTS
							OF GOODS AND SERVICES	
			1	2	3	4	5	6
			PERCENTAGE DISTRIBUTION					
PAKISTAN [1]	1960[11]	36717.0	6	85	1	12	6	10
(MILLION PAKISTAN RUPEES)	1961[11]	38630.0	6	83	1	14	6	9
	1962[11]	41011.0	6	83	1	14	7	11
	1963[11]	44161.0	7	82	1	16	6	12
	1964[11]	49317.0	6	83	1	17	6	13
	1965[11]	54042.0	9	79	1	14	6	9
	1966[11]	61318.0	7	82	2	14	6	10
	1967[11]	65257.0	7	81	1	14	6	9
	1968[11]	71337.9	7	82	1	13	5	9
	1969[3]	47749.0	10	77	1	14	8	10
	1970	50388.0	10	77	2	14	8	11
	1971	53845.0	12	75	2	13	7	9
	1972	66514.9	12	75	2	11	15	14
	1973	86207.9	10	80	1	12	14	18
	1974	111129.9	11	82	2	15	12	21
	1975	130437.8	11	79	0	17	11	18
	1976	146860.9	11	79	1	18	10	18
	1977	168525.8	11	80	1	18	10	19
PHILIPPINES	1960	14029.0[4]	8	76	3	13	11	10
(MILLION PHILIPPINE PESOS)	1961	15268.0[4]	8	77	3	15	11	13
	1962	17083.0[4]	8	75	3	14	15	17
	1963	19856.0[4]	9	74	4	16	17	15
	1964	21467.0[4]	9	77	3	18	16	17
	1965	23496.0[4]	9	76	3	18	17	17
	1966	25882.0[4]	9	76	3	16	18	17
	1967	29024.0[4]	9	75	3	18	17	19
	1968	32129.0[4]	9	74	4	17	15	18
	1969	35296.0[4]	9	73	4	16	13	16
	1970	42448.0[4]	8	70	5	16	19	19
	1971	50120.0[4]	9	71	5	16	18	19
	1972	56075.0[4]	9	71	5	16	18	18
	1973	71785.9[4]	9	67	6	15	22	19
	1974	99637.9[4]	9	67	8	19	22	25
	1975	114602.9[4]	10	66	7	24	19	25
	1976	132785.9[4]	11	65	6	25	18	24
	1977	153137.9[4]	11	64	6	24	19	23
SINGAPORE	1960	2149.6[4]	8	89	2	10	— -14	—
(MILLION SINGAPORE DOLLARS)	1961	2329.1[4]	9	91	-1	13	-15	
	1962	2513.7[4]	9	87	1	14	-11	
	1963	2789.9[4]	10	83	1	16	-15	
	1964	2714.6[4]	10	82	0	20	-12	
	1965	2956.2[4]	10	79	1	21	-12	
	1966	3330.7[4]	11	77	2	20	-8	
	1967	3745.7[4]	10	76	2	20	-8	
	1968	4315.0[4]	10	74	2	23	-7	
	1969	5019.9[4]	11	69	2	26	-11	
	1970	5804.9[4]	12	68	6	33	-20	
	1971	6823.3[4]	13	67	4	36	-22	
	1972	8155.8[4]	12	63	4	37	-17	
	1973	10205.1[4]	11	64	4	35	-10	
	1974	12543.2[4]	10	62	7	37	-17	
	1975	13373.0[4]	11	62	3	35	-9	
	1976	14575.2[4]	11	60	2	35	-9	
	1977	15974.3[4]	11	61	0	33	-5	
SRI LANKA	1963	7259.3	13	73	0	15	26	28
(MILLION SRI LANKA RUPEES)	1964	7904.3	13	73	1	15	25	27
	1965	8118.2	14	73	-1	14	26	25
	1966	8474.6	14	75	1	14	22	25
	1967	9152.4	13	74	1	15	20	23
	1968	10544.2	13	73	2	15	21	24
	1969	11724.2	13	73	1	20	18	25
	1970	13173.4	13	69	3	18	17	19
	1971	13296.7	13	70	1	17	17	18
	1972	14538.8	13	71	0	17	16	17
	1973	17053.3	14	72	-1	16	16	17
	1974	21271.9	13	77	1	14	18	23
	1975	23971.6	11	77	2	15	18	23
	1976	26564.2	11	72	1	17	20	22
	1977	31232.1	11	72	-1	15	24	21

2A. EXPENDITURE ON GROSS DOMESTIC PRODUCT (CONTINUED)

COUNTRY OR AREA AND CURRENCY UNIT	YEAR	GROSS DOMESTIC PRODUCT	GOVERNMENT FINAL CONSUMPTION EXPENDITURE	PRIVATE FINAL CONSUMPTION EXPENDITURE	INCREASE IN STOCKS	GROSS FIXED CAPITAL FORMATION	EXPORTS OF GOODS AND SERVICES	LESS IMPORTS OF GOODS AND SERVICES
			1	2	3	4	5	6
			PERCENTAGE DISTRIBUTION					
THAILAND	*1960*	*54.0*[4]	*10*	*73*	*2*	*14*	*17*	*19*
(1000 MILLION THAI BAHT)	*1961*	*59.0*[4]	*10*	*72*	*1*	*14*	*19*	*19*
	1962	*63.8*[4]	*10*	*73*	*3*	*16*	*17*	*19*
	1963	*68.1*[4]	*10*	*73*	*4*	*18*	*16*	*20*
	1964	*74.7*[4]	*10*	*72*	*1*	*19*	*19*	*20*
	1965	*84.3*[4]	*10*	*69*	*1*	*19*	*18*	*20*
	1966	*101.4*[4]	*9*	*66*	*3*	*20*	*19*	*19*
	1967	*108.3*[4]	*10*	*69*	*1*	*23*	*20*	*22*
	1968	*116.8*[4]	*11*	*69*	*2*	*24*	*18*	*22*
	1969	*128.6*[4]	*11*	*67*	*2*	*24*	*17*	*22*
	1970	*136.1*[4]	*11*	*68*	*2*	*24*	*17*	*22*
	1971	*144.6*[4]	*12*	*69*	*1*	*23*	*17*	*21*
	1972	*164.6*[4]	*11*	*67*	*-1*	*21*	*19*	*21*
	1973	*216.5*[4]	*10*	*64*	*3*	*20*	*20*	*21*
	1974	*269.7*[4]	*10*	*66*	*3*	*22*	*23*	*25*
	1975	*296.3*[4]	*10*	*66*	*4*	*23*	*19*	*24*
	1976	*332.2*[4]	*11*	*66*	*2*	*23*	*21*	*24*
	1977	*370.4*[4]	*11*	*68*	*1*	*25*	*22*	*27*
VIET NAM [2]	*1960*	*82.8*	*17*	*77*	*5*	*8*	*7*	*14*
(1000 MILLION PIASTRES)	*1961*	*85.3*	*18*	*82*	*1*	*8*	*6*	*15*
	1962	*94.5*	*21*	*82*	*1*	*9*	*6*	*19*
	1963	*101.4*	*21*	*84*	*0*	*8*	*8*	*21*
	1964	*115.8*	*22*	*80*	*3*	*8*	*7*	*20*
	1965	*143.4*	*23*	*77*	*3*	*9*	*8*	*20*
	1966	*220.2*	*24*	*81*	*3*	*13*	*14*	*35*
	1967	*334.8*	*22*	*85*	*3*	*10*	*13*	*33*
	1968	*358.8*	*24*	*89*	*2*	*7*	*8*	*29*
	1969	*533.7*	*24*	*84*	*1*	*9*	*6*	*25*
	1970	*778.5*	*23*	*78*	*3*	*8*	*4*	*17*
	1971	*956.0*	*24*	*72*	*2*	*9*	*8*	*15*
	1972	*1093.7*	*25*	*80*	*3*	*9*	*13*	*30*
EUROPE MARKET ECONOMIES								
AUSTRIA	*1960*	*163.2*	*13*	*59*	*3*	*25*	*24*	*25*
(1000 MILLION A SCHILLINGS)	*1961*	*180.8*	*12*	*59*	*2*	*26*	*24*	*24*
	1962	*192.3*	*13*	*60*	*0*	*26*	*25*	*24*
	1963	*207.3*	*13*	*61*	*0*	*26*	*25*	*25*
	1964	226.6	13	59	2	26	25	25
	1965	246.3	13	59	1	27	26	26
	1966	268.3	14	58	2	28	26	27
	1967	285.4	15	59	1	27	26	27
	1968	306.7	15	58	2	26	27	27
	1969	334.9	15	57	2	25	30	28
	1970	375.7	15	55	4	26	32	31
	1971	418.8	15	55	2	28	32	31
	1972	476.2	15	55	0	30	32	31
	1973	535.7	15	54	2	27	33	32
	1974	613.0	16	54	2	28	36	36
	1975	656.3	17	56	-1	27	34	33
	1976	727.6	18	56	2	26	34	37
	1977	792.5	17	57	2	27	35	39
BELGIUM	*1960*	*564.0*	*13*	*69*	*0*	*19*	*33*	*34*
(1000 MILLION BELGIAN FRANCS)	*1961*	*600.2*	*12*	*68*	*1*	*20*	*34*	*35*
	1962	*642.7*	*13*	*67*	*0*	*21*	*34*	*34*
	1963	*691.1*	*13*	*67*	*0*	*21*	*35*	*36*
	1964	*773.4*	*13*	*64*	*2*	*22*	*36*	*37*
	1965	*842.1*	*13*	*64*	*1*	*22*	*36*	*36*
	1966	*905.0*	*13*	*64*	*1*	*23*	*36*	*37*
	1967	*969.7*	*14*	*63*	*1*	*23*	*36*	*36*
	1968	*1037.5*	*14*	*64*	*1*	*21*	*39*	*39*
	1969	*1151.3*	*14*	*62*	*2*	*21*	*42*	*41*
	1970	*1280.9*	*14*	*60*	*2*	*22*	*44*	*42*
	1971	*1403.3*	*14*	*60*	*1*	*22*	*43*	*41*
	1972	*1566.8*	*15*	*60*	*1*	*21*	*44*	*40*
	1973	*1780.7*	*15*	*61*	*1*	*21*	*48*	*46*
	1974	*2092.0*	*15*	*60*	*2*	*22*	*53*	*53*
	1975	*2305.5*	*17*	*61*	*-1*	*22*	*46*	*46*
	1976	*2621.7*	*17*	*62*	*0*	*22*	*48*	*48*
	1977	*2838.8*	*17*	*62*	*0*	*21*	*47*	*48*

2A. EXPENDITURE ON GROSS DOMESTIC PRODUCT (CONTINUED)

COUNTRY OR AREA AND CURRENCY UNIT	YEAR	GROSS DOMESTIC PRODUCT	GOVERNMENT FINAL CONSUMPTION EXPENDITURE	PRIVATE FINAL CONSUMPTION EXPENDITURE	INCREASE IN STOCKS	GROSS FIXED CAPITAL FORMATION	EXPORTS OF GOODS AND SERVICES	LESS IMPORTS OF GOODS AND SERVICES
			1	2	3	4	5	6
			PERCENTAGE DISTRIBUTION					
DENMARK (MILLION DANISH KRONER)	1960	40786.0	12	66	4	19	34	35
	1961	45257.0	13	66	1	21	31	33
	1962	50995.0	14	66	2	21	30	33
	1963	54282.0	14	65	0	20	32	31
	1964	62049.0	14	64	1	22	31	33
	1965	69699.9	15	62	2	22	31	32
	1966[3]	76797.9	17	60	1	24	29	31
	1967	84596.9	18	60	0	24	28	30
	1968	94100.9	19	59	1	23	28	29
	1969	107388.9	19	58	1	24	28	30
	1970	119066.9	20	57	1	25	28	31
	1971	131632.9	21	56	1	24	28	30
	1972	151483.9	21	53	0	25	27	27
	1973	174633.9	21	54	1	25	28	31
	1974	193968.9	23	55	1	25	32	35
	1975	215665.9	25	56	-1	22	30	31
	1976	248981.7	24	56	1	24	29	34
	1977	276242.7	24	56	0	23	29	33
FINLAND (MILLION FINNISH MARKKAA)	1960	15824.0	13	58	3	27	23	24
	1961	17625.0	12	57	3	28	23	24
	1962	18856.0	13	59	2	27	23	24
	1963	20541.0	14	59	1	26	22	22
	1964	23553.0	14	58	5	24	21	23
	1965	25828.0	15	58	3	26	21	23
	1966	27777.0	15	57	4	26	21	23
	1967	30109.0	16	57	3	24	21	22
	1968	34148.0	17	55	4	23	24	23
	1969	39013.0	16	54	6	24	26	25
	1970	43592.0	16	53	7	26	27	29
	1971	47661.0	17	52	6	27	26	28
	1972	54909.0	17	53	3	28	28	27
	1973	66745.9	17	51	6	28	27	28
	1974	84173.9	17	49	10	28	30	34
	1975	97960.9	19	51	6	31	25	32
	1976	110121.9	20	51	4	27	27	29
	1977	121556.9	20	51	0	27	31	29
FRANCE (1000 MILLION FRENCH FRANCS)	1960	301.4	13	61	4	20	15	13
	1961	328.1	13	62	2	22	14	13
	1962	366.7	13	62	3	22	13	13
	1963	411.4	13	62	3	22	13	13
	1964	456.0	13	61	3	24	13	13
	1965	489.0	13	61	1	24	14	13
	1966	531.7	12	60	2	25	14	14
	1967	573.8	12	61	2	25	14	14
	1968	629.3	13	61	2	25	14	14
	1969	733.3	12	59	4	25	14	15
	1970	782.6	13	60	3	23	16	16
	1971	872.4	13	61	1	24	17	16
	1972	981.1	13	60	2	24	17	16
	1973	1114.2	13	60	2	24	18	18
	1974	1278.3	14	61	2	24	22	23
	1975	1450.9	14	62	0	23	20	19
	1976	1669.3	15	62	1	23	20	21
	1977	1870.3	15	62	1	23	21	22
GERMANY, FEDERAL REPUBLIC OF (1000 MILLION DEUTSCHE MARK)	1960	302.8	13	57	3	24	19	16
	1961	331.8	14	57	2	25	18	16
	1962	360.9	15	57	1	26	17	16
	1963	382.5	16	57	1	26	18	16
	1964	420.3	15	56	1	27	18	17
	1965	459.3	15	56	2	26	18	18
	1966	488.3	16	56	1	25	19	17
	1967	494.5	16	57	0	23	20	17
	1968	534.9	16	56	2	22	21	18
	1969	596.9	16	55	3	23	22	19
	1970	678.7	16	54	2	26	21	19
	1971	754.9	17	54	1	26	21	19
	1972	826.0	17	54	0	26	21	19
	1973	918.6	18	54	1	25	22	19
	1974	987.1	20	53	1	22	26	22
	1975	1031.8	21	56	0	21	25	22
	1976	1125.6	20	55	1	21	26	24
	1977	1198.5	20	56	1	21	26	23

2A. EXPENDITURE ON GROSS DOMESTIC PRODUCT (CONTINUED)

COUNTRY OR AREA AND CURRENCY UNIT	YEAR	GROSS DOMESTIC PRODUCT	GOVERNMENT FINAL CONSUMPTION EXPENDITURE	PRIVATE FINAL CONSUMPTION EXPENDITURE	INCREASE IN STOCKS	GROSS FIXED CAPITAL FORMATION	EXPORTS	LESS IMPORTS
							OF GOODS AND SERVICES	
			1	2	3	4	5	6
			PERCENTAGE DISTRIBUTION					
GREECE	*1960*	*105.2*[4]	*12*	*80*	*0*	*19*	*9*	*17*
(1000 MILLION GREEK DRACHMAS)	*1961*	*118.6*[4]	*11*	*77*	*2*	*18*	*9*	*16*
	1962	*126.0*[4]	*12*	*76*	*1*	*20*	*10*	*17*
	1963	*140.7*[4]	*11*	*74*	*2*	*19*	*10*	*18*
	1964	*158.0*[4]	*12*	*74*	*5*	*21*	*9*	*19*
	1965	*179.8*[4]	*12*	*73*	*5*	*22*	*9*	*20*
	1966	*200.0*[4]	*12*	*72*	*1*	*22*	*11*	*19*
	1967	*216.1*[4]	*13*	*72*	*2*	*20*	*11*	*18*
	1968	*234.5*[4]	*13*	*72*	*0*	*23*	*10*	*18*
	1969	*266.5*[4]	*13*	*69*	*1*	*25*	*10*	*19*
	1970	*298.9*[4]	*13*	*69*	*4*	*24*	*10*	*18*
	1971	*330.3*[4]	*13*	*67*	*3*	*25*	*10*	*18*
	1972	*377.7*[4]	*12*	*66*	*2*	*28*	*12*	*20*
	1973	*484.2*[4]	*11*	*64*	*8*	*28*	*14*	*25*
	1974	*564.2*[4]	*14*	*69*	*7*	*22*	*16*	*26*
	1975	*672.2*[4]	*15*	*69*	*6*	*21*	*16*	*27*
	1976	*823.4*[4]	*15*	*66*	*5*	*21*	*17*	*26*
	1977	*965.6*[4]	*16*	*67*	*4*	*23*	*16*	*25*
ICELAND	*1960*	*8509.0*	*9*	*67*	*-1*	*30*	*44*	*48*
(MILLION ICELANDIC KRONUR)	*1961*	*9730.0*	*8*	*64*	*2*	*23*	*44*	*40*
	1962	*11673.0*	*8*	*64*	*-1*	*24*	*48*	*44*
	1963	*13891.0*	*9*	*65*	*-1*	*28*	*44*	*45*
	1964	*17748.0*	*9*	*64*	*0*	*28*	*39*	*40*
	1965	*21433.0*	*9*	*62*	*2*	*26*	*39*	*37*
	1966	*25697.0*	*9*	*64*	*0*	*27*	*35*	*35*
	1967	*25984.0*	*10*	*67*	*0*	*31*	*30*	*38*
	1968	*27939.0*	*10*	*67*	*-1*	*31*	*34*	*41*
	1969	*34808.0*	*9*	*63*	*1*	*24*	*46*	*43*
	1970	*43663.0*	*10*	*65*	*-1*	*24*	*48*	*45*
	1971	*55516.0*	*10*	*64*	*3*	*29*	*40*	*46*
	1972	*69369.9*	*11*	*64*	*-1*	*28*	*37*	*39*
	1973	*96945.9*	*10*	*62*	*0*	*30*	*38*	*40*
	1974	*141692.9*	*11*	*65*	*2*	*32*	*34*	*43*
	1975	*194912.8*	*11*	*63*	*2*	*33*	*37*	*45*
	1976	*269462.8*	*11*	*60*	*-1*	*29*	*39*	*38*
	1977	*381304.7*	*11*	*60*	*2*	*27*	*38*	*38*
IRELAND	1960	631.3	12	77	2	14	31	37
(MILLION IRISH POUNDS)	1961	679.7	12	75	1	16	34	39
	1962	735.8	12	75	2	17	32	38
	1963	791.3	13	74	2	19	33	40
	1964	900.6	13	73	2	19	33	40
	1965	958.9	13	72	3	21	34	43
	1966	1010.4	13	72	1	19	37	42
	1967	1103.6	13	71	0	20	37	40
	1968	1245.2	13	71	1	20	38	44
	1969	1438.3	13	70	3	23	37	45
	1970	1620.2	15	69	2	23	37	45
	1971	1854.1	15	68	0	24	36	43
	1972	2219.9	15	65	1	24	35	40
	1973	2681.1	16	64	2	25	38	45
	1974	2929.6	18	69	4	25	43	58
	1975	3663.6	19	65	-1	22	44	50
	1976	4492.0	19	65	0	23	48	55
	1977	5380.0	19	65	1	25	52	60
ITALY	1960	21632.0	12	64	2	22	15	15
(1000 MILLION ITALIAN LIRE)	1961	24118.0	12	63	2	23	15	15
	1962	27117.0	12	63	2	23	15	16
	1963	31053.0	13	64	1	24	15	17
	1964	33941.0	14	64	1	22	15	15
	1965	36530.0	15	63	1	19	17	14
	1966	39521.0	14	64	1	19	18	15
	1967	43517.0	14	64	1	19	17	16
	1968	46953.0	14	64	0	20	18	16
	1969	51691.0	13	63	1	21	19	17
	1970	57937.0	13	64	2	21	19	19
	1971	63056.0	14	64	1	20	20	19
	1972	69079.9	15	64	1	20	21	20
	1973	82502.9	14	64	4	21	20	23
	1974	101722.9	14	64	4	22	24	29
	1975	115071.9	14	66	0	21	25	25
	1976	143848.9	13	64	4	20	27	28
	1977	172987.9	14	64	1	20	29	27

2A. EXPENDITURE ON GROSS DOMESTIC PRODUCT (CONTINUED)

COUNTRY OR AREA AND CURRENCY UNIT	YEAR	GROSS DOMESTIC PRODUCT	GOVERNMENT FINAL CONSUMPTION EXPENDITURE	PRIVATE FINAL CONSUMPTION EXPENDITURE	INCREASE IN STOCKS	GROSS FIXED CAPITAL FORMATION	EXPORTS (OF GOODS AND SERVICES)	LESS IMPORTS (OF GOODS AND SERVICES)
			1	2	3	4	5	6
			PERCENTAGE DISTRIBUTION					
LUXEMBOURG (MILLION LUXEMBOURG FRANCS)	1960	25929.0	9	55	2	21	84	72
	1961	27152.0	9	56	6	23	80	75
	1962	27220.0	10	59	5	26	77	77
	1963	29274.0	12	59	0	30	74	75
	1964	33225.0	10	58	-1	34	76	77
	1965	34880.0	10	59	2	28	78	77
	1966	36503.0	11	59	1	27	75	73
	1967	37426.0	11	59	-1	23	75	67
	1968	41043.0	11	57	0	22	76	67
	1969	47210.0	10	53	0	22	81	66
	1970	53547.0	10	52	2	24	87	75
	1971	55462.0	11	55	3	29	84	82
	1972	61442.0	11	55	1	29	80	76
	1973	75603.9	11	49	1	27	86	74
	1974	91372.9	11	47	2	25	96	81
	1975	84514.9	14	59	0	28	85	87
	1976	93349.9	15	60	-1	27	85	86
	1977	99575.9	16	61	0	25	80	83
MALTA (MILLION MALTA POUNDS)	*1960*	*48.1*	*17*	*71*	*2*	*21*	*59*	*70*
	1961	*50.0*	*17*	*72*	*0*	*19*	*57*	*65*
	1962	*48.6*	*17*	*74*	*1*	*20*	*53*	*64*
	1963	*48.2*	*17*	*74*	*-1*	*23*	*53*	*68*
	1964	*49.2*	*18*	*76*	*4*	*23*	*55*	*76*
	1965	*52.7*	*17*	*74*	*3*	*22*	*54*	*71*
	1966	*58.8*	*16*	*71*	*4*	*22*	*57*	*71*
	1967	*63.7*	*18*	*72*	*5*	*25*	*52*	*71*
	1968	*71.3*	*17*	*75*	*4*	*28*	*57*	*81*
	1969	*82.0*	*17*	*78*	*2*	*31*	*57*	*84*
	1970	*94.8*	*19*	*78*	*3*	*29*	*50*	*80*
	1971	*97.8*	*20*	*77*	*3*	*26*	*51*	*77*
	1972	*102.2*	*19*	*79*	*3*	*22*	*52*	*75*
	1973	*115.7*	*20*	*78*	*3*	*19*	*65*	*85*
	1974	*131.6*	*20*	*81*	*3*	*24*	*84*	*113*
	1975	*165.8*	*18*	*72*	*1*	*23*	*83*	*96*
	1976	*203.7*	*18*	*67*	*1*	*27*	*85*	*97*
	1977	*239.8*	*17*	*72*	*1*	*25*	*86*	*101*
NETHERLANDS (MILLION GUILDERS)	*1960*	*42354.0*	*14*	*57*	*3*	*24*	*50*	*48*
	1961	*44692.0*	*14*	*59*	*3*	*24*	*48*	*48*
	1962	*48133.0*	*15*	*59*	*2*	*24*	*47*	*47*
	1963	*52231.0*	*16*	*61*	*1*	*24*	*47*	*48*
	1964	*61463.0*	*16*	*58*	*3*	*25*	*46*	*48*
	1965	*68709.9*	...	...	...	...	...	...
	1966	*74935.9*	...	...	...	...	...	...
	1967	*82301.9*	...	...	...	...	...	...
	1968	89810.9	16	57	1	27	43	43
	1969	101714.9	16	57	2	24	45	45
	1970	114572.9	16	57	3	26	47	49
	1971	129649.9	17	56	1	26	48	48
	1972	146729.9	17	56	1	24	47	44
	1973	168109.9	16	55	2	23	50	46
	1974	190289.8	17	55	3	22	57	54
	1975	209689.8	18	58	0	21	52	49
	1976	237989.8	18	57	1	20	54	51
	1977	261119.8	18	58	2	21	50	49
NORWAY (MILLION NORWEGIAN KRONER)	*1960*	*32676.0*	*14*	*58*	*1*	*28*	*41*	*43*
	1961	*35632.0*	*14*	*58*	*2*	*30*	*40*	*43*
	1962	*38442.0*	*15*	*58*	*0*	*29*	*38*	*41*
	1963	*41531.0*	*15*	*57*	*0*	*30*	*39*	*41*
	1964	*45929.0*	*16*	*56*	*0*	*28*	*41*	*40*
	1965	*50909.0*	*16*	*54*	*1*	*28*	*40*	*40*
	1966	*55459.0*	*16*	*54*	*2*	*29*	*40*	*40*
	1967	59700.0	15	56	1	30	42	44
	1968	63749.0	16	56	-1	27	43	41
	1969	69417.9	16	57	0	24	42	40
	1970	79875.9	15	55	4	27	42	43
	1971	89106.9	16	55	2	30	40	43
	1972	98402.9	16	55	0	28	41	40
	1973	111853.9	16	54	1	30	44	44
	1974	129727.9	16	53	3	31	46	49
	1975	148700.9	17	54	1	34	42	49
	1976	169418.8	17	55	1	36	41	51
	1977	189474.9	19	56	-1	37	40	51

2A. EXPENDITURE ON GROSS DOMESTIC PRODUCT (CONTINUED)

COUNTRY OR AREA AND CURRENCY UNIT	YEAR	GROSS DOMESTIC PRODUCT	GOVERNMENT FINAL CONSUMPTION EXPENDITURE	PRIVATE FINAL CONSUMPTION EXPENDITURE	INCREASE IN STOCKS	GROSS FIXED CAPITAL FORMATION	EXPORTS OF GOODS AND SERVICES	LESS IMPORTS OF GOODS AND SERVICES
			1	2	3	4	5	6
			PERCENTAGE DISTRIBUTION					
PORTUGAL	*1960*	*71.3*	*11*	*76*	*1*	*18*	*17*	*23*
(1000 MILLION PORTUGUESE ESCUDOS)	*1961*	*76.7*	*13*	*77*	*4*	*18*	*16*	*27*
	1962	*81.6*	*13*	*73*	*2*	*17*	*18*	*23*
	1963	*88.5*	*13*	*73*	*2*	*18*	*18*	*24*
	1964	*96.0*	*13*	*71*	*3*	*17*	*25*	*29*
	1965	*107.2*	*12*	*71*	*4*	*17*	*26*	*31*
	1966	*117.5*	*12*	*71*	*2*	*19*	*26*	*30*
	1967	*131.3*	*13*	*68*	*1*	*20*	*26*	*29*
	1968[3]	*145.3*	*13*	*72*	*3*	*17*	*24*	*29*
	1969	*159.4*	*13*	*72*	*2*	*17*	*24*	*28*
	1970	*177.3*	*14*	*69*	*6*	*18*	*24*	*30*
	1971	*198.6*	*14*	*71*	*3*	*19*	*24*	*32*
	1972	*231.2*	*14*	*67*	*4*	*21*	*26*	*31*
	1973	*281.5*	*13*	*68*	*6*	*20*	*26*	*33*
	1974	*338.4*	*15*	*76*	*5*	*20*	*26*	*41*
	1975	*376.2*	*15*	*81*	*-3*	*20*	*20*	*32*
	1976	*464.7*	*14*	*81*	*2*	*17*	*17*	*30*
SPAIN	*1960*	*620.7*	*9*	*69*	*0*	*19*	*11*	*8*
(1000 MILLION SPANISH PESETAS)	*1961*	*707.0*	*9*	*69*	*2*	*20*	*11*	*10*
	1962	*817.0*	*9*	*68*	*4*	*21*	*11*	*12*
	1963	*964.2*	*9*	*69*	*3*	*21*	*10*	*13*
	1964	*1088.6*	*9*	*68*	*2*	*22*	*12*	*13*
	1965	*1288.0*	*9*	*69*	*3*	*23*	*11*	*15*
	1966	*1481.5*	*9*	*68*	*4*	*23*	*12*	*15*
	1967	*1637.4*	*10*	*70*	*2*	*21*	*11*	*14*
	1968	*1811.8*	*10*	*69*	*2*	*21*	*13*	*15*
	1969	*2021.5*	*11*	*68*	*2*	*22*	*13*	*16*
	1970	2574.5	9	67	2	23	13	14
	1971	2911.2	9	67	2	21	14	13
	1972	3417.3	9	67	2	22	14	14
	1973	4128.9	9	66	2	24	14	15
	1974	5021.9	9	68	3	25	14	19
	1975	5909.7	10	68	2	24	13	17
	1976	6999.4	10	70	1	23	14	18
	1977	8781.0	10	69	—— 23 ——		15	17
SWEDEN	1960	72.2	16	60	3	22	23	24
(1000 MILLION SWEDISH KRONOR)	1961	78.5	16	59	2	23	22	22
	1962	85.2	17	59	1	23	22	21
	1963	92.3	17	59	0	24	22	22
	1964	102.9	17	57	2	24	22	22
	1965	113.5	18	57	2	24	22	23
	1966	123.4	19	57	1	24	21	22
	1967	133.4	20	56	0	24	21	21
	1968	141.7	20	56	0	23	21	22
	1969	153.6	21	56	1	23	23	23
	1970	170.8	21	54	3	22	24	25
	1971	182.9	23	54	1	22	25	24
	1972	198.4	23	54	0	22	25	23
	1973	219.3	23	53	-1	22	28	25
	1974	249.0	24	53	2	22	33	33
	1975	287.4	25	52	3	21	29	30
	1976	322.6	26	54	2	21	28	31
	1977	350.8	28	54	-1	20	28	30
SWITZERLAND	*1960*	*37370.0*	*9*	*62*	*4*	*25*	*29*	*30*
(MILLION SWISS FRANCS)	*1961*	*42040.0*	*10*	*61*	*5*	*27*	*29*	*32*
	1962	*46620.0*	*10*	*61*	*3*	*29*	*28*	*32*
	1963	*51265.0*	*11*	*61*	*2*	*30*	*28*	*31*
	1964	*56825.0*	*10*	*60*	*2*	*31*	*28*	*31*
	1965	*60860.0*	*10*	*60*	*2*	*29*	*29*	*30*
	1966	*65355.0*	*10*	*60*	*2*	*27*	*29*	*29*
	1967	*70349.9*	*10*	*60*	*3*	*26*	*29*	*29*
	1968	*75119.9*	*10*	*60*	*3*	*26*	*31*	*29*
	1969	*81394.9*	*11*	*60*	*2*	*26*	*33*	*31*
	1970	*90664.9*	*10*	*59*	*5*	*28*	*33*	*34*
	1971	*102994.9*	*11*	*58*	*3*	*29*	*31*	*33*
	1972	*116709.9*	*11*	*58*	*2*	*30*	*31*	*32*
	1973	*130059.9*	*11*	*59*	*2*	*29*	*31*	*32*
	1974	*141099.9*	*12*	*59*	*4*	*28*	*33*	*34*
	1975	*140154.9*	*13*	*62*	*-1*	*24*	*31*	*29*
	1976	*141959.8*	*13*	*63*	*0*	*21*	*34*	*30*
	1977	*145629.9*	*13*	*64*	*0*	*21*	*37*	*34*

2A. EXPENDITURE ON GROSS DOMESTIC PRODUCT (CONTINUED)

COUNTRY OR AREA AND CURRENCY UNIT	YEAR	GROSS DOMESTIC PRODUCT	GOVERNMENT FINAL CONSUMPTION EXPENDITURE	PRIVATE FINAL CONSUMPTION EXPENDITURE	INCREASE IN STOCKS	GROSS FIXED CAPITAL FORMATION	EXPORTS	LESS IMPORTS
							OF GOODS AND SERVICES	
			1	2	3	4	5	6
			PERCENTAGE DISTRIBUTION					
UNITED KINGDOM .... (MILLION POUNDS)	1960	25490.0	17	66	2	16	21	23
	1961	27215.0	17	65	1	17	21	21
	1962	28488.0	17	66	0	17	20	21
	1963	30298.0	17	66	1	17	20	21
	1964	33073.0	16	65	2	18	20	21
	1965	35528.0	17	64	1	18	20	20
	1966	37887.0	17	64	1	18	20	20
	1967	40008.0	18	63	1	19	19	20
	1968	43167.0	18	63	1	19	22	22
	1969	46221.0	17	63	1	19	23	22
	1970	50794.0	18	62	1	19	23	23
	1971	56926.0	18	62	0	19	24	22
	1972	62872.0	19	63	0	19	22	22
	1973	72436.9	18	62	2	20	24	27
	1974	82018.9	20	63	2	21	29	34
	1975	102658.9	22	61	-2	20	27	29
	1976	122262.9	22	60	0	19	29	30
	1977	140073.9	21	59	1	18	31	30
OCEANIA								
AUSTRALIA [1] .... (MILLION AUSTRALIAN DOLLARS)	1960	14553.0[4]	10	65	3	25	15	18
	1961	14881.0[4]	10	65	-1	25	17	15
	1962	16089.0[4]	10	65	2	25	16	16
	1963	17846.0[4]	10	63	1	25	18	16
	1964	19601.0[4]	10	62	3	27	16	18
	1965	20545.0[4]	12	63	1	28	15	18
	1966	22533.0[4]	12	62	2	27	15	16
	1967	24031.0[4]	13	63	1	27	15	17
	1968	27108.0[4]	12	61	3	27	14	16
	1969	29969.0[4]	12	61	2	26	16	16
	1970	33100.0[4]	13	60	2	26	15	15
	1971	36920.0[4]	13	60	0	26	15	14
	1972	41923.0[4]	13	59	-1	24	17	13
	1973	50631.0[4]	13	58	3	24	15	15
	1974	60575.0[4]	15	58	2	24	16	16
	1975	71277.9[4]	16	58	0	24	15	15
	1976	82223.9[4]	16	58	1	23	16	16
COOK ISLANDS .... (MILLION NEW ZEALAND DOLLARS)	1970	8.3	32	80	10	16	32	71
	1972	8.1	36	...	...	12	...	...
	1976	13.7	...	...	...	...	...	...
	1977	16.4	...	...	...	...	...	...
FIJI .... *(MILLION FIJI DOLLARS)*	*1963*	*117.4[4]*	*12*	*66*	*5*	*12*	*42*	*38*
	1964	*126.7[4]*	*11*	*66*	*7*	*14*	*47*	*47*
	1965	*133.1[4]*	*12*	*72*	*2*	*21*	*41*	*47*
	1966	*136.6[4]*	*13*	*68*	*4*	*18*	*38*	*42*
	1967	*149.0[4]*	*12*	*66*	*1*	*21*	*39*	*41*
	1968	146.0[4]	13	68	3	23	47	52
	1969	159.0[4]	14	69	3	23	50	54
	1970	192.0[4]	14	65	4	18	48	52
	1971	212.0[4]	15	69	3	22	50	58
	1972	261.0[4]	15	69	4	20	46	55
	1973	338.0[4]	12	77	3	20	45	59
	1974	450.0	12	74	2	16	49	54
	1975	564.0	12	68	2	18	43	43
	1976	625.0	14	69	2	19	38	42
	1977	708.0	14	68	2	19	41	44
FRENCH POLYNESIA .... *(1000 MILLION CFP FRANCS)*	*1960*	*4.3*	*14*	*73*	— *20* —		*32*	*38*
	1961	*4.8*	*14*	*78*	*24*		*28*	*44*
	1962	*5.0*	*17*	*77*	*27*		*25*	*45*
	1963	*6.0*	*21*	*72*	*33*		*22*	*48*
	1964	*9.2*	*47*	*72*	*36*		*15*	*69*
	1965	*13.3*	*59*	*78*	*25*		*10*	*73*
	1966	*16.2*	*86*	*80*	*17*		*13*	*95*
	1967	*16.6*	*46*	*80*	*24*		*11*	*62*
	1968	*19.5*	*67*	*111*	*25*		*9*	*80*
	1969	*19.2*	*39*	*77*	*27*		*11*	*54*
	1970	*21.5*	*47*	*81*	*23*		*13*	*63*
	1971	*25.0*	*50*	*75*	*22*		*12*	*59*
	1972	*25.0*	*49*	*78*	*21*		*11*	*60*
	1973	*29.2*	*49*	*73*	*25*		*11*	*58*
	1974	*40.7*	*40*	*68*	*40*		*14*	*62*
	1975	*45.0*	*42*	*67*	*30*		*11*	*50*
	1976	*51.7*	*41*	*66*	*30*		*11*	*49*
GILBERT ISLANDS .... (MILLION AUSTRALIAN DOLLARS)	1972	15.8[4]	30	60	1	9	43	43
	1973	22.2[4]	26	48	3	8	55	38
	1974	36.5[4]	17	36	1	5	68	25

2A. EXPENDITURE ON GROSS DOMESTIC PRODUCT (CONTINUED)

COUNTRY OR AREA AND CURRENCY UNIT	YEAR	GROSS DOMESTIC PRODUCT	GOVERNMENT FINAL CONSUMPTION EXPENDITURE	PRIVATE FINAL CONSUMPTION EXPENDITURE	INCREASE IN STOCKS	GROSS FIXED CAPITAL FORMATION	EXPORTS	LESS IMPORTS
							OF GOODS AND SERVICES	
			1	2	3	4	5	6
			PERCENTAGE DISTRIBUTION					
NEW CALEDONIA	*1960*	*9292.0*	*10*	*60*	*20*		*49*	*39*
(MILLION CFP FRANCS)	*1961*	*10547.0*	*10*	*60*	*26*		*47*	*43*
	1962	*9054.0*	*13*	*71*	*27*		*31*	*43*
	1963	*10129.0*	*14*	*65*	*18*		*39*	*36*
	1964	*11851.0*	*13*	*67*	*20*		*44*	*43*
	1965	*14326.0*	*11*	*64*	*33*		*41*	*49*
	1966	*14740.0*	*11*	*62*	*22*		*47*	*42*
	1967	*16161.0*	*11*	*60*	*29*		*46*	*46*
	1968	*19345.0*	*11*	*57*	*27*		*51*	*46*
	1969	*24848.0*	*9*	*59*	*30*		*53*	*51*
	1970	*36389.0*	*8*	*54*	*51*		*54*	*67*
	1971	*41684.0*	*9*	*58*	*42*		*49*	*58*
	1972	*46477.0*	*17*	*51*	*38*		*38*	*44*
	1973	*43953.0*	*20*	*56*	*31*		*35*	*43*
	1974	*55791.0*	*19*	*53*	*29*		*45*	*46*
	1975	*63007.0*	*20*	*53*	*29*		*42*	*44*
	1976	*67499.9*	*22*	*50*	*25*		*41*	*38*
NEW ZEALAND [6]	*1960*	*2687.0*	*13*	*65*	*2*	*22*	*23*	*26*
(MILLION NEW ZEALAND DOLLARS)	*1961*	*2783.0*	*13*	*66*	*1*	*23*	*23*	*25*
	1962	*2999.0*	*13*	*64*	*1*	*21*	*22*	*22*
	1963	*3273.0*	*13*	*62*	*3*	*22*	*24*	*23*
	1964	*3589.0*	*13*	*61*	*3*	*23*	*23*	*22*
	1965	*3877.0*	*13*	*62*	*4*	*24*	*22*	*24*
	1966	*4039.0*	*14*	*61*	*3*	*24*	*22*	*24*
	1967	*4183.0*	*14*	*62*	*3*	*21*	*21*	*21*
	1968	*4436.0*	*15*	*59*	*2*	*22*	*25*	*22*
	1969	*4907.0*	*15*	*58*	*2*	*22*	*26*	*23*
	1970	*5609.0*	*15*	*59*	*5*	*23*	*23*	*25*
	1971	*6924.0*	*13*	*61*	*5*	*20*	*22*	*22*
	1972	*7982.0*	*13*	*60*	*2*	*22*	*24*	*22*
	1973	*9257.0*	*13*	*60*	*4*	*22*	*24*	*25*
	1974	*10010.0*	*14*	*62*	*10*	*25*	*21*	*34*
	1975	*11443.0*	*15*	*63*	*3*	*27*	*24*	*31*
	1976	*13625.0*	*14*	*62*	*3*	*25*	*28*	*31*
PAPUA NEW GUINEA [1]	1960	210.5[4]	28	70	2	13	17	29
(MILLION KINA)	1961	226.6[4]	28	71	0	12	16	27
	1962	239.7[4]	29	68	0	14	17	28
	1963	253.1[4]	33	65	1	17	18	33
	1964	292.1[4]	33	64	3	17	19	35
	1965	322.5[4]	35	65	2	20	18	40
	1966	375.7[4]	36	66	1	21	16	40
	1967	413.0[4]	34	65	2	20	19	39
	1968	453.3[4]	33	67	1	20	19	41
	1969	531.0[4]	31	65	1	34	19	50
	1970	621.7[4]	29	62	2	44	18	57
	1971	645.4[4]	32	63	1	37	24	59
	1972	788.8[4]	29	54	2	16	37	39
	1973	1040.6[4]	26	43	0	13	51	32
	1974	1004.0[4]	33	52	4	19	43	48
	1975	1056.9[4]	35	54	2	15	38	45
	1976	1202.0[4]	30	51	2	16	45	44
SOLOMON ISLANDS	*1960*	*15.0*	...	...	...	...	...	...
(MILLION SOLOMON IS DOLLARS)	*1961*	*15.3*	...	...	...	...	...	...
	1962	*15.4*	...	...	...	...	...	...
	1963	*16.9*	...	...	...	...	...	...
	1964	*19.0*	...	...	...	...	...	...
	1965	*20.4*	...	...	...	...	...	...
	1966	*21.2*	...	...	...	...	...	...
	1967	*22.5*	...	...	...	...	...	...
	1968	*25.2*	...	...	...	...	...	...
	1969	*25.7*	...	...	...	...	...	...
	1970	*28.6*	*110*				*25*	*35*
	1971	*30.5*	*108*				*30*	*38*
	1972	*31.6*	*17*	*69*	...	*23*	*29*	*38*
	1973	*35.6*	*105*				*27*	*32*
	1974	*50.9*	*96*				*36*	*32*
	1975	*49.5*	*120*				*24*	*44*
	1976	*59.0*	*102*				*34*	*36*
	1977	*69.5*	*95*				*43*	*37*
TONGA [1]	*1969*	*12.9*	...	...	*0*	*20*	...	...
(MILLION TONGAN PA'ANGA)	*1970*	*13.3*	*17*	*78*	*-2*	*23*	*25*	*41*
	1972	*16.6*	...	...	...	...	...	...
	1973	*21.1*	...	...	...	...	...	...
	1974	*27.9*	...	...	...	...	...	...
	1975	*28.3*	...	...	...	...	...	...

General note. This table shows the percentage distribution of expenditure on gross domestic product in current purchasers' values in terms of the present or the former SNA. Figures in terms of the former SNA are printed in italics. The figures are based on the estimates of gross domestic product and its components which appear for most contries in the standard table 'The Gross Domestic Product and Expenditure at Current Purchasers' Values' in Vol.I of this Yearbook. For additional details concerning the differences between the actual concepts used and the standard ones, reference is made to the footnote to this table shown under each country in Vol. I.

1/ Year beginning 1 July.

2/ Data are for the former Republic of South Viet-Nam only.

3/ Data not strictly comparable with those of previous years.

4/ Including a statistical discrepancy.

5/ Year ending 7 July.

6/ Year beginning 1 April.

7/ Including Namibia.

8/ Former Tanganyika only.

9/ Year beginning 21 March.

10/ Peninsular Malaysia only.

11/ Including data for Bangladesh.

12/ Year ending 30 September.

13/ For the years 1967-1969, excluding three eastern states.

14/ Year refers to Hejra fiscal year.

15/ Including data for the West Bank.

2B. NET MATERIAL PRODUCT BY USE

COUNTRY OR AREA AND CURRENCY UNIT	YEAR	NET MATERIAL PRODUCT	PERSONAL CONSUMPTION	MATERIAL CONSUMPTION IN UNITS OF NON-MATERIAL SPHERE SERVING: INDIVIDUALS	MATERIAL CONSUMPTION IN UNITS OF NON-MATERIAL SPHERE SERVING: COMMUNITY AS A WHOLE	NET FIXED CAPITAL FORMATION	INCREASE IN MATERIAL CIRCULATING ASSETS AND IN STOCKS	EXPORTS OF GOODS AND MATERIAL SERVICES	LESS IMPORTS OF GOODS AND MATERIAL SERVICES
			1	2	3	4	5	6	7
			PERCENTAGE DISTRIBUTION						
CENTRALLY PLANNED ECONOMIES									
BULGARIA [1] (MILLION BULGARIAN LEVA)	1960	4488.8	64	5	3	14	13	1	
	1961	4715.8	67	5	3	15	8	2	
	1962	5158.2	67	6	3	14	11	-1	
	1963	5675.8	67	5	2	17	12	-4	
	1964	6203.7	64	6	3	20	12	-4	
	1965	6635.6	64	6	2	15	14	-2	
	1966	7273.9	62	6	2	16	19	-6	
	1967	7853.0	63	6	2	21	15	-7	
	1968	8556.0	65	6	3	19	15	-7	
	1969	9349.8	62	6	3	22	11	-4	
	1970	10527.4	63	4	3	19	11	0	
	1971	10411.0	73		4	13	10	0	
	1972	11242.0	72		4	16	12	-3	
	1973	12148.0	...	...	...	...	...	...	...
	1974	13093.0	...	...	...	...	...	...	...
	1975	14289.0	...	...	...	...	...	...	...
	1976	15145.1	...	...	...	...	...	...	...
	1977 [3]	15486.0	...	...	...	...	...	...	...
CUBA [5] [6] (MILLION CUBAN PESOS)	1962	3020.5	68		13	19	7	-7	
	1963	3449.6	71		11	20	7	-9	
	1964	4202.3	67		12	18	10	-7	
	1965	4137.5	70		11	20	3	17	21
	1966	4039.3	70		12	23	3	-7	
	1967	4082.8	66		13	25	3	18	24
	1968	4376.5	75		11	21	2	16	25
	1969	4180.6	74		13	21	4	17	30
	1970 [3]	4203.9	80	6	4	16	...	26	32
	1971	4818.2	85	6	3	17	...	19	30
	1972	6026.9	83	5	2	16	...	13	20
	1973	6710.4	77	5	2	20	...	18	21
	1974	7414.1	70	4	2	22	...	31	30
CZECHOSLOVAKIA [1] (1000 MILLION C KORUNY)	1960	161.9	66	7	6	11	6	1	
	1961	170.9	64	7	7	12	9	0	
	1962	174.1	65	7	7	10	9	1	
	1963	171.4	68	8	7	8	5	2	
	1964	168.1	71	8	8	12	-2	1	
	1965	172.3	72	9	8	9	0	0	
	1966 [3]	195.5	67	8	6	11	5	0	
	1967	233.0	59	8	7	13	9	2	
	1968	257.0	60	8	7	13	10	1	
	1969	292.6	59	7	6	13	11	1	
	1970	311.1	57	8	6	16	10	2	
	1971	325.4	57	8	6	17	8	3	
	1972	342.2	56	8	7	17	8	3	
	1973	357.7	57	8	7	19	7	1	
	1974	384.7	56	8	7	19	10	-1	
	1975	404.0	55	9	7	20	9	-1	
	1976	412.2	56	9	7	21	8	-2	
	1977	409.3	59	10	7	15	10	-2	
GERMAN DEMOCRATIC REPUBLIC [4] (1000 MILLION GDR MARKS)	1960	...	74	3	5	15	3	...	...
	1961	...	75	4	5	15	2	...	...
	1962	...	73	3	5	14	5	...	...
	1963	...	74	4	5	14	3	...	...
	1964	...	73	4	5	15	4	...	...
	1965	...	72	4	5	16	5	...	...
	1966	...	70	4	5	16	5	...	...
	1967	...	70	4	5	18	4	...	...
	1968	...	71	4	6	19	1	...	...
	1969	...	69	4	6	21	1	...	...
	1970	...	66	4	6	21	4	...	...
	1971	...	67	4	6	19	4	...	...
	1972	...	68	4	6	19	4	...	...
	1973	...	67	4	6	20	4	...	...
	1974	...	67	4	6	19	4	...	...
	1975	...	67	4	6	19	3	...	...
	1976	...	66	5	7	20	3	...	...
	1977	...	66	5	7	19	4	...	...

2B. NET MATERIAL PRODUCT BY USE (CONTINUED)

COUNTRY OR AREA AND CURRENCY UNIT	YEAR	NET MATERIAL PRODUCT	PERSONAL CONSUMPTION	MATERIAL CONSUMPTION IN UNITS OF NON-MATERIAL SPHERE SERVING: INDIVIDUALS	COMMUNITY AS A WHOLE	NET FIXED CAPITAL FORMATION	INCREASE IN MATERIAL CIRCULATING ASSETS AND IN STOCKS	EXPORTS OF GOODS AND MATERIAL SERVICES	LESS IMPORTS OF GOODS AND MATERIAL SERVICES
			1	2	3	4	5	6	7
			PERCENTAGE DISTRIBUTION						
HUNGARY (1000 MILLION HUNGARIAN FORINT)	1960	142.0	68	4	7	17	7	25	28
	1961	148.9	65	4	8	15	9	28	29
	1962	156.7	64	4	10	15	8	30	31
	1963	165.1	64	4	9	17	7	31	33
	1964	173.5	65	4	9	17	8	33	36
	1965	170.5	68	5	9	15	4	37	38
	1966	189.7	66	4	8	13	7	35	34
	1967	207.5	65	4	8	15	10	33	35
	1968	224.7	64	4	9	14	10	33	34
	1969	253.1	60	4	9	15	10	35	32
	1970 [3]	274.9	59	6	8	20	8	36	39
	1971	295.6	59	6	8	19	14	37	44
	1972	320.8	57	6	8	20	6	42	40
	1973	354.4	56	6	7	20	3	46	41
	1974	369.0	59	6	8	19	12	51	56
	1975	396.1	60	7	8	26	8	50	59
	1976	434.9	58	7	8	21	9	46	52
	1977	479.2	57	7	8	20	11	50	55
POLAND [1] (1000 MILLION POLISH ZLOTE)	1960	375.6	68	8		17	7	0	
	1961	410.7	66	8		17	8	1	
	1962	426.1	68	9		19	5	0	
	1963	460.1	66	9		17	7	1	
	1964	497.0	65	9		17	7	2	
	1965 [3]	531.3	64	9		18	8	1	
	1966	567.2	64	9		18	8	0	
	1967	605.6	64	10		19	6	1	
	1968	668.8	62	10		20	7	2	
	1969	696.1	63	10		20	5	1	
	1970 [3]	749.2	62	11		19	6	2	
	1971	855.0	59	11		22	7	2	
	1972	951.0	58	11		25	7	0	
	1973	1064.8	58	11		28	8	-5	
	1974	1209.3	58	11		29	9	-7	
	1975 [3]	1349.7	60	11		29	8	-8	
	1976	1593.3	58	11		29	8	-6	
	1977	1736.1	60	12		28	5	-5	
USSR [1] (1000 MILLION RUBLES)	1960	145.0	65	6	2	17	9	2	
	1961	152.9	63	6	2	17	12	1	
	1962	164.6	64	6	2	17	10	1	
	1963	168.8	65	6	2	17	8	1	
	1964	181.3	64	6	2	16	11	1	
	1965	193.5	65	6	2	14	12	2	
	1966	207.4	64	6	2	14	12	2	
	1967	225.5	64	6	2	14	12	2	
	1968	244.1	64	6	2	14	13	2	
	1969	261.9	63	6	2	15	11	2	
	1970	289.9	61	6	2	18	11	2	
	1971	305.0	62	6	2	18	11	2	
	1972	313.6	63	6	3	18	10	1	
	1973	337.8	61	6	3	18	11	1	
	1974	354.0	62	6	3	18	10	2	
	1975	363.3		73		27		0	
	1976	385.7		73		27		1	
	1977	403.0		73		26		1	
YUGOSLAVIA [2,5,6] (1000 MILLION YUGOSLAV DINARS)	1960	28.9	51	5	9	33	10	7	9
	1961	33.7	51	5	9	35	7	6	9
	1962	37.7	51	5	9	35	6	7	8
	1963	45.8	50	4	8	34	9	17	20
	1964	61.0	47	4	7	33	12	15	18
	1965	79.5	50	4	6	27	14	23	23
	1966	99.0	51	4	6	27	13	21	22
	1967	103.7	54	5	6	29	5	21	23
	1968	112.0	55	5	6	31	3	20	22
	1969	132.0	54	5	6	31	6	20	22
	1970	157.2	55	5	4	33	9	19	26
	1971	204.5	54	5	4	32	11	20	27
	1972	245.4	56	5	4	30	6	23	26
	1973	306.4	55	4	4	28	10	24	28
	1974	407.3	54	4	4	29	14	23	34
	1975	503.0	55	4	5	32	9	21	29
	1976	592.6	55	5	6	35	5	20	25
	1977	734.3	54	4	5	36	8	18	26

General note. For definition of items included in this table, see chapter II of Vol.I of this Yearbook.

1/ Figures for net exports include losses.

2/ Figures for net material product include a statistical discrepancy.

3/ Data not strictly comparable with those of previous years.

4/ The percentage distribution is calculated from the total of the available items and are based on constant prices of 1975.

5/ Figures for net material product refer to gross material product.

6/ Figures for net fixed capital formation refer to gross fixed capital formation.

3. GROSS DOMESTIC PRODUCT BY KIND OF ECONOMIC ACTIVITY

COUNTRY OR AREA AND CURRENCY UNIT	YEAR	GROSS DOMESTIC PRODUCT	AGRICULTURE[1]	INDUSTRIAL ACTIVITY TOTAL[2]	INDUSTRIAL ACTIVITY MANUFACTURING INDUSTRIES	CONSTRUCTION	WHOLESALE AND RETAIL TRADE	TRANSPORT AND COMMUNICATION	OTHER[3]
	ISIC(REV.)	1-9	1	2-4	3	5	6	7	8-9
		PERCENTAGE DISTRIBUTION							
AFRICA									
ALGERIA	1973	34.5	9	32	15	12	16	8	18
(1000 MILLION ALGERIAN DINARS)	1974	52.4	7	45	12	10	10	7	14
	1975	56.8	10	37	12	12	10	7	16
	1976	68.7	8	39	13	13	11	7	15
BENIN	1964[4]	42.7	40	5	4	5	17	7	20
(1000 MILLION CFA FRANCS)	1965[4]	46.5	39	6	5	5	17	7	19
	1966[4]	48.2	40	6	5	5	18	7	18
	1967[4]	48.7	35	7	6	4	19	6	20
	1968[4]	51.3	35	7	...	4	28	13	12
	1969[4]	55.1	34	8	...	4	28	13	13
	1970[6]	68.7	42	8	...	3	16	5	15
	1971	72.7	41	8	...	3	17	5	13
	1972	82.1	42	8	...	3	17	5	14
	1973	89.0	41	8	...	3	19	5	14
	1974	107.6	35	9	9	5	23	7	13
	1975	112.8	35	9	8	4	23	7	13
	1976	133.5	37	8	...	4	22	7	11
	1977	148.5	38	7	...	3	23	6	12
BOTSWANA	1965	32.8	34	13	12	6	19	8	20
(MILLION PULA)	1966	36.8	39	9	8	6	18	8	20
	1967[4 6]	43.8	42	11	8	5	11	5	26
	1968[4]	51.2	45	6	5	4	10	7	28
	1971[4]	102.6	32	17	5	10	17	4	21
	1973[4]	197.5	35	15	5	11	18	3	19
	1974[4]	213.1	29	18	7	10	20	3	22
	1975[4]	276.2	23	24	8	7	20	3	24
	1976[4]	299.2	24	25	7	6	19	1	28
CENTRAL AFRICAN EMPIRE	1964	39.0	34	12	9	3	27	2[38]	22[38]
(1000 MILLION CFA FRANCS)	1967	46.6	32	14	8	5	26	2[38]	21[38]
	1968	49.8	...	...	...	...	...	...	...
	1970	57.0	31	18	13	4	20	3[38]	19[38]
CHAD	1968	58.5	51	8	7	1	16	3	15
(1000 MILLION CFA FRANCS)	1975	148.6	41	13	11	3	28	2	11
EGYPT	1960[4]	1459.3[9]	28	20	20	3	10	7	25
(MILLION EGYPTIAN POUNDS)	1961[4]	1513.3[9]	25	22	20	5	10	8	24
	1962[4]	1684.6[9]	25	22	21	5	9	8	24
	1963[4]	1887.9[9]	25	22	21	5	9	8	23
	1964[4]	2213.5[9]	26	20	19	4	8	8	22
	1965[4]	2402.9[9]	25	20	19	4	8	8	23
	1966[4]	2480.7[9]	25	20	19	4	8	8	23
	1967[4]	2533.0[9]	25	20	18	3	8	5	25
	1968[4]	2696.4[9]	26	20	19	4	8	4	25
	1969[4]	2971.3[9]	26	20	18	4	8	4	24
	1970[4]	3145.5[9]	25	21	18	4	8	5	25
	1971[4]	3336.7[9]	26	21	18	4	8	4	24
	1972[6]	3417.0[9]	27	19	16	4	8	5	24
	1973	3663.0[9]	29	19	16	3	9	4	24
	1974	4197.0[9]	30	21	17	3	14	4	25
	1975	4860.8[9]	30	22	17	4	14	5	23
	1976	6275.8[9]	28	22	21	4	11	6	21
	1977	7341.0[9]	24	23	22	4	11	7	20
ETHIOPIA [21]	1961	2446.7	61	6	6	5	6	3	13
(MILLION ETHIOPIAN BIRR)	1962	2534.0	60	7	6	6	6	3	16
	1963	2656.6	58	7	6	6	6	3	14
	1964	2927.0	59	7	7	5	7	3	13
	1965	3258.1	60	8	7	5	7	4	12
	1966	3382.9	60	8	7	6	8	4	12
	1967	3604.4	53	9	8	6	7	3	17
	1968	3837.5	52	9	8	5	7	4	15
	1969	4063.5	52	9	8	5	7	4	16
	1970	4460.6	52	9	8	4	8	5	16
	1971	4710.4	51	10	9	4	8	5	16
	1972	4743.7	48	10	9	5	8	5	17
	1973	5005.2	47	10	9	5	9	5	17
	1974	5551.2	47	10	9	4	10	5	17
	1975	5524.5	44	11	10	4	9	5	19
	1976	6004.0	46	11	10	4	9	5	18

3. GROSS DOMESTIC PRODUCT BY KIND OF ECONOMIC ACTIVITY (CONTINUED)

COUNTRY OR AREA AND CURRENCY UNIT	YEAR	GROSS DOMESTIC PRODUCT	AGRICULTURE[1]	INDUSTRIAL ACTIVITY: TOTAL[2]	INDUSTRIAL ACTIVITY: MANUFACTURING INDUSTRIES	CONSTRUCTION	WHOLESALE AND RETAIL TRADE	TRANSPORT AND COMMUNICATION	OTHER[3]
	ISIC(REV.)	1-9	1	2-4	3	5	6	7	8-9
		PERCENTAGE DISTRIBUTION							
GABON	*1960*	*31.3*	...	...	...	...	...	...	...
(1000 MILLION CFA FRANCS)	*1961*	*37.6*	...	...	...	...	...	...	...
	1962	*41.0*	...	...	...	...	...	...	...
	1963	*44.0*	...	...	...	...	...	...	...
	1964	*47.7*	...	...	...	...	...	...	...
	1965	*50.8*	*26*	*25*	*5*	*7*	*20*	*7*	*16*
	1966	*56.5*	*22*	*25*	*4*	*8*	*21*	*6*	*17*
	1967	*58.8*	...	...	...	...	...	...	...
	1968	*75.9*	...	...	...	...	...	...	...
	1969	*85.1*	...	...	...	...	...	...	...
	1970	*93.1*	...	...	...	...	...	...	...
	1972	108.5	13	42	8	11	16	4	13
	1973	161.1	12	39	7	10	8	5	17
	1974	371.7	9	53	4	11	6	3	12
	1975	462.4	9	47	5	17	7	4	10
	1976	719.1	7	37	5	27	9	4	10
GHANA	1968	1700.2	43	16	13	4	12	4	19
(MILLION GHANAIAN CEDIS)	1969	1998.9	47	15	12	4	12	4	16
	1970	2258.6	48	14	11	4	12	4	15
	1971	2500.5	45	14	11	5	13	5	16
	1972	2815.4	47	14	11	4	12	4	16
	1973	3501.2	49	15	12	4	12	4	14
	1974	4660.1	51	14	11	5	13	4	12
IVORY COAST	1970	414.9	27	15	13	7	20	8	17
(1000 MILLION CFA FRANCS)	1971	439.8	27	15	14	8	17	8	18
	1972	471.8	27	17	15	7	17	9	18
	1973	566.2	28	15	14	6	17	9	17
	1974	739.0	26	16	15	5	22	9	15
	1975	834.5	29	15	13	7	18	9	16
	1976	1114.0	26	13	12	7	24	8	15
	1977	1582.5	23	13	12	7	...	7	...
KENYA	1964	356.7	38	12	10	4	9	7	23
(MILLION KENYA POUNDS)	1965	358.7	34	13	10	4	10	8	24
	1966	416.8	36	12	10	4	9	7	23
	1967	440.1	35	13	10	5	9	7	23
	1968	483.3	33	13	10	5	9	7	25
	1969	520.8	32	13	11	5	9	7	26
	1970	572.7	31	13	11	5	8	7	26
	1971	635.1	29	14	11	5	8	7	27
	1972[6]	721.3	31	13	11	6	9	5	26
	1973	828.0	29	14	11	6	10	5	25
	1974	1017.1	27	14	12	6	11	5	25
	1975	1167.1	29	13	11	5	10	5	26
	1976	1429.1	31	14	12	5	10	5	24
	1977	1832.7	34	13	11	4	10	4	23
LESOTHO [10]	1964	37.1	64	2	1	2	4	1	20
(MILLION SOUTH AFRICAN RAND)	1965	39.2	62	3	1	2	4	1	23
	1966	40.5	43	4	2	2	13	1	32
	1967	42.3	40	5	2	2	12	1	34
	1968	43.9	42	3	2	2	12	1	34
	1969	47.1	40	5	2	2	11	1	33
	1970	49.1	35	4	2	2	12	2	31
	1971	54.7	37	3	2	2	14	2	31
	1972	62.2	43	3	2	2	14	2	25
	1973	84.1	43	3	2	2	10	2	22
	1974	95.0	38	5	3	1	14	2	19
LIBERIA	1964	275.4	24	30	3	6	11	7	14
(MILLION LIBERIAN DOLLARS)	1965	289.4	24	34	2	4	9	7	18
	1966	307.1	22	33	3	5	11	8	14
	1967	329.5	22	33	3	6	10	8	14
	1968	351.2	21	34	3	4	11	8	14
	1969	386.9	22	34	3	4	10	8	14
	1970	407.8	23	33	4	5	10	8	14
	1971	430.0	22	34	4	4	11	8	14
	1972	466.0	21	36	4	4	11	8	14
	1973[6]	414.6	14	38	5	4	8	8	19
	1974	507.2	14	40	7	4	9	6	17
	1975	609.6	10	45	6	5	8	7	17
	1976	632.4	12	38	7	6	9	7	18
	1977	699.7	14	29	8	6	10	7	22

3. GROSS DOMESTIC PRODUCT BY KIND OF ECONOMIC ACTIVITY (CONTINUED)

COUNTRY OR AREA AND CURRENCY UNIT	YEAR	GROSS DOMESTIC PRODUCT	AGRICULTURE[1]	INDUSTRIAL ACTIVITY TOTAL[2]	INDUSTRIAL ACTIVITY MANUFACTURING INDUSTRIES	CONSTRUCTION	WHOLESALE AND RETAIL TRADE	TRANSPORT AND COMMUNICA-TION	OTHER[3]
	ISIC(REV.)	1-9	1	2-4	3	5	6	7	8-9
		PERCENTAGE DISTRIBUTION							
LIBYAN ARAB JAMAHIRIYA	1962	172.4	9	28	5	6	8	5	34
(MILLION LIBYAN DINARS)	1963	253.4	6	44	4	5	7	4	27
	1964	384.9	4	54	3	6	5	4	21
	1965	517.2	5	55	2	7	5	4	20
	1966	664.4	4	56	2	7	5	4	20
	1967	777.8	4	54	2	9	5	4	21
	1968	1110.7	3	61	2	8	4	4	17
	1969	1267.2	3	62	2	7	4	3	18
	1970	1329.3	2	63	2	7	4	3	18
	1971	1626.8	2	59	2	7	5	5	19
	1972	1798.5	2	54	2	10	5	6	20
	1973	2246.2	3	53	2	12	6	6	18
	1974	3973.0	2	62	2	9	5	5	15
	1975	3896.5	3	53	2	11	6	7	17
	1976	5037.0	3	58	2	11	5	6	...
	1977	5731.5	2	58	3	11	5	5	...
MADAGASCAR	1960	134.2	37	6	4	4	21	9	23
(1000 MILLION MALAGASY FRANCS)	1962	147.4	...	...	...	...	...	...	...
	1964	160.0	...	...	...	...	...	...	...
	1965	166.2	...	...	...	...	...	...	...
	1966	181.6	30	12	11	4	13	7	28
	1967	192.9	31	13	11	4	14	7	28
	1968	208.2	29	13	11	4	14	7	28
	1969	224.3	29	13	12	4	14	7	27
	1970	249.8	29	15	12	4	13	7	26
	1971	268.5	29	15	12	4	13	7	26
	1972	273.1	30	16	12	3	13	7	26
	1973	297.6	32	17	13	3	12	7	24
	1974	372.9	41	15	12	3	11	7	20
MALAWI	1964	153.4	62	6	6	2	8	3	16
(MILLION MALAWI KWACHA)	1965	180.7	61	7	6	2	8	4	14
	1966	205.2	59	8	7	3	8	4	14
	1967	215.5	57	8	7	2	7	5	15
	1968	226.0	55	9	8	3	9	4	15
	1969	244.4	54	9	8	3	9	4	15
	1970	267.1	52	11	9	3	9	4	15
	1971	335.0	52	9	8	3	12	5	13
	1972	369.3	52	10	9	4	11	5	12
	1973	401.3	49	11	9	4	12	5	14
MAURITANIA	1972	12.3[9]	25	33	4	5	10	8	14
(1000 MILLION M OUGUIYAS)	1973	13.0[9]	23	38	5	5	8	6	15
MAURITIUS	1960	650.0	20	14	12	10	10	11	24
(MILLION MAURITIAN RUPEES)	1961	769.0	24	16	14	7	9	10	22
	1962	793.0	22	17	15	7	9	11	23
	1963	1018.0	29	19	17	5	8	9	19
	1964	878.0	21	16	14	6	10	11	23
	1965	922.0	21	17	14	6	9	11	23
	1966	912.0	21	16	13	6	9	11	24
	1967	969.0	21	17	13	6	9	10	24
	1968	966.0	20	16	13	5	10	11	24
	1969	1036.0	22	17	14	4	9	10	24
	1970	1048.0	21	17	14	5	9	10	25
	1971	1161.0	23	17	14	5	8	10	24
	1972	1432.0	25	19	16	5	9	9	23
	1973	1852.0	27	17	15	6	9	9	21
	1974	3216.0	41	17	16	5	7	6	15
	1975	3416.0	30	19	17	6	8	8	19
	1976[6]	4423.0	20	22	21	7	12	8	24
MOROCCO	1970	19.4	20	21	16	4	20	4	30
(1000 MILLION MOROCCAN DIRHAMS)	1971	21.4	22	21	16	5	19	4	29
	1972	22.7	22	22	17	4	19	4	30
	1973	24.9	21	22	17	4	19	4	29
	1974	33.6	20	30	16	4	17	4	26
	1975	36.4	17	27	17	7	17	4	28
	1976	41.3	20	23	16	8	17	4	19
	1977	46.8	16	23	17	9	17	4	31
NIGER	1960	50100.0	...	...	...	...	...	...	...
(MILLION CFA FRANCS)	1961	54100.0	...	...	...	...	...	...	...
	1962	61600.0	...	...	...	...	...	...	...
	1963	66021.9	59	6	5	6	12	2	15
	1964	66397.9	60	6	6	5	12	2	14
	1965	74137.9	61	6	6	5	12	3	12
	1966	95999.9	56	7	6	2	14	3	18
	1967	97499.9	55	7	6	2	14	3	19
	1968	95499.9	53	7	7	2	14	3	20
	1969	97799.9	51	7	6	3	15	3	20

3. GROSS DOMESTIC PRODUCT BY KIND OF ECONOMIC ACTIVITY (CONTINUED)

COUNTRY OR AREA AND CURRENCY UNIT	YEAR	GROSS DOMESTIC PRODUCT	AGRICULTURE[1]	INDUSTRIAL ACTIVITY TOTAL[2]	INDUSTRIAL ACTIVITY MANUFACTURING INDUSTRIES	CONSTRUCTION	WHOLESALE AND RETAIL TRADE	TRANSPORT AND COMMUNICA-TION	OTHER[3]
	ISIC(REV.)	1-9	1	2-4	3	5	6	7	8-9
				PERCENTAGE DISTRIBUTION					
NIGERIA [10,36]	*1960*	*2413.5*	*59*	*6*	*4*	*4*	*12*	*5*	*8*
(MILLION NIGERIAN NAIRA)	*1961*	*2544.1*	*57*	*7*	*5*	*4*	*11*	*5*	*8*
	1962	*2790.8*	*58*	*8*	*5*	*4*	*11*	*4*	*8*
	1963	*2945.7*	*57*	*8*	*6*	*4*	*12*	*5*	*8*
	1964	*3144.9*	*53*	*8*	*6*	*4*	*12*	*5*	*9*
	1965	*3360.9*	*50*	*11*	*6*	*5*	*12*	*5*	*9*
	1966	*3614.5*	*51*	*11*	*6*	*5*	*12*	*4*	*9*
	1967[6]	*2950.2*	*52*	*11*	*7*	*5*	*12*	*4*	*9*
	1968	*2878.0*	*49*	*10*	*7*	*5*	*12*	*5*	*12*
	1969	*3851.3*	*44*	*15*	*7*	*5*	*12*	*4*	*12*
	1970[6]	*5620.5*	*44*	*17*	*7*	*5*	*12*	*3*	*11*
	1971	*7098.3*	*42*	*21*	*6*	*6*	*11*	*2*	*10*
	1972	*7703.2*	*39*	*23*	*7*	*7*	*10*	*3*	*11*
	1973	*9000.7*	*34*	*30*	*7*	*6*	*10*	*3*	*10*
	1974	*14424.3*	*24*	*51*	*6*	*4*	*8*	*2*	*7*
	1975	*15448.7*	*26*	*38*	*8*	*6*	*11*	*3*	*11*
REUNION	*1965*	*1321.3*	*11*	*9*	...	*10*	*28*	*5*	*37*
(MILLION FRENCH FRANCS)	*1966*	*1473.2*	*10*	*9*	...	*11*	*27*	*5*	*39*
	1967	*1592.8*	*10*	*7*	...	*11*	*27*	*5*	*40*
	1968	*1848.3*	*10*	*8*	...	*13*	*25*	*5*	*39*
	1969	*2090.1*	*9*	*9*	...	*12*	*25*	*5*	*40*
	1970	*2358.8*	*7*	*9*	...	*11*	*28*	*4*	*41*
	1971	*2682.9*	*6*	*9*	...	*12*	*26*	*3*	*43*
	1972	*3184.8*	*6*	*9*	...	*11*	*27*	*3*	*43*
	1973	*3585.5*	*6*	*8*	...	*10*	*25*	*3*	*47*
	1974	*4347.1*	...	...	...	...	...	...	...
	1975	*5004.0*	...	...	...	...	...	...	...
	1976	*6042.7*	...	...	...	...	...	...	...
	1977	*6836.6*	...	...	...	...	...	...	...
RWANDA	1967	15960.0	64	5	2	4	8	1	13
(MILLION RWANDA FRANCS)	1968	17220.0	64	7	4	3	10	1	12
	1969	18870.0	64	6	4	3	10	1	12
	1970	21990.0	62	6	4	3	10	1	12
	1971	22230.0	61	6	4	3	10	1	13
	1972	22700.0	60	6	4	3	10	1	14
	1973	24400.0	61	6	4	3	9	1	14
	1974	28690.0	59	6	4	3	9	1	15
	1975	52760.0	49	15	12	4	14	1	14
	1976	61850.0	49	15	12	4	15	1	13
SENEGAL	*1961*	*161.6*	*25*	*14*	...	*5*	*29*	*6*	*21*
(1000 MILLION CFA FRANCS)	*1962*	*171.2*	*25*	*14*	...	*5*	*28*	*5*	*22*
	1963	*178.2*	*24*	*14*	...	*5*	*30*	*5*	*22*
	1964	*189.5*	*24*	*15*	...	*5*	*29*	*6*	*22*
	1965	*198.8*	*25*	*15*	...	*4*	*28*	*6*	*22*
	1966	*205.3*	*26*	*16*	...	*3*	*27*	*6*	*22*
	1967	*205.4*	*24*	*17*	...	*3*	*26*	*7*	*22*
	1968	*217.2*	*26*	*16*	...	*3*	*27*	*7*	*21*
	1969	*216.6*	*23*	*18*	...	*4*	*27*	*7*	*20*
	1970	*240.1*	*24*	*18*	...	*4*	*27*	*7*	*20*
	1971	*247.2*	*21*	*18*	...	*4*	*28*	*8*	*21*
	1972	*273.6*	*25*	*17*	...	*4*	*27*	*7*	*20*
	1973	*278.2*	*23*	*17*	...	*4*	*28*	*8*	*21*
	1974	*338.8*	*24*	*21*	...	*4*	*25*	*7*	*19*
	1975	*406.4*	*30*	*20*	...	*4*	*20*	*6*	*19*
SEYCHELLES	1976	373.4	14	7	5	9	20	12	30
(MILLION SEYCHELLES RUPEES)	1977	482.4	14	6	5	9	19	12	30
SIERRA LEONE [4]	*1963*	*217.9*	*33*	*23*	*6*	*3*	*13*	*7*	*14*
(MILLION LEONES)	*1964*	*246.6*	*31*	*23*	*6*	*3*	*13*	*7*	*14*
	1965	*266.7*	*30*	*24*	*6*	*3*	*13*	*8*	*14*
	1966	*269.6*	*31*	*22*	*6*	*3*	*13*	*8*	*15*
	1967	*269.7*	*32*	*20*	*6*	*3*	*12*	*9*	*15*
	1968	*310.9*	*29*	*21*	*5*	*3*	*14*	*9*	*14*
	1969	*353.3*	*25*	*24*	*5*	*3*	*14*	*10*	*14*
	1970	348.6	28	26	9	4	12	10	15
	1971	355.8	28	25	9	3	12	10	15
	1972	393.3	28	25	8	3	13	10	16
	1973	477.8	29	24	8	3	13	10	14
	1974	572.7	33	21	8	3	13	10	14
	1975	613.5	36	19	8	3	11	11	16
	1976	737.3	38	17	7	3	12	10	15

3. GROSS DOMESTIC PRODUCT BY KIND OF ECONOMIC ACTIVITY (CONTINUED)

COUNTRY OR AREA AND CURRENCY UNIT	YEAR	GROSS DOMESTIC PRODUCT	AGRICULTURE[1]	INDUSTRIAL ACTIVITY TOTAL[2]	INDUSTRIAL ACTIVITY MANUFACTURING INDUSTRIES	CONSTRUCTION	WHOLESALE AND RETAIL TRADE	TRANSPORT AND COMMUNICATION	OTHER[3]
	ISIC(REV.)	1-9	1	2-4	3	5	6	7	8-9
				PERCENTAGE DISTRIBUTION					
SOUTH AFRICA [12]	1960	4983.0[18]	12	37	21	3	14	10	24
(MILLION SOUTH AFRICAN RAND)	1961	5280.0[18]	13	37	21	3	14	10	24
	1962	5629.0[18]	12	37	21	3	14	10	24
	1963	6256.0[18]	12	37	22	3	14	10	24
	1964	6863.0[18]	11	38	22	3	15	10	24
	1965	7528.0[18]	10	38	23	4	15	10	23
	1966	8190.0[18]	11	38	23	4	14	10	24
	1967	9151.0[18]	11	36	22	4	14	10	25
	1968	9855.0[18]	10	36	22	4	15	10	26
	1969	10958.0[18]	9	37	23	4	15	10	26
	1970	11949.0[18]	8	36	23	4	15	10	27
	1971	13224.0[18]	9	34	23	4	15	10	28
	1972	14859.0[18]	9	35	22	5	15	9	28
	1973	18334.0[18]	8	36	22	4	15	10	26
	1974	22584.0[18]	10	36	21	4	15	9	26
	1975	25483.0[18]	8	37	22	5	15	9	26
	1976	28668.0[18]	8	37	23	5	15	10	26
	1977	32263.0[18]	8	38	22	4	14	11	25
SOUTHERN RHODESIA	*1960*	*601.8*	*18*	*24*	*14*	*7*	*14*	*8*	*23*
(MILLION RHODESIAN DOLLARS)	*1961*	*636.9*	*20*	*24*	*15*	*6*	*14*	*8*	*23*
	1962	*647.6*	*19*	*24*	*15*	*5*	*14*	*8*	*24*
	1963	660.2	19	24	15	4	13	11	19
	1964	684.3	18	25	16	4	13	10	19
	1965	737.0	16	27	17	4	14	10	19
	1966	733.0	19	26	16	3	12	10	21
	1967	804.8	19	26	17	4	12	8	20
	1968	847.4	15	27	18	5	13	9	21
	1969	1002.2	17	27	18	5	12	9	20
	1970	1079.4	14	29	19	5	13	8	21
	1971	1243.4	16	29	20	5	12	8	20
	1972	1413.1	17	29	21	5	12	8	20
	1973	1553.1	14	31	22	5	13	7	20
	1974	1863.0	17	32	23	4	13	6	20
	1975	2010.8	16	31	22	5	13	7	20
	1976	2166.1	16	31	21	4	12	6	22
	1977	2219.9	15	29	20	3	11	6	24
SUDAN	*1960*	*386.8*[9]	*52*	*8*	*4*	*6*	*6*	*7*	*12*
(MILLION SUDANESE POUNDS)	*1961*	*420.0*[9]	*52*	*8*	*4*	*5*	*6*	*6*	*11*
	1962	*456.2*[9]	*50*	*8*	*4*	*5*	*8*	*6*	*11*
	1963	*464.1*[9]	*45*	*8*	*4*	*6*	*10*	*6*	*12*
	1964	*476.8*[9]	*42*	*8*	*5*	*6*	*12*	*6*	*13*
	1965	*496.9*[9]	*42*	*9*	*5*	*5*	*13*	*6*	*14*
	1966	575.0	39	11	8	4	20	7	13
	1967	613.2	39	12	9	4	19	7	14
	1968	647.8	37	11	8	4	20	8	13
	1969[4 6]	701.5	39	12	9	3	15	7	18
	1970[4]	761.1	39	11	9	3	15	7	19
	1971[4]	832.4	39	11	9	3	17	6	17
	1972[4]	896.8	38	11	9	3	16	7	19
	1973[4]	1246.2	41	10	9	5	14	6	19
	1974[4]	1510.8	39	11	9	4	16	6	18
SWAZILAND [4]	1965	50.2	33	31[13]	8	...[13]	9	7	15
(MILLION S EMALANGENI)	1966	54.9	36	30[13]	9	...[13]	7	8	15
	1967	53.4	28	34[13]	13	...[13]	8	9	17
	1968	57.0	23	33[13]	15	...[13]	9	8	22
	1969	76.1	29	25	12	2	5	7	20
	1970	81.0	30	23	11	2	7	7	22
	1971	97.6	34	19	14	3	7	7	21
	1972	112.9	38	28	19	3	10	4	17
	1973	152.5	32	31	26	3	11	4	19
TOGO	*1963*	*32381.1*	*55*	*10*	*4*	*2*	*17*	*5*	*11*
(MILLION CFA FRANCS)	*1964*	*38431.4*	*49*	*11*	*4*	*3*	*18*	*6*	*12*
	1965	*43473.8*	*46*	*14*	*5*	*4*	*19*	*6*	*12*
	1966	*53084.6*	*44*	*19*	*10*	*3*	*18*	*5*	*10*
	1967	*57025.9*	*44*	*19*	*10*	*4*	*17*	*5*	*10*
	1968	*59903.4*	*45*	*19*	*11*	*2*	*17*	*6*	*10*
	1969	*69643.7*	*43*	*19*	*11*	*3*	*19*	*7*	*10*
	1970	73436.2	37	17	9	3	24	7	12
	1971	79885.8	35	16	8	3	23	8	15
	1972	86715.9	34	16	9	5	22	8	15
	1973	91799.9	32	15	...	7	23	17[38]	7[38]
	1974	127899.9	24	11	...	6	39	13[38]	6[38]
	1975	123599.9	26	11	...	9	31	14[38]	8[38]
	1976	133828.9	28	12	...	5	31	15[38]	9[38]

3. GROSS DOMESTIC PRODUCT BY KIND OF ECONOMIC ACTIVITY (CONTINUED)

COUNTRY OR AREA AND CURRENCY UNIT	YEAR	GROSS DOMESTIC PRODUCT	AGRICULTURE[1]	INDUSTRIAL ACTIVITY: TOTAL[2]	INDUSTRIAL ACTIVITY: MANUFACTURING INDUSTRIES	CONSTRUCTION	WHOLESALE AND RETAIL TRADE	TRANSPORT AND COMMUNICATION	OTHER[3]
	ISIC(REV.)	1-9	1	2-4	3	5	6	7	8-9
			PERCENTAGE DISTRIBUTION						
TUNISIA (MILLION TUNISIAN DINARS)	1960	334.2	25	12	8	6	14	6	23
	1961	368.4	21	10	7	6	14	6	31
	1962	378.6	19	9	6	8	14	6	32
	1963	443.3	25	9	6	8	12	6	29
	1964	469.0	19	11	7	9	13	7	28
	1965	533.7	20	12	8	9	13	7	28
	1966	559.6	18	13	8	8	12	7	29
	1967	582.7	16	14	8	8	13	7	30
	1968	633.9	18	14	8	7	12	7	29
	1969	686.3	16	15	8	7	13	6	29
	1970	758.0	17	15	8	6	13	7	29
	1971	887.5	19	15	8	6	15	5	27
	1972	1077.6	21	16	9	6	15	5	25
	1973	1162.8	19	17	9	6	15	5	25
	1974	1527.0	19	23	10	6	13	5	21
	1975	1744.2	18	20	9	8	...[16]	5	33[16]
	1976	1904.0	18	17	9	8	...[16]	5	34[16]
	1977	2137.0	16	17	9	8	...[16]	6	33[16]
UGANDA (MILLION UGANDA SHILLINGS)	1960	3940.0[18]	52	11	9	2	12	4	20
	1961	4143.0[18]	52	11	9	2	11	4	20
	1962	4140.0[18]	51	11	9	2	11	4	21
	1963	4578.0[18]	51	11	9	2	11	4	20
	1964	5067.0[18]	53	11	8	2	12	4	19
	1965	5862.0[18]	52	11	8	2	12	4	19
	1966	6119.0[18]	52	11	8	2	12	4	19
	1967	6231.0[18]	51	11	8	2	12	4	20
	1968	7406.0	44	11	8	2	11	3	18
	1969	8342.0	45	11	8	2	11	3	17
	1970	9449.0	49	11	8	2	10	3	16
	1971	10367.0	53	10	8	2	9	3	17
UNITED REP OF CAMEROON[4] (1000 MILLION CFA FRANCS)	1962	144.7	...	...	...	...	...	...	...
	1963	156.5	...	...	...	...	...	...	...
	1964	167.7	...	...	...	...	...	...	...
	1965	176.0	...	...	...	...	...	...	...
	1966	194.5	...	...	...	...	...	...	...
	1967	219.4	32	15	11	6	25	6	3
	1968	247.3	31	15	11	6	28	5	4
	1969	300.4	31	11	9	4	23	7	21
	1970	321.3	30	13	11	4	22	7	21
	1971	355.9	31	12	11	4	22	7	20
	1972	400.5	32	12	10	4	20	8	21
	1973	492.6	31	11	9	4	18	8	25
	1974	580.2	33	11	10	4	16	8	24
	1975	661.7	33	12	10	4	16	8	23
	1976	790.9	31	12	11	6	15	9	23
UNITED REP OF TANZANIA[14] (MILLION T SHILLINGS)	1964	6030.0	46	9	6	3	11	6	18
	1965	6140.0	42	10	7	3	11	6	19
	1966	7042.0	42	11	7	3	12	7	18
	1967	7343.0	39	11	8	4	11	7	19
	1968	7874.0	38	11	8	4	12	8	19
	1969	8271.0	37	12	9	4	11	8	18
	1970	9173.0	37	11	9	4	11	8	18
	1971	9814.0	36	12	10	5	11	8	18
	1972	11172.0	36	12	10	4	11	8	18
	1973	13103.0	35	11	10	5	11	8	18
	1974	15994.0	34	11	9	4	12	8	19
	1975	19011.0	37	11	9	4	11	8	19
	1976	23139.0	41	10	9	3	10	7	17
	1977	28270.0	44	10	9	3	10	6	16
UPPER VOLTA (1000 MILLION CFA FRANCS)	1965	56.4	48	8	5	4	21	3	15
	1966	58.2	49	8	5	4	20	3	16
	1968	79.0	43	10	10	4	15	5	16
	1972	92.8	44	12	10	4	15	7	12
	1974	109.6	42	12	10	5	15	8	12
ZAIRE (MILLION ZAIRES)	1968	728.5	22	31	20	3	11	5	19
	1969	902.4	19	32	21	3	12	5	20
	1970	952.1	17	31	8	5	11	8	23
	1971	1030.8	17	25	9	6	12	8	26
	1972	1128.1	18	23	9	4	13	8	27
	1973	1501.8	17	31	8	4	12	8	23
	1974	1837.0	17	31	8	4	13	5	24
	1975	1847.4	19	22	11	6	16	4	28

3. GROSS DOMESTIC PRODUCT BY KIND OF ECONOMIC ACTIVITY (CONTINUED)

COUNTRY OR AREA AND CURRENCY UNIT	YEAR	GROSS DOMESTIC PRODUCT	AGRICULTURE[1]	INDUSTRIAL ACTIVITY: TOTAL[2]	INDUSTRIAL ACTIVITY: MANUFACTURING INDUSTRIES	CONSTRUCTION	WHOLESALE AND RETAIL TRADE	TRANSPORT AND COMMUNICA-TION	OTHER[3]
	ISIC(REV.)	1-9	1	2-4	3	5	6	7	8-9
			PERCENTAGE DISTRIBUTION						
ZAMBIA	*1965*	*730.4*	*14*	*49*	*7*	*6*	*12*	*4*	*18*
(MILLION ZAMBIAN KWACHA)	*1966*	*852.8*	*13*	*53*	*8*	*7*	*10*	*4*	*17*
	1967	*922.7*	*12*	*46*	*9*	*7*	*12*	*5*	*16*
	1968	*1083.2*	*11*	*49*	*10*	*6*	*13*	*4*	*15*
	1969	*1326.0*	*9*	*58*	*8*	*6*	*8*	*3*	*14*
	1970	1270.7	11	48	10	7	11	4	18
	1971	1180.9	13	38	13	8	11	5	22
	1972	1337.8	13	40	14	7	11	5	21
	1973	1588.2	11	47	12	6	10	4	19
	1974	1872.9	11	48	13	7	10	4	18
	1975	1571.1	13	32	16	10	10	6	26
	1976	1923.5	14	34	14	9	10	6	24
	1977	2010.6	16	29	16	9	11	7	26
NORTH AMERICA									
CANADA	1960	38720.0	6	29	23	5	11	8	28
(MILLION CANADIAN DOLLARS)	1961	40115.0	5	29	23	5	11	9	29
	1962	43433.0	6	29	23	5	11	8	29
	1963	46542.0	6	29	23	5	11	8	29
	1964	50884.0	5	29	23	5	11	8	29
	1965	56040.0	5	29	23	5	11	8	29
	1966	62597.0	6	28	22	6	10	8	29
	1967	67257.9	4	28	22	6	11	8	30
	1968	73324.9	4	28	22	5	11	8	31
	1969	80492.9	4	27	21	6	11	8	32
	1970	86453.9	4	26	20	5	11	8	33
	1971	95364.9	4	25	20	6	10	8	33
	1972	106004.9	4	26	20	6	11	8	33
	1973	124505.9	5	26	20	6	10	7	33
	1974	148890.9	5	26	20	6	10	7	33
	1975	166833.8	4	25	19	7	11	7	35
	1976	193402.8	4	25	19	7	11	7	36
	1977	212958.8	4	25	18	6	10	7	37
UNITED STATES	1960	506.7	4	34	29	5	17	7	33
(1000 MILLION US DOLLARS)	1961	523.6	4	33	28	5	17	6	34
	1962	563.9	4	33	28	4	17	6	33
	1963	594.5	3	33	28	5	17	6	34
	1964	635.0	3	33	28	5	17	6	34
	1965	687.1	3	33	29	5	17	6	34
	1966	752.3	3	33	29	5	17	6	34
	1967	795.4	3	32	28	5	17	6	35
	1968	867.2	3	32	28	5	17	6	35
	1969	934.3	3	31	27	5	17	6	36
	1970	981.2	3	30	26	5	18	6	37
	1971	1061.1	3	29	25	5	18	6	37
	1972	1168.3	3	29	25	5	18	7	37
	1973	1302.1	4	29	25	5	18	6	36
	1974	1406.8	4	28	24	5	18	7	37
	1975	1526.5	3	28	23	4	18	6	37
	1976	1695.0	3	29	24	4	18	6	37
	1977	1878.8	3	29	24	5	18	6	37
CARIBBEAN AND LATIN AMERICA									
ANTIGUA	*1963*	*24.8*	*18*	*3*	...	*16*	*25*	*4*	*34*
(MILLION EC DOLLARS)	*1964*	*25.1*	*15*	*3*	...	*18*	*25*	*4*	*36*
	1966[6]	*42.2*	*5*	*2*	...	*40*	*22*	*4*	*27*
	1967	*34.0*	*3*	*3*	...	*26*	*26*	*4*	*38*
	1968	*37.0*	*3*	*3*	...	*26*	*28*	*4*	*37*
ARGENTINA	*1960*	*10.1*	*15*	*31*	*28*	*4*	*17*	*7*	*17*
(1000 MILLION ARGENTINE PESOS)	*1961*	*12.1*	*12*	*31*	*29*	*4*	*17*	*7*	*18*
	1962	*14.9*	*13*	*32*	*28*	*4*	*16*	*7*	*20*
	1963	*18.7*	*15*	*31*	*28*	*3*	*15*	*8*	*19*
	1964	*26.0*	*17*	*32*	*29*	*3*	*15*	*8*	*18*
	1965	*36.4*	*15*	*34*	*31*	*3*	*14*	*7*	*18*
	1966	*45.4*	*13*	*33*	*30*	*4*	*14*	*8*	*20*
	1967	*59.6*	*12*	*32*	*28*	*4*	*13*	*8*	*20*
	1968	*68.7*	*11*	*31*	*27*	*4*	*13*	*8*	*20*
	1969	*81.0*	*11*	*31*	*27*	*5*	*13*	*8*	*20*
	1970	*94.8*	*12*	*31*	*27*	*5*	*12*	*9*	*21*
	1971	*132.7*	*13*	*31*	*28*	*5*	*12*	*10*	*21*
	1972	*219.9*	*14*	*32*	*29*	*5*	*12*	*9*	*20*
	1973	*364.6*	*14*	*32*	*29*	*4*	*11*	*9*	*21*
	1974	*497.1*	*12*	*32*	*28*	*5*	*11*	*9*	*22*
	1975	*1345.0*	*12*	*36*	*33*	*4*	*10*	*8*	*23*

3. GROSS DOMESTIC PRODUCT BY KIND OF ECONOMIC ACTIVITY (CONTINUED)

COUNTRY OR AREA AND CURRENCY UNIT	YEAR	GROSS DOMESTIC PRODUCT	AGRICULTURE[1]	INDUSTRIAL ACTIVITY TOTAL[2]	INDUSTRIAL ACTIVITY MANUFACTURING INDUSTRIES	CONSTRUCTION	WHOLESALE AND RETAIL TRADE	TRANSPORT AND COMMUNICATION	OTHER[3]
	ISIC(REV.)	1-9	1	2-4	3	5	6	7	8-9
				PERCENTAGE DISTRIBUTION					
BARBADOS	*1960*	*136.0*	*25*	*12[15]*	...	*9*	*20*	...[15]	*22*
(MILLION BARBADOS DOLLARS)	*1961*	*144.0*	*24*	*14[15]*	...	*9*	*19*	...[15]	*23*
	1962	*152.0*	*22*	*14[15]*	...	*9*	*19*	...[15]	*23*
	1963	*167.0*	*28*	*13[15]*	...	*9*	*20*	...[15]	*22*
	1964	*165.0*	*24*	*14[15]*	...	*9*	*21*	...[15]	*23*
	1965	*158.0[18]*	*26*	*16[15]*	...	*9*	*23*	...[15]	*26*
	1966	*170.0[18]*	*26*	*16[15]*	...	*9*	*22*	...[15]	*27*
	1967	*189.0[18]*	*25*	*18[15]*	...	*9*	*21*	...[15]	*28*
	1968	*217.0[18]*	*19*	*18[15]*	...	*9*	*23*	...[15]	*30*
	1969	*235.0[18]*	*16*	*18[15]*	...	*9*	*25*	...[15]	*32*
	1970	*290.0[18]*	*14*	*18[15]*	...	*9*	*25*	...[15]	*34*
	1971	*322.0[18]*	*12*	*19[15]*	...	*9*	*24*	...[15]	*36*
	1972	*357.0[18]*	*12*	*20[15]*	...	*8*	*24*	...[15]	*36*
	1973	*426.0[18]*	*11*	*23[15]*	...	*8*	*23*	...[15]	*36*
	1974	639.0	12	12	10	7	29	5	25
	1975	745.0	17	11	9	5	27	5	23
	1976	759.0	11	13	10	6	29	6	25
BELIZE	*1962*	*47.8*	*33*	*30[13]*	...	...[13]	*8*	*1*	*14*
(MILLION BELIZE DOLLARS)	*1963*	*50.9*	*30*	*34[13]*	...	...[13]	*8*	*1*	*15*
	1964	*52.7*	*37*	*28[13]*	...	...[13]	*7*	*1*	*16*
	1973	114.7	21	10	9	5	16	6	31
	1974	158.6	26	13	12	6	14	6	24
	1975	193.1	27	13	12	6	14	6	23
	1976	185.4	21	11	10	7	16	7	26
BOLIVIA	*1960*	*4419.0*	*29*	*25*	*14*	*4*	*14*	*9*	*21*
(MILLION BOLIVIAN PESOS)	*1961*	*4872.0*	*30*	*24*	*13*	*3*	*13*	*9*	*22*
	1962	*5327.0*	*26*	*25*	*14*	*3*	*13*	*8*	*24*
	1963	*5736.0*	*26*	*25*	*14*	*4*	*13*	*9*	*24*
	1964	*6463.0*	*24*	*28*	*14*	*3*	*12*	*8*	*24*
	1965	*7180.0*	*23*	*29*	*15*	*5*	*12*	*8*	*23*
	1966	*7950.0*	*22*	*29*	*15*	*4*	*13*	*8*	*25*
	1967	*8979.0*	*19*	*31*	*15*	*4*	*14*	*8*	*24*
	1968	*10192.0*	*19*	*29*	*14*	*4*	*13*	*8*	*26*
	1969	*11074.0*	*19*	*29*	*15*	*4*	*13*	*8*	*27*
	1970	12505.0	18	26	14	4	17	8	27
	1971	13677.0	18	24	14	4	18	9	27
	1972	17413.0	18	27	14	4	16	9	26
	1973	26466.0	18	30	14	4	15	8	25
	1974	44339.0	19	31	13	4	16	7	24
	1975	50156.0	18	25	13	4	19	8	26
BRAZIL	*1960*	*2.8*	*18*	*19*	*18*	*1*	*12*	*5*	*25*
(1000 MILLION BRAZILIAN CRUZEIROS)	*1961*	*4.1*	*18*	*20*	*18*	*1*	*12*	*6*	*27*
	1962	*6.6*	*19*	*20*	*18*	*1*	*12*	*6*	*26*
	1963	*11.9*	*17*	*21*	*20*	*1*	*13*	*6*	*27*
	1964	*23.1*	*18*	*20*	*18*	*1*	*11*	*5*	*27*
	1965[6]	*44.1*	*13*	*23*	*21*	*4*	*13*	*5*	*27*
	1966	*63.7*	*11*	*23*	*21*	*4*	*12*	*4*	*26*
	1967	*86.2*	*10*	*22*	*20*	*5*	*12*	*5*	*28*
	1968	*122.4*	*9*	*23*	*21*	*5*	*12*	*4*	*26*
	1969	*161.9*	*9*	*24*	*21*	*5*	*12*	*4*	*26*
	1970	*208.3*	*8*	*24*	*22*	*5*	*13*	*4*	*26*
	1971	*276.8*	*9*	*25*	*22*	*5*	*13*	*4*	*26*
	1972	*363.2*	*8*	*26*	*23*	*5*	*13*	*4*	*25*
	1973	*498.3*	*9*	*26*	*24*	*5*	*13*	*4*	*24*
	1974	*719.5*	*9*	*28*	*25*	*5*	*13*	*4*	*23*
	1975	*1009.4*	*9*	*28*	*25*	*5*	*13*	*4*	*24*
	1976	*1560.3*	*9*	*27*	*24*	*5*	*13*	*4*	*25*
	1977	*2352.8*	*10*	*26*	*23*	*5*	*13*	*4*	*25*
BRITISH VIRGIN ISLANDS	1969	13.5	8	7	...	31	17	8	21
(MILLION DOLLARS)	1970	15.9	7	7	...	30	15	8	21
	1971	13.8	8	7	...	23	19	9	26
	1972	14.4	8	7	...	17	20	10	27
	1973	16.3	9	7	...	14	23	9	25
	1974	19.5	9	7	...	15	24	8	26
	1975	21.4	9	7	...	16	23	8	25
	1976	23.3	9	7	...	13	26	9	26
	1977	24.1	10	7	...	10	26	9	27

3. GROSS DOMESTIC PRODUCT BY KIND OF ECONOMIC ACTIVITY (CONTINUED)

COUNTRY OR AREA AND CURRENCY UNIT	YEAR	GROSS DOMESTIC PRODUCT	AGRICULTURE[1]	INDUSTRIAL ACTIVITY TOTAL[2]	INDUSTRIAL ACTIVITY MANUFACTURING INDUSTRIES	CONSTRUCTION	WHOLESALE AND RETAIL TRADE	TRANSPORT AND COMMUNICA-TION	OTHER[3]
	ISIC(REV.)	1-9	1	2-4	3	5	6	7	8-9
		PERCENTAGE DISTRIBUTION							
CHILE	*1960*	*4.2*	*11*	*34*	*23*	*4*	*21*	*5*	*25*
(MILLION CHILEAN PESOS)	*1961*	*4.7*	*10*	*32*	*23*	*4*	*22*	*5*	*26*
	1962	*5.7*	*9*	*33*	*24*	*5*	*22*	*5*	*25*
	1963	*8.7*	*9*	*34*	*24*	*5*	*22*	*4*	*24*
	1964	*13.2*	*10*	*35*	*25*	*5*	*21*	*4*	*25*
	1965	*18.8*	*10*	*35*	*24*	*5*	*20*	*4*	*25*
	1966	*26.2*	*9*	*36*	*24*	*5*	*21*	*5*	*25*
	1967	*34.4*	*9*	*36*	*25*	*4*	*20*	*5*	*26*
	1968	*46.3*	*7*	*39*	*27*	*4*	*19*	*5*	*26*
	1969	*67.4*	*7*	*40*	*26*	*4*	*19*	*5*	*26*
	1970	*97.0*	*7*	*39*	*27*	*4*	*19*	*4*	*27*
	1971	*129.0*	*8*	*33*	*25*	*5*	*19*	*4*	*31*
	1972	*239.0*	*7*	*33*	*25*	*5*	*22*	*5*	*28*
	1973	*1213.1*	*7*	*36*	*26*	*3*	*25*	*4*	*25*
	1974	*9660.5*	*6*	*34*	*23*	*3*	*29*	*4*	*25*
	1975	*42090.9*	*6*	*30*	*21*	*2*	*32*	*4*	*26*
	1976	*146647.8*	*8*	*32*	*22*	*2*	*28*	*4*	*26*
	1977	*321187.7*	*10*	*27*	*20*	*2*	*29*	*4*	*28*
COLOMBIA	*1960*	*26747.0*	*32*	*23*	*18*	*3*	*15*	*6*	*20*
(MILLION COLOMBIAN PESOS)	*1961*	*30421.0*	*32*	*23*	*19*	*4*	*15*	*6*	*21*
	1962	*34199.0*	*30*	*24*	*20*	*4*	*14*	*7*	*22*
	1963	*43525.0*	*29*	*25*	*21*	*4*	*14*	*7*	*22*
	1964	*53760.0*	*31*	*23*	*19*	*3*	*15*	*6*	*21*
	1965	*60798.0*	*29*	*23*	*20*	*3*	*16*	*6*	*22*
	1966	*73611.9*	*28*	*22*	*19*	*4*	*17*	*6*	*22*
	1967	*83082.9*	*28*	*22*	*19*	*5*	*17*	*6*	*22*
	1968	*96421.9*	*28*	*22*	*18*	*5*	*17*	*6*	*22*
	1969	*110952.9*	*28*	*22*	*18*	*5*	*17*	*7*	*22*
	1970	*130360.9*	*26*	*22*	*19*	*5*	*17*	*7*	*23*
	1971	*152262.8*	*26*	*23*	*19*	*5*	*16*	*7*	*23*
	1972	*186091.8*	*27*	*23*	*20*	*5*	*16*	*6*	*23*
	1973	*243235.7*	*27*	*23*	*20*	*5*	*17*	*6*	*22*
	1974	*329154.7*	*27*	*24*	*22*	*5*	*17*	*6*	*21*
	1975	*412828.7*	*27*	*24*	*21*	*5*	*17*	*5*	*21*
	1976	*534014.6*	*28*	*24*	*22*	*4*	*18*	*6*	*20*
	1977	*716970.6*	*30*	*23*	*21*	*4*	*18*	*6*	*19*
COSTA RICA	1960	2860.5[9]	26	15	14	4	21	4	28
(MILLION COSTA RICAN COLONES)	1961	2929.3[9]	26	15	14	5	20	4	29
	1962	3186.6	26	15	14	5	20	4	29
	1963	3404.2	24	16	15	5	20	4	30
	1964	3608.2	25	17	16	4	20	4	29
	1965	3928.5	24	18	17	5	20	4	29
	1966	4288.4	23	19	17	4	21	4	29
	1967	4633.9[9]	23	18	17	4	20	4	29
	1968	5126.7[9]	23	19	17	4	20	4	29
	1969	5655.3[9]	23	19	18	4	20	4	29
	1970	6524.5	23	20	18	4	21	4	28
	1971	7137.0[9]	20	20	18	5	21	4	29
	1972	8215.8[9]	19	20	18	5	20	4	29
	1973	10162.4[9]	19	20	19	5	20	4	28
	1974	13215.7[9]	19	22	20	5	21	4	27
	1975	16804.6	20	22	20	5	19	5	29
	1976	20675.6	20	22	19	6	19	5	29
	1977	26272.6	22	22	19	6	19	4	28
DOMINICA	*1961*	*21.1*	*35*	*7*	...	*9*	*12*	*3*	*34*
(MILLION EC DOLLARS)	*1962*	*20.2*	*36*	*9*	...	*10*	*5*	*3*	*38*
	1963	*21.7*	*39*	*6*	...	*9*	*6*	*3*	*37*
	1964	*24.0*	*36*	*7*	...	*11*	*7*	*4*	*36*
	1965	*24.5*	*35*	*6*	...	*9*	*8*	*4*	*37*
	1966	*25.1*	*34*	*7*	...	*9*	*8*	*4*	*39*
	1967	*27.0*	*33*	*8*	...	*10*	*8*	*4*	*38*
	1971[6]	*50.9*	*32*	*2*	*1*	*3*	*9*	*4*	*32*
	1973	*62.3*	*40*	*3*	*2*	*4*	*8*	*2*	*32*
	1975	62.9	32	6	4	6	9	9	38
	1976	73.9	33	7	4	6	10	8	35
	1977	85.0	39	6	4	5	9	8	33

3. GROSS DOMESTIC PRODUCT BY KIND OF ECONOMIC ACTIVITY (CONTINUED)

COUNTRY OR AREA AND CURRENCY UNIT	YEAR	GROSS DOMESTIC PRODUCT	AGRICULTURE[1]	INDUSTRIAL ACTIVITY TOTAL[2]	INDUSTRIAL ACTIVITY MANUFACTURING INDUSTRIES	CONSTRUCTION	WHOLESALE AND RETAIL TRADE	TRANSPORT AND COMMUNICA-TION	OTHER[3]
	ISIC(REV.)	1-9	1	2-4	3	5	6	7	8-9
				PERCENTAGE DISTRIBUTION					
DOMINICAN REPUBLIC	*1960*	*723.6*	*27*	*20*	*17*	*3*	*19*	*5*	*27*
(MILLION DOMINICAN PESOS)	*1961*	*704.2*	*26*	*20*	*16*	*3*	*18*	*5*	*28*
	1962	*887.2*	*27*	*19*	*16*	*3*	*18*	*5*	*28*
	1963	*1012.7*	*25*	*19*	*17*	*4*	*18*	*5*	*29*
	1964	*1104.2*	*25*	*18*	*15*	*4*	*17*	*6*	*30*
	1965	*957.1*	*26*	*17*	*14*	*3*	*16*	*5*	*32*
	1966	*1059.5*	*25*	*19*	*17*	*4*	*16*	*6*	*29*
	1967	*1114.6*	*23*	*21*	*18*	*5*	*16*	*7*	*29*
	1968	*1162.2*	*23*	*19*	*16*	*5*	*16*	*7*	*29*
	1969	*1325.4*	*24*	*20*	*17*	*5*	*16*	*8*	*28*
	1970	*1485.5*	*23*	*21*	*19*	*5*	*16*	*8*	*27*
	1971	*1666.4*	*22*	*21*	*18*	*6*	*16*	*8*	*27*
	1972	*1987.4*	*21*	*21*	*17*	*6*	*17*	*7*	*28*
	1973	*2344.8*	*22*	*21*	*17*	*7*	*16*	*7*	*26*
	1974	*2922.6*	*22*	*22*	*19*	*7*	*17*	*7*	*25*
	1975	*3599.9*	*21*	*25*	*21*	*7*	*16*	*6*	*25*
	1976	*3935.2*	*20*	*25*	*21*	*7*	*17*	*6*	*26*
	1977	*4466.6*	*21*	*23*	*19*	*7*	*17*	*6*	*26*
ECUADOR	*1960*	*14140.0*	*33*	*17*	*14*	*4*	*10*	*4*	*22*
(MILLION ECUADORAN SUCRES)	*1961*	*15075.0*	*34*	*17*	*14*	*4*	*10*	*4*	*22*
	1962	*16104.0*	*35*	*17*	*14*	*3*	*10*	*4*	*22*
	1963	*17437.0*	*34*	*18*	*14*	*3*	*10*	*4*	*22*
	1964	*19414.0*	*32*	*19*	*16*	*4*	*10*	*4*	*23*
	1965	20146.0	31	18	15	3	14	6	24
	1966	22851.0	32	18	16	3	13	6	23
	1967	25470.0	33	17	14	3	13	6	22
	1968	27379.0	28	18	15	4	14	6	25
	1969	29921.0	28	19	16	4	13	6	26
	1970	34275.0	28	19	17	4	13	7	24
	1971	40247.0	27	18	16	6	14	7	24
	1972	47102.0	25	21	17	4	14	7	24
	1973	63575.0	24	27	16	4	11	6	23
	1974	93582.9	21	32	14	6	11	5	21
	1975	108245.9	23	29	15	6	12	5	22
	1976	130182.8	21	30	15	6	12	5	22
	1977	153811.8	20	29	17	6	13	5	22
EL SALVADOR	*1960*	*1420.0*	*32*	*16*	*15*	*3*	*23*	*5*	*21*
(MILLION SALVADORAN COLONES)	*1961*	*1444.1*	*32*	*17*	*15*	*3*	*22*	*5*	*21*
	1962	*1602.6*	*34*	*16*	*15*	*2*	*23*	*5*	*20*
	1963	*1693.6*	*31*	*17*	*16*	*3*	*25*	*5*	*20*
	1964	*1866.7*	*31*	*18*	*16*	*3*	*25*	*5*	*19*
	1965	*1992.2*	*29*	*19*	*18*	*3*	*25*	*4*	*19*
	1966	*2109.7*	*27*	*20*	*19*	*4*	*25*	*4*	*19*
	1967	*2215.7*	*27*	*21*	*19*	*3*	*25*	*4*	*20*
	1968	*2291.9*	*26*	*21*	*20*	*2*	*25*	*5*	*20*
	1969	*2381.8*	*25*	*21*	*20*	*3*	*24*	*5*	*21*
	1970	*2571.4*	*28*	*21*	*19*	*3*	*23*	*5*	*21*
	1971	*2703.9*	*27*	*21*	*19*	*3*	*23*	*5*	*21*
	1972	*2881.9*	*25*	*21*	*20*	*4*	*24*	*5*	*21*
	1973	*3331.6*	*28*	*20*	*18*	*3*	*24*	*4*	*21*
	1974	*3943.6*	*25*	*19*	*18*	*4*	*26*	*4*	*21*
	1975	*4559.9*	*23*	*19*	*17*	*5*	*28*	*4*	*22*
	1976	*5463.7*	*26*	*17*	*16*	*4*	*27*	*4*	*21*
	1977	*6547.7*	*30*	*16*	*15*	*4*	*26*	*4*	*20*
GRENADA	*1970*	*60.0*[18]	*20*	*6*	*4*	*14*	*18*	*9*	*33*
(MILLION EC DOLLARS)	*1971*	*59.7*[18]	*19*	*6*	*4*	*10*	*20*	*10*	*35*
	1972	*64.2*[18]	*20*	*6*	*4*	*9*	*20*	*9*	*35*
	1973	*65.8*[18]	*19*	*7*	*5*	*8*	*21*	*11*	*34*
	1974	*65.4*[18]	*25*	*7*	*5*	*4*	*18*	*11*	*35*
	1975	*80.5*[18]	*29*	*6*	*4*	*7*	*18*	*10*	*30*
GUADELOUPE	*1965*	*957.5*	*15*	*9*	...	*9*	*25*	*3*	*38*
(MILLION FRANCS)	*1966*	*1062.5*	*12*	*10*	...	*10*	*26*	*3*	*38*
	1967	*1111.6*	*14*	*8*	...	*9*	*26*	*3*	*40*
	1968	*1244.0*	*12*	*8*	...	*9*	*27*	*4*	*40*
	1969	*1372.2*	*12*	*9*	...	*8*	*25*	*4*	*42*
	1970	*1578.5*	*12*	*9*	...	*6*	*29*	*3*	*42*
	1971	*1777.2*	*10*	*9*	...	*9*	*26*	*3*	*43*
	1972	*1898.4*	*9*	*8*	...	*8*	*25*	*4*	*46*
	1973	*2271.9*	*9*	*8*	...	*9*	*26*	*4*	*44*
	1974	*2602.6*	...	...	...	...	...	...	...
	1975	*3142.2*	...	...	...	...	...	...	...
	1976	*3438.8*	...	...	...	...	...	...	...
	1977	*3888.2*	...	...	...	...	...	...	...
GUATEMALA	*1960*	*1043.6*	*28*	*14*	*13*	*2*	*30*	*4*	*22*
(MILLION G QUETZALES)	*1961*	*1076.7*	*27*	*14*	*13*	*2*	*29*	*4*	*23*
	1962	*1143.6*	*27*	*14*	*13*	*2*	*31*	*5*	*22*
	1963	*1262.7*	*28*	*14*	*13*	*2*	*32*	*4*	*21*

3. GROSS DOMESTIC PRODUCT BY KIND OF ECONOMIC ACTIVITY (CONTINUED)

COUNTRY OR AREA AND CURRENCY UNIT	YEAR	GROSS DOMESTIC PRODUCT	AGRICULTURE[1]	INDUSTRIAL ACTIVITY: TOTAL[2]	INDUSTRIAL ACTIVITY: MANUFACTURING INDUSTRIES	CONSTRUCTION	WHOLESALE AND RETAIL TRADE	TRANSPORT AND COMMUNICATION	OTHER[3]
	ISIC(REV.)	1-9	1	2-4	3	5	6	7	8-9
				PERCENTAGE DISTRIBUTION					
GUYANA	1960	291.8	24	19	9	9	13	7	19
(MILLION GUYANA DOLLARS)	1961	318.5	24	22	10	7	12	7	19
	1962	334.2	23	26	11	6	11	7	18
	1963	301.4	24	25	13	5	11	6	19
	1964	333.7	22	27	11	5	12	6	19
	1965	362.3	22	27	12	5	11	6	20
	1966	388.7	19	26	11	6	11	6	20
	1967	425.2	19	27	11	6	11	6	20
	1968	459.4	17	28	11	7	11	6	20
	1969	499.0	18	28	11	7	10	5	19
	1970	535.5	17	28	11	7	10	5	20
	1971	564.1	18	27	11	7	10	5	22
	1972	599.3	17	26	11	7	10	5	23
	1973	644.8	16	22	10	7	10	6	27
	1974	954.8	28	25	13	6	8	5	20
	1975	1187.9	29	25	14	6	8	4	20
	1976	1117.5	21	25	12	8	10	5	23
HAITI [19] [20]	1960	1522.7	49	12	10	2	11	3	22
(MILLION HAITIAN GOURDES)	1961	1478.0	49	12	10	2	10	3	24
	1962	1594.6	49	14	11	2	12	2	21
	1963	1564.4	50	14	11	2	12	2	21
	1964	1538.7	50	13	10	2	11	2	22
	1965	1571.9	49	13	10	2	11	2	23
	1966	1562.9	51	12	10	1	11	2	23
	1967	1529.8	51	12	10	1	10	2	23
	1968	1578.5	50	13	10	2	10	3	23
	1969	1638.6	49	13	10	2	10	2	23
	1970	1649.3	49	13	10	2	10	2	24
	1971	1756.2	48	13	10	2	10	2	24
	1972	1772.6	47	14	11	3	10	3	24
	1973	1831.2	46	14	11	4	10	2	23
	1974	1904.6	45	15	11	4	10	2	23
	1975	1912.4	45	14	11	4	10	3	24
	1976	2051.2	43	16	12	4	11	3	23
	1977	2115.3	42	17	13	5	11	3	22
HONDURAS	1960	680.0	31	13	11	4	12	6	25
(MILLION HONDURAN LEMPIRAS)	1961	718.0	33	13	11	3	12	6	24
	1962	781.0	33	13	11	4	11	6	24
	1963	820.0	32	14	12	4	12	6	24
	1964	914.0	32	14	12	4	12	6	23
	1965	1017.0	35	14	11	3	12	6	22
	1966	1100.0	35	14	11	3	12	6	22
	1967	1196.0	34	14	11	4	12	6	21
	1968	1299.0	33	15	12	4	12	6	21
	1969	1348.0	31	16	12	4	12	6	22
	1970	1430.0	30	16	13	5	12	6	22
	1971	1516.0	30	16	13	4	12	6	22
	1972	1648.0	30	16	13	4	11	6	23
	1973	1813.0	31	17	14	4	11	6	21
	1974	1995.0	29	19	14	5	11	6	21
	1975	2112.0	27	19	15	5	11	7	21
	1976	2438.0	28	19	15	5	11	7	20
	1977	2940.0	29	19	16	5	12	7	19
JAMAICA	1960	471.3	11	22	12	11	19	7	22
(MILLION JAMAICAN DOLLARS)	1961	503.8	11	23	13	10	17	7	23
	1962	524.3	11	22	13	10	17	7	24
	1963	557.4	12	23	14	9	16	7	24
	1964	605.2	11	24	14	10	15	7	24
	1965	656.1	11	24	14	10	15	7	25
	1966	748.1	10	28	13	9	14	6	23
	1967	797.1	10	27	13	9	14	7	24
	1968	867.6	9	26	13	11	14	7	24
	1969	990.6	8	30	16	13	22	6	22
	1970	1167.5	7	29	16	13	21	6	24
	1971	1275.9	8	28	16	12	22	6	24
	1972	1434.1	7	27	17	11	23	6	26
	1973	1733.6	7	27	17	10	22	6	27
	1974	2265.4	7	31	17	9	20	6	26
	1975	2632.5	8	28	17	10	21	6	27
	1976	2717.6	8	29	19	8	18	6	31
	1977	2965.5	9	32	19	6	16	7	31

3. GROSS DOMESTIC PRODUCT BY KIND OF ECONOMIC ACTIVITY (CONTINUED)

COUNTRY OR AREA AND CURRENCY UNIT	YEAR	GROSS DOMESTIC PRODUCT	AGRICULTURE[1]	INDUSTRIAL ACTIVITY TOTAL[2]	INDUSTRIAL ACTIVITY MANUFACTURING INDUSTRIES	CONSTRUCTION	WHOLESALE AND RETAIL TRADE	TRANSPORT AND COMMUNICATION	OTHER[3]
ISIC(REV.)		1-9	1	2-4	3	5	6	7	8-9
			PERCENTAGE DISTRIBUTION						
MARTINIQUE	*1965*	*1112.9*	*14*	*7*	...	*8*	*26*	*3*	*41*
(MILLION FRANCS)	*1966*	*1191.1*	*14*	*7*	...	*10*	*26*	*3*	*40*
	1967	*1247.9*	*13*	*7*	...	*9*	*26*	*3*	*42*
	1968	*1413.1*	*11*	*7*	...	*9*	*27*	*4*	*42*
	1969	*1586.6*	*10*	*7*	...	*9*	*27*	*4*	*43*
	1970	*1730.1*	*8*	*7*	...	*10*	*27*	*4*	*43*
	1971	*1970.4*	*7*	*7*	...	*10*	*27*	*4*	*44*
	1972	*2234.4*	*7*	*7*	...	*9*	*28*	*4*	*44*
	1973	*2666.4*	*6*	*7*	...	*10*	*28*	*4*	*44*
	1974	*3397.7*	...	...	...	...	...	...	...
	1975	*3760.1*	...	...	...	...	...	...	...
	1976	*4526.9*	...	...	...	...	...	...	...
	1977	*5264.5*	...	...	...	...	...	...	...
MEXICO	1960	150.5	16	25	19	4	34	3	18
(1000 MILLION MEXICAN PESOS)	1961	163.3	16	25	19	3	33	3	19
	1962	176.0	16	26	19	3	32	3	20
	1963	196.0	16	26	19	4	32	3	20
	1964	231.4	15	26	20	4	33	3	19
	1965	252.0	14	27	21	4	33	3	19
	1966	280.1	13	27	21	5	33	3	19
	1967	306.3	13	28	21	5	32	3	20
	1968	339.1	12	28	22	5	32	3	20
	1969	374.9	12	28	22	5	32	3	20
	1970	418.7	11	29	23	5	32	3	20
	1971	452.4	11	29	23	5	32	3	21
	1972	512.3	10	29	23	5	32	3	21
	1973	619.6	11	28	23	6	32	3	21
	1974	813.7	10	29	23	6	33	3	20
	1975	988.3	10	28	23	6	32	3	20
	1976	1227.9	10	29	24	6	31	3	21
	1977	1676.0	10	30	24	6	31	3	20
MONTSERRAT	*1961*	*3.5*[18]	*41*	*2*	...	*8*	*11*	*1*	*37*
(MILLION EC DOLLARS)	*1962*	*3.8*[18]	*39*	*2*	...	*11*	*11*	*1*	*36*
	1963	*3.9*[18]	*35*	*2*	...	*15*	*11*	*1*	*36*
	1964[6]	*4.5*[18]	*31*	*2*	...	*20*	*14*	*2*	*32*
	1965	*5.9*[18]	*24*	*2*	...	*21*	*19*	*1*	*33*
	1966	*7.4*[18]	*20*	*3*	...	*18*	*23*	*1*	*35*
	1967	*8.6*[18]	*15*	*3*	...	*23*	*20*	*1*	*36*
	1968	*9.2*[18]	*18*	*4*	...	*16*	*23*	*2*	*38*
	1969	*9.8*[18]	*18*	*3*	...	*15*	*24*	*2*	*39*
	1970	*11.8*[18]	*16*	*3*	...	*18*	*22*	*2*	*40*
	1975	*14.5*[18]	*10*	*6*	*2*	*17*	*19*	*11*	*37*
	1976	*16.9*[18]	*9*	*4*	*2*	*21*	*17*	*12*	*37*
NICARAGUA	1960	2348.4	24	19	16	2	22	6	27
(MILLION NICARAGUAN CORDOBAS)	1961	2526.9	24	19	16	2	22	6	27
	1962	2783.0	24	20	17	3	22	6	26
	1963	3075.6	24	21	18	3	22	6	25
	1964	3590.3	26	20	18	3	22	5	24
	1965	3965.8	25	20	18	3	21	5	25
	1966	4246.7	23	20	17	4	21	5	26
	1967	4600.2	25	20	18	3	20	5	26
	1968	4871.3	23	21	18	3	21	5	27
	1969	5235.8	25	21	18	3	20	5	26
	1970	5436.1	25	23	20	3	21	5	23
	1971	5786.0	25	23	21	3	21	5	23
	1972	6165.9	25	24	21	3	22	6	21
	1973	7655.0	25	23	21	4	22	6	20
	1974	10646.3	24	22	20	6	22	6	20
	1975	11133.0	22	24	22	5	22	5	21
	1976	13037.8	23	23	21	5	22	5	21
	1977	15691.2	23	21	19	5	24	6	20
PANAMA	*1960*	*415.8*	*23*	*15*	*13*	*6*	*16*	*5*	*36*
(MILLION PANAMANIAN BALBOAS)	*1961*	*463.7*	*24*	*15*	*13*	*6*	*15*	*5*	*34*
	1962	*504.8*	*23*	*17*	*15*	*6*	*16*	*5*	*34*
	1963	*559.5*	*22*	*18*	*15*	*6*	*15*	*4*	*34*
	1964	*600.8*	*23*	*18*	*16*	*5*	*16*	*5*	*34*
	1965	*659.9*	*24*	*17*	*15*	*5*	*15*	*5*	*33*
	1966	*719.0*	*23*	*17*	*15*	*6*	*15*	*5*	*34*
	1967	*800.7*	*23*	*17*	*15*	*6*	*15*	*5*	*34*
	1968	*861.4*	*23*	*18*	*16*	*6*	*15*	*5*	*34*
	1969	*945.4*	*21*	*18*	*16*	*5*	*15*	*5*	*35*
	1970	*1045.8*	*19*	*18*	*16*	*6*	*16*	*5*	*36*
	1971	*1157.0*	*18*	*18*	*16*	*6*	*16*	*6*	*36*
	1972	*1297.8*	*18*	*18*	*16*	*7*	*16*	*6*	*36*
	1973	*1472.5*	*17*	*18*	*15*	*7*	*16*	*6*	*36*
	1974	*1834.7*	*16*	*17*	*15*	*8*	*18*	*6*	*34*
	1975	*1934.2*	*17*	*18*	*15*	*7*	*18*	*6*	*34*
	1976	*2004.3*	*17*	*17*	*14*	*6*	*18*	*7*	*35*
	1977	*2212.9*	...	...	...	...	...	...	...

3. GROSS DOMESTIC PRODUCT BY KIND OF ECONOMIC ACTIVITY (CONTINUED)

COUNTRY OR AREA AND CURRENCY UNIT	YEAR	GROSS DOMESTIC PRODUCT	AGRICULTURE[1]	INDUSTRIAL ACTIVITY TOTAL[2]	INDUSTRIAL ACTIVITY MANUFACTURING INDUSTRIES	CONSTRUCTION	WHOLESALE AND RETAIL TRADE	TRANSPORT AND COMMUNICATION	OTHER[3]
	ISIC(REV.)	1-9	1	2-4	3	5	6	7	8-9
				PERCENTAGE DISTRIBUTION					
PARAGUAY	*1960*	*35580.7*	*37*	*17*	*16*	*2*	*23*	*4*	*18*
(MILLION P GUARANIES)	*1961*	*40578.5*	*36*	*17*	*16*	*2*	*22*	*4*	*18*
	1962	*45447.7*	*37*	*17*	*16*	*2*	*23*	*4*	*17*
	1963	*48372.3*	*38*	*16*	*15*	*2*	*22*	*4*	*17*
	1964	*51452.3*	*38*	*17*	*16*	*2*	*22*	*4*	*17*
	1965	*55891.9*	*37*	*16*	*16*	*2*	*23*	*4*	*17*
	1966	*58701.5*	*36*	*17*	*16*	*3*	*23*	*4*	*18*
	1967	*62077.4*	*33*	*17*	*16*	*3*	*24*	*4*	*18*
	1968	*65224.3*	*32*	*17*	*16*	*3*	*25*	*4*	*19*
	1969	*70092.9*	*33*	*17*	*16*	*3*	*25*	*4*	*19*
	1970	*74921.1*	*32*	*18*	*17*	*3*	*24*	*4*	*19*
	1971	*83735.8*	*33*	*18*	*16*	*3*	*24*	*4*	*18*
	1972	*96898.9*	*34*	*18*	*16*	*3*	*23*	*4*	*18*
	1973	*125436.9*	*38*	*18*	*16*	*3*	*23*	*3*	*15*
	1974	*168017.4*	*35*	*19*	*18*	*3*	*24*	*4*	*15*
	1975	*190438.3*	*37*	*17*	*16*	*4*	*23*	*4*	*15*
	1976	*214068.8*	*35*	*18*	*16*	*4*	*24*	*4*	*15*
	1977	*263611.7*	*34*	*19*	*17*	*4*	*25*	*4*	*14*
PERU	*1968*	*185.8*	*17*	*33*	*23*	*5*	*14*	*4*	*27*
(1000 MILLION PERUVIAN SOLES)	*1969*	*209.0*	*17*	*33*	*23*	*5*	*14*	*4*	*27*
	1970	256.3	17	32	25	3	14	6	29
	1971	281.8	16	32	25	3	14	6	29
	1972	317.4	15	32	26	3	14	6	30
	1973	381.9	14	34	26	4	14	6	28
	1974	483.3	14	34	27	4	15	6	27
	1975	605.8	14	31	26	4	16	7	27
	1976	827.7	13	36	28	4	15	7	25
PUERTO RICO [4]	*1960*	*1865.1*[9]	*10*	*26*	*23*	*6*	*20*	*6*	*31*
(MILLION US DOLLARS)	*1961*	*2094.3*[9]	*9*	*27*	*23*	*6*	*20*	*6*	*31*
	1962	*2333.7*[9]	*9*	*27*	*24*	*6*	*20*	*6*	*31*
	1963	*2570.4*[9]	*7*	*27*	*24*	*6*	*20*	*6*	*31*
	1964	*2881.2*[9]	*6*	*27*	*23*	*7*	*21*	*6*	*31*
	1965	*3169.8*[9]	*5*	*27*	*24*	*7*	*21*	*6*	*32*
	1966	*3532.7*[9]	*5*	*27*	*23*	*7*	*21*	*6*	*31*
	1967	*3941.7*[9]	*4*	*27*	*24*	*7*	*20*	*6*	*32*
	1968	*4460.7*[9]	*4*	*27*	*24*	*7*	*20*	*6*	*32*
	1969	*5034.7*[9]	*3*	*27*	*24*	*7*	*19*	*5*	*33*
	1970	*5678.5*[9]	*3*	*27*	*24*	*8*	*19*	*5*	*33*
	1971	*6333.5*[9]	*3*	*29*	*25*	*8*	*19*	*5*	*34*
	1972	*7030.4*[9]	*2*	*30*	*27*	*7*	*19*	*5*	*35*
	1973	*7758.6*[9]	*4*	*32*	*28*	*6*	*17*	*5*	*34*
	1974	*8207.7*[9]	*3*	*32*	*28*	*6*	*18*	*6*	*36*
	1975	*8946.0*[9]	*3*	*36*	*32*	*4*	*18*	*6*	*35*
	1976	*9848.2*[9]	*3*	*37*	*34*	*3*	*18*	*6*	*34*
	1977	*10902.5*[9]	*3*	*38*	*35*	*3*	*18*	*6*	*34*
ST KITTS-NEVIS-ANGUILLA	*1961*	*19.8*[18]	*46*	*1*	...	*10*	...[16]	*2*	*42*[16]
(MILLION EC DOLLARS)	*1962*	*19.9*[18]	*44*	*1*	...	*10*	...[16]	*2*	*44*[16]
	1963	*20.3*[18]	*41*	*2*	...	*10*	*11*	*2*	*33*
	1964	*21.2*[18]	*43*	*2*	...	*10*	*11*	*1*	*33*
	1965[6]	*21.4*[18]	*39*	*2*	...	*9*	*13*	*2*	*35*
	1966	*23.0*[18]	*39*	*2*	...	*7*	*11*	*2*	*39*
	1967	*27.5*[18]	*39*	*4*	...	*9*	*13*	*3*	*33*
	1968	*27.1*[18]	*38*	*4*	...	*9*	*14*	*3*	*32*
	1969	*29.1*[18]	*35*	*4*	...	*12*	*15*	*3*	*31*
	1970	*29.4*[18]	*30*	*4*	...	*14*	*15*	*4*	*34*
	1973	48.6	11	17	15	8	25	6	33
	1975	74.1	11	37	37	4	15	5	28
	1976[6]	75.5	17	14	13	5	8	6	32
	1977	81.7	18	16	15	6	8	7	30
ST LUCIA	*1962*	*28.3*[18]	*34*	*5*	...	*8*	*18*	*3*	*33*
(MILLION EC DOLLARS)	*1963*	*29.3*[18]	*33*	*5*	...	*8*	*19*	*3*	*32*
	1964	*31.4*[18]	*34*	*5*	...	*9*	*17*	*3*	*32*
	1965[6]	*34.9*[18 9]	*36*	*7*	...	*9*	*20*	*3*	*27*
	1966	*39.6*[18 9]	*35*	*6*	...	*9*	*22*	*3*	*27*
	1967	*39.7*[18]	*28*	*7*	...	*12*	*19*	*3*	*32*
	1968	*43.2*[18]	*29*	*7*	...	*11*	*19*	*3*	*31*
	1969	*49.1*[18]	*28*	*6*	...	*14*	*19*	*3*	*30*
	1970	*62.9*[18]	*22*	*6*	...	*19*	*20*	*3*	*30*
	1975[6]	*123.2*	*13*	*9*	*6*	*9*	*15*	*7*	*34*
	1976	*152.5*	*13*	*10*	*7*	*10*	*17*	*7*	*32*
	1977	*176.1*	*12*	*11*	*7*	*10*	*18*	*7*	*32*

3. GROSS DOMESTIC PRODUCT BY KIND OF ECONOMIC ACTIVITY (CONTINUED)

COUNTRY OR AREA AND CURRENCY UNIT	YEAR	GROSS DOMESTIC PRODUCT	AGRICULTURE[1]	INDUSTRIAL ACTIVITY: TOTAL[2]	INDUSTRIAL ACTIVITY: MANUFACTURING INDUSTRIES	CONSTRUCTION	WHOLESALE AND RETAIL TRADE	TRANSPORT AND COMMUNICATION	OTHER[3]
	ISIC(REV.)	1-9	1	2-4	3	5	6	7	8-9
				PERCENTAGE DISTRIBUTION					
ST VINCENT	*1961*	*24.6[18]*	*40*	*1*	...	*4*	*19*	*2*	*33*
(MILLION EC DOLLARS)	*1962*	*25.7[18]*	*38*	*1*	...	*5*	*19*	*2*	*34*
	1963[6]	*24.2[18]*	*33*	*4*	...	*6*	*14*	*3*	*40*
	1964[6]	*25.6[18]*	*32*	*4*	...	*7*	*16*	*3*	*38*
	1965	*26.6[18]*	*32*	*4*	...	*6*	*17*	*3*	*38*
	1966	*28.2[18]*	*29*	*6*	...	*7*	*17*	*3*	*37*
	1967	*28.4[18]*	*30*	*6*	...	*6*	*15*	*3*	*39*
	1968	*31.4[18]*	*28*	*7*	...	*6*	*18*	*3*	*38*
	1969	*33.9[18]*	*28*	*7*	...	*7*	*18*	*3*	*37*
	1970	*37.0[18]*	*25*	*6*	...	*10*	*19*	*3*	*36*
	1971	*39.6[18]*	*25*	*6*	...	*11*	*20*	*3*	*35*
	1972	*41.4[18]*	*25*	*6*	...	*10*	*20*	*3*	*36*
SURINAME	*1960*	*174.0*	*13*	*33[22 26]*	...[22]	...[23]	...[16]	...[11]	*54[24]*
(MILLION SURINAME GUILDERS)	*1961*	*189.0*	*13*	*30[22 26]*	...[22]	...[23]	...[16]	...[11]	*57[24]*
	1962	*205.0*	*12*	*28[22 26]*	...[22]	...[23]	...[16]	...[11]	*59[24]*
	1963	*223.0*	*12*	*26[22 26]*	...[22]	...[23]	...[16]	...[11]	*62[24]*
	1964	*236.0*	*13*	*27[25]*	— *12[25]* —		...[16]	*4*	*44[16]*
	1965	*270.0*	*13*	*26[25]*	*13[25]*		...[16]	*4*	*43[16]*
	1973	676.0	9	38	7	2	12	3	26
	1974	796.0	9	29	4	2	13	3	26
	1975	897.0	9	27	5	2	14	4	27
TRINIDAD AND TOBAGO	*1960*	*918.3*	*11*	*44*	*12*	*4*	*13*	*4*	*18*
(MILLION TT DOLLARS)	*1961*	*1002.8*	*11*	*45*	*12*	*5*	*13*	*4*	*19*
	1962	*1061.7*	*10*	*44*	*12*	*5*	*13*	*4*	*19*
	1963	*1144.6*	*10*	*42*	*12*	*6*	*12*	*3*	*21*
	1964	*1220.4*	*8*	*41*	*15*	*4*	*14*	*6*	*21*
	1965	*1262.7*	*8*	*41*	*17*	*4*	*14*	*6*	*21*
	1966[6]	*1336.0*	*5*	*31*	*18*	*5*	*18*	*14*	*22*
	1967	*1421.0*	*4*	*33*	*17*	*5*	*17*	*14*	*21*
	1968	*1630.0*	*5*	*35*	*20*	*5*	*16*	*13*	*21*
	1969	*1684.0*	*4*	*32*	*20*	*6*	*17*	*13*	*22*
	1970	*1735.0*	*5*	*31*	*21*	*6*	*16*	*14*	*22*
	1971	*1919.0*	*4*	*28*	*19*	*8*	*15*	*14*	*24*
	1972	*2205.0*	*5*	*30*	*20*	*8*	*14*	*13*	*23*
	1973	*2716.0*	*4*	*35*	*18*	*7*	*15*	*11*	*22*
	1974	*4260.0*	*3*	*50*	*15*	*6*	*10*	*8*	*18*
	1975	*5701.0*	*3*	*53*	*13*	*6*	*9*	*6*	*20*
	1976	*6760.0*	*3*	*50*	*13*	*7*	*11*	*6*	*19*
	1977	*8422.0*	*3*	*51*	*12*	*7*	*10*	*6*	*19*
TURKS AND CAICOS ISLANDS	*1962*	*0.3[18]*	*7*	*16*	...	*3*	— *20* —		*53*
(MILLION POUNDS)	*1963*	*0.4[18]*	*6*	*14*	...	*6*	*20*		*54*
	1964	*0.4[18]*	*6*	*11*	...	*6*	*21*		*56*
	1965	*0.4[18]*	*5*	*4*	...	*8*	*22*		*61*
	1966	*0.4[18]*	*5*	*4*	...	*8*	*21*		*62*
	1967	*0.5[18]*	*5*	*3*	...	*11*	*19*		*62*
	1968	*0.7[18]*	*5*	*2*	...	*20*	*20*		*53*
	1969	*0.8[18]*	*5*	*2*	...	*19*	*21*		*53*
URUGUAY	*1960*	*13.6*	*18*	*21*	*19*	*5*	*18*	*7*	*24*
(MILLION URUGUAYAN NEW PESOS)	*1961*	*17.3*	*14*	*21*	*19*	*5*	*17*	*8*	*24*
	1962	*18.8*	*13*	*20*	*18*	*4*	*17*	*8*	*29*
	1963	*22.4*	*14*	*22*	*19*	*4*	*15*	*8*	*29*
	1964	*32.6*	*15*	*22*	*20*	*4*	*15*	*8*	*28*
	1965	*52.5*	*14*	*27*	*25*	*3*	*15*	*7*	*27*
	1966	*99.6*	*15*	*22*	*21*	*4*	*15*	*8*	*24*
	1967	*169.8*	*12*	*23*	*21*	*4*	*17*	*8*	*27*
	1968	*374.5*	*11*	*26*	*24*	*3*	*16*	*8*	*25*
	1969	*506.1*	*11*	*24*	*22*	*3*	*16*	*8*	*27*
	1970	*612.2*	*11*	*22*	*20*	*3*	*15*	*7*	*28*
	1971	*735.7*	*11*	*21*	*19*	*4*	*14*	*8*	*30*
	1972	*1237.8*	*15*	*19*	*17*	*4*	*13*	*7*	*25*
	1973	*2576.1*	*17*	*22*	*20*	*3*	*15*	*6*	*24*
	1974	*4604.4*	*14*	*25*	*22*	*3*	*15*	*7*	*24*
	1975	*8368.8*	*10*	*25*	*23*	*4*	*16*	*6*	*25*
	1976	*12537.1*	*10*	*27*	*25*	*3*	*17*	*7*	*25*

3. GROSS DOMESTIC PRODUCT BY KIND OF ECONOMIC ACTIVITY (CONTINUED)

COUNTRY OR AREA AND CURRENCY UNIT	YEAR	GROSS DOMESTIC PRODUCT	AGRICULTURE[1]	INDUSTRIAL ACTIVITY TOTAL[2]	MANUFACTURING INDUSTRIES	CONSTRUCTION	WHOLESALE AND RETAIL TRADE	TRANSPORT AND COMMUNICATION	OTHER[3]
	ISIC(REV.)	1-9	1	2-4	3	5	6	7	8-9
		PERCENTAGE DISTRIBUTION							
VENEZUELA	*1960*	*25671.0*	*6*	*27[25]*	*16[25]*			*50*	
(MILLION V BOLIVARES)	*1961*	*26997.0*	*6*	*29[25]*	*16[25]*			*48*	
	1962	*29525.0*	*6*	*31[25]*	*16[25]*			*47*	
	1963	*32186.0*	*7*	*31[25]*	*16[25]*			*46*	
	1964	*35637.0*	*7*	*28[22,26]*	*...[22]*	*...[23]*	*...[16]*	*...[11]*	*65[24]*
	1965	*37925.0*	*7*	*27[22,26]*	*...[22]*	*...[23]*	*...[16]*	*...[11]*	*66[24]*
	1966	*39516.0*	*7*	*25[22,26]*	*...[22]*	*...[23]*	*...[16]*	*...[11]*	*67[24]*
	1967	*41625.0*	*7*	*25[25]*	*19[25]*			*48*	
	1968	44822.0	7	39	16	4	11	9	28
	1969	46420.0	8	37	16	4	11	10	29
	1970	51443.0	7	37	16	4	11	11	29
	1971	57094.0	7	38	17	4	11	10	30
	1972	63112.0	6	38	17	5	10	11	30
	1973	76096.9	6	42	18	5	9	10	27
	1974	127740.8	4	58	20	3	7	7	19
	1975	125346.9	6	48	17	5	9	9	23
	1976	132495.9	6	42	17	6	10	10	25
	1977	152795.8	6	39	16	7	10	11	25
ASIA MIDDLE EAST									
CYPRUS	*1960*	*91.6*	*16*	*20*	*10*	*5*	*11*	*8*	*30*
(MILLION CYPRUS POUNDS)	*1961*	*100.4*	*20*	*19*	*11*	*6*	*12*	*8*	*27*
	1962	*112.8*	*19*	*17*	*10*	*7*	*12*	*8*	*28*
	1963	*117.7*	*18*	*17*	*10*	*7*	*13*	*9*	*28*
	1964	*107.9*	*16*	*18*	*11*	*6*	*12*	*9*	*30*
	1965	*135.8*	*21*	*18*	*10*	*5*	*14*	*9*	*26*
	1966	*147.9*	*18*	*18*	*10*	*6*	*14*	*9*	*27*
	1967	*168.7*	*20*	*18*	*10*	*6*	*16*	*8*	*24*
	1968	*183.4*	*18*	*18*	*10*	*7*	*16*	*9*	*25*
	1969	*210.9*	*19*	*18*	*11*	*7*	*16*	*8*	*24*
	1970	*226.6*	*16*	*19*	*11*	*7*	*16*	*9*	*25*
	1971	*261.5*	*18*	*17*	*11*	*8*	*16*	*9*	*24*
	1972	*296.9*	*17*	*18*	*13*	*8*	*17*	*9*	*25*
	1973	*335.7*	*12*	*18*	*13*	*9*	*18*	*10*	*26*
	1974	*298.9*	*17*	*18*	*13*	*7*	*16*	*8*	*28*
	1975	*253.3*	*16*	*19*	*15*	*5*	*17*	*10*	*29*
	1976	*330.1*	*16*	*20*	*16*	*5*	*18*	*10*	*25*
	1977	*425.3*	*13*	*19*	*16*	*6*	*19*	*11*	*24*
IRAN [28]	*1960*	*332.4*	*27*	*26*	*10*	*4*	*8*	*9*	*19*
(1000 MILLION IRANIAN RIALS)	*1961*	*328.2*	*28*	*24*	*11*	*4*	*8*	*9*	*21*
	1962	*351.2*	*28*	*26*	*12*	*4*	*8*	*9*	*21*
	1963	*373.1*	*26*	*27*	*12*	*4*	*8*	*7*	*22*
	1964	*420.0*	*26*	*27*	*12*	*4*	*8*	*7*	*22*
	1965	*478.2*	*25*	*27*	*12*	*5*	*8*	*7*	*23*
	1966	*522.6*	*23*	*28*	*13*	*4*	*8*	*6*	*23*
	1967	*577.1*	*22*	*29*	*13*	*5*	*8*	*6*	*23*
	1968	*658.8*	*21*	*30*	*13*	*5*	*8*	*5*	*24*
	1969	*741.9*	*20*	*31*	*14*	*5*	*8*	*5*	*24*
	1970	*841.5*	*19*	*32*	*14*	*5*	*8*	*5*	*25*
	1971	*1014.3*	*17*	*36*	*14*	*4*	*7*	*4*	*24*
	1972	*1264.4*	*16*	*36*	*14*	*5*	*7*	*4*	*26*
	1973	*1860.9*	*13*	*45*	*12*	*4*	*6*	*4*	*23*
	1974	*3159.8*	*10*	*56*	*10*	*3*	*5*	*3*	*20*
	1975	*3589.0*	*9*	*50*	*11*	*6*	*6*	*4*	*23*
	1976	*4689.2*	*9*	*48*	*10*	*9*	*5*	*3*	*23*
IRAQ	*1960*	*601.4*	*16*	*45*	*9*	*4*	*5*	*7*	*17*
(MILLION IRAQI DINARS)	*1961*	*653.9*	*18*	*42*	*9*	*4*	*6*	*7*	*18*
	1962	*695.9*	*20*	*41*	*9*	*3*	*6*	*7*	*19*
	1963	*706.5*	*15*	*44*	*9*	*3*	*5*	*7*	*20*
	1964	*809.8*	*14*	*43*	*8*	*3*	*8*	*6*	*22*
	1965	*886.0*	*15*	*41*	*8*	*3*	*8*	*7*	*21*
	1966	*961.6*	*15*	*40*	*8*	*4*	*8*	*7*	*22*
	1967	*969.7*	*17*	*37*	*9*	*3*	*8*	*7*	*22*
	1968	*1100.7*	*15*	*41*	*9*	*3*	*8*	*6*	*21*
	1969	*1150.4*	*14*	*40*	*9*	*3*	*8*	*6*	*22*
	1970	*1251.2*	*14*	*40*	*9*	*3*	*8*	*6*	*22*
	1971	*1433.8*	*13*	*45*	*8*	*3*	*7*	*6*	*21*
	1972	*1440.9*	*16*	*39*	*10*	*3*	*7*	*6*	*23*
	1973	*1626.4*	*12*	*46*	*10*	*4*	*7*	*5*	*22*
	1974	*3378.0*	*7*	*66*	*5*	*2*	*5*	*4*	*16*
	1975	*4022.4*	*7*	*63*	*6*	*2*	*5*	*4*	*17*

3. GROSS DOMESTIC PRODUCT BY KIND OF ECONOMIC ACTIVITY (CONTINUED)

COUNTRY OR AREA AND CURRENCY UNIT	YEAR	GROSS DOMESTIC PRODUCT	AGRICULTURE[1]	INDUSTRIAL ACTIVITY TOTAL[2]	INDUSTRIAL ACTIVITY MANUFACTURING INDUSTRIES	CONSTRUCTION	WHOLESALE AND RETAIL TRADE	TRANSPORT AND COMMUNICATION	OTHER[3]
	ISIC(REV.)	1-9	1	2-4	3	5	6	7	8-9
				PERCENTAGE DISTRIBUTION					
ISRAEL	*1960*	*3652.0[9]*	*11*	*23[25]*	*23*	*9[25]*	*10*	*8*	*35*
(MILLION ISRAEL POUNDS)	*1961*	*4338.0[9]*	*11*	*24[25]*	*23*	*10[25]*	*10*	*8*	*35*
	1962	*5094.0[9]*	*10*	*25[25]*	*24*	*11[25]*	*10*	*8*	*37*
	1963	*6118.0[9]*	*11*	*25[25]*	*24*	*10[25]*	*10*	*8*	*38*
	1964	*6960.0[9]*	*10*	*26[25]*	*25*	*13[25]*	*10*	*9*	*39*
	1965	*8432.0[9]*	*8*	*25[25]*	*24*	*12[25]*	*10*	*9*	*40*
	1966	*9174.0[9]*	*8*	*23[25]*	*22*	*10[25]*	*10*	*9*	*44*
	1967	*9589.0[9]*	*9*	*24[25]*	*23*	*8[25]*	*10*	*9*	*44*
	1968[6]	*11373.0[9]*	*8*	*24[25]*	...	*9[25]*	*12*	*10*	*40*
	1969	*13114.0[9]*	*7*	*25[25]*	...	*11[25]*	*12*	*9*	*38*
	1970	*15368.0[9]*	*7*	*27*	...	*11*	*12*	*10*	*38*
	1971	*19241.0[9]*	*7*	*27*	...	*12*	*12*	*10*	*38*
	1972	*24827.0[9]*	*6*	*26*	...	*13*	*12*	*9*	*38*
	1973	*31750.0[9]*	*6*	*26*	...	*12*	*12*	*9*	*41*
	1974	*44173.0[9]*	*6*	*27*	...	*13*	*12*	*9*	*42*
	1975	*62207.0[9]*	*6*	*27*	...	*12*	*12*	*8*	*41*
	1976	*78147.9[9]*	*7*	*28*	...	*10*	*12*	*9*	*44*
	1977	*110441.9[9]*	*7*	*29*	...	*8*	*11*	*9*	*46*
JORDAN	1960[8]	98.3	15	11	9	5	21	12	33
(MILLION JORDAN DINARS)	1961[8]	120.1	21	10	9	4	21	11	29
	1962[8]	118.9	18	11	9	5	20	11	31
	1963[8]	129.1	17	12	10	5	21	11	30
	1964[8]	148.9	23	12	10	4	20	9	29
	1965[8]	167.6	20	14	11	5	20	8	28
	1966[8]	170.6	16	15	13	5	18	9	29
	1967[6]	131.2	18	16	13	5	18	7	30
	1968	156.1	10	16	13	6	17	9	36
	1969	183.4	12	16	13	6	19	9	33
	1970	174.4	9	14	11	4	19	9	38
	1971	186.2	13	13	11	4	19	9	37
	1972	207.2	13	14	11	5	18	9	35
	1973	218.3	8	16	13	7	18	9	35
	1974	247.3	12	14	8	7	14	10	35
	1975	278.6	9	16	9	6	13	10	38
	1976	401.7	9	15	10	6	15	9	31
	1977	477.6	9	16	11	6	14	9	30
KUWAIT [10]	*1965*	*751.0*	...	...	...	...	...	...	...
(MILLION KUWAITI DINARS)	*1966*	*854.0*	*0*	*66*	*4*	*4*	*9*	*3*	*17*
	1967	*872.0*	*1*	*61*	*4*	*5*	*9*	*3*	*20*
	1968	*951.0*	*1*	*63*	*4*	*4*	*9*	*3*	*19*
	1969	*989.0*	*1*	*64*	*4*	*4*	*9*	*4*	*19*
	1970	*1084.0*	*0*	*67*	*4*	*3*	*7*	*3*	*18*
	1971	1347.0	0	74	3	3	7	3	13
	1972	1562.0	0	66	4	1	7	4	22
	1973	2111.0	0	74	4	1	5	3	16
	1974	3450.0	0	84	5	1	4	2	10
	1975	3279.0	0	77	5	1	6	3	13
LEBANON	*1964*	*3200.0*	*12*	*15*	...	*6*	*32*	*8*	*27*
(MILLION LEBANESE POUNDS)	*1965*	*3523.4*	*12*	*15*	...	*6*	*31*	*8*	*28*
	1966	*3866.7*	*11*	*16*	...	*6*	*31*	*8*	*28*
	1967	*3820.1*	*11*	*15*	...	*5*	*30*	*9*	*29*
	1968	*4273.2*	*10*	*15*	...	*5*	*32*	*9*	*29*
	1969	*4564.6*	*9*	*16*	...	*5*	*31*	*8*	*30*
	1970	*4865.8*	*9*	*16*	...	*4*	*31*	*8*	*31*
	1971	*5399.0*	*9*	*16*	...	*4*	*32*	*8*	*31*
	1972	*6365.0*	*10*	*16*	...	*5*	*32*	*8*	*31*
OMAN	*1970*	*106.8*	*16*	*67*	*0*	*10*	*1*	*1*	*5*
(MILLION RIALS OMANI)	*1971*	*125.1*	*13*	*59*	*0*	*16*	*2*	*2*	*7*
	1972	*140.8*	*12*	*55*	*0*	*16*	*3*	*2*	*12*
	1973	*169.4*	*10*	*57*	*0*	*14*	*5*	*3*	*12*
	1974	*568.5*	*3*	*69*	*0*	*10*	*5*	*2*	*11*
	1975[6]	*724.2*	*3*	*68*	*0*	*10*	*5*	*3*	*11*
	1976	*827.0*	*3*	*65*	*0*	*10*	*6*	*3*	*11*
SAUDI ARABIA [37]	*1962*	*8673.0[9]*	*10*	*55*	*8*	*2*	*6*	*5*	*20*
(MILLION SA RIYALS)	*1963*	*9319.0[9]*	*10*	*53*	*8*	*3*	*6*	*5*	*22*
	1964	*10404.0[9]*	*8*	*52*	*8*	*3*	*7*	*6*	*22*
	1965	*11939.0[9]*	*7*	*54*	*8*	*3*	*7*	*6*	*22*
	1966	13143.0	6	57	8	6	5	7	17
	1967	14657.0	6	57	9	6	6	7	17
	1968	15975.0	6	56	9	6	6	7	17
	1969	17399.0	6	58	10	5	6	7	17
	1970	22921.0	4	65	9	4	5	6	14
	1971	28257.0	4	68	7	4	4	6	13
	1972	40551.0	3	72	6	4	4	5	11
	1973	99314.9	1	84	5	3	2	3	6
	1974	134209.9	1	83	5	4	2	3	6
	1975	157860.8	1	75	5	9	3	4	9
	1976	200751.8	1	69	4	13	4	4	9

3. GROSS DOMESTIC PRODUCT BY KIND OF ECONOMIC ACTIVITY (CONTINUED)

COUNTRY OR AREA AND CURRENCY UNIT	YEAR	GROSS DOMESTIC PRODUCT	AGRICULTURE[1]	INDUSTRIAL ACTIVITY		CONSTRUCTION	WHOLESALE AND RETAIL TRADE	TRANSPORT AND COMMUNICATION	OTHER[3]
				TOTAL[2]	MANUFACTURING INDUSTRIES				
	ISIC(REV.)	1-9	1	2-4	3	5	6	7	8-9
		PERCENTAGE DISTRIBUTION							
SYRIAN ARAB REPUBLIC (MILLION SYRIAN POUNDS)	*1963*	*3980.0*	*30*	*16*	*15*	*3*	*19*	*8*	*24*
	1964	*4596.0*	...	...	...	...	...	...	...
	1965	*4614.0*	...	...	...	...	...	...	...
	1966	*4698.0*	...	...	...	...	...	...	...
	1967	*5437.0*	...	...	...	...	...	...	...
	1968	*5514.0*	...	...	...	...	...	...	...
	1969	*5997.0*	...	...	...	...	...	...	...
	1970	*6433.0*	*21*	*20*	*16*	*3*	*18*	*10*	*27*
	1971	*7448.0*	*22*	*19*	*15*	*4*	*18*	*11*	*26*
	1972	*8891.0*	*26*	*19*	*14*	*4*	*18*	*8*	*24*
	1973	*9413.0*	*18*	*21*	*16*	*4*	*18*	*11*	*28*
	1974	*14870.0*	*20*	*25*	*15*	*5*	*21*	*7*	*22*
	1975	*19536.0*	*18*	*23*	*10*	*6*	*22*	*7*	*25*
	1976	*23409.0*	*20*	*21*	*9*	*6*	*23*	*5*	*25*
	1977	*25993.0*	*20*	*19*	*7*	*7*	*25*	*5*	*24*
TURKEY (1000 MILLION TURKISH LIRAS)	1960	47.0	38	17	15	5	9	7	19
	1961	49.8	36	18	15	5	10	7	20
	1962	57.9	37	18	16	5	10	8	20
	1963	66.9	36	18	16	5	10	7	19
	1964	71.5	34	19	17	5	10	8	20
	1965	76.4	31	20	18	6	10	8	20
	1966	90.8	32	20	18	6	10	8	19
	1967	101.2	30	21	19	6	11	8	19
	1968	112.2	29	22	19	7	11	8	20
	1969	124.5	28	23	20	7	11	8	20
	1970	145.5	27	22	19	7	12	8	21
	1971	187.1	27	22	19	6	12	8	21
	1972	232.1	26	22	19	5	12	8	22
	1973	295.5	25	22	19	5	13	9	22
	1974	409.7	26	22	20	5	14	9	20
	1975	515.0	26	22	19	5	13	9	21
	1976	659.0	27	21	18	5	13	8	21
YEMEN (MILLION YEMENI RIALS)	1969	2214.6	72	2	1	3	13	2	7
	1970	2416.5	71	3	2	3	13	2	7
	1971	2895.0	71	3	2	3	12	2	7
	1972	3399.8	66	3	2	3	14	2	9
	1973	3709.7	61	3	2	4	15	2	11
YEMEN,DEMOCRATIC (MILLION YEMENI DINARS)	*1969*	*68.9*	...	...	...	...	...	...	...
	1970	*68.4*	...	...	...	...	...	...	...
	1971	*62.6*	...	...	...	...	...	...	...
	1972	*64.8*	...	...	...	...	...	...	...
	1973	*68.0*	...	...	...	...	...	...	...
	1974	*77.9*	...	...	...	...	...	...	...
ASIA									
EAST AND SOUTHEAST									
AFGHANISTAN [28] (MILLION AFGHANIS)	*1975*	*126399.8[9]*	*56*	*19*	...	*4*	*11*	*3*	*1*
	1976	*137699.9[9]*	*55*	*18*	...	*6*	*12*	*3*	*1*
	1977	*146699.9[9]*	*49*	*17*	...	*8*	*12*	*3*	*1*
BANGLADESH [4] (MILLION BANGLADESH TAKA)	*1972*	*43898.0*	*59*	*7*	*7*	*3*	*9*	*5*	*17*
	1973	*69819.9*	*59*	*6*	*6*	*4*	*9*	*4*	*16*
	1974	*124550.9*	*63*	*7*	*7*	*5*	*9*	*4*	*13*
	1975	*107128.9*	*54*	*8*	*8*	*5*	*10*	*6*	*18*
	1976	*104941.9*	*51*	*8*	*8*	*6*	*10*	*7*	*18*
	1977	*117819.9*	*54*	*8*	*8*	*5*	*9*	*6*	*17*
BURMA [19] (MILLION BURMESE KYATS)	*1962*	*6658.0*	*34*	*11[7]*	*9*	*2*	*28*	*7*	*19[7]*
	1963	*7590.0*	*38*	*10[7]*	*9*	*2*	*28*	*6*	*17[7]*
	1964	*6977.0*	*37*	*10[7]*	*9*	*2*	*26*	*7*	*18[7]*
	1965	*7742.0*	*35*	*11[7]*	*10*	*2*	*27*	*7*	*18[7]*
	1966	*7627.0*	*34*	*12[7]*	*10*	*3*	*25*	*7*	*20[7]*
	1967	*8198.0*	*38*	*11[7]*	*10*	*2*	*25*	*7*	*17[7]*
	1968	*9341.0*	*40*	*11[7]*	*10*	*2*	*25*	*6*	*16[7]*
	1969	*9915.0*	*39*	*12[7]*	*11*	*2*	*25*	*6*	*16[7]*
	1970	*10260.0*	*38*	*12[7]*	*10*	*2*	*25*	*6*	*16[7]*
	1971	*10437.0*	*38*	*12[7]*	*10*	*2*	*25*	*6*	*16[7]*
	1972	*10772.0*	*38*	*12[7]*	*10*	*2*	*25*	*6*	*17[7]*
	1973	*11735.0*	*39*	*11[7]*	*9*	*2*	*25*	*5*	*18[7]*
	1974	*14700.0*	*42*	*10[7]*	*9*	*1*	*28*	*4*	*15[7]*
	1975	*19348.0*	*46*	*9[7]*	*8*	*1*	*29*	*4*	*12[7]*
	1976	*23477.0*	*47*	*10[7]*	*9*	*1*	*29*	*3*	*10[7]*
	1977	*27016.0*	*47*	*10[7]*	*9*	*1*	*29*	*3*	*10[7]*
DEMOCRATIC KAMPUCHEA (1000 MILLION RIELS)	*1962*	*23.1[9]*	*42*	—	*16*	—	—	*28*	—
	1963	*25.5[9]*	*42*		*18*			*28*	
	1964	*27.5[9]*	*41*		*17*			*27*	
	1965	*30.4[9]*	*42*		*16*			*29*	
	1966	*32.0[9]*	*41*		*17*			*28*	

3. GROSS DOMESTIC PRODUCT BY KIND OF ECONOMIC ACTIVITY (CONTINUED)

COUNTRY OR AREA AND CURRENCY UNIT	YEAR	GROSS DOMESTIC PRODUCT	AGRICULTURE[1]	INDUSTRIAL ACTIVITY: TOTAL[2]	INDUSTRIAL ACTIVITY: MANUFACTURING INDUSTRIES	CONSTRUCTION	WHOLESALE AND RETAIL TRADE	TRANSPORT AND COMMUNICA-TION	OTHER[3]
	ISIC(REV.)	1-9	1	2-4	3	5	6	7	8-9
			PERCENTAGE DISTRIBUTION						
HONG KONG	*1961*	*6050.0*	...	...	...	...	...	...	...
(MILLION HONG KONG DOLLARS)	*1962*	*6882.0*	...	...	...	...	...	...	...
	1963	*7994.0*	...	...	...	...	...	...	...
	1964	*8894.0*	...	...	...	...	...	...	...
	1965	*10516.0*	...	...	...	...	...	...	...
	1966	*11091.0*	...	...	...	...	...	...	...
	1967	*12411.0*	...	...	...	...	...	...	...
	1968	*13356.0*	...	...	...	...	...	...	...
	1969	*15791.0*	...	...	...	...	...	...	...
	1970	*18670.0*[9]	*2*	*31*	*29*	*3*	*20*	*7*	*30*
	1971	*20976.0*[9]	*2*	*31*	*29*	*4*	*21*	*6*	*35*
	1972	*24156.0*[9]	*2*	*31*	*29*	*4*	*23*	*6*	*39*
	1973	*30736.0*[9]	*2*	*30*	*28*	*4*	*24*	*6*	*36*
	1974	*35252.0*[9]	*2*	*25*	*23*	*4*	*22*	*6*	*32*
	1975	*37268.0*[9]	*1*	*24*	*23*	*4*	*21*	*6*	*30*
INDIA [10]	1960	150.2	47	15	13	4	9	5	15
(1000 MILLION INDIAN RUPEES)	1961	159.8	45	15	14	4	9	5	15
	1962	171.0	43	16	14	4	9	5	15
	1963	196.6	44	16	14	4	9	5	15
	1964	230.4	45	15	14	4	9	4	14
	1965	241.1	43	16	14	5	9	5	15
	1966	276.6	44	15	13	5	10	4	14
	1967	322.9	47	14	12	5	10	4	13
	1968	332.8	44	14	13	5	10	5	14
	1969	368.5	44	15	13	5	9	5	14
	1970	404.6	43	15	13	5	10	5	14
	1971	435.6	41	15	13	5	10	5	14
	1972	480.6	41	15	14	5	10	5	14
	1973	591.9	45	15	13	4	10	4	13
	1974	700.3	42	16	14	4	11	4	13
	1975	729.5	37	17	14	5	11	5	14
	1976	771.9	36	18	15	5	11	5	14
INDONESIA	*1960*	*0.4*	*54*	*12*	*8*	*2*	*14*	*4*	*14*
(1000 MILLION INDONESIAN RUPIAHS)	*1961*	*0.5*	*48*	*13*	*10*	*2*	*17*	*4*	*16*
	1962	*1.3*	*59*	*10*	*8*	*1*	*15*	*3*	*12*
	1963	*3.2*	*58*	*10*	*7*	*2*	*15*	*2*	*13*
	1964	*7.1*	*55*	*15*	*8*	*2*	*14*	*2*	*12*
	1965	*23.7*	*59*	*10*	*8*	*2*	*12*	*2*	*15*
	1966	*315.9*	*53*	*10*	*8*	*1*	*19*	*2*	*15*
	1967	*847.8*	*54*	*10*	*7*	*2*	*18*	*2*	*14*
	1968	*1993.9*	*52*	*13*	*9*	*2*	*17*	*2*	*13*
	1969[6]	*2718.0*	*49*	*14*	*9*	*3*	*18*	*3*	*13*
	1970	*3340.0*	*47*	*15*	*9*	*3*	*19*	*3*	*13*
	1971	*3672.0*	*45*	*17*	*8*	*3*	*...*[16]	*4*	*30*[16]
	1972	*4564.0*	*40*	*21*	*10*	*4*	*...*[16]	*4*	*31*[16]
	1973	*6753.4*	*40*	*22*	*10*	*4*	*...*[16]	*4*	*30*[16]
	1974	*10708.0*	*33*	*31*	*8*	*4*	*...*[16]	*4*	*28*[16]
	1975	*12642.5*	*32*	*29*	*9*	*5*	*...*[16]	*4*	*30*[16]
	1976	*15466.7*	*31*	*29*	*9*	*5*	*...*[16]	*4*	*30*[16]
	1977	*19046.7*	*31*	*30*	*10*	*5*	*...*[16]	*4*	*30*[16]
JAPAN	*1960*	*15772.0*[9]	*13*	*37*	*33*	*6*	*17*	*9*	*19*
(1000 MILLION JAPANESE YEN)	*1961*	*18844.7*[9]	*12*	*38*	*34*	*6*	*16*	*9*	*19*
	1962	*21876.3*[9]	*12*	*36*	*33*	*6*	*18*	*9*	*19*
	1963	*24705.5*[9]	*11*	*38*	*34*	*6*	*17*	*9*	*20*
	1964	*28477.5*[9]	*10*	*37*	*34*	*7*	*16*	*9*	*21*
	1965	*31314.3*[9]	*10*	*36*	*32*	*7*	*16*	*9*	*23*
	1966	*36336.8*[9]	*9*	*36*	*33*	*7*	*16*	*8*	*25*
	1967	*43374.0*[9]	*10*	*37*	*34*	*7*	*15*	*8*	*24*
	1968	*51140.1*[9]	*8*	*37*	*34*	*7*	*16*	*8*	*24*
	1969	*60166.9*[9]	*8*	*38*	*35*	*7*	*17*	*8*	*24*
	1970	73665.6[9]	6	39	36	8	14	7	26
	1971	81027.6[9]	5	37	35	8	14	7	27
	1972	92751.4[9]	5	36	34	8	14	6	28
	1973	113084.4[9]	6	36	34	9	15	6	28
	1974	135344.4[9]	5	34	32	9	16	6	28
	1975	148981.7[9]	5	31	29	9	16	6	30
	1976	167266.2[9]	5	32	30	8	16	7	30

3. GROSS DOMESTIC PRODUCT BY KIND OF ECONOMIC ACTIVITY (CONTINUED)

COUNTRY OR AREA AND CURRENCY UNIT	YEAR	GROSS DOMESTIC PRODUCT	AGRICULTURE[1]	INDUSTRIAL ACTIVITY TOTAL[2]	INDUSTRIAL ACTIVITY MANUFACTURING INDUSTRIES	CONSTRUCTION	WHOLESALE AND RETAIL TRADE	TRANSPORT AND COMMUNICATION	OTHER[3]
	ISIC(REV.)	1-9	1	2-4	3	5	6	7	8-9
			PERCENTAGE DISTRIBUTION						
KOREA, REPUBLIC OF	*1960*	*243.1*	*37*	*17*	*14*	*3*	*13*	*5*	*24*
(1000 MILLION KOREAN WON)	*1961*	*291.4*	*39*	*17*	*14*	*3*	*12*	*5*	*22*
	1962	*352.4*	*37*	*18*	*14*	*3*	*13*	*5*	*22*
	1963	*499.6*	*43*	*17*	*15*	*3*	*13*	*4*	*18*
	1964	*711.1*	*47*	*18*	*16*	*3*	*13*	*3*	*15*
	1965	*798.1*	*38*	*21*	*18*	*3*	*15*	*4*	*16*
	1966	*1023.7*	*35*	*22*	*19*	*4*	*16*	*5*	*17*
	1967	*1259.3*	*31*	*22*	*19*	*4*	*17*	*6*	*18*
	1968	*1629.7*	*29*	*23*	*20*	*5*	*16*	*7*	*18*
	1969	*2130.2*	*28*	*23*	*20*	*6*	*17*	*7*	*18*
	1970	*2663.5*	*27*	*24*	*21*	*6*	*16*	*7*	*19*
	1971	*3279.7*	*27*	*24*	*21*	*5*	*17*	*7*	*19*
	1972	*4017.7*	*26*	*25*	*22*	*5*	*17*	*7*	*19*
	1973	*5236.1*	*24*	*27*	*25*	*5*	*18*	*7*	*17*
	1974	*7345.2*	*24*	*28*	*26*	*5*	*19*	*6*	*16*
	1975	*9803.1*	*24*	*29*	*26*	*5*	*17*	*6*	*17*
	1976	*13135.2*	*23*	*30*	*28*	*5*	*16*	*6*	*17*
	1977	*16753.6*	*21*	*30*	*27*	*6*	*15*	*6*	*18*
MALAYSIA [30]	*1960*	*5866.0*	*34*	*13*	*7*	*3*	*14*	*4*	*17*
(MILLION MALAYSIAN RINGGITS)	*1961*	*5822.0*	*32*	*14*	*7*	*3*	*15*	*4*	*18*
	1962	*6127.0*	*31*	*15*	*7*	*3*	*15*	*4*	*19*
	1963	*6505.0*	*30*	*16*	*8*	*4*	*15*	*4*	*19*
	1964	*6968.0*	*28*	*17*	*9*	*4*	*15*	*4*	*20*
	1965	*7590.0*	*27*	*18*	*9*	*4*	*14*	*4*	*20*
	1966	*7977.0*	*27*	*18*	*9*	*3*	*14*	*4*	*20*
	1967	*8229.0*	*25*	*18*	*10*	*4*	*14*	*4*	*21*
	1968	*8512.0*	*25*	*18*	*11*	*3*	*14*	*4*	*21*
	1969	9811.0	31	23	14	3	12	5	21
	1970	10588.0	30	24	15	4	12	5	21
	1971	12955.0	28	23	14	4	13	5	22
	1972	14220.0	...	...	...	...	...	...	...
	1973	18622.0	...	...	...	...	...	...	...
	1974	22858.0	...	...	...	...	...	...	...
	1975	22332.0	...	...	...	...	...	...	...
	1976	27964.0	...	...	...	...	...	...	...
	1977	32263.0	...	...	...	...	...	...	...
NEPAL [31]	*1965*	*5602.0*[18]	*65*	*8*	*8*	*2*	*5*	*2*	*17*
(MILLION NEPALESE RUPEES)	*1966*	*6909.0*[18]	*69*	*8*	*8*	*2*	*4*	*1*	*15*
	1967	*6411.0*[18]	*67*	*8*	*8*	*2*	*4*	*2*	*17*
	1968	*7173.0*[18]	*68*	*9*	*9*	*2*	*3*	*2*	*16*
	1969	*7985.0*[18]	*67*	*10*	*9*	*2*	*4*	*2*	*15*
	1970	*8768.0*[18]	*68*	*9*	*9*	*2*	*4*	*2*	*15*
	1971	*8938.0*[18]	*68*	*9*	*9*	*2*	*4*	*3*	*15*
	1972	*10369.0*[18]	*69*	*10*	*10*	*1*	*3*	*3*	*14*
	1973	*9969.0*[18]	*66*	*10*	*10*	*2*	*3*	*3*	*16*
	1974	*12808.0*[18]	*69*	*10*	*10*	*1*	*3*	*3*	*13*
	1975[6]	*16571.0*[18]	*70*	*10*	*10*	*1*	*4*	*3*	*12*
	1976	*17394.0*[18]	*67*	*10*	*10*	*1*	*5*	*5*	*13*
	1977	*17344.0*[18]	*62*	*11*	*10*	*2*	*5*	*7*	*14*
PAKISTAN [4]	*1960*	*18349.0*[18]	*45*	*13*	*12*	*3*	*13*	*6*	*20*
(MILLION PAKISTAN RUPEES)	*1961*	*19139.0*[18]	*43*	*15*	*14*	*3*	*13*	*6*	*20*
	1962	*20489.0*[18]	*42*	*16*	*15*	*4*	*13*	*6*	*20*
	1963	*22945.0*[18]	*41*	*16*	*15*	*4*	*14*	*6*	*19*
	1964	*26202.0*[18]	*40*	*16*	*14*	*4*	*14*	*7*	*19*
	1965	*28969.0*[18]	*36*	*16*	*15*	*4*	*14*	*7*	*22*
	1966	*32622.0*[18]	*38*	*16*	*14*	*4*	*15*	*7*	*21*
	1967	*35542.0*[18]	*39*	*16*	*15*	*4*	*14*	*7*	*20*
	1968	*37985.0*[18]	*37*	*17*	*16*	*4*	*15*	*7*	*20*
	1969	*47749.0*	*33*	*16*	*15*	*4*	*14*	*6*	*17*
	1970	*50388.0*	*32*	*17*	*15*	*4*	*13*	*6*	*18*
	1971	*53845.0*	*33*	*16*	*14*	*3*	*13*	*6*	*19*
	1972	*66514.9*	*33*	*16*	*14*	*3*	*13*	*6*	*19*
	1973	*86207.9*	*33*	*16*	*14*	*4*	*14*	*6*	*19*
	1974	*111129.9*	*30*	*17*	*15*	*4*	*14*	*7*	*21*
	1975	*130437.8*	*29*	*16*	*14*	*5*	*14*	*6*	*21*
	1976	*146860.9*	*30*	*16*	*14*	*5*	*13*	*6*	*20*
	1977	*168525.8*	*29*	*16*	*14*	*5*	*13*	*7*	*21*

3. GROSS DOMESTIC PRODUCT BY KIND OF ECONOMIC ACTIVITY (CONTINUED)

COUNTRY OR AREA AND CURRENCY UNIT	YEAR	GROSS DOMESTIC PRODUCT	AGRICULTURE[1]	INDUSTRIAL ACTIVITY: TOTAL[2]	INDUSTRIAL ACTIVITY: MANUFACTURING INDUSTRIES	CONSTRUCTION	WHOLESALE AND RETAIL TRADE	TRANSPORT AND COMMUNICATION	OTHER[3]
	ISIC(REV.)	1-9	1	2-4	3	5	6	7	8-9
		PERCENTAGE DISTRIBUTION							
PHILIPPINES	*1960*	*13082.0*	*27*	*18*	*16*	*3*	*11*	*4*	*23*
(MILLION PHILIPPINE PESOS)	*1961*	*14245.0*	*27*	*18*	*17*	*3*	*11*	*3*	*23*
	1962	*16000.0*	*27*	*18*	*17*	*3*	*10*	*3*	*24*
	1963	*18610.0*	*28*	*18*	*17*	*3*	*10*	*3*	*23*
	1964	*20062.0*	*27*	*17*	*16*	*3*	*10*	*3*	*24*
	1965	*21963.0*	*27*	*17*	*15*	*3*	*9*	*3*	*25*
	1966	*24366.0*	*27*	*17*	*15*	*3*	*9*	*3*	*25*
	1967[6]	*29024.0*	*26*	*24*	*21*	*5*	*16*	*4*	*26*
	1968	*32129.0*	*28*	*23*	*21*	*4*	*15*	*4*	*25*
	1969	*35296.0*	*29*	*24*	*21*	*4*	*15*	*4*	*24*
	1970	*42448.0*	*28*	*26*	*23*	*4*	*16*	*4*	*22*
	1971	*50120.0*	*29*	*26*	*23*	*4*	*15*	*4*	*22*
	1972	*56075.0*	*29*	*27*	*24*	*4*	*14*	*4*	*22*
	1973	*71785.9*	*29*	*29*	*25*	*4*	*14*	*4*	*19*
	1974	*99637.9*	*29*	*29*	*25*	*5*	*16*	*4*	*18*
	1975	*114602.9*	*29*	*28*	*25*	*6*	*15*	*4*	*18*
	1976	*132785.9*	*28*	*27*	*25*	*7*	*15*	*4*	*18*
	1977	*153137.9*	*28*	*27*	*25*	*7*	*15*	*4*	*18*
SINGAPORE	*1960*	*2149.6*	*4*	*14*	*12*	*3*	*33*	*14*	*28*
(MILLION SINGAPORE DOLLARS)	*1961*	*2329.1*	*3*	*14*	*11*	*4*	*33*	*13*	*28*
	1962	*2513.7*	*3*	*14*	*12*	*4*	*33*	*13*	*29*
	1963	*2789.9*	*3*	*15*	*13*	*5*	*34*	*12*	*28*
	1964	*2714.6*	*3*	*17*	*14*	*5*	*29*	*12*	*31*
	1965	*2956.2*	*3*	*18*	*15*	*6*	*28*	*11*	*30*
	1966	*3330.7*	*3*	*18*	*16*	*5*	*29*	*11*	*29*
	1967	*3745.7*	*3*	*20*	*17*	*5*	*30*	*11*	*28*
	1968	*4315.0*	*3*	*21*	*18*	*6*	*30*	*11*	*27*
	1969	*5019.9*	*3*	*22*	*19*	*6*	*30*	*11*	*26*
	1970	5804.9	2	23	20	7	28	11	26
	1971	6823.3	2	24	21	7	27	11	26
	1972	8155.8	2	25	23	8	25	11	25
	1973	10205.1	2	26	24	7	27	11	24
	1974	12543.2	2	27	25	7	29	11	23
	1975	13373.0	2	26	24	8	27	11	24
	1976	14575.2	2	27	25	8	26	12	23
	1977	15974.3	2	27	25	7	26	13	22
SRI LANKA	*1963*	*7259.3*	*40*	*9*	*8*	*5*	*14*	*8*	*19*
(MILLION SRI LANKA RUPEES)	*1964*	*7904.3*	*39*	*9*	*8*	*5*	*13*	*9*	*19*
	1965	*8118.2*	*37*	*9*	*8*	*5*	*14*	*9*	*20*
	1966	*8474.6*	*36*	*9*	*8*	*5*	*14*	*9*	*19*
	1967	*9152.4*	*36*	*10*	*9*	*5*	*14*	*9*	*18*
	1968	*10544.2*	*37*	*11*	*9*	*5*	*14*	*9*	*18*
	1969	*11724.2*	*34*	*10*	*9*	*6*	*15*	*9*	*17*
	1970	*13173.4*	*33*	*10*	*9*	*6*	*15*	*9*	*18*
	1971	*13296.7*	*32*	*11*	*10*	*6*	*16*	*9*	*19*
	1972	*14538.8*	*31*	*11*	*10*	*6*	*16*	*10*	*19*
	1973	*17053.3*	*33*	*12*	*10*	*5*	*15*	*8*	*16*
	1974	*21271.9*	*37*	*13*	*12*	*5*	*15*	*8*	*14*
	1975	23971.6	35	16	14	5	15	8	14
	1976	26564.2	34	15	13	5	16	8	14
	1977	31232.1	39	14	12	5	15	8	13
THAILAND	*1960*	*54.0*	*40*	*14*	*13*	*5*	*18*	*7*	*16*
(1000 MILLION THAI BAHT)	*1961*	*59.0*	*39*	*15*	*13*	*5*	*18*	*7*	*16*
	1962	*63.8*	*37*	*16*	*14*	*5*	*19*	*7*	*16*
	1963	*68.1*	*36*	*16*	*14*	*5*	*19*	*7*	*16*
	1964	*74.7*	*33*	*16*	*14*	*6*	*21*	*7*	*16*
	1965	*84.3*	*35*	*17*	*14*	*6*	*20*	*7*	*16*
	1966	*101.4*	*37*	*17*	*14*	*6*	*20*	*6*	*15*
	1967	*108.3*	*32*	*18*	*15*	*7*	*21*	*6*	*16*
	1968	*116.8*	*31*	*18*	*15*	*7*	*21*	*6*	*16*
	1969	*128.6*	*31*	*19*	*16*	*6*	*21*	*6*	*16*
	1970	*136.1*	*28*	*19*	*16*	*6*	*23*	*6*	*17*
	1971	*144.6*	*28*	*21*	*17*	*5*	*22*	*6*	*18*
	1972	*164.6*	*30*	*20*	*17*	*4*	*22*	*6*	*17*
	1973	*216.5*	*34*	*19*	*16*	*4*	*22*	*6*	*15*
	1974	*269.7*	*31*	*20*	*18*	*4*	*23*	*6*	*16*
	1975	*296.3*	*31*	*21*	*18*	*5*	*21*	*6*	*16*
	1976	*332.2*	*31*	*21*	*18*	*5*	*21*	*6*	*16*
	1977	*370.4*	*28*	*22*	*19*	*6*	*20*	*6*	*17*

3. GROSS DOMESTIC PRODUCT BY KIND OF ECONOMIC ACTIVITY (CONTINUED)

COUNTRY OR AREA AND CURRENCY UNIT	YEAR	GROSS DOMESTIC PRODUCT	AGRICULTURE[1]	INDUSTRIAL ACTIVITY: TOTAL[2]	INDUSTRIAL ACTIVITY: MANUFACTURING INDUSTRIES	CONSTRUCTION	WHOLESALE AND RETAIL TRADE	TRANSPORT AND COMMUNICA-TION	OTHER[3]
	ISIC(REV.)	1-9	1	2-4	3	5	6	7	8-9
		PERCENTAGE DISTRIBUTION							
VIET NAM [29] *(1000 MILLION PIASTRES)*	*1960*	*82.8[9]*	*30*	*11*	*10*	*1*	*11*	*4*	*26*
	1961	*85.3[9]*	*29*	*12*	*10*	*1*	*10*	*5*	*27*
	1962	*94.5[9]*	*29*	*11*	*10*	*1*	*12*	*4*	*29*
	1963	*101.4[9]*	*28*	*11*	*10*	*1*	*12*	*4*	*29*
	1964	*115.8[9]*	*28*	*11*	*10*	*1*	*12*	*4*	*30*
	1965	*143.4[9]*	*26*	*11*	*10*	*1*	*12*	*4*	*32*
	1966	*220.2[9]*	*25*	*9*	*8*	*2*	*15*	*4*	*32*
	1967	*334.8[9]*	*30*	*7*	*6*	*1*	*15*	*4*	*29*
	1968	*358.8[9]*	*30*	*7*	*6*	*1*	*14*	*2*	*33*
	1969	*533.7[9]*	*29*	*5*	*5*	*1*	*17*	*3*	*28*
	1970	*778.5[9]*	*31*	*6*	*6*	*1*	*16*	*3*	*24*
	1971	*956.0[9]*	*31*	*7*	*7*	*1*	*14*	*3*	*25*
	1972	*1093.7[9]*	*29*	*7*	*6*	*1*	*18*	*4*	*26*
EUROPE MARKET ECONOMIES									
AUSTRIA *(1000 MILLION A SCHILLINGS)*	*1960*	*163.2*	*11*	*41*	*...*	*8*	*15*	*6*	*19*
	1961	*180.8*	*11*	*40*	*...*	*9*	*15*	*6*	*19*
	1962	*192.3*	*10*	*40*	*...*	*9*	*16*	*6*	*19*
	1963	*207.3*	*10*	*39*	*...*	*9*	*17*	*6*	*19*
	1964	226.6	9	37	33	9	18	6	18
	1965	246.3	9	37	33	9	18	6	18
	1966	268.3	8	37	33	9	18	6	19
	1967	285.4	8	36	33	9	18	6	20
	1968	306.7	7	36	33	9	18	6	20
	1969	334.9	7	37	33	8	18	6	21
	1970	375.7	7	37	34	8	18	6	20
	1971	418.8	6	37	34	9	19	6	21
	1972	476.2	6	37	33	9	18	6	20
	1973	535.7[9]	6	34	31	9	15	5	21
	1974	613.0[9]	5	35	31	9	16	5	21
	1975	656.3[9]	5	33	29	9	16	5	22
	1976	727.6[9]	5	33	30	8	16	5	22
	1977	792.5[9]	5	33	30	9	16	5	22
BELGIUM *(1000 MILLION BELGIAN FRANCS)*	*1960*	*564.0*	*6*	*35*	*30*	*6*	*12*	*7*	*30*
	1961	*600.2*	*7*	*35*	*30*	*6*	*12*	*7*	*30*
	1962	*642.7*	*6*	*35*	*30*	*6*	*13*	*7*	*29*
	1963	*691.1*	*6*	*35*	*31*	*6*	*13*	*7*	*29*
	1964	*773.4*	*6*	*35*	*31*	*7*	*13*	*7*	*28*
	1965	*842.1*	*5*	*34*	*30*	*7*	*13*	*7*	*29*
	1966	*905.0*	*5*	*35*	*31*	*7*	*13*	*7*	*29*
	1967	*969.7*	*4*	*34*	*30*	*7*	*13*	*7*	*30*
	1968	*1037.5*	*5*	*34*	*31*	*6*	*13*	*7*	*30*
	1969	*1151.3*	*4*	*35*	*32*	*6*	*13*	*7*	*30*
	1970	*1280.9*	*4*	*35*	*32*	*7*	*13*	*7*	*29*
	1971	*1403.3*	*4*	*34*	*30*	*7*	*14*	*7*	*30*
	1972	*1566.8*	*4*	*34*	*30*	*7*	*14*	*8*	*30*
	1973	*1780.7*	*4*	*34*	*31*	*7*	*13*	*8*	*31*
	1974	*2092.0*	*3*	*34*	*31*	*7*	*12*	*8*	*31*
	1975	*2305.5*	*3*	*31*	*27*	*7*	*12*	*8*	*33*
	1976	*2621.7*	*3*	*31*	*28*	*7*	*12*	*8*	*33*
	1977	*2838.8*	*2*	*30*	*27*	*8*	*12*	*8*	*34*
DENMARK (MILLION DANISH KRONER)	1960	40786.0[9]	14	31	29	7	16	10	18
	1961	45257.0[9]	14	31	29	8	16	9	20
	1962	50995.0[9]	13	32	30	8	16	9	20
	1963	54282.0[9]	12	31	29	8	16	10	20
	1964	62049.0[9]	12	31	29	9	16	9	20
	1965	69699.9[9]	11	30	29	9	15	9	21
	1966[6]	76797.9[9]	8	23	21	10	16	9	22
	1967	84596.9[9]	7	22	20	10	15	9	23
	1968	94100.9[9]	7	22	20	9	15	9	24
	1969	107388.9[9]	7	22	20	10	14	8	25
	1970	119066.9[9]	6	21	20	10	15	8	26
	1971	131632.9[9]	6	21	19	10	14	8	27
	1972	151483.9[9]	6	20	19	10	14	8	28
	1973	174633.9[9]	6	20	19	10	15	8	28
	1974	193968.9[9]	...	...	...	...	...	...	...
	1975	215665.9[9]	...	...	...	...	...	...	...
	1976	248981.7[9]	...	...	...	...	...	...	...
	1977	276242.7[9]	...	...	...	...	...	...	...

3. GROSS DOMESTIC PRODUCT BY KIND OF ECONOMIC ACTIVITY (CONTINUED)

COUNTRY OR AREA AND CURRENCY UNIT	YEAR	GROSS DOMESTIC PRODUCT	AGRICULTURE[1]	INDUSTRIAL ACTIVITY TOTAL[2]	INDUSTRIAL ACTIVITY MANUFACTURING INDUSTRIES	CONSTRUCTION	WHOLESALE AND RETAIL TRADE	TRANSPORT AND COMMUNICATION	OTHER[3]
	ISIC(REV.)	1-9	1	2-4	3	5	6	7	8-9
				PERCENTAGE DISTRIBUTION					
FINLAND	*1960*	*15824.0*	*18*	*27*	*24*	*8*	*10*	*7*	*20*
(MILLION FINNISH MARKKAA)	*1961*	*17625.0*	*18*	*27*	*24*	*8*	*10*	*6*	*20*
	1962	*18856.0*	*17*	*27*	*24*	*8*	*10*	*7*	*21*
	1963	*20541.0*	*17*	*27*	*23*	*8*	*10*	*6*	*22*
	1964	*23553.0*	*17*	*26*	*23*	*8*	*10*	*7*	*22*
	1965	*25828.0*	*16*	*26*	*23*	*9*	*10*	*6*	*22*
	1966	*27777.0*	*14*	*26*	*23*	*9*	*10*	*6*	*23*
	1967	*30109.0*	*14*	*26*	*23*	*9*	*10*	*6*	*24*
	1968	*34148.0*	*13*	*27*	*23*	*8*	*10*	*6*	*24*
	1969	*39013.0*	*13*	*29*	*26*	*8*	*10*	*6*	*23*
	1970	*43592.0*	*12*	*30*	*27*	*8*	*10*	*6*	*22*
	1971	*47661.0*	*12*	*29*	*26*	*9*	*10*	*6*	*23*
	1972	*54909.0*	*11*	*30*	*27*	*9*	*10*	*6*	*23*
	1973	*66745.9*	*11*	*30*	*27*	*9*	*10*	*6*	*22*
	1974	*84173.9*	*11*	*33*	*30*	*9*	*10*	*6*	*22*
	1975	*97960.9*	*11*	*31*	*28*	*10*	*11*	*6*	*23*
	1976	*110121.9*	*10*	*31*	*28*	*9*	*11*	*7*	*24*
	1977	*121556.9*	*10*	*31*	*27*	*8*	*10*	*7*	*25*
FRANCE	*1960*	*301.4*	*9*	*40*	*37*	*8*	*12*	*5*	*24*
(1000 MILLION FRENCH FRANCS)	*1961*	*328.1*	*9*	*40*	*37*	*8*	*12*	*5*	*24*
	1962	*366.7*	*9*	*39*	*36*	*8*	*12*	*5*	*25*
	1963	*411.4*	*8*	*39*	*36*	*8*	*12*	*5*	*25*
	1964	*456.0*	*7*	*39*	*36*	*9*	*12*	*5*	*25*
	1965	*489.0*	*7*	*39*	*35*	*10*	*11*	*5*	*26*
	1966	*531.7*	*7*	*39*	*36*	*10*	*11*	*5*	*26*
	1967	*573.8*	*7*	*38*	*35*	*10*	*11*	*5*	*27*
	1968	*629.3*	*7*	*38*	*35*	*10*	*11*	*5*	*28*
	1969	*733.3*	*6*	*38*	*36*	*10*	*11*	*5*	*28*
	1970	782.6	6	31	29	7	13	5	27
	1971	872.4	6	31	29	7	13	6	27
	1972	981.1	6	31	28	7	13	5	28
	1973	1114.2	7	31	28	7	13	5	28
	1974	1278.3	6	30	28	7	13	5	29
	1975	1450.9	5	30	27	8	13	5	30
	1976	1669.3	5	30	27	7	13	5	31
	1977	1870.3	5	30	27	7	13	5	31
GERMANY,FEDERAL REPUBLIC OF	1960	302.8	6	45	40	8	13	6	19
(1000 MILLION DEUTSCHE MARK)	1961	331.8	5	45	41	8	13	6	20
	1962	360.9	5	45	40	9	14	6	20
	1963	382.5	5	44	39	9	14	6	21
	1964	420.3	5	44	40	9	14	6	21
	1965	459.3	4	44	40	9	13	6	21
	1966	488.3	4	43	39	9	13	6	22
	1967	494.5	4	43	39	8	13	6	24
	1968	534.9	4	44	40	8	12	6	24
	1969	596.9	4	45	41	8	12	6	24
	1970	678.7	3	45	41	9	12	6	24
	1971	754.9	3	43	39	9	12	6	26
	1972	826.0	3	42	38	9	12	6	27
	1973	918.6	3	42	38	9	11	6	28
	1974	987.1	3	42	38	8	11	6	29
	1975	1031.8	3	41	37	7	11	6	30
	1976	1125.6	3	42	37	7	11	6	30
	1977	1198.5	3	41	38	7	9	6	32
GREECE	*1960*	*105.2*	*20*	*17*	*14*	*6*	*11*	*6*	*28*
(1000 MILLION GREEK DRACHMAS)	*1961*	*118.6*	*23*	*16*	*14*	*6*	*11*	*6*	*27*
	1962	*126.0*	*21*	*16*	*14*	*6*	*11*	*7*	*28*
	1963	*140.7*	*22*	*16*	*14*	*6*	*11*	*6*	*27*
	1964	*158.0*	*21*	*16*	*14*	*6*	*11*	*6*	*27*
	1965	*179.8*	*21*	*16*	*14*	*7*	*11*	*6*	*26*
	1966	*200.0*	*21*	*17*	*14*	*7*	*11*	*6*	*26*
	1967	*216.1*	*20*	*17*	*14*	*6*	*11*	*6*	*27*
	1968	*234.5*	*17*	*18*	*15*	*8*	*10*	*6*	*27*
	1969	*266.5*	*16*	*18*	*15*	*8*	*10*	*7*	*27*
	1970	*298.9*	*16*	*19*	*16*	*8*	*10*	*7*	*26*
	1971	*330.3*	*16*	*20*	*17*	*8*	*10*	*7*	*26*
	1972	*377.7*	*16*	*19*	*16*	*9*	*11*	*7*	*26*
	1973	*484.2*	*18*	*21*	*18*	*9*	*11*	*6*	*24*
	1974	*564.2*	*18*	*21*	*18*	*7*	*13*	*6*	*26*
	1975	*672.2*	*17*	*20*	*18*	*6*	*12*	*7*	*26*
	1976	*823.4*	*17*	*21*	*18*	*7*	*12*	*7*	*25*
	1977	*965.6*	*15*	*20*	*17*	*8*	*12*	*7*	*26*

3. GROSS DOMESTIC PRODUCT BY KIND OF ECONOMIC ACTIVITY (CONTINUED)

COUNTRY OR AREA AND CURRENCY UNIT	YEAR	GROSS DOMESTIC PRODUCT	AGRICULTURE[1]	INDUSTRIAL ACTIVITY TOTAL[2]	MANUFACTURING INDUSTRIES	CONSTRUCTION	WHOLESALE AND RETAIL TRADE	TRANSPORT AND COMMUNICATION	OTHER[3]
	ISIC(REV.)	1-9	1	2-4	3	5	6	7	8-9
			PERCENTAGE DISTRIBUTION						
IRELAND	*1960*	*642.3*	*22*	—	*26*	—	—	*16* —	*23*
(MILLION IRISH POUNDS)	*1961*	*691.1*	*21*		*27*			*16*	*23*
	1962	*747.6*	*20*		*28*			*16*	*23*
	1963	*803.9*	*19*		*28*			*17*	*23*
	1964	*914.5*	*19*		*27*			*16*	*24*
	1965	*974.1*	*18*		*28*			*16*	*24*
	1966	*1029.5*	*17*		*28*			*16*	*24*
	1967	*1125.2*	*16*		*29*			*16*	*24*
	1968	*1269.0*	*16*		*30*			*16*	*24*
	1969	*1465.4*	*15*		*30*			*16*	*24*
	1970	*1646.8*	*14*		*30*			*16*	*25*
	1971	*1869.7*	*14*		*30*			*16*	*26*
	1972	*2213.2*	*15*		*29*			*15*	*26*
	1973	*2653.0*	*17*		*28*			*15*	*26*
	1974	*2878.0*	...	...	...	...	...	...	...
ITALY	*1960*	*21751.0*	*13*	*34*	*31*	*7*	*13*	*6*	*25*
(1000 MILLION ITALIAN LIRE)	*1961*	*24198.0*	*14*	*34*	*31*	*7*	*13*	*6*	*24*
	1962	*27195.0*	*13*	*34*	*30*	*7*	*13*	*6*	*24*
	1963	*31140.0*	*12*	*34*	*30*	*8*	*13*	*6*	*25*
	1964	*34027.0*	*12*	*33*	*30*	*8*	*13*	*6*	*26*
	1965	*36610.0*	*12*	*33*	*29*	*7*	*14*	*6*	*27*
	1966	*39558.0*	*11*	*33*	*30*	*7*	*14*	*6*	*27*
	1967	*43555.0*	*11*	*34*	*30*	*7*	*14*	*6*	*27*
	1968	*46979.0*	*10*	*34*	*30*	*7*	*14*	*6*	*27*
	1969	*51700.0*	*10*	*34*	*31*	*8*	*14*	*6*	*27*
	1970	57937.0	9	34	...	8	15	6	26
	1971	63056.0	8	33	...	8	15	6	27
	1972	69079.9	8	33	...	8	15	6	28
	1973	82502.9	8	34	...	8	15	5	27
	1974	101722.9	8	35	...	8	14	5	27
	1975	115071.9	8	34	...	8	14	5	27
	1976	143848.9	8	35	...	8	14	5	26
	1977	172987.9	8	35	...	8	14	6	27
LUXEMBOURG	1960	25929.0	...	...	...	...	...	...	...
(MILLION LUXEMBOURG FRANCS)	1961	27152.0	...	...	...	...	...	...	...
	1962	27220.0	...	...	...	...	...	...	...
	1963	29274.0	...	...	...	...	...	...	...
	1964	33225.0	...	...	...	...	...	...	...
	1965	34880.0	...	...	...	...	...	...	...
	1966	36503.0	...	...	...	...	...	...	...
	1967	37426.0	...	...	...	...	...	...	...
	1968	41043.0	...	...	...	...	...	...	...
	1969	47210.0	...	...	...	...	...	...	...
	1970	53547.0	4	45	43	7	13	5	21
	1971	55462.0	4	40	36	9	15	6	23
	1972	61442.0	4	39	36	10	15	6	23
	1973	75603.9	4	41	38	10	15	5	22
	1974	91372.9	3	43	40[17]	10	14	5	21
	1975	84514.9	3	32	29[17]	11	17	5	26
	1976	93349.9	3	32	29[17]	10	17	6	28
MALTA	*1960*	*48.1*	*6*	*24*[13]	*15*	...[13]	*20*	*3*	*36*
(MILLION MALTA POUNDS)	*1961*	*50.0*	*7*	*23*[13]	*14*	...[13]	*19*	*4*	*37*
	1962	*48.6*	*7*	*23*[13]	*14*	...[13]	*19*	*4*	*37*
	1963	*48.2*	*7*	*23*[13]	*15*	...[13]	*19*	*4*	*36*
	1964	*49.2*	*6*	*24*[13]	*16*	...[13]	*19*	*4*	*36*
	1965	*52.7*	*7*	*25*[13]	*17*	...[13]	*18*	*4*	*35*
	1966	*58.8*	*6*	*28*[13]	*19*	...[13]	*17*	*4*	*33*
	1967	*63.7*	*6*	*27*[13]	*17*	...[13]	*17*	*4*	*34*
	1968	*71.3*	*6*	*27*[13]	*18*	...[13]	*16*	*4*	*34*
	1969	*82.0*	*6*	*29*[13]	*19*	...[13]	*15*	*3*	*33*
	1970	*94.8*	*6*	*30*[13]	*19*	...[13]	*14*	*3*	*33*
	1971	*97.8*	*6*	*27*[13]	*18*	...[13]	*14*	*3*	*36*
	1972	*102.2*	*7*	*30*[13]	*22*	...[13]	*14*	*3*	*35*
	1973	*115.7*	*6*	*30*[13]	*23*	...[13]	*13*	*3*	*34*
	1974	*131.6*	*6*	*34*[13]	*26*	...[13]	*13*	*3*	*34*
	1975	*165.8*	*6*	*37*[13]	*28*	...[13]	*13*	*4*	*32*
	1976	*203.7*	*6*	*38*[13]	*30*	...[13]	*13*	*4*	*32*
	1977	*239.8*	*5*	*38*[13]	*30*	...[13]	*14*	*4*	*30*

3. GROSS DOMESTIC PRODUCT BY KIND OF ECONOMIC ACTIVITY (CONTINUED)

COUNTRY OR AREA AND CURRENCY UNIT	YEAR	GROSS DOMESTIC PRODUCT	AGRICULTURE[1]	INDUSTRIAL ACTIVITY		CONSTRUCTION	WHOLESALE AND RETAIL TRADE	TRANSPORT AND COMMUNICATION	OTHER[3]
				TOTAL[2]	MANUFACTURING INDUSTRIES				
	ISIC(REV.)	1-9	1	2-4	3	5	6	7	8-9
			PERCENTAGE DISTRIBUTION						
NETHERLANDS	1960	42354.0	9	38	34	7	13	9	23
(MILLION GUILDERS)	1961	44692.0	8	37	33	7	13	8	23
	1962	48133.0	8	37	33	7	14	8	24
	1963	52231.0	7	36	33	7	14	8	25
	1964	61463.0	8	36	32	7	13	8	25
	1965	68709.9	7	36	32	7	13	8	25
	1966	74935.9	7	36	32	8	13	8	27
	1967	82301.9	7	34	31	8	12	8	27
	1968	89810.9	6	34	31	8	12	8	26
	1969	101714.9	7	32	29	7	12	8	27
	1970	114572.9	6	32	29	7	13	8	27
	1971	129649.9	5	31	28	7	12	8	28
	1972	146729.9	5	31	28	7	12	7	29
	1973	168109.9	5	31	29	7	12	7	30
	1974	190289.8	4	32	29	7	12	7	31
	1975	209689.8	5	30	27	7	12	7	32
	1976	237989.8	...	...	...	...	...	...	...
	1977	261119.8	...	...	...	...	...	...	...
NORWAY	1960	32676.0	9	29	25	8	18	16	19
(MILLION NORWEGIAN KRONER)	1961	35632.0	9	29	25	8	18	16	19
	1962	38442.0	8	29	25	8	18	16	20
	1963	41531.0	7	28	25	8	19	16	20
	1964	45929.0	7	29	25	8	19	16	20
	1965	50909.0	8	28	25	8	19	16	20
	1966	55459.0	7	28	25	8	19	16	21
	1967	59700.0	7	24	21	9	19	16	23
	1968	63749.0	6	25	21	8	19	17	24
	1969	69417.9	6	26	22	8	19	15	24
	1970	79875.9	6	26	22	8	15	16	24
	1971	89106.9	6	25	22	8	15	15	25
	1972	98402.9	6	26	22	8	15	15	25
	1973	111853.9	6	26	22	8	15	15	25
	1974	129727.9	6	26	21	8	15	15	25
	1975	148700.9	6	28	22	8	14	12	26
	1976	169418.8	6	28	20	8	15	11	27
	1977	189474.9	6	27	20	8	15	11	27
PORTUGAL	1960	71.3	23	30	27	4	12	5	18
(1000 MILLION PORTUGUESE ESCUDOS)	1961	76.7	22	31	28	4	12	5	19
	1962	81.6	21	30	27	4	12	5	19
	1963	88.5	21	31	28	5	12	5	18
	1964	96.0	19	33	30	5	12	5	18
	1965	107.2	19	34	31	5	12	5	17
	1966	117.5	18	33	31	5	12	5	17
	1967	131.3	18	32	29	5	12	5	17
	1968[6]	145.3	18	33	30	5	13	5	17
	1969	159.4	17	33	30	5	12	6	17
	1970	177.3	16	33	30	5	13	6	18
	1971	198.6	15	33	30	6	14	6	17
	1972	231.2	14	33	31	6	13	6	18
	1973	281.5	15	34	31	6	14	6	17
	1974	338.4	14	36	33	6	12	6	17
	1975	376.2	14	33	31	6	13	6	19
	1976	464.7	13	34	31	5	13	6	19
SPAIN	1960	620.7	22	29	25	4	9	6	23
(1000 MILLION SPANISH PESETAS)	1961	707.0	22	30	26	4	9	6	23
	1962	817.0	22	29	26	4	9	6	23
	1963	964.2	21	29	25	5	9	6	24
	1964	1088.6	17	30	26	5	14	6	21
	1965	1288.0	17	29	25	5	15	6	22
	1966	1481.5	16	28	25	5	16	6	22
	1967	1637.4	15	27	24	5	16	6	24
	1968	1811.8	15	27	24	5	16	6	24
	1969	2021.5	14	28	25	5	16	6	24
	1970	2574.5	11	29	25	8	15	6	24
	1971	2911.2	11	29	25	8	16	6	25
	1972	3417.3	11	30	26	8	16	6	25
	1973	4128.9	11	29	26	8	15	6	25
	1974	5021.9	10	30	27	9	15	6	26
	1975	5909.7	9	30	27	8	16	6	27

3. GROSS DOMESTIC PRODUCT BY KIND OF ECONOMIC ACTIVITY (CONTINUED)

COUNTRY OR AREA AND CURRENCY UNIT	YEAR	GROSS DOMESTIC PRODUCT	AGRICULTURE[1]	INDUSTRIAL ACTIVITY TOTAL[2]	INDUSTRIAL ACTIVITY MANUFACTURING INDUSTRIES	CONSTRUCTION	WHOLESALE AND RETAIL TRADE	TRANSPORT AND COMMUNICATION	OTHER[3]
	ISIC(REV.)	1-9	1	2-4	3	5	6	7	8-9
				PERCENTAGE DISTRIBUTION					
SWEDEN (1000 MILLION SWEDISH KRONOR)	1960	72.2	7	31	27	9	9	7	26
	1961	78.5	7	31	27	9	9	6	26
	1962	85.2	7	31	27	9	9	6	26
	1963[6]	92.3	6	30	26	11	10	6	27
	1964	102.9	6	30	26	11	10	6	27
	1965	113.5	6	30	26	11	10	6	27
	1966	123.4	5	28	25	11	10	6	29
	1967	133.4	5	28	25	11	10	6	30
	1968	141.7	4	28	25	10	11	6	31
	1969	153.6	4	28	25	10	10	6	31
	1970	170.8	4	28	26	9	10	6	31
	1971	182.9	4	28	25	9	10	5	33
	1972	198.4	4	28	25	9	10	5	33
	1973	219.3	4	30	27	8	10	6	33
	1974	249.0	5	33	30	7	11	5	32
	1975	287.4	5	31	28	7	10	5	33
	1976	322.6	4	29	27	7	10	4	35
	1977	350.8	4	27	24	7	9	4	38
UNITED KINGDOM (MILLION POUNDS)	1960	25490.0[9]	4	37	32	6	11	8	25
	1961	27215.0[9]	3	36	31	6	10	7	26
	1962	28488.0[9]	3	35	30	6	10	7	26
	1963	30298.0[9]	3	35	30	6	10	8	27
	1964	33073.0[9]	3	35	30	6	10	7	27
	1965	35528.0[9]	3	35	30	6	10	7	27
	1966	37887.0[9]	3	34	29	6	10	7	27
	1967	40008.0[9]	3	33	28	6	10	7	28
	1968	43167.0[9]	3	32	28	6	9	7	29
	1969	46221.0[9]	3	33	28	6	9	7	29
	1970	50794.0[9]	2	32	28	6	9	7	30
	1971	56926.0[9]	3	31	27	6	9	7	30
	1972	62872.0[9]	2	31	27	7	10	7	31
	1973	72436.9[9]	3	30	26	7	9	8	31
	1974	82018.9[9]	2	29	25	7	9	8	33
	1975	102658.9[9]	2	29	25	7	9	8	34
	1976	122262.9[9]	2	30	25	6	9	8	34
	1977	140073.9[9]	2	31	25	6	9	7	32
EUROPE-CENTRALLY PLANNED ECONOMIES									
BULGARIA[32 33] (MILLION BULGARIAN LEVA)	1960	4488.8	32	46	...	7	9	4	2
	1961	4715.8	32	46	...	8	9	4	2
	1962	5158.2	33	44	...	7	9	4	2
	1963	5675.8	33	45	...	7	9	4	2
	1964	6203.7	34	45	...	7	8	4	2
	1965	6635.6	33	45	...	7	8	4	2
	1966	7273.9	35	45	...	8	7	5	2
	1967	7853.0	31	46	...	8	8	5	2
	1968	8556.0	26	49	...	9	9	5	2
	1969	9349.8	25	50	...	8	10	5	2
	1970	10527.4	23	49	...	9	10	7	3
	1971	10411.4	24	51	...	9	6	7	3
	1972	11241.7	23	51	...	9	6	7	3
	1973	12147.5	22	51	...	9	7	8	3
	1974	13092.6	21	52	...	9	7	8	3
	1975	14288.6	22	51	...	9	8	8	2
	1976	15145.1	21	51	...	8	9	9	3
	1977[6]	15486.2	18	51	...	9	10	9	3
BYELORUSSIAN SSR[33 34] (MILLION RUBLES)	1960	...	33	44	...	8	...	3	12
	1961	...	30	46	...	8	...	4	12
	1962	...	30	47	...	8	...	4	12
	1963	...	30	48	...	8	...	4	11
	1964	...	30	48	...	8	...	4	11
	1965	...	34	43	...	8	...	4	11
	1966	...	34	44	...	8	...	4	10
	1967	...	32	45	...	9	...	4	11
	1968	...	32	44	...	9	...	4	11
	1969	...	30	46	...	9	...	4	11
	1970	...	32	43	...	10	...	4	12
	1971	...	29	45	...	10	...	4	12

3. GROSS DOMESTIC PRODUCT BY KIND OF ECONOMIC ACTIVITY (CONTINUED)

COUNTRY OR AREA AND CURRENCY UNIT	YEAR	GROSS DOMESTIC PRODUCT	AGRICULTURE[1]	INDUSTRIAL ACTIVITY TOTAL[2]	INDUSTRIAL ACTIVITY MANUFACTURING INDUSTRIES	CONSTRUCTION	WHOLESALE AND RETAIL TRADE	TRANSPORT AND COMMUNICATION	OTHER[3]
	ISIC(REV.)	1-9	1	2-4	3	5	6	7	8-9
				PERCENTAGE DISTRIBUTION					
CZECHOSLOVAKIA [32] [33] .... (1000 MILLION C KORUNY)	1960	161.9	16	63	...	11	7	3	1
	1961	170.9	14	65	...	11	7	3	1
	1962	174.1	12	67	...	10	7	3	1
	1963	171.4	14	67	...	8	7	3	1
	1964	168.1	14	64	...	9	9	2	1
	1965	172.3	13	65	...	9	8	2	1
	1966[6]	195.5	14	63	...	9	9	3	1
	1967	233.0	13	61	...	12	9	4	1
	1968	257.0	13	60	...	11	10	4	1
	1969	292.6	12	59	...	11	12	4	1
	1970	311.1	11	61	...	11	11	4	1
	1971	325.4	12	61	...	12	11	4	1
	1972	342.2	11	61	...	13	11	3	1
	1973	357.7	11	62	...	13	11	3	1
	1974	384.7	10	63	...	13	10	3	1
	1975	404.0	9	65	...	13	9	3	1
	1976	412.2	8	68	...	13	8	3	0
	1977	409.3	10	61	...	12	14	3	0
GERMAN DEMOCRATIC REPUBLIC [33] [35] (1000 MILLION GDR MARKS)	1960	71.5[9]	18	54	...	7	15	5	3
	1961	72.7[9]	16	56	...	7	15	6	3
	1962	74.6[9]	15	57	...	7	15	5	3
	1963	77.3[9]	16	57	...	6	14	5	3
	1964	81.0[9]	16	57	...	7	14	6	3
	1965	84.8[9]	16	57	...	7	14	5	3
	1966	88.9[9]	16	57	...	7	14	5	3
	1967	93.7[9]	16	57	...	7	14	5	3
	1968	98.5[9]	15	58	...	8	14	5	3
	1969	103.6[9]	14	59	...	8	15	5	3
	1970	109.5[9]	13	59	...	8	15	5	3
	1971	114.4[9]	12	59	...	8	15	5	3
	1972	120.9[9]	13	59	...	8	15	5	3
	1973	127.6[9]	12	59	...	8	15	5	3
	1974	135.8[9]	12	59	...	7	15	5	3
	1975	142.4[9]	11	60	...	8	15	5	3
	1976	147.5[9]	10	61	...	8	15	5	3
	1977	155.2[9]	10	61	...	8	15	5	3
HUNGARY [32] [33]............................... (1000 MILLION HUNGARIAN FORINT)	1960	142.0	23	59	...	10	2	5	0
	1961	148.9	21	62	...	9	2	5	0
	1962	156.7	21	64	...	10	0	5	0
	1963	165.1	21	63	...	9	1	5	0
	1964	173.5	22	65	...	9	-1	5	0
	1965	170.5	21	60	...	9	4	5	0
	1966	189.7	23	58	...	9	5	6	0
	1967	207.5	21	58	...	9	5	6	0
	1968	224.7	21	44	...	11	14	6	3
	1969	253.1	21	42	...	12	15	6	4
	1970[6]	274.9	18	44	...	11	20	6	1
	1971	295.6	19	42	...	11	20	6	1
	1972	320.8	18	43	...	11	21	6	1
	1973	354.4	19	43	...	11	20	6	1
	1974	369.0	18	45	...	12	18	6	1
	1975	396.1	16	47	...	12	18	6	1
	1976	434.9	16	48	...	11	17	6	2
	1977	479.2	16	47	...	12	18	6	2
POLAND [32] [33] .... (1000 MILLION POLISH ZLOTE)	1960	375.6	26	47	...	10	10	5	2
	1961	410.7	27	48	...	9	9	6	1
	1962	426.1	23	50	...	9	10	6	2
	1963	460.1	23	49	...	9	10	6	3
	1964	497.0	22	50	...	9	10	6	3
	1965[6]	531.3	23	51	...	9	9	6	2
	1966	567.2	22	51	...	9	9	6	3
	1967	605.6	21	49	...	9	10	6	4
	1968	668.8	21	49	...	9	11	6	4
	1969	696.1	17	51	...	10	11	6	5
	1970[6]	749.2	17	55	...	10	10	7	2
	1971	855.0	19	51	...	11	11	7	2
	1972	951.0	19	49	...	12	11	7	2
	1973	1064.8	19	51	...	13	9	7	2
	1974	1209.3	17	56	...	12	7	7	2
	1975	1349.7	15	60	...	11	5	7	2
	1976	1593.3	16	52	...	13	10	8	2
	1977	1736.1	16	52	...	12	11	7	2

3. GROSS DOMESTIC PRODUCT BY KIND OF ECONOMIC ACTIVITY (CONTINUED)

COUNTRY OR AREA AND CURRENCY UNIT	YEAR	GROSS DOMESTIC PRODUCT	AGRICULTURE[1]	INDUSTRIAL ACTIVITY: TOTAL[2]	INDUSTRIAL ACTIVITY: MANUFACTURING INDUSTRIES	CONSTRUCTION	WHOLESALE AND RETAIL TRADE	TRANSPORT AND COMMUNICATION	OTHER[3]
	ISIC(REV.)	1-9	1	2-4	3	5	6	7	8-9
		PERCENTAGE DISTRIBUTION							
ROMANIA [33] (MILLION ROMANIAN LEI)	1960	...	33	44	...	9	7	4	4
	1961	...	33	45	...	9	7	4	3
	1962	...	29	49	...	9	6	4	3
	1963	...	30	47	...	8	8	4	3
	1964	...	30	48	...	8	7	4	3
	1965	...	29	49	...	8	7	4	3
	1966	...	31	49	...	8	6	4	3
	1967	...	29	52	...	8	5	4	3
	1968	...	26	54	...	9	4	4	3
	1969	...	24	57	...	9	3	4	3
	1970[6]	...	19	58	...	10	...[16]	6	7[16]
	1971	...	22	56	...	10	...[16]	6	7[16]
	1972	...	21	57	...	10	...[16]	6	7[16]
	1973	...	19	58	...	9	...[16]	6	9[16]
	1974	...	16	57	...	8	...[16]	5	14[16]
	1975	...	16	56	...	8	...[16]	6	14[16]
	1976	...	18	56	...	7	...[16]	5	13[16]
	1977	...	16	61	...	11	...[16]	6	7[16]
UKRAINIAN SSR [32] (MILLION RUBLES)	1960	27000.0	26	48	...	10	11[5]	4	...[5]
	1961	29400.0	27	48	...	10	11[5]	5	...[5]
	1962	31700.0	28	48	...	9	11[5]	4	...[5]
	1963	31700.0	26	50	...	9	11[5]	5	...[5]
	1964	34800.0	28	49	...	8	10[5]	5	...[5]
	1965	38200.0	29	48	...	8	10[5]	5	...[5]
	1966	40000.0	29	47	...	8	10[5]	5	...[5]
	1967	42600.0	27	49	...	8	11[5]	5	...[5]
	1968	46700.0	25	51	...	8	10[5]	5	...[5]
	1969	50900.0	24	52	...	9	10[5]	5	...[5]
	1970	54800.0	25	50	...	9	11[5]	5	...[5]
	1971	57000.0	24	50	...	10	11[5]	5	...[5]
	1972	59000.0	24	50	...	10	11[5]	5	...[5]
	1973	63500.0	26	49	...	9	11[5]	5	...[5]
	1974	65100.0	24	50	...	10	11[5]	5	...[5]
	1975	65799.9	22	50	...	10	12[5]	6	...[5]
	1976	69799.9	23	49	...	10	13[5]	6	...[5]
	1977	73499.9	24	48	...	9	14[5]	6	...[5]
USSR [32] (1000 MILLION RUBLES)	1960	145.0	20	52	...	10	12[5]	5	...[5]
	1961	152.9	21	52	...	10	11[5]	6	...[5]
	1962	164.6	22	52	...	9	11[5]	5	...[5]
	1963	168.8	21	54	...	9	11[5]	6	...[5]
	1964	181.3	22	54	...	9	10[5]	6	...[5]
	1965	193.5	23	52	...	9	11[5]	6	...[5]
	1966	207.4	24	50	...	9	10[5]	6	...[5]
	1967	225.5	22	51	...	9	11[5]	6	...[5]
	1968	244.1	22	52	...	9	11[5]	6	...[5]
	1969	261.9	19	54	...	10	11[5]	6	...[5]
	1970	289.9	22	51	...	10	11[5]	6	...[5]
	1971	305.0	21	51	...	11	11[5]	6	...[5]
	1972	313.6	19	52	...	11	12[5]	6	...[5]
	1973	337.8	20	51	...	11	12[5]	6	...[5]
	1974	354.0	19	53	...	11	12[5]	6	...[5]
	1975	363.3	17	53	...	11	13[5]	6	...[5]
	1976	385.7	17	52	...	11	14[5]	6	...[5]
	1977	403.0	17	52	...	11	13[5]	6	...[5]
YUGOSLAVIA [27] [33] (1000 MILLION YUGOSLAV DINARS)	1960	28.9	26	49	...	7	11	7	0
	1961	33.7	25	47	...	8	12	7	0
	1962	37.7	26	46	...	8	12	8	1
	1963	45.8	25	45	...	8	12	8	0
	1964	61.0	25	44	...	10	13	8	1
	1965	79.5	25	42	...	10	15	8	1
	1966	99.0	26	38	...	10	18	7	1
	1967	103.7	24	37	...	11	20	8	1
	1968	112.0	21	38	...	12	22	7	1
	1969	132.0	21	37	...	11	21	7	3
	1970	157.2	19	38	...	12	22	8	1
	1971	204.5	18	38	...	12	23	8	0
	1972	245.4	17	39	...	12	23	8	0
	1973	306.4	19	39	...	11	22	8	1
	1974	407.3	18	42	...	11	21	8	0
	1975	503.0	16	40	...	11	21	8	0
	1976	592.6	17	40	...	10	21	8	4
	1977	734.3	16	40	...	11	21	8	4

3. GROSS DOMESTIC PRODUCT BY KIND OF ECONOMIC ACTIVITY (CONTINUED)

COUNTRY OR AREA AND CURRENCY UNIT	YEAR	GROSS DOMESTIC PRODUCT	AGRICULTURE[1]	INDUSTRIAL ACTIVITY TOTAL[2]	INDUSTRIAL ACTIVITY MANUFACTURING INDUSTRIES	CONSTRUCTION	WHOLESALE AND RETAIL TRADE	TRANSPORT AND COMMUNICATION	OTHER[3]
	ISIC(REV.)	1-9	1	2-4	3	5	6	7	8-9
			PERCENTAGE DISTRIBUTION						
OCEANIA									
AUSTRALIA [4]	1960	14553.0	12	30	26	7	13	7	20
(MILLION AUSTRALIAN DOLLARS)	1961	14881.0	11	30	25	7	14	7	21
	1962	16089.0	11	29	24	7	15	7	21
	1963	17846.0	12	29	24	7	15	7	21
	1964	19601.0	11	29	24	7	15	7	21
	1965	20545.0	9	29	24	8	14	7	22
	1966	22533.0	10	29	23	7	14	7	22
	1967	24031.0	8	29	24	7	15	8	24
	1968	27108.0	9	29	23	7	14	7	24
	1969	29969.0	7	29	23	7	14	7	24
	1970	33100.0	6	29	23	7	14	7	26
	1971	36920.0	6	28	22	7	13	7	27
	1972	41923.0	7	28	21	7	14	7	27
	1973	50631.0	8	27	21	7	14	7	27
	1974	60575.0	6	27	20	7	14	7	29
	1975	71277.9	5	25	19	7	13	7	30
COOK ISLANDS	1970	8.3	26	13	11	9	14	7	30
(MILLION NEW ZEALAND DOLLARS)	1972	8.1	24	12	10	8	14	6	36
	1976	13.7	16	5	5	2	22	9	47
	1977	16.4	...	...	...	...	...	...	...
FIJI	*1963*	*117.4*	...	...	...	...	...	...	...
(MILLION FIJI DOLLARS)	*1964*	*126.7*	...	...	...	...	...	...	...
	1965	*133.1*	*31*	*13*	*11*	*4*	*16*	*5*	*22*
	1966	*136.6*	*29*	*13*	*11*	*4*	*16*	*6*	*25*
	1967	*149.0*	*27*	*13*	*11*	*5*	*16*	*6*	*24*
	1968	146.0	27	18	14	5	14	5	23
	1969	159.0	25	16	13	6	16	6	23
	1970	192.0	25	15	13	6	17	6	22
	1971	212.0	23	13	10	6	18	6	22
	1972	261.0	22	15	12	7	18	7	23
	1973	338.0	22	15	12	7	18	7	22
	1974	450.0	...	...	...	...	...	...	...
	1975	564.0	...	...	...	...	...	...	...
	1976	625.0	...	...	...	...	...	...	...
	1977	708.0	...	...	...	...	...	...	...
FRENCH POLYNESIA	*1960*	*4.3*	*24*	*20*	*9*	*5*	*21*	*19*[38]	*12*[38]
(1000 MILLION CFP FRANCS)	*1961*	*4.8*	*21*	*19*	*9*	*5*	*23*	*21*[38]	*11*[38]
	1962	*5.0*	*21*	*18*	*10*	*5*	*21*	*21*[38]	*14*[38]
	1963	*6.0*	*17*	*16*	*9*	*7*	*19*	*23*[38]	*17*[38]
	1964	*9.2*	*13*	*14*	*9*	*10*	*23*	*24*[38]	*17*[38]
	1965	*13.3*	*10*	*12*	*9*	*10*	*20*	*27*[38]	*20*[38]
	1966	*16.2*	*10*	*11*	*8*	*6*	*22*	*26*[38]	*26*[38]
	1967	*16.6*	*10*	*8*	*7*	*7*	*22*	*26*[38]	*27*[38]
	1968	*19.5*	*9*	*8*	*7*	*6*	*20*	*23*[38]	*32*[38]
	1969	*19.2*	*10*	*9*	*8*	*7*	*19*	*25*[38]	*30*[38]
	1970	*21.5*	*7*	*8*	*6*	*6*	*24*	*25*[38]	*31*[38]
	1971	*25.0*	*5*	*7*	*6*	*6*	*22*	*23*[38]	*36*[38]
	1972	*25.0*	*6*	*7*	*6*	*7*	*23*	*24*[38]	*33*[38]
	1973	*29.2*	*5*	*8*	*7*	*9*	*28*	*6*	*44*
	1974	*40.7*	*5*	*8*	*7*	*9*	*32*	*5*	*41*
	1975	*45.0*	*5*	*7*	*6*	*10*	*29*	*5*	*44*
	1976	*51.7*	*4*	*7*	*6*	*10*	*29*	*5*	*45*
GILBERT ISLANDS	1972	15.8[9]	13	38	...	4	10	2	16
(MILLION AUSTRALIAN DOLLARS)	1973	22.2[9]	13	41	...	3	10	2	16
	1974	36.5[9]	9	52	...	1	13	3	11
NEW CALEDONIA	*1960*	*9292.0*	*10*	*33*	*4*	*5*	*24*	*4*	*24*
(MILLION CFP FRANCS)	*1961*	*10547.0*	*9*	*33*	*4*	*5*	*26*	*4*	*23*
	1962	*9054.0*	*12*	*23*	*4*	*6*	*26*	*4*	*28*
	1963	*10129.0*	*11*	*28*	*4*	*5*	*24*	*5*	*28*
	1964	*11851.0*	*9*	*30*	*4*	*6*	*27*	*5*	*25*
	1965	*14326.0*	*11*	*29*	*5*	*6*	*27*	*4*	*22*
	1966	*14740.0*	*9*	*32*	*4*	*6*	*25*	*4*	*23*
	1967	*16161.0*	*8*	*32*	*4*	*6*	*27*	*4*	*23*
	1968	*19345.0*	*8*	*35*	*4*	*6*	*26*	*4*	*22*
	1969	*24848.0*	*7*	*36*	*4*	*5*	*30*	*4*	*19*
	1970	*36389.0*	*5*	*36*	*4*	*4*	*36*	*3*	*16*
	1971	*41684.0*	*5*	*31*	*3*	*8*	*34*	*3*	*19*
	1972	*46477.0*	*5*	*38*	*6*	*14*	*20*	*4*	*20*
	1973	*43953.0*	*4*	*35*	*7*	*13*	*20*	*4*	*24*
	1974	*55791.0*	*3*	*37*	*6*	*14*	*20*	*4*	*23*
	1975	*63007.0*	*3*	*35*	*6*	*14*	*20*	*4*	*24*
	1976	*67499.9*	*4*	*35*	*7*	*12*	*21*	*4*	*25*

3. GROSS DOMESTIC PRODUCT BY KIND OF ECONOMIC ACTIVITY (CONTINUED)

COUNTRY OR AREA AND CURRENCY UNIT	YEAR	GROSS DOMESTIC PRODUCT	AGRICULTURE[1]	INDUSTRIAL ACTIVITY: TOTAL[2]	INDUSTRIAL ACTIVITY: MANUFACTURING INDUSTRIES	CONSTRUCTION	WHOLESALE AND RETAIL TRADE	TRANSPORT AND COMMUNICATION	OTHER[3]
	ISIC(REV.)	1-9	1	2-4	3	5	6	7	8-9
			PERCENTAGE DISTRIBUTION						
NEW ZEALAND [10]	1971	6924.0	13	25	23	6	22	8	24
(MILLION NEW ZEALAND DOLLARS)	1972	7982.0	15	24	22	6	22	8	24
	1973	9257.0	13	24	22	6	22	8	25
	1974	10010.0	9	26	23	7	22	8	26
	1975	11443.0	11	24	22	7	22	8	27
	1976	13625.0	12	25	22	6	22	8	26
PAPUA NEW GUINEA [4]	1965	322.5	40	5	4	15	6	5	25
(MILLION KINA)	1966	375.7	42	6	6	14	7	5	23
	1967	413.0	42	5	5	13	8	5	24
	1968	453.3	44	5	5	12	8	5	24
	1969	531.0	40	5	5	13	8	6	24
	1970	621.7	35	7	6	18	7	6	23
	1971	645.4	34	10	6	15	7	6	25
	1972	788.8	31	23	5	8	6	5	24
	1973	1040.6	26	32	6	8	6	5	21
	1974	1009.1	30	22	7	8	8	7	22
	1975	1056.9	...	...	...	...	...	...	...
	1976	1202.0	...	...	...	...	...	...	...
SAMOA	1972	30.3	49	3	3	4	9	4	24
(MILLION SAMOA TALA)									
SOLOMON ISLANDS	*1972*	*31.2*	*60*	*1*	...	*2*	*8*	*4*	*17*
(MILLION SOLOMON IS DOLLARS)									
TONGA [4]	*1969*	*12.9*	*50*	*3*	*2*	*2*	*14*	*2*	*19*
(MILLION TONGAN PA'ANGA)	*1970*	*13.3*	*47*	*4*	*2*	*5*	*9*	*5*	*21*
	1972	*16.6*	...	...	...	...	...	...	...
	1973	*21.1*	...	...	...	...	...	...	...
	1974	*27.9*	...	...	...	...	...	...	...
	1975	*28.3*	...	...	...	...	...	...	...

General note. This table shows the percentage distribution of gross domestic product by kind of economic activity in current prices in terms of the present or the former SNA. Figures in terms of the former SNA are printed in italics. The figures are based on the estimates of gross domestic product and its components which appear for most contries in the standard table 'The Gross Domestic Product by Kind of Economic Activity' in Vol. I of this Yearbook. The percentage do not add to 100 per cent because import duties are in many cases not included in the reported industrial groups. It is emphasized that the estimates are not fully comparable from country to country in coverage and classification used. Some of the major differences are indicated in the notes below. For additional details concerning the differences between the actual concepts used and the standard ones, reference is made to the footnotes to 'The Gross Domestic Product by Kind of Economic Activity' table shown under each country in vol. I.

1/ Agriculture, hunting, forestry and fishing.

2/ Mining and quarrying, manufacturing, electricity, gas and water.

3/ Financing, insurance, real estate and business services; community, social and personal services and public administration and defence.

4/ Year beginning 1 July.

5/ Other activities of the material sphere is included in 'Wholesale and retail trade'.

6/ Data not strictly comparable with those of previous years.

7/ Gas and water are included in 'Other'.

8/ Including data for thr West Bank.

9/ Includes a statistical discrepancy.

10/ Year beginning 1 April.

11/ Transport and communications are included in 'Other'.

12/ Includes Namibia.

13/ Construction is included in 'Total industrial activity'.

14/ Former Tanganyika only.

15/ Transport,storage and communication are included in 'Total industrial activity'.

16/ Wholesale and retail trade are included in 'Other'

17/ Mining and quarrying are included in 'Manufacturing'.

18/ Figures for gross domestic product are at factor values.

19/ Year ending 30 September.

20/ Figures for gross domestic product are at constant prices of 1955.

21/ Year ending 7 July.

22/ Manufacturing and electricity, gas and water are included in 'Other'.

23/ Construction is included in 'Other'.

24/ Including manufacturing, electricity, gas and water construction, wholesale and retail trade, and transport and communication.

25/ Electricity, gas and water are included in 'Construction'.

26/ Mining and quarrying only.

27/ Figures for gross domestic product refer to gross material product.

28/ Year beginning 21 March.

29/ Data are for the former Republic of South Viet-Nam only.

30/ Peninsular Malaysia only.

31/ Year ending 15 July.

32/ Figures for gross domestic product refer to Net material product.

33/ 'Others' refer to other activities of the material sphere.

34/ Wholesale and retail trade and restaurants and other eating and drinking places are included in 'Total industrial activity'.

35/ Figures for gross domestic product refer to Net material product at constant prices of 1967.

36/ For the years 1967-1969, excluding three eastern states.

37/ Year refer to Hejra fiscal year.

38/ Financing, insurance, real estate and business services and community, social and personal services are included in 'Transport and communications'.

4. COST-STRUCTURE OF GROSS DOMESTIC PRODUCT

COUNTRY OR AREA AND CURRENCY UNIT	YEAR	GROSS DOMESTIC PRODUCT	COMPENSATION OF EMPLOYEES	OPERATING SURPLUS	CONSUMPTION OF FIXED CAPITAL	INDIRECT TAXES	LESS SUBSIDIES
			1	2	3	4	5
			PERCENTAGE DISTRIBUTION				
AFRICA							
ALGERIA........................	1973	34.5	35	35	9	—— 21	——
(BILLION ALGERIAN DINARS)	1974	52.4	28	44	7	21	
	1975	56.8	32	38	8	21	
	1976	68.7	32	38	9	22	
BENIN........................ 2/	1964 1/	42.7	25	61	5	10	1
(BILLION CFA FRANCS)	1965 1/	46.5	25	62	5	10	1
	1966 1/	48.2	23	63	5	9	1
	1967 1/	48.7	26	57	7	11	1
	1968 1/	51.3	...	...	...	...	...
	1969 1/	55.1	...	...	...	...	...
	1970 3/	68.7	...	...	...	...	...
	1971	72.7	...	...	...	...	...
	1972	82.1	...	...	...	...	...
	1973	89.0	...	...	...	...	...
	1974	107.6	25	62	5	9	0
	1975	112.8	25	62	5	9	1
	1976	133.5	...	...	...	...	...
	1977	148.5	...	...	...	...	...
BOTSWANA........................ 2/	1965	32.8	—— 88	——	6	6	0
(MILLION PULA)	1966	36.8	89		5	5	0
	1967 1/ 3/	43.8	30	58	6	6	0
	1968 1/	51.2	28	62	6	4	0
	1971 1/	102.6	30	55	5	11	...
	1973 1/	197.5	34	50	8	8	0
	1974 1/	213.1	43	40	9	9	0
	1975 1/	276.2	41	42	9	8	0
	1976 1/	299.2	44	38	9	10	1
CENTRAL AFRICAN EMPIRE........	1964	39.0	30	—— 59	——	12	1
(BILLION CFA FRANCS)	1967	46.6	25	64		13	1
	1968	49.8	...	...	...	...	...
	1970	57.0	24	—— 64	——	12	0
CHAD........................	1968	58.5	20	66	3	—— 11	——
(BILLION CFA FRANCS)	1975 2/ 3/	148.6	13	78	4	5	0

4. COST-STRUCTURE OF GROSS DOMESTIC PRODUCT (CONTINUED)

COUNTRY OR AREA AND CURRENCY UNIT	YEAR	GROSS DOMESTIC PRODUCT	COMPENSATION OF EMPLOYEES	OPERATING SURPLUS	CONSUMPTION OF FIXED CAPITAL	INDIRECT TAXES	LESS SUBSIDIES
			1	2	3	4	5
			PERCENTAGE DISTRIBUTION				
AFRICA (CONTINUED)							
EGYPT........................... (MILLION EGYPTIAN POUNDS)	1960 1/	1459.3	39	55 (2–3)		7 (4–5)	
	1961 1/	1513.3	41	52		7	
	1962 1/	1684.6	42	51		7	
	1963 1/	1887.9	42	50		8	
	1964 1/	2213.5	40	49		11	
	1965 1/	2402.9	41	48		12	
	1966 1/	2480.7	40	48		12	
	1967 1/	2533.0	41	46		14	
	1968 1/	2696.4	41	46		13	
	1969 1/	2971.3	40	46		14	
	1970 1/	3145.5	43	43		14	
	1971 1/	3336.7	42	44		14	
	1972 3/	3417.0	43	44		14	
	1973	3663.0	44	44		12	
	1974	4197.0	42	56		2	
	1975	4860.8	45	53		2	
	1976	6275.8	39	53		8	
	1977	7341.0	37	52		12	
GABON........................... (BILLION CFA FRANCS)	1960	31.3	36	51 (2–3)		13 (4–5)	
	1961	37.6	...	...	...	...	...
	1962	41.0	...	...	...	...	...
	1963	44.0	...	...	...	...	...
	1964	47.7	...	...	...	...	...
	1965	50.8	...	...	...	...	...
	1966	56.5	...	...	...	...	...
	1967	58.8	...	...	...	...	...
	1968	75.9	40	21	25	16	1
	1969	85.1	40	21	24	17	1
	1970	93.1	40	21	23	18	1
	1972 2/3/	108.5	39	22	22	18	1
	1973 2/	161.1	31	40	14	14 (4–5)	
	1974 2/	371.7	21	49	12	18	0
	1975 2/	462.4	25	42	14	20	1
	1976 2/	719.1	23	49	12	16	0

4. COST-STRUCTURE OF GROSS DOMESTIC PRODUCT (CONTINUED)

COUNTRY OR AREA AND CURRENCY UNIT	YEAR	GROSS DOMESTIC PRODUCT	COMPENSATION OF EMPLOYEES	OPERATING SURPLUS	CONSUMPTION OF FIXED CAPITAL	INDIRECT TAXES	LESS SUBSIDIES
			1	2	3	4	5
			PERCENTAGE DISTRIBUTION				
AFRICA (CONTINUED)							
GHANA........................ (MILLION GHANAIAN CEDIS)	1968 2/	1700.2	82	----	6	11	----
	1969	1998.9	82		7	12	
	1970	2258.6	80		6	14	
	1971	2500.5	82		6	12	
	1972	2815.4	82		6	12	
	1973	3501.2	83		6	11	
	1974	4660.1	83		6	12	
IVORY COAST.................. (BILLION CFA FRANCS)	1966	257.3	31	49	4	17	1 5/
	1967	274.4	32	48	4	16	0
	1968	325.1	31	48	3	17	0
	1969	363.4	33	44	4	17	-2
	1970 2/ 3/	414.9	34	42	4	18	-2
	1971 2/	439.8	36	42	4	19	1
	1972 2/	471.8	37	41	5	20	2
	1973 2/	566.2	36	40	4	20	0
	1974 2/	739.0	32	42	4	17	-5
	1975 2/	834.5	34	43	5	17	-1
	1976 2/	1114.0	33	35	5	19	-8
	1977 2/	1582.5	28	35	4	17	-15
KENYA........................ (MILLION KENYA POUNDS)	1964 2/	356.7	39	53	----	8	0
	1965	358.7	41	51		8	0
	1966	416.8	39	52		9	0
	1967	440.1	41	51		8	0
	1968	483.3	42	50		9	1
	1969	520.8	42	50		9	0
	1970	572.7	41	49		10	0
	1971	635.1	42	48		10	0
	1972 3/	721.3	42	49		9	0
	1973	828.0	40	49		11	0
	1974	1017.1	39	49		12	0
	1975	1167.1	38	50		12	0
	1976	1429.1	36	52		12	0
	1977	1832.7	33	56		12	0

4. COST-STRUCTURE OF GROSS DOMESTIC PRODUCT (CONTINUED)

COUNTRY OR AREA AND CURRENCY UNIT	YEAR	GROSS DOMESTIC PRODUCT	COMPENSATION OF EMPLOYEES	OPERATING SURPLUS	CONSUMPTION OF FIXED CAPITAL	INDIRECT TAXES	LESS SUBSIDIES
			1	2	3	4	5
			PERCENTAGE DISTRIBUTION				
AFRICA (CONTINUED)							
LESOTHO........................	2/6/ 1964	37.1	——— 86	———	6	9	1
(MILLION SOUTH AFRICAN RAND)	1965	39.2	90		6	5	1
	1966	40.5		96		——— 4	———
	1967	42.3		95		5	
	1968	43.9		95		5	
	1969	47.1		92		8	
	1970	49.1		87		14	
	1971	54.7		89		11	
	1972	62.2	20	67	2	12	0
	1973	84.1	18	63	1	18	0
	1974	95.0	17	62	2	20	0
LIBERIA........................	2/ 1964	275.4	——— 79	———	14	——— 7	———
(MILLION LIBERIAN DOLLARS)	1965	289.4	81		11	8	
	1966	307.1	80		13	7	
	1967	329.5	78		15	7	
	1968	351.2	81		11	8	
	1969	386.9	82		11	7	
	1970	407.8	80		13	7	
	1971	430.0	80		14	7	
	1972	466.0	79		14	7	
	1973 3/	414.6		89		11	
	1974	507.2		91		9	
	1975	609.6		92		8	
	1976	632.4		90		10	
	1977	699.7		88		12	

4. COST-STRUCTURE OF GROSS DOMESTIC PRODUCT (CONTINUED)

COUNTRY OR AREA AND CURRENCY UNIT	YEAR	GROSS DOMESTIC PRODUCT	COMPENSATION OF EMPLOYEES	OPERATING SURPLUS	CONSUMPTION OF FIXED CAPITAL	INDIRECT TAXES	LESS SUBSIDIES
			1	2	3	4	5
			PERCENTAGE DISTRIBUTION				
AFRICA (CONTINUED)							
LIBYAN ARAB JAMAHIRIYA........ (MILLION LIBYAN DINARS)	1962	172.4	28	51	11	10	0
	1963	253.4	25	57	11	8	0
	1964	384.9	21	65	9	6	0
	1965	517.2	22	64	9	5	0
	1966	664.4	21	66	9	5	1
	1967	777.8	22	65	9	5	1
	1968	1110.7	20	69	8	4	1
	1969	1267.2	20	69	8	4	1
	1970	1329.3	20	69	8	4	1
	1971 2/3/	1626.8	26	66	6	3	1
	1972 2/	1798.5	29	63	6	4	2
	1973 2/	2246.2	28	64	5	4	2
	1974 2/	3973.0	23	71	4	4	2
	1975 2/	3896.5	27	66	4	6	3
	1976 2/	5037.0	94		4	2	
	1977 2/	5731.5	94		4	2	
MADAGASCAR.................... (BILLION MALAGASY FRANCS)	1960	134.2	...	...	...	...	...
	1962	147.4	...	...	...	...	...
	1964	160.0	...	...	...	...	...
	1965	166.2	...	...	...	...	...
	1966	181.6	33	51	5	12	0
	1967	192.9	33	51	5	12	1
	1968	208.2	32	51	5	13	1
	1969	224.3	...	...	...	...	...
	1970	249.8	33	54		13	
	1971	268.5	33	53		14	
	1972	273.1	34	53		13	
	1973	297.6	32	53	4	13	1
	1974	372.9	91			10	1
	1975	398.2	...	...	...	...	...
	1976	419.9	...	...	...	...	...
	1977	456.3	...	...	...	...	...

4. COST-STRUCTURE OF GROSS DOMESTIC PRODUCT (CONTINUED)

COUNTRY OR AREA AND CURRENCY UNIT	YEAR	GROSS DOMESTIC PRODUCT	COMPENSATION OF EMPLOYEES	OPERATING SURPLUS	CONSUMPTION OF FIXED CAPITAL	INDIRECT TAXES	LESS SUBSIDIES
			1	2	3	4	5
			PERCENTAGE DISTRIBUTION				
AFRICA (CONTINUED)							
MALAWI........................ (MILLION MALAWI KWACHA)	1964	153.4	26	—— 71	——	3	0
	1965	180.7	24	73		4	0
	1966	205.2	25	71		5	0
	1967	215.5	25	70		5	0
	1968	226.0	26	69		5	0
	1969	244.4	26	68		6	0
	1970	267.1	26	67		7	0
	1971	335.0	24	69		7	0
	1972	369.3	25	68		7	0
	1973	401.3	26	68		7	0
MALI........................ (BILLION MALI FRANCS)	1964	84.5	...	...	...	...	...
	1969	135.5	...	...	...	...	...
	1971	166.9	—— 87	——	4	—— 10	——
MAURITANIA.................... (BILLION M OUGUIYAS)	1964	6.3	30	52	9	9	0
	1968	6.5	34	53	1	14	1
	1972 2/3/	12.3	31	48	10	11	0
	1973 2/	13.0	30	44	15	11	0
MAURITIUS..................... (MILLION MAURITIAN RUPEES)	1960	650.0	59	—— 29	——	13	1
	1961	769.0	50	39		12	0
	1962	793.0	50	38		13	0
	1963	1018.0	42	47		11	0
	1964	878.0	51	36		14	1
	1965	922.0	50	37		13	0
	1966	912.0	52	35		14	0
	1967	969.0	50	37		14	0
	1968	966.0	50	36		15	0
	1969	1036.0	48	38		15	0
	1970	1048.0	49	36		13	0
	1971	1161.0	48	40		13	0
	1972	1432.0	46	44		11	0
	1973	1852.0	45	44		11	0
	1974	3216.0	39	53		9	0
	1975	3416.0	46	45		11	1
	1976 3/	4423.0	49	29	10	14	1
	1977	5073.0	...	...	...	...	...

4. COST-STRUCTURE OF GROSS DOMESTIC PRODUCT (CONTINUED)

COUNTRY OR AREA AND CURRENCY UNIT	YEAR	GROSS DOMESTIC PRODUCT	COMPENSATION OF EMPLOYEES	OPERATING SURPLUS	CONSUMPTION OF FIXED CAPITAL	INDIRECT TAXES	LESS SUBSIDIES
			1	2	3	4	5
			PERCENTAGE DISTRIBUTION				
AFRICA (CONTINUED)							
MOROCCO......................	1960 2/	9.1	86		4	10	1
(BILLION MOROCCAN DIRHAMS)	1961	9.0	86		4	10	1
	1962	10.6	86		4	10	1
	1963	11.9	88		3	10	1
	1964	12.5	89		3	9	1
	1965	13.2	89		3	8	1
	1966	12.8	88		3	10	1
	1967	13.6	88		3	10	1
	1968	15.3	89		3	9	1
	1969	15.9	88		3	10	1
	1970 3/	19.4	33	54		13	1
	1971	21.4	33	55		13	0
	1972	22.7	34	54		13	1
	1973	24.9	33	55		13	1
	1974	33.6	29	65		12	6
	1975	36.4	33	60		14	6
	1976	41.3	32	58		14	4
	1977	46.8	35	53		15	2
NIGER........................	1960	50100.0	...	...	...	...	...
(MILLION CFA FRANCS)	1963	66022.0	15	80		5	0
	1964	66398.0	13	81		6	0
	1965	74138.0	12	83		6	0
	1966 2/3/	96000.0	...	...	...	...	...
	1967 2/	97500.0	...	...	...	...	...
	1968 2/	95500.0	...	...	...	...	...
	1969 2/	97800.0	...	...	...	...	...

4. COST-STRUCTURE OF GROSS DOMESTIC PRODUCT (CONTINUED)

COUNTRY OR AREA AND CURRENCY UNIT	YEAR	GROSS DOMESTIC PRODUCT	COMPENSATION OF EMPLOYEES	OPERATING SURPLUS	CONSUMPTION OF FIXED CAPITAL	INDIRECT TAXES	LESS SUBSIDIES
			1	2	3	4	5
			PERCENTAGE DISTRIBUTION				
AFRICA (CONTINUED)							
NIGERIA........................	1960 6/	2413.5		93		7	0
(MILLION NIGERIAN NAIRA)	1961	2544.1		93		7	0
	1962	2791.3		93		7	0
	1963	2945.7		93		7	0
	1964	3144.9		92		8	0
	1965	3360.9		93		8	0
	1966	3614.5		93		7	0
	1967 13/ 3/	2950.2		93		7	0
	1968 13/	2877.8		92		8	0
	1969 13/	3851.3		92		8	0
	1970 3/	5620.5		93		8	0
	1971	7098.3		93		8	0
	1972	7703.2		94		7	0
	1973	9001.2		94		6	0
	1974	14424.3		97		4	0
	1975	15448.7		95		5	0
REUNION........................	1965	1321.3	52	39		13	5
(MILLION FRENCH FRANCS)	1966	1473.2	52	40		12	4
	1967	1592.8	52	40		13	5
	1968	1848.3	53	38		12	3
	1969	2090.1	53	37		13	3
	1970	2358.8	53	35		14	2
	1971	2682.9	54	36		13	3
	1972	3184.8	54	37		13	4
	1973	3585.5	56	35		12	3
	1974	4347.1	...	...	...	...	...
	1975	5004.0	...	...	...	...	...
	1976	6042.7	...	...	...	...	...
	1977	6836.6	...	...	...	...	...
RWANDA.........................	1975 2/	52760.0	17	74	3	6	0
(MILLION RWANDA FRANCS)	1976	61850.0	17	71	3	9	0
SEYCHELLES.....................	1972	172.0	...	...	...	12	
(MILLION SEYCHELLES RUPEES)	1973	209.0	...	...	...	10	
	1974	241.0	...	...	...	9	
	1975	292.0	...	...	...	10	
	1976 2/ 3/	373.4	...	...	...	11	
	1977 2/	482.4	...	...	...	...	...

4. COST-STRUCTURE OF GROSS DOMESTIC PRODUCT (CONTINUED)

COUNTRY OR AREA AND CURRENCY UNIT	YEAR	GROSS DOMESTIC PRODUCT	COMPENSATION OF EMPLOYEES	OPERATING SURPLUS	CONSUMPTION OF FIXED CAPITAL	INDIRECT TAXES	LESS SUBSIDIES
			1	2	3	4	5
			PERCENTAGE DISTRIBUTION				
AFRICA (CONTINUED)							
SIERRA LEONE.................. (MILLION LEONES)	1963 [1/]	217.9	23	64	6	8	1
	1964	246.6	22	64	7	8	1
	1965	266.7	22	63	7	8	1
	1966	269.6	22	61	8	10	1
	1967	269.7	23	60	9	9	1
	1968	310.9	22	59	9	11	1
	1969	353.3	22	60	9	11	1
	1970 [2/3/]	348.6	26	56	9	10	1
	1971 [2/]	355.8	26	56	9	11	1
	1972 [2/]	393.3	25	57	8	10	0
	1973 [2/]	477.8	24	57	8	11	0
	1974 [2/]	572.7	25	58	8	9	0
	1975 [2/]	613.5	26	58	8	9	0
	1976 [2/]	737.3	25	57	8	10	0
SOUTH AFRICA [7/]................. (MILLION SOUTH AFRICAN RAND)	1960 [2/]	5304.0	52	31	11	7	1
	1961	5592.0	52	32	11	6	1
	1962	5964.0	52	32	11	6	1
	1963	6633.0	52	33	10	7	1
	1964	7300.0	52	32	10	7	1
	1965	7977.0	53	31	10	7	1
	1966	8672.0	54	30	11	7	1
	1967	9693.0	53	31	11	7	1
	1968	10467.0	54	30	11	7	1
	1969	11758.0	53	30	10	8	1
	1970	12834.0	55	28	11	8	1
	1971	14214.0	56	26	11	8	1
	1972	15927.0	55	27	12	8	1
	1973	19577.0	52	31	11	7	1
	1974	23973.0	51	33	11	7	1
	1975	27088.0	53	29	12	7	1
	1976	30566.0	54	27	13	8	1
	1977	34620.0	53	27	14	8	1

4. COST-STRUCTURE OF GROSS DOMESTIC PRODUCT (CONTINUED)

COUNTRY OR AREA AND CURRENCY UNIT	YEAR	GROSS DOMESTIC PRODUCT	COMPENSATION OF EMPLOYEES		OPERATING SURPLUS		CONSUMPTION OF FIXED CAPITAL	INDIRECT TAXES		LESS SUBSIDIES
			1		2		3	4		5
			PERCENTAGE DISTRIBUTION							
AFRICA (CONTINUED)										
SOUTHERN RHODESIA.............	1960	601.8	54		—	41	—	7		1
(MILLION RHODESIAN DOLLARS)	1961	636.9	52			42		7		1
	1962	647.6	53			40		7		1
	1963	667.8	54			40		7		0
	1964	703.2	53			40		8		0
	1965	738.7	54			39		8		0
	1966	736.3	55			38		7		0
	1967	799.0	54			39		7		0
	1968 2/3/	847.4	55			37		8		0
	1969 2/	1002.2	51			42		7		0
	1970 2/	1079.4	52			41		8		0
	1971 2/	1243.4	50			42		8		0
	1972 2/	1413.1	49			44		8		0
	1973 2/	1553.1	50			43		8		0
	1974 2/	1863.0	48			46		7		1
	1975 2/	2010.8	52			42		7		1
	1976 2/	2166.1	53			40		8		1
	1977 2/	2219.9	55			35		10		1
SUDAN.........................	1960	386.8 4/	—	88	—		2	9		0
(MILLION SUDANESE POUNDS)	1961	420.0 4/		88			2	9		0
	1962	456.2 4/		86			2	10		0
	1963	464.1 4/		86			2	10		0
	1964	476.8 4/		86			3	10		0
	1965	496.9 4/		86			3	10		1
	1966 1/2/3/	575.0	47		36		6	—	11	—
	1967 1/2/	613.2	47		35		6		12	
	1968 1/2/	647.8	48		34		7		12	
	1969 1/2/	701.5	44		35		7		14	
	1970 1/2/	761.1	44		35		7		15	
	1971 1/2/	832.4	45		34		6		14	
	1972 1/2/	896.8	51		31		6		12	
	1973 1/2/	1246.2	48		34		8		11	
	1974 1/2/	1510.8	47		34		8		11	

4. COST-STRUCTURE OF GROSS DOMESTIC PRODUCT (CONTINUED)

COUNTRY OR AREA AND CURRENCY UNIT	YEAR	GROSS DOMESTIC PRODUCT	COMPENSATION OF EMPLOYEES	OPERATING SURPLUS	CONSUMPTION OF FIXED CAPITAL	INDIRECT TAXES	LESS SUBSIDIES
			1	2	3	4	5
			PERCENTAGE DISTRIBUTION				
AFRICA (CONTINUED)							
SWAZILAND...................... (MILLION S EMALANGENI)	1/2/ 1965	50.2	42	45	8	5	
	1966	54.9	41	47	8	5	
	1967	53.4	49	36	10	5	
	1968	57.0	46	39	10	4	
	1969	76.1	40	41	9	11	
	1970	81.0	41	41	10	9	
	1971	97.6	43	38	9	10	
	1972	112.9	43	38	9	10	0
	1973	152.5	39	43	8	10	0
TOGO........................... (MILLION CFA FRANCS)	1963	32381.1	59	24	8	9	0
	1964	38431.4	55	28	7	10	0
	1965	43473.8	53	31	7	9	1
	1966	53084.6	56	30	6	8	0
	1967	57025.9	52	33	7	8	0
	1968	59903.4	52	34	7	8	0
	1969	69643.8	51	34	7	8	0
	1970 2/ 3/	73436.3	50	34	6	11	1
	1971 2/	79885.9	51	34	5	11	1
	1972 2/	86716.0	53	31	6	11	1
	1973 2/	91800.0	...	...	...	...	...
	1974 2/	127900.0	...	...	...	...	...
	1975 2/	123600.0	...	...	...	...	...
	1976 2/	133829.0	...	...	...	...	...

4. COST-STRUCTURE OF GROSS DOMESTIC PRODUCT (CONTINUED)

COUNTRY OR AREA AND CURRENCY UNIT	YEAR	GROSS DOMESTIC PRODUCT	COMPENSATION OF EMPLOYEES	OPERATING SURPLUS	CONSUMPTION OF FIXED CAPITAL	INDIRECT TAXES	LESS SUBSIDIES
			1	2	3	4	5
			PERCENTAGE DISTRIBUTION				
AFRICA (CONTINUED)							
TUNISIA........................	1960	334.2	—— 84	——	2	16	1
(MILLION TUNISIAN DINARS)	1961	368.4	87		1	14	1
	1962	378.6	86		1	13	1
	1963	443.3	87		2	12	1
	1964	469.0	85		2	14	1
	1965	533.7	86		2	13	1
	1966	559.6	84		3	14	1
	1967	582.7	83		4	14	1
	1968	633.9	83		5	13	1
	1969	686.3	82		5	14	1
	1970	758.0	82		5	14	1
	1971	887.5	82		5	14	1
	1972	1077.6	83		5	13	1
	1973	1162.8	82		5	14	2
	1974	1527.0	83		4	14	1
	1975	1744.2	82		6	13	1
	1976	1904.0	79		7	15	1
	1977	2137.0	78		7	17	1
UGANDA.........................	1968 2/	7406.0	25	—— 65	——	11	0
(MILLION UGANDA SHILLINGS)	1969	8342.0	24	66		11	0
	1970	9449.0	23	68		10	0
	1971	10367.0	22	67		10	0
UNITED REP. OF CAMEROON.......	1962 1/	144.7	...	...	...	...	...
(BILLION CFA FRANCS)	1963	156.5	...	...	...	...	...
	1964	167.7	...	...	...	...	...
	1965	176.0 4/	28	—— 59	——	12	1
	1966	194.5 4/	27	58		13	2
	1967	219.4 4/	27	57		14	2
	1968	247.3 4/	26	58		14	3
	1969 2/3/	300.4	...	...	...	...	...
	1970 2/	321.3	...	...	...	...	...
	1971 2/	355.9	...	...	...	...	...
	1972 2/	400.5	...	...	...	...	...
	1973 2/	492.6	...	...	...	...	...
	1974 2/	580.2	26	56	8	11	0
	1975 2/	661.7	26	54	8	11	0
	1976 2/	790.9	...	...	...	...	...

4. COST-STRUCTURE OF GROSS DOMESTIC PRODUCT (CONTINUED)

COUNTRY OR AREA AND CURRENCY UNIT	YEAR	GROSS DOMESTIC PRODUCT	COMPENSATION OF EMPLOYEES	OPERATING SURPLUS	CONSUMPTION OF FIXED CAPITAL	INDIRECT TAXES	LESS SUBSIDIES
			1	2	3	4	5
			PERCENTAGE DISTRIBUTION				
AFRICA (CONTINUED)							
UNITED REP. OF TANZANIA 8/ .... (MILLION T SHILLINGS)	2/ 1964	6030.0	28	60	5	7	0
	1965	6140.0	29	58	5	8	0
	1966	7042.0	29	59	5	8	0
	1967	7343.0	30	56	6	9	0
	1968	7874.0	30	56	6	9	0
	1969	8271.0	30	55	6	10	0
	1970	9173.0	31	53	6	11	0
	1971	9814.0	32	52	6	10	0
	1972	11172.0	32	52	6	11	1
	1973	13103.0	32	49	7	13	1
	1974	15994.0	33	50	5	14	1
	1975	19011.0	32	53	5	13	2
	1976	23139.0	29	55	4	13	1
	1977	28270.0	28	57	4	12	1
UPPER VOLTA.................... (BILLION CFA FRANCS)	1965	56.5	61	21	8	—— 10	——
	1966	58.2	62	21	8	9	1
	1968 2/3/	79.0	15	72	6	8	0
	1970 2/	88.8	...	...	...	...	...
	1972 2/	92.8	18	68	6	9	0
	1974 2/	109.6	20	64	7	10	0
ZAIRE.......................... (MILLION ZAIRES)	1967	540.4	—— 75	——	14	—— 12	——
	1968	728.5	80		12	8	
	1969	902.4	81		11	8	
	1970 2/3/	952.1	70		7	23	0
	1971 2/	1030.8	72		8	20	0
	1972 2/	1128.1	72		9	19	0
	1973 2/	1501.8	72		9	19	0
	1974 2/	1837.0	71		8	21	0
	1975 2/	1847.4	75		11	15	0

4. COST-STRUCTURE OF GROSS DOMESTIC PRODUCT (CONTINUED)

COUNTRY OR AREA AND CURRENCY UNIT	YEAR	GROSS DOMESTIC PRODUCT	COMPENSATION OF EMPLOYEES	OPERATING SURPLUS	CONSUMPTION OF FIXED CAPITAL	INDIRECT TAXES	LESS SUBSIDIES
			1	2	3	4	5
			PERCENTAGE DISTRIBUTION				
AFRICA (CONTINUED)							
ZAMBIA........................ (MILLION ZAMBIAN KWACHA)	1960	418.6	40	50	5	—— 4	——
	1961	406.2	42	48	6	5	
	1962	401.0	43	46	6	5	
	1963	419.8	42	47	6	5	
	1964	489.6	40	47	6	8	
	1965 3/	730.0	33	45	8	14	0
	1966	853.0	33	45	7	17	2
	1967	923.0	38	39	8	16	1
	1968	1083.0	36	38	8	19	1
	1969	1326.0	30	42	8	21	1
	1970 2/3/	1271.0	38	37	11	16	2
	1971 2/	1181.0	48	30	14	10	2
	1972 2/	1338.0	46	32	15	10	3
	1973 2/	1588.0	43	32	13	15	3
	1974 2/	1873.0	41	34	12	17	3
	1975 2/	1571.0	51	29	16	11	6
	1976 2/	1924.0	46	29	14	14	3
	1977 2/	2011.0	48	29	15	11	3
NORTH AMERICA							
CANADA........................ (MILLION CANADIAN DOLLARS)	2/ 1960	38720.0 4/	52	23	12	13	1
	1961	40115.0	52	23	12	13	1
	1962	43433.0	52	24	12	13	1
	1963	46542.0	51	24	12	13	1
	1964	50884.0	51	24	12	14	1
	1965	56040.0	52	23	12	14	1
	1966	62597.0	52	23	12	14	1
	1967	67258.0	54	22	12	14	1
	1968	73325.0	54	22	11	14	1
	1969	80493.0 4/	55	21	11	14	1
	1970	86454.0	55	20	11	14	1
	1971	95365.0	55	20	11	14	1
	1972	106005.0	55	21	11	14	1
	1973	124506.0	55	22	11	13	1
	1974	148891.0	55	23	11	14	2
	1975	166834.0	57	22	11	13	2
	1976	193403.0	57	21	11	13	2
	1977	212959.0	57	21	11	13	2

4. COST-STRUCTURE OF GROSS DOMESTIC PRODUCT (CONTINUED)

COUNTRY OR AREA AND CURRENCY UNIT	YEAR	GROSS DOMESTIC PRODUCT	COMPENSATION OF EMPLOYEES	OPERATING SURPLUS	CONSUMPTION OF FIXED CAPITAL	INDIRECT TAXES	LESS SUBSIDIES
			1	2	3	4	5
			PERCENTAGE DISTRIBUTION				
NORTH AMERICA (CONTINUED)							
UNITED STATES.................. (BILLION US DOLLARS)	1960 2/	506.7	58	22	11	9	0
	1961	523.6	58	22	11	9	0
	1962	563.9 4/	58	22	11	9	0
	1963	594.5 4/	58	22	11	9	0
	1964	635.0	58	22	10	9	0
	1965	687.1	58	23	10	9	0
	1966	752.3	59	23	10	9	1
	1967	795.4	60	22	10	9	1
	1968	867.2	60	21	10	9	1
	1969	934.3	61	20	11	9	1
	1970	981.2	62	18	11	10	1
	1971	1061.1	62	18	11	10	1
	1972	1168.3	62	19	11	10	1
	1973	1302.1	62	19	11	9	0
	1974	1406.8	63	16	12	9	0
	1975	1526.5 4/	61	17	13	9	0
	1976	1695.0	62	17	12	9	0
	1977	1878.8	62	17	12	9	0
CARIBBEAN AND LATIN AMERICA							
ARGENTINA....................... (BILLION ARGENTINE PESOS)	1960	10.1	35	54	2	11	2
	1961	12.1	37	50	3	12	2
	1962	14.9	37	52	4	10	2
	1963	18.7	36	52	4	10	2
	1964	26.0	36	53	4	9	2
	1965	36.4	38	51	4	9	2
	1966	45.4	40	47	4	11	2
	1967	59.6	41	44	4	12	1
	1968	68.7	40	44	5	13	1
	1969	81.0	40	44	5	12	1
	1970	94.8	41	43	5	12	1
	1971	132.7	42	44	5	11	1
	1972	219.9	39	49	4	10	1
	1973	364.6	43	46	3	10	2
	1974	497.1	42	45	3	12	2
	1975	1345.0	43	50	2	8	2

4. COST-STRUCTURE OF GROSS DOMESTIC PRODUCT (CONTINUED)

COUNTRY OR AREA AND CURRENCY UNIT	YEAR	GROSS DOMESTIC PRODUCT	COMPENSATION OF EMPLOYEES	OPERATING SURPLUS	CONSUMPTION OF FIXED CAPITAL	INDIRECT TAXES	LESS SUBSIDIES
			1	2	3	4	5
			PERCENTAGE DISTRIBUTION				
CARIBBEAN AND LATIN AMERICA (CONTINUED)							
BARBADOS......................	1960	135.6	52	33	3	12	0
(MILLION BARBADOS DOLLARS)	1961	144.3	52	34	4	11	0
	1962	152.1	54	31	4	11	0
	1963	167.2	53	34	4	10	0
	1964	165.1	52	34	4	11	0
BELIZE........................	2/ 1973	114.7	80		8	12	0
(MILLION BELIZE DOLLARS)	1974	158.6	81		8	11	0
	1975	193.1	80		8	12	0
	1976	185.4	81		7	12	0
BOLIVIA.......................	1960	4419.0	37	49	9	7	1
(MILLION BOLIVIAN PESOS)	1961	4872.0	37	49	8	7	2
	1962	5327.0	38	50	6	7	1
	1963	5736.0	38	50	6	8	1
	1964	6463.0	37	51	5	8	2
	1965	7180.0	37	50	6	9	2
	1966	7950.0	37	49	6	8	0
	1967	8979.0	37	51	5	8	1
	1968	10192.0	37	51	5	7	1
	1969	11074.0	37	51	5	8	1
	1970	12080.0	...	...	...	...	...
	1971	13145.0	...	...	...	...	...
	1972	15268.0	...	...	...	...	...
	1973	21459.0	...	...	...	...	...
	1974	37317.0	...	...	...	...	...

4. COST-STRUCTURE OF GROSS DOMESTIC PRODUCT (CONTINUED)

COUNTRY OR AREA AND CURRENCY UNIT	YEAR	GROSS DOMESTIC PRODUCT	COMPENSATION OF EMPLOYEES	OPERATING SURPLUS	CONSUMPTION OF FIXED CAPITAL	INDIRECT TAXES	LESS SUBSIDIES
			1	2	3	4	5
			PERCENTAGE DISTRIBUTION				
CARIBBEAN AND LATIN AMERICA (CONTINUED)							
BRAZIL........................	1960	2.8	27	54	5	14	1
(BILLION BRAZILIAN CRUZEIROS)	1961	4.1	29	54	5	13	1
	1962	6.6	30	54	5	12	1
	1963	11.9	32	52	5	13	2
	1964	23.1	31	52	5	14	2
	1965 3/	44.1	83		5	13	1
	1966	63.7	81		5	15	1
	1967	86.2	82		5	14	1
	1968	122.4	80		5	16	1
	1969	161.9	80		5	16	1
	1970	208.3	37	43	5	15	1
	1971	276.8	38	43	5	15	1
	1972	363.2	39	42	5	15	1
	1973	498.3	38	43	5	15	1
	1974	719.5	37	45	5	14	1
	1975	1009.4	39	44	5	13	1
	1976	1560.3	82		5	14	1
	1977	2352.8	82		5	13	1
BRITISH VIRGIN ISLANDS........	2/ 1969	13.5	52	39		10	1
(MILLION DOLLARS)	1970	15.9	56	33		12	1
	1971	13.8	61	30		10	1
	1972	14.4	61	27		13	1
	1973	16.3	57	30		14	1
	1974	19.5	58	31		12	1
	1975	21.4	55	34		12	1
	1976	23.3	57	33		11	1
	1977	24.1	54	35		12	1

4. COST-STRUCTURE OF GROSS DOMESTIC PRODUCT (CONTINUED)

COUNTRY OR AREA AND CURRENCY UNIT	YEAR	GROSS DOMESTIC PRODUCT	COMPENSATION OF EMPLOYEES	OPERATING SURPLUS	CONSUMPTION OF FIXED CAPITAL	INDIRECT TAXES	LESS SUBSIDIES
			1	2	3	4	5
			PERCENTAGE DISTRIBUTION				
CARIBBEAN AND LATIN AMERICA (CONTINUED)							
CHILE........................	1960	4.2	39	37	15	12	2
(MILLION CHILEAN PESOS)	1961	4.7	41	40	10	12	2
	1962	5.7	40	41	10	12	3
	1963	8.7	37	44	10	11	2
	1964	13.2	37	45	10	10	2
	1965	18.8	39	43	10	11	3
	1966	26.2	40	42	9	12	3
	1967	34.4	39	42	9	13	3
	1968	46.3	40	41	9	12	2
	1969	67.4	40	42	8	12	2
	1970	97.0	42	39	9	13	2
	1971	129.0	50	31	9	13	4
	1972	239.0	53	31	8	13	4
	1973	1213.1	37	42	11	16	6
	1974	9660.5	33	46	9	17	4
	1975	42090.9	33	46	10	13	2
	1976	146648.0	33	47	9	14	2
	1977	321188.0	...	...	...	...	...
COLOMBIA.....................	1960	26747.0	34	49	10	7	0
(MILLION COLOMBIAN PESOS)	1961	30421.0	36	49	9	6	0
	1962	34199.0	38	48	9	5	0
	1963	43525.0	38	47	9	5	0
	1964	53760.0	36	50	8	7	0
	1965	60798.0	37	49	8	7	0
	1966	73612.0	36	47	9	8	1
	1967	83083.0	37	47	9	8	0
	1968	96422.0	36	47	8	8	0
	1969	110953.0	38	46	8	9	0
	1970	130361.0	38	46	8	9	1
	1971	152263.0	38	46	8	9	1
	1972	186092.0	37	48	7	8	1
	1973	243236.0	35	51	7	8	1
	1974	329155.0	34	52	8	8	1
	1975	412829.0	34	51	9	8	1
	1976	534015.0	32	52	9	8	1
	1977	716971.0	32	52	8	8	1

4. COST-STRUCTURE OF GROSS DOMESTIC PRODUCT (CONTINUED)

COUNTRY OR AREA AND CURRENCY UNIT	YEAR	GROSS DOMESTIC PRODUCT	COMPENSATION OF EMPLOYEES	OPERATING SURPLUS	CONSUMPTION OF FIXED CAPITAL	INDIRECT TAXES	LESS SUBSIDIES
			1	2	3	4	5
			PERCENTAGE DISTRIBUTION				
CARIBBEAN AND LATIN AMERICA (CONTINUED)							
COSTA RICA.................... (MILLION COSTA RICAN COLONES)	1960 2/	2860.5 4/	46	37	6	11	0
	1961	2929.3	47	37	6	10	0
	1962	3186.6	46	38	6	10	0
	1963	3404.2	46	38	6	10	0
	1964	3608.2	47	38	6	10	0
	1965	3928.5	47	37	6	10	0
	1966	4288.4	48	36	6	10	0
	1967	4633.9 4/	48	36	6	10	0
	1968	5126.7 4/	47	36	6	10	0
	1969	5655.3	47	37	6	10	0
	1970	6524.5	47	36	6	12	0
	1971	7137.0 4/	48	34	6	11	0
	1972	8215.8 4/	48	34	6	11	0
	1973	10162.4 4/	45	35	6	12	1
	1974	13215.7 4/	45	36	5	13	0
	1975	16804.6	46	36	5	13	0
	1976	20675.6	47	36	5	13	1
	1977	26272.6	44	38	5	13	0
DOMINICA...................... (MILLION EC DOLLARS)	1971	50.9	40	40	4	16	0
	1973	62.3	37	47	3	13	0
	1975 2/3/	62.9	...	...	...	...	...
	1976 2/	73.9	...	...	...	...	...
	1977 2/	85.0	...	...	...	...	...

4. COST-STRUCTURE OF GROSS DOMESTIC PRODUCT (CONTINUED)

COUNTRY OR AREA AND CURRENCY UNIT	YEAR	GROSS DOMESTIC PRODUCT	COMPENSATION OF EMPLOYEES	OPERATING SURPLUS	CONSUMPTION OF FIXED CAPITAL	INDIRECT TAXES	LESS SUBSIDIES
			1	2	3	4	5
			PERCENTAGE DISTRIBUTION				
CARIBBEAN AND LATIN AMERICA (CONTINUED)							
DOMINICAN REPUBLIC............	1960	723.6	---- 81	----	6	---- 13	----
(MILLION DOMINICAN PESOS)	1961	704.2	83		6	11	
	1962	887.2	82		6	12	
	1963	1012.7	82		6	12	
	1964	1104.2	82		6	12	
	1965	957.1	85		6	9	
	1966	1059.5	83		6	11	
	1967	1114.6	83		6	11	
	1968	1162.2	82		6	12	
	1969	1325.4	83		6	11	
	1970	1485.5	83		6	11	
	1971	1666.5	83		6	11	
	1972	1987.4	84		6	10	
	1973	2344.8	84		6	10	
	1974	2922.6	80		6	14	
	1975	3599.9	82		6	12	
	1976	3935.2	84		6	10	
	1977	4466.6	84		6	10	
ECUADOR......................	2/ 1960	14358.0	28	58	5	9	0
(MILLION ECUADORAN SUCRES)	1961	15397.0	29	59	5	8	0
	1962	16734.0	29	59	5	8	1
	1963	18261.0	29	59	5	9	0
	1964	19204.0	28	57	5	10	1
	1965	20146.0	27	57	5	11	0
	1966	22851.0	27	57	5	10	0
	1967	25470.0	27	57	5	11	0
	1968	27379.0	28	56	5	12	0
	1969	29921.0	28	56	5	11	0
	1970	34275.0	29	54	6	12	0
	1971	40247.0	28	56	6	12	1
	1972	47102.0	27	56	6	12	1
	1973	63575.0	26	57	6	13	1
	1974	93583.0	24	58	6	13	1
	1975	108246.0	26	58	6	12	1
	1976	130183.0	27	58	6	11	1
	1977	153812.0	26	59	6	10	1

4. COST-STRUCTURE OF GROSS DOMESTIC PRODUCT (CONTINUED)

COUNTRY OR AREA AND CURRENCY UNIT	YEAR	GROSS DOMESTIC PRODUCT	COMPENSATION OF EMPLOYEES	OPERATING SURPLUS	CONSUMPTION OF FIXED CAPITAL	INDIRECT TAXES	LESS SUBSIDIES
			1	2	3	4	5
			PERCENTAGE DISTRIBUTION				
CARIBBEAN AND LATIN AMERICA (CONTINUED)							
EL SALVADOR....................	1960	1420.0	—— 87 ——		5	8	0
(MILLION SALVADORAN COLONES)	1961	1444.0	88		5	7	0
	1962	1603.0	88		5	8	0
	1963	1694.0	87		5	8	0
	1964	1867.0	87		5	8	0
	1965	1992.0	87		5	9	0
	1966	2110.0	87		5	8	0
	1967	2216.0	88		5	7	0
	1968	2292.0	89		5	7	0
	1969	2382.0	88		5	7	0
	1970	2571.0	88		5	8	0
	1971	2704.0	88		5	8	0
	1972	2882.0	88		5	8	0
	1973	3332.0	88		4	9	1
	1974	3943.0	87		5	9	0
	1975	4560.0	88		5	9	1
	1976	5461.0	85		5	11	0
	1977	6548.0	...	...	...	...	...
GUADELOUPE....................	1965	957.5	51	—— 41 ——		12	3
(MILLION FRANCS)	1966	1062.5	49	44		11	3
	1967	1111.6	50	42		12	4
	1968	1244.0	50	43		12	4
	1969	1372.2	51	41		13	4
	1970	1578.5	50	40		13	3
	1971	1777.2	52	38		12	3
	1972	1898.4	53	38		12	3
	1973	2271.9	54	38		11	3
	1974	2602.9	...	...	...	...	...
	1975	3142.2	...	...	...	...	...
	1976	3438.8	...	...	...	...	...
	1977	3888.2	...	...	...	...	...

4. COST-STRUCTURE OF GROSS DOMESTIC PRODUCT (CONTINUED)

COUNTRY OR AREA AND CURRENCY UNIT	YEAR	GROSS DOMESTIC PRODUCT	COMPENSATION OF EMPLOYEES	OPERATING SURPLUS	CONSUMPTION OF FIXED CAPITAL	INDIRECT TAXES	LESS SUBSIDIES
			1	2	3	4	5
			PERCENTAGE DISTRIBUTION				
CARIBBEAN AND LATIN AMERICA (CONTINUED)							
GUYANA.........................	1960	291.8	44	41	4	11	1
(MILLION GUYANA DOLLARS)	1961	318.5	45	40	6	11	1
	1962	334.2	42	43	6	10	1
	1963	301.4	47	38	5	10	1
	1964	333.7	47	38	5	11	1
	1965	362.3	48	36	5	11	1
	1966	388.8	49	34	5	13	1
	1967	425.2	49	34	6	13	1
	1968	459.4	49	34	6	13	1
	1969	499.0	48	34	6	13	1
	1970	535.5	49	33	6	13	1
	1971	564.1	50	32	6	12	1
	1972	599.3	52	31	6	12	1
	1973	644.8	57	27	6	12	2
	1974	954.8	44	43	4	11	2
	1975	1187.9	41	47	4	10	3
	1976	1117.5	49	38	5	13	4
HAITI.........................	2/12/ 1960	1365.9	...	...	...	...	...
(MILLION HAITIAN GOURDES)	1962	1409.5	...	...	...	...	...
	1963	1474.4	...	...	...	...	...
	1964	1626.4	...	...	...	...	...
	1965	1766.3	...	...	...	...	...
	1966	1844.7	...	...	...	...	...
	1967	1845.6	13	76	3	8	
	1968	1839.8	13	75	3	9	
	1969	1959.1	14	73	3	9	
	1970	2054.6	14	74	2	10	
	1971	2242.0	14	72	3	11	
	1972	2308.5	14	73	2	11	
	1973	2862.2	14	74	2	10	
	1974	3411.3	13	76	2	9	
	1975	4107.2	88		2	10	
	1976	5448.1	89		2	10	
	1977	6510.7	88		2	10	

4. COST-STRUCTURE OF GROSS DOMESTIC PRODUCT (CONTINUED)

COUNTRY OR AREA AND CURRENCY UNIT	YEAR	GROSS DOMESTIC PRODUCT	COMPENSATION OF EMPLOYEES	OPERATING SURPLUS	CONSUMPTION OF FIXED CAPITAL	INDIRECT TAXES	LESS SUBSIDIES
			1	2	3	4	5
			PERCENTAGE DISTRIBUTION				
CARIBBEAN AND LATIN AMERICA (CONTINUED)							
HONDURAS...................... (MILLION HONDURAN LEMPIRAS)	1960	680.0	42	42	7	10	0
	1961	718.0	41	43	6	9	0
	1962	781.0	41	46	5	9	0
	1963	820.0	42	45	5	9	0
	1964	914.0	38	48	5	9	0
	1965	1017.0	39	48	4	9	0
	1966	1100.0	41	47	4	9	0
	1967	1196.0	39	49	4	9	0
	1968	1299.0	40	48	4	9	0
	1969	1348.0	39	48	4	9	0
	1970	1430.0	40	47	4	10	0
	1971	1516.0	42	45	4	10	0
	1972	1648.0	42	46	4	9	0
	1973	1813.0	42	46	3	9	0
	1974	1995.0	41	43	6	10	0
	1975	2112.0	43	42	5	11	0
	1976	2438.0	...	...	...	...	...
	1977	2940.0	...	...	...	...	...
JAMAICA....................... (MILLION JAMAICAN DOLLARS)	1960	471.3	49	37	7	9	1
	1961	503.8	48	37	7	9	1
	1962	524.3	49	37	7	9	1
	1963	557.4	50	35	7	9	1
	1964	605.2	50	34	7	10	1
	1965	656.1	50	34	7	10	1
	1966	748.1	46	38	7	10	1
	1967	797.1	47	37	7	10	1
	1968	867.6	48	35	7	11	1
	1969 2/3/	990.6	49	33	9	10	1
	1970 2/	1167.5	50	31	10	9	1
	1971 2/	1275.9	50	31	10	10	1
	1972 2/	1434.1	53	29	10	10	1
	1973 2/	1733.6	54	28	10	9	1
	1974 2/	2265.4	52	31	9	9	1
	1975 2/	2632.5	55	27	9	10	1
	1976 2/	2717.6	56	26	9	10	2
	1977 2/	2965.5	55	29	9	12	5

4. COST-STRUCTURE OF GROSS DOMESTIC PRODUCT (CONTINUED)

COUNTRY OR AREA AND CURRENCY UNIT	YEAR	GROSS DOMESTIC PRODUCT	COMPENSATION OF EMPLOYEES	OPERATING SURPLUS	CONSUMPTION OF FIXED CAPITAL	INDIRECT TAXES	LESS SUBSIDIES
			1	2	3	4	5
			PERCENTAGE DISTRIBUTION				
CARIBBEAN AND LATIN AMERICA (CONTINUED)							
MARTINIQUE........................ (MILLION FRANCS)	1960	541.0	...	...	...	...	...
	1961	637.0	...	...	...	...	...
	1963	819.0	...	...	...	...	...
	1965	1112.9	53	—— 36	——	13	2
	1966	1191.1	53	36		13	2
	1967	1247.9	54	35		14	2
	1968	1413.1	54	35		13	2
	1969	1586.6	54	34		15	3
	1970	1730.1	57	31		15	3
	1971	1970.4	57	31		14	3
	1972	2234.4	56	32		15	3
	1973	2666.4	56	32		14	3
	1974	3397.7	...	...	...	...	...
	1975	3760.1	...	...	...	...	...
	1976	4526.9	...	...	...	...	...
	1977	5264.5	...	...	...	...	...
MEXICO........................ (BILLION MEXICAN PESOS)	2/ 1960	150.5	31	58	7	—— 4	——
	1961	163.3	30	59	7	4	
	1962	176.0	33	56	7	4	
	1963	196.0	32	57	7	4	
	1964	231.4	32	57	6	4	
	1965	252.0	32	57	6	4	
	1966	280.1	34	56	6	4	
	1967	306.3	33	56	7	4	
	1968	339.1	34	54	7	5	
	1969	374.9	34	55	7	5	
	1970	418.7	35	53	7	5	
	1971	452.4	36	52	7	5	
	1972	512.3	38	50	7	6	
	1973	619.6	37	50	7	7	
	1974	813.7	37	49	7	7	
	1975	988.3	39	45	8	8	
	1976	1227.9	41	42	9	8	
	1977	1676.0	38	45	10	8	

4. COST-STRUCTURE OF GROSS DOMESTIC PRODUCT (CONTINUED)

COUNTRY OR AREA AND CURRENCY UNIT	YEAR	GROSS DOMESTIC PRODUCT	COMPENSATION OF EMPLOYEES	OPERATING SURPLUS	CONSUMPTION OF FIXED CAPITAL	INDIRECT TAXES	LESS SUBSIDIES
			1	2	3	4	5
			PERCENTAGE DISTRIBUTION				
CARIBBEAN AND LATIN AMERICA (CONTINUED)							
NETHERLANDS ANTILLES.......... (MILLION GUILDERS)	1960	456.0	— 87	—	7	7	0
	1961	453.0	86		7	7	0
	1962	456.0	86		7	8	0
	1963	453.0	85		7	8	0
	1964	451.0	84		8	8	0
	1965	447.0	84		8	8	0
	1966	457.0	84		8	8	0
	1967	468.0	83		8	9	0
	1968	499.0	82		8	10	0
	1972 2/3/	713.2	67	25	...	11	3
	1973 2/	816.3	66	26	...	11	3
NICARAGUA...................... (MILLION NICARAGUAN CORDOBAS)	2/ 1960	2348.4	53	34	4	— 9	—
	1961	2526.9	54	33	4	9	
	1962	2783.0	54	33	4	9	
	1963	3075.6	55	32	4	10	
	1964	3590.3	55	32	4	9	
	1965	3965.8	54	32	4	9	
	1966	4246.7	55	33	4	9	
	1967	4600.2	55	32	4	8	
	1968	4871.3	55	33	4	8	
	1969	5235.8	55	33	4	8	
	1970	5436.1	54	34	4	8	
	1971	5786.0	54	34	4	9	
	1972	6165.9	54	34	4	9	
	1973	7655.0	55	31	4	10	
	1974	10646.3	53	33	4	10	
	1975	11133.0	54	32	4	9	
	1976	13037.8	54	33	4	9	
	1977	15691.2	54	33	4	9	

4. COST-STRUCTURE OF GROSS DOMESTIC PRODUCT (CONTINUED)

COUNTRY OR AREA AND CURRENCY UNIT	YEAR	GROSS DOMESTIC PRODUCT	COMPENSATION OF EMPLOYEES	OPERATING SURPLUS	CONSUMPTION OF FIXED CAPITAL	INDIRECT TAXES	LESS SUBSIDIES
			1	2	3	4	5
			PERCENTAGE DISTRIBUTION				
CARIBBEAN AND LATIN AMERICA (CONTINUED)							
PANAMA......................... (MILLION PANAMANIAN BALBOAS)	1960	415.8	64	20	8	8	0
	1961	463.7	65	18	8	8	0
	1962	504.8	65	18	9	8	0
	1963	559.5	65	20	9	7	0
	1964	600.8	67	18	8	7	0
	1965	659.9	65	19	9	7	0
	1966	719.0	66	19	8	8	0
	1967	800.7	65	19	9	7	0
	1968	861.4	67	17	9	7	0
	1969	945.4	67	16	9	8	0
	1970	1045.8	65	18	9	8	0
	1971	1157.0	63	19	9	8	0
	1972	1297.8	62	21	9	9	0
	1973	1472.5	64	18	9	8	0
	1974	1834.7	62	21	9	8	0
	1975	1934.2	60	23	9	8	0
	1976	2004.3	60	23	10	8	0
	1977	2212.9	---- 82	----	10	9	0
PARAGUAY....................... (MILLION P GUARANIES)	1960	35580.7	---- 88	----	6	6	0
	1961	40578.5	87		7	6	0
	1962	45447.7	35	53	6	6	0
	1963	48372.3	35	53	6	6	0
	1964	51452.3	35	54	6	5	0
	1965	55891.9	36	53	6	6	0
	1966	58701.5	37	50	7	6	0
	1967	62077.4	37	49	7	7	0
	1968	65224.3	37	49	7	8	0
	1969	70093.0	36	50	6	8	0
	1970	74921.2	34	53	5	7	0
	1971	83735.9	36	52	5	7	0
	1972	96898.6	37	52	5	6	0
	1973	125437.0	33	57	5	5	0
	1974	168017.6	35	57	5	4	0
	1975	190438.5	34	56	5	4	0
	1976	214069.0	36	54	7	4	0
	1977	263612.0	35	52	9	4	0

4. COST-STRUCTURE OF GROSS DOMESTIC PRODUCT (CONTINUED)

COUNTRY OR AREA AND CURRENCY UNIT	YEAR	GROSS DOMESTIC PRODUCT	COMPENSATION OF EMPLOYEES	OPERATING SURPLUS	CONSUMPTION OF FIXED CAPITAL	INDIRECT TAXES	LESS SUBSIDIES
			1	2	3	4	5
			PERCENTAGE DISTRIBUTION				
CARIBBEAN AND LATIN AMERICA (CONTINUED)							
PERU........................ (BILLION PERUVIAN SOLES)	1960	56.9	39	48	6	16/ 9	2
	1961	63.9	40	47	6	10	2
	1962	73.4	39	48	6	10	2
	1963	80.5	40	46	6	10	2
	1964	96.7	40	46	5	11	2
	1965	114.9	40	45	6	12	2
	1966	136.8	39	45	6	12	2
	1967	156.9	41	44	6	11	2
	1968	185.8	40	44	7	11	2
	1969	209.0	39	44	7	12	1
	1970	240.7	39	46	6	11	1
	1971	264.4	41	43	7	11	2
	1972	294.7	43	41	6	11	2
	1973	359.2	42	45	5	10	1
	1974	447.5	41	46	5	9	1
	1975	555.5	41	46	4	11	2
	1976	771.9	...	...	...	...	...
PUERTO RICO................. (MILLION US DOLLARS)	1/ 1960	1865.1	50	33	7	10	2
	1961	2094.3	51	33	7	10	2
	1962	2333.7	51	33	7	10	1
	1963	2570.4	51	32	7	10	1
	1964	2881.2	50	32	7	9	1
	1965	3169.8	51	32	7	10	1
	1966	3532.7	51	31	7	9	1
	1967	3941.7	51	30	8	9	1
	1968	4460.7	51	29	7	10	1
	1969	5034.7	52	28	7	9	1
	1970	5678.5	53	28	7	9	1
	1971	6333.5	53	29	7	9	1
	1972	7030.4	54	29	7	9	1
	1973	7758.6	54	31	7	8	2
	1974	8207.7	56	29	7	9	2
	1975	8946.0	54	32	7	11	2
	1976	9848.2	52	33	7	10	1
	1977	10902.5	51	35	7	10	1
ST.KITTS-NEVIS-ANGUILLA....... (MILLION EC DOLLARS)	2/ 1973	48.6	69	14	6	10	0
	1975	74.1	67	13	4	17	0

4. COST-STRUCTURE OF GROSS DOMESTIC PRODUCT (CONTINUED)

COUNTRY OR AREA AND CURRENCY UNIT	YEAR	GROSS DOMESTIC PRODUCT	COMPENSATION OF EMPLOYEES	OPERATING SURPLUS	CONSUMPTION OF FIXED CAPITAL	INDIRECT TAXES	LESS SUBSIDIES
			1	2	3	4	5
			PERCENTAGE DISTRIBUTION				
CARIBBEAN AND LATIN AMERICA (CONTINUED)							
SURINAME......................	1960	174.3	...	...	...	...	...
(MILLION SURINAME GUILDERS)	1961	189.0	...	...	...	...	...
	1962	205.0	...	...	...	...	...
	1963	222.9	...	...	...	...	...
	1964	235.0	...	...	...	...	...
	1965	270.0	...	...	...	...	...
	1972 2/3/	619.3	45	36	10	11	2
	1973 2/	676.2	46	34	10	12	2
	1974 2/	796.2	45	26	11	21	2
	1975 2/	897.3	52	19	11	20	2
URUGUAY......................	1960	13.6	40	49	4	12	5
(MILLION URUGUAYAN NEW PESOS)	1961	17.3	44	42	4	13	2
	1962	18.8	50	37	4	12	3
	1963	22.4	51	37	4	12	4
	1964	32.6	49	39	3	12	3
	1965	52.5	47	43	3	12	5
	1966	99.6	43	41	3	16	3
	1967	169.8	47	39	3	13	2
	1968	374.5	44	41	3	14	3
	1969	506.1	46	39	3	14	2
	1970	612.2	44	39	4	15	2
	1971	735.7	47	37	4	15	3
	1972	1237.8	40	39	3	20	3
	1973	2576.1	42	42	3	15	2
	1974	4604.4	41	45	3	14	3
	1975	8368.8	39	44	4	15	2
	1976	13003.0	37	45	4	16	2
	1977	19922.0	34	50	5	---- 12 ----	

4. COST-STRUCTURE OF GROSS DOMESTIC PRODUCT (CONTINUED)

COUNTRY OR AREA AND CURRENCY UNIT	YEAR	GROSS DOMESTIC PRODUCT	COMPENSATION OF EMPLOYEES	OPERATING SURPLUS	CONSUMPTION OF FIXED CAPITAL	INDIRECT TAXES	LESS SUBSIDIES
			1	2	3	4	5
			PERCENTAGE DISTRIBUTION				
CARIBBEAN AND LATIN AMERICA (CONTINUED)							
VENEZUELA........................ (MILLION V BOLIVARES)	1960	25671.0	45	38	9	7	0
	1961	26997.0	45	38	9	8	0
	1962	29525.0	42	40	10	8	0
	1963	32186.0	43	39	9	9	0
	1964	35637.0	43	44	9	5	0
	1965	37925.0	43	44	9	5	0
	1966	39516.0	44	42	9	5	0
	1967	41625.0	45	41	9	5	0
	1968 2/ 3/	44822.0	40	47	9	4	0
	1969 2/	46420.0	41	46	9	5	0
	1970 2/	51443.0	41	46	9	4	0
	1971 2/	57094.0	40	47	9	4	0
	1972 2/	63112.0	41	48	9	3	0
	1973 2/	76097.0	38	52	8	3	0
	1974 2/	127741.0	29	64	5	3	1
	1975 2/	125347.0	37	55	6	3	1
	1976 2/	132496.0	41	51	6	3	1
	1977 2/	152796.0	41	50	7	3	1
ASIA MIDDLE EAST							
CYPRUS........................ (MILLION CYPRUS POUNDS)	1960	91.6	—— 85 ——		5	11	0
	1961	100.4	87		5	10	1
	1962	112.8	87		5	10	1
	1963	117.7	87		5	10	1
	1964	107.9	87		5	9	1
	1965	135.8	88		5	9	1
	1966	147.9	87		5	9	1
	1967	168.7	88		5	8	1
	1968	183.4	88		5	9	1
	1969	210.9	88		5	9	1
	1970	226.6	88		5	9	1
	1971	261.5	88		5	9	1
	1972	296.9	88		5	9	1
	1973	335.7	88		5	10	2
	1974	298.9	90		5	8	3
	1975	253.3	90		5	8	3
	1976	330.1	89		5	7	2
	1977	425.3	88		5	9	1

4. COST-STRUCTURE OF GROSS DOMESTIC PRODUCT (CONTINUED)

COUNTRY OR AREA AND CURRENCY UNIT	YEAR	GROSS DOMESTIC PRODUCT	COMPENSATION OF EMPLOYEES	OPERATING SURPLUS	CONSUMPTION OF FIXED CAPITAL	INDIRECT TAXES	LESS SUBSIDIES
			1	2	3	4	5
			PERCENTAGE DISTRIBUTION				
ASIA MIDDLE EAST (CONTINUED)							
IRAN.......................... (BILLION IRANIAN RIALS)	1960 9/	332.4	---- 87	----	7	---- 6	----
	1961	328.2	88		6	6	
	1962	351.2	88		6	6	
	1963	373.1	88		6	6	
	1964	420.0	88		6	6	
	1965	478.2	88		6	6	
	1966	522.6	87		6	7	
	1967	577.1	87		6	7	
	1968	658.8	87		6	7	
	1969	741.9	87		6	7	
	1970	841.5	87		6	7	
	1971	1014.3	88		6	6	
	1972	1264.4	89		6	6	
	1973	1860.9	91		5	4	
	1974	3159.8	94		4	3	
	1975	3589.0	93		4	3	
	1976	4689.2	93		4	2	
IRAQ.......................... (MILLION IRAQI DINARS)	1960	601.4	...	...	...	...	...
	1961	653.9	...	...	...	...	...
	1962	695.9	...	...	...	...	...
	1963	706.5	...	...	...	...	...
	1964	809.8	27	62	6	5	0
	1965	886.0	28	61	6	5	0
	1966	961.6	27	61	6	6	0
	1967	969.7	28	60	6	6	0
	1968	1100.7	27	61	6	6	0
	1969	1150.4	28	59	6	7	0
	1970	1251.2	28	60	6	7	0
	1971	1433.8	25	63	6	6	0
	1972	1440.9	28	60	6	6	0
	1973	1626.4	27	63	6	6	1
	1974	3378.0	19	77	3	3	2
	1975	4022.4	21	75	3	3	2

4. COST-STRUCTURE OF GROSS DOMESTIC PRODUCT (CONTINUED)

COUNTRY OR AREA AND CURRENCY UNIT	YEAR	GROSS DOMESTIC PRODUCT	COMPENSATION OF EMPLOYEES	OPERATING SURPLUS	CONSUMPTION OF FIXED CAPITAL	INDIRECT TAXES	LESS SUBSIDIES
			1	2	3	4	5
			PERCENTAGE DISTRIBUTION				
ASIA MIDDLE EAST (CONTINUED)							
ISRAEL........................	1960	4577.0	44	31	8	17	4
(MILLION ISRAEL POUNDS)	1961	5528.0	44	30	8	18	4
	1962	6632.0	44	30	9	16	3
	1963	7906.0	44	31	10	16	2
	1964 3/	9031.0	45	33	9	16	3
	1965	10768.0	48	31	9	15	2
	1966	11730.0	50	28	10	15	3
	1967	12092.0	50	30	10	14	3
	1968	14420.0	46	32	9	15	4
	1969	16870.0	44	33	9	16	3
	1970	19610.0	47	31	9	16	4
	1971	24829.0	46	31	9	18	5
	1972	32359.0	44	32	9	19	5
	1973	41640.0	45	30	10	20	6
	1974	59668.0	43	29	11	21	6
	1975	83434.0	43	31	11	21	7
	1976	109410.0	45	28	12	24	7
	1977	154000.0	48	25	13	24	8
JORDAN........................	2/ 1960	98.3	35	52	4	9	0
(MILLION JORDAN DINARS)	1961	120.1	31	57	4	8	0
	1962	118.9	34	54	4	9	0
	1963	129.1	33	54	4	9	0
	1964	149.0	31	56	4	9	0
	1965	167.6	31	55	4	10	0
	1966	170.6	34	50	4	12	0
	1967 17/ 3/	131.2	35	49	5	12	
	1968 17/	156.1	41	43	5	12	
	1969 17/	183.4	40	45	4	11	
	1970 17/	174.4	41	43	4	11	
	1971 17/	186.2	40	45	4	11	
	1972 17/	207.2	40	44	4	12	
	1973 17/	218.3	41	42	4	14	
	1974 17/	247.3	43	51	3	2	
	1975 17/	278.6	43	50	3	3	
	1976 17/	401.7	40	47	3	11	
	1977 17/	477.6	36	46	2	16	

4. COST-STRUCTURE OF GROSS DOMESTIC PRODUCT (CONTINUED)

COUNTRY OR AREA AND CURRENCY UNIT	YEAR	GROSS DOMESTIC PRODUCT	COMPENSATION OF EMPLOYEES	OPERATING SURPLUS	CONSUMPTION OF FIXED CAPITAL	INDIRECT TAXES	LESS SUBSIDIES
			1	2	3	4	5
			PERCENTAGE DISTRIBUTION				
ASIA MIDDLE EAST (CONTINUED)							
KUWAIT........................ (MILLION KUWAITI DINARS)	1966 6/	854.0	18	77	5	—— 0	——
	1967	872.0	21	74	5	1	
	1968	951.0	21	74	5	0	
	1969	989.0	21	74	5	0	
	1970 2/3/	961.0	25	55	11	9	
	1971 2/	1347.0	20	63	9	8	
	1972 2/	1562.0	22	62	8	8	
	1973 2/	2111.0	17	71	7	6	
	1974 2/	3450.0	12	70	5	13	
	1975 2/	3279.0	17	76	6	1	
LEBANON....................... (MILLION LEBANESE POUNDS)	1964	3200.0	...	...	...	...	...
	1965	3523.4	—— 86	——	6	10	2
	1966	3866.7	86		6	10	2
	1967	3820.1	86		7	9	2
	1968	4273.2	87		6	9	2
	1969	4564.6	87		6	10	2
	1970	4865.8	87		6	10	3
	1971	5399.0	87		5	10	3
	1972	6365.0	87		5	10	2

4. COST-STRUCTURE OF GROSS DOMESTIC PRODUCT (CONTINUED)

COUNTRY OR AREA AND CURRENCY UNIT	YEAR	GROSS DOMESTIC PRODUCT	COMPENSATION OF EMPLOYEES	OPERATING SURPLUS	CONSUMPTION OF FIXED CAPITAL	INDIRECT TAXES	LESS SUBSIDIES
			1	2	3	4	5
			PERCENTAGE DISTRIBUTION				
ASIA MIDDLE EAST (CONTINUED)							
SAUDI ARABIA.................. (MILLION SA RIYALS)	1962 14/	8673.0	---- 92	----	8	2	1
	1963	9319.0	91		8	2	1
	1964	10404.0	91		8	2	1
	1965	11939.0	91		8	2	1
	1966 2/3/	13143.0	27	72		2	1
	1967 2/	14657.0	27	72		2	1
	1968 2/	15975.0	27	72		2	1
	1969 2/	17399.0	26	73		2	1
	1970 2/	22921.0	21	77		2	0
	1971 2/	28257.0	19	80		2	0
	1972 2/	40551.0	16	82		1	0
	1973 2/	99315.0	9	90		1	0
	1974 2/	134210.0	10	90		0	1
	1975 2/	157861.0	15	85		0	1
	1976 2/	200752.0	18	82		0	1
SYRIAN ARAB REPUBLIC........... (MILLION SYRIAN POUNDS)	1963	3980.0	32	56	4	---- 8	----
	1964	4596.0	32	57	4	7	
	1965	4614.0	30	57	4	8	
	1966	4698.0	30	58	4	9	
	1967	5437.0	---- 90	----	4	6	
	1968	5514.0	90		4	6	
	1969	5997.0	88		4	8	0
	1970	6433.0	...	...	...	...	...
	1971	7448.0	...	...	...	...	...
	1972	8891.0	...	...	...	...	...
	1973	9413.0	...	...	...	...	...
	1974	14870.0	...	...	...	...	...
	1975	19536.0	...	...	...	...	...
	1976	23409.0	...	...	...	...	...
	1977	25993.0	...	...	...	...	...

4. COST-STRUCTURE OF GROSS DOMESTIC PRODUCT (CONTINUED)

COUNTRY OR AREA AND CURRENCY UNIT	YEAR	GROSS DOMESTIC PRODUCT	COMPENSATION OF EMPLOYEES		OPERATING SURPLUS	CONSUMPTION OF FIXED CAPITAL	INDIRECT TAXES		LESS SUBSIDIES
			1		2	3	4		5
			PERCENTAGE DISTRIBUTION						
ASIA MIDDLE EAST (CONTINUED)									
TURKEY........................ (BILLION TURKISH LIRAS)	2/ 1960	47.0	——	86	——	5	9		0
	1961	49.8		85		6	10		1
	1962	57.9		85		6	10		1
	1963	66.9		85		6	9		1
	1964	71.5		85		6	10		1
	1965	76.4		84		6	10		1
	1966	90.8		85		6	10		1
	1967	101.2		84		6	11		0
	1968	112.2	27		57	6	11		1
	1969	124.5	28		56	6	11		1
	1970	145.5	29		55	6	11		1
	1971	187.1	29		55	6	11		1
	1972	232.1	28		55	6	12		1
	1973	295.5	28		56	6	11		1
	1974	409.7	...		...	...	...		...
	1975	515.0	...		...	...	...		...
	1976	659.0	...		...	...	...		...
YEMEN........................ (MILLION YEMENI RIALS)	2/ 1969	2214.6	7		89	2	2		0
	1970	2416.5	6		90	2	2		0
	1971	2895.0	8		87	3	3		0
	1972	3399.8	10		84	2	4		0
	1973	3709.7	13		80	2	5		0
ASIA EAST AND SOUTHEAST									
BURMA........................ (MILLION BURMESE KYATS)	12/ 1962	6658.0	49		33	8	——	10	——
	1963	7590.0	47		36	8		10	
	1964	6977.0	49		33	8		10	
	1965	7742.0	48		35	8		10	
	1966	7627.0	50		32	8		9	
	1967	8198.0	46		38	8		9	
	1968	9341.0	42		41	7		9	
	1969	9915.0	42		42	7		9	
	1970	10260.0	41		43	7		10	
	1971	10437.0	42		42	7		10	
	1972	10772.0	46		37	8		10	
	1973	11735.0	44		40	7		9	
	1974	14700.0	43		40	7		10	
	1975	19348.0	42		40	9		10	
	1976	23477.0	40		42	8		10	
	1977	27016.0	39		45	7		10	

4. COST-STRUCTURE OF GROSS DOMESTIC PRODUCT (CONTINUED)

COUNTRY OR AREA AND CURRENCY UNIT	YEAR	GROSS DOMESTIC PRODUCT	COMPENSATION OF EMPLOYEES	OPERATING SURPLUS	CONSUMPTION OF FIXED CAPITAL	INDIRECT TAXES	LESS SUBSIDIES
			1	2	3	4	5
			PERCENTAGE DISTRIBUTION				
ASIA EAST AND SOUTHEAST (CONTINUED)							
DEMOCRATIC KAMPUCHEA..........	1962	23.1	—— 84	——	5	11	0
(BILLION RIELS)	1963	25.5	85		5	11	0
	1964	27.5	85		5	10	0
	1965	30.4	81		5	14	1
	1966	32.0	83		5	13	1
HONG KONG....................	1961	6050.0	...	...	...	...	...
(MILLION HONG KONG DOLLARS)	1962	6882.0	...	...	...	...	...
	1963	7994.0	...	...	...	...	...
	1964	8894.0	...	...	...	...	...
	1965	10516.0	...	...	...	...	...
	1966	11091.0	...	...	...	...	...
	1967	12411.0	...	...	...	...	...
	1968	13356.0	...	...	...	...	...
	1969	15791.0	...	...	...	...	...
	1970	18670.0 4/	55	—— 38	——	—— 6	——
	1971	20976.0 4/	58	42		6	
	1972	24156.0 4/	58	47		7	
	1973	30736.0 4/	55	48		7	
	1974	35252.0 4/	53	38		5	
	1975	37268.0 4/	53	33		6	
	1976	47226.0	...	...	...	...	...
	1977	54599.0	...	...	...	...	...
INDIA........................	2/ 6/ 1960	150.2	75	13	5	7	1
(BILLION INDIAN RUPEES)	1961	159.8	74	14	5	7	1
	1962	171.0	73	15	6	8	1
	1963	196.6	72	15	5	9	1
	1964	230.4	74	14	5	8	1
	1965	241.1	72	14	5	9	1
	1966	276.6	74	13	5	9	2
	1967	322.9	77	11	5	9	1
	1968	332.8	75	12	5	9	1
	1969	368.5	74	12	5	9	1
	1970	404.6	73	13	6	10	1
	1971	435.6	71	14	6	10	1
	1972	480.6	71	14	6	11	1
	1973	591.9	74	12	5	10	1
	1974	700.3	73	13	5	11	1
	1975	729.5	69	14	6	12	1
	1976	771.9	...	...	6	12	2

4. COST-STRUCTURE OF GROSS DOMESTIC PRODUCT (CONTINUED)

COUNTRY OR AREA AND CURRENCY UNIT	YEAR	GROSS DOMESTIC PRODUCT	COMPENSATION OF EMPLOYEES	OPERATING SURPLUS	CONSUMPTION OF FIXED CAPITAL	INDIRECT TAXES	LESS SUBSIDIES
			1	2	3	4	5
			PERCENTAGE DISTRIBUTION				
ASIA EAST AND SOUTHEAST (CONTINUED)							
INDONESIA...................... (BILLION INDONESIAN RUPIAHS)	1960	0.4	---- 87	----	5	---- 5	----
	1961	0.5	87		6	4	
	1962	1.3	91		6	2	
	1963	3.2	91		6	3	
	1964	7.1	91		7	2	
	1965	23.7	92		6	2	
	1966	315.9	92		5	2	
	1967	847.8	90		7	4	
	1968	1993.9	89		6	5	
	1969 3/	2718.0	89		7	5	
	1970	3340.0	88		7	6	
	1971	3672.0	87		7	6	
	1972	4564.0	88		7	5	
	1973	6753.4	89		7	5	
	1974	10708.0	89		7	4	
	1975	12642.5	89		7	4	
	1976	15466.7	89		7	5	
	1977	19046.7	89		7	4	
JAPAN......................... (BILLION JAPANESE YEN)	1960	15502.8 4/	41	42	10	9	0
	1961	19161.8 4/	40	40	11	9	1
	1962	21252.4 4/	43	39	11	8	1
	1963	24541.7 4/	43	38	12	8	1
	1964	29014.4 4/	43	36	12	8	1
	1965 2/3/	32163.1	44	36	14	8	1
	1966 2/	37463.8	44	36	14	7	1
	1967 2/	44197.4	42	38	14	7	1
	1968 2/	52752.7	42	38	14	7	1
	1969 2/	61778.5	41	38	14	7	1
	1970 2/	73665.7	42	38	13	7	1
	1971 2/	81027.6	45	34	14	7	1
	1972 2/	92751.5	46	34	14	7	1
	1973 2/	113084.4	48	33	14	7	1
	1974 2/	135344.5	50	29	13	7	2
	1975 2/	148981.8	53	28	13	7	2
	1976 2/	167266.3	54	27	13	6	1

4. COST-STRUCTURE OF GROSS DOMESTIC PRODUCT (CONTINUED)

COUNTRY OR AREA AND CURRENCY UNIT	YEAR	GROSS DOMESTIC PRODUCT	COMPENSATION OF EMPLOYEES	OPERATING SURPLUS	CONSUMPTION OF FIXED CAPITAL	INDIRECT TAXES	LESS SUBSIDIES
			1	2	3	4	5
			PERCENTAGE DISTRIBUTION				
ASIA EAST AND SOUTHEAST (CONTINUED)							
KOREA, REPUBLIC OF............ (BILLION KOREAN WON)	1960	243.1	32	55	5	8	0
	1961	291.4	30	59	5	7	1
	1962	352.4	31	56	5	8	1
	1963	499.6	27	62	5	6	0
	1964	711.1	25	65	5	5	0
	1965	798.1	28	61	6	6	0
	1966	1023.7	28	59	6	7	0
	1967	1259.3	30	56	6	8	0
	1968	1629.8	31	54	7	9	0
	1969	2130.2	32	52	6	10	0
	1970	2663.5	33	51	6	10	0
	1971	3279.7	33	52	6	10	0
	1972	4017.7	32	52	7	9	0
	1973	5236.1	31	53	8	9	1
	1974	7345.2	30	54	9	10	3
	1975	9803.1	31	51	8	12	2
	1976	13135.2	32	49	8	13	1
	1977	16753.6	34	46	8	13	1
MALAYSIA.[10]..................... (MILLION MALAYSIAN RINGGITS)	1960	5866.0	35	—— 50	——	16	0
	1961	5822.0	35	51		14	1
	1962	6127.0	37	49		14	0
	1963	6505.0	37	49		14	0
	1964	6968.0	38	49		13	0
	1965	7590.0	37	49		14	0
	1966	7977.0	38	48		14	0
	1967	8229.0	38	47		15	0
	1968	8512.0	38	47		15	0
	1969 [2/3]	9811.0	35	50		14	0
	1970 [2]	10588.0	35	50		15	0
	1971 [2]	12955.0	34	52		15	0
	1972 [2]	14220.0	...	...	...	...	...
	1973 [2]	18622.0	...	...	...	...	...
	1974 [2]	22858.0	...	...	...	...	...
	1975 [2]	22332.0	...	...	...	...	...
	1976 [2]	27964.0	...	...	...	...	...
	1977 [2]	32263.0	...	...	...	...	...

4. COST-STRUCTURE OF GROSS DOMESTIC PRODUCT (CONTINUED)

COUNTRY OR AREA AND CURRENCY UNIT	YEAR	GROSS DOMESTIC PRODUCT	COMPENSATION OF EMPLOYEES	OPERATING SURPLUS	CONSUMPTION OF FIXED CAPITAL	INDIRECT TAXES	LESS SUBSIDIES
			1	2	3	4	5
			PERCENTAGE DISTRIBUTION				
ASIA EAST AND SOUTHEAST (CONTINUED)							
PAKISTAN........................ (MILLION PAKISTAN RUPEES)	1960 11/	36717.0	—— 88	——	6	5	0
	1961 11/	38630.0	88		6	6	0
	1962 11/	41011.0	88		6	6	0
	1963 11/	44161.0	87		7	6	0
	1964 11/	49317.0	88		6	7	1
	1965 11/	54042.0	88		6	7	1
	1966 11/	61318.0	87		6	7	1
	1967 11/	65257.0	87		6	7	0
	1968 11/	71338.0	87		7	7	0
	1969 3/	47749.0	141		10	10	1
	1970	50388.0	...	...	...	10	0
	1971	53845.0	...	...	...	10	0
	1972	66515.0	...	...	...	10	1
	1973	86208.0	...	...	...	11	4
	1974	111130.0	...	...	...	10	4
	1975	130438.0	...	...	...	11	2
	1976	146861.0	...	...	...	11	1
	1977	168526.0	...	...	...	11	2
PHILIPPINES...................... (MILLION PHILIPPINE PESOS)	1960	14029.0	—— 88	——	6	7	0
	1961	15268.0	87		6	7	0
	1962	17083.0	87		6	8	1
	1963	19856.0	86		7	8	0
	1964	21467.0	86		7	8	1
	1965	23496.0	86		7	7	0
	1966	25882.0	86		8	7	0
	1967	29024.0	86		8	7	0
	1968	32129.0	86		8	7	1
	1969	35296.0	86		8	7	1
	1970	42448.0	84		9	8	0
	1971	50120.0	83		9	8	0
	1972	56075.0	83		10	8	0
	1973	71786.0	82		9	9	0
	1974	99638.0	81		9	11	1
	1975	114603.0	80		10	11	1
	1976	132786.0	81		10	10	0
	1977	153138.0	81		9	10	0

4. COST-STRUCTURE OF GROSS DOMESTIC PRODUCT (CONTINUED)

COUNTRY OR AREA AND CURRENCY UNIT	YEAR	GROSS DOMESTIC PRODUCT	COMPENSATION OF EMPLOYEES	OPERATING SURPLUS	CONSUMPTION OF FIXED CAPITAL	INDIRECT TAXES LESS SUBSIDIES
			1	2	3	4 – 5
			PERCENTAGE DISTRIBUTION			
ASIA EAST AND SOUTHEAST (CONTINUED)						
SRI LANKA...................... (MILLION SRI LANKA RUPEES)	1963	7259.3	45	52	-2	---- 5 ----
	1964	7904.3	41	48	5	6
	1965	8118.2	43	46	5	7
	1966	8474.6	42	45	5	7
	1967	9152.4	41	46	5	8
	1968	10544.2	41	48	5	6
	1969	11724.2	39	47	7	8
	1970	13173.4 4/	39	44	6	8
	1971	13296.7 4/	40	46	6	7
	1972	14538.8 4/	51	36	6	7
	1973	17053.3 4/	50	36	5	10
	1974	21271.9 4/	50	36	5	8
	1975 2/3/	23971.6 4/	51	35	5	8
	1976 2/	26564.2 4/	51	35	6	7
	1977 2/	31232.1 4/	52	38	5	7
THAILAND...................... (BILLION THAI BAHT)	1960	54.0	24	62	3	---- 11 ----
	1961	59.0	23	63	3	11
	1962	63.8	23	62	4	11
	1963	68.1	24	61	4	11
	1964	74.7	24	59	5	12
	1965	84.3	24	60	5	12
	1966	101.4	23	61	5	11
	1967	108.3	24	59	6	12
	1968	116.8	25	57	7	12
	1969	128.6	25	56	7	12
	1970	136.1	25	56	8	12
	1971	144.6	26	55	8	11
	1972	164.6	26	56	8	11
	1973	216.5	23	59	7	11
	1974	269.7	23	58	7	12
	1975	296.3	25	58	7	11
	1976	332.2	25	57	7	10
	1977	370.4	26	55	8	11

4. COST-STRUCTURE OF GROSS DOMESTIC PRODUCT (CONTINUED)

COUNTRY OR AREA AND CURRENCY UNIT	YEAR	GROSS DOMESTIC PRODUCT	COMPENSATION OF EMPLOYEES	OPERATING SURPLUS	CONSUMPTION OF FIXED CAPITAL	INDIRECT TAXES	LESS SUBSIDIES
			1	2	3	4	5
			PERCENTAGE DISTRIBUTION				
ASIA EAST AND SOUTHEAST (CONTINUED)							
VIET NAM 15/ .... (BILLION PIASTRES)	1960	82.8	—— 84	——	5	12	0
	1961	85.3	82		5	13	0
	1962	94.5	83		5	12	1
	1963	101.4	83		5	12	0
	1964	115.8	83		4	13	0
	1965	143.4	87		4	10	1
	1966	220.2	85		4	12	0
	1967	334.8	83		3	13	0
	1968	358.8	84		4	13	0
	1969	533.7	81		4	15	0
	1970	778.5	78		4	17	0
	1971	956.0	78		5	18	0
	1972	1093.7	81		4	15	0
EUROPE MARKET ECONOMIES							
AUSTRIA........................ (BILLION A SCHILLINGS)	1960	163.3	45	32 4/	11	14	2
	1961	180.8	46	31 4/	10	15	2
	1962	192.4	47	30 4/	11	15	2
	1963	207.3	47	29 4/	11	15	2
	1964 2/3/	226.6	47	28	12	16	2
	1965 2/	246.3	47	27	12	16	2
	1966 2/	268.3	48	26	12	16	2
	1967 2/	285.4	49	25	12	16	2
	1968 2/	306.7	48	26	12	17	2
	1969 2/	334.9	48	26	12	16	2
	1970 2/	375.7	47	27	11	16	2
	1971 2/	418.8	49	25	12	17	2
	1972 2/	476.2	49	25	12	17	2
	1973 2/	535.7	51	23	11	17	2
	1974 2/	613.0	51	23	12	17	3
	1975 2/	656.3	54	20	12	17	3
	1976 2/	727.6	53	21	12	17	3
	1977 2/	792.5	54	20	12	17	3

4. COST-STRUCTURE OF GROSS DOMESTIC PRODUCT (CONTINUED)

COUNTRY OR AREA AND CURRENCY UNIT	YEAR	GROSS DOMESTIC PRODUCT	COMPENSATION OF EMPLOYEES	OPERATING SURPLUS	CONSUMPTION OF FIXED CAPITAL	INDIRECT TAXES	LESS SUBSIDIES
			1	2	3	4	5
			PERCENTAGE DISTRIBUTION				
EUROPE MARKET ECONOMIES (CONTINUED)							
BELGIUM...................... (BILLION BELGIAN FRANCS)	1960	564.0	45	34	10	12	1
	1961	600.2	45	34	10	12	1
	1962	642.7	46	33	10	12	1
	1963	691.1	47	32	10	12	1
	1964	773.4	47	32	10	12	1
	1965	842.1	48	31	10	12	1
	1966	905.0	49	30	10	13	1
	1967	969.7	49	29	10	14	1
	1968	1037.5	49	30	10	13	2
	1969	1151.3	49	30	10	13	2
	1970	1280.9	49	30	10	13	1
	1971	1403.3	51	28	10	13	1
	1972	1566.8	53	27	10	12	1
	1973	1780.7	53	28	9	12	1
	1974	2092.0	54	26	9	12	1
	1975	2305.5	57	24	9	11	1
	1976	2621.7	57	24	9	12	1
	1977	2838.8	58	23	9	12	1
DENMARK...................... (MILLION DANISH KRONER)	1960 2/	40786.0	47	33	8	12	0
	1961	45257.0	49	32	8	12	1
	1962	50995.0	49	31	8	13	1
	1963	54282.0	49	30	8	14	1
	1964	62049.0	49	31	8	14	1
	1965	69700.0	50	29	8	14	1
	1966 3/	76798.0	53	27	7	15	2
	1967	84597.0	53	26	7	16	2
	1968	94101.0	54	25	7	17	3
	1969	107389.0	53	26	7	17	3
	1970	119067.0	54	25	7	17	3
	1971	131633.0	55	23	7	17	3
	1972	151484.0	53	25	7	17	3
	1973	174634.0	53	26	7	17	3
	1974	193969.0	57	22	8	16	3
	1975	215666.0	58	21	8	16	3
	1976	248982.0	57	22	8	16	3
	1977	276243.0	78		8	18	3

4. COST-STRUCTURE OF GROSS DOMESTIC PRODUCT (CONTINUED)

COUNTRY OR AREA AND CURRENCY UNIT	YEAR	GROSS DOMESTIC PRODUCT	COMPENSATION OF EMPLOYEES	OPERATING SURPLUS	CONSUMPTION OF FIXED CAPITAL	INDIRECT TAXES	LESS SUBSIDIES
			1	2	3	4	5
			PERCENTAGE DISTRIBUTION				
EUROPE MARKET ECONOMIES (CONTINUED)							
FINLAND........................ (MILLION FINNISH MARKKAA)	1960	15824.0	45	34	10	14	3
	1961	17625.0	45	34	10	13	3
	1962	18856.0	46	33	10	14	3
	1963	20541.0	48	33	10	13	3
	1964	23553.0	48	32	10	14	3
	1965	25828.0	49	31	10	14	3
	1966	27777.0	50	30	9	14	3
	1967	30109.0	51	29	9	14	3
	1968	34148.0	50	29	9	15	3
	1969	39013.0	49	30	10	14	3
	1970	43592.0	50	29	10	14	3
	1971	47661.0	52	27	10	15	3
	1972	54909.0	53	27	9	14	3
	1973	66746.0	52	27	10	14	3
	1974	84174.0	52	29	10	13	4
	1975	97961.0	56	27	9	13	5
	1976	110122.0	57	25	9	14	5
	1977	121557.0	56	24	9	15	5
FRANCE........................ (BILLION FRENCH FRANCS)	1960	301.4	44	31	10	16	2
	1961	328.1	45	30	10	16	2
	1962	366.7	46	30	10	16	2
	1963	411.4	46	29	10	17	2
	1964	456.0	47	28	10	17	2
	1965	489.0	47	28	10	17	2
	1966	531.7	47	29	10	17	2
	1967	573.8	47	29	10	16	2
	1968	629.3	47	29	10	16	3
	1969	733.3	47	30	10	16	2
	1970 2/3/	782.6	49	28	10	15	2
	1971 2/	872.4	50	27	10	15	2
	1972 2/	981.1	49	28	10	15	2
	1973 2/	1114.2	50	27	10	15	2
	1974 2/	1278.3	52	25	11	15	2
	1975 2/	1450.9	54	23	11	15	2
	1976 2/	1669.3	54	22	11	15	3
	1977 2/	1870.3	55	22	11	14	3

4. COST-STRUCTURE OF GROSS DOMESTIC PRODUCT (CONTINUED)

COUNTRY OR AREA AND CURRENCY UNIT	YEAR	GROSS DOMESTIC PRODUCT	COMPENSATION OF EMPLOYEES	OPERATING SURPLUS	CONSUMPTION OF FIXED CAPITAL	INDIRECT TAXES	LESS SUBSIDIES
			1	2	3	4	5
			PERCENTAGE DISTRIBUTION				
EUROPE MARKET ECONOMIES (CONTINUED)							
GERMANY,FEDERAL REPUBLIC OF... (BILLION DEUTSCHE MARK)	1960 2/	302.8	48	32	8	14	1
	1961	331.8	49	30	8	14	1
	1962	360.9	50	29	9	14	1
	1963	382.5	50	28	9	14	1
	1964	420.3	50	28	9	14	1
	1965	459.3	51	27	9	14	1
	1966	488.3	52	26	10	13	1
	1967	494.5	51	26	10	14	1
	1968	534.9	51	28	10	13	1
	1969	597.0	51	26	10	14	1
	1970	678.8	53	26	10	13	1
	1971	754.9	54	24	10	13	1
	1972	826.0	54	24	11	13	2
	1973	918.6	55	23	10	13	2
	1974	987.1	57	22	11	12	2
	1975	1031.8	56	21	11	12	2
	1976	1125.6	56	23	11	12	2
	1977	1198.5	56	22	11	12	2
GREECE........................ (BILLION GREEK DRACHMAS)	1960	105.2	29	55	5	12	0
	1961	118.6	28	56	5	12	0
	1962	126.0	29	54	5	12	0
	1963	140.7	28	54	5	13	1
	1964	158.0	29	54	5	13	1
	1965	179.8	29	54	5	13	1
	1966	200.0	30	52	5	14	2
	1967	216.1	31	51	5	15	2
	1968	234.5	32	49	6	15	1
	1969	266.5	32	49	5	15	1
	1970	298.9	31	49	6	15	1
	1971	330.3	32	50	6	14	1
	1972	377.7	32	49	6	14	1
	1973	484.2	30	52	6	13	2
	1974	564.2	31	52	7	13	3
	1975	672.2	32	49	7	14	3
	1976	823.4	34	48	7	15	3
	1977	965.6	36	45	8	15	3

4. COST-STRUCTURE OF GROSS DOMESTIC PRODUCT (CONTINUED)

COUNTRY OR AREA AND CURRENCY UNIT	YEAR	GROSS DOMESTIC PRODUCT	COMPENSATION OF EMPLOYEES	OPERATING SURPLUS	CONSUMPTION OF FIXED CAPITAL	INDIRECT TAXES	LESS SUBSIDIES
			1	2	3	4	5
			PERCENTAGE DISTRIBUTION				
EUROPE MARKET ECONOMIES (CONTINUED)							
ICELAND........................	1960	8509.0	—— 68	——	14	27	9
(MILLION ICELANDIC KRONUR)	1961	9730.0	73		14	18	5
	1962	11673.0	72		13	20	5
	1963	13891.0	73		12	20	5
	1964	17748.0	76		11	19	6
	1965	21433.0	74		11	20	6
	1966	25697.0	74		10	21	5
	1967	25984.0	73		12	22	7
	1968	27939.0	70		14	22	6
	1969	34808.0	69		16	19	4
	1970	43663.0	68		14	22	4
	1971	55516.0	71		12	23	5
	1972	69370.0	70		12	23	5
	1973	96946.0	69		12	23	4
	1974	141693.0	68		12	26	6
	1975	194913.0	65		15	26	6
	1976	269463.0	65		14	26	5
	1977	381305.0	67		13	25	4
IRELAND........................	2/ 1960	631.3	47	34	6	16	3
(MILLION IRISH POUNDS)	1961	679.7	47	34	7	16	4
	1962	735.8	48	33	7	15	4
	1963	791.3	49	32	8	16	4
	1964	900.6	49	31	7	16	4
	1965	958.9	50	30	8	17	4
	1966	1010.4	51	27	8	18	4
	1967	1103.6	51	28	8	18	5
	1968	1245.2	50	28	8	18	5
	1969	1438.3	50	27	9	19	5
	1970	1620.2	52	25	8	19	5
	1971	1854.1	53	24	8	19	5
	1972	2219.9	51	26	8	19	4
	1973	2681.1	51	27	8	18	5
	1974	2929.6	57	22	9	18	6
	1975	3663.6	58	24	8	18	7
	1976	4492.0	56	23	8	20	7
	1977	5380.0	55	27	8	19	9

4. COST-STRUCTURE OF GROSS DOMESTIC PRODUCT (CONTINUED)

COUNTRY OR AREA AND CURRENCY UNIT	YEAR	GROSS DOMESTIC PRODUCT	COMPENSATION OF EMPLOYEES	OPERATING SURPLUS	CONSUMPTION OF FIXED CAPITAL	INDIRECT TAXES	LESS SUBSIDIES
			1	2	3	4	5
			PERCENTAGE DISTRIBUTION				
EUROPE MARKET ECONOMIES (CONTINUED)							
ITALY........................ (BILLION ITALIAN LIRE)	1960 2/	21632.0	42	38	9	13	2
	1961	24118.0	42	38	9	13	1
	1962	27117.0	43	37	8	13	1
	1963	31053.0	46	35	8	12	1
	1964	33941.0	47	33	9	12	1
	1965	36530.0	46	34	9	12	1
	1966	39521.0	46	35	9	12	1
	1967	43517.0	46	34	8	13	2
	1968	46953.0	46	35	8	13	2
	1969	51691.0	46	35	8	12	2
	1970	57937.0	48	33	9	12	2
	1971	63056.0	51	31	9	12	2
	1972	69080.0	52	31	9	11	3
	1973	82503.0	53	30	9	11	2
	1974	101723.0	53	28	10	11	2
	1975	115072.0	57	25	11	10	3
	1976	143849.0	56	25	11	11	3
	1977	172988.0	57	23	11	12	3
LUXEMBOURG.................... (MILLION LUXEMBOURG FRANCS)	1960 2/	25929.0	44	34	14	10	2
	1961	27152.0	45	35	13	10	2
	1962	27220.0	47	32	13	10	3
	1963	29274.0	48	32	13	10	3
	1964	33225.0	50	30	14	10	3
	1965	34880.0	50	28	15	11	4
	1966	36503.0	52	27	15	10	4
	1967	37426.0	51	26	16	11	4
	1968	41043.0	50	27	16	10	4
	1969	47210.0	47	30	16	10	3
	1970	53547.0	48	29	16	10	2
	1971	55462.0	53	24	15	11	3
	1972	61442.0	54	22	15	12	3
	1973	75604.0	51	26	15	11	3
	1974	91373.0	53	25	14	10	3
	1975	84515.0	66	12	13	13	4
	1976	93350.0	67	11	14	13	5
	1977	99576.0	68	10	14	13	6

4. COST-STRUCTURE OF GROSS DOMESTIC PRODUCT (CONTINUED)

COUNTRY OR AREA AND CURRENCY UNIT	YEAR	GROSS DOMESTIC PRODUCT	COMPENSATION OF EMPLOYEES	OPERATING SURPLUS	CONSUMPTION OF FIXED CAPITAL	INDIRECT TAXES	LESS SUBSIDIES
			1	2	3	4	5
			PERCENTAGE DISTRIBUTION				
EUROPE MARKET ECONOMIES (CONTINUED)							
MALTA........................ (MILLION MALTA POUNDS)	1960	48.1	49	36	5	12	2
	1961	50.0	50	35	4	14	3
	1962	48.6	49	36	4	14	3
	1963	48.2	49	36	3	14	2
	1964	49.2	50	35	4	15	3
	1965	52.7	49	36	4	14	3
	1966	58.8	47	37	4	14	2
	1967	63.7	47	37	4	15	2
	1968	71.3	47	36	4	15	2
	1969	82.0	47	36	3	16	3
	1970	94.8	50	34	3	16	2
	1971	97.8	52	32	4	16	3
	1972	102.2	50	35	4	15	2
	1973	115.7	48	36	4	15	2
	1974	131.6	49	38	4	14	4
	1975	165.8	50	39	3	12	4
	1976	203.7	48	41	3	11	4
	1977	239.8	47	41	4	11	3
NETHERLANDS.................. (MILLION GUILDERS)	1960	42354.0	47	35	9	10	1
	1961	44692.0	49	33	9	10	1
	1962	48133.0	50	32	9	10	1
	1963	52231.0	51	30	10	10	1
	1964	61463.0	52	30	9	10	1
	1965	68710.0	53	29	9	10	1
	1966	74936.0	54	27	9	10	1
	1967	82302.0	54	28	9	11	1
	1968 2/3/	89811.0	55	26	9	11	1
	1969 2/	101715.0	56	26	8	11	1
	1970 2/	114573.0	57	25	9	11	1
	1971 2/	129650.0	58	23	9	12	1
	1972 2/	146730.0	57	24	9	12	1
	1973 2/	168110.0	57	24	9	12	2
	1974 2/	190290.0	59	23	9	11	2
	1975 2/	209690.0	60	21	9	11	2
	1976 2/	237990.0	59	22	9	12	2
	1977 2/	261120.0	59	22	9	12	2

4. COST-STRUCTURE OF GROSS DOMESTIC PRODUCT (CONTINUED)

COUNTRY OR AREA AND CURRENCY UNIT	YEAR	GROSS DOMESTIC PRODUCT	COMPENSATION OF EMPLOYEES	OPERATING SURPLUS	CONSUMPTION OF FIXED CAPITAL	INDIRECT TAXES	LESS SUBSIDIES
			1	2	3	4	5
			PERCENTAGE DISTRIBUTION				
EUROPE MARKET ECONOMIES (CONTINUED)							
NORWAY........................ (MILLION NORWEGIAN KRONER)	1960	32676.0	49	27	13	14	4
	1961	35632.0	49	27	13	15	4
	1962	38442.0	51	25	13	15	4
	1963	41531.0	51	26	13	14	4
	1964	45929.0	50	27	12	15	4
	1965	50909.0	50	28	12	15	5
	1966	55459.0	51	26	13	15	5
	1967 2/3/	59700.0	54	21	14	15	4
	1968 2/	63749.0	55	22	14	15	5
	1969 2/	69418.0	54	21	14	16	5
	1970 2/	79876.0	52	21	14	18	5
	1971 2/	89107.0	55	18	14	19	5
	1972 2/	98403.0	56	17	14	19	5
	1973 2/	111854.0	56	18	14	18	5
	1974 2/	129728.0	56	18	14	18	6
	1975 2/	148701.0	58	16	14	18	6
	1976 2/	169419.0	59	15	15	18	7
	1977 2/	189475.0	59	14	15	19	8
PORTUGAL...................... (BILLION PORTUGUESE ESCUDOS)	1960	71.3	—— 88	——	5	8	1
	1961	76.7	87		5	9	1
	1962	81.6	87		5	9	1
	1963	88.5	87		6	9	1
	1964	96.0	86		5	9	1
	1965	107.2	41	45	5	10	1
	1966	117.5	42	45	5	10	1
	1967	131.3	42	43	5	11	1
	1968 3/	145.3	39	46	5	11	1
	1969	159.4	39	46	5	11	1
	1970	177.3	45	40	5	12	2
	1971	198.6	46	39	5	11	1
	1972	231.2	46	39	5	11	1
	1973	281.5	45	41	5	11	1
	1974	338.4	50	37	5	11	2
	1975	376.2	60	27	5	11	2
	1976	464.7	59	28	4	13	4

4. COST-STRUCTURE OF GROSS DOMESTIC PRODUCT (CONTINUED)

COUNTRY OR AREA AND CURRENCY UNIT	YEAR	GROSS DOMESTIC PRODUCT	COMPENSATION OF EMPLOYEES	OPERATING SURPLUS	CONSUMPTION OF FIXED CAPITAL	INDIRECT TAXES	LESS SUBSIDIES
			1	2	3	4	5
			PERCENTAGE DISTRIBUTION				
EUROPE MARKET ECONOMIES (CONTINUED)							
SPAIN........................ (BILLION SPANISH PESETAS)	1960	620.7	45	41	7	8	1
	1961	707.0	45	41	7	8	1
	1962	817.0	45	42	7	8	1
	1963	964.2	47	41	6	8	1
	1964	1088.6	47	40	6	8	1
	1965	1288.0	47	40	6	8	1
	1966	1481.5	48	39	6	9	1
	1967	1637.4	49	37	7	9	1
	1968	1811.8	48	38	7	9	1
	1969	2021.5	49	36	7	9	1
	1970 2/3/	2574.5	48	37	9	8	2
	1971 2/	2911.2	50	36	9	8	3
	1972 2/	3417.3	51	35	8	8	2
	1973 2/	4128.9	52	35	8	8	2
	1974 2/	5021.9	53	35	8	7	3
	1975 2/	5909.7	54	33	8	7	3
	1976 2/	6999.4	56	31	8	7	3
	1977 2/	8781.0	57	31	8	7	3
SWEDEN........................ (BILLION SWEDISH KRONOR)	2/ 1960	72.2	54	27	10	10	1
	1961	78.5	54	26	10	10	1
	1962	85.2	56	23	10	11	1
	1963	92.3	57	22	10	11	1
	1964	102.9	57	23	10	11	1
	1965	113.5	58	22	10	12	1
	1966	123.4	59	20	10	12	1
	1967	133.4	59	20	10	12	1
	1968	141.7	60	18	10	13	2
	1969	153.6	60	19	9	13	1
	1970	170.8	60	19	9	13	1
	1971	182.9	62	15	10	15	1
	1972	198.4	62	15	10	15	1
	1973	219.3	61	16	10	15	1
	1974	249.0	62	16	10	14	2
	1975	287.4	64	13	10	15	2
	1976	322.6	68	10	11	15	3
	1977	350.8	70	7	11	16	3

4. COST-STRUCTURE OF GROSS DOMESTIC PRODUCT (CONTINUED)

COUNTRY OR AREA AND CURRENCY UNIT	YEAR	GROSS DOMESTIC PRODUCT	COMPENSATION OF EMPLOYEES	OPERATING SURPLUS	CONSUMPTION OF FIXED CAPITAL	INDIRECT TAXES	LESS SUBSIDIES
			1	2	3	4	5
			PERCENTAGE DISTRIBUTION				
EUROPE MARKET ECONOMIES (CONTINUED)							
SWITZERLAND.................. (MILLION SWISS FRANCS)	1960	37370.0	52	31	11	7	1
	1961	42040.0	52	31	11	8	1
	1962	46620.0	53	30	11	7	1
	1963	51265.0	54	30	10	7	1
	1964	56825.0	54	29	11	7	1
	1965	60860.0	54	29	11	7	1
	1966	65355.0	54	29	11	7	1
	1967	70350.0	55	28	11	7	1
	1968	75120.0	55	28	11	7	1
	1969	81395.0	54	28	11	7	1
	1970	90665.0	55	27	12	7	1
	1971	102995.0	56	26	12	7	1
	1972	116710.0	56	26	12	7	1
	1973	130060.0	58	25	12	7	1
	1974	141100.0	59	24	12	7	1
	1975	140155.0	61	23	11	7	1
	1976	141960.0	60	24	11	7	1
	1977	145630.0	60	23	11	7	1
UNITED KINGDOM............... (MILLION POUNDS)	2/ 1960	25490.0	60	22	8	13	2
	1961	27215.0	61	20	8	13	2
	1962	28488.0	61	19	8	13	2
	1963	30298.0	60	20	8	13	2
	1964	33073.0	60	20	8	13	2
	1965	35528.0	60	20	8	14	2
	1966	37887.0	60	19	8	14	2
	1967	40008.0	60	19	8	15	2
	1968	43167.0	59	19	8	15	2
	1969	46221.0	59	19	8	16	2
	1970	50794.0	60	18	9	16	2
	1971	56926.0	59	18	9	15	2
	1972	62872.0	61	18	9	14	2
	1973	72437.0	60	18	10	14	2
	1974	82019.0	65	14	10	14	4
	1975	102659.0	67	12	11	13	4
	1976	122263.0	64	14	11	13	3
	1977	140074.0	62	15	11	14	2

4. COST-STRUCTURE OF GROSS DOMESTIC PRODUCT (CONTINUED)

COUNTRY OR AREA AND CURRENCY UNIT	YEAR	GROSS DOMESTIC PRODUCT	COMPENSATION OF EMPLOYEES	OPERATING SURPLUS	CONSUMPTION OF FIXED CAPITAL	INDIRECT TAXES	LESS SUBSIDIES
			1	2	3	4	5
			PERCENTAGE DISTRIBUTION				
OCEANIA							
AUSTRALIA.................... (MILLION AUSTRALIAN DOLLARS)	1/2/ 1960	14553.0	52	29	8	11	1
	1961	14881.0	52	29	9	11	1
	1962	16089.0	51	31	9	11	1
	1963	17846.0	50	32	9	11	1
	1964	19601.0	51	31	9	11	1
	1965	20545.0	52	29	9	11	1
	1966	22533.0	52	29	9	11	1
	1967	24031.0	53	28	9	11	1
	1968	27108.0	52	29	9	11	1
	1969	29969.0	52	29	9	11	1
	1970	33100.0	54	27	9	11	1
	1971	36920.0	54	27	8	11	1
	1972	41923.0	53	29	8	11	1
	1973	50631.0	55	28	7	11	1
	1974	60575.0	59	24	7	12	1
	1975	71278.0	57	25	7	12	0
	1976	82224.0	56	26	6	12	0
COOK ISLANDS................. (MILLION NEW ZEALAND DOLLARS)	2/ 1970	8.3	...	...	...	...	...
	1972	8.1	...	...	...	2	—
	1976	13.7	...	...	...	5	
	1977	16.4	...	...	...	...	...
FIJI......................... (MILLION FIJI DOLLARS)	1963	117.4	47	39	7	8	—
	1964	126.7	47	37	7	9	
	1965	133.1	50	35	7	10	1
	1966	136.6	51	34	7	9	1
	1967	149.0	51	33	6	10	1
	1968 2/3/	146.0	38	46	5	12	0
	1969 2/	159.0	42	42	5	12	0
	1970 2/	192.0	38	45	5	12	0
	1971 2/	212.0	39	44	5	13	0
	1972 2/	261.0	42	42	5	12	0
	1973 2/	338.0	...	...	...	11	0
	1974 2/	450.0	...	...	...	11	0
	1975 2/	564.0	...	...	...	11	0
	1976 2/	625.0	...	...	...	...	...
	1977 2/	708.0	...	...	...	...	...

4. COST-STRUCTURE OF GROSS DOMESTIC PRODUCT (CONTINUED)

COUNTRY OR AREA AND CURRENCY UNIT	YEAR	GROSS DOMESTIC PRODUCT	COMPENSATION OF EMPLOYEES	OPERATING SURPLUS	CONSUMPTION OF FIXED CAPITAL	INDIRECT TAXES	LESS SUBSIDIES
			1	2	3	4	5
			PERCENTAGE DISTRIBUTION				
OCEANIA (CONTINUED)							
FRENCH POLYNESIA............... (BILLION CFP FRANCS)	1960	4.3	30	49	10	12	2
	1961	4.8	31	42	16	13	2
	1962	5.0	34	40	16	12	2
	1963	6.0	38	27	25	11	2
	1964	9.2	40	27	24	10	1
	1965	13.3	41	32	18	9	1
	1966	16.2	44	37	10	10	1
	1967	16.6	45	31	14	11	1
	1968	19.5	50	24	15	12	1
	1969	19.2	50	23	17	12	2
	1970	21.5	51	22	16	12	2
	1971	25.0	55	21	16	11	2
	1972	25.0	54	22	15	11	2
	1973	29.3	53	18	19	12	2
	1974	40.7	48	9	34	10	1
	1975	45.0	50	20	24	9	3
	1976	51.7	52	21	19	10	2
GILBERT ISLANDS................ (MILLION AUSTRALIAN DOLLARS)	1972 2/	15.8	52	33	11	8	4
	1973	22.2	42	45	8	9	3
	1974	36.5	30	61	5	7	3
NEW CALEDONIA.................. (MILLION CFP FRANCS)	1960	9292.0	47	30	15	9	1
	1961	10547.0	45	26	20	10	1
	1962	9054.0	46	25	19	12	2
	1963	10129.0	47	32	12	11	2
	1964	11851.0	48	29	13	12	2
	1965	14326.0	46	19	25	11	1
	1966	14740.0	47	31	13	11	2
	1967	16161.0	48	23	20	11	2
	1968	19345.0	48	24	18	12	2
	1969	24848.0	46	21	22	12	1
	1970	36389.0	44	-1	46	13	2
	1971	41684.0	50	5	32	15	2
	1972	46477.0	51	20	22	10	2
	1973	43953.0	56	20	17	9	2
	1974	55791.0	51	25	18	8	2
	1975	63007.0	52	24	19	8	2
	1976	67500.0	53	28	15	6	2

4. COST-STRUCTURE OF GROSS DOMESTIC PRODUCT (CONTINUED)

COUNTRY OR AREA AND CURRENCY UNIT	YEAR	GROSS DOMESTIC PRODUCT	COMPENSATION OF EMPLOYEES	OPERATING SURPLUS	CONSUMPTION OF FIXED CAPITAL	INDIRECT TAXES	LESS SUBSIDIES
			1	2	3	4	5
			PERCENTAGE DISTRIBUTION				
OCEANIA (CONTINUED)							
NEW ZEALAND.................. (MILLION NEW ZEALAND DOLLARS)	1960 6/	2687.0	49	37	7	8	1
	1961	2783.0	50	35	7	8	1
	1962	2999.0	49	37	7	8	1
	1963	3273.0	48	38	7	8	1
	1964	3589.0	49	37	7	8	1
	1965	3877.0	50	37	7	8	1
	1966	4039.0	52	35	7	8	1
	1967	4183.0	52	33	8	8	1
	1968	4436.0	52	34	8	8	0
	1969	4907.0	52	34	7	8	1
	1970	5609.0	55	30	8	8	1
	1971 2/3/	6924.0	51	33	8	10	2
	1972 2/	7982.0	49	35	8	9	2
	1973 2/	9257.0	50	35	8	9	2
	1974 2/	10010.0	56	29	8	9	3
	1975 2/	11443.0	56	29	8	10	3
	1976 2/	13625.0	54	31	8	10	2
PAPUA NEW GUINEA............... (MILLION KINA)	1960 1/ 2/	210.5	47	49	2	3	0
	1961	226.6	46	50	3	3	0
	1962	239.7	47	48	3	3	0
	1963	253.1	49	46	3	3	0
	1964	292.1	48	47	2	3	0
	1965	322.5	49	45	3	4	0
	1966	375.7	45	48	3	4	0
	1967	413.0	46	47	3	4	0
	1968	453.3	44	49	4	4	0
	1969	531.0	45	46	4	5	1
	1970	621.7	48	43	5	5	0
	1971	645.4	48	41	6	5	1
	1972	788.8	40	48	7	5	0
	1973	1040.6	39	51	6	4	0
	1974	1004.0	46	41	7	5	0
	1975	1056.9	48	39	7	6	0
	1976	1202.0	44	44	7	6	0

4. COST-STRUCTURE OF GROSS DOMESTIC PRODUCT (CONTINUED)

COUNTRY OR AREA AND CURRENCY UNIT	YEAR	GROSS DOMESTIC PRODUCT	COMPENSATION OF EMPLOYEES	OPERATING SURPLUS	CONSUMPTION OF FIXED CAPITAL	INDIRECT TAXES	LESS SUBSIDIES
			1	2	3	4	5
			PERCENTAGE DISTRIBUTION				
OCEANIA (CONTINUED)							
SOLOMON ISLANDS...............	1960	15.0	15	73	5	7	
(MILLION SOLOMON IS DOLLARS)	1961	15.3	17	71	5	7	
	1962	15.4	18	70	6	7	
	1963	16.9	22	65	6	7	
	1964	19.0	22	65	6	7	
	1965	20.4	23	63	6	8	
	1966	21.2	26	59	8	7	
	1967	22.5	30	54	8	8	
	1968	25.2	28	56	9	7	
	1969	25.7	27	56	10	8	
	1970	28.6	28	55	10	8	
	1971	30.5	28	55	10	8	
	1972	31.6	27	56	10	7	
	1973	35.6	25	59	9	7	
	1974	50.9	22	63	7	8	
	1975	49.5	26	58	10	7	
	1976	59.0	28	56	9	7	
	1977	69.5	26	58	9	8	
TONGA	1969 1/	12.9	...	...	...	...	...
(MILLION TOGAN PA'ANGA)	1970	13.3	49	39	4	9	
	1972	16.6	...	...	...	...	...
	1973	21.1	...	...	...	...	...
	1974	27.9	...	...	...	...	...
	1975	28.3	...	...	...	...	...

4. COST-STRUCTURE OF GROSS DOMESTIC PRODUCT (continued)

General note. This table shows the percentage distribution of the cost-structure of gross domestic product in current purchasers' values in terms of the former SNA unless otherwise indicated. The figures are based on the estimates of gross domestic product and its components which appear for most countries in the standard table "Cost-structure of the Gross Domestic Product" in Vol. I of this Yearbook. For additional details concerning the differences between the actual concepts used and the standard ones, reference is made to the footnote to this table shown under each country in Vol I.

1/ Year beginning 1 July.
2/ Estimates related to the present SNA.
3/ Data not strictly comparable with those of previous years.
4/ Including a statistical discrepancy.
5/ Including the profit or loss of the market board.
6/ Year beginning 1 April.
7/ Including Namibia.
8/ Former Tanganyika only.
9/ Year beginning 21 March.
10/ Peninsular Malaysia only.
11/ Including data for Bangladesh.
12/ Year ending 30 September.
13/ Excluding three eastern states.
14/ Year refers to Hejra fiscal year.
15/ Data are for the former Republic of South Viet-Nam only.
16/ Including payments not related to taxes.
17/ Excluding the West Bank.

5. NATIONAL INCOME AND NATIONAL DISPOSABLE INCOME

COUNTRY OR AREA AND CURRENCY UNIT	YEAR	NATIONAL DISPOSABLE INCOME	DOMESTIC FACTOR INCOMES			INCOME FROM THE REST OF THE WORLD		INDIRECT TAXES	LESS SUBSIDIES	NATIONAL INCOME	OTHER CURRENT TRANSFERS RECEIVED FROM THE REST OF THE WORLD ,NET
			TOTAL	COMPENSATION OF EMPLOYEES	OPERATING SURPLUS	COMPENSATION OF EMPLOYEES	PROPERTY AND ENTREPRENEURIAL				
			PERCENTAGE DISTRIBUTION								
AFRICA											
ALGERIA (BILLION ALGERIAN DINARS)	1973	32.5	74	37	37	4	-1	----	23----	99	1
	1974	48.5	79	31	48	3	-1		22	103	-3
	1975	53.3	75	34	41	3	-1		23	100	0
	1976 2/	63.3	76	35	41	3	-2		23	100	0
BENIN (BILLION CFA FRANCS)	1964 1/	43.1	86	25	61	0	0	10	1	94	6
	1965 1/	46.4	86	25	62	0	0	10	1	95	5
	1966 1/	48.6	86	23	63	0	0	9	1	94	6
	1967 1/	50.9	80	25	55	0	0	10	1	89	11
	1974 3/	111.0	84	24	60	0	1	8	0	93	7
	1975 1/2/	116.5 5/	84	24	60	0	0	9	1	93	8
BOTSWANA (MILLION PULA)	1971	97.2	89	32	58	0	0	11	0	100	...
	1973	190.9	87	35	52	8	-3	8	0	100	...
	1974	210.1	84	44	40	3	4	9	0	100	...
	1975	260.2	88	43	45	4	0	9	0	100	...
	1976	283.2	87	46	41	4	-1	11	1	100	...
CHAD (BILLION CFA FRANCS)	1963	61.7	82	19	63	----	-4 ----	----	10----	89	12
	1975 2/	150.3	91	13	78	0	0	5	0	95	5

5. NATIONAL INCOME AND NATIONAL DISPOSABLE INCOME (CONTINUED)

COUNTRY OR AREA AND CURRENCY UNIT	YEAR	NATIONAL DISPOSABLE INCOME	DOMESTIC FACTOR INCOMES			INCOME FROM THE REST OF THE WORLD		INDIRECT TAXES	LESS SUBSIDIES	NATIONAL INCOME	OTHER CURRENT TRANSFERS RECEIVED FROM THE REST OF THE WORLD, NET
			TOTAL	COMPENSATION OF EMPLOYEES	OPERATING SURPLUS	COMPENSATION OF EMPLOYEES	PROPERTY AND ENTREPRENEURIAL				
			PERCENTAGE DISTRIBUTION								
AFRICA (CONTINUED)											
EGYPT........................ (MILLION EGYPTIAN POUNDS)	1960 1/	1462.4 11/	93	39	55	...	0	----	7----	100	0
	1961 1/	1513.2	93	41	52	...	0		7	100	0
	1962 1/	1684.2	93	42	51	...	0		7	100	0
	1963 1/	1885.5	92	42	50	...	0		8	100	0
	1964 1/	2195.1	90	41	49	...	-1		11	100	0
	1965 1/	2388.4	89	41	48	...	-1		12	100	0
	1966 1/	2489.5	88	40	47	...	-1		12	99	1
	1967 1/	2595.2	84	40	45	...	-1		13	97	3
	1968 1/	2784.8	84	40	44	...	-1		13	95	5
	1969 1/	3071.7	83	38	45	...	-1		14	95	5
	1970 1/	3209.2	84	42	43	...	-2		14	96	4
	1971 1/	3403.2	85	42	43	...	-2		13	96	4
	1972 3/	3534.0	84	41	42	...	0		13	96	4
	1973	3892.0	83	41	42	...	-1		12	93	7
	1974	4574.6	90	39	51	...	-2		2	89	11
	1975	5286.2	90	41	49	...	-3		2	89	11
	1976	6421.3	90	38	52	...	-3		8	95	5
	1977	7641.0	85	35	50	...	-3		11	93	7
GABON........................ (BILLION CFA FRANCS)	1972 2/	77.5	85	54	31	-3	-10	25	1	97	3
	1973	127.6	90	39	51	-2	-9	----	18----	97	3
	1974	297.7	87	26	61	-2	-7	23	0	100	0
	1975	365.5	84	31	53	-2	-6	26	1	100	0
	1976	595.0	87	28	59	-1	-4	20	0	100	0
GHANA........................ (MILLION GHANAIAN CEDIS)	1968 2/	1524.1	92	----	92 ----	----	-3 ----	----	13----	101	-1
	1969	1796.9	91		91		-3		13	101	-1
	1970	2072.5	88		88		-2		15	100	0
	1971	2288.8	90		90		-3		13	100	0
	1972	2619.1	88		88		-2		13	99	1
	1973	3266.3	89		89		-1		12	100	0
	1974	4373.9	88		88		-1		13	100	0

5. NATIONAL INCOME AND NATIONAL DISPOSABLE INCOME (CONTINUED)

COUNTRY OR AREA AND CURRENCY UNIT	YEAR	NATIONAL DISPOSABLE INCOME	DOMESTIC FACTOR INCOMES: TOTAL	DOMESTIC FACTOR INCOMES: COMPENSATION OF EMPLOYEES	DOMESTIC FACTOR INCOMES: OPERATING SURPLUS	INCOME FROM THE REST OF THE WORLD: COMPENSATION OF EMPLOYEES	INCOME FROM THE REST OF THE WORLD: PROPERTY AND ENTREPRENEURIAL	INDIRECT TAXES	LESS SUBSIDIES	NATIONAL INCOME	OTHER CURRENT TRANSFERS RECEIVED FROM THE REST OF THE WORLD, NET
			PERCENTAGE DISTRIBUTION								
AFRICA (CONTINUED)											
IVORY COAST (BILLION CFA FRANCS)	1970 2/	380.4	83	37	46	0	-3	20	-2	102	-2
	1971	397.4	86	40	46	0	-4	21	1	102	-2
	1972	423.0	86	41	46	0	-3	22	2	103	-3
	1973	517.7	83	39	44	0	-3	22	0	102	-2
	1974	664.2	82	36	46	0	-3	19	-6	104	-4
	1975	735.8	88	39	49	0	-4	20	-1	104	-4
	1976	976.7	78	37	40	0	-4	22	-9	104	-4
	1977	1402.7	72	32	40	0	-5	20	-17	104	-4
KENYA (MILLION KENYA POUNDS)	1964 2/	358.6 11/	92	39	53	-3		8	0	97	4
	1965	354.8	93	42	52	-3		8	0	98	2
	1966	403.8	95	41	54	-4		9	0	99	1
	1967	424.5	96	43	53	-4		9	0	100	0
	1968	469.6	94	43	51	-5		9	1	98	2
	1969	510.5	93	43	51	-4		9	0	98	2
	1970	560.8	93	42	50	-4		10	0	98	2
	1971	636.9	90	42	48	-3		10	0	97	3
	1972 3/	709.4	93	43	50	-3		9	0	99	1
	1973	792.8	93	42	51	-6		12	0	99	1
	1974	982.7	91	41	51	-4		13	0	99	1
	1975	1144.3	90	39	51	-4		12	0	98	2
	1976	1388.0	91	37	54	-4		12	0	99	1
	1977	1791.5	90	34	57	-4		12	0	98	2
LESOTHO (MILLION SOUTH AFRICAN RAND)	1964 2/6/	39.0 13/ 5/	82	82		11		8	1	100	...
	1965	52.6	67	67		8		4	0	78	22
	1966	51.3 5/	76	76		21		4		100	...
	1967	53.0 5/	76	76		20		4		100	...
	1968	55.6 5/	75	75		21		4		100	...
	1969	59.6 5/	73	73		21		6		100	...
	1970	63.1 5/	67	67		22		11		100	...
	1971	70.2 5/	69	69		22		9		100	...
	1972	81.7 5/	66	15	51	26	0	9	0	100	...
	1973	112.9 5/	60	14	47	26	0	14	0	100	...
	1974	148.7 5/	50	11	39	37	0	13	0	100	...

5. NATIONAL INCOME AND NATIONAL DISPOSABLE INCOME (CONTINUED)

COUNTRY OR AREA AND CURRENCY UNIT	YEAR	NATIONAL DISPOSABLE INCOME	DOMESTIC FACTOR INCOMES: TOTAL	DOMESTIC FACTOR INCOMES: COMPENSATION OF EMPLOYEES	DOMESTIC FACTOR INCOMES: OPERATING SURPLUS	INCOME FROM THE REST OF THE WORLD: COMPENSATION OF EMPLOYEES	INCOME FROM THE REST OF THE WORLD: PROPERTY AND ENTREPRENEURIAL	INDIRECT TAXES	LESS SUBSIDIES	NATIONAL INCOME	OTHER CURRENT TRANSFERS RECEIVED FROM THE REST OF THE WORLD, NET
			PERCENTAGE DISTRIBUTION								
AFRICA (CONTINUED)											
LIBERIA (MILLION LIBERIAN DOLLARS)	1964 2/	183.9	118	118		...	-27		11	102	-2
	1965	201.9	116	116		...	-26		11	102	-2
	1966	211.5	116	116		...	-24		10	102	-2
	1967	223.2	115	115		...	-23		11	102	-2
	1968	255.9	112	112		...	-19		11	103	-3
	1969	282.2	112	112		...	-18		10	104	-4
	1970	278.6	117	117		...	-24		10	103	-3
	1971	311.3	110	110		...	-18		10	102	-2
	1972	328.8	112	112		...	-21		10	102	-2
	1973	397.5	110	110		...	-14		10	106	-6
	1974	512.4	112	112		...	-17		9	105	-5
	1975	585.2	118	118		...	-21		9	105	-5
	1976	706.6	107	107		...	-11		9	105	-5
LIBYAN ARAB JAMAHIRIYA (MILLION LIBYAN DINARS)	1962	154.4	88	32	57	-6	1	11	1	94	6
	1963	224.2	93	28	65	-5	-1	9	0	96	5
	1964	277.6	119	30	90	-5	-23	8	0	98	2
	1965	389.2	114	29	86	-5	-16	7	1	100	0
	1966	495.7	116	28	89	-6	-15	7	1	101	-1
	1967	541.0	125	31	93	-6	-18	7	1	106	-6
	1968	760.2	130	29	101	-6	-24	6	1	105	-5
	1969	908.8	124	28	96	-6	-18	6	1	105	-5
	1970	961.6	123	28	95	-5	-17	5	1	104	-4
	1971 2/	1280.5	116	32	84	-4	-12	4	1	103	-3
	1972 2/	1372.5	120	38	82	-7	-13	5	2	103	-3
	1973 2/	1710.4	121	37	84	-5	-14	6	2	106	-6
	1974 2/	3358.3	111	27	84	-2	-11	5	2	101	-1
	1975 2/	3285.3	110	33	78	-3	-10	7	3	102	-2
	1976 2/	4332.0	110	110		-11			3	101	-1
	1977 2/	4942.5	109	109		-11			3	101	-1
MADAGASCAR (BILLION MALAGASY FRANCS)	1966	172.1	89	35	54	0	-1	12	0	99	1
	1967	180.6	90	35	55	... 16/	... 16/	12	1	102	-2 16/
	1968	192.9	90	34	55	... 16/	... 16/	14	1	103	-3 16/
	1973	289.8	87	32	54	0	-1	13	1	98	2

5. NATIONAL INCOME AND NATIONAL DISPOSABLE INCOME (CONTINUED)

COUNTRY OR AREA AND CURRENCY UNIT	YEAR	NATIONAL DISPOSABLE INCOME	DOMESTIC FACTOR INCOMES			INCOME FROM THE REST OF THE WORLD		INDIRECT TAXES	LESS SUBSIDIES	NATIONAL INCOME	OTHER CURRENT TRANSFERS RECEIVED FROM THE REST OF THE WORLD, NET
			TOTAL	COMPENSATION OF EMPLOYEES	OPERATING SURPLUS	COMPENSATION OF EMPLOYEES	PROPERTY AND ENTREPRENEURIAL				
			PERCENTAGE DISTRIBUTION								
AFRICA (CONTINUED)											
MALAWI......................... (MILLION MALAWI KWACHA)	1964	11/ 160.0	93	25	68	-1	-3	3	0	92	8
	1965	190.6	91	22	69	0	-3	4	0	93	7
	1966	210.2	93	24	69	0	-3	5	0	95	5
	1967	216.7	94	25	68	0	-3	5	0	95	5
	1968	228.6	94	26	68	0	-3	5	0	96	4
	1969	247.3	93	26	67	1	-3	6	0	97	4
	1970	268.3	93	26	67	1	-4	7	0	97	3
	1971	336.2	93	24	69	2	-3	7	0	99	1
	1972	368.9	94	25	69	2	-3	7	0	99	1
	1973	405.9	92	25	67	4	-3	7	0	99	1
MALI......................... (BILLION MALI FRANCS)	1969	5/ 127.1	...	...	...	...	...	...	...	100	...
	1971	162.2	89	---- 89 ----		---- 1 ----		---- 10----		100	...
MAURITANIA.................. (BILLION M OUGUIYAS)	1968	6.5	87	34	53	-1	...	14	1	98	2
	1972 2/	10.7	91	35	56	0	-7	13	0	97	3
	1973 2/	11.8	82	34	49	-5	-1	12	0	87	13
MAURITIUS.................... (MILLION MAURITIAN RUPEES)	1960	17/ 650.0	88	59	29	---- 1 ----		13	1	101	-1
	1961	753.0	90	51	40	-1		12	0	101	-1
	1962	784.0	89	51	38	-1		13	0	101	-1
	1963	1006.0	90	43	47	-1		11	0	101	-1
	1964	869.0	88	51	36	0		14	1	101	-1
	1965	911.0	89	51	38	-1		13	0	101	-1
	1966	908.0	87	52	36	0		14	0	100	0
	1967	967.0	87	50	37	-1		14	0	100	0
	1968	966.0	86	50	36	0		15	0	100	0
	1969	1043.0	85	48	37	0		14	0	99	1
	1970	1066.0	86	48	37	1		13	0	99	1
	1971	1177.0	86	47	39	1		12	0	99	1
	1972	1453.0	88	45	43	0		11	0	99	1
	1973	1899.0	87	44	43	1		11	0	98	2
	1974	3255.0	90	38	52	0		9	0	99	1
	1975	3467.0	89	45	44	1		10	1	99	1
	1976 3/	4066.0	84	53	31	0	1	15	1	99	1

5. NATIONAL INCOME AND NATIONAL DISPOSABLE INCOME (CONTINUED)

COUNTRY OR AREA AND CURRENCY UNIT	YEAR	NATIONAL DISPOSABLE INCOME	DOMESTIC FACTOR INCOMES			INCOME FROM THE REST OF THE WORLD		INDIRECT TAXES	LESS SUBSIDIES	NATIONAL INCOME	OTHER CURRENT TRANSFERS RECEIVED FROM THE REST OF THE WORLD, NET
			TOTAL	COMPENSATION OF EMPLOYEES	OPERATING SURPLUS	COMPENSATION OF EMPLOYEES	PROPERTY AND ENTREPRENEURIAL				
			PERCENTAGE DISTRIBUTION								
AFRICA (CONTINUED)											
MOROCCO........................	1960 2/	8.9	88	---- 88 ----		2	-1	10	1	99	1
(BILLION MOROCCAN DIRHAMS)	1961	8.8	89	89		3	-2	11	1	99	1
	1962	10.2	90	90		2	-1	10	1	100	0
	1963	11.6	90	90		2	-1	10	1	100	0
	1964	12.2	91	91		2	-1	10	1	101	-1
	1965	12.8	92	92		2	-1	9	1	101	-1
	1966	12.5	90	90		2	-2	10	1	100	0
	1967	13.3	90	90		2	-1	10	1	100	0
	1968	15.1	90	90		2	-2	9	1	99	1
	1969	15.8	89	89		3	-1	10	1	99	1
	1970 3/	19.5	87	33	54	0	-2	13	1	98	2
	1971	21.6	87	32	55	0	-1	13	0	98	2
	1972	22.9	87	33	54	0	-1	13	1	98	2
	1973	25.5	85	32	53	0	-1	13	1	97	3
	1974	34.7	91	28	63	0	-1	12	6	97	3
	1975	37.9	89	31	58	1	-1	13	6	96	4
	1976	43.1	87	31	56	1	-1	13	4	95	5
	1977	48.2	85	34	52	1	-2	14	2	96	4
NIGER........................	1966 2/	94500.0	92	12	80	———	———	5	———	97	3
(MILLION CFA FRANCS)	1967	95900.0	92	12	80			5		97	3
	1968	93800.0	91	13	78			6		97	3
	1969	96300.0	91	14	77			5		97	3
RWANDA........................	1975 2/	55910.0	86	16	70	...	0	6	0	92	8
(MILLION RWANDA FRANCS)	1976	64020.0	85	16	69	...	0	9	0	94	6
SEYCHELLES........................	1976 2/	380.2	88	...	...	-1	-2	10	...	96	4
(MILLION SEYCHELLES RUPEES)											

5. NATIONAL INCOME AND NATIONAL DISPOSABLE INCOME (CONTINUED)

COUNTRY OR AREA AND CURRENCY UNIT	YEAR	NATIONAL DISPOSABLE INCOME	DOMESTIC FACTOR INCOMES			INCOME FROM THE REST OF THE WORLD		INDIRECT TAXES	LESS SUBSIDIES	NATIONAL INCOME	OTHER CURRENT TRANSFERS RECEIVED FROM THE REST OF THE WORLD, NET
			TOTAL	COMPENSATION OF EMPLOYEES	OPERATING SURPLUS	COMPENSATION OF EMPLOYEES	PROPERTY AND ENTREPRENEURIAL				
			PERCENTAGE DISTRIBUTION								
AFRICA (CONTINUED)											
SIERRA LEONE .... (MILLION LEONES)	1963 1/	198.6	95	25	70	---- -3 ----		8	1	100	0
	1964	223.6	95	24	70	-3		9	1	100	0
	1965	239.5	95	25	70	-4		9	1	100	0
	1966	245.2	91	25	67	-2		10	1	99	1
	1967	239.6	93	26	67	-3		11	1	99	1
	1968	278.9	90	24	66	-3		13	1	99	1
	1969	318.2	90	24	66	-2		12	1	99	1
	1970 2/	318.5	90	28	62	-1		11	1	99	1
	1971 2/	322.1	90	28	62	-2		12	1	99	2
	1972 2/	357.8	90	27	63	-2		11	0	99	1
	1973 2/	438.5	88	27	62	-2		12	0	99	1
	1974 2/	540.2	88	26	62	-1		10	0	97	4
	1975 2/	563.8	90	28	63	-2		10	0	98	2
	1976 2/	677.6	89	27	62	-2		11	0	98	2
SOUTH AFRICA 7/ .... (MILLION SOUTH AFRICAN RAND)	1960 2/	4499.0	98	62	37	-2	-3	8	1	100	0
	1961	4717.0	99	62	37	-2	-4	8	1	100	0
	1962	5100.0	98	61	37	-2	-3	8	1	100	0
	1963	5734.0	97	60	36	-2	-3	8	1	100	0
	1964	6303.0	97	60	37	-2	-3	8	1	100	0
	1965	6865.0	98	62	36	-2	-3	8	1	100	0
	1966	7449.0	98	63	34	-2	-3	8	1	100	0
	1967	8374.0	97	61	36	-2	-3	8	1	100	1
	1968	9044.0	97	63	34	-2	-3	8	1	99	1
	1969	10160.0	96	61	35	-1	-3	9	1	99	1
	1970	11023.0	96	64	32	-2	-3	9	1	100	0
	1971	12189.0	96	65	30	-2	-3	10	1	100	0
	1972	13560.0	96	65	31	-1	-3	9	1	100	0
	1973	16754.0	97	61	36	-2	-3	8	1	100	0
	1974	20580.0	97	59	36	-2	-3	8	1	100	0
	1975	22735.0	98	63	34	-2	-3	8	1	99	1
	1976	25201.0	98	65	32	-2	-4	9	2	100	0
	1977	28357.0	97	64	33	-2	-4	10	2	100	0

5. NATIONAL INCOME AND NATIONAL DISPOSABLE INCOME (CONTINUED)

COUNTRY OR AREA AND CURRENCY UNIT	YEAR	NATIONAL DISPOSABLE INCOME	DOMESTIC FACTOR INCOMES: TOTAL	DOMESTIC FACTOR INCOMES: COMPENSATION OF EMPLOYEES	DOMESTIC FACTOR INCOMES: OPERATING SURPLUS	INCOME FROM THE REST OF THE WORLD: COMPENSATION OF EMPLOYEES	INCOME FROM THE REST OF THE WORLD: PROPERTY AND ENTREPRENEURIAL	INDIRECT TAXES	LESS SUBSIDIES	NATIONAL INCOME	OTHER CURRENT TRANSFERS RECEIVED FROM THE REST OF THE WORLD, NET
			PERCENTAGE DISTRIBUTION								
AFRICA (CONTINUED)											
SOUTHERN RHODESIA............. (MILLION RHODESIAN DOLLARS)	1960	5/11/ 583.3	97	55	42	...	-3	7	1	100	...
	1961	614.1	97	54	43	...	-4	7	1	100	...
	1962	622.0	98	56	42	...	-4	7	1	100	...
	1963	637.7	98	56	42	...	-5	7	0	100	...
	1964	671.0	97	55	42	...	-5	8	0	100	...
	1965	707.4	96	57	39	...	-4	8	0	100	...
	1966	710.2	96	58	38	...	-3	7	0	100	...
	1967	786.3	95	55	40	...	-2	8	0	100	...
	1968 2/	832.5	94	56	38	...	-2	8	0	100	...
	1969 2/	984.4	95	52	43	...	-2	7	0	100	...
	1970 2/	1058.4	94	53	41	...	-2	8	0	100	...
	1971 2/	1213.0	94	51	43	...	-3	8	0	100	...
	1972 2/	1378.0	95	50	45	...	-3	8	0	100	...
	1973 2/	1514.6	95	51	44	...	-3	8	0	100	...
	1974 2/	1823.2	96	49	47	...	-2	7	1	100	...
	1975 2/	1973.3	95	53	43	...	-2	7	1	100	...
	1976 2/	2117.5	95	54	41	...	-2	8	1	100	...
	1977 2/	2176.4	92	56	36	...	-2	10	1	100	...
SUDAN....................... (MILLION SUDANESE POUNDS)	1960	372.8 5/	92	92		-1		9	0	100	...
	1961	400.1 5/	92	92		-1		10	0	100	...
	1962	430.9 5/	91	91		-1		11	0	100	...
	1963	438.4 5/	91	91		-1		11	0	100	...
	1964	448.0 5/	91	91		-1		11	0	100	...
	1965	465.8 5/	91	91		-1		10	1	100	...
	1966 1/2/	534.6	89	51	38	0	0		12	101	-1
	1967 1/2/	568.8	88	51	37	0	-1		13	100	0
	1968 1/2/	601.3	88	51	36	0	-1		13	100	0
	1969 1/2/	643.6	86	48	38	0	-1		15	101	-1
	1970 1/2/	701.0	85	48	38	0	-1		16	101	-1
	1971 1/2/	774.0	86	49	37	0	-1		16	101	-1
	1972 1/2/	830.7	88	55	34	0	-1		13	100	0
	1973 1/2/	1130.7	90	53	37	0	-1		12	101	-1
	1974 1/2/	1370.5	90	52	38	0	-1		12	101	-1

5. NATIONAL INCOME AND NATIONAL DISPOSABLE INCOME (CONTINUED)

COUNTRY OR AREA AND CURRENCY UNIT	YEAR	NATIONAL DISPOSABLE INCOME	DOMESTIC FACTOR INCOMES			INCOME FROM THE REST OF THE WORLD		INDIRECT TAXES	LESS SUBSIDIES	NATIONAL INCOME	OTHER CURRENT TRANSFERS RECEIVED FROM THE REST OF THE WORLD ,NET
			TOTAL	COMPENSATION OF EMPLOYEES	OPERATING SURPLUS	COMPENSATION OF EMPLOYEES	PROPERTY AND ENTREPRENEURIAL				
			PERCENTAGE DISTRIBUTION								
AFRICA (CONTINUED)											
SWAZILAND (MILLION S EMALANGENI)	1/2/ 1965	38.5 5/	114	55	59	---- -20 ----		----	6----	100	...
	1966	43.9 5/	110	51	59	-15			6	100	...
	1967	40.7 5/	112	65	47	-18			7	100	...
	1968	50.1	97	53	45	-1	-12		5	89	11
	1969	68.8	89	44	45	-1	-13		12	87	13
	1970	67.4	91	49	42	-1	-13		11	88	12
	1971	88.1	91	48	42	-1	-10		11	90	10
	1972	100.2	91	49	42	-1	-13	12	0	89	11
	1973	121.9 5/	103	49	54	0	-16	13	0	100	...
TOGO (MILLION CFA FRANCS)	1963	31030.7	87	62	25	0	0	9	1	97	4
	1964	36389.3	88	58	30	0	0	11	0	98	2
	1965	42013.7	88	55	32	-1	-4	9	1	92	8
	1966	50577.7	91	59	32	-1	-2	8	0	95	5
	1967	53559.7	91	56	35	-1	-3	8	0	96	4
	1968	56470.8	91	55	36	-1	-3	8	0	95	5
	1969	67562.0	87	52	35	-1	-2	9	0	93	7
	1970 2/	70027.8	88	52	36	0	-2	11	1	97	3
	1971 2/	77150.1	87	53	35	0	-2	11	1	96	4
	1972 2/	82357.5	88	56	32	0	-2	12	1	97	3
	1973 2/	84200.0 5/	...	...	...	...	...	...	...	100	...
	1974 2/	121800.0 5/	...	...	...	...	...	...	...	100	...
	1975 2/	117500.0 5/	...	...	...	...	...	...	...	100	...

5. NATIONAL INCOME AND NATIONAL DISPOSABLE INCOME (CONTINUED)

COUNTRY OR AREA AND CURRENCY UNIT	YEAR	NATIONAL DISPOSABLE INCOME	DOMESTIC FACTOR INCOMES			INCOME FROM THE REST OF THE WORLD		INDIRECT TAXES	LESS SUBSIDIES	NATIONAL INCOME	OTHER CURRENT TRANSFERS RECEIVED FROM THE REST OF THE WORLD, NET
			TOTAL	COMPENSATION OF EMPLOYEES	OPERATING SURPLUS	COMPENSATION OF EMPLOYEES	PROPERTY AND ENTREPRENEURIAL				
			PERCENTAGE DISTRIBUTION								
AFRICA (CONTINUED)											
TUNISIA...................... (MILLION TUNISIAN DINARS)	1960	328.8	85	---- 85 ----		0	0	16	1	101	-1
	1961	367.9	87	87		-1	0	14	1	99	1
	1962	372.7	88	88		-1	0	14	1	99	1
	1963	429.3	90	90		-1	-1	13	1	100	0
	1964	453.9	88	88		-1	-1	14	1	100	0
	1965	512.8	90	90		-1	-2	14	1	99	1
	1966	531.6	88	88		-1	-1	15	1	99	1
	1967	543.3	89	89		-2	-2	15	1	99	1
	1968	586.3	90	90		-1	-3	14	1	99	1
	1969	633.7	89	89		-1	-3	16	1	99	1
	1970	705.6	88	88		0	-3	15	1	99	1
	1971	841.6	87	87		1	-2	14	1	99	1
	1972	1020.8	88	88		2	-3	14	1	100	0
	1973	1094.9	88	88		2	-4	15	2	100	0
	1974	1452.0	88	88		3	-3	14	1	100	0
	1975	1640.9	87	87		3	-3	14	1	100	0
	1976	1748.8	86	86		3	-4	17	1	100	0
	1977	1978.2	84	84		3	-4	18	1	100	0
UGANDA....................... (MILLION UGANDA SHILLINGS)	1968 2/	7283.0 11/	91	25	66	---- -2 ----		11	0	100	0
	1969	8199.0	91	24	67	-2		11	0	100	0
	1970	9303.0	92	23	69	-1		10	0	100	0
	1971	10179.0	92	23	69	-2		11	0	100	0
UNITED REP. OF CAMEROON...... (BILLION CFA FRANCS)	1974 1/2/	519.4	91	29	62	-2	-2	12	0	99	1
	1975	596.9	90	29	60	-1	-2	13	0	99	1

5. NATIONAL INCOME AND NATIONAL DISPOSABLE INCOME (CONTINUED)

COUNTRY OR AREA AND CURRENCY UNIT	YEAR	NATIONAL DISPOSABLE INCOME	DOMESTIC FACTOR INCOMES			INCOME FROM THE REST OF THE WORLD		INDIRECT TAXES	LESS SUBSIDIES	NATIONAL INCOME	OTHER CURRENT TRANSFERS RECEIVED FROM THE REST OF THE WORLD ,NET
			TOTAL	COMPENSATION OF EMPLOYEES	OPERATING SURPLUS	COMPENSATION OF EMPLOYEES	PROPERTY AND ENTREPRENEURIAL				
			PERCENTAGE DISTRIBUTION								
AFRICA (CONTINUED)											
UNITED REP. OF TANZANIA 8/ ...... (MILLION T SHILLINGS)	1964 2/	5678.0	93	29	64	---- -1 ----		8	0	100	0
	1965	5784.0	93	31	62	-1		8	0	99	1
	1966	6531.0	94	31	63	-2		8	0	100	0
	1967	6889.0	92	32	60	-1		9	0	99	1
	1968	7464.0	90	32	59	0		10	0	99	1
	1969	7839.0	89	32	58	-1		11	0	99	1
	1970	8728.0	88	33	56	0		11	0	99	1
	1971	9252.0	90	34	56	-1		11	0	100	0
	1972	10488.0	90	34	55	0		12	1	100	0
	1973	12214.0	87	34	53	0		14	1	100	0
	1974	15446.0	85	34	52	0		14	1	98	2
	1975	18739.0	86	33	53	0		13	2	96	4
	1976	22425.0	86	30	57	-1		13	1	98	2
	1977	27934.0	86	28	58	-1		12	1	97	3
UPPER VOLTA.................. (BILLION CFA FRANCS)	1965	56.2	83	61	22	---- 3 ----		---- 10----		96	4
	1966	58.7	83	62	21	4		9	1	95	5
	1968 2/	77.8	88	15	73	0	-3	8	0	93	7
	1972 2/	100.4	79	16	63	0	0	8	0	87	14
	1974 2/	125.6	73	17	56	-1	0	9	0	81	19
ZAIRE......................... (MILLION ZAIRES)	1968	621.6	94	---- 94 ----		-4	-1	---- 9----		97	3
	1969	787.0	93	93		-4	-1	10		97	3
	1970 2/	855.4	78	78		-5	-2	25	0	97	3
	1971 2/	990.4	75	75		-4	-2	21	0	90	10
	1972 2/	1005.4	81	81		-4	-2	21	0	96	4
	1973 2/	1650.5	66	66		-3	-2	18	0	79	3
	1974 2/	1626.3	80	80		-3	-4	24	0	97	3
	1975 2/	1636.5	85	85		-2	-3	16	0	97	4

5. NATIONAL INCOME AND NATIONAL DISPOSABLE INCOME (CONTINUED)

COUNTRY OR AREA AND CURRENCY UNIT	YEAR	NATIONAL DISPOSABLE INCOME	DOMESTIC FACTOR INCOMES			INCOME FROM THE REST OF THE WORLD		INDIRECT TAXES	LESS SUBSIDIES	NATIONAL INCOME	OTHER CURRENT TRANSFERS RECEIVED FROM THE REST OF THE WORLD, NET
			TOTAL	COMPENSATION OF EMPLOYEES	OPERATING SURPLUS	COMPENSATION OF EMPLOYEES	PROPERTY AND ENTREPRENEURIAL				
			PERCENTAGE DISTRIBUTION								
AFRICA (CONTINUED)											
ZAMBIA........................ (MILLION ZAMBIAN KWACHA)	1960	346.8	109	48	61	...	-15	----	5----	99	1
	1961	335.8 5/	108	50	58	...	-14		6	100	...
	1962	326.6 5/	109	53	56	...	-15		6	100	...
	1963	344.0	108	51	58	...	-14		6	100	0
	1964	392.0 5/	108	50	58	...	-18		10	100	...
	1965 3/	625.0	91	39	52	...	-7	17	0	101	-1
	1966	724.0	92	39	54	...	-8	20	3	101	-1
	1967	799.0 5/	89	44	45	...	-6	19	1	100	...
	1968	916.0	87	43	44	...	-6	23	1	103	-3
	1969	1119.0	85	36	49	...	-4	25	2	105	-5
	1970 2/	996.0	95	48	47	...	-3	21	2	111	-11
	1971 2/	866.0	107	66	41	...	-5	14	3	113	-13
	1972 2/	973.0	108	64	44	...	-8	13	3	110	-10
	1973 2/	1213.0	98	56	42	...	-7	20	4	107	-7
	1974 2/	1486.0	94	52	42	...	-6	21	4	106	-6
	1975 2/	1173.0	107	68	38	...	-6	14	8	107	-7
	1976 2/	1466.0	99	60	39	...	-8	18	4	106	-6
	1977 2/	1536.0	100	62	38	...	-7	15	4	104	-4
NORTH AMERICA											
CANADA........................ (MILLION CANADIAN DOLLARS)	1960 2/	33106.0	88	61	27	...	-2	15	1	100	0
	1961	34368.0	88	61	27	...	-2	15	1	100	0
	1962	37583.0	88	60	28	...	-2	16	1	100	0
	1963	40137.0	88	60	28	...	-2	15	1	100	0
	1964	43835.0	87	59	28	...	-2	16	1	100	0
	1965	48183.0	87	60	27	...	-2	16	1	100	0
	1966	53927.0	87	61	27	...	-2	16	1	100	0
	1967	58126.0	87	62	25	...	-2	16	1	100	0
	1968	63779.0	87	62	25	...	-2	16	1	100	0
	1969	70656.0	87	62	24	...	-2	16	1	100	0
	1970	74880.0	87	64	23	...	-2	16	1	100	0
	1971	82409.0	87	64	23	...	-2	16	1	100	0
	1972	92793.0	87	63	24	...	-2	16	1	100	0
	1973	109365.0	87	62	25	...	-2	16	1	100	0
	1974	131137.0	88	62	26	...	-2	15	1	100	0
	1975	146029.0	90	65	25	...	-2	16	2	100	0
	1976	169054.0	89	65	25	...	-2	15	3	100	0
	1977	185658.0	90	66	24	...	-2	15	2	100	0

5. NATIONAL INCOME AND NATIONAL DISPOSABLE INCOME (CONTINUED)

COUNTRY OR AREA AND CURRENCY UNIT	YEAR	NATIONAL DISPOSABLE INCOME	DOMESTIC FACTOR INCOMES: TOTAL	DOMESTIC FACTOR INCOMES: COMPENSATION OF EMPLOYEES	DOMESTIC FACTOR INCOMES: OPERATING SURPLUS	INCOME FROM THE REST OF THE WORLD: COMPENSATION OF EMPLOYEES	INCOME FROM THE REST OF THE WORLD: PROPERTY AND ENTREPRENEURIAL	INDIRECT TAXES	LESS SUBSIDIES	NATIONAL INCOME	OTHER CURRENT TRANSFERS RECEIVED FROM THE REST OF THE WORLD, NET
			PERCENTAGE DISTRIBUTION								
NORTH AMERICA (CONTINUED)											
UNITED STATES 2/ (BILLION US DOLLARS)	1960	448.1	91	66	25	0	1	10	0	101	-1
	1961	464.1	90	66	24	0	1	10	1	101	-1
	1962	502.9	90	65	25	0	1	10	1	101	-1
	1963	531.5	90	65	25	0	1	10	0	101	-1
	1964	570.2	90	65	25	0	1	10	1	101	-1
	1965	618.7	90	64	26	0	1	10	1	101	-1
	1966	678.0	91	65	26	0	1	10	1	101	-1
	1967	714.9	91	66	24	0	1	10	1	101	-1
	1968	778.8	91	67	24	0	1	10	1	101	-1
	1969	835.3	91	69	22	0	1	10	1	101	-1
	1970	871.9	90	70	20	0	1	11	1	101	-1
	1971	942.8	90	69	20	0	1	11	1	101	-1
	1972	1041.3	90	69	21	0	1	11	1	101	-1
	1973	1164.5	90	69	21	0	1	10	1	101	-1
	1974	1248.9	89	71	18	0	1	10	0	101	-1
	1975	1337.9	89	70	19	0	1	10	0	101	-1
	1976	1494.8	89	70	19	0	1	10	0	100	0
	1977	1662.1	90	70	20	0	1	10	1	100	0
CARIBBEAN AND LATIN AMERICA											
ARGENTINA (BILLION ARGENTINE PESOS)	1960	5/ 9.8	92	36	56	...	0	11	2	100	...
	1961	11.6	90	38	52	...	-1	12	2	100	...
	1962	14.3	92	38	54	...	-1	10	2	100	...
	1963	17.8	92	36	55	...	-1	10	2	100	...
	1964	24.8	93	38	56	...	-1	9	2	100	...
	1965	34.9	93	39	53	...	0	10	2	100	...
	1966	43.0	92	42	50	...	-1	11	2	100	...
	1967	56.4	90	43	47	...	-2	13	1	100	...
	1968	64.6	89	42	47	...	-2	14	1	100	...
	1969	75.9	89	42	47	...	-1	13	1	100	...
	1970	88.6	90	44	46	...	-1	12	1	100	...
	1971	124.5	92	45	47	...	-2	11	1	100	...
	1972	209.5	92	41	51	...	-1	10	1	100	...
	1973	350.4	93	45	48	...	-1	10	2	100	...
	1974	469.0	92	45	48	...	-3	12	2	100	...
	1975	1289.3	97	45	52	...	-3	8	2	100	...

5. NATIONAL INCOME AND NATIONAL DISPOSABLE INCOME (CONTINUED)

COUNTRY OR AREA AND CURRENCY UNIT	YEAR	NATIONAL DISPOSABLE INCOME	DOMESTIC FACTOR INCOMES			INCOME FROM THE REST OF THE WORLD		INDIRECT TAXES	LESS SUBSIDIES	NATIONAL INCOME	OTHER CURRENT TRANSFERS RECEIVED FROM THE REST OF THE WORLD ,NET
			TOTAL	COMPENSATION OF EMPLOYEES	OPERATING SURPLUS	COMPENSATION OF EMPLOYEES	PROPERTY AND ENTREPRENEURIAL				
			PERCENTAGE DISTRIBUTION								
CARIBBEAN AND LATIN AMERICA (CONTINUED)											
BARBADOS.................... (MILLION BARBADOS DOLLARS)	1960	141.3	82	50	32	---- 1 ----		11	0	93	7
	1961	150.3	82	50	32	1		11	0	93	7
	1962	158.3	82	52	30	1		11	0	93	7
	1963	172.7	84	51	33	1		9	0	94	6
	1964	163.8	86	52	34	1		11	0	98	2
BELIZE...................... (MILLION BELIZE DOLLARS)	1973 2/	105.1	87	---- 87 ----		0	-4	13	0	97	3
	1974	137.7	93	93		0	-10	13	0	96	4
	1975	167.3	93	93		0	-10	14	0	96	4
	1976	173.9	86	86		0	-3	13	0	96	4
BOLIVIA..................... (MILLION BOLIVIAN PESOS)	1960	4112.0	92	39	53	0	0	8	2	98	2
	1961	4554.0	92	40	53	0	0	8	2	98	2
	1962	5074.0	92	39	52	0	0	8	1	98	2
	1963	5481.0	92	39	53	0	0	8	1	98	2
	1964	6186.0	92	39	53	0	-1	9	2	98	2
	1965	6837.0	91	39	52	0	-1	10	2	98	2
	1966	7561.0	91	39	52	0	0	9	0	99	1
	1967	8384.0	93	39	54	0	-2	9	1	99	1
	1968	9468.0	95	40	55	0	-3	8	1	99	1
	1969	10356.0	94	40	54	0	-3	8	1	99	1
	1970 2/	11561.0	93	41	53	0	-3	9	0	100	0
	1971 2/	12766.0	92	42	50	0	-2	9	0	99	1
	1972 2/	16127.0	92	41	51	0	-2	9	0	99	1
	1973 2/	24656.0	90	37	53	0	-2	11	0	99	1
	1974 2/	41643.0	88	37	51	0	-2	14	0	99	1
	1975 2/	46918.0	89	39	50	0	-1	12	0	100	1

5. NATIONAL INCOME AND NATIONAL DISPOSABLE INCOME (CONTINUED)

COUNTRY OR AREA AND CURRENCY UNIT	YEAR	NATIONAL DISPOSABLE INCOME	DOMESTIC FACTOR INCOMES			INCOME FROM THE REST OF THE WORLD		INDIRECT TAXES	LESS SUBSIDIES	NATIONAL INCOME	OTHER CURRENT TRANSFERS RECEIVED FROM THE REST OF THE WORLD ,NET
			TOTAL	COMPENSATION OF EMPLOYEES	OPERATING SURPLUS	COMPENSATION OF EMPLOYEES	PROPERTY AND ENTREPRENEURIAL				
			PERCENTAGE DISTRIBUTION								
CARIBBEAN AND LATIN AMERICA (CONTINUED)											
BRAZIL........................ (BILLION BRAZILIAN CRUZEIROS)	1960	2.6 5/	87	29	57	---- -1 ----		15	1	100	...
	1961	3.8	88	31	57	-1		13	1	100	...
	1962	6.2	89	31	58	-1		13	1	100	...
	1963	11.3	89	34	55	-1		14	2	100	...
	1964	21.8	88	32	55	-1		15	2	100	...
	1965 3/	41.5	88	---- 88 ----		-1		14	2	100	...
	1966	60.1	86	86		-1		16	1	100	...
	1967	81.1	87	87		-1		15	1	100	...
	1968	115.4	85	85		-1		16	1	100	...
	1969	152.6	85	85		-1		17	1	100	...
	1970	196.1	85	40	46	-1		16	1	100	...
	1971	260.6	86	40	46	-1		16	1	100	...
	1972	341.9	86	41	45	-1		16	1	100	...
	1973	469.2	86	40	46	-1		16	1	100	...
	1974	677.7	87	39	48	-1		15	1	100	...
	1975	945.6	88	42	47	-2		14	1	100	...
	1976	1458.7	88	...	...	-2		15	1	100	...
	1977	2197.0	88	...	...	-2		14	1	100	...
CHILE........................ (MILLION CHILEAN PESOS)	1960	3.5	90	46	43	---- -2 ----		14	3	99	1
	1961	4.2	91	46	45	-2		13	2	100	1
	1962	5.1	92	45	47	-2		13	3	100	0
	1963	7.6	93	42	50	-2		12	3	100	0
	1964	11.7	93	42	51	-2		12	3	100	0
	1965	16.6	93	44	48	-2		13	3	100	0
	1966	23.2	93	45	48	-3		14	3	100	0
	1967	30.3	92	44	48	-4		15	3	100	0
	1968	41.0	92	46	46	-3		14	3	100	0
	1969	59.9	92	45	47	-4		14	3	100	0
	1970	86.9	90	47	43	-3		15	3	100	1
	1971	116.3	90	56	35	-1		15	4	100	0
	1972	218.7	91	57	34	-1		14	5	100	0
	1973	1074.5	90	42	47	-1		18	7	100	0
	1974	8709.5	87	37	51	-2		19	5	100	0
	1975	36876.1	91	38	53	-4		15	3	100	0
	1976	130067.4	90	37	53	-3		16	2	100	0

5. NATIONAL INCOME AND NATIONAL DISPOSABLE INCOME (CONTINUED)

COUNTRY OR AREA AND CURRENCY UNIT	YEAR	NATIONAL DISPOSABLE INCOME	DOMESTIC FACTOR INCOMES			INCOME FROM THE REST OF THE WORLD		INDIRECT TAXES	LESS SUBSIDIES	NATIONAL INCOME	OTHER CURRENT TRANSFERS RECEIVED FROM THE REST OF THE WORLD, NET
			TOTAL	COMPENSATION OF EMPLOYEES	OPERATING SURPLUS	COMPENSATION OF EMPLOYEES	PROPERTY AND ENTREPRENEURIAL				
			PERCENTAGE DISTRIBUTION								
CARIBBEAN AND LATIN AMERICA (CONTINUED)											
COLOMBIA (MILLION COLOMBIAN PESOS)	1960	23778.0 5/	94	39	56	---- -1 ----		7	0	100	...
	1961	27222.0 5/	95	40	55	-2		7	0	100	...
	1962	30566.0 5/	96	42	54	-2		6	0	100	...
	1963	38633.0 5/	96	43	53	-2		6	0	100	...
	1964	48659.0 5/	95	40	55	-2		7	0	100	...
	1965	54904.0 5/	95	41	54	-2		7	0	100	...
	1966	66080.0 5/	93	41	53	-2		9	1	100	...
	1967	74810.0	93	42	52	-2		9	0	100	0
	1968	86797.0	93	40	53	-2		9	0	99	1
	1969	99927.0	93	42	51	-3		10	0	99	1
	1970	117147.0	94	42	52	-3		10	1	100	0
	1971	137335.0	94	43	51	-3		10	1	100	1
	1972	168597.0	94	41	53	-3		9	1	100	0
	1973	222128.0	94	38	56	-2		9	1	100	0
	1974	298791.0	94	37	57	-2		9	2	100	1
	1975	369455.0	95	38	57	-2		9	2	100	0
	1976	479410.0	94	36	58	-2		9	1	100	0
	1977	650223.0	93	36	57	-2		9	1	100	0
COSTA RICA (MILLION COSTA RICAN COLONES)	1960 2/	2698.3	88	48	40	0	-1	12	0	99	1
	1961	2763.3	89	50	39	0	-1	11	0	99	1
	1962	2972.0	90	50	40	0	-2	11	0	99	1
	1963	3198.3	89	49	40	0	-2	11	0	98	2
	1964	3380.5	90	50	40	0	-2	11	0	98	2
	1965	3657.1	90	50	40	0	-2	11	0	99	1
	1966	3989.4	91	52	39	0	-3	11	0	99	1
	1967	4292.8	91	52	39	0	-3	10	0	99	1
	1968	4717.7	90	51	39	0	-3	11	0	99	1
	1969	5220.7	91	51	40	0	-2	11	1	100	1
	1970	6044.5	89	51	39	0	-2	12	0	100	0
	1971	6627.1	89	52	37	0	-2	12	1	99	1
	1972	7491.4	89	52	37	0	-3	12	1	100	0
	1973	9362.0	87	49	38	0	-3	13	1	99	1
	1974	12270.3	87	49	38	0	-3	14	0	99	1
	1975	15451.9	89	50	40	0	-4	14	0	100	1
	1976	19038.9	89	51	39	0	-3	14	1	99	1
	1977	24365.2	89	47	41	0	-3	14	0	100	1
DOMINICA (MILLION EC DOLLARS)	1971	54.5	74	37	37	2	1	15	0	91	9
	1973	64.8	81	36	45	1	0	12	0	94	6

5. NATIONAL INCOME AND NATIONAL DISPOSABLE INCOME (CONTINUED)

COUNTRY OR AREA AND CURRENCY UNIT	YEAR	NATIONAL DISPOS-ABLE INCOME	DOMESTIC FACTOR INCOMES			INCOME FROM THE REST OF THE WORLD		IN-DIRECT TAXES	LESS SUB-SIDIES	NATION-AL INCOME	OTHER CURRENT TRANS-FERS RE-CEIVED FROM THE REST OF THE WORLD ,NET
			TOTAL	COMPEN-SATION OF EM-PLOYEES	OPERAT-ING SURPLUS	COMPEN-SATION OF EM-PLOYEES	PROPER-TY AND ENTRE-PRENEU-RIAL				
			PERCENTAGE DISTRIBUTION								
CARIBBEAN AND LATIN AMERICA (CONTINUED)											
DOMINICAN REPUBLIC............ (MILLION DOMINICAN PESOS)	1960	670.6 5/	87	----	87 ----	-1	...	----	14----	100	...
	1961	643.6	91		91	-3	...		12	100	...
	1962	812.6	89		89	-3	...		13	100	...
	1963	932.0	89		89	-2	...		13	100	...
	1964	1019.1	89		89	-2	...		13	100	...
	1965	887.4	92		92	-1	...		10	100	...
	1966	977.5	90		90	-2	...		12	100	...
	1967	1028.0	90		90	-2	...		12	100	...
	1968	1073.4	89		89	-2	...		13	100	...
	1969	1222.5	90		90	-2	...		12	100	...
	1970	1370.5	90		90	-2	...		12	100	...
	1971	1537.7	90		90	-2	...		12	100	...
	1972	1821.3	91		91	-3	...		11	100	...
	1973	2127.3	93		93	-4	...		11	100	...
	1974	2657.3	88		88	-3	...		15	100	...
	1975	3271.1	90		90	-3	...		13	100	...
	1976	3575.3	93		93	-4	...		11	100	...
	1977	4074.4	92		92	-3	...		11	100	...
ECUADOR..................... (MILLION ECUADORAN SUCRES)	1960 2/	13393.0	93	30	62	0	-3	10	0	99	1
	1961	14307.0	94	31	63	0	-3	9	0	99	1
	1962	15655.0	94	31	63	0	-2	8	1	99	1
	1963	17228.0	92	30	62	0	-2	9	0	99	1
	1964	17890.0	92	30	62	0	-2	11	1	99	1
	1965	18781.0	90	29	61	0	-2	12	0	99	1
	1966	21351.0	90	29	61	0	-2	11	0	99	1
	1967	23914.0	89	29	61	0	-2	12	0	99	1
	1968	25503.0	90	30	60	-1	-2	12	0	99	1
	1969	27829.0	90	30	60	-1	-2	12	0	99	1
	1970	31623.0	90	31	59	-1	-2	13	0	99	1
	1971	37388.0	90	30	60	0	-2	13	1	99	1
	1972	42803.0	92	30	62	-1	-4	13	1	99	1
	1973	56857.0	92	29	63	-1	-6	15	1	99	1
	1974	83702.0	92	27	65	0	-6	14	1	99	1
	1975	100585.0	90	28	62	-1	-2	13	1	99	1
	1976	119949.0	91	29	63	-1	-3	12	1	99	1
	1977	140474.0	94	29	65	-1	-3	11	1	100	0

5. NATIONAL INCOME AND NATIONAL DISPOSABLE INCOME (CONTINUED)

COUNTRY OR AREA AND CURRENCY UNIT	YEAR	NATIONAL DISPOSABLE INCOME	DOMESTIC FACTOR INCOMES: TOTAL	DOMESTIC FACTOR INCOMES: COMPENSATION OF EMPLOYEES	DOMESTIC FACTOR INCOMES: OPERATING SURPLUS	INCOME FROM THE REST OF THE WORLD: COMPENSATION OF EMPLOYEES	INCOME FROM THE REST OF THE WORLD: PROPERTY AND ENTREPRENEURIAL	INDIRECT TAXES	LESS SUBSIDIES	NATIONAL INCOME	OTHER CURRENT TRANSFERS RECEIVED FROM THE REST OF THE WORLD, NET
			PERCENTAGE DISTRIBUTION								
CARIBBEAN AND LATIN AMERICA (CONTINUED)											
EL SALVADOR (MILLION SALVADORAN COLONES)	1960	1344.0	92	---- 92 ----		...	-1	9	0	100	0
	1961	1370.0	93	93		...	-1	8	0	100	0
	1962	1524.0	92	92		...	-1	8	0	99	1
	1963	1615.0	92	92		...	-1	8	0	99	1
	1964	1780.0	91	91		...	-1	8	0	99	1
	1965	1909.0	90	90		...	-1	9	0	98	2
	1966	2014.0	92	92		...	-1	8	0	99	1
	1967	2117.0	92	92		...	-1	8	0	99	1
	1968	2182.0	93	93		...	-1	7	0	99	1
	1969	2276.0	92	92		...	-1	7	0	99	2
	1970	2461.0	91	91		...	-1	8	0	99	2
	1971	2588.0	92	92		...	-1	8	0	98	2
	1972	2748.0	92	92		...	-1	8	0	99	1
	1973	3180.0	92	92		...	-1	9	1	99	1
	1974	3760.0	91	91		...	-1	9	0	99	1
	1975	4348.0	92	92		...	-2	9	1	98	2
	1976	5256.0	89	89		...	-1	11	0	99	1
GUYANA (MILLION GUYANA DOLLARS)	1960	254.9	98	51	47	---- -9 ----		13	1	100	0
	1961	277.4	97	51	46	-8		13	1	100	0
	1962	277.0	103	51	52	-13		12	1	100	0
	1963	255.2	101	56	45	-11		12	1	101	-1
	1964	286.6	99	55	44	-10		13	1	100	0
	1965	316.6	97	55	42	-9		13	1	100	0
	1966	336.0	96	57	39	-10		15	1	100	0
	1967	370.7	95	56	39	-9		15	1	100	0
	1968	398.7	95	56	39	-9		15	1	100	0
	1969	428.9	95	56	39	-10		15	1	100	0
	1970	459.4	95	57	38	-9		15	1	100	0
	1971	493.9	94	57	37	-7		14	1	100	0
	1972	542.7	92	57	34	-4		13	1	100	0
	1973	581.9	93	63	30	-4		13	2	100	0
	1974	858.6	97	49	48	-6		13	3	101	-1
	1975	1099.4	96	45	51	-3		11	3	101	-1
	1976	989.5	98	56	42	-6		14	5	102	-2

5. NATIONAL INCOME AND NATIONAL DISPOSABLE INCOME (CONTINUED)

COUNTRY OR AREA AND CURRENCY UNIT	YEAR	NATIONAL DISPOSABLE INCOME	DOMESTIC FACTOR INCOMES			INCOME FROM THE REST OF THE WORLD		INDIRECT TAXES	LESS SUBSIDIES	NATIONAL INCOME	OTHER CURRENT TRANSFERS RECEIVED FROM THE REST OF THE WORLD ,NET
			TOTAL	COMPENSATION OF EMPLOYEES	OPERATING SURPLUS	COMPENSATION OF EMPLOYEES	PROPERTY AND ENTREPRENEURIAL				
			PERCENTAGE DISTRIBUTION								
CARIBBEAN AND LATIN AMERICA (CONTINUED)											
HAITI........................ (MILLION HAITIAN GOURDES)	2/12/ 1967	1838.5	89	13	77	0	-1	----	8----	96	4
	1968	1815.0	89	13	76	0	-1		9	98	3
	1969	1937.9	88	14	74	0	-1		10	97	3
	1970	2067.7	87	14	73	0	-1		10	96	4
	1971	2266.5	86	14	72	0	-1		11	96	4
	1972	2379.2	84	14	70	0	-1		11	94	6
	1973	2904.3	87	14	73	0	-1		9	96	4
	1974	3445.8	89	13	75	0	-1		9	96	4
	1975	4190.0	86	----	86 ----	----	-1 ----		10	95	5
	1976	5639.9	86		86		-1		9	94	6
	1977	6899.7	83		83		-1		10	92	8
HONDURAS..................... (MILLION HONDURAN LEMPIRAS)	1960	656.0	87	44	44	----	2 ----	10	0	99	1
	1961	673.0	90	44	46		-1	10	0	99	1
	1962	732.0	92	44	49		-2	10	0	99	1
	1963	775.0	92	44	48		-2	9	0	99	1
	1964	854.0	92	41	51		-3	10	0	99	2
	1965	946.0	93	42	52		-4	10	0	99	1
	1966	1037.0	93	43	50		-3	9	0	99	1
	1967	1120.0	94	42	52		-4	9	0	99	1
	1968	1213.0	94	43	51		-4	10	0	99	1
	1969	1267.0	93	42	52		-4	10	0	99	1
	1970	1359.0	91	42	49		-2	10	0	99	1
	1971	1455.0	91	44	47		-1	10	0	99	1
	1972	1554.0	93	44	48		-3	10	0	99	1
	1973	1704.0	93	44	49		-4	10	0	99	1
	1974	1920.0	87	43	44		-1	11	0	97	3
	1975	2001.0	90	46	44		-3	11	0	98	2

5. NATIONAL INCOME AND NATIONAL DISPOSABLE INCOME (CONTINUED)

COUNTRY OR AREA AND CURRENCY UNIT	YEAR	NATIONAL DISPOSABLE INCOME	DOMESTIC FACTOR INCOMES			INCOME FROM THE REST OF THE WORLD		INDIRECT TAXES	LESS SUBSIDIES	NATIONAL INCOME	OTHER CURRENT TRANSFERS RECEIVED FROM THE REST OF THE WORLD, NET
			TOTAL	COMPENSATION OF EMPLOYEES	OPERATING SURPLUS	COMPENSATION OF EMPLOYEES	PROPERTY AND ENTREPRENEURIAL				
			PERCENTAGE DISTRIBUTION								
CARIBBEAN AND LATIN AMERICA (CONTINUED)											
JAMAICA...................... (MILLION JAMAICAN DOLLARS)	1960	434.5	93	53	40	---- -4 ----		10	1	97	3
	1961	460.1	94	53	41	-4		10	1	98	2
	1962	483.1	93	53	40	-4		10	1	97	3
	1963	511.8	92	54	38	-3		10	1	98	3
	1964	557.8	91	54	36	-3		11	1	98	2
	1965	601.4	91	54	37	-3		11	1	98	2
	1966	649.8	97	53	44	-9		11	1	99	1
	1967	699.2	96	54	42	-7		12	1	99	1
	1968	774.9	93	54	40	-6		12	1	98	2
	1969 2/	861.4	94	57	38	2	-8	11	1	98	2
	1970 2/	1022.1	93	57	36	1	-6	10	1	98	2
	1971 2/	1101.6	94	58	36	2	-8	11	1	98	2
	1972 2/	1292.8	90	58	32	2	-4	11	1	98	2
	1973 2/	1564.1	90	60	31	2	-4	10	1	98	2
	1974 2/	2052.4	92	57	35	1	-3	10	1	99	1
	1975 2/	2353.7	92	61	31	2	-4	12	1	99	1
	1976 2/	2396.9	93	64	30	2	-5	12	2	100	0
	1977 2/	2592.3	96	63	33	2	-6	14	5	99	1
MEXICO...................... (BILLION MEXICAN PESOS)	1960 2/	140.0	96	34	62	1	-1	----	5----	100	0
	1961	152.0	96	32	64	1	-1		5	100	0
	1962	163.7	96	35	60	1	-1		5	100	0
	1963	182.3	96	35	61	1	-1		5	100	0
	1964	215.9	96	35	61	1	-1		5	100	0
	1965	234.6	96	35	61	1	-1		5	100	0
	1966	260.3	96	36	60	0	-1		4	100	0
	1967	284.2	96	36	61	0	-1		4	100	0
	1968	314.0	96	37	59	0	-1		5	100	0
	1969	346.9	96	37	59	0	-1		5	100	0
	1970	386.6	96	38	58	0	-2		5	100	0
	1971	416.4	95	39	56	0	-2		6	100	0
	1972	471.0	95	41	54	0	-2		6	100	0
	1973	568.6	94	40	54	0	-2		7	100	0
	1974	745.1	94	40	54	0	-2		8	100	0
	1975	897.0	92	42	50	0	-2		9	100	0
	1976	1094.0	94	46	47	0	-3		9	100	0
	1977	1477.1	94	43	51	0	-3		9	100	0

5. NATIONAL INCOME AND NATIONAL DISPOSABLE INCOME (CONTINUED)

COUNTRY OR AREA AND CURRENCY UNIT	YEAR	NATIONAL DISPOSABLE INCOME	DOMESTIC FACTOR INCOMES: TOTAL	DOMESTIC FACTOR INCOMES: COMPENSATION OF EMPLOYEES	DOMESTIC FACTOR INCOMES: OPERATING SURPLUS	INCOME FROM THE REST OF THE WORLD: COMPENSATION OF EMPLOYEES	INCOME FROM THE REST OF THE WORLD: PROPERTY AND ENTREPRENEURIAL	INDIRECT TAXES	LESS SUBSIDIES	NATIONAL INCOME	OTHER CURRENT TRANSFERS RECEIVED FROM THE REST OF THE WORLD, NET
			PERCENTAGE DISTRIBUTION								
CARIBBEAN AND LATIN AMERICA (CONTINUED)											
NETHERLANDS ANTILLES......... (MILLION GUILDERS)	1960	432.0	91	---- 91	----	0	1	7	0	100	0
	1961	427.0	91	91		0	1	8	0	100	0
	1962	427.0	92	92		0	1	8	0	100	0
	1963	424.0	91	91		0	1	9	0	100	0
	1964	419.0	91	91		0	1	9	0	100	0
	1965	415.0	90	90		0	1	9	0	100	0
	1966	423.0	91	91		0	1	9	0	100	0
	1967	433.0	90	90		0	1	10	0	100	0
	1968	462.0	88	88		0	1	11	0	100	0
	1972 2/	605.0	108	79	29	---- -16	----	13	3	102	-2
	1973 2/	657.7	114	82	33	-19		13	3	105	-5
NICARAGUA..................... (MILLION NICARAGUAN CORDOBAS)	1960 2/	2262.9	90	55	35	---- -1	----	----	10----	99	1
	1961	2439.8	90	56	35	-1			9	99	1
	1962	2676.6	90	56	34	-1			9	99	1
	1963	2975.0	89	57	33	0			10	99	1
	1964	3461.4	90	57	33	-1			9	99	1
	1965	3775.7	91	57	34	-2			10	99	1
	1966	4030.6	92	58	34	-2			9	99	1
	1967	4356.7	93	58	34	-2			9	99	1
	1968	4564.4	94	59	36	-3			8	99	1
	1969	4915.8	94	59	35	-3			8	99	1
	1970	5085.5	94	58	36	-4			9	99	1
	1971	5384.6	94	58	36	-4			9	99	1
	1972	5724.1	94	58	36	-4			9	99	1
	1973	7405.5	89	57	32	-5			10	95	5
	1974	9864.1	93	58	35	-5			11	99	1
	1975	10388.9	93	58	35	-4			10	99	1
	1976	12096.3	94	58	35	-4			10	99	1
	1977	14536.5	93	58	35	-4			10	100	1

5. NATIONAL INCOME AND NATIONAL DISPOSABLE INCOME (CONTINUED)

COUNTRY OR AREA AND CURRENCY UNIT	YEAR	NATIONAL DISPOS-ABLE INCOME	DOMESTIC FACTOR INCOMES			INCOME FROM THE REST OF THE WORLD		IN-DIRECT TAXES	LESS SUB-SIDIES	NATION-AL INCOME	OTHER CURRENT TRANS-FERS RE-CEIVED FROM THE REST OF THE WORLD ,NET
			TOTAL	COMPEN-SATION OF EM-PLOYEES	OPERAT-ING SURPLUS	COMPEN-SATION OF EM-PLOYEES	PROPER-TY AND ENTRE-PRENEU-RIAL				
			PERCENTAGE DISTRIBUTION								
CARIBBEAN AND LATIN AMERICA (CONTINUED)											
PANAMA........................ (MILLION PANAMANIAN BALBOAS)	1960	370.4	94	72	22	---- -3 ----		9	0	100	0
	1961	417.9	93	73	20	-3		9	0	100	0
	1962	448.7	94	73	20	-2		9	0	101	-1
	1963	502.9	94	72	22	-2		8	0	100	0
	1964	545.0	93	73	20	-1		8	0	100	0
	1965	592.3	94	72	21	-3		8	0	99	1
	1966	644.5	94	73	21	-3		8	0	100	0
	1967	711.3	95	74	21	-3		8	0	100	0
	1968	757.7	95	76	20	-3		8	0	100	0
	1969	834.7	94	76	18	-3		9	0	100	0
	1970	927.6	94	73	21	-3		9	0	100	0
	1971	1023.9	93	72	22	-3		9	0	100	0
	1972	1148.5	93	70	23	-3		10	0	100	0
	1973	1292.6	94	73	21	-3		9	0	100	0
	1974	1603.0	95	71	24	-3		9	0	100	0
	1975	1726.8	93	68	26	-1		8	0	100	0
	1976	1769.3	94	68	26	-2		9	0	100	0
	1977	1962.0 5/	93	---- 93 ----		-2		10	0	100	...
PARAGUAY...................... (MILLION P GUARANIES)	1960	33177.1	94	---- 94 ----		-1	...	7	0	100	0
	1961	37430.4	94		94	-1	...	7	0	100	0
	1962	42580.7	94	38	57	-1	...	6	0	100	0
	1963	45064.3	95	38	57	-1	...	6	0	100	0
	1964	47736.0	96	38	58	-1	...	6	0	100	0
	1965	51870.8	95	39	57	-1	...	6	0	100	0
	1966	54038.1	95	40	54	-1	...	7	0	100	0
	1967	56719.8	94	40	53	-2	...	8	0	100	0
	1968	59647.7	93	40	53	-2	...	9	0	100	0
	1969	64149.0	94	40	55	-2	...	8	0	100	0
	1970	69143.2	95	37	57	-3	...	8	0	100	0
	1971	77915.9	95	39	56	-2	...	8	0	100	0
	1972	89869.0	96	39	56	-2	...	7	0	100	0
	1973	116807.0	96	35	61	-2	...	6	0	100	0
	1974	158352.6	97	37	60	-1	...	4	0	100	0
	1975	179102.5	97	36	60	-1	...	4	0	100	0
	1976	196619.0	97	39	58	-2	...	5	0	100	0
	1977	234421.0	98	39	59	-2	...	4	0	100	0

5. NATIONAL INCOME AND NATIONAL DISPOSABLE INCOME (CONTINUED)

COUNTRY OR AREA AND CURRENCY UNIT	YEAR	NATIONAL DISPOSABLE INCOME	DOMESTIC FACTOR INCOMES			INCOME FROM THE REST OF THE WORLD		INDIRECT TAXES	LESS SUBSIDIES	NATIONAL INCOME	OTHER CURRENT TRANSFERS RECEIVED FROM THE REST OF THE WORLD, NET
			TOTAL	COMPENSATION OF EMPLOYEES	OPERATING SURPLUS	COMPENSATION OF EMPLOYEES	PROPERTY AND ENTREPRENEURIAL				
			PERCENTAGE DISTRIBUTION								
CARIBBEAN AND LATIN AMERICA (CONTINUED)											
PERU........................ (BILLION PERUVIAN SOLES)	1960	52.8	94	42	52	---- -3 ----		9	2	99	1
	1961	59.4	93	43	50	-3		10	2	99	1
	1962	68.1	94	42	51	-3		10	2	99	1
	1963	74.5	93	43	50	-2		11	2	99	1
	1964	90.2	92	43	49	-2		12	2	100	0
	1965	107.3	91	43	48	-2		12	2	99	1
	1966	126.9	91	42	49	-2		12	2	99	1
	1967	144.0	93	44	48	-3		12	3	99	1
	1968	169.6	92	44	48	-3		12	2	99	1
	1969	191.3	91	43	48	-3		13	1	99	1
	1970	225.2	90	42	49	-2		11	1	99	1
	1971	246.2	90	44	46	-1		12	2	99	1
	1972	274.8	90	46	44	-1		12	2	99	1
	1973	337.7	92	44	47	-1		10	1	100	1
	1974	423.7	92	43	49	-1		10	1	100	0
	1975	529.3	91	43	48	-1		11	2	100	0
PUERTO RICO................. (MILLION US DOLLARS)	1960 1/	1812.4	85	51	34	6	-7	11	2	94	6
	1961	2038.5	86	52	34	5	-8	10	2	94	7
	1962	2248.3	88	53	35	5	-8	10	1	93	7
	1963	2458.3	87	53	34	5	-9	10	1	94	6
	1964	2749.4	86	53	33	5	-9	10	1	93	7
	1965	3034.8	86	53	33	5	-10	10	1	92	8
	1966	3307.4	87	54	33	4	-11	10	1	92	8
	1967	3685.5	86	54	32	5	-12	10	1	92	8
	1968	4169.9	85	55	31	4	-11	10	1	92	8
	1969	4688.7	86	56	30	4	-12	10	1	92	8
	1970	5311.9	86	56	30	4	-12	9	1	91	9
	1971	5825.7	89	58	31	3	-14	10	1	91	10
	1972	6437.5	91	59	31	3	-15	10	2	90	10
	1973	6954.7	94	60	34	3	-17	9	2	90	10
	1974	7816.5	90	59	31	3	-17	10	2	84	16
	1975	8734.5	88	55	33	3	-19	11	2	79	21
	1976	9427.7	89	55	35	2	-21	11	1	79	21
	1977	10398.9	90	54	36	2	-21	11	1	79	21
SURINAME.................... (MILLION SURINAME GUILDERS)	1972 2/	483.3	104	58	46	0	-17	14	2	99	1
	1973	547.5	99	56	42	0	-13	15	2	98	2
	1974	675.2	83	52	30	0	-7	25	3	99	1
	1975	787.6	82	60	22	0	-3	22	2	99	1

5. NATIONAL INCOME AND NATIONAL DISPOSABLE INCOME (CONTINUED)

COUNTRY OR AREA AND CURRENCY UNIT	YEAR	NATIONAL DISPOSABLE INCOME	DOMESTIC FACTOR INCOMES			INCOME FROM THE REST OF THE WORLD		INDIRECT TAXES	LESS SUBSIDIES	NATIONAL INCOME	OTHER CURRENT TRANSFERS RECEIVED FROM THE REST OF THE WORLD, NET
			TOTAL	COMPENSATION OF EMPLOYEES	OPERATING SURPLUS	COMPENSATION OF EMPLOYEES	PROPERTY AND ENTREPRENEURIAL				
			PERCENTAGE DISTRIBUTION								
CARIBBEAN AND LATIN AMERICA (CONTINUED)											
URUGUAY (MILLION URUGUAYAN NEW PESOS)	1960	13.0	93	41	51	---- -1 ----		13	5	100	0
	1961	16.6	89	46	44	0		14	3	100	0
	1962	18.0	92	52	39	0		12	3	100	0
	1963	21.3	92	53	39	-1		12	4	100	0
	1964	31.2	92	51	41	-1		13	3	100	0
	1965	50.3	94	49	45	-1		13	5	100	0
	1966	94.9	88	45	43	-1		16	3	100	0
	1967	161.4	91	50	41	-2		13	2	100	0
	1968	356.0	90	46	44	-2		15	3	100	0
	1969	481.3	89	49	41	-2		14	2	100	0
	1970	584.1	87	46	41	-1		16	2	100	0
	1971	703.4	88	49	39	-1		16	3	100	0
	1972	1184.6	83	42	41	-1		21	3	100	0
	1973	2481.3	87	43	44	-1		16	2	100	0
	1974	4404.0	90	43	47	-1		15	3	100	0
	1975	7866.5	88	42	46	-2		16	2	100	0
	1976	12229.0 5/	87	39	48	-2		18	3	100	...
	1977	18691.0 5/	89	36	53	-2		---- 13	----	100	...
VENEZUELA (MILLION V BOLIVARES)	1960	21152.0	102	55	46	---- -10 ----		9	0	100	0
	1961	22131.0	101	55	46	-11		10	0	100	0
	1962	23945.0	101	52	49	-11		10	0	100	0
	1963	26411.0	100	52	48	-11		11	0	100	0
	1964	29363.0	105	52	53	-11		7	0	100	0
	1965	31222.0	106	52	53	-11		6	1	100	0
	1966	32627.0	104	54	51	-10		6	0	100	0
	1967	34505.0	104	55	49	-10		6	0	100	0
	1968 2/	36921.0	105	48	57	0	-9	5	0	101	-1
	1969 2/	38227.0	105	49	56	0	-9	6	0	101	-1
	1970 2/	43310.0	103	48	55	0	-7	5	0	101	-1
	1971 2/	47496.0	105	49	57	0	-8	4	0	101	-1
	1972 2/	52707.0	106	49	57	0	-9	4	0	101	-1
	1973 2/	63240.0	108	45	63	0	-11	4	0	101	-1
	1974 2/	101192.0	117	36	81	0	-19	3	1	101	-1
	1975 2/	108649.0	106	42	64	0	-8	4	1	101	-1
	1976 2/	123884.0	98	43	54	0	1	3	1	101	-1
	1977 2/	142089.0	98	44	54	0	1	4	1	101	-1

5. NATIONAL INCOME AND NATIONAL DISPOSABLE INCOME (CONTINUED)

COUNTRY OR AREA AND CURRENCY UNIT	YEAR	NATIONAL DISPOSABLE INCOME	DOMESTIC FACTOR INCOMES			INCOME FROM THE REST OF THE WORLD		INDIRECT TAXES	LESS SUBSIDIES	NATIONAL INCOME	OTHER CURRENT TRANSFERS RECEIVED FROM THE REST OF THE WORLD ,NET
			TOTAL	COMPENSATION OF EMPLOYEES	OPERATING SURPLUS	COMPENSATION OF EMPLOYEES	PROPERTY AND ENTREPRENEURIAL				
			PERCENTAGE DISTRIBUTION								
ASIA MIDDLE EAST											
CYPRUS........................ (MILLION CYPRUS POUNDS)	1960	97.1	80	---- 80 ----		5	-3	10	0	93	7
	1961	106.9	81	81		5	-2	9	1	93	7
	1962	119.1	82	82		4	-1	9	1	94	7
	1963	122.8	83	83		4	-1	9	1	95	5
	1964	111.4	84	84		4	0	9	1	96	4
	1965	140.7	85	85		3	0	8	1	96	4
	1966	148.8	87	87		3	-1	9	1	97	3
	1967	169.8	87	87		3	0	8	1	97	3
	1968	183.9	87	87		2	0	9	1	98	3
	1969	212.6	87	87		3	1	8	1	98	2
	1970	230.6	86	86		3	1	8	1	97	3
	1971	265.4	87	87		2	1	8	1	97	3
	1972	299.2	87	87		2	1	9	1	98	2
	1973	336.5	88	88		3	1	10	2	99	2
	1974	319.0	84	84		3	1	8	3	93	7
	1975	282.0	81	81		4	2	7	3	91	9
	1976	353.5	84	84		3	1	7	1	93	7
	1977	454.8	82	82		2	2	8	1	94	7
IRAQ........................... (MILLION IRAQI DINARS)	1964	642.2	112	34	78	---- -18 ----		7	0	100	0
	1965	703.2	112	35	77	-18		7	0	100	0
	1966	764.8	111	34	77	-18		7	0	100	0
	1967	791.2	108	34	74	-16		7	0	99	1
	1968	880.3	110	33	77	-18		8	0	100	0
	1969	927.7	108	35	74	-17		8	0	100	0
	1970	1011.5	108	34	74	-16		9	0	100	0
	1971	1140.8	111	32	79	-19		8	0	100	0
	1972	1220.0	104	33	71	-11		7	0	100	0
	1973	1448.3	101	30	70	-6		7	1	100	0
	1974	2963.5	110	21	88	-8		3	2	102	-2
	1975	3667.4	105	23	83	-3		3	2	104	-4

5. NATIONAL INCOME AND NATIONAL DISPOSABLE INCOME (CONTINUED)

COUNTRY OR AREA AND CURRENCY UNIT	YEAR	NATIONAL DISPOSABLE INCOME	DOMESTIC FACTOR INCOMES			INCOME FROM THE REST OF THE WORLD		INDIRECT TAXES	LESS SUBSIDIES	NATIONAL INCOME	OTHER CURRENT TRANSFERS RECEIVED FROM THE REST OF THE WORLD ,NET
			TOTAL	COMPENSATION OF EMPLOYEES	OPERATING SURPLUS	COMPENSATION OF EMPLOYEES	PROPERTY AND ENTREPRENEURIAL				
			PERCENTAGE DISTRIBUTION								
ASIA MIDDLE EAST (CONTINUED)											
ISRAEL........................ (MILLION ISRAEL POUNDS)	1960	4189.0 5/	82	48	34	0	-1	18	5	100	...
	1961	5036.0	81	48	33	0	-1	19	4	100	...
	1962	5925.0	82	49	33	0	-2	18	3	100	...
	1963	7119.0	84	49	35	0	-1	17	3	100	...
	1964 3/	8080.0	88	51	37	0	-1	18	3	100	...
	1965	9681.0	87	53	34	0	-1	17	3	100	...
	1966	10520.0	87	56	31	0	-1	17	3	100	...
	1967	10754.0	90	56	34	0	-1	16	4	100	...
	1968	12834.0	87	52	36	0	-2	17	4	100	...
	1969	15064.0	86	50	37	-1	-1	18	4	100	...
	1970	17417.0	88	53	35	-1	-1	18	4	100	...
	1971	22088.0	87	51	35	-1	-1	21	6	100	...
	1972	28799.0	85	49	36	-1	-1	21	5	100	...
	1973	36440.0	85	51	34	-2	-2	23	7	100	...
	1974	51818.0	83	50	33	-2	-2	25	7	100	...
	1975	71452.0	87	50	36	-2	-2	24	8	100	...
	1976	93330.0	85	53	33	-2	-2	28	8	100	...
	1977	130622.0	86	57	29	-2	-2	28	9	100	...
JORDAN........................ (MILLION JORDAN DINARS)	1960 2/	122.6	70	28	42		1	7	0	78	22
	1961	143.1	74	26	48		1	6	0	82	18
	1962	144.6	72	28	44		4	7	0	83	17
	1963	149.7	75	28	47		2	8	0	84	16
	1964	172.9	75	27	48		1	8	0	84	16
	1965	190.0	76	27	49		2	9	0	87	13
	1966	195.1	73	30	44		2	11	0	86	14
	1967 9/3/	190.1	58	24	34		3		8	68	32
	1968	213.3	61	30	32		3		8	73	28
	1969	237.1	65	31	34		3		9	77	23
	1970	220.0	67	33	34		3		9	79	21
	1971	228.1	69	33	37		4		9	82	18
	1972	281.2	62	29	33		2		9	73	27
	1973	297.8	61	30	31		3		10	73	27
	1974	357.5	65	30	35		2		1	69	31
	1975	473.3	55	25	30		2		2	59	41

COUNTRY OR AREA AND CURRENCY UNIT	YEAR	NATIONAL DISPOSABLE INCOME	DOMESTIC FACTOR INCOMES			INCOME FROM THE REST OF THE WORLD		INDIRECT TAXES	LESS SUBSIDIES	NATIONAL INCOME	OTHER CURRENT TRANSFERS RECEIVED FROM THE REST OF THE WORLD, NET
			TOTAL	COMPENSATION OF EMPLOYEES	OPERATING SURPLUS	COMPENSATION OF EMPLOYEES	PROPERTY AND ENTREPRENEURIAL				
			PERCENTAGE DISTRIBUTION								
ASIA MIDDLE EAST (CONTINUED)											
KUWAIT........................ (MILLION KUWAITI DINARS)	1966 6/	642.0 5/	126	24	103	---- -27	----	----	1----	100	...
	1967	692.0 5/	119	26	93	-20			1	100	...
	1968	748.0 5/	121	26	95	-21			1	100	...
	1969	790.0 5/	118	26	92	-19			1	100	...
	1970 2/	667.0	115	36	79	-26			13	111	-11
	1971 2/	847.0	132	31	101	-31			13	114	-14
	1972 2/	1040.0	126	33	93	...	-35		12	104	-4
	1973 2/	1498.0	123	23	99	...	-23		9	109	-9
	1974 2/	2609.0	108	16	92	...	-11		17	115	-15
	1975 2/	3117.0	98	18	80	...	7		1	106	-6
LEBANON....................... (MILLION LEBANESE POUNDS)	1965	3426.5 5/	89	---- 89	----	---- 3	----	10	2	100	...
	1966	3760.0	89	89		3		10	2	100	...
	1967	3709.8	89	89		4		10	2	100	...
	1968	4164.4	89	89		4		10	2	100	...
	1969	4454.6	89	89		4		10	2	100	...
	1970	4755.8	89	89		4		10	3	100	...
	1971	5315.0	89	89		4		10	3	100	...
	1972	6285.0	89	89		4		10	2	100	...
OMAN.......................... (MILLION RIALS OMANI)	1970	81.8 5/11/	129	---- 129	----	---- -31	----	----	1----	100	...
	1971	101.1	123	123		-24			1	100	...
	1972	105.7	132	132		-33			2	100	...
	1973	129.2	130	130		-31			2	100	...
	1974	445.7	127	127		-28			1	100	...
	1975 3/	566.0	128	128		-28			0	100	...
	1976	674.7	122	122		-23			1	100	...
SAUDI ARABIA.................. (MILLION SA RIYALS)	1966 2/14/	9613.0 11/	135	37	98	-3	-25	3	1	109	-9
	1967	10402.0	140	38	102	-3	-26	3	1	112	-12
	1968	11451.0	138	38	100	-3	-26	3	1	111	-11
	1969	12295.0	140	36	104	-3	-28	2	1	110	-10
	1970	15727.0	144	31	113	-3	-33	3	1	110	-10
	1971	18931.0	147	29	119	-3	-38	2	0	109	-9
	1972	27301.0	147	24	122	-3	-36	2	0	110	-10
	1973	77483.0	128	12	116	-1	-21	1	0	106	-6
	1974	112925.0	119	12	107	-1	-12	0	1	106	-6
	1975	137864.0	115	17	97	-1	-6	1	1	108	-8
	1976	181769.0	111	20	91	-1	-1	0	1	108	-8

5. NATIONAL INCOME AND NATIONAL DISPOSABLE INCOME (CONTINUED)

COUNTRY OR AREA AND CURRENCY UNIT	YEAR	NATIONAL DISPOSABLE INCOME	DOMESTIC FACTOR INCOMES			INCOME FROM THE REST OF THE WORLD		INDIRECT TAXES	LESS SUBSIDIES	NATIONAL INCOME	OTHER CURRENT TRANSFERS RECEIVED FROM THE REST OF THE WORLD, NET
			TOTAL	COMPENSATION OF EMPLOYEES	OPERATING SURPLUS	COMPENSATION OF EMPLOYEES	PROPERTY AND ENTREPRENEURIAL				
			PERCENTAGE DISTRIBUTION								
ASIA MIDDLE EAST (CONTINUED)											
TURKEY........................ (BILLION TURKISH LIRAS)	1960 2/	44.1 5/	92	---- 92 ----		0	-1	10	0	100	...
	1961	46.7 5/	91	91		0	-1	10	1	100	...
	1962	54.3 5/	91	91		0	-1	10	1	100	...
	1963	63.0 5/	91	91		0	0	10	1	100	...
	1964	67.2 5/	90	90		0	0	10	1	100	...
	1965	72.2 5/	89	89		1	-1	11	1	100	...
	1966	86.4	89	89		1	0	11	1	100	0
	1967	95.7	89	89		1	-1	12	0	100	0
	1968	106.3	89	29	60	1	-1	11	1	100	1
	1969	117.4	89	29	59	1	-1	12	1	100	0
	1970	139.4	88	30	57	2	-1	11	1	100	1
	1971	182.9	86	29	56	4	-1	11	1	99	1
	1972	228.0	85	29	56	4	-1	12	1	100	0
	1973	293.5	85	28	56	6	-1	11	1	100	0
YEMEN........................ (MILLION YEMENI RIALS)	1972 2/	3780.4	85	9	76	0	0	3	0	88	12
	1973	4239.3	81	11	70	0	0	4	0	86	14
YEMEN,DEMOCRATIC.............. (MILLION YEMENI DINARS)	1969	5/ 55.4	...	...	...	...	...	...	...	100	...
	1970	55.1	...	...	...	...	...	...	...	100	...
	1971	56.3	...	...	...	...	...	...	...	100	...
	1972	58.0	...	...	...	...	...	...	...	100	...
	1973	59.0	...	...	...	...	...	...	...	100	...
	1974	62.5	...	...	...	...	...	...	...	100	...
ASIA EAST AND SOUTHEAST											
DEMOCRATIC KAMPUCHEA......... (BILLION RIELS)	1962	5/ 21.7	89	---- 89 ----		---- -1 ----		12	0	100	...
	1963	24.1	90	90		-1		11	0	100	...
	1964	26.0	90	90		0		11	0	100	...
	1965	28.9	86	86		0		15	1	100	...
	1966	30.5	87	87		0		14	1	100	...

5. NATIONAL INCOME AND NATIONAL DISPOSABLE INCOME (CONTINUED)

COUNTRY OR AREA AND CURRENCY UNIT	YEAR	NATIONAL DISPOSABLE INCOME	DOMESTIC FACTOR INCOMES			INCOME FROM THE REST OF THE WORLD		INDIRECT TAXES	LESS SUBSIDIES	NATIONAL INCOME	OTHER CURRENT TRANSFERS RECEIVED FROM THE REST OF THE WORLD, NET
			TOTAL	COMPENSATION OF EMPLOYEES	OPERATING SURPLUS	COMPENSATION OF EMPLOYEES	PROPERTY AND ENTREPRENEURIAL				
			PERCENTAGE DISTRIBUTION								
ASIA EAST AND SOUTHEAST (CONTINUED)											
INDIA........................	2/6/ 1960	142.4	94	80	14	0	0	7	1	100	0
(BILLION INDIAN RUPEES)	1961	151.0	93	79	15	0	-1	8	1	100	0
	1962	160.9	93	77	15	0	-1	9	1	100	0
	1963	185.9	92	76	16	0	-1	9	1	100	0
	1964	218.2	92	78	14	0	-1	9	1	100	0
	1965	228.0	91	76	15	0	-1	10	1	100	0
	1966	261.2	92	79	13	0	-1	10	2	100	0
	1967	305.8	93	81	12	0	-1	9	1	100	0
	1968	314.7	92	80	12	0	-1	10	1	100	0
	1969	347.9	92	79	13	0	-1	10	1	100	0
	1970	380.6	91	77	14	0	-1	10	1	100	0
	1971	409.6	90	76	15	0	-1	11	1	100	0
	1972	451.4	90	76	15	0	-1	12	1	100	0
	1973	558.5	91	78	13	0	-1	11	1	100	0
	1974	662.4	90	77	14	0	0	11	1	100	0
	1975	688.3	88	74	15	0	0	13	2	99	1
	1976	721.7 5/	...	...	...	...	...	13	2	100	...
INDONESIA....................	1960	5/ 0.4	94	----	94 ----	----	0 ----	----	6----	100	...
(BILLION INDONESIAN RUPIAHS)	1961	0.4	95		95		0		5	100	...
	1962	1.2	98		98		0		2	100	...
	1963	3.0	98		98		-1		4	100	...
	1964	6.5	99		99		-2		3	100	...
	1965	22.1	98		98		-1		3	100	...
	1966	293.8	99		99		-2		3	100	...
	1967	783.5	97		97		-1		4	100	...
	1968	1840.5	97		97		-2		5	100	...
	1969 3/	2507.0	96		96		-1		5	100	...
	1970	3071.0	96		96		-2		6	100	...
	1971	3366.6	95		95		-2		7	100	...
	1972	4107.9	98		98		-4		6	100	...
	1973	6068.7	99		99		-4		5	100	...
	1974	9504.9	101		101		-5		5	100	...
	1975	11265.0	100		100		-5		5	100	...
	1976	14028.2	98		98		-3		5	100	...
	1977	17181.6	99		99		-4		5	100	...

5. NATIONAL INCOME AND NATIONAL DISPOSABLE INCOME (CONTINUED)

COUNTRY OR AREA AND CURRENCY UNIT	YEAR	NATIONAL DISPOSABLE INCOME	DOMESTIC FACTOR INCOMES			INCOME FROM THE REST OF THE WORLD		INDIRECT TAXES	LESS SUBSIDIES	NATIONAL INCOME	OTHER CURRENT TRANSFERS RECEIVED FROM THE REST OF THE WORLD, NET
			TOTAL	COMPENSATION OF EMPLOYEES	OPERATING SURPLUS	COMPENSATION OF EMPLOYEES	PROPERTY AND ENTREPRENEURIAL				
			PERCENTAGE DISTRIBUTION								
ASIA EAST ANS SOUTHEAST (CONTINUED)											
JAPAN......................... (BILLION JAPANESE YEN)	1960	14119.1	91	45	46	0	0	10	0	100	0
	1961	16706.7	91	46	46	0	0	10	1	100	0
	1962	19013.7	92	48	44	0	0	9	1	100	0
	1963	21759.4	92	49	43	0	0	9	1	100	0
	1964	24857.4	92	50	43	0	1	9	1	100	0
	1965 2/	27798.9	92	51	41	0	0	9	1	100	0
	1966 2/	32204.9	93	51	42	0	0	8	1	100	0
	1967 2/	38373.6	93	49	44	0	0	8	1	100	0
	1968 2/	45038.4	93	49	44	0	0	8	1	100	0
	1969 2/	52487.2	94	49	45	0	0	8	1	100	0
	1970 2/	63443.1	93	49	45	0	0	8	1	100	0
	1971 2/	68879.2	93	53	40	0	0	8	1	100	0
	1972 2/	78928.3	93	54	39	0	0	8	1	100	0
	1973 2/	97474.1	93	55	38	0	0	8	1	100	0
	1974 2/	114655.6	94	59	35	0	0	8	2	100	0
	1975 2/	127642.7	94	62	32	0	0	8	2	100	0
	1976 2/	143514.3	94	63	32	0	0	8	2	100	0
KOREA, REPUBLIC OF............ (BILLION KOREAN WON)	1960	251.1	85	31	53	1	0	8	0	93	7
	1961	304.8	85	29	56	1	0	7	1	92	8
	1962	365.4	84	30	54	1	0	8	1	92	8
	1963	509.1	87	26	61	1	0	6	0	94	6
	1964	722.8	89	24	64	1	0	5	0	94	6
	1965	814.1	87	27	60	1	0	6	0	93	7
	1966	1037.5	86	28	58	1	0	7	0	94	6
	1967	1264.9	86	30	55	2	0	8	0	95	5
	1968	1610.0	85	31	54	2	0	10	0	96	4
	1969	2089.5	86	32	53	1	0	10	0	97	3
	1970	2562.2	87	34	53	1	0	10	0	98	2
	1971	3126.8	89	34	54	1	-1	10	0	98	2
	1972	3775.6	90	34	55	1	-2	9	0	98	2
	1973	4833.2	90	33	57	1	-1	10	1	98	2
	1974	6723.2	92	33	59	1	-2	11	3	99	1
	1975	8964.5	90	34	56	0	-2	13	2	99	1
	1976	12170.3	87	35	52	1	-1	14	1	99	1
	1977	15377.4	88	37	51	1	-2	14	2	99	1

5. NATIONAL INCOME AND NATIONAL DISPOSABLE INCOME (CONTINUED)

COUNTRY OR AREA AND CURRENCY UNIT	YEAR	NATIONAL DISPOS-ABLE INCOME	DOMESTIC FACTOR INCOMES			INCOME FROM THE REST OF THE WORLD		IN-DIRECT TAXES	LESS SUB-SIDIES	NATION-AL INCOME	OTHER CURRENT TRANS-FERS RE-CEIVED FROM THE REST OF THE WORLD ,NET
			TOTAL	COMPEN-SATION OF EM-PLOYEES	OPERAT-ING SURPLUS	COMPEN-SATION OF EM-PLOYEES	PROPER-TY AND ENTRE-PRENEU-RIAL				
			PERCENTAGE DISTRIBUTION								
ASIA EAST AND SOUTHEAST (CONTINUED)											
MALAYSIA. 10/ (MILLION MALAYSIAN RINGGITS)	1960	5403.0 11/	92	38	54	---- -5 ----		17	0	104	-4
	1961	5432.0	92	38	54	-4		15	1	104	-4
	1962	5774.0	92	39	52	-3		15	0	104	-4
	1963	6145.0	92	39	52	-3		14	0	103	-3
	1964	6677.0	91	39	52	-3		14	0	102	-2
	1965	7247.0	90	39	51	-3		14	0	102	-2
	1966	7614.0	90	40	50	-3		15	0	102	-2
	1967	7965.0	88	40	49	-1		15	0	102	-2
	1968	8233.0	88	40	48	-1		15	0	102	-2
	1969	9267.0	91	37	53	-3		15	0	103	-3
	1970	10077.0	90	37	53	-3		15	0	102	-2
	1971	12404.0	89	35	54	-3		15	0	102	-2
	1972	13842.0 5/	87	...	...	-3		----	15----	100	...
	1973	17963.0 5/	88	...	...	-4			16	100	...
	1974	21861.0 5/	88	...	...	-5			17	100	...
	1975	21606.0 5/	88	...	...	-3			16	100	...
	1976	27033.0 5/	87	...	...	-3			17	100	...
	1977	31074.0 5/	86	...	...	-4			18	100	...
PHILIPPINES. (MILLION PHILIPPINE PESOS)	1960	13286.0	92	----	92 ----	---- -2 ----		8	0	98	2
	1961	14545.0	91		91	-1		8	0	98	2
	1962	16315.0	91		91	0		8	1	98	2
	1963	18772.0	91		91	0		8	0	99	2
	1964	20233.0	91		91	0		8	1	98	2
	1965	21977.0	92		92	-1		7	0	99	2
	1966	24045.0	92		92	-1		8	0	99	1
	1967	27032.0	92		92	0	-1	8	0	98	2
	1968	29777.0	93		93	0	-1	8	1	99	1
	1969	32721.0	92		92	0	-1	8	1	99	1
	1970	38664.0	92		92	0	-2	9	0	98	2
	1971	45637.0	91		91	0	-2	9	0	99	2
	1972	51285.0	90		90	1	-2	9	0	98	2
	1973	66420.0	89		89	1	-1	10	0	98	2
	1974	92961.0	87		87	1	-1	12	1	98	2
	1975	105013.0	87		87	1	-1	12	1	98	2
	1976	120586.0	89		89	1	-2	11	1	98	2
	1977	139355.0	89		89	1	-2	11	0	99	1

5. NATIONAL INCOME AND NATIONAL DISPOSABLE INCOME (CONTINUED)

COUNTRY OR AREA AND CURRENCY UNIT	YEAR	NATIONAL DISPOSABLE INCOME	DOMESTIC FACTOR INCOMES			INCOME FROM THE REST OF THE WORLD		INDIRECT TAXES	LESS SUBSIDIES	NATIONAL INCOME	OTHER CURRENT TRANSFERS RECEIVED FROM THE REST OF THE WORLD, NET
			TOTAL	COMPENSATION OF EMPLOYEES	OPERATING SURPLUS	COMPENSATION OF EMPLOYEES	PROPERTY AND ENTREPRENEURIAL				
			PERCENTAGE DISTRIBUTION								
ASIA EAST AND SOUTHEAST (CONTINUED)											
SRI LANKA (MILLION SRI LANKA RUPEES)	1963	7349.2	96	44	52	----	-1 ----	----	5----	100	0
	1964	7524.8	94	44	50		-1		6	100	1
	1965	7775.8	93	45	48		0		7	100	1
	1966	8069.6	92	45	48		-1		8	100	1
	1967	8666.5	92	43	48		-1		9	100	0
	1968	9973.4	94	44	50		-1		7	100	0
	1969	10875.2	92	42	50		-1		8	100	0
	1970	12306.5	89	42	47		-1		9	99	1
	1971	12511.1	91	42	49		-1		8	99	1
	1972	13649.6	93	55	39		-1		7	100	1
	1973	16112.2	91	53	38		-1		10	100	1
	1974	20448.2	90	52	38		-1		8	99	1
	1975 2/	23223.3	89	52	37		-1		8	98	2
	1976 2/	25449.5	89	53	36		-1		8	98	2
	1977 2/	30090.4	93	54	39		-1		7	98	2
THAILAND (BILLION THAI BAHT)	1960	53.0	88	24	64	----	0 ----	----	11----	99	2
	1961	57.5	88	24	64		0		11	99	1
	1962	62.2	88	24	64		0		11	99	2
	1963	66.3	87	25	62		0		12	98	2
	1964	71.8	87	25	62		0		12	99	1
	1965	80.8	87	25	62		0		12	99	1
	1966	97.2	88	24	64		0		12	99	1
	1967	103.3	87	25	62		0		12	99	1
	1968	111.1	86	26	60		0		13	99	1
	1969	121.1	86	26	60		0		13	99	1
	1970	127.2	87	27	60		0		12	99	1
	1971	134.0	87	28	59		0		12	99	1
	1972	152.7	88	28	60		0		12	99	1
	1973	204.3	88	25	63		0		11	99	1
	1974	258.1	85	25	61		0		13	98	2
	1975	277.3	88	26	62		0		11	99	1
	1976	308.0	89	27	62		0		11	100	0
	1977	341.6	88	28	60		0		12	100	0

5. NATIONAL INCOME AND NATIONAL DISPOSABLE INCOME (CONTINUED)

COUNTRY OR AREA AND CURRENCY UNIT	YEAR	NATIONAL DISPOSABLE INCOME	DOMESTIC FACTOR INCOMES			INCOME FROM THE REST OF THE WORLD		INDIRECT TAXES	LESS SUBSIDIES	NATIONAL INCOME	OTHER CURRENT TRANSFERS RECEIVED FROM THE REST OF THE WORLD, NET
			TOTAL	COMPENSATION OF EMPLOYEES	OPERATING SURPLUS	COMPENSATION OF EMPLOYEES	PROPERTY AND ENTREPRENEURIAL				
			PERCENTAGE DISTRIBUTION								
ASIA EAST AND SOUTHEAST (CONTINUED)											
VIET NAM 15/ (BILLION PIASTRES)	1960	84.8	82	----	82 ----	...	...	11	0	92	8
	1961	86.5	81		81	0	-1	13	0	93	7
	1962	99.5	79		79	0	0	12	1	90	10
	1963	109.1	78		78	0	0	11	0	88	12
	1964	123.9	78		78	0	0	12	0	89	11
	1965	158.0	79		79	2	-1	9	0	69	11
	1966	273.0	68		68	6	0	9	0	84	16
	1967	396.1	71		71	6	0	11	0	87	13
	1968	419.9	72		72	6	0	11	0	89	11
	1969	592.0	73		73	4	0	14	0	90	10
	1970	829.6	74		74	3	0	16	0	93	7
	1971	993.9	75		75	2	0	17	0	94	6
	1972	1215.5	73		73	1	0	13	0	87	13
EUROPE MARKET ECONOMIES											
AUSTRIA (BILLION A SCHILLINGS)	1960	147.2	85	50	4/ 35	0	0	16	2	99	1
	1961	162.7	85	51	34	0	0	16	2	100	0
	1962	173.9	85	52	33	0	0	16	2	99	1
	1963	185.3	86	53	33	0	0	17	2	100	0
	1964 2/	200.5	85	53	32	0	0	18	3	100	1
	1965 2/	217.3	84	54	31	0	0	18	3	100	1
	1966 2/	237.0	84	54	30	0	0	18	3	99	1
	1967 2/	251.3	84	55	29	0	-1	18	2	99	1
	1968 2/	269.9	84	55	29	0	-1	19	2	100	1
	1969 2/	296.1	84	54	29	0	-1	19	2	100	1
	1970 2/	331.3	84	53	31	0	-1	19	2	100	0
	1971 2/	369.0	84	55	28	0	-1	19	2	100	0
	1972 2/	418.6	83	55	28	0	-1	19	2	100	0
	1973 2/	472.3	84	57	26	0	-1	19	2	100	0
	1974 2/	537.9	84	59	26	0	-1	19	3	100	0
	1975 2/	572.4	85	61	23	0	-1	19	3	100	0
	1976 2/	637.4	85	61	24	0	-1	19	3	100	0
	1977 2/	691.5	85	62	23	0	-1	20	4	100	0

5. NATIONAL INCOME AND NATIONAL DISPOSABLE INCOME (CONTINUED)

COUNTRY OR AREA AND CURRENCY UNIT	YEAR	NATIONAL DISPOSABLE INCOME	DOMESTIC FACTOR INCOMES: TOTAL	DOMESTIC FACTOR INCOMES: COMPENSATION OF EMPLOYEES	DOMESTIC FACTOR INCOMES: OPERATING SURPLUS	INCOME FROM THE REST OF THE WORLD: COMPENSATION OF EMPLOYEES	INCOME FROM THE REST OF THE WORLD: PROPERTY AND ENTREPRENEURIAL	INDIRECT TAXES	LESS SUBSIDIES	NATIONAL INCOME	OTHER CURRENT TRANSFERS RECEIVED FROM THE REST OF THE WORLD, NET
			PERCENTAGE DISTRIBUTION								
EUROPE MARKET ECONOMIES (CONTINUED)											
BELGIUM...................... (BILLION BELGIAN FRANCS)	1960	515.2	87	50	38	1	0	13	1	100	0
	1961	547.9	87	49	38	1	0	13	1	100	0
	1962	586.6	87	50	36	1	0	13	1	100	0
	1963	629.1	87	52	35	1	0	13	1	100	0
	1964	705.0	87	52	35	1	0	13	1	100	0
	1965	769.5	87	53	34	1	0	13	1	100	0
	1966	825.6	86	54	32	1	0	15	2	100	0
	1967	883.4	86	54	32	1	0	15	1	100	0
	1968	945.5	86	54	33	1	0	15	2	100	0
	1969	1046.9	87	54	33	1	0	15	2	100	0
	1970	1162.4	87	54	33	1	0	14	2	100	0
	1971	1268.9	87	56	31	1	0	14	1	101	-1
	1972	1427.4	88	58	30	1	1	13	1	100	0
	1973	1624.9	88	58	30	1	1	13	2	101	-1
	1974	1909.1	88	60	28	1	1	13	1	101	-1
	1975	2101.5	88	62	26	1	1	12	1	101	-1
	1976	2410.8	88	62	26	1	1	13	2	101	-1
	1977	2605.1	88	63	25	1	1	13	2	101	-1
DENMARK...................... (MILLION DANISH KRONER)	2/ 1960	37551.0	87	51	36	0	0	13	0	100	0
	1961	41523.0	88	53	35	0	0	13	1	100	0
	1962	46853.0	88	54	34	0	0	14	1	100	0
	1963	49587.0	87	54	33	0	0	15	1	100	0
	1964	56840.0	87	53	34	0	0	15	1	100	0
	1965	63726.0	86	55	32	0	0	15	1	101	-1
	1966 3/	71144.0	86	57	29	0	0	16	2	100	0
	1967	78372.0	86	58	28	0	0	17	2	100	0
	1968	87392.0	85	58	27	0	0	19	3	100	0
	1969	99607.0	85	57	28	0	0	19	3	100	0
	1970	110461.0	85	58	27	0	0	19	3	100	0
	1971	121756.0	85	60	25	0	0	19	3	100	0
	1972	139982.0	85	58	27	0	-1	19	3	100	0
	1973	163288.0	85	57	28	0	-1	18	3	99	1
	1974	178991.0	86	62	24	0	-1	17	4	99	1
	1975	196968.0	86	64	23	0	-1	17	3	100	0
	1976	229299.0	85	62	23	0	-1	18	3	99	1
	1977	253456.0	85	...	...	0	-1	19	4	99	1

5. NATIONAL INCOME AND NATIONAL DISPOSABLE INCOME (CONTINUED)

COUNTRY OR AREA AND CURRENCY UNIT	YEAR	NATIONAL DISPOSABLE INCOME	DOMESTIC FACTOR INCOMES			INCOME FROM THE REST OF THE WORLD		INDIRECT TAXES	LESS SUBSIDIES	NATIONAL INCOME	OTHER CURRENT TRANSFERS RECEIVED FROM THE REST OF THE WORLD, NET
			TOTAL	COMPENSATION OF EMPLOYEES	OPERATING SURPLUS	COMPENSATION OF EMPLOYEES	PROPERTY AND ENTREPRENEURIAL				
			PERCENTAGE DISTRIBUTION								
EUROPE MARKET ECONOMIES (CONTINUED)											
FINLAND........................ (MILLION FINNISH MARKKAA)	1960	14196.0	88	50	38	...	0	15	3	100	0
	1961	15763.0	88	50	38	...	0	15	3	100	0
	1962	16907.0	88	52	36	...	0	15	3	100	0
	1963	18416.0	90	53	36	...	0	15	4	100	0
	1964	21187.0	89	54	35	...	-1	15	4	100	0
	1965	23260.0	89	55	34	...	-1	15	4	100	0
	1966	25066.0	89	56	33	...	-1	16	4	100	0
	1967	27149.0	88	57	32	...	-1	16	3	100	0
	1968	30749.0	88	56	32	...	-1	17	3	100	0
	1969	34757.0	88	55	33	...	-1	16	3	100	0
	1970	38663.0	89	56	33	0	-1	16	4	100	0
	1971	42639.0	88	58	30	0	-1	16	4	100	0
	1972	49182.0	89	59	30	0	-1	16	3	100	0
	1973	59673.0	89	58	30	0	-1	16	3	100	0
	1974	74719.0	91	59	32	0	-1	15	5	100	0
	1975	87313.0	92	62	30	0	-2	15	5	100	0
	1976	98337.0	92	64	28	0	-2	15	5	100	0
	1977	107938.0	91	63	27	0	-2	17	5	100	0
FRANCE........................ (BILLION FRENCH FRANCS)	1960	266.0	85	50	36	0	0	18	2	102	-2
	1961	289.5	85	51	34	0	0	18	2	102	-2
	1962	325.1	85	51	34	0	0	19	2	102	-2
	1963	365.8	85	52	33	0	0	19	2	101	-1
	1964	405.7	84	52	32	0	0	19	2	101	-1
	1965	434.1	85	53	32	0	0	19	2	101	-1
	1966	472.0	85	52	32	0	0	19	2	101	-1
	1967	508.5	85	53	33	0	0	18	2	101	-1
	1968	558.0	86	54	33	0	0	18	3	101	-1
	1969	652.4	86	53	33	0	0	18	3	101	-1
	1970 2/	698.7	86	55	31	0	1	17	2	101	-1
	1971 2/	779.5	86	55	30	0	1	17	2	101	-1
	1972 2/	877.1	86	55	31	0	1	17	2	101	-1
	1973 2/	993.4	87	56	30	0	0	17	3	101	-1
	1974 2/	1129.0	87	59	28	0	1	17	2	101	-1
	1975 2/	1275.9	87	61	26	0	0	17	3	101	-1
	1976 2/	1469.7	87	61	25	0	1	17	3	101	-1
	1977 2/	1644.0	87	62	25	0	1	16	3	101	-1

5. NATIONAL INCOME AND NATIONAL DISPOSABLE INCOME (CONTINUED)

COUNTRY OR AREA AND CURRENCY UNIT	YEAR	NATIONAL DISPOSABLE INCOME	DOMESTIC FACTOR INCOMES: TOTAL	DOMESTIC FACTOR INCOMES: COMPENSATION OF EMPLOYEES	DOMESTIC FACTOR INCOMES: OPERATING SURPLUS	INCOME FROM THE REST OF THE WORLD: COMPENSATION OF EMPLOYEES	INCOME FROM THE REST OF THE WORLD: PROPERTY AND ENTREPRENEURIAL	INDIRECT TAXES	LESS SUBSIDIES	NATIONAL INCOME	OTHER CURRENT TRANSFERS RECEIVED FROM THE REST OF THE WORLD, NET
			PERCENTAGE DISTRIBUTION								
EUROPE MARKET ECONOMIES (CONTINUED)											
GERMANY, FEDERAL REPUBLIC OF.. (BILLION DEUTSCHE MARK)	1960 2/	276.2	87	52	35	0	0	15	1	101	-1
	1961	300.4	87	54	33	0	-1	15	1	101	-1
	1962	324.7	87	55	32	0	-1	15	1	101	-1
	1963	342.3	87	56	31	0	-1	15	1	101	-1
	1964	375.4	87	56	31	0	-1	15	1	101	-1
	1965	408.7	88	57	31	0	-1	15	1	102	-2
	1966	433.4	88	58	30	0	-1	15	1	101	-1
	1967	436.8	87	56	30	0	-1	16	1	102	-2
	1968	474.4	89	57	31	0	0	15	2	102	-2
	1969	530.5	87	57	30	0	0	16	2	102	-2
	1970	600.3	89	60	29	0	0	15	2	102	-2
	1971	665.0	89	61	28	0	0	15	2	102	-2
	1972	725.9	89	62	27	0	0	15	2	102	-2
	1973	807.4	89	63	26	0	0	15	2	102	-2
	1974	862.2	90	65	25	0	0	14	2	102	-2
	1975	897.1	90	65	25	0	0	14	2	102	-2
	1976	983.3	89	64	26	0	0	14	2	102	-2
	1977	1044.7	89	64	25	0	0	14	2	102	-2
GREECE......................... (BILLION GREEK DRACHMAS)	1960	104.8	84	29	55	1	1	12	0	97	3
	1961	118.7	84	28	56	1	1	12	0	97	3
	1962	126.3	83	29	54	1	1	12	0	97	4
	1963	141.5	82	28	54	1	1	13	1	96	4
	1964	158.6	82	29	53	1	2	13	1	97	3
	1965	180.5	82	29	53	1	1	13	1	97	4
	1966	200.4	82	30	52	1	2	14	2	97	4
	1967	215.6	82	31	51	1	1	15	2	97	3
	1968	233.7	81	32	49	1	1	15	1	97	3
	1969	265.3	81	32	49	1	1	15	1	97	3
	1970	297.8	81	32	49	1	1	15	1	97	3
	1971	332.5	81	31	49	1	1	14	1	96	4
	1972	380.7	80	32	49	1	1	14	1	96	5
	1973	488.3	81	30	52	1	2	13	2	96	4
	1974	563.1	83	32	52	1	2	13	3	96	4
	1975	667.3	82	33	49	1	2	14	3	97	4
	1976	816.6	82	34	48	1	2	15	3	97	3
	1977	955.7	81	36	45	1	2	15	3	97	3

5. NATIONAL INCOME AND NATIONAL DISPOSABLE INCOME (CONTINUED)

COUNTRY OR AREA AND CURRENCY UNIT	YEAR	NATIONAL DISPOSABLE INCOME	DOMESTIC FACTOR INCOMES: TOTAL	DOMESTIC FACTOR INCOMES: COMPENSATION OF EMPLOYEES	DOMESTIC FACTOR INCOMES: OPERATING SURPLUS	INCOME FROM THE REST OF THE WORLD: COMPENSATION OF EMPLOYEES	INCOME FROM THE REST OF THE WORLD: PROPERTY AND ENTREPRENEURIAL	INDIRECT TAXES	LESS SUBSIDIES	NATIONAL INCOME	OTHER CURRENT TRANSFERS RECEIVED FROM THE REST OF THE WORLD, NET
			PERCENTAGE DISTRIBUTION								
EUROPE MARKET ECONOMIES (CONTINUED)											
ICELAND......................... (MILLION ICELANDIC KRONUR)	1960	7237.0	79	---- 79 ----		---- -2 ----		32	10	100	0
	1961	8233.0	86	86		-2		22	6	100	0
	1962	10026.0	84	84		-1		23	6	100	0
	1963	12127.0	84	84		-1		23	6	100	0
	1964	15667.0	86	86		-1		22	7	100	0
	1965	18882.0	84	84		-1		23	6	100	0
	1966	22850.0	83	83		-1		24	6	100	0
	1967	22665.0	84	84		-1		25	8	100	0
	1968	23554.0	83	83		-2		26	7	100	0
	1969	28772.0	84	84		-2		23	5	100	0
	1970	37089.0	80	80		-1		25	4	100	0
	1971	48274.0	81	81		-1		26	6	100	0
	1972	59967.0	81	81		-2		26	5	100	0
	1973	84349.0	80	80		-1		27	5	100	0
	1974	122517.0	78	78		-2		30	6	100	0
	1975	161542.0	79	79		-3		32	8	100	0
	1976	224881.0	78	78		-3		31	6	100	0
	1977	323676.0	78	78		-3		29	5	100	0
IRELAND......................... (MILLION IRISH POUNDS)	1960 2/	624.2	82	47	35	0	2	16	3	97	3
	1961	670.2	83	48	35	0	3	16	4	97	3
	1962	718.7	83	50	34	0	2	16	4	98	3
	1963	766.7	83	50	33	0	2	16	4	98	2
	1964	871.6	83	51	32	0	2	17	4	98	2
	1965	930.3	82	51	31	0	3	17	4	98	2
	1966	975.2	81	53	28	0	2	19	4	98	2
	1967	1064.4	81	52	29	0	2	19	5	98	2
	1968	1206.5	81	52	29	0	3	19	5	97	3
	1969	1375.4	81	53	28	0	2	20	5	98	2
	1970	1549.6	81	55	26	0	2	20	5	98	2
	1971	1762.5	81	56	25	0	1	20	5	98	2
	1972	2106.8	81	54	27	0	1	20	5	98	2
	1973	2536.2	83	54	28	0	1	20	5	98	2
	1974	2775.8	83	60	23	0	1	19	6	98	2
	1975	3482.1	86	61	25	0	1	19	7	98	2
	1976	4237.0	84	59	25	0	0	21	7	98	2
	1977	4955.0 5/	89	60	29	0	0	21	10	100	...

5. NATIONAL INCOME AND NATIONAL DISPOSABLE INCOME (CONTINUED)

COUNTRY OR AREA AND CURRENCY UNIT	YEAR	NATIONAL DISPOSABLE INCOME	DOMESTIC FACTOR INCOMES: TOTAL	DOMESTIC FACTOR INCOMES: COMPENSATION OF EMPLOYEES	DOMESTIC FACTOR INCOMES: OPERATING SURPLUS	INCOME FROM THE REST OF THE WORLD: COMPENSATION OF EMPLOYEES	INCOME FROM THE REST OF THE WORLD: PROPERTY AND ENTREPRENEURIAL	INDIRECT TAXES	LESS SUBSIDIES	NATIONAL INCOME	OTHER CURRENT TRANSFERS RECEIVED FROM THE REST OF THE WORLD, NET
			PERCENTAGE DISTRIBUTION								
EUROPE MARKET ECONOMIES (CONTINUED)											
ITALY........................ (BILLION ITALIAN LIRE)	1960 2/	20007.0	86	45	41	1	0	14	2	99	1
	1961	22328.0	86	45	41	1	0	14	1	99	1
	1962	25119.0	87	47	40	1	0	14	1	99	1
	1963	28750.0	87	50	37	1	-1	13	1	99	1
	1964	31318.0	87	51	36	1	0	13	1	99	1
	1965	33765.0	87	50	37	1	0	13	2	99	1
	1966	36601.0	87	49	38	1	0	13	2	99	1
	1967	40324.0	87	50	37	1	0	14	2	99	1
	1968	43538.0	87	50	37	1	0	14	2	100	1
	1969	47965.0	88	50	38	1	0	13	2	99	1
	1970	53326.0	88	53	35	1	0	13	2	100	0
	1971	58093.0	88	55	33	1	0	13	2	100	0
	1972	63640.0	90	56	33	1	0	12	3	100	0
	1973	75495.0	90	58	33	1	0	12	2	100	0
	1974	91667.0	90	59	31	1	-1	12	2	100	0
	1975	102164.0	93	64	28	0	-1	11	3	100	0
	1976	127673.0	91	63	28	0	-1	12	3	100	0
	1977	153526.0	90	64	26	0	-1	13	3	100	0
LUXEMBOURG.................. (MILLION LUXEMBOURG FRANCS)	1960 2/	22226.0	91	52	40	0	1	12	3	101	-1
	1961	23615.0	91	51	40	0	1	12	3	101	-1
	1962	23717.0	91	54	37	0	1	12	3	101	-1
	1963	25574.0	91	55	36	-1	1	11	3	101	-1
	1964	28561.0	93	58	35	-1	1	11	4	100	0
	1965	29796.0	92	59	33	-1	2	12	4	101	-1
	1966	31602.0	91	59	31	-1	3	12	4	101	-1
	1967	32658.0	89	59	30	0	5	12	4	101	-1
	1968	35612.0	89	58	31	-1	5	12	4	101	-1
	1969	40511.0	89	55	35	0	4	11	3	101	-1
	1970	45750.0	90	57	33	-1	4	11	3	101	-1
	1971	48866.0	87	60	27	-1	6	12	3	101	-1
	1972	56257.0	83	59	24	-1	9	13	3	101	-1
	1973	72126.0	81	54	27	-1	13	12	3	101	-1
	1974	89571.0	80	55	26	-2	14	11	3	101	-1
	1975	89176.0	74	63	11	-2	20	13	4	101	-1
	1976	94231.0	77	66	11	-2	17	13	5	101	-1
	1977	108216.0	72	63	10	-1	23	12	5	101	-1

COUNTRY OR AREA AND CURRENCY UNIT	YEAR	NATIONAL DISPOSABLE INCOME	DOMESTIC FACTOR INCOMES			INCOME FROM THE REST OF THE WORLD		INDIRECT TAXES	LESS SUBSIDIES	NATIONAL INCOME	OTHER CURRENT TRANSFERS RECEIVED FROM THE REST OF THE WORLD ,NET
			TOTAL	COMPENSATION OF EMPLOYEES	OPERATING SURPLUS	COMPENSATION OF EMPLOYEES	PROPERTY AND ENTREPRENEURIAL				
			PERCENTAGE DISTRIBUTION								
EUROPE MARKET ECONOMIES (CONTINUED)											
MALTA........................ (MILLION MALTA POUNDS)	1960	51.6	80	46	34	...	7	11	2	96	4
	1961	52.9	80	47	33	...	6	13	3	97	3
	1962	52.3	79	46	33	...	7	13	2	97	4
	1963	52.1	79	45	34	...	8	13	2	97	3
	1964	53.6	78	46	32	...	8	14	3	96	4
	1965	58.6	76	44	32	...	7	13	2	94	7
	1966	66.0	75	42	33	...	7	13	2	92	8
	1967	71.3	75	42	33	...	7	13	2	93	7
	1968	81.7	73	41	32	...	7	13	2	91	9
	1969	94.3	72	41	31	...	7	14	2	91	9
	1970	108.6	73	43	30	...	7	14	2	91	9
	1971	110.9	74	46	28	...	7	14	2	92	8
	1972	114.6	75	44	31	...	7	13	2	93	7
	1973	127.7	76	44	32	...	6	14	2	93	7
	1974	148.6	77	44	33	...	8	13	4	94	6
	1975	189.5	78	44	34	...	10	11	4	94	6
	1976	229.9	79	43	37	...	8	10	4	94	7
	1977	267.0	79	42	37	...	7	10	3	94	6
NETHERLANDS.................. (MILLION GUILDERS)	1960	38795.0	90	51	38	0	1	11	1	100	0
	1961	41013.0	89	53	36	0	1	11	1	100	0
	1962	43934.0	89	55	35	0	1	11	1	100	0
	1963	47997.0	89	56	33	0	1	11	1	100	0
	1964	56608.0	89	56	33	0	1	11	1	100	0
	1965	63153.0	89	57	32	0	1	11	1	100	0
	1966	68578.0	89	59	30	0	1	11	1	100	0
	1967	75495.0	89	59	30	0	1	12	1	100	0
	1968 2/	82348.0	88	60	29	0	1	12	1	100	0
	1969 2/	93622.0	89	61	29	0	1	11	1	100	0
	1970 2/	105228.0	89	62	27	0	1	12	1	100	0
	1971 2/	118280.0	88	63	25	0	0	13	1	100	0
	1972 2/	133900.0	88	62	26	0	0	13	1	101	-1
	1973 2/	154630.0	88	62	26	0	1	13	2	100	0
	1974 2/	173740.0	89	65	25	0	1	12	2	101	-1
	1975 2/	187670.0	90	68	23	0	0	13	2	101	-1
	1976 2/	215040.0	90	65	25	0	0	13	3	101	-1
	1977 2/	236030.0	89	65	24	0	0	14	3	101	-1

5. NATIONAL INCOME AND NATIONAL DISPOSABLE INCOME (CONTINUED)

COUNTRY OR AREA AND CURRENCY UNIT	YEAR	NATIONAL DISPOSABLE INCOME	DOMESTIC FACTOR INCOMES			INCOME FROM THE REST OF THE WORLD		INDIRECT TAXES	LESS SUBSIDIES	NATIONAL INCOME	OTHER CURRENT TRANSFERS RECEIVED FROM THE REST OF THE WORLD, NET
			TOTAL	COMPENSATION OF EMPLOYEES	OPERATING SURPLUS	COMPENSATION OF EMPLOYEES	PROPERTY AND ENTREPRENEURIAL				
			PERCENTAGE DISTRIBUTION								
EUROPE MARKET ECONOMIES (CONTINUED)											
NORWAY........................ (MILLION NORWEGIAN KRONER)	1960	28044.0	89	58	32	0	-1	17	5	100	0
	1961	30627.0	89	58	32	0	-1	17	5	100	0
	1962	33065.0	89	60	30	0	-1	17	5	100	0
	1963	35734.0	90	59	31	0	-1	17	5	100	0
	1964	39689.0	89	58	31	0	-1	17	5	100	0
	1965	43866.0	90	58	32	0	-1	17	5	100	0
	1966	47703.0	89	59	31	-1	-1	18	5	100	0
	1967 2/	50657.0	88	63	25	0	-1	18	5	100	0
	1968 2/	54410.0	89	64	25	0	-1	17	5	100	0
	1969 2/	59298.0	88	64	25	0	-1	19	6	100	0
	1970 2/	68130.0	86	62	24	0	-1	21	6	100	0
	1971 2/	75972.0	85	64	21	0	-1	22	6	100	0
	1972 2/	83767.0	86	66	20	0	-1	22	6	100	0
	1973 2/	95181.0	87	65	21	0	-1	21	6	100	0
	1974 2/	108604.0	88	67	22	0	-2	21	7	101	-1
	1975 2/	124844.0	88	69	19	0	-2	21	7	101	-1
	1976 2/	140537.0	89	71	19	0	-2	22	8	101	-1
	1977 2/	154409.0	90	73	18	0	-3	23	9	101	-1
PORTUGAL...................... (BILLION PORTUGUESE ESCUDOS)	1960	69.1	90	---- 90 ----		---- 0 ----		8	1	98	2
	1961	73.6	91	91		0		9	1	98	2
	1962	78.5	90	90		0		10	1	98	2
	1963	85.5	90	90		0		9	1	98	2
	1964	95.3	87	87		1		9	1	96	4
	1965	106.6	87	42	45	1		10	1	96	4
	1966	117.3	86	42	45	0		10	1	95	5
	1967	132.8	85	42	43	0		10	1	94	6
	1968 3/	147.3	84	39	46	0		11	1	94	6
	1969	163.8	83	38	45	1		11	1	93	7
	1970	183.4	82	43	38	1		12	2	92	8
	1971	207.6	81	44	37	0		11	1	91	9
	1972	243.3	81	44	37	0		10	1	90	10
	1973	296.9	81	42	39	1		10	1	91	9
	1974	354.3	83	48	35	1		10	2	92	8
	1975	384.3	84	58	26	0		11	2	93	7
	1976	469.9	85	58	27	-1		13	4	94	6

5. NATIONAL INCOME AND NATIONAL DISPOSABLE INCOME (CONTINUED)

COUNTRY OR AREA AND CURRENCY UNIT	YEAR	NATIONAL DISPOSABLE INCOME	DOMESTIC FACTOR INCOMES: TOTAL	DOMESTIC FACTOR INCOMES: COMPENSATION OF EMPLOYEES	DOMESTIC FACTOR INCOMES: OPERATING SURPLUS	INCOME FROM THE REST OF THE WORLD: COMPENSATION OF EMPLOYEES	INCOME FROM THE REST OF THE WORLD: PROPERTY AND ENTREPRENEURIAL	INDIRECT TAXES	LESS SUBSIDIES	NATIONAL INCOME	OTHER CURRENT TRANSFERS RECEIVED FROM THE REST OF THE WORLD, NET
			PERCENTAGE DISTRIBUTION								
EUROPE MARKET ECONOMIES (CONTINUED)											
SPAIN........................ (BILLION SPANISH PESETAS)	1960	582.0	92	48	43	0	0	9	1	99	1
	1961	668.1	91	48	44	0	0	9	1	99	2
	1962	772.6	92	48	44	0	0	9	2	99	1
	1963	916.7	92	49	43	0	0	8	1	99	1
	1964	1034.6	92	50	42	0	0	8	1	99	1
	1965	1225.4	91	49	42	0	0	9	1	99	2
	1966	1404.2	91	50	41	0	0	9	1	99	2
	1967	1543.4	91	52	39	0	0	9	1	99	1
	1968	1703.7	92	52	40	0	-1	9	1	99	1
	1969	1895.5	91	52	39	0	-1	10	1	99	1
	1970 2/	2360.3	93	53	40	0	-1	9	2	99	1
	1971 2/	2681.9	93	54	40	0	0	8	3	99	1
	1972 2/	3168.2	93	55	38	0	0	8	3	99	1
	1973 2/	3859.4	93	55	37	0	0	9	2	99	1
	1974 2/	4672.4	94	57	37	0	0	8	3	99	1
	1975 2/	5470.4	95	59	36	0	0	8	3	99	1
	1976 2/	6471.0	95	61	34	0	-1	8	3	99	1
	1977 2/	8148.0	95	61	33	0	-1	8	3	99	1
SWEDEN........................ (BILLION SWEDISH KRONOR)	2/ 1960	64.8	90	60	30	0	0	11	1	100	0
	1961	70.5	90	61	29	0	0	11	1	100	0
	1962	76.4	89	63	26	0	0	13	1	100	0
	1963	82.9	89	64	25	0	0	13	1	100	0
	1964	92.7	89	64	25	0	0	12	1	100	0
	1965	102.1	88	64	24	0	0	13	1	100	0
	1966	110.8	88	66	22	0	0	14	1	100	0
	1967	119.8	88	66	22	0	0	14	1	100	0
	1968	127.1	87	67	21	0	0	15	2	100	0
	1969	138.6	88	67	21	0	0	14	2	100	0
	1970	154.4	88	67	21	0	0	14	2	100	0
	1971	164.6	85	69	17	0	0	17	2	100	0
	1972	177.9	86	69	16	0	0	17	2	101	-1
	1973	196.3	86	68	18	0	0	17	2	101	-1
	1974	221.1	87	70	18	0	0	15	2	101	-1
	1975	254.6	87	72	15	0	0	16	3	101	-1
	1976	284.6	88	77	11	0	0	17	4	101	-1
	1977	306.0	88	80	8	0	-1	18	4	101	-1

5. NATIONAL INCOME AND NATIONAL DISPOSABLE INCOME (CONTINUED)

COUNTRY OR AREA AND CURRENCY UNIT	YEAR	NATIONAL DISPOSABLE INCOME	DOMESTIC FACTOR INCOMES			INCOME FROM THE REST OF THE WORLD		INDIRECT TAXES	LESS SUBSIDIES	NATIONAL INCOME	OTHER CURRENT TRANSFERS RECEIVED FROM THE REST OF THE WORLD, NET
			TOTAL	COMPENSATION OF EMPLOYEES	OPERATING SURPLUS	COMPENSATION OF EMPLOYEES	PROPERTY AND ENTREPRENEURIAL				
			PERCENTAGE DISTRIBUTION								
EUROPE MARKET ECONOMIES (CONTINUED)											
SWITZERLAND.................. (MILLION SWISS FRANCS)	1960	33910.0	92	57	35	0	3	8	1	101	-1
	1961	37880.0	92	58	34	0	3	8	1	102	-2
	1962	41930.0	92	59	34	0	3	8	1	102	-2
	1963	46020.0	93	60	33	-1	3	8	1	102	-2
	1964	50835.0	93	60	33	-1	3	8	1	102	-2
	1965	54485.0	93	61	32	0	3	8	1	102	-2
	1966	58605.0	92	60	32	0	3	8	1	102	-2
	1967	63230.0	92	61	32	-1	3	8	1	102	-2
	1968	67770.0	92	60	31	-1	4	8	1	102	-2
	1969	73380.0	91	60	31	-1	4	8	1	102	-2
	1970	81765.0	91	61	30	-1	5	8	1	102	-2
	1971	92740.0	91	62	29	-1	5	8	1	102	-2
	1972	104600.0	91	63	29	-1	5	8	1	102	-2
	1973	117295.0	91	64	28	-1	5	8	1	102	-2
	1974	128290.0	92	65	27	-1	6	7	1	102	-2
	1975	127730.0	92	67	25	-1	5	7	1	101	-1
	1976	130940.0	91	65	26	-1	5	7	1	101	-1
	1977	134260.0	91	65	25	-1	5	8	1	101	-1
UNITED KINGDOM............... (MILLION POUNDS)	2/ 1960	23534.0	88	65	24	0	1	14	2	101	-1
	1961	25090.0	87	66	22	0	1	14	2	101	-1
	1962	26299.0	87	66	21	0	1	14	2	101	-1
	1963	28001.0	87	65	22	0	2	14	2	101	-1
	1964	30523.0	87	65	22	0	1	14	2	101	-1
	1965	32829.0	87	65	22	0	1	15	2	101	-1
	1966	34844.0	86	66	20	0	1	15	2	101	-1
	1967	36737.0	85	65	20	0	1	16	2	101	-1
	1968	39524.0	85	65	21	0	1	17	2	101	-1
	1969	42341.0	85	64	21	0	1	18	2	101	-1
	1970	46496.0	85	66	19	0	2	18	2	101	-1
	1971	51884.0	85	65	20	0	1	16	2	101	-1
	1972	57020.0	87	67	20	0	1	16	2	101	-1
	1973	65690.0	86	67	20	0	2	15	2	102	-2
	1974	73612.0	87	72	15	0	2	15	4	101	-1
	1975	90992.0	89	75	14	0	1	15	4	101	-1
	1976	108103.0	88	73	15	0	1	15	3	102	-2
	1977	122611.0	87	70	17	0	1	16	3	102	-2

5. NATIONAL INCOME AND NATIONAL DISPOSABLE INCOME (CONTINUED)

COUNTRY OR AREA AND CURRENCY UNIT	YEAR	NATIONAL DISPOSABLE INCOME	DOMESTIC FACTOR INCOMES			INCOME FROM THE REST OF THE WORLD		INDIRECT TAXES	LESS SUBSIDIES	NATIONAL INCOME	OTHER CURRENT TRANSFERS RECEIVED FROM THE REST OF THE WORLD, NET
			TOTAL	COMPENSATION OF EMPLOYEES	OPERATING SURPLUS	COMPENSATION OF EMPLOYEES	PROPERTY AND ENTREPRENEURIAL				
			PERCENTAGE DISTRIBUTION								
OCEANIA											
AUSTRALIA.................... (MILLION AUSTRALIAN DOLLARS)	1960 1/2/	13147.0	90	57	33	0	-1	13	1	100	0
	1961	13392.0	90	58	32	0	-1	12	1	100	0
	1962	14472.0	90	56	34	0	-1	12	1	100	0
	1963	16088.0	90	55	35	0	-1	12	1	100	0
	1964	17656.0	90	56	34	0	-1	12	1	100	0
	1965	18400.0	90	58	32	0	-1	13	1	100	0
	1966	20184.0	90	58	33	0	-1	12	1	100	0
	1967	21482.0	90	59	31	0	-1	13	1	100	0
	1968	24318.0	90	58	33	0	-1	12	1	100	0
	1969	26845.0	91	58	32	0	-1	12	1	100	0
	1970	29768.0	91	60	30	0	-1	12	1	100	0
	1971	33303.0	90	60	30	0	-1	12	1	100	0
	1972	37942.0	91	59	32	0	-1	12	1	101	-1
	1973	46367.0	90	60	30	0	-1	12	1	101	-1
	1974	55839.0	89	63	26	0	-1	12	1	100	0
	1975	65618.0	89	62	27	0	-1	14	1	101	-1
	1976	75781.0	89	61	28	0	-1	13	0	101	-1
FIJI.......................... (MILLION FIJI DOLLARS)	1963	101.3	99	54	45	----	-8 ----	----	9----	100	0
	1964	110.4	97	54	42		-7		11	100	0
	1965	118.1	95	56	39		-4	11	1	101	-1
	1966	123.7	94	57	38		-3	10	1	100	0
	1967	133.4	95	57	37		-4	11	1	101	-1
	1968 2/	135.0	91	42	50	0	-5	13	0	98	2
	1969 2/	147.0	90	45	45	0	-5	13	0	97	3
	1970 2/	177.0	90	41	49	0	-5	13	0	99	1
	1971 2/	195.0	90	42	48	0	-5	14	0	99	2
	1972 2/	247.0	88	44	44	0	-4	13	0	97	3
GILBERT ISLANDS.............. (MILLION AUSTRALIAN DOLLARS)	1972 2/	14.7	91	56	35	0	-2	9	4	95	6
	1973	21.6	90	43	47	0	-1	9	3	94	6
	1974	35.4	94	31	63	0	-4	7	3	95	5

5. NATIONAL INCOME AND NATIONAL DISPOSABLE INCOME (CONTINUED)

COUNTRY OR AREA AND CURRENCY UNIT	YEAR	NATIONAL DISPOSABLE INCOME	DOMESTIC FACTOR INCOMES: TOTAL	DOMESTIC FACTOR INCOMES: COMPENSATION OF EMPLOYEES	DOMESTIC FACTOR INCOMES: OPERATING SURPLUS	INCOME FROM THE REST OF THE WORLD: COMPENSATION OF EMPLOYEES	INCOME FROM THE REST OF THE WORLD: PROPERTY AND ENTREPRENEURIAL	INDIRECT TAXES	LESS SUBSIDIES	NATIONAL INCOME	OTHER CURRENT TRANSFERS RECEIVED FROM THE REST OF THE WORLD, NET
			PERCENTAGE DISTRIBUTION								
OCEANIA (CONTINUED)											
NEW ZEALAND (MILLION NEW ZEALAND DOLLARS)	1960 6/	2455.0	94	53	41	---- -2 ----		9	1	100	0
	1961	2536.0	94	55	39	-1		9	1	101	-1
	1962	2723.0	95	54	41	-2		8	1	100	0
	1963	2989.0	94	53	41	-1		9	1	100	0
	1964	3268.0	95	54	41	-2		8	1	100	0
	1965	3530.0	95	55	41	-2		8	1	101	-1
	1966	3653.0	95	57	38	-2		8	1	101	-1
	1967	3792.0	94	57	37	-2		8	1	100	0
	1968	4011.0	94	57	37	-2		9	1	100	0
	1969	4431.0	95	57	37	-2		9	1	100	0
	1970	5086.0	94	60	33	-2		9	1	100	0
	1971 2/	6331.0	92	55	36	-1		10	2	100	0
	1972 2/	7345.0	92	54	38	-2		10	2	100	1
	1973 2/	8571.0	92	54	37	-2		10	2	100	1
	1974 2/	9143.0	93	61	32	-1		10	3	100	0
	1975 2/	10358.0	94	62	32	-2		11	4	100	0
	1976 2/	12273.0	93	59	34	-3		11	2	100	0
PAPUA NEW GUINEA (MILLION KINA)	1960 1/2/	229.8	87	43	45	0	-1	2	0	88	12
	1961	250.9	86	41	45	0	-1	2	0	87	13
	1962	267.9	85	42	43	0	0	2	0	87	13
	1963	286.4	84	43	40	0	-1	3	0	85	15
	1964	332.0	84	43	41	0	-1	3	0	85	15
	1965	377.4	80	42	39	0	-1	3	0	82	18
	1966	444.6	79	38	41	0	0	3	0	82	18
	1967	476.1	81	39	41	0	-1	4	0	83	17
	1968	521.0	81	38	42	0	-1	4	0	83	17
	1969	594.3	82	41	41	0	-1	4	0	84	16
	1970	669.9	84	44	40	0	-4	5	0	85	16
	1971	692.3	84	45	39	0	-5	5	1	83	17
	1972	815.8	86	39	47	0	-5	4	0	85	15
	1973	1024.6	91	40	52	0	-8	4	0	87	13
	1974	1007.5	88	46	41	0	-7	5	0	86	14
	1975	1108.7	83	46	37	0	-4	6	0	85	15
	1976	1241.7	85	42	42	0	-3	6	0	87	13
SOLOMON ISLANDS (MILLION AUSTRALIAN DOLLARS)	1972	29.3	88	29	59	---- -2 ----		----	7----	94	7
TONGA (MILLION PA'ANGA)	1971 1/	14.5	80	45	36	0	1	------	8-----	90	10

General note. This table shows the percentage distribution of the cost structure of national income and national disposable income in current prices in terms of the former or the present SNA. The figures are based on the estimates of national income and national disposable income and its components which appear for most countries in the standard table "National Income and National Disposable Income" in Vol. I of this *Yearbook*. For additional details concerning the differences between the actual concepts used and the standard ones, reference is made to the footnote to this table shown under each country in Vol. I.

1/ Year beginning 1 July.
2/ Estimates relate to the present SNA.
3/ Data not strictly comparable with those of previous years.
4/ Including a statistical discrepency.
5/ National income.
6/ Year beginning 1 April.
7/ Including Namibia.
8/ Former Tanganyika only.
9/ From 1967 excluding the West Bank.
10/ Peninsular Malaysia only.
11/ Including consumption of fixed capital.
12/ Year ending 30 September.
13/ For 1964-1971, including consumption of fixed capital.
14/ Year refers to Hejra fiscal year.
15/ Data are for the former Republic of South Viet-Nam only.
16/ 'Income from the rest of the world' is included in 'Other current transfers received from the rest of the world, net'.
17/ For 1960-1975, including consumption of fixed capital.

6A. AVERAGE ANNUAL RATES OF GROWTH OF GROSS DOMESTIC PRODUCT AT CONSTANT PRICES BY TYPE OF EXPENDITURE AND BY KIND OF ECONOMIC ACTIVITY (IN PER CENT)

WORLD

GROSS DOMESTIC PRODUCT

	1963	1965	1966	1967	1968	1969	1970	1971	1972	1973	1974	1975	1976	1977
1960	5.2	5.7	5.8	5.7	5.7	5.7	5.7	5.6	5.6	5.6	5.5	5.4	5.2	5.1
1963		6.3	6.1	5.7	5.7	5.7	5.7	5.6	5.5	5.6	5.5	5.2	5.1	5.0
1965			6.1	5.2	5.6	5.7	5.6	5.4	5.4	5.5	5.4	5.0	4.9	4.8
1966				4.3	5.5	5.7	5.6	5.4	5.3	5.5	5.3	4.9	4.8	4.6
1967					6.7	6.2	5.8	5.4	5.4	5.6	5.3	4.9	4.7	4.5
1968						5.7	5.3	5.0	5.1	5.5	5.2	4.6	4.5	4.3
1969							4.9	4.7	5.0	5.6	5.1	4.5	4.3	4.2
1970								4.5	5.1	5.9	5.2	4.3	4.1	4.0
1971									5.7	6.7	5.2	3.9	3.8	3.8
1972										7.7	4.6	2.9	3.2	3.3
1973											1.5	0.9	2.2	2.8
1974												0.2	2.9	3.5
1975													5.7	4.8
1976														4.0

WORLD

PER CAPITA GROSS DOMESTIC PRODUCT

	1963	1965	1966	1967	1968	1969	1970	1971	1972	1973	1974	1975	1976	1977
1960	3.4	3.8	3.8	3.7	3.8	3.7	3.6	3.5	3.4	3.4	3.4	3.2	3.1	3.0
1963		4.1	4.0	3.7	3.7	3.6	3.5	3.3	3.2	3.3	3.2	3.0	2.9	2.8
1965			3.8	3.2	3.6	3.4	3.4	3.1	3.0	3.2	3.1	2.8	2.7	2.6
1966				2.5	3.6	3.4	3.3	3.0	2.9	3.1	3.0	2.7	2.6	2.5
1967					4.8	3.6	3.4	2.9	2.8	3.1	3.0	2.6	2.5	2.4
1968						2.3	2.8	2.4	2.4	3.0	2.9	2.4	2.3	2.2
1969							3.4	2.2	2.4	3.2	3.0	2.3	2.2	2.1
1970								1.1	2.2	3.5	3.0	2.2	2.1	2.0
1971									3.2	4.7	3.4	2.1	2.0	1.9
1972										6.2	3.1	1.2	1.4	1.5
1973											–0.0	–1.0	0.4	1.0
1974												–2.0	1.0	1.6
1975													4.0	3.0
1976														1.9

WORLD

AGRICULTURE

	1963	1965	1966	1967	1968	1969	1970	1971	1972	1973	1974	1975	1976	1977
1960	0.9	1.7	1.8	1.9	2.0	1.9	2.0	2.0	1.9	1.9	1.9	1.9	1.8	1.8
1963		2.5	2.3	2.5	2.5	2.1	2.1	2.1	1.9	1.9	1.9	1.9	1.8	1.8
1965			2.9	3.1	2.9	2.0	2.1	2.1	1.8	1.9	1.8	1.8	1.7	1.7
1966				3.4	2.8	1.5	1.9	1.9	1.5	1.7	1.7	1.7	1.6	1.6
1967					2.1	0.5	1.5	1.8	1.3	1.6	1.6	1.6	1.5	1.6
1968						–1.1	1.7	2.0	1.2	1.7	1.6	1.6	1.5	1.6
1969							4.4	3.1	1.4	2.0	1.8	1.8	1.6	1.6
1970								1.8	–0.1	1.5	1.4	1.5	1.4	1.5
1971									–2.0	1.9	1.6	1.7	1.5	1.6
1972										6.1	2.8	2.2	1.7	1.8
1973											–0.4	0.8	0.7	1.2
1974												2.1	1.1	1.6
1975													0.2	1.6
1976														3.1

WORLD

INDUSTRIAL ACTIVITY

	1963	1965	1966	1967	1968	1969	1970	1971	1972	1973	1974	1975	1976	1977
1960	6.3	6.8	6.8	6.6	6.7	6.7	6.7	6.5	6.4	6.5	6.3	6.1	6.0	5.8
1963		7.4	7.2	6.5	6.6	6.7	6.6	6.4	6.3	6.3	6.2	5.8	5.7	5.6
1965			6.7	5.4	6.2	6.6	6.5	6.1	6.0	6.2	6.0	5.6	5.4	5.3
1966				4.1	6.2	6.9	6.5	6.1	6.0	6.2	5.9	5.4	5.3	5.1
1967					8.4	8.1	7.0	6.1	6.0	6.2	5.9	5.3	5.1	5.0
1968						7.8	6.1	5.3	5.4	5.9	5.6	5.0	4.8	4.7
1969							4.5	4.2	5.0	5.9	5.5	4.6	4.5	4.5
1970								4.0	5.4	6.5	5.7	4.5	4.4	4.4
1971									6.8	7.8	5.9	4.2	4.2	4.2
1972										8.8	5.1	2.9	3.4	3.7
1973											1.4	0.3	2.3	3.2
1974												–0.9	3.2	4.2
1975													7.4	6.2
1976														5.0

WORLD

CONSTRUCTION

	1963	1965	1966	1967	1968	1969	1970	1971	1972	1973	1974	1975	1976	1977
1960	4.5	5.7	5.7	5.6	5.6	5.5	5.3	5.2	5.1	5.0	4.8	4.6	4.3	4.2
1963		7.5	6.5	5.9	5.8	5.5	5.2	5.0	4.8	4.7	4.5	4.2	3.9	3.8
1965			4.7	4.6	5.1	5.0	4.6	4.4	4.4	4.3	4.1	3.7	3.5	3.3
1966				4.4	5.4	5.1	4.5	4.3	4.3	4.3	3.9	3.5	3.3	3.1
1967					6.4	5.2	4.3	4.1	4.1	4.1	3.8	3.3	3.1	2.9
1968						4.0	3.4	3.5	3.8	3.9	3.5	3.0	2.8	2.7
1969							2.9	3.3	3.9	4.0	3.4	2.8	2.6	2.5
1970								3.8	4.5	4.3	3.4	2.6	2.3	2.3
1971									5.2	4.5	3.0	2.1	1.9	2.0
1972										3.8	1.8	1.0	1.2	1.5
1973											–0.3	–0.1	0.7	1.4
1974												–0.0	1.2	2.0
1975													2.5	3.0
1976														3.4

WORLD

WHOLESALE AND RETAIL TRADE

	1963	1965	1966	1967	1968	1969	1970	1971	1972	1973	1974	1975	1976	1977
1960	4.4	5.4	5.6	5.5	5.5	5.6	5.6	5.5	5.5	5.6	5.5	5.4	5.3	5.2
1963		7.2	6.5	5.9	5.9	5.8	5.7	5.6	5.6	5.7	5.5	5.3	5.2	5.0
1965			5.4	4.7	5.4	5.5	5.4	5.3	5.5	5.6	5.4	5.1	5.0	4.8
1966				4.0	5.6	5.7	5.5	5.4	5.5	5.6	5.4	5.1	4.9	4.7
1967					7.2	6.3	5.7	5.4	5.6	5.8	5.4	5.0	4.8	4.6
1968						5.3	5.0	5.0	5.4	5.7	5.3	4.8	4.6	4.4
1969							4.7	4.8	5.5	5.9	5.3	4.7	4.4	4.3
1970								4.9	6.0	6.3	5.3	4.5	4.2	4.1
1971									7.2	6.8	5.1	4.0	3.9	3.8
1972										6.4	3.8	2.9	3.1	3.2
1973											1.2	1.5	2.5	2.9
1974												1.7	3.2	3.5
1975													4.8	4.2
1976														3.7

WORLD

TRANSPORT AND COMMUNICATION

	1963	1965	1966	1967	1968	1969	1970	1971	1972	1973	1974	1975	1976	1977
1960	4.7	5.4	5.6	5.5	5.6	5.7	5.8	5.7	5.7	5.8	5.8	5.7	5.6	5.6
1963		6.4	6.3	5.8	5.9	6.0	6.0	5.9	5.8	5.9	5.9	5.7	5.6	5.5
1965			6.2	5.0	5.6	5.9	6.0	5.8	5.7	5.8	5.8	5.6	5.5	5.4
1966				3.8	5.6	6.1	6.1	5.7	5.7	5.8	5.8	5.6	5.5	5.4
1967					7.5	7.0	6.5	5.9	5.7	5.9	5.9	5.6	5.5	5.3
1968						6.6	6.1	5.3	5.3	5.7	5.8	5.4	5.3	5.2
1969							5.6	4.7	5.0	5.7	5.7	5.3	5.2	5.0
1970								3.8	4.9	6.0	6.0	5.3	5.1	5.0
1971									6.0	7.1	6.5	5.4	5.1	4.9
1972										8.2	6.5	4.8	4.6	4.6
1973											4.8	3.2	3.7	4.0
1974												1.7	3.6	4.0
1975													5.4	4.9
1976														4.4

MARKET ECONOMIES

GROSS DOMESTIC PRODUCT

	1963	1965	1966	1967	1968	1969	1970	1971	1972	1973	1974	1975	1976	1977
1960	5.0	5.3	5.3	5.2	5.2	5.2	5.2	5.1	5.1	5.1	5.1	4.9	4.8	4.7
1963		5.7	5.5	5.2	5.2	5.2	5.2	5.1	5.0	5.1	5.0	4.8	4.6	4.5
1965			5.3	4.6	5.0	5.2	5.1	4.9	4.9	5.0	4.9	4.6	4.5	4.4
1966				4.0	5.0	5.3	5.1	4.9	4.9	5.1	4.9	4.5	4.4	4.3
1967					6.0	5.8	5.3	4.9	4.9	5.1	4.9	4.5	4.3	4.2
1968						5.6	4.9	4.6	4.7	5.0	4.7	4.3	4.1	4.0
1969							4.2	4.1	4.6	5.1	4.7	4.1	3.9	3.8
1970								4.1	4.8	5.4	4.8	3.9	3.8	3.7
1971									5.6	6.1	4.7	3.6	3.5	3.5
1972										6.6	4.0	2.6	2.9	3.1
1973											1.5	0.9	2.1	2.7
1974												0.2	2.7	3.3
1975													5.3	4.5
1976														3.8

MARKET ECONOMIES

PER CAPITA GROSS DOMESTIC PRODUCT

	1963	1965	1966	1967	1968	1969	1970	1971	1972	1973	1974	1975	1976	1977
1960	2.7	3.3	3.3	3.2	3.2	3.1	3.0	2.8	2.8	2.8	2.7	2.6	2.5	2.4
1963		3.8	3.4	3.1	3.1	3.0	2.8	2.6	2.5	2.6	2.5	2.3	2.2	2.2
1965			2.4	2.4	2.7	2.7	2.4	2.2	2.3	2.4	2.4	2.1	2.0	2.0
1966				2.4	2.9	2.8	2.4	2.1	2.2	2.4	2.4	2.1	2.0	1.9
1967					3.4	2.8	2.2	1.9	2.1	2.4	2.3	2.0	1.9	1.8
1968						2.2	1.7	1.4	1.9	2.4	2.3	1.9	1.8	1.7
1969							1.1	1.1	2.0	2.6	2.4	1.9	1.7	1.7
1970								1.1	2.7	3.2	2.7	1.9	1.7	1.6
1971									4.3	4.2	2.9	1.7	1.5	1.5
1972										4.1	2.0	0.6	0.8	1.0
1973											–0.0	–1.0	0.1	0.7
1974												–2.0	0.5	1.2
1975													3.0	2.5
1976														1.9

MARKET ECONOMIES

GOVERNMENT FINAL CONSUMPTION EXPENDITURE

	1963	1965	1966	1967	1968	1969	1970	1971	1972	1973	1974	1975	1976	1977
1960	5.1	4.3	4.5	4.7	4.7	4.6	4.5	4.3	4.2	4.1	4.0	4.0	4.0	4.0
1963		3.3	4.4	5.0	5.0	4.8	4.4	4.2	4.0	3.9	3.8	3.8	3.8	3.8
1965			6.8	6.6	5.7	4.9	4.3	3.9	3.7	3.6	3.6	3.6	3.6	3.6
1966				6.5	5.1	4.2	3.7	3.3	3.2	3.2	3.3	3.4	3.5	3.5
1967					3.8	3.2	2.9	2.7	2.8	2.9	3.0	3.2	3.4	3.4
1968						2.6	2.5	2.4	2.6	2.9	3.1	3.3	3.4	3.5
1969							2.4	2.3	2.7	3.0	3.2	3.5	3.6	3.6
1970								2.3	3.0	3.3	3.4	3.7	3.8	3.8
1971									3.6	3.7	3.7	4.0	4.0	4.0
1972										3.7	3.8	4.1	4.1	4.0
1973											3.9	4.4	4.3	4.0
1974												5.0	4.3	3.9
1975													3.7	3.5
1976														3.2

MARKET ECONOMIES

PRIVATE FINAL CONSUMPTION EXPENDITURE

	1963	1965	1966	1967	1968	1969	1970	1971	1972	1973	1974	1975	1976	1977
1960	4.6	4.9	4.9	4.9	4.9	4.9	4.9	4.9	4.9	5.0	4.9	4.8	4.7	4.7
1963		5.2	5.1	4.9	4.9	4.9	4.9	4.9	5.0	5.0	4.9	4.8	4.7	4.6
1965			4.8	4.6	4.8	4.9	4.9	4.9	5.0	5.0	4.9	4.7	4.6	4.5
1966				4.3	4.8	5.0	4.9	4.9	5.0	5.1	4.9	4.7	4.5	4.4
1967					5.4	5.3	5.1	5.0	5.1	5.2	4.9	4.6	4.5	4.3
1968						5.2	4.9	4.8	5.0	5.2	4.8	4.5	4.3	4.2
1969							4.6	4.7	5.1	5.2	4.8	4.3	4.2	4.1
1970								4.8	5.3	5.5	4.7	4.2	4.0	3.9
1971									5.8	5.7	4.5	3.8	3.7	3.7
1972										5.7	3.6	3.1	3.2	3.3
1973											1.6	2.0	2.8	3.1
1974												2.5	3.5	3.6
1975													4.5	3.9
1976														3.4

MARKET ECONOMIES

GROSS FIXED CAPITAL FORMATION

	1963	1965	1966	1967	1968	1969	1970	1971	1972	1973	1974	1975	1976	1977
1960	6.5	7.3	7.1	6.7	6.6	6.6	6.5	6.4	6.3	6.3	6.1	5.8	5.5	5.3
1963		8.3	7.3	6.3	6.2	6.3	6.1	6.0	6.0	6.1	5.8	5.3	5.0	4.8
1965			5.6	4.3	5.2	5.8	5.8	5.7	5.8	5.9	5.5	5.0	4.6	4.4
1966				3.1	5.4	6.2	6.0	5.8	5.9	6.1	5.6	4.8	4.4	4.2
1967					7.8	7.5	6.5	6.1	6.1	6.3	5.6	4.7	4.3	4.1
1968						7.3	5.8	5.5	5.8	6.1	5.3	4.2	3.8	3.7
1969							4.4	4.8	5.5	6.1	5.0	3.8	3.3	3.3
1970								5.3	6.2	6.7	4.9	3.3	2.9	2.9
1971									7.1	7.3	4.3	2.4	2.1	2.3
1972										7.5	2.5	0.5	0.9	1.6
1973											–2.4	–2.4	–0.4	1.1
1974												–2.4	1.0	2.6
1975													4.5	4.9
1976														5.3

6A. AVERAGE ANNUAL RATES OF GROWTH OF GROSS DOMESTIC PRODUCT AT CONSTANT PRICES BY TYPE OF EXPENDITURE AND BY KIND OF ECONOMIC ACTIVITY (continued) (IN PER CENT)

MARKET ECONOMIES — EXPORTS OF GOODS AND SERVICES

	1963	1965	1966	1967	1968	1969	1970	1971	1972	1973	1974	1975	1976	1977
1960	6.1	7.2	7.3	7.2	7.4	7.7	7.9	7.9	8.0	8.1	8.1	7.8	7.7	7.5
1963		8.4	8.0	7.3	7.7	8.1	8.4	8.3	8.3	8.4	8.3	7.9	7.7	7.5
1965			7.5	6.3	7.7	8.5	8.8	8.6	8.5	8.6	8.4	7.8	7.5	7.3
1966				5.1	8.2	9.2	9.3	8.9	8.6	8.7	8.5	7.7	7.4	7.2
1967					11.3	10.9	10.2	9.2	8.8	8.9	8.6	7.6	7.3	7.0
1968						10.5	9.6	8.5	8.2	8.5	8.2	7.1	6.8	6.6
1969							8.7	7.4	7.5	8.2	8.0	6.5	6.3	6.2
1970								6.1	7.1	8.4	8.0	6.1	5.9	5.8
1971									8.2	9.6	8.3	5.6	5.6	5.5
1972										11.0	8.0	4.1	4.6	4.9
1973											5.1	0.6	3.2	4.1
1974												−3.8	3.4	4.6
1975													11.1	8.0
1976														5.0

MARKET ECONOMIES — IMPORTS OF GOODS AND SERVICES

	1963	1965	1966	1967	1968	1969	1970	1971	1972	1973	1974	1975	1976	1977
1960	6.1	7.0	7.2	7.2	7.4	7.7	7.9	8.0	8.0	8.2	8.2	8.0	7.8	7.7
1963		7.9	7.9	7.6	7.9	8.3	8.6	8.5	8.5	8.6	8.5	8.1	7.9	7.7
1965			8.3	7.3	8.1	8.8	9.1	8.8	8.7	8.8	8.7	8.1	7.8	7.6
1966				6.4	8.3	9.3	9.4	9.0	8.8	8.9	8.7	8.0	7.7	7.4
1967					10.3	10.5	10.2	9.3	8.9	9.0	8.8	7.9	7.6	7.2
1968						10.7	10.0	8.7	8.4	8.7	8.5	7.5	7.2	6.8
1969							9.3	7.7	7.7	8.4	8.3	7.0	6.7	6.4
1970								6.0	7.2	8.5	8.3	6.6	6.4	6.1
1971									8.4	9.8	8.8	6.3	6.0	5.8
1972										11.2	8.5	4.9	5.2	5.1
1973											5.9	1.7	3.7	4.2
1974												−2.3	3.6	4.4
1975													9.8	7.0
1976														4.2

MARKET ECONOMIES — AGRICULTURE

	1963	1965	1966	1967	1968	1969	1970	1971	1972	1973	1974	1975	1976	1977
1960	2.1	1.9	1.7	1.8	1.9	2.0	2.1	2.2	2.2	2.2	2.2	2.2	2.2	2.2
1963		1.3	0.9	1.6	2.0	2.1	2.2	2.4	2.3	2.3	2.3	2.3	2.2	2.2
1965			0.2	2.5	2.8	2.7	2.7	2.8	2.6	2.5	2.5	2.4	2.3	2.2
1966				4.9	3.8	3.1	3.0	3.0	2.7	2.6	2.5	2.4	2.3	2.2
1967					2.7	2.3	2.6	2.7	2.4	2.4	2.3	2.3	2.1	2.1
1968						1.9	2.7	2.8	2.3	2.3	2.3	2.2	2.0	2.0
1969							3.4	3.2	2.2	2.2	2.2	2.2	2.0	2.0
1970								3.0	1.4	1.9	2.0	2.0	1.8	1.8
1971									−0.1	1.7	2.0	2.0	1.7	1.8
1972										3.6	2.8	2.4	1.8	1.9
1973											1.9	1.9	1.3	1.6
1974												1.9	0.9	1.5
1975													−0.1	1.5
1976														3.2

MARKET ECONOMIES — INDUSTRIAL ACTIVITY

	1963	1965	1966	1967	1968	1969	1970	1971	1972	1973	1974	1975	1976	1977
1960	5.9	6.6	6.6	6.3	6.3	6.4	6.3	6.1	6.0	6.1	5.9	5.6	5.4	5.3
1963		7.3	7.0	6.1	6.2	6.3	6.2	5.9	5.8	5.9	5.7	5.3	5.1	5.0
1965			6.4	4.7	5.6	6.1	5.9	5.6	5.5	5.7	5.5	4.9	4.7	4.6
1966				3.1	5.6	6.4	6.0	5.5	5.4	5.7	5.4	4.8	4.6	4.5
1967					8.1	7.8	6.5	5.6	5.5	5.8	5.4	4.7	4.4	4.3
1968						7.5	5.6	4.7	4.9	5.5	5.1	4.2	4.1	4.0
1969							3.6	3.4	4.4	5.5	4.9	3.9	3.7	3.8
1970								3.2	5.0	6.3	5.2	3.7	3.6	3.6
1971									6.7	7.8	5.4	3.2	3.2	3.4
1972										8.9	4.2	1.5	2.2	2.8
1973											−0.3	−1.7	0.9	2.2
1974												−3.0	2.3	3.6
1975													7.8	6.3
1976														4.8

MARKET ECONOMIES — MANUFACTURING

	1963	1965	1966	1967	1968	1969	1970	1971	1972	1973	1974	1975	1976	1977
1960	6.0	6.7	6.8	6.5	6.4	6.5	6.4	6.2	6.1	6.1	5.9	5.6	5.4	5.3
1963		7.6	7.2	6.3	6.3	6.4	6.2	5.9	5.8	5.9	5.7	5.2	5.0	4.9
1965			6.6	4.7	5.6	6.1	5.9	5.5	5.4	5.7	5.4	4.9	4.7	4.5
1966				2.9	5.5	6.4	5.9	5.4	5.3	5.6	5.4	4.7	4.5	4.3
1967					8.1	7.9	6.4	5.4	5.4	5.8	5.4	4.6	4.3	4.2
1968						7.7	5.4	4.4	4.8	5.5	5.1	4.1	4.0	3.9
1969							3.0	3.1	4.3	5.4	4.9	3.8	3.6	3.6
1970								3.1	5.1	6.5	5.3	3.6	3.5	3.5
1971									7.1	8.1	5.6	3.1	3.1	3.2
1972										9.1	4.2	1.3	2.0	2.5
1973											−0.4	−2.2	0.6	1.8
1974												−3.9	1.9	3.1
1975													8.0	5.9
1976														3.9

MARKET ECONOMIES — CONSTRUCTION

	1963	1965	1966	1967	1968	1969	1970	1971	1972	1973	1974	1975	1976	1977
1960	4.9	6.0	5.9	5.6	5.5	5.4	5.1	4.9	4.8	4.6	4.4	4.1	3.9	3.7
1963		7.6	6.4	5.5	5.3	5.1	4.7	4.4	4.3	4.2	3.9	3.5	3.3	3.1
1965			4.3	3.8	4.4	4.4	4.0	3.8	3.8	3.7	3.4	3.0	2.7	2.6
1966				3.3	4.5	4.5	3.9	3.6	3.7	3.7	3.3	2.8	2.5	2.4
1967					5.8	4.8	3.8	3.5	3.6	3.6	3.1	2.6	2.3	2.2
1968						3.9	2.8	2.8	3.2	3.3	2.8	2.2	2.0	1.9
1969							1.8	2.4	3.2	3.4	2.7	2.0	1.7	1.7
1970								3.0	4.0	3.9	2.7	1.7	1.5	1.5
1971									4.9	4.2	2.2	1.1	0.9	1.1
1972										3.5	0.6	−0.2	0.1	0.6
1973											−2.1	−1.7	−0.5	0.5
1974												−1.3	0.4	1.5
1975													2.1	2.8
1976														3.4

MARKET ECONOMIES — WHOLESALE AND RETAIL TRADE

	1963	1965	1966	1967	1968	1969	1970	1971	1972	1973	1974	1975	1976	1977
1960	4.5	5.5	5.6	5.4	5.5	5.5	5.5	5.4	5.4	5.5	5.4	5.2	5.1	5.0
1963		7.0	6.3	5.7	5.7	5.6	5.5	5.4	5.5	5.5	5.4	5.1	5.0	4.9
1965			5.2	4.4	5.1	5.3	5.3	5.2	5.3	5.5	5.3	5.0	4.8	4.6
1966				3.6	5.4	5.5	5.4	5.2	5.4	5.5	5.3	4.9	4.7	4.5
1967					7.1	6.2	5.6	5.3	5.5	5.7	5.3	4.9	4.6	4.5
1968						5.3	4.9	4.8	5.3	5.6	5.1	4.6	4.4	4.2
1969							4.6	4.6	5.4	5.8	5.1	4.5	4.2	4.1
1970								4.7	5.9	6.2	5.1	4.3	4.0	3.8
1971									7.3	6.8	4.9	3.8	3.6	3.5
1972										6.4	3.5	2.5	2.8	2.9
1973											0.6	0.9	2.1	2.6
1974												1.2	3.0	3.3
1975													4.8	4.1
1976														3.5

MARKET ECONOMIES — TRANSPORT AND COMMUNICATION

	1963	1965	1966	1967	1968	1969	1970	1971	1972	1973	1974	1975	1976	1977
1960	4.6	5.2	5.4	5.3	5.4	5.5	5.6	5.5	5.5	5.6	5.6	5.5	5.4	5.3
1963		6.2	6.1	5.5	5.6	5.8	5.8	5.6	5.6	5.7	5.7	5.5	5.4	5.3
1965			6.1	4.6	5.3	5.7	5.8	5.5	5.5	5.6	5.6	5.4	5.3	5.2
1966				3.1	5.2	5.9	5.9	5.5	5.4	5.7	5.7	5.4	5.2	5.1
1967					7.3	7.1	6.5	5.7	5.5	5.8	5.8	5.4	5.2	5.1
1968						6.8	6.0	5.1	5.1	5.6	5.6	5.2	5.0	4.9
1969							5.2	4.3	4.7	5.5	5.6	5.0	4.9	4.7
1970								3.3	4.7	5.9	5.8	5.0	4.8	4.7
1971									6.0	7.2	6.4	5.1	4.8	4.6
1972										8.4	6.3	4.4	4.2	4.2
1973											4.2	2.4	3.2	3.5
1974												0.7	3.1	3.6
1975													5.5	4.8
1976														4.1

MARKET ECONOMIES — OTHER

	1963	1965	1966	1967	1968	1969	1970	1971	1972	1973	1974	1975	1976	1977
1960	4.5	4.6	4.6	4.6	4.6	4.7	4.7	4.6	4.6	4.6	4.6	4.6	4.5	4.5
1963		5.1	4.8	4.8	4.8	4.8	4.8	4.7	4.7	4.7	4.6	4.6	4.5	4.4
1965			4.0	4.4	4.6	4.8	4.7	4.6	4.6	4.6	4.6	4.5	4.4	4.3
1966				4.8	4.8	5.0	4.8	4.7	4.6	4.6	4.6	4.5	4.4	4.3
1967					4.9	5.1	4.8	4.6	4.6	4.6	4.5	4.4	4.3	4.2
1968						5.2	4.7	4.4	4.5	4.5	4.5	4.3	4.2	4.2
1969							4.1	4.0	4.4	4.5	4.4	4.2	4.1	4.1
1970								4.0	4.6	4.6	4.5	4.2	4.1	4.0
1971									5.1	4.8	4.5	4.1	4.0	3.9
1972										4.6	4.2	3.7	3.7	3.8
1973											3.8	3.3	3.5	3.6
1974												2.8	3.5	3.7
1975													4.2	4.0
1976														3.8

DEVELOPED MARKET ECONOMIES — GROSS DOMESTIC PRODUCT

	1963	1965	1966	1967	1968	1969	1970	1971	1972	1973	1974	1975	1976	1977
1960	5.0	5.3	5.3	5.2	5.2	5.2	5.1	5.0	5.0	5.0	4.9	4.7	4.6	4.5
1963		5.7	5.6	5.2	5.2	5.2	5.1	4.9	4.9	4.9	4.7	4.5	4.3	4.2
1965			5.5	4.6	4.9	5.0	4.9	4.7	4.7	4.8	4.6	4.2	4.1	4.0
1966				3.8	4.8	5.0	4.8	4.6	4.6	4.7	4.5	4.1	3.9	3.8
1967					5.8	5.5	4.9	4.6	4.6	4.8	4.5	4.0	3.8	3.7
1968						5.2	4.5	4.1	4.3	4.7	4.3	3.8	3.6	3.5
1969							3.7	3.7	4.2	4.7	4.3	3.6	3.4	3.3
1970								3.6	4.6	5.2	4.3	3.4	3.2	3.2
1971									5.5	5.9	4.3	3.0	2.9	3.0
1972										6.2	3.4	1.9	2.2	2.5
1973											0.6	−0.0	1.4	2.2
1974												−0.6	2.2	2.9
1975													5.1	4.3
1976														3.6

DEVELOPED MARKET ECONOMIES — PER CAPITA GROSS DOMESTIC PRODUCT

	1963	1965	1966	1967	1968	1969	1970	1971	1972	1973	1974	1975	1976	1977
1960	3.6	3.9	4.0	4.0	4.0	4.0	4.0	3.8	3.8	3.8	3.8	3.6	3.5	3.4
1963		4.3	4.2	4.1	4.0	4.1	3.9	3.8	3.7	3.8	3.7	3.4	3.3	3.2
1965			4.0	3.9	3.8	4.0	3.8	3.6	3.5	3.7	3.6	3.2	3.1	3.0
1966				3.8	3.8	4.1	3.8	3.5	3.4	3.7	3.5	3.1	3.0	2.9
1967					3.7	4.2	3.7	3.3	3.3	3.6	3.5	3.0	2.8	2.7
1968						4.8	3.5	3.0	3.2	3.6	3.4	2.9	2.7	2.6
1969							2.3	2.2	2.9	3.7	3.4	2.7	2.5	2.4
1970								2.2	3.3	4.3	3.6	2.6	2.4	2.3
1971									4.3	5.3	3.8	2.3	2.1	2.1
1972										6.2	3.1	1.2	1.4	1.7
1973											−0.0	−1.0	0.4	1.2
1974												−2.0	1.0	1.8
1975													4.0	3.4
1976														2.9

DEVELOPED MARKET ECONOMIES — GOVERNMENT FINAL CONSUMPTION EXPENDITURE

	1963	1965	1966	1967	1968	1969	1970	1971	1972	1973	1974	1975	1976	1977
1960	4.9	4.1	4.3	4.6	4.6	4.5	4.3	4.1	3.9	3.8	3.7	3.6	3.6	3.5
1963		3.2	4.3	5.0	4.9	4.6	4.2	3.9	3.7	3.5	3.4	3.4	3.3	3.3
1965			6.9	6.7	5.6	4.7	4.0	3.5	3.3	3.2	3.1	3.1	3.1	3.0
1966				6.6	4.8	3.8	3.2	2.8	2.7	2.7	2.7	2.8	2.8	2.8
1967					3.2	2.5	2.3	2.1	2.2	2.4	2.5	2.6	2.7	2.7
1968						1.9	1.9	1.9	2.1	2.3	2.5	2.6	2.7	2.8
1969							2.0	1.8	2.2	2.5	2.6	2.8	2.9	2.9
1970								1.7	2.4	2.7	2.8	3.0	3.0	3.0
1971									3.2	3.1	3.1	3.2	3.2	3.1
1972										3.1	3.1	3.3	3.2	3.1
1973											3.0	3.4	3.2	3.0
1974												3.7	3.2	2.9
1975													2.8	2.6
1976														2.4

6A. AVERAGE ANNUAL RATES OF GROWTH OF GROSS DOMESTIC PRODUCT AT CONSTANT PRICES BY TYPE OF EXPENDITURE AND BY KIND OF ECONOMIC ACTIVITY (continued)

(IN PER CENT)

DEVELOPED MARKET ECONOMIES — *PRIVATE FINAL CONSUMPTION EXPENDITURE*

	1963	1965	1966	1967	1968	1969	1970	1971	1972	1973	1974	1975	1976	1977
1960	4.8	5.1	5.1	5.0	5.0	5.0	4.9	4.9	4.9	4.9	4.9	4.7	4.6	4.6
1963		5.4	5.2	4.9	4.9	4.9	4.9	4.8	4.9	4.9	4.8	4.6	4.5	4.4
1965			4.9	4.5	4.7	4.8	4.8	4.7	4.8	4.9	4.7	4.5	4.4	4.3
1966				4.1	4.7	4.9	4.8	4.7	4.8	4.9	4.7	4.4	4.3	4.2
1967					5.2	5.2	4.9	4.8	4.9	5.0	4.7	4.4	4.2	4.1
1968						5.2	4.7	4.6	4.8	5.0	4.6	4.2	4.1	4.0
1969							4.2	4.3	4.9	5.1	4.5	4.1	3.9	3.8
1970								4.5	5.2	5.4	4.5	3.9	3.7	3.6
1971									6.0	5.7	4.2	3.5	3.4	3.4
1972										5.5	3.1	2.6	2.9	3.0
1973											0.7	1.4	2.5	2.8
1974												2.2	3.4	3.5
1975													4.6	3.9
1976														3.3

DEVELOPED MARKET ECONOMIES — *GROSS FIXED CAPITAL FORMATION*

	1963	1965	1966	1967	1968	1969	1970	1971	1972	1973	1974	1975	1976	1977
1960	6.9	7.5	7.3	6.8	6.6	6.5	6.4	6.2	6.2	6.1	5.8	5.4	5.0	4.8
1963		8.3	7.3	6.1	5.9	6.0	5.9	5.7	5.7	5.8	5.4	4.8	4.3	4.1
1965			5.4	3.9	4.8	5.4	5.4	5.3	5.4	5.6	5.1	4.3	3.8	3.5
1966				2.5	4.9	5.8	5.6	5.4	5.5	5.7	5.0	4.1	3.6	3.3
1967					7.4	7.2	6.2	5.7	5.7	5.9	5.0	3.9	3.3	3.0
1968						7.0	5.5	5.1	5.4	5.7	4.7	3.4	2.7	2.5
1969							4.0	4.4	5.1	5.7	4.3	2.7	2.1	2.0
1970								4.7	5.8	6.3	4.1	2.1	1.5	1.5
1971									6.8	7.0	3.4	0.9	0.5	0.7
1972										7.2	1.2	−1.5	−1.1	−0.2
1973											−4.5	−5.1	−2.7	−0.9
1974												−5.6	−1.2	0.8
1975													3.3	3.7
1976														4.0

DEVELOPED MARKET ECONOMIES — *EXPORTS OF GOODS AND SERVICES*

	1963	1965	1966	1967	1968	1969	1970	1971	1972	1973	1974	1975	1976	1977
1960	5.6	7.0	7.2	7.2	7.5	7.8	8.1	8.1	8.2	8.3	8.3	8.1	8.0	7.9
1963		8.5	8.3	7.8	8.2	8.6	8.8	8.7	8.7	8.8	8.7	8.3	8.1	7.9
1965			8.3	7.2	8.3	9.0	9.2	9.0	8.9	8.9	8.9	8.3	8.0	7.8
1966				6.0	8.7	9.6	9.6	9.2	9.0	9.0	8.9	8.2	7.9	7.7
1967					11.5	11.1	10.4	9.5	9.1	9.1	9.0	8.1	7.8	7.5
1968						10.7	9.8	8.8	8.5	8.7	8.7	7.7	7.4	7.1
1969							8.9	7.9	7.8	8.5	8.5	7.3	7.0	6.7
1970								6.8	7.5	8.6	8.6	6.9	6.6	6.4
1971									8.2	9.6	9.0	6.5	6.3	6.1
1972										11.1	9.1	5.4	5.5	5.5
1973											7.3	2.3	4.0	4.6
1974												−2.4	3.5	4.6
1975													9.8	7.5
1976														5.2

DEVELOPED MARKET ECONOMIES — *IMPORTS OF GOODS AND SERVICES*

	1963	1965	1966	1967	1968	1969	1970	1971	1972	1973	1974	1975	1976	1977
1960	7.2	7.9	8.1	8.0	8.2	8.4	8.6	8.6	8.6	8.7	8.6	8.2	8.0	7.7
1963		8.8	8.7	8.3	8.5	8.9	9.1	8.9	8.9	9.0	8.8	8.2	7.8	7.5
1965			8.6	7.7	8.5	9.2	9.4	9.1	9.0	9.1	8.8	7.9	7.6	7.2
1966				6.8	8.7	9.7	9.8	9.3	9.0	9.2	8.8	7.8	7.3	6.9
1967					10.7	11.0	10.5	9.5	9.1	9.2	8.7	7.5	7.1	6.6
1968						11.4	10.3	8.8	8.6	8.9	8.3	6.9	6.5	6.1
1969							9.2	7.5	7.8	8.6	7.9	6.2	5.9	5.5
1970								5.8	7.4	8.8	7.8	5.6	5.3	5.0
1971									9.1	10.2	8.0	4.8	4.8	4.6
1972										11.4	7.0	2.8	3.5	3.6
1973											2.6	−1.3	1.8	2.7
1974												−5.0	2.5	3.5
1975													10.6	6.9
1976														3.2

DEVELOPED MARKET ECONOMIES — *AGRICULTURE*

	1963	1965	1966	1967	1968	1969	1970	1971	1972	1973	1974	1975	1976	1977
1960	1.9	1.4	1.3	1.5	1.7	1.7	1.7	1.8	1.7	1.8	1.8	1.8	1.7	1.6
1963		0.7	0.7	1.5	1.9	1.8	1.8	1.9	1.8	1.9	1.9	1.8	1.7	1.6
1965			0.4	2.7	2.9	2.3	2.1	2.2	2.0	2.1	2.0	1.9	1.7	1.6
1966				5.1	3.8	2.4	2.1	2.2	2.0	2.1	2.0	1.9	1.6	1.5
1967					2.5	1.1	1.4	1.8	1.6	1.8	1.8	1.7	1.4	1.4
1968						−0.3	1.1	1.8	1.6	1.9	1.8	1.7	1.4	1.3
1969							2.4	2.8	1.9	2.2	2.0	1.8	1.4	1.3
1970								3.2	1.4	2.1	1.9	1.6	1.1	1.1
1971									−0.3	1.9	1.8	1.4	0.8	0.8
1972										4.2	2.4	1.6	0.7	0.8
1973											0.7	0.4	−0.4	0.2
1974												0.1	−1.0	0.1
1975													−2.1	0.5
1976														3.2

DEVELOPED MARKET ECONOMIES — *INDUSTRIAL ACTIVITY*

	1963	1965	1966	1967	1968	1969	1970	1971	1972	1973	1974	1975	1976	1977
1960	5.7	6.2	6.3	6.0	6.0	6.0	5.9	5.7	5.6	5.6	5.4	5.1	4.9	4.8
1963		6.9	6.6	5.8	5.8	5.9	5.7	5.4	5.3	5.4	5.1	4.7	4.5	4.4
1965			6.2	4.5	5.2	5.7	5.4	5.0	4.9	5.1	4.9	4.3	4.1	4.1
1966				2.7	5.1	5.9	5.4	4.9	4.8	5.1	4.8	4.1	4.0	3.9
1967					7.5	7.3	5.8	4.9	4.8	5.2	4.8	4.0	3.8	3.7
1968						7.0	4.8	3.9	4.2	4.9	4.5	3.6	3.4	3.4
1969							2.6	2.6	3.7	4.9	4.3	3.2	3.1	3.2
1970								2.6	4.4	5.9	4.6	3.0	3.0	3.1
1971									6.3	7.4	4.8	2.5	2.6	2.9
1972										8.6	3.4	0.7	1.6	2.3
1973											−1.5	−2.6	0.3	1.8
1974												−3.7	2.0	3.4
1975													8.0	6.3
1976														4.7

DEVELOPED MARKET ECONOMIES — *MANUFACTURING*

	1963	1965	1966	1967	1968	1969	1970	1971	1972	1973	1974	1975	1976	1977
1960	6.0	6.7	6.8	6.5	6.4	6.5	6.3	6.0	5.9	5.9	5.7	5.4	5.2	5.0
1963		7.6	7.2	6.2	6.2	6.3	6.1	5.7	5.6	5.6	5.4	4.9	4.7	4.5
1965			6.7	4.7	5.4	6.0	5.7	5.2	5.1	5.3	5.1	4.5	4.2	4.1
1966				2.7	5.3	6.2	5.6	5.0	5.0	5.3	5.0	4.3	4.0	3.9
1967					7.9	7.7	6.1	5.0	5.0	5.4	5.0	4.1	3.9	3.7
1968						7.5	5.0	4.0	4.3	5.1	4.6	3.6	3.4	3.4
1969							2.5	2.5	3.8	5.0	4.5	3.2	3.1	3.1
1970								2.4	4.6	6.1	4.9	3.1	3.0	3.0
1971									6.9	7.9	5.1	2.5	2.5	2.7
1972										8.9	3.7	0.5	1.4	1.9
1973											−1.3	−3.1	−0.1	1.3
1974												−4.9	1.3	2.7
1975													8.0	5.8
1976														3.7

DEVELOPED MARKET ECONOMIES — *CONSTRUCTION*

	1963	1965	1966	1967	1968	1969	1970	1971	1972	1973	1974	1975	1976	1977
1960	5.0	6.1	6.0	5.7	5.5	5.3	5.0	4.8	4.6	4.4	4.1	3.8	3.4	3.2
1963		7.7	6.4	5.5	5.2	4.9	4.5	4.2	4.0	3.9	3.5	3.0	2.7	2.5
1965			4.3	3.6	4.1	4.0	3.6	3.4	3.4	3.3	2.9	2.4	2.0	1.8
1966				2.8	4.2	4.0	3.5	3.2	3.3	3.2	2.7	2.2	1.8	1.6
1967					5.5	4.4	3.4	3.1	3.2	3.1	2.6	1.9	1.5	1.3
1968						3.3	2.4	2.4	2.8	2.9	2.2	1.5	1.1	0.9
1969							1.5	2.1	2.8	3.0	2.1	1.1	0.7	0.6
1970								2.8	3.5	3.4	1.9	0.8	0.3	0.3
1971									4.3	3.5	1.3	−0.1	−0.4	−0.2
1972										2.7	−0.4	−1.6	−1.4	−0.8
1973											−3.4	−3.4	−2.2	−1.1
1974												−3.4	−1.4	−0.1
1975													0.6	1.5
1976														2.3

DEVELOPED MARKET ECONOMIES — *WHOLESALE AND RETAIL TRADE*

	1963	1965	1966	1967	1968	1969	1970	1971	1972	1973	1974	1975	1976	1977
1960	4.6	5.5	5.6	5.5	5.5	5.5	5.4	5.3	5.4	5.4	5.3	5.1	5.0	4.8
1963		7.2	6.5	5.7	5.7	5.6	5.4	5.3	5.3	5.4	5.2	4.9	4.8	4.6
1965			5.1	4.4	5.0	5.2	5.1	5.0	5.1	5.3	5.0	4.7	4.5	4.3
1966				3.6	5.3	5.3	5.1	5.0	5.2	5.3	5.0	4.6	4.4	4.2
1967					7.0	5.9	5.3	5.0	5.3	5.5	5.0	4.5	4.3	4.1
1968						4.9	4.6	4.5	5.1	5.4	4.9	4.3	4.1	3.9
1969							4.2	4.3	5.3	5.6	4.9	4.1	3.9	3.7
1970								4.4	5.9	6.2	4.9	3.9	3.6	3.5
1971									7.4	6.9	4.5	3.3	3.2	3.1
1972										6.3	2.8	1.8	2.2	2.5
1973											−0.5	0.0	1.5	2.2
1974												0.6	2.7	3.1
1975													4.9	4.0
1976														3.1

DEVELOPED MARKET ECONOMIES — *TRANSPORT AND COMMUNICATION*

	1963	1965	1966	1967	1968	1969	1970	1971	1972	1973	1974	1975	1976	1977
1960	4.7	5.2	5.4	5.3	5.4	5.5	5.6	5.5	5.4	5.5	5.4	5.3	5.2	5.1
1963		6.0	6.1	5.6	5.6	5.8	5.8	5.6	5.4	5.5	5.5	5.2	5.1	5.0
1965			6.4	4.7	5.4	5.7	5.7	5.4	5.3	5.4	5.4	5.1	4.9	4.8
1966				3.1	5.2	5.9	5.8	5.3	5.2	5.4	5.3	5.0	4.8	4.7
1967					7.4	7.0	6.3	5.5	5.2	5.5	5.4	5.0	4.8	4.6
1968						6.7	5.7	4.7	4.7	5.2	5.2	4.7	4.5	4.3
1969							4.8	3.8	4.2	5.1	5.1	4.5	4.3	4.2
1970								2.7	4.2	5.5	5.4	4.5	4.2	4.1
1971									5.7	6.9	6.0	4.5	4.2	4.0
1972										8.1	5.8	3.6	3.5	3.5
1973											3.6	1.5	2.4	2.8
1974												−0.6	2.3	2.9
1975													5.3	4.3
1976														3.4

DEVELOPED MARKET ECONOMIES — *OTHER*

	1963	1965	1966	1967	1968	1969	1970	1971	1972	1973	1974	1975	1976	1977
1960	4.3	4.5	4.5	4.5	4.5	4.6	4.6	4.5	4.5	4.5	4.4	4.4	4.3	4.2
1963		5.1	4.8	4.7	4.7	4.8	4.7	4.6	4.5	4.5	4.4	4.3	4.2	4.2
1965			3.9	4.4	4.5	4.7	4.6	4.4	4.4	4.4	4.3	4.2	4.1	4.0
1966				4.8	4.8	4.9	4.7	4.5	4.4	4.4	4.3	4.1	4.0	4.0
1967					4.8	4.9	4.6	4.3	4.3	4.3	4.2	4.0	3.9	3.9
1968						5.0	4.4	4.1	4.2	4.2	4.1	3.9	3.8	3.8
1969							3.7	3.7	4.0	4.1	4.0	3.8	3.7	3.7
1970								3.7	4.2	4.2	4.0	3.7	3.6	3.6
1971									4.6	4.4	4.0	3.6	3.5	3.5
1972										4.1	3.7	3.3	3.3	3.3
1973											3.3	2.9	3.1	3.2
1974												2.4	3.1	3.3
1975													3.8	3.7
1976														3.6

DEVELOPING MARKET ECONOMIES — *GROSS DOMESTIC PRODUCT*

	1963	1965	1966	1967	1968	1969	1970	1971	1972	1973	1974	1975	1976	1977
1960	5.0	5.4	5.3	5.2	5.3	5.5	5.6	5.7	5.8	5.9	6.0	6.0	6.1	6.0
1963		5.7	5.1	5.0	5.3	5.6	5.9	6.0	6.1	6.2	6.3	6.3	6.3	6.2
1965			4.1	4.5	5.4	6.0	6.3	6.4	6.4	6.6	6.6	6.5	6.5	6.4
1966				4.9	6.1	6.7	6.8	6.8	6.7	6.8	6.8	6.7	6.6	6.4
1967					7.3	7.4	7.3	7.1	6.9	6.9	6.9	6.7	6.6	6.4
1968						7.5	7.2	6.9	6.7	6.9	6.8	6.6	6.5	6.3
1969							6.9	6.6	6.4	6.8	6.8	6.5	6.3	6.2
1970								6.3	6.2	6.8	6.8	6.4	6.3	6.1
1971									6.2	7.2	7.0	6.4	6.2	5.9
1972										8.2	7.2	6.2	6.0	5.7
1973											6.2	5.2	5.3	5.3
1974												4.2	5.1	5.1
1975													6.1	5.5
1976														4.8

6A. AVERAGE ANNUAL RATES OF GROWTH OF GROSS DOMESTIC PRODUCT AT CONSTANT PRICES BY TYPE OF EXPENDITURE AND BY KIND OF ECONOMIC ACTIVITY (continued) (IN PER CENT)

DEVELOPING MARKET ECONOMIES — *PER CAPITA GROSS DOMESTIC PRODUCT*

	1963	1965	1966	1967	1968	1969	1970	1971	1972	1973	1974	1975	1976	1977
1960	2.9	3.2	3.0	2.9	2.9	3.0	3.1	3.2	3.3	3.3	3.4	3.4	3.5	3.5
1963		3.7	2.9	2.8	2.9	3.0	3.2	3.3	3.4	3.5	3.6	3.6	3.6	3.6
1965			1.4	2.1	2.7	3.1	3.3	3.5	3.6	3.7	3.8	3.8	3.7	3.7
1966				2.8	3.4	3.6	3.7	3.9	3.9	3.9	4.0	3.9	3.9	3.8
1967					4.1	4.0	3.9	4.1	4.0	4.1	4.1	4.0	3.9	3.8
1968						3.9	3.8	4.1	4.0	4.1	4.1	3.9	3.9	3.7
1969							3.7	4.3	4.1	4.1	4.1	3.9	3.8	3.7
1970								4.8	4.1	4.2	4.2	3.9	3.8	3.6
1971									3.4	3.9	4.1	3.7	3.6	3.4
1972										4.4	4.3	3.6	3.6	3.3
1973											4.3	3.1	3.3	3.0
1974												2.0	3.0	2.8
1975													4.0	3.0
1976														1.9

DEVELOPING MARKET ECONOMIES — *GOVERNMENT FINAL CONSUMPTION EXPENDITURE*

	1963	1965	1966	1967	1968	1969	1970	1971	1972	1973	1974	1975	1976	1977
1960	7.4	6.4	6.2	6.0	6.2	6.4	6.5	6.6	6.6	6.7	6.8	7.1	7.3	7.4
1963		4.3	4.8	5.1	5.8	6.3	6.5	6.6	6.7	6.8	7.0	7.3	7.6	7.8
1965			5.9	5.8	6.8	7.4	7.3	7.3	7.3	7.3	7.5	7.8	8.1	8.2
1966				5.6	7.5	8.0	7.7	7.5	7.4	7.4	7.6	8.0	8.3	8.4
1967					9.4	9.0	8.0	7.6	7.5	7.5	7.7	8.1	8.4	8.6
1968						8.6	7.2	7.0	7.0	7.2	7.5	8.1	8.5	8.7
1969							5.8	6.4	6.8	7.1	7.5	8.3	8.8	8.9
1970								7.0	7.2	7.5	7.9	8.9	9.3	9.3
1971									7.3	7.7	8.3	9.5	9.8	9.7
1972										8.0	8.8	10.3	10.4	10.1
1973											9.7	11.6	11.1	10.4
1974												13.5	11.5	10.2
1975													9.5	8.6
1976														7.8

DEVELOPING MARKET ECONOMIES — *PRIVATE FINAL CONSUMPTION EXPENDITURE*

	1963	1965	1966	1967	1968	1969	1970	1971	1972	1973	1974	1975	1976	1977
1960	3.8	4.2	4.2	4.3	4.5	4.6	4.8	4.9	5.0	5.1	5.2	5.2	5.2	5.2
1963		4.6	4.4	4.6	4.8	5.0	5.2	5.3	5.4	5.5	5.6	5.5	5.5	5.4
1965			4.4	4.9	5.3	5.3	5.5	5.7	5.7	5.8	5.8	5.7	5.6	5.5
1966				5.4	5.7	5.6	5.8	5.9	5.9	5.9	5.9	5.8	5.7	5.5
1967					6.1	5.6	5.9	6.1	5.9	5.9	6.0	5.8	5.6	5.5
1968						5.1	5.9	6.2	5.9	6.0	6.0	5.8	5.6	5.4
1969							6.7	6.6	6.0	6.0	6.0	5.8	5.5	5.3
1970								6.6	5.6	5.8	5.9	5.6	5.3	5.1
1971									4.6	5.7	5.8	5.5	5.1	4.9
1972										6.8	6.3	5.5	5.0	4.8
1973											5.8	4.9	4.5	4.3
1974												3.9	3.9	3.9
1975													3.8	4.0
1976														4.1

DEVELOPING MARKET ECONOMIES — *GROSS FIXED CAPITAL FORMATION*

	1963	1965	1966	1967	1968	1969	1970	1971	1972	1973	1974	1975	1976	1977
1960	3.9	5.6	5.9	6.2	6.6	7.0	7.1	7.3	7.5	7.6	7.8	8.1	8.3	8.4
1963		8.0	7.7	7.5	7.9	8.2	8.2	8.2	8.3	8.3	8.5	8.8	8.9	9.1
1965			7.4	7.3	8.3	8.7	8.5	8.5	8.5	8.6	8.7	9.0	9.3	9.4
1966				7.3	8.9	9.2	8.7	8.6	8.6	8.7	8.8	9.2	9.4	9.6
1967					10.6	9.9	8.8	8.6	8.6	8.7	8.9	9.3	9.6	9.7
1968						9.2	7.9	8.1	8.3	8.5	8.8	9.4	9.7	9.8
1969							6.6	7.7	8.2	8.5	9.0	9.6	9.9	10.1
1970								8.8	8.9	9.1	9.4	10.2	10.4	10.5
1971									8.9	9.2	9.7	10.7	10.8	10.8
1972										9.5	10.1	11.4	11.2	11.1
1973											10.7	12.4	11.7	11.3
1974												14.2	11.8	11.2
1975													9.5	9.9
1976														10.4

DEVELOPING MARKET ECONOMIES — *EXPORTS OF GOODS AND SERVICES*

	1963	1965	1966	1967	1968	1969	1970	1971	1972	1973	1974	1975	1976	1977
1960	7.4	7.9	7.6	7.1	7.1	7.3	7.4	7.4	7.4	7.5	7.3	6.8	6.7	6.5
1963		8.1	7.2	6.1	6.5	7.0	7.3	7.3	7.3	7.4	7.2	6.5	6.3	6.2
1965			5.3	4.1	6.0	7.2	7.7	7.4	7.4	7.6	7.2	6.3	6.1	5.9
1966				2.8	6.8	8.2	8.5	7.9	7.7	7.9	7.4	6.2	6.0	5.8
1967					11.0	10.5	9.8	8.5	8.1	8.2	7.4	6.0	5.8	5.6
1968						10.1	9.2	7.5	7.3	7.7	6.9	5.3	5.2	5.1
1969							8.2	6.1	6.5	7.4	6.4	4.5	4.5	4.6
1970								4.1	6.1	7.6	6.2	3.7	4.0	4.1
1971									8.1	9.4	6.3	2.7	3.5	3.8
1972										10.6	4.7	0.2	2.2	3.1
1973											-0.9	-4.4	0.8	2.6
1974												-7.9	3.2	4.7
1975													15.5	9.9
1976														4.5

DEVELOPING MARKET ECONOMIES — *IMPORTS OF GOODS AND SERVICES*

	1963	1965	1966	1967	1968	1969	1970	1971	1972	1973	1974	1975	1976	1977
1960	2.4	3.5	3.9	4.2	4.6	5.0	5.4	5.7	5.9	6.1	6.6	7.0	7.3	7.4
1963		4.4	4.9	5.0	5.6	6.0	6.5	6.8	6.8	7.0	7.6	8.0	8.2	8.4
1965			6.8	5.7	6.6	7.0	7.5	7.6	7.5	7.6	8.4	8.8	8.9	9.0
1966				4.7	6.8	7.3	7.9	7.9	7.7	7.8	8.7	9.1	9.2	9.3
1967					8.9	8.4	8.7	8.4	7.9	8.0	9.0	9.5	9.6	9.5
1968						7.9	8.7	8.3	7.7	7.8	9.2	9.7	9.8	9.7
1969							9.5	8.3	7.3	7.7	9.6	10.1	10.1	9.9
1970								7.2	6.3	7.4	10.1	10.7	10.5	10.2
1971									5.4	7.8	11.8	11.9	11.2	10.6
1972										10.3	15.4	13.7	12.1	11.0
1973											20.7	14.4	11.6	10.2
1974												8.3	7.8	7.7
1975													7.2	7.5
1976														7.7

DEVELOPING MARKET ECONOMIES — *AGRICULTURE*

	1963	1965	1966	1967	1968	1969	1970	1971	1972	1973	1974	1975	1976	1977
1960	2.4	2.5	2.1	2.2	2.2	2.4	2.6	2.7	2.7	2.7	2.7	2.7	2.7	2.8
1963		2.0	1.2	1.7	2.0	2.4	2.7	2.9	2.8	2.8	2.8	2.8	2.8	2.8
1965			-0.1	2.2	2.7	3.2	3.5	3.5	3.2	3.1	3.0	3.0	3.0	3.0
1966				4.6	3.8	3.9	4.1	3.9	3.5	3.2	3.1	3.1	3.1	3.0
1967					2.9	3.8	4.1	3.9	3.3	3.0	2.9	3.0	2.9	2.9
1968						4.6	4.6	4.0	3.1	2.8	2.8	2.9	2.8	2.8
1969							4.5	3.6	2.5	2.3	2.4	2.6	2.7	2.7
1970								2.8	1.4	1.7	2.1	2.5	2.6	2.6
1971									0.0	1.5	2.2	2.7	2.7	2.8
1972										2.9	3.1	3.4	3.2	3.1
1973											3.4	3.6	3.2	3.1
1974												3.9	2.9	2.9
1975													2.0	2.6
1976														3.2

DEVELOPING MARKET ECONOMIES — *INDUSTRIAL ACTIVITY*

	1963	1965	1966	1967	1968	1969	1970	1971	1972	1973	1974	1975	1976	1977
1960	7.5	8.6	8.6	8.3	8.4	8.5	8.6	8.6	8.6	8.6	8.6	8.3	8.1	8.0
1963		10.0	9.1	8.1	8.3	8.6	8.8	8.7	8.6	8.7	8.6	8.2	8.0	7.7
1965			7.4	6.3	7.7	8.6	8.9	8.7	8.6	8.7	8.5	8.1	7.8	7.5
1966				5.3	8.4	9.3	9.4	9.0	8.8	8.9	8.6	8.0	7.7	7.4
1967					11.5	11.0	10.3	9.3	9.0	9.0	8.7	8.0	7.5	7.2
1968						10.4	9.7	8.6	8.4	8.6	8.3	7.5	7.1	6.8
1969							9.0	7.6	7.8	8.3	8.0	7.1	6.7	6.4
1970								6.1	7.5	8.4	8.0	6.7	6.3	6.0
1971									8.9	9.5	8.3	6.4	5.9	5.7
1972										10.0	7.7	5.1	5.0	5.0
1973											5.5	2.7	3.8	4.3
1974												0.0	3.6	4.4
1975													7.2	6.2
1976														5.3

DEVELOPING MARKET ECONOMIES — *MANUFACTURING*

	1963	1965	1966	1967	1968	1969	1970	1971	1972	1973	1974	1975	1976	1977
1960	6.3	6.7	6.7	6.5	6.7	6.9	7.1	7.2	7.4	7.6	7.7	7.7	7.6	7.6
1963		7.5	7.0	6.5	6.8	7.2	7.4	7.6	7.8	8.0	8.1	8.0	7.9	7.8
1965			6.5	5.6	6.7	7.5	7.9	8.1	8.2	8.5	8.5	8.3	8.1	8.0
1966				4.8	7.2	8.2	8.4	8.5	8.6	8.8	8.7	8.4	8.2	8.0
1967					9.7	9.7	9.2	9.0	9.0	9.1	9.0	8.5	8.3	8.0
1968						9.7	8.9	8.8	8.8	9.1	8.9	8.4	8.1	7.8
1969							8.2	8.4	8.6	9.1	8.8	8.2	7.9	7.6
1970								8.6	8.8	9.4	8.9	8.1	7.7	7.4
1971									9.0	9.9	8.9	7.7	7.4	7.0
1972										10.8	8.5	6.9	6.7	6.5
1973											6.4	5.1	5.8	5.9
1974												3.9	5.8	5.9
1975													7.8	6.7
1976														5.6

DEVELOPING MARKET ECONOMIES — *CONSTRUCTION*

	1963	1965	1966	1967	1968	1969	1970	1971	1972	1973	1974	1975	1976	1977
1960	3.3	4.7	4.9	5.2	5.6	5.9	6.1	6.1	6.2	6.4	6.5	6.7	6.9	7.1
1963		6.3	5.8	6.0	6.5	6.9	6.8	6.7	6.8	6.9	7.0	7.2	7.5	7.7
1965			5.0	6.2	7.1	7.6	7.3	6.9	7.0	7.1	7.2	7.5	7.8	8.0
1966				7.4	8.2	8.3	7.6	7.0	7.0	7.2	7.3	7.6	7.9	8.1
1967					8.9	8.7	7.4	6.6	6.8	7.2	7.3	7.7	8.0	8.2
1968						8.4	6.5	5.8	6.4	7.0	7.2	7.7	8.1	8.4
1969							4.6	4.7	6.1	7.1	7.3	7.9	8.4	8.6
1970								4.9	7.1	8.0	8.0	8.6	9.0	9.1
1971									9.4	9.4	8.7	9.2	9.5	9.6
1972										9.3	8.3	9.3	9.7	9.7
1973											7.3	9.6	10.0	9.9
1974												11.9	11.1	10.4
1975													10.4	9.7
1976														9.0

DEVELOPING MARKET ECONOMIES — *WHOLESALE AND RETAIL TRADE*

	1963	1965	1966	1967	1968	1969	1970	1971	1972	1973	1974	1975	1976	1977
1960	4.4	5.2	5.3	5.2	5.3	5.5	5.7	5.8	5.9	5.9	6.0	6.0	6.0	6.0
1963		5.9	5.7	5.3	5.6	5.8	6.0	6.1	6.2	6.2	6.3	6.3	6.2	6.1
1965			5.5	4.7	5.6	6.1	6.4	6.4	6.4	6.5	6.5	6.4	6.3	6.2
1966				4.0	5.9	6.5	6.7	6.6	6.6	6.6	6.6	6.5	6.3	6.2
1967					7.9	7.6	7.3	7.0	6.8	6.8	6.8	6.6	6.4	6.2
1968						7.3	7.1	6.7	6.5	6.6	6.6	6.4	6.2	6.0
1969							6.9	6.3	6.2	6.5	6.6	6.3	6.1	5.9
1970								5.8	6.0	6.5	6.6	6.3	5.9	5.7
1971									6.2	6.8	6.9	6.3	5.8	5.6
1972										7.4	7.1	6.1	5.6	5.3
1973											6.7	5.4	4.9	4.9
1974												4.1	4.2	4.5
1975													4.2	4.7
1976														5.1

DEVELOPING MARKET ECONOMIES — *TRANSPORT AND COMMUNICATION*

	1963	1965	1966	1967	1968	1969	1970	1971	1972	1973	1974	1975	1976	1977
1960	4.1	5.2	5.3	5.1	5.2	5.3	5.5	5.7	5.9	6.2	6.4	6.6	6.7	6.8
1963		7.0	6.1	5.3	5.3	5.6	5.9	6.1	6.4	6.7	6.9	7.1	7.2	7.3
1965			4.1	3.6	4.6	5.4	6.0	6.4	6.6	7.0	7.3	7.5	7.6	7.6
1966				3.2	5.1	6.1	6.6	6.9	7.1	7.5	7.7	7.8	7.9	7.9
1967					7.0	7.4	7.6	7.6	7.6	8.0	8.1	8.2	8.2	8.1
1968						7.8	7.8	7.7	7.7	8.1	8.3	8.3	8.3	8.2
1969							7.7	7.6	7.7	8.3	8.4	8.5	8.4	8.3
1970								7.5	7.7	8.6	8.7	8.6	8.4	8.3
1971									7.9	9.2	9.0	8.8	8.5	8.3
1972										10.5	9.3	8.9	8.4	8.2
1973											8.1	8.2	7.9	7.8
1974												8.3	7.7	7.6
1975													7.0	7.4
1976														7.8

6A. AVERAGE ANNUAL RATES OF GROWTH OF GROSS DOMESTIC PRODUCT AT CONSTANT PRICES BY TYPE OF EXPENDITURE AND BY KIND OF ECONOMIC ACTIVITY (continued)
(IN PER CENT)

DEVELOPING MARKET ECONOMIES

OTHER

	1963	1965	1966	1967	1968	1969	1970	1971	1972	1973	1974	1975	1976	1977
1960	5.6	5.4	5.3	5.2	5.3	5.4	5.5	5.6	5.8	6.0	6.1	6.3	6.3	6.4
1963		5.2	5.1	5.0	5.1	5.4	5.6	5.8	6.1	6.3	6.5	6.6	6.7	6.7
1965			5.0	4.7	5.2	5.6	5.9	6.1	6.5	6.7	6.9	7.0	7.0	7.0
1966				4.4	5.4	5.9	6.2	6.4	6.8	7.0	7.2	7.2	7.2	7.1
1967					6.4	6.6	6.7	6.8	7.1	7.4	7.5	7.4	7.4	7.3
1968						6.8	6.9	6.9	7.3	7.6	7.7	7.6	7.5	7.3
1969							7.0	6.9	7.6	7.8	7.8	7.7	7.6	7.4
1970								6.8	8.0	8.1	8.0	7.7	7.6	7.3
1971									9.1	8.6	8.3	7.7	7.5	7.2
1972										8.1	7.8	7.3	7.2	6.9
1973											7.6	6.9	6.9	6.6
1974												6.1	6.6	6.3
1975													7.1	6.3
1976														5.5

AFRICA EXCL. SOUTH AFRICA

GROSS DOMESTIC PRODUCT

	1963	1965	1966	1967	1968	1969	1970	1971	1972	1973	1974	1975	1976	1977
1960	4.1	5.0	4.8	4.6	4.7	4.9	5.1	5.2	5.3	5.3	5.3	5.3	5.3	5.3
1963		5.1	4.1	3.9	4.4	4.9	5.3	5.4	5.4	5.4	5.4	5.4	5.4	5.4
1965			1.6	2.9	4.4	5.3	5.9	5.9	5.7	5.6	5.7	5.6	5.6	5.5
1966				4.1	5.9	6.5	6.8	6.5	6.1	5.9	5.9	5.8	5.7	5.6
1967					7.6	7.6	7.4	6.8	6.2	5.9	5.9	5.7	5.6	5.6
1968						7.5	7.3	6.5	5.7	5.5	5.6	5.4	5.4	5.4
1969							7.2	5.8	5.1	5.0	5.3	5.2	5.2	5.2
1970								4.5	4.1	4.5	5.1	5.0	5.1	5.2
1971									3.8	4.7	5.4	5.2	5.3	5.3
1972										5.6	6.2	5.5	5.5	5.4
1973											6.9	5.2	5.4	5.3
1974												3.5	4.9	5.1
1975													6.4	5.7
1976														5.0

AFRICA EXCL. SOUTH AFRICA

PER CAPITA GROSS DOMESTIC PRODUCT

	1963	1965	1966	1967	1968	1969	1970	1971	1972	1973	1974	1975	1976	1977
1960	1.4	2.4	2.1	2.0	2.1	2.4	2.5	2.6	2.6	2.6	2.7	2.6	2.6	2.6
1963		2.7	1.5	1.4	2.0	2.4	2.7	2.8	2.7	2.7	2.8	2.7	2.7	2.7
1965			−1.3	0.6	2.1	3.0	3.3	3.2	3.0	2.9	3.0	2.9	2.8	2.8
1966				2.6	3.8	4.2	4.2	3.7	3.4	3.1	3.2	3.0	2.9	2.9
1967					5.1	4.9	4.5	3.7	3.3	3.0	3.1	2.9	2.8	2.8
1968						4.8	4.1	3.1	2.8	2.6	2.8	2.6	2.6	2.6
1969							3.4	2.3	2.1	2.1	2.5	2.4	2.4	2.5
1970								1.1	1.7	1.9	2.6	2.4	2.4	2.5
1971									2.2	2.2	3.1	2.6	2.6	2.6
1972										2.2	3.7	2.7	2.6	2.6
1973											5.3	2.6	2.5	2.5
1974												−0.0	1.5	2.1
1975													3.0	3.0
1976														2.9

AFRICA EXCL. SOUTH AFRICA

GOVERNMENT FINAL CONSUMPTION EXPENDITURE

	1963	1965	1966	1967	1968	1969	1970	1971	1972	1973	1974	1975	1976	1977
1960	11.0	8.4	7.5	7.1	7.4	7.9	7.9	7.7	7.6	7.4	7.3	7.3	7.3	7.3
1963		4.3	4.3	4.8	6.3	7.6	7.7	7.5	7.3	7.1	6.9	7.1	7.1	7.1
1965			3.9	5.4	8.2	9.9	9.2	8.3	7.8	7.4	7.1	7.3	7.3	7.3
1966				6.9	10.6	11.9	10.2	8.7	7.9	7.4	7.1	7.3	7.3	7.3
1967					14.5	14.2	10.4	8.2	7.3	6.8	6.6	6.9	7.0	7.0
1968						13.8	7.8	5.9	5.6	5.5	5.5	6.3	6.5	6.6
1969							2.2	2.8	3.9	4.5	4.8	6.0	6.3	6.5
1970								3.5	4.8	5.2	5.4	6.8	7.0	7.1
1971									6.1	6.0	5.9	7.6	7.6	7.6
1972										5.9	5.8	8.4	8.1	7.9
1973											5.7	10.1	8.8	8.2
1974												14.7	9.5	8.2
1975													4.5	5.7
1976														6.9

AFRICA EXCL. SOUTH AFRICA

PRIVATE FINAL CONSUMPTION EXPENDITURE

	1963	1965	1966	1967	1968	1969	1970	1971	1972	1973	1974	1975	1976	1977
1960	2.8	3.1	3.2	3.3	3.4	3.5	3.7	3.9	4.0	4.1	4.2	4.1	4.1	4.0
1963		3.0	3.1	3.3	3.5	3.7	4.0	4.3	4.3	4.4	4.4	4.3	4.2	4.2
1965			3.0	3.4	3.9	4.0	4.5	4.8	4.7	4.7	4.7	4.5	4.3	4.2
1966				3.9	4.3	4.3	4.9	5.2	4.9	4.9	4.8	4.5	4.4	4.2
1967					4.8	4.4	5.2	5.5	5.1	5.0	4.9	4.5	4.3	4.2
1968						4.1	5.6	5.9	5.1	4.9	4.9	4.4	4.2	4.0
1969							7.2	6.6	5.1	4.8	4.8	4.2	4.0	3.9
1970								6.1	3.8	4.1	4.3	3.6	3.5	3.5
1971									1.6	3.5	4.1	3.3	3.3	3.3
1972										5.5	5.2	3.4	3.3	3.3
1973											4.9	2.0	2.6	3.0
1974												−0.8	2.1	2.8
1975													5.0	4.3
1976														3.7

AFRICA EXCL. SOUTH AFRICA

GROSS FIXED CAPITAL FORMATION

	1963	1965	1966	1967	1968	1969	1970	1971	1972	1973	1974	1975	1976	1977
1960	2.7	4.6	4.7	4.6	5.0	5.4	5.7	6.1	6.4	6.7	6.9	7.4	7.8	8.1
1963		7.4	5.8	5.2	5.8	6.1	6.6	7.0	7.3	7.6	7.8	8.4	8.8	9.1
1965			1.2	2.6	5.2	6.1	6.9	7.5	7.8	8.1	8.3	9.1	9.5	9.7
1966				4.1	7.4	7.7	8.2	8.5	8.6	8.8	8.9	9.7	10.1	10.2
1967					10.8	9.1	9.0	9.2	9.1	9.2	9.2	10.1	10.5	10.6
1968						7.4	8.5	9.0	8.9	9.1	9.2	10.3	10.7	10.8
1969							9.6	9.7	9.3	9.3	9.4	10.8	11.2	11.2
1970								9.7	9.1	9.3	9.3	11.3	11.6	11.5
1971									8.4	9.2	9.3	12.0	12.3	12.0
1972										10.0	9.7	13.6	13.3	12.5
1973											9.4	16.2	14.4	12.9
1974												23.4	15.5	12.7
1975													8.1	8.5
1976														8.8

AFRICA EXCL. SOUTH AFRICA

EXPORTS OF GOODS AND SERVICES

	1963	1965	1966	1967	1968	1969	1970	1971	1972	1973	1974	1975	1976	1977
1960	7.5	9.7	9.2	8.2	8.4	8.7	9.0	8.6	8.0	7.4	6.7	6.0	5.7	5.5
1963		11.4	8.7	6.5	7.5	8.2	8.8	8.2	7.3	6.5	5.6	4.7	4.5	4.4
1965			3.9	2.1	6.6	8.4	9.4	8.2	6.9	5.8	4.6	3.6	3.6	3.5
1966				0.3	9.1	10.6	11.2	8.9	7.0	5.6	4.3	3.1	3.2	3.2
1967					18.6	14.7	13.6	9.4	6.7	5.0	3.5	2.3	2.5	2.6
1968						11.0	11.5	6.4	3.9	2.7	1.4	0.4	1.1	1.5
1969							12.1	3.3	1.1	0.6	−0.5	−1.1	0.0	0.8
1970								−4.8	−3.0	−1.8	−2.3	−2.5	−0.6	0.5
1971									−1.2	−0.3	−1.8	−2.4	0.1	1.4
1972										0.6	−2.4	−3.0	0.7	2.2
1973											−5.4	−4.3	2.0	3.5
1974												−3.3	6.8	6.8
1975													17.9	10.3
1976														3.3

AFRICA EXCL. SOUTH AFRICA

IMPORTS OF GOODS AND SERVICES

	1963	1965	1966	1967	1968	1969	1970	1971	1972	1973	1974	1975	1976	1977
1960	1.6	2.1	2.2	2.1	2.3	2.7	3.4	3.9	4.2	4.4	5.0	5.5	5.9	6.2
1963		1.3	1.7	1.5	2.1	3.0	4.2	4.9	5.1	5.3	6.1	6.7	7.1	7.3
1965			1.9	1.1	2.5	3.9	5.7	6.4	6.3	6.3	7.2	7.8	8.2	8.4
1966				0.2	3.2	5.0	7.0	7.5	7.1	6.9	7.9	8.5	8.8	8.9
1967					6.2	7.2	9.2	9.0	8.0	7.5	8.5	9.1	9.4	9.4
1968						8.3	10.9	9.8	8.0	7.3	8.7	9.4	9.7	9.6
1969							13.6	9.9	7.2	6.5	8.7	9.6	9.9	9.8
1970								6.2	4.3	4.7	8.4	9.8	10.1	9.9
1971									2.4	4.4	10.2	11.3	11.2	10.6
1972										6.4	14.9	14.3	12.9	11.6
1973											24.1	16.9	13.5	11.4
1974												10.1	9.1	8.2
1975													8.1	7.3
1976														6.5

AFRICA EXCL. SOUTH AFRICA

AGRICULTURE

	1963	1965	1966	1967	1968	1969	1970	1971	1972	1973	1974	1975	1976	1977
1960	2.1	1.7	1.1	0.7	0.7	0.9	1.3	1.6	1.8	1.8	1.9	1.9	1.9	1.8
1963		0.5	−0.6	−0.9	−0.3	0.4	1.2	1.8	2.0	2.0	2.1	2.0	2.0	1.9
1965			−3.2	−2.1	−0.2	1.1	2.3	2.8	3.0	2.7	2.7	2.5	2.4	2.2
1966				−0.9	1.5	2.6	3.6	3.9	3.8	3.3	3.1	2.8	2.6	2.4
1967					4.0	4.1	5.0	4.8	4.3	3.6	3.3	2.8	2.6	2.3
1968						4.2	5.5	5.0	4.3	3.3	3.0	2.5	2.3	2.0
1969							6.8	5.1	4.0	2.7	2.5	2.0	1.8	1.7
1970								3.4	2.6	1.4	1.7	1.3	1.3	1.2
1971									1.9	0.3	1.3	0.9	1.0	1.0
1972										−1.2	1.4	0.8	1.0	1.0
1973											4.0	1.3	1.3	1.2
1974												−1.5	0.4	0.7
1975													2.3	1.5
1976														0.7

AFRICA EXCL. SOUTH AFRICA

INDUSTRIAL ACTIVITY

	1963	1965	1966	1967	1968	1969	1970	1971	1972	1973	1974	1975	1976	1977
1960	13.6	17.0	16.6	15.4	15.1	15.0	14.6	13.7	12.8	12.1	11.2	10.3	9.7	9.3
1963		17.8	15.8	13.0	13.1	13.5	13.1	11.8	10.8	10.1	9.1	8.1	7.6	7.2
1965			12.1	8.1	11.0	12.6	12.4	10.5	9.4	8.6	7.6	6.5	6.1	5.9
1966				4.2	11.7	13.7	13.0	10.3	8.9	8.0	6.9	5.8	5.4	5.3
1967					19.6	17.8	14.6	10.1	8.4	7.4	6.2	5.0	4.7	4.7
1968						16.0	11.9	6.7	5.7	5.3	4.4	3.3	3.3	3.6
1969							8.0	2.2	2.9	3.5	2.8	1.9	2.3	2.8
1970								−3.3	1.4	3.1	2.3	1.3	1.9	2.7
1971									6.4	5.8	3.3	1.5	2.3	3.1
1972										5.2	1.5	−0.4	1.5	2.9
1973											−2.0	−2.8	1.2	3.3
1974												−3.5	3.7	5.6
1975													11.5	9.5
1976														7.5

AFRICA EXCL. SOUTH AFRICA

MANUFACTURING

	1963	1965	1966	1967	1968	1969	1970	1971	1972	1973	1974	1975	1976	1977
1960	6.8	7.0	7.0	6.6	6.5	6.7	6.9	7.0	7.0	7.2	7.2	7.1	7.0	6.9
1963		7.3	7.0	6.0	6.1	6.6	7.0	7.1	7.2	7.4	7.4	7.2	7.0	6.9
1965			5.9	4.0	5.4	6.5	7.2	7.3	7.4	7.7	7.6	7.3	7.1	6.9
1966				2.1	5.7	7.2	8.0	7.8	7.8	8.1	7.9	7.4	7.1	7.0
1967					9.4	9.5	9.5	8.7	8.3	8.5	8.2	7.6	7.2	7.0
1968						9.6	9.5	8.3	8.0	8.3	8.0	7.2	6.9	6.7
1969							9.5	7.5	7.4	8.1	7.7	6.8	6.5	6.3
1970								5.6	6.6	8.1	7.6	6.4	6.1	6.0
1971									7.7	9.5	8.0	6.2	5.8	5.8
1972										11.4	7.5	5.2	5.0	5.3
1973											3.8	2.4	3.6	4.5
1974												1.0	3.9	5.1
1975													6.9	6.9
1976														6.8

AFRICA EXCL. SOUTH AFRICA

CONSTRUCTION

	1963	1965	1966	1967	1968	1969	1970	1971	1972	1973	1974	1975	1976	1977
1960	−2.3	1.6	1.8	2.3	3.0	3.6	4.1	4.7	5.3	6.0	6.6	7.0	7.4	7.8
1963		6.8	4.1	4.0	4.8	5.4	5.8	6.4	7.1	7.9	8.4	8.8	9.1	9.3
1965			−2.4	1.8	4.6	5.7	6.3	7.2	8.1	9.0	9.5	9.8	10.0	10.2
1966				6.3	8.0	8.0	7.9	8.6	9.4	10.2	10.6	10.7	10.8	10.9
1967					9.8	8.6	8.1	9.0	9.9	10.8	11.1	11.1	11.2	11.2
1968						7.5	7.4	9.0	10.3	11.4	11.6	11.5	11.5	11.5
1969							7.3	10.1	11.5	12.6	12.5	12.1	11.9	11.8
1970								12.9	13.4	14.0	13.3	12.5	12.2	12.0
1971									13.9	14.7	13.3	12.1	11.9	11.7
1972										15.4	12.6	11.2	11.2	11.2
1973											9.9	9.4	10.3	10.6
1974												8.9	10.8	11.0
1975													12.7	11.8
1976														10.8

6A. AVERAGE ANNUAL RATES OF GROWTH OF GROSS DOMESTIC PRODUCT AT CONSTANT PRICES BY TYPE OF EXPENDITURE AND BY KIND OF ECONOMIC ACTIVITY (continued)

(IN PER CENT)

AFRICA EXCL. SOUTH AFRICA — *WHOLESALE AND RETAIL TRADE*

	1963	1965	1966	1967	1968	1969	1970	1971	1972	1973	1974	1975	1976	1977
1960	0.8	3.4	3.6	3.3	3.6	3.8	4.1	4.3	4.3	4.3	4.3	4.3	4.2	4.3
1963		5.1	4.3	3.0	3.6	4.1	4.5	4.6	4.6	4.5	4.5	4.4	4.3	4.4
1965			2.4	0.6	3.0	4.2	4.9	5.0	4.8	4.6	4.7	4.5	4.3	4.4
1966				–1.2	4.1	5.3	5.8	5.7	5.2	4.9	4.9	4.6	4.4	4.5
1967					9.6	8.0	7.4	6.6	5.6	5.1	5.1	4.7	4.4	4.5
1968						6.5	6.5	5.7	4.8	4.4	4.5	4.2	3.9	4.2
1969							6.5	5.2	4.0	3.8	4.1	3.8	3.6	4.0
1970								3.9	2.9	3.1	3.9	3.5	3.4	3.9
1971									1.9	2.9	4.2	3.6	3.3	4.0
1972										4.0	5.3	3.9	3.4	4.3
1973											6.7	3.4	2.9	4.4
1974												0.1	1.5	4.5
1975													2.9	7.0
1976														11.2

AFRICA EXCL. SOUTH AFRICA — *OTHER*

	1963	1965	1966	1967	1968	1969	1970	1971	1972	1973	1974	1975	1976	1977
1960	4.8	5.2	5.2	5.2	5.0	5.0	5.1	5.2	5.3	5.4	5.5	5.5	5.6	5.6
1963		4.8	5.0	4.9	4.6	4.7	4.9	5.1	5.4	5.5	5.5	5.5	5.6	5.8
1965			4.8	4.7	4.1	4.6	4.9	5.3	5.6	5.7	5.7	5.7	5.8	5.9
1966				4.6	3.7	4.6	5.1	5.5	5.8	5.9	5.9	5.8	5.9	6.1
1967					2.8	4.9	5.5	5.9	6.2	6.2	6.1	6.0	6.1	6.2
1968						7.1	6.5	6.6	6.8	6.5	6.4	6.2	6.2	6.4
1969							6.0	6.4	6.9	6.4	6.3	6.0	6.2	6.3
1970								6.9	7.3	6.4	6.2	5.9	6.1	6.3
1971									7.7	6.0	5.8	5.6	6.0	6.3
1972										4.4	5.2	5.1	5.8	6.3
1973											6.0	5.4	6.3	6.8
1974												4.7	6.7	7.2
1975													8.7	8.2
1976														7.8

AFRICA — *PER CAPITA GROSS DOMESTIC PRODUCT*

	1963	1965	1966	1967	1968	1969	1970	1971	1972	1973	1974	1975	1976	1977
1960	2.1	2.8	2.4	2.4	2.5	2.6	2.7	2.8	2.8	2.7	2.8	2.7	2.7	2.7
1963		2.7	1.5	1.7	2.1	2.5	2.7	2.8	2.8	2.7	2.8	2.7	2.7	2.6
1965			–1.3	1.3	2.3	3.0	3.2	3.2	3.0	2.9	3.0	2.8	2.8	2.7
1966				3.9	3.8	4.1	4.0	3.8	3.4	3.1	3.1	3.0	2.8	2.7
1967					3.7	4.3	4.1	3.7	3.2	2.9	3.0	2.8	2.7	2.6
1968						4.8	4.1	3.5	2.9	2.6	2.8	2.6	2.5	2.4
1969							3.4	2.8	2.2	2.1	2.5	2.4	2.3	2.2
1970								2.2	1.7	1.7	2.5	2.3	2.2	2.2
1971									1.1	1.6	2.8	2.4	2.3	2.2
1972										2.2	3.7	2.7	2.4	2.2
1973											5.3	2.6	2.2	2.0
1974												–0.0	1.0	1.4
1975													2.0	2.0
1976														2.0

AFRICA — *PRIVATE FINAL CONSUMPTION EXPENDITURE*

	1963	1965	1966	1967	1968	1969	1970	1971	1972	1973	1974	1975	1976	1977
1960	2.9	3.4	3.5	3.5	3.7	3.8	4.0	4.2	4.3	4.4	4.4	4.4	4.4	4.3
1963		3.5	3.4	3.6	3.8	4.0	4.4	4.6	4.6	4.7	4.7	4.6	4.5	4.4
1965			3.3	3.6	4.2	4.4	4.9	5.1	5.0	5.0	5.0	4.8	4.6	4.5
1966				4.0	4.6	4.7	5.3	5.5	5.2	5.1	5.1	4.8	4.6	4.5
1967					5.3	5.0	5.7	5.8	5.3	5.2	5.2	4.8	4.6	4.4
1968						4.8	6.0	6.1	5.3	5.1	5.1	4.6	4.4	4.2
1969							7.3	6.5	5.1	5.0	5.0	4.4	4.2	4.0
1970								5.8	3.9	4.3	4.6	4.0	3.8	3.7
1971									2.1	4.0	4.5	3.7	3.6	3.5
1972										5.9	5.5	3.8	3.6	3.5
1973											5.2	2.6	2.9	3.0
1974												0.1	2.3	2.7
1975													4.5	3.7
1976														2.9

AFRICA — *EXPORTS OF GOODS AND SERVICES*

	1963	1965	1966	1967	1968	1969	1970	1971	1972	1973	1974	1975	1976	1977
1960	7.1	8.8	8.4	7.6	7.9	8.1	8.3	7.9	7.5	7.0	6.4	5.8	5.5	5.3
1963		9.8	7.8	6.2	7.2	7.7	8.2	7.6	6.9	6.3	5.4	4.7	4.5	4.4
1965			4.4	3.1	6.9	8.1	8.8	7.6	6.6	5.7	4.7	3.8	3.7	3.7
1966				1.8	9.1	9.8	10.0	8.1	6.7	5.5	4.3	3.3	3.3	3.3
1967					16.9	12.8	11.7	8.3	6.4	5.0	3.6	2.5	2.7	2.8
1968						8.8	9.6	5.7	4.0	3.0	1.8	0.9	1.5	1.9
1969							10.4	3.4	2.1	1.4	0.3	–0.3	0.6	1.4
1970								–3.2	–0.9	–0.4	–1.2	–1.6	0.0	1.1
1971									1.4	0.7	–1.0	–1.6	0.5	1.8
1972										–0.0	–2.4	–2.6	0.8	2.4
1973											–4.7	–3.4	2.0	3.7
1974												–2.2	6.3	6.8
1975													15.6	10.1
1976														4.9

AFRICA — *AGRICULTURE*

	1963	1965	1966	1967	1968	1969	1970	1971	1972	1973	1974	1975	1976	1977
1960	2.4	1.7	1.2	0.9	0.9	1.1	1.4	1.7	1.9	1.9	2.0	2.0	1.9	1.9
1963		0.0	–0.7	–0.5	0.0	0.6	1.4	1.9	2.2	2.1	2.2	2.1	2.1	2.0
1965			–2.6	–0.9	0.4	1.3	2.4	2.9	3.1	2.8	2.8	2.5	2.4	2.3
1966				0.8	1.8	2.6	3.5	3.9	3.8	3.2	3.1	2.8	2.6	2.4
1967					2.8	3.4	4.4	4.5	4.2	3.4	3.2	2.8	2.5	2.3
1968						4.1	5.3	5.1	4.4	3.2	3.0	2.5	2.3	2.1
1969							6.5	5.3	4.3	2.7	2.6	2.1	1.9	1.7
1970								4.1	3.2	1.3	1.8	1.4	1.3	1.2
1971									2.2	–0.2	1.2	0.9	0.9	1.0
1972										–2.5	1.4	0.8	0.9	1.0
1973											5.4	1.7	1.4	1.3
1974												–2.0	–0.0	0.5
1975													2.0	1.6
1976														1.2

AFRICA EXCL. SOUTH AFRICA — *TRANSPORT AND COMMUNICATION*

	1963	1965	1966	1967	1968	1969	1970	1971	1972	1973	1974	1975	1976	1977
1960	2.1	3.5	3.5	2.6	2.6	2.9	3.2	3.6	4.0	4.4	4.6	4.8	5.0	5.1
1963		5.7	4.2	1.9	2.0	2.7	3.3	4.0	4.5	5.1	5.4	5.6	5.7	5.8
1965			1.1	–2.4	0.2	2.3	3.5	4.6	5.2	5.9	6.1	6.2	6.3	6.3
1966				–5.7	0.8	3.7	4.8	5.8	6.3	6.8	7.0	6.9	6.9	6.8
1967					7.7	8.1	7.5	7.9	7.8	8.1	8.0	7.7	7.5	7.3
1968						8.6	7.2	7.9	7.9	8.2	8.0	7.6	7.4	7.2
1969							5.9	7.9	7.8	8.3	8.0	7.5	7.3	7.0
1970								10.0	8.5	8.9	8.2	7.5	7.2	6.9
1971									7.0	8.6	7.8	7.0	6.7	6.4
1972										10.3	7.7	6.6	6.3	6.1
1973											5.2	5.0	5.4	5.5
1974												4.7	5.7	5.6
1975													6.7	5.9
1976														5.2

AFRICA — *GROSS DOMESTIC PRODUCT*

	1963	1965	1966	1967	1968	1969	1970	1971	1972	1973	1974	1975	1976	1977
1960	4.5	5.3	5.1	5.0	5.0	5.2	5.4	5.4	5.4	5.4	5.4	5.4	5.4	5.4
1963		5.5	4.5	4.4	4.7	5.1	5.4	5.5	5.5	5.4	5.5	5.4	5.4	5.3
1965			2.2	3.6	4.7	5.5	5.9	5.9	5.7	5.6	5.6	5.5	5.5	5.4
1966				5.0	6.0	6.5	6.6	6.4	6.0	5.8	5.8	5.6	5.5	5.4
1967					7.0	7.1	7.0	6.5	5.9	5.7	5.7	5.5	5.5	5.4
1968						7.3	7.0	6.3	5.6	5.3	5.5	5.3	5.3	5.2
1969							6.8	5.7	4.9	4.9	5.2	5.1	5.1	5.0
1970								4.6	4.1	4.4	5.0	5.0	5.0	4.9
1971									3.6	4.5	5.4	5.2	5.1	5.0
1972										5.4	6.3	5.5	5.3	5.1
1973											7.1	5.3	5.1	4.9
1974												3.4	4.4	4.4
1975													5.4	4.8
1976														4.1

AFRICA — *GOVERNMENT FINAL CONSUMPTION EXPENDITURE*

	1963	1965	1966	1967	1968	1969	1970	1971	1972	1973	1974	1975	1976	1977
1960	10.7	8.4	7.7	7.2	7.4	7.8	7.7	7.6	7.4	7.2	7.1	7.2	7.2	7.1
1963		5.1	4.9	5.1	6.3	7.4	7.5	7.3	7.1	6.8	6.7	6.9	6.9	6.9
1965			4.1	5.2	7.6	9.1	8.6	8.0	7.4	7.0	6.8	7.0	7.1	7.0
1966				6.3	9.6	10.8	9.5	8.4	7.6	7.0	6.7	7.0	7.1	7.0
1967					13.1	12.8	9.8	8.1	7.1	6.5	6.3	6.7	6.9	6.9
1968						12.5	7.8	6.2	5.6	5.4	5.4	6.2	6.4	6.5
1969							3.3	3.7	4.1	4.3	4.7	5.9	6.3	6.4
1970								4.1	4.4	4.6	5.1	6.5	6.9	6.9
1971									4.7	4.9	5.4	7.3	7.5	7.4
1972										5.1	5.8	8.5	8.3	7.8
1973											6.6	10.6	9.2	8.2
1974												14.8	9.6	7.9
1975													4.7	5.1
1976														5.5

AFRICA — *GROSS FIXED CAPITAL FORMATION*

	1963	1965	1966	1967	1968	1969	1970	1971	1972	1973	1974	1975	1976	1977
1960	3.0	6.1	6.0	5.8	5.9	6.1	6.4	6.7	6.9	7.1	7.3	7.6	7.9	8.0
1963		10.2	7.3	6.1	6.1	6.4	6.8	7.3	7.5	7.7	7.8	8.3	8.5	8.6
1965			0.4	2.1	4.3	5.5	6.6	7.4	7.7	7.9	8.1	8.7	8.9	8.9
1966				3.7	6.3	7.2	8.1	8.6	8.7	8.7	8.7	9.3	9.5	9.4
1967					9.0	8.7	9.3	9.6	9.3	9.1	9.0	9.7	9.8	9.7
1968						8.5	9.6	9.9	9.4	9.1	9.0	9.8	10.0	9.8
1969							10.8	10.4	9.5	9.0	8.9	10.0	10.1	9.8
1970								10.1	8.7	8.4	8.5	10.1	10.2	9.8
1971									7.4	7.8	8.2	10.6	10.6	10.0
1972										8.2	8.6	12.0	11.4	10.3
1973											9.0	14.5	12.3	10.4
1974												20.3	12.8	9.7
1975													5.7	5.4
1976														5.2

AFRICA — *IMPORTS OF GOODS AND SERVICES*

	1963	1965	1966	1967	1968	1969	1970	1971	1972	1973	1974	1975	1976	1977
1960	2.0	3.5	3.3	3.2	3.3	3.6	4.3	4.8	4.8	5.0	5.5	5.9	6.2	6.3
1963		3.6	2.5	2.5	2.9	3.6	4.8	5.5	5.5	5.6	6.3	6.7	7.0	7.0
1965			–0.5	1.6	2.8	4.2	6.0	6.8	6.4	6.3	7.2	7.6	7.8	7.8
1966				3.6	4.4	5.7	7.7	8.1	7.3	6.9	7.8	8.3	8.4	8.2
1967					5.1	6.9	9.3	9.3	7.7	7.2	8.2	8.7	8.7	8.5
1968						8.7	11.5	10.4	7.8	7.0	8.4	9.0	8.9	8.6
1969							14.3	10.5	6.6	6.0	8.2	9.0	8.9	8.5
1970								6.9	2.9	3.9	7.8	8.9	8.8	8.4
1971									–1.0	3.3	9.5	10.4	9.8	8.9
1972										7.7	15.5	13.8	11.6	9.8
1973											23.8	15.3	11.3	8.8
1974												7.5	6.1	5.1
1975													4.7	4.0
1976														3.3

AFRICA — *INDUSTRIAL ACTIVITY*

	1963	1965	1966	1967	1968	1969	1970	1971	1972	1973	1974	1975	1976	1977
1960	12.5	14.2	14.3	13.4	13.2	13.1	12.8	12.0	11.3	10.7	10.0	9.2	8.7	8.3
1963		13.5	13.6	11.7	11.7	11.9	11.7	10.5	9.7	9.0	8.2	7.4	7.0	6.6
1965			14.2	9.2	10.5	11.5	11.2	9.5	8.5	7.8	7.0	6.1	5.7	5.5
1966				4.3	9.8	11.6	11.1	8.9	7.7	7.1	6.3	5.4	5.0	4.8
1967					15.5	14.8	12.4	8.8	7.3	6.6	5.7	4.7	4.4	4.3
1968						14.0	10.6	6.2	5.1	4.9	4.2	3.4	3.4	3.5
1969							7.3	2.3	2.7	3.4	3.0	2.3	2.5	2.8
1970								–2.4	1.3	3.0	2.6	1.8	2.3	2.7
1971									5.2	5.5	3.6	2.1	2.6	3.1
1972										5.7	2.5	0.7	2.0	2.8
1973											–0.6	–1.4	1.5	2.8
1974												–2.2	3.2	4.4
1975													9.1	7.1
1976														5.2

6A. AVERAGE ANNUAL RATES OF GROWTH OF GROSS DOMESTIC PRODUCT AT CONSTANT PRICES BY TYPE OF EXPENDITURE AND BY KIND OF ECONOMIC ACTIVITY (continued)
(IN PER CENT)

AFRICA

MANUFACTURING

	1963	1965	1966	1967	1968	1969	1970	1971	1972	1973	1974	1975	1976	1977
1960	8.6	7.7	8.2	8.1	8.0	8.0	8.0	7.8	7.7	7.7	7.6	7.4	7.2	7.0
1963		5.5	8.1	7.7	7.6	7.7	7.8	7.6	7.4	7.4	7.3	7.1	6.8	6.6
1965			13.4	8.5	7.7	7.9	7.9	7.5	7.2	7.3	7.2	6.9	6.6	6.3
1966				3.9	5.5	6.9	7.4	7.0	6.8	7.0	6.9	6.6	6.3	6.0
1967					7.2	8.4	8.3	7.5	7.0	7.2	7.1	6.6	6.3	5.9
1968						9.6	8.7	7.2	6.7	7.0	6.9	6.4	6.0	5.6
1969							7.7	5.9	5.8	6.6	6.6	6.0	5.7	5.3
1970								4.2	5.1	6.7	6.6	5.9	5.4	5.0
1971									6.0	8.1	7.3	6.0	5.4	4.8
1972										10.4	7.5	5.4	4.8	4.3
1973											4.6	3.1	3.3	3.2
1974												1.5	3.0	3.0
1975													4.4	3.5
1976														2.6

AFRICA

CONSTRUCTION

	1963	1965	1966	1967	1968	1969	1970	1971	1972	1973	1974	1975	1976	1977
1960	−1.1	3.1	3.2	3.5	4.0	4.5	4.9	5.4	6.0	6.6	7.0	7.3	7.6	7.8
1963		8.8	5.5	5.0	5.4	5.8	6.2	6.8	7.5	8.1	8.5	8.7	8.9	9.0
1965			−2.3	1.8	4.4	5.7	6.4	7.3	8.2	8.9	9.3	9.5	9.6	9.6
1966				6.1	7.5	7.9	8.0	8.7	9.4	10.1	10.3	10.3	10.3	10.2
1967					9.0	8.7	8.5	9.2	10.0	10.7	10.9	10.7	10.6	10.4
1968						8.4	8.2	9.5	10.5	11.3	11.3	11.0	10.8	10.5
1969							8.0	10.3	11.4	12.1	11.9	11.4	11.0	10.6
1970								12.6	13.0	13.3	12.5	11.6	11.0	10.6
1971									13.3	13.6	12.3	11.1	10.5	10.1
1972										14.0	11.4	10.1	9.7	9.4
1973											9.0	8.4	8.7	8.6
1974												7.7	8.6	8.6
1975													9.6	8.8
1976														8.1

AFRICA

WHOLESALE AND RETAIL TRADE

	1963	1965	1966	1967	1968	1969	1970	1971	1972	1973	1974	1975	1976	1977
1960	2.2	4.4	4.5	4.2	4.4	4.6	4.8	4.9	4.9	4.9	5.0	4.9	4.8	4.8
1963		5.4	4.7	3.7	4.2	4.7	5.0	5.1	5.0	5.0	5.1	4.9	4.8	4.7
1965			3.1	1.8	3.9	4.9	5.4	5.4	5.1	5.1	5.2	5.0	4.8	4.7
1966				0.4	4.8	5.9	6.2	5.9	5.4	5.3	5.4	5.1	4.9	4.8
1967					9.4	8.1	7.5	6.6	5.7	5.5	5.5	5.2	4.8	4.7
1968						6.8	6.6	5.7	4.8	4.8	5.1	4.8	4.4	4.4
1969							6.5	5.0	4.1	4.3	4.8	4.5	4.2	4.2
1970								3.5	3.0	3.9	4.8	4.4	4.0	4.1
1971									2.5	4.4	5.4	4.6	4.0	4.1
1972										6.2	6.8	4.8	3.9	4.1
1973											7.3	3.7	2.9	3.5
1974												0.2	1.2	3.0
1975													2.2	4.5
1976														6.9

AFRICA

TRANSPORT AND COMMUNICATION

	1963	1965	1966	1967	1968	1969	1970	1971	1972	1973	1974	1975	1976	1977
1960	3.0	4.2	4.1	3.6	3.5	3.8	4.0	4.4	4.6	5.0	5.2	5.3	5.4	5.4
1963		5.2	4.5	2.9	3.0	3.6	4.2	4.7	5.0	5.5	5.8	5.8	5.8	5.9
1965			3.2	0.3	2.0	3.6	4.5	5.4	5.6	6.2	6.5	6.4	6.3	6.3
1966				−2.4	2.2	4.5	5.5	6.2	6.4	6.9	7.0	6.9	6.7	6.6
1967					7.1	7.6	7.6	7.8	7.5	7.9	7.8	7.4	7.1	6.9
1968						8.2	7.7	8.0	7.4	8.0	7.8	7.3	6.9	6.7
1969							7.2	8.1	7.1	8.1	7.8	7.2	6.7	6.5
1970								9.0	6.8	8.3	7.9	7.0	6.5	6.3
1971									4.7	8.7	7.8	6.7	6.1	6.0
1972										12.8	8.6	6.5	5.7	5.7
1973											4.6	3.8	4.0	4.6
1974												2.9	3.8	4.9
1975													4.7	5.9
1976														7.2

AFRICA

OTHER

	1963	1965	1966	1967	1968	1969	1970	1971	1972	1973	1974	1975	1976	1977
1960	4.8	5.4	5.3	5.2	5.1	5.1	5.1	5.2	5.3	5.3	5.4	5.4	5.5	5.5
1963		5.4	4.9	4.8	4.6	4.8	4.9	5.0	5.2	5.3	5.4	5.4	5.5	5.6
1965			3.5	4.2	4.2	4.6	4.9	5.1	5.4	5.5	5.5	5.6	5.6	5.7
1966				4.9	4.4	5.0	5.2	5.4	5.7	5.7	5.7	5.7	5.8	5.8
1967					3.9	5.2	5.4	5.7	5.9	5.9	5.8	5.9	5.9	5.9
1968						6.6	6.0	6.1	6.3	6.1	6.0	6.0	6.0	6.0
1969							5.4	5.9	6.3	6.0	5.9	5.9	5.9	6.0
1970								6.5	6.8	6.1	5.9	5.9	6.0	6.0
1971									7.2	5.7	5.6	5.8	5.9	5.9
1972										4.3	5.0	5.6	5.8	5.9
1973											5.8	6.2	6.2	6.2
1974												6.6	6.3	6.2
1975													6.0	6.0
1976														6.0

BENIN

GROSS DOMESTIC PRODUCT

	1963	1965	1966	1967	1968	1969	1970	1971	1972	1973	1974	1975	1976	1977
1960	...	...	...	...	...	...	...	...	...	...	...	...	...	...
1963		...	...	...	...	...	...	...	...	...	...	...	...	...
1965			...	...	...	...	...	...	...	...	...	...	...	...
1966				...	...	...	...	...	...	...	...	...	...	...
1967					...	...	...	...	...	...	...	...	...	...
1968						...	...	...	...	...	...	...	...	...
1969							...	...	...	...	...	...	...	...
1970								8.0	8.7	6.4	6.3	4.1	2.9	2.2
1971									9.4	5.2	5.6	2.9	1.6	1.1
1972										1.1	4.5	1.0	0.1	−0.1
1973											8.1	−0.2	−1.0	−0.8
1974												−7.9	−4.1	−2.3
1975													−0.1	0.2
1976														0.6

BENIN

PER CAPITA GROSS DOMESTIC PRODUCT

	1963	1965	1966	1967	1968	1969	1970	1971	1972	1973	1974	1975	1976	1977
1960	...	...	...	...	...	...	...	...	...	...	...	...	...	...
1963		...	...	...	...	...	...	...	...	...	...	...	...	...
1965			...	...	...	...	...	...	...	...	...	...	...	...
1966				...	...	...	...	...	...	...	...	...	...	...
1967					...	...	...	...	...	...	...	...	...	...
1968						...	...	...	...	...	...	...	...	...
1969							...	...	...	...	...	...	...	...
1970								5.3	5.8	3.6	3.5	1.4	0.1	−0.5
1971									6.3	2.3	2.8	0.1	−1.1	−1.6
1972										−1.7	1.7	−1.7	−2.6	−2.8
1973											5.3	−2.8	−3.6	−3.5
1974												−10.3	−6.7	−5.0
1975													−2.9	−2.5
1976														−2.1

BENIN

GOVERNMENT FINAL CONSUMPTION EXPENDITURE

	1963	1965	1966	1967	1968	1969	1970	1971	1972	1973	1974	1975	1976	1977
1960	...	...	...	...	...	...	...	...	...	...	...	...	...	...
1963		...	...	...	...	...	...	...	...	...	...	...	...	...
1965			...	...	...	...	...	...	...	...	...	...	...	...
1966				...	...	...	...	...	...	...	...	...	...	...
1967					...	...	...	...	...	...	...	...	...	...
1968						...	...	...	...	...	...	...	...	...
1969							...	...	...	...	...	...	...	...
1970								−2.3	2.6	3.0	2.7	1.6	−1.2	−1.5
1971									7.7	5.0	3.5	1.6	−2.1	−2.2
1972										2.4	1.7	−0.2	−4.7	−3.9
1973											1.0	−1.7	−7.5	−5.3
1974												−4.3	−12.0	−6.5
1975													−19.0	−5.3
1976														10.6

BENIN

PRIVATE FINAL CONSUMPTION EXPENDITURE

	1963	1965	1966	1967	1968	1969	1970	1971	1972	1973	1974	1975	1976	1977
1960	...	...	...	...	...	...	...	...	...	...	...	...	...	...
1963		...	...	...	...	...	...	...	...	...	...	...	...	...
1965			...	...	...	...	...	...	...	...	...	...	...	...
1966				...	...	...	...	...	...	...	...	...	...	...
1967					...	...	...	...	...	...	...	...	...	...
1968						...	...	...	...	...	...	...	...	...
1969							...	...	...	...	...	...	...	...
1970								17.1	14.5	10.2	7.4	5.4	5.0	4.8
1971									11.9	6.6	4.3	2.8	3.1	3.4
1972										1.6	1.1	0.5	1.8	2.7
1973											0.7	−0.0	2.2	3.3
1974												−0.8	3.5	4.4
1975													8.0	6.5
1976														5.0

BENIN

GROSS FIXED CAPITAL FORMATION (4)

	1963	1965	1966	1967	1968	1969	1970	1971	1972	1973	1974	1975	1976	1977
1960	...	...	...	...	...	...	...	...	...	...	...	...	...	...
1963		...	...	...	...	...	...	...	...	...	...	...	...	...
1965			...	...	...	...	...	...	...	...	...	...	...	...
1966				...	...	...	...	...	...	...	...	...	...	...
1967					...	...	...	...	...	...	...	...	...	...
1968						...	...	...	...	...	...	...	...	...
1969							...	...	...	...	...	...	...	...
1970								3.9	11.4	2.1	8.3	3.4	3.4	3.3
1971									19.4	−1.4	9.5	2.3	2.6	2.7
1972										−18.5	10.2	−0.8	0.8	1.5
1973											49.2	2.2	3.2	3.3
1974												−29.9	−8.4	−2.7
1975													19.7	10.8
1976														2.5

BENIN

EXPORTS OF GOODS AND SERVICES

	1963	1965	1966	1967	1968	1969	1970	1971	1972	1973	1974	1975	1976	1977
1960	...	...	...	...	...	...	...	...	...	...	...	...	...	...
1963		...	...	...	...	...	...	...	...	...	...	...	...	...
1965			...	...	...	...	...	...	...	...	...	...	...	...
1966				...	...	...	...	...	...	...	...	...	...	...
1967					...	...	...	...	...	...	...	...	...	...
1968						...	...	...	...	...	...	...	...	...
1969							...	...	...	...	...	...	...	...
1970								6.4	−2.8	−1.3	−4.4	−5.3	−3.3	−2.6
1971									−11.3	−3.2	−6.9	−7.2	−3.8	−2.8
1972										5.6	−6.7	−7.2	−2.4	−1.5
1973											−17.5	−11.3	−2.2	−1.0
1974												−4.5	6.9	4.2
1975													19.8	6.3
1976														−5.6

BENIN

IMPORTS OF GOODS AND SERVICES

	1963	1965	1966	1967	1968	1969	1970	1971	1972	1973	1974	1975	1976	1977
1960	...	...	...	...	...	...	...	...	...	...	...	...	...	...
1963		...	...	...	...	...	...	...	...	...	...	...	...	...
1965			...	...	...	...	...	...	...	...	...	...	...	...
1966				...	...	...	...	...	...	...	...	...	...	...
1967					...	...	...	...	...	...	...	...	...	...
1968						...	...	...	...	...	...	...	...	...
1969							...	...	...	...	...	...	...	...
1970								20.4	10.5	5.3	−0.2	−1.5	1.7	3.7
1971									1.4	−0.9	−5.8	−5.4	0.1	3.1
1972										−3.1	−9.7	−7.1	1.2	4.9
1973											−15.7	−7.6	5.4	9.0
1974												1.4	18.7	17.6
1975													39.0	23.2
1976														9.3

6A. AVERAGE ANNUAL RATES OF GROWTH OF GROSS DOMESTIC PRODUCT AT CONSTANT PRICES BY TYPE OF EXPENDITURE AND BY KIND OF ECONOMIC ACTIVITY (continued) (IN PER CENT)

BENIN

AGRICULTURE

	1963	1965	1966	1967	1968	1969	1970	1971	1972	1973	1974	1975	1976	1977
1960	...	...	...	...	...	...	...	...	...	...	...	...	...	...
1963		...	...	...	...	...	...	...	...	...	...	...	...	...
1965			...	...	...	...	...	...	...	...	...	...	...	...
1966				...	...	...	...	...	...	...	...	...	...	...
1967					...	...	...	...	...	...	...	...	...	...
1968						...	...	...	...	...	...	...	...	...
1969							...	...	...	...	...	...	...	...
1970								2.0	5.8	4.0	-0.1	-1.4	-0.0	1.0
1971									9.7	4.1	-2.0	-3.1	-0.7	0.8
1972										-1.3	-7.5	-6.3	-1.8	0.5
1973											-13.4	-7.6	-0.1	2.5
1974												-1.4	7.4	7.7
1975													17.0	11.0
1976														5.3

BENIN

INDUSTRIAL ACTIVITY

	1963	1965	1966	1967	1968	1969	1970	1971	1972	1973	1974	1975	1976	1977
1960	...	...	...	...	...	...	...	...	...	...	...	...	...	...
1963		...	...	...	...	...	...	...	...	...	...	...	...	...
1965			...	...	...	...	...	...	...	...	...	...	...	...
1966				...	...	...	...	...	...	...	...	...	...	...
1967					...	...	...	...	...	...	...	...	...	...
1968						...	...	...	...	...	...	...	...	...
1969							...	...	...	...	...	...	...	...
1970								5.5	5.3	4.0	7.6	6.1	3.9	2.2
1971									5.1	3.0	8.9	6.4	3.3	1.3
1972										1.0	12.3	6.7	2.3	-0.0
1973											24.9	6.9	0.2	-2.1
1974												-8.6	-8.8	-7.8
1975													-9.0	-7.1
1976														-5.1

BENIN

CONSTRUCTION

	1963	1965	1966	1967	1968	1969	1970	1971	1972	1973	1974	1975	1976	1977
1960	...	...	...	...	...	...	...	...	...	...	...	...	...	...
1963		...	...	...	...	...	...	...	...	...	...	...	...	...
1965			...	...	...	...	...	...	...	...	...	...	...	...
1966				...	...	...	...	...	...	...	...	...	...	...
1967					...	...	...	...	...	...	...	...	...	...
1968						...	...	...	...	...	...	...	...	...
1969							...	...	...	...	...	...	...	...
1970								11.9	3.1	3.9	12.2	9.5	6.4	3.8
1971									-5.0	1.6	15.4	10.3	5.8	2.7
1972										8.6	28.4	13.7	6.0	1.8
1973											51.8	10.9	1.1	-2.7
1974												-18.9	-14.4	-12.2
1975													-9.5	-9.0
1976														-8.5

BENIN

WHOLESALE AND RETAIL TRADE

	1963	1965	1966	1967	1968	1969	1970	1971	1972	1973	1974	1975	1976	1977
1960	...	...	...	...	...	...	...	...	...	...	...	...	...	...
1963		...	...	...	...	...	...	...	...	...	...	...	...	...
1965			...	...	...	...	...	...	...	...	...	...	...	...
1966				...	...	...	...	...	...	...	...	...	...	...
1967					...	...	...	...	...	...	...	...	...	...
1968						...	...	...	...	...	...	...	...	...
1969							...	...	...	...	...	...	...	...
1970								8.8	10.3	11.6	15.6	12.6	9.7	8.2
1971									11.8	13.1	18.4	13.0	9.0	7.4
1972										14.4	22.5	12.3	7.0	5.5
1973											31.2	8.5	2.7	2.4
1974												-10.3	-7.1	-2.8
1975													-3.8	1.4
1976														6.8

BENIN

TRANSPORT AND COMMUNICATION

	1963	1965	1966	1967	1968	1969	1970	1971	1972	1973	1974	1975	1976	1977
1960	...	...	...	...	...	...	...	...	...	...	...	...	...	...
1963		...	...	...	...	...	...	...	...	...	...	...	...	...
1965			...	...	...	...	...	...	...	...	...	...	...	...
1966				...	...	...	...	...	...	...	...	...	...	...
1967					...	...	...	...	...	...	...	...	...	...
1968						...	...	...	...	...	...	...	...	...
1969							...	...	...	...	...	...	...	...
1970								3.8	7.3	8.1	12.4	11.0	8.6	7.0
1971									10.9	9.9	15.5	12.2	8.6	6.6
1972										8.9	19.1	12.3	7.2	5.0
1973											30.2	11.3	4.3	2.4
1974												-4.8	-5.2	-3.3
1975													-5.6	-2.1
1976														1.5

BENIN

OTHER

	1963	1965	1966	1967	1968	1969	1970	1971	1972	1973	1974	1975	1976	1977
1960	...	...	...	...	...	...	...	...	...	...	...	...	...	...
1963		...	...	...	...	...	...	...	...	...	...	...	...	...
1965			...	...	...	...	...	...	...	...	...	...	...	...
1966				...	...	...	...	...	...	...	...	...	...	...
1967					...	...	...	...	...	...	...	...	...	...
1968						...	...	...	...	...	...	...	...	...
1969							...	...	...	...	...	...	...	...
1970								-9.2	1.6	4.5	4.5	2.3	-0.6	-1.0
1971									13.8	10.6	7.4	3.2	-1.0	-1.4
1972										7.5	4.4	-0.3	-4.6	-4.0
1973											1.4	-4.3	-8.5	-6.1
1974												-9.8	-12.9	-7.2
1975													-15.8	-4.4
1976														8.6

BOTSWANA

GROSS DOMESTIC PRODUCT

	1963	1965	1966	1967	1968	1969	1970	1971
1960	...	...	...	...	...	...	...	...
1963		...	...	...	...	...	...	...
1965			...	...	...	...	...	...
1966				...	...	...	...	...
1967					14.6	21.9	22.9	22.3
1968						29.7	26.2	23.6
1969							22.9	20.7
1970								18.6

BOTSWANA

PER CAPITA GROSS DOMESTIC PRODUCT

	1963	1965	1966	1967	1968	1969	1970	1971
1960	...	...	...	...	...	...	...	...
1963		...	...	...	...	...	...	...
1965			...	...	...	...	...	...
1966				...	...	...	...	...
1967					12.5	19.7	20.8	20.5
1968						27.4	24.0	22.0
1969							20.8	19.7
1970								18.6

BOTSWANA

AGRICULTURE

	1963	1965	1966	1967	1968	1969	1970	1971
1960	...	...	...	...	...	...	...	...
1963		...	...	...	...	...	...	...
1965			...	...	...	...	...	...
1966				...	...	...	...	...
1967					13.9	13.4	12.8	12.2
1968						13.0	12.3	11.6
1969							11.5	10.9
1970								10.3

BOTSWANA

INDUSTRIAL ACTIVITY

	1963	1965	1966	1967	1968	1969	1970	1971
1960	...	...	...	...	...	...	...	...
1963		...	...	...	...	...	...	...
1965			...	...	...	...	...	...
1966				...	...	...	...	...
1967					69.2	137.5	122.2	100.3
1968						233.3	138.0	96.8
1969							70.0	54.9
1970								41.2

BOTSWANA

MANUFACTURING

	1963	1965	1966	1967	1968	1969	1970	1971
1960	...	...	...	...	...	...	...	...
1963		...	...	...	...	...	...	...
1965			...	...	...	...	...	...
1966				...	...	...	...	...
1967					47.4	37.0	31.2	27.3
1968						27.4	24.4	22.1
1969							21.5	19.6
1970								17.7

BOTSWANA

CONSTRUCTION

	1963	1965	1966	1967	1968	1969	1970	1971
1960	...	...	...	...	...	...	...	...
1963		...	...	...	...	...	...	...
1965			...	...	...	...	...	...
1966				...	...	...	...	...
1967					-10.3	20.5	29.4	30.9
1968						61.9	49.6	41.5
1969							38.2	32.8
1970								27.7

6A. AVERAGE ANNUAL RATES OF GROWTH OF GROSS DOMESTIC PRODUCT AT CONSTANT PRICES BY TYPE OF EXPENDITURE AND BY KIND OF ECONOMIC ACTIVITY (continued) (IN PER CENT)

BOTSWANA
WHOLESALE AND RETAIL TRADE

	1963	1965	1966	1967	1968	1969	1970	1971
1960	...	...	...	...	...	...	...	...
1963		...	...	...	...	...	...	...
1965			...	...	...	...	...	...
1966				...	...	...	...	...
1967					52.0	82.9	77.2	66.8
1968						120.2	84.5	65.2
1969							54.6	44.6
1970								35.3

BOTSWANA
TRANSPORT AND COMMUNICATION

	1963	1965	1966	1967	1968	1969	1970	1971
1960	...	...	...	...	...	...	...	...
1963		...	...	...	...	...	...	...
1965			...	...	...	...	...	...
1966				...	...	...	...	...
1967					48.3	19.4	9.4	4.7
1968						-3.9	-4.0	-4.0
1969							-4.0	-4.1
1970								-4.2

BOTSWANA
OTHER

	1963	1965	1966	1967	1968	1969	1970	1971
1960	...	...	...	...	...	...	...	...
1963		...	...	...	...	...	...	...
1965			...	...	...	...	...	...
1966				...	...	...	...	...
1967					9.0	12.2	12.9	12.8
1968						15.5	14.5	13.6
1969							13.4	12.6
1970								11.8

CENTRAL AFRICAN EMPIRE
GROSS DOMESTIC PRODUCT

	1963	1965	1966	1967	1968	1969	1970	1971	1972	1973	1974	1975	1976	1977
1960	...	...	...	...	...	...	...	...	...	...	...	...	...	...
1963		...	...	...	...	...	...	...	...	...	...	...	...	...
1965			...	...	...	...	...	...	...	...	...	...	...	...
1966				...	...	...	...	...	...	...	...	...	...	...
1967					0.6	2.5	3.4	2.3	1.3	1.3	1.0	0.8	1.0	1.4
1968						4.5	4.7	2.3	1.0	1.1	0.7	0.6	0.8	1.3
1969							4.8	0.8	-0.4	0.3	0.0	0.1	0.5	1.2
1970								-3.0	-2.5	-0.4	-0.5	-0.2	0.4	1.3
1971									-2.0	1.2	0.3	0.4	1.0	1.9
1972										4.5	0.7	0.7	1.4	2.5
1973											-3.0	-0.6	1.1	2.8
1974												1.8	3.1	4.7
1975													4.4	6.2
1976														8.0

CENTRAL AFRICAN EMPIRE
PER CAPITA GROSS DOMESTIC PRODUCT

	1963	1965	1966	1967	1968	1969	1970	1971	1972	1973	1974	1975	1976	1977
1960	...	...	...	...	...	...	...	...	...	...	...	...	...	...
1963		...	...	...	...	...	...	...	...	...	...	...	...	...
1965			...	...	...	...	...	...	...	...	...	...	...	...
1966				...	...	...	...	...	...	...	...	...	...	...
1967					-2.0	-0.1	1.0	0.0	-0.9	-0.9	-1.2	-1.3	-1.2	-0.8
1968						1.8	2.4	0.3	-1.1	-1.0	-1.4	-1.5	-1.3	-0.8
1969							2.9	-0.9	-2.4	-1.8	-2.0	-2.0	-1.6	-1.0
1970								-4.6	-4.6	-2.5	-2.6	-2.3	-1.8	-0.9
1971									-4.5	-1.1	-2.0	-1.8	-1.2	-0.3
1972										2.3	-1.4	-1.5	-0.8	0.3
1973											-5.0	-2.7	-1.1	0.6
1974												-0.3	0.9	2.4
1975													2.1	3.8
1976														5.6

CENTRAL AFRICAN EMPIRE
AGRICULTURE

	1963	1965	1966	1967	1968	1969	1970	1971	1972	1973	1974	1975	1976	1977
1960	...	...	...	...	...	...	...	...	...	...	...	...	...	...
1963		...	...	...	...	...	...	...	...	...	...	...	...	...
1965			...	...	...	...	...	...	...	...	...	...	...	...
1966				...	...	...	...	...	...	...	...	...	...	...
1967					-3.0	0.7	3.2	2.6	2.1	2.8	2.9	3.0	3.0	3.1
1968						4.6	6.3	3.8	2.6	3.4	3.3	3.3	3.3	3.3
1969							8.0	2.7	1.4	3.1	3.0	3.1	3.1	3.2
1970								-2.3	-1.1	2.6	2.7	2.9	3.0	3.1
1971									0.2	5.6	4.2	3.9	3.7	3.6
1972										11.3	5.2	4.2	3.8	3.7
1973											-0.6	1.7	2.3	2.7
1974												4.0	3.5	3.5
1975													2.9	3.4
1976														3.8

CENTRAL AFRICAN EMPIRE
INDUSTRIAL ACTIVITY

	1963	1965	1966	1967	1968	1969	1970	1971	1972	1973	1974	1975	1976	1977
1960	...	...	...	...	...	...	...	...	...	...	...	...	...	...
1963		...	...	...	...	...	...	...	...	...	...	...	...	...
1965			...	...	...	...	...	...	...	...	...	...	...	...
1966				...	...	...	...	...	...	...	...	...	...	...
1967					9.6	4.7	3.6	2.4	2.0	1.1	0.5	-0.1	-0.4	-0.1
1968						0.1	1.2	0.6	0.8	0.0	-0.4	-0.9	-1.1	-0.6
1969							2.4	0.6	0.9	-0.2	-0.8	-1.3	-1.5	-0.7
1970								-1.1	0.5	-1.0	-1.4	-1.9	-2.0	-0.9
1971									2.1	-1.4	-1.9	-2.3	-2.3	-0.8
1972										-4.9	-3.3	-3.2	-2.8	-0.7
1973											-1.8	-2.7	-2.4	0.5
1974												-3.5	-2.4	1.8
1975													-1.4	5.2
1976														12.2

CENTRAL AFRICAN EMPIRE
MANUFACTURING

	1963	1965	1966	1967	1968	1969	1970	1971	1972	1973	1974	1975	1976	1977
1960	...	...	...	...	...	...	...	...	...	...	...	...	...	...
1963		...	...	...	...	...	...	...	...	...	...	...	...	...
1965			...	...	...	...	...	...	...	...	...	...	...	...
1966				...	...	...	...	...	...	...	...	...	...	...
1967					5.2	5.9	6.3	5.2	3.8	3.4	3.0	2.3	1.9	2.3
1968						6.6	6.8	4.8	3.0	2.8	2.5	1.7	1.4	1.9
1969							7.0	3.6	1.5	1.8	1.7	0.9	0.7	1.5
1970								0.4	-0.9	0.7	1.0	0.2	0.2	1.3
1971									-2.1	1.3	1.5	0.2	0.1	1.6
1972										5.0	2.8	0.1	0.1	2.1
1973											0.8	-2.3	-1.2	2.2
1974												-5.3	-1.4	3.7
1975													2.5	8.8
1976														15.4

CENTRAL AFRICAN EMPIRE
CONSTRUCTION

	1963	1965	1966	1967	1968	1969	1970	1971	1972	1973	1974	1975	1976	1977
1960	...	...	...	...	...	...	...	...	...	...	...	...	...	...
1963		...	...	...	...	...	...	...	...	...	...	...	...	...
1965			...	...	...	...	...	...	...	...	...	...	...	...
1966				...	...	...	...	...	...	...	...	...	...	...
1967					-7.3	-7.0	4.3	5.3	0.7	1.1	-0.9	-1.0	-0.3	1.2
1968						-6.7	12.7	9.9	1.6	1.9	-0.9	-1.1	-0.2	1.6
1969							36.3	15.2	-0.1	1.0	-2.4	-2.2	-0.9	1.5
1970								-2.7	-14.1	-5.9	-7.7	-5.7	-3.0	0.4
1971									-24.1	-4.0	-7.7	-4.9	-1.6	2.5
1972										21.4	-2.8	-0.9	2.3	6.6
1973											-22.2	-6.8	0.8	7.4
1974												11.7	12.7	17.3
1975													13.7	20.7
1976														28.2

CENTRAL AFRICAN EMPIRE
WHOLESALE AND RETAIL TRADE

	1963	1965	1966	1967	1968	1969	1970	1971	1972	1973	1974	1975	1976	1977
1960	...	...	...	...	...	...	...	...	...	...	...	...	...	...
1963		...	...	...	...	...	...	...	...	...	...	...	...	...
1965			...	...	...	...	...	...	...	...	...	...	...	...
1966				...	...	...	...	...	...	...	...	...	...	...
1967					1.0	4.7	3.2	1.0	-0.2	-0.7	-1.3	-1.4	-1.0	-0.4
1968						8.4	3.5	0.0	-1.3	-1.6	-2.0	-2.1	-1.4	-0.5
1969							-1.2	-3.7	-3.8	-3.2	-3.3	-3.0	-2.0	-0.7
1970								-6.2	-4.7	-3.4	-3.4	-2.9	-1.7	-0.2
1971									-3.1	-2.0	-2.7	-2.3	-0.8	0.8
1972										-0.8	-2.8	-2.2	-0.1	1.8
1973											-4.7	-2.5	0.8	3.2
1974												-0.2	3.8	6.0
1975													8.0	8.9
1976														9.8

CENTRAL AFRICAN EMPIRE
TRANSPORT AND COMMUNICATION

	1963	1965	1966	1967	1968	1969	1970	1971	1972	1973	1974	1975	1976	1977
1960	...	...	...	...	...	...	...	...	...	...	...	...	...	...
1963		...	...	...	...	...	...	...	...	...	...	...	...	...
1965			...	...	...	...	...	...	...	...	...	...	...	...
1966				...	...	...	...	...	...	...	...	...	...	...
1967					1.0	6.2	5.1	2.7	0.8	0.4	-0.2	-0.3	0.2	0.9
1968						11.8	6.2	2.0	-0.4	-0.5	-1.0	-1.0	-0.2	0.7
1969							0.9	-2.4	-3.7	-2.5	-2.5	-2.1	-0.8	0.4
1970								-5.5	-5.5	-2.9	-2.7	-2.1	-0.4	1.0
1971									-5.6	-1.1	-1.7	-1.2	0.7	2.3
1972										3.6	-0.6	-0.4	2.0	3.7
1973											-4.6	-1.7	2.6	4.7
1974												1.3	6.6	7.8
1975													12.2	10.5
1976														8.9

CENTRAL AFRICAN EMPIRE
OTHER

	1963	1965	1966	1967	1968	1969	1970	1971	1972	1973	1974	1975	1976	1977
1960	...	...	...	...	...	...	...	...	...	...	...	...	...	...
1963		...	...	...	...	...	...	...	...	...	...	...	...	...
1965			...	...	...	...	...	...	...	...	...	...	...	...
1966				...	...	...	...	...	...	...	...	...	...	...
1967					3.2	3.5	3.3	2.9	2.6	2.4	2.3	2.2	2.3	2.4
1968						3.7	3.2	2.6	2.3	2.2	2.1	2.1	2.2	2.3
1969							2.7	2.1	1.9	1.9	1.9	1.9	2.1	2.3
1970								1.5	1.6	1.7	1.8	1.8	2.1	2.4
1971									1.8	1.8	1.8	1.9	2.2	2.5
1972										1.8	1.9	2.0	2.4	2.7
1973											2.0	2.1	2.6	3.0
1974												2.2	3.0	3.4
1975													3.9	4.0
1976														4.1

6A. AVERAGE ANNUAL RATES OF GROWTH OF GROSS DOMESTIC PRODUCT AT CONSTANT PRICES BY TYPE OF EXPENDITURE AND BY KIND OF ECONOMIC ACTIVITY (continued) (IN PER CENT)

CHAD — GROSS DOMESTIC PRODUCT

	1963	1965	1966	1967	1968	1969	1970	1971	1972	1973	1974	1975	1976
1960	...	...	...	...	...	...	...	...	...	...	...	...	...
1963		...	...	...	...	...	...	...	...	...	...	...	...
1965			...	...	...	...	...	...	...	...	...	...	...
1966				...	...	...	...	...	...	...	...	...	...
1967					...	...	...	...	...	...	...	...	...
1968						...	...	...	...	...	...	...	...
1969							...	...	...	...	...	...	...
1970								1.9	-2.6	-3.7	-0.7	2.6	3.3
1971									-6.8	-5.8	-0.3	4.2	4.7
1972										-4.8	4.0	8.8	7.6
1973											13.7	15.4	10.2
1974												17.2	7.5
1975													-1.5

CHAD — PER CAPITA GROSS DOMESTIC PRODUCT

	1963	1965	1966	1967	1968	1969	1970	1971	1972	1973	1974	1975	1976
1960	...	...	...	...	...	...	...	...	...	...	...	...	...
1963		...	...	...	...	...	...	...	...	...	...	...	...
1965			...	...	...	...	...	...	...	...	...	...	...
1966				...	...	...	...	...	...	...	...	...	...
1967					...	...	...	...	...	...	...	...	...
1968						...	...	...	...	...	...	...	...
1969							...	...	...	...	...	...	...
1970								-0.3	-4.5	-5.6	-2.7	0.5	1.3
1971									-8.6	-7.7	-2.2	2.1	2.6
1972										-6.8	1.9	6.6	5.4
1973											11.4	13.1	8.0
1974												14.9	5.2
1975													-3.7

CHAD — GOVERNMENT FINAL CONSUMPTION EXPENDITURE

	1963	1965	1966	1967	1968	1969	1970	1971	1972	1973	1974	1975	1976
1960	...	...	...	...	...	...	...	...	...	...	...	...	...
1963		...	...	...	...	...	...	...	...	...	...	...	...
1965			...	...	...	...	...	...	...	...	...	...	...
1966				...	...	...	...	...	...	...	...	...	...
1967					...	...	...	...	...	...	...	...	...
1968						...	...	...	...	...	...	...	...
1969							...	...	...	...	...	...	...
1970								5.6	1.5	-1.3	-1.9	-3.3	-4.0
1971									-2.5	-4.4	-3.8	-4.9	-5.4
1972										-6.3	-4.0	-5.6	-6.0
1973											-1.7	-5.8	-6.3
1974												-9.8	-7.9
1975													-6.0

CHAD — PRIVATE FINAL CONSUMPTION EXPENDITURE

	1963	1965	1966	1967	1968	1969	1970	1971	1972	1973	1974	1975	1976
1960	...	...	...	...	...	...	...	...	...	...	...	...	...
1963		...	...	...	...	...	...	...	...	...	...	...	...
1965			...	...	...	...	...	...	...	...	...	...	...
1966				...	...	...	...	...	...	...	...	...	...
1967					...	...	...	...	...	...	...	...	...
1968						...	...	...	...	...	...	...	...
1969							...	...	...	...	...	...	...
1970								2.0	-3.7	-4.1	-1.4	1.9	2.8
1971									-9.1	-6.1	-1.2	3.5	4.1
1972										-3.2	3.4	8.3	7.2
1973											10.3	14.1	9.5
1974												18.0	7.8
1975													-1.6

CHAD — GROSS FIXED CAPITAL FORMATION (4)

	1963	1965	1966	1967	1968	1969	1970	1971	1972	1973	1974	1975	1976
1960	...	...	...	...	...	...	...	...	...	...	...	...	...
1963		...	...	...	...	...	...	...	...	...	...	...	...
1965			...	...	...	...	...	...	...	...	...	...	...
1966				...	...	...	...	...	...	...	...	...	...
1967					...	...	...	...	...	...	...	...	...
1968						...	...	...	...	...	...	...	...
1969							...	...	...	...	...	...	...
1970								6.4	4.9	2.2	8.2	14.4	14.2
1971									3.4	0.0	10.1	18.2	16.7
1972										-3.3	16.0	25.8	20.5
1973											39.2	41.0	24.9
1974												42.9	15.7
1975													-6.4

CHAD — EXPORTS OF GOODS AND SERVICES

	1963	1965	1966	1967	1968	1969	1970	1971	1972	1973	1974	1975	1976
1960	...	...	...	...	...	...	...	...	...	...	...	...	...
1963		...	...	...	...	...	...	...	...	...	...	...	...
1965			...	...	...	...	...	...	...	...	...	...	...
1966				...	...	...	...	...	...	...	...	...	...
1967					...	...	...	...	...	...	...	...	...
1968						...	...	...	...	...	...	...	...
1969							...	...	...	...	...	...	...
1970								0.1	-0.5	-0.9	0.0	0.4	0.3
1971									-1.1	-1.4	0.3	0.7	0.4
1972										-1.8	1.3	1.4	0.8
1973											4.4	2.5	1.0
1974												0.5	-0.6
1975													-1.7

CHAD — IMPORTS OF GOODS AND SERVICES

	1963	1965	1966	1967	1968	1969	1970	1971	1972	1973	1974	1975	1976
1960	...	...	...	...	...	...	...	...	...	...	...	...	...
1963		...	...	...	...	...	...	...	...	...	...	...	...
1965			...	...	...	...	...	...	...	...	...	...	...
1966				...	...	...	...	...	...	...	...	...	...
1967					...	...	...	...	...	...	...	...	...
1968						...	...	...	...	...	...	...	...
1969							...	...	...	...	...	...	...
1970								3.8	0.2	0.3	0.8	2.3	1.8
1971									-3.3	-0.8	0.5	2.7	2.0
1972										1.9	2.2	4.7	2.9
1973											2.6	6.5	2.8
1974												10.5	1.7
1975													-6.4

EGYPT — GROSS DOMESTIC PRODUCT

	1963	1965	1966	1967	1968	1969	1970	1971
1960	7.2	7.1	6.4	5.4	5.0	4.9	4.9	4.8
1963		6.6	4.8	3.2	3.1	3.5	3.8	4.0
1965			0.3	-0.4	1.3	2.8	3.6	4.0
1966				-1.0	2.2	3.9	4.7	4.8
1967					5.6	6.2	6.2	5.8
1968						6.9	6.4	5.7
1969							5.9	5.1
1970								4.2

EGYPT — PER CAPITA GROSS DOMESTIC PRODUCT

	1963	1965	1966	1967	1968	1969	1970	1971
1960	4.5	4.4	3.7	2.8	2.4	2.3	2.3	2.2
1963		3.9	2.2	0.7	0.6	0.9	1.3	1.5
1965			-2.2	-2.8	-1.2	0.2	1.0	1.4
1966				-3.5	-0.3	1.4	2.1	2.3
1967					3.0	3.6	3.6	3.2
1968						4.2	3.8	3.2
1969							3.3	2.6
1970								1.9

EGYPT — GOVERNMENT FINAL CONSUMPTION EXPENDITURE

	1963	1965	1966	1967	1968	1969	1970	1971
1960	...	...	...	...	...	...	...	...
1963		...	...	...	...	...	...	...
1965			0.5	7.6	10.5	11.2	11.1	11.0
1966				15.2	15.1	13.8	12.6	12.0
1967					15.0	12.9	11.5	11.1
1968						10.8	10.0	10.1
1969							9.1	9.9
1970								10.6

EGYPT — PRIVATE FINAL CONSUMPTION EXPENDITURE

	1963	1965	1966	1967	1968	1969	1970	1971
1960	...	...	...	...	...	...	...	...
1963		...	...	...	...	...	...	...
1965			0.1	2.0	2.5	3.2	3.4	3.5
1966				3.9	3.4	4.1	4.0	4.0
1967					3.0	4.3	4.1	4.0
1968						5.7	4.4	4.1
1969							3.1	3.5
1970								4.0

EGYPT — GROSS FIXED CAPITAL FORMATION

	1963	1965	1966	1967	1968	1969	1970	1971
1960	...	...	...	...	...	...	...	...
1963		...	...	...	...	...	...	...
1965			-6.9	-12.7	-5.8	-3.1	-1.9	-1.2
1966				-18.1	-3.0	-0.3	0.3	0.6
1967					14.9	7.5	4.5	3.1
1968						0.6	0.2	0.4
1969							-0.1	0.3
1970								0.8

6A. AVERAGE ANNUAL RATES OF GROWTH OF GROSS DOMESTIC PRODUCT AT CONSTANT PRICES BY TYPE OF EXPENDITURE AND BY KIND OF ECONOMIC ACTIVITY (continued) (IN PER CENT)

	1963	1965	1966	1967	1968	1969	1970	1971
1960	...	...	...	...	...	...	...	...
1963		...	...	...	...	...	...	...
1965			5.4	–14.9	–8.6	–3.1	–0.2	0.8
1966				–31.4	–10.8	–1.4	2.1	2.7
1967					15.9	15.1	12.2	8.9
1968						14.3	10.1	6.3
1969							6.1	2.6
1970								–0.8

EGYPT

EXPORTS OF GOODS AND SERVICES

	1963	1965	1966	1967	1968	1969	1970	1971
1960	...	...	...	...	...	...	...	...
1963		...	...	...	...	...	...	...
1965			–12.1	–5.7	–2.8	2.4	3.8	4.0
1966				1.1	1.5	7.5	7.5	6.4
1967					1.9	11.8	9.6	7.3
1968						22.6	11.6	7.1
1969							1.5	1.0
1970								0.4

EGYPT

IMPORTS OF GOODS AND SERVICES

	1963	1965	1966	1967	1968	1969	1970	1971
1960	5.0	5.6	4.8	4.3	3.9	3.8	3.8	3.8
1963		5.3	3.1	2.6	2.3	2.6	2.9	3.2
1965			–1.9	0.6	1.0	2.2	2.9	3.2
1966				3.2	2.1	3.3	3.9	4.0
1967					1.1	3.8	4.4	4.4
1968						6.5	5.7	5.1
1969							4.8	4.4
1970								4.0

EGYPT

AGRICULTURE

	1963	1965	1966	1967	1968	1969	1970	1971
1960	8.9	8.0	7.1	6.0	5.6	5.6	5.7	5.7
1963		6.3	4.8	3.0	3.4	4.0	4.7	4.9
1965			0.9	–0.7	2.0	3.7	5.0	5.2
1966				–2.3	3.4	5.2	6.4	6.2
1967					9.3	8.4	8.6	7.5
1968						7.5	8.5	6.8
1969							9.4	6.1
1970								2.8

EGYPT

INDUSTRIAL ACTIVITY

	1963	1965	1966	1967	1968	1969	1970	1971
1960	8.7	7.7	6.8	5.5	5.1	5.0	5.1	5.1
1963		5.6	4.3	2.1	2.6	3.2	3.9	4.1
1965			0.7	–2.0	1.1	2.8	4.2	4.5
1966				–4.7	2.3	4.3	5.7	5.6
1967					9.8	8.1	8.3	7.1
1968						6.5	7.9	6.3
1969							9.3	5.7
1970								2.2

EGYPT

MANUFACTURING

	1963	1965	1966	1967	1968	1969	1970	1971
1960	27.8	19.9	17.0	13.0	12.6	12.2	11.9	11.4
1963		17.9	12.2	5.5	7.6	8.4	9.1	8.9
1965			–6.7	–10.0	1.6	5.5	7.6	7.7
1966				–13.1	8.9	11.3	12.0	10.6
1967					36.5	21.8	17.4	13.3
1968						8.7	10.3	7.9
1969							12.1	6.8
1970								1.8

EGYPT

CONSTRUCTION

	1963	1965	1966	1967	1968	1969	1970	1971
1960	0.8	0.8	1.4	1.6	1.8	2.1	2.2	2.4
1963		2.1	3.2	2.9	2.9	3.2	3.1	3.2
1965			5.8	3.1	3.0	3.5	3.2	3.5
1966				0.4	2.1	3.3	2.9	3.4
1967					3.9	4.6	3.5	3.8
1968						5.4	2.9	3.8
1969							0.5	3.5
1970								6.6

EGYPT

WHOLESALE AND RETAIL TRADE

	1963	1965	1966	1967	1968	1969	1970	1971
1960	11.8	9.5	8.2	2.0	–0.8	–1.6	–1.5	–1.3
1963		4.7	3.8	–8.3	–10.2	–8.8	–6.7	–5.2
1965			3.4	–23.7	–19.3	–13.1	–8.1	–5.1
1966				–43.7	–24.4	–12.6	–5.7	–2.5
1967					1.7	6.2	8.0	7.2
1968						10.9	10.8	8.2
1969							10.6	6.5
1970								2.4

EGYPT

TRANSPORT AND COMMUNICATION

	1963	1965	1966	1967	1968	1969	1970	1971
1960	6.0	7.0	6.7	7.0	7.0	7.0	6.9	6.8
1963		7.0	5.8	6.9	6.9	6.8	6.7	6.6
1965			3.3	7.9	7.3	7.0	6.9	6.7
1966				12.6	8.5	7.4	7.1	6.7
1967					4.6	5.4	5.9	5.9
1968						6.2	6.5	6.2
1969							6.8	6.0
1970								5.3

EGYPT

OTHER

	1963	1965	1966	1967	1968	1969	1970	1971	1972	1973	1974	1975	1976
1960	...	...	...	...	...	...	...	...	...	...	...	...	...
1963		5.7	5.4	4.9	4.8	4.7	4.6	4.5	4.5	4.4	4.2	4.0	3.8
1965			4.3	3.9	4.2	4.2	4.2	4.2	4.2	4.1	4.0	3.7	3.5
1966				3.5	4.3	4.3	4.2	4.2	4.2	4.1	3.9	3.6	3.3
1967					5.1	4.6	4.3	4.2	4.3	4.2	3.9	3.5	3.2
1968						4.1	3.9	4.0	4.2	4.0	3.7	3.3	3.0
1969							3.6	4.0	4.3	4.0	3.6	3.0	2.8
1970								4.5	4.6	4.1	3.4	2.8	2.5
1971									4.8	3.7	2.9	2.2	2.0
1972										2.7	2.1	1.4	1.5
1973											1.5	0.8	1.2
1974												0.1	1.2
1975													2.3

ETHIOPIA

GROSS DOMESTIC PRODUCT

	1963	1965	1966	1967	1968	1969	1970	1971	1972	1973	1974	1975	1976
1960	...	...	...	...	...	...	...	...	...	...	...	...	...
1963		3.8	3.5	2.9	2.7	2.5	2.3	2.2	2.1	2.0	1.9	1.7	1.5
1965			2.3	1.6	1.8	1.8	1.7	1.7	1.7	1.7	1.6	1.3	1.1
1966				0.9	1.7	1.8	1.6	1.6	1.7	1.7	1.5	1.2	1.0
1967					2.5	2.1	1.7	1.7	1.7	1.7	1.5	1.2	0.9
1968						1.6	1.3	1.5	1.6	1.7	1.4	1.0	0.7
1969							1.0	1.5	1.7	1.7	1.4	0.8	0.5
1970								1.9	2.0	1.9	1.3	0.6	0.3
1971									2.2	1.8	1.0	0.2	–0.2
1972										1.5	0.4	–0.6	–0.7
1973											–0.8	–1.6	–1.3
1974												–2.4	–1.4
1975													–0.3

ETHIOPIA

PER CAPITA GROSS DOMESTIC PRODUCT

	1963	1965	1966	1967	1968	1969	1970	1971	1972	1973	1974	1975	1976
1960	...	...	...	...	...	...	...	...	...	...	...	...	...
1963		3.1	2.5	2.5	2.3	2.2	2.2	2.1	2.2	2.2	2.0	1.8	1.7
1965			0.8	2.0	1.8	1.8	1.9	1.9	2.1	2.1	1.9	1.7	1.5
1966				3.3	2.1	2.0	2.0	2.0	2.2	2.1	1.9	1.6	1.5
1967					0.9	1.5	1.8	1.9	2.2	2.1	1.9	1.5	1.4
1968						2.1	2.2	2.2	2.4	2.3	1.9	1.4	1.3
1969							2.3	2.2	2.6	2.3	1.8	1.2	1.1
1970								2.0	2.8	2.2	1.6	0.9	0.8
1971									3.6	2.1	1.2	0.4	0.5
1972										0.7	0.1	–0.6	–0.1
1973											–0.5	–1.2	–0.2
1974												–1.9	0.3
1975													2.7

ETHIOPIA

AGRICULTURE

6A. AVERAGE ANNUAL RATES OF GROWTH OF GROSS DOMESTIC PRODUCT AT CONSTANT PRICES BY TYPE OF EXPENDITURE AND BY KIND OF ECONOMIC ACTIVITY (continued) (IN PER CENT)

ETHIOPIA — *INDUSTRIAL ACTIVITY*

	1963	1965	1966	1967	1968	1969	1970	1971	1972	1973	1974	1975	1976
1960	...	...	...	...	...	...	...	...	...	...	...	...	...
1963		14.7	13.5	13.6	11.0	10.2	9.6	9.4	8.9	8.5	7.9	7.3	6.6
1965			11.5	13.3	8.2	7.8	7.8	7.9	7.6	7.4	6.8	6.1	5.4
1966				15.2	5.5	6.2	6.8	7.3	7.2	6.9	6.3	5.6	4.8
1967					-3.4	3.6	5.8	6.9	6.8	6.6	5.9	5.1	4.3
1968						11.2	9.8	9.5	8.3	7.5	6.4	5.2	4.2
1969							8.4	8.9	7.4	6.7	5.4	4.3	3.2
1970								9.4	6.6	5.9	4.5	3.2	2.2
1971									4.0	4.6	3.1	1.9	1.0
1972										5.2	2.3	1.0	0.1
1973											-0.4	-0.8	-1.2
1974												-1.3	-1.6
1975													-1.9

ETHIOPIA — *MANUFACTURING*

	1963	1965	1966	1967	1968	1969	1970	1971	1972	1973	1974	1975	1976
1960	...	...	...	...	...	...	...	...	...	...	...	...	...
1963		13.6	12.6	13.0	10.4	9.6	9.3	9.1	8.7	8.4	7.8	7.1	6.4
1965			11.1	13.4	8.0	7.6	7.7	7.9	7.7	7.4	6.7	6.0	5.3
1966				15.7	5.2	6.0	6.8	7.4	7.2	7.0	6.3	5.5	4.8
1967					-4.4	3.2	5.8	7.0	6.9	6.7	5.9	5.1	4.3
1968						11.4	10.3	9.9	8.6	7.7	6.4	5.3	4.3
1969							9.2	9.2	7.7	6.8	5.4	4.2	3.2
1970								9.2	6.6	5.9	4.3	3.1	2.1
1971									4.1	4.5	2.9	1.7	1.0
1972										5.0	1.9	0.7	0.0
1973											-1.0	-1.1	-1.2
1974												-1.2	-1.3
1975													-1.5

ETHIOPIA — *CONSTRUCTION*

	1963	1965	1966	1967	1968	1969	1970	1971	1972	1973	1974	1975	1976
1960	...	...	...	...	...	...	...	...	...	...	...	...	...
1963		5.6	7.8	1.8	4.9	5.7	4.6	4.4	4.3	4.0	3.7	3.3	2.6
1965			12.9	-5.3	4.7	6.4	4.2	4.0	4.0	3.7	3.2	2.7	2.0
1966				-20.6	5.5	7.7	4.0	3.8	4.0	3.5	3.0	2.5	1.6
1967					40.3	20.1	7.9	6.1	5.5	4.5	3.6	2.8	1.7
1968						2.8	-4.5	-1.1	0.9	1.1	0.9	0.6	-0.2
1969							-11.3	-1.2	1.9	1.7	1.3	0.8	-0.2
1970								10.1	7.8	4.6	2.9	1.7	0.1
1971									5.5	1.8	0.6	-0.1	-1.6
1972										-1.9	-1.3	-1.4	-3.0
1973											-0.8	-1.3	-3.7
1974												-1.9	-5.5
1975													-8.9

ETHIOPIA — *WHOLESALE AND RETAIL TRADE*

	1963	1965	1966	1967	1968	1969	1970	1971	1972	1973	1974	1975	1976
1960	...	...	...	...	...	...	...	...	...	...	...	...	...
1963		13.7	11.6	2.0	5.6	7.0	7.7	7.9	7.8	7.5	7.3	7.0	6.6
1965			6.6	-12.0	2.5	6.3	7.8	8.1	7.9	7.5	7.2	6.7	6.2
1966				-27.4	6.4	10.3	10.9	10.3	9.3	8.5	7.9	7.2	6.5
1967					55.9	28.3	20.0	15.3	12.3	10.3	9.2	8.0	7.0
1968						5.6	7.5	7.0	6.3	5.7	5.6	5.0	4.5
1969							9.5	7.3	6.1	5.3	5.3	4.7	4.1
1970								5.1	4.6	4.2	4.6	4.0	3.5
1971									4.1	3.8	4.7	3.7	3.2
1972										3.5	5.1	3.5	2.8
1973											6.8	3.0	2.2
1974												-0.7	0.5
1975													1.7

ETHIOPIA — *TRANSPORT AND COMMUNICATION*

	1963	1965	1966	1967	1968	1969	1970	1971	1972	1973	1974	1975	1976
1960	...	...	...	...	...	...	...	...	...	...	...	...	...
1963		9.5	10.1	9.6	11.6	11.6	11.8	11.8	11.7	11.3	10.7	10.0	9.6
1965			10.2	8.7	13.2	12.6	12.6	12.3	11.9	11.4	10.5	9.6	9.1
1966				7.2	15.9	13.6	13.1	12.6	12.0	11.3	10.3	9.2	8.8
1967					25.3	15.1	13.6	12.6	11.9	11.0	9.8	8.6	8.2
1968						5.8	9.5	10.1	10.1	9.5	8.4	7.3	7.1
1969							13.3	11.8	11.0	9.7	8.2	6.8	6.7
1970								10.3	10.0	8.6	7.0	5.6	5.7
1971									9.6	7.6	5.7	4.2	4.8
1972										5.7	3.7	2.6	4.1
1973											1.8	1.2	4.1
1974												0.5	5.9
1975													11.7

ETHIOPIA — *OTHER*

	1963	1965	1966	1967	1968	1969	1970	1971	1972	1973	1974	1975	1976
1960	...	...	...	...	...	...	...	...	...	...	...	...	...
1963		7.4	7.8	10.5	8.7	7.8	7.2	6.8	6.6	6.5	6.4	6.4	6.3
1965			7.6	14.4	8.5	6.8	6.1	5.7	5.7	5.8	5.8	5.9	5.9
1966				21.7	6.8	5.2	4.8	4.8	5.0	5.3	5.5	5.6	5.7
1967					-6.2	-0.2	1.9	3.0	3.9	4.6	5.0	5.3	5.4
1968						6.2	5.5	5.3	5.7	6.0	6.1	6.2	6.1
1969							4.8	5.0	5.7	6.1	6.2	6.3	6.2
1970								5.2	6.2	6.6	6.6	6.6	6.3
1971									7.3	7.2	6.8	6.8	6.4
1972										7.0	6.6	6.6	6.1
1973											6.1	6.5	5.8
1974												6.9	5.4
1975													3.9

GHANA — *GROSS DOMESTIC PRODUCT*

	1963	1965	1966	1967	1968	1969	1970	1971	1972	1973	1974
1960	4.0	3.2	2.7	2.4	2.2	2.2	2.3	2.6	2.6	2.6	2.8
1963		1.8	1.2	1.2	1.3	1.6	1.9	2.5	2.5	2.6	2.8
1965			0.1	0.9	1.2	1.8	2.3	3.1	2.9	3.0	3.2
1966				1.8	1.6	2.4	2.9	3.7	3.3	3.4	3.5
1967					1.4	2.8	3.4	4.4	3.6	3.6	3.7
1968						4.3	4.2	5.3	3.9	3.7	3.8
1969							4.2	6.0	3.5	3.5	3.7
1970								7.8	2.5	2.9	3.4
1971									-2.5	1.4	2.9
1972										5.5	5.3
1973											5.1

GHANA — *PER CAPITA GROSS DOMESTIC PRODUCT*

	1963	1965	1966	1967	1968	1969	1970	1971	1972	1973	1974
1960	1.3	0.5	0.0	-0.2	-0.3	-0.3	-0.1	0.1	0.1	0.2	0.3
1963		-0.9	-1.3	-1.2	-1.1	-0.7	-0.4	0.2	0.1	0.2	0.4
1965			-2.1	-1.2	-1.0	-0.4	0.1	0.8	0.6	0.7	0.8
1966				-0.4	-0.6	0.2	0.7	1.4	1.0	0.9	1.0
1967					-0.8	0.6	1.2	2.0	1.2	1.1	1.1
1968						2.0	2.0	2.9	1.4	1.2	1.2
1969							1.9	3.5	1.0	0.8	1.0
1970								5.0	-0.1	0.2	0.7
1971									-5.0	-1.3	0.2
1972										2.5	2.5
1973											2.4

GHANA — *GOVERNMENT FINAL CONSUMPTION EXPENDITURE*

	1963	1965	1966	1967	1968	1969	1970	1971	1972	1973	1974
1960	9.5	10.7	10.7	10.7	10.8	10.5	10.5	9.8	8.8	7.9	7.4
1963		14.4	12.1	11.7	11.3	10.7	10.5	9.3	7.8	6.6	6.1
1965			4.2	8.2	9.2	8.8	9.2	7.6	5.8	4.5	4.2
1966				12.2	11.3	9.6	9.8	7.5	5.2	3.7	3.6
1967					10.4	8.2	9.2	6.3	3.7	2.2	2.4
1968						6.1	9.2	4.8	1.8	0.5	1.2
1969							12.4	2.9	-0.6	-1.4	0.1
1970								-5.7	-5.6	-4.3	-1.1
1971									-5.5	-3.4	1.1
1972										-1.3	5.0
1973											11.6

GHANA — *PRIVATE FINAL CONSUMPTION EXPENDITURE*

	1963	1965	1966	1967	1968	1969	1970	1971	1972	1973	1974
1960	1.5	0.3	-0.3	-0.2	0.2	0.7	1.1	1.5	1.6	1.8	2.3
1963		-1.5	-2.2	-0.9	0.2	1.1	1.7	2.4	2.2	2.5	3.1
1965			-4.6	0.1	1.9	3.0	3.3	3.9	3.2	3.5	4.1
1966				5.1	4.8	4.9	4.7	5.0	3.8	4.0	4.7
1967					4.6	4.9	4.5	5.0	3.5	3.7	4.7
1968						5.3	4.4	5.2	3.0	3.5	4.8
1969							3.5	5.4	2.0	3.1	4.9
1970								7.4	0.4	2.8	5.5
1971									-6.2	2.2	6.5
1972										11.3	12.7
1973											14.0

GHANA — *GROSS FIXED CAPITAL FORMATION*

	1963	1965	1966	1967	1968	1969	1970	1971	1972	1973	1974
1960	2.3	5.1	3.0	-0.6	-2.7	-3.1	-3.1	-2.1	-2.8	-3.2	-2.2
1963		7.6	-0.0	-7.2	-9.2	-8.1	-6.7	-4.2	-4.9	-5.0	-3.3
1965			-17.2	-21.5	-18.1	-12.5	-8.7	-4.1	-5.1	-5.3	-2.8
1966				-25.6	-17.2	-9.1	-5.0	0.1	-2.5	-3.3	-0.6
1967					-7.8	0.3	2.0	6.7	0.9	-1.3	1.7
1968						9.2	6.1	11.3	1.1	-1.8	2.1
1969							3.2	13.8	-2.5	-5.0	1.2
1970								25.4	-9.1	-9.5	0.8
1971									-34.2	-19.0	0.7
1972										-0.2	24.7
1973											55.8

GHANA — *EXPORTS OF GOODS AND SERVICES*

	1963	1965	1966	1967	1968	1969	1970	1971	1972	1973	1974
1960	8.7	4.2	3.1	1.9	1.2	0.6	0.4	0.4	0.9	1.1	0.8
1963		4.1	1.9	-0.1	-0.7	-1.2	-1.0	-0.6	0.5	0.9	0.4
1965			-8.4	-7.1	-4.9	-4.3	-2.9	-1.7	0.2	0.8	0.2
1966				-5.9	-3.0	-2.9	-1.5	-0.4	1.7	2.1	1.0
1967					0.0	-1.9	-0.3	0.9	3.2	3.3	1.7
1968						-3.8	0.2	1.7	4.7	4.3	1.9
1969							4.3	4.1	7.5	5.8	2.1
1970								3.8	9.8	6.1	0.8
1971									16.2	5.7	-2.0
1972										-3.9	-9.7
1973											-15.1

6A. AVERAGE ANNUAL RATES OF GROWTH OF GROSS DOMESTIC PRODUCT AT CONSTANT PRICES BY TYPE OF EXPENDITURE AND BY KIND OF ECONOMIC ACTIVITY (continued) (IN PER CENT)

GHANA — *IMPORTS OF GOODS AND SERVICES*

	1963	1965	1966	1967	1968	1969	1970	1971	1972	1973	1974
1960	0.3	1.2	−0.2	−2.3	−2.6	−2.2	−1.4	−0.9	−1.7	−1.6	−0.6
1963		5.9	−1.0	−5.5	−5.0	−3.6	−1.7	−0.7	−2.2	−1.9	−0.3
1965			−20.9	−18.4	−11.0	−6.1	−2.0	−0.4	−2.8	−2.2	0.1
1966				−15.9	−4.8	−0.2	3.4	3.7	−0.6	−0.4	2.1
1967					7.7	7.2	9.1	7.3	0.2	0.2	3.2
1968						6.8	10.2	6.9	−2.6	−1.8	2.7
1969							13.8	5.9	−7.5	−4.4	2.3
1970								−1.4	−17.6	−8.2	2.6
1971									−31.0	−7.1	9.1
1972										25.2	34.1
1973											43.6

GHANA — *AGRICULTURE*

	1963	1965	1966	1967	1968	1969	1970	1971	1972	1973	1974
1960	...	...	...	...	...	...	...	...	...	...	...
1963		...	...	...	...	...	...	...	...	...	...
1965			...	...	...	...	...	...	...	...	...
1966				...	...	...	...	...	...	...	...
1967					...	...	...	...	...	...	...
1968						6.9	7.3	6.7	6.0	5.1	4.8
1969							7.6	6.4	5.6	4.4	4.2
1970								5.2	4.6	3.4	3.6
1971									4.1	2.3	3.2
1972										0.6	3.1
1973											5.7

GHANA — *INDUSTRIAL ACTIVITY*

	1963	1965	1966	1967	1968	1969	1970	1971	1972	1973	1974
1960	...	...	...	...	...	...	...	...	...	...	...
1963		...	...	...	...	...	...	...	...	...	...
1965			...	...	...	...	...	...	...	...	...
1966				...	...	...	...	...	...	...	...
1967					...	...	...	...	...	...	...
1968						12.9	9.6	4.9	2.1	3.6	3.6
1969							6.3	0.8	−1.2	2.2	2.7
1970								−4.4	−4.2	2.3	3.0
1971									−4.0	7.0	5.6
1972										19.2	8.5
1973											−1.2

GHANA — *MANUFACTURING*

	1963	1965	1966	1967	1968	1969	1970	1971	1972	1973	1974
1960	...	...	...	...	...	...	...	...	...	...	...
1963		...	...	...	...	...	...	...	...	...	...
1965			...	...	...	...	...	...	...	...	...
1966				...	...	...	...	...	...	...	...
1967					...	...	...	...	...	...	...
1968						16.7	11.3	5.2	1.1	2.6	2.6
1969							6.1	−0.2	−3.6	0.3	1.1
1970								−6.2	−7.7	0.1	1.2
1971									−9.1	5.1	4.3
1972										21.5	8.9
1973											−2.4

GHANA — *CONSTRUCTION*

	1963	1965	1966	1967	1968	1969	1970	1971	1972	1973	1974
1960	...	...	...	...	...	...	...	...	...	...	...
1963		...	...	...	...	...	...	...	...	...	...
1965			...	...	...	...	...	...	...	...	...
1966				...	...	...	...	...	...	...	...
1967					...	...	...	...	...	...	...
1968						−0.4	10.2	15.6	7.6	6.7	8.7
1969							22.0	23.4	7.3	6.2	9.0
1970								24.8	−1.9	1.0	6.9
1971									−22.9	−5.0	6.7
1972										17.1	23.5
1973											30.3

GHANA — *WHOLESALE AND RETAIL TRADE*

	1963	1965	1966	1967	1968	1969	1970	1971	1972	1973	1974
1960	...	...	...	...	...	...	...	...	...	...	...
1963		...	...	...	...	...	...	...	...	...	...
1965			...	...	...	...	...	...	...	...	...
1966				...	...	...	...	...	...	...	...
1967					...	...	...	...	...	...	...
1968						9.1	7.6	7.0	4.2	4.1	4.3
1969							6.2	6.1	2.4	3.0	3.6
1970								6.1	0.0	2.0	3.2
1971									−5.7	1.3	3.5
1972										8.9	7.5
1973											6.2

GHANA — *TRANSPORT AND COMMUNICATION*

	1963	1965	1966	1967	1968	1969	1970	1971	1972	1973	1974
1960	...	...	...	...	...	...	...	...	...	...	...
1963		...	...	...	...	...	...	...	...	...	...
1965			...	...	...	...	...	...	...	...	...
1966				...	...	...	...	...	...	...	...
1967					...	...	...	...	...	...	...
1968						16.6	12.6	12.4	10.5	9.2	7.2
1969							8.6	11.0	8.9	7.7	5.6
1970								13.5	8.3	6.8	4.3
1971									3.3	4.2	1.7
1972										5.2	0.4
1973											−4.2

GHANA — *OTHER*

	1963	1965	1966	1967	1968	1969	1970	1971	1972	1973	1974
1960	...	...	...	...	...	...	...	...	...	...	...
1963		...	...	...	...	...	...	...	...	...	...
1965			...	...	...	...	...	...	...	...	...
1966				...	...	...	...	...	...	...	...
1967					...	...	...	...	...	...	...
1968						−4.5	−2.8	−0.6	−0.1	0.1	0.6
1969							−1.0	1.5	1.1	1.0	1.4
1970								4.1	1.7	1.2	1.6
1971									−0.5	0.1	1.3
1972										0.7	2.3
1973											4.0

IVORY COAST — *GROSS DOMESTIC PRODUCT*

	1963	1965	1966	1967	1968	1969	1970	1971	1972	1973	1974	1975	1976	1977
1960	...	...	...	...	...	...	...	...	...	...	...	...	...	...
1963		...	...	...	...	...	...	...	...	...	...	...	...	...
1965			...	...	...	...	...	...	...	...	...	...	...	...
1966				...	...	...	...	...	...	...	...	...	...	...
1967					...	...	...	...	...	...	...	...	...	...
1968						...	...	...	...	...	...	...	...	...
1969							...	...	...	...	...	...	...	...
1970								...	...	...	...	...	...	...
1971									...	...	...	...	...	...
1972										...	...	...	...	...
1973											...	...	...	...
1974												...	...	...
1975													12.0	10.3
1976														8.6

IVORY COAST — *PER CAPITA GROSS DOMESTIC PRODUCT*

	1963	1965	1966	1967	1968	1969	1970	1971	1972	1973	1974	1975	1976	1977
1960	...	...	...	...	...	...	...	...	...	...	...	...	...	...
1963		...	...	...	...	...	...	...	...	...	...	...	...	...
1965			...	...	...	...	...	...	...	...	...	...	...	...
1966				...	...	...	...	...	...	...	...	...	...	...
1967					...	...	...	...	...	...	...	...	...	...
1968						...	...	...	...	...	...	...	...	...
1969							...	...	...	...	...	...	...	...
1970								...	...	...	...	...	...	...
1971									...	...	...	...	...	...
1972										...	...	...	...	...
1973											...	...	...	...
1974												...	...	...
1975													9.1	7.5
1976														5.9

IVORY COAST — *GOVERNMENT FINAL CONSUMPTION EXPENDITURE*

	1963	1965	1966	1967	1968	1969	1970	1971	1972	1973	1974	1975	1976	1977
1960	...	...	...	...	...	...	...	...	...	...	...	...	...	...
1963		...	...	...	...	...	...	...	...	...	...	...	...	...
1965			...	...	...	...	...	...	...	...	...	...	...	...
1966				...	...	...	...	...	...	...	...	...	...	...
1967					...	...	...	...	...	...	...	...	...	...
1968						...	...	...	...	...	...	...	...	...
1969							...	...	...	...	...	...	...	...
1970								...	...	...	...	...	...	...
1971									...	...	...	...	...	...
1972										...	...	...	...	...
1973											...	...	...	...
1974												...	...	...
1975													16.5	13.2
1976														10.0

IVORY COAST — *PRIVATE FINAL CONSUMPTION EXPENDITURE*

	1963	1965	1966	1967	1968	1969	1970	1971	1972	1973	1974	1975	1976	1977
1960	...	...	...	...	...	...	...	...	...	...	...	...	...	...
1963		...	...	...	...	...	...	...	...	...	...	...	...	...
1965			...	...	...	...	...	...	...	...	...	...	...	...
1966				...	...	...	...	...	...	...	...	...	...	...
1967					...	...	...	...	...	...	...	...	...	...
1968						...	...	...	...	...	...	...	...	...
1969							...	...	...	...	...	...	...	...
1970								...	...	...	...	...	...	...
1971									...	...	...	...	...	...
1972										...	...	...	...	...
1973											...	...	...	...
1974												...	...	...
1975													9.4	9.5
1976														9.6

6A. AVERAGE ANNUAL RATES OF GROWTH OF GROSS DOMESTIC PRODUCT AT CONSTANT PRICES BY TYPE OF EXPENDITURE AND BY KIND OF ECONOMIC ACTIVITY (continued)
(IN PER CENT)

IVORY COAST — *GROSS FIXED CAPITAL FORMATION*

	1963	1965	1966	1967	1968	1969	1970	1971	1972	1973	1974	1975	1976	1977
1960	...	...	...	...	...	...	...	...	...	...	...	...	...	...
1963		...	...	...	...	...	...	...	...	...	...	...	...	...
1965			...	...	...	...	...	...	...	...	...	...	...	...
1966				...	...	...	...	...	...	...	...	...	...	...
1967					...	...	...	...	...	...	...	...	...	...
1968						...	...	...	...	...	...	...	...	...
1969							...	...	...	...	...	...	...	...
1970								...	...	...	...	...	...	...
1971									...	...	...	...	...	...
1972										...	...	...	...	...
1973											...	...	...	...
1974												...	...	...
1975													22.4	32.8
1976														44.1

IVORY COAST — *IMPORTS OF GOODS AND SERVICES*

	1963	1965	1966	1967	1968	1969	1970	1971	1972	1973	1974	1975	1976	1977
1960	...	...	...	...	...	...	...	...	...	...	...	...	...	...
1963		...	...	...	...	...	...	...	...	...	...	...	...	...
1965			...	...	...	...	...	...	...	...	...	...	...	...
1966				...	...	...	...	...	...	...	...	...	...	...
1967					...	...	...	...	...	...	...	...	...	...
1968						...	...	...	...	...	...	...	...	...
1969							...	...	...	...	...	...	...	...
1970								...	...	...	...	...	...	...
1971									...	...	...	...	...	...
1972										...	...	...	...	...
1973											...	...	...	...
1974												...	...	...
1975													24.0	31.3
1976														39.1

IVORY COAST — *INDUSTRIAL ACTIVITY*

	1963	1965	1966	1967	1968	1969	1970	1971	1972	1973	1974	1975	1976	1977
1960	...	...	...	...	...	...	...	...	...	...	...	...	...	...
1963		...	...	...	...	...	...	...	...	...	...	...	...	...
1965			...	...	...	...	...	...	...	...	...	...	...	...
1966				...	...	...	...	...	...	...	...	...	...	...
1967					...	...	...	...	...	...	...	...	...	...
1968						...	...	...	...	...	...	...	...	...
1969							...	...	...	...	...	...	...	...
1970								...	...	...	...	...	...	...
1971									...	...	...	...	...	...
1972										...	...	...	...	...
1973											...	...	...	...
1974												...	...	...
1975													12.3	15.5
1976														18.7

IVORY COAST — *CONSTRUCTION*

	1963	1965	1966	1967	1968	1969	1970	1971	1972	1973	1974	1975	1976	1977
1960	...	...	...	...	...	...	...	...	...	...	...	...	...	...
1963		...	...	...	...	...	...	...	...	...	...	...	...	...
1965			...	...	...	...	...	...	...	...	...	...	...	...
1966				...	...	...	...	...	...	...	...	...	...	...
1967					...	...	...	...	...	...	...	...	...	...
1968						...	...	...	...	...	...	...	...	...
1969							...	...	...	...	...	...	...	...
1970								...	...	...	...	...	...	...
1971									...	...	...	...	...	...
1972										...	...	...	...	...
1973											...	...	...	...
1974												...	...	...
1975													23.9	32.2
1976														41.0

IVORY COAST — *OTHER*

	1963	1965	1966	1967	1968	1969	1970	1971	1972	1973	1974	1975	1976	1977
1960	...	...	...	...	...	...	...	...	...	...	...	...	...	...
1963		...	...	...	...	...	...	...	...	...	...	...	...	...
1965			...	...	...	...	...	...	...	...	...	...	...	...
1966				...	...	...	...	...	...	...	...	...	...	...
1967					...	...	...	...	...	...	...	...	...	...
1968						...	...	...	...	...	...	...	...	...
1969							...	...	...	...	...	...	...	...
1970								...	...	...	...	...	...	...
1971									...	...	...	...	...	...
1972										...	...	...	...	...
1973											...	...	...	...
1974												...	...	...
1975													10.2	6.8
1976														3.4

KENYA — *PER CAPITA GROSS DOMESTIC PRODUCT*

	1963	1965	1966	1967	1968	1969	1970	1971	1972	1973	1974	1975	1976	1977
1960	...	...	...	...	...	...	...	...	...	...	...	...	...	...
1963		...	...	...	...	...	...	...	...	...	...	...	...	...
1965			9.5	5.5	4.5	3.9	3.7	3.5	3.3	3.1	2.9	2.5	2.3	2.2
1966				1.6	2.6	2.6	2.9	2.9	2.8	2.7	2.5	2.1	1.9	1.9
1967					3.6	2.9	3.2	3.1	2.8	2.8	2.5	2.0	1.8	1.7
1968						2.3	3.1	3.0	2.7	2.7	2.4	1.8	1.5	1.5
1969							3.9	3.1	2.6	2.6	2.2	1.5	1.3	1.3
1970								2.3	2.0	2.3	1.9	1.1	0.9	1.1
1971									1.7	2.4	1.7	0.6	0.5	0.9
1972										3.0	1.6	0.0	0.1	0.7
1973											0.1	-1.5	-0.6	0.5
1974												-3.0	-0.5	1.1
1975													2.1	3.1
1976														4.1

IVORY COAST — *EXPORTS OF GOODS AND SERVICES*

	1963	1965	1966	1967	1968	1969	1970	1971	1972	1973	1974	1975	1976	1977
1960	...	...	...	...	...	...	...	...	...	...	...	...	...	...
1963		...	...	...	...	...	...	...	...	...	...	...	...	...
1965			...	...	...	...	...	...	...	...	...	...	...	...
1966				...	...	...	...	...	...	...	...	...	...	...
1967					...	...	...	...	...	...	...	...	...	...
1968						...	...	...	...	...	...	...	...	...
1969							...	...	...	...	...	...	...	...
1970								...	...	...	...	...	...	...
1971									...	...	...	...	...	...
1972										...	...	...	...	...
1973											...	...	...	...
1974												...	...	...
1975													19.1	17.5
1976														15.9

IVORY COAST — *AGRICULTURE*

	1963	1965	1966	1967	1968	1969	1970	1971	1972	1973	1974	1975	1976	1977
1960	...	...	...	...	...	...	...	...	...	...	...	...	...	...
1963		...	...	...	...	...	...	...	...	...	...	...	...	...
1965			...	...	...	...	...	...	...	...	...	...	...	...
1966				...	...	...	...	...	...	...	...	...	...	...
1967					...	...	...	...	...	...	...	...	...	...
1968						...	...	...	...	...	...	...	...	...
1969							...	...	...	...	...	...	...	...
1970								...	...	...	...	...	...	...
1971									...	...	...	...	...	...
1972										...	...	...	...	...
1973											...	...	...	...
1974												...	...	...
1975													3.1	-0.3
1976														-3.5

IVORY COAST — *MANUFACTURING*

	1963	1965	1966	1967	1968	1969	1970	1971	1972	1973	1974	1975	1976	1977
1960	...	...	...	...	...	...	...	...	...	...	...	...	...	...
1963		...	...	...	...	...	...	...	...	...	...	...	...	...
1965			...	...	...	...	...	...	...	...	...	...	...	...
1966				...	...	...	...	...	...	...	...	...	...	...
1967					...	...	...	...	...	...	...	...	...	...
1968						...	...	...	...	...	...	...	...	...
1969							...	...	...	...	...	...	...	...
1970								...	...	...	...	...	...	...
1971									...	...	...	...	...	...
1972										...	...	...	...	...
1973											...	...	...	...
1974												...	...	...
1975													14.1	16.4
1976														18.7

IVORY COAST — *TRANSPORT AND COMMUNICATION*

	1963	1965	1966	1967	1968	1969	1970	1971	1972	1973	1974	1975	1976	1977
1960	...	...	...	...	...	...	...	...	...	...	...	...	...	...
1963		...	...	...	...	...	...	...	...	...	...	...	...	...
1965			...	...	...	...	...	...	...	...	...	...	...	...
1966				...	...	...	...	...	...	...	...	...	...	...
1967					...	...	...	...	...	...	...	...	...	...
1968						...	...	...	...	...	...	...	...	...
1969							...	...	...	...	...	...	...	...
1970								...	...	...	...	...	...	...
1971									...	...	...	...	...	...
1972										...	...	...	...	...
1973											...	...	...	...
1974												...	...	...
1975													13.4	11.2
1976														9.0

KENYA — *GROSS DOMESTIC PRODUCT*

	1963	1965	1966	1967	1968	1969	1970	1971	1972	1973	1974	1975	1976	1977
1960	...	...	...	...	...	...	...	...	...	...	...	...	...	...
1963		...	...	...	...	...	...	...	...	...	...	...	...	...
1965			12.9	8.9	8.1	7.5	7.3	7.2	6.9	6.8	6.5	6.1	5.9	5.8
1966				5.2	6.2	6.3	6.5	6.6	6.4	6.4	6.2	5.8	5.5	5.5
1967					7.2	6.7	6.9	6.8	6.5	6.4	6.2	5.6	5.4	5.3
1968						6.2	6.8	6.7	6.4	6.3	6.0	5.4	5.1	5.1
1969							7.3	6.8	6.3	6.2	5.8	5.1	4.8	4.9
1970								6.4	5.8	5.9	5.5	4.7	4.5	4.6
1971									5.2	5.9	5.2	4.2	4.1	4.4
1972										6.5	5.0	3.6	3.6	4.3
1973											3.6	2.1	3.0	4.1
1974												0.6	3.0	4.7
1975													5.5	6.6
1976														7.8

KENYA — *GOVERNMENT FINAL CONSUMPTION EXPENDITURE*

	1963	1965	1966	1967	1968	1969	1970	1971	1972	1973	1974	1975	1976	1977
1960	...	...	...	...	...	...	...	...	...	...	...	...	...	...
1963		...	...	...	...	...	...	...	...	...	...	...	...	...
1965			9.3	8.9	9.4	10.2	9.5	9.8	9.7	9.7	9.4	9.7	9.8	9.9
1966				8.5	9.6	10.8	9.5	9.9	9.7	9.8	9.4	9.7	9.8	10.0
1967					10.7	11.9	9.4	10.0	9.8	9.8	9.4	9.7	9.8	10.0
1968						13.1	8.1	9.7	9.5	9.7	9.1	9.6	9.8	10.0
1969							3.4	9.1	9.1	9.5	8.8	9.6	9.7	10.1
1970								15.0	11.1	10.7	9.2	10.1	10.2	10.5
1971									7.3	9.1	7.7	9.6	9.8	10.3
1972										11.1	7.4	10.4	10.4	10.9
1973											3.8	11.2	10.8	11.3
1974												19.1	13.0	12.7
1975													7.3	10.5
1976														13.8

6A. AVERAGE ANNUAL RATES OF GROWTH OF GROSS DOMESTIC PRODUCT AT CONSTANT PRICES BY TYPE OF EXPENDITURE AND BY KIND OF ECONOMIC ACTIVITY (continued)
(IN PER CENT)

KENYA — *PRIVATE FINAL CONSUMPTION EXPENDITURE*

	1963	1965	1966	1967	1968	1969	1970	1971	1972	1973	1974	1975	1976	1977
1960	...	...	...	...	...	...	...	...	...	...	...	...	...	...
1963		...	...	...	...	...	...	...	...	...	...	...	...	...
1965			8.7	7.1	5.7	4.7	4.6	5.4	5.4	4.4	3.2	2.6	2.2	2.1
1966				5.6	4.3	3.6	3.9	5.2	5.3	4.0	2.6	2.0	1.7	1.7
1967					3.0	2.7	3.6	5.5	5.5	3.8	2.1	1.5	1.2	1.3
1968						2.4	4.1	6.8	6.3	3.7	1.6	1.0	0.7	0.9
1969							5.8	9.3	7.2	3.3	0.6	0.1	0.0	0.4
1970								12.8	7.0	1.3	–1.6	–1.5	–1.2	–0.4
1971									1.4	–4.1	–5.6	–3.9	–2.7	–1.2
1972										–9.2	–8.4	–4.4	–2.5	–0.6
1973											–7.5	–1.4	0.0	1.7
1974												5.2	3.2	4.1
1975													1.2	4.1
1976														7.0

KENYA — *GROSS FIXED CAPITAL FORMATION*

	1963	1965	1966	1967	1968	1969	1970	1971	1972	1973	1974	1975	1976	1977
1960	...	...	...	...	...	...	...	...	...	...	...	...	...	...
1963		...	...	...	...	...	...	...	...	...	...	...	...	...
1965			27.1	26.5	20.7	15.8	15.0	15.2	13.5	11.7	9.6	8.0	6.7	6.4
1966				26.0	16.7	11.6	12.2	13.3	11.7	10.0	7.9	6.2	5.1	5.0
1967					8.2	5.6	9.4	12.1	10.4	8.6	6.3	4.6	3.6	3.8
1968						3.0	11.1	14.3	11.0	8.4	5.5	3.7	2.7	3.1
1969							19.8	19.5	11.9	7.9	4.2	2.3	1.4	2.2
1970								19.1	7.0	3.5	0.3	–0.9	–1.1	0.4
1971									–3.9	–2.2	–4.0	–4.1	–3.3	–0.7
1972										–0.6	–4.7	–4.4	–3.2	0.3
1973											–8.6	–5.5	–3.2	1.7
1974												–2.3	–0.5	5.7
1975													1.4	10.7
1976														20.9

KENYA — *EXPORTS OF GOODS AND SERVICES*

	1963	1965	1966	1967	1968	1969	1970	1971	1972	1973	1974	1975	1976	1977
1960	...	...	...	...	...	...	...	...	...	...	...	...	...	...
1963		...	...	...	...	...	...	...	...	...	...	...	...	...
1965			17.4	6.3	5.9	6.5	6.2	5.9	5.3	4.9	4.8	3.8	3.3	2.9
1966				–3.7	2.3	5.0	5.1	5.0	4.5	4.3	4.2	3.2	2.7	2.3
1967					8.5	8.9	7.1	6.2	5.2	4.6	4.5	3.2	2.6	2.2
1968						9.3	6.0	5.2	4.2	3.8	3.9	2.4	1.9	1.5
1969							2.8	3.7	2.9	2.9	3.3	1.6	1.2	0.8
1970								4.5	2.6	2.8	3.4	1.0	0.7	0.4
1971									0.7	2.2	3.4	0.1	–0.0	–0.2
1972										3.7	4.8	–0.8	–0.7	–0.7
1973											5.9	–4.1	–2.3	–1.6
1974												–13.0	–4.3	–2.3
1975													5.4	2.3
1976														–0.7

KENYA — *IMPORTS OF GOODS AND SERVICES*

	1963	1965	1966	1967	1968	1969	1970	1971	1972	1973	1974	1975	1976	1977
1960	...	...	...	...	...	...	...	...	...	...	...	...	...	...
1963		...	...	...	...	...	...	...	...	...	...	...	...	...
1965			16.8	9.9	6.7	5.2	6.5	7.9	6.6	5.6	4.9	3.3	2.1	1.7
1966				3.3	2.5	2.4	5.3	7.6	6.0	4.9	4.2	2.4	1.2	0.9
1967					1.6	2.0	6.5	9.4	6.6	5.0	4.2	1.9	0.6	0.3
1968						2.4	9.8	12.5	7.3	5.0	3.9	1.2	–0.3	–0.4
1969							17.8	17.1	6.8	3.8	2.8	–0.4	–1.8	–1.6
1970								16.4	0.3	–0.8	–0.4	–3.5	–4.3	–3.5
1971									–13.6	–6.3	–3.0	–6.2	–6.4	–4.8
1972										1.7	1.9	–5.4	–6.0	–4.0
1973											2.2	–9.9	–8.6	–4.8
1974												–20.5	–11.5	–4.4
1975													–1.6	4.3
1976														10.5

KENYA — *AGRICULTURE*

	1963	1965	1966	1967	1968	1969	1970	1971	1972	1973	1974	1975	1976	1977
1960	...	...	...	...	...	...	...	...	...	...	...	...	...	...
1963		...	...	...	...	...	...	...	...	...	...	...	...	...
1965			17.6	11.0	8.6	8.0	7.2	6.3	6.1	5.9	5.6	5.2	4.8	4.4
1966				4.7	5.0	5.8	5.6	5.0	5.1	5.1	4.9	4.5	4.2	3.9
1967					5.4	6.5	5.8	4.9	5.0	5.1	4.8	4.4	4.0	3.7
1968						7.6	5.7	4.3	4.8	4.9	4.6	4.1	3.7	3.4
1969							3.8	2.9	4.2	4.7	4.3	3.8	3.4	3.1
1970								2.0	4.8	5.2	4.5	3.8	3.2	2.9
1971									7.7	6.5	4.8	3.6	2.9	2.6
1972										5.2	3.3	2.3	1.8	1.8
1973											1.5	1.0	1.0	1.2
1974												0.6	0.7	1.2
1975													0.9	1.6
1976														2.3

KENYA — *INDUSTRIAL ACTIVITY*

	1963	1965	1966	1967	1968	1969	1970	1971	1972	1973	1974	1975	1976	1977
1960	...	...	...	...	...	...	...	...	...	...	...	...	...	...
1963		...	...	...	...	...	...	...	...	...	...	...	...	...
1965			5.7	6.5	7.1	7.6	7.8	8.4	8.5	8.7	8.7	8.3	8.5	8.7
1966				7.3	7.8	8.1	8.3	8.8	8.9	9.0	9.0	8.5	8.6	8.9
1967					8.4	8.5	8.6	9.2	9.1	9.3	9.1	8.5	8.7	9.0
1968						8.6	8.7	9.6	9.3	9.5	9.2	8.4	8.6	9.0
1969							8.7	10.3	9.5	9.6	9.2	8.2	8.5	9.0
1970								11.8	9.5	9.7	9.1	7.8	8.3	8.9
1971									7.1	9.1	8.6	6.9	7.9	8.8
1972										11.0	8.9	6.2	7.9	9.1
1973											6.8	3.9	7.5	9.4
1974												1.0	8.9	11.1
1975													17.5	15.5
1976														13.5

KENYA — *MANUFACTURING*

	1963	1965	1966	1967	1968	1969	1970	1971	1972	1973	1974	1975	1976	1977
1960	...	...	...	...	...	...	...	...	...	...	...	...	...	...
1963		...	...	...	...	...	...	...	...	...	...	...	...	...
1965			5.3	6.3	7.1	7.7	7.9	8.5	8.7	8.9	8.9	8.5	8.7	9.0
1966				7.2	8.0	8.4	8.4	9.1	9.1	9.3	9.3	8.7	8.8	9.1
1967					8.9	9.0	8.7	9.5	9.4	9.6	9.5	8.7	8.9	9.2
1968						9.0	8.5	9.8	9.5	9.7	9.5	8.6	8.8	9.3
1969							8.0	10.5	9.7	9.9	9.6	8.4	8.7	9.3
1970								13.0	10.1	10.2	9.6	8.0	8.5	9.3
1971									7.3	9.3	8.9	7.0	8.0	9.1
1972										11.3	9.4	6.2	8.0	9.4
1973											7.5	3.6	7.5	9.7
1974												–0.2	8.8	11.6
1975													18.5	16.8
1976														15.0

KENYA — *CONSTRUCTION*

	1963	1965	1966	1967	1968	1969	1970	1971	1972	1973	1974	1975	1976	1977
1960	...	...	...	...	...	...	...	...	...	...	...	...	...	...
1963		...	...	...	...	...	...	...	...	...	...	...	...	...
1965			14.9	11.8	11.9	9.7	7.9	7.2	7.4	7.2	6.4	5.6	4.8	4.4
1966				8.8	10.9	8.2	6.3	5.8	6.5	6.5	5.7	4.9	4.1	3.7
1967					13.0	7.1	4.9	4.8	6.0	6.2	5.3	4.4	3.5	3.1
1968						1.4	1.6	3.1	5.5	5.8	4.8	3.8	2.9	2.5
1969							1.8	4.2	7.3	7.1	5.2	3.8	2.6	2.3
1970								6.5	10.2	8.4	5.3	3.4	2.0	1.7
1971									14.0	8.4	3.8	1.7	0.5	0.6
1972										3.2	–0.8	–1.6	–2.0	–1.1
1973											–4.6	–3.4	–3.0	–1.4
1974												–2.1	–2.4	–0.2
1975													–2.6	1.2
1976														5.3

KENYA — *WHOLESALE AND RETAIL TRADE*

	1963	1965	1966	1967	1968	1969	1970	1971	1972	1973	1974	1975	1976	1977
1960	...	...	...	...	...	...	...	...	...	...	...	...	...	...
1963		...	...	...	...	...	...	...	...	...	...	...	...	...
1965			11.1	5.1	5.3	4.3	4.3	4.0	3.2	3.0	3.0	2.4	2.3	2.5
1966				–0.5	3.5	3.0	3.5	3.3	2.4	2.4	2.5	2.0	1.9	2.2
1967					7.8	4.0	4.3	3.7	2.4	2.4	2.5	1.8	1.8	2.2
1968						0.3	3.2	2.8	1.4	1.8	2.0	1.3	1.4	2.0
1969							6.2	3.6	1.1	1.7	2.1	1.2	1.3	2.0
1970								1.0	–1.3	0.8	1.7	0.6	1.0	1.9
1971									–3.7	1.4	2.5	0.6	1.1	2.3
1972										6.7	5.0	0.9	1.5	3.0
1973											3.3	–2.3	0.2	2.8
1974												–7.6	0.0	3.9
1975													8.3	9.5
1976														10.7

KENYA — *TRANSPORT AND COMMUNICATION*

	1963	1965	1966	1967	1968	1969	1970	1971	1972	1973	1974	1975	1976	1977
1960	...	...	...	...	...	...	...	...	...	...	...	...	...	...
1963		...	...	...	...	...	...	...	...	...	...	...	...	...
1965			14.2	12.3	10.8	8.5	7.6	7.0	6.0	5.6	5.4	4.9	4.8	4.4
1966				10.5	9.2	6.6	6.1	5.8	4.8	4.6	4.6	4.2	4.2	3.8
1967					7.8	4.5	4.8	4.9	3.9	3.9	4.1	3.6	3.8	3.4
1968						1.2	4.0	4.5	3.3	3.5	3.8	3.4	3.6	3.2
1969							6.8	5.7	3.4	3.5	4.0	3.4	3.7	3.2
1970								4.7	1.5	2.7	3.6	2.9	3.4	2.9
1971									–1.6	2.4	4.0	2.8	3.6	2.8
1972										6.6	6.4	3.5	4.2	3.0
1973											6.3	1.5	3.6	2.1
1974												–3.0	3.5	1.3
1975													10.4	2.1
1976														–5.7

KENYA — *OTHER*

	1963	1965	1966	1967	1968	1969	1970	1971	1972	1973	1974	1975	1976	1977
1960	...	...	...	...	...	...	...	...	...	...	...	...	...	...
1963		...	...	...	...	...	...	...	...	...	...	...	...	...
1965			9.4	8.4	8.8	8.8	9.1	9.2	9.3	9.0	8.9	8.8	8.6	8.4
1966				7.4	8.8	8.8	9.2	9.2	9.4	9.0	8.9	8.7	8.5	8.3
1967					10.1	9.3	9.6	9.5	9.6	9.0	8.9	8.7	8.5	8.2
1968						8.5	9.5	9.5	9.6	8.8	8.8	8.5	8.3	8.0
1969							10.6	9.8	9.9	8.6	8.6	8.4	8.1	7.7
1970								8.9	9.6	7.9	8.2	8.0	7.7	7.4
1971									10.4	7.0	7.9	7.7	7.4	7.1
1972										3.7	7.3	7.4	7.1	6.8
1973											11.1	8.7	7.6	7.0
1974												6.3	6.1	5.9
1975													5.8	5.7
1976														5.6

LIBERIA — *GROSS DOMESTIC PRODUCT*

	1963	1965	1966	1967	1968	1969	1970	1971	1972	1973	1974	1975	1976	1977
1960	...	...	...	...	...	...	...	...	...	...	...	...	...	...
1963		...	...	...	...	...	...	...	...	...	...	...	...	...
1965			7.9	7.3	6.5	6.5	6.5	6.3	6.0	5.8	5.5	4.9	4.6	4.3
1966				6.8	5.8	6.1	6.3	6.1	5.8	5.5	5.2	4.6	4.2	4.0
1967					4.8	6.0	6.3	6.1	5.7	5.3	5.0	4.3	3.9	3.7
1968						7.3	6.9	6.3	5.6	5.2	4.8	3.9	3.6	3.4
1969							6.5	5.8	5.1	4.7	4.4	3.4	3.1	2.9
1970								5.1	4.3	4.1	3.9	2.7	2.6	2.5
1971									3.6	3.7	3.6	2.1	2.1	2.1
1972										3.9	3.6	1.3	1.6	1.8
1973											3.4	–0.3	0.9	1.5
1974												–3.9	0.5	1.6
1975													5.1	3.9
1976														2.8

6A. AVERAGE ANNUAL RATES OF GROWTH OF GROSS DOMESTIC PRODUCT AT CONSTANT PRICES BY TYPE OF EXPENDITURE AND BY KIND OF ECONOMIC ACTIVITY (continued)
(IN PER CENT)

LIBERIA — PER CAPITA GROSS DOMESTIC PRODUCT

	1963	1965	1966	1967	1968	1969	1970	1971	1972	1973	1974	1975	1976	1977
1960	...	...	...	...	...	...	...	...	...	...	...	...	...	...
1963		...	...	...	...	...	...	...	...	...	...	...	...	...
1965			6.3	5.4	4.5	4.4	4.4	4.1	3.8	3.5	3.2	2.6	2.3	2.0
1966				4.5	3.6	3.9	4.1	3.8	3.5	3.2	2.9	2.3	1.9	1.7
1967					2.6	3.9	4.2	3.7	3.4	3.1	2.7	2.0	1.6	1.4
1968						5.1	4.8	3.8	3.3	2.9	2.5	1.6	1.3	1.0
1969							4.4	3.1	2.7	2.3	2.0	1.0	0.7	0.6
1970								1.7	2.0	1.8	1.6	0.4	0.2	0.1
1971									2.3	1.8	1.5	-0.1	-0.2	-0.2
1972										1.3	1.1	-1.1	-0.8	-0.6
1973											0.9	-2.7	-1.4	-0.9
1974												-6.1	-1.8	-0.8
1975													2.7	1.3
1976														-0.1

LIBERIA — GOVERNMENT FINAL CONSUMPTION EXPENDITURE

	1963	1965	1966	1967	1968	1969	1970	1971	1972	1973	1974	1975	1976	1977
1960	...	...	...	...	...	...	...	...	...	...	...	...	...	...
1963		...	...	...	...	...	...	...	...	...	...	...	...	...
1965			13.0	8.9	6.0	5.1	6.2	6.7	5.9	4.8	4.5	4.1	4.0	5.9
1966				4.9	2.8	3.0	5.4	6.3	5.4	4.2	3.9	3.6	3.5	5.9
1967					0.7	2.5	6.3	7.3	5.7	4.0	3.7	3.4	3.4	6.2
1968						4.4	9.6	9.4	6.3	3.9	3.5	3.2	3.2	6.6
1969							15.1	11.0	5.5	2.6	2.5	2.3	2.6	6.9
1970								7.1	0.8	-1.2	0.2	0.8	1.5	7.2
1971									-5.1	-4.4	-0.7	0.4	1.5	8.8
1972										-3.8	2.1	2.4	3.2	12.6
1973											8.3	4.6	4.7	17.6
1974												1.0	3.6	24.0
1975													6.1	41.0
1976														87.3

LIBERIA — PRIVATE FINAL CONSUMPTION EXPENDITURE

	1963	1965	1966	1967	1968	1969	1970	1971	1972	1973	1974	1975	1976	1977
1960	...	...	...	...	...	...	...	...	...	...	...	...	...	...
1963		...	...	...	...	...	...	...	...	...	...	...	...	...
1965			10.5	9.0	4.7	4.2	4.4	4.7	4.7	4.6	4.3	3.7	3.9	3.8
1966				7.5	1.4	2.3	3.4	4.1	4.3	4.2	4.0	3.3	3.6	3.6
1967					-4.4	0.9	3.2	4.2	4.5	4.3	4.0	3.2	3.5	3.6
1968						6.5	6.7	6.5	5.9	5.3	4.6	3.4	3.7	3.8
1969							6.9	6.4	5.6	4.8	4.1	2.7	3.3	3.4
1970								6.0	5.0	4.0	3.4	1.7	2.8	3.1
1971									4.0	3.1	2.6	0.6	2.4	2.9
1972										2.3	1.9	-0.6	2.3	3.0
1973											1.6	-2.4	2.9	3.6
1974												-6.3	5.2	5.1
1975													18.1	9.2
1976														0.9

LIBERIA — GROSS FIXED CAPITAL FORMATION

	1963	1965	1966	1967	1968	1969	1970	1971	1972	1973	1974	1975	1976	1977
1960	...	...	...	...	...	...	...	...	...	...	...	...	...	...
1963		...	...	...	...	...	...	...	...	...	...	...	...	...
1965			19.1	22.1	4.7	3.3	5.3	4.7	4.5	3.3	3.5	4.0	5.2	5.2
1966				25.1	-4.7	-2.1	2.8	2.9	3.0	2.0	2.5	3.3	4.8	4.9
1967					-27.4	-8.9	1.5	2.1	2.6	1.4	2.2	3.2	5.0	5.1
1968						14.3	17.8	10.3	7.7	4.3	4.6	5.2	7.0	6.7
1969							21.4	6.7	4.6	1.2	2.6	3.9	6.5	6.3
1970								-6.2	-1.1	-3.2	0.4	2.9	6.5	6.2
1971									4.2	-2.8	2.4	5.1	9.4	8.1
1972										-9.4	3.6	7.2	12.4	9.6
1973											18.4	14.6	19.0	12.4
1974												11.0	20.7	10.0
1975													31.3	6.2
1976														-14.0

LIBERIA — EXPORTS OF GOODS AND SERVICES

	1963	1965	1966	1967	1968	1969	1970	1971	1972	1973	1974	1975	1976	1977
1960	...	...	...	...	...	...	...	...	...	...	...	...	...	...
1963		...	...	...	...	...	...	...	...	...	...	...	...	...
1965			14.0	12.9	10.6	10.0	10.4	8.9	8.3	7.8	6.9	4.8	3.7	2.6
1966				11.8	8.8	8.8	9.8	8.0	7.5	7.1	6.2	3.8	2.7	1.5
1967					5.9	7.9	9.7	7.3	6.9	6.6	5.5	2.8	1.7	0.5
1968						9.9	11.7	7.0	6.6	6.2	5.0	1.8	0.7	-0.5
1969							13.4	4.6	5.1	5.2	4.0	0.1	-0.8	-2.0
1970								-3.5	2.6	4.1	2.8	-1.9	-2.5	-3.5
1971									9.1	7.2	3.7	-3.2	-3.5	-4.5
1972										5.3	0.8	-7.7	-6.4	-6.8
1973											-3.5	-14.3	-9.2	-8.6
1974												-23.9	-9.3	-8.3
1975													8.2	-2.1
1976														-11.3

LIBERIA — IMPORTS OF GOODS AND SERVICES

	1963	1965	1966	1967	1968	1969	1970	1971	1972	1973	1974	1975	1976	1977
1960	...	...	...	...	...	...	...	...	...	...	...	...	...	...
1963		...	...	...	...	...	...	...	...	...	...	...	...	...
1965			9.1	10.7	5.8	5.4	5.6	5.1	4.5	3.5	2.8	2.4	2.6	2.7
1966				12.4	3.2	3.8	4.8	4.4	3.8	2.7	2.0	1.7	2.1	2.3
1967					-5.3	1.3	4.0	3.8	3.2	2.0	1.3	1.0	1.7	1.9
1968						8.4	8.3	5.8	4.1	2.2	1.3	0.9	1.8	2.1
1969							8.2	4.1	2.5	0.5	-0.2	-0.2	1.1	1.6
1970								0.1	0.2	-1.6	-1.7	-1.2	0.8	1.4
1971									0.3	-2.8	-2.3	-1.4	1.3	2.0
1972										-5.7	-3.0	-1.3	2.5	3.1
1973											-0.3	0.9	5.6	5.1
1974												2.0	9.3	6.7
1975													17.0	7.5
1976														-1.2

LIBERIA — AGRICULTURE

	1963	1965	1966	1967	1968	1969	1970	1971	1972	1973	1974	1975	1976	1977
1960	...	...	...	...	...	...	...	...	...	...	...	...	...	...
1963		...	...	...	...	...	...	...	...	...	...	...	...	...
1965			4.7	4.6	5.2	5.9	6.4	6.6	6.3	6.2	5.6	5.3	5.3	4.9
1966				4.5	5.5	6.4	6.9	7.1	6.5	6.3	5.6	5.2	5.2	4.8
1967					6.6	7.3	7.6	7.5	6.6	6.4	5.4	5.0	5.1	4.6
1968						8.1	8.1	7.7	6.3	6.1	5.0	4.6	4.7	4.2
1969							8.1	7.5	5.5	5.5	4.2	3.9	4.3	3.8
1970								6.8	4.0	4.8	3.3	3.2	3.8	3.3
1971									1.3	4.4	2.4	2.5	3.7	3.1
1972										7.7	2.1	2.5	4.1	3.2
1973											-3.3	0.9	4.1	2.8
1974												5.3	7.8	3.9
1975													10.4	2.3
1976														-5.2

LIBERIA — INDUSTRIAL ACTIVITY

	1963	1965	1966	1967	1968	1969	1970	1971	1972	1973	1974	1975	1976	1977
1960	...	...	...	...	...	...	...	...	...	...	...	...	...	...
1963		...	...	...	...	...	...	...	...	...	...	...	...	...
1965			5.3	7.3	6.4	7.7	8.0	7.7	7.4	6.9	6.5	5.4	4.5	3.7
1966				9.3	6.6	8.5	8.6	8.0	7.5	6.8	6.4	5.1	4.1	3.2
1967					3.9	8.8	8.8	7.9	7.2	6.5	6.1	4.5	3.5	2.6
1968						14.0	10.5	8.2	7.2	6.2	5.7	3.9	2.7	1.8
1969							7.2	5.7	5.4	4.7	4.6	2.6	1.5	0.6
1970								4.2	4.7	4.0	4.2	1.7	0.5	-0.3
1971									5.2	3.8	4.1	0.6	-0.5	-1.3
1972										2.3	3.9	-1.2	-2.1	-2.5
1973											5.5	-4.0	-3.9	-3.8
1974												-12.6	-6.9	-5.2
1975													-0.7	-2.1
1976														-3.4

LIBERIA — MANUFACTURING

	1963	1965	1966	1967	1968	1969	1970	1971	1972	1973	1974	1975	1976	1977
1960	...	...	...	...	...	...	...	...	...	...	...	...	...	...
1963		...	...	...	...	...	...	...	...	...	...	...	...	...
1965			12.5	11.8	10.0	12.5	14.0	14.0	13.4	13.1	13.6	12.6	12.3	12.5
1966				11.1	8.5	13.1	15.0	14.7	13.6	13.3	13.8	12.5	12.2	12.4
1967					6.0	15.3	17.1	15.8	14.0	13.4	14.1	12.5	12.1	12.4
1968						25.5	21.7	17.4	14.3	13.4	14.2	12.2	11.8	12.2
1969							18.0	13.4	10.8	11.0	12.9	10.7	10.6	11.3
1970								8.9	7.7	9.5	12.7	9.8	10.0	11.0
1971									6.4	10.3	14.8	9.9	10.1	11.4
1972										14.3	19.2	9.6	10.0	11.8
1973											24.4	5.1	7.9	11.2
1974												-11.2	3.8	10.7
1975													21.2	21.7
1976														22.1

LIBERIA — CONSTRUCTION

	1963	1965	1966	1967	1968	1969	1970	1971	1972	1973	1974	1975	1976	1977
1960	...	...	...	...	...	...	...	...	...	...	...	...	...	...
1963		...	...	...	...	...	...	...	...	...	...	...	...	...
1965			39.3	32.7	10.1	5.2	4.6	3.4	2.9	1.7	2.2	1.8	2.5	2.8
1966				26.4	-4.4	-4.1	-1.3	-0.9	-0.3	-0.9	0.2	0.2	1.2	1.8
1967					-27.7	-12.4	-4.4	-2.6	-1.2	-1.8	-0.2	-0.1	1.2	1.8
1968						6.0	8.1	4.5	3.6	1.2	2.5	1.9	3.0	3.5
1969							10.1	2.8	2.3	-0.4	1.8	1.2	2.8	3.4
1970								-4.0	-0.3	-3.1	1.0	0.5	2.8	3.5
1971									3.6	-3.7	2.8	1.4	4.1	4.7
1972										-10.4	4.8	1.7	5.4	5.8
1973											22.7	5.0	9.0	8.1
1974												-10.2	6.2	6.2
1975													25.5	12.4
1976														0.6

LIBERIA — WHOLESALE AND RETAIL TRADE

	1963	1965	1966	1967	1968	1969	1970	1971	1972	1973	1974	1975	1976	1977
1960	...	...	...	...	...	...	...	...	...	...	...	...	...	...
1963		...	...	...	...	...	...	...	...	...	...	...	...	...
1965			22.6	9.0	8.8	5.6	5.1	5.7	6.0	6.2	6.1	5.6	5.0	4.9
1966				-3.0	4.4	1.9	2.7	4.3	5.1	5.6	5.6	5.1	4.5	4.4
1967					12.5	2.8	3.5	5.4	6.1	6.5	6.3	5.4	4.7	4.6
1968						-6.0	0.9	5.1	6.2	6.7	6.3	5.3	4.4	4.3
1969							8.3	10.6	9.5	8.8	7.7	5.9	4.7	4.5
1970								12.9	9.6	8.5	7.0	4.9	3.6	3.7
1971									6.4	6.8	5.4	3.2	2.1	2.6
1972										7.2	4.6	1.7	0.8	1.9
1973											2.1	-1.1	-1.1	1.2
1974												-4.2	-2.1	1.8
1975													0.0	5.3
1976														10.9

LIBERIA — TRANSPORT AND COMMUNICATION

	1963	1965	1966	1967	1968	1969	1970	1971	1972	1973	1974	1975	1976	1977
1960	...	...	...	...	...	...	...	...	...	...	...	...	...	...
1963		...	...	...	...	...	...	...	...	...	...	...	...	...
1965			10.0	8.4	9.0	8.9	7.0	6.2	5.8	5.8	5.2	5.3	5.6	6.0
1966				6.8	8.9	8.8	6.2	5.5	5.2	5.2	4.7	4.9	5.3	5.8
1967					11.0	9.4	5.2	4.6	4.5	4.8	4.2	4.5	5.1	5.8
1968						8.0	2.0	2.7	3.3	4.1	3.6	4.1	4.9	5.8
1969							-3.5	1.2	2.9	4.1	3.4	4.1	5.2	6.1
1970								6.1	5.7	6.2	4.4	5.0	6.1	7.1
1971									5.2	6.4	3.6	4.8	6.3	7.5
1972										7.7	2.2	4.7	6.8	8.3
1973											-3.1	4.5	7.8	9.5
1974												12.7	12.8	12.9
1975													13.0	13.0
1976														13.0

6A. AVERAGE ANNUAL RATES OF GROWTH OF GROSS DOMESTIC PRODUCT AT CONSTANT PRICES BY TYPE OF EXPENDITURE AND BY KIND OF ECONOMIC ACTIVITY (continued) (IN PER CENT)

LIBERIA — *OTHER*

	1963	1965	1966	1967	1968	1969	1970	1971	1972	1973	1974	1975
1960	...	...	...	...	...	...	...	...	...	...	...	...
1963		...	...	...	...	...	...	...	...	...	...	...
1965			5.9	4.8	5.3	5.5	5.8	5.5	4.7	4.2	4.1	4.0
1966				3.6	5.2	5.7	5.9	5.5	4.5	3.9	3.9	3.8
1967					6.8	6.5	6.5	5.7	4.3	3.5	3.6	3.6
1968						6.2	6.4	5.2	3.4	2.7	3.1	3.1
1969							6.6	4.5	2.2	1.7	2.5	2.7
1970								2.4	0.1	0.4	2.1	2.5
1971									–2.2	–0.1	2.6	3.0
1972										2.0	5.2	4.5
1973											8.5	5.1
1974												1.7

LIBYAN ARAB JAMAHIRIYA — *GROSS DOMESTIC PRODUCT*

	1963	1965	1966	1967	1968	1969	1970	1971	1972	1973	1974	1975	1976	1977
1960	...	...	...	...	...	...	...	...	...	...	...	...	...	...
1963		36.7	30.4	25.1	24.9	23.6	21.4	21.9	22.3	22.6	22.8	22.9	22.9	22.6
1965			19.1	15.0	20.2	19.9	17.5	19.6	20.8	21.5	22.1	22.3	22.5	22.1
1966				11.1	22.4	20.8	17.1	20.0	21.4	22.2	22.7	22.9	23.0	22.5
1967					34.9	23.7	16.7	20.9	22.5	23.2	23.6	23.6	23.6	22.9
1968						13.4	9.0	18.9	22.0	23.1	23.6	23.7	23.6	22.7
1969							4.9	24.3	26.3	26.2	25.8	25.3	24.7	23.5
1970								47.4	35.1	30.5	28.2	26.6	25.6	23.8
1971									23.8	23.8	23.8	23.4	23.1	21.5
1972										23.8	23.8	23.2	22.8	20.8
1973											23.8	22.8	22.4	19.8
1974												21.7	21.9	18.2
1975													22.0	15.9
1976														10.1

LIBYAN ARAB JAMAHIRIYA — *PER CAPITA GROSS DOMESTIC PRODUCT*

	1963	1965	1966	1967	1968	1969	1970	1971	1972	1973	1974	1975	1976	1977
1960	...	...	...	...	...	...	...	...	...	...	...	...	...	...
1963		31.6	25.3	20.2	20.0	18.7	16.6	17.1	17.4	17.7	17.9	18.0	18.0	17.8
1965			14.3	10.4	15.4	15.1	12.8	14.8	15.9	16.7	17.2	17.4	17.6	17.3
1966				6.7	17.5	16.0	12.4	15.2	16.6	17.3	17.8	18.0	18.1	17.7
1967					29.5	18.7	12.0	16.0	17.6	18.3	18.6	18.7	18.7	18.1
1968						8.9	4.7	14.1	17.1	18.2	18.7	18.7	18.7	18.0
1969							0.7	19.3	21.2	21.1	20.8	20.3	19.9	18.7
1970								41.5	29.7	25.2	23.1	21.6	20.7	19.1
1971									18.9	18.9	18.9	18.5	18.4	16.9
1972										18.9	18.9	18.3	18.2	16.4
1973											18.9	18.0	17.9	15.5
1974												17.0	17.6	14.1
1975													18.2	12.1
1976														6.2

LIBYAN ARAB JAMAHIRIYA — *GOVERNMENT FINAL CONSUMPTION EXPENDITURE*

	1963	1965	1966	1967	1968	1969	1970	1971	1972	1973	1974	1975	1976	1977
1960	...	...	...	...	...	...	...	...	...	...	...	...	...	...
1963		30.2	29.0	26.7	28.3	28.6	27.3	27.3	27.2	27.2	27.2	27.2	26.5	25.6
1965			26.6	22.9	28.2	28.9	26.6	26.7	26.8	26.9	26.9	27.0	26.1	25.0
1966				19.3	30.6	30.5	26.6	26.8	26.9	26.9	27.0	27.0	26.0	24.7
1967					42.8	34.4	26.6	26.8	26.9	27.0	27.0	27.1	25.8	24.3
1968						26.5	19.2	23.2	24.8	25.6	26.0	26.3	25.0	23.3
1969							12.3	23.5	25.7	26.5	26.7	26.9	25.1	23.1
1970								35.7	31.3	29.6	28.8	28.3	25.6	22.9
1971									27.1	27.1	27.1	27.1	23.9	21.0
1972										27.1	27.1	27.1	22.7	19.2
1973											27.1	27.2	20.5	16.6
1974												27.3	16.3	12.6
1975													6.3	7.0
1976														7.7

LIBYAN ARAB JAMAHIRIYA — *PRIVATE FINAL CONSUMPTION EXPENDITURE*

	1963	1965	1966	1967	1968	1969	1970	1971	1972	1973	1974	1975	1976	1977
1960	...	...	...	...	...	...	...	...	...	...	...	...	...	...
1963		9.6	13.3	13.9	13.6	13.1	12.3	12.1	12.0	11.9	11.8	11.8	11.6	11.3
1965			21.1	16.7	14.4	13.2	11.7	11.6	11.5	11.5	11.5	11.5	11.3	11.0
1966				12.5	11.4	11.1	9.9	10.3	10.6	10.8	11.0	11.0	10.9	10.6
1967					10.4	10.6	9.0	10.0	10.5	10.8	11.0	11.0	10.9	10.5
1968						10.8	7.9	9.9	10.7	11.0	11.2	11.2	11.0	10.5
1969							5.2	10.4	11.2	11.5	11.5	11.5	11.2	10.5
1970								15.8	13.6	12.8	12.4	12.1	11.4	10.6
1971									11.5	11.5	11.5	11.4	10.8	9.9
1972										11.5	11.5	11.4	10.5	9.4
1973											11.5	11.3	10.1	8.7
1974												11.0	9.2	7.6
1975													7.4	6.0
1976														4.5

LIBYAN ARAB JAMAHIRIYA — *GROSS FIXED CAPITAL FORMATION*

	1963	1965	1966	1967	1968	1969	1970	1971	1972	1973	1974	1975	1976	1977
1960	...	...	...	...	...	...	...	...	...	...	...	...	...	...
1963		33.7	27.9	22.9	21.4	18.3	12.3	12.7	12.9	13.1	13.3	13.4	13.3	13.1
1965			18.4	13.9	15.9	12.8	4.9	7.7	9.4	10.5	11.3	11.8	12.0	11.9
1966				9.5	15.8	11.2	1.0	5.9	8.6	10.2	11.2	11.9	12.0	12.0
1967					22.5	10.2	–4.1	4.6	8.6	10.6	11.8	12.5	12.6	12.4
1968						–0.8	–15.7	2.5	8.9	11.5	12.8	13.4	13.3	13.0
1969							–28.3	10.7	16.6	17.3	17.0	16.6	15.7	14.8
1970								70.8	39.6	28.7	23.6	20.8	18.4	16.5
1971									14.0	14.0	14.0	14.0	13.2	12.3
1972										14.0	14.0	14.0	12.8	11.8
1973											14.0	14.0	12.2	11.0
1974												14.0	11.0	9.8
1975													8.0	8.1
1976														8.1

LIBYAN ARAB JAMAHIRIYA — *EXPORTS OF GOODS AND SERVICES*

	1963	1965	1966	1967	1968	1969	1970	1971	1972	1973	1974	1975	1976	1977
1960	...	...	...	...	...	...	...	...	...	...	...	...	...	...
1963		...	...	...	...	...	...	...	...	...	...	...	...	...
1965			...	...	...	...	...	...	...	...	...	...	...	...
1966				...	...	...	...	...	...	...	...	...	...	...
1967					...	...	...	...	...	...	...	...	...	...
1968						...	...	...	...	...	...	...	...	...
1969							...	...	...	...	...	...	...	...
1970								...	...	...	...	...	...	...
1971									...	...	...	...	...	...
1972										...	...	...	...	...
1973											...	...	...	...
1974												...	...	...
1975													28.4	18.4
1976														9.1

LIBYAN ARAB JAMAHIRIYA — *IMPORTS OF GOODS AND SERVICES*

	1963	1965	1966	1967	1968	1969	1970	1971	1972	1973	1974	1975	1976	1977
1960	...	...	...	...	...	...	...	...	...	...	...	...	...	...
1963		...	...	...	...	...	...	...	...	...	...	...	...	...
1965			...	...	...	...	...	...	...	...	...	...	...	...
1966				...	...	...	...	...	...	...	...	...	...	...
1967					...	...	...	...	...	...	...	...	...	...
1968						...	...	...	...	...	...	...	...	...
1969							...	...	...	...	...	...	...	...
1970								...	...	...	...	...	...	...
1971									...	...	...	...	...	...
1972										...	...	...	...	...
1973											...	...	...	...
1974												...	...	...
1975													–2.1	0.1
1976														2.3

LIBYAN ARAB JAMAHIRIYA — *AGRICULTURE*

	1963	1965	1966	1967	1968	1969	1970	1971	1972	1973	1974	1975	1976	1977
1960	...	...	...	...	...	...	...	...	...	...	...	...	...	...
1963		15.6	11.2	9.2	6.5	5.1	1.8	1.9	2.0	2.1	2.1	2.0	2.3	2.3
1965			–4.8	0.2	–0.8	–0.4	–4.0	–2.1	–1.0	–0.2	0.3	0.5	1.2	1.3
1966				5.5	0.2	0.3	–5.0	–2.2	–0.7	0.2	0.7	0.9	1.6	1.7
1967					–4.8	–1.3	–8.3	–3.1	–0.8	0.3	1.0	1.2	1.9	2.0
1968						2.3	–11.6	–2.3	0.6	1.7	2.2	2.1	2.8	2.8
1969							–23.6	–0.5	3.0	3.6	3.6	3.1	3.8	3.5
1970								29.6	15.1	9.8	7.3	5.4	5.6	4.8
1971									2.3	2.3	2.3	1.7	3.2	2.8
1972										2.3	2.3	1.4	3.6	3.0
1973											2.3	0.8	4.5	3.2
1974												–0.8	6.4	3.6
1975													14.2	4.2
1976														–5.0

LIBYAN ARAB JAMAHIRIYA — *INDUSTRIAL ACTIVITY*

	1963	1965	1966	1967	1968	1969	1970	1971	1972	1973	1974	1975	1976	1977
1960	...	...	...	...	...	...	...	...	...	...	...	...	...	...
1963		51.3	39.9	30.8	30.8	29.6	26.9	28.5	29.6	30.5	31.1	31.5	31.7	31.3
1965			22.4	15.2	23.8	24.7	22.1	26.1	28.5	30.0	31.1	31.6	31.9	31.3
1966				8.4	27.2	26.9	22.4	27.6	30.3	31.8	32.7	33.0	33.1	32.2
1967					49.4	33.7	23.3	30.4	33.1	34.2	34.7	34.7	34.5	33.1
1968						19.6	12.6	28.1	32.8	34.4	35.0	34.9	34.6	32.9
1969							6.1	36.9	39.7	39.2	38.4	37.3	36.3	33.8
1970								76.6	54.1	46.0	42.1	39.4	37.4	34.1
1971									34.5	34.6	34.6	33.9	33.1	30.2
1972										34.6	34.6	33.5	32.7	28.9
1973											34.7	32.8	31.9	27.0
1974												31.0	30.6	24.0
1975													30.3	19.7
1976														9.9

LIBYAN ARAB JAMAHIRIYA — *MANUFACTURING*

	1963	1965	1966	1967	1968	1969	1970	1971	1972	1973	1974	1975	1976	1977
1960	...	...	...	...	...	...	...	...	...	...	...	...	...	...
1963		8.2	9.5	10.6	12.2	11.6	10.9	10.8	10.7	10.7	10.6	10.6	10.8	11.2
1965			13.0	13.3	15.2	12.8	11.2	10.9	10.8	10.7	10.6	10.6	10.9	11.4
1966				13.7	16.6	12.3	10.3	10.2	10.2	10.2	10.3	10.3	10.7	11.3
1967					19.6	10.5	8.4	9.1	9.4	9.7	9.9	10.0	10.5	11.3
1968						2.1	4.1	7.3	8.5	9.2	9.5	9.8	10.4	11.4
1969							6.2	10.1	10.6	10.7	10.6	10.7	11.3	12.3
1970								14.1	12.3	11.5	11.1	11.0	11.7	12.8
1971									10.4	10.4	10.4	10.5	11.6	13.1
1972										10.4	10.4	10.6	12.1	13.9
1973											10.4	10.7	12.9	15.1
1974												11.1	14.4	17.1
1975													17.9	20.0
1976														22.2

LIBYAN ARAB JAMAHIRIYA — *CONSTRUCTION*

	1963	1965	1966	1967	1968	1969	1970	1971	1972	1973	1974	1975	1976	1977
1960	...	...	...	...	...	...	...	...	...	...	...	...	...	...
1963		57.2	40.8	35.8	31.1	23.4	17.4	17.8	18.1	18.4	18.5	18.7	18.6	18.5
1965			10.0	20.2	19.4	11.0	5.8	9.9	12.4	14.0	15.2	16.0	16.4	16.5
1966				31.3	22.5	8.4	2.3	8.8	12.3	14.4	15.7	16.6	17.0	17.0
1967					14.2	–2.3	–5.7	6.2	11.7	14.6	16.2	17.1	17.5	17.5
1968						–16.5	–12.5	8.5	15.5	18.1	19.2	19.7	19.6	19.1
1969							–8.3	27.3	29.0	27.4	25.8	24.4	23.1	21.7
1970								76.7	45.2	34.3	29.2	26.2	24.0	22.0
1971									19.4	19.4	19.4	19.3	18.7	17.8
1972										19.4	19.4	19.3	18.4	17.3
1973											19.4	19.2	17.9	16.5
1974												19.0	17.0	15.4
1975													15.0	13.7
1976														12.5

6A. AVERAGE ANNUAL RATES OF GROWTH OF GROSS DOMESTIC PRODUCT AT CONSTANT PRICES BY TYPE OF EXPENDITURE AND BY KIND OF ECONOMIC ACTIVITY (continued)
(IN PER CENT)

LIBYAN ARAB JAMAHIRIYA

WHOLESALE AND RETAIL TRADE

	1963	1965	1966	1967	1968	1969	1970	1971	1972	1973	1974	1975	1976	1977
1960	...	...	...	...	...	...	...	...	...	...	...	...	...	...
1963		17.4	19.9	17.0	17.1	15.2	12.8	12.9	13.0	13.0	13.1	13.1	13.0	12.7
1965			25.4	14.0	15.7	12.8	9.6	10.7	11.4	11.9	12.2	12.4	12.3	12.0
1966				3.7	13.2	10.2	6.8	9.2	10.5	11.3	11.8	12.2	12.1	11.8
1967					23.7	11.4	5.7	9.5	11.2	12.0	12.5	12.8	12.5	12.1
1968						0.3	−1.4	7.7	10.7	12.0	12.6	12.9	12.6	12.1
1969							−3.1	13.5	15.3	15.3	15.0	14.7	13.9	13.0
1970								33.1	22.8	18.9	17.0	16.0	14.5	13.3
1971									13.3	13.3	13.3	13.3	12.3	11.3
1972										13.3	13.3	13.3	11.9	10.7
1973											13.3	13.4	11.2	9.8
1974												13.4	9.8	8.5
1975													6.4	6.5
1976														6.5

LIBYAN ARAB JAMAHIRIYA

TRANSPORT AND COMMUNICATION

	1963	1965	1966	1967	1968	1969	1970	1971	1972	1973	1974	1975	1976	1977
1960	...	...	...	...	...	...	...	...	...	...	...	...	...	...
1963		20.3	21.4	21.9	22.1	20.2	18.1	18.3	18.4	18.5	18.6	18.6	18.3	17.8
1965			24.2	23.6	23.2	19.2	15.9	16.9	17.4	17.8	18.1	18.2	17.9	17.2
1966				23.1	22.8	17.0	13.3	15.5	16.6	17.3	17.7	18.0	17.6	16.9
1967					22.4	13.3	9.7	14.1	16.0	17.1	17.6	18.0	17.5	16.7
1968						4.8	4.7	13.6	16.5	17.7	18.3	18.6	17.9	16.8
1969							4.6	19.9	21.3	21.1	20.7	20.4	19.0	17.5
1970								37.5	27.9	24.2	22.5	21.5	19.3	17.3
1971									19.0	19.0	19.0	19.0	17.0	15.1
1972										19.0	19.0	19.0	16.3	14.0
1973											19.0	19.0	14.9	12.4
1974												19.0	12.3	9.8
1975													5.9	6.1
1976														6.3

LIBYAN ARAB JAMAHIRIYA

OTHER

	1963	1965	1966	1967	1968	1969	1970	1971	1972	1973	1974	1975	1976	1977
1960	...	...	...	...	...	...	...	...	...	...	...	...	...	...
1963		17.4	17.1	16.3	15.8	14.8	14.0	14.0	14.0	14.0	14.1	14.0	14.1	14.1
1965			16.0	14.6	14.4	13.2	12.4	12.9	13.2	13.4	13.6	13.6	13.8	13.8
1966				13.3	13.8	12.3	11.5	12.5	13.0	13.3	13.5	13.6	13.8	13.8
1967					14.4	11.5	10.7	12.4	13.1	13.5	13.7	13.8	13.9	13.9
1968						8.7	9.2	12.5	13.5	13.8	14.0	14.0	14.1	14.1
1969							9.7	14.9	15.2	15.0	14.8	14.6	14.6	14.5
1970								20.3	17.2	15.9	15.3	14.9	14.8	14.6
1971									14.1	14.1	14.1	14.0	14.2	14.1
1972										14.1	14.1	13.9	14.2	14.0
1973											14.1	13.8	14.3	14.0
1974												13.6	14.6	14.0
1975													15.5	14.0
1976														12.4

MALAWI

GROSS DOMESTIC PRODUCT

	1963	1965	1966	1967	1968	1969	1970	1971	1972
1960	...	...	...	...	...	...	...	...	...
1963		...	...	...	...	...	...	...	...
1965			10.3	10.3	6.7	6.0	5.1	5.7	6.4
1966				10.3	4.4	4.4	3.8	5.1	6.1
1967					−1.1	2.6	2.6	4.9	6.3
1968						6.4	3.9	6.7	8.0
1969							1.5	7.7	9.1
1970								14.4	12.3
1971									10.2

MALAWI

PER CAPITA GROSS DOMESTIC PRODUCT

	1963	1965	1966	1967	1968	1969	1970	1971	1972
1960	...	...	...	...	...	...	...	...	...
1963		...	...	...	...	...	...	...	...
1965			7.1	7.4	4.0	3.3	2.5	3.1	3.7
1966				7.7	1.8	1.9	1.3	2.6	3.5
1967					−3.7	0.0	0.1	2.3	3.7
1968						3.9	1.4	4.1	5.3
1969							−1.0	5.1	6.4
1970								11.6	9.5
1971									7.3

MALAWI

GOVERNMENT FINAL CONSUMPTION EXPENDITURE

	1963	1965	1966	1967	1968	1969	1970	1971	1972
1960	...	...	...	...	...	...	...	...	...
1963		...	...	...	...	...	...	...	...
1965			−2.6	10.6	10.4	10.6	9.1	7.8	8.2
1966				25.7	15.0	13.0	9.9	7.9	8.4
1967					5.2	8.5	6.2	4.9	6.6
1968						11.9	5.8	4.0	6.8
1969							0.0	0.9	6.5
1970								1.8	10.8
1971									20.6

MALAWI

PRIVATE FINAL CONSUMPTION EXPENDITURE

	1963	1965	1966	1967	1968	1969	1970	1971	1972
1960	...	...	...	...	...	...	...	...	...
1963		...	...	...	...	...	...	...	...
1965			9.4	6.8	4.8	3.4	2.6	3.8	4.7
1966				4.4	2.6	1.6	1.2	3.3	4.6
1967					0.9	0.4	0.3	3.6	5.2
1968						−0.1	0.1	5.2	6.8
1969							0.4	8.9	9.5
1970								18.0	12.8
1971									7.9

MALAWI

GROSS FIXED CAPITAL FORMATION

	1963	1965	1966	1967	1968	1969	1970	1971	1972
1960	...	...	...	...	...	...	...	...	...
1963		...	...	...	...	...	...	...	...
1965			54.5	15.6	17.1	21.3	19.0	16.0	15.4
1966				−13.5	7.2	18.2	16.2	13.2	13.3
1967					32.8	35.5	23.4	16.1	15.3
1968						38.3	16.7	9.5	11.0
1969							−1.5	−0.8	6.3
1970								0.0	11.6
1971									24.6

MAURITIUS

GROSS DOMESTIC PRODUCT

	1963	1965	1966	1967	1968	1969	1970	1971	1972	1973	1974	1975
1960	...	...	...	...	...	...	...	...	...	...	...	...
1963		...	...	...	...	...	...	...	...	...	...	...
1965			...	...	...	...	...	...	...	...	...	...
1966				...	...	...	...	...	...	...	...	...
1967					...	...	...	...	...	...	...	...
1968						...	...	...	...	...	...	...
1969							...	...	...	...	...	...
1970								4.9	7.7	9.2	9.8	8.5
1971									10.6	11.1	11.1	8.7
1972										11.6	11.2	7.6
1973											10.8	5.2
1974												−0.1

MAURITIUS

PER CAPITA GROSS DOMESTIC PRODUCT

	1963	1965	1966	1967	1968	1969	1970	1971	1972	1973	1974	1975
1960	...	...	...	...	...	...	...	...	...	...	...	...
1963		...	...	...	...	...	...	...	...	...	...	...
1965			...	...	...	...	...	...	...	...	...	...
1966				...	...	...	...	...	...	...	...	...
1967					...	...	...	...	...	...	...	...
1968						...	...	...	...	...	...	...
1969							...	...	...	...	...	...
1970								3.6	6.4	8.2	8.6	7.2
1971									9.2	10.4	9.9	7.4
1972										11.6	9.9	6.3
1973											8.2	3.3
1974												−1.3

MAURITIUS

GOVERNMENT FINAL CONSUMPTION EXPENDITURE

	1963	1965	1966
1960	5.2	6.8	7.3
1963		9.1	9.0
1965			8.7

MAURITIUS

PRIVATE FINAL CONSUMPTION EXPENDITURE

	1963	1965	1966
1960	5.2	4.9	3.7
1963		2.2	0.6
1965			0.5

6A. AVERAGE ANNUAL RATES OF GROWTH OF GROSS DOMESTIC PRODUCT AT CONSTANT PRICES BY TYPE OF EXPENDITURE AND BY KIND OF ECONOMIC ACTIVITY (continued)
(IN PER CENT)

MAURITIUS
GROSS FIXED CAPITAL FORMATION

	1963	1965	1966
1960	-8.8	-3.2	-4.6
1963		-1.3	-6.9
1965			-14.2

MAURITIUS
EXPORTS OF GOODS AND SERVICES

	1963	1965	1966
1960	24.8	12.9	9.5
1963		5.4	1.4
1965			-17.0

MAURITIUS
IMPORTS OF GOODS AND SERVICES

	1963	1965	1966
1960	1.4	3.8	2.6
1963		4.7	0.5
1965			-5.5

MAURITIUS
AGRICULTURE

	1963	1965	1966	1967	1968	1969	1970	1971	1972	1973	1974	1975
1960	...	...	...	...	...	...	...	...	...	...	...	...
1963		...	...	...	...	...	...	...	...	...	...	...
1965			...	...	...	...	...	...	...	...	...	...
1966				...	...	...	...	...	...	...	...	...
1967					...	...	...	...	...	...	...	...
1968						...	...	...	...	...	...	...
1969							...	...	...	...	...	...
1970								7.7	10.1	8.6	6.1	0.7
1971									12.5	8.4	4.7	-2.1
1972										4.5	1.1	-7.0
1973											-2.1	-13.0
1974												-22.6

MAURITIUS
MANUFACTURING

	1963	1965	1966	1967	1968	1969	1970	1971	1972	1973	1974	1975
1960	...	...	...	...	...	...	...	...	...	...	...	...
1963		...	...	...	...	...	...	...	...	...	...	...
1965			...	...	...	...	...	...	...	...	...	...
1966				...	...	...	...	...	...	...	...	...
1967					...	...	...	...	...	...	...	...
1968						...	...	...	...	...	...	...
1969							...	...	...	...	...	...
1970								3.4	7.9	9.0	12.4	12.4
1971									12.6	11.3	15.3	14.2
1972										10.1	17.6	14.7
1973											25.7	15.4
1974												5.9

MAURITIUS
CONSTRUCTION

	1963	1965	1966	1967	1968	1969	1970	1971	1972	1973	1974	1975
1960	...	...	...	...	...	...	...	...	...	...	...	...
1963		...	...	...	...	...	...	...	...	...	...	...
1965			...	...	...	...	...	...	...	...	...	...
1966				...	...	...	...	...	...	...	...	...
1967					...	...	...	...	...	...	...	...
1968						...	...	...	...	...	...	...
1969							...	...	...	...	...	...
1970								12.5	9.0	18.9	22.2	21.1
1971									5.6	24.7	26.9	23.4
1972										47.3	35.7	25.9
1973											25.0	16.5
1974												8.5

MAURITIUS
WHOLESALE AND RETAIL TRADE

	1963	1965	1966	1967	1968	1969	1970	1971	1972	1973	1974	1975
1960	...	...	...	...	...	...	...	...	...	...	...	...
1963		...	...	...	...	...	...	...	...	...	...	...
1965			...	...	...	...	...	...	...	...	...	...
1966				...	...	...	...	...	...	...	...	...
1967					...	...	...	...	...	...	...	...
1968						...	...	...	...	...	...	...
1969							...	...	...	...	...	...
1970								-4.4	8.4	11.8	13.9	13.8
1971									23.0	18.9	18.7	16.6
1972										15.0	17.2	14.8
1973											19.5	13.9
1974												8.7

MAURITIUS
TRANSPORT AND COMMUNICATION

	1963	1965	1966	1967	1968	1969	1970	1971	1972	1973	1974	1975
1960	...	...	...	...	...	...	...	...	...	...	...	...
1963		...	...	...	...	...	...	...	...	...	...	...
1965			...	...	...	...	...	...	...	...	...	...
1966				...	...	...	...	...	...	...	...	...
1967					...	...	...	...	...	...	...	...
1968						...	...	...	...	...	...	...
1969							...	...	...	...	...	...
1970								0.9	2.8	6.2	6.7	6.0
1971									4.7	9.2	8.5	6.8
1972										14.0	9.6	6.4
1973											5.4	3.0
1974												0.7

MOROCCO
GROSS DOMESTIC PRODUCT

	1963	1965	1966	1967	1968	1969	1970	1971	1972	1973	1974	1975	1976	1977
1960	5.4	4.1	3.2	3.1	3.7	3.8	4.0	4.2	4.2	4.3	4.3	4.4	4.7	4.9
1963		1.5	0.4	1.4	3.3	3.6	4.0	4.4	4.4	4.4	4.4	4.6	4.9	5.2
1965			-2.3	2.1	5.6	5.3	5.4	5.5	5.3	5.1	5.0	5.1	5.5	5.7
1966				6.7	9.6	7.1	6.6	6.3	5.8	5.4	5.2	5.4	5.7	5.9
1967					12.7	6.4	6.0	5.8	5.3	4.9	4.8	5.1	5.6	5.9
1968						0.4	3.7	4.6	4.3	4.2	4.3	4.7	5.4	5.8
1969							7.0	6.4	5.0	4.5	4.6	5.1	5.8	6.2
1970								5.8	3.9	3.7	4.1	4.9	5.9	6.4
1971									2.1	3.0	3.9	5.1	6.4	6.8
1972										3.8	4.8	6.2	7.6	7.8
1973											5.8	7.5	9.0	8.7
1974												9.2	10.5	9.3
1975													11.8	8.9
1976														6.0

MOROCCO
PER CAPITA GROSS DOMESTIC PRODUCT

	1963	1965	1966	1967	1968	1969	1970	1971	1972	1973	1974	1975	1976	1977
1960	2.5	1.4	0.5	0.4	0.9	1.0	1.1	1.3	1.3	1.3	1.3	1.5	1.7	1.9
1963		-1.0	-2.2	-1.3	0.4	0.7	1.0	1.3	1.3	1.3	1.4	1.6	1.9	2.1
1965			-5.1	-0.9	2.5	2.2	2.3	2.4	2.1	1.9	1.8	2.0	2.4	2.6
1966				3.6	6.4	3.9	3.3	3.1	2.6	2.2	2.1	2.2	2.6	2.8
1967					9.3	3.2	2.7	2.6	2.1	1.8	1.7	2.0	2.4	2.8
1968						-2.6	0.5	1.5	1.2	1.1	1.2	1.6	2.3	2.7
1969							3.6	3.2	1.9	1.5	1.4	2.0	2.7	3.1
1970								2.8	1.0	0.7	1.0	1.8	2.8	3.3
1971									-0.9	-0.0	0.7	2.0	3.3	3.8
1972										0.9	1.6	3.1	4.5	4.7
1973											2.2	4.4	5.8	5.7
1974												6.5	7.5	6.4
1975													8.6	6.1
1976														3.6

MOROCCO
GOVERNMENT FINAL CONSUMPTION EXPENDITURE

	1963	1965	1966	1967	1968	1969	1970	1971	1972	1973	1974	1975	1976	1977
1960	51.7	24.6	17.2	12.7	10.7	9.6	4.8	2.2	0.6	-0.3	-0.1	0.4	1.5	2.2
1963		-5.4	-5.6	-4.5	-2.0	0.2	-5.3	-7.0	-7.4	-7.2	-5.7	-4.1	-1.9	-0.4
1965			-2.3	-1.2	2.7	5.0	-6.2	-8.6	-8.7	-8.2	-5.8	-3.6	-0.7	1.2
1966				0.0	5.8	7.8	-9.0	-11.2	-10.6	-9.5	-6.3	-3.6	-0.1	2.0
1967					11.9	11.3	-15.0	-15.7	-13.4	-11.2	-6.8	-3.4	0.8	3.1
1968						10.6	-29.1	-23.3	-17.3	-13.1	-7.0	-2.7	2.3	4.8
1969							-54.6	-30.2	-18.2	-12.0	-4.0	0.9	6.4	8.6
1970								7.2	5.0	3.5	9.5	12.0	16.3	16.7
1971									2.8	1.8	11.7	14.3	19.5	19.1
1972										0.8	18.5	19.1	24.6	22.4
1973											39.3	26.2	31.2	25.3
1974												14.2	30.3	22.0
1975													48.7	22.0
1976														0.2

MOROCCO
PRIVATE FINAL CONSUMPTION EXPENDITURE

	1963	1965	1966	1967	1968	1969	1970	1971	1972	1973	1974	1975	1976	1977
1960	9.4	7.5	6.3	5.7	5.4	5.5	6.3	6.8	6.9	6.9	6.8	6.7	6.5	6.3
1963		4.4	2.9	2.9	3.4	4.1	6.1	6.9	7.1	7.1	7.0	6.7	6.5	6.2
1965			-0.9	1.8	3.3	4.8	7.9	8.7	8.5	8.1	7.8	7.3	6.8	6.4
1966				4.5	5.4	6.5	10.3	10.5	9.8	9.0	8.3	7.7	7.1	6.5
1967					6.2	7.6	12.8	12.1	10.6	9.3	8.4	7.6	6.9	6.3
1968						9.0	16.9	13.8	11.0	9.2	8.0	7.1	6.4	5.8
1969							25.2	14.4	9.8	7.8	6.8	5.9	5.3	4.8
1970								4.5	3.7	3.8	4.0	3.8	3.6	3.4
1971									2.9	3.6	3.9	3.7	3.5	3.3
1972										4.2	4.4	3.8	3.5	3.2
1973											4.6	3.5	3.1	2.9
1974												2.3	2.5	2.4
1975													2.7	2.5
1976														2.2

6A. AVERAGE ANNUAL RATES OF GROWTH OF GROSS DOMESTIC PRODUCT AT CONSTANT PRICES BY TYPE OF EXPENDITURE AND BY KIND OF ECONOMIC ACTIVITY (continued) (IN PER CENT)

MOROCCO — *GROSS FIXED CAPITAL FORMATION*

	1963	1965	1966	1967	1968	1969	1970	1971	1972	1973	1974	1975	1976	1977
1960	14.7	9.7	8.7	9.4	9.4	9.5	10.2	10.2	9.4	8.7	7.7	9.1	10.3	11.3
1963		1.1	3.0	7.2	8.0	8.6	10.2	10.2	8.9	7.8	6.5	8.7	10.5	12.0
1965			6.3	14.6	12.2	11.4	13.1	12.3	9.8	7.9	6.1	9.1	11.5	13.3
1966				23.5	13.5	11.7	14.0	12.5	9.2	7.0	5.0	8.9	11.7	13.8
1967					4.2	7.4	12.9	11.3	7.4	5.1	3.1	8.2	11.8	14.2
1968						10.7	17.9	13.0	6.8	4.0	1.8	8.5	12.8	15.5
1969							25.7	12.1	3.4	0.9	–0.9	8.4	13.8	16.9
1970								0.0	–5.6	–4.8	–5.1	8.5	15.5	19.0
1971									–10.9	–6.0	–5.8	13.9	21.8	24.7
1972										–0.8	–4.0	26.5	33.2	33.4
1973											–7.0	50.5	49.0	42.8
1974												143.6	73.8	51.1
1975													24.1	22.9
1976														21.8

MOROCCO — *EXPORTS OF GOODS AND SERVICES*

	1963	1965	1966	1967	1968	1969	1970	1971	1972	1973	1974	1975	1976	1977
1960	–5.4	1.3	1.5	1.4	1.7	2.1	3.7	4.6	5.5	6.2	6.4	6.1	6.0	6.1
1963		6.6	3.4	1.9	2.1	2.8	5.5	6.6	7.6	8.3	8.2	7.4	7.1	7.0
1965			–1.3	–1.1	1.2	3.0	7.6	8.8	9.7	10.3	9.8	8.4	7.8	7.6
1966				–0.9	2.8	4.7	10.6	11.3	11.8	12.0	10.9	9.1	8.2	7.9
1967					6.6	7.2	15.1	14.2	13.9	13.6	11.8	9.3	8.3	7.9
1968						7.9	20.9	16.6	15.2	14.3	11.8	8.8	7.6	7.2
1969							35.6	18.3	15.3	14.0	10.8	7.2	6.2	6.0
1970								3.1	8.3	9.9	7.2	3.7	3.4	3.9
1971									13.7	12.9	7.3	2.3	2.4	3.3
1972										12.0	3.4	–1.9	–0.1	1.9
1973											–4.5	–7.7	–2.2	1.4
1974												–10.8	0.4	4.7
1975													13.1	11.9
1976														10.7

MOROCCO — *IMPORTS OF GOODS AND SERVICES*

	1963	1965	1966	1967	1968	1969	1970	1971	1972	1973	1974	1975	1976	1977
1960	1.8	0.6	1.3	2.3	3.1	3.5	4.8	5.2	5.2	5.5	5.9	6.5	7.3	7.7
1963		–3.3	0.7	3.4	4.6	5.1	7.1	7.2	6.8	7.0	7.2	8.0	8.9	9.3
1965			12.0	11.4	9.6	8.4	10.7	9.8	8.5	8.4	8.4	9.3	10.2	10.6
1966				10.7	8.3	7.1	10.9	9.6	7.9	7.9	8.1	9.2	10.3	10.8
1967					5.9	5.6	12.0	9.7	7.5	7.6	7.9	9.3	10.6	11.1
1968						5.2	16.5	10.7	7.1	7.5	7.9	9.7	11.2	11.7
1969							28.9	10.8	5.4	6.5	7.4	9.8	11.7	12.2
1970								–4.8	–3.1	2.7	5.5	9.3	11.9	12.4
1971									–1.3	7.4	9.3	13.2	15.4	15.1
1972										16.9	13.7	17.6	19.0	17.3
1973											10.5	19.1	20.4	17.5
1974												28.4	24.4	18.0
1975													20.6	12.7
1976														5.4

MOROCCO — *AGRICULTURE*

	1963	1965	1966	1967	1968	1969	1970	1971	1972	1973	1974	1975	1976	1977
1960	6.9	5.2	3.1	2.8	4.3	4.3	3.8	3.7	3.9	3.2	3.0	2.5	2.4	2.0
1963		1.5	–2.3	–0.7	3.7	3.9	3.0	3.0	3.5	2.6	2.3	1.8	1.7	1.2
1965			–11.7	–1.3	8.3	6.8	4.2	3.8	4.4	2.8	2.4	1.6	1.5	0.9
1966				10.4	19.7	11.4	5.8	4.8	5.2	3.0	2.4	1.5	1.4	0.7
1967					29.6	9.0	2.1	2.2	3.6	1.2	1.0	0.2	0.3	–0.3
1968						–8.3	–7.7	–2.9	1.1	–1.2	–0.8	–1.4	–0.9	–1.3
1969							–7.2	0.7	5.0	0.2	0.2	–0.8	–0.3	–1.0
1970								9.4	10.9	0.6	0.5	–0.9	–0.3	–1.2
1971									12.5	–5.3	–2.6	–3.3	–1.6	–2.4
1972										–20.2	–6.3	–5.5	–2.3	–3.1
1973											10.1	0.3	2.3	–0.7
1974												–8.7	0.5	–3.0
1975													10.6	–2.2
1976														–13.5

MOROCCO — *INDUSTRIAL ACTIVITY*

	1963	1965	1966	1967	1968	1969	1970	1971	1972	1973	1974	1975	1976	1977
1960	4.0	3.8	3.5	3.3	3.3	3.4	3.4	3.4	3.7	4.0	4.3	4.3	4.3	4.4
1963		2.9	2.6	2.4	2.7	3.1	3.1	3.3	3.7	4.2	4.6	4.6	4.6	4.7
1965			2.8	2.5	3.0	3.8	3.6	3.7	4.3	4.9	5.3	5.1	5.1	5.2
1966				2.2	3.3	4.3	3.8	3.9	4.6	5.2	5.7	5.4	5.3	5.3
1967					4.4	5.3	4.0	4.1	4.9	5.7	6.1	5.6	5.5	5.5
1968						6.3	3.5	3.9	5.1	6.1	6.5	5.8	5.6	5.6
1969							0.8	3.2	5.3	6.6	7.0	6.0	5.6	5.7
1970								5.7	7.6	8.4	8.3	6.5	5.9	5.9
1971									9.6	9.6	8.8	6.1	5.4	5.5
1972										9.6	8.3	4.5	4.2	4.8
1973											7.0	1.6	2.6	4.0
1974												–3.5	1.5	4.2
1975													6.7	7.8
1976														8.9

MOROCCO — *MANUFACTURING*

	1963	1965	1966	1967	1968	1969	1970	1971	1972	1973	1974	1975	1976	1977
1960	5.4	4.1	3.7	3.6	3.6	3.7	3.8	3.9	4.1	4.3	4.5	4.6	4.8	4.9
1963		1.2	1.7	2.2	2.8	3.3	3.5	3.9	4.1	4.5	4.7	4.9	5.1	5.3
1965			3.8	3.7	4.1	4.5	4.5	4.8	4.9	5.3	5.4	5.6	5.7	5.8
1966				3.6	4.3	4.9	4.7	5.0	5.1	5.5	5.6	5.8	5.9	6.0
1967					4.9	5.5	5.0	5.2	5.3	5.8	5.9	6.0	6.1	6.2
1968						6.0	4.8	5.2	5.4	6.0	6.1	6.1	6.2	6.3
1969							3.6	5.1	5.4	6.2	6.2	6.3	6.4	6.5
1970								6.6	6.0	7.0	6.7	6.6	6.6	6.7
1971									5.5	7.4	6.8	6.7	6.6	6.7
1972										9.3	7.0	6.7	6.7	6.7
1973											4.8	5.7	6.2	6.4
1974												6.6	6.8	6.9
1975													6.9	7.0
1976														7.1

MOROCCO — *CONSTRUCTION*

	1963	1965	1966	1967	1968	1969	1970	1971	1972	1973	1974	1975	1976	1977
1960	12.9	7.2	6.7	7.3	6.9	6.7	7.8	8.8	9.0	8.5	8.0	9.3	10.4	11.3
1963		–0.0	3.0	6.1	5.8	5.9	8.1	9.8	10.0	9.0	8.1	10.0	11.6	12.7
1965			8.7	12.3	8.2	7.2	10.5	12.7	12.1	10.2	8.6	11.2	13.1	14.3
1966				16.0	6.8	6.0	11.1	13.8	12.8	10.1	8.2	11.4	13.6	15.0
1967					–1.7	2.6	11.9	15.4	13.5	9.9	7.6	11.6	14.3	15.7
1968						7.0	20.4	21.4	16.3	10.5	7.4	12.5	15.5	17.1
1969							35.4	27.0	16.3	8.3	4.9	12.2	16.0	17.8
1970								19.2	7.4	0.4	–1.0	10.3	15.8	18.1
1971									–3.2	–7.3	–5.5	12.0	18.9	21.0
1972										–11.1	–5.7	21.9	28.0	27.8
1973											0.0	47.5	44.4	37.3
1974												117.5	62.0	41.9
1975													20.7	17.7
1976														14.8

MOROCCO — *WHOLESALE AND RETAIL TRADE*

	1963	1965	1966	1967	1968	1969	1970	1971	1972	1973	1974	1975	1976	1977
1960	5.0	2.9	2.3	2.4	2.7	3.0	3.4	3.6	3.7	3.9	4.1	4.5	4.8	5.1
1963		–1.2	–0.6	0.9	2.1	2.9	3.6	4.0	4.0	4.2	4.6	5.0	5.4	5.8
1965			0.5	3.5	4.8	5.0	5.6	5.5	5.1	5.3	5.5	5.9	6.4	6.7
1966				6.5	6.8	6.1	6.5	6.1	5.4	5.5	5.8	6.2	6.7	7.0
1967					7.0	5.8	6.5	6.0	5.0	5.3	5.7	6.2	6.8	7.2
1968						4.5	6.5	5.7	4.6	5.0	5.6	6.3	7.0	7.4
1969							8.5	5.9	4.0	4.9	5.7	6.6	7.4	7.8
1970								3.3	2.0	4.3	5.7	6.9	7.8	8.2
1971									0.7	5.5	7.0	8.2	8.9	9.1
1972										10.5	9.6	10.1	10.4	10.2
1973											8.8	10.2	10.6	10.2
1974												11.5	11.3	10.4
1975													11.0	9.7
1976														8.4

MOROCCO — *TRANSPORT AND COMMUNICATION*

	1963	1965	1966	1967	1968	1969	1970	1971	1972	1973	1974	1975	1976	1977
1960	3.5	3.6	3.5	3.4	3.6	3.7	4.2	4.4	3.9	4.1	4.2	4.4	4.6	4.8
1963		3.6	3.2	3.2	3.7	3.9	4.6	5.0	4.0	4.3	4.4	4.6	5.0	5.2
1965			2.2	3.0	4.1	4.3	5.4	5.8	4.1	4.5	4.6	4.8	5.3	5.6
1966				3.8	5.1	4.9	6.3	6.4	4.1	4.6	4.6	5.0	5.5	5.8
1967					6.3	5.2	7.1	7.0	3.6	4.5	4.5	5.0	5.5	5.9
1968						4.0	8.0	7.4	2.6	4.0	4.2	4.9	5.6	6.0
1969							12.2	8.3	0.7	3.5	3.9	4.8	5.7	6.3
1970								4.5	–5.2	1.8	3.1	4.5	5.8	6.4
1971									–14.0	3.3	4.5	6.0	7.2	7.6
1972										24.0	12.0	10.5	10.4	9.9
1973											1.2	5.8	8.0	8.3
1974												10.6	11.2	10.0
1975													11.8	9.4
1976														7.1

MOROCCO — *OTHER*

	1963	1965	1966	1967	1968	1969	1970	1971	1972	1973	1974	1975	1976	1977
1960	...	...	...	...	...	...	...	...	...	...	...	...	...	...
1963		...	...	...	...	...	...	...	...	...	...	...	...	...
1965			...	...	...	...	...	...	...	...	...	...	...	...
1966				...	...	...	...	...	...	...	...	...	...	...
1967					...	...	...	...	...	...	...	...	...	...
1968						...	...	...	...	...	...	...	...	...
1969							...	...	...	...	...	...	...	...
1970								3.9	–3.7	1.6	2.5	4.5	6.3	7.5
1971									–10.8	2.7	3.5	5.9	7.9	9.0
1972										18.2	9.0	9.9	11.2	11.5
1973											0.6	7.5	10.7	11.3
1974												14.9	15.4	14.0
1975													15.9	13.2
1976														10.5

NIGERIA — *GROSS DOMESTIC PRODUCT*

	1963	1965	1966	1967	1968	1969	1970	1971	1972	1973	1974	1975
1960	...	...	...	...	...	...	...	...	...	...	...	...
1963		...	...	...	...	...	...	...	...	...	...	...
1965			...	...	...	...	...	...	...	...	...	...
1966				...	...	...	...	...	...	...	...	...
1967					...	...	...	...	...	...	...	...
1968						...	...	...	...	...	...	...
1969							...	...	...	...	...	...
1970								11.2	8.6	7.6	8.2	7.8
1971									6.0	6.1	7.8	7.4
1972										6.1	8.9	7.8
1973											11.8	7.9
1974												4.2

NIGERIA — *PER CAPITA GROSS DOMESTIC PRODUCT*

	1963	1965	1966	1967	1968	1969	1970	1971	1972	1973	1974	1975
1960	...	...	...	...	...	...	...	...	...	...	...	...
1963		...	...	...	...	...	...	...	...	...	...	...
1965			...	...	...	...	...	...	...	...	...	...
1966				...	...	...	...	...	...	...	...	...
1967					...	...	...	...	...	...	...	...
1968						...	...	...	...	...	...	...
1969							...	...	...	...	...	...
1970								8.2	5.7	4.7	5.4	5.0
1971									3.2	3.3	4.9	4.6
1972										3.3	6.1	4.9
1973											8.9	5.1
1974												1.5

6A. AVERAGE ANNUAL RATES OF GROWTH OF GROSS DOMESTIC PRODUCT AT CONSTANT PRICES BY TYPE OF EXPENDITURE AND BY KIND OF ECONOMIC ACTIVITY (continued)
(IN PER CENT)

NIGERIA — AGRICULTURE

	1963	1965	1966	1967	1968	1969	1970	1971	1972	1973	1974	1975
1960	...	...	...	...	...	...	...	...	...	...	...	...
1963		...	...	...	...	...	...	...	...	...	...	...
1965			...	...	...	...	...	...	...	...	...	...
1966				...	...	...	...	...	...	...	...	...
1967					...	...	...	...	...	...	...	...
1968						...	...	...	...	...	...	...
1969							...	...	...	...	...	...
1970								4.8	-1.3	-2.2	-1.8	-1.8
1971									-7.1	-4.8	-2.9	-2.4
1972										-2.4	-0.8	-1.2
1973											0.9	-0.9
1974												-2.7

NIGERIA — INDUSTRIAL ACTIVITY

	1963	1965	1966	1967	1968	1969	1970	1971	1972	1973	1974	1975
1960	...	...	...	...	...	...	...	...	...	...	...	...
1963		...	...	...	...	...	...	...	...	...	...	...
1965			...	...	...	...	...	...	...	...	...	...
1966				...	...	...	...	...	...	...	...	...
1967					...	...	...	...	...	...	...	...
1968						...	...	...	...	...	...	...
1969							...	...	...	...	...	...
1970								23.2	21.4	19.7	18.8	14.1
1971									19.6	18.0	17.6	11.5
1972										16.5	16.8	8.2
1973											17.0	2.9
1974												-9.5

NIGERIA — MANUFACTURING

	1963	1965	1966	1967	1968	1969	1970	1971	1972	1973	1974	1975
1960	...	...	...	...	...	...	...	...	...	...	...	...
1963		...	...	...	...	...	...	...	...	...	...	...
1965			...	...	...	...	...	...	...	...	...	...
1966				...	...	...	...	...	...	...	...	...
1967					...	...	...	...	...	...	...	...
1968						...	...	...	...	...	...	...
1969							...	...	...	...	...	...
1970								-3.1	9.2	15.0	19.1	17.6
1971									23.0	23.9	25.9	20.9
1972										24.9	27.5	19.3
1973											30.1	14.9
1974												1.5

NIGERIA — CONSTRUCTION

	1963	1965	1966	1967	1968	1969	1970	1971	1972	1973	1974	1975
1960	...	...	...	...	...	...	...	...	...	...	...	...
1963		...	...	...	...	...	...	...	...	...	...	...
1965			...	...	...	...	...	...	...	...	...	...
1966				...	...	...	...	...	...	...	...	...
1967					...	...	...	...	...	...	...	...
1968						...	...	...	...	...	...	...
1969							...	...	...	...	...	...
1970								33.2	26.5	17.6	17.4	18.8
1971									20.1	10.1	13.6	16.9
1972										0.8	12.6	18.1
1973											25.8	26.5
1974												27.3

NIGERIA — WHOLESALE AND RETAIL TRADE

	1963	1965	1966	1967	1968	1969	1970	1971	1972	1973	1974	1975
1960	...	...	...	...	...	...	...	...	...	...	...	...
1963		...	...	...	...	...	...	...	...	...	...	...
1965			...	...	...	...	...	...	...	...	...	...
1966				...	...	...	...	...	...	...	...	...
1967					...	...	...	...	...	...	...	...
1968						...	...	...	...	...	...	...
1969							...	...	...	...	...	...
1970								6.1	1.3	2.5	5.7	7.5
1971									-3.3	1.8	7.0	8.9
1972										7.1	12.5	12.8
1973											18.2	14.8
1974												11.5

NIGERIA — TRANSPORT AND COMMUNICATION

	1963	1965	1966	1967	1968	1969	1970	1971	1972	1973	1974	1975
1960	...	...	...	...	...	...	...	...	...	...	...	...
1963		...	...	...	...	...	...	...	...	...	...	...
1965			...	...	...	...	...	...	...	...	...	...
1966				...	...	...	...	...	...	...	...	...
1967					...	...	...	...	...	...	...	...
1968						...	...	...	...	...	...	...
1969							...	...	...	...	...	...
1970								7.7	14.8	18.3	15.0	17.4
1971									22.3	23.3	15.7	18.9
1972										24.2	11.2	18.2
1973											-0.5	18.6
1974												41.4

NIGERIA — OTHER

	1963	1965	1966	1967	1968	1969	1970	1971	1972	1973	1974	1975
1960	...	...	...	...	...	...	...	...	...	...	...	...
1963		...	...	...	...	...	...	...	...	...	...	...
1965			...	...	...	...	...	...	...	...	...	...
1966				...	...	...	...	...	...	...	...	...
1967					...	...	...	...	...	...	...	...
1968						...	...	...	...	...	...	...
1969							...	...	...	...	...	...
1970								8.9	14.1	12.5	13.1	13.5
1971									19.6	13.2	13.8	14.1
1972										7.2	12.2	13.4
1973											17.4	16.0
1974												14.6

RWANDA — GROSS DOMESTIC PRODUCT

	1963	1965	1966	1967	1968	1969	1970	1971	1972	1973	1974
1960	...	...	...	...	...	...	...	...	...	...	...
1963		...	...	...	...	...	...	...	...	...	...
1965			...	...	...	...	...	...	...	...	...
1966				...	...	...	...	...	...	...	...
1967					6.9	9.0	9.8	8.2	6.5	5.6	4.8
1968						11.0	11.0	8.0	5.8	4.8	4.1
1969							11.0	6.0	3.7	3.2	2.8
1970								1.2	0.7	1.5	1.5
1971									0.3	1.8	1.7
1972										3.4	2.1
1973											0.8

RWANDA — PER CAPITA GROSS DOMESTIC PRODUCT

	1963	1965	1966	1967	1968	1969	1970	1971	1972	1973	1974
1960	...	...	...	...	...	...	...	...	...	...	...
1963		...	...	...	...	...	...	...	...	...	...
1965			...	...	...	...	...	...	...	...	...
1966				...	...	...	...	...	...	...	...
1967					4.2	5.9	6.6	5.0	3.4	2.6	1.8
1968						7.6	7.6	4.7	2.7	1.8	1.1
1969							7.6	2.9	0.7	0.3	-0.1
1970								-1.7	-2.1	-1.4	-1.3
1971									-2.6	-1.0	-1.1
1972										0.6	-0.6
1973											-1.9

SEYCHELLES — GROSS DOMESTIC PRODUCT

	1963	1965	1966	1967	1968	1969	1970	1971	1972	1973	1974	1975	1976	1977
1960	...	...	...	...	...	...	...	...	...	...	...	...	...	...
1963		...	...	...	...	...	...	...	...	...	...	...	...	...
1965			...	...	...	...	...	...	...	...	...	...	...	...
1966				...	...	...	...	...	...	...	...	...	...	...
1967					...	...	...	...	...	...	...	...	...	...
1968						...	...	...	...	...	...	...	...	...
1969							...	...	...	...	...	...	...	...
1970								...	...	...	...	...	...	...
1971									...	...	...	...	...	...
1972										...	...	...	...	...
1973											...	...	...	...
1974												...	...	...
1975													...	...
1976														5.8

SEYCHELLES — PER CAPITA GROSS DOMESTIC PRODUCT

	1963	1965	1966	1967	1968	1969	1970	1971	1972	1973	1974	1975	1976	1977
1960	...	...	...	...	...	...	...	...	...	...	...	...	...	...
1963		...	...	...	...	...	...	...	...	...	...	...	...	...
1965			...	...	...	...	...	...	...	...	...	...	...	...
1966				...	...	...	...	...	...	...	...	...	...	...
1967					...	...	...	...	...	...	...	...	...	...
1968						...	...	...	...	...	...	...	...	...
1969							...	...	...	...	...	...	...	...
1970								...	...	...	...	...	...	...
1971									...	...	...	...	...	...
1972										...	...	...	...	...
1973											...	...	...	...
1974												...	...	...
1975													...	...
1976														4.0

SEYCHELLES — AGRICULTURE

	1963	1965	1966	1967	1968	1969	1970	1971	1972	1973	1974	1975	1976	1977
1960	...	...	...	...	...	...	...	...	...	...	...	...	...	...
1963		...	...	...	...	...	...	...	...	...	...	...	...	...
1965			...	...	...	...	...	...	...	...	...	...	...	...
1966				...	...	...	...	...	...	...	...	...	...	...
1967					...	...	...	...	...	...	...	...	...	...
1968						...	...	...	...	...	...	...	...	...
1969							...	...	...	...	...	...	...	...
1970								...	...	...	...	...	...	...
1971									...	...	...	...	...	...
1972										...	...	...	...	...
1973											...	...	...	...
1974												...	...	...
1975													...	...
1976														1.7

6A. AVERAGE ANNUAL RATES OF GROWTH OF GROSS DOMESTIC PRODUCT AT CONSTANT PRICES BY TYPE OF EXPENDITURE AND BY KIND OF ECONOMIC ACTIVITY (continued) (IN PER CENT)

SEYCHELLES

INDUSTRIAL ACTIVITY

	1963	1965	1966	1967	1968	1969	1970	1971	1972	1973	1974	1975	1976	1977
1960	...	...	...	...	...	...	...	...	...	...	...	...	...	...
1963		...	...	...	...	...	...	...	...	...	...	...	...	...
1965			...	...	...	...	...	...	...	...	...	...	...	...
1966				...	...	...	...	...	...	...	...	...	...	...
1967					...	...	...	...	...	...	...	...	...	...
1968						...	...	...	...	...	...	...	...	...
1969							...	...	...	...	...	...	...	...
1970								...	...	...	...	...	...	...
1971									...	...	...	...	...	...
1972										...	...	...	...	...
1973											...	...	...	...
1974												...	...	...
1975													...	...
1976														8.4

SEYCHELLES

MANUFACTURING

	1963	1965	1966	1967	1968	1969	1970	1971	1972	1973	1974	1975	1976	1977
1960	...	...	...	...	...	...	...	...	...	...	...	...	...	...
1963		...	...	...	...	...	...	...	...	...	...	...	...	...
1965			...	...	...	...	...	...	...	...	...	...	...	...
1966				...	...	...	...	...	...	...	...	...	...	...
1967					...	...	...	...	...	...	...	...	...	...
1968						...	...	...	...	...	...	...	...	...
1969							...	...	...	...	...	...	...	...
1970								...	...	...	...	...	...	...
1971									...	...	...	...	...	...
1972										...	...	...	...	...
1973											...	...	...	...
1974												...	...	...
1975													...	...
1976														7.6

SEYCHELLES

CONSTRUCTION

	1963	1965	1966	1967	1968	1969	1970	1971	1972	1973	1974	1975	1976	1977
1960	...	...	...	...	...	...	...	...	...	...	...	...	...	...
1963		...	...	...	...	...	...	...	...	...	...	...	...	...
1965			...	...	...	...	...	...	...	...	...	...	...	...
1966				...	...	...	...	...	...	...	...	...	...	...
1967					...	...	...	...	...	...	...	...	...	...
1968						...	...	...	...	...	...	...	...	...
1969							...	...	...	...	...	...	...	...
1970								...	...	...	...	...	...	...
1971									...	...	...	...	...	...
1972										...	...	...	...	...
1973											...	...	...	...
1974												...	...	...
1975													...	...
1976														6.3

SEYCHELLES

WHOLESALE AND RETAIL TRADE

	1963	1965	1966	1967	1968	1969	1970	1971	1972	1973	1974	1975	1976	1977
1960	...	...	...	...	...	...	...	...	...	...	...	...	...	...
1963		...	...	...	...	...	...	...	...	...	...	...	...	...
1965			...	...	...	...	...	...	...	...	...	...	...	...
1966				...	...	...	...	...	...	...	...	...	...	...
1967					...	...	...	...	...	...	...	...	...	...
1968						...	...	...	...	...	...	...	...	...
1969							...	...	...	...	...	...	...	...
1970								...	...	...	...	...	...	...
1971									...	...	...	...	...	...
1972										...	...	...	...	...
1973											...	...	...	...
1974												...	...	...
1975													...	...
1976														3.4

SEYCHELLES

TRANSPORT AND COMMUNICATION

	1963	1965	1966	1967	1968	1969	1970	1971	1972	1973	1974	1975	1976	1977
1960	...	...	...	...	...	...	...	...	...	...	...	...	...	...
1963		...	...	...	...	...	...	...	...	...	...	...	...	...
1965			...	...	...	...	...	...	...	...	...	...	...	...
1966				...	...	...	...	...	...	...	...	...	...	...
1967					...	...	...	...	...	...	...	...	...	...
1968						...	...	...	...	...	...	...	...	...
1969							...	...	...	...	...	...	...	...
1970								...	...	...	...	...	...	...
1971									...	...	...	...	...	...
1972										...	...	...	...	...
1973											...	...	...	...
1974												...	...	...
1975													...	...
1976														16.1

SEYCHELLES

OTHER

	1963	1965	1966	1967	1968	1969	1970	1971	1972	1973	1974	1975	1976	1977
1960	...	...	...	...	...	...	...	...	...	...	...	...	...	...
1963		...	...	...	...	...	...	...	...	...	...	...	...	...
1965			...	...	...	...	...	...	...	...	...	...	...	...
1966				...	...	...	...	...	...	...	...	...	...	...
1967					...	...	...	...	...	...	...	...	...	...
1968						...	...	...	...	...	...	...	...	...
1969							...	...	...	...	...	...	...	...
1970								...	...	...	...	...	...	...
1971									...	...	...	...	...	...
1972										...	...	...	...	...
1973											...	...	...	...
1974												...	...	...
1975													...	...
1976														2.6

SIERRA LEONE

GROSS DOMESTIC PRODUCT

	1963	1965	1966	1967	1968	1969	1970	1971	1972	1973	1974	1975	1976
1960	...	...	...	...	...	...	...	...	...	...	...	...	...
1963		6.3	3.2	1.9	2.6	3.5	3.8	3.6	3.5	3.4	3.4	3.2	3.0
1965			−3.5	−2.1	1.5	3.7	4.1	3.7	3.6	3.5	3.4	3.1	2.9
1966				−0.6	4.5	6.4	5.9	4.8	4.3	4.0	3.8	3.4	3.1
1967					9.8	9.4	7.2	5.1	4.3	3.9	3.7	3.2	2.9
1968						9.0	5.5	3.2	2.9	2.8	2.9	2.5	2.2
1969							2.2	0.6	1.5	1.9	2.3	2.0	1.8
1970								−0.9	1.5	2.2	2.6	2.1	1.8
1971									3.9	3.4	3.5	2.4	1.9
1972										2.9	3.3	1.8	1.3
1973											3.7	0.8	0.7
1974												−1.9	−0.3
1975													1.2

SIERRA LEONE

PER CAPITA GROSS DOMESTIC PRODUCT

	1963	1965	1966	1967	1968	1969	1970	1971	1972	1973	1974	1975	1976
1960	...	...	...	...	...	...	...	...	...	...	...	...	...
1963		4.7	1.7	0.4	1.1	2.0	2.2	2.1	2.0	1.9	1.9	1.7	1.5
1965			−5.0	−3.5	−0.0	2.2	2.6	2.2	2.0	1.9	1.9	1.6	1.4
1966				−2.1	2.9	4.8	4.3	3.2	2.7	2.4	2.2	1.8	1.5
1967					8.2	7.8	5.6	3.5	2.7	2.3	2.1	1.7	1.3
1968						7.5	4.0	1.7	1.4	1.3	1.3	1.0	0.7
1969							0.6	−0.9	−0.1	0.4	0.8	0.4	0.3
1970								−2.4	−0.1	0.6	1.1	0.5	0.3
1971									2.3	1.9	1.9	0.8	0.4
1972										1.4	1.8	0.2	−0.2
1973											2.1	−0.6	−0.8
1974												−3.3	−1.8
1975													−0.3

SIERRA LEONE

AGRICULTURE

	1963	1965	1966	1967	1968	1969	1970	1971	1972	1973	1974	1975	1976
1960	...	...	...	...	...	...	...	...	...	...	...	...	...
1963		0.0	1.0	0.8	1.4	1.4	1.5	1.4	1.4	1.2	1.3	1.5	1.7
1965			3.5	1.0	2.2	1.8	1.9	1.6	1.5	1.3	1.4	1.6	1.8
1966				−1.3	2.2	1.6	1.8	1.4	1.4	1.1	1.2	1.5	1.8
1967					5.8	2.5	2.3	1.6	1.4	1.1	1.3	1.6	2.0
1968						−0.8	1.0	0.6	0.8	0.6	0.9	1.4	1.9
1969							2.9	1.0	1.0	0.7	1.1	1.7	2.2
1970								−0.9	0.5	0.2	1.0	1.8	2.5
1971									1.8	0.5	1.5	2.5	3.2
1972										−0.8	1.7	3.1	3.8
1973											4.4	4.9	5.0
1974												5.5	5.3
1975													5.1

SIERRA LEONE

INDUSTRIAL ACTIVITY

	1963	1965	1966	1967	1968	1969	1970	1971	1972	1973	1974	1975	1976
1960	...	...	...	...	...	...	...	...	...	...	...	...	...
1963		9.7	3.4	0.6	1.0	2.3	2.4	2.1	2.0	1.7	1.7	1.3	0.8
1965			−9.6	−7.0	−2.2	1.5	2.1	1.7	1.6	1.3	1.4	0.9	0.4
1966				−4.3	2.0	5.7	4.8	3.4	2.7	2.1	2.0	1.3	0.6
1967					8.8	10.6	6.8	4.0	2.9	2.0	2.0	1.1	0.3
1968						12.4	4.9	1.7	1.1	0.5	0.9	0.1	−0.7
1969							−2.1	−2.6	−1.4	−1.2	−0.1	−0.8	−1.6
1970								−3.1	−0.7	−0.8	0.6	−0.6	−1.6
1971									1.8	−0.1	1.7	−0.4	−1.9
1972										−1.8	2.3	−1.2	−2.9
1973											6.6	−2.1	−4.2
1974												−10.2	−8.1
1975													−6.1

SIERRA LEONE

MANUFACTURING

	1963	1965	1966	1967	1968	1969	1970	1971	1972	1973	1974	1975	1976
1960	...	...	...	...	...	...	...	...	...	...	...	...	...
1963		5.7	3.1	1.5	2.7	3.1	2.0	1.7	1.8	2.2	2.6	2.9	3.2
1965			−2.2	−2.3	2.4	3.3	1.3	1.1	1.5	2.0	2.7	3.1	3.5
1966				−2.3	5.6	5.3	1.7	1.3	1.7	2.3	3.1	3.5	3.9
1967					14.1	7.9	1.2	0.9	1.5	2.4	3.3	3.8	4.1
1968						2.1	−4.9	−2.3	−0.1	1.5	3.0	3.6	4.1
1969							−11.3	−2.9	0.7	2.7	4.3	4.7	5.1
1970								6.3	6.3	6.6	7.3	6.9	6.7
1971									6.3	6.9	7.7	7.0	6.7
1972										7.5	8.5	7.0	6.6
1973											9.5	6.4	6.0
1974												3.4	4.8
1975													6.1

SIERRA LEONE

CONSTRUCTION

	1963	1965	1966	1967	1968	1969	1970	1971	1972	1973	1974	1975	1976
1960	...	...	...	...	...	...	...	...	...	...	...	...	...
1963		8.8	0.7	−2.1	0.6	5.1	6.8	6.5	5.7	5.9	5.3	4.8	4.5
1965			−16.7	−11.4	−0.9	8.1	10.1	8.7	6.8	6.8	5.8	5.0	4.6
1966				−5.7	8.9	18.4	17.2	12.8	9.1	8.5	6.9	5.8	5.2
1967					25.8	31.4	22.8	14.2	8.8	8.2	6.2	5.0	4.4
1968						37.3	19.1	8.5	3.4	4.4	3.0	2.3	2.2
1969							3.2	−2.7	−4.4	−0.0	−0.4	−0.3	0.2
1970								−8.3	−7.4	0.6	−0.1	−0.1	0.5
1971									−6.6	6.7	2.5	1.5	1.8
1972										21.9	4.3	1.9	2.1
1973											−10.8	−4.8	−1.2
1974												1.6	3.6
1975													5.6

6A. AVERAGE ANNUAL RATES OF GROWTH OF GROSS DOMESTIC PRODUCT AT CONSTANT PRICES BY TYPE OF EXPENDITURE AND BY KIND OF ECONOMIC ACTIVITY (continued) (IN PER CENT)

SIERRA LEONE — *WHOLESALE AND RETAIL TRADE*

	1963	1965	1966	1967	1968	1969	1970	1971	1972	1973	1974	1975	1976
1960	...	...	...	...	...	...	...	...	...	...	...	...	...
1963		10.2	2.2	0.0	2.1	4.2	4.6	4.6	4.5	4.6	4.4	3.7	3.0
1965			-13.1	-7.3	1.0	5.5	5.8	5.4	5.1	5.2	4.7	3.7	2.8
1966				-1.0	9.2	12.2	9.9	7.9	6.9	6.5	5.7	4.2	3.1
1967					20.5	18.0	11.6	8.1	6.6	6.2	5.2	3.6	2.3
1968						15.6	6.9	4.1	3.7	4.0	3.5	1.8	0.7
1969							-1.2	-0.3	1.2	2.7	2.4	0.6	-0.4
1970								0.6	2.5	4.2	3.1	0.5	-0.8
1971									4.4	5.9	3.5	-0.3	-1.8
1972										7.4	2.4	-2.7	-3.7
1973											-2.4	-7.5	-6.6
1974												-12.3	-7.7
1975													-2.8

SIERRA LEONE — *TRANSPORT AND COMMUNICATION*

	1963	1965	1966	1967	1968	1969	1970	1971	1972	1973	1974	1975	1976
1960	...	...	...	...	...	...	...	...	...	...	...	...	...
1963		14.8	11.4	10.4	10.6	10.3	9.7	9.0	8.5	8.2	7.9	7.2	6.5
1965			2.6	6.0	8.6	8.8	8.3	7.6	7.2	7.1	6.9	6.1	5.4
1966				9.5	11.6	10.5	9.1	7.9	7.3	7.2	6.9	6.0	5.1
1967					13.7	10.4	8.4	7.0	6.5	6.6	6.3	5.4	4.5
1968						7.2	6.0	5.1	5.1	5.7	5.7	4.6	3.7
1969							4.8	4.1	4.7	5.7	5.6	4.3	3.3
1970								3.4	4.8	6.2	5.9	4.0	2.8
1971									6.1	7.6	6.5	3.6	2.2
1972										9.2	6.2	2.1	0.7
1973											3.4	-1.4	-1.8
1974												-6.0	-3.5
1975													-1.0

SIERRA LEONE — *OTHER*

	1963	1965	1966	1967	1968	1969	1970	1971	1972	1973	1974	1975	1976
1960	...	...	...	...	...	...	...	...	...	...	...	...	...
1963		6.3	4.9	4.0	4.2	5.0	5.3	5.2	5.5	5.7	5.9	6.0	6.1
1965			1.4	1.7	3.2	5.1	5.7	5.4	5.8	6.1	6.2	6.3	6.5
1966				1.9	4.4	6.6	6.8	6.0	6.4	6.6	6.6	6.7	6.8
1967					6.8	9.0	8.1	6.5	6.9	6.9	6.9	7.0	7.0
1968						11.3	8.3	5.8	6.5	6.7	6.8	6.9	6.9
1969							5.3	3.2	5.6	6.3	6.5	6.7	6.8
1970								1.1	6.6	7.0	7.0	7.1	7.1
1971									12.3	9.3	8.1	7.8	7.6
1972										6.3	6.3	6.8	6.9
1973											6.4	7.1	7.1
1974												7.8	7.4
1975													6.9

SOUTH AFRICA (2) — *GROSS DOMESTIC PRODUCT*

	1963	1965	1966	1967	1968	1969	1970	1971	1972	1973	1974	1975	1976	1977
1960	5.8	6.5	6.3	6.4	6.3	6.3	6.2	6.2	6.0	5.8	5.8	5.7	5.6	5.4
1963		6.8	6.1	6.4	6.2	6.2	6.1	6.0	5.7	5.5	5.5	5.5	5.3	5.1
1965			4.7	6.5	6.1	6.1	5.9	5.8	5.5	5.3	5.3	5.3	5.1	4.8
1966				8.3	6.4	6.2	6.0	5.8	5.4	5.1	5.2	5.2	5.0	4.7
1967					4.5	5.5	5.5	5.4	5.0	4.8	5.0	5.0	4.8	4.4
1968						6.5	5.8	5.5	4.9	4.7	5.0	4.9	4.7	4.3
1969							5.2	5.0	4.4	4.3	4.8	4.8	4.5	4.1
1970								4.9	3.9	4.0	4.9	4.8	4.5	4.0
1971									2.8	3.8	5.2	5.0	4.5	3.8
1972										4.7	6.4	5.5	4.6	3.7
1973											8.2	5.5	4.1	3.0
1974												2.9	2.3	1.6
1975													1.6	1.0
1976														0.3

SOUTH AFRICA (2) — *PER CAPITA GROSS DOMESTIC PRODUCT*

	1963	1965	1966	1967	1968	1969	1970	1971	1972	1973	1974	1975	1976	1977
1960	3.1	3.6	3.4	3.5	3.4	3.4	3.3	3.3	3.1	3.0	3.0	2.9	2.8	2.6
1963		3.7	3.1	3.4	3.2	3.2	3.2	3.1	2.9	2.7	2.7	2.7	2.5	2.3
1965			1.8	3.5	3.2	3.2	3.1	3.0	2.7	2.5	2.5	2.5	2.3	2.1
1966				5.3	3.5	3.4	3.1	3.0	2.6	2.4	2.5	2.4	2.3	2.0
1967					1.8	2.7	2.7	2.6	2.2	2.1	2.3	2.3	2.1	1.8
1968						3.6	3.0	2.7	2.1	1.9	2.2	2.2	2.0	1.7
1969							2.4	2.4	1.7	1.6	2.1	2.1	1.9	1.5
1970								2.3	1.2	1.3	2.1	2.2	1.9	1.4
1971									0.1	1.0	2.4	2.3	1.9	1.3
1972										1.9	3.7	2.9	2.0	1.2
1973											5.5	3.0	1.6	0.6
1974												0.7	-0.1	-0.8
1975													-0.8	-1.5
1976														-2.1

SOUTH AFRICA (2) — *GOVERNMENT FINAL CONSUMPTION EXPENDITURE*

	1963	1965	1966	1967	1968	1969	1970	1971	1972	1973	1974	1975	1976	1977
1960	9.4	8.6	8.1	7.6	7.3	7.1	7.0	7.0	6.7	6.4	6.3	6.4	6.4	6.4
1963		8.4	7.3	6.4	6.2	6.2	6.4	6.5	6.2	5.7	5.7	5.9	6.1	6.0
1965			4.7	4.3	5.0	5.5	6.1	6.4	5.9	5.3	5.3	5.7	6.0	5.9
1966				3.9	5.3	5.8	6.5	6.8	6.0	5.3	5.3	5.8	6.1	6.0
1967					6.8	6.7	7.3	7.4	6.1	5.2	5.2	5.9	6.2	6.1
1968						6.5	7.7	7.6	5.8	4.6	4.8	5.7	6.2	6.0
1969							8.9	8.0	5.0	3.7	4.3	5.6	6.2	6.0
1970								7.0	2.8	1.9	3.4	5.5	6.3	6.0
1971									-1.2	-0.1	3.2	6.2	7.0	6.4
1972										1.1	5.8	9.1	9.1	7.6
1973											10.8	13.0	11.0	8.2
1974												15.2	10.4	6.5
1975													5.9	2.5
1976														-0.7

SOUTH AFRICA (2) — *PRIVATE FINAL CONSUMPTION EXPENDITURE*

	1963	1965	1966	1967	1968	1969	1970	1971	1972	1973	1974	1975	1976	1977
1960	3.7	5.0	5.0	4.9	5.1	5.3	5.6	5.7	5.7	5.8	5.8	5.8	5.7	5.6
1963		5.8	5.2	5.0	5.3	5.7	6.0	6.1	6.0	6.0	6.1	6.0	5.9	5.6
1965			4.6	4.6	5.5	6.2	6.6	6.5	6.3	6.3	6.3	6.1	5.9	5.6
1966				4.6	6.1	6.8	7.1	6.8	6.5	6.4	6.4	6.2	5.9	5.5
1967					7.7	7.8	7.8	7.1	6.5	6.4	6.4	6.2	5.9	5.4
1968						8.0	7.8	6.8	6.1	6.1	6.1	5.9	5.6	5.1
1969							7.6	6.1	5.4	5.7	5.9	5.7	5.3	4.8
1970								4.7	4.4	5.4	5.7	5.5	5.1	4.5
1971									4.1	5.9	6.2	5.7	5.1	4.3
1972										7.8	7.0	5.9	5.0	4.0
1973											6.2	4.9	4.1	3.0
1974												3.5	3.1	2.0
1975													2.7	1.1
1976														-0.5

SOUTH AFRICA (2) — *GROSS FIXED CAPITAL FORMATION*

	1963	1965	1966	1967	1968	1969	1970	1971	1972	1973	1974	1975	1976	1977
1960	4.2	10.8	10.3	9.4	8.6	8.4	8.5	8.7	8.7	8.5	8.4	8.3	8.1	7.6
1963		18.7	12.0	8.8	7.2	7.1	7.7	8.2	8.2	8.0	7.9	7.9	7.5	6.9
1965			-1.7	0.4	1.7	3.9	6.0	7.2	7.6	7.4	7.4	7.5	7.1	6.3
1966				2.6	3.3	5.9	8.0	9.1	9.0	8.4	8.1	8.1	7.6	6.6
1967					4.0	7.8	10.1	10.7	10.0	9.0	8.5	8.4	7.7	6.5
1968						11.8	13.0	12.5	10.8	9.2	8.5	8.3	7.5	6.1
1969							14.2	12.6	10.0	8.1	7.5	7.6	6.7	5.2
1970								11.1	7.8	6.1	6.0	6.7	5.8	4.2
1971									4.7	3.9	4.9	6.3	5.3	3.4
1972										3.2	5.3	7.1	5.4	2.8
1973											7.5	9.1	5.5	1.8
1974												10.7	3.7	-0.8
1975													-2.9	-5.8
1976														-8.6

SOUTH AFRICA (2) — *EXPORTS OF GOODS AND SERVICES*

	1963	1965	1966	1967	1968	1969	1970	1971	1972	1973	1974	1975	1976	1977
1960	5.7	4.7	4.7	5.0	5.5	5.3	5.0	4.9	5.2	5.1	4.9	4.7	4.6	4.7
1963		2.6	3.7	5.0	6.0	5.5	4.9	4.7	5.2	5.1	4.8	4.5	4.4	4.5
1965			6.8	8.0	8.5	6.5	5.1	4.8	5.5	5.3	4.8	4.4	4.3	4.5
1966				9.2	9.3	5.8	4.2	4.1	5.2	5.0	4.5	4.1	4.0	4.2
1967					9.4	3.6	2.3	2.9	4.8	4.6	4.0	3.7	3.6	4.0
1968						-1.8	-0.4	1.8	4.9	4.6	3.9	3.5	3.5	3.9
1969							1.1	3.7	7.5	6.1	4.6	3.9	3.8	4.3
1970								6.4	11.0	7.1	4.6	3.7	3.6	4.2
1971									15.7	6.1	2.9	2.3	2.6	3.7
1972										-2.8	-2.0	-0.5	1.0	3.1
1973											-1.2	0.8	2.4	4.8
1974												2.8	4.2	6.9
1975													5.7	9.2
1976														12.7

SOUTH AFRICA (2) — *IMPORTS OF GOODS AND SERVICES*

	1963	1965	1966	1967	1968	1969	1970	1971	1972	1973	1974	1975	1976	1977
1960	4.6	10.5	8.6	8.6	8.1	8.0	8.3	8.5	7.9	7.6	7.8	7.6	7.1	6.4
1963		14.7	6.2	7.0	6.3	6.5	7.4	8.0	7.0	6.7	7.1	7.0	6.4	5.4
1965			-9.8	3.5	4.3	5.6	7.5	8.4	6.8	6.4	7.1	6.9	6.1	4.9
1966				18.8	9.7	9.0	10.4	10.6	7.9	7.2	7.8	7.5	6.4	4.9
1967					1.2	5.6	9.4	10.1	6.6	6.1	7.1	6.9	5.7	4.1
1968						10.2	13.5	12.6	6.7	5.9	7.3	7.0	5.6	3.6
1969							16.9	13.1	4.0	4.1	6.5	6.3	4.7	2.6
1970								9.5	-2.7	0.6	5.4	5.5	3.7	1.3
1971									-13.5	-1.0	6.9	6.5	3.7	0.6
1972										13.2	17.7	11.5	5.5	0.8
1973											22.5	9.0	1.4	-3.3
1974												-3.0	-7.0	-9.6
1975													-10.8	-12.6
1976														-14.4

SOUTHERN RHODESIA — *GROSS DOMESTIC PRODUCT*

	1963	1965	1966	1967	1968	1969	1970	1971	1972	1973	1974	1975	1976	1977
1960	...	...	...	...	...	...	...	...	...	...	...	...	...	...
1963		...	...	...	...	...	...	...	...	...	...	...	...	...
1965			1.9	4.3	3.9	5.9	6.2	6.9	7.4	7.3	7.4	7.1	6.5	5.7
1966				6.8	4.5	7.1	7.1	7.7	8.1	7.9	7.9	7.3	6.6	5.7
1967					2.2	8.2	7.5	8.2	8.6	8.2	8.1	7.4	6.5	5.4
1968						14.5	9.2	9.4	9.4	8.6	8.3	7.4	6.3	5.0
1969							4.1	7.8	8.6	7.8	7.7	6.7	5.6	4.2
1970								11.6	10.5	8.3	8.0	6.5	5.1	3.5
1971									9.4	6.4	7.0	5.4	3.9	2.1
1972										3.6	6.4	4.3	2.6	0.8
1973											9.3	3.8	1.6	-0.6
1974												-1.5	-1.5	-3.2
1975													-1.6	-4.3
1976														-6.9

SOUTHERN RHODESIA — *PER CAPITA GROSS DOMESTIC PRODUCT*

	1963	1965	1966	1967	1968	1969	1970	1971	1972	1973	1974	1975	1976	1977
1960	...	...	...	...	...	...	...	...	...	...	...	...	...	...
1963		...	...	...	...	...	...	...	...	...	...	...	...	...
1965			-1.1	1.0	0.5	2.4	2.7	3.3	3.8	3.7	3.8	3.4	2.9	2.1
1966				3.2	0.9	3.5	3.5	4.0	4.4	4.2	4.2	3.7	3.0	2.1
1967					-1.3	4.5	3.9	4.6	4.9	4.5	4.4	3.7	2.9	1.8
1968						10.7	5.5	5.7	5.7	4.9	4.7	3.8	2.7	1.5
1969							0.6	4.1	4.9	4.1	4.1	3.1	2.0	0.6
1970								7.8	6.7	4.5	4.3	2.9	1.6	0.0
1971									5.7	2.8	3.3	1.8	0.4	-1.3
1972										-0.1	2.8	0.7	-0.8	-2.6
1973											5.7	0.3	-1.8	-3.9
1974												-4.8	-4.8	-6.4
1975													-4.9	-7.4
1976														-9.8

6A. AVERAGE ANNUAL RATES OF GROWTH OF GROSS DOMESTIC PRODUCT AT CONSTANT PRICES BY TYPE OF EXPENDITURE AND BY KIND OF ECONOMIC ACTIVITY (continued)

(IN PER CENT)

SOUTHERN RHODESIA

GOVERNMENT FINAL CONSUMPTION EXPENDITURE

	1963	1965	1966	1967	1968	1969	1970	1971	1972	1973	1974	1975	1976	1977
1960	...	...	...	...	...	...	...	...	...	...	...	...	...	...
1963		...	...	...	...	...	...	...	...	...	...	...	...	...
1965			−0.6	3.3	4.2	5.5	5.3	5.8	6.0	6.3	6.6	6.9	7.3	7.4
1966				7.2	6.2	7.2	6.3	6.5	6.6	6.8	7.1	7.3	7.7	7.8
1967					5.1	7.6	6.0	6.4	6.5	6.9	7.3	7.5	7.9	8.0
1968						10.1	5.7	6.5	6.6	7.1	7.5	7.7	8.2	8.3
1969							1.5	5.6	6.2	7.0	7.6	7.8	8.4	8.4
1970								9.8	8.0	8.3	8.6	8.6	9.1	9.0
1971									6.3	7.8	8.6	8.5	9.2	9.1
1972										9.4	9.6	9.0	9.8	9.4
1973											9.8	8.7	10.0	9.3
1974												7.7	10.5	9.3
1975													13.4	9.4
1976														5.5

SOUTHERN RHODESIA

PRIVATE FINAL CONSUMPTION EXPENDITURE

	1963	1965	1966	1967	1968	1969	1970	1971	1972	1973	1974	1975	1976	1977
1960	...	...	...	...	...	...	...	...	...	...	...	...	...	...
1963		...	...	...	...	...	...	...	...	...	...	...	...	...
1965			1.8	4.3	3.7	5.6	5.8	6.6	7.0	6.9	6.9	6.7	6.1	5.3
1966				6.9	4.1	6.9	6.6	7.4	7.7	7.3	7.3	6.9	6.2	5.3
1967					1.5	7.8	6.9	7.9	8.1	7.5	7.5	6.9	6.1	5.0
1968						14.5	8.5	9.2	9.0	7.9	7.8	7.0	6.0	4.7
1969							2.9	7.7	8.2	7.0	7.1	6.3	5.2	3.9
1970								12.7	10.2	7.4	7.4	6.2	4.8	3.3
1971									7.7	4.8	6.0	5.0	3.6	1.9
1972										2.0	5.9	4.4	2.7	0.8
1973											10.0	4.7	1.9	−0.4
1974												−0.5	−1.5	−3.2
1975													−2.5	−4.6
1976														−6.7

SOUTHERN RHODESIA

GROSS FIXED CAPITAL FORMATION

	1963	1965	1966	1967	1968	1969	1970	1971	1972	1973	1974	1975	1976	1977
1960	...	...	...	...	...	...	...	...	...	...	...	...	...	...
1963		...	...	...	...	...	...	...	...	...	...	...	...	...
1965			−16.0	−0.8	12.5	11.2	11.3	12.2	12.3	13.0	13.4	13.0	11.1	9.0
1966				17.2	29.2	18.6	15.7	15.4	14.6	14.9	15.0	14.2	11.7	9.2
1967					42.5	15.7	12.9	13.6	13.2	14.0	14.4	13.5	10.6	7.9
1968						−6.0	3.7	9.1	10.3	12.3	13.3	12.5	9.2	6.2
1969							14.3	16.7	14.7	15.8	15.9	14.1	9.6	5.9
1970								19.1	14.2	16.1	16.1	13.6	8.0	3.8
1971									9.4	15.8	16.0	12.5	5.5	1.0
1972										22.6	18.3	12.0	2.5	−2.4
1973											14.2	6.7	−4.2	−8.1
1974												−0.4	−12.9	−14.2
1975													−23.8	−18.7
1976														−13.3

SUDAN

GROSS DOMESTIC PRODUCT

	1963	1965
1960	6.3	3.9
1963		0.9

SUDAN

PER CAPITA GROSS DOMESTIC PRODUCT

	1963	1965
1960	3.0	0.8
1963		−2.0

SUDAN

GOVERNMENT FINAL CONSUMPTION EXPENDITURE

	1963	1965
1960	15.2	13.4
1963		10.5

SUDAN

PRIVATE FINAL CONSUMPTION EXPENDITURE

	1963	1965
1960	4.2	2.0
1963		−1.1

SUDAN

GROSS FIXED CAPITAL FORMATION

	1963	1965
1960	25.4	8.4
1963		−14.9

SUDAN

EXPORTS OF GOODS AND SERVICES

	1963	1965
1960	17.0	7.7
1963		−6.5

SUDAN

IMPORTS OF GOODS AND SERVICES

	1963	1965
1960	17.8	5.8
1963		−10.3

TUNISIA

GROSS DOMESTIC PRODUCT

	1963	1965	1966	1967	1968	1969	1970	1971	1972	1973	1974	1975	1976	1977
1960	4.8	5.0	4.7	4.2	4.3	4.3	4.4	4.7	5.4	5.6	5.9	6.2	6.4	6.5
1963		3.8	3.6	2.8	3.4	3.7	4.1	4.7	5.7	6.1	6.4	6.7	7.0	7.1
1965			3.1	1.5	3.4	3.9	4.6	5.4	6.8	7.1	7.3	7.6	7.8	7.8
1966				−0.1	4.1	4.6	5.3	6.1	7.8	7.8	8.0	8.2	8.3	8.2
1967					8.5	6.4	6.5	7.2	9.1	8.8	8.7	8.8	8.8	8.6
1968						4.3	5.9	7.2	9.8	9.2	9.0	9.1	9.0	8.7
1969							7.5	8.6	11.9	10.1	9.6	9.5	9.3	8.9
1970								9.7	14.6	10.6	9.7	9.5	9.3	8.7
1971									19.6	9.5	8.7	8.9	8.8	8.2
1972										0.3	5.0	7.1	7.7	7.3
1973											10.0	10.1	9.5	8.3
1974												10.3	9.1	7.5
1975													7.9	6.0
1976														4.1

TUNISIA

PER CAPITA GROSS DOMESTIC PRODUCT

	1963	1965	1966	1967	1968	1969	1970	1971	1972	1973	1974	1975	1976	1977
1960	2.9	3.1	2.8	2.3	2.3	2.3	2.4	2.7	3.3	3.6	3.8	4.0	4.2	4.2
1963		2.0	1.7	0.8	1.3	1.6	2.0	2.6	3.6	4.0	4.2	4.5	4.7	4.7
1965			0.9	−0.7	1.2	1.8	2.4	3.2	4.7	4.9	5.1	5.3	5.4	5.3
1966				−2.2	2.0	2.4	3.1	3.9	5.6	5.7	5.7	5.9	5.9	5.7
1967					6.3	4.1	4.3	5.0	6.9	6.6	6.4	6.5	6.4	6.0
1968						2.0	3.7	5.0	7.7	7.0	6.7	6.7	6.6	6.0
1969							5.4	6.5	9.8	8.0	7.2	7.0	6.8	6.1
1970								7.6	12.4	8.4	7.2	6.9	6.7	5.9
1971									17.3	7.4	6.1	6.1	6.1	5.2
1972										−1.7	2.1	4.2	4.9	4.1
1973											6.0	6.9	6.6	4.8
1974												7.8	6.7	4.0
1975													5.5	1.9
1976														−1.5

6A. AVERAGE ANNUAL RATES OF GROWTH OF GROSS DOMESTIC PRODUCT AT CONSTANT PRICES BY TYPE OF EXPENDITURE AND BY KIND OF ECONOMIC ACTIVITY (continued)

(IN PER CENT)

TUNISIA

GOVERNMENT FINAL CONSUMPTION EXPENDITURE

	1963	1965	1966	1967	1968	1969	1970	1971	1972	1973	1974	1975	1976	1977
1960	4.5	3.7	4.5	5.0	5.3	5.4	5.6	5.5	5.5	5.6	5.6	5.8	6.0	6.3
1963		4.1	6.3	6.9	6.9	6.6	6.7	6.2	6.1	6.1	6.1	6.2	6.5	6.8
1965			11.8	9.3	8.0	6.9	6.9	6.1	6.0	6.0	6.0	6.2	6.6	7.0
1966				6.9	6.4	5.6	6.1	5.3	5.4	5.5	5.7	6.0	6.4	6.9
1967					5.9	4.9	6.0	4.9	5.1	5.4	5.6	6.0	6.5	7.1
1968						3.9	6.4	4.6	5.0	5.5	5.7	6.1	6.8	7.4
1969							9.1	4.3	5.0	5.6	5.9	6.4	7.1	7.9
1970								–0.3	4.0	5.4	5.9	6.5	7.4	8.3
1971									8.4	7.9	7.4	7.7	8.5	9.3
1972										7.4	6.9	7.5	8.8	9.7
1973											6.4	7.8	9.6	10.6
1974												9.3	11.2	11.9
1975													13.3	13.1
1976														12.8

TUNISIA

PRIVATE FINAL CONSUMPTION EXPENDITURE

	1963	1965	1966	1967	1968	1969	1970	1971	1972	1973	1974	1975	1976	1977
1960	2.7	3.2	3.0	2.5	2.2	2.3	2.8	3.2	4.0	4.5	5.1	5.4	5.8	6.0
1963		3.9	2.9	1.6	1.3	1.7	2.7	3.6	4.7	5.4	6.2	6.5	6.8	7.0
1965			–0.6	–1.4	–0.5	1.0	3.0	4.2	5.8	6.6	7.5	7.6	7.9	7.9
1966				–2.3	–0.1	1.9	4.3	5.6	7.2	7.9	8.7	8.6	8.7	8.7
1967					2.1	4.1	6.7	7.5	9.1	9.5	10.0	9.7	9.6	9.4
1968						6.1	9.1	9.1	10.7	10.7	11.0	10.4	10.1	9.7
1969							12.2	10.1	12.0	11.5	11.7	10.6	10.2	9.7
1970								8.1	12.6	11.5	11.8	10.4	9.9	9.4
1971									17.3	12.4	12.3	10.1	9.6	9.0
1972										7.6	10.6	8.2	8.2	8.0
1973											13.7	7.7	7.9	7.7
1974												2.0	6.1	6.7
1975													10.5	8.4
1976														6.4

TUNISIA

GROSS FIXED CAPITAL FORMATION

	1963	1965	1966	1967	1968	1969	1970	1971	1972	1973	1974	1975	1976	1977
1960	12.2	12.4	9.9	8.0	6.7	6.0	5.2	5.1	5.4	5.4	5.6	6.1	6.5	6.9
1963		10.2	4.3	2.4	1.7	1.8	1.6	2.2	3.3	3.7	4.3	5.3	6.0	6.6
1965			–6.8	–3.3	–1.4	0.1	0.4	1.7	3.5	4.2	4.9	6.1	7.0	7.6
1966				0.3	1.1	2.2	1.8	3.0	5.0	5.5	6.0	7.3	8.1	8.7
1967					1.8	3.2	2.1	3.7	6.1	6.4	6.9	8.3	9.1	9.5
1968						4.5	1.8	4.4	7.5	7.4	7.8	9.3	10.0	10.4
1969							–0.9	5.3	9.6	8.6	8.7	10.4	11.1	11.3
1970								11.9	14.8	10.7	9.9	11.8	12.3	12.3
1971									17.8	8.9	8.7	11.8	12.4	12.4
1972										0.7	5.7	11.8	12.7	12.6
1973											11.0	18.0	16.2	14.6
1974												25.4	17.5	14.4
1975													10.0	10.0
1976														10.0

TUNISIA

EXPORTS OF GOODS AND SERVICES

	1963	1965	1966	1967	1968	1969	1970	1971	1972	1973	1974	1975	1976	1977
1960	–2.0	2.7	4.0	4.5	5.1	5.7	6.1	6.7	7.7	7.8	7.8	7.7	7.8	7.8
1963		6.2	7.4	6.9	7.2	7.6	7.8	8.5	9.7	9.4	9.1	8.8	8.8	8.6
1965			13.2	8.4	8.4	8.6	8.7	9.6	11.2	10.4	9.8	9.3	9.1	8.9
1966				3.8	6.8	8.0	8.4	9.6	11.6	10.6	9.8	9.2	9.0	8.7
1967					9.8	9.8	9.5	10.8	13.1	11.3	10.2	9.3	9.0	8.8
1968						9.8	9.3	11.3	14.4	11.6	10.0	9.0	8.7	8.5
1969							8.7	12.5	16.6	11.7	9.6	8.4	8.2	8.0
1970								16.4	20.8	11.3	8.5	7.3	7.4	7.3
1971									25.4	6.7	4.9	4.6	5.7	6.1
1972										–9.2	–1.8	1.2	4.0	5.1
1973											6.3	5.9	7.9	7.8
1974												5.6	9.0	8.4
1975													12.6	9.2
1976														5.9

TUNISIA

IMPORTS OF GOODS AND SERVICES

	1963	1965	1966	1967	1968	1969	1970	1971	1972	1973	1974	1975	1976	1977
1960	8.6	6.9	6.1	5.4	3.9	3.6	3.7	4.0	4.6	4.8	5.5	5.9	6.3	6.8
1963		7.3	5.2	4.2	1.6	1.7	2.5	3.3	4.4	4.9	5.9	6.4	7.0	7.6
1965			0.8	1.5	–2.4	–0.4	1.6	3.2	5.0	5.5	6.8	7.3	8.0	8.6
1966				2.3	–4.8	–0.6	2.4	4.2	6.2	6.5	7.9	8.4	9.0	9.5
1967					–11.3	–0.2	4.1	6.1	8.1	8.0	9.4	9.6	10.1	10.5
1968						12.4	11.4	10.8	11.8	10.4	11.5	11.3	11.5	11.8
1969							10.4	10.0	12.0	9.9	11.6	11.2	11.5	11.8
1970								9.7	13.2	9.5	12.0	11.4	11.7	12.1
1971									16.8	8.3	12.6	11.5	11.8	12.3
1972										0.4	12.6	11.0	11.7	12.4
1973											26.5	14.3	13.6	13.8
1974												3.3	9.5	11.8
1975													15.9	15.5
1976														15.1

TUNISIA

AGRICULTURE

	1963	1965	1966	1967	1968	1969	1970	1971	1972	1973	1974	1975	1976	1977
1960	...	...	...	...	...	...	...	...	...	...	...	...	...	...
1963		–0.4	–2.3	–4.4	–2.3	–2.1	–1.2	0.6	3.2	4.0	4.8	5.2	5.5	5.3
1965			–10.8	–10.7	–3.3	–2.6	–1.1	1.9	5.5	6.2	6.8	7.0	7.1	6.6
1966				–10.5	2.1	0.4	1.4	4.6	8.6	8.7	8.9	8.7	8.5	7.7
1967					16.4	3.8	3.6	7.2	11.8	11.0	10.7	10.1	9.6	8.4
1968						–7.5	–0.4	7.0	13.5	11.8	11.3	10.3	9.7	8.2
1969							7.2	15.0	21.3	15.6	13.6	11.7	10.5	8.6
1970								23.5	28.6	16.3	13.1	10.8	9.6	7.4
1971									34.0	10.2	8.7	7.2	6.8	4.8
1972										–9.3	0.8	2.6	3.8	2.3
1973											12.2	7.6	7.0	3.4
1974												3.2	5.1	0.8
1975													7.0	–1.3
1976														–8.9

TUNISIA

INDUSTRIAL ACTIVITY

	1963	1965	1966	1967	1968	1969	1970	1971	1972	1973	1974	1975	1976	1977
1960	...	...	...	...	...	...	...	...	...	...	...	...	...	...
1963		15.8	15.5	13.2	13.5	13.0	12.0	11.5	11.7	11.3	11.2	10.9	10.4	10.0
1965			17.7	11.1	13.0	12.4	11.0	10.5	11.1	10.7	10.6	10.3	9.8	9.4
1966				5.0	12.0	11.7	10.0	9.6	10.7	10.2	10.3	10.0	9.4	9.0
1967					19.6	13.9	10.3	9.6	11.0	10.4	10.4	10.0	9.3	8.8
1968						8.5	6.2	7.2	10.2	9.6	9.9	9.5	8.8	8.3
1969							4.0	7.1	11.6	10.2	10.4	9.7	8.8	8.2
1970								10.4	15.9	11.5	11.3	10.1	8.8	8.0
1971									21.6	10.5	10.6	9.2	7.8	7.1
1972										0.4	7.2	6.9	5.9	5.6
1973											14.6	9.0	6.4	5.8
1974												3.7	3.0	3.8
1975													2.3	4.2
1976														6.1

TUNISIA

MANUFACTURING

	1963	1965	1966	1967	1968	1969	1970	1971	1972	1973	1974	1975	1976	1977
1960	...	...	...	...	...	...	...	...	...	...	...	...	...	...
1963		11.2	10.9	8.6	7.9	8.3	7.7	8.1	9.4	9.7	10.0	10.0	10.0	9.9
1965			13.6	6.7	6.5	7.9	7.0	7.9	10.0	10.3	10.6	10.5	10.4	10.2
1966				0.2	4.1	7.4	6.4	7.7	10.5	10.7	11.1	10.8	10.7	10.3
1967					8.2	11.1	7.6	9.0	12.4	12.1	12.2	11.6	11.3	10.8
1968						14.1	6.3	9.1	13.8	12.9	12.8	12.0	11.5	10.8
1969							–0.9	8.4	15.8	13.8	13.3	12.1	11.5	10.7
1970								18.6	24.8	17.1	15.1	12.8	11.8	10.7
1971									31.3	14.2	12.6	10.5	9.9	9.1
1972										–0.7	6.5	6.5	7.3	7.0
1973											14.3	9.0	8.9	7.9
1974												3.9	7.1	6.6
1975													10.5	7.3
1976														4.2

TUNISIA

CONSTRUCTION

	1963	1965	1966	1967	1968	1969	1970	1971	1972	1973	1974	1975	1976	1977
1960	...	...	...	...	...	...	...	...	...	...	...	...	...	...
1963		5.5	0.8	–0.6	–0.5	0.2	0.2	0.8	1.9	2.6	3.3	4.3	5.1	5.6
1965			–7.6	–4.6	–2.1	–0.0	0.2	1.1	2.8	3.5	4.4	5.5	6.4	6.9
1966				–1.4	0.7	2.4	1.7	2.4	4.3	4.8	5.6	6.7	7.6	7.9
1967					2.8	4.3	2.3	3.1	5.3	5.7	6.5	7.7	8.5	8.7
1968						5.9	1.5	3.0	6.2	6.5	7.2	8.6	9.4	9.5
1969							–2.8	2.6	7.6	7.4	8.1	9.6	10.4	10.3
1970								8.4	13.0	10.0	10.0	11.4	11.8	11.4
1971									17.9	9.6	9.8	11.8	12.3	11.5
1972										1.9	7.2	11.5	12.3	11.3
1973											12.8	16.3	15.1	12.6
1974												19.9	15.5	11.5
1975													11.2	7.6
1976														4.1

TUNISIA

WHOLESALE AND RETAIL TRADE

	1963	1965	1966	1967	1968	1969	1970	1971	1972
1960	...	...	...	...	...	...	...	...	...
1963		6.1	3.9	3.5	3.8	4.1	4.9	6.4	8.1
1965			–0.3	1.8	3.5	4.2	5.6	7.8	10.0
1966				3.9	5.3	5.5	6.9	9.5	11.8
1967					6.8	6.2	7.9	11.2	13.8
1968						5.6	8.9	13.3	16.2
1969							12.4	17.6	19.8
1970								23.0	23.2
1971									23.4

TUNISIA

TRANSPORT AND COMMUNICATION

	1963	1965	1966	1967	1968	1969	1970	1971	1972	1973	1974	1975	1976	1977
1960	...	...	...	...	...	...	...	...	...	...	...	...	...	...
1963		5.7	6.4	5.6	5.3	5.4	6.5	5.7	6.4	7.0	7.1	7.1	7.2	7.5
1965			9.7	5.6	5.2	5.5	7.3	5.8	6.8	7.6	7.7	7.5	7.6	8.0
1966				1.8	3.6	4.8	7.6	5.5	7.0	7.8	7.9	7.7	7.8	8.2
1967					5.4	6.2	9.8	5.9	7.7	8.7	8.5	8.1	8.1	8.5
1968						7.0	12.6	5.3	8.1	9.2	8.9	8.3	8.3	8.7
1969							18.4	2.4	8.0	9.6	9.0	8.2	8.2	8.8
1970								–11.5	6.6	9.8	8.8	7.8	8.0	8.7
1971									28.5	19.0	12.9	9.8	9.3	9.9
1972										10.3	6.2	5.0	6.3	8.0
1973											2.3	2.9	5.8	8.5
1974												3.5	8.0	10.9
1975													12.7	14.5
1976														16.4

TUNISIA

OTHER

	1963	1965	1966	1967	1968	1969	1970	1971	1972	1973	1974	1975	1976	1977
1960	...	...	...	...	...	...	...	...	...	...	...	...	...	...
1963		–1.3	1.5	2.4	3.0	3.3	3.7	4.0	4.4	6.2	7.4	8.2	8.6	8.8
1965			7.3	5.0	4.9	4.5	4.8	4.9	5.2	7.7	9.1	10.0	10.2	10.2
1966				2.7	4.1	3.9	4.6	4.7	5.3	8.4	10.0	10.8	10.9	10.8
1967					5.5	4.3	5.1	5.1	5.7	9.6	11.3	12.0	12.0	11.6
1968						3.1	5.2	5.2	5.9	11.1	12.9	13.4	13.0	12.4
1969							7.4	5.9	6.7	13.7	15.3	15.2	14.3	13.2
1970								4.4	6.7	17.4	18.2	17.1	15.4	13.8
1971									9.0	26.0	22.8	19.5	16.3	14.0
1972										45.6	26.7	19.7	15.2	12.5
1973											10.3	10.0	8.4	7.4
1974												9.6	7.2	6.3
1975													4.9	5.0
1976														5.0

6A. AVERAGE ANNUAL RATES OF GROWTH OF GROSS DOMESTIC PRODUCT AT CONSTANT PRICES BY TYPE OF EXPENDITURE AND BY KIND OF ECONOMIC ACTIVITY (continued) (IN PER CENT)

UGANDA

GROSS DOMESTIC PRODUCT

	1963	1965	1966	1967	1968	1969	1970	1971	1972	1973	1974	1975	1976
1960	3.3	4.5	4.7	4.7	4.5	4.8	4.8	4.7	4.5	4.2	4.0	3.7	3.3
1963		4.8	5.1	4.7	4.3	4.8	4.8	4.6	4.3	4.0	3.6	3.2	2.8
1965			5.7	4.3	3.6	4.9	4.8	4.6	4.1	3.6	3.2	2.7	2.3
1966				2.9	2.7	5.1	4.9	4.5	4.0	3.4	2.9	2.3	1.9
1967					2.6	6.7	5.6	4.8	4.0	3.2	2.6	2.0	1.6
1968						11.0	6.2	4.7	3.6	2.7	2.1	1.5	1.1
1969							1.5	2.2	1.8	1.2	0.9	0.5	0.2
1970								3.0	1.8	0.9	0.6	0.1	–0.1
1971									0.6	–0.0	–0.0	–0.4	–0.6
1972										–0.6	–0.2	–0.8	–0.8
1973											0.2	–1.0	–0.9
1974												–2.2	–1.3
1975													–0.4

UGANDA

AGRICULTURE

	1963	1965	1966	1967	1968	1969	1970	1971	1972	1973	1974	1975	1976
1960	2.4	3.5	3.8	3.8	3.6	4.0	4.1	3.9	3.8	3.8	3.6	3.4	3.2
1963		3.1	3.8	3.6	3.2	4.2	4.3	3.9	3.7	3.6	3.4	3.2	2.9
1965			6.1	4.1	3.1	4.9	4.9	4.1	3.7	3.6	3.3	3.0	2.7
1966				2.0	1.7	5.1	5.0	3.9	3.5	3.4	3.1	2.8	2.5
1967					1.4	7.3	6.0	4.1	3.5	3.4	3.0	2.6	2.3
1968						13.6	7.2	3.6	3.0	3.1	2.7	2.2	2.0
1969							1.2	–0.6	0.5	1.6	1.6	1.3	1.2
1970								–2.3	0.7	2.3	1.9	1.5	1.3
1971									3.7	4.4	2.8	1.8	1.5
1972										5.0	2.0	0.9	0.8
1973											–1.0	–0.8	–0.2
1974												–0.5	0.3
1975													1.2

UGANDA

MANUFACTURING

	1963	1965	1966	1967	1968	1969	1970	1971	1972	1973	1974	1975	1976
1960	5.8	6.8	7.3	7.1	6.9	7.0	6.9	6.6	6.3	5.7	5.0	4.2	3.5
1963		5.4	7.0	6.6	6.1	6.5	6.5	6.1	5.6	4.7	4.0	2.9	2.0
1965			10.0	6.6	5.6	6.4	6.4	5.8	5.1	4.0	3.1	1.7	0.8
1966				3.2	3.8	5.9	6.1	5.5	4.7	3.3	2.4	0.9	–0.0
1967					4.4	7.6	7.1	5.8	4.6	2.9	1.8	0.2	–0.8
1968						10.9	7.8	5.5	3.9	2.0	0.8	–1.0	–1.9
1969							4.8	2.9	2.0	0.0	–0.9	–2.6	–3.3
1970								1.1	0.7	–1.6	–2.1	–4.1	–4.5
1971									0.3	–3.2	–3.2	–5.5	–5.6
1972										–6.6	–4.4	–7.1	–6.7
1973											–2.2	–8.2	–7.0
1974												–13.8	–8.2
1975													–2.2

UGANDA

WHOLESALE AND RETAIL TRADE

	1963	1965	1966	1967	1968	1969	1970	1971	1972	1973	1974	1975	1976
1960	4.2	6.9	7.3	6.7	6.2	6.1	5.6	5.4	4.5	3.4	2.6	1.8	1.1
1963		9.6	8.8	6.3	5.5	5.3	4.7	4.5	3.2	1.6	0.8	–0.1	–0.9
1965			4.5	1.1	1.9	3.1	2.8	3.0	1.5	–0.4	–1.2	–2.0	–2.7
1966				–2.2	1.4	3.4	2.8	3.1	1.1	–1.1	–1.9	–2.7	–3.5
1967					5.1	6.1	3.9	3.8	0.9	–1.9	–2.7	–3.5	–4.2
1968						7.0	2.7	3.2	–0.6	–3.8	–4.2	–4.8	–5.4
1969							–1.4	2.1	–2.9	–6.3	–6.1	–6.3	–6.7
1970								5.8	–5.0	–9.0	–7.6	–7.4	–7.6
1971									–14.8	–14.7	–9.8	–8.7	–8.5
1972										–14.7	–6.4	–6.4	–7.0
1973											2.7	–3.4	–5.9
1974												–9.2	–9.3
1975													–9.5

UGANDA

OTHER

	1963	1965	1966	1967	1968	1969	1970	1971	1972	1973	1974	1975	1976
1960	3.4	4.2	4.5	4.7	4.6	4.7	4.7	5.1	5.3	5.2	5.0	4.9	4.7
1963		6.5	6.2	6.0	5.2	5.2	5.2	5.7	5.9	5.6	5.2	5.0	4.7
1965			5.0	5.3	3.9	4.5	4.7	5.7	6.0	5.5	5.0	4.7	4.4
1966				5.7	3.1	4.3	4.7	6.1	6.3	5.6	5.0	4.6	4.3
1967					0.6	4.2	4.9	6.8	6.8	5.8	5.0	4.5	4.2
1968						8.0	6.6	8.6	7.9	6.2	5.1	4.5	4.0
1969							5.2	9.5	8.1	5.5	4.3	3.7	3.4
1970								13.8	8.5	4.6	3.2	2.8	2.6
1971									3.5	0.4	0.5	1.0	1.3
1972										–2.7	–0.5	0.8	1.3
1973											1.7	2.5	2.4
1974												3.3	2.6
1975													2.0

UNITED REP. OF CAMEROON

PER CAPITA GROSS DOMESTIC PRODUCT

	1963	1965	1966	1967	1968	1969	1970	1971	1972	1973	1974	1975	1976
1960	...	...	...	...	...	...	...	...	...	...	...	...	...
1963		...	...	...	...	...	...	...	...	...	...	...	...
1965			...	...	...	...	...	...	...	...	...	...	...
1966				...	...	...	...	...	...	...	...	...	...
1967					...	...	...	...	...	...	...	...	...
1968						...	...	...	...	...	...	...	...
1969							1.0	1.8	1.2	1.3	1.7	1.6	1.7
1970								2.6	1.0	1.3	1.8	1.7	1.8
1971									–0.5	1.0	1.9	1.7	1.9
1972										2.6	2.9	2.1	2.2
1973											3.3	1.6	2.0
1974												0.0	1.8
1975													3.6

UGANDA

PER CAPITA GROSS DOMESTIC PRODUCT

	1963	1965	1966	1967	1968	1969	1970	1971	1972	1973	1974	1975	1976
1960	0.7	1.8	2.1	2.0	1.8	2.1	2.1	2.0	1.7	1.5	1.1	0.8	0.5
1963		2.1	2.4	2.0	1.6	2.1	2.0	1.9	1.5	1.1	0.7	0.2	–0.2
1965			3.0	1.6	0.9	2.2	2.1	1.8	1.3	0.7	0.2	–0.3	–0.8
1966				0.2	–0.0	2.4	2.1	1.7	1.1	0.4	–0.1	–0.7	–1.1
1967					–0.2	3.9	2.8	1.9	1.0	0.2	–0.4	–1.1	–1.5
1968						8.1	3.4	1.8	0.6	–0.4	–1.0	–1.7	–2.1
1969							–1.1	–0.7	–1.2	–1.9	–2.2	–2.7	–3.0
1970								–0.3	–1.4	–2.3	–2.6	–3.1	–3.3
1971									–2.6	–3.2	–3.2	–3.7	–3.8
1972										–3.8	–3.4	–4.0	–4.0
1973											–3.1	–4.2	–4.2
1974												–5.4	–4.5
1975													–3.6

UGANDA

INDUSTRIAL ACTIVITY

	1963	1965	1966	1967	1968	1969	1970	1971	1972	1973	1974	1975	1976
1960	6.3	7.1	7.2	6.9	6.7	6.7	6.7	6.4	6.0	5.3	4.6	3.8	3.0
1963		5.9	6.4	5.9	5.7	6.1	6.1	5.8	5.2	4.3	3.4	2.4	1.5
1965			7.6	5.4	5.4	6.2	6.2	5.7	4.8	3.5	2.5	1.2	0.2
1966				3.4	4.7	6.2	6.3	5.5	4.5	2.9	1.8	0.4	–0.6
1967					5.9	7.8	7.0	5.6	4.2	2.3	1.1	–0.4	–1.5
1968						9.6	7.2	5.0	3.3	1.1	–0.1	–1.7	–2.7
1969							4.8	2.8	1.4	–0.9	–1.8	–3.4	–4.1
1970								0.9	–0.2	–2.8	–3.3	–4.8	–5.4
1971									–1.4	–4.8	–4.6	–6.2	–6.5
1972										–8.2	–5.5	–7.4	–7.3
1973											–2.8	–7.8	–7.5
1974												–12.6	–8.8
1975													–4.9

UGANDA

CONSTRUCTION

	1963	1965	1966	1967	1968	1969	1970	1971	1972	1973	1974	1975	1976
1960	8.3	2.3	0.8	1.4	2.3	3.2	3.0	2.8	2.2	1.4	1.1	0.6	–0.1
1963		–6.3	–5.8	–1.6	1.3	3.4	3.0	2.7	1.6	0.6	0.3	–0.4	–1.2
1965			–10.3	2.3	6.1	7.9	5.4	4.2	2.1	0.4	0.0	–0.9	–1.9
1966				16.7	13.7	12.6	7.1	4.9	2.0	–0.1	–0.5	–1.5	–2.5
1967					10.7	11.0	3.7	2.1	–0.8	–2.6	–2.5	–3.3	–4.2
1968						11.3	–0.8	–1.0	–3.7	–5.1	–4.2	–4.8	–5.5
1969							–11.6	–4.8	–6.9	–7.6	–5.6	–5.9	–6.5
1970								2.5	–5.9	–7.4	–4.7	–5.4	–6.4
1971									–13.6	–11.0	–5.1	–5.9	–7.1
1972										–8.3	0.0	–3.9	–6.3
1973											9.1	–3.6	–7.3
1974												–14.8	–13.4
1975													–12.0

UGANDA

TRANSPORT AND COMMUNICATION

	1963	1965	1966	1967	1968	1969	1970	1971	1972	1973	1974	1975	1976
1960	2.2	5.4	6.0	6.6	7.0	7.3	6.8	7.0	6.9	6.6	6.4	5.9	5.4
1963		7.7	7.8	8.3	8.3	8.4	7.3	7.4	7.1	6.6	6.3	5.6	5.0
1965			10.8	10.5	9.5	9.3	7.0	7.3	7.0	6.2	5.9	5.0	4.3
1966				10.2	8.7	8.8	5.8	6.5	6.4	5.6	5.3	4.4	3.6
1967					7.3	8.3	4.2	5.8	5.8	5.0	4.8	3.8	3.0
1968						9.4	1.9	5.4	5.6	4.6	4.4	3.3	2.4
1969							–5.2	5.4	5.7	4.2	4.1	2.8	1.8
1970								17.0	9.7	5.4	4.7	2.8	1.5
1971									2.8	0.5	1.9	0.4	–0.5
1972										–1.8	2.1	–0.3	–1.2
1973											6.1	–0.6	–1.8
1974												–6.9	–4.7
1975													–2.5

UNITED REP. OF CAMEROON

GROSS DOMESTIC PRODUCT

	1963	1965	1966	1967	1968	1969	1970	1971	1972	1973	1974	1975	1976
1960	...	...	...	...	...	...	...	...	...	...	...	...	...
1963		...	...	...	...	...	...	...	...	...	...	...	...
1965			...	...	...	...	...	...	...	...	...	...	...
1966				...	...	...	...	...	...	...	...	...	...
1967					...	...	...	...	...	...	...	...	...
1968						...	...	...	...	...	...	...	...
1969							3.0	3.7	3.1	3.2	3.5	3.5	3.6
1970								4.3	2.9	3.2	3.7	3.5	3.7
1971									1.5	2.9	3.8	3.5	3.8
1972										4.5	4.8	4.0	4.1
1973											5.1	3.5	4.0
1974												1.9	3.8
1975													5.7

UNITED REP. OF CAMEROON

GOVERNMENT FINAL CONSUMPTION EXPENDITURE

	1963	1965	1966	1967	1968	1969	1970	1971	1972	1973	1974	1975	1976
1960	...	...	...	...	...	...	...	...	...	...	...	...	...
1963		...	...	...	...	...	...	...	...	...	...	...	...
1965			...	...	...	...	...	...	...	...	...	...	...
1966				...	...	...	...	...	...	...	...	...	...
1967					...	...	...	...	...	...	...	...	...
1968						...	...	...	...	...	...	...	...
1969							–0.3	2.5	1.8	1.7	1.2	0.2	–0.1
1970								5.4	2.3	1.9	1.1	–0.1	–0.4
1971									–0.7	0.6	0.1	–1.3	–1.3
1972										2.0	0.2	–1.9	–1.7
1973											–1.4	–3.8	–2.5
1974												–6.1	–2.5
1975													1.3

6A. AVERAGE ANNUAL RATES OF GROWTH OF GROSS DOMESTIC PRODUCT AT CONSTANT PRICES BY TYPE OF EXPENDITURE AND BY KIND OF ECONOMIC ACTIVITY (continued) (IN PER CENT)

UNITED REP. OF CAMEROON

PRIVATE FINAL CONSUMPTION EXPENDITURE

	1963	1965	1966	1967	1968	1969	1970	1971	1972	1973	1974	1975	1976
1960	...	...	...	...	...	...	...	...	...	...	...	...	...
1963		...	...	...	...	...	...	...	...	...	...	...	...
1965			...	...	...	...	...	...	...	...	...	...	...
1966				...	...	...	...	...	...	...	...	...	...
1967					...	...	...	...	...	...	...	...	...
1968						...	...	...	...	...	...	...	...
1969							7.8	7.8	6.3	4.1	4.1	4.0	4.7
1970								7.8	5.3	2.5	3.2	3.3	4.4
1971									2.8	-0.1	2.3	2.8	4.4
1972										-2.9	2.9	3.4	5.3
1973											9.0	5.8	7.5
1974												2.7	7.6
1975													12.8

UNITED REP. OF CAMEROON

GROSS FIXED CAPITAL FORMATION

	1963	1965	1966	1967	1968	1969	1970	1971	1972	1973	1974	1975	1976
1960	...	...	...	...	...	...	...	...	...	...	...	...	...
1963		...	...	...	...	...	...	...	...	...	...	...	...
1965			...	...	...	...	...	...	...	...	...	...	...
1966				...	...	...	...	...	...	...	...	...	...
1967					...	...	...	...	...	...	...	...	...
1968						...	...	...	...	...	...	...	...
1969							-2.0	0.8	-8.1	-6.2	-2.5	0.4	0.7
1970								3.7	-12.8	-7.7	-1.9	1.8	1.7
1971									-26.7	-9.5	0.2	4.7	3.6
1972										11.7	14.9	14.6	8.9
1973											18.3	15.5	6.6
1974												12.7	0.2
1975													-10.9

UNITED REP. OF CAMEROON

EXPORTS OF GOODS AND SERVICES

	1963	1965	1966	1967	1968	1969	1970	1971	1972	1973	1974	1975	1976
1960	...	...	...	...	...	...	...	...	...	...	...	...	...
1963		...	...	...	...	...	...	...	...	...	...	...	...
1965			...	...	...	...	...	...	...	...	...	...	...
1966				...	...	...	...	...	...	...	...	...	...
1967					...	...	...	...	...	...	...	...	...
1968						...	...	...	...	...	...	...	...
1969							-6.6	-4.7	0.8	4.5	3.4	3.7	3.4
1970								-2.8	5.4	8.7	5.4	5.2	4.3
1971									14.2	14.0	6.3	5.7	4.3
1972										13.8	1.5	2.9	2.1
1973											-9.6	-0.1	0.3
1974												10.3	3.9
1975													-2.1

UNITED REP. OF CAMEROON

IMPORTS OF GOODS AND SERVICES

	1963	1965	1966	1967	1968	1969	1970	1971	1972	1973	1974	1975	1976
1960	...	...	...	...	...	...	...	...	...	...	...	...	...
1963		...	...	...	...	...	...	...	...	...	...	...	...
1965			...	...	...	...	...	...	...	...	...	...	...
1966				...	...	...	...	...	...	...	...	...	...
1967					...	...	...	...	...	...	...	...	...
1968						...	...	...	...	...	...	...	...
1969							-0.3	4.3	4.0	2.3	2.1	2.3	2.8
1970								9.1	5.3	2.2	2.0	2.3	2.9
1971									1.6	-1.1	0.3	1.3	2.5
1972										-3.7	0.3	1.9	3.3
1973											4.4	4.3	5.3
1974												4.2	5.8
1975													7.5

UNITED REP. OF TANZANIA (3)

GROSS DOMESTIC PRODUCT

	1963	1965	1966	1967	1968	1969	1970	1971	1972	1973	1974	1975	1976	1977
1960	...	...	...	...	...	...	...	...	...	...	...	...	...	...
1963		...	...	...	...	...	...	...	...	...	...	...	...	...
1965			12.8	8.3	7.0	5.6	5.3	5.0	5.1	5.0	4.8	4.7	4.7	4.7
1966				4.0	4.6	3.8	4.1	4.1	4.4	4.5	4.3	4.4	4.4	4.4
1967					5.2	3.5	4.0	4.2	4.6	4.5	4.4	4.4	4.4	4.5
1968						1.8	3.8	4.1	4.7	4.6	4.4	4.4	4.4	4.5
1969							5.8	5.0	5.4	5.0	4.6	4.5	4.5	4.6
1970								4.2	5.4	4.8	4.3	4.3	4.4	4.5
1971									6.7	4.9	4.0	4.2	4.3	4.5
1972										3.1	2.8	3.7	4.0	4.4
1973											2.5	4.2	4.5	4.8
1974												5.9	5.3	5.4
1975													4.6	5.3
1976														5.9

UNITED REP. OF TANZANIA (3)

PER CAPITA GROSS DOMESTIC PRODUCT

	1963	1965	1966	1967	1968	1969	1970	1971	1972	1973	1974	1975	1976	1977
1960	...	...	...	...	...	...	...	...	...	...	...	...	...	...
1963		...	...	...	...	...	...	...	...	...	...	...	...	...
1965			10.1	5.7	4.3	3.0	2.6	2.3	2.4	2.3	2.1	1.9	1.9	1.9
1966				1.5	2.0	1.2	1.4	1.5	1.7	1.7	1.6	1.6	1.6	1.7
1967					2.4	0.8	1.3	1.4	1.8	1.8	1.6	1.6	1.6	1.7
1968						-0.8	1.1	1.4	2.0	1.9	1.6	1.6	1.6	1.7
1969							3.1	2.3	2.7	2.3	1.8	1.7	1.7	1.8
1970								1.4	2.7	2.1	1.5	1.4	1.5	1.7
1971									3.9	2.1	1.3	1.2	1.4	1.7
1972										0.4	0.1	0.7	1.2	1.5
1973											-0.2	0.9	1.6	1.9
1974												2.1	2.4	2.5
1975													2.6	2.7
1976														2.8

UNITED REP. OF TANZANIA (3)

AGRICULTURE

	1963	1965	1966	1967	1968	1969	1970	1971	1972	1973	1974	1975	1976	1977
1960	...	...	...	...	...	...	...	...	...	...	...	...	...	...
1963		...	...	...	...	...	...	...	...	...	...	...	...	...
1965			14.7	7.1	5.5	4.1	3.7	3.0	3.1	3.1	2.6	2.6	2.8	3.0
1966				0.1	2.1	1.8	2.1	1.7	2.3	2.4	2.0	2.1	2.4	2.7
1967					4.1	2.2	2.5	1.8	2.5	2.6	2.0	2.2	2.6	2.9
1968						0.4	2.1	1.2	2.4	2.5	1.9	2.1	2.6	3.0
1969							3.8	1.2	3.0	3.0	1.9	2.2	2.8	3.2
1970								-1.2	3.4	3.1	1.6	2.1	2.8	3.4
1971									8.2	4.5	1.5	2.2	3.2	3.8
1972										1.0	-1.6	1.0	2.8	3.7
1973											-4.1	2.0	4.2	4.9
1974												8.5	7.9	7.2
1975													7.3	6.5
1976														5.6

UNITED REP. OF TANZANIA (3)

INDUSTRIAL ACTIVITY

	1963	1965	1966	1967	1968	1969	1970	1971	1972	1973	1974	1975	1976	1977
1960	...	...	...	...	...	...	...	...	...	...	...	...	...	...
1963		...	...	...	...	...	...	...	...	...	...	...	...	...
1965			16.8	12.0	7.4	6.7	5.8	6.3	6.4	6.1	5.7	5.2	5.0	4.8
1966				7.4	2.9	4.1	3.9	5.2	5.6	5.4	5.1	4.7	4.5	4.4
1967					-1.3	3.5	3.5	5.5	5.9	5.6	5.1	4.6	4.4	4.3
1968						8.5	5.1	7.4	7.2	6.3	5.5	4.8	4.5	4.4
1969							1.8	7.7	7.3	6.0	5.1	4.2	4.0	4.0
1970								14.0	9.0	6.3	4.9	3.8	3.6	3.7
1971									4.2	2.9	2.5	1.9	2.3	2.8
1972										1.7	1.8	1.3	2.1	2.8
1973											2.0	1.0	2.3	3.2
1974												0.0	2.9	4.0
1975													5.8	5.7
1976														5.6

UNITED REP. OF TANZANIA (3)

MANUFACTURING

	1963	1965	1966	1967	1968	1969	1970	1971	1972	1973	1974	1975	1976	1977
1960	...	...	...	...	...	...	...	...	...	...	...	...	...	...
1963		...	...	...	...	...	...	...	...	...	...	...	...	...
1965			17.7	13.2	10.8	10.2	9.5	9.2	9.1	8.7	8.1	7.4	6.9	6.6
1966				9.0	7.9	8.4	8.1	8.2	8.3	8.0	7.4	6.7	6.3	6.1
1967					6.8	8.4	8.0	8.2	8.3	7.9	7.2	6.4	6.0	5.7
1968						10.0	8.3	8.5	8.5	7.9	7.0	6.0	5.6	5.4
1969							6.5	8.0	8.3	7.6	6.4	5.4	5.0	4.9
1970								9.5	9.0	7.5	6.0	4.7	4.5	4.4
1971									8.4	6.4	4.7	3.5	3.5	3.8
1972										4.5	2.9	2.0	2.7	3.2
1973											1.4	0.8	2.4	3.3
1974												0.3	3.3	4.3
1975													6.4	5.9
1976														5.4

UNITED REP. OF TANZANIA (3)

CONSTRUCTION

	1963	1965	1966	1967	1968	1969	1970	1971	1972	1973	1974	1975	1976	1977
1960	...	...	...	...	...	...	...	...	...	...	...	...	...	...
1963		...	...	...	...	...	...	...	...	...	...	...	...	...
1965			13.1	21.0	17.3	11.5	10.1	10.2	9.9	9.3	8.4	7.3	6.1	5.3
1966				29.5	17.5	8.9	7.9	8.8	8.8	8.4	7.5	6.3	5.1	4.3
1967					6.6	0.2	3.0	6.2	7.0	7.0	6.3	5.1	4.0	3.2
1968						-5.8	2.9	7.6	8.3	7.8	6.6	5.1	3.7	2.8
1969							12.4	14.3	11.8	9.8	7.5	5.3	3.5	2.5
1970								16.2	10.9	8.3	5.8	3.5	1.7	0.9
1971									5.8	4.9	2.9	0.9	-0.6	-1.0
1972										4.0	1.4	-0.9	-2.3	-2.2
1973											-1.2	-3.2	-4.1	-3.3
1974												-5.1	-5.3	-3.5
1975													-5.6	-2.3
1976														1.1

UNITED REP. OF TANZANIA (3)

WHOLESALE AND RETAIL TRADE

	1963	1965	1966	1967	1968	1969	1970	1971	1972	1973	1974	1975	1976	1977
1960	...	...	...	...	...	...	...	...	...	...	...	...	...	...
1963		...	...	...	...	...	...	...	...	...	...	...	...	...
1965			16.2	7.2	7.7	6.2	6.0	5.2	4.5	4.2	4.0	3.8	3.5	3.4
1966				-1.1	5.1	4.3	4.8	4.0	3.5	3.4	3.4	3.2	3.0	2.9
1967					11.8	5.8	5.8	4.4	3.6	3.5	3.3	3.1	2.9	2.9
1968						0.2	3.9	2.7	2.3	2.5	2.7	2.5	2.4	2.5
1969							7.7	3.1	2.3	2.7	2.8	2.6	2.4	2.5
1970								-1.2	0.3	1.8	2.3	2.2	2.1	2.3
1971									1.9	3.4	3.4	2.8	2.5	2.6
1972										4.9	3.9	2.8	2.3	2.5
1973											2.8	1.7	1.6	2.2
1974												0.6	1.1	2.2
1975													1.7	3.2
1976														4.7

UNITED REP. OF TANZANIA (3)

TRANSPORT AND COMMUNICATION

	1963	1965	1966	1967	1968	1969	1970	1971	1972	1973	1974	1975	1976	1977
1960	...	...	...	...	...	...	...	...	...	...	...	...	...	...
1963		...	...	...	...	...	...	...	...	...	...	...	...	...
1965			20.5	15.8	15.2	12.8	12.1	11.9	11.3	10.6	9.9	9.3	8.7	8.3
1966				11.2	13.2	10.6	10.6	10.8	10.4	9.7	9.1	8.5	8.0	7.6
1967					15.3	9.6	10.1	10.5	10.1	9.3	8.7	8.1	7.5	7.1
1968						4.2	8.6	10.0	9.6	8.7	8.1	7.5	6.9	6.5
1969							13.2	12.4	10.6	8.9	8.0	7.3	6.6	6.2
1970								11.7	9.2	7.4	6.7	6.2	5.7	5.4
1971									6.8	5.4	5.4	5.2	4.8	4.8
1972										4.1	5.0	4.8	4.5	4.5
1973											5.9	5.0	4.4	4.5
1974												4.1	3.8	4.2
1975													3.5	4.3
1976														5.1

6A. AVERAGE ANNUAL RATES OF GROWTH OF GROSS DOMESTIC PRODUCT AT CONSTANT PRICES BY TYPE OF EXPENDITURE AND BY KIND OF ECONOMIC ACTIVITY (continued)
(IN PER CENT)

UNITED REP. OF TANZANIA (3)

OTHER

	1963	1965	1966	1967	1968	1969	1970	1971	1972	1973	1974	1975	1976	1977
1960	...	...	...	...	...	...	...	...	...	...	...	...	...	...
1963		...	...	...	...	...	...	...	...	...	...	...	...	...
1965			2.4	4.8	4.6	4.2	4.4	4.8	5.3	5.5	6.1	6.6	6.8	7.0
1966				7.4	5.3	4.3	4.6	5.0	5.6	5.8	6.5	7.0	7.2	7.3
1967					3.2	3.0	4.1	4.9	5.7	6.0	6.8	7.4	7.5	7.6
1968						2.8	4.8	5.7	6.4	6.6	7.4	8.0	8.0	8.0
1969							6.8	6.9	7.4	7.3	8.2	8.7	8.5	8.4
1970								7.0	7.8	7.4	8.6	9.2	8.8	8.6
1971									8.6	7.4	9.2	9.8	9.1	8.7
1972										6.1	10.0	10.6	9.2	8.7
1973											14.0	12.3	9.4	8.6
1974												10.6	7.0	7.0
1975													3.4	5.8
1976														8.2

ZAIRE

GROSS DOMESTIC PRODUCT

	1963	1965	1966	1967	1968	1969	1970	1971	1972	1973	1974	1975
1960	...	...	...	...	...	...	...	...	...	...	...	...
1963		...	...	...	...	...	...	...	...	...	...	...
1965			...	...	...	...	...	...	...	...	...	...
1966				...	...	...	...	...	...	...	...	...
1967					...	...	...	...	...	...	...	...
1968						9.1	9.4	8.2	6.6	6.4	6.3	5.2
1969							9.7	7.5	5.5	5.6	5.7	4.5
1970								5.4	3.5	4.7	5.2	3.8
1971									1.7	4.8	5.5	3.4
1972										8.0	7.1	3.1
1973											6.1	0.2
1974												–5.3

ZAIRE

PER CAPITA GROSS DOMESTIC PRODUCT

	1963	1965	1966	1967	1968	1969	1970	1971	1972	1973	1974	1975
1960	...	...	...	...	...	...	...	...	...	...	...	...
1963		...	...	...	...	...	...	...	...	...	...	...
1965			...	...	...	...	...	...	...	...	...	...
1966				...	...	...	...	...	...	...	...	...
1967					...	...	...	...	...	...	...	...
1968						4.5	5.0	4.3	3.1	3.0	3.0	2.1
1969							5.6	4.1	2.3	2.5	2.7	1.6
1970								2.5	0.7	1.8	2.3	0.9
1971									–1.1	2.0	2.6	0.6
1972										5.1	4.1	0.3
1973											3.2	–2.5
1974												–7.9

ZAIRE

GOVERNMENT FINAL CONSUMPTION EXPENDITURE

	1963	1965	1966	1967	1968	1969	1970	1971	1972	1973	1974	1975
1960	...	...	...	...	...	...	...	...	...	...	...	...
1963		...	...	...	...	...	...	...	...	...	...	...
1965			...	...	...	...	...	...	...	...	...	...
1966				...	...	...	...	...	...	...	...	...
1967					...	...	...	...	...	...	...	...
1968						5.2	10.3	5.2	2.1	2.1	3.8	3.1
1969							15.5	3.5	–0.2	0.8	3.4	2.6
1970								–7.2	–6.1	–1.8	2.9	2.0
1971									–5.0	1.6	7.1	4.1
1972										8.7	13.5	5.6
1973											18.5	2.1
1974												–12.1

ZAIRE

PRIVATE FINAL CONSUMPTION EXPENDITURE

	1963	1965	1966	1967	1968	1969	1970	1971	1972	1973	1974	1975
1960	...	...	...	...	...	...	...	...	...	...	...	...
1963		...	...	...	...	...	...	...	...	...	...	...
1965			...	...	...	...	...	...	...	...	...	...
1966				...	...	...	...	...	...	...	...	...
1967					...	...	...	...	...	...	...	...
1968						6.9	7.5	7.3	6.0	5.4	4.5	2.5
1969							8.1	7.4	5.4	4.7	3.8	1.4
1970								6.7	3.8	3.7	2.8	–0.0
1971									0.9	2.6	1.9	–1.7
1972										4.4	1.9	–3.4
1973											–0.5	–7.4
1974												–13.9

ZAIRE

GROSS FIXED CAPITAL FORMATION (4)

	1963	1965	1966	1967	1968	1969	1970	1971	1972	1973	1974	1975
1960	...	...	...	...	...	...	...	...	...	...	...	...
1963		...	...	...	...	...	...	...	...	...	...	...
1965			...	...	...	...	...	...	...	...	...	...
1966				...	...	...	...	...	...	...	...	...
1967					...	...	...	...	...	...	...	...
1968						41.4	32.5	23.4	18.9	16.1	14.3	9.8
1969							24.1	15.2	12.7	11.4	10.5	6.0
1970								6.9	8.4	8.6	8.5	3.3
1971									9.9	9.3	8.8	1.4
1972										8.6	8.3	–2.3
1973											8.0	–8.9
1974												–23.1

ZAIRE

EXPORTS OF GOODS AND SERVICES

	1963	1965	1966	1967	1968	1969	1970	1971	1972	1973	1974	1975
1960	...	...	...	...	...	...	...	...	...	...	...	...
1963		...	...	...	...	...	...	...	...	...	...	...
1965			...	...	...	...	...	...	...	...	...	...
1966				...	...	...	...	...	...	...	...	...
1967					...	...	...	...	...	...	...	...
1968						3.5	6.0	8.9	8.7	8.1	8.7	7.5
1969							8.6	11.7	10.1	8.6	9.3	7.6
1970								14.8	10.1	7.8	9.2	6.9
1971									5.5	4.9	8.3	5.6
1972										4.3	10.4	5.2
1973											16.9	3.9
1974												–7.7

ZAIRE

IMPORTS OF GOODS AND SERVICES

	1963	1965	1966	1967	1968	1969	1970	1971	1972	1973	1974	1975
1960	...	...	...	...	...	...	...	...	...	...	...	...
1963		...	...	...	...	...	...	...	...	...	...	...
1965			...	...	...	...	...	...	...	...	...	...
1966				...	...	...	...	...	...	...	...	...
1967					...	...	...	...	...	...	...	...
1968						14.9	17.2	15.1	12.9	10.5	10.5	6.4
1969							19.7	14.5	11.5	8.8	9.4	4.4
1970								9.6	7.9	5.8	7.7	1.8
1971									6.2	3.8	7.7	–0.5
1972										1.4	9.5	–3.5
1973											18.3	–9.0
1974												–30.0

ZAIRE

AGRICULTURE

	1963	1965	1966	1967	1968	1969	1970	1971	1972	1973	1974	1975	1976
1960	...	...	...	...	...	...	...	...	...	...	...	...	...
1963		...	...	...	...	...	...	...	...	...	...	...	...
1965			...	...	...	...	...	...	...	...	...	...	...
1966				...	...	...	...	...	...	...	...	...	...
1967					...	...	...	...	...	...	...	...	...
1968						–0.1	2.6	2.7	2.5	2.4	2.4	2.2	2.0
1969							5.4	3.6	2.9	2.6	2.6	2.2	2.0
1970								1.9	1.8	1.9	2.2	1.8	1.6
1971									1.8	1.9	2.3	1.7	1.5
1972										1.9	2.6	1.6	1.4
1973											3.4	1.1	1.1
1974												–1.0	0.3
1975													1.6

ZAIRE

INDUSTRIAL ACTIVITY

	1963	1965	1966	1967	1968	1969	1970	1971	1972	1973	1974	1975	1976
1960	...	...	...	...	...	...	...	...	...	...	...	...	...
1963		...	...	...	...	...	...	...	...	...	...	...	...
1965			...	...	...	...	...	...	...	...	...	...	...
1966				...	...	...	...	...	...	...	...	...	...
1967					...	...	...	...	...	...	...	...	...
1968						8.3	8.3	7.0	6.0	6.0	6.0	4.9	4.0
1969							8.3	6.2	5.1	5.5	5.7	4.4	3.3
1970								4.1	3.7	5.0	5.5	3.8	2.6
1971									3.2	5.8	6.1	3.5	2.0
1972										8.4	7.1	2.7	1.0
1973											5.9	–0.6	–1.4
1974												–6.6	–4.0
1975													–1.2

ZAIRE

MANUFACTURING

	1963	1965	1966	1967	1968	1969	1970	1971	1972	1973	1974	1975	1976
1960	...	...	...	...	...	...	...	...	...	...	...	...	...
1963		...	...	...	...	...	...	...	...	...	...	...	...
1965			...	...	...	...	...	...	...	...	...	...	...
1966				...	...	...	...	...	...	...	...	...	...
1967					...	...	...	...	...	...	...	...	...
1968						10.5	10.7	9.2	7.5	7.2	7.2	5.8	4.8
1969							10.9	8.2	6.3	6.4	6.6	5.0	3.9
1970								5.7	4.1	5.4	6.1	4.1	3.0
1971									2.6	5.7	6.7	3.6	2.3
1972										8.9	8.4	2.9	1.4
1973											8.0	–0.7	–1.1
1974												–8.7	–4.1
1975													0.8

ZAIRE

CONSTRUCTION

	1963	1965	1966	1967	1968	1969	1970	1971	1972	1973	1974	1975	1976
1960	...	...	...	...	...	...	...	...	...	...	...	...	...
1963		...	...	...	...	...	...	...	...	...	...	...	...
1965			...	...	...	...	...	...	...	...	...	...	...
1966				...	...	...	...	...	...	...	...	...	...
1967					...	...	...	...	...	...	...	...	...
1968						30.8	37.0	29.7	19.3	15.5	13.9	12.0	10.9
1969							43.4	27.0	13.2	10.5	10.1	8.7	8.2
1970								12.4	0.6	3.0	5.4	5.2	5.5
1971									–9.9	0.8	5.4	5.1	5.6
1972										12.8	12.8	8.5	7.9
1973											12.7	5.8	6.2
1974												–0.7	4.2
1975													9.3

6A. AVERAGE ANNUAL RATES OF GROWTH OF GROSS DOMESTIC PRODUCT AT CONSTANT PRICES BY TYPE OF EXPENDITURE AND BY KIND OF ECONOMIC ACTIVITY (continued) (IN PER CENT)

ZAIRE — *WHOLESALE AND RETAIL TRADE*

	1963	1965	1966	1967	1968	1969	1970	1971	1972	1973	1974	1975	1976
1960	...	...	...	...	...	...	...	...	...	...	...	...	...
1963		...	...	...	...	...	...	...	...	...	...	...	...
1965			...	...	...	...	...	...	...	...	...	...	...
1966				...	...	...	...	...	...	...	...	...	...
1967					...	...	...	...	...	...	...	...	...
1968						12.8	15.9	13.9	11.8	10.5	9.8	8.0	6.9
1969							19.2	13.6	10.7	9.2	8.8	6.8	5.7
1970								8.2	7.0	6.8	7.1	5.0	4.2
1971									5.8	6.2	7.0	4.1	3.3
1972										6.5	7.7	3.0	2.3
1973											8.9	0.4	0.7
1974												-7.5	-1.9
1975													4.1

ZAIRE — *TRANSPORT AND COMMUNICATION*

	1963	1965	1966	1967	1968	1969	1970	1971	1972	1973	1974	1975	1976
1960	...	...	...	...	...	...	...	...	...	...	...	...	...
1963		...	...	...	...	...	...	...	...	...	...	...	...
1965			...	...	...	...	...	...	...	...	...	...	...
1966				...	...	...	...	...	...	...	...	...	...
1967					...	...	...	...	...	...	...	...	...
1968						7.8	7.5	8.4	4.1	4.5	5.0	3.8	2.1
1969							7.3	8.8	2.2	3.6	4.5	3.1	1.2
1970								10.4	-1.5	2.4	4.1	2.4	0.2
1971									-12.2	1.2	4.3	1.9	-0.9
1972										16.6	11.6	4.1	-0.7
1973											6.8	-2.0	-5.9
1974												-10.1	-11.0
1975													-11.9

ZAIRE — *OTHER*

	1963	1965	1966	1967	1968	1969	1970	1971	1972	1973	1974	1975
1960	...	...	...	...	...	...	...	...	...	...	...	...
1963		...	...	...	...	...	...	...	...	...	...	...
1965			...	...	...	...	...	...	...	...	...	...
1966				...	...	...	...	...	...	...	...	...
1967					...	...	...	...	...	...	...	...
1968						6.6	7.3	6.1	5.5	6.2	7.1	6.3
1969							8.1	5.5	4.9	6.1	7.3	6.2
1970								3.0	3.6	6.1	7.8	6.2
1971									4.3	8.0	9.6	6.6
1972										11.8	12.0	6.3
1973											12.2	2.7
1974												-5.9

ZAMBIA — *GROSS DOMESTIC PRODUCT*

	1963	1965	1966	1967	1968	1969	1970	1971	1972	1973	1974	1975	1976	1977
1960	0.3	3.2	2.4	2.5	2.5	2.3	2.3	2.2	2.4	2.4	2.5	2.6	2.7	2.7
1963		6.5	2.1	2.4	2.3	2.0	2.0	2.0	2.3	2.3	2.6	2.6	2.7	2.7
1965			-5.5	1.0	1.7	1.4	1.8	1.8	2.4	2.4	2.7	2.7	2.9	2.8
1966				7.8	4.5	2.7	2.7	2.4	3.0	2.9	3.1	3.0	3.2	3.1
1967					1.3	0.4	1.5	1.6	2.7	2.6	3.0	2.9	3.2	3.0
1968						-0.5	2.0	1.9	3.3	2.9	3.4	3.2	3.4	3.2
1969							4.5	2.7	4.4	3.4	3.9	3.5	3.7	3.3
1970								0.9	5.0	3.2	3.9	3.4	3.7	3.2
1971									9.3	3.4	4.3	3.4	3.8	3.2
1972										-2.1	3.0	2.3	3.3	2.7
1973											8.5	3.6	4.5	3.1
1974												-1.0	3.4	1.9
1975													8.1	2.4
1976														-2.9

ZAMBIA — *PER CAPITA GROSS DOMESTIC PRODUCT*

	1963	1965	1966	1967	1968	1969	1970	1971	1972	1973	1974	1975	1976	1977
1960	-2.6	0.3	-0.5	-0.3	-0.4	-0.5	-0.5	-0.6	-0.4	-0.5	-0.4	-0.4	-0.3	-0.3
1963		3.6	-0.7	-0.4	-0.4	-0.8	-0.7	-0.8	-0.5	-0.6	-0.4	-0.4	-0.3	-0.3
1965			-8.0	-1.7	-0.9	-1.3	-1.0	-1.0	-0.5	-0.6	-0.3	-0.3	-0.1	-0.2
1966				5.1	1.8	-0.1	-0.2	-0.5	0.1	-0.2	0.1	-0.0	0.1	-0.0
1967					-1.4	-2.3	-1.3	-1.3	-0.3	-0.5	-0.1	-0.2	0.0	-0.2
1968						-3.2	-1.0	-1.2	0.2	-0.2	0.2	-0.0	0.2	-0.0
1969							1.3	-0.5	1.2	0.2	0.6	0.2	0.5	0.1
1970								-2.4	1.7	-0.0	0.6	0.1	0.4	0.0
1971									5.9	0.2	1.1	0.2	0.6	0.0
1972										-5.2	-0.2	-0.9	0.1	-0.5
1973											5.1	0.4	1.2	-0.1
1974												-4.0	0.3	-1.2
1975													4.7	-0.7
1976														-5.8

ZAMBIA — *GOVERNMENT FINAL CONSUMPTION EXPENDITURE*

	1963	1965	1966	1967	1968	1969	1970	1971	1972	1973	1974	1975	1976	1977
1960	6.1	7.7	7.1	7.7	8.0	7.5	7.8	8.6	8.9	8.8	8.4	8.3	8.0	7.6
1963		10.2	7.1	8.5	8.7	7.5	8.1	9.4	9.8	9.4	8.7	8.4	8.0	7.5
1965			1.2	9.2	9.4	6.9	8.1	10.2	10.6	9.8	8.8	8.4	7.9	7.1
1966				17.9	12.3	7.0	8.7	11.3	11.6	10.3	8.9	8.4	7.8	7.0
1967					7.1	2.0	6.9	11.3	11.6	10.0	8.4	7.8	7.2	6.3
1968						-2.8	8.6	14.4	13.6	10.7	8.4	7.8	7.1	6.0
1969							21.4	22.9	17.3	11.8	8.3	7.5	6.7	5.5
1970								24.6	14.3	7.6	4.6	4.8	4.5	3.6
1971									4.8	0.5	-0.4	1.8	2.4	1.9
1972										-3.7	-2.3	1.9	2.7	1.9
1973											-1.0	5.3	4.9	2.8
1974												12.0	6.7	2.7
1975													1.7	-1.5
1976														-4.6

ZAMBIA — *PRIVATE FINAL CONSUMPTION EXPENDITURE*

	1963	1965	1966	1967	1968	1969	1970	1971	1972	1973	1974	1975	1976	1977
1960	1.7	1.9	1.9	2.5	3.3	3.2	2.7	2.1	1.7	1.4	1.3	1.5	1.1	0.6
1963		1.9	1.9	3.3	4.9	4.1	2.9	1.8	1.3	0.9	0.8	1.2	0.7	0.1
1965			3.4	6.2	8.1	5.3	2.9	1.1	0.6	0.1	0.2	0.8	0.2	-0.5
1966				9.0	10.4	5.0	1.7	-0.2	-0.5	-0.9	-0.5	0.4	-0.3	-1.1
1967					11.8	2.0	-1.3	-2.7	-2.3	-2.3	-1.5	-0.1	-0.9	-1.7
1968						-7.0	-6.4	-5.9	-4.1	-3.4	-2.1	-0.3	-1.1	-2.0
1969							-5.8	-5.4	-2.9	-2.5	-1.0	1.1	-0.4	-1.6
1970								-5.0	-1.1	-1.3	0.3	2.6	0.3	-1.4
1971									3.0	-0.1	1.8	4.4	0.7	-1.6
1972										-3.2	2.0	5.9	0.1	-2.8
1973											7.5	10.5	-0.5	-4.3
1974												13.7	-6.4	-9.0
1975													-22.9	-16.3
1976														-9.1

ZAMBIA — *GROSS FIXED CAPITAL FORMATION*

	1963	1965	1966	1967	1968	1969	1970	1971	1972	1973	1974	1975	1976	1977
1960	-7.7	-4.8	-1.9	0.8	2.2	2.7	4.2	4.6	5.0	4.8	4.6	4.5	4.1	3.5
1963		0.1	6.0	9.4	9.4	8.1	9.5	9.0	8.7	7.6	6.7	6.3	5.4	4.4
1965			25.2	20.9	14.8	10.0	11.8	10.3	9.5	7.7	6.5	5.9	4.7	3.5
1966				16.8	9.6	5.2	9.6	8.4	7.8	6.0	4.9	4.6	3.4	2.3
1967					2.8	0.2	9.1	7.6	7.2	5.1	3.9	3.8	2.5	1.4
1968						-2.3	14.6	9.5	8.1	5.0	3.6	3.5	2.0	0.7
1969							34.3	12.0	8.6	4.1	2.5	2.7	1.1	-0.3
1970								-6.5	0.2	-2.2	-1.8	-0.2	-1.4	-2.5
1971									7.3	-1.5	-1.3	0.8	-1.1	-2.6
1972										-9.6	-4.0	0.5	-2.0	-3.7
1973											1.9	5.7	-0.8	-3.6
1974												9.6	-3.8	-6.4
1975													-15.5	-12.0
1976														-8.4

ZAMBIA — *EXPORTS OF GOODS AND SERVICES*

	1963	1965	1966	1967	1968	1969	1970	1971	1972	1973	1974	1975	1976	1977
1960	...	...	...	...	...	...	...	...	...	...	...	...	...	...
1963		...	...	...	...	...	...	...	...	...	...	...	...	...
1965			-14.5	-0.7	-1.0	2.9	3.1	2.0	2.5	2.0	1.9	1.6	2.2	2.4
1966				15.4	3.8	7.5	5.8	3.5	3.7	2.8	2.5	2.0	2.6	2.8
1967					-6.5	6.2	4.4	1.8	2.6	1.7	1.6	1.3	2.1	2.4
1968						20.6	7.7	2.1	3.2	1.7	1.7	1.2	2.2	2.5
1969							-3.9	-5.2	-0.0	-0.7	-0.0	-0.1	1.5	2.0
1970								-6.5	3.1	0.4	1.0	0.5	2.4	2.8
1971									13.7	2.0	2.0	0.9	3.3	3.6
1972										-8.5	-1.5	-1.4	2.9	3.4
1973											5.9	1.2	6.4	5.7
1974												-3.4	8.4	6.4
1975													21.7	9.2
1976														-2.1

ZAMBIA — *IMPORTS OF GOODS AND SERVICES*

	1963	1965	1966	1967	1968	1969	1970	1971	1972	1973	1974	1975	1976	1977
1960	...	...	...	...	...	...	...	...	...	...	...	...	...	...
1963		...	...	...	...	...	...	...	...	...	...	...	...	...
1965			24.3	22.1	17.2	10.9	7.8	6.5	5.5	3.4	3.0	2.3	0.7	-1.0
1966				19.9	13.3	6.2	3.8	3.4	3.1	1.1	1.1	0.7	-0.9	-2.6
1967					7.1	-0.3	-0.5	0.7	1.2	-0.8	-0.3	-0.5	-2.2	-3.9
1968						-7.1	-3.0	-0.0	0.9	-1.7	-0.7	-0.9	-2.8	-4.8
1969							1.3	3.5	3.2	-1.4	-0.3	-0.6	-3.0	-5.4
1970								5.8	3.7	-3.3	-1.0	-1.2	-4.1	-6.8
1971									1.7	-8.4	-2.5	-2.1	-5.7	-8.7
1972										-17.4	-1.8	-1.6	-6.8	-10.3
1973											16.8	4.3	-6.6	-11.6
1974												-6.8	-16.5	-18.6
1975													-25.1	-22.9
1976														-20.6

ZAMBIA — *AGRICULTURE*

	1963	1965	1966	1967	1968	1969	1970	1971	1972	1973	1974	1975	1976	1977
1960	...	...	...	...	...	...	...	...	...	...	...	...	...	...
1963		...	...	...	...	...	...	...	...	...	...	...	...	...
1965			2.5	1.0	0.8	0.9	1.4	1.4	1.8	1.7	1.8	2.0	2.3	2.4
1966				-0.5	0.1	0.6	1.4	1.5	2.0	1.8	1.9	2.1	2.4	2.6
1967					0.8	1.1	2.0	1.9	2.4	2.1	2.1	2.3	2.7	2.8
1968						1.4	2.8	2.3	2.8	2.2	2.2	2.5	2.9	3.0
1969							4.2	2.4	3.1	2.1	2.2	2.5	3.0	3.1
1970								0.6	3.0	1.6	1.8	2.4	3.1	3.2
1971									5.6	1.5	1.9	2.7	3.5	3.5
1972										-2.5	0.9	2.5	3.8	3.6
1973											4.4	4.8	5.6	4.7
1974												5.3	6.2	4.5
1975													7.2	3.7
1976														0.4

ZAMBIA — *INDUSTRIAL ACTIVITY*

	1963	1965	1966	1967	1968	1969	1970	1971	1972	1973	1974	1975	1976	1977
1960	...	...	...	...	...	...	...	...	...	...	...	...	...	...
1963		...	...	...	...	...	...	...	...	...	...	...	...	...
1965			-14.2	-5.8	-4.2	-1.5	-1.3	-1.5	-0.0	0.5	1.3	1.2	1.6	1.7
1966				3.5	-0.1	1.9	0.9	-0.1	1.4	1.7	2.4	2.1	2.4	2.3
1967					-3.6	2.1	0.4	-0.7	1.5	1.9	2.6	2.2	2.5	2.5
1968						8.2	1.2	-0.9	2.3	2.5	3.3	2.6	2.9	2.8
1969							-5.3	-4.4	2.0	2.5	3.6	2.5	3.0	2.8
1970								-3.5	6.9	5.2	5.6	3.5	3.8	3.4
1971									18.4	7.7	7.1	3.6	3.9	3.3
1972										-2.1	3.3	0.1	1.9	1.8
1973											9.0	-0.2	2.7	2.2
1974												-8.7	1.7	1.4
1975													13.2	5.0
1976														-2.7

6A. AVERAGE ANNUAL RATES OF GROWTH OF GROSS DOMESTIC PRODUCT AT CONSTANT PRICES BY TYPE OF EXPENDITURE AND BY KIND OF ECONOMIC ACTIVITY (continued) (IN PER CENT)

ZAMBIA

MANUFACTURING

	1963	1965	1966	1967	1968	1969	1970	1971	1972	1973	1974	1975	1976	1977
1960	...	...	...	...	...	...	...	...	...	...	...	...	...	...
1963		...	...	...	...	...	...	...	...	...	...	...	...	...
1965			19.8	18.5	16.2	12.6	10.9	10.5	10.5	10.0	9.5	8.3	7.1	5.9
1966				17.2	14.4	9.9	8.7	8.9	9.3	9.0	8.7	7.3	6.1	4.9
1967					11.6	6.2	6.2	7.4	8.5	8.3	8.1	6.6	5.3	4.0
1968						1.1	4.5	7.2	8.8	8.4	8.1	6.3	4.7	3.4
1969							8.0	10.2	11.1	9.7	8.8	6.3	4.4	2.8
1970								12.4	12.5	9.6	8.4	5.2	3.1	1.4
1971									12.6	7.7	6.9	3.0	1.0	-0.5
1972										3.1	4.9	0.2	-1.5	-2.7
1973											6.7	-2.3	-3.5	-4.3
1974												-10.6	-7.1	-6.5
1975													-3.5	-4.9
1976														-6.2

ZAMBIA

CONSTRUCTION

	1963	1965	1966	1967	1968	1969	1970	1971	1972	1973	1974	1975	1976	1977
1960	...	...	...	...	...	...	...	...	...	...	...	...	...	...
1963		...	...	...	...	...	...	...	...	...	...	...	...	...
1965			12.8	3.2	-1.0	0.3	-0.4	-1.0	-0.7	-0.1	1.0	2.5	3.7	4.2
1966				-5.6	-6.6	-1.9	-2.0	-2.3	-1.5	-0.6	0.8	2.7	4.1	4.7
1967					-7.6	1.0	-0.6	-1.6	-0.8	0.2	1.8	3.8	5.3	5.8
1968						10.5	1.2	-1.1	-0.2	1.0	2.8	5.1	6.7	6.9
1969							-7.2	-5.5	-2.0	0.4	3.0	5.9	7.7	7.8
1970								-3.7	1.0	3.2	5.8	8.8	10.3	9.8
1971									5.8	6.3	8.8	11.9	12.9	11.5
1972										6.8	10.6	14.4	14.8	12.3
1973											14.4	18.4	16.9	12.5
1974												22.6	17.3	10.6
1975													12.3	4.8
1976														-2.3

ZAMBIA

WHOLESALE AND RETAIL TRADE

	1963	1965	1966	1967	1968	1969	1970	1971	1972	1973	1974	1975	1976	1977
1960	...	...	...	...	...	...	...	...	...	...	...	...	...	...
1963		...	...	...	...	...	...	...	...	...	...	...	...	...
1965			-7.3	3.0	7.3	0.9	2.4	2.4	2.9	2.3	2.6	2.0	1.5	0.9
1966				14.3	14.3	0.9	3.1	2.8	3.4	2.5	2.9	2.0	1.5	0.7
1967					14.2	-7.1	-0.1	0.8	2.3	1.4	2.2	1.3	0.8	0.0
1968						-24.5	-2.0	0.2	2.5	1.3	2.3	1.1	0.6	-0.3
1969							27.1	11.0	9.1	4.7	4.9	2.6	1.6	0.3
1970								-3.1	3.0	-0.3	1.9	-0.0	-0.6	-1.7
1971									9.5	-0.5	2.9	-0.2	-0.9	-2.2
1972										-9.6	1.9	-2.2	-2.3	-3.6
1973											14.9	-0.9	-1.8	-3.7
1974												-14.6	-7.1	-7.3
1975													1.1	-4.8
1976														-10.2

ZAMBIA

TRANSPORT AND COMMUNICATION

	1963	1965	1966	1967	1968	1969	1970	1971	1972	1973	1974	1975	1976	1977
1960	...	...	...	...	...	...	...	...	...	...	...	...	...	...
1963		...	...	...	...	...	...	...	...	...	...	...	...	...
1965			-9.3	13.6	9.9	4.6	1.7	2.5	1.8	1.0	0.8	1.1	1.7	1.8
1966				42.3	15.8	4.8	0.6	2.1	1.3	0.4	0.3	0.8	1.6	1.7
1967					-5.7	-8.4	-7.8	-2.6	-2.0	-2.3	-1.8	-0.7	0.5	0.9
1968						-11.0	-8.4	-0.2	-0.3	-1.2	-0.9	0.2	1.6	1.8
1969							-5.6	6.7	3.0	0.4	0.3	1.4	2.8	2.8
1970								20.5	4.8	-0.1	0.0	1.6	3.3	3.2
1971									-9.0	-7.6	-3.8	-0.2	2.7	2.7
1972										-6.2	-0.6	3.3	6.1	4.9
1973											5.2	8.1	10.0	6.7
1974												11.0	12.2	6.1
1975													13.5	2.7
1976														-7.1

ZAMBIA

OTHER

	1963	1965	1966	1967	1968	1969	1970	1971	1972	1973	1974	1975	1976	1977
1960	...	...	...	...	...	...	...	...	...	...	...	...	...	...
1963		...	...	...	...	...	...	...	...	...	...	...	...	...
1965			7.7	-2.2	0.0	0.0	3.1	4.9	5.5	5.6	5.6	5.7	5.7	5.5
1966				-11.2	-1.7	-0.8	3.8	6.0	6.5	6.3	6.2	6.2	6.1	5.8
1967					8.8	3.3	8.4	9.6	9.1	8.1	7.5	7.2	6.9	6.4
1968						-2.0	10.0	11.0	9.7	8.2	7.3	7.0	6.7	6.2
1969							23.4	16.1	11.5	8.7	7.4	6.9	6.6	5.9
1970								9.2	6.4	4.8	4.5	4.9	5.0	4.6
1971									3.7	2.8	3.4	4.4	4.7	4.3
1972										1.9	3.5	4.9	5.2	4.4
1973											5.2	6.4	6.1	4.7
1974												7.7	6.2	4.0
1975													4.8	2.1
1976														-0.4

NORTH AMERICA

GROSS DOMESTIC PRODUCT

	1963	1965	1966	1967	1968	1969	1970	1971	1972	1973	1974	1975	1976	1977
1960	4.2	4.8	5.0	4.9	4.9	4.7	4.4	4.2	4.1	4.1	4.0	3.8	3.7	3.6
1963		5.6	5.8	5.2	5.0	4.6	4.1	3.8	3.8	3.8	3.7	3.4	3.3	3.3
1965			6.1	4.4	4.3	4.0	3.3	3.1	3.2	3.4	3.3	3.0	3.0	3.0
1966				2.7	3.6	3.5	2.8	2.6	2.9	3.2	3.1	2.9	2.8	2.9
1967					4.6	3.7	2.5	2.4	2.9	3.3	3.1	2.8	2.8	2.8
1968						2.8	1.4	1.8	2.7	3.3	3.1	2.7	2.7	2.8
1969							0.1	1.7	3.0	3.8	3.4	2.8	2.7	2.8
1970								3.2	4.5	5.0	3.9	2.9	2.8	2.9
1971									5.8	5.7	3.7	2.4	2.5	2.7
1972										5.6	2.3	1.1	1.7	2.3
1973											-0.8	-0.8	1.1	2.1
1974												-0.8	2.3	3.3
1975													5.5	5.1
1976														4.6

NORTH AMERICA

PER CAPITA GROSS DOMESTIC PRODUCT

	1963	1965	1966	1967	1968	1969	1970	1971	1972	1973	1974	1975	1976	1977
1960	2.6	3.2	3.5	3.5	3.5	3.4	3.1	2.9	2.9	2.9	2.8	2.6	2.6	2.5
1963		4.5	4.7	4.0	3.9	3.5	3.0	2.7	2.6	2.7	2.6	2.4	2.3	2.3
1965			4.8	3.0	3.3	2.9	2.2	1.9	2.0	2.3	2.3	2.0	2.0	2.0
1966				1.1	2.8	2.5	1.7	1.5	1.8	2.2	2.1	1.9	1.9	1.9
1967					4.5	2.8	1.5	1.3	1.7	2.3	2.2	1.9	1.9	1.9
1968						1.1	-0.0	0.5	1.4	2.3	2.2	1.7	1.8	1.8
1969							-1.1	0.5	1.8	2.9	2.5	1.9	1.9	1.9
1970								2.2	3.2	4.2	3.1	2.1	2.0	2.1
1971									4.3	5.2	3.1	1.7	1.7	1.9
1972										6.1	2.0	0.4	1.0	1.4
1973											-1.9	-1.9	0.1	1.1
1974												-2.0	1.5	2.2
1975													5.0	3.9
1976														2.9

NORTH AMERICA

GOVERNMENT FINAL CONSUMPTION EXPENDITURE

	1963	1965	1966	1967	1968	1969	1970	1971	1972	1973	1974	1975	1976	1977
1960	4.1	3.2	3.8	4.5	4.7	4.6	4.3	3.9	3.6	3.3	3.1	3.0	2.9	2.8
1963		2.4	4.8	6.0	5.9	5.3	4.5	3.8	3.3	3.0	2.7	2.6	2.5	2.4
1965			10.4	9.3	7.4	5.5	4.1	3.1	2.5	2.2	2.0	2.0	1.9	1.9
1966				8.2	5.8	3.8	2.6	1.7	1.4	1.3	1.3	1.3	1.4	1.5
1967					3.5	1.8	0.9	0.3	0.4	0.5	0.7	0.9	1.1	1.2
1968						0.1	-0.2	-0.5	-0.1	0.2	0.6	0.9	1.1	1.3
1969							-0.4	-0.8	-0.0	0.4	0.8	1.1	1.3	1.5
1970								-1.2	0.3	0.8	1.2	1.5	1.6	1.8
1971									2.0	1.6	1.9	1.9	2.0	2.1
1972										1.3	1.9	2.0	2.0	2.1
1973											2.6	2.2	2.2	2.3
1974												1.9	2.0	2.2
1975													2.1	2.4
1976														2.7

NORTH AMERICA

PRIVATE FINAL CONSUMPTION EXPENDITURE

	1963	1965	1966	1967	1968	1969	1970	1971	1972	1973	1974	1975	1976	1977
1960	3.6	4.4	4.6	4.6	4.6	4.6	4.4	4.3	4.3	4.4	4.3	4.1	4.1	4.1
1963		5.6	5.5	5.0	4.9	4.7	4.4	4.3	4.3	4.3	4.2	4.0	3.9	3.9
1965			5.2	4.2	4.4	4.3	3.9	3.8	4.0	4.1	3.9	3.7	3.7	3.7
1966				3.2	4.2	4.1	3.7	3.6	3.9	4.1	3.8	3.6	3.6	3.7
1967					5.2	4.4	3.7	3.6	3.9	4.1	3.9	3.6	3.6	3.6
1968						3.6	2.9	3.2	3.8	4.1	3.8	3.5	3.5	3.6
1969							2.2	3.1	4.1	4.5	3.9	3.5	3.5	3.6
1970								4.0	5.0	5.1	4.0	3.4	3.5	3.6
1971									6.1	5.6	3.7	3.0	3.2	3.4
1972										5.0	2.3	1.9	2.6	3.1
1973											-0.4	0.8	2.4	3.2
1974												2.1	3.9	4.3
1975													5.8	5.1
1976														4.4

NORTH AMERICA

GROSS FIXED CAPITAL FORMATION

	1963	1965	1966	1967	1968	1969	1970	1971	1972	1973	1974	1975	1976	1977
1960	5.6	7.0	7.1	6.3	5.9	5.5	4.9	4.5	4.4	4.4	4.2	3.6	3.3	3.2
1963		9.0	8.0	5.8	5.1	4.6	3.6	3.3	3.4	3.6	3.3	2.7	2.4	2.4
1965			5.1	1.7	2.4	2.6	1.6	1.7	2.3	2.8	2.6	1.9	1.7	1.7
1966				-1.7	1.8	2.4	1.1	1.4	2.2	2.9	2.7	1.8	1.5	1.6
1967					5.4	4.0	1.3	1.6	2.6	3.4	3.0	1.8	1.5	1.6
1968						2.5	-0.9	0.6	2.5	3.5	3.0	1.6	1.2	1.4
1969							-4.3	0.5	3.4	4.5	3.4	1.5	1.0	1.3
1970								5.4	7.0	6.9	4.4	1.5	0.9	1.3
1971									8.7	7.4	3.4	-0.3	-0.4	0.4
1972										6.2	0.4	-3.4	-2.4	-0.7
1973											-5.2	-7.7	-4.1	-1.0
1974												-10.1	-2.5	1.4
1975													5.7	7.0
1976														8.4

NORTH AMERICA

EXPORTS OF GOODS AND SERVICES

	1963	1965	1966	1967	1968	1969	1970	1971	1972	1973	1974	1975	1976	1977
1960	4.7	6.4	6.6	6.7	6.9	6.9	7.0	6.9	6.9	7.1	7.2	7.0	6.9	6.7
1963		7.4	7.4	7.1	7.3	7.2	7.3	7.0	7.0	7.3	7.4	7.1	6.9	6.6
1965			8.9	7.4	7.8	7.4	7.6	7.0	7.0	7.5	7.5	7.1	6.8	6.5
1966				5.9	7.5	7.1	7.4	6.8	6.8	7.4	7.5	7.0	6.7	6.3
1967					9.2	7.4	7.7	6.7	6.7	7.6	7.7	7.0	6.6	6.2
1968						5.7	7.3	6.0	6.3	7.6	7.7	6.9	6.4	5.9
1969							9.0	5.7	6.2	8.1	8.1	6.9	6.3	5.8
1970								2.5	5.5	8.7	8.4	6.8	6.0	5.4
1971									8.6	11.9	9.9	7.0	5.8	5.2
1972										15.3	9.6	5.5	4.5	4.0
1973											4.2	1.1	1.8	2.2
1974												-2.0	1.2	2.2
1975													4.6	3.9
1976														3.2

NORTH AMERICA

IMPORTS OF GOODS AND SERVICES

	1963	1965	1966	1967	1968	1969	1970	1971	1972	1973	1974	1975	1976	1977
1960	4.9	6.2	7.5	7.9	8.6	8.8	8.7	8.5	8.5	8.4	8.1	7.6	7.3	7.2
1963		9.2	11.1	10.6	11.0	10.7	9.9	9.3	9.1	8.9	8.3	7.5	7.1	6.9
1965			14.9	10.8	11.5	10.7	9.3	8.5	8.4	8.2	7.6	6.6	6.3	6.1
1966				6.8	10.6	9.9	8.2	7.5	7.7	7.6	7.0	6.0	5.7	5.6
1967					14.5	10.7	7.7	7.0	7.4	7.4	6.7	5.5	5.2	5.2
1968						7.0	4.6	5.0	6.4	6.7	6.0	4.7	4.5	4.6
1969							2.3	4.5	6.8	7.1	6.1	4.4	4.2	4.4
1970								6.8	9.2	8.5	6.4	4.0	4.0	4.3
1971									11.6	8.8	5.6	2.6	3.0	3.7
1972										6.1	2.6	-0.3	1.4	2.8
1973											-0.7	-3.2	0.7	3.0
1974												-5.7	2.5	5.1
1975													11.3	9.9
1976														8.4

6A. AVERAGE ANNUAL RATES OF GROWTH OF GROSS DOMESTIC PRODUCT AT CONSTANT PRICES BY TYPE OF EXPENDITURE AND BY KIND OF ECONOMIC ACTIVITY (continued)

(IN PER CENT)

NORTH AMERICA — *AGRICULTURE*

	1963	1965	1966	1967	1968	1969	1970	1971	1972	1973	1974	1975	1976	1977
1960	1.3	0.8	0.5	0.4	0.3	0.5	0.6	0.9	1.0	1.1	1.1	1.1	1.1	1.1
1963		0.2	-0.3	-0.2	-0.1	0.3	0.7	1.2	1.2	1.3	1.3	1.3	1.2	1.2
1965			-2.4	-1.0	-0.3	0.4	1.0	1.7	1.7	1.7	1.5	1.5	1.3	1.3
1966				0.5	0.6	1.3	1.8	2.5	2.2	2.1	1.8	1.7	1.5	1.5
1967					0.7	1.8	2.3	3.0	2.4	2.3	1.8	1.7	1.4	1.4
1968						2.9	3.0	3.8	2.6	2.4	1.8	1.6	1.3	1.3
1969							3.1	4.3	2.3	2.1	1.4	1.3	1.0	1.1
1970								5.6	1.4	1.6	0.8	0.8	0.6	0.8
1971									-2.5	0.3	-0.3	0.3	0.1	0.5
1972										3.2	0.3	0.8	0.4	0.8
1973											-2.6	0.2	-0.1	0.7
1974												3.0	0.6	1.5
1975													-1.7	1.3
1976														4.4

NORTH AMERICA — *INDUSTRIAL ACTIVITY*

	1963	1965	1966	1967	1968	1969	1970	1971	1972	1973	1974	1975	1976	1977
1960	5.5	6.6	6.9	6.5	6.2	6.0	5.4	4.9	4.7	4.6	4.4	4.0	3.8	3.7
1963		7.7	7.8	6.3	5.9	5.4	4.4	3.8	3.7	3.8	3.6	3.1	3.0	2.9
1965			7.7	4.1	4.3	4.2	2.9	2.3	2.6	3.1	2.8	2.4	2.3	2.4
1966				0.7	3.2	3.6	2.1	1.6	2.1	2.8	2.6	2.1	2.1	2.2
1967					5.8	4.7	1.9	1.3	2.1	3.0	2.7	2.0	2.0	2.2
1968						3.6	-0.3	-0.1	1.6	3.0	2.5	1.8	1.8	2.0
1969							-4.1	-1.3	1.8	3.7	2.9	1.8	1.8	2.1
1970								1.7	4.9	6.2	4.0	2.2	2.2	2.4
1971									8.3	8.2	3.9	1.4	1.6	2.1
1972										8.1	1.1	-1.2	0.1	1.2
1973											-5.4	-4.8	-1.1	0.9
1974												-4.2	1.7	3.4
1975													7.9	6.7
1976														5.4

NORTH AMERICA — *MANUFACTURING*

	1963	1965	1966	1967	1968	1969	1970	1971	1972	1973	1974	1975	1976	1977
1960	5.8	7.0	7.3	6.8	6.5	6.2	5.4	4.9	4.7	4.7	4.4	4.0	3.8	3.7
1963		8.2	8.2	6.6	6.0	5.5	4.3	3.6	3.6	3.7	3.5	3.0	2.9	2.9
1965			7.9	4.0	4.1	4.0	2.6	2.0	2.3	2.9	2.7	2.2	2.1	2.2
1966				0.2	2.9	3.4	1.6	1.1	1.8	2.6	2.4	1.9	1.9	2.1
1967					5.7	4.6	1.4	0.8	1.8	2.8	2.5	1.8	1.9	2.1
1968						3.4	-1.1	-0.7	1.3	2.8	2.4	1.6	1.7	2.0
1969							-5.3	-1.9	1.6	3.7	2.9	1.7	1.8	2.1
1970								1.6	5.3	6.7	4.3	2.2	2.2	2.5
1971									9.1	8.9	4.2	1.3	1.6	2.2
1972										8.6	1.1	-1.6	-0.1	1.2
1973											-5.9	-5.5	-1.4	0.9
1974												-5.2	1.6	3.7
1975													9.0	7.5
1976														6.1

NORTH AMERICA — *CONSTRUCTION*

	1963	1965	1966	1967	1968	1969	1970	1971	1972	1973	1974	1975	1976	1977
1960	2.8	4.6	4.8	4.5	4.4	4.0	3.3	2.8	2.4	2.2	1.9	1.5	1.3	1.3
1963		7.2	6.2	4.9	4.5	3.6	2.5	1.8	1.4	1.2	1.0	0.6	0.4	0.5
1965			4.2	2.3	2.9	2.1	0.6	0.1	-0.0	0.0	-0.0	-0.4	-0.4	-0.2
1966				0.5	2.7	1.5	-0.3	-0.7	-0.6	-0.4	-0.3	-0.8	-0.7	-0.4
1967					4.9	1.5	-1.2	-1.3	-1.0	-0.6	-0.5	-1.0	-0.9	-0.5
1968						-1.8	-4.0	-2.8	-1.8	-1.0	-0.8	-1.4	-1.1	-0.6
1969							-6.1	-2.8	-1.3	-0.4	-0.3	-1.2	-0.9	-0.4
1970								0.7	0.9	1.2	0.7	-0.8	-0.6	0.0
1971									1.1	1.4	0.6	-1.5	-0.9	-0.1
1972										1.7	0.2	-2.7	-1.4	-0.1
1973											-1.3	-5.0	-2.0	0.0
1974												-8.7	-1.2	1.5
1975													6.8	6.1
1976														5.3

NORTH AMERICA — *WHOLESALE AND RETAIL TRADE*

	1963	1965	1966	1967	1968	1969	1970	1971	1972	1973	1974	1975	1976	1977
1960	3.0	4.8	5.1	5.0	5.0	4.9	4.7	4.6	4.7	4.7	4.6	4.3	4.2	4.1
1963		8.1	7.2	5.9	5.7	5.2	4.8	4.6	4.6	4.7	4.5	4.2	4.0	3.9
1965			5.6	3.8	4.4	4.2	3.8	3.7	4.1	4.3	4.1	3.7	3.6	3.5
1966				2.1	4.2	4.0	3.6	3.5	4.0	4.4	4.0	3.6	3.5	3.4
1967					6.4	4.5	3.6	3.6	4.2	4.6	4.1	3.6	3.4	3.4
1968						2.7	2.5	3.0	4.1	4.6	4.0	3.4	3.2	3.2
1969							2.2	3.2	4.8	5.3	4.3	3.3	3.2	3.2
1970								4.2	6.2	6.2	4.4	3.1	3.0	3.0
1971									8.2	6.9	3.9	2.3	2.4	2.6
1972										5.6	1.5	0.3	1.3	1.9
1973											-2.5	-1.7	0.7	1.8
1974												-1.0	2.6	3.4
1975													6.2	5.1
1976														4.0

NORTH AMERICA — *TRANSPORT AND COMMUNICATION*

	1963	1965	1966	1967	1968	1969	1970	1971	1972	1973	1974	1975	1976	1977
1960	4.2	5.3	5.8	5.7	5.8	5.8	5.6	5.4	5.3	5.4	5.4	5.2	5.1	5.1
1963		6.8	7.4	6.5	6.3	6.1	5.7	5.3	5.2	5.3	5.3	5.1	5.0	4.9
1965			8.0	5.2	5.4	5.4	5.0	4.5	4.6	4.9	4.9	4.7	4.6	4.6
1966				2.5	4.6	5.0	4.7	4.1	4.3	4.8	4.8	4.6	4.5	4.5
1967					6.7	6.1	5.0	4.1	4.3	4.9	5.0	4.6	4.6	4.5
1968						5.4	4.0	3.2	3.9	4.8	4.9	4.5	4.4	4.4
1969							2.7	2.2	3.7	5.1	5.1	4.5	4.5	4.5
1970								1.7	4.6	6.3	5.8	4.8	4.6	4.6
1971									7.6	8.5	6.6	4.9	4.6	4.6
1972										9.3	5.7	3.5	3.7	4.0
1973											2.2	1.0	2.5	3.3
1974												-0.2	3.1	4.1
1975													6.6	5.9
1976														5.1

NORTH AMERICA — *OTHER*

	1963	1965	1966	1967	1968	1969	1970	1971	1972	1973	1974	1975	1976	1977
1960	3.8	3.8	4.0	4.1	4.2	4.2	4.1	4.0	3.9	3.8	3.8	3.7	3.6	3.6
1963		4.4	4.6	4.8	4.7	4.6	4.3	4.0	3.9	3.8	3.7	3.6	3.5	3.5
1965			5.0	5.0	4.7	4.4	4.0	3.7	3.6	3.5	3.4	3.3	3.3	3.3
1966				5.0	4.5	4.2	3.7	3.4	3.3	3.3	3.3	3.2	3.1	3.2
1967					3.9	3.9	3.2	3.0	3.0	3.1	3.1	3.0	3.0	3.1
1968						3.9	2.8	2.7	2.8	3.0	3.0	3.0	3.0	3.0
1969							1.7	2.3	2.7	2.9	3.0	2.9	3.0	3.0
1970								2.8	3.2	3.3	3.3	3.1	3.1	3.1
1971									3.6	3.4	3.4	3.0	3.0	3.1
1972										3.3	3.4	2.8	2.9	3.1
1973											3.4	2.5	2.8	3.1
1974												1.5	2.6	3.1
1975													3.8	3.9
1976														3.9

CANADA — *GROSS DOMESTIC PRODUCT*

	1963	1965	1966	1967	1968	1969	1970	1971	1972	1973	1974	1975	1976	1977
1960	5.3	5.8	6.0	5.9	5.8	5.8	5.6	5.5	5.5	5.5	5.5	5.4	5.3	5.2
1963		6.6	6.7	6.1	5.8	5.7	5.4	5.3	5.3	5.4	5.4	5.3	5.2	5.1
1965			7.0	5.2	5.2	5.1	4.8	4.9	5.0	5.2	5.2	5.1	5.0	4.9
1966				3.4	4.5	4.8	4.4	4.7	4.9	5.2	5.2	5.0	5.0	4.8
1967					5.6	5.4	4.5	4.8	5.1	5.4	5.4	5.1	5.0	4.8
1968						5.2	3.9	4.7	5.1	5.5	5.5	5.1	5.0	4.8
1969							2.6	4.8	5.3	5.9	5.7	5.1	5.0	4.7
1970								7.0	6.4	6.7	6.1	5.2	5.0	4.7
1971									5.8	6.7	5.8	4.7	4.6	4.3
1972										7.5	5.5	4.0	4.1	3.9
1973											3.5	2.4	3.3	3.4
1974												1.2	3.5	3.5
1975													5.8	4.3
1976														2.9

CANADA — *PER CAPITA GROSS DOMESTIC PRODUCT*

	1963	1965	1966	1967	1968	1969	1970	1971	1972	1973	1974	1975	1976	1977
1960	3.3	3.9	4.1	4.0	3.9	3.9	3.7	3.7	3.7	3.8	3.8	3.8	3.7	3.6
1963		4.6	4.8	4.2	4.0	3.9	3.6	3.6	3.7	3.8	3.8	3.7	3.7	3.6
1965			5.1	3.3	3.3	3.4	3.1	3.3	3.5	3.7	3.8	3.6	3.6	3.5
1966				1.6	2.8	3.2	2.9	3.2	3.4	3.8	3.8	3.6	3.6	3.4
1967					4.0	3.8	3.0	3.4	3.7	4.1	4.0	3.7	3.6	3.5
1968						3.7	2.5	3.3	3.7	4.2	4.2	3.8	3.6	3.4
1969							1.2	3.4	4.0	4.6	4.4	3.8	3.6	3.4
1970								5.6	5.1	5.5	4.8	3.9	3.6	3.4
1971									4.7	5.5	4.5	3.4	3.2	3.0
1972										6.4	4.2	2.6	2.7	2.5
1973											2.0	0.9	1.8	2.0
1974												-0.2	2.1	2.2
1975													4.4	3.0
1976														1.6

CANADA — *GOVERNMENT FINAL CONSUMPTION EXPENDITURE*

	1963	1965	1966	1967	1968	1969	1970	1971	1972	1973	1974	1975	1976	1977
1960	6.8	5.2	5.5	5.7	6.0	6.0	6.2	6.2	6.1	6.0	5.9	5.8	5.6	5.5
1963		4.0	5.7	6.3	6.7	6.5	6.7	6.7	6.4	6.2	6.0	5.8	5.6	5.3
1965			9.3	8.3	8.0	7.0	7.2	7.0	6.5	6.2	5.9	5.6	5.4	5.1
1966				7.2	7.4	6.3	6.9	6.6	6.2	5.8	5.5	5.3	5.0	4.8
1967					7.6	5.6	6.8	6.5	5.9	5.6	5.3	5.1	4.8	4.5
1968						3.7	7.0	6.4	5.6	5.3	5.0	4.8	4.5	4.2
1969							10.3	7.2	5.6	5.1	4.8	4.6	4.3	4.0
1970								4.1	3.6	3.8	3.9	3.9	3.7	3.5
1971									3.0	3.8	3.9	4.0	3.7	3.4
1972										4.5	4.3	4.1	3.7	3.3
1973											4.0	4.0	3.4	3.0
1974												4.0	3.0	2.6
1975													2.0	2.0
1976														1.9

CANADA — *PRIVATE FINAL CONSUMPTION EXPENDITURE*

	1963	1965	1966	1967	1968	1969	1970	1971	1972	1973	1974	1975	1976	1977
1960	3.6	4.7	4.9	5.0	5.0	5.0	4.9	4.9	5.0	5.2	5.2	5.3	5.4	5.4
1963		6.1	5.8	5.6	5.4	5.2	4.9	5.0	5.2	5.3	5.4	5.5	5.5	5.5
1965			5.2	5.0	4.9	4.9	4.5	4.7	5.0	5.3	5.5	5.5	5.6	5.5
1966				4.7	4.8	4.8	4.3	4.6	5.1	5.4	5.6	5.6	5.7	5.6
1967					4.9	4.8	4.0	4.6	5.2	5.6	5.8	5.8	5.8	5.7
1968						4.6	3.5	4.7	5.5	5.9	6.0	6.0	6.0	5.8
1969							2.3	5.1	6.1	6.5	6.4	6.3	6.2	5.9
1970								8.0	7.7	7.5	7.0	6.6	6.4	6.0
1971									7.4	7.2	6.6	6.2	6.1	5.7
1972										7.0	6.2	5.8	5.9	5.4
1973											5.4	5.3	5.6	5.1
1974												5.2	5.8	4.9
1975													6.4	4.4
1976														2.5

CANADA — *GROSS FIXED CAPITAL FORMATION*

	1963	1965	1966	1967	1968	1969	1970	1971	1972	1973	1974	1975	1976	1977
1960	3.0	6.8	7.8	7.5	6.8	6.4	5.9	5.7	5.6	5.7	5.8	5.8	5.7	5.5
1963		12.5	11.9	9.2	7.1	6.2	5.2	5.1	5.1	5.4	5.5	5.5	5.5	5.3
1965			10.8	5.0	3.0	3.0	2.6	3.2	3.7	4.4	4.8	5.0	4.9	4.8
1966				-0.4	-0.1	1.4	1.5	2.7	3.4	4.3	4.8	5.0	5.0	4.8
1967					0.1	2.5	2.1	3.5	4.2	5.2	5.6	5.7	5.5	5.2
1968						4.9	2.6	4.5	5.1	6.1	6.4	6.3	6.0	5.5
1969							0.3	5.0	5.7	6.9	7.0	6.7	6.2	5.6
1970								10.0	7.8	8.5	8.0	7.3	6.5	5.6
1971									5.6	8.3	7.7	6.8	5.9	4.9
1972										11.1	8.2	6.6	5.4	4.3
1973											5.4	4.6	3.8	2.9
1974												3.8	3.0	2.1
1975													2.2	1.3
1976														0.3

6A. AVERAGE ANNUAL RATES OF GROWTH OF GROSS DOMESTIC PRODUCT AT CONSTANT PRICES BY TYPE OF EXPENDITURE AND BY KIND OF ECONOMIC ACTIVITY (continued)

(IN PER CENT)

CANADA — *EXPORTS OF GOODS AND SERVICES*

	1963	1965	1966	1967	1968	1969	1970	1971	1972	1973	1974	1975	1976	1977
1960	6.6	7.8	8.4	8.9	9.3	9.5	9.5	9.4	9.2	9.2	8.8	8.2	7.9	7.6
1963		8.5	9.7	10.2	10.6	10.5	10.3	9.9	9.5	9.3	8.8	7.9	7.4	7.1
1965			14.0	12.4	12.1	11.3	10.8	9.9	9.3	9.1	8.4	7.2	6.7	6.4
1966				10.9	11.4	10.6	10.1	9.2	8.6	8.6	7.8	6.5	6.0	5.8
1967					11.9	10.2	9.7	8.6	8.0	8.1	7.3	5.9	5.4	5.2
1968						8.6	8.7	7.6	7.2	7.6	6.6	5.1	4.7	4.6
1969							8.8	6.9	6.7	7.4	6.2	4.3	4.0	4.1
1970								5.0	6.0	7.4	5.7	3.4	3.2	3.6
1971									6.9	8.7	5.5	2.3	2.5	3.1
1972										10.4	4.1	0.1	1.2	2.5
1973											−2.0	−4.4	−0.5	1.9
1974												−6.8	1.3	4.1
1975													10.0	9.0
1976														8.0

CANADA — *IMPORTS OF GOODS AND SERVICES*

	1963	1965	1966	1967	1968	1969	1970	1971	1972	1973	1974	1975	1976	1977
1960	1.9	6.0	7.4	7.9	8.2	8.6	8.4	8.2	8.2	8.4	8.6	8.5	8.4	8.2
1963		12.8	13.1	11.5	10.8	10.8	9.7	9.0	8.9	9.1	9.3	9.0	8.7	8.4
1965			13.7	9.4	9.0	9.8	8.3	7.6	7.8	8.3	8.8	8.4	8.2	7.8
1966				5.2	7.3	9.4	7.4	6.8	7.3	8.1	8.7	8.3	8.0	7.6
1967					9.5	11.5	7.4	6.6	7.3	8.3	9.0	8.4	8.1	7.6
1968						13.5	5.4	5.2	6.7	8.3	9.2	8.4	8.0	7.4
1969							−2.1	2.6	6.1	8.5	9.6	8.5	8.0	7.3
1970								7.4	10.2	11.8	12.1	9.8	8.7	7.7
1971									13.1	13.9	13.2	9.5	8.2	7.0
1972										14.6	13.0	7.7	6.6	5.5
1973											11.4	3.7	4.1	3.6
1974												−3.4	2.0	2.3
1975													7.7	4.4
1976														1.2

CANADA — *AGRICULTURE*

	1963	1965	1966	1967	1968	1969	1970	1971	1972	1973	1974	1975	1976	1977
1960	...	...	...	...	...	...	...	...	...	...	...	...	...	...
1963		−1.0	3.0	0.2	0.4	1.0	1.2	1.7	1.3	1.3	0.9	0.8	1.1	1.2
1965			11.0	−2.2	−0.7	0.9	1.1	1.9	1.3	1.3	0.8	0.7	1.1	1.2
1966				−13.8	−3.8	0.1	0.7	1.9	1.1	1.2	0.6	0.5	1.0	1.2
1967					7.4	6.7	4.3	4.6	2.6	2.2	1.2	0.9	1.4	1.6
1968						6.0	2.5	3.8	1.4	1.3	0.3	0.2	0.9	1.2
1969							−0.9	3.5	0.0	0.5	−0.6	−0.5	0.6	1.1
1970								8.0	−0.8	0.3	−1.2	−0.8	0.7	1.3
1971									−8.8	−1.8	−2.9	−1.8	0.6	1.3
1972										5.7	−1.2	−0.3	2.5	2.8
1973											−7.7	−1.9	3.0	3.3
1974												4.1	8.6	6.2
1975													13.4	6.1
1976														−0.7

CANADA — *INDUSTRIAL ACTIVITY*

	1963	1965	1966	1967	1968	1969	1970	1971	1972	1973	1974	1975	1976	1977
1960	...	...	...	...	...	...	...	...	...	...	...	...	...	...
1963		8.9	8.5	7.4	7.0	6.9	6.3	6.0	5.9	6.0	6.0	5.6	5.3	5.1
1965			7.5	5.7	5.7	6.0	5.4	5.2	5.3	5.6	5.6	5.1	4.8	4.6
1966				3.9	5.2	5.8	5.0	4.9	5.1	5.5	5.6	5.0	4.7	4.4
1967					6.5	6.7	5.1	4.8	5.1	5.7	5.7	4.9	4.6	4.3
1968						6.9	4.1	4.2	4.9	5.7	5.7	4.8	4.3	4.1
1969							1.3	3.3	4.8	6.0	5.9	4.6	4.1	3.9
1970								5.4	6.5	7.4	6.8	4.8	4.1	3.8
1971									7.5	8.4	6.9	4.1	3.4	3.2
1972										9.4	6.3	2.3	2.1	2.3
1973											3.3	−1.2	0.2	1.2
1974												−5.4	−0.3	1.5
1975													5.1	4.5
1976														4.0

CANADA — *MANUFACTURING*

	1963	1965	1966	1967	1968	1969	1970	1971	1972	1973	1974	1975	1976	1977
1960	...	...	...	...	...	...	...	...	...	...	...	...	...	...
1963		9.3	8.8	7.5	6.9	6.8	6.0	5.7	5.6	5.6	5.6	5.2	5.0	4.8
1965			7.5	5.2	5.3	5.7	4.8	4.6	4.7	5.1	5.1	4.7	4.4	4.2
1966				2.9	4.6	5.6	4.4	4.2	4.5	5.0	5.1	4.5	4.3	4.1
1967					6.2	6.9	4.4	4.2	4.5	5.1	5.2	4.5	4.2	4.0
1968						7.5	3.0	3.4	4.2	5.1	5.2	4.3	4.0	3.8
1969							−1.4	2.2	4.0	5.3	5.4	4.2	3.8	3.6
1970								5.8	6.5	7.3	6.6	4.6	4.0	3.7
1971									7.1	8.0	6.7	3.9	3.3	3.1
1972										9.0	6.1	2.2	2.1	2.3
1973											3.3	−1.2	0.3	1.3
1974												−5.6	−0.3	1.5
1975													5.4	4.6
1976														3.8

CANADA — *CONSTRUCTION*

	1963	1965	1966	1967	1968	1969	1970	1971	1972	1973	1974	1975	1976	1977
1960	...	...	...	...	...	...	...	...	...	...	...	...	...	...
1963		9.5	9.0	6.7	5.6	4.9	4.0	3.9	3.8	3.8	3.8	3.8	3.9	3.7
1965			7.5	2.8	2.6	2.5	1.8	2.4	2.7	2.9	3.1	3.3	3.4	3.3
1966				−1.7	0.9	1.6	1.0	2.0	2.5	2.9	3.1	3.3	3.4	3.3
1967					3.6	3.0	1.4	2.7	3.1	3.4	3.6	3.7	3.8	3.6
1968						2.4	0.2	2.7	3.2	3.6	3.8	3.8	3.9	3.7
1969							−2.0	3.6	3.9	4.2	4.3	4.2	4.2	3.8
1970								9.5	6.1	5.5	5.1	4.6	4.6	4.0
1971									2.7	3.9	4.1	3.9	4.1	3.5
1972										5.2	4.6	4.1	4.2	3.4
1973											4.0	3.5	4.0	3.0
1974												3.0	4.2	2.5
1975													5.3	1.8
1976														−1.6

CANADA — *WHOLESALE AND RETAIL TRADE*

	1963	1965	1966	1967	1968	1969	1970	1971	1972	1973	1974	1975	1976	1977
1960	...	...	...	...	...	...	...	...	...	...	...	...	...	...
1963		7.6	7.1	6.6	6.0	5.7	5.3	5.2	5.4	5.6	5.7	5.6	5.6	5.5
1965			6.0	5.4	4.9	4.8	4.4	4.5	4.9	5.3	5.6	5.5	5.5	5.3
1966				4.9	4.3	4.5	4.0	4.3	4.9	5.4	5.7	5.6	5.5	5.4
1967					3.7	4.5	3.8	4.3	5.1	5.7	6.0	5.7	5.6	5.4
1968						5.2	3.5	4.5	5.5	6.2	6.4	6.0	5.8	5.5
1969							1.9	4.5	6.0	6.7	6.9	6.2	5.9	5.6
1970								7.3	8.0	8.1	7.7	6.6	6.1	5.6
1971									8.7	8.4	7.7	6.1	5.6	5.1
1972										8.2	7.2	5.0	4.8	4.4
1973											6.2	3.3	3.9	3.7
1974												0.4	3.3	3.3
1975													6.3	4.3
1976														2.4

CANADA — *TRANSPORT AND COMMUNICATION*

	1963	1965	1966	1967	1968	1969	1970	1971	1972	1973	1974	1975	1976	1977
1960	...	...	...	...	...	...	...	...	...	...	...	...	...	...
1963		8.1	7.2	7.0	6.8	6.7	6.6	6.5	6.5	6.6	6.6	6.5	6.3	6.1
1965			5.5	6.1	6.2	6.3	6.3	6.3	6.3	6.4	6.5	6.3	6.2	6.0
1966				6.7	6.4	6.5	6.4	6.3	6.4	6.5	6.6	6.4	6.1	5.9
1967					6.1	6.6	6.3	6.2	6.3	6.5	6.6	6.4	6.1	5.8
1968						7.0	6.3	6.2	6.3	6.6	6.7	6.3	6.0	5.7
1969							5.7	5.9	6.2	6.6	6.8	6.3	5.9	5.6
1970								6.2	6.5	7.0	7.0	6.3	5.8	5.4
1971									6.9	7.4	7.3	6.2	5.5	5.1
1972										8.0	7.4	5.7	5.0	4.6
1973											6.8	4.4	3.9	3.9
1974												2.0	2.9	3.3
1975													3.8	3.9
1976														4.0

CANADA — *OTHER*

	1963	1965	1966	1967	1968	1969	1970	1971	1972	1973	1974	1975	1976	1977
1960	...	...	...	...	...	...	...	...	...	...	...	...	...	...
1963		5.6	5.7	5.8	5.8	5.8	5.6	5.5	5.4	5.4	5.3	5.3	5.2	5.2
1965			5.8	6.1	5.9	5.9	5.6	5.4	5.3	5.3	5.2	5.2	5.1	5.1
1966				6.3	5.8	5.9	5.4	5.2	5.1	5.2	5.1	5.1	5.1	5.0
1967					5.3	5.7	5.1	5.0	5.0	5.0	5.0	5.0	5.0	4.9
1968						6.2	4.9	4.8	4.8	5.0	5.0	5.0	4.9	4.9
1969							3.6	4.3	4.6	4.9	4.9	4.9	4.9	4.8
1970								5.1	5.0	5.2	5.2	5.1	5.0	4.9
1971									5.0	5.4	5.2	5.1	5.0	4.8
1972										5.8	5.2	5.1	4.9	4.7
1973											4.6	4.8	4.7	4.5
1974												4.9	4.7	4.3
1975													4.4	4.1
1976														3.7

UNITED STATES — *GROSS DOMESTIC PRODUCT*

	1963	1965	1966	1967	1968	1969	1970	1971	1972	1973	1974	1975	1976	1977
1960	4.2	4.7	4.9	4.8	4.8	4.6	4.3	4.1	4.0	4.0	3.8	3.6	3.5	3.5
1963		5.6	5.8	5.2	4.9	4.6	4.0	3.7	3.6	3.7	3.5	3.3	3.2	3.1
1965			6.0	4.3	4.2	3.9	3.2	2.9	3.0	3.2	3.1	2.8	2.8	2.8
1966				2.7	3.6	3.4	2.6	2.4	2.7	3.1	2.9	2.6	2.6	2.7
1967					4.5	3.5	2.3	2.2	2.7	3.1	2.9	2.6	2.6	2.7
1968						2.6	1.2	1.6	2.5	3.1	2.9	2.5	2.5	2.6
1969							−0.1	1.4	2.8	3.6	3.1	2.5	2.5	2.7
1970								2.9	4.3	4.8	3.6	2.6	2.6	2.8
1971									5.8	5.6	3.5	2.1	2.2	2.5
1972										5.4	2.0	0.8	1.5	2.1
1973											−1.3	−1.1	0.8	2.0
1974												−1.0	2.2	3.3
1975													5.5	5.1
1976														4.8

UNITED STATES — *PER CAPITA GROSS DOMESTIC PRODUCT*

	1963	1965	1966	1967	1968	1969	1970	1971	1972	1973	1974	1975	1976	1977
1960	2.6	3.2	3.5	3.4	3.4	3.3	3.0	2.8	2.8	2.8	2.7	2.5	2.4	2.4
1963		4.2	4.4	3.9	3.7	3.4	2.9	2.5	2.5	2.6	2.5	2.2	2.2	2.2
1965			4.8	3.2	3.1	2.8	2.1	1.8	2.0	2.2	2.1	1.9	1.8	1.9
1966				1.5	2.5	2.3	1.6	1.4	1.7	2.1	2.0	1.7	1.7	1.8
1967					3.4	2.5	1.3	1.1	1.6	2.1	2.0	1.7	1.7	1.8
1968						1.6	0.2	0.5	1.4	2.2	2.0	1.6	1.6	1.7
1969							−1.2	0.3	1.8	2.7	2.2	1.6	1.7	1.8
1970								1.8	3.3	3.9	2.8	1.8	1.8	1.9
1971									4.8	4.7	2.7	1.4	1.5	1.8
1972										4.6	1.3	0.0	0.7	1.4
1973											−2.0	−1.9	0.1	1.2
1974												−1.7	1.4	2.5
1975													4.7	4.3
1976														4.0

UNITED STATES — *GOVERNMENT FINAL CONSUMPTION EXPENDITURE*

	1963	1965	1966	1967	1968	1969	1970	1971	1972	1973	1974	1975	1976	1977
1960	3.9	3.0	3.7	4.4	4.6	4.5	4.1	3.7	3.3	3.1	2.9	2.7	2.6	2.5
1963		2.3	4.7	5.9	5.9	5.2	4.3	3.5	3.0	2.7	2.4	2.3	2.2	2.1
1965			10.4	9.4	7.4	5.4	3.9	2.7	2.2	1.8	1.7	1.6	1.6	1.6
1966				8.3	5.7	3.6	2.2	1.2	1.0	0.8	0.9	1.0	1.0	1.2
1967					3.1	1.4	0.4	−0.2	−0.1	0.1	0.3	0.5	0.7	0.9
1968						−0.2	−0.8	−1.1	−0.6	−0.2	0.2	0.5	0.7	1.0
1969							−1.3	−1.5	−0.6	−0.1	0.4	0.7	1.0	1.2
1970								−1.8	0.0	0.5	1.0	1.2	1.4	1.6
1971									1.8	1.4	1.7	1.7	1.8	1.9
1972										1.0	1.7	1.8	1.8	2.0
1973											2.4	2.0	2.0	2.2
1974												1.7	1.9	2.2
1975													2.2	2.5
1976														2.8

6A. AVERAGE ANNUAL RATES OF GROWTH OF GROSS DOMESTIC PRODUCT AT CONSTANT PRICES BY TYPE OF EXPENDITURE AND BY KIND OF ECONOMIC ACTIVITY (continued) (IN PER CENT)

UNITED STATES

PRIVATE FINAL CONSUMPTION EXPENDITURE

	1963	1965	1966	1967	1968	1969	1970	1971	1972	1973	1974	1975	1976	1977
1960	3.6	4.4	4.6	4.6	4.6	4.5	4.4	4.3	4.3	4.3	4.2	4.0	4.0	3.9
1963		5.6	5.4	4.9	4.8	4.7	4.4	4.2	4.2	4.2	4.0	3.9	3.8	3.8
1965			5.1	4.1	4.3	4.2	3.9	3.7	3.9	4.0	3.8	3.6	3.5	3.6
1966				3.1	4.1	4.0	3.7	3.6	3.8	4.0	3.7	3.5	3.5	3.5
1967					5.2	4.4	3.6	3.5	3.8	4.0	3.7	3.4	3.4	3.4
1968						3.5	2.9	3.0	3.7	4.0	3.6	3.3	3.3	3.4
1969							2.2	2.9	3.9	4.3	3.6	3.2	3.2	3.3
1970								3.6	4.8	4.9	3.8	3.2	3.2	3.3
1971									6.0	5.4	3.4	2.7	2.9	3.2
1972										4.8	1.9	1.6	2.4	2.9
1973											-0.9	0.4	2.1	3.0
1974												1.8	3.8	4.2
1975													5.7	5.2
1976														4.6

UNITED STATES

GROSS FIXED CAPITAL FORMATION

	1963	1965	1966	1967	1968	1969	1970	1971	1972	1973	1974	1975	1976	1977
1960	5.8	7.0	7.0	6.2	5.8	5.5	4.8	4.4	4.3	4.3	4.0	3.4	3.1	2.9
1963		8.7	7.6	5.4	4.9	4.4	3.4	3.1	3.2	3.4	3.1	2.4	2.0	2.0
1965			4.6	1.3	2.4	2.6	1.5	1.5	2.1	2.7	2.4	1.6	1.3	1.3
1966				-1.8	2.0	2.5	1.1	1.2	2.1	2.7	2.4	1.4	1.1	1.2
1967					6.0	4.1	1.2	1.4	2.5	3.2	2.7	1.4	1.0	1.1
1968						2.3	-1.3	0.2	2.2	3.3	2.6	1.0	0.6	0.9
1969							-4.7	-0.0	3.1	4.3	3.0	0.8	0.4	0.8
1970								4.9	7.0	6.8	4.0	0.7	0.2	0.7
1971									9.0	7.3	2.8	-1.2	-1.3	-0.2
1972										5.7	-0.6	-4.7	-3.4	-1.3
1973											-6.4	-9.2	-5.1	-1.5
1974												-12.0	-3.3	1.4
1975													6.2	7.9
1976														9.6

UNITED STATES

EXPORTS OF GOODS AND SERVICES

	1963	1965	1966	1967	1968	1969	1970	1971	1972	1973	1974	1975	1976	1977
1960	4.2	6.0	6.1	6.0	6.2	6.1	6.2	6.1	6.2	6.5	6.7	6.7	6.6	6.4
1963		7.1	6.7	6.2	6.3	6.2	6.4	6.1	6.2	6.7	7.0	6.9	6.7	6.5
1965			7.3	5.9	6.4	6.2	6.5	6.1	6.2	6.9	7.3	7.1	6.8	6.5
1966				4.5	6.3	6.0	6.6	6.0	6.1	7.1	7.5	7.2	6.9	6.5
1967					8.2	6.5	7.0	6.0	6.2	7.4	7.8	7.4	7.0	6.5
1968						4.7	6.8	5.5	5.9	7.6	8.1	7.5	6.9	6.4
1969							9.0	5.2	6.1	8.4	8.7	7.8	7.0	6.3
1970								1.6	5.4	9.2	9.4	7.9	6.9	6.0
1971									9.3	13.1	11.4	8.6	7.0	5.8
1972										17.1	11.6	7.3	5.6	4.5
1973											6.3	2.8	2.5	2.3
1974												-0.6	1.2	1.5
1975													3.0	2.4
1976														1.7

UNITED STATES

IMPORTS OF GOODS AND SERVICES

	1963	1965	1966	1967	1968	1969	1970	1971	1972	1973	1974	1975	1976	1977
1960	5.7	6.3	7.5	8.0	8.7	8.9	8.7	8.6	8.6	8.4	8.0	7.2	6.9	6.8
1963		8.2	10.6	10.4	11.1	10.7	9.9	9.3	9.1	8.8	8.1	6.9	6.5	6.4
1965			15.3	11.2	12.1	11.0	9.5	8.7	8.6	8.2	7.3	5.8	5.5	5.5
1966				7.2	11.4	10.0	8.4	7.7	7.8	7.5	6.6	4.9	4.7	4.8
1967					15.8	10.5	7.9	7.1	7.4	7.2	6.1	4.2	4.1	4.3
1968						5.5	4.5	5.0	6.3	6.3	5.2	3.1	3.2	3.6
1969							3.4	5.0	7.0	6.7	5.1	2.4	2.7	3.4
1970								6.6	8.9	7.6	4.9	1.4	2.1	3.1
1971									11.2	7.5	3.5	-0.7	0.9	2.5
1972										3.8	-0.2	-4.5	-0.8	1.8
1973											-4.1	-8.5	-1.1	2.8
1974												-12.8	2.6	6.7
1975													20.6	15.6
1976														10.8

UNITED STATES

AGRICULTURE

	1963	1965	1966	1967	1968	1969	1970	1971	1972	1973	1974	1975	1976	1977
1960	0.4	0.2	-0.2	-0.1	-0.1	0.1	0.3	0.7	0.8	0.9	0.9	1.0	0.9	1.0
1963		0.4	-0.9	-0.3	-0.2	0.2	0.6	1.1	1.2	1.3	1.3	1.3	1.2	1.2
1965			-4.6	-0.8	-0.3	0.4	1.0	1.7	1.7	1.8	1.6	1.6	1.4	1.4
1966				3.2	1.4	1.5	2.0	2.6	2.3	2.3	2.0	1.9	1.5	1.5
1967					-0.4	1.0	2.0	2.8	2.4	2.3	1.9	1.8	1.4	1.4
1968						2.3	3.1	3.8	2.9	2.6	2.0	1.9	1.4	1.3
1969							3.8	4.5	2.7	2.4	1.7	1.6	1.1	1.1
1970								5.1	1.8	1.8	1.1	1.1	0.6	0.7
1971									-1.4	0.7	0.2	0.6	0.0	0.4
1972										2.8	0.5	1.0	0.0	0.5
1973											-1.7	0.5	-0.7	0.3
1974												2.8	-0.7	0.7
1975													-4.1	0.5
1976														5.3

UNITED STATES

INDUSTRIAL ACTIVITY

	1963	1965	1966	1967	1968	1969	1970	1971	1972	1973	1974	1975	1976	1977
1960	5.4	6.5	6.8	6.4	6.2	5.9	5.2	4.7	4.5	4.5	4.2	3.8	3.6	3.5
1963		7.6	7.7	6.2	5.8	5.3	4.3	3.6	3.5	3.7	3.3	2.9	2.8	2.8
1965			7.7	4.0	4.2	4.0	2.7	2.1	2.3	2.8	2.6	2.1	2.1	2.2
1966				0.4	3.0	3.4	1.8	1.3	1.9	2.6	2.3	1.8	1.8	2.0
1967					5.7	4.5	1.6	1.0	1.8	2.8	2.4	1.8	1.8	2.0
1968						3.3	-0.7	-0.5	1.3	2.7	2.2	1.5	1.6	1.8
1969							-4.6	-1.7	1.6	3.5	2.6	1.5	1.6	1.9
1970								1.3	4.8	6.1	3.8	2.0	2.0	2.3
1971									8.4	8.2	3.6	1.2	1.4	2.0
1972										8.0	0.6	-1.5	-0.1	1.1
1973											-6.3	-5.2	-1.2	0.9
1974												-4.1	1.9	3.6
1975													8.2	6.9
1976														5.6

UNITED STATES

MANUFACTURING

	1963	1965	1966	1967	1968	1969	1970	1971	1972	1973	1974	1975	1976	1977
1960	5.7	6.9	7.2	6.7	6.4	6.1	5.3	4.8	4.6	4.5	4.2	3.8	3.6	3.5
1963		8.1	8.2	6.5	5.9	5.4	4.2	3.5	3.4	3.6	3.3	2.8	2.7	2.7
1965			8.0	3.9	4.1	3.9	2.4	1.8	2.1	2.7	2.4	2.0	1.9	2.1
1966				0.0	2.8	3.2	1.4	0.9	1.6	2.4	2.2	1.7	1.7	1.9
1967					5.7	4.4	1.1	0.5	1.6	2.7	2.3	1.6	1.7	1.9
1968						3.1	-1.4	-1.0	1.0	2.7	2.2	1.4	1.5	1.8
1969							-5.7	-2.3	1.4	3.6	2.7	1.5	1.6	2.0
1970								1.2	5.2	6.6	4.1	2.0	2.0	2.4
1971									9.3	8.9	4.0	1.1	1.4	2.1
1972										8.5	0.6	-1.9	-0.3	1.1
1973											-6.7	-5.9	-1.5	0.9
1974												-5.2	1.8	3.9
1975													9.3	7.8
1976														6.3

UNITED STATES

CONSTRUCTION

	1963	1965	1966	1967	1968	1969	1970	1971	1972	1973	1974	1975	1976	1977
1960	2.7	4.4	4.6	4.3	4.3	3.9	3.1	2.6	2.2	1.9	1.6	1.2	1.0	0.9
1963		7.0	5.9	4.6	4.3	3.5	2.3	1.5	1.1	0.9	0.6	0.1	-0.0	0.0
1965			3.8	2.3	2.9	2.0	0.5	-0.2	-0.4	-0.3	-0.4	-0.9	-1.0	-0.7
1966				0.8	2.9	1.5	-0.4	-1.0	-1.0	-0.8	-0.8	-1.4	-1.3	-1.0
1967					5.0	1.3	-1.5	-1.8	-1.6	-1.2	-1.1	-1.7	-1.5	-1.1
1968						-2.3	-4.5	-3.5	-2.5	-1.6	-1.4	-2.1	-1.8	-1.2
1969							-6.6	-3.6	-2.0	-1.0	-0.9	-1.9	-1.6	-1.0
1970								-0.4	0.2	0.6	0.1	-1.6	-1.3	-0.6
1971									0.8	1.0	0.1	-2.3	-1.7	-0.6
1972										1.3	-0.4	-3.7	-2.3	-0.7
1973											-2.1	-6.4	-3.0	-0.4
1974												-10.5	-2.1	1.3
1975													7.0	6.8
1976														6.6

UNITED STATES

WHOLESALE AND RETAIL TRADE

	1963	1965	1966	1967	1968	1969	1970	1971	1972	1973	1974	1975	1976	1977
1960	2.9	4.8	5.1	5.0	5.0	4.9	4.7	4.6	4.6	4.7	4.5	4.2	4.1	4.0
1963		8.1	7.2	6.0	5.7	5.2	4.8	4.5	4.6	4.7	4.4	4.1	3.9	3.8
1965			5.5	4.0	4.4	4.1	3.8	3.7	4.0	4.2	4.0	3.6	3.5	3.4
1966				2.6	4.2	3.9	3.5	3.4	3.9	4.3	3.9	3.5	3.3	3.3
1967					5.8	4.2	3.4	3.4	4.1	4.4	4.0	3.4	3.3	3.2
1968						2.5	2.4	2.9	4.0	4.5	3.9	3.2	3.1	3.1
1969							2.2	3.1	4.7	5.2	4.1	3.2	3.0	3.0
1970								4.0	6.1	6.1	4.2	2.9	2.8	2.9
1971									8.2	6.8	3.6	2.1	2.2	2.4
1972										5.5	1.1	0.0	1.0	1.8
1973											-3.0	-2.1	0.5	1.7
1974												-1.1	2.5	3.4
1975													6.2	5.2
1976														4.2

UNITED STATES

TRANSPORT AND COMMUNICATION

	1963	1965	1966	1967	1968	1969	1970	1971	1972	1973	1974	1975	1976	1977
1960	4.0	5.1	5.7	5.6	5.7	5.7	5.5	5.2	5.2	5.2	5.2	5.0	5.0	4.9
1963		6.7	7.4	6.4	6.2	6.0	5.6	5.1	5.0	5.1	5.1	4.9	4.8	4.7
1965			8.3	5.1	5.3	5.3	4.9	4.3	4.3	4.7	4.7	4.5	4.4	4.4
1966				2.1	4.4	4.8	4.4	3.8	4.0	4.5	4.6	4.3	4.3	4.3
1967					6.8	5.9	4.8	3.8	4.1	4.7	4.7	4.4	4.3	4.3
1968						5.1	3.7	2.8	3.6	4.6	4.6	4.2	4.2	4.3
1969							2.3	1.7	3.4	4.9	4.9	4.3	4.2	4.3
1970								1.1	4.4	6.2	5.6	4.5	4.4	4.4
1971									7.7	8.5	6.5	4.6	4.5	4.5
1972										9.4	5.4	3.2	3.5	3.8
1973											1.6	0.5	2.3	3.3
1974												-0.5	3.2	4.2
1975													7.0	6.1
1976														5.2

UNITED STATES

OTHER

	1963	1965	1966	1967	1968	1969	1970	1971	1972	1973	1974	1975	1976	1977
1960	3.7	3.7	3.9	4.0	4.1	4.1	4.0	3.9	3.8	3.7	3.6	3.6	3.5	3.5
1963		4.3	4.6	4.7	4.6	4.5	4.2	3.9	3.8	3.6	3.6	3.4	3.4	3.3
1965			4.9	4.9	4.6	4.3	3.9	3.5	3.4	3.3	3.3	3.2	3.1	3.1
1966				4.9	4.3	4.1	3.5	3.2	3.1	3.1	3.1	3.0	3.0	3.0
1967					3.8	3.7	3.1	2.8	2.9	2.9	2.9	2.8	2.8	2.9
1968						3.7	2.6	2.5	2.7	2.8	2.9	2.8	2.8	2.8
1969							1.6	2.1	2.5	2.7	2.9	2.7	2.8	2.9
1970								2.6	3.0	3.1	3.1	2.9	2.9	2.9
1971									3.4	3.2	3.2	2.8	2.8	3.0
1972										3.1	3.2	2.6	2.7	2.9
1973											3.3	2.2	2.6	2.9
1974												1.2	2.4	3.0
1975													3.7	3.8
1976														4.0

CARIBBEAN AND LATIN AMERICA

GROSS DOMESTIC PRODUCT

	1963	1965	1966	1967	1968	1969	1970	1971	1972	1973	1974	1975	1976	1977
1960	4.8	5.2	5.1	5.1	5.2	5.4	5.5	5.7	5.8	6.0	6.1	6.2	6.2	6.1
1963		6.1	5.5	5.1	5.4	5.7	5.9	6.1	6.2	6.4	6.6	6.6	6.5	6.4
1965			4.3	4.4	5.3	5.9	6.3	6.5	6.6	6.8	6.9	6.8	6.7	6.5
1966				4.5	5.9	6.5	6.8	6.9	6.9	7.1	7.2	7.0	6.8	6.6
1967					7.4	7.4	7.3	7.2	7.2	7.3	7.4	7.1	6.9	6.6
1968						7.5	7.3	7.1	7.1	7.4	7.4	7.1	6.8	6.5
1969							7.0	7.0	7.1	7.4	7.4	7.0	6.7	6.4
1970								6.9	7.1	7.6	7.6	7.0	6.5	6.2
1971									7.2	7.9	7.8	6.9	6.3	5.9
1972										8.7	7.9	6.5	5.9	5.5
1973											7.1	5.3	5.0	4.8
1974												3.6	4.2	4.3
1975													4.7	4.6
1976														4.5

6A. AVERAGE ANNUAL RATES OF GROWTH OF GROSS DOMESTIC PRODUCT AT CONSTANT PRICES BY TYPE OF EXPENDITURE AND BY KIND OF ECONOMIC ACTIVITY (continued) (IN PER CENT)

CARIBBEAN AND LATIN AMERICA
PER CAPITA GROSS DOMESTIC PRODUCT

	1963	1965	1966	1967	1968	1969	1970	1971	1972	1973	1974	1975	1976	1977
1960	2.6	2.6	2.5	2.4	2.5	2.7	2.8	3.0	3.1	3.3	3.4	3.4	3.4	3.4
1963		3.0	2.5	2.5	2.7	3.1	3.2	3.3	3.5	3.6	3.8	3.8	3.7	3.6
1965			1.4	2.1	2.8	3.4	3.5	3.6	3.8	4.0	4.1	4.0	3.9	3.7
1966				2.8	3.5	4.1	3.9	4.0	4.1	4.2	4.4	4.2	4.0	3.8
1967					4.1	4.7	4.1	4.1	4.2	4.4	4.5	4.3	4.0	3.8
1968						5.3	3.9	4.0	4.2	4.4	4.6	4.3	4.0	3.7
1969							2.5	3.7	4.1	4.5	4.7	4.3	3.9	3.5
1970								4.9	4.8	5.0	5.1	4.4	3.9	3.4
1971									4.7	5.1	5.2	4.2	3.5	3.1
1972										5.6	5.4	3.7	3.1	2.6
1973											5.3	2.6	2.2	1.8
1974												-0.0	1.0	1.1
1975													2.0	1.5
1976														1.0

CARIBBEAN AND LATIN AMERICA
GOVERNMENT FINAL CONSUMPTION EXPENDITURE

	1963	1965	1966	1967	1968	1969	1970	1971	1972	1973	1974	1975	1976	1977
1960	4.4	3.6	3.7	4.0	4.2	4.5	4.7	4.9	5.2	5.4	5.6	5.8	6.0	6.1
1963		1.9	3.3	4.1	4.6	4.9	5.3	5.6	5.8	6.0	6.2	6.5	6.7	6.6
1965			6.8	6.4	6.3	6.2	6.3	6.5	6.6	6.7	6.9	7.1	7.3	7.1
1966				5.9	6.2	6.0	6.2	6.5	6.6	6.8	7.0	7.2	7.4	7.2
1967					6.4	6.0	6.3	6.7	6.8	7.0	7.2	7.4	7.6	7.3
1968						5.6	6.4	6.9	7.0	7.2	7.3	7.6	7.8	7.4
1969							7.2	7.4	7.3	7.4	7.6	7.9	8.0	7.5
1970								7.7	7.3	7.5	7.7	8.1	8.1	7.5
1971									6.9	7.5	7.8	8.3	8.3	7.5
1972										8.1	8.1	8.7	8.5	7.4
1973											8.2	9.1	8.6	7.0
1974												10.1	8.6	6.1
1975													7.2	4.0
1976														1.0

CARIBBEAN AND LATIN AMERICA
PRIVATE FINAL CONSUMPTION EXPENDITURE

	1963	1965	1966	1967	1968	1969	1970	1971	1972	1973	1974	1975	1976	1977
1960	4.5	5.0	4.9	5.0	5.2	5.3	5.4	5.6	5.8	5.9	6.0	6.0	5.9	5.8
1963		5.9	5.3	5.3	5.6	5.6	5.9	6.1	6.2	6.4	6.4	6.3	6.2	6.0
1965			4.4	5.2	5.9	5.8	6.2	6.4	6.6	6.7	6.7	6.5	6.3	6.1
1966				6.1	6.5	6.2	6.5	6.8	6.9	6.9	6.8	6.7	6.4	6.1
1967					7.0	6.1	6.6	6.9	7.0	7.0	6.9	6.7	6.3	6.0
1968						5.2	6.6	7.1	7.1	7.1	7.0	6.6	6.2	5.8
1969							8.1	7.9	7.6	7.4	7.1	6.6	6.1	5.7
1970								7.8	7.3	7.2	6.8	6.3	5.7	5.3
1971									6.8	6.9	6.5	5.9	5.3	4.8
1972										7.1	6.3	5.5	4.8	4.3
1973											5.5	4.7	4.0	3.7
1974												4.0	3.3	3.2
1975													2.7	2.9
1976														3.1

CARIBBEAN AND LATIN AMERICA
GROSS FIXED CAPITAL FORMATION

	1963	1965	1966	1967	1968	1969	1970	1971	1972	1973	1974	1975	1976	1977
1960	1.8	3.5	4.2	4.7	5.4	6.1	6.5	6.9	7.2	7.4	7.7	7.9	7.9	7.8
1963		6.6	7.0	6.9	7.7	8.3	8.5	8.6	8.7	8.9	9.0	9.0	8.9	8.6
1965			9.2	7.6	9.0	9.6	9.5	9.4	9.4	9.5	9.5	9.5	9.1	8.8
1966				6.1	9.5	10.1	9.7	9.6	9.5	9.6	9.6	9.5	9.1	8.8
1967					12.9	11.7	10.3	9.8	9.6	9.7	9.8	9.6	9.1	8.7
1968						10.5	9.0	9.0	9.0	9.3	9.5	9.3	8.8	8.4
1969							7.4	8.5	8.8	9.3	9.5	9.3	8.7	8.1
1970								9.5	9.4	9.8	10.0	9.5	8.7	8.0
1971									9.3	10.0	10.2	9.5	8.3	7.6
1972										10.8	10.5	9.3	7.8	6.9
1973											10.2	8.5	6.6	5.9
1974												6.7	4.7	4.7
1975													2.8	4.0
1976														5.2

CARIBBEAN AND LATIN AMERICA
EXPORTS OF GOODS AND SERVICES

	1963	1965	1966	1967	1968	1969	1970	1971	1972	1973	1974	1975	1976	1977
1960	7.7	7.1	6.7	6.2	5.9	5.8	5.7	5.3	5.2	5.2	5.0	4.5	4.2	4.1
1963		6.5	5.7	5.0	4.7	5.0	5.0	4.5	4.5	4.6	4.4	3.7	3.5	3.5
1965			3.7	3.3	3.7	4.7	4.8	4.1	4.1	4.4	4.1	3.3	3.0	3.1
1966				2.9	3.8	5.2	5.2	4.1	4.2	4.5	4.1	3.1	2.9	2.9
1967					4.7	6.4	5.8	4.0	4.1	4.6	4.1	2.8	2.6	2.7
1968						8.2	6.0	3.2	3.7	4.5	3.8	2.4	2.2	2.4
1969							3.8	0.8	2.7	4.2	3.4	1.6	1.6	2.0
1970								-2.2	2.9	5.1	3.6	1.2	1.3	1.9
1971									8.3	8.4	4.4	0.8	1.0	1.9
1972										8.5	1.9	-2.2	-0.7	1.0
1973											-4.2	-6.8	-2.4	0.7
1974												-9.3	-0.2	3.4
1975													9.8	9.3
1976														8.7

CARIBBEAN AND LATIN AMERICA
IMPORTS OF GOODS AND SERVICES

	1963	1965	1966	1967	1968	1969	1970	1971	1972	1973	1974	1975	1976	1977
1960	2.0	4.0	4.5	4.7	5.2	5.5	5.9	6.2	6.5	6.6	7.0	7.1	6.9	6.8
1963		7.0	6.6	6.1	6.7	6.9	7.3	7.5	7.6	7.6	8.0	8.0	7.6	7.4
1965			7.0	5.8	7.2	7.5	7.9	8.1	8.1	8.0	8.5	8.4	7.8	7.4
1966				4.7	7.8	7.9	8.4	8.4	8.3	8.2	8.8	8.5	7.9	7.4
1967					11.0	9.1	9.2	8.9	8.6	8.3	9.1	8.7	7.9	7.3
1968						7.2	8.6	8.5	8.2	8.0	9.0	8.6	7.6	7.0
1969							10.1	9.0	8.3	7.9	9.3	8.7	7.4	6.7
1970								7.9	7.5	7.3	9.6	8.6	7.0	6.2
1971									7.1	7.0	10.6	8.8	6.7	5.7
1972										7.0	13.0	9.1	6.0	5.0
1973											19.3	8.5	4.2	3.5
1974												-1.3	-1.7	0.2
1975													-2.1	1.3
1976														4.8

CARIBBEAN AND LATIN AMERICA
AGRICULTURE

	1963	1965	1966	1967	1968	1969	1970	1971	1972	1973	1974	1975	1976	1977
1960	3.6	4.7	4.2	4.1	3.8	3.7	3.6	3.6	3.5	3.4	3.5	3.5	3.4	3.4
1963		7.5	4.5	4.1	3.5	3.3	3.3	3.3	3.2	3.2	3.3	3.3	3.3	3.3
1965			-3.0	1.0	1.5	2.0	2.4	2.6	2.6	2.8	3.0	3.1	3.1	3.2
1966				5.2	3.1	3.1	3.2	3.3	3.0	3.1	3.3	3.4	3.3	3.4
1967					1.1	2.4	2.8	3.1	2.9	3.0	3.3	3.3	3.3	3.4
1968						3.7	3.6	3.6	3.1	3.2	3.5	3.5	3.4	3.5
1969							3.5	3.6	2.8	3.1	3.6	3.5	3.4	3.5
1970								3.8	2.3	3.0	3.7	3.6	3.4	3.5
1971									0.8	3.0	4.0	3.8	3.5	3.6
1972										5.3	5.4	4.4	3.7	3.8
1973											5.6	3.7	3.1	3.5
1974												2.0	2.0	3.1
1975													2.1	3.9
1976														5.7

CARIBBEAN AND LATIN AMERICA
INDUSTRIAL ACTIVITY

	1963	1965	1966	1967	1968	1969	1970	1971	1972	1973	1974	1975	1976	1977
1960	5.3	6.7	6.7	6.6	6.7	6.8	7.0	7.0	7.1	7.2	7.3	7.2	7.2	7.1
1963		8.9	7.9	7.0	7.1	7.2	7.4	7.4	7.4	7.5	7.6	7.5	7.3	7.2
1965			6.0	5.4	6.5	6.9	7.3	7.4	7.4	7.5	7.7	7.5	7.3	7.1
1966				4.8	7.1	7.4	7.8	7.7	7.6	7.7	7.9	7.6	7.4	7.1
1967					9.3	8.4	8.5	8.0	7.8	7.9	8.0	7.7	7.4	7.1
1968						7.5	8.2	7.7	7.5	7.7	8.0	7.6	7.2	6.8
1969							8.9	7.6	7.4	7.7	8.0	7.5	7.1	6.7
1970								6.3	6.8	7.6	8.1	7.4	6.9	6.4
1971									7.3	8.3	8.7	7.5	6.7	6.2
1972										9.2	9.4	7.2	6.2	5.7
1973											9.5	5.8	5.1	4.8
1974												2.3	3.4	3.8
1975													4.5	4.4
1976														4.2

CARIBBEAN AND LATIN AMERICA
MANUFACTURING

	1963	1965	1966	1967	1968	1969	1970	1971	1972	1973	1974	1975	1976	1977
1960	5.0	6.0	6.2	6.1	6.3	6.5	6.8	7.0	7.2	7.5	7.6	7.6	7.5	7.4
1963		8.2	7.6	6.7	6.9	7.2	7.5	7.7	7.9	8.2	8.2	8.1	7.9	7.7
1965			7.2	5.5	6.6	7.3	7.7	8.1	8.3	8.6	8.6	8.3	8.1	7.8
1966				3.8	6.8	7.7	8.1	8.5	8.7	8.9	8.9	8.5	8.2	7.8
1967					9.9	9.4	9.2	9.2	9.3	9.4	9.2	8.7	8.2	7.8
1968						8.9	8.9	9.1	9.2	9.4	9.2	8.5	8.0	7.5
1969							8.8	9.2	9.3	9.6	9.2	8.3	7.7	7.2
1970								9.6	9.6	9.8	9.2	8.0	7.4	6.8
1971									9.6	10.0	9.0	7.4	6.8	6.2
1972										10.4	8.4	6.4	5.9	5.4
1973											6.5	4.5	4.6	4.4
1974												2.5	4.1	4.1
1975													5.6	4.6
1976														3.5

CARIBBEAN AND LATIN AMERICA
CONSTRUCTION

	1963	1965	1966	1967	1968	1969	1970	1971	1972	1973	1974	1975	1976	1977
1960	2.5	2.7	3.0	3.5	4.2	4.9	5.4	5.7	5.9	6.2	6.4	6.6	6.6	6.6
1963		2.1	3.2	4.5	5.5	6.6	7.0	7.1	7.2	7.4	7.5	7.5	7.4	7.4
1965			7.3	8.0	8.5	9.2	9.1	8.5	8.4	8.4	8.4	8.2	8.0	7.8
1966				8.6	9.0	9.8	9.4	8.6	8.4	8.4	8.4	8.2	7.9	7.7
1967					9.4	10.5	9.5	8.3	8.2	8.2	8.2	8.1	7.7	7.5
1968						11.6	9.2	7.6	7.7	7.9	8.0	7.9	7.5	7.3
1969							6.8	5.8	6.8	7.5	7.7	7.6	7.2	7.0
1970								4.7	7.1	8.0	8.1	7.9	7.3	7.0
1971									9.6	9.4	8.9	8.2	7.3	6.9
1972										9.1	8.5	7.7	6.7	6.3
1973											7.9	6.9	5.8	5.7
1974												6.0	4.8	5.1
1975													3.5	4.9
1976														6.4

CARIBBEAN AND LATIN AMERICA
WHOLESALE AND RETAIL TRADE

	1963	1965	1966	1967	1968	1969	1970	1971	1972	1973	1974	1975	1976	1977
1960	4.4	5.2	5.4	5.3	5.5	5.7	5.9	6.0	6.1	6.2	6.3	6.3	6.2	6.1
1963		6.5	6.3	5.8	6.0	6.2	6.4	6.5	6.6	6.7	6.7	6.6	6.5	6.3
1965			6.3	5.2	6.0	6.4	6.6	6.7	6.8	6.9	6.9	6.8	6.5	6.3
1966				4.0	6.1	6.7	6.8	6.9	7.0	7.1	7.1	6.8	6.5	6.3
1967					8.3	7.7	7.5	7.3	7.3	7.3	7.2	6.9	6.5	6.2
1968						7.2	7.1	7.0	7.1	7.2	7.1	6.8	6.3	6.0
1969							7.1	7.0	7.1	7.2	7.1	6.6	6.2	5.8
1970								6.9	7.1	7.3	7.2	6.5	5.9	5.5
1971									7.3	7.5	7.2	6.3	5.6	5.1
1972										7.7	7.1	5.7	5.0	4.6
1973											6.5	4.6	4.0	3.8
1974												2.8	3.0	3.2
1975													3.2	3.5
1976														3.8

CARIBBEAN AND LATIN AMERICA
TRANSPORT AND COMMUNICATION

	1963	1965	1966	1967	1968	1969	1970	1971	1972	1973	1974	1975	1976	1977
1960	3.4	5.0	5.1	5.0	5.1	5.4	5.6	5.8	5.9	6.2	6.4	6.5	6.6	6.6
1963		7.6	6.4	5.6	5.7	5.9	6.3	6.4	6.5	6.7	6.9	7.0	7.0	7.0
1965			4.1	3.8	4.9	5.7	6.4	6.5	6.7	7.0	7.2	7.3	7.3	7.2
1966				3.6	5.5	6.4	7.1	7.1	7.1	7.4	7.6	7.6	7.5	7.4
1967					7.4	7.7	8.1	7.7	7.5	7.7	7.9	7.9	7.7	7.5
1968						8.0	8.4	7.6	7.4	7.7	8.0	7.9	7.7	7.5
1969							8.8	7.2	7.2	7.7	8.0	7.9	7.7	7.4
1970								5.7	6.6	7.7	8.1	8.0	7.6	7.3
1971									7.6	8.7	8.9	8.4	7.7	7.3
1972										9.8	9.4	8.4	7.5	7.0
1973											9.0	7.7	6.6	6.4
1974												6.4	5.6	5.7
1975													4.8	5.5
1976														6.2

6A. AVERAGE ANNUAL RATES OF GROWTH OF GROSS DOMESTIC PRODUCT AT CONSTANT PRICES BY TYPE OF EXPENDITURE AND BY KIND OF ECONOMIC ACTIVITY (continued) (IN PER CENT)

CARIBBEAN AND LATIN AMERICA

OTHER

	1963	1965	1966	1967	1968	1969	1970	1971	1972	1973	1974	1975	1976	1977
1960	5.7	5.1	5.0	4.9	5.0	5.1	5.3	5.4	5.6	5.9	6.1	6.2	6.3	6.3
1963		4.5	4.6	4.6	5.0	5.2	5.5	5.7	6.0	6.4	6.6	6.7	6.7	6.7
1965			4.7	4.6	5.4	5.8	6.0	6.1	6.5	6.9	7.1	7.1	7.1	7.0
1966				4.5	6.0	6.2	6.4	6.4	6.9	7.3	7.5	7.4	7.3	7.1
1967					7.5	6.8	6.8	6.7	7.2	7.6	7.8	7.6	7.5	7.2
1968						6.1	6.5	6.5	7.3	7.8	8.0	7.7	7.5	7.2
1969							6.8	6.7	7.7	8.3	8.3	7.9	7.6	7.2
1970								6.6	8.3	9.0	8.7	8.1	7.6	7.1
1971									10.2	10.0	9.1	8.0	7.5	6.8
1972										9.8	8.4	7.2	6.7	6.1
1973											7.0	5.9	5.9	5.4
1974												4.9	5.5	5.0
1975													6.1	4.8
1976														3.5

ANTIGUA

GROSS DOMESTIC PRODUCT

	1963	1965	1966	1967	1968	1969
1960	...	...	...	...	...	...
1963		...	...	...	...	...
1965			...	...	...	...
1966				...	...	...
1967					...	...
1968						5.1

ANTIGUA

PER CAPITA GROSS DOMESTIC PRODUCT

	1963	1965	1966	1967	1968	1969
1960	...	...	...	...	...	...
1963		...	...	...	...	...
1965			...	...	...	...
1966				...	...	...
1967					...	...
1968						3.4

ANTIGUA

AGRICULTURE

	1963	1965	1966	1967	1968	1969
1960	...	...	...	...	...	...
1963		...	...	...	...	...
1965			...	...	...	...
1966				...	...	...
1967					...	...
1968						8.6

ANTIGUA

INDUSTRIAL ACTIVITY

	1963	1965	1966	1967	1968	1969
1960	...	...	...	...	...	...
1963		...	...	...	...	...
1965			...	...	...	...
1966				...	...	...
1967					...	...
1968						2.8

ANTIGUA

CONSTRUCTION

	1963	1965	1966	1967	1968	1969
1960	...	...	...	...	...	...
1963		...	...	...	...	...
1965			...	...	...	...
1966				...	...	...
1967					...	...
1968						1.3

ANTIGUA

WHOLESALE AND RETAIL TRADE

	1963	1965	1966	1967	1968	1969
1960	...	...	...	...	...	...
1963		...	...	...	...	...
1965			...	...	...	...
1966				...	...	...
1967					...	...
1968						14.9

ANTIGUA

TRANSPORT AND COMMUNICATION

	1963	1965	1966	1967	1968	1969
1960	...	...	...	...	...	...
1963		...	...	...	...	...
1965			...	...	...	...
1966				...	...	...
1967					...	...
1968						8.9

ANTIGUA

OTHER

	1963	1965	1966	1967	1968	1969
1960	...	...	...	...	...	...
1963		...	...	...	...	...
1965			...	...	...	...
1966				...	...	...
1967					...	...
1968						–0.1

ARGENTINA

GROSS DOMESTIC PRODUCT

	1963	1965	1966	1967	1968	1969	1970	1971	1972	1973	1974	1975	1976	1977
1960	0.7	3.6	3.7	3.7	3.8	4.0	4.2	4.4	4.4	4.5	4.6	4.5	4.3	4.2
1963		9.7	6.9	5.4	4.9	5.1	5.2	5.2	5.1	5.1	5.1	4.9	4.6	4.4
1965			0.6	1.6	2.5	3.9	4.5	4.7	4.7	4.8	4.9	4.7	4.3	4.0
1966				2.6	3.5	5.0	5.4	5.5	5.2	5.2	5.3	4.9	4.4	4.1
1967					4.3	6.4	6.3	6.0	5.5	5.4	5.4	5.0	4.3	4.0
1968						8.5	6.9	6.1	5.4	5.3	5.3	4.8	4.0	3.7
1969							5.4	5.1	4.5	4.7	5.0	4.4	3.5	3.2
1970								4.8	3.9	4.5	5.0	4.2	3.2	2.8
1971									3.1	4.6	5.3	4.1	2.7	2.4
1972										6.1	6.3	4.0	2.1	1.9
1973											6.5	2.5	0.5	0.9
1974												–1.3	–2.1	–0.2
1975													–2.9	0.8
1976														4.7

ARGENTINA

PER CAPITA GROSS DOMESTIC PRODUCT

	1963	1965	1966	1967	1968	1969	1970	1971	1972	1973	1974	1975	1976	1977
1960	–0.8	2.0	2.2	2.2	2.3	2.6	2.8	2.9	3.0	3.1	3.2	3.1	2.9	2.8
1963		8.2	5.4	4.0	3.4	3.6	3.7	3.8	3.7	3.7	3.7	3.5	3.2	3.0
1965			–0.7	0.2	1.1	2.5	3.1	3.3	3.3	3.4	3.5	3.3	2.9	2.6
1966				1.2	2.1	3.6	4.0	4.0	3.8	3.8	3.8	3.5	3.0	2.7
1967					2.9	5.0	4.9	4.6	4.1	4.0	4.0	3.6	2.9	2.6
1968						7.1	5.5	4.7	4.0	3.9	3.9	3.4	2.7	2.3
1969							4.0	3.7	3.1	3.3	3.6	3.0	2.2	1.8
1970								3.4	2.6	3.1	3.6	2.9	1.8	1.5
1971									1.8	3.2	3.9	2.7	1.4	1.1
1972										4.7	4.9	2.6	0.8	0.6
1973											5.1	1.2	–0.8	–0.4
1974												–2.6	–3.4	–1.5
1975													–4.2	–0.5
1976														3.3

ARGENTINA

GOVERNMENT FINAL CONSUMPTION EXPENDITURE (5)

	1963	1965	1966	1967	1968	1969	1970	1971	1972	1973	1974	1975	1976	1977
1960	0.5	3.3	3.5	3.5	3.5	3.7	3.7	3.9	3.9	4.0	4.3	4.4	4.2	3.9
1963		9.2	6.5	5.2	4.6	4.6	4.5	4.6	4.5	4.6	4.8	4.9	4.5	4.1
1965			0.8	1.7	2.4	3.3	3.6	4.0	4.0	4.2	4.7	4.8	4.3	3.8
1966				2.5	3.2	4.1	4.2	4.5	4.4	4.6	5.0	5.1	4.5	3.8
1967					3.9	4.9	4.7	5.0	4.7	4.8	5.3	5.3	4.6	3.8
1968						6.0	4.9	5.2	4.7	4.9	5.5	5.5	4.5	3.6
1969							3.8	5.0	4.4	4.7	5.6	5.6	4.3	3.2
1970								6.2	4.3	4.9	6.1	5.9	4.2	2.9
1971									2.5	4.7	6.5	6.1	3.7	2.2
1972										6.9	8.5	6.8	3.3	1.3
1973											10.1	6.2	1.2	–0.6
1974												2.5	–3.1	–3.6
1975													–8.4	–5.8
1976														–3.1

6A. AVERAGE ANNUAL RATES OF GROWTH OF GROSS DOMESTIC PRODUCT AT CONSTANT PRICES BY TYPE OF EXPENDITURE AND BY KIND OF ECONOMIC ACTIVITY (continued) (IN PER CENT)

ARGENTINA — *GROSS FIXED CAPITAL FORMATION*

	1963	1965	1966	1967	1968	1969	1970	1971	1972	1973	1974	1975	1976	1977
1960	-4.0	-1.2	-0.2	0.6	1.7	3.3	4.2	4.9	5.4	5.5	5.6	5.3	4.9	4.9
1963		7.7	6.0	5.5	6.3	8.0	8.4	8.7	8.7	8.3	7.8	7.1	6.3	6.1
1965			3.3	4.1	6.6	9.7	9.9	10.0	9.6	8.7	8.1	6.9	5.9	5.7
1966				5.0	8.6	12.3	11.6	11.1	10.2	9.0	8.1	6.8	5.5	5.4
1967					12.4	16.1	13.1	11.8	10.4	8.8	7.8	6.2	4.8	4.8
1968						20.0	12.4	10.7	9.3	7.6	6.5	4.9	3.6	3.8
1969							5.2	7.3	6.9	5.4	4.8	3.2	2.0	2.6
1970								9.4	7.3	4.9	4.3	2.4	1.0	2.0
1971									5.2	2.7	2.8	0.8	-0.5	1.2
1972										0.3	2.1	-0.6	-1.8	0.9
1973											3.9	-1.8	-3.0	1.3
1974												-7.2	-5.6	2.1
1975													-3.9	8.2
1976														21.9

ARGENTINA — *EXPORTS OF GOODS AND SERVICES*

	1963	1965	1966	1967	1968	1969	1970	1971	1972	1973	1974	1975	1976	1977
1960	10.9	6.3	6.4	5.8	5.0	5.2	5.4	4.8	4.1	3.7	3.3	2.5	2.7	3.4
1963		1.4	4.7	4.1	3.2	4.1	4.8	3.9	2.9	2.5	2.1	1.2	1.6	2.8
1965			9.8	4.2	1.9	4.2	5.3	3.7	2.2	1.7	1.4	0.3	0.9	2.7
1966				-1.2	-1.3	3.6	5.4	3.2	1.4	1.1	0.8	-0.4	0.5	2.6
1967					-1.4	7.0	7.9	3.9	1.3	0.8	0.6	-0.9	0.3	2.8
1968						16.1	11.6	3.6	0.1	-0.1	-0.2	-1.8	-0.1	2.9
1969							7.2	-2.7	-4.7	-3.0	-2.1	-3.6	-1.1	2.8
1970								-11.8	-9.0	-4.4	-2.6	-4.4	-1.0	3.9
1971									-6.0	-0.2	0.4	-3.3	0.9	6.8
1972										6.0	2.8	-4.0	2.2	9.8
1973											-0.3	-9.3	2.5	13.3
1974												-17.4	7.8	22.1
1975													40.6	44.9
1976														49.4

ARGENTINA — *IMPORTS OF GOODS AND SERVICES*

	1963	1965	1966	1967	1968	1969	1970	1971	1972	1973	1974	1975	1976	1977
1960	-3.9	-1.6	-1.6	-1.5	-0.9	0.6	1.4	2.1	2.3	2.3	2.7	3.0	2.6	2.7
1963		7.2	3.0	1.6	1.9	4.1	4.7	5.2	4.8	4.3	4.6	4.7	3.9	3.9
1965			-3.6	-1.7	0.8	5.5	6.1	6.5	5.6	4.7	5.0	5.1	4.0	4.0
1966				0.3	3.2	9.2	8.5	8.3	6.6	5.2	5.5	5.5	4.1	4.1
1967					6.3	14.6	10.7	9.5	6.8	4.9	5.4	5.5	3.8	3.8
1968						23.5	10.9	9.0	5.5	3.5	4.5	4.8	2.9	3.1
1969							-0.3	3.9	1.4	0.2	2.6	3.6	1.5	2.0
1970								8.4	1.1	-0.5	3.1	4.2	1.4	2.1
1971									-5.7	-3.8	3.2	4.7	0.8	1.8
1972										-1.8	8.9	8.4	1.3	2.5
1973											20.9	11.8	-0.5	1.9
1974												3.4	-10.3	-2.1
1975													-22.1	-1.0
1976														25.9

ARGENTINA — *AGRICULTURE*

	1963	1965	1966	1967	1968	1969	1970	1971	1972	1973	1974	1975	1976	1977
1960	2.0	3.7	3.2	3.0	2.4	2.2	2.3	2.0	1.5	1.6	1.8	1.8	1.8	1.9
1963		6.5	3.2	2.8	1.5	1.4	1.7	1.4	0.7	1.0	1.4	1.5	1.5	1.7
1965			-3.7	0.2	-1.1	-0.1	1.0	0.7	-0.1	0.5	1.1	1.3	1.4	1.7
1966				4.3	-0.7	0.6	1.9	1.2	-0.0	0.7	1.5	1.5	1.7	1.9
1967					-5.4	-0.1	2.1	1.1	-0.5	0.6	1.5	1.6	1.8	2.1
1968						5.5	5.5	2.3	-0.5	1.0	2.1	2.1	2.1	2.4
1969							5.6	0.1	-2.8	0.2	1.9	1.9	2.0	2.4
1970								-5.0	-6.5	-0.2	2.4	2.2	2.3	2.7
1971									-7.9	3.7	5.7	4.1	3.6	3.7
1972										16.8	11.3	6.1	4.6	4.4
1973											5.9	1.1	1.4	2.4
1974												-3.5	-0.1	2.3
1975													3.4	5.0
1976														6.6

ARGENTINA — *INDUSTRIAL ACTIVITY*

	1963	1965	1966	1967	1968	1969	1970	1971	1972	1973	1974	1975	1976	1977
1960	0.5	5.3	5.7	5.5	5.5	5.8	6.0	6.2	6.4	6.5	6.5	6.3	6.0	5.7
1963		15.5	10.8	8.1	7.2	7.2	7.2	7.3	7.3	7.3	7.2	6.8	6.2	5.8
1965			1.2	1.7	3.3	5.0	5.8	6.4	6.7	6.7	6.7	6.3	5.6	5.2
1966				2.2	4.5	6.6	7.0	7.4	7.5	7.3	7.2	6.6	5.8	5.2
1967					6.8	8.7	8.3	8.4	8.1	7.8	7.5	6.7	5.7	5.1
1968						10.7	8.6	8.6	8.1	7.7	7.3	6.3	5.2	4.6
1969							6.6	8.0	7.5	7.1	6.9	5.7	4.5	3.9
1970								9.3	7.7	7.0	6.7	5.2	3.7	3.2
1971									6.1	6.0	6.0	4.3	2.6	2.2
1972										6.0	6.0	3.4	1.5	1.3
1973											6.0	1.7	-0.3	0.2
1974												-2.3	-3.0	-0.9
1975													-3.7	0.3
1976														4.5

ARGENTINA — *MANUFACTURING*

	1963	1965	1966	1967	1968	1969	1970	1971	1972	1973	1974	1975	1976	1977
1960	-0.6	4.9	5.3	5.2	5.2	5.5	5.7	6.0	6.2	6.3	6.3	6.2	5.8	5.6
1963		16.3	11.1	8.1	7.1	7.1	7.0	7.2	7.2	7.1	7.1	6.7	6.1	5.7
1965			0.7	1.1	2.7	4.6	5.4	6.2	6.4	6.6	6.6	6.2	5.5	5.1
1966				1.5	4.0	6.2	6.7	7.3	7.3	7.3	7.2	6.5	5.7	5.1
1967					6.5	8.6	8.2	8.4	8.1	7.8	7.5	6.7	5.6	5.0
1968						10.8	8.5	8.7	8.1	7.7	7.4	6.4	5.2	4.5
1969							6.3	8.0	7.5	7.2	7.0	5.8	4.4	3.7
1970								9.7	7.8	7.2	6.8	5.3	3.7	3.0
1971									6.0	6.2	6.2	4.3	2.5	2.0
1972										6.4	6.2	3.4	1.2	1.0
1973											6.1	1.5	-0.7	-0.2
1974												-2.8	-3.6	-1.4
1975													-4.5	-0.2
1976														4.2

ARGENTINA — *CONSTRUCTION*

	1963	1965	1966	1967	1968	1969	1970	1971	1972	1973	1974	1975	1976	1977
1960	-3.5	-1.2	-0.0	1.5	3.3	5.0	6.1	6.4	6.5	6.3	6.2	5.8	5.1	4.8
1963		4.0	4.7	6.4	8.5	10.3	11.0	10.3	9.7	8.6	8.1	7.2	6.0	5.3
1965			6.2	9.5	12.3	14.2	14.1	12.0	10.6	8.8	8.1	6.8	5.2	4.5
1966				12.9	15.5	16.8	15.6	12.3	10.3	8.2	7.4	6.1	4.3	3.7
1967					18.1	18.6	15.8	11.2	8.9	6.6	6.1	4.7	2.9	2.4
1968						19.1	14.1	8.1	6.3	4.1	4.1	2.9	1.2	0.9
1969							9.4	2.8	2.8	1.2	2.2	1.2	-0.5	-0.5
1970								-3.4	0.6	-0.7	1.5	0.5	-1.6	-1.2
1971									4.9	-0.2	2.8	0.8	-2.0	-1.4
1972										-5.1	3.2	0.0	-3.6	-2.3
1973											12.2	0.7	-5.0	-2.7
1974												-9.6	-11.9	-5.1
1975													-14.1	-1.1
1976														13.7

ARGENTINA — *WHOLESALE AND RETAIL TRADE*

	1963	1965	1966	1967	1968	1969	1970	1971	1972	1973	1974	1975	1976	1977
1960	-0.9	1.9	2.2	2.3	2.5	3.0	3.4	3.7	3.9	3.9	4.1	4.1	3.9	3.8
1963		9.7	6.6	4.8	4.4	4.9	5.0	5.2	5.2	5.0	5.1	5.0	4.6	4.3
1965			-0.5	0.2	1.8	3.8	4.4	4.9	4.9	4.8	5.0	4.8	4.3	4.0
1966				1.0	3.1	5.5	5.7	5.9	5.6	5.3	5.4	5.1	4.4	4.1
1967					5.3	7.8	6.9	6.7	6.1	5.5	5.7	5.2	4.4	4.0
1968						10.4	7.2	6.7	5.9	5.2	5.4	5.0	4.0	3.6
1969							4.1	5.3	4.8	4.3	4.9	4.5	3.4	3.1
1970								6.6	4.8	4.1	5.0	4.4	3.0	2.7
1971									3.2	3.0	5.0	4.1	2.3	2.2
1972										2.8	6.3	4.3	1.8	1.7
1973											9.8	4.1	0.4	0.9
1974												-1.3	-3.7	-0.9
1975													-5.9	0.1
1976														6.6

ARGENTINA — *TRANSPORT AND COMMUNICATION*

	1963	1965	1966	1967	1968	1969	1970	1971	1972	1973	1974	1975	1976	1977
1960	-0.3	3.1	3.3	3.2	3.3	3.5	3.7	3.9	3.9	3.9	4.0	3.9	3.7	3.6
1963		10.0	6.8	5.0	4.5	4.6	4.7	4.7	4.5	4.5	4.5	4.3	3.9	3.7
1965			0.0	0.5	2.0	3.2	3.8	4.1	4.0	4.1	4.2	3.9	3.5	3.3
1966				1.0	3.1	4.5	4.8	4.8	4.5	4.5	4.5	4.1	3.6	3.3
1967					5.3	6.1	5.8	5.4	4.7	4.7	4.7	4.2	3.5	3.2
1968						6.9	5.9	5.2	4.4	4.4	4.5	3.9	3.1	2.8
1969							4.9	4.4	3.5	4.0	4.2	3.6	2.6	2.4
1970								3.9	2.8	3.8	4.1	3.3	2.2	2.1
1971									1.7	4.1	4.5	3.2	1.8	1.7
1972										6.7	5.5	3.1	1.1	1.2
1973											4.4	1.2	-0.8	0.1
1974												-1.9	-3.1	-0.6
1975													-4.3	0.7
1976														6.0

ARGENTINA — *OTHER*

	1963	1965	1966	1967	1968	1969	1970	1971	1972	1973	1974	1975	1976	1977
1960	2.8	2.9	3.0	3.1	3.1	3.1	3.1	3.1	3.1	3.2	3.3	3.4	3.4	3.4
1963		3.4	3.5	3.4	3.3	3.3	3.2	3.2	3.2	3.3	3.4	3.6	3.6	3.5
1965			3.8	3.3	3.2	3.1	3.1	3.0	3.1	3.3	3.5	3.7	3.6	3.5
1966				2.8	2.9	3.0	2.9	3.0	3.1	3.4	3.5	3.7	3.7	3.5
1967					3.1	3.1	3.0	3.0	3.2	3.5	3.7	3.9	3.8	3.6
1968						3.1	2.9	3.0	3.2	3.6	3.8	4.0	3.9	3.6
1969							2.8	2.9	3.4	3.9	4.1	4.3	4.1	3.7
1970								3.1	3.7	4.3	4.4	4.5	4.2	3.7
1971									4.2	4.9	4.8	4.8	4.3	3.6
1972										5.6	4.9	4.9	4.1	3.2
1973											4.1	4.7	3.6	2.6
1974												5.2	3.1	1.8
1975													0.9	0.3
1976														-0.2

BARBADOS — *GROSS DOMESTIC PRODUCT*

	1963	1965	1966	1967	1968	1969	1970	1971	1972	1973	1974	1975	1976
1960	...	...	...	...	...	...	...	...	...	...	...	...	...
1963		...	...	...	...	...	...	...	...	...	...	...	...
1965			...	...	...	...	...	...	...	...	...	...	...
1966				...	...	...	...	...	...	...	...	...	...
1967					...	...	...	...	...	...	...	...	...
1968						...	...	...	...	...	...	...	...
1969							...	...	...	...	...	...	...
1970								...	...	...	...	...	...
1971									...	...	...	...	...
1972										...	...	...	...
1973											...	...	...
1974												-1.2	1.7
1975													4.7

BARBADOS — *PER CAPITA GROSS DOMESTIC PRODUCT*

	1963	1965	1966	1967	1968	1969	1970	1971	1972	1973	1974	1975	1976
1960	...	...	...	...	...	...	...	...	...	...	...	...	...
1963		...	...	...	...	...	...	...	...	...	...	...	...
1965			...	...	...	...	...	...	...	...	...	...	...
1966				...	...	...	...	...	...	...	...	...	...
1967					...	...	...	...	...	...	...	...	...
1968						...	...	...	...	...	...	...	...
1969							...	...	...	...	...	...	...
1970								...	...	...	...	...	...
1971									...	...	...	...	...
1972										...	...	...	...
1973											...	...	...
1974												-1.2	-0.3
1975													0.5

6A. AVERAGE ANNUAL RATES OF GROWTH OF GROSS DOMESTIC PRODUCT AT CONSTANT PRICES BY TYPE OF EXPENDITURE AND BY KIND OF ECONOMIC ACTIVITY (continued) (IN PER CENT)

BARBADOS — *AGRICULTURE*

	1963	1965	1966	1967	1968	1969	1970	1971	1972	1973	1974	1975	1976
1960	...	...	...	...	...	...	...	...	...	...	...	...	...
1963		...	...	...	...	...	...	...	...	...	...	...	...
1965			...	...	...	...	...	...	...	...	...	...	...
1966				...	...	...	...	...	...	...	...	...	...
1967					...	...	...	...	...	...	...	...	...
1968						...	...	...	...	...	...	...	...
1969							...	...	...	...	...	...	...
1970								...	...	...	...	...	...
1971									...	...	...	...	...
1972										...	...	...	...
1973											...	...	...
1974												-3.8	1.9
1975													8.0

BARBADOS — *INDUSTRIAL ACTIVITY*

	1963	1965	1966	1967	1968	1969	1970	1971	1972	1973	1974	1975	1976
1960	...	...	...	...	...	...	...	...	...	...	...	...	...
1963		...	...	...	...	...	...	...	...	...	...	...	...
1965			...	...	...	...	...	...	...	...	...	...	...
1966				...	...	...	...	...	...	...	...	...	...
1967					...	...	...	...	...	...	...	...	...
1968						...	...	...	...	...	...	...	...
1969							...	...	...	...	...	...	...
1970								...	...	...	...	...	...
1971									...	...	...	...	...
1972										...	...	...	...
1973											...	...	...
1974												6.5	12.8
1975													19.5

BARBADOS — *MANUFACTURING*

	1963	1965	1966	1967	1968	1969	1970	1971	1972	1973	1974	1975	1976
1960	...	...	...	...	...	...	...	...	...	...	...	...	...
1963		...	...	...	...	...	...	...	...	...	...	...	...
1965			...	...	...	...	...	...	...	...	...	...	...
1966				...	...	...	...	...	...	...	...	...	...
1967					...	...	...	...	...	...	...	...	...
1968						...	...	...	...	...	...	...	...
1969							...	...	...	...	...	...	...
1970								...	...	...	...	...	...
1971									...	...	...	...	...
1972										...	...	...	...
1973											...	...	...
1974												8.1	13.6
1975													19.4

BARBADOS — *CONSTRUCTION*

	1963	1965	1966	1967	1968	1969	1970	1971	1972	1973	1974	1975	1976
1960	...	...	...	...	...	...	...	...	...	...	...	...	...
1963		...	...	...	...	...	...	...	...	...	...	...	...
1965			...	...	...	...	...	...	...	...	...	...	...
1966				...	...	...	...	...	...	...	...	...	...
1967					...	...	...	...	...	...	...	...	...
1968						...	...	...	...	...	...	...	...
1969							...	...	...	...	...	...	...
1970								...	...	...	...	...	...
1971									...	...	...	...	...
1972										...	...	...	...
1973											...	...	...
1974												-16.7	-2.4
1975													14.3

BARBADOS — *WHOLESALE AND RETAIL TRADE*

	1963	1965	1966	1967	1968	1969	1970	1971	1972	1973	1974	1975	1976
1960	...	...	...	...	...	...	...	...	...	...	...	...	...
1963		...	...	...	...	...	...	...	...	...	...	...	...
1965			...	...	...	...	...	...	...	...	...	...	...
1966				...	...	...	...	...	...	...	...	...	...
1967					...	...	...	...	...	...	...	...	...
1968						...	...	...	...	...	...	...	...
1969							...	...	...	...	...	...	...
1970								...	...	...	...	...	...
1971									...	...	...	...	...
1972										...	...	...	...
1973											...	...	...
1974												-1.1	0.5
1975													2.2

BARBADOS — *TRANSPORT AND COMMUNICATION*

	1963	1965	1966	1967	1968	1969	1970	1971	1972	1973	1974	1975	1976
1960	...	...	...	...	...	...	...	...	...	...	...	...	...
1963		...	...	...	...	...	...	...	...	...	...	...	...
1965			...	...	...	...	...	...	...	...	...	...	...
1966				...	...	...	...	...	...	...	...	...	...
1967					...	...	...	...	...	...	...	...	...
1968						...	...	...	...	...	...	...	...
1969							...	...	...	...	...	...	...
1970								...	...	...	...	...	...
1971									...	...	...	...	...
1972										...	...	...	...
1973											...	...	...
1974												0.0	1.5
1975													2.9

BARBADOS — *OTHER*

	1963	1965	1966	1967	1968	1969	1970	1971	1972	1973	1974	1975	1976
1960	...	...	...	...	...	...	...	...	...	...	...	...	...
1963		...	...	...	...	...	...	...	...	...	...	...	...
1965			...	...	...	...	...	...	...	...	...	...	...
1966				...	...	...	...	...	...	...	...	...	...
1967					...	...	...	...	...	...	...	...	...
1968						...	...	...	...	...	...	...	...
1969							...	...	...	...	...	...	...
1970								...	...	...	...	...	...
1971									...	...	...	...	...
1972										...	...	...	...
1973											...	...	...
1974												-1.3	-0.9
1975													-0.6

BELIZE — *GROSS DOMESTIC PRODUCT*

	1963	1965	1966	1967	1968	1969	1970	1971	1972	1973	1974	1975	1976
1960	...	...	...	...	...	...	...	...	...	...	...	...	...
1963		...	...	...	...	...	...	...	...	...	...	...	...
1965			...	...	...	...	...	...	...	...	...	...	...
1966				...	...	...	...	...	...	...	...	...	...
1967					...	...	...	...	...	...	...	...	...
1968						...	...	...	...	...	...	...	...
1969							...	...	...	...	...	...	...
1970								3.4	5.1	5.0	5.7	5.1	4.3
1971									6.8	5.4	6.3	5.2	4.2
1972										4.1	6.4	4.8	3.5
1973											8.7	4.5	2.7
1974												0.5	0.1
1975													-0.2

BELIZE — *PER CAPITA GROSS DOMESTIC PRODUCT*

	1963	1965	1966	1967	1968	1969	1970	1971	1972	1973	1974	1975	1976
1960	...	...	...	...	...	...	...	...	...	...	...	...	...
1963		...	...	...	...	...	...	...	...	...	...	...	...
1965			...	...	...	...	...	...	...	...	...	...	...
1966				...	...	...	...	...	...	...	...	...	...
1967					...	...	...	...	...	...	...	...	...
1968						...	...	...	...	...	...	...	...
1969							...	...	...	...	...	...	...
1970								0.1	1.8	1.7	2.4	1.9	1.2
1971									3.5	2.2	3.1	2.1	1.1
1972										1.0	3.2	1.7	0.5
1973											5.5	1.5	-0.3
1974												-2.4	-2.7
1975													-3.0

BELIZE — *AGRICULTURE*

	1963	1965	1966	1967	1968	1969	1970	1971	1972	1973	1974	1975	1976
1960	...	...	...	...	...	...	...	...	...	...	...	...	...
1963		...	...	...	...	...	...	...	...	...	...	...	...
1965			...	...	...	...	...	...	...	...	...	...	...
1966				...	...	...	...	...	...	...	...	...	...
1967					...	...	...	...	...	...	...	...	...
1968						...	...	...	...	...	...	...	...
1969							...	...	...	...	...	...	...
1970								6.3	5.2	5.1	6.1	4.3	2.8
1971									4.1	4.7	6.3	3.7	2.0
1972										5.3	7.6	3.0	0.9
1973											10.0	0.8	-1.2
1974												-7.6	-5.3
1975													-2.9

BELIZE — *INDUSTRIAL ACTIVITY*

	1963	1965	1966	1967	1968	1969	1970	1971	1972	1973	1974	1975	1976
1960	...	...	...	...	...	...	...	...	...	...	...	...	...
1963		...	...	...	...	...	...	...	...	...	...	...	...
1965			...	...	...	...	...	...	...	...	...	...	...
1966				...	...	...	...	...	...	...	...	...	...
1967					...	...	...	...	...	...	...	...	...
1968						...	...	...	...	...	...	...	...
1969							...	...	...	...	...	...	...
1970								13.7	12.9	12.8	13.0	10.2	7.6
1971									12.1	12.4	12.9	9.1	6.1
1972										12.7	13.3	7.4	3.9
1973											13.9	3.8	0.5
1974												-5.3	-4.7
1975													-4.0

BELIZE — *MANUFACTURING*

	1963	1965	1966	1967	1968	1969	1970	1971	1972	1973	1974	1975	1976
1960	...	...	...	...	...	...	...	...	...	...	...	...	...
1963		...	...	...	...	...	...	...	...	...	...	...	...
1965			...	...	...	...	...	...	...	...	...	...	...
1966				...	...	...	...	...	...	...	...	...	...
1967					...	...	...	...	...	...	...	...	...
1968						...	...	...	...	...	...	...	...
1969							...	...	...	...	...	...	...
1970								14.1	12.6	12.7	13.3	10.2	7.2
1971									11.1	12.2	13.4	9.0	5.5
1972										13.3	14.5	7.5	3.2
1973											15.7	3.4	-0.8
1974												-7.6	-7.0
1975													-6.4

6A. AVERAGE ANNUAL RATES OF GROWTH OF GROSS DOMESTIC PRODUCT AT CONSTANT PRICES BY TYPE OF EXPENDITURE AND BY KIND OF ECONOMIC ACTIVITY (continued)
(IN PER CENT)

BELIZE
CONSTRUCTION

	1963	1965	1966	1967	1968	1969	1970	1971	1972	1973	1974	1975	1976
1960	...	...	...	...	...	...	...	...	...	...	...	...	...
1963		...	...	...	...	...	...	...	...	...	...	...	...
1965			...	...	...	...	...	...	...	...	...	...	...
1966				...	...	...	...	...	...	...	...	...	...
1967					...	...	...	...	...	...	...	...	...
1968						...	...	...	...	...	...	...	...
1969							...	...	...	...	...	...	...
1970								–19.0	–4.1	–3.8	0.4	4.3	7.7
1971									13.7	1.9	5.6	9.2	12.2
1972										–8.6	4.2	10.3	14.2
1973											18.9	19.7	21.0
1974												20.6	22.2
1975													23.7

BELIZE
WHOLESALE AND RETAIL TRADE

	1963	1965	1966	1967	1968	1969	1970	1971	1972	1973	1974	1975	1976
1960	...	...	...	...	...	...	...	...	...	...	...	...	...
1963		...	...	...	...	...	...	...	...	...	...	...	...
1965			...	...	...	...	...	...	...	...	...	...	...
1966				...	...	...	...	...	...	...	...	...	...
1967					...	...	...	...	...	...	...	...	...
1968						...	...	...	...	...	...	...	...
1969							...	...	...	...	...	...	...
1970								–3.7	3.4	4.3	6.1	5.5	3.5
1971									11.0	7.5	8.5	6.8	3.7
1972										4.1	8.1	5.7	1.9
1973											12.3	5.4	–0.1
1974												–1.0	–5.6
1975													–10.1

BELIZE
TRANSPORT AND COMMUNICATION

	1963	1965	1966	1967	1968	1969	1970	1971	1972	1973	1974	1975	1976
1960	...	...	...	...	...	...	...	...	...	...	...	...	...
1963		...	...	...	...	...	...	...	...	...	...	...	...
1965			...	...	...	...	...	...	...	...	...	...	...
1966				...	...	...	...	...	...	...	...	...	...
1967					...	...	...	...	...	...	...	...	...
1968						...	...	...	...	...	...	...	...
1969							...	...	...	...	...	...	...
1970								6.5	5.5	5.1	6.7	7.4	7.1
1971									4.5	4.4	7.2	8.0	7.4
1972										4.3	9.0	9.3	8.0
1973											13.9	11.2	8.2
1974												8.5	5.3
1975													2.2

BELIZE
OTHER

	1963	1965	1966	1967	1968	1969	1970	1971	1972	1973	1974	1975	1976
1960	...	...	...	...	...	...	...	...	...	...	...	...	...
1963		...	...	...	...	...	...	...	...	...	...	...	...
1965			...	...	...	...	...	...	...	...	...	...	...
1966				...	...	...	...	...	...	...	...	...	...
1967					...	...	...	...	...	...	...	...	...
1968						...	...	...	...	...	...	...	...
1969							...	...	...	...	...	...	...
1970								6.5	5.7	4.7	3.9	3.7	3.6
1971									4.9	3.9	3.1	3.2	3.2
1972										2.9	2.3	2.8	3.0
1973											1.7	2.9	3.1
1974												4.2	3.7
1975													3.2

BOLIVIA
GROSS DOMESTIC PRODUCT

	1963	1965	1966	1967	1968	1969	1970	1971	1972	1973	1974	1975
1960	4.8	5.3	5.6	5.8	6.0	6.0	6.0	6.0	6.0	6.0	6.0	6.0
1963		5.9	6.3	6.4	6.5	6.4	6.3	6.2	6.1	6.1	6.1	6.1
1965			7.0	6.7	6.8	6.4	6.3	6.1	6.0	6.0	6.0	6.0
1966				6.3	6.8	6.2	6.1	5.9	5.8	5.9	5.9	5.9
1967					7.2	6.0	5.9	5.7	5.7	5.8	5.9	5.9
1968						4.8	5.5	5.4	5.5	5.7	5.8	5.9
1969							6.3	5.6	5.6	5.9	6.0	6.0
1970								4.9	5.4	5.9	6.1	6.0
1971									5.9	6.4	6.4	6.2
1972										6.9	6.5	6.2
1973											6.1	5.8
1974												5.5

BOLIVIA
PER CAPITA GROSS DOMESTIC PRODUCT

	1963	1965	1966	1967	1968	1969	1970	1971	1972	1973	1974	1975
1960	2.2	2.7	3.0	3.2	3.3	3.4	3.4	3.3	3.3	3.3	3.3	3.3
1963		3.2	3.7	3.7	3.9	3.8	3.7	3.5	3.4	3.4	3.4	3.4
1965			4.3	4.0	4.1	3.8	3.6	3.4	3.3	3.3	3.3	3.3
1966				3.6	4.0	3.7	3.5	3.2	3.1	3.2	3.2	3.2
1967					4.5	3.6	3.3	3.0	3.0	3.1	3.2	3.1
1968						2.8	2.8	2.6	2.7	3.0	3.1	3.1
1969							2.8	2.5	2.7	3.0	3.2	3.2
1970								2.2	2.8	3.2	3.3	3.3
1971									3.3	3.7	3.6	3.4
1972										4.1	3.8	3.4
1973											3.4	3.0
1974												2.5

BOLIVIA
GOVERNMENT FINAL CONSUMPTION EXPENDITURE

	1963	1965	1966	1967	1968	1969	1970	1971	1972	1973	1974	1975
1960	9.4	9.9	9.7	9.1	8.8	8.7	8.7	8.7	8.8	8.9	9.0	9.1
1963		13.2	11.1	9.0	8.4	8.3	8.4	8.6	8.7	9.0	9.1	9.2
1965			3.4	3.4	4.9	6.1	7.1	7.7	8.2	8.6	8.9	9.1
1966				3.3	5.9	7.2	8.2	8.6	9.0	9.3	9.5	9.7
1967					8.6	9.0	9.6	9.6	9.8	10.0	10.0	10.1
1968						9.4	10.1	9.8	10.0	10.3	10.2	10.3
1969							10.9	9.9	10.1	10.4	10.3	10.4
1970								8.9	9.9	10.5	10.3	10.4
1971									10.9	11.2	10.6	10.6
1972										11.6	10.3	10.4
1973											9.0	10.0
1974												11.0

BOLIVIA
PRIVATE FINAL CONSUMPTION EXPENDITURE

	1963	1965	1966	1967	1968	1969	1970	1971	1972	1973	1974	1975
1960	4.1	4.7	5.5	6.1	5.9	6.0	6.0	6.0	5.8	5.7	5.6	5.6
1963		6.4	7.6	8.2	6.9	6.7	6.6	6.4	6.0	5.8	5.6	5.6
1965			8.8	9.1	5.9	5.9	6.0	5.8	5.4	5.3	5.0	5.1
1966				9.4	3.9	5.0	5.4	5.4	5.0	4.9	4.7	4.9
1967					–1.3	3.9	5.1	5.1	4.7	4.7	4.5	4.8
1968						9.3	7.8	6.5	5.3	5.1	4.7	5.0
1969							6.3	5.1	4.1	4.3	4.0	4.6
1970								3.9	3.0	3.9	3.7	4.5
1971									2.1	4.2	3.8	4.9
1972										6.2	4.2	5.7
1973											2.2	6.1
1974												10.1

BOLIVIA
GROSS FIXED CAPITAL FORMATION

	1963	1965	1966	1967	1968	1969	1970	1971	1972	1973	1974	1975
1960	15.4	11.2	8.1	7.3	9.3	8.7	8.8	8.8	8.8	8.5	8.4	8.5
1963		5.0	0.2	1.9	8.0	7.4	7.8	8.1	8.3	7.9	7.8	8.1
1965			–10.9	0.7	14.5	10.6	10.2	9.9	9.8	8.9	8.5	8.7
1966				13.9	30.0	15.7	13.1	11.7	11.1	9.6	9.0	9.2
1967					48.5	12.0	9.9	9.3	9.2	7.9	7.5	8.1
1968						–15.6	–1.2	3.3	5.6	5.0	5.4	6.6
1969							15.6	12.1	11.3	8.1	7.6	8.6
1970								8.8	9.5	5.8	6.0	7.8
1971									10.3	3.6	5.0	7.9
1972										–2.7	3.7	8.8
1973											10.5	14.6
1974												19.0

BOLIVIA
EXPORTS OF GOODS AND SERVICES

	1963	1965	1966	1967	1968	1969	1970	1971	1972	1973	1974	1975
1960	6.9	5.3	6.3	7.9	8.2	7.8	7.3	7.2	7.5	7.4	7.2	6.5
1963		1.0	5.9	9.9	9.7	8.4	7.3	7.1	7.7	7.4	7.1	6.2
1965			18.4	20.0	14.0	9.6	7.4	7.0	7.9	7.5	7.0	5.7
1966				21.7	10.6	5.9	4.3	4.9	6.5	6.4	6.0	4.7
1967					0.5	–0.3	0.4	2.7	5.6	5.7	5.4	3.9
1968						–1.1	0.6	4.0	7.6	7.0	6.3	4.2
1969							2.4	6.9	11.0	8.8	7.2	4.3
1970								11.5	15.5	9.9	7.2	3.3
1971									19.5	7.5	4.8	0.4
1972										–3.2	–0.6	–4.3
1973											2.1	–5.8
1974												–13.1

BOLIVIA
IMPORTS OF GOODS AND SERVICES

	1963	1965	1966	1967	1968	1969	1970	1971	1972	1973	1974	1975
1960	10.5	9.3	10.3	10.9	10.5	9.9	9.7	9.7	9.7	9.2	8.6	8.4
1963		11.4	13.4	13.6	11.8	10.2	9.7	9.7	9.8	8.9	8.1	7.9
1965			13.4	13.0	9.2	7.2	7.3	8.0	8.6	7.6	6.7	6.7
1966				12.6	6.6	4.9	6.0	7.4	8.2	7.2	6.1	6.3
1967					0.9	2.0	5.0	7.3	8.5	7.0	5.7	6.0
1968						3.0	7.4	9.7	10.5	7.8	5.9	6.3
1969							11.9	12.9	12.4	7.9	5.3	5.9
1970								13.8	12.4	5.7	3.1	4.6
1971									11.0	1.1	–0.5	3.0
1972										–8.0	–4.6	2.7
1973											–1.1	9.2
1974												20.5

BOLIVIA
AGRICULTURE

	1963	1965	1966	1967	1968	1969	1970	1971	1972	1973	1974	1975
1960	2.7	3.1	3.3	2.9	2.8	2.9	2.9	3.0	3.1	3.3	3.4	3.5
1963		3.8	3.9	2.6	2.5	2.7	2.7	2.9	3.2	3.4	3.5	3.7
1965			3.7	0.3	1.3	2.3	2.4	2.8	3.3	3.6	3.7	3.9
1966				–2.9	0.9	2.5	2.6	3.1	3.6	3.9	4.0	4.2
1967					4.9	5.0	3.9	4.1	4.4	4.5	4.5	4.6
1968						5.1	3.2	3.8	4.4	4.5	4.5	4.7
1969							1.3	3.6	4.5	4.7	4.6	4.8
1970								5.9	5.9	5.5	5.1	5.2
1971									5.9	5.2	4.7	5.0
1972										4.6	4.2	4.9
1973											3.7	5.2
1974												6.7

6A. AVERAGE ANNUAL RATES OF GROWTH OF GROSS DOMESTIC PRODUCT AT CONSTANT PRICES BY TYPE OF EXPENDITURE AND BY KIND OF ECONOMIC ACTIVITY (continued) (IN PER CENT)

BOLIVIA

INDUSTRIAL ACTIVITY

	1963	1965	1966	1967	1968	1969	1970	1971	1972	1973	1974	1975
1960	6.1	6.6	7.5	8.4	8.6	8.5	8.4	8.2	8.2	8.2	8.2	7.9
1963		6.3	8.8	10.3	10.0	9.3	9.0	8.5	8.3	8.4	8.3	7.8
1965			15.2	14.5	11.6	9.6	8.9	8.2	8.0	8.2	8.1	7.5
1966				13.8	9.5	7.6	7.4	7.0	7.0	7.5	7.5	7.0
1967					5.4	5.0	6.1	6.0	6.4	7.2	7.3	6.6
1968						4.6	6.6	6.3	6.7	7.7	7.7	6.8
1969							8.7	6.8	7.1	8.4	8.1	6.8
1970								4.8	6.7	8.8	8.3	6.5
1971									8.5	10.9	9.0	6.2
1972										13.2	8.6	4.6
1973											4.1	0.6
1974												−2.8

BOLIVIA

MANUFACTURING

	1963	1965	1966	1967	1968	1969	1970	1971	1972	1973	1974	1975
1960	6.2	7.5	8.3	8.1	7.9	7.9	8.0	7.9	7.8	7.7	7.7	7.7
1963		9.3	10.3	9.0	8.2	8.0	8.2	7.9	7.8	7.6	7.6	7.6
1965			12.3	7.6	6.8	7.0	7.6	7.4	7.3	7.1	7.3	7.3
1966				3.2	4.7	6.1	7.3	7.1	7.1	6.9	7.1	7.2
1967					6.3	7.6	8.6	7.8	7.6	7.2	7.4	7.4
1968						8.9	9.7	7.9	7.6	7.1	7.4	7.4
1969							10.5	7.0	7.0	6.6	7.1	7.2
1970								3.6	5.8	5.8	6.9	7.1
1971									8.1	6.5	7.8	7.7
1972										5.0	8.1	7.8
1973											11.3	8.7
1974												6.1

BOLIVIA

CONSTRUCTION

	1963	1965	1966	1967	1968	1969	1970	1971	1972	1973	1974	1975
1960	8.9	13.9	11.4	10.0	10.2	9.5	9.7	9.5	9.1	8.7	8.4	8.3
1963		23.4	10.3	7.2	8.5	7.6	8.4	8.4	8.0	7.5	7.3	7.3
1965			−20.2	−7.7	2.2	3.2	5.9	6.6	6.5	6.1	6.1	6.4
1966				6.7	14.9	9.9	11.2	10.3	9.1	8.0	7.5	7.6
1967					23.8	9.4	11.6	10.2	8.6	7.3	6.9	7.1
1968						−3.3	8.5	8.0	6.6	5.6	5.6	6.1
1969							21.6	11.9	7.8	5.9	5.7	6.5
1970								2.9	2.3	2.2	3.5	5.2
1971									1.7	1.9	4.0	6.1
1972										2.1	5.5	8.0
1973											9.0	10.9
1974												12.9

BOLIVIA

WHOLESALE AND RETAIL TRADE

	1963	1965	1966	1967	1968	1969	1970	1971	1972	1973	1974	1975
1960	3.9	4.0	4.7	5.6	6.1	6.3	6.4	6.3	6.1	5.9	5.7	5.7
1963		3.4	5.6	7.2	7.7	7.5	7.3	6.9	6.5	6.1	5.8	5.8
1965			11.1	11.2	10.2	8.8	8.0	7.1	6.4	5.8	5.5	5.5
1966				11.2	9.5	7.7	7.1	6.3	5.5	5.0	4.9	4.9
1967					7.9	6.0	5.9	5.2	4.6	4.2	4.2	4.5
1968						4.2	5.2	4.5	3.9	3.6	3.8	4.2
1969							6.2	4.4	3.6	3.3	3.7	4.2
1970								2.7	2.4	2.6	3.4	4.2
1971									2.2	2.6	3.8	4.8
1972										3.1	4.8	5.8
1973											6.5	7.0
1974												7.6

BOLIVIA

TRANSPORT AND COMMUNICATION

	1963	1965	1966	1967	1968	1969	1970	1971	1972	1973	1974	1975
1960	4.4	4.3	4.3	4.2	4.5	4.8	4.9	5.0	5.2	5.4	5.7	6.1
1963		3.0	3.5	3.7	4.3	4.9	5.1	5.3	5.6	5.7	6.1	6.6
1965			5.4	4.7	5.6	6.2	6.0	6.1	6.3	6.3	6.8	7.4
1966				3.9	5.9	6.6	6.3	6.3	6.4	6.5	7.0	7.7
1967					8.0	7.8	6.6	6.6	6.6	6.6	7.3	8.0
1968						7.6	5.8	6.1	6.4	6.5	7.4	8.3
1969							4.0	5.8	6.3	6.5	7.7	8.7
1970								7.5	7.3	7.0	8.5	9.7
1971									7.1	6.8	9.1	10.5
1972										6.4	10.6	11.9
1973											14.9	14.3
1974												13.7

BOLIVIA

OTHER

	1963	1965	1966	1967	1968	1969	1970	1971	1972	1973	1974	1975
1960	6.5	6.5	6.6	6.6	6.7	6.7	6.8	6.8	6.6	6.6	6.5	6.5
1963		7.4	7.3	7.0	7.2	7.1	7.1	6.9	6.7	6.6	6.5	6.5
1965			7.0	6.6	7.1	7.0	7.1	6.8	6.5	6.4	6.3	6.4
1966				6.2	7.3	7.0	7.2	6.8	6.4	6.3	6.2	6.3
1967					8.5	7.2	7.4	6.7	6.2	6.1	6.1	6.2
1968						6.0	7.0	6.2	5.7	5.7	5.9	6.0
1969							8.1	6.0	5.4	5.5	5.8	6.0
1970								4.0	4.3	5.0	5.6	5.9
1971									4.6	5.6	6.1	6.4
1972										6.7	6.8	6.9
1973											6.9	7.1
1974												7.2

BRAZIL

GROSS DOMESTIC PRODUCT

	1963	1965	1966	1967	1968	1969	1970	1971	1972	1973	1974	1975	1976	1977
1960	...	...	...	...	...	...	...	...	...	...	...	...	...	...
1963		...	...	...	...	...	...	...	...	...	...	...	...	...
1965			3.8	4.3	6.4	7.5	8.0	8.8	9.3	9.9	10.2	10.1	10.0	9.8
1966				4.9	8.0	8.9	9.0	9.7	10.1	10.6	10.8	10.6	10.4	10.1
1967					11.2	10.5	10.0	10.5	10.8	11.3	11.3	11.0	10.7	10.3
1968						9.9	9.4	10.5	11.0	11.5	11.5	11.0	10.7	10.1
1969							8.8	11.0	11.5	12.0	11.9	11.1	10.7	10.0
1970								13.3	12.5	12.9	12.3	11.2	10.6	9.8
1971									11.7	12.8	12.0	10.5	9.9	9.1
1972										13.9	11.8	9.7	9.2	8.4
1973											9.8	7.7	8.0	7.3
1974												5.7	7.4	6.7
1975													9.2	6.8
1976														4.4

BRAZIL

PER CAPITA GROSS DOMESTIC PRODUCT

	1963	1965	1966	1967	1968	1969	1970	1971	1972	1973	1974	1975	1976	1977
1960	...	...	...	...	...	...	...	...	...	...	...	...	...	...
1963		...	...	...	...	...	...	...	...	...	...	...	...	...
1965			0.9	1.5	3.5	4.6	5.1	5.8	6.3	6.9	7.2	7.1	7.0	6.8
1966				2.0	5.0	5.9	6.1	6.7	7.1	7.6	7.8	7.6	7.4	7.1
1967					8.2	7.5	7.0	7.5	7.8	8.3	8.3	8.0	7.7	7.3
1968						6.9	6.4	7.5	7.9	8.5	8.5	8.0	7.7	7.2
1969							5.9	8.0	8.4	9.0	8.8	8.1	7.7	7.0
1970								10.1	9.4	9.8	9.2	8.1	7.6	6.8
1971									8.7	9.8	9.0	7.6	7.0	6.2
1972										10.8	8.8	6.8	6.3	5.4
1973											6.8	4.8	5.0	4.4
1974												2.8	4.5	3.8
1975													6.3	3.9
1976														1.6

BRAZIL

GOVERNMENT FINAL CONSUMPTION EXPENDITURE

	1963	1965	1966	1967	1968	1969	1970	1971	1972	1973	1974	1975	1976	1977
1960	...	...	...	...	...	...	...	...	...	...	...	...	...	...
1963		...	...	...	...	...	...	...	...	...	...	...	...	...
1965			5.0	7.2	7.1	7.2	7.4	7.8	8.2	8.6	8.6	8.8	9.0	8.8
1966				9.5	7.7	7.5	7.7	8.2	8.6	9.0	8.8	9.1	9.3	8.9
1967					6.0	6.8	7.5	8.3	8.7	9.2	9.0	9.2	9.5	9.0
1968						7.7	8.1	9.0	9.3	9.8	9.3	9.5	9.8	9.2
1969							8.6	9.7	9.9	10.3	9.5	9.7	10.0	9.2
1970								10.9	10.3	10.8	9.5	9.8	10.1	9.1
1971									9.8	10.9	8.9	9.5	10.0	8.8
1972										12.0	7.9	9.4	10.1	8.4
1973											3.9	9.0	10.3	7.9
1974												14.4	13.0	7.9
1975													11.7	4.3
1976														−2.6

BRAZIL

PRIVATE FINAL CONSUMPTION EXPENDITURE (4)

	1963	1965	1966	1967	1968	1969	1970	1971	1972	1973	1974	1975	1976	1977
1960	...	...	...	...	...	...	...	...	...	...	...	...	...	...
1963		...	...	...	...	...	...	...	...	...	...	...	...	...
1965			1.4	3.7	5.6	6.6	7.3	8.3	8.8	9.4	9.9	9.7	9.6	9.3
1966				6.1	7.7	8.2	8.5	9.5	9.8	10.3	10.7	10.3	10.0	9.6
1967					9.3	9.1	9.1	10.2	10.4	10.9	11.2	10.7	10.2	9.7
1968						8.8	9.1	10.7	10.9	11.3	11.6	10.8	10.3	9.6
1969							9.4	11.9	11.5	11.8	12.1	10.9	10.2	9.5
1970								14.4	12.1	12.3	12.4	10.8	9.9	9.1
1971									9.8	11.6	12.2	10.0	9.1	8.2
1972										13.4	13.1	9.5	8.4	7.5
1973											12.9	7.0	6.7	6.1
1974												1.4	4.6	4.8
1975													7.9	6.0
1976														4.1

BRAZIL

GROSS FIXED CAPITAL FORMATION

	1963	1965	1966	1967	1968	1969	1970	1971	1972	1973	1974	1975	1976	1977
1960	...	...	...	...	...	...	...	...	...	...	...	...	...	...
1963		...	...	...	...	...	...	...	...	...	...	...	...	...
1965			15.9	8.9	11.6	12.3	11.9	12.5	13.0	13.3	13.8	13.8	13.5	13.0
1966				2.3	11.2	12.4	11.9	12.6	13.2	13.6	14.1	14.1	13.7	13.0
1967					20.8	16.3	13.6	14.0	14.3	14.5	14.9	14.7	14.1	13.3
1968						12.1	10.3	12.5	13.6	14.0	14.7	14.5	13.8	12.9
1969							8.6	13.5	14.6	14.8	15.4	14.9	14.0	12.8
1970								18.5	17.0	16.1	16.4	15.5	14.1	12.6
1971									15.6	15.1	16.0	14.8	13.3	11.5
1972										14.6	16.5	14.5	12.4	10.4
1973											18.5	13.8	11.1	8.8
1974												9.3	7.9	6.2
1975													6.5	4.6
1976														2.8

BRAZIL

EXPORTS OF GOODS AND SERVICES

	1963	1965	1966	1967	1968	1969	1970	1971	1972	1973	1974	1975	1976	1977
1960	...	...	...	...	...	...	...	...	...	...	...	...	...	...
1963		...	...	...	...	...	...	...	...	...	...	...	...	...
1965			10.9	2.6	6.5	9.5	11.0	10.3	11.8	13.4	12.4	11.3	10.7	10.7
1966				−5.0	6.3	11.0	12.6	11.1	12.8	14.6	13.0	11.5	10.8	10.8
1967					18.9	18.6	17.2	13.2	14.8	16.5	14.1	12.0	11.1	11.0
1968						18.3	16.1	10.8	13.9	16.5	13.4	11.0	10.1	10.2
1969							14.1	6.8	13.3	17.2	12.8	10.0	9.1	9.5
1970								−0.1	15.3	20.3	12.9	9.0	8.2	8.9
1971									33.2	29.8	13.5	8.0	7.2	8.3
1972										26.6	3.0	0.2	2.2	5.3
1973											−16.3	−8.1	−1.2	4.5
1974												0.9	7.0	11.8
1975													13.5	17.4
1976														21.5

6A. AVERAGE ANNUAL RATES OF GROWTH OF GROSS DOMESTIC PRODUCT AT CONSTANT PRICES BY TYPE OF EXPENDITURE AND BY KIND OF ECONOMIC ACTIVITY (continued)

(IN PER CENT)

BRAZIL — *IMPORTS OF GOODS AND SERVICES*

	1963	1965	1966	1967	1968	1969	1970	1971	1972	1973	1974	1975	1976	1977
1960	...	...	...	...	...	...	...	...	...	...	...	...	...	...
1963		...	...	...	...	...	...	...	...	...	...	...	...	...
1965			28.0	17.6	17.1	15.5	15.6	16.6	17.2	17.8	18.6	17.6	16.3	14.8
1966				7.9	13.6	12.9	14.1	15.9	16.9	17.7	18.7	17.5	16.0	14.3
1967					19.5	14.4	15.4	17.4	18.3	18.9	19.9	18.2	16.1	14.1
1968						9.5	14.4	17.9	19.0	19.5	20.7	18.3	15.8	13.4
1969							19.7	22.0	21.7	21.4	22.3	18.7	15.5	12.7
1970								24.5	22.2	21.5	22.7	17.8	14.0	10.9
1971									20.0	20.2	22.7	15.9	11.5	8.3
1972										20.4	24.4	13.5	8.4	5.2
1973											28.5	8.0	3.3	1.1
1974												–9.3	–5.3	–4.3
1975													–1.1	–2.3
1976														–3.5

BRAZIL — *MANUFACTURING*

	1963	1965	1966	1967	1968	1969	1970	1971	1972	1973	1974	1975	1976	1977
1960	...	...	...	...	...	...	...	...	...	...	...	...	...	...
1963		...	...	...	...	...	...	...	...	...	...	...	...	...
1965			11.7	6.8	8.5	9.4	10.0	10.7	11.4	12.0	12.1	11.8	11.6	11.1
1966				2.2	8.0	9.6	10.3	11.2	11.9	12.6	12.6	12.1	11.8	11.2
1967					14.2	12.7	12.3	12.8	13.2	13.6	13.4	12.6	12.2	11.4
1968						11.2	11.5	12.6	13.3	13.8	13.5	12.5	11.9	11.1
1969							11.9	13.5	14.0	14.5	13.8	12.5	11.8	10.8
1970								15.2	14.9	15.2	13.9	12.1	11.3	10.2
1971									14.6	15.4	13.3	11.1	10.4	9.2
1972										16.1	12.2	9.4	9.1	8.0
1973											8.4	6.4	7.4	6.6
1974												4.5	7.5	6.2
1975													10.5	6.3
1976														2.3

BRAZIL — *CONSTRUCTION*

	1963	1965	1966	1967	1968	1969	1970	1971	1972	1973	1974	1975	1976	1977
1960	...	...	...	...	...	...	...	...	...	...	...	...	...	...
1963		...	...	...	...	...	...	...	...	...	...	...	...	...
1965			2.4	4.3	6.2	8.6	8.5	8.9	9.0	9.5	9.8	10.2	10.5	10.6
1966				6.2	8.2	10.8	9.8	9.9	9.8	10.1	10.5	10.8	11.0	11.1
1967					10.2	13.3	10.5	10.3	10.0	10.4	10.8	11.1	11.3	11.4
1968						16.6	9.6	9.8	9.6	10.3	10.8	11.1	11.4	11.5
1969							3.1	7.7	8.4	9.9	10.6	11.2	11.5	11.5
1970								12.5	10.5	11.7	12.0	12.3	12.4	12.2
1971									8.6	11.8	12.2	12.5	12.6	12.3
1972										15.1	13.6	13.3	13.2	12.5
1973											12.1	12.7	12.8	12.0
1974												13.3	13.0	11.8
1975													12.8	10.9
1976														9.0

BRAZIL — *WHOLESALE AND RETAIL TRADE*

	1963	1965	1966	1967	1968	1969	1970	1971	1972	1973	1974	1975	1976	1977
1960	...	...	...	...	...	...	...	...	...	...	...	...	...	...
1963		...	...	...	...	...	...	...	...	...	...	...	...	...
1965			7.4	5.8	7.6	8.3	8.8	9.5	10.1	10.7	10.9	10.6	10.4	10.1
1966				4.2	8.3	9.0	9.4	10.2	10.7	11.3	11.4	11.0	10.7	10.2
1967					12.5	10.9	10.5	11.2	11.6	12.0	12.0	11.4	11.0	10.4
1968						9.3	9.8	11.1	11.7	12.3	12.2	11.4	10.8	10.1
1969							10.3	12.2	12.5	13.0	12.6	11.5	10.8	9.9
1970								14.1	13.4	13.7	12.9	11.3	10.4	9.5
1971									12.7	13.7	12.5	10.4	9.5	8.6
1972										14.8	12.0	9.1	8.4	7.5
1973											9.3	6.3	6.7	6.2
1974												3.5	6.0	5.5
1975													8.7	6.0
1976														3.5

CHILE — *GROSS DOMESTIC PRODUCT*

	1963	1965	1966	1967	1968	1969	1970	1971	1972	1973	1974	1975	1976	1977
1960	5.2	4.9	5.1	5.0	4.8	4.6	4.5	4.5	4.4	4.1	3.9	3.4	3.1	3.0
1963		4.7	5.4	5.0	4.5	4.3	4.1	4.3	4.1	3.7	3.5	2.8	2.5	2.4
1965			7.0	4.7	4.0	3.7	3.6	4.0	3.8	3.2	3.1	2.3	1.9	1.9
1966				2.4	2.7	3.0	3.1	3.8	3.7	3.0	2.8	1.9	1.5	1.6
1967					3.0	3.2	3.4	4.2	3.9	2.9	2.7	1.7	1.2	1.3
1968						3.5	3.5	4.8	4.0	2.7	2.5	1.2	0.8	1.0
1969							3.6	5.6	4.1	2.2	2.1	0.6	0.2	0.6
1970								7.7	3.7	1.1	1.5	–0.4	–0.5	0.1
1971									–0.1	–1.9	0.2	–1.8	–1.6	–0.5
1972										–3.6	0.9	–2.5	–1.9	–0.3
1973											5.7	–3.2	–1.9	0.4
1974												–11.3	–3.9	0.5
1975													4.1	6.3
1976														8.6

CHILE — *PER CAPITA GROSS DOMESTIC PRODUCT*

	1963	1965	1966	1967	1968	1969	1970	1971	1972	1973	1974	1975	1976	1977
1960	2.8	2.5	2.8	2.7	2.5	2.4	2.3	2.4	2.3	2.0	1.8	1.4	1.1	1.0
1963		2.4	3.2	2.8	2.4	2.2	2.1	2.2	2.1	1.7	1.5	0.9	0.6	0.5
1965			4.9	2.7	1.9	1.7	1.6	2.0	1.9	1.3	1.1	0.4	0.0	–0.0
1966				0.5	0.7	1.0	1.2	1.9	1.7	1.0	0.9	0.0	–0.3	–0.3
1967					0.9	1.2	1.4	2.3	1.9	1.0	0.8	–0.2	–0.6	–0.5
1968						1.6	1.6	2.8	2.1	0.8	0.7	–0.6	–1.0	–0.8
1969							1.7	3.7	2.2	0.3	0.3	–1.2	–1.6	–1.2
1970								5.7	1.8	–0.7	–0.4	–2.1	–2.3	–1.7
1971									–1.8	–3.6	–1.6	–3.6	–3.3	–2.2
1972										–5.4	–0.9	–4.2	–3.6	–2.1
1973											3.8	–4.9	–3.7	–1.5
1974												–12.8	–5.6	–1.4
1975													2.1	4.3
1976														6.5

CHILE — *GOVERNMENT FINAL CONSUMPTION EXPENDITURE*

	1963	1965	1966	1967	1968	1969	1970	1971	1972	1973	1974	1975	1976	1977
1960	2.3	3.3	4.3	4.4	4.5	4.6	4.7	5.0	5.1	5.2	5.3	5.0	4.9	4.7
1963		6.7	7.8	6.4	5.8	5.6	5.6	5.9	5.9	5.8	5.9	5.4	5.2	4.8
1965			9.7	4.7	4.3	4.6	4.9	5.5	5.7	5.6	5.7	5.1	4.8	4.4
1966				–0.0	2.5	3.7	4.6	5.5	5.7	5.6	5.7	5.0	4.7	4.3
1967					5.0	5.5	5.8	6.6	6.6	6.2	6.2	5.2	4.8	4.2
1968						5.9	6.2	7.2	6.9	6.3	6.2	5.0	4.5	3.9
1969							6.6	7.9	7.1	6.2	6.1	4.6	4.1	3.5
1970								9.3	7.1	5.7	5.8	3.9	3.4	2.9
1971									4.9	4.1	5.0	2.7	2.5	2.0
1972										3.2	5.4	1.7	1.8	1.4
1973											7.6	0.0	1.1	0.8
1974												–6.9	–0.7	–0.2
1975													6.0	2.3
1976														–1.3

CHILE — *PRIVATE FINAL CONSUMPTION EXPENDITURE*

	1963	1965	1966	1967	1968	1969	1970	1971	1972	1973	1974	1975	1976
1960	4.7	4.4	5.0	5.1	5.0	4.8	4.7	4.8	4.9	4.7	4.4	3.9	3.4
1963		3.9	5.7	5.6	5.3	4.9	4.6	4.9	5.0	4.7	4.2	3.5	2.8
1965			10.6	7.0	5.5	4.6	4.3	4.8	5.1	4.6	4.0	3.0	2.2
1966				3.5	3.4	3.2	3.3	4.3	4.8	4.2	3.6	2.5	1.6
1967					3.2	3.0	3.3	4.6	5.2	4.3	3.5	2.2	1.2
1968						2.7	3.4	5.4	5.9	4.5	3.4	1.8	0.7
1969							4.0	7.0	7.0	4.6	3.0	1.1	–0.1
1970								10.0	8.0	3.9	2.0	–0.2	–1.3
1971									5.9	0.6	–0.5	–2.6	–3.2
1972										–4.5	–2.9	–4.8	–4.8
1973											–1.2	–5.6	–5.1
1974												–9.7	–6.2
1975													–2.7

CHILE — *GROSS FIXED CAPITAL FORMATION*

	1963	1965	1966	1967	1968	1969	1970	1971	1972	1973	1974	1975	1976	1977
1960	9.1	5.1	4.3	3.7	3.7	3.8	3.8	3.7	2.9	2.3	2.1	1.3	0.6	0.4
1963		0.4	1.1	1.3	2.3	2.9	3.1	3.1	2.0	1.2	1.1	0.1	–0.8	–0.9
1965			1.4	1.4	3.3	3.9	3.9	3.6	1.8	0.6	0.7	–0.7	–1.7	–1.6
1966				1.4	4.5	4.8	4.5	3.9	1.5	0.1	0.3	–1.3	–2.3	–2.2
1967					7.7	6.1	5.0	4.0	0.7	–0.8	–0.3	–2.1	–3.2	–2.9
1968						4.6	3.7	2.9	–1.2	–2.6	–1.4	–3.4	–4.4	–3.8
1969							2.8	2.0	–3.6	–4.6	–2.4	–4.6	–5.5	–4.6
1970								1.1	–7.5	–6.9	–3.0	–5.7	–6.6	–5.1
1971									–15.4	–9.3	–2.2	–6.4	–7.3	–5.2
1972										–2.8	5.2	–5.0	–6.8	–4.2
1973											13.9	–8.8	–9.6	–4.8
1974												–27.1	–16.6	–6.1
1975													–4.6	6.2
1976														18.2

CHILE — *EXPORTS OF GOODS AND SERVICES*

	1963	1965	1966	1967	1968	1969	1970	1971	1972	1973	1974	1975	1976	1977
1960	3.8	5.4	5.6	5.9	5.6	5.5	5.2	4.7	3.7	3.2	3.6	3.9	4.4	4.9
1963		8.0	7.2	7.0	6.1	5.7	5.1	4.3	2.7	2.0	2.8	3.5	4.3	5.0
1965			5.8	6.5	4.8	4.8	4.0	3.1	1.1	0.4	1.9	2.9	4.1	5.1
1966				7.1	3.9	4.3	3.4	2.4	0.0	–0.5	1.5	2.8	4.3	5.3
1967					0.8	3.5	2.6	1.5	–1.4	–1.6	1.1	2.8	4.6	5.8
1968						6.3	2.8	1.1	–2.7	–2.6	1.2	3.3	5.3	6.6
1969							–0.5	–1.2	–5.6	–4.3	1.3	4.0	6.4	7.7
1970								–1.9	–8.7	–5.2	3.0	6.1	8.6	9.8
1971									–15.0	–5.2	7.5	10.1	12.2	12.7
1972										5.8	21.2	18.3	18.0	16.7
1973											38.9	21.8	19.7	17.2
1974												6.8	13.2	12.8
1975													20.0	14.7
1976														9.6

CHILE — *IMPORTS OF GOODS AND SERVICES*

	1963	1965	1966	1967	1968	1969	1970	1971	1972	1973	1974	1975	1976	1977
1960	1.0	1.9	4.5	4.9	5.3	5.9	6.1	6.0	5.9	5.8	5.6	5.1	4.3	4.3
1963		3.9	10.3	8.7	8.3	8.5	8.2	7.5	6.9	6.6	6.2	5.3	4.1	4.2
1965			26.8	10.9	8.7	8.9	8.2	7.1	6.3	5.9	5.6	4.4	3.0	3.2
1966				–3.1	2.5	5.8	6.2	5.4	4.9	4.7	4.6	3.4	1.9	2.4
1967					8.5	10.1	8.5	6.4	5.4	5.1	4.8	3.3	1.5	2.2
1968						11.8	7.9	5.1	4.2	4.2	4.1	2.5	0.5	1.4
1969							4.1	2.1	2.2	3.0	3.3	1.4	–0.8	0.7
1970								0.1	1.7	3.2	3.4	0.9	–1.7	0.3
1971									3.2	4.7	4.3	0.4	–2.9	0.0
1972										6.2	4.6	–1.3	–5.2	–0.6
1973											2.9	–5.5	–9.2	–1.2
1974												–13.3	–14.0	0.2
1975													–14.6	10.7
1976														43.6

CHILE — *AGRICULTURE*

	1963	1965	1966	1967	1968	1969	1970	1971	1972	1973	1974	1975	1976	1977
1960	1.6	2.2	2.7	3.2	3.4	2.8	2.6	2.6	2.4	1.8	1.7	1.7	1.7	1.9
1963		1.8	3.2	4.2	4.3	2.8	2.4	2.5	2.2	1.2	1.2	1.3	1.3	1.7
1965			8.1	7.5	5.9	2.4	1.9	2.3	1.9	0.5	0.6	0.8	1.0	1.5
1966				6.9	4.7	0.1	0.4	1.3	1.1	–0.4	–0.1	0.3	0.6	1.3
1967					2.5	–3.6	–1.3	0.7	0.6	–1.2	–0.6	–0.0	0.4	1.3
1968						–9.2	–1.8	1.4	1.0	–1.6	–0.6	0.1	0.6	1.6
1969							6.1	6.4	3.2	–1.3	–0.1	0.7	1.2	2.2
1970								6.7	1.1	–4.4	–1.6	–0.0	0.8	2.2
1971									–4.1	–9.5	–2.9	–0.2	1.0	2.8
1972										–14.6	–0.2	2.6	3.2	4.8
1973											16.7	10.1	7.1	7.9
1974												3.8	3.2	6.3
1975													2.6	8.2
1976														14.1

6A. AVERAGE ANNUAL RATES OF GROWTH OF GROSS DOMESTIC PRODUCT AT CONSTANT PRICES BY TYPE OF EXPENDITURE AND BY KIND OF ECONOMIC ACTIVITY (continued)
(IN PER CENT)

CHILE

INDUSTRIAL ACTIVITY

	1963	1965	1966	1967	1968	1969	1970	1971	1972	1973	1974	1975	1976	1977
1960	7.8	6.8	6.8	6.5	6.0	5.7	5.4	5.4	5.2	4.9	4.6	3.9	3.5	3.3
1963		5.4	6.3	5.8	5.0	4.8	4.4	4.7	4.6	4.2	3.9	2.9	2.5	2.3
1965			8.6	5.7	4.2	4.2	3.7	4.3	4.3	3.8	3.5	2.2	1.7	1.6
1966				2.9	2.3	3.2	3.0	4.0	4.1	3.5	3.2	1.7	1.2	1.2
1967					1.8	3.6	3.1	4.4	4.4	3.5	3.2	1.4	0.9	0.9
1968						5.4	3.4	5.2	4.9	3.5	3.1	0.9	0.4	0.5
1969							1.3	5.8	5.1	3.1	2.7	−0.1	−0.5	−0.1
1970								10.4	6.1	2.6	2.2	−1.3	−1.4	−0.7
1971									2.0	−1.0	0.2	−3.8	−3.1	−1.8
1972										−4.0	0.0	−5.8	−4.1	−2.0
1973											4.2	−8.2	−4.5	−1.4
1974												−19.2	−6.0	−0.5
1975													9.2	8.6
1976														8.0

CHILE

MANUFACTURING

	1963	1965	1966	1967	1968	1969	1970	1971	1972	1973	1974	1975	1976	1977
1960	8.4	7.2	7.2	6.8	6.4	5.9	5.5	5.5	5.5	5.1	4.7	3.5	2.9	2.5
1963		6.2	6.9	6.2	5.5	5.0	4.4	4.8	4.8	4.3	3.8	2.3	1.5	1.2
1965			8.6	5.7	4.4	3.9	3.4	4.2	4.5	3.8	3.2	1.3	0.4	0.2
1966				2.8	2.6	2.7	2.5	3.9	4.3	3.5	2.9	0.6	−0.3	−0.4
1967					2.5	2.7	2.3	4.4	4.8	3.6	2.8	0.0	−1.0	−1.0
1968						3.0	2.1	5.4	5.5	3.8	2.6	−0.7	−1.8	−1.6
1969							1.3	7.3	6.6	3.7	2.2	−2.0	−3.0	−2.5
1970								13.7	8.1	3.0	1.2	−4.0	−4.7	−3.7
1971									2.8	−2.0	−2.1	−7.8	−7.5	−5.4
1972										−6.5	−3.7	−11.3	−9.4	−6.1
1973											−0.9	−15.2	−10.5	−5.4
1974												−27.4	−11.9	−3.4
1975													6.8	9.5
1976														12.2

CHILE

CONSTRUCTION

	1963	1965	1966	1967	1968	1969	1970	1971	1972	1973	1974	1975	1976	1977
1960	12.5	6.8	4.8	3.3	2.4	2.3	2.2	2.5	2.3	1.7	1.8	0.9	−0.1	−0.7
1963		−0.2	−1.2	−1.9	−1.8	−0.7	0.1	1.2	1.1	0.4	0.8	−0.3	−1.5	−2.2
1965			−4.0	−3.9	−2.6	−0.2	1.0	2.4	2.0	0.8	1.2	−0.4	−2.0	−2.8
1966				−3.9	−1.7	1.6	2.4	3.9	3.0	1.2	1.6	−0.4	−2.3	−3.2
1967					0.5	4.6	4.4	5.7	3.8	1.3	1.8	−0.7	−2.9	−3.9
1968						8.7	5.7	7.0	3.8	0.5	1.3	−1.6	−4.1	−5.0
1969							2.7	6.9	2.2	−1.7	0.1	−3.2	−6.0	−6.6
1970								11.4	0.5	−4.3	−0.9	−4.9	−7.9	−8.2
1971									−9.3	−10.6	−2.4	−7.4	−10.5	−10.1
1972										−11.8	2.9	−7.3	−11.6	−10.8
1973											20.0	−9.0	−14.5	−12.2
1974												−31.0	−25.2	−16.8
1975													−18.8	−8.3
1976														3.5

CHILE

WHOLESALE AND RETAIL TRADE

	1963	1965	1966	1967	1968	1969	1970	1971	1972	1973	1974	1975	1976	1977
1960	3.4	3.5	4.2	4.2	4.2	4.1	4.2	4.2	4.1	4.0	3.8	3.2	2.8	2.7
1963		3.8	5.7	4.9	4.6	4.4	4.4	4.4	4.2	3.9	3.7	2.8	2.3	2.3
1965			9.2	4.6	4.1	3.9	4.0	4.2	3.9	3.5	3.3	2.2	1.6	1.7
1966				0.1	2.3	2.8	3.4	3.9	3.7	3.2	3.0	1.8	1.1	1.3
1967					4.5	4.0	4.3	4.5	4.0	3.4	3.0	1.5	0.8	1.1
1968						3.5	4.4	4.7	3.9	3.1	2.7	0.9	0.1	0.6
1969							5.3	5.2	3.8	2.7	2.3	0.2	−0.6	0.1
1970								5.1	2.9	1.6	1.6	−1.0	−1.7	−0.5
1971									0.6	0.1	0.7	−2.5	−2.9	−1.0
1972										−0.5	1.0	−4.0	−4.0	−1.1
1973											2.5	−6.7	−5.3	−0.8
1974												−15.2	−7.3	0.5
1975													1.2	9.2
1976														17.9

CHILE

TRANSPORT AND COMMUNICATION

	1963	1965	1966	1967	1968	1969	1970	1971	1972	1973	1974	1975	1976	1977
1960	14.6	14.3	12.9	11.2	10.1	9.3	8.6	8.2	7.5	6.9	6.4	5.6	5.1	4.7
1963		14.3	10.7	7.8	6.6	6.2	5.9	5.7	5.2	4.8	4.3	3.5	3.1	2.9
1965			2.7	1.5	2.4	3.5	3.9	4.3	3.9	3.6	3.2	2.3	1.9	1.9
1966				0.4	2.7	4.2	4.5	4.8	4.1	3.7	3.2	2.1	1.7	1.7
1967					5.0	6.0	5.5	5.6	4.4	3.7	3.1	1.8	1.3	1.4
1968						7.0	5.5	5.6	4.0	3.2	2.5	1.1	0.7	0.9
1969							4.0	5.1	3.0	2.3	1.7	0.1	−0.2	0.3
1970								6.3	1.9	1.4	0.9	−0.9	−0.9	−0.2
1971									−2.3	−0.3	−0.2	−2.3	−1.9	−0.6
1972										1.7	0.6	−3.0	−2.1	−0.4
1973											−0.6	−5.7	−3.1	−0.3
1974												−10.5	−3.0	1.2
1975													5.1	6.9
1976														8.7

CHILE

OTHER

	1963	1965	1966	1967	1968	1969	1970	1971	1972	1973	1974	1975	1976	1977
1960	2.3	3.2	3.7	3.9	4.0	4.1	4.1	4.2	4.1	3.9	3.8	3.7	3.6	3.5
1963		5.1	5.5	5.1	4.9	4.7	4.6	4.7	4.4	4.0	3.9	3.7	3.6	3.4
1965			5.8	4.6	4.3	4.2	4.2	4.4	4.1	3.6	3.5	3.3	3.2	3.1
1966				3.5	3.7	3.9	4.1	4.4	4.0	3.4	3.3	3.1	3.0	2.9
1967					3.9	4.0	4.3	4.6	4.0	3.2	3.1	2.9	2.9	2.8
1968						4.2	4.5	4.9	4.0	2.9	2.9	2.7	2.7	2.6
1969							4.7	5.3	3.7	2.3	2.5	2.4	2.4	2.4
1970								5.9	2.8	1.2	1.8	1.9	2.1	2.1
1971									−0.2	−0.8	1.1	1.5	1.9	2.0
1972										−1.4	2.2	2.2	2.4	2.4
1973											5.9	3.5	3.2	2.9
1974												1.1	2.2	2.2
1975													3.3	2.6
1976														2.0

COLOMBIA

GROSS DOMESTIC PRODUCT

	1963	1965	1966	1967	1968	1969	1970	1971	1972	1973	1974	1975	1976	1977
1960	4.7	4.7	4.7	4.7	4.8	4.9	5.1	5.2	5.3	5.5	5.6	5.6	5.6	5.6
1963		4.9	4.9	4.8	4.9	5.1	5.3	5.5	5.7	5.8	5.9	5.9	5.9	5.8
1965			5.4	4.8	5.1	5.4	5.7	5.8	6.0	6.2	6.3	6.2	6.1	6.0
1966				4.2	5.2	5.6	5.9	6.0	6.2	6.4	6.4	6.3	6.2	6.0
1967					6.1	6.2	6.4	6.3	6.5	6.6	6.6	6.4	6.2	6.1
1968						6.4	6.6	6.3	6.6	6.7	6.7	6.5	6.2	6.0
1969							6.7	6.3	6.7	6.8	6.8	6.4	6.1	5.9
1970								5.8	6.8	7.0	6.8	6.3	6.0	5.7
1971									7.8	7.4	7.0	6.3	5.8	5.5
1972										7.1	6.6	5.7	5.3	5.1
1973											6.0	4.9	4.7	4.7
1974												3.8	4.2	4.4
1975													4.6	4.7
1976														4.8

COLOMBIA

PER CAPITA GROSS DOMESTIC PRODUCT

	1963	1965	1966	1967	1968	1969	1970	1971	1972	1973	1974	1975	1976	1977
1960	1.4	1.6	1.7	1.7	1.8	2.0	2.1	2.3	2.4	2.6	2.7	2.7	2.7	2.7
1963		1.9	2.0	1.9	2.1	2.3	2.6	2.7	2.9	3.0	3.1	3.1	3.0	3.0
1965			2.7	2.1	2.4	2.7	3.0	3.1	3.3	3.4	3.4	3.3	3.2	3.1
1966				1.5	2.4	2.9	3.2	3.2	3.4	3.5	3.6	3.4	3.3	3.1
1967					3.4	3.5	3.6	3.5	3.7	3.8	3.7	3.5	3.3	3.2
1968						3.6	3.8	3.5	3.8	3.8	3.8	3.5	3.3	3.1
1969							3.9	3.4	3.8	3.9	3.8	3.5	3.2	2.9
1970								3.0	3.9	4.0	3.8	3.4	3.0	2.8
1971									4.9	4.4	3.9	3.2	2.8	2.6
1972										3.9	3.5	2.7	2.3	2.1
1973											3.1	2.0	1.8	1.7
1974												0.9	1.3	1.5
1975													1.6	1.7
1976														1.8

COLOMBIA

GOVERNMENT FINAL CONSUMPTION EXPENDITURE

	1963	1965	1966	1967	1968	1969	1970	1971	1972	1973	1974	1975
1960	6.7	5.4	5.2	5.1	5.0	5.1	5.5	6.2	6.3	6.4	6.2	6.1
1963		3.8	4.3	4.5	4.5	4.8	5.7	6.9	6.9	6.9	6.6	6.4
1965			4.5	4.8	4.5	5.1	6.5	8.2	7.8	7.7	7.1	6.7
1966				5.2	4.3	5.3	7.2	9.3	8.5	8.1	7.3	6.8
1967					3.4	5.6	8.3	10.8	9.3	8.6	7.4	6.7
1968						7.9	10.9	13.4	10.2	9.0	7.3	6.5
1969							14.0	16.2	10.0	8.3	6.3	5.6
1970								18.5	6.7	5.9	4.1	3.9
1971									−4.0	1.8	1.2	2.1
1972										7.9	2.8	3.3
1973											−2.0	2.0
1974												6.1

COLOMBIA

PRIVATE FINAL CONSUMPTION EXPENDITURE

	1963	1965	1966	1967	1968	1969	1970	1971	1972	1973	1974	1975
1960	6.7	6.0	5.9	5.5	5.3	5.4	5.5	5.6	5.8	6.0	6.2	6.2
1963		3.8	4.9	4.4	4.5	4.9	5.3	5.5	5.8	6.2	6.4	6.4
1965			9.2	5.2	5.1	5.6	6.1	6.2	6.5	6.9	7.0	6.9
1966				1.3	3.7	5.2	6.0	6.2	6.6	7.1	7.2	7.0
1967					6.0	7.0	7.3	7.1	7.4	7.7	7.7	7.4
1968						7.9	7.8	7.3	7.6	8.0	7.9	7.4
1969							7.7	6.9	7.5	8.1	7.9	7.3
1970								6.1	7.6	8.5	8.1	7.2
1971									9.2	9.6	8.4	7.1
1972										10.1	7.8	6.1
1973											5.6	4.3
1974												3.0

COLOMBIA

GROSS FIXED CAPITAL FORMATION

	1963	1965	1966	1967	1968	1969	1970	1971	1972	1973	1974	1975	1976	1977
1960	0.1	1.0	1.5	2.1	3.2	3.8	4.5	4.9	5.0	5.1	5.2	5.2	5.1	5.1
1963		3.1	3.6	4.3	6.0	6.2	6.9	7.1	6.8	6.5	6.5	6.2	6.0	5.9
1965			8.0	7.3	9.5	8.5	8.9	8.7	7.8	7.2	6.9	6.5	6.1	6.0
1966				6.6	10.7	8.6	9.1	8.8	7.6	6.9	6.7	6.2	5.8	5.7
1967					15.0	8.5	9.3	8.8	7.2	6.4	6.2	5.8	5.4	5.4
1968						2.5	7.7	7.8	6.0	5.3	5.4	5.1	4.7	4.9
1969							13.1	9.6	6.0	5.0	5.3	4.9	4.5	4.7
1970								6.1	2.5	2.9	4.1	3.9	3.8	4.2
1971									−1.0	1.9	4.2	3.9	3.7	4.3
1972										4.9	6.8	5.1	4.3	4.8
1973											8.7	4.5	3.6	4.7
1974												0.5	1.7	4.2
1975													3.0	6.3
1976														9.8

COLOMBIA

EXPORTS OF GOODS AND SERVICES

	1963	1965	1966	1967	1968	1969	1970	1971	1972	1973	1974	1975	1976	1977
1960	0.3	2.4	2.3	2.8	3.4	3.8	3.8	3.8	3.8	3.7	3.5	3.8	3.8	3.5
1963		6.2	3.8	4.3	5.0	5.2	4.9	4.6	4.4	4.2	3.7	4.2	4.1	3.7
1965			−1.7	3.4	5.4	5.6	5.0	4.4	4.2	4.0	3.3	4.0	3.9	3.4
1966				8.7	8.5	7.4	5.8	4.8	4.3	4.0	3.2	4.1	3.9	3.4
1967					8.3	6.5	4.6	3.7	3.4	3.3	2.5	3.7	3.6	3.0
1968						4.7	2.8	2.3	2.5	2.7	1.8	3.5	3.4	2.7
1969							0.9	1.3	2.2	2.5	1.4	3.7	3.6	2.7
1970								1.7	2.9	3.1	1.2	4.3	4.0	2.8
1971									4.0	3.6	0.5	5.2	4.5	2.7
1972										3.1	−1.6	6.5	5.0	2.5
1973											−6.1	10.4	6.1	2.2
1974												29.9	9.1	1.6
1975													−8.3	−8.5
1976														−8.7

6A. AVERAGE ANNUAL RATES OF GROWTH OF GROSS DOMESTIC PRODUCT AT CONSTANT PRICES BY TYPE OF EXPENDITURE AND BY KIND OF ECONOMIC ACTIVITY (continued) (IN PER CENT)

COLOMBIA — *IMPORTS OF GOODS AND SERVICES*

	1963	1965	1966	1967	1968	1969	1970	1971	1972	1973	1974	1975	1976	1977
1960	2.6	3.6	5.4	3.5	4.0	4.4	5.1	5.8	5.7	5.3	5.4	5.1	5.0	5.0
1963		1.1	7.4	2.1	3.6	4.4	5.8	6.8	6.5	5.6	5.8	5.3	5.1	5.0
1965			32.8	2.1	5.8	6.6	8.3	9.3	8.1	6.5	6.5	5.7	5.3	5.3
1966				-21.5	-0.8	3.6	7.1	8.8	7.5	5.6	5.8	5.0	4.7	4.7
1967					25.4	15.4	14.9	14.2	10.5	7.3	7.1	5.8	5.3	5.2
1968						6.2	11.5	12.2	7.9	4.5	5.1	4.0	3.7	4.0
1969							17.1	14.5	6.9	2.6	4.0	2.9	2.9	3.4
1970								11.9	1.4	-2.1	1.6	1.0	1.5	2.4
1971									-8.2	-7.5	0.7	0.2	1.1	2.4
1972										-6.8	6.9	3.0	3.1	4.3
1973											22.6	5.1	4.3	5.4
1974												-9.8	-1.4	3.0
1975													7.9	9.3
1976														10.8

COLOMBIA — *AGRICULTURE*

	1963	1965	1966	1967	1968	1969	1970	1971	1972	1973	1974	1975	1976	1977
1960	2.8	2.8	2.7	2.9	3.2	3.4	3.6	3.6	3.8	3.9	4.0	4.1	4.1	4.1
1963		2.8	2.7	3.2	3.8	4.0	4.1	4.0	4.2	4.3	4.4	4.5	4.5	4.5
1965			3.3	4.2	5.1	5.0	4.8	4.4	4.6	4.6	4.7	4.8	4.8	4.7
1966				5.2	6.0	5.3	5.0	4.4	4.7	4.7	4.8	4.9	4.8	4.7
1967					6.9	5.1	4.7	4.1	4.5	4.5	4.7	4.8	4.8	4.6
1968						3.4	3.9	3.3	4.2	4.4	4.6	4.8	4.7	4.6
1969							4.3	3.1	4.6	4.6	4.9	5.1	4.9	4.7
1970								1.8	5.2	5.0	5.2	5.3	5.0	4.7
1971									8.7	5.9	5.8	5.8	5.2	4.7
1972										3.3	4.7	5.2	4.7	4.2
1973											6.2	6.1	4.9	4.1
1974												5.9	4.0	3.3
1975													2.1	2.2
1976														2.4

COLOMBIA — *INDUSTRIAL ACTIVITY*

	1963	1965	1966	1967	1968	1969	1970	1971	1972	1973	1974	1975	1976	1977
1960	5.4	5.7	5.6	5.4	5.3	5.4	5.5	5.7	5.8	6.0	6.1	6.0	6.0	5.9
1963		5.7	5.5	5.0	4.9	5.3	5.5	5.8	6.0	6.3	6.3	6.2	6.1	5.9
1965			5.0	4.3	4.4	5.3	5.8	6.1	6.4	6.6	6.7	6.4	6.2	6.0
1966				3.7	4.3	5.7	6.2	6.5	6.7	7.0	6.9	6.5	6.3	6.1
1967					4.8	6.8	7.0	7.2	7.2	7.4	7.2	6.7	6.4	6.1
1968						8.8	7.8	7.6	7.5	7.7	7.4	6.6	6.3	5.9
1969							6.9	7.2	7.3	7.6	7.2	6.3	5.9	5.6
1970								7.5	7.5	7.8	7.2	6.0	5.6	5.3
1971									7.4	8.0	7.0	5.4	5.1	4.8
1972										8.6	6.5	4.4	4.4	4.3
1973											4.4	2.3	3.4	3.6
1974												0.4	3.4	3.7
1975													6.6	4.9
1976														3.4

COLOMBIA — *MANUFACTURING*

	1963	1965	1966	1967	1968	1969	1970	1971	1972	1973	1974	1975	1976	1977
1960	6.0	5.7	5.7	5.5	5.5	5.6	5.7	5.9	6.2	6.4	6.5	6.5	6.4	6.4
1963		5.3	5.6	5.3	5.3	5.5	5.9	6.2	6.5	6.8	6.9	6.8	6.7	6.6
1965			6.6	5.1	5.3	5.7	6.2	6.6	7.0	7.3	7.4	7.1	6.9	6.8
1966				3.6	4.9	5.7	6.4	6.9	7.3	7.6	7.6	7.3	7.0	6.8
1967					6.2	6.7	7.3	7.6	8.0	8.2	8.0	7.5	7.2	6.9
1968						7.3	7.8	8.1	8.4	8.5	8.3	7.5	7.1	6.8
1969							8.3	8.4	8.7	8.8	8.3	7.3	6.9	6.5
1970								8.5	8.9	8.9	8.2	6.9	6.5	6.1
1971									9.2	9.1	8.0	6.3	5.9	5.6
1972										8.9	7.2	5.1	5.0	4.9
1973											5.6	3.1	4.0	4.2
1974												0.7	3.9	4.3
1975													7.1	5.6
1976														4.1

COLOMBIA — *CONSTRUCTION*

	1963	1965	1966	1967	1968	1969	1970	1971	1972	1973	1974	1975	1976	1977
1960	3.7	1.3	2.7	4.8	6.1	6.9	7.3	7.4	7.3	7.3	7.3	7.0	6.3	5.8
1963		1.2	6.0	9.8	11.0	11.3	10.7	10.1	9.3	9.0	8.6	8.0	6.8	6.1
1965			17.7	19.2	16.6	14.6	12.5	10.9	9.5	9.0	8.5	7.6	6.1	5.2
1966				20.7	15.3	13.1	10.7	9.2	7.9	7.7	7.3	6.5	5.0	4.2
1967					10.2	9.9	8.0	7.0	6.0	6.3	6.2	5.4	3.9	3.1
1968						9.6	6.7	5.9	4.9	5.7	5.7	4.9	3.1	2.3
1969							3.9	4.5	3.8	5.2	5.5	4.5	2.3	1.6
1970								5.1	3.5	5.8	5.9	4.4	1.7	0.9
1971									1.9	6.9	6.5	4.2	0.7	-0.0
1972										12.1	7.9	3.7	-1.0	-1.3
1973											3.9	-0.3	-5.1	-4.0
1974												-4.3	-9.4	-5.6
1975													-14.2	-4.8
1976														5.7

COLOMBIA — *WHOLESALE AND RETAIL TRADE*

	1963	1965	1966	1967	1968	1969	1970	1971	1972	1973	1974	1975	1976	1977
1960	4.5	5.2	5.4	5.2	5.2	5.3	5.4	5.5	5.7	5.8	5.9	5.8	5.8	5.8
1963		6.2	6.4	5.4	5.3	5.4	5.7	5.8	5.9	6.1	6.2	6.1	6.0	5.9
1965			7.5	4.3	4.7	5.3	5.7	5.9	6.1	6.3	6.4	6.2	6.1	6.0
1966				1.2	3.9	5.1	5.8	6.1	6.3	6.5	6.5	6.3	6.1	6.0
1967					6.8	6.9	7.1	6.9	6.9	7.0	6.9	6.5	6.3	6.1
1968						7.0	7.2	7.0	6.9	7.1	6.9	6.4	6.1	6.0
1969							7.4	6.9	6.8	7.1	6.9	6.2	5.9	5.8
1970								6.3	6.5	7.1	6.8	5.9	5.7	5.5
1971									6.7	7.7	6.9	5.6	5.4	5.3
1972										8.6	6.8	4.9	4.8	4.9
1973											5.0	3.1	3.9	4.4
1974												1.3	3.8	4.6
1975													6.3	5.9
1976														5.5

COLOMBIA — *TRANSPORT AND COMMUNICATION*

	1963	1965	1966	1967	1968	1969	1970	1971	1972	1973	1974	1975	1976	1977
1960	6.9	6.3	6.3	5.8	5.6	5.7	5.9	6.0	6.1	6.3	6.5	6.7	6.9	7.0
1963		5.7	6.0	5.1	5.0	5.3	5.8	6.0	6.3	6.5	6.8	7.0	7.2	7.4
1965			6.9	4.1	4.4	5.2	6.1	6.4	6.6	6.9	7.3	7.5	7.6	7.8
1966				1.3	3.6	5.3	6.5	6.8	7.0	7.2	7.6	7.8	7.9	8.0
1967					6.0	7.2	8.1	7.8	7.7	7.9	8.2	8.3	8.3	8.4
1968						8.4	9.2	8.2	7.9	8.0	8.4	8.4	8.5	8.5
1969							10.0	7.7	7.6	7.9	8.4	8.4	8.5	8.6
1970								5.6	6.7	7.6	8.4	8.5	8.6	8.6
1971									7.9	8.6	9.4	9.1	9.0	8.9
1972										9.4	10.1	9.3	9.1	9.0
1973											10.8	9.0	8.8	8.8
1974												7.2	8.1	8.4
1975													9.0	8.9
1976														8.8

COLOMBIA — *OTHER*

	1963	1965	1966	1967	1968	1969	1970	1971	1972	1973	1974	1975	1976	1977
1960	6.4	6.4	6.2	6.0	5.8	5.8	5.9	6.0	6.2	6.3	6.4	6.5	6.6	6.6
1963		6.2	5.8	5.4	5.3	5.4	5.7	6.0	6.3	6.5	6.6	6.7	6.7	6.8
1965			5.0	4.6	4.8	5.1	5.8	6.2	6.6	6.8	6.9	7.0	7.0	7.0
1966				4.3	4.8	5.3	6.1	6.6	7.0	7.2	7.2	7.3	7.2	7.2
1967					5.3	5.8	6.8	7.2	7.6	7.6	7.6	7.5	7.4	7.3
1968						6.3	7.6	7.9	8.1	8.0	7.8	7.7	7.5	7.4
1969							8.9	8.5	8.5	8.2	7.9	7.7	7.5	7.3
1970								8.1	8.4	8.0	7.7	7.5	7.3	7.1
1971									8.6	7.8	7.4	7.3	7.1	6.9
1972										6.9	6.9	6.9	6.8	6.7
1973											6.8	7.0	6.7	6.6
1974												7.1	6.6	6.5
1975													6.1	6.3
1976														6.6

COSTA RICA — *GROSS DOMESTIC PRODUCT*

	1963	1965	1966	1967	1968	1969	1970	1971	1972	1973	1974	1975	1976	1977
1960	...	...	...	...	...	...	...	...	...	...	...	...	...	...
1963		...	...	...	...	...	...	...	...	...	...	...	...	...
1965			...	...	...	...	...	...	...	...	...	...	...	...
1966				5.7	7.1	6.7	6.8	6.8	7.0	7.1	7.1	6.8	6.5	6.5
1967					8.5	7.0	7.0	6.9	7.1	7.2	7.1	6.8	6.5	6.4
1968						5.5	6.5	6.7	7.0	7.2	7.1	6.6	6.3	6.3
1969							7.5	7.1	7.4	7.5	7.3	6.6	6.3	6.2
1970								6.8	7.5	7.6	7.2	6.4	6.0	6.0
1971									8.2	7.9	7.2	6.0	5.6	5.7
1972										7.7	6.6	5.1	4.9	5.3
1973											5.5	3.8	4.1	4.9
1974												2.1	3.8	5.1
1975													5.5	6.6
1976														7.7

COSTA RICA — *PER CAPITA GROSS DOMESTIC PRODUCT*

	1963	1965	1966	1967	1968	1969	1970	1971	1972	1973	1974	1975	1976	1977
1960	...	...	...	...	...	...	...	...	...	...	...	...	...	...
1963		...	...	...	...	...	...	...	...	...	...	...	...	...
1965			...	...	...	...	...	...	...	...	...	...	...	...
1966				2.4	4.0	3.6	3.8	3.6	3.8	4.1	4.1	3.9	3.7	3.7
1967					5.6	3.9	4.0	3.7	4.0	4.2	4.2	3.9	3.7	3.7
1968						2.3	3.5	3.4	3.8	4.3	4.3	3.9	3.6	3.6
1969							4.7	3.7	4.2	4.7	4.5	3.9	3.6	3.5
1970								2.6	4.2	4.9	4.6	3.8	3.4	3.4
1971									5.8	5.9	5.0	3.7	3.2	3.2
1972										6.0	4.4	2.7	2.4	2.7
1973											2.8	1.1	1.5	2.3
1974												-0.5	1.2	2.5
1975													2.9	4.0
1976														5.1

COSTA RICA — *GOVERNMENT FINAL CONSUMPTION EXPENDITURE*

	1963	1965	1966	1967	1968	1969	1970	1971	1972	1973	1974	1975	1976	1977
1960	...	...	...	...	...	...	...	...	...	...	...	...	...	...
1963		...	...	...	...	...	...	...	...	...	...	...	...	...
1965			...	...	...	...	...	...	...	...	...	...	...	...
1966				1.9	1.9	3.1	5.0	6.5	7.1	7.3	7.5	7.4	7.4	7.4
1967					1.8	3.8	6.4	8.0	8.3	8.2	8.2	8.0	7.9	7.8
1968						5.9	8.8	10.0	9.7	9.1	8.8	8.4	8.2	8.0
1969							11.8	11.9	10.4	9.2	8.8	8.3	8.0	7.8
1970								12.0	9.5	8.2	8.0	7.6	7.5	7.3
1971									7.0	6.5	7.1	6.9	7.0	6.9
1972										6.1	7.2	6.9	7.0	7.0
1973											8.4	7.0	7.1	7.0
1974												5.7	6.7	6.8
1975													7.8	7.1
1976														6.4

COSTA RICA — *PRIVATE FINAL CONSUMPTION EXPENDITURE*

	1963	1965	1966	1967	1968	1969	1970	1971	1972	1973	1974	1975	1976	1977
1960	...	...	...	...	...	...	...	...	...	...	...	...	...	...
1963		...	...	...	...	...	...	...	...	...	...	...	...	...
1965			...	...	...	...	...	...	...	...	...	...	...	...
1966				5.4	5.8	5.4	6.2	5.7	5.4	5.2	5.0	4.8	4.7	4.8
1967					6.1	5.2	6.5	5.7	5.3	5.0	4.9	4.7	4.5	4.8
1968						4.3	7.1	5.5	5.0	4.8	4.7	4.5	4.3	4.6
1969							10.0	5.4	4.7	4.5	4.5	4.3	4.2	4.6
1970								1.0	2.8	3.4	3.9	3.8	3.8	4.4
1971									4.7	4.4	4.6	4.2	4.0	4.7
1972										4.1	4.6	3.9	3.8	4.8
1973											5.2	3.7	3.7	5.1
1974												2.2	3.2	5.6
1975													4.2	7.6
1976														11.1

6A. AVERAGE ANNUAL RATES OF GROWTH OF GROSS DOMESTIC PRODUCT AT CONSTANT PRICES BY TYPE OF EXPENDITURE AND BY KIND OF ECONOMIC ACTIVITY (continued) (IN PER CENT)

COSTA RICA — GROSS FIXED CAPITAL FORMATION

	1963	1965	1966	1967	1968	1969	1970	1971	1972	1973	1974	1975	1976	1977
1960	...	...	...	...	...	...	...	...	...	...	...	...	...	...
1963		...	...	...	...	...	...	...	...	...	...	...	...	...
1965			...	...	...	...	...	...	...	...	...	...	...	...
1966				10.1	5.7	6.4	9.1	10.9	10.8	10.6	10.5	9.7	9.9	10.3
1967					1.5	5.3	9.9	12.1	11.7	11.2	10.8	9.8	10.0	10.5
1968						9.4	14.5	15.6	13.5	12.2	11.5	10.1	10.3	10.8
1969							19.9	18.1	13.7	11.8	11.0	9.3	9.7	10.5
1970								16.4	10.4	9.2	9.1	7.5	8.6	9.8
1971									4.7	6.6	7.7	6.1	8.0	9.6
1972										8.5	9.1	6.0	8.6	10.7
1973											9.7	4.1	9.1	11.8
1974												–1.2	10.5	13.9
1975													23.7	20.6
1976														17.7

COSTA RICA — EXPORTS OF GOODS AND SERVICES

	1963	1965	1966	1967	1968	1969	1970	1971	1972	1973	1974	1975	1976	1977
1960	...	...	...	...	...	...	...	...	...	...	...	...	...	...
1963		...	...	...	...	...	...	...	...	...	...	...	...	...
1965			...	...	...	...	...	...	...	...	...	...	...	...
1966				7.9	18.9	17.2	16.3	14.9	14.6	13.8	13.0	11.8	10.8	10.1
1967					31.0	19.8	17.2	14.8	14.5	13.5	12.6	11.2	10.1	9.4
1968						9.6	12.1	11.1	12.1	11.7	11.0	9.6	8.7	8.2
1969							14.6	11.3	12.7	11.9	11.0	9.2	8.1	7.6
1970								8.1	12.5	11.4	10.3	8.2	7.1	6.7
1971									17.1	12.1	10.1	7.2	6.1	5.9
1972										7.3	7.3	4.4	4.0	4.4
1973											7.3	2.5	2.9	3.9
1974												–2.0	1.7	3.7
1975													5.4	6.4
1976														7.3

COSTA RICA — IMPORTS OF GOODS AND SERVICES

	1963	1965	1966	1967	1968	1969	1970	1971	1972	1973	1974	1975	1976	1977
1960	...	...	...	...	...	...	...	...	...	...	...	...	...	...
1963		...	...	...	...	...	...	...	...	...	...	...	...	...
1965			...	...	...	...	...	...	...	...	...	...	...	...
1966				6.2	9.3	10.5	13.4	13.4	11.9	10.8	10.2	8.9	8.5	8.8
1967					12.5	12.4	15.8	14.9	12.4	10.8	10.1	8.5	8.1	8.5
1968						12.2	18.2	15.5	11.8	9.9	9.2	7.5	7.2	7.9
1969							24.4	15.7	10.1	8.2	7.8	6.0	6.0	7.1
1970								7.6	3.9	4.2	5.3	3.7	4.4	6.2
1971									0.4	3.2	5.3	3.1	4.2	6.5
1972										6.2	7.8	3.2	4.7	7.6
1973											9.4	0.7	4.2	8.5
1974												–7.3	3.8	10.5
1975													16.2	19.6
1976														23.2

COSTA RICA — AGRICULTURE

	1963	1965	1966	1967	1968	1969	1970	1971	1972	1973	1974	1975	1976	1977
1960	3.4	3.1	3.7	4.2	4.8	5.4	5.7	5.8	5.8	5.9	5.7	5.5	5.3	5.1
1963		3.2	4.8	5.7	6.5	7.1	7.2	7.0	6.8	6.7	6.3	5.9	5.5	5.2
1965			9.0	8.4	8.6	8.9	8.3	7.7	7.3	7.0	6.3	5.8	5.3	4.9
1966				7.9	8.4	9.1	8.2	7.4	6.9	6.6	5.9	5.4	4.9	4.4
1967					9.0	9.7	8.1	7.0	6.5	6.2	5.4	4.9	4.4	4.0
1968						10.4	7.2	6.1	5.8	5.6	4.8	4.3	3.8	3.4
1969							4.1	4.4	4.7	5.0	4.1	3.6	3.2	2.9
1970								4.6	5.0	5.2	3.9	3.4	2.9	2.5
1971									5.4	5.5	3.3	2.8	2.4	2.1
1972										5.6	1.9	1.9	1.6	1.5
1973											–1.7	0.6	0.8	1.0
1974												3.0	1.8	1.6
1975													0.5	1.0
1976														1.5

COSTA RICA — INDUSTRIAL ACTIVITY

	1963	1965	1966	1967	1968	1969	1970	1971	1972	1973	1974	1975	1976	1977
1960	5.0	9.6	10.5	10.6	10.9	10.8	10.7	10.6	10.5	10.4	10.4	10.3	10.1	10.0
1963		15.9	14.5	12.7	12.4	11.7	11.3	10.9	10.7	10.5	10.5	10.2	9.9	9.8
1965			10.0	8.5	10.0	9.7	9.7	9.5	9.5	9.6	9.7	9.5	9.2	9.2
1966				6.9	10.6	9.9	9.7	9.5	9.5	9.6	9.8	9.5	9.2	9.1
1967					14.4	10.6	10.0	9.6	9.6	9.6	9.9	9.5	9.1	9.1
1968						7.0	8.4	8.6	9.0	9.2	9.6	9.3	8.9	8.8
1969							9.9	9.2	9.5	9.6	10.1	9.4	8.9	8.9
1970								8.6	9.5	9.7	10.3	9.4	8.7	8.7
1971									10.4	10.1	10.8	9.3	8.4	8.5
1972										9.8	11.1	8.8	7.8	8.1
1973											12.4	7.6	6.7	7.6
1974												3.1	4.6	7.0
1975													6.1	9.1
1976														12.3

COSTA RICA — CONSTRUCTION

	1963	1965	1966	1967	1968	1969	1970	1971	1972	1973	1974	1975	1976	1977
1960	8.5	4.2	3.9	4.0	4.5	4.5	4.5	4.9	5.7	6.2	6.5	6.7	7.1	7.4
1963		2.5	2.9	4.0	5.0	4.9	4.8	5.6	6.8	7.3	7.6	7.7	8.2	8.5
1965			–0.4	3.6	5.7	5.1	4.8	6.0	7.7	8.2	8.5	8.5	8.9	9.2
1966				7.8	8.5	6.2	5.4	6.8	8.8	9.2	9.3	9.1	9.5	9.7
1967					9.2	4.9	4.4	6.7	9.4	9.7	9.7	9.4	9.8	10.0
1968						0.8	2.6	7.0	10.7	10.7	10.4	9.8	10.3	10.4
1969							4.4	10.6	14.6	13.0	11.8	10.7	11.0	11.0
1970								17.2	19.6	14.6	12.2	10.6	11.1	11.1
1971									22.0	12.1	9.9	8.6	9.9	10.2
1972										3.1	5.4	5.7	8.6	9.5
1973											7.8	6.7	10.7	11.0
1974												5.7	13.0	12.4
1975													20.8	14.5
1976														8.5

COSTA RICA — WHOLESALE AND RETAIL TRADE

	1963	1965	1966	1967	1968	1969	1970	1971	1972	1973	1974	1975	1976	1977
1960	4.3	5.4	6.3	6.3	6.3	6.1	6.3	6.3	6.4	6.5	6.4	6.1	5.9	5.9
1963		7.5	8.6	7.5	7.2	6.4	6.7	6.7	6.7	6.8	6.6	6.0	5.8	5.9
1965			9.6	5.7	5.9	5.0	5.9	6.1	6.3	6.5	6.3	5.6	5.3	5.5
1966				2.0	4.7	4.0	5.7	6.0	6.3	6.6	6.2	5.4	5.2	5.4
1967					7.6	4.4	6.7	6.7	6.9	7.1	6.5	5.5	5.2	5.4
1968						1.3	7.2	7.0	7.1	7.3	6.5	5.2	4.9	5.3
1969							13.5	8.9	8.1	8.0	6.7	5.0	4.6	5.1
1970								4.5	6.1	7.0	5.6	3.7	3.6	4.5
1971									7.7	8.1	5.4	2.9	3.0	4.3
1972										8.6	3.8	0.9	1.8	4.0
1973											–0.7	–2.5	0.6	4.0
1974												–4.2	2.1	6.6
1975													8.9	12.1
1976														15.4

COSTA RICA — TRANSPORT AND COMMUNICATION

	1963	1965	1966	1967	1968	1969	1970	1971	1972	1973	1974	1975	1976	1977
1960	1.3	3.3	4.1	5.0	5.8	6.4	6.5	6.8	7.1	7.6	8.0	8.3	8.4	8.5
1963		6.7	7.0	7.8	8.5	8.7	8.4	8.4	8.6	9.0	9.4	9.6	9.6	9.5
1965			7.2	8.9	9.8	9.7	8.7	8.6	8.8	9.4	9.9	10.1	10.0	9.8
1966				10.7	11.0	10.2	8.6	8.6	8.9	9.6	10.2	10.3	10.1	9.9
1967					11.3	9.8	7.7	8.0	8.5	9.5	10.3	10.4	10.2	9.9
1968						8.4	5.8	7.2	8.3	9.7	10.7	10.7	10.4	10.0
1969							3.3	7.2	8.9	10.6	11.6	11.4	10.8	10.2
1970								11.3	11.4	12.8	13.3	12.4	11.4	10.5
1971									11.6	13.8	14.1	12.5	11.1	10.1
1972										16.0	15.0	12.2	10.4	9.3
1973											14.1	10.1	8.4	7.7
1974												6.2	6.0	6.1
1975													5.8	6.2
1976														6.5

COSTA RICA — OTHER

	1963	1965	1966	1967	1968	1969	1970	1971	1972	1973	1974	1975	1976	1977
1960	4.6	5.1	5.3	5.4	5.3	5.2	5.2	5.2	5.3	5.3	5.5	5.5	5.5	5.5
1963		5.6	5.9	5.7	5.5	5.2	5.1	5.2	5.3	5.4	5.6	5.6	5.6	5.5
1965			5.9	5.3	4.9	4.5	4.6	4.9	5.1	5.3	5.6	5.7	5.6	5.5
1966				4.6	4.4	4.1	4.4	4.8	5.1	5.4	5.7	5.8	5.7	5.6
1967					4.2	3.9	4.4	5.0	5.4	5.6	6.0	6.0	5.8	5.7
1968						3.5	4.7	5.4	5.8	6.0	6.3	6.2	6.0	5.8
1969							5.9	6.3	6.4	6.4	6.8	6.5	6.2	5.8
1970								6.7	6.5	6.5	7.0	6.5	6.1	5.7
1971									6.3	6.5	7.1	6.5	5.9	5.5
1972										6.6	7.6	6.4	5.7	5.2
1973											8.7	6.0	5.1	4.6
1974												3.3	3.6	3.6
1975													3.9	3.7
1976														3.5

DOMINICA — GROSS DOMESTIC PRODUCT

	1963	1965	1966	1967	1968	1969
1960	...	...	...	...	...	...
1963		...	...	...	...	...
1965			...	...	...	...
1966				...	...	...
1967					6.8	6.4
1968						5.9

DOMINICA — PER CAPITA GROSS DOMESTIC PRODUCT

	1963	1965	1966	1967	1968	1969
1960	...	...	...	...	...	...
1963		...	...	...	...	...
1965			...	...	...	...
1966				...	...	...
1967					5.2	4.8
1968						4.4

DOMINICA — GOVERNMENT FINAL CONSUMPTION EXPENDITURE

	1963	1965	1966	1967	1968	1969	1970	1971	1972	1973	1974	1975	1976	1977
1960	...	...	...	...	...	...	...	...	...	...	...	...	...	...
1963		...	...	...	...	...	...	...	...	...	...	...	...	...
1965			...	...	...	...	...	...	...	...	...	...	...	...
1966				...	...	...	...	...	...	...	...	...	...	...
1967					...	...	...	...	...	...	...	...	...	...
1968						...	...	...	...	...	...	...	...	...
1969							...	...	...	...	...	...	...	...
1970								...	...	...	...	...	...	...
1971									...	...	...	...	...	...
1972										...	...	...	...	...
1973											...	...	...	...
1974												...	...	...
1975													–0.1	2.8
1976														5.8

6A. AVERAGE ANNUAL RATES OF GROWTH OF GROSS DOMESTIC PRODUCT AT CONSTANT PRICES BY TYPE OF EXPENDITURE AND BY KIND OF ECONOMIC ACTIVITY (continued) (IN PER CENT)

DOMINICA

PRIVATE FINAL CONSUMPTION EXPENDITURE

	1963	1965	1966	1967	1968	1969	1970	1971	1972	1973	1974	1975	1976	1977
1960	...	...	...	...	...	...	...	...	...	...	...	...	...	...
1963		...	...	...	...	...	...	...	...	...	...	...	...	...
1965			...	...	...	...	...	...	...	...	...	...	...	...
1966				...	...	...	...	...	...	...	...	...	...	...
1967					...	...	...	...	...	...	...	...	...	...
1968						...	...	...	...	...	...	...	...	...
1969							...	...	...	...	...	...	...	...
1970								...	...	...	...	...	...	...
1971									...	...	...	...	...	...
1972										...	...	...	...	...
1973											...	...	...	...
1974												...	...	...
1975													–0.7	0.3
1976														1.4

DOMINICA

EXPORTS OF GOODS AND SERVICES

	1963	1965	1966	1967	1968	1969	1970	1971	1972	1973	1974	1975	1976	1977
1960	...	...	...	...	...	...	...	...	...	...	...	...	...	...
1963		...	...	...	...	...	...	...	...	...	...	...	...	...
1965			...	...	...	...	...	...	...	...	...	...	...	...
1966				...	...	...	...	...	...	...	...	...	...	...
1967					...	...	...	...	...	...	...	...	...	...
1968						...	...	...	...	...	...	...	...	...
1969							...	...	...	...	...	...	...	...
1970								...	...	...	...	...	...	...
1971									...	...	...	...	...	...
1972										...	...	...	...	...
1973											...	...	...	...
1974												...	...	...
1975													15.8	6.7
1976														–1.7

DOMINICA

IMPORTS OF GOODS AND SERVICES

	1963	1965	1966	1967	1968	1969	1970	1971	1972	1973	1974	1975	1976	1977
1960	...	...	...	...	...	...	...	...	...	...	...	...	...	...
1963		...	...	...	...	...	...	...	...	...	...	...	...	...
1965			...	...	...	...	...	...	...	...	...	...	...	...
1966				...	...	...	...	...	...	...	...	...	...	...
1967					...	...	...	...	...	...	...	...	...	...
1968						...	...	...	...	...	...	...	...	...
1969							...	...	...	...	...	...	...	...
1970								...	...	...	...	...	...	...
1971									...	...	...	...	...	...
1972										...	...	...	...	...
1973											...	...	...	...
1974												...	...	...
1975													–3.5	–1.4
1976														0.8

DOMINICA

AGRICULTURE

	1963	1965	1966	1967	1968	1969
1960	...	...	...	...	...	...
1963		...	...	...	...	...
1965			...	...	...	...
1966				...	...	...
1967					3.8	3.7
1968						3.7

DOMINICA

INDUSTRIAL ACTIVITY

	1963	1965	1966	1967	1968	1969
1960	...	...	...	...	...	...
1963		...	...	...	...	...
1965			...	...	...	...
1966				...	...	...
1967					17.9	11.4
1968						5.3

DOMINICA

CONSTRUCTION

	1963	1965	1966	1967	1968	1969
1960	...	...	...	...	...	...
1963		...	...	...	...	...
1965			...	...	...	...
1966				...	...	...
1967					7.8	7.5
1968						7.2

DOMINICA

WHOLESALE AND RETAIL TRADE

	1963	1965	1966	1967	1968	1969
1960	...	...	...	...	...	...
1963		...	...	...	...	...
1965			...	...	...	...
1966				...	...	...
1967					10.6	11.7
1968						12.9

DOMINICA

TRANSPORT AND COMMUNICATION

	1963	1965	1966	1967	1968	1969
1960	...	...	...	...	...	...
1963		...	...	...	...	...
1965			...	...	...	...
1966				...	...	...
1967					7.8	7.4
1968						7.0

DOMINICA

OTHER

	1963	1965	1966	1967	1968	1969
1960	...	...	...	...	...	...
1963		...	...	...	...	...
1965			...	...	...	...
1966				...	...	...
1967					6.0	6.0
1968						6.0

DOMINICAN REPUBLIC

GROSS DOMESTIC PRODUCT

	1963	1965	1966	1967	1968	1969	1970	1971	1972	1973	1974	1975	1976	1977
1960	7.8	4.6	4.4	4.2	3.9	4.1	4.4	4.9	5.4	5.9	6.3	6.5	6.7	6.7
1963		–3.3	0.4	1.8	1.9	2.9	4.0	4.9	5.7	6.5	7.0	7.2	7.3	7.3
1965			13.4	8.3	5.3	5.8	6.6	7.3	8.1	8.6	8.9	8.8	8.7	8.5
1966				3.4	1.8	4.3	6.0	7.2	8.1	8.9	9.1	9.0	8.8	8.6
1967					0.2	5.4	7.5	8.5	9.4	10.0	9.9	9.7	9.3	8.9
1968						11.0	10.8	10.7	11.0	11.3	10.9	10.3	9.7	9.1
1969							10.6	10.6	11.1	11.4	10.8	10.1	9.4	8.8
1970								10.6	11.5	11.7	10.8	9.8	9.1	8.4
1971									12.4	12.2	10.6	9.3	8.5	7.7
1972										12.1	9.5	8.0	7.4	6.8
1973											6.9	6.3	6.2	5.9
1974												5.6	6.0	5.6
1975													6.3	5.4
1976														4.4

DOMINICAN REPUBLIC

PER CAPITA GROSS DOMESTIC PRODUCT

	1963	1965	1966	1967	1968	1969	1970	1971	1972	1973	1974	1975	1976	1977
1960	4.8	1.6	1.4	1.3	0.9	1.1	1.5	1.9	2.4	2.9	3.3	3.5	3.6	3.7
1963		–6.1	–2.5	–1.2	–1.0	–0.1	1.0	1.9	2.7	3.4	3.9	4.1	4.2	4.2
1965			10.0	5.2	2.3	2.8	3.6	4.3	5.0	5.5	5.7	5.7	5.6	5.4
1966				0.6	–1.1	1.3	3.0	4.1	5.1	5.8	6.0	5.9	5.7	5.4
1967					–2.7	2.3	4.4	5.4	6.3	6.8	6.8	6.5	6.2	5.8
1968						7.6	7.6	7.5	7.9	8.1	7.7	7.1	6.6	6.0
1969							7.6	7.5	8.0	8.3	7.7	6.9	6.3	5.7
1970								7.4	8.3	8.5	7.6	6.6	5.9	5.2
1971									9.2	9.0	7.4	6.1	5.3	4.6
1972										8.8	6.3	4.9	4.3	3.7
1973											3.9	3.2	3.1	2.8
1974												2.5	2.9	2.5
1975													3.3	2.4
1976														1.5

DOMINICAN REPUBLIC

GOVERNMENT FINAL CONSUMPTION EXPENDITURE

	1963	1965	1966	1967	1968	1969	1970	1971	1972	1973	1974	1975	1976	1977
1960	19.4	13.9	10.1	6.8	4.2	2.7	1.9	1.0	0.4	0.1	0.8	0.4	0.3	0.4
1963		5.2	0.2	–2.8	–4.5	–4.6	–4.0	–4.1	–4.0	–3.6	–1.8	–2.1	–1.8	–1.3
1965			–10.7	–10.2	–9.7	–7.7	–5.6	–5.2	–4.7	–4.0	–1.4	–1.8	–1.6	–0.9
1966				–9.8	–9.2	–6.5	–3.9	–4.0	–3.7	–3.0	–0.1	–0.8	–0.7	–0.1
1967					–8.5	–4.5	–1.5	–2.6	–2.7	–2.1	1.4	0.1	0.1	0.7
1968						–0.2	1.9	–1.5	–2.0	–1.4	2.9	0.9	0.7	1.3
1969							4.1	–3.1	–3.0	–1.8	4.1	1.2	0.9	1.6
1970								–9.7	–5.2	–2.4	6.3	1.6	1.1	1.9
1971									–0.5	1.1	12.9	3.5	2.1	2.9
1972										2.9	22.1	3.0	1.3	2.7
1973											45.0	–2.6	–2.3	1.0
1974												–34.6	–14.3	–3.9
1975													12.4	13.6
1976														14.7

6A. AVERAGE ANNUAL RATES OF GROWTH OF GROSS DOMESTIC PRODUCT AT CONSTANT PRICES BY TYPE OF EXPENDITURE AND BY KIND OF ECONOMIC ACTIVITY (continued) (IN PER CENT)

DOMINICAN REPUBLIC

PRIVATE FINAL CONSUMPTION EXPENDITURE

	1963	1965	1966	1967	1968	1969	1970	1971	1972	1973	1974	1975	1976	1977
1960	11.2	6.5	6.4	6.0	5.7	5.8	6.1	6.4	6.5	6.7	6.8	7.0	7.0	6.9
1963		-4.0	1.5	2.8	3.4	4.2	5.2	6.0	6.3	6.6	6.8	7.0	7.0	6.9
1965			20.1	10.9	7.9	7.6	8.1	8.6	8.4	8.3	8.3	8.3	8.1	7.8
1966				2.3	3.2	5.1	6.8	7.9	7.8	7.8	7.9	8.0	7.9	7.5
1967					4.1	6.6	8.5	9.4	8.7	8.5	8.5	8.5	8.2	7.7
1968						9.2	10.6	10.9	9.4	8.8	8.7	8.7	8.2	7.7
1969							11.9	11.5	9.0	8.4	8.4	8.4	7.9	7.4
1970								11.1	7.2	7.2	7.6	7.9	7.5	6.9
1971									3.4	5.9	7.2	7.8	7.2	6.5
1972										8.4	8.9	9.0	7.7	6.6
1973											9.5	9.1	7.2	5.9
1974												8.8	5.8	4.6
1975													2.9	2.8
1976														2.7

DOMINICAN REPUBLIC

GROSS FIXED CAPITAL FORMATION

	1963	1965	1966	1967	1968	1969	1970	1971	1972	1973	1974	1975	1976	1977
1960	27.2	14.4	13.3	12.4	11.7	11.4	11.8	12.5	13.7	14.3	14.7	14.8	14.6	14.3
1963		-18.1	-4.7	0.7	3.4	5.3	7.7	9.8	12.4	13.6	14.3	14.6	14.2	13.9
1965			57.1	30.4	21.1	17.5	17.7	18.3	20.2	20.3	19.9	19.2	17.9	16.9
1966				8.3	8.3	9.5	12.9	15.2	18.5	19.0	18.8	18.3	16.9	15.9
1967					8.3	10.3	15.0	17.5	21.3	21.1	20.3	19.3	17.4	16.1
1968						12.3	19.0	20.9	24.8	23.4	21.7	20.1	17.6	16.0
1969							26.0	24.5	28.8	25.2	22.3	20.0	17.0	15.2
1970								23.0	31.2	24.6	20.8	18.3	14.9	13.2
1971									39.9	23.0	18.2	15.8	12.2	10.8
1972										8.1	10.3	10.6	7.8	7.5
1973											12.6	11.6	6.9	6.8
1974												10.6	3.6	5.0
1975													-3.1	3.7
1976														10.9

DOMINICAN REPUBLIC

EXPORTS OF GOODS AND SERVICES

	1963	1965	1966	1967	1968	1969	1970	1971	1972	1973	1974	1975	1976	1977
1960	-1.5	-4.1	-4.6	-3.0	-2.1	-1.2	-0.1	1.0	2.7	4.1	5.1	5.6	6.2	6.5
1963		-8.8	-7.1	-2.2	-0.4	0.9	2.4	3.8	6.1	7.8	8.6	8.8	9.2	9.2
1965			0.5	8.8	7.0	6.6	7.1	8.0	10.5	12.1	12.4	11.9	11.9	11.5
1966				17.8	8.7	7.2	7.7	8.7	11.8	13.4	13.5	12.7	12.6	12.0
1967					0.2	3.3	6.0	8.1	12.4	14.3	14.3	13.1	12.9	12.1
1968						6.5	8.9	10.6	15.7	17.3	16.4	14.3	13.8	12.7
1969							11.3	12.6	19.5	20.1	17.9	14.9	14.1	12.7
1970								14.0	24.8	23.1	18.8	14.4	13.5	11.9
1971									36.5	25.8	18.0	12.2	11.8	10.3
1972										15.9	10.0	5.7	7.6	7.1
1973											4.4	1.1	6.2	6.0
1974												-2.0	8.7	7.1
1975													20.6	9.8
1976														-0.0

DOMINICAN REPUBLIC

IMPORTS OF GOODS AND SERVICES

	1963	1965	1966	1967	1968	1969	1970	1971	1972	1973	1974	1975	1976	1977
1960	31.1	14.6	12.2	10.3	9.3	8.9	9.2	9.4	9.4	9.3	9.8	10.0	9.9	9.8
1963		-15.8	-5.8	-2.1	0.5	2.4	4.7	6.1	6.8	7.3	8.4	9.0	9.0	8.9
1965			35.9	17.7	13.4	11.9	12.6	12.7	12.1	11.6	12.4	12.4	11.8	11.2
1966				1.9	5.5	7.1	10.0	11.0	10.8	10.4	11.6	11.8	11.2	10.6
1967					9.1	9.5	12.7	13.0	12.0	11.2	12.5	12.5	11.7	10.9
1968						9.9	15.1	14.3	12.4	11.2	12.9	12.8	11.7	10.8
1969							20.6	15.5	12.1	10.5	13.0	12.9	11.5	10.4
1970								10.6	8.3	7.8	12.4	12.4	10.8	9.6
1971									6.1	6.8	14.2	13.5	10.9	9.4
1972										7.5	19.6	15.9	11.3	9.1
1973											33.1	17.5	9.8	7.5
1974												3.8	0.7	1.8
1975													-2.3	1.5
1976														5.4

DOMINICAN REPUBLIC

AGRICULTURE

	1963	1965	1966	1967	1968	1969	1970	1971	1972	1973	1974	1975	1976	1977
1960	-1.0	-0.2	0.3	0.5	0.8	1.6	2.2	2.7	3.0	3.3	3.5	3.4	3.5	3.5
1963		-1.4	0.5	0.7	1.3	2.7	3.5	4.0	4.2	4.5	4.5	4.3	4.3	4.2
1965			7.1	3.3	3.4	5.1	5.7	5.9	5.7	5.8	5.6	5.0	4.9	4.7
1966				-0.3	2.2	5.4	6.1	6.2	5.9	6.0	5.6	5.0	4.8	4.6
1967					4.9	8.5	7.9	7.3	6.6	6.5	5.9	5.1	4.9	4.6
1968						12.3	8.8	7.4	6.4	6.3	5.7	4.7	4.5	4.2
1969							5.4	5.4	4.9	5.4	4.8	3.8	3.8	3.6
1970								5.5	4.5	5.5	4.6	3.3	3.5	3.3
1971									3.6	5.8	4.4	2.6	3.1	3.0
1972										8.1	4.2	1.7	2.7	2.7
1973											0.3	-1.2	1.7	2.1
1974												-2.7	3.2	3.0
1975													9.4	4.9
1976														0.6

DOMINICAN REPUBLIC

INDUSTRIAL ACTIVITY

	1963	1965	1966	1967	1968	1969	1970	1971	1972	1973	1974	1975	1976	1977
1960	9.0	1.7	2.6	3.7	3.6	4.3	5.2	6.0	7.1	8.2	8.9	9.3	9.6	9.7
1963		-10.6	-1.3	3.2	3.1	4.7	6.4	7.6	9.0	10.4	11.1	11.4	11.5	11.4
1965			28.2	19.5	10.5	10.4	11.3	11.8	13.0	14.1	14.3	14.1	13.8	13.3
1966				11.4	2.4	6.2	9.2	10.5	12.4	13.9	14.2	14.0	13.7	13.0
1967					-5.9	5.8	10.5	11.8	13.9	15.4	15.5	14.9	14.3	13.5
1968						18.9	18.3	16.4	17.6	18.4	17.6	16.3	15.3	14.1
1969							17.6	15.0	17.4	18.6	17.5	15.9	14.7	13.4
1970								12.4	18.2	19.6	17.7	15.5	14.1	12.5
1971									24.4	22.6	18.2	14.9	13.2	11.5
1972										20.8	14.7	11.6	10.6	9.3
1973											9.0	7.8	8.2	7.3
1974												6.5	8.1	6.8
1975													9.7	6.4
1976														3.3

DOMINICAN REPUBLIC

MANUFACTURING

	1963	1965	1966	1967	1968	1969	1970	1971	1972	1973	1974	1975	1976	1977
1960	10.4	1.5	2.5	3.5	3.3	4.0	5.0	5.9	6.6	7.2	7.6	7.8	8.0	8.0
1963		-12.8	-2.2	2.5	2.4	4.1	6.0	7.4	8.2	8.8	9.2	9.3	9.3	9.2
1965			31.9	20.4	10.4	10.3	11.5	12.1	12.2	12.2	12.0	11.6	11.2	10.7
1966				9.9	1.0	5.5	9.0	10.6	11.2	11.4	11.4	11.1	10.7	10.1
1967					-7.1	5.5	10.8	12.4	12.5	12.4	12.2	11.6	11.0	10.3
1968						19.9	19.4	17.5	15.6	14.5	13.5	12.5	11.6	10.6
1969							19.0	16.1	14.0	13.1	12.3	11.3	10.5	9.6
1970								13.2	11.8	11.5	11.0	10.1	9.4	8.6
1971									10.4	10.8	10.5	9.5	8.7	7.8
1972										11.2	10.4	8.9	8.1	7.1
1973											9.6	7.7	7.1	6.2
1974												5.9	6.0	5.2
1975													6.2	4.7
1976														3.2

DOMINICAN REPUBLIC

CONSTRUCTION

	1963	1965	1966	1967	1968	1969	1970	1971	1972	1973	1974	1975	1976	1977
1960	20.5	12.5	11.3	11.2	11.1	10.8	11.1	12.0	13.0	13.5	13.6	13.6	13.3	13.2
1963		-9.5	-1.4	3.7	6.2	7.1	8.6	10.8	12.6	13.5	13.7	13.6	13.3	13.1
1965			32.4	24.2	19.2	15.6	15.3	17.1	18.3	18.4	17.5	16.8	15.7	15.2
1966				16.5	13.5	11.1	12.4	15.7	17.6	18.0	17.0	16.2	15.1	14.5
1967					10.6	8.6	11.8	16.7	18.9	19.0	17.5	16.4	15.0	14.4
1968						6.6	13.3	20.0	21.9	20.9	18.5	16.8	15.0	14.3
1969							20.5	27.2	26.5	23.3	19.2	16.9	14.6	13.8
1970								34.4	28.3	22.6	17.2	14.8	12.5	12.1
1971									22.4	17.1	12.0	10.8	9.1	9.5
1972										12.0	7.2	7.7	6.7	8.0
1973											2.5	6.5	5.6	7.9
1974												10.7	6.4	9.4
1975													2.2	9.9
1976														18.3

DOMINICAN REPUBLIC

WHOLESALE AND RETAIL TRADE

	1963	1965	1966	1967	1968	1969	1970	1971	1972	1973	1974	1975	1976	1977
1960	9.7	3.3	3.6	3.6	3.3	3.7	4.3	5.0	5.8	6.3	6.8	7.0	7.1	7.1
1963		-10.2	-2.2	0.4	1.1	2.6	4.0	5.3	6.5	7.3	7.8	8.0	8.0	7.9
1965			26.5	13.7	8.3	8.2	8.8	9.6	10.3	10.6	10.6	10.4	10.0	9.5
1966				2.2	1.2	4.5	6.8	8.5	9.7	10.2	10.4	10.1	9.7	9.2
1967					0.2	6.4	9.0	10.5	11.5	11.7	11.5	10.9	10.3	9.5
1968						13.0	13.1	13.2	13.5	13.1	12.4	11.5	10.6	9.6
1969							13.2	13.4	13.7	13.1	12.2	11.1	10.0	9.0
1970								13.5	14.0	12.9	11.8	10.4	9.2	8.2
1971									14.5	12.3	10.9	9.3	8.1	7.1
1972										10.1	9.3	7.8	6.7	5.9
1973											8.5	6.5	5.6	4.8
1974												4.6	4.4	3.8
1975													4.1	3.4
1976														2.7

DOMINICAN REPUBLIC

TRANSPORT AND COMMUNICATION

	1963	1965	1966	1967	1968	1969	1970	1971	1972	1973	1974	1975	1976	1977
1960	13.3	10.7	9.7	8.7	8.1	7.9	8.1	8.3	8.4	8.5	8.7	8.7	8.6	8.5
1963		1.2	3.7	3.9	4.4	5.1	6.2	7.0	7.5	7.9	8.2	8.3	8.2	8.2
1965			15.5	8.7	7.5	7.7	8.7	9.3	9.5	9.6	9.7	9.5	9.2	9.0
1966				2.3	4.5	6.3	8.2	9.3	9.6	9.6	9.7	9.5	9.1	8.9
1967					6.8	8.2	10.2	10.9	10.7	10.5	10.4	10.0	9.4	9.1
1968						9.6	12.0	12.1	11.4	10.8	10.7	10.1	9.3	9.0
1969							14.6	13.0	11.5	10.7	10.5	9.8	8.9	8.6
1970								11.5	10.0	9.5	9.7	9.1	8.2	8.0
1971									8.6	8.6	9.4	8.7	7.6	7.5
1972										8.7	10.0	8.6	7.1	7.1
1973											11.2	8.0	6.1	6.6
1974												5.0	3.9	5.7
1975													2.8	6.5
1976														10.3

DOMINICAN REPUBLIC

OTHER

	1963	1965	1966	1967	1968	1969	1970	1971	1972	1973	1974	1975	1976	1977
1960	13.3	10.0	8.3	7.7	6.2	5.3	4.9	4.7	4.8	4.9	5.1	5.4	5.6	5.7
1963		2.9	2.4	3.6	1.9	1.6	1.9	2.3	2.9	3.5	4.1	4.7	5.0	5.2
1965			3.3	6.3	1.4	1.1	1.8	2.6	3.4	4.2	4.9	5.5	5.9	6.0
1966				9.3	-0.8	-0.1	1.3	2.5	3.6	4.5	5.3	6.0	6.3	6.4
1967					-10.0	-2.9	0.6	2.6	4.0	5.1	5.9	6.6	6.9	6.9
1968						4.8	5.6	6.2	6.7	7.3	7.7	8.2	8.2	7.9
1969							6.5	6.8	7.2	7.9	8.3	8.7	8.5	8.2
1970								7.2	7.6	8.4	8.7	9.2	8.8	8.3
1971									8.1	9.0	9.2	9.6	9.0	8.3
1972										9.9	9.7	10.1	9.0	8.1
1973											9.5	10.3	8.6	7.4
1974												11.0	7.8	6.4
1975													4.6	4.5
1976														4.3

ECUADOR

GROSS DOMESTIC PRODUCT

	1963	1965	1966	1967	1968	1969	1970	1971	1972	1973	1974	1975	1976	1977
1960	...	...	...	...	...	...	...	...	...	...	...	...	...	...
1963		...	...	...	...	...	...	...	...	...	...	...	...	...
1965			8.0	8.0	7.0	6.2	5.7	5.5	5.5	6.4	7.4	7.8	8.1	8.2
1966				7.9	6.3	5.4	5.1	5.0	5.2	6.3	7.6	8.0	8.3	8.4
1967					4.7	4.3	4.5	4.6	5.0	6.5	8.0	8.4	8.7	8.8
1968						4.0	4.4	4.6	5.2	7.1	8.9	9.2	9.4	9.3
1969							4.8	4.9	5.5	8.2	10.3	10.2	10.2	9.9
1970								5.0	6.0	9.8	12.1	11.4	11.0	10.5
1971									7.0	12.7	14.7	12.8	11.8	10.8
1972										18.7	18.1	13.5	11.8	10.5
1973											17.6	10.3	9.4	8.6
1974												3.4	6.5	6.8
1975													9.7	8.1
1976														6.4

6A. AVERAGE ANNUAL RATES OF GROWTH OF GROSS DOMESTIC PRODUCT AT CONSTANT PRICES BY TYPE OF EXPENDITURE AND BY KIND OF ECONOMIC ACTIVITY (continued) (IN PER CENT)

ECUADOR

PER CAPITA GROSS DOMESTIC PRODUCT

	1963	1965	1966	1967	1968	1969	1970	1971	1972	1973	1974	1975	1976	1977
1960	...	...	...	...	...	...	...	...	...	...	...	...	...	...
1963		...	...	...	...	...	...	...	...	...	...	...	...	...
1965			4.5	4.5	3.5	2.7	2.3	2.1	2.1	2.9	3.9	4.2	4.5	4.6
1966				4.5	2.9	2.0	1.8	1.6	1.8	2.9	4.1	4.5	4.7	4.8
1967					1.3	0.9	1.1	1.2	1.5	3.0	4.5	4.8	5.1	5.1
1968						0.6	1.0	1.2	1.7	3.6	5.3	5.6	5.7	5.7
1969							1.5	1.5	2.1	4.6	6.6	6.6	6.5	6.3
1970								1.5	2.4	6.1	8.3	7.7	7.3	6.8
1971									3.4	8.9	10.9	9.0	8.1	7.1
1972										14.7	14.2	9.7	8.1	6.8
1973											13.6	6.6	5.7	5.0
1974												0.0	3.0	3.2
1975													6.0	4.4
1976														2.9

ECUADOR

GOVERNMENT FINAL CONSUMPTION EXPENDITURE

	1963	1965	1966	1967	1968	1969	1970	1971	1972	1973	1974	1975	1976	1977
1960	...	...	...	...	...	...	...	...	...	...	...	...	...	...
1963		...	...	...	...	...	...	...	...	...	...	...	...	...
1965			16.5	8.0	9.4	9.0	4.2	1.7	1.2	2.3	3.0	3.2	3.6	3.6
1966				0.1	7.6	7.9	1.7	-0.8	-0.7	1.1	2.3	2.6	3.2	3.3
1967					15.6	10.7	0.0	-2.7	-1.9	0.7	2.3	2.7	3.3	3.4
1968						6.1	-7.8	-7.9	-4.8	-0.4	1.9	2.5	3.3	3.5
1969							-19.9	-12.2	-5.5	1.0	3.7	3.9	4.6	4.5
1970								-3.7	2.3	8.7	9.4	7.8	7.6	6.7
1971									8.8	15.5	13.2	9.4	8.6	7.1
1972										22.6	13.9	7.9	7.4	5.8
1973											5.9	1.5	3.9	3.2
1974												-2.8	4.1	2.9
1975													11.4	4.4
1976														-2.1

ECUADOR

PRIVATE FINAL CONSUMPTION EXPENDITURE

	1963	1965	1966	1967	1968	1969	1970	1971	1972	1973	1974	1975	1976	1977
1960	...	...	...	...	...	...	...	...	...	...	...	...	...	...
1963		...	...	...	...	...	...	...	...	...	...	...	...	...
1965			9.7	9.1	6.4	5.4	4.9	5.0	5.0	5.3	5.8	6.4	6.8	7.1
1966				8.6	4.5	4.0	3.9	4.3	4.5	5.0	5.7	6.5	6.9	7.3
1967					0.5	2.3	3.0	3.9	4.4	5.0	5.9	6.8	7.3	7.6
1968						4.1	4.0	4.9	5.2	5.7	6.7	7.6	8.0	8.3
1969							3.9	5.5	5.6	6.1	7.4	8.3	8.7	8.9
1970								7.1	6.2	6.7	8.2	9.2	9.4	9.5
1971									5.3	6.7	9.0	10.1	10.1	9.9
1972										8.1	11.0	11.7	11.0	10.5
1973											14.0	13.1	11.4	10.5
1974												12.3	9.9	9.4
1975													7.6	8.3
1976														8.9

ECUADOR

GROSS FIXED CAPITAL FORMATION

	1963	1965	1966	1967	1968	1969	1970	1971	1972	1973	1974	1975	1976	1977
1960	...	...	...	...	...	...	...	...	...	...	...	...	...	...
1963		...	...	...	...	...	...	...	...	...	...	...	...	...
1965			-0.6	11.2	12.8	14.3	13.1	16.1	14.7	13.9	14.3	15.0	14.5	14.3
1966				24.3	18.3	17.8	14.6	18.2	15.8	14.6	14.9	15.5	14.8	14.6
1967					12.5	15.6	12.0	17.9	14.9	13.6	14.2	15.2	14.4	14.2
1968						18.7	10.7	20.3	15.0	13.2	14.1	15.4	14.4	14.2
1969							3.1	24.2	14.3	12.1	13.6	15.4	14.2	14.0
1970								49.6	15.0	11.4	13.8	16.1	14.3	14.0
1971									-11.6	-0.1	9.0	14.0	12.4	12.5
1972										12.8	20.3	22.5	16.6	15.4
1973											28.4	26.7	15.7	14.4
1974												25.2	8.5	10.2
1975													-6.0	6.2
1976														19.9

ECUADOR

EXPORTS OF GOODS AND SERVICES

	1963	1965	1966	1967	1968	1969	1970	1971	1972	1973	1974	1975	1976	1977
1960	...	...	...	...	...	...	...	...	...	...	...	...	...	...
1963		...	...	...	...	...	...	...	...	...	...	...	...	...
1965			5.4	7.3	6.4	3.2	1.4	0.1	1.7	5.0	9.3	10.0	10.7	10.7
1966				9.2	6.5	1.7	-0.2	-1.4	1.1	5.4	10.6	11.1	11.8	11.6
1967					3.9	-2.2	-3.0	-3.6	0.5	6.2	12.5	12.7	13.2	12.7
1968						-7.9	-5.5	-5.2	1.1	8.6	16.3	15.6	15.6	14.5
1969							-3.0	-4.1	5.0	14.3	23.1	20.2	19.0	16.9
1970								-5.2	11.2	22.7	32.4	25.1	22.1	18.6
1971									30.4	38.2	45.9	29.7	24.1	19.0
1972										46.5	54.2	25.7	19.7	14.5
1973											62.3	11.6	10.0	7.0
1974												-23.2	-3.9	-1.4
1975													20.4	8.1
1976														-2.9

ECUADOR

IMPORTS OF GOODS AND SERVICES

	1963	1965	1966	1967	1968	1969	1970	1971	1972	1973	1974	1975	1976	1977
1960	...	...	...	...	...	...	...	...	...	...	...	...	...	...
1963		...	...	...	...	...	...	...	...	...	...	...	...	...
1965			-0.7	6.5	9.6	7.9	8.8	9.1	7.5	7.1	9.6	10.8	10.9	11.1
1966				14.1	14.3	9.4	10.0	10.1	7.7	7.1	10.2	11.5	11.6	11.7
1967					14.4	6.3	8.7	9.4	6.5	6.0	10.1	11.8	11.8	11.9
1968						-1.2	7.7	9.2	5.3	5.0	10.6	12.5	12.4	12.4
1969							17.3	13.3	5.4	5.0	12.5	14.5	13.8	13.5
1970								9.5	-0.8	1.7	13.4	15.8	14.5	14.0
1971									-10.2	0.1	18.8	20.0	16.9	15.5
1972										11.4	38.1	30.1	21.4	17.9
1973											71.0	34.3	19.1	15.2
1974												5.4	1.5	4.6
1975													-2.3	5.4
1976														13.6

ECUADOR

AGRICULTURE

	1963	1965	1966	1967	1968	1969	1970	1971	1972	1973	1974	1975	1976	1977
1960	...	...	...	...	...	...	...	...	...	...	...	...	...	...
1963		...	...	...	...	...	...	...	...	...	...	...	...	...
1965			29.9	20.7	10.0	7.3	4.0	2.9	2.3	2.5	2.7	3.0	3.3	3.5
1966				12.2	1.0	1.4	-0.7	-0.6	-0.3	0.5	1.3	1.9	2.5	2.8
1967					-9.2	-1.8	-3.3	-2.1	-1.2	0.1	1.1	2.0	2.6	2.9
1968						6.2	-1.7	-0.7	-0.0	1.3	2.3	3.1	3.7	3.8
1969							-9.1	-2.6	-0.6	1.5	2.8	3.6	4.2	4.3
1970								4.4	3.1	4.5	5.1	5.4	5.7	5.4
1971									1.7	5.0	5.6	5.9	6.1	5.7
1972										8.5	7.1	6.8	6.7	5.9
1973											5.8	6.2	6.3	5.4
1974												6.5	6.6	5.0
1975													6.6	4.0
1976														1.4

ECUADOR

INDUSTRIAL ACTIVITY

	1963	1965	1966	1967	1968	1969	1970	1971	1972	1973	1974	1975	1976	1977
1960	...	...	...	...	...	...	...	...	...	...	...	...	...	...
1963		...	...	...	...	...	...	...	...	...	...	...	...	...
1965			8.4	4.0	5.2	6.3	6.7	6.6	7.5	10.1	12.9	13.6	14.0	13.9
1966				-0.3	4.5	6.6	7.0	6.7	7.8	11.1	14.3	14.9	15.1	14.8
1967					9.6	9.6	8.8	7.7	8.9	12.8	16.5	16.7	16.6	16.0
1968						9.7	8.2	6.8	8.8	14.1	18.5	18.3	17.8	16.8
1969							6.8	5.4	9.1	16.5	21.7	20.5	19.3	17.8
1970								4.1	11.2	21.5	27.0	23.6	21.1	18.8
1971									18.8	31.8	35.2	27.0	22.5	19.0
1972										46.2	42.4	26.2	20.4	16.5
1973											38.8	15.5	12.4	10.4
1974												-3.9	3.8	5.1
1975													12.2	8.8
1976														5.5

ECUADOR

MANUFACTURING

	1963	1965	1966	1967	1968	1969	1970	1971	1972	1973	1974	1975	1976	1977
1960	...	...	...	...	...	...	...	...	...	...	...	...	...	...
1963		...	...	...	...	...	...	...	...	...	...	...	...	...
1965			11.1	4.8	5.6	6.5	7.2	7.1	7.1	7.5	7.8	8.1	8.4	8.7
1966				-1.2	4.0	6.2	7.3	7.1	7.1	7.6	7.9	8.3	8.6	9.0
1967					9.5	9.5	9.6	8.4	8.0	8.4	8.5	8.9	9.1	9.5
1968						9.6	9.7	7.8	7.4	8.2	8.5	8.9	9.2	9.6
1969							9.8	6.6	6.7	8.0	8.4	9.0	9.4	9.8
1970								3.5	5.7	8.2	8.7	9.4	9.7	10.2
1971									7.9	10.6	10.2	10.6	10.6	11.0
1972										13.4	10.8	11.2	11.0	11.3
1973											8.3	10.6	10.5	11.2
1974												12.9	11.3	11.9
1975													9.7	11.8
1976														14.0

ECUADOR

CONSTRUCTION

	1963	1965	1966	1967	1968	1969	1970	1971	1972	1973	1974	1975	1976	1977
1960	...	...	...	...	...	...	...	...	...	...	...	...	...	...
1963		...	...	...	...	...	...	...	...	...	...	...	...	...
1965			0.9	12.2	17.3	13.4	13.1	17.2	14.3	13.6	14.6	14.5	14.4	13.9
1966				24.7	25.2	15.1	14.1	19.3	14.9	13.9	15.0	14.9	14.6	14.0
1967					25.7	9.0	10.5	19.1	13.4	12.5	14.3	14.3	14.1	13.5
1968						-5.5	6.3	21.3	12.4	11.6	14.1	14.1	13.9	13.2
1969							19.6	37.8	15.3	13.0	15.9	15.4	14.8	13.8
1970								58.8	7.3	7.9	13.9	14.0	13.6	12.6
1971									-27.6	-4.9	9.8	11.5	11.8	11.1
1972										24.8	32.3	23.4	19.0	15.5
1973											40.2	20.1	15.3	12.0
1974												3.0	6.5	6.1
1975													10.1	7.1
1976														4.1

ECUADOR

WHOLESALE AND RETAIL TRADE

	1963	1965	1966	1967	1968	1969	1970	1971	1972	1973	1974	1975	1976	1977
1960	...	...	...	...	...	...	...	...	...	...	...	...	...	...
1963		...	...	...	...	...	...	...	...	...	...	...	...	...
1965			-6.7	0.2	3.6	2.4	3.8	4.8	5.4	5.0	5.3	5.7	6.2	6.7
1966				7.5	8.5	4.1	5.5	6.2	6.6	5.8	6.0	6.4	6.8	7.3
1967					9.6	1.6	4.9	6.1	6.6	5.6	6.0	6.4	6.9	7.5
1968						-5.7	4.5	6.5	7.1	5.6	6.1	6.6	7.2	7.8
1969							15.8	11.6	10.0	6.7	6.9	7.4	7.9	8.5
1970								7.7	7.6	3.9	5.4	6.4	7.4	8.2
1971									7.4	1.5	4.9	6.6	7.8	8.8
1972										-4.2	5.2	7.6	8.9	9.9
1973											15.4	12.7	12.2	12.2
1974												10.1	11.0	11.6
1975													11.8	12.3
1976														12.7

ECUADOR

TRANSPORT AND COMMUNICATION

	1963	1965	1966	1967	1968	1969	1970	1971	1972	1973	1974	1975	1976	1977
1960	...	...	...	...	...	...	...	...	...	...	...	...	...	...
1963		...	...	...	...	...	...	...	...	...	...	...	...	...
1965			-4.9	0.9	3.3	4.2	7.9	8.8	9.4	9.8	9.7	9.7	9.6	9.5
1966				7.2	7.0	6.6	10.9	11.1	11.2	11.3	10.8	10.6	10.3	10.1
1967					6.9	6.2	13.0	12.5	12.1	12.0	11.1	10.9	10.4	10.1
1968						5.6	17.5	14.4	13.2	12.6	11.4	11.0	10.4	10.0
1969							30.7	16.5	13.6	12.7	11.0	10.6	9.9	9.6
1970								3.8	7.4	9.2	8.2	8.7	8.4	8.4
1971									11.3	11.6	8.9	9.3	8.7	8.6
1972										12.0	7.3	8.6	8.1	8.1
1973											2.8	8.0	7.5	7.8
1974												13.4	8.9	8.7
1975													4.5	7.0
1976														9.6

6A. AVERAGE ANNUAL RATES OF GROWTH OF GROSS DOMESTIC PRODUCT AT CONSTANT PRICES BY TYPE OF EXPENDITURE AND BY KIND OF ECONOMIC ACTIVITY (continued) (IN PER CENT)

ECUADOR

OTHER

	1963	1965	1966	1967	1968	1969	1970	1971	1972	1973	1974	1975	1976	1977
1960	...	...	...	...	...	...	...	...	...	...	...	...	...	...
1963		...	...	...	...	...	...	...	...	...	...	...	...	...
1965			-4.1	-0.9	4.5	5.9	6.6	6.2	6.4	7.2	7.8	8.1	8.5	8.5
1966				2.3	9.5	9.1	8.9	7.5	7.4	8.2	8.7	8.9	9.2	9.1
1967					17.2	11.3	9.9	7.5	7.4	8.4	9.0	9.2	9.4	9.3
1968						5.8	7.0	4.9	5.8	7.6	8.7	9.0	9.3	9.2
1969							8.3	4.0	5.8	8.3	9.5	9.6	9.9	9.6
1970								-0.2	5.6	9.5	10.7	10.5	10.6	10.1
1971									11.7	14.3	13.8	12.2	11.7	10.8
1972										17.0	14.3	11.6	11.2	10.1
1973											11.6	9.0	9.8	8.8
1974												6.5	9.4	8.1
1975													12.4	8.3
1976														4.3

EL SALVADOR

GROSS DOMESTIC PRODUCT

	1963	1965	1966	1967	1968	1969	1970	1971	1972	1973	1974	1975	1976	1977
1960	7.1	7.2	7.1	6.9	6.6	6.3	5.9	5.7	5.5	5.4	5.4	5.3	5.3	5.2
1963		7.3	7.1	6.7	6.1	5.6	5.2	4.9	4.9	4.8	4.9	4.9	4.8	4.8
1965			7.2	6.3	5.3	4.7	4.3	4.2	4.3	4.4	4.5	4.6	4.6	4.6
1966				5.4	4.3	4.0	3.7	3.8	4.0	4.2	4.4	4.5	4.6	4.6
1967					3.2	3.4	3.3	3.5	3.9	4.2	4.4	4.6	4.6	4.7
1968						3.5	3.2	3.7	4.1	4.4	4.7	4.8	4.8	4.8
1969							3.0	3.9	4.5	4.7	5.0	5.0	5.0	5.0
1970								4.8	5.1	5.1	5.4	5.3	5.2	5.1
1971									5.5	5.3	5.6	5.4	5.2	5.1
1972										5.1	5.7	5.3	5.1	5.0
1973											6.4	5.3	4.9	4.8
1974												4.2	4.3	4.5
1975													4.3	4.6
1976														4.9

EL SALVADOR

PER CAPITA GROSS DOMESTIC PRODUCT

	1963	1965	1966	1967	1968	1969	1970	1971	1972	1973	1974	1975	1976	1977
1960	3.4	3.4	3.3	3.2	2.8	2.5	2.1	1.9	1.8	1.7	1.7	1.7	1.7	1.7
1963		3.5	3.2	2.9	2.3	1.8	1.3	1.1	1.1	1.1	1.2	1.3	1.3	1.4
1965			3.3	2.5	1.5	1.0	0.5	0.4	0.6	0.7	1.0	1.1	1.2	1.2
1966				1.6	0.6	0.2	-0.1	0.0	0.3	0.6	0.9	1.0	1.2	1.2
1967					-0.4	-0.3	-0.6	-0.2	0.2	0.6	1.0	1.2	1.3	1.4
1968						-0.3	-0.8	-0.1	0.5	0.9	1.3	1.5	1.5	1.6
1969							-1.2	0.2	0.9	1.4	1.7	1.8	1.8	1.8
1970								1.6	1.9	2.1	2.3	2.2	2.1	2.0
1971									2.3	2.3	2.5	2.3	2.1	2.0
1972										2.3	2.7	2.3	2.0	1.9
1973											3.1	2.1	1.8	1.7
1974												1.1	1.3	1.4
1975													1.5	1.5
1976														1.5

EL SALVADOR

AGRICULTURE

	1963	1965	1966	1967	1968	1969	1970	1971	1972	1973	1974	1975	1976	1977
1960	7.9	4.3	3.3	3.1	2.9	2.9	3.0	3.1	3.1	3.1	3.3	3.4	3.3	3.2
1963		-0.1	0.1	1.2	1.6	2.0	2.5	2.9	2.9	2.9	3.2	3.5	3.3	3.1
1965			2.0	3.8	3.4	3.4	3.8	4.0	3.8	3.6	3.9	4.1	3.8	3.5
1966				5.8	3.8	3.5	4.1	4.2	3.9	3.7	3.9	4.2	3.8	3.5
1967					1.8	2.7	4.0	4.2	3.8	3.5	3.9	4.3	3.8	3.4
1968						3.7	5.1	4.8	4.1	3.6	4.1	4.5	3.8	3.3
1969							6.6	5.1	3.9	3.2	4.0	4.5	3.7	3.1
1970								3.8	2.6	2.2	3.7	4.5	3.5	2.8
1971									1.5	1.6	4.1	5.1	3.5	2.6
1972										1.8	5.9	6.5	3.7	2.4
1973											10.2	8.3	3.2	1.6
1974												6.5	-0.6	-1.1
1975													-7.2	-3.6
1976														0.2

EL SALVADOR

INDUSTRIAL ACTIVITY

	1963	1965	1966	1967	1968	1969	1970	1971	1972	1973	1974	1975	1976	1977
1960	9.4	10.6	11.0	10.9	10.4	9.7	9.0	8.6	8.2	7.9	7.7	7.4	7.3	7.1
1963		12.8	12.4	11.6	10.4	8.9	7.9	7.4	7.0	6.8	6.6	6.4	6.3	6.3
1965			11.7	10.1	8.4	6.5	5.7	5.5	5.4	5.5	5.5	5.5	5.5	5.6
1966				8.5	6.7	4.8	4.3	4.6	4.6	4.9	5.1	5.1	5.3	5.4
1967					5.0	3.0	3.1	3.9	4.3	4.7	5.0	5.1	5.2	5.4
1968						1.0	2.6	4.1	4.5	5.0	5.3	5.3	5.5	5.6
1969							4.2	5.6	5.5	5.9	6.0	5.7	5.8	5.9
1970								7.1	5.8	6.2	6.2	5.8	5.9	6.0
1971									4.6	6.1	6.2	5.6	5.8	6.0
1972										7.7	6.8	5.6	5.9	6.1
1973											5.8	4.6	5.5	6.0
1974												3.3	5.7	6.3
1975													8.2	7.5
1976														6.8

EL SALVADOR

MANUFACTURING

	1963	1965	1966	1967	1968	1969	1970	1971	1972	1973	1974	1975	1976	1977
1960	9.5	10.6	10.9	10.8	10.3	9.5	8.8	8.3	7.9	7.6	7.4	7.1	6.9	6.8
1963		12.6	12.3	11.4	10.1	8.6	7.6	7.1	6.6	6.4	6.3	6.1	6.0	5.9
1965			11.4	9.9	8.0	6.2	5.3	5.2	5.0	5.1	5.1	5.1	5.1	5.2
1966				8.4	6.4	4.4	3.9	4.2	4.3	4.5	4.7	4.7	4.9	5.0
1967					4.4	2.6	2.7	3.6	3.9	4.3	4.6	4.6	4.8	5.0
1968						0.7	2.2	3.8	4.1	4.6	4.9	4.9	5.0	5.2
1969							3.7	5.4	5.1	5.4	5.6	5.3	5.4	5.5
1970								7.0	5.4	5.8	5.9	5.4	5.5	5.6
1971									3.8	5.5	5.8	5.1	5.3	5.5
1972										7.2	6.5	5.2	5.5	5.7
1973											5.8	4.1	5.1	5.5
1974												2.5	5.1	5.8
1975													7.8	7.1
1976														6.5

EL SALVADOR

CONSTRUCTION

	1963	1965	1966	1967	1968	1969	1970	1971	1972	1973	1974	1975	1976	1977
1960	4.6	8.7	10.4	9.4	7.1	6.3	5.5	5.3	5.9	5.7	5.6	6.2	6.5	6.8
1963		11.4	14.1	9.9	4.6	3.7	2.9	3.2	4.7	4.6	4.5	5.6	6.2	6.6
1965			21.5	6.0	-2.5	-1.3	-0.8	0.8	3.6	3.7	3.9	5.5	6.3	6.7
1966				-7.5	-11.9	-5.5	-3.2	-0.3	3.6	3.7	3.9	5.8	6.7	7.2
1967					-16.1	-2.6	-0.5	2.5	7.0	6.1	5.8	7.7	8.5	8.7
1968						13.0	6.1	7.4	11.9	9.1	7.7	9.7	10.2	10.1
1969							-0.5	6.1	13.5	8.9	7.2	9.9	10.4	10.3
1970								13.1	21.3	10.2	7.3	10.9	11.3	10.9
1971									30.0	5.9	3.7	10.1	10.9	10.5
1972										-13.8	-4.4	8.9	10.5	10.1
1973											5.9	22.9	18.3	14.5
1974												42.7	21.2	14.1
1975													2.9	3.8
1976														4.6

EL SALVADOR

WHOLESALE AND RETAIL TRADE

	1963	1965	1966	1967	1968	1969	1970	1971	1972	1973	1974	1975	1976	1977
1960	6.2	10.3	10.2	9.7	9.0	8.2	7.2	6.5	6.1	5.8	5.6	5.3	5.2	5.2
1963		14.2	11.5	9.4	8.0	6.6	5.3	4.5	4.2	4.2	4.1	4.0	4.0	4.1
1965			6.5	5.1	4.5	3.6	2.5	2.1	2.3	2.7	2.9	2.9	3.2	3.4
1966				3.8	3.7	2.7	1.5	1.3	1.8	2.4	2.8	2.8	3.1	3.4
1967					3.6	2.1	0.6	0.7	1.5	2.4	2.9	2.9	3.2	3.6
1968						0.6	-0.9	-0.0	1.4	2.7	3.2	3.1	3.5	3.8
1969							-2.2	0.1	2.2	3.6	4.0	3.7	4.0	4.3
1970								2.4	4.5	5.5	5.2	4.4	4.6	4.9
1971									6.7	6.9	5.8	4.4	4.7	5.0
1972										7.1	5.1	3.3	4.2	4.7
1973											3.1	1.5	3.7	4.7
1974												-0.0	4.7	5.6
1975													9.6	7.9
1976														6.2

EL SALVADOR

TRANSPORT AND COMMUNICATION

	1963	1965	1966	1967	1968	1969	1970	1971	1972	1973	1974	1975	1976	1977
1960	7.7	7.5	7.3	7.2	7.5	7.5	7.4	7.1	6.9	6.7	6.7	6.8	6.8	6.8
1963		8.1	7.4	7.2	7.9	7.6	7.5	7.0	6.6	6.3	6.5	6.6	6.6	6.7
1965			5.5	6.3	8.4	7.6	7.4	6.6	6.2	5.9	6.2	6.3	6.4	6.5
1966				7.2	10.1	8.1	7.6	6.5	6.0	5.6	6.1	6.3	6.4	6.5
1967					13.0	7.8	7.1	5.8	5.3	5.0	5.8	6.1	6.3	6.4
1968						2.7	5.0	4.1	4.1	4.1	5.3	5.8	6.1	6.3
1969							7.4	4.3	4.2	4.2	5.8	6.3	6.5	6.7
1970								1.2	3.1	3.7	6.1	6.7	6.9	7.0
1971									5.0	4.7	7.8	8.0	7.8	7.7
1972										4.3	9.9	9.0	8.4	8.1
1973											15.7	10.4	8.7	8.1
1974												5.4	5.9	6.5
1975													6.4	7.1
1976														7.7

EL SALVADOR

OTHER

	1963	1965	1966	1967	1968	1969	1970	1971	1972	1973	1974	1975	1976	1977
1960	5.1	4.5	4.9	5.2	5.2	5.4	5.5	5.5	5.6	5.7	5.7	5.6	5.7	5.7
1963		4.2	5.7	6.1	5.8	6.1	5.9	5.9	6.0	6.0	6.0	5.9	5.8	5.8
1965			9.1	7.6	6.2	6.5	6.1	6.1	6.1	6.2	6.1	5.9	5.8	5.8
1966				6.1	4.8	5.9	5.6	5.7	5.8	6.0	6.0	5.7	5.7	5.7
1967					3.6	6.2	5.6	5.8	5.9	6.1	6.1	5.7	5.7	5.7
1968						9.0	6.2	6.1	6.1	6.3	6.2	5.8	5.7	5.7
1969							3.4	5.1	5.7	6.1	6.0	5.5	5.5	5.6
1970								6.8	6.7	6.9	6.4	5.6	5.6	5.6
1971									6.6	7.0	6.2	5.2	5.3	5.4
1972										7.3	5.9	4.5	4.9	5.2
1973											4.5	3.1	4.5	5.1
1974												1.7	5.0	5.6
1975													8.4	7.2
1976														6.1

GUATEMALA

GROSS DOMESTIC PRODUCT

	1963	1965	1966	1967	1968	1969	1970	1971	1972	1973	1974	1975	1976	1977
1960	5.5	5.5	5.5	5.3	5.5	5.5	5.6	5.6	5.7	5.7	5.8	5.8	5.8	5.8
1963		4.5	4.8	4.7	5.3	5.4	5.5	5.5	5.6	5.8	5.9	5.8	5.8	5.8
1965			5.5	4.8	5.9	5.9	5.9	5.8	5.9	6.0	6.1	6.0	5.9	6.0
1966				4.1	6.4	6.1	6.0	5.9	6.0	6.1	6.2	6.0	5.9	6.0
1967					8.8	6.7	6.2	6.0	6.1	6.2	6.3	6.0	6.0	6.0
1968						4.7	5.2	5.4	5.8	6.1	6.2	5.9	5.8	5.9
1969							5.7	5.6	6.1	6.4	6.4	6.0	5.9	6.0
1970								5.6	6.5	6.6	6.6	5.9	5.8	6.0
1971									7.3	7.1	6.8	5.8	5.7	6.0
1972										6.8	6.6	5.1	5.3	5.8
1973											6.4	4.1	4.9	5.7
1974												1.9	4.6	6.0
1975													7.4	7.9
1976														8.4

GUATEMALA

PER CAPITA GROSS DOMESTIC PRODUCT

	1963	1965	1966	1967	1968	1969	1970	1971	1972	1973	1974	1975	1976	1977
1960	2.2	2.3	2.3	2.2	2.4	2.5	2.5	2.6	2.6	2.7	2.8	2.8	2.8	2.8
1963		1.5	1.8	1.7	2.3	2.4	2.5	2.6	2.7	2.8	2.9	2.8	2.8	2.9
1965			2.7	1.8	2.9	2.9	2.9	2.9	3.0	3.1	3.2	3.0	3.0	3.0
1966				1.0	3.3	3.1	3.1	3.0	3.1	3.2	3.3	3.1	3.0	3.1
1967					5.6	3.8	3.4	3.2	3.2	3.3	3.4	3.1	3.0	3.1
1968						2.0	2.5	2.6	2.9	3.2	3.3	3.0	2.9	3.0
1969							3.0	2.8	3.2	3.4	3.5	3.0	2.9	3.0
1970								2.7	3.5	3.6	3.6	2.9	2.9	3.0
1971									4.3	4.0	3.8	2.8	2.7	3.0
1972										3.8	3.6	2.2	2.3	2.8
1973											3.3	1.2	1.9	2.7
1974												-0.9	1.7	3.0
1975													4.3	4.8
1976														5.3

6A. AVERAGE ANNUAL RATES OF GROWTH OF GROSS DOMESTIC PRODUCT AT CONSTANT PRICES BY TYPE OF EXPENDITURE AND BY KIND OF ECONOMIC ACTIVITY (continued) (IN PER CENT)

GUATEMALA — *GOVERNMENT FINAL CONSUMPTION EXPENDITURE*

	1963	1965	1966	1967	1968	1969	1970	1971	1972	1973	1974	1975	1976	1977
1960	-3.6	0.6	1.9	2.8	3.1	3.9	4.7	4.6	4.8	4.7	4.7	4.8	5.0	5.1
1963		7.9	7.4	7.1	6.1	6.7	7.4	6.6	6.4	6.1	5.8	5.8	5.9	5.9
1965			6.8	6.5	4.7	6.5	7.7	6.4	6.2	5.7	5.4	5.4	5.7	5.7
1966				6.3	3.4	6.7	8.3	6.4	6.1	5.5	5.2	5.3	5.6	5.6
1967					0.6	8.0	9.8	6.5	6.1	5.3	4.9	5.1	5.5	5.6
1968						15.9	13.7	6.7	6.1	5.0	4.6	4.9	5.5	5.5
1969							11.4	1.5	3.2	2.9	3.1	3.9	4.8	5.1
1970								-7.5	1.2	1.8	2.5	3.7	5.0	5.2
1971									10.7	5.2	4.6	5.5	6.6	6.5
1972										0.1	2.4	4.9	6.6	6.5
1973											4.7	7.4	8.8	7.7
1974												10.2	10.6	8.1
1975													11.1	6.5
1976														2.1

GUATEMALA — *PRIVATE FINAL CONSUMPTION EXPENDITURE*

	1963	1965	1966	1967	1968	1969	1970	1971	1972	1973	1974	1975	1976	1977
1960	5.6	5.2	4.9	4.7	4.7	4.7	4.7	4.8	4.9	5.0	5.0	5.0	5.0	5.1
1963		4.0	3.8	3.9	4.1	4.3	4.5	4.7	4.9	5.0	5.0	5.0	5.0	5.1
1965			3.5	4.2	4.4	4.6	4.9	5.0	5.2	5.4	5.3	5.2	5.2	5.3
1966				4.9	4.7	4.9	5.2	5.3	5.5	5.6	5.5	5.3	5.3	5.4
1967					4.5	5.0	5.3	5.4	5.6	5.7	5.6	5.3	5.3	5.4
1968						5.6	5.7	5.7	5.9	5.9	5.7	5.3	5.3	5.4
1969							5.8	5.8	6.0	6.0	5.6	5.2	5.2	5.4
1970								5.8	6.1	6.0	5.5	5.0	5.0	5.3
1971									6.5	6.1	5.3	4.7	4.8	5.2
1972										5.6	4.7	4.0	4.4	5.1
1973											3.7	3.3	4.3	5.3
1974												2.9	4.8	6.1
1975													6.7	7.6
1976														8.5

GUATEMALA — *GROSS FIXED CAPITAL FORMATION*

	1963	1965	1966	1967	1968	1969	1970	1971	1972	1973	1974	1975	1976	1977
1960	5.0	10.0	9.1	8.9	9.1	8.8	8.1	7.7	7.2	7.0	6.7	6.5	6.9	7.2
1963		13.8	8.5	8.0	8.6	8.1	7.0	6.6	6.0	5.9	5.6	5.5	6.2	6.8
1965			-0.5	5.1	8.2	7.5	5.9	5.7	5.0	5.1	4.8	4.8	5.9	6.7
1966				11.1	12.3	9.1	6.3	5.8	4.9	5.1	4.7	4.7	6.1	7.0
1967					13.6	7.4	4.1	4.3	3.7	4.2	3.9	4.2	5.9	7.0
1968						1.6	0.0	2.4	2.2	3.5	3.3	3.7	5.9	7.2
1969							-1.5	3.4	2.7	4.2	3.8	4.2	6.8	8.2
1970								8.5	3.9	5.6	4.4	4.8	8.0	9.5
1971									-0.6	5.2	3.7	4.5	8.9	10.5
1972										11.4	4.6	5.3	11.2	12.7
1973											-1.9	3.6	13.4	14.6
1974												9.5	22.6	19.8
1975													37.3	22.5
1976														9.3

GUATEMALA — *EXPORTS OF GOODS AND SERVICES*

	1963	1965	1966	1967	1968	1969	1970	1971	1972	1973	1974	1975	1976	1977
1960	12.4	10.7	11.9	10.7	10.3	10.2	9.6	9.0	8.8	8.7	8.6	8.4	8.3	8.1
1963		4.3	10.4	8.1	8.0	8.5	7.8	7.2	7.3	7.4	7.5	7.4	7.3	7.2
1965			22.9	7.2	7.3	8.4	7.1	6.4	6.7	7.0	7.2	7.1	7.0	6.9
1966				-6.4	2.6	6.6	5.5	5.0	5.8	6.5	6.8	6.7	6.7	6.7
1967					12.5	12.7	8.0	6.3	6.9	7.4	7.6	7.4	7.2	7.1
1968						12.8	5.0	4.0	5.8	6.9	7.2	7.0	6.9	6.8
1969							-2.2	0.9	5.1	6.8	7.3	7.1	6.9	6.8
1970								4.2	9.1	9.8	9.3	8.3	7.7	7.4
1971									14.3	11.9	10.1	8.3	7.6	7.2
1972										9.6	8.1	6.5	6.2	6.1
1973											6.6	5.0	5.3	5.5
1974												3.3	4.9	5.4
1975													6.6	6.3
1976														6.0

GUATEMALA — *IMPORTS OF GOODS AND SERVICES*

	1963	1965	1966	1967	1968	1969	1970	1971	1972	1973	1974	1975	1976	1977
1960	8.8	10.7	9.6	8.9	8.2	7.3	6.8	6.5	5.9	5.7	5.7	5.5	5.8	6.1
1963		7.6	5.6	5.3	5.1	4.2	4.1	4.2	3.7	3.7	4.1	4.1	4.7	5.2
1965			1.7	4.0	4.2	3.0	3.3	3.8	3.1	3.3	3.9	3.9	4.7	5.4
1966				6.4	5.2	2.8	3.3	3.9	3.1	3.3	4.1	4.0	5.0	5.8
1967					4.0	0.9	2.6	3.7	2.7	3.0	4.1	4.0	5.2	6.1
1968						-2.1	2.8	4.4	2.6	3.1	4.5	4.2	5.6	6.6
1969							7.9	7.2	3.1	3.6	5.3	4.7	6.3	7.4
1970								6.4	0.2	2.5	5.2	4.5	6.6	7.9
1971									-5.6	1.9	6.3	4.8	7.6	9.0
1972										10.0	12.2	6.9	10.1	11.1
1973											14.3	4.2	10.3	11.7
1974												-5.0	11.0	12.8
1975													29.8	20.0
1976														11.0

GUATEMALA — *AGRICULTURE*

	1963	1965	1966	1967	1968	1969	1970	1971	1972	1973	1974	1975	1976	1977
1960	6.1	4.9	4.6	4.1	4.3	4.3	4.3	4.5	4.7	4.9	5.1	5.1	5.1	5.1
1963		0.8	2.0	1.8	3.0	3.4	3.7	4.1	4.6	4.9	5.1	5.2	5.2	5.2
1965			4.7	2.4	4.6	4.6	4.8	5.1	5.6	5.8	5.9	5.8	5.7	5.7
1966				0.1	5.3	5.0	5.0	5.4	5.9	6.1	6.2	6.1	5.9	5.8
1967					10.8	6.5	5.9	6.0	6.5	6.6	6.6	6.3	6.1	5.9
1968						2.4	4.1	5.1	6.2	6.4	6.5	6.2	5.9	5.7
1969							5.8	6.4	7.4	7.2	7.0	6.5	6.1	5.8
1970								7.1	8.3	7.5	7.1	6.4	5.9	5.6
1971									9.6	7.4	6.9	5.9	5.4	5.2
1972										5.3	5.8	4.9	4.6	4.6
1973											6.4	4.4	4.3	4.3
1974												2.5	3.5	4.0
1975													4.5	4.7
1976														4.8

GUATEMALA — *INDUSTRIAL ACTIVITY*

	1963	1965	1966	1967	1968	1969	1970	1971	1972	1973	1974	1975	1976	1977
1960	7.0	7.4	7.9	8.1	8.4	8.5	8.3	8.2	8.0	7.9	7.8	7.5	7.3	7.3
1963		7.5	8.5	8.7	9.1	9.0	8.6	8.2	8.0	7.8	7.6	7.2	7.0	7.0
1965			10.6	9.4	9.8	9.4	8.5	8.0	7.6	7.5	7.3	6.8	6.6	6.7
1966				8.1	9.6	9.1	7.9	7.5	7.1	7.1	6.9	6.4	6.3	6.4
1967					11.1	9.2	7.4	7.0	6.7	6.8	6.6	6.1	6.0	6.2
1968						7.4	5.6	5.8	5.9	6.3	6.2	5.6	5.7	6.0
1969							3.8	5.4	5.7	6.3	6.3	5.5	5.5	5.9
1970								7.0	6.5	7.0	6.6	5.5	5.6	6.0
1971									5.9	7.1	6.5	4.9	5.2	5.9
1972										8.3	6.6	4.2	4.9	5.9
1973											4.8	2.0	4.2	5.9
1974												-0.7	4.7	7.1
1975													10.3	10.7
1976														11.0

GUATEMALA — *MANUFACTURING*

	1963	1965	1966	1967	1968	1969	1970	1971	1972	1973	1974	1975	1976	1977
1960	6.8	7.2	7.6	7.8	8.2	8.3	8.2	8.1	7.9	7.8	7.7	7.3	7.2	7.2
1963		7.2	8.3	8.5	9.0	9.0	8.5	8.2	7.9	7.8	7.5	7.1	6.9	6.9
1965			10.4	9.4	10.0	9.5	8.5	8.0	7.6	7.4	7.2	6.7	6.5	6.5
1966				8.4	10.0	9.3	8.0	7.5	7.1	7.0	6.8	6.3	6.1	6.2
1967					11.5	9.4	7.4	6.9	6.6	6.6	6.5	5.9	5.8	6.0
1968						7.3	5.4	5.7	5.7	6.1	6.0	5.4	5.4	5.7
1969							3.5	5.3	5.6	6.1	6.1	5.2	5.3	5.7
1970								7.2	6.3	6.8	6.4	5.2	5.3	5.7
1971									5.5	6.8	6.3	4.6	4.9	5.6
1972										8.2	6.3	3.8	4.5	5.6
1973											4.5	1.5	3.8	5.6
1974												-1.5	4.3	6.8
1975													10.4	10.6
1976														10.7

GUATEMALA — *CONSTRUCTION*

	1963	1965	1966	1967	1968	1969	1970	1971	1972	1973	1974	1975	1976	1977
1960	-2.9	1.9	2.9	3.9	3.7	3.5	3.3	3.0	3.4	4.0	4.2	4.5	5.8	6.9
1963		11.2	9.0	8.8	6.5	5.4	4.4	3.7	4.2	5.1	5.1	5.4	7.2	8.6
1965			8.6	9.4	4.6	3.5	2.6	2.0	3.2	4.7	4.9	5.4	7.8	9.5
1966				10.2	1.9	1.5	1.0	0.8	2.6	4.7	4.9	5.5	8.3	10.3
1967					-5.8	-1.4	-0.6	-0.3	2.5	5.2	5.3	6.0	9.2	11.4
1968						3.3	1.4	0.9	4.4	7.4	6.9	7.4	11.1	13.4
1969							-0.4	0.0	5.7	9.5	8.1	8.3	12.8	15.2
1970								0.4	9.7	13.5	9.9	9.7	15.1	17.6
1971									20.0	19.6	11.0	10.2	17.4	20.0
1972										19.3	5.5	7.0	18.3	21.5
1973											-6.6	3.7	22.4	25.4
1974												15.2	41.5	36.5
1975													73.8	42.8
1976														17.3

GUATEMALA — *WHOLESALE AND RETAIL TRADE*

	1963	1965	1966	1967	1968	1969	1970	1971	1972	1973	1974	1975	1976	1977
1960	6.7	7.2	7.0	6.7	6.9	6.8	6.8	6.7	6.6	6.5	6.5	6.4	6.3	6.3
1963		5.9	5.8	5.6	6.3	6.3	6.4	6.3	6.2	6.2	6.2	6.0	6.0	6.0
1965			5.5	5.3	6.8	6.6	6.7	6.5	6.3	6.3	6.3	6.0	5.9	5.9
1966				5.1	7.8	6.9	6.9	6.6	6.3	6.3	6.3	5.9	5.8	5.9
1967					10.5	7.3	7.1	6.6	6.2	6.2	6.3	5.8	5.7	5.8
1968						4.1	5.9	5.7	5.6	5.7	6.0	5.5	5.4	5.6
1969							7.8	6.2	5.7	5.9	6.1	5.5	5.4	5.6
1970								4.7	4.9	5.5	6.0	5.2	5.2	5.5
1971									5.1	6.0	6.6	5.1	5.2	5.5
1972										6.9	7.3	4.7	5.0	5.5
1973											7.6	3.2	4.3	5.4
1974												-1.0	3.6	5.5
1975													8.5	8.4
1976														8.3

GUATEMALA — *TRANSPORT AND COMMUNICATION*

	1963	1965	1966	1967	1968	1969	1970	1971	1972	1973	1974	1975	1976	1977
1960	7.2	7.0	6.6	6.2	6.2	6.3	6.3	6.4	6.7	6.9	7.2	7.3	7.4	7.6
1963		11.6	8.6	7.0	6.8	6.9	6.9	6.9	7.2	7.5	7.9	8.0	8.0	8.1
1965			2.3	2.9	4.8	5.8	6.2	6.5	7.1	7.6	8.1	8.1	8.2	8.3
1966				3.4	6.3	7.0	7.1	7.2	7.7	8.2	8.7	8.6	8.6	8.7
1967					9.2	8.5	7.9	7.7	8.3	8.7	9.2	9.0	8.9	8.9
1968						7.9	7.3	7.3	8.2	8.8	9.5	9.1	9.0	9.0
1969							6.7	7.1	8.6	9.3	10.0	9.4	9.1	9.1
1970								7.4	9.8	10.2	10.8	9.7	9.3	9.3
1971									12.1	11.2	11.7	9.8	9.2	9.2
1972										10.3	11.7	8.9	8.4	8.7
1973											13.0	7.5	7.5	8.3
1974												2.2	5.7	7.7
1975													9.4	10.3
1976														11.3

GUATEMALA — *OTHER*

	1963	1965	1966	1967	1968	1969	1970	1971	1972	1973	1974	1975	1976	1977
1960	2.7	3.2	3.3	3.4	3.5	3.7	3.8	3.8	4.0	4.1	4.2	4.3	4.3	4.4
1963		3.8	3.6	3.8	3.8	4.0	4.1	4.2	4.3	4.4	4.5	4.6	4.6	4.7
1965			3.6	4.2	3.9	4.3	4.4	4.4	4.5	4.6	4.7	4.8	4.8	4.8
1966				4.8	3.9	4.5	4.6	4.5	4.6	4.7	4.8	5.0	4.8	4.9
1967					3.1	4.5	4.7	4.5	4.7	4.8	4.9	5.1	4.9	4.9
1968						6.0	5.2	4.7	4.9	5.0	5.0	5.2	5.0	5.0
1969							4.5	4.0	4.7	4.9	5.0	5.2	4.9	5.0
1970								3.5	4.9	5.2	5.2	5.4	5.0	5.1
1971									6.3	5.8	5.5	5.7	5.0	5.1
1972										5.2	5.2	5.7	4.7	5.0
1973											5.1	6.0	4.3	4.9
1974												6.9	3.6	4.7
1975													0.4	4.4
1976														8.7

6A. AVERAGE ANNUAL RATES OF GROWTH OF GROSS DOMESTIC PRODUCT AT CONSTANT PRICES BY TYPE OF EXPENDITURE AND BY KIND OF ECONOMIC ACTIVITY (continued) (IN PER CENT)

GUYANA — *GROSS DOMESTIC PRODUCT*

	1963	1965	1966	1967	1968	1969	1970	1971	1972	1973	1974	1975	1976
1960	−1.8	1.5	2.6	3.3	3.4	3.6	3.7	3.7	3.6	3.4	3.4	3.5	3.6
1963		10.3	8.9	7.8	6.5	5.8	5.5	5.1	4.5	4.1	3.9	4.1	4.1
1965			6.2	5.7	4.1	3.9	4.0	3.9	3.3	3.0	3.0	3.3	3.5
1966				5.1	2.8	3.3	3.6	3.6	3.0	2.6	2.7	3.2	3.4
1967					0.6	2.8	3.5	3.5	2.7	2.3	2.5	3.2	3.5
1968						5.0	4.7	4.1	2.8	2.2	2.5	3.3	3.6
1969							4.5	3.6	1.8	1.5	2.1	3.2	3.7
1970								2.8	0.4	0.6	1.8	3.4	3.9
1971									−2.0	−0.1	2.1	4.2	4.6
1972										1.7	4.3	6.4	6.1
1973											7.0	8.7	7.1
1974												10.4	6.6
1975													2.9

GUYANA — *PER CAPITA GROSS DOMESTIC PRODUCT*

	1963	1965	1966	1967	1968	1969	1970	1971	1972	1973	1974	1975	1976
1960	−5.0	−1.2	−0.0	0.7	0.9	1.2	1.4	1.5	1.3	1.2	1.2	1.3	1.5
1963		8.5	6.7	5.7	4.2	3.8	3.5	3.1	2.5	2.0	1.9	2.0	2.1
1965			3.0	3.3	1.6	1.9	2.2	1.9	1.3	0.9	0.9	1.3	1.5
1966				3.6	0.6	1.6	2.1	1.7	1.0	0.6	0.7	1.1	1.5
1967					−2.3	1.3	2.2	1.6	0.7	0.2	0.5	1.0	1.5
1968						5.0	4.0	2.2	0.8	0.1	0.4	1.2	1.7
1969							3.0	0.8	−0.7	−1.0	−0.2	0.9	1.6
1970								−1.4	−2.4	−2.0	−0.5	1.1	2.0
1971									−3.3	−2.1	0.2	2.2	3.0
1972										−1.0	2.3	4.2	4.6
1973											5.6	6.6	6.0
1974												7.6	5.9
1975													4.2

GUYANA — *GOVERNMENT FINAL CONSUMPTION EXPENDITURE*

	1963	1965	1966	1967	1968	1969	1970	1971	1972	1973	1974	1975	1976
1960	0.9	6.3	7.1	7.7	7.5	7.5	7.6	7.5	7.3	7.4	7.2	7.8	8.6
1963		17.6	13.5	12.2	10.1	9.2	8.9	8.4	8.0	8.0	7.6	8.3	9.5
1965			6.1	8.6	6.2	6.3	6.9	6.7	6.5	6.9	6.6	7.8	9.4
1966				11.0	5.5	5.9	6.9	6.7	6.4	6.9	6.6	8.0	9.9
1967					0.2	4.4	6.6	6.4	6.1	6.9	6.4	8.2	10.4
1968						8.7	9.7	7.8	6.8	7.6	6.8	9.0	11.5
1969							10.6	6.9	5.9	7.4	6.4	9.3	12.4
1970								3.3	4.1	7.1	5.9	9.9	13.8
1971									4.8	9.5	6.5	11.9	16.5
1972										14.4	6.0	14.4	20.0
1973											−1.8	17.4	24.5
1974												40.3	37.5
1975													34.8

GUYANA — *PRIVATE FINAL CONSUMPTION EXPENDITURE*

	1963	1965	1966	1967	1968	1969	1970	1971	1972	1973	1974	1975	1976
1960	−8.8	0.4	1.9	2.4	2.8	3.2	3.4	3.5	3.5	3.6	3.6	3.6	3.6
1963		19.4	13.4	9.5	7.7	6.8	6.3	5.7	5.3	5.1	4.8	4.6	4.5
1965			5.5	2.7	3.1	3.6	3.9	3.8	3.7	3.8	3.7	3.7	3.7
1966				0.0	2.4	3.6	3.9	3.8	3.7	3.7	3.7	3.6	3.6
1967					4.8	5.2	4.9	4.4	4.0	4.0	3.8	3.8	3.7
1968						5.6	4.8	4.1	3.7	3.8	3.6	3.6	3.6
1969							4.0	3.3	3.1	3.5	3.4	3.4	3.5
1970								2.6	2.8	3.5	3.4	3.4	3.5
1971									3.0	4.0	3.6	3.5	3.6
1972										4.9	3.6	3.5	3.6
1973											2.3	2.9	3.5
1974												3.5	4.0
1975													4.5

GUYANA — *GROSS FIXED CAPITAL FORMATION*

	1963	1965	1966	1967	1968	1969	1970	1971	1972	1973	1974	1975	1976
1960	−13.2	−2.4	3.0	6.0	5.4	4.6	3.7	2.7	1.2	1.2	0.4	1.5	1.9
1963		6.9	17.1	17.8	11.8	7.8	5.3	3.0	0.4	0.5	−0.6	1.3	1.8
1965			60.8	32.9	12.3	5.0	1.8	−0.6	−3.6	−2.5	−3.3	−0.3	0.7
1966				9.9	−5.8	−7.0	−6.5	−6.8	−8.7	−6.1	−6.3	−2.2	−0.7
1967					−19.3	−12.4	−9.0	−8.4	−10.4	−6.7	−6.7	−1.6	0.1
1968						−4.9	−4.1	−5.7	−9.6	−4.8	−5.4	0.7	2.4
1969							−3.4	−6.5	−11.9	−4.3	−5.3	2.7	4.3
1970								−9.5	−16.2	−2.7	−4.8	5.8	7.1
1971									−22.5	4.8	−2.2	12.2	11.7
1972										41.5	3.2	23.4	18.1
1973											−24.7	25.2	16.4
1974												108.1	31.3
1975													−17.2

GUYANA — *EXPORTS OF GOODS AND SERVICES*

	1963	1965	1966	1967	1968	1969	1970	1971	1972	1973	1974	1975	1976
1960	1.2	2.7	3.0	3.4	3.6	3.6	3.5	3.4	3.0	2.5	2.1	1.7	1.4
1963		12.4	8.4	7.3	6.2	5.6	4.8	4.4	3.5	2.6	1.9	1.5	1.0
1965			−3.3	1.6	2.3	2.7	2.5	2.4	1.6	0.7	0.2	−0.1	−0.5
1966				6.8	4.4	4.1	3.1	2.9	1.7	0.5	−0.0	−0.4	−0.8
1967					2.1	3.0	2.2	2.2	0.8	−0.4	−0.9	−1.1	−1.4
1968						3.9	1.9	2.1	0.2	−1.2	−1.6	−1.7	−1.9
1969							−0.2	1.6	−1.0	−2.5	−2.5	−2.4	−2.5
1970								3.4	−2.1	−3.8	−3.3	−2.9	−2.9
1971									−7.3	−6.6	−4.5	−3.5	−3.3
1972										−6.0	−2.8	−2.1	−2.4
1973											0.5	−0.5	−1.7
1974												−1.6	−2.9
1975													−4.1

GUYANA — *IMPORTS OF GOODS AND SERVICES*

	1963	1965	1966	1967	1968	1969	1970	1971	1972	1973	1974	1975	1976
1960	−9.1	1.7	4.0	5.0	4.7	4.4	4.1	3.6	3.1	3.1	2.7	2.8	2.9
1963		21.6	17.0	13.5	9.5	7.3	6.0	4.6	3.5	3.4	2.7	2.9	3.0
1965			11.1	7.8	3.1	2.0	1.7	0.9	0.2	0.8	0.4	1.1	1.6
1966				4.6	−0.9	−0.5	0.0	−0.5	−0.9	0.0	−0.3	0.7	1.4
1967					−6.0	−2.1	−0.5	−1.0	−1.4	−0.0	−0.4	0.8	1.6
1968						2.0	2.0	−0.1	−1.0	0.7	0.0	1.4	2.3
1969							2.1	−1.4	−2.1	0.7	−0.2	1.7	2.6
1970								−4.8	−3.7	1.3	−0.3	2.3	3.4
1971									−2.5	5.2	0.8	4.0	4.9
1972										13.6	0.5	5.5	6.1
1973											−11.0	4.6	6.0
1974												23.0	12.9
1975													3.6

GUYANA — *AGRICULTURE*

	1963	1965	1966	1967	1968	1969	1970	1971	1972	1973	1974	1975	1976
1960	−0.6	1.0	0.5	0.6	0.5	0.7	0.6	0.8	0.7	0.5	0.7	0.8	0.9
1963		5.7	2.2	1.8	1.2	1.3	1.1	1.4	0.9	0.6	1.0	1.0	1.1
1965			−4.8	−0.6	−0.4	0.4	0.4	1.1	0.5	0.2	0.7	0.9	1.1
1966				3.8	1.1	1.6	1.1	1.8	0.8	0.3	1.0	1.1	1.3
1967					−1.4	1.1	0.6	1.7	0.5	−0.1	0.9	1.0	1.3
1968						3.7	1.1	2.6	0.5	−0.2	1.0	1.2	1.4
1969							−1.4	2.7	−0.5	−1.1	0.8	1.1	1.4
1970								7.0	−1.2	−1.8	1.2	1.4	1.8
1971									−8.7	−4.7	1.2	1.5	1.9
1972										−0.6	6.8	4.4	3.9
1973											14.8	5.4	4.1
1974												−3.3	0.4
1975													4.2

GUYANA — *INDUSTRIAL ACTIVITY*

	1963	1965	1966	1967	1968	1969	1970	1971	1972	1973	1974	1975	1976
1960	3.7	4.9	5.2	5.1	4.7	4.6	4.5	4.4	4.0	3.5	3.5	3.5	3.4
1963		11.7	9.3	7.4	5.9	5.2	5.0	4.7	4.0	3.3	3.3	3.4	3.3
1965			4.1	3.3	2.4	2.7	3.2	3.3	2.5	1.9	2.2	2.5	2.5
1966				2.6	1.5	2.5	3.2	3.3	2.4	1.6	2.0	2.4	2.5
1967					0.4	2.7	3.7	3.7	2.3	1.3	1.9	2.5	2.5
1968						5.1	5.1	4.4	2.1	0.9	1.8	2.5	2.5
1969							5.2	4.0	0.8	−0.3	1.2	2.3	2.4
1970								2.8	−1.7	−2.1	0.7	2.3	2.5
1971									−6.0	−3.8	1.3	3.3	3.2
1972										−1.6	5.6	6.6	5.0
1973											13.3	9.8	5.8
1974												6.4	2.2
1975													−1.9

GUYANA — *MANUFACTURING* (1)

	1963	1965	1966	1967	1968	1969	1970	1971	1972	1973	1974	1975	1976
1960	−0.2	1.3	1.8	2.6	2.7	2.7	2.6	2.9	3.0	3.0	3.5	4.0	4.4
1963		7.5	5.6	6.0	5.1	4.2	3.7	3.9	4.0	3.8	4.3	4.9	5.4
1965			−0.6	4.2	3.1	2.4	2.0	3.0	3.2	3.2	4.0	4.9	5.6
1966				9.3	4.0	2.5	1.9	3.2	3.5	3.3	4.4	5.4	6.0
1967					−1.0	−0.2	0.3	2.8	3.3	3.2	4.5	5.7	6.4
1968						0.6	1.0	4.3	4.4	3.9	5.4	6.7	7.4
1969							1.4	6.7	5.7	4.4	6.3	7.7	8.3
1970								12.4	6.8	4.3	7.0	8.6	9.1
1971									1.4	1.0	6.6	9.1	9.6
1972										0.6	10.3	12.3	11.7
1973											21.0	17.1	13.8
1974												13.4	10.5
1975													7.6

GUYANA — *CONSTRUCTION*

	1963	1965	1966	1967	1968	1969	1970	1971	1972	1973	1974	1975	1976
1960	−18.1	−10.6	−5.7	−2.2	0.6	2.9	4.1	4.8	5.3	5.5	5.3	5.7	6.0
1963		9.6	13.9	14.7	14.9	15.2	14.1	12.9	11.9	10.9	9.6	9.5	9.4
1965			24.0	18.5	16.9	16.5	14.2	12.2	10.8	9.6	8.1	8.2	8.3
1966				13.4	14.2	14.9	12.3	10.4	9.2	8.1	6.5	7.0	7.3
1967					15.0	15.7	11.4	9.1	7.9	6.9	5.2	6.1	6.7
1968						16.4	8.8	6.6	6.0	5.3	3.7	5.2	6.0
1969							1.8	2.9	3.8	3.7	2.1	4.4	5.7
1970								4.0	4.8	4.2	1.7	5.0	6.4
1971									5.6	4.0	0.4	5.5	7.3
1972										2.5	−2.4	6.6	8.7
1973											−7.1	11.2	12.2
1974												33.1	19.7
1975													7.7

GUYANA — *WHOLESALE AND RETAIL TRADE*

	1963	1965	1966	1967	1968	1969	1970	1971	1972	1973	1974	1975	1976
1960	−6.6	1.9	3.8	4.8	4.5	4.0	3.8	3.5	3.2	3.1	3.1	3.5	3.8
1963		17.9	14.3	11.9	8.5	6.2	5.2	4.3	3.6	3.5	3.3	3.9	4.3
1965			8.8	7.6	3.2	1.3	1.4	1.2	0.9	1.4	1.6	2.7	3.4
1966				6.3	0.0	−1.2	−0.1	0.1	0.1	0.9	1.3	2.6	3.5
1967					−5.9	−4.0	−0.9	−0.4	−0.2	0.9	1.4	3.0	4.0
1968						−2.1	1.8	1.3	0.9	2.0	2.3	4.1	5.1
1969							5.9	2.3	1.2	2.6	2.8	5.0	6.0
1970								−1.1	−0.7	2.4	2.7	5.7	6.8
1971									−0.2	4.6	4.0	7.8	8.5
1972										9.6	5.2	10.4	10.4
1973											1.0	12.4	11.4
1974												25.0	14.8
1975													5.4

6A. AVERAGE ANNUAL RATES OF GROWTH OF GROSS DOMESTIC PRODUCT AT CONSTANT PRICES BY TYPE OF EXPENDITURE AND BY KIND OF ECONOMIC ACTIVITY (continued)
(IN PER CENT)

GUYANA — *TRANSPORT AND COMMUNICATION*

	1963	1965	1966	1967	1968	1969	1970	1971	1972	1973	1974	1975	1976
1960	-4.7	-2.2	-0.6	0.3	0.8	1.2	1.4	1.5	1.4	1.5	1.7	1.9	2.2
1963		6.6	7.0	5.9	5.0	4.6	4.0	3.5	3.0	2.9	2.9	3.1	3.3
1965			8.6	5.0	3.7	3.4	2.8	2.4	1.9	2.0	2.2	2.6	3.0
1966				1.5	1.6	2.3	1.9	1.7	1.2	1.5	1.9	2.4	2.9
1967					1.8	2.8	1.9	1.7	1.1	1.5	1.9	2.6	3.1
1968						3.9	1.7	1.4	0.7	1.3	2.0	2.8	3.3
1969							-0.5	0.5	-0.2	1.1	2.0	3.1	3.7
1970								1.4	-0.3	1.7	2.8	3.9	4.5
1971									-2.0	2.5	3.7	5.0	5.3
1972										7.1	6.1	6.8	6.6
1973											5.1	7.0	6.5
1974												8.9	6.9
1975													4.8

GUYANA — *OTHER*

	1963	1965	1966	1967	1968	1969	1970	1971	1972	1973	1974	1975	1976
1960	-0.4	2.0	3.2	4.1	4.3	4.3	4.6	4.7	4.8	4.9	5.0	5.3	5.6
1963		9.4	9.0	8.8	7.4	6.5	6.4	6.2	6.0	6.0	5.9	6.3	6.5
1965			6.8	7.7	5.4	4.5	5.0	5.1	5.1	5.3	5.3	5.9	6.3
1966				8.6	4.1	3.5	4.6	4.8	4.9	5.2	5.3	6.0	6.4
1967					-0.2	1.7	4.2	4.6	4.8	5.3	5.3	6.1	6.6
1968						3.5	6.5	6.0	5.7	6.0	5.9	6.8	7.2
1969							9.6	6.7	5.9	6.3	6.0	7.1	7.6
1970								3.9	4.5	5.7	5.6	7.2	7.8
1971									5.1	6.7	6.0	8.1	8.6
1972										8.4	6.1	9.2	9.5
1973											3.8	10.5	10.3
1974												17.8	12.6
1975													7.6

HAITI — *GROSS DOMESTIC PRODUCT*

	1963	1965	1966	1967	1968	1969	1970	1971	1972	1973	1974	1975	1976	1977
1960	1.6	0.7	0.6	0.3	0.4	0.6	0.7	1.0	1.1	1.3	1.5	1.6	1.8	1.9
1963		0.2	0.2	-0.3	0.1	0.6	0.8	1.3	1.5	1.7	1.9	2.0	2.2	2.3
1965			-0.6	-1.3	-0.1	0.9	1.2	1.8	2.0	2.2	2.4	2.4	2.6	2.7
1966				-2.1	0.5	1.7	1.8	2.4	2.5	2.6	2.8	2.7	2.9	3.0
1967					3.2	3.5	2.7	3.3	3.1	3.0	3.1	3.0	3.1	3.2
1968						3.8	2.2	3.3	3.1	3.0	3.1	2.9	3.1	3.2
1969							0.7	3.5	3.0	3.0	3.1	2.9	3.1	3.2
1970								6.5	3.7	3.3	3.4	2.9	3.3	3.4
1971									0.9	2.1	2.8	2.5	3.0	3.2
1972										3.3	3.7	2.7	3.4	3.6
1973											4.0	2.2	3.5	3.7
1974												0.4	3.8	3.9
1975													7.3	5.2
1976														3.1

HAITI — *PER CAPITA GROSS DOMESTIC PRODUCT*

	1963	1965	1966	1967	1968	1969	1970	1971	1972	1973	1974	1975	1976	1977
1960	0.0	-0.8	-0.9	-1.2	-1.2	-1.0	-0.9	-0.6	-0.4	-0.3	-0.1	0.0	0.2	0.3
1963		-1.3	-1.3	-1.8	-1.5	-1.0	-0.8	-0.3	-0.1	0.1	0.3	0.4	0.6	0.7
1965			-2.1	-2.9	-1.6	-0.6	-0.4	0.2	0.4	0.6	0.8	0.8	1.0	1.1
1966				-3.6	-1.1	0.2	0.2	0.8	0.9	1.0	1.1	1.1	1.2	1.3
1967					1.6	1.9	1.0	1.5	1.4	1.4	1.5	1.3	1.5	1.5
1968						2.2	0.6	1.6	1.4	1.4	1.5	1.3	1.5	1.6
1969							-1.1	1.7	1.4	1.4	1.5	1.3	1.5	1.6
1970								4.5	2.1	1.7	1.7	1.4	1.6	1.7
1971									-0.3	0.7	1.2	0.9	1.4	1.6
1972										1.6	2.0	1.1	1.7	1.9
1973											2.3	0.6	1.8	2.0
1974												-1.0	2.0	2.1
1975													5.2	3.3
1976														1.4

HAITI — *GOVERNMENT FINAL CONSUMPTION EXPENDITURE* (5)

	1963	1965	1966	1967	1968	1969	1970	1971	1972	1973	1974	1975	1976	1977
1960	1.6	2.7	2.7	2.2	1.8	1.7	1.8	1.7	1.6	1.6	1.6	1.6	2.0	2.5
1963		4.8	3.5	1.9	1.2	1.2	1.4	1.4	1.3	1.3	1.4	1.5	2.1	2.7
1965			0.5	-1.3	-1.0	-0.1	0.7	1.0	0.9	1.0	1.2	1.3	2.2	3.0
1966				-3.2	-1.4	0.2	1.2	1.4	1.2	1.2	1.4	1.5	2.5	3.4
1967					0.3	1.9	2.6	2.3	1.8	1.6	1.7	1.8	2.9	4.0
1968						3.4	3.6	2.6	1.8	1.5	1.7	1.9	3.2	4.4
1969							3.8	2.0	1.1	1.0	1.4	1.7	3.4	4.8
1970								0.3	-0.1	0.3	1.2	1.7	3.8	5.6
1971									-0.5	0.5	1.8	2.1	4.9	6.8
1972										1.5	3.0	3.0	6.5	8.6
1973											4.5	3.4	8.6	10.7
1974												2.4	11.8	13.4
1975													22.2	17.9
1976														13.9

HAITI — *GROSS FIXED CAPITAL FORMATION*

	1963	1965	1966	1967	1968	1969	1970	1971	1972	1973	1974	1975	1976	1977
1960	-0.1	-2.1	-3.4	-3.6	-2.8	-1.3	1.6	3.3	4.9	6.3	7.8	8.7	9.4	10.0
1963		-4.9	-6.9	-5.8	-3.4	-0.2	4.9	7.2	9.0	10.6	12.1	12.8	13.2	13.6
1965			-13.1	-6.1	-1.0	4.1	11.7	13.4	14.6	15.8	16.9	16.9	16.8	16.8
1966				1.4	5.3	10.1	18.8	18.8	18.9	19.3	19.8	19.3	18.8	18.4
1967					9.4	14.9	26.0	23.1	21.7	21.5	21.6	20.5	19.7	19.0
1968						20.8	36.3	26.5	23.2	22.3	22.3	20.8	19.6	18.9
1969							53.8	25.3	21.0	20.7	21.2	19.6	18.4	17.8
1970								2.1	10.4	15.2	18.0	16.9	16.3	16.0
1971									19.3	21.6	22.7	19.3	17.6	16.9
1972										24.0	24.3	18.3	16.4	15.8
1973											24.6	14.6	13.6	13.9
1974												5.4	9.9	12.2
1975													14.5	15.3
1976														16.1

HAITI — *EXPORTS OF GOODS AND SERVICES*

	1963	1965	1966	1967	1968	1969	1970	1971	1972	1973	1974	1975	1976	1977
1960	3.7	-4.6	-5.2	-5.3	-3.7	-2.6	-2.2	-0.3	1.1	2.4	3.0	3.3	3.7	3.5
1963		-13.3	-9.6	-7.6	-3.4	-1.1	-0.8	2.3	4.1	5.6	6.0	6.1	6.1	5.6
1965			-4.3	-4.0	3.0	4.5	3.0	6.9	8.6	9.7	9.5	8.8	8.5	7.4
1966				-3.7	8.1	7.9	4.4	9.2	10.7	11.7	10.9	9.8	9.2	7.8
1967					21.3	12.0	4.6	11.3	12.7	13.3	12.0	10.4	9.5	7.8
1968						3.3	-2.6	10.8	12.9	13.7	11.9	9.9	9.0	7.1
1969							-8.3	18.4	17.9	16.9	13.4	10.5	9.1	6.7
1970								52.7	28.0	21.4	14.5	10.2	8.6	5.8
1971									7.3	10.5	6.1	3.7	3.7	1.6
1972										13.7	4.3	1.6	2.5	0.1
1973											-4.3	-2.9	0.6	-2.0
1974												-1.6	3.5	-1.8
1975													8.9	-3.7
1976														-14.8

HAITI — *IMPORTS OF GOODS AND SERVICES*

	1963	1965	1966	1967	1968	1969	1970	1971	1972	1973	1974	1975	1976	1977
1960	4.1	3.5	3.2	2.1	1.9	2.0	3.0	3.9	4.6	5.4	5.9	6.2	7.2	8.1
1963		4.1	3.0	0.6	0.7	1.3	3.2	4.8	5.8	6.8	7.3	7.6	8.8	9.9
1965			-2.0	-4.7	-1.7	0.3	3.9	6.2	7.4	8.5	8.9	9.0	10.4	11.5
1966				-7.3	-0.7	2.0	6.3	8.7	9.5	10.3	10.4	10.2	11.7	12.8
1967					6.5	6.2	10.8	12.4	12.3	12.6	12.1	11.5	13.0	14.1
1968						5.9	13.9	14.8	13.6	13.6	12.7	11.8	13.6	14.8
1969							22.6	18.2	14.8	14.2	12.8	11.6	13.9	15.4
1970								13.9	11.2	12.1	11.0	10.1	13.4	15.4
1971									8.5	11.8	10.4	9.3	14.0	16.3
1972										15.3	10.5	8.8	15.6	18.3
1973											6.0	6.2	17.7	20.6
1974												6.4	26.2	26.4
1975													49.6	34.0
1976														20.0

HAITI — *AGRICULTURE*

	1963	1965	1966	1967	1968	1969	1970	1971	1972	1973	1974	1975	1976	1977
1960	1.7	0.9	1.0	0.7	0.7	0.8	0.8	0.9	0.9	0.9	0.9	1.0	1.0	1.0
1963		-0.0	0.8	0.3	0.5	0.6	0.7	0.9	0.9	1.0	1.0	1.0	1.1	1.1
1965			2.4	-0.1	0.4	0.7	0.7	1.1	1.1	1.1	1.1	1.1	1.2	1.2
1966				-2.5	-0.1	0.6	0.7	1.1	1.1	1.2	1.2	1.2	1.2	1.3
1967					2.4	1.9	1.3	1.7	1.5	1.4	1.4	1.3	1.4	1.4
1968						1.4	0.8	1.7	1.4	1.3	1.3	1.2	1.3	1.3
1969							0.3	2.1	1.4	1.3	1.3	1.2	1.3	1.4
1970								3.9	1.6	1.4	1.2	1.2	1.3	1.4
1971									-0.7	0.5	0.7	0.9	1.2	1.3
1972										1.7	1.3	1.2	1.5	1.5
1973											0.9	1.1	1.5	1.6
1974												1.2	1.9	1.8
1975													2.6	1.9
1976														1.3

HAITI — *INDUSTRIAL ACTIVITY*

	1963	1965	1966	1967	1968	1969	1970	1971	1972	1973	1974	1975	1976	1977
1960	6.8	1.8	0.7	-0.1	-0.1	0.4	0.6	1.0	1.4	1.8	2.3	2.4	2.8	3.2
1963		-3.7	-3.4	-3.3	-2.1	-0.5	0.2	1.0	1.7	2.3	2.9	3.0	3.5	3.9
1965			-4.6	-3.8	-1.1	1.5	1.9	2.7	3.3	3.8	4.4	4.2	4.7	5.1
1966				-2.9	1.0	3.9	3.5	4.1	4.5	4.8	5.3	4.9	5.4	5.7
1967					5.1	7.2	4.9	5.2	5.3	5.6	6.0	5.3	5.8	6.1
1968						9.4	4.1	4.9	5.2	5.6	6.1	5.2	5.9	6.2
1969							-1.0	3.7	4.8	5.5	6.2	5.0	5.9	6.3
1970								8.7	7.1	7.0	7.4	5.4	6.5	6.8
1971									5.6	6.4	7.3	4.6	6.3	6.8
1972										7.2	8.1	3.7	6.4	7.0
1973											9.0	1.0	6.4	7.3
1974												-6.4	7.4	8.3
1975													23.1	13.9
1976														5.4

HAITI — *MANUFACTURING*

	1963	1965	1966	1967	1968	1969	1970	1971	1972	1973	1974	1975	1976	1977
1960	5.3	0.9	0.0	-0.6	-0.5	-0.3	-0.1	0.3	0.8	1.2	1.6	1.8	2.3	2.7
1963		-3.6	-3.3	-3.1	-2.0	-1.0	-0.4	0.3	1.1	1.7	2.3	2.5	3.1	3.5
1965			-5.0	-3.7	-1.2	0.2	0.8	1.5	2.4	3.0	3.6	3.6	4.2	4.7
1966				-2.3	1.0	2.0	2.1	2.7	3.5	3.9	4.5	4.3	4.9	5.3
1967					4.5	3.8	3.0	3.5	4.3	4.6	5.2	4.8	5.4	5.8
1968						3.1	2.3	3.3	4.6	4.9	5.5	4.9	5.7	6.1
1969							1.5	3.8	5.4	5.5	6.1	5.2	6.1	6.5
1970								6.0	7.3	6.5	7.0	5.4	6.5	7.0
1971									8.6	6.4	7.2	4.9	6.5	7.1
1972										4.2	7.0	3.7	6.4	7.2
1973											9.8	2.4	7.1	8.0
1974												-4.4	7.8	8.9
1975													21.5	14.1
1976														7.1

HAITI — *CONSTRUCTION*

	1963	1965	1966	1967	1968	1969	1970	1971	1972	1973	1974	1975	1976	1977
1960	2.0	-0.8	-3.7	-4.8	-4.4	-2.8	-0.9	0.8	2.3	4.0	5.6	6.6	7.4	8.0
1963		-4.8	-10.4	-9.8	-7.2	-3.1	0.5	3.1	5.2	7.4	9.4	10.3	10.9	11.2
1965			-22.4	-12.5	-5.5	1.6	6.3	9.1	10.8	12.9	14.6	14.9	15.0	14.8
1966				-1.3	3.6	10.2	13.8	15.1	15.6	17.1	18.3	18.0	17.5	16.8
1967					8.6	16.7	18.9	18.7	18.2	19.4	20.4	19.5	18.6	17.6
1968						25.4	23.4	20.8	19.3	20.5	21.5	20.1	18.9	17.5
1969							21.3	18.4	17.4	19.8	21.4	19.6	18.2	16.7
1970								15.6	15.7	20.2	22.2	19.6	17.8	16.1
1971									15.8	23.3	24.9	20.1	17.5	15.4
1972										31.2	28.6	19.5	16.2	13.8
1973											26.0	13.0	11.4	10.1
1974												1.3	6.4	7.0
1975													11.8	9.1
1976														6.5

6A. AVERAGE ANNUAL RATES OF GROWTH OF GROSS DOMESTIC PRODUCT AT CONSTANT PRICES BY TYPE OF EXPENDITURE AND BY KIND OF ECONOMIC ACTIVITY (continued) (IN PER CENT)

HAITI — *WHOLESALE AND RETAIL TRADE*

	1963	1965	1966	1967	1968	1969	1970	1971	1972	1973	1974	1975	1976	1977
1960	4.1	0.3	0.0	-0.9	-0.9	-0.7	-0.6	-0.1	0.2	0.5	0.8	0.9	1.3	1.5
1963		-4.4	-2.4	-3.5	-2.4	-1.5	-1.0	-0.1	0.3	0.8	1.2	1.3	1.8	2.1
1965			0.8	-4.6	-1.8	-0.5	-0.1	1.2	1.5	2.0	2.2	2.2	2.7	3.0
1966				-9.6	-1.7	0.2	0.5	2.0	2.2	2.6	2.8	2.7	3.2	3.4
1967					6.9	4.4	2.8	4.0	3.5	3.7	3.7	3.3	3.8	3.9
1968						1.8	0.9	3.7	3.1	3.4	3.5	3.1	3.7	3.9
1969							0.0	5.3	3.6	3.9	3.8	3.2	4.0	4.2
1970								10.7	4.3	4.3	4.1	3.2	4.1	4.4
1971									-1.7	2.3	2.9	2.1	3.8	4.1
1972										6.5	4.7	2.7	4.7	4.9
1973											2.9	0.8	4.8	5.0
1974												-1.4	6.9	6.2
1975													15.8	8.6
1976														1.8

HAITI — *TRANSPORT AND COMMUNICATION*

	1963	1965	1966	1967	1968	1969	1970	1971	1972	1973	1974	1975	1976	1977
1960	-10.1	-4.6	-5.2	-3.7	-1.8	-0.9	-0.7	0.0	0.7	1.0	1.2	1.5	1.9	2.5
1963		4.4	-2.5	-0.2	2.6	3.1	2.4	2.9	3.4	3.3	3.3	3.3	3.6	4.2
1965			-14.5	0.2	6.2	5.7	3.6	4.1	4.6	4.2	4.0	3.9	4.2	4.9
1966				17.4	16.4	10.4	5.5	5.5	5.8	5.0	4.5	4.4	4.6	5.4
1967					15.5	6.2	1.2	2.9	4.1	3.6	3.4	3.4	3.9	5.0
1968						-2.4	-4.6	0.7	3.2	2.8	2.8	3.0	3.6	5.0
1969							-6.9	3.6	6.0	4.3	3.8	3.7	4.4	5.9
1970								15.1	11.6	6.2	4.6	4.3	5.0	6.7
1971									8.1	1.6	1.7	2.4	3.9	6.4
1972										-4.5	-0.4	1.7	4.1	7.4
1973											3.9	4.5	6.8	10.5
1974												5.2	8.5	13.3
1975													12.0	17.7
1976														23.8

HAITI — *OTHER*

	1963	1965	1966	1967	1968	1969	1970	1971	1972	1973	1974	1975	1976	1977
1960	-1.6	0.9	1.0	1.0	1.0	1.3	1.5	1.8	2.0	2.0	2.1	2.2	2.2	2.3
1963		5.9	3.5	2.5	1.9	2.2	2.3	2.6	2.7	2.6	2.6	2.7	2.7	2.7
1965			-2.2	-0.7	-0.1	1.3	1.7	2.5	2.6	2.5	2.6	2.6	2.7	2.6
1966				0.9	0.8	2.4	2.6	3.3	3.2	3.0	2.9	3.0	2.9	2.9
1967					0.8	3.5	3.2	4.0	3.7	3.2	3.1	3.1	3.0	2.9
1968						6.3	4.0	4.7	4.0	3.3	3.1	3.1	3.0	2.9
1969							1.8	4.4	3.5	2.7	2.7	2.8	2.7	2.7
1970								7.1	3.7	2.4	2.5	2.7	2.6	2.6
1971									0.5	0.5	1.6	2.2	2.3	2.4
1972										0.5	2.3	2.8	2.7	2.7
1973											4.1	3.8	3.2	2.9
1974												3.5	2.7	2.5
1975													1.8	2.1
1976														2.4

HONDURAS — *GROSS DOMESTIC PRODUCT*

	1963	1965	1966	1967	1968	1969	1970	1971	1972	1973	1974	1975	1976	1977
1960	3.8	5.2	5.6	5.7	5.9	5.6	5.4	5.3	5.1	5.1	4.9	4.7	4.6	4.5
1963		8.1	7.6	6.9	6.8	6.0	5.5	5.2	5.0	4.9	4.7	4.4	4.3	4.3
1965			5.9	5.3	5.8	4.8	4.3	4.2	4.2	4.2	4.0	3.7	3.7	3.8
1966				4.6	6.0	4.4	3.8	3.9	4.0	4.0	3.8	3.6	3.5	3.7
1967					7.3	3.8	3.2	3.6	3.8	3.9	3.7	3.4	3.4	3.6
1968						0.3	1.7	3.0	3.5	3.8	3.5	3.2	3.2	3.5
1969							3.1	4.4	4.4	4.5	3.9	3.3	3.4	3.7
1970								5.7	4.9	4.7	3.8	3.1	3.2	3.6
1971									4.1	4.3	3.2	2.4	2.8	3.5
1972										4.5	2.5	1.7	2.5	3.5
1973											0.6	0.6	2.3	3.8
1974												0.5	3.5	5.1
1975													6.6	7.2
1976														7.9

HONDURAS — *PER CAPITA GROSS DOMESTIC PRODUCT*

	1963	1965	1966	1967	1968	1969	1970	1971	1972	1973	1974	1975	1976	1977
1960	0.5	1.8	2.2	2.3	2.4	2.2	2.1	2.0	1.9	1.9	1.7	1.6	1.5	1.5
1963		4.5	4.1	3.4	3.3	2.5	2.2	2.1	1.9	1.9	1.6	1.4	1.3	1.3
1965			2.4	1.8	2.3	1.4	1.2	1.3	1.3	1.3	1.1	0.9	0.8	0.9
1966				1.2	2.5	1.0	1.0	1.1	1.2	1.2	1.0	0.7	0.7	0.9
1967					3.7	0.4	0.7	1.0	1.1	1.2	1.0	0.6	0.6	0.8
1968						-2.8	-0.3	0.7	1.0	1.2	0.8	0.5	0.5	0.7
1969							2.3	2.2	1.9	1.8	1.1	0.6	0.6	0.9
1970								2.1	1.6	1.6	0.8	0.1	0.3	0.7
1971									1.2	1.4	0.3	-0.4	-0.0	0.6
1972										1.7	-0.4	-1.1	-0.3	0.7
1973											-2.4	-2.2	-0.5	0.9
1974												-2.0	0.7	2.3
1975													3.6	4.3
1976														5.0

HONDURAS — *GOVERNMENT FINAL CONSUMPTION EXPENDITURE*

	1963	1965	1966	1967	1968	1969	1970	1971	1972	1973	1974	1975	1976	1977
1960	2.0	4.0	4.3	4.3	4.1	4.4	4.6	4.4	4.4	4.0	4.1	4.2	4.6	5.0
1963		5.7	5.8	5.0	4.3	4.7	5.0	4.7	4.5	3.9	4.0	4.2	4.7	5.3
1965			8.6	5.1	3.7	4.9	5.4	4.7	4.4	3.5	3.8	4.1	4.9	5.7
1966				1.8	1.7	4.4	5.3	4.5	4.2	3.1	3.5	4.0	4.9	5.8
1967					1.7	6.3	6.7	4.9	4.4	3.0	3.5	4.1	5.2	6.2
1968						11.0	8.5	5.0	4.2	2.4	3.2	4.0	5.3	6.5
1969							6.1	1.9	2.2	0.5	2.3	3.5	5.3	6.8
1970								-2.2	1.1	-0.9	2.1	3.9	6.1	7.7
1971									4.4	-1.1	3.5	5.4	7.9	9.5
1972										-6.3	4.8	7.1	9.9	11.4
1973											17.3	12.7	14.3	14.7
1974												8.3	13.8	14.7
1975													19.5	17.2
1976														14.9

HONDURAS — *PRIVATE FINAL CONSUMPTION EXPENDITURE*

	1963	1965	1966	1967	1968	1969	1970	1971	1972	1973	1974	1975	1976	1977
1960	4.3	4.9	5.0	4.7	4.8	4.6	4.5	4.5	4.5	4.4	4.3	4.3	4.3	4.3
1963		5.7	5.3	4.6	4.8	4.4	4.3	4.4	4.3	4.3	4.1	4.1	4.1	4.1
1965			4.1	3.2	4.3	3.8	3.8	4.1	4.0	4.1	3.9	4.0	4.0	4.0
1966				2.3	4.7	3.8	3.8	4.2	4.1	4.1	3.9	4.0	4.0	4.0
1967					7.2	3.9	3.9	4.4	4.2	4.2	3.9	4.0	4.0	4.1
1968						0.8	2.9	4.1	3.9	4.0	3.7	3.9	3.9	4.0
1969							5.0	5.7	4.6	4.5	3.9	4.0	4.1	4.1
1970								6.4	4.0	4.2	3.4	3.8	3.9	4.0
1971									1.7	3.5	2.7	3.6	3.8	3.9
1972										5.4	2.8	4.0	4.2	4.2
1973											0.3	4.0	4.2	4.3
1974												7.8	5.6	5.0
1975													3.5	3.9
1976														4.4

HONDURAS — *GROSS FIXED CAPITAL FORMATION*

	1963	1965	1966	1967	1968	1969	1970	1971	1972	1973	1974	1975	1976	1977
1960	14.9	10.7	10.5	11.9	12.1	11.5	11.2	10.1	8.8	8.4	8.0	7.7	7.6	7.6
1963		2.2	6.0	11.4	11.9	10.9	10.3	8.8	6.9	6.6	6.3	6.1	6.2	6.4
1965			14.4	22.3	17.4	13.0	11.3	8.4	5.6	5.5	5.3	5.3	5.5	5.8
1966				30.8	16.8	10.5	9.1	6.1	3.2	3.7	3.9	4.1	4.6	5.1
1967					4.3	2.6	4.5	2.2	-0.2	1.3	2.1	2.8	3.6	4.4
1968						0.9	5.2	1.5	-1.6	0.9	2.1	2.9	3.9	4.8
1969							9.6	0.5	-3.6	0.6	2.3	3.3	4.5	5.5
1970								-7.9	-8.9	-0.1	2.6	3.8	5.2	6.2
1971									-10.0	5.9	7.0	6.9	7.8	8.4
1972										24.6	13.6	10.2	10.1	10.2
1973											3.6	4.7	7.3	8.5
1974												5.8	9.5	10.2
1975													13.2	12.0
1976														10.7

HONDURAS — *EXPORTS OF GOODS AND SERVICES*

	1963	1965	1966	1967	1968	1969	1970	1971	1972	1973	1974	1975	1976	1977
1960	5.4	9.7	11.8	12.0	12.7	12.0	11.0	10.2	9.6	9.2	8.4	7.5	6.9	6.4
1963		21.0	20.7	17.2	16.6	13.9	11.5	10.1	9.1	8.5	7.4	6.2	5.6	5.0
1965			15.1	9.6	12.1	9.1	6.7	5.9	5.5	5.5	4.5	3.5	3.1	2.7
1966				4.4	11.9	7.6	4.8	4.4	4.3	4.6	3.6	2.6	2.3	2.0
1967					20.1	7.2	3.3	3.4	3.6	4.2	3.1	1.9	1.7	1.5
1968						-4.2	-2.9	0.2	1.7	3.1	2.0	0.8	0.8	0.7
1969							-1.6	2.8	3.8	4.9	2.9	1.0	1.0	0.8
1970								7.4	6.0	6.6	3.0	0.5	0.7	0.5
1971									4.7	6.6	1.3	-1.5	-0.6	-0.5
1972										8.5	-1.5	-4.2	-1.9	-1.3
1973											-10.6	-8.9	-3.3	-1.8
1974												-7.0	1.3	1.2
1975													10.4	4.1
1976														-1.9

HONDURAS — *IMPORTS OF GOODS AND SERVICES*

	1963	1965	1966	1967	1968	1969	1970	1971	1972	1973	1974	1975	1976	1977
1960	11.1	11.0	11.5	11.6	11.8	11.2	10.9	9.9	8.7	8.3	8.1	7.7	7.2	7.0
1963		8.9	11.1	11.6	11.8	10.6	10.3	8.6	7.0	6.6	6.6	6.2	5.8	5.7
1965			14.7	13.0	12.6	10.0	9.6	7.2	5.1	5.0	5.3	5.0	4.6	4.7
1966				11.3	11.8	8.3	8.4	5.6	3.4	3.7	4.3	4.2	3.9	4.1
1967					12.3	6.2	7.4	4.0	1.5	2.5	3.6	3.5	3.4	3.7
1968						0.5	6.3	1.7	-0.7	1.3	3.0	3.1	3.0	3.5
1969							12.4	0.6	-2.4	1.0	3.4	3.4	3.2	3.7
1970								-9.9	-7.9	-0.1	3.7	3.6	3.2	3.9
1971									-5.8	6.3	8.9	6.7	5.2	5.5
1972										19.8	15.2	8.6	5.7	5.9
1973											10.8	3.0	1.6	3.5
1974												-4.2	-1.8	2.8
1975													0.6	6.9
1976														13.5

HONDURAS — *AGRICULTURE*

	1963	1965	1966	1967	1968	1969	1970	1971	1972	1973	1974	1975	1976	1977
1960	4.9	7.0	7.8	7.8	7.8	7.2	6.4	6.1	5.8	5.5	5.0	4.3	4.0	3.8
1963		12.1	11.7	9.9	9.2	7.5	6.0	5.5	5.2	4.9	4.1	3.3	3.0	2.9
1965			9.5	6.6	6.7	4.7	3.1	3.2	3.3	3.3	2.6	1.8	1.6	1.7
1966				3.7	5.8	3.3	1.6	2.2	2.7	2.8	2.0	1.2	1.1	1.3
1967					7.9	2.4	0.3	1.7	2.5	2.7	1.8	0.8	0.8	1.1
1968						-2.8	-2.7	0.8	2.3	2.6	1.4	0.3	0.4	0.8
1969							-2.7	3.3	4.3	3.9	1.9	0.3	0.4	1.0
1970								9.7	7.1	5.1	1.8	-0.3	0.0	0.8
1971									4.5	3.0	-0.8	-2.6	-1.5	-0.1
1972										1.5	-3.8	-5.0	-2.4	-0.3
1973											-8.8	-7.4	-2.4	0.6
1974												-6.1	1.5	4.3
1975													9.7	9.0
1976														8.2

HONDURAS — *INDUSTRIAL ACTIVITY*

	1963	1965	1966	1967	1968	1969	1970	1971	1972	1973	1974	1975	1976	1977
1960	4.5	6.2	6.9	7.3	7.5	7.6	7.7	7.6	7.4	7.3	7.1	6.8	6.6	6.5
1963		9.7	9.7	9.3	9.1	8.7	8.6	8.2	7.7	7.5	7.2	6.7	6.4	6.3
1965			8.5	8.1	8.2	7.9	7.9	7.4	7.0	6.8	6.5	6.0	5.7	5.7
1966				7.8	8.1	7.7	7.9	7.2	6.7	6.5	6.2	5.6	5.4	5.5
1967					8.4	7.5	7.8	6.9	6.3	6.2	6.0	5.3	5.1	5.2
1968						6.7	7.8	6.4	5.8	5.8	5.6	4.8	4.7	4.9
1969							8.9	5.8	5.2	5.4	5.3	4.4	4.3	4.7
1970								2.9	3.8	4.8	4.9	3.9	3.9	4.5
1971									4.7	5.9	5.5	3.8	3.9	4.6
1972										7.1	5.6	3.0	3.4	4.6
1973											4.1	0.8	2.5	4.5
1974												-2.4	2.6	5.5
1975													7.8	9.4
1976														11.0

6A. AVERAGE ANNUAL RATES OF GROWTH OF GROSS DOMESTIC PRODUCT AT CONSTANT PRICES BY TYPE OF EXPENDITURE AND BY KIND OF ECONOMIC ACTIVITY (continued) (IN PER CENT)

HONDURAS

MANUFACTURING

	1963	1965	1966	1967	1968	1969	1970	1971	1972	1973	1974	1975	1976	1977
1960	4.2	5.9	6.5	6.7	7.0	7.2	7.3	7.3	7.2	7.0	6.7	6.4	6.3	6.3
1963		9.3	9.1	8.4	8.3	8.4	8.3	8.0	7.6	7.3	6.7	6.2	6.1	6.1
1965			7.7	6.6	7.4	7.9	7.9	7.5	7.1	6.7	6.0	5.5	5.4	5.6
1966				5.6	7.6	8.2	8.1	7.6	7.0	6.5	5.7	5.2	5.1	5.4
1967					9.8	9.3	8.6	7.6	6.8	6.2	5.3	4.7	4.8	5.2
1968						8.9	7.9	6.8	6.0	5.5	4.6	4.0	4.3	4.8
1969							6.9	5.8	5.1	4.7	3.8	3.3	3.8	4.5
1970								4.7	4.3	4.1	3.0	2.7	3.5	4.5
1971									3.9	3.9	2.4	2.1	3.4	4.7
1972										3.8	1.3	1.5	3.5	5.2
1973											-1.0	0.8	4.2	6.3
1974												2.6	7.1	8.9
1975													11.8	11.6
1976														11.5

HONDURAS

CONSTRUCTION

	1963	1965	1966	1967	1968	1969	1970	1971	1972	1973	1974	1975	1976	1977
1960	10.7	4.6	3.0	5.1	6.2	6.3	6.2	5.6	5.3	5.2	5.5	5.8	5.9	6.0
1963		-3.9	-3.5	4.5	7.1	7.1	6.8	5.6	5.1	4.9	5.6	5.9	6.2	6.2
1965			-2.8	17.9	16.4	12.2	9.8	7.0	5.8	5.4	6.2	6.6	6.8	6.8
1966				42.9	23.1	13.3	9.5	5.9	4.6	4.5	5.6	6.2	6.5	6.6
1967					6.0	2.0	2.1	0.2	0.4	1.5	3.6	4.8	5.4	5.6
1968						-1.9	0.9	-1.4	-0.4	1.2	4.1	5.4	6.0	6.2
1969							3.8	-1.9	-0.2	2.0	5.6	6.9	7.3	7.2
1970								-7.4	-0.9	2.8	7.5	8.6	8.7	8.2
1971									6.0	7.7	12.6	12.1	11.0	9.8
1972										9.4	16.6	13.9	11.6	9.8
1973											24.1	14.5	10.7	8.6
1974												5.6	5.4	4.9
1975													5.3	4.5
1976														3.7

HONDURAS

WHOLESALE AND RETAIL TRADE

	1963	1965	1966	1967	1968	1969	1970	1971	1972	1973	1974	1975	1976	1977
1960	4.5	5.7	6.4	6.4	6.4	6.0	5.8	5.5	5.3	5.0	4.8	4.6	4.5	4.5
1963		7.7	8.5	7.4	7.0	6.1	5.6	5.1	4.9	4.5	4.3	4.1	4.1	4.1
1965			9.8	5.9	5.7	4.7	4.3	3.9	3.9	3.6	3.5	3.4	3.4	3.6
1966				2.2	4.3	3.4	3.4	3.3	3.3	3.1	3.2	3.1	3.2	3.4
1967					6.5	3.6	3.4	3.2	3.3	3.1	3.1	3.0	3.2	3.4
1968						0.7	2.4	2.6	3.0	2.8	2.9	2.8	3.0	3.3
1969							4.1	3.3	3.6	3.0	3.1	2.9	3.2	3.5
1970								2.6	3.5	2.7	3.0	2.8	3.1	3.6
1971									4.4	2.5	3.0	2.7	3.2	3.7
1972										0.6	2.7	2.4	3.2	3.9
1973											4.8	3.0	3.9	4.6
1974												1.1	3.9	5.0
1975													6.8	6.6
1976														6.4

HONDURAS

TRANSPORT AND COMMUNICATION

	1963	1965	1966	1967	1968	1969	1970	1971	1972	1973	1974	1975	1976	1977
1960	1.8	3.0	2.7	2.9	3.0	3.1	2.9	2.9	3.0	3.2	3.2	3.1	3.2	3.3
1963		4.2	2.5	2.9	3.3	3.2	2.9	2.9	3.1	3.2	3.3	3.2	3.2	3.4
1965			-1.6	2.3	3.4	3.2	2.7	2.8	3.1	3.3	3.3	3.2	3.3	3.4
1966				6.3	5.4	4.1	3.0	3.1	3.3	3.6	3.5	3.3	3.4	3.6
1967					4.5	2.9	1.9	2.4	3.0	3.4	3.4	3.2	3.3	3.5
1968						1.4	0.7	2.1	3.0	3.6	3.5	3.2	3.3	3.6
1969							0.0	2.8	3.8	4.3	4.0	3.4	3.5	3.8
1970								5.6	5.5	5.3	4.5	3.6	3.6	4.0
1971									5.3	5.2	4.0	2.9	3.2	3.8
1972										5.1	3.1	2.0	2.8	3.7
1973											1.2	0.6	2.5	3.9
1974												0.0	3.5	5.1
1975													7.1	7.5
1976														7.8

HONDURAS

OTHER

	1963	1965	1966	1967	1968	1969	1970	1971	1972	1973	1974	1975	1976	1977
1960	3.2	3.4	3.4	3.1	3.2	3.0	3.0	3.2	3.3	3.5	3.6	3.7	3.8	4.0
1963		4.3	3.8	2.9	3.1	2.9	2.9	3.3	3.4	3.7	3.8	4.0	4.1	4.3
1965			2.1	1.1	2.4	2.3	2.5	3.2	3.5	3.9	4.0	4.2	4.3	4.5
1966				-0.0	2.9	2.6	2.7	3.6	3.9	4.2	4.2	4.4	4.6	4.8
1967					5.9	3.3	3.1	4.3	4.4	4.7	4.6	4.8	4.9	5.1
1968						0.8	2.2	4.3	4.5	4.9	4.7	4.9	5.0	5.2
1969							3.5	6.3	5.5	5.7	5.2	5.3	5.3	5.5
1970								9.1	5.9	6.0	5.1	5.3	5.3	5.6
1971									2.8	4.9	4.2	4.8	5.0	5.4
1972										7.1	4.5	5.2	5.3	5.8
1973											1.9	4.8	5.1	5.9
1974												7.8	6.3	6.8
1975													4.9	6.7
1976														8.5

JAMAICA

GROSS DOMESTIC PRODUCT

	1963	1965	1966	1967	1968	1969	1970	1971	1972	1973	1974	1975	1976	1977
1960	...	...	...	...	...	...	...	...	...	...	...	...	...	...
1963		...	...	...	...	...	...	...	...	...	...	...	...	...
1965			...	...	...	...	...	...	...	...	...	...	...	...
1966				...	...	...	...	...	...	...	...	...	...	...
1967					...	...	...	...	...	...	...	...	...	...
1968						...	...	...	...	...	...	...	...	...
1969							12.7	7.4	7.5	5.9	4.7	3.6	2.3	1.2
1970								2.4	5.8	4.3	3.2	2.3	1.0	0.0
1971									9.3	4.5	2.8	1.7	0.1	-0.9
1972										-0.1	0.1	-0.2	-1.6	-2.3
1973											0.3	-0.3	-2.3	-3.1
1974												-1.0	-3.9	-4.2
1975													-6.7	-5.3
1976														-4.0

JAMAICA

PER CAPITA GROSS DOMESTIC PRODUCT

	1963	1965	1966	1967	1968	1969	1970	1971	1972	1973	1974	1975	1976	1977
1960	...	...	...	...	...	...	...	...	...	...	...	...	...	...
1963		...	...	...	...	...	...	...	...	...	...	...	...	...
1965			...	...	...	...	...	...	...	...	...	...	...	...
1966				...	...	...	...	...	...	...	...	...	...	...
1967					...	...	...	...	...	...	...	...	...	...
1968						...	...	...	...	...	...	...	...	...
1969							10.9	5.7	5.8	4.2	2.8	1.8	0.5	-0.4
1970								0.8	4.1	2.6	1.4	0.5	-0.8	-1.6
1971									7.6	2.6	0.8	-0.2	-1.6	-2.5
1972										-2.1	-1.9	-2.0	-3.3	-3.9
1973											-1.7	-2.1	-3.9	-4.5
1974												-2.4	-5.3	-5.4
1975													-8.0	-6.5
1976														-4.9

JAMAICA

GOVERNMENT FINAL CONSUMPTION EXPENDITURE

	1963	1965	1966	1967	1968	1969	1970
1960	7.4	6.4	5.9	6.4	6.9	7.6	8.0
1963		5.5	4.7	6.4	7.4	8.6	9.1
1965			2.5	8.2	9.3	10.8	10.9
1966				14.1	12.1	13.0	12.3
1967					10.1	13.0	11.9
1968						15.9	12.1
1969							8.4

JAMAICA

PRIVATE FINAL CONSUMPTION EXPENDITURE

	1963	1965	1966	1967	1968	1969	1970
1960	3.4	5.3	5.1	4.9	5.0	5.2	5.2
1963		7.8	5.9	5.1	5.2	5.5	5.4
1965			3.2	3.4	4.5	5.4	5.3
1966				3.5	5.4	6.3	5.8
1967					7.3	7.5	6.2
1968						7.7	5.3
1969							3.0

JAMAICA

GROSS FIXED CAPITAL FORMATION

	1963	1965	1966	1967	1968	1969	1970
1960	-6.1	2.0	3.7	5.2	7.2	8.0	8.2
1963		15.4	12.4	12.1	13.8	13.2	12.2
1965			7.3	10.4	15.1	13.5	11.6
1966				13.6	19.5	14.8	11.7
1967					25.6	13.7	9.6
1968						2.9	3.5
1969							4.1

JAMAICA

EXPORTS OF GOODS AND SERVICES

	1963	1965	1966	1967	1968	1969	1970
1960	1.5	5.0	5.6	5.3	5.5	5.6	6.1
1963		11.7	9.7	7.1	6.8	6.6	7.1
1965			4.3	1.7	3.9	4.7	6.3
1966				-0.9	4.5	5.5	7.4
1967					10.2	8.0	9.6
1968						5.8	10.0
1969							14.3

JAMAICA

IMPORTS OF GOODS AND SERVICES

	1963	1965	1966	1967	1968	1969	1970
1960	-2.0	3.2	3.9	4.2	5.2	5.7	6.3
1963		9.1	7.3	6.3	7.7	7.7	8.3
1965			5.9	5.0	8.7	8.5	9.3
1966				4.1	11.0	9.5	10.2
1967					18.3	10.9	11.2
1968						3.9	9.0
1969							14.5

6A. AVERAGE ANNUAL RATES OF GROWTH OF GROSS DOMESTIC PRODUCT AT CONSTANT PRICES BY TYPE OF EXPENDITURE AND BY KIND OF ECONOMIC ACTIVITY (continued) (IN PER CENT)

JAMAICA

AGRICULTURE

	1963	1965	1966	1967	1968	1969	1970	1971	1972	1973	1974	1975	1976	1977
1960	1.2	2.6	3.2	3.0	2.4	1.7	1.8	2.2	2.4	2.1	2.2	2.1	2.0	2.0
1963		3.8	4.8	3.4	2.0	0.8	1.1	2.0	2.3	2.0	2.1	2.0	1.9	1.9
1965			7.3	2.1	-0.2	-1.5	-0.0	1.7	2.2	1.8	2.0	1.8	1.7	1.8
1966				-2.8	-3.3	-3.7	-0.8	1.7	2.5	1.8	2.1	1.9	1.7	1.8
1967					-3.7	-4.1	0.4	3.5	3.9	2.6	2.8	2.4	2.1	2.1
1968						-4.5	3.5	6.6	5.9	3.5	3.5	2.8	2.4	2.3
1969							12.1	11.7	8.1	3.8	3.7	2.7	2.2	2.2
1970								11.4	5.7	0.6	1.6	1.1	0.9	1.2
1971									0.2	-4.4	-0.4	-0.3	-0.1	0.6
1972										-8.7	0.8	0.3	0.3	1.1
1973											11.2	3.3	1.8	2.4
1974												-4.1	-1.6	0.9
1975													0.8	3.5
1976														6.2

JAMAICA

INDUSTRIAL ACTIVITY

	1963	1965	1966	1967	1968	1969	1970	1971	1972	1973	1974	1975	1976	1977
1960	5.3	6.8	7.0	6.7	6.3	6.5	7.1	7.3	7.6	7.8	7.8	7.4	6.7	6.1
1963		8.7	8.1	6.9	6.0	6.4	7.5	7.8	8.1	8.3	8.3	7.5	6.5	5.8
1965			7.4	5.1	4.2	5.8	7.9	8.2	8.7	8.8	8.7	7.5	6.2	5.3
1966				2.8	2.9	6.0	8.8	9.0	9.3	9.3	9.1	7.6	6.0	5.0
1967					3.0	8.1	11.4	10.5	10.5	10.1	9.6	7.7	5.7	4.6
1968						13.4	15.5	12.1	11.4	10.6	9.8	7.4	5.1	3.8
1969							17.5	10.6	10.3	9.7	8.9	6.1	3.5	2.4
1970								4.1	7.9	8.2	7.7	4.4	1.6	0.7
1971									11.9	9.6	8.2	3.4	0.1	-0.7
1972										7.3	6.6	0.3	-3.0	-3.0
1973											5.8	-3.9	-6.7	-5.2
1974												-12.7	-11.3	-6.9
1975													-9.9	-3.4
1976														3.6

JAMAICA

MANUFACTURING

	1963	1965	1966	1967	1968	1969	1970	1971	1972	1973	1974	1975	1976	1977
1960	6.0	7.6	7.6	7.1	6.7	6.4	6.4	6.4	6.4	6.3	6.1	5.8	5.4	4.9
1963		8.2	7.6	6.4	5.6	5.4	5.6	5.8	6.0	5.9	5.7	5.2	4.7	4.1
1965			7.3	4.8	4.1	4.4	5.1	5.6	5.9	5.8	5.5	4.9	4.3	3.6
1966				2.4	2.9	4.0	5.0	5.7	6.1	5.9	5.5	4.8	4.1	3.3
1967					3.3	4.9	6.0	6.6	6.8	6.4	5.8	4.9	4.0	3.0
1968						6.4	7.3	7.5	7.5	6.6	5.8	4.7	3.6	2.6
1969							8.2	8.0	7.7	6.4	5.4	4.1	2.9	1.8
1970								7.8	7.5	5.7	4.5	3.1	1.9	0.7
1971									7.1	4.4	3.3	1.8	0.6	-0.5
1972										1.7	1.7	0.2	-0.8	-1.7
1973											1.7	-0.7	-1.7	-2.7
1974												-3.0	-3.2	-3.9
1975													-3.3	-4.4
1976														-5.5

JAMAICA

CONSTRUCTION

	1963	1965	1966	1967	1968	1969	1970	1971	1972	1973	1974	1975	1976	1977
1960	-2.0	3.0	2.6	2.6	3.7	4.2	4.4	4.4	4.2	4.0	3.9	3.3	2.5	1.4
1963		10.0	4.5	3.3	5.4	5.8	5.7	5.4	4.9	4.4	4.1	3.2	2.0	0.6
1965			-6.8	-1.6	5.4	6.2	6.0	5.4	4.6	4.0	3.7	2.5	1.0	-0.7
1966				3.8	12.4	10.1	8.2	6.6	5.3	4.3	3.9	2.4	0.6	-1.2
1967					21.7	11.5	7.9	5.9	4.3	3.4	3.1	1.5	-0.5	-2.4
1968						2.1	2.6	2.2	1.5	1.3	1.5	-0.1	-2.1	-4.1
1969							3.1	2.2	1.1	0.9	1.3	-0.6	-3.0	-5.2
1970								1.3	0.2	0.4	1.1	-1.4	-4.2	-6.6
1971									-1.0	0.1	1.4	-2.3	-5.7	-8.3
1972										1.2	2.6	-3.5	-7.7	-10.5
1973											4.0	-6.9	-11.3	-13.7
1974												-16.6	-17.3	-17.8
1975													-18.0	-18.3
1976														-18.7

JAMAICA

WHOLESALE AND RETAIL TRADE

	1963	1965	1966	1967	1968	1969	1970	1971	1972	1973	1974	1975	1976	1977
1960	-3.0	0.8	2.0	2.4	2.8	2.9	3.8	4.5	5.6	5.7	5.2	4.9	4.1	3.3
1963		8.3	7.3	5.9	5.4	4.9	6.0	6.6	8.1	7.6	6.6	5.8	4.5	3.3
1965			3.9	2.6	3.3	3.2	5.6	6.8	9.0	8.1	6.5	5.5	3.8	2.3
1966				1.3	3.4	3.1	6.6	7.9	10.4	8.9	6.8	5.5	3.5	1.8
1967					5.6	3.7	8.7	9.6	12.4	10.0	7.0	5.4	3.0	1.2
1968						1.8	11.5	11.5	14.7	10.6	6.6	4.7	1.9	-0.0
1969							22.1	15.0	18.1	11.0	5.6	3.4	0.3	-1.7
1970								8.3	17.8	7.5	1.5	0.0	-2.9	-4.5
1971									28.2	4.0	-3.0	-3.2	-5.9	-7.1
1972										-15.7	-13.7	-8.8	-10.2	-10.3
1973											-11.6	-4.6	-8.9	-9.6
1974												2.8	-9.4	-10.2
1975													-20.2	-14.4
1976														-8.2

JAMAICA

TRANSPORT AND COMMUNICATION

	1963	1965	1966	1967	1968	1969	1970	1971	1972	1973	1974	1975	1976	1977
1960	6.3	9.1	9.3	9.2	8.9	8.6	8.2	8.2	8.3	8.6	8.8	8.6	8.1	7.8
1963		14.4	12.0	10.6	9.3	8.7	7.9	7.9	8.2	8.7	9.0	8.6	8.0	7.5
1965			6.5	6.9	6.3	6.3	5.9	6.5	7.3	8.2	8.7	8.3	7.5	6.9
1966				7.3	6.0	6.2	5.7	6.5	7.6	8.7	9.2	8.5	7.5	6.8
1967					4.7	5.9	5.3	6.6	8.0	9.3	9.8	8.8	7.6	6.7
1968						7.1	5.3	7.3	8.9	10.3	10.7	9.3	7.7	6.6
1969							3.5	8.0	10.1	11.7	11.7	9.6	7.5	6.3
1970								12.7	13.1	14.0	13.1	9.8	7.0	5.6
1971									13.6	14.7	13.0	8.5	5.3	4.0
1972										15.9	12.3	5.9	2.5	1.8
1973											8.8	0.8	-1.6	-1.0
1974												-6.6	-5.6	-2.7
1975													-4.6	-0.3
1976														4.1

JAMAICA

OTHER

	1963	1965	1966	1967	1968	1969	1970	1971	1972	1973	1974	1975	1976	1977
1960	5.6	5.2	5.2	5.4	5.5	5.8	5.8	5.4	5.3	5.4	5.5	5.6	5.7	5.5
1963		5.7	5.4	5.9	5.9	6.5	6.2	5.5	5.3	5.4	5.6	5.7	5.8	5.6
1965			4.2	6.3	6.0	7.1	6.4	5.1	5.0	5.2	5.6	5.7	5.8	5.5
1966				8.5	6.5	7.9	6.6	4.8	4.7	5.1	5.5	5.7	5.9	5.5
1967					4.5	8.1	6.0	3.8	4.0	4.7	5.4	5.6	5.8	5.3
1968						11.9	5.9	2.7	3.4	4.5	5.4	5.7	5.9	5.3
1969							0.2	-1.2	1.7	3.9	5.3	5.7	6.0	5.3
1970								-2.6	3.3	5.8	7.1	7.0	7.0	5.8
1971									9.5	9.6	9.7	8.5	8.1	6.2
1972										9.7	9.7	7.9	7.6	5.3
1973											9.7	6.7	6.8	3.9
1974												3.9	5.9	2.1
1975													7.9	0.3
1976														-6.9

MEXICO

GROSS DOMESTIC PRODUCT

	1963	1965	1966	1967	1968	1969	1970	1971	1972	1973	1974	1975	1976	1977
1960	5.7	7.4	7.5	7.4	7.4	7.3	7.3	7.1	7.0	7.0	6.9	6.8	6.6	6.5
1963		9.1	8.2	7.6	7.5	7.4	7.3	6.9	6.8	6.8	6.7	6.6	6.4	6.1
1965			6.9	6.6	7.0	7.0	6.9	6.6	6.5	6.5	6.5	6.3	6.1	5.8
1966				6.3	7.2	7.0	7.0	6.4	6.3	6.4	6.4	6.3	6.0	5.7
1967					8.1	7.2	7.0	6.3	6.2	6.3	6.3	6.2	5.9	5.6
1968						6.3	6.6	5.7	5.8	6.1	6.2	6.0	5.7	5.4
1969							6.9	5.2	5.6	6.1	6.2	6.0	5.6	5.2
1970								3.4	5.3	6.2	6.3	6.0	5.4	5.0
1971									7.3	7.4	7.0	6.3	5.4	4.9
1972										7.6	6.7	5.9	4.8	4.3
1973											5.9	5.0	3.9	3.5
1974												4.1	2.9	2.8
1975													1.7	2.4
1976														3.2

MEXICO

PER CAPITA GROSS DOMESTIC PRODUCT

	1963	1965	1966	1967	1968	1969	1970	1971	1972	1973	1974	1975	1976	1977
1960	2.3	3.9	3.9	3.9	3.9	3.8	3.8	3.6	3.5	3.4	3.4	3.3	3.1	2.9
1963		5.5	4.6	4.1	4.0	3.8	3.7	3.4	3.3	3.2	3.2	3.1	2.8	2.6
1965			3.4	3.1	3.5	3.4	3.4	3.0	2.9	3.0	2.9	2.8	2.6	2.3
1966				2.7	3.6	3.5	3.4	2.9	2.8	2.9	2.9	2.7	2.4	2.2
1967					4.5	3.6	3.5	2.8	2.7	2.8	2.8	2.7	2.3	2.0
1968						2.7	3.1	2.2	2.3	2.6	2.7	2.5	2.1	1.8
1969							3.5	1.7	2.1	2.6	2.7	2.5	2.0	1.7
1970								-0.0	1.8	2.6	2.7	2.5	1.9	1.5
1971									3.7	3.8	3.4	2.7	1.9	1.3
1972										4.0	3.2	2.3	1.3	0.7
1973											2.3	1.4	0.3	-0.0
1974												0.6	-0.7	-0.7
1975													-1.9	-1.2
1976														-0.4

MEXICO

GOVERNMENT FINAL CONSUMPTION EXPENDITURE

	1963	1965	1966	1967	1968	1969	1970	1971	1972	1973	1974	1975	1976	1977
1960	12.0	10.9	10.2	9.6	9.4	9.0	8.8	8.6	8.7	8.7	8.9	9.1	9.3	9.3
1963		7.6	7.5	7.2	7.7	7.4	7.4	7.5	7.8	8.0	8.4	8.9	9.2	9.1
1965			8.6	7.6	8.4	7.7	7.6	7.7	8.1	8.4	8.8	9.4	9.7	9.6
1966				6.6	8.6	7.5	7.4	7.6	8.1	8.5	9.0	9.7	10.0	9.8
1967					10.6	7.4	7.4	7.7	8.3	8.8	9.3	10.1	10.4	10.1
1968						4.3	6.3	7.3	8.4	8.9	9.6	10.5	10.7	10.3
1969							8.3	8.6	9.6	9.9	10.5	11.4	11.5	10.8
1970								8.9	10.4	10.5	11.0	12.1	12.0	11.0
1971									11.9	11.0	11.6	12.9	12.5	11.0
1972										10.1	11.7	13.7	12.7	10.7
1973											13.2	15.5	13.1	10.2
1974												17.9	12.3	8.4
1975													7.0	4.1
1976														1.3

MEXICO

PRIVATE FINAL CONSUMPTION EXPENDITURE

	1963	1965	1966	1967	1968	1969	1970	1971	1972	1973	1974	1975	1976	1977
1960	4.6	6.1	6.3	6.5	6.7	6.7	6.7	6.7	6.6	6.7	6.5	6.4	6.2	5.9
1963		7.7	7.3	7.2	7.4	7.2	7.1	6.9	6.8	6.8	6.5	6.3	6.0	5.7
1965			7.4	7.1	7.7	7.2	7.0	6.7	6.6	6.6	6.2	6.1	5.7	5.3
1966				6.8	8.0	7.1	6.8	6.5	6.5	6.5	6.0	5.9	5.5	5.1
1967					9.3	6.8	6.6	6.3	6.3	6.4	5.8	5.7	5.3	4.8
1968						4.5	5.7	5.6	5.9	6.2	5.5	5.4	4.9	4.5
1969							6.9	6.0	6.2	6.5	5.5	5.4	4.8	4.3
1970								5.1	6.1	6.5	5.1	5.1	4.4	3.9
1971									7.1	7.2	4.8	4.8	4.1	3.4
1972										7.2	3.2	4.1	3.3	2.7
1973											-0.6	3.3	2.6	2.0
1974												7.5	3.4	2.2
1975													-0.5	0.1
1976														0.7

MEXICO

GROSS FIXED CAPITAL FORMATION

	1963	1965	1966	1967	1968	1969	1970	1971	1972	1973	1974	1975	1976	1977
1960	5.8	9.8	10.0	10.3	10.5	10.4	10.2	9.5	9.3	9.3	9.3	9.2	8.9	8.3
1963		13.7	11.6	11.6	11.3	10.8	10.3	9.1	8.8	8.9	8.9	8.9	8.4	7.7
1965			8.9	11.3	11.0	10.2	9.7	8.0	7.7	8.2	8.4	8.5	7.9	7.0
1966				13.7	11.6	10.1	9.5	7.3	7.2	7.8	8.2	8.3	7.7	6.7
1967					9.6	8.5	8.3	5.8	6.1	7.2	7.8	8.1	7.4	6.3
1968						7.4	7.8	4.3	5.3	7.1	7.9	8.2	7.3	6.0
1969							8.3	2.1	4.7	7.5	8.4	8.6	7.4	5.8
1970								-3.7	4.5	8.7	9.6	9.4	7.7	5.6
1971									13.4	14.7	13.0	11.4	8.4	5.5
1972										16.0	12.3	10.3	6.5	3.4
1973											8.7	7.8	3.5	0.4
1974												6.9	0.5	-2.6
1975													-5.6	-6.6
1976														-7.6

6A. AVERAGE ANNUAL RATES OF GROWTH OF GROSS DOMESTIC PRODUCT AT CONSTANT PRICES BY TYPE OF EXPENDITURE AND BY KIND OF ECONOMIC ACTIVITY (continued)

(IN PER CENT)

MEXICO — *EXPORTS OF GOODS AND SERVICES*

	1963	1965	1966	1967	1968	1969	1970	1971	1972	1973	1974	1975	1976	1977
1960	6.4	6.8	6.5	5.5	5.3	5.7	5.4	5.1	5.3	5.5	5.6	5.1	4.8	4.5
1963		6.7	5.9	3.9	4.0	5.3	4.8	4.4	4.9	5.4	5.4	4.8	4.3	4.0
1965			5.6	1.2	3.0	5.9	4.8	4.3	5.1	5.7	5.7	4.8	4.2	3.8
1966				−3.0	2.7	7.3	5.2	4.3	5.3	6.1	6.0	4.8	4.1	3.6
1967					8.9	12.5	6.7	4.8	6.1	6.8	6.5	5.0	4.1	3.5
1968						16.3	4.1	2.7	5.2	6.5	6.2	4.4	3.4	2.9
1969							−6.9	−2.0	4.1	6.3	6.0	3.7	2.7	2.2
1970								3.2	10.2	10.5	8.5	4.5	2.9	2.3
1971									17.6	13.1	8.7	3.2	1.5	1.1
1972										8.7	4.5	−1.5	−1.9	−1.3
1973											0.5	−6.5	−4.7	−2.8
1974												−13.1	−5.7	−2.3
1975													2.3	2.7
1976														3.1

MEXICO — *IMPORTS OF GOODS AND SERVICES*

	1963	1965	1966	1967	1968	1969	1970	1971	1972	1973	1974	1975	1976	1977
1960	3.0	6.6	6.4	6.4	6.7	6.8	6.9	6.5	6.4	6.6	7.2	7.4	7.0	6.3
1963		9.8	6.9	6.5	7.0	7.1	7.2	6.3	6.2	6.6	7.5	7.7	7.1	6.1
1965			2.4	4.9	7.1	7.2	7.5	6.0	5.8	6.6	7.8	8.1	7.2	5.9
1966				7.5	9.4	8.5	8.4	6.0	5.8	6.8	8.2	8.5	7.3	5.8
1967					11.4	8.5	8.3	5.1	5.1	6.6	8.4	8.7	7.2	5.4
1968						5.6	7.2	3.0	3.9	6.2	8.7	9.0	7.1	5.0
1969							8.8	0.8	3.2	6.8	9.9	10.0	7.4	4.7
1970								−6.6	2.2	8.1	12.0	11.4	7.6	4.2
1971									11.7	15.6	17.9	14.6	8.4	3.8
1972										19.7	20.9	14.4	5.9	0.7
1973											22.1	10.6	0.2	−4.5
1974												0.2	−9.2	−11.3
1975													−17.7	−15.4
1976														−13.2

MEXICO — *AGRICULTURE*

	1963	1965	1966	1967	1968	1969	1970	1971	1972	1973	1974	1975	1976	1977
1960	3.6	5.0	4.7	4.5	4.3	4.0	3.9	3.7	3.5	3.4	3.3	3.1	2.9	2.8
1963		6.5	4.9	4.2	3.8	3.4	3.3	3.2	3.0	2.9	2.8	2.7	2.4	2.3
1965			1.7	2.2	2.5	2.3	2.6	2.7	2.5	2.4	2.4	2.3	2.0	1.9
1966				2.7	2.9	2.4	2.8	2.8	2.5	2.4	2.4	2.3	2.0	1.8
1967					3.1	2.1	2.8	2.8	2.5	2.3	2.3	2.2	1.9	1.7
1968						1.1	3.0	2.9	2.4	2.2	2.2	2.1	1.7	1.6
1969							4.9	3.5	2.4	2.2	2.2	2.0	1.6	1.4
1970								2.0	1.3	1.5	1.8	1.7	1.2	1.1
1971									0.5	1.3	1.8	1.8	1.1	1.0
1972										2.2	2.5	2.0	1.0	0.9
1973											2.8	1.8	0.3	0.5
1974												0.9	−1.0	−0.1
1975													−2.8	−0.1
1976														2.7

MEXICO — *INDUSTRIAL ACTIVITY*

	1963	1965	1966	1967	1968	1969	1970	1971	1972	1973	1974	1975	1976	1977
1960	6.7	9.2	9.3	9.3	9.4	9.3	9.3	9.0	8.8	8.7	8.6	8.4	8.2	8.0
1963		12.0	10.8	10.0	9.8	9.6	9.4	8.9	8.6	8.4	8.3	8.1	7.8	7.6
1965			8.9	8.5	9.0	8.9	8.9	8.3	8.0	7.9	7.8	7.6	7.3	7.1
1966				8.1	9.2	9.0	8.9	8.1	7.8	7.7	7.6	7.4	7.1	6.9
1967					10.4	9.2	9.0	7.8	7.5	7.5	7.4	7.2	6.9	6.7
1968						8.1	8.4	6.9	6.9	7.0	7.1	6.9	6.6	6.4
1969							8.8	6.0	6.4	6.8	7.0	6.8	6.5	6.3
1970								3.3	5.7	6.7	7.0	6.7	6.3	6.1
1971									8.1	8.2	8.0	7.1	6.5	6.2
1972										8.2	7.8	6.6	5.9	5.7
1973											7.4	5.7	5.1	5.1
1974												4.1	4.1	4.6
1975													4.2	5.0
1976														5.8

MEXICO — *MANUFACTURING*

	1963	1965	1966	1967	1968	1969	1970	1971	1972	1973	1974	1975	1976	1977
1960	6.2	9.4	9.7	9.6	9.6	9.5	9.4	9.1	8.9	8.8	8.6	8.4	8.1	7.8
1963		13.4	11.8	10.5	10.0	9.7	9.4	8.9	8.6	8.4	8.2	8.0	7.6	7.3
1965			9.4	8.1	8.6	8.6	8.6	8.0	7.8	7.7	7.6	7.3	7.0	6.7
1966				6.8	8.5	8.5	8.5	7.8	7.5	7.6	7.4	7.2	6.8	6.5
1967					10.1	9.1	8.9	7.6	7.4	7.4	7.3	7.0	6.6	6.3
1968						8.1	8.4	6.8	6.8	7.1	7.0	6.7	6.3	5.9
1969							8.7	5.8	6.3	6.9	6.9	6.5	6.1	5.7
1970								3.1	5.6	6.9	6.9	6.4	5.8	5.4
1971									8.3	8.6	7.8	6.7	5.9	5.3
1972										8.9	7.3	6.0	5.1	4.6
1973											5.7	4.6	3.9	3.7
1974												3.6	3.1	3.2
1975													2.7	3.1
1976														3.6

MEXICO — *CONSTRUCTION*

	1963	1965	1966	1967	1968	1969	1970	1971	1972	1973	1974	1975	1976	1977
1960	6.7	8.6	8.9	9.3	9.4	9.5	9.3	8.7	8.6	8.8	8.8	8.7	8.5	8.1
1963		7.3	8.5	10.0	9.6	9.6	9.2	8.1	8.1	8.4	8.5	8.5	8.2	7.7
1965			14.4	13.7	11.7	10.8	9.7	7.9	8.0	8.5	8.6	8.6	8.1	7.5
1966				13.0	10.1	9.7	8.6	6.6	7.0	7.9	8.2	8.2	7.7	7.1
1967					7.4	8.4	7.4	5.1	6.2	7.5	8.0	8.0	7.5	6.8
1968						9.4	7.1	3.9	5.8	7.8	8.3	8.3	7.6	6.7
1969							4.8	1.0	5.4	8.3	8.8	8.6	7.7	6.5
1970								−2.6	7.0	10.6	10.4	9.7	8.1	6.6
1971									17.6	16.7	13.3	11.1	8.5	6.5
1972										15.8	10.7	8.8	6.2	4.2
1973											5.9	5.9	3.5	1.9
1974												5.9	1.9	0.3
1975													−1.9	−1.9
1976														−2.0

MEXICO — *WHOLESALE AND RETAIL TRADE*

	1963	1965	1966	1967	1968	1969	1970	1971	1972	1973	1974	1975	1976	1977
1960	5.7	7.7	7.8	7.7	7.7	7.6	7.6	7.4	7.2	7.1	7.0	6.9	6.6	6.4
1963		9.8	8.8	7.9	7.8	7.7	7.5	7.2	7.0	6.9	6.8	6.6	6.3	6.0
1965			7.5	6.5	7.0	7.1	7.1	6.7	6.5	6.5	6.4	6.2	5.9	5.5
1966				5.6	7.1	7.2	7.1	6.5	6.4	6.4	6.3	6.1	5.7	5.3
1967					8.5	7.8	7.3	6.5	6.3	6.3	6.3	6.0	5.5	5.1
1968						7.0	6.8	5.7	5.8	6.0	6.0	5.8	5.3	4.8
1969							6.5	5.0	5.4	5.9	5.9	5.7	5.0	4.5
1970								3.4	5.2	6.0	6.0	5.6	4.8	4.3
1971									6.9	7.2	6.6	5.8	4.7	4.0
1972										7.5	6.3	5.3	3.9	3.3
1973											5.1	4.3	2.7	2.3
1974												3.4	1.4	1.5
1975													−0.5	0.8
1976														2.2

MEXICO — *TRANSPORT AND COMMUNICATION*

	1963	1965	1966	1967	1968	1969	1970	1971	1972	1973	1974	1975	1976	1977
1960	5.3	5.7	5.9	5.9	6.2	6.4	6.6	6.8	6.9	7.2	7.5	7.7	7.8	7.8
1963		5.0	5.8	5.8	6.5	6.8	7.0	7.2	7.4	7.7	8.0	8.3	8.3	8.3
1965			8.3	6.6	7.7	7.8	7.9	7.9	8.0	8.3	8.7	8.9	8.8	8.7
1966				4.9	7.8	8.0	8.0	7.9	8.1	8.5	8.9	9.1	9.0	8.8
1967					10.8	9.1	8.5	8.2	8.4	8.8	9.2	9.4	9.2	8.9
1968						7.4	7.6	7.6	8.1	8.7	9.2	9.5	9.2	8.9
1969							7.8	7.6	8.3	9.1	9.7	9.8	9.5	9.0
1970								7.5	8.7	9.7	10.3	10.3	9.7	9.1
1971									9.9	10.7	11.2	10.8	9.8	9.0
1972										11.6	11.7	10.9	9.5	8.5
1973											11.9	10.4	8.6	7.6
1974												8.9	7.0	6.2
1975													5.0	5.1
1976														5.2

MEXICO — *OTHER*

	1963	1965	1966	1967	1968	1969	1970	1971	1972	1973	1974	1975	1976	1977
1960	6.0	6.3	6.2	6.1	6.1	6.1	6.1	6.0	6.1	6.1	6.1	6.1	6.1	6.0
1963		6.5	6.0	5.9	6.1	6.0	6.0	5.9	6.0	6.1	6.1	6.1	6.1	5.9
1965			5.1	5.5	6.1	5.9	5.9	5.9	6.0	6.2	6.2	6.2	6.1	5.9
1966				6.0	6.6	6.1	6.0	5.9	6.1	6.3	6.3	6.3	6.2	5.9
1967					7.2	5.9	5.9	5.8	6.1	6.3	6.3	6.3	6.2	5.9
1968						4.7	5.5	5.6	6.1	6.3	6.3	6.3	6.1	5.8
1969							6.2	5.9	6.5	6.7	6.6	6.5	6.2	5.8
1970								5.6	6.7	7.0	6.7	6.5	6.2	5.7
1971									7.9	7.5	6.8	6.5	6.1	5.4
1972										7.1	6.2	6.0	5.6	4.9
1973											5.4	5.6	5.2	4.4
1974												5.7	5.0	3.9
1975													4.3	3.0
1976														1.7

NICARAGUA — *GROSS DOMESTIC PRODUCT*

	1963	1965	1966	1967	1968	1969	1970	1971	1972	1973	1974	1975	1976	1977
1960	9.9	10.4	9.6	9.1	8.3	7.8	7.2	6.8	6.4	6.1	6.1	6.0	5.9	5.9
1963		10.6	8.3	7.5	6.4	6.0	5.4	5.1	4.9	4.8	5.0	5.0	5.1	5.1
1965			3.3	5.1	4.2	4.4	4.0	4.0	3.9	3.9	4.4	4.6	4.7	4.8
1966				7.0	4.1	4.5	3.9	3.9	3.8	3.9	4.5	4.7	4.8	4.9
1967					1.3	3.8	3.3	3.5	3.5	3.7	4.5	4.7	4.9	5.0
1968						6.2	3.8	3.9	3.8	3.9	4.9	5.1	5.2	5.3
1969							1.4	3.1	3.3	3.7	5.1	5.2	5.4	5.5
1970								4.9	4.1	4.3	6.0	5.9	5.9	5.9
1971									3.2	4.1	6.7	6.3	6.1	6.1
1972										5.1	8.8	7.2	6.6	6.3
1973											12.7	7.3	6.3	6.1
1974												2.2	4.0	4.8
1975													5.8	5.9
1976														5.9

NICARAGUA — *PER CAPITA GROSS DOMESTIC PRODUCT*

	1963	1965	1966	1967	1968	1969	1970	1971	1972	1973	1974	1975	1976	1977
1960	6.7	7.4	6.7	6.2	5.5	5.0	4.5	4.0	3.7	3.4	3.3	3.2	3.0	3.0
1963		7.9	5.6	4.9	3.8	3.4	2.9	2.5	2.2	2.0	2.2	2.2	2.1	2.1
1965			0.7	2.6	1.6	1.8	1.5	1.4	1.2	1.2	1.5	1.6	1.7	1.8
1966				4.4	1.6	1.9	1.4	1.3	1.1	1.1	1.6	1.7	1.8	1.8
1967					−1.2	1.2	0.7	0.9	0.7	0.8	1.5	1.6	1.8	1.8
1968						3.6	1.2	1.2	0.9	0.9	1.8	1.9	2.0	2.0
1969							−1.1	0.3	0.3	0.6	1.9	2.0	2.1	2.1
1970								1.8	0.8	1.0	2.6	2.5	2.5	2.4
1971									−0.3	0.8	3.3	2.9	2.7	2.6
1972										1.9	5.4	3.7	3.1	2.8
1973											9.0	3.8	2.8	2.5
1974												−1.2	0.5	1.2
1975													2.3	2.3
1976														2.3

NICARAGUA — *GOVERNMENT FINAL CONSUMPTION EXPENDITURE*

	1963	1965	1966	1967	1968	1969	1970	1971	1972	1973	1974	1975	1976	1977
1960	0.7	2.5	2.6	3.4	3.3	3.3	3.6	3.8	3.9	3.8	3.9	4.3	4.6	5.0
1963		8.6	5.9	6.5	5.2	4.7	4.9	4.8	4.9	4.5	4.5	5.0	5.4	5.9
1965			0.1	5.8	3.5	3.4	4.1	4.3	4.5	4.0	4.2	4.9	5.5	6.0
1966				11.8	3.9	3.5	4.5	4.6	4.8	4.1	4.3	5.1	5.8	6.4
1967					−3.5	0.8	3.6	4.1	4.6	3.8	4.0	5.1	5.9	6.6
1968						5.2	7.1	6.0	6.0	4.4	4.5	5.7	6.6	7.3
1969							9.1	6.0	5.9	3.7	4.2	5.8	6.9	7.7
1970								3.0	4.8	2.2	3.4	5.8	7.2	8.1
1971									6.7	1.0	3.4	6.8	8.4	9.2
1972										−4.4	3.2	8.4	10.0	10.6
1973											11.3	14.9	14.1	13.3
1974												18.6	14.7	13.2
1975													10.9	11.0
1976														11.1

6A. AVERAGE ANNUAL RATES OF GROWTH OF GROSS DOMESTIC PRODUCT AT CONSTANT PRICES BY TYPE OF EXPENDITURE AND BY KIND OF ECONOMIC ACTIVITY (continued) (IN PER CENT)

NICARAGUA

PRIVATE FINAL CONSUMPTION EXPENDITURE

	1963	1965	1966	1967	1968	1969	1970	1971	1972	1973	1974	1975	1976	1977
1960	9.7	9.4	8.7	8.7	8.0	7.2	6.5	6.0	5.5	5.4	5.4	5.3	5.2	5.2
1963		9.2	7.6	8.0	6.8	5.7	4.8	4.3	4.0	4.1	4.3	4.3	4.3	4.4
1965			3.5	7.5	5.2	3.8	3.0	2.8	2.6	3.1	3.6	3.8	3.9	4.0
1966				11.6	5.1	3.0	2.2	2.2	2.2	2.9	3.6	3.8	3.9	4.0
1967					–1.0	–0.4	0.1	0.9	1.3	2.5	3.5	3.7	3.9	4.0
1968						0.3	0.6	1.6	1.9	3.2	4.3	4.4	4.4	4.5
1969							0.9	2.4	2.4	4.1	5.2	5.1	5.0	5.0
1970								3.9	2.9	5.2	6.4	5.9	5.5	5.3
1971									1.9	6.5	7.6	6.4	5.7	5.4
1972										11.3	10.0	6.9	5.7	5.4
1973											8.6	4.5	3.9	4.2
1974												0.5	2.2	3.5
1975													4.0	4.9
1976														5.8

NICARAGUA

GROSS FIXED CAPITAL FORMATION

	1963	1965	1966	1967	1968	1969	1970	1971	1972	1973	1974	1975	1976	1977
1960	17.6	21.2	20.2	18.0	14.4	12.7	11.3	10.1	8.6	8.5	8.7	8.4	8.1	8.3
1963		26.3	20.6	15.3	8.8	7.3	6.2	5.5	4.1	4.7	5.7	5.7	5.7	6.4
1965			11.2	5.9	–1.7	0.2	0.9	1.4	0.5	2.2	4.0	4.4	4.6	5.7
1966				0.9	–8.0	–2.1	–0.2	0.8	–0.2	2.1	4.4	4.8	4.9	6.1
1967					–16.1	–1.1	1.2	2.1	0.3	3.1	5.8	5.9	5.9	7.2
1968						16.4	8.6	6.2	2.0	5.2	8.1	7.7	7.3	8.5
1969							1.3	2.2	–1.9	4.0	8.3	7.8	7.2	8.7
1970								3.1	–4.3	5.8	11.1	9.5	8.2	9.9
1971									–11.2	10.4	16.3	11.9	9.3	11.2
1972										37.2	29.5	15.7	10.6	12.7
1973											22.2	5.3	3.2	8.9
1974												–9.2	–3.2	8.4
1975													3.2	19.5
1976														38.3

NICARAGUA

EXPORTS OF GOODS AND SERVICES

	1963	1965	1966	1967	1968	1969	1970	1971	1972	1973	1974	1975	1976	1977
1960	17.4	17.7	15.2	13.8	12.1	10.7	9.7	8.9	9.1	8.9	8.6	8.3	8.1	7.7
1963		14.6	9.1	8.3	6.8	5.7	5.2	4.9	6.1	6.3	6.3	6.3	6.3	5.9
1965			–1.5	4.3	3.4	2.9	3.2	3.3	5.5	6.0	6.1	6.1	6.1	5.7
1966				10.4	4.9	3.3	3.5	3.6	6.3	6.8	6.7	6.6	6.5	5.9
1967					–0.4	0.6	2.2	2.9	6.7	7.2	6.9	6.9	6.7	6.0
1968						1.6	3.7	3.9	8.9	8.9	8.1	7.7	7.3	6.3
1969							5.8	4.8	12.0	10.7	9.0	8.2	7.6	6.3
1970								3.7	16.7	12.3	9.3	8.1	7.4	5.8
1971									31.2	13.9	8.5	7.2	6.5	4.8
1972										–1.2	0.2	2.4	3.4	2.1
1973											1.6	4.4	4.9	2.5
1974												7.3	6.2	1.9
1975													5.0	–1.2
1976														–7.0

NICARAGUA

IMPORTS OF GOODS AND SERVICES

	1963	1965	1966	1967	1968	1969	1970	1971	1972	1973	1974	1975	1976	1977
1960	17.8	18.2	16.4	15.7	13.1	10.5	8.9	7.7	6.8	7.2	7.7	7.1	6.7	6.8
1963		18.7	13.5	13.2	8.6	5.2	3.9	3.0	2.6	4.0	5.3	4.9	4.6	5.0
1965			3.2	10.1	2.5	–1.0	–1.0	–0.9	–0.4	2.2	4.4	4.0	3.8	4.5
1966				17.4	–0.1	–4.0	–2.8	–2.1	–1.1	2.3	5.0	4.4	4.0	4.9
1967					–15.0	–11.5	–6.0	–3.8	–1.9	2.7	6.0	5.0	4.5	5.4
1968						–7.8	–0.9	–0.1	1.1	6.5	9.7	7.5	6.3	7.0
1969							6.5	2.9	3.3	10.1	13.3	9.4	7.3	8.0
1970								–0.6	2.3	13.1	16.5	10.2	7.3	8.1
1971									5.3	22.1	22.9	11.2	7.0	8.2
1972										41.4	29.7	8.7	3.9	6.5
1973											18.9	–6.1	–5.5	1.5
1974												–25.9	–12.3	1.4
1975													3.7	18.2
1976														34.7

NICARAGUA

AGRICULTURE

	1963	1965	1966	1967	1968	1969	1970	1971	1972	1973	1974	1975	1976	1977
1960	10.9	12.3	10.5	9.5	8.1	7.6	6.7	6.2	5.6	5.4	5.3	5.2	5.1	5.1
1963		12.9	7.4	6.4	4.4	4.7	3.8	3.6	3.3	3.3	3.5	3.7	3.9	3.9
1965			–3.2	2.0	0.4	2.7	1.8	2.1	2.1	2.4	2.9	3.3	3.6	3.7
1966				7.5	1.2	4.3	2.4	2.6	2.4	2.7	3.3	3.7	3.9	4.0
1967					–4.8	4.3	1.4	2.1	2.1	2.5	3.3	3.8	4.0	4.1
1968						14.2	2.7	3.1	2.6	3.1	3.8	4.3	4.5	4.5
1969							–7.7	–0.3	0.7	2.1	3.4	4.2	4.5	4.5
1970								7.8	4.1	4.4	5.4	5.8	5.7	5.4
1971									0.5	3.5	5.4	5.9	5.7	5.4
1972										6.5	7.8	7.3	6.5	5.8
1973											9.2	7.4	6.2	5.3
1974												5.7	4.8	4.2
1975													4.0	3.5
1976														3.1

NICARAGUA

INDUSTRIAL ACTIVITY

	1963	1965	1966	1967	1968	1969	1970	1971	1972	1973	1974	1975	1976	1977
1960	15.6	14.4	13.2	12.7	12.0	11.3	10.7	10.2	9.7	9.2	9.0	8.7	8.4	8.2
1963		12.0	9.8	10.3	9.5	9.0	8.6	8.1	7.9	7.5	7.4	7.2	7.0	6.9
1965			5.0	9.4	8.3	7.8	7.6	7.2	7.1	6.6	6.7	6.5	6.4	6.4
1966				14.0	9.1	8.0	7.6	7.0	6.9	6.4	6.5	6.4	6.3	6.3
1967					4.4	5.7	6.3	6.0	6.2	5.7	6.0	6.0	6.0	6.0
1968						7.0	7.1	6.2	6.4	5.8	6.1	6.0	6.0	6.0
1969							7.2	5.7	6.3	5.4	6.0	5.9	5.9	6.0
1970								4.3	6.2	4.9	5.9	5.8	5.8	5.9
1971									8.1	4.7	6.3	6.0	6.0	6.1
1972										1.4	6.3	5.9	5.9	6.0
1973											11.4	7.3	6.6	6.5
1974												3.4	4.8	5.6
1975													6.2	6.6
1976														6.9

NICARAGUA

MANUFACTURING

	1963	1965	1966	1967	1968	1969	1970	1971	1972	1973	1974	1975	1976	1977
1960	15.8	14.8	13.5	13.0	12.2	11.5	11.1	10.6	10.1	9.6	9.4	9.1	8.8	8.5
1963		12.1	9.9	10.3	9.6	9.1	8.9	8.6	8.2	7.8	7.8	7.6	7.4	7.2
1965			5.0	9.4	8.4	8.0	8.1	7.8	7.4	7.0	7.2	7.0	6.8	6.7
1966				14.0	9.3	8.3	8.3	7.8	7.3	6.9	7.1	6.9	6.7	6.6
1967					4.9	6.1	7.2	6.9	6.6	6.2	6.6	6.5	6.4	6.3
1968						7.4	8.4	7.4	6.7	6.2	6.7	6.6	6.4	6.2
1969							9.4	7.1	6.2	5.7	6.6	6.4	6.2	6.1
1970								4.8	4.8	4.8	6.4	6.3	6.0	5.9
1971									4.8	4.8	7.2	6.7	6.2	6.0
1972										4.7	8.8	7.3	6.3	6.0
1973											13.1	7.6	6.0	5.7
1974												2.4	3.2	4.2
1975													4.0	5.2
1976														6.4

NICARAGUA

CONSTRUCTION

	1963	1965	1966	1967	1968	1969	1970	1971	1972	1973	1974	1975	1976	1977
1960	16.1	19.3	21.3	19.0	16.5	14.8	13.2	11.9	11.1	10.7	11.3	11.3	11.4	11.3
1963		23.2	26.3	18.5	13.3	11.0	9.2	7.9	7.4	7.5	8.9	9.4	9.7	9.9
1965			34.5	9.7	4.0	3.8	3.3	3.2	3.6	4.6	7.2	8.2	8.8	9.3
1966				–10.5	–6.2	–1.5	–0.1	0.9	2.0	3.6	7.1	8.3	9.0	9.5
1967					–1.6	3.4	3.1	3.1	4.0	5.5	9.4	10.4	10.9	11.1
1968						8.6	4.6	3.9	4.8	6.6	11.3	12.1	12.3	12.3
1969							0.8	2.2	4.3	7.0	13.3	13.7	13.6	13.2
1970								3.5	6.2	9.4	17.4	16.6	15.6	14.7
1971									9.0	12.5	23.4	19.7	17.3	15.6
1972										16.2	32.6	22.3	17.8	15.4
1973											51.4	21.1	15.1	12.9
1974												–3.2	3.3	5.9
1975													10.2	10.0
1976														9.7

NICARAGUA

WHOLESALE AND RETAIL TRADE

	1963	1965	1966	1967	1968	1969	1970	1971	1972	1973	1974	1975	1976	1977
1960	9.9	10.1	9.4	8.7	8.1	7.4	6.8	6.4	6.1	6.0	6.0	5.9	5.8	5.7
1963		9.6	7.9	6.9	6.3	5.5	5.0	4.6	4.5	4.6	4.9	4.9	4.9	4.9
1965			4.4	4.6	4.5	3.9	3.5	3.5	3.5	4.0	4.6	4.6	4.6	4.7
1966				4.8	4.6	3.7	3.2	3.2	3.4	4.0	4.7	4.7	4.7	4.8
1967					4.3	3.0	2.6	2.9	3.2	4.0	4.9	4.9	4.8	4.9
1968						1.7	1.9	2.7	3.2	4.3	5.4	5.2	5.1	5.1
1969							2.2	3.3	3.8	5.0	6.2	5.8	5.5	5.4
1970								4.5	4.5	6.0	7.3	6.3	5.8	5.7
1971									4.5	7.0	8.5	6.7	5.8	5.7
1972										9.6	10.4	6.7	5.5	5.4
1973											11.3	4.5	3.9	4.3
1974												–1.9	1.3	3.3
1975													4.6	5.7
1976														6.8

NICARAGUA

TRANSPORT AND COMMUNICATION

	1963	1965	1966	1967	1968	1969	1970	1971	1972	1973	1974	1975	1976	1977
1960	9.9	10.1	9.4	8.7	8.1	7.4	6.8	6.4	6.1	6.0	6.0	5.9	5.8	5.7
1963		9.6	7.9	6.9	6.3	5.5	4.9	4.6	4.6	4.7	5.0	4.9	4.9	4.9
1965			4.4	4.6	4.5	4.0	3.5	3.5	3.7	4.0	4.6	4.6	4.6	4.7
1966				4.7	4.6	3.7	3.2	3.2	3.6	4.1	4.7	4.7	4.7	4.8
1967					4.4	3.0	2.6	2.9	3.5	4.1	5.0	4.9	4.8	4.9
1968						1.7	1.9	2.7	3.6	4.4	5.4	5.2	5.1	5.1
1969							2.2	3.3	4.3	5.2	6.3	5.8	5.5	5.4
1970								4.5	5.3	6.2	7.3	6.3	5.8	5.6
1971									6.2	7.0	8.3	6.5	5.7	5.5
1972										7.8	9.5	6.1	5.2	5.1
1973											11.3	4.5	3.9	4.3
1974												–1.9	1.3	3.3
1975													4.7	5.7
1976														6.8

NICARAGUA

OTHER

	1963	1965	1966	1967	1968	1969	1970	1971	1972	1973	1974	1975	1976	1977
1960	4.0	4.6	4.7	4.7	4.6	4.4	4.3	4.2	3.9	3.6	3.6	3.7	3.8	3.9
1963		6.5	5.7	5.5	4.9	4.4	4.2	4.1	3.6	3.2	3.3	3.4	3.6	3.8
1965			3.7	4.5	3.8	3.3	3.4	3.4	2.9	2.5	2.8	3.1	3.4	3.7
1966				5.3	3.6	3.0	3.2	3.3	2.6	2.2	2.7	3.0	3.4	3.7
1967					1.9	2.0	2.8	3.1	2.3	1.8	2.5	3.0	3.4	3.8
1968						2.1	3.4	3.5	2.2	1.6	2.6	3.1	3.7	4.1
1969							4.7	4.0	1.8	1.2	2.6	3.3	3.9	4.4
1970								3.4	0.2	0.0	2.4	3.4	4.2	4.7
1971									–2.9	–1.1	3.1	4.2	5.0	5.4
1972										0.7	6.7	6.5	6.8	6.7
1973											13.0	8.5	7.9	7.4
1974												4.1	6.1	6.2
1975													8.1	7.0
1976														5.9

PANAMA

GROSS DOMESTIC PRODUCT

	1963	1965	1966	1967	1968	1969	1970	1971	1972	1973	1974	1975	1976	1977
1960	9.1	7.9	7.8	7.9	7.8	7.8	7.8	7.8	7.8	7.7	7.5	7.3	6.9	6.6
1963		6.8	7.2	7.6	7.6	7.7	7.7	7.7	7.7	7.6	7.4	7.0	6.5	6.1
1965			7.6	8.1	7.8	7.9	7.8	7.8	7.7	7.6	7.2	6.8	6.2	5.7
1966				8.6	7.8	7.9	7.7	7.8	7.7	7.5	7.1	6.6	5.9	5.4
1967					7.0	7.7	7.6	7.8	7.6	7.4	7.0	6.3	5.6	5.0
1968						8.4	7.7	7.9	7.6	7.4	6.8	6.0	5.2	4.6
1969							7.0	7.8	7.5	7.2	6.5	5.6	4.7	4.0
1970								8.7	7.5	7.1	6.1	5.0	4.1	3.4
1971									6.3	6.4	5.3	4.1	3.1	2.5
1972										6.5	4.6	3.2	2.2	1.7
1973											2.6	1.6	0.9	0.8
1974												0.6	0.2	0.3
1975													–0.3	0.3
1976														0.9

6A. AVERAGE ANNUAL RATES OF GROWTH OF GROSS DOMESTIC PRODUCT AT CONSTANT PRICES BY TYPE OF EXPENDITURE AND BY KIND OF ECONOMIC ACTIVITY (continued)
(IN PER CENT)

PANAMA
PER CAPITA GROSS DOMESTIC PRODUCT

	1963	1965	1966	1967	1968	1969	1970	1971	1972	1973	1974	1975	1976	1977
1960	5.7	4.7	4.7	4.7	4.7	4.7	4.6	4.6	4.6	4.5	4.4	4.1	3.8	3.4
1963		4.0	4.3	4.6	4.6	4.6	4.6	4.6	4.6	4.5	4.2	3.8	3.4	3.0
1965			4.2	4.7	4.5	4.6	4.6	4.6	4.5	4.4	4.0	3.6	3.0	2.5
1966				5.2	4.5	4.7	4.6	4.6	4.5	4.3	3.9	3.4	2.8	2.2
1967					3.8	4.6	4.5	4.6	4.4	4.2	3.8	3.1	2.4	1.9
1968						5.3	4.6	4.7	4.5	4.2	3.6	2.8	2.1	1.5
1969							4.0	4.5	4.3	4.0	3.2	2.4	1.5	0.9
1970								5.1	4.3	3.9	2.9	1.8	0.9	0.3
1971									3.5	3.3	2.1	1.0	0.0	-0.5
1972										3.1	1.3	-0.0	-0.9	-1.3
1973											-0.5	-1.5	-2.1	-2.2
1974												-2.4	-2.8	-2.6
1975													-3.2	-2.6
1976														-1.9

PANAMA
GOVERNMENT FINAL CONSUMPTION EXPENDITURE

	1963	1965	1966	1967	1968	1969	1970	1971	1972	1973	1974	1975	1976	1977
1960	9.7	7.7	7.8	8.0	8.1	7.7	7.8	8.0	8.2	8.2	8.1	8.1	8.0	7.8
1963		4.7	6.6	7.8	8.1	7.2	7.6	8.0	8.3	8.3	8.2	8.1	7.9	7.7
1965			11.2	10.8	9.9	7.4	8.0	8.5	8.8	8.8	8.5	8.3	8.0	7.7
1966				10.5	9.1	5.8	7.3	8.2	8.7	8.7	8.3	8.1	7.8	7.5
1967					7.8	3.3	6.7	8.2	8.9	8.8	8.3	8.1	7.7	7.4
1968						-1.0	7.4	9.4	9.8	9.4	8.6	8.3	7.8	7.3
1969							16.6	13.7	12.2	10.6	9.2	8.6	7.9	7.3
1970								10.9	10.3	8.9	7.6	7.3	6.8	6.4
1971									9.7	7.8	6.4	6.4	6.1	5.7
1972										5.9	4.9	5.7	5.5	5.2
1973											3.8	5.9	5.5	5.1
1974												8.0	6.0	5.1
1975													4.1	3.8
1976														3.6

PANAMA
PRIVATE FINAL CONSUMPTION EXPENDITURE

	1963	1965	1966	1967	1968	1969	1970	1971	1972	1973	1974	1975	1976	1977
1960	7.5	7.9	7.2	7.0	6.6	6.7	6.7	6.8	6.6	6.6	6.5	6.1	5.6	5.4
1963		7.8	5.9	5.9	5.4	6.0	6.2	6.4	6.2	6.2	6.2	5.7	5.0	4.8
1965			1.2	4.6	4.2	5.9	6.1	6.6	6.3	6.2	6.2	5.5	4.6	4.4
1966				8.0	5.2	7.2	7.0	7.3	6.7	6.6	6.4	5.5	4.4	4.2
1967					2.4	7.5	7.2	7.5	6.6	6.5	6.3	5.2	4.0	3.8
1968						12.9	8.7	8.4	6.8	6.6	6.3	5.0	3.5	3.4
1969							4.5	6.8	5.3	5.5	5.5	4.1	2.5	2.6
1970								9.1	5.0	5.5	5.5	3.6	1.7	2.1
1971									1.1	4.5	5.0	2.5	0.4	1.2
1972										8.1	6.5	2.0	-0.7	0.7
1973											4.9	-1.4	-3.7	-0.5
1974												-7.4	-7.1	-0.8
1975													-6.8	3.8
1976														15.6

PANAMA
GROSS FIXED CAPITAL FORMATION

	1963	1965	1966	1967	1968	1969	1970	1971	1972	1973	1974	1975	1976	1977
1960	15.0	8.0	10.6	11.3	11.7	12.0	12.6	13.0	13.5	13.3	12.2	11.7	11.2	10.1
1963		0.7	12.3	13.4	13.7	13.8	14.4	14.7	15.2	14.5	12.5	11.7	11.1	9.5
1965			39.1	21.2	17.0	15.6	15.9	15.9	16.4	15.0	12.1	11.1	10.3	8.3
1966				5.6	9.2	11.0	13.2	14.1	15.2	13.7	10.6	9.7	9.0	7.0
1967					12.9	13.4	15.7	15.9	16.8	14.4	10.3	9.3	8.6	6.2
1968						13.9	17.4	16.9	17.7	14.3	9.0	8.1	7.5	4.9
1969							20.9	17.8	18.5	13.4	6.7	6.2	6.0	3.2
1970								14.8	18.0	10.7	2.7	3.3	3.9	1.0
1971									21.2	7.1	-2.7	0.2	2.0	-1.1
1972										-5.4	-12.5	-3.5	0.4	-3.2
1973											-19.0	0.4	4.4	-2.3
1974												24.5	15.2	-0.7
1975													6.5	-12.4
1976														-27.9

PANAMA
EXPORTS OF GOODS AND SERVICES

	1963	1965	1966	1967	1968	1969	1970	1971	1972	1973	1974	1975	1976	1977
1960	15.9	11.5	11.0	10.7	10.4	10.0	9.6	9.1	8.6	8.2	7.8	7.4	7.1	6.5
1963		6.9	8.4	9.0	9.0	8.7	8.3	7.9	7.3	6.9	6.5	6.2	6.0	5.2
1965			9.7	9.8	9.1	8.5	7.8	7.3	6.5	6.1	5.8	5.5	5.2	4.4
1966				9.9	8.7	8.0	7.3	6.7	5.9	5.5	5.3	5.1	4.8	3.9
1967					7.5	7.2	6.4	6.0	5.2	4.9	4.7	4.6	4.4	3.4
1968						6.8	5.8	5.4	4.6	4.3	4.3	4.3	4.1	3.0
1969							4.8	4.8	3.8	3.8	4.0	4.0	3.9	2.6
1970								4.8	3.2	3.5	3.9	3.9	3.8	2.2
1971									1.5	3.1	3.9	3.9	3.7	1.7
1972										4.7	4.9	4.4	4.0	1.2
1973											5.1	4.2	3.6	-0.1
1974												3.3	3.0	-2.2
1975													2.7	-5.6
1976														-13.1

PANAMA
IMPORTS OF GOODS AND SERVICES

	1963	1965	1966	1967	1968	1969	1970	1971	1972	1973	1974	1975	1976	1977
1960	15.4	11.3	10.9	10.5	9.8	9.7	9.7	9.7	9.5	9.1	8.5	7.9	7.2	6.5
1963		5.8	7.8	8.2	7.6	8.2	8.5	8.8	8.7	8.2	7.5	6.8	6.0	5.1
1965			9.9	8.8	7.0	8.2	8.8	9.1	8.9	8.0	7.1	6.2	5.2	4.1
1966				7.7	5.4	8.1	8.9	9.3	8.9	7.9	6.8	5.7	4.7	3.5
1967					3.2	9.1	9.9	10.1	9.3	7.8	6.5	5.3	4.1	2.8
1968						15.3	12.5	11.4	9.8	7.7	6.0	4.6	3.3	2.0
1969							9.7	9.8	8.2	5.9	4.3	3.0	1.8	0.5
1970								9.9	7.2	4.3	2.8	1.5	0.5	-0.8
1971									4.5	1.6	0.6	-0.3	-1.0	-2.2
1972										-1.2	-0.9	-1.5	-2.0	-3.3
1973											-0.7	-1.7	-2.5	-4.1
1974												-2.8	-3.3	-5.3
1975													-3.8	-6.7
1976														-9.5

PANAMA
AGRICULTURE

	1963	1965	1966	1967	1968	1969	1970	1971	1972	1973	1974	1975	1976	1977
1960	5.5	5.9	6.2	6.1	6.1	6.0	5.7	5.4	5.1	4.9	4.6	4.4	4.2	4.0
1963		8.0	7.5	6.8	6.5	6.2	5.5	5.1	4.8	4.5	4.1	3.9	3.7	3.4
1965			5.3	4.9	5.2	5.2	4.4	4.0	3.8	3.6	3.3	3.2	2.9	2.7
1966				4.6	5.2	5.3	4.1	3.7	3.5	3.4	3.0	2.9	2.7	2.5
1967					5.8	5.6	3.6	3.3	3.1	3.1	2.7	2.6	2.4	2.3
1968						5.4	2.3	2.4	2.5	2.7	2.3	2.3	2.2	2.0
1969							-0.7	1.5	2.1	2.5	2.0	2.2	2.0	1.8
1970								3.7	3.3	3.3	2.3	2.4	2.1	1.9
1971									2.9	3.2	1.8	2.1	1.8	1.6
1972										3.4	0.9	1.8	1.5	1.4
1973											-1.5	1.6	1.2	1.2
1974												4.8	2.0	1.5
1975													-0.7	0.3
1976														1.3

PANAMA
INDUSTRIAL ACTIVITY

	1963	1965	1966	1967	1968	1969	1970	1971	1972	1973	1974	1975	1976	1977
1960	15.7	12.4	11.5	11.2	11.0	10.9	10.6	10.5	10.3	10.0	9.5	9.0	8.2	7.6
1963		7.7	8.1	8.9	9.3	9.7	9.6	9.6	9.4	9.2	8.6	7.9	7.1	6.3
1965			8.4	10.0	10.3	10.5	10.1	9.9	9.6	9.2	8.3	7.5	6.4	5.6
1966				11.7	11.0	11.0	10.2	9.9	9.5	9.1	8.0	7.1	5.8	5.0
1967					10.3	10.8	9.7	9.5	9.1	8.6	7.4	6.4	5.1	4.2
1968						11.3	9.1	9.1	8.7	8.2	6.8	5.7	4.2	3.4
1969							7.1	8.4	8.2	7.7	6.0	4.8	3.2	2.4
1970								9.8	8.5	7.6	5.2	3.9	2.2	1.4
1971									7.2	6.6	3.6	2.5	0.6	0.1
1972										6.0	1.4	0.8	-1.1	-1.2
1973											-2.9	-1.0	-2.9	-2.4
1974												1.0	-3.6	-2.5
1975													-7.9	-3.2
1976														1.8

PANAMA
MANUFACTURING

	1963	1965	1966	1967	1968	1969	1970	1971	1972	1973	1974	1975	1976	1977
1960	16.6	12.6	11.7	11.3	11.1	10.8	10.5	10.3	10.0	9.6	9.0	8.4	7.5	6.8
1963		7.1	7.8	8.8	9.2	9.4	9.2	9.1	8.9	8.5	7.8	7.1	6.0	5.2
1965			9.1	10.6	10.5	10.2	9.7	9.3	8.9	8.4	7.4	6.5	5.2	4.2
1966				12.2	10.9	10.3	9.5	9.1	8.6	8.1	6.9	5.9	4.5	3.5
1967					9.7	9.5	8.6	8.4	8.1	7.5	6.2	5.2	3.6	2.6
1968						9.3	8.0	8.0	7.7	7.1	5.6	4.4	2.7	1.7
1969							6.7	7.6	7.3	6.6	4.8	3.5	1.6	0.6
1970								8.5	7.4	6.3	3.9	2.5	0.3	-0.5
1971									6.2	5.2	2.1	0.9	-1.4	-2.0
1972										4.2	-0.2	-0.8	-3.3	-3.4
1973											-4.4	-2.7	-5.5	-4.8
1974												-0.9	-6.7	-5.1
1975													-12.2	-5.9
1976														1.0

PANAMA
CONSTRUCTION

	1963	1965	1966	1967	1968	1969	1970	1971	1972	1973	1974	1975	1976	1977
1960	10.2	7.1	7.5	8.2	8.4	8.1	8.3	8.7	9.1	9.3	9.2	8.6	7.6	6.8
1963		4.9	7.6	9.2	9.3	8.6	8.7	9.4	9.9	10.0	9.8	8.7	7.3	6.2
1965			10.0	11.6	10.2	8.4	8.6	9.7	10.4	10.4	10.1	8.5	6.6	5.3
1966				13.3	9.8	7.3	8.0	9.7	10.5	10.5	10.1	8.2	6.1	4.6
1967					6.4	4.5	7.0	9.7	10.9	10.8	10.2	7.9	5.3	3.7
1968						2.6	8.0	11.7	12.5	11.8	10.7	7.7	4.7	2.9
1969							13.7	16.2	15.2	13.1	11.2	7.2	3.6	1.7
1970								18.7	15.3	12.2	9.9	5.1	1.1	-0.6
1971									12.0	9.1	7.3	1.8	-2.4	-3.5
1972										6.3	5.2	-1.9	-6.0	-6.4
1973											4.1	-6.6	-10.3	-9.0
1974												-16.2	-15.8	-11.2
1975													-15.3	-7.9
1976														0.2

PANAMA
WHOLESALE AND RETAIL TRADE

	1963	1965	1966	1967	1968	1969	1970	1971	1972	1973	1974	1975	1976	1977
1960	9.5	7.8	7.6	7.5	7.4	7.4	7.5	7.6	7.5	7.5	7.5	7.2	6.7	6.3
1963		5.8	6.3	6.7	6.8	7.0	7.4	7.5	7.5	7.4	7.4	6.9	6.4	5.8
1965			7.9	7.9	7.5	7.5	7.9	8.0	7.8	7.7	7.6	6.9	6.1	5.4
1966				7.9	7.2	7.4	8.1	8.1	7.8	7.6	7.6	6.8	5.9	5.0
1967					6.6	7.3	8.3	8.3	7.9	7.6	7.5	6.5	5.5	4.6
1968						8.1	9.3	8.8	8.0	7.6	7.5	6.3	5.1	4.1
1969							10.4	8.8	7.6	7.2	7.2	5.7	4.4	3.3
1970								7.3	6.3	6.3	6.7	4.9	3.4	2.4
1971									5.3	6.0	6.7	4.2	2.5	1.4
1972										6.6	7.4	3.4	1.3	0.3
1973											8.2	1.0	-0.9	-1.4
1974												-5.8	-4.4	-3.4
1975													-3.0	-2.3
1976														-1.7

PANAMA
TRANSPORT AND COMMUNICATION

	1963	1965	1966	1967	1968	1969	1970	1971	1972	1973	1974	1975	1976	1977
1960	10.7	10.4	10.6	10.8	10.6	10.9	11.2	11.6	11.6	11.6	11.7	11.5	11.5	11.3
1963		11.2	11.5	11.7	11.0	11.4	11.9	12.3	12.2	12.1	12.1	11.8	11.8	11.5
1965			11.6	11.8	10.3	11.4	12.3	12.8	12.5	12.2	12.3	11.8	11.8	11.4
1966				12.0	9.4	11.4	12.7	13.3	12.7	12.3	12.3	11.8	11.7	11.3
1967					6.8	11.9	13.6	14.0	13.0	12.5	12.4	11.7	11.7	11.2
1968						17.3	16.5	15.7	13.6	12.7	12.6	11.6	11.6	11.1
1969							15.7	14.9	12.1	11.4	11.7	10.8	11.0	10.4
1970								14.1	10.1	10.1	11.0	10.0	10.5	9.9
1971									6.2	8.7	10.9	9.5	10.3	9.6
1972										11.4	13.2	9.9	10.9	9.8
1973											15.0	8.4	10.6	9.2
1974												2.2	9.9	8.1
1975													18.3	9.5
1976														1.3

6A. AVERAGE ANNUAL RATES OF GROWTH OF GROSS DOMESTIC PRODUCT AT CONSTANT PRICES BY TYPE OF EXPENDITURE AND BY KIND OF ECONOMIC ACTIVITY (continued) (IN PER CENT)

PANAMA — *OTHER*

	1963	1965	1966	1967	1968	1969	1970	1971	1972	1973	1974	1975	1976	1977
1960	7.8	6.9	6.9	7.0	7.0	7.1	7.1	7.2	7.2	7.2	7.1	7.0	6.9	6.7
1963		5.6	6.4	6.9	6.9	7.1	7.1	7.3	7.3	7.3	7.2	7.0	6.7	6.5
1965			7.4	7.8	7.3	7.4	7.4	7.5	7.5	7.5	7.2	6.9	6.6	6.3
1966				8.2	7.1	7.4	7.4	7.5	7.5	7.5	7.1	6.8	6.5	6.1
1967					6.1	7.2	7.2	7.5	7.5	7.5	7.1	6.7	6.3	5.9
1968						8.3	7.7	7.9	7.7	7.6	7.0	6.6	6.2	5.7
1969							7.0	7.8	7.6	7.5	6.7	6.3	5.8	5.3
1970								8.6	7.7	7.5	6.5	5.9	5.4	4.9
1971									6.8	7.1	5.7	5.3	4.8	4.3
1972										7.4	4.9	4.6	4.3	3.8
1973											2.4	3.6	3.6	3.2
1974												4.8	4.1	3.2
1975													3.4	2.4
1976														1.4

PARAGUAY — *GROSS DOMESTIC PRODUCT*

	1963	1965	1966	1967	1968	1969	1970	1971	1972	1973	1974	1975	1976	1977
1960	4.8	4.6	4.3	4.3	4.3	4.2	4.3	4.3	4.4	4.5	4.7	4.8	5.0	5.2
1963		5.0	3.9	4.2	4.2	4.1	4.3	4.4	4.4	4.6	4.9	5.1	5.2	5.5
1965			1.1	3.7	3.9	4.0	4.3	4.4	4.5	4.8	5.1	5.3	5.5	5.8
1966				6.3	4.9	4.5	4.7	4.8	4.8	5.1	5.4	5.6	5.7	6.1
1967					3.6	3.7	4.5	4.6	4.7	5.1	5.5	5.7	5.9	6.2
1968						3.9	5.0	5.0	5.0	5.4	5.8	6.0	6.1	6.5
1969							6.2	5.3	5.2	5.7	6.2	6.2	6.4	6.8
1970								4.4	4.8	5.7	6.4	6.4	6.5	7.0
1971									5.1	6.5	7.2	6.9	6.9	7.4
1972										7.8	8.1	7.2	7.1	7.7
1973											8.3	6.6	6.7	7.8
1974												5.0	6.3	8.0
1975													7.5	9.6
1976														11.8

PARAGUAY — *PER CAPITA GROSS DOMESTIC PRODUCT*

	1963	1965	1966	1967	1968	1969	1970	1971	1972	1973	1974	1975	1976	1977
1960	1.8	1.5	1.2	1.2	1.2	1.2	1.3	1.4	1.5	1.6	1.8	1.9	2.0	2.2
1963		1.9	0.8	1.1	1.2	1.2	1.4	1.5	1.6	1.8	2.0	2.2	2.3	2.5
1965			-1.9	0.7	1.1	1.2	1.5	1.7	1.8	2.0	2.3	2.5	2.5	2.9
1966				3.3	2.3	1.8	2.0	2.1	2.1	2.3	2.6	2.7	2.8	3.1
1967					1.2	1.1	1.8	1.9	2.0	2.3	2.7	2.8	2.9	3.2
1968						1.1	2.3	2.2	2.2	2.6	3.0	3.1	3.1	3.5
1969							3.4	2.6	2.4	2.8	3.3	3.3	3.2	3.7
1970								1.7	1.9	2.8	3.5	3.4	3.3	3.9
1971									2.1	3.5	4.2	3.8	3.5	4.2
1972										4.8	5.1	4.1	3.6	4.4
1973											5.3	3.6	3.1	4.4
1974												1.9	2.2	4.7
1975													2.5	6.5
1976														10.6

PARAGUAY — *GOVERNMENT FINAL CONSUMPTION EXPENDITURE*

	1963	1965	1966	1967	1968	1969	1970	1971	1972	1973	1974	1975	1976	1977
1960	0.9	1.8	3.5	4.3	5.2	6.0	6.6	6.7	6.5	6.0	5.5	5.5	5.4	5.4
1963		3.3	7.5	7.6	8.2	9.0	9.2	8.7	8.0	6.9	5.9	5.9	5.7	5.6
1965			17.6	10.5	10.1	10.8	10.5	9.3	8.0	6.4	5.1	5.2	5.1	5.0
1966				3.9	7.6	9.9	9.9	8.5	7.0	5.2	4.0	4.3	4.4	4.4
1967					11.5	12.8	11.3	8.7	6.8	4.5	3.2	3.7	3.9	4.0
1968						14.0	10.8	7.2	5.1	2.7	1.5	2.6	3.1	3.4
1969							7.6	3.9	2.4	0.2	-0.5	1.5	2.3	2.8
1970								0.4	0.2	-1.9	-2.1	1.1	2.3	2.9
1971									0.1	-3.4	-2.9	1.8	3.2	3.8
1972										-6.8	-3.7	3.8	5.0	5.1
1973											-0.5	10.4	8.9	7.5
1974												22.4	11.6	8.2
1975													1.8	2.7
1976														3.7

PARAGUAY — *PRIVATE FINAL CONSUMPTION EXPENDITURE*

	1963	1965	1966	1967	1968	1969	1970	1971	1972	1973	1974	1975	1976	1977
1960	4.5	4.2	3.6	3.6	3.8	3.8	3.7	3.8	3.8	3.8	4.0	4.1	4.3	4.5
1963		2.5	1.9	2.7	3.3	3.6	3.5	3.7	3.6	3.7	4.0	4.2	4.4	4.7
1965			2.0	4.2	5.0	4.8	4.2	4.3	4.1	4.1	4.5	4.6	4.8	5.2
1966				6.5	6.2	5.3	4.3	4.4	4.1	4.1	4.6	4.7	5.0	5.4
1967					5.8	4.6	3.5	3.9	3.6	3.8	4.5	4.7	5.0	5.4
1968						3.3	2.3	3.5	3.3	3.6	4.6	4.8	5.1	5.7
1969							1.3	4.0	3.5	3.8	5.0	5.2	5.5	6.1
1970								6.8	4.0	4.2	5.8	5.7	6.0	6.6
1971									1.2	3.4	6.2	5.9	6.2	6.9
1972										5.7	8.9	7.1	7.1	7.7
1973											12.3	7.0	7.0	7.9
1974												2.0	5.3	7.5
1975													8.6	10.2
1976														11.8

PARAGUAY — *GROSS FIXED CAPITAL FORMATION*

	1963	1965	1966	1967	1968	1969	1970	1971	1972	1973	1974	1975	1976	1977
1960	-1.9	5.3	8.0	9.6	9.4	9.1	8.1	7.4	7.0	7.5	8.0	8.5	9.2	10.1
1963		21.9	20.6	18.8	14.9	12.4	9.5	8.1	7.2	8.0	8.6	9.3	10.2	11.3
1965			15.2	14.3	8.6	6.7	4.0	3.4	3.3	5.3	6.6	7.9	9.5	11.0
1966				13.4	4.7	3.9	1.2	1.3	1.8	4.7	6.5	8.0	9.9	11.6
1967					-3.4	0.7	-1.6	-0.4	0.9	4.8	7.0	8.8	10.9	12.7
1968						4.9	-1.8	0.2	1.7	6.7	9.0	10.8	12.9	14.8
1969							-8.0	-0.7	2.0	9.0	11.4	13.1	15.2	17.0
1970								7.2	6.5	15.1	16.1	16.8	18.5	20.0
1971									5.8	21.0	19.5	19.2	20.6	22.0
1972										38.3	24.0	21.2	22.5	23.6
1973											11.2	15.1	19.9	22.6
1974												19.2	24.7	26.3
1975													30.4	29.3
1976														28.2

PARAGUAY — *EXPORTS OF GOODS AND SERVICES*

	1963	1965	1966	1967	1968	1969	1970	1971	1972	1973	1974	1975	1976	1977
1960	0.2	2.9	2.4	2.1	1.7	2.2	2.9	3.2	3.6	3.8	3.8	3.7	3.6	3.8
1963		14.7	7.0	4.4	2.7	3.4	4.5	4.5	4.9	5.0	4.9	4.5	4.3	4.4
1965			-13.3	-6.3	-4.4	-0.3	2.9	3.4	4.2	4.6	4.5	4.0	3.8	4.0
1966				1.4	-0.5	3.9	6.7	6.1	6.4	6.3	5.8	5.0	4.5	4.7
1967					-2.3	6.2	9.4	7.5	7.4	7.0	6.2	5.1	4.5	4.7
1968						15.5	14.7	9.1	8.4	7.4	6.3	4.9	4.3	4.6
1969							13.9	5.3	6.1	5.7	4.7	3.5	3.0	3.6
1970								-2.7	3.9	4.4	3.6	2.3	2.0	3.1
1971									10.9	7.1	4.5	2.3	2.0	3.3
1972										3.4	1.6	-0.2	0.4	2.7
1973											-0.2	-1.9	-0.2	3.2
1974												-3.6	0.3	5.3
1975													4.4	10.1
1976														16.2

PARAGUAY — *IMPORTS OF GOODS AND SERVICES*

	1963	1965	1966	1967	1968	1969	1970	1971	1972	1973	1974	1975	1976	1977
1960	-4.8	1.4	2.9	3.9	4.5	5.3	4.5	4.3	3.7	3.8	4.2	4.7	5.5	6.4
1963		11.2	10.1	9.2	8.6	8.9	6.4	5.5	4.2	4.3	4.9	5.5	6.5	7.6
1965			11.8	9.1	8.1	9.1	4.8	3.9	2.4	3.0	4.1	5.1	6.5	8.0
1966				6.5	6.6	8.8	3.0	2.4	0.9	2.0	3.5	4.9	6.6	8.3
1967					6.6	10.3	0.8	1.0	-0.6	1.2	3.4	5.0	7.1	9.0
1968						14.1	-3.9	-1.4	-2.6	0.5	3.4	5.5	7.9	10.1
1969							-19.1	-5.2	-5.1	0.1	4.2	6.6	9.4	11.7
1970								11.0	0.1	5.7	9.3	10.9	13.4	15.4
1971									-9.7	5.8	11.3	12.8	15.5	17.5
1972										23.9	21.4	18.6	20.2	21.3
1973											18.8	15.9	19.6	21.4
1974												13.0	21.2	23.1
1975													29.9	27.4
1976														24.8

PARAGUAY — *AGRICULTURE*

	1963	1965	1966	1967	1968	1969	1970	1971	1972	1973	1974	1975	1976	1977
1960	9.7	7.1	5.8	4.9	4.2	3.8	3.6	3.5	3.4	3.5	3.7	3.8	3.9	4.1
1963		4.6	2.5	2.0	1.7	1.7	2.0	2.2	2.3	2.7	3.1	3.4	3.7	4.0
1965			-2.6	-0.3	0.3	0.8	1.7	2.0	2.3	2.8	3.4	3.8	4.0	4.4
1966				1.9	1.5	1.7	2.6	2.7	2.8	3.4	4.0	4.3	4.5	4.8
1967					1.1	1.6	3.0	3.0	3.1	3.7	4.4	4.7	4.9	5.2
1968						2.1	4.2	3.5	3.5	4.2	5.0	5.2	5.3	5.6
1969							6.2	3.8	3.6	4.5	5.5	5.6	5.6	5.9
1970								1.4	2.6	4.5	5.8	5.9	5.9	6.1
1971									3.9	6.2	7.4	6.9	6.5	6.6
1972										8.7	9.0	7.4	6.6	6.8
1973											9.2	6.5	5.8	6.4
1974												3.9	4.4	5.9
1975													5.0	7.2
1976														9.4

PARAGUAY — *INDUSTRIAL ACTIVITY*

	1963	1965	1966	1967	1968	1969	1970	1971	1972	1973	1974	1975	1976	1977
1960	1.0	2.5	2.7	3.3	3.6	3.8	4.2	4.5	4.9	5.2	5.4	5.5	5.6	5.8
1963		4.5	3.9	4.8	4.8	4.9	5.3	5.6	5.9	6.2	6.4	6.3	6.3	6.6
1965			3.2	6.0	5.4	5.4	5.9	6.2	6.5	6.8	7.0	6.8	6.7	7.0
1966				8.8	5.9	5.7	6.3	6.6	6.8	7.1	7.3	7.0	6.9	7.2
1967					3.1	4.5	6.0	6.6	6.9	7.2	7.4	7.0	6.9	7.2
1968						6.0	7.5	7.6	7.7	7.8	7.9	7.3	7.0	7.5
1969							9.0	8.2	8.0	8.0	8.1	7.3	6.9	7.5
1970								7.3	7.6	7.9	8.0	6.9	6.6	7.4
1971									7.9	8.1	8.2	6.6	6.3	7.4
1972										8.4	8.4	5.9	5.7	7.3
1973											8.4	4.2	4.8	7.4
1974												0.2	3.9	8.3
1975													7.7	12.6
1976														17.8

PARAGUAY — *MANUFACTURING*

	1963	1965	1966	1967	1968	1969	1970	1971	1972	1973	1974	1975	1976	1977
1960	1.0	2.4	2.6	3.1	3.5	3.7	4.1	4.3	4.5	4.8	5.0	5.0	5.0	5.3
1963		4.5	3.7	4.6	4.8	4.9	5.1	5.3	5.5	5.6	5.9	5.7	5.7	5.9
1965			2.4	5.6	5.5	5.4	5.7	5.8	5.9	6.1	6.3	6.1	5.9	6.2
1966				8.9	6.5	5.9	6.1	6.1	6.2	6.3	6.6	6.2	6.0	6.3
1967					4.1	4.7	5.6	5.8	6.0	6.2	6.6	6.1	5.9	6.2
1968						5.2	6.4	6.3	6.4	6.6	6.9	6.2	5.9	6.4
1969							7.6	6.6	6.6	6.8	7.1	6.2	5.8	6.4
1970								5.6	6.3	6.7	7.2	6.0	5.5	6.3
1971									7.0	7.2	7.7	5.8	5.2	6.4
1972										7.5	8.2	5.1	4.6	6.3
1973											8.9	3.3	3.4	6.3
1974												-2.0	1.7	6.8
1975													5.5	11.7
1976														18.4

PARAGUAY — *CONSTRUCTION*

	1963	1965	1966	1967	1968	1969	1970	1971	1972	1973	1974	1975	1976	1977
1960	1.8	4.1	6.1	7.6	7.0	7.0	6.9	7.2	7.2	7.4	7.8	8.3	8.8	9.5
1963		4.8	9.6	11.3	8.6	7.9	7.5	7.8	7.6	7.9	8.3	9.0	9.6	10.6
1965			19.9	16.6	7.8	6.8	6.5	7.2	7.1	7.7	8.3	9.2	10.0	11.2
1966				13.3	1.4	3.0	4.1	5.9	6.1	7.1	8.0	9.1	10.1	11.5
1967					-9.2	0.3	3.3	6.1	6.3	7.5	8.5	9.8	10.9	12.3
1968						10.8	8.9	10.4	9.0	9.7	10.4	11.5	12.5	13.9
1969							7.1	10.7	8.5	9.6	10.6	12.0	13.1	14.7
1970								14.4	8.2	10.0	11.2	12.9	14.0	15.9
1971									2.4	9.2	11.4	13.7	15.0	17.1
1972										16.4	15.3	16.9	17.4	19.5
1973											14.2	17.6	18.0	20.7
1974												21.1	19.3	22.7
1975													17.6	24.4
1976														31.7

6A. AVERAGE ANNUAL RATES OF GROWTH OF GROSS DOMESTIC PRODUCT AT CONSTANT PRICES BY TYPE OF EXPENDITURE AND BY KIND OF ECONOMIC ACTIVITY (continued)
(IN PER CENT)

PARAGUAY — *WHOLESALE AND RETAIL TRADE*

	1963	1965	1966	1967	1968	1969	1970	1971	1972	1973	1974	1975	1976	1977
1960	2.2	3.3	3.5	4.2	4.6	4.9	4.9	5.0	5.0	5.1	5.3	5.4	5.5	5.7
1963		6.2	5.1	6.1	6.3	6.3	6.0	6.0	5.8	5.8	5.9	5.9	6.0	6.3
1965			1.7	6.6	6.7	6.4	6.0	5.8	5.6	5.6	5.8	5.9	6.1	6.4
1966				11.7	8.4	7.1	6.2	6.0	5.6	5.6	5.9	5.9	6.1	6.5
1967					5.3	5.3	4.8	5.0	4.8	5.1	5.6	5.7	6.0	6.4
1968						5.3	4.6	5.0	4.7	5.2	5.7	5.8	6.2	6.6
1969							3.9	5.0	4.6	5.3	6.0	6.0	6.4	6.9
1970								6.2	4.7	5.6	6.5	6.4	6.8	7.4
1971									3.2	5.8	6.9	6.7	7.1	7.7
1972										8.4	8.6	7.4	7.7	8.4
1973											8.8	6.6	7.4	8.5
1974												4.4	7.3	8.9
1975													10.1	11.0
1976														11.9

PARAGUAY — *TRANSPORT AND COMMUNICATION*

	1963	1965	1966	1967	1968	1969	1970	1971	1972	1973	1974	1975	1976	1977
1960	7.2	6.7	5.8	5.5	5.1	4.8	4.6	4.4	4.3	4.5	4.8	5.3	5.6	5.9
1963		7.3	4.7	4.5	4.2	4.0	3.7	3.6	3.7	4.1	4.7	5.4	5.8	6.2
1965			0.5	3.1	3.4	3.4	3.2	3.2	3.5	4.1	5.0	5.8	6.4	6.8
1966				5.8	4.4	4.0	3.4	3.3	3.7	4.4	5.4	6.3	6.9	7.3
1967					3.0	3.2	2.8	2.9	3.6	4.5	5.7	6.8	7.4	7.7
1968						3.4	2.6	2.8	3.8	5.0	6.4	7.6	8.1	8.4
1969							1.8	2.7	4.3	5.8	7.4	8.6	9.0	9.2
1970								3.7	5.7	7.3	8.9	10.1	10.2	10.1
1971									7.7	9.0	10.6	11.6	11.3	10.8
1972										10.4	12.2	12.9	11.9	11.1
1973											14.0	13.9	11.9	10.8
1974												13.8	10.6	9.6
1975													7.5	7.9
1976														8.4

PARAGUAY — *OTHER*

	1963	1965	1966	1967	1968	1969	1970	1971	1972	1973	1974	1975	1976	1977
1960	1.0	2.4	2.9	3.4	4.0	4.3	4.6	4.7	4.9	4.9	4.9	5.0	5.1	5.2
1963		4.5	4.7	5.1	5.8	5.7	5.9	5.8	5.9	5.8	5.6	5.6	5.6	5.7
1965			5.3	5.9	7.0	6.4	6.4	6.1	6.1	5.9	5.7	5.7	5.7	5.8
1966				6.5	7.9	6.5	6.4	6.1	6.1	5.9	5.6	5.6	5.6	5.7
1967					9.3	6.1	6.2	5.8	5.9	5.7	5.3	5.4	5.5	5.6
1968						3.0	5.2	5.1	5.5	5.3	5.0	5.2	5.4	5.5
1969							7.5	5.8	6.1	5.6	5.1	5.3	5.5	5.7
1970								4.0	5.7	5.1	4.6	5.0	5.4	5.6
1971									7.4	5.3	4.5	5.1	5.5	5.8
1972										3.2	3.2	4.8	5.5	5.9
1973											3.3	5.8	6.4	6.6
1974												8.4	7.6	7.4
1975													6.9	6.9
1976														7.0

PERU — *GROSS DOMESTIC PRODUCT*

	1963	1965	1966	1967	1968	1969	1970	1971	1972	1973	1974	1975	1976	1977
1960	...	...	...	...	...	...	...	...	...	...	...	...	...	...
1963		6.0	6.2	5.7	4.7	4.3	4.4	4.5	4.6	4.7	4.9	4.9	4.9	4.8
1965			7.0	5.3	3.5	3.3	3.8	4.1	4.4	4.6	4.9	4.9	4.9	4.7
1966				3.5	1.7	2.3	3.4	3.9	4.3	4.7	5.0	5.0	5.0	4.8
1967					-0.0	2.0	3.8	4.4	4.8	5.1	5.4	5.3	5.2	4.9
1968						4.1	5.7	5.7	5.7	5.8	5.9	5.8	5.5	5.1
1969							7.3	6.2	6.0	6.0	6.1	5.9	5.5	5.0
1970								5.1	5.5	5.7	6.0	5.7	5.3	4.8
1971									5.8	6.0	6.3	5.7	5.2	4.5
1972										6.2	6.5	5.6	4.9	4.1
1973											6.9	5.1	4.3	3.4
1974												3.3	3.2	2.4
1975													3.0	1.9
1976														0.8

PERU — *PER CAPITA GROSS DOMESTIC PRODUCT*

	1963	1965	1966	1967	1968	1969	1970	1971	1972	1973	1974	1975	1976	1977
1960	...	...	...	...	...	...	...	...	...	...	...	...	...	...
1963		2.9	3.1	2.6	1.7	1.3	1.4	1.4	1.6	1.7	1.9	1.9	1.9	1.8
1965			4.0	2.2	0.5	0.3	0.8	1.1	1.4	1.6	1.9	2.0	1.9	1.8
1966				0.5	-1.2	-0.7	0.4	0.9	1.3	1.7	2.0	2.1	2.0	1.8
1967					-2.9	-0.9	0.8	1.4	1.8	2.1	2.4	2.4	2.3	2.0
1968						1.1	2.6	2.6	2.7	2.8	3.0	2.8	2.6	2.2
1969							4.1	3.1	3.0	3.0	3.2	2.9	2.6	2.1
1970								2.1	2.6	2.8	3.1	2.8	2.4	1.9
1971									3.1	3.2	3.4	2.9	2.3	1.7
1972										3.2	3.6	2.7	2.0	1.2
1973											3.9	2.2	1.4	0.6
1974												0.5	0.3	-0.4
1975													0.2	-0.9
1976														-2.0

PERU — *GOVERNMENT FINAL CONSUMPTION EXPENDITURE*

	1963	1965	1966	1967	1968	1969	1970	1971	1972	1973	1974	1975	1976	1977
1960	7.7	9.1	8.1	7.4	7.0	6.5	6.4	6.3	6.3	6.2	6.2	6.5	6.6	6.7
1963		12.0	7.6	6.3	5.9	5.3	5.4	5.4	5.7	5.7	5.7	6.2	6.4	6.7
1965			-1.2	2.1	3.4	3.5	4.2	4.7	5.3	5.4	5.5	6.2	6.5	6.8
1966				5.5	5.5	4.6	5.2	5.4	6.0	6.0	6.0	6.8	7.0	7.3
1967					5.5	4.0	5.2	5.6	6.2	6.2	6.1	7.0	7.3	7.6
1968						2.5	5.4	5.9	6.7	6.5	6.4	7.4	7.7	7.9
1969							8.4	7.2	7.8	7.0	6.7	8.0	8.1	8.3
1970								6.0	7.7	6.6	6.3	8.2	8.3	8.5
1971									9.5	6.4	6.1	8.8	8.7	8.9
1972										3.4	4.8	9.5	9.2	9.2
1973											6.3	13.2	10.9	10.2
1974												20.6	11.7	10.2
1975													3.4	6.5
1976														9.8

PERU — *PRIVATE FINAL CONSUMPTION EXPENDITURE*

	1963	1965	1966	1967	1968	1969	1970	1971	1972	1973	1974	1975	1976	1977
1960	10.0	8.8	8.5	8.2	7.6	7.2	7.1	6.8	6.6	6.6	6.7	6.7	6.5	6.3
1963		6.3	6.7	6.9	6.2	5.8	5.9	5.8	5.7	5.9	6.1	6.1	6.0	5.8
1965			7.6	7.3	5.6	5.2	5.5	5.5	5.4	5.7	6.1	6.1	6.0	5.7
1966				6.9	4.3	4.4	5.2	5.2	5.2	5.7	6.2	6.2	6.0	5.7
1967					1.8	3.6	5.2	5.3	5.2	5.8	6.4	6.3	6.1	5.7
1968						5.4	6.9	6.1	5.7	6.4	6.9	6.8	6.4	5.8
1969							8.3	6.1	5.4	6.5	7.2	6.9	6.4	5.7
1970								4.0	4.2	6.4	7.5	7.0	6.3	5.5
1971									4.5	8.0	8.8	7.5	6.5	5.4
1972										11.6	10.5	7.8	6.2	4.8
1973											9.5	5.7	4.3	3.2
1974												1.9	2.2	1.6
1975													2.5	1.3
1976														0.2

PERU — *GROSS FIXED CAPITAL FORMATION*

	1963	1965	1966	1967	1968	1969	1970	1971	1972	1973	1974	1975	1976	1977
1960	12.5	7.9	8.5	7.3	5.1	3.9	3.6	3.6	3.7	3.8	4.5	5.3	5.6	5.2
1963		7.7	10.3	7.0	2.6	1.1	1.3	2.0	2.5	2.9	4.2	5.4	5.8	5.3
1965			12.6	2.0	-4.3	-4.2	-2.0	-0.0	1.3	2.2	4.0	5.8	6.3	5.5
1966				-7.5	-11.3	-7.7	-3.4	-0.2	1.5	2.5	4.8	6.8	7.2	6.1
1967					-14.9	-6.5	-0.5	2.8	4.1	4.8	7.0	9.0	9.0	7.4
1968						2.8	7.0	8.4	8.0	7.6	9.8	11.6	11.1	8.7
1969							11.5	10.8	9.1	8.0	10.8	12.9	11.9	8.8
1970								10.1	7.7	6.8	11.2	13.8	12.3	8.3
1971									5.4	5.5	12.7	15.8	13.1	7.7
1972										5.5	17.8	20.1	14.4	6.9
1973											31.5	26.2	14.5	4.0
1974												21.1	5.9	-4.7
1975													-7.4	-15.0
1976														-22.1

PERU — *EXPORTS OF GOODS AND SERVICES*

	1963	1965	1966	1967	1968	1969	1970	1971	1972	1973	1974	1975	1976	1977
1960	6.0	4.4	3.8	3.4	3.6	3.4	3.2	2.8	2.7	2.0	1.3	0.9	0.6	0.5
1963		4.2	2.9	2.7	3.5	3.1	2.9	2.2	2.3	1.2	0.4	-0.1	-0.4	-0.3
1965			0.9	2.1	4.2	3.2	2.8	1.8	2.0	0.6	-0.5	-1.1	-1.2	-1.0
1966				3.3	6.0	3.6	2.9	1.5	1.8	0.1	-1.1	-1.6	-1.7	-1.4
1967					8.7	3.0	2.2	0.6	1.3	-0.8	-2.0	-2.5	-2.4	-1.9
1968						-2.4	-0.1	-1.4	0.4	-2.0	-3.3	-3.5	-3.2	-2.4
1969							2.2	-1.4	1.3	-2.5	-4.0	-4.1	-3.6	-2.5
1970								-4.9	1.8	-4.0	-5.5	-5.1	-4.2	-2.7
1971									9.1	-5.6	-7.0	-5.9	-4.4	-2.5
1972										-18.3	-12.3	-8.1	-5.1	-2.3
1973											-5.8	-2.9	-0.9	1.4
1974												0.2	1.5	3.8
1975													2.9	5.9
1976														8.9

PERU — *IMPORTS OF GOODS AND SERVICES*

	1963	1965	1966	1967	1968	1969	1970	1971	1972	1973	1974	1975	1976	1977
1960	14.7	12.5	12.8	12.8	11.0	9.4	8.3	7.6	6.9	6.5	6.8	7.3	7.1	6.6
1963		11.7	13.4	13.3	9.2	6.8	5.6	5.0	4.4	4.3	5.2	6.1	6.0	5.5
1965			15.9	13.3	4.9	2.2	1.9	2.1	1.9	2.4	4.0	5.4	5.5	4.9
1966				10.8	-1.1	-2.1	-0.8	0.3	0.6	1.5	3.7	5.5	5.5	4.8
1967					-11.8	-6.4	-2.3	-0.2	0.4	1.6	4.3	6.4	6.2	5.3
1968						-0.6	2.5	3.4	2.8	3.6	6.6	8.6	7.9	6.5
1969							5.7	5.0	3.3	4.2	8.0	10.3	9.0	6.9
1970								4.3	1.9	4.0	9.5	12.0	9.8	7.1
1971									-0.4	4.5	12.6	15.0	11.0	7.1
1972										9.8	20.3	20.0	12.4	6.7
1973											31.9	23.6	10.3	3.4
1974												15.8	0.1	-4.7
1975													-13.5	-12.1
1976														-10.6

PERU — *AGRICULTURE*

	1963	1965	1966	1967	1968	1969	1970	1971	1972	1973	1974	1975	1976	1977
1960	...	...	...	...	...	...	...	...	...	...	...	...	...	...
1963		3.5	4.0	4.4	3.5	3.2	3.7	3.7	3.2	2.8	2.6	2.4	2.4	2.2
1965			6.9	6.1	3.3	2.9	3.9	3.9	3.1	2.5	2.3	2.1	2.1	1.8
1966				5.2	1.2	1.7	3.6	3.7	2.7	2.1	1.9	1.7	1.8	1.6
1967					-2.7	0.7	4.0	4.0	2.5	1.8	1.7	1.5	1.6	1.4
1968						4.1	7.5	5.7	3.0	1.9	1.7	1.5	1.6	1.3
1969							11.0	5.6	1.6	0.6	0.8	0.8	1.1	0.9
1970								0.5	-2.6	-2.0	-0.7	-0.2	0.4	0.4
1971									-5.6	-2.6	-0.3	0.2	0.9	0.7
1972										0.5	2.3	1.8	2.2	1.4
1973											4.2	2.0	2.5	1.3
1974												-0.2	2.0	0.6
1975													4.3	0.3
1976														-3.6

PERU — *INDUSTRIAL ACTIVITY*

	1963	1965	1966	1967	1968	1969	1970	1971	1972	1973	1974	1975	1976	1977
1960	...	...	...	...	...	...	...	...	...	...	...	...	...	...
1963		6.9	7.6	7.0	6.3	5.4	5.4	5.4	5.5	5.6	5.6	5.5	5.5	5.4
1965			9.3	6.7	5.4	4.2	4.6	4.8	5.1	5.3	5.5	5.4	5.3	5.3
1966				4.1	3.6	2.8	3.9	4.4	4.9	5.2	5.4	5.3	5.2	5.2
1967					3.2	2.1	4.1	4.8	5.3	5.5	5.7	5.5	5.4	5.3
1968						1.0	5.1	5.6	6.0	6.1	6.2	5.8	5.6	5.5
1969							9.4	7.4	7.1	6.8	6.7	6.0	5.7	5.6
1970								5.4	6.3	6.2	6.2	5.6	5.3	5.2
1971									7.2	6.4	6.4	5.4	5.0	5.0
1972										5.5	6.1	4.8	4.5	4.7
1973											6.7	4.0	4.0	4.4
1974												1.4	3.2	4.2
1975													4.9	5.5
1976														6.1

6A. AVERAGE ANNUAL RATES OF GROWTH OF GROSS DOMESTIC PRODUCT AT CONSTANT PRICES BY TYPE OF EXPENDITURE AND BY KIND OF ECONOMIC ACTIVITY (continued)

(IN PER CENT)

PERU — *MANUFACTURING*

	1963	1965	1966	1967	1968	1969	1970	1971	1972	1973	1974	1975	1976	1977
1960	...	...	...	...	...	...	...	...	...	...	...	...	...	...
1963		8.6	9.0	8.2	7.2	6.2	6.1	6.3	6.4	6.5	6.6	6.6	6.6	6.3
1965			9.8	7.4	5.6	4.4	5.0	5.6	6.0	6.2	6.4	6.5	6.4	6.1
1966				5.0	3.7	2.9	4.3	5.3	5.9	6.2	6.5	6.5	6.4	6.1
1967					2.4	1.9	4.5	5.8	6.4	6.7	6.9	6.9	6.7	6.2
1968						1.4	6.1	7.3	7.5	7.6	7.6	7.4	7.0	6.4
1969							10.9	9.8	8.9	8.4	8.2	7.7	7.2	6.4
1970								8.6	7.9	7.7	7.6	7.2	6.7	5.8
1971									7.3	7.3	7.4	6.9	6.3	5.3
1972										7.4	7.5	6.6	6.0	4.8
1973											7.5	6.1	5.4	3.9
1974												4.7	4.4	2.8
1975													4.2	1.6
1976														−0.9

PERU — *CONSTRUCTION*

	1963	1965	1966	1967	1968	1969	1970	1971	1972	1973	1974	1975	1976	1977
1960	...	...	...	...	...	...	...	...	...	...	...	...	...	...
1963		11.8	11.0	6.2	1.3	0.2	0.8	1.6	2.7	3.3	4.4	5.4	5.8	5.7
1965			8.9	−1.3	−7.1	−5.6	−2.6	−0.2	1.8	3.0	4.6	6.0	6.4	6.1
1966				−10.6	−13.6	−8.2	−3.1	0.3	2.8	4.0	5.7	7.2	7.5	7.0
1967					−16.4	−5.6	1.0	4.3	6.3	6.9	8.4	9.6	9.5	8.5
1968						6.7	10.1	10.6	11.0	10.3	11.2	12.1	11.4	9.8
1969							13.6	12.0	12.0	10.5	11.7	12.7	11.7	9.7
1970								10.5	11.4	9.6	11.6	12.9	11.6	9.1
1971									12.4	8.6	12.1	13.7	11.7	8.5
1972										5.0	13.2	15.1	11.7	7.5
1973											22.0	19.4	12.0	6.0
1974												16.8	6.6	0.6
1975													−2.8	−6.0
1976														−9.2

PERU — *WHOLESALE AND RETAIL TRADE*

	1963	1965	1966	1967	1968	1969	1970	1971	1972	1973	1974	1975	1976	1977
1960	...	...	...	...	...	...	...	...	...	...	...	...	...	...
1963		...	...	...	...	...	...	...	...	...	...	...	...	...
1965			...	...	...	...	...	...	...	...	...	...	...	...
1966				...	...	...	...	...	...	...	...	...	...	...
1967					...	...	...	...	...	...	...	...	...	...
1968						...	...	...	...	...	...	...	...	...
1969							...	...	...	...	...	...	...	...
1970								10.8	7.7	7.1	7.6	7.7	6.8	5.4
1971									4.7	5.8	7.2	7.5	6.3	4.7
1972										6.8	8.5	8.3	6.3	4.2
1973											10.1	8.8	5.6	2.9
1974												7.5	3.1	0.4
1975													−1.1	−2.7
1976														−4.3

PERU — *TRANSPORT AND COMMUNICATION*

	1963	1965	1966	1967	1968	1969	1970	1971	1972	1973	1974	1975	1976	1977
1960	...	...	...	...	...	...	...	...	...	...	...	...	...	...
1963		...	...	...	...	...	...	...	...	...	...	...	...	...
1965			...	...	...	...	...	...	...	...	...	...	...	...
1966				...	...	...	...	...	...	...	...	...	...	...
1967					...	...	...	...	...	...	...	...	...	...
1968						...	...	...	...	...	...	...	...	...
1969							...	...	...	...	...	...	...	...
1970								5.5	6.1	7.2	8.2	8.7	8.6	7.5
1971									6.8	8.1	9.2	9.4	9.1	7.6
1972										9.4	10.4	10.1	9.5	7.3
1973											11.4	10.3	9.2	6.2
1974												9.2	8.1	4.3
1975													7.0	1.5
1976														−3.8

PERU — *OTHER*

	1963	1965	1966	1967	1968	1969	1970	1971	1972	1973	1974	1975	1976	1977
1960	...	...	...	...	...	...	...	...	...	...	...	...	...	...
1963		5.8	5.6	5.3	4.5	4.4	4.3	4.4	4.6	5.0	5.2	5.3	5.3	5.2
1965			5.3	4.7	3.3	3.6	3.8	4.1	4.6	5.1	5.4	5.5	5.4	5.2
1966				4.1	2.2	3.2	3.6	4.0	4.7	5.3	5.6	5.7	5.6	5.3
1967					0.3	3.3	3.8	4.4	5.1	5.8	6.1	6.1	5.9	5.5
1968						6.3	5.1	5.3	6.0	6.6	6.7	6.6	6.2	5.7
1969							3.9	5.1	6.2	6.9	7.0	6.8	6.3	5.6
1970								6.3	7.4	7.9	7.7	7.1	6.3	5.5
1971									8.5	8.6	7.9	7.0	6.0	5.1
1972										8.6	7.5	6.4	5.3	4.3
1973											6.3	5.3	4.2	3.2
1974												4.3	3.2	2.3
1975													2.1	1.3
1976														0.5

PUERTO RICO — *GROSS DOMESTIC PRODUCT*

	1963	1965	1966	1967	1968	1969	1970	1971	1972	1973	1974	1975	1976	1977
1960	8.5	8.4	8.1	7.7	7.2	7.3	7.4	7.4	7.4	7.2	6.8	6.5	6.3	6.1
1963		8.1	7.4	6.8	6.1	6.7	7.0	7.1	7.2	6.9	6.4	6.0	5.7	5.6
1965			6.3	5.5	4.9	6.6	7.1	7.2	7.4	6.9	6.2	5.7	5.4	5.2
1966				4.7	4.3	7.0	7.6	7.6	7.7	7.1	6.1	5.5	5.2	5.0
1967					3.8	8.8	8.7	8.3	8.2	7.2	6.0	5.3	5.0	4.8
1968						14.0	10.3	8.9	8.5	7.1	5.6	4.8	4.5	4.4
1969							6.8	6.8	7.3	5.8	4.2	3.6	3.6	3.7
1970								6.8	7.5	5.3	3.2	2.7	2.9	3.2
1971									8.2	4.0	1.6	1.6	2.2	2.8
1972										−0.1	−1.3	0.1	1.6	2.6
1973											−2.5	0.7	2.6	3.6
1974												4.0	5.1	5.3
1975													6.2	5.8
1976														5.4

PUERTO RICO — *PER CAPITA GROSS DOMESTIC PRODUCT*

	1963	1965	1966	1967	1968	1969	1970	1971	1972	1973	1974	1975	1976	1977
1960	6.5	6.3	6.1	5.8	5.5	5.7	5.8	5.9	5.9	5.6	5.1	4.7	4.4	4.2
1963		6.0	5.6	5.2	4.8	5.3	5.7	5.8	5.8	5.4	4.7	4.2	3.8	3.6
1965			5.1	4.5	3.9	5.4	6.0	6.1	6.0	5.3	4.4	3.8	3.4	3.1
1966				3.9	3.4	5.8	6.5	6.4	6.2	5.4	4.2	3.5	3.1	2.8
1967					2.9	7.3	7.6	7.0	6.6	5.4	3.9	3.1	2.7	2.4
1968						12.0	9.3	7.6	6.7	5.0	3.3	2.4	2.1	1.9
1969							6.8	5.6	5.3	3.5	1.8	1.1	0.9	1.0
1970								4.5	4.7	2.4	0.4	−0.1	0.1	0.4
1971									5.0	0.9	−1.3	−1.3	−0.6	−0.1
1972										−2.9	−4.0	−2.7	−1.2	−0.3
1973											−5.1	−2.1	−0.2	0.7
1974												1.0	2.1	2.3
1975													3.2	2.9
1976														2.5

PUERTO RICO — *GOVERNMENT FINAL CONSUMPTION EXPENDITURE*

	1963	1965	1966	1967	1968	1969	1970	1971	1972	1973	1974	1975	1976	1977
1960	7.8	7.7	8.4	9.3	9.7	10.2	10.4	10.3	10.2	9.8	9.6	9.2	8.8	8.5
1963		5.9	8.7	10.8	11.1	11.5	11.5	11.1	10.8	10.1	9.6	9.0	8.6	8.1
1965			16.4	16.6	14.2	13.6	12.8	11.8	11.2	10.0	9.4	8.6	8.0	7.5
1966				16.8	12.7	12.6	11.9	10.8	10.3	9.1	8.6	7.8	7.3	6.8
1967					8.6	11.2	10.8	9.7	9.5	8.1	7.7	6.9	6.5	6.0
1968						13.8	11.5	9.5	9.3	7.5	7.2	6.3	5.9	5.5
1969							9.2	7.4	8.1	6.1	6.1	5.4	5.1	4.8
1970								5.6	8.0	5.1	5.5	4.7	4.6	4.3
1971									10.4	3.9	5.2	4.2	4.2	3.9
1972										−2.2	3.9	3.0	3.5	3.4
1973											10.4	4.6	4.5	4.0
1974												−1.0	2.6	2.8
1975													6.3	4.1
1976														2.0

PUERTO RICO — *PRIVATE FINAL CONSUMPTION EXPENDITURE*

	1963	1965	1966	1967	1968	1969	1970	1971	1972	1973	1974	1975	1976	1977
1960	9.8	9.1	8.1	7.8	7.8	7.8	7.9	7.9	7.8	7.5	7.1	6.8	6.6	6.4
1963		7.6	5.8	6.1	6.8	7.0	7.4	7.5	7.5	7.1	6.5	6.1	5.9	5.8
1965			2.0	5.3	7.2	7.5	8.0	8.0	7.9	7.1	6.3	5.8	5.6	5.5
1966				8.7	9.7	8.9	9.0	8.7	8.4	7.3	6.2	5.7	5.5	5.4
1967					10.6	8.7	8.9	8.6	8.2	6.9	5.6	5.1	5.0	4.9
1968						6.8	8.5	8.2	7.7	6.2	4.7	4.4	4.4	4.4
1969							10.2	8.5	7.7	5.5	3.9	3.6	3.8	4.0
1970								6.9	6.6	3.9	2.3	2.5	3.0	3.5
1971									6.3	2.0	0.5	1.5	2.6	3.3
1972										−2.1	−1.8	0.8	2.6	3.5
1973											−1.5	2.7	4.5	5.1
1974												7.2	7.1	6.7
1975													7.1	6.4
1976														5.7

PUERTO RICO — *GROSS FIXED CAPITAL FORMATION*

	1963	1965	1966	1967	1968	1969	1970	1971	1972	1973	1974	1975	1976	1977
1960	12.6	12.6	12.8	12.1	11.5	11.7	11.6	11.2	10.1	8.9	8.0	6.8	5.6	4.6
1963		9.7	11.6	10.5	9.8	10.6	10.7	10.3	8.7	7.0	6.0	4.6	3.2	2.2
1965			19.1	11.4	9.8	11.3	11.3	10.5	8.0	5.7	4.6	3.0	1.3	0.3
1966				4.1	6.3	10.3	10.7	9.8	6.8	4.3	3.2	1.6	−0.1	−1.0
1967					8.5	13.9	12.7	10.6	6.3	3.3	2.2	0.5	−1.3	−2.2
1968						19.6	13.7	10.1	4.4	1.0	0.3	−1.4	−3.1	−3.8
1969							8.2	5.9	−0.3	−3.0	−2.6	−3.9	−5.4	−5.7
1970								3.6	−4.9	−6.5	−4.7	−5.6	−7.1	−7.0
1971									−12.7	−10.2	−5.6	−6.6	−8.2	−7.7
1972										−7.6	−1.5	−5.0	−7.9	−7.4
1973											5.0	−5.3	−9.5	−8.1
1974												−14.5	−15.2	−10.4
1975													−15.8	−7.3
1976														2.1

PUERTO RICO — *EXPORTS OF GOODS AND SERVICES*

	1963	1965	1966	1967	1968	1969	1970	1971	1972	1973	1974	1975	1976	1977
1960	7.9	7.6	8.2	8.0	7.1	7.2	7.0	6.8	7.1	7.1	6.5	5.9	5.8	5.7
1963		8.3	9.6	8.6	6.5	6.9	6.6	6.3	7.0	7.0	6.0	5.3	5.2	5.1
1965			11.0	7.0	3.5	5.4	5.4	5.3	6.7	6.6	5.4	4.5	4.5	4.5
1966				3.2	−0.1	4.5	4.8	4.9	6.8	6.7	5.1	4.1	4.2	4.2
1967					−3.2	6.6	6.0	5.6	7.9	7.5	5.3	4.0	4.2	4.2
1968						17.3	9.1	6.9	9.7	8.6	5.4	3.8	4.0	4.1
1969							1.4	3.0	9.0	7.7	3.9	2.2	2.9	3.2
1970								4.6	13.8	9.5	3.3	1.3	2.5	2.9
1971									23.8	9.7	0.5	−1.1	1.2	2.2
1972										−2.8	−9.0	−6.7	−1.3	0.8
1973											−14.7	−7.2	1.3	3.1
1974												1.0	10.5	8.7
1975													20.8	10.8
1976														1.6

PUERTO RICO — *IMPORTS OF GOODS AND SERVICES*

	1963	1965	1966	1967	1968	1969	1970	1971	1972	1973	1974	1975	1976	1977
1960	11.3	10.6	9.8	9.6	9.6	9.4	9.4	9.1	9.0	8.3	7.6	7.0	6.6	6.2
1963		9.0	7.8	8.2	8.6	8.6	8.7	8.4	8.4	7.5	6.5	5.8	5.4	5.0
1965			5.2	8.1	9.1	8.9	9.0	8.4	8.4	7.1	5.8	5.0	4.5	4.1
1966				11.0	10.8	9.7	9.4	8.5	8.5	6.8	5.3	4.4	4.0	3.6
1967					10.6	8.8	8.9	7.9	8.1	6.0	4.4	3.5	3.2	2.9
1968						7.1	8.4	7.1	7.7	5.0	3.3	2.4	2.3	2.1
1969							9.6	6.7	7.8	4.0	2.0	1.3	1.4	1.4
1970								3.8	7.5	2.1	0.1	−0.2	0.4	0.6
1971									11.5	−0.2	−2.0	−1.6	−0.3	0.1
1972										−10.7	−6.7	−3.8	−1.2	−0.3
1973											−2.5	−0.3	1.9	1.9
1974												1.9	4.2	3.1
1975													6.5	3.1
1976														−0.2

6A. AVERAGE ANNUAL RATES OF GROWTH OF GROSS DOMESTIC PRODUCT AT CONSTANT PRICES BY TYPE OF EXPENDITURE AND BY KIND OF ECONOMIC ACTIVITY (continued)
(IN PER CENT)

PUERTO RICO — *AGRICULTURE*

	1963	1965	1966	1967	1968	1969	1970	1971	1972	1973	1974	1975	1976	1977
1960	1.5	-1.2	-1.6	-2.2	-2.9	-3.3	-3.1	-3.0	-3.2	-2.6	-2.4	-2.0	-1.8	-1.5
1963		-3.2	-2.9	-3.7	-4.6	-4.7	-4.0	-3.7	-3.8	-2.7	-2.4	-1.8	-1.6	-1.1
1965			-3.6	-5.4	-6.5	-5.9	-4.3	-3.7	-3.9	-2.2	-1.9	-1.2	-1.0	-0.5
1966				-7.2	-7.8	-6.2	-3.8	-3.2	-3.6	-1.6	-1.4	-0.7	-0.5	0.0
1967					-8.3	-5.4	-2.1	-2.0	-2.9	-0.5	-0.5	0.2	0.3	0.7
1968						-2.3	1.1	-0.3	-2.2	0.7	0.4	1.0	0.9	1.3
1969							4.7	-0.0	-3.1	1.4	0.7	1.5	1.2	1.6
1970								-4.6	-6.5	1.8	0.7	1.7	1.3	1.8
1971									-8.4	7.1	2.7	3.3	2.3	2.6
1972										25.1	5.3	4.9	2.8	3.1
1973											-11.4	-1.2	-1.3	0.7
1974												10.2	2.3	3.6
1975													-5.0	1.9
1976														9.3

PUERTO RICO — *INDUSTRIAL ACTIVITY*

	1963	1965	1966	1967	1968	1969	1970	1971	1972	1973	1974	1975	1976	1977
1960	11.6	10.7	10.1	10.1	10.2	10.3	10.0	9.9	10.0	9.8	9.2	8.9	8.7	8.6
1963		9.9	8.8	9.3	9.9	10.2	9.6	9.7	9.8	9.5	8.7	8.4	8.1	8.0
1965			6.1	9.2	10.5	10.9	9.6	9.7	9.9	9.5	8.4	7.9	7.7	7.6
1966				12.4	12.5	12.0	9.7	9.8	10.0	9.5	8.1	7.7	7.4	7.4
1967					12.6	11.7	8.4	9.1	9.6	9.0	7.5	7.1	6.9	6.9
1968						10.9	6.0	8.2	9.3	8.6	6.8	6.4	6.4	6.5
1969							1.4	8.1	9.7	8.6	6.2	5.9	6.0	6.2
1970								15.3	13.2	9.7	5.9	5.6	5.8	6.1
1971									11.1	6.9	2.6	3.5	4.4	5.2
1972										2.8	-1.4	2.0	3.8	5.1
1973											-5.5	2.8	5.2	6.5
1974												11.9	9.9	9.4
1975													7.9	8.5
1976														9.2

PUERTO RICO — *MANUFACTURING*

	1963	1965	1966	1967	1968	1969	1970	1971	1972	1973	1974	1975	1976	1977
1960	11.2	10.1	9.5	9.4	9.6	9.7	9.4	9.4	9.4	9.4	9.1	8.9	8.8	8.8
1963		8.9	8.0	8.7	9.3	9.7	9.0	9.1	9.3	9.3	8.8	8.6	8.5	8.5
1965			5.8	9.1	10.2	10.5	9.1	9.2	9.4	9.5	8.7	8.5	8.4	8.4
1966				12.5	12.1	11.6	9.2	9.3	9.6	9.6	8.6	8.4	8.3	8.3
1967					11.8	11.1	7.7	8.5	9.1	9.2	8.1	7.9	7.9	8.1
1968						10.5	5.3	7.7	8.9	9.1	7.6	7.6	7.7	7.9
1969							0.4	7.5	9.4	9.5	7.4	7.4	7.6	7.8
1970								15.2	13.3	11.5	7.7	7.6	7.7	8.0
1971									11.4	9.7	5.1	5.9	6.7	7.3
1972										8.0	1.5	4.6	6.1	7.2
1973											-4.5	4.5	6.9	8.1
1974												14.2	11.8	11.2
1975													9.5	9.9
1976														10.4

PUERTO RICO — *CONSTRUCTION*

	1963	1965	1966	1967	1968	1969	1970	1971	1972	1973	1974	1975	1976	1977
1960	8.4	10.3	10.9	11.0	10.3	10.2	10.6	10.1	9.2	8.1	6.6	5.0	3.3	2.0
1963		12.9	13.1	12.3	10.3	10.0	10.8	10.0	8.5	6.9	4.8	2.8	0.7	-0.8
1965			15.1	12.0	8.0	8.5	10.5	9.2	7.2	5.2	2.6	0.3	-2.1	-3.5
1966				9.0	4.5	7.0	10.3	8.7	6.3	4.0	1.2	-1.3	-3.7	-5.1
1967					0.1	7.1	12.2	9.0	5.7	3.0	-0.3	-3.0	-5.5	-6.7
1968						14.6	18.3	10.4	5.2	1.8	-2.0	-4.9	-7.5	-8.6
1969							22.1	6.6	0.9	-2.1	-5.7	-8.2	-10.6	-11.2
1970								-6.9	-7.0	-7.4	-10.2	-12.0	-13.8	-13.7
1971									-7.0	-7.7	-11.7	-13.6	-15.5	-14.9
1972										-8.4	-14.4	-15.9	-17.6	-16.1
1973											-20.1	-18.7	-19.8	-16.9
1974												-17.3	-20.0	-15.6
1975													-22.7	-13.4
1976														-3.1

PUERTO RICO — *WHOLESALE AND RETAIL TRADE*

	1963	1965	1966	1967	1968	1969	1970	1971	1972	1973	1974	1975	1976	1977
1960	7.9	8.8	8.8	8.4	8.2	7.9	7.6	7.5	7.3	6.5	5.7	5.2	4.9	4.6
1963		10.1	9.2	8.0	7.9	7.4	6.9	6.9	6.7	5.5	4.5	3.9	3.7	3.5
1965			7.2	5.7	6.6	6.2	5.9	6.1	6.0	4.5	3.3	2.7	2.6	2.5
1966				4.2	6.7	6.1	5.7	6.0	5.9	4.0	2.7	2.1	2.1	2.1
1967					9.3	6.5	5.7	6.1	6.0	3.6	2.0	1.4	1.6	1.7
1968						3.7	4.2	5.6	5.6	2.5	0.8	0.4	0.8	1.1
1969							4.8	6.7	6.2	1.6	-0.4	-0.5	0.2	0.7
1970								8.7	6.5	-0.4	-2.4	-1.9	-0.6	0.2
1971									4.3	-5.4	-5.8	-3.8	-1.4	-0.2
1972										-14.3	-9.1	-4.5	-0.9	0.6
1973											-3.5	0.6	3.7	4.0
1974												5.0	7.2	5.9
1975													9.5	5.8
1976														2.3

PUERTO RICO — *TRANSPORT AND COMMUNICATION*

	1963	1965	1966	1967	1968	1969	1970	1971	1972	1973	1974	1975	1976	1977
1960	9.7	8.0	8.6	8.4	8.5	8.3	8.1	7.6	7.5	7.4	6.9	6.5	6.4	6.3
1963		6.5	9.0	8.6	8.7	8.2	7.9	7.2	7.1	7.0	6.3	5.8	5.7	5.7
1965			14.9	9.5	9.2	8.1	7.6	6.5	6.5	6.5	5.7	5.1	5.1	5.2
1966				4.3	7.3	6.6	6.5	5.4	5.7	5.9	5.1	4.5	4.6	4.7
1967					10.4	7.1	6.8	5.1	5.7	5.8	4.8	4.2	4.3	4.6
1968						3.9	5.5	3.6	5.0	5.5	4.3	3.6	3.9	4.3
1969							7.1	2.9	5.3	5.8	4.2	3.3	3.8	4.3
1970								-1.2	5.6	6.2	3.7	2.7	3.5	4.2
1971									12.8	9.0	3.9	2.4	3.5	4.4
1972										5.3	-0.6	-0.5	2.2	3.8
1973											-6.2	-2.3	2.6	4.8
1974												1.7	7.5	8.3
1975													13.6	10.9
1976														8.3

PUERTO RICO — *OTHER*

	1963	1965	1966	1967	1968	1969	1970	1971	1972	1973	1974	1975	1976	1977
1960	9.7	9.8	9.3	9.3	9.3	9.2	9.1	9.1	9.0	8.7	8.3	7.9	7.5	7.2
1963		10.1	8.8	8.9	9.1	8.9	8.9	8.9	8.8	8.3	7.7	7.2	6.8	6.5
1965			5.4	8.0	8.9	8.7	8.7	8.8	8.6	8.0	7.2	6.6	6.2	5.8
1966				10.7	10.4	9.3	9.2	9.0	8.8	7.9	7.0	6.3	5.9	5.5
1967					10.0	8.5	8.7	8.7	8.5	7.5	6.5	5.7	5.3	5.0
1968						7.1	8.3	8.5	8.3	7.0	5.8	5.1	4.7	4.5
1969							9.5	9.1	8.4	6.6	5.2	4.4	4.1	4.0
1970								8.7	7.8	5.5	3.9	3.4	3.3	3.3
1971									7.0	3.6	2.3	2.1	2.5	2.7
1972										0.4	0.3	1.1	2.0	2.4
1973											0.2	1.6	2.6	3.0
1974												2.9	3.8	3.8
1975													4.7	4.1
1976														3.4

TRINIDAD AND TOBAGO — *GROSS DOMESTIC PRODUCT*

	1963	1965	1966	1967	1968	1969	1970	1971	1972	1973	1974	1975	1976	1977
1960	...	...	...	...	...	...	...	...	...	...	...	...	...	...
1963		...	...	...	...	...	...	...	...	...	...	...	...	...
1965			...	...	...	...	...	...	...	...	...	...	...	...
1966				3.9	4.2	3.8	3.7	3.4	3.5	3.4	3.2	3.3	3.6	4.0
1967					4.4	3.7	3.6	3.2	3.4	3.3	3.1	3.2	3.6	4.0
1968						3.0	3.3	2.8	3.2	3.2	2.9	3.1	3.6	4.1
1969							3.6	2.6	3.3	3.2	2.9	3.2	3.8	4.4
1970								1.7	3.5	3.3	2.7	3.2	4.0	4.6
1971									5.3	3.7	2.7	3.3	4.3	5.1
1972										2.2	1.5	3.0	4.5	5.5
1973											0.8	3.8	5.7	6.6
1974												7.0	8.1	8.3
1975													9.1	8.8
1976														8.5

TRINIDAD AND TOBAGO — *PER CAPITA GROSS DOMESTIC PRODUCT*

	1963	1965	1966	1967	1968	1969	1970	1971	1972	1973	1974	1975	1976	1977
1960	...	...	...	...	...	...	...	...	...	...	...	...	...	...
1963		...	...	...	...	...	...	...	...	...	...	...	...	...
1965			...	...	...	...	...	...	...	...	...	...	...	...
1966				2.4	2.9	2.7	2.8	2.6	2.7	2.6	2.3	2.4	2.7	3.0
1967					3.4	2.7	2.9	2.6	2.7	2.6	2.3	2.4	2.7	3.1
1968						2.0	2.9	2.4	2.6	2.4	2.1	2.3	2.7	3.1
1969							3.8	2.4	2.7	2.4	2.0	2.3	2.8	3.3
1970								1.1	2.4	2.2	1.7	2.1	2.8	3.4
1971									3.7	2.4	1.5	2.2	3.1	3.8
1972										1.2	0.5	2.1	3.4	4.3
1973											-0.2	2.9	4.4	5.3
1974												6.0	6.6	6.8
1975													7.1	7.1
1976														7.0

TRINIDAD AND TOBAGO — *AGRICULTURE*

	1963	1965	1966	1967	1968	1969	1970	1971	1972	1973	1974	1975	1976	1977
1960	...	...	...	...	...	...	...	...	...	...	...	...	...	...
1963		...	...	...	...	...	...	...	...	...	...	...	...	...
1965			...	...	...	...	...	...	...	...	...	...	...	...
1966				1.0	3.8	2.4	3.2	3.4	4.0	2.8	1.1	0.7	0.5	0.5
1967					6.7	2.5	3.7	3.7	4.4	2.8	0.6	0.2	0.1	0.2
1968						-1.6	3.1	3.4	4.5	2.3	-0.3	-0.6	-0.5	-0.3
1969							8.0	5.2	5.9	2.3	-1.2	-1.2	-1.0	-0.7
1970								2.5	5.5	0.3	-3.6	-2.9	-2.2	-1.5
1971									8.6	-2.0	-6.7	-4.5	-3.0	-1.9
1972										-11.6	-12.7	-6.6	-3.6	-1.9
1973											-13.8	-2.6	-0.1	0.9
1974												9.9	5.9	4.4
1975													2.0	2.1
1976														2.2

TRINIDAD AND TOBAGO — *INDUSTRIAL ACTIVITY*

	1963	1965	1966	1967	1968	1969	1970	1971	1972	1973	1974	1975	1976	1977
1960	...	...	...	...	...	...	...	...	...	...	...	...	...	...
1963		...	...	...	...	...	...	...	...	...	...	...	...	...
1965			...	...	...	...	...	...	...	...	...	...	...	...
1966				9.3	11.8	6.9	4.8	3.0	3.1	2.9	3.1	3.2	3.4	3.7
1967					14.2	4.6	2.6	1.0	1.8	1.8	2.4	2.6	3.1	3.4
1968						-4.2	-1.7	-1.9	0.4	0.9	1.8	2.3	2.9	3.3
1969							0.9	-1.2	2.0	2.0	2.9	3.2	3.7	4.1
1970								-3.1	3.5	2.8	3.7	3.8	4.4	4.6
1971									10.5	4.6	5.1	4.7	5.1	5.2
1972										-1.0	3.5	3.8	4.7	5.0
1973											8.2	5.5	6.0	5.9
1974												2.9	5.5	5.6
1975													8.2	6.5
1976														4.8

TRINIDAD AND TOBAGO — *MANUFACTURING*

	1963	1965	1966	1967	1968	1969	1970	1971	1972	1973	1974	1975	1976	1977
1960	...	...	...	...	...	...	...	...	...	...	...	...	...	...
1963		...	...	...	...	...	...	...	...	...	...	...	...	...
1965			...	...	...	...	...	...	...	...	...	...	...	...
1966				5.7	13.6	9.9	8.2	6.2	6.0	4.7	4.5	3.9	3.9	3.9
1967					22.1	10.1	7.5	5.0	5.1	3.8	3.7	3.1	3.4	3.4
1968						-0.8	2.3	1.1	2.8	1.8	2.3	2.0	2.5	2.7
1969							5.4	1.4	3.8	2.0	2.6	2.1	2.7	3.0
1970								-2.4	4.1	1.3	2.4	1.7	2.6	3.0
1971									11.2	1.7	3.1	1.9	3.1	3.4
1972										-7.1	1.0	0.3	2.5	3.1
1973											9.7	2.6	4.9	4.8
1974												-4.1	4.1	4.3
1975													12.9	7.4
1976														2.1

6A. AVERAGE ANNUAL RATES OF GROWTH OF GROSS DOMESTIC PRODUCT AT CONSTANT PRICES BY TYPE OF EXPENDITURE AND BY KIND OF ECONOMIC ACTIVITY (continued) (IN PER CENT)

TRINIDAD AND TOBAGO — *CONSTRUCTION*

	1963	1965	1966	1967	1968	1969	1970	1971	1972	1973	1974	1975	1976	1977
1960	...	...	...	...	...	...	...	...	...	...	...	...	...	...
1963		...	...	...	...	...	...	...	...	...	...	...	...	...
1965			...	...	...	...	...	...	...	...	...	...	...	...
1966				-4.1	-14.3	-5.5	3.8	8.3	10.1	9.7	8.8	8.2	8.8	9.2
1967					-23.3	-2.9	10.2	14.3	14.8	12.9	11.0	9.7	10.1	10.3
1968						23.0	29.8	26.3	22.0	16.9	13.3	11.1	11.2	11.3
1969							36.9	26.3	19.9	13.7	10.0	8.2	9.1	9.6
1970								16.5	12.8	7.4	4.9	4.2	6.5	7.8
1971									9.2	2.9	1.5	1.9	5.6	7.5
1972										-3.0	-1.5	0.7	6.4	8.7
1973											0.1	2.7	10.4	12.1
1974												5.2	16.9	16.2
1975													29.8	19.8
1976														10.6

TRINIDAD AND TOBAGO — *WHOLESALE AND RETAIL TRADE*

	1963	1965	1966	1967	1968	1969	1970	1971	1972	1973	1974	1975	1976	1977
1960	...	...	...	...	...	...	...	...	...	...	...	...	...	...
1963		...	...	...	...	...	...	...	...	...	...	...	...	...
1965			...	...	...	...	...	...	...	...	...	...	...	...
1966				-0.0	1.1	4.0	2.9	1.5	0.8	1.4	0.6	-0.1	0.5	0.9
1967					2.2	6.3	3.5	1.4	0.4	1.3	0.3	-0.5	0.3	0.9
1968						10.6	3.1	0.1	-0.8	0.8	-0.3	-1.2	-0.1	0.7
1969							-3.9	-4.1	-3.3	-0.1	-1.3	-2.1	-0.5	0.6
1970								-4.4	-2.8	1.8	-0.7	-1.9	0.1	1.3
1971									-1.2	5.6	-0.1	-2.1	0.6	2.0
1972										12.9	-1.6	-3.8	0.7	2.5
1973											-14.2	-9.5	-0.1	2.8
1974												-4.4	8.6	8.7
1975													23.4	13.6
1976														4.6

TRINIDAD AND TOBAGO — *TRANSPORT AND COMMUNICATION*

	1963	1965	1966	1967	1968	1969	1970	1971	1972	1973	1974	1975	1976	1977
1960	...	...	...	...	...	...	...	...	...	...	...	...	...	...
1963		...	...	...	...	...	...	...	...	...	...	...	...	...
1965			...	...	...	...	...	...	...	...	...	...	...	...
1966				2.8	-1.1	-0.9	0.5	1.7	1.9	1.5	1.4	0.4	-0.2	-0.1
1967					-4.9	-2.0	0.6	2.3	2.3	1.7	1.5	0.3	-0.4	-0.3
1968						1.0	3.4	4.5	3.7	2.4	1.9	0.3	-0.6	-0.4
1969							5.8	6.1	4.1	2.0	1.5	-0.4	-1.3	-0.9
1970								6.3	2.9	0.4	0.4	-1.8	-2.6	-1.8
1971									-0.4	-2.3	-1.0	-3.5	-3.9	-2.5
1972										-4.1	-0.8	-4.6	-4.8	-2.6
1973											2.8	-6.0	-5.6	-2.3
1974												-14.0	-8.1	-1.9
1975													-1.7	4.8
1976														11.8

TRINIDAD AND TOBAGO — *OTHER*

	1963	1965	1966	1967	1968	1969	1970	1971	1972	1973	1974	1975	1976	1977
1960	...	...	...	...	...	...	...	...	...	...	...	...	...	...
1963		...	...	...	...	...	...	...	...	...	...	...	...	...
1965			...	...	...	...	...	...	...	...	...	...	...	...
1966				3.3	4.2	5.1	5.1	5.1	5.1	5.3	5.3	6.5	7.0	7.6
1967					5.1	6.1	5.5	5.4	5.3	5.5	5.4	6.9	7.4	8.0
1968						7.1	5.5	5.4	5.2	5.6	5.4	7.2	7.8	8.5
1969							3.9	4.8	4.8	5.5	5.3	7.7	8.3	9.0
1970								5.7	5.1	6.0	5.6	8.6	9.2	9.8
1971									4.6	6.4	5.6	9.8	10.3	10.7
1972										8.1	5.6	12.1	11.8	11.9
1973											3.1	15.7	13.4	12.9
1974												29.7	16.2	14.1
1975													4.2	8.6
1976														13.2

URUGUAY — *GROSS DOMESTIC PRODUCT*

	1963	1965	1966	1967	1968	1969	1970	1971	1972	1973	1974	1975	1976	1977
1960	0.1	0.6	1.0	0.7	0.6	0.9	1.2	1.3	1.2	1.1	1.1	1.2	1.3	1.3
1963		1.6	2.1	0.9	0.7	1.2	1.6	1.7	1.4	1.3	1.2	1.3	1.4	1.5
1965			3.4	-0.4	-0.2	1.1	1.9	1.9	1.5	1.2	1.2	1.3	1.4	1.6
1966				-4.1	-1.3	1.2	2.4	2.2	1.5	1.2	1.2	1.3	1.5	1.6
1967					1.6	3.8	4.3	3.3	2.0	1.5	1.3	1.5	1.6	1.8
1968						6.1	5.4	3.4	1.6	0.9	0.9	1.2	1.5	1.7
1969							4.7	1.8	-0.1	-0.3	0.1	0.7	1.1	1.5
1970								-1.0	-2.3	-1.5	-0.4	0.6	1.1	1.6
1971									-3.6	-1.4	0.2	1.3	1.8	2.2
1972										0.8	2.0	2.8	2.9	3.0
1973											3.1	3.8	3.5	3.4
1974												4.4	3.5	3.4
1975													2.6	3.0
1976														3.4

URUGUAY — *PER CAPITA GROSS DOMESTIC PRODUCT*

	1963	1965	1966	1967	1968	1969	1970	1971	1972	1973	1974	1975	1976	1977
1960	-1.3	-0.7	-0.3	-0.6	-0.7	-0.4	-0.1	0.0	-0.1	-0.1	-0.1	-0.1	0.0	0.2
1963		0.4	0.8	-0.3	-0.6	-0.1	0.4	0.5	0.2	0.0	0.0	0.1	0.2	0.4
1965			2.1	-1.7	-1.4	-0.2	0.7	0.7	0.2	-0.0	-0.0	0.1	0.3	0.5
1966				-5.3	-2.5	-0.1	1.1	1.0	0.3	-0.0	-0.1	0.1	0.3	0.5
1967					0.3	2.5	3.0	2.1	0.8	0.2	0.1	0.3	0.5	0.7
1968						4.8	4.1	2.1	0.3	-0.3	-0.3	0.1	0.4	0.7
1969							3.3	0.6	-1.3	-1.5	-1.1	-0.4	0.1	0.5
1970								-2.0	-3.4	-2.6	-1.6	-0.5	0.1	0.6
1971									-4.9	-2.5	-1.0	0.3	0.9	1.3
1972										-0.2	0.8	1.9	2.1	2.3
1973											1.7	2.9	2.7	2.7
1974												4.1	3.0	2.9
1975													1.9	2.4
1976														3.0

URUGUAY — *GOVERNMENT FINAL CONSUMPTION EXPENDITURE*

	1963	1965	1966	1967	1968	1969	1970	1971	1972	1973	1974	1975	1976	1977
1960	2.0	3.0	3.9	3.9	4.2	4.1	4.4	4.1	3.3	3.3	3.4	3.2	3.1	3.1
1963		5.8	6.9	5.6	5.7	5.1	5.4	4.6	3.2	3.2	3.3	3.1	3.0	3.0
1965			8.9	4.2	5.0	4.1	5.0	3.9	1.9	2.2	2.5	2.4	2.3	2.5
1966				-0.3	3.9	3.2	4.7	3.4	1.0	1.5	2.1	2.0	2.1	2.3
1967					8.3	4.1	6.0	3.7	0.4	1.2	2.0	1.9	2.0	2.3
1968						0.1	5.8	2.4	-1.6	0.2	1.5	1.5	1.7	2.1
1969							11.9	2.1	-3.7	-0.4	1.5	1.5	1.7	2.2
1970								-6.8	-10.1	-2.2	1.2	1.3	1.6	2.3
1971									-13.3	2.2	5.3	3.7	3.4	3.8
1972										20.5	13.4	6.9	5.1	5.0
1973											6.7	0.7	1.2	2.6
1974												-4.9	-0.4	2.5
1975													4.3	6.2
1976														8.1

URUGUAY — *PRIVATE FINAL CONSUMPTION EXPENDITURE*

	1963	1965	1966	1967	1968	1969	1970	1971	1972	1973	1974	1975	1976	1977
1960	-0.1	-0.1	0.2	0.1	-0.1	0.2	0.7	1.0	1.1	1.1	1.1	1.0	0.9	0.8
1963		-1.2	0.4	-0.1	-0.4	0.3	1.2	1.5	1.6	1.6	1.5	1.3	1.0	0.8
1965			6.8	1.5	0.1	1.3	2.4	2.7	2.5	2.3	1.9	1.7	1.2	0.9
1966				-3.6	-2.6	0.7	2.4	2.8	2.5	2.2	1.8	1.5	1.0	0.7
1967					-1.5	3.2	4.7	4.2	3.4	2.8	2.2	1.7	1.1	0.7
1968						8.2	7.3	5.3	3.7	2.8	2.0	1.4	0.7	0.3
1969							6.4	3.7	2.2	1.5	0.8	0.5	-0.2	-0.4
1970								1.1	0.4	0.3	-0.2	-0.3	-0.9	-1.1
1971									-0.3	-0.1	-0.5	-0.6	-1.3	-1.4
1972										0.2	-0.8	-0.8	-1.6	-1.7
1973											-1.8	-1.1	-2.2	-2.0
1974												-0.5	-2.7	-2.2
1975													-4.9	-2.6
1976														-0.3

URUGUAY — *GROSS FIXED CAPITAL FORMATION*

	1963	1965	1966	1967	1968	1969	1970	1971	1972	1973	1974	1975	1976	1977
1960	-1.8	-6.3	-6.2	-4.6	-4.1	-2.3	-0.9	0.1	0.1	-0.4	-0.5	0.1	0.6	1.4
1963		-8.4	-6.1	-2.1	-1.7	1.3	3.0	3.9	3.0	1.7	1.1	1.8	2.4	3.2
1965			-1.6	5.3	2.1	6.1	7.4	7.6	5.2	2.7	1.6	2.4	3.2	4.1
1966				12.8	2.3	8.3	9.3	8.9	5.4	2.3	1.1	2.1	3.0	4.1
1967					-7.2	8.9	10.0	9.2	4.5	0.7	-0.4	1.2	2.5	3.9
1968						27.8	16.9	12.0	4.3	-0.6	-1.6	0.7	2.3	4.0
1969							6.9	5.8	-2.3	-6.2	-5.7	-1.7	0.9	3.3
1970								4.6	-7.6	-10.7	-8.2	-2.1	1.4	4.3
1971									-18.5	-16.2	-9.9	-0.6	3.6	6.7
1972										-13.9	-4.5	7.4	10.4	12.5
1973											5.8	20.3	18.4	18.2
1974												36.8	22.3	20.0
1975													9.3	14.1
1976														19.1

URUGUAY — *EXPORTS OF GOODS AND SERVICES*

	1963	1965	1966	1967	1968	1969	1970	1971	1972	1973	1974	1975	1976	1977
1960	1.4	5.1	4.4	3.2	3.3	3.2	3.2	2.8	2.2	1.8	2.1	2.6	3.5	4.0
1963		15.3	7.7	3.2	3.5	3.2	3.3	2.5	1.6	1.1	1.6	2.4	3.8	4.5
1965			-11.3	-9.0	-2.3	-0.4	0.9	0.5	-0.4	-0.6	0.3	1.7	3.6	4.7
1966				-6.7	3.4	3.4	3.7	2.2	0.6	0.0	1.1	2.6	4.7	5.8
1967					14.5	6.9	5.7	2.8	0.5	-0.3	1.1	3.0	5.5	6.6
1968						-0.1	2.6	-0.2	-2.2	-2.2	0.1	2.7	5.8	7.1
1969							5.3	-1.1	-3.6	-3.1	0.3	3.5	7.2	8.5
1970								-7.2	-7.1	-4.7	0.7	4.9	9.3	10.4
1971									-7.1	-3.1	4.4	9.0	13.7	13.9
1972										1.1	11.2	15.0	19.4	17.7
1973											22.3	21.4	25.0	20.3
1974												20.6	27.2	19.1
1975													34.1	16.0
1976														0.3

URUGUAY — *IMPORTS OF GOODS AND SERVICES*

	1963	1965	1966	1967	1968	1969	1970	1971	1972	1973	1974	1975	1976	1977
1960	-4.3	-6.2	-5.6	-4.0	-3.5	-1.9	-0.0	1.4	1.8	2.2	2.3	2.4	2.6	2.8
1963		-8.6	-4.9	-1.0	-0.8	1.6	4.2	5.7	5.5	5.5	5.1	4.8	4.6	4.6
1965			10.9	11.3	5.4	7.5	10.2	10.9	9.2	8.4	7.1	6.3	5.8	5.6
1966				11.8	1.7	6.7	10.8	11.6	9.2	8.1	6.6	5.8	5.3	5.2
1967					-7.5	6.7	12.9	13.2	9.4	8.0	6.2	5.2	4.8	4.7
1968						23.0	22.9	18.2	10.8	8.5	6.0	4.9	4.4	4.4
1969							22.9	15.2	5.9	4.7	2.7	2.2	2.3	2.8
1970								8.0	-2.0	0.1	-0.8	-0.3	0.6	1.5
1971									-11.1	-1.7	-2.1	-0.9	0.4	1.7
1972										8.7	1.0	1.3	2.3	3.4
1973											-6.3	-1.0	1.6	3.5
1974												4.5	5.3	6.3
1975													6.1	7.2
1976														8.4

URUGUAY — *AGRICULTURE*

	1963	1965	1966	1967	1968	1969	1970	1971	1972	1973	1974	1975	1976
1960	4.0	2.5	3.3	2.0	1.2	1.4	1.9	2.0	1.7	1.6	1.4	1.4	1.4
1963		-1.6	2.4	-0.4	-1.4	-0.1	1.1	1.5	1.1	1.0	0.9	0.9	1.0
1965			9.5	-3.1	-3.8	-0.6	1.6	2.1	1.3	1.1	0.9	0.9	1.1
1966				-14.2	-8.1	-1.2	2.2	2.7	1.4	1.1	0.9	0.9	1.1
1967					-1.6	6.1	7.7	6.2	3.3	2.3	1.8	1.6	1.7
1968						14.4	11.5	7.3	2.8	1.7	1.2	1.1	1.3
1969							8.7	3.6	-1.1	-1.0	-0.8	-0.3	0.2
1970								-1.1	-5.6	-3.3	-2.1	-1.0	-0.1
1971									-9.8	-3.2	-1.5	-0.2	0.7
1972										3.9	2.1	2.3	2.6
1973											0.4	1.8	2.5
1974												3.3	3.5
1975													3.6

6A. AVERAGE ANNUAL RATES OF GROWTH OF GROSS DOMESTIC PRODUCT AT CONSTANT PRICES BY TYPE OF EXPENDITURE AND BY KIND OF ECONOMIC ACTIVITY (continued) (IN PER CENT)

URUGUAY — *INDUSTRIAL ACTIVITY*

	1963	1965	1966	1967	1968	1969	1970	1971	1972	1973	1974	1975	1976
1960	-0.4	1.2	1.4	1.0	1.1	1.4	1.7	1.7	1.7	1.6	1.6	1.7	1.8
1963		3.2	2.5	1.1	1.2	1.8	2.2	2.2	2.0	1.8	1.8	1.9	2.0
1965			2.0	-0.7	0.5	1.8	2.6	2.4	2.1	1.8	1.7	1.9	2.1
1966				-3.4	0.5	2.5	3.3	2.8	2.3	1.9	1.8	2.0	2.2
1967					4.5	5.2	5.0	3.7	2.7	2.1	1.9	2.1	2.4
1968						5.9	5.2	3.1	2.0	1.4	1.3	1.8	2.1
1969							4.4	1.6	0.7	0.3	0.6	1.4	1.9
1970								-1.2	-0.9	-0.6	0.2	1.3	2.1
1971									-0.5	-0.3	0.7	2.1	2.8
1972										-0.1	1.4	3.3	3.8
1973											3.0	5.0	4.9
1974												7.1	5.6
1975													4.1

URUGUAY — *MANUFACTURING*

	1963	1965	1966	1967	1968	1969	1970	1971	1972	1973	1974	1975	1976
1960	-0.1	1.3	1.4	1.0	1.0	1.2	1.5	1.5	1.4	1.3	1.3	1.4	1.6
1963		3.1	2.4	0.8	0.9	1.3	1.8	1.7	1.5	1.3	1.3	1.5	1.7
1965			1.9	-1.3	-0.0	1.2	2.1	1.9	1.6	1.3	1.3	1.5	1.8
1966				-4.5	-0.2	1.7	2.7	2.3	1.8	1.4	1.3	1.6	1.9
1967					4.2	4.6	4.6	3.3	2.2	1.6	1.5	1.8	2.1
1968						5.0	4.8	2.6	1.5	0.9	0.9	1.5	1.9
1969							4.6	1.2	0.1	-0.2	0.2	1.1	1.8
1970								-2.1	-1.7	-1.2	-0.2	1.1	2.0
1971									-1.2	-0.8	0.5	2.1	3.0
1972										-0.3	1.5	3.5	4.1
1973											3.4	5.4	5.4
1974												7.5	6.1
1975													4.7

URUGUAY — *CONSTRUCTION*

	1963	1965	1966	1967	1968	1969	1970	1971	1972	1973	1974	1975	1976
1960	-12.2	-8.2	-5.5	-4.5	-3.6	-2.7	-1.7	-0.8	-0.2	-0.4	-0.3	0.4	0.8
1963		-1.5	2.6	1.3	1.2	1.5	2.2	2.8	3.1	2.1	1.8	2.5	2.7
1965			13.2	2.3	1.6	1.9	3.1	3.8	3.9	2.2	1.8	2.8	3.0
1966				-7.5	-2.2	0.2	2.4	3.6	3.8	1.7	1.3	2.6	2.9
1967					3.4	3.7	5.4	5.8	5.3	2.2	1.6	3.1	3.3
1968						3.9	6.6	6.7	5.6	1.4	0.9	2.9	3.2
1969							9.4	7.7	5.6	-0.3	-0.4	2.5	3.0
1970								6.0	3.6	-4.0	-2.7	2.0	2.7
1971									1.4	-9.4	-4.9	2.5	3.3
1972										-19.1	-5.4	6.1	5.9
1973											10.7	20.7	12.8
1974												31.7	10.9
1975													-6.6

URUGUAY — *WHOLESALE AND RETAIL TRADE*

	1963	1965	1966	1967	1968	1969	1970	1971	1972	1973	1974	1975	1976
1960	0.9	-0.2	-0.5	-0.5	-0.5	-0.0	0.5	0.6	0.4	0.4	0.4	0.5	0.7
1963		0.7	-0.2	-0.1	-0.3	0.7	1.4	1.4	1.0	0.8	0.8	0.9	1.1
1965			-1.5	-0.3	-0.5	1.5	2.4	2.1	1.3	1.0	1.0	1.1	1.3
1966				1.0	-0.2	2.6	3.5	2.6	1.6	1.1	1.0	1.1	1.3
1967					-1.3	4.1	4.6	3.0	1.4	0.8	0.9	1.0	1.3
1968						9.8	6.9	3.3	1.0	0.3	0.5	0.8	1.2
1969							4.0	0.0	-1.7	-1.5	-0.7	0.0	0.7
1970								-3.8	-4.1	-2.7	-1.1	0.0	0.9
1971									-4.5	-1.8	0.2	1.2	2.0
1972										0.9	2.5	2.9	3.3
1973											4.2	3.8	3.9
1974												3.4	3.8
1975													4.3

URUGUAY — *TRANSPORT AND COMMUNICATION*

	1963	1965	1966	1967	1968	1969	1970	1971	1972	1973	1974	1975	1976
1960	-2.3	0.8	1.1	0.5	0.2	0.2	0.4	0.6	0.5	0.5	0.7	0.9	1.0
1963		5.9	3.9	1.0	0.2	0.3	0.5	0.8	0.7	0.7	0.9	1.1	1.3
1965			1.5	-3.5	-2.6	-1.2	-0.2	0.5	0.3	0.4	0.8	1.1	1.4
1966				-8.2	-3.6	-1.0	0.3	1.0	0.7	0.7	1.1	1.5	1.7
1967					1.2	2.4	2.7	2.8	1.7	1.5	1.8	2.0	2.3
1968						3.6	3.3	3.2	1.5	1.3	1.7	2.1	2.3
1969							2.9	3.0	0.7	0.6	1.4	2.0	2.3
1970								3.0	-0.8	-0.1	1.2	2.0	2.5
1971									-4.6	-1.0	1.5	2.5	3.0
1972										2.8	4.5	4.5	4.4
1973											6.2	5.2	4.6
1974												4.1	3.9
1975													3.7

URUGUAY — *OTHER*

	1963	1965	1966	1967	1968	1969	1970	1971	1972	1973	1974	1975	1976
1960	0.9	1.2	1.5	1.5	1.6	1.6	1.6	1.6	1.4	1.3	1.3	1.2	1.2
1963		1.9	2.4	2.0	1.9	1.8	1.9	1.7	1.4	1.3	1.2	1.2	1.1
1965			3.6	1.7	1.7	1.6	1.8	1.5	1.1	1.0	1.0	0.9	0.9
1966				-0.1	1.1	1.2	1.6	1.3	0.8	0.8	0.8	0.8	0.8
1967					2.4	1.7	2.0	1.5	0.7	0.7	0.8	0.8	0.8
1968						1.0	2.0	1.2	0.3	0.4	0.6	0.6	0.6
1969							3.0	0.9	-0.3	0.1	0.5	0.5	0.6
1970								-1.1	-1.7	-0.5	0.3	0.4	0.5
1971									-2.3	0.1	1.0	0.9	0.9
1972										2.6	2.5	1.5	1.3
1973											2.3	0.9	0.8
1974												-0.5	0.3
1975													1.1

VENEZUELA — *GROSS DOMESTIC PRODUCT*

	1963	1965	1966	1967	1968	1969	1970	1971	1972	1973	1974	1975	1976	1977
1960	7.2	7.6	7.0	6.5	6.2	5.9	5.8	5.6	5.5	5.4	5.3	5.3	5.3	5.4
1963		7.8	5.9	5.2	5.0	4.8	4.9	4.8	4.7	4.7	4.8	4.8	5.0	5.1
1965			2.3	3.2	3.9	4.0	4.5	4.5	4.4	4.5	4.7	4.8	4.9	5.1
1966				4.0	4.7	4.4	5.0	4.9	4.6	4.7	4.8	4.9	5.1	5.2
1967					5.3	4.4	5.3	5.0	4.7	4.8	4.9	5.0	5.2	5.3
1968						3.5	5.5	5.0	4.5	4.7	4.9	5.0	5.2	5.4
1969							7.6	5.3	4.5	4.7	5.0	5.1	5.3	5.6
1970								3.2	3.2	4.2	4.7	5.0	5.3	5.6
1971									3.2	4.9	5.4	5.4	5.8	6.0
1972										6.7	6.3	5.9	6.2	6.4
1973											5.8	5.5	6.2	6.4
1974												5.2	6.5	6.7
1975													7.8	7.3
1976														6.8

VENEZUELA — *PER CAPITA GROSS DOMESTIC PRODUCT*

	1963	1965	1966	1967	1968	1969	1970	1971	1972	1973	1974	1975	1976	1977
1960	3.6	4.0	3.4	2.9	2.7	2.4	2.3	2.2	2.0	2.0	1.9	1.9	2.0	2.0
1963		4.2	2.3	1.7	1.5	1.3	1.5	1.4	1.3	1.4	1.5	1.5	1.6	1.8
1965			-1.2	-0.2	0.6	0.6	1.1	1.2	1.1	1.2	1.4	1.5	1.7	1.8
1966				0.9	1.4	1.1	1.6	1.5	1.3	1.4	1.5	1.6	1.8	2.0
1967					1.9	1.0	1.8	1.6	1.3	1.5	1.6	1.7	1.9	2.1
1968						0.2	2.1	1.6	1.2	1.4	1.6	1.7	2.0	2.2
1969							4.0	2.0	1.2	1.5	1.7	1.9	2.1	2.4
1970								-0.0	0.0	1.0	1.6	1.8	2.2	2.4
1971									0.0	1.7	2.2	2.3	2.6	2.8
1972										3.5	3.1	2.7	3.0	3.2
1973											2.7	2.3	3.0	3.2
1974												2.0	3.3	3.5
1975													4.6	4.1
1976														3.6

VENEZUELA — *GOVERNMENT FINAL CONSUMPTION EXPENDITURE*

	1963	1965	1966	1967	1968	1969
1960	3.4	5.0	5.7	5.8	6.1	6.2
1963		5.1	6.5	6.2	6.5	6.6
1965			9.0	6.4	6.8	6.8
1966				3.8	6.3	6.5
1967					8.9	7.4
1968						6.0

VENEZUELA — *PRIVATE FINAL CONSUMPTION EXPENDITURE*

	1963	1965	1966	1967	1968	1969
1960	2.5	5.0	5.1	5.1	5.1	5.2
1963		8.7	7.0	5.9	5.7	5.6
1965			3.4	3.4	4.3	4.7
1966				3.3	4.9	5.3
1967					6.6	6.0
1968						5.5

VENEZUELA — *GROSS FIXED CAPITAL FORMATION*

	1963	1965	1966	1967	1968	1969
1960	-2.3	4.7	5.2	5.2	5.8	5.8
1963		13.6	9.4	7.4	7.7	6.9
1965			2.1	2.7	6.1	5.4
1966				3.3	8.7	6.3
1967					14.3	6.5
1968						-0.7

VENEZUELA — *EXPORTS OF GOODS AND SERVICES*

	1963	1965	1966	1967	1968	1969
1960	12.1	10.2	8.5	7.6	6.8	6.1
1963		6.9	4.1	4.0	3.6	3.3
1965			-1.4	2.4	2.5	2.4
1966				6.4	3.8	3.1
1967					1.2	1.8
1968						2.3

6A. AVERAGE ANNUAL RATES OF GROWTH OF GROSS DOMESTIC PRODUCT AT CONSTANT PRICES BY TYPE OF EXPENDITURE AND BY KIND OF ECONOMIC ACTIVITY (continued) (IN PER CENT)

VENEZUELA

IMPORTS OF GOODS AND SERVICES

	1963	1965	1966	1967	1968	1969
1960	-3.9	4.5	3.7	3.8	4.9	5.1
1963		15.3	6.5	5.2	6.9	6.5
1965			-8.3	-0.2	6.6	6.1
1966				8.7	14.5	9.8
1967					20.7	8.6
1968						-2.2

VENEZUELA

AGRICULTURE

	1963	1965	1966	1967	1968	1969	1970	1971	1972	1973	1974	1975	1976	1977
1960	3.9	5.4	5.4	5.5	5.4	5.3	5.3	5.2	4.9	4.7	4.6	4.6	4.5	4.4
1963		7.1	6.1	5.8	5.6	5.3	5.2	5.0	4.6	4.3	4.3	4.3	4.1	4.2
1965			4.2	4.8	4.9	4.6	4.8	4.6	4.0	3.8	3.9	4.0	3.8	3.9
1966				5.5	5.2	4.6	4.8	4.6	3.8	3.6	3.7	3.9	3.7	3.8
1967					5.0	4.1	4.7	4.4	3.5	3.3	3.5	3.8	3.6	3.7
1968						3.1	4.8	4.3	3.0	3.0	3.3	3.8	3.4	3.7
1969							6.5	4.5	2.5	2.7	3.2	3.8	3.4	3.7
1970								2.6	0.6	1.8	2.9	3.8	3.3	3.6
1971									-1.4	1.9	3.5	4.5	3.6	4.0
1972										5.3	5.7	6.1	4.2	4.5
1973											6.1	6.6	3.4	4.2
1974												7.0	1.6	3.6
1975													-3.6	3.1
1976														10.4

VENEZUELA

INDUSTRIAL ACTIVITY

	1963	1965	1966	1967	1968	1969	1970	1971	1972	1973	1974	1975	1976	1977
1960	5.5	5.9	5.1	4.8	4.6	4.4	4.3	4.1	3.7	3.6	3.4	3.1	2.9	2.7
1963		6.4	4.0	3.8	3.7	3.5	3.7	3.4	3.0	3.0	2.7	2.3	2.2	2.0
1965			-0.9	2.1	2.9	2.9	3.5	3.1	2.6	2.6	2.4	1.9	1.7	1.6
1966				5.2	4.5	3.8	4.2	3.5	2.6	2.7	2.4	1.8	1.6	1.5
1967					3.8	3.0	4.0	3.1	2.1	2.3	2.0	1.4	1.3	1.2
1968						2.3	4.4	2.8	1.6	2.0	1.7	1.0	1.0	1.0
1969							6.7	2.5	0.8	1.7	1.4	0.6	0.7	0.7
1970								-1.5	-1.7	0.9	0.9	-0.0	0.2	0.4
1971									-1.9	2.6	1.7	0.1	0.4	0.6
1972										7.2	2.6	-0.2	0.3	0.6
1973											-1.8	-3.4	-1.1	-0.2
1974												-5.0	-0.1	0.8
1975													5.1	3.2
1976														1.4

VENEZUELA

MANUFACTURING

	1963	1965	1966	1967	1968	1969	1970	1971	1972	1973	1974	1975	1976	1977
1960	7.6	8.8	8.0	7.5	7.1	6.7	6.7	6.5	6.3	6.2	6.2	6.1	6.2	6.2
1963		10.3	7.2	6.3	5.9	5.6	5.7	5.7	5.6	5.6	5.6	5.6	5.8	5.8
1965			1.0	3.2	4.2	4.3	5.1	5.2	5.2	5.3	5.4	5.4	5.7	5.8
1966				5.4	5.6	5.1	5.8	5.7	5.5	5.6	5.7	5.7	5.9	6.0
1967					5.7	4.9	6.1	5.8	5.6	5.6	5.7	5.7	6.0	6.0
1968						4.1	6.6	6.0	5.5	5.7	5.8	5.7	6.1	6.1
1969							9.1	6.4	5.5	5.7	5.8	5.7	6.2	6.2
1970								3.8	4.1	5.1	5.5	5.5	6.1	6.2
1971									4.3	5.9	6.1	5.9	6.6	6.5
1972										7.4	6.8	6.1	7.0	6.7
1973											6.2	5.4	7.2	6.7
1974												4.6	8.1	7.0
1975													11.7	7.4
1976														3.2

VENEZUELA

CONSTRUCTION

	1963	1965	1966	1967	1968	1969	1970	1971	1972	1973	1974	1975	1976	1977
1960	-6.3	-0.9	0.5	1.3	2.9	3.3	3.6	4.4	5.6	6.5	6.9	7.4	8.0	8.6
1963		7.4	6.7	5.7	7.5	6.9	6.4	7.2	8.5	9.5	9.6	9.9	10.4	10.9
1965			6.7	4.3	8.9	7.3	6.4	7.6	9.6	10.7	10.6	10.9	11.4	11.8
1966				2.1	11.3	7.6	6.2	7.9	10.4	11.6	11.3	11.4	12.0	12.4
1967					21.3	8.4	5.8	8.3	11.5	12.8	12.1	12.1	12.6	13.0
1968						-3.2	0.3	6.7	11.8	13.4	12.3	12.3	12.8	13.3
1969							3.9	12.5	17.5	17.6	14.6	14.0	14.2	14.5
1970								21.8	24.3	20.9	15.4	14.2	14.5	14.7
1971									26.8	19.5	12.1	11.8	13.0	13.7
1972										12.6	5.3	8.2	11.2	12.8
1973											-1.5	7.8	12.5	14.2
1974												18.0	19.3	18.5
1975													20.7	18.3
1976														16.0

VENEZUELA

WHOLESALE AND RETAIL TRADE

	1963	1965	1966	1967	1968	1969	1970	1971	1972	1973	1974	1975	1976	1977
1960	3.1	7.2	7.4	7.2	7.1	6.8	6.7	6.6	6.3	6.1	6.1	6.2	6.3	6.4
1963		12.4	9.8	8.0	7.4	6.7	6.6	6.4	5.9	5.7	5.7	5.9	6.1	6.2
1965			4.4	4.1	5.0	4.7	5.2	5.3	5.0	4.8	5.0	5.5	5.8	6.0
1966				3.7	5.5	4.8	5.4	5.5	5.0	4.8	5.1	5.6	6.0	6.2
1967					7.4	4.9	5.8	5.8	5.0	4.7	5.1	5.8	6.2	6.4
1968						2.5	5.6	5.7	4.6	4.4	4.9	5.8	6.3	6.5
1969							8.8	6.8	4.6	4.3	5.1	6.2	6.7	6.9
1970								4.8	2.6	3.1	4.7	6.2	6.9	7.0
1971									0.4	2.8	5.2	7.2	7.8	7.7
1972										5.2	7.8	9.5	9.4	8.8
1973											10.4	11.6	10.4	9.1
1974												12.8	10.0	8.2
1975													7.2	6.2
1976														5.1

VENEZUELA

TRANSPORT AND COMMUNICATION

	1963	1965	1966	1967	1968	1969	1970	1971	1972	1973	1974	1975	1976	1977
1960	1.0	4.9	5.2	5.3	5.4	5.2	5.7	6.0	6.4	6.5	6.7	6.9	7.1	7.3
1963		10.1	7.7	6.6	6.3	5.6	6.4	6.8	7.2	7.2	7.3	7.5	7.7	7.9
1965			3.1	4.0	4.8	4.1	6.1	6.8	7.4	7.4	7.6	7.8	7.9	8.2
1966				4.9	5.7	4.2	7.0	7.6	8.1	8.0	8.0	8.2	8.3	8.6
1967					6.6	3.4	8.0	8.5	8.9	8.5	8.4	8.5	8.6	8.9
1968						0.4	10.1	9.7	9.9	8.9	8.8	8.8	8.9	9.1
1969							20.6	12.9	11.5	9.5	9.1	9.0	9.1	9.3
1970								5.6	8.2	6.9	7.4	7.9	8.2	8.7
1971									10.8	7.0	7.6	8.2	8.6	9.1
1972										3.3	6.7	8.1	8.7	9.3
1973											10.2	10.2	10.0	10.4
1974												10.1	9.9	10.6
1975													9.7	11.0
1976														12.3

ASIA-MIDDLE EAST

GROSS DOMESTIC PRODUCT

	1963	1965	1966	1967	1968	1969	1970	1971	1972	1973	1974	1975	1976	1977
1960	7.1	7.8	7.9	7.7	7.8	7.9	7.9	8.1	8.3	8.5	8.6	8.5	8.5	8.4
1963		8.8	8.5	7.8	7.9	8.0	8.1	8.3	8.6	8.8	8.9	8.8	8.7	8.5
1965			8.0	6.5	7.4	7.8	8.0	8.4	8.8	9.1	9.2	8.9	8.8	8.5
1966				5.0	7.5	8.1	8.2	8.7	9.2	9.5	9.5	9.1	8.9	8.6
1967					10.1	9.3	8.9	9.3	9.7	9.9	9.8	9.3	9.0	8.6
1968						8.5	8.4	9.3	9.9	10.1	9.9	9.2	8.9	8.5
1969							8.3	9.8	10.4	10.6	10.1	9.2	8.7	8.3
1970								11.4	11.4	11.1	10.3	9.0	8.5	7.9
1971									11.4	10.9	9.8	8.1	7.8	7.3
1972										10.4	8.9	6.9	6.9	6.5
1973											7.4	5.0	5.9	5.9
1974												2.7	5.8	5.7
1975													8.9	6.8
1976														4.7

ASIA-MIDDLE EAST

PER CAPITA GROSS DOMESTIC PRODUCT

	1963	1965	1966	1967	1968	1969	1970	1971	1972	1973	1974	1975	1976	1977
1960	4.0	4.7	4.9	4.7	4.7	4.8	4.8	5.0	5.2	5.4	5.5	5.4	5.4	5.3
1963		5.4	5.6	4.8	4.8	4.9	5.0	5.3	5.5	5.8	5.8	5.6	5.5	5.4
1965			6.7	4.1	4.4	4.8	5.0	5.5	5.8	6.1	6.1	5.8	5.6	5.4
1966				1.6	3.8	4.6	5.0	5.7	6.1	6.4	6.3	5.9	5.7	5.4
1967					6.2	6.0	5.8	6.4	6.7	6.9	6.7	6.1	5.8	5.5
1968						5.8	5.6	6.6	6.9	7.2	6.8	6.0	5.7	5.3
1969							5.5	7.3	7.4	7.5	6.9	5.9	5.5	5.1
1970								9.1	8.1	7.9	6.9	5.6	5.2	4.7
1971									7.1	7.5	6.2	4.6	4.4	4.1
1972										7.8	5.4	3.5	3.6	3.4
1973											3.1	1.5	2.7	2.8
1974												-0.0	3.0	2.9
1975													6.0	3.9
1976														1.9

ASIA-MIDDLE EAST

GOVERNMENT FINAL CONSUMPTION EXPENDITURE

	1963	1965	1966	1967	1968	1969	1970	1971	1972	1973	1974	1975	1976	1977
1960	11.6	11.6	11.6	11.8	11.8	11.7	11.5	11.4	11.2	11.3	11.7	12.0	12.3	12.5
1963		11.9	11.8	12.2	12.1	11.8	11.5	11.2	10.9	11.2	11.8	12.2	12.6	12.8
1965			11.9	12.7	12.2	11.6	11.1	10.7	10.5	11.0	11.8	12.4	12.9	13.2
1966				13.6	12.1	11.3	10.7	10.3	10.2	10.9	11.9	12.6	13.1	13.4
1967					10.8	10.3	9.9	9.7	9.7	10.8	12.0	12.9	13.4	13.7
1968						9.9	9.5	9.4	9.5	11.0	12.6	13.5	14.0	14.3
1969							9.1	9.2	9.5	11.6	13.5	14.5	14.9	15.0
1970								9.3	9.7	12.7	15.0	15.8	16.0	15.8
1971									10.2	14.9	17.3	17.5	17.1	16.6
1972										19.9	20.6	19.3	18.0	17.0
1973											21.4	18.7	17.1	16.0
1974												16.0	15.2	14.5
1975													14.3	13.8
1976														13.3

ASIA-MIDDLE EAST

PRIVATE FINAL CONSUMPTION EXPENDITURE

	1963	1965	1966	1967	1968	1969	1970	1971	1972	1973	1974	1975	1976	1977
1960	4.9	5.1	5.4	5.3	5.4	5.5	5.6	5.8	5.9	6.0	6.3	6.5	6.6	6.7
1963		5.4	6.1	5.5	5.7	5.9	6.0	6.1	6.3	6.4	6.7	6.9	7.0	7.1
1965			7.5	5.1	5.8	6.0	6.1	6.3	6.5	6.6	7.1	7.3	7.3	7.4
1966				2.7	5.4	5.9	6.1	6.4	6.6	6.7	7.2	7.5	7.5	7.5
1967					8.1	7.2	6.8	6.9	7.1	7.1	7.6	7.8	7.8	7.8
1968						6.2	6.3	6.7	7.0	7.0	7.8	7.9	7.9	7.9
1969							6.3	6.9	7.3	7.3	8.1	8.3	8.2	8.0
1970								7.5	7.7	7.5	8.6	8.6	8.4	8.2
1971									8.0	7.3	9.1	9.0	8.5	8.2
1972										6.7	10.1	9.4	8.6	8.2
1973											13.7	10.0	8.5	8.0
1974												6.4	6.4	6.6
1975													6.3	6.8
1976														7.2

ASIA-MIDDLE EAST

GROSS FIXED CAPITAL FORMATION

	1963	1965	1966	1967	1968	1969	1970	1971	1972	1973	1974	1975	1976	1977
1960	3.7	7.0	7.8	8.3	8.8	9.0	9.0	9.0	9.2	9.4	9.7	10.3	10.9	11.5
1963		13.0	11.9	11.2	11.2	10.9	10.2	9.9	10.1	10.2	10.5	11.3	12.1	12.7
1965			9.6	9.6	10.4	10.2	9.3	9.1	9.6	9.8	10.4	11.5	12.5	13.2
1966				9.7	10.9	10.3	9.0	8.9	9.5	9.9	10.6	11.8	12.9	13.8
1967					12.1	10.3	8.4	8.5	9.4	9.9	10.8	12.2	13.5	14.4
1968						8.6	6.5	7.6	9.3	10.0	11.1	12.8	14.3	15.2
1969							4.5	7.6	10.2	10.8	12.0	14.0	15.5	16.4
1970								10.8	13.0	12.5	13.6	15.7	17.2	17.9
1971									15.4	13.0	14.3	17.1	18.7	19.0
1972										10.6	14.4	18.5	20.2	20.2
1973											18.3	22.7	23.1	22.0
1974												27.3	24.9	22.3
1975													22.6	19.7
1976														17.0

6A. AVERAGE ANNUAL RATES OF GROWTH OF GROSS DOMESTIC PRODUCT AT CONSTANT PRICES BY TYPE OF EXPENDITURE AND BY KIND OF ECONOMIC ACTIVITY (continued) (IN PER CENT)

ASIA-MIDDLE EAST — *EXPORTS OF GOODS AND SERVICES*

	1963	1965	1966	1967	1968	1969	1970	1971	1972	1973	1974	1975	1976	1977
1960	8.7	9.5	9.5	8.9	8.9	9.1	9.2	9.5	9.8	10.1	10.1	9.6	9.3	8.9
1963		10.8	9.9	8.3	8.6	9.0	9.2	9.7	10.1	10.6	10.5	9.6	9.2	8.7
1965			7.9	5.5	7.7	8.7	9.2	10.1	10.6	11.2	11.0	9.7	9.1	8.4
1966				3.2	8.3	9.6	10.0	10.9	11.3	11.9	11.4	9.8	9.1	8.3
1967					13.8	12.3	11.5	12.2	12.3	12.7	12.0	9.8	9.0	8.1
1968						10.8	10.5	12.0	12.2	12.9	11.9	9.2	8.3	7.4
1969							10.1	12.9	12.8	13.4	11.9	8.5	7.6	6.6
1970								15.9	13.7	14.2	11.8	7.3	6.5	5.5
1971									11.5	13.8	10.4	4.7	4.6	3.9
1972										16.2	8.9	1.3	2.4	2.3
1973											2.0	-5.5	-0.5	0.4
1974												-12.5	0.3	1.4
1975													15.0	6.8
1976														-0.8

ASIA-MIDDLE EAST — *IMPORTS OF GOODS AND SERVICES*

	1963	1965	1966	1967	1968	1969	1970	1971	1972	1973	1974	1975	1976	1977
1960	3.5	6.7	7.6	7.7	8.3	8.5	8.7	9.0	9.2	9.5	10.2	11.1	11.7	12.1
1963		11.4	11.4	9.7	10.2	10.1	10.0	10.2	10.2	10.5	11.4	12.6	13.3	13.6
1965			11.6	7.5	9.7	9.7	9.7	10.2	10.2	10.6	11.9	13.4	14.2	14.4
1966				3.6	9.8	9.8	9.8	10.3	10.3	10.8	12.3	14.0	14.9	15.1
1967					16.3	12.0	10.8	11.2	10.9	11.4	13.1	15.0	15.9	15.9
1968						7.7	8.7	10.3	10.2	11.1	13.4	15.8	16.7	16.5
1969							9.6	11.7	10.9	11.9	14.7	17.4	18.1	17.6
1970								13.9	11.0	12.5	16.2	19.3	19.7	18.7
1971									8.2	12.6	18.2	21.8	21.5	19.6
1972										17.2	23.7	26.5	24.2	20.8
1973											30.5	30.8	25.1	19.9
1974												31.1	21.5	15.8
1975													12.6	9.3
1976														6.1

ASIA-MIDDLE EAST — *AGRICULTURE*

	1963	1965	1966	1967	1968	1969	1970	1971	1972	1973	1974	1975	1976	1977
1960	4.0	3.2	3.2	3.4	3.4	3.4	3.3	3.4	3.5	3.2	3.2	3.3	3.4	3.5
1963		1.5	2.6	3.2	3.3	3.3	3.2	3.3	3.5	3.0	3.1	3.2	3.5	3.5
1965			5.2	5.0	4.2	3.9	3.4	3.6	3.8	3.1	3.1	3.3	3.6	3.6
1966				4.8	3.7	3.4	2.9	3.4	3.7	2.8	2.9	3.2	3.6	3.6
1967					2.5	2.8	2.4	3.2	3.7	2.5	2.7	3.1	3.6	3.6
1968						3.1	2.2	3.5	4.0	2.4	2.7	3.2	3.8	3.8
1969							1.3	4.1	4.5	2.1	2.5	3.2	3.9	3.9
1970								7.0	5.8	1.5	2.3	3.3	4.2	4.1
1971									4.6	-1.7	1.1	3.0	4.3	4.2
1972										-7.6	1.0	3.9	5.4	4.8
1973											10.3	9.0	8.7	6.6
1974												7.6	8.1	5.3
1975													8.5	3.6
1976														-1.1

ASIA-MIDDLE EAST — *INDUSTRIAL ACTIVITY*

	1963	1965	1966	1967	1968	1969	1970	1971	1972	1973	1974	1975	1976	1977
1960	8.1	9.1	9.2	9.0	9.1	9.2	9.3	9.5	9.7	9.9	9.9	9.5	9.3	9.0
1963		10.6	10.1	9.1	9.3	9.4	9.6	9.8	10.1	10.3	10.2	9.7	9.2	8.8
1965			9.1	7.3	8.6	9.2	9.6	9.9	10.3	10.6	10.4	9.6	9.0	8.5
1966				5.6	8.8	9.6	10.0	10.3	10.6	10.9	10.6	9.6	9.0	8.4
1967					12.2	11.3	11.1	11.0	11.2	11.4	10.9	9.6	8.8	8.2
1968						10.4	10.6	10.8	11.2	11.4	10.8	9.2	8.3	7.7
1969							10.8	11.0	11.4	11.7	10.7	8.8	7.8	7.1
1970								11.3	11.8	12.0	10.5	8.0	7.0	6.3
1971									12.3	12.4	9.9	6.7	5.7	5.2
1972										12.4	8.3	4.3	4.0	3.9
1973											4.4	0.5	1.8	2.6
1974												-3.3	1.5	2.8
1975													6.5	5.3
1976														4.2

ASIA-MIDDLE EAST — *MANUFACTURING*

	1963	1965	1966	1967	1968	1969	1970	1971	1972	1973	1974	1975	1976	1977
1960	10.1	9.6	9.7	9.7	10.1	10.4	10.4	10.5	10.5	10.6	10.6	10.5	10.5	10.5
1963		8.9	9.6	9.6	10.5	10.9	10.8	10.8	10.8	10.8	10.8	10.7	10.7	10.7
1965			10.9	10.1	11.5	12.0	11.4	11.2	11.1	11.1	11.0	10.8	10.8	10.7
1966				9.3	12.3	12.5	11.5	11.2	11.1	11.1	10.9	10.8	10.7	10.7
1967					15.3	13.7	11.6	11.1	11.0	11.0	10.9	10.7	10.6	10.6
1968						12.1	9.8	10.0	10.3	10.5	10.4	10.3	10.3	10.4
1969							7.5	9.3	10.1	10.5	10.4	10.3	10.3	10.3
1970								11.2	11.2	11.2	10.9	10.5	10.5	10.5
1971									11.2	11.2	10.7	10.3	10.3	10.4
1972										11.2	10.4	9.9	10.1	10.2
1973											9.5	9.2	9.9	10.2
1974												9.0	10.2	10.5
1975													11.4	11.1
1976														10.7

ASIA-MIDDLE EAST — *CONSTRUCTION*

	1963	1965	1966	1967	1968	1969	1970	1971	1972	1973	1974	1975	1976	1977
1960	7.2	9.3	8.7	8.4	8.5	8.2	7.8	7.6	7.5	7.6	7.6	7.9	8.3	8.7
1963		12.2	8.9	7.9	8.2	7.8	7.2	6.9	6.9	7.1	7.3	7.8	8.4	8.9
1965			1.0	3.9	6.6	6.6	6.0	5.8	6.1	6.7	7.0	7.7	8.6	9.2
1966				7.0	9.4	8.0	6.6	6.1	6.5	7.1	7.3	8.2	9.1	9.7
1967					12.0	7.8	5.8	5.5	6.2	7.0	7.4	8.4	9.4	10.1
1968						3.8	3.1	4.1	5.5	6.9	7.4	8.7	9.9	10.6
1969							2.5	4.4	6.5	8.0	8.3	9.7	11.0	11.6
1970								6.4	8.6	9.8	9.5	11.0	12.2	12.8
1971									10.8	11.5	10.1	12.0	13.3	13.7
1972										12.2	9.4	12.6	14.3	14.4
1973											6.7	13.9	15.7	15.4
1974												21.6	19.5	17.1
1975													17.4	14.8
1976														12.2

ASIA-MIDDLE EAST — *WHOLESALE AND RETAIL TRADE*

	1963	1965	1966	1967	1968	1969	1970	1971	1972	1973	1974	1975	1976	1977
1960	7.0	7.9	8.0	8.0	7.9	7.9	7.9	7.9	8.0	8.1	8.2	8.4	8.6	8.6
1963		8.7	8.6	8.2	7.9	8.0	7.9	7.9	8.1	8.2	8.4	8.6	8.8	8.9
1965			8.6	7.5	7.4	7.7	7.6	7.7	8.1	8.3	8.5	8.8	9.0	9.1
1966				6.5	6.9	7.6	7.6	7.7	8.1	8.4	8.6	9.0	9.2	9.3
1967					7.4	8.2	7.9	7.9	8.4	8.6	8.9	9.3	9.5	9.5
1968						8.9	8.0	8.0	8.7	8.9	9.1	9.5	9.8	9.7
1969							7.0	7.7	8.9	9.1	9.4	9.8	10.0	9.9
1970								8.4	9.9	9.7	9.9	10.3	10.4	10.2
1971									11.5	10.0	10.1	10.6	10.7	10.3
1972										8.6	9.7	10.7	10.7	10.2
1973											10.8	11.7	11.2	10.4
1974												12.6	11.2	9.9
1975													9.8	8.6
1976														7.4

ASIA-MIDDLE EAST — *TRANSPORT AND COMMUNICATION*

	1963	1965	1966	1967	1968	1969	1970	1971	1972	1973	1974	1975	1976	1977
1960	6.9	7.4	7.6	7.6	7.6	7.7	7.8	8.0	8.2	8.4	8.6	9.0	9.2	9.4
1963		8.8	8.7	8.1	8.0	8.0	8.1	8.5	8.6	8.9	9.2	9.6	9.8	10.0
1965			8.0	7.0	7.4	7.6	7.9	8.5	8.7	9.1	9.5	9.9	10.2	10.4
1966				6.0	7.3	7.6	8.1	8.9	9.0	9.4	9.8	10.3	10.5	10.7
1967					8.5	8.2	8.7	9.5	9.5	9.9	10.2	10.8	11.0	11.0
1968						7.9	8.9	10.0	9.8	10.2	10.6	11.1	11.3	11.3
1969							9.9	11.1	10.2	10.7	11.0	11.6	11.7	11.6
1970								12.3	10.0	10.8	11.2	11.9	12.0	11.8
1971									7.7	10.6	11.2	12.3	12.2	11.9
1972										13.5	12.6	13.5	12.9	12.3
1973											11.7	13.8	12.7	11.9
1974												15.9	12.7	11.5
1975													9.6	9.8
1976														9.9

ASIA-MIDDLE EAST — *OTHER*

	1963	1965	1966	1967	1968	1969	1970	1971	1972	1973	1974	1975	1976	1977
1960	7.3	8.0	8.1	7.8	7.8	7.9	8.0	8.1	8.3	8.5	8.7	8.9	9.1	9.1
1963		9.0	8.7	7.8	7.8	8.0	8.2	8.3	8.5	8.8	9.1	9.3	9.5	9.5
1965			8.0	6.1	7.0	7.7	8.1	8.3	8.6	9.0	9.4	9.6	9.8	9.8
1966				4.3	7.0	8.0	8.4	8.6	9.0	9.3	9.7	10.0	10.1	10.1
1967					9.8	9.5	9.5	9.3	9.6	9.8	10.2	10.4	10.5	10.4
1968						9.2	9.3	9.2	9.6	9.9	10.4	10.6	10.7	10.5
1969							9.4	9.1	9.7	10.2	10.7	10.9	10.9	10.7
1970								8.8	10.0	10.5	11.2	11.2	11.1	10.8
1971									11.2	11.3	11.9	11.7	11.4	10.9
1972										11.5	12.3	11.8	11.4	10.7
1973											13.2	11.7	11.1	10.3
1974												10.2	10.2	9.4
1975													10.3	8.8
1976														7.5

CYPRUS — *GROSS DOMESTIC PRODUCT*

	1963	1965	1966	1967	1968	1969	1970	1971	1972	1973	1974	1975	1976	1977
1960	8.1	5.2	5.8	6.6	7.0	7.3	7.2	7.4	7.5	7.5	6.7	5.4	4.9	4.7
1963		4.6	6.9	8.6	8.6	8.7	8.3	8.4	8.4	8.1	6.8	4.9	4.2	4.1
1965			7.1	10.0	8.9	8.9	8.0	8.2	8.2	7.8	6.0	3.6	2.8	2.9
1966				12.9	9.2	9.0	7.7	8.1	8.1	7.6	5.5	2.7	2.0	2.2
1967					5.5	7.7	6.4	7.5	7.7	7.2	4.6	1.5	0.9	1.3
1968						9.8	6.3	7.9	8.0	7.3	3.9	0.2	-0.2	0.5
1969							3.0	7.9	8.0	6.9	2.7	-1.7	-1.8	-0.5
1970								13.0	9.8	7.3	1.2	-4.0	-3.5	-1.5
1971									6.8	4.6	-3.0	-8.4	-6.2	-2.9
1972										2.6	-8.3	-13.5	-8.5	-3.4
1973											-18.1	-19.8	-9.5	-1.9
1974												-21.4	-2.6	6.0
1975													20.8	20.4
1976														20.0

CYPRUS — *PER CAPITA GROSS DOMESTIC PRODUCT*

	1963	1965	1966	1967	1968	1969	1970	1971	1972	1973	1974	1975	1976	1977
1960	8.1	4.9	5.5	6.3	6.5	6.8	6.8	7.0	7.0	6.9	6.1	4.8	4.2	4.1
1963		3.8	6.2	8.0	7.9	8.1	7.7	7.8	7.7	7.4	6.0	4.1	3.4	3.3
1965			7.1	10.0	8.4	8.3	7.5	7.6	7.6	7.1	5.2	2.8	2.0	2.1
1966				12.9	8.2	8.3	7.2	7.4	7.4	6.9	4.6	1.8	1.1	1.4
1967					3.8	6.7	5.9	6.8	7.0	6.4	3.7	0.5	-0.1	0.4
1968						9.8	6.3	7.4	7.5	6.5	3.1	-0.7	-1.2	-0.3
1969							3.0	7.0	7.3	6.1	1.7	-2.8	-2.8	-1.4
1970								11.1	8.9	6.2	0.0	-5.2	-4.6	-2.5
1971									6.8	3.8	-4.1	-9.5	-7.3	-3.8
1972										0.9	-9.8	-14.8	-9.7	-4.4
1973											-19.4	-21.0	-10.5	-2.6
1974												-22.6	-3.3	5.5
1975													20.8	20.4
1976														20.0

CYPRUS — *GOVERNMENT FINAL CONSUMPTION EXPENDITURE*

	1963	1965	1966	1967	1968	1969	1970	1971	1972	1973	1974	1975	1976	1977
1960	2.5	0.6	-0.6	-1.5	-1.9	-1.7	-1.4	-1.0	-0.5	0.1	0.8	1.4	1.7	2.4
1963		-2.8	-4.3	-4.6	-4.3	-3.3	-2.2	-1.3	-0.4	0.6	1.6	2.3	2.6	3.5
1965			-7.5	-6.0	-4.4	-2.5	-0.9	0.1	1.2	2.3	3.4	4.0	4.1	5.0
1966				-4.4	-2.9	-0.7	0.9	1.6	2.5	3.6	4.7	5.1	5.1	6.0
1967					-1.3	1.3	2.7	3.0	3.8	4.9	5.9	6.2	5.9	6.9
1968						4.0	4.5	4.1	4.7	5.9	6.9	7.0	6.5	7.5
1969							5.1	4.1	5.0	6.5	7.6	7.6	6.9	8.0
1970								3.0	5.3	7.4	8.6	8.3	7.1	8.5
1971									7.6	9.5	10.4	9.2	7.3	9.0
1972										11.5	11.6	9.1	6.6	9.1
1973											11.8	7.6	4.6	8.9
1974												3.5	1.3	9.3
1975													-0.8	14.2
1976														31.6

6A. AVERAGE ANNUAL RATES OF GROWTH OF GROSS DOMESTIC PRODUCT AT CONSTANT PRICES BY TYPE OF EXPENDITURE AND BY KIND OF ECONOMIC ACTIVITY (continued) (IN PER CENT)

	1963	1965	1966	1967	1968	1969	1970	1971	1972	1973	1974	1975	1976	1977
1960	8.2	5.2	6.3	7.5	8.2	8.5	8.6	8.8	8.9	9.0	8.3	7.1	6.4	6.2
1963		2.9	7.4	9.8	10.5	10.5	10.1	10.0	10.0	9.9	8.7	6.8	5.9	5.6
1965			13.7	14.5	13.0	11.8	10.6	10.3	10.1	10.0	8.2	5.7	4.6	4.5
1966				15.3	12.2	10.8	9.6	9.5	9.4	9.5	7.5	4.6	3.5	3.5
1967					9.2	8.9	8.0	8.5	8.8	9.0	6.7	3.4	2.3	2.5
1968						8.6	7.3	8.3	8.8	9.1	6.1	2.2	1.2	1.6
1969							6.1	8.6	9.1	9.4	5.3	0.5	-0.3	0.6
1970								11.1	10.3	10.2	4.1	-1.7	-2.1	-0.6
1971									9.6	9.8	1.0	-5.7	-4.9	-2.2
1972										10.1	-4.4	-11.4	-8.1	-3.4
1973 **CYPRUS**											-17.0	-19.6	-10.8	-3.3
1974												-22.2	-5.5	3.7
1975 *PRIVATE FINAL CONSUMPTION EXPENDITURE*													14.7	17.7
1976														20.7

	1963	1965	1966	1967	1968	1969	1970	1971	1972	1973	1974	1975	1976	1977
1960	16.4	6.0	6.8	6.5	6.8	7.3	7.6	7.5	7.3	6.9	5.5	3.1	1.8	1.7
1963		-1.9	5.3	5.5	6.7	7.8	8.2	7.9	7.5	6.9	4.8	1.3	-0.3	-0.1
1965			13.7	6.1	7.5	9.0	9.1	8.2	7.5	6.6	3.6	-0.9	-2.6	-2.0
1966				-0.9	6.0	8.9	9.1	8.0	7.2	6.1	2.6	-2.6	-4.3	-3.2
1967					13.4	13.5	11.4	8.9	7.5	6.0	1.7	-4.3	-6.0	-4.5
1968						13.5	10.1	7.0	5.8	4.4	-0.6	-7.4	-8.7	-6.4
1969							6.7	3.9	3.8	2.7	-3.3	-11.0	-11.7	-8.3
1970								1.2	2.8	1.6	-6.2	-15.2	-14.9	-9.9
1971									4.4	1.4	-10.0	-20.5	-18.4	-11.1
1972										-1.5	-17.6	-28.5	-22.7	-11.8
1973 **CYPRUS**											-31.1	-38.7	-25.5	-9.1
1974												-45.5	-18.4	5.1
1975 *GROSS FIXED CAPITAL FORMATION*													22.0	42.3
1976														65.9

	1963	1965	1966	1967	1968	1969	1970	1971	1972	1973	1974	1975	1976	1977
1960	7.1	5.8	7.2	8.2	9.0	9.4	9.4	9.6	9.7	9.7	8.7	6.9	6.7	6.8
1963		9.0	11.4	12.0	12.3	12.2	11.3	11.2	11.1	10.7	9.0	6.3	6.1	6.3
1965			8.4	10.2	11.3	11.2	10.0	10.1	10.1	9.9	7.6	4.2	4.3	4.8
1966				12.0	12.7	11.9	9.8	10.0	10.1	9.8	7.0	3.1	3.4	4.1
1967					13.3	11.5	8.7	9.4	9.7	9.4	6.0	1.6	2.3	3.3
1968						9.8	6.3	8.6	9.3	9.0	4.8	-0.4	0.9	2.4
1969							2.9	8.9	9.9	9.3	3.6	-2.6	-0.5	1.6
1970								15.3	12.6	10.3	2.0	-5.6	-2.1	0.9
1971									10.1	7.9	-2.9	-11.2	-4.9	-0.2
1972										5.9	-10.2	-18.3	-7.0	-0.2
1973 **CYPRUS**											-23.7	-27.3	-6.4	3.1
1974												-30.7	9.0	16.7
1975 *EXPORTS OF GOODS AND SERVICES*													71.4	42.2
1976														17.9

	1963	1965	1966	1967	1968	1969	1970	1971	1972	1973	1974	1975	1976	1977
1960	10.3	5.0	6.2	7.0	7.9	8.7	9.1	9.2	9.4	9.7	9.0	7.5	7.1	7.2
1963		1.9	7.0	8.7	10.2	11.1	11.2	10.9	10.8	11.1	9.7	7.4	6.9	7.0
1965			11.4	10.9	12.3	12.7	12.2	11.3	11.0	11.5	9.3	6.3	5.7	6.1
1966				10.4	13.1	13.3	12.3	11.1	10.8	11.4	8.8	5.3	4.8	5.4
1967					15.9	14.3	12.4	10.7	10.4	11.3	8.0	3.9	3.6	4.5
1968						12.8	10.6	8.9	9.2	10.8	6.8	2.1	2.1	3.5
1969							8.5	7.1	8.5	11.0	5.6	-0.1	0.5	2.5
1970								5.8	9.0	12.5	4.3	-2.6	-1.2	1.7
1971									12.2	16.1	2.0	-6.5	-3.3	1.0
1972										20.1	-5.3	-13.8	-6.7	0.1
1973 **CYPRUS**											-25.3	-25.2	-9.6	1.0
1974												-25.2	2.7	13.7
1975 *IMPORTS OF GOODS AND SERVICES*													41.0	35.3
1976														29.8

	1963	1965	1966	1967	1968	1969	1970	1971	1972	1973	1974	1975	1976	1977
1960	10.8	9.9	9.2	10.1	9.4	9.4	8.4	8.4	7.9	6.3	5.6	4.1	3.3	2.7
1963		17.3	11.9	13.1	10.6	10.1	8.2	8.3	7.5	5.0	4.2	2.3	1.4	0.8
1965			-7.3	7.2	4.8	6.2	4.2	5.5	5.1	2.0	1.5	-0.6	-1.3	-1.6
1966				24.1	8.3	8.7	4.8	6.4	5.6	1.6	1.1	-1.3	-2.0	-2.3
1967					-5.5	4.1	0.8	4.5	4.0	-0.5	-0.6	-3.1	-3.6	-3.7
1968						14.7	1.8	7.0	5.3	-1.2	-1.1	-4.1	-4.5	-4.4
1969							-9.6	6.2	4.2	-4.3	-3.2	-6.4	-6.2	-5.7
1970								24.9	8.5	-6.3	-4.1	-8.0	-7.3	-6.4
1971									-5.7	-19.0	-9.7	-12.7	-10.3	-8.3
1972										-30.4	-7.7	-13.2	-9.7	-7.2
1973 **CYPRUS**											22.4	-8.5	-5.4	-3.6
1974												-31.6	-12.3	-6.2
1975 *AGRICULTURE*													12.5	6.5
1976														0.8

	1963	1965	1966	1967	1968	1969	1970	1971	1972	1973	1974	1975	1976	1977
1960	2.9	1.5	3.1	4.5	5.1	5.6	6.0	6.5	7.0	7.3	6.6	5.5	5.2	5.0
1963		1.5	6.1	8.0	8.0	8.1	8.3	8.5	8.9	9.0	7.6	5.8	5.2	5.1
1965			11.2	11.2	9.0	8.5	8.5	8.8	9.3	9.3	7.2	4.9	4.3	4.2
1966				11.2	7.5	7.6	8.0	8.5	9.3	9.3	6.7	4.1	3.5	3.5
1967					4.0	6.5	7.6	8.4	9.5	9.5	6.2	3.1	2.6	2.8
1968						9.0	9.2	9.6	10.7	10.3	5.8	2.1	1.7	2.1
1969							9.4	10.0	11.5	10.5	4.5	0.1	0.1	0.9
1970								10.5	12.7	10.6	2.3	-2.7	-1.9	-0.4
1971									14.9	10.0	-1.9	-7.0	-4.6	-1.9
1972										5.3	-10.4	-13.5	-7.7	-3.2
1973 **CYPRUS**											-23.8	-19.9	-8.3	-1.7
1974												-15.9	2.1	7.4
1975 *INDUSTRIAL ACTIVITY*													23.9	18.6
1976														13.5

	1963	1965	1966	1967	1968	1969	1970	1971	1972	1973	1974	1975	1976	1977
1960	7.7	5.6	6.4	7.5	8.0	8.4	8.7	9.0	9.5	9.7	8.9	7.8	7.4	7.3
1963		5.2	8.1	10.0	10.3	10.4	10.5	10.6	11.1	11.1	9.5	7.8	7.3	7.1
1965			12.7	13.6	12.2	11.5	11.2	11.1	11.7	11.6	9.3	6.9	6.4	6.3
1966				14.6	11.6	10.8	10.7	10.8	11.6	11.5	8.7	6.0	5.5	5.6
1967					8.7	9.4	9.8	10.3	11.6	11.5	7.9	4.9	4.5	4.8
1968						10.1	10.4	10.8	12.5	12.0	7.3	3.7	3.5	4.0
1969							10.6	11.2	13.5	12.4	6.1	1.8	2.1	3.0
1970								11.8	15.2	12.7	3.8	-1.0	0.1	1.8
1971									18.7	12.2	-0.6	-5.4	-2.5	0.4
1972										5.9	-10.0	-12.1	-5.6	-0.9
1973 **CYPRUS**											-23.6	-18.1	-5.5	1.2
1974												-12.2	6.3	11.1
1975 *MANUFACTURING*													28.7	21.9
1976														15.5

	1963	1965	1966	1967	1968	1969	1970	1971	1972	1973	1974	1975	1976	1977
1960	11.3	1.8	2.6	3.7	5.0	5.8	6.2	6.6	6.9	6.9	5.3	2.8	1.6	1.5
1963		-6.1	1.2	4.8	7.4	8.4	8.4	8.7	8.7	8.4	5.7	1.9	0.4	0.4
1965			13.4	12.6	13.6	12.6	11.0	10.7	10.1	9.3	5.2	0.2	-1.6	-1.2
1966				11.8	14.1	12.3	10.2	10.0	9.5	8.6	3.9	-1.8	-3.6	-2.8
1967					16.3	11.8	8.9	9.2	8.8	7.8	2.2	-4.3	-5.8	-4.6
1968						7.4	5.6	7.7	7.8	6.8	-0.1	-7.4	-8.5	-6.5
1969							3.8	8.5	8.2	6.7	-2.3	-10.9	-11.4	-8.3
1970								13.3	9.5	6.6	-5.7	-15.6	-14.9	-10.3
1971									5.9	3.5	-12.7	-22.9	-19.7	-12.6
1972										1.2	-22.6	-31.8	-24.1	-13.5
1973 **CYPRUS**											-40.9	-42.6	-26.6	-10.7
1974												-44.3	-14.4	6.4
1975 *CONSTRUCTION*													31.5	42.1
1976														53.5

	1963	1965	1966	1967	1968	1969	1970	1971	1972	1973	1974	1975	1976	1977
1960	15.4	11.0	11.3	12.7	13.2	13.3	12.9	12.7	12.6	12.4	11.1	9.3	8.4	8.1
1963		10.4	11.9	15.0	15.3	15.0	13.8	13.2	12.9	12.6	10.5	7.9	6.9	6.7
1965			6.2	15.9	15.3	14.5	12.4	11.8	11.7	11.5	8.8	5.6	4.7	4.7
1966				26.6	18.4	15.6	12.3	11.5	11.4	11.2	8.0	4.4	3.5	3.7
1967					10.7	11.2	8.6	9.0	9.7	9.9	6.3	2.3	1.7	2.3
1968						11.7	7.0	8.5	9.6	10.0	5.3	0.7	0.2	1.2
1969							2.5	7.9	9.9	10.3	4.0	-1.5	-1.5	0.1
1970								13.6	13.1	12.1	2.6	-4.2	-3.4	-1.0
1971									12.7	11.3	-2.2	-9.4	-6.7	-2.7
1972										9.9	-10.7	-16.6	-10.2	-3.8
1973 **CYPRUS**											-27.4	-25.7	-12.0	-2.4
1974												-23.9	-0.7	9.2
1975 *WHOLESALE AND RETAIL TRADE*													29.5	27.1
1976														24.9

	1963	1965	1966	1967	1968	1969	1970	1971	1972	1973	1974	1975	1976	1977
1960	7.4	5.3	5.7	6.1	6.5	6.8	6.9	7.2	7.3	7.6	6.9	6.0	5.8	6.0
1963		4.5	6.1	7.1	7.7	7.9	7.8	8.0	8.2	8.4	7.1	5.7	5.5	5.9
1965			6.7	8.1	8.6	8.4	8.0	8.3	8.4	8.8	6.8	5.0	4.7	5.4
1966				9.4	9.4	8.7	8.1	8.5	8.5	8.9	6.6	4.4	4.2	5.0
1967					9.4	8.3	7.5	8.3	8.4	9.0	6.0	3.5	3.4	4.6
1968						7.2	6.7	8.2	8.4	9.2	5.3	2.4	2.6	4.1
1969							6.1	9.1	9.0	9.8	4.4	0.9	1.5	3.6
1970								12.1	9.9	10.7	2.8	-1.2	0.2	3.1
1971									7.7	10.5	-1.0	-5.0	-2.0	2.3
1972										13.4	-7.2	-9.9	-3.8	2.5
1973 **CYPRUS**											-24.1	-17.3	-4.8	4.4
1974												-10.0	7.5	16.3
1975 *TRANSPORT AND COMMUNICATION*													28.4	30.1
1976														31.7

	1963	1965	1966	1967	1968	1969	1970	1971	1972	1973	1974	1975	1976	1977
1960	9.1	4.9	5.3	5.3	5.3	5.2	5.3	5.4	5.4	5.5	5.1	4.4	4.0	3.8
1963		0.1	4.0	4.8	4.9	5.0	5.3	5.5	5.5	5.6	5.0	4.0	3.4	3.2
1965			12.2	7.9	6.4	5.9	6.0	6.0	5.9	6.0	5.0	3.7	2.9	2.7
1966				3.8	4.1	4.4	5.2	5.5	5.5	5.7	4.6	3.1	2.3	2.2
1967					4.4	4.8	5.7	5.9	5.8	6.0	4.5	2.7	1.8	1.8
1968						5.1	6.5	6.4	6.1	6.2	4.2	2.0	1.2	1.2
1969							8.0	6.9	6.1	6.3	3.6	1.0	0.2	0.5
1970								5.7	5.2	5.9	2.3	-0.7	-1.2	-0.5
1971									4.7	6.2	0.7	-2.8	-2.8	-1.4
1972										7.8	-2.3	-6.0	-4.7	-2.3
1973 **CYPRUS**											-11.5	-11.3	-6.8	-2.6
1974												-11.1	-3.7	1.3
1975 *OTHER*													4.4	7.6
1976														10.9

	1963	1965	1966	1967	1968	1969	1970	1971	1972	1973	1974	1975	1976
1960	6.6	8.4	9.0	9.4	9.8	10.1	10.4	10.7	11.1	11.3	11.4	11.2	11.1
1963		11.7	11.5	11.4	11.5	11.6	11.8	11.9	12.2	12.4	12.3	11.9	11.7
1965			9.8	10.5	11.2	11.5	11.8	11.9	12.4	12.6	12.5	11.9	11.5
1966				11.3	11.9	12.0	12.2	12.3	12.8	12.9	12.7	11.9	11.5
1967					12.5	12.3	12.4	12.5	13.1	13.2	12.8	11.8	11.4
1968						12.1	12.4	12.5	13.4	13.4	12.9	11.6	11.2
1969							12.8	12.7	13.9	13.7	12.9	11.3	10.8
1970								12.6	14.7	14.0	12.8	10.7	10.2
1971									16.9	14.2	12.3	9.6	9.3
1972										11.5	10.2	7.2	7.8
1973 **IRAN**											8.8	4.9	6.9
1974												1.1	6.9
1975 *GROSS DOMESTIC PRODUCT*													13.1

6A. AVERAGE ANNUAL RATES OF GROWTH OF GROSS DOMESTIC PRODUCT AT CONSTANT PRICES BY TYPE OF EXPENDITURE AND BY KIND OF ECONOMIC ACTIVITY (continued) (IN PER CENT)

IRAN — *PER CAPITA GROSS DOMESTIC PRODUCT*

	1963	1965	1966	1967	1968	1969	1970	1971	1972	1973	1974	1975	1976
1960	3.6	5.3	5.9	6.3	6.7	7.0	7.3	7.5	7.8	8.1	8.2	8.0	8.0
1963		8.6	8.3	8.2	8.3	8.4	8.6	8.6	8.9	9.1	9.1	8.7	8.5
1965			6.6	7.3	8.0	8.3	8.6	8.6	9.1	9.3	9.2	8.7	8.4
1966				8.0	8.6	8.8	9.0	8.9	9.5	9.6	9.5	8.7	8.5
1967					9.2	9.0	9.2	9.1	9.7	9.9	9.6	8.7	8.4
1968						8.9	9.3	9.1	10.0	10.1	9.7	8.5	8.1
1969							9.7	9.0	10.4	10.4	9.7	8.2	7.8
1970								8.4	11.1	10.7	9.7	7.7	7.4
1971									13.9	11.4	9.5	6.8	6.7
1972										8.8	7.4	4.5	5.2
1973											6.0	2.1	4.4
1974												−1.6	4.6
1975													11.2

IRAN — *GOVERNMENT FINAL CONSUMPTION EXPENDITURE*

	1963	1965	1966	1967	1968	1969	1970	1971	1972	1973	1974	1975	1976
1960	2.6	11.0	12.8	13.6	14.2	14.7	15.0	15.7	16.6	17.2	18.2	18.8	19.1
1963		25.7	22.2	19.8	18.7	18.2	17.7	18.2	19.1	19.6	20.8	21.3	21.2
1965			13.1	13.4	14.4	15.3	15.6	17.0	18.7	19.4	21.2	21.8	21.6
1966				13.6	15.2	16.2	16.2	17.8	19.8	20.5	22.4	22.9	22.5
1967					16.8	17.4	16.8	18.9	21.2	21.6	23.7	24.1	23.4
1968						18.0	16.6	19.8	22.7	22.8	25.2	25.3	24.1
1969							15.1	21.5	25.1	24.3	27.0	26.7	24.8
1970								28.3	29.9	26.2	29.3	28.1	25.3
1971									31.4	24.3	29.9	27.9	24.3
1972										17.5	31.3	27.6	22.7
1973											46.8	29.9	21.4
1974												15.0	11.4
1975													7.9

IRAN — *PRIVATE FINAL CONSUMPTION EXPENDITURE*

	1963	1965	1966	1967	1968	1969	1970	1971	1972	1973	1974	1975	1976
1960	3.3	4.7	5.4	5.7	6.2	6.5	7.0	6.9	7.1	7.4	7.9	8.2	8.5
1963		7.3	8.0	7.4	8.0	8.0	8.4	8.0	8.0	8.4	8.9	9.2	9.6
1965			10.0	7.2	8.5	8.3	8.9	8.1	8.1	8.6	9.3	9.7	10.1
1966				4.4	8.4	8.2	9.1	7.9	8.0	8.7	9.5	9.9	10.3
1967					12.5	9.4	10.1	8.1	8.1	9.0	9.9	10.4	10.8
1968						6.3	9.5	6.9	7.4	8.8	10.0	10.6	11.0
1969							12.8	6.2	7.3	9.3	10.7	11.3	11.6
1970								−0.1	5.9	9.6	11.5	12.0	12.2
1971									12.2	14.3	14.9	14.2	13.8
1972										16.4	15.9	14.4	13.7
1973											15.5	13.2	12.8
1974												11.0	11.9
1975													12.7

IRAN — *GROSS FIXED CAPITAL FORMATION*

	1963	1965	1966	1967	1968	1969	1970	1971	1972	1973	1974	1975	1976
1960	−0.2	8.1	9.2	11.1	12.0	11.9	11.6	12.0	12.6	13.0	13.4	14.5	15.3
1963		22.5	17.0	17.9	17.1	15.3	13.8	13.9	14.4	14.6	15.0	16.4	17.2
1965			2.2	13.9	14.2	12.2	10.6	11.7	13.1	13.6	14.4	16.5	17.5
1966				27.0	18.7	13.3	10.7	12.1	13.8	14.3	15.1	17.5	18.5
1967					11.0	7.4	6.5	10.1	13.0	13.9	15.0	17.9	19.1
1968						3.9	4.7	11.0	14.8	15.4	16.4	19.7	20.8
1969							5.6	15.7	19.2	18.2	18.6	22.4	23.0
1970								26.7	25.3	20.7	20.3	24.8	25.0
1971									23.9	17.3	18.4	25.4	25.5
1972										11.1	16.9	28.3	27.2
1973											23.0	38.9	31.8
1974												56.7	32.5
1975													12.1

IRAN — *AGRICULTURE*

	1963	1965	1966	1967	1968	1969	1970	1971	1972	1973	1974	1975	1976
1960	0.9	2.1	2.6	3.2	3.8	4.0	4.2	4.0	3.9	3.9	4.0	4.1	4.2
1963		4.8	4.6	5.1	5.7	5.6	5.5	4.8	4.5	4.4	4.4	4.5	4.6
1965			3.2	5.4	6.4	5.9	5.5	4.5	4.1	4.1	4.1	4.3	4.4
1966				7.7	7.8	6.3	5.7	4.2	3.8	3.8	4.0	4.2	4.4
1967					7.8	5.4	4.9	3.1	3.0	3.2	3.5	3.9	4.2
1968						2.9	3.7	1.7	2.1	2.7	3.3	3.8	4.2
1969							4.5	0.7	1.7	2.7	3.5	4.1	4.5
1970								−2.9	1.2	3.0	3.9	4.6	5.0
1971									5.5	5.6	5.7	5.9	6.1
1972										5.7	5.8	6.1	6.2
1973											5.9	6.3	6.4
1974												6.8	6.6
1975													6.4

IRAN — *INDUSTRIAL ACTIVITY*

	1963	1965	1966	1967	1968	1969	1970	1971	1972	1973	1974	1975	1976
1960	10.0	10.8	11.6	12.0	12.5	13.1	13.5	13.6	13.7	13.7	13.4	12.7	12.2
1963		13.9	14.4	14.3	14.5	15.0	15.2	15.0	14.9	14.6	14.0	12.8	12.2
1965			14.0	13.7	14.3	15.3	15.5	15.1	14.9	14.5	13.6	12.1	11.3
1966				13.4	14.6	16.0	16.0	15.3	15.0	14.5	13.4	11.6	10.8
1967					15.8	17.3	16.6	15.4	15.0	14.3	13.0	10.9	10.1
1968						18.7	16.7	14.9	14.5	13.7	12.2	9.9	9.1
1969							14.7	13.0	13.3	12.8	11.1	8.4	7.8
1970								11.4	13.0	12.3	10.1	6.9	6.6
1971									14.5	12.4	9.1	5.1	5.2
1972										10.2	6.3	1.8	3.3
1973											2.5	−2.3	1.9
1974												−6.8	3.1
1975													14.1

IRAN — *MANUFACTURING*

	1963	1965	1966	1967	1968	1969	1970	1971	1972	1973	1974	1975	1976
1960	10.6	9.6	10.5	11.2	11.8	12.0	12.1	12.3	12.6	12.9	13.3	13.6	13.8
1963		9.2	11.9	13.1	13.7	13.5	13.2	13.3	13.6	13.9	14.3	14.6	14.8
1965			17.0	16.0	15.6	14.3	13.5	13.5	13.9	14.4	14.8	15.1	15.3
1966				15.0	14.9	13.4	12.6	13.0	13.6	14.2	14.8	15.2	15.3
1967					14.9	12.4	11.7	12.6	13.6	14.4	15.0	15.4	15.6
1968						9.9	10.4	12.4	13.9	14.8	15.5	15.9	16.0
1969							11.0	13.8	15.4	16.1	16.7	16.8	16.7
1970								16.8	17.4	17.5	17.7	17.6	17.2
1971									18.0	17.8	18.0	17.7	17.2
1972										17.6	18.0	17.5	16.9
1973											18.3	17.4	16.5
1974												16.4	15.6
1975													14.8

IRAN — *CONSTRUCTION*

	1963	1965	1966	1967	1968	1969	1970	1971	1972	1973	1974	1975	1976
1960	5.8	9.6	9.2	9.7	9.6	9.0	8.5	8.1	7.9	7.9	7.6	8.1	9.0
1963		16.5	11.2	11.3	10.4	9.0	8.0	7.4	7.3	7.3	7.0	7.8	9.2
1965			−3.6	6.1	6.7	5.8	5.1	5.1	5.4	6.0	5.7	7.1	9.1
1966				16.7	10.7	7.2	5.7	5.5	5.8	6.4	6.0	7.5	9.8
1967					4.9	3.2	3.0	3.7	4.7	5.8	5.4	7.5	10.2
1968						1.5	2.3	3.7	5.1	6.4	5.8	8.2	11.5
1969							3.0	5.0	6.5	7.7	6.4	9.5	13.2
1970								6.9	8.2	9.2	6.8	10.7	15.3
1971									9.5	10.4	6.1	11.9	17.7
1972										11.3	3.7	13.6	21.2
1973											−3.4	18.0	27.5
1974												44.2	43.5
1975													42.9

IRAN — *WHOLESALE AND RETAIL TRADE*

	1963	1965	1966	1967	1968	1969	1970	1971	1972	1973	1974	1975	1976
1960	0.4	4.8	6.2	7.2	7.8	8.1	8.2	8.4	8.8	9.1	9.4	9.9	10.2
1963		11.6	11.6	11.6	11.1	10.5	10.2	10.0	10.2	10.5	10.7	11.2	11.5
1965			12.2	11.7	10.6	9.9	9.5	9.4	9.9	10.4	10.7	11.3	11.7
1966				11.3	9.7	9.0	8.8	9.0	9.7	10.4	10.8	11.5	11.9
1967					8.2	8.1	8.2	8.7	9.7	10.6	11.1	11.9	12.3
1968						7.9	8.3	8.9	10.3	11.3	11.7	12.5	13.0
1969							8.7	9.5	11.2	12.2	12.5	13.3	13.7
1970								10.3	12.6	13.5	13.3	14.2	14.4
1971									15.1	14.9	13.9	14.9	15.0
1972										14.6	13.3	15.1	15.1
1973											11.9	15.8	15.5
1974												19.8	16.5
1975													13.3

IRAN — *TRANSPORT AND COMMUNICATION*

	1963	1965	1966	1967	1968	1969	1970	1971	1972	1973	1974	1975	1976
1960	3.5	3.6	3.6	4.2	4.0	4.1	4.4	4.6	5.0	5.8	6.7	7.7	8.4
1963		4.1	3.9	5.2	4.5	4.5	5.0	5.2	5.7	6.8	8.0	9.3	10.1
1965			3.1	7.0	4.5	4.5	5.5	5.6	6.3	7.8	9.3	10.8	11.7
1966				10.9	4.1	4.4	5.7	5.9	6.7	8.4	10.1	11.8	12.7
1967					−2.3	2.4	5.4	5.7	6.8	9.1	11.0	12.9	13.7
1968						7.3	9.1	7.8	8.5	11.0	13.0	14.9	15.5
1969							11.0	7.5	8.7	12.1	14.4	16.5	16.8
1970								4.1	8.3	13.7	16.3	18.5	18.4
1971									12.6	19.0	20.3	21.9	20.5
1972										25.7	23.4	24.2	21.4
1973											21.3	24.0	19.9
1974												26.8	18.1
1975													10.0

IRAN — *OTHER*

	1963	1965	1966	1967	1968	1969	1970	1971	1972	1973	1974	1975	1976
1960	5.2	9.6	10.3	10.5	11.1	11.6	12.0	12.4	12.9	13.4	13.9	14.2	14.4
1963		16.8	14.6	12.9	13.2	13.5	13.8	14.0	14.5	15.0	15.5	15.6	15.7
1965			9.3	9.0	11.7	12.8	13.5	14.0	14.8	15.4	16.0	16.2	16.1
1966				8.8	13.4	14.2	14.7	15.0	15.7	16.3	16.8	16.8	16.7
1967					18.2	16.4	16.0	15.8	16.5	17.0	17.5	17.4	17.1
1968						14.6	15.2	15.3	16.5	17.2	17.8	17.5	17.2
1969							15.9	15.7	17.2	17.9	18.4	18.0	17.4
1970								15.5	18.2	18.8	19.2	18.3	17.4
1971									20.9	20.1	20.0	18.4	17.3
1972										19.4	19.7	17.5	16.2
1973											20.0	16.1	14.9
1974												12.3	12.9
1975													13.5

IRAQ — *GROSS DOMESTIC PRODUCT*

	1963	1965	1966	1967	1968	1969	1970	1971	1972	1973	1974	1975
1960	...	...	...	...	...	...	...	...	...	...	...	...
1963		...	...	...	...	...	...	...	...	...	...	...
1965			5.0	−1.0	3.4	4.2	4.2	4.5	3.8	4.6	5.1	5.8
1966				−6.6	4.4	5.1	4.8	4.9	4.0	4.9	5.4	6.2
1967					16.7	9.5	6.8	6.2	4.5	5.6	6.0	6.9
1968						2.8	2.8	3.9	2.4	4.6	5.4	6.7
1969							2.9	4.6	2.1	5.2	6.1	7.6
1970								6.4	1.0	6.2	7.1	8.7
1971									−4.1	8.0	8.4	10.2
1972										21.6	13.1	13.5
1973											5.2	11.0
1974												17.3

6A. AVERAGE ANNUAL RATES OF GROWTH OF GROSS DOMESTIC PRODUCT AT CONSTANT PRICES BY TYPE OF EXPENDITURE AND BY KIND OF ECONOMIC ACTIVITY (continued) (IN PER CENT)

IRAQ — *PER CAPITA GROSS DOMESTIC PRODUCT*

	1963	1965	1966	1967	1968	1969	1970	1971	1972	1973	1974	1975
1960	...	...	...	...	...	...	...	...	...	...	...	...
1963		...	...	...	...	...	...	...	...	...	...	...
1965			1.7	–4.1	0.2	0.9	0.9	1.2	0.6	1.3	1.7	2.5
1966				–9.6	1.1	1.7	1.5	1.6	0.7	1.6	2.0	2.9
1967					13.0	6.1	3.5	2.9	1.2	2.2	2.6	3.5
1968						–0.5	–0.4	0.6	–0.8	1.3	2.0	3.3
1969							–0.3	1.4	–1.1	1.9	2.7	4.1
1970								3.0	–2.2	2.8	3.6	5.2
1971									–7.2	4.5	4.8	6.6
1972										17.6	9.3	9.8
1973											1.6	7.4
1974												13.6

IRAQ — *AGRICULTURE*

	1963	1965	1966	1967	1968	1969	1970	1971	1972	1973	1974	1975
1960	...	...	...	...	...	...	...	...	...	...	...	...
1963		...	...	...	...	...	...	...	...	...	...	...
1965			–1.0	5.2	6.4	5.4	4.0	2.7	4.3	2.7	2.4	2.0
1966				11.8	9.4	6.4	4.1	2.3	4.4	2.5	2.1	1.7
1967					7.1	3.6	1.6	0.2	3.6	1.4	1.2	0.9
1968						0.3	–0.8	–1.7	3.9	0.8	0.7	0.4
1969							–1.9	–2.6	6.3	0.9	0.8	0.4
1970								–3.4	12.3	1.2	0.8	0.4
1971									30.6	–0.8	–0.4	–0.5
1972										–24.7	–8.8	–4.9
1973											10.4	4.2
1974												–1.6

IRAQ — *INDUSTRIAL ACTIVITY*

	1963	1965	1966	1967	1968	1969	1970	1971	1972	1973	1974	1975
1960	...	...	...	...	...	...	...	...	...	...	...	...
1963		...	...	...	...	...	...	...	...	...	...	...
1965			4.8	–3.2	2.9	4.1	4.2	4.7	3.5	4.8	5.0	5.7
1966				–10.6	4.4	5.4	5.1	5.5	3.7	5.2	5.4	6.1
1967					21.9	11.7	8.0	7.4	4.4	6.2	6.2	6.9
1968						2.4	2.6	4.4	1.4	4.8	5.2	6.3
1969							2.8	5.7	0.6	5.6	5.9	7.1
1970								8.7	–1.7	6.9	6.8	8.1
1971									–11.2	9.4	8.0	9.3
1972										34.6	14.7	13.4
1973											–2.3	6.7
1974												16.5

IRAQ — *MANUFACTURING*

	1963	1965	1966	1967	1968	1969	1970	1971	1972	1973	1974	1975
1960	...	...	...	...	...	...	...	...	...	...	...	...
1963		...	...	...	...	...	...	...	...	...	...	...
1965			3.1	1.7	2.6	5.0	5.3	6.5	7.2	7.6	7.8	8.3
1966				0.4	2.8	6.3	6.2	7.6	8.1	8.4	8.4	9.0
1967					5.3	9.6	7.7	9.1	9.3	9.3	9.1	9.6
1968						14.1	8.0	9.8	9.9	9.7	9.3	9.9
1969							2.1	9.1	9.6	9.4	9.0	9.9
1970								16.5	12.3	10.7	9.6	10.6
1971									8.3	8.2	7.9	9.9
1972										8.2	7.6	10.8
1973											7.1	12.7
1974												18.7

IRAQ — *CONSTRUCTION*

	1963	1965	1966	1967	1968	1969	1970	1971	1972	1973	1974	1975
1960	...	...	...	...	...	...	...	...	...	...	...	...
1963		...	...	...	...	...	...	...	...	...	...	...
1965			8.5	–0.6	1.2	1.4	1.5	1.6	2.0	3.3	4.0	5.5
1966				–9.0	–0.6	0.6	1.1	1.4	1.9	3.6	4.4	6.1
1967					8.6	4.4	3.3	2.8	3.1	4.9	5.6	7.4
1968						0.4	1.2	1.5	2.4	5.1	5.9	8.1
1969							2.0	2.0	3.1	6.6	7.1	9.7
1970								1.9	3.8	8.8	8.7	11.6
1971									5.7	13.0	10.7	14.1
1972										20.7	11.6	16.3
1973											3.1	16.4
1974												31.4

IRAQ — *WHOLESALE AND RETAIL TRADE*

	1963	1965	1966	1967	1968	1969	1970	1971	1972	1973	1974	1975
1960	...	...	...	...	...	...	...	...	...	...	...	...
1963		...	...	...	...	...	...	...	...	...	...	...
1965			5.0	4.1	4.8	3.5	3.4	2.1	1.6	1.8	3.5	4.5
1966				3.2	4.9	3.0	3.0	1.4	1.0	1.4	3.5	4.7
1967					6.7	2.3	2.6	0.6	0.3	1.0	3.7	5.1
1968						–1.9	1.4	–1.1	–0.7	0.5	4.2	5.8
1969							4.8	–1.6	–0.8	0.9	5.8	7.4
1970								–7.5	–2.4	1.0	7.8	9.4
1971									3.1	5.1	13.7	13.6
1972										7.2	20.5	16.9
1973											35.4	19.2
1974												4.9

IRAQ — *TRANSPORT AND COMMUNICATION*

	1963	1965	1966	1967	1968	1969	1970	1971	1972	1973	1974	1975
1960	...	...	...	...	...	...	...	...	...	...	...	...
1963		...	...	...	...	...	...	...	...	...	...	...
1965			2.4	–0.8	–1.7	–1.3	–1.0	0.2	0.7	0.7	2.0	3.9
1966				–3.9	–3.4	–1.9	–1.3	0.4	1.0	1.0	2.5	4.7
1967					–2.8	–0.8	–0.4	1.7	2.1	1.7	3.4	5.9
1968						1.3	0.6	3.2	3.1	2.3	4.3	7.2
1969							–0.1	4.8	3.8	2.4	5.1	8.6
1970								9.9	4.9	2.2	6.0	10.5
1971									0.0	–1.1	6.3	12.5
1972										–2.2	11.1	18.3
1973											26.1	28.7
1974												31.4

IRAQ — *OTHER*

	1963	1965	1966	1967	1968	1969	1970	1971	1972	1973	1974	1975
1960	...	...	...	...	...	...	...	...	...	...	...	...
1963		...	...	...	...	...	...	...	...	...	...	...
1965			11.4	4.9	5.8	6.8	7.2	7.1	7.2	7.2	8.4	9.8
1966				–1.3	4.3	6.6	7.1	7.1	7.1	7.3	8.7	10.4
1967					10.1	10.1	9.2	8.3	8.0	7.9	9.5	11.4
1968						10.1	8.6	7.6	7.4	7.5	9.7	12.0
1969							7.0	6.4	6.7	7.1	10.2	13.0
1970								5.8	6.7	7.3	11.5	15.0
1971									7.7	8.0	14.1	17.9
1972										8.2	18.5	22.2
1973											29.7	28.6
1974												27.4

ISRAEL — *GROSS DOMESTIC PRODUCT*

	1963	1965	1966	1967	1968	1969	1970	1971	1972	1973	1974	1975	1976	1977
1960	10.4	10.0	8.9	7.8	7.8	8.1	8.3	8.4	8.7	8.7	8.7	8.5	8.3	7.9
1963		9.4	6.6	5.1	6.2	7.3	7.8	8.2	8.6	8.7	8.6	8.4	8.1	7.6
1965			0.6	1.2	5.5	7.9	8.5	9.0	9.4	9.4	9.2	8.7	8.2	7.6
1966				1.9	8.7	10.8	10.5	10.4	10.6	10.2	9.8	9.2	8.5	7.7
1967					15.9	14.6	12.3	11.5	11.4	10.7	10.0	9.2	8.3	7.5
1968						13.4	10.3	10.1	10.5	9.9	9.2	8.4	7.6	6.7
1969							7.3	9.0	10.1	9.4	8.7	7.8	6.9	6.0
1970								10.7	11.4	9.7	8.6	7.4	6.4	5.4
1971									12.1	8.8	7.6	6.4	5.3	4.3
1972										5.6	5.7	4.9	4.0	3.1
1973											5.8	4.4	3.4	2.4
1974												3.0	2.2	1.3
1975													1.4	0.5
1976														–0.4

ISRAEL — *PER CAPITA GROSS DOMESTIC PRODUCT*

	1963	1965	1966	1967	1968	1969	1970	1971	1972	1973	1974	1975	1976	1977
1960	6.0	5.8	4.9	3.9	4.0	4.4	4.6	4.9	5.1	5.2	5.2	5.0	4.9	4.6
1963		5.5	3.1	1.5	2.7	3.9	4.4	4.9	5.3	5.4	5.3	5.1	4.8	4.4
1965			–2.1	–2.3	2.2	4.7	5.4	5.8	6.2	6.1	5.9	5.5	5.0	4.5
1966				–2.5	5.3	7.6	7.3	7.2	7.4	7.0	6.5	5.9	5.3	4.6
1967					13.8	12.0	9.4	8.4	8.3	7.4	6.7	5.9	5.2	4.4
1968						10.2	7.1	6.8	7.2	6.5	5.8	5.1	4.4	3.6
1969							4.1	5.6	6.8	6.0	5.2	4.5	3.7	3.0
1970								7.1	8.2	6.2	5.1	4.1	3.3	2.4
1971									9.3	5.2	4.1	3.1	2.3	1.5
1972										1.4	2.0	1.7	1.1	0.4
1973											2.7	1.6	0.9	0.0
1974												0.6	0.0	–0.8
1975													–0.6	–1.6
1976														–2.6

ISRAEL — *GOVERNMENT FINAL CONSUMPTION EXPENDITURE*

	1963	1965	1966	1967	1968	1969	1970	1971	1972	1973	1974	1975	1976	1977
1960	12.7	9.8	9.7	11.8	12.6	13.2	14.1	14.2	13.6	14.1	14.0	13.9	13.4	12.5
1963		6.6	8.3	14.1	15.0	15.6	16.7	16.1	14.7	15.2	15.0	14.7	13.8	12.5
1965			11.0	23.9	20.6	19.1	19.7	17.8	15.3	15.9	15.4	14.9	13.7	11.9
1966				38.3	22.9	19.5	20.2	17.5	14.3	15.4	14.9	14.4	13.1	11.1
1967					9.1	12.8	17.1	14.6	11.4	13.6	13.5	13.2	11.8	9.8
1968						16.6	21.4	15.4	10.6	13.7	13.6	13.2	11.5	9.1
1969							26.3	13.1	7.2	12.9	12.9	12.6	10.7	8.0
1970								1.3	–0.3	11.7	12.2	12.1	9.7	6.6
1971									–1.9	19.8	16.5	14.5	10.6	6.3
1972										46.4	22.3	16.3	10.1	4.6
1973											2.1	6.0	2.2	–2.0
1974												10.0	0.9	–4.6
1975													–7.4	–10.7
1976														–13.9

ISRAEL — *PRIVATE FINAL CONSUMPTION EXPENDITURE*

	1963	1965	1966	1967	1968	1969	1970	1971	1972	1973	1974	1975	1976	1977
1960	10.4	10.3	9.2	8.2	8.0	8.0	7.8	7.6	7.5	7.5	7.5	7.4	7.2	7.0
1963		9.9	7.3	5.8	6.2	6.8	6.7	6.6	6.7	6.9	7.0	6.9	6.6	6.4
1965			1.8	2.1	4.9	6.6	6.5	6.4	6.7	6.9	7.1	6.9	6.6	6.3
1966				2.3	7.0	8.4	7.6	7.1	7.2	7.4	7.5	7.2	6.8	6.4
1967					11.8	11.0	8.4	7.4	7.5	7.6	7.7	7.3	6.7	6.3
1968						10.2	6.5	5.9	6.6	7.1	7.4	6.9	6.3	5.9
1969							3.0	4.4	6.2	7.0	7.4	6.8	6.1	5.7
1970								5.8	7.8	8.2	8.3	7.2	6.2	5.6
1971									9.9	9.2	8.9	7.0	5.8	5.2
1972										8.5	8.4	5.9	4.7	4.2
1973											8.4	4.2	3.3	3.1
1974												0.1	1.3	2.1
1975													2.5	3.0
1976														3.5

6A. AVERAGE ANNUAL RATES OF GROWTH OF GROSS DOMESTIC PRODUCT AT CONSTANT PRICES BY TYPE OF EXPENDITURE AND BY KIND OF ECONOMIC ACTIVITY (continued) (IN PER CENT)

ISRAEL — *GROSS FIXED CAPITAL FORMATION*

	1963	1965	1966	1967	1968	1969	1970	1971	1972	1973	1974	1975	1976	1977
1960	11.3	10.7	7.0	2.9	2.9	4.2	5.4	6.6	7.6	8.3	8.5	8.4	7.8	7.0
1963		10.0	0.7	–5.8	–2.5	1.6	4.4	6.8	8.4	9.4	9.5	9.2	8.2	7.0
1965			–16.2	–18.6	–5.2	3.8	8.0	11.0	12.5	13.0	12.4	11.4	9.7	7.8
1966				–20.9	3.8	13.7	15.9	17.4	17.5	16.9	15.2	13.5	11.0	8.7
1967					36.4	32.3	26.3	24.2	22.0	20.0	17.0	14.5	11.3	8.5
1968						28.3	21.2	20.6	19.1	17.4	14.4	11.9	8.7	5.9
1969							14.5	17.9	17.0	15.4	12.2	9.7	6.3	3.4
1970								21.5	17.6	14.9	10.7	7.8	4.1	1.1
1971									13.7	12.0	7.2	4.7	0.9	–2.0
1972										10.3	3.5	1.7	–2.3	–4.9
1973											–2.8	–1.7	–5.7	–8.0
1974												–0.5	–8.0	–10.2
1975													–15.0	–14.0
1976														–12.9

ISRAEL — *EXPORTS OF GOODS AND SERVICES*

	1963	1965	1966	1967	1968	1969	1970	1971	1972	1973	1974	1975	1976	1977
1960	16.2	12.4	11.7	11.1	11.8	12.0	11.9	12.3	12.6	12.5	12.2	11.8	11.5	11.4
1963		6.6	8.0	8.4	10.9	11.5	11.6	12.4	12.8	12.6	12.2	11.6	11.2	11.0
1965			11.0	9.7	14.3	14.0	13.2	14.0	14.2	13.6	12.8	11.9	11.3	11.1
1966				8.3	17.0	15.2	13.6	14.6	14.7	13.8	12.8	11.7	11.1	10.8
1967					26.4	17.0	13.7	15.0	15.0	13.8	12.5	11.2	10.6	10.3
1968						8.3	8.6	13.1	13.9	12.7	11.3	10.0	9.5	9.4
1969							9.0	16.3	15.9	13.4	11.4	9.7	9.1	9.1
1970								24.1	18.2	13.2	10.5	8.5	8.1	8.4
1971									12.6	8.2	6.7	5.6	6.0	6.9
1972										4.0	4.3	3.8	5.2	6.7
1973											4.6	3.6	5.7	7.6
1974												2.6	6.8	9.1
1975													11.2	12.2
1976														13.1

ISRAEL — *IMPORTS OF GOODS AND SERVICES*

	1963	1965	1966	1967	1968	1969	1970	1971	1972	1973	1974	1975	1976	1977
1960	15.5	12.2	10.1	9.3	10.0	10.6	11.4	11.8	11.7	12.2	12.2	12.1	11.6	11.0
1963		7.7	4.8	5.5	8.5	10.2	11.7	12.4	12.1	12.9	12.8	12.5	11.8	10.9
1965			0.1	5.6	12.0	14.0	15.3	15.4	14.1	14.8	14.3	13.6	12.4	11.2
1966				11.5	18.6	18.3	18.5	17.5	15.2	15.8	15.0	14.1	12.6	11.1
1967					26.2	20.5	19.7	17.8	14.6	15.6	14.6	13.6	11.9	10.3
1968						15.0	17.3	15.7	12.2	14.3	13.4	12.4	10.6	9.0
1969							19.6	15.4	10.3	14.0	12.9	11.8	9.7	7.9
1970								11.3	5.7	13.5	12.2	10.9	8.5	6.6
1971									0.4	16.9	13.3	11.0	7.8	5.6
1972										36.2	16.7	11.5	6.9	4.2
1973											–0.1	2.8	0.4	–0.6
1974												5.8	–0.2	–1.4
1975													–5.8	–4.2
1976														–2.5

SAUDI ARABIA — *GROSS DOMESTIC PRODUCT*

	1963	1965	1966	1967	1968	1969	1970	1971	1972	1973	1974	1975	1976
1960	...	...	...	...	...	...	...	...	...	...	...	...	...
1963		...	...	...	...	...	...	...	...	...	...	...	...
1965			...	...	...	...	...	...	...	...	...	...	...
1966				8.9	8.3	8.6	9.8	10.9	12.2	13.0	12.6	12.2	12.2
1967					7.7	8.5	10.3	11.7	13.2	14.0	13.2	12.6	12.5
1968						9.4	11.9	13.2	14.7	15.2	13.9	12.9	12.8
1969							14.4	14.9	16.4	16.4	14.3	12.9	12.7
1970								15.4	17.5	17.0	13.8	12.2	12.1
1971									19.7	17.4	12.4	10.7	11.1
1972										15.1	8.5	7.9	9.5
1973											2.3	5.4	9.1
1974												8.6	12.7
1975													17.0

SAUDI ARABIA — *PER CAPITA GROSS DOMESTIC PRODUCT*

	1963	1965	1966	1967	1968	1969	1970	1971	1972	1973	1974	1975	1976
1960	...	...	...	...	...	...	...	...	...	...	...	...	...
1963		...	...	...	...	...	...	...	...	...	...	...	...
1965			...	...	...	...	...	...	...	...	...	...	...
1966				6.0	5.4	5.6	6.8	7.9	9.1	9.9	9.5	9.1	9.0
1967					4.7	5.6	7.4	8.6	10.1	10.8	10.1	9.4	9.3
1968						6.5	8.9	10.0	11.5	12.0	10.7	9.7	9.5
1969							11.3	11.7	13.1	13.1	11.0	9.7	9.4
1970								12.0	14.1	13.6	10.5	8.9	8.8
1971									16.3	14.0	9.2	7.5	7.8
1972										11.7	5.4	4.8	6.4
1973											–0.7	2.4	5.9
1974												5.5	9.4
1975													13.5

SAUDI ARABIA — *AGRICULTURE*

	1963	1965	1966	1967	1968	1969	1970	1971	1972	1973	1974	1975	1976
1960	...	...	...	...	...	...	...	...	...	...	...	...	...
1963		–1.0	–1.2	–0.2	0.5	1.1	1.5	1.8	2.1	2.3	2.5	2.6	2.8
1965			–1.7	1.1	2.0	2.4	2.7	2.8	3.0	3.1	3.2	3.3	3.4
1966				4.1	3.5	3.4	3.4	3.3	3.4	3.4	3.5	3.5	3.6
1967					3.0	3.1	3.2	3.2	3.3	3.4	3.5	3.5	3.6
1968						3.1	3.4	3.3	3.4	3.5	3.5	3.6	3.7
1969							3.6	3.3	3.4	3.5	3.6	3.7	3.7
1970								3.1	3.4	3.6	3.6	3.7	3.8
1971									3.7	3.7	3.8	3.8	3.9
1972										3.8	3.8	3.9	3.9
1973											3.9	3.9	4.0
1974												4.0	4.0
1975													4.1

SAUDI ARABIA — *INDUSTRIAL ACTIVITY*

	1963	1965	1966	1967	1968	1969	1970	1971	1972	1973	1974	1975	1976
1960	...	...	...	...	...	...	...	...	...	...	...	...	...
1963		14.7	13.3	12.3	11.2	11.2	11.9	12.9	13.9	14.5	14.1	13.5	13.0
1965			9.8	9.8	8.8	9.8	11.5	13.2	14.7	15.4	14.7	13.6	13.0
1966				9.8	8.1	10.0	12.3	14.3	15.9	16.6	15.4	14.0	13.2
1967					6.4	10.8	13.9	16.0	17.6	18.0	16.1	14.3	13.3
1968						15.3	17.6	19.0	20.1	19.7	16.8	14.3	13.1
1969							19.9	20.7	21.5	20.4	16.3	13.3	12.0
1970								21.6	22.3	20.3	14.6	11.2	10.2
1971									23.0	19.2	11.4	7.9	7.8
1972										15.5	5.3	3.3	4.9
1973											–4.0	–1.1	3.4
1974												1.9	7.6
1975													13.6

SAUDI ARABIA — *MANUFACTURING*

	1963	1965	1966	1967	1968	1969	1970	1971	1972	1973	1974	1975	1976
1960	...	...	...	...	...	...	...	...	...	...	...	...	...
1963		8.4	8.0	9.6	10.0	11.2	11.4	10.8	10.4	9.9	9.1	8.6	8.4
1965			7.9	12.3	11.7	13.4	12.9	11.6	10.6	9.8	8.7	8.1	7.9
1966				17.0	12.8	14.7	13.6	11.5	10.3	9.4	8.2	7.5	7.4
1967					8.9	14.7	12.9	10.4	9.2	8.3	7.1	6.5	6.6
1968						20.7	13.7	9.5	8.2	7.4	6.1	5.6	5.9
1969							7.2	4.7	5.1	5.3	4.2	4.2	4.9
1970								2.2	4.6	5.1	3.7	3.8	4.8
1971									7.1	6.2	3.5	3.8	5.1
1972										5.3	1.5	2.8	5.1
1973											–2.1	2.5	6.1
1974												7.3	10.2
1975													13.2

SAUDI ARABIA — *CONSTRUCTION*

	1963	1965	1966	1967	1968	1969	1970	1971	1972	1973	1974	1975	1976
1960	...	...	...	...	...	...	...	...	...	...	...	...	...
1963		19.0	11.9	8.1	6.0	4.5	3.7	3.7	5.1	6.7	8.3	10.0	11.6
1965			–2.3	–1.2	–0.5	–0.4	0.1	1.2	4.0	6.6	8.9	11.1	13.2
1966				0.0	0.4	0.1	0.6	1.9	5.3	8.2	10.8	13.0	15.2
1967					0.8	0.0	0.8	2.5	6.9	10.3	13.0	15.3	17.5
1968						–0.8	1.0	3.6	9.3	13.1	15.8	18.1	20.2
1969							2.9	5.9	13.6	17.3	19.6	21.6	23.4
1970								9.0	20.2	22.7	23.8	25.0	26.4
1971									32.6	28.4	27.3	27.6	28.6
1972										24.4	25.2	26.7	28.4
1973											26.0	28.0	30.0
1974												30.0	32.0
1975													34.0

SAUDI ARABIA — *WHOLESALE AND RETAIL TRADE*

	1963	1965	1966	1967	1968	1969	1970	1971	1972	1973	1974	1975	1976
1960	...	...	...	...	...	...	...	...	...	...	...	...	...
1963		15.9	11.2	10.6	11.3	10.5	9.5	9.2	9.5	10.1	10.8	11.5	12.3
1965			2.0	7.2	10.7	9.5	8.2	8.0	8.9	9.9	10.9	11.9	12.9
1966				12.7	14.9	11.0	8.6	8.2	9.3	10.5	11.6	12.6	13.7
1967					17.2	9.2	6.5	6.9	8.7	10.4	11.8	13.0	14.2
1968						1.8	2.3	4.9	8.3	10.6	12.4	13.7	15.1
1969							2.9	6.8	11.0	13.2	14.7	15.9	17.0
1970								10.8	15.3	16.6	17.4	18.0	18.9
1971									20.0	19.0	19.0	19.2	20.0
1972										18.0	18.6	19.2	20.3
1973											19.2	19.7	21.2
1974												20.3	22.4
1975													24.5

SAUDI ARABIA — *TRANSPORT AND COMMUNICATION*

	1963	1965	1966	1967	1968	1969	1970	1971	1972	1973	1974	1975	1976
1960	...	...	...	...	...	...	...	...	...	...	...	...	...
1963		17.3	16.7	14.9	14.4	13.7	13.2	12.7	12.8	13.2	13.8	14.5	15.2
1965			15.9	12.1	12.6	12.2	11.8	11.4	12.0	12.7	13.6	14.6	15.5
1966				8.5	11.7	11.5	11.3	11.0	11.8	12.8	13.9	15.0	16.0
1967					15.1	12.4	11.6	11.0	12.1	13.3	14.5	15.8	16.9
1968						9.8	10.2	10.0	11.9	13.6	15.1	16.5	17.7
1969							10.6	10.1	12.8	14.8	16.5	17.9	19.0
1970								9.5	14.5	16.7	18.3	19.6	20.6
1971									19.8	20.0	20.7	21.6	22.3
1972										20.3	21.3	22.4	23.0
1973											22.3	23.4	23.8
1974												24.5	24.4
1975													24.3

SAUDI ARABIA — *OTHER*

	1963	1965	1966	1967	1968	1969	1970	1971	1972	1973	1974	1975	1976
1960	...	...	...	...	...	...	...	...	...	...	...	...	...
1963		8.9	9.9	9.0	8.0	6.9	6.1	6.0	6.1	6.3	6.6	7.0	7.5
1965			12.4	8.4	6.7	5.2	4.5	4.8	5.2	5.8	6.3	6.9	7.6
1966				4.6	4.3	3.2	3.0	4.0	4.7	5.5	6.3	7.0	7.8
1967					3.9	2.4	2.5	4.0	5.1	6.0	6.8	7.6	8.5
1968						1.0	2.1	4.6	5.8	6.8	7.6	8.4	9.3
1969							3.3	6.6	7.5	8.2	8.8	9.6	10.4
1970								10.1	9.2	9.4	9.8	10.5	11.2
1971									8.3	9.2	9.9	10.8	11.7
1972										10.1	10.7	11.7	12.6
1973											11.3	12.5	13.5
1974												13.6	14.6
1975													15.6

6A. AVERAGE ANNUAL RATES OF GROWTH OF GROSS DOMESTIC PRODUCT AT CONSTANT PRICES BY TYPE OF EXPENDITURE AND BY KIND OF ECONOMIC ACTIVITY (continued)

(IN PER CENT)

SYRIAN ARAB REPUBLIC — *GROSS DOMESTIC PRODUCT*

	1963	1965	1966	1967	1968	1969	1970	1971	1972	1973	1974	1975	1976	1977
1960	11.6	8.8	6.9	6.0	5.5	5.7	5.7	5.9	6.1	6.1	6.4	6.8	7.1	7.2
1963		5.7	2.7	2.7	2.9	4.2	4.7	5.2	5.7	5.9	6.4	7.0	7.3	7.5
1965			–2.9	1.1	2.5	5.3	5.6	6.3	6.8	6.7	7.3	8.0	8.3	8.3
1966				5.3	4.8	7.9	7.4	7.6	7.9	7.6	8.1	8.7	9.0	8.9
1967					4.4	9.8	8.1	8.1	8.4	7.8	8.4	9.1	9.3	9.1
1968						15.5	8.7	8.5	8.7	7.8	8.6	9.4	9.6	9.4
1969							2.4	6.2	7.6	6.8	8.2	9.3	9.6	9.3
1970								10.1	9.9	7.5	9.3	10.4	10.5	9.8
1971									9.7	5.9	9.3	10.9	10.8	9.9
1972										2.2	10.3	12.2	11.6	10.1
1973											19.0	16.4	13.4	10.6
1974												13.8	10.6	7.8
1975													7.5	5.0
1976														2.6

SYRIAN ARAB REPUBLIC — *PER CAPITA GROSS DOMESTIC PRODUCT*

	1963	1965	1966	1967	1968	1969	1970	1971	1972	1973	1974	1975	1976	1977
1960	8.0	5.1	3.3	2.5	2.0	2.2	2.2	2.4	2.6	2.7	3.0	3.4	3.6	3.7
1963		1.9	–0.9	–0.8	–0.6	0.8	1.2	1.8	2.3	2.4	3.0	3.5	3.9	4.0
1965			–5.9	–2.0	–0.7	1.9	2.3	2.9	3.4	3.4	3.9	4.5	4.9	4.9
1966				2.0	1.5	4.4	4.0	4.2	4.5	4.2	4.7	5.3	5.5	5.4
1967					1.0	6.3	4.6	4.7	4.9	4.4	5.0	5.6	5.9	5.7
1968						11.9	5.3	5.1	5.2	4.4	5.2	5.9	6.2	5.9
1969							–0.9	2.8	4.2	3.4	4.8	5.9	6.2	5.8
1970								6.7	6.4	4.1	5.8	6.9	7.0	6.4
1971									6.1	2.5	5.8	7.4	7.3	6.4
1972										–0.9	6.8	8.7	8.1	6.6
1973											15.1	12.7	9.7	7.0
1974												10.2	7.0	4.4
1975													3.9	1.7
1976														–0.5

SYRIAN ARAB REPUBLIC — *GOVERNMENT FINAL CONSUMPTION EXPENDITURE*

	1963	1965	1966	1967	1968	1969	1970	1971	1972	1973	1974	1975	1976	1977
1960	...	...	...	...	...	...	...	...	...	...	...	...	...	...
1963		12.1	7.9	7.3	9.8	9.7	9.6	9.7	10.1	10.7	11.8	12.2	12.4	12.3
1965			0.3	4.5	11.5	10.7	10.2	10.2	10.7	11.4	12.8	13.2	13.3	13.0
1966				8.8	18.0	13.5	11.6	11.2	11.6	12.3	13.8	14.1	14.1	13.6
1967					28.0	13.5	10.8	10.5	11.2	12.2	14.2	14.4	14.3	13.7
1968						0.7	4.7	7.2	9.6	11.4	14.1	14.5	14.3	13.6
1969							8.8	10.4	12.4	13.9	16.8	16.5	15.8	14.5
1970								12.0	14.4	15.6	19.0	17.8	16.6	14.8
1971									16.8	17.3	21.6	18.9	16.8	14.5
1972										17.7	24.7	19.1	16.1	13.3
1973											32.1	17.7	14.0	10.9
1974												5.0	7.4	6.2
1975													9.9	6.2
1976														2.7

SYRIAN ARAB REPUBLIC — *PRIVATE FINAL CONSUMPTION EXPENDITURE*

	1963	1965	1966	1967	1968	1969	1970	1971	1972	1973	1974	1975	1976	1977
1960	...	...	...	...	...	...	...	...	...	...	...	...	...	...
1963		6.1	3.8	2.9	1.6	3.0	3.6	4.3	4.8	4.7	5.6	6.4	6.9	7.2
1965			–0.4	0.5	–0.8	2.9	4.0	5.0	5.5	5.3	6.5	7.3	8.0	8.1
1966				1.4	–1.4	4.5	5.4	6.4	6.6	6.1	7.3	8.2	8.8	8.9
1967					–4.1	7.6	7.4	8.0	7.8	6.8	8.1	9.0	9.6	9.5
1968						20.8	11.5	10.3	9.1	7.3	8.9	9.8	10.3	10.1
1969							2.9	6.5	6.7	5.1	8.0	9.4	10.1	9.9
1970								10.3	8.0	5.0	9.1	10.7	11.2	10.7
1971									5.7	2.3	9.8	11.7	12.1	11.2
1972										–0.9	13.8	14.7	14.1	12.2
1973											30.7	20.8	16.8	12.9
1974												11.7	11.2	8.4
1975													10.7	6.4
1976														2.2

SYRIAN ARAB REPUBLIC — *GROSS FIXED CAPITAL FORMATION*

	1963	1965	1966	1967	1968	1969	1970	1971	1972	1973	1974	1975	1976	1977
1960	...	...	...	...	...	...	...	...	...	...	...	...	...	...
1963		–6.7	0.3	2.3	5.9	9.6	8.8	9.0	9.1	8.5	8.9	10.5	10.9	12.0
1965			21.7	12.2	14.8	18.3	13.7	12.6	11.8	10.3	10.4	12.4	12.7	13.8
1966				3.4	13.4	19.3	12.5	11.4	10.8	9.1	9.6	12.1	12.5	13.8
1967					24.3	27.3	12.9	11.2	10.4	8.4	9.2	12.4	12.7	14.2
1968						30.3	5.0	6.5	7.2	5.7	7.4	11.8	12.4	14.3
1969							–15.5	0.0	4.2	3.4	6.4	12.3	12.9	15.1
1970								18.3	13.3	7.3	10.1	17.0	16.4	18.4
1971									8.6	2.0	8.7	19.0	17.6	19.7
1972										–4.2	11.1	25.9	21.0	22.8
1973											28.8	43.8	26.8	27.0
1974												60.5	20.9	24.2
1975													–8.9	15.0
1976														45.2

SYRIAN ARAB REPUBLIC — *EXPORTS OF GOODS AND SERVICES*

	1963	1965	1966	1967	1968	1969	1970	1971	1972	1973	1974	1975	1976	1977
1960	...	...	...	...	...	...	...	...	...	...	...	...	...	...
1963		–3.5	–0.7	–1.6	0.1	2.4	3.2	3.0	3.0	3.0	2.5	2.9	2.7	2.5
1965			5.9	–1.0	2.2	5.6	5.9	4.8	4.4	4.0	3.0	3.6	3.2	2.9
1966				–7.4	2.0	7.3	7.0	5.2	4.5	4.0	2.8	3.5	3.1	2.7
1967					12.4	14.6	10.4	6.5	5.1	4.4	2.8	3.6	3.1	2.6
1968						16.9	8.4	3.7	2.9	2.6	1.1	2.5	2.1	1.8
1969							0.4	–1.9	–0.3	0.6	–0.7	1.6	1.3	1.1
1970								–4.1	0.0	1.2	–0.9	2.3	1.7	1.3
1971									4.4	3.5	–0.9	3.6	2.4	1.7
1972										2.5	–4.0	4.3	2.4	1.4
1973											–10.0	7.9	3.1	1.5
1974												29.3	6.2	2.3
1975													–12.7	–6.6
1976														–0.1

SYRIAN ARAB REPUBLIC — *IMPORTS OF GOODS AND SERVICES*

	1963	1965	1966	1967	1968	1969	1970	1971	1972	1973	1974	1975	1976	1977
1960	...	...	...	...	...	...	...	...	...	...	...	...	...	...
1963		–5.1	4.3	2.0	2.9	5.7	6.0	6.0	5.6	5.2	6.6	8.2	8.8	9.7
1965			30.3	5.2	5.4	9.6	8.6	7.8	6.7	5.9	7.7	9.7	10.3	11.2
1966				–15.1	–1.7	8.0	7.3	6.6	5.5	4.9	7.3	9.8	10.5	11.5
1967					13.8	20.7	13.0	9.8	7.2	5.9	8.6	11.4	12.0	12.9
1968						28.0	10.3	6.9	4.5	3.7	7.8	11.5	12.1	13.3
1969							–4.9	–0.4	–0.2	0.5	7.0	11.9	12.6	13.9
1970								4.4	1.5	1.8	10.4	16.1	15.8	16.6
1971									–1.3	1.0	14.6	21.1	19.0	19.2
1972										3.3	25.7	30.4	23.6	22.2
1973											52.8	42.7	25.8	23.0
1974												33.2	13.1	15.4
1975													–4.0	10.7
1976														27.6

SYRIAN ARAB REPUBLIC — *AGRICULTURE*

	1963	1965	1966	1967	1968	1969	1970	1971	1972	1973	1974	1975	1976	1977
1960	27.9	16.0	10.1	8.2	5.7	5.6	4.4	3.6	3.9	3.0	3.2	3.4	3.7	3.7
1963		4.1	–3.5	–1.1	–2.5	0.0	–0.6	–0.6	0.8	0.0	0.9	1.5	2.3	2.6
1965			–16.7	–1.1	–3.6	1.7	0.1	–0.1	1.9	0.5	1.6	2.4	3.4	3.5
1966				17.4	0.3	6.5	2.3	1.3	3.5	1.4	2.5	3.3	4.3	4.3
1967					–14.3	5.3	–0.3	–0.7	2.9	0.3	2.0	3.1	4.3	4.4
1968						29.3	3.0	0.7	5.2	1.0	3.0	4.2	5.4	5.2
1969							–18.0	–8.1	2.8	–2.0	1.6	3.5	5.2	5.0
1970								2.9	15.0	1.3	5.1	6.5	7.8	7.0
1971									28.5	–3.5	4.6	6.7	8.4	7.2
1972										–27.5	0.3	5.5	8.4	6.7
1973											38.8	21.6	17.9	11.6
1974												6.6	10.6	5.1
1975													14.7	2.8
1976														–7.9

SYRIAN ARAB REPUBLIC — *INDUSTRIAL ACTIVITY*

	1963	1965	1966	1967	1968	1969	1970	1971	1972	1973	1974	1975	1976	1977
1960	4.4	5.9	5.3	5.2	5.3	6.1	6.8	7.3	7.7	7.9	8.4	8.8	9.1	9.3
1963		7.2	4.7	4.6	5.0	6.7	7.8	8.4	8.7	8.8	9.6	9.9	10.2	10.3
1965			–0.6	3.1	4.7	8.1	9.5	9.9	10.1	9.9	10.7	11.0	11.2	11.2
1966				6.8	7.0	11.1	11.9	11.6	11.4	10.8	11.6	11.8	11.8	11.7
1967					7.3	13.9	13.7	12.6	12.0	11.1	12.0	12.2	12.1	12.0
1968						20.9	15.9	13.1	12.0	10.9	12.1	12.3	12.2	12.0
1969							11.0	9.8	9.8	9.1	11.3	11.7	11.8	11.6
1970								8.6	9.3	8.5	11.8	12.3	12.1	11.9
1971									10.1	8.3	13.4	13.4	12.8	12.3
1972										6.4	16.3	14.8	13.4	12.5
1973											27.1	17.2	14.0	12.4
1974												8.1	8.9	9.2
1975													9.7	9.6
1976														9.5

SYRIAN ARAB REPUBLIC — *MANUFACTURING*

	1963	1965	1966	1967	1968	1969	1970	1971	1972	1973	1974	1975	1976	1977
1960	4.4	5.4	5.0	5.2	5.1	5.5	5.6	5.8	6.0	6.0	6.4	6.7	7.0	7.3
1963		6.1	4.5	5.1	4.8	5.6	5.9	6.1	6.3	6.2	6.9	7.2	7.5	7.9
1965			0.9	4.8	4.3	6.1	6.4	6.6	6.8	6.5	7.5	7.8	8.1	8.5
1966				8.9	5.3	7.6	7.4	7.3	7.4	6.9	7.9	8.2	8.5	8.9
1967					1.9	7.9	7.5	7.3	7.4	6.8	8.1	8.4	8.7	9.2
1968						14.2	9.3	8.1	8.0	6.9	8.6	8.9	9.2	9.6
1969							4.7	5.7	6.7	5.8	8.4	8.8	9.2	9.7
1970								6.7	7.7	5.8	9.5	9.7	9.9	10.4
1971									8.8	4.9	10.8	10.6	10.6	11.0
1972										1.2	13.6	11.9	11.3	11.6
1973											27.6	15.1	12.6	12.6
1974												3.9	7.3	9.8
1975													10.8	12.8
1976														14.8

SYRIAN ARAB REPUBLIC — *CONSTRUCTION*

	1963	1965	1966	1967	1968	1969	1970	1971	1972	1973	1974	1975	1976	1977
1960	–0.6	–0.2	1.5	0.9	2.6	3.5	3.7	4.6	5.1	5.1	5.5	5.9	6.9	7.6
1963		–1.7	3.7	1.2	4.7	5.8	5.5	6.7	7.0	6.7	7.0	7.4	8.6	9.4
1965			18.3	1.3	8.7	9.0	7.3	8.9	8.7	7.9	8.0	8.3	9.9	10.8
1966				–13.2	8.1	9.0	6.6	8.9	8.6	7.6	7.9	8.3	10.2	11.1
1967					34.7	17.9	9.7	11.7	10.4	8.6	8.7	9.0	11.1	12.1
1968						3.1	0.0	7.6	7.5	6.1	6.9	7.7	10.6	11.8
1969							–3.0	11.8	9.5	6.7	7.6	8.5	11.9	13.1
1970								28.9	13.3	7.1	8.2	9.2	13.4	14.6
1971									–0.5	–1.2	4.5	7.3	13.5	15.0
1972										–2.0	8.2	10.6	18.3	18.7
1973											19.5	16.0	25.2	23.1
1974												12.6	30.5	24.6
1975													51.3	26.9
1976														6.4

SYRIAN ARAB REPUBLIC — *WHOLESALE AND RETAIL TRADE*

	1963	1965	1966	1967	1968	1969	1970	1971	1972	1973	1974	1975	1976	1977
1960	7.0	4.8	4.6	3.7	3.4	4.0	4.3	4.4	4.7	4.6	4.9	5.6	6.2	6.5
1963		0.8	2.3	1.3	1.6	3.3	4.0	4.3	4.8	4.6	5.1	6.1	6.9	7.2
1965			6.4	1.1	1.8	5.0	5.5	5.5	6.0	5.5	5.9	7.3	8.0	8.3
1966				–3.9	0.6	6.0	6.3	6.1	6.5	5.7	6.2	7.8	8.6	8.8
1967					5.3	11.4	9.2	7.7	7.7	6.3	6.9	8.6	9.5	9.6
1968						17.7	9.7	7.3	7.4	5.7	6.6	8.8	9.8	9.9
1969							2.3	3.2	5.5	3.9	5.6	8.7	10.0	10.1
1970								4.2	7.3	4.0	6.4	10.3	11.5	11.2
1971									10.6	2.8	7.0	12.3	13.3	12.4
1972										–4.3	7.2	15.2	15.5	13.5
1973											20.1	25.6	20.7	15.7
1974												31.4	19.2	12.6
1975													8.2	4.9
1976														1.8

6A. AVERAGE ANNUAL RATES OF GROWTH OF GROSS DOMESTIC PRODUCT AT CONSTANT PRICES BY TYPE OF EXPENDITURE AND BY KIND OF ECONOMIC ACTIVITY (continued) (IN PER CENT)

SYRIAN ARAB REPUBLIC — *TRANSPORT AND COMMUNICATION*

	1963	1965	1966	1967	1968	1969	1970	1971	1972	1973	1974	1975	1976	1977
1960	4.0	4.6	4.1	3.9	5.1	5.8	6.6	7.9	7.6	8.4	8.5	8.9	8.3	7.9
1963		9.5	5.9	4.9	7.3	8.1	9.0	10.6	9.6	10.5	10.2	10.6	9.5	8.7
1965			-1.3	1.6	8.4	9.5	10.6	12.7	10.6	11.7	11.1	11.4	9.9	8.7
1966				4.6	14.2	13.0	13.2	15.2	11.7	12.8	11.8	12.1	10.1	8.7
1967					24.6	15.5	14.5	16.8	11.7	13.1	11.8	12.1	9.7	8.1
1968						7.1	11.0	16.2	9.3	11.9	10.6	11.3	8.6	6.9
1969							14.9	21.3	8.3	12.4	10.5	11.4	8.0	6.0
1970								27.9	2.2	11.2	9.0	10.8	6.6	4.5
1971									-18.3	9.2	7.0	10.2	4.9	2.7
1972										45.9	16.3	16.6	6.3	3.0
1973											-7.4	8.2	-2.1	-3.3
1974												26.5	-3.6	-4.5
1975													-26.5	-13.4
1976														2.1

SYRIAN ARAB REPUBLIC — *OTHER*

	1963	1965	1966	1967	1968	1969	1970	1971	1972	1973	1974	1975	1976	1977
1960	9.5	9.5	8.7	7.9	7.7	7.4	7.5	7.7	7.9	8.1	8.5	8.7	8.9	8.9
1963		10.1	7.7	6.1	6.4	6.3	6.8	7.3	7.7	8.1	8.6	8.9	9.2	9.2
1965			2.3	2.2	5.0	5.4	6.5	7.4	8.0	8.6	9.2	9.5	9.7	9.7
1966				2.1	6.8	6.5	7.6	8.5	9.0	9.5	10.0	10.2	10.4	10.2
1967					11.7	7.9	8.9	9.6	9.9	10.2	10.7	10.8	10.9	10.6
1968						4.2	8.3	9.6	10.0	10.5	11.0	11.1	11.1	10.7
1969							12.5	11.9	11.3	11.4	11.9	11.7	11.6	11.0
1970								11.4	10.8	11.2	11.9	11.7	11.5	10.8
1971									10.2	11.3	12.4	11.8	11.5	10.6
1972										12.4	13.5	12.1	11.5	10.3
1973											14.6	11.6	11.0	9.5
1974												8.7	9.6	8.1
1975													10.6	7.5
1976														4.4

TURKEY — *GROSS DOMESTIC PRODUCT*

	1963	1965	1966	1967	1968	1969	1970	1971	1972	1973	1974	1975	1976
1960	5.7	5.3	5.8	5.9	6.0	6.1	6.0	6.1	6.2	6.2	6.2	6.3	6.4
1963		3.4	5.7	6.0	6.1	6.1	6.0	6.1	6.2	6.2	6.3	6.4	6.5
1965			11.7	8.0	7.3	6.7	6.3	6.5	6.5	6.4	6.5	6.6	6.8
1966				4.5	5.6	5.6	5.5	5.9	6.2	6.1	6.3	6.5	6.7
1967					6.7	6.0	5.6	6.2	6.4	6.3	6.4	6.6	6.8
1968						5.3	5.1	6.3	6.6	6.3	6.5	6.7	7.0
1969							4.9	7.0	7.0	6.5	6.7	6.9	7.2
1970								9.1	7.8	6.7	6.8	7.1	7.4
1971									6.6	5.5	6.3	6.9	7.4
1972										4.4	6.4	7.4	7.8
1973											8.5	8.7	8.6
1974												8.8	8.7
1975													8.5

TURKEY — *PER CAPITA GROSS DOMESTIC PRODUCT*

	1963	1965	1966	1967	1968	1969	1970	1971	1972	1973	1974	1975	1976
1960	3.2	2.7	3.2	3.3	3.4	3.4	3.5	3.6	3.7	3.6	3.6	3.7	3.8
1963		0.5	3.1	3.4	3.5	3.5	3.5	3.8	3.8	3.7	3.7	3.8	3.9
1965			9.8	5.7	4.8	4.2	4.0	4.3	4.2	3.9	3.9	4.0	4.1
1966				1.9	2.9	3.0	3.1	3.8	3.8	3.6	3.7	3.8	4.0
1967					4.0	3.4	3.4	4.3	4.1	3.8	3.8	3.9	4.1
1968						2.7	3.2	4.6	4.2	3.7	3.8	3.9	4.2
1969							3.7	5.8	4.5	3.7	3.8	4.0	4.3
1970								7.9	4.4	3.3	3.6	3.9	4.3
1971									1.0	1.4	2.8	3.5	4.2
1972										1.8	3.8	4.5	5.0
1973											5.8	5.6	5.9
1974												5.4	6.0
1975													6.6

TURKEY — *GOVERNMENT FINAL CONSUMPTION EXPENDITURE*

	1963	1965	1966	1967	1968	1969	1970	1971	1972	1973
1960	6.4	6.6	6.6	6.8	6.9	6.9	6.8	6.7	6.6	6.6
1963		6.2	6.4	6.9	7.0	7.0	6.7	6.5	6.5	6.6
1965			7.4	8.0	7.7	7.4	6.8	6.5	6.4	6.5
1966				8.7	7.7	7.3	6.4	6.1	6.2	6.4
1967					6.8	6.6	5.7	5.6	5.8	6.2
1968						6.5	5.0	5.2	5.6	6.2
1969							3.6	4.8	5.7	6.4
1970								6.1	6.7	7.3
1971									7.3	7.9
1972										8.6

TURKEY — *PRIVATE FINAL CONSUMPTION EXPENDITURE* (4)

	1963	1965	1966	1967	1968	1969	1970	1971	1972	1973
1960	6.7	5.2	5.6	5.4	5.4	5.4	5.3	5.5	5.7	5.7
1963		1.4	4.4	4.5	4.8	4.9	4.9	5.4	5.6	5.6
1965			11.6	6.6	6.1	5.7	5.3	6.0	6.2	6.1
1966				1.9	4.2	4.5	4.5	5.6	6.0	5.9
1967					6.7	5.5	5.0	6.4	6.6	6.3
1968						4.4	4.2	6.7	6.9	6.4
1969							4.0	8.3	7.9	6.7
1970								12.9	9.0	6.8
1971									5.3	4.1
1972										2.8

TURKEY — *GROSS FIXED CAPITAL FORMATION*

	1963	1965	1966	1967	1968	1969	1970	1971	1972	1973
1960	5.1	4.2	5.9	6.6	7.4	7.7	8.2	7.9	8.0	8.1
1963		2.7	8.2	8.9	9.8	9.7	10.0	9.1	8.9	8.9
1965			22.2	14.0	13.1	11.5	11.3	9.4	9.1	9.0
1966				6.4	9.9	9.2	9.9	7.8	7.8	8.1
1967					13.4	9.8	10.6	7.4	7.6	8.0
1968						6.4	9.9	5.6	6.5	7.4
1969							13.5	3.9	6.1	7.5
1970								-5.0	4.4	7.4
1971									14.8	13.0
1972										11.2

TURKEY — *AGRICULTURE*

	1963	1965	1966	1967	1968	1969	1970	1971	1972	1973	1974	1975	1976
1960	3.1	2.1	2.6	2.6	2.6	2.5	2.5	2.8	2.9	2.6	2.5	2.7	2.9
1963		-2.1	1.4	1.9	2.1	2.1	2.1	2.7	2.9	2.4	2.3	2.6	2.9
1965			10.8	5.4	3.8	3.0	2.7	3.6	3.7	2.7	2.6	2.9	3.2
1966				0.3	1.1	1.3	1.5	3.1	3.3	2.2	2.2	2.6	3.1
1967					1.8	1.7	1.8	3.9	4.0	2.3	2.2	2.7	3.3
1968						1.5	1.9	4.9	4.6	2.2	2.2	2.8	3.5
1969							2.2	7.1	5.6	1.8	1.9	2.8	3.6
1970								12.4	6.2	0.2	1.0	2.5	3.6
1971									0.3	-5.4	-1.5	1.6	3.4
1972										-10.8	-0.8	3.5	5.3
1973											10.3	10.3	9.7
1974												10.3	9.2
1975													8.2

TURKEY — *INDUSTRIAL ACTIVITY*

	1963	1965	1966	1967	1968	1969	1970	1971	1972	1973	1974	1975	1976
1960	8.6	9.5	10.2	10.3	10.5	10.6	10.3	10.0	9.9	9.8	9.7	9.7	9.6
1963		10.3	11.7	11.3	11.2	11.2	10.4	9.9	9.7	9.7	9.6	9.5	9.4
1965			15.2	11.8	11.3	11.3	9.9	9.2	9.1	9.2	9.2	9.1	9.1
1966				8.4	9.8	10.6	8.9	8.4	8.4	8.7	8.8	8.8	8.9
1967					11.2	11.6	8.5	8.0	8.1	8.6	8.7	8.8	8.9
1968						12.1	6.6	6.8	7.5	8.3	8.6	8.7	8.8
1969							1.4	5.1	7.0	8.4	8.7	8.8	8.9
1970								9.0	9.6	10.4	10.0	9.7	9.6
1971									10.2	11.1	10.2	9.7	9.6
1972										12.0	9.9	9.4	9.3
1973											7.7	8.3	8.7
1974												9.0	9.1
1975													9.3

TURKEY — *MANUFACTURING*

	1963	1965	1966	1967	1968	1969	1970	1971	1972	1973	1974	1975	1976
1960	10.0	10.0	10.5	10.7	10.9	11.1	10.7	10.4	10.3	10.2	10.2	10.1	10.0
1963		9.2	11.0	11.3	11.5	11.6	10.8	10.3	10.0	10.0	9.9	9.8	9.7
1965			15.3	12.9	12.5	12.2	10.6	9.8	9.6	9.7	9.6	9.5	9.4
1966				10.5	11.4	11.6	9.5	8.9	8.8	9.1	9.2	9.2	9.1
1967					12.2	12.0	8.7	8.1	8.3	8.9	9.0	9.0	9.0
1968						11.7	6.6	6.7	7.6	8.5	8.8	8.8	8.9
1969							1.6	5.1	7.2	8.7	8.9	9.0	9.0
1970								8.7	9.8	10.8	10.3	9.9	9.7
1971									10.9	11.9	10.6	9.9	9.6
1972										12.9	10.0	9.3	9.1
1973											7.2	8.0	8.4
1974												8.7	8.9
1975													9.0

TURKEY — *CONSTRUCTION*

	1963	1965	1966	1967	1968	1969	1970	1971	1972	1973	1974	1975	1976
1960	4.9	6.5	7.3	7.2	7.4	7.3	7.3	6.8	6.5	6.3	6.2	6.2	6.2
1963		7.0	8.6	7.7	8.0	7.5	7.3	6.5	6.1	5.9	5.8	5.8	5.9
1965			13.7	8.2	8.4	7.4	7.2	5.8	5.4	5.3	5.3	5.5	5.6
1966				2.9	6.8	6.0	6.3	4.8	4.5	4.6	4.8	5.1	5.4
1967					10.9	6.8	6.8	4.5	4.3	4.5	4.7	5.1	5.4
1968						2.9	5.5	2.8	3.1	3.8	4.3	4.8	5.3
1969							8.3	1.8	2.8	3.9	4.5	5.1	5.7
1970								-4.3	1.3	3.7	4.6	5.5	6.1
1971									7.2	7.3	6.9	7.2	7.4
1972										7.3	6.7	7.2	7.5
1973											6.2	7.3	7.7
1974												8.4	8.4
1975													8.3

TURKEY — *WHOLESALE AND RETAIL TRADE*

	1963	1965	1966	1967	1968	1969	1970	1971	1972	1973	1974	1975	1976
1960	8.8	8.3	8.9	9.0	9.0	9.0	8.9	9.0	9.2	9.3	9.5	9.6	9.7
1963		6.3	8.9	8.9	9.0	8.9	8.8	9.0	9.3	9.5	9.7	9.9	9.9
1965			15.1	10.8	9.9	9.3	9.0	9.3	9.6	9.9	10.1	10.2	10.2
1966				6.7	7.9	8.1	8.2	8.8	9.4	9.8	10.0	10.2	10.2
1967					9.1	8.6	8.5	9.2	9.8	10.2	10.5	10.5	10.5
1968						8.0	8.3	9.4	10.2	10.7	10.8	10.8	10.7
1969							8.5	10.3	11.1	11.3	11.3	11.2	10.9
1970								12.1	12.2	12.0	11.7	11.4	11.0
1971									12.3	11.9	11.5	11.1	10.6
1972										11.4	11.1	10.8	10.2
1973											10.8	10.4	9.8
1974												9.9	9.2
1975													8.4

6A. AVERAGE ANNUAL RATES OF GROWTH OF GROSS DOMESTIC PRODUCT AT CONSTANT PRICES BY TYPE OF EXPENDITURE AND BY KIND OF ECONOMIC ACTIVITY (continued) (IN PER CENT)

TURKEY

TRANSPORT AND COMMUNICATION

	1963	1965	1966	1967	1968	1969	1970	1971	1972	1973	1974	1975	1976
1960	6.8	7.5	8.2	8.4	8.6	8.6	8.7	8.9	9.1	9.1	9.2	9.2	9.2
1963		8.2	9.5	9.3	9.4	9.2	9.2	9.4	9.6	9.6	9.5	9.5	9.5
1965			12.6	9.9	9.8	9.2	9.2	9.5	9.7	9.7	9.6	9.5	9.5
1966				7.3	8.8	8.4	8.7	9.3	9.6	9.6	9.6	9.5	9.4
1967					10.3	8.6	9.0	9.7	10.0	9.9	9.8	9.6	9.5
1968						6.9	8.8	9.9	10.3	10.0	9.8	9.6	9.5
1969							10.7	11.2	11.2	10.4	10.0	9.7	9.5
1970								11.8	11.3	10.1	9.7	9.4	9.3
1971									10.8	9.2	9.0	8.8	8.9
1972										7.6	8.4	8.4	8.6
1973											9.1	8.7	8.9
1974												8.2	8.8
1975													9.4

TURKEY

OTHER

	1963	1965	1966	1967	1968	1969	1970	1971	1972
1960	5.3	4.7	4.8	4.9	5.0	5.1	5.3	5.6	5.6
1963		3.3	4.3	4.7	5.1	5.3	5.6	5.9	6.0
1965			6.6	5.9	6.0	6.0	6.3	6.6	6.5
1966				5.2	5.8	5.9	6.4	6.7	6.6
1967					6.4	6.2	6.8	7.0	6.8
1968						6.0	7.1	7.4	6.9
1969							8.2	7.9	6.9
1970								7.6	6.2
1971									4.8

ASIA-EAST AND SO.EAST EX.JAPAN

GROSS DOMESTIC PRODUCT

	1963	1965	1966	1967	1968	1969	1970	1971	1972	1973	1974	1975	1976	1977
1960	4.9	4.8	4.4	4.4	4.4	4.6	4.8	4.8	4.7	4.8	4.7	4.8	4.8	4.8
1963		3.9	3.3	3.7	4.1	4.6	4.8	4.9	4.7	4.8	4.8	4.8	4.9	4.9
1965			2.7	4.3	4.8	5.4	5.6	5.4	5.1	5.1	5.0	5.0	5.0	5.0
1966				5.8	5.7	6.2	6.1	5.7	5.2	5.2	5.0	5.0	5.1	5.1
1967					5.6	6.4	6.3	5.6	5.0	5.0	4.8	4.9	5.0	5.0
1968						7.3	6.4	5.3	4.6	4.7	4.6	4.8	4.9	4.9
1969							5.6	4.3	3.7	4.2	4.3	4.6	4.7	4.8
1970								3.2	2.8	4.1	4.2	4.6	4.8	4.9
1971									2.5	4.9	4.6	5.0	5.2	5.2
1972										7.3	5.3	5.5	5.5	5.5
1973											3.3	5.0	5.3	5.3
1974												6.8	6.1	5.7
1975													5.4	5.2
1976														5.0

ASIA-EAST AND SO.EAST EX.JAPAN

PER CAPITA GROSS DOMESTIC PRODUCT

	1963	1965	1966	1967	1968	1969	1970	1971	1972	1973	1974	1975	1976	1977
1960	3.0	2.6	2.1	2.2	2.3	2.3	2.4	2.3	2.2	2.2	2.2	2.2	2.3	2.3
1963		1.3	0.8	1.5	2.0	2.1	2.3	2.2	2.0	2.1	2.1	2.2	2.2	2.3
1965			-0.0	2.5	3.1	2.8	2.8	2.5	2.2	2.3	2.2	2.3	2.4	2.4
1966				5.1	4.3	3.3	3.1	2.6	2.2	2.2	2.2	2.3	2.4	2.5
1967					3.6	2.4	2.6	2.1	1.7	1.9	1.9	2.1	2.2	2.4
1968						1.2	2.3	1.7	1.3	1.7	1.8	2.1	2.2	2.4
1969							3.4	1.7	1.0	1.8	1.9	2.2	2.4	2.5
1970								-0.0	-0.0	1.6	1.8	2.2	2.5	2.7
1971									-0.0	2.7	2.5	2.8	2.9	3.0
1972										5.6	3.3	3.3	3.3	3.3
1973											1.1	2.6	2.9	3.1
1974												4.2	3.6	3.6
1975													3.0	3.4
1976														3.9

ASIA-EAST AND SO.EAST EX.JAPAN

GOVERNMENT FINAL CONSUMPTION EXPENDITURE

	1963	1965	1966	1967	1968	1969	1970	1971	1972	1973	1974	1975	1976	1977
1960	7.1	6.0	5.4	4.7	4.7	4.8	5.0	5.2	5.2	5.2	5.0	5.1	5.2	5.3
1963		2.8	2.8	2.3	3.0	3.8	4.4	4.8	5.0	5.0	4.8	4.9	5.0	5.2
1965			2.1	1.2	3.2	4.6	5.4	5.8	5.8	5.6	5.2	5.3	5.4	5.5
1966				0.4	4.3	5.9	6.5	6.6	6.4	6.0	5.4	5.5	5.6	5.7
1967					8.4	8.3	8.0	7.5	7.0	6.3	5.4	5.5	5.6	5.8
1968						8.1	7.8	7.2	6.5	5.9	4.8	5.1	5.3	5.5
1969							7.4	6.7	6.0	5.2	4.1	4.6	5.1	5.3
1970								6.0	5.2	4.5	3.2	4.2	4.9	5.3
1971									4.4	3.8	2.2	4.0	5.0	5.5
1972										3.2	1.0	4.3	5.5	6.0
1973											-1.2	5.9	6.9	7.0
1974												13.5	10.1	8.7
1975													6.8	6.7
1976														6.6

ASIA-EAST AND SO.EAST EX.JAPAN

PRIVATE FINAL CONSUMPTION EXPENDITURE

	1963	1965	1966	1967	1968	1969	1970	1971	1972	1973	1974	1975	1976	1977
1960	3.3	3.6	3.6	3.8	4.0	4.2	4.2	4.3	4.3	4.3	4.4	4.4	4.4	4.4
1963		3.7	3.5	4.1	4.4	4.6	4.6	4.7	4.5	4.6	4.6	4.6	4.6	4.5
1965			4.0	5.2	5.2	5.3	5.1	5.0	4.7	4.8	4.7	4.7	4.7	4.6
1966				6.3	5.7	5.5	5.2	5.1	4.7	4.7	4.7	4.7	4.6	4.6
1967					5.0	5.1	4.9	4.8	4.4	4.5	4.5	4.5	4.5	4.5
1968						5.3	4.8	4.7	4.2	4.4	4.4	4.5	4.5	4.4
1969							4.3	4.5	3.8	4.3	4.3	4.4	4.4	4.4
1970								4.6	3.3	4.3	4.4	4.5	4.5	4.4
1971									2.1	4.5	4.5	4.7	4.5	4.5
1972										7.0	5.3	5.1	4.8	4.6
1973											3.6	4.5	4.3	4.3
1974												5.4	4.5	4.3
1975													3.6	3.9
1976														4.3

ASIA-EAST AND SO.EAST EX.JAPAN

GROSS FIXED CAPITAL FORMATION

	1963	1965	1966	1967	1968	1969	1970	1971	1972	1973	1974	1975	1976	1977
1960	9.5	9.6	9.0	8.6	8.3	8.3	8.1	8.0	7.8	7.6	7.4	7.4	7.4	7.5
1963		8.2	7.2	7.0	7.0	7.3	7.3	7.2	7.0	6.9	6.8	6.8	6.9	7.1
1965			5.8	6.7	6.8	7.5	7.4	7.3	7.0	6.8	6.7	6.7	6.8	7.1
1966				7.6	7.2	8.0	7.7	7.4	7.1	6.8	6.6	6.7	6.8	7.2
1967					6.8	8.4	7.7	7.3	6.9	6.6	6.4	6.5	6.8	7.1
1968						10.0	7.7	7.2	6.6	6.3	6.2	6.4	6.7	7.2
1969							5.5	6.1	5.8	5.7	5.7	6.1	6.6	7.2
1970								6.7	5.8	5.7	5.7	6.3	6.8	7.5
1971									4.8	5.3	5.5	6.4	7.0	7.9
1972										5.8	5.8	7.0	7.7	8.6
1973											5.7	7.7	8.4	9.4
1974												9.8	9.5	10.5
1975													9.2	11.0
1976														12.8

ASIA-EAST AND SO.EAST EX.JAPAN

EXPORTS OF GOODS AND SERVICES

	1963	1965	1966	1967	1968	1969	1970	1971	1972	1973	1974	1975	1976	1977
1960	5.2	4.5	4.6	4.7	5.0	5.4	5.7	5.9	6.2	6.6	6.8	6.8	7.0	7.3
1963		2.7	3.9	4.5	5.1	5.9	6.3	6.4	6.9	7.5	7.6	7.4	7.6	7.9
1965			6.1	5.8	6.4	7.3	7.4	7.3	7.8	8.4	8.4	8.0	8.2	8.5
1966				5.6	6.6	7.9	7.9	7.6	8.1	8.8	8.7	8.2	8.4	8.6
1967					7.7	9.1	8.5	7.8	8.5	9.3	9.0	8.3	8.5	8.8
1968						10.6	8.5	7.5	8.6	9.6	9.2	8.2	8.5	8.8
1969							6.4	6.2	8.4	9.9	9.2	8.0	8.5	8.9
1970								6.0	9.9	11.3	9.8	7.9	8.6	9.0
1971									13.9	13.7	10.2	7.4	8.4	9.1
1972										13.5	7.9	4.9	7.3	8.6
1973											2.7	1.3	6.6	8.6
1974												-0.1	9.9	11.3
1975													20.8	15.8
1976														11.1

ASIA-EAST AND SO.EAST EX.JAPAN

IMPORTS OF GOODS AND SERVICES

	1963	1965	1966	1967	1968	1969	1970	1971	1972	1973	1974	1975	1976	1977
1960	3.8	3.3	3.6	4.2	4.6	5.0	5.4	5.5	5.5	5.8	6.1	6.2	6.3	6.5
1963		1.3	3.0	4.7	5.4	6.0	6.4	6.3	6.2	6.5	6.8	6.8	6.9	7.1
1965			7.9	8.9	8.2	8.2	8.0	7.5	6.9	7.2	7.6	7.4	7.4	7.5
1966				9.8	8.0	8.2	7.9	7.2	6.6	7.1	7.5	7.3	7.3	7.5
1967					6.2	7.7	7.5	6.7	6.0	6.8	7.4	7.2	7.2	7.5
1968						9.2	7.9	6.5	5.6	6.8	7.6	7.2	7.3	7.6
1969							6.7	5.2	4.5	6.6	7.7	7.2	7.3	7.7
1970								3.6	3.6	7.1	8.5	7.6	7.6	8.0
1971									3.6	9.6	10.4	8.4	8.1	8.4
1972										15.9	13.0	8.6	8.1	8.6
1973											10.2	4.9	6.0	7.5
1974												-0.1	5.0	7.8
1975													10.4	11.5
1976														12.5

ASIA-EAST AND SO.EAST EX.JAPAN

AGRICULTURE

	1963	1965	1966	1967	1968	1969	1970	1971	1972	1973	1974	1975	1976	1977
1960	1.5	1.7	1.4	1.7	2.0	2.3	2.6	2.7	2.6	2.7	2.6	2.7	2.7	2.7
1963		0.1	0.0	1.5	2.1	2.8	3.2	3.2	2.9	2.9	2.9	2.9	2.9	2.9
1965			2.1	4.8	4.6	4.8	4.8	4.4	3.7	3.5	3.3	3.3	3.2	3.2
1966				7.5	5.4	5.3	5.1	4.5	3.5	3.4	3.1	3.2	3.1	3.0
1967					3.3	4.5	4.6	4.0	2.8	2.8	2.6	2.8	2.8	2.8
1968						5.7	5.1	3.9	2.3	2.5	2.3	2.6	2.6	2.7
1969							4.6	2.8	1.1	1.8	1.8	2.3	2.4	2.5
1970								1.1	-0.6	1.3	1.5	2.3	2.4	2.6
1971									-2.3	2.0	2.0	2.9	2.8	2.9
1972										6.6	3.4	4.1	3.5	3.4
1973											0.4	3.6	2.9	3.0
1974												6.9	3.5	3.4
1975													0.3	2.3
1976														4.3

ASIA-EAST AND SO.EAST EX.JAPAN

INDUSTRIAL ACTIVITY

	1963	1965	1966	1967	1968	1969	1970	1971	1972	1973	1974	1975	1976	1977
1960	8.0	7.1	6.5	6.2	6.2	6.6	6.8	6.9	7.0	7.2	7.3	7.3	7.4	7.5
1963		5.7	4.8	4.9	5.5	6.4	6.8	7.0	7.2	7.5	7.6	7.6	7.7	7.7
1965			3.0	4.6	6.0	7.5	7.9	7.9	7.9	8.2	8.2	8.0	8.1	8.1
1966				6.2	7.4	8.9	8.9	8.6	8.5	8.7	8.5	8.3	8.3	8.3
1967					8.7	10.4	9.6	8.9	8.6	8.8	8.6	8.3	8.3	8.3
1968						12.1	9.7	8.5	8.3	8.7	8.5	8.1	8.1	8.2
1969							7.3	7.0	7.5	8.3	8.1	7.8	7.9	8.0
1970								6.7	7.7	8.9	8.4	7.8	8.0	8.0
1971									8.7	10.1	8.7	7.8	8.0	8.1
1972										11.5	8.3	7.1	7.7	7.9
1973											5.2	5.2	7.1	7.6
1974												5.2	8.3	8.5
1975													11.5	9.7
1976														7.9

ASIA-EAST AND SO.EAST EX.JAPAN

MANUFACTURING

	1963	1965	1966	1967	1968	1969	1970	1971	1972	1973	1974	1975	1976	1977
1960	8.7	7.7	7.0	6.6	6.5	6.7	6.8	6.8	6.9	7.0	7.1	7.1	7.2	7.2
1963		5.8	4.9	4.9	5.3	6.1	6.4	6.6	6.7	7.0	7.1	7.1	7.2	7.3
1965			3.1	4.4	5.6	6.9	7.3	7.3	7.3	7.6	7.6	7.5	7.6	7.7
1966				5.8	6.9	8.2	8.2	7.9	7.8	8.0	7.9	7.7	7.8	7.8
1967					8.0	9.5	8.8	8.2	7.9	8.1	8.0	7.8	7.8	7.9
1968						11.0	8.8	7.9	7.6	8.0	7.8	7.6	7.7	7.8
1969							6.6	6.6	6.8	7.7	7.6	7.4	7.6	7.7
1970								6.5	7.0	8.2	7.8	7.5	7.7	7.8
1971									7.5	9.2	8.1	7.5	7.8	7.9
1972										10.9	8.0	7.1	7.7	7.9
1973											5.2	5.5	7.3	7.7
1974												5.9	8.6	8.5
1975													11.4	9.4
1976														7.5

6A. AVERAGE ANNUAL RATES OF GROWTH OF GROSS DOMESTIC PRODUCT AT CONSTANT PRICES BY TYPE OF EXPENDITURE AND BY KIND OF ECONOMIC ACTIVITY (continued)
(IN PER CENT)

ASIA-EAST AND SO.EAST EX.JAPAN

CONSTRUCTION

	1963	1965	1966	1967	1968	1969	1970	1971	1972	1973	1974	1975	1976	1977
1960	7.5	7.9	7.9	7.7	7.6	7.5	7.2	6.8	6.6	6.3	6.0	6.1	6.2	6.3
1963		8.0	7.8	7.4	7.2	7.2	6.7	6.1	5.8	5.5	5.3	5.5	5.7	5.9
1965			7.1	6.5	6.6	6.8	6.1	5.4	5.1	4.8	4.6	5.0	5.4	5.8
1966				6.0	6.5	6.9	5.9	4.9	4.8	4.5	4.3	4.8	5.4	5.8
1967					6.9	7.3	5.6	4.4	4.4	4.1	4.0	4.7	5.4	5.8
1968						7.6	4.7	3.3	3.7	3.5	3.6	4.5	5.4	6.0
1969							1.8	1.5	3.0	3.0	3.3	4.6	5.7	6.3
1970								1.2	3.9	3.5	3.7	5.3	6.5	7.1
1971									6.7	4.2	4.1	6.2	7.5	8.0
1972										1.8	3.2	6.8	8.4	8.7
1973											4.6	9.8	10.8	10.2
1974												15.3	13.3	11.2
1975													11.3	9.2
1976														7.1

ASIA-EAST AND SO.EAST EX.JAPAN

WHOLESALE AND RETAIL TRADE

	1963	1965	1966	1967	1968	1969	1970	1971	1972	1973	1974	1975	1976	1977
1960	6.2	5.6	5.4	5.3	5.4	5.5	5.6	5.6	5.6	5.6	5.6	5.6	5.6	5.5
1963		4.1	4.2	4.6	5.0	5.4	5.6	5.6	5.5	5.6	5.6	5.6	5.6	5.5
1965			4.4	5.3	5.7	6.1	6.3	6.1	5.9	5.9	5.8	5.8	5.7	5.6
1966				6.2	6.2	6.6	6.7	6.3	5.9	5.9	5.8	5.8	5.7	5.5
1967					6.2	6.9	6.8	6.2	5.7	5.8	5.7	5.7	5.6	5.4
1968						7.5	7.0	6.0	5.4	5.6	5.6	5.5	5.5	5.3
1969							6.5	5.1	4.8	5.2	5.3	5.4	5.3	5.2
1970								3.7	4.1	5.1	5.3	5.3	5.3	5.1
1971									4.4	6.0	5.8	5.7	5.5	5.2
1972										7.5	6.1	5.8	5.5	5.1
1973											4.8	5.2	5.0	4.7
1974												5.5	5.0	4.5
1975													4.4	4.0
1976														3.6

ASIA-EAST AND SO.EAST EX.JAPAN

TRANSPORT AND COMMUNICATION

	1963	1965	1966	1967	1968	1969	1970	1971	1972	1973	1974	1975	1976	1977
1960	5.9	6.2	6.0	6.0	6.0	6.1	6.1	6.1	6.2	6.4	6.5	6.6	6.7	6.8
1963		6.4	5.8	5.8	5.9	6.0	6.1	6.2	6.4	6.6	6.7	6.8	6.9	7.1
1965			4.3	5.5	5.8	6.2	6.2	6.3	6.6	6.9	6.9	7.0	7.2	7.3
1966				6.6	6.4	6.6	6.5	6.5	6.8	7.1	7.2	7.2	7.3	7.5
1967					6.2	6.7	6.5	6.5	6.9	7.3	7.3	7.3	7.4	7.6
1968						7.3	6.6	6.5	7.1	7.5	7.5	7.5	7.6	7.8
1969							5.9	6.2	7.2	7.7	7.6	7.6	7.7	7.9
1970								6.6	7.9	8.4	8.0	7.8	7.9	8.1
1971									9.3	9.2	8.1	7.8	7.9	8.2
1972										9.1	7.4	7.3	7.7	8.1
1973											5.8	6.7	7.5	8.2
1974												7.7	8.4	9.0
1975													9.1	9.7
1976														10.2

ASIA-EAST AND SO.EAST EX.JAPAN

OTHER

	1963	1965	1966	1967	1968	1969	1970	1971	1972	1973	1974	1975	1976	1977
1960	5.4	5.2	5.1	5.0	4.9	4.9	5.0	5.1	5.2	5.3	5.3	5.4	5.4	5.5
1963		5.2	5.0	4.7	4.6	4.8	5.0	5.2	5.4	5.4	5.5	5.5	5.6	5.6
1965			4.4	4.1	4.2	4.7	5.1	5.4	5.6	5.6	5.7	5.7	5.8	5.8
1966				3.8	4.2	5.0	5.4	5.7	5.9	5.9	5.9	5.9	5.9	5.9
1967					4.6	5.6	6.0	6.1	6.2	6.1	6.0	6.0	6.0	6.0
1968						6.8	6.6	6.4	6.5	6.2	6.1	6.1	6.1	6.1
1969							6.5	6.3	6.4	6.1	6.0	6.0	6.0	6.0
1970								6.1	6.5	6.0	5.9	5.9	5.9	5.9
1971									6.9	5.8	5.7	5.8	5.8	5.9
1972										4.7	5.3	5.7	5.8	5.9
1973											5.8	6.1	6.0	6.1
1974												6.3	6.1	6.2
1975													5.9	6.1
1976														6.4

ASIA-EAST AND SOUTHEAST

GROSS DOMESTIC PRODUCT

	1963	1965	1966	1967	1968	1969	1970	1971	1972	1973	1974	1975	1976	1977
1960	7.9	7.9	7.6	7.8	8.0	8.3	8.5	8.5	8.4	8.4	8.2	7.9	7.7	7.5
1963		7.0	6.9	7.5	8.2	8.7	8.9	8.8	8.6	8.5	8.2	7.8	7.5	7.3
1965			7.7	8.9	9.6	10.0	10.0	9.4	9.0	8.8	8.3	7.7	7.3	7.0
1966				10.0	10.5	10.6	10.4	9.5	8.9	8.7	8.1	7.4	7.1	6.8
1967					11.1	10.8	10.4	9.1	8.5	8.4	7.6	7.0	6.6	6.3
1968						10.5	10.1	8.3	7.8	7.8	7.0	6.4	6.1	5.8
1969							9.6	7.1	6.9	7.3	6.4	5.8	5.5	5.4
1970								4.6	5.9	7.0	5.9	5.2	5.0	5.0
1971									7.2	8.2	6.0	4.9	4.8	4.8
1972										9.2	4.9	3.9	4.1	4.4
1973											0.7	1.8	3.2	3.9
1974												3.0	4.5	4.9
1975													6.1	5.7
1976														5.3

ASIA-EAST AND SOUTHEAST

PER CAPITA GROSS DOMESTIC PRODUCT

	1963	1965	1966	1967	1968	1969	1970	1971	1972	1973	1974	1975	1976	1977
1960	5.5	5.7	5.3	5.5	5.8	5.9	6.0	5.9	5.8	5.7	5.6	5.3	5.1	5.0
1963		5.1	4.5	5.3	5.9	6.1	6.2	6.0	5.8	5.8	5.5	5.1	4.9	4.7
1965			4.8	6.9	7.5	7.2	7.1	6.4	6.1	5.9	5.5	5.0	4.7	4.5
1966				9.1	8.7	7.6	7.3	6.3	5.9	5.8	5.2	4.7	4.4	4.2
1967					8.3	6.7	6.7	5.6	5.3	5.3	4.7	4.2	4.0	3.8
1968						5.1	6.2	4.8	4.7	4.9	4.3	3.8	3.6	3.5
1969							7.3	4.2	4.3	4.7	4.0	3.4	3.2	3.2
1970								1.1	3.4	4.5	3.6	3.0	2.8	2.9
1971									5.6	6.0	3.9	2.9	2.8	2.8
1972										6.4	2.6	1.8	2.0	2.4
1973											−1.0	−0.0	1.3	2.1
1974												1.0	2.5	3.0
1975													4.0	3.9
1976														3.8

ASIA-EAST AND SOUTHEAST

GOVERNMENT FINAL CONSUMPTION EXPENDITURE

	1963	1965	1966	1967	1968	1969	1970	1971	1972	1973	1974	1975	1976	1977
1960	7.6	6.9	6.5	6.1	5.9	5.8	5.8	5.7	5.7	5.7	5.6	5.6	5.6	5.5
1963		5.1	5.0	4.7	4.8	4.9	5.1	5.2	5.3	5.3	5.2	5.3	5.3	5.3
1965			4.4	4.1	4.6	4.9	5.2	5.3	5.5	5.5	5.3	5.3	5.3	5.3
1966				3.7	4.8	5.2	5.4	5.6	5.7	5.7	5.4	5.4	5.4	5.4
1967					5.9	5.8	5.9	5.9	5.9	5.8	5.5	5.5	5.4	5.4
1968						5.7	5.9	5.9	6.0	5.8	5.3	5.4	5.4	5.3
1969							6.0	6.0	6.0	5.8	5.2	5.3	5.3	5.2
1970								5.9	6.1	5.7	4.9	5.1	5.1	5.1
1971									6.2	5.5	4.4	4.9	5.0	5.0
1972										4.8	3.4	4.7	4.9	5.0
1973											2.0	5.1	5.3	5.2
1974												8.3	6.4	5.8
1975													4.6	4.7
1976														4.8

ASIA-EAST AND SOUTHEAST

PRIVATE FINAL CONSUMPTION EXPENDITURE

	1963	1965	1966	1967	1968	1969	1970	1971	1972	1973	1974	1975	1976	1977
1960	6.5	6.7	6.7	6.9	7.0	7.1	7.2	7.2	7.2	7.2	7.1	7.0	6.8	6.7
1963		6.5	6.4	6.9	7.2	7.4	7.5	7.4	7.3	7.4	7.2	7.0	6.7	6.5
1965			7.2	8.1	8.1	8.2	8.0	7.7	7.6	7.6	7.2	6.9	6.6	6.4
1966				9.0	8.4	8.4	8.1	7.7	7.5	7.5	7.1	6.8	6.5	6.2
1967					7.8	8.1	7.8	7.4	7.2	7.3	6.9	6.5	6.2	5.9
1968						8.5	7.7	7.1	7.0	7.2	6.7	6.3	5.9	5.7
1969							7.0	6.4	6.6	7.0	6.4	6.0	5.6	5.4
1970								5.9	6.5	7.2	6.2	5.7	5.4	5.1
1971									7.1	7.9	6.1	5.4	5.1	4.8
1972										8.7	5.2	4.7	4.4	4.4
1973											1.8	3.2	3.6	3.8
1974												4.6	4.4	4.3
1975													4.1	4.2
1976														4.2

ASIA-EAST AND SOUTHEAST

GROSS FIXED CAPITAL FORMATION

	1963	1965	1966	1967	1968	1969	1970	1971	1972	1973	1974	1975	1976	1977
1960	13.9	12.3	11.6	11.7	12.2	12.7	13.0	12.8	12.6	12.5	11.9	11.2	10.6	10.1
1963		9.4	9.3	10.6	12.2	13.2	13.6	13.2	12.8	12.6	11.6	10.7	9.9	9.3
1965			11.1	13.5	15.5	16.1	15.8	14.5	13.5	13.0	11.6	10.3	9.3	8.6
1966				16.0	17.7	17.5	16.5	14.5	13.2	12.7	11.1	9.6	8.6	7.9
1967					19.5	18.0	16.3	13.5	12.2	11.8	10.0	8.5	7.5	6.9
1968						16.4	14.7	11.4	10.4	10.5	8.6	7.0	6.1	5.7
1969							13.0	8.7	8.5	9.5	7.2	5.7	4.9	4.6
1970								4.7	7.0	9.2	6.2	4.5	3.8	3.7
1971									9.3	11.5	5.8	3.6	3.0	3.2
1972										13.6	2.9	1.0	1.3	2.0
1973											−6.9	−3.4	−0.8	1.0
1974												0.1	2.2	3.5
1975													4.4	5.1
1976														5.8

ASIA-EAST AND SOUTHEAST

EXPORTS OF GOODS AND SERVICES

	1963	1965	1966	1967	1968	1969	1970	1971	1972	1973	1974	1975	1976	1977
1960	7.2	8.2	8.6	8.5	8.9	9.4	9.7	10.0	10.2	10.3	10.5	10.4	10.5	10.6
1963		10.0	10.1	9.2	9.7	10.4	10.7	11.0	11.1	11.1	11.2	10.9	11.0	11.1
1965			9.7	7.7	9.5	10.9	11.3	11.5	11.5	11.4	11.5	11.1	11.2	11.2
1966				5.7	10.1	11.9	12.0	12.1	11.9	11.7	11.7	11.2	11.3	11.3
1967					14.6	14.7	13.4	13.0	12.5	12.0	11.9	11.2	11.4	11.4
1968						14.9	12.6	12.4	11.9	11.5	11.5	10.8	11.1	11.1
1969							10.3	11.6	11.2	10.9	11.2	10.3	10.8	10.9
1970								12.9	11.3	10.8	11.2	10.0	10.7	11.0
1971									9.7	10.0	11.0	9.4	10.6	10.9
1972										10.3	11.8	9.0	10.8	11.2
1973											13.2	7.7	11.0	11.4
1974												2.4	11.4	11.9
1975													21.2	15.4
1976														9.8

ASIA-EAST AND SOUTHEAST

IMPORTS OF GOODS AND SERVICES

	1963	1965	1966	1967	1968	1969	1970	1971	1972	1973	1974	1975	1976	1977
1960	7.0	6.8	6.9	7.7	8.1	8.5	9.0	9.1	9.1	9.4	9.6	9.3	9.2	9.1
1963		5.2	6.3	8.4	9.1	9.6	10.2	10.0	9.8	10.1	10.3	9.8	9.6	9.3
1965			9.9	12.9	12.0	11.7	12.0	11.2	10.5	10.9	11.0	10.2	9.8	9.4
1966				16.1	12.5	11.8	12.1	11.0	10.2	10.7	10.9	10.0	9.5	9.1
1967					9.0	10.2	11.5	10.2	9.4	10.3	10.6	9.6	9.1	8.7
1968						11.4	12.8	10.1	9.0	10.4	10.7	9.4	8.8	8.4
1969							14.3	8.8	7.9	10.2	10.7	9.0	8.4	8.0
1970								3.7	5.5	10.2	10.9	8.6	7.9	7.6
1971									7.3	14.0	13.2	9.0	8.0	7.5
1972										21.2	14.9	7.8	6.9	6.6
1973											8.9	1.6	3.2	4.3
1974												−5.3	2.0	4.2
1975													9.8	8.4
1976														7.0

ASIA-EAST AND SOUTHEAST

AGRICULTURE

	1963	1965	1966	1967	1968	1969	1970	1971	1972	1973	1974	1975	1976	1977
1960	2.0	1.9	1.6	2.1	2.4	2.7	2.8	2.8	2.7	2.8	2.8	2.8	2.8	2.8
1963		0.6	0.6	2.1	2.8	3.2	3.3	3.2	3.0	3.0	3.0	3.0	2.9	2.9
1965			2.3	5.4	5.3	4.9	4.6	4.0	3.5	3.5	3.2	3.3	3.1	3.1
1966				8.6	6.3	5.2	4.7	3.8	3.2	3.2	3.0	3.1	2.9	2.9
1967					4.0	3.8	3.7	2.9	2.4	2.7	2.5	2.7	2.6	2.7
1968						3.6	3.6	2.4	1.9	2.4	2.3	2.6	2.5	2.6
1969							3.5	1.7	1.3	2.2	2.2	2.6	2.5	2.6
1970								−0.1	0.5	2.3	2.2	2.7	2.5	2.7
1971									1.1	3.7	2.9	3.3	2.9	3.0
1972										6.4	3.2	3.7	3.0	3.0
1973											0.1	3.0	2.2	2.6
1974												6.0	2.7	3.0
1975													−0.4	2.2
1976														4.8

6A. AVERAGE ANNUAL RATES OF GROWTH OF GROSS DOMESTIC PRODUCT AT CONSTANT PRICES BY TYPE OF EXPENDITURE AND BY KIND OF ECONOMIC ACTIVITY (continued) (IN PER CENT)

ASIA-EAST AND SOUTHEAST

INDUSTRIAL ACTIVITY

	1963	1965	1966	1967	1968	1969	1970	1971	1972	1973	1974	1975	1976	1977
1960	10.7	9.9	9.6	9.9	10.4	10.9	11.3	11.3	11.2	11.2	11.0	10.5	10.2	9.9
1963		8.3	8.4	9.7	10.8	11.7	12.2	12.0	11.7	11.6	11.2	10.4	10.0	9.6
1965			9.9	12.5	13.4	14.0	14.2	13.2	12.4	12.2	11.4	10.4	9.8	9.3
1966				15.1	14.9	15.1	14.9	13.4	12.3	12.0	11.1	9.9	9.4	8.9
1967					14.7	15.2	14.8	12.7	11.6	11.4	10.4	9.1	8.6	8.2
1968						15.6	14.7	11.6	10.5	10.6	9.6	8.2	7.8	7.4
1969							13.7	9.3	8.7	9.6	8.6	7.1	6.9	6.6
1970								5.1	6.9	9.2	7.9	6.1	6.1	6.0
1971									8.8	11.3	8.3	5.7	5.8	5.8
1972										13.9	7.2	3.8	4.8	5.1
1973											0.8	–0.4	3.1	4.2
1974												–1.5	5.0	5.7
1975													12.0	8.5
1976														5.0

ASIA-EAST AND SOUTHEAST

MANUFACTURING

	1963	1965	1966	1967	1968	1969	1970	1971	1972	1973	1974	1975	1976	1977
1960	11.6	10.7	10.4	10.7	11.1	11.7	12.1	12.0	11.8	11.8	11.5	11.0	10.7	10.3
1963		8.8	8.9	10.3	11.5	12.4	12.9	12.6	12.3	12.1	11.6	10.8	10.4	9.9
1965			10.6	13.4	14.3	14.9	15.0	13.8	13.0	12.6	11.8	10.7	10.1	9.6
1966				16.3	15.9	16.0	15.7	13.9	12.8	12.4	11.4	10.1	9.6	9.0
1967					15.5	15.9	15.5	13.1	11.8	11.7	10.6	9.2	8.7	8.3
1968						16.2	15.3	11.9	10.6	10.8	9.7	8.2	7.8	7.5
1969							14.4	9.4	8.7	9.7	8.6	7.1	6.9	6.6
1970								4.6	6.7	9.2	7.9	6.1	6.1	6.0
1971									8.8	11.5	8.4	5.7	5.8	5.8
1972										14.3	7.3	3.7	4.7	5.0
1973											0.6	–0.7	3.0	4.1
1974												–2.0	5.0	5.7
1975													12.5	8.6
1976														4.8

ASIA-EAST AND SOUTHEAST

CONSTRUCTION

	1963	1965	1966	1967	1968	1969	1970	1971	1972	1973	1974	1975	1976	1977
1960	12.0	12.5	12.1	11.9	12.2	12.4	12.5	12.2	12.0	11.7	11.1	10.6	9.9	9.4
1963		14.1	12.3	11.8	12.5	12.8	12.8	12.3	11.9	11.5	10.5	9.9	9.1	8.5
1965			9.2	10.4	12.8	13.3	13.2	12.3	11.7	11.2	9.8	9.1	8.1	7.5
1966				11.6	14.9	14.5	13.8	12.5	11.6	11.0	9.4	8.6	7.6	6.9
1967					18.3	15.4	13.9	11.9	11.0	10.4	8.6	7.8	6.7	6.1
1968						12.6	12.0	10.0	9.5	9.2	7.2	6.6	5.6	5.1
1969							11.4	8.5	8.5	8.4	6.1	5.6	4.6	4.2
1970								5.7	7.5	7.9	4.8	4.6	3.6	3.4
1971									9.4	8.7	3.8	3.8	2.8	2.7
1972										8.0	0.4	2.1	1.4	1.8
1973											–6.8	0.8	0.3	1.3
1974												9.1	2.7	3.0
1975													–3.3	1.1
1976														5.8

ASIA-EAST AND SOUTHEAST

WHOLESALE AND RETAIL TRADE

	1963	1965	1966	1967	1968	1969	1970	1971	1972	1973	1974	1975	1976	1977
1960	6.9	8.1	8.3	8.6	9.3	9.8	10.0	10.0	10.0	10.1	9.9	9.6	9.4	9.1
1963		9.9	9.2	9.6	10.8	11.2	11.2	10.9	10.8	10.7	10.2	9.9	9.4	9.1
1965			8.5	10.0	12.4	12.5	12.1	11.3	11.0	10.9	10.2	9.7	9.1	8.7
1966				11.6	14.5	13.6	12.6	11.4	11.0	10.8	10.0	9.4	8.8	8.3
1967					17.5	13.9	12.2	10.7	10.4	10.3	9.4	8.8	8.3	7.8
1968						10.4	10.0	8.8	9.2	9.5	8.6	8.1	7.5	7.1
1969							9.5	7.9	9.0	9.5	8.2	7.7	7.1	6.7
1970								6.4	9.1	9.8	7.9	7.3	6.7	6.3
1971									11.9	11.2	7.7	6.9	6.2	5.8
1972										10.4	5.2	5.3	4.9	4.9
1973											0.3	3.6	4.0	4.3
1974												7.1	5.3	5.1
1975													3.6	4.4
1976														5.1

ASIA-EAST AND SOUTHEAST

TRANSPORT AND COMMUNICATION

	1963	1965	1966	1967	1968	1969	1970	1971	1972	1973	1974	1975	1976	1977
1960	8.0	7.5	7.7	8.1	8.5	8.7	8.9	8.9	8.7	8.6	8.5	8.4	8.2	8.0
1963		7.2	8.2	8.8	9.5	9.7	9.7	9.5	9.1	8.9	8.7	8.4	8.2	7.9
1965			11.3	10.8	11.2	10.9	10.6	9.9	9.2	8.9	8.6	8.3	8.0	7.7
1966				10.4	11.4	10.7	10.4	9.6	8.7	8.5	8.2	7.9	7.7	7.3
1967					12.4	10.7	10.1	9.1	8.2	8.0	7.8	7.5	7.3	6.9
1968						8.9	9.2	8.2	7.2	7.3	7.3	7.0	6.9	6.5
1969							9.5	7.6	6.5	6.9	7.0	6.7	6.7	6.3
1970								5.7	5.1	6.4	6.7	6.5	6.5	6.0
1971									4.6	7.1	7.2	6.7	6.6	6.0
1972										9.6	8.2	6.9	6.7	5.8
1973											6.8	5.6	6.0	5.0
1974												4.4	5.8	4.5
1975													7.3	4.1
1976														0.9

ASIA-EAST AND SOUTHEAST

OTHER

	1963	1965	1966	1967	1968	1969	1970	1971	1972	1973	1974	1975	1976	1977
1960	10.2	11.7	11.9	11.9	11.9	12.0	12.0	11.7	11.5	11.1	10.7	10.2	9.8	9.4
1963		15.0	13.7	12.7	12.5	12.5	12.3	11.7	11.3	10.8	10.2	9.6	9.1	8.6
1965			10.2	10.3	11.1	11.7	11.6	10.9	10.5	9.9	9.2	8.6	8.1	7.7
1966				10.4	11.7	12.3	11.9	10.9	10.4	9.7	8.9	8.2	7.7	7.3
1967					13.1	13.1	12.2	10.6	10.0	9.3	8.4	7.7	7.1	6.7
1968						13.0	11.5	9.6	9.1	8.4	7.5	6.9	6.4	6.1
1969							10.1	7.8	8.0	7.5	6.6	6.0	5.7	5.4
1970								5.6	7.4	7.0	5.9	5.4	5.1	4.9
1971									9.2	7.3	5.6	5.0	4.7	4.6
1972										5.4	3.9	3.8	3.9	4.1
1973											2.3	3.2	3.7	4.0
1974												4.1	4.3	4.4
1975													4.4	4.6
1976														4.8

AFGHANISTAN

GROSS DOMESTIC PRODUCT

	1963	1965	1966	1967	1968	1969
1960	...	...	...	...	...	...
1963		1.9	1.7	1.9	2.2	2.4
1965			1.2	2.0	2.5	2.8
1966				2.8	3.2	3.2
1967					3.6	3.4
1968						3.3

AFGHANISTAN

PER CAPITA GROSS DOMESTIC PRODUCT

	1963	1965	1966	1967	1968	1969
1960	...	...	...	...	...	...
1963		–0.3	–0.5	–0.4	–0.1	0.1
1965			–1.0	–0.3	0.2	0.4
1966				0.5	0.7	0.8
1967					0.8	0.9
1968						1.0

AFGHANISTAN

AGRICULTURE

	1963	1965	1966	1967	1968	1969
1960	...	...	...	...	...	...
1963		0.4	–0.0	0.2	0.6	0.7
1965			–1.0	0.2	1.0	1.1
1966				1.4	2.0	1.6
1967					2.7	1.4
1968						0.2

AFGHANISTAN

INDUSTRIAL ACTIVITY

	1963	1965	1966	1967	1968	1969
1960	...	...	...	...	...	...
1963		6.2	6.3	6.2	6.1	6.4
1965			6.5	6.2	6.0	6.6
1966				6.0	5.7	6.8
1967					5.5	7.4
1968						9.2

AFGHANISTAN

MANUFACTURING

	1963	1965	1966	1967	1968	1969
1960	...	...	...	...	...	...
1963		6.1	6.2	5.5	4.7	4.7
1965			6.3	4.6	3.4	3.9
1966				2.8	2.0	3.5
1967					1.2	4.2
1968						7.3

AFGHANISTAN

CONSTRUCTION

	1963	1965	1966	1967	1968	1969
1960	...	...	...	...	...	...
1963		9.6	9.6	5.5	4.2	4.4
1965			9.7	–0.3	0.2	2.2
1966				–9.5	–2.7	1.7
1967					4.7	7.3
1968						10.0

6A. AVERAGE ANNUAL RATES OF GROWTH OF GROSS DOMESTIC PRODUCT AT CONSTANT PRICES BY TYPE OF EXPENDITURE AND BY KIND OF ECONOMIC ACTIVITY (continued) (IN PER CENT)

AFGHANISTAN

WHOLESALE AND RETAIL TRADE

	1963	1965	1966	1967	1968	1969
1960	...	...	...	...	...	...
1963		2.9	2.9	3.6	3.7	3.8
1965			3.0	4.7	4.4	4.3
1966				6.3	4.7	4.4
1967					3.2	3.6
1968						4.1

AFGHANISTAN

TRANSPORT AND COMMUNICATION

	1963	1965	1966	1967	1968	1969
1960	...	...	...	...	...	...
1963		8.5	8.4	8.7	8.9	9.3
1965			8.3	9.0	9.4	9.9
1966				9.7	9.9	10.4
1967					10.1	10.9
1968						11.7

AFGHANISTAN

OTHER

	1963	1965	1966	1967	1968	1969
1960	...	...	...	...	...	...
1963		2.3	2.2	2.3	2.6	3.0
1965			2.0	2.3	2.9	3.6
1966				2.5	3.4	4.1
1967					4.2	5.0
1968						5.7

BANGLADESH

GROSS DOMESTIC PRODUCT

	1963	1965	1966	1967	1968	1969	1970	1971	1972	1973	1974	1975	1976	1977
1960	...	...	...	...	...	...	...	...	...	...	...	...	...	...
1963		...	...	...	...	...	...	...	...	...	...	...	...	...
1965			...	...	...	...	...	...	...	...	...	...	...	...
1966				...	...	...	...	...	...	...	...	...	...	...
1967					...	...	...	...	...	...	...	...	...	...
1968						...	...	...	...	...	...	...	...	...
1969							...	...	...	...	...	...	...	...
1970								...	...	...	...	...	...	...
1971									...	...	...	...	...	...
1972										12.3	7.7	8.9	7.6	7.3
1973											3.3	8.2	6.6	6.6
1974												13.4	7.2	6.9
1975													1.4	4.8
1976														8.2

BANGLADESH

PER CAPITA GROSS DOMESTIC PRODUCT

	1963	1965	1966	1967	1968	1969	1970	1971	1972	1973	1974	1975	1976	1977
1960	...	...	...	...	...	...	...	...	...	...	...	...	...	...
1963		...	...	...	...	...	...	...	...	...	...	...	...	...
1965			...	...	...	...	...	...	...	...	...	...	...	...
1966				...	...	...	...	...	...	...	...	...	...	...
1967					...	...	...	...	...	...	...	...	...	...
1968						...	...	...	...	...	...	...	...	...
1969							...	...	...	...	...	...	...	...
1970								...	...	...	...	...	...	...
1971									...	...	...	...	...	...
1972										9.6	5.1	6.3	5.1	4.8
1973											0.8	5.6	4.1	4.1
1974												10.7	4.7	4.4
1975													–0.9	2.4
1976														5.7

BANGLADESH

AGRICULTURE

	1963	1965	1966	1967	1968	1969	1970	1971	1972	1973	1974	1975	1976	1977
1960	...	...	...	...	...	...	...	...	...	...	...	...	...	...
1963		...	...	...	...	...	...	...	...	...	...	...	...	...
1965			...	...	...	...	...	...	...	...	...	...	...	...
1966				...	...	...	...	...	...	...	...	...	...	...
1967					...	...	...	...	...	...	...	...	...	...
1968						...	...	...	...	...	...	...	...	...
1969							...	...	...	...	...	...	...	...
1970								...	...	...	...	...	...	...
1971									...	...	...	...	...	...
1972										10.4	4.6	6.1	4.4	4.7
1973											–1.0	5.1	3.1	4.0
1974												11.7	3.9	4.9
1975													–3.3	3.0
1976														9.8

BANGLADESH

INDUSTRIAL ACTIVITY

	1963	1965	1966	1967	1968	1969	1970	1971	1972	1973	1974	1975	1976	1977
1960	...	...	...	...	...	...	...	...	...	...	...	...	...	...
1963		...	...	...	...	...	...	...	...	...	...	...	...	...
1965			...	...	...	...	...	...	...	...	...	...	...	...
1966				...	...	...	...	...	...	...	...	...	...	...
1967					...	...	...	...	...	...	...	...	...	...
1968						...	...	...	...	...	...	...	...	...
1969							...	...	...	...	...	...	...	...
1970								...	...	...	...	...	...	...
1971									...	...	...	...	...	...
1972										15.6	35.6	28.7	22.2	18.2
1973											59.1	31.1	20.1	15.5
1974												8.0	6.2	6.5
1975													4.5	6.2
1976														7.9

BANGLADESH

MANUFACTURING

	1963	1965	1966	1967	1968	1969	1970	1971	1972	1973	1974	1975	1976	1977
1960	...	...	...	...	...	...	...	...	...	...	...	...	...	...
1963		...	...	...	...	...	...	...	...	...	...	...	...	...
1965			...	...	...	...	...	...	...	...	...	...	...	...
1966				...	...	...	...	...	...	...	...	...	...	...
1967					...	...	...	...	...	...	...	...	...	...
1968						...	...	...	...	...	...	...	...	...
1969							...	...	...	...	...	...	...	...
1970								...	...	...	...	...	...	...
1971									...	...	...	...	...	...
1972										17.5	37.6	29.7	22.7	18.5
1973											61.1	31.4	20.1	15.4
1974												7.2	5.6	6.1
1975													4.1	5.9
1976														7.8

BANGLADESH

CONSTRUCTION

	1963	1965	1966	1967	1968	1969	1970	1971	1972	1973	1974	1975	1976	1977
1960	...	...	...	...	...	...	...	...	...	...	...	...	...	...
1963		...	...	...	...	...	...	...	...	...	...	...	...	...
1965			...	...	...	...	...	...	...	...	...	...	...	...
1966				...	...	...	...	...	...	...	...	...	...	...
1967					...	...	...	...	...	...	...	...	...	...
1968						...	...	...	...	...	...	...	...	...
1969							...	...	...	...	...	...	...	...
1970								...	...	...	...	...	...	...
1971									...	...	...	...	...	...
1972										12.0	9.5	4.7	6.3	6.8
1973											7.0	0.8	5.1	6.2
1974												–5.0	5.9	7.2
1975													18.1	12.1
1976														6.4

BANGLADESH

WHOLESALE AND RETAIL TRADE

	1963	1965	1966	1967	1968	1969	1970	1971	1972	1973	1974	1975	1976	1977
1960	...	...	...	...	...	...	...	...	...	...	...	...	...	...
1963		...	...	...	...	...	...	...	...	...	...	...	...	...
1965			...	...	...	...	...	...	...	...	...	...	...	...
1966				...	...	...	...	...	...	...	...	...	...	...
1967					...	...	...	...	...	...	...	...	...	...
1968						...	...	...	...	...	...	...	...	...
1969							...	...	...	...	...	...	...	...
1970								...	...	...	...	...	...	...
1971									...	...	...	...	...	...
1972										34.3	23.2	24.6	20.3	17.0
1973											13.1	22.0	16.9	13.7
1974												31.6	16.6	12.0
1975													3.3	4.7
1976														6.0

BANGLADESH

TRANSPORT AND COMMUNICATION

	1963	1965	1966	1967	1968	1969	1970	1971	1972	1973	1974	1975	1976	1977
1960	...	...	...	...	...	...	...	...	...	...	...	...	...	...
1963		...	...	...	...	...	...	...	...	...	...	...	...	...
1965			...	...	...	...	...	...	...	...	...	...	...	...
1966				...	...	...	...	...	...	...	...	...	...	...
1967					...	...	...	...	...	...	...	...	...	...
1968						...	...	...	...	...	...	...	...	...
1969							...	...	...	...	...	...	...	...
1970								...	...	...	...	...	...	...
1971									...	...	...	...	...	...
1972										4.2	2.1	8.5	11.3	11.4
1973											0.0	12.2	14.7	13.5
1974												26.0	21.0	15.9
1975													16.2	11.2
1976														6.4

BANGLADESH

OTHER

	1963	1965	1966	1967	1968	1969	1970	1971	1972	1973	1974	1975	1976	1977
1960	...	...	...	...	...	...	...	...	...	...	...	...	...	...
1963		...	...	...	...	...	...	...	...	...	...	...	...	...
1965			...	...	...	...	...	...	...	...	...	...	...	...
1966				...	...	...	...	...	...	...	...	...	...	...
1967					...	...	...	...	...	...	...	...	...	...
1968						...	...	...	...	...	...	...	...	...
1969							...	...	...	...	...	...	...	...
1970								...	...	...	...	...	...	...
1971									...	...	...	...	...	...
1972										8.2	–2.4	0.2	2.2	3.3
1973											–12.0	–1.5	2.4	3.8
1974												10.2	9.1	7.9
1975													7.9	6.7
1976														5.6

6A. AVERAGE ANNUAL RATES OF GROWTH OF GROSS DOMESTIC PRODUCT AT CONSTANT PRICES BY TYPE OF EXPENDITURE AND BY KIND OF ECONOMIC ACTIVITY (continued)
(IN PER CENT)

BURMA — *GROSS DOMESTIC PRODUCT*

	1963	1965	1966	1967	1968	1969	1970	1971	1972	1973	1974	1975	1976	1977
1960	...	...	...	...	...	...	...	...	...	...	...	...	...	...
1963		1.7	0.7	-0.5	0.6	1.3	1.9	2.3	2.5	2.5	2.5	2.5	2.5	2.6
1965			-4.3	-4.2	-0.1	1.4	2.3	2.9	3.1	2.9	2.8	2.7	2.7	2.8
1966				-4.1	2.7	3.6	4.1	4.2	4.1	3.6	3.3	3.1	3.1	3.1
1967					10.1	6.6	5.8	5.3	4.7	3.9	3.5	3.2	3.1	3.2
1968						3.3	4.1	4.2	3.9	3.1	2.7	2.6	2.6	2.8
1969							5.0	4.6	3.9	2.8	2.4	2.3	2.4	2.7
1970								4.1	3.3	1.9	1.8	1.9	2.1	2.6
1971									2.4	0.7	1.1	1.5	2.0	2.6
1972										-1.0	0.8	1.5	2.2	2.9
1973											2.6	2.6	3.1	3.7
1974												2.7	3.4	4.2
1975													4.2	5.0
1976														5.9

BURMA — *PER CAPITA GROSS DOMESTIC PRODUCT*

	1963	1965	1966	1967	1968	1969	1970	1971	1972	1973	1974	1975	1976	1977
1960	...	...	...	...	...	...	...	...	...	...	...	...	...	...
1963		-0.5	-1.5	-2.7	-1.6	-0.9	-0.3	0.1	0.3	0.3	0.2	0.2	0.3	0.4
1965			-6.3	-6.3	-2.3	-0.8	0.1	0.6	0.8	0.6	0.5	0.5	0.5	0.6
1966				-6.2	0.5	1.4	1.8	1.9	1.8	1.3	1.0	0.9	0.8	0.9
1967					7.7	4.3	3.5	3.0	2.5	1.6	1.2	1.0	0.9	1.0
1968						1.1	1.9	1.9	1.6	0.8	0.5	0.4	0.4	0.6
1969							2.7	2.3	1.6	0.5	0.2	0.1	0.2	0.5
1970								1.8	1.0	-0.3	-0.5	-0.4	-0.1	0.3
1971									0.2	-1.5	-1.1	-0.7	-0.2	0.4
1972										-3.1	-1.4	-0.6	0.0	0.7
1973											0.4	0.4	0.9	1.5
1974												0.5	1.2	2.0
1975													1.9	2.8
1976														3.6

BURMA — *GOVERNMENT FINAL CONSUMPTION EXPENDITURE* (5)

	1963	1965	1966	1967	1968	1969	1970	1971	1972	1973	1974	1975	1976	1977
1960	...	...	...	...	...	...	...	...	...	...	...	...	...	...
1963		0.2	2.6	0.8	0.7	1.3	1.8	2.2	2.4	2.4	2.3	2.3	2.4	2.5
1965			6.3	-1.3	-0.5	1.0	2.0	2.5	2.7	2.6	2.5	2.4	2.5	2.6
1966				-8.4	-2.4	0.7	2.3	2.9	3.0	2.8	2.6	2.5	2.6	2.7
1967					4.0	5.1	5.3	4.9	4.3	3.7	3.3	3.0	3.0	3.1
1968						6.2	5.8	4.9	4.2	3.4	2.9	2.6	2.7	2.9
1969							5.3	4.2	3.4	2.7	2.2	2.1	2.3	2.6
1970								3.1	2.6	1.9	1.6	1.6	2.0	2.5
1971									2.0	1.3	1.1	1.3	2.0	2.6
1972										0.6	0.7	1.3	2.2	2.9
1973											0.9	1.7	2.9	3.7
1974												2.4	4.0	4.6
1975													5.5	5.5
1976														5.6

BURMA — *GROSS FIXED CAPITAL FORMATION*

	1963	1965	1966	1967	1968	1969	1970	1971	1972	1973	1974	1975	1976	1977
1960	...	...	...	...	...	...	...	...	...	...	...	...	...	...
1963		5.6	5.1	5.6	5.4	5.6	5.6	4.4	3.9	2.6	1.1	0.2	-0.2	-0.1
1965			6.8	7.4	6.1	6.3	6.1	4.0	3.4	1.5	-0.3	-1.2	-1.6	-1.2
1966				8.0	5.5	6.0	5.9	3.2	2.7	0.5	-1.5	-2.3	-2.5	-1.9
1967					3.0	5.6	5.7	2.0	1.6	-0.8	-2.9	-3.6	-3.6	-2.7
1968						8.2	6.6	0.6	0.7	-2.2	-4.5	-5.0	-4.7	-3.4
1969							5.0	-3.7	-1.4	-4.5	-6.8	-6.8	-5.9	-4.1
1970								-11.6	-2.7	-6.7	-8.9	-8.2	-6.7	-4.2
1971									7.1	-6.3	-9.8	-8.4	-6.4	-3.3
1972										-18.0	-15.8	-10.9	-7.2	-2.7
1973											-13.6	-6.7	-3.0	1.7
1974												0.8	2.2	6.9
1975													3.6	10.7
1976														18.3

BURMA — *EXPORTS OF GOODS AND SERVICES*

	1963	1965	1966	1967	1968	1969	1970	1971	1972	1973	1974	1975	1976	1977
1960	...	...	...	...	...	...	...	...	...	...	...	...	...	...
1963		-10.0	-11.5	-16.4	-19.2	-17.1	-14.2	-10.7	-8.1	-7.2	-6.7	-6.2	-6.0	-5.5
1965			-15.3	-24.4	-25.8	-19.2	-13.5	-8.1	-4.7	-4.0	-4.0	-3.8	-4.0	-3.7
1966				-32.5	-29.5	-17.9	-10.2	-3.8	-0.5	-0.7	-1.5	-1.7	-2.3	-2.2
1967					-26.3	-7.8	-0.5	5.2	6.8	4.3	2.1	1.0	-0.3	-0.6
1968						15.5	12.9	15.1	13.4	7.8	3.8	2.0	0.2	-0.2
1969							10.3	15.8	12.9	5.3	0.9	-0.5	-2.1	-2.1
1970								21.5	12.8	1.7	-2.9	-3.4	-4.6	-4.0
1971									4.8	-7.4	-9.4	-7.6	-7.8	-6.1
1972										-18.2	-14.3	-9.2	-8.8	-6.3
1973											-10.2	-4.2	-6.1	-3.6
1974												2.2	-5.3	-1.8
1975													-12.3	-2.0
1976														9.6

BURMA — *IMPORTS OF GOODS AND SERVICES*

	1963	1965	1966	1967	1968	1969	1970	1971	1972	1973	1974	1975	1976	1977
1960	...	...	...	...	...	...	...	...	...	...	...	...	...	...
1963		7.1	-9.3	-11.8	-12.6	-10.4	-7.6	-6.6	-5.9	-7.1	-8.9	-9.4	-8.9	-8.4
1965			-40.4	-25.5	-20.1	-13.0	-7.4	-5.7	-4.9	-6.9	-9.5	-10.0	-9.3	-8.6
1966				-6.8	-9.7	-3.6	1.1	0.5	-0.3	-4.0	-7.9	-8.8	-8.2	-7.5
1967					-12.5	-0.4	5.2	2.7	1.0	-4.2	-9.1	-9.9	-8.9	-8.0
1968						13.5	14.0	5.6	2.0	-5.3	-11.1	-11.6	-10.0	-8.8
1969							14.4	0.4	-2.2	-10.3	-16.1	-15.3	-12.4	-10.4
1970								-11.8	-8.1	-16.7	-21.8	-18.9	-14.4	-11.4
1971									-4.2	-20.9	-26.2	-20.6	-13.9	-10.2
1972										-34.7	-33.9	-22.0	-12.1	-7.7
1973											-33.0	-12.5	-1.2	1.0
1974												14.2	17.1	11.2
1975													20.1	8.3
1976														-2.4

BURMA — *AGRICULTURE*

	1963	1965	1966	1967	1968	1969	1970	1971	1972	1973	1974	1975	1976	1977
1960	...	...	...	...	...	...	...	...	...	...	...	...	...	...
1963		2.7	-0.2	-1.5	0.5	1.3	1.8	2.4	2.6	2.3	2.3	2.3	2.3	2.4
1965			-8.0	-5.9	0.5	1.9	2.5	3.3	3.4	2.8	2.7	2.5	2.5	2.6
1966				-3.7	5.7	5.3	4.8	5.0	4.8	3.6	3.3	3.0	2.9	2.9
1967					16.1	8.3	6.0	5.9	5.2	3.6	3.3	2.8	2.7	2.8
1968						1.1	2.2	3.8	3.8	2.1	2.1	1.9	2.0	2.2
1969							3.3	5.3	4.5	1.8	1.9	1.7	1.8	2.1
1970								7.4	4.6	0.5	1.2	1.1	1.5	2.0
1971									1.8	-2.9	-0.2	0.3	1.0	1.7
1972										-7.4	0.1	0.6	1.5	2.3
1973											8.3	3.6	3.5	3.8
1974												-0.8	1.9	3.2
1975													4.7	5.0
1976														5.4

BURMA — *INDUSTRIAL ACTIVITY*

	1963	1965	1966	1967	1968	1969	1970	1971	1972	1973	1974	1975	1976	1977
1960	...	...	...	...	...	...	...	...	...	...	...	...	...	...
1963		0.9	2.0	2.0	2.5	2.6	3.0	3.4	3.4	3.1	2.8	2.6	2.6	2.8
1965			0.4	0.6	2.0	2.2	3.0	3.6	3.5	3.1	2.6	2.4	2.5	2.7
1966				0.7	3.0	2.9	3.7	4.3	4.0	3.3	2.7	2.4	2.5	2.8
1967					5.3	3.6	4.4	5.0	4.3	3.4	2.6	2.2	2.4	2.7
1968						1.9	4.5	5.3	4.2	3.1	2.1	1.8	2.1	2.5
1969							7.1	6.7	4.3	2.7	1.5	1.3	1.8	2.4
1970								6.4	2.7	1.1	0.1	0.2	1.2	2.1
1971									-1.0	-1.2	-1.5	-0.7	0.9	2.2
1972										-1.4	-1.8	-0.4	1.7	3.1
1973											-2.2	0.5	3.1	4.6
1974												3.2	5.9	6.8
1975													8.7	8.3
1976														8.0

BURMA — *MANUFACTURING*

	1963	1965	1966	1967	1968	1969	1970	1971	1972	1973	1974	1975	1976	1977
1960	...	...	...	...	...	...	...	...	...	...	...	...	...	...
1963		2.4	3.0	2.8	3.1	3.1	3.2	3.3	3.2	2.9	2.5	2.3	2.3	2.5
1965			0.1	0.7	2.1	2.3	2.8	3.1	2.9	2.5	2.0	1.8	2.0	2.3
1966				1.4	3.2	3.0	3.4	3.6	3.2	2.6	2.0	1.8	2.0	2.3
1967					5.0	3.5	3.9	3.9	3.3	2.5	1.7	1.5	1.8	2.2
1968						2.1	3.7	3.8	3.0	2.0	1.2	1.1	1.5	2.1
1969							5.3	4.3	2.9	1.6	0.6	0.6	1.3	2.0
1970								3.4	1.7	0.3	-0.6	-0.1	1.0	1.9
1971									0.1	-1.2	-1.7	-0.7	1.0	2.2
1972										-2.4	-2.5	-0.5	1.8	3.2
1973											-2.5	0.8	3.6	4.9
1974												4.2	6.7	7.0
1975													9.3	8.1
1976														7.0

BURMA — *CONSTRUCTION*

	1963	1965	1966	1967	1968	1969	1970	1971	1972	1973	1974	1975	1976	1977
1960	...	...	...	...	...	...	...	...	...	...	...	...	...	...
1963		-2.5	5.5	6.3	6.4	6.5	5.7	4.7	3.8	3.3	2.5	2.0	1.8	1.8
1965			24.8	12.3	9.0	8.0	6.1	4.3	3.1	2.4	1.5	1.0	0.9	1.0
1966				1.0	3.1	4.6	3.4	1.9	1.0	0.7	-0.0	-0.3	-0.2	0.2
1967					5.2	6.3	3.6	1.5	0.4	0.2	-0.6	-0.8	-0.6	-0.1
1968						7.4	2.2	-0.3	-1.0	-0.8	-1.5	-1.6	-1.2	-0.4
1969							-2.8	-3.5	-3.0	-1.9	-2.5	-2.3	-1.6	-0.6
1970								-4.2	-2.9	-1.3	-2.4	-2.1	-1.3	-0.1
1971									-1.5	0.2	-2.2	-1.9	-0.9	0.5
1972										2.0	-3.3	-2.2	-0.7	1.1
1973											-8.3	-3.2	-0.4	2.0
1974												2.1	3.4	5.2
1975													4.7	6.8
1976														9.0

BURMA — *WHOLESALE AND RETAIL TRADE*

	1963	1965	1966	1967	1968	1969	1970	1971	1972	1973	1974	1975	1976	1977
1960	...	...	...	...	...	...	...	...	...	...	...	...	...	...
1963		-0.3	-2.6	-3.4	-1.4	-0.4	0.4	0.8	1.1	1.3	1.4	1.5	1.6	1.8
1965			-11.4	-8.0	-1.6	0.2	1.3	1.7	1.9	1.9	1.9	2.0	2.1	2.3
1966				-4.4	4.3	4.0	4.1	3.6	3.3	3.1	2.8	2.7	2.7	2.8
1967					13.8	7.0	5.6	4.3	3.7	3.2	2.8	2.7	2.7	2.8
1968						0.5	2.5	2.2	2.2	2.1	1.9	2.0	2.1	2.4
1969							4.6	2.7	2.4	2.1	1.9	2.0	2.2	2.5
1970								0.8	1.6	1.6	1.5	1.8	2.1	2.4
1971									2.4	1.9	1.6	1.9	2.3	2.7
1972										1.4	1.2	1.9	2.4	2.9
1973											1.0	2.3	2.9	3.4
1974												3.6	3.7	4.1
1975													3.7	4.3
1976														4.9

BURMA — *TRANSPORT AND COMMUNICATION*

	1963	1965	1966	1967	1968	1969	1970	1971	1972	1973	1974	1975	1976	1977
1960	...	...	...	...	...	...	...	...	...	...	...	...	...	...
1963		0.9	1.7	0.9	-2.1	-0.7	0.9	1.6	2.1	2.1	1.8	1.7	1.7	1.6
1965			2.4	-0.2	-5.9	-1.7	1.4	2.4	3.0	2.8	2.2	2.0	1.9	1.8
1966				-2.7	-10.4	-1.9	2.5	3.5	3.9	3.4	2.6	2.3	2.0	1.9
1967					-17.4	1.4	6.5	6.3	6.0	4.7	3.4	2.8	2.4	2.2
1968						24.4	17.8	11.8	9.0	6.3	4.1	3.2	2.6	2.3
1969							11.5	5.9	4.8	2.8	1.1	0.8	0.7	0.8
1970								0.6	2.3	0.5	-0.9	-0.7	-0.3	-0.0
1971									4.0	-0.1	-1.9	-1.2	-0.6	-0.1
1972										-4.0	-4.3	-2.1	-0.9	-0.1
1973											-4.7	-0.7	0.5	1.0
1974												3.4	2.7	2.3
1975													2.0	1.9
1976														1.8

6A. AVERAGE ANNUAL RATES OF GROWTH OF GROSS DOMESTIC PRODUCT AT CONSTANT PRICES BY TYPE OF EXPENDITURE AND BY KIND OF ECONOMIC ACTIVITY (continued)
(IN PER CENT)

BURMA

OTHER

	1963	1965	1966	1967	1968	1969	1970	1971	1972	1973	1974	1975	1976	1977
1960	...	...	...	...	...	...	...	...	...	...	...	...	...	...
1963		4.5	6.3	3.3	3.0	3.3	3.7	3.8	4.0	4.4	4.5	4.7	4.7	4.8
1965			8.1	−0.9	0.4	2.0	3.1	3.4	3.8	4.5	4.6	4.8	4.8	4.9
1966				−9.2	−1.6	1.7	3.4	3.8	4.2	4.9	5.0	5.1	5.1	5.1
1967					6.6	6.9	6.9	6.0	5.8	6.3	6.0	6.0	5.7	5.7
1968						7.2	6.9	5.5	5.5	6.2	5.9	5.9	5.6	5.6
1969							6.7	4.5	4.9	6.2	5.7	5.8	5.5	5.5
1970								2.4	4.5	6.6	5.8	5.9	5.4	5.4
1971									6.5	8.8	6.5	6.3	5.6	5.5
1972										11.0	5.7	5.8	5.0	5.1
1973											0.6	4.2	3.7	4.4
1974												7.8	4.6	5.2
1975													1.5	4.6
1976														7.7

DEMOCRATIC KAMPUCHEA

GROSS DOMESTIC PRODUCT

	1963	1965	1966
1960	...	...	...
1963		2.3	2.5
1965			2.2

DEMOCRATIC KAMPUCHEA

PER CAPITA GROSS DOMESTIC PRODUCT

	1963	1965	1966
1960	...	...	...
1963		0.1	0.3
1965			0.0

DEMOCRATIC KAMPUCHEA

AGRICULTURE

	1963	1965	1966
1960	...	...	...
1963		4.0	1.6
1965			−2.2

DEMOCRATIC KAMPUCHEA

INDUSTRIAL ACTIVITY

	1963	1965	1966
1960	...	...	...
1963		9.9	8.9
1965			5.7

DEMOCRATIC KAMPUCHEA

MANUFACTURING

	1963	1965	1966
1960	...	...	...
1963		10.9	8.9
1965			3.1

DEMOCRATIC KAMPUCHEA

CONSTRUCTION

	1963	1965	1966
1960	...	...	...
1963		−21.3	−6.1
1965			30.8

DEMOCRATIC KAMPUCHEA

WHOLESALE AND RETAIL TRADE

	1963	1965	1966
1960	...	...	...
1963		2.1	2.6
1965			0.0

DEMOCRATIC KAMPUCHEA

TRANSPORT AND COMMUNICATION

	1963	1965	1966
1960	...	...	...
1963		8.0	6.4
1965			0.0

DEMOCRATIC KAMPUCHEA

OTHER

	1963	1965	1966
1960	...	...	...
1963		0.0	1.9
1965			10.0

HONG KONG

GROSS DOMESTIC PRODUCT

	1963	1965	1966	1967	1968	1969	1970	1971	1972	1973	1974	1975	1976	1977
1960	...	...	...	...	...	...	...	...	...	...	...	...	...	...
1963		13.2	11.5	10.7	9.5	9.6	9.3	8.7	8.4	8.4	8.2	7.9	8.0	8.1
1965			6.2	7.6	6.8	8.0	8.0	7.5	7.3	7.6	7.5	7.2	7.4	7.6
1966				8.9	6.7	8.6	8.4	7.6	7.3	7.7	7.5	7.2	7.4	7.7
1967					4.5	9.1	8.6	7.4	7.0	7.6	7.4	7.0	7.3	7.7
1968						14.0	9.8	7.4	6.9	7.7	7.4	6.9	7.3	7.7
1969							5.7	4.5	5.2	7.1	6.9	6.4	7.0	7.6
1970								3.2	5.2	8.0	7.4	6.6	7.3	8.0
1971									7.2	10.7	8.4	6.8	7.7	8.5
1972										14.2	8.0	5.9	7.5	8.6
1973											2.2	2.6	6.7	8.4
1974												2.9	9.6	10.8
1975													16.7	14.0
1976														11.4

HONG KONG

PER CAPITA GROSS DOMESTIC PRODUCT

	1963	1965	1966	1967	1968	1969	1970	1971	1972	1973	1974	1975	1976	1977
1960	...	...	...	...	...	...	...	...	...	...	...	...	...	...
1963		10.3	9.3	8.4	7.3	7.4	7.1	6.5	6.2	6.2	6.0	5.7	5.8	5.9
1965			5.4	5.8	4.8	6.0	6.0	5.4	5.1	5.5	5.3	5.0	5.2	5.5
1966				6.3	4.3	6.4	6.1	5.3	5.0	5.5	5.3	4.9	5.2	5.5
1967					2.3	7.1	6.4	5.1	4.8	5.4	5.2	4.8	5.1	5.6
1968						12.2	7.5	5.1	4.7	5.5	5.2	4.7	5.2	5.6
1969							3.1	2.0	2.9	4.8	4.6	4.1	4.8	5.5
1970								0.9	3.1	5.9	5.2	4.3	5.2	5.9
1971									5.4	8.5	6.1	4.6	5.7	6.5
1972										11.8	5.5	3.6	5.5	6.6
1973											−0.4	0.3	4.8	6.7
1974												1.0	8.1	9.3
1975													15.6	12.6
1976														9.7

6A. AVERAGE ANNUAL RATES OF GROWTH OF GROSS DOMESTIC PRODUCT AT CONSTANT PRICES BY TYPE OF EXPENDITURE AND BY KIND OF ECONOMIC ACTIVITY (continued) (IN PER CENT)

HONG KONG — GOVERNMENT FINAL CONSUMPTION EXPENDITURE

	1963	1965	1966	1967	1968	1969	1970	1971	1972	1973	1974	1975	1976	1977
1960	...	...	...	...	...	...	...	...	...	...	...	...	...	...
1963		10.5	11.0	11.0	10.0	9.6	9.1	8.3	7.8	7.8	7.9	7.9	7.9	8.0
1965			12.5	11.4	9.1	8.8	8.3	7.2	6.8	7.0	7.3	7.4	7.5	7.7
1966				10.3	7.2	7.7	7.4	6.3	6.0	6.5	7.0	7.1	7.3	7.5
1967					4.3	7.0	6.9	5.6	5.4	6.2	6.9	7.1	7.2	7.6
1968						9.9	7.8	5.3	5.2	6.4	7.2	7.4	7.5	7.9
1969							5.7	3.1	4.0	6.1	7.3	7.5	7.6	8.0
1970								0.5	3.7	7.0	8.4	8.2	8.2	8.6
1971									7.1	10.4	10.8	9.6	9.1	9.3
1972										13.9	12.2	9.7	8.9	9.3
1973											10.4	7.6	7.5	8.6
1974												4.8	6.5	8.7
1975													8.2	10.7
1976														13.3

HONG KONG — PRIVATE FINAL CONSUMPTION EXPENDITURE

	1963	1965	1966	1967	1968	1969	1970	1971	1972	1973	1974	1975	1976	1977
1960	...	...	...	...	...	...	...	...	...	...	...	...	...	...
1963		10.8	11.2	9.5	8.9	8.8	8.8	8.9	8.7	8.9	8.7	8.4	8.3	8.4
1965			11.4	7.0	7.0	7.6	8.0	8.4	8.2	8.6	8.4	8.0	8.0	8.2
1966				2.8	5.7	7.2	7.9	8.5	8.3	8.7	8.4	7.9	7.9	8.1
1967					8.6	9.3	9.3	9.6	8.9	9.3	8.7	8.1	8.0	8.3
1968						10.0	9.5	9.8	8.8	9.3	8.6	7.9	7.8	8.2
1969							8.9	9.9	8.3	9.3	8.3	7.4	7.5	8.0
1970								10.9	7.5	9.4	8.0	6.9	7.2	7.9
1971									4.2	9.5	7.3	6.2	6.7	7.8
1972										15.1	7.7	5.7	6.7	8.1
1973											0.8	2.2	5.3	7.9
1974												3.6	8.0	10.5
1975													12.6	13.8
1976														14.9

HONG KONG — GROSS FIXED CAPITAL FORMATION

	1963	1965	1966	1967	1968	1969	1970	1971	1972	1973	1974	1975	1976	1977
1960	...	...	...	...	...	...	...	...	...	...	...	...	...	...
1963		9.5	3.8	-0.1	-1.6	-0.7	0.9	2.9	4.0	5.1	5.5	5.5	5.8	6.4
1965			-8.4	-9.0	-7.4	-3.3	0.4	3.7	5.3	6.6	6.9	6.6	6.8	7.5
1966				-9.6	-6.5	-0.7	3.6	7.1	8.1	9.1	8.9	8.2	8.1	8.7
1967					-3.3	4.6	8.6	11.6	11.5	11.9	10.9	9.5	9.2	9.7
1968						13.2	14.3	16.0	14.2	13.7	12.0	9.9	9.4	10.0
1969							15.4	17.6	14.0	13.5	11.2	8.8	8.4	9.3
1970								19.8	12.4	12.4	9.7	7.1	7.1	8.5
1971									5.4	10.0	7.2	4.6	5.4	7.7
1972										14.8	6.9	3.2	4.9	8.1
1973											-0.5	-1.6	3.3	8.4
1974												-2.7	6.2	12.7
1975													16.0	20.7
1976														25.7

HONG KONG — EXPORTS OF GOODS AND SERVICES

	1963	1965	1966	1967	1968	1969	1970	1971	1972	1973	1974	1975	1976	1977
1960	...	...	...	...	...	...	...	...	...	...	...	...	...	...
1963		10.7	11.5	11.9	12.2	12.8	12.7	12.1	11.6	11.2	10.1	9.3	9.3	9.2
1965			13.4	12.9	13.1	13.8	13.3	12.2	11.4	10.8	9.4	8.4	8.6	8.5
1966				12.4	13.1	14.1	13.3	11.8	10.9	10.3	8.7	7.7	8.0	8.0
1967					13.8	15.0	13.4	11.3	10.2	9.7	7.8	6.8	7.3	7.5
1968						16.2	12.8	9.9	8.9	8.7	6.6	5.6	6.5	6.9
1969							9.5	7.0	7.0	7.4	5.1	4.3	5.8	6.4
1970								4.5	6.1	7.3	4.0	3.3	5.5	6.3
1971									7.8	8.6	3.1	2.5	5.6	6.7
1972										9.3	-0.2	0.6	5.7	7.1
1973											-8.9	-1.9	7.0	8.5
1974												5.6	16.3	13.8
1975													28.0	15.8
1976														4.8

HONG KONG — IMPORTS OF GOODS AND SERVICES

	1963	1965	1966	1967	1968	1969	1970	1971	1972	1973	1974	1975	1976	1977
1960	...	...	...	...	...	...	...	...	...	...	...	...	...	...
1963		8.0	9.2	8.0	8.7	9.4	10.0	10.5	10.4	10.4	9.6	9.0	9.0	9.0
1965			13.1	7.7	9.3	10.3	11.0	11.5	11.2	11.0	9.7	8.8	8.8	8.9
1966				2.5	8.7	10.4	11.4	11.9	11.4	11.1	9.6	8.5	8.6	8.7
1967					15.2	13.8	13.6	13.5	12.2	11.6	9.5	8.3	8.4	8.5
1968						12.5	13.0	13.1	11.4	10.9	8.5	7.2	7.6	7.9
1969							13.6	13.3	10.7	10.3	7.3	6.0	6.8	7.3
1970								13.0	9.0	9.2	5.5	4.3	5.8	6.7
1971									5.1	8.0	3.1	2.5	5.0	6.4
1972										11.0	0.9	1.0	5.2	7.0
1973											-8.4	-2.1	5.7	8.1
1974												4.7	13.6	13.3
1975													23.4	16.3
1976														9.6

INDIA — GROSS DOMESTIC PRODUCT

	1963	1965	1966	1967	1968	1969	1970	1971	1972	1973	1974	1975	1976
1960	4.6	4.3	3.5	3.4	3.5	3.6	3.7	3.6	3.5	3.4	3.2	3.2	3.2
1963		2.2	0.9	2.0	2.5	3.1	3.3	3.4	3.2	3.1	2.9	3.0	3.0
1965			-0.4	3.7	4.1	4.6	4.5	4.2	3.7	3.4	3.1	3.2	3.1
1966				7.9	5.7	5.7	5.1	4.5	3.7	3.4	3.0	3.1	3.1
1967					3.6	5.0	4.4	3.9	3.0	2.8	2.5	2.7	2.8
1968						6.5	4.5	3.6	2.6	2.5	2.1	2.5	2.6
1969							2.6	2.4	1.5	1.7	1.5	2.2	2.4
1970								2.3	0.7	1.5	1.3	2.3	2.5
1971									-0.7	1.5	1.2	2.6	2.8
1972										3.8	1.8	3.6	3.5
1973											-0.2	4.1	3.7
1974												8.5	4.9
1975													1.3

INDIA — PER CAPITA GROSS DOMESTIC PRODUCT

	1963	1965	1966	1967	1968	1969	1970	1971	1972	1973	1974	1975	1976
1960	2.4	2.1	1.2	1.2	1.2	1.4	1.4	1.4	1.2	1.1	1.0	1.0	1.0
1963		-0.0	-1.3	-0.2	0.3	0.9	1.1	1.1	0.9	0.8	0.7	0.8	0.8
1965			-2.5	1.5	1.8	2.3	2.2	1.9	1.4	1.2	0.9	1.0	0.9
1966				5.6	3.4	3.4	2.8	2.2	1.5	1.2	0.8	0.9	0.9
1967					1.3	2.7	2.1	1.6	0.8	0.6	0.3	0.6	0.6
1968						4.1	2.2	1.4	0.4	0.3	-0.0	0.4	0.5
1969							0.3	0.2	-0.7	-0.4	-0.6	0.1	0.3
1970								0.1	-1.4	-0.6	-0.8	0.2	0.4
1971									-2.8	-0.6	-0.8	0.5	0.7
1972										1.7	-0.3	1.5	1.4
1973											-2.2	2.0	1.6
1974												6.4	2.8
1975													-0.7

INDIA — PRIVATE FINAL CONSUMPTION EXPENDITURE

	1963	1965	1966	1967	1968	1969	1970	1971	1972	1973	1974	1975	1976
1960	1.9	3.0	2.9	3.2	3.4	3.5	3.4	3.5	3.3	3.2	3.1	3.1	3.0
1963		3.2	2.7	3.4	3.7	3.8	3.6	3.6	3.3	3.2	2.9	3.0	2.9
1965			3.5	5.1	4.9	4.6	4.1	3.9	3.4	3.2	2.9	2.9	2.8
1966				6.7	5.3	4.7	3.9	3.8	3.1	2.9	2.6	2.7	2.6
1967					4.0	3.8	3.0	3.2	2.5	2.4	2.2	2.4	2.3
1968						3.6	2.5	3.0	2.1	2.2	1.9	2.2	2.2
1969							1.4	3.1	1.6	1.9	1.6	2.1	2.1
1970								4.7	1.2	1.8	1.5	2.2	2.2
1971									-2.2	1.1	0.9	2.1	2.1
1972										4.4	1.9	3.3	2.8
1973											-0.6	3.3	2.6
1974												7.5	3.4
1975													-0.5

INDIA — GROSS FIXED CAPITAL FORMATION

	1963	1965	1966	1967	1968	1969	1970	1971	1972	1973	1974	1975	1976
1960	8.9	9.7	8.5	7.8	7.1	6.6	6.4	6.3	6.2	5.9	5.4	5.2	5.2
1963		9.1	6.1	5.4	4.7	4.4	4.7	5.0	5.1	4.8	4.3	4.2	4.2
1965			0.4	3.0	2.9	3.3	4.2	4.8	5.1	4.6	3.9	3.8	4.0
1966				5.7	3.7	3.8	5.0	5.4	5.7	4.9	4.0	3.9	4.0
1967					1.8	3.3	5.2	5.8	6.0	4.9	3.8	3.7	3.9
1968						4.8	7.1	7.0	6.7	5.1	3.6	3.5	3.8
1969							9.4	7.8	7.0	4.6	2.8	2.8	3.4
1970								6.1	5.9	2.9	1.1	1.7	2.8
1971									5.7	0.9	-0.8	0.8	2.5
1972										-3.7	-3.4	0.3	2.9
1973											-3.1	3.0	5.6
1974												9.4	9.6
1975													9.7

INDIA — AGRICULTURE

	1963	1965	1966	1967	1968	1969	1970	1971	1972	1973	1974	1975	1976
1960	0.2	0.2	-0.5	0.3	0.8	1.3	1.9	2.1	1.9	2.0	1.9	2.0	1.9
1963		-2.8	-3.4	-0.1	1.0	1.9	2.8	2.9	2.4	2.4	2.2	2.3	2.2
1965			-1.0	6.6	5.6	5.5	5.9	5.2	3.8	3.5	2.9	3.0	2.7
1966				14.8	7.5	6.4	6.6	5.4	3.6	3.2	2.6	2.7	2.4
1967					0.7	3.4	5.1	4.1	2.1	2.1	1.6	2.0	1.8
1968						6.2	7.3	4.6	1.7	1.8	1.2	1.8	1.6
1969							8.3	3.1	-0.5	0.6	0.3	1.2	1.1
1970								-1.8	-4.4	-0.9	-0.7	0.9	0.9
1971									-6.8	0.6	0.1	2.1	1.6
1972										8.6	2.3	4.2	2.7
1973											-3.6	3.4	1.6
1974												11.0	2.8
1975													-4.8

INDIA — INDUSTRIAL ACTIVITY

	1963	1965	1966	1967	1968	1969	1970	1971	1972	1973	1974	1975	1976
1960	9.4	7.9	6.5	5.7	5.2	5.2	5.1	5.0	4.8	4.7	4.6	4.5	4.5
1963		5.0	3.0	2.5	2.7	3.5	3.9	3.9	3.9	3.9	3.9	3.8	3.9
1965			-0.6	0.9	2.2	4.0	4.5	4.4	4.2	4.2	4.1	3.9	4.0
1966				2.4	3.6	5.7	5.6	5.1	4.7	4.6	4.3	4.1	4.2
1967					4.7	7.5	6.5	5.4	4.8	4.6	4.2	4.0	4.1
1968						10.3	6.8	5.0	4.3	4.2	3.9	3.7	3.9
1969							3.4	2.7	2.8	3.3	3.1	3.1	3.5
1970								2.0	2.6	3.5	3.2	3.1	3.7
1971									3.3	4.3	3.4	3.3	3.9
1972										5.3	3.1	3.1	4.1
1973											1.0	2.3	4.2
1974												3.6	5.9
1975													8.2

INDIA — MANUFACTURING

	1963	1965	1966	1967	1968	1969	1970	1971	1972	1973	1974	1975	1976
1960	9.3	7.7	6.2	5.3	4.8	4.8	4.8	4.7	4.5	4.5	4.3	4.2	4.2
1963		4.5	2.4	1.9	2.1	3.1	3.5	3.6	3.6	3.7	3.6	3.6	3.7
1965			-1.3	0.2	1.6	3.7	4.2	4.1	4.0	4.1	3.9	3.8	3.9
1966				1.8	3.1	5.5	5.6	5.0	4.6	4.5	4.2	4.0	4.1
1967					4.5	7.6	6.6	5.4	4.7	4.6	4.2	4.0	4.1
1968						10.7	7.0	5.0	4.2	4.2	3.8	3.6	3.8
1969							3.4	2.4	2.6	3.2	3.1	3.0	3.4
1970								1.4	2.3	3.4	3.1	3.0	3.6
1971									3.2	4.5	3.5	3.2	3.9
1972										5.7	3.3	3.0	4.0
1973											1.0	2.0	3.9
1974												3.0	5.6
1975													8.4

6A. AVERAGE ANNUAL RATES OF GROWTH OF GROSS DOMESTIC PRODUCT AT CONSTANT PRICES BY TYPE OF EXPENDITURE AND BY KIND OF ECONOMIC ACTIVITY (continued)
(IN PER CENT)

INDIA — *CONSTRUCTION*

	1963	1965	1966	1967	1968	1969	1970	1971	1972	1973	1974	1975	1976
1960	6.5	7.5	7.7	7.8	7.5	7.2	6.6	6.0	5.5	4.8	4.4	4.3	4.3
1963		7.6	7.8	7.8	7.2	6.6	5.7	4.8	4.4	3.5	3.0	3.1	3.3
1965			8.4	8.0	6.6	5.7	4.6	3.5	3.2	2.1	1.8	2.1	2.6
1966				7.6	5.6	4.7	3.6	2.4	2.3	1.2	1.1	1.6	2.2
1967					3.7	3.5	2.4	1.3	1.5	0.4	0.4	1.1	2.0
1968						3.4	1.6	0.3	1.0	–0.3	–0.1	1.0	2.0
1969							–0.1	–1.1	0.7	–1.1	–0.6	1.0	2.3
1970								–2.1	1.5	–1.5	–0.6	1.4	3.0
1971									5.3	–2.3	–0.6	2.3	4.2
1972										–9.4	–1.9	3.1	5.4
1973											6.3	9.4	9.8
1974												12.7	11.1
1975													9.6

INDIA — *WHOLESALE AND RETAIL TRADE*

	1963	1965	1966	1967	1968	1969	1970	1971	1972	1973	1974	1975	1976
1960	6.2	5.7	5.1	4.7	4.5	4.4	4.4	4.4	4.3	4.2	4.0	4.0	3.9
1963		3.9	3.2	3.1	3.2	3.5	3.8	3.8	3.7	3.7	3.5	3.6	3.5
1965			2.4	3.0	3.4	3.9	4.2	4.2	4.0	3.8	3.6	3.6	3.6
1966				3.5	3.8	4.3	4.7	4.5	4.1	3.9	3.6	3.6	3.6
1967					4.1	4.8	5.1	4.6	4.1	3.8	3.5	3.5	3.5
1968						5.4	5.5	4.6	3.9	3.6	3.2	3.4	3.4
1969							5.6	4.0	3.3	3.1	2.7	3.1	3.1
1970								2.5	2.3	2.5	2.2	2.9	3.0
1971									2.1	2.5	2.2	3.1	3.2
1972										2.9	2.1	3.4	3.4
1973											1.3	4.1	3.8
1974												7.0	4.5
1975													2.1

INDIA — *TRANSPORT AND COMMUNICATION*

	1963	1965	1966	1967	1968	1969	1970	1971	1972	1973	1974	1975	1976
1960	7.0	6.3	5.8	5.6	5.5	5.4	5.3	5.2	4.9	4.7	4.5	4.5	4.5
1963		5.2	4.5	4.7	4.8	4.9	4.8	4.7	4.4	4.1	4.0	4.1	4.2
1965			3.0	4.5	4.8	5.0	4.7	4.7	4.2	3.9	3.7	3.9	4.0
1966				6.0	5.5	5.4	4.9	4.8	4.2	3.7	3.6	3.8	4.0
1967					5.0	5.2	4.5	4.5	3.8	3.3	3.2	3.6	3.9
1968						5.4	4.1	4.3	3.4	2.9	2.9	3.4	3.8
1969							2.9	4.1	2.8	2.4	2.5	3.3	3.8
1970								5.3	2.3	1.9	2.3	3.4	4.1
1971									–0.6	0.7	1.9	3.6	4.4
1972										2.1	3.1	5.1	5.6
1973											4.2	6.7	6.8
1974												9.3	7.6
1975													6.0

INDIA — *OTHER*

	1963	1965	1966	1967	1968	1969	1970	1971	1972	1973	1974	1975	1976
1960	5.6	5.3	5.0	4.8	4.6	4.5	4.5	4.6	4.6	4.6	4.6	4.6	4.7
1963		4.3	4.2	3.9	3.9	4.0	4.1	4.3	4.4	4.5	4.5	4.5	4.7
1965			4.3	3.6	3.8	4.0	4.2	4.6	4.7	4.7	4.6	4.7	4.8
1966				3.0	3.7	4.0	4.3	4.8	4.8	4.8	4.7	4.7	4.9
1967					4.4	4.5	4.7	5.2	5.1	5.0	4.8	4.8	5.0
1968						4.6	4.9	5.5	5.3	5.1	4.8	4.8	5.1
1969							5.3	6.0	5.4	5.1	4.7	4.8	5.1
1970								6.7	5.3	4.8	4.5	4.6	5.0
1971									3.9	4.1	3.9	4.3	5.0
1972										4.2	3.8	4.5	5.4
1973											3.5	4.9	6.0
1974												6.3	7.2
1975													8.1

INDONESIA — *GROSS DOMESTIC PRODUCT*

	1963	1965	1966	1967	1968	1969	1970	1971	1972	1973	1974	1975	1976	1977
1960	1.7	1.6	1.7	1.7	2.0	2.2	2.5	2.8	3.2	3.7	4.1	4.4	4.6	4.9
1963		2.3	2.3	2.1	2.7	2.8	3.3	3.6	4.1	4.7	5.2	5.4	5.7	5.8
1965			2.8	2.1	3.4	3.3	3.9	4.3	4.9	5.6	6.1	6.3	6.4	6.5
1966				1.4	4.1	3.6	4.3	4.7	5.4	6.1	6.6	6.7	6.8	6.9
1967					6.9	4.2	4.9	5.3	5.9	6.8	7.2	7.2	7.2	7.2
1968						1.5	4.5	5.2	6.2	7.2	7.6	7.6	7.5	7.5
1969							7.5	6.7	7.5	8.4	8.5	8.2	7.9	7.8
1970								6.0	7.7	8.9	8.9	8.3	8.0	7.8
1971									9.4	10.4	9.6	8.5	8.0	7.7
1972										11.3	9.5	7.9	7.4	7.3
1973											7.6	6.3	6.3	6.6
1974												5.0	5.9	6.5
1975													6.9	7.2
1976														7.5

INDONESIA — *PER CAPITA GROSS DOMESTIC PRODUCT*

	1963	1965	1966	1967	1968	1969	1970	1971	1972	1973	1974	1975	1976	1977
1960	–0.8	–0.9	–0.8	–0.8	–0.5	–0.4	–0.1	0.2	0.6	1.1	1.5	1.8	2.0	2.2
1963		–0.2	–0.2	–0.4	0.2	0.2	0.7	1.0	1.5	2.1	2.5	2.8	3.0	3.1
1965			0.2	–0.5	0.8	0.7	1.2	1.6	2.2	2.9	3.4	3.6	3.7	3.8
1966				–1.2	1.5	1.0	1.6	2.0	2.7	3.4	3.8	4.0	4.1	4.1
1967					4.2	1.5	2.2	2.6	3.2	4.0	4.4	4.5	4.5	4.5
1968						–1.1	1.8	2.6	3.5	4.5	4.9	4.8	4.7	4.7
1969							4.8	4.0	4.7	5.6	5.7	5.4	5.2	5.0
1970								3.2	4.9	6.1	6.1	5.6	5.2	5.0
1971									6.6	7.5	6.8	5.8	5.2	5.0
1972										8.5	6.6	5.1	4.6	4.5
1973											4.9	3.6	3.6	3.9
1974												2.3	3.2	3.8
1975													4.1	4.5
1976														4.8

INDONESIA — *GOVERNMENT FINAL CONSUMPTION EXPENDITURE*

	1963	1965	1966	1967	1968	1969	1970	1971	1972	1973	1974	1975	1976	1977
1960	–10.2	–6.6	–3.3	–2.5	–1.8	–1.5	–0.5	0.2	0.9	2.1	2.5	3.3	3.9	4.6
1963		–7.6	1.9	1.1	1.3	0.9	1.9	2.6	3.3	4.6	4.8	5.7	6.2	6.9
1965			39.0	11.1	6.5	3.6	4.6	5.0	5.4	6.9	6.7	7.5	8.0	8.6
1966				–11.2	–3.9	–2.9	0.9	2.6	3.8	6.1	6.0	7.2	7.8	8.5
1967					3.9	0.4	4.6	5.6	6.2	8.6	7.8	8.8	9.3	9.8
1968						–3.1	6.3	6.9	7.3	10.1	8.7	9.7	10.1	10.6
1969							16.7	10.7	9.3	12.5	9.8	10.9	11.0	11.4
1970								5.0	6.6	12.7	8.8	10.6	10.8	11.4
1971									8.2	17.5	9.2	11.5	11.6	12.0
1972										27.7	6.9	11.5	11.5	12.2
1973											–10.5	8.0	9.9	11.4
1974												30.3	18.3	16.5
1975													7.3	11.6
1976														16.0

INDONESIA — *PRIVATE FINAL CONSUMPTION EXPENDITURE*

	1963	1965	1966	1967	1968	1969	1970	1971	1972	1973	1974	1975	1976	1977
1960	3.8	2.1	1.6	2.0	2.2	2.6	2.8	3.0	3.2	3.6	4.0	4.4	4.6	4.8
1963		1.6	0.7	2.1	2.8	3.4	3.6	3.7	3.9	4.3	5.0	5.3	5.6	5.7
1965			–1.5	3.6	4.1	4.7	4.6	4.4	4.5	5.1	5.8	6.1	6.3	6.4
1966				8.8	6.3	6.0	5.4	4.8	4.9	5.5	6.3	6.6	6.7	6.7
1967					3.8	5.0	4.5	4.1	4.4	5.3	6.4	6.7	6.9	6.8
1968						6.3	4.6	4.0	4.5	5.6	6.9	7.2	7.3	7.2
1969							2.9	3.1	4.2	6.0	7.6	7.8	7.7	7.5
1970								3.2	5.0	7.3	9.0	8.8	8.5	7.9
1971									6.9	9.5	11.0	9.9	9.1	8.2
1972										12.0	12.9	10.3	9.0	7.9
1973											13.8	8.9	7.6	6.6
1974												4.1	5.2	4.9
1975													6.2	5.1
1976														4.1

INDONESIA — *GROSS FIXED CAPITAL FORMATION* (4)

	1963	1965	1966	1967	1968	1969	1970	1971	1972	1973	1974	1975	1976	1977
1960	–1.0	–0.4	1.1	–0.0	1.7	1.3	2.3	3.6	4.9	6.0	7.1	8.0	8.5	8.9
1963		8.8	9.4	3.2	6.0	4.0	5.3	6.9	8.4	9.6	10.7	11.4	11.7	11.8
1965			12.4	–4.2	5.5	2.0	5.0	7.7	9.8	11.2	12.4	13.2	13.3	13.1
1966				–18.4	6.7	0.9	5.4	9.0	11.3	12.8	13.9	14.5	14.4	14.0
1967					39.5	6.4	10.6	13.7	15.3	16.1	16.7	16.8	16.2	15.4
1968						–18.9	3.8	11.6	14.7	15.9	16.7	16.9	16.2	15.2
1969							32.7	27.1	24.1	22.1	21.1	20.0	18.4	16.7
1970								21.7	20.4	19.2	19.0	18.3	16.7	15.0
1971									19.0	18.0	18.3	17.6	15.7	13.8
1972										17.1	18.1	17.2	14.7	12.5
1973											19.2	16.9	13.3	10.9
1974												14.6	10.2	8.2
1975													6.0	5.5
1976														5.1

INDONESIA — *EXPORTS OF GOODS AND SERVICES*

	1963	1965	1966	1967	1968	1969	1970	1971	1972	1973	1974	1975	1976	1977
1960	–2.8	0.6	0.8	0.9	1.5	1.1	1.6	2.3	3.4	4.6	5.3	5.5	5.7	5.9
1963		7.4	4.4	2.9	3.5	2.2	2.8	3.7	5.3	6.8	7.6	7.4	7.4	7.6
1965			–1.1	–0.6	2.6	0.6	2.3	3.9	6.3	8.3	9.1	8.6	8.4	8.4
1966				–0.2	5.0	0.8	3.0	4.9	7.7	9.9	10.6	9.6	9.3	9.1
1967					10.5	–0.2	3.6	6.1	9.5	11.9	12.1	10.7	10.0	9.7
1968						–9.9	2.7	6.9	11.4	13.9	13.7	11.5	10.5	10.0
1969							17.1	14.6	17.7	18.9	16.9	13.0	11.4	10.6
1970								12.2	18.9	20.1	16.9	11.7	10.1	9.4
1971									26.1	23.3	16.8	9.7	8.2	7.9
1972										20.6	11.8	4.0	4.2	5.1
1973											3.6	–3.3	0.5	3.3
1974												–9.7	0.8	4.8
1975													12.5	11.6
1976														10.7

INDONESIA — *IMPORTS OF GOODS AND SERVICES*

	1963	1965	1966	1967	1968	1969	1970	1971	1972	1973	1974	1975	1976	1977
1960	–1.1	–3.4	–3.9	–1.8	–0.2	0.4	1.2	2.0	3.2	4.9	6.5	7.7	8.5	8.9
1963		–0.0	–2.1	2.9	4.9	4.6	5.0	5.5	6.9	9.0	10.9	12.0	12.5	12.6
1965			–4.2	10.8	11.2	7.9	7.6	7.7	9.2	11.8	14.0	14.9	15.2	14.8
1966				28.1	17.0	9.1	8.1	8.0	9.9	13.1	15.5	16.3	16.3	15.7
1967					6.9	1.0	3.6	5.3	8.6	13.0	16.1	16.9	16.9	16.0
1968						–4.6	3.4	6.0	10.4	15.9	19.0	19.4	18.7	17.4
1969							12.0	10.8	15.2	21.1	23.7	22.8	21.1	18.9
1970								9.5	17.9	25.6	27.5	25.0	22.2	19.1
1971									26.8	34.3	32.8	27.1	22.6	18.6
1972										42.2	34.3	25.0	19.7	15.4
1973											26.9	17.0	13.3	10.0
1974												7.9	8.0	5.8
1975													8.1	4.4
1976														0.9

INDONESIA — *AGRICULTURE*

	1963	1965	1966	1967	1968	1969	1970	1971	1972	1973	1974	1975	1976	1977
1960	0.7	1.3	1.7	1.5	1.8	1.9	2.0	2.1	2.2	2.4	2.6	2.7	2.8	2.8
1963		2.9	3.3	2.3	2.7	2.5	2.6	2.7	2.7	3.0	3.2	3.2	3.2	3.3
1965			4.8	1.5	2.8	2.4	2.6	2.7	2.7	3.1	3.4	3.4	3.4	3.4
1966				–1.7	2.5	2.1	2.4	2.7	2.7	3.2	3.5	3.4	3.5	3.5
1967					6.9	3.3	3.2	3.3	3.1	3.6	3.9	3.7	3.7	3.7
1968						–0.3	1.9	2.7	2.6	3.5	3.9	3.7	3.7	3.6
1969							4.2	4.0	3.2	4.2	4.5	4.1	4.0	3.9
1970								3.7	2.6	4.5	4.7	4.1	3.9	3.8
1971									1.6	5.4	5.3	4.2	3.9	3.8
1972										9.3	6.5	4.2	3.9	3.7
1973											3.7	1.9	2.5	2.8
1974												0.0	2.3	2.9
1975													4.7	4.1
1976														3.4

6A. AVERAGE ANNUAL RATES OF GROWTH OF GROSS DOMESTIC PRODUCT AT CONSTANT PRICES BY TYPE OF EXPENDITURE AND BY KIND OF ECONOMIC ACTIVITY (continued) (IN PER CENT)

INDONESIA

INDUSTRIAL ACTIVITY

	1963	1965	1966	1967	1968	1969	1970	1971	1972	1973	1974	1975	1976	1977
1960	2.6	1.7	1.3	1.5	2.4	2.6	3.1	3.6	4.4	5.3	6.0	6.4	6.8	7.2
1963		1.5	0.6	1.6	3.5	3.6	4.2	4.9	5.9	7.1	7.8	8.1	8.5	8.8
1965			-1.1	2.6	6.2	5.1	5.7	6.3	7.5	8.9	9.6	9.7	9.9	10.1
1966				6.5	10.0	6.5	6.7	7.2	8.5	10.0	10.6	10.5	10.6	10.7
1967					13.6	5.4	6.3	7.1	8.9	10.7	11.3	11.1	11.0	11.1
1968						-2.2	4.3	6.5	9.3	11.5	12.1	11.6	11.4	11.4
1969							11.3	10.3	12.7	14.5	14.2	13.0	12.4	12.2
1970								9.4	13.9	16.0	15.1	13.2	12.4	12.0
1971									18.6	19.1	16.1	13.0	12.0	11.7
1972										19.6	14.3	10.6	10.2	10.4
1973											9.2	6.6	8.0	9.1
1974												4.0	8.1	9.7
1975													12.3	12.2
1976														12.0

INDONESIA

MANUFACTURING

	1963	1965	1966	1967	1968	1969	1970	1971	1972	1973	1974	1975	1976	1977
1960	3.5	1.0	0.8	1.0	1.5	1.9	2.4	3.1	4.0	4.8	5.6	6.3	6.8	7.3
1963		-1.1	-0.2	0.7	2.1	2.8	3.5	4.5	5.6	6.6	7.5	8.3	8.8	9.2
1965			2.0	2.6	4.5	4.7	5.3	6.4	7.6	8.6	9.5	10.2	10.5	10.8
1966				3.3	6.0	5.6	6.1	7.3	8.5	9.6	10.5	11.1	11.4	11.5
1967					8.8	6.2	6.7	8.1	9.5	10.6	11.5	12.0	12.1	12.2
1968						3.7	6.1	8.6	10.4	11.6	12.5	12.8	12.8	12.7
1969							8.5	11.1	12.5	13.4	14.0	14.0	13.7	13.4
1970								13.7	14.4	14.7	15.1	14.8	14.1	13.6
1971									15.1	15.2	15.5	14.9	14.0	13.4
1972										15.2	15.7	14.7	13.5	12.9
1973											16.2	14.2	12.6	12.2
1974												12.3	11.0	11.1
1975													9.7	10.8
1976														11.8

INDONESIA

CONSTRUCTION

	1963	1965	1966	1967	1968	1969	1970	1971	1972	1973	1974	1975	1976	1977
1960	-7.3	-5.4	-2.6	-2.3	-0.8	-0.9	0.1	1.4	3.1	4.5	5.9	7.0	7.7	8.2
1963		6.7	9.4	5.0	5.8	3.7	4.4	5.7	7.6	9.1	10.5	11.4	11.8	11.9
1965			13.5	-0.7	3.9	0.7	2.9	5.5	8.4	10.4	12.1	13.1	13.4	13.3
1966				-13.1	2.4	-1.6	2.4	6.0	9.6	11.9	13.6	14.5	14.6	14.3
1967					20.5	1.2	6.0	9.7	13.4	15.3	16.6	17.1	16.7	15.9
1968						-15.0	3.1	10.0	15.2	17.1	18.4	18.5	17.6	16.5
1969							25.0	22.5	24.4	23.5	23.0	21.9	19.9	18.0
1970								20.0	24.8	23.2	22.7	21.3	18.9	16.8
1971									29.8	23.8	22.7	20.7	17.8	15.4
1972										18.0	20.1	18.4	15.4	13.0
1973											22.1	18.0	13.7	11.1
1974												14.0	9.6	7.9
1975													5.4	5.4
1976														5.4

INDONESIA

WHOLESALE AND RETAIL TRADE

	1963	1965	1966	1967	1968
1960	5.2	3.3	2.1	2.2	2.6
1963		0.9	-0.9	0.8	2.2
1965			-4.3	2.5	4.7
1966				9.8	8.7
1967					7.6

INDONESIA

TRANSPORT AND COMMUNICATION

	1963	1965	1966	1967	1968	1969	1970	1971	1972	1973	1974	1975	1976	1977
1960	1.9	0.8	0.8	0.9	1.0	1.1	1.6	2.6	3.5	4.2	4.9	5.4	5.9	6.3
1963		-0.7	0.0	0.7	1.0	1.1	2.1	3.8	4.9	5.9	6.7	7.1	7.5	7.9
1965			0.7	1.6	1.8	1.6	3.1	5.5	6.8	7.8	8.5	8.8	9.1	9.4
1966				2.6	2.3	1.8	3.7	6.8	8.1	9.0	9.7	9.7	9.9	10.2
1967					1.9	1.3	4.5	8.5	9.7	10.5	10.9	10.7	10.7	10.9
1968						0.7	6.5	11.6	12.1	12.3	12.3	11.7	11.5	11.5
1969							12.5	17.3	15.2	14.2	13.6	12.5	12.0	11.9
1970								22.2	15.5	13.8	13.1	11.8	11.4	11.4
1971									9.0	10.6	11.2	10.1	10.2	10.6
1972										12.2	12.1	10.0	10.2	10.7
1973											12.1	8.5	9.6	10.5
1974												5.1	9.1	10.7
1975													13.2	13.2
1976														13.2

INDONESIA

OTHER

	1963	1965	1966	1967	1968	1969	1970	1971	1972	1973	1974	1975	1976	1977
1960	2.2	2.3	2.6	2.8	2.7	2.8	3.2	3.6	4.0	4.4	4.7	5.1	5.3	5.6
1963		3.5	3.9	3.7	3.3	3.4	3.9	4.4	4.9	5.3	5.7	6.1	6.3	6.5
1965			4.7	3.5	2.8	3.1	4.1	4.9	5.5	6.0	6.4	6.8	7.0	7.1
1966				2.3	2.0	2.8	4.3	5.3	6.0	6.5	6.9	7.3	7.4	7.5
1967					1.7	3.3	5.3	6.2	6.9	7.2	7.5	7.9	7.9	7.9
1968						4.9	7.3	7.7	8.1	8.1	8.2	8.5	8.4	8.3
1969							9.7	8.7	8.8	8.6	8.6	8.8	8.6	8.5
1970								7.7	8.6	8.3	8.5	8.8	8.5	8.4
1971									9.4	8.4	8.6	9.0	8.6	8.4
1972										7.5	8.4	9.1	8.5	8.3
1973											9.2	10.0	8.5	8.2
1974												10.7	7.8	7.7
1975													5.0	6.7
1976														8.4

JAPAN

GROSS DOMESTIC PRODUCT

	1963	1965	1966	1967	1968	1969	1970	1971	1972	1973	1974	1975	1976
1960	10.3	10.1	9.8	10.0	10.3	10.4	10.5	10.5	10.4	10.3	10.0	9.6	9.2
1963		9.1	8.9	9.7	10.4	10.7	10.9	10.7	10.5	10.4	9.8	9.2	8.8
1965			9.8	11.3	12.1	12.0	11.8	11.2	10.8	10.6	9.8	9.0	8.4
1966				12.9	13.2	12.5	12.0	11.2	10.7	10.4	9.4	8.6	8.0
1967					13.5	12.1	11.6	10.6	10.1	9.9	8.8	7.9	7.3
1968						10.7	10.8	9.7	9.4	9.3	8.2	7.2	6.7
1969							10.9	9.1	8.9	9.0	7.6	6.5	6.0
1970								7.3	8.1	8.7	6.8	5.6	5.3
1971									8.9	9.4	6.2	4.8	4.6
1972										9.8	4.2	3.2	3.5
1973											-1.0	0.7	2.4
1974												2.4	4.2
1975													6.0

JAPAN

PER CAPITA GROSS DOMESTIC PRODUCT

	1963	1965	1966	1967	1968	1969	1970	1971	1972	1973	1974	1975	1976
1960	9.3	9.0	8.7	8.9	9.2	9.3	9.4	9.3	9.2	9.1	8.8	8.3	8.0
1963		7.9	7.8	8.5	9.3	9.6	9.7	9.5	9.3	9.1	8.6	8.0	7.5
1965			8.8	10.3	11.0	10.8	10.6	10.0	9.6	9.3	8.4	7.6	7.1
1966				11.8	12.0	11.2	10.8	9.9	9.4	9.0	8.1	7.2	6.6
1967					12.2	10.8	10.3	9.3	8.8	8.5	7.5	6.5	6.0
1968						9.4	9.5	8.4	8.0	7.9	6.8	5.8	5.3
1969							9.6	7.8	7.5	7.6	6.1	5.1	4.6
1970								6.0	6.7	7.2	5.4	4.2	3.9
1971									7.4	7.8	4.7	3.4	3.2
1972										8.3	2.8	1.8	2.2
1973											-2.4	-0.6	1.2
1974												1.1	3.0
1975													4.9

JAPAN

GOVERNMENT FINAL CONSUMPTION EXPENDITURE

	1963	1965	1966	1967	1968	1969	1970	1971	1972	1973	1974	1975	1976
1960	7.8	7.3	6.9	6.6	6.4	6.2	6.0	6.0	6.0	6.0	6.0	6.1	6.0
1963		6.2	5.8	5.5	5.5	5.3	5.2	5.3	5.5	5.7	5.8	5.8	5.8
1965			4.8	4.8	5.1	5.0	5.0	5.2	5.5	5.8	5.8	5.9	5.9
1966				4.9	5.3	5.0	5.0	5.3	5.7	6.0	6.0	6.1	6.0
1967					5.7	4.9	5.0	5.4	5.9	6.2	6.2	6.3	6.1
1968						4.2	4.7	5.5	6.1	6.5	6.4	6.4	6.3
1969							5.3	6.2	6.8	7.0	6.7	6.7	6.4
1970								7.2	7.5	7.5	6.8	6.7	6.4
1971									7.8	7.6	6.6	6.5	6.1
1972										7.3	5.9	6.2	5.7
1973											4.4	5.9	5.4
1974												7.4	5.5
1975													3.8

JAPAN

PRIVATE FINAL CONSUMPTION EXPENDITURE

	1963	1965	1966	1967	1968	1969	1970	1971	1972	1973	1974	1975	1976
1960	9.2	9.3	9.0	9.0	9.0	9.1	9.1	9.0	8.9	8.9	8.7	8.5	8.2
1963		8.6	8.2	8.5	8.8	8.9	8.9	8.8	8.8	8.7	8.4	8.2	7.9
1965			8.3	9.3	9.4	9.5	9.3	9.0	8.9	8.8	8.4	8.0	7.7
1966				10.2	9.9	9.8	9.4	8.9	8.8	8.7	8.2	7.8	7.4
1967					9.6	9.6	9.1	8.6	8.6	8.5	7.9	7.5	7.1
1968						9.7	8.7	8.2	8.3	8.3	7.6	7.2	6.8
1969							7.8	7.5	8.0	8.2	7.2	6.8	6.4
1970								7.3	8.3	8.4	7.0	6.5	6.1
1971									9.3	8.8	6.5	6.0	5.6
1972										8.3	4.8	4.9	4.8
1973											1.5	3.8	4.2
1974												6.2	5.3
1975													4.4

JAPAN

GROSS FIXED CAPITAL FORMATION

	1963	1965	1966	1967	1968	1969	1970	1971	1972	1973	1974	1975	1976
1960	15.7	13.3	12.4	12.6	13.2	13.7	14.0	14.0	13.9	13.8	13.0	12.2	11.4
1963		9.8	9.6	11.3	13.2	14.3	14.7	14.5	14.2	14.0	12.8	11.6	10.6
1965			11.6	15.0	17.3	17.7	17.2	16.1	15.2	14.7	12.9	11.1	9.9
1966				18.4	20.1	19.3	17.9	16.3	15.1	14.4	12.3	10.3	9.0
1967					21.8	19.3	17.3	15.2	14.0	13.5	11.0	9.0	7.6
1968						16.9	15.1	13.2	12.3	12.1	9.4	7.3	6.1
1969							13.4	11.4	10.9	11.3	8.0	5.7	4.5
1970								9.4	10.0	10.9	6.5	4.0	3.0
1971									10.6	11.8	4.8	1.9	1.4
1972										12.9	0.7	-1.4	-0.9
1973											-10.2	-6.5	-3.2
1974												-2.7	0.4
1975													3.6

JAPAN

EXPORTS OF GOODS AND SERVICES

	1963	1965	1966	1967	1968	1969	1970	1971	1972	1973	1974	1975	1976
1960	10.9	14.6	15.2	14.7	15.0	15.3	15.5	15.7	15.4	15.0	14.9	14.6	14.5
1963		21.8	19.7	16.3	16.3	16.6	16.6	16.6	16.0	15.2	15.0	14.5	14.3
1965			14.6	10.1	13.3	15.1	15.6	16.0	15.2	14.2	14.2	13.7	13.6
1966				5.8	13.9	16.4	16.6	16.8	15.5	14.2	14.1	13.5	13.4
1967					22.6	21.0	19.0	18.3	16.1	14.3	14.1	13.4	13.3
1968						19.3	17.1	17.0	14.5	12.6	12.9	12.3	12.4
1969							15.0	16.2	12.9	10.9	11.9	11.4	11.8
1970								17.3	11.1	9.1	11.2	10.8	11.4
1971									5.2	5.8	10.5	10.3	11.3
1972										6.4	14.0	11.9	12.7
1973											22.2	13.0	13.7
1974												4.6	11.2
1975													18.3

6A. AVERAGE ANNUAL RATES OF GROWTH OF GROSS DOMESTIC PRODUCT AT CONSTANT PRICES BY TYPE OF EXPENDITURE AND BY KIND OF ECONOMIC ACTIVITY (continued) (IN PER CENT)

JAPAN — *IMPORTS OF GOODS AND SERVICES*

	1963	1965	1966	1967	1968	1969	1970	1971	1972	1973	1974	1975	1976
1960	12.6	12.2	11.9	12.7	13.0	13.2	13.7	13.5	13.3	13.4	13.4	12.9	12.4
1963		10.5	10.7	13.1	13.6	13.8	14.5	14.0	13.5	13.6	13.6	12.8	12.2
1965			12.2	17.6	16.4	15.6	16.1	14.9	13.9	14.0	13.9	12.7	11.9
1966				23.3	17.4	15.7	16.4	14.7	13.4	13.7	13.6	12.2	11.3
1967					11.9	12.7	15.3	13.3	12.1	12.8	12.9	11.4	10.5
1968						13.5	17.3	13.4	11.6	12.7	12.9	11.0	10.0
1969							21.2	12.1	10.1	12.2	12.6	10.3	9.2
1970								3.6	6.0	11.1	12.1	9.2	8.2
1971									8.5	15.6	14.9	9.6	8.1
1972										23.1	16.8	8.0	6.6
1973											10.8	0.7	2.2
1974												–8.5	0.0
1975													9.3

JAPAN — *AGRICULTURE*

	1963	1965	1966	1967	1968	1969	1970	1971	1972	1973	1974	1975	1976
1960	...	...	...	...	...	...	...	...	...	...	...	...	...
1963		...	...	...	...	...	...	...	...	...	...	...	...
1965			...	...	...	...	...	...	...	...	...	...	...
1966				...	...	...	...	...	...	...	...	...	...
1967					...	...	...	...	...	...	...	...	...
1968						...	...	...	...	...	...	...	...
1969							...	...	...	...	...	...	...
1970								–3.6	3.6	5.0	4.2	3.8	3.0
1971									11.3	8.6	5.5	4.5	3.2
1972										6.0	2.6	2.5	1.5
1973											–0.6	1.4	0.4
1974												3.4	0.5
1975													–2.4

JAPAN — *INDUSTRIAL ACTIVITY*

	1963	1965	1966	1967	1968	1969	1970	1971	1972	1973	1974	1975	1976
1960	...	...	...	...	...	...	...	...	...	...	...	...	...
1963		...	...	...	...	...	...	...	...	...	...	...	...
1965			...	...	...	...	...	...	...	...	...	...	...
1966				...	...	...	...	...	...	...	...	...	...
1967					...	...	...	...	...	...	...	...	...
1968						...	...	...	...	...	...	...	...
1969							...	...	...	...	...	...	...
1970								4.7	6.7	9.2	7.7	5.6	5.6
1971									8.8	11.6	8.2	5.1	5.2
1972										14.6	6.8	2.9	3.9
1973											–0.4	–2.0	1.9
1974												–3.5	4.1
1975													12.2

JAPAN — *MANUFACTURING*

	1963	1965	1966	1967	1968	1969	1970	1971	1972	1973	1974	1975	1976
1960	...	...	...	...	...	...	...	...	...	...	...	...	...
1963		...	...	...	...	...	...	...	...	...	...	...	...
1965			...	...	...	...	...	...	...	...	...	...	...
1966				...	...	...	...	...	...	...	...	...	...
1967					...	...	...	...	...	...	...	...	...
1968						...	...	...	...	...	...	...	...
1969							...	...	...	...	...	...	...
1970								4.2	6.6	9.4	7.9	5.7	5.7
1971									9.1	12.1	8.5	5.2	5.3
1972										15.1	7.1	3.0	4.0
1973											–0.4	–2.1	1.9
1974												–3.8	4.1
1975													12.8

JAPAN — *CONSTRUCTION*

	1963	1965	1966	1967	1968	1969	1970	1971	1972	1973	1974	1975	1976
1960	...	...	...	...	...	...	...	...	...	...	...	...	...
1963		...	...	...	...	...	...	...	...	...	...	...	...
1965			...	...	...	...	...	...	...	...	...	...	...
1966				...	...	...	...	...	...	...	...	...	...
1967					...	...	...	...	...	...	...	...	...
1968						...	...	...	...	...	...	...	...
1969							...	...	...	...	...	...	...
1970								6.8	8.4	8.9	5.1	4.4	2.9
1971									10.0	9.7	3.7	3.3	1.6
1972										9.4	–0.3	1.1	–0.3
1973											–9.1	–1.1	–2.1
1974												7.6	–0.0
1975													–7.1

JAPAN — *WHOLESALE AND RETAIL TRADE*

	1963	1965	1966	1967	1968	1969	1970	1971	1972	1973	1974	1975	1976
1960	...	...	...	...	...	...	...	...	...	...	...	...	...
1963		...	...	...	...	...	...	...	...	...	...	...	...
1965			...	...	...	...	...	...	...	...	...	...	...
1966				...	...	...	...	...	...	...	...	...	...
1967					...	...	...	...	...	...	...	...	...
1968						...	...	...	...	...	...	...	...
1969							...	...	...	...	...	...	...
1970								7.5	11.1	11.6	9.0	8.1	7.2
1971									14.9	13.2	8.4	7.4	6.5
1972										11.4	4.9	5.1	4.7
1973											–1.3	3.1	3.6
1974												7.7	5.5
1975													3.3

JAPAN — *TRANSPORT AND COMMUNICATION*

	1963	1965	1966	1967	1968	1969	1970	1971	1972	1973	1974	1975	1976
1960	...	...	...	...	...	...	...	...	...	...	...	...	...
1963		...	...	...	...	...	...	...	...	...	...	...	...
1965			...	...	...	...	...	...	...	...	...	...	...
1966				...	...	...	...	...	...	...	...	...	...
1967					...	...	...	...	...	...	...	...	...
1968						...	...	...	...	...	...	...	...
1969							...	...	...	...	...	...	...
1970								5.4	4.1	5.6	6.3	6.0	6.0
1971									2.8	6.3	6.9	6.3	6.1
1972										9.8	8.5	6.7	6.4
1973											7.1	5.2	5.4
1974												3.2	4.9
1975													6.6

JAPAN — *OTHER*

	1963	1965	1966	1967	1968	1969	1970	1971	1972	1973	1974	1975	1976
1960	...	...	...	...	...	...	...	...	...	...	...	...	...
1963		...	...	...	...	...	...	...	...	...	...	...	...
1965			...	...	...	...	...	...	...	...	...	...	...
1966				...	...	...	...	...	...	...	...	...	...
1967					...	...	...	...	...	...	...	...	...
1968						...	...	...	...	...	...	...	...
1969							...	...	...	...	...	...	...
1970								5.5	7.6	7.2	6.0	5.2	4.9
1971									9.8	7.7	5.5	4.7	4.4
1972										5.6	3.5	3.3	3.4
1973											1.4	2.5	3.0
1974												3.5	3.8
1975													4.0

KOREA, REPUBLIC OF — *GROSS DOMESTIC PRODUCT*

	1963	1965	1966	1967	1968	1969	1970	1971	1972	1973	1974	1975	1976	1977
1960	5.3	6.7	7.3	7.5	7.8	8.3	8.6	8.8	8.8	9.0	9.1	9.1	9.2	9.3
1963		7.7	8.8	8.5	8.8	9.4	9.6	9.7	9.5	9.7	9.7	9.7	9.7	9.8
1965			12.2	9.0	9.4	10.3	10.3	10.3	9.9	10.0	10.0	9.9	9.9	10.0
1966				5.9	8.6	10.4	10.4	10.3	9.8	10.0	9.9	9.8	9.9	9.9
1967					11.3	12.6	11.5	10.8	10.0	10.2	10.1	9.9	10.0	10.0
1968						13.8	11.1	10.4	9.4	9.9	9.8	9.6	9.8	9.9
1969							8.5	9.0	8.2	9.3	9.5	9.3	9.6	9.8
1970								9.5	7.8	9.7	9.7	9.5	9.8	9.9
1971									6.1	10.5	10.1	9.6	10.0	10.1
1972										15.1	11.4	10.0	10.3	10.4
1973											7.8	7.9	9.4	9.9
1974												8.0	10.5	10.7
1975													13.0	11.6
1976														10.3

KOREA, REPUBLIC OF — *PER CAPITA GROSS DOMESTIC PRODUCT*

	1963	1965	1966	1967	1968	1969	1970	1971	1972	1973	1974	1975	1976	1977
1960	1.9	3.4	4.2	4.4	4.8	5.4	5.7	6.0	6.1	6.3	6.5	6.6	6.7	6.9
1963		4.9	6.1	5.8	6.1	6.8	7.0	7.1	7.0	7.2	7.3	7.3	7.4	7.5
1965			9.4	6.4	6.8	7.8	7.8	7.8	7.5	7.7	7.7	7.6	7.7	7.8
1966				3.5	6.1	7.9	7.9	7.8	7.4	7.7	7.7	7.6	7.7	7.8
1967					8.8	10.0	9.0	8.4	7.7	7.9	7.9	7.8	7.9	8.0
1968						11.3	8.7	8.0	7.1	7.7	7.7	7.6	7.8	7.9
1969							6.1	6.7	6.0	7.2	7.4	7.3	7.6	7.8
1970								7.4	5.7	7.7	7.8	7.5	7.9	8.0
1971									4.1	8.5	8.2	7.7	8.1	8.2
1972										13.1	9.5	8.1	8.5	8.6
1973											6.0	6.1	7.6	8.1
1974												6.2	8.6	8.9
1975													11.1	9.8
1976														8.5

KOREA, REPUBLIC OF — *GOVERNMENT FINAL CONSUMPTION EXPENDITURE*

	1963	1965	1966	1967	1968	1969	1970	1971	1972	1973	1974	1975	1976	1977
1960	1.9	1.9	2.9	3.7	4.4	5.1	5.5	6.0	6.2	6.2	6.5	6.6	6.8	7.0
1963		1.9	4.5	5.7	6.6	7.2	7.4	7.7	7.7	7.5	7.6	7.6	7.7	7.9
1965			9.6	8.9	9.0	9.1	8.8	8.8	8.5	8.0	8.1	8.0	8.1	8.2
1966				8.3	8.8	9.0	8.6	8.8	8.4	7.8	7.9	7.9	8.0	8.1
1967					9.3	9.4	8.6	8.8	8.3	7.5	7.8	7.7	7.9	8.1
1968						9.5	8.0	8.6	8.0	7.1	7.5	7.5	7.8	8.1
1969							6.6	8.5	7.6	6.5	7.3	7.4	7.7	8.1
1970								10.5	7.6	5.9	7.2	7.4	7.8	8.3
1971									4.7	4.0	6.9	7.2	7.8	8.4
1972										3.2	8.6	8.3	8.7	9.2
1973											14.3	9.9	9.7	10.0
1974												5.8	8.2	9.4
1975													10.7	11.0
1976														11.3

KOREA, REPUBLIC OF — *PRIVATE FINAL CONSUMPTION EXPENDITURE*

	1963	1965	1966	1967	1968	1969	1970	1971	1972	1973	1974	1975	1976	1977
1960	3.7	5.0	5.4	5.7	6.2	6.6	6.9	7.2	7.4	7.5	7.6	7.6	7.6	7.6
1963		7.1	6.8	7.1	7.5	7.9	8.1	8.4	8.4	8.4	8.3	8.2	8.1	8.0
1965			6.3	7.3	8.1	8.5	8.8	9.0	8.8	8.7	8.6	8.4	8.2	8.1
1966				8.3	9.0	9.2	9.3	9.4	9.0	8.9	8.7	8.4	8.2	8.1
1967					9.7	9.5	9.5	9.6	9.0	8.8	8.6	8.3	8.1	7.9
1968						9.4	9.4	9.6	8.8	8.6	8.4	8.1	7.9	7.7
1969							9.5	9.7	8.5	8.4	8.1	7.8	7.6	7.5
1970								9.8	7.8	7.9	7.7	7.4	7.3	7.2
1971									5.9	7.4	7.3	7.1	7.0	7.0
1972										8.9	7.8	7.2	7.1	7.0
1973											6.8	6.5	6.6	6.7
1974												6.1	6.6	6.7
1975													7.1	6.9
1976														6.7

6A. AVERAGE ANNUAL RATES OF GROWTH OF GROSS DOMESTIC PRODUCT AT CONSTANT PRICES BY TYPE OF EXPENDITURE AND BY KIND OF ECONOMIC ACTIVITY (continued) (IN PER CENT)

KOREA, REPUBLIC OF

GROSS FIXED CAPITAL FORMATION

	1963	1965	1966	1967	1968	1969	1970	1971	1972	1973	1974	1975	1976	1977
1960	20.2	14.7	18.8	20.9	23.0	24.1	23.6	22.6	21.2	20.4	19.6	18.8	18.2	17.9
1963		7.4	23.0	26.3	28.8	29.3	26.8	24.3	21.5	20.3	19.0	17.9	17.2	16.9
1965			59.5	39.9	37.3	34.2	28.0	23.5	19.5	18.1	16.8	15.7	15.1	15.0
1966				22.6	29.8	29.0	22.7	18.6	15.0	14.4	13.6	13.0	12.8	13.1
1967					37.4	30.9	20.5	15.8	12.0	12.1	11.7	11.4	11.4	12.1
1968						24.8	12.2	9.5	6.9	8.7	9.2	9.4	9.9	11.0
1969							1.0	4.0	2.9	7.0	8.2	8.8	9.5	10.9
1970								7.1	3.1	9.2	10.1	10.2	10.7	12.2
1971									−0.7	12.1	11.9	11.4	11.7	13.3
1972										26.5	16.5	13.3	13.0	14.8
1973											7.3	8.3	10.3	13.8
1974												9.3	12.0	16.5
1975													14.7	20.5
1976														26.6

KOREA, REPUBLIC OF

EXPORTS OF GOODS AND SERVICES

	1963	1965	1966	1967	1968	1969	1970	1971	1972	1973	1974	1975	1976	1977
1960	18.9	20.8	23.8	25.8	27.6	29.0	29.3	29.1	29.3	30.0	29.6	29.0	28.8	28.7
1963		29.5	33.9	34.5	35.4	35.8	34.5	33.0	32.4	33.0	31.8	30.5	30.1	29.7
1965			42.4	37.4	37.6	37.3	34.5	32.0	31.3	32.5	30.9	29.3	28.9	28.5
1966				32.7	36.0	36.4	32.9	30.1	29.8	31.7	29.8	28.2	27.9	27.7
1967					39.5	37.8	31.9	28.4	28.6	31.3	29.1	27.2	27.1	27.0
1968						36.1	27.6	24.6	26.3	30.7	28.1	26.0	26.1	26.2
1969							19.6	20.0	24.9	31.5	27.8	25.2	25.6	25.7
1970								20.4	28.4	36.8	29.3	25.4	25.8	25.9
1971									36.9	45.8	29.8	24.1	25.1	25.5
1972										55.4	22.7	18.0	21.7	23.3
1973											−3.1	6.3	17.3	21.3
1974												16.6	29.2	29.4
1975													43.0	34.1
1976														25.7

KOREA, REPUBLIC OF

IMPORTS OF GOODS AND SERVICES

	1963	1965	1966	1967	1968	1969	1970	1971	1972	1973	1974	1975	1976	1977
1960	17.3	7.0	10.8	14.0	17.3	19.5	20.2	20.6	20.1	20.3	20.3	19.9	19.7	19.6
1963		−7.6	10.3	18.3	24.0	26.4	25.8	25.2	23.4	23.0	22.6	21.5	21.0	20.7
1965			56.2	42.9	41.9	38.5	32.7	29.4	25.5	24.4	23.4	21.8	21.0	20.6
1966				30.8	37.0	34.4	28.2	25.4	21.6	21.3	20.8	19.3	18.9	18.8
1967					43.6	34.8	25.4	22.7	18.6	19.0	19.0	17.6	17.4	17.6
1968						26.6	17.0	17.2	13.9	16.0	16.8	15.7	15.8	16.4
1969							8.0	14.4	10.9	14.9	16.4	15.0	15.4	16.1
1970								21.1	10.7	16.9	18.2	15.8	16.1	16.8
1971									1.2	17.7	19.2	15.4	15.9	16.9
1972										36.9	26.4	17.0	17.0	18.0
1973											16.7	8.2	12.6	15.7
1974												0.2	12.8	17.3
1975													26.9	25.3
1976														23.8

KOREA, REPUBLIC OF

AGRICULTURE

	1963	1965	1966	1967	1968	1969	1970	1971	1972	1973	1974	1975	1976	1977
1960	3.8	5.9	6.4	5.5	4.8	4.8	4.4	4.1	3.9	3.7	3.7	3.7	3.8	3.8
1963		7.0	7.5	4.8	3.5	3.8	3.4	3.1	2.9	2.9	3.0	3.1	3.3	3.4
1965			11.6	2.5	1.3	2.8	2.5	2.4	2.3	2.4	2.6	2.8	3.1	3.3
1966				−5.9	−2.4	1.7	1.8	1.8	1.8	2.1	2.4	2.7	3.1	3.3
1967					1.3	5.8	3.8	3.1	2.7	2.8	3.0	3.3	3.6	3.7
1968						10.5	4.0	2.8	2.3	2.6	3.0	3.3	3.7	3.8
1969							−2.1	−0.0	0.7	1.7	2.5	3.0	3.6	3.8
1970								2.1	1.9	2.8	3.5	3.9	4.4	4.4
1971									1.6	3.4	4.1	4.4	4.9	4.8
1972										5.2	5.2	5.1	5.5	5.1
1973											5.2	5.0	5.6	5.1
1974												4.8	6.0	5.0
1975													7.2	4.7
1976														2.3

KOREA, REPUBLIC OF

INDUSTRIAL ACTIVITY

	1963	1965	1966	1967	1968	1969	1970	1971	1972	1973	1974	1975	1976	1977
1960	10.9	12.4	13.1	14.0	15.1	15.8	16.4	16.8	16.9	17.3	17.5	17.5	17.6	17.6
1963		14.6	15.2	16.4	17.7	18.4	18.8	18.9	18.6	18.8	18.9	18.7	18.6	18.5
1965			15.5	17.9	19.8	20.2	20.2	19.9	19.2	19.4	19.3	18.9	18.8	18.6
1966				20.5	22.0	21.4	21.0	20.3	19.3	19.5	19.4	18.9	18.8	18.5
1967					23.5	21.6	20.8	19.9	18.7	19.2	19.1	18.6	18.5	18.3
1968						19.7	19.6	19.0	17.6	18.7	18.7	18.2	18.1	17.9
1969							19.6	18.5	16.7	18.5	18.6	18.0	18.0	17.8
1970								17.4	15.1	18.7	18.7	17.8	17.9	17.6
1971									12.8	20.3	19.5	18.0	18.0	17.6
1972										28.3	21.5	18.2	18.2	17.6
1973											15.1	14.0	16.0	16.1
1974												12.8	17.0	16.6
1975													21.4	17.8
1976														14.3

KOREA, REPUBLIC OF

MANUFACTURING

	1963	1965	1966	1967	1968	1969	1970	1971	1972	1973	1974	1975	1976	1977
1960	10.6	12.5	13.5	14.6	15.9	16.9	17.6	18.0	18.1	18.5	18.7	18.7	18.8	18.7
1963		15.1	16.3	17.6	19.3	20.1	20.5	20.5	20.2	20.4	20.3	20.0	19.9	19.7
1965			17.3	19.4	21.9	22.4	22.2	21.7	20.9	21.0	20.8	20.3	20.1	19.8
1966				21.6	24.4	23.8	22.9	22.1	20.9	21.1	20.8	20.2	20.0	19.6
1967					27.2	24.4	22.8	21.6	20.2	20.6	20.4	19.7	19.6	19.2
1968						21.6	20.8	20.1	18.7	19.8	19.7	19.1	19.0	18.7
1969							19.9	19.4	17.7	19.6	19.5	18.8	18.8	18.5
1970								18.8	16.4	19.8	19.7	18.6	18.7	18.3
1971									14.0	21.4	20.4	18.6	18.7	18.2
1972										29.2	22.3	18.6	18.7	18.1
1973											15.8	14.2	16.5	16.5
1974												12.6	17.5	17.1
1975													22.6	18.4
1976														14.4

KOREA, REPUBLIC OF

CONSTRUCTION

	1963	1965	1966	1967	1968	1969	1970	1971	1972	1973	1974	1975	1976	1977
1960	14.4	14.6	15.8	16.5	18.2	20.1	20.4	19.6	18.4	17.9	17.2	16.6	16.1	16.0
1963		15.8	18.1	18.9	21.7	24.4	23.7	21.5	19.1	18.1	17.0	16.2	15.6	15.4
1965			20.9	20.1	25.3	28.7	26.0	21.7	17.9	16.8	15.4	14.6	14.1	14.1
1966				19.3	28.6	32.2	27.0	20.9	16.3	15.3	14.0	13.3	12.9	13.1
1967					38.5	38.1	27.1	18.7	13.4	13.0	12.0	11.6	11.4	12.0
1968						37.6	20.2	11.5	7.2	8.8	8.6	9.0	9.4	10.4
1969							5.0	1.3	0.2	5.1	6.1	7.3	8.2	9.7
1970								−2.2	−1.6	6.6	7.5	8.6	9.4	11.0
1971									−1.1	12.6	10.9	11.2	11.4	12.9
1972										28.2	14.7	13.2	12.7	14.3
1973											2.6	8.1	9.9	13.2
1974												13.9	13.1	16.5
1975													12.3	18.6
1976														25.2

KOREA, REPUBLIC OF

WHOLESALE AND RETAIL TRADE

	1963	1965	1966	1967	1968	1969	1970	1971	1972	1973	1974	1975	1976	1977
1960	4.8	4.7	6.0	7.5	8.7	9.6	10.4	11.1	11.5	11.8	11.9	11.9	11.8	11.7
1963		4.7	8.3	10.8	12.3	12.9	13.5	14.0	13.9	14.1	13.8	13.4	13.1	12.8
1965			15.0	15.9	16.2	15.7	15.6	15.7	15.2	15.1	14.5	13.8	13.3	12.8
1966				16.9	16.7	15.7	15.6	15.7	15.1	15.0	14.2	13.4	12.9	12.5
1967					16.6	15.0	15.1	15.5	14.7	14.7	13.8	13.0	12.4	12.0
1968						13.4	14.7	15.5	14.4	14.4	13.4	12.4	11.9	11.5
1969							16.0	16.5	14.4	14.4	13.1	11.9	11.4	11.0
1970								16.9	13.1	13.8	12.2	11.0	10.6	10.2
1971									9.4	13.0	11.1	9.8	9.6	9.5
1972										16.7	10.9	9.1	9.2	9.1
1973											5.5	6.0	7.7	8.2
1974												6.5	9.0	9.1
1975													11.6	10.0
1976														8.4

KOREA, REPUBLIC OF

TRANSPORT AND COMMUNICATION

	1963	1965	1966	1967	1968	1969	1970	1971	1972	1973	1974	1975	1976	1977
1960	10.9	14.3	15.9	17.1	18.5	19.7	20.3	20.4	20.1	20.1	19.7	19.3	19.0	18.8
1963		18.1	20.2	21.0	22.6	23.6	23.6	23.0	21.9	21.5	20.7	19.9	19.3	19.0
1965			24.6	23.4	25.4	26.0	25.1	23.7	21.8	21.3	20.2	19.2	18.6	18.2
1966				22.2	26.4	26.8	25.3	23.2	21.0	20.5	19.4	18.4	17.8	17.4
1967					30.8	28.5	25.3	22.5	19.8	19.5	18.3	17.3	16.8	16.6
1968						26.2	22.5	19.7	17.1	17.7	16.7	15.9	15.6	15.6
1969							19.0	16.7	14.4	16.2	15.4	14.7	14.6	14.8
1970								14.5	12.1	16.0	15.0	14.2	14.2	14.6
1971									9.7	17.8	15.3	14.1	14.2	14.7
1972										26.5	16.5	14.0	14.2	14.8
1973											7.3	9.4	12.0	13.7
1974												11.6	14.5	15.8
1975													17.4	17.8
1976														18.1

KOREA, REPUBLIC OF

OTHER

	1963	1965	1966	1967	1968	1969	1970	1971	1972	1973	1974	1975	1976	1977
1960	4.7	5.0	5.3	5.6	6.0	6.2	6.5	6.6	6.6	6.6	6.5	6.4	6.3	6.3
1963		5.2	5.8	6.4	6.8	7.0	7.2	7.4	7.2	7.0	6.8	6.5	6.4	6.3
1965			7.0	7.6	7.9	7.8	7.9	7.9	7.5	7.1	6.8	6.5	6.3	6.2
1966				8.1	8.3	8.0	8.0	8.0	7.4	6.9	6.6	6.3	6.1	6.1
1967					8.4	7.9	7.9	8.0	7.2	6.7	6.3	6.0	5.8	5.8
1968						7.3	7.8	7.9	6.8	6.3	5.9	5.6	5.5	5.6
1969							8.3	8.1	6.4	5.8	5.5	5.2	5.2	5.3
1970								7.9	5.2	4.9	4.8	4.6	4.8	5.1
1971									2.6	3.8	4.3	4.2	4.5	5.0
1972										5.1	5.0	4.6	4.9	5.4
1973											5.0	4.3	4.9	5.6
1974												3.5	5.0	6.0
1975													6.5	7.2
1976														7.9

MALAYSIA

GROSS DOMESTIC PRODUCT

	1963	1965	1966	1967	1968	1969	1970	1971	1972	1973	1974	1975	1976	1977
1960	...	...	...	...	...	...	...	...	...	...	...	...	...	...
1963		...	...	...	...	...	...	...	...	...	...	...	...	...
1965			...	...	...	...	...	...	...	...	...	...	...	...
1966				...	...	...	...	...	...	...	...	...	...	...
1967					...	...	...	...	...	...	...	...	...	...
1968						...	...	...	...	...	...	...	...	...
1969							...	...	...	...	...	...	...	...
1970								...	...	...	...	...	...	...
1971									9.4	10.5	10.0	8.0	7.8	7.8
1972										11.7	10.0	7.0	7.2	7.3
1973											8.3	4.5	6.0	6.7
1974												0.8	5.8	6.9
1975													11.1	9.3
1976														7.6

MALAYSIA

PER CAPITA GROSS DOMESTIC PRODUCT

	1963	1965	1966	1967	1968	1969	1970	1971	1972	1973	1974	1975	1976	1977
1960	...	...	...	...	...	...	...	...	...	...	...	...	...	...
1963		...	...	...	...	...	...	...	...	...	...	...	...	...
1965			...	...	...	...	...	...	...	...	...	...	...	...
1966				...	...	...	...	...	...	...	...	...	...	...
1967					...	...	...	...	...	...	...	...	...	...
1968						...	...	...	...	...	...	...	...	...
1969							...	...	...	...	...	...	...	...
1970								...	...	...	...	...	...	...
1971									6.6	7.7	7.1	5.3	5.0	5.0
1972										8.8	7.1	4.3	4.3	4.6
1973											5.5	2.0	3.1	4.0
1974												−1.4	2.7	4.2
1975													7.0	6.6
1976														6.2

6A. AVERAGE ANNUAL RATES OF GROWTH OF GROSS DOMESTIC PRODUCT AT CONSTANT PRICES BY TYPE OF EXPENDITURE AND BY KIND OF ECONOMIC ACTIVITY (continued)
(IN PER CENT)

MALAYSIA — *GOVERNMENT FINAL CONSUMPTION EXPENDITURE*

	1963	1965	1966	1967	1968	1969	1970	1971	1972	1973	1974	1975	1976	1977
1960	...	...	...	...	...	...	...	...	...	...	...	...	...	...
1963		...	...	...	...	...	...	...	...	...	...	...	...	...
1965			...	...	...	...	...	...	...	...	...	...	...	...
1966				...	...	...	...	...	...	...	...	...	...	...
1967					...	...	...	...	...	...	...	...	...	...
1968						...	...	...	...	...	...	...	...	...
1969							...	...	...	...	...	...	...	...
1970								...	...	...	...	...	...	...
1971									16.9	10.6	11.2	10.5	10.0	9.8
1972										4.6	9.6	9.3	9.1	9.1
1973											14.9	10.8	9.7	9.5
1974												6.8	7.6	8.4
1975													8.5	9.2
1976														9.8

MALAYSIA — *PRIVATE FINAL CONSUMPTION EXPENDITURE*

	1963	1965	1966	1967	1968	1969	1970	1971	1972	1973	1974	1975	1976	1977
1960	...	...	...	...	...	...	...	...	...	...	...	...	...	...
1963		...	...	...	...	...	...	...	...	...	...	...	...	...
1965			...	...	...	...	...	...	...	...	...	...	...	...
1966				...	...	...	...	...	...	...	...	...	...	...
1967					...	...	...	...	...	...	...	...	...	...
1968						...	...	...	...	...	...	...	...	...
1969							...	...	...	...	...	...	...	...
1970								...	...	...	...	...	...	...
1971									5.2	7.4	8.1	6.4	5.8	6.0
1972										9.7	9.3	6.1	5.5	5.8
1973											9.0	3.9	4.1	5.1
1974												-0.9	2.5	4.9
1975													6.1	7.7
1976														9.3

MALAYSIA — *GROSS FIXED CAPITAL FORMATION*

	1963	1965	1966	1967	1968	1969	1970	1971	1972	1973	1974	1975	1976	1977
1960	...	...	...	...	...	...	...	...	...	...	...	...	...	...
1963		...	...	...	...	...	...	...	...	...	...	...	...	...
1965			...	...	...	...	...	...	...	...	...	...	...	...
1966				...	...	...	...	...	...	...	...	...	...	...
1967					...	...	...	...	...	...	...	...	...	...
1968						...	...	...	...	...	...	...	...	...
1969							...	...	...	...	...	...	...	...
1970								...	...	...	...	...	...	...
1971									14.8	15.6	17.6	12.4	9.9	9.4
1972										16.5	19.2	10.7	7.9	7.9
1973											21.9	6.2	4.4	5.7
1974												-7.4	-1.4	3.4
1975													5.0	9.0
1976														13.2

MALAYSIA — *EXPORTS OF GOODS AND SERVICES*

	1963	1965	1966	1967	1968	1969	1970	1971	1972	1973	1974	1975	1976	1977
1960	...	...	...	...	...	...	...	...	...	...	...	...	...	...
1963		...	...	...	...	...	...	...	...	...	...	...	...	...
1965			...	...	...	...	...	...	...	...	...	...	...	...
1966				...	...	...	...	...	...	...	...	...	...	...
1967					...	...	...	...	...	...	...	...	...	...
1968						...	...	...	...	...	...	...	...	...
1969							...	...	...	...	...	...	...	...
1970								...	...	...	...	...	...	...
1971									2.0	7.9	10.9	8.6	9.0	8.6
1972										14.2	15.1	9.4	9.8	9.0
1973											15.9	6.0	8.2	7.7
1974												-3.0	6.5	6.6
1975													17.0	10.1
1976														3.7

MALAYSIA — *IMPORTS OF GOODS AND SERVICES*

	1963	1965	1966	1967	1968	1969	1970	1971	1972	1973	1974	1975	1976	1977
1960	...	...	...	...	...	...	...	...	...	...	...	...	...	...
1963		...	...	...	...	...	...	...	...	...	...	...	...	...
1965			...	...	...	...	...	...	...	...	...	...	...	...
1966				...	...	...	...	...	...	...	...	...	...	...
1967					...	...	...	...	...	...	...	...	...	...
1968						...	...	...	...	...	...	...	...	...
1969							...	...	...	...	...	...	...	...
1970								...	...	...	...	...	...	...
1971									-3.0	6.4	15.8	10.1	8.5	8.4
1972										16.7	26.3	12.2	9.0	8.8
1973											36.8	6.5	4.7	6.0
1974												-17.1	-4.9	1.8
1975													9.2	11.4
1976														13.7

MALAYSIA — *AGRICULTURE*

	1963	1965	1966	1967	1968	1969	1970	1971	1972	1973	1974	1975	1976	1977
1960	...	...	...	...	...	...	...	...	...	...	...	...	...	...
1963		...	...	...	...	...	...	...	...	...	...	...	...	...
1965			...	...	...	...	...	...	...	...	...	...	...	...
1966				...	...	...	...	...	...	...	...	...	...	...
1967					...	...	...	...	...	...	...	...	...	...
1968						...	...	...	...	...	...	...	...	...
1969							...	...	...	...	...	...	...	...
1970								...	...	...	...	...	...	...
1971									7.6	9.7	9.0	6.4	6.2	5.7
1972										11.8	9.3	5.2	5.4	5.0
1973											6.9	1.8	3.8	3.9
1974												-3.0	3.5	3.8
1975													10.5	6.2
1976														2.2

MALAYSIA — *INDUSTRIAL ACTIVITY*

	1963	1965	1966	1967	1968	1969	1970	1971	1972	1973	1974	1975	1976	1977
1960	...	...	...	...	...	...	...	...	...	...	...	...	...	...
1963		...	...	...	...	...	...	...	...	...	...	...	...	...
1965			...	...	...	...	...	...	...	...	...	...	...	...
1966				...	...	...	...	...	...	...	...	...	...	...
1967					...	...	...	...	...	...	...	...	...	...
1968						...	...	...	...	...	...	...	...	...
1969							...	...	...	...	...	...	...	...
1970								...	...	...	...	...	...	...
1971									9.6	11.8	10.4	8.6	9.3	9.5
1972										14.1	10.2	7.5	9.0	9.4
1973											6.5	4.6	8.3	9.1
1974												2.7	10.1	10.5
1975													18.1	13.3
1976														8.7

MALAYSIA — *MANUFACTURING*

	1963	1965	1966	1967	1968	1969	1970	1971	1972	1973	1974	1975	1976	1977
1960	...	...	...	...	...	...	...	...	...	...	...	...	...	...
1963		...	...	...	...	...	...	...	...	...	...	...	...	...
1965			...	...	...	...	...	...	...	...	...	...	...	...
1966				...	...	...	...	...	...	...	...	...	...	...
1967					...	...	...	...	...	...	...	...	...	...
1968						...	...	...	...	...	...	...	...	...
1969							...	...	...	...	...	...	...	...
1970								...	...	...	...	...	...	...
1971									10.2	16.2	15.0	12.3	12.4	12.2
1972										22.5	16.3	11.5	12.0	11.9
1973											10.4	6.6	9.7	10.5
1974												3.0	10.5	11.3
1975													18.5	14.5
1976														10.6

MALAYSIA — *CONSTRUCTION*

	1963	1965	1966	1967	1968	1969	1970	1971	1972	1973	1974	1975	1976	1977
1960	...	...	...	...	...	...	...	...	...	...	...	...	...	...
1963		...	...	...	...	...	...	...	...	...	...	...	...	...
1965			...	...	...	...	...	...	...	...	...	...	...	...
1966				...	...	...	...	...	...	...	...	...	...	...
1967					...	...	...	...	...	...	...	...	...	...
1968						...	...	...	...	...	...	...	...	...
1969							...	...	...	...	...	...	...	...
1970								...	...	...	...	...	...	...
1971									5.5	9.7	10.8	6.4	5.6	6.0
1972										14.0	13.0	5.3	4.6	5.4
1973											12.0	0.2	1.7	4.0
1974												-10.3	-1.1	3.7
1975													9.0	10.6
1976														12.2

MALAYSIA — *WHOLESALE AND RETAIL TRADE*

	1963	1965	1966	1967	1968	1969	1970	1971	1972	1973	1974	1975	1976	1977
1960	...	...	...	...	...	...	...	...	...	...	...	...	...	...
1963		...	...	...	...	...	...	...	...	...	...	...	...	...
1965			...	...	...	...	...	...	...	...	...	...	...	...
1966				...	...	...	...	...	...	...	...	...	...	...
1967					...	...	...	...	...	...	...	...	...	...
1968						...	...	...	...	...	...	...	...	...
1969							...	...	...	...	...	...	...	...
1970								...	...	...	...	...	...	...
1971									7.2	8.9	9.0	7.2	6.9	6.9
1972										10.8	9.7	6.7	6.4	6.5
1973											8.6	4.3	5.1	5.8
1974												0.3	4.2	5.7
1975													8.4	8.1
1976														7.8

MALAYSIA — *TRANSPORT AND COMMUNICATION*

	1963	1965	1966	1967	1968	1969	1970	1971	1972	1973	1974	1975	1976	1977
1960	...	...	...	...	...	...	...	...	...	...	...	...	...	...
1963		...	...	...	...	...	...	...	...	...	...	...	...	...
1965			...	...	...	...	...	...	...	...	...	...	...	...
1966				...	...	...	...	...	...	...	...	...	...	...
1967					...	...	...	...	...	...	...	...	...	...
1968						...	...	...	...	...	...	...	...	...
1969							...	...	...	...	...	...	...	...
1970								...	...	...	...	...	...	...
1971									13.9	14.4	14.5	14.2	13.2	12.7
1972										14.9	14.7	14.2	12.8	12.2
1973											14.5	13.8	11.9	11.5
1974												13.1	10.3	10.5
1975													7.7	9.7
1976														11.9

MALAYSIA — *OTHER*

	1963	1965	1966	1967	1968	1969	1970	1971	1972	1973	1974	1975	1976	1977
1960	...	...	...	...	...	...	...	...	...	...	...	...	...	...
1963		...	...	...	...	...	...	...	...	...	...	...	...	...
1965			...	...	...	...	...	...	...	...	...	...	...	...
1966				...	...	...	...	...	...	...	...	...	...	...
1967					...	...	...	...	...	...	...	...	...	...
1968						...	...	...	...	...	...	...	...	...
1969							...	...	...	...	...	...	...	...
1970								...	...	...	...	...	...	...
1971									12.7	9.6	9.5	8.8	8.5	8.6
1972										6.5	8.4	7.9	7.9	8.1
1973											10.3	8.3	8.1	8.3
1974												6.2	7.2	8.1
1975													8.3	8.9
1976														9.6

6A. AVERAGE ANNUAL RATES OF GROWTH OF GROSS DOMESTIC PRODUCT AT CONSTANT PRICES BY TYPE OF EXPENDITURE AND BY KIND OF ECONOMIC ACTIVITY (continued) (IN PER CENT)

NEPAL

GROSS DOMESTIC PRODUCT

	1963	1965	1966	1967	1968	1969	1970	1971	1972	1973	1974	1975	1976	1977
1960	...	...	...	...	...	...	...	...	...	...	...	...	...	...
1963		...	...	...	...	...	...	...	...	...	...	...	...	...
1965			7.0	2.6	1.6	2.0	2.2	1.9	1.8	1.7	1.8	1.9	2.1	2.2
1966				-1.6	-0.5	1.1	1.7	1.5	1.6	1.4	1.7	1.8	2.0	2.1
1967					0.7	2.6	2.7	2.0	1.9	1.6	1.9	2.0	2.2	2.3
1968						4.5	3.5	2.0	1.9	1.5	1.9	2.0	2.2	2.4
1969							2.6	0.7	1.2	1.0	1.7	1.9	2.2	2.4
1970								-1.2	0.9	0.7	1.8	2.0	2.4	2.6
1971									3.1	1.3	2.6	2.6	2.9	3.0
1972										-0.5	2.9	2.8	3.1	3.2
1973											6.3	3.9	3.8	3.6
1974												1.5	2.9	3.1
1975													4.4	3.8
1976														3.2

NEPAL

PER CAPITA GROSS DOMESTIC PRODUCT

	1963	1965	1966	1967	1968	1969	1970	1971	1972	1973	1974	1975	1976	1977
1960	...	...	...	...	...	...	...	...	...	...	...	...	...	...
1963		...	...	...	...	...	...	...	...	...	...	...	...	...
1965			5.2	0.8	-0.2	0.2	0.3	-0.1	-0.2	-0.4	-0.3	-0.2	-0.1	0.0
1966				-3.3	-2.2	-0.7	-0.2	-0.6	-0.6	-0.7	-0.5	-0.4	-0.2	-0.1
1967					-1.1	0.7	0.8	-0.2	-0.3	-0.6	-0.3	-0.2	-0.0	0.1
1968						2.6	1.5	-0.3	-0.4	-0.8	-0.4	-0.2	-0.0	0.2
1969							0.4	-1.8	-1.2	-1.4	-0.7	-0.4	-0.1	0.1
1970								-4.0	-1.6	-1.6	-0.5	-0.2	0.1	0.4
1971									0.9	-0.8	0.5	0.5	0.7	0.8
1972										-2.5	0.7	0.6	0.9	1.0
1973											4.1	1.7	1.6	1.4
1974												-0.7	0.7	1.0
1975													2.2	1.6
1976														1.0

NEPAL

AGRICULTURE

	1963	1965	1966	1967	1968	1969	1970	1971	1972	1973	1974	1975	1976	1977
1960	...	...	...	...	...	...	...	...	...	...	...	...	...	...
1963		...	...	...	...	...	...	...	...	...	...	...	...	...
1965			11.7	3.5	1.8	1.7	1.9	1.9	1.8	1.5	1.6	1.7	1.7	1.6
1966				-4.1	-1.8	-0.2	0.9	1.2	1.2	1.1	1.3	1.4	1.5	1.4
1967					0.5	1.8	2.4	2.2	1.9	1.5	1.7	1.8	1.7	1.6
1968						3.0	3.2	2.5	2.0	1.4	1.7	1.8	1.7	1.6
1969							3.4	2.1	1.5	1.0	1.4	1.6	1.6	1.4
1970								0.8	0.7	0.3	1.2	1.6	1.6	1.3
1971									0.7	-0.1	1.5	1.9	1.8	1.4
1972										-0.8	2.3	2.5	2.1	1.5
1973											5.6	3.6	2.5	1.5
1974												1.7	1.1	0.3
1975													0.6	-0.4
1976														-1.3

NEPAL

INDUSTRIAL ACTIVITY (6)

	1963	1965	1966	1967	1968	1969	1970	1971	1972	1973	1974	1975	1976	1977
1960	...	...	...	...	...	...	...	...	...	...	...	...	...	...
1963		...	...	...	...	...	...	...	...	...	...	...	...	...
1965			-1.7	1.0	1.3	2.5	2.7	1.9	2.0	2.0	2.3	2.4	2.8	3.4
1966				3.9	2.4	3.7	3.4	2.1	2.2	2.1	2.4	2.5	3.0	3.7
1967					1.0	4.1	3.5	1.6	2.0	1.9	2.3	2.5	3.1	3.8
1968						7.3	4.1	1.0	1.7	1.7	2.4	2.5	3.3	4.1
1969							1.0	-2.0	0.6	1.0	2.1	2.4	3.3	4.4
1970								-5.0	1.3	1.6	2.9	3.0	4.1	5.2
1971									8.0	4.0	4.7	4.1	5.2	6.3
1972										0.2	3.9	3.4	5.2	6.7
1973											7.7	4.3	6.6	8.2
1974												1.0	7.0	9.2
1975													13.2	12.8
1976														12.3

PAKISTAN

GROSS DOMESTIC PRODUCT

	1963	1965	1966	1967	1968	1969	1970	1971	1972	1973	1974	1975	1976	1977
1960	6.1	6.0	5.5	5.5	5.4	5.4	5.2	4.9	4.8	4.7	4.6	4.5	4.5	4.5
1963		5.2	4.1	4.7	4.8	5.0	4.7	4.3	4.2	4.2	4.2	4.1	4.1	4.1
1965			1.5	4.8	5.0	5.3	4.7	4.0	4.0	4.0	4.0	4.0	4.0	4.0
1966				8.1	6.2	6.1	5.0	3.9	3.9	4.0	4.0	4.0	3.9	4.0
1967					4.4	5.5	4.1	3.0	3.2	3.5	3.6	3.7	3.7	3.9
1968						6.5	3.5	2.2	2.8	3.4	3.5	3.7	3.7	3.9
1969							0.5	0.4	2.2	3.2	3.5	3.7	3.7	3.9
1970								0.2	3.4	4.3	4.3	4.3	4.1	4.3
1971									6.8	6.0	5.1	4.8	4.4	4.6
1972										5.3	4.2	4.2	3.9	4.3
1973											3.1	3.8	3.6	4.2
1974												4.5	3.7	4.6
1975													3.0	4.9
1976														6.9

PAKISTAN

PER CAPITA GROSS DOMESTIC PRODUCT

	1963	1965	1966	1967	1968	1969	1970	1971	1972	1973	1974	1975	1976	1977
1960	3.5	3.3	2.8	2.8	2.7	2.7	2.5	2.2	2.1	2.0	1.9	1.8	1.8	1.7
1963		2.4	1.4	1.9	2.1	2.3	2.0	1.6	1.5	1.5	1.5	1.4	1.4	1.4
1965			-1.1	2.1	2.3	2.6	2.1	1.4	1.3	1.3	1.3	1.3	1.3	1.3
1966				5.3	3.5	3.4	2.3	1.3	1.2	1.3	1.3	1.3	1.2	1.3
1967					1.8	2.8	1.4	0.4	0.6	0.8	0.9	1.0	1.0	1.1
1968						3.8	0.8	-0.4	0.2	0.7	0.8	1.0	1.0	1.1
1969							-2.1	-2.2	-0.4	0.5	0.8	1.0	1.0	1.2
1970								-2.4	0.7	1.6	1.5	1.5	1.4	1.5
1971									4.0	3.3	2.3	2.0	1.7	1.8
1972										2.6	1.5	1.4	1.2	1.5
1973											0.4	1.0	0.9	1.4
1974												1.7	1.0	1.7
1975													0.3	2.0
1976														3.6

PAKISTAN

GOVERNMENT FINAL CONSUMPTION EXPENDITURE

	1963	1965	1966	1967	1968	1969	1970	1971	1972	1973	1974	1975	1976	1977
1960	6.6	10.9	8.5	7.3	6.6	6.7	6.6	6.6	6.2	5.7	5.4	5.3	5.0	5.0
1963		20.1	7.5	4.9	4.2	5.0	5.3	5.6	5.2	4.5	4.3	4.3	4.1	4.1
1965			-22.5	-9.3	-3.6	1.0	2.8	4.0	3.8	3.1	3.1	3.3	3.2	3.4
1966				6.2	5.9	8.2	8.0	7.9	6.5	4.9	4.5	4.4	4.1	4.2
1967					5.5	9.7	8.6	8.2	6.3	4.2	3.9	4.0	3.7	3.9
1968						14.1	9.3	8.4	5.6	3.1	3.0	3.3	3.1	3.4
1969							4.6	6.2	3.2	0.7	1.4	2.3	2.3	2.8
1970								7.8	1.7	-1.2	0.5	2.0	2.0	2.8
1971									-4.1	-5.0	-0.6	1.9	2.0	3.0
1972										-5.8	2.1	4.6	3.7	4.5
1973											10.7	9.1	5.5	5.9
1974												7.6	2.6	4.6
1975													-2.1	4.3
1976														11.2

PAKISTAN

PRIVATE FINAL CONSUMPTION EXPENDITURE

	1963	1965	1966	1967	1968	1969	1970	1971	1972	1973	1974	1975	1976	1977
1960	4.4	4.7	4.7	4.9	5.1	5.1	5.0	4.7	4.6	4.8	4.7	4.7	4.7	4.7
1963		4.4	4.4	5.0	5.3	5.4	5.0	4.5	4.4	4.7	4.7	4.6	4.6	4.6
1965			5.0	6.3	6.3	6.0	5.2	4.3	4.2	4.6	4.6	4.5	4.5	4.6
1966				7.6	6.6	6.1	4.9	3.8	3.9	4.5	4.5	4.4	4.4	4.5
1967					5.7	5.4	4.0	2.8	3.2	4.2	4.3	4.2	4.2	4.4
1968						5.0	3.0	1.7	2.8	4.2	4.3	4.2	4.3	4.4
1969							1.0	0.2	2.5	4.6	4.6	4.5	4.4	4.6
1970								-0.6	3.9	6.4	5.7	5.1	4.9	5.0
1971									8.5	9.7	6.9	5.6	5.1	5.2
1972										10.8	5.5	4.3	4.1	4.5
1973											0.5	1.8	2.8	3.9
1974												3.1	3.9	5.0
1975													4.8	6.0
1976														7.2

PAKISTAN

GROSS FIXED CAPITAL FORMATION

	1963	1965	1966	1967	1968	1969	1970	1971	1972	1973	1974	1975	1976	1977
1960	14.5	11.2	8.7	7.4	5.9	5.2	4.4	3.5	2.9	2.7	2.5	3.0	3.4	3.7
1963		-0.4	-0.9	0.1	-0.3	0.3	0.2	-0.3	-0.5	-0.1	0.1	1.1	2.0	2.6
1965			2.8	3.6	1.3	1.8	1.1	0.1	-0.2	0.2	0.5	1.8	2.9	3.5
1966				4.3	0.0	1.5	0.6	-0.6	-0.8	-0.1	0.3	1.9	3.1	3.9
1967					-4.1	1.0	-0.1	-1.4	-1.5	-0.4	0.2	2.2	3.6	4.4
1968						6.3	0.9	-1.6	-1.6	-0.1	0.5	3.0	4.6	5.3
1969							-4.2	-5.0	-3.2	-0.5	0.5	3.7	5.5	6.2
1970								-5.7	-2.3	1.4	2.0	5.9	7.5	8.0
1971									1.2	5.2	4.2	8.9	10.1	10.0
1972										9.4	4.9	11.6	12.3	11.4
1973											0.5	14.8	14.2	12.1
1974												31.0	19.0	13.4
1975													8.1	6.3
1976														4.6

PAKISTAN

EXPORTS OF GOODS AND SERVICES

	1963	1965	1966	1967	1968	1969	1970	1971	1972	1973	1974	1975	1976	1977
1960	17.0	10.2	7.5	7.5	7.1	6.7	6.3	5.3	5.1	3.9	3.5	3.2	2.7	2.5
1963		1.4	-0.6	3.3	3.9	4.4	4.3	3.0	3.2	1.8	1.5	1.5	1.0	0.9
1965			-5.2	7.8	6.8	6.3	5.6	3.1	3.3	1.2	0.9	1.0	0.4	0.5
1966				22.7	10.7	8.1	6.3	2.7	3.1	0.6	0.4	0.6	-0.1	0.1
1967					-0.1	2.8	2.9	-0.7	1.0	-1.6	-1.3	-0.7	-1.2	-0.9
1968						5.7	3.9	-2.0	0.9	-2.6	-1.9	-1.0	-1.5	-1.0
1969							2.2	-6.3	0.1	-4.4	-2.9	-1.4	-2.0	-1.3
1970								-14.0	1.6	-5.8	-3.2	-1.1	-2.0	-1.1
1971									20.2	-5.3	-1.7	0.7	-1.1	-0.2
1972										-25.4	-6.8	-0.8	-2.7	-1.0
1973											16.4	11.4	2.1	2.7
1974												6.6	-5.0	-0.7
1975													-15.2	-1.6
1976														14.3

PAKISTAN

IMPORTS OF GOODS AND SERVICES

	1963	1965	1966	1967	1968	1969	1970	1971	1972	1973	1974	1975	1976	1977
1960	7.7	8.1	7.9	6.2	5.5	4.6	4.2	3.0	2.6	2.5	2.4	2.5	2.7	3.1
1963		0.8	3.9	1.6	1.6	1.2	1.3	-0.0	-0.1	0.3	0.5	1.0	1.5	2.2
1965			20.5	4.1	3.4	1.9	2.0	-0.2	-0.3	0.3	0.7	1.3	2.0	2.8
1966				-10.1	-2.0	-1.4	0.0	-2.3	-1.8	-0.7	0.0	0.9	1.8	2.7
1967					6.8	1.8	2.4	-1.8	-1.3	0.0	0.7	1.6	2.5	3.5
1968						-3.0	1.2	-4.5	-2.7	-0.5	0.5	1.7	2.8	4.0
1969							5.5	-6.7	-2.9	0.2	1.4	2.6	3.8	5.0
1970								-17.5	-4.3	1.1	2.3	3.7	5.0	6.2
1971									11.0	10.2	7.5	7.3	7.9	8.6
1972										9.5	5.5	6.2	7.4	8.6
1973											1.7	5.4	7.6	9.2
1974												9.3	10.4	11.4
1975													11.6	12.4
1976														13.3

PAKISTAN

AGRICULTURE

	1963	1965	1966	1967	1968	1969	1970	1971	1972	1973	1974	1975	1976	1977
1960	4.7	4.0	3.9	4.5	4.8	5.2	5.0	4.9	4.7	4.5	4.3	4.1	3.9	3.8
1963		2.8	3.4	5.1	5.5	6.1	5.5	5.1	4.7	4.5	4.1	3.9	3.7	3.5
1965			5.5	8.6	7.6	7.8	6.3	5.4	4.7	4.4	3.8	3.6	3.4	3.2
1966				11.7	8.1	8.1	5.8	4.8	4.1	3.8	3.3	3.1	2.9	2.8
1967					4.5	7.0	4.1	3.4	3.0	2.9	2.5	2.4	2.4	2.3
1968						9.5	3.0	2.5	2.3	2.5	2.0	2.0	2.1	2.1
1969							-3.1	0.1	0.9	1.7	1.4	1.6	1.7	1.8
1970								3.5	2.6	3.0	2.0	2.1	2.1	2.1
1971									1.7	2.9	1.5	1.8	1.9	2.0
1972										4.2	1.0	1.7	1.9	2.1
1973											-2.1	1.1	1.8	2.0
1974												4.5	3.3	2.9
1975													2.1	2.3
1976														2.4

6A. AVERAGE ANNUAL RATES OF GROWTH OF GROSS DOMESTIC PRODUCT AT CONSTANT PRICES BY TYPE OF EXPENDITURE AND BY KIND OF ECONOMIC ACTIVITY (continued) (IN PER CENT)

PAKISTAN — *INDUSTRIAL ACTIVITY*

	1963	1965	1966	1967	1968	1969	1970	1971	1972	1973	1974	1975	1976	1977
1960	11.9	11.1	10.3	9.6	9.3	9.6	9.4	8.8	8.5	8.3	7.9	7.5	7.0	6.8
1963		9.6	8.3	7.6	7.6	8.7	8.7	7.8	7.5	7.4	6.9	6.4	6.0	5.8
1965			5.5	5.9	6.8	9.2	9.0	7.5	7.1	7.0	6.5	5.9	5.4	5.2
1966				6.4	7.5	10.8	9.8	7.6	7.1	7.0	6.3	5.6	5.1	4.9
1967					8.6	13.4	10.7	7.2	6.7	6.7	5.9	5.2	4.6	4.5
1968						18.4	10.5	5.4	5.4	5.8	5.0	4.4	3.9	3.8
1969							3.1	–0.1	2.6	4.2	3.8	3.3	2.9	3.1
1970								–3.2	3.3	5.4	4.3	3.4	3.0	3.2
1971									10.3	9.2	5.6	3.9	3.1	3.3
1972										8.2	2.9	1.7	1.5	2.3
1973											–2.2	–0.8	0.2	1.8
1974												0.7	1.3	3.3
1975													2.0	4.8
1976														7.7

PAKISTAN — *MANUFACTURING*

	1963	1965	1966	1967	1968	1969	1970	1971	1972	1973	1974	1975	1976	1977
1960	11.9	10.9	10.1	9.5	9.1	9.1	8.7	7.9	7.5	7.2	6.9	6.4	6.0	5.8
1963		9.3	8.1	7.5	7.5	7.9	7.5	6.5	6.2	6.0	5.6	5.2	4.8	4.6
1965			5.7	6.0	6.8	7.9	7.3	5.7	5.4	5.3	4.9	4.5	4.1	3.9
1966				6.4	7.5	8.7	7.5	5.4	5.0	5.0	4.6	4.2	3.7	3.6
1967					8.6	10.0	7.5	4.5	4.4	4.6	4.2	3.8	3.3	3.2
1968						11.3	6.3	2.5	3.1	3.8	3.5	3.1	2.7	2.8
1969							1.6	–1.6	1.4	3.0	2.9	2.6	2.2	2.4
1970								–4.6	2.3	4.3	3.7	3.0	2.3	2.5
1971									9.7	8.1	5.2	3.7	2.5	2.7
1972										6.5	2.9	1.7	1.0	1.7
1973											–0.6	–0.2	–0.4	1.3
1974												0.3	–0.4	2.1
1975													–1.0	3.5
1976														8.3

PAKISTAN — *CONSTRUCTION*

	1963	1965	1966	1967	1968	1969	1970	1971	1972	1973	1974	1975	1976	1977
1960	14.0	14.4	11.9	9.9	10.0	9.6	9.1	7.7	7.1	6.8	6.9	7.3	7.3	7.4
1963		9.7	5.0	3.0	5.6	6.2	6.2	4.5	4.2	4.4	4.9	5.7	6.0	6.3
1965			–3.7	–2.0	6.1	7.2	6.8	3.9	3.7	4.0	4.9	6.0	6.3	6.6
1966				–0.2	12.6	11.0	8.9	4.3	3.9	4.2	5.3	6.5	6.8	7.1
1967					27.0	14.4	9.5	2.9	2.8	3.5	5.0	6.6	7.0	7.3
1968						3.0	2.7	–3.4	–1.1	1.2	3.7	6.0	6.6	7.0
1969							2.4	–7.4	–2.0	1.6	4.8	7.5	7.9	8.1
1970								–16.3	–1.6	3.6	7.4	10.1	9.9	9.7
1971									15.7	13.2	14.3	15.5	13.4	12.0
1972										10.7	14.2	16.1	12.8	11.3
1973											17.7	18.5	12.4	10.4
1974												19.4	8.8	7.6
1975													–0.9	3.6
1976														8.3

PAKISTAN — *WHOLESALE AND RETAIL TRADE*

	1963	1965	1966	1967	1968	1969	1970	1971	1972	1973	1974	1975	1976	1977
1960	9.3	9.0	8.5	7.9	7.6	7.6	7.3	6.7	6.4	6.4	6.3	6.2	5.9	5.7
1963		8.3	7.4	6.5	6.3	6.7	6.3	5.6	5.3	5.5	5.6	5.4	5.2	5.1
1965			5.3	4.5	5.2	6.4	5.8	4.9	4.6	5.1	5.2	5.1	4.9	4.7
1966				3.7	5.4	7.2	6.0	4.7	4.4	5.1	5.2	5.1	4.8	4.6
1967					7.1	9.0	6.3	4.4	4.1	5.0	5.3	5.1	4.7	4.6
1968						10.9	5.2	2.8	3.0	4.7	5.1	4.9	4.5	4.3
1969							–0.1	–0.5	1.5	4.4	5.0	4.8	4.3	4.2
1970								–0.9	2.6	6.5	6.5	5.8	4.8	4.5
1971									6.3	10.4	8.4	6.6	5.1	4.6
1972										14.6	8.5	5.8	3.9	3.7
1973											2.8	2.1	1.2	2.0
1974												1.4	0.4	2.0
1975													–0.5	2.7
1976														6.0

PAKISTAN — *TRANSPORT AND COMMUNICATION*

	1963	1965	1966	1967	1968	1969	1970	1971	1972	1973	1974	1975	1976	1977
1960	4.3	11.0	10.7	10.1	9.5	8.9	8.0	7.3	7.1	7.0	6.8	6.5	6.2	6.2
1963		19.8	13.6	10.7	9.2	8.0	6.6	5.7	5.8	5.8	5.7	5.5	5.2	5.3
1965			4.3	4.9	5.2	4.9	3.7	3.1	4.0	4.4	4.6	4.6	4.4	4.5
1966				5.4	5.6	4.9	3.3	2.7	3.9	4.4	4.7	4.6	4.4	4.6
1967					5.9	4.5	2.3	1.8	3.7	4.5	4.8	4.7	4.4	4.6
1968						3.1	0.4	0.7	3.7	4.7	5.1	4.8	4.4	4.7
1969							–2.3	–0.0	5.0	5.9	5.9	5.4	4.8	5.0
1970								2.3	9.3	8.5	7.5	6.3	5.2	5.4
1971									16.7	10.4	7.9	6.1	4.7	5.1
1972										4.3	4.4	3.4	2.6	3.8
1973											4.4	2.7	1.9	3.8
1974												1.1	0.7	4.2
1975													0.3	6.5
1976														13.1

PAKISTAN — *OTHER*

	1963	1965	1966	1967	1968	1969	1970	1971	1972	1973	1974	1975	1976	1977
1960	4.5	8.1	7.7	7.1	6.6	6.3	6.0	5.9	5.9	6.0	6.3	6.4	6.4	6.5
1963		15.6	10.1	7.4	6.2	5.7	5.4	5.2	5.4	5.6	6.2	6.4	6.4	6.5
1965			–3.2	–0.7	1.1	2.4	3.0	3.4	4.2	4.8	5.8	6.1	6.2	6.4
1966				1.9	3.2	4.1	4.3	4.4	5.1	5.7	6.7	6.9	6.9	7.0
1967					4.5	5.1	4.9	4.9	5.6	6.2	7.3	7.4	7.3	7.3
1968						5.6	4.9	4.9	5.9	6.6	7.9	7.9	7.7	7.6
1969							4.3	4.6	6.3	7.1	8.7	8.5	8.0	7.9
1970								4.9	7.6	8.2	10.0	9.2	8.4	8.2
1971									10.4	9.5	11.6	9.9	8.6	8.2
1972										8.6	12.7	9.5	7.9	7.7
1973											16.8	8.8	6.8	6.9
1974												1.4	2.9	5.0
1975													4.5	6.9
1976														9.3

PHILIPPINES — *GROSS DOMESTIC PRODUCT*

	1963	1965	1966	1967	1968	1969	1970	1971	1972	1973	1974	1975	1976	1977
1960	5.7	5.2	5.1	5.1	5.2	5.2	5.1	5.1	5.1	5.2	5.2	5.3	5.4	5.5
1963		4.4	4.5	4.8	5.0	5.1	5.1	5.0	5.0	5.2	5.2	5.3	5.5	5.6
1965			4.4	5.3	5.4	5.3	5.2	5.1	5.1	5.3	5.4	5.5	5.6	5.7
1966				6.1	5.8	5.5	5.2	5.1	5.0	5.3	5.4	5.6	5.7	5.8
1967					5.6	5.2	5.0	4.9	4.9	5.3	5.4	5.6	5.8	5.9
1968						4.8	4.7	4.8	4.8	5.3	5.5	5.7	5.9	6.0
1969							4.6	4.8	4.8	5.5	5.7	5.9	6.1	6.2
1970								4.9	4.8	6.0	6.1	6.2	6.3	6.4
1971									4.8	6.7	6.5	6.4	6.6	6.6
1972										8.7	6.9	6.7	6.8	6.7
1973											5.3	5.9	6.5	6.5
1974												6.6	7.1	6.8
1975													7.5	6.8
1976														6.2

PHILIPPINES — *PER CAPITA GROSS DOMESTIC PRODUCT*

	1963	1965	1966	1967	1968	1969	1970	1971	1972	1973	1974	1975	1976	1977
1960	2.6	2.1	2.0	2.0	2.1	2.1	2.1	2.1	2.0	2.1	2.2	2.3	2.4	2.4
1963		1.3	1.4	1.8	1.9	2.0	2.0	2.0	2.0	2.1	2.2	2.3	2.4	2.5
1965			1.4	2.2	2.4	2.3	2.1	2.1	2.0	2.2	2.4	2.5	2.6	2.7
1966				3.0	2.7	2.4	2.2	2.1	2.0	2.3	2.4	2.5	2.7	2.8
1967					2.5	2.1	1.9	1.9	1.9	2.3	2.4	2.6	2.7	2.9
1968						1.7	1.6	1.7	1.8	2.3	2.5	2.7	2.9	3.0
1969							1.5	1.8	1.8	2.6	2.7	2.9	3.1	3.2
1970								2.0	1.9	3.0	3.1	3.2	3.3	3.4
1971									1.9	3.7	3.5	3.4	3.6	3.6
1972										5.6	3.9	3.6	3.7	3.7
1973											2.3	2.9	3.4	3.5
1974												3.5	4.0	3.8
1975													4.5	3.8
1976														3.1

PHILIPPINES — *GOVERNMENT FINAL CONSUMPTION EXPENDITURE*

	1963	1965	1966	1967	1968	1969	1970	1971	1972	1973	1974	1975	1976	1977
1960	5.1	4.9	4.4	4.1	4.3	4.7	5.0	5.3	5.8	6.3	6.7	7.0	7.3	7.4
1963		4.1	2.9	2.8	3.8	4.8	5.3	5.7	6.5	7.1	7.7	8.0	8.1	8.2
1965			0.0	1.9	4.6	6.1	6.5	6.8	7.7	8.3	8.9	9.1	9.1	9.1
1966				3.8	7.0	8.1	8.0	7.9	8.7	9.2	9.7	9.8	9.7	9.6
1967					10.4	9.9	8.8	8.4	9.2	9.7	10.3	10.2	10.1	9.8
1968						9.4	7.9	7.7	9.2	9.9	10.5	10.4	10.2	9.9
1969							6.4	7.1	9.6	10.4	11.1	10.8	10.4	10.0
1970								7.7	11.5	11.7	12.3	11.4	10.7	10.1
1971									15.5	13.2	13.2	11.7	10.6	9.9
1972										10.9	12.5	10.5	9.6	8.9
1973											14.1	9.8	8.7	8.1
1974												5.6	6.6	6.8
1975													7.6	7.3
1976														7.0

PHILIPPINES — *PRIVATE FINAL CONSUMPTION EXPENDITURE*

	1963	1965	1966	1967	1968	1969	1970	1971	1972	1973	1974	1975	1976	1977
1960	5.5	5.2	5.1	5.0	5.0	5.0	4.8	4.6	4.5	4.5	4.5	4.5	4.4	4.4
1963		4.4	4.7	4.7	4.8	4.7	4.5	4.3	4.2	4.2	4.2	4.2	4.2	4.2
1965			5.1	4.9	4.9	4.8	4.3	4.1	3.9	4.0	4.1	4.1	4.2	4.1
1966				4.7	4.9	4.6	4.0	3.8	3.7	3.9	4.0	4.1	4.1	4.1
1967					5.1	4.5	3.7	3.5	3.5	3.8	4.0	4.1	4.1	4.1
1968						4.0	2.9	3.1	3.2	3.7	3.9	4.1	4.1	4.1
1969							1.8	2.8	3.2	3.8	4.1	4.2	4.2	4.2
1970								3.8	3.8	4.4	4.6	4.6	4.5	4.4
1971									3.7	4.8	5.0	4.8	4.6	4.4
1972										6.0	5.4	5.0	4.6	4.4
1973											4.9	4.4	4.2	4.0
1974												4.0	3.8	3.8
1975													3.7	3.7
1976														3.8

PHILIPPINES — *GROSS FIXED CAPITAL FORMATION*

	1963	1965	1966	1967	1968	1969	1970	1971	1972	1973	1974	1975	1976	1977
1960	7.4	10.3	9.1	9.5	9.3	8.8	7.5	6.9	6.3	5.9	6.0	6.6	7.1	7.4
1963		11.6	7.2	8.8	8.4	7.7	5.7	5.0	4.5	4.1	4.7	5.8	6.6	7.0
1965			–0.5	9.4	8.5	7.1	4.0	3.4	3.1	2.9	3.9	5.6	6.7	7.3
1966				20.2	11.3	7.9	3.1	2.7	2.5	2.4	3.7	5.8	7.1	7.7
1967					3.1	2.9	–1.5	–0.2	0.4	0.9	2.9	5.6	7.2	7.9
1968						2.8	–4.4	–1.1	0.1	0.9	3.5	6.8	8.5	9.0
1969							–11.1	–1.2	0.7	1.5	4.8	8.7	10.4	10.6
1970								9.7	5.6	4.4	8.0	12.2	13.4	13.0
1971									1.6	2.2	8.7	14.5	15.3	14.2
1972										2.9	13.5	20.0	18.9	16.2
1973											25.3	28.7	22.6	17.2
1974												32.1	19.7	13.3
1975													8.5	5.7
1976														3.0

PHILIPPINES — *EXPORTS OF GOODS AND SERVICES*

	1963	1965	1966	1967	1968	1969	1970	1971	1972	1973	1974	1975	1976	1977
1960	12.9	12.2	11.5	10.5	8.5	6.7	5.8	5.1	4.9	5.0	4.6	4.3	4.3	4.6
1963		9.7	9.0	7.7	4.4	2.3	1.8	1.7	2.0	2.7	2.6	2.4	2.7	3.4
1965			6.1	4.7	–0.5	–2.3	–1.5	–0.8	0.4	1.8	1.8	1.6	2.2	3.2
1966				3.3	–4.3	–5.0	–2.8	–1.4	0.3	2.1	1.9	1.8	2.4	3.5
1967					–11.4	–7.8	–3.2	–1.1	1.0	3.2	2.7	2.3	3.0	4.2
1968						–4.1	1.3	2.3	4.0	5.9	4.6	3.6	4.1	5.4
1969							7.0	4.9	6.2	8.0	5.5	4.0	4.5	6.0
1970								2.9	6.3	9.0	5.1	3.2	4.1	6.1
1971									9.8	12.1	4.6	2.1	3.7	6.4
1972										14.5	0.5	–1.0	2.4	6.4
1973											–11.8	–6.2	1.3	7.4
1974												–0.3	8.9	14.6
1975													18.9	22.1
1976														25.5

6A. AVERAGE ANNUAL RATES OF GROWTH OF GROSS DOMESTIC PRODUCT AT CONSTANT PRICES BY TYPE OF EXPENDITURE AND BY KIND OF ECONOMIC ACTIVITY (continued) (IN PER CENT)

PHILIPPINES

IMPORTS OF GOODS AND SERVICES

	1963	1965	1966	1967	1968	1969	1970	1971	1972	1973	1974	1975	1976	1977
1960	–0.6	4.4	5.0	6.6	7.4	7.6	6.8	6.1	5.6	5.2	5.3	5.4	5.3	5.3
1963		13.1	9.8	11.7	11.6	10.5	8.2	6.6	5.6	5.1	5.2	5.3	5.3	5.2
1965			4.8	13.5	12.6	10.2	6.5	4.5	3.6	3.2	3.8	4.2	4.3	4.5
1966				22.9	15.0	10.1	5.0	2.9	2.2	2.1	3.1	3.7	3.9	4.2
1967					7.5	4.6	–0.1	–0.9	–0.6	0.1	1.8	2.9	3.3	3.7
1968						1.8	–4.0	–3.3	–1.9	–0.6	1.9	3.1	3.6	4.0
1969							–9.4	–4.7	–1.9	–0.1	3.0	4.3	4.6	4.9
1970								0.3	1.7	2.7	6.0	6.8	6.5	6.3
1971									3.2	3.8	8.3	8.5	7.5	7.0
1972										4.5	11.7	10.3	8.2	7.3
1973											19.3	11.8	7.9	6.7
1974												4.8	3.0	3.8
1975													1.3	3.7
1976														6.1

PHILIPPINES

AGRICULTURE

	1963	1965	1966	1967	1968	1969	1970	1971	1972	1973	1974	1975	1976	1977
1960	5.1	3.9	3.9	3.8	4.0	4.2	4.2	4.0	3.8	3.8	3.7	3.7	3.7	3.8
1963		3.0	3.6	3.5	4.0	4.4	4.4	4.0	3.7	3.7	3.6	3.5	3.6	3.7
1965			3.2	3.1	4.2	4.8	4.6	4.0	3.5	3.5	3.4	3.4	3.5	3.6
1966				3.0	4.9	5.4	4.9	4.0	3.4	3.5	3.3	3.3	3.5	3.6
1967					6.7	6.4	5.1	3.8	3.0	3.2	3.1	3.1	3.4	3.6
1968						6.1	4.1	2.7	2.0	2.7	2.6	2.8	3.1	3.5
1969							2.1	1.1	1.0	2.2	2.4	2.6	3.1	3.5
1970								0.1	0.5	2.7	2.7	2.9	3.5	3.9
1971									1.0	4.3	3.5	3.4	4.0	4.4
1972										7.7	4.0	3.7	4.5	4.8
1973											0.5	2.3	4.1	4.7
1974												4.1	6.0	6.0
1975													8.0	6.6
1976														5.2

PHILIPPINES

INDUSTRIAL ACTIVITY

	1963	1965	1966	1967	1968	1969	1970	1971	1972	1973	1974	1975	1976	1977
1960	4.6	4.4	4.6	5.1	5.5	5.7	5.9	6.1	6.2	6.4	6.5	6.5	6.4	6.4
1963		3.7	4.7	5.8	6.3	6.5	6.6	6.8	6.9	7.0	7.0	6.9	6.8	6.7
1965			6.7	8.0	7.9	7.5	7.4	7.4	7.3	7.5	7.4	7.1	6.9	6.9
1966				9.3	8.4	7.5	7.3	7.4	7.3	7.5	7.4	7.1	6.8	6.8
1967					7.5	6.7	6.8	7.2	7.1	7.4	7.3	6.9	6.7	6.6
1968						5.9	6.6	7.2	7.1	7.6	7.3	6.9	6.6	6.5
1969							7.4	7.9	7.4	7.9	7.5	6.9	6.5	6.4
1970								8.4	7.2	8.1	7.4	6.6	6.2	6.2
1971									6.0	8.3	7.1	6.2	5.8	5.9
1972										10.7	7.1	5.7	5.3	5.7
1973											3.7	3.6	4.1	5.1
1974												3.4	4.4	5.7
1975													5.4	6.9
1976														8.4

PHILIPPINES

MANUFACTURING

	1963	1965	1966	1967	1968	1969	1970	1971	1972	1973	1974	1975	1976	1977
1960	5.1	4.7	4.8	5.3	5.6	5.7	5.8	5.9	6.0	6.2	6.3	6.3	6.2	6.3
1963		3.6	4.6	5.7	6.2	6.3	6.3	6.4	6.4	6.7	6.7	6.6	6.5	6.5
1965			6.5	7.9	7.7	7.2	6.9	6.9	6.8	7.1	7.0	6.8	6.7	6.6
1966				9.3	8.1	7.1	6.7	6.8	6.7	7.0	7.0	6.8	6.6	6.5
1967					6.9	6.1	6.0	6.3	6.4	6.9	6.9	6.6	6.5	6.4
1968						5.3	5.7	6.3	6.4	7.1	7.0	6.7	6.5	6.4
1969							6.2	6.9	6.7	7.6	7.3	6.8	6.5	6.4
1970								7.6	6.8	8.1	7.5	6.7	6.4	6.3
1971									6.0	8.6	7.5	6.4	6.0	6.0
1972										11.3	7.7	6.0	5.6	5.7
1973											4.1	3.7	4.3	5.0
1974												3.3	4.5	5.5
1975													5.7	6.6
1976														7.5

PHILIPPINES

CONSTRUCTION

	1963	1965	1966	1967	1968	1969	1970	1971	1972	1973	1974	1975	1976	1977
1960	9.8	11.2	9.4	8.4	6.3	5.5	3.6	2.6	2.7	2.9	3.4	4.3	5.3	6.0
1963		10.6	5.4	4.7	1.7	1.4	–0.7	–1.5	–0.4	0.5	1.6	3.2	4.8	6.0
1965			–5.4	0.5	–3.3	–1.7	–4.2	–4.3	–1.9	–0.3	1.5	3.7	5.8	7.2
1966				6.7	–3.8	–1.1	–4.8	–4.8	–1.6	0.4	2.4	4.9	7.2	8.6
1967					–13.3	–2.7	–7.4	–6.3	–1.6	1.0	3.4	6.2	8.8	10.1
1968						9.1	–6.8	–5.4	0.9	3.5	6.0	8.9	11.6	12.6
1969							–20.5	–9.4	2.0	5.3	8.0	11.3	14.0	14.8
1970								3.2	15.3	13.7	14.3	16.8	18.8	18.6
1971									28.9	16.9	16.2	18.9	21.0	20.0
1972										5.9	12.0	18.1	21.3	19.9
1973											18.5	24.7	26.3	22.3
1974												31.2	29.6	21.9
1975													28.1	16.5
1976														6.0

PHILIPPINES

WHOLESALE AND RETAIL TRADE

	1963	1965	1966	1967	1968	1969	1970	1971	1972	1973	1974	1975	1976	1977
1960	4.2	4.2	4.1	4.3	4.2	4.2	4.3	4.3	4.3	4.4	4.6	4.7	4.8	4.9
1963		4.0	4.1	4.5	4.3	4.2	4.3	4.4	4.4	4.6	4.8	4.9	5.0	5.2
1965			4.1	5.3	4.4	4.1	4.3	4.5	4.5	4.7	5.0	5.1	5.2	5.4
1966				6.4	4.1	3.9	4.3	4.5	4.5	4.8	5.1	5.2	5.3	5.5
1967					1.9	3.0	4.0	4.4	4.4	4.8	5.2	5.3	5.5	5.6
1968						4.1	5.1	5.1	4.9	5.3	5.6	5.6	5.8	5.9
1969							6.1	5.5	4.9	5.4	5.8	5.8	5.9	6.1
1970								4.9	4.4	5.4	5.9	5.8	6.0	6.2
1971									3.9	5.9	6.4	6.1	6.3	6.4
1972										8.0	7.4	6.5	6.5	6.7
1973											6.9	5.7	6.2	6.5
1974												4.6	6.0	6.6
1975													7.5	7.4
1976														7.4

PHILIPPINES

TRANSPORT AND COMMUNICATION

	1963	1965	1966	1967	1968	1969	1970	1971	1972	1973	1974	1975	1976	1977
1960	5.0	5.0	5.0	5.0	5.0	5.0	5.1	5.2	5.2	5.3	5.4	5.5	5.6	5.7
1963		4.9	5.0	5.0	5.0	5.1	5.2	5.3	5.4	5.5	5.6	5.7	5.8	5.9
1965			5.1	5.1	5.1	5.2	5.3	5.5	5.5	5.7	5.8	5.9	6.0	6.1
1966				5.2	5.2	5.2	5.4	5.6	5.6	5.8	5.9	6.0	6.2	6.3
1967					5.1	5.2	5.5	5.7	5.7	5.9	6.0	6.1	6.3	6.4
1968						5.2	5.8	5.9	5.9	6.0	6.2	6.2	6.4	6.5
1969							6.3	6.3	6.0	6.2	6.3	6.4	6.6	6.6
1970								6.2	5.7	6.2	6.4	6.4	6.6	6.7
1971									5.3	6.3	6.6	6.5	6.8	6.8
1972										7.4	7.1	6.7	7.0	7.0
1973											6.8	6.4	7.0	7.0
1974												6.1	7.3	7.1
1975													8.6	7.4
1976														6.2

PHILIPPINES

OTHER

	1963	1965	1966	1967	1968	1969	1970	1971	1972	1973	1974	1975	1976	1977
1960	5.3	5.1	5.0	4.9	4.9	4.8	4.7	4.6	4.6	4.6	4.7	4.8	4.8	4.8
1963		4.6	4.5	4.5	4.6	4.5	4.4	4.3	4.4	4.5	4.6	4.7	4.8	4.8
1965			4.4	4.6	4.7	4.5	4.4	4.3	4.4	4.5	4.6	4.8	4.9	4.9
1966				4.7	4.9	4.4	4.3	4.2	4.4	4.5	4.7	4.9	4.9	4.9
1967					5.0	4.2	4.1	4.0	4.3	4.5	4.7	5.0	5.0	5.0
1968						3.3	3.7	3.8	4.3	4.6	4.8	5.1	5.1	5.1
1969							4.0	4.0	4.6	4.9	5.1	5.4	5.4	5.2
1970								4.0	5.0	5.3	5.4	5.7	5.5	5.4
1971									6.1	5.8	5.8	6.0	5.7	5.4
1972										5.4	5.7	6.0	5.6	5.3
1973											5.9	6.4	5.6	5.1
1974												6.8	5.2	4.7
1975													3.6	3.8
1976														4.1

SINGAPORE

GROSS DOMESTIC PRODUCT

	1963	1965	1966	1967	1968	1969	1970	1971	1972	1973	1974	1975	1976	1977
1960	8.3	5.5	5.9	6.6	7.4	8.1	7.9	7.9	8.1	8.3	8.4	8.4	8.4	8.3
1963		1.9	5.1	7.1	8.6	9.7	8.8	8.7	8.8	9.1	9.1	8.9	8.8	8.7
1965			11.1	11.5	12.2	12.7	10.1	9.4	9.5	9.6	9.5	9.2	9.0	8.8
1966				11.8	12.9	13.2	9.3	8.7	9.0	9.3	9.2	8.9	8.7	8.5
1967					13.9	13.8	7.7	7.5	8.2	8.9	8.9	8.6	8.4	8.3
1968						13.7	3.8	5.4	7.3	8.4	8.6	8.3	8.1	8.0
1969							–5.2	3.3	7.1	8.8	8.9	8.4	8.2	8.0
1970								12.5	13.0	12.6	11.2	9.8	9.0	8.6
1971									13.4	12.5	10.5	8.8	8.1	7.9
1972										11.5	8.9	7.2	6.9	7.0
1973											6.3	5.2	5.8	6.3
1974												4.1	5.8	6.6
1975													7.5	7.8
1976														8.1

SINGAPORE

PER CAPITA GROSS DOMESTIC PRODUCT

	1963	1965	1966	1967	1968	1969	1970	1971	1972	1973	1974	1975	1976	1977
1960	4.8	2.5	3.0	3.8	4.6	5.5	5.4	5.5	5.7	6.0	6.2	6.2	6.2	6.2
1963		–0.6	2.7	4.6	6.2	7.4	6.7	6.5	6.8	7.0	7.0	6.9	6.8	6.8
1965			8.8	8.9	9.9	10.5	8.1	7.5	7.5	7.7	7.6	7.3	7.1	7.0
1966				9.0	10.6	11.2	7.5	6.9	7.1	7.4	7.4	7.1	6.9	6.8
1967					12.2	12.1	6.1	5.8	6.5	7.0	7.1	6.8	6.6	6.6
1968						12.0	2.3	3.7	5.5	6.6	6.8	6.5	6.4	6.3
1969							–6.5	1.6	5.3	6.9	7.0	6.6	6.4	6.3
1970								10.4	10.8	10.5	9.3	8.0	7.3	7.0
1971									11.3	10.4	8.6	7.1	6.5	6.3
1972										9.5	7.2	5.6	5.4	5.5
1973											4.9	3.8	4.4	4.9
1974												2.7	4.4	5.2
1975													6.1	6.4
1976														6.7

SINGAPORE

GOVERNMENT FINAL CONSUMPTION EXPENDITURE

	1963	1965	1966	1967	1968	1969	1970	1971	1972	1973	1974	1975	1976	1977
1960	15.3	11.2	11.0	10.7	11.0	11.8	11.3	11.3	11.3	11.2	10.8	10.3	9.9	9.6
1963		5.6	8.3	8.9	10.2	12.0	11.1	11.1	11.2	11.0	10.5	9.9	9.3	9.0
1965			13.7	11.1	12.6	14.9	12.3	11.9	11.9	11.4	10.5	9.7	9.0	8.6
1966				8.7	12.7	16.2	12.0	11.6	11.6	11.1	10.1	9.2	8.5	8.1
1967					16.9	20.0	11.8	11.3	11.4	10.8	9.6	8.6	7.9	7.6
1968						23.2	7.6	8.9	10.0	9.7	8.5	7.5	6.9	6.7
1969							–6.0	4.9	8.6	8.7	7.4	6.5	6.0	5.9
1970								17.0	15.2	12.0	8.9	7.1	6.3	6.2
1971									13.3	9.3	6.1	4.8	4.4	4.8
1972										5.5	2.8	2.5	2.9	3.9
1973											0.1	1.4	2.6	4.1
1974												2.7	3.9	5.6
1975													5.0	7.1
1976														9.2

SINGAPORE

PRIVATE FINAL CONSUMPTION EXPENDITURE

	1963	1965	1966	1967	1968	1969	1970	1971	1972	1973	1974	1975	1976	1977
1960	5.8	2.8	3.0	3.6	4.3	4.9	4.6	4.8	5.1	5.3	5.5	5.6	5.7	5.8
1963		–0.6	2.1	4.0	5.4	6.2	5.4	5.6	5.9	6.1	6.3	6.3	6.3	6.3
1965			7.1	8.0	8.7	8.8	6.5	6.4	6.6	6.8	6.9	6.8	6.7	6.7
1966				9.0	9.5	9.2	5.8	5.9	6.3	6.7	6.8	6.7	6.6	6.6
1967					10.1	9.1	4.1	4.9	5.8	6.4	6.6	6.5	6.5	6.5
1968						8.2	0.6	3.5	5.3	6.3	6.6	6.4	6.4	6.5
1969							–6.5	3.0	5.9	7.1	7.2	6.8	6.7	6.7
1970								13.5	11.5	10.4	9.3	8.1	7.5	7.3
1971									9.5	9.1	8.0	6.8	6.5	6.6
1972										8.6	7.2	5.8	5.8	6.1
1973											5.8	4.5	5.1	5.8
1974												3.2	5.1	6.1
1975													7.1	7.4
1976														7.8

6A. AVERAGE ANNUAL RATES OF GROWTH OF GROSS DOMESTIC PRODUCT AT CONSTANT PRICES BY TYPE OF EXPENDITURE AND BY KIND OF ECONOMIC ACTIVITY (continued) (IN PER CENT)

SINGAPORE — *GROSS FIXED CAPITAL FORMATION*

	1963	1965	1966	1967	1968	1969	1970	1971	1972	1973	1974	1975	1976	1977
1960	27.6	23.2	20.0	18.2	18.2	18.8	18.1	17.9	17.6	17.2	16.8	15.9	15.2	14.4
1963		16.9	12.2	11.6	14.2	16.7	16.0	16.1	16.1	15.8	15.3	14.4	13.5	12.6
1965			3.0	8.4	15.8	19.9	17.6	17.3	17.0	16.3	15.6	14.2	13.1	12.0
1966				14.1	23.0	25.7	20.1	18.9	18.0	16.8	15.8	14.2	12.8	11.6
1967					32.7	30.8	19.7	18.2	17.3	16.0	15.0	13.1	11.7	10.5
1968						29.0	12.4	13.8	14.3	13.6	12.9	11.2	9.9	8.8
1969							-2.1	9.6	12.4	12.1	11.8	9.9	8.7	7.6
1970								22.8	18.7	15.1	13.4	10.3	8.6	7.3
1971									14.7	11.5	10.9	7.6	6.3	5.3
1972										8.4	9.4	5.2	4.4	3.7
1973											10.3	2.9	2.8	2.5
1974												-4.1	0.4	1.1
1975													5.1	3.2
1976														1.3

SINGAPORE — *AGRICULTURE*

	1963	1965	1966	1967	1968	1969	1970	1971	1972	1973	1974	1975	1976	1977
1960	2.9	1.0	2.5	3.1	3.7	4.0	3.8	3.9	4.0	3.9	3.5	3.2	3.2	3.1
1963		-1.0	4.4	5.2	5.7	5.7	4.8	4.8	4.9	4.4	3.7	3.3	3.2	3.1
1965			17.5	10.1	8.4	7.2	5.1	4.9	5.0	4.3	3.3	2.8	2.8	2.7
1966				3.2	4.9	5.0	2.9	3.4	4.0	3.4	2.4	1.9	2.1	2.1
1967					6.7	5.6	2.2	3.2	4.0	3.2	2.0	1.6	1.8	1.9
1968						4.5	-0.3	2.3	3.8	2.9	1.4	1.0	1.4	1.6
1969							-4.8	2.5	4.7	3.0	1.1	0.6	1.2	1.5
1970								10.4	8.8	4.2	1.0	0.4	1.3	1.6
1971									7.2	0.7	-2.3	-1.8	0.1	0.9
1972										-5.4	-6.2	-3.5	-0.2	0.9
1973											-7.0	-1.9	2.3	2.9
1974												3.4	7.0	5.6
1975													10.8	5.8
1976														1.1

SINGAPORE — *INDUSTRIAL ACTIVITY*

	1963	1965	1966	1967	1968	1969	1970	1971	1972	1973	1974	1975	1976	1977
1960	9.2	9.2	9.9	11.0	12.1	13.1	12.7	12.6	12.7	12.8	12.7	12.3	12.0	11.7
1963		8.2	10.5	12.8	14.5	15.8	14.2	13.7	13.6	13.6	13.2	12.5	12.0	11.6
1965			15.4	17.6	18.6	19.2	15.2	14.1	13.8	13.8	13.2	12.2	11.6	11.2
1966				19.9	20.0	20.2	14.3	13.1	13.0	13.2	12.6	11.6	11.0	10.6
1967					20.1	20.4	11.5	11.0	11.6	12.2	11.7	10.7	10.2	9.8
1968						20.6	6.0	7.9	10.0	11.3	11.0	9.9	9.4	9.1
1969							-6.9	4.6	9.3	11.4	10.9	9.5	9.1	8.8
1970								17.6	16.9	16.4	13.7	10.9	9.9	9.3
1971									16.3	15.8	12.1	8.8	8.2	8.0
1972										15.3	9.5	6.0	6.2	6.6
1973											4.0	1.9	4.3	5.6
1974												-0.1	5.2	6.7
1975													10.7	9.7
1976														8.6

SINGAPORE — *MANUFACTURING*

	1963	1965	1966	1967	1968	1969	1970	1971	1972	1973	1974	1975	1976	1977
1960	10.1	9.7	10.3	11.4	12.5	13.6	13.1	13.0	13.1	13.2	13.0	12.6	12.3	12.0
1963		8.4	10.7	12.9	14.7	16.1	14.5	14.0	13.9	14.0	13.6	12.8	12.3	11.9
1965			14.3	17.2	18.5	19.6	15.4	14.3	14.1	14.1	13.5	12.5	11.8	11.3
1966				20.1	20.4	21.1	14.7	13.5	13.4	13.6	13.0	11.9	11.2	10.7
1967					20.7	21.6	11.9	11.3	11.9	12.6	12.1	10.9	10.3	9.9
1968						22.5	6.1	8.1	10.3	11.7	11.4	10.1	9.5	9.2
1969							-8.2	4.4	9.4	11.8	11.3	9.6	9.1	8.8
1970								18.7	17.8	17.2	14.3	11.1	9.9	9.4
1971									16.8	16.5	12.5	8.8	8.0	7.8
1972										16.3	9.9	5.7	5.9	6.3
1973											3.8	1.1	3.6	5.2
1974												-1.6	4.5	6.4
1975													10.9	9.8
1976														8.7

SINGAPORE — *CONSTRUCTION*

	1963	1965	1966	1967	1968	1969	1970	1971	1972	1973	1974	1975	1976	1977
1960	20.7	18.6	16.0	14.8	14.5	14.4	14.1	14.0	14.0	13.3	12.6	12.3	12.0	11.6
1963		16.0	10.6	10.2	11.4	12.1	12.3	12.5	12.9	12.0	11.2	11.0	10.8	10.3
1965			-0.7	6.2	11.0	12.5	12.6	12.9	13.4	12.0	10.9	10.6	10.4	9.8
1966				13.5	16.9	16.2	14.9	14.6	14.7	12.6	11.1	10.7	10.5	9.8
1967					20.4	16.9	14.6	14.2	14.5	11.8	10.2	9.9	9.8	9.1
1968						13.4	11.9	12.7	13.7	10.5	8.8	8.8	8.9	8.2
1969							10.4	12.8	14.2	9.5	7.6	7.9	8.2	7.6
1970								15.2	16.0	8.0	6.1	6.9	7.6	7.0
1971									16.8	3.2	2.7	5.3	6.7	6.2
1972										-8.8	-1.7	4.2	6.7	6.0
1973											5.8	11.1	11.4	8.6
1974												16.5	13.4	8.1
1975													10.4	3.8
1976														-2.4

SINGAPORE — *WHOLESALE AND RETAIL TRADE*

	1963	1965	1966	1967	1968	1969	1970	1971	1972	1973	1974	1975	1976	1977
1960	10.4	2.6	3.3	4.7	6.0	6.9	6.7	6.7	6.8	7.0	7.3	7.3	7.2	7.2
1963		-7.6	-0.1	5.0	7.6	9.0	8.1	7.8	7.8	7.9	8.1	8.0	7.8	7.7
1965			15.3	17.0	15.8	14.8	11.0	9.6	9.0	9.0	9.0	8.7	8.3	8.0
1966				18.6	15.6	14.1	9.2	7.9	7.7	7.9	8.2	8.0	7.6	7.4
1967					12.7	12.2	5.9	5.4	6.0	6.7	7.4	7.3	7.0	6.9
1968						11.7	1.7	3.1	4.8	6.2	7.2	7.1	6.8	6.7
1969							-7.3	0.9	4.4	6.6	7.8	7.5	7.0	6.8
1970								9.8	9.9	10.5	10.6	9.3	8.1	7.6
1971									10.0	10.9	10.9	8.9	7.5	7.1
1972										11.7	11.2	8.0	6.5	6.2
1973											10.6	5.8	4.6	5.0
1974												1.3	2.3	4.0
1975													3.3	5.6
1976														7.9

SINGAPORE — *TRANSPORT AND COMMUNICATION*

	1963	1965	1966	1967	1968	1969	1970	1971	1972	1973	1974	1975	1976	1977
1960	3.6	1.4	1.8	2.8	4.3	5.5	5.4	5.6	6.2	7.0	7.5	7.9	8.3	8.7
1963		-0.5	2.1	4.5	7.0	8.7	7.6	7.5	8.1	9.0	9.4	9.7	10.0	10.4
1965			6.3	9.0	11.9	13.1	9.4	8.7	9.3	10.3	10.7	10.8	11.0	11.3
1966				11.8	14.9	15.1	9.2	8.3	9.1	10.4	10.9	11.0	11.2	11.5
1967					18.0	16.3	6.9	6.6	8.3	10.2	10.8	11.0	11.2	11.6
1968						14.7	0.6	3.3	6.9	9.9	10.7	11.0	11.3	11.7
1969							-11.8	0.7	7.3	11.3	12.0	12.0	12.1	12.5
1970								14.9	16.9	18.4	16.5	15.0	14.3	14.2
1971									19.1	20.2	16.5	14.3	13.6	13.7
1972										21.2	14.4	12.2	12.1	12.7
1973											7.9	8.7	10.3	11.8
1974												9.5	11.6	13.3
1975													13.7	15.1
1976														16.6

SINGAPORE — *OTHER*

	1963	1965	1966	1967	1968	1969	1970	1971	1972	1973	1974	1975	1976	1977
1960	7.6	6.9	7.0	7.0	7.3	7.6	7.4	7.5	7.6	7.7	7.8	7.8	7.8	7.7
1963		6.2	6.9	7.0	7.6	8.1	7.6	7.6	7.8	8.0	8.1	8.1	8.0	7.9
1965			8.1	7.3	8.3	9.1	7.8	7.8	8.0	8.3	8.3	8.3	8.1	7.9
1966				6.5	8.8	9.7	7.7	7.7	8.0	8.3	8.4	8.3	8.1	7.9
1967					11.1	11.1	7.4	7.5	8.0	8.4	8.4	8.4	8.1	7.8
1968						11.1	5.0	6.3	7.5	8.2	8.3	8.2	7.9	7.6
1969							-0.7	5.2	7.6	8.5	8.5	8.4	8.0	7.6
1970								11.5	11.3	10.9	10.0	9.3	8.5	7.9
1971									11.0	10.6	9.3	8.6	7.8	7.2
1972										10.1	8.4	7.7	6.9	6.5
1973											6.7	6.8	6.1	5.8
1974												6.9	5.6	5.5
1975													4.4	4.9
1976														5.4

SRI LANKA — *GROSS DOMESTIC PRODUCT*

	1963	1965	1966	1967	1968	1969	1970	1971	1972	1973	1974	1975	1976	1977
1960	...	...	...	...	...	...	...	...	...	...	...	...	...	...
1963		4.3	4.4	4.7	4.8	5.1	5.4	5.1	4.9	4.7	4.8	4.8	4.8	4.7
1965			5.1	5.6	5.3	5.8	6.1	5.4	4.9	4.7	4.8	4.8	4.8	4.7
1966				6.1	5.2	6.0	6.3	5.4	4.7	4.5	4.7	4.7	4.7	4.6
1967					4.4	6.3	6.6	5.2	4.4	4.2	4.5	4.5	4.6	4.5
1968						8.2	7.5	4.9	3.9	3.8	4.3	4.4	4.5	4.4
1969							6.8	3.0	2.5	2.9	3.9	4.1	4.3	4.2
1970								-0.8	0.9	2.4	3.9	4.2	4.4	4.2
1971									2.6	3.9	5.5	5.3	5.1	4.8
1972										5.3	7.0	6.0	5.5	4.8
1973											8.7	5.9	5.2	4.4
1974												3.1	3.8	3.3
1975													4.5	3.3
1976														2.1

SRI LANKA — *PER CAPITA GROSS DOMESTIC PRODUCT*

	1963	1965	1966	1967	1968	1969	1970	1971	1972	1973	1974	1975	1976	1977
1960	...	...	...	...	...	...	...	...	...	...	...	...	...	...
1963		1.8	2.0	2.3	2.3	2.7	3.0	2.8	2.6	2.6	2.7	2.7	2.7	2.7
1965			3.1	3.1	2.8	3.3	3.6	3.2	2.8	2.6	2.8	2.8	2.8	2.8
1966				3.2	2.5	3.5	3.9	3.2	2.7	2.5	2.8	2.8	2.8	2.7
1967					1.8	3.9	4.3	3.2	2.5	2.3	2.7	2.7	2.8	2.7
1968						5.9	5.2	3.1	2.2	2.1	2.6	2.7	2.7	2.6
1969							4.5	1.5	0.9	1.3	2.2	2.5	2.6	2.5
1970								-1.5	-0.5	0.8	2.3	2.6	2.7	2.6
1971									0.6	2.0	3.7	3.5	3.4	3.0
1972										3.4	5.3	4.3	3.8	3.1
1973											7.2	4.2	3.5	2.7
1974												1.3	2.1	1.6
1975													2.8	1.6
1976														0.3

SRI LANKA — *GOVERNMENT FINAL CONSUMPTION EXPENDITURE*

	1963	1965	1966	1967	1968	1969	1970	1971	1972	1973	1974	1975	1976	1977
1960	...	...	...	...	...	...	...	...	...	...	...	...	...	...
1963		9.3	6.8	4.7	3.6	3.2	3.2	3.3	3.4	3.6	3.2	3.2	3.3	3.5
1965			0.5	-0.3	0.1	0.8	1.6	2.3	2.7	3.2	2.7	2.8	3.0	3.3
1966				-1.0	0.1	1.2	2.1	2.9	3.2	3.7	3.0	3.0	3.2	3.5
1967					1.1	2.3	3.2	3.8	4.0	4.4	3.3	3.3	3.5	3.8
1968						3.5	4.2	4.6	4.5	4.9	3.3	3.3	3.5	3.9
1969							4.8	5.0	4.7	5.2	3.0	3.1	3.4	3.9
1970								5.3	4.6	5.4	2.2	2.6	3.2	3.8
1971									3.8	5.7	0.8	2.0	2.9	3.8
1972										7.6	-1.7	1.2	2.8	4.0
1973											-10.3	0.2	3.1	4.7
1974												11.9	9.0	8.4
1975													6.1	7.2
1976														8.2

SRI LANKA — *PRIVATE FINAL CONSUMPTION EXPENDITURE*

	1963	1965	1966	1967	1968	1969	1970	1971	1972	1973	1974	1975	1976	1977
1960	...	...	...	...	...	...	...	...	...	...	...	...	...	...
1963		3.3	4.3	4.3	4.7	5.0	4.9	4.4	4.1	4.0	4.0	4.1	4.1	4.5
1965			7.2	5.2	5.6	5.8	5.4	4.4	3.9	3.8	3.9	4.0	4.1	4.5
1966				3.3	5.1	5.8	5.2	4.0	3.5	3.5	3.6	3.7	3.9	4.5
1967					7.0	6.8	5.4	3.6	3.1	3.2	3.4	3.6	3.9	4.5
1968						6.6	4.4	2.2	2.0	2.5	3.0	3.4	3.8	4.6
1969							2.3	0.1	0.9	2.0	2.8	3.4	3.8	4.8
1970								-2.0	0.7	2.4	3.4	4.0	4.4	5.5
1971									3.4	4.6	4.9	5.1	5.3	6.4
1972										5.8	5.6	5.6	5.7	7.0
1973											5.4	5.5	5.6	7.6
1974												5.5	5.8	8.6
1975													6.0	10.6
1976														15.4

6A. AVERAGE ANNUAL RATES OF GROWTH OF GROSS DOMESTIC PRODUCT AT CONSTANT PRICES BY TYPE OF EXPENDITURE AND BY KIND OF ECONOMIC ACTIVITY (continued) (IN PER CENT)

SRI LANKA — GROSS FIXED CAPITAL FORMATION

	1963	1965	1966	1967	1968	1969	1970	1971	1972	1973	1974	1975	1976	1977
1960	...	...	...	...	...	...	...	...	...	...	...	...	...	...
1963		0.1	1.6	2.5	3.4	7.0	7.9	7.4	7.3	6.9	6.5	6.4	6.5	6.4
1965			5.9	5.4	5.7	11.6	11.5	9.8	8.8	7.9	7.1	6.9	7.0	6.7
1966				5.0	5.8	14.8	13.4	10.4	9.0	7.8	6.9	6.7	6.8	6.5
1967					6.6	21.5	15.9	10.6	8.7	7.3	6.3	6.2	6.4	6.2
1968						38.4	17.3	8.8	6.9	5.6	4.8	5.0	5.5	5.5
1969							-0.5	-2.1	0.5	1.3	1.6	2.8	4.0	4.2
1970								-3.7	1.8	2.3	2.4	3.7	5.0	5.1
1971									7.6	4.6	3.5	5.0	6.2	6.0
1972										1.7	1.8	4.8	6.7	6.2
1973											1.9	6.9	8.7	7.2
1974												12.2	11.6	7.9
1975													11.0	5.3
1976														-0.1

SRI LANKA — EXPORTS OF GOODS AND SERVICES

	1963	1965	1966	1967	1968	1969	1970	1971	1972	1973	1974	1975	1976	1977
1960	...	...	...	...	...	...	...	...	...	...	...	...	...	...
1963		3.0	0.5	1.1	1.2	1.0	1.2	1.0	0.7	0.6	-0.1	-0.1	-0.2	-0.6
1965			-6.0	-0.1	0.6	0.5	1.0	0.7	0.4	0.2	-0.6	-0.5	-0.7	-1.0
1966				6.2	3.1	1.7	1.9	1.2	0.6	0.4	-0.7	-0.6	-0.7	-1.1
1967					0.1	-0.3	1.1	0.5	-0.1	-0.1	-1.3	-1.1	-1.1	-1.5
1968						-0.6	1.8	0.6	-0.2	-0.3	-1.8	-1.3	-1.4	-1.8
1969							4.4	0.5	-0.6	-0.5	-2.4	-1.7	-1.6	-2.1
1970								-3.2	-2.6	-1.5	-3.7	-2.3	-2.1	-2.5
1971									-2.1	-0.5	-4.4	-2.1	-1.9	-2.5
1972										1.1	-6.4	-2.0	-1.7	-2.6
1973											-13.3	-1.5	-1.3	-2.7
1974												11.8	3.1	-1.2
1975													-4.9	-6.6
1976														-8.2

SRI LANKA — IMPORTS OF GOODS AND SERVICES

	1963	1965	1966	1967	1968	1969	1970	1971	1972	1973	1974	1975	1976	1977
1960	...	...	...	...	...	...	...	...	...	...	...	...	...	...
1963		-0.9	0.6	-0.1	1.2	2.3	2.0	0.9	0.2	-0.7	-2.5	-2.4	-2.0	-1.1
1965			4.8	0.1	2.7	4.2	3.1	1.0	-0.2	-1.4	-3.8	-3.4	-2.8	-1.4
1966				-4.4	3.0	5.0	3.1	0.3	-1.0	-2.3	-5.0	-4.3	-3.4	-1.7
1967					11.0	9.0	4.2	-0.2	-1.7	-3.2	-6.3	-5.2	-3.9	-1.9
1968						7.1	0.4	-4.1	-4.6	-5.6	-8.8	-6.8	-4.9	-2.3
1969							-5.8	-9.0	-7.3	-7.6	-11.1	-7.9	-5.3	-2.0
1970								-12.0	-7.3	-7.7	-12.5	-7.9	-4.5	-0.5
1971									-2.3	-6.3	-14.2	-7.0	-2.7	1.9
1972										-10.3	-20.2	-6.7	-0.7	4.9
1973											-29.1	-0.4	5.8	11.5
1974												40.0	23.3	23.5
1975													8.6	18.6
1976														29.4

SRI LANKA — AGRICULTURE

	1963	1965	1966	1967	1968	1969	1970	1971	1972	1973	1974	1975	1976	1977
1960	...	...	...	...	...	...	...	...	...	...	...	...	...	...
1963		1.0	0.6	1.0	2.3	2.6	2.7	2.5	2.2	1.9	1.9	2.0	2.0	2.2
1965			0.3	1.9	4.1	4.0	3.6	3.0	2.5	2.0	2.0	2.1	2.0	2.3
1966				3.5	6.2	4.9	4.0	3.1	2.4	1.8	1.8	1.9	1.9	2.3
1967					9.0	5.0	3.6	2.4	1.8	1.2	1.4	1.6	1.7	2.1
1968						1.1	1.3	0.8	0.5	0.2	0.7	1.2	1.3	1.9
1969							1.5	0.5	0.2	-0.1	0.7	1.3	1.5	2.1
1970								-0.5	-0.3	-0.5	0.7	1.5	1.7	2.5
1971									-0.0	-0.5	1.3	2.2	2.2	3.1
1972										-1.1	2.3	3.1	2.8	3.8
1973											5.9	4.8	3.4	4.6
1974												3.8	2.2	4.5
1975													0.5	5.5
1976														10.7

SRI LANKA — INDUSTRIAL ACTIVITY

	1963	1965	1966	1967	1968	1969	1970	1971	1972	1973	1974	1975	1976	1977
1960	...	...	...	...	...	...	...	...	...	...	...	...	...	...
1963		9.7	6.9	7.8	8.3	7.3	7.7	7.7	7.4	7.7	8.2	8.1	8.0	7.8
1965			0.7	7.3	8.7	6.7	7.6	7.6	7.2	7.6	8.3	8.3	8.1	7.7
1966				14.4	12.0	7.3	8.4	8.1	7.4	7.9	8.7	8.6	8.3	7.9
1967					9.7	3.6	7.0	7.2	6.6	7.5	8.5	8.4	8.1	7.6
1968						-2.3	7.2	7.4	6.4	7.7	9.0	8.7	8.3	7.7
1969							17.7	10.9	7.7	8.9	10.3	9.6	8.8	7.9
1970								4.6	3.5	7.4	10.0	9.1	8.2	7.3
1971									2.4	9.8	12.4	10.2	8.7	7.4
1972										17.7	16.9	11.2	8.7	7.0
1973											16.2	7.3	5.5	4.4
1974												-0.9	1.6	1.9
1975													4.2	3.0
1976														1.7

SRI LANKA — MANUFACTURING

	1963	1965	1966	1967	1968	1969	1970	1971	1972	1973	1974	1975	1976	1977
1960	...	...	...	...	...	...	...	...	...	...	...	...	...	...
1963		10.4	7.2	8.0	8.6	7.5	7.6	7.6	7.2	7.2	7.7	7.7	7.5	7.3
1965			0.1	7.2	8.9	6.7	7.2	7.3	6.8	6.9	7.7	7.7	7.5	7.1
1966				14.8	12.6	7.4	7.8	7.7	7.0	7.1	8.0	7.9	7.6	7.2
1967					10.5	3.4	6.0	6.6	6.0	6.4	7.7	7.7	7.4	6.9
1968						-3.2	5.4	6.6	5.8	6.4	8.0	8.0	7.5	6.9
1969							14.8	10.5	7.3	7.5	9.4	8.9	8.1	7.2
1970								6.3	3.9	5.9	9.1	8.6	7.6	6.7
1971									1.6	6.4	11.1	9.5	7.9	6.6
1972										11.4	16.1	11.2	8.2	6.4
1973											21.0	9.5	5.9	4.4
1974												-0.9	0.2	0.8
1975													1.3	1.5
1976														1.7

SRI LANKA — CONSTRUCTION

	1963	1965	1966	1967	1968	1969	1970	1971	1972	1973	1974	1975	1976	1977
1960	...	...	...	...	...	...	...	...	...	...	...	...	...	...
1963		3.4	3.6	4.3	5.4	7.2	7.3	6.2	4.6	3.8	3.2	3.2	3.2	3.0
1965			4.9	5.8	7.4	10.0	9.3	6.8	4.3	3.1	2.5	2.5	2.7	2.6
1966				6.6	8.7	12.0	10.2	6.6	3.4	2.2	1.6	1.9	2.2	2.1
1967					10.8	15.0	10.7	5.5	1.7	0.6	0.3	0.9	1.5	1.5
1968						19.4	9.3	2.3	-1.7	-1.9	-1.6	-0.4	0.6	0.8
1969							0.0	-5.0	-7.1	-5.3	-3.8	-1.6	-0.1	0.3
1970								-9.7	-10.0	-5.9	-3.5	-0.8	1.0	1.3
1971									-10.3	-3.1	-0.9	2.0	3.4	3.1
1972										4.5	3.1	5.6	6.2	4.8
1973											1.8	6.8	7.1	4.8
1974												12.1	9.0	4.6
1975													6.0	0.8
1976														-4.1

SRI LANKA — WHOLESALE AND RETAIL TRADE

	1963	1965	1966	1967	1968	1969	1970	1971	1972	1973	1974	1975	1976	1977
1960	...	...	...	...	...	...	...	...	...	...	...	...	...	...
1963		4.3	5.9	5.3	5.3	6.3	6.2	5.8	5.7	5.4	5.2	5.2	5.1	4.9
1965			9.5	5.3	5.3	7.2	6.7	6.0	5.7	5.3	5.0	5.0	4.9	4.8
1966				1.2	4.0	7.5	6.7	5.7	5.4	5.0	4.7	4.8	4.7	4.5
1967					6.9	10.9	8.0	6.0	5.6	5.0	4.6	4.7	4.7	4.5
1968						15.0	7.4	4.8	4.6	4.2	3.9	4.2	4.3	4.1
1969							0.3	0.7	2.5	2.8	2.9	3.6	3.8	3.7
1970								1.2	3.9	3.6	3.4	4.2	4.3	4.1
1971									6.7	4.3	3.7	4.6	4.7	4.2
1972										1.9	2.5	4.5	4.6	4.0
1973											3.0	6.1	5.5	4.3
1974												9.3	6.1	4.1
1975													2.9	1.7
1976														0.5

SRI LANKA — TRANSPORT AND COMMUNICATION

	1963	1965	1966	1967	1968	1969	1970	1971	1972	1973	1974	1975	1976	1977
1960	...	...	...	...	...	...	...	...	...	...	...	...	...	...
1963		6.1	4.8	5.2	6.2	6.9	6.9	6.6	6.7	6.7	6.2	6.2	6.3	6.2
1965			2.2	5.2	7.3	8.2	7.7	7.0	7.0	6.9	6.2	6.2	6.3	6.2
1966				8.2	9.7	10.0	8.5	7.4	7.2	7.0	6.2	6.1	6.3	6.1
1967					11.3	10.7	8.1	6.7	6.7	6.6	5.7	5.7	5.9	5.8
1968						10.1	6.3	5.0	5.8	6.0	5.0	5.2	5.6	5.5
1969							2.6	3.0	5.1	5.7	4.4	4.8	5.4	5.4
1970								3.4	6.7	6.7	4.5	5.1	5.7	5.6
1971									10.1	7.8	4.0	5.0	5.9	5.7
1972										5.6	0.8	3.8	5.6	5.5
1973											-3.7	4.3	6.7	6.1
1974												12.9	11.3	8.0
1975													9.6	5.4
1976														1.3

SRI LANKA — OTHER

	1963	1965	1966	1967	1968	1969	1970	1971	1972	1973	1974	1975	1976	1977
1960	...	...	...	...	...	...	...	...	...	...	...	...	...	...
1963		4.4	3.3	2.9	2.6	2.6	4.2	4.8	5.2	5.3	5.1	5.1	5.1	5.1
1965			0.6	1.5	1.7	2.1	5.0	5.7	6.1	6.1	5.7	5.5	5.5	5.4
1966				2.3	2.2	2.5	6.4	6.9	7.1	6.8	6.1	5.9	5.7	5.6
1967					2.0	2.7	8.5	8.4	8.1	7.5	6.4	6.1	5.9	5.7
1968						3.4	12.8	10.4	9.2	8.0	6.5	6.1	5.8	5.6
1969							23.0	12.1	9.4	7.6	5.8	5.4	5.2	5.1
1970								2.1	4.3	4.3	3.1	3.5	3.8	4.0
1971									6.5	5.0	2.9	3.5	3.9	4.1
1972										3.4	1.0	2.9	3.7	4.0
1973											-1.4	3.4	4.3	4.5
1974												8.5	6.6	5.7
1975													4.8	4.5
1976														4.2

THAILAND — GROSS DOMESTIC PRODUCT

	1963	1965	1966	1967	1968	1969	1970	1971	1972	1973	1974	1975	1976	1977
1960	7.3	7.4	7.9	8.1	8.2	8.3	8.2	8.2	8.0	8.0	7.9	7.8	7.7	7.6
1963		7.2	8.8	8.9	8.9	8.7	8.5	8.4	8.1	8.0	7.9	7.7	7.6	7.5
1965			12.2	10.0	9.3	8.9	8.4	8.2	7.8	7.8	7.6	7.4	7.3	7.2
1966				7.8	8.1	8.1	7.8	7.7	7.3	7.4	7.3	7.1	7.1	7.0
1967					8.5	8.2	7.7	7.6	7.2	7.3	7.2	7.0	6.9	6.9
1968						7.9	7.2	7.4	6.8	7.1	7.0	6.8	6.8	6.8
1969							6.5	7.3	6.5	7.1	6.9	6.7	6.7	6.7
1970								8.1	6.2	7.2	6.9	6.6	6.7	6.7
1971									4.3	7.2	6.8	6.4	6.6	6.6
1972										10.3	7.4	6.6	6.7	6.7
1973											4.6	5.1	6.0	6.3
1974												5.5	6.8	6.8
1975													8.2	7.2
1976														6.2

THAILAND — PER CAPITA GROSS DOMESTIC PRODUCT

	1963	1965	1966	1967	1968	1969	1970	1971	1972	1973	1974	1975	1976	1977
1960	4.1	4.1	4.7	4.9	5.0	5.0	4.9	4.9	4.7	4.7	4.6	4.5	4.5	4.4
1963		4.0	5.5	5.6	5.5	5.4	5.2	5.0	4.8	4.7	4.6	4.4	4.4	4.3
1965			8.8	6.6	6.0	5.6	5.1	4.9	4.5	4.5	4.3	4.2	4.1	4.1
1966				4.5	4.8	4.8	4.4	4.4	4.0	4.1	4.0	3.9	3.9	3.9
1967					5.2	4.9	4.2	4.2	3.8	4.0	3.9	3.8	3.8	3.8
1968						4.6	3.7	4.0	3.5	3.9	3.8	3.7	3.7	3.8
1969							2.8	3.9	3.2	3.9	3.8	3.6	3.7	3.7
1970								4.9	3.1	4.1	3.9	3.6	3.8	3.8
1971									1.3	4.2	3.8	3.5	3.7	3.8
1972										7.2	4.5	3.7	3.9	3.9
1973											1.8	2.3	3.3	3.5
1974												2.8	4.1	4.1
1975													5.5	4.5
1976														3.6

6A. AVERAGE ANNUAL RATES OF GROWTH OF GROSS DOMESTIC PRODUCT AT CONSTANT PRICES BY TYPE OF EXPENDITURE AND BY KIND OF ECONOMIC ACTIVITY (continued) (IN PER CENT)

THAILAND — *GOVERNMENT FINAL CONSUMPTION EXPENDITURE*

	1963	1965	1966	1967	1968	1969	1970	1971	1972	1973	1974	1975	1976	1977
1960	7.8	8.0	8.1	8.1	9.0	9.4	9.6	9.7	9.5	9.4	9.1	9.0	9.0	9.1
1963		8.2	8.4	8.2	10.0	10.5	10.6	10.6	10.1	9.8	9.2	9.0	9.1	9.1
1965			7.9	7.8	11.6	11.8	11.6	11.2	10.3	9.8	9.0	8.7	8.9	9.0
1966				7.7	14.2	13.2	12.3	11.6	10.3	9.7	8.7	8.5	8.7	8.8
1967					21.2	14.8	12.6	11.5	9.8	9.2	8.1	7.9	8.3	8.5
1968						8.7	9.1	9.3	7.8	7.6	6.7	6.8	7.5	7.9
1969							9.6	9.5	7.1	7.2	6.1	6.4	7.4	7.9
1970								9.4	5.5	6.4	5.3	6.0	7.4	8.0
1971									1.8	5.8	4.3	5.7	7.6	8.4
1972										9.9	4.7	6.6	9.0	9.5
1973											−0.2	6.1	9.9	10.4
1974												12.7	14.9	13.1
1975													17.1	12.5
1976														8.1

THAILAND — *PRIVATE FINAL CONSUMPTION EXPENDITURE*

	1963	1965	1966	1967	1968	1969	1970	1971	1972	1973	1974	1975	1976	1977
1960	6.1	6.4	6.7	7.0	7.0	7.0	7.0	7.0	7.0	7.0	7.0	6.9	6.9	6.9
1963		6.8	7.4	7.6	7.6	7.4	7.3	7.2	7.1	7.1	7.0	6.9	6.9	6.9
1965			8.8	8.4	7.8	7.3	7.1	7.0	7.0	7.0	6.9	6.8	6.8	6.8
1966				7.9	7.3	6.8	6.8	6.7	6.7	6.8	6.7	6.7	6.7	6.7
1967					6.6	6.3	6.5	6.5	6.6	6.8	6.7	6.6	6.7	6.7
1968						5.9	6.5	6.6	6.7	6.9	6.7	6.7	6.7	6.7
1969							7.2	6.8	6.8	7.0	6.8	6.7	6.7	6.7
1970								6.4	6.7	7.1	6.7	6.6	6.7	6.7
1971									6.9	7.4	6.7	6.6	6.7	6.7
1972										7.9	6.3	6.3	6.6	6.6
1973											4.8	5.8	6.5	6.6
1974												6.9	7.4	7.0
1975													7.8	6.9
1976														6.0

THAILAND — *GROSS FIXED CAPITAL FORMATION*

	1963	1965	1966	1967	1968	1969	1970	1971	1972	1973	1974	1975	1976	1977
1960	15.1	16.4	16.8	17.4	17.1	16.7	15.7	14.5	13.3	12.3	11.5	11.0	10.5	10.2
1963		15.4	16.7	18.2	17.2	16.4	14.6	12.8	11.2	10.0	9.2	8.8	8.4	8.3
1965			22.2	22.6	18.3	16.3	13.3	10.9	8.9	7.8	7.2	6.9	6.7	6.9
1966				22.9	15.7	14.0	10.8	8.5	6.7	5.8	5.5	5.5	5.6	6.0
1967					8.9	10.7	7.6	5.7	4.3	3.9	4.0	4.3	4.6	5.3
1968						12.4	6.2	4.0	2.8	2.7	3.2	3.8	4.3	5.1
1969							0.4	0.7	0.5	1.3	2.4	3.5	4.2	5.2
1970								1.0	0.4	1.7	3.0	4.3	4.9	6.0
1971									−0.2	2.4	4.0	5.4	5.9	7.1
1972										5.1	6.0	7.1	7.1	8.3
1973											6.9	8.1	7.7	9.1
1974												9.3	7.8	9.8
1975													6.3	10.6
1976														15.1

THAILAND — *EXPORTS OF GOODS AND SERVICES*

	1963	1965	1966	1967	1968	1969	1970	1971	1972	1973	1974	1975	1976	1977
1960	...	...	...	...	...	...	...	...	...	...	...	...	...	...
1963		...	...	...	...	...	...	...	...	...	...	...	...	...
1965			...	...	...	...	...	...	...	...	...	...	...	...
1966				...	...	...	...	...	...	...	...	...	...	...
1967					...	...	...	...	...	...	...	...	...	...
1968						...	...	...	...	...	...	...	...	...
1969							...	...	...	...	...	...	...	...
1970								14.4	18.1	8.6	5.1	4.0	5.5	7.3
1971									21.9	3.8	1.1	1.2	4.0	6.7
1972										−11.6	−5.9	−2.3	3.0	6.9
1973											0.3	2.2	8.2	11.8
1974												4.2	13.2	16.2
1975													22.8	21.6
1976														20.4

THAILAND — *IMPORTS OF GOODS AND SERVICES*

	1963	1965	1966	1967	1968	1969	1970	1971	1972	1973	1974	1975	1976	1977
1960	...	...	...	...	...	...	...	...	...	...	...	...	...	...
1963		...	...	...	...	...	...	...	...	...	...	...	...	...
1965			...	...	...	...	...	...	...	...	...	...	...	...
1966				...	...	...	...	...	...	...	...	...	...	...
1967					...	...	...	...	...	...	...	...	...	...
1968						...	...	...	...	...	...	...	...	...
1969							...	...	...	...	...	...	...	...
1970								−3.1	2.3	7.2	5.2	3.2	3.7	5.3
1971									8.1	12.6	6.9	3.4	4.0	5.9
1972										17.3	4.6	0.6	2.6	5.6
1973											−6.7	−5.7	0.3	5.4
1974												−4.7	5.0	10.4
1975													15.6	18.0
1976														20.5

THAILAND — *AGRICULTURE*

	1963	1965	1966	1967	1968	1969	1970	1971	1972	1973	1974	1975	1976	1977
1960	6.5	5.2	5.9	5.4	5.5	5.6	5.5	5.5	5.3	5.3	5.2	5.1	5.1	4.9
1963		2.4	5.8	4.7	5.1	5.5	5.4	5.4	5.0	5.1	5.0	4.9	4.8	4.6
1965			13.8	5.1	5.6	6.1	5.7	5.6	5.0	5.0	4.9	4.8	4.8	4.5
1966				−2.9	3.2	5.1	5.0	5.0	4.4	4.6	4.6	4.6	4.5	4.3
1967					9.7	8.6	6.7	6.0	4.8	5.0	4.9	4.8	4.7	4.4
1968						7.5	5.0	4.9	3.7	4.3	4.3	4.3	4.3	4.0
1969							2.6	4.0	2.7	4.0	4.1	4.2	4.2	3.8
1970								5.4	2.3	4.4	4.4	4.4	4.4	3.9
1971									−0.8	4.8	4.5	4.5	4.4	3.8
1972										10.6	6.3	5.3	4.9	3.9
1973											2.1	3.3	3.7	2.8
1974												4.5	4.3	2.7
1975													4.1	1.5
1976														−1.0

THAILAND — *INDUSTRIAL ACTIVITY*

	1963	1965	1966	1967	1968	1969	1970	1971	1972	1973	1974	1975	1976	1977
1960	10.6	11.2	11.7	12.0	12.0	12.0	11.8	11.9	12.0	12.1	11.9	11.7	11.6	11.6
1963		13.4	13.7	13.6	13.0	12.6	12.0	12.2	12.3	12.3	12.1	11.8	11.6	11.6
1965			13.2	13.0	11.9	11.7	11.0	11.6	11.8	12.0	11.8	11.4	11.2	11.2
1966				12.9	11.1	11.2	10.4	11.4	11.8	12.0	11.7	11.2	11.1	11.1
1967					9.3	10.8	9.8	11.5	11.9	12.2	11.7	11.2	11.0	11.1
1968						12.2	9.6	12.2	12.5	12.7	12.0	11.2	11.0	11.1
1969							7.1	13.1	13.1	13.1	12.0	11.0	10.8	11.0
1970								19.5	15.2	14.2	12.2	10.8	10.6	10.8
1971									11.0	12.1	10.2	9.1	9.4	10.0
1972										13.2	9.4	8.0	8.9	9.9
1973											5.6	5.9	8.3	9.9
1974												6.2	10.0	11.6
1975													13.9	14.0
1976														14.2

THAILAND — *MANUFACTURING*

	1963	1965	1966	1967	1968	1969	1970	1971	1972	1973	1974	1975	1976	1977
1960	10.5	10.7	11.1	11.3	11.1	11.2	11.0	11.1	11.2	11.3	11.2	11.0	11.0	11.0
1963		12.2	12.4	12.4	11.6	11.6	11.1	11.3	11.4	11.5	11.3	11.1	11.0	11.0
1965			11.7	11.9	10.5	10.8	10.3	10.9	11.1	11.4	11.1	10.8	10.7	10.8
1966				12.1	9.7	10.5	10.0	10.8	11.1	11.5	11.1	10.7	10.6	10.7
1967					7.3	10.3	9.5	10.9	11.3	11.7	11.2	10.7	10.6	10.7
1968						13.4	10.1	11.8	12.0	12.3	11.5	10.8	10.7	10.8
1969							6.8	11.9	12.1	12.5	11.4	10.5	10.4	10.6
1970								17.3	14.0	13.6	11.6	10.3	10.3	10.6
1971									10.8	12.3	10.0	8.9	9.3	9.9
1972										13.8	8.9	7.8	8.8	9.9
1973											4.2	5.5	8.2	9.9
1974												6.9	10.4	11.9
1975													14.1	14.1
1976														14.2

THAILAND — *CONSTRUCTION*

	1963	1965	1966	1967	1968	1969	1970	1971	1972	1973	1974	1975	1976	1977
1960	10.3	11.6	12.7	13.7	13.5	12.7	11.6	10.0	8.5	7.3	6.4	5.8	5.7	5.7
1963		13.0	15.3	16.4	14.9	12.9	10.9	8.3	6.2	4.8	3.8	3.4	3.6	3.9
1965			21.5	20.0	15.0	11.2	8.4	5.1	2.8	1.5	0.9	0.9	1.5	2.3
1966				18.5	11.3	7.6	5.2	2.0	−0.1	−0.9	−1.1	−0.7	0.3	1.4
1967					4.6	3.0	1.8	−1.2	−2.9	−3.1	−2.8	−2.0	−0.5	0.9
1968						1.5	0.5	−3.3	−4.8	−4.4	−3.7	−2.5	−0.5	1.2
1969							−0.4	−6.1	−6.9	−5.5	−4.2	−2.5	−0.0	2.0
1970								−11.5	−9.2	−6.1	−3.9	−1.8	1.2	3.4
1971									−6.8	−3.1	−1.3	0.7	4.0	6.1
1972										0.7	1.2	3.0	6.7	8.6
1973											1.7	4.5	9.3	11.0
1974												7.3	13.7	14.1
1975													20.6	16.6
1976														12.8

THAILAND — *WHOLESALE AND RETAIL TRADE*

	1963	1965	1966	1967	1968	1969	1970	1971	1972	1973	1974	1975	1976	1977
1960	7.1	8.1	8.5	9.3	9.4	9.3	9.4	9.4	9.2	9.1	9.0	8.7	8.4	8.2
1963		8.9	9.4	10.7	10.5	10.0	9.9	9.7	9.3	9.2	8.9	8.5	8.2	7.9
1965			11.1	13.5	11.6	10.2	9.9	9.6	9.1	8.9	8.6	8.1	7.8	7.4
1966				15.9	11.1	9.2	9.2	9.1	8.5	8.5	8.2	7.7	7.4	7.0
1967					6.6	6.5	7.8	8.2	7.7	7.9	7.7	7.2	6.9	6.6
1968						6.4	8.6	8.9	7.9	8.1	7.8	7.2	6.8	6.4
1969							10.9	9.8	7.9	8.2	7.8	6.9	6.5	6.2
1970								8.7	6.3	7.5	7.2	6.3	5.9	5.6
1971									4.0	7.5	7.1	5.9	5.5	5.3
1972										11.1	8.0	5.7	5.2	5.0
1973											5.0	3.2	3.8	4.1
1974												1.4	3.5	4.1
1975													5.6	5.2
1976														4.7

THAILAND — *TRANSPORT AND COMMUNICATION*

	1963	1965	1966	1967	1968	1969	1970	1971	1972	1973	1974	1975	1976	1977
1960	4.8	6.3	6.5	6.9	6.8	6.7	6.8	6.6	6.6	6.6	6.7	6.7	6.8	6.8
1963		8.1	7.5	8.0	7.3	7.1	7.1	6.7	6.7	6.7	6.7	6.8	6.9	6.9
1965			7.2	8.8	7.1	6.7	7.0	6.3	6.5	6.5	6.6	6.7	6.8	6.9
1966				10.3	6.5	6.2	6.8	6.0	6.3	6.4	6.5	6.6	6.8	6.8
1967					2.8	4.8	6.3	5.4	6.0	6.2	6.4	6.6	6.8	6.8
1968						6.9	8.0	5.8	6.4	6.6	6.8	6.9	7.1	7.1
1969							9.2	4.6	6.2	6.5	6.8	6.9	7.2	7.1
1970								0.3	5.7	6.5	6.8	7.0	7.3	7.2
1971									11.4	8.9	8.2	7.9	8.0	7.7
1972										6.5	7.0	7.1	7.6	7.3
1973											7.5	7.3	8.0	7.5
1974												7.1	8.4	7.4
1975													9.6	7.2
1976														4.8

THAILAND — *OTHER*

	1963	1965	1966	1967	1968	1969	1970	1971	1972	1973	1974	1975	1976	1977
1960	6.5	6.8	7.1	7.4	7.9	8.2	8.4	8.5	8.5	8.5	8.4	8.4	8.4	8.4
1963		7.6	7.8	8.3	9.0	9.2	9.3	9.3	9.1	9.0	8.8	8.7	8.7	8.6
1965			7.9	9.1	10.0	9.9	9.8	9.7	9.3	9.0	8.8	8.7	8.6	8.6
1966				10.2	11.0	10.4	10.1	9.8	9.2	8.9	8.6	8.6	8.5	8.5
1967					11.8	10.2	9.8	9.6	8.9	8.6	8.3	8.3	8.3	8.3
1968						8.7	9.0	9.1	8.3	8.1	7.9	8.0	8.0	8.1
1969							9.4	9.2	8.0	7.8	7.6	7.8	7.9	8.0
1970								9.0	7.1	7.3	7.2	7.6	7.8	7.9
1971									5.2	6.9	6.9	7.6	7.9	8.0
1972										8.6	7.6	8.2	8.3	8.4
1973											6.5	8.3	8.5	8.5
1974												10.1	9.2	8.8
1975													8.2	8.3
1976														8.4

6A. AVERAGE ANNUAL RATES OF GROWTH OF GROSS DOMESTIC PRODUCT AT CONSTANT PRICES BY TYPE OF EXPENDITURE AND BY KIND OF ECONOMIC ACTIVITY (continued) (IN PER CENT)

VIET NAM (10)

GROSS DOMESTIC PRODUCT

	1963	1965	1966	1967	1968	1969	1970	1971	1972
1960	3.6	5.3	4.3	3.9	2.9	2.7	2.8	2.9	2.9
1963		8.3	3.9	2.9	1.2	1.3	1.9	2.3	2.5
1965			-5.3	-1.0	-2.3	-0.6	1.1	2.0	2.3
1966				3.5	-1.7	0.6	2.5	3.2	3.3
1967					-6.7	0.4	3.4	4.0	3.9
1968						8.0	8.0	6.7	5.5
1969							7.9	5.8	4.4
1970								3.8	2.8
1971									1.9

VIET NAM (10)

PER CAPITA GROSS DOMESTIC PRODUCT

	1963	1965	1966	1967	1968	1969	1970	1971	1972
1960	0.7	2.5	1.6	1.1	0.2	0.0	0.2	0.3	0.3
1963		5.6	1.2	0.3	-1.3	-1.2	-0.7	-0.3	-0.1
1965			-7.7	-3.5	-4.8	-3.1	-1.5	-0.6	-0.3
1966				0.9	-4.2	-2.0	-0.1	0.6	0.7
1967					-9.0	-2.1	0.7	1.4	1.2
1968						5.3	5.2	4.0	2.7
1969							5.2	3.1	1.7
1970								1.1	0.0
1971									-1.0

VIET NAM (10)

GOVERNMENT FINAL CONSUMPTION EXPENDITURE

	1963	1965	1966	1967	1968	1969	1970	1971	1972
1960	12.0	12.2	14.7	15.4	15.6	15.7	15.6	15.5	14.6
1963		14.5	20.7	19.8	18.6	17.8	17.1	16.5	14.8
1965			36.2	22.6	18.5	17.1	16.1	15.4	13.1
1966				10.4	11.9	13.0	13.4	13.3	10.9
1967					13.4	14.3	14.2	13.7	10.5
1968						15.3	14.4	13.6	9.1
1969							13.6	12.8	6.6
1970								11.9	2.4
1971									-6.4

VIET NAM (10)

PRIVATE FINAL CONSUMPTION EXPENDITURE

	1963	1965	1966	1967	1968	1969	1970	1971	1972
1960	4.7	4.3	3.6	4.0	3.1	3.3	3.2	2.8	2.5
1963		4.0	2.5	3.9	2.1	2.7	2.7	2.2	1.9
1965			-0.5	5.4	0.9	2.5	2.5	1.8	1.4
1966				11.7	-0.1	2.9	2.7	1.7	1.2
1967					-10.6	1.1	1.8	0.7	0.4
1968						14.4	6.5	2.4	1.4
1969							-0.8	-2.6	-1.6
1970								-4.2	-1.5
1971									1.3

VIET NAM (10)

GROSS FIXED CAPITAL FORMATION

	1963	1965	1966	1967	1968	1969	1970	1971	1972
1960	6.7	9.2	14.8	16.6	13.3	14.1	13.0	12.1	11.2
1963		18.2	30.5	28.2	16.5	17.0	14.2	12.2	10.8
1965			61.4	32.0	6.0	11.2	8.5	7.2	6.3
1966				7.9	-14.3	2.4	2.2	2.6	2.8
1967					-32.0	6.8	4.3	4.0	3.7
1968						67.7	19.3	11.0	7.8
1969							-15.2	-5.5	-2.0
1970								5.2	4.1
1971									3.0

VIET NAM (10)

EXPORTS OF GOODS AND SERVICES

	1963	1965	1966	1967	1968	1969	1970	1971	1972
1960	9.8	10.6	15.1	16.2	11.6	8.1	4.3	2.7	3.2
1963		9.4	22.2	21.2	9.2	3.1	-2.2	-3.3	-1.4
1965			47.6	24.4	-2.0	-8.0	-12.6	-11.3	-6.5
1966				4.8	-21.0	-20.0	-21.3	-16.8	-9.4
1967					-40.5	-26.5	-25.2	-17.5	-7.3
1968						-9.3	-18.8	-9.8	2.5
1969							-27.3	-6.7	11.0
1970								19.8	35.5
1971									53.3

VIET NAM (10)

IMPORTS OF GOODS AND SERVICES

	1963	1965	1966	1967	1968	1969	1970	1971	1972
1960	14.2	12.6	21.3	25.4	23.8	23.7	21.9	19.9	18.1
1963		11.1	37.9	41.1	31.4	28.7	23.9	20.0	16.9
1965			122.6	66.6	30.9	25.8	18.7	14.2	11.1
1966				24.7	1.1	8.5	6.1	4.5	3.5
1967					-18.0	6.0	3.8	2.5	1.8
1968						36.9	11.4	5.6	3.4
1969							-9.3	-4.8	-3.0
1970								-0.1	-0.1
1971									-0.0

EUROPE

GROSS DOMESTIC PRODUCT

	1963	1965	1966	1967	1968	1969	1970	1971	1972	1973	1974	1975	1976	1977
1960	4.9	5.0	4.9	4.7	4.6	4.7	4.7	4.7	4.7	4.7	4.7	4.5	4.4	4.3
1963		5.3	4.7	4.3	4.3	4.5	4.7	4.7	4.6	4.7	4.6	4.4	4.2	4.1
1965			3.8	3.5	4.0	4.5	4.8	4.7	4.7	4.7	4.6	4.3	4.1	3.9
1966				3.3	4.2	4.9	5.1	4.9	4.8	4.9	4.7	4.3	4.0	3.8
1967					5.1	5.7	5.6	5.2	4.9	5.0	4.7	4.2	3.9	3.7
1968						6.2	5.8	5.0	4.8	4.8	4.6	3.9	3.7	3.5
1969							5.3	4.4	4.3	4.6	4.3	3.6	3.4	3.2
1970								3.5	3.9	4.6	4.2	3.3	3.1	2.9
1971									4.3	5.1	4.3	2.9	2.8	2.7
1972										5.9	3.9	2.2	2.2	2.3
1973											2.0	0.4	1.4	1.8
1974												-1.3	1.5	2.0
1975													4.4	3.3
1976														2.2

EUROPE

PER CAPITA GROSS DOMESTIC PRODUCT

	1963	1965	1966	1967	1968	1969	1970	1971	1972	1973	1974	1975	1976	1977
1960	3.8	3.9	3.7	3.6	3.7	3.7	3.8	3.8	3.8	3.9	3.8	3.7	3.6	3.5
1963		4.3	3.4	3.3	3.6	3.7	3.9	3.9	3.9	3.9	3.9	3.6	3.5	3.4
1965			1.4	2.7	3.5	3.7	4.1	4.0	4.0	4.0	3.9	3.6	3.4	3.3
1966				4.0	4.6	4.3	4.6	4.3	4.2	4.2	4.0	3.6	3.4	3.2
1967					5.1	4.4	4.8	4.3	4.2	4.2	4.0	3.5	3.2	3.1
1968						3.7	4.8	4.1	4.0	4.0	3.8	3.2	3.0	2.8
1969							5.9	4.0	3.9	4.0	3.7	3.0	2.8	2.6
1970								2.2	3.3	3.7	3.4	2.5	2.4	2.3
1971									4.3	4.3	3.6	2.3	2.2	2.1
1972										4.2	3.1	1.4	1.6	1.7
1973											2.0	-0.0	1.0	1.4
1974												-2.0	1.0	1.6
1975													4.0	3.0
1976														1.9

EUROPE

GOVERNMENT FINAL CONSUMPTION EXPENDITURE

	1963	1965	1966	1967	1968	1969	1970	1971	1972	1973	1974	1975	1976	1977
1960	5.4	4.5	4.3	4.2	4.0	3.9	3.8	3.8	3.8	3.9	3.8	3.9	3.9	3.8
1963		3.3	3.3	3.5	3.4	3.4	3.4	3.5	3.6	3.7	3.7	3.7	3.8	3.7
1965			2.9	3.7	3.4	3.3	3.4	3.6	3.7	3.8	3.8	3.8	3.8	3.8
1966				4.5	3.4	3.4	3.5	3.7	3.8	3.9	3.9	3.9	3.9	3.8
1967					2.4	3.0	3.3	3.7	3.8	3.9	3.9	3.9	3.9	3.8
1968						3.6	3.8	4.0	4.1	4.1	4.0	4.1	4.0	3.9
1969							4.0	4.3	4.3	4.2	4.1	4.1	4.0	3.9
1970								4.6	4.3	4.3	4.0	4.1	4.0	3.8
1971									4.1	4.1	3.8	4.0	3.9	3.7
1972										4.2	3.7	3.9	3.9	3.6
1973											3.1	3.9	3.8	3.4
1974												4.7	4.0	3.4
1975													3.4	2.7
1976														2.0

EUROPE

PRIVATE FINAL CONSUMPTION EXPENDITURE

	1963	1965	1966	1967	1968	1969	1970	1971	1972	1973	1974	1975	1976	1977
1960	5.4	5.0	4.9	4.7	4.6	4.6	4.6	4.6	4.7	4.7	4.6	4.5	4.4	4.3
1963		4.5	4.3	4.2	4.1	4.3	4.4	4.5	4.6	4.6	4.5	4.4	4.3	4.1
1965			3.9	3.8	3.9	4.3	4.6	4.6	4.7	4.7	4.6	4.4	4.2	4.0
1966				3.6	4.0	4.6	4.8	4.8	4.9	4.9	4.6	4.4	4.2	4.0
1967					4.4	5.0	5.2	5.1	5.0	5.0	4.7	4.3	4.1	3.9
1968						5.7	5.5	5.2	5.1	5.0	4.6	4.2	4.0	3.7
1969							5.3	4.9	4.9	4.9	4.4	3.9	3.7	3.5
1970								4.5	4.7	4.8	4.1	3.6	3.4	3.2
1971									5.0	4.9	3.9	3.2	3.1	2.9
1972										4.8	3.2	2.6	2.6	2.5
1973											1.6	1.6	2.2	2.2
1974												1.6	2.6	2.5
1975													3.6	2.7
1976														1.9

EUROPE

GROSS FIXED CAPITAL FORMATION

	1963	1965	1966	1967	1968	1969	1970	1971	1972	1973	1974	1975	1976	1977
1960	6.7	6.8	6.5	6.0	5.7	5.6	5.6	5.6	5.5	5.5	5.2	4.9	4.6	4.3
1963		7.2	6.0	5.1	4.8	5.0	5.2	5.3	5.2	5.2	4.9	4.4	4.0	3.7
1965			4.4	3.6	3.8	4.6	5.1	5.2	5.2	5.2	4.7	4.1	3.6	3.3
1966				2.7	3.7	4.9	5.5	5.5	5.4	5.3	4.8	4.0	3.4	3.1
1967					4.7	6.0	6.4	6.1	5.7	5.5	4.8	3.8	3.2	2.8
1968						7.3	7.2	6.3	5.7	5.5	4.5	3.3	2.7	2.3
1969							7.0	5.6	5.1	5.0	3.9	2.6	2.0	1.7
1970								4.3	4.3	4.5	3.2	1.7	1.2	1.0
1971									4.4	4.7	2.6	0.7	0.4	0.4
1972										5.0	1.3	-0.8	-0.7	-0.3
1973											-2.3	-3.3	-1.8	-0.9
1974												-4.3	-1.2	-0.1
1975													2.0	1.6
1976														1.3

6A. AVERAGE ANNUAL RATES OF GROWTH OF GROSS DOMESTIC PRODUCT AT CONSTANT PRICES BY TYPE OF EXPENDITURE AND BY KIND OF ECONOMIC ACTIVITY (continued) (IN PER CENT)

EUROPE

EXPORTS OF GOODS AND SERVICES

	1963	1965	1966	1967	1968	1969	1970	1971	1972	1973	1974	1975	1976	1977
1960	5.6	6.8	7.1	7.1	7.4	7.8	8.1	8.2	8.2	8.4	8.4	8.1	8.0	7.9
1963		8.6	8.3	7.7	8.1	8.7	8.9	8.9	8.8	8.9	8.9	8.4	8.2	7.9
1965			7.6	6.8	8.2	9.2	9.4	9.2	9.1	9.1	9.0	8.4	8.0	7.7
1966				6.0	8.8	10.0	10.0	9.5	9.2	9.3	9.1	8.3	7.9	7.6
1967					11.6	11.8	10.8	9.9	9.4	9.4	9.2	8.1	7.7	7.4
1968						12.0	10.2	9.1	8.7	8.9	8.8	7.6	7.2	6.9
1969							8.5	7.8	7.9	8.5	8.4	7.1	6.7	6.5
1970								7.1	7.7	8.7	8.5	6.7	6.4	6.1
1971									8.3	9.6	8.9	6.1	5.9	5.7
1972										10.9	8.9	4.8	5.0	5.1
1973											6.9	1.5	3.4	4.2
1974												-3.7	3.0	4.3
1975													10.1	7.6
1976														5.1

EUROPE

IMPORTS OF GOODS AND SERVICES

	1963	1965	1966	1967	1968	1969	1970	1971	1972	1973	1974	1975	1976	1977
1960	7.8	8.1	8.0	7.6	7.6	7.9	8.2	8.3	8.3	8.4	8.4	8.0	7.8	7.6
1963		8.3	7.7	7.0	7.2	7.9	8.4	8.5	8.5	8.7	8.5	8.0	7.7	7.4
1965			6.7	5.7	6.8	8.3	9.1	9.0	8.9	9.1	8.8	8.0	7.6	7.3
1966				4.8	7.2	9.2	9.9	9.5	9.3	9.4	8.9	7.9	7.6	7.1
1967					9.6	11.4	11.4	10.3	9.7	9.7	9.1	7.8	7.4	6.9
1968						13.3	12.0	10.0	9.4	9.4	8.7	7.2	6.8	6.4
1969							10.8	8.2	8.2	8.7	8.0	6.3	6.1	5.7
1970								5.8	7.3	8.6	7.6	5.5	5.4	5.1
1971									8.9	10.0	7.8	4.8	4.9	4.6
1972										11.0	6.8	2.9	3.8	3.8
1973											2.7	-1.0	2.3	2.9
1974												-4.5	3.2	3.7
1975													11.5	6.7
1976														2.1

EUROPE

AGRICULTURE

	1963	1965	1966	1967	1968	1969	1970	1971	1972	1973	1974	1975	1976	1977
1960	1.7	1.5	1.3	1.7	1.9	1.8	1.8	1.8	1.7	1.8	1.8	1.8	1.6	1.5
1963		1.2	0.9	2.0	2.4	2.0	1.9	2.0	1.8	1.8	1.9	1.8	1.6	1.4
1965			0.4	3.6	3.5	2.4	2.1	2.1	1.8	1.8	1.9	1.8	1.5	1.3
1966				6.8	4.5	2.3	2.0	2.0	1.6	1.7	1.9	1.7	1.4	1.2
1967					2.1	0.2	0.7	1.2	1.0	1.3	1.6	1.4	1.1	0.9
1968						-1.7	0.4	1.4	0.9	1.4	1.7	1.5	1.1	0.9
1969							2.5	2.7	1.4	1.9	2.2	1.7	1.1	0.9
1970								2.9	0.6	1.8	2.2	1.6	0.9	0.6
1971									-1.6	1.8	2.4	1.4	0.5	0.4
1972										5.3	4.0	1.7	0.4	0.2
1973											2.6	-0.2	-1.3	-0.9
1974												-2.9	-2.9	-1.5
1975													-2.9	-0.5
1976														1.9

EUROPE

INDUSTRIAL ACTIVITY

	1963	1965	1966	1967	1968	1969	1970	1971	1972	1973	1974	1975	1976	1977
1960	5.0	5.3	5.1	4.8	4.8	5.0	5.2	5.2	5.1	5.2	5.1	4.9	4.7	4.6
1963		5.8	5.1	4.3	4.6	5.0	5.3	5.3	5.2	5.2	5.1	4.8	4.6	4.5
1965			3.6	2.9	4.2	5.2	5.6	5.5	5.3	5.3	5.2	4.7	4.5	4.3
1966				2.1	4.8	6.1	6.3	5.9	5.5	5.5	5.3	4.6	4.4	4.3
1967					7.6	7.9	7.3	6.3	5.7	5.7	5.3	4.5	4.3	4.1
1968						8.2	7.0	5.6	5.0	5.2	4.9	4.0	3.8	3.8
1969							5.9	4.3	4.1	4.8	4.5	3.5	3.3	3.4
1970								2.8	3.5	4.7	4.4	3.0	3.0	3.2
1971									4.1	5.8	4.7	2.7	2.8	3.0
1972										7.6	4.5	1.7	2.2	2.7
1973											1.6	-1.2	1.0	2.2
1974												-3.8	1.6	3.1
1975													7.3	6.0
1976														4.6

EUROPE

MANUFACTURING

	1963	1965	1966	1967	1968	1969	1970	1971	1972	1973	1974	1975	1976	1977
1960	5.3	5.8	5.7	5.4	5.4	5.6	5.7	5.7	5.6	5.6	5.6	5.3	5.1	4.9
1963		6.8	6.0	5.0	5.2	5.7	5.9	5.8	5.7	5.7	5.6	5.1	4.9	4.6
1965			4.4	3.2	4.6	5.7	6.1	5.9	5.7	5.7	5.5	4.9	4.6	4.3
1966				2.1	5.1	6.6	6.8	6.2	5.9	5.9	5.6	4.8	4.5	4.2
1967					8.2	8.6	7.9	6.7	6.0	6.0	5.6	4.7	4.3	4.0
1968						9.1	7.6	5.9	5.3	5.5	5.2	4.1	3.8	3.5
1969							6.0	4.3	4.2	4.9	4.7	3.5	3.2	3.0
1970								2.6	3.6	4.9	4.6	3.0	2.8	2.7
1971									4.7	6.1	5.1	2.7	2.5	2.4
1972										7.6	4.9	1.4	1.7	1.9
1973											2.2	-1.7	0.3	1.1
1974												-5.4	0.3	1.5
1975													6.4	4.2
1976														2.1

EUROPE

CONSTRUCTION

	1963	1965	1966	1967	1968	1969	1970	1971	1972	1973	1974	1975	1976	1977
1960	5.6	6.2	5.9	5.4	5.1	4.8	4.7	4.5	4.4	4.3	4.0	3.6	3.2	3.0
1963		6.9	5.6	4.7	4.2	4.0	3.9	3.8	3.8	3.7	3.3	2.9	2.5	2.2
1965			3.8	3.1	2.9	3.2	3.4	3.4	3.5	3.4	3.0	2.4	2.0	1.7
1966				2.4	2.6	3.2	3.4	3.4	3.6	3.4	2.9	2.2	1.7	1.4
1967					2.7	3.7	3.8	3.6	3.7	3.5	2.8	2.0	1.5	1.2
1968						4.7	4.2	3.7	3.9	3.5	2.6	1.7	1.1	0.8
1969							3.7	3.3	3.7	3.2	2.2	1.1	0.5	0.3
1970								2.8	3.8	3.1	1.6	0.4	-0.1	-0.3
1971									4.8	2.9	0.8	-0.6	-0.9	-0.9
1972										1.1	-1.1	-2.3	-2.1	-1.7
1973											-3.3	-3.7	-2.7	-1.9
1974												-4.1	-2.2	-1.2
1975													-0.3	0.1
1976														0.5

EUROPE

WHOLESALE AND RETAIL TRADE

	1963	1965	1966	1967	1968	1969	1970	1971	1972	1973	1974	1975	1976	1977
1960	6.3	5.8	5.5	5.2	5.0	4.9	4.9	4.9	4.8	4.8	4.7	4.6	4.4	4.3
1963		5.0	4.6	4.2	4.1	4.4	4.5	4.5	4.6	4.6	4.5	4.3	4.1	4.0
1965			3.5	3.5	3.7	4.3	4.6	4.6	4.6	4.7	4.5	4.2	4.0	3.8
1966				3.4	3.9	4.7	4.9	4.9	4.8	4.8	4.6	4.2	4.0	3.8
1967					4.3	5.3	5.4	5.1	4.9	4.9	4.6	4.1	3.9	3.7
1968						6.4	5.7	5.2	4.9	4.9	4.5	3.9	3.7	3.4
1969							5.1	4.6	4.5	4.6	4.2	3.5	3.3	3.1
1970								4.0	4.2	4.5	4.0	3.2	3.0	2.8
1971									4.4	4.8	3.8	2.8	2.7	2.6
1972										5.3	3.3	2.0	2.2	2.2
1973											1.4	0.6	1.6	1.8
1974												-0.2	2.0	2.0
1975													4.3	2.8
1976														1.4

EUROPE

TRANSPORT AND COMMUNICATION

	1963	1965	1966	1967	1968	1969	1970	1971	1972	1973	1974	1975	1976	1977
1960	4.3	4.7	4.6	4.3	4.3	4.4	4.6	4.6	4.6	4.6	4.6	4.5	4.4	4.3
1963		5.1	4.5	3.9	4.0	4.4	4.7	4.6	4.6	4.7	4.7	4.5	4.3	4.2
1965			3.6	2.7	3.7	4.6	4.9	4.8	4.8	4.9	4.8	4.5	4.3	4.2
1966				1.8	4.1	5.2	5.4	5.1	5.0	5.0	5.0	4.5	4.3	4.1
1967					6.4	6.8	6.3	5.6	5.2	5.2	5.1	4.5	4.2	4.0
1968						7.1	6.2	5.1	4.8	4.9	4.8	4.2	3.9	3.8
1969							5.3	4.1	4.1	4.6	4.6	3.9	3.6	3.5
1970								2.9	3.8	4.7	4.6	3.6	3.3	3.3
1971									4.7	5.6	5.0	3.5	3.2	3.1
1972										6.4	5.0	2.7	2.5	2.7
1973											3.5	0.7	1.5	2.1
1974												-2.0	1.1	2.2
1975													4.3	4.0
1976														3.6

EUROPE

OTHER

	1963	1965	1966	1967	1968	1969	1970	1971	1972	1973	1974	1975	1976	1977
1960	4.0	3.9	3.6	3.4	3.4	3.4	3.4	3.5	3.5	3.6	3.6	3.6	3.7	3.6
1963		3.9	3.1	2.9	2.9	3.0	3.2	3.4	3.5	3.6	3.7	3.7	3.7	3.7
1965			1.1	2.0	2.6	3.0	3.3	3.5	3.7	3.8	3.8	3.8	3.8	3.8
1966				3.0	3.2	3.5	3.8	3.9	4.0	4.1	4.1	4.0	4.0	3.9
1967					3.5	3.8	4.0	4.1	4.2	4.2	4.2	4.1	4.0	3.9
1968						4.2	4.3	4.2	4.3	4.3	4.2	4.1	4.0	3.9
1969							4.3	4.3	4.3	4.4	4.2	4.0	3.9	3.8
1970								4.2	4.3	4.4	4.2	4.0	3.8	3.7
1971									4.5	4.5	4.1	3.8	3.7	3.6
1972										4.4	3.9	3.6	3.5	3.4
1973											3.4	3.2	3.3	3.3
1974												3.0	3.3	3.3
1975													3.7	3.3
1976														3.0

EUROPEAN ECONOMIC COMMUNITY

GROSS DOMESTIC PRODUCT

	1963	1965	1966	1967	1968	1969	1970	1971	1972	1973	1974	1975	1976	1977
1960	4.5	4.8	4.7	4.5	4.4	4.5	4.6	4.6	4.6	4.6	4.5	4.4	4.2	4.1
1963		5.2	4.6	4.2	4.2	4.4	4.6	4.6	4.6	4.6	4.5	4.2	4.1	4.0
1965			3.5	3.3	3.9	4.5	4.7	4.7	4.6	4.7	4.5	4.2	4.0	3.8
1966				3.1	4.2	4.9	5.1	4.9	4.7	4.8	4.6	4.1	3.9	3.8
1967					5.3	5.7	5.6	5.1	4.8	4.9	4.6	4.1	3.8	3.6
1968						6.2	5.6	4.9	4.6	4.7	4.4	3.8	3.6	3.4
1969							5.1	4.3	4.1	4.5	4.1	3.4	3.2	3.1
1970								3.5	3.7	4.4	4.0	3.1	2.9	2.8
1971									4.0	5.0	4.1	2.7	2.7	2.6
1972										5.9	3.8	1.9	2.2	2.3
1973											1.7	0.1	1.3	1.8
1974												-1.5	1.7	2.2
1975													5.0	3.6
1976														2.3

EUROPEAN ECONOMIC COMMUNITY

PER CAPITA GROSS DOMESTIC PRODUCT

	1963	1965	1966	1967	1968	1969	1970	1971	1972	1973	1974	1975	1976	1977
1960	3.8	3.9	3.7	3.7	3.7	3.7	3.8	3.8	3.8	3.8	3.8	3.6	3.5	3.5
1963		4.3	3.7	3.6	3.6	3.7	3.9	3.9	3.8	3.9	3.8	3.6	3.5	3.4
1965			2.7	3.3	3.5	3.8	4.0	4.0	3.9	4.0	3.8	3.5	3.4	3.2
1966				3.9	3.9	4.2	4.3	4.2	4.0	4.1	3.9	3.5	3.3	3.2
1967					3.8	4.3	4.5	4.3	3.9	4.0	3.8	3.3	3.2	3.0
1968						4.9	4.8	4.3	3.8	4.0	3.7	3.2	3.0	2.9
1969							4.7	4.0	3.4	3.8	3.5	2.8	2.7	2.6
1970								3.3	2.7	3.7	3.4	2.5	2.5	2.4
1971									2.2	4.2	3.4	2.2	2.2	2.2
1972										6.3	3.6	1.7	1.9	2.0
1973											1.0	-0.5	1.0	1.5
1974												-2.0	1.5	1.9
1975													5.0	3.4
1976														1.9

EUROPEAN ECONOMIC COMMUNITY

GOVERNMENT FINAL CONSUMPTION EXPENDITURE

	1963	1965	1966	1967	1968	1969	1970	1971	1972	1973	1974	1975	1976	1977
1960	5.2	4.3	4.0	3.9	3.7	3.6	3.5	3.5	3.6	3.6	3.6	3.6	3.6	3.6
1963		3.1	3.0	3.3	3.1	3.1	3.1	3.2	3.3	3.4	3.5	3.5	3.5	3.5
1965			2.7	3.5	3.1	3.0	3.1	3.3	3.4	3.6	3.6	3.6	3.6	3.6
1966				4.3	3.1	3.0	3.1	3.4	3.5	3.7	3.7	3.7	3.7	3.6
1967					1.9	2.6	3.0	3.4	3.6	3.7	3.7	3.8	3.7	3.6
1968						3.3	3.4	3.8	3.9	4.0	3.9	3.9	3.9	3.7
1969							3.5	4.1	4.1	4.2	4.0	4.0	3.9	3.7
1970								4.7	4.4	4.3	4.0	4.0	3.9	3.6
1971									4.1	4.1	3.7	3.8	3.7	3.5
1972										4.2	3.5	3.7	3.7	3.4
1973											2.8	3.7	3.6	3.2
1974												4.6	3.8	3.1
1975													3.1	2.4
1976														1.7

6A. AVERAGE ANNUAL RATES OF GROWTH OF GROSS DOMESTIC PRODUCT AT CONSTANT PRICES BY TYPE OF EXPENDITURE AND BY KIND OF ECONOMIC ACTIVITY (continued) (IN PER CENT)

EUROPEAN ECONOMIC COMMUNITY — *PRIVATE FINAL CONSUMPTION EXPENDITURE*

	1963	1965	1966	1967	1968	1969	1970	1971	1972	1973	1974	1975	1976	1977
1960	5.1	4.9	4.7	4.5	4.4	4.5	4.5	4.5	4.6	4.6	4.5	4.4	4.3	4.2
1963		4.4	4.2	4.0	4.0	4.2	4.4	4.5	4.5	4.6	4.5	4.3	4.2	4.0
1965			3.7	3.6	3.8	4.2	4.5	4.6	4.7	4.7	4.5	4.3	4.1	3.9
1966				3.5	3.9	4.4	4.8	4.8	4.9	4.8	4.6	4.3	4.1	3.9
1967					4.3	5.0	5.2	5.1	5.1	5.0	4.6	4.2	4.0	3.8
1968						5.7	5.6	5.3	5.1	5.0	4.5	4.1	3.8	3.6
1969							5.6	5.1	4.9	4.8	4.3	3.8	3.6	3.3
1970								4.5	4.7	4.7	3.9	3.4	3.2	3.0
1971									4.8	4.7	3.6	3.0	2.9	2.8
1972										4.6	2.8	2.3	2.4	2.4
1973											1.1	1.3	2.0	2.2
1974												1.6	2.6	2.5
1975													3.6	2.8
1976														2.0

EUROPEAN ECONOMIC COMMUNITY — *GROSS FIXED CAPITAL FORMATION*

	1963	1965	1966	1967	1968	1969	1970	1971	1972	1973	1974	1975	1976	1977
1960	6.2	6.5	6.1	5.7	5.5	5.5	5.5	5.5	5.4	5.3	5.1	4.7	4.3	4.1
1963		7.0	5.7	4.9	4.7	5.0	5.2	5.3	5.2	5.1	4.7	4.2	3.8	3.5
1965			4.0	3.4	4.0	4.8	5.3	5.4	5.2	5.1	4.6	3.8	3.4	3.0
1966				2.8	4.1	5.3	5.8	5.7	5.4	5.2	4.6	3.7	3.2	2.8
1967					5.5	6.5	6.8	6.2	5.7	5.4	4.5	3.4	2.9	2.5
1968						7.5	7.3	6.2	5.5	5.1	4.0	2.8	2.3	2.0
1969							7.1	5.5	4.7	4.5	3.3	2.0	1.5	1.3
1970								4.0	3.7	3.9	2.5	1.0	0.7	0.6
1971									3.4	3.9	1.8	-0.0	-0.1	0.0
1972										4.5	0.6	-1.5	-1.0	-0.5
1973											-3.2	-4.1	-2.1	-1.0
1974												-4.9	-1.0	0.1
1975													3.1	2.2
1976														1.3

EUROPEAN ECONOMIC COMMUNITY — *EXPORTS OF GOODS AND SERVICES*

	1963	1965	1966	1967	1968	1969	1970	1971	1972	1973	1974	1975	1976	1977
1960	5.2	6.5	6.8	6.9	7.3	7.7	8.0	8.2	8.2	8.4	8.5	8.2	8.1	8.0
1963		8.5	8.2	7.7	8.2	8.8	9.0	9.0	9.0	9.0	9.0	8.6	8.4	8.2
1965			7.4	6.8	8.4	9.4	9.6	9.4	9.2	9.3	9.2	8.6	8.3	8.0
1966				6.2	9.2	10.3	10.2	9.8	9.4	9.4	9.3	8.6	8.2	7.9
1967					12.3	12.1	11.0	10.1	9.5	9.5	9.4	8.4	8.1	7.7
1968						11.9	10.2	9.2	8.8	9.0	9.0	7.9	7.6	7.2
1969							8.4	8.1	8.0	8.6	8.7	7.4	7.1	6.8
1970								7.7	7.8	8.8	8.9	7.1	6.8	6.5
1971									7.9	9.5	9.3	6.6	6.4	6.1
1972										11.1	9.7	5.5	5.6	5.5
1973											8.3	2.4	4.1	4.6
1974												-3.2	3.3	4.4
1975													10.3	7.5
1976														4.7

EUROPEAN ECONOMIC COMMUNITY — *IMPORTS OF GOODS AND SERVICES*

	1963	1965	1966	1967	1968	1969	1970	1971	1972	1973	1974	1975	1976	1977
1960	7.3	7.6	7.4	7.2	7.3	7.7	8.0	8.2	8.3	8.4	8.4	8.0	7.8	7.6
1963		7.4	7.1	6.6	7.0	7.9	8.5	8.6	8.7	8.8	8.6	8.1	7.8	7.5
1965			6.6	6.0	7.2	8.7	9.4	9.4	9.3	9.4	9.0	8.2	7.8	7.4
1966				5.3	7.8	9.8	10.4	10.0	9.7	9.7	9.2	8.1	7.7	7.3
1967					10.4	12.0	11.8	10.6	10.1	9.9	9.2	7.9	7.5	7.0
1968						13.8	12.2	10.2	9.6	9.6	8.8	7.3	6.9	6.4
1969							10.6	8.5	8.4	8.9	8.0	6.3	6.1	5.7
1970								6.4	7.7	8.7	7.6	5.5	5.4	5.1
1971									9.1	9.9	7.6	4.6	4.8	4.6
1972										10.7	6.4	2.6	3.7	3.8
1973											2.2	-1.2	2.3	3.0
1974												-4.4	3.5	3.9
1975													12.1	7.0
1976														2.2

EUROPEAN ECONOMIC COMMUNITY — *AGRICULTURE*

	1963	1965	1966	1967	1968	1969	1970	1971	1972	1973	1974	1975	1976	1977
1960	1.2	1.5	1.3	1.8	2.1	1.9	1.9	1.9	1.8	1.8	1.9	1.8	1.6	1.5
1963		1.8	1.3	2.4	2.7	2.3	2.1	2.1	1.8	1.9	2.0	1.8	1.5	1.4
1965			0.3	3.9	3.8	2.6	2.1	2.1	1.7	1.8	1.9	1.7	1.3	1.2
1966				7.6	4.9	2.5	1.9	1.9	1.4	1.7	1.9	1.6	1.2	1.1
1967					2.3	0.1	0.4	1.0	0.7	1.2	1.5	1.3	0.9	0.8
1968						-2.1	-0.1	1.0	0.6	1.3	1.7	1.4	0.8	0.8
1969							2.0	2.4	1.1	1.9	2.2	1.7	0.9	0.8
1970								2.8	0.3	2.0	2.4	1.6	0.6	0.6
1971									-2.1	2.3	2.7	1.5	0.2	0.3
1972										7.0	4.5	1.7	-0.1	0.1
1973											2.2	-0.9	-2.3	-1.1
1974												-3.9	-4.2	-1.5
1975													-4.6	0.3
1976														5.4

EUROPEAN ECONOMIC COMMUNITY — *INDUSTRIAL ACTIVITY*

	1963	1965	1966	1967	1968	1969	1970	1971	1972	1973	1974	1975	1976	1977
1960	4.6	4.9	4.8	4.5	4.5	4.8	4.9	4.9	4.8	4.9	4.8	4.6	4.5	4.4
1963		5.4	4.7	4.0	4.3	4.8	5.1	5.0	4.9	5.0	4.8	4.5	4.3	4.3
1965			3.3	2.5	4.1	5.1	5.5	5.3	5.0	5.1	4.9	4.4	4.2	4.2
1966				1.8	4.8	6.1	6.2	5.7	5.3	5.3	5.0	4.3	4.2	4.1
1967					8.0	7.9	7.2	6.1	5.4	5.3	5.0	4.2	4.0	4.0
1968						7.9	6.7	5.3	4.6	4.8	4.5	3.6	3.5	3.6
1969							5.4	4.0	3.6	4.3	4.0	3.1	3.1	3.3
1970								2.5	2.9	4.3	3.9	2.7	2.8	3.1
1971									3.3	5.4	4.3	2.4	2.7	3.1
1972										7.5	4.2	1.4	2.2	2.9
1973											1.1	-1.4	1.2	2.5
1974												-3.8	2.1	3.7
1975													8.5	6.8
1976														5.2

EUROPEAN ECONOMIC COMMUNITY — *MANUFACTURING*

	1963	1965	1966	1967	1968	1969	1970	1971	1972	1973	1974	1975	1976	1977
1960	5.0	5.6	5.5	5.1	5.2	5.5	5.6	5.5	5.5	5.5	5.4	5.1	4.9	4.7
1963		6.6	5.8	5.1	5.6	5.8	5.6	5.5	5.5	5.4	4.9	4.7	4.5	
1965			4.2	3.0	4.5	5.7	6.1	5.8	5.5	5.5	5.3	4.7	4.4	4.2
1966				1.8	5.2	6.7	6.7	6.1	5.7	5.6	5.4	4.6	4.3	4.1
1967					8.7	8.9	7.9	6.5	5.8	5.7	5.4	4.4	4.1	3.9
1968						9.0	7.3	5.6	4.9	5.1	4.8	3.8	3.6	3.4
1969							5.6	3.9	3.8	4.5	4.3	3.1	3.0	2.9
1970								2.2	3.2	4.5	4.3	2.7	2.7	2.6
1971									4.1	5.8	4.7	2.4	2.4	2.4
1972										7.5	4.6	1.2	1.7	1.9
1973											1.8	-1.9	0.4	1.2
1974												-5.5	0.7	1.8
1975													7.4	4.7
1976														2.2

EUROPEAN ECONOMIC COMMUNITY — *CONSTRUCTION*

	1963	1965	1966	1967	1968	1969	1970	1971	1972	1973	1974	1975	1976	1977
1960	4.7	5.7	5.5	5.2	4.8	4.6	4.4	4.3	4.2	4.0	3.7	3.3	3.0	2.8
1963		7.2	5.8	4.9	4.3	4.0	3.9	3.8	3.7	3.5	3.2	2.7	2.3	2.0
1965			3.9	3.3	2.9	3.0	3.2	3.2	3.3	3.1	2.7	2.1	1.7	1.5
1966				2.7	2.4	2.8	3.1	3.2	3.3	3.1	2.6	1.9	1.5	1.2
1967					2.2	3.0	3.4	3.4	3.5	3.2	2.5	1.7	1.3	1.0
1968						3.8	3.9	3.6	3.7	3.2	2.3	1.4	0.9	0.6
1969							4.0	3.5	3.6	3.0	1.8	0.8	0.4	0.2
1970								2.9	3.5	2.6	1.2	0.0	-0.3	-0.4
1971									4.1	2.2	0.2	-0.9	-1.1	-1.0
1972										0.4	-1.7	-2.5	-2.1	-1.6
1973											-3.7	-3.7	-2.5	-1.7
1974												-3.7	-1.7	-0.9
1975													0.4	0.4
1976														0.4

EUROPEAN ECONOMIC COMMUNITY — *WHOLESALE AND RETAIL TRADE*

	1963	1965	1966	1967	1968	1969	1970	1971	1972	1973	1974	1975	1976	1977
1960	5.6	5.4	5.1	4.8	4.6	4.7	4.7	4.7	4.6	4.6	4.5	4.3	4.2	4.1
1963		5.0	4.3	4.0	4.0	4.2	4.4	4.4	4.4	4.4	4.3	4.1	3.9	3.8
1965			3.1	3.2	3.6	4.2	4.5	4.5	4.5	4.5	4.3	4.0	3.8	3.6
1966				3.3	3.9	4.7	4.9	4.8	4.7	4.6	4.4	3.9	3.8	3.5
1967					4.5	5.5	5.4	5.1	4.8	4.7	4.3	3.8	3.6	3.4
1968						6.4	5.6	5.0	4.7	4.6	4.2	3.6	3.4	3.2
1969							4.9	4.4	4.2	4.3	3.8	3.1	3.0	2.8
1970								3.9	3.9	4.2	3.5	2.8	2.7	2.5
1971									3.9	4.4	3.3	2.3	2.4	2.3
1972										4.9	2.8	1.6	1.9	1.9
1973											0.7	0.1	1.4	1.6
1974												-0.6	2.0	2.0
1975													4.7	2.9
1976														1.2

EUROPEAN ECONOMIC COMMUNITY — *TRANSPORT AND COMMUNICATION*

	1963	1965	1966	1967	1968	1969	1970	1971	1972	1973	1974	1975	1976	1977
1960	4.0	4.4	4.2	3.9	3.9	4.1	4.3	4.3	4.3	4.4	4.4	4.3	4.2	4.1
1963		4.7	4.1	3.4	3.7	4.1	4.4	4.5	4.5	4.5	4.5	4.3	4.1	4.0
1965			3.1	2.1	3.4	4.5	4.9	4.8	4.7	4.7	4.6	4.3	4.1	4.0
1966				1.2	3.9	5.2	5.5	5.1	4.9	4.9	4.8	4.3	4.1	4.0
1967					6.8	7.1	6.5	5.6	5.2	5.1	4.9	4.3	4.1	3.9
1968						7.4	6.3	5.1	4.7	4.7	4.6	3.9	3.7	3.6
1969							5.2	3.9	3.9	4.3	4.2	3.5	3.3	3.3
1970								2.6	3.5	4.3	4.2	3.2	3.1	3.1
1971									4.4	5.1	4.5	3.1	2.9	3.0
1972										5.9	4.3	2.3	2.4	2.6
1973											2.8	0.5	1.5	2.2
1974												-1.8	1.4	2.5
1975													4.8	4.3
1976														3.8

EUROPEAN ECONOMIC COMMUNITY — *OTHER*

	1963	1965	1966	1967	1968	1969	1970	1971	1972	1973	1974	1975	1976	1977
1960	3.7	3.7	3.3	3.1	3.0	3.0	3.1	3.2	3.3	3.3	3.4	3.4	3.4	3.5
1963		3.7	2.7	2.5	2.5	2.7	2.9	3.1	3.3	3.4	3.5	3.5	3.5	3.5
1965			0.4	1.5	2.2	2.7	3.0	3.3	3.5	3.6	3.7	3.7	3.7	3.7
1966				2.6	3.0	3.3	3.6	3.7	3.9	3.9	3.9	3.9	3.9	3.8
1967					3.3	3.7	3.9	4.0	4.1	4.1	4.1	4.0	3.9	3.8
1968						4.1	4.1	4.1	4.2	4.2	4.1	4.0	3.9	3.8
1969							4.2	4.1	4.2	4.3	4.1	4.0	3.9	3.8
1970								4.1	4.3	4.3	4.1	3.9	3.8	3.7
1971									4.4	4.4	4.0	3.8	3.7	3.6
1972										4.3	3.8	3.5	3.5	3.4
1973											3.3	3.2	3.3	3.2
1974												3.0	3.3	3.2
1975													3.6	3.3
1976														2.9

BELGIUM — *GROSS DOMESTIC PRODUCT*

	1963	1965	1966	1967	1968	1969	1970	1971	1972	1973	1974	1975	1976	1977
1960	5.0	5.2	4.9	4.7	4.6	4.6	4.7	4.8	4.8	4.9	5.0	4.8	4.8	4.6
1963		5.3	4.5	4.2	4.1	4.4	4.6	4.7	4.8	5.0	5.0	4.8	4.7	4.6
1965			3.0	3.5	3.8	4.4	4.8	4.9	5.0	5.2	5.2	4.9	4.8	4.5
1966				4.0	4.1	4.9	5.3	5.3	5.3	5.4	5.4	5.0	4.8	4.6
1967					4.3	5.4	5.8	5.5	5.5	5.6	5.6	5.0	4.8	4.5
1968						6.6	6.5	5.7	5.6	5.7	5.6	4.9	4.6	4.3
1969							6.3	5.2	5.3	5.5	5.5	4.6	4.4	4.0
1970								4.1	5.0	5.5	5.4	4.3	4.1	3.7
1971									5.8	6.1	5.7	4.0	3.8	3.4
1972										6.5	5.6	3.1	3.1	2.9
1973											4.7	1.2	2.2	2.2
1974												-2.1	1.7	2.0
1975													5.7	3.5
1976														1.3

6A. AVERAGE ANNUAL RATES OF GROWTH OF GROSS DOMESTIC PRODUCT AT CONSTANT PRICES BY TYPE OF EXPENDITURE AND BY KIND OF ECONOMIC ACTIVITY (continued) (IN PER CENT)

BELGIUM — *PER CAPITA GROSS DOMESTIC PRODUCT*

	1963	1965	1966	1967	1968	1969	1970	1971	1972	1973	1974	1975	1976	1977
1960	4.5	4.5	4.2	4.0	3.9	4.0	4.1	4.2	4.3	4.4	4.4	4.3	4.3	4.2
1963		4.4	3.6	3.4	3.4	3.7	4.0	4.2	4.3	4.5	4.6	4.4	4.3	4.2
1965			2.4	2.9	3.2	3.9	4.4	4.6	4.7	4.8	4.9	4.6	4.4	4.2
1966				3.4	3.6	4.4	4.9	5.0	5.0	5.1	5.1	4.7	4.5	4.3
1967					3.8	5.1	5.5	5.3	5.3	5.3	5.3	4.7	4.5	4.2
1968						6.3	6.2	5.6	5.4	5.4	5.4	4.6	4.4	4.1
1969							6.2	5.1	5.1	5.3	5.2	4.3	4.1	3.8
1970								4.0	4.7	5.2	5.1	4.0	3.8	3.4
1971									5.3	5.7	5.4	3.7	3.5	3.1
1972										6.1	5.3	2.8	2.9	2.6
1973											4.4	0.9	1.9	2.0
1974												-2.4	1.4	1.8
1975													5.5	3.3
1976														1.2

BELGIUM — *GOVERNMENT FINAL CONSUMPTION EXPENDITURE*

	1963	1965	1966	1967	1968	1969	1970	1971	1972	1973	1974	1975	1976	1977
1960	7.4	6.9	6.6	6.3	6.1	5.9	5.7	5.6	5.5	5.5	5.4	5.3	5.3	5.2
1963		5.0	4.9	5.1	4.9	5.0	4.9	4.9	4.9	5.0	4.9	4.9	4.9	4.8
1965			4.5	5.1	4.7	4.9	4.7	4.8	4.9	4.9	4.9	4.9	4.9	4.8
1966				5.8	4.7	5.0	4.7	4.8	4.9	5.0	4.9	4.9	4.9	4.8
1967					3.6	4.8	4.5	4.7	4.9	5.0	4.9	4.8	4.8	4.8
1968						6.1	4.7	4.9	5.1	5.1	5.0	4.9	4.9	4.8
1969							3.3	4.5	5.0	5.1	4.9	4.8	4.8	4.7
1970								5.8	5.8	5.5	5.0	4.9	4.9	4.8
1971									5.8	5.3	4.7	4.7	4.7	4.6
1972										4.8	4.2	4.4	4.6	4.4
1973											3.5	4.4	4.6	4.4
1974												5.2	5.1	4.5
1975													5.0	4.2
1976														3.4

BELGIUM — *PRIVATE FINAL CONSUMPTION EXPENDITURE*

	1963	1965	1966	1967	1968	1969	1970	1971	1972	1973	1974	1975	1976	1977
1960	3.5	3.5	3.5	3.4	3.5	3.7	3.8	3.9	4.1	4.3	4.4	4.4	4.4	4.4
1963		3.4	3.3	3.2	3.5	3.8	4.0	4.1	4.3	4.6	4.7	4.7	4.6	4.6
1965			2.8	2.9	3.6	4.1	4.3	4.4	4.7	5.0	5.1	4.9	4.9	4.7
1966				2.9	4.2	4.6	4.7	4.7	5.0	5.3	5.3	5.1	5.0	4.8
1967					5.4	5.3	5.0	5.0	5.2	5.6	5.6	5.2	5.1	4.8
1968						5.2	4.8	4.9	5.2	5.7	5.7	5.2	5.0	4.8
1969							4.4	4.8	5.3	6.0	5.8	5.1	4.9	4.7
1970								5.2	5.8	6.6	6.1	5.1	4.9	4.5
1971									6.4	7.3	6.2	4.8	4.6	4.2
1972										8.2	5.8	3.9	3.9	3.7
1973											3.4	1.8	2.9	3.0
1974												0.3	3.1	3.1
1975													6.0	4.1
1976														2.1

BELGIUM — *GROSS FIXED CAPITAL FORMATION*

	1963	1965	1966	1967	1968	1969	1970	1971	1972	1973	1974	1975	1976	1977
1960	6.3	7.0	6.9	6.5	5.8	5.4	5.4	5.1	4.8	4.7	4.7	4.6	4.5	4.3
1963		8.8	7.8	6.5	5.0	4.5	4.7	4.3	4.1	4.0	4.2	4.1	4.0	3.8
1965			6.9	4.8	2.7	2.8	3.7	3.4	3.3	3.5	3.8	3.7	3.6	3.4
1966				2.8	0.6	1.9	3.5	3.2	3.1	3.3	3.8	3.7	3.6	3.4
1967					-1.5	2.0	4.4	3.6	3.3	3.6	4.0	3.9	3.7	3.4
1968						5.6	7.2	4.6	3.8	4.0	4.5	4.2	3.9	3.5
1969							8.8	3.4	2.8	3.5	4.3	4.0	3.7	3.3
1970								-1.8	0.7	2.7	4.2	3.8	3.5	3.0
1971									3.1	5.0	6.1	4.7	4.0	3.2
1972										6.8	7.4	4.8	3.7	2.8
1973											8.1	3.2	2.4	1.6
1974												-1.4	0.4	0.2
1975													2.2	0.7
1976														-0.7

BELGIUM — *EXPORTS OF GOODS AND SERVICES*

	1963	1965	1966	1967	1968	1969	1970	1971	1972	1973	1974	1975	1976	1977
1960	7.7	8.4	7.9	7.7	7.9	8.4	8.8	8.9	9.0	9.2	9.3	8.9	8.6	8.4
1963		9.4	7.5	7.0	7.8	8.8	9.3	9.4	9.4	9.7	9.7	9.1	8.7	8.3
1965			3.7	5.3	7.9	9.8	10.4	10.1	10.1	10.3	10.2	9.2	8.7	8.2
1966				6.9	10.3	11.9	11.9	11.1	10.7	10.8	10.6	9.3	8.7	8.1
1967					13.9	14.2	13.0	11.4	10.8	10.9	10.6	9.1	8.3	7.7
1968						14.6	12.3	10.3	9.9	10.4	10.1	8.3	7.6	7.0
1969							10.0	8.2	8.6	9.8	9.7	7.5	6.8	6.3
1970								6.5	8.3	10.3	9.9	6.9	6.2	5.7
1971									10.2	12.2	10.6	6.2	5.5	5.0
1972										14.3	10.3	3.8	3.8	3.7
1973											6.4	-1.5	1.1	2.1
1974												-8.7	0.3	2.2
1975													10.2	6.7
1976														3.4

BELGIUM — *IMPORTS OF GOODS AND SERVICES*

	1963	1965	1966	1967	1968	1969	1970	1971	1972	1973	1974	1975	1976	1977
1960	6.2	7.4	7.5	7.2	7.5	8.0	8.2	8.3	8.3	8.6	8.8	8.4	8.3	8.1
1963		8.6	8.2	7.1	7.7	8.7	8.9	8.8	8.7	9.1	9.3	8.7	8.4	8.1
1965			7.7	5.6	7.7	9.5	9.6	9.2	9.0	9.5	9.7	8.8	8.4	8.0
1966				3.6	8.4	10.7	10.5	9.6	9.2	9.8	9.9	8.9	8.4	7.9
1967					13.4	14.0	12.0	10.1	9.4	10.1	10.2	8.8	8.3	7.8
1968						14.7	10.8	8.7	8.2	9.6	9.9	8.2	7.7	7.2
1969							7.1	6.1	6.7	9.2	9.7	7.6	7.1	6.6
1970								5.1	6.8	10.6	10.7	7.6	6.9	6.4
1971									8.5	13.8	12.3	7.3	6.5	5.9
1972										19.3	13.2	5.3	5.0	4.7
1973											7.4	-1.4	1.4	2.5
1974												-9.4	0.4	2.6
1975													11.3	7.7
1976														4.1

BELGIUM — *AGRICULTURE*

	1963	1965	1966	1967	1968	1969	1970	1971	1972	1973	1974	1975	1976	1977
1960	-0.9	-1.2	-2.4	-1.7	-1.0	-0.6	-0.5	-0.2	0.1	0.4	0.6	0.5	0.3	0.2
1963		-1.8	-4.6	-2.1	-0.2	0.2	0.3	0.7	0.9	1.2	1.5	1.1	0.7	0.6
1965			-9.3	0.8	3.3	2.8	1.9	2.1	2.1	2.2	2.4	1.7	1.0	0.8
1966				12.0	8.8	5.2	3.0	2.8	2.7	2.7	2.8	1.8	1.1	0.8
1967					5.8	1.8	0.4	1.1	1.5	1.8	2.2	1.2	0.4	0.2
1968						-2.0	-1.9	0.4	1.2	1.7	2.2	0.9	0.0	-0.1
1969							-1.7	2.0	2.4	2.6	3.0	1.1	-0.1	-0.2
1970								5.9	3.9	3.5	3.7	1.0	-0.5	-0.5
1971									2.1	2.6	3.4	-0.3	-1.8	-1.5
1972										3.1	4.1	-1.8	-3.3	-2.4
1973											5.1	-5.2	-5.7	-3.5
1974												-14.6	-9.3	-4.2
1975													-3.6	1.4
1976														6.6

BELGIUM — *INDUSTRIAL ACTIVITY*

	1963	1965	1966	1967	1968	1969	1970	1971	1972	1973	1974	1975	1976	1977
1960	6.0	6.2	6.0	5.6	5.4	5.7	6.0	6.1	6.2	6.4	6.5	6.2	6.1	5.9
1963		6.1	5.6	4.7	4.7	5.4	6.0	6.2	6.4	6.6	6.7	6.3	6.1	5.8
1965			5.2	3.4	4.2	5.7	6.7	6.7	7.0	7.2	7.2	6.5	6.2	5.8
1966				1.6	4.1	6.5	7.5	7.3	7.4	7.6	7.5	6.7	6.2	5.8
1967					6.6	9.0	9.3	8.3	8.1	8.2	7.9	6.8	6.2	5.7
1968						11.4	10.3	8.3	8.0	8.1	7.8	6.4	5.9	5.3
1969							9.1	6.7	7.1	7.6	7.3	5.7	5.2	4.6
1970								4.3	6.5	7.5	7.2	5.1	4.6	4.0
1971									8.8	9.0	7.8	4.5	4.1	3.5
1972										9.1	7.1	2.6	2.8	2.4
1973											5.0	-0.9	1.1	1.3
1974												-6.5	0.4	1.1
1975													7.8	4.0
1976														0.3

BELGIUM — *MANUFACTURING*

	1963	1965	1966	1967	1968	1969	1970	1971	1972	1973	1974	1975	1976	1977
1960	6.0	6.3	6.2	5.7	5.6	5.8	6.2	6.3	6.4	6.6	6.6	6.3	6.2	6.0
1963		6.4	5.9	4.9	4.9	5.7	6.3	6.4	6.6	6.8	6.9	6.4	6.2	5.9
1965			5.6	3.5	4.4	6.0	7.0	7.0	7.1	7.4	7.3	6.6	6.2	5.8
1966				1.4	4.3	6.7	7.8	7.6	7.6	7.7	7.6	6.7	6.2	5.7
1967					7.2	9.4	9.7	8.6	8.3	8.3	8.0	6.8	6.2	5.6
1968						11.7	10.7	8.5	8.1	8.2	7.8	6.3	5.7	5.1
1969							9.7	6.8	7.0	7.6	7.3	5.5	5.0	4.4
1970								3.9	6.2	7.4	7.1	4.8	4.4	3.8
1971									8.6	9.0	7.8	4.3	3.8	3.3
1972										9.5	7.1	2.3	2.5	2.2
1973											4.8	-1.5	0.6	1.0
1974												-7.4	-0.1	0.8
1975													7.9	4.0
1976														0.3

BELGIUM — *CONSTRUCTION*

	1963	1965	1966	1967	1968	1969	1970	1971	1972	1973	1974	1975	1976	1977
1960	2.4	5.0	4.9	4.8	4.0	3.5	3.6	3.5	3.5	3.5	3.5	3.5	3.5	3.5
1963		8.8	6.3	5.4	3.5	2.6	3.0	3.1	3.1	3.2	3.3	3.2	3.3	3.3
1965			3.6	3.7	0.9	0.5	2.0	2.5	2.6	2.9	3.1	3.1	3.2	3.2
1966				3.9	-0.9	-0.6	1.9	2.6	2.7	3.0	3.3	3.2	3.3	3.3
1967					-5.4	-2.0	2.5	3.2	3.2	3.4	3.6	3.5	3.5	3.5
1968						1.5	6.9	5.7	4.7	4.5	4.5	4.1	4.0	3.9
1969							12.5	6.7	4.7	4.5	4.4	3.9	3.9	3.8
1970								1.2	1.6	2.8	3.4	3.0	3.3	3.3
1971									2.0	3.7	4.1	3.3	3.5	3.5
1972										5.4	5.0	3.4	3.6	3.6
1973											4.6	2.1	3.2	3.2
1974												-0.3	3.0	3.2
1975													6.4	4.5
1976														2.6

BELGIUM — *WHOLESALE AND RETAIL TRADE*

	1963	1965	1966	1967	1968	1969	1970	1971	1972	1973	1974	1975	1976	1977
1960	6.4	6.2	5.8	5.5	5.4	5.4	5.4	5.4	5.4	5.4	5.4	5.2	5.1	4.9
1963		5.8	5.0	4.7	4.7	4.9	5.0	5.1	5.1	5.3	5.2	5.0	4.9	4.7
1965			3.1	3.6	4.2	4.8	5.0	5.2	5.2	5.4	5.3	4.9	4.8	4.6
1966				4.1	4.8	5.4	5.4	5.5	5.5	5.6	5.4	5.0	4.8	4.6
1967					5.6	6.0	5.8	5.8	5.6	5.7	5.5	4.9	4.8	4.5
1968						6.4	5.8	5.8	5.6	5.7	5.4	4.8	4.6	4.2
1969							5.2	5.6	5.4	5.7	5.3	4.5	4.3	4.0
1970								5.9	5.4	5.8	5.2	4.2	4.0	3.7
1971									5.0	5.9	4.9	3.6	3.6	3.3
1972										6.9	4.6	2.7	3.1	2.8
1973											2.3	0.8	2.3	2.3
1974												-0.7	2.9	2.5
1975													6.5	3.4
1976														0.4

BELGIUM — *TRANSPORT AND COMMUNICATION*

	1963	1965	1966	1967	1968	1969	1970	1971	1972	1973	1974	1975	1976	1977
1960	4.1	5.0	5.0	4.5	4.7	4.8	4.9	4.8	4.7	4.6	4.7	4.3	4.1	3.9
1963		5.3	4.8	3.7	4.4	4.7	4.8	4.7	4.5	4.5	4.5	4.1	3.8	3.6
1965			4.4	2.1	4.3	5.1	5.1	4.9	4.5	4.4	4.5	3.9	3.6	3.3
1966				-0.2	5.0	5.8	5.5	5.1	4.6	4.5	4.6	3.8	3.5	3.1
1967					10.5	8.1	6.6	5.5	4.7	4.5	4.6	3.7	3.3	3.0
1968						5.8	4.7	4.1	3.5	3.7	4.1	3.0	2.7	2.4
1969							3.7	3.3	2.8	3.3	4.0	2.7	2.4	2.1
1970								2.9	2.4	3.4	4.3	2.4	2.1	1.8
1971									1.8	3.9	5.0	2.1	1.8	1.5
1972										6.0	6.5	1.4	1.2	1.0
1973											7.0	-1.7	-0.4	-0.1
1974												-9.6	-2.4	-0.9
1975													5.4	2.8
1976														0.2

6A. AVERAGE ANNUAL RATES OF GROWTH OF GROSS DOMESTIC PRODUCT AT CONSTANT PRICES BY TYPE OF EXPENDITURE AND BY KIND OF ECONOMIC ACTIVITY (continued)
(IN PER CENT)

BELGIUM — *OTHER*

	1963	1965	1966	1967	1968	1969	1970	1971	1972	1973	1974	1975	1976	1977
1960	4.3	4.5	4.4	4.3	4.3	4.3	4.3	4.3	4.3	4.4	4.5	4.5	4.5	4.4
1963		4.8	4.2	4.1	4.0	4.1	4.2	4.2	4.3	4.5	4.5	4.5	4.5	4.5
1965			2.8	3.6	3.6	3.9	4.1	4.2	4.4	4.6	4.7	4.6	4.6	4.5
1966				4.3	4.0	4.2	4.4	4.4	4.6	4.8	4.8	4.7	4.7	4.6
1967					3.6	4.3	4.5	4.5	4.7	5.0	4.9	4.8	4.7	4.6
1968						5.0	4.8	4.7	4.9	5.2	5.1	4.9	4.8	4.6
1969							4.7	4.5	4.9	5.3	5.2	4.9	4.7	4.5
1970								4.4	5.1	5.6	5.3	4.8	4.7	4.4
1971									5.8	6.2	5.4	4.7	4.5	4.2
1972										6.5	5.0	4.2	4.1	3.9
1973											3.4	3.2	3.6	3.4
1974												2.9	3.8	3.5
1975													4.6	3.5
1976														2.5

DENMARK — *GROSS DOMESTIC PRODUCT*

	1963	1965	1966	1967	1968	1969	1970	1971	1972	1973	1974	1975	1976	1977
1960	4.3	5.1	4.9	4.8	4.7	4.8	4.7	4.6	4.5	4.5	4.4	4.2	4.1	4.0
1963		6.9	5.4	4.9	4.7	4.9	4.7	4.5	4.5	4.5	4.3	4.0	3.9	3.8
1965			2.7	3.7	3.9	4.6	4.5	4.2	4.2	4.3	4.1	3.8	3.7	3.5
1966				4.6	4.4	5.1	4.8	4.3	4.3	4.4	4.1	3.7	3.6	3.5
1967					4.2	5.6	4.8	4.2	4.2	4.3	4.0	3.5	3.4	3.3
1968						6.9	4.7	3.8	4.0	4.2	3.9	3.3	3.2	3.1
1969							2.6	2.5	3.4	3.9	3.6	2.9	3.0	2.9
1970								2.4	3.9	4.5	3.8	2.9	2.9	2.8
1971									5.4	5.3	3.9	2.5	2.7	2.7
1972										5.2	2.9	1.4	2.1	2.2
1973											0.6	–0.3	1.5	2.0
1974												–1.2	2.5	2.7
1975													6.3	4.0
1976														1.8

DENMARK — *PER CAPITA GROSS DOMESTIC PRODUCT*

	1963	1965	1966	1967	1968	1969	1970	1971	1972	1973	1974	1975	1976	1977
1960	3.6	4.3	4.1	4.0	3.9	4.0	3.9	3.8	3.8	3.8	3.7	3.5	3.4	3.3
1963		6.1	4.6	4.1	3.9	4.1	4.0	3.8	3.7	3.7	3.6	3.3	3.3	3.2
1965			1.9	2.8	3.2	3.8	3.7	3.5	3.5	3.6	3.4	3.1	3.0	3.0
1966				3.7	3.7	4.5	4.1	3.6	3.6	3.7	3.5	3.1	3.0	2.9
1967					3.6	5.0	4.1	3.5	3.5	3.6	3.4	2.9	2.9	2.8
1968						6.3	4.0	3.1	3.3	3.5	3.2	2.7	2.7	2.6
1969							1.8	1.8	2.7	3.3	2.9	2.4	2.4	2.4
1970								1.8	3.3	3.8	3.2	2.3	2.4	2.4
1971									4.8	4.7	3.2	2.0	2.2	2.2
1972										4.6	2.3	0.9	1.7	1.9
1973											–0.0	–0.7	1.2	1.6
1974												–1.4	2.3	2.4
1975													6.1	3.7
1976														1.4

DENMARK — *GOVERNMENT FINAL CONSUMPTION EXPENDITURE*

	1963	1965	1966	1967	1968	1969	1970	1971	1972	1973	1974	1975	1976	1977
1960	6.4	5.9	5.7	5.8	5.8	5.9	6.0	5.9	5.9	5.8	5.7	5.6	5.6	5.5
1963		5.3	5.3	5.8	5.8	5.9	6.1	6.0	5.9	5.8	5.6	5.5	5.4	5.3
1965			5.8	6.9	6.4	6.4	6.5	6.2	6.1	5.8	5.6	5.4	5.4	5.2
1966				8.0	6.4	6.4	6.5	6.2	6.0	5.7	5.4	5.3	5.2	5.1
1967					4.8	5.9	6.3	5.9	5.8	5.4	5.2	5.1	5.0	4.9
1968						7.0	7.0	6.1	5.8	5.3	5.0	4.9	4.9	4.8
1969							6.9	5.4	5.3	4.8	4.6	4.6	4.7	4.6
1970								4.0	4.8	4.3	4.2	4.4	4.5	4.4
1971									5.5	4.2	4.2	4.4	4.6	4.4
1972										2.9	3.8	4.3	4.6	4.4
1973											4.6	5.0	5.0	4.6
1974												5.3	5.2	4.4
1975													5.1	3.9
1976														2.8

DENMARK — *PRIVATE FINAL CONSUMPTION EXPENDITURE*

	1963	1965	1966	1967	1968	1969	1970	1971	1972	1973	1974	1975	1976	1977
1960	4.5	4.6	4.6	4.5	4.3	4.3	4.3	4.1	3.9	3.9	3.7	3.6	3.6	3.6
1963		5.6	5.0	4.7	4.3	4.3	4.2	3.9	3.6	3.6	3.5	3.4	3.4	3.3
1965			4.3	4.2	3.6	4.0	4.0	3.5	3.2	3.3	3.2	3.1	3.2	3.1
1966				4.1	3.2	4.0	4.0	3.4	3.0	3.2	3.1	3.0	3.1	3.1
1967					2.3	4.3	4.0	3.2	2.8	3.1	2.9	2.9	3.0	3.0
1968						6.4	4.5	3.0	2.5	3.0	2.8	2.8	3.0	2.9
1969							2.7	1.5	1.5	2.6	2.5	2.5	2.8	2.8
1970								0.2	1.1	3.0	2.6	2.7	3.0	3.0
1971									2.0	4.6	3.2	3.1	3.4	3.2
1972										7.2	3.2	3.0	3.4	3.2
1973											–0.6	1.5	2.9	2.8
1974												3.6	4.6	3.6
1975													5.5	3.2
1976														0.9

DENMARK — *GROSS FIXED CAPITAL FORMATION*

	1963	1965	1966	1967	1968	1969	1970	1971	1972	1973	1974	1975	1976	1977
1960	5.9	8.5	8.1	7.9	7.3	7.4	7.2	6.9	6.8	6.7	6.2	5.5	5.2	4.8
1963		13.7	9.9	8.7	7.2	7.3	7.0	6.5	6.4	6.4	5.7	4.7	4.4	4.0
1965			4.3	6.1	4.6	6.0	6.0	5.5	5.7	5.8	5.0	3.7	3.5	3.2
1966				7.9	4.2	6.6	6.3	5.6	5.7	5.9	4.8	3.4	3.2	2.8
1967					0.7	6.9	6.4	5.3	5.6	5.9	4.5	2.8	2.7	2.4
1968						13.5	8.1	5.7	5.9	6.2	4.4	2.3	2.2	2.0
1969							3.0	2.4	4.4	5.4	3.2	0.9	1.2	1.1
1970								1.8	5.5	6.4	3.0	0.0	0.6	0.7
1971									9.2	8.3	2.3	–1.6	–0.3	0.0
1972										7.4	–1.8	–5.4	–2.1	–1.1
1973											–10.3	–10.5	–3.1	–1.3
1974												–10.7	2.1	2.2
1975													16.6	7.0
1976														–1.8

DENMARK — *EXPORTS OF GOODS AND SERVICES*

	1963	1965	1966	1967	1968	1969	1970	1971	1972	1973	1974	1975	1976	1977
1960	6.2	7.4	7.1	6.8	6.8	6.7	6.6	6.5	6.4	6.4	6.3	6.1	5.9	5.8
1963		8.2	6.9	6.1	6.3	6.3	6.2	6.1	6.0	6.0	6.1	5.8	5.6	5.4
1965			3.9	4.2	5.7	6.0	5.8	5.8	5.7	5.9	5.9	5.6	5.3	5.1
1966				4.4	6.8	6.7	6.2	6.0	5.8	6.0	6.1	5.6	5.3	5.0
1967					9.3	7.3	6.3	6.0	5.8	6.0	6.1	5.5	5.2	4.9
1968						5.4	5.0	5.2	5.2	5.7	5.9	5.2	4.9	4.6
1969							4.5	5.2	5.2	5.9	6.1	5.2	4.7	4.4
1970								5.9	5.4	6.4	6.4	5.1	4.6	4.2
1971									4.8	6.9	6.7	4.8	4.1	3.8
1972										9.0	7.2	4.1	3.5	3.3
1973											5.5	1.6	1.9	2.3
1974												–2.2	0.9	1.9
1975													4.1	3.7
1976														3.4

DENMARK — *IMPORTS OF GOODS AND SERVICES*

	1963	1965	1966	1967	1968	1969	1970	1971	1972	1973	1974	1975	1976	1977
1960	6.2	8.6	8.4	8.1	7.7	7.8	7.8	7.5	7.1	7.1	6.9	6.4	6.3	6.0
1963		13.0	10.1	8.7	7.7	7.8	7.9	7.4	6.7	6.8	6.5	5.8	5.7	5.5
1965			5.4	5.8	5.4	6.7	7.2	6.6	5.9	6.2	5.8	5.1	5.1	4.9
1966				6.1	5.3	7.3	7.8	6.8	5.8	6.3	5.8	4.9	4.9	4.7
1967					4.5	8.4	8.6	6.9	5.5	6.2	5.6	4.6	4.7	4.4
1968						12.5	10.0	6.7	4.8	6.0	5.3	4.1	4.3	4.1
1969							7.6	3.9	2.4	5.0	4.4	3.1	3.6	3.5
1970								0.3	0.3	5.2	4.3	2.6	3.4	3.4
1971									0.4	8.6	5.5	2.6	3.7	3.6
1972										17.5	6.2	1.6	3.5	3.4
1973											–4.1	–4.6	1.3	1.9
1974												–5.2	5.2	4.2
1975													16.7	7.2
1976														–1.5

DENMARK — *AGRICULTURE*

	1963	1965	1966	1967	1968	1969	1970	1971	1972	1973
1960	–0.3	1.1	0.7	0.7	0.8	0.8	0.2	0.3	0.4	0.3
1963		4.8	1.8	1.4	1.3	1.2	0.1	0.2	0.4	0.2
1965			–4.3	–1.0	0.3	0.5	–1.2	–0.6	–0.1	–0.2
1966				2.4	2.2	1.6	–1.2	–0.4	0.1	–0.0
1967					2.1	1.1	–2.7	–1.1	–0.1	–0.2
1968						0.1	–5.5	–1.7	–0.1	–0.3
1969							–10.8	–1.0	1.1	0.4
1970								9.9	6.1	2.5
1971									2.5	–1.1
1972										–4.5

DENMARK — *INDUSTRIAL ACTIVITY*

	1963	1965	1966	1967	1968	1969	1970	1971	1972	1973
1960	4.7	5.9	5.7	5.4	5.4	5.5	5.5	5.3	5.3	5.2
1963		8.2	6.3	5.4	5.3	5.6	5.5	5.2	5.2	5.1
1965			2.7	3.2	4.4	5.3	5.3	4.9	4.9	4.8
1966				3.8	5.3	6.2	5.8	5.1	5.1	4.9
1967					6.8	7.3	6.2	5.0	5.0	4.9
1968						7.7	5.6	4.2	4.5	4.5
1969							3.5	2.5	3.9	4.1
1970								1.6	4.4	4.4
1971									7.3	5.4
1972										3.5

DENMARK — *MANUFACTURING*

	1963	1965	1966	1967	1968	1969	1970	1971	1972	1973
1960	4.7	5.9	5.7	5.4	5.4	5.4	5.4	5.2	5.1	5.1
1963		8.4	6.3	5.5	5.4	5.5	5.3	5.0	5.0	4.9
1965			2.4	3.3	4.3	5.0	5.0	4.6	4.6	4.6
1966				4.1	5.3	5.8	5.4	4.8	4.8	4.7
1967					6.4	6.6	5.6	4.6	4.7	4.7
1968						6.8	5.0	3.8	4.3	4.4
1969							3.3	2.5	3.8	4.1
1970								1.7	4.4	4.6
1971									7.1	5.6
1972										4.1

DENMARK — *CONSTRUCTION*

	1963	1965	1966	1967	1968	1969	1970	1971	1972	1973
1960	4.8	7.3	6.9	6.8	5.8	5.5	5.3	5.1	5.1	4.8
1963		12.1	8.5	7.6	5.1	4.9	4.7	4.5	4.6	4.2
1965			2.1	5.0	1.4	2.6	3.1	3.3	3.8	3.5
1966				7.9	0.1	2.5	3.2	3.4	4.0	3.6
1967					–7.2	1.5	3.1	3.5	4.3	3.6
1968						11.0	7.4	5.8	6.0	4.5
1969							3.9	3.6	5.0	3.3
1970								3.3	5.8	2.9
1971									8.4	1.8
1972										–4.5

6A. AVERAGE ANNUAL RATES OF GROWTH OF GROSS DOMESTIC PRODUCT AT CONSTANT PRICES BY TYPE OF EXPENDITURE AND BY KIND OF ECONOMIC ACTIVITY (continued)
(IN PER CENT)

DENMARK

WHOLESALE AND RETAIL TRADE

	1963	1965	1966	1967	1968	1969	1970	1971	1972	1973
1960	4.0	5.0	4.9	4.7	4.6	4.6	4.5	4.2	3.9	4.1
1963		7.3	5.7	5.0	4.7	4.7	4.4	4.0	3.6	3.9
1965			2.8	3.3	3.6	4.2	3.8	3.3	2.9	3.5
1966				3.9	4.0	4.6	3.9	3.2	2.7	3.5
1967					4.1	5.0	3.8	2.8	2.3	3.4
1968						6.0	3.3	2.1	1.7	3.3
1969							0.7	0.5	0.6	3.4
1970								0.2	0.6	4.8
1971									1.0	7.8
1972										15.0

DENMARK

TRANSPORT AND COMMUNICATION

	1963	1965	1966	1967	1968	1969	1970	1971	1972	1973
1960	4.5	4.7	4.9	4.4	4.6	4.6	4.6	4.3	4.1	4.0
1963		5.3	5.4	4.0	4.6	4.7	4.6	4.1	3.8	3.7
1965			6.0	2.1	4.3	4.6	4.4	3.8	3.4	3.3
1966				-1.6	4.4	4.8	4.5	3.6	3.2	3.1
1967					10.8	7.1	5.5	3.9	3.3	3.1
1968						3.6	3.3	2.0	1.9	2.1
1969							3.1	1.0	1.3	1.9
1970								-1.0	0.9	1.9
1971									2.7	3.3
1972										3.8

DENMARK

OTHER

	1963	1965	1966	1967	1968	1969	1970	1971	1972	1973
1960	4.6	4.3	4.2	4.4	4.7	5.0	5.2	5.3	5.4	5.5
1963		4.4	4.2	4.8	5.3	5.7	5.8	5.9	5.9	5.9
1965			4.1	5.7	6.4	6.6	6.5	6.4	6.3	6.3
1966				7.3	7.4	7.3	6.9	6.6	6.4	6.3
1967					7.6	7.2	6.7	6.3	6.2	6.1
1968						6.8	6.2	5.9	5.9	5.9
1969							5.6	5.5	5.7	5.8
1970								5.3	5.9	5.9
1971									6.4	6.2
1972										5.9

FRANCE

GROSS DOMESTIC PRODUCT

	1963	1965	1966	1967	1968	1969	1970	1971	1972	1973	1974	1975	1976	1977
1960	6.0	5.9	5.8	5.7	5.6	5.7	5.7	5.7	5.7	5.7	5.7	5.5	5.4	5.2
1963		5.6	5.5	5.4	5.3	5.5	5.6	5.7	5.7	5.7	5.6	5.4	5.2	5.0
1965			5.6	5.3	5.2	5.6	5.8	5.8	5.8	5.8	5.6	5.3	5.1	4.9
1966				4.9	5.0	5.8	6.0	5.9	5.9	5.8	5.6	5.2	5.0	4.8
1967					5.0	6.4	6.3	6.1	6.0	5.9	5.6	5.2	4.9	4.6
1968						7.7	6.8	6.2	6.0	5.9	5.6	5.0	4.7	4.4
1969							5.8	5.4	5.6	5.6	5.2	4.6	4.3	4.1
1970								5.1	5.6	5.6	5.1	4.3	4.0	3.8
1971									6.1	5.7	4.9	3.8	3.6	3.5
1972										5.4	4.3	3.0	3.0	3.1
1973											3.2	1.8	2.5	2.7
1974												0.3	2.5	2.9
1975													4.6	3.8
1976														3.1

FRANCE

PER CAPITA GROSS DOMESTIC PRODUCT

	1963	1965	1966	1967	1968	1969	1970	1971	1972	1973	1974	1975	1976	1977
1960	4.4	4.5	4.5	4.5	4.4	4.6	4.6	4.7	4.7	4.7	4.7	4.5	4.4	4.3
1963		4.6	4.5	4.4	4.4	4.6	4.8	4.8	4.8	4.8	4.7	4.5	4.3	4.2
1965			4.7	4.4	4.3	4.8	5.0	4.9	4.9	4.9	4.8	4.4	4.3	4.1
1966				4.1	4.2	5.0	5.1	5.0	5.0	4.9	4.8	4.4	4.2	4.0
1967					4.2	5.5	5.5	5.2	5.1	5.0	4.7	4.3	4.1	3.9
1968						6.9	5.9	5.2	5.1	5.0	4.7	4.1	3.9	3.7
1969							4.9	4.5	4.6	4.6	4.3	3.7	3.5	3.4
1970								4.1	4.6	4.6	4.2	3.4	3.3	3.2
1971									5.1	4.8	4.1	3.1	3.0	2.9
1972										4.5	3.5	2.3	2.4	2.5
1973											2.5	1.1	2.0	2.3
1974												-0.2	2.0	2.5
1975													4.4	3.6
1976														2.8

FRANCE

GOVERNMENT FINAL CONSUMPTION EXPENDITURE

	1963	1965	1966	1967	1968	1969	1970	1971	1972	1973	1974	1975	1976	1977
1960	3.4	3.2	3.0	3.1	3.2	3.3	3.4	3.5	3.5	3.5	3.4	3.4	3.4	3.4
1963		3.2	2.9	3.0	3.3	3.6	3.7	3.7	3.7	3.6	3.5	3.5	3.5	3.5
1965			2.3	3.1	3.6	4.0	4.0	4.0	3.9	3.7	3.6	3.5	3.5	3.5
1966				3.9	4.2	4.5	4.3	4.2	3.9	3.8	3.5	3.5	3.5	3.5
1967					4.6	4.7	4.4	4.1	3.9	3.7	3.4	3.4	3.4	3.4
1968						4.9	4.2	3.9	3.6	3.5	3.2	3.2	3.3	3.3
1969							3.5	3.5	3.3	3.2	2.9	3.0	3.1	3.3
1970								3.6	3.1	3.1	2.7	2.9	3.1	3.3
1971									2.6	2.9	2.4	2.8	3.1	3.3
1972										3.2	2.2	2.8	3.3	3.5
1973											1.2	2.9	3.6	3.8
1974												4.7	4.7	4.4
1975													4.6	4.2
1976														3.8

FRANCE

PRIVATE FINAL CONSUMPTION EXPENDITURE

	1963	1965	1966	1967	1968	1969	1970	1971	1972	1973	1974	1975	1976	1977
1960	6.9	6.3	6.0	5.8	5.6	5.6	5.5	5.5	5.5	5.5	5.5	5.4	5.3	5.3
1963		5.0	4.9	5.0	4.9	5.1	5.1	5.2	5.3	5.3	5.3	5.2	5.1	5.1
1965			4.8	5.1	5.0	5.2	5.2	5.3	5.4	5.5	5.4	5.2	5.2	5.0
1966				5.4	5.0	5.4	5.3	5.4	5.5	5.6	5.4	5.2	5.2	5.0
1967					4.6	5.5	5.3	5.4	5.6	5.6	5.4	5.2	5.1	5.0
1968						6.4	5.5	5.5	5.7	5.8	5.5	5.2	5.1	4.9
1969							4.5	5.3	5.7	5.8	5.4	5.0	4.9	4.7
1970								6.0	6.2	6.1	5.4	4.9	4.8	4.6
1971									6.4	6.1	5.1	4.5	4.5	4.3
1972										5.8	4.3	3.9	4.2	4.0
1973											2.9	3.2	3.9	3.8
1974												3.4	4.5	4.0
1975													5.5	4.0
1976														2.5

FRANCE

GROSS FIXED CAPITAL FORMATION

	1963	1965	1966	1967	1968	1969	1970	1971	1972	1973	1974	1975	1976	1977
1960	9.8	10.1	9.8	9.4	9.0	8.8	8.7	8.5	8.3	8.2	7.9	7.4	7.1	6.7
1963		10.5	9.5	8.7	8.0	8.0	8.0	7.8	7.7	7.6	7.3	6.7	6.3	5.8
1965			8.4	7.3	6.6	7.3	7.6	7.4	7.4	7.3	6.9	6.2	5.7	5.2
1966				6.2	5.8	7.3	7.6	7.3	7.3	7.2	6.8	5.9	5.4	4.9
1967					5.5	8.2	8.2	7.6	7.5	7.3	6.7	5.7	5.1	4.6
1968						10.9	9.2	7.7	7.6	7.3	6.5	5.3	4.7	4.1
1969							7.5	6.3	6.7	6.7	5.9	4.5	3.9	3.4
1970								5.0	6.6	6.6	5.5	3.9	3.3	2.8
1971									8.2	7.2	5.2	3.0	2.5	2.1
1972										6.1	3.5	1.2	1.2	1.1
1973											0.9	-1.2	0.1	0.3
1974												-3.2	0.2	0.5
1975													3.7	1.9
1976														0.0

FRANCE

EXPORTS OF GOODS AND SERVICES

	1963	1965	1966	1967	1968	1969	1970	1971	1972	1973	1974	1975	1976	1977
1960	4.9	6.9	7.4	7.7	7.9	8.5	9.2	9.7	10.1	10.4	10.6	10.5	10.3	10.2
1963		9.8	9.6	9.1	9.0	9.8	10.7	11.2	11.6	11.8	11.8	11.4	11.1	10.8
1965			8.5	8.0	8.3	10.0	11.5	12.1	12.4	12.5	12.4	11.7	11.3	10.8
1966				7.6	8.4	10.9	12.6	13.1	13.2	13.1	12.9	12.0	11.4	10.9
1967					9.2	12.9	14.5	14.4	14.1	13.7	13.3	12.1	11.3	10.7
1968						16.8	16.9	15.6	14.6	14.0	13.3	11.8	10.9	10.3
1969							16.9	14.7	13.7	13.2	12.6	10.8	10.0	9.5
1970								12.5	12.4	12.2	11.8	9.7	9.0	8.6
1971									12.2	12.0	11.5	8.8	8.1	7.8
1972										11.8	11.1	7.2	7.0	6.9
1973											10.4	4.5	5.5	6.0
1974												-1.0	4.2	5.7
1975													9.6	8.5
1976														7.4

FRANCE

IMPORTS OF GOODS AND SERVICES

	1963	1965	1966	1967	1968	1969	1970	1971	1972	1973	1974	1975	1976	1977
1960	9.6	9.7	9.9	9.8	9.9	10.5	10.7	10.9	11.1	11.4	11.4	10.9	10.8	10.6
1963		8.0	9.3	9.4	9.7	10.9	11.2	11.4	11.6	11.9	11.8	11.1	10.9	10.6
1965			14.2	11.1	11.0	12.8	12.6	12.5	12.6	12.8	12.5	11.4	11.1	10.6
1966				8.2	9.9	13.2	12.8	12.5	12.7	12.9	12.5	11.2	10.9	10.3
1967					11.5	16.0	14.0	13.2	13.1	13.3	12.7	11.0	10.7	10.1
1968						20.7	14.1	12.8	12.9	13.3	12.5	10.4	10.1	9.6
1969							7.8	9.9	11.5	12.5	11.7	9.4	9.3	8.7
1970								12.0	13.3	14.0	12.3	8.9	8.9	8.4
1971									14.6	14.9	11.9	7.4	7.9	7.5
1972										15.2	10.0	4.3	6.2	6.2
1973											5.2	-0.9	4.5	5.2
1974												-6.5	6.2	6.4
1975													20.6	11.2
1976														2.5

FRANCE

AGRICULTURE

	1963	1965	1966	1967	1968	1969	1970	1971	1972	1973	1974	1975	1976	1977
1960	1.1	1.6	1.3	1.7	2.0	1.8	1.8	1.8	1.7	1.8	1.8	1.6	1.3	1.2
1963		3.1	1.5	2.4	2.9	2.2	2.0	1.9	1.8	1.9	1.9	1.6	1.2	1.0
1965			-2.6	2.4	3.3	1.8	1.7	1.6	1.5	1.7	1.7	1.3	0.8	0.7
1966				7.8	5.6	2.2	1.9	1.7	1.5	1.8	1.8	1.3	0.7	0.6
1967					3.5	-0.7	0.3	0.7	0.8	1.3	1.4	0.9	0.3	0.2
1968						-4.6	-0.4	0.5	0.7	1.5	1.6	0.9	0.2	0.1
1969							4.1	2.6	1.9	2.5	2.2	1.2	0.2	0.1
1970								1.1	0.9	2.3	2.0	0.7	-0.4	-0.4
1971									0.7	3.1	2.3	0.3	-1.0	-0.8
1972										5.6	2.6	-0.5	-2.1	-1.4
1973											-0.2	-3.5	-4.3	-2.5
1974												-6.6	-5.8	-2.5
1975													-5.1	0.1
1976														5.6

FRANCE

INDUSTRIAL ACTIVITY

	1963	1965	1966	1967	1968	1969	1970	1971	1972	1973	1974	1975	1976	1977
1960	6.8	6.6	6.7	6.5	6.4	6.4	6.5	6.5	6.5	6.5	6.4	6.2	6.0	5.9
1963		5.7	6.3	5.9	5.9	6.2	6.4	6.4	6.4	6.4	6.3	6.0	5.8	5.6
1965			8.0	6.1	5.9	6.5	6.7	6.6	6.6	6.6	6.4	5.9	5.7	5.5
1966				4.2	5.2	6.4	6.7	6.6	6.5	6.6	6.4	5.8	5.5	5.3
1967					6.3	7.6	7.4	7.0	6.8	6.8	6.4	5.7	5.4	5.2
1968						8.9	7.7	6.9	6.7	6.7	6.3	5.4	5.2	4.9
1969							6.4	6.0	6.1	6.3	6.0	4.9	4.7	4.5
1970								5.5	6.1	6.4	5.9	4.5	4.4	4.2
1971									6.6	6.8	5.8	4.0	3.9	3.8
1972										7.1	5.2	2.8	3.2	3.3
1973											3.3	0.6	2.3	2.8
1974												-2.0	2.6	3.2
1975													7.4	5.2
1976														3.1

6A. AVERAGE ANNUAL RATES OF GROWTH OF GROSS DOMESTIC PRODUCT AT CONSTANT PRICES BY TYPE OF EXPENDITURE AND BY KIND OF ECONOMIC ACTIVITY (continued) (IN PER CENT)

FRANCE — *MANUFACTURING*

	1963	1965	1966	1967	1968	1969	1970	1971	1972	1973	1974	1975	1976	1977
1960	7.0	6.8	6.8	6.6	6.5	6.6	6.6	6.6	6.6	6.6	6.5	6.3	6.1	6.0
1963		5.7	6.4	6.1	6.1	6.4	6.5	6.5	6.5	6.6	6.4	6.1	5.9	5.7
1965			8.4	6.4	6.2	6.7	6.8	6.8	6.7	6.7	6.5	6.0	5.7	5.5
1966				4.4	5.4	6.6	6.8	6.7	6.7	6.7	6.4	5.8	5.6	5.3
1967					6.4	7.8	7.5	7.1	6.9	6.8	6.5	5.7	5.5	5.2
1968						9.1	7.8	7.0	6.8	6.7	6.4	5.4	5.1	4.9
1969							6.5	6.0	6.2	6.4	6.0	4.9	4.7	4.5
1970								5.6	6.1	6.5	5.9	4.5	4.3	4.1
1971									6.7	6.9	5.8	3.9	3.8	3.8
1972										7.0	5.1	2.6	3.1	3.2
1973											3.2	0.4	2.2	2.7
1974												-2.4	2.5	3.1
1975													7.5	5.2
1976														3.0

FRANCE — *CONSTRUCTION*

	1963	1965	1966	1967	1968	1969	1970	1971	1972	1973	1974	1975	1976	1977
1960	7.1	9.0	9.0	8.8	8.2	7.8	7.7	7.4	7.1	6.7	6.3	6.0	5.6	5.2
1963		12.0	10.3	9.3	7.9	7.2	7.1	6.7	6.4	5.9	5.5	5.1	4.7	4.3
1965			7.1	7.1	5.4	5.3	5.7	5.5	5.4	4.9	4.5	4.2	3.8	3.4
1966				7.1	4.3	4.6	5.5	5.3	5.3	4.6	4.2	4.0	3.5	3.1
1967					1.6	3.9	5.5	5.3	5.2	4.4	4.0	3.7	3.2	2.7
1968						6.3	7.4	6.1	5.7	4.4	3.9	3.6	3.0	2.5
1969							8.5	5.6	5.2	3.7	3.2	3.0	2.4	1.9
1970								2.8	4.1	2.3	2.2	2.2	1.7	1.3
1971									5.4	1.6	1.8	2.0	1.4	0.9
1972										-2.1	0.8	1.6	0.8	0.4
1973											3.8	3.1	1.2	0.5
1974												2.4	-0.2	-0.6
1975													-2.8	-1.8
1976														-0.7

FRANCE — *WHOLESALE AND RETAIL TRADE*

	1963	1965	1966	1967	1968	1969	1970	1971	1972	1973	1974	1975	1976	1977
1960	7.4	6.2	5.9	5.7	5.6	5.6	5.6	5.6	5.6	5.5	5.4	5.2	5.1	5.0
1963		3.7	4.2	4.4	4.6	5.0	5.1	5.2	5.3	5.3	5.2	4.9	4.8	4.6
1965			5.5	5.2	5.2	5.6	5.6	5.7	5.6	5.5	5.3	5.0	4.8	4.6
1966				4.9	5.1	5.8	5.7	5.7	5.7	5.5	5.3	4.9	4.7	4.4
1967					5.4	6.3	5.9	5.9	5.8	5.5	5.2	4.8	4.6	4.3
1968						7.3	6.0	5.9	5.7	5.4	5.1	4.5	4.4	4.0
1969							4.7	5.4	5.4	5.1	4.7	4.1	4.0	3.7
1970								6.2	5.6	5.1	4.6	3.8	3.8	3.4
1971									5.0	4.6	4.1	3.2	3.3	3.0
1972										4.1	3.6	2.6	3.0	2.7
1973											3.0	1.7	2.8	2.4
1974												0.4	3.0	2.4
1975													5.7	2.9
1976														0.1

FRANCE — *TRANSPORT AND COMMUNICATION*

	1963	1965	1966	1967	1968	1969	1970	1971	1972	1973	1974	1975	1976	1977
1960	5.8	6.0	5.7	5.3	4.9	5.0	5.1	5.1	5.2	5.4	5.4	5.2	5.2	5.1
1963		6.0	5.0	4.4	3.9	4.4	4.7	4.8	5.1	5.3	5.3	5.1	5.1	5.0
1965			3.3	3.2	2.8	4.3	4.9	5.0	5.4	5.7	5.6	5.3	5.2	5.0
1966				3.1	2.5	5.0	5.5	5.5	5.8	6.0	5.9	5.4	5.3	5.1
1967					1.9	6.4	6.5	6.0	6.3	6.5	6.2	5.6	5.3	5.1
1968						11.1	8.1	6.6	6.8	6.8	6.3	5.5	5.2	5.0
1969							5.2	4.7	5.9	6.3	5.8	5.0	4.7	4.6
1970								4.1	6.6	6.8	5.9	4.8	4.5	4.4
1971									9.0	7.7	6.0	4.3	4.2	4.1
1972										6.5	4.4	2.7	3.1	3.3
1973											2.4	0.9	2.4	3.0
1974												-0.5	2.9	3.6
1975													6.5	5.2
1976														3.8

FRANCE — *OTHER*

	1963	1965	1966	1967	1968	1969	1970	1971	1972	1973	1974	1975	1976	1977
1960	4.7	4.6	4.5	4.5	4.4	4.6	4.7	4.8	4.9	5.0	5.0	5.0	4.9	4.9
1963		4.7	4.4	4.4	4.4	4.7	4.9	5.0	5.1	5.2	5.2	5.1	5.1	5.0
1965			3.9	4.3	4.2	4.9	5.1	5.2	5.4	5.4	5.4	5.3	5.1	5.1
1966				4.8	4.3	5.3	5.5	5.5	5.6	5.6	5.5	5.3	5.2	5.1
1967					3.9	5.9	5.8	5.7	5.7	5.7	5.6	5.4	5.2	5.0
1968						7.9	6.4	6.0	5.9	5.8	5.6	5.3	5.1	5.0
1969							5.0	5.2	5.5	5.5	5.3	5.1	4.8	4.7
1970								5.4	5.8	5.7	5.3	5.0	4.7	4.6
1971									6.2	5.7	5.2	4.8	4.5	4.4
1972										5.2	4.7	4.3	4.1	4.2
1973											4.1	3.8	3.8	4.0
1974												3.6	3.6	4.1
1975													3.7	4.4
1976														5.0

GERMANY,FEDERAL REPUBLIC OF — *GROSS DOMESTIC PRODUCT*

	1963	1965	1966	1967	1968	1969	1970	1971	1972	1973	1974	1975	1976	1977
1960	4.2	4.8	4.7	4.2	4.1	4.3	4.4	4.5	4.5	4.5	4.4	4.2	4.1	4.0
1963		6.2	5.0	3.7	3.7	4.1	4.5	4.6	4.5	4.5	4.4	4.1	3.9	3.8
1965			2.5	1.2	2.5	3.9	4.5	4.6	4.6	4.6	4.4	4.0	3.8	3.6
1966				-0.2	3.0	4.8	5.4	5.2	5.0	4.9	4.6	4.0	3.8	3.6
1967					6.3	7.1	6.8	6.0	5.5	5.2	4.7	4.0	3.7	3.5
1968						7.8	6.9	5.7	5.0	4.8	4.3	3.5	3.3	3.2
1969							6.0	4.6	4.2	4.2	3.7	2.9	2.8	2.7
1970								3.2	3.4	3.9	3.3	2.4	2.4	2.4
1971									3.7	4.3	3.2	1.9	2.1	2.2
1972										4.9	2.7	1.0	1.6	1.9
1973											0.5	-0.8	0.9	1.7
1974												-2.1	1.7	2.4
1975													5.6	4.2
1976														2.8

GERMANY,FEDERAL REPUBLIC OF — *PER CAPITA GROSS DOMESTIC PRODUCT*

	1963	1965	1966	1967	1968	1969	1970	1971	1972	1973	1974	1975	1976	1977
1960	2.8	3.5	3.3	3.0	3.0	3.2	3.3	3.4	3.4	3.5	3.4	3.3	3.2	3.2
1963		4.8	3.7	2.6	2.8	3.2	3.5	3.6	3.6	3.6	3.5	3.3	3.2	3.2
1965			1.3	0.4	1.9	3.1	3.7	3.7	3.7	3.7	3.6	3.2	3.1	3.1
1966				-0.5	2.5	4.0	4.5	4.3	4.1	4.0	3.8	3.3	3.2	3.1
1967					5.7	6.1	5.8	5.0	4.5	4.3	3.9	3.3	3.2	3.1
1968						6.6	5.7	4.6	4.0	3.9	3.5	2.9	2.8	2.8
1969							4.8	3.5	3.2	3.4	3.0	2.4	2.4	2.5
1970								2.3	2.6	3.2	2.7	2.0	2.1	2.3
1971									3.0	3.7	2.8	1.7	2.0	2.2
1972										4.4	2.4	0.9	1.7	2.1
1973											0.4	-0.7	1.2	1.9
1974												-1.7	2.1	2.8
1975													6.1	4.5
1976														3.0

GERMANY,FEDERAL REPUBLIC OF — *GOVERNMENT FINAL CONSUMPTION EXPENDITURE*

	1963	1965	1966	1967	1968	1969	1970	1971	1972	1973	1974	1975	1976	1977
1960	8.1	6.0	5.4	4.9	4.4	4.2	4.1	4.1	4.1	4.2	4.2	4.3	4.3	4.2
1963		3.1	3.1	3.2	2.7	2.8	3.0	3.3	3.6	3.8	3.9	4.0	4.0	4.0
1965			2.4	3.0	2.2	2.6	3.0	3.5	3.8	4.0	4.2	4.3	4.3	4.1
1966				3.6	1.8	2.6	3.2	3.8	4.1	4.3	4.4	4.5	4.4	4.3
1967					0.1	2.5	3.4	4.2	4.4	4.7	4.7	4.7	4.6	4.4
1968						5.1	4.8	5.3	5.2	5.2	5.1	5.1	4.8	4.5
1969							4.6	5.5	5.3	5.3	5.2	5.0	4.8	4.4
1970								6.3	5.5	5.4	5.2	5.0	4.7	4.2
1971									4.6	5.0	4.9	4.8	4.4	3.9
1972										5.5	4.9	4.7	4.2	3.6
1973											4.3	4.4	3.8	3.1
1974												4.5	3.5	2.6
1975													2.5	1.7
1976														1.0

GERMANY,FEDERAL REPUBLIC OF — *PRIVATE FINAL CONSUMPTION EXPENDITURE*

	1963	1965	1966	1967	1968	1969	1970	1971	1972	1973	1974	1975	1976	1977
1960	4.8	5.0	4.8	4.5	4.3	4.4	4.6	4.7	4.8	4.7	4.6	4.5	4.4	4.3
1963		5.9	5.1	4.1	3.9	4.2	4.6	4.9	4.9	4.9	4.6	4.4	4.3	4.2
1965			2.9	2.0	2.6	3.8	4.6	5.0	5.1	4.9	4.6	4.3	4.2	4.0
1966				1.0	2.8	4.4	5.4	5.6	5.5	5.2	4.8	4.4	4.2	4.0
1967					4.5	6.2	6.7	6.5	6.1	5.6	4.9	4.4	4.2	4.0
1968						7.9	7.6	6.9	6.1	5.4	4.6	4.1	3.9	3.7
1969							7.3	6.3	5.5	4.7	3.9	3.5	3.3	3.2
1970								5.2	4.6	3.9	3.1	2.8	2.8	2.8
1971									4.0	3.3	2.3	2.2	2.4	2.6
1972										2.5	1.4	1.8	2.2	2.5
1973											0.3	1.6	2.4	2.7
1974												2.9	3.3	3.3
1975													3.7	3.4
1976														3.1

GERMANY,FEDERAL REPUBLIC OF — *GROSS FIXED CAPITAL FORMATION*

	1963	1965	1966	1967	1968	1969	1970	1971	1972	1973	1974	1975	1976	1977
1960	4.3	5.6	5.2	4.0	3.4	3.5	3.9	4.2	4.4	4.3	3.9	3.5	3.2	3.0
1963		8.0	5.6	2.5	1.9	2.6	3.5	4.1	4.4	4.4	3.8	3.1	2.8	2.6
1965			1.2	-2.9	-1.3	1.3	3.4	4.5	4.8	4.7	3.8	2.9	2.5	2.3
1966				-6.8	-1.5	2.5	5.0	5.9	5.9	5.5	4.2	3.0	2.5	2.3
1967					4.0	7.2	8.6	8.5	7.7	6.6	4.7	3.2	2.5	2.2
1968						10.5	10.7	9.4	7.9	6.4	4.0	2.3	1.7	1.5
1969							10.8	8.6	6.8	5.1	2.3	0.7	0.3	0.4
1970								6.4	4.9	3.4	0.2	-1.3	-1.2	-0.7
1971									3.5	1.8	-2.0	-3.2	-2.4	-1.4
1972										0.2	-5.0	-5.3	-3.4	-1.8
1973											-9.9	-7.1	-3.3	-1.1
1974												-4.2	0.3	1.9
1975													5.0	4.6
1976														4.1

GERMANY,FEDERAL REPUBLIC OF — *EXPORTS OF GOODS AND SERVICES*

	1963	1965	1966	1967	1968	1969	1970	1971	1972	1973	1974	1975	1976	1977
1960	4.9	6.3	6.9	7.2	7.7	8.1	8.2	8.2	8.2	8.3	8.4	8.2	8.0	7.9
1963		7.6	8.4	8.3	9.0	9.3	9.3	9.0	8.7	8.7	8.9	8.4	8.2	8.0
1965			10.4	8.8	9.9	10.3	9.8	9.2	8.8	8.8	8.9	8.3	8.1	7.8
1966				7.2	10.2	10.5	9.8	9.0	8.5	8.6	8.8	8.1	7.8	7.5
1967					13.2	11.8	10.0	8.8	8.2	8.4	8.7	7.9	7.6	7.3
1968						10.4	8.5	7.5	7.1	7.7	8.4	7.4	7.2	6.9
1969							6.6	6.2	6.3	7.5	8.4	7.1	6.9	6.7
1970								5.8	6.3	8.0	9.2	7.2	6.9	6.6
1971									6.8	9.3	10.4	7.1	6.8	6.4
1972										11.9	12.0	6.3	6.2	5.8
1973											12.1	2.6	4.3	4.6
1974												-6.0	2.3	3.7
1975													11.4	7.7
1976														4.0

GERMANY,FEDERAL REPUBLIC OF — *IMPORTS OF GOODS AND SERVICES*

	1963	1965	1966	1967	1968	1969	1970	1971	1972	1973	1974	1975	1976	1977
1960	8.6	9.2	8.8	7.7	7.5	7.9	8.4	8.8	8.9	8.9	8.6	8.4	8.3	8.2
1963		11.7	9.2	6.5	6.6	7.7	8.7	9.2	9.4	9.2	8.8	8.4	8.3	8.1
1965			2.9	0.5	4.0	7.1	9.0	9.8	9.9	9.5	8.9	8.3	8.2	7.9
1966				-1.8	5.5	9.4	11.3	11.6	11.2	10.3	9.4	8.7	8.4	8.1
1967					13.4	14.9	15.0	13.9	12.6	11.1	9.7	8.7	8.4	8.0
1968						16.3	15.5	13.6	11.9	10.1	8.7	7.7	7.5	7.2
1969							14.8	12.0	10.3	8.5	7.1	6.3	6.5	6.3
1970								9.4	8.4	6.6	5.4	5.0	5.5	5.6
1971									7.3	5.2	4.1	4.0	5.1	5.3
1972										3.0	2.7	3.3	5.0	5.3
1973											2.4	3.5	6.1	6.1
1974												4.7	8.2	7.1
1975													11.8	7.6
1976														3.6

6A. AVERAGE ANNUAL RATES OF GROWTH OF GROSS DOMESTIC PRODUCT AT CONSTANT PRICES BY TYPE OF EXPENDITURE AND BY KIND OF ECONOMIC ACTIVITY (continued) (IN PER CENT)

GERMANY,FEDERAL REPUBLIC OF — *AGRICULTURE*

	1963	1965	1966	1967	1968	1969	1970	1971	1972	1973	1974	1975	1976	1977
1960	1.1	-0.3	-0.1	0.7	1.5	1.4	1.5	1.5	1.4	1.6	1.8	1.7	1.6	1.6
1963		-4.1	-1.6	1.0	2.5	2.1	1.9	1.9	1.7	2.0	2.1	1.9	1.7	1.7
1965			5.0	7.1	7.1	4.3	3.2	2.8	2.2	2.5	2.6	2.3	1.9	1.9
1966				9.2	7.9	3.2	2.2	2.0	1.5	2.0	2.2	1.9	1.6	1.6
1967					6.6	-0.2	-0.1	0.6	0.3	1.4	1.7	1.5	1.2	1.2
1968						-6.5	-2.2	-0.2	-0.2	1.3	1.8	1.5	1.1	1.2
1969							2.4	2.8	1.2	2.8	3.0	2.3	1.5	1.6
1970								3.1	0.4	3.2	3.3	2.2	1.3	1.4
1971									-2.3	4.1	3.8	2.1	0.9	1.1
1972										11.0	5.9	2.3	0.5	0.9
1973											1.0	-1.6	-2.3	-0.6
1974												-4.2	-3.6	-0.4
1975													-2.9	2.0
1976														7.2

GERMANY,FEDERAL REPUBLIC OF — *INDUSTRIAL ACTIVITY*

	1963	1965	1966	1967	1968	1969	1970	1971	1972	1973	1974	1975	1976	1977
1960	4.4	5.4	5.2	4.5	4.5	4.9	5.2	5.2	5.1	5.1	5.0	4.7	4.5	4.4
1963		7.7	5.8	3.8	4.1	5.0	5.5	5.4	5.3	5.2	5.0	4.6	4.3	4.2
1965			1.6	-0.3	2.6	4.9	5.8	5.6	5.3	5.3	5.0	4.3	4.1	3.9
1966				-2.1	3.9	6.8	7.3	6.5	5.9	5.7	5.2	4.4	4.1	3.9
1967					10.3	10.9	9.5	7.6	6.4	6.0	5.3	4.3	4.0	3.7
1968						11.6	8.8	6.3	5.1	5.0	4.5	3.4	3.2	3.0
1969							6.2	3.8	3.3	3.8	3.5	2.5	2.4	2.4
1970								1.5	2.2	3.5	3.2	1.9	2.0	2.1
1971									2.8	4.7	3.6	1.6	1.9	2.0
1972										6.5	3.6	0.6	1.3	1.7
1973											0.7	-2.2	0.2	1.2
1974												-5.1	0.9	2.1
1975													7.4	5.0
1976														2.6

GERMANY,FEDERAL REPUBLIC OF — *MANUFACTURING*

	1963	1965	1966	1967	1968	1969	1970	1971	1972	1973	1974	1975	1976	1977
1960	4.6	5.7	5.5	4.7	4.7	5.2	5.4	5.4	5.3	5.3	5.1	4.8	4.6	4.5
1963		8.3	6.2	4.0	4.4	5.3	5.7	5.7	5.4	5.4	5.1	4.6	4.4	4.2
1965			1.5	-0.3	2.7	5.2	6.0	5.8	5.4	5.3	5.0	4.3	4.1	3.9
1966				-2.1	4.1	7.2	7.5	6.7	6.0	5.7	5.2	4.4	4.1	3.8
1967					10.8	11.5	9.8	7.8	6.5	6.0	5.3	4.2	3.9	3.6
1968						12.2	9.0	6.4	5.1	4.9	4.3	3.3	3.1	2.9
1969							5.9	3.6	3.1	3.7	3.3	2.2	2.2	2.3
1970								1.4	2.1	3.4	3.0	1.7	1.8	2.0
1971									2.7	4.5	3.4	1.4	1.7	1.9
1972										6.3	3.3	0.3	1.2	1.6
1973											0.3	-2.5	0.1	1.2
1974												-5.3	0.9	2.2
1975													7.6	5.2
1976														2.9

GERMANY,FEDERAL REPUBLIC OF — *CONSTRUCTION*

	1963	1965	1966	1967	1968	1969	1970	1971	1972	1973	1974	1975	1976	1977
1960	4.0	5.7	5.5	4.6	3.8	3.4	3.3	3.5	3.6	3.6	3.3	2.9	2.6	2.4
1963		8.3	6.3	3.6	2.3	2.1	2.3	2.8	3.2	3.3	2.9	2.3	2.0	1.8
1965			3.0	-0.9	-1.0	-0.0	1.1	2.2	3.0	3.2	2.6	1.9	1.6	1.4
1966				-4.6	-2.4	-0.2	1.5	2.8	3.7	3.7	2.9	2.0	1.6	1.3
1967					-0.1	2.0	3.5	4.6	5.2	4.8	3.5	2.2	1.7	1.4
1968						4.2	5.2	6.0	6.2	5.4	3.6	2.0	1.3	1.0
1969							6.2	6.9	6.8	5.4	3.0	1.1	0.5	0.3
1970								7.6	6.9	4.8	1.6	-0.4	-0.7	-0.6
1971									6.3	3.2	-0.7	-2.5	-2.2	-1.7
1972										0.2	-4.1	-5.2	-3.7	-2.5
1973											-8.3	-7.2	-4.0	-2.2
1974												-6.2	-1.4	0.0
1975													3.5	2.7
1976														1.8

GERMANY,FEDERAL REPUBLIC OF — *WHOLESALE AND RETAIL TRADE*

	1963	1965	1966	1967	1968	1969	1970	1971	1972	1973	1974	1975	1976	1977
1960	4.5	5.0	4.7	4.2	3.9	3.9	4.0	4.1	4.0	3.9	3.7	3.5	3.3	3.0
1963		6.4	4.9	3.6	3.1	3.5	3.8	3.9	3.8	3.7	3.4	3.1	3.0	2.5
1965			1.5	0.8	1.3	2.8	3.6	3.8	3.7	3.6	3.2	2.8	2.7	2.1
1966				0.0	1.4	3.6	4.4	4.4	4.1	3.9	3.3	2.8	2.7	2.1
1967					2.8	5.6	5.8	5.2	4.6	4.1	3.4	2.8	2.6	1.9
1968						8.5	6.8	5.4	4.5	3.9	3.0	2.3	2.2	1.4
1969							5.1	4.0	3.4	2.9	2.1	1.5	1.5	0.8
1970								2.8	2.6	2.3	1.4	0.8	1.0	0.2
1971									2.3	2.1	0.9	0.3	0.7	-0.2
1972										1.9	-0.0	-0.5	0.5	-0.7
1973											-2.0	-1.4	0.5	-1.2
1974												-0.9	2.0	-1.3
1975													4.9	-2.5
1976														-9.4

GERMANY,FEDERAL REPUBLIC OF — *TRANSPORT AND COMMUNICATION*

	1963	1965	1966	1967	1968	1969	1970	1971	1972	1973	1974	1975	1976	1977
1960	3.9	4.0	3.8	3.3	3.5	3.8	4.1	4.2	4.1	4.1	4.1	3.9	3.9	3.8
1963		4.3	3.6	2.6	3.1	3.9	4.4	4.5	4.3	4.3	4.2	3.9	3.8	3.8
1965			1.8	0.7	2.8	4.4	5.2	5.0	4.7	4.5	4.3	3.9	3.8	3.8
1966				-0.5	3.9	5.7	6.3	5.6	5.1	4.8	4.5	4.0	3.8	3.8
1967					8.4	8.5	7.9	6.4	5.4	4.9	4.5	3.9	3.7	3.7
1968						8.6	7.6	5.5	4.4	4.1	3.9	3.2	3.2	3.3
1969							6.6	3.8	3.0	3.2	3.2	2.5	2.7	2.9
1970								1.0	1.6	2.6	2.8	2.0	2.4	2.7
1971									2.2	3.4	3.3	2.1	2.5	2.9
1972										4.6	3.6	1.6	2.4	2.9
1973											2.7	-0.0	2.0	2.9
1974												-2.6	2.4	3.6
1975													7.6	6.2
1976														4.7

GERMANY,FEDERAL REPUBLIC OF — *OTHER*

	1963	1965	1966	1967	1968	1969	1970	1971	1972	1973	1974	1975	1976	1977
1960	4.1	4.1	4.2	4.1	4.0	4.0	4.0	4.1	4.2	4.2	4.2	4.2	4.2	4.2
1963		4.4	4.3	4.1	3.9	3.9	4.0	4.1	4.2	4.3	4.3	4.3	4.3	4.3
1965			4.0	3.6	3.5	3.6	3.9	4.1	4.3	4.4	4.4	4.3	4.3	4.3
1966				3.3	3.2	3.6	4.0	4.2	4.4	4.5	4.5	4.4	4.3	4.4
1967					3.2	3.8	4.3	4.5	4.6	4.7	4.6	4.5	4.4	4.5
1968						4.4	4.8	4.9	4.9	4.9	4.8	4.6	4.4	4.5
1969							5.3	5.0	5.1	5.0	4.8	4.5	4.4	4.4
1970								4.8	5.0	4.9	4.6	4.4	4.2	4.3
1971									5.2	4.9	4.5	4.2	4.0	4.3
1972										4.5	4.2	3.9	3.7	4.2
1973											3.8	3.6	3.5	4.2
1974												3.3	3.4	4.4
1975													3.4	5.2
1976														7.0

IRELAND — *GROSS DOMESTIC PRODUCT*

	1963	1965	1966	1967	1968	1969	1970	1971	1972	1973	1974	1975	1976	1977
1960	4.3	4.0	3.6	3.6	3.8	4.1	4.2	4.3	4.3	4.4	4.4	4.3	4.2	4.2
1963		3.1	2.5	2.9	3.7	4.3	4.4	4.5	4.6	4.6	4.5	4.4	4.2	4.2
1965			1.3	3.3	4.9	5.4	5.3	5.1	5.1	5.0	4.8	4.6	4.4	4.3
1966				5.2	6.6	6.6	5.9	5.5	5.3	5.2	4.9	4.6	4.3	4.2
1967					8.1	7.1	5.8	5.2	5.1	5.0	4.7	4.4	4.1	4.0
1968						6.1	4.6	4.3	4.5	4.6	4.4	4.0	3.7	3.7
1969							3.2	3.6	4.3	4.5	4.2	3.8	3.5	3.5
1970								4.1	4.9	4.9	4.3	3.7	3.4	3.4
1971									5.7	5.1	4.2	3.4	3.1	3.2
1972										4.6	3.3	2.6	2.5	2.9
1973											2.1	1.6	2.0	2.7
1974												1.2	2.0	3.2
1975													2.9	4.2
1976														5.5

IRELAND — *PER CAPITA GROSS DOMESTIC PRODUCT*

	1963	1965	1966	1967	1968	1969	1970	1971	1972	1973	1974	1975	1976	1977
1960	4.1	3.6	3.2	3.1	3.4	3.7	3.8	3.8	3.8	3.8	3.7	3.6	3.5	3.4
1963		2.6	2.0	2.5	3.3	3.9	4.0	3.9	4.0	4.0	3.8	3.6	3.4	3.3
1965			1.0	2.8	4.4	5.0	4.8	4.5	4.4	4.3	4.0	3.7	3.4	3.3
1966				4.7	6.1	6.2	5.4	4.8	4.6	4.4	4.0	3.6	3.3	3.2
1967					7.6	6.7	5.3	4.5	4.3	4.1	3.8	3.3	3.0	2.9
1968						5.7	4.1	3.5	3.6	3.6	3.3	2.9	2.6	2.6
1969							2.5	2.6	3.2	3.3	3.0	2.6	2.3	2.3
1970								2.7	3.7	3.6	3.0	2.4	2.1	2.2
1971									4.7	3.9	2.9	2.1	1.8	2.0
1972										3.2	2.0	1.2	1.2	1.7
1973											0.8	0.3	0.8	1.6
1974												-0.1	0.9	2.1
1975													1.9	3.2
1976														4.5

IRELAND — *GOVERNMENT FINAL CONSUMPTION EXPENDITURE*

	1963	1965	1966	1967	1968	1969	1970	1971	1972	1973	1974	1975	1976	1977
1960	3.3	3.3	3.1	3.2	3.3	3.6	3.9	4.3	4.6	4.9	5.1	5.3	5.4	5.4
1963		3.3	2.7	3.1	3.4	3.9	4.4	4.9	5.3	5.6	5.8	6.0	6.0	6.0
1965			1.1	3.2	3.9	4.6	5.2	5.8	6.1	6.4	6.6	6.6	6.6	6.4
1966				5.3	5.1	5.6	6.0	6.5	6.8	7.0	7.0	7.0	6.9	6.6
1967					4.9	5.8	6.3	6.9	7.1	7.3	7.3	7.2	7.0	6.7
1968						6.8	7.0	7.5	7.6	7.6	7.5	7.4	7.1	6.7
1969							7.2	7.9	7.9	7.8	7.6	7.4	7.1	6.6
1970								8.6	8.1	7.9	7.6	7.3	6.9	6.3
1971									7.5	7.6	7.3	6.9	6.6	6.0
1972										7.6	7.2	6.7	6.3	5.6
1973											6.8	6.2	5.9	5.0
1974												5.7	5.5	4.4
1975													5.4	3.5
1976														1.7

IRELAND — *PRIVATE FINAL CONSUMPTION EXPENDITURE*

	1963	1965	1966	1967	1968	1969	1970	1971	1972	1973	1974	1975	1976	1977
1960	3.5	3.3	3.0	3.0	3.3	3.6	3.7	3.8	3.9	4.0	4.0	3.8	3.7	3.7
1963		2.4	2.1	2.3	3.3	3.9	4.0	4.0	4.1	4.2	4.2	4.0	3.8	3.7
1965			2.1	2.8	4.6	5.2	5.0	4.7	4.7	4.7	4.6	4.2	3.9	3.7
1966				3.6	6.0	6.2	5.5	5.0	4.9	4.9	4.7	4.1	3.8	3.6
1967					8.4	7.1	5.6	4.8	4.8	4.8	4.5	3.9	3.6	3.4
1968						5.8	4.2	3.8	4.1	4.3	4.2	3.5	3.1	3.1
1969							2.6	2.9	3.8	4.3	4.1	3.2	2.9	2.8
1970								3.3	4.5	4.9	4.3	3.1	2.7	2.7
1971									5.8	5.5	4.4	2.7	2.2	2.4
1972										5.2	3.6	1.5	1.3	1.8
1973											2.0	-0.5	0.2	1.4
1974												-2.8	-0.1	1.8
1975													2.8	4.1
1976														5.4

IRELAND — *GROSS FIXED CAPITAL FORMATION*

	1963	1965	1966	1967	1968	1969	1970	1971	1972	1973	1974	1975	1976	1977
1960	14.3	12.8	10.7	9.5	9.2	9.5	9.3	9.1	8.9	9.0	8.5	7.8	7.2	6.9
1963		10.8	6.4	5.6	6.4	7.9	7.9	8.0	7.9	8.2	7.6	6.6	6.1	5.7
1965			-3.0	1.7	5.5	8.7	8.4	8.4	8.2	8.6	7.6	6.3	5.6	5.2
1966				6.5	9.8	12.6	10.6	9.9	9.1	9.5	8.0	6.4	5.5	5.1
1967					13.1	15.7	11.1	9.9	8.9	9.4	7.6	5.7	4.8	4.5
1968						18.3	9.0	8.2	7.5	8.6	6.6	4.5	3.7	3.5
1969							0.3	4.8	5.4	7.9	5.3	3.1	2.4	2.5
1970								9.5	7.4	10.1	5.7	2.6	1.9	2.0
1971									5.3	11.2	4.0	0.4	0.2	0.9
1972										17.6	1.3	-2.6	-1.7	-0.1
1973											-12.6	-9.8	-4.9	-1.5
1974												-6.8	-0.5	2.6
1975													6.3	7.0
1976														7.6

6A. AVERAGE ANNUAL RATES OF GROWTH OF GROSS DOMESTIC PRODUCT AT CONSTANT PRICES BY TYPE OF EXPENDITURE AND BY KIND OF ECONOMIC ACTIVITY (continued) (IN PER CENT)

IRELAND — *EXPORTS OF GOODS AND SERVICES*

	1963	1965	1966	1967	1968	1969	1970	1971	1972	1973	1974	1975	1976	1977
1960	7.5	7.8	8.2	8.5	8.7	8.5	8.3	7.9	7.6	7.5	7.3	7.1	7.0	7.0
1963		8.5	9.2	9.5	9.5	9.0	8.4	7.8	7.3	7.2	6.9	6.7	6.6	6.7
1965			10.7	10.5	9.9	8.7	7.8	7.0	6.5	6.5	6.2	6.1	6.1	6.3
1966				10.2	9.5	7.9	6.9	6.2	5.7	6.0	5.8	5.7	5.8	6.0
1967					8.7	6.7	5.8	5.3	5.0	5.5	5.3	5.4	5.5	5.9
1968						4.6	4.5	4.4	4.3	5.2	5.1	5.2	5.4	5.9
1969							4.4	4.3	4.2	5.5	5.3	5.3	5.6	6.1
1970								4.2	4.1	6.2	5.5	5.5	5.8	6.4
1971									3.9	7.6	5.9	5.7	6.0	6.7
1972										11.3	6.0	5.7	6.1	7.1
1973											1.0	3.8	5.3	7.0
1974												6.5	7.3	8.8
1975													8.0	10.2
1976														12.4

IRELAND — *IMPORTS OF GOODS AND SERVICES*

	1963	1965	1966	1967	1968	1969	1970	1971	1972	1973	1974	1975	1976	1977
1960	9.5	10.5	9.8	9.0	9.1	9.4	9.2	8.9	8.6	8.7	8.5	7.9	7.6	7.5
1963		12.0	9.3	7.6	8.3	9.0	8.8	8.4	8.0	8.3	8.1	7.2	6.9	6.9
1965			3.5	3.7	7.1	9.1	8.6	8.0	7.6	8.1	7.9	6.7	6.4	6.4
1966				3.8	9.5	11.3	9.8	8.5	7.8	8.5	8.1	6.7	6.3	6.3
1967					15.6	14.5	10.6	8.5	7.6	8.5	8.0	6.3	5.9	6.0
1968						13.5	7.8	6.1	5.8	7.6	7.2	5.2	5.0	5.3
1969							2.3	3.2	4.2	7.3	6.9	4.5	4.4	4.9
1970								4.0	5.1	9.4	7.9	4.4	4.3	5.0
1971									6.2	12.8	8.8	3.5	3.7	4.7
1972										19.8	8.4	0.8	2.1	4.0
1973											−1.9	−7.1	−1.4	2.6
1974												−12.1	0.7	5.8
1975													15.4	14.4
1976														13.3

IRELAND — *AGRICULTURE*

	1963	1965	1966	1967	1968	1969	1970	1971	1972	1973
1960	0.1	0.4	0.1	0.3	0.7	0.8	0.9	1.2	1.5	1.6
1963		0.4	−0.2	0.3	1.2	1.2	1.3	1.7	2.1	2.2
1965			−0.1	1.3	2.8	2.1	2.0	2.4	2.8	2.9
1966				2.7	4.3	2.5	2.2	2.7	3.2	3.1
1967					5.9	1.9	1.7	2.6	3.2	3.2
1968						−2.1	0.3	2.3	3.3	3.2
1969							2.7	4.6	4.9	4.1
1970								6.4	5.8	4.1
1971									5.2	2.8
1972										0.5

IRELAND — *INDUSTRIAL ACTIVITY* (7)

	1963	1965	1966	1967	1968	1969	1970	1971	1972	1973
1960	7.2	6.8	6.1	6.0	6.1	6.2	6.1	6.0	5.9	6.0
1963		5.9	4.6	4.9	5.6	6.0	5.9	5.8	5.7	5.9
1965			2.2	4.7	6.4	6.7	6.3	6.1	5.8	6.1
1966				7.3	8.4	7.9	6.9	6.4	6.0	6.2
1967					9.5	8.0	6.4	5.9	5.5	6.0
1968						6.6	4.8	4.9	4.7	5.6
1969							3.1	4.3	4.4	5.8
1970								5.6	4.8	6.7
1971									4.1	7.8
1972										11.6

IRELAND — *WHOLESALE AND RETAIL TRADE* (8)

	1963	1965	1966	1967	1968	1969	1970	1971	1972	1973
1960	4.7	4.4	4.0	4.0	4.3	4.5	4.6	4.4	4.3	4.4
1963		3.6	3.1	3.5	4.3	4.7	4.8	4.5	4.3	4.4
1965			2.3	3.9	5.6	5.8	5.5	4.8	4.5	4.6
1966				5.6	7.3	6.7	5.9	4.9	4.4	4.6
1967					9.0	6.9	5.6	4.3	3.8	4.2
1968						4.9	4.1	2.8	2.8	3.7
1969							3.3	1.8	2.3	3.7
1970								0.2	2.1	4.3
1971									3.9	6.5
1972										9.1

IRELAND — *OTHER*

	1963	1965	1966	1967	1968	1969	1970	1971	1972	1973
1960	2.2	2.2	2.1	2.1	2.2	2.4	2.4	2.6	2.8	3.0
1963		1.9	1.6	2.0	2.2	2.5	2.5	2.9	3.2	3.4
1965			1.2	2.5	2.7	3.2	3.0	3.4	3.7	3.8
1966				3.9	3.3	3.7	3.2	3.7	4.0	4.1
1967					2.7	3.7	3.0	3.8	4.1	4.2
1968						4.8	2.8	4.1	4.5	4.5
1969							0.9	4.3	4.8	4.7
1970								7.9	6.3	5.4
1971									4.7	4.3
1972										3.8

ITALY — *GROSS DOMESTIC PRODUCT*

	1963	1965	1966	1967	1968	1969	1970	1971	1972	1973	1974	1975	1976	1977
1960	6.6	5.1	5.0	5.1	5.2	5.3	5.3	5.2	5.1	5.0	5.0	4.8	4.6	4.5
1963		3.2	4.0	4.7	5.2	5.4	5.4	5.2	5.0	4.9	4.9	4.5	4.4	4.2
1965			5.8	6.3	6.4	6.2	6.0	5.5	5.0	4.9	4.9	4.4	4.2	4.0
1966				6.9	6.6	6.3	6.0	5.2	4.7	4.7	4.7	4.2	4.0	3.8
1967					6.3	6.0	5.6	4.8	4.3	4.3	4.4	3.9	3.7	3.5
1968						5.6	5.3	4.2	3.7	4.0	4.1	3.6	3.4	3.3
1969							5.0	3.3	3.1	3.7	4.0	3.3	3.2	3.1
1970								1.6	2.3	3.6	4.1	3.1	3.1	2.9
1971									3.1	4.7	4.9	3.2	3.1	2.9
1972										6.4	5.6	2.7	2.7	2.6
1973											4.7	0.5	1.7	1.9
1974												−3.5	1.0	1.7
1975													5.7	3.7
1976														1.7

ITALY — *PER CAPITA GROSS DOMESTIC PRODUCT*

	1963	1965	1966	1967	1968	1969	1970	1971	1972	1973	1974	1975	1976	1977
1960	5.9	4.4	4.3	4.4	4.5	4.6	4.6	4.5	4.4	4.3	4.3	4.0	3.9	3.7
1963		2.4	3.2	4.0	4.4	4.7	4.7	4.5	4.3	4.2	4.1	3.8	3.6	3.5
1965			5.1	5.6	5.7	5.6	5.4	4.8	4.4	4.2	4.1	3.7	3.5	3.3
1966				6.2	5.9	5.6	5.3	4.6	4.1	4.0	3.9	3.4	3.2	3.1
1967					5.7	5.3	5.0	4.1	3.6	3.6	3.6	3.1	2.9	2.8
1968						5.0	4.7	3.5	3.0	3.2	3.4	2.8	2.7	2.5
1969							4.4	2.6	2.4	2.9	3.2	2.5	2.4	2.3
1970								1.0	1.6	2.8	3.3	2.3	2.2	2.1
1971									2.3	3.9	4.0	2.3	2.3	2.1
1972										5.5	4.6	1.8	1.9	1.8
1973											3.8	−0.3	0.9	1.2
1974												−4.2	0.4	1.1
1975													5.1	3.1
1976														1.2

ITALY — *GOVERNMENT FINAL CONSUMPTION EXPENDITURE*

	1963	1965	1966	1967	1968	1969	1970	1971	1972	1973	1974	1975	1976	1977
1960	5.0	4.5	4.3	4.2	4.1	4.1	3.9	3.9	3.9	3.9	3.8	3.8	3.7	3.6
1963		3.8	3.6	3.7	3.8	3.8	3.6	3.6	3.7	3.7	3.6	3.6	3.5	3.4
1965			3.2	3.7	3.9	3.8	3.5	3.5	3.7	3.7	3.6	3.5	3.4	3.3
1966				4.3	4.2	3.9	3.4	3.5	3.7	3.7	3.6	3.5	3.4	3.3
1967					4.1	3.6	3.1	3.4	3.6	3.7	3.6	3.5	3.3	3.2
1968						3.1	2.5	3.2	3.6	3.7	3.6	3.4	3.3	3.1
1969							1.9	3.5	4.0	3.9	3.7	3.5	3.3	3.1
1970								5.1	4.8	4.3	3.8	3.5	3.2	3.0
1971									4.6	3.9	3.4	3.1	2.9	2.7
1972										3.3	2.8	2.7	2.5	2.4
1973											2.3	2.5	2.3	2.3
1974												2.8	2.2	2.2
1975													1.7	2.0
1976														2.3

ITALY — *PRIVATE FINAL CONSUMPTION EXPENDITURE*

	1963	1965	1966	1967	1968	1969	1970	1971	1972	1973
1960	7.4	5.8	5.6	5.7	5.7	5.7	5.8	5.7	5.6	5.5
1963		2.8	4.0	4.9	5.1	5.3	5.6	5.5	5.3	5.3
1965			6.8	7.0	6.3	6.2	6.3	6.0	5.6	5.5
1966				7.1	6.0	5.9	6.3	5.8	5.4	5.3
1967					4.9	5.5	6.2	5.6	5.1	5.0
1968						6.1	6.9	5.7	4.9	4.9
1969							7.8	5.1	4.3	4.5
1970								2.5	2.9	3.9
1971									3.3	4.7
1972										6.2

ITALY — *GROSS FIXED CAPITAL FORMATION*

	1963	1965	1966	1967	1968	1969	1970	1971	1972	1973	1974	1975	1976	1977
1960	10.0	3.1	2.0	2.4	3.0	3.6	3.9	3.8	3.6	3.7	3.7	3.3	3.0	2.7
1963		−7.5	−4.3	−0.6	1.9	3.4	4.1	3.9	3.6	3.7	3.7	3.1	2.7	2.4
1965			4.0	7.8	8.8	8.8	8.0	6.5	5.3	5.1	4.8	3.7	3.1	2.6
1966				11.8	10.7	9.8	8.3	6.1	4.7	4.6	4.3	3.2	2.5	2.0
1967					9.7	8.9	7.1	4.6	3.3	3.5	3.5	2.3	1.6	1.2
1968						8.1	5.7	2.6	1.6	2.4	2.7	1.4	0.8	0.5
1969							3.4	−0.1	−0.3	1.6	2.3	0.7	0.2	−0.1
1970								−3.5	−1.6	1.9	2.7	0.5	−0.1	−0.4
1971									0.4	5.0	4.6	0.8	−0.1	−0.4
1972										9.9	6.0	−0.5	−1.3	−1.3
1973											2.2	−5.7	−4.3	−3.1
1974												−13.0	−5.8	−3.3
1975													1.9	1.0
1976														0.1

ITALY — *EXPORTS OF GOODS AND SERVICES*

	1963	1965	1966	1967	1968	1969	1970	1971	1972	1973	1974	1975
1960	12.1	12.4	12.8	12.4	12.4	12.5	12.2	11.8	11.5	11.2	10.8	10.4
1963		15.7	15.2	13.4	13.1	13.0	12.3	11.6	11.2	10.8	10.3	9.8
1965			12.7	9.7	11.0	11.6	10.9	10.2	10.0	9.7	9.2	8.7
1966				6.8	10.8	11.9	10.8	9.9	9.7	9.3	8.9	8.3
1967					15.0	13.9	11.3	9.8	9.6	9.2	8.6	8.0
1968						12.9	9.3	8.1	8.5	8.3	7.8	7.3
1969							5.8	6.1	7.7	7.7	7.3	6.7
1970								6.4	8.9	8.3	7.5	6.7
1971									11.4	8.7	7.3	6.3
1972										6.1	5.5	4.9
1973											4.9	4.2
1974												3.6

6A. AVERAGE ANNUAL RATES OF GROWTH OF GROSS DOMESTIC PRODUCT AT CONSTANT PRICES BY TYPE OF EXPENDITURE AND BY KIND OF ECONOMIC ACTIVITY (continued) (IN PER CENT)

ITALY

IMPORTS OF GOODS AND SERVICES

	1963	1965	1966	1967	1968	1969	1970	1971	1972	1973	1974
1960	18.0	10.2	9.6	9.5	9.4	9.8	10.4	10.3	10.3	10.4	10.1
1963		−1.7	3.1	5.9	6.9	8.7	10.0	10.0	10.1	10.2	9.8
1965			13.7	13.3	11.4	12.7	13.6	12.4	11.9	11.6	10.8
1966				12.8	9.9	12.6	13.9	12.2	11.7	11.4	10.5
1967					7.2	13.5	14.9	12.2	11.5	11.1	10.1
1968						20.2	18.2	12.4	11.3	10.9	9.6
1969							16.1	8.0	8.6	9.1	8.0
1970								0.5	6.4	8.3	7.1
1971									12.6	11.7	8.1
1972										10.8	5.5
1973											0.5

ITALY

AGRICULTURE

	1963	1965	1966	1967	1968	1969	1970	1971	1972	1973	1974	1975	1976	1977
1960	2.7	2.9	2.9	3.3	3.1	2.9	2.7	2.5	2.1	2.0	1.9	1.8	1.7	1.5
1963		3.5	3.4	4.2	3.3	3.0	2.6	2.3	1.6	1.5	1.4	1.4	1.3	1.1
1965			3.3	5.3	3.0	2.5	2.0	1.7	0.8	0.8	0.9	1.0	0.9	0.7
1966				7.5	2.1	1.9	1.4	1.3	0.2	0.4	0.5	0.8	0.6	0.5
1967					−3.0	−0.0	0.2	0.5	−0.6	−0.2	0.1	0.5	0.4	0.3
1968						3.0	1.3	1.2	−0.6	−0.0	0.3	0.7	0.6	0.4
1969							−0.4	0.6	−1.8	−0.5	0.1	0.7	0.5	0.3
1970								1.6	−3.1	−0.5	0.4	1.1	0.7	0.4
1971									−7.7	−0.3	1.0	1.7	1.0	0.5
1972										7.7	4.4	3.8	2.0	1.0
1973											1.2	2.3	0.4	−0.4
1974												3.3	−0.5	−1.2
1975													−4.1	−2.9
1976														−1.7

ITALY

INDUSTRIAL ACTIVITY

	1963	1965	1966	1967	1968	1969	1970	1971	1972	1973	1974	1975	1976	1977
1960	8.7	6.5	6.5	6.7	7.0	7.2	7.3	7.0	6.9	6.8	6.7	6.3	6.1	5.9
1963		3.7	5.4	6.5	7.3	7.5	7.6	7.2	6.8	6.7	6.7	6.0	5.8	5.6
1965			9.0	9.2	9.3	8.8	8.5	7.5	6.9	6.7	6.6	5.8	5.6	5.3
1966				9.4	9.4	8.6	8.3	7.0	6.4	6.3	6.3	5.3	5.1	4.9
1967					9.5	8.1	7.9	6.3	5.7	5.8	5.9	4.8	4.7	4.5
1968						6.7	7.3	5.2	4.8	5.2	5.5	4.3	4.2	4.1
1969							7.8	4.0	4.0	4.9	5.4	3.9	3.9	3.8
1970								0.3	2.7	4.8	5.4	3.4	3.6	3.5
1971									5.1	7.0	6.9	3.5	3.7	3.5
1972										8.9	7.5	2.1	2.9	2.9
1973											6.1	−1.8	1.4	2.0
1974												−9.1	0.9	2.1
1975													12.0	6.6
1976														1.4

ITALY

CONSTRUCTION

	1963	1965	1966	1967	1968	1969	1970	1971	1972	1973	1974	1975	1976	1977
1960	7.3	3.8	2.7	2.5	2.8	3.2	3.3	2.9	2.6	2.4	2.3	2.0	1.8	1.6
1963		−2.3	−1.8	−0.2	1.5	2.8	2.9	2.5	2.1	1.9	1.8	1.5	1.2	1.0
1965			0.5	3.1	5.0	5.9	5.1	3.7	2.8	2.3	2.2	1.6	1.2	0.9
1966				5.7	7.3	7.5	5.8	3.6	2.4	2.0	1.9	1.3	0.8	0.5
1967					8.9	8.2	5.2	2.4	1.3	1.1	1.1	0.6	0.2	−0.0
1968						7.6	3.1	0.0	−0.6	−0.3	0.2	−0.3	−0.5	−0.7
1969							−1.3	−3.3	−2.6	−1.4	−0.4	−0.8	−1.0	−1.1
1970								−5.3	−2.8	−0.8	0.3	−0.5	−0.8	−0.9
1971									−0.2	1.3	2.0	0.2	−0.5	−0.7
1972										2.9	3.0	−0.3	−1.0	−1.1
1973											3.0	−2.3	−2.4	−2.0
1974												−7.4	−4.1	−2.7
1975													−0.7	−0.7
1976														−0.6

ITALY

WHOLESALE AND RETAIL TRADE

	1963	1965	1966	1967	1968	1969	1970	1971	1972	1973	1974	1975	1976	1977
1960	8.7	7.0	6.6	6.6	6.6	6.6	6.6	6.5	6.4	6.4	6.2	6.0	5.7	5.5
1963		4.1	4.6	5.5	6.0	6.2	6.3	6.2	6.1	6.1	5.9	5.6	5.3	5.1
1965			5.6	7.0	7.2	7.1	7.0	6.6	6.3	6.3	6.0	5.5	5.2	4.9
1966				8.4	7.8	7.3	7.2	6.5	6.2	6.2	5.9	5.3	5.0	4.6
1967					7.2	6.9	6.8	6.1	5.8	5.9	5.6	5.0	4.6	4.3
1968						6.5	6.7	5.6	5.4	5.6	5.3	4.6	4.3	4.0
1969							6.9	5.0	5.0	5.4	5.1	4.3	3.9	3.6
1970								3.1	4.4	5.3	4.9	3.9	3.5	3.3
1971									5.7	6.4	5.3	3.6	3.2	3.0
1972										7.1	4.7	2.6	2.4	2.4
1973											2.4	0.4	1.3	1.7
1974												−1.6	1.2	1.9
1975													4.1	3.3
1976														2.5

ITALY

TRANSPORT AND COMMUNICATION

	1963	1965	1966	1967	1968	1969	1970	1971	1972	1973	1974	1975	1976	1977
1960	7.5	4.7	4.4	4.3	4.5	4.9	5.2	5.3	5.4	5.5	5.5	5.4	5.3	5.3
1963		2.0	3.0	3.3	4.3	5.2	5.6	5.8	5.8	5.9	5.8	5.6	5.5	5.5
1965			5.0	4.5	5.9	6.9	7.0	6.8	6.6	6.5	6.3	6.0	5.8	5.6
1966				3.9	6.7	7.8	7.6	7.2	6.8	6.6	6.4	5.9	5.7	5.6
1967					9.5	9.4	8.3	7.4	6.8	6.6	6.3	5.8	5.5	5.4
1968						9.4	7.5	6.6	6.1	6.0	5.8	5.3	5.1	5.0
1969							5.7	5.4	5.2	5.4	5.4	4.8	4.7	4.7
1970								5.1	5.0	5.4	5.4	4.6	4.5	4.6
1971									4.8	5.6	5.5	4.4	4.3	4.4
1972										6.5	5.7	3.9	4.0	4.3
1973											4.8	2.5	3.4	3.9
1974												0.3	3.2	4.1
1975													6.2	5.7
1976														5.3

ITALY

OTHER

	1963	1965	1966	1967	1968	1969	1970	1971	1972	1973	1974	1975	1976	1977
1960	3.8	3.9	4.0	4.1	4.2	4.2	4.2	4.2	4.1	4.1	4.1	4.0	4.0	3.9
1963		4.0	4.3	4.3	4.4	4.3	4.3	4.2	4.2	4.1	4.1	4.0	3.9	3.8
1965			5.1	4.4	4.6	4.4	4.3	4.2	4.1	4.0	4.0	3.9	3.8	3.7
1966				3.7	4.5	4.3	4.2	4.1	4.0	3.9	4.0	3.9	3.8	3.6
1967					5.3	4.4	4.3	4.0	4.0	3.9	3.9	3.8	3.7	3.6
1968						3.4	3.9	3.8	3.8	3.7	3.8	3.7	3.6	3.5
1969							4.3	3.8	3.8	3.7	3.8	3.7	3.6	3.4
1970								3.3	3.6	3.5	3.8	3.6	3.5	3.3
1971									3.9	3.6	4.0	3.7	3.4	3.3
1972										3.2	4.2	3.6	3.3	3.1
1973											5.1	3.5	3.1	2.9
1974												1.9	2.4	2.4
1975													2.8	2.6
1976														2.4

LUXEMBOURG

GROSS DOMESTIC PRODUCT

	1963	1965	1966	1967	1968	1969	1970	1971	1972	1973	1974	1975	1976	1977
1960	2.5	3.5	3.3	3.0	3.0	3.3	3.4	3.5	3.6	3.9	4.1	3.9	3.7	3.5
1963		4.5	3.3	2.7	2.8	3.5	3.6	3.7	3.9	4.3	4.5	4.1	3.8	3.6
1965			1.6	1.6	2.4	3.9	4.0	4.1	4.2	4.7	4.9	4.3	3.9	3.6
1966				1.6	2.9	5.0	4.7	4.6	4.6	5.1	5.3	4.5	4.0	3.6
1967					4.3	6.8	5.5	5.0	4.9	5.5	5.6	4.5	3.9	3.4
1968						9.4	5.4	4.7	4.7	5.5	5.6	4.3	3.6	3.1
1969							1.6	2.9	3.8	5.3	5.5	3.9	3.1	2.6
1970								4.2	4.9	6.6	6.4	3.9	2.9	2.3
1971									5.6	7.9	7.0	3.3	2.1	1.6
1972										10.3	7.1	1.5	0.6	0.5
1973											4.1	−3.0	−2.1	−1.2
1974												−9.6	−3.8	−1.6
1975													2.5	1.9
1976														1.4

LUXEMBOURG

PER CAPITA GROSS DOMESTIC PRODUCT

	1963	1965	1966	1967	1968	1969	1970	1971	1972	1973	1974	1975	1976	1977
1960	1.4	2.3	2.2	2.0	2.1	2.5	2.6	2.7	2.9	3.1	3.2	3.0	2.8	2.7
1963		3.3	2.3	1.9	2.1	2.8	3.0	3.1	3.2	3.6	3.7	3.2	3.0	2.8
1965			1.0	1.1	2.0	3.5	3.6	3.6	3.7	4.0	4.1	3.4	3.0	2.7
1966				1.3	2.6	4.6	4.3	4.1	4.0	4.4	4.4	3.5	3.0	2.7
1967					4.0	6.4	5.0	4.4	4.2	4.6	4.6	3.5	2.9	2.5
1968						8.8	5.0	4.1	3.9	4.6	4.5	3.2	2.5	2.2
1969							1.3	2.3	2.9	4.3	4.2	2.6	2.0	1.6
1970								3.3	3.7	5.3	4.8	2.5	1.7	1.3
1971									4.0	6.5	5.2	1.8	1.0	0.7
1972										9.1	5.2	0.2	−0.4	−0.3
1973											1.5	−4.2	−2.8	−1.7
1974												−9.6	−3.8	−1.6
1975													2.5	1.9
1976														1.4

LUXEMBOURG

GOVERNMENT FINAL CONSUMPTION EXPENDITURE

	1963	1965	1966	1967	1968	1969	1970	1971	1972	1973	1974	1975	1976	1977
1960	10.4	6.8	6.1	5.6	5.5	5.3	5.2	5.1	4.9	4.8	4.7	4.6	4.5	4.4
1963		−0.6	1.4	2.2	3.2	3.5	3.9	4.0	4.0	4.0	3.9	3.9	3.9	3.8
1965			5.6	4.6	5.3	5.0	5.1	4.9	4.7	4.4	4.3	4.2	4.1	4.0
1966				3.5	5.5	5.0	5.1	4.8	4.5	4.3	4.1	4.1	4.0	3.9
1967					7.5	5.3	5.4	4.8	4.5	4.2	4.0	4.0	3.9	3.8
1968						3.1	4.7	4.2	4.0	3.7	3.6	3.7	3.6	3.5
1969							6.4	4.5	3.9	3.6	3.5	3.6	3.6	3.5
1970								2.6	2.9	3.0	3.0	3.4	3.4	3.3
1971									3.2	3.1	3.1	3.6	3.6	3.4
1972										2.9	3.0	3.8	3.7	3.4
1973											3.2	4.4	3.9	3.4
1974												5.6	4.0	3.2
1975													2.3	2.2
1976														2.1

LUXEMBOURG

PRIVATE FINAL CONSUMPTION EXPENDITURE

	1963	1965	1966	1967	1968	1969	1970	1971	1972	1973	1974	1975	1976	1977
1960	4.7	5.5	5.0	4.4	4.0	3.9	4.0	4.1	4.1	4.2	4.3	4.4	4.4	4.3
1963		6.3	4.5	3.2	2.9	3.1	3.4	3.7	3.9	4.1	4.2	4.3	4.3	4.3
1965			1.3	0.4	1.5	2.4	3.1	3.7	4.0	4.2	4.4	4.5	4.5	4.4
1966				−0.5	1.9	3.1	3.9	4.4	4.6	4.7	4.9	4.9	4.8	4.7
1967					4.3	4.7	5.1	5.3	5.3	5.3	5.3	5.2	5.1	4.8
1968						5.0	5.5	5.7	5.5	5.4	5.4	5.3	5.1	4.8
1969							5.9	5.9	5.6	5.4	5.4	5.3	5.0	4.7
1970								5.9	5.3	5.1	5.3	5.1	4.9	4.5
1971									4.7	4.8	5.1	5.0	4.7	4.2
1972										4.9	5.4	5.1	4.6	4.0
1973											5.9	5.0	4.3	3.6
1974												4.1	3.6	2.9
1975													3.1	2.3
1976														1.5

LUXEMBOURG

GROSS FIXED CAPITAL FORMATION

	1963	1965	1966	1967	1968	1969	1970	1971	1972	1973	1974	1975	1976	1977
1960	10.1	9.1	6.3	3.8	2.1	1.7	1.8	2.4	2.9	3.4	3.6	3.4	3.2	3.0
1963		2.5	−1.5	−3.8	−4.5	−3.3	−1.8	0.1	1.4	2.5	2.9	2.7	2.6	2.4
1965			−5.1	−7.1	−6.4	−3.2	−0.5	2.2	3.7	4.8	4.9	4.3	3.9	3.5
1966				−9.0	−6.6	−1.6	1.5	4.5	5.8	6.6	6.4	5.4	4.7	4.0
1967					−4.1	2.8	5.4	8.2	8.7	8.9	8.1	6.5	5.4	4.5
1968						10.2	9.7	11.8	11.0	10.6	9.1	6.8	5.4	4.3
1969							9.2	13.1	11.3	10.6	8.5	5.7	4.3	3.2
1970								17.1	11.4	10.3	7.5	4.2	2.8	1.8
1971									5.9	7.8	4.9	1.4	0.5	−0.1
1972										9.8	3.7	−1.0	−1.2	−1.4
1973											−2.0	−5.7	−3.7	−3.1
1974												−9.4	−3.6	−2.7
1975													2.5	−0.0
1976														−2.6

6A. AVERAGE ANNUAL RATES OF GROWTH OF GROSS DOMESTIC PRODUCT AT CONSTANT PRICES BY TYPE OF EXPENDITURE AND BY KIND OF ECONOMIC ACTIVITY (continued) (IN PER CENT)

LUXEMBOURG

EXPORTS OF GOODS AND SERVICES

	1963	1965	1966	1967	1968	1969	1970	1971	1972	1973	1974	1975	1976	1977
1960	2.2	5.3	5.1	4.6	4.9	5.5	5.9	5.9	6.0	6.3	6.5	6.1	5.8	5.5
1963		10.0	6.5	4.8	5.3	6.2	6.7	6.6	6.6	6.9	7.1	6.4	5.9	5.5
1965			–0.4	0.5	4.0	6.3	7.2	6.9	6.7	7.2	7.4	6.4	5.7	5.2
1966				1.4	6.7	8.9	9.1	8.1	7.5	7.9	8.0	6.7	5.8	5.2
1967					12.4	12.3	10.8	8.7	7.7	8.1	8.3	6.6	5.6	4.8
1968						12.3	9.8	7.2	6.5	7.4	7.8	5.8	4.7	4.0
1969							7.4	4.7	4.8	6.8	7.5	5.0	3.9	3.2
1970								2.0	4.1	7.4	8.2	4.6	3.3	2.6
1971									6.1	10.4	10.1	4.3	2.7	2.0
1972										14.8	11.3	2.1	0.8	0.5
1973											8.0	–4.6	–3.2	–2.1
1974												–15.8	–6.2	–3.1
1975													4.4	2.7
1976														1.1

LUXEMBOURG

IMPORTS OF GOODS AND SERVICES

	1963	1965	1966	1967	1968	1969	1970	1971	1972	1973	1974	1975	1976	1977
1960	4.4	6.5	5.6	4.4	4.1	4.3	5.1	5.7	5.9	6.1	6.4	6.2	6.0	5.8
1963		9.2	5.3	2.4	2.5	3.5	5.1	6.2	6.4	6.7	7.0	6.6	6.3	5.9
1965			–1.9	–3.5	0.1	3.0	6.0	7.4	7.5	7.6	7.9	7.2	6.6	6.2
1966				–5.0	2.0	5.4	8.8	9.8	9.2	9.0	8.9	8.0	7.1	6.5
1967					9.5	10.3	13.0	12.8	11.0	10.1	9.8	8.4	7.3	6.5
1968						11.2	15.1	13.7	10.8	9.8	9.4	7.8	6.6	5.8
1969							19.2	14.2	9.6	8.6	8.5	6.7	5.5	4.8
1970								9.3	5.1	5.9	6.9	5.0	4.0	3.4
1971									1.1	5.0	6.9	4.4	3.2	2.7
1972										9.0	9.6	4.4	2.7	2.2
1973											10.1	1.2	0.4	0.6
1974												–7.0	–3.0	–0.9
1975													1.2	1.9
1976														2.6

LUXEMBOURG

AGRICULTURE

	1963	1965	1966	1967	1968	1969	1970	1971	1972	1973	1974	1975	1976	1977
1960	...	...	...	...	...	...	...	...	...	...	...	...	...	...
1963		...	...	...	...	...	...	...	...	...	...	...	...	...
1965			...	...	...	...	...	...	...	...	...	...	...	...
1966				...	...	...	...	...	...	...	...	...	...	...
1967					...	...	...	...	...	...	...	...	...	...
1968						...	...	...	...	...	...	...	...	...
1969							...	...	...	...	...	...	...	...
1970								1.0	–0.5	0.9	2.1	2.4	1.7	1.5
1971									–2.0	1.3	2.9	3.0	1.9	1.5
1972										4.7	5.2	4.2	2.2	1.6
1973											5.7	3.7	1.0	0.6
1974												1.7	–1.5	–0.8
1975													–4.5	–1.4
1976														1.8

LUXEMBOURG

INDUSTRIAL ACTIVITY

	1963	1965	1966	1967	1968	1969	1970	1971	1972	1973	1974	1975	1976	1977
1960	...	...	...	...	...	...	...	...	...	...	...	...	...	...
1963		...	...	...	...	...	...	...	...	...	...	...	...	...
1965			...	...	...	...	...	...	...	...	...	...	...	...
1966				...	...	...	...	...	...	...	...	...	...	...
1967					...	...	...	...	...	...	...	...	...	...
1968						...	...	...	...	...	...	...	...	...
1969							...	...	...	...	...	...	...	...
1970								–0.5	2.2	5.0	5.4	1.3	0.3	–0.1
1971									4.9	7.9	7.0	0.7	–0.4	–0.7
1972										11.1	7.4	–2.1	–2.5	–2.3
1973											3.8	–9.1	–6.2	–4.4
1974												–20.3	–8.5	–4.6
1975													5.2	2.7
1976														0.3

LUXEMBOURG

MANUFACTURING

	1963	1965	1966	1967	1968	1969	1970	1971	1972	1973	1974	1975	1976	1977
1960	...	...	...	...	...	...	...	...	...	...	...	...	...	...
1963		...	...	...	...	...	...	...	...	...	...	...	...	...
1965			...	...	...	...	...	...	...	...	...	...	...	...
1966				...	...	...	...	...	...	...	...	...	...	...
1967					...	...	...	...	...	...	...	...	...	...
1968						...	...	...	...	...	...	...	...	...
1969							...	...	...	...	...	...	...	...
1970								–1.1	2.0	5.0	5.3	1.2	0.1	–0.3
1971									5.2	8.1	7.0	0.5	–0.7	–1.0
1972										11.2	7.3	–2.5	–3.0	–2.6
1973											3.5	–9.6	–6.8	–4.8
1974												–21.0	–9.1	–5.0
1975													4.6	2.4
1976														0.3

LUXEMBOURG

CONSTRUCTION

	1963	1965	1966	1967	1968	1969	1970	1971	1972	1973	1974	1975	1976	1977
1960	...	...	...	...	...	...	...	...	...	...	...	...	...	...
1963		...	...	...	...	...	...	...	...	...	...	...	...	...
1965			...	...	...	...	...	...	...	...	...	...	...	...
1966				...	...	...	...	...	...	...	...	...	...	...
1967					...	...	...	...	...	...	...	...	...	...
1968						...	...	...	...	...	...	...	...	...
1969							...	...	...	...	...	...	...	...
1970								17.3	13.5	12.9	10.8	7.3	4.1	2.5
1971									9.7	11.3	9.0	4.9	1.5	0.2
1972										12.9	8.0	2.4	–1.2	–2.1
1973											3.3	–2.6	–5.4	–4.9
1974												–8.1	–9.0	–6.5
1975													–9.9	–5.1
1976														–0.1

LUXEMBOURG

WHOLESALE AND RETAIL TRADE

	1963	1965	1966	1967	1968	1969	1970	1971	1972	1973	1974	1975	1976
1960	...	...	...	...	...	...	...	...	...	...	...	...	...
1963		...	...	...	...	...	...	...	...	...	...	...	...
1965			...	...	...	...	...	...	...	...	...	...	...
1966				...	...	...	...	...	...	...	...	...	...
1967					...	...	...	...	...	...	...	...	...
1968						...	...	...	...	...	...	...	...
1969							...	...	...	...	...	...	...
1970								13.7	11.7	11.6	10.0	7.8	6.4
1971									9.7	10.8	8.8	6.3	4.9
1972										11.9	7.9	4.6	3.3
1973											4.0	1.2	1.0
1974												–1.5	–0.0
1975													1.5

LUXEMBOURG

TRANSPORT AND COMMUNICATION

	1963	1965	1966	1967	1968	1969	1970	1971	1972	1973	1974	1975	1976	1977
1960	...	...	...	...	...	...	...	...	...	...	...	...	...	...
1963		...	...	...	...	...	...	...	...	...	...	...	...	...
1965			...	...	...	...	...	...	...	...	...	...	...	...
1966				...	...	...	...	...	...	...	...	...	...	...
1967					...	...	...	...	...	...	...	...	...	...
1968						...	...	...	...	...	...	...	...	...
1969							...	...	...	...	...	...	...	...
1970								6.8	6.9	7.7	8.3	6.0	5.0	4.4
1971									6.9	8.2	8.9	5.5	4.3	3.7
1972										9.5	9.7	4.3	3.1	2.7
1973											9.9	0.9	0.9	1.2
1974												–7.4	–2.0	–0.1
1975													3.8	3.1
1976														2.4

LUXEMBOURG

OTHER

	1963	1965	1966	1967	1968	1969	1970	1971	1972	1973	1974	1975	1976
1960	...	...	...	...	...	...	...	...	...	...	...	...	...
1963		...	...	...	...	...	...	...	...	...	...	...	...
1965			...	...	...	...	...	...	...	...	...	...	...
1966				...	...	...	...	...	...	...	...	...	...
1967					...	...	...	...	...	...	...	...	...
1968						...	...	...	...	...	...	...	...
1969							...	...	...	...	...	...	...
1970								4.4	3.9	5.0	4.6	4.4	4.2
1971									3.5	5.6	4.7	4.3	4.1
1972										7.7	4.9	4.2	3.9
1973											2.1	2.9	3.1
1974												3.6	3.5
1975													3.5

NETHERLANDS

GROSS DOMESTIC PRODUCT

	1963	1965	1966	1967	1968	1969	1970	1971	1972	1973	1974	1975	1976	1977
1960	3.6	5.1	5.0	5.0	5.1	5.3	5.5	5.5	5.4	5.4	5.3	5.2	5.0	4.9
1963		7.3	5.8	5.4	5.5	5.8	5.9	5.9	5.7	5.6	5.4	5.1	4.9	4.7
1965			2.9	4.2	5.2	5.7	6.0	5.9	5.6	5.5	5.3	4.9	4.7	4.5
1966				5.5	6.3	6.6	6.6	6.3	5.8	5.6	5.4	4.9	4.6	4.4
1967					7.1	7.1	6.8	6.3	5.7	5.4	5.2	4.7	4.4	4.1
1968						7.0	6.7	6.0	5.2	5.1	4.8	4.3	4.0	3.8
1969							6.3	5.4	4.6	4.6	4.5	3.8	3.6	3.4
1970								4.5	3.7	4.2	4.2	3.4	3.3	3.1
1971									2.8	4.3	4.2	3.1	3.0	2.9
1972										5.7	4.6	2.8	2.8	2.7
1973											3.5	1.3	2.0	2.2
1974												–0.9	1.8	2.2
1975													4.5	3.4
1976														2.4

NETHERLANDS

PER CAPITA GROSS DOMESTIC PRODUCT

	1963	1965	1966	1967	1968	1969	1970	1971	1972	1973	1974	1975	1976	1977
1960	2.2	3.6	3.6	3.6	3.8	4.0	4.1	4.2	4.1	4.1	4.1	3.9	3.8	3.7
1963		5.8	4.4	4.1	4.2	4.5	4.6	4.6	4.4	4.4	4.3	4.0	3.8	3.6
1965			1.5	2.9	4.0	4.6	4.8	4.7	4.4	4.3	4.2	3.8	3.6	3.4
1966				4.3	5.1	5.4	5.4	5.1	4.6	4.4	4.2	3.8	3.6	3.4
1967					6.0	5.9	5.6	5.1	4.5	4.3	4.1	3.6	3.3	3.1
1968						5.8	5.4	4.7	4.0	3.9	3.7	3.2	3.0	2.8
1969							5.1	4.2	3.3	3.5	3.4	2.8	2.6	2.5
1970								3.3	2.5	3.1	3.2	2.5	2.3	2.2
1971									1.7	3.3	3.3	2.3	2.2	2.1
1972										4.8	3.8	2.0	2.0	1.9
1973											2.8	0.5	1.2	1.4
1974												–1.7	0.9	1.4
1975													3.6	2.7
1976														1.8

NETHERLANDS

GOVERNMENT FINAL CONSUMPTION EXPENDITURE

	1963	1965	1966	1967	1968	1969	1970	1971	1972	1973	1974	1975	1976	1977
1960	4.8	3.8	3.4	3.2	3.0	3.0	3.1	3.2	3.2	3.1	3.1	3.0	3.0	3.0
1963		1.6	1.6	1.9	2.0	2.3	2.7	3.0	3.0	2.9	2.9	2.9	2.9	2.9
1965			1.7	2.3	2.4	2.8	3.3	3.5	3.5	3.2	3.1	3.0	3.0	3.0
1966				2.9	2.7	3.1	3.7	3.9	3.7	3.4	3.1	3.0	3.0	3.1
1967					2.4	3.3	4.1	4.2	3.8	3.4	3.1	3.0	3.0	3.0
1968						4.2	5.0	4.6	4.0	3.3	2.9	2.9	2.9	3.0
1969							5.8	4.6	3.6	2.9	2.5	2.5	2.7	2.8
1970								3.5	2.6	1.9	1.8	2.1	2.4	2.6
1971									1.7	1.2	1.4	1.9	2.4	2.7
1972										0.7	1.3	2.2	2.7	3.0
1973											2.0	3.0	3.4	3.5
1974												3.9	4.0	3.9
1975													4.0	3.8
1976														3.6

6A. AVERAGE ANNUAL RATES OF GROWTH OF GROSS DOMESTIC PRODUCT AT CONSTANT PRICES BY TYPE OF EXPENDITURE AND BY KIND OF ECONOMIC ACTIVITY (continued) (IN PER CENT)

NETHERLANDS

PRIVATE FINAL CONSUMPTION EXPENDITURE

	1963	1965	1966	1967	1968	1969	1970	1971	1972	1973	1974	1975	1976	1977
1960	6.2	6.4	6.1	5.9	5.9	6.0	6.1	6.0	5.9	5.8	5.6	5.5	5.3	5.2
1963		6.7	5.7	5.4	5.6	5.8	6.0	5.9	5.8	5.6	5.4	5.2	5.0	4.9
1965			3.4	4.3	5.1	5.8	6.2	6.0	5.7	5.4	5.2	4.9	4.7	4.6
1966				5.2	6.0	6.6	6.8	6.3	5.9	5.5	5.1	4.9	4.7	4.5
1967					6.9	7.2	7.3	6.4	5.8	5.3	4.9	4.6	4.4	4.3
1968						7.5	7.4	6.1	5.3	4.9	4.5	4.2	4.1	4.0
1969							7.4	5.2	4.5	4.2	3.9	3.8	3.7	3.7
1970								3.0	3.3	3.5	3.4	3.3	3.4	3.5
1971									3.6	3.7	3.4	3.4	3.4	3.5
1972										3.9	3.3	3.3	3.4	3.5
1973											2.7	3.0	3.3	3.5
1974												3.4	3.6	3.8
1975													3.8	4.0
1976														4.3

NETHERLANDS

GROSS FIXED CAPITAL FORMATION

	1963	1965	1966	1967	1968	1969	1970	1971	1972	1973	1974	1975	1976	1977
1960	4.3	7.1	7.4	7.6	7.9	7.5	7.3	7.0	6.5	6.2	5.7	5.1	4.6	4.3
1963		11.3	9.8	9.1	9.2	8.0	7.5	6.9	6.1	5.6	5.0	4.3	3.6	3.4
1965			8.5	8.3	9.1	6.9	6.5	5.8	5.0	4.5	3.9	3.1	2.4	2.3
1966				8.1	9.5	6.0	5.8	5.1	4.3	3.9	3.2	2.4	1.8	1.8
1967					11.0	4.2	4.8	4.2	3.4	3.2	2.5	1.7	1.1	1.2
1968						-2.1	3.0	3.1	2.4	2.5	1.8	1.0	0.4	0.6
1969							8.3	4.9	2.9	2.8	1.8	0.7	0.1	0.5
1970								1.7	0.5	1.6	0.7	-0.4	-0.9	-0.2
1971									-0.6	1.9	0.4	-1.0	-1.5	-0.4
1972										4.5	0.3	-1.7	-2.1	-0.5
1973											-3.8	-4.3	-3.6	-0.7
1974												-4.9	-3.4	0.9
1975													-1.8	4.4
1976														11.1

NETHERLANDS

EXPORTS OF GOODS AND SERVICES

	1963	1965	1966	1967	1968	1969	1970	1971	1972	1973	1974	1975	1976	1977
1960	4.9	7.0	7.1	7.1	7.5	8.1	8.7	9.1	9.3	9.6	9.6	9.3	9.1	8.8
1963		9.7	8.3	7.7	8.3	9.3	9.9	10.3	10.5	10.7	10.5	9.9	9.5	9.0
1965			5.7	6.3	8.3	10.1	11.0	11.4	11.4	11.5	11.0	10.1	9.5	8.8
1966				6.9	9.9	11.9	12.4	12.4	12.1	12.0	11.3	10.1	9.5	8.7
1967					13.0	14.2	13.9	13.3	12.6	12.4	11.4	9.9	9.2	8.3
1968						15.5	14.1	13.1	12.2	12.0	10.9	9.2	8.5	7.5
1969							12.8	11.9	11.2	11.3	10.1	8.1	7.5	6.6
1970								11.0	10.5	11.0	9.4	7.0	6.6	5.7
1971									10.0	11.2	8.6	5.7	5.6	4.7
1972										12.4	7.3	3.6	4.3	3.5
1973											2.5	-0.3	2.6	2.2
1974												-3.0	3.6	2.5
1975													10.7	4.1
1976														-2.1

NETHERLANDS

IMPORTS OF GOODS AND SERVICES

	1963	1965	1966	1967	1968	1969	1970	1971	1972	1973	1974	1975	1976	1977
1960	7.4	9.2	9.0	8.6	8.8	9.2	9.6	9.7	9.6	9.6	9.3	8.8	8.5	8.2
1963		10.5	9.0	8.2	8.6	9.4	10.1	10.1	9.9	9.8	9.3	8.6	8.1	7.8
1965			7.2	6.7	8.5	10.0	11.0	10.8	10.3	10.1	9.3	8.3	7.8	7.3
1966				6.3	9.6	11.3	12.2	11.5	10.6	10.3	9.3	8.1	7.5	7.1
1967					13.0	13.6	13.8	12.2	10.8	10.3	9.1	7.6	7.1	6.6
1968						14.2	14.1	11.6	9.9	9.5	8.2	6.6	6.1	5.8
1969							13.9	9.9	8.2	8.4	7.0	5.3	5.1	4.8
1970								6.0	5.8	7.3	5.9	4.0	4.0	4.0
1971									5.6	8.2	5.6	3.1	3.5	3.6
1972										10.9	4.8	1.4	2.6	3.1
1973											-1.1	-2.6	1.1	2.4
1974												-4.1	3.1	4.0
1975													10.9	7.2
1976														3.6

NETHERLANDS

INDUSTRIAL ACTIVITY

	1963	1965	1966	1967	1968	1969	1970	1971	1972	1973	1974	1975	1976	1977
1960	...	...	...	...	...	...	...	...	...	...	...	...	...	...
1963		...	...	...	...	...	...	...	...	...	...	...	...	...
1965			...	...	...	...	...	...	...	...	...	...	...	...
1966				...	...	...	...	...	...	...	...	...	...	...
1967					...	...	...	...	...	...	...	...	...	...
1968						10.0	9.5	8.0	7.0	7.0	6.8	5.6	5.2	4.7
1969							9.1	6.9	6.0	6.3	6.2	5.0	4.6	4.1
1970								4.8	4.7	5.8	5.9	4.3	4.1	3.6
1971									4.5	6.6	6.3	4.0	3.7	3.2
1972										8.7	6.8	3.0	3.1	2.6
1973											5.0	0.0	1.6	1.6
1974												-4.8	0.9	1.3
1975													7.0	3.4
1976														0.0

NETHERLANDS

MANUFACTURING

	1963	1965	1966	1967	1968	1969	1970	1971	1972	1973	1974	1975	1976	1977
1960	...	...	...	...	...	...	...	...	...	...	...	...	...	...
1963		...	...	...	...	...	...	...	...	...	...	...	...	...
1965			...	...	...	...	...	...	...	...	...	...	...	...
1966				...	...	...	...	...	...	...	...	...	...	...
1967					...	...	...	...	...	...	...	...	...	...
1968						10.0	9.5	8.0	7.0	7.0	6.8	5.6	5.2	4.7
1969							9.1	6.9	6.0	6.3	6.2	5.0	4.6	4.1
1970								4.8	4.7	5.8	5.9	4.3	4.1	3.6
1971									4.5	6.6	6.3	4.0	3.7	3.2
1972										8.7	6.8	3.0	3.1	2.6
1973											5.0	0.0	1.6	1.6
1974												-4.8	0.9	1.3
1975													7.0	3.4
1976														0.0

NETHERLANDS

CONSTRUCTION

	1963	1965	1966	1967	1968	1969	1970	1971	1972	1973	1974	1975	1976	1977
1960	2.7	6.2	6.4	6.8	7.2	6.8	6.4	6.0	5.6	5.2	4.7	4.1	3.7	3.4
1963		10.9	8.8	8.6	8.6	7.4	6.5	5.9	5.2	4.6	3.9	3.2	2.7	2.4
1965			6.5	8.2	8.7	6.4	5.2	4.7	4.0	3.4	2.6	2.0	1.5	1.3
1966				9.9	9.6	5.7	4.4	3.9	3.3	2.7	1.9	1.3	0.8	0.8
1967					9.3	3.0	2.4	2.6	2.2	1.8	1.0	0.5	0.1	0.1
1968						-2.9	-0.0	1.4	1.4	1.1	0.3	-0.2	-0.5	-0.4
1969							3.0	3.4	2.4	1.5	0.4	-0.3	-0.7	-0.5
1970								3.8	1.9	0.9	-0.5	-1.1	-1.4	-0.9
1971									-0.0	-0.5	-1.8	-2.1	-2.2	-1.3
1972										-0.9	-2.8	-2.7	-2.6	-1.3
1973											-4.7	-3.3	-2.8	-1.0
1974												-2.0	-2.0	0.4
1975													-2.0	2.0
1976														6.1

NETHERLANDS

WHOLESALE AND RETAIL TRADE

	1963	1965	1966	1967	1968	1969	1970	1971	1972	1973	1974	1975	1976	1977
1960	7.5	8.1	7.2	6.8	6.4	6.2	6.1	6.0	5.9	5.8	5.7	5.6	5.5	5.4
1963		8.6	5.8	5.5	5.1	5.1	5.3	5.3	5.2	5.2	5.2	5.1	5.0	5.0
1965			-0.0	3.3	3.9	4.3	4.9	5.0	4.9	5.1	5.1	5.0	4.9	4.8
1966				6.8	5.4	5.3	5.8	5.6	5.3	5.4	5.4	5.1	5.0	5.0
1967					3.9	4.7	5.8	5.5	5.2	5.4	5.3	5.0	4.9	4.9
1968						5.6	6.7	5.9	5.3	5.5	5.4	5.0	4.9	4.8
1969							7.9	5.8	4.9	5.3	5.3	4.8	4.7	4.7
1970								3.7	3.6	4.9	5.0	4.5	4.4	4.4
1971									3.5	5.7	5.5	4.5	4.5	4.5
1972										8.0	6.1	4.3	4.3	4.4
1973											4.2	2.6	3.4	3.9
1974												1.0	3.5	4.1
1975													6.0	5.4
1976														4.7

UNITED KINGDOM

GROSS DOMESTIC PRODUCT

	1963	1965	1966	1967	1968	1969	1970	1971	1972	1973	1974	1975	1976	1977
1960	2.5	3.2	3.1	3.0	3.0	2.9	2.9	2.8	2.8	2.9	2.8	2.7	2.6	2.5
1963		3.8	3.1	2.9	2.9	2.8	2.7	2.6	2.6	2.8	2.7	2.6	2.5	2.4
1965			2.1	2.3	2.7	2.6	2.5	2.5	2.4	2.8	2.7	2.5	2.4	2.3
1966				2.6	3.0	2.6	2.5	2.5	2.4	2.9	2.8	2.4	2.3	2.2
1967					3.5	2.5	2.4	2.4	2.4	2.9	2.8	2.4	2.3	2.1
1968						1.5	2.0	2.2	2.2	3.0	2.8	2.3	2.2	2.0
1969							2.4	2.5	2.4	3.5	3.0	2.3	2.1	2.0
1970								2.6	2.4	4.0	3.1	2.2	2.0	1.8
1971									2.3	5.0	3.2	1.9	1.7	1.6
1972										7.9	2.9	1.0	1.2	1.2
1973											-1.8	-1.8	-0.2	0.4
1974												-1.7	0.9	1.2
1975													3.6	2.4
1976														1.2

UNITED KINGDOM

PER CAPITA GROSS DOMESTIC PRODUCT

	1963	1965	1966	1967	1968	1969	1970	1971	1972	1973	1974	1975	1976	1977
1960	1.8	2.5	2.5	2.4	2.4	2.3	2.3	2.3	2.2	2.4	2.3	2.2	2.2	2.2
1963		3.2	2.5	2.3	2.4	2.2	2.2	2.1	2.1	2.4	2.3	2.2	2.1	2.1
1965			1.6	1.8	2.2	2.1	2.0	2.0	2.0	2.4	2.3	2.1	2.1	2.0
1966				2.0	2.5	2.2	2.1	2.1	2.1	2.5	2.4	2.1	2.1	2.0
1967					3.1	2.1	2.0	2.0	2.0	2.6	2.5	2.1	2.0	1.9
1968						1.1	1.6	1.8	1.9	2.7	2.5	2.1	2.0	1.9
1969							2.1	2.2	2.1	3.2	2.8	2.1	2.0	1.9
1970								2.2	2.1	3.7	2.9	2.0	1.9	1.7
1971									1.9	4.8	3.0	1.7	1.6	1.5
1972										7.7	2.8	1.0	1.1	1.2
1973											-1.8	-1.7	-0.2	0.4
1974												-1.7	0.9	1.3
1975													3.6	2.4
1976														1.2

UNITED KINGDOM

GOVERNMENT FINAL CONSUMPTION EXPENDITURE

	1963	1965	1966	1967	1968	1969	1970	1971	1972	1973	1974	1975	1976	1977
1960	2.8	2.4	2.4	2.6	2.6	2.4	2.2	2.1	2.1	2.2	2.2	2.3	2.4	2.4
1963		2.1	2.3	3.0	2.9	2.3	2.0	1.9	2.0	2.1	2.2	2.4	2.4	2.4
1965			2.7	4.2	3.2	1.9	1.5	1.5	1.7	2.0	2.2	2.4	2.5	2.5
1966				5.7	3.0	1.2	0.9	1.1	1.5	2.0	2.1	2.4	2.5	2.5
1967					0.4	-0.8	-0.2	0.5	1.2	1.9	2.1	2.4	2.6	2.5
1968						-1.9	-0.2	0.9	1.8	2.4	2.6	2.9	3.0	2.8
1969							1.4	2.2	2.9	3.4	3.2	3.4	3.4	3.1
1970								3.0	3.5	4.0	3.6	3.7	3.6	3.2
1971									4.1	4.4	3.6	3.8	3.6	3.1
1972										4.8	3.1	3.7	3.5	2.8
1973											1.5	3.5	3.3	2.5
1974												5.5	3.8	2.4
1975													2.1	0.9
1976														-0.4

UNITED KINGDOM

PRIVATE FINAL CONSUMPTION EXPENDITURE

	1963	1965	1966	1967	1968	1969	1970	1971	1972	1973	1974	1975	1976	1977
1960	2.8	2.8	2.7	2.6	2.5	2.4	2.3	2.3	2.4	2.5	2.5	2.4	2.2	2.1
1963		2.3	2.1	2.1	2.1	2.0	2.0	2.0	2.3	2.5	2.4	2.3	2.1	1.9
1965			1.9	2.0	2.1	1.9	1.9	2.0	2.4	2.7	2.6	2.3	2.1	1.8
1966				2.0	2.3	1.8	1.9	2.0	2.5	2.8	2.7	2.3	2.1	1.8
1967					2.5	1.6	1.8	2.1	2.7	3.1	2.8	2.4	2.0	1.7
1968						0.7	1.6	2.1	3.0	3.4	2.9	2.4	2.0	1.6
1969							2.5	2.8	3.7	4.0	3.2	2.4	1.9	1.4
1970								3.1	4.4	4.5	3.2	2.1	1.5	1.1
1971									5.8	5.1	2.8	1.5	0.9	0.5
1972										4.4	1.0	-0.0	-0.2	-0.4
1973											-2.2	-1.8	-1.2	-1.0
1974												-1.4	-0.6	-0.7
1975													0.1	-0.4
1976														-0.9

6A. AVERAGE ANNUAL RATES OF GROWTH OF GROSS DOMESTIC PRODUCT AT CONSTANT PRICES BY TYPE OF EXPENDITURE AND BY KIND OF ECONOMIC ACTIVITY (continued)
(IN PER CENT)

UNITED KINGDOM

GROSS FIXED CAPITAL FORMATION

	1963	1965	1966	1967	1968	1969	1970	1971	1972	1973	1974	1975	1976	1977
1960	3.3	6.1	5.9	6.0	6.0	5.7	5.3	5.0	4.7	4.5	4.2	3.9	3.6	3.2
1963		10.6	7.5	7.1	6.6	5.8	5.1	4.6	4.1	4.0	3.6	3.2	2.9	2.5
1965			2.5	5.4	5.5	4.4	3.9	3.5	3.0	3.1	2.8	2.4	2.1	1.6
1966				8.3	6.5	4.4	3.7	3.2	2.7	2.9	2.6	2.1	1.8	1.3
1967					4.7	2.5	2.3	2.2	1.9	2.3	2.1	1.7	1.3	0.9
1968						0.3	1.4	1.7	1.5	2.2	1.9	1.5	1.1	0.6
1969							2.5	2.3	1.7	2.6	2.1	1.4	1.0	0.4
1970								2.0	1.2	2.8	2.0	1.2	0.6	0.0
1971									0.4	3.6	2.0	0.9	0.3	-0.4
1972										6.9	2.0	0.3	-0.3	-1.0
1973											-2.7	-2.3	-1.9	-2.2
1974												-1.9	-1.6	-2.2
1975													-1.2	-2.5
1976														-3.8

UNITED KINGDOM

EXPORTS OF GOODS AND SERVICES

	1963	1965	1966	1967	1968	1969	1970	1971	1972	1973	1974	1975	1976	1977
1960	3.0	3.5	3.6	3.5	4.0	4.5	4.7	5.0	5.0	5.2	5.3	5.2	5.2	5.3
1963		4.0	4.0	3.5	4.5	5.3	5.6	5.9	5.7	5.9	5.9	5.7	5.6	5.6
1965			3.9	2.7	5.2	6.5	6.6	6.7	6.2	6.4	6.4	5.9	5.8	5.7
1966				1.5	6.5	7.8	7.4	7.3	6.5	6.6	6.5	6.0	5.8	5.8
1967					11.8	10.4	8.4	7.9	6.6	6.7	6.6	6.0	5.8	5.7
1968						9.0	6.7	6.7	5.5	6.0	6.1	5.4	5.3	5.3
1969							4.5	6.0	4.5	5.6	5.8	5.0	5.0	5.0
1970								7.4	3.9	5.9	6.1	4.9	4.9	5.0
1971									0.6	6.1	6.3	4.5	4.6	4.8
1972										11.9	8.4	4.7	4.7	5.0
1973											5.0	1.2	3.0	4.0
1974												-2.6	3.0	4.6
1975													8.9	7.6
1976														6.3

UNITED KINGDOM

IMPORTS OF GOODS AND SERVICES

	1963	1965	1966	1967	1968	1969	1970	1971	1972	1973	1974	1975	1976	1977
1960	0.8	4.2	4.1	4.3	4.6	4.7	4.7	4.7	4.9	5.1	5.2	4.9	4.7	4.5
1963		5.3	3.9	4.3	4.8	4.8	4.7	4.7	4.9	5.3	5.4	5.0	4.7	4.4
1965			2.1	4.7	5.7	5.3	5.0	4.9	5.2	5.8	5.8	5.1	4.7	4.3
1966				7.4	7.3	5.8	5.3	5.1	5.4	6.0	6.0	5.1	4.6	4.2
1967					7.1	4.9	4.5	4.5	5.1	6.0	5.9	4.9	4.4	3.9
1968						2.7	3.5	4.0	5.1	6.3	6.1	4.8	4.2	3.6
1969							4.3	4.7	6.0	7.3	6.7	4.9	4.1	3.4
1970								5.1	6.9	8.5	7.2	4.6	3.6	2.9
1971									8.9	10.2	7.3	3.6	2.7	2.1
1972										11.6	5.9	1.2	0.8	0.6
1973											0.5	-3.5	-1.7	-1.0
1974												-7.4	-1.8	-0.7
1975													4.0	2.0
1976														0.0

UNITED KINGDOM

MANUFACTURING

	1963	1965	1966	1967	1968	1969	1970	1971	1972	1973	1974	1975	1976	1977
1960	1.2	3.5	3.4	3.2	3.4	3.4	3.4	3.1	3.0	3.0	3.0	2.7	2.5	2.3
1963		6.0	4.4	3.3	3.5	3.6	3.4	3.0	2.8	2.9	2.8	2.4	2.2	2.0
1965			1.7	1.2	2.9	3.4	3.1	2.5	2.3	2.6	2.6	2.1	1.8	1.6
1966				0.6	3.9	4.1	3.4	2.6	2.3	2.7	2.6	2.0	1.7	1.5
1967					7.2	5.5	3.7	2.4	2.0	2.6	2.5	1.8	1.5	1.3
1968						3.7	2.0	0.9	1.0	2.1	2.1	1.4	1.0	0.9
1969							0.4	-0.4	0.4	2.2	2.2	1.2	0.8	0.7
1970								-1.1	0.7	3.3	2.8	1.3	0.8	0.7
1971									2.5	5.7	3.8	1.2	0.6	0.5
1972										9.1	3.6	-0.2	-0.5	-0.2
1973											-1.6	-4.3	-2.7	-1.4
1974												-6.8	-2.5	-0.7
1975													2.1	2.0
1976														1.9

UNITED KINGDOM

CONSTRUCTION

	1963	1965	1966	1967	1968	1969	1970	1971	1972	1973	1974	1975	1976	1977
1960	2.5	4.2	4.1	4.0	3.9	3.6	3.2	2.9	2.7	2.5	2.1	1.6	1.2	0.9
1963		7.4	5.4	4.8	4.2	3.5	2.8	2.3	2.1	2.0	1.4	0.8	0.4	0.1
1965			1.8	2.9	2.9	2.2	1.4	1.1	1.1	1.1	0.5	-0.2	-0.6	-0.8
1966				4.1	3.3	2.0	0.9	0.8	0.8	0.9	0.2	-0.5	-0.9	-1.2
1967					2.5	0.8	-0.1	0.0	0.3	0.6	-0.2	-1.0	-1.4	-1.6
1968						-0.8	-1.3	-0.5	0.2	0.6	-0.5	-1.4	-1.8	-1.9
1969							-1.8	-0.1	0.7	1.1	-0.5	-1.6	-2.1	-2.2
1970								1.7	1.8	1.8	-0.7	-2.1	-2.6	-2.6
1971									1.8	1.9	-1.9	-3.4	-3.6	-3.3
1972										2.0	-4.4	-5.4	-4.8	-4.0
1973											-10.4	-8.0	-5.8	-4.4
1974												-5.5	-3.5	-2.4
1975													-1.5	-1.1
1976														-0.6

UNITED KINGDOM

WHOLESALE AND RETAIL TRADE

	1963	1965	1966	1967	1968	1969	1970	1971	1972	1973	1974	1975	1976	1977
1960	2.1	2.7	2.6	2.4	2.4	2.3	2.3	2.2	2.3	2.4	2.4	2.3	2.1	2.0
1963		3.1	2.4	2.1	2.1	2.1	2.0	2.0	2.1	2.4	2.4	2.2	2.0	1.8
1965			1.2	1.2	1.8	1.8	1.9	1.8	2.1	2.5	2.4	2.2	1.9	1.7
1966				1.2	2.3	2.1	2.0	1.9	2.2	2.7	2.6	2.2	2.0	1.7
1967					3.4	2.3	2.1	1.9	2.3	3.0	2.7	2.2	1.9	1.6
1968						1.1	1.7	1.5	2.3	3.1	2.8	2.2	1.8	1.4
1969							2.2	1.6	2.7	3.7	3.1	2.2	1.7	1.3
1970								1.1	3.2	4.5	3.3	2.0	1.5	1.0
1971									5.3	6.2	3.5	1.6	1.0	0.5
1972										7.1	2.0	0.0	-0.2	-0.5
1973											-2.8	-2.9	-1.7	-1.6
1974												-2.9	-1.0	-1.1
1975													1.0	-0.5
1976														-2.0

EUROPEAN FREE TRADE ASS'N

GROSS DOMESTIC PRODUCT

	1963	1965	1966	1967	1968	1969	1970	1971	1972	1973	1974	1975	1976	1977
1960	5.1	5.1	4.9	4.7	4.5	4.5	4.5	4.5	4.5	4.5	4.4	4.3	4.1	4.0
1963		5.1	4.4	4.1	4.0	4.1	4.3	4.3	4.3	4.3	4.3	4.1	3.9	3.7
1965			3.2	3.4	3.5	4.0	4.4	4.4	4.4	4.4	4.3	4.0	3.8	3.5
1966				3.7	3.7	4.3	4.7	4.6	4.5	4.5	4.4	4.0	3.7	3.5
1967					3.7	4.6	5.1	4.8	4.6	4.6	4.4	4.0	3.6	3.3
1968						5.6	5.8	5.0	4.7	4.5	4.4	3.8	3.4	3.1
1969							6.0	4.5	4.3	4.3	4.1	3.5	3.1	2.8
1970								3.1	3.6	3.9	3.9	3.1	2.7	2.4
1971									4.1	4.3	4.1	2.9	2.4	2.2
1972										4.5	4.0	2.2	1.9	1.7
1973											3.4	0.9	1.0	1.1
1974												-1.6	0.3	0.8
1975													2.2	1.8
1976														1.4

EUROPEAN FREE TRADE ASS'N

PER CAPITA GROSS DOMESTIC PRODUCT

	1963	1965	1966	1967	1968	1969	1970	1971	1972	1973	1974	1975	1976	1977
1960	4.2	4.4	4.1	3.8	3.6	3.6	3.7	3.7	3.7	3.7	3.7	3.6	3.4	3.2
1963		4.2	3.6	3.0	2.9	3.1	3.4	3.5	3.6	3.6	3.6	3.4	3.2	3.0
1965			2.6	2.0	2.4	3.0	3.6	3.6	3.7	3.8	3.8	3.4	3.1	2.8
1966				1.3	2.5	3.4	4.0	3.9	3.9	4.0	3.9	3.4	3.1	2.8
1967					3.8	4.3	4.8	4.4	4.3	4.2	4.1	3.5	3.0	2.7
1968						4.9	5.3	4.4	4.2	4.2	4.0	3.3	2.8	2.4
1969							5.8	4.0	3.9	3.9	3.8	2.9	2.4	2.0
1970								2.2	3.2	3.6	3.6	2.5	1.9	1.6
1971									4.3	4.2	3.8	2.2	1.5	1.3
1972										4.1	3.5	1.2	0.7	0.6
1973											3.0	-0.5	-0.4	-0.1
1974												-3.8	-1.5	-0.5
1975													1.0	1.0
1976														1.0

EUROPEAN FREE TRADE ASS'N

GOVERNMENT FINAL CONSUMPTION EXPENDITURE

	1963	1965	1966	1967	1968	1969	1970	1971	1972	1973	1974	1975	1976	1977
1960	6.9	5.9	5.6	5.5	5.3	5.2	5.2	5.1	5.0	4.9	4.8	4.7	4.7	4.6
1963		4.3	4.4	4.5	4.6	4.6	4.7	4.7	4.6	4.6	4.5	4.4	4.4	4.3
1965			4.5	4.7	4.8	4.7	4.8	4.8	4.7	4.5	4.4	4.3	4.3	4.2
1966				4.9	4.9	4.8	4.9	4.8	4.6	4.5	4.3	4.3	4.3	4.2
1967					5.0	4.7	4.9	4.8	4.6	4.4	4.2	4.2	4.2	4.1
1968						4.4	5.0	4.7	4.5	4.3	4.1	4.1	4.1	4.0
1969							5.5	4.8	4.4	4.1	4.0	4.0	4.0	3.9
1970								4.0	3.8	3.7	3.7	3.8	3.9	3.8
1971									3.7	3.6	3.6	3.7	3.9	3.8
1972										3.6	3.5	3.8	4.0	3.9
1973											3.5	4.0	4.2	3.9
1974												4.4	4.5	3.9
1975													4.5	3.6
1976														2.7

EUROPEAN FREE TRADE ASS'N

PRIVATE FINAL CONSUMPTION EXPENDITURE

	1963	1965	1966	1967	1968	1969	1970	1971	1972	1973	1974	1975	1976	1977
1960	5.1	4.6	4.4	4.2	4.2	4.2	4.2	4.2	4.2	4.2	4.2	4.1	4.0	3.9
1963		4.1	3.8	3.6	3.7	3.9	4.0	4.0	4.1	4.1	4.1	4.0	3.9	3.8
1965			3.0	3.1	3.6	4.1	4.1	4.1	4.2	4.2	4.1	4.0	3.9	3.7
1966				3.2	4.1	4.5	4.4	4.3	4.3	4.3	4.2	4.0	3.9	3.7
1967					5.0	5.1	4.7	4.4	4.4	4.3	4.2	4.0	3.8	3.6
1968						5.2	4.4	4.2	4.2	4.2	4.1	3.8	3.7	3.5
1969							3.7	3.8	4.0	4.1	4.0	3.7	3.5	3.3
1970								4.0	4.2	4.3	4.0	3.6	3.4	3.1
1971									4.5	4.4	4.0	3.3	3.2	2.9
1972										4.2	3.6	2.9	2.8	2.6
1973											3.1	2.2	2.4	2.3
1974												1.3	2.3	2.2
1975													3.3	2.5
1976														1.7

EUROPEAN FREE TRADE ASS'N

GROSS FIXED CAPITAL FORMATION

	1963	1965	1966	1967	1968	1969	1970	1971	1972	1973	1974	1975	1976	1977
1960	7.4	6.5	6.0	5.6	5.0	4.7	4.7	4.8	4.9	4.9	4.8	4.6	4.3	4.1
1963		5.3	4.8	4.4	3.6	3.4	3.7	4.2	4.4	4.6	4.5	4.2	3.9	3.6
1965			4.4	3.7	2.5	2.6	3.4	4.2	4.6	4.8	4.7	4.3	3.8	3.4
1966				3.1	1.5	2.1	3.5	4.5	5.0	5.1	4.9	4.3	3.8	3.4
1967					-0.0	1.9	4.1	5.3	5.7	5.6	5.2	4.5	3.8	3.3
1968						3.9	6.3	7.0	6.8	6.4	5.6	4.6	3.7	3.1
1969							8.7	8.3	7.4	6.5	5.5	4.2	3.2	2.6
1970								7.8	6.7	5.7	4.6	3.2	2.2	1.7
1971									5.5	4.7	3.5	2.1	1.1	0.8
1972										3.9	2.5	0.9	-0.0	-0.0
1973											1.1	-0.7	-1.2	-0.8
1974												-2.4	-2.2	-1.0
1975													-2.0	-0.1
1976														1.8

EUROPEAN FREE TRADE ASS'N

EXPORTS OF GOODS AND SERVICES

	1963	1965	1966	1967	1968	1969	1970	1971	1972	1973	1974	1975	1976	1977
1960	6.8	7.7	7.6	7.4	7.4	7.6	7.7	7.6	7.6	7.6	7.5	7.1	6.8	6.7
1963		8.8	7.9	7.3	7.2	7.7	7.9	7.6	7.6	7.7	7.5	6.9	6.5	6.3
1965			6.6	6.2	6.7	7.8	8.0	7.6	7.6	7.7	7.5	6.6	6.2	6.0
1966				5.8	6.8	8.4	8.5	7.8	7.7	7.8	7.5	6.5	6.0	5.8
1967					7.8	9.8	9.3	8.0	7.8	7.9	7.5	6.2	5.7	5.5
1968						11.8	9.6	7.5	7.4	7.7	7.2	5.7	5.2	5.0
1969							7.5	5.4	6.3	7.2	6.7	5.0	4.5	4.4
1970								3.3	6.2	7.5	6.7	4.4	4.0	4.0
1971									9.3	9.4	7.3	3.8	3.5	3.7
1972										9.6	5.9	1.5	2.0	2.7
1973											2.4	-2.5	0.2	1.9
1974												-7.2	0.5	2.9
1975													8.7	7.3
1976														5.9

6A. AVERAGE ANNUAL RATES OF GROWTH OF GROSS DOMESTIC PRODUCT AT CONSTANT PRICES BY TYPE OF EXPENDITURE AND BY KIND OF ECONOMIC ACTIVITY (continued) (IN PER CENT)

EUROPEAN FREE TRADE ASS'N — *IMPORTS OF GOODS AND SERVICES*

	1963	1965	1966	1967	1968	1969	1970	1971	1972	1973	1974	1975	1976	1977
1960	7.1	8.0	7.8	7.4	7.2	7.3	7.6	7.6	7.5	7.6	7.6	7.2	7.1	6.9
1963		9.4	8.1	7.0	6.7	7.1	7.7	7.7	7.6	7.6	7.6	7.1	6.9	6.6
1965			6.0	4.9	5.5	6.6	7.8	7.8	7.6	7.7	7.6	6.9	6.7	6.4
1966				3.8	5.5	7.2	8.7	8.4	7.9	7.9	7.8	6.9	6.6	6.3
1967					7.1	9.0	10.3	9.2	8.3	8.2	8.0	6.9	6.5	6.2
1968						10.8	11.9	9.4	8.1	8.0	7.8	6.5	6.1	5.8
1969							13.0	8.2	6.9	7.3	7.2	5.7	5.4	5.2
1970								3.6	4.5	6.2	6.5	4.8	4.7	4.6
1971									5.4	7.8	7.4	4.6	4.6	4.4
1972										10.2	8.0	3.5	3.9	3.9
1973											5.9	-0.1	2.3	2.9
1974												-5.7	2.0	3.0
1975													10.4	6.5
1976														2.8

EUROPEAN FREE TRADE ASS'N — *AGRICULTURE*

	1963	1965	1966	1967	1968	1969	1970	1971	1972	1973	1974	1975	1976	1977
1960	-0.4	0.4	0.1	0.6	0.8	0.8	0.9	1.0	0.9	0.9	0.9	0.9	0.8	0.7
1963		1.6	0.0	1.2	1.6	1.3	1.3	1.4	1.2	1.1	1.1	1.0	0.9	0.7
1965			-2.6	2.5	2.6	1.7	1.6	1.6	1.2	1.1	1.1	0.9	0.8	0.6
1966				7.9	4.5	2.1	1.9	1.8	1.2	1.0	1.0	0.9	0.8	0.5
1967					1.2	-0.5	0.5	0.9	0.5	0.4	0.6	0.5	0.5	0.2
1968						-2.1	0.5	1.1	0.4	0.4	0.6	0.5	0.4	0.1
1969							3.3	2.4	0.8	0.5	0.8	0.6	0.5	0.1
1970								1.6	-0.6	-0.2	0.4	0.3	0.2	-0.2
1971									-2.7	-0.7	0.5	0.3	0.2	-0.3
1972										1.4	2.0	1.0	0.6	-0.3
1973											2.7	0.5	0.2	-0.9
1974												-1.6	-0.8	-1.8
1975													0.0	-2.3
1976														-4.5

EUROPEAN FREE TRADE ASS'N — *INDUSTRIAL ACTIVITY*

	1963	1965	1966	1967	1968	1969	1970	1971	1972	1973	1974	1975	1976	1977
1960	5.5	5.8	5.6	5.3	5.2	5.3	5.5	5.5	5.5	5.6	5.5	5.2	5.0	4.7
1963		6.5	5.6	5.0	4.9	5.2	5.6	5.6	5.6	5.6	5.6	5.1	4.8	4.4
1965			3.9	3.6	4.1	5.1	5.8	5.7	5.7	5.7	5.6	5.0	4.5	4.2
1966				3.3	4.3	5.7	6.4	6.2	6.0	5.9	5.7	5.0	4.5	4.0
1967					5.4	7.0	7.4	6.7	6.2	6.1	5.8	4.9	4.3	3.8
1968						8.7	8.3	6.7	6.1	6.0	5.6	4.5	3.8	3.4
1969							7.9	5.5	5.2	5.4	5.2	3.9	3.2	2.7
1970								3.1	4.2	5.0	4.8	3.2	2.5	2.1
1971									5.2	5.9	5.2	2.8	2.0	1.7
1972										6.6	4.9	1.5	0.9	0.8
1973											3.3	-1.2	-0.7	-0.2
1974												-5.6	-1.8	-0.5
1975													2.0	1.7
1976														1.4

EUROPEAN FREE TRADE ASS'N — *MANUFACTURING*

	1963	1965	1966	1967	1968	1969	1970	1971	1972	1973	1974	1975	1976	1977
1960	5.5	5.7	5.6	5.3	5.1	5.3	5.5	5.5	5.5	5.5	5.5	5.2	4.9	4.6
1963		6.4	5.6	4.9	4.8	5.2	5.6	5.6	5.6	5.6	5.5	5.0	4.6	4.3
1965			3.9	3.4	4.0	5.1	5.8	5.8	5.7	5.7	5.6	4.9	4.4	3.9
1966				3.0	4.2	5.8	6.5	6.2	6.0	5.9	5.7	4.9	4.3	3.8
1967					5.4	7.2	7.6	6.8	6.3	6.1	5.8	4.8	4.1	3.5
1968						9.1	8.5	6.8	6.1	5.9	5.6	4.3	3.6	3.0
1969							7.9	5.5	5.1	5.3	5.0	3.6	2.8	2.3
1970								3.2	4.0	4.8	4.7	2.9	2.1	1.7
1971									4.9	5.6	5.0	2.3	1.5	1.1
1972										6.4	4.9	1.0	0.3	0.2
1973											3.4	-2.0	-1.5	-0.9
1974												-7.2	-2.8	-1.3
1975													1.7	1.3
1976														0.8

EUROPEAN FREE TRADE ASS'N — *CONSTRUCTION*

	1963	1965	1966	1967	1968	1969	1970	1971	1972	1973	1974	1975	1976	1977
1960	7.4	6.4	5.7	5.1	4.5	4.4	4.2	4.1	4.1	4.0	3.8	3.4	3.0	2.7
1963		4.2	3.4	3.0	2.7	2.9	3.1	3.1	3.3	3.3	3.1	2.6	2.2	1.9
1965			2.9	2.5	2.1	2.8	3.1	3.2	3.5	3.4	3.1	2.5	1.9	1.6
1966				2.2	1.7	3.0	3.3	3.4	3.7	3.6	3.2	2.4	1.8	1.4
1967					1.1	3.7	3.9	3.8	4.0	3.8	3.2	2.3	1.5	1.1
1968						6.4	4.8	4.2	4.3	3.9	3.2	2.0	1.1	0.7
1969							3.3	3.2	3.9	3.6	2.7	1.3	0.4	0.1
1970								3.1	4.3	3.6	2.3	0.7	-0.3	-0.6
1971									5.5	3.5	1.7	-0.4	-1.3	-1.4
1972										1.6	-0.2	-2.3	-2.8	-2.4
1973											-2.0	-4.3	-4.0	-3.0
1974												-6.5	-4.6	-2.7
1975													-2.7	-0.8
1976														1.2

EUROPEAN FREE TRADE ASS'N — *WHOLESALE AND RETAIL TRADE*

	1963	1965	1966	1967	1968	1969	1970	1971	1972	1973	1974	1975	1976	1977
1960	6.9	6.4	6.0	5.6	5.2	5.1	5.0	5.0	5.0	5.0	5.0	4.9	4.8	4.6
1963		5.5	4.9	4.5	4.2	4.2	4.3	4.4	4.5	4.7	4.7	4.6	4.5	4.3
1965			4.0	3.9	3.5	3.9	4.2	4.3	4.5	4.8	4.8	4.7	4.5	4.3
1966				3.9	3.3	4.0	4.4	4.5	4.7	4.9	5.0	4.7	4.5	4.3
1967					2.7	4.2	4.7	4.7	4.9	5.2	5.2	4.8	4.6	4.3
1968						5.8	5.6	5.1	5.3	5.5	5.4	4.9	4.6	4.2
1969							5.4	4.8	5.2	5.5	5.4	4.8	4.4	4.0
1970								4.2	5.3	5.6	5.5	4.6	4.1	3.7
1971									6.4	6.3	5.7	4.4	3.8	3.4
1972										6.1	5.3	3.6	3.1	2.7
1973											4.4	2.2	2.2	2.0
1974												-0.1	1.4	1.6
1975													3.0	2.2
1976														1.5

EUROPEAN FREE TRADE ASS'N — *TRANSPORT AND COMMUNICATION*

	1963	1965	1966	1967	1968	1969	1970	1971	1972	1973	1974	1975	1976	1977
1960	5.0	5.2	5.2	5.0	4.8	4.7	4.6	4.5	4.5	4.5	4.6	4.4	4.2	4.1
1963		5.6	5.3	4.8	4.5	4.4	4.4	4.2	4.2	4.3	4.4	4.2	4.0	3.8
1965			4.4	3.8	3.7	3.9	4.0	3.9	3.9	4.1	4.4	4.0	3.8	3.6
1966				3.3	3.4	3.8	4.0	3.8	3.9	4.1	4.5	4.1	3.8	3.5
1967					3.6	4.2	4.3	3.9	4.0	4.3	4.6	4.1	3.7	3.5
1968						4.7	4.5	3.8	4.0	4.4	4.8	4.1	3.6	3.3
1969							4.3	3.3	3.8	4.4	5.0	4.0	3.5	3.1
1970								2.4	3.7	4.7	5.4	4.0	3.3	2.9
1971									5.0	5.8	6.3	3.9	3.0	2.6
1972										6.6	7.0	3.1	2.1	1.9
1973											7.3	0.6	0.5	0.8
1974												-5.6	-1.7	-0.1
1975													2.3	2.4
1976														2.4

EUROPEAN FREE TRADE ASS'N — *OTHER*

	1963	1965	1966	1967	1968	1969	1970	1971	1972	1973	1974	1975	1976	1977
1960	4.6	4.5	4.3	4.2	4.2	4.2	4.2	4.2	4.2	4.1	4.1	4.0	4.0	3.9
1963		4.1	3.9	3.9	3.9	3.9	4.0	4.1	4.1	4.0	4.0	3.9	3.9	3.8
1965			3.6	3.8	3.8	4.0	4.1	4.1	4.1	4.1	4.0	3.9	3.8	3.8
1966				3.9	3.9	4.1	4.2	4.2	4.2	4.1	4.0	3.8	3.8	3.7
1967					4.0	4.2	4.4	4.3	4.3	4.1	4.0	3.8	3.7	3.7
1968						4.4	4.6	4.4	4.3	4.1	3.9	3.7	3.6	3.6
1969							4.8	4.3	4.2	4.0	3.8	3.5	3.5	3.5
1970								3.9	4.0	3.7	3.6	3.3	3.3	3.4
1971									4.0	3.6	3.5	3.1	3.2	3.3
1972										3.2	3.2	2.8	3.1	3.2
1973											3.2	2.5	3.1	3.3
1974												1.9	3.2	3.4
1975													4.6	4.0
1976														3.5

AUSTRIA — *GROSS DOMESTIC PRODUCT*

	1963	1965	1966	1967	1968	1969	1970	1971	1972	1973	1974	1975	1976	1977
1960	4.0	4.4	4.4	4.3	4.2	4.3	4.5	4.6	4.7	4.9	4.9	4.8	4.7	4.7
1963		4.8	4.7	4.2	4.1	4.3	4.6	4.8	5.0	5.1	5.2	5.0	4.8	4.7
1965			5.0	3.7	3.8	4.2	4.8	5.1	5.3	5.5	5.4	5.1	4.9	4.8
1966				2.4	3.4	4.2	5.1	5.4	5.6	5.7	5.6	5.2	4.9	4.8
1967					4.4	5.1	6.0	6.0	6.1	6.1	5.9	5.3	5.0	4.8
1968						5.9	6.8	6.4	6.3	6.2	6.0	5.2	4.8	4.6
1969							7.8	6.5	6.3	6.2	5.9	4.9	4.5	4.3
1970								5.3	5.8	5.9	5.5	4.3	4.0	3.9
1971									6.4	6.1	5.5	3.8	3.5	3.6
1972										5.8	5.0	2.7	2.8	3.1
1973											4.1	1.0	2.0	2.7
1974												-2.0	1.6	2.8
1975													5.2	4.9
1976														4.7

AUSTRIA — *PER CAPITA GROSS DOMESTIC PRODUCT*

	1963	1965	1966	1967	1968	1969	1970	1971	1972	1973	1974	1975	1976	1977
1960	3.3	3.7	3.8	3.7	3.7	3.7	3.9	4.1	4.2	4.3	4.4	4.3	4.3	4.3
1963		4.2	4.2	3.7	3.6	3.8	4.1	4.3	4.5	4.6	4.7	4.5	4.4	4.4
1965			4.5	3.2	3.3	3.7	4.3	4.6	4.8	5.0	5.0	4.7	4.5	4.4
1966				1.9	2.9	3.8	4.6	4.9	5.1	5.2	5.2	4.8	4.6	4.5
1967					3.9	4.7	5.5	5.5	5.6	5.6	5.4	4.9	4.6	4.5
1968						5.4	6.3	6.0	5.8	5.8	5.5	4.8	4.5	4.4
1969							7.2	6.0	5.8	5.7	5.4	4.5	4.2	4.1
1970								4.9	5.3	5.4	5.1	4.0	3.8	3.8
1971									5.8	5.6	5.1	3.6	3.4	3.5
1972										5.4	4.7	2.7	2.8	3.1
1973											4.1	1.1	2.0	2.7
1974												-1.9	1.7	2.9
1975													5.4	4.9
1976														4.5

AUSTRIA — *GOVERNMENT FINAL CONSUMPTION EXPENDITURE*

	1963	1965	1966	1967	1968	1969	1970	1971	1972	1973	1974	1975	1976	1977
1960	2.8	3.3	3.2	3.2	3.2	3.1	3.1	3.1	3.2	3.2	3.3	3.3	3.3	3.3
1963		3.2	3.0	3.0	3.0	3.0	3.0	3.0	3.1	3.2	3.3	3.3	3.3	3.4
1965			3.1	3.3	3.2	3.0	3.1	3.1	3.2	3.3	3.4	3.4	3.4	3.5
1966				3.5	3.2	3.0	3.0	3.0	3.2	3.4	3.5	3.5	3.4	3.5
1967					2.9	2.7	3.0	3.0	3.2	3.4	3.5	3.5	3.5	3.5
1968						2.5	3.0	3.1	3.4	3.6	3.7	3.6	3.6	3.6
1969							3.6	3.2	3.7	3.8	3.8	3.8	3.6	3.7
1970								2.9	3.8	3.9	3.9	3.8	3.6	3.7
1971									4.8	4.3	4.1	3.9	3.6	3.7
1972										3.8	3.9	3.6	3.4	3.5
1973											4.0	3.5	3.2	3.5
1974												3.0	2.8	3.4
1975													2.5	3.8
1976														5.1

AUSTRIA — *PRIVATE FINAL CONSUMPTION EXPENDITURE*

	1963	1965	1966	1967	1968	1969	1970	1971	1972	1973	1974	1975	1976	1977
1960	5.3	4.9	4.7	4.6	4.4	4.3	4.3	4.4	4.5	4.6	4.6	4.6	4.6	4.6
1963		4.2	4.2	4.0	3.9	3.9	3.9	4.1	4.5	4.6	4.7	4.6	4.6	4.6
1965			3.9	3.7	3.7	3.6	3.9	4.2	4.7	4.9	4.9	4.8	4.7	4.7
1966				3.4	3.7	3.6	3.9	4.4	4.9	5.1	5.1	4.9	4.8	4.8
1967					3.9	3.6	4.1	4.6	5.3	5.4	5.3	5.1	4.9	4.9
1968						3.2	4.4	5.0	5.8	5.8	5.5	5.2	4.9	4.9
1969							5.5	5.8	6.6	6.3	5.8	5.3	4.9	4.9
1970								6.2	7.2	6.4	5.7	5.0	4.7	4.7
1971									8.3	6.2	5.2	4.5	4.2	4.3
1972										4.1	3.9	3.5	3.5	3.9
1973											3.7	3.1	3.3	3.9
1974												2.5	3.2	4.2
1975													4.0	5.2
1976														6.4

6A. AVERAGE ANNUAL RATES OF GROWTH OF GROSS DOMESTIC PRODUCT AT CONSTANT PRICES BY TYPE OF EXPENDITURE AND BY KIND OF ECONOMIC ACTIVITY (continued) (IN PER CENT)

AUSTRIA — *GROSS FIXED CAPITAL FORMATION*

	1963	1965	1966	1967	1968	1969	1970	1971	1972	1973	1974	1975	1976	1977
1960	5.8	6.4	6.7	6.3	5.9	5.5	5.5	5.8	6.2	6.3	6.3	6.0	5.8	5.7
1963		8.0	8.1	6.5	5.7	4.9	5.1	5.7	6.4	6.6	6.5	6.0	5.7	5.5
1965			8.8	4.5	3.9	3.2	4.2	5.4	6.5	6.8	6.6	5.9	5.5	5.3
1966				0.3	2.2	1.9	3.8	5.6	7.0	7.2	6.9	6.0	5.5	5.3
1967					4.2	2.4	5.0	7.0	8.4	8.3	7.6	6.4	5.7	5.4
1968						0.7	6.2	8.6	10.0	9.3	8.2	6.4	5.6	5.3
1969							12.0	12.2	12.5	10.5	8.6	6.2	5.2	4.9
1970								12.5	12.7	9.6	7.3	4.7	3.8	3.8
1971									12.9	7.7	5.2	2.4	2.1	2.5
1972										2.8	2.0	–0.5	0.2	1.4
1973											1.2	–2.4	–0.4	1.6
1974												–5.9	–0.3	2.6
1975													5.7	6.7
1976														7.7

AUSTRIA — *IMPORTS OF GOODS AND SERVICES*

	1963	1965	1966	1967	1968	1969	1970	1971	1972	1973	1974	1975	1976	1977
1960	6.3	8.5	8.9	8.3	8.0	7.9	8.3	8.6	9.0	9.3	9.4	9.1	9.0	9.0
1963		10.8	10.4	8.3	7.6	7.4	8.2	8.8	9.3	9.8	9.9	9.3	9.2	9.2
1965			9.6	4.9	5.3	5.9	7.8	8.9	9.7	10.3	10.4	9.5	9.3	9.3
1966				0.5	4.1	5.5	8.4	9.6	10.5	11.0	11.0	9.8	9.5	9.4
1967					7.7	7.7	11.1	11.7	12.2	12.4	12.0	10.3	9.8	9.7
1968						7.7	13.3	13.1	13.2	13.2	12.4	10.2	9.6	9.5
1969							19.3	14.9	14.2	13.7	12.6	9.6	9.1	9.1
1970								10.7	12.4	12.5	11.4	7.9	7.7	8.0
1971									14.1	13.2	11.2	6.4	6.6	7.4
1972										12.4	9.6	3.4	4.9	6.4
1973											6.8	–1.4	3.2	6.0
1974												–9.0	3.6	7.6
1975													17.9	15.3
1976														12.8

AUSTRIA — *INDUSTRIAL ACTIVITY*

	1963	1965	1966	1967	1968	1969	1970	1971	1972	1973	1974	1975	1976	1977
1960	3.7	4.6	4.8	4.4	4.3	4.6	4.9	5.1	5.3	5.4	5.5	5.3	5.2	5.1
1963		6.0	5.6	4.4	4.2	4.8	5.3	5.6	5.8	5.9	5.9	5.6	5.4	5.2
1965			4.9	2.6	3.1	4.6	5.6	5.9	6.2	6.3	6.3	5.7	5.4	5.2
1966				0.3	2.7	5.2	6.3	6.5	6.7	6.7	6.6	5.8	5.5	5.2
1967					5.1	7.7	8.1	7.7	7.5	7.3	7.0	6.0	5.5	5.2
1968						10.3	9.2	8.1	7.7	7.3	6.9	5.7	5.2	4.9
1969							8.1	7.1	6.9	6.7	6.4	5.0	4.5	4.3
1970								6.0	6.4	6.4	6.1	4.3	3.9	3.8
1971									6.8	6.5	6.0	3.5	3.3	3.3
1972										6.2	5.5	2.1	2.3	2.6
1973											4.8	–0.4	1.2	2.1
1974												–5.3	0.6	2.2
1975													6.9	5.4
1976														3.8

AUSTRIA — *WHOLESALE AND RETAIL TRADE*

	1963	1965	1966	1967	1968	1969	1970	1971	1972	1973	1974	1975	1976	1977
1960	6.9	6.3	6.0	5.6	5.3	5.1	5.1	5.1	5.2	5.2	5.1	5.0	5.0	4.9
1963		5.2	5.1	4.4	4.3	4.2	4.4	4.7	4.9	4.9	4.9	4.8	4.7	4.7
1965			4.9	3.4	3.6	3.7	4.3	4.7	5.0	5.1	5.0	4.9	4.8	4.7
1966				1.9	3.3	3.6	4.4	5.0	5.3	5.3	5.2	4.9	4.8	4.7
1967					4.6	4.3	5.1	5.6	5.8	5.7	5.4	5.1	4.9	4.8
1968						3.9	5.6	6.1	6.2	5.9	5.5	5.1	4.9	4.7
1969							7.3	7.0	6.7	6.0	5.5	4.9	4.7	4.6
1970								6.7	6.3	5.5	5.0	4.4	4.3	4.3
1971									5.9	4.9	4.5	3.9	3.8	3.9
1972										3.9	3.8	3.2	3.5	3.7
1973											3.8	2.8	3.4	3.8
1974												1.9	3.4	4.0
1975													5.0	4.9
1976														4.7

AUSTRIA — *OTHER*

	1963	1965	1966	1967	1968	1969	1970	1971	1972	1973	1974	1975	1976	1977
1960	3.0	–0.9	–0.6	–0.1	0.3	0.7	1.0	1.3	1.6	1.8	2.0	2.1	2.3	2.3
1963		–5.4	–2.0	–0.2	0.8	1.4	1.8	2.2	2.5	2.7	2.8	2.9	2.9	3.0
1965			3.5	3.6	3.5	3.3	3.4	3.5	3.6	3.6	3.6	3.5	3.5	3.4
1966				3.7	3.5	3.2	3.3	3.5	3.6	3.6	3.6	3.5	3.5	3.4
1967					3.3	2.9	3.2	3.5	3.6	3.7	3.7	3.5	3.5	3.4
1968						2.4	3.3	3.6	3.8	3.8	3.8	3.6	3.5	3.4
1969							4.2	4.1	4.1	4.0	3.9	3.6	3.5	3.4
1970								4.1	4.1	3.9	3.8	3.5	3.3	3.3
1971									4.1	3.8	3.6	3.3	3.2	3.1
1972										3.5	3.4	3.0	2.9	3.0
1973											3.4	2.6	2.8	2.9
1974												1.9	2.6	2.8
1975													3.4	3.2
1976														3.0

FINLAND — *PER CAPITA GROSS DOMESTIC PRODUCT*

	1963	1965	1966	1967	1968	1969	1970	1971	1972	1973	1974	1975	1976	1977
1960	4.1	4.4	4.1	3.9	3.6	3.9	4.2	4.3	4.5	4.6	4.6	4.6	4.5	4.3
1963		5.4	4.3	3.6	3.2	3.8	4.4	4.6	4.8	4.9	5.0	4.8	4.6	4.4
1965			1.9	2.0	2.0	3.6	4.8	4.9	5.1	5.3	5.3	5.0	4.7	4.3
1966				2.0	2.0	4.5	5.8	5.7	5.7	5.7	5.6	5.3	4.8	4.4
1967					2.0	6.2	7.3	6.5	6.3	6.2	5.9	5.4	4.9	4.3
1968						10.7	9.6	7.2	6.6	6.3	5.9	5.3	4.7	4.1
1969							8.5	5.3	5.4	5.5	5.2	4.7	4.0	3.4
1970								2.2	4.3	5.0	4.9	4.2	3.5	2.9
1971									6.6	6.2	5.4	4.3	3.3	2.6
1972										5.8	4.8	3.4	2.4	1.8
1973											3.8	2.1	1.3	0.9
1974												0.5	0.2	0.2
1975													–0.1	0.0
1976														0.2

AUSTRIA — *EXPORTS OF GOODS AND SERVICES*

	1963	1965	1966	1967	1968	1969	1970	1971	1972	1973	1974	1975	1976	1977
1960	6.9	6.9	6.7	6.4	6.5	7.1	7.9	8.5	8.9	9.2	9.3	9.0	8.9	8.8
1963		7.0	6.3	5.8	6.2	7.5	8.9	9.7	10.1	10.3	10.3	9.7	9.4	9.1
1965			4.7	4.4	6.1	8.5	10.6	11.4	11.6	11.5	11.3	10.3	9.7	9.4
1966				4.2	7.1	10.2	12.5	12.9	12.8	12.4	11.9	10.6	9.9	9.4
1967					10.1	13.4	15.3	14.8	14.0	13.1	12.4	10.6	9.7	9.2
1968						16.9	17.8	15.7	14.3	13.0	12.1	9.9	9.0	8.6
1969							18.7	14.6	13.0	11.7	10.9	8.5	7.8	7.5
1970								10.7	10.7	9.9	9.5	6.8	6.4	6.3
1971									10.7	9.5	9.1	5.5	5.3	5.6
1972										8.3	8.4	3.5	4.0	4.8
1973											8.6	0.4	2.7	4.3
1974												–7.2	1.6	4.6
1975													11.3	9.9
1976														8.5

AUSTRIA — *AGRICULTURE*

	1963	1965	1966	1967	1968	1969	1970	1971	1972	1973	1974	1975	1976	1977
1960	–0.1	–0.4	–0.7	0.4	0.8	1.0	1.2	1.0	0.8	0.9	1.0	1.1	1.2	1.2
1963		–2.9	–2.3	0.9	1.7	1.8	2.0	1.4	1.1	1.1	1.2	1.3	1.5	1.5
1965			2.7	8.2	6.1	4.5	3.9	2.4	1.6	1.5	1.6	1.7	1.9	1.8
1966				13.9	6.5	3.9	3.3	1.5	0.8	0.9	1.1	1.3	1.6	1.6
1967					–0.4	0.0	1.1	–0.6	–0.8	–0.3	0.3	0.8	1.2	1.2
1968						0.4	1.9	–1.0	–1.2	–0.3	0.4	1.0	1.5	1.4
1969							3.4	–2.4	–2.0	–0.5	0.5	1.3	1.8	1.7
1970								–7.9	–3.6	–0.5	0.9	1.8	2.3	2.0
1971									1.0	3.1	3.4	3.7	3.7	3.0
1972										5.4	4.4	4.2	4.1	3.0
1973											3.4	3.8	3.8	2.4
1974												4.3	3.9	1.8
1975													3.5	0.3
1976														–2.8

AUSTRIA — *CONSTRUCTION*

	1963	1965	1966	1967	1968	1969	1970	1971	1972	1973	1974	1975	1976	1977
1960	7.3	7.4	7.5	7.2	6.9	6.2	6.1	6.2	6.4	6.6	6.5	6.3	6.0	5.8
1963		7.9	8.1	7.1	6.7	5.4	5.3	5.7	6.2	6.6	6.4	6.1	5.7	5.5
1965			9.8	6.2	5.9	3.9	4.3	5.2	6.2	6.7	6.4	5.9	5.5	5.2
1966				2.8	4.5	2.2	3.5	5.0	6.3	6.9	6.5	5.9	5.4	5.1
1967					6.2	1.4	3.6	5.7	7.2	7.8	7.0	6.2	5.6	5.1
1968						–3.3	3.6	6.7	8.4	8.8	7.5	6.4	5.5	5.0
1969							10.9	11.3	11.6	10.9	8.5	6.7	5.6	4.9
1970								11.7	12.0	10.7	7.5	5.4	4.4	3.8
1971									12.3	10.0	5.5	3.5	2.7	2.5
1972										7.7	1.9	0.7	0.8	1.2
1973											–3.6	–1.9	–0.5	0.5
1974												–0.2	1.0	1.8
1975													2.2	2.7
1976														3.2

AUSTRIA — *TRANSPORT AND COMMUNICATION*

	1963	1965	1966	1967	1968	1969	1970	1971	1972	1973	1974	1975	1976	1977
1960	3.3	4.5	5.1	4.7	4.5	4.8	5.3	5.5	5.8	6.0	6.1	6.1	6.0	6.0
1963		6.3	6.7	5.0	4.5	4.9	5.8	6.2	6.4	6.6	6.7	6.5	6.4	6.3
1965			7.2	2.6	2.8	4.3	6.0	6.5	6.7	7.0	7.1	6.7	6.6	6.4
1966				–1.8	1.4	4.4	6.8	7.2	7.3	7.5	7.5	7.0	6.7	6.5
1967					4.7	7.6	9.6	9.1	8.6	8.5	8.2	7.4	7.0	6.7
1968						10.6	11.9	9.9	8.9	8.7	8.3	7.3	6.8	6.4
1969							13.3	9.1	7.9	8.0	7.8	6.6	6.2	5.9
1970								5.0	5.9	7.0	7.1	5.7	5.5	5.2
1971									6.7	8.0	7.6	5.5	5.3	5.0
1972										9.3	7.8	4.6	4.6	4.5
1973											6.4	2.0	3.3	3.7
1974												–2.2	2.8	3.6
1975													7.9	5.9
1976														3.9

FINLAND — *GROSS DOMESTIC PRODUCT*

	1963	1965	1966	1967	1968	1969	1970	1971	1972	1973	1974	1975	1976	1977
1960	4.8	5.0	4.7	4.4	4.2	4.4	4.6	4.7	4.8	5.0	5.0	5.0	4.8	4.7
1963		5.9	4.7	4.1	3.7	4.2	4.8	4.9	5.0	5.2	5.3	5.1	4.9	4.7
1965			2.4	2.5	2.5	4.0	5.1	5.2	5.3	5.5	5.5	5.3	5.0	4.7
1966				2.6	2.5	4.8	6.0	5.8	5.8	5.9	5.9	5.5	5.1	4.7
1967					2.4	6.3	7.3	6.5	6.4	6.3	6.1	5.7	5.2	4.6
1968						10.4	9.3	7.1	6.6	6.5	6.2	5.6	5.0	4.4
1969							8.3	5.3	5.5	5.8	5.6	5.0	4.4	3.8
1970								2.4	4.7	5.5	5.4	4.7	4.0	3.4
1971									7.0	6.8	6.0	4.8	3.8	3.1
1972										6.5	5.4	3.9	2.9	2.2
1973											4.3	2.6	1.7	1.3
1974												0.9	0.6	0.5
1975													0.3	0.4
1976														0.4

FINLAND — *GOVERNMENT FINAL CONSUMPTION EXPENDITURE*

	1963	1965	1966	1967	1968	1969	1970	1971	1972	1973	1974	1975	1976	1977
1960	7.4	6.5	6.2	6.1	6.0	5.8	5.7	5.7	5.7	5.7	5.6	5.6	5.6	5.5
1963		5.0	5.1	5.2	5.3	5.2	5.2	5.2	5.3	5.4	5.4	5.4	5.4	5.4
1965			5.1	5.3	5.5	5.3	5.3	5.2	5.4	5.5	5.5	5.5	5.5	5.4
1966				5.5	5.7	5.3	5.3	5.2	5.4	5.5	5.5	5.5	5.5	5.4
1967					6.0	5.0	5.1	5.1	5.4	5.6	5.5	5.5	5.5	5.4
1968						4.1	4.9	5.0	5.4	5.6	5.5	5.6	5.5	5.4
1969							5.7	5.4	5.8	5.9	5.7	5.7	5.6	5.4
1970								5.0	6.1	6.1	5.7	5.7	5.6	5.3
1971									7.1	6.5	5.7	5.7	5.6	5.2
1972										5.8	5.0	5.4	5.3	4.9
1973											4.2	5.3	5.3	4.7
1974												6.4	5.7	4.6
1975													4.9	3.6
1976														2.3

6A. AVERAGE ANNUAL RATES OF GROWTH OF GROSS DOMESTIC PRODUCT AT CONSTANT PRICES BY TYPE OF EXPENDITURE AND BY KIND OF ECONOMIC ACTIVITY (continued) (IN PER CENT)

FINLAND — PRIVATE FINAL CONSUMPTION EXPENDITURE

	1963	1965	1966	1967	1968	1969	1970	1971	1972	1973	1974	1975	1976	1977
1960	6.0	5.4	5.1	4.7	4.1	4.2	4.3	4.4	4.5	4.7	4.8	4.8	4.7	4.5
1963		5.3	4.5	3.8	3.1	3.5	4.0	4.1	4.4	4.7	4.8	4.9	4.8	4.5
1965			2.6	2.4	1.6	3.0	4.0	4.2	4.6	5.0	5.1	5.1	5.0	4.5
1966				2.1	1.0	3.5	4.6	4.7	5.1	5.5	5.5	5.4	5.2	4.6
1967					-0.2	4.8	5.9	5.5	5.8	6.0	5.9	5.8	5.4	4.7
1968						10.1	8.3	6.5	6.5	6.6	6.3	6.0	5.5	4.7
1969							6.7	4.7	5.7	6.1	5.9	5.6	5.1	4.2
1970								2.9	5.7	6.3	6.0	5.5	4.9	3.8
1971									8.6	7.6	6.5	5.7	4.7	3.4
1972										6.7	5.4	4.8	3.8	2.3
1973											4.1	3.9	2.9	1.2
1974												3.7	2.2	0.0
1975													0.7	-1.9
1976														-4.5

FINLAND — GROSS FIXED CAPITAL FORMATION

	1963	1965	1966	1967	1968	1969	1970	1971	1972	1973	1974	1975	1976	1977
1960	2.5	3.1	3.5	3.0	2.4	2.5	3.1	3.4	3.7	3.9	4.1	4.2	4.1	3.7
1963		6.9	6.0	3.9	2.2	2.6	3.6	4.0	4.4	4.6	4.7	4.9	4.5	4.0
1965			2.8	-0.3	-1.6	0.7	3.0	3.9	4.5	4.8	4.9	5.1	4.6	3.9
1966				-3.3	-3.5	0.8	4.0	4.9	5.4	5.6	5.6	5.6	4.9	4.0
1967					-3.6	3.8	7.2	7.2	7.1	6.8	6.5	6.3	5.4	4.2
1968						11.7	12.3	9.7	8.5	7.7	7.0	6.7	5.4	4.1
1969							12.9	8.2	7.1	6.6	6.0	5.9	4.5	3.1
1970								3.6	5.0	5.3	5.0	5.2	3.6	2.0
1971									6.3	5.9	5.2	5.4	3.2	1.3
1972										5.5	4.6	5.2	2.2	0.1
1973											3.7	5.3	0.8	-1.6
1974												7.0	-1.6	-4.0
1975													-9.4	-8.1
1976														-6.8

FINLAND — EXPORTS OF GOODS AND SERVICES

	1963	1965	1966	1967	1968	1969	1970	1971	1972	1973	1974	1975	1976	1977
1960	5.4	5.1	5.3	5.4	5.8	6.6	7.2	7.1	7.3	7.5	7.3	6.7	6.5	6.3
1963		5.5	5.9	6.0	6.7	8.0	8.6	8.2	8.3	8.4	8.0	7.0	6.5	6.3
1965			6.8	6.4	7.7	9.7	10.2	9.1	9.0	8.9	8.3	6.8	6.2	5.9
1966				6.0	8.4	11.1	11.2	9.4	9.2	9.0	8.2	6.5	5.9	5.6
1967					10.9	13.8	12.7	9.5	9.2	9.0	8.0	5.9	5.3	5.1
1968						16.8	12.9	8.0	8.3	8.2	7.2	4.8	4.3	4.2
1969							9.1	3.7	6.2	7.0	6.0	3.4	3.1	3.3
1970								-1.4	6.1	7.3	5.8	2.4	2.3	2.7
1971									14.2	10.8	6.8	1.5	1.8	2.4
1972										7.4	3.2	-2.7	-0.7	1.0
1973											-0.9	-7.6	-2.3	0.7
1974												-14.0	-1.0	2.9
1975													14.0	10.6
1976														7.3

FINLAND — IMPORTS OF GOODS AND SERVICES

	1963	1965	1966	1967	1968	1969	1970	1971	1972	1973	1974	1975	1976	1977
1960	4.2	7.4	7.3	6.6	5.5	5.9	6.6	6.8	6.8	7.0	7.1	7.0	6.7	6.3
1963		13.6	10.0	7.2	4.7	5.6	7.1	7.2	7.2	7.4	7.5	7.3	6.9	6.2
1965			3.9	1.6	-0.2	3.5	6.8	7.2	7.1	7.4	7.6	7.3	6.7	5.8
1966				-0.6	-2.2	4.4	8.7	8.6	8.1	8.3	8.2	7.8	7.0	5.9
1967					-3.8	8.5	13.0	11.1	9.6	9.4	9.1	8.3	7.3	6.0
1968						22.3	20.9	13.9	10.6	10.0	9.4	8.4	7.1	5.6
1969							19.5	9.0	6.6	7.4	7.5	6.7	5.6	4.1
1970								-0.6	1.9	5.3	6.3	5.7	4.5	2.9
1971									4.4	8.6	8.4	6.7	4.8	2.6
1972										12.9	9.6	6.5	3.9	1.4
1973											6.5	3.4	1.1	-1.2
1974												0.4	-1.4	-3.6
1975													-3.1	-5.6
1976														-8.1

FINLAND — AGRICULTURE

	1963	1965	1966	1967	1968	1969	1970	1971	1972	1973	1974	1975	1976	1977
1960	-0.3	1.2	0.4	0.1	0.1	0.3	0.6	0.7	0.5	0.3	0.1	0.0	-0.1	-0.2
1963		3.0	-0.2	-0.7	-0.3	0.3	0.7	0.8	0.5	0.2	-0.0	-0.2	-0.3	-0.5
1965			-5.5	-2.8	-0.7	0.6	1.4	1.3	0.7	0.2	-0.1	-0.3	-0.5	-0.6
1966				0.1	1.6	2.5	2.8	2.3	1.2	0.4	-0.0	-0.3	-0.5	-0.6
1967					3.2	3.6	3.5	2.5	1.0	-0.0	-0.4	-0.6	-0.8	-0.9
1968						4.0	3.5	2.0	0.1	-0.9	-1.1	-1.2	-1.3	-1.4
1969							3.0	0.9	-1.4	-2.2	-2.1	-1.9	-1.9	-1.8
1970								-1.2	-3.7	-3.7	-2.9	-2.5	-2.2	-2.0
1971									-6.1	-4.5	-3.0	-2.3	-2.0	-1.8
1972										-2.9	-1.4	-1.2	-1.2	-1.2
1973											0.1	-0.5	-0.9	-1.1
1974												-1.1	-1.3	-1.4
1975													-1.6	-1.4
1976														-1.3

FINLAND — INDUSTRIAL ACTIVITY

	1963	1965	1966	1967	1968	1969	1970	1971	1972	1973	1974	1975	1976	1977
1960	6.3	6.1	6.0	5.8	5.5	5.8	6.3	6.4	6.6	6.7	6.8	6.6	6.3	6.1
1963		6.8	6.2	5.5	5.2	5.9	6.7	6.7	7.0	7.2	7.2	6.8	6.4	6.0
1965			5.0	4.3	4.3	6.0	7.3	7.2	7.6	7.7	7.5	7.0	6.4	5.9
1966				3.5	4.0	6.8	8.3	7.8	8.1	8.1	7.9	7.1	6.4	5.8
1967					4.5	8.8	10.1	8.7	8.8	8.6	8.2	7.2	6.4	5.7
1968						13.2	12.5	9.2	9.1	8.7	8.2	6.9	6.0	5.2
1969							11.8	6.8	7.9	7.8	7.4	6.0	5.1	4.3
1970								2.1	7.0	7.3	6.9	5.3	4.3	3.6
1971									12.1	9.3	7.7	5.1	3.8	3.0
1972										6.6	5.7	2.9	2.0	1.6
1973											4.8	0.8	0.5	0.5
1974												-3.0	-0.9	-0.2
1975													1.3	0.9
1976														0.6

FINLAND — MANUFACTURING

	1963	1965	1966	1967	1968	1969	1970	1971	1972	1973	1974	1975	1976	1977
1960	5.9	6.0	5.9	5.7	5.5	5.8	6.2	6.3	6.6	6.7	6.8	6.6	6.3	6.0
1963		6.9	6.3	5.6	5.2	5.9	6.7	6.8	7.1	7.2	7.2	6.8	6.4	6.0
1965			5.1	4.2	4.2	5.9	7.3	7.2	7.6	7.7	7.6	7.0	6.4	5.8
1966				3.3	4.0	6.6	8.3	7.9	8.2	8.1	7.9	7.1	6.4	5.7
1967					4.6	8.7	10.1	8.8	8.9	8.6	8.2	7.2	6.3	5.5
1968						13.0	12.5	9.4	9.2	8.8	8.2	6.9	5.9	5.1
1969							12.0	7.2	8.1	7.9	7.4	6.0	5.0	4.2
1970								2.6	7.1	7.3	6.9	5.2	4.1	3.3
1971									11.9	9.0	7.5	4.9	3.6	2.7
1972										6.3	5.6	2.8	1.8	1.2
1973											5.0	0.7	0.2	0.0
1974												-3.5	-1.5	-0.9
1975													0.6	0.1
1976														-0.4

FINLAND — CONSTRUCTION

	1963	1965	1966	1967	1968	1969	1970	1971	1972	1973	1974	1975	1976	1977
1960	3.0	3.7	3.8	3.7	3.1	3.1	3.2	3.2	3.2	3.4	3.5	3.5	3.2	3.0
1963		5.6	4.7	3.9	2.7	2.7	3.1	3.0	3.2	3.4	3.5	3.6	3.2	2.9
1965			1.4	1.7	0.3	1.3	2.5	2.5	2.9	3.3	3.5	3.5	3.0	2.7
1966				2.0	-0.6	1.4	3.0	2.9	3.3	3.7	3.8	3.8	3.2	2.7
1967					-3.1	1.8	4.1	3.5	3.8	4.2	4.2	4.1	3.3	2.8
1968						7.0	7.4	4.9	4.7	4.9	4.7	4.5	3.4	2.7
1969							7.8	3.3	3.8	4.5	4.4	4.2	2.9	2.2
1970								-1.0	2.7	4.3	4.2	4.0	2.4	1.6
1971									6.5	6.7	5.3	4.6	2.3	1.3
1972										6.9	4.5	3.9	0.9	0.1
1973											2.2	2.7	-1.1	-1.4
1974												3.2	-3.4	-2.7
1975													-9.5	-4.4
1976														0.9

FINLAND — WHOLESALE AND RETAIL TRADE

	1963	1965	1966	1967	1968	1969	1970	1971	1972	1973	1974	1975	1976	1977
1960	6.6	6.0	5.6	5.2	4.4	4.3	4.5	4.7	4.9	5.2	5.3	5.4	5.3	5.0
1963		6.1	5.1	4.3	2.9	3.4	4.0	4.3	4.8	5.3	5.5	5.5	5.4	5.0
1965			2.5	2.2	0.5	2.3	3.8	4.4	5.1	5.7	5.9	5.9	5.7	5.1
1966				1.9	-0.7	2.6	4.5	5.1	5.8	6.4	6.5	6.4	6.0	5.3
1967					-3.3	4.0	6.2	6.4	6.9	7.4	7.2	6.9	6.3	5.4
1968						11.8	10.3	8.5	8.4	8.5	8.0	7.4	6.6	5.5
1969							8.8	6.8	7.5	8.1	7.5	6.9	6.0	4.8
1970								4.9	7.3	8.3	7.4	6.6	5.6	4.1
1971									9.7	9.7	7.7	6.4	5.1	3.4
1972										9.7	6.4	5.1	3.9	2.0
1973											3.2	3.2	2.3	0.4
1974												3.2	1.7	-0.8
1975													0.2	-3.0
1976														-6.0

FINLAND — TRANSPORT AND COMMUNICATION

	1963	1965	1966	1967	1968	1969	1970	1971	1972	1973	1974	1975	1976	1977
1960	3.8	4.6	4.6	4.2	4.0	4.1	4.3	4.3	4.4	4.6	4.7	4.6	4.5	4.4
1963		6.1	5.2	4.0	3.6	4.0	4.4	4.4	4.5	4.8	4.9	4.7	4.5	4.3
1965			3.6	1.8	2.2	3.5	4.4	4.4	4.6	4.9	5.1	4.8	4.5	4.3
1966				-0.0	1.8	4.0	5.1	4.8	5.0	5.3	5.4	5.0	4.6	4.3
1967					3.7	6.2	6.7	5.7	5.6	5.8	5.9	5.3	4.8	4.4
1968						8.6	7.9	5.8	5.6	5.9	6.0	5.2	4.6	4.2
1969							7.2	4.2	4.7	5.5	5.7	4.8	4.1	3.7
1970								1.3	4.0	5.5	5.8	4.6	3.8	3.4
1971									6.7	7.5	7.0	4.7	3.6	3.1
1972										8.2	6.9	3.6	2.5	2.2
1973											5.7	1.0	0.7	1.0
1974												-3.4	-1.0	0.4
1975													1.6	2.1
1976														2.6

FINLAND — OTHER

	1963	1965	1966	1967	1968	1969	1970	1971	1972	1973	1974	1975	1976	1977
1960	5.2	5.1	5.0	4.9	4.8	4.8	4.8	4.8	4.9	5.0	5.0	5.1	5.1	5.1
1963		4.9	4.6	4.6	4.6	4.7	4.7	4.8	4.9	5.0	5.1	5.2	5.2	5.1
1965			4.1	4.4	4.6	4.7	4.8	4.8	5.0	5.1	5.3	5.3	5.3	5.2
1966				4.7	4.8	4.9	4.9	4.9	5.1	5.3	5.4	5.4	5.4	5.3
1967					4.9	5.0	4.9	5.0	5.2	5.4	5.5	5.5	5.5	5.3
1968						5.1	4.9	5.0	5.3	5.5	5.6	5.6	5.5	5.4
1969							4.7	5.0	5.4	5.6	5.8	5.7	5.6	5.4
1970								5.3	5.8	6.0	6.0	5.9	5.6	5.4
1971									6.3	6.2	6.2	5.9	5.6	5.3
1972										6.1	6.1	5.7	5.4	5.0
1973											6.1	5.5	5.1	4.7
1974												4.9	4.6	4.2
1975													4.3	3.9
1976														3.4

ICELAND — GROSS DOMESTIC PRODUCT

	1963	1965	1966	1967	1968	1969	1970	1971	1972	1973	1974	1975	1976	1977
1960	6.0	7.1	7.3	6.6	5.5	4.7	4.5	4.6	4.8	4.9	5.0	4.9	4.8	4.8
1963		7.6	7.8	5.9	3.6	2.7	2.8	3.5	4.0	4.4	4.6	4.5	4.4	4.4
1965			8.5	3.3	0.0	-0.0	1.1	2.6	3.6	4.3	4.6	4.5	4.4	4.4
1966				-1.7	-3.7	-1.9	0.3	2.7	3.9	4.7	5.0	4.8	4.6	4.6
1967					-5.7	-1.4	1.7	4.5	5.6	6.1	6.1	5.6	5.3	5.1
1968						3.1	5.4	7.8	8.0	7.8	7.4	6.5	5.9	5.5
1969							7.8	10.3	9.4	8.6	7.7	6.4	5.7	5.3
1970								12.7	9.6	8.3	7.2	5.7	4.9	4.6
1971									6.5	6.4	5.7	4.2	3.7	3.6
1972										6.3	5.2	3.3	2.9	3.1
1973											4.0	1.7	1.9	2.5
1974												-0.6	1.4	2.6
1975													3.4	4.0
1976														4.7

6A. AVERAGE ANNUAL RATES OF GROWTH OF GROSS DOMESTIC PRODUCT AT CONSTANT PRICES BY TYPE OF EXPENDITURE AND BY KIND OF ECONOMIC ACTIVITY (continued) (IN PER CENT)

ICELAND

PER CAPITA GROSS DOMESTIC PRODUCT

	1963	1965	1966	1967	1968	1969	1970	1971	1972	1973	1974	1975	1976	1977
1960	4.2	5.2	5.4	4.8	3.7	3.0	2.9	3.1	3.3	3.5	3.5	3.5	3.4	3.4
1963		5.6	5.8	3.9	1.9	1.2	1.4	2.1	2.7	3.1	3.2	3.1	3.1	3.1
1965			6.3	1.5	-1.5	-1.4	-0.1	1.6	2.6	3.2	3.3	3.2	3.1	3.2
1966				-3.2	-4.9	-3.0	-0.7	1.8	3.1	3.7	3.8	3.5	3.4	3.4
1967					-6.6	-2.4	0.9	3.7	4.8	5.2	4.8	4.3	4.0	3.8
1968						2.1	4.7	7.1	7.3	7.0	6.0	5.1	4.5	4.2
1969							7.3	9.7	8.7	7.7	6.2	4.9	4.2	3.9
1970								12.2	8.8	7.2	5.3	3.9	3.3	3.2
1971									5.4	5.1	3.3	2.2	2.0	2.2
1972										4.8	2.0	0.9	1.2	1.8
1973											-0.7	-0.7	0.5	1.6
1974												-0.6	1.4	2.6
1975													3.4	4.0
1976														4.7

ICELAND

GOVERNMENT FINAL CONSUMPTION EXPENDITURE

	1963	1965	1966	1967	1968	1969	1970	1971	1972	1973	1974	1975	1976	1977
1960	5.4	6.3	6.6	6.7	6.5	6.1	6.0	6.0	6.0	6.1	6.2	6.2	6.1	6.0
1963		7.2	7.3	7.2	6.5	5.8	5.7	5.7	5.8	6.0	6.2	6.1	6.0	5.9
1965			7.3	7.0	5.7	4.7	4.9	5.2	5.5	5.9	6.1	6.0	5.9	5.8
1966				6.7	4.7	3.7	4.3	4.9	5.4	5.9	6.2	6.1	6.0	5.8
1967					2.7	2.5	4.0	4.9	5.6	6.2	6.5	6.3	6.1	5.8
1968						2.2	5.0	5.9	6.4	7.0	7.1	6.7	6.4	6.0
1969							7.8	7.5	7.4	7.8	7.7	7.0	6.6	6.0
1970								7.1	7.3	8.0	7.7	6.8	6.3	5.7
1971									7.4	8.5	7.8	6.5	5.9	5.3
1972										9.5	7.8	5.8	5.3	4.7
1973											6.1	4.0	4.1	3.7
1974												2.0	3.5	3.2
1975													5.0	3.5
1976														2.0

ICELAND

PRIVATE FINAL CONSUMPTION EXPENDITURE

	1963	1965	1966	1967	1968	1969	1970	1971	1972	1973	1974	1975	1976	1977
1960	6.3	7.1	7.7	7.5	6.5	5.3	5.2	5.5	5.8	6.1	6.2	6.0	5.7	5.5
1963		7.0	8.7	7.6	5.4	3.5	3.7	4.6	5.3	5.8	6.1	5.7	5.3	5.1
1965			13.0	7.2	2.8	0.4	1.8	3.8	5.1	5.9	6.3	5.7	5.2	5.0
1966				1.8	-1.8	-3.0	0.3	3.5	5.3	6.1	6.6	5.8	5.2	5.0
1967					-5.3	-4.9	1.0	5.2	7.0	7.6	7.8	6.6	5.7	5.3
1968						-4.6	5.3	9.6	10.5	10.1	9.7	7.7	6.3	5.7
1969							16.2	16.3	14.3	12.3	10.9	8.0	6.2	5.5
1970								16.4	13.0	10.6	9.5	6.1	4.4	4.0
1971									9.6	8.0	7.6	3.7	2.2	2.3
1972										6.5	6.7	1.4	0.3	1.1
1973											7.0	-1.9	-1.9	0.0
1974												-10.0	-4.7	-0.5
1975													1.0	4.4
1976														8.0

ICELAND

GROSS FIXED CAPITAL FORMATION

	1963	1965	1966	1967	1968	1969	1970	1971	1972	1973	1974	1975	1976	1977
1960	6.7	10.7	11.0	11.2	9.9	7.1	5.6	6.0	6.0	6.4	6.7	6.6	6.3	6.2
1963		7.7	9.1	10.0	7.4	2.6	1.1	2.8	3.5	4.5	5.4	5.4	5.2	5.1
1965			15.8	13.8	6.4	-1.8	-2.8	1.1	2.6	4.4	5.6	5.6	5.3	5.1
1966				11.8	1.2	-8.0	-6.9	-0.4	1.9	4.3	5.8	5.7	5.3	5.2
1967					-8.4	-16.5	-10.7	-0.3	2.8	5.6	7.2	6.8	6.1	5.8
1968						-23.9	-9.4	6.1	8.0	10.1	10.9	9.5	8.0	7.2
1969							7.8	24.9	18.2	17.2	15.9	12.6	9.9	8.5
1970								44.7	19.7	17.4	15.5	11.2	8.2	6.9
1971									-1.0	8.8	10.3	6.5	4.2	3.7
1972										19.5	14.9	6.9	3.4	3.1
1973											10.4	0.5	-1.3	0.1
1974												-8.5	-5.5	-1.4
1975													-2.5	2.5
1976														7.8

ICELAND

EXPORTS OF GOODS AND SERVICES

	1963	1965	1966	1967	1968	1969	1970	1971	1972	1973	1974	1975	1976	1977
1960	10.5	9.4	9.1	7.4	5.7	5.3	5.6	5.4	5.5	5.6	5.5	5.3	5.4	5.5
1963		7.9	8.0	4.6	2.1	2.4	3.8	3.9	4.3	4.7	4.7	4.6	4.8	5.0
1965			7.6	-0.4	-2.9	-0.2	2.9	3.3	4.1	4.7	4.8	4.7	4.9	5.2
1966				-7.9	-7.0	-1.0	3.8	4.0	4.8	5.4	5.3	5.1	5.3	5.5
1967					-6.1	3.6	8.6	7.0	7.1	7.2	6.6	6.1	6.1	6.3
1968						14.2	15.9	9.7	8.7	8.4	7.2	6.4	6.3	6.5
1969							17.5	6.3	6.5	6.9	5.9	5.2	5.4	5.8
1970								-3.9	3.1	5.5	4.6	4.1	4.7	5.4
1971									10.7	9.6	6.3	4.9	5.4	6.1
1972										8.5	3.7	2.9	4.4	5.7
1973											-0.8	0.9	4.2	6.0
1974												2.6	7.0	8.4
1975													11.6	10.9
1976														10.3

ICELAND

IMPORTS OF GOODS AND SERVICES

	1963	1965	1966	1967	1968	1969	1970	1971	1972	1973	1974	1975	1976	1977
1960	11.1	12.4	12.6	12.1	10.4	8.2	7.8	8.1	8.0	8.3	8.6	8.2	7.8	7.6
1963		10.7	11.7	10.9	7.6	4.1	4.5	5.8	6.2	6.9	7.6	7.2	6.7	6.7
1965			14.8	10.7	4.0	-0.7	1.6	4.6	5.4	6.7	7.7	7.2	6.5	6.5
1966				6.7	-1.4	-5.5	-0.5	4.1	5.4	6.9	8.1	7.4	6.5	6.5
1967					-9.0	-10.5	-0.6	5.9	7.0	8.6	9.6	8.5	7.2	7.1
1968						-12.1	6.0	12.9	11.6	12.3	12.5	10.3	8.3	8.0
1969							27.8	25.3	17.0	15.7	14.9	11.4	8.6	8.1
1970								23.0	11.0	12.1	12.4	8.6	5.9	5.9
1971									0.2	9.0	11.1	6.3	3.6	4.3
1972										18.6	15.7	6.2	2.4	3.7
1973											12.8	-0.5	-2.7	1.1
1974												-12.3	-8.0	0.1
1975													-3.5	7.7
1976														20.2

NORWAY

GROSS DOMESTIC PRODUCT

	1963	1965	1966	1967	1968	1969	1970	1971	1972	1973	1974	1975	1976	1977
1960	4.9	5.0	5.0	5.0	5.0	4.9	4.9	4.8	4.8	4.7	4.7	4.6	4.6	4.6
1963		5.3	5.0	5.1	4.9	4.9	4.8	4.7	4.6	4.6	4.5	4.5	4.5	4.5
1965			4.4	5.0	4.8	4.8	4.6	4.6	4.5	4.4	4.4	4.4	4.5	4.5
1966				5.7	4.8	4.8	4.5	4.5	4.4	4.3	4.4	4.4	4.4	4.4
1967					4.0	4.5	4.3	4.4	4.3	4.2	4.3	4.3	4.4	4.4
1968						5.0	4.3	4.4	4.2	4.2	4.3	4.3	4.4	4.4
1969							3.5	4.3	4.1	4.1	4.2	4.3	4.4	4.5
1970								5.0	4.2	4.1	4.3	4.3	4.5	4.5
1971									3.4	3.8	4.2	4.3	4.5	4.6
1972										4.1	4.7	4.6	4.8	4.8
1973											5.2	4.7	5.0	4.8
1974												4.2	5.0	4.8
1975													5.8	4.9
1976														4.1

NORWAY

PER CAPITA GROSS DOMESTIC PRODUCT

	1963	1965	1966	1967	1968	1969	1970	1971	1972	1973	1974	1975	1976	1977
1960	4.1	4.2	4.2	4.2	4.1	4.1	4.0	4.0	3.9	3.9	3.9	3.8	3.8	3.9
1963		4.5	4.2	4.2	4.1	4.1	3.9	3.9	3.8	3.8	3.7	3.7	3.8	3.8
1965			3.6	4.2	3.9	3.9	3.7	3.8	3.7	3.6	3.6	3.6	3.7	3.7
1966				4.8	3.9	3.9	3.7	3.7	3.6	3.6	3.6	3.6	3.7	3.7
1967					3.1	3.6	3.4	3.6	3.5	3.4	3.5	3.5	3.7	3.7
1968						4.2	3.4	3.7	3.5	3.4	3.5	3.6	3.7	3.8
1969							2.7	3.6	3.4	3.3	3.5	3.5	3.7	3.8
1970								4.5	3.5	3.4	3.6	3.6	3.8	3.9
1971									2.6	3.0	3.4	3.6	3.8	3.9
1972										3.3	3.9	3.9	4.1	4.2
1973											4.4	4.0	4.4	4.3
1974												3.6	4.5	4.3
1975													5.3	4.5
1976														3.8

NORWAY

GOVERNMENT FINAL CONSUMPTION EXPENDITURE

	1963	1965	1966	1967	1968	1969	1970	1971	1972	1973	1974	1975	1976	1977
1960	6.5	6.6	6.4	6.4	6.4	6.5	6.4	6.3	6.1	5.9	5.7	5.6	5.5	5.6
1963		7.5	6.5	6.6	6.5	6.6	6.4	6.2	5.9	5.6	5.4	5.3	5.2	5.3
1965			3.7	5.7	6.0	6.4	6.2	5.9	5.5	5.2	4.9	4.9	4.9	5.1
1966				7.8	6.8	7.0	6.5	6.0	5.4	5.1	4.8	4.7	4.8	5.0
1967					5.8	6.8	6.1	5.6	4.9	4.6	4.4	4.4	4.6	4.9
1968						7.9	6.0	5.3	4.5	4.2	4.0	4.1	4.4	4.8
1969							4.0	4.2	3.5	3.6	3.5	3.8	4.2	4.8
1970								4.5	3.1	3.4	3.4	3.8	4.3	5.0
1971									1.8	3.1	3.3	3.9	4.5	5.3
1972										4.4	3.9	4.5	5.1	6.0
1973											3.3	4.8	5.6	6.6
1974												6.2	6.6	7.7
1975													7.0	8.6
1976														10.2

NORWAY

PRIVATE FINAL CONSUMPTION EXPENDITURE

	1963	1965	1966	1967	1968	1969	1970	1971	1972	1973	1974	1975	1976	1977
1960	4.1	3.8	3.8	3.8	3.8	4.1	4.1	4.1	4.1	4.1	4.1	4.1	4.1	4.2
1963		3.4	3.6	3.8	3.9	4.3	4.3	4.3	4.2	4.2	4.1	4.1	4.2	4.2
1965			4.3	4.3	4.1	4.8	4.6	4.6	4.4	4.2	4.1	4.1	4.2	4.3
1966				4.2	4.0	5.1	4.7	4.7	4.4	4.2	4.1	4.1	4.2	4.3
1967					3.8	5.8	4.8	4.7	4.3	4.1	4.0	4.0	4.2	4.3
1968						7.7	4.8	4.7	4.2	3.9	3.8	3.9	4.1	4.2
1969							2.0	3.7	3.4	3.3	3.4	3.6	4.0	4.1
1970								5.4	3.8	3.5	3.5	3.8	4.2	4.3
1971									2.2	2.8	3.2	3.7	4.2	4.4
1972										3.4	3.7	4.2	4.7	4.9
1973											4.0	4.6	5.2	5.2
1974												5.2	5.8	5.5
1975													6.3	5.5
1976														4.6

NORWAY

GROSS FIXED CAPITAL FORMATION

	1963	1965	1966	1967	1968	1969	1970	1971	1972	1973	1974	1975	1976	1977
1960	8.0	6.5	6.4	6.7	5.8	4.6	4.5	4.7	4.6	4.8	5.0	5.3	5.5	5.6
1963		4.7	5.3	6.7	4.8	2.8	3.0	3.7	3.9	4.4	4.7	5.1	5.5	5.7
1965			6.4	8.9	3.7	0.5	1.7	3.2	3.5	4.4	4.8	5.4	5.9	6.0
1966				11.6	1.2	-2.3	0.4	2.8	3.4	4.5	5.0	5.6	6.2	6.3
1967					-8.2	-7.6	-1.0	2.9	3.7	4.9	5.5	6.2	6.7	6.7
1968						-6.9	3.9	7.4	6.7	7.4	7.4	7.8	8.1	7.8
1969							16.0	13.9	9.5	9.4	8.7	8.8	8.9	8.5
1970								11.9	6.0	7.6	7.4	8.0	8.4	7.9
1971									0.4	6.7	6.9	7.9	8.4	7.8
1972										13.3	9.2	9.6	9.6	8.4
1973											5.2	8.5	9.1	7.6
1974												11.9	10.7	7.7
1975													9.5	5.3
1976														1.3

NORWAY

EXPORTS OF GOODS AND SERVICES

	1963	1965	1966	1967	1968	1969	1970	1971	1972	1973	1974	1975	1976	1977
1960	8.0	8.6	8.5	8.6	8.8	8.7	8.3	7.9	7.8	7.7	7.4	7.2	7.0	7.0
1963		8.7	8.0	8.4	8.9	8.7	8.0	7.4	7.2	7.2	6.9	6.6	6.5	6.5
1965			7.1	8.9	9.6	9.0	7.7	6.8	6.7	6.8	6.5	6.2	6.1	6.1
1966				10.7	10.7	9.2	7.4	6.3	6.3	6.5	6.2	5.9	5.8	5.9
1967					10.6	8.3	6.0	5.0	5.5	6.0	5.7	5.4	5.5	5.6
1968						5.9	3.7	3.4	4.7	5.6	5.4	5.1	5.2	5.4
1969							1.5	2.5	4.9	6.1	5.6	5.2	5.3	5.5
1970								3.5	6.9	7.6	6.4	5.5	5.6	5.8
1971									10.4	9.3	6.6	5.3	5.5	5.8
1972										8.3	4.4	3.6	4.6	5.3
1973											0.7	1.9	4.2	5.3
1974												3.1	6.2	6.8
1975													9.4	8.3
1976														7.2

6A. AVERAGE ANNUAL RATES OF GROWTH OF GROSS DOMESTIC PRODUCT AT CONSTANT PRICES BY TYPE OF EXPENDITURE AND BY KIND OF ECONOMIC ACTIVITY (continued) (IN PER CENT)

NORWAY — *IMPORTS OF GOODS AND SERVICES*

	1963	1965	1966	1967	1968	1969	1970	1971	1972	1973	1974	1975	1976	1977
1960	8.0	8.2	8.2	8.6	8.2	7.8	7.8	7.6	7.3	7.3	7.2	7.2	7.2	7.2
1963		8.5	8.4	9.2	8.1	7.3	7.4	7.3	6.8	6.9	6.9	6.8	7.0	6.9
1965			8.0	10.3	7.3	6.1	6.8	6.8	6.2	6.4	6.5	6.5	6.8	6.7
1966				12.7	6.0	5.0	6.4	6.5	5.8	6.2	6.3	6.4	6.7	6.7
1967					-0.3	2.2	5.6	6.0	5.3	6.0	6.2	6.3	6.7	6.7
1968						4.7	8.9	7.9	6.1	6.7	6.8	6.8	7.1	7.0
1969							13.3	8.6	5.6	6.7	6.7	6.8	7.2	7.1
1970								4.1	2.2	5.5	6.0	6.3	7.0	6.9
1971									0.3	7.1	7.1	7.1	7.7	7.4
1972										14.4	9.5	8.2	8.7	7.9
1973											4.7	5.8	7.7	7.0
1974												7.0	9.4	7.4
1975													12.0	6.9
1976														2.2

NORWAY — *AGRICULTURE*

	1963	1965	1966	1967	1968	1969	1970	1971	1972	1973	1974	1975	1976	1977
1960	-3.9	-0.7	-0.1	0.5	0.9	0.5	0.1	-0.0	0.0	0.1	0.3	0.4	0.5	0.7
1963		4.6	2.9	3.1	2.8	1.4	0.4	0.1	0.2	0.2	0.6	0.7	0.8	1.0
1965			-1.4	2.1	1.9	-0.4	-1.3	-1.3	-0.8	-0.6	0.1	0.3	0.5	0.8
1966				5.7	3.0	-1.0	-2.1	-1.8	-1.0	-0.7	0.2	0.4	0.6	1.0
1967					0.3	-4.4	-4.3	-3.1	-1.6	-1.0	0.2	0.5	0.7	1.1
1968						-8.9	-5.8	-3.2	-1.0	-0.4	0.9	1.1	1.2	1.6
1969							-2.7	-0.4	1.5	1.4	2.6	2.3	2.2	2.4
1970								2.0	3.6	2.3	3.7	3.0	2.6	2.8
1971									5.3	2.0	4.2	3.0	2.6	2.8
1972										-1.3	4.6	2.6	2.1	2.6
1973											10.8	3.2	2.2	2.8
1974												-3.9	-0.8	1.6
1975													2.4	4.3
1976														6.1

NORWAY — *INDUSTRIAL ACTIVITY*

	1963	1965	1966	1967	1968	1969	1970	1971	1972	1973	1974	1975	1976	1977
1960	5.0	6.0	6.0	5.8	5.7	5.6	5.5	5.3	5.3	5.3	5.3	5.3	5.3	5.3
1963		7.2	6.4	5.9	5.5	5.4	5.2	5.0	5.1	5.1	5.1	5.1	5.2	5.2
1965			4.8	4.6	4.5	4.8	4.7	4.5	4.7	4.9	4.9	5.0	5.1	5.1
1966				4.4	4.4	4.9	4.7	4.5	4.8	4.9	5.0	5.1	5.2	5.1
1967					4.4	5.2	4.7	4.4	4.8	5.0	5.1	5.2	5.3	5.2
1968						6.1	4.7	4.2	4.9	5.1	5.2	5.2	5.4	5.2
1969							3.3	3.5	4.9	5.2	5.2	5.3	5.5	5.3
1970								3.7	5.9	5.9	5.6	5.6	5.8	5.4
1971									8.1	6.6	5.9	5.7	6.0	5.4
1972										5.1	4.9	5.2	5.7	5.1
1973											4.6	5.3	6.0	5.0
1974												6.0	6.8	4.9
1975													7.5	3.8
1976														0.3

NORWAY — *MANUFACTURING*

	1963	1965	1966	1967	1968	1969	1970	1971	1972	1973	1974	1975	1976	1977
1960	4.8	5.8	5.9	5.7	5.5	5.4	5.3	5.1	5.1	5.0	5.0	4.8	4.6	4.4
1963		7.1	6.5	5.8	5.2	5.2	5.0	4.8	4.8	4.8	4.8	4.5	4.2	4.0
1965			5.4	4.5	4.0	4.4	4.4	4.3	4.4	4.5	4.5	4.2	3.9	3.6
1966				3.6	3.4	4.4	4.4	4.2	4.3	4.4	4.5	4.1	3.8	3.5
1967					3.2	5.0	4.7	4.3	4.4	4.6	4.6	4.1	3.7	3.3
1968						6.8	5.1	4.3	4.5	4.7	4.7	4.1	3.6	3.2
1969							3.5	3.2	4.0	4.5	4.6	3.8	3.3	2.8
1970								2.9	4.5	4.9	4.9	3.7	3.1	2.6
1971									6.1	5.7	5.3	3.5	2.8	2.2
1972										5.3	4.9	2.5	1.8	1.3
1973											4.5	0.7	0.6	0.5
1974												-2.9	-0.7	-0.3
1975													1.6	0.7
1976														-0.1

NORWAY — *CONSTRUCTION*

	1963	1965	1966	1967	1968	1969	1970	1971	1972	1973	1974	1975	1976	1977
1960	4.5	3.7	3.5	3.8	3.7	3.7	3.8	3.8	3.9	3.9	3.9	3.9	3.9	4.0
1963		1.6	2.0	3.5	3.4	3.4	3.6	3.8	3.9	3.8	3.9	4.0	4.0	4.0
1965			3.7	6.4	4.7	4.3	4.4	4.4	4.4	4.2	4.2	4.3	4.2	4.2
1966				9.3	4.4	3.9	4.2	4.2	4.3	4.1	4.2	4.2	4.1	4.2
1967					-0.2	2.1	3.4	3.8	4.0	3.8	4.0	4.1	4.0	4.1
1968						4.3	5.0	4.8	4.7	4.2	4.3	4.3	4.2	4.2
1969							5.7	4.9	4.8	4.0	4.2	4.3	4.1	4.2
1970								4.1	4.4	3.4	4.0	4.1	4.0	4.1
1971									4.7	2.8	4.0	4.2	3.9	4.1
1972										1.1	4.1	4.4	3.9	4.2
1973											7.3	5.6	4.3	4.5
1974												4.0	2.9	3.9
1975													1.9	4.2
1976														6.7

NORWAY — *WHOLESALE AND RETAIL TRADE*

	1963	1965	1966	1967	1968	1969	1970	1971	1972	1973	1974	1975	1976	1977
1960	6.9	5.0	4.7	4.4	4.3	4.5	4.6	4.7	4.5	4.4	4.3	4.3	4.3	4.4
1963		2.6	3.2	3.3	3.5	4.2	4.5	4.6	4.3	4.2	4.2	4.2	4.2	4.3
1965			5.1	4.1	4.1	5.2	5.3	5.2	4.7	4.4	4.3	4.3	4.3	4.4
1966				3.2	3.7	5.6	5.6	5.4	4.6	4.2	4.2	4.3	4.3	4.3
1967					4.3	7.0	6.4	5.7	4.6	4.1	4.1	4.2	4.2	4.3
1968						9.9	6.8	5.7	4.1	3.6	3.7	3.9	4.0	4.1
1969							3.9	3.9	2.5	2.4	3.0	3.5	3.7	3.9
1970								3.9	1.6	1.9	2.9	3.6	3.8	4.1
1971									-0.7	1.4	3.1	4.0	4.2	4.4
1972										3.5	4.9	5.4	5.1	5.1
1973											6.3	6.2	5.4	5.2
1974												6.0	4.8	4.9
1975													3.6	4.5
1976														5.4

NORWAY — *TRANSPORT AND COMMUNICATION*

	1963	1965	1966	1967	1968	1969	1970	1971	1972	1973	1974	1975	1976	1977
1960	8.0	7.6	7.6	7.7	7.9	7.6	7.2	7.1	6.7	6.4	6.2	5.9	5.7	5.5
1963		7.6	7.7	8.0	8.2	7.6	6.9	6.8	6.2	5.9	5.6	5.3	5.1	4.9
1965			7.6	8.5	8.5	7.3	6.2	6.3	5.5	5.2	5.0	4.6	4.4	4.3
1966				9.3	8.9	6.9	5.6	5.9	5.0	4.7	4.5	4.2	4.1	4.0
1967					8.4	5.4	4.2	5.2	4.2	4.0	4.0	3.7	3.7	3.7
1968						2.4	2.4	4.8	3.6	3.6	3.7	3.4	3.4	3.5
1969							2.3	6.3	3.8	3.7	3.8	3.4	3.4	3.5
1970								10.5	3.5	3.4	3.7	3.2	3.2	3.4
1971									-3.1	1.2	2.7	2.4	2.7	3.1
1972										5.7	5.3	3.5	3.5	3.8
1973											4.9	2.1	2.9	3.5
1974												-0.6	2.5	3.6
1975													5.6	5.3
1976														5.1

NORWAY — *OTHER*

	1963	1965	1966	1967	1968	1969	1970	1971	1972	1973	1974	1975	1976	1977
1960	4.6	4.5	4.5	4.6	4.5	4.6	4.7	4.8	4.8	4.8	4.7	4.7	4.8	4.8
1963		4.8	4.5	4.7	4.5	4.8	4.9	5.0	4.9	4.9	4.8	4.8	4.8	4.9
1965			3.3	4.7	4.4	4.9	5.1	5.1	5.0	4.9	4.8	4.8	4.8	4.9
1966				6.1	4.6	5.2	5.4	5.3	5.1	5.0	4.8	4.8	4.8	4.9
1967					3.1	5.1	5.4	5.3	5.1	5.0	4.7	4.7	4.8	4.9
1968						7.2	6.3	5.7	5.2	5.0	4.7	4.7	4.8	4.9
1969							5.3	5.0	4.6	4.6	4.4	4.4	4.6	4.8
1970								4.6	4.3	4.4	4.1	4.3	4.6	4.8
1971									4.0	4.3	4.0	4.2	4.6	4.9
1972										4.7	3.9	4.3	4.9	5.1
1973											3.1	4.3	5.1	5.4
1974												5.4	6.1	6.0
1975													6.8	6.1
1976														5.5

PORTUGAL — *GROSS DOMESTIC PRODUCT*

	1963	1965	1966	1967	1968	1969	1970	1971	1972	1973	1974	1975	1976
1960	6.1	6.4	6.2	6.3	6.1	5.9	5.9	5.9	6.0	6.2	6.2	5.9	5.8
1963		7.0	6.2	6.3	6.0	5.5	5.6	5.7	5.9	6.2	6.2	5.8	5.6
1965			4.1	5.8	5.6	4.8	5.2	5.5	5.8	6.3	6.3	5.8	5.5
1966				7.5	6.0	4.6	5.3	5.6	6.0	6.6	6.5	5.8	5.5
1967					4.4	3.3	4.9	5.5	6.1	6.8	6.6	5.8	5.4
1968						2.1	5.6	6.2	6.7	7.5	7.1	5.9	5.4
1969							9.1	7.9	7.8	8.4	7.6	5.9	5.2
1970								6.6	7.3	8.5	7.3	5.2	4.5
1971									8.0	9.6	7.1	4.3	3.7
1972										11.2	6.1	2.3	2.4
1973											1.1	-1.6	0.4
1974												-4.3	0.8
1975													6.2

PORTUGAL — *PER CAPITA GROSS DOMESTIC PRODUCT*

	1963	1965	1966	1967	1968	1969	1970	1971	1972	1973	1974	1975	1976
1960	5.2	5.5	5.3	5.3	5.2	4.9	5.0	5.1	5.3	5.6	5.6	5.2	4.9
1963		6.1	5.2	5.3	5.0	4.5	4.8	5.1	5.4	5.8	5.8	5.2	4.7
1965			2.9	4.8	4.6	3.8	4.5	5.0	5.5	6.2	6.0	5.1	4.5
1966				6.6	5.1	3.7	4.7	5.4	5.9	6.6	6.3	5.2	4.5
1967					3.5	2.4	4.5	5.5	6.2	7.0	6.5	5.1	4.3
1968						1.2	5.6	6.5	7.1	7.9	7.0	5.1	4.1
1969							10.2	8.6	8.4	9.0	7.4	4.9	3.7
1970								7.0	7.8	9.0	6.8	3.6	2.4
1971									8.5	10.0	6.2	2.0	1.0
1972										11.6	4.2	-0.9	-1.1
1973											-2.6	-6.4	-4.0
1974												-10.0	-3.7
1975													3.1

PORTUGAL — *GOVERNMENT FINAL CONSUMPTION EXPENDITURE*

	1963	1965	1966	1967	1968	1969	1970	1971	1972	1973	1974	1975	1976
1960	11.9	8.9	8.2	8.1	8.5	8.4	8.2	8.1	8.0	8.0	8.2	8.3	8.3
1963		7.1	6.6	7.3	8.5	8.3	8.2	8.0	7.9	7.9	8.2	8.4	8.4
1965			5.3	8.0	10.1	9.2	8.6	8.2	8.0	7.9	8.4	8.5	8.6
1966				10.7	12.5	9.9	8.8	8.1	8.0	7.9	8.4	8.6	8.6
1967					14.3	8.8	7.7	7.2	7.3	7.4	8.2	8.5	8.5
1968						3.5	5.2	5.8	6.4	6.8	8.0	8.4	8.5
1969							7.0	6.7	7.2	7.5	8.9	9.1	9.1
1970								6.4	7.5	7.7	9.6	9.7	9.5
1971									8.6	8.2	10.8	10.5	9.9
1972										7.8	12.5	11.1	10.0
1973											17.3	11.8	9.8
1974												6.6	6.8
1975													7.0

PORTUGAL — *PRIVATE FINAL CONSUMPTION EXPENDITURE*

	1963	1965	1966	1967	1968	1969	1970	1971	1972	1973	1974	1975	1976
1960	4.9	3.5	3.1	3.1	3.4	3.5	3.6	4.0	4.1	4.5	4.9	5.0	5.1
1963		1.5	1.6	2.3	3.1	3.6	3.7	4.3	4.5	5.0	5.5	5.6	5.6
1965			0.9	2.9	4.3	4.6	4.4	5.2	5.2	5.8	6.3	6.3	6.2
1966				4.9	5.9	5.5	4.9	5.8	5.6	6.3	6.8	6.7	6.5
1967					6.8	5.6	4.6	6.0	5.7	6.5	7.2	6.9	6.6
1968						4.4	3.5	6.1	5.6	6.8	7.5	7.1	6.7
1969							2.6	7.5	6.1	7.6	8.3	7.5	6.9
1970								12.7	6.8	8.6	9.2	7.9	7.0
1971									1.2	8.0	9.2	7.3	6.4
1972										15.1	12.4	8.0	6.4
1973											9.7	4.3	3.8
1974												-0.9	1.7
1975													4.3

6A. AVERAGE ANNUAL RATES OF GROWTH OF GROSS DOMESTIC PRODUCT AT CONSTANT PRICES BY TYPE OF EXPENDITURE AND BY KIND OF ECONOMIC ACTIVITY (continued)
(IN PER CENT)

PORTUGAL — *GROSS FIXED CAPITAL FORMATION*

	1963	1965	1966	1967	1968	1969	1970	1971	1972	1973	1974	1975	1976
1960	6.5	7.3	8.5	8.8	7.8	7.3	7.2	7.3	7.5	7.7	7.5	6.8	6.0
1963		7.5	10.6	10.3	7.4	6.6	6.6	6.8	7.3	7.7	7.3	6.4	5.3
1965			17.4	11.4	4.7	4.2	5.1	5.9	6.9	7.5	7.0	5.8	4.5
1966				5.8	−1.3	1.0	3.5	5.1	6.6	7.4	6.8	5.4	3.9
1967					−7.9	0.2	4.3	6.3	7.8	8.6	7.5	5.6	3.8
1968						9.0	10.2	10.2	10.9	10.9	8.8	6.1	3.8
1969							11.5	10.7	11.4	11.2	8.3	5.1	2.4
1970								9.8	11.7	11.2	7.2	3.3	0.4
1971									13.5	11.5	5.4	0.7	−2.2
1972										9.5	1.0	−3.7	−5.9
1973											−7.0	−9.2	−9.6
1974												−11.3	−10.7
1975													−10.1

PORTUGAL — *EXPORTS OF GOODS AND SERVICES*

	1963	1965	1966	1967	1968	1969	1970	1971	1972	1973	1974	1975	1976
1960	6.7	17.2	17.9	16.8	15.7	14.4	12.9	11.9	11.6	11.1	10.1	8.7	7.7
1963		32.8	25.4	19.3	15.8	13.2	10.8	9.6	9.5	9.2	7.9	6.3	5.2
1965			16.3	9.8	8.3	6.9	5.3	5.2	6.2	6.5	5.3	3.7	2.6
1966				3.6	5.3	4.8	3.4	3.9	5.5	6.1	4.8	2.9	1.8
1967					7.1	5.0	2.7	3.7	6.0	6.6	4.8	2.5	1.3
1968						2.9	0.6	3.1	6.5	7.2	4.7	1.8	0.5
1969							−1.6	4.0	8.7	8.8	4.9	1.2	−0.3
1970								9.9	14.1	11.5	4.9	−0.0	−1.5
1971									18.5	11.1	1.6	−3.8	−4.5
1972										4.2	−6.3	−10.1	−8.6
1973											−15.7	−15.6	−10.7
1974												−15.6	−7.2
1975													2.0

PORTUGAL — *IMPORTS OF GOODS AND SERVICES*

	1963	1965	1966	1967	1968	1969	1970	1971	1972	1973	1974	1975	1976
1960	6.0	10.8	10.9	9.5	8.9	8.5	8.0	7.9	7.8	8.0	8.1	7.3	6.7
1963		18.0	14.2	9.1	7.9	7.5	6.7	6.9	6.9	7.5	7.7	6.5	5.8
1965			8.4	0.9	3.1	4.4	4.3	5.3	5.8	6.8	7.3	5.8	5.0
1966				−6.0	2.1	4.6	4.3	5.7	6.2	7.4	7.8	5.9	5.0
1967					10.9	9.2	6.5	7.5	7.6	8.8	8.9	6.3	5.1
1968						7.6	4.2	6.8	7.2	8.9	9.1	5.8	4.5
1969							0.9	7.5	7.7	9.9	9.8	5.4	3.8
1970								14.5	10.2	12.3	11.2	4.8	3.0
1971									6.0	12.3	10.7	2.0	0.6
1972										19.1	11.7	−1.6	−2.2
1973											4.8	−11.5	−7.5
1974												−25.2	−9.9
1975													8.6

PORTUGAL — *AGRICULTURE*

	1963	1965	1966	1967	1968	1969	1970	1971	1972	1973	1974	1975	1976
1960	3.0	2.0	0.8	1.1	1.3	0.8	0.7	0.4	0.3	0.4	0.4	0.2	0.1
1963		1.5	−1.5	0.2	1.0	0.1	0.1	−0.2	−0.3	−0.0	0.0	−0.1	−0.3
1965			−9.7	−0.0	1.6	−0.2	−0.2	−0.5	−0.6	−0.2	−0.0	−0.3	−0.4
1966				10.6	6.3	1.1	0.6	−0.1	−0.4	0.2	0.2	−0.1	−0.3
1967					2.0	−3.5	−2.0	−1.9	−1.6	−0.6	−0.3	−0.6	−0.8
1968						−8.8	−2.8	−2.2	−1.8	−0.4	−0.0	−0.5	−0.7
1969							3.6	0.2	−0.3	1.1	1.0	0.2	−0.3
1970								−3.0	−1.7	1.1	1.0	−0.1	−0.7
1971									−0.4	3.4	2.1	0.1	−0.7
1972										7.4	2.5	−0.7	−1.5
1973											−2.1	−4.3	−3.7
1974												−6.5	−4.0
1975													−1.5

PORTUGAL — *INDUSTRIAL ACTIVITY*

	1963	1965	1966	1967	1968	1969	1970	1971	1972	1973	1974	1975	1976
1960	6.8	9.1	9.1	9.0	8.7	8.4	8.2	8.1	8.1	8.3	8.4	8.0	7.6
1963		12.3	10.5	9.6	8.7	8.1	7.8	7.7	7.9	8.2	8.3	7.7	7.2
1965			7.0	7.4	6.8	6.5	6.7	6.8	7.3	8.0	8.1	7.3	6.8
1966				7.8	6.5	6.2	6.6	6.8	7.4	8.3	8.3	7.3	6.7
1967					5.2	5.6	6.5	6.9	7.7	8.6	8.6	7.4	6.6
1968						6.0	7.2	7.4	8.3	9.4	9.2	7.5	6.5
1969							8.3	8.0	9.1	10.3	9.7	7.3	6.1
1970								7.6	9.7	11.3	10.0	6.8	5.4
1971									11.8	13.0	10.3	5.6	4.2
1972										14.3	8.9	2.7	1.9
1973											3.7	−2.8	−1.3
1974												−8.8	−2.5
1975													4.3

PORTUGAL — *MANUFACTURING*

	1963	1965	1966	1967	1968	1969	1970	1971	1972	1973	1974	1975	1976
1960	6.7	9.1	9.1	9.0	8.7	8.4	8.2	8.1	8.1	8.3	8.3	7.9	7.5
1963		12.7	10.7	9.7	8.7	8.1	7.8	7.7	7.8	8.2	8.3	7.6	7.1
1965			6.9	7.2	6.6	6.4	6.5	6.7	7.2	7.9	8.0	7.2	6.6
1966				7.6	6.3	6.1	6.4	6.7	7.4	8.2	8.3	7.2	6.6
1967					5.1	5.5	6.3	6.7	7.6	8.7	8.6	7.3	6.4
1968						5.9	7.0	7.3	8.3	9.5	9.2	7.4	6.3
1969							8.1	7.8	9.1	10.4	9.7	7.2	6.0
1970								7.6	9.8	11.5	10.1	6.6	5.2
1971									12.1	13.4	10.3	5.4	3.9
1972										14.7	8.7	2.3	1.5
1973											3.1	−3.5	−1.8
1974												−9.7	−2.9
1975													4.5

PORTUGAL — *CONSTRUCTION*

	1963	1965	1966	1967	1968	1969	1970	1971	1972	1973	1974	1975	1976
1960	11.5	10.3	11.8	10.2	9.5	8.8	8.3	8.6	8.6	8.6	8.5	7.8	7.0
1963		7.1	12.8	8.5	7.4	6.8	6.4	7.4	7.6	7.8	7.7	6.8	5.9
1965			25.0	5.1	4.4	4.5	4.6	6.6	7.1	7.5	7.5	6.3	5.1
1966				−11.7	−1.9	1.3	2.8	6.0	6.8	7.4	7.4	6.0	4.7
1967					9.1	7.2	6.5	9.7	9.6	9.5	9.0	6.9	5.1
1968						5.3	5.4	10.7	10.1	9.9	9.1	6.5	4.4
1969							5.4	14.5	11.7	10.8	9.4	6.0	3.5
1970								24.3	13.0	10.9	9.0	4.5	1.8
1971									2.7	6.1	5.7	0.9	−1.5
1972										9.7	6.6	−0.9	−3.5
1973											3.5	−6.6	−7.5
1974												−15.7	−11.2
1975													−6.5

PORTUGAL — *WHOLESALE AND RETAIL TRADE*

	1963	1965	1966	1967	1968	1969	1970	1971	1972	1973	1974	1975	1976
1960	5.7	6.0	6.0	6.2	5.9	5.3	5.5	5.9	6.1	6.4	6.1	5.7	5.5
1963		5.5	5.6	6.2	5.5	4.5	5.1	5.8	6.2	6.7	6.2	5.6	5.3
1965			6.4	7.6	5.4	3.5	4.9	6.1	6.6	7.3	6.5	5.5	5.2
1966				8.8	4.4	2.0	4.5	6.3	6.9	7.6	6.6	5.5	5.1
1967					0.1	−0.9	4.2	6.8	7.5	8.3	6.8	5.4	4.9
1968						−1.9	7.4	9.7	9.5	9.9	7.5	5.5	5.0
1969							17.7	14.7	11.9	11.4	7.7	5.1	4.6
1970								11.9	9.1	9.8	5.3	2.8	2.7
1971									6.5	9.4	2.9	0.4	1.1
1972										12.4	−0.3	−2.5	−0.4
1973											−11.5	−7.6	−2.0
1974												−3.6	3.4
1975													10.9

PORTUGAL — *TRANSPORT AND COMMUNICATION*

	1963	1965	1966	1967	1968	1969	1970	1971	1972	1973	1974	1975	1976
1960	4.0	4.8	4.6	4.9	4.5	4.6	5.3	5.8	6.3	6.7	7.1	7.0	6.9
1963		4.9	4.2	5.1	4.1	4.3	5.7	6.5	7.2	7.6	8.1	7.8	7.4
1965			2.1	5.7	3.3	4.0	6.5	7.6	8.3	8.7	9.1	8.5	7.9
1966				9.4	3.0	4.1	7.6	8.7	9.3	9.6	9.9	9.0	8.2
1967					−3.0	2.8	8.7	9.9	10.2	10.3	10.5	9.3	8.3
1968						9.1	15.0	13.6	12.6	12.0	11.7	9.9	8.5
1969							21.3	14.7	12.6	11.8	11.5	9.2	7.6
1970								8.5	9.1	9.6	10.1	7.5	6.0
1971									9.8	10.2	10.6	6.8	5.1
1972										10.5	11.0	5.1	3.4
1973											11.4	1.5	0.9
1974												−7.5	−2.6
1975													2.5

PORTUGAL — *OTHER*

	1963	1965	1966	1967	1968	1969	1970	1971	1972	1973	1974	1975	1976
1960	7.0	5.7	5.4	5.3	5.8	5.9	5.9	6.0	6.2	6.5	6.7	6.9	7.1
1963		4.4	4.4	4.7	6.0	6.2	6.2	6.3	6.6	6.9	7.2	7.4	7.7
1965			4.2	5.1	7.7	7.2	6.9	6.8	7.2	7.5	7.7	7.9	8.3
1966				5.9	9.8	8.0	7.3	7.0	7.4	7.8	8.0	8.2	8.5
1967					13.9	8.1	6.9	6.7	7.4	7.9	8.1	8.3	8.7
1968						2.6	4.3	5.3	6.8	7.6	8.0	8.2	8.8
1969							6.1	6.5	8.2	8.8	8.9	9.0	9.4
1970								6.9	9.4	9.7	9.5	9.4	9.9
1971									12.1	10.8	9.9	9.6	10.2
1972										9.5	8.9	9.0	10.0
1973											8.4	8.8	10.4
1974												9.2	11.6
1975													14.1

SWEDEN — *GROSS DOMESTIC PRODUCT*

	1963	1965	1966	1967	1968	1969	1970	1971	1972	1973	1974	1975	1976	1977
1960	5.0	5.3	4.9	4.7	4.5	4.4	4.4	4.2	4.0	3.9	3.8	3.7	3.5	3.3
1963		5.5	4.4	4.0	3.8	3.9	4.0	3.8	3.6	3.4	3.4	3.3	3.1	2.9
1965			2.2	2.9	3.2	3.6	3.9	3.6	3.3	3.2	3.1	3.0	2.9	2.6
1966				3.6	3.6	4.0	4.3	3.7	3.3	3.1	3.1	3.0	2.8	2.5
1967					3.7	4.2	4.6	3.7	3.1	3.0	3.0	2.9	2.7	2.4
1968						4.8	5.0	3.5	2.8	2.7	2.8	2.7	2.5	2.1
1969							5.3	2.5	2.0	2.2	2.5	2.4	2.3	1.9
1970								−0.2	0.7	1.6	2.3	2.2	2.1	1.7
1971									1.6	2.5	3.1	2.7	2.4	1.7
1972										3.4	3.8	2.9	2.4	1.5
1973											4.1	2.4	1.9	0.9
1974												0.7	1.0	−0.1
1975													1.2	−0.7
1976														−2.5

SWEDEN — *PER CAPITA GROSS DOMESTIC PRODUCT*

	1963	1965	1966	1967	1968	1969	1970	1971	1972	1973	1974	1975	1976	1977
1960	4.4	4.6	4.2	3.9	3.7	3.6	3.6	3.4	3.3	3.1	3.1	3.0	2.9	2.7
1963		4.6	3.4	3.1	3.0	3.0	3.2	3.0	2.8	2.7	2.7	2.6	2.5	2.3
1965			1.2	2.0	2.4	2.8	3.1	2.8	2.6	2.5	2.5	2.4	2.3	2.1
1966				2.8	2.9	3.3	3.6	3.0	2.6	2.5	2.5	2.4	2.3	2.0
1967					3.0	3.6	3.8	2.9	2.5	2.3	2.4	2.3	2.2	1.9
1968						4.1	4.2	2.7	2.1	2.1	2.3	2.2	2.1	1.7
1969							4.4	1.7	1.3	1.6	2.0	2.0	1.9	1.5
1970								−0.9	0.2	1.2	1.9	1.9	1.8	1.3
1971									1.4	2.2	2.8	2.4	2.1	1.4
1972										3.1	3.5	2.6	2.0	1.2
1973											3.9	2.1	1.5	0.5
1974												0.3	0.6	−0.5
1975													0.8	−1.1
1976														−3.0

6A. AVERAGE ANNUAL RATES OF GROWTH OF GROSS DOMESTIC PRODUCT AT CONSTANT PRICES BY TYPE OF EXPENDITURE AND BY KIND OF ECONOMIC ACTIVITY (continued)

(IN PER CENT)

SWEDEN — *GOVERNMENT FINAL CONSUMPTION EXPENDITURE*

	1963	1965	1966	1967	1968	1969	1970	1971	1972	1973	1974	1975	1976	1977
1960	6.4	5.8	5.7	5.6	5.5	5.5	5.6	5.5	5.3	5.1	4.9	4.8	4.7	4.5
1963		4.0	4.6	4.8	5.0	5.1	5.3	5.2	5.0	4.7	4.5	4.3	4.3	4.2
1965			5.6	5.4	5.4	5.4	5.7	5.4	5.0	4.6	4.3	4.1	4.1	4.0
1966				5.1	5.4	5.3	5.7	5.3	4.8	4.4	4.1	3.9	3.9	3.8
1967					5.7	5.4	6.0	5.3	4.6	4.2	3.8	3.7	3.7	3.6
1968						5.0	6.3	5.1	4.3	3.8	3.4	3.4	3.4	3.4
1969							7.6	4.8	3.6	3.2	2.9	3.0	3.2	3.2
1970								2.1	2.0	2.1	2.1	2.5	2.9	3.0
1971									1.9	2.2	2.2	2.7	3.1	3.2
1972										2.5	2.3	3.0	3.5	3.4
1973											2.0	3.5	3.9	3.7
1974												4.9	4.7	4.0
1975													4.4	3.4
1976														2.5

SWEDEN — *PRIVATE FINAL CONSUMPTION EXPENDITURE*

	1963	1965	1966	1967	1968	1969	1970	1971	1972	1973	1974	1975	1976	1977
1960	4.2	4.3	4.0	3.8	3.8	3.8	3.7	3.5	3.3	3.1	3.0	3.0	3.0	2.9
1963		4.3	3.7	3.4	3.4	3.5	3.4	3.1	2.9	2.7	2.6	2.6	2.6	2.6
1965			2.2	2.5	3.1	3.4	3.3	2.8	2.6	2.4	2.4	2.4	2.5	2.4
1966				2.8	3.5	3.8	3.5	2.8	2.5	2.3	2.3	2.3	2.4	2.3
1967					4.3	4.2	3.5	2.5	2.2	2.0	2.1	2.2	2.3	2.3
1968						4.1	3.0	1.7	1.6	1.6	1.8	2.0	2.2	2.2
1969							2.0	0.5	1.0	1.2	1.6	1.9	2.2	2.1
1970								–0.9	0.8	1.2	1.8	2.1	2.4	2.3
1971									2.5	2.0	2.5	2.7	2.9	2.6
1972										1.5	2.6	2.9	3.1	2.7
1973											3.8	3.4	3.6	2.7
1974												3.0	3.5	2.3
1975													4.0	1.6
1976														–0.8

SWEDEN — *GROSS FIXED CAPITAL FORMATION*

	1963	1965	1966	1967	1968	1969	1970	1971	1972	1973	1974	1975	1976	1977
1960	6.9	6.7	6.3	6.1	5.6	5.3	5.1	4.6	4.4	4.2	3.9	3.7	3.4	3.1
1963		6.0	5.4	5.3	4.6	4.3	4.1	3.6	3.4	3.2	3.1	2.9	2.6	2.3
1965			4.5	5.0	3.7	3.6	3.5	2.9	2.8	2.7	2.6	2.4	2.1	1.8
1966				5.5	3.1	3.2	3.2	2.5	2.5	2.4	2.3	2.1	1.9	1.5
1967					0.7	2.5	2.9	2.1	2.2	2.2	2.1	1.9	1.7	1.3
1968						4.3	3.7	2.1	2.3	2.2	2.1	1.9	1.6	1.1
1969							3.2	0.8	1.8	1.9	1.9	1.6	1.3	0.8
1970								–1.5	1.6	1.8	1.9	1.6	1.1	0.6
1971									4.9	3.0	2.5	1.8	1.2	0.5
1972										1.2	1.6	1.0	0.4	–0.3
1973											2.0	0.7	0.0	–0.8
1974												–0.5	–0.9	–1.6
1975													–1.2	–2.2
1976														–3.2

SWEDEN — *EXPORTS OF GOODS AND SERVICES*

	1963	1965	1966	1967	1968	1969	1970	1971	1972	1973	1974	1975	1976	1977
1960	7.0	8.0	7.6	7.3	7.2	7.3	7.5	7.4	7.3	7.4	7.5	7.0	6.7	6.3
1963		8.8	7.3	6.6	6.6	7.0	7.4	7.3	7.2	7.4	7.4	6.8	6.3	5.8
1965			4.8	5.1	5.9	7.1	7.7	7.5	7.2	7.5	7.5	6.6	6.0	5.5
1966				5.5	6.5	8.1	8.5	7.9	7.5	7.8	7.8	6.6	5.9	5.3
1967					7.5	9.5	9.4	8.3	7.5	7.9	7.9	6.4	5.6	4.9
1968						11.5	10.0	8.0	7.1	7.7	7.7	6.0	5.1	4.4
1969							8.7	6.2	5.7	7.2	7.3	5.2	4.3	3.6
1970								3.7	4.6	7.4	7.5	4.6	3.6	2.9
1971									5.5	9.6	8.7	4.1	2.9	2.3
1972										13.8	9.5	2.3	1.4	1.0
1973											5.3	–3.5	–2.0	–1.1
1974												–11.5	–3.8	–1.6
1975													4.7	2.6
1976														0.6

SWEDEN — *IMPORTS OF GOODS AND SERVICES*

	1963	1965	1966	1967	1968	1969	1970	1971	1972	1973	1974	1975	1976	1977
1960	4.5	6.9	7.0	6.7	6.6	6.9	7.3	7.0	6.8	6.6	6.7	6.5	6.4	6.1
1963		10.4	8.6	7.0	6.7	7.3	7.8	7.2	6.8	6.5	6.6	6.3	6.2	5.9
1965			4.3	3.4	4.7	6.6	7.7	6.8	6.3	6.0	6.2	5.9	5.8	5.5
1966				2.5	5.3	7.8	8.9	7.3	6.5	6.1	6.3	6.0	5.8	5.4
1967					8.1	10.5	10.7	7.8	6.6	6.0	6.3	5.9	5.8	5.3
1968						13.0	11.7	6.8	5.5	5.1	5.7	5.4	5.3	4.8
1969							10.3	3.3	3.1	3.5	4.9	4.6	4.8	4.3
1970								–3.3	0.8	2.5	4.8	4.5	4.7	4.1
1971									5.1	5.1	7.3	5.9	5.7	4.6
1972										5.2	8.8	5.9	5.7	4.3
1973											12.5	5.2	5.2	3.4
1974												–1.6	2.8	1.4
1975													7.4	1.9
1976														–3.3

SWEDEN — *AGRICULTURE*

	1963	1965	1966	1967	1968	1969	1970	1971	1972	1973	1974	1975	1976	1977
1960	–1.1	0.5	0.0	0.7	0.8	0.6	0.7	1.1	1.1	1.1	1.2	1.0	0.9	0.6
1963		3.8	0.7	2.2	1.8	1.1	1.2	1.8	1.7	1.5	1.5	1.3	1.1	0.6
1965			–4.5	3.1	1.9	0.7	1.1	2.0	1.9	1.5	1.6	1.2	0.9	0.4
1966				11.4	3.7	0.9	1.4	2.6	2.2	1.6	1.7	1.3	0.9	0.3
1967					–3.4	–3.2	–0.4	1.9	1.6	1.1	1.3	0.9	0.5	–0.2
1968						–3.0	1.6	4.1	2.8	1.7	1.8	1.1	0.6	–0.2
1969							6.4	7.5	3.8	1.8	2.0	1.0	0.4	–0.6
1970								8.7	1.8	–0.2	0.9	–0.1	–0.5	–1.5
1971									–4.6	–3.7	–0.3	–1.1	–1.4	–2.4
1972										–2.7	2.3	–0.3	–0.9	–2.5
1973											7.5	–0.3	–1.3	–3.3
1974												–7.5	–4.4	–5.7
1975													–1.2	–5.6
1976														–9.8

SWEDEN — *INDUSTRIAL ACTIVITY*

	1963	1965	1966	1967	1968	1969	1970	1971	1972	1973	1974	1975	1976	1977
1960	6.6	7.1	6.6	6.2	5.9	5.9	5.9	5.7	5.5	5.5	5.4	5.2	4.9	4.5
1963		8.2	6.3	5.4	5.1	5.3	5.4	5.3	5.1	5.1	5.0	4.7	4.4	4.0
1965			2.4	3.0	3.7	4.7	5.2	5.1	4.8	4.8	4.8	4.5	4.1	3.5
1966				3.5	4.4	5.5	5.9	5.5	5.0	5.0	4.9	4.5	4.0	3.4
1967					5.4	6.5	6.6	5.8	5.1	5.0	4.9	4.4	3.8	3.1
1968						7.7	7.0	5.6	4.7	4.7	4.7	4.1	3.5	2.7
1969							6.3	4.4	3.6	4.1	4.3	3.6	3.0	2.2
1970								2.6	2.5	3.8	4.1	3.3	2.6	1.7
1971									2.4	4.7	4.7	3.3	2.4	1.3
1972										7.1	5.6	3.0	1.8	0.5
1973											4.0	0.9	0.1	–1.0
1974												–2.1	–1.4	–2.3
1975													–0.6	–2.6
1976														–4.6

SWEDEN — *MANUFACTURING*

	1963	1965	1966	1967	1968	1969	1970	1971	1972	1973	1974	1975	1976	1977
1960	6.5	7.0	6.6	6.2	5.9	5.8	5.9	5.7	5.5	5.4	5.3	5.1	4.8	4.4
1963		8.1	6.4	5.4	5.1	5.3	5.5	5.3	5.0	5.0	4.9	4.6	4.3	3.8
1965			2.8	3.0	3.6	4.6	5.2	5.0	4.7	4.7	4.7	4.3	3.9	3.4
1966				3.2	4.1	5.4	5.9	5.4	4.9	4.8	4.8	4.3	3.9	3.2
1967					5.1	6.5	6.7	5.7	4.9	4.8	4.8	4.2	3.7	3.0
1968						8.0	7.3	5.6	4.5	4.5	4.5	3.9	3.3	2.6
1969							6.6	4.2	3.2	3.8	4.0	3.4	2.8	2.0
1970								1.8	1.8	3.3	3.9	3.1	2.4	1.5
1971									1.8	4.3	4.7	3.3	2.3	1.1
1972										6.8	5.8	3.2	1.8	0.4
1973											4.7	1.1	0.1	–1.1
1974												–2.3	–1.8	–2.6
1975													–1.2	–3.0
1976														–4.8

SWEDEN — *CONSTRUCTION*

	1963	1965	1966	1967	1968	1969	1970	1971	1972	1973	1974	1975	1976	1977
1960	6.3	5.8	5.5	5.4	4.9	4.6	4.3	3.9	3.8	3.4	3.1	2.9	2.6	2.4
1963		4.4	4.4	4.5	3.8	3.7	3.4	2.9	2.9	2.5	2.1	2.0	1.7	1.5
1965			4.6	4.9	3.2	3.3	2.9	2.3	2.5	2.0	1.5	1.4	1.2	1.0
1966				5.2	2.2	2.8	2.5	1.8	2.1	1.6	1.2	1.1	0.9	0.7
1967					–0.8	2.2	2.0	1.3	1.9	1.3	0.8	0.9	0.6	0.5
1968						5.2	2.9	1.4	2.2	1.3	0.7	0.8	0.5	0.3
1969							0.6	–0.3	1.7	0.7	0.1	0.3	0.1	–0.0
1970								–1.3	2.8	0.7	–0.1	0.2	0.0	–0.1
1971									7.1	0.6	–0.6	0.1	–0.1	–0.3
1972										–5.5	–3.4	–0.9	–0.8	–0.8
1973											–1.2	1.5	0.4	–0.1
1974												4.3	0.6	–0.3
1975													–3.0	–2.0
1976														–1.0

SWEDEN — *WHOLESALE AND RETAIL TRADE*

	1963	1965	1966	1967	1968	1969	1970	1971	1972	1973	1974	1975	1976	1977
1960	4.6	5.6	5.1	4.8	4.6	4.6	4.6	4.1	3.9	3.7	3.8	3.7	3.6	3.4
1963		6.3	4.5	4.1	3.9	4.1	4.2	3.5	3.2	3.2	3.3	3.2	3.2	3.0
1965			1.7	3.2	3.4	4.1	4.2	3.2	2.8	2.8	3.1	3.0	3.0	2.8
1966				4.7	4.0	4.7	4.7	3.1	2.6	2.7	3.1	3.0	3.0	2.7
1967					3.4	5.0	4.8	2.6	2.1	2.3	2.9	2.8	2.8	2.6
1968						6.6	5.2	1.7	1.4	1.9	2.7	2.7	2.7	2.5
1969							3.8	–1.0	–0.1	1.2	2.5	2.5	2.6	2.4
1970								–5.5	–1.1	1.4	3.2	3.0	3.0	2.5
1971									3.6	4.7	5.8	4.4	3.9	3.1
1972										6.0	6.9	4.3	3.7	2.6
1973											7.8	2.9	2.7	1.6
1974												–1.8	1.0	0.3
1975													3.8	0.8
1976														–2.2

SWEDEN — *TRANSPORT AND COMMUNICATION*

	1963	1965	1966	1967	1968	1969	1970	1971	1972	1973	1974	1975	1976	1977
1960	3.6	4.2	4.2	3.9	3.8	3.7	3.4	3.1	2.9	2.9	3.2	3.0	2.8	2.6
1963		5.0	4.5	3.7	3.5	3.3	2.9	2.5	2.3	2.4	2.9	2.7	2.5	2.2
1965			3.2	2.2	2.6	2.6	2.2	1.8	1.6	2.0	2.7	2.5	2.3	1.9
1966				1.1	2.5	2.6	2.0	1.6	1.4	1.9	2.8	2.6	2.2	1.8
1967					3.9	3.1	2.0	1.4	1.2	1.9	3.1	2.7	2.3	1.8
1968						2.3	1.0	0.6	0.7	1.7	3.3	2.8	2.2	1.7
1969							–0.2	–0.2	0.4	1.9	4.0	3.1	2.4	1.6
1970								–0.1	0.8	2.9	5.5	3.8	2.6	1.6
1971									1.8	4.7	7.6	4.4	2.6	1.4
1972										7.7	10.7	4.2	1.9	0.4
1973											13.9	1.1	–0.9	–1.7
1974												–10.3	–5.9	–4.7
1975													–1.3	–2.4
1976														–3.4

SWEDEN — *OTHER*

	1963	1965	1966	1967	1968	1969	1970	1971	1972	1973	1974	1975	1976	1977
1960	4.4	4.4	4.3	4.3	4.3	4.3	4.3	4.2	4.2	4.0	3.9	3.8	3.8	3.7
1963		3.9	3.9	4.0	4.1	4.1	4.1	4.1	4.0	3.8	3.7	3.6	3.5	3.5
1965			4.0	4.2	4.2	4.2	4.2	4.1	4.0	3.7	3.6	3.5	3.4	3.3
1966				4.4	4.3	4.2	4.3	4.1	3.9	3.6	3.4	3.4	3.3	3.2
1967					4.1	4.2	4.3	4.0	3.8	3.5	3.3	3.2	3.2	3.1
1968						4.2	4.3	3.9	3.7	3.3	3.1	3.0	3.0	3.0
1969							4.5	3.7	3.4	3.0	2.8	2.8	2.9	2.8
1970								2.9	3.0	2.5	2.5	2.6	2.7	2.7
1971									3.0	2.2	2.3	2.6	2.8	2.7
1972										1.4	2.1	2.6	2.8	2.7
1973											2.8	3.2	3.2	2.9
1974												3.7	3.4	2.9
1975													3.1	2.4
1976														1.7

6A. AVERAGE ANNUAL RATES OF GROWTH OF GROSS DOMESTIC PRODUCT AT CONSTANT PRICES BY TYPE OF EXPENDITURE AND BY KIND OF ECONOMIC ACTIVITY (continued) (IN PER CENT)

SWITZERLAND — *GROSS DOMESTIC PRODUCT*

	1963	1965	1966	1967	1968	1969	1970	1971	1972	1973	1974	1975	1976	1977
1960	5.8	5.2	4.7	4.4	4.2	4.2	4.3	4.3	4.3	4.2	4.1	3.8	3.5	3.2
1963		4.2	3.6	3.4	3.3	3.6	3.9	4.1	4.1	4.1	3.9	3.5	3.1	2.8
1965			2.5	2.8	3.0	3.6	4.2	4.4	4.3	4.2	4.0	3.4	2.8	2.5
1966				3.1	3.3	4.0	4.6	4.7	4.6	4.4	4.1	3.3	2.7	2.3
1967					3.6	4.6	5.2	5.1	4.8	4.5	4.1	3.2	2.4	2.0
1968						5.6	6.0	5.5	4.9	4.5	4.0	2.8	2.0	1.6
1969							6.4	5.2	4.5	4.1	3.6	2.2	1.3	0.9
1970								4.1	3.6	3.4	3.0	1.3	0.4	0.2
1971									3.2	3.1	2.6	0.5	-0.4	-0.4
1972										3.0	2.2	-0.8	-1.5	-1.2
1973											1.5	-3.0	-3.0	-1.9
1974												-7.3	-4.4	-2.1
1975													-1.4	0.4
1976														2.3

SWITZERLAND — *PER CAPITA GROSS DOMESTIC PRODUCT*

	1963	1965	1966	1967	1968	1969	1970	1971	1972	1973	1974	1975	1976	1977
1960	3.7	3.2	2.9	2.7	2.6	2.6	2.8	2.9	2.9	2.8	2.8	2.5	2.3	2.1
1963		2.7	2.2	2.1	2.0	2.3	2.7	2.9	2.9	2.8	2.8	2.4	2.1	1.9
1965			1.4	1.6	1.8	2.4	3.0	3.2	3.1	3.0	2.9	2.3	1.9	1.7
1966				1.9	2.0	2.8	3.5	3.7	3.4	3.2	3.0	2.3	1.8	1.6
1967					2.2	3.3	4.1	4.1	3.6	3.3	3.0	2.2	1.6	1.4
1968						4.4	5.0	4.6	3.7	3.2	2.9	1.9	1.3	1.0
1969							5.5	4.5	3.2	2.8	2.4	1.3	0.7	0.5
1970								3.4	2.0	2.0	1.8	0.5	-0.1	-0.1
1971									0.6	1.5	1.5	-0.2	-0.7	-0.6
1972										2.4	1.9	-0.9	-1.4	-0.9
1973											1.3	-2.9	-2.6	-1.5
1974												-6.8	-3.7	-1.5
1975													-0.5	1.1
1976														2.6

SWITZERLAND — *GOVERNMENT FINAL CONSUMPTION EXPENDITURE*

	1963	1965	1966	1967	1968	1969	1970	1971	1972	1973	1974	1975	1976	1977
1960	11.0	7.8	6.7	5.8	5.3	5.0	4.8	4.8	4.7	4.5	4.4	4.2	4.0	3.9
1963		3.6	3.2	2.8	2.8	3.1	3.3	3.6	3.7	3.7	3.6	3.5	3.4	3.2
1965			2.0	1.8	2.4	3.0	3.4	3.8	3.9	3.9	3.7	3.5	3.3	3.1
1966				1.6	2.7	3.5	3.9	4.3	4.3	4.1	3.9	3.6	3.4	3.1
1967					3.8	4.4	4.6	4.8	4.6	4.3	4.0	3.6	3.4	3.1
1968						4.9	4.9	5.1	4.7	4.3	3.9	3.4	3.2	2.8
1969							4.8	5.3	4.6	4.0	3.5	3.1	2.8	2.5
1970								5.8	4.4	3.6	3.1	2.6	2.4	2.2
1971									2.9	2.6	2.3	1.9	2.0	1.7
1972										2.4	2.1	1.6	1.8	1.5
1973											1.7	1.2	1.6	1.4
1974												0.6	1.7	1.3
1975													2.9	1.4
1976														-0.1

SWITZERLAND — *PRIVATE FINAL CONSUMPTION EXPENDITURE*

	1963	1965	1966	1967	1968	1969	1970	1971	1972	1973	1974	1975	1976	1977
1960	6.0	5.2	4.8	4.5	4.3	4.3	4.3	4.4	4.4	4.4	4.3	4.0	3.8	3.6
1963		4.1	3.7	3.5	3.5	3.7	3.9	4.1	4.2	4.2	4.1	3.7	3.4	3.2
1965			3.0	3.0	3.2	3.7	4.1	4.3	4.5	4.5	4.2	3.7	3.3	3.0
1966				2.9	3.4	4.1	4.5	4.6	4.8	4.6	4.2	3.6	3.2	2.9
1967					3.9	4.7	5.0	5.0	5.0	4.8	4.3	3.5	3.0	2.7
1968						5.5	5.4	5.2	5.2	4.9	4.2	3.3	2.7	2.4
1969							5.4	5.1	5.1	4.7	3.8	2.7	2.2	1.9
1970								4.8	5.1	4.4	3.3	2.1	1.5	1.4
1971									5.4	4.1	2.6	1.1	0.7	0.8
1972										2.8	1.1	-0.3	-0.3	0.2
1973											-0.5	-1.7	-1.0	-0.1
1974												-2.9	-1.0	0.4
1975													1.0	1.9
1976														2.8

SWITZERLAND — *GROSS FIXED CAPITAL FORMATION*

	1963	1965	1966	1967	1968	1969	1970	1971	1972	1973	1974	1975	1976	1977
1960	10.9	7.9	6.1	4.9	4.2	4.0	4.1	4.3	4.5	4.6	4.4	3.8	3.1	2.6
1963		2.7	1.1	0.6	0.8	1.4	2.3	3.2	3.7	4.0	3.8	3.1	2.2	1.6
1965			-0.8	-0.3	0.7	2.0	3.3	4.5	5.0	5.1	4.6	3.5	2.2	1.5
1966				0.1	1.6	3.0	4.5	5.6	6.0	5.9	5.1	3.6	2.1	1.3
1967					3.1	4.5	6.0	7.0	7.0	6.6	5.5	3.5	1.8	0.8
1968						5.9	7.4	8.3	7.8	6.9	5.4	3.0	1.0	-0.0
1969							8.9	9.4	8.1	6.8	4.8	1.9	-0.3	-1.2
1970								9.9	7.4	5.8	3.4	0.1	-2.2	-2.9
1971									5.0	3.9	1.3	-2.4	-4.6	-4.7
1972										2.9	-0.7	-5.1	-7.1	-6.4
1973											-4.3	-9.0	-9.9	-7.9
1974												-13.6	-12.1	-8.0
1975													-10.5	-4.7
1976														1.5

SWITZERLAND — *EXPORTS OF GOODS AND SERVICES*

	1963	1965	1966	1967	1968	1969	1970	1971	1972	1973	1974	1975	1976	1977
1960	6.4	6.4	6.4	6.1	6.2	6.6	6.9	6.9	6.9	6.9	6.8	6.4	6.2	6.1
1963		7.0	6.5	5.8	6.2	7.1	7.4	7.3	7.2	7.2	7.0	6.3	6.0	5.9
1965			5.2	4.3	5.9	7.7	8.1	7.7	7.5	7.4	7.0	6.1	5.7	5.6
1966				3.4	6.7	9.0	9.0	8.3	7.8	7.6	7.1	6.0	5.6	5.5
1967					10.0	11.7	10.4	8.8	8.0	7.7	7.0	5.7	5.3	5.2
1968						13.3	10.0	7.8	7.1	7.0	6.3	4.9	4.5	4.6
1969							6.8	5.3	5.5	6.0	5.4	3.9	3.7	4.0
1970								3.9	5.1	6.1	5.2	3.2	3.1	3.6
1971									6.4	7.1	5.3	2.5	2.6	3.4
1972										7.9	4.4	0.6	1.6	3.0
1973											1.0	-2.8	0.3	2.7
1974												-6.6	1.1	4.4
1975													9.3	9.5
1976														9.6

SWITZERLAND — *IMPORTS OF GOODS AND SERVICES*

	1963	1965	1966	1967	1968	1969	1970	1971	1972	1973	1974	1975	1976	1977
1960	11.4	8.3	7.1	6.4	6.2	6.4	6.9	7.1	7.3	7.3	7.2	6.5	6.2	6.0
1963		4.3	3.6	3.6	4.2	5.4	6.5	7.0	7.3	7.4	7.2	6.2	5.8	5.6
1965			3.5	3.8	5.1	6.9	8.4	8.7	8.7	8.6	8.0	6.4	5.8	5.6
1966				4.1	6.2	8.4	9.9	9.8	9.5	9.1	8.2	6.4	5.6	5.4
1967					8.3	10.6	11.8	10.9	10.1	9.5	8.3	6.0	5.2	4.9
1968						12.9	13.4	11.2	10.0	9.2	7.7	5.0	4.3	4.2
1969							13.9	10.0	8.8	8.1	6.5	3.4	2.9	3.1
1970								6.2	6.7	6.7	5.1	1.5	1.4	2.0
1971									7.3	6.9	4.4	-0.3	0.1	1.2
1972										6.5	2.7	-3.4	-1.6	0.5
1973											-1.0	-8.4	-3.2	0.3
1974												-15.4	-2.2	2.6
1975													13.1	11.2
1976														9.3

OTHER EUROPE — *GROSS DOMESTIC PRODUCT*

	1963	1965	1966	1967	1968	1969	1970	1971	1972	1973	1974	1975	1976	1977
1960	9.4	8.3	8.2	7.8	7.5	7.4	7.3	7.1	7.1	7.1	7.0	6.8	6.6	6.4
1963		7.0	7.4	6.8	6.6	6.6	6.6	6.5	6.6	6.7	6.6	6.4	6.2	6.0
1965			7.9	6.2	5.9	6.3	6.4	6.3	6.5	6.7	6.6	6.3	6.0	5.7
1966				4.5	5.2	6.1	6.4	6.3	6.5	6.7	6.6	6.3	5.9	5.6
1967					5.9	7.0	6.9	6.5	6.7	7.0	6.8	6.3	5.9	5.5
1968						8.1	7.2	6.5	6.8	7.1	6.8	6.3	5.8	5.3
1969							6.3	5.8	6.5	7.0	6.7	6.0	5.5	5.0
1970								5.2	6.9	7.4	6.8	5.9	5.2	4.7
1971									8.6	8.4	7.0	5.6	4.8	4.3
1972										8.2	6.0	4.4	3.8	3.4
1973											3.8	2.7	2.6	2.6
1974												1.6	2.2	2.4
1975													2.8	2.7
1976														2.6

OTHER EUROPE — *PER CAPITA GROSS DOMESTIC PRODUCT*

	1963	1965	1966	1967	1968	1969	1970	1971	1972	1973	1974	1975	1976	1977
1960	8.5	7.5	7.1	6.7	6.5	6.3	6.2	6.1	6.1	6.1	6.0	5.8	5.6	5.4
1963		6.2	5.8	5.5	5.5	5.5	5.6	5.5	5.6	5.7	5.6	5.4	5.2	4.9
1965			4.8	4.7	5.1	5.2	5.5	5.4	5.6	5.7	5.6	5.3	5.0	4.7
1966				4.6	5.2	5.4	5.7	5.5	5.7	5.9	5.7	5.3	5.0	4.6
1967					5.9	5.7	6.0	5.6	5.8	6.0	5.8	5.3	4.9	4.4
1968						5.6	6.1	5.4	5.8	6.1	5.7	5.2	4.7	4.2
1969							6.6	5.1	5.9	6.2	5.7	5.0	4.5	3.9
1970								3.7	6.0	6.4	5.6	4.7	4.1	3.5
1971									8.3	7.5	5.7	4.4	3.7	3.0
1972										6.6	4.3	3.1	2.6	2.1
1973											2.1	1.5	1.6	1.3
1974												1.0	1.5	1.1
1975													2.0	1.0
1976														-0.0

OTHER EUROPE — *GOVERNMENT FINAL CONSUMPTION EXPENDITURE*

	1963	1965	1966	1967	1968	1969	1970	1971	1972	1973	1974	1975	1976	1977
1960	6.8	6.1	5.8	5.8	5.7	5.6	5.7	5.7	5.8	5.8	5.9	6.0	6.1	6.1
1963		5.1	4.8	5.2	5.1	5.1	5.4	5.6	5.6	5.8	5.9	6.1	6.2	6.2
1965			3.5	5.3	4.9	5.1	5.6	5.8	5.8	6.0	6.1	6.3	6.4	6.4
1966				7.2	5.3	5.3	6.0	6.1	6.0	6.2	6.4	6.5	6.5	6.5
1967					3.4	4.7	6.0	6.1	6.1	6.2	6.4	6.6	6.6	6.6
1968						5.9	7.3	6.8	6.5	6.5	6.7	6.9	6.8	6.7
1969							8.7	7.0	6.4	6.5	6.8	6.9	6.9	6.7
1970								5.3	5.4	6.1	6.6	6.9	6.8	6.6
1971									5.5	6.6	7.2	7.3	7.1	6.8
1972										7.7	7.9	7.8	7.3	6.8
1973											8.1	7.7	7.0	6.5
1974												7.4	6.4	5.9
1975													5.5	5.2
1976														4.9

OTHER EUROPE — *PRIVATE FINAL CONSUMPTION EXPENDITURE*

	1963	1965	1966	1967	1968	1969	1970	1971	1972	1973	1974	1975	1976	1977
1960	9.3	8.1	7.8	7.6	7.3	7.1	6.9	6.7	6.6	6.6	6.6	6.4	6.3	6.1
1963		6.0	6.5	6.6	6.3	6.3	6.1	6.0	6.0	6.1	6.1	6.0	5.8	5.6
1965			7.3	6.8	6.1	6.1	5.9	5.7	5.9	6.0	6.0	5.9	5.7	5.4
1966				6.3	5.5	5.8	5.7	5.5	5.7	6.0	6.0	5.8	5.6	5.3
1967					4.7	5.8	5.6	5.3	5.7	6.0	6.0	5.8	5.6	5.2
1968						6.9	5.8	5.4	5.9	6.2	6.2	5.9	5.5	5.1
1969							4.7	4.7	5.8	6.3	6.3	5.8	5.4	4.9
1970								4.7	6.5	7.0	6.6	5.9	5.4	4.8
1971									8.3	7.9	6.9	5.8	5.1	4.4
1972										7.5	6.1	4.9	4.3	3.6
1973											4.6	3.6	3.4	2.8
1974												2.6	2.9	2.3
1975													3.2	2.0
1976														0.9

OTHER EUROPE — *GROSS FIXED CAPITAL FORMATION*

	1963	1965	1966	1967	1968	1969	1970	1971	1972	1973	1974	1975	1976	1977
1960	12.2	13.2	13.0	11.9	10.9	10.6	10.1	9.3	9.1	9.1	8.8	8.4	7.9	7.5
1963		15.5	13.7	10.8	9.2	9.1	8.5	7.7	7.7	7.9	7.7	7.3	6.8	6.3
1965			9.8	5.4	5.1	6.7	6.6	5.8	6.3	6.9	6.9	6.4	5.9	5.4
1966				1.2	3.5	6.6	6.5	5.5	6.2	7.0	7.0	6.4	5.8	5.2
1967					5.8	9.6	7.9	5.9	6.7	7.6	7.4	6.6	5.9	5.2
1968						13.6	8.0	5.1	6.5	7.8	7.4	6.5	5.6	4.8
1969							2.8	1.4	5.3	7.6	7.2	6.0	5.0	4.2
1970								0.1	7.6	9.9	8.4	6.4	5.0	4.0
1971									15.6	14.2	9.7	6.4	4.6	3.4
1972										12.8	6.4	3.2	1.9	1.3
1973											0.4	-0.8	-0.7	-0.6
1974												-2.0	-1.1	-0.7
1975													-0.2	-0.1
1976														-0.0

6A. AVERAGE ANNUAL RATES OF GROWTH OF GROSS DOMESTIC PRODUCT AT CONSTANT PRICES BY TYPE OF EXPENDITURE AND BY KIND OF ECONOMIC ACTIVITY (continued) (IN PER CENT)

OTHER EUROPE — *EXPORTS OF GOODS AND SERVICES*

	1963	1965	1966	1967	1968	1969	1970	1971	1972	1973	1974	1975	1976	1977
1960	8.5	10.1	10.9	10.5	10.7	11.0	11.4	11.7	12.0	12.1	11.9	11.4	11.1	10.9
1963		12.0	13.3	11.2	11.4	11.8	12.4	12.7	12.8	12.9	12.4	11.7	11.2	10.9
1965			19.1	10.3	11.5	12.1	13.1	13.4	13.5	13.5	12.6	11.6	11.0	10.5
1966				2.1	9.4	11.4	13.1	13.5	13.5	13.5	12.4	11.3	10.6	10.2
1967					17.3	15.4	15.9	15.4	14.8	14.4	12.8	11.3	10.5	10.0
1968						13.5	15.7	15.0	14.3	14.0	12.1	10.3	9.6	9.2
1969							17.8	15.3	14.1	13.7	11.3	9.3	8.6	8.4
1970								12.8	12.5	12.7	9.7	7.6	7.2	7.3
1971									12.2	12.7	8.3	6.0	6.0	6.4
1972										13.3	5.6	3.5	4.5	5.5
1973											−1.5	−0.2	3.1	5.1
1974												1.1	5.8	7.5
1975													10.7	10.3
1976														9.8

OTHER EUROPE — *IMPORTS OF GOODS AND SERVICES*

	1963	1965	1966	1967	1968	1969	1970	1971	1972	1973	1974	1975	1976	1977
1960	25.4	22.0	20.7	18.2	16.3	15.3	14.3	13.2	12.8	12.7	12.3	11.7	11.2	10.7
1963		19.3	17.3	13.2	11.1	10.8	10.3	9.5	9.6	10.1	10.0	9.5	9.1	8.6
1965			10.9	5.2	5.2	7.1	7.4	7.1	7.9	9.0	9.0	8.6	8.2	7.7
1966				−0.3	3.3	7.1	7.6	7.1	8.1	9.5	9.4	8.8	8.3	7.7
1967					7.1	11.0	9.8	8.1	9.1	10.6	10.2	9.3	8.7	7.8
1968						15.0	10.2	7.6	9.2	11.2	10.5	9.3	8.5	7.5
1969							5.7	4.4	8.4	11.5	10.5	8.9	8.0	7.0
1970								3.1	10.7	14.2	11.7	9.2	8.0	6.7
1971									18.9	19.5	13.0	8.9	7.4	5.9
1972										20.1	9.1	5.1	4.5	3.5
1973											−0.9	−0.7	1.3	1.2
1974												−0.5	2.6	1.9
1975													5.9	2.4
1976														−1.0

OTHER EUROPE — *AGRICULTURE*

	1963	1965	1966	1967	1968	1969	1970	1971	1972	1973	1974	1975	1976	1977
1960	7.8	3.4	3.3	3.1	3.0	2.8	2.8	2.8	2.9	2.9	2.9	2.9	2.9	2.7
1963		−2.5	0.5	1.4	1.8	1.8	2.0	2.3	2.5	2.6	2.7	2.7	2.7	2.5
1965			5.6	3.6	3.1	2.5	2.6	2.9	3.0	3.0	3.1	3.1	2.9	2.6
1966				1.6	2.1	1.7	2.1	2.7	2.9	2.9	3.1	3.0	2.9	2.5
1967					2.5	1.6	2.3	3.0	3.2	3.2	3.3	3.2	3.0	2.5
1968						0.7	2.4	3.5	3.5	3.4	3.5	3.3	3.0	2.4
1969							4.2	4.8	4.1	3.7	3.7	3.4	3.1	2.3
1970								5.4	3.9	3.4	3.6	3.2	2.8	2.0
1971									2.4	2.6	3.2	2.8	2.4	1.5
1972										2.7	3.7	2.8	2.3	1.1
1973											4.7	2.6	1.9	0.3
1974												0.4	0.8	−1.0
1975													1.1	−2.1
1976														−5.2

OTHER EUROPE — *INDUSTRIAL ACTIVITY*

	1963	1965	1966	1967	1968	1969	1970	1971	1972	1973	1974	1975	1976	1977
1960	10.7	11.0	10.8	10.2	9.6	9.5	9.3	9.1	9.2	9.2	9.2	9.0	8.7	8.4
1963		11.2	10.5	9.2	8.4	8.5	8.5	8.3	8.6	8.8	8.8	8.5	8.2	7.9
1965			9.5	7.0	6.6	7.6	7.8	7.8	8.3	8.8	8.8	8.4	8.0	7.6
1966				4.5	5.5	7.5	7.9	7.9	8.5	9.0	9.0	8.5	8.0	7.6
1967					6.5	9.2	9.0	8.5	9.1	9.6	9.4	8.7	8.1	7.6
1968						12.0	9.7	8.6	9.4	10.0	9.6	8.7	7.9	7.3
1969							7.4	7.1	9.1	10.0	9.5	8.3	7.5	6.9
1970								6.8	10.4	11.1	10.0	8.2	7.2	6.5
1971									14.1	12.8	10.2	7.7	6.5	5.8
1972										11.5	8.2	5.5	4.7	4.4
1973											5.0	2.6	2.9	3.2
1974												0.4	2.3	3.0
1975													4.3	4.2
1976														4.0

OTHER EUROPE — *MANUFACTURING*

	1963	1965	1966	1967	1968	1969	1970	1971	1972	1973	1974	1975	1976	1977
1960	11.6	11.7	11.4	10.8	10.2	10.0	9.8	9.5	9.6	9.6	9.6	9.3	9.1	8.8
1963		11.6	10.9	9.6	8.8	8.8	8.7	8.6	8.8	9.1	9.1	8.8	8.5	8.2
1965			10.0	7.6	7.0	7.8	8.1	8.1	8.6	9.0	9.1	8.7	8.3	7.9
1966				5.2	5.8	7.5	8.1	8.1	8.7	9.3	9.2	8.7	8.2	7.8
1967					6.4	8.9	9.1	8.6	9.3	9.9	9.7	9.0	8.3	7.8
1968						11.6	10.0	8.9	9.7	10.3	10.0	9.0	8.2	7.6
1969							8.5	7.6	9.5	10.4	9.9	8.7	7.8	7.1
1970								6.8	10.5	11.4	10.3	8.5	7.4	6.7
1971									14.3	13.2	10.6	8.0	6.7	6.0
1972										12.1	8.6	5.7	4.9	4.5
1973											5.1	2.8	3.0	3.2
1974												0.5	2.3	3.0
1975													4.2	4.0
1976														3.9

OTHER EUROPE — *CONSTRUCTION*

	1963	1965	1966	1967	1968	1969	1970	1971	1972	1973	1974	1975	1976	1977
1960	14.7	13.8	12.6	11.0	10.5	10.2	9.6	9.0	8.7	8.4	8.0	7.4	6.9	6.4
1963		11.6	9.5	7.2	7.4	7.9	7.5	6.9	6.8	6.8	6.4	5.9	5.3	4.8
1965			5.5	2.8	5.6	7.2	6.8	6.1	6.2	6.3	5.9	5.2	4.6	4.1
1966				0.3	6.7	8.6	7.5	6.3	6.3	6.4	5.9	5.1	4.4	3.8
1967					13.5	12.1	8.7	6.5	6.5	6.6	5.9	4.9	4.1	3.5
1968						10.8	6.0	4.1	5.1	5.7	5.0	4.0	3.2	2.7
1969							1.4	1.4	4.2	5.4	4.6	3.4	2.6	2.0
1970								1.4	6.1	6.9	5.2	3.5	2.3	1.7
1971									11.0	9.1	5.4	2.9	1.6	1.0
1972										7.2	2.4	0.2	−0.5	−0.6
1973											−2.2	−2.7	−2.3	−1.7
1974												−3.3	−2.2	−1.3
1975													−1.2	−0.3
1976														0.6

OTHER EUROPE — *WHOLESALE AND RETAIL TRADE*

	1963	1965	1966	1967	1968	1969	1970	1971	1972	1973	1974	1975	1976	1977
1960	13.4	9.9	9.2	8.5	7.9	7.6	7.4	7.2	7.0	6.9	6.7	6.5	6.3	6.1
1963		5.0	6.1	5.8	5.6	5.8	5.9	5.9	5.9	6.0	5.9	5.7	5.5	5.3
1965			7.4	5.5	5.3	5.6	5.9	5.8	5.9	6.0	5.8	5.6	5.3	5.1
1966				3.6	4.5	5.4	5.8	5.8	5.8	6.0	5.8	5.5	5.3	5.0
1967					5.3	6.2	6.5	6.2	6.1	6.2	5.9	5.6	5.2	5.0
1968						7.2	7.0	6.3	6.1	6.3	5.9	5.5	5.1	4.8
1969							6.8	5.7	5.8	6.1	5.7	5.2	4.7	4.4
1970								4.7	5.5	6.1	5.5	4.9	4.4	4.1
1971									6.3	6.8	5.5	4.7	4.1	3.8
1972										7.3	4.8	3.9	3.5	3.3
1973											2.3	2.6	2.5	2.7
1974												2.8	2.6	2.8
1975													2.4	2.8
1976														3.3

OTHER EUROPE — *TRANSPORT AND COMMUNICATION*

	1963	1965	1966	1967	1968	1969	1970	1971	1972	1973	1974	1975	1976	1977
1960	7.3	8.8	9.1	9.0	9.0	8.9	8.9	8.8	8.8	8.9	8.9	8.7	8.5	8.2
1963		11.5	10.6	9.8	9.4	9.1	9.0	8.9	8.8	9.0	8.9	8.6	8.3	8.0
1965			8.3	7.8	8.0	8.2	8.3	8.3	8.4	8.7	8.6	8.3	7.9	7.6
1966				7.3	8.0	8.2	8.4	8.4	8.4	8.8	8.7	8.3	7.9	7.4
1967					8.7	8.5	8.7	8.5	8.6	9.0	8.8	8.3	7.8	7.3
1968						8.4	8.7	8.4	8.6	9.2	8.9	8.2	7.6	7.0
1969							9.0	8.4	8.6	9.4	8.9	8.1	7.3	6.7
1970								7.8	8.5	9.8	9.0	7.8	6.9	6.3
1971									9.3	11.0	9.1	7.4	6.4	5.7
1972										12.6	8.4	6.3	5.3	4.7
1973											4.2	3.6	3.4	3.4
1974												3.0	3.1	3.3
1975													3.2	3.4
1976														3.6

OTHER EUROPE — *OTHER*

	1963	1965	1966	1967	1968	1969	1970	1971	1972	1973	1974	1975	1976	1977
1960	7.1	6.9	6.9	6.8	6.7	6.5	6.4	6.3	6.2	6.2	6.2	6.2	6.1	6.0
1963		7.5	7.2	6.9	6.5	6.3	6.1	6.0	6.0	6.1	6.1	6.0	5.9	5.8
1965			5.7	5.8	5.6	5.5	5.5	5.5	5.6	5.8	5.9	5.9	5.7	5.5
1966				6.0	5.5	5.4	5.4	5.5	5.5	5.8	5.9	5.9	5.7	5.5
1967					5.0	5.1	5.3	5.4	5.5	5.9	6.0	6.0	5.7	5.5
1968						5.3	5.5	5.6	5.7	6.1	6.2	6.1	5.8	5.5
1969							5.6	5.7	5.8	6.4	6.4	6.2	5.8	5.4
1970								5.7	5.9	6.7	6.7	6.3	5.7	5.3
1971									6.1	7.3	6.9	6.3	5.5	5.0
1972										8.5	7.1	6.0	5.1	4.6
1973											5.7	4.8	4.0	3.8
1974												4.0	3.2	3.3
1975													2.5	3.0
1976														3.5

GREECE — *GROSS DOMESTIC PRODUCT*

	1963	1965	1966	1967	1968	1969	1970	1971	1972	1973	1974	1975	1976	1977
1960	6.9	7.7	7.7	7.5	7.3	7.4	7.5	7.5	7.5	7.6	7.3	7.1	6.9	6.8
1963		8.8	8.1	7.4	7.1	7.3	7.4	7.5	7.6	7.6	7.2	6.9	6.7	6.5
1965			6.1	5.8	6.0	6.8	7.2	7.4	7.5	7.6	7.0	6.6	6.4	6.2
1966				5.5	6.1	7.3	7.6	7.7	7.8	7.8	7.0	6.6	6.3	6.0
1967					6.7	8.3	8.3	8.1	8.1	8.1	7.0	6.5	6.2	5.9
1968						9.9	8.9	8.3	8.3	8.1	6.8	6.1	5.8	5.6
1969							8.0	7.5	7.9	7.9	6.1	5.5	5.3	5.1
1970								7.1	8.0	7.9	5.4	4.9	4.8	4.6
1971									8.9	8.1	4.4	4.0	4.2	4.2
1972										7.3	1.7	2.4	3.3	3.6
1973											−3.6	1.1	3.1	3.6
1974												6.1	6.1	5.3
1975													6.2	4.8
1976														3.5

GREECE — *PER CAPITA GROSS DOMESTIC PRODUCT*

	1963	1965	1966	1967	1968	1969	1970	1971	1972	1973	1974	1975	1976	1977
1960	6.3	7.2	7.1	6.9	6.7	6.7	6.8	6.8	6.9	6.9	6.7	6.5	6.3	6.1
1963		8.4	7.5	6.7	6.3	6.5	6.7	6.8	6.9	6.9	6.5	6.2	6.0	5.8
1965			5.3	4.8	5.0	5.9	6.4	6.6	6.9	7.0	6.4	6.0	5.7	5.5
1966				4.2	4.9	6.4	6.9	7.0	7.2	7.2	6.5	6.0	5.7	5.4
1967					5.6	7.6	7.8	7.6	7.6	7.6	6.5	5.9	5.6	5.2
1968						9.5	8.6	7.9	7.8	7.7	6.3	5.6	5.3	4.9
1969							7.7	7.2	7.4	7.3	5.6	5.0	4.7	4.4
1970								6.6	7.4	7.3	4.9	4.3	4.1	3.9
1971									8.1	7.5	3.9	3.4	3.4	3.3
1972										6.8	1.3	1.8	2.5	2.7
1973											−4.0	0.4	2.2	2.5
1974												5.0	4.9	4.1
1975													4.8	3.5
1976														2.3

GREECE — *GOVERNMENT FINAL CONSUMPTION EXPENDITURE*

	1963	1965	1966	1967	1968	1969	1970	1971	1972	1973	1974	1975	1976	1977
1960	5.2	6.6	6.8	7.0	6.7	6.6	6.6	6.4	6.4	6.3	6.4	6.6	6.7	6.8
1963		9.1	8.3	8.1	7.1	6.8	6.6	6.4	6.2	6.2	6.4	6.7	6.8	6.9
1965			6.3	7.4	5.6	5.7	5.7	5.7	5.6	5.7	6.1	6.5	6.8	6.9
1966				8.5	4.8	5.3	5.5	5.5	5.5	5.6	6.1	6.6	6.9	7.0
1967					1.3	4.5	5.2	5.3	5.4	5.6	6.2	6.8	7.1	7.2
1968						7.7	6.8	6.1	5.9	6.0	6.6	7.3	7.5	7.6
1969							5.9	5.4	5.4	5.7	6.7	7.6	7.8	7.8
1970								4.9	5.3	5.8	7.1	8.2	8.2	8.1
1971									5.7	6.2	8.0	9.1	8.9	8.5
1972										6.8	9.4	10.4	9.5	8.9
1973											12.1	12.0	9.9	8.8
1974												11.9	8.5	7.6
1975													5.1	5.8
1976														6.5

6A. AVERAGE ANNUAL RATES OF GROWTH OF GROSS DOMESTIC PRODUCT AT CONSTANT PRICES BY TYPE OF EXPENDITURE AND BY KIND OF ECONOMIC ACTIVITY (continued)

(IN PER CENT)

	1963	1965	1966	1967	1968	1969	1970	1971	1972	1973	1974	1975	1976	1977
1960	5.3	6.3	6.5	6.6	6.6	6.6	6.7	6.7	6.7	6.8	6.6	6.5	6.4	6.3
1963		8.2	7.7	7.3	7.1	7.0	7.0	7.0	6.9	6.9	6.7	6.5	6.4	6.2
1965			6.8	6.5	6.6	6.5	6.8	6.8	6.8	6.8	6.5	6.3	6.1	6.0
1966				6.2	6.6	6.5	6.9	6.8	6.8	6.8	6.4	6.2	6.0	5.9
1967					6.9	6.5	7.1	6.9	6.9	6.9	6.4	6.1	5.9	5.8
1968						6.2	7.4	7.0	6.9	6.9	6.2	5.9	5.7	5.6
1969							8.6	7.1	6.9	7.0	6.0	5.7	5.5	5.4
1970								5.7	6.3	6.7	5.4	5.2	5.1	5.1
1971									6.9	7.2	5.1	4.9	4.9	4.9
1972										7.5	3.8	4.2	4.4	4.6
1973											0.2	3.3	4.1	4.4
1974												6.5	5.7	5.4
1975													4.8	4.9
1976														5.0

GREECE
PRIVATE FINAL CONSUMPTION EXPENDITURE

	1963	1965	1966	1967	1968	1969	1970	1971	1972	1973	1974	1975	1976	1977
1960	7.4	10.9	10.4	9.2	9.4	10.0	9.8	9.8	10.0	10.0	9.0	8.1	7.5	7.1
1963		16.7	12.1	8.3	9.0	10.3	9.8	9.8	10.1	10.2	8.6	7.3	6.5	6.1
1965			3.2	0.8	6.3	9.8	9.2	9.4	10.0	10.2	7.9	6.3	5.4	5.0
1966				−1.6	9.3	13.2	10.9	10.7	11.1	11.0	8.0	6.1	5.1	4.7
1967					21.4	20.0	13.0	11.9	12.0	11.6	7.7	5.5	4.4	4.0
1968						18.6	8.2	8.9	10.3	10.3	5.8	3.5	2.6	2.5
1969							−1.4	6.0	9.6	9.9	4.0	1.6	1.0	1.3
1970								14.0	14.7	12.6	3.3	0.3	−0.0	0.5
1971									15.4	11.5	−1.6	−3.7	−2.8	−1.4
1972										7.7	−10.5	−9.1	−5.8	−2.9
1973											−25.6	−13.6	−6.6	−2.2
1974												0.2	3.5	5.3
1975													6.8	7.7
1976														8.6

GREECE
GROSS FIXED CAPITAL FORMATION

	1963	1965	1966	1967	1968	1969	1970	1971	1972	1973	1974	1975	1976	1977
1960	10.3	8.2	10.7	11.3	10.7	10.6	10.7	10.7	11.1	11.7	11.7	11.6	11.6	11.4
1963		7.0	15.2	14.8	12.2	11.6	11.4	11.3	11.9	12.7	12.4	12.2	12.1	11.8
1965			34.4	18.8	11.1	10.3	10.4	10.6	11.6	12.9	12.4	12.1	12.0	11.6
1966				5.1	2.0	5.3	7.4	8.6	10.5	12.3	11.9	11.6	11.6	11.2
1967					−1.0	6.5	9.0	10.1	12.2	14.1	13.1	12.4	12.3	11.7
1968						14.6	13.5	12.9	14.7	16.4	14.5	13.3	12.9	12.1
1969							12.4	12.1	15.2	17.4	14.5	13.0	12.5	11.6
1970								11.9	17.2	19.6	14.6	12.5	12.1	11.1
1971									22.9	23.1	13.8	11.2	11.1	10.1
1972										23.4	8.1	7.2	8.6	8.1
1973											−5.3	2.0	6.7	6.7
1974												9.8	12.7	9.7
1975													15.6	8.7
1976														2.2

GREECE
EXPORTS OF GOODS AND SERVICES

	1963	1965	1966	1967	1968	1969	1970	1971	1972	1973	1974	1975	1976	1977
1960	12.5	14.5	13.3	12.3	11.7	11.6	11.2	10.9	10.9	11.4	10.9	10.5	10.2	9.9
1963		18.2	12.5	10.3	9.7	10.1	9.9	9.7	9.9	10.9	10.3	9.8	9.3	9.0
1965			−0.5	3.3	5.7	8.1	8.5	8.6	9.2	10.8	10.0	9.3	8.8	8.5
1966				7.1	8.7	10.9	10.3	9.8	10.2	12.1	10.7	9.8	9.1	8.7
1967					10.3	12.9	11.1	10.0	10.5	12.8	10.9	9.7	9.0	8.5
1968						15.5	10.7	9.3	10.2	13.4	10.8	9.4	8.5	8.0
1969							6.2	6.9	9.5	14.2	10.5	8.7	7.8	7.4
1970								7.6	11.5	17.7	11.0	8.5	7.4	7.0
1971									15.4	23.5	10.5	7.2	6.1	6.0
1972										32.2	4.9	2.9	3.2	3.9
1973											−16.8	−6.0	−1.3	1.5
1974												6.4	6.3	6.8
1975													6.2	7.1
1976														8.0

GREECE
IMPORTS OF GOODS AND SERVICES

	1963	1965	1966	1967	1968	1969	1970	1971	1972	1973	1974	1975	1976	1977
1960	7.3	6.4	5.9	5.3	4.0	3.5	3.5	3.4	3.5	3.4	3.4	3.5	3.4	3.2
1963		4.7	4.0	3.3	1.3	1.2	1.7	2.1	2.5	2.6	2.7	2.9	2.9	2.6
1965			0.7	1.1	−1.9	−0.9	0.8	1.7	2.4	2.5	2.7	3.0	2.9	2.6
1966				1.4	−3.7	−1.3	1.2	2.3	3.0	3.0	3.2	3.4	3.2	2.8
1967					−8.6	−1.4	2.5	3.4	4.1	3.8	3.7	3.9	3.6	3.0
1968						6.4	7.8	6.6	6.2	5.1	4.7	4.6	4.1	3.3
1969							9.2	6.3	5.9	4.5	4.1	4.2	3.7	2.7
1970								3.4	4.7	3.2	3.2	3.6	3.1	2.1
1971									5.9	2.6	2.9	3.5	3.0	1.7
1972										−0.7	2.0	3.4	2.7	1.1
1973											4.8	5.3	3.3	0.8
1974												5.7	2.1	−1.0
1975													−1.3	−4.2
1976														−6.9

GREECE
AGRICULTURE

	1963	1965	1966	1967	1968	1969	1970	1971	1972	1973	1974	1975	1976	1977
1960	7.4	9.1	9.4	9.4	9.6	9.9	10.4	10.6	10.8	11.0	10.8	10.5	10.4	10.1
1963		11.5	10.9	10.2	10.2	10.7	11.3	11.5	11.6	11.8	11.3	10.8	10.5	10.1
1965			9.7	9.0	9.7	10.9	11.8	12.1	12.0	12.2	11.4	10.8	10.4	9.9
1966				8.3	10.0	11.6	12.6	12.7	12.4	12.6	11.6	10.7	10.2	9.7
1967					11.6	13.3	13.9	13.5	12.9	13.0	11.6	10.6	10.0	9.4
1968						15.0	14.9	13.8	12.8	13.0	11.2	10.0	9.5	8.8
1969							14.9	13.1	11.9	12.5	10.3	9.1	8.6	8.0
1970								11.3	10.5	12.2	9.2	7.9	7.7	7.2
1971									9.7	13.0	8.2	6.8	6.9	6.5
1972										16.5	6.1	5.1	5.9	5.7
1973											−3.3	1.2	4.3	4.6
1974												5.9	8.0	6.7
1975													10.2	6.5
1976														2.9

GREECE
INDUSTRIAL ACTIVITY

	1963	1965	1966	1967	1968	1969	1970	1971	1972	1973	1974	1975	1976	1977
1960	6.9	8.8	9.0	9.1	9.3	9.7	10.2	10.5	10.6	10.8	10.6	10.4	10.2	9.9
1963		11.4	10.6	10.0	10.1	10.6	11.2	11.5	11.4	11.6	11.2	10.7	10.4	10.0
1965			9.0	8.8	9.6	10.8	11.8	12.0	11.8	12.0	11.3	10.6	10.2	9.7
1966				8.7	10.1	11.6	12.7	12.7	12.2	12.4	11.4	10.6	10.1	9.5
1967					11.6	13.1	14.0	13.5	12.6	12.7	11.4	10.4	9.9	9.2
1968						14.6	15.1	13.8	12.4	12.7	11.0	9.9	9.3	8.6
1969							15.5	13.1	11.3	12.2	10.1	8.9	8.5	7.8
1970								10.8	9.3	11.6	9.0	7.7	7.5	6.9
1971									7.9	12.6	8.2	6.8	6.8	6.3
1972										17.6	6.9	5.4	6.0	5.6
1973											−2.8	1.2	4.2	4.3
1974												5.5	7.7	6.0
1975													10.0	5.7
1976														1.5

GREECE
MANUFACTURING

	1963	1965	1966	1967	1968	1969	1970	1971	1972	1973	1974	1975	1976	1977
1960	4.4	8.3	7.5	6.6	7.1	7.8	7.5	7.5	7.9	8.0	6.8	6.0	5.5	5.2
1963		14.2	8.7	5.8	7.3	8.5	7.7	7.7	8.3	8.4	6.5	5.4	4.7	4.4
1965			−2.1	−1.2	5.6	8.6	7.2	7.5	8.5	8.5	5.9	4.4	3.7	3.5
1966				−0.3	10.8	12.8	9.2	8.8	9.7	9.5	6.0	4.3	3.4	3.2
1967					23.1	18.2	9.9	9.2	10.3	9.8	5.4	3.4	2.6	2.5
1968						13.6	3.4	5.5	8.4	8.4	3.2	1.3	0.8	1.1
1969							−6.0	3.6	9.0	8.7	1.8	−0.2	−0.5	0.1
1970								14.2	16.4	12.2	1.0	−1.4	−1.4	−0.4
1971									18.7	10.2	−5.0	−5.9	−4.5	−2.3
1972										2.4	−16.1	−11.9	−7.7	−3.8
1973											−31.2	−14.8	−7.1	−1.9
1974												5.4	5.8	7.6
1975													6.2	9.0
1976														11.8

GREECE
CONSTRUCTION

	1963	1965	1966	1967	1968	1969	1970	1971	1972	1973	1974	1975	1976	1977
1960	7.4	8.9	9.0	8.7	8.4	8.3	8.3	8.2	8.2	8.4	8.3	8.1	8.0	7.8
1963		11.5	10.3	8.9	8.2	8.0	8.1	8.0	8.0	8.4	8.2	8.0	7.8	7.5
1965			7.3	5.8	6.0	6.6	7.3	7.3	7.6	8.2	8.0	7.7	7.5	7.2
1966				4.3	5.5	6.7	7.7	7.6	7.9	8.5	8.2	7.8	7.5	7.2
1967					6.8	7.9	8.8	8.2	8.4	9.1	8.6	8.0	7.6	7.2
1968						9.0	9.7	8.4	8.5	9.5	8.7	7.9	7.4	7.0
1969							10.4	7.7	8.3	9.7	8.6	7.7	7.1	6.6
1970								5.1	7.8	10.2	8.4	7.2	6.6	6.1
1971									10.6	12.7	8.7	7.0	6.3	5.8
1972										14.9	6.8	5.2	5.0	4.7
1973											−0.7	1.6	3.0	3.4
1974												4.0	4.8	4.5
1975													5.5	4.6
1976														3.6

GREECE
WHOLESALE AND RETAIL TRADE

	1963	1965	1966	1967	1968	1969	1970	1971	1972	1973	1974	1975	1976	1977
1960	8.0	7.5	7.9	7.8	8.1	8.5	8.6	8.8	9.0	9.2	9.1	8.9	8.8	8.6
1963		7.8	8.8	8.2	8.8	9.2	9.3	9.4	9.6	9.8	9.6	9.2	9.0	8.7
1965			10.5	7.6	9.1	9.8	9.7	9.8	10.0	10.2	9.7	9.2	8.9	8.6
1966				4.9	9.2	10.2	9.9	10.0	10.2	10.3	9.8	9.2	8.8	8.5
1967					13.7	12.3	10.9	10.5	10.6	10.7	9.9	9.1	8.7	8.3
1968						10.9	9.5	9.7	10.1	10.4	9.5	8.6	8.2	7.8
1969							8.0	9.3	10.2	10.6	9.2	8.2	7.8	7.5
1970								10.6	11.2	11.3	9.1	7.8	7.4	7.1
1971									11.8	11.5	8.2	6.8	6.6	6.4
1972										11.2	5.9	4.9	5.4	5.5
1973											0.9	2.6	4.4	5.0
1974												4.3	6.3	6.2
1975													8.2	6.8
1976														5.3

GREECE
TRANSPORT AND COMMUNICATION

	1963	1965	1966	1967	1968	1969	1970	1971	1972	1973	1974	1975	1976	1977
1960	5.6	6.2	6.3	6.4	6.3	6.3	6.3	6.3	6.3	6.3	6.3	6.2	6.1	6.1
1963		7.0	6.9	6.7	6.4	6.3	6.3	6.3	6.4	6.3	6.3	6.2	6.1	6.0
1965			6.8	6.5	6.0	5.9	6.1	6.2	6.3	6.3	6.2	6.1	6.0	5.9
1966				6.3	5.6	5.6	6.0	6.2	6.3	6.3	6.2	6.0	5.9	5.8
1967					5.0	5.4	6.0	6.3	6.4	6.4	6.2	6.0	5.9	5.8
1968						5.8	6.6	6.7	6.7	6.5	6.3	6.0	5.9	5.8
1969							7.3	7.1	6.8	6.6	6.2	5.9	5.8	5.7
1970								6.9	6.6	6.3	5.9	5.6	5.5	5.5
1971									6.3	6.0	5.5	5.3	5.3	5.3
1972										5.7	5.1	4.9	5.1	5.1
1973											4.5	4.6	5.0	5.1
1974												4.8	5.2	5.3
1975													5.7	5.5
1976														5.3

GREECE
OTHER

	1963	1965	1966	1967	1968	1969	1970	1971	1972	1973	1974	1975	1976	1977
1960	−2.0	0.3	1.8	2.9	3.9	4.5	5.2	5.5	5.7	5.9	6.1	6.5	7.0	7.5
1963		4.5	6.6	7.1	7.6	7.7	8.1	8.0	7.7	7.6	7.6	8.0	8.5	8.9
1965			10.7	8.8	9.0	8.5	9.0	8.4	7.9	7.7	7.7	8.2	8.9	9.4
1966				7.0	8.5	8.0	8.8	8.1	7.6	7.4	7.5	8.2	8.9	9.5
1967					10.0	8.2	9.3	8.1	7.5	7.3	7.4	8.2	9.1	9.7
1968						6.4	9.5	7.6	6.9	6.8	7.1	8.2	9.3	10.0
1969							12.6	7.4	6.4	6.5	7.0	8.5	9.8	10.5
1970								2.5	4.1	5.3	6.5	8.6	10.3	11.1
1971									5.8	6.7	7.8	10.3	11.9	12.6
1972										7.6	8.8	12.1	13.7	14.0
1973											10.0	14.7	15.9	15.4
1974												19.6	18.3	16.3
1975													17.0	14.6
1976														12.2

MALTA
GROSS DOMESTIC PRODUCT

6A. AVERAGE ANNUAL RATES OF GROWTH OF GROSS DOMESTIC PRODUCT AT CONSTANT PRICES BY TYPE OF EXPENDITURE AND BY KIND OF ECONOMIC ACTIVITY (continued) (IN PER CENT)

MALTA — PER CAPITA GROSS DOMESTIC PRODUCT

	1963	1965	1966	1967	1968	1969	1970	1971	1972	1973	1974	1975	1976	1977
1960	−1.9	0.9	2.5	3.6	4.5	5.0	5.5	5.6	5.9	6.0	6.3	6.6	7.1	7.5
1963		6.0	7.8	7.9	8.2	8.0	8.1	7.8	7.7	7.6	7.7	8.0	8.4	8.8
1965			11.4	8.8	8.9	8.2	8.3	7.6	7.5	7.5	7.6	8.0	8.6	9.1
1966				6.4	8.2	7.4	7.8	7.2	7.1	7.2	7.4	7.9	8.6	9.2
1967					10.0	7.5	8.1	7.0	7.0	7.1	7.4	8.1	8.9	9.5
1968						5.1	7.6	6.3	6.6	6.8	7.3	8.1	9.1	9.8
1969							10.2	6.3	6.7	7.0	7.5	8.6	9.7	10.4
1970								2.5	5.7	6.6	7.5	8.9	10.3	11.0
1971									9.1	8.4	8.8	10.3	11.6	12.2
1972										7.6	8.8	11.0	12.7	13.1
1973											10.0	12.9	14.5	14.3
1974												15.9	16.5	15.2
1975													17.0	14.6
1976														12.2

MALTA — GOVERNMENT FINAL CONSUMPTION EXPENDITURE

	1963	1965	1966	1967	1968	1969	1970	1971	1972	1973	1974	1975	1976	1977
1960	−0.0	0.2	0.9	2.0	2.4	2.7	4.0	4.6	4.9	5.0	5.0	5.2	5.6	5.8
1963		0.5	2.2	4.1	4.3	4.3	6.3	6.8	6.7	6.6	6.3	6.4	6.8	6.8
1965			5.4	7.8	6.0	5.2	8.4	8.6	8.0	7.4	6.9	6.9	7.3	7.3
1966				10.2	5.6	4.6	9.3	9.2	8.3	7.5	6.9	6.9	7.3	7.3
1967					1.2	2.4	10.5	10.0	8.5	7.4	6.7	6.7	7.3	7.3
1968						3.6	16.7	12.7	9.5	7.8	6.7	6.8	7.4	7.4
1969							31.4	14.6	8.8	6.7	5.6	6.0	7.0	7.1
1970								0.0	0.4	1.5	2.0	3.8	5.7	6.1
1971									0.9	2.4	2.8	4.9	7.1	7.2
1972										3.8	3.5	6.4	8.9	8.5
1973											3.2	8.3	11.1	9.6
1974												13.6	14.9	10.7
1975													16.1	8.4
1976														1.3

MALTA — PRIVATE FINAL CONSUMPTION EXPENDITURE

	1963	1965	1966	1967	1968	1969	1970	1971	1972	1973	1974	1975	1976	1977
1960	1.8	2.3	2.8	3.5	4.4	5.5	6.3	6.6	6.7	6.8	6.9	6.9	7.0	7.2
1963		3.6	4.3	5.2	6.5	8.1	9.0	8.8	8.4	8.3	8.1	7.9	7.9	8.1
1965			5.7	7.0	8.9	10.8	11.4	10.4	9.4	8.9	8.6	8.2	8.2	8.4
1966				8.3	10.6	12.6	12.7	10.9	9.5	8.9	8.4	8.1	8.1	8.3
1967					12.9	14.8	13.9	10.9	9.0	8.3	7.9	7.6	7.7	8.0
1968						16.7	13.9	9.4	7.4	7.1	6.9	6.8	7.0	7.6
1969							11.0	5.6	4.6	5.2	5.6	5.8	6.4	7.2
1970								0.5	2.1	4.3	5.3	5.6	6.4	7.4
1971									3.8	6.4	6.8	6.7	7.3	8.4
1972										9.0	7.9	7.2	7.9	9.1
1973											6.8	6.4	7.9	9.5
1974												5.9	8.7	10.8
1975													11.6	13.2
1976														14.9

MALTA — GROSS FIXED CAPITAL FORMATION

	1963	1965	1966	1967	1968	1969	1970	1971	1972	1973	1974	1975	1976	1977
1960	2.8	3.2	3.8	5.0	6.9	8.8	9.0	8.2	7.0	7.1	7.3	7.5	8.0	8.3
1963		1.0	3.4	6.3	9.9	12.9	12.1	9.9	7.5	7.6	7.8	8.0	8.6	9.0
1965			9.4	12.7	17.1	19.7	15.8	11.1	7.1	7.4	7.6	8.0	8.8	9.2
1966				16.0	21.4	23.2	16.3	9.8	5.1	6.0	6.6	7.2	8.3	8.9
1967					27.0	26.3	14.4	6.3	1.3	3.5	4.9	6.0	7.6	8.4
1968						25.6	6.9	−0.9	−4.7	0.0	2.7	4.7	6.9	8.0
1969							−9.1	−10.7	−11.3	−2.3	2.0	4.8	7.5	8.7
1970								−12.4	−12.2	2.0	6.5	8.8	11.2	11.8
1971									−12.1	12.9	14.5	14.5	15.9	15.4
1972										44.9	25.6	20.0	19.8	17.8
1973											8.8	11.0	15.1	14.2
1974												13.2	18.7	15.5
1975													24.5	15.3
1976														6.7

MALTA — EXPORTS OF GOODS AND SERVICES

	1963	1965	1966	1967	1968	1969	1970	1971	1972	1973	1974	1975	1976	1977
1960	−4.2	−1.6	0.7	1.4	2.8	3.7	3.9	4.1	4.0	4.1	4.5	5.1	5.7	6.3
1963		2.2	6.9	5.7	7.2	7.5	6.9	6.5	5.7	5.6	6.0	6.6	7.3	7.9
1965			18.8	7.2	9.7	9.1	7.4	6.6	5.4	5.3	5.9	6.8	7.7	8.4
1966				−3.2	7.6	7.7	6.0	5.4	4.2	4.4	5.3	6.5	7.6	8.5
1967					19.6	11.7	7.1	5.8	4.1	4.4	5.5	6.9	8.1	9.1
1968						4.3	1.8	2.5	1.5	2.7	4.6	6.6	8.2	9.3
1969							−0.6	2.1	0.9	2.8	5.3	7.7	9.4	10.5
1970								5.0	0.9	3.8	6.9	9.6	11.3	12.2
1971									−3.0	4.4	8.8	11.9	13.4	14.0
1972										12.3	14.6	16.4	16.7	16.5
1973											17.0	18.4	17.9	17.0
1974												19.9	18.0	16.7
1975													16.1	15.2
1976														14.4

MALTA — IMPORTS OF GOODS AND SERVICES

	1963	1965	1966	1967	1968	1969	1970	1971	1972	1973	1974	1975	1976	1977
1960	1.0	2.5	3.2	3.7	5.1	6.4	6.9	6.8	6.2	6.2	6.4	6.4	6.5	6.7
1963		3.2	4.7	5.2	7.6	9.3	9.5	8.6	7.2	7.1	7.2	7.1	7.1	7.3
1965			10.4	8.1	11.7	13.3	12.2	10.0	7.5	7.3	7.4	7.1	7.2	7.5
1966				5.7	13.4	15.0	12.7	9.6	6.5	6.5	6.8	6.6	6.8	7.2
1967					21.7	18.8	13.4	8.7	5.0	5.4	6.0	6.0	6.4	6.8
1968						16.0	9.0	4.4	1.1	2.8	4.4	4.8	5.5	6.2
1969							2.4	−0.6	−3.0	1.0	3.6	4.4	5.3	6.3
1970								−3.6	−5.5	1.7	5.1	5.6	6.5	7.4
1971									−7.4	6.2	9.2	8.2	8.6	9.2
1972										21.7	16.5	11.3	10.6	10.7
1973											11.4	6.4	7.8	9.0
1974												1.6	7.1	9.3
1975													12.9	12.8
1976														12.7

SPAIN — GROSS DOMESTIC PRODUCT

	1963	1965	1966	1967	1968	1969	1970	1971	1972	1973	1974	1975	1976	1977
1960	9.9	8.5	8.3	7.9	7.5	7.4	7.2	7.0	7.0	7.0	6.9	6.8	6.6	6.3
1963		6.7	7.2	6.7	6.5	6.5	6.5	6.3	6.4	6.5	6.5	6.3	6.1	5.9
1965			8.3	6.3	5.9	6.2	6.3	6.1	6.3	6.5	6.5	6.2	5.9	5.6
1966				4.3	5.0	5.9	6.1	5.9	6.2	6.4	6.5	6.2	5.8	5.5
1967					5.7	6.8	6.6	6.1	6.5	6.7	6.7	6.3	5.8	5.4
1968						7.8	6.9	6.0	6.6	6.8	6.8	6.3	5.7	5.3
1969							6.0	5.1	6.4	6.8	6.8	6.1	5.5	5.0
1970								4.3	6.9	7.3	7.1	6.1	5.3	4.7
1971									9.6	8.5	7.5	5.9	4.9	4.3
1972										7.4	6.5	4.6	3.7	3.3
1973											5.6	3.1	2.6	2.4
1974												0.7	1.4	1.7
1975													2.1	2.2
1976														2.4

SPAIN — PER CAPITA GROSS DOMESTIC PRODUCT

	1963	1965	1966	1967	1968	1969	1970	1971	1972	1973	1974	1975	1976	1977
1960	8.6	7.3	7.1	6.7	6.4	6.2	6.1	5.9	5.8	5.8	5.8	5.6	5.4	5.2
1963		5.6	6.1	5.6	5.3	5.4	5.4	5.2	5.3	5.4	5.4	5.2	5.0	4.7
1965			7.2	5.2	4.8	5.1	5.2	5.0	5.2	5.3	5.4	5.1	4.8	4.5
1966				3.2	3.9	4.8	5.0	4.8	5.1	5.3	5.4	5.1	4.7	4.4
1967					4.6	5.6	5.5	5.0	5.4	5.6	5.6	5.2	4.7	4.3
1968						6.6	5.8	4.9	5.4	5.7	5.7	5.1	4.6	4.1
1969							4.9	4.1	5.3	5.7	5.7	5.0	4.4	3.8
1970								3.2	5.8	6.2	6.0	5.0	4.2	3.5
1971									8.5	7.3	6.4	4.8	3.8	3.1
1972										6.2	5.4	3.5	2.7	2.1
1973											4.6	2.0	1.5	1.2
1974												−0.4	0.3	0.4
1975													1.0	0.7
1976														0.4

SPAIN — GOVERNMENT FINAL CONSUMPTION EXPENDITURE

	1963	1965	1966	1967	1968	1969	1970	1971	1972	1973	1974	1975	1976	1977
1960	7.2	6.1	5.6	5.5	5.4	5.3	5.5	5.6	5.7	5.8	5.9	5.9	6.0	6.0
1963		4.1	3.9	4.5	4.6	4.7	5.1	5.4	5.6	5.8	5.9	6.0	6.1	6.0
1965			2.7	4.7	4.7	4.9	5.5	5.9	6.1	6.2	6.3	6.4	6.4	6.3
1966				6.8	5.4	5.3	6.1	6.4	6.5	6.5	6.6	6.6	6.5	6.4
1967					4.1	4.8	6.2	6.5	6.6	6.6	6.7	6.7	6.6	6.5
1968						5.5	7.4	7.3	7.2	6.9	6.9	6.9	6.7	6.6
1969							9.3	7.9	7.4	7.0	7.0	6.9	6.7	6.5
1970								6.5	6.5	6.4	6.6	6.6	6.5	6.2
1971									6.6	6.3	6.7	6.6	6.4	6.2
1972										6.0	6.8	6.7	6.4	6.1
1973											7.7	6.9	6.4	5.9
1974												6.0	5.7	5.3
1975													5.5	5.0
1976														4.5

SPAIN — PRIVATE FINAL CONSUMPTION EXPENDITURE

	1963	1965	1966	1967	1968	1969	1970	1971	1972	1973	1974	1975	1976	1977
1960	10.2	8.4	8.1	7.8	7.4	7.2	7.0	6.6	6.5	6.4	6.3	6.2	6.0	5.8
1963		5.6	6.3	6.4	6.2	6.1	6.0	5.7	5.6	5.6	5.7	5.6	5.5	5.2
1965			7.4	6.9	6.0	6.0	5.7	5.3	5.3	5.4	5.5	5.4	5.3	5.0
1966				6.4	5.3	5.7	5.4	5.0	5.1	5.2	5.4	5.3	5.2	4.9
1967					4.2	5.6	5.2	4.7	4.9	5.2	5.4	5.3	5.1	4.8
1968						7.0	5.4	4.6	4.9	5.2	5.6	5.4	5.1	4.7
1969							3.9	3.5	4.5	5.1	5.6	5.4	5.1	4.6
1970								3.1	5.0	5.7	6.2	5.7	5.2	4.5
1971									7.0	6.9	6.9	5.9	5.2	4.3
1972										6.7	6.9	5.4	4.6	3.7
1973											7.2	4.5	3.7	2.8
1974												1.8	2.3	1.7
1975													2.8	1.4
1976														−0.0

SPAIN — GROSS FIXED CAPITAL FORMATION

	1963	1965	1966	1967	1968	1969	1970	1971	1972	1973	1974	1975	1976
1960	13.3	13.7	13.6	12.5	11.3	10.7	10.1	9.3	9.0	9.0	9.0	8.6	8.2
1963		15.3	14.1	11.3	9.2	8.8	8.2	7.3	7.3	7.6	7.8	7.5	7.0
1965			11.1	6.3	4.8	5.9	6.0	5.1	5.7	6.6	7.0	6.7	6.3
1966				1.7	2.2	5.2	5.5	4.6	5.5	6.6	7.1	6.8	6.2
1967					2.7	7.4	6.8	5.0	6.0	7.4	7.8	7.2	6.5
1968						12.3	8.0	4.6	6.2	8.0	8.3	7.5	6.5
1969							3.8	1.1	5.2	8.0	8.5	7.4	6.2
1970								−1.6	7.1	10.5	10.1	8.1	6.3
1971									16.5	16.0	12.6	8.8	6.2
1972										15.5	10.3	5.8	3.5
1973											5.3	1.4	0.1
1974												−2.4	−1.9
1975													−1.5

SPAIN — EXPORTS OF GOODS AND SERVICES

	1963	1965	1966	1967	1968	1969	1970	1971	1972	1973	1974	1975	1976	1977
1960	8.6	10.9	11.3	10.6	10.9	11.3	11.8	12.2	12.4	12.5	12.2	11.7	11.3	11.0
1963		13.4	13.0	10.5	11.4	11.9	12.7	13.2	13.3	13.3	12.7	11.8	11.2	10.8
1965			15.9	8.5	11.6	12.6	13.9	14.3	14.1	14.0	12.9	11.7	10.9	10.4
1966				1.6	11.2	12.9	14.6	14.9	14.5	14.2	12.9	11.4	10.5	10.0
1967					21.8	17.6	17.7	16.9	15.7	15.0	13.1	11.3	10.2	9.7
1968						13.6	16.4	15.9	14.6	14.0	11.9	9.9	9.0	8.6
1969							19.4	16.5	14.3	13.6	11.0	8.7	7.8	7.6
1970								13.6	12.0	12.1	9.1	6.7	6.1	6.4
1971									10.4	11.6	7.4	4.8	4.7	5.4
1972										12.8	5.0	2.3	3.2	4.6
1973											−2.2	−1.8	1.5	4.1
1974												−1.3	3.9	6.7
1975													9.4	10.5
1976														11.6

6A. AVERAGE ANNUAL RATES OF GROWTH OF GROSS DOMESTIC PRODUCT AT CONSTANT PRICES BY TYPE OF EXPENDITURE AND BY KIND OF ECONOMIC ACTIVITY (continued)
(IN PER CENT)

SPAIN — *IMPORTS OF GOODS AND SERVICES*

	1963	1965	1966	1967	1968	1969	1970	1971	1972	1973	1974	1975	1976	1977
1960	32.7	26.3	24.5	21.2	18.7	17.2	15.8	14.4	13.4	13.1	12.7	12.0	11.4	10.7
1963		20.2	19.2	14.3	11.7	11.1	10.4	9.4	8.9	9.3	9.3	8.9	8.6	8.0
1965			14.5	5.6	4.8	6.6	7.0	6.3	6.4	7.5	7.9	7.7	7.4	6.9
1966				−2.5	1.5	5.8	6.6	5.9	6.2	7.6	8.1	7.7	7.4	6.8
1967					5.7	10.2	9.3	7.2	7.1	8.7	9.0	8.4	7.9	7.1
1968						14.8	10.1	6.6	6.7	8.9	9.3	8.4	7.8	6.9
1969							5.7	2.9	4.9	8.7	9.3	8.2	7.5	6.4
1970								0.2	5.2	10.9	10.8	8.8	7.8	6.3
1971									10.5	16.7	13.7	9.7	8.0	6.0
1972										23.3	13.8	7.7	6.2	4.2
1973											5.0	1.2	2.1	1.0
1974												−2.6	1.5	0.2
1975													5.7	0.7
1976														−4.1

SPAIN — *AGRICULTURE*

	1963	1965	1966	1967	1968	1969	1970	1971	1972	1973	1974	1975
1960	8.0	2.4	2.4	2.4	2.7	2.6	2.5	2.7	2.8	3.0	3.1	3.0
1963		−5.1	−0.7	0.6	1.9	2.0	2.1	2.5	2.8	3.0	3.1	3.1
1965			7.6	4.6	5.0	3.8	3.2	3.5	3.6	3.8	3.8	3.6
1966				1.8	4.2	2.8	2.4	3.1	3.3	3.6	3.7	3.4
1967					6.7	2.7	2.2	3.2	3.5	3.8	3.8	3.5
1968						−1.2	0.6	2.9	3.4	3.9	3.9	3.4
1969							2.4	5.1	4.8	4.9	4.5	3.8
1970								7.9	5.5	5.3	4.6	3.6
1971									3.3	4.4	3.9	2.7
1972										5.6	3.9	2.1
1973											2.2	0.3
1974												−1.4

SPAIN — *INDUSTRIAL ACTIVITY*

	1963	1965	1966	1967	1968	1969	1970	1971	1972	1973	1974	1975
1960	11.5	11.6	11.3	10.6	9.9	9.7	9.4	9.1	9.0	9.0	9.0	8.7
1963		11.3	10.7	9.2	8.3	8.4	8.3	8.0	8.1	8.3	8.4	8.1
1965			9.7	7.0	6.4	7.3	7.5	7.4	7.7	8.1	8.2	7.9
1966				4.3	5.1	7.1	7.5	7.3	7.8	8.2	8.3	7.9
1967					5.9	8.7	8.5	7.9	8.3	8.7	8.7	8.1
1968						11.7	9.3	7.9	8.5	8.9	9.0	8.1
1969							7.0	6.3	7.9	8.8	8.8	7.8
1970								5.5	8.7	9.7	9.4	7.9
1971									12.0	11.4	10.1	7.7
1972										10.8	9.1	6.0
1973											7.4	3.4
1974												−0.4

SPAIN — *CONSTRUCTION*

	1963	1965	1966	1967	1968	1969	1970	1971	1972	1973	1974	1975
1960	17.2	15.1	13.8	12.1	11.2	10.8	10.1	9.3	8.8	8.5	8.2	7.7
1963		11.1	9.7	7.5	7.5	7.7	7.4	6.7	6.5	6.4	6.3	5.9
1965			6.9	3.6	5.7	7.0	6.8	5.8	5.7	5.8	5.8	5.3
1966				0.5	5.9	7.7	7.1	5.7	5.6	5.8	5.8	5.2
1967					11.7	10.9	8.4	5.9	5.7	5.9	5.9	5.1
1968						10.2	6.5	3.8	4.3	5.1	5.3	4.5
1969							3.0	0.9	3.0	4.6	5.0	4.1
1970								−1.2	3.7	5.8	5.9	4.4
1971									9.0	9.0	7.6	4.7
1972										9.0	6.6	2.9
1973											4.3	−0.2
1974												−4.5

SPAIN — *WHOLESALE AND RETAIL TRADE* (9)

	1963	1965	1966	1967	1968	1969	1970	1971	1972	1973	1974	1975
1960	11.1	10.4	10.0	9.5	9.0	8.7	8.4	8.3	8.2	8.4	8.2	8.0
1963		9.5	8.9	8.3	7.8	7.5	7.3	7.3	7.4	7.9	7.8	7.5
1965			7.6	7.0	6.6	6.5	6.5	6.8	7.0	7.9	7.7	7.4
1966				6.4	6.2	6.2	6.4	6.8	7.1	8.1	7.8	7.5
1967					5.9	6.2	6.5	7.0	7.3	8.6	8.1	7.6
1968						6.4	6.7	7.5	7.6	9.2	8.5	7.7
1969							7.0	8.0	8.0	10.1	8.8	7.7
1970								9.1	8.4	11.3	9.0	7.5
1971									7.7	13.1	8.7	6.7
1972										18.8	7.6	5.2
1973											−2.5	0.3
1974												3.2

SPAIN — *OTHER*

	1963	1965	1966	1967	1968	1969	1970	1971
1960	8.2	4.0	4.0	4.1	4.2	4.3	4.4	4.5
1963		−0.6	2.0	3.3	3.9	4.3	4.5	4.6
1965			5.5	5.8	5.6	5.4	5.4	5.2
1966				6.2	5.5	5.3	5.3	5.1
1967					4.8	4.9	5.1	5.0
1968						5.0	5.2	5.0
1969							5.5	4.8
1970								4.2

OCEANIA — *GROSS DOMESTIC PRODUCT*

	1963	1965	1966	1967	1968	1969	1970	1971	1972	1973	1974	1975	1976	1977
1960	4.9	5.2	5.2	5.1	5.2	5.3	5.3	5.3	5.2	5.2	5.1	5.0	4.9	4.8
1963		4.5	4.7	4.7	5.0	5.2	5.3	5.2	5.2	5.1	5.0	4.8	4.7	4.6
1965			6.0	5.1	5.6	5.7	5.7	5.5	5.3	5.2	5.0	4.8	4.6	4.5
1966				4.1	5.7	5.7	5.7	5.5	5.2	5.1	4.9	4.7	4.5	4.3
1967					7.3	6.3	6.0	5.6	5.2	5.1	4.8	4.5	4.3	4.2
1968						5.2	5.5	5.1	4.8	4.8	4.5	4.2	4.1	3.9
1969							5.7	5.0	4.5	4.6	4.3	4.0	3.9	3.7
1970								4.3	4.0	4.4	4.0	3.7	3.6	3.5
1971									3.7	4.6	3.9	3.6	3.5	3.4
1972										5.5	3.8	3.3	3.3	3.2
1973											2.1	2.5	2.8	2.9
1974												2.8	3.2	3.1
1975													3.6	3.2
1976														2.9

OCEANIA — *PER CAPITA GROSS DOMESTIC PRODUCT*

	1963	1965	1966	1967	1968	1969	1970	1971	1972	1973	1974	1975	1976	1977
1960	2.6	3.1	3.1	3.1	3.2	3.2	3.2	3.2	3.1	3.1	3.0	2.9	2.9	2.8
1963		2.7	2.8	2.7	3.0	3.2	3.2	3.1	3.0	3.0	2.9	2.8	2.7	2.6
1965			3.9	3.2	3.6	3.7	3.5	3.3	3.1	3.1	2.9	2.7	2.6	2.5
1966				2.5	3.7	3.7	3.5	3.2	3.0	3.0	2.8	2.6	2.5	2.4
1967					4.9	4.2	3.5	3.1	2.9	2.9	2.7	2.5	2.4	2.3
1968						3.5	2.9	2.6	2.5	2.7	2.5	2.2	2.2	2.1
1969							2.2	2.2	2.2	2.6	2.3	2.1	2.1	2.0
1970								2.2	2.2	2.8	2.3	2.0	2.0	1.9
1971									2.2	3.2	2.3	1.9	1.9	1.8
1972										4.2	2.1	1.6	1.7	1.7
1973											−0.0	0.5	1.3	1.4
1974												1.0	2.0	1.8
1975													3.0	2.0
1976														1.0

OCEANIA — *GOVERNMENT FINAL CONSUMPTION EXPENDITURE*

	1963	1965	1966	1967	1968	1969	1970	1971	1972	1973	1974	1975	1976	1977
1960	4.6	6.8	7.3	7.5	7.3	7.0	6.8	6.4	6.1	6.0	5.9	5.9	5.9	5.8
1963		11.0	10.1	9.3	8.2	7.3	6.8	6.2	5.8	5.5	5.5	5.6	5.6	5.5
1965			7.6	7.3	6.0	5.3	5.1	4.7	4.4	4.4	4.6	4.9	5.0	5.0
1966				6.9	5.1	4.5	4.6	4.2	4.0	4.1	4.4	4.7	4.9	5.0
1967					3.3	3.5	4.1	3.7	3.6	3.8	4.3	4.8	5.0	5.0
1968						3.7	4.5	3.7	3.6	3.9	4.5	5.0	5.2	5.2
1969							5.3	3.5	3.3	3.9	4.7	5.3	5.5	5.4
1970								1.7	2.6	3.8	5.0	5.7	5.9	5.6
1971									3.6	4.9	6.2	6.7	6.6	6.1
1972										6.2	7.5	7.6	7.1	6.3
1973											8.8	8.0	7.1	5.9
1974												7.3	6.2	4.9
1975													5.1	3.8
1976														2.4

OCEANIA — *PRIVATE FINAL CONSUMPTION EXPENDITURE*

	1963	1965	1966	1967	1968	1969	1970	1971	1972	1973	1974	1975	1976	1977
1960	4.8	4.9	4.8	4.7	4.6	4.6	4.6	4.6	4.7	4.7	4.7	4.6	4.6	4.5
1963		4.4	4.2	4.2	4.2	4.4	4.4	4.5	4.6	4.7	4.7	4.6	4.5	4.4
1965			4.1	4.2	4.2	4.5	4.6	4.6	4.7	4.8	4.8	4.7	4.5	4.4
1966				4.4	4.3	4.6	4.7	4.7	4.8	4.9	4.9	4.7	4.5	4.3
1967					4.2	4.8	4.9	4.8	4.9	5.0	4.9	4.7	4.5	4.3
1968						5.5	5.1	4.9	4.9	5.1	5.0	4.7	4.4	4.2
1969							4.7	4.6	4.9	5.2	4.9	4.5	4.2	4.0
1970								4.5	5.0	5.4	4.9	4.4	4.1	3.9
1971									5.5	5.8	4.9	4.2	3.8	3.6
1972										6.2	4.4	3.6	3.3	3.2
1973											2.7	2.5	2.6	2.7
1974												2.4	2.5	2.8
1975													2.7	3.0
1976														3.3

OCEANIA — *GROSS FIXED CAPITAL FORMATION*

	1963	1965	1966	1967	1968	1969	1970	1971	1972	1973	1974	1975	1976	1977
1960	5.6	7.8	7.4	6.8	6.5	6.3	6.2	6.0	5.6	5.4	5.0	4.8	4.5	4.3
1963		9.5	6.9	5.7	5.5	5.4	5.4	5.2	4.8	4.5	4.1	3.9	3.6	3.4
1965			2.2	2.7	3.9	4.4	4.8	4.7	4.2	3.9	3.6	3.3	3.1	2.9
1966				3.2	4.9	5.2	5.4	5.0	4.3	4.0	3.5	3.2	2.9	2.8
1967					6.6	6.0	5.9	5.2	4.1	3.8	3.2	2.9	2.7	2.5
1968						5.4	5.6	4.7	3.5	3.2	2.7	2.4	2.2	2.1
1969							5.8	4.2	2.6	2.6	2.1	1.9	1.8	1.8
1970								2.5	1.0	1.8	1.4	1.5	1.4	1.5
1971									−0.5	1.7	1.2	1.4	1.4	1.5
1972										4.1	1.6	1.7	1.6	1.6
1973											−0.9	0.9	1.1	1.4
1974												2.7	1.9	1.8
1975													1.1	1.6
1976														2.0

OCEANIA — *EXPORTS OF GOODS AND SERVICES*

	1963	1965	1966	1967	1968	1969	1970	1971	1972	1973	1974	1975	1976	1977
1960	6.8	5.2	5.2	5.2	5.2	5.8	6.3	6.5	6.5	6.2	6.1	5.8	5.7	5.6
1963		0.9	3.1	3.9	4.5	5.9	6.7	7.0	6.9	6.4	6.1	5.7	5.6	5.5
1965			8.7	6.8	6.5	8.3	8.9	8.7	8.1	7.0	6.4	5.8	5.6	5.5
1966				5.0	5.7	8.7	9.4	9.0	8.2	6.8	6.1	5.4	5.3	5.2
1967					6.3	11.0	11.0	9.8	8.4	6.5	5.8	5.0	4.9	4.9
1968						16.0	12.5	9.9	7.9	5.6	4.9	4.2	4.3	4.4
1969							9.2	7.2	5.5	3.4	3.2	2.8	3.2	3.5
1970								5.2	3.8	1.5	2.0	1.8	2.7	3.2
1971									2.4	−0.5	1.2	1.3	2.6	3.3
1972										−3.4	1.4	1.4	3.2	4.0
1973											6.5	3.1	4.9	5.3
1974												−0.2	5.1	5.6
1975													10.5	7.8
1976														5.0

6A. AVERAGE ANNUAL RATES OF GROWTH OF GROSS DOMESTIC PRODUCT AT CONSTANT PRICES BY TYPE OF EXPENDITURE AND BY KIND OF ECONOMIC ACTIVITY (continued) (IN PER CENT)

OCEANIA

IMPORTS OF GOODS AND SERVICES

	1963	1965	1966	1967	1968	1969	1970	1971	1972	1973	1974	1975	1976	1977
1960	5.0	8.5	8.0	7.9	7.2	6.8	6.4	5.8	5.4	5.6	5.7	5.6	5.5	5.2
1963		10.8	7.8	7.4	6.1	5.7	5.1	4.5	4.0	4.5	4.9	4.9	4.8	4.6
1965			3.5	6.1	4.4	4.4	3.9	3.3	2.9	4.0	4.6	4.6	4.6	4.3
1966				8.9	4.1	4.3	3.6	2.9	2.5	3.9	4.8	4.7	4.7	4.4
1967					-0.4	2.8	2.5	2.0	1.7	3.8	4.9	4.8	4.7	4.4
1968						6.2	3.4	2.1	1.7	4.6	5.7	5.4	5.2	4.6
1969							0.7	0.4	0.7	5.0	6.4	5.8	5.4	4.7
1970								0.1	0.7	7.3	8.4	6.9	6.1	5.1
1971									1.4	12.2	11.3	8.0	6.6	5.1
1972										24.2	14.6	7.9	5.9	4.2
1973											5.7	0.9	1.5	0.9
1974												-3.7	0.3	0.1
1975													4.5	1.2
1976														-2.0

OCEANIA

AGRICULTURE

	1963	1965	1966	1967	1968	1969	1970	1971	1972	1973	1974	1975	1976	1977
1960	4.2	2.3	2.9	2.1	2.8	2.9	2.9	3.0	2.8	2.6	2.3	2.3	2.4	2.3
1963		-2.3	2.0	0.5	2.6	2.8	2.9	3.1	2.7	2.4	2.1	2.1	2.2	2.1
1965			15.4	2.3	5.8	4.9	4.3	4.2	3.3	2.8	2.2	2.2	2.3	2.1
1966				-9.4	3.9	3.5	3.2	3.5	2.5	2.1	1.5	1.7	1.9	1.8
1967					19.2	8.1	5.3	4.9	3.1	2.4	1.6	1.7	2.0	1.8
1968						-1.9	0.1	2.1	0.7	0.5	0.1	0.7	1.2	1.2
1969							2.3	4.1	1.0	0.7	0.1	0.8	1.4	1.3
1970								6.0	-0.4	-0.2	-0.7	0.5	1.4	1.3
1971									-6.4	-2.2	-1.9	0.2	1.5	1.4
1972										2.3	-0.2	2.1	3.2	2.4
1973											-2.7	2.8	4.0	2.7
1974												8.7	6.8	3.4
1975													5.0	0.5
1976														-3.7

OCEANIA

INDUSTRIAL ACTIVITY

	1963	1965	1966	1967	1968	1969	1970	1971	1972	1973	1974	1975	1976	1977
1960	4.8	5.4	5.4	5.5	5.7	5.9	6.0	6.0	6.0	6.1	5.8	5.6	5.4	5.1
1963		6.0	5.5	5.6	6.0	6.3	6.4	6.4	6.3	6.3	5.9	5.5	5.2	4.9
1965			5.4	5.9	6.5	7.0	7.0	6.7	6.5	6.5	5.9	5.3	4.9	4.5
1966				6.5	7.1	7.5	7.3	6.8	6.5	6.5	5.7	5.1	4.7	4.3
1967					7.7	8.0	7.4	6.7	6.4	6.4	5.5	4.8	4.3	3.9
1968						8.3	7.2	6.2	5.9	6.1	5.0	4.3	3.8	3.4
1969							6.1	5.2	5.3	5.7	4.4	3.7	3.3	2.9
1970								4.3	5.1	5.8	4.0	3.1	2.8	2.4
1971									5.9	6.6	3.4	2.4	2.2	1.9
1972										7.4	1.6	1.1	1.3	1.2
1973											-3.9	-1.1	0.3	0.6
1974												1.7	2.2	1.7
1975													2.8	1.5
1976														0.3

OCEANIA

MANUFACTURING

	1963	1965	1966	1967	1968	1969	1970	1971	1972	1973	1974	1975	1976	1977
1960	4.5	5.3	5.2	5.3	5.5	5.6	5.6	5.5	5.4	5.4	5.1	4.9	4.6	4.3
1963		6.1	5.4	5.5	5.7	5.9	5.8	5.6	5.4	5.4	5.0	4.6	4.3	3.9
1965			4.8	5.7	6.2	6.4	6.0	5.6	5.3	5.3	4.8	4.3	3.9	3.5
1966				6.5	6.8	6.8	6.1	5.5	5.2	5.2	4.6	4.1	3.7	3.2
1967					7.2	6.9	5.8	5.1	4.8	5.0	4.2	3.7	3.3	2.8
1968						6.7	5.0	4.4	4.3	4.6	3.7	3.2	2.8	2.4
1969							3.3	3.4	3.8	4.5	3.3	2.7	2.4	1.9
1970								3.5	4.0	5.0	3.2	2.4	2.1	1.6
1971									4.6	5.8	2.7	1.8	1.6	1.1
1972										6.9	1.1	0.6	0.7	0.4
1973											-4.5	-1.6	-0.3	-0.4
1974												1.4	1.5	0.5
1975													1.6	-0.2
1976														-1.9

OCEANIA

CONSTRUCTION

	1963	1965	1966	1967	1968	1969	1970	1971	1972	1973	1974	1975	1976	1977
1960	6.4	7.0	6.2	6.3	6.4	6.3	6.1	5.7	5.4	5.2	5.0	4.9	4.8	4.5
1963		6.1	4.4	5.1	5.8	5.9	5.4	5.0	4.6	4.5	4.2	4.3	4.2	3.8
1965			0.7	5.3	6.6	6.4	5.5	4.8	4.2	4.1	3.8	4.0	4.0	3.4
1966				10.1	9.2	7.6	5.8	4.8	4.0	4.0	3.7	3.9	3.9	3.3
1967					8.3	6.2	4.3	3.5	2.9	3.1	3.0	3.5	3.5	2.8
1968						4.2	2.4	2.1	1.8	2.5	2.5	3.2	3.3	2.6
1969							0.6	1.4	1.3	2.5	2.4	3.4	3.5	2.5
1970								2.2	1.5	3.2	2.8	4.0	4.0	2.6
1971									0.9	4.1	3.1	4.6	4.4	2.5
1972										7.5	3.5	5.6	4.9	2.2
1973											-0.3	5.7	4.6	1.0
1974												12.1	5.9	-0.2
1975													0.1	-5.8
1976														-11.4

OCEANIA

WHOLESALE AND RETAIL TRADE

	1963	1965	1966	1967	1968	1969	1970	1971	1972	1973	1974	1975	1976	1977
1960	4.9	5.1	4.8	4.7	4.5	4.4	4.4	4.2	4.1	4.2	4.5	4.8	4.8	4.8
1963		4.2	3.8	3.8	3.8	3.9	3.9	3.8	3.7	3.8	4.4	4.8	4.9	4.9
1965			3.3	3.8	3.8	3.9	3.9	3.8	3.7	3.9	4.6	5.2	5.3	5.1
1966				4.3	3.9	4.1	4.0	3.8	3.6	3.9	4.8	5.4	5.5	5.3
1967					3.4	4.1	4.0	3.6	3.5	3.9	5.0	5.7	5.8	5.5
1968						4.8	4.1	3.6	3.4	3.9	5.3	6.2	6.1	5.7
1969							3.5	3.0	3.0	3.9	5.8	6.8	6.6	6.0
1970								2.5	2.9	4.3	6.8	7.8	7.2	6.3
1971									3.3	5.3	8.7	9.3	8.0	6.6
1972										7.4	11.6	11.0	8.5	6.5
1973											16.1	12.1	7.8	5.3
1974												8.3	3.9	2.1
1975													-0.4	-0.5
1976														-0.7

OCEANIA

TRANSPORT AND COMMUNICATION

	1963	1965	1966	1967	1968	1969	1970	1971	1972	1973	1974	1975	1976	1977
1960	5.4	6.0	5.9	5.9	6.0	6.2	6.2	6.2	6.1	6.1	6.2	6.2	5.9	5.6
1963		5.6	5.3	5.6	5.9	6.2	6.3	6.2	6.1	6.0	6.2	6.2	5.8	5.4
1965			4.8	6.0	6.4	6.8	6.8	6.4	6.2	6.1	6.3	6.3	5.8	5.3
1966				7.3	7.0	7.3	7.1	6.5	6.1	6.1	6.4	6.3	5.7	5.1
1967					6.8	7.4	7.1	6.2	5.8	5.8	6.3	6.2	5.5	4.8
1968						8.1	7.1	5.8	5.4	5.6	6.2	6.1	5.3	4.5
1969							6.1	4.6	4.7	5.2	6.2	6.0	5.0	4.2
1970								3.1	4.2	5.2	6.6	6.2	4.9	3.9
1971									5.3	6.2	7.8	6.8	4.9	3.5
1972										7.1	9.2	7.0	4.3	2.7
1973											11.3	6.3	2.5	1.0
1974												1.5	-1.4	-1.7
1975													-4.2	-2.8
1976														-1.4

OCEANIA

OTHER

	1963	1965	1966	1967	1968	1969	1970	1971	1972	1973	1974	1975	1976	1977
1960	5.8	5.7	5.6	5.7	5.7	5.7	5.8	5.7	5.7	5.8	5.9	5.8	5.8	5.7
1963		5.0	5.2	5.5	5.6	5.7	5.7	5.7	5.7	5.8	5.9	5.9	5.8	5.7
1965			5.7	5.9	6.0	6.0	5.9	5.8	5.8	5.9	6.0	6.0	5.9	5.7
1966				6.1	6.2	6.1	6.0	5.8	5.7	5.9	6.1	6.0	5.9	5.7
1967					6.2	6.0	5.9	5.7	5.7	5.9	6.1	6.0	5.8	5.6
1968						5.9	5.7	5.5	5.5	5.9	6.2	6.0	5.8	5.6
1969							5.6	5.4	5.5	5.9	6.3	6.0	5.8	5.5
1970								5.2	5.5	6.2	6.6	6.1	5.8	5.5
1971									5.7	6.8	7.2	6.2	5.8	5.3
1972										7.8	7.8	6.1	5.5	5.0
1973											7.8	4.9	4.7	4.3
1974												2.2	3.6	3.5
1975													5.0	4.0
1976														3.0

AUSTRALIA

GROSS DOMESTIC PRODUCT

	1963	1965	1966	1967	1968	1969	1970	1971	1972	1973
1960	...	...	...	...	...	...	...	...	...	...
1963		4.4	4.7	4.8	5.5	5.8	5.8	5.8	5.6	5.6
1965			6.2	5.4	6.5	6.7	6.5	6.2	5.8	5.7
1966				4.7	7.0	7.1	6.6	6.1	5.7	5.6
1967					9.4	7.9	6.8	6.0	5.5	5.5
1968						6.4	5.6	5.0	4.7	4.9
1969							4.8	4.4	4.2	4.7
1970								4.0	3.9	4.8
1971									3.8	5.4
1972										6.9

AUSTRALIA

PER CAPITA GROSS DOMESTIC PRODUCT

	1963	1965	1966	1967	1968	1969	1970	1971	1972	1973
1960	...	...	...	...	...	...	...	...	...	...
1963		2.4	2.7	2.8	3.5	3.8	3.9	3.7	3.5	3.4
1965			4.2	3.6	4.7	4.8	4.5	4.0	3.6	3.6
1966				3.0	5.2	5.1	4.6	3.9	3.4	3.4
1967					7.5	5.8	4.7	3.7	3.1	3.2
1968						4.2	3.5	2.5	2.2	2.6
1969							2.7	1.6	1.6	2.3
1970								0.6	1.2	2.5
1971									1.9	3.6
1972										5.3

AUSTRALIA

GOVERNMENT FINAL CONSUMPTION EXPENDITURE

	1963	1965	1966	1967	1968	1969	1970	1971	1972	1973	1974	1975	1976
1960	4.7	6.8	7.3	7.6	7.5	7.1	6.8	6.4	6.1	5.9	5.8	5.8	5.8
1963		11.2	10.2	9.5	8.5	7.5	6.7	6.0	5.6	5.5	5.4	5.5	5.5
1965			7.3	7.5	6.5	5.4	4.9	4.3	4.2	4.3	4.4	4.7	4.9
1966				7.7	5.9	4.6	4.2	3.7	3.7	3.9	4.2	4.5	4.8
1967					4.0	3.1	3.3	3.0	3.1	3.6	4.0	4.5	4.8
1968						2.2	3.2	2.7	3.1	3.7	4.2	4.8	5.1
1969							4.1	2.7	3.2	4.1	4.7	5.2	5.5
1970								1.3	3.1	4.5	5.1	5.7	5.9
1971									5.0	6.0	6.2	6.6	6.6
1972										6.9	6.7	7.1	6.8
1973											6.4	7.3	6.8
1974												8.1	6.8
1975													5.4

AUSTRALIA

PRIVATE FINAL CONSUMPTION EXPENDITURE

	1963	1965	1966	1967	1968	1969	1970	1971	1972	1973	1974	1975	1976
1960	5.2	4.9	4.8	4.8	4.9	5.0	5.0	5.0	5.0	5.0	5.0	5.0	4.9
1963		3.8	4.1	4.5	4.7	4.9	5.0	4.9	5.0	5.0	5.0	4.9	4.8
1965			4.9	5.4	5.4	5.6	5.4	5.2	5.2	5.3	5.2	5.0	4.9
1966				5.9	5.6	5.7	5.4	5.2	5.2	5.2	5.1	5.0	4.8
1967					5.3	5.8	5.2	5.0	5.0	5.2	5.0	4.9	4.7
1968						6.2	5.0	4.8	4.9	5.1	5.0	4.8	4.6
1969							3.9	4.2	4.7	5.1	4.9	4.7	4.4
1970								4.6	5.2	5.5	5.1	4.7	4.4
1971									5.8	5.9	5.1	4.5	4.2
1972										6.1	4.6	4.0	3.7
1973											3.0	3.1	3.1
1974												3.1	3.2
1975													3.3

6A. AVERAGE ANNUAL RATES OF GROWTH OF GROSS DOMESTIC PRODUCT AT CONSTANT PRICES BY TYPE OF EXPENDITURE AND BY KIND OF ECONOMIC ACTIVITY (continued)

(IN PER CENT)

AUSTRALIA

GROSS FIXED CAPITAL FORMATION

	1963	1965	1966	1967	1968	1969	1970	1971	1972	1973	1974	1975	1976
1960	6.0	8.0	7.4	7.0	6.8	6.6	6.4	6.1	5.7	5.4	5.1	4.7	4.4
1963		9.3	6.6	5.9	5.9	5.8	5.6	5.3	4.7	4.5	4.1	3.7	3.4
1965			1.7	3.7	5.0	5.1	5.1	4.8	4.1	3.9	3.5	3.1	2.8
1966				5.7	6.5	6.0	5.6	5.0	4.1	3.8	3.3	2.9	2.6
1967					7.3	5.9	5.3	4.6	3.5	3.4	2.8	2.4	2.1
1968						4.5	4.4	3.8	2.6	2.7	2.2	1.9	1.6
1969							4.4	3.4	1.8	2.3	1.8	1.5	1.2
1970								2.5	0.4	1.8	1.3	1.0	0.9
1971									–1.6	2.1	1.2	0.9	0.7
1972										5.8	1.8	1.0	0.8
1973											–2.1	–0.8	–0.3
1974												0.6	0.5
1975													0.5

AUSTRALIA

EXPORTS OF GOODS AND SERVICES

	1963	1965	1966	1967	1968	1969	1970	1971	1972	1973	1974	1975	1976
1960	7.8	5.5	5.7	5.7	5.9	6.7	7.2	7.5	7.6	7.2	7.0	6.8	6.7
1963		0.5	3.5	4.6	5.4	7.1	7.9	8.2	8.2	7.5	7.1	6.7	6.6
1965			10.7	8.3	7.9	10.0	10.5	10.2	9.6	8.3	7.6	6.9	6.7
1966				6.0	6.9	10.6	11.0	10.4	9.5	8.0	7.2	6.5	6.3
1967					7.9	13.4	12.6	11.2	9.7	7.6	6.7	6.0	5.9
1968						19.2	13.9	11.1	9.1	6.6	5.7	5.1	5.1
1969							8.9	7.6	6.5	4.0	3.7	3.5	3.9
1970								6.4	5.3	2.2	2.5	2.6	3.4
1971									4.2	–0.1	1.5	2.0	3.3
1972										–4.3	1.2	2.1	3.8
1973											7.1	4.6	6.0
1974												2.2	6.2
1975													10.3

AUSTRALIA

IMPORTS OF GOODS AND SERVICES

	1963	1965	1966	1967	1968	1969	1970	1971	1972	1973	1974	1975	1976
1960	5.0	8.9	8.2	8.1	7.8	7.7	7.5	7.0	6.5	6.9	7.0	6.7	6.7
1963		10.8	7.0	7.2	6.7	6.9	6.6	5.9	5.4	6.1	6.4	6.2	6.2
1965			1.2	6.4	6.0	6.7	6.4	5.3	4.7	6.0	6.4	6.1	6.1
1966				11.8	7.5	7.8	7.0	5.3	4.5	6.2	6.6	6.2	6.2
1967					3.3	6.7	6.0	4.0	3.4	5.9	6.5	6.0	6.1
1968						10.1	6.7	3.4	2.8	6.3	7.0	6.2	6.3
1969							3.4	0.1	0.9	6.5	7.4	6.3	6.3
1970								–3.0	0.4	9.1	9.3	7.2	7.0
1971									3.9	16.6	13.1	8.5	7.8
1972										31.0	15.2	7.3	6.8
1973											1.3	–2.0	1.9
1974												–5.1	3.4
1975													12.6

AUSTRALIA

AGRICULTURE

	1963	1965	1966	1967	1968	1969	1970	1971	1972	1973
1960	...	...	...	...	...	...	...	...	...	...
1963		–4.5	1.5	–0.5	2.2	2.6	2.9	3.3	2.7	2.6
1965			20.4	2.0	6.8	5.7	5.0	5.0	3.8	3.3
1966				–13.6	4.2	3.8	3.6	4.1	2.8	2.5
1967					25.5	10.2	6.7	6.1	3.6	3.1
1968						–3.3	–0.1	2.5	0.5	0.8
1969							3.2	5.4	0.9	1.1
1970								7.6	–1.2	0.2
1971									–9.3	–1.8
1972										6.4

AUSTRALIA

INDUSTRIAL ACTIVITY

	1963	1965	1966	1967	1968	1969	1970	1971	1972
1960	...	...	...	...	...	...	...	...	...
1963		5.8	5.3	5.5	6.0	6.5	6.7	6.6	6.5
1965			5.4	5.9	6.9	7.5	7.5	7.1	6.8
1966				6.4	7.7	8.3	7.9	7.2	6.9
1967					9.1	9.1	8.1	7.1	6.6
1968						9.1	7.5	6.3	5.9
1969							5.9	5.0	5.1
1970								4.0	4.9
1971									5.7

AUSTRALIA

MANUFACTURING

	1963	1965	1966	1967	1968	1969	1970	1971	1972
1960	...	...	...	...	...	...	...	...	...
1963		5.4	4.8	5.0	5.5	5.9	5.8	5.5	5.4
1965			4.7	5.6	6.5	6.8	6.3	5.8	5.5
1966				6.5	7.4	7.5	6.4	5.7	5.3
1967					8.3	7.8	6.1	5.2	4.9
1968						7.3	4.8	4.1	4.1
1969							2.3	2.8	3.4
1970								3.3	4.0
1971									4.7

AUSTRALIA

CONSTRUCTION

	1963	1965	1966	1967	1968	1969	1970	1971	1972
1960	...	...	...	...	...	...	...	...	...
1963		6.3	4.4	5.3	6.2	6.5	6.0	5.5	5.0
1965			0.4	5.5	7.4	7.4	6.2	5.4	4.7
1966				11.0	10.6	8.9	6.6	5.4	4.5
1967					10.1	7.6	4.9	3.9	3.2
1968						5.2	2.4	2.1	1.9
1969							–0.4	1.0	1.2
1970								2.5	1.8
1971									1.2

AUSTRALIA

WHOLESALE AND RETAIL TRADE

	1963	1965	1966	1967	1968	1969	1970	1971	1972
1960	...	...	...	...	...	...	...	...	...
1963		4.0	3.8	3.9	4.3	4.5	4.5	4.3	4.1
1965			3.7	4.2	4.9	5.1	4.9	4.4	4.2
1966				4.7	5.5	5.6	5.0	4.4	4.1
1967					6.3	5.9	5.0	4.0	3.8
1968						5.5	4.2	3.2	3.1
1969							2.9	2.1	2.6
1970								1.4	2.6
1971									3.8

AUSTRALIA

TRANSPORT AND COMMUNICATION

	1963	1965	1966	1967	1968	1969	1970	1971	1972
1960	...	...	...	...	...	...	...	...	...
1963		5.8	5.6	6.0	6.5	6.9	7.0	6.8	6.7
1965			5.3	6.7	7.3	7.8	7.7	7.1	6.8
1966				8.0	8.3	8.4	8.0	7.2	6.8
1967					8.5	8.6	7.9	6.8	6.4
1968						8.8	7.5	6.0	5.7
1969							6.3	4.7	4.9
1970								3.1	4.5
1971									6.0

AUSTRALIA

OTHER

	1963	1965	1966	1967	1968	1969	1970	1971	1972
1960	...	...	...	...	...	...	...	...	...
1963		5.3	5.6	5.9	6.1	6.3	6.3	6.2	6.2
1965			6.1	6.4	6.6	6.7	6.6	6.4	6.3
1966				6.7	6.9	6.8	6.6	6.4	6.2
1967					7.1	6.8	6.5	6.3	6.0
1968						6.5	6.3	6.0	5.8
1969							6.1	5.7	5.6
1970								5.4	5.3
1971									5.3

COOK ISLANDS

GROSS DOMESTIC PRODUCT

	1963	1965	1966	1967	1968	1969	1970	1971	1972	1973	1974	1975	1976	1977
1960	...	...	...	...	...	...	...	...	...	...	...	...	...	...
1963		...	...	...	...	...	...	...	...	...	...	...	...	...
1965			...	...	...	...	...	...	...	...	...	...	...	...
1966				...	...	...	...	...	...	...	...	...	...	...
1967					...	...	...	...	...	...	...	...	...	...
1968						...	...	...	...	...	...	...	...	...
1969							...	...	...	...	...	...	...	...
1970								–4.0	–4.1	–4.2	–4.3	–4.4	–4.5	–4.2
1971									–4.2	–4.3	–4.4	–4.5	–4.6	–4.2
1972										–4.4	–4.5	–4.6	–4.7	–4.1
1973											–4.6	–4.7	–4.8	–4.0
1974												–4.8	–4.9	–3.7
1975													–5.0	–2.9
1976														–0.6

COOK ISLANDS

PER CAPITA GROSS DOMESTIC PRODUCT

	1963	1965	1966	1967	1968	1969	1970	1971	1972	1973	1974	1975	1976	1977
1960	...	...	...	...	...	...	...	...	...	...	...	...	...	...
1963		...	...	...	...	...	...	...	...	...	...	...	...	...
1965			...	...	...	...	...	...	...	...	...	...	...	...
1966				...	...	...	...	...	...	...	...	...	...	...
1967					...	...	...	...	...	...	...	...	...	...
1968						...	...	...	...	...	...	...	...	...
1969							...	...	...	...	...	...	...	...
1970								–4.0	–4.1	–4.2	–4.3	–4.4	–4.5	–4.2
1971									–4.2	–4.3	–4.4	–4.5	–4.6	–4.2
1972										–4.4	–4.5	–4.6	–4.7	–4.1
1973											–4.6	–4.7	–4.8	–4.0
1974												–4.8	–4.9	–3.7
1975													–5.0	–2.9
1976														–0.6

6A. AVERAGE ANNUAL RATES OF GROWTH OF GROSS DOMESTIC PRODUCT AT CONSTANT PRICES BY TYPE OF EXPENDITURE AND BY KIND OF ECONOMIC ACTIVITY (continued)

(IN PER CENT)

FIJI — *GROSS DOMESTIC PRODUCT*

	1963	1965	1966	1967	1968	1969	1970	1971	1972	1973	1974	1975	1976	1977
1960	...	...	...	...	...	...	...	...	...	...	...	...	...	...
1963		...	...	...	...	...	...	...	...	...	...	...	...	...
1965			0.2	6.5	7.3	6.5	7.1	7.3	7.4	7.7	7.6	7.3	6.9	6.6
1966				13.1	10.0	7.5	8.0	7.9	7.9	8.1	7.9	7.5	7.0	6.6
1967					7.0	4.8	6.9	7.2	7.4	7.9	7.7	7.2	6.6	6.3
1968						2.7	7.6	7.8	7.8	8.3	7.9	7.2	6.5	6.1
1969							12.7	9.5	8.7	9.1	8.2	7.3	6.4	5.9
1970								6.5	7.1	8.4	7.6	6.5	5.6	5.2
1971									7.8	9.5	7.6	6.2	5.1	4.7
1972										11.3	7.0	5.1	4.1	3.9
1973											2.8	2.5	2.3	2.8
1974												2.3	2.0	2.9
1975													1.8	3.5
1976														5.2

FIJI — *PER CAPITA GROSS DOMESTIC PRODUCT*

	1963	1965	1966	1967	1968	1969	1970	1971	1972	1973	1974	1975	1976	1977
1960	...	...	...	...	...	...	...	...	...	...	...	...	...	...
1963		...	...	...	...	...	...	...	...	...	...	...	...	...
1965			-2.7	4.1	5.1	4.1	4.8	5.0	5.1	5.5	5.4	5.1	4.8	4.4
1966				11.5	8.1	5.2	5.6	5.6	5.6	5.9	5.7	5.3	4.9	4.5
1967					4.8	2.2	4.4	4.8	5.1	5.6	5.5	5.0	4.6	4.2
1968						-0.3	5.0	5.4	5.5	6.1	5.8	5.2	4.5	4.0
1969							10.5	7.5	6.7	7.0	6.2	5.3	4.5	3.9
1970								4.5	5.1	6.4	5.6	4.6	3.7	3.2
1971									5.8	7.5	5.7	4.3	3.2	2.7
1972										9.3	5.0	3.2	2.2	1.9
1973											0.9	0.7	0.5	0.7
1974												0.5	0.2	0.6
1975													0.0	0.8
1976														1.7

FIJI — *GOVERNMENT FINAL CONSUMPTION EXPENDITURE*

	1963	1965	1966	1967	1968	1969	1970	1971	1972	1973	1974	1975	1976	1977
1960	...	...	...	...	...	...	...	...	...	...	...	...	...	...
1963		...	...	...	...	...	...	...	...	...	...	...	...	...
1965			8.3	6.5	4.8	5.6	7.7	8.5	9.0	8.6	8.3	8.2	8.6	8.8
1966				4.7	3.2	5.2	8.2	9.1	9.6	9.0	8.5	8.4	8.8	8.9
1967					1.7	6.0	10.2	10.6	10.8	9.7	8.9	8.6	9.1	9.2
1968						10.5	14.7	13.1	12.4	10.3	9.2	8.7	9.2	9.4
1969							19.0	13.4	12.2	9.4	8.2	7.9	8.7	9.0
1970								8.0	9.5	6.7	6.2	6.5	7.9	8.5
1971									11.1	5.4	5.2	6.0	8.1	8.8
1972										0.0	3.3	5.4	8.6	9.3
1973											6.7	8.0	11.6	11.4
1974												9.4	14.6	12.8
1975													20.0	13.4
1976														7.1

FIJI — *PRIVATE FINAL CONSUMPTION EXPENDITURE*

	1963	1965	1966	1967	1968	1969	1970	1971	1972	1973	1974	1975	1976	1977
1960	...	...	...	...	...	...	...	...	...	...	...	...	...	...
1963		...	...	...	...	...	...	...	...	...	...	...	...	...
1965			-3.1	0.2	1.6	3.5	4.1	5.1	5.7	7.4	8.1	8.2	8.0	7.7
1966				3.6	3.7	5.6	5.6	6.4	6.9	8.6	9.2	9.1	8.7	8.3
1967					3.8	6.9	6.3	7.1	7.5	9.6	10.1	9.8	9.2	8.6
1968						10.1	6.8	7.9	8.1	10.7	11.1	10.4	9.5	8.8
1969							3.7	7.5	8.0	11.7	11.8	10.7	9.5	8.6
1970								11.5	9.7	14.5	13.5	11.5	9.7	8.6
1971									7.9	17.2	14.4	11.2	9.0	7.7
1972										27.2	15.7	10.2	7.5	6.3
1973											5.2	3.4	2.9	3.0
1974												1.6	1.9	2.6
1975													2.2	3.2
1976														4.2

FIJI — *GROSS FIXED CAPITAL FORMATION*

	1963	1965	1966	1967	1968	1969	1970	1971	1972	1973	1974	1975	1976	1977
1960	...	...	...	...	...	...	...	...	...	...	...	...	...	...
1963		...	...	...	...	...	...	...	...	...	...	...	...	...
1965			-16.3	3.6	15.5	14.0	9.5	9.0	9.0	9.1	7.9	7.4	6.8	6.2
1966				28.1	33.4	21.7	12.0	10.5	10.1	9.9	8.3	7.6	6.8	6.1
1967					38.9	16.1	4.9	5.7	6.7	7.5	6.1	5.7	5.2	4.7
1968						-2.9	-7.6	-0.4	3.4	5.5	4.2	4.2	3.9	3.6
1969							-12.1	3.0	7.1	8.6	5.9	5.4	4.7	4.1
1970								20.7	16.0	13.8	7.7	6.5	5.3	4.4
1971									11.4	10.8	3.5	3.4	2.9	2.4
1972										10.3	-1.3	1.0	1.3	1.1
1973											-11.6	-1.2	0.3	0.5
1974												10.5	5.1	3.0
1975													0.0	0.0
1976														0.0

FIJI — *EXPORTS OF GOODS AND SERVICES*

	1963	1965	1966	1967	1968	1969	1970	1971	1972	1973	1974	1975	1976	1977
1960	...	...	...	...	...	...	...	...	...	...	...	...	...	...
1963		...	...	...	...	...	...	...	...	...	...	...	...	...
1965			-8.3	6.7	10.7	9.9	9.8	9.9	9.7	9.8	9.0	7.6	6.4	6.0
1966				24.2	19.2	13.6	12.1	11.3	10.7	10.6	9.4	7.7	6.2	5.8
1967					14.5	8.5	8.8	9.1	9.0	9.3	8.2	6.4	4.9	4.6
1968						2.9	7.0	8.4	8.6	9.1	7.7	5.6	4.0	3.8
1969							11.3	10.7	9.8	10.0	7.8	5.1	3.2	3.2
1970								10.1	9.1	9.8	6.8	3.6	1.6	2.0
1971									8.0	9.9	5.4	1.5	-0.4	0.6
1972										11.7	3.1	-1.5	-2.9	-0.7
1973											-4.8	-6.9	-6.4	-2.0
1974												-9.0	-6.7	0.1
1975													-4.4	5.9
1976														17.2

FIJI — *IMPORTS OF GOODS AND SERVICES*

	1963	1965	1966	1967	1968	1969	1970	1971	1972	1973	1974	1975	1976	1977
1960	...	...	...	...	...	...	...	...	...	...	...	...	...	...
1963		...	...	...	...	...	...	...	...	...	...	...	...	...
1965			-11.4	-3.7	3.2	5.9	7.0	8.4	9.2	10.0	9.9	9.3	8.6	8.3
1966				4.6	11.2	11.2	10.7	11.4	11.6	12.0	11.4	10.3	9.4	8.8
1967					18.1	13.6	11.6	12.2	12.2	12.6	11.7	10.3	9.1	8.6
1968						9.2	8.8	11.1	11.6	12.3	11.2	9.6	8.4	7.8
1969							8.4	12.5	12.6	13.1	11.4	9.3	7.8	7.3
1970								16.7	14.0	14.2	11.4	8.6	6.9	6.5
1971									11.4	13.4	9.6	6.4	4.9	5.0
1972										15.4	7.8	4.0	2.9	3.6
1973											0.7	-0.7	-0.0	2.1
1974												-2.2	-0.0	3.2
1975													2.3	6.2
1976														10.3

FIJI — *AGRICULTURE*

	1963	1965	1966	1967	1968	1969	1970	1971	1972	1973	1974	1975
1960	...	...	...	...	...	...	...	...	...	...	...	...
1963		...	...	...	...	...	...	...	...	...	...	...
1965			1.2	1.0	2.7	1.9	2.6	2.0	1.5	1.6	1.5	1.4
1966				0.7	3.7	2.1	2.9	2.0	1.4	1.5	1.5	1.4
1967					6.8	2.0	3.3	1.8	1.2	1.4	1.3	1.2
1968						-2.6	2.6	0.8	0.3	0.8	0.9	0.9
1969							8.1	1.3	0.3	1.1	1.1	1.0
1970								-5.0	-2.5	-0.0	0.5	0.6
1971									0.0	2.6	2.1	1.6
1972										5.3	2.6	1.6
1973											0.0	0.0
1974												0.0

FIJI — *INDUSTRIAL ACTIVITY*

	1963	1965	1966	1967	1968	1969	1970	1971	1972	1973	1974	1975
1960	...	...	...	...	...	...	...	...	...	...	...	...
1963		...	...	...	...	...	...	...	...	...	...	...
1965			-12.4	11.9	12.0	5.8	4.6	4.2	4.4	4.4	4.4	4.2
1966				42.9	21.6	7.1	4.9	4.3	4.5	4.5	4.5	4.2
1967					3.4	-6.8	-3.2	-0.7	1.1	2.1	2.7	2.7
1968						-16.0	-4.1	0.0	2.4	3.3	3.6	3.5
1969							9.6	7.5	7.4	6.7	6.0	5.1
1970								5.6	6.7	5.9	5.3	4.4
1971									7.8	5.8	5.0	3.8
1972										3.8	3.8	2.6
1973											3.7	1.8
1974												0.0

FIJI — *MANUFACTURING*

	1963	1965	1966	1967	1968	1969	1970	1971	1972	1973	1974	1975
1960	...	...	...	...	...	...	...	...	...	...	...	...
1963		...	...	...	...	...	...	...	...	...	...	...
1965			-16.1	14.1	14.7	7.0	5.6	5.6	5.6	5.5	5.3	5.0
1966				55.2	27.4	9.0	6.2	6.0	5.8	5.6	5.5	5.1
1967					4.6	-8.0	-3.7	-0.1	1.6	2.6	3.1	3.2
1968						-19.0	-4.9	1.1	3.1	3.9	4.2	4.0
1969							11.8	11.1	9.1	7.8	6.9	5.9
1970								10.5	7.6	6.4	5.7	4.7
1971									4.8	4.7	4.6	3.6
1972										4.5	4.4	3.1
1973											4.3	2.2
1974												0.0

FIJI — *CONSTRUCTION*

	1963	1965	1966	1967	1968	1969	1970	1971	1972	1973	1974	1975
1960	...	...	...	...	...	...	...	...	...	...	...	...
1963		...	...	...	...	...	...	...	...	...	...	...
1965			1.5	15.0	18.6	18.4	15.5	14.2	13.4	12.8	11.2	9.2
1966				30.3	26.1	22.1	16.5	14.4	13.3	12.6	10.6	8.4
1967					22.1	18.1	12.0	10.9	10.6	10.5	8.6	6.4
1968						14.3	6.9	7.8	8.7	9.1	7.1	4.8
1969							0.0	6.1	8.2	9.0	6.4	3.6
1970								12.5	11.8	11.2	6.7	2.9
1971									11.1	10.6	4.2	-0.0
1972										10.0	-0.0	-4.0
1973											-9.1	-9.5
1974												-10.0

FIJI — *WHOLESALE AND RETAIL TRADE*

	1963	1965	1966	1967	1968	1969	1970	1971	1972	1973	1974	1975
1960	...	...	...	...	...	...	...	...	...	...	...	...
1963		...	...	...	...	...	...	...	...	...	...	...
1965			-2.6	3.0	4.4	7.6	10.9	12.4	12.9	13.4	13.0	11.9
1966				8.8	7.3	10.8	14.2	15.1	15.0	15.1	14.2	12.7
1967					5.7	12.6	16.9	17.1	16.4	16.0	14.7	12.7
1968						20.0	22.5	19.9	17.7	16.8	14.9	12.3
1969							25.0	19.0	16.2	15.6	13.4	10.6
1970								13.3	12.5	13.4	11.3	8.3
1971									11.8	13.8	10.4	6.6
1972										15.8	8.8	4.0
1973											2.3	-1.1
1974												-4.4

6A. AVERAGE ANNUAL RATES OF GROWTH OF GROSS DOMESTIC PRODUCT AT CONSTANT PRICES BY TYPE OF EXPENDITURE AND BY KIND OF ECONOMIC ACTIVITY (continued) (IN PER CENT)

FIJI — *TRANSPORT AND COMMUNICATION*

	1963	1965	1966	1967	1968	1969	1970	1971	1972	1973	1974	1975
1960	...	...	...	...	...	...	...	...	...	...	...	...
1963		...	...	...	...	...	...	...	...	...	...	...
1965			11.8	15.7	13.3	13.0	14.6	14.6	14.9	15.1	14.7	14.1
1966				19.7	13.0	12.7	15.0	14.9	15.3	15.4	14.9	14.1
1967					6.6	10.4	15.0	14.9	15.3	15.5	14.8	13.9
1968						14.3	19.5	17.1	16.8	16.6	15.4	14.1
1969							25.0	17.3	16.8	16.4	14.9	13.4
1970								10.0	14.0	14.8	13.3	11.9
1971									18.2	16.8	13.5	11.4
1972										15.4	10.9	9.1
1973											6.7	6.5
1974												6.2

FIJI — *OTHER*

	1963	1965	1966	1967	1968	1969	1970	1971	1972	1973	1974	1975
1960	...	...	...	...	...	...	...	...	...	...	...	...
1963		...	...	...	...	...	...	...	...	...	...	...
1965			13.6	10.9	10.7	9.7	9.2	8.6	9.0	9.7	9.9	9.7
1966				8.3	9.7	8.7	8.4	7.8	8.6	9.6	9.9	9.6
1967					11.1	8.4	8.1	7.5	8.6	9.9	10.1	9.8
1968						5.9	7.1	6.6	8.5	10.2	10.5	10.0
1969							8.3	6.7	9.6	11.5	11.5	10.5
1970								5.1	10.9	13.2	12.4	10.9
1971									17.1	16.9	13.8	11.1
1972										16.7	11.8	8.7
1973											7.1	5.2
1974												3.3

PAPUA NEW GUINEA — *GROSS DOMESTIC PRODUCT*

	1963	1965	1966	1967	1968	1969	1970	1971	1972	1973	1974	1975	1976
1960	...	...	...	...	...	...	...	...	...	...	...	...	...
1963		...	...	...	...	...	...	...	...	...	...	...	...
1965			4.6	4.1	4.4	5.7	6.8	6.7	6.9	7.3	7.1	6.6	6.3
1966				3.5	4.4	6.5	7.7	7.3	7.3	7.7	7.4	6.7	6.3
1967					5.3	8.2	9.2	8.0	7.8	8.1	7.7	6.8	6.3
1968						11.2	10.9	8.3	7.8	8.3	7.7	6.6	6.0
1969							10.6	6.5	6.7	7.8	7.1	5.9	5.4
1970								2.5	5.5	7.8	6.8	5.3	4.8
1971									8.7	10.4	7.6	5.2	4.5
1972										12.1	6.4	3.4	3.2
1973											0.9	–0.3	1.3
1974												–1.6	1.9
1975													5.5

PAPUA NEW GUINEA — *PER CAPITA GROSS DOMESTIC PRODUCT*

	1963	1965	1966	1967	1968	1969	1970	1971	1972	1973	1974	1975	1976
1960	...	...	...	...	...	...	...	...	...	...	...	...	...
1963		...	...	...	...	...	...	...	...	...	...	...	...
1965			2.2	1.7	1.9	3.3	3.9	3.8	4.0	4.7	4.6	4.1	3.7
1966				1.2	1.9	4.0	4.6	4.3	4.3	5.1	4.9	4.2	3.8
1967					2.5	5.6	5.7	4.8	4.7	5.6	5.2	4.3	3.8
1968						8.8	6.8	4.9	4.8	5.9	5.3	4.2	3.5
1969							4.8	3.0	3.8	5.7	5.0	3.6	3.0
1970								1.3	3.7	6.6	5.3	3.3	2.6
1971									6.2	9.5	6.1	3.0	2.1
1972										13.0	4.9	0.9	0.6
1973											–2.5	–4.0	–2.1
1974												–5.5	–1.4
1975													2.9

PAPUA NEW GUINEA — *GOVERNMENT FINAL CONSUMPTION EXPENDITURE*

	1963	1965	1966	1967	1968	1969	1970	1971	1972	1973	1974	1975	1976
1960	...	...	...	...	...	...	...	...	...	...	...	...	...
1963		...	...	...	...	...	...	...	...	...	...	...	...
1965			9.9	4.7	3.9	3.6	2.7	2.8	2.3	1.8	1.8	1.8	1.4
1966				–0.3	1.8	2.3	1.5	2.1	1.6	1.3	1.3	1.5	1.0
1967					4.0	3.4	1.7	2.4	1.7	1.2	1.3	1.5	0.9
1968						2.9	0.4	2.0	1.2	0.7	1.0	1.3	0.6
1969							–2.1	2.3	0.9	0.4	0.9	1.3	0.4
1970								6.9	1.5	0.3	1.1	1.6	0.4
1971									–3.6	–2.1	0.2	1.2	–0.2
1972										–0.6	2.3	2.8	0.2
1973											5.3	4.2	–0.5
1974												3.1	–3.8
1975													–10.2

PAPUA NEW GUINEA — *PRIVATE FINAL CONSUMPTION EXPENDITURE*

	1963	1965	1966	1967	1968	1969	1970	1971	1972	1973	1974	1975	1976
1960	...	...	...	...	...	...	...	...	...	...	...	...	...
1963		...	...	...	...	...	...	...	...	...	...	...	...
1965			3.6	4.1	5.3	6.5	6.9	6.3	5.0	3.9	3.4	3.0	2.7
1966				4.7	6.3	7.6	7.7	6.6	4.9	3.5	3.0	2.6	2.4
1967					8.0	9.0	8.5	6.7	4.4	2.8	2.3	2.0	1.8
1968						10.0	8.4	5.8	2.9	1.3	1.1	1.0	1.0
1969							7.0	3.6	0.5	–0.8	–0.4	–0.1	0.2
1970								0.3	–2.6	–2.9	–1.5	–0.7	–0.2
1971									–5.3	–4.1	–1.4	–0.3	0.3
1972										–2.7	0.9	1.3	1.5
1973											4.7	2.9	2.4
1974												1.1	1.5
1975													1.9

PAPUA NEW GUINEA — *GROSS FIXED CAPITAL FORMATION*

	1963	1965	1966	1967	1968	1969	1970	1971	1972	1973	1974	1975	1976
1960	...	...	...	...	...	...	...	...	...	...	...	...	...
1963		...	...	...	...	...	...	...	...	...	...	...	...
1965			14.2	7.8	6.7	19.5	26.8	23.6	13.3	5.7	2.5	–0.8	–2.3
1966				1.8	3.9	24.9	33.3	26.7	12.5	3.3	0.0	–3.3	–4.6
1967					6.2	42.2	47.0	31.6	11.0	–0.2	–3.3	–6.5	–7.4
1968						90.4	65.7	32.2	3.9	–7.7	–9.5	–11.8	–11.6
1969							44.2	8.5	–16.5	–22.8	–20.1	–19.9	–17.8
1970								–18.3	–36.2	–35.2	–27.1	–24.6	–20.6
1971									–50.2	–39.7	–25.4	–22.5	–17.8
1972										–26.9	–8.4	–12.4	–9.4
1973											14.9	–8.4	–5.8
1974												–27.0	–11.0
1975													8.4

PAPUA NEW GUINEA — *EXPORTS OF GOODS AND SERVICES*

	1963	1965	1966	1967	1968	1969	1970	1971	1972	1973	1974	1975	1976
1960	...	...	...	...	...	...	...	...	...	...	...	...	...
1963		...	...	...	...	...	...	...	...	...	...	...	...
1965			8.4	12.1	12.5	12.3	12.6	14.9	19.7	23.5	24.4	23.1	21.7
1966				15.9	14.0	13.0	13.1	16.1	22.0	26.2	26.8	24.7	22.7
1967					12.1	11.7	12.5	16.9	24.6	29.4	29.3	26.2	23.4
1968						11.3	12.9	19.4	29.4	34.4	32.9	27.9	24.2
1969							14.6	24.6	37.6	41.6	37.0	29.4	24.3
1970								35.4	51.1	50.5	40.3	29.0	22.6
1971									68.6	55.7	37.8	23.3	17.0
1972										43.8	23.6	10.5	7.3
1973											6.3	–2.4	–0.7
1974												–10.4	–2.3
1975													6.5

PAPUA NEW GUINEA — *IMPORTS OF GOODS AND SERVICES*

	1963	1965	1966	1967	1968	1969	1970	1971	1972	1973	1974	1975	1976
1960	...	...	...	...	...	...	...	...	...	...	...	...	...
1963		...	...	...	...	...	...	...	...	...	...	...	...
1965			11.1	9.4	10.0	15.9	18.9	17.1	12.3	8.7	7.9	6.4	4.9
1966				7.8	9.8	18.8	22.0	18.5	11.9	7.6	6.9	5.3	3.7
1967					11.8	26.0	27.3	20.2	10.9	5.6	5.2	3.7	2.2
1968						42.0	33.4	19.5	7.0	1.5	2.2	1.0	–0.2
1969							25.4	8.7	–3.5	–6.6	–3.1	–3.0	–3.5
1970								–5.7	–14.9	–13.7	–6.2	–5.2	–5.2
1971									–23.3	–15.9	–3.4	–3.0	–3.7
1972										–7.8	9.2	3.3	–0.3
1973											29.2	5.3	–1.1
1974												–14.2	–11.4
1975													–8.6

6A. AVERAGE ANNUAL RATES OF GROWTH OF GROSS DOMESTIC PRODUCT AT CONSTANT PRICES BY TYPE OF EXPENDITURE AND BY KIND OF ECONOMIC ACTIVITY (continued)

General note. The figures shown in this table are computed as average annual geometric rates of growth expressed in percentage form for the periods indicated. The growth rates for the individual countries are based on the estimates of gross domestic product (GDP) at constant prices and its components which appear for most countries in the standard tables "The Gross Domestic Product and Expenditure" and "The Gross Deomestic Product by Kind of Economic Activity" in Vol. I of this *Yearbook*. The method of calculation used is an exponential curve fitted to the data by least squares. It will be noticed that in some cases, the per capita growth rate of a combination of countries (or regions) is higher or lower than all of the per capita growth rates of the component countries (or regions). The per capita growth rate of a combination must not be regarded as being of the nature of a weigthed average of the per capita growth rates of the components. The wide range of both the population and gross deomestic product estimates brings it about that the combined population divided into the combined GDP gives a result that has no predictable relation to the per capita growth rates of the country (or region) components. Conceptual differences and other details concerning the basic data may be obtained by reference to the tables abovementioned in each country chapter. It should be noted that the methods used to obtain estimates of GDP at constant prices and the years to which these prices relate vary widely between countries.

The growth rates shown for the world, regions and economic groupings are based on the index numbers of real gross domestic product by type of expenditure and by kind of economic activity which are set out in Tables 7, 8A and 8B in this volume of the *Yearbook*.

The population figures used in calculating per capita product are generally mid-year estimates reported in the United Nations *Monthly Bulletin of Statistics*.

The geographical coverage for the world, regions and economic groupings is defined as follows:

WORLD excludes China, Democratic People's Republic of Korea and Viet Nam.
DEVELOPED MARKET ECONOMIES consist of countries in Europe and North America together with Australia, Israel, Japan, New Zealand and South Africa.
DEVELOPING MARKET ECONOMIES consist of countries in Africa (except South Africa), Caribbean and Latin America, East and Southeast Asia (except Japan), the Middle East (except Israel) and Oceania (except Australia and New Zealand).
AFRICA is comprised of all countries and areas in Africa.
NORTH AMERICA is comprised of Canada and the United States.
CARIBBEAN AND LATIN AMERICA is comprised of all countries and areas in Central America, South America and the Caribbean.
ASIA - MIDDLE EAST is comprised of all countries and areas in the Middle East.
ASIA - EAST AND SOUTHEAST is comprised of all countries and areas in East and Southeast Asia except China, Democratic People's Republic of Korea and Viet Nam.
EUROPE is comprised of Austria, Belgium, Denmark, Finland, France, Federal Republic of Germany, Greece, Iceland, Ireland, Italy, Luxembourg, Malta, Netherlands, Norway, Portugal, Spain, Sweden, Switzerland and the United Kingdom.
EUROPEAN ECONOMIC COMMUNITY is comprised of Belgium, Denmark, France, Federal Republic of Germany, Ireland, Italy, Luxembourg, Netherlands and the United Kingdom.
EUROPEAN FREE TRADE ASSOCIATION is comprised of Austria, Finland, Iceland, Norway, Portugal, Sweden and Switzerland.
OTHER EUROPE is comprised of Greece, Malta and Spain.
OCEANIA is comprised of Australia, Cook Islands, Fiji, French Polynesia, Gilbert Islands, New Caledonia, New Zealand, Papua New Guinea, Solomon Islands and Tonga.

The world's gross domestic product and, in essence, its per capita gross deomestic product exclude services of general government and private organization.

AGRICULTURE refers to agriculture, forestry, hunting and fishing.
INDUSTRIAL ACTIVITY consists of mining, manufacturing, electricity, gas and water. In a number of market economies, it also includes sanitary services.
OTHER consists of financing, insurance, real estate and business services, community, social and personal services, public administration and defence.

1/ Including electricity, gas and water.
2/ Including Namibia.
3/ Former Tanganyika only.
4/ Including increase in stocks.
5/ Including private final consumption expenditure.
6/ Including construction, wholesale and retail trade, transport and communication and all services.
7/ Including construction.
8/ Including transport and communication.
9/ Including transport and communication, financing, insurance, real estate and business services, community, social and personal services.
10/ Data are for the former Republic of South Viet-Nam only.

6B. AVERAGE ANNUAL RATES OF GROWTH OF NET MATERIAL PRODUCT AT CONSTANT PRICES BY USE AND BY KIND OF ACTIVITY OF THE MATERIAL SPHERE (IN PER CENT)

CENTRALLY PLANNED ECONOMIES

NET MATERIAL PRODUCT

	1963	1965	1966	1967	1968	1969	1970	1971	1972	1973	1974	1975	1976	1977
1960	5.0	5.9	6.2	6.4	6.6	6.6	6.7	6.8	6.7	6.8	6.8	6.7	6.7	6.6
1963		7.5	7.4	7.5	7.5	7.3	7.3	7.2	7.0	7.0	7.0	6.9	6.8	6.7
1965			7.3	7.6	7.6	7.2	7.2	7.1	6.9	6.9	6.9	6.8	6.7	6.5
1966				7.8	7.7	7.0	7.1	7.0	6.8	6.8	6.8	6.7	6.6	6.4
1967					7.6	6.5	6.9	6.9	6.6	6.7	6.7	6.6	6.5	6.3
1968						5.5	6.8	6.8	6.4	6.6	6.6	6.5	6.4	6.2
1969							8.1	7.2	6.4	6.7	6.7	6.5	6.4	6.2
1970								6.3	5.6	6.4	6.5	6.4	6.2	6.0
1971									4.9	6.7	6.7	6.4	6.2	5.9
1972										8.6	7.3	6.6	6.2	5.8
1973											6.1	5.7	5.6	5.3
1974												5.3	5.3	5.1
1975													5.4	4.9
1976														4.4

CENTRALLY PLANNED ECONOMIES

PER CAPITA NET MATERIAL PRODUCT

	1963	1965	1966	1967	1968	1969	1970	1971	1972	1973	1974	1975	1976	1977
1960	3.6	4.7	5.1	5.3	5.5	5.5	5.6	5.7	5.6	5.7	5.7	5.7	5.7	5.6
1963		6.8	6.7	6.3	6.5	6.1	6.1	6.2	6.0	6.1	6.0	5.9	5.8	5.7
1965			7.0	6.0	6.4	5.8	6.0	6.1	5.9	6.0	5.9	5.8	5.7	5.6
1966				4.9	6.4	5.4	5.9	6.1	5.7	5.9	5.9	5.8	5.7	5.5
1967					7.8	5.3	6.0	6.2	5.8	6.0	5.9	5.8	5.6	5.5
1968						2.9	5.6	6.2	5.5	5.9	5.9	5.7	5.5	5.3
1969							8.5	7.5	5.8	6.2	6.1	5.8	5.6	5.3
1970								6.5	4.4	5.7	5.7	5.5	5.2	5.0
1971									2.4	5.9	5.8	5.4	5.1	4.9
1972										9.5	6.9	5.8	5.2	4.9
1973											4.3	4.3	4.2	4.1
1974												4.2	4.1	4.0
1975													4.0	3.9
1976														3.8

CENTRALLY PLANNED ECONOMIES

AGRICULTURE

	1963	1965	1966	1967	1968	1969	1970	1971	1972	1973	1974	1975	1976	1977
1960	–1.9	1.1	2.1	2.3	2.3	1.7	1.6	1.5	1.1	1.2	1.0	0.9	0.9	0.9
1963		5.5	5.7	4.6	3.8	2.1	1.9	1.5	0.9	1.0	0.8	0.8	0.7	0.8
1965			9.4	4.7	3.1	0.4	0.6	0.5	–0.2	0.3	0.1	0.2	0.2	0.4
1966				0.2	0.5	–2.1	–0.8	–0.6	–1.2	–0.3	–0.3	–0.2	–0.1	0.1
1967					0.9	–3.7	–1.0	–0.6	–1.4	–0.2	–0.3	–0.1	0.0	0.2
1968						–8.1	–0.7	–0.2	–1.5	0.1	–0.0	0.1	0.2	0.4
1969							7.2	2.8	–0.6	1.3	0.7	0.6	0.7	0.8
1970								–1.4	–4.2	0.4	–0.1	0.1	0.3	0.6
1971									–6.9	2.5	0.7	0.7	0.8	1.0
1972										13.0	2.8	1.7	1.4	1.5
1973											–6.5	–2.1	–0.7	0.3
1974												2.5	1.7	2.0
1975													1.0	1.9
1976														2.8

CENTRALLY PLANNED ECONOMIES

INDUSTRIAL ACTIVITY

	1963	1965	1966	1967	1968	1969	1970	1971	1972	1973	1974	1975	1976	1977
1960	8.3	8.0	8.1	8.2	8.4	8.5	8.5	8.5	8.5	8.4	8.4	8.4	8.4	8.3
1963		8.0	8.3	8.5	8.8	8.9	8.9	8.8	8.6	8.5	8.5	8.5	8.4	8.3
1965			8.7	8.9	9.2	9.2	9.1	8.9	8.6	8.5	8.5	8.4	8.3	8.2
1966				9.1	9.4	9.3	9.1	8.8	8.5	8.4	8.4	8.3	8.2	8.1
1967					9.7	9.4	9.0	8.6	8.3	8.2	8.2	8.2	8.1	7.9
1968						9.0	8.7	8.3	7.9	7.9	8.1	8.1	8.0	7.8
1969							8.3	7.9	7.6	7.7	7.9	8.0	7.9	7.7
1970								7.5	7.2	7.6	8.0	8.1	7.9	7.6
1971									7.0	7.8	8.3	8.3	8.0	7.6
1972										8.6	8.8	8.6	8.0	7.5
1973											9.1	8.5	7.7	7.2
1974												7.8	7.0	6.5
1975													6.1	6.0
1976														5.9

CENTRALLY PLANNED ECONOMIES

CONSTRUCTION

	1963	1965	1966	1967	1968	1969	1970	1971	1972	1973	1974	1975	1976	1977
1960	2.4	4.1	4.7	5.4	6.0	6.2	6.4	6.6	6.6	6.7	6.7	6.7	6.6	6.5
1963		7.1	7.0	7.7	8.1	7.9	7.8	7.7	7.6	7.4	7.3	7.2	7.0	6.8
1965			6.9	8.7	9.0	8.2	7.9	7.7	7.6	7.3	7.2	7.1	6.8	6.6
1966				10.5	9.8	8.1	7.8	7.6	7.4	7.2	7.1	6.9	6.7	6.4
1967					9.0	6.8	6.9	7.0	7.0	6.8	6.7	6.6	6.4	6.1
1968						4.6	6.3	6.8	6.8	6.6	6.6	6.5	6.2	6.0
1969							8.0	7.7	7.2	6.8	6.7	6.5	6.2	5.9
1970								7.3	6.8	6.3	6.5	6.3	6.0	5.6
1971									6.3	5.8	6.3	6.1	5.8	5.4
1972										5.4	6.4	6.1	5.6	5.1
1973											7.6	6.2	5.4	4.8
1974												5.0	4.4	4.1
1975													3.9	3.6
1976														3.4

CENTRALLY PLANNED ECONOMIES

WHOLESALE AND RETAIL TRADE

	1963	1965	1966	1967	1968	1969	1970	1971	1972	1973	1974	1975	1976	1977
1960	3.3	5.0	5.6	5.9	6.2	6.4	6.4	6.5	6.5	6.5	6.5	6.5	6.5	6.4
1963		8.7	8.4	8.0	7.9	7.7	7.4	7.2	7.1	7.0	7.0	6.9	6.8	6.7
1965			7.1	6.9	7.4	7.1	6.9	6.8	6.7	6.7	6.6	6.6	6.5	6.4
1966				6.8	7.6	7.1	6.7	6.7	6.6	6.6	6.6	6.5	6.4	6.3
1967					8.4	7.1	6.5	6.5	6.5	6.5	6.5	6.5	6.3	6.2
1968						5.8	5.7	6.1	6.3	6.4	6.4	6.3	6.2	6.1
1969							5.7	6.3	6.5	6.5	6.5	6.4	6.2	6.1
1970								7.0	6.8	6.7	6.6	6.5	6.2	6.1
1971									6.7	6.6	6.4	6.3	6.1	5.9
1972										6.4	6.3	6.2	5.9	5.7
1973											6.2	6.1	5.7	5.5
1974												6.0	5.3	5.3
1975													4.7	5.1
1976														5.5

CENTRALLY PLANNED ECONOMIES

TRANSPORT AND COMMUNICATION

	1963	1965	1966	1967	1968	1969	1970	1971	1972	1973	1974	1975	1976	1977
1960	6.0	7.0	7.1	7.4	7.6	7.5	7.5	7.5	7.4	7.4	7.4	7.4	7.4	7.3
1963		8.4	8.0	8.2	8.3	7.9	7.8	7.7	7.6	7.4	7.4	7.4	7.4	7.3
1965			7.1	8.3	8.5	7.8	7.6	7.5	7.3	7.2	7.2	7.3	7.3	7.2
1966				9.5	9.0	7.6	7.5	7.4	7.2	7.1	7.1	7.2	7.2	7.1
1967					8.5	6.6	6.9	7.0	6.9	6.8	6.9	7.1	7.1	7.0
1968						4.7	6.5	6.8	6.7	6.7	6.9	7.1	7.1	7.0
1969							8.4	7.6	7.1	6.9	7.1	7.3	7.2	7.1
1970								6.8	6.5	6.4	6.9	7.3	7.2	7.1
1971									6.3	6.3	7.1	7.6	7.3	7.1
1972										6.3	7.7	8.1	7.5	7.2
1973											9.0	8.8	7.6	7.1
1974												8.6	6.7	6.4
1975													4.9	5.6
1976														6.3

CENTRALLY PLANNED ECONOMIES

OTHER

	1963	1965	1966	1967	1968	1969	1970	1971	1972	1973	1974	1975	1976	1977
1960	2.2	3.5	4.1	5.0	5.5	5.9	5.8	5.6	5.6	5.7	6.0	6.2	6.4	6.5
1963		1.3	3.9	5.8	6.4	7.0	6.3	5.9	5.7	6.0	6.3	6.6	6.7	6.9
1965			10.9	11.0	9.6	9.3	7.4	6.4	6.0	6.3	6.6	7.0	7.1	7.2
1966				11.0	8.7	8.7	6.3	5.4	5.1	5.7	6.3	6.8	7.0	7.1
1967					6.4	7.9	4.7	4.1	4.2	5.2	6.0	6.7	7.0	7.1
1968						9.4	3.1	3.0	3.6	5.1	6.2	7.0	7.3	7.4
1969							–2.9	0.9	2.8	5.2	6.7	7.5	7.8	7.8
1970								4.8	5.5	7.7	8.8	9.3	9.1	8.8
1971									6.1	9.5	10.2	10.3	9.7	9.2
1972										13.0	11.9	11.2	10.0	9.2
1973											10.8	10.4	8.9	8.2
1974												10.0	7.8	7.4
1975													5.8	6.4
1976														6.9

ALBANIA

NET MATERIAL PRODUCT

	1963	1965	1966	1967	1968	1969
1960	7.6	8.3	9.0	9.5	9.4	9.2
1963		9.8	11.0	11.3	10.3	9.6
1965			12.6	11.9	9.4	8.4
1966				11.1	7.5	7.0
1967					3.9	5.5
1968						7.1

ALBANIA

PER CAPITA NET MATERIAL PRODUCT

	1963	1965	1966	1967	1968	1969
1960	4.3	5.1	5.9	6.4	6.3	6.2
1963		6.7	8.0	8.3	7.3	6.7
1965			9.7	9.0	6.5	5.6
1966				8.3	4.6	4.2
1967					1.1	2.7
1968						4.3

ALBANIA

AGRICULTURE

	1963	1965	1966	1967	1968	1969
1960	11.6	6.3	5.7	5.9	5.3	4.6
1963		–2.7	0.9	3.5	3.2	2.5
1965			11.4	11.1	6.4	3.7
1966				10.8	3.2	0.9
1967					–3.9	–3.0
1968						–2.1

ALBANIA

INDUSTRIAL ACTIVITY

	1963	1965	1966	1967	1968	1969
1960	8.0	7.6	8.1	8.7	9.0	9.5
1963		7.8	9.1	10.2	10.4	11.0
1965			12.4	12.8	11.9	12.3
1966				13.3	11.4	12.3
1967					9.6	12.2
1968						14.9

6B. AVERAGE ANNUAL RATES OF GROWTH OF NET MATERIAL PRODUCT AT CONSTANT PRICES BY USE AND BY KIND OF ACTIVITY OF THE MATERIAL SPHERE (continued)
(IN PER CENT)

	1963	1965	1966	1967	1968	1969
1960	4.6	4.9	4.4	4.4	5.1	5.8
1963		5.0	3.6	3.8	5.5	6.8
1965			0.6	3.2	7.2	8.9
1966				5.9	10.8	11.7
1967					15.9	13.9
1968						12.0

ALBANIA

CONSTRUCTION

	1963	1965	1966	1967	1968	1969
1960	5.3	4.5	3.8	4.4	4.7	5.4
1963		2.6	1.7	4.1	5.0	6.2
1965			1.1	7.9	7.8	9.0
1966				15.2	10.1	10.8
1967					5.1	9.6
1968						14.3

ALBANIA

WHOLESALE AND RETAIL TRADE

	1963	1965	1966	1967	1968	1969
1960	4.7	5.7	5.6	5.2	5.3	5.2
1963		13.1	9.3	7.2	6.7	6.2
1965			3.1	2.9	4.4	4.5
1966				2.8	5.3	5.0
1967					7.8	5.7
1968						3.6

ALBANIA

TRANSPORT AND COMMUNICATION

	1963	1965	1966	1967	1968	1969
1960	2.2	2.2	2.2	3.0	3.6	4.0
1963		2.0	2.1	4.0	5.0	5.4
1965			2.5	7.2	7.5	7.2
1966				12.2	9.3	7.9
1967					6.6	6.1
1968						5.5

ALBANIA

OTHER

	1963	1965	1966	1967	1968	1969	1970	1971	1972	1973	1974	1975	1976	1977
1960	5.6	7.0	7.6	8.0	8.0	8.1	8.2	8.1	8.1	8.1	8.1	8.1	8.0	8.0
1963		8.4	9.1	9.3	8.9	8.9	8.7	8.5	8.4	8.3	8.2	8.2	8.1	8.0
1965			11.1	10.2	8.9	8.9	8.6	8.3	8.1	8.1	8.0	8.0	7.9	7.9
1966				9.4	7.8	8.3	8.1	7.9	7.8	7.8	7.8	7.8	7.8	7.7
1967					6.2	8.1	8.0	7.7	7.7	7.7	7.7	7.8	7.7	7.6
1968						10.0	8.5	7.9	7.7	7.7	7.7	7.8	7.8	7.7
1969							7.1	7.0	7.2	7.4	7.5	7.7	7.7	7.5
1970								6.9	7.3	7.6	7.6	7.8	7.7	7.6
1971									7.7	7.9	7.8	8.0	7.8	7.6
1972										8.1	7.9	8.1	7.8	7.5
1973											7.6	8.2	7.8	7.4
1974												8.8	7.6	7.1
1975													6.5	6.4
1976														6.3

BULGARIA

NET MATERIAL PRODUCT

	1963	1965	1966	1967	1968	1969	1970	1971	1972	1973	1974	1975	1976	1977
1960	4.7	6.1	6.7	7.1	7.2	7.3	7.4	7.3	7.3	7.3	7.3	7.3	7.3	7.3
1963		7.6	8.3	8.5	8.1	8.1	7.9	7.8	7.6	7.6	7.5	7.5	7.4	7.4
1965			10.3	9.5	8.2	8.1	7.8	7.6	7.4	7.4	7.3	7.3	7.3	7.2
1966				8.7	7.0	7.5	7.4	7.2	7.1	7.1	7.1	7.2	7.2	7.1
1967					5.4	7.3	7.2	7.0	7.0	7.0	7.0	7.1	7.1	7.0
1968						9.1	7.8	7.2	7.1	7.1	7.1	7.2	7.2	7.1
1969							6.4	6.3	6.6	6.8	6.9	7.1	7.1	7.0
1970								6.3	6.7	7.0	7.1	7.3	7.2	7.0
1971									7.2	7.4	7.3	7.4	7.3	7.1
1972										7.6	7.2	7.5	7.3	7.0
1973											6.9	7.6	7.2	6.8
1974												8.3	7.2	6.6
1975													6.0	5.9
1976														5.8

BULGARIA

PER CAPITA NET MATERIAL PRODUCT

	1963	1965	1966	1967	1968	1969	1970
1960	6.8	6.8	6.8	7.0	7.2	7.2	7.1
1963		7.2	6.9	7.4	7.7	7.5	7.3
1965			6.3	8.0	8.3	7.7	7.2
1966				9.6	9.1	7.8	7.1
1967					8.6	6.7	6.2
1968						5.0	5.3
1969							5.6

BULGARIA

CONSUMPTION OF THE POPULATION

	1963	1965	1966	1967	1968	1969	1970
1960	6.5	6.4	6.4	6.7	7.0	6.9	6.9
1963		6.8	6.6	7.2	7.5	7.3	7.1
1965			6.1	7.9	8.2	7.5	7.0
1966				9.8	9.1	7.5	6.9
1967					8.3	6.3	5.9
1968						4.2	5.0
1969							5.7

BULGARIA

PERSONAL CONSUMPTION

	1963	1965	1966	1967	1968	1969	1970
1960	10.6	10.9	10.6	10.2	10.1	10.1	9.9
1963		11.7	10.6	9.6	9.6	9.8	9.6
1965			9.2	7.9	8.8	9.7	9.3
1966				6.7	9.0	10.2	9.4
1967					11.4	11.8	9.9
1968						12.2	8.7
1969							5.3

BULGARIA

MATERIAL CONSUMPTION SERVING INDIVIDUALS

	1963	1965	1966	1967	1968	1969	1970
1960	–13.0	–3.9	–1.5	0.4	2.4	4.1	5.0
1963		10.6	9.2	8.8	10.1	11.0	10.8
1965			7.8	8.1	11.4	12.6	11.7
1966				8.3	13.9	14.4	12.4
1967					19.7	16.7	12.5
1968						13.8	8.8
1969							4.1

BULGARIA

MATERIAL CONSUMPTION SERVING COMMUNITY AS A WHOLE

	1963	1965	1966	1967	1968	1969	1970
1960	14.2	12.4	11.5	13.1	12.8	13.5	12.9
1963		–4.7	0.9	8.6	9.4	11.6	11.0
1965			24.1	30.9	20.8	20.4	16.1
1966				38.0	16.6	18.1	13.1
1967					–1.4	12.6	8.1
1968						28.5	10.0
1969							–5.8

BULGARIA

NET FIXED CAPITAL FORMATION

	1963	1965	1966	1967	1968	1969	1970	1971	1972	1973	1974	1975	1976
1960	0.7	2.9	4.0	3.8	2.2	1.6	1.1	0.8	0.8	0.7	0.5	0.6	0.6
1963		3.9	6.1	4.5	0.8	0.0	–0.4	–0.7	–0.4	–0.3	–0.4	–0.2	0.0
1965			13.7	4.6	–3.1	–2.8	–2.5	–2.3	–1.4	–1.0	–1.1	–0.6	–0.2
1966				–3.8	–10.4	–6.4	–4.5	–3.6	–2.1	–1.4	–1.4	–0.8	–0.3
1967					–16.5	–5.9	–3.3	–2.5	–0.9	–0.3	–0.6	0.0	0.4
1968						6.1	2.4	0.8	1.8	1.7	0.7	1.2	1.4
1969							–1.1	–1.4	1.1	1.2	0.1	0.9	1.2
1970								–1.7	2.7	2.1	0.2	1.2	1.5
1971									7.4	3.2	–0.2	1.3	1.8
1972										–0.8	–3.7	0.2	1.3
1973											–6.4	2.0	2.7
1974												11.1	6.2
1975													1.5

BULGARIA

AGRICULTURE

6B. AVERAGE ANNUAL RATES OF GROWTH OF NET MATERIAL PRODUCT AT CONSTANT PRICES BY USE AND BY KIND OF ACTIVITY OF THE MATERIAL SPHERE (continued)

(IN PER CENT)

BULGARIA — *INDUSTRIAL ACTIVITY*

	1963	1965	1966	1967	1968	1969	1970	1971	1972	1973	1974	1975	1976
1960	7.3	9.1	9.5	10.0	10.6	11.0	11.2	11.2	11.1	11.0	10.9	10.8	10.7
1963		11.2	11.1	11.5	12.2	12.5	12.4	12.1	11.7	11.4	11.3	11.1	10.8
1965			11.2	12.3	13.4	13.5	13.0	12.4	11.7	11.3	11.1	10.9	10.6
1966				13.4	14.5	14.1	13.1	12.2	11.4	11.0	10.8	10.6	10.3
1967					15.6	14.2	12.7	11.6	10.8	10.4	10.3	10.1	9.9
1968						12.9	11.2	10.4	9.7	9.5	9.7	9.6	9.4
1969							9.6	9.3	8.7	8.9	9.4	9.4	9.2
1970								9.0	8.3	8.8	9.5	9.4	9.2
1971									7.6	8.8	9.9	9.7	9.2
1972										10.1	11.0	10.1	9.4
1973											11.9	9.8	8.8
1974												7.8	7.5
1975													7.2

BULGARIA — *CONSTRUCTION*

	1963	1965	1966	1967	1968	1969	1970	1971	1972	1973	1974	1975	1976
1960	5.8	7.4	8.7	9.8	10.7	10.8	10.8	10.6	10.2	10.0	9.7	9.5	9.2
1963		10.4	12.2	13.4	14.0	13.2	12.6	11.7	10.8	10.3	9.9	9.5	9.0
1965			16.7	16.5	15.9	13.7	12.4	11.0	9.8	9.3	8.9	8.6	8.1
1966				16.4	15.5	12.3	11.1	9.7	8.6	8.3	8.0	7.9	7.4
1967					14.6	10.0	9.3	8.1	7.1	7.2	7.1	7.1	6.8
1968						5.5	7.4	6.5	5.8	6.3	6.5	6.7	6.3
1969							9.3	6.6	5.5	6.4	6.6	6.7	6.3
1970								4.0	4.0	6.0	6.4	6.7	6.1
1971									3.9	7.4	7.4	7.4	6.4
1972										10.9	8.5	7.9	6.3
1973											6.3	6.8	4.9
1974												7.3	3.9
1975													0.6

BULGARIA — *WHOLESALE AND RETAIL TRADE*

	1963	1965	1966	1967	1968	1969	1970	1971	1972	1973	1974	1975	1976
1960	8.0	6.2	5.8	7.1	7.6	8.1	8.6	8.9	9.3	9.9	10.4	10.8	11.2
1963		6.7	5.7	8.8	9.3	9.9	10.4	10.4	10.7	11.4	11.9	12.4	12.7
1965			–0.3	10.9	10.6	11.0	11.4	11.1	11.4	12.2	12.8	13.2	13.5
1966				23.5	14.4	13.1	12.8	12.0	12.1	13.0	13.4	13.9	14.1
1967					6.1	9.5	10.8	10.5	11.2	12.5	13.2	13.8	14.1
1968						13.0	12.8	11.3	12.0	13.5	14.1	14.6	14.8
1969							12.6	10.3	11.7	14.0	14.7	15.2	15.2
1970								8.0	11.9	15.2	15.7	16.0	15.8
1971									16.1	18.9	17.8	17.4	16.7
1972										21.8	17.9	17.3	16.3
1973											14.2	15.6	15.0
1974												17.1	15.0
1975													13.0

BULGARIA — *TRANSPORT AND COMMUNICATION*

	1963	1965	1966	1967	1968	1969	1970	1971	1972	1973	1974	1975	1976
1960	9.6	11.9	12.2	12.4	12.4	11.9	11.6	11.3	11.1	10.9	11.0	10.9	10.9
1963		15.0	13.9	13.6	13.1	11.9	11.2	10.9	10.6	10.5	10.6	10.6	10.6
1965			12.3	12.9	12.3	10.5	9.9	9.7	9.6	9.6	10.0	10.1	10.2
1966				13.4	12.1	9.5	9.1	9.1	9.1	9.3	9.8	10.0	10.2
1967					10.8	7.4	7.8	8.4	8.6	9.0	9.7	10.0	10.2
1968						4.1	6.9	8.2	8.6	9.1	9.9	10.3	10.4
1969							9.9	10.1	9.7	10.0	10.8	11.0	11.0
1970								10.4	9.6	10.0	11.2	11.3	11.2
1971									8.8	10.0	11.8	11.8	11.5
1972										11.3	13.4	12.6	11.9
1973											15.5	12.7	11.6
1974												10.0	9.9
1975													9.8

BULGARIA — *OTHER*

	1963	1965	1966	1967	1968	1969	1970	1971	1972	1973	1974	1975	1976
1960	6.8	5.1	4.0	4.2	5.6	5.0	3.9	3.8	3.6	3.5	3.3	2.9	2.9
1963		2.6	1.0	2.8	6.2	5.0	3.0	2.9	2.9	2.8	2.7	2.2	2.3
1965			–4.4	3.6	10.5	6.2	2.3	2.4	2.5	2.4	2.3	1.7	1.9
1966				12.3	18.4	7.9	1.7	2.0	2.3	2.3	2.2	1.4	1.8
1967					24.8	3.2	–3.5	–1.0	0.3	0.9	1.1	0.4	1.1
1968						–14.7	–13.3	–5.0	–1.6	–0.2	0.4	–0.3	0.6
1969							–11.9	1.6	3.5	3.4	3.0	1.4	2.1
1970								17.1	10.0	6.5	4.7	2.0	2.7
1971									3.3	2.1	1.6	–0.9	1.1
1972										0.8	0.9	–2.4	0.9
1973											1.0	–4.6	1.5
1974												–9.8	3.7
1975													19.3

BYELORUSSIAN SSR — *NET MATERIAL PRODUCT*

	1963	1965	1966	1967	1968	1969	1970	1971	1972	1973	1974	1975	1976	1977
1960	4.3	7.4	8.0	8.5	8.7	8.8	8.8	8.8	8.8	8.8	8.7	8.7	8.6	8.5
1963		10.3	10.0	10.1	10.0	9.6	9.4	9.3	9.2	9.1	8.9	8.8	8.7	8.4
1965			10.6	10.8	10.1	9.4	9.1	9.1	9.0	8.9	8.7	8.6	8.4	8.2
1966				10.9	9.8	8.8	8.6	8.8	8.7	8.6	8.4	8.4	8.2	8.0
1967					8.7	7.8	8.0	8.5	8.5	8.5	8.3	8.2	8.1	7.8
1968						6.9	7.9	8.7	8.6	8.5	8.3	8.2	8.0	7.7
1969							9.0	9.5	8.9	8.7	8.3	8.3	8.0	7.6
1970								10.0	8.7	8.5	8.0	8.0	7.8	7.4
1971									7.5	8.0	7.4	7.7	7.5	7.1
1972										8.5	7.3	7.8	7.4	6.9
1973											6.0	7.7	7.2	6.5
1974												9.4	7.4	6.3
1975													5.5	4.9
1976														4.4

BYELORUSSIAN SSR — *PER CAPITA NET MATERIAL PRODUCT*

	1963	1965	1966	1967	1968	1969	1970	1971	1972	1973	1974	1975	1976	1977
1960	3.1	6.3	6.9	7.4	7.7	7.7	7.7	7.8	7.8	7.8	7.7	7.7	7.7	7.5
1963		9.3	8.9	9.0	8.9	8.5	8.3	8.3	8.2	8.1	7.9	7.9	7.8	7.6
1965			9.3	9.5	9.0	8.3	8.0	8.1	8.0	7.9	7.7	7.7	7.6	7.4
1966				9.8	8.7	7.8	7.6	7.8	7.8	7.7	7.6	7.5	7.4	7.2
1967					7.7	6.8	7.1	7.6	7.6	7.6	7.4	7.4	7.3	7.1
1968						5.9	7.0	7.7	7.7	7.7	7.4	7.4	7.3	7.0
1969							8.0	8.6	8.1	7.9	7.5	7.5	7.3	6.9
1970								9.2	8.0	7.8	7.2	7.3	7.1	6.7
1971									6.7	7.2	6.7	7.0	6.8	6.4
1972										7.8	6.5	7.1	6.8	6.3
1973											5.3	7.0	6.6	6.0
1974												8.8	6.9	5.8
1975													5.0	4.4
1976														3.8

BYELORUSSIAN SSR — *AGRICULTURE*

	1963	1965	1966	1967	1968	1969	1970	1971	1972	1973	1974	1975
1960	–7.6	1.8	3.2	3.7	3.8	3.3	3.0	2.7	2.3	2.2	1.8	1.2
1963		10.1	7.9	6.6	5.3	3.7	2.8	2.4	1.7	1.6	1.1	0.3
1965			4.9	4.3	2.9	1.1	0.6	0.5	0.1	0.2	–0.2	–1.0
1966				3.7	1.8	–0.3	–0.5	–0.2	–0.6	–0.2	–0.7	–1.5
1967					–0.0	–2.3	–1.5	–0.7	–1.0	–0.5	–1.0	–1.9
1968						–4.5	–1.8	–0.4	–1.0	–0.2	–0.9	–2.1
1969							0.9	1.4	–0.4	0.5	–0.7	–2.3
1970								1.9	–1.4	0.4	–1.2	–3.1
1971									–4.5	0.5	–2.0	–4.3
1972										5.7	–1.9	–5.4
1973											–9.0	–10.0
1974												–10.9

BYELORUSSIAN SSR — *INDUSTRIAL ACTIVITY*

	1963	1965	1966	1967	1968	1969	1970	1971	1972	1973	1974	1975
1960	12.3	11.6	11.8	12.0	12.3	12.5	12.5	12.6	12.6	12.6	12.5	12.4
1963		11.0	12.1	12.6	13.0	13.1	13.0	13.1	13.0	12.8	12.6	12.5
1965			15.4	14.4	14.3	14.0	13.5	13.6	13.3	12.9	12.6	12.5
1966				13.4	13.9	13.7	13.1	13.3	13.0	12.7	12.4	12.3
1967					14.4	13.7	12.9	13.3	12.9	12.5	12.1	12.1
1968						13.0	12.1	13.1	12.6	12.1	11.8	11.8
1969							11.1	13.5	12.5	11.9	11.5	11.6
1970								15.8	12.7	11.7	11.3	11.4
1971									9.7	10.0	10.2	10.9
1972										10.3	10.5	11.3
1973											10.6	12.0
1974												13.3

BYELORUSSIAN SSR — *CONSTRUCTION*

	1963	1965	1966	1967	1968	1969	1970	1971	1972	1973	1974	1975
1960	2.1	5.5	7.0	8.3	9.2	9.6	9.8	9.8	9.7	9.6	9.5	10.0
1963		11.4	12.3	13.1	13.3	12.6	12.2	11.7	11.1	10.6	10.3	10.9
1965			14.9	15.3	14.6	12.8	12.0	11.2	10.4	9.8	9.7	10.6
1966				15.6	14.2	11.7	11.1	10.3	9.6	9.1	9.0	10.2
1967					12.9	9.6	9.8	9.1	8.6	8.2	8.4	10.0
1968						6.5	8.8	8.3	8.0	7.6	8.0	10.1
1969							11.2	8.7	8.0	7.5	8.1	10.8
1970								6.3	6.7	6.6	7.8	11.5
1971									7.1	6.7	8.4	13.4
1972										6.3	9.3	16.5
1973											12.5	22.8
1974												34.0

BYELORUSSIAN SSR — *TRANSPORT AND COMMUNICATION*

	1963	1965	1966	1967	1968	1969	1970	1971	1972	1973	1974	1975
1960	12.0	10.2	9.8	9.8	9.9	10.0	10.1	10.1	10.1	10.1	10.1	9.9
1963		8.2	8.4	9.3	9.6	10.0	10.1	10.2	10.2	10.2	10.1	9.9
1965			10.9	11.7	11.4	11.4	11.1	10.9	10.8	10.6	10.4	10.0
1966				12.6	11.4	11.4	11.0	10.7	10.7	10.5	10.2	9.8
1967					10.2	11.0	10.6	10.4	10.5	10.3	10.0	9.5
1968						11.9	10.7	10.3	10.4	10.2	9.9	9.3
1969							9.4	9.6	10.2	9.9	9.6	9.0
1970								9.7	10.6	10.1	9.5	8.7
1971									11.5	10.0	9.2	8.2
1972										8.5	8.2	7.2
1973											7.9	6.4
1974												5.0

BYELORUSSIAN SSR — *OTHER* (1)

	1963	1965	1966	1967	1968	1969	1970	1971	1972	1973	1974	1975
1960	5.3	6.7	6.6	7.5	7.8	8.0	8.3	8.2	8.5	8.7	8.7	8.7
1963		7.8	6.7	8.6	9.0	8.9	9.1	8.8	9.2	9.3	9.2	9.2
1965			4.4	11.1	10.5	9.8	9.8	9.1	9.6	9.7	9.4	9.4
1966				18.2	12.5	10.3	10.2	9.1	9.8	9.8	9.4	9.4
1967					7.1	7.1	8.5	7.7	9.1	9.3	9.0	9.0
1968						7.2	9.5	7.8	9.7	9.8	9.2	9.2
1969							11.9	7.5	10.4	10.3	9.3	9.2
1970								3.2	10.9	10.6	9.0	9.0
1971									19.2	13.0	9.5	9.3
1972										7.1	5.3	7.1
1973											3.5	7.7
1974												12.2

6B. AVERAGE ANNUAL RATES OF GROWTH OF NET MATERIAL PRODUCT AT CONSTANT PRICES BY USE AND BY KIND OF ACTIVITY OF THE MATERIAL SPHERE (continued)
(IN PER CENT)

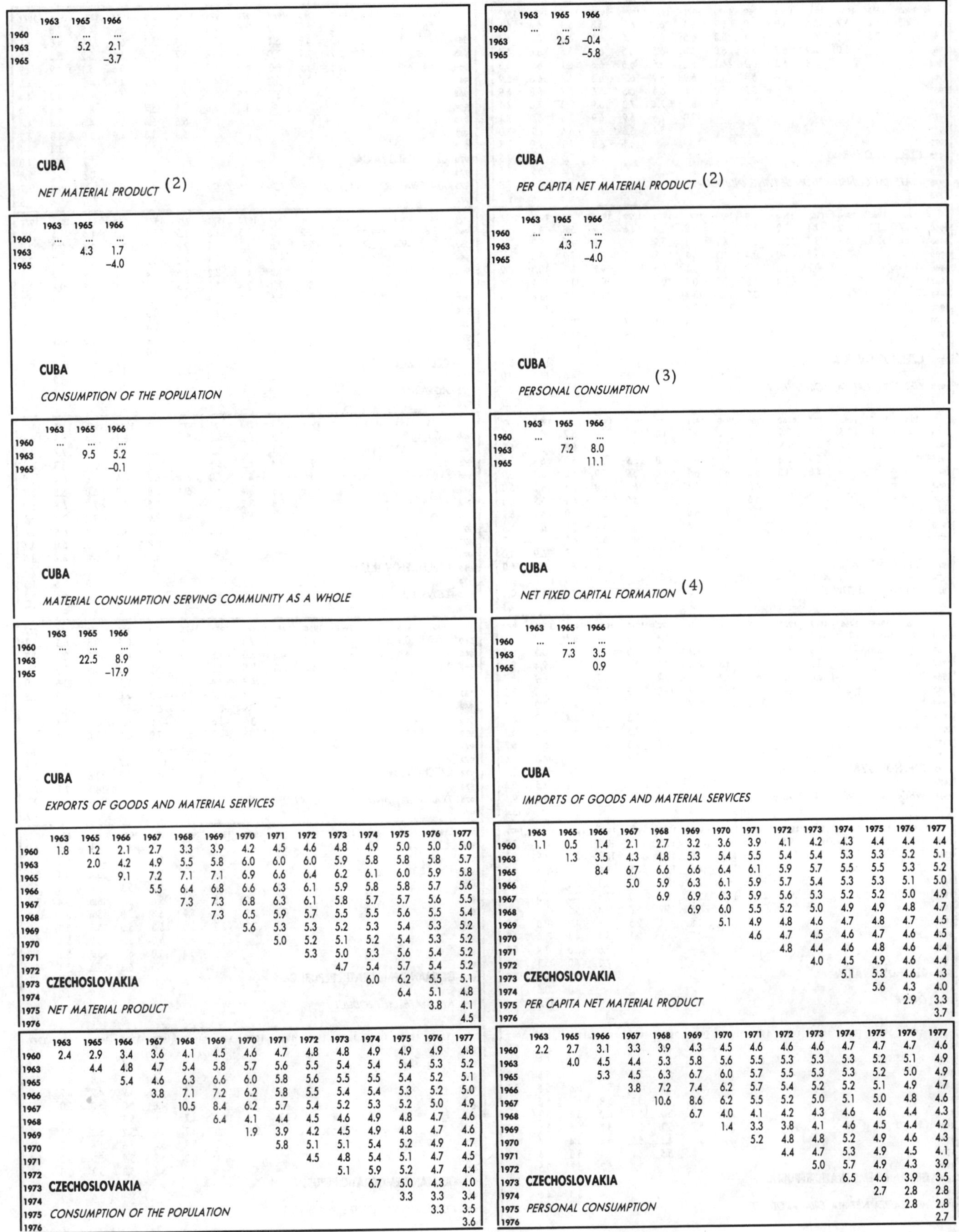

CUBA

NET MATERIAL PRODUCT (2)

	1963	1965	1966
1960	...	...	...
1963		5.2	2.1
1965			-3.7

CUBA

PER CAPITA NET MATERIAL PRODUCT (2)

	1963	1965	1966
1960	...	...	...
1963		2.5	-0.4
1965			-5.8

CUBA

CONSUMPTION OF THE POPULATION

	1963	1965	1966
1960	...	...	...
1963		4.3	1.7
1965			-4.0

CUBA

PERSONAL CONSUMPTION (3)

	1963	1965	1966
1960	...	...	...
1963		4.3	1.7
1965			-4.0

CUBA

MATERIAL CONSUMPTION SERVING COMMUNITY AS A WHOLE

	1963	1965	1966
1960	...	...	...
1963		9.5	5.2
1965			-0.1

CUBA

NET FIXED CAPITAL FORMATION (4)

	1963	1965	1966
1960	...	...	...
1963		7.2	8.0
1965			11.1

CUBA

EXPORTS OF GOODS AND MATERIAL SERVICES

	1963	1965	1966
1960	...	...	...
1963		22.5	8.9
1965			-17.9

CUBA

IMPORTS OF GOODS AND MATERIAL SERVICES

	1963	1965	1966
1960	...	...	...
1963		7.3	3.5
1965			0.9

CZECHOSLOVAKIA

NET MATERIAL PRODUCT

	1963	1965	1966	1967	1968	1969	1970	1971	1972	1973	1974	1975	1976	1977
1960	1.8	1.2	2.1	2.7	3.3	3.9	4.2	4.5	4.6	4.8	4.9	5.0	5.0	5.0
1963		2.0	4.2	4.9	5.5	5.8	6.0	6.0	6.0	5.9	5.8	5.8	5.8	5.7
1965			9.1	7.2	7.1	7.1	6.9	6.6	6.4	6.2	6.1	6.0	5.9	5.8
1966				5.5	6.4	6.8	6.6	6.3	6.1	5.9	5.8	5.8	5.7	5.6
1967					7.3	7.3	6.8	6.3	6.1	5.8	5.7	5.7	5.6	5.5
1968						7.3	6.5	5.9	5.7	5.5	5.5	5.6	5.5	5.4
1969							5.6	5.3	5.3	5.2	5.3	5.4	5.3	5.2
1970								5.0	5.2	5.1	5.2	5.4	5.3	5.2
1971									5.3	5.0	5.3	5.6	5.4	5.2
1972										4.7	5.4	5.7	5.4	5.2
1973											6.0	6.2	5.5	5.1
1974												6.4	5.1	4.8
1975													3.8	4.1
1976														4.5

CZECHOSLOVAKIA

PER CAPITA NET MATERIAL PRODUCT

	1963	1965	1966	1967	1968	1969	1970	1971	1972	1973	1974	1975	1976	1977
1960	1.1	0.5	1.4	2.1	2.7	3.2	3.6	3.9	4.1	4.2	4.3	4.4	4.4	4.4
1963		1.3	3.5	4.3	4.8	5.3	5.4	5.5	5.4	5.4	5.3	5.3	5.2	5.1
1965			8.4	6.7	6.6	6.6	6.4	6.1	5.9	5.7	5.5	5.5	5.3	5.2
1966				5.0	5.9	6.3	6.1	5.9	5.7	5.4	5.3	5.3	5.1	5.0
1967					6.9	6.9	6.3	5.9	5.6	5.3	5.2	5.2	5.0	4.9
1968						6.9	6.0	5.5	5.2	5.0	4.9	4.9	4.8	4.7
1969							5.1	4.9	4.8	4.6	4.7	4.8	4.7	4.5
1970								4.6	4.7	4.5	4.6	4.7	4.6	4.5
1971									4.8	4.4	4.6	4.8	4.6	4.4
1972										4.0	4.5	4.9	4.6	4.4
1973											5.1	5.3	4.6	4.3
1974												5.6	4.3	4.0
1975													2.9	3.3
1976														3.7

CZECHOSLOVAKIA

CONSUMPTION OF THE POPULATION

	1963	1965	1966	1967	1968	1969	1970	1971	1972	1973	1974	1975	1976	1977
1960	2.4	2.9	3.4	3.6	4.1	4.5	4.6	4.7	4.8	4.8	4.9	4.9	4.9	4.8
1963		4.4	4.8	4.7	5.4	5.8	5.7	5.6	5.5	5.4	5.4	5.4	5.3	5.2
1965			5.4	4.6	6.3	6.6	6.0	5.8	5.6	5.5	5.5	5.4	5.2	5.1
1966				3.8	7.1	7.2	6.2	5.8	5.5	5.4	5.4	5.3	5.2	5.0
1967					10.5	8.4	6.2	5.7	5.4	5.2	5.3	5.2	5.0	4.9
1968						6.4	4.1	4.4	4.5	4.6	4.9	4.8	4.7	4.6
1969							1.9	3.9	4.2	4.5	4.9	4.8	4.7	4.6
1970								5.8	5.1	5.1	5.4	5.2	4.9	4.7
1971									4.5	4.8	5.4	5.1	4.7	4.5
1972										5.1	5.9	5.2	4.7	4.4
1973											6.7	5.0	4.3	4.0
1974												3.3	3.3	3.4
1975													3.3	3.5
1976														3.6

CZECHOSLOVAKIA

PERSONAL CONSUMPTION

	1963	1965	1966	1967	1968	1969	1970	1971	1972	1973	1974	1975	1976	1977
1960	2.2	2.7	3.1	3.3	3.9	4.3	4.5	4.6	4.6	4.6	4.7	4.7	4.7	4.6
1963		4.0	4.5	4.4	5.3	5.8	5.6	5.5	5.3	5.3	5.3	5.2	5.1	4.9
1965			5.3	4.5	6.3	6.7	6.0	5.7	5.5	5.3	5.3	5.2	5.0	4.9
1966				3.8	7.2	7.4	6.2	5.7	5.4	5.2	5.2	5.1	4.9	4.7
1967					10.6	8.6	6.2	5.5	5.2	5.0	5.1	5.0	4.8	4.6
1968						6.7	4.0	4.1	4.2	4.3	4.6	4.6	4.4	4.3
1969							1.4	3.3	3.8	4.1	4.6	4.5	4.4	4.2
1970								5.2	4.8	4.8	5.2	4.9	4.6	4.3
1971									4.4	4.7	5.3	4.9	4.5	4.1
1972										5.0	5.7	4.9	4.3	3.9
1973											6.5	4.6	3.9	3.5
1974												2.7	2.8	2.8
1975													2.8	2.8
1976														2.7

6B. AVERAGE ANNUAL RATES OF GROWTH OF NET MATERIAL PRODUCT AT CONSTANT PRICES BY USE AND BY KIND OF ACTIVITY OF THE MATERIAL SPHERE (continued) (IN PER CENT)

CZECHOSLOVAKIA — *MATERIAL CONSUMPTION SERVING INDIVIDUALS*

	1963	1965	1966	1967	1968	1969	1970	1971	1972	1973	1974	1975	1976	1977
1960	4.3	5.4	5.7	5.6	5.9	5.9	5.9	6.1	6.2	6.2	6.3	6.3	6.4	6.5
1963		7.5	7.1	6.4	6.6	6.4	6.3	6.5	6.5	6.5	6.6	6.6	6.6	6.7
1965			6.0	4.9	6.3	6.0	6.0	6.4	6.5	6.5	6.5	6.6	6.6	6.7
1966				3.8	6.8	6.2	6.1	6.6	6.6	6.6	6.6	6.7	6.7	6.8
1967					9.8	6.8	6.3	6.9	6.9	6.7	6.8	6.8	6.8	6.9
1968						3.8	5.0	6.6	6.6	6.5	6.6	6.7	6.8	6.9
1969							6.1	8.1	7.4	7.0	6.9	7.0	7.0	7.1
1970								10.0	7.6	6.9	6.9	7.0	6.9	7.1
1971									5.1	5.6	6.2	6.6	6.7	7.0
1972										6.1	6.8	7.1	7.0	7.3
1973											7.6	7.5	7.2	7.5
1974												7.4	6.9	7.5
1975													6.4	7.8
1976														9.3

CZECHOSLOVAKIA — *MATERIAL CONSUMPTION SERVING COMMUNITY AS A WHOLE*

	1963	1965	1966	1967	1968	1969	1970	1971	1972	1973	1974	1975	1976	1977
1960	7.6	4.7	3.8	4.3	4.8	4.9	4.8	4.8	4.9	5.0	5.0	4.8	4.8	4.8
1963		1.7	1.1	3.5	4.9	5.1	4.9	5.0	5.1	5.1	5.1	4.9	4.8	4.9
1965			−0.5	6.7	7.9	7.0	6.0	5.8	5.7	5.7	5.5	5.2	5.0	5.0
1966				14.5	11.2	8.3	6.3	5.9	5.7	5.7	5.5	5.1	4.9	4.9
1967					8.0	5.3	3.8	4.3	4.6	4.9	4.8	4.5	4.4	4.5
1968						2.7	2.0	3.7	4.3	4.8	4.7	4.4	4.3	4.4
1969							1.3	4.6	5.1	5.4	5.1	4.5	4.4	4.6
1970								7.9	6.6	6.4	5.6	4.6	4.4	4.6
1971									5.3	5.8	4.9	3.9	3.8	4.2
1972										6.3	4.5	3.1	3.4	4.1
1973											2.7	1.7	2.8	4.0
1974												0.6	3.2	4.8
1975													5.9	6.7
1976														7.5

CZECHOSLOVAKIA — *NET FIXED CAPITAL FORMATION*

	1963	1965	1966	1967	1968	1969	1970	1971	1972	1973	1974	1975	1976	1977
1960	−5.7	1.1	1.2	1.1	1.2	1.2	2.4	3.2	3.8	4.6	5.2	5.8	6.3	6.0
1963		12.5	6.3	3.7	2.9	2.4	4.2	5.3	5.9	6.7	7.2	7.8	8.2	7.5
1965			−2.2	−1.5	0.0	0.4	4.3	6.1	6.8	7.8	8.4	8.9	9.3	8.3
1966				−0.7	1.3	1.2	6.4	8.1	8.5	9.4	9.7	10.1	10.3	8.9
1967					3.4	1.8	9.5	10.7	10.3	10.9	10.9	11.2	11.2	9.4
1968						0.2	14.4	13.7	12.0	12.3	11.9	12.0	11.8	9.5
1969							30.5	18.4	13.4	13.2	12.4	12.4	12.1	9.2
1970								7.3	6.6	9.7	10.0	10.7	10.9	7.6
1971									5.9	11.6	11.1	11.7	11.5	7.2
1972										17.7	12.7	12.8	12.1	6.1
1973											7.8	11.2	11.0	3.2
1974												14.6	12.1	−0.0
1975													9.6	−8.1
1976														−22.9

CZECHOSLOVAKIA — *AGRICULTURE*

	1963	1965	1966	1967	1968	1969	1970	1971	1972	1973	1974	1975	1976	1977
1960	−3.8	−4.2	−2.6	−1.1	0.2	1.1	1.3	1.5	1.5	1.6	1.7	1.6	1.5	1.5
1963		−9.4	−2.7	0.7	2.8	3.8	3.3	3.1	2.9	2.7	2.6	2.4	2.0	2.0
1965			16.9	12.1	10.6	9.3	6.4	5.1	4.2	3.7	3.3	2.8	2.3	2.3
1966				7.5	8.1	7.3	4.1	3.2	2.6	2.4	2.2	1.9	1.4	1.5
1967					8.7	7.1	2.4	1.8	1.5	1.5	1.5	1.3	0.8	1.1
1968						5.5	−1.1	−0.3	0.1	0.6	0.8	0.7	0.3	0.7
1969							−7.2	−1.9	−0.5	0.5	0.8	0.7	0.1	0.7
1970								3.8	2.3	2.4	2.0	1.5	0.5	1.1
1971									0.9	1.9	1.6	1.0	−0.1	0.9
1972										3.0	1.8	0.8	−0.7	0.8
1973											0.6	−0.2	−1.9	0.7
1974												−1.0	−3.3	1.2
1975													−5.5	3.6
1976														13.5

CZECHOSLOVAKIA — *INDUSTRIAL ACTIVITY*

	1963	1965	1966	1967	1968	1969	1970	1971	1972	1973	1974	1975	1976	1977
1960	4.4	3.1	3.5	3.7	3.9	4.2	4.5	4.7	4.8	4.9	5.0	5.2	5.3	5.3
1963		3.5	4.7	4.8	4.9	5.1	5.5	5.6	5.6	5.6	5.7	5.8	5.9	5.8
1965			6.8	5.4	5.3	5.5	5.9	6.1	6.0	5.9	5.9	6.0	6.1	5.9
1966				4.0	4.8	5.4	6.0	6.1	6.0	5.9	5.9	6.0	6.1	6.0
1967					5.6	6.1	6.7	6.6	6.2	6.0	6.0	6.1	6.2	6.0
1968						6.6	7.3	6.8	6.3	5.9	5.9	6.1	6.2	6.0
1969							7.9	6.8	5.9	5.6	5.7	6.0	6.2	5.9
1970								5.6	5.0	5.0	5.4	5.9	6.1	5.8
1971									4.4	4.7	5.4	6.2	6.4	5.9
1972										5.1	6.0	6.9	6.9	6.0
1973											7.0	7.7	7.3	6.0
1974												8.5	7.3	5.3
1975													6.0	3.6
1976														1.3

CZECHOSLOVAKIA — *CONSTRUCTION*

	1963	1965	1966	1967	1968	1969	1970	1971	1972	1973	1974	1975	1976	1977
1960	−5.7	−0.5	2.5	4.1	5.0	5.2	5.3	5.5	5.9	6.1	6.3	6.4	6.3	6.1
1963		12.7	14.6	13.5	11.9	10.1	9.0	8.5	8.5	8.3	8.2	8.0	7.7	7.2
1965			19.0	13.0	9.9	7.4	6.5	6.5	7.1	7.1	7.1	7.0	6.8	6.3
1966				7.3	6.0	4.3	4.2	5.0	6.1	6.5	6.6	6.6	6.4	5.9
1967					4.8	2.8	3.4	4.8	6.4	6.8	6.9	6.8	6.5	5.9
1968						0.8	3.2	5.4	7.4	7.5	7.5	7.2	6.8	6.0
1969							5.7	7.7	9.6	8.9	8.3	7.8	7.1	6.1
1970								9.8	11.6	9.5	8.5	7.7	6.8	5.6
1971									13.4	8.8	7.6	6.9	6.0	4.7
1972										4.4	5.4	5.4	4.7	3.5
1973											6.4	5.7	4.6	2.9
1974												5.0	3.6	1.5
1975													2.2	−0.3
1976														−2.7

CZECHOSLOVAKIA — *WHOLESALE AND RETAIL TRADE*

	1963	1965	1966	1967	1968	1969	1970	1971	1972	1973	1974	1975	1976	1977
1960	−0.1	−4.3	−2.9	−1.6	0.3	2.4	3.9	4.7	5.4	5.9	6.2	6.3	6.3	6.4
1963		−8.4	−2.1	0.8	4.3	7.4	8.8	9.1	9.2	9.3	9.2	8.8	8.5	8.4
1965			11.2	8.5	11.8	14.4	14.5	13.1	12.2	11.6	11.0	10.1	9.4	9.1
1966				6.0	13.1	16.4	15.7	13.4	12.2	11.5	10.7	9.7	8.9	8.7
1967					20.8	21.3	17.7	13.7	12.0	11.2	10.2	9.2	8.3	8.2
1968						21.8	15.5	10.7	9.6	9.3	8.6	7.7	7.0	7.1
1969							9.6	5.7	6.6	7.3	7.1	6.4	5.9	6.2
1970								2.0	5.9	7.3	7.0	6.1	5.5	6.1
1971									9.9	9.6	8.0	6.3	5.5	6.2
1972										9.2	6.9	4.9	4.3	5.6
1973											4.5	2.8	3.0	5.4
1974												1.2	2.5	6.4
1975													3.8	9.5
1976														15.4

CZECHOSLOVAKIA — *TRANSPORT AND COMMUNICATION*

	1963	1965	1966	1967	1968	1969	1970	1971	1972	1973	1974	1975	1976	1977
1960	−0.0	0.9	0.3	1.3	2.0	2.4	2.3	2.0	1.5	0.6	0.2	0.3	0.5	1.1
1963		4.6	1.1	3.3	4.2	4.2	3.6	2.8	1.8	0.2	−0.2	−0.0	0.3	1.2
1965			−6.0	4.7	6.0	5.3	3.8	2.5	1.1	−1.0	−1.5	−0.9	−0.3	1.0
1966				16.6	10.7	7.3	4.4	2.4	0.6	−1.9	−2.2	−1.4	−0.6	1.0
1967					5.1	3.2	1.1	−0.4	−1.8	−4.3	−4.0	−2.7	−1.5	0.5
1968						1.4	−0.9	−2.1	−3.4	−6.1	−5.3	−3.3	−1.7	0.7
1969							−3.1	−3.6	−4.8	−7.9	−6.3	−3.5	−1.4	1.5
1970								−4.1	−5.7	−9.9	−6.9	−3.0	−0.4	3.1
1971									−7.3	−13.1	−7.0	−1.4	1.5	5.5
1972										−18.6	−4.7	2.7	5.3	9.5
1973											11.5	13.8	12.3	15.5
1974												16.1	12.1	17.1
1975													8.1	19.1
1976														31.2

CZECHOSLOVAKIA — *OTHER*

	1963	1965	1966	1967	1968	1969	1970	1971	1972	1973	1974	1975	1976	1977
1960	2.6	5.3	7.4	8.6	9.8	11.2	11.8	11.5	11.0	10.6	10.2	9.9	8.3	7.0
1963		8.6	12.7	13.1	14.1	15.5	15.4	14.0	12.6	11.6	10.8	10.2	7.9	6.1
1965			24.8	17.5	17.3	18.7	17.3	14.5	12.2	10.9	9.9	9.3	6.4	4.2
1966				10.7	14.8	18.1	16.5	13.0	10.5	9.3	8.5	8.0	4.8	2.6
1967					19.1	21.9	17.5	12.2	9.1	8.0	7.4	7.0	3.5	1.1
1968						24.6	15.5	8.8	5.9	5.6	5.4	5.5	1.5	−0.9
1969							7.1	1.8	1.1	2.5	3.4	4.0	−0.5	−3.0
1970								−3.2	−1.0	2.1	3.4	4.3	−1.6	−4.3
1971									1.2	5.1	5.6	6.0	−2.4	−5.7
1972										9.1	7.2	7.0	−5.1	−8.5
1973											5.4	6.2	−10.9	−13.2
1974												7.0	−20.6	−19.1
1975													−41.0	−25.8
1976														−6.6

GERMAN DEMOCRATIC REPUBLIC — *NET MATERIAL PRODUCT*

	1963	1965	1966	1967	1968	1969	1970	1971	1972	1973	1974	1975	1976	1977
1960	1.3	2.6	3.3	3.7	3.7	4.0	4.3	4.5	4.6	4.7	4.8	4.9	4.9	4.9
1963		5.6	5.8	5.6	5.1	5.2	5.5	5.4	5.4	5.4	5.5	5.4	5.4	5.4
1965			6.3	5.4	4.4	5.0	5.5	5.4	5.4	5.4	5.5	5.4	5.4	5.3
1966				4.5	3.4	4.8	5.6	5.4	5.4	5.5	5.5	5.4	5.4	5.3
1967					2.3	5.3	6.2	5.8	5.6	5.6	5.7	5.5	5.4	5.4
1968						8.4	7.9	6.4	5.9	5.8	5.8	5.6	5.5	5.4
1969							7.3	5.2	5.0	5.3	5.5	5.3	5.2	5.2
1970								3.1	4.2	5.0	5.4	5.2	5.1	5.1
1971									5.4	6.0	6.1	5.4	5.3	5.2
1972										6.6	6.3	5.3	5.1	5.0
1973											6.1	4.5	4.7	4.7
1974												2.9	4.2	4.5
1975													5.6	5.2
1976														4.8

GERMAN DEMOCRATIC REPUBLIC — *PER CAPITA NET MATERIAL PRODUCT*

	1963	1965	1966	1967	1968	1969	1970	1971	1972	1973	1974	1975	1976	1977
1960	1.4	2.9	3.5	3.8	3.8	4.1	4.4	4.5	4.6	4.8	4.9	4.9	5.0	5.0
1963		6.0	6.0	5.7	5.1	5.2	5.5	5.4	5.4	5.5	5.5	5.5	5.5	5.5
1965			6.1	5.2	4.3	4.9	5.4	5.4	5.4	5.5	5.6	5.5	5.5	5.5
1966				4.4	3.4	4.8	5.6	5.4	5.4	5.5	5.6	5.6	5.5	5.5
1967					2.3	5.4	6.3	5.8	5.6	5.7	5.8	5.7	5.6	5.6
1968						8.5	7.9	6.4	5.9	5.9	6.0	5.8	5.7	5.6
1969							7.4	5.2	5.1	5.4	5.7	5.5	5.5	5.4
1970								3.1	4.3	5.2	5.6	5.4	5.4	5.4
1971									5.5	6.2	6.4	5.8	5.6	5.5
1972										7.0	6.7	5.7	5.5	5.4
1973											6.4	4.9	5.0	5.1
1974												3.3	4.6	4.9
1975													6.0	5.4
1976														4.9

GERMAN DEMOCRATIC REPUBLIC — *CONSUMPTION OF THE POPULATION*

	1963	1965	1966	1967	1968	1969	1970	1971	1972	1973	1974	1975	1976	1977
1960	1.3	2.0	2.5	2.7	3.0	3.2	3.4	3.5	3.7	3.8	4.0	4.1	4.2	4.2
1963		3.6	3.9	3.9	4.0	4.2	4.2	4.2	4.3	4.5	4.6	4.6	4.7	4.7
1965			4.6	4.2	4.1	4.4	4.4	4.4	4.5	4.6	4.8	4.8	4.8	4.8
1966				3.8	4.0	4.4	4.4	4.4	4.5	4.7	4.9	4.9	4.9	4.9
1967					4.2	4.8	4.6	4.5	4.7	4.8	5.0	5.0	5.0	5.0
1968						5.4	4.6	4.4	4.7	4.9	5.1	5.1	5.1	5.0
1969							3.9	4.0	4.7	5.0	5.2	5.2	5.1	5.0
1970								4.2	5.2	5.4	5.6	5.4	5.2	5.1
1971									6.2	5.8	5.9	5.5	5.3	5.1
1972										5.5	5.8	5.3	5.0	4.9
1973											6.2	5.0	4.8	4.7
1974												3.9	4.2	4.3
1975													4.5	4.5
1976														4.5

6B. AVERAGE ANNUAL RATES OF GROWTH OF NET MATERIAL PRODUCT AT CONSTANT PRICES BY USE AND BY KIND OF ACTIVITY OF THE MATERIAL SPHERE (continued) (IN PER CENT)

GERMAN DEMOCRATIC REPUBLIC — *PERSONAL CONSUMPTION*

	1963	1965	1966	1967	1968	1969	1970	1971	1972	1973	1974	1975	1976	1977
1960	1.2	2.0	2.4	2.7	2.9	3.1	3.3	3.4	3.6	3.7	3.9	4.0	4.0	4.1
1963		3.6	3.9	3.9	3.8	4.0	4.1	4.1	4.2	4.3	4.5	4.5	4.5	4.5
1965			4.4	4.0	3.9	4.2	4.2	4.2	4.4	4.5	4.6	4.7	4.7	4.7
1966				3.6	3.7	4.2	4.3	4.3	4.4	4.6	4.7	4.8	4.8	4.7
1967					3.7	4.6	4.5	4.4	4.6	4.7	4.9	4.9	4.8	4.8
1968						5.4	4.7	4.5	4.7	4.9	5.0	5.0	4.9	4.9
1969							4.0	4.0	4.6	4.9	5.1	5.0	4.9	4.8
1970								4.1	5.0	5.2	5.4	5.2	5.0	4.9
1971									5.9	5.7	5.7	5.3	5.0	4.9
1972										5.4	5.6	5.0	4.8	4.6
1973											5.8	4.7	4.5	4.4
1974												3.6	4.0	4.1
1975													4.3	4.4
1976														4.4

GERMAN DEMOCRATIC REPUBLIC — *MATERIAL CONSUMPTION SERVING INDIVIDUALS*

	1963	1965	1966	1967	1968	1969	1970	1971	1972	1973	1974	1975	1976	1977
1960	2.9	3.4	3.9	4.4	5.2	5.6	5.6	5.6	5.8	5.9	6.1	6.4	6.5	6.6
1963		3.9	5.1	5.7	6.9	7.1	6.7	6.5	6.5	6.6	6.9	7.1	7.2	7.3
1965			7.7	7.3	8.9	8.5	7.3	6.7	6.8	6.8	7.1	7.4	7.5	7.5
1966				6.9	9.8	8.8	7.0	6.4	6.5	6.6	7.0	7.4	7.5	7.5
1967					12.8	9.1	6.2	5.7	6.1	6.3	7.0	7.4	7.6	7.6
1968						5.4	3.2	3.9	5.1	5.8	6.8	7.3	7.6	7.6
1969							1.0	3.6	5.6	6.4	7.5	8.0	8.1	8.0
1970								6.3	7.9	7.9	8.8	9.0	8.9	8.6
1971									9.6	8.4	9.6	9.6	9.3	8.7
1972										7.3	9.9	9.7	9.3	8.5
1973											12.6	10.5	9.4	8.3
1974												8.4	8.0	7.1
1975													7.5	6.3
1976														5.2

GERMAN DEMOCRATIC REPUBLIC — *MATERIAL CONSUMPTION SERVING COMMUNITY AS A WHOLE*

	1963	1965	1966	1967	1968	1969	1970	1971	1972	1973	1974	1975	1976	1977
1960	0.6	2.7	3.4	4.2	4.8	5.3	5.8	6.3	6.6	6.8	7.0	7.0	7.1	7.1
1963		7.8	7.0	7.3	7.6	7.7	7.9	8.3	8.4	8.4	8.3	8.2	8.1	8.0
1965			4.6	6.9	7.7	7.9	8.2	8.7	8.8	8.6	8.5	8.3	8.1	8.0
1966				9.3	9.0	8.7	8.7	9.3	9.2	8.9	8.7	8.4	8.2	8.0
1967					8.7	8.4	8.6	9.4	9.3	8.9	8.6	8.3	8.0	7.9
1968						8.0	8.7	9.8	9.5	8.9	8.5	8.1	7.9	7.7
1969							9.4	10.8	9.8	8.8	8.3	7.9	7.6	7.5
1970								12.3	9.5	8.2	7.8	7.4	7.2	7.1
1971									6.9	6.5	6.7	6.6	6.6	6.7
1972										6.1	6.8	6.5	6.6	6.7
1973											7.4	6.5	6.7	6.8
1974												5.7	6.4	6.8
1975													7.2	7.3
1976														7.3

GERMAN DEMOCRATIC REPUBLIC — *NET FIXED CAPITAL FORMATION*

	1963	1965	1966	1967	1968	1969	1970	1971	1972	1973	1974	1975	1976	1977
1960	-0.7	3.4	4.7	6.1	7.0	8.1	8.6	8.4	8.1	8.0	7.8	7.6	7.4	7.2
1963		9.9	10.0	10.8	11.0	12.1	11.9	10.7	9.7	9.2	8.7	8.2	7.8	7.5
1965			10.5	12.2	12.0	13.5	12.7	10.6	9.0	8.4	7.9	7.4	7.0	6.8
1966				14.0	12.4	14.5	13.0	10.0	8.2	7.6	7.1	6.7	6.4	6.2
1967					10.9	15.3	12.6	8.7	6.8	6.4	6.1	5.8	5.7	5.6
1968						20.0	12.4	6.6	4.8	5.0	5.0	4.9	4.9	4.9
1969							5.2	0.7	1.0	2.8	3.5	3.8	4.1	4.3
1970								-3.6	-0.2	3.0	4.0	4.2	4.5	4.6
1971									3.2	6.5	6.2	5.6	5.5	5.4
1972										9.8	7.1	5.8	5.6	5.4
1973											4.4	4.0	4.7	4.8
1974												3.7	5.0	5.0
1975													6.3	5.4
1976														4.5

GERMAN DEMOCRATIC REPUBLIC — *AGRICULTURE*

	1963	1965	1966	1967	1968	1969	1970	1971	1972	1973	1974	1975	1976	1977
1960	-2.0	1.8	2.7	3.3	3.3	2.8	2.5	2.1	2.1	2.0	2.1	2.1	1.8	1.7
1963		5.3	5.3	5.3	4.5	3.0	2.4	1.6	1.7	1.7	1.9	1.9	1.4	1.4
1965			4.7	4.9	3.4	1.1	0.7	0.1	0.6	0.8	1.3	1.3	0.9	0.9
1966				5.2	2.5	-0.5	-0.4	-0.9	0.1	0.5	1.1	1.2	0.7	0.8
1967					-0.1	-3.3	-1.7	-1.9	-0.3	0.4	1.2	1.3	0.6	0.8
1968						-6.4	-1.7	-1.9	0.3	1.0	1.9	1.8	0.9	1.0
1969							3.2	-0.4	2.3	2.5	3.1	2.7	1.3	1.3
1970								-4.0	2.9	2.9	3.6	2.9	1.1	1.2
1971									10.2	5.2	5.2	3.6	0.9	1.1
1972										0.5	3.6	2.0	-1.1	-0.2
1973											6.8	2.0	-2.6	-0.8
1974												-2.5	-6.9	-2.2
1975													-11.1	-0.4
1976														11.6

GERMAN DEMOCRATIC REPUBLIC — *INDUSTRIAL ACTIVITY*

	1963	1965	1966	1967	1968	1969	1970	1971	1972	1973	1974	1975	1976	1977
1960	4.6	4.6	4.6	4.7	4.9	5.1	5.2	5.3	5.3	5.4	5.4	5.5	5.5	5.5
1963		4.8	4.9	5.0	5.3	5.5	5.6	5.7	5.7	5.7	5.7	5.7	5.8	5.7
1965			5.1	5.4	5.7	5.9	6.0	6.0	5.9	5.8	5.8	5.9	5.9	5.8
1966				5.7	6.0	6.2	6.2	6.1	5.9	5.9	5.9	5.9	5.9	5.9
1967					6.3	6.5	6.3	6.1	5.9	5.8	5.8	5.9	5.9	5.8
1968						6.6	6.3	6.0	5.7	5.7	5.8	5.8	5.8	5.8
1969							6.0	5.6	5.4	5.5	5.7	5.8	5.8	5.8
1970								5.2	5.2	5.4	5.7	5.8	5.9	5.8
1971									5.1	5.6	5.8	6.0	6.0	5.8
1972										6.0	6.2	6.2	6.1	5.9
1973											6.3	6.3	6.1	5.8
1974												6.2	6.0	5.5
1975													5.9	5.2
1976														4.5

GERMAN DEMOCRATIC REPUBLIC — *CONSTRUCTION*

	1963	1965	1966	1967	1968	1969	1970	1971	1972	1973	1974	1975	1976	1977
1960	1.6	4.6	5.3	5.6	6.2	6.5	6.6	6.6	6.5	6.4	6.3	6.2	6.1	6.0
1963		10.6	9.3	8.4	8.5	8.5	8.2	7.8	7.4	7.0	6.7	6.5	6.3	6.2
1965			7.3	6.6	7.9	8.1	7.7	7.3	6.8	6.4	6.1	5.9	5.8	5.7
1966				5.8	8.6	8.6	7.8	7.2	6.6	6.1	5.8	5.7	5.6	5.5
1967					11.5	9.5	7.9	7.0	6.2	5.8	5.5	5.4	5.3	5.3
1968						7.6	6.3	5.7	5.2	4.9	4.8	4.8	4.9	4.9
1969							4.9	4.9	4.5	4.4	4.4	4.6	4.7	4.8
1970								4.8	4.3	4.2	4.3	4.6	4.8	4.8
1971									3.7	4.1	4.3	4.6	4.9	4.9
1972										4.4	4.5	5.0	5.1	5.1
1973											4.7	5.3	5.4	5.2
1974												5.9	5.7	5.2
1975													5.4	4.9
1976														4.4

GERMAN DEMOCRATIC REPUBLIC — *WHOLESALE AND RETAIL TRADE*

	1963	1965	1966	1967	1968	1969	1970	1971	1972	1973	1974	1975	1976	1977
1960	1.0	2.8	3.3	3.7	3.9	4.2	4.4	4.6	4.8	4.9	5.1	5.1	5.1	5.1
1963		6.1	5.7	5.4	5.2	5.5	5.5	5.6	5.7	5.7	5.8	5.8	5.7	5.6
1965			4.9	4.7	4.6	5.4	5.5	5.7	5.7	5.8	5.9	5.8	5.7	5.6
1966				4.6	4.5	5.8	5.8	5.9	5.9	5.9	6.0	5.9	5.7	5.6
1967					4.4	6.6	6.2	6.2	6.1	6.1	6.2	6.0	5.8	5.6
1968						8.9	6.6	6.4	6.3	6.1	6.2	6.0	5.7	5.6
1969							4.3	5.5	5.7	5.8	6.0	5.8	5.5	5.3
1970								6.6	6.3	6.1	6.3	5.9	5.5	5.3
1971									6.0	5.8	6.2	5.7	5.3	5.1
1972										5.7	6.5	5.6	5.0	4.8
1973											7.2	5.3	4.5	4.5
1974												3.4	3.4	3.9
1975													3.4	4.2
1976														5.1

GERMAN DEMOCRATIC REPUBLIC — *TRANSPORT AND COMMUNICATION*

	1963	1965	1966	1967	1968	1969	1970	1971	1972	1973	1974	1975	1976	1977
1960	1.5	2.7	2.7	2.8	3.0	3.0	3.3	3.7	3.8	3.9	4.0	4.2	4.3	4.3
1963		3.9	3.0	3.2	3.4	3.4	3.8	4.3	4.4	4.4	4.5	4.7	4.7	4.8
1965			2.3	3.4	3.8	3.6	4.4	4.9	4.9	4.9	4.9	5.0	5.1	5.0
1966				4.6	4.4	3.9	4.8	5.4	5.3	5.1	5.1	5.2	5.2	5.2
1967					4.3	3.5	5.1	5.8	5.5	5.3	5.2	5.3	5.3	5.2
1968						2.7	5.9	6.6	5.8	5.4	5.2	5.4	5.4	5.3
1969							9.2	8.2	6.2	5.5	5.2	5.4	5.4	5.3
1970								7.2	4.6	4.3	4.4	4.9	5.1	5.0
1971									2.0	3.3	4.0	4.8	5.1	4.9
1972										4.5	4.8	5.7	5.7	5.3
1973											5.2	6.5	6.0	5.3
1974												7.8	6.2	5.1
1975													4.7	3.8
1976														3.0

GERMAN DEMOCRATIC REPUBLIC — *OTHER*

	1963	1965	1966	1967	1968	1969	1970	1971	1972	1973	1974	1975	1976	1977
1960	2.5	5.1	5.2	5.7	6.2	6.2	6.0	5.8	5.6	5.5	5.4	5.5	5.5	5.6
1963		9.5	7.3	7.5	8.1	7.5	6.7	6.2	5.7	5.5	5.4	5.5	5.6	5.7
1965			2.7	6.5	8.3	7.1	5.9	5.3	4.8	4.8	4.8	5.0	5.2	5.4
1966				10.5	10.9	7.8	5.8	5.0	4.5	4.5	4.6	4.9	5.2	5.4
1967					11.2	5.9	3.9	3.6	3.3	3.7	4.0	4.5	4.9	5.2
1968						0.8	0.9	2.0	2.2	3.1	3.7	4.4	4.9	5.2
1969							1.0	2.7	2.7	3.8	4.3	5.0	5.5	5.8
1970								4.5	3.3	4.6	5.0	5.8	6.2	6.3
1971									2.1	5.1	5.5	6.3	6.7	6.8
1972										8.3	6.7	7.4	7.6	7.3
1973											5.2	7.4	7.6	7.2
1974												9.6	8.5	7.5
1975													7.4	6.5
1976														5.6

HUNGARY — *NET MATERIAL PRODUCT*

	1963	1965	1966	1967	1968	1969	1970	1971	1972	1973	1974	1975	1976	1977
1960	5.5	4.5	4.6	4.9	5.1	5.3	5.4	5.5	5.6	5.7	5.8	5.9	5.8	5.9
1963		2.4	3.9	5.0	5.3	5.7	5.8	5.9	5.9	6.0	6.1	6.1	6.1	6.1
1965			8.0	8.1	7.2	7.1	6.8	6.6	6.5	6.5	6.5	6.5	6.4	6.3
1966				8.1	6.6	6.8	6.5	6.3	6.3	6.3	6.4	6.4	6.2	6.2
1967					5.1	6.4	6.1	6.0	6.1	6.2	6.3	6.3	6.2	6.2
1968						7.8	6.4	6.1	6.1	6.3	6.4	6.4	6.2	6.2
1969							5.0	5.4	5.8	6.2	6.3	6.4	6.1	6.1
1970								5.9	6.3	6.6	6.6	6.6	6.2	6.2
1971									6.6	7.0	6.8	6.7	6.1	6.1
1972										7.4	6.8	6.6	5.9	6.0
1973											6.2	6.3	5.3	5.7
1974												6.5	4.7	5.6
1975													3.0	5.6
1976														8.2

HUNGARY — *PER CAPITA NET MATERIAL PRODUCT*

	1963	1965	1966	1967	1968	1969	1970	1971	1972	1973	1974	1975	1976	1977
1960	5.1	4.2	4.3	4.6	4.8	5.0	5.1	5.2	5.2	5.4	5.4	5.5	5.5	5.5
1963		2.1	3.5	4.7	5.0	5.4	5.4	5.5	5.6	5.7	5.7	5.8	5.7	5.7
1965			7.6	7.7	6.8	6.7	6.4	6.2	6.1	6.1	6.1	6.1	6.0	5.9
1966				7.8	6.2	6.4	6.1	5.9	5.9	6.0	6.0	6.0	5.8	5.8
1967					4.6	6.0	5.7	5.6	5.7	5.9	5.9	5.9	5.8	5.8
1968						7.4	6.0	5.7	5.8	6.0	6.0	6.0	5.8	5.8
1969							4.5	5.1	5.5	5.9	6.0	6.0	5.7	5.7
1970								5.6	6.0	6.3	6.3	6.2	5.8	5.7
1971									6.3	6.7	6.4	6.3	5.7	5.7
1972										7.0	6.4	6.2	5.4	5.5
1973											5.7	5.8	4.8	5.2
1974												5.9	4.1	5.0
1975													2.4	5.0
1976														7.7

6B. AVERAGE ANNUAL RATES OF GROWTH OF NET MATERIAL PRODUCT AT CONSTANT PRICES BY USE AND BY KIND OF ACTIVITY OF THE MATERIAL SPHERE (continued)
(IN PER CENT)

HUNGARY — *CONSUMPTION OF THE POPULATION*

	1963	1965	1966	1967	1968	1969	1970	1971	1972	1973	1974	1975	1976	1977
1960	3.1	3.7	3.8	4.1	4.2	4.4	4.6	4.8	4.9	4.9	4.9	5.0	5.0	4.9
1963		3.7	3.8	4.4	4.6	4.8	5.1	5.3	5.3	5.2	5.3	5.3	5.2	5.1
1965			4.7	5.7	5.4	5.4	5.8	5.9	5.7	5.5	5.5	5.5	5.3	5.2
1966				6.7	5.6	5.4	6.0	6.0	5.8	5.6	5.5	5.5	5.3	5.2
1967					4.5	5.0	6.0	6.1	5.7	5.5	5.4	5.4	5.2	5.1
1968						5.5	6.9	6.5	5.9	5.5	5.4	5.4	5.2	5.0
1969							8.3	6.7	5.7	5.2	5.2	5.3	5.0	4.8
1970								5.2	4.5	4.3	4.8	4.9	4.7	4.6
1971									3.7	4.0	4.8	5.0	4.6	4.5
1972										4.2	5.4	5.5	4.8	4.6
1973											6.6	5.9	4.6	4.4
1974												5.2	3.5	3.7
1975													1.8	3.3
1976														4.8

HUNGARY — *PERSONAL CONSUMPTION*

	1963	1965	1966	1967	1968	1969	1970	1971	1972	1973	1974	1975	1976	1977
1960	2.8	3.5	3.6	3.9	4.1	4.3	4.5	4.7	4.8	4.8	4.8	4.9	4.8	4.8
1963		3.7	3.9	4.4	4.7	4.8	5.1	5.2	5.2	5.2	5.2	5.2	5.0	5.0
1965			4.9	5.7	5.5	5.4	5.7	5.8	5.6	5.4	5.4	5.3	5.1	5.0
1966				6.6	5.7	5.4	5.9	5.9	5.6	5.4	5.4	5.3	5.1	4.9
1967					4.8	5.0	5.8	5.8	5.5	5.3	5.3	5.2	5.0	4.8
1968						5.1	6.5	6.2	5.6	5.2	5.2	5.2	4.9	4.7
1969							7.8	6.4	5.4	5.0	5.1	5.0	4.7	4.6
1970								5.0	4.3	4.3	4.6	4.8	4.4	4.3
1971									3.6	4.0	4.7	4.8	4.4	4.2
1972										4.3	5.3	5.2	4.4	4.2
1973											6.2	5.5	4.1	3.9
1974												4.7	3.0	3.2
1975													1.3	2.8
1976														4.4

HUNGARY — *MATERIAL CONSUMPTION SERVING INDIVIDUALS*

	1963	1965	1966	1967	1968	1969	1970	1971	1972	1973	1974	1975	1976	1977
1960	8.5	7.1	6.2	6.0	5.4	5.5	5.9	6.2	6.4	6.4	6.5	6.6	6.7	6.8
1963		3.9	3.2	4.0	3.5	4.3	5.4	6.1	6.3	6.3	6.5	6.7	6.9	7.0
1965			2.4	5.3	3.7	5.0	6.7	7.4	7.5	7.2	7.3	7.5	7.5	7.6
1966				8.3	3.5	5.6	7.8	8.4	8.2	7.7	7.6	7.8	7.8	7.8
1967					-1.1	5.4	8.8	9.2	8.7	7.9	7.8	7.9	7.9	7.9
1968						12.2	13.5	11.7	10.0	8.5	8.2	8.3	8.1	8.1
1969							14.9	11.0	8.7	7.2	7.2	7.6	7.6	7.7
1970								7.3	6.0	5.1	6.0	6.9	7.1	7.3
1971									4.8	4.0	5.9	7.2	7.4	7.6
1972										3.2	6.9	8.3	8.1	8.2
1973											10.7	10.6	9.1	8.8
1974												10.5	8.1	8.2
1975													5.8	7.4
1976														9.0

HUNGARY — *MATERIAL CONSUMPTION SERVING COMMUNITY AS A WHOLE*

	1963	1965	1966	1967	1968	1969	1970	1971	1972	1973	1974	1975	1976	1977
1960	16.2	9.2	7.0	5.9	6.0	6.0	6.5	6.7	6.6	6.5	6.5	6.5	6.4	6.3
1963		-0.3	-0.4	0.5	2.8	4.0	5.4	6.1	6.1	6.0	6.1	6.2	6.1	6.1
1965			1.2	2.7	6.5	7.3	8.5	8.8	8.1	7.5	7.3	7.2	6.9	6.7
1966				4.3	9.6	9.2	10.2	10.0	8.7	7.9	7.5	7.3	7.0	6.8
1967					15.2	10.8	11.6	10.7	8.7	7.6	7.3	7.1	6.7	6.5
1968						6.6	10.6	9.8	7.4	6.4	6.3	6.3	6.1	5.9
1969							14.8	10.6	6.7	5.6	5.7	5.9	5.7	5.6
1970								6.5	2.8	3.1	4.3	5.0	5.0	5.0
1971									-0.7	2.1	4.3	5.3	5.2	5.2
1972										5.1	6.9	7.0	6.2	5.9
1973											8.7	7.7	6.1	5.7
1974												6.7	4.8	4.8
1975													3.0	4.2
1976														5.5

HUNGARY — *NET FIXED CAPITAL FORMATION*

	1963	1965	1966	1967	1968	1969	1970	1971	1972	1973	1974	1975	1976	1977
1960	7.5	7.2	5.6	6.7	6.6	6.9	8.5	9.2	9.6	9.7	9.4	9.8	9.6	9.2
1963		1.7	-0.3	4.8	5.1	6.0	9.2	10.2	10.7	10.7	10.0	10.5	10.0	9.5
1965			-4.5	11.5	8.7	8.9	13.5	13.9	13.6	12.9	11.5	11.8	11.0	10.1
1966				30.2	12.5	10.9	16.7	16.1	15.1	13.9	11.9	12.2	11.2	10.1
1967					-2.7	4.6	16.2	15.6	14.4	13.0	10.8	11.5	10.3	9.2
1968						12.4	27.7	20.9	17.0	14.3	11.0	11.8	10.3	9.0
1969							45.2	21.6	15.5	12.3	8.7	10.3	8.9	7.6
1970								1.8	5.2	5.7	3.4	7.3	6.3	5.4
1971									8.8	7.2	3.0	8.6	6.9	5.5
1972										5.7	-0.1	9.8	6.9	5.1
1973											-5.7	14.8	7.9	4.9
1974												39.7	10.5	4.7
1975													-12.6	-6.6
1976														-0.1

HUNGARY — *EXPORTS OF GOODS AND MATERIAL SERVICES*

	1963	1965	1966	1967	1968	1969	1970	1971	1972	1973	1974	1975	1976	1977
1960	...	...	...	...	...	...	...	...	...	...	...	...	...	...
1963		...	...	...	...	...	...	...	...	...	...	...	...	...
1965			...	...	...	...	...	...	...	...	...	...	...	...
1966				...	...	...	...	...	...	...	...	...	...	...
1967					...	...	...	...	...	...	...	...	...	...
1968						...	...	...	...	...	...	...	...	...
1969							...	...	...	...	...	...	...	...
1970								7.3	13.1	14.1	12.1	10.4	9.4	9.4
1971									19.2	16.9	12.5	9.9	8.8	8.9
1972										14.6	8.9	7.0	6.5	7.5
1973											3.5	3.9	4.8	6.8
1974												4.4	5.6	8.2
1975													6.8	10.5
1976														14.3

HUNGARY — *IMPORTS OF GOODS AND MATERIAL SERVICES*

	1963	1965	1966	1967	1968	1969	1970	1971	1972	1973	1974	1975	1976	1977
1960	...	...	...	...	...	...	...	...	...	...	...	...	...	...
1963		...	...	...	...	...	...	...	...	...	...	...	...	...
1965			...	...	...	...	...	...	...	...	...	...	...	...
1966				...	...	...	...	...	...	...	...	...	...	...
1967					...	...	...	...	...	...	...	...	...	...
1968						...	...	...	...	...	...	...	...	...
1969							...	...	...	...	...	...	...	...
1970								18.9	6.3	4.1	6.3	6.7	6.4	6.6
1971									-5.0	-1.0	4.6	5.9	5.8	6.2
1972										3.2	10.1	9.3	7.8	7.7
1973											17.5	11.2	8.0	7.7
1974												5.1	3.9	5.6
1975													2.7	6.3
1976														10.0

HUNGARY — *AGRICULTURE*

	1963	1965	1966	1967	1968	1969	1970	1971	1972	1973	1974	1975	1976	1977
1960	1.6	0.7	1.1	1.3	1.2	1.7	1.1	0.8	0.7	0.8	0.8	0.8	0.6	0.8
1963		-3.4	-0.2	0.7	0.8	1.9	0.6	0.3	0.2	0.4	0.5	0.5	0.3	0.6
1965			10.1	5.3	3.1	4.3	1.2	0.5	0.4	0.6	0.7	0.7	0.4	0.7
1966				0.8	0.2	3.4	-0.5	-0.8	-0.7	-0.2	0.1	0.3	0.0	0.4
1967					-0.4	5.4	-1.5	-1.5	-1.1	-0.3	0.1	0.3	-0.0	0.5
1968						11.5	-4.0	-2.9	-1.7	-0.5	0.1	0.3	-0.1	0.5
1969							-17.4	-6.9	-3.2	-0.9	-0.0	0.3	-0.2	0.6
1970								5.1	3.5	3.7	3.0	2.5	1.2	1.8
1971									1.9	3.3	2.5	2.0	0.5	1.5
1972										4.7	2.5	1.7	-0.3	1.3
1973											0.3	0.4	-1.9	0.9
1974												0.5	-3.4	1.6
1975													-7.2	3.7
1976														15.9

HUNGARY — *INDUSTRIAL ACTIVITY*

	1963	1965	1966	1967	1968	1969	1970	1971	1972	1973	1974	1975	1976	1977
1960	7.9	7.0	7.0	7.2	7.2	7.0	7.0	6.9	6.9	7.0	7.1	7.1	7.1	7.0
1963		6.0	6.8	7.4	7.3	7.0	7.0	6.9	6.9	7.0	7.1	7.1	7.1	7.1
1965			9.4	9.1	8.1	7.2	7.0	6.9	6.9	7.0	7.2	7.2	7.2	7.1
1966				8.8	7.3	6.3	6.5	6.5	6.6	6.8	7.1	7.1	7.1	7.0
1967					5.8	5.2	6.0	6.2	6.4	6.8	7.1	7.2	7.1	7.0
1968						4.5	6.3	6.4	6.7	7.1	7.4	7.4	7.3	7.2
1969							8.1	7.1	7.2	7.6	7.8	7.7	7.5	7.3
1970								6.1	6.9	7.6	7.9	7.8	7.4	7.2
1971									7.7	8.4	8.4	8.0	7.5	7.2
1972										9.0	8.7	7.9	7.3	6.9
1973											8.3	7.4	6.6	6.4
1974												6.4	5.9	5.9
1975													5.3	5.7
1976														6.1

HUNGARY — *CONSTRUCTION*

	1963	1965	1966	1967	1968	1969	1970	1971	1972	1973	1974	1975	1976	1977
1960	2.6	2.8	3.0	4.0	4.7	5.3	5.9	6.2	6.2	6.2	6.2	6.3	6.3	6.3
1963		2.4	3.3	5.5	6.4	7.1	7.6	7.7	7.4	7.2	7.0	7.0	6.9	6.9
1965			6.1	9.9	9.5	9.5	9.6	9.1	8.3	7.7	7.4	7.3	7.2	7.1
1966				13.8	10.6	10.0	9.9	9.2	8.1	7.4	7.1	7.1	6.9	6.9
1967					7.5	8.6	9.1	8.5	7.3	6.6	6.4	6.5	6.5	6.5
1968						9.7	9.8	8.5	6.9	6.1	6.0	6.2	6.3	6.3
1969							9.9	7.7	5.6	5.1	5.3	5.8	5.9	6.0
1970								5.5	3.5	3.7	4.6	5.5	5.7	5.9
1971									1.6	3.2	4.7	5.9	6.1	6.2
1972										4.9	6.3	7.3	7.1	6.9
1973											7.7	8.5	7.5	7.1
1974												9.3	7.1	6.7
1975													5.0	5.6
1976														6.2

HUNGARY — *WHOLESALE AND RETAIL TRADE*

	1963	1965	1966	1967	1968	1969	1970	1971	1972	1973	1974	1975	1976	1977
1960	3.8	3.5	3.5	4.2	4.7	5.2	5.7	6.2	6.7	7.0	7.3	7.5	7.7	7.8
1963		3.3	3.7	5.2	6.0	6.5	7.2	7.6	8.2	8.4	8.6	8.7	8.7	8.7
1965			4.7	8.0	8.3	8.2	8.8	9.0	9.5	9.6	9.5	9.5	9.4	9.3
1966				11.3	9.5	8.8	9.4	9.4	10.0	10.0	9.8	9.8	9.6	9.5
1967					7.8	7.7	9.1	9.3	10.1	10.1	9.8	9.8	9.6	9.4
1968						7.5	10.0	9.9	10.7	10.5	10.0	9.9	9.6	9.4
1969							12.6	10.6	11.5	10.9	10.2	10.0	9.6	9.4
1970								8.6	11.5	10.5	9.7	9.6	9.2	9.0
1971									14.5	10.8	9.4	9.4	9.0	8.8
1972										7.3	7.3	8.3	8.2	8.2
1973											7.3	9.0	8.5	8.3
1974												10.7	8.7	8.4
1975													6.7	7.5
1976														8.4

HUNGARY — *TRANSPORT AND COMMUNICATION*

	1963	1965	1966	1967	1968	1969	1970	1971	1972	1973	1974	1975	1976	1977
1960	7.3	6.2	5.8	5.9	6.2	6.5	6.7	6.7	6.7	6.7	6.6	6.6	6.5	6.4
1963		4.3	4.4	5.3	6.2	6.7	7.1	7.0	6.9	6.9	6.8	6.8	6.5	6.4
1965			5.4	7.3	8.1	8.3	8.4	7.8	7.5	7.4	7.1	7.0	6.7	6.5
1966				9.3	9.3	9.1	8.9	8.0	7.5	7.3	7.0	6.9	6.5	6.3
1967					9.3	8.9	8.7	7.5	7.0	7.0	6.6	6.6	6.2	6.0
1968						8.5	8.5	6.7	6.3	6.5	6.2	6.3	5.9	5.7
1969							8.5	5.6	5.6	6.2	5.8	6.0	5.6	5.5
1970								2.8	4.6	6.0	5.6	5.9	5.4	5.3
1971									6.5	7.5	6.2	6.4	5.5	5.4
1972										8.6	5.6	6.2	5.1	5.1
1973											2.8	5.7	4.2	4.6
1974												8.6	4.2	4.8
1975													0.0	3.7
1976														7.5

6B. AVERAGE ANNUAL RATES OF GROWTH OF NET MATERIAL PRODUCT AT CONSTANT PRICES BY USE AND BY KIND OF ACTIVITY OF THE MATERIAL SPHERE (continued)
(IN PER CENT)

HUNGARY

OTHER

	1963	1965	1966	1967	1968	1969	1970	1971	1972	1973	1974	1975	1976	1977
1960	40.9	20.9	17.1	15.9	14.7	14.3	15.7	15.9	15.6	15.1	14.7	14.4	14.0	13.6
1963		-1.7	1.3	5.7	7.0	8.8	12.8	14.0	13.9	13.5	13.2	12.9	12.6	12.2
1965			0.0	10.5	10.1	11.8	17.7	18.1	16.8	15.5	14.6	14.0	13.3	12.7
1966				22.0	13.5	14.5	21.9	20.9	18.4	16.4	15.1	14.2	13.4	12.7
1967					5.6	12.4	24.6	22.2	18.4	15.9	14.4	13.5	12.6	11.9
1968						19.7	36.2	26.5	19.4	15.7	13.8	12.8	11.9	11.3
1969							54.9	25.7	15.6	12.0	10.8	10.4	9.9	9.6
1970								2.0	1.9	3.6	5.3	6.6	7.0	7.3
1971									1.9	4.7	6.7	8.0	8.0	8.2
1972										7.5	9.0	9.8	9.1	9.0
1973											10.5	10.8	9.3	9.0
1974												11.1	8.4	8.4
1975													5.7	7.6
1976														9.5

MONGOLIA

NET MATERIAL PRODUCT

	1963	1965	1966	1967	1968	1969	1970	1971	1972	1973
1960	2.7	2.7	2.6	3.1	2.6	2.6	2.9	3.1	3.3	3.5
1963		2.6	2.6	3.7	2.3	2.5	3.0	3.4	3.6	3.9
1965			2.6	5.5	1.6	2.2	3.2	3.7	4.0	4.4
1966				8.5	-0.0	1.7	3.4	3.9	4.2	4.6
1967					-7.9	-0.0	3.4	4.2	4.5	4.9
1968						8.5	8.6	7.2	6.4	6.4
1969							8.7	6.3	5.6	5.8
1970								4.0	4.4	5.3
1971									4.8	6.1
1972										7.3

MONGOLIA

PER CAPITA NET MATERIAL PRODUCT

	1963	1965	1966	1967	1968	1969	1970	1971	1972	1973
1960	-0.0	-0.0	-0.0	0.4	-0.1	-0.1	0.2	0.4	0.5	0.8
1963		-0.1	-0.1	1.0	-0.4	-0.2	0.3	0.6	0.8	1.1
1965			-0.1	2.8	-1.0	-0.4	0.5	1.0	1.2	1.5
1966				5.7	-2.6	-0.9	0.6	1.2	1.4	1.8
1967					-10.2	-2.5	0.6	1.4	1.7	2.0
1968						5.9	5.5	4.3	3.5	3.4
1969							5.2	3.4	2.7	2.8
1970								1.6	1.6	2.4
1971									1.6	2.9
1972										4.2

MONGOLIA

AGRICULTURE

	1963	1965	1966	1967	1968	1969	1970	1971	1972	1973
1960	-1.0	-1.0	-3.1	-3.0	-5.7	-4.5	-3.0	-2.1	-1.9	-1.4
1963		-1.0	-6.8	-5.0	-9.9	-6.3	-3.0	-1.4	-1.3	-0.5
1965			-18.9	-6.0	-15.3	-6.5	-0.6	1.2	0.7	1.4
1966				9.1	-17.0	-2.7	4.3	5.1	3.3	3.6
1967					-36.9	-1.2	8.7	8.1	4.7	4.6
1968						54.7	34.6	19.9	10.0	8.1
1969							17.1	6.0	-0.9	0.8
1970								-4.0	-8.3	-2.2
1971									-12.5	0.5
1972										15.5

MONGOLIA

INDUSTRIAL ACTIVITY

	1963	1965	1966	1967	1968	1969	1970	1971	1972	1973
1960	12.2	11.0	10.9	10.7	10.2	10.0	9.9	9.9	10.1	10.2
1963		9.3	10.0	10.1	9.2	9.1	9.2	9.4	9.8	10.1
1965			11.8	10.7	8.5	8.7	9.0	9.3	10.0	10.4
1966				9.5	6.7	7.8	8.6	9.1	10.1	10.5
1967					3.9	7.7	8.9	9.5	10.7	11.1
1968						11.6	11.0	11.0	12.0	12.1
1969							10.4	10.7	12.4	12.4
1970								11.0	13.6	13.0
1971									16.2	13.5
1972										10.9

MONGOLIA

CONSTRUCTION

	1963	1965	1966	1967	1968	1969	1970	1971	1972	1973
1960	11.3	10.2	9.6	10.1	10.4	9.1	8.1	6.9	6.2	5.8
1963		8.8	7.9	9.8	10.7	8.1	6.5	4.8	4.2	3.9
1965			6.1	12.1	12.8	7.1	4.7	2.6	2.2	2.3
1966				18.5	15.3	5.5	2.8	0.6	0.8	1.2
1967					12.2	-1.5	-1.9	-3.0	-1.6	-0.4
1968						-13.5	-6.3	-5.7	-2.7	-0.8
1969							1.5	-2.8	0.3	1.9
1970								-7.0	1.0	3.0
1971									9.7	7.3
1972										4.9

MONGOLIA

WHOLESALE AND RETAIL TRADE (5)

	1963	1965	1966	1967	1968	1969	1970	1971	1972	1973
1960	0.6	0.6	2.1	2.8	2.5	2.1	2.1	2.3	2.5	2.6
1963		0.6	4.9	5.4	3.8	2.6	2.4	2.7	2.9	3.0
1965			15.5	9.3	3.7	1.5	1.6	2.2	2.7	2.8
1966				3.4	-1.7	-2.2	-0.7	1.0	1.8	2.3
1967					-6.5	-4.2	-0.9	1.5	2.5	2.9
1968						-1.7	2.2	4.3	4.6	4.4
1969							6.2	7.1	6.2	5.3
1970								8.0	5.8	4.7
1971									3.7	3.2
1972										2.7

MONGOLIA

TRANSPORT AND COMMUNICATION

	1963	1965	1966	1967	1968	1969	1970	1971	1972	1973
1960	-0.8	-0.8	-0.3	0.9	1.3	1.9	2.5	3.2	4.0	4.5
1963		-0.8	0.6	3.1	3.3	3.7	4.4	5.1	6.0	6.5
1965			4.2	8.0	5.6	5.5	6.0	6.7	7.7	8.0
1966				12.0	5.4	5.3	6.0	6.9	8.1	8.4
1967					-0.9	3.1	5.3	6.9	8.5	8.8
1968						7.2	8.2	9.1	10.5	10.2
1969							9.2	10.1	11.7	10.8
1970								11.0	13.1	11.0
1971									15.3	10.3
1972										5.5

POLAND

NET MATERIAL PRODUCT

	1963	1965	1966	1967	1968	1969	1970	1971	1972	1973	1974	1975	1976	1977
1960	5.3	6.0	6.2	6.2	6.4	6.3	6.2	6.3	6.4	6.6	6.9	7.0	7.1	7.2
1963		6.9	7.0	6.7	7.0	6.6	6.4	6.3	6.6	6.9	7.2	7.4	7.5	7.5
1965			7.1	6.4	7.1	6.4	6.0	6.1	6.5	7.0	7.4	7.6	7.7	7.7
1966				5.7	7.3	6.2	5.7	5.9	6.5	7.1	7.6	7.8	7.9	7.8
1967					9.0	5.9	5.4	5.8	6.6	7.3	7.9	8.1	8.1	8.0
1968						2.9	4.0	5.3	6.6	7.6	8.3	8.4	8.4	8.2
1969							5.2	6.6	7.9	8.8	9.3	9.2	9.0	8.6
1970								8.1	9.3	9.9	10.1	9.7	9.3	8.8
1971									10.6	10.7	10.6	9.9	9.3	8.6
1972										10.8	10.6	9.5	8.8	8.0
1973											10.4	8.7	8.0	7.3
1974												6.9	7.0	6.4
1975													7.1	6.1
1976														5.0

POLAND

PER CAPITA NET MATERIAL PRODUCT

	1963	1965	1966	1967	1968	1969	1970	1971	1972	1973	1974	1975	1976	1977
1960	4.0	4.6	4.9	5.0	5.3	5.2	5.1	5.2	5.3	5.6	5.8	6.0	6.1	6.1
1963		5.5	5.8	5.7	5.9	5.6	5.4	5.4	5.6	5.9	6.2	6.4	6.5	6.5
1965			6.4	5.7	6.2	5.5	5.1	5.2	5.6	6.1	6.5	6.7	6.8	6.7
1966				4.9	6.3	5.2	4.8	5.0	5.6	6.2	6.6	6.9	6.9	6.9
1967					7.8	4.9	4.4	4.9	5.7	6.4	7.0	7.1	7.2	7.0
1968						2.1	3.2	4.5	5.8	6.7	7.3	7.5	7.4	7.2
1969							4.2	5.7	7.0	7.9	8.3	8.2	8.0	7.6
1970								7.2	8.4	9.0	9.2	8.7	8.3	7.8
1971									9.7	9.8	9.7	8.9	8.2	7.6
1972										9.9	9.6	8.5	7.7	7.0
1973											9.4	7.6	7.0	6.2
1974												5.9	6.0	5.4
1975													6.1	5.0
1976														4.0

POLAND

CONSUMPTION OF THE POPULATION

	1963	1965	1966	1967	1968	1969	1970	1971	1972	1973	1974	1975	1976	1977
1960	4.2	4.4	4.7	4.8	4.9	5.0	5.0	5.0	5.2	5.4	5.5	5.8	6.0	6.2
1963		5.0	5.4	5.3	5.4	5.4	5.2	5.3	5.5	5.7	5.9	6.2	6.5	6.7
1965			5.8	5.3	5.5	5.4	5.1	5.2	5.6	5.9	6.1	6.5	6.8	7.0
1966				4.8	5.5	5.3	5.0	5.2	5.6	6.0	6.3	6.7	7.0	7.2
1967					6.3	5.4	4.8	5.2	5.8	6.3	6.5	7.0	7.3	7.5
1968						4.4	4.2	5.0	5.9	6.5	6.8	7.3	7.7	7.8
1969							4.0	5.5	6.6	7.2	7.3	7.9	8.1	8.2
1970								7.0	7.9	8.2	7.9	8.4	8.6	8.6
1971									8.8	8.6	8.1	8.7	8.9	8.7
1972										8.5	7.6	8.8	9.0	8.7
1973											6.8	9.4	9.4	8.8
1974												12.0	10.3	9.0
1975													8.7	7.6
1976														6.6

POLAND

PERSONAL CONSUMPTION

	1963	1965	1966	1967	1968	1969	1970	1971	1972	1973	1974	1975	1976	1977
1960	4.2	4.4	4.7	4.8	4.9	5.0	5.0	5.0	5.2	5.4	5.5	5.8	6.0	6.2
1963		5.0	5.4	5.3	5.4	5.4	5.2	5.3	5.5	5.7	5.9	6.2	6.5	6.7
1965			5.8	5.3	5.5	5.4	5.1	5.2	5.6	5.9	6.1	6.5	6.8	7.0
1966				4.8	5.5	5.3	5.0	5.2	5.6	6.0	6.3	6.7	7.0	7.2
1967					6.3	5.4	4.8	5.2	5.8	6.3	6.5	7.0	7.3	7.5
1968						4.4	4.2	5.0	5.9	6.5	6.8	7.3	7.7	7.8
1969							4.0	5.5	6.6	7.2	7.3	7.9	8.1	8.2
1970								7.0	7.9	8.2	7.9	8.4	8.6	8.6
1971									8.8	8.6	8.1	8.7	8.9	8.7
1972										8.5	7.6	8.8	9.0	8.7
1973											6.8	9.4	9.4	8.8
1974												12.0	10.3	9.0
1975													8.7	7.6
1976														6.6

6B. AVERAGE ANNUAL RATES OF GROWTH OF NET MATERIAL PRODUCT AT CONSTANT PRICES BY USE AND BY KIND OF ACTIVITY OF THE MATERIAL SPHERE (continued) (IN PER CENT)

POLAND

MATERIAL CONSUMPTION SERVING COMMUNITY AS A WHOLE (3)

	1963	1965	1966	1967	1968	1969	1970	1971	1972	1973	1974	1975	1976	1977
1960	8.6	8.1	8.2	8.4	8.5	8.6	8.5	8.6	8.7	8.7	8.7	8.9	9.0	9.0
1963		8.4	8.9	9.0	9.0	9.1	8.8	8.8	9.0	8.9	9.0	9.1	9.2	9.3
1965			9.7	9.5	9.1	9.2	8.7	8.8	9.0	8.9	9.0	9.2	9.3	9.4
1966				9.2	8.8	9.1	8.4	8.6	9.0	8.9	8.9	9.2	9.4	9.4
1967					8.3	9.2	8.1	8.5	9.0	8.9	9.0	9.3	9.5	9.5
1968						10.1	7.6	8.6	9.2	9.0	9.0	9.4	9.6	9.6
1969							5.2	8.4	9.5	9.0	9.1	9.6	9.8	9.7
1970								11.6	11.3	9.7	9.6	10.0	10.2	10.0
1971									11.0	8.6	8.9	9.8	10.1	9.9
1972										6.2	8.3	10.0	10.3	10.0
1973											10.5	11.8	11.3	10.5
1974												13.1	11.5	10.2
1975													9.8	8.8
1976														7.8

POLAND

NET FIXED CAPITAL FORMATION

	1963	1965	1966	1967	1968	1969	1970	1971	1972	1973	1974	1975	1976	1977
1960	9.3	7.9	8.4	9.0	9.4	9.5	9.3	9.1	9.6	10.4	11.2	11.6	11.6	11.5
1963		8.3	9.9	10.7	11.2	10.8	10.0	9.6	10.3	11.4	12.5	12.9	12.7	12.5
1965			12.4	12.4	12.4	11.2	9.6	9.1	10.3	11.9	13.3	13.7	13.4	12.9
1966				12.4	12.3	10.7	8.6	8.3	10.1	12.2	13.8	14.1	13.7	13.1
1967					12.2	9.5	7.0	7.2	9.9	12.7	14.7	14.8	14.2	13.4
1968						6.9	4.6	6.0	10.3	13.9	16.1	16.0	14.9	13.8
1969							2.3	6.2	12.7	16.8	18.8	17.9	16.1	14.4
1970								10.4	18.6	22.0	22.8	20.2	17.2	14.8
1971									27.5	27.4	25.9	21.0	16.7	13.8
1972										27.2	24.9	18.1	13.3	10.7
1973											22.6	13.0	8.6	6.9
1974												4.2	3.0	3.2
1975													1.7	3.0
1976														4.3

POLAND

AGRICULTURE

	1963	1965	1966	1967	1968	1969	1970	1971	1972	1973	1974	1975	1976	1977
1960	–0.3	1.1	1.8	1.7	2.1	1.0	0.6	0.5	0.7	0.8	0.9	0.6	0.5	0.4
1963		2.6	3.3	2.5	3.0	0.6	–0.2	–0.1	0.3	0.6	0.7	0.4	0.2	0.1
1965			4.3	1.3	3.0	–1.5	–2.1	–1.3	–0.5	0.2	0.4	0.0	–0.1	–0.2
1966				–1.6	3.1	–3.6	–3.6	–2.1	–0.8	0.1	0.4	–0.1	–0.2	–0.3
1967					8.1	–6.5	–5.0	–2.3	–0.6	0.5	0.8	0.2	–0.1	–0.2
1968						–19.1	–8.5	–2.8	–0.1	1.2	1.3	0.4	0.1	–0.2
1969							3.4	5.4	5.4	5.1	3.9	2.0	1.2	0.6
1970								7.4	6.1	5.2	3.6	1.1	0.3	–0.1
1971									4.8	4.2	2.3	–0.6	–1.1	–1.2
1972										3.7	0.8	–2.7	–2.6	–2.3
1973											–2.0	–5.9	–4.1	–3.1
1974												–9.6	–4.1	–2.6
1975													1.7	0.4
1976														–0.8

POLAND

INDUSTRIAL ACTIVITY

	1963	1965	1966	1967	1968	1969	1970	1971	1972	1973	1974	1975	1976	1977
1960	8.2	8.6	8.5	8.4	8.4	8.4	8.3	8.3	8.3	8.5	8.6	8.8	8.9	9.0
1963		10.0	9.1	8.5	8.5	8.5	8.3	8.3	8.4	8.6	8.8	9.0	9.2	9.2
1965			7.0	7.1	7.8	8.1	7.9	8.1	8.2	8.5	8.9	9.2	9.4	9.4
1966				7.2	8.3	8.4	8.1	8.3	8.4	8.7	9.1	9.4	9.6	9.6
1967					9.4	8.9	8.2	8.4	8.5	8.9	9.3	9.7	9.8	9.8
1968						8.4	7.6	8.1	8.5	9.0	9.5	9.9	10.0	10.0
1969							6.8	8.2	8.7	9.3	9.9	10.3	10.4	10.2
1970								9.7	9.4	10.1	10.6	10.8	10.8	10.5
1971									9.2	10.4	11.0	11.2	11.0	10.6
1972										11.6	11.8	11.7	11.3	10.6
1973											12.0	11.7	11.1	10.2
1974												11.4	10.5	9.6
1975													9.7	8.7
1976														7.7

POLAND

CONSTRUCTION

	1963	1965	1966	1967	1968	1969	1970	1971	1972	1973	1974	1975	1976	1977
1960	4.7	5.6	6.0	6.7	7.1	7.4	7.3	7.1	7.5	8.0	8.4	8.6	8.5	8.4
1963		6.8	7.3	8.3	8.7	8.6	8.1	7.7	8.2	8.8	9.3	9.4	9.2	8.9
1965			8.9	10.4	10.2	9.4	8.3	7.6	8.3	9.2	9.9	9.8	9.5	9.0
1966				12.0	10.6	9.2	7.8	6.9	8.1	9.3	10.1	10.0	9.6	9.0
1967					9.3	7.9	6.4	5.8	7.7	9.3	10.3	10.2	9.6	8.9
1968						6.5	4.9	4.8	7.9	9.9	11.1	10.7	9.9	9.0
1969							3.4	4.1	9.1	11.6	12.6	11.6	10.4	9.2
1970								4.9	12.9	14.7	14.9	12.8	10.9	9.3
1971									21.4	18.8	17.0	13.2	10.6	8.6
1972										16.3	15.0	10.4	7.9	6.2
1973											13.7	7.1	5.0	3.8
1974												0.9	1.6	1.5
1975													2.4	1.7
1976														1.0

POLAND

WHOLESALE AND RETAIL TRADE

	1963	1965	1966	1967	1968	1969	1970	1971	1972	1973	1974	1975	1976	1977
1960	5.5	4.2	4.1	4.2	4.7	5.1	5.2	5.2	5.5	5.9	6.3	6.7	7.0	7.2
1963		3.6	4.1	4.3	5.4	5.9	5.9	5.7	6.1	6.6	7.2	7.6	7.9	8.0
1965			4.8	4.9	6.9	7.2	6.7	6.2	6.7	7.3	7.9	8.4	8.7	8.7
1966				5.0	8.3	8.1	7.0	6.2	6.8	7.5	8.3	8.8	9.0	9.0
1967					11.7	9.0	6.9	5.9	6.8	7.7	8.6	9.1	9.4	9.3
1968						6.4	4.7	4.3	6.2	7.6	8.7	9.4	9.6	9.5
1969							3.0	3.5	6.7	8.5	9.7	10.3	10.3	10.0
1970								4.0	9.2	10.7	11.5	11.7	11.3	10.7
1971									14.6	13.5	13.4	12.9	12.0	10.9
1972										12.5	12.9	12.4	11.4	10.2
1973											13.4	12.2	10.8	9.3
1974												11.0	9.4	8.0
1975													7.9	6.5
1976														5.1

POLAND

TRANSPORT AND COMMUNICATION

	1963	1965	1966	1967	1968	1969	1970	1971	1972	1973	1974	1975	1976	1977
1960	7.8	7.2	7.4	7.3	7.3	7.1	7.0	7.1	7.3	7.5	7.8	8.1	8.3	8.4
1963		7.7	8.2	7.6	7.5	7.2	6.9	7.1	7.5	7.8	8.2	8.6	8.8	8.8
1965			8.5	6.7	6.9	6.5	6.2	6.7	7.4	7.8	8.5	9.0	9.2	9.1
1966				4.9	6.4	6.0	5.9	6.7	7.6	8.1	8.8	9.3	9.5	9.4
1967					8.0	6.3	5.9	7.0	8.1	8.6	9.4	9.9	10.0	9.8
1968						4.6	5.1	7.1	8.6	9.1	10.0	10.5	10.5	10.1
1969							5.6	8.7	10.2	10.2	11.0	11.4	11.2	10.6
1970								11.9	12.2	11.3	12.0	12.1	11.6	10.8
1971									12.5	10.7	12.1	12.3	11.5	10.5
1972										9.0	12.5	12.5	11.4	10.0
1973											16.1	13.7	11.4	9.5
1974												11.4	9.2	7.4
1975													7.0	5.6
1976														4.1

POLAND

OTHER

	1963	1965	1966	1967	1968	1969	1970	1971	1972	1973	1974	1975	1976	1977
1960	2.7	7.2	8.8	9.9	9.2	10.4	10.4	10.0	9.9	10.2	10.6	10.7	10.7	10.7
1963		–10.5	–0.1	4.9	4.7	7.9	8.4	8.1	8.2	8.9	9.6	9.9	10.0	10.1
1965			35.5	24.4	13.3	16.0	13.9	11.8	11.0	11.4	11.9	11.9	11.7	11.5
1966				14.3	3.5	12.2	10.8	9.1	8.9	9.8	10.8	11.0	11.0	10.9
1967					–6.3	14.6	11.3	8.7	8.5	9.8	11.1	11.2	11.2	11.0
1968						40.0	16.7	10.0	9.3	10.8	12.2	12.1	11.8	11.5
1969							–2.6	–0.6	3.6	7.8	10.6	11.0	10.9	10.7
1970								1.6	7.2	12.0	14.3	13.5	12.7	12.0
1971									13.1	17.3	18.3	15.5	13.7	12.6
1972										21.8	20.4	15.1	12.8	11.6
1973											19.0	11.4	9.8	9.3
1974												4.2	6.4	7.4
1975													8.6	8.8
1976														9.0

ROMANIA

NET MATERIAL PRODUCT

	1963	1965	1966	1967	1968	1969	1970	1971	1972	1973	1974	1975	1976	1977
1960	7.7	8.9	9.2	9.1	9.0	8.8	8.6	8.7	8.8	8.9	9.1	9.2	9.3	9.4
1963		10.5	10.3	9.6	9.1	8.7	8.4	8.6	8.7	8.9	9.2	9.3	9.5	9.5
1965			9.9	8.7	8.1	7.8	7.6	8.1	8.5	8.8	9.2	9.4	9.6	9.7
1966				7.5	7.2	7.3	7.2	8.0	8.6	9.0	9.4	9.6	9.8	9.8
1967					7.0	7.2	7.1	8.3	8.9	9.3	9.8	10.0	10.1	10.1
1968						7.5	7.1	9.0	9.5	9.9	10.3	10.4	10.5	10.4
1969							6.8	10.1	10.4	10.5	10.8	10.8	10.8	10.7
1970								13.5	11.7	11.3	11.4	11.2	11.1	10.8
1971									10.0	10.3	11.0	10.9	10.8	10.6
1972										10.7	11.6	11.1	10.9	10.5
1973											12.4	11.1	10.8	10.3
1974												9.8	10.2	9.8
1975													10.5	9.7
1976														8.8

ROMANIA

PER CAPITA NET MATERIAL PRODUCT

	1963	1965	1966	1967	1968	1969	1970	1971	1972	1973	1974	1975	1976	1977
1960	6.9	8.2	8.5	8.4	8.2	7.9	7.6	7.7	7.7	7.8	8.0	8.1	8.2	8.3
1963		9.9	9.6	9.0	8.2	7.6	7.2	7.4	7.5	7.7	8.0	8.1	8.3	8.4
1965			9.3	8.0	6.8	6.4	6.2	6.7	7.1	7.5	7.9	8.2	8.4	8.5
1966				6.7	5.6	5.6	5.6	6.5	7.1	7.6	8.1	8.3	8.5	8.6
1967					4.6	5.3	5.4	6.8	7.5	8.0	8.5	8.7	8.9	8.9
1968						5.9	5.7	7.6	8.3	8.7	9.1	9.3	9.3	9.3
1969							5.5	8.9	9.2	9.4	9.8	9.8	9.7	9.6
1970								12.3	10.6	10.2	10.4	10.2	10.0	9.8
1971									9.0	9.4	10.0	9.9	9.8	9.5
1972										9.8	10.6	10.1	9.9	9.5
1973											11.4	10.0	9.7	9.3
1974												8.6	9.1	8.7
1975													9.5	8.6
1976														7.7

ROMANIA

AGRICULTURE

	1963	1965	1966	1967	1968	1969	1970	1971	1972	1973	1974	1975	1976	1977
1960	–2.5	–0.1	1.8	2.4	2.1	1.9	1.1	1.7	2.2	2.3	2.2	2.2	2.5	2.6
1963		2.8	6.3	5.6	3.6	2.7	1.1	2.0	2.8	2.8	2.6	2.5	2.9	2.9
1965			15.3	7.1	2.2	1.1	–1.1	1.0	2.4	2.6	2.4	2.2	2.8	2.9
1966				–0.5	–3.4	–2.2	–4.0	–0.2	2.0	2.2	2.1	1.9	2.6	2.8
1967					–6.2	–2.3	–4.9	0.8	3.3	3.3	2.8	2.4	3.2	3.3
1968						1.6	–5.3	3.5	6.1	5.1	4.0	3.2	4.0	4.0
1969							–11.8	7.3	9.3	6.6	4.6	3.4	4.4	4.2
1970								30.5	18.2	9.5	5.5	3.6	4.8	4.5
1971									7.0	0.7	–0.7	–0.8	2.1	2.6
1972										–5.2	–3.6	–2.3	2.4	2.9
1973											–1.8	–0.9	5.6	5.0
1974												–0.0	10.6	7.1
1975													22.2	8.4
1976														–3.9

ROMANIA

INDUSTRIAL ACTIVITY

	1963	1965	1966	1967	1968	1969	1970	1971	1972	1973	1974	1975	1976	1977
1960	13.3	13.7	13.3	13.2	13.1	12.9	13.0	12.9	12.8	13.0	13.1	13.2	13.2	13.2
1963		14.7	13.3	13.0	12.8	12.5	12.8	12.7	12.6	12.9	13.2	13.3	13.3	13.3
1965			10.1	11.6	12.0	11.8	12.6	12.4	12.5	12.9	13.3	13.4	13.4	13.4
1966				13.0	12.7	12.1	13.1	12.7	12.7	13.1	13.6	13.6	13.6	13.5
1967					12.4	11.6	13.4	12.6	12.6	13.3	13.7	13.8	13.8	13.6
1968						10.7	14.4	12.7	12.7	13.5	14.1	14.1	13.9	13.7
1969							18.2	12.8	12.7	13.9	14.5	14.4	14.2	13.8
1970								7.7	10.9	13.6	14.5	14.4	14.1	13.7
1971									14.3	16.5	16.5	15.5	14.7	14.1
1972										18.7	17.3	15.4	14.3	13.6
1973											15.8	13.6	13.0	12.5
1974												11.5	11.8	11.7
1975													12.1	11.7
1976														11.3

6B. AVERAGE ANNUAL RATES OF GROWTH OF NET MATERIAL PRODUCT AT CONSTANT PRICES BY USE AND BY KIND OF ACTIVITY OF THE MATERIAL SPHERE (continued) (IN PER CENT)

ROMANIA

CONSTRUCTION

	1963	1965	1966	1967	1968	1969	1970	1971	1972	1973	1974	1975	1976	1977
1960	6.0	6.2	6.3	7.1	7.8	8.2	8.7	9.0	9.2	9.3	9.1	9.0	8.9	9.0
1963		7.0	7.1	8.5	9.7	9.8	10.3	10.5	10.5	10.4	9.9	9.6	9.4	9.5
1965			7.9	11.1	12.2	11.4	11.7	11.6	11.3	11.0	10.2	9.7	9.4	9.5
1966				14.4	14.1	11.9	12.1	11.8	11.4	11.0	10.0	9.5	9.2	9.4
1967					13.7	10.4	11.4	11.3	10.9	10.5	9.4	8.9	8.7	9.0
1968						7.3	10.9	11.0	10.6	10.2	8.9	8.4	8.2	8.6
1969							14.7	12.3	11.1	10.3	8.5	8.0	7.8	8.5
1970								10.0	9.5	9.1	7.2	6.9	7.0	8.0
1971									9.1	8.7	6.0	6.1	6.5	7.9
1972										8.3	4.1	5.1	6.1	8.1
1973											-0.0	4.4	6.3	9.0
1974												9.1	9.1	11.9
1975													9.1	13.9
1976														18.8

ROMANIA

WHOLESALE AND RETAIL TRADE

	1963	1965	1966	1967	1968	1969
1960	9.5	11.3	8.3	5.1	3.5	1.1
1963		10.3	2.4	-2.5	-3.2	-5.7
1965			-12.2	-12.8	-8.7	-10.7
1966				-13.4	-6.1	-10.4
1967					1.9	-10.8
1968						-21.8

ROMANIA

TRANSPORT AND COMMUNICATION

	1963	1965	1966	1967	1968	1969	1970	1971	1972	1973	1974	1975	1976	1977
1960	14.0	12.6	12.0	11.6	11.3	10.9	10.5	10.3	10.1	10.0	9.9	10.0	10.0	9.9
1963		9.3	9.5	9.6	9.7	9.4	9.2	9.0	9.1	9.2	9.1	9.4	9.4	9.3
1965			10.0	10.1	10.0	9.3	9.0	8.8	9.0	9.1	9.1	9.4	9.5	9.3
1966				10.2	10.0	8.9	8.6	8.5	8.8	9.0	9.0	9.5	9.5	9.3
1967					9.9	8.1	8.1	8.2	8.7	8.9	9.0	9.5	9.5	9.3
1968						6.2	7.5	7.9	8.7	9.0	9.1	9.7	9.7	9.4
1969							8.7	8.6	9.5	9.6	9.4	10.2	10.1	9.7
1970								8.5	10.1	9.9	9.6	10.6	10.3	9.7
1971									11.7	10.4	9.6	11.0	10.5	9.7
1972										9.1	8.7	11.2	10.4	9.4
1973											8.3	12.8	10.7	9.2
1974												17.5	10.8	8.5
1975													4.6	4.8
1976														5.1

ROMANIA

OTHER

	1963	1965	1966	1967	1968	1969	1970
1960	-0.9	-0.4	0.7	1.8	2.5	2.9	2.9
1963		0.8	3.4	4.9	5.3	5.1	4.5
1965			9.9	9.1	7.8	6.3	4.9
1966				8.3	6.7	5.1	3.6
1967					5.1	3.5	2.1
1968						1.8	0.6
1969							-0.6

UKRAINIAN SSR

NET MATERIAL PRODUCT

	1963	1965	1966	1967	1968	1969	1970	1971	1972	1973	1974
1960	4.7	6.3	6.5	6.7	6.9	7.0	7.0	6.9	6.8	6.7	6.6
1963		10.3	8.8	8.3	8.2	7.9	7.7	7.4	7.0	6.9	6.7
1965			5.7	6.6	7.3	7.3	7.1	6.9	6.4	6.4	6.2
1966				7.4	8.1	7.7	7.2	6.9	6.3	6.3	6.1
1967					8.8	7.6	7.0	6.6	5.9	6.1	5.9
1968						6.4	6.2	6.0	5.3	5.7	5.6
1969							6.0	5.8	4.9	5.6	5.5
1970								5.6	4.3	5.7	5.4
1971									2.9	6.1	5.5
1972										9.4	6.2
1973											3.0

UKRAINIAN SSR

PER CAPITA NET MATERIAL PRODUCT

	1963	1965	1966	1967	1968	1969	1970	1971	1972	1973	1974
1960	3.5	5.1	5.3	5.5	5.8	5.9	5.9	5.9	5.7	5.7	5.7
1963		9.2	7.7	7.2	7.1	6.9	6.7	6.5	6.1	6.0	5.9
1965			4.7	5.6	6.3	6.3	6.2	6.0	5.5	5.6	5.4
1966				6.4	7.2	6.7	6.4	6.0	5.5	5.5	5.4
1967					7.9	6.7	6.1	5.8	5.1	5.3	5.1
1968						5.6	5.4	5.2	4.5	5.0	4.8
1969							5.2	5.0	4.1	4.9	4.8
1970								4.8	3.4	4.9	4.7
1971									2.0	5.5	4.9
1972										9.1	5.7
1973											2.4

UKRAINIAN SSR

AGRICULTURE

	1963	1965	1966	1967	1968	1969	1970	1971	1972	1973	1974
1960	-2.4	2.0	2.4	2.1	1.8	1.7	1.5	1.5	1.1	1.4	1.2
1963		12.2	8.1	4.9	3.3	2.6	2.0	1.9	1.2	1.5	1.4
1965			1.7	-0.9	-0.9	-0.2	-0.2	0.3	-0.4	0.5	0.5
1966				-3.4	-1.7	-0.3	-0.3	0.4	-0.4	0.7	0.6
1967					-0.0	1.3	0.5	1.1	-0.2	1.2	0.9
1968						2.6	0.4	1.4	-0.6	1.4	1.0
1969							-1.7	1.3	-1.7	1.6	1.0
1970								4.3	-2.6	2.7	1.5
1971									-9.1	4.1	1.5
1972										19.1	4.4
1973											-8.4

UKRAINIAN SSR

INDUSTRIAL ACTIVITY

	1963	1965	1966	1967	1968	1969	1970	1971	1972	1973	1974
1960	9.0	9.5	9.5	9.7	10.0	10.1	10.1	9.9	9.6	9.4	9.2
1963		12.1	10.8	10.7	11.1	11.0	10.7	10.2	9.7	9.4	9.1
1965			7.4	9.4	10.8	10.8	10.3	9.6	9.0	8.7	8.4
1966				11.5	12.4	11.7	10.6	9.5	8.8	8.4	8.2
1967					13.4	11.5	9.9	8.7	8.0	7.8	7.6
1968						9.5	8.3	7.3	6.9	7.0	7.0
1969							7.1	6.2	6.2	6.6	6.7
1970								5.4	5.8	6.6	6.8
1971									6.2	7.3	7.2
1972										8.3	7.5
1973											6.7

UKRAINIAN SSR

CONSTRUCTION

	1963	1965	1966	1967	1968	1969	1970	1971	1972	1973	1974
1960	0.7	1.6	2.9	3.8	4.4	4.6	4.8	5.0	5.1	5.1	5.0
1963		2.9	5.8	6.5	6.9	6.4	6.3	6.3	6.2	5.9	5.7
1965			12.0	9.3	8.6	6.8	6.5	6.4	6.2	5.8	5.6
1966				6.6	7.2	5.3	5.4	5.7	5.6	5.3	5.1
1967					7.8	4.2	4.9	5.5	5.4	5.1	4.9
1968						0.7	4.2	5.5	5.4	4.9	4.7
1969							7.9	7.6	6.4	5.3	4.9
1970								7.3	5.5	4.4	4.2
1971									3.7	3.0	3.5
1972										2.4	3.5
1973											4.7

UKRAINIAN SSR

WHOLESALE AND RETAIL TRADE (5)

	1963	1965	1966	1967	1968	1969	1970	1971	1972	1973	1974
1960	3.7	5.3	4.9	5.4	5.8	6.1	6.6	6.9	7.0	7.1	7.1
1963		9.4	6.1	6.9	7.1	7.4	7.9	8.1	8.1	8.1	7.8
1965			-0.7	6.2	7.0	7.6	8.4	8.7	8.5	8.3	7.9
1966				13.5	10.0	9.5	9.8	9.7	9.2	8.8	8.2
1967					6.6	8.0	9.3	9.3	8.8	8.4	7.7
1968						9.3	10.6	10.0	9.0	8.4	7.5
1969							11.9	10.0	8.5	7.8	6.9
1970								8.1	6.9	6.7	5.9
1971									5.6	6.1	5.2
1972										6.7	4.8
1973											2.9

UKRAINIAN SSR

TRANSPORT AND COMMUNICATION

	1963	1965	1966	1967	1968	1969	1970	1971	1972	1973	1974
1960	4.2	5.9	6.5	6.8	7.4	7.5	7.5	7.4	7.4	7.5	7.5
1963		7.4	8.0	8.1	8.8	8.5	8.2	7.9	7.8	7.8	7.7
1965			9.6	8.9	9.9	9.0	8.3	7.7	7.7	7.7	7.6
1966				8.1	10.3	8.7	7.8	7.2	7.3	7.4	7.3
1967					12.5	8.4	7.2	6.7	7.0	7.2	7.1
1968						4.4	5.1	5.3	6.3	6.8	6.9
1969							5.9	5.7	6.9	7.4	7.3
1970								5.5	7.7	8.0	7.6
1971									10.0	8.9	7.9
1972										7.8	6.9
1973											6.0

USSR

NET MATERIAL PRODUCT

	1963	1965	1966	1967	1968	1969	1970	1971	1972	1973	1974	1975	1976
1960	5.4	6.4	6.7	7.0	7.2	7.1	7.2	7.2	7.1	7.1	7.1	7.0	6.9
1963		8.6	8.1	8.2	8.2	7.8	7.8	7.7	7.4	7.3	7.2	7.0	6.9
1965			7.2	8.0	8.1	7.5	7.6	7.5	7.1	7.1	6.9	6.8	6.6
1966				8.8	8.4	7.4	7.6	7.4	6.9	6.9	6.8	6.6	6.5
1967					8.1	6.6	7.3	7.1	6.6	6.7	6.6	6.4	6.3
1968						5.2	7.2	7.1	6.4	6.5	6.4	6.3	6.1
1969							9.3	7.6	6.3	6.6	6.4	6.2	6.0
1970								6.0	4.9	6.0	6.0	5.9	5.7
1971									3.8	6.4	6.2	5.9	5.7
1972										9.1	7.0	6.1	5.8
1973											5.0	4.9	5.0
1974												4.8	5.0
1975													5.3

6B. AVERAGE ANNUAL RATES OF GROWTH OF NET MATERIAL PRODUCT AT CONSTANT PRICES BY USE AND BY KIND OF ACTIVITY OF THE MATERIAL SPHERE (continued) (IN PER CENT)

USSR — *PER CAPITA NET MATERIAL PRODUCT*

	1963	1965	1966	1967	1968	1969	1970	1971	1972	1973	1974	1975	1976
1960	3.7	4.9	5.2	5.5	5.8	5.8	5.9	6.0	5.9	5.9	5.9	5.8	5.7
1963		7.2	6.8	6.9	6.9	6.6	6.7	6.6	6.3	6.2	6.1	6.0	5.8
1965			6.1	6.8	7.0	6.4	6.6	6.4	6.1	6.0	5.9	5.7	5.6
1966				7.6	7.3	6.4	6.5	6.4	5.9	5.9	5.8	5.6	5.5
1967					7.0	5.6	6.3	6.1	5.6	5.7	5.6	5.4	5.3
1968						4.2	6.2	6.1	5.4	5.5	5.5	5.3	5.1
1969							8.3	6.6	5.3	5.6	5.4	5.2	5.1
1970								5.0	3.9	5.0	5.0	4.9	4.8
1971									2.8	5.4	5.3	4.9	4.8
1972										8.1	6.0	5.2	4.8
1973											4.0	3.9	4.0
1974												3.8	4.1
1975													4.4

USSR — *AGRICULTURE*

	1963	1965	1966	1967	1968	1969	1970	1971	1972	1973	1974	1975	1976
1960	–2.4	1.2	2.2	2.4	2.3	1.7	1.7	1.5	0.9	1.0	0.8	0.7	0.7
1963		7.3	6.7	5.2	4.2	2.2	2.2	1.7	0.7	0.9	0.6	0.5	0.5
1965			9.4	4.6	3.0	0.1	0.8	0.5	–0.7	–0.1	–0.3	–0.2	–0.1
1966				–0.0	0.4	–2.6	–0.6	–0.5	–1.7	–0.7	–0.9	–0.6	–0.4
1967					0.9	–4.4	–0.5	–0.4	–2.1	–0.7	–0.9	–0.6	–0.4
1968						–9.4	0.4	0.0	–2.5	–0.5	–0.8	–0.5	–0.2
1969							11.3	3.2	–2.2	0.5	–0.2	0.0	0.2
1970								–4.2	–7.9	–1.2	–1.5	–0.7	–0.3
1971									–11.5	2.2	0.0	0.5	0.7
1972										18.0	3.4	2.5	1.9
1973											–9.3	–2.6	–0.8
1974												4.7	2.8
1975													0.9

USSR — *INDUSTRIAL ACTIVITY*

	1963	1965	1966	1967	1968	1969	1970	1971	1972	1973	1974	1975	1976
1960	9.4	8.9	9.0	9.1	9.3	9.4	9.5	9.4	9.2	9.1	9.1	9.0	8.9
1963		8.4	9.0	9.4	9.7	9.8	9.8	9.6	9.3	9.1	9.0	8.9	8.7
1965			9.7	10.2	10.4	10.3	10.0	9.6	9.2	9.0	8.8	8.7	8.5
1966				10.7	10.7	10.4	9.9	9.4	8.9	8.7	8.6	8.5	8.3
1967					10.7	10.2	9.6	9.0	8.5	8.4	8.3	8.3	8.1
1968						9.7	9.0	8.4	8.0	7.9	8.0	8.0	7.8
1969							8.4	7.8	7.5	7.6	7.8	7.9	7.7
1970								7.3	7.1	7.5	7.8	7.9	7.6
1971									6.8	7.7	8.1	8.1	7.7
1972										8.5	8.7	8.3	7.7
1973											8.8	8.2	7.2
1974												7.5	6.4
1975													5.3

USSR — *CONSTRUCTION*

	1963	1965	1966	1967	1968	1969	1970	1971	1972	1973	1974	1975	1976
1960	2.2	3.9	4.4	5.2	5.8	6.0	6.2	6.4	6.5	6.5	6.5	6.5	6.4
1963		6.8	6.6	7.4	7.9	7.6	7.6	7.6	7.4	7.2	7.1	7.0	6.8
1965			5.7	8.3	8.8	7.9	7.7	7.7	7.4	7.1	7.0	6.8	6.6
1966				10.9	10.0	8.0	7.7	7.7	7.4	7.0	6.8	6.7	6.4
1967					9.1	6.4	6.8	7.1	6.9	6.5	6.4	6.3	6.1
1968						3.8	6.2	7.0	6.7	6.3	6.2	6.2	6.0
1969							8.6	8.3	7.2	6.4	6.3	6.2	5.9
1970								8.0	6.3	5.6	5.8	5.8	5.6
1971									4.7	4.6	5.4	5.5	5.3
1972										4.5	5.9	5.8	5.4
1973											7.2	6.3	5.5
1974												5.4	4.6
1975													3.8

USSR — *WHOLESALE AND RETAIL TRADE*

	1963	1965	1966	1967	1968	1969	1970	1971	1972	1973	1974	1975	1976
1960	2.9	5.1	6.1	6.6	7.1	7.2	7.1	7.1	7.1	7.0	6.9	6.9	6.8
1963		10.5	10.3	9.8	9.6	9.0	8.4	8.1	7.8	7.5	7.3	7.2	7.0
1965			9.0	8.6	8.7	8.0	7.4	7.1	6.9	6.7	6.6	6.5	6.4
1966				8.3	8.6	7.6	6.9	6.7	6.5	6.4	6.3	6.3	6.2
1967					8.9	7.1	6.3	6.2	6.2	6.1	6.1	6.1	6.0
1968						5.3	5.1	5.6	5.8	5.9	5.9	6.0	5.9
1969							5.0	5.9	6.0	6.1	6.0	6.1	6.0
1970								6.9	6.4	6.3	6.1	6.2	6.0
1971									5.9	6.0	5.9	6.1	5.9
1972										6.1	5.9	6.1	5.9
1973											5.7	6.2	5.8
1974												6.7	5.7
1975													4.7

USSR — *TRANSPORT AND COMMUNICATION*

	1963	1965	1966	1967	1968	1969	1970	1971	1972	1973	1974	1975	1976
1960	6.5	7.8	8.0	8.3	8.5	8.4	8.3	8.2	8.1	8.0	8.0	7.9	7.8
1963		9.5	9.1	9.2	9.3	8.8	8.6	8.4	8.2	8.0	7.9	7.8	7.7
1965			8.3	9.2	9.3	8.4	8.3	8.0	7.8	7.6	7.6	7.5	7.4
1966				10.2	9.7	8.2	8.0	7.8	7.6	7.4	7.4	7.4	7.3
1967					9.2	7.0	7.4	7.3	7.1	7.1	7.1	7.2	7.1
1968						4.8	6.9	7.0	6.9	6.9	7.0	7.2	7.0
1969							9.1	7.8	7.3	7.1	7.2	7.3	7.1
1970								6.5	6.5	6.6	6.9	7.2	7.0
1971									6.5	6.7	7.1	7.4	7.1
1972										6.9	7.5	7.7	7.1
1973											8.0	8.1	7.0
1974												8.1	6.3
1975													4.6

YUGOSLAVIA — *NET MATERIAL PRODUCT* (2)

	1963	1965	1966	1967	1968	1969	1970	1971	1972	1973	1974	1975	1976	1977
1960	7.1	7.7	7.6	7.1	6.7	6.6	6.6	6.7	6.6	6.6	6.6	6.5	6.4	6.4
1963		6.4	6.5	5.8	5.3	5.7	5.8	6.1	6.2	6.2	6.3	6.2	6.1	6.1
1965			8.6	5.5	4.8	5.7	6.0	6.5	6.5	6.4	6.5	6.4	6.2	6.2
1966				2.6	3.3	5.4	6.0	6.6	6.6	6.4	6.5	6.4	6.2	6.2
1967					3.9	7.1	7.1	7.5	7.2	6.8	6.8	6.6	6.4	6.3
1968						10.4	8.2	8.2	7.5	6.9	6.9	6.6	6.3	6.3
1969							6.1	7.5	6.7	6.2	6.5	6.2	6.0	6.0
1970								8.9	6.7	6.0	6.4	6.1	5.8	5.8
1971									4.5	4.8	6.0	5.8	5.4	5.6
1972										5.0	6.9	6.1	5.5	5.7
1973											8.8	6.2	5.3	5.6
1974												3.7	3.8	5.1
1975													3.9	6.0
1976														8.1

YUGOSLAVIA — *PER CAPITA NET MATERIAL PRODUCT* (2)

	1963	1965	1966	1967	1968	1969	1970	1971	1972	1973	1974	1975	1976	1977
1960	5.9	6.6	6.4	6.0	5.5	5.5	5.5	5.6	5.6	5.5	5.5	5.5	5.4	5.4
1963		5.3	5.4	4.7	4.2	4.6	4.8	5.1	5.2	5.2	5.3	5.2	5.1	5.1
1965			7.4	4.5	3.7	4.7	5.0	5.5	5.5	5.4	5.5	5.4	5.3	5.2
1966				1.6	2.3	4.4	5.0	5.6	5.6	5.5	5.5	5.4	5.3	5.2
1967					3.0	6.1	6.2	6.5	6.2	5.8	5.9	5.7	5.4	5.3
1968						9.4	7.3	7.3	6.5	5.9	5.9	5.7	5.3	5.3
1969							5.3	6.5	5.8	5.3	5.5	5.3	5.0	5.0
1970								7.8	5.7	5.0	5.4	5.1	4.8	4.8
1971									3.5	3.8	5.0	4.8	4.5	4.6
1972										4.1	5.9	5.2	4.5	4.7
1973											7.8	5.3	4.3	4.6
1974												2.8	2.8	4.1
1975													2.9	5.0
1976														7.1

YUGOSLAVIA — *CONSUMPTION OF THE POPULATION*

	1963	1965	1966	1967	1968	1969	1970	1971	1972	1973	1974	1975	1976	1977
1960	8.0	9.9	7.8	6.9	6.3	6.1	6.1	6.1	6.1	6.0	5.9	5.9	5.8	5.7
1963		9.8	3.7	3.3	3.3	3.8	4.3	4.9	5.1	5.1	5.2	5.2	5.2	5.2
1965			–7.4	–0.1	1.8	3.4	4.5	5.4	5.6	5.5	5.6	5.5	5.4	5.4
1966				7.8	5.7	6.2	6.7	7.1	6.9	6.4	6.3	6.1	5.9	5.8
1967					3.8	5.8	6.8	7.3	7.0	6.4	6.2	6.0	5.7	5.7
1968						7.9	8.1	8.3	7.4	6.4	6.2	5.9	5.7	5.6
1969							8.3	8.4	7.0	5.8	5.8	5.5	5.3	5.3
1970								8.6	6.2	4.8	5.1	5.0	4.8	5.0
1971									3.8	3.1	4.4	4.5	4.5	4.7
1972										2.5	5.0	4.9	4.7	5.0
1973											7.6	5.6	5.0	5.3
1974												3.6	4.0	4.8
1975													4.3	5.6
1976														6.8

YUGOSLAVIA — *PERSONAL CONSUMPTION*

	1963	1965	1966	1967	1968	1969	1970	1971	1972	1973	1974	1975	1976	1977
1960	8.3	7.8	7.0	6.7	6.4	6.3	6.3	6.5	6.5	6.3	6.3	6.2	6.1	6.1
1963		4.8	4.2	4.7	4.6	5.0	5.4	5.8	5.9	5.9	5.9	5.8	5.7	5.7
1965			2.5	4.9	4.7	5.3	5.9	6.5	6.5	6.2	6.2	6.0	5.9	5.8
1966				7.4	5.4	5.9	6.5	7.1	6.9	6.5	6.4	6.2	6.0	5.9
1967					3.4	5.6	6.7	7.4	7.1	6.5	6.3	6.1	5.9	5.8
1968						7.9	8.2	8.5	7.6	6.6	6.4	6.1	5.8	5.7
1969							8.5	8.7	7.3	6.1	6.0	5.7	5.4	5.4
1970								8.9	6.4	5.0	5.3	5.2	5.0	5.1
1971									4.0	3.3	4.6	4.7	4.6	4.8
1972										2.7	5.2	5.0	4.8	5.0
1973											7.8	5.7	5.0	5.2
1974												3.7	3.8	4.7
1975													3.9	5.4
1976														6.9

YUGOSLAVIA — *MATERIAL CONSUMPTION SERVING INDIVIDUALS*

	1963	1965	1966	1967	1968	1969	1970	1971	1972	1973	1974	1975	1976	1977
1960	...	...	...	...	...	...	...	...	...	...	...	...	...	...
1963		...	...	...	...	...	...	...	...	...	...	...	...	...
1965			...	...	...	...	...	...	...	...	...	...	...	...
1966				12.2	10.4	9.5	8.5	7.8	6.8	5.9	5.4	5.0	4.9	5.0
1967					8.7	8.3	7.5	6.8	5.9	4.9	4.5	4.2	4.4	4.5
1968						8.0	6.8	6.2	5.2	4.1	3.8	3.7	3.9	4.1
1969							5.6	5.4	4.3	3.2	3.1	3.1	3.6	3.9
1970								5.3	3.4	2.2	2.5	2.7	3.4	3.9
1971									1.7	0.8	2.0	2.4	3.5	4.1
1972										0.0	2.4	2.9	4.2	4.8
1973											4.9	4.0	5.4	5.7
1974												3.1	6.1	6.2
1975													9.1	7.3
1976														5.6

YUGOSLAVIA — *MATERIAL CONSUMPTION SERVING COMMUNITY AS A WHOLE*

	1963	1965	1966	1967	1968	1969	1970	1971	1972	1973	1974	1975	1976	1977
1960	...	...	...	...	...	...	...	...	...	...	...	...	...	...
1963		...	...	...	...	...	...	...	...	...	...	...	...	...
1965			...	...	...	...	...	...	...	...	...	...	...	...
1966				–12.5	–4.6	0.4	–0.1	–0.6	–0.0	0.9	2.0	3.3	4.3	5.0
1967					4.1	6.9	2.8	1.0	1.2	2.1	3.1	4.5	5.4	6.1
1968						9.8	1.0	–0.7	0.2	1.7	3.2	4.8	5.9	6.7
1969							–7.1	–4.6	–1.3	1.4	3.4	5.5	6.7	7.5
1970								–1.9	1.9	4.5	6.1	8.1	8.9	9.3
1971									5.9	7.6	8.5	10.3	10.7	10.7
1972										9.3	9.7	11.9	11.8	11.4
1973											10.2	13.5	12.5	11.8
1974												16.9	13.0	11.6
1975													9.2	9.4
1976														9.6

6B. AVERAGE ANNUAL RATES OF GROWTH OF NET MATERIAL PRODUCT AT CONSTANT PRICES BY USE AND BY KIND OF ACTIVITY OF THE MATERIAL SPHERE (continued) (IN PER CENT)

YUGOSLAVIA

NET FIXED CAPITAL FORMATION (4)

	1963	1965	1966	1967	1968	1969	1970	1971	1972	1973	1974	1975	1976	1977
1960	8.6	6.6	5.3	4.9	4.9	4.9	5.5	5.9	6.0	6.0	6.1	6.2	6.3	6.4
1963		0.4	0.3	1.4	2.7	3.5	5.0	5.8	6.0	6.0	6.2	6.3	6.4	6.5
1965			4.3	5.3	6.3	6.5	8.0	8.4	8.2	7.7	7.5	7.5	7.4	7.4
1966				6.4	7.3	7.0	9.0	9.2	8.7	7.9	7.7	7.6	7.4	7.4
1967					8.1	7.2	10.1	10.0	9.0	7.9	7.6	7.5	7.4	7.4
1968						6.2	11.7	10.7	9.0	7.6	7.3	7.3	7.1	7.2
1969							17.5	11.9	8.8	6.9	6.7	6.8	6.8	6.9
1970								6.5	5.0	4.2	4.9	5.7	6.0	6.3
1971									3.4	3.1	4.8	5.9	6.2	6.6
1972										2.9	5.8	7.0	6.9	7.3
1973											8.8	8.8	7.8	7.9
1974												8.9	7.2	7.7
1975													5.5	7.4
1976														9.4

YUGOSLAVIA

AGRICULTURE

	1963	1965	1966	1967	1968	1969	1970	1971	1972	1973	1974	1975	1976	1977
1960	2.5	2.1	3.2	3.3	3.0	3.1	2.8	2.8	2.7	2.8	2.9	3.1	3.2	3.3
1963		−1.8	3.2	3.5	2.6	3.0	2.5	2.5	2.4	2.5	2.8	3.0	3.2	3.4
1965			18.0	8.4	4.0	4.2	2.8	2.8	2.5	2.7	3.1	3.3	3.6	3.8
1966				−0.4	−1.7	1.4	0.7	1.4	1.4	2.0	2.6	2.9	3.3	3.6
1967					−3.1	3.0	1.1	2.0	1.7	2.4	3.1	3.4	3.7	4.0
1968						9.5	2.0	2.8	2.2	2.9	3.6	3.9	4.2	4.4
1969							−5.1	0.9	0.9	2.4	3.6	3.9	4.3	4.6
1970								7.2	3.0	4.2	5.1	5.1	5.2	5.3
1971									−1.1	3.7	5.3	5.2	5.3	5.4
1972										8.6	8.1	6.5	6.2	6.0
1973											7.6	5.3	5.4	5.5
1974												3.1	4.8	5.2
1975													6.5	6.1
1976														5.6

YUGOSLAVIA

INDUSTRIAL ACTIVITY

	1963	1965	1966	1967	1968	1969	1970	1971	1972	1973	1974	1975	1976	1977
1960	9.1	11.0	9.9	9.0	8.4	8.3	8.3	8.3	8.3	8.2	8.2	8.1	8.0	7.9
1963		11.7	8.2	6.7	6.2	6.6	7.0	7.4	7.6	7.6	7.7	7.6	7.5	7.4
1965			1.6	2.9	4.1	5.7	6.7	7.5	7.8	7.7	7.9	7.7	7.5	7.4
1966				4.2	5.4	7.2	8.0	8.6	8.6	8.4	8.4	8.1	7.8	7.6
1967					6.6	8.8	9.2	9.5	9.3	8.8	8.7	8.3	7.9	7.7
1968						11.2	10.3	10.2	9.6	8.8	8.7	8.2	7.7	7.5
1969							9.4	9.9	9.1	8.2	8.3	7.8	7.2	7.1
1970								10.4	8.8	7.6	8.0	7.4	6.8	6.7
1971									7.3	6.3	7.5	6.8	6.2	6.3
1972										5.3	8.0	6.7	5.9	6.2
1973											10.8	6.8	5.6	6.0
1974												3.0	3.5	5.2
1975													4.0	6.5
1976														9.1

YUGOSLAVIA

CONSTRUCTION

	1963	1965	1966	1967	1968	1969	1970	1971	1972	1973	1974	1975	1976	1977
1960	11.3	9.8	10.0	8.8	8.2	7.8	7.7	7.5	7.2	6.7	6.4	6.1	5.8	5.7
1963		4.6	7.9	6.1	5.7	5.9	6.2	6.1	5.9	5.4	5.2	4.9	4.7	4.7
1965			19.8	7.2	6.1	6.2	6.7	6.4	6.0	5.3	5.0	4.7	4.5	4.5
1966				−4.1	1.5	4.0	5.6	5.6	5.3	4.6	4.4	4.1	3.9	4.1
1967					7.5	7.8	8.2	7.2	6.3	5.1	4.7	4.3	4.1	4.2
1968						8.0	8.6	6.8	5.8	4.4	4.1	3.7	3.5	3.8
1969							9.3	5.8	4.7	3.2	3.3	2.9	3.0	3.4
1970								2.5	2.9	1.6	2.3	2.2	2.4	3.1
1971									3.3	0.8	2.2	2.1	2.5	3.4
1972										−1.6	2.4	2.1	2.6	3.8
1973											6.5	3.2	3.5	4.7
1974												0.0	2.6	4.9
1975													5.3	7.4
1976														9.4

YUGOSLAVIA

WHOLESALE AND RETAIL TRADE

	1963	1965	1966	1967	1968	1969	1970	1971	1972	1973	1974	1975	1976	1977
1960	7.9	9.3	8.8	8.4	8.0	8.0	8.1	8.2	8.2	8.1	8.0	7.8	7.5	7.3
1963		9.0	7.7	7.0	6.6	7.0	7.4	7.8	8.0	7.8	7.7	7.4	7.0	6.8
1965			6.7	5.9	5.8	7.0	7.7	8.3	8.4	8.1	7.9	7.4	6.9	6.6
1966				5.1	5.5	7.4	8.3	8.9	8.8	8.3	8.0	7.4	6.8	6.5
1967					5.9	8.8	9.5	9.9	9.4	8.6	8.1	7.4	6.7	6.3
1968						11.7	10.9	10.8	9.8	8.6	8.0	7.1	6.3	5.9
1969							10.0	10.4	9.1	7.7	7.2	6.3	5.5	5.2
1970								10.8	8.4	6.7	6.4	5.4	4.6	4.5
1971									6.0	4.8	5.2	4.4	3.7	3.8
1972										3.5	5.2	4.0	3.1	3.5
1973											6.8	3.7	2.6	3.4
1974												0.6	0.8	2.9
1975													1.0	4.3
1976														7.9

YUGOSLAVIA

TRANSPORT AND COMMUNICATION

	1963	1965	1966	1967	1968	1969	1970	1971	1972	1973	1974	1975	1976	1977
1960	5.7	6.2	6.2	6.4	6.5	6.6	6.8	7.0	6.9	6.9	7.0	6.9	6.8	6.7
1963		6.6	6.4	6.7	6.8	6.9	7.1	7.4	7.2	7.1	7.2	7.0	6.8	6.6
1965			6.0	7.2	7.1	7.1	7.4	7.7	7.4	7.2	7.3	7.0	6.8	6.6
1966				8.5	7.5	7.3	7.6	8.0	7.5	7.3	7.4	7.0	6.7	6.5
1967					6.5	6.9	7.6	8.1	7.5	7.1	7.3	6.9	6.5	6.3
1968						7.3	8.2	8.6	7.5	7.1	7.3	6.8	6.4	6.1
1969							9.1	9.2	7.3	6.7	7.1	6.5	6.1	5.8
1970								9.4	6.1	5.9	6.7	6.1	5.6	5.4
1971									2.9	4.7	6.5	5.7	5.3	5.1
1972										6.5	8.4	6.3	5.4	5.1
1973											10.4	5.5	4.5	4.5
1974												0.8	2.3	3.4
1975													3.9	4.6
1976														5.3

YUGOSLAVIA

OTHER

	1963	1965	1966	1967	1968	1969	1970	1971	1972	1973	1974	1975	1976	1977
1960	...	...	...	...	...	...	...	...	...	...	...	...	...	...
1963		−0.0	−0.0	−0.0	−0.0	−0.0	1.5	2.1	2.3	3.1	2.0	7.6	11.2	13.7
1965			0.0	0.0	0.0	−0.0	2.6	3.3	3.3	4.2	2.5	10.2	14.6	17.4
1966				0.0	0.0	−0.0	3.7	4.3	4.0	4.9	2.6	12.0	17.0	19.9
1967					0.0	0.0	5.6	5.6	4.8	5.7	2.7	14.2	19.9	22.9
1968						0.0	9.5	7.6	5.6	6.6	2.4	17.1	23.5	26.5
1969							20.0	9.5	5.6	7.0	1.3	20.7	28.1	30.8
1970								−0.0	−0.0	4.7	−2.1	25.0	33.7	35.8
1971									0.0	8.0	−3.9	36.4	44.8	44.4
1972										16.7	−8.7	58.3	62.2	55.6
1973											−28.6	110.4	89.3	68.0
1974												520.0	153.0	82.9
1975													3.2	9.2
1976														15.6

6B. AVERAGE ANNUAL RATES OF GROWTH OF NET MATERIAL PRODUCT AT CONSTANT PRICES BY USE AND BY KIND OF ACTIVITY OF THE MATERIAL SPHERE (continued)

General note. The figures shown in this table are computed as average annual geometric rates of growth of net material product at constant prices expressed in percentage form for the periods indicated. The growth rates for the individual countries are based on the estimates of real net material product and its components which appear in Vol. I of this *Yearbook* for most of the countries with centrally planned economies. The method of calculation used is an exponential curve fitted to the data by least squares.

The concept of net material product used by these countries relate to the total net value of goods and "productive" services, including turnover taxes, produced by the economy in the course of a year. The industries covered are generally agriculture and forestry, mining, manufacturing, construction, transport and communication, trade and catering. Economic activities not contributing directly to material production, such as public administration and defence, personal and professional services and similar activities are not included. Conceptual differences and other details concerning the basic data may be obtained by reference to the country chapters.

The population figures used in calculating *per capita* product are generally mid-year estimates reported in the United Nations *Monthly Bulletin of Statistics*.

CENTRALLY PLANNED ECONOMIES comprise Albania, Bulgaria, Czechoslovakia, German Democratic Republic, Hungary, Mongolia, Poland, Romania, USSR and Yugoslavia.
AGRICULTURE refers to agriculture, hunting, forestry and fishing.
INDUSTRIAL ACTIVITY consists of mining, manufacturing, electricity and gas.
WHOLESALE AND RETAIL TRADE consists of wholesale and retail trade and restaurants and other eating and drinking places.
OTHER refers to other activities of the material sphere.

1/ Including wholesale and retail trade.
2/ Gross material product.
3/ Including material consumption serving individuals.
4/ Gross fixed capital formation.
5/ Including other activities of the material sphere.

7. INDEX NUMBERS OF GROSS DOMESTIC PRODUCT BY TYPE OF EXPENDITURE
MARKET ECONOMIES BY REGIONS
1975 =100

		FINAL CONSUMPTION AND GROSS CAPITAL FORMATION					
	GROSS DOMESTIC PRODUCT 1/	TOTAL 2/	GOVERNMENT FINAL CONSUMPTION EXPENDITURE	PRIVATE FINAL CONSUMPTION EXPENDITURE	GROSS FIXED CAPITAL FORMATION	EXPORTS OF GOODS AND SERVICES	LESS IMPORTS OF GOODS AND SERVICES
MARKET ECONOMIES							
WEIGHT 3/	100.0	100.0	100.0	100.0	100.0	100.0	100.0
WEIGHT 4/	100.0	99.6	16.6	61.2	21.5	19.1	18.7
1960	51	51	54	51	46	37	35
1961	53	53	57	53	50	38	37
1962	56	56	61	56	53	41	39
1963	59	59	63	58	56	44	42
1964	62	63	65	62	62	48	46
1965	66	66	67	65	66	51	49
1966	69	70	72	68	70	55	53
1967	72	72	77	71	72	58	57
1968	76	77	79	74	77	65	62
1969	81	81	81	78	83	71	69
1970	84	84	83	82	87	78	76
1971	87	88	85	86	91	82	80
1972	92	93	88	91	98	89	87
1973	98	99	92	96	105	99	97
1974	100	100	95	98	102	104	102
1975	100	100	100	100	100	100	100
1976	105	105	104	104	104	111	110
1977	109	109	107	108	110	117	114
DEVELOPED MARKET ECONOMIES 5/							
WEIGHT 3/	81.6	81.8	85.6	81.8	81.1	75.7	76.6
WEIGHT 4/	100.0	99.9	17.4	61.3	21.4	17.7	17.6
1960	53	53	58	52	50	35	35
1961	55	56	61	54	54	36	37
1962	58	59	64	57	57	38	40
1963	61	62	67	59	61	41	43
1964	65	66	68	63	67	45	47
1965	68	69	71	66	72	48	51
1966	72	73	76	69	76	52	55
1967	75	76	81	72	77	55	59
1968	79	80	83	76	83	62	66
1969	83	84	85	80	89	68	73
1970	86	87	87	83	93	74	80
1971	89	90	88	87	97	80	84
1972	94	95	91	92	103	86	92
1973	100	101	94	97	111	96	103
1974	101	101	96	98	106	102	105
1975	100	100	100	100	100	100	100
1976	105	105	103	105	103	110	111
1977	109	109	105	108	107	115	114

7. INDEX NUMBERS OF GROSS DOMESTIC PRODUCT BY TYPE OF EXPENDITURE MARKET ECONOMIES BY REGIONS (CONTINUED)

1975 =100

	GROSS DOMESTIC PRODUCT 1/	FINAL CONSUMPTION AND GROSS CAPITAL FORMATION: TOTAL 2/	GOVERNMENT FINAL CONSUMPTION EXPENDITURE	PRIVATE FINAL CONSUMPTION EXPENDITURE	GROSS FIXED CAPITAL FORMATION	EXPORTS OF GOODS AND SERVICES	LESS IMPORTS OF GOODS AND SERVICES
DEVELOPING MARKET ECONOMIES 6/							
WEIGHT 3/	18.4	18.2	14.4	18.2	18.9	24.3	23.4
WEIGHT 4/	100.0	98.6	13.0	60.6	22.2	25.3	23.8
1960	42	41	34	48	31	43	36
1961	44	43	36	49	33	45	36
1962	46	45	39	51	34	49	37
1963	49	47	42	53	35	53	39
1964	52	50	44	56	39	57	41
1965	55	52	46	58	41	61	43
1966	57	55	49	61	44	65	46
1967	60	58	51	64	47	67	48
1968	64	62	56	68	52	74	52
1969	69	66	61	72	57	81	56
1970	74	71	65	76	61	88	61
1971	79	76	69	81	66	92	66
1972	84	80	74	85	72	99	69
1973	90	86	80	91	79	110	76
1974	96	94	88	96	88	109	92
1975	100	100	100	100	100	100	100
1976	106	105	110	104	109	116	107
1977	111	112	118	108	121	121	115
AFRICA							
WEIGHT 3/	3.6	3.7	3.5	3.5	4.3	5.5	6.5
WEIGHT 4/	100.0	104.6	16.4	60.0	26.2	29.6	34.2
1960	47	46	33	56	32	50	42
1961	48	47	37	56	34	51	41
1962	49	48	40	58	32	55	41
1963	54	52	44	61	36	61	46
1964	57	54	46	63	39	69	47
1965	60	57	49	65	44	73	49
1966	61	58	51	67	44	76	49
1967	65	62	54	70	46	78	50
1968	69	65	61	74	50	91	53
1969	74	70	69	77	54	99	58
1970	79	76	71	83	60	109	66
1971	83	80	74	88	66	106	71
1972	86	82	78	90	70	107	70
1973	90	88	82	95	76	107	75
1974	97	95	87	100	83	102	93
1975	100	100	100	100	100	100	100
1976	105	103	105	105	106	116	105
1977	110	108	111	108	111	121	108

7. INDEX NUMBERS OF GROSS DOMESTIC PRODUCT BY TYPE OF EXPENDITURE
MARKET ECONOMIES BY REGIONS (CONTINUED)
1975 =100

	GROSS DOMESTIC PRODUCT 1/	FINAL CONSUMPTION AND GROSS CAPITAL FORMATION				EXPORTS OF GOODS AND SERVICES	LESS IMPORTS OF GOODS AND SERVICES
		TOTAL 2/	GOVERNMENT FINAL CONSUMPTION EXPENDITURE	PRIVATE FINAL CONSUMPTION EXPENDITURE	GROSS FIXED CAPITAL FORMATION		
AFRICA, EXCLUDING SOUTH AFRICA							
WEIGHT 3/	2.8	3.0	2.9	2.8	3.4	4.5	5.4
WEIGHT 4/	100.0	105.1	17.0	60.6	25.5	30.3	35.4
1960	48	47	32	59	32	49	43
1961	48	48	36	59	34	50	43
1962	50	49	39	60	33	54	42
1963	54	53	44	64	36	61	46
1964	57	54	45	65	37	70	46
1965	60	57	48	67	41	75	47
1966	61	59	50	70	42	78	48
1967	64	61	53	72	43	78	48
1968	69	66	61	76	48	93	51
1969	74	70	69	79	52	103	56
1970	79	75	71	84	57	116	63
1971	82	80	73	90	62	110	67
1972	86	82	78	91	67	109	69
1973	90	88	82	96	74	109	73
1974	97	94	87	101	81	103	91
1975	100	100	100	100	100	100	100
1976	106	105	104	105	108	118	108
1977	112	111	112	109	118	122	115
NORTH AMERICA 7/							
WEIGHT 3/	34.0	34.0	39.3	35.5	27.0	17.9	17.3
WEIGHT 4/	100.0	99.4	19.2	63.8	17.1	10.1	9.5
1960	60	60	64	57	65	40	41
1961	61	62	68	58	66	40	41
1962	65	65	71	61	71	43	45
1963	67	68	73	63	76	46	46
1964	71	71	74	66	82	51	49
1965	75	76	76	70	90	53	55
1966	80	81	84	74	95	57	63
1967	82	83	91	76	93	61	67
1968	86	87	94	80	98	66	77
1969	88	89	94	83	101	70	83
1970	88	89	94	85	96	76	84
1971	91	92	93	88	102	78	90
1972	96	98	94	94	110	85	101
1973	102	103	96	98	117	98	107
1974	101	101	98	98	111	102	106
1975	100	100	100	100	100	100	100
1976	106	106	102	106	106	105	111
1977	110	112	105	110	115	108	121

7. INDEX NUMBERS OF GROSS DOMESTIC PRODUCT BY TYPE OF EXPENDITURE
MARKET ECONOMIES BY REGIONS (CONTINUED)
1975 =100

	GROSS DOMESTIC PRODUCT 1/	FINAL CONSUMPTION AND GROSS CAPITAL FORMATION				EXPORTS OF GOODS AND SERVICES	LESS IMPORTS OF GOODS AND SERVICES
		TOTAL 2/	GOVERNMENT FINAL CONSUMPTION EXPENDITURE	PRIVATE FINAL CONSUMPTION EXPENDITURE	GROSS FIXED CAPITAL FORMATION		
CARIBBEAN AND LATIN AMERICA 8/							
WEIGHT 3/	7.3	7.6	4.8	7.8	7.8	5.4	6.6
WEIGHT 4/	100.0	102.8	10.8	65.5	22.9	14.1	16.9
1960	41	40	42	43	34	57	38
1961	44	42	44	46	36	60	40
1962	46	44	45	47	37	66	41
1963	47	45	48	49	36	70	41
1964	51	49	49	53	40	75	46
1965	54	51	49	55	41	80	47
1966	56	53	53	57	45	83	50
1967	59	56	56	61	48	85	52
1968	63	60	60	65	54	89	58
1969	68	64	63	68	60	97	62
1970	72	70	67	74	64	100	69
1971	77	75	73	80	70	98	74
1972	83	80	78	85	77	106	79
1973	90	87	84	91	85	115	85
1974	97	96	91	96	94	110	101
1975	100	100	100	100	100	100	100
1976	105	103	107	103	103	110	98
1977	109	107	108	106	108	119	103
ASIA, MIDDLE EAST							
WEIGHT 3/	3.9	3.2	4.5	2.5	4.0	9.7	6.3
WEIGHT 4/	100.0	82.3	19.4	39.3	22.2	48.2	30.5
1960	31	29	17	39	21	31	18
1961	33	31	18	40	23	33	19
1962	36	33	21	43	23	36	19
1963	38	34	23	45	24	39	21
1964	42	37	26	47	27	44	23
1965	45	40	29	49	31	48	26
1966	49	44	33	53	34	52	28
1967	51	46	37	55	37	54	29
1968	56	50	41	59	41	61	34
1969	61	54	45	63	45	68	37
1970	66	58	49	67	47	75	40
1971	74	63	54	72	52	86	46
1972	82	69	59	77	60	96	50
1973	91	76	71	83	66	112	58
1974	97	88	86	94	79	114	76
1975	100	100	100	100	100	100	100
1976	109	112	114	106	123	115	113
1977	114	124	130	114	143	114	119

7. INDEX NUMBERS OF GROSS DOMESTIC PRODUCT BY TYPE OF EXPENDITURE
MARKET ECONOMIES BY REGIONS (CONTINUED)
1975 =100

	GROSS DOMESTIC PRODUCT 1/	FINAL CONSUMPTION AND GROSS CAPITAL FORMATION: TOTAL 2/	GOVERNMENT FINAL CONSUMPTION EXPENDITURE	PRIVATE FINAL CONSUMPTION EXPENDITURE	GROSS FIXED CAPITAL FORMATION	EXPORTS OF GOODS AND SERVICES	LESS IMPORTS OF GOODS AND SERVICES
ASIA, EAST AND SOUTHEAST, 9/ EXCLUDING JAPAN							
WEIGHT 3/	4.5	4.7	2.7	5.2	4.0	4.9	5.7
WEIGHT 4/	100.0	102.9	10.0	70.5	19.2	20.6	23.5
1960	49	48	46	53	33	41	44
1961	52	50	48	55	37	42	43
1962	54	52	50	57	39	44	46
1963	57	55	57	58	44	47	49
1964	60	58	58	62	49	48	50
1965	61	60	61	63	52	50	50
1966	63	63	62	65	55	53	54
1967	67	66	62	69	59	56	59
1968	71	69	67	73	63	60	63
1969	76	74	73	77	69	67	68
1970	80	78	78	80	73	71	73
1971	82	82	83	84	78	75	76
1972	84	84	86	86	81	86	78
1973	91	90	89	92	86	97	91
1974	94	94	88	95	91	100	100
1975	100	100	100	100	100	100	100
1976	105	105	107	104	109	121	110
1977	111	111	114	108	123	134	124
ASIA, EAST AND SOUTHEAST 9/							
WEIGHT 3/	14.6	14.8	8.8	14.7	19.2	11.6	12.6
WEIGHT 4/	100.0	100.9	10.0	61.5	28.2	15.2	16.0
1960	34	34	43	38	23	25	30
1961	38	38	46	40	28	26	32
1962	40	40	49	43	31	29	34
1963	43	44	54	46	34	31	37
1964	48	48	56	50	39	34	40
1965	49	50	60	52	41	37	41
1966	53	54	62	56	45	41	45
1967	59	60	65	61	52	43	52
1968	65	66	69	66	63	50	56
1969	72	73	72	71	73	57	63
1970	79	80	77	76	82	63	72
1971	82	83	81	81	86	71	75
1972	88	89	86	86	94	78	80
1973	96	99	91	94	107	86	97
1974	97	98	92	96	100	98	106
1975	100	100	100	100	100	100	100
1976	106	105	105	104	104	121	110
1977	112	109	110	109	110	133	117

7. INDEX NUMBERS OF GROSS DOMESTIC PRODUCT BY TYPE OF EXPENDITURE
MARKET ECONOMIES BY REGIONS (CONTINUED)
1975 =100

	GROSS DOMESTIC PRODUCT 1/	FINAL CONSUMPTION AND GROSS CAPITAL FORMATION				EXPORTS OF GOODS AND SERVICES	LESS IMPORTS OF GOODS AND SERVICES
		TOTAL 2/	GOVERNMENT FINAL CONSUMPTION EXPENDITURE	PRIVATE FINAL CONSUMPTION EXPENDITURE	GROSS FIXED CAPITAL FORMATION		
EUROPE 10/							
WEIGHT 3/	34.5	34.6	37.0	33.9	35.4	47.8	48.7
WEIGHT 4/	100.0	99.9	17.8	60.2	22.1	26.5	26.4
1960	54	54	55	53	52	35	35
1961	57	57	58	56	57	37	38
1962	60	60	62	59	61	39	41
1963	62	63	65	62	63	41	44
1964	66	67	66	64	70	45	48
1965	69	70	69	67	73	49	52
1966	72	73	71	70	76	53	55
1967	74	75	74	73	78	56	58
1968	78	78	76	76	81	62	64
1969	82	83	78	80	87	70	72
1970	87	88	82	84	94	76	80
1971	90	91	85	88	98	81	84
1972	94	95	89	92	102	88	92
1973	99	101	93	97	107	97	102
1974	101	101	96	98	105	104	105
1975	100	100	100	100	100	100	100
1976	104	105	103	104	102	110	111
1977	107	106	105	106	103	116	114
EUROPEAN ECONOMIC COMMUNITY 11/							
WEIGHT 3/	27.3	27.2	30.2	26.8	27.1	38.4	37.9
WEIGHT 4/	100.0	99.1	18.3	60.0	21.4	26.9	26.0
1960	55	56	57	54	54	35	36
1961	58	59	60	56	59	36	38
1962	61	62	63	59	63	38	41
1963	63	65	66	62	65	40	44
1964	67	69	68	65	72	44	48
1965	70	71	70	68	75	48	51
1966	72	74	72	71	78	51	55
1967	75	76	75	73	80	54	57
1968	79	80	77	76	84	61	63
1969	83	85	79	81	90	68	72
1970	88	89	82	85	97	74	80
1971	91	92	86	89	101	80	85
1972	94	96	89	93	104	86	93
1973	100	102	93	97	109	95	102
1974	102	102	96	98	105	103	105
1975	100	100	100	100	100	100	100
1976	105	105	103	104	103	110	112
1977	107	107	105	106	104	116	115

7. INDEX NUMBERS OF GROSS DOMESTIC PRODUCT BY TYPE OF EXPENDITURE
MARKET ECONOMIES BY REGIONS (CONTINUED)
1975 =100

	GROSS DOMESTIC PRODUCT 1/	FINAL CONSUMPTION AND GROSS CAPITAL FORMATION: TOTAL 2/	GOVERNMENT FINAL CONSUMPTION EXPENDITURE	PRIVATE FINAL CONSUMPTION EXPENDITURE	GROSS FIXED CAPITAL FORMATION	EXPORTS OF GOODS AND SERVICES	LESS IMPORTS OF GOODS AND SERVICES
EUROPEAN FREE TRADE ASSOCIATION 12/							
WEIGHT 3/	4.7	4.8	5.2	4.4	5.5	7.6	8.2
WEIGHT 4/	100.0	102.0	18.3	57.0	25.3	30.8	32.9
1960	55	54	49	55	51	40	38
1961	58	58	52	59	57	43	42
1962	61	60	56	61	60	46	44
1963	64	63	60	64	64	49	47
1964	68	67	62	67	68	54	52
1965	71	70	65	70	71	58	56
1966	73	72	68	72	74	62	60
1967	75	74	72	74	76	66	62
1968	78	77	75	78	76	71	67
1969	83	81	78	82	79	79	74
1970	88	87	83	85	86	85	83
1971	90	90	86	88	92	88	86
1972	94	93	89	92	98	96	91
1973	98	97	92	96	101	105	100
1974	102	101	96	99	102	108	106
1975	100	100	100	100	100	100	100
1976	102	103	104	103	98	109	110
1977	104	103	107	105	100	115	113
OTHER EUROPE 13/							
WEIGHT 3/	2.5	2.6	1.6	2.8	2.7	1.8	2.6
WEIGHT 4/	100.0	105.3	10.8	68.3	23.6	13.8	19.1
1960	37	36	41	39	30	23	17
1961	41	41	43	43	35	25	22
1962	45	44	46	46	39	28	28
1963	49	49	49	51	43	29	34
1964	52	52	51	53	49	35	38
1965	56	57	54	57	57	37	48
1966	60	61	56	61	62	44	53
1967	63	64	60	65	63	45	53
1968	67	67	63	68	67	52	57
1969	72	73	66	73	76	59	65
1970	77	76	72	76	78	70	69
1971	81	79	76	80	78	79	71
1972	88	87	80	87	90	89	84
1973	95	95	86	93	102	100	101
1974	98	99	93	97	102	99	101
1975	100	100	100	100	100	100	100
1976	103	102	105	103	100	111	106
1977	105	103	111	104	100	122	105

7. INDEX NUMBERS OF GROSS DOMESTIC PRODUCT BY TYPE OF EXPENDITURE
MARKET ECONOMIES BY REGIONS (CONTINUED)
1975 =100

	GROSS DOMESTIC PRODUCT 1/	FINAL CONSUMPTION AND GROSS CAPITAL FORMATION				EXPORTS OF GOODS AND SERVICES	LESS IMPORTS OF GOODS AND SERVICES
		TOTAL 2/	GOVERNMENT FINAL CONSUMPTION EXPENDITURE	PRIVATE FINAL CONSUMPTION EXPENDITURE	GROSS FIXED CAPITAL FORMATION		
			OCEANIA 14/				
WEIGHT 3/	2.1	2.1	2.0	2.0	2.4	1.9	2.1
WEIGHT 4/	100.0	101.1	16.1	59.5	24.3	17.7	18.8
1960	50	52	42	52	52	46	47
1961	51	51	44	53	53	50	43
1962	54	55	46	56	56	51	49
1963	58	59	48	60	62	58	53
1964	62	64	52	63	69	59	63
1965	63	66	59	65	74	59	65
1966	67	70	63	68	75	64	67
1967	70	72	68	71	78	67	73
1968	75	77	70	74	83	71	73
1969	79	80	73	78	87	83	77
1970	83	84	77	81	93	90	78
1971	87	86	78	85	95	95	78
1972	90	89	81	90	94	97	79
1973	95	97	86	95	98	94	98
1974	97	99	93	98	97	100	104
1975	100	100	100	100	100	100	100
1976	104	103	105	103	101	111	105
1977	107	106	108	106	103	116	102

7. INDEX NUMBERS OF GROSS DOMESTIC PRODUCT BY TYPE OF EXPENDITURE. MARKET ECONOMIES BY REGIONS (CONTINUED)

1975 = 100

General Note. The index numbers of gross domestic product by type of expenditure shown in the above table for the market economies combined and for regions and economic groupings within this category were compiled as weighted averages of country indexes for each type of expenditure on gross domestic product at constant prices. Regional indexes for each type of expenditure were first compiled from the appropriate series of indicators for the countries concerned. The regional indexes were then combined into separate indexes for developed market economies and developing market economies and these in turn were combined into a set of indexes for the market economies as a whole.

The country indexes utilized in the calculation were derived from official estimates, in national currency, of gross domestic product by type of expenditure at constant prices. For some countries, the indicator series were obtained by linking together separate series covering the full period.

The weights for the different types of expenditure were based on their respective levels in 1975, expressed in U.S. dollars. In making the conversion from national currency units to U.S. dollars, the same exchange rates were employed for each type of expenditure. For countries with a single fixed exchange rate system, the conversion rate was generally the par value of the currency. For countries with a single fluctuating rate, the conversion rate was normally the annual average of the official rates as reported by the International Monetary Fund (IMF). For countries with multiple exchange rates, the conversion rate was normally obtained by comparing the implicit price deflators of the country and that of the United States.

1/ Gross domestic product at constant prices.

2/ Includes increases in stocks.

3/ Regional expenditure of each type as per cent of corresponding expenditure for the market economies as a whole.

4/ Regional expenditure of each type as per cent of total regional gross domestic product.

5/ Countries in North America and Europe together with Australia, Israel, Japan, New Zealand and South Africa.

6/ Countries in the Caribbean and Latin America, East and Southeast Asia (except Japan), the Middle East (except Israel), Africa (except South Africa), and Oceania (except Australia and New Zealand.

7/ Canada and the United States.

8/ All countries and areas in Central America, South America and the Caribbean.

9/ All countries and areas in East and Southeast Asia except China, Democratic People's Rep. of Korea, Mongolia and Viet Nam.

10/ Europe comprises Austria, Belgium, Denmark, Finland, France, Federal Republic of Germany, Greece, Iceland, Ireland, Italy, Luxembourg, Malta, Netherlands, Norway, Portugal, Spain, Sweden, Switzerland and the United Kingdom.

11/ Belgium, Denmark, France, Federal Republic of Germany, Ireland, Italy, Luxembourg, Netherlands and the United Kingdom.

12/ Austria, Finland, Iceland, Norway, Portugal, Sweden and Switzerland.

13/ Greece, Malta and Spain.

14/ Australia, Cook Islands, Fiji, French Polynesia, Gilbert Islands, New Caledonia, New Zealand, Papua New Guinea, Samoa, Solomon Islands and Tonga.

8A. INDEX NUMBERS OF GROSS DOMESTIC PRODUCT, EXCLUDING THE SERVICES OF GENERAL GOVERNMENT AND OF PRIVATE ORGANIZATIONS: WORLD
1975 = 100

YEAR	GROSS DOMESTIC PRODUCT EXCLUDING SERVICES 1/		OF WHICH				
	TOTAL	PER CAPITA	AGRICULTURE 2/	INDUSTRIAL ACTIVITY 3/	CONSTRUCTION	WHOLESALE AND RETAIL TRADE	TRANSPORT AND COMMUNICATION
ISIC(REV.)	1-7		1	2-4	5	6	7
			WORLD 4/				
WEIGHT 5/	100.0	.	100.0	100.0	100.0	100.0	100.0
WEIGHT 6/	100.0	.	11.9	48.7	10.0	20.4	8.8
1960	48	65	77	44	54	48	45
1961	50	67	78	46	57	50	47
1962	53	69	79	49	59	53	50
1963	56	72	79	53	62	55	52
1964	60	75	83	57	67	59	56
1965	63	78	83	61	71	63	59
1966	67	81	85	65	75	66	63
1967	70	83	88	67	78	69	65
1968	75	87	90	73	83	74	70
1969	79	89	89	79	86	77	75
1970	83	92	93	82	88	81	79
1971	86	93	95	86	92	85	82
1972	91	96	93	91	97	91	87
1973	98	102	98	99	100	97	94
1974	100	102	98	101	100	98	98
1975	100	100	100	100	100	100	100
1976	106	104	100	107	103	105	105
1977	110	106	103	113	106	109	110
			MARKET ECONOMIES (EXCLUDING SERVICES)				
WEIGHT 5/	80.4	.	73.7	78.3	78.6	88.3	86.2
WEIGHT 6/	100.0	.	11.0	47.4	9.8	22.4	9.4
1960	50	69	73	48	57	49	47
1961	53	72	74	50	61	51	49
1962	55	73	76	53	64	54	51
1963	59	77	77	57	66	56	54
1964	63	80	79	61	73	60	57
1965	66	83	79	65	77	64	61
1966	70	86	80	69	80	67	65
1967	72	87	83	72	83	70	67
1968	77	91	86	77	88	75	71
1969	81	92	87	83	91	79	76
1970	85	94	90	86	93	82	80
1971	88	96	93	89	95	86	83
1972	93	99	93	95	100	92	88
1973	100	104	96	103	103	98	95
1974	101	103	98	103	101	99	99
1975	100	100	100	100	100	100	100
1976	106	104	100	108	102	105	106
1977	110	106	103	113	106	108	110

8A. INDEX NUMBERS OF GROSS DOMESTIC PRODUCT, EXCLUDING THE SERVICES OF GENERAL GOVERNMENT AND OF PRIVATE ORGANIZATIONS: WORLD (CONTINUED)
1975 = 100

YEAR	GROSS DOMESTIC PRODUCT EXCLUDING SERVICES 1/		OF WHICH				
	TOTAL	PER CAPITA	AGRICULTURE 2/	INDUSTRIAL ACTIVITY 3/	CONSTRUCTION	WHOLESALE AND RETAIL TRADE	TRANSPORT AND COMMUNICATION
ISIC(REV.)	1-7		1	2-4	5	6	7
			CENTRALLY PLANNED ECONOMIES 7/				
WEIGHT 5/	19.6	.	26.3	21.7	21.4	11.7	13.8
WEIGHT 6/	100.0	.	16.0	53.9	10.9	12.2	6.2
1960	39	45	88	30	41	40	35
1961	41	47	89	33	42	43	37
1962	43	49	88	35	43	44	39
1963	45	50	83	38	44	45	41
1964	49	54	96	41	47	48	45
1965	52	57	92	44	51	53	48
1966	56	61	101	48	54	57	52
1967	60	64	101	53	60	60	57
1968	65	69	102	58	65	65	62
1969	68	71	94	63	68	69	65
1970	74	77	101	68	74	73	70
1971	79	82	99	73	79	78	75
1972	82	84	92	78	84	83	79
1973	90	92	104	85	89	89	84
1974	95	96	98	93	95	94	92
1975	100	100	100	100	100	100	100
1976	105	104	101	106	104	105	105
1977	110	108	104	112	107	110	111

For general note and footnotes see end of Table 8B

8B. INDEX NUMBERS OF GROSS DOMESTIC PRODUCT BY KIND OF ECONOMIC ACTIVITY
MARKET ECONOMIES
1975 = 100

YEAR	GROSS DOMESTIC PRODUCT TOTAL	GROSS DOMESTIC PRODUCT PER CAPITA	AGRICULTURE 2/	INDUSTRIAL ACTIVITY TOTAL 3/	INDUSTRIAL ACTIVITY MANUFACTURING INDUSTRIES	CONSTRUCTION	WHOLESALE AND RETAIL TRADE	TRANSPORT AND COMMUNICATION	OTHER 1/
ISIC(REV.)	1-9		1	2-4	3	5	6	7	8-9
				MARKET ECONOMIES					
WEIGHT 8/	100.0	.	100.0	100.0	(100.0)	100.0	100.0	100.0	100.0
WEIGHT 9/	100.0	.	7.5	32.3	(25.9)	6.7	15.3	6.4	31.8
1960	51	71	73	48	48	57	49	47	52
1961	53	72	74	50	50	61	51	49	55
1962	56	74	76	53	54	64	54	51	57
1963	59	77	77	57	57	66	56	54	59
1964	63	80	79	61	62	73	60	57	62
1965	66	83	79	65	66	77	64	61	65
1966	69	85	80	69	70	80	67	65	68
1967	72	87	83	72	72	83	70	67	71
1968	76	90	86	77	78	88	75	71	75
1969	81	92	87	83	84	91	79	76	79
1970	84	93	90	86	87	93	82	80	82
1971	87	94	93	89	89	95	86	83	85
1972	92	98	93	95	96	100	92	88	90
1973	98	102	96	103	104	103	98	95	94
1974	100	102	98	103	104	101	99	99	97
1975	100	100	100	100	100	100	100	100	100
1976	105	103	100	108	108	102	105	106	104
1977	109	105	103	113	112	106	108	110	108
				DEVELOPED MARKET ECONOMIES 10/					
WEIGHT 8/	81.6	.	51.9	80.7	(87.0)	84.6	82.9	84.6	87.7
WEIGHT 9/	100.0	.	4.7	32.0	(27.6)	6.9	15.5	6.7	34.2
1960	53	62	78	51	50	61	50	49	54
1961	55	64	79	53	52	65	52	51	56
1962	58	66	81	57	56	68	56	53	59
1963	61	69	83	61	59	71	57	56	61
1964	65	72	83	65	64	78	62	59	64
1965	68	75	84	69	69	82	66	63	67
1966	72	78	84	73	73	86	69	67	70
1967	75	81	88	75	75	88	72	69	73
1968	79	84	91	81	81	93	77	74	77
1969	83	88	90	87	87	96	80	79	81
1970	86	90	92	89	89	97	84	83	84
1971	89	92	95	91	92	100	88	85	87
1972	94	96	95	97	98	104	94	90	91
1973	100	102	99	105	107	107	100	97	95
1974	101	102	100	104	105	103	99	101	98
1975	100	100	100	100	100	100	100	100	100
1976	105	104	98	108	108	101	105	105	104
1977	109	107	101	113	112	103	108	109	107

8B. INDEX NUMBERS OF GROSS DOMESTIC PRODUCT BY KIND OF ECONOMIC ACTIVITY
MARKET ECONOMIES (CONTINUED)
1975 = 100

YEAR	GROSS DOMESTIC PRODUCT TOTAL	GROSS DOMESTIC PRODUCT PER CAPITA	AGRICULTURE 2/	INDUSTRIAL ACTIVITY TOTAL 3/	INDUSTRIAL ACTIVITY MANUFACTURING INDUSTRIES	CONSTRUCTION	WHOLESALE AND RETAIL TRADE	TRANSPORT AND COMMUNICATION	OTHER 1/
ISIC(REV.)	1-9		1	2-4	3	5	6	7	8-9
				DEVELOPING MARKET ECONOMIES 11/					
WEIGHT 8/	18.4	.	48.1	19.3	(13.0)	15.4	17.1	15.4	12.3
WEIGHT 9/	100.0	.	19.5	33.9	(18.2)	5.6	14.2	5.4	21.4
1960	42	61	67	33	34	38	43	39	40
1961	44	62	68	35	37	39	45	40	42
1962	47	65	70	37	39	40	46	42	45
1963	49	66	72	41	41	42	49	44	47
1964	52	69	75	45	45	45	52	47	50
1965	55	71	75	49	48	48	55	50	52
1966	57	72	75	53	51	50	58	52	55
1967	60	74	78	56	53	54	60	54	57
1968	64	77	80	62	58	59	65	57	61
1969	69	80	84	68	64	63	70	62	65
1970	74	83	88	75	69	66	75	67	70
1971	79	87	90	79	75	70	79	72	74
1972	84	90	90	86	82	76	84	77	81
1973	90	94	93	95	91	83	90	85	88
1974	96	98	96	100	96	89	96	92	94
1975	100	100	100	100	100	100	100	100	100
1976	106	104	102	107	108	110	104	107	107
1977	111	106	105	113	114	120	110	115	113
				AFRICA					
WEIGHT 8/	3.6	.	11.0	3.4	(1.7)	3.4	2.9	3.4	2.4
WEIGHT 9/	100.0	.	23.1	30.7	(12.7)	6.5	12.3	6.2	21.2
1960	47	69	78	30	36	38	53	48	46
1961	48	69	76	32	38	36	53	48	47
1962	49	69	80	35	41	35	51	50	48
1963	54	74	83	44	47	37	58	52	53
1964	57	76	82	50	48	40	61	56	56
1965	60	78	83	56	52	44	64	58	59
1966	61	77	81	64	59	43	66	60	61
1967	65	80	82	67	61	46	66	58	64
1968	69	83	84	78	65	50	73	62	66
1969	74	87	88	88	72	54	77	67	71
1970	79	90	93	95	77	59	82	72	74
1971	83	92	97	93	80	66	85	79	79
1972	86	93	99	97	85	75	88	82	85
1973	90	95	97	103	94	85	93	93	89
1974	97	100	102	102	98	93	100	97	94
1975	100	100	100	100	100	100	100	100	100
1976	105	102	102	109	104	110	102	105	106
1977	110	104	103	115	107	118	109	112	112

8B. INDEX NUMBERS OF GROSS DOMESTIC PRODUCT BY KIND OF ECONOMIC ACTIVITY MARKET ECONOMIES (CONTINUED) 1975 = 100

YEAR	GROSS DOMESTIC PRODUCT TOTAL	GROSS DOMESTIC PRODUCT PER CAPITA	AGRICULTURE 2/	INDUSTRIAL ACTIVITY TOTAL 3/	INDUSTRIAL ACTIVITY MANUFACTURING INDUSTRIES	CONSTRUCTION	WHOLESALE AND RETAIL TRADE	TRANSPORT AND COMMUNICATION	OTHER 1/
ISIC(REV.)	1-9		1	2-4	3	5	6	7	8-9
AFRICA, EXCLUDING SOUTH AFRICA									
WEIGHT 8/	2.8	.	10.2	2.6	(1.1)	2.9	2.2	2.4	1.8
WEIGHT 9/	100.0	.	26.9	29.2	(10.2)	6.9	11.7	5.3	20.1
1960	48	71	79	27	38	40	58	50	46
1961	48	69	77	28	40	37	58	51	47
1962	50	70	80	31	43	36	54	52	48
1963	54	74	84	40	46	38	61	53	53
1964	57	76	83	49	49	39	64	57	55
1965	60	78	84	56	53	43	68	59	59
1966	61	77	82	63	56	42	69	60	61
1967	64	79	81	65	57	44	68	57	64
1968	69	83	84	78	63	49	75	61	66
1969	74	87	88	90	69	52	80	66	71
1970	79	90	94	98	75	56	85	70	75
1971	82	91	97	94	80	64	88	77	80
1972	86	93	99	101	86	72	90	82	86
1973	90	95	98	106	95	84	94	91	90
1974	97	100	101	104	99	92	100	96	95
1975	100	100	100	100	100	100	100	100	100
1976	106	103	102	112	107	113	103	107	109
1977	112	106	103	120	114	125	114	112	117
NORTH AMERICA 12/									
WEIGHT 8/	34.0	.	16.2	30.4	(30.9)	25.1	39.9	35.0	40.8
WEIGHT 9/	100.0	.	3.6	28.9	(23.5)	4.9	17.9	6.6	38.2
1960	60	71	86	60	61	85	57	50	59
1961	61	71	85	60	60	86	58	50	61
1962	65	75	87	65	66	89	62	53	64
1963	67	76	89	70	71	92	62	56	66
1964	71	79	87	75	76	99	68	59	68
1965	75	83	90	81	83	106	72	64	72
1966	80	87	87	88	90	110	76	69	75
1967	82	88	88	88	90	111	78	71	79
1968	86	92	88	93	95	116	83	76	82
1969	88	93	91	97	98	114	85	80	85
1970	88	92	94	93	93	107	87	82	87
1971	91	94	99	94	95	108	91	83	89
1972	96	98	97	102	103	109	98	90	92
1973	102	104	100	110	112	111	104	98	95
1974	101	102	97	104	106	109	101	100	98
1975	100	100	100	100	100	100	100	100	100
1976	106	105	98	108	109	107	106	107	104
1977	110	108	103	114	116	112	111	112	108

8B. INDEX NUMBERS OF GROSS DOMESTIC PRODUCT BY KIND OF ECONOMIC ACTIVITY
MARKET ECONOMIES (CONTINUED)
1975 = 100

YEAR	GROSS DOMESTIC PRODUCT TOTAL	GROSS DOMESTIC PRODUCT PER CAPITA	AGRICULTURE 2/	INDUSTRIAL ACTIVITY TOTAL 3/	INDUSTRIAL ACTIVITY MANUFACTURING INDUSTRIES	CONSTRUCTION	WHOLESALE AND RETAIL TRADE	TRANSPORT AND COMMUNICATION	OTHER 1/
ISIC(REV.)		1-9	1	2-4	3	5	6	7	8-9
				CARIBBEAN AND LATIN AMERICA 13/					
WEIGHT 8/	7.3	.	11.7	7.5	(7.5)	6.0	9.1	6.4	5.7
WEIGHT 9/	100.0	.	11.9	33.2	(26.4)	5.5	19.0	5.6	24.8
1960	41	61	59	36	35	41	42	40	40
1961	44	64	61	39	38	42	44	41	43
1962	46	65	64	41	40	43	46	43	46
1963	48	66	66	42	41	44	47	44	47
1964	51	68	69	47	45	47	51	48	50
1965	54	70	76	50	48	46	54	51	52
1966	56	71	74	53	51	49	57	53	54
1967	59	73	78	56	53	53	60	55	57
1968	63	76	79	61	58	59	64	59	61
1969	68	80	82	66	64	65	69	64	65
1970	72	82	84	72	69	70	74	69	69
1971	77	86	88	76	76	73	79	73	74
1972	83	90	88	82	83	80	85	79	81
1973	90	95	93	89	92	87	91	86	89
1974	97	100	98	98	98	94	97	94	95
1975	100	100	100	100	100	100	100	100	100
1976	105	102	102	105	106	104	103	105	106
1977	109	103	108	109	109	110	107	111	110
				ASIA, MIDDLE EAST					
WEIGHT 8/	3.9	.	5.2	6.2	(1.6)	3.3	2.0	3.0	2.3
WEIGHT 9/	100.0	.	10.0	52.0	(10.8)	5.7	8.0	5.0	19.2
1960	31	48	60	29	23	29	29	26	27
1961	33	50	60	31	25	31	31	28	29
1962	36	52	65	34	28	32	33	30	31
1963	38	54	67	37	30	36	36	32	34
1964	42	58	68	40	33	40	39	35	37
1965	45	60	69	45	36	45	42	38	40
1966	49	64	72	49	40	46	46	41	43
1967	51	65	76	51	44	49	49	44	45
1968	56	69	78	58	51	55	52	47	50
1969	61	73	80	64	57	57	57	51	54
1970	66	77	81	71	61	58	61	56	59
1971	74	84	87	78	68	62	66	63	65
1972	82	90	91	88	75	69	74	68	72
1973	91	97	84	99	84	77	80	77	80
1974	97	100	93	103	92	82	89	86	91
1975	100	100	100	100	100	100	100	100	100
1976	109	106	109	106	111	117	110	110	110
1977	114	108	107	111	123	132	118	120	118

8B. INDEX NUMBERS OF GROSS DOMESTIC PRODUCT BY KIND OF ECONOMIC ACTIVITY
MARKET ECONOMIES (CONTINUED)
1975 = 100

YEAR	GROSS DOMESTIC PRODUCT TOTAL	GROSS DOMESTIC PRODUCT PER CAPITA	AGRICULTURE 2/	INDUSTRIAL ACTIVITY TOTAL 3/	INDUSTRIAL ACTIVITY MANUFACTURING INDUSTRIES	CONSTRUCTION	WHOLESALE AND RETAIL TRADE	TRANSPORT AND COMMUNICATION	OTHER 1/
ISIC(REV.)	1-9		1	2-4	3	5	6	7	8-9
ASIA, EAST AND SOUTHEAST 14/									
WEIGHT 8/	14.7	.	28.5	13.1	(14.4)	17.5	14.8	13.7	12.5
WEIGHT 9/	100.0	.	14.5	28.8	(25.4)	8.0	15.4	6.0	27.2
1960	34	48	66	25	24	24	28	31	25
1961	38	53	67	29	28	28	30	35	29
1962	40	54	69	32	30	31	32	37	31
1963	43	57	70	35	33	33	34	39	34
1964	48	63	74	39	38	39	38	43	39
1965	49	63	71	41	39	43	41	45	45
1966	53	66	72	45	44	47	45	50	50
1967	59	72	79	51	51	53	50	55	55
1968	65	78	82	59	59	63	59	62	62
1969	72	82	85	68	68	71	65	68	70
1970	79	88	88	77	78	79	71	74	77
1971	82	89	88	81	81	83	75	78	82
1972	88	94	89	88	89	91	84	82	89
1973	96	100	94	101	101	98	93	90	94
1974	97	99	94	102	102	92	93	96	96
1975	100	100	100	100	100	100	100	100	100
1976	106	104	100	112	112	97	104	107	104
1977	112	108	104	118	118	102	109	108	109
ASIA, EAST AND SOUTHEAST, 14/ EXCLUDING JAPAN									
WEIGHT 8/	4.5	.	21.0	3.1	(3.0)	3.5	3.9	3.9	2.8
WEIGHT 9/	100.0	.	34.5	22.2	(16.8)	5.2	13.2	5.5	19.4
1960	49	70	67	35	35	39	44	38	45
1961	52	73	69	38	38	41	46	40	48
1962	54	74	68	41	42	44	49	43	50
1963	57	77	71	44	45	49	53	45	52
1964	60	79	75	47	48	52	55	49	55
1965	61	79	71	49	51	57	58	52	56
1966	63	79	72	50	52	61	60	54	61
1967	67	83	78	53	55	64	64	57	63
1968	71	86	80	58	60	69	68	61	66
1969	76	87	85	65	66	74	73	65	70
1970	80	90	89	70	71	76	78	69	75
1971	82	90	90	75	75	76	81	74	79
1972	84	90	87	81	81	82	84	80	85
1973	91	95	93	90	90	83	90	88	89
1974	94	96	94	95	94	87	95	93	94
1975	100	100	100	100	100	100	100	100	100
1976	105	103	100	111	111	111	104	109	106
1977	111	107	105	120	120	119	108	120	113

8B. INDEX NUMBERS OF GROSS DOMESTIC PRODUCT BY KIND OF ECONOMIC ACTIVITY
MARKET ECONOMIES (CONTINUED)
1975 = 100

YEAR	GROSS DOMESTIC PRODUCT TOTAL	GROSS DOMESTIC PRODUCT PER CAPITA	AGRICULTURE 2/	INDUSTRIAL ACTIVITY TOTAL 3/	INDUSTRIAL ACTIVITY MANUFACTURING INDUSTRIES	CONSTRUCTION	WHOLESALE AND RETAIL TRADE	TRANSPORT AND COMMUNICATION	OTHER 1/
ISIC(REV.)	1-9		1	2-4	3	5	6	7	8-9
				EUROPE 15/					
WEIGHT 8/	34.5	.	25.3	37.6	(42.1)	42.2	29.1	36.0	34.1
WEIGHT 9/	100.0	.	5.5	35.2	(31.6)	8.2	12.9	6.7	31.5
1960	54	61	79	53	50	62	52	54	58
1961	57	63	80	56	53	67	56	57	61
1962	60	66	82	58	56	70	59	59	63
1963	62	68	83	61	59	73	63	62	65
1964	66	71	84	65	63	81	66	65	68
1965	69	74	85	68	67	84	69	68	71
1966	71	75	86	71	70	87	72	70	71
1967	74	78	91	72	72	89	74	72	73
1968	78	82	93	78	77	91	77	76	76
1969	82	85	92	84	84	95	82	82	79
1970	87	90	94	89	90	99	86	86	83
1971	90	92	97	91	92	102	90	88	86
1972	94	96	95	95	96	107	94	93	90
1973	99	100	100	102	103	108	99	99	94
1974	101	102	103	104	106	104	100	102	97
1975	100	100	100	100	100	100	100	100	100
1976	104	104	97	107	106	100	104	104	104
1977	107	106	99	112	109	100	106	108	107
				EUROPEAN ECONOMIC COMMUNITY 16/					
WEIGHT 8/	27.3	.	17.1	30.2	(33.8)	32.0	22.3	28.6	27.9
WEIGHT 9/	100.0	.	4.7	35.8	(32.1)	7.8	12.5	6.7	32.5
1960	55	61	81	55	52	65	55	56	60
1961	58	64	80	58	55	69	58	59	62
1962	61	67	83	61	58	72	61	61	65
1963	63	68	83	63	60	74	64	63	67
1964	67	72	85	67	65	82	68	67	69
1965	70	74	86	70	69	85	71	69	72
1966	72	76	86	72	71	88	73	72	72
1967	75	79	93	74	73	91	76	72	74
1968	79	82	95	79	79	93	79	77	76
1969	83	86	93	86	86	96	84	83	80
1970	88	90	95	90	91	100	88	87	83
1971	91	93	97	93	93	103	92	90	86
1972	94	95	95	96	97	107	95	94	90
1973	100	101	102	103	104	108	100	99	94
1974	102	102	104	104	106	104	101	102	97
1975	100	100	100	100	100	100	100	100	100
1976	105	105	95	108	107	100	105	105	104
1977	107	107	101	114	110	101	106	109	107

8B. INDEX NUMBERS OF GROSS DOMESTIC PRODUCT BY KIND OF ECONOMIC ACTIVITY
MARKET ECONOMIES (CONTINUED)
1975 = 100

YEAR	GROSS DOMESTIC PRODUCT TOTAL	GROSS DOMESTIC PRODUCT PER CAPITA	AGRICULTURE 2/	INDUSTRIAL ACTIVITY TOTAL 3/	INDUSTRIAL ACTIVITY MANUFACTURING INDUSTRIES	CONSTRUCTION	WHOLESALE AND RETAIL TRADE	TRANSPORT AND COMMUNICATION	OTHER 1/
ISIC(REV.)	1-9		1	2-4	3	5	6	7	8-9
				EUROPEAN FREE TRADE ASSOCIATION 17/					
WEIGHT 8/	4.7	.	4.5	5.1	(5.7)	7.0	4.2	4.8	4.0
WEIGHT 9/	100.0	.	7.2	35.1	(31.5)	10.0	13.6	6.6	27.4
1960	55	62	90	50	51	62	48	55	56
1961	58	64	92	53	55	69	53	57	59
1962	61	67	90	57	58	72	56	60	61
1963	64	70	89	59	60	78	59	63	64
1964	68	74	93	63	64	84	63	67	67
1965	71	76	92	67	68	84	66	71	70
1966	73	78	90	69	71	87	69	74	72
1967	75	79	97	72	73	89	71	76	75
1968	78	82	98	76	77	90	73	79	78
1969	83	86	96	82	84	96	77	83	81
1970	88	91	99	89	91	99	81	86	85
1971	90	93	100	91	93	102	85	88	89
1972	94	97	98	96	98	107	90	93	92
1973	98	101	99	103	104	109	96	99	95
1974	102	104	102	106	108	107	100	106	98
1975	100	100	100	100	100	100	100	100	100
1976	102	101	100	102	102	97	103	102	105
1977	104	102	96	103	103	98	105	105	108
				OTHER EUROPE 18/					
WEIGHT 8/	2.5	.	3.7	2.3	(2.6)	3.2	2.6	2.5	2.2
WEIGHT 9/	100.0	.	11.2	29.9	(26.5)	8.4	15.9	6.5	28.1
1960	37	43	61	28	27	35	37	30	40
1961	41	47	69	32	30	39	42	33	44
1962	45	51	70	35	33	45	47	35	47
1963	49	55	78	39	37	52	54	38	49
1964	52	58	71	44	42	59	55	42	52
1965	56	62	74	48	46	65	59	47	57
1966	60	65	78	52	51	68	64	51	60
1967	63	68	80	55	54	69	66	55	64
1968	67	72	82	58	57	78	70	59	67
1969	72	76	82	65	64	86	75	64	71
1970	77	81	86	70	69	88	80	70	75
1971	81	84	90	75	74	89	83	76	79
1972	88	91	93	85	84	99	89	83	84
1973	95	97	95	95	95	106	95	93	91
1974	98	99	100	100	100	103	97	97	96
1975	100	100	100	100	100	100	100	100	100
1976	103	102	101	104	104	99	102	103	102
1977	105	102	96	108	108	99	106	107	106

8B. INDEX NUMBERS OF GROSS DOMESTIC PRODUCT BY KIND OF ECONOMIC ACTIVITY MARKET ECONOMIES (CONTINUED) 1975 = 100

YEAR	GROSS DOMESTIC PRODUCT		AGRICULTURE 2/	INDUSTRIAL ACTIVITY		CONSTRUCTION	WHOLESALE AND RETAIL TRADE	TRANSPORT AND COMMUNICATION	OTHER 1/
	TOTAL	PER CAPITA		TOTAL 3/	MANUFACTURING INDUSTRIES				
ISIC(REV.)	1-9		1	2-4	3	5	6	7	8-9
				OCEANIA 19/					
WEIGHT 8/	2.1	.	2.0	1.8	(1.8)	2.5	2.2	2.5	2.1
WEIGHT 9/	100.0	.	7.2	28.3	(21.6)	8.1	16.2	7.7	32.5
1960	50	68	69	48	53	48	46	43	44
1961	51	67	71	50	55	48	47	42	45
1962	54	70	76	53	58	51	50	46	48
1963	58	73	78	55	60	57	53	50	52
1964	62	77	81	60	66	61	56	53	54
1965	63	77	75	62	68	64	58	55	57
1966	67	80	86	66	71	65	60	58	60
1967	70	82	78	70	75	71	62	62	64
1968	75	86	93	75	81	77	65	66	68
1969	79	89	91	81	86	80	68	72	72
1970	83	91	93	86	89	81	70	76	76
1971	87	93	99	90	92	83	72	79	80
1972	90	95	92	95	97	83	74	83	84
1973	95	99	95	102	103	90	80	89	91
1974	97	99	92	98	99	89	92	99	98
1975	100	100	100	100	100	100	100	100	100
1976	104	103	105	103	102	100	100	96	105
1977	107	104	101	103	100	89	99	95	108

8B. INDEX NUMBERS OF GROSS DOMESTIC PRODUCT BY KIND OF ECONOMIC ACTIVITY MARKET ECONOMIES (continued)

General note. The world 4/ and regional index numbers of gross product by kind of economic activity (value added) shown in the above tables were compiled as weighted averages of country indexes of gross product at 1975 prices. Regional indexes for each industry group were first compiled from the appropriate series of indicators for the countries concerned. The regional indexes for countries with market economies were then combined into separate indexes for developed market economies and developing market economies and these in turn were combined into a set of indexes for the market economies as a whole. Finally, the series of indexes for the market economies as a whole were combined with those for the centrally planned economies. In this combination use was made in the case of the market economies of a series of indexes relating to gross domestic product, excluding services 1/ as defined in this context, since these services are generally not covered in the indexes of total value added for the centrally planned economies.

The country indexes utilized for the market economies were derived from official estimates of gross domestic product at constant prices and those for the centrally planned economies from data on gross output or net material product at constant prices. The basic data were generally absolute figures of product expressed in national currency units, but in a limited number of cases, indexes computed by the countries themselves were directly used. For some countries the indicators series were obtained by linking together separate series covering the full period.

Various methods were utilized to obtain indicators for countries where constant price estimates of gross domestic product by kind of economic activity were not available. For example, national indexes of the quantum of production were employed for agriculture, total industry activity, manufacturing and, in some cases, for construction. Where such national indexes were not available for agriculture, indexes compiled by the Food and Agriculture Organization of the United Nations (FAO) were utilized. In the absence of official series for total industrial activity or manufacturing, use was made of indicators for those components which were officially provided and utilized in compiling the world index of industrial production of the Statistical Office of the United Nations. In the remaining cases, estimates from unofficial sources were utilized or indicators series were prepared by the Statistical Office of the United Nations, generally by deflating related series at current prices by suitable price indexes.

In the case of the market economies, the country weights of the industrial categories were generally based on their contribution in 1975 to gross domestic product expressed in U.S. dollars. In making the conversion from national currency units to U.S. dollars the same exchange rate was employed for each industrial category. For countries with a single fixed exchange rate system, the conversion rate was generally the par value of the currency. For countries with a single fluctuating rate, the conversion rate was normally the annual average of the official rates as reported by the International Monetary Fund (IMF). For countries with multiple exchange rates, the conversion rate was normally obtained by comparing the implicit price deflators of the country and that of the United States. In coverting data for the centrally planned economies from national currency units into U.S. dollars, the annual average of effective rates as published in the United Nations Monthly Bulletin of Statistics were normally used. These rates were applied to value added in total production and in each industrial category.

1/ Financing, insurance, real estate and business services, community social and personal services and public administration and defence.
2/ Agriculture, forestry, hunting and fishing.
3/ Mining and quarrying, manufacturing, electricity, gas and water.
4/ Excludes China, Democratic People's Rep. of Korea and Viet Nam.
5/ Gross product originating in each regional industrial group in 1975 as per cent of total gross product (excluding services) originating in the same industrial group for the world.
6/ Gross product originating in each regional industrial group in 1975 as per cent of total gross product for that region. For the region "Centrally planned economies" the percentages do not add to 100 per cent because some material activities are not included in the reported industrial groups.
7/ Centrally planned economies comprise Albania, Bulgaria, Czechoslovakia, German Democratic Republic, Hungary, Mongolia, Poland, Romania, USSR and Yugoslavia.
8/ Gross product originating in each regional industrial group in 1975 as per cent of total gross product originating in the same industrial group per market economies.
9/ Gross product originating in each regional industrial group in 1975 as per cent of total gross product for that region.
10/ Countries in North America and Europe, together with Australia, Israel, Japan, New Zealand and South Africa.
11/ Countries in the Caribbean and Latin America, East and Southeast Asia (except Japan), the Middle East (except Israel), Africa (except South Africa), and Oceania (except Australia and New Zealand).
12/ Canada and the United States.
13/ All countries and areas in Central America, South America and the Caribbean.
14/ All countries and areas in East and Southeast Asia except China, Democratic People's Rep. of Korea, Mongolia and Viet Nam.
15/ Europe comprises Austria, Belgium, Denmark, Finland, France, Federal Republic of Germany, Greece, Iceland, Ireland, Italy, Luxembourg, Malta, Netherlands, Norway, Portugal, Spain, Sweden, Switzerland and the United Kingdom.
16/ Belgium, Denmark, France, Federal Republic of Germany, Ireland, Italy, Luxembourg, Netherlands and the United Kingdom.
17/ Austria, Finland, Iceland, Norway, Portugal, Sweden and Switzerland.
18/ Greece, Malta and Spain.
19/ Australia, Cook Islands, Fiji, French Polynesia, Gilbert Islands, New Caledonia, New Zealand, Papua New Guinea, Samoa, Solomon Islands and Tonga.

9. INDEX NUMBERS OF TOTAL AND PER CAPITA PRODUCT AT CONSTANT PRICES

A. TOTAL B. PER CAPITA

1975 = 100

COUNTRY OR AREA	CODE	1960	1961	1962	1963	1964	1965	1966	1967	1968	1969	1970	1971	1972	1973	1974	1975	1976	1977
AFRICA																			
BENIN	A3/	...	...	...	...	...	...	...	...	...	...	86	88	96	101	107	100	101	106
	B3/	...	...	...	...	...	...	...	...	...	...	98	98	105	106	110	100	99	100
BOTSWANA 1/2/	A3/	...	...	...	...	...	...	...	46	53	69	84	100	...	...	...	...	...	...
	B3/	...	...	...	...	...	...	...	49	55	70	84	100	...	...	...	...	...	...
CENTRAL AFRICAN EMPIRE	A	...	...	...	...	...	...	...	93	93	97	102	99	97	101	98	100	104	113
	B	...	...	...	...	...	...	...	111	108	110	113	108	103	106	100	100	102	108
CHAD	A3/	...	...	...	...	...	...	...	...	...	...	83	85	79	75	85	100	99	...
	B3/	...	...	...	...	...	...	...	...	...	...	92	92	84	78	87	100	96	...
EGYPT 1/2/	A	...	...	...	...	...	85	85	84	89	96	96	100	...	...	...	...	...	...
	B	...	...	...	...	...	99	96	93	96	101	99	100	...	...	...	...	...	...
ETHIOPIA4/	A	...	59	62	64	67	72	75	77	81	85	88	92	96	99	100	100	102	...
	B	...	80	82	84	86	90	92	93	95	97	98	100	102	103	103	100	100	...

9. INDEX NUMBERS OF TOTAL AND PER CAPITA PRODUCT AT CONSTANT PRICES (CONTINUED)

A. TOTAL B. PER CAPITA

1975 = 100

COUNTRY OR AREA	CODE	1960	1961	1962	1963	1964	1965	1966	1967	1968	1969	1970	1971	1972	1973	1974	1975	1976	1977
AFRICA (CONTINUED)																			
GHANA 20/	A	66	68	71	74	75	76	77	78	79	82	86	92	90	95	100	...	...	...
	B	93	94	96	97	96	95	93	93	92	94	95	100	95	98	100	...	...	...
IVORY COAST	A3/	...	...	...	...	...	...	...	...	...	...	...	...	...	...	...	100	112	122
	B3/	...	...	...	...	...	...	...	...	...	...	...	...	...	...	...	100	109	115
KENYA	A3/	...	...	...	...	55	56	63	66	71	75	81	86	90	96	99	100	106	114
	B3/	...	...	...	...	80	78	86	87	90	92	96	98	100	103	103	100	102	106
LIBERIA	A3/	...	...	...	...	62	65	70	74	78	84	89	94	97	101	104	100	105	108
	B3/	...	...	...	...	78	80	85	89	91	96	100	102	104	106	107	100	103	103
LIBYAN ARAB JAMAHIRIYA	A3/	...	...	...	...	...	...	...	...	...	...	...	...	...	...	...	100	122	134
	B3/	...	...	...	...	...	...	...	...	...	...	...	...	...	...	...	100	118	125
MALAWI 18/	A	...	...	...	...	54	61	67	74	74	78	79	91	100	...	...	...	...	...
	B	...	...	...	...	66	73	78	84	81	84	84	93	100	...	...	...	...	...

9. INDEX NUMBERS OF TOTAL AND PER CAPITA PRODUCT AT CONSTANT PRICES (CONTINUED)

A. TOTAL   B. PER CAPITA

1975 = 100

COUNTRY OR AREA	CODE	1960	1961	1962	1963	1964	1965	1966	1967	1968	1969	1970	1971	1972	1973	1974	1975	1976	1977
AFRICA (CONTINUED)																			
MAURITIUS	A	...	...	...	...	...	...	...	...	...	...	70	73	81	90	100	100	...	...
	B	...	...	...	...	...	...	...	...	...	...	74	77	84	94	101	100	...	...
MOROCCO	A 3/	52	50	56	59	60	61	60	64	72	72	77	82	83	87	92	100	112	119
	B 3/	80	75	82	84	83	82	78	81	89	86	89	92	91	92	94	100	109	113
NIGERIA 6/	A	41	41	43	46	48	52	50	...	...	...	69	76	81	86	96	100	...	...
	B	60	59	59	63	64	67	63	...	...	...	78	85	88	91	99	100	...	...
RWANDA 20/	A 3/	...	...	...	...	...	...	...	72	77	85	95	96	96	99	100	...	...	...
	B 3/	...	...	...	...	...	...	...	88	91	98	106	104	101	102	100	...	...	...
SEYCHELLES 17/	A 3/	...	...	...	...	...	...	...	...	...	...	...	...	...	...	...	...	100	106
	B 3/	...	...	...	...	...	...	...	...	...	...	...	...	...	...	...	...	100	104
SIERRA LEONE 1/	A 3/	...	...	...	...	...	...	...	...	...	...	94	93	96	100	103	100	101	...
	B 3/	...	...	...	...	...	...	...	...	...	...	102	99	101	103	105	100	99	...

9. INDEX NUMBERS OF TOTAL AND PER CAPITA PRODUCT AT CONSTANT PRICES (CONTINUED)

A. TOTAL B. PER CAPITA

1975 = 100

COUNTRY OR AREA	CODE	1960	1961	1962	1963	1964	1965	1966	1967	1968	1969	1970	1971	1972	1973	1974	1975	1976	1977
AFRICA (CONTINUED)																			
SOUTH AFRICA 8/	A 3/	44	46	49	53	56	60	63	68	71	76	80	83	86	90	97	100	102	102
	B 3/	66	67	69	73	76	78	79	84	85	88	90	92	93	94	99	100	99	97
SOUTHERN RHODESIA	A 3/	...	...	...	...	...	55	57	60	62	71	74	82	90	93	102	100	98	92
	B 3/	...	...	...	...	...	78	77	79	78	87	87	94	100	99	105	100	95	86
SUDAN 9/	A	83	88	97	98	100	100	...	...	...	...	...	...	...	...	...	...	...	...
	B	96	99	106	104	103	100	...	...	...	...	...	...	...	...	...	...	...	...
TUNISIA	A	40	41	42	46	48	50	52	52	56	58	63	69	82	82	91	100	108	112
	B	55	55	55	60	61	63	63	62	66	67	70	76	89	87	93	100	105	104
UGANDA	A 3/	65	65	65	72	75	79	83	86	88	98	99	102	103	102	102	100	100	...
	B 3/	99	97	95	102	104	106	109	109	109	118	117	116	113	109	106	100	96	...
UNITED REP. OF CAMEROON 1/	A 3/	...	...	...	...	...	...	...	...	...	82	84	88	89	93	98	100	106	...
	B 3/	...	...	...	...	...	...	...	...	...	92	93	95	94	97	100	100	104	...

9. INDEX NUMBERS OF TOTAL AND PER CAPITA PRODUCT AT CONSTANT PRICES (CONTINUED)

A. TOTAL B. PER CAPITA

1975 = 100

COUNTRY OR AREA	CODE	1960	1961	1962	1963	1964	1965	1966	1967	1968	1969	1970	1971	1972	1973	1974	1975	1976	1977
AFRICA (CONTINUED)																			
UNITED REP. OF TANZANIA 10/	A 3/	...	...	...	...	59	60	68	71	75	76	80	84	89	92	94	100	105	111
	B 3/	...	...	...	...	79	79	87	89	91	90	93	94	98	98	98	100	103	106
ZAIRE	A 3/	...	...	...	...	...	...	...	...	...	...	85	92	92	100	106	100	99	...
	B 3/	...	...	...	...	...	...	...	...	...	...	98	102	100	105	109	100	96	...
ZAMBIA	A	...	...	...	...	...	80	76	82	83	83	86	87	95	93	101	100	108	105
	B	...	...	...	...	...	108	99	104	103	100	101	99	105	99	104	100	105	99
NORTH AMERICA																			
CANADA	A 3/	47	49	52	55	58	62	67	69	73	76	78	84	89	95	99	100	106	109
	B 3/	60	60	63	66	68	72	75	77	80	83	84	88	92	98	100	100	104	106
UNITED STATES	A 3/	61	63	66	69	72	77	81	83	87	89	89	92	97	102	101	100	106	111
	B 3/	72	73	76	78	80	84	88	90	93	94	93	95	99	104	102	100	105	109

9. INDEX NUMBERS OF TOTAL AND PER CAPITA PRODUCT AT CONSTANT PRICES (CONTINUED)

A. TOTAL B. PER CAPITA

1975 = 100

COUNTRY OR AREA	CODE	1960	1961	1962	1963	1964	1965	1966	1967	1968	1969	1970	1971	1972	1973	1974	1975	1976	1977
CARIBBEAN AND LATIN AMERICA																			
ANTIGUA 11/	A	...	...	...	...	...	...	...	...	95	100	...	...	...	...	...	...	...	...
	B	...	...	...	...	...	...	...	...	97	100	...	...	...	...	...	...	...	...
ARGENTINA	A	54	58	57	56	62	67	68	70	73	79	83	87	90	95	101	100	97	102
	B	67	71	68	66	72	77	77	78	80	85	89	92	93	98	103	100	96	99
BARBADOS	A3/	...	...	...	...	...	...	...	...	...	...	...	...	...	...	101	100	105	...
	B3/	...	...	...	...	...	...	...	...	...	...	...	...	...	...	101	100	101	...
BELIZE	A3/	...	...	...	...	...	...	...	...	...	...	80	82	88	92	100	100	100	...
	B3/	...	...	...	...	...	...	...	...	...	...	93	93	96	97	102	100	97	...
BOLIVIA	A	43	44	46	49	52	55	59	63	68	71	75	79	84	89	95	100	...	...
	B	63	63	65	68	69	72	75	78	81	83	86	88	91	94	98	100	...	...
BRAZIL	A	...	...	...	...	...	41	43	45	50	55	60	68	76	86	95	100	109	114
	B	...	...	...	...	...	54	55	56	61	65	69	76	82	91	97	100	106	108

9. INDEX NUMBERS OF TOTAL AND PER CAPITA PRODUCT AT CONSTANT PRICES (CONTINUED)

A. TOTAL B. PER CAPITA

1975 = 100

COUNTRY OR AREA	CODE	1960	1961	1962	1963	1964	1965	1966	1967	1968	1969	1970	1971	1972	1973	1974	1975	1976	1977
CARIBBEAN AND LATIN AMERICA (CONTINUED)																			
CHILE	A	67	71	74	78	81	85	91	93	96	99	103	111	111	107	113	100	104	113
	B	90	93	95	98	100	102	107	108	109	111	113	119	117	111	115	100	102	109
COLOMBIA	A	45	47	50	51	54	56	59	62	66	70	74	79	85	91	96	100	105	110
	B	68	70	71	71	73	74	76	77	80	82	86	88	93	96	99	100	102	103
COSTA RICA	A3/	41	41	44	47	48	53	57	61	66	69	75	80	86	93	98	100	106	114
	B3/	65	62	65	66	66	70	73	75	79	81	85	87	92	98	101	100	103	108
CUBA 5/	A12/	...	...	93	94	102	104	100	...	...	...	...	...	...	...	...	...	...	...
	B12/	...	...	102	101	107	106	100	...	...	...	...	...	...	...	...	...	...	...
DOMINICA	A3/	...	...	...	...	...	...	...	...	...	...	...	...	...	...	...	100	107	110
	B3/	...	...	...	...	...	...	...	...	...	...	...	...	...	...	...	100	107	110
DOMINICAN REPUBLIC	A	39	38	44	47	50	44	50	52	52	58	64	70	79	89	95	100	106	111
	B	60	57	65	67	70	59	65	65	64	68	74	79	86	94	98	100	103	105

9. INDEX NUMBERS OF TOTAL AND PER CAPITA PRODUCT AT CONSTANT PRICES (CONTINUED)

A. TOTAL B. PER CAPITA

1975 = 100

COUNTRY OR AREA	CODE	1960	1961	1962	1963	1964	1965	1966	1967	1968	1969	1970	1971	1972	1973	1974	1975	1976	1977
CARIBBEAN AND LATIN AMERICA (CONTINUED)																			
ECUADOR	A 3/	...	...	...	...	...	46	50	54	57	59	62	65	69	82	97	100	110	117
	B 3/	...	...	...	...	...	65	68	71	72	72	73	74	77	88	100	100	106	109
EL SALVADOR	A	45	46	52	54	59	63	67	71	73	75	78	81	86	90	96	100	104	110
	B	75	75	81	82	86	88	91	92	92	91	90	92	94	96	99	100	102	103
GUATEMALA	A	45	47	48	53	55	58	61	63	69	72	76	81	86	92	98	100	107	116
	B	69	70	70	74	76	76	78	79	84	85	88	90	94	98	101	100	104	110
GUYANA	A	59	62	62	55	62	67	71	75	75	79	83	85	83	85	91	100	103	...
	B	83	84	82	70	77	83	85	88	86	90	93	92	89	88	93	100	104	...
HAITI 13/	A 3/	80	77	83	82	81	82	82	80	83	86	86	92	93	96	100	100	107	111
	B 3/	101	96	102	99	96	96	94	91	92	94	93	97	97	99	101	100	105	107
HONDURAS	A	54	55	58	60	63	70	74	78	83	83	86	91	95	99	100	100	107	115
	B	84	84	85	85	87	93	95	97	100	97	100	102	103	105	102	100	104	109

9. INDEX NUMBERS OF TOTAL AND PER CAPITA PRODUCT AT CONSTANT PRICES (CONTINUED)

A. TOTAL B. PER CAPITA

1975 = 100

COUNTRY OR AREA	CODE	1960	1961	1962	1963	1964	1965	1966	1967	1968	1969	1970	1971	1972	1973	1974	1975	1976	1977
CARIBBEAN AND LATIN AMERICA (CONTINUED)																			
JAMAICA	A3/	...	...	...	...	...	...	...	...	...	80	90	92	101	101	101	100	93	90
	B3/	...	...	...	...	...	...	...	...	...	89	98	99	106	104	103	100	92	88
MEXICO	A3/	39	41	42	46	51	54	58	62	67	71	76	79	84	91	96	100	102	105
	B3/	64	65	66	69	74	76	79	81	85	87	90	90	93	97	99	100	98	98
NICARAGUA	A3/	39	42	47	52	58	63	65	70	71	75	76	80	83	87	98	100	106	112
	B3/	60	62	67	72	79	84	85	89	88	91	90	91	91	93	101	100	102	105
PANAMA	A	37	41	44	48	50	54	58	63	68	74	79	86	91	97	99	100	100	101
	B	58	62	65	68	69	74	77	81	84	88	92	97	100	103	102	100	97	95
PARAGUAY	A	48	51	53	55	57	61	61	65	67	70	74	78	82	88	95	100	108	120
	B	73	75	77	77	78	80	78	81	82	83	86	87	89	93	98	100	102	113
PERU	A	...	49	53	55	59	62	66	69	69	71	77	81	85	91	97	100	103	104
	B	...	73	77	78	81	83	86	86	84	85	88	90	93	96	100	100	100	98

9. INDEX NUMBERS OF TOTAL AND PER CAPITA PRODUCT AT CONSTANT PRICES (CONTINUED)

A. TOTAL B. PER CAPITA

1975 = 100

COUNTRY OR AREA	CODE	1960	1961	1962	1963	1964	1965	1966	1967	1968	1969	1970	1971	1972	1973	1974	1975	1976	1977
CARIBBEAN AND LATIN AMERICA (CONTINUED)																			
PUERTO RICO 1/	A	41	44	49	52	57	61	65	68	70	80	85	91	99	99	96	100	106	112
	B	54	57	62	65	69	73	77	80	82	92	98	102	108	104	99	100	103	106
TRINIDAD AND TOBAGO	A	...	...	...	...	...	...	73	76	79	82	85	86	91	93	94	100	109	118
	B	...	...	...	...	...	...	79	81	84	86	89	90	93	94	94	100	107	115
URUGUAY	A	83	85	83	84	85	86	89	86	87	92	96	96	92	93	96	100	103	...
	B	99	100	97	96	97	97	99	93	94	98	101	99	95	95	96	100	102	...
VENEZUELA	A	45	47	51	55	60	63	65	68	71	74	79	82	84	90	95	100	108	115
	B	73	74	78	80	85	87	86	87	89	89	92	92	92	96	98	100	105	108
ASIA MIDDLE EAST																			
CYPRUS	A	63	69	76	80	72	87	93	105	111	122	126	142	152	155	127	100	121	145
	B	70	76	83	88	79	94	101	114	118	130	134	149	159	160	129	100	121	145
IRAN 14/	A	25	26	27	29	31	36	40	45	51	58	65	71	82	91	98	100	114	...
	B	38	38	40	41	43	48	52	56	62	68	75	79	88	96	100	100	112	...

9. INDEX NUMBERS OF TOTAL AND PER CAPITA PRODUCT AT CONSTANT PRICES (CONTINUED)

A. TOTAL   B. PER CAPITA

1975 = 100

COUNTRY OR AREA	CODE	1960	1961	1962	1963	1964	1965	1966	1967	1968	1969	1970	1971	1972	1973	1974	1975	1976	1977
ASIA MIDDLE EAST (CONTINUED)																			
IRAQ	A	...	...	...	...	50	54	57	53	62	64	65	70	67	81	85	100	...	...
	B	...	...	...	...	72	75	76	69	78	77	77	79	74	87	88	100	...	...
ISRAEL	A	30	34	37	41	45	49	49	50	58	65	70	78	87	92	97	100	101	101
	B	49	53	56	59	62	66	64	63	71	78	82	87	95	97	99	100	99	97
SAUDI ARABIA 7/	A 3/	...	...	...	...	...	...	39	42	45	50	57	65	78	90	92	100	117	...
	B 3/	...	...	...	...	...	...	50	53	55	59	66	73	85	96	95	100	114	...
SYRIAN ARAB REPUBLIC	A	32	34	42	42	46	47	46	48	51	58	60	66	72	74	88	100	108	110
	B	52	54	65	63	67	65	61	63	63	71	70	75	80	79	91	100	104	103
TURKEY	A 3/	40	41	43	48	49	51	57	59	63	67	70	76	81	85	92	100	109	...
	B 3/	59	59	61	65	66	65	72	73	76	78	81	87	88	90	95	100	107	...

9. INDEX NUMBERS OF TOTAL AND PER CAPITA PRODUCT AT CONSTANT PRICES (CONTINUED)

A. TOTAL B. PER CAPITA

1975 = 100

COUNTRY OR AREA	CODE	1960	1961	1962	1963	1964	1965	1966	1967	1968	1969	1970	1971	1972	1973	1974	1975	1976	1977
ASIA EAST AND SOUTHEAST																			
AFGHANISTAN 11/14/	A	...	...	85	87	88	90	91	94	97	100	...	...	...	...	...	...	...	...
	B	...	...	100	99	99	99	98	98	99	100	...	...	...	...	...	...	...	...
BANGLADESH 1/	A	...	...	...	...	...	...	...	...	...	...	...	...	76	85	88	100	101	110
	B	...	...	...	...	...	...	...	...	...	...	...	...	82	90	90	100	99	105
BURMA 13/	A	...	...	70	79	75	82	79	75	83	86	90	94	96	95	97	100	104	110
	B	...	...	93	103	95	102	96	90	97	98	100	102	102	99	100	100	102	106
DEMOCRATIC KAMPUCHEA 5/	A	...	...	87	93	93	98	100	...	...	...	...	...	...	...	...	...	...	...
	B	...	...	95	100	98	100	100	...	...	...	...	...	...	...	...	...	...	...
HONG KONG	A	...	33	36	40	44	52	55	60	62	71	75	78	83	95	97	100	117	130
	B	...	45	48	52	55	63	66	71	72	81	84	84	89	99	99	100	116	127
INDIA 6/	A3/	60	63	65	69	74	72	72	77	80	85	88	90	89	92	92	100	101	...
	B3/	83	85	86	89	94	89	87	92	93	97	97	97	95	96	94	100	99	...

9. INDEX NUMBERS OF TOTAL AND PER CAPITA PRODUCT AT CONSTANT PRICES (CONTINUED)

A. TOTAL B. PER CAPITA

1975 = 100

COUNTRY OR AREA	CODE	1960	1961	1962	1963	1964	1965	1966	1967	1968	1969	1970	1971	1972	1973	1974	1975	1976	1977
ASIA EAST AND SOUTHEAST (CONTINUED)																			
INDONESIA	A	51	54	55	54	56	56	58	59	63	64	69	73	80	89	95	100	107	115
	B	75	78	77	73	74	73	73	72	75	75	78	81	86	93	98	100	104	109
JAPAN	A	28	32	34	38	43	44	49	55	63	70	78	82	90	99	99	100	106	...
	B	33	37	40	43	49	50	54	61	68	76	84	87	94	102	100	100	105	...
KOREA, REPUBLIC OF	A	29	30	31	34	37	39	44	47	52	59	64	70	75	86	93	100	113	125
	B	41	43	41	44	47	48	53	55	59	66	70	76	79	89	94	100	111	121
MALAYSIA 21/	A3/	...	...	...	...	...	...	...	...	...	...	...	75	82	92	99	100	111	120
	B3/	...	...	...	...	...	...	...	...	...	...	...	83	88	96	102	100	107	114
MONGOLIA 22/	A16/	62	64	65	67	69	71	73	79	73	79	86	89	93	100	...	...	...	...
	B16/	88	88	88	88	88	88	88	93	84	89	93	94	96	100	...	...	...	...
NEPAL 15/	A	...	...	...	...	...	80	86	85	85	89	91	90	93	93	99	100	104	108
	B	...	...	...	...	...	99	104	101	100	102	103	98	99	97	101	100	102	103

9. INDEX NUMBERS OF TOTAL AND PER CAPITA PRODUCT AT CONSTANT PRICES (CONTINUED)

A. TOTAL　　B. PER CAPITA

1975 = 100

COUNTRY OR AREA	CODE	1960	1961	1962	1963	1964	1965	1966	1967	1968	1969	1970	1971	1972	1973	1974	1975	1976	1977
ASIA EAST AND SOUTHEAST (CONTINUED)																			
PAKISTAN 1/	A	...	...	...	...	...	...	...	...	...	82	82	83	88	93	96	100	103	110
	B	...	...	...	...	...	...	...	...	...	96	94	92	96	98	98	100	100	104
PHILIPPINES	A	44	47	49	52	54	57	60	63	67	71	75	79	83	90	95	100	108	114
	B	69	71	72	74	75	76	78	80	82	84	86	89	90	96	98	100	105	108
SINGAPORE	A	31	34	36	40	39	42	46	52	59	67	64	71	81	90	96	100	108	116
	B	43	46	47	50	47	50	54	59	66	74	69	76	85	93	97	100	106	113
SRI LANKA	A	...	...	...	57	61	62	65	69	72	78	83	83	85	89	97	100	105	107
	B	...	...	...	72	75	75	77	80	81	86	90	89	89	92	99	100	103	103
THAILAND	A	34	36	39	42	45	48	54	58	63	68	73	79	82	91	95	100	108	115
	B	54	55	57	60	62	65	71	74	78	82	84	88	89	96	97	100	105	109
VIET NAM 18/19/	A	69	69	75	76	83	89	84	87	81	88	95	98	100	...	...	...	...	...
	B	95	92	98	96	103	107	98	99	90	95	100	101	100	...	...	...	...	...

9. INDEX NUMBERS OF TOTAL AND PER CAPITA PRODUCT AT CONSTANT PRICES (CONTINUED)

A. TOTAL B. PER CAPITA

1975 = 100

COUNTRY OR AREA	CODE	1960	1961	1962	1963	1964	1965	1966	1967	1968	1969	1970	1971	1972	1973	1974	1975	1976	1977
EUROPE MARKET ECONOMIES																			
AUSTRIA	A3/	52	55	57	59	62	65	68	69	73	77	83	87	93	98	102	100	105	110
	B3/	56	58	60	62	65	67	70	71	74	78	84	88	93	98	102	100	105	110
BELGIUM	A	51	54	57	59	63	66	68	70	73	78	83	87	92	98	102	100	106	107
	B	55	58	60	63	66	68	70	72	75	79	84	88	93	98	103	100	105	107
DENMARK	A3/	56	59	63	63	69	72	74	78	81	86	89	91	96	101	101	100	106	108
	B3/	62	65	68	68	74	77	78	81	84	89	91	93	97	101	101	100	106	108
FINLAND	A	49	53	55	57	60	63	65	67	68	75	82	83	89	95	99	100	100	101
	B	52	56	58	59	62	65	67	68	69	77	83	85	91	96	100	100	100	100
FRANCE	A	47	49	53	56	59	62	66	69	72	78	82	86	92	97	100	100	105	108
	B	54	56	59	61	65	67	70	73	76	82	86	89	94	98	100	100	104	107
GERMANY, FEDERAL REPUBLIC OF	A3/	57	60	63	65	69	73	75	75	79	85	91	93	97	102	102	100	106	109
	B3/	65	67	69	71	74	77	79	78	83	88	92	94	97	101	102	100	106	109

9. INDEX NUMBERS OF TOTAL AND PER CAPITA PRODUCT AT CONSTANT PRICES (CONTINUED)

A. TOTAL B. PER CAPITA

1975 = 100

COUNTRY OR AREA	CODE	1960	1961	1962	1963	1964	1965	1966	1967	1968	1969	1970	1971	1972	1973	1974	1975	1976	1977
EUROPE MARKET ECONOMIES (CONTINUED)																			
GREECE	A	38	42	42	47	51	55	59	62	66	72	78	84	91	98	94	100	106	110
	B	41	45	46	50	54	59	62	65	68	75	81	86	93	99	95	100	105	107
ICELAND	A	49	50	54	59	64	68	74	72	68	70	76	86	91	97	101	100	103	108
	B	62	61	65	70	74	78	83	80	75	76	82	92	97	101	101	100	103	108
IRELAND	A	55	58	60	63	65	67	68	71	77	82	84	88	93	97	99	100	103	109
	B	61	64	66	69	71	73	73	77	83	87	90	92	96	99	100	100	102	107
ITALY	A3/	52	56	59	63	64	67	71	75	80	85	89	90	93	99	104	100	106	108
	B3/	57	62	65	68	70	72	75	80	84	89	92	93	95	101	104	100	105	106
LUXEMBOURG	A3/	62	65	65	67	72	73	74	76	79	86	88	91	96	106	111	100	103	104
	B3/	71	73	73	74	79	79	80	81	84	92	93	96	100	109	111	100	103	104
MALTA	A	40	40	38	38	39	42	46	49	54	58	65	67	71	76	84	100	117	131
	B	40	40	38	38	40	43	48	51	56	59	65	67	73	78	86	100	117	131

9. INDEX NUMBERS OF TOTAL AND PER CAPITA PRODUCT AT CONSTANT PRICES (CONTINUED)

A. TOTAL B. PER CAPITA

1975 = 100

COUNTRY OR AREA	CODE	1960	1961	1962	1963	1964	1965	1966	1967	1968	1969	1970	1971	1972	1973	1974	1975	1976	1977
EUROPE MARKET ECONOMIES (CONTINUED)																			
NETHERLANDS	A	51	52	54	56	61	65	66	70	75	80	85	89	92	97	101	100	104	107
	B	60	61	63	64	69	72	73	76	81	85	89	92	94	99	102	100	103	106
NORWAY	A	50	54	56	58	62	65	68	71	74	78	81	85	88	91	96	100	106	110
	B	56	60	61	64	67	70	72	76	78	81	83	87	89	93	96	100	105	109
PORTUGAL	A	45	48	51	54	58	62	65	69	72	74	81	86	93	103	105	100	106	...
	B	53	56	59	62	65	70	72	76	79	80	88	94	102	114	111	100	103	...
SPAIN	A	37	42	45	49	52	56	61	63	67	72	77	80	88	94	99	100	102	105
	B	44	48	52	56	59	62	67	69	72	77	81	83	90	96	101	100	101	101
SWEDEN	A 3/	58	62	64	68	72	75	77	80	82	86	91	91	92	95	99	100	101	99
	B 3/	64	67	69	73	77	80	81	83	85	89	93	92	93	96	100	100	101	98
SWITZERLAND	A	61	66	69	72	76	78	80	83	86	90	96	100	103	106	108	100	99	101
	B	72	77	79	81	84	85	87	88	90	94	99	103	104	106	107	100	100	102

9. INDEX NUMBERS OF TOTAL AND PER CAPITA PRODUCT AT CONSTANT PRICES (CONTINUED)

A. TOTAL B. PER CAPITA

1975 = 100

COUNTRY OR AREA	CODE	1960	1961	1962	1963	1964	1965	1966	1967	1968	1969	1970	1971	1972	1973	1974	1975	1976	1977
EUROPE MARKET ECONOMIES (CONTINUED)																			
UNITED KINGDOM	A 3/	72	73	74	77	81	83	85	86	90	92	93	95	98	104	102	100	102	105
	B 3/	76	77	78	80	84	86	87	88	92	93	94	95	98	104	102	100	102	105
EUROPE CENTRALLY PLANNED ECONOMIES																			
ALBANIA 11/	A 16/	48	51	54	60	63	72	81	90	93	100	...	...	...	...	...	...	...	...
	B 16/	61	64	66	70	72	80	88	95	96	100	...	...	...	...	...	...	...	...
BULGARIA	A 16/	33	34	36	38	42	45	50	55	58	64	69	73	79	85	92	100	107	...
	B 16/	36	37	39	41	45	48	53	58	61	66	71	75	80	86	92	100	106	...
BYELORUSSIAN SSR	A 16/	31	33	32	36	41	43	48	53	58	62	67	74	79	86	91	100	106	110
	B 16/	35	37	35	39	44	47	51	56	61	64	70	76	81	87	92	100	105	109
CZECHOSLOVAKIA	A 16/	50	53	54	53	53	55	60	63	68	73	77	80	85	89	94	100	104	108
	B 16/	55	58	58	56	56	58	63	66	70	75	79	83	87	90	95	100	103	107
GERMAN DEMOCRATIC REPUBLIC	A 16/	50	51	52	54	57	60	63	66	69	73	77	80	85	90	95	100	104	109
	B 16/	49	50	52	53	56	59	62	65	68	72	76	79	84	89	95	100	104	110

9. INDEX NUMBERS OF TOTAL AND PER CAPITA PRODUCT AT CONSTANT PRICES (CONTINUED)

A. TOTAL B. PER CAPITA

1975 = 100

COUNTRY OR AREA	CODE	1960	1961	1962	1963	1964	1965	1966	1967	1968	1969	1970	1971	1972	1973	1974	1975	1976	1977
EUROPE CENTRALLY PLANNED ECONOMIES (CONTINUED)																			
HUNGARY	A16/	43	45	48	50	52	53	57	61	65	70	73	77	82	88	94	100	103	112
	B16/	45	47	50	52	54	55	59	63	66	71	74	79	84	89	94	100	102	110
POLAND	A16/	36	38	39	42	45	48	51	54	59	61	64	69	76	85	94	100	107	113
	B16/	41	44	44	47	49	52	56	58	63	64	67	72	79	86	94	100	106	110
ROMANIA	A16/	26	29	30	33	37	40	44	48	51	55	59	67	73	81	91	100	111	120
	B16/	30	33	34	37	41	45	49	53	55	58	62	69	75	83	92	100	110	118
UKRAINIAN SSR 20/	A16/	42	46	48	48	54	59	62	67	72	77	82	86	89	97	100	...	...	...
	B16/	47	52	53	53	58	63	66	70	75	80	84	88	90	98	100	...	...	...
USSR	A16/	38	41	43	44	49	52	56	61	66	69	76	80	83	91	96	100	105	...
	B16/	45	47	49	50	54	58	61	66	70	73	79	83	86	93	96	100	104	...
YUGOSLAVIA	A12/	39	41	43	48	54	55	59	61	63	70	74	81	84	89	96	100	104	112
	B12/	45	47	49	54	60	60	65	66	67	74	78	84	87	90	97	100	103	110

9. INDEX NUMBERS OF TOTAL AND PER CAPITA PRODUCT AT CONSTANT PRICES (CONTINUED)

A. TOTAL B. PER CAPITA

1975 = 100

COUNTRY OR AREA	CODE	1960	1961	1962	1963	1964	1965	1966	1967	1968	1969	1970	1971	1972	1973	1974	1975	1976	1977
OCEANIA																			
AUSTRALIA 1/	A 3/	51	51	55	59	63	64	68	71	77	81	85	89	93	98	99	100	104	...
	B 3/	68	67	70	74	78	77	81	82	88	91	93	94	97	101	100	100	103	...
COOK ISLANDS	A 3/	...	...	...	...	...	...	...	...	...	...	125	120	115	110	105	100	95	94
	B 3/	...	...	...	...	...	...	...	...	...	...	125	120	115	110	105	100	95	94
FIJI	A	...	...	...	...	...	54	54	62	66	68	76	81	87	97	100	100	...	...
	B	...	...	...	...	...	67	65	72	76	76	83	87	92	101	102	100	...	...
PAPUA NEW GUINEA 1/	A 3/	...	...	...	...	...	58	60	62	66	73	81	83	90	101	102	100	106	...
	B 3/	...	...	...	...	...	74	76	76	78	85	89	90	96	109	106	100	103	...

General note. Unless otherwise stated, the index numbers relate to total and per capita domestic product at constant prices in terms of the former SNA. It should be noted that the index numbers for the particular countries refer to different weight-base periods.

The figures should be interpreted with caution. They are subject to some imprecision and are appropriate for indicating general trends rather than precise year-to-year changes. The methods used to measure the estimates in constant prices differ widely; inter-country comparisons should, therefore, be made only with the necessary reservations.

For sources and additional details, see Volume I of this Yearbook.

1/ Year beginning 1 July.
2/ Base: 1971 = 100.
3/ Estimates relate to the present SNA.
4/ Year ending 7 July.
5/ Base: 1966 = 100.
6/ Year beginning 1 April.
7/ Year refers to Hejra fiscal year.
8/ Includes also Namibia.
9/ Base: 1965 = 100.
10/ Former Tanganyika only.
11/ Base: 1969 = 100.
12/ Gross material product.
13/ Year ending 30 September.
14/ Year beginning 21 March.
15/ Year ending 15 July.
16/ Net material product.
17/ Base: 1976 = 100.
18/ Base: 1972 = 100.
19/ Data are for the former Republic of South Viet-Nam only.
20/ Base: 1974 = 100.
21/ Peninsular Malaysia only.
22/ Base: 1973 = 100.

10A. IMPLICIT PRICE DEFLATOR INDEX OF GROSS DOMESTIC PRODUCT AND EXPENDITURE

	GROSS DOMESTIC PRODUCT	FINAL CONSUMPTION AND GROSS CAPITAL FORMATION				EXPORTS OF GOODS AND SERVICES	IMPORTS OF GOODS AND SERVICES
		TOTAL	GOVERNMENT FINAL CONSUMPTION EXPENDITURE	PRIVATE FINAL CONSUMPTION EXPENDITURE	GROSS FIXED CAPITAL FORMATION		
A. INDEX FROM DATA IN NATIONAL CURRENCY 1975 = 100							
ARGENTINA							
1960	1.4	1.3	0.8	1.5	1.3	1.3	1.4
1961	1.5	1.4	1.1	1.6	1.4	1.3	1.3
1962	1.9	1.9	1.5	2.0	1.9	1.6	1.9
1963	2.5	2.3	1.7	2.7	2.3	2.1	2.2
1964	3.1	2.8	2.3	3.4	2.6	2.3	2.3
1965	4.0	3.7	3.3	4.2	3.7	2.7	2.7
1966	5.0	4.6	4.3	5.2	4.6	3.3	3.4
1967	6.4	5.9	5.4	6.7	5.9	5.0	5.3
1968	7.0	6.4	5.7	7.5	6.4	5.4	5.9
1969	7.6	6.7	6.6	8.2	6.7	5.4	6.2
1970	8.5	7.4	7.7	9.2	7.4	5.9	7.0
1971	11.3	9.2	10.6	12.2	9.0	9.4	10.0
1972	18.2	15.1	16.1	19.5	14.8	17.5	16.9
1973	28.5	24.4	27.8	28.9	23.7	29.0	22.5
1974	36.5	35.3	34.4	36.3	32.4	35.6	31.0
1975	100.0	100.0	100.0	100.0	100.0	100.0	100.0
AUSTRALIA 4/							
1960	40.2	42.0	...	45.4	40.7	49.7	57.5
1961	40.6	41.9	30.6	45.6	41.1	49.9	57.0
1962	41.1	42.3	31.2	46.1	41.4	51.6	57.6
1963	42.6	43.2	32.7	46.8	42.2	56.1	57.0
1964	43.8	44.8	34.3	48.4	43.6	54.0	57.8
1965	45.1	46.1	35.4	50.0	44.7	55.2	58.7
1966	46.5	47.7	37.2	51.5	46.2	54.7	59.0
1967	47.8	49.2	39.0	53.2	47.5	52.9	59.0
1968	49.6	50.8	40.9	54.6	49.2	53.9	59.0
1969	51.7	53.1	43.8	56.6	51.4	55.0	59.8
1970	54.8	56.7	48.4	60.0	54.5	53.7	61.8
1971	58.5	60.7	54.1	63.7	58.2	56.1	65.3
1972	63.5	64.0	58.8	67.3	62.0	66.7	64.3
1973	72.6	71.7	68.6	74.8	69.5	77.9	70.4
1974	86.3	86.1	87.5	87.1	85.4	93.2	90.8
1975	100.0	100.0	100.0	100.0	100.0	100.0	100.0
1976	111.0	109.9	111.0	111.3	112.9	108.9	112.7

10A. IMPLICIT PRICE DEFLATOR INDEX OF GROSS DOMESTIC PRODUCT AND EXPENDITURE

	GROSS DOMESTIC PRODUCT	FINAL CONSUMPTION AND GROSS CAPITAL FORMATION				EXPORTS OF GOODS AND SERVICES	IMPORTS OF GOODS AND SERVICES
		TOTAL	GOVERNMENT FINAL CONSUMPTION EXPENDITURE	PRIVATE FINAL CONSUMPTION EXPENDITURE	GROSS FIXED CAPITAL FORMATION		
	A. INDEX FROM DATA IN NATIONAL CURRENCY 1975 = 100						
AUSTRIA							
1960	48.0	47.8	31.0	51.3	52.7	57.2	58.1
1961	50.3	50.1	33.0	53.2	54.5	59.7	59.5
1962	52.2	52.0	35.1	55.3	55.5	59.4	59.8
1963	54.1	54.1	37.5	57.1	58.3	60.3	60.4
1964	55.7	55.3	39.8	58.2	58.6	63.6	62.0
1965	58.8	58.3	43.1	60.7	62.7	65.4	63.8
1966	60.6	60.0	45.8	62.1	63.9	66.5	64.9
1967	62.6	62.2	50.0	64.5	64.9	66.8	65.9
1968	64.4	63.8	52.7	66.1	65.4	67.8	66.2
1969	66.2	66.0	57.5	68.4	66.4	69.7	69.5
1970	69.3	69.4	60.9	71.2	70.0	73.5	73.8
1971	73.2	73.1	65.5	74.3	74.2	76.7	76.8
1972	78.5	78.4	70.2	78.7	81.9	78.7	78.6
1973	83.9	82.9	78.8	83.9	84.0	83.9	81.3
1974	92.0	92.1	89.3	92.6	93.6	95.2	95.8
1975	100.0	100.0	100.0	100.0	100.0	100.0	100.0
1976	104.4	104.4	109.2	106.5	103.2	101.3	102.3
1977	109.6	110.1	114.9	111.4	109.8	104.2	107.0
BELGIUM							
1960	47.7	47.1	40.5	50.3	42.8	54.1	52.6
1961	48.3	48.1	40.5	51.6	43.3	54.2	54.0
1962	49.1	48.8	41.1	52.2	45.0	54.7	54.4
1963	50.6	50.7	41.9	54.1	46.9	55.6	56.6
1964	53.0	52.8	43.3	56.4	49.6	58.2	58.4
1965	55.6	55.2	45.6	58.9	51.8	59.5	59.0
1966	58.0	57.5	48.0	61.4	53.4	61.5	60.6
1967	59.7	59.2	49.9	62.9	55.6	61.8	60.9
1968	61.3	60.9	52.1	64.7	56.5	61.9	61.3
1969	63.9	63.1	54.4	66.6	58.9	64.9	63.2
1970	66.8	65.7	57.8	68.3	64.5	68.7	66.4
1971	70.3	69.8	62.9	71.7	69.9	69.9	68.9
1972	74.1	73.4	68.4	75.1	72.9	71.2	69.1
1973	79.2	77.8	74.1	79.4	77.8	77.1	74.3
1974	88.8	88.4	85.1	89.1	90.0	95.7	94.6
1975	100.0	100.0	100.0	100.0	100.0	100.0	100.0
1976	107.6	108.0	108.3	107.9	108.5	106.4	107.0
1977	115.0	115.3	116.7	115.0	115.7	110.1	110.5

10A. IMPLICIT PRICE DEFLATOR INDEX OF GROSS DOMESTIC PRODUCT AND EXPENDITURE

	GROSS DOMESTIC PRODUCT	FINAL CONSUMPTION AND GROSS CAPITAL FORMATION				EXPORTS OF GOODS AND SERVICES	IMPORTS OF GOODS AND SERVICES
		TOTAL	GOVERNMENT FINAL CONSUMPTION EXPENDITURE	PRIVATE FINAL CONSUMPTION EXPENDITURE	GROSS FIXED CAPITAL FORMATION		
A. INDEX FROM DATA IN NATIONAL CURRENCY 1975 = 100							
BENIN					27/		
1970	72.5	73.0	69.4	73.5	57.8	68.9	64.1
1971	70.9	71.7	71.3	71.6	61.4	71.7	68.1
1972	73.3	74.4	74.2	74.4	64.7	73.3	71.7
1973	78.6	77.6	75.1	77.9	75.1	83.0	76.9
1974	87.9	84.9	84.5	84.9	84.4	106.1	93.6
1975	100.0	100.0	100.0	100.0	100.0	100.0	100.0
1976	118.5	109.5	117.8	108.8	112.8	106.8	88.9
1977	130.9	121.5	125.0	121.3	122.0	128.2	103.8
BOLIVIA							
1960	23.6	28.6	25.6	26.2	32.0	14.8	27.5
1961	25.5	30.2	26.7	27.8	32.0	16.2	27.6
1962	26.4	30.8	26.7	29.0	31.7	16.5	27.2
1963	26.7	31.8	27.9	29.7	33.6	16.7	29.7
1964	28.7	32.6	29.6	30.5	34.1	22.1	30.1
1965	29.8	32.6	32.5	30.1	34.7	25.4	30.0
1966	30.8	33.4	35.2	30.5	35.1	24.2	28.9
1967	32.8	35.3	36.0	32.3	37.5	23.0	28.7
1968	34.7	38.0	36.5	35.9	38.7	22.9	29.8
1969	36.0	39.2	36.8	36.8	40.0	24.6	30.9
1970	36.9	37.4	37.8	34.5	43.1	28.0	26.6
1971	38.3	39.6	39.3	38.3	41.0	23.5	25.2
1972	42.0	44.1	42.3	43.3	42.1	24.9	28.7
1973	55.2	57.4	60.6	56.3	51.0	51.4	55.7
1974	90.5	87.0	89.6	87.7	78.4	100.7	86.1
1975	100.0	100.0	100.0	100.0	100.0	100.0	100.0
BRAZIL				27/			
1965	10.6	10.4	10.6	10.0	11.2	10.4	9.1
1966	14.7	14.6	14.7	14.3	15.0	11.8	11.2
1967	19.0	18.8	19.0	18.4	19.4	14.5	13.7
1968	24.3	24.1	24.3	23.6	25.1	17.6	18.0
1969	29.2	28.9	29.2	28.2	30.9	22.0	21.9
1970	34.5	34.2	34.5	33.2	36.8	26.0	26.4
1971	40.5	40.1	40.5	39.1	42.4	31.7	31.0
1972	47.5	47.3	47.5	46.7	48.3	36.0	37.4
1973	57.3	56.9	57.3	56.3	58.0	45.3	46.7
1974	75.3	75.8	75.3	76.2	74.5	77.1	78.1
1975	100.0	100.0	100.0	100.0	100.0	100.0	100.0
1976	141.9	141.3	141.9	143.1	135.9	135.0	135.0
1977	204.4	202.9	204.4	209.2	184.3	174.6	177.7

10A. IMPLICIT PRICE DEFLATOR INDEX OF GROSS DOMESTIC PRODUCT AND EXPENDITURE

	GROSS DOMESTIC PRODUCT	FINAL CONSUMPTION AND GROSS CAPITAL FORMATION				EXPORTS OF GOODS AND SERVICES	IMPORTS OF GOODS AND SERVICES
		TOTAL	GOVERNMENT FINAL CONSUMPTION EXPENDITURE	PRIVATE FINAL CONSUMPTION EXPENDITURE	GROSS FIXED CAPITAL FORMATION		
A. INDEX FROM DATA IN NATIONAL CURRENCY 1975 = 100							
BURMA 2/			3/	3/			
1962	49.0	46.3	45.5	...	52.7	55.7	29.7
1963	49.5	47.5	46.5	...	55.5	57.3	32.9
1964	48.4	46.5	46.0	...	55.6	58.6	33.5
1965	48.8	47.7	46.5	...	58.1	60.8	37.0
1966	50.2	48.5	47.2	...	57.7	61.5	35.3
1967	56.3	54.8	52.8	...	61.8	65.8	38.5
1968	58.2	57.0	56.0	...	63.8	68.9	40.8
1969	59.8	58.2	57.5	...	60.3	63.8	35.8
1970	59.0	57.9	56.6	...	61.9	56.0	37.2
1971	57.7	57.3	56.7	...	63.7	50.3	40.1
1972	58.1	58.0	57.0	...	66.7	54.6	45.3
1973	63.9	63.3	61.2	...	76.3	68.4	53.0
1974	78.0	75.9	74.2	...	91.2	106.8	64.6
1975	100.0	100.0	100.0	...	100.0	100.0	100.0
1976	116.5	115.6	114.5	...	127.7	149.1	118.2
1977	126.6	125.4	124.1	...	144.2	161.3	127.7
CANADA							
1960	49.3	50.4	36.8	56.0	47.9	47.5	51.5
1961	49.6	50.5	38.0	56.3	47.6	48.0	52.9
1962	50.2	51.4	38.9	57.0	48.2	49.9	55.4
1963	51.0	52.3	39.5	57.9	49.6	50.4	56.6
1964	52.4	53.6	41.9	58.7	51.3	51.5	57.2
1965	54.1	55.3	43.8	59.8	54.0	52.4	57.5
1966	56.4	57.6	46.7	61.7	56.8	53.8	58.8
1967	58.6	59.7	49.9	63.8	58.0	54.9	59.8
1968	60.5	61.7	52.8	66.4	58.4	55.7	61.3
1969	63.2	64.7	57.1	69.0	60.9	56.9	63.1
1970	66.1	67.2	60.5	71.4	63.5	58.9	64.7
1971	68.2	69.7	64.2	73.0	66.6	59.1	65.9
1972	71.6	73.1	68.8	76.0	70.0	61.5	68.0
1973	78.2	78.8	74.7	81.4	76.1	69.6	72.8
1974	90.3	89.3	86.7	90.5	88.8	90.4	87.2
1975	100.0	100.0	100.0	100.0	100.0	100.0	100.0
1976	109.5	108.9	114.3	107.2	109.7	103.3	101.5
1977	117.2	117.6	125.2	115.5	118.0	110.8	113.8

10A. IMPLICIT PRICE DEFLATOR INDEX OF GROSS DOMESTIC PRODUCT AND EXPENDITURE

	GROSS DOMESTIC PRODUCT	FINAL CONSUMPTION AND GROSS CAPITAL FORMATION				EXPORTS OF GOODS AND SERVICES	IMPORTS OF GOODS AND SERVICES
		TOTAL	GOVERNMENT FINAL CONSUMPTION EXPENDITURE	PRIVATE FINAL CONSUMPTION EXPENDITURE	GROSS FIXED CAPITAL FORMATION		
A. INDEX FROM DATA IN NATIONAL CURRENCY 1975 = 100							
CHILE				27/			
1960	0.0	0.0	0.0	0.0	0.0	0.0	0.0
1961	0.0	0.0	0.0	0.0	0.0	0.0	0.0
1962	0.0	0.0	0.0	0.0	0.0	0.0	0.0
1963	0.0	0.0	0.0	0.0	0.0	0.0	0.0
1964	0.0	0.0	0.0	0.0	0.0	0.0	0.0
1965	0.1	0.0	0.1	0.0	0.1	0.0	0.0
1966	0.1	0.1	0.1	0.1	0.1	0.1	0.0
1967	0.1	0.1	0.1	0.1	0.1	0.1	0.1
1968	0.1	0.1	0.1	0.1	0.1	0.1	0.1
1969	0.2	0.1	0.2	0.1	0.2	0.2	0.1
1970	0.2	0.2	0.3	0.2	0.2	0.2	0.1
1971	0.3	0.3	0.4	0.2	0.3	0.2	0.2
1972	0.5	0.5	0.7	0.4	0.5	0.4	0.3
1973	2.7	2.5	2.7	2.3	3.1	2.8	1.6
1974	20.4	18.9	21.4	18.0	20.5	21.0	14.2
1975	100.0	100.0	100.0	100.0	100.0	100.0	100.0
1976	334.7	329.5	323.1	330.6	314.8	306.3	295.3
1977	675.0	...	675.0	...	599.2	508.4	499.7
COLOMBIA							
1960	14.5	...	12.7	15.8	12.3	12.1	13.1
1961	15.7	...	14.6	17.1	13.1	12.2	13.4
1962	16.7	...	15.8	21.5	14.3	11.9	12.9
1963	20.6	...	19.9	22.0	18.2	15.3	16.6
1964	24.0	...	21.7	25.3	19.5	17.8	16.8
1965	26.2	...	23.2	28.1	22.7	18.2	18.1
1966	30.1	...	27.6	31.6	27.2	23.7	23.9
1967	32.6	...	30.5	34.4	30.5	24.4	26.1
1968	35.6	...	33.9	37.2	33.9	28.3	30.2
1969	38.6	...	37.5	39.8	37.3	31.7	32.9
1970	42.4	...	41.8	42.5	41.0	39.6	36.4
1971	46.9	...	47.5	46.9	46.2	40.3	39.2
1972	53.1	...	54.1	52.7	51.0	51.0	45.2
1973	64.9	...	65.0	64.0	59.9	70.9	60.6
1974	82.8	...	80.0	79.8	82.7	97.6	78.8
1975	100.0	...	100.0	100.0	100.0	100.0	100.0
1976	123.7	...	...	...	121.5	154.3	120.1
1977	158.4	...	...	...	145.1	225.2	133.9

10A. IMPLICIT PRICE DEFLATOR INDEX OF GROSS DOMESTIC PRODUCT AND EXPENDITURE

	GROSS DOMESTIC PRODUCT	FINAL CONSUMPTION AND GROSS CAPITAL FORMATION				EXPORTS OF GOODS AND SERVICES	IMPORTS OF GOODS AND SERVICES
		TOTAL	GOVERNMENT FINAL CONSUMPTION EXPENDITURE	PRIVATE FINAL CONSUMPTION EXPENDITURE	GROSS FIXED CAPITAL FORMATION		
A. INDEX FROM DATA IN NATIONAL CURRENCY 1975 = 100							
COSTA RICA							
1966	44.5	40.2	37.6	40.3	41.8	53.2	39.4
1967	45.5	41.5	40.2	41.3	43.0	53.8	41.0
1968	46.4	43.3	42.9	43.0	44.8	50.7	42.0
1969	48.5	45.2	44.9	44.6	47.6	48.8	40.5
1970	52.1	47.6	46.7	47.3	49.2	51.5	40.8
1971	53.3	50.5	50.3	50.2	52.6	50.3	44.6
1972	56.7	54.8	56.2	53.5	57.3	55.6	50.4
1973	65.2	63.0	63.5	61.9	66.1	65.1	58.9
1974	80.3	83.4	78.0	82.9	84.9	85.0	90.9
1975	100.0	100.0	100.0	100.0	100.0	100.0	100.0
1976	116.6	110.0	119.9	109.4	106.1	112.9	96.4
1977	137.5	122.1	137.8	122.3	114.0	140.2	101.3

10A. IMPLICIT PRICE DEFLATOR INDEX OF GROSS DOMESTIC PRODUCT AND EXPENDITURE

	GROSS DOMESTIC PRODUCT	FINAL CONSUMPTION AND GROSS CAPITAL FORMATION: TOTAL	GOVERNMENT FINAL CONSUMPTION EXPENDITURE	PRIVATE FINAL CONSUMPTION EXPENDITURE	GROSS FIXED CAPITAL FORMATION	EXPORTS OF GOODS AND SERVICES	IMPORTS OF GOODS AND SERVICES
A. INDEX FROM DATA IN NATIONAL CURRENCY 1975 = 100							
CYPRUS							
1960	57.2	55.6	32.7	66.0	37.3	52.9	51.8
1961	57.5	55.8	31.6	65.9	38.2	52.6	51.6
1962	58.9	56.2	32.6	65.8	39.8	55.3	51.5
1963	58.5	55.9	33.2	64.4	40.5	53.4	50.2
1964	59.4	56.5	39.1	65.7	36.2	53.0	49.7
1965	61.6	58.5	43.5	66.2	39.6	53.1	49.7
1966	62.7	57.7	45.5	64.1	40.3	57.6	49.1
1967	63.3	58.8	50.2	63.3	44.2	57.5	50.3
1968	65.2	60.4	56.8	63.7	46.6	60.6	52.2
1969	68.3	63.6	63.0	66.3	50.4	63.5	55.7
1970	71.3	66.6	65.7	68.7	54.8	66.8	58.8
1971	72.8	69.2	75.3	69.9	59.5	66.8	61.4
1972	77.4	72.6	81.2	71.9	65.4	70.6	63.0
1973	85.3	79.7	91.1	77.0	79.3	76.1	67.5
1974	92.7	93.6	98.8	91.9	95.4	87.9	90.7
1975	100.0	100.0	100.0	100.0	100.0	100.0	100.0
1976	107.8	106.1	104.1	105.3	115.2	106.0	101.9
1977	115.8	115.1	104.8	112.2	126.9	109.1	107.1
DENMARK							
1960	34.0	34.1	23.2	36.9	35.4	47.1	47.0
1961	35.5	35.6	26.6	38.3	37.1	46.5	47.0
1962	37.8	37.9	28.6	40.6	39.0	47.7	47.0
1963	40.0	39.6	30.1	42.9	40.6	49.0	47.9
1964	41.9	41.4	32.3	44.6	41.8	50.7	48.5
1965	45.0	44.5	36.8	47.3	44.1	51.8	49.3
1966	48.1	47.2	40.1	50.4	46.4	53.3	50.1
1967	50.6	49.7	42.5	53.5	47.9	53.9	50.6
1968	54.1	53.4	47.1	57.2	51.0	55.2	53.3
1969	57.7	56.4	50.7	59.8	54.3	59.4	55.2
1970	62.3	60.9	55.6	64.1	59.1	64.0	59.2
1971	67.3	65.9	62.8	68.6	63.4	66.2	62.1
1972	73.4	71.3	68.5	74.0	68.3	70.6	63.9
1973	80.5	78.3	75.7	81.3	74.7	78.1	71.6
1974	88.8	90.0	87.9	91.3	89.8	92.2	95.1
1975	100.0	100.0	100.0	100.0	100.0	100.0	100.0
1976	108.6	108.8	106.8	110.1	108.4	106.4	107.0
1977	118.3	119.0	115.4	121.2	118.1	114.3	116.6

10A. IMPLICIT PRICE DEFLATOR INDEX OF GROSS DOMESTIC PRODUCT AND EXPENDITURE

	GROSS DOMESTIC PRODUCT	FINAL CONSUMPTION AND GROSS CAPITAL FORMATION				EXPORTS OF GOODS AND SERVICES	IMPORTS OF GOODS AND SERVICES
		TOTAL	GOVERNMENT FINAL CONSUMPTION EXPENDITURE	PRIVATE FINAL CONSUMPTION EXPENDITURE	GROSS FIXED CAPITAL FORMATION		
A. INDEX FROM DATA IN NATIONAL CURRENCY 1975 = 100							
DOMINICA							
1975	100.0	...	100.0	100.0	...	100.0	100.0
1976	109.9	...	108.8	118.9	...	102.3	114.9
1977	123.2	...	110.5	146.4	...	114.9	135.1
DOMINICAN REPUBLIC							
1960	51.9	57.8	49.8	56.2	70.9	33.7	57.0
1961	51.7	57.8	47.6	57.4	65.8	32.1	54.8
1962	55.6	60.3	49.1	60.5	63.0	37.0	53.7
1963	59.6	63.4	52.4	63.2	67.2	41.7	55.3
1964	60.9	64.9	52.7	65.0	67.9	42.5	56.5
1965	60.3	66.0	52.2	66.9	67.2	37.2	57.5
1966	58.8	63.8	51.5	63.6	67.7	41.1	58.6
1967	59.9	65.3	52.5	65.6	69.3	40.6	59.6
1968	62.3	67.2	61.1	66.2	69.9	43.6	60.7
1969	64.1	68.6	66.1	67.3	69.9	46.2	61.8
1970	64.9	69.6	67.9	67.7	71.0	46.7	62.9
1971	65.9	70.7	73.9	70.5	68.9	46.8	63.9
1972	69.9	74.6	78.0	75.0	71.6	48.2	65.0
1973	73.6	80.3	82.7	80.4	77.3	51.9	77.2
1974	85.8	92.1	85.9	93.1	88.7	70.8	94.3
1975	100.0	100.0	100.0	100.0	100.0	100.0	100.0
1976	102.8	111.9	63.4	119.9	100.6	69.1	101.8
1977	111.7	120.4	71.2	130.7	103.8	75.5	106.6
ECUADOR							
1965	40.1	40.2	30.3	42.6	36.1	31.1	34.1
1966	42.1	41.8	27.2	44.2	44.7	31.1	37.2
1967	43.5	43.8	28.4	46.3	45.1	30.5	40.0
1968	44.7	46.1	34.7	47.7	47.3	31.8	41.8
1969	47.0	47.2	36.8	50.2	41.0	33.5	41.7
1970	51.3	51.0	50.3	53.0	45.9	41.0	41.0
1971	57.4	57.8	58.0	59.9	52.6	56.7	56.7
1972	62.8	62.4	61.9	63.9	59.2	60.4	60.4
1973	71.4	70.2	69.4	71.7	66.8	69.2	69.2
1974	89.4	87.6	87.8	88.7	86.0	89.3	89.3
1975	100.0	100.0	100.0	100.0	100.0	100.0	100.0
1976	109.6	108.4	109.2	106.4	115.0	109.0	109.0
1977	121.7	121.4	122.7	118.8	128.2	120.3	120.3

10A. IMPLICIT PRICE DEFLATOR INDEX OF GROSS DOMESTIC PRODUCT AND EXPENDITURE

	GROSS DOMESTIC PRODUCT	FINAL CONSUMPTION AND GROSS CAPITAL FORMATION: TOTAL	GOVERNMENT FINAL CONSUMPTION EXPENDITURE	PRIVATE FINAL CONSUMPTION EXPENDITURE	GROSS FIXED CAPITAL FORMATION	EXPORTS OF GOODS AND SERVICES	IMPORTS OF GOODS AND SERVICES
A. INDEX FROM DATA IN NATIONAL CURRENCY 1975 = 100							
EGYPT 7/							
1964	100.0	100.0	100.0	100.0	100.0	100.0	100.0
1965	103.4	103.6	101.0	105.3	100.3	100.4	102.1
1966	107.0	106.2	101.8	108.4	102.4	99.8	99.0
1967	110.2	108.8	101.8	112.7	101.8	105.0	95.9
1968	111.2	108.1	101.4	112.2	101.1	111.1	94.5
1969	113.3	109.7	101.8	113.9	105.6	108.9	94.7
1970	114.4	112.6	103.3	117.7	107.2	106.6	102.3
1971	116.9	115.0	103.9	121.0	110.9	109.9	106.0
FIJI							
1965	39.5	44.9	48.0	46.1	37.6	38.0	50.2
1966	40.4	45.5	48.6	46.3	39.5	39.8	51.3
1967	39.0	46.2	49.9	47.0	40.3	35.9	52.9
1968	40.2	47.4	51.5	48.3	40.8	37.6	54.3
1969	42.7	48.9	53.9	48.7	44.5	41.9	56.2
1970	45.7	53.2	55.6	53.4	49.2	44.3	59.7
1971	47.4	56.5	59.1	56.4	53.6	45.8	63.1
1972	54.1	63.3	66.9	64.3	55.4	48.0	66.8
1973	63.0	71.1	72.1	72.9	62.6	54.8	80.0
1974	81.6	86.6	86.8	88.6	79.4	83.1	97.8
1975	100.0	100.0	100.0	100.0	100.0	100.0	100.0
1976	108.9	111.0	105.4	110.9	116.5	101.6	105.8
1977	117.3	118.7	111.0	118.0	130.1	106.9	112.2

10A. IMPLICIT PRICE DEFLATOR INDEX OF GROSS DOMESTIC PRODUCT AND EXPENDITURE

	GROSS DOMESTIC PRODUCT	FINAL CONSUMPTION AND GROSS CAPITAL FORMATION: TOTAL	GOVERNMENT FINAL CONSUMPTION EXPENDITURE	PRIVATE FINAL CONSUMPTION EXPENDITURE	GROSS FIXED CAPITAL FORMATION	EXPORTS OF GOODS AND SERVICES	IMPORTS OF GOODS AND SERVICES
A. INDEX FROM DATA IN NATIONAL CURRENCY 1975 = 100							
FINLAND							
1960	33.0	33.0	25.2	38.5	27.7	31.8	32.4
1961	34.0	34.0	26.5	38.9	28.6	32.4	32.6
1962	34.9	35.0	27.7	40.1	29.7	32.1	33.1
1963	37.1	37.1	30.0	42.4	31.1	33.0	33.5
1964	39.9	39.6	32.8	45.8	32.9	34.8	34.3
1965	41.6	40.9	35.0	47.5	34.6	36.4	34.9
1966	43.7	43.2	37.5	49.1	35.9	36.2	35.4
1967	46.2	45.9	40.7	52.0	37.9	37.3	37.4
1968	51.2	51.3	45.1	56.7	42.1	43.9	45.4
1969	52.9	52.9	47.3	57.9	44.2	45.7	46.7
1970	54.6	54.5	49.8	59.2	48.1	49.6	50.2
1971	58.3	58.5	54.4	62.7	53.5	52.3	53.9
1972	62.8	63.2	59.5	67.1	58.6	55.7	58.2
1973	71.7	71.9	67.5	73.8	68.1	62.6	64.7
1974	86.7	88.0	82.5	85.6	84.9	86.2	91.4
1975	100.0	100.0	100.0	100.0	100.0	100.0	100.0
1976	112.1	112.1	113.1	113.0	110.4	104.6	106.8
1977	123.2	123.7	125.8	129.7	127.6	122.1	127.0
FRANCE							
1960	42.7	41.8	32.0	44.5	44.1	58.4	56.2
1961	44.1	43.4	33.6	45.9	45.4	58.5	56.0
1962	46.2	45.4	36.2	47.9	47.1	58.9	55.7
1963	49.0	48.2	39.9	50.3	49.8	60.0	56.5
1964	51.0	50.1	42.0	52.0	51.9	61.6	57.6
1965	52.2	51.6	43.3	53.3	53.4	61.8	57.8
1966	53.8	53.1	45.1	55.0	54.4	62.8	58.8
1967	55.3	54.6	46.6	56.5	55.9	62.4	58.0
1968	57.8	56.9	50.1	59.2	57.5	61.8	57.3
1969	62.5	61.3	54.2	63.3	60.6	64.4	60.3
1970	65.7	64.9	58.3	66.5	64.6	68.8	64.9
1971	69.5	68.6	63.0	70.1	67.9	72.1	67.3
1972	73.8	72.5	67.4	74.2	71.4	72.6	66.1
1973	79.6	78.1	74.3	79.3	76.8	77.9	70.6
1974	88.4	89.4	87.0	90.0	89.3	95.6	100.2
1975	100.0	100.0	100.0	100.0	100.0	100.0	100.0
1976	110.0	110.1	111.4	109.7	111.1	107.8	108.4
1977	119.6	119.9	122.5	119.3	120.7	119.0	120.2

10A. IMPLICIT PRICE DEFLATOR INDEX OF GROSS DOMESTIC PRODUCT AND EXPENDITURE

	GROSS DOMESTIC PRODUCT	FINAL CONSUMPTION AND GROSS CAPITAL FORMATION: TOTAL	GOVERNMENT FINAL CONSUMPTION EXPENDITURE	PRIVATE FINAL CONSUMPTION EXPENDITURE	GROSS FIXED CAPITAL FORMATION	EXPORTS OF GOODS AND SERVICES	IMPORTS OF GOODS AND SERVICES
A. INDEX FROM DATA IN NATIONAL CURRENCY 1975 = 100							
GERMANY, FEDERAL REPUBLIC OF							
1960	51.3	51.6	37.6	56.1	52.0	63.6	68.9
1961	53.5	53.6	39.9	58.0	55.0	63.6	66.8
1962	55.7	55.8	41.7	59.7	58.5	64.5	66.2
1963	57.3	57.6	43.9	61.5	60.8	65.0	67.9
1964	59.1	59.3	45.5	63.1	62.5	66.5	69.3
1965	61.1	61.4	48.6	65.1	64.0	68.0	71.2
1966	63.4	63.6	51.4	67.6	65.5	69.5	72.3
1967	64.3	64.3	52.7	68.8	64.6	70.0	71.7
1968	65.5	65.7	54.7	70.0	65.3	69.7	72.0
1969	67.7	68.0	58.6	71.3	68.7	71.7	73.7
1970	72.7	72.5	64.2	73.9	77.1	74.3	73.6
1971	78.3	77.7	72.2	77.8	83.3	77.0	74.2
1972	82.6	81.8	76.9	82.2	86.4	78.7	74.7
1973	87.6	87.6	84.4	88.0	90.7	82.6	81.8
1974	93.7	94.6	94.2	94.2	96.7	95.4	99.6
1975	100.0	100.0	100.0	100.0	100.0	100.0	100.0
1976	103.3	103.8	103.0	104.4	103.2	102.9	104.8
1977	107.0	107.8	107.8	108.4	106.7	104.4	106.9
GHANA 33/							
1960	56.7	56.4	59.6	53.2	65.2	76.4	73.0
1961	58.5	58.6	63.0	56.9	68.4	67.6	73.9
1962	59.7	62.4	63.8	62.2	65.9	56.6	69.9
1963	63.7	65.4	65.3	65.5	65.8	58.1	67.8
1964	70.1	71.1	71.1	73.2	68.4	69.7	75.9
1965	82.0	87.4	74.0	92.5	70.6	57.7	78.4
1966	91.3	96.8	90.4	103.2	77.4	54.7	75.1
1967	88.9	93.8	95.1	94.5	90.1	70.3	93.9
1968	100.0	100.0	100.0	100.0	100.0	100.0	100.0
1969	111.1	109.0	104.8	109.9	108.5	116.0	106.5
1970	117.5	114.0	111.7	114.0	117.6	131.3	114.2
1971	123.2	125.4	114.9	129.1	118.4	106.9	118.4
1972	142.3	146.5	133.1	150.5	141.5	134.5	154.8
1973	167.7	164.5	145.2	169.0	155.4	177.1	162.5
1974	212.2	201.6	193.8	203.1	206.5	243.4	189.0

10A. IMPLICIT PRICE DEFLATOR INDEX OF GROSS DOMESTIC PRODUCT AND EXPENDITURE

	GROSS DOMESTIC PRODUCT	FINAL CONSUMPTION AND GROSS CAPITAL FORMATION				EXPORTS OF GOODS AND SERVICES	IMPORTS OF GOODS AND SERVICES
		TOTAL	GOVERNMENT FINAL CONSUMPTION EXPENDITURE	PRIVATE FINAL CONSUMPTION EXPENDITURE	GROSS FIXED CAPITAL FORMATION		
A. INDEX FROM DATA IN NATIONAL CURRENCY 1975 = 100							
GREECE							
1960	41.7	41.7	33.0	45.3	36.7	42.7	40.8
1961	42.3	42.1	34.4	45.8	36.7	42.8	40.1
1962	44.3	43.5	35.2	46.4	39.6	43.2	39.8
1963	44.9	44.7	36.6	47.9	40.1	46.7	41.0
1964	46.6	46.1	38.9	49.0	40.8	47.1	42.2
1965	48.5	47.9	40.9	51.2	42.2	46.6	42.4
1966	50.8	49.6	43.1	53.0	45.7	48.4	43.7
1967	52.0	51.4	47.3	54.0	47.0	47.1	42.5
1968	53.0	52.2	50.2	54.4	48.0	46.5	42.5
1969	54.7	53.6	52.2	56.1	48.8	46.7	42.5
1970	56.9	56.2	55.0	57.8	53.4	48.1	44.3
1971	58.7	57.6	57.4	58.8	55.2	49.0	45.6
1972	61.6	61.2	60.4	62.1	60.2	51.8	49.0
1973	73.6	71.7	68.2	71.6	72.4	65.2	59.8
1974	89.0	88.9	85.7	89.1	89.9	87.8	85.3
1975	100.0	100.0	100.0	100.0	100.0	100.0	100.0
1976	115.4	114.2	115.9	112.8	117.1	109.9	111.2
1977	130.7	129.7	134.7	126.5	137.0	119.4	117.5
GUATEMALA							
1960	64.2	59.6	59.7	62.3	44.9	54.5	40.6
1961	63.5	59.6	59.3	62.3	45.5	52.0	42.8
1962	65.1	60.9	62.0	63.5	46.5	52.4	41.5
1963	65.6	62.0	67.7	64.6	46.0	50.8	38.8
1964	64.0	59.9	66.5	61.7	47.9	58.6	41.4
1965	63.4	59.9	68.2	61.2	49.7	57.9	43.4
1966	62.8	59.9	68.5	61.6	47.8	55.6	43.5
1967	63.0	60.5	69.2	61.9	49.3	53.1	43.6
1968	64.2	61.5	70.3	63.1	50.0	54.0	43.8
1969	65.2	63.0	70.8	64.4	51.5	54.2	45.1
1970	68.5	64.6	71.5	66.0	54.0	64.2	47.4
1971	67.7	64.9	71.1	66.4	55.0	59.7	48.8
1972	66.7	65.0	72.3	66.0	57.1	60.6	54.2
1973	76.4	74.3	76.7	75.5	67.1	74.6	65.7
1974	88.4	88.3	90.9	88.4	89.8	92.4	89.8
1975	100.0	100.0	100.0	100.0	100.0	100.0	100.0
1976	111.5	112.1	106.9	110.7	114.9	111.6	108.1
1977	131.8	126.0	118.7	124.7	128.0	153.0	118.1

10A. IMPLICIT PRICE DEFLATOR INDEX OF GROSS DOMESTIC PRODUCT AND EXPENDITURE

	GROSS DOMESTIC PRODUCT	FINAL CONSUMPTION AND GROSS CAPITAL FORMATION				EXPORTS OF GOODS AND SERVICES	IMPORTS OF GOODS AND SERVICES
		TOTAL	GOVERNMENT FINAL CONSUMPTION EXPENDITURE	PRIVATE FINAL CONSUMPTION EXPENDITURE	GROSS FIXED CAPITAL FORMATION		
A. INDEX FROM DATA IN NATIONAL CURRENCY 1975 = 100							
GUYANA							
1960	41.9	49.2	49.5	54.5	38.5	19.7	28.1
1961	43.4	48.8	51.6	55.1	35.5	21.5	27.9
1962	45.1	52.0	52.3	57.4	41.3	22.0	29.0
1963	46.0	48.1	52.7	58.1	26.6	26.4	30.3
1964	45.6	47.5	54.6	58.6	24.1	25.4	28.6
1965	45.5	54.0	56.6	59.9	40.8	21.9	31.1
1966	46.0	51.3	58.0	61.3	31.3	24.2	31.0
1967	47.8	53.1	58.8	62.9	34.6	25.6	32.5
1968	51.4	56.8	61.6	64.9	39.2	27.4	34.4
1969	53.1	58.7	64.5	65.8	42.0	29.2	36.6
1970	54.6	62.1	66.6	67.2	50.1	30.2	40.0
1971	55.9	63.8	72.1	68.4	50.5	31.9	42.4
1972	60.6	70.7	79.1	71.8	68.6	35.9	49.7
1973	64.1	78.1	94.4	78.8	69.3	37.4	55.1
1974	88.7	97.1	97.7	94.4	117.7	72.0	88.4
1975	100.0	100.0	100.0	100.0	100.0	100.0	100.0
1976	91.4	111.9	105.1	108.7	131.3	87.8	112.5
HAITI 2/			3/	3/			
1960	41.8	44.5	42.7	...	58.2	49.7	60.3
1961	42.7	45.6	43.5	...	63.6	47.8	60.5
1962	41.2	45.2	43.0	...	63.7	43.6	59.4
1963	43.9	46.6	44.4	...	65.4	46.7	55.6
1964	49.2	50.4	48.1	...	70.9	52.4	55.2
1965	52.3	53.5	51.1	...	74.5	53.0	57.9
1966	54.9	56.0	53.7	...	71.8	51.2	56.7
1967	56.1	56.9	54.6	...	72.6	51.7	54.2
1968	54.3	55.5	53.5	...	64.4	49.2	51.8
1969	55.7	57.1	54.9	...	70.2	49.7	54.3
1970	58.0	56.1	54.8	...	59.9	58.4	51.0
1971	59.5	60.6	58.9	...	67.8	54.2	55.6
1972	60.6	62.4	61.5	...	63.3	54.8	59.0
1973	72.8	74.2	73.8	...	73.3	61.9	64.8
1974	83.4	84.5	84.8	...	81.2	83.1	85.4
1975	100.0	100.0	100.0	...	100.0	100.0	100.0
1976	123.6	109.7	109.3	...	110.6	122.6	89.0
1977	143.3	115.8	117.4	...	101.8	176.2	93.0

10A. IMPLICIT PRICE DEFLATOR INDEX OF GROSS DOMESTIC PRODUCT AND EXPENDITURE

	GROSS DOMESTIC PRODUCT	FINAL CONSUMPTION AND GROSS CAPITAL FORMATION: TOTAL	GOVERNMENT FINAL CONSUMPTION EXPENDITURE	PRIVATE FINAL CONSUMPTION EXPENDITURE	GROSS FIXED CAPITAL FORMATION	EXPORTS OF GOODS AND SERVICES	IMPORTS OF GOODS AND SERVICES
A. INDEX FROM DATA IN NATIONAL CURRENCY 1975 = 100							
HONDURAS							
1960	60.0	58.5	51.1	61.5	53.9	51.5	50.2
1961	61.7	59.3	54.2	61.6	55.4	53.8	49.1
1962	63.8	60.5	54.8	63.1	55.5	56.4	48.6
1963	64.9	61.6	56.9	64.5	54.7	55.3	48.2
1964	68.3	63.8	57.9	67.3	55.1	60.4	49.4
1965	68.9	65.8	59.0	69.5	56.7	57.8	52.4
1966	70.4	68.6	60.8	72.5	59.7	56.8	55.6
1967	73.1	70.3	62.9	74.3	61.1	58.8	55.1
1968	74.0	71.9	66.4	75.6	62.1	56.8	55.0
1969	76.6	74.6	69.1	78.0	66.5	56.2	55.4
1970	78.7	77.4	72.6	81.1	67.8	56.5	58.2
1971	79.0	78.6	78.2	81.6	69.1	54.7	58.1
1972	82.5	81.7	82.6	83.8	74.6	61.6	63.4
1973	86.8	85.1	85.0	87.6	77.7	71.1	70.8
1974	95.0	97.2	94.3	99.5	92.8	90.0	96.6
1975	100.0	100.0	100.0	100.0	100.0	100.0	100.0
1976	108.3	106.9	104.4	106.2	106.7	118.4	114.9
1977	121.0	114.5	109.2	114.9	114.3	152.9	125.5
HONG KONG							
1961	49.6	54.4	45.9	56.8	48.0	50.1	55.2
1962	51.2	55.1	45.9	57.4	49.2	49.6	53.7
1963	53.3	56.1	46.4	58.2	51.0	51.3	54.3
1964	54.7	57.9	48.4	59.1	55.2	52.5	56.0
1965	54.7	58.3	51.7	58.9	56.0	52.1	56.1
1966	54.3	58.0	53.5	59.8	52.1	51.6	55.6
1967	55.8	59.0	53.7	62.2	48.5	52.7	56.2
1968	57.4	59.8	55.9	63.3	46.9	55.2	58.0
1969	59.6	61.5	56.3	64.6	50.6	58.9	61.3
1970	66.6	66.9	62.3	67.9	64.2	62.8	63.7
1971	72.5	70.4	66.1	70.0	71.7	66.0	64.8
1972	77.9	74.1	76.9	73.0	76.1	69.7	67.1
1973	86.8	83.6	83.4	83.7	82.4	83.0	80.6
1974	97.3	96.9	96.4	96.3	95.8	105.6	104.4
1975	100.0	100.0	100.0	100.0	100.0	100.0	100.0
1976	108.6	104.4	106.4	103.2	105.6	107.9	104.6
1977	112.6	110.6	113.0	108.9	112.9	110.7	108.8

10A. IMPLICIT PRICE DEFLATOR INDEX OF GROSS DOMESTIC PRODUCT AND EXPENDITURE

	GROSS DOMESTIC PRODUCT	FINAL CONSUMPTION AND GROSS CAPITAL FORMATION				EXPORTS OF GOODS AND SERVICES	IMPORTS OF GOODS AND SERVICES
		TOTAL	GOVERNMENT FINAL CONSUMPTION EXPENDITURE	PRIVATE FINAL CONSUMPTION EXPENDITURE	GROSS FIXED CAPITAL FORMATION		
A. INDEX FROM DATA IN NATIONAL CURRENCY 1975 = 100							
ICELAND							
1960	8.8	9.6	8.1	10.0	9.2	11.8	13.6
1961	10.0	10.5	8.8	10.9	10.2	13.2	14.2
1962	11.2	11.7	9.9	12.1	11.2	14.2	15.2
1963	12.2	12.8	11.8	13.4	11.7	14.5	15.5
1964	14.3	14.7	13.8	15.5	13.1	15.7	16.0
1965	16.2	16.2	15.5	17.0	14.7	16.9	16.1
1966	17.9	17.8	17.6	18.7	16.0	17.1	16.3
1967	18.4	18.4	18.3	19.5	16.3	16.1	16.4
1968	21.0	21.3	19.9	22.2	19.4	20.7	21.3
1969	25.4	26.1	22.9	26.9	25.0	30.7	31.3
1970	29.5	29.3	27.3	30.0	28.3	34.0	32.2
1971	33.3	32.1	33.5	32.6	30.5	37.5	33.8
1972	39.1	37.6	40.8	37.3	36.7	39.8	35.5
1973	51.4	47.3	51.2	46.9	45.7	52.3	43.0
1974	72.2	67.6	76.3	67.1	65.1	67.8	60.6
1975	100.0	100.0	100.0	100.0	100.0	100.0	100.0
1976	133.7	130.4	129.3	130.0	126.0	130.8	119.5
1977	180.7	170.1	187.9	170.4	156.0	163.3	141.6
INDIA 15/							
1960	34.3	34.1	...	34.7	36.1	...	...
1961	35.0	35.5	...	36.2	37.5	...	...
1962	36.2	36.6	...	37.3	38.8	...	...
1963	39.1	39.4	...	40.4	40.5	...	...
1964	42.5	42.6	...	44.1	41.8	...	...
1965	45.9	45.9	...	47.8	44.7	...	...
1966	52.9	52.0	...	54.2	49.6	...	...
1967	57.2	58.0	...	61.3	51.9	...	...
1968	56.9	56.5	...	58.9	53.8	...	...
1969	59.2	59.3	...	61.8	56.4	...	...
1970	63.3	62.1	...	64.4	55.8	...	...
1971	66.7	64.4	...	66.4	59.0	...	...
1972	74.1	70.8	...	74.2	63.8	...	...
1973	87.9	85.5	...	89.6	71.9	...	...
1974	104.2	104.6	...	107.2	90.0	...	...
1975	100.0	100.0	...	100.0	100.0	...	...
1976	104.4	102.7	...	103.5	102.1	...	...

10A. IMPLICIT PRICE DEFLATOR INDEX OF GROSS DOMESTIC PRODUCT AND EXPENDITURE

	GROSS DOMESTIC PRODUCT	FINAL CONSUMPTION AND GROSS CAPITAL FORMATION				EXPORTS OF GOODS AND SERVICES	IMPORTS OF GOODS AND SERVICES
		TOTAL	GOVERNMENT FINAL CONSUMPTION EXPENDITURE	PRIVATE FINAL CONSUMPTION EXPENDITURE	GROSS FIXED CAPITAL FORMATION		
A. INDEX FROM DATA IN NATIONAL CURRENCY 1975 = 100							
INDONESIA					27/		
1960	0.0	0.0	0.0	0.0	0.0	0.0	0.0
1961	0.0	0.0	0.0	0.0	0.0	0.0	0.0
1962	0.0	0.0	0.0	0.0	0.0	0.0	0.0
1963	0.0	0.1	0.0	0.0	0.1	0.0	0.0
1964	0.1	0.1	0.1	0.1	0.1	0.0	0.1
1965	0.2	0.3	0.2	0.3	0.2	0.0	0.1
1966	2.7	3.2	3.1	3.5	1.8	1.9	6.0
1967	7.1	8.5	7.9	8.4	10.3	3.5	9.6
1968	15.7	18.2	17.5	18.2	19.4	9.6	20.5
1969	33.7	39.5	31.3	40.7	37.9	16.0	43.9
1970	38.5	44.0	39.5	45.1	41.0	24.0	51.5
1971	40.0	45.3	43.8	46.0	42.9	26.4	54.2
1972	45.4	51.7	49.2	51.6	53.3	29.8	60.4
1973	60.4	64.9	66.6	64.9	64.2	44.4	64.8
1974	88.9	85.3	87.4	86.4	80.1	98.4	89.0
1975	100.0	100.0	100.0	100.0	100.0	100.0	100.0
1976	114.4	114.2	118.2	112.7	117.6	106.9	107.3
1977	131.1	131.3	132.4	132.9	125.5	116.0	118.2
IRAN 5/							
1960	39.0	49.8	47.0	53.0	44.3	...	...
1961	37.3	51.1	50.4	55.1	42.0	...	...
1962	36.8	51.5	51.1	55.7	40.1	...	...
1963	36.4	51.6	53.8	56.2	38.5	...	...
1964	37.8	54.1	54.8	58.7	42.1	...	...
1965	37.3	54.0	55.6	58.9	42.6	...	...
1966	37.2	54.7	55.8	59.4	43.9	...	...
1967	37.0	55.3	56.4	59.8	45.9	...	...
1968	37.5	56.2	56.9	60.7	47.3	...	...
1969	37.7	58.9	57.8	62.9	52.1	...	...
1970	37.8	59.7	58.7	63.7	52.8	...	...
1971	40.5	62.1	61.2	67.2	54.0	...	...
1972	43.3	65.4	62.1	71.6	57.8	...	...
1973	57.1	72.9	68.0	79.5	65.7	...	...
1974	89.0	88.3	89.4	91.7	82.6	...	...
1975	100.0	100.0	100.0	100.0	100.0	...	...
1976	115.6	114.4	112.3	113.1	117.4	...	...

10A. IMPLICIT PRICE DEFLATOR INDEX OF GROSS DOMESTIC PRODUCT AND EXPENDITURE

	GROSS DOMESTIC PRODUCT	FINAL CONSUMPTION AND GROSS CAPITAL FORMATION				EXPORTS OF GOODS AND SERVICES	IMPORTS OF GOODS AND SERVICES
		TOTAL	GOVERNMENT FINAL CONSUMPTION EXPENDITURE	PRIVATE FINAL CONSUMPTION EXPENDITURE	GROSS FIXED CAPITAL FORMATION		
A. INDEX FROM DATA IN NATIONAL CURRENCY 1975 = 100							
IRELAND							
1960	31.2	31.4	24.0	33.4	31.0	35.1	35.6
1961	32.1	32.3	25.2	34.3	32.6	35.1	35.9
1962	33.5	33.7	26.7	35.7	33.7	35.7	36.1
1963	34.4	34.6	27.9	36.5	35.4	36.3	36.8
1964	37.6	37.3	32.4	39.1	37.8	38.1	37.2
1965	39.3	39.0	34.0	40.9	38.3	38.8	38.2
1966	40.8	40.1	35.3	42.2	38.4	39.6	38.3
1967	42.4	41.3	36.0	43.5	39.9	39.9	38.1
1968	44.3	43.6	38.9	45.8	41.5	42.4	41.2
1969	48.2	47.1	42.5	49.2	45.1	45.0	42.9
1970	52.6	51.3	48.8	53.2	49.5	48.1	45.9
1971	57.8	56.1	53.4	58.0	54.3	51.5	48.6
1972	65.5	61.9	60.0	63.4	60.8	57.3	50.8
1973	75.6	69.8	69.4	71.0	67.5	68.4	57.6
1974	80.9	81.6	78.1	82.1	83.4	83.5	82.8
1975	100.0	100.0	100.0	100.0	100.0	100.0	100.0
1976	119.1	117.5	116.5	118.5	119.1	122.7	117.7
1977	135.3	134.2	133.8	134.9	141.3	141.6	136.8
ISRAEL							
1960	18.0	17.6	15.6	19.1	16.0	13.3	14.3
1961	19.5	18.8	16.5	20.2	17.5	13.5	14.1
1962	21.3	21.4	19.7	22.1	21.3	21.2	21.7
1963	23.0	23.0	20.9	23.9	22.7	23.1	23.1
1964	24.3	24.2	22.4	25.1	23.9	23.6	23.6
1965	26.6	26.2	25.3	27.2	24.9	24.7	24.1
1966	28.9	28.1	28.1	29.4	25.2	25.7	24.6
1967	29.2	28.2	27.4	29.7	25.5	26.3	25.2
1968	30.0	29.3	29.1	30.3	27.4	31.6	29.4
1969	31.0	30.3	29.9	31.2	29.1	33.0	30.6
1970	33.6	32.6	32.4	33.3	32.2	33.3	31.3
1971	38.4	37.0	37.7	37.2	36.6	37.4	34.7
1972	44.6	43.2	44.8	43.0	42.8	44.2	41.0
1973	54.4	52.8	54.3	51.6	53.2	52.0	49.4
1974	73.7	72.2	71.6	71.3	75.7	68.9	67.7
1975	100.0	100.0	100.0	100.0	100.0	100.0	100.0
1976	129.3	129.1	130.9	131.4	131.4	133.7	131.7
1977	182.7	179.5	192.1	178.0	181.8	198.9	189.0

10A. IMPLICIT PRICE DEFLATOR INDEX OF GROSS DOMESTIC PRODUCT AND EXPENDITURE

	GROSS DOMESTIC PRODUCT	FINAL CONSUMPTION AND GROSS CAPITAL FORMATION				EXPORTS OF GOODS AND SERVICES	IMPORTS OF GOODS AND SERVICES
		TOTAL	GOVERNMENT FINAL CONSUMPTION EXPENDITURE	PRIVATE FINAL CONSUMPTION EXPENDITURE	GROSS FIXED CAPITAL FORMATION		
A. INDEX FROM DATA IN NATIONAL CURRENCY 1975 = 100							
ITALY				35/			35/
1960	36.3	33.5	28.9	67.7	31.2	45.1	88.8
1961	37.4	34.4	30.4	69.1	32.1	44.8	86.8
1962	39.6	36.5	34.0	73.1	33.4	45.2	87.1
1963	43.0	39.6	39.7	78.5	36.0	46.6	88.5
1964	45.8	42.0	42.8	82.5	38.7	48.5	91.5
1965	47.8	43.8	46.7	85.6	39.4	48.5	92.0
1966	48.9	45.0	47.7	88.1	40.0	48.7	93.8
1967	50.3	46.3	48.7	90.7	40.9	49.2	94.5
1968	51.0	47.0	50.6	92.2	41.7	49.4	95.1
1969	53.2	48.9	53.1	94.9	44.4	50.7	96.4
1970	56.8	52.0	55.6	100.0	49.3	53.8	100.0
1971	60.8	55.9	64.0	105.8	52.8	56.1	105.3
1972	64.6	59.5	68.9	112.7	55.6	57.6	109.4
1973	72.1	67.7	77.0	126.6	65.1	66.4	138.0
1974	85.3	...	89.4	...	83.6	89.7	215.5
1975	100.0	...	100.0	...	100.0	100.0	...
1976	118.2	...	117.7	...	118.7	...	...
1977	139.8	...	144.0	...	141.2	...	...
IVORY COAST							
1975	100.0	100.0	100.0	100.0	100.0	100.0	100.0
1976	119.2	110.7	108.2	111.9	109.8	126.8	106.1
1977	155.9	130.5	115.8	137.0	121.6	153.1	102.2
JAMAICA 34/	6/						
1960	100.0	100.0	100.0	100.0	100.0	...	...
1961	103.9	104.0	104.7	102.3	109.0	...	...
1962	106.4	104.7	107.6	101.7	115.0	...	...
1963	109.6	106.8	109.6	105.0	112.0	...	...
1964	108.8	109.2	114.4	107.0	114.0	...	...
1965	109.3	110.7	117.4	108.8	114.0	...	...
1966	120.1	116.1	125.7	112.5	125.0	...	...
1967	122.6	120.1	128.5	115.5	128.1	...	...
1968	126.6	122.5	136.5	115.6	132.8	...	...
1969	130.4	127.7	137.2	120.2	147.0	...	...
1970	132.8	134.2	129.1	130.5	149.0	...	...

10A. IMPLICIT PRICE DEFLATOR INDEX OF GROSS DOMESTIC PRODUCT AND EXPENDITURE

	GROSS DOMESTIC PRODUCT	FINAL CONSUMPTION AND GROSS CAPITAL FORMATION: TOTAL	GOVERNMENT FINAL CONSUMPTION EXPENDITURE	PRIVATE FINAL CONSUMPTION EXPENDITURE	GROSS FIXED CAPITAL FORMATION	EXPORTS OF GOODS AND SERVICES	IMPORTS OF GOODS AND SERVICES
A. INDEX FROM DATA IN NATIONAL CURRENCY 1975 = 100							
JAPAN							
1960	38.3	36.9	21.3	34.7	50.2	61.3	47.0
1961	41.4	39.9	23.4	36.7	53.6	60.0	47.3
1962	42.9	41.3	25.0	38.9	54.0	59.3	46.0
1963	44.8	43.[illegible]	27.2	41.6	54.0	60.5	47.5
1964	46.8	45.2	29.8	43.4	55.0	61.7	48.1
1965	49.1	47.2	32.3	46.4	55.5	62.1	47.1
1966	51.6	49.6	34.8	48.8	57.7	63.3	48.2
1967	54.1	52.0	37.3	50.7	60.0	64.0	48.0
1968	56.6	54.4	40.4	53.5	61.1	64.7	48.5
1969	59.1	56.8	44.6	56.1	63.2	66.6	50.0
1970	63.2	60.6	50.1	60.2	65.9	70.0	51.8
1971	66.0	63.4	55.1	63.7	66.3	71.2	51.9
1972	69.2	66.3	60.7	66.8	68.8	70.0	50.5
1973	76.7	74.1	69.8	74.1	79.2	75.9	60.3
1974	92.1	91.3	87.7	90.1	98.1	100.5	93.1
1975	100.0	100.0	100.0	100.0	100.0	100.0	100.0
1976	105.5	106.7	107.1	108.5	104.9	100.6	102.7
KENYA							
1964	59.5	49.1	70.4	45.3	43.2	48.4	34.2
1965	59.1	49.2	66.9	45.9	44.2	48.4	35.3
1966	60.9	50.2	66.7	46.7	46.6	49.3	34.9
1967	61.2	50.7	68.6	46.2	49.6	48.4	34.9
1968	62.6	52.3	71.6	47.8	50.0	48.4	35.6
1969	63.5	53.4	73.6	48.9	50.8	47.9	36.0
1970	65.1	53.7	77.5	48.7	51.0	51.7	36.6
1971	67.9	57.2	82.6	51.4	54.7	52.7	40.1
1972	72.3	61.3	85.9	54.2	63.3	57.5	44.9
1973	77.7	65.7	85.5	61.3	69.6	66.7	51.4
1974	87.7	80.1	98.8	84.0	82.1	87.0	82.5
1975	100.0	100.0	100.0	100.0	100.0	100.0	100.0
1976	116.1	109.8	108.3	110.2	118.7	127.1	114.7
1977	138.1	122.8	120.3	125.2	130.8	174.0	128.5

10A. IMPLICIT PRICE DEFLATOR INDEX OF GROSS DOMESTIC PRODUCT AND EXPENDITURE

	GROSS DOMESTIC PRODUCT	FINAL CONSUMPTION AND GROSS CAPITAL FORMATION				EXPORTS OF GOODS AND SERVICES	IMPORTS OF GOODS AND SERVICES
		TOTAL	GOVERNMENT FINAL CONSUMPTION EXPENDITURE	PRIVATE FINAL CONSUMPTION EXPENDITURE	GROSS FIXED CAPITAL FORMATION		
A. INDEX FROM DATA IN NATIONAL CURRENCY 1975 = 100							
KOREA, REPUBLIC OF							
1960	8.6	8.6	8.3	8.4	10.9	10.6	8.9
1961	9.8	10.1	9.4	9.9	13.6	14.7	13.8
1962	11.6	11.5	11.5	11.1	15.0	14.9	13.9
1963	15.0	14.6	12.1	14.8	16.5	18.0	14.8
1964	19.5	19.6	13.7	20.1	21.7	25.8	23.7
1965	20.7	21.3	16.0	21.4	25.0	31.0	27.8
1966	23.7	24.4	20.1	24.3	27.6	33.9	29.0
1967	27.5	27.7	23.4	27.9	29.5	34.6	29.8
1968	32.0	31.3	28.4	31.1	32.3	35.9	31.0
1969	36.7	34.8	33.1	35.3	34.8	36.2	31.8
1970	42.3	40.5	39.4	40.7	40.6	40.2	34.9
1971	47.6	45.3	45.0	46.4	43.0	45.2	38.9
1972	54.9	52.3	53.4	53.1	48.3	52.3	45.0
1973	62.2	58.1	56.8	58.0	57.9	64.9	56.3
1974	80.9	79.0	76.8	78.5	80.4	87.9	80.9
1975	100.0	100.0	100.0	100.0	100.0	100.0	100.0
1976	118.6	116.1	132.1	116.8	108.0	110.9	100.3
1977	137.2	132.1	157.5	133.8	119.6	120.7	105.2
LIBERIA							
1964	55.8	51.8	65.6	54.9	46.0	54.7	42.7
1965	56.0	55.8	68.9	54.8	45.7	48.9	43.8
1966	55.1	55.0	67.6	53.8	46.7	49.5	44.8
1967	55.3	55.9	67.6	54.6	47.1	48.9	45.3
1968	56.3	54.8	68.9	58.0	47.3	51.1	43.8
1969	57.8	53.3	70.4	58.2	47.2	54.2	42.7
1970	57.2	60.2	60.9	60.2	49.1	48.4	47.4
1971	57.4	59.5	67.0	61.2	49.6	52.6	51.5
1972	60.0	65.6	73.6	62.0	57.3	52.6	56.1
1973	67.6	75.0	85.1	72.8	69.7	60.0	65.9
1974	80.0	88.1	89.0	89.4	80.3	76.7	91.1
1975	100.0	100.0	100.0	100.0	100.0	100.0	100.0
1976	98.7	99.0	114.9	92.5	97.5	107.6	102.0
1977	106.3	115.1	77.8	121.5	128.8	118.2	120.0

10A. IMPLICIT PRICE DEFLATOR INDEX OF GROSS DOMESTIC PRODUCT AND EXPENDITURE

	GROSS DOMESTIC PRODUCT	FINAL CONSUMPTION AND GROSS CAPITAL FORMATION				EXPORTS OF GOODS AND SERVICES	IMPORTS OF GOODS AND SERVICES
		TOTAL	GOVERNMENT FINAL CONSUMPTION EXPENDITURE	PRIVATE FINAL CONSUMPTION EXPENDITURE	GROSS FIXED CAPITAL FORMATION		
A. INDEX FROM DATA IN NATIONAL CURRENCY 1975 = 100							
LIBYAN ARAB JAMAHIRIYA	6/						
1962	57.1	40.0	53.7	37.8	30.0	...	...
1963	61.1	41.2	56.6	38.3	31.7	...	...
1964	65.0	42.8	58.9	40.2	32.1	...	...
1965	68.3	45.5	62.2	42.1	35.0	...	...
1966	74.0	48.6	66.3	44.0	38.5	...	...
1967	78.5	49.8	68.2	45.9	38.7	...	...
1968	83.4	53.1	69.8	47.4	43.5	...	...
1969	83.9	56.7	73.9	50.4	47.7	...	...
1970	84.3	57.0	73.1	50.4	51.3	...	...
1971	96.9	57.6	79.6	52.5	44.9	...	...
1972	86.5	62.3	70.7	54.6	59.8	...	...
1973	86.9	72.4	72.1	63.4	76.4	...	...
1974	124.6	101.0	105.5	92.2	103.1	...	...
1975	100.0	100.0	100.0	100.0	100.0	...	...
1976	106.6	104.1	101.4	101.5	106.8	...	...
1977	110.2	107.7	102.5	103.9	114.6	...	...
LUXEMBOURG							
1960	49.6	45.6	40.5	56.0	39.0	61.3	57.5
1961	49.7	48.8	40.7	56.6	41.5	57.9	58.4
1962	49.3	49.8	41.1	56.7	43.4	56.6	58.8
1963	51.7	52.7	42.3	58.4	47.1	56.4	59.3
1964	54.5	55.2	43.6	60.2	49.3	57.8	59.9
1965	56.4	57.7	45.0	62.0	49.8	58.2	60.9
1966	58.1	59.3	46.7	64.3	52.4	58.7	61.3
1967	58.6	59.0	47.7	65.8	51.5	59.3	60.7
1968	61.6	62.8	49.0	67.5	54.2	59.1	60.7
1969	64.8	63.4	50.1	68.7	57.3	64.0	62.5
1970	72.4	67.3	52.3	71.4	64.7	72.9	67.0
1971	71.9	70.1	58.0	74.7	69.3	71.7	69.7
1972	75.5	75.0	63.4	78.2	72.2	71.1	70.4
1973	84.2	80.6	72.2	82.5	77.0	82.2	77.7
1974	97.8	89.5	87.2	89.9	87.8	102.1	92.9
1975	100.0	100.0	100.0	100.0	100.0	100.0	100.0
1976	107.8	109.8	110.1	109.4	104.7	105.0	107.1
1977	113.4	115.7	124.1	116.8	106.7	105.0	107.6

10A. IMPLICIT PRICE DEFLATOR INDEX OF GROSS DOMESTIC PRODUCT AND EXPENDITURE

	GROSS DOMESTIC PRODUCT	FINAL CONSUMPTION AND GROSS CAPITAL FORMATION				EXPORTS OF GOODS AND SERVICES	IMPORTS OF GOODS AND SERVICES
		TOTAL	GOVERNMENT FINAL CONSUMPTION EXPENDITURE	PRIVATE FINAL CONSUMPTION EXPENDITURE	GROSS FIXED CAPITAL FORMATION		
A. INDEX FROM DATA IN NATIONAL CURRENCY 1975 = 100							
MALAWI 7/							
1964	100.0	100.0	100.0	100.0	100.0	...	...
1965	103.8	103.5	100.0	103.8	103.1	...	...
1966	106.9	106.8	121.0	104.8	101.6	...	...
1967	101.8	104.0	105.1	103.5	101.9	...	...
1968	108.0	109.9	101.8	109.3	117.9	...	...
1969	109.8	111.2	98.2	116.7	103.7	...	...
1970	118.2	117.4	106.3	115.0	135.2	...	...
1971	129.6	129.4	118.6	130.8	120.3	...	...
1972	129.7	129.5	98.3	131.7	128.6	...	...
MALAYSIA							
1971	77.4	76.1	82.9	75.3	72.7	67.5	64.4
1972	77.7	79.7	89.5	77.9	75.3	64.6	69.8
1973	91.1	86.4	91.3	86.2	82.8	85.9	75.6
1974	103.2	97.1	95.7	96.7	95.9	105.3	90.5
1975	100.0	100.0	100.0	100.0	100.0	100.0	100.0
1976	112.8	104.4	101.0	105.1	105.6	122.3	105.7
1977	120.9	110.3	115.3	109.7	110.3	131.5	108.0
MALTA							
1960	72.1	70.0	54.1	70.4	77.4	44.2	48.4
1961	75.5	70.4	55.4	71.6	74.5	43.9	45.8
1962	76.6	70.3	55.2	70.8	76.6	44.4	44.9
1963	76.1	69.8	54.6	69.7	77.7	44.7	45.1
1964	76.1	70.5	57.5	70.8	76.7	46.0	47.2
1965	76.3	71.5	58.5	71.3	79.6	47.3	48.6
1966	76.9	72.3	59.1	72.0	81.2	46.8	48.8
1967	77.7	73.8	61.9	72.9	83.2	48.3	50.6
1968	79.1	75.8	66.9	74.8	83.4	49.4	53.0
1969	85.5	78.7	72.3	77.0	84.9	54.1	54.5
1970	87.8	83.8	73.9	80.1	102.1	55.0	58.1
1971	88.4	85.6	78.4	81.0	106.9	55.7	60.1
1972	87.3	86.8	78.9	83.6	107.3	61.3	66.4
1973	91.8	83.6	87.4	85.9	73.1	76.9	69.4
1974	94.9	95.2	100.1	95.6	94.3	96.4	94.4
1975	100.0	100.0	100.0	100.0	100.0	100.0	100.0
1976	105.0	105.2	101.2	102.6	115.9	108.3	109.1
1977	110.2	113.8	110.7	113.4	120.5	113.7	119.1

10A. IMPLICIT PRICE DEFLATOR INDEX OF GROSS DOMESTIC PRODUCT AND EXPENDITURE

		FINAL CONSUMPTION AND GROSS CAPITAL FORMATION					
	GROSS DOMESTIC PRODUCT	TOTAL	GOVERNMENT FINAL CONSUMPTION EXPENDITURE	PRIVATE FINAL CONSUMPTION EXPENDITURE	GROSS FIXED CAPITAL FORMATION	EXPORTS OF GOODS AND SERVICES	IMPORTS OF GOODS AND SERVICES
			A. INDEX FROM DATA IN NATIONAL CURRENCY 1975 = 100				
MAURITIUS 7/							
1960	97.7	98.2	96.0	99.2	96.5	96.7	98.1
1961	94.0	98.4	99.0	98.3	98.1	90.1	99.4
1962	96.4	99.2	99.1	99.0	100.0	91.9	98.4
1963	108.4	99.5	99.1	98.2	105.3	116.9	98.4
1964	100.0	100.0	100.0	100.0	100.0	100.0	100.0
1965	92.6	102.0	100.0	101.8	104.7	85.0	103.8
1966	98.4	104.0	101.3	104.5	104.7	88.8	101.0
MEXICO							
1960	39.5	40.6	36.1	41.2	40.9	39.2	50.1
1961	40.8	42.0	36.9	43.0	40.8	39.0	50.2
1962	42.1	43.2	37.7	44.3	41.4	40.2	50.5
1963	43.4	44.4	38.8	45.2	44.1	41.4	50.7
1964	45.8	47.1	40.3	48.6	44.6	40.2	51.2
1965	46.9	47.9	41.6	49.2	46.4	43.0	51.9
1966	48.7	49.8	44.2	51.0	48.3	44.3	53.4
1967	50.2	51.1	45.8	52.2	50.1	45.9	54.3
1968	51.3	52.3	47.7	53.4	50.7	47.8	55.8
1969	53.4	54.4	50.8	55.7	52.3	48.8	57.9
1970	55.8	56.7	53.0	58.0	54.6	52.2	60.6
1971	58.3	59.4	54.9	60.9	56.3	55.2	64.5
1972	61.5	62.8	58.4	64.3	59.5	57.0	68.3
1973	69.1	70.0	68.1	71.3	66.3	67.0	74.4
1974	85.7	86.0	83.2	87.6	83.7	86.7	90.4
1975	100.0	100.0	100.0	100.0	100.0	100.0	100.0
1976	122.2	123.5	127.4	121.0	128.8	134.0	140.3
1977	161.7	163.8	164.1	161.0	175.5	209.5	222.9

10A. IMPLICIT PRICE DEFLATOR INDEX OF GROSS DOMESTIC PRODUCT AND EXPENDITURE

	GROSS DOMESTIC PRODUCT	FINAL CONSUMPTION AND GROSS CAPITAL FORMATION: TOTAL	GOVERNMENT FINAL CONSUMPTION EXPENDITURE	PRIVATE FINAL CONSUMPTION EXPENDITURE	GROSS FIXED CAPITAL FORMATION	EXPORTS OF GOODS AND SERVICES	IMPORTS OF GOODS AND SERVICES
A. INDEX FROM DATA IN NATIONAL CURRENCY 1975 = 100							
MOROCCO							
1960	69.9	66.1	53.8	76.2	55.0	47.5	47.0
1961	57.8	54.3	20.1	78.0	55.0	54.9	50.4
1962	59.0	55.6	21.1	77.8	55.0	54.8	50.6
1963	56.9	53.4	19.2	78.0	55.0	56.1	51.0
1964	57.0	53.0	19.5	77.8	55.0	55.8	50.8
1965	60.2	56.0	22.4	77.7	55.0	55.5	50.9
1966	61.0	56.7	23.7	77.8	55.0	57.3	50.8
1967	61.8	57.1	24.6	77.1	55.0	59.9	50.6
1968	65.2	60.3	24.3	78.1	55.0	60.1	51.0
1969	61.7	56.9	23.8	78.3	55.0	61.4	51.7
1970	69.2	67.6	72.8	70.3	67.5	47.0	54.2
1971	72.0	70.9	75.5	73.2	73.8	48.4	57.9
1972	74.8	73.8	80.2	75.9	80.6	49.5	60.6
1973	79.1	77.3	80.4	79.4	88.7	54.7	65.4
1974	100.8	96.6	78.0	92.6	135.5	99.6	99.3
1975	100.0	100.0	100.0	100.0	100.0	100.0	100.0
1976	101.5	109.2	104.6	108.5	107.2	82.7	106.3
1977	108.5	119.7	116.1	122.1	114.6	83.6	119.8
NETHERLANDS							
1960	39.3	38.7	23.4	42.5	43.6	60.5	59.7
1961	40.3	39.7	24.8	43.5	44.3	59.5	58.6
1962	41.6	40.8	26.6	44.6	45.2	59.4	58.1
1963	43.7	42.5	28.6	46.3	47.3	60.9	58.8
1964	47.2	46.4	33.4	49.4	50.1	62.3	60.2
1965	49.5	48.9	36.5	51.6	52.7	62.9	60.6
1966	52.6	51.9	40.0	54.4	55.6	63.5	61.1
1967	54.8	53.9	43.9	56.2	56.5	63.6	60.6
1968	56.9	55.2	46.4	57.5	56.8	63.2	58.7
1969	60.5	58.9	50.7	61.0	60.1	64.6	60.7
1970	63.9	62.6	55.0	63.7	65.0	67.8	64.6
1971	69.4	68.2	61.7	69.0	71.3	69.9	67.5
1972	75.9	74.1	68.4	75.1	76.2	70.8	67.2
1973	82.3	80.5	76.2	82.0	81.3	75.7	72.3
1974	89.9	90.1	88.3	90.3	90.4	95.3	95.9
1975	100.0	100.0	100.0	100.0	100.0	100.0	100.0
1976	108.6	108.8	109.1	109.2	108.5	106.4	106.5
1977	116.4	116.2	116.1	116.6	116.0	110.3	109.9

10A. IMPLICIT PRICE DEFLATOR INDEX OF GROSS DOMESTIC PRODUCT AND EXPENDITURE

	GROSS DOMESTIC PRODUCT	FINAL CONSUMPTION AND GROSS CAPITAL FORMATION				EXPORTS OF GOODS AND SERVICES	IMPORTS OF GOODS AND SERVICES
		TOTAL	GOVERNMENT FINAL CONSUMPTION EXPENDITURE	PRIVATE FINAL CONSUMPTION EXPENDITURE	GROSS FIXED CAPITAL FORMATION		
A. INDEX FROM DATA IN NATIONAL CURRENCY 1975 = 100							
NICARAGUA							
1960	53.9	47.7	41.2	49.4	46.5	60.7	42.1
1961	54.0	46.9	40.8	48.6	45.0	61.7	39.7
1962	53.6	46.2	41.3	47.4	45.6	64.9	40.0
1963	53.4	47.0	45.4	48.0	46.3	61.8	41.1
1964	55.8	48.9	47.1	50.7	45.2	60.6	39.8
1965	56.3	49.1	54.0	50.2	46.0	63.5	41.3
1966	58.4	52.1	62.6	52.7	49.2	63.9	45.1
1967	59.1	52.4	65.4	53.1	47.7	61.2	42.7
1968	61.8	55.1	69.3	55.9	49.9	65.7	46.1
1969	62.5	56.8	68.7	58.5	49.7	63.5	48.1
1970	64.0	57.9	71.8	59.5	49.5	68.3	50.4
1971	64.9	59.3	75.3	61.4	48.4	69.0	52.7
1972	67.1	61.3	72.6	61.9	56.4	75.1	55.4
1973	79.2	72.0	81.6	74.2	65.2	83.1	62.0
1974	97.7	90.2	96.8	91.1	90.3	106.4	81.8
1975	100.0	100.0	100.0	100.0	100.0	100.0	100.0
1976	110.7	101.1	108.1	102.8	98.7	131.2	98.3
1977	125.8	109.6	111.1	114.8	105.5	162.4	103.4
NORWAY							
1960	42.6	42.4	35.8	43.8	43.9	58.6	57.3
1961	43.5	43.5	36.7	45.2	44.3	57.4	56.5
1962	45.4	45.3	39.5	47.0	45.0	56.3	55.2
1963	46.6	46.6	41.4	48.2	45.7	55.9	54.8
1964	48.9	48.3	43.6	50.8	45.9	58.0	55.5
1965	51.6	50.5	46.1	52.8	48.8	59.5	56.0
1966	53.8	52.6	49.0	54.6	50.7	60.2	56.8
1967	54.9	54.3	50.6	56.9	54.0	59.2	57.8
1968	57.3	55.7	53.1	58.8	53.9	60.4	56.7
1969	59.7	58.8	56.1	60.9	58.0	61.3	59.2
1970	67.4	65.2	61.1	66.8	63.5	69.6	64.4
1971	71.9	69.4	68.0	71.2	66.8	73.8	68.1
1972	75.5	74.4	72.7	75.9	71.9	72.4	69.8
1973	82.4	80.3	78.7	81.8	75.9	81.3	76.5
1974	90.8	89.1	88.3	89.4	87.3	99.4	94.5
1975	100.0	100.0	100.0	100.0	100.0	100.0	100.0
1976	107.7	109.5	110.1	109.1	108.4	103.0	107.2
1977	115.7	121.3	119.6	118.4	122.0	104.7	117.1

10A. IMPLICIT PRICE DEFLATOR INDEX OF GROSS DOMESTIC PRODUCT AND EXPENDITURE

	GROSS DOMESTIC PRODUCT	FINAL CONSUMPTION AND GROSS CAPITAL FORMATION: TOTAL	GOVERNMENT FINAL CONSUMPTION EXPENDITURE	PRIVATE FINAL CONSUMPTION EXPENDITURE	GROSS FIXED CAPITAL FORMATION	EXPORTS OF GOODS AND SERVICES	IMPORTS OF GOODS AND SERVICES
A. INDEX FROM DATA IN NATIONAL CURRENCY 1975 = 100							
PAKISTAN 4/							
1960	34.4	33.2	30.2	34.4	28.1	27.4	19.9
1961	34.2	33.3	31.0	34.3	29.4	24.3	21.8
1962	34.9	34.1	31.0	35.0	30.7	24.0	21.9
1963	34.4	33.9	30.6	35.0	30.1	22.2	22.9
1964	36.5	35.9	32.9	37.3	30.2	24.2	22.8
1965	38.1	36.9	34.4	38.1	32.2	25.3	22.1
1966	42.5	41.0	39.2	42.4	34.4	28.3	22.7
1967	41.9	40.6	37.7	41.7	35.9	26.0	22.9
1968	43.8	42.5	39.8	43.6	37.9	25.9	23.1
1969	44.6	43.4	41.0	44.4	39.5	25.6	24.3
1970	46.9	45.4	42.6	46.3	42.5	27.0	24.8
1971	50.0	48.1	48.6	48.9	43.6	31.4	26.7
1972	57.8	54.7	60.4	55.3	48.4	66.4	48.9
1973	71.2	68.2	70.9	69.5	61.4	106.8	70.8
1974	89.0	90.6	89.6	90.8	93.3	99.7	105.4
1975	100.0	100.0	100.0	100.0	100.0	100.0	100.0
1976	109.3	108.0	110.0	107.6	108.4	118.9	100.5
1977	117.4	116.5	117.2	116.6	115.5	123.6	107.8
PANAMA							
1960	58.8	56.9	50.7	61.4	51.8	45.3	43.2
1961	59.1	56.7	50.7	60.9	53.3	45.3	42.2
1962	59.5	56.6	49.8	60.9	53.0	46.2	42.2
1963	60.7	57.8	55.7	61.8	52.2	45.7	41.8
1964	62.4	58.8	51.9	63.7	53.5	48.7	43.1
1965	62.8	58.8	54.8	63.3	53.4	48.7	42.6
1966	63.7	59.7	59.0	63.6	54.5	49.5	43.8
1967	65.3	60.8	63.2	64.1	55.4	50.7	43.8
1968	65.7	61.1	62.7	64.4	55.7	51.6	44.3
1969	66.4	61.2	68.3	63.5	56.6	53.1	44.6
1970	68.7	63.6	74.2	64.7	59.6	54.4	46.2
1971	70.0	64.0	73.2	64.8	61.1	57.5	47.3
1972	73.8	67.9	78.2	68.6	64.2	61.2	50.7
1973	78.6	73.6	82.0	73.9	72.7	66.8	57.6
1974	95.4	95.1	98.2	97.7	92.4	91.3	90.1
1975	100.0	100.0	100.0	100.0	100.0	100.0	100.0
1976	103.9	106.0	103.2	106.4	104.5	94.2	100.6
1977	113.7	114.8	103.4	121.1	110.6	109.2	113.9

10A. IMPLICIT PRICE DEFLATOR INDEX OF GROSS DOMESTIC PRODUCT AND EXPENDITURE

	GROSS DOMESTIC PRODUCT	FINAL CONSUMPTION AND GROSS CAPITAL FORMATION: TOTAL	GOVERNMENT FINAL CONSUMPTION EXPENDITURE	PRIVATE FINAL CONSUMPTION EXPENDITURE	GROSS FIXED CAPITAL FORMATION	EXPORTS OF GOODS AND SERVICES	IMPORTS OF GOODS AND SERVICES
A. INDEX FROM DATA IN NATIONAL CURRENCY 1975 = 100							
PAPUA NEW GUINEA 4/							
1965	53.0	43.4	39.6	49.4	34.1	79.4	49.0
1966	59.0	48.0	42.6	56.5	35.7	78.2	50.4
1967	62.7	50.0	44.2	59.2	36.9	85.2	51.1
1968	65.4	51.9	45.8	61.5	38.3	86.3	51.6
1969	68.9	54.2	48.4	63.9	40.1	88.8	52.8
1970	72.9	57.8	55.2	66.7	42.1	88.5	55.7
1971	73.9	61.2	58.5	70.0	45.2	90.5	64.0
1972	83.1	68.8	66.8	77.7	48.6	99.1	67.0
1973	97.8	78.9	79.6	83.3	66.9	125.9	77.5
1974	93.5	93.3	91.9	92.9	83.2	95.6	88.6
1975	100.0	100.0	100.0	100.0	100.0	100.0	100.0
1976	107.7	106.2	107.6	105.4	107.6	126.1	122.4
PARAGUAY							
1960	39.1	40.2	46.2	40.0	38.6	33.1	41.2
1961	42.1	43.3	49.7	43.1	41.5	35.6	44.3
1962	44.8	46.5	56.2	45.7	47.2	32.6	44.1
1963	46.4	47.7	57.1	47.2	47.0	35.4	44.7
1964	47.3	47.3	58.1	46.7	46.8	40.3	42.1
1965	48.6	50.0	60.4	49.2	51.2	40.3	50.7
1966	50.4	51.0	62.2	50.8	50.5	43.2	48.8
1967	50.1	50.7	63.0	50.3	49.5	41.6	46.9
1968	50.9	51.3	63.4	50.7	51.0	45.3	49.6
1969	52.6	53.0	64.9	52.3	52.4	46.3	50.7
1970	53.0	54.5	64.3	53.7	57.3	47.7	59.3
1971	56.7	58.0	67.5	57.7	57.9	49.1	59.0
1972	62.4	64.2	73.7	63.9	61.5	52.7	65.7
1973	74.9	74.5	83.1	75.0	68.4	71.8	70.7
1974	92.7	92.0	94.3	91.1	93.2	99.9	95.9
1975	100.0	100.0	100.0	100.0	100.0	100.0	100.0
1976	104.6	101.0	110.0	103.3	94.5	101.3	84.4
1977	115.2	109.1	129.4	113.9	95.1	129.7	96.1

10A. IMPLICIT PRICE DEFLATOR INDEX OF GROSS DOMESTIC PRODUCT AND EXPENDITURE

	GROSS DOMESTIC PRODUCT	FINAL CONSUMPTION AND GROSS CAPITAL FORMATION: TOTAL	GOVERNMENT FINAL CONSUMPTION EXPENDITURE	PRIVATE FINAL CONSUMPTION EXPENDITURE	GROSS FIXED CAPITAL FORMATION	EXPORTS OF GOODS AND SERVICES	IMPORTS OF GOODS AND SERVICES
A. INDEX FROM DATA IN NATIONAL CURRENCY 1975 = 100							
PERU							
1960	22.5	25.1	18.2	24.1	31.6	22.3	37.9
1961	23.3	26.2	19.6	25.4	32.2	21.7	37.5
1962	24.5	27.3	21.4	26.1	34.3	22.3	37.0
1963	25.9	28.3	23.2	27.1	35.5	23.4	36.5
1964	29.2	30.9	26.8	29.8	37.2	26.5	36.1
1965	33.0	35.0	30.1	34.7	38.8	26.4	37.0
1966	36.9	38.4	35.9	37.8	40.5	30.7	38.0
1967	41.2	42.5	38.5	41.5	45.4	33.7	41.3
1968	48.8	49.7	42.3	49.4	55.0	43.2	51.9
1969	52.4	52.6	44.5	52.4	57.6	47.8	52.1
1970	54.5	54.2	54.9	52.5	60.4	53.0	51.9
1971	57.0	57.5	60.7	55.5	63.7	49.4	52.5
1972	62.0	63.4	68.6	61.4	67.7	49.0	57.2
1973	71.0	70.2	75.2	68.4	73.4	70.0	66.2
1974	83.2	81.9	82.2	81.1	83.7	100.9	88.1
1975	100.0	100.0	100.0	100.0	100.0	100.0	100.0
1976	132.2	132.1	121.1	132.3	140.5	143.5	141.7
1977	184.3	186.1	179.2	182.6	210.1	227.3	235.4
PHILIPPINES							
1960	27.1	26.4	28.1	27.5	23.4	13.6	10.8
1961	27.9	27.7	30.6	28.7	24.8	15.2	14.2
1962	29.8	29.1	33.6	29.6	28.2	19.6	21.6
1963	32.4	31.7	38.0	32.1	30.0	21.1	23.2
1964	33.9	33.8	40.4	34.5	31.0	21.0	22.7
1965	35.2	35.1	43.0	35.9	31.9	21.6	24.0
1966	37.2	36.7	46.4	37.5	32.9	23.7	24.4
1967	39.3	38.5	50.0	39.6	33.8	23.9	25.1
1968	41.2	39.9	50.2	41.3	34.5	25.9	24.7
1969	43.2	41.2	50.5	43.0	34.8	26.2	24.5
1970	49.6	47.4	53.4	48.3	45.8	43.3	38.3
1971	55.8	54.5	60.2	56.0	50.7	48.1	44.7
1972	59.7	58.8	64.2	60.6	54.1	46.8	46.5
1973	70.3	67.7	68.6	69.1	65.8	65.9	57.6
1974	92.7	90.8	86.8	91.8	88.6	104.3	91.6
1975	100.0	100.0	100.0	100.0	100.0	100.0	100.0
1976	107.8	109.8	119.3	109.2	108.6	91.9	108.2
1977	117.1	120.8	132.4	120.0	119.5	91.8	114.3

10A. IMPLICIT PRICE DEFLATOR INDEX OF GROSS DOMESTIC PRODUCT AND EXPENDITURE

	GROSS DOMESTIC PRODUCT	FINAL CONSUMPTION AND GROSS CAPITAL FORMATION				EXPORTS OF GOODS AND SERVICES	IMPORTS OF GOODS AND SERVICES
		TOTAL	GOVERNMENT FINAL CONSUMPTION EXPENDITURE	PRIVATE FINAL CONSUMPTION EXPENDITURE	GROSS FIXED CAPITAL FORMATION		
A. INDEX FROM DATA IN NATIONAL CURRENCY 1975 = 100							
PORTUGAL							
1960	39.3	35.6	47.4	34.9	32.5	35.6	28.8
1961	40.2	36.3	47.6	35.5	33.1	36.8	29.1
1962	40.1	36.1	48.1	35.0	33.5	37.6	28.7
1963	41.0	36.5	48.5	35.4	33.7	41.2	29.3
1964	41.7	38.6	49.1	38.4	33.5	37.8	30.9
1965	43.4	40.4	49.7	40.7	33.9	39.7	33.1
1966	45.6	43.2	52.4	44.3	34.8	37.8	33.0
1967	47.5	45.5	57.1	45.4	39.0	41.0	37.3
1968	53.3	51.9	58.2	52.5	45.2	46.3	43.2
1969	57.3	54.6	61.0	55.6	46.3	48.2	42.3
1970	58.4	56.9	67.8	57.5	47.6	54.4	50.3
1971	61.3	59.1	69.8	59.2	51.7	57.0	51.1
1972	66.1	64.3	74.0	64.0	58.0	60.8	55.9
1973	72.4	69.2	80.0	68.4	63.8	69.7	60.3
1974	86.0	84.2	90.3	84.0	80.0	100.0	86.6
1975	100.0	100.0	100.0	100.0	100.0	100.0	100.0
1976	116.3	115.9	106.6	118.1	118.4	104.2	107.8
PUERTO RICO 4/							
1960	51.0	51.6	50.0	52.7	48.3	40.7	44.7
1961	53.3	52.5	51.6	53.4	49.3	42.2	44.6
1962	53.8	53.2	53.4	53.9	50.5	43.9	46.1
1963	55.3	54.3	54.4	54.7	51.4	44.7	46.6
1964	56.8	55.3	55.6	55.6	53.5	46.4	47.6
1965	58.4	56.4	57.2	56.6	54.4	48.0	48.5
1966	61.2	58.8	58.5	59.5	55.2	49.9	50.0
1967	65.2	60.3	59.0	61.0	57.2	53.2	50.1
1968	71.1	62.4	60.2	63.1	59.8	61.3	51.8
1969	70.4	65.9	64.4	65.9	63.6	56.1	54.3
1970	74.3	69.2	70.5	68.6	66.9	58.0	56.0
1971	77.6	72.3	76.0	70.8	71.3	60.2	58.1
1972	79.6	74.3	81.4	73.3	74.3	60.3	59.1
1973	87.9	84.5	89.7	81.6	84.2	80.4	78.3
1974	95.4	95.7	98.9	93.1	97.9	93.6	94.7
1975	100.0	100.0	100.0	100.0	100.0	100.0	100.0
1976	103.6	102.5	100.6	103.6	102.1	105.6	104.8
1977	108.8	107.7	106.1	108.2	111.8	112.7	111.4

10A. IMPLICIT PRICE DEFLATOR INDEX OF GROSS DOMESTIC PRODUCT AND EXPENDITURE

	GROSS DOMESTIC PRODUCT	FINAL CONSUMPTION AND GROSS CAPITAL FORMATION				EXPORTS OF GOODS AND SERVICES	IMPORTS OF GOODS AND SERVICES
		TOTAL	GOVERNMENT FINAL CONSUMPTION EXPENDITURE	PRIVATE FINAL CONSUMPTION EXPENDITURE	GROSS FIXED CAPITAL FORMATION		
A. INDEX FROM DATA IN NATIONAL CURRENCY 1975 = 100							
SINGAPORE							
1960	62.5	61.9	60.7	62.9	59.1	...	...
1961	62.5	60.7	63.4	63.1	59.5	...	...
1962	63.1	62.3	66.2	63.2	60.3	...	...
1963	63.7	62.6	66.3	64.0	60.5	...	...
1964	64.1	64.0	66.4	64.7	61.2	...	...
1965	65.0	64.1	66.5	65.2	62.0	...	...
1966	65.9	65.5	66.7	66.5	63.1	...	...
1967	66.3	66.2	67.0	68.0	62.3	...	...
1968	67.0	67.1	67.1	68.9	63.5	...	...
1969	68.6	67.9	67.9	68.8	65.4	...	...
1970	68.4	68.5	70.0	70.2	64.9	...	...
1971	71.4	71.7	74.4	72.6	69.3	...	...
1972	75.3	75.0	75.5	74.5	74.6	...	...
1973	84.5	85.0	80.8	86.1	80.2	...	...
1974	97.7	97.4	93.8	97.7	95.8	...	...
1975	100.0	100.0	100.0	100.0	100.0	...	...
1976	101.4	101.2	103.2	99.7	104.2	...	...
1977	102.9	103.1	105.2	102.4	105.1	...	...

10A. IMPLICIT PRICE DEFLATOR INDEX OF GROSS DOMESTIC PRODUCT AND EXPENDITURE

	GROSS DOMESTIC PRODUCT	FINAL CONSUMPTION AND GROSS CAPITAL FORMATION				EXPORTS OF GOODS AND SERVICES	IMPORTS OF GOODS AND SERVICES
		TOTAL	GOVERNMENT FINAL CONSUMPTION EXPENDITURE	PRIVATE FINAL CONSUMPTION EXPENDITURE	GROSS FIXED CAPITAL FORMATION		
A. INDEX FROM DATA IN NATIONAL CURRENCY 1975 = 100							
SOUTH AFRICA 8/							
1960	44.2	43.5	36.0	46.7	41.9	41.2	43.3
1961	44.8	44.1	36.5	47.6	42.1	41.5	42.9
1962	45.3	44.9	37.2	48.4	43.4	41.3	43.3
1963	46.6	46.4	39.7	49.5	44.5	42.1	43.9
1964	47.9	47.8	41.6	50.9	45.8	42.9	44.3
1965	49.2	49.7	42.5	53.0	47.7	43.5	46.4
1966	51.1	51.9	45.8	55.1	50.3	44.1	48.3
1967	52.7	53.8	47.0	57.3	52.2	43.5	47.5
1968	54.4	55.1	48.6	58.7	53.1	43.5	46.4
1969	57.4	57.3	52.0	60.9	54.3	45.5	48.0
1970	59.6	59.9	56.5	63.4	57.1	45.4	49.6
1971	62.9	65.0	63.4	68.4	60.4	46.7	51.7
1972	68.5	69.9	68.2	73.2	66.2	53.2	58.5
1973	80.5	78.1	77.4	80.3	73.4	68.9	63.9
1974	91.1	87.4	87.9	89.3	84.1	92.6	81.6
1975	100.0	100.0	100.0	100.0	100.0	100.0	100.0
1976	111.0	112.3	113.4	109.9	116.6	108.2	121.4
1977	125.3	123.5	127.4	121.8	128.8	118.9	135.3
SOUTHERN RHODESIA							
1965	66.6	63.4	65.1	69.3	57.4	...	...
1966	65.2	65.5	68.4	71.2	59.0	...	...
1967	66.2	66.9	68.4	72.8	61.6	...	...
1968	68.4	68.2	71.1	74.2	62.7	...	...
1969	70.6	69.7	72.1	75.3	63.9	...	...
1970	73.1	72.7	75.3	78.6	67.1	...	...
1971	75.4	75.7	77.8	80.4	71.6	...	...
1972	78.4	78.5	80.4	82.5	75.7	...	...
1973	83.1	82.4	84.3	86.1	79.9	...	...
1974	91.3	90.7	91.4	92.5	88.9	...	...
1975	100.0	100.0	100.0	100.0	100.0	...	...
1976	109.5	110.5	109.5	109.9	112.2	...	...
1977	120.5	123.7	121.8	122.2	126.4	...	...

10A. IMPLICIT PRICE DEFLATOR INDEX OF GROSS DOMESTIC PRODUCT AND EXPENDITURE

	GROSS DOMESTIC PRODUCT	FINAL CONSUMPTION AND GROSS CAPITAL FORMATION: TOTAL	GOVERNMENT FINAL CONSUMPTION EXPENDITURE	PRIVATE FINAL CONSUMPTION EXPENDITURE	GROSS FIXED CAPITAL FORMATION	EXPORTS OF GOODS AND SERVICES	IMPORTS OF GOODS AND SERVICES
A. INDEX FROM DATA IN NATIONAL CURRENCY 1975 = 100							
SPAIN							
1960	32.4	31.2	20.5	31.2	37.8	38.5	33.2
1961	33.1	32.1	21.7	31.8	38.2	39.3	33.8
1962	34.9	34.2	23.4	33.5	40.5	41.2	34.5
1963	37.9	36.8	26.2	36.1	43.4	43.8	35.2
1964	40.4	39.1	28.2	38.5	45.6	45.1	36.0
1965	44.5	43.0	31.4	42.9	47.4	48.8	37.4
1966	47.2	45.6	36.4	45.7	48.5	51.3	38.8
1967	50.1	48.1	42.6	48.3	49.4	52.3	40.1
1968	52.4	50.8	45.9	50.9	52.2	55.6	44.9
1969	54.2	52.7	49.9	52.4	54.4	56.8	46.6
1970	56.9	55.9	53.2	56.3	56.0	59.5	52.6
1971	61.4	60.2	57.6	60.8	59.7	63.3	55.2
1972	66.4	64.9	63.4	65.7	63.6	67.5	57.6
1973	74.0	72.2	71.6	72.9	71.2	75.0	63.7
1974	85.5	86.0	84.7	86.1	86.1	90.7	92.1
1975	100.0	100.0	100.0	100.0	100.0	100.0	100.0
1976	116.1	116.6	116.2	117.4	114.3	115.6	117.9
1977	142.2	143.2	139.8	146.3	136.2	139.5	144.8
SRI LANKA							
1963	61.8	59.1	55.6	58.3	65.5	63.9	48.1
1964	63.3	60.9	56.1	60.5	66.1	65.0	49.6
1965	63.5	60.7	56.1	60.5	64.8	66.2	49.7
1966	63.1	61.0	56.1	60.5	67.4	62.7	49.6
1967	64.2	63.3	57.9	62.5	72.0	58.6	50.7
1968	70.9	68.4	65.7	67.1	78.2	69.9	54.9
1969	72.9	71.4	68.5	69.3	83.8	68.5	58.3
1970	76.7	73.9	74.0	71.9	85.8	68.5	54.3
1971	77.9	76.0	74.5	74.9	84.1	70.3	59.0
1972	83.1	81.0	75.4	80.9	86.2	74.0	62.0
1973	92.6	91.6	88.6	90.8	93.8	86.5	79.5
1974	106.2	111.3	113.3	114.8	99.9	139.0	189.3
1975	100.0	100.0	100.0	100.0	100.0	100.0	100.0
1976	106.1	100.9	102.2	97.7	113.8	126.3	93.9
1977	122.2	105.2	110.7	99.1	118.3	190.5	82.2

10A. IMPLICIT PRICE DEFLATOR INDEX OF GROSS DOMESTIC PRODUCT AND EXPENDITURE

	GROSS DOMESTIC PRODUCT	FINAL CONSUMPTION AND GROSS CAPITAL FORMATION				EXPORTS OF GOODS AND SERVICES	IMPORTS OF GOODS AND SERVICES
		TOTAL	GOVERNMENT FINAL CONSUMPTION EXPENDITURE	PRIVATE FINAL CONSUMPTION EXPENDITURE	GROSS FIXED CAPITAL FORMATION		
A. INDEX FROM DATA IN NATIONAL CURRENCY 1975 = 100							
SWEDEN							
1960	43.2	43.1	31.9	45.6	46.3	48.4	46.5
1961	44.4	44.3	33.6	46.6	47.9	48.6	46.7
1962	46.2	46.2	36.1	48.5	49.9	47.8	47.1
1963	47.6	47.5	36.9	50.2	51.5	48.3	48.1
1964	49.6	49.8	39.6	51.9	54.2	49.0	49.7
1965	52.5	52.7	42.9	54.7	57.5	50.0	50.6
1966	55.9	56.0	47.1	58.1	60.1	50.8	51.4
1967	58.4	58.5	50.3	60.7	62.0	51.5	52.1
1968	59.8	60.0	52.8	61.7	62.9	51.9	52.5
1969	61.9	61.9	55.1	63.8	63.6	53.6	53.9
1970	65.4	65.3	58.9	67.7	66.9	58.5	58.3
1971	70.1	70.3	65.2	72.7	71.1	61.2	61.3
1972	74.8	74.9	70.6	76.8	75.2	62.7	62.4
1973	80.0	80.7	77.2	82.1	80.0	69.3	70.2
1974	87.2	89.7	87.6	90.4	90.1	87.3	95.2
1975	100.0	100.0	100.0	100.0	100.0	100.0	100.0
1976	110.9	111.2	112.8	110.4	112.1	105.7	106.9
1977	123.7	125.6	132.1	122.4	125.0	112.6	118.9
SWITZERLAND							
1960	44.0	45.5	37.4	46.8	46.2	56.0	63.6
1961	45.8	47.3	39.1	48.2	49.5	57.1	63.9
1962	48.5	49.9	42.0	50.5	52.4	58.9	64.7
1963	50.8	52.1	44.2	52.3	55.9	61.0	66.5
1964	53.5	54.6	47.4	54.6	58.7	63.5	67.9
1965	55.6	56.4	48.8	56.7	60.2	64.8	68.6
1966	58.2	58.9	51.0	59.4	62.3	67.7	70.5
1967	60.8	61.1	53.3	62.0	63.6	69.8	71.2
1968	62.7	62.6	55.3	63.6	64.7	71.7	71.8
1969	64.3	64.5	57.9	65.4	66.7	72.7	74.1
1970	67.3	68.1	61.3	67.9	72.8	75.9	79.4
1971	73.5	73.7	68.5	72.6	80.0	78.9	80.5
1972	80.7	80.1	75.3	78.2	87.7	82.8	82.1
1973	87.3	87.1	84.6	85.3	94.0	86.3	87.3
1974	93.3	94.6	93.4	93.8	99.9	97.4	102.9
1975	100.0	100.0	100.0	100.0	100.0	100.0	100.0
1976	102.7	101.1	102.8	102.2	97.1	99.2	95.1
1977	103.0	102.4	103.4	103.4	98.8	101.3	100.5

10A. IMPLICIT PRICE DEFLATOR INDEX OF GROSS DOMESTIC PRODUCT AND EXPENDITURE

	GROSS DOMESTIC PRODUCT	FINAL CONSUMPTION AND GROSS CAPITAL FORMATION				EXPORTS OF GOODS AND SERVICES	IMPORTS OF GOODS AND SERVICES
		TOTAL	GOVERNMENT FINAL CONSUMPTION EXPENDITURE	PRIVATE FINAL CONSUMPTION EXPENDITURE	GROSS FIXED CAPITAL FORMATION		
A. INDEX FROM DATA IN NATIONAL CURRENCY 1975 = 100							
SYRIAN ARAB REPUBLIC							
1963	48.1	49.1	56.2	52.4	36.4	29.1	38.9
1964	50.8	52.9	56.9	57.4	38.1	27.2	40.1
1965	49.9	51.4	56.4	55.2	38.5	27.7	39.0
1966	52.3	54.1	58.0	58.9	38.1	27.9	40.2
1967	57.5	59.9	60.3	66.9	39.5	27.6	42.3
1968	55.8	58.2	60.1	65.0	39.9	29.3	43.8
1969	52.6	53.2	62.6	56.1	40.0	32.5	41.9
1970	55.1	56.8	61.2	60.4	45.7	31.8	44.5
1971	57.9	59.5	62.8	63.5	48.6	38.3	51.8
1972	63.0	65.3	62.2	70.3	57.5	45.2	62.7
1973	65.3	65.7	68.6	65.5	70.7	56.1	67.8
1974	86.6	85.6	68.6	92.8	92.2	113.2	100.6
1975	100.0	100.0	100.0	100.0	100.0	100.0	100.0
1976	111.5	113.5	109.2	101.9	155.9	126.5	123.3
1977	120.7	122.3	113.4	113.4	140.9	134.6	123.0
THAILAND							
1960	53.5	52.9	58.1	53.4	50.5	...	...
1961	55.5	54.1	58.8	54.8	52.2	...	...
1962	55.6	55.8	60.0	56.7	53.2	...	...
1963	54.7	55.7	60.5	56.7	53.5	...	...
1964	56.3	56.0	61.6	57.2	52.4	...	...
1965	58.9	57.0	62.2	58.4	53.1	...	...
1966	63.2	59.7	64.2	61.0	55.3	...	...
1967	62.6	61.5	66.5	63.9	55.1	...	...
1968	62.2	62.2	67.5	64.4	55.8	...	...
1969	63.4	62.0	68.5	65.0	55.6	...	...
1970	63.1	63.2	69.4	64.8	58.9	51.3	45.0
1971	62.0	63.4	69.0	65.2	58.4	49.7	47.1
1972	67.7	67.0	71.4	67.9	61.8	51.6	49.6
1973	80.7	77.9	77.1	78.8	75.1	78.0	57.5
1974	96.1	95.3	94.7	96.7	93.9	112.8	91.7
1975	100.0	100.0	100.0	100.0	100.0	100.0	100.0
1976	103.6	103.3	103.3	103.9	105.9	101.7	97.1
1977	108.8	110.5	107.6	111.9	111.8	96.0	101.7

10A. IMPLICIT PRICE DEFLATOR INDEX OF GROSS DOMESTIC PRODUCT AND EXPENDITURE

	GROSS DOMESTIC PRODUCT	FINAL CONSUMPTION AND GROSS CAPITAL FORMATION				EXPORTS OF GOODS AND SERVICES	IMPORTS OF GOODS AND SERVICES
		TOTAL	GOVERNMENT FINAL CONSUMPTION EXPENDITURE	PRIVATE FINAL CONSUMPTION EXPENDITURE	GROSS FIXED CAPITAL FORMATION		
A. INDEX FROM DATA IN NATIONAL CURRENCY 1975 = 100							
TUNISIA							
1960	48.0	50.6	54.0	54.8	41.4	34.8	45.9
1961	51.3	51.1	52.4	56.7	40.9	35.2	38.2
1962	51.9	51.7	52.6	56.7	44.4	36.1	38.6
1963	54.8	54.8	54.3	61.1	45.3	36.3	40.1
1964	55.8	57.2	56.6	64.8	50.0	35.0	43.5
1965	61.2	63.0	61.2	68.5	57.3	41.6	50.8
1966	62.2	63.5	63.4	69.7	55.5	42.7	50.4
1967	64.9	66.1	65.4	73.0	56.8	43.9	51.6
1968	65.0	66.1	67.2	72.4	56.8	43.4	50.4
1969	67.5	69.0	69.5	76.2	58.8	44.4	53.1
1970	69.4	70.6	70.5	77.8	60.7	45.3	53.4
1971	74.1	74.6	74.7	83.0	61.8	49.7	56.0
1972	75.2	76.4	77.7	83.9	65.1	50.5	58.9
1973	80.8	81.1	81.3	88.3	72.5	61.7	68.1
1974	96.6	90.5	88.6	95.3	86.5	105.9	88.9
1975	100.0	100.0	100.0	100.0	100.0	100.0	100.0
1976	101.1	103.0	99.2	104.1	108.4	91.5	98.0
1977	109.0	110.4	106.1	113.2	115.6	100.3	103.9
TURKEY 33/				27/			
1960	65.8	66.2	59.9	66.5	69.5	...	...
1961	68.6	69.0	68.1	68.9	70.1	...	...
1962	75.1	75.5	69.7	76.9	73.3	...	...
1963	79.4	79.8	73.7	81.3	77.3	...	...
1964	81.4	81.7	80.0	82.1	81.1	...	...
1965	84.9	85.0	83.7	85.4	84.5	...	...
1966	90.2	90.1	90.7	90.1	89.6	...	...
1967	96.2	96.2	94.4	96.4	96.6	...	...
1968	100.0	100.0	100.0	100.0	100.0	...	...
1969	105.3	105.3	103.1	105.8	104.9	...	...
1970	117.4	117.8	120.5	118.0	115.0	...	...
1971	138.4	141.0	152.0	138.8	142.2	...	...
1972	161.1	163.5	180.6	162.1	157.6	...	...
1973	196.4	195.2	221.9	193.1	185.3	...	...

10A. IMPLICIT PRICE DEFLATOR INDEX OF GROSS DOMESTIC PRODUCT AND EXPENDITURE

	GROSS DOMESTIC PRODUCT	FINAL CONSUMPTION AND GROSS CAPITAL FORMATION				EXPORTS OF GOODS AND SERVICES	IMPORTS OF GOODS AND SERVICES
		TOTAL	GOVERNMENT FINAL CONSUMPTION EXPENDITURE	PRIVATE FINAL CONSUMPTION EXPENDITURE	GROSS FIXED CAPITAL FORMATION		
A. INDEX FROM DATA IN NATIONAL CURRENCY 1975 = 100							
UNITED KINGDOM							
1960	35.7	34.6	27.0	37.0	34.4	38.9	34.5
1961	36.8	35.5	28.2	38.1	35.2	39.4	34.5
1962	38.2	36.7	29.3	39.6	36.1	39.8	38.3
1963	39.1	37.8	30.4	40.3	37.4	40.3	35.2
1964	40.6	39.2	31.8	41.8	38.2	41.2	36.1
1965	42.6	41.0	34.0	43.8	39.2	42.2	36.7
1966	44.5	42.7	36.0	45.6	40.7	43.4	37.3
1967	45.8	43.7	37.7	46.8	40.8	44.4	37.7
1968	47.7	45.9	39.9	49.0	42.5	48.2	42.0
1969	50.3	48.4	42.4	51.8	44.4	49.4	43.2
1970	54.0	51.8	47.0	54.9	47.6	53.7	46.3
1971	59.0	56.6	52.0	59.5	52.0	56.2	48.2
1972	63.8	61.0	56.9	63.4	57.3	58.5	49.7
1973	68.1	66.7	62.2	69.0	65.5	66.0	61.3
1974	78.5	79.9	76.2	81.0	79.9	83.4	87.6
1975	100.0	100.0	100.0	100.0	100.0	100.0	100.0
1976	115.0	115.5	113.6	116.2	115.5	119.6	121.6
1977	130.2	130.5	124.9	133.2	128.8	138.5	139.6
UNITED REP. OF CAMEROON							
1969	55.4	...	54.4	...	41.4	68.9	50.9
1970	57.5	...	57.9	...	47.8	71.0	60.2
1971	61.1	...	60.8	...	55.0	65.6	58.0
1972	67.8	...	65.3	...	92.1	70.0	67.1
1973	79.8	...	74.9	...	83.2	94.5	71.2
1974	89.4	...	88.1	...	94.5	110.3	100.1
1975	100.0	...	100.0	...	100.0	100.0	100.0
1976	113.1	...	110.8	...	139.2	139.2	124.9

10A. IMPLICIT PRICE DEFLATOR INDEX OF GROSS DOMESTIC PRODUCT AND EXPENDITURE

	GROSS DOMESTIC PRODUCT	FINAL CONSUMPTION AND GROSS CAPITAL FORMATION: TOTAL	GOVERNMENT FINAL CONSUMPTION EXPENDITURE	PRIVATE FINAL CONSUMPTION EXPENDITURE	GROSS FIXED CAPITAL FORMATION	EXPORTS OF GOODS AND SERVICES	IMPORTS OF GOODS AND SERVICES
A. INDEX FROM DATA IN NATIONAL CURRENCY 1975 = 100							
UNITED STATES							
1960	54.4	53.8	44.9	56.8	52.5	48.1	40.4
1961	54.9	54.3	46.0	57.5	52.4	48.8	40.0
1962	55.9	55.3	47.6	58.4	52.8	48.6	39.2
1963	56.7	56.1	48.6	59.3	53.1	48.8	39.7
1964	57.6	57.0	49.9	60.1	53.6	49.1	40.6
1965	58.8	58.1	51.3	61.1	54.6	50.6	41.0
1966	60.7	60.0	53.9	62.8	56.3	52.1	41.9
1967	62.6	61.8	56.4	64.4	58.1	52.9	42.1
1968	65.2	64.5	59.4	66.9	60.7	53.9	42.5
1969	68.6	67.7	62.9	69.9	64.3	55.6	43.6
1970	72.1	71.2	67.8	73.2	67.9	58.8	46.7
1971	75.8	74.9	72.9	76.4	71.8	60.9	49.1
1972	78.9	78.2	78.0	79.1	74.9	62.6	52.7
1973	83.4	82.8	83.4	83.5	79.5	72.2	62.3
1974	91.3	91.7	91.3	92.5	88.7	90.2	91.0
1975	100.0	100.0	100.0	100.0	100.0	100.0	100.0
1976	105.3	105.5	106.0	105.5	105.0	104.3	102.7
1977	111.4	112.3	113.4	111.6	112.9	108.9	111.7
URUGUAY							
1960	0.2	0.2	0.2	0.2	0.2	0.3	0.2
1961	0.2	0.2	0.2	0.2	0.3	0.3	0.2
1962	0.3	0.3	0.3	0.2	0.3	0.3	0.2
1963	0.3	0.3	0.4	0.3	0.3	0.4	0.3
1964	0.5	0.4	0.6	0.4	0.5	0.6	0.3
1965	0.7	0.7	0.9	0.6	0.8	1.1	0.7
1966	1.3	1.2	1.4	1.1	1.6	2.0	1.2
1967	2.4	2.2	2.6	2.1	2.9	3.2	2.1
1968	5.2	4.9	4.9	4.8	5.3	6.4	4.6
1969	6.6	6.2	7.5	5.9	6.0	7.6	5.0
1970	7.6	7.1	8.2	6.9	6.9	7.9	5.4
1971	9.2	8.4	11.3	8.0	7.9	8.3	5.0
1972	16.1	14.6	16.8	14.0	14.3	22.7	12.1
1973	33.1	29.5	33.1	27.8	31.3	44.4	20.7
1974	57.5	55.3	58.0	53.6	59.9	65.8	52.1
1975	100.0	100.0	100.0	100.0	100.0	100.0	100.0
1976	151.4	154.0	171.0	152.7	143.3	149.2	147.6
1977	224.4	225.7	181.2	241.4	210.5	257.5	241.1

10A. IMPLICIT PRICE DEFLATOR INDEX OF GROSS DOMESTIC PRODUCT AND EXPENDITURE

	GROSS DOMESTIC PRODUCT	FINAL CONSUMPTION AND GROSS CAPITAL FORMATION				EXPORTS OF GOODS AND SERVICES	IMPORTS OF GOODS AND SERVICES
		TOTAL	GOVERNMENT FINAL CONSUMPTION EXPENDITURE	PRIVATE FINAL CONSUMPTION EXPENDITURE	GROSS FIXED CAPITAL FORMATION		
A. INDEX FROM DATA IN NATIONAL CURRENCY 1975 = 100							
VENEZUELA 9/							
1960	94.7	105.1	119.0	103.2	101.5	83.1	120.1
1961	94.8	107.2	118.5	105.2	106.6	83.3	131.6
1962	95.0	111.9	118.4	110.9	110.5	80.9	147.6
1963	96.9	115.2	118.8	114.1	116.0	78.8	142.5
1964	97.8	119.4	118.3	119.0	121.1	75.5	145.2
1965	98.2	123.3	121.7	122.8	125.5	73.6	159.0
1966	100.1	125.4	122.1	124.5	130.9	72.3	162.7
1967	101.3	127.7	124.9	126.1	135.2	72.1	160.1
1968	103.7	130.2	125.1	128.3	139.9	72.2	159.1
1969	104.6	132.9	125.0	131.3	144.2	70.4	165.4
VIET NAM 29/34/							
1960	100.0	100.0	100.0	100.0	100.0	100.0	100.0
1961	103.6	105.2	103.3	106.0	101.0	88.8	109.0
1962	105.2	108.4	106.5	109.0	106.6	90.9	121.0
1963	112.1	115.6	110.3	118.0	106.2	101.0	127.0
1964	116.4	119.9	115.8	122.0	107.5	105.7	134.0
1965	135.2	137.2	130.6	141.0	115.0	121.4	140.0
1966	219.3	202.4	155.9	229.0	160.2	208.5	167.0
1967	322.2	277.3	196.2	327.0	189.0	277.2	195.0
1968	369.9	324.6	203.8	410.0	202.0	309.9	227.3
1969	509.4	396.1	266.5	505.0	233.0	412.0	212.0
1970	688.5	532.2	326.0	692.0	368.0	580.4	231.5
1971	814.9	609.9	368.6	819.0	439.0	1113.5	256.0
1972	914.7	770.4	466.1	1029.0	522.0	1309.4	574.6

10A. IMPLICIT PRICE DEFLATOR INDEX OF GROSS DOMESTIC PRODUCT AND EXPENDITURE

	GROSS DOMESTIC PRODUCT	FINAL CONSUMPTION AND GROSS CAPITAL FORMATION				EXPORTS OF GOODS AND SERVICES	IMPORTS OF GOODS AND SERVICES
		TOTAL	GOVERNMENT FINAL CONSUMPTION EXPENDITURE	PRIVATE FINAL CONSUMPTION EXPENDITURE	GROSS FIXED CAPITAL FORMATION		
A. INDEX FROM DATA IN NATIONAL CURRENCY 1975 = 100							
ZAIRE							
1968	51.4	40.5	45.0	33.9	27/ 51.3	92.2	46.9
1969	58.5	43.8	52.0	36.2	53.3	108.2	50.6
1970	60.6	47.2	56.5	38.0	59.9	107.4	55.6
1971	60.9	50.6	63.7	40.1	63.2	88.1	54.4
1972	66.3	58.5	70.5	48.1	71.3	82.6	59.8
1973	81.6	68.0	72.6	62.6	75.0	117.8	72.0
1974	94.2	79.0	85.8	73.8	86.2	146.6	89.0
1975	100.0	100.0	100.0	100.0	100.0	100.0	100.0
ZAMBIA							
1960	59.8	51.4	49.0	50.5	42.6	...	...
1961	57.9	52.0	51.6	50.2	44.2	...	...
1962	57.7	52.8	54.6	52.2	45.0	...	...
1963	59.2	53.5	55.7	51.9	46.7	...	...
1964	61.0	54.2	52.5	53.4	48.9	...	...
1965	59.7	54.1	55.7	54.0	49.0	...	...
1966	73.8	58.5	57.0	58.1	53.7	...	...
1967	74.0	62.0	64.7	61.0	56.9	...	...
1968	85.7	66.7	66.7	65.9	62.5	...	...
1969	105.5	64.8	70.8	67.8	62.5	...	...
1970	93.7	66.5	66.0	69.4	63.8	118.6	51.5
1971	86.3	72.5	72.6	73.5	70.8	92.7	54.4
1972	89.5	76.8	77.1	77.5	74.7	95.4	57.4
1973	108.5	81.9	83.6	83.9	76.6	139.0	65.1
1974	118.0	92.6	91.3	91.8	91.4	158.6	80.7
1975	100.0	100.0	100.0	100.0	100.0	100.0	100.0
1976	113.3	117.1	113.0	117.4	118.0	119.0	111.7
1977	122.0	138.9	131.8	139.6	143.4	115.1	150.4

10A. IMPLICIT PRICE DEFLATOR INDEX OF GROSS DOMESTIC PRODUCT AND EXPENDITURE

	GROSS DOMESTIC PRODUCT	FINAL CONSUMPTION AND GROSS CAPITAL FORMATION				EXPORTS OF GOODS AND SERVICES	IMPORTS OF GOODS AND SERVICES
		TOTAL	GOVERNMENT FINAL CONSUMPTION EXPENDITURE	PRIVATE FINAL CONSUMPTION EXPENDITURE	GROSS FIXED CAPITAL FORMATION		
B. INDEX FROM DATA IN U.S. DOLLARS 1975 = 100							
ARGENTINA							
1960	46.8	43.7	28.7	50.6	43.7	44.2	46.5
1961	47.5	43.9	33.4	50.2	44.0	39.8	41.4
1962	48.0	46.5	36.2	50.8	46.2	39.2	46.4
1963	50.4	46.1	34.9	54.4	46.2	42.0	45.6
1964	51.4	45.1	37.9	55.0	43.3	37.8	37.7
1965	52.3	48.4	42.8	54.9	47.9	35.2	35.6
1966	53.6	49.3	46.5	56.1	49.1	35.5	36.2
1967	55.4	51.1	46.6	58.2	51.4	43.2	46.0
1968	57.0	52.0	46.4	60.5	51.8	43.6	47.9
1969	59.9	52.7	51.4	64.3	52.8	42.4	48.9
1970	61.3	53.2	55.6	66.4	53.1	42.3	51.0
1971	67.6	54.9	64.4	74.1	53.8	55.9	59.7
1972	60.9	50.4	51.7	62.4	49.5	58.4	56.4
1973	83.0	71.0	76.3	79.4	69.2	84.6	65.8
1974	112.3	108.7	94.3	99.7	99.6	109.5	95.6
1975	100.0	100.0	100.0	100.0	100.0	100.0	100.0
AUSTRALIA 4/							
1960	34.3	35.9	...	38.8	34.8	42.5	49.1
1961	34.7	35.8	26.2	39.0	35.1	42.6	48.7
1962	35.2	36.2	26.6	39.4	35.4	44.1	49.2
1963	36.4	36.9	27.9	40.0	36.1	47.9	48.7
1964	37.4	38.3	29.3	41.4	37.2	46.1	49.4
1965	38.5	39.4	30.2	42.7	38.2	47.1	50.2
1966	39.7	40.7	31.8	44.0	39.5	46.8	50.5
1967	40.8	42.0	33.3	45.4	40.6	45.2	50.5
1968	42.4	43.4	35.0	46.7	42.0	46.1	50.5
1969	44.2	45.3	37.4	48.4	43.9	46.9	51.1
1970	46.8	48.4	41.3	51.3	46.6	45.9	52.8
1971	50.7	52.6	47.0	55.3	50.5	48.6	56.6
1972	57.7	58.2	53.5	61.2	56.3	60.7	58.4
1973	78.7	77.7	74.3	81.1	75.4	84.4	76.3
1974	94.7	94.5	96.0	95.6	93.8	102.3	99.7
1975	100.0	100.0	100.0	100.0	100.0	100.0	100.0
1976	103.8	102.7	103.9	104.1	105.6	101.7	105.4

10A. IMPLICIT PRICE DEFLATOR INDEX OF GROSS DOMESTIC PRODUCT AND EXPENDITURE

	GROSS DOMESTIC PRODUCT	FINAL CONSUMPTION AND GROSS CAPITAL FORMATION				EXPORTS OF GOODS AND SERVICES	IMPORTS OF GOODS AND SERVICES
		TOTAL	GOVERNMENT FINAL CONSUMPTION EXPENDITURE	PRIVATE FINAL CONSUMPTION EXPENDITURE	GROSS FIXED CAPITAL FORMATION		
B. INDEX FROM DATA IN U.S. DOLLARS 1975 = 100							
AUSTRIA							
1960	32.2	32.0	20.8	34.3	35.3	38.3	38.9
1961	33.7	33.5	22.1	35.7	36.5	40.0	39.8
1962	35.0	34.9	23.5	37.1	37.2	39.8	40.1
1963	36.2	36.2	25.1	38.3	39.1	40.4	40.4
1964	37.3	37.1	26.6	39.0	39.2	42.6	41.9
1965	39.4	39.1	28.8	40.6	42.0	43.8	42.7
1966	40.6	40.2	30.7	41.6	42.8	44.5	43.5
1967	42.0	41.6	33.5	43.2	43.5	44.7	44.1
1968	43.2	42.8	35.3	44.3	43.8	45.4	44.4
1969	44.3	44.2	38.5	45.8	44.5	46.7	46.6
1970	46.4	46.5	40.8	47.7	46.9	49.2	49.5
1971	51.1	51.1	45.8	51.9	51.9	53.6	53.7
1972	59.1	59.0	52.9	59.3	61.7	59.3	59.2
1973	74.6	73.7	70.1	74.7	74.7	74.5	72.3
1974	85.7	85.9	83.3	86.3	87.2	88.6	89.3
1975	100.0	100.0	100.0	100.0	100.0	100.0	100.0
1976	101.3	101.3	106.0	103.4	100.2	98.3	99.2
1977	115.6	116.0	121.0	117.4	115.7	109.7	112.8
BELGIUM							
1960	35.1	34.6	29.8	37.0	31.5	39.8	38.7
1961	35.5	35.3	29.8	38.0	31.8	39.9	39.7
1962	36.1	35.9	30.2	38.4	33.1	40.3	40.1
1963	37.2	37.3	30.8	39.8	34.5	40.9	41.6
1964	39.0	38.8	31.9	41.5	36.5	42.8	43.0
1965	40.9	40.6	33.6	43.3	38.1	43.8	43.4
1966	42.7	42.3	35.3	45.2	39.3	45.2	44.6
1967	43.9	43.6	36.7	46.3	40.9	45.5	44.8
1968	45.1	44.8	38.3	47.6	41.6	45.5	45.1
1969	47.0	46.4	40.0	49.0	43.4	47.8	46.5
1970	49.1	48.4	42.6	50.3	47.4	50.5	48.9
1971	53.2	52.8	47.6	54.2	52.9	52.9	52.1
1972	62.0	61.3	57.2	62.7	60.9	59.5	57.8
1973	74.7	73.5	69.9	74.9	73.4	72.8	70.2
1974	83.8	83.5	80.3	84.1	85.0	90.3	89.4
1975	100.0	100.0	100.0	100.0	100.0	100.0	100.0
1976	102.6	102.9	103.2	102.9	103.4	101.4	102.0
1977	118.0	118.3	119.8	118.0	118.8	113.0	113.4

10A. IMPLICIT PRICE DEFLATOR INDEX OF GROSS DOMESTIC PRODUCT AND EXPENDITURE

	GROSS DOMESTIC PRODUCT	FINAL CONSUMPTION AND GROSS CAPITAL FORMATION				EXPORTS OF GOODS AND SERVICES	IMPORTS OF GOODS AND SERVICES
		TOTAL	GOVERNMENT FINAL CONSUMPTION EXPENDITURE	PRIVATE FINAL CONSUMPTION EXPENDITURE	GROSS FIXED CAPITAL FORMATION		
B. INDEX FROM DATA IN U.S. DOLLARS 1975 = 100							
BENIN					27/		
1970	55.9	56.4	53.6	56.8	44.6	53.2	49.5
1971	55.2	55.7	55.5	55.7	47.8	55.7	53.0
1972	62.2	63.2	63.0	63.3	55.0	62.3	61.0
1973	75.6	74.7	72.3	75.0	72.3	79.9	74.0
1974	78.3	75.6	75.3	75.7	75.2	94.6	83.4
1975	100.0	100.0	100.0	100.0	100.0	100.0	100.0
1976	106.3	98.2	105.6	97.6	101.2	95.8	79.7
1977	114.3	106.0	109.1	105.8	106.4	111.9	90.5
BOLIVIA							
1960	39.7	48.1	43.0	44.1	53.9	25.0	46.4
1961	42.9	50.9	45.0	46.8	53.9	27.3	46.5
1962	44.4	51.8	45.0	48.9	53.3	27.8	45.8
1963	44.9	53.5	47.0	50.0	56.5	28.1	49.9
1964	48.3	54.9	49.8	51.3	57.5	37.3	50.7
1965	50.2	54.9	54.8	50.7	58.4	42.7	50.6
1966	51.9	56.2	59.2	51.4	59.1	40.8	48.7
1967	55.2	59.5	60.6	54.4	63.2	38.8	48.3
1968	58.4	64.0	61.5	60.4	65.2	38.5	50.2
1969	60.6	66.1	62.0	61.9	67.4	41.4	52.1
1970	62.2	63.0	63.5	58.1	72.5	47.1	44.8
1971	64.5	66.6	66.2	64.5	69.1	39.6	42.5
1972	63.5	66.6	63.9	65.5	63.6	37.7	43.4
1973	55.2	57.4	60.6	56.3	51.0	51.4	55.6
1974	90.5	87.0	89.6	87.7	78.4	100.7	86.1
1975	100.0	100.0	100.0	100.0	100.0	100.0	100.0
BRAZIL					27/		
1965	44.3	43.4	44.3	42.0	47.1	43.8	38.1
1966	54.0	53.3	54.0	52.4	54.8	43.2	40.9
1967	56.9	56.2	56.8	55.1	58.3	43.3	40.9
1968	56.5	56.1	56.5	55.0	58.5	41.0	42.0
1969	59.0	58.4	59.0	56.8	62.4	44.5	44.2
1970	62.5	62.0	62.5	60.1	66.6	47.0	47.7
1971	62.3	61.6	62.3	60.1	65.2	48.8	47.6
1972	65.1	64.7	65.1	64.0	66.2	49.3	51.3
1973	76.0	75.5	76.0	74.7	77.0	60.2	62.0
1974	90.2	90.8	90.2	91.2	89.1	92.3	93.5
1975	100.0	100.0	100.0	100.0	100.0	100.0	100.0
1976	108.1	107.6	108.1	109.0	103.5	102.8	102.8
1977	117.5	116.7	117.5	120.2	105.9	100.4	102.1

10A. IMPLICIT PRICE DEFLATOR INDEX OF GROSS DOMESTIC PRODUCT AND EXPENDITURE

	GROSS DOMESTIC PRODUCT	FINAL CONSUMPTION AND GROSS CAPITAL FORMATION				EXPORTS OF GOODS AND SERVICES	IMPORTS OF GOODS AND SERVICES
		TOTAL	GOVERNMENT FINAL CONSUMPTION EXPENDITURE	PRIVATE FINAL CONSUMPTION EXPENDITURE	GROSS FIXED CAPITAL FORMATION		
B. INDEX FROM DATA IN U.S. DOLLARS 1975 = 100							
BURMA 2/			3/	3/			
1962	66.4	62.8	61.7	...	71.4	75.5	40.2
1963	67.0	64.4	63.1	...	75.3	77.6	44.6
1964	65.6	63.0	62.4	...	75.3	79.4	45.4
1965	66.1	64.7	63.1	...	78.8	82.5	50.1
1966	68.0	65.8	64.0	...	78.3	83.3	47.8
1967	76.3	74.3	71.5	...	83.8	89.1	52.1
1968	78.9	77.3	75.9	...	86.5	93.3	55.3
1969	81.1	78.8	77.9	...	81.7	86.4	48.5
1970	79.9	78.5	76.7	...	83.8	75.9	50.4
1971	76.8	76.4	75.6	...	84.9	67.1	53.5
1972	68.7	68.7	67.4	...	79.0	64.6	53.6
1973	84.1	83.2	80.5	...	100.4	90.0	69.7
1974	103.7	100.8	98.6	...	121.1	141.8	85.9
1975	100.0	100.0	100.0	...	100.0	100.0	100.0
1976	111.0	110.2	109.1	...	121.8	142.1	112.8
1977	114.5	113.4	112.2	...	130.4	145.9	115.5
CANADA							
1960	51.7	52.8	38.5	58.7	50.2	49.7	54.1
1961	49.8	50.7	38.1	56.5	47.8	48.2	53.2
1962	47.8	48.9	37.0	54.3	45.9	47.5	52.7
1963	48.0	49.3	37.2	54.5	46.6	47.4	53.3
1964	49.4	50.5	39.4	55.1	48.3	48.4	53.8
1965	50.9	52.1	41.2	56.2	50.8	49.3	54.2
1966	53.2	54.2	44.0	58.0	53.5	50.7	55.4
1967	55.2	56.1	47.0	60.0	54.6	51.6	56.2
1968	57.0	58.1	49.6	62.4	54.9	52.4	57.7
1969	59.5	60.8	53.8	64.9	57.3	53.5	59.4
1970	64.4	65.5	59.0	69.6	61.8	57.3	63.1
1971	68.7	70.2	64.6	73.5	67.1	59.5	66.4
1972	73.5	75.0	70.7	78.0	71.8	63.1	69.8
1973	79.6	80.1	76.0	82.8	77.3	70.7	74.1
1974	94.0	92.8	90.2	94.0	92.4	93.9	90.7
1975	100.0	100.0	100.0	100.0	100.0	100.0	100.0
1976	113.0	112.4	118.0	110.5	113.1	106.5	104.6
1977	112.2	112.5	119.7	110.4	112.7	105.8	108.8

10A. IMPLICIT PRICE DEFLATOR INDEX OF GROSS DOMESTIC PRODUCT AND EXPENDITURE

B. INDEX FROM DATA IN U.S. DOLLARS 1975 = 100

	GROSS DOMESTIC PRODUCT	FINAL CONSUMPTION AND GROSS CAPITAL FORMATION: TOTAL	GOVERNMENT FINAL CONSUMPTION EXPENDITURE	PRIVATE FINAL CONSUMPTION EXPENDITURE	GROSS FIXED CAPITAL FORMATION	EXPORTS OF GOODS AND SERVICES	IMPORTS OF GOODS AND SERVICES
CHILE				27/			
1960	63.1	61.3	63.7	58.4	70.2	60.2	52.9
1961	67.8	65.8	71.3	62.8	73.0	58.0	52.1
1962	78.5	75.4	80.7	73.3	78.0	64.3	54.5
1963	75.1	72.9	75.6	70.3	79.5	68.7	62.2
1964	110.0	105.9	109.1	101.3	120.6	94.2	80.6
1965	111.4	105.8	117.9	100.7	117.2	101.7	78.4
1966	116.1	107.3	127.4	100.5	122.6	119.0	75.1
1967	124.2	116.0	137.5	109.8	126.5	117.3	80.2
1968	121.9	113.3	134.9	107.0	124.3	117.6	77.7
1969	137.1	124.4	148.1	117.8	136.7	152.3	87.2
1970	158.6	145.6	191.4	136.6	152.6	162.2	98.7
1971	147.0	137.1	201.8	125.8	142.7	118.8	81.1
1972	174.4	163.0	239.4	146.9	185.8	144.3	101.3
1973	63.8	58.3	64.4	54.5	74.2	65.1	38.0
1974	92.5	86.1	97.2	81.9	93.3	95.4	64.5
1975	100.0	100.0	100.0	100.0	100.0	100.0	100.0
1976	163.3	160.7	157.5	161.3	153.6	149.5	144.1
1977	205.1	...	205.2	...	182.1	154.6	151.9
COLOMBIA							
1960	65.8	...	33.9	71.6	55.8	54.9	59.5
1961	66.6	...	36.5	72.5	55.4	51.8	56.9
1962	67.4	...	37.4	86.6	57.7	48.1	51.9
1963	68.3	...	38.8	72.8	60.2	50.5	54.9
1964	69.5	...	37.0	73.2	56.4	51.4	48.5
1965	70.8	...	36.9	75.9	61.3	49.1	49.0
1966	72.7	...	39.2	76.3	65.6	57.3	57.9
1967	75.0	...	41.3	79.0	70.1	56.0	60.1
1968	77.7	...	43.5	81.1	73.9	61.7	65.8
1969	69.8	...	39.9	72.1	67.5	57.3	59.6
1970	72.2	...	41.8	72.2	69.8	67.3	61.8
1971	72.8	...	47.5	72.9	71.8	62.6	61.0
1972	75.3	...	54.1	74.7	72.3	72.2	64.1
1973	85.0	...	65.0	83.8	78.5	92.9	79.5
1974	95.3	...	80.8	91.8	95.2	112.4	90.8
1975	100.0	...	100.0	100.0	100.0	100.0	100.0
1976	110.3	...	...	...	108.4	137.7	107.1
1977	133.6	...	...	...	122.4	189.9	113.0

10A. IMPLICIT PRICE DEFLATOR INDEX OF GROSS DOMESTIC PRODUCT AND EXPENDITURE

	GROSS DOMESTIC PRODUCT	FINAL CONSUMPTION AND GROSS CAPITAL FORMATION				EXPORTS OF GOODS AND SERVICES	IMPORTS OF GOODS AND SERVICES
		TOTAL	GOVERNMENT FINAL CONSUMPTION EXPENDITURE	PRIVATE FINAL CONSUMPTION EXPENDITURE	GROSS FIXED CAPITAL FORMATION		
B. INDEX FROM DATA IN U.S. DOLLARS 1975 = 100							
COSTA RICA							
1966	57.5	52.0	48.6	52.1	54.1	68.9	51.0
1967	58.9	53.6	52.0	53.4	55.6	69.6	53.1
1968	60.0	56.0	55.4	55.6	58.0	65.6	54.3
1969	62.8	58.5	58.1	57.7	61.5	63.2	52.3
1970	67.4	61.6	60.4	61.2	63.7	66.6	52.8
1971	68.9	65.3	65.0	64.9	67.9	64.9	57.6
1972	73.3	70.8	72.5	69.2	74.0	71.9	65.1
1973	84.1	81.2	81.8	79.8	85.2	84.0	75.9
1974	86.5	89.8	84.0	89.3	91.4	91.6	97.9
1975	100.0	100.0	100.0	100.0	100.0	100.0	100.0
1976	116.6	110.0	119.9	109.4	106.1	112.9	96.4
1977	137.6	122.0	137.8	122.4	114.0	140.2	101.2

10A. IMPLICIT PRICE DEFLATOR INDEX OF GROSS DOMESTIC PRODUCT AND EXPENDITURE

	GROSS DOMESTIC PRODUCT	FINAL CONSUMPTION AND GROSS CAPITAL FORMATION				EXPORTS OF GOODS AND SERVICES	IMPORTS OF GOODS AND SERVICES
		TOTAL	GOVERNMENT FINAL CONSUMPTION EXPENDITURE	PRIVATE FINAL CONSUMPTION EXPENDITURE	GROSS FIXED CAPITAL FORMATION		
B. INDEX FROM DATA IN U.S. DOLLARS 1975 = 100							
CYPRUS							
1960	59.0	57.3	33.7	68.1	38.4	54.5	53.4
1961	59.2	57.5	32.6	67.9	39.4	54.2	53.2
1962	60.8	57.9	33.7	67.8	41.1	57.0	53.0
1963	60.3	57.6	34.2	66.4	41.8	55.0	51.7
1964	61.2	58.2	40.3	67.7	37.4	54.7	51.3
1965	63.5	60.3	44.9	68.2	40.8	54.8	51.2
1966	64.6	59.5	46.9	66.0	41.5	59.4	50.6
1967	64.0	59.5	50.8	64.0	44.7	58.1	50.8
1968	57.5	53.2	50.2	56.2	41.1	53.5	46.1
1969	60.3	56.2	55.6	58.5	44.5	56.0	49.2
1970	62.9	58.8	58.0	60.6	48.4	58.9	51.9
1971	65.5	62.2	67.8	62.9	53.5	60.1	55.3
1972	74.2	69.5	77.8	68.9	62.7	67.7	60.3
1973	89.7	83.8	95.7	81.0	83.4	80.0	71.0
1974	93.5	94.4	99.7	92.6	96.2	88.6	91.4
1975	100.0	100.0	100.0	100.0	100.0	100.0	100.0
1976	96.8	95.2	93.4	94.4	103.4	95.2	91.4
1977	104.4	103.8	94.6	101.2	114.5	98.5	96.6
DENMARK							
1960	28.3	28.3	19.3	30.8	29.5	39.2	39.1
1961	29.5	29.6	22.1	31.9	30.9	38.7	39.1
1962	31.5	31.6	23.8	33.8	32.5	39.7	39.1
1963	33.3	32.9	25.0	35.7	33.8	40.8	39.8
1964	34.9	34.5	26.9	37.1	34.8	42.2	40.3
1965	37.4	37.0	30.6	39.4	36.7	43.1	41.0
1966	40.0	39.3	33.3	41.9	38.6	44.4	41.7
1967	41.7	40.9	35.0	44.1	39.5	44.4	41.7
1968	41.4	40.9	36.1	43.8	39.0	42.3	40.8
1969	44.2	43.2	38.9	45.8	41.6	45.5	42.3
1970	47.8	46.6	42.6	49.2	45.2	49.0	45.3
1971	52.2	51.1	48.7	53.2	49.1	51.3	48.1
1972	60.7	58.9	56.6	61.2	56.4	58.4	52.9
1973	76.4	74.3	71.9	77.3	71.0	74.2	68.0
1974	83.8	84.8	82.9	86.1	84.7	86.9	89.7
1975	100.0	100.0	100.0	100.0	100.0	100.0	100.0
1976	103.2	103.4	101.4	104.7	103.1	101.1	101.7
1977	113.2	113.8	110.5	116.1	113.1	109.5	111.6

10A. IMPLICIT PRICE DEFLATOR INDEX OF GROSS DOMESTIC PRODUCT AND EXPENDITURE

	GROSS DOMESTIC PRODUCT	FINAL CONSUMPTION AND GROSS CAPITAL FORMATION: TOTAL	GOVERNMENT FINAL CONSUMPTION EXPENDITURE	PRIVATE FINAL CONSUMPTION EXPENDITURE	GROSS FIXED CAPITAL FORMATION	EXPORTS OF GOODS AND SERVICES	IMPORTS OF GOODS AND SERVICES
B. INDEX FROM DATA IN U.S. DOLLARS 1975 = 100							
DOMINICA							
1975	100.0	...	100.0	100.0	...	100.0	100.0
1976	91.2	...	90.3	98.7	...	84.9	95.3
1977	99.0	...	88.8	117.6	...	92.4	108.6
DOMINICAN REPUBLIC							
1960	51.9	57.8	49.8	56.2	70.9	33.7	57.0
1961	51.7	57.8	47.6	57.4	65.8	32.1	54.8
1962	55.6	60.3	49.1	60.5	63.0	37.0	53.7
1963	59.6	63.4	52.4	63.2	67.2	41.7	55.3
1964	60.9	64.9	52.7	65.0	67.9	42.5	56.5
1965	60.3	66.0	52.2	66.9	67.2	37.2	57.5
1966	58.8	63.8	51.5	63.6	67.7	41.1	58.6
1967	59.9	65.3	52.5	65.6	69.3	40.6	59.6
1968	62.3	67.2	61.1	66.2	69.9	43.6	60.7
1969	64.1	68.6	66.1	67.3	69.9	46.2	61.8
1970	64.9	69.6	67.9	67.7	71.0	46.7	62.9
1971	65.9	70.7	73.9	70.5	68.9	46.8	63.9
1972	69.9	74.6	78.0	75.0	71.6	48.2	65.0
1973	73.6	80.3	82.7	80.4	77.3	51.9	77.2
1974	85.8	92.1	85.9	93.1	88.7	70.8	94.3
1975	100.0	100.0	100.0	100.0	100.0	100.0	100.0
1976	102.8	111.9	63.4	119.9	100.6	69.1	101.8
1977	111.7	120.4	71.2	130.7	103.8	75.5	106.6
ECUADOR							
1965	54.5	54.5	41.2	57.9	49.0	42.2	46.3
1966	55.3	54.8	35.7	58.0	58.6	40.8	48.7
1967	56.9	57.2	37.1	60.5	58.9	39.8	52.2
1968	54.8	56.5	42.6	58.6	58.0	39.1	51.3
1969	65.3	65.5	51.1	69.7	56.9	46.6	58.0
1970	61.3	60.9	60.2	63.4	54.9	49.0	49.0
1971	57.4	57.9	58.0	59.9	52.6	56.7	56.7
1972	62.8	62.4	61.9	63.9	59.2	60.4	60.4
1973	71.4	70.2	69.4	71.7	66.8	69.2	69.2
1974	89.4	87.6	87.8	88.7	86.1	89.3	89.3
1975	100.0	100.0	100.0	100.0	100.0	100.0	100.0
1976	109.6	108.3	109.2	106.4	115.0	109.0	109.0
1977	121.7	121.3	122.7	118.8	128.2	120.3	120.3

10A. IMPLICIT PRICE DEFLATOR INDEX OF GROSS DOMESTIC PRODUCT AND EXPENDITURE

	GROSS DOMESTIC PRODUCT	FINAL CONSUMPTION AND GROSS CAPITAL FORMATION				EXPORTS OF GOODS AND SERVICES	IMPORTS OF GOODS AND SERVICES
		TOTAL	GOVERNMENT FINAL CONSUMPTION EXPENDITURE	PRIVATE FINAL CONSUMPTION EXPENDITURE	GROSS FIXED CAPITAL FORMATION		
B. INDEX FROM DATA IN U.S. DOLLARS 1975 = 100							
EGYPT 7/							
1964	100.0	100.0	100.0	100.0	100.0	100.0	100.0
1965	103.4	103.6	101.0	105.3	100.3	100.4	102.1
1966	107.0	106.2	101.8	108.4	102.4	99.8	99.0
1967	110.2	108.8	101.8	112.7	101.8	105.0	95.9
1968	111.2	108.1	101.4	112.2	101.1	111.1	94.5
1969	113.3	109.7	101.8	113.9	105.6	108.9	94.7
1970	114.4	112.6	103.3	117.7	107.2	106.6	102.3
1971	116.9	115.0	103.9	121.C	110.9	109.9	106.0
FIJI							
1965	37.3	42.4	45.4	43.5	35.5	35.9	47.4
1966	38.2	43.0	45.9	43.8	37.3	37.6	48.5
1967	36.8	43.7	47.2	44.4	38.0	33.9	49.9
1968	38.0	44.8	48.6	45.6	38.5	35.5	51.3
1969	40.3	46.2	51.0	46.1	42.0	39.6	53.1
1970	43.2	50.2	52.5	50.5	46.5	41.8	56.4
1971	45.6	54.4	56.9	54.2	51.6	44.1	60.7
1972	54.0	63.2	66.7	64.1	55.3	47.9	66.6
1973	65.3	73.6	74.7	75.5	64.9	56.8	82.9
1974	83.5	88.7	88.9	90.7	81.3	85.1	100.1
1975	100.0	100.0	100.0	100.0	100.0	100.0	100.0
1976	99.6	101.5	96.4	101.4	106.6	92.9	96.7
1977	105.2	106.5	99.6	105.8	116.8	96.0	100.7

10A. IMPLICIT PRICE DEFLATOR INDEX OF GROSS DOMESTIC PRODUCT AND EXPENDITURE

	GROSS DOMESTIC PRODUCT	FINAL CONSUMPTION AND GROSS CAPITAL FORMATION				EXPORTS OF GOODS AND SERVICES	IMPORTS OF GOODS AND SERVICES
		TOTAL	GOVERNMENT FINAL CONSUMPTION EXPENDITURE	PRIVATE FINAL CONSUMPTION EXPENDITURE	GROSS FIXED CAPITAL FORMATION		
B. INDEX FROM DATA IN U.S. DOLLARS 1975 = 100							
FINLAND							
1960	37.9	37.9	29.0	44.3	31.8	36.6	37.2
1961	39.1	39.0	30.5	44.7	32.8	37.2	37.5
1962	40.1	40.3	31.9	46.1	34.1	36.9	38.1
1963	42.7	42.6	34.5	48.7	35.8	37.9	38.5
1964	45.9	45.5	37.7	52.7	37.9	40.0	39.4
1965	47.8	47.1	40.2	54.6	39.8	41.9	40.0
1966	50.3	49.7	43.1	56.4	41.2	41.6	40.6
1967	49.7	49.4	43.8	56.0	40.8	40.1	40.2
1968	44.8	45.0	39.5	49.7	36.9	38.5	39.8
1969	46.4	46.4	41.4	50.7	38.8	40.0	40.9
1970	47.8	47.8	43.6	51.8	42.2	43.4	44.0
1971	51.4	51.5	47.9	55.2	47.2	46.1	47.5
1972	55.7	56.1	52.8	59.5	52.0	49.5	51.6
1973	69.0	69.2	65.0	71.0	65.6	60.2	62.3
1974	84.5	85.8	80.4	83.4	82.8	84.1	89.0
1975	100.0	100.0	100.0	100.0	100.0	100.0	100.0
1976	106.7	106.8	107.6	107.5	105.1	99.6	101.7
1977	112.5	112.9	114.9	118.4	116.6	111.5	115.9
FRANCE							
1960	37.1	36.2	27.8	38.7	38.3	50.7	48.7
1961	38.3	37.6	29.2	39.9	39.5	50.8	48.6
1962	40.1	39.4	31.4	41.6	40.9	51.1	48.4
1963	42.5	41.9	34.7	43.7	43.3	52.1	49.0
1964	44.3	43.5	36.5	45.2	45.1	53.5	50.0
1965	45.3	44.8	37.6	46.3	46.4	53.7	50.3
1966	46.7	46.0	39.1	47.7	47.3	54.5	51.1
1967	48.0	47.4	40.5	49.1	48.5	54.2	50.3
1968	50.2	49.4	43.6	51.4	49.9	53.7	49.7
1969	51.6	50.6	44.7	52.2	50.0	53.2	49.7
1970	50.7	50.1	45.0	51.3	49.9	53.1	50.1
1971	54.1	53.3	49.0	54.5	52.8	56.1	52.4
1972	62.7	61.6	57.3	63.1	60.6	61.7	56.2
1973	76.5	75.1	71.5	76.2	73.9	75.0	67.9
1974	78.8	79.6	77.6	80.1	79.5	85.2	89.3
1975	100.0	100.0	100.0	100.0	100.0	100.0	100.0
1976	98.6	98.7	99.9	98.4	99.6	96.7	97.2
1977	104.3	104.6	106.8	104.1	105.3	103.8	104.9

10A. IMPLICIT PRICE DEFLATOR INDEX OF GROSS DOMESTIC PRODUCT AND EXPENDITURE

	GROSS DOMESTIC PRODUCT	FINAL CONSUMPTION AND GROSS CAPITAL FORMATION: TOTAL	GOVERNMENT FINAL CONSUMPTION EXPENDITURE	PRIVATE FINAL CONSUMPTION EXPENDITURE	GROSS FIXED CAPITAL FORMATION	EXPORTS OF GOODS AND SERVICES	IMPORTS OF GOODS AND SERVICES
B. INDEX FROM DATA IN U.S. DOLLARS 1975 = 100							
GERMANY, FEDERAL REPUBLIC OF							
1960	30.1	30.2	22.1	32.9	30.4	37.2	40.3
1961	32.6	32.7	24.4	35.4	33.5	38.8	40.7
1962	34.3	34.4	25.7	36.8	36.0	39.6	40.8
1963	35.3	35.4	27.0	37.9	37.4	39.9	41.8
1964	36.4	36.5	28.0	38.8	38.5	40.9	42.7
1965	37.6	37.8	29.9	40.1	39.3	41.9	43.8
1966	39.0	39.2	31.6	41.6	40.3	42.8	44.5
1967	39.6	39.6	32.4	42.3	39.7	43.1	44.1
1968	40.3	40.4	33.6	43.1	40.2	42.9	44.3
1969	42.3	42.4	36.6	44.6	42.9	44.7	46.0
1970	48.9	48.7	43.2	49.7	51.8	50.0	49.5
1971	55.3	54.9	51.0	55.0	58.8	54.4	52.4
1972	63.8	63.2	59.3	63.5	66.7	60.7	57.6
1973	80.7	80.7	77.7	81.1	83.5	76.0	75.3
1974	89.0	89.8	89.4	89.4	91.8	90.5	94.6
1975	100.0	100.0	100.0	100.0	100.0	100.0	100.0
1976	101.0	101.5	100.7	102.1	100.9	100.5	102.4
1977	113.4	114.2	114.2	114.9	113.1	110.6	113.3
GHANA 33/							
1960	81.0	80.6	85.1	76.0	93.1	109.2	104.2
1961	83.6	83.7	90.0	81.3	97.7	96.5	105.5
1962	85.3	89.1	91.1	88.9	94.1	80.9	99.8
1963	91.1	93.4	93.2	93.6	93.9	82.9	96.9
1964	100.2	101.6	101.6	104.6	97.7	99.5	108.4
1965	117.1	124.9	105.7	132.1	100.9	82.4	112.0
1966	130.4	138.3	129.1	147.5	110.6	78.1	107.2
1967	105.2	111.0	112.5	111.8	106.6	83.2	111.2
1968	100.0	100.0	100.0	100.0	100.0	100.0	100.0
1969	111.1	109.0	104.8	109.9	108.5	116.0	106.5
1970	117.5	114.0	111.7	114.0	117.6	131.3	114.2
1971	118.5	120.6	110.5	124.1	113.8	102.8	113.8
1972	110.6	113.9	103.5	117.0	110.0	104.6	120.3
1973	147.4	144.7	127.7	148.6	136.7	155.7	142.9
1974	188.3	178.8	171.9	180.1	183.2	215.9	167.7

10A. IMPLICIT PRICE DEFLATOR INDEX OF GROSS DOMESTIC PRODUCT AND EXPENDITURE

B. INDEX FROM DATA IN U.S. DOLLARS 1975 = 100

	GROSS DOMESTIC PRODUCT	FINAL CONSUMPTION AND GROSS CAPITAL FORMATION				EXPORTS OF GOODS AND SERVICES	IMPORTS OF GOODS AND SERVICES
		TOTAL	GOVERNMENT FINAL CONSUMPTION EXPENDITURE	PRIVATE FINAL CONSUMPTION EXPENDITURE	GROSS FIXED CAPITAL FORMATION		
GREECE							
1960	44.9	44.9	35.5	48.7	39.4	45.9	43.9
1961	45.6	45.3	37.0	49.3	39.4	46.0	43.1
1962	47.7	46.8	37.9	49.9	42.6	46.5	42.8
1963	48.4	48.1	39.4	51.6	43.2	50.3	44.1
1964	50.2	49.6	41.9	52.7	43.9	50.7	45.5
1965	52.2	51.5	44.0	55.1	45.4	50.2	45.6
1966	54.7	53.4	46.4	57.0	49.2	52.1	47.1
1967	56.0	55.3	50.9	58.1	50.6	50.7	45.7
1968	57.0	56.2	54.0	58.5	51.7	50.1	45.8
1969	58.9	57.7	56.2	60.3	52.5	50.3	45.8
1970	61.2	60.5	59.2	62.2	57.4	51.8	47.6
1971	63.2	62.0	61.8	63.3	59.4	52.7	49.0
1972	66.3	65.9	65.0	66.9	64.8	55.7	52.8
1973	80.2	78.2	74.3	78.0	78.8	71.1	65.2
1974	95.8	95.7	92.2	95.8	96.7	94.5	91.8
1975	100.0	100.0	100.0	100.0	100.0	100.0	100.0
1976	101.8	100.8	102.4	99.6	103.3	97.0	98.1
1977	114.6	113.7	118.0	110.8	120.0	104.6	103.0
GUATEMALA							
1960	64.2	59.6	59.7	62.3	44.9	54.5	40.6
1961	63.5	59.6	59.3	62.3	45.5	52.0	42.8
1962	65.1	60.9	62.0	63.5	46.5	52.4	41.5
1963	65.6	62.0	67.7	64.6	46.0	50.8	38.8
1964	64.0	59.9	66.5	61.7	47.9	58.6	41.4
1965	63.4	59.9	68.2	61.2	49.7	57.9	43.4
1966	62.8	59.9	68.5	61.6	47.8	55.6	43.5
1967	63.0	60.5	69.2	61.9	49.3	53.1	43.6
1968	64.2	61.5	70.3	63.1	50.0	54.0	43.8
1969	65.2	63.0	70.8	64.4	51.5	54.2	45.1
1970	68.5	64.6	71.5	66.0	54.0	64.2	47.4
1971	67.7	64.9	71.1	66.4	55.0	59.7	48.8
1972	66.7	65.0	72.3	66.0	57.1	60.6	54.2
1973	76.4	74.3	76.7	75.5	67.1	74.6	65.7
1974	88.4	88.3	90.9	88.4	89.8	92.4	89.8
1975	100.0	100.0	100.0	100.0	100.0	100.0	100.0
1976	111.5	112.1	106.9	110.7	114.9	111.6	108.1
1977	131.8	126.0	118.7	124.7	128.0	153.0	118.1

10A. IMPLICIT PRICE DEFLATOR INDEX OF GROSS DOMESTIC PRODUCT AND EXPENDITURE

	GROSS DOMESTIC PRODUCT	FINAL CONSUMPTION AND GROSS CAPITAL FORMATION: TOTAL	GOVERNMENT FINAL CONSUMPTION EXPENDITURE	PRIVATE FINAL CONSUMPTION EXPENDITURE	GROSS FIXED CAPITAL FORMATION	EXPORTS OF GOODS AND SERVICES	IMPORTS OF GOODS AND SERVICES
B. INDEX FROM DATA IN U.S. DOLLARS 1975 = 100							
GUYANA							
1960	57.6	67.6	68.1	74.9	52.9	27.1	38.6
1961	59.6	67.0	70.9	75.7	48.8	29.6	38.4
1962	61.9	71.5	71.9	78.9	56.7	30.3	39.8
1963	63.3	66.2	72.4	79.9	36.5	36.3	41.7
1964	62.6	65.1	75.0	80.5	33.1	34.8	39.4
1965	62.6	74.1	77.9	82.3	56.0	30.1	42.7
1966	63.2	70.5	79.7	84.2	43.0	33.2	42.6
1967	64.5	71.6	79.3	84.8	46.6	34.4	43.8
1968	60.5	66.8	72.5	76.4	46.1	32.3	40.5
1969	62.6	69.1	76.0	77.4	49.5	34.3	43.1
1970	64.3	73.1	78.5	79.2	58.9	35.6	47.0
1971	66.6	76.0	85.9	81.4	60.1	38.0	50.5
1972	68.4	79.8	89.3	81.0	77.4	40.5	56.0
1973	71.0	86.4	104.6	87.3	76.7	41.4	61.1
1974	93.8	102.6	103.3	99.7	124.3	76.0	93.4
1975	100.0	100.0	100.0	100.0	100.0	100.0	100.0
1976	84.4	103.3	97.1	100.4	121.2	81.1	103.9
HAITI 2/							
1960	41.8	44.5	3/ 42.7	3/ ...	58.2	49.7	60.3
1961	42.7	45.6	43.5	...	63.6	47.8	60.5
1962	41.2	45.2	43.0	...	63.7	43.6	59.4
1963	43.9	46.6	44.4	...	65.4	46.7	55.6
1964	49.2	50.4	48.1	...	70.9	52.4	55.2
1965	52.3	53.5	51.1	...	74.5	53.0	57.9
1966	54.9	56.0	53.7	...	71.8	51.2	56.7
1967	56.1	56.9	54.6	...	72.6	51.7	54.2
1968	54.3	55.5	53.5	...	64.4	49.2	51.8
1969	55.7	57.1	54.9	...	70.2	49.7	54.3
1970	58.0	56.1	54.8	...	59.9	58.4	51.0
1971	59.5	60.6	58.9	...	67.8	54.2	55.6
1972	60.6	62.4	61.5	...	63.3	54.8	59.0
1973	72.8	74.2	73.8	...	73.3	61.9	64.8
1974	83.4	84.5	84.8	...	81.2	83.1	85.4
1975	100.0	100.0	100.0	...	100.0	100.0	100.0
1976	123.6	109.7	109.3	...	110.6	122.6	89.0
1977	143.3	115.8	117.4	...	101.8	176.2	93.0

10A. IMPLICIT PRICE DEFLATOR INDEX OF GROSS DOMESTIC PRODUCT AND EXPENDITURE

	GROSS DOMESTIC PRODUCT	FINAL CONSUMPTION AND GROSS CAPITAL FORMATION: TOTAL	GOVERNMENT FINAL CONSUMPTION EXPENDITURE	PRIVATE FINAL CONSUMPTION EXPENDITURE	GROSS FIXED CAPITAL FORMATION	EXPORTS OF GOODS AND SERVICES	IMPORTS OF GOODS AND SERVICES
B. INDEX FROM DATA IN U.S. DOLLARS 1975 = 100							
HONDURAS							
1960	60.0	58.5	51.1	61.5	53.9	51.5	50.2
1961	61.7	59.3	54.2	61.6	55.4	53.8	49.1
1962	63.8	60.5	54.8	63.1	55.5	56.4	48.6
1963	64.9	61.6	56.9	64.5	54.7	55.3	48.2
1964	68.3	63.8	57.9	67.3	55.1	60.4	49.4
1965	68.9	65.8	59.0	69.5	56.7	57.8	52.4
1966	70.4	68.6	60.8	72.5	59.7	56.8	55.6
1967	73.1	70.3	62.9	74.3	61.1	58.8	55.1
1968	74.0	71.9	66.4	75.6	62.1	56.8	55.0
1969	76.6	74.6	69.1	78.0	66.5	56.2	55.4
1970	78.7	77.4	72.6	81.1	67.8	56.5	58.2
1971	79.0	78.6	78.2	81.6	69.1	54.7	58.1
1972	82.5	81.7	82.6	83.8	74.6	61.6	63.4
1973	86.8	85.1	85.0	87.6	77.7	71.1	70.8
1974	95.0	97.2	94.3	99.5	92.8	90.0	96.6
1975	100.0	100.0	100.0	100.0	100.0	100.0	100.0
1976	108.3	106.9	104.4	106.2	106.7	118.4	114.9
1977	121.0	114.5	109.2	114.9	114.3	152.9	125.5
HONG KONG							
1961	44.2	48.4	40.8	50.6	42.7	44.6	49.1
1962	45.6	49.0	40.8	51.1	43.8	44.1	47.8
1963	47.4	49.9	41.3	51.8	45.4	45.6	48.4
1964	48.7	51.5	43.1	52.6	49.1	46.7	49.8
1965	48.6	51.9	46.0	52.5	49.9	46.4	49.9
1966	48.3	51.6	47.6	53.3	46.4	45.9	49.5
1967	49.2	52.1	47.4	54.9	42.9	46.5	49.6
1968	48.2	50.2	47.0	53.1	39.4	46.4	48.7
1969	50.0	51.5	47.2	54.2	42.5	49.4	51.4
1970	55.9	56.1	52.3	57.0	53.9	52.7	53.4
1971	61.3	59.4	55.8	59.1	60.5	55.8	54.8
1972	70.5	67.1	69.6	66.1	68.9	63.1	60.8
1973	86.0	82.9	82.6	82.9	81.7	82.2	79.9
1974	97.3	96.9	96.4	96.4	95.9	105.6	104.4
1975	100.0	100.0	100.0	100.0	100.0	100.0	100.0
1976	108.6	104.3	106.4	103.2	105.7	107.9	104.7
1977	112.7	110.6	113.0	109.0	112.9	110.6	108.8

10A. IMPLICIT PRICE DEFLATOR INDEX OF GROSS DOMESTIC PRODUCT AND EXPENDITURE

	GROSS DOMESTIC PRODUCT	FINAL CONSUMPTION AND GROSS CAPITAL FORMATION				EXPORTS OF GOODS AND SERVICES	IMPORTS OF GOODS AND SERVICES
		TOTAL	GOVERNMENT FINAL CONSUMPTION EXPENDITURE	PRIVATE FINAL CONSUMPTION EXPENDITURE	GROSS FIXED CAPITAL FORMATION		
B. INDEX FROM DATA IN U.S. DOLLARS 1975 = 100							
ICELAND							
1960	38.9	42.2	35.8	43.8	40.4	51.8	60.0
1961	38.5	40.2	34.0	41.7	39.2	50.6	54.3
1962	40.0	41.9	35.5	43.2	40.1	50.7	54.3
1963	43.5	45.7	42.1	47.7	42.0	51.8	55.5
1964	51.2	52.4	49.3	55.4	47.0	56.1	57.0
1965	58.0	57.9	55.5	60.7	52.6	60.3	57.5
1966	64.1	63.7	63.1	66.9	57.1	61.1	58.2
1967	63.9	63.9	63.3	67.7	56.3	55.7	56.9
1968	52.8	53.5	49.9	55.7	48.8	51.9	53.4
1969	44.4	45.5	40.0	47.0	43.7	53.6	54.6
1970	51.6	51.1	47.6	52.3	49.5	59.4	56.2
1971	58.3	56.2	58.6	57.0	53.4	65.6	59.1
1972	68.5	65.9	71.5	65.3	64.2	69.8	62.3
1973	87.7	80.7	87.3	80.0	77.9	89.2	73.3
1974	111.1	104.0	117.3	103.2	100.0	104.3	93.2
1975	100.0	100.0	100.0	100.0	100.0	100.0	100.0
1976	112.8	110.1	109.1	109.7	106.3	110.3	100.8
1977	139.7	131.5	145.3	131.7	120.5	126.2	109.4
INDIA 15/							
1960	60.4	60.0	...	61.1	63.4	...	...
1961	61.5	62.5	...	63.7	66.0	...	...
1962	63.6	64.4	...	65.6	68.2	...	...
1963	68.7	69.2	...	71.1	71.3	...	...
1964	74.8	74.9	...	77.6	73.5	...	...
1965	80.7	80.8	...	84.0	78.6	...	...
1966	69.9	68.8	...	71.7	65.6	...	...
1967	63.9	64.8	...	68.4	57.9	...	...
1968	63.5	63.1	...	65.8	60.1	...	...
1969	66.1	66.2	...	69.0	63.0	...	...
1970	70.7	69.4	...	71.9	62.3	...	...
1971	74.8	72.2	...	74.5	66.1	...	...
1972	81.8	78.1	...	81.8	70.3	...	...
1973	95.1	92.4	...	96.9	77.7	...	...
1974	107.7	108.2	...	110.9	93.0	...	...
1975	100.0	100.0	...	100.0	100.0	...	...
1976	97.6	96.0	...	96.8	95.4	...	...

10A. IMPLICIT PRICE DEFLATOR INDEX OF GROSS DOMESTIC PRODUCT AND EXPENDITURE

	GROSS DOMESTIC PRODUCT	FINAL CONSUMPTION AND GROSS CAPITAL FORMATION				EXPORTS OF GOODS AND SERVICES	IMPORTS OF GOODS AND SERVICES
		TOTAL	GOVERNMENT FINAL CONSUMPTION EXPENDITURE	PRIVATE FINAL CONSUMPTION EXPENDITURE	GROSS FIXED CAPITAL FORMATION		
B. INDEX FROM DATA IN U.S. DOLLARS 1975 = 100							
INDONESIA					27/		
1960	26.6	29.8	31.8	28.6	35.6	18.2	27.5
1961	25.8	29.7	35.5	28.1	33.2	12.4	22.8
1962	26.1	27.4	24.2	29.0	20.5	7.5	9.5
1963	26.6	29.9	27.4	29.0	39.3	14.0	22.3
1964	27.3	31.9	24.8	29.4	54.2	18.0	30.5
1965	27.6	31.0	27.4	31.7	29.5	7.6	14.8
1966	28.2	33.8	32.6	36.8	18.6	19.7	62.9
1967	29.4	35.1	32.4	34.4	42.6	14.3	39.5
1968	30.4	35.3	33.7	35.1	37.6	18.6	39.7
1969	42.9	50.3	39.8	51.8	48.3	20.4	55.9
1970	43.8	50.0	45.0	51.3	46.6	27.3	58.5
1971	42.2	47.7	46.2	48.5	45.3	27.9	57.2
1972	45.4	51.7	49.2	51.6	53.3	29.8	60.4
1973	60.4	64.9	66.6	64.9	64.2	44.4	64.8
1974	88.9	85.3	87.4	86.4	80.1	98.4	89.0
1975	100.0	100.0	100.0	100.0	100.0	100.0	100.0
1976	114.4	114.2	118.2	112.7	117.6	106.9	107.3
1977	131.1	131.3	132.4	132.9	125.5	116.0	118.2
IRAN 5/							
1960	34.8	44.5	41.9	47.3	39.5	...	...
1961	33.3	45.6	44.9	49.3	37.5	...	...
1962	32.9	45.9	45.7	49.7	35.8	...	...
1963	32.5	46.1	48.1	50.2	34.4	...	...
1964	33.7	48.3	49.0	52.4	37.6	...	...
1965	33.3	48.2	49.8	52.6	38.0	...	...
1966	33.2	48.9	49.9	53.0	39.2	...	...
1967	32.9	49.3	50.4	53.4	40.9	...	...
1968	33.5	50.2	50.9	54.2	42.3	...	...
1969	33.6	52.6	51.7	56.1	46.6	...	...
1970	33.8	53.2	52.4	56.9	47.1	...	...
1971	35.9	55.0	54.2	59.5	47.8	...	...
1972	38.3	57.9	55.0	63.4	51.2	...	...
1973	56.2	71.7	67.0	78.3	64.8	...	...
1974	89.0	88.3	89.5	91.7	82.7	...	...
1975	100.0	100.0	100.0	100.0	100.0	...	...
1976	111.3	110.2	108.1	108.9	113.2	...	...

10A. IMPLICIT PRICE DEFLATOR INDEX OF GROSS DOMESTIC PRODUCT AND EXPENDITURE

B. INDEX FROM DATA IN U.S. DOLLARS 1975 = 100

	GROSS DOMESTIC PRODUCT	FINAL CONSUMPTION AND GROSS CAPITAL FORMATION				EXPORTS OF GOODS AND SERVICES	IMPORTS OF GOODS AND SERVICES
		TOTAL	GOVERNMENT FINAL CONSUMPTION EXPENDITURE	PRIVATE FINAL CONSUMPTION EXPENDITURE	GROSS FIXED CAPITAL FORMATION		
IRELAND							
1960	39.4	39.5	30.3	42.1	39.1	44.3	44.9
1961	40.5	40.8	31.7	43.2	41.1	44.3	45.3
1962	42.3	42.5	33.6	44.9	42.5	44.9	45.5
1963	43.4	43.6	35.1	46.1	44.6	45.8	46.3
1964	47.4	47.0	40.8	49.3	47.7	48.1	47.0
1965	49.5	49.2	42.6	51.5	48.3	49.0	48.1
1966	51.5	50.6	44.5	53.3	48.4	49.9	48.2
1967	52.4	51.0	44.5	53.8	49.4	49.2	47.2
1968	47.8	47.0	41.9	49.4	44.8	45.8	44.4
1969	52.0	50.8	45.8	53.1	48.7	48.6	46.3
1970	56.8	55.4	52.6	57.4	53.4	51.9	49.5
1971	63.6	61.7	58.7	63.8	59.8	56.7	53.5
1972	73.7	69.7	67.5	71.3	68.4	64.5	57.2
1973	83.4	77.0	76.5	78.3	74.5	75.4	63.5
1974	85.1	85.8	82.1	86.3	87.7	87.8	87.1
1975	100.0	100.0	100.0	100.0	100.0	100.0	100.0
1976	96.8	95.5	94.6	96.3	96.8	99.7	95.6
1977	106.2	105.4	105.0	106.0	111.0	111.2	107.5
ISRAEL							
1960	51.5	50.7	44.9	54.7	46.0	38.3	41.1
1961	55.9	53.9	47.3	58.1	50.1	38.6	40.4
1962	45.3	45.6	41.9	47.2	45.4	45.1	46.3
1963	49.0	48.9	44.6	51.0	48.3	49.1	49.2
1964	51.8	51.6	47.7	53.5	50.9	50.2	50.3
1965	56.7	55.8	53.8	58.0	53.1	52.6	51.4
1966	61.5	59.8	59.9	62.6	53.7	54.7	52.4
1967	61.0	58.9	57.3	62.1	53.3	54.8	52.7
1968	54.8	53.5	53.0	55.4	50.1	57.7	53.6
1969	56.6	55.4	54.6	57.0	53.0	60.2	55.9
1970	61.3	59.6	59.1	60.7	58.7	60.8	57.1
1971	64.6	62.5	63.6	62.7	61.7	63.0	58.5
1972	67.9	65.7	68.1	65.5	65.1	67.2	62.4
1973	82.8	80.3	82.6	78.4	80.8	79.2	75.2
1974	104.6	102.5	101.6	101.2	107.4	97.8	96.1
1975	100.0	100.0	100.0	100.0	100.0	100.0	100.0
1976	103.6	103.4	104.8	105.3	105.2	107.1	105.5
1977	111.6	109.7	117.3	108.7	111.0	121.5	115.5

10A. IMPLICIT PRICE DEFLATOR INDEX OF GROSS DOMESTIC PRODUCT AND EXPENDITURE

	GROSS DOMESTIC PRODUCT	FINAL CONSUMPTION AND GROSS CAPITAL FORMATION: TOTAL	GOVERNMENT FINAL CONSUMPTION EXPENDITURE	PRIVATE FINAL CONSUMPTION EXPENDITURE	GROSS FIXED CAPITAL FORMATION	EXPORTS OF GOODS AND SERVICES	IMPORTS OF GOODS AND SERVICES
B. INDEX FROM DATA IN U.S. DOLLARS 1975 = 100							
ITALY				35/			35/
1960	37.9	35.0	30.2	67.7	32.6	47.1	8.8
1961	39.1	36.0	31.8	69.1	33.5	46.8	86.8
1962	41.4	38.2	35.5	73.1	34.9	47.2	87.1
1963	44.9	41.4	41.5	78.5	37.6	48.7	88.5
1964	47.8	43.9	44.7	82.5	40.4	50.7	91.5
1965	49.9	45.8	48.8	85.6	41.2	50.7	92.0
1966	51.0	47.0	49.9	88.1	41.7	50.8	93.8
1967	52.5	48.4	50.9	90.7	42.7	51.4	94.5
1968	53.3	49.1	52.8	92.2	43.6	51.5	95.1
1969	55.5	51.1	55.4	94.9	46.3	52.9	96.4
1970	59.3	54.3	58.1	100.0	51.5	56.1	100.0
1971	64.2	59.0	67.6	107.0	55.7	59.2	106.5
1972	72.3	66.6	77.2	120.8	62.3	64.5	117.2
1973	80.8	75.8	86.2	135.7	72.9	74.3	147.9
1974	85.7	...	89.8	...	83.9	90.0	207.1
1975	100.0	...	100.0	...	100.0	100.0	...
1976	92.7	...	92.4	...	93.1	...	...
1977	103.4	...	106.6	...	104.4	...	...
IVORY COAST							
1975	100.0	100.0	100.0	100.0	100.0	100.0	100.0
1976	106.9	99.3	97.0	100.3	98.5	113.7	95.2
1977	136.0	113.9	101.0	119.5	106.1	133.6	89.2
JAMAICA 34/	6/						
1960	100.0	100.0	100.0	100.0	100.0	...	...
1961	103.9	104.0	104.7	102.3	109.0	...	...
1962	106.4	104.7	107.6	101.7	115.0	...	...
1963	109.6	106.8	109.6	105.0	112.0	...	...
1964	108.8	109.2	114.4	107.0	114.0	...	...
1965	109.3	110.7	117.4	108.8	114.0	...	...
1966	120.1	116.1	125.7	112.5	125.0	...	...
1967	120.3	117.8	126.1	113.3	125.6	...	...
1968	108.5	105.0	117.0	99.1	113.8	...	...
1969	111.8	109.5	117.6	103.0	126.0	...	...
1970	113.8	115.0	110.7	111.9	127.7	...	...

10A. IMPLICIT PRICE DEFLATOR INDEX OF GROSS DOMESTIC PRODUCT AND EXPENDITURE

	GROSS DOMESTIC PRODUCT	FINAL CONSUMPTION AND GROSS CAPITAL FORMATION				EXPORTS OF GOODS AND SERVICES	IMPORTS OF GOODS AND SERVICES
		TOTAL	GOVERNMENT FINAL CONSUMPTION EXPENDITURE	PRIVATE FINAL CONSUMPTION EXPENDITURE	GROSS FIXED CAPITAL FORMATION		
B. INDEX FROM DATA IN U.S. DOLLARS 1975 = 100							
JAPAN							
1960	31.6	30.4	17.6	28.6	41.4	50.5	38.7
1961	34.1	32.9	19.3	30.2	44.2	49.5	39.0
1962	35.4	34.1	20.6	32.1	44.5	48.8	38.0
1963	37.0	35.7	22.4	34.3	44.5	49.9	39.2
1964	38.6	37.2	24.5	35.8	45.4	50.9	39.6
1965	40.5	38.9	26.6	38.3	45.7	51.2	38.8
1966	42.5	40.9	28.7	40.3	47.6	52.2	39.8
1967	44.6	42.9	30.7	41.8	49.5	52.8	39.6
1968	46.7	44.9	33.3	44.1	50.4	53.3	40.0
1969	48.8	46.9	36.8	46.3	52.1	54.9	41.2
1970	52.1	50.0	41.3	49.6	54.4	57.7	42.7
1971	56.4	54.0	47.0	54.4	56.5	60.7	44.3
1972	67.7	65.0	59.5	65.4	67.4	68.5	49.4
1973	83.9	81.1	76.4	81.1	86.7	83.0	66.0
1974	93.8	92.9	89.3	91.7	99.9	102.2	94.7
1975	100.0	100.0	100.0	100.0	100.0	100.0	100.0
1976	105.7	106.8	107.2	108.6	104.9	100.7	102.8
KENYA							
1964	61.2	50.4	72.3	46.6	44.4	49.7	35.2
1965	60.8	50.6	68.7	47.2	45.4	49.7	36.3
1966	62.6	51.6	68.5	48.0	47.9	50.7	35.9
1967	62.9	52.1	70.5	47.5	51.0	49.7	35.9
1968	64.3	53.7	73.5	49.2	51.4	49.7	36.6
1969	65.3	54.9	75.6	50.2	52.2	49.2	37.0
1970	66.9	55.2	79.6	50.0	52.4	53.2	37.7
1971	69.8	58.7	84.9	52.8	56.3	54.2	41.2
1972	74.4	63.0	88.2	55.7	65.1	59.1	46.1
1973	81.5	68.8	89.6	64.3	73.0	70.0	53.9
1974	90.2	82.3	101.5	86.3	84.4	89.5	84.9
1975	100.0	100.0	100.0	100.0	100.0	100.0	100.0
1976	101.9	96.4	95.0	96.7	104.2	111.6	100.7
1977	122.4	108.8	106.6	111.0	115.9	154.2	113.9

10A. IMPLICIT PRICE DEFLATOR INDEX OF GROSS DOMESTIC PRODUCT AND EXPENDITURE

	GROSS DOMESTIC PRODUCT	FINAL CONSUMPTION AND GROSS CAPITAL FORMATION				EXPORTS OF GOODS AND SERVICES	IMPORTS OF GOODS AND SERVICES
		TOTAL	GOVERNMENT FINAL CONSUMPTION EXPENDITURE	PRIVATE FINAL CONSUMPTION EXPENDITURE	GROSS FIXED CAPITAL FORMATION		
B. INDEX FROM DATA IN U.S. DOLLARS 1975 = 100							
KOREA, REPUBLIC OF							
1960	64.2	64.1	62.0	62.5	81.2	79.3	66.3
1961	36.4	37.6	35.2	36.7	50.7	54.8	51.6
1962	43.1	42.9	42.6	41.3	55.8	55.3	51.9
1963	55.9	54.2	45.1	55.1	61.3	67.0	55.0
1964	42.1	42.4	29.5	43.5	46.9	55.8	51.1
1965	37.3	38.3	28.7	38.6	45.0	55.8	50.1
1966	42.4	43.7	36.0	43.6	49.4	60.7	51.9
1967	49.4	49.8	42.0	50.0	52.9	62.1	53.5
1968	55.8	54.7	49.6	54.3	56.4	62.7	54.1
1969	61.6	58.4	55.6	59.3	58.4	60.8	53.3
1970	65.8	62.9	61.3	63.3	63.1	62.5	54.3
1971	65.6	62.5	62.0	64.0	59.3	62.4	53.6
1972	67.5	64.2	65.6	65.3	59.3	64.3	55.3
1973	75.6	70.6	69.0	70.5	70.3	78.8	68.5
1974	96.5	94.2	91.6	93.6	95.8	104.8	96.5
1975	100.0	100.0	100.0	100.0	100.0	100.0	100.0
1976	118.6	116.1	132.1	116.8	108.0	110.9	100.3
1977	137.2	132.1	157.5	133.8	119.6	120.7	105.2
LIBERIA							
1964	55.8	51.8	65.6	54.9	46.0	54.7	42.7
1965	56.0	55.8	68.9	54.8	45.7	48.9	43.8
1966	55.1	55.0	67.6	53.8	46.7	49.5	44.8
1967	55.3	55.9	67.6	54.6	47.1	48.9	45.3
1968	56.3	54.8	68.9	58.0	47.3	51.1	43.8
1969	57.8	53.3	70.4	58.2	47.2	54.2	42.7
1970	57.2	60.2	60.9	60.2	49.1	48.4	47.4
1971	57.4	59.5	67.0	61.2	49.6	52.6	51.5
1972	60.0	65.6	73.6	62.0	57.3	52.6	56.1
1973	67.6	75.0	85.1	72.8	69.7	60.0	85.9
1974	80.0	88.1	89.0	89.4	80.3	76.7	91.1
1975	100.0	100.0	100.0	100.0	100.0	100.0	100.0
1976	98.7	99.0	114.9	92.5	97.5	107.6	102.0
1977	106.3	115.1	77.8	121.5	128.8	118.2	120.0

10A. IMPLICIT PRICE DEFLATOR INDEX OF GROSS DOMESTIC PRODUCT AND EXPENDITURE

B. INDEX FROM DATA IN U.S. DOLLARS 1975 = 100

	GROSS DOMESTIC PRODUCT	FINAL CONSUMPTION AND GROSS CAPITAL FORMATION: TOTAL	GOVERNMENT FINAL CONSUMPTION EXPENDITURE	PRIVATE FINAL CONSUMPTION EXPENDITURE	GROSS FIXED CAPITAL FORMATION	EXPORTS OF GOODS AND SERVICES	IMPORTS OF GOODS AND SERVICES
LIBYAN ARAB JAMAHIRIYA 6/							
1962	47.3	33.2	44.5	31.4	24.9	...	...
1963	50.6	34.2	46.9	31.8	26.3	...	...
1964	53.9	35.5	48.8	33.4	26.6	...	...
1965	56.6	37.7	51.6	34.9	29.0	...	...
1966	61.4	40.3	55.0	36.5	32.0	...	...
1967	65.1	41.3	56.5	38.0	32.1	...	...
1968	69.2	44.0	57.9	39.3	36.1	...	...
1969	69.6	47.0	61.2	41.8	39.6	...	...
1970	69.9	47.3	60.6	41.8	42.5	...	...
1971	80.8	48.0	66.4	43.8	37.5	...	...
1972	77.8	56.0	63.6	49.2	53.8	...	...
1973	86.0	71.7	71.4	62.7	75.6	...	...
1974	124.7	101.0	105.5	92.2	103.1	...	...
1975	100.0	100.0	100.0	100.0	100.0	...	...
1976	106.6	104.1	101.4	101.5	106.8	...	...
1977	110.2	107.7	102.5	103.9	114.6	...	...
LUXEMBOURG							
1960	36.5	33.5	29.8	41.2	28.7	45.1	42.3
1961	36.6	35.9	30.0	41.6	30.5	42.6	42.9
1962	36.2	36.6	30.2	41.7	31.9	41.6	43.3
1963	38.1	38.8	31.1	42.9	34.6	41.5	43.6
1964	40.1	40.6	32.1	44.3	36.3	42.5	44.1
1965	41.5	42.5	33.1	45.6	36.6	42.8	44.8
1966	42.7	43.7	34.3	47.3	38.5	43.2	45.1
1967	43.1	43.4	35.1	48.4	37.9	43.6	44.7
1968	45.3	46.2	36.0	49.6	39.9	43.5	44.6
1969	47.7	46.7	36.8	50.5	42.1	47.1	46.0
1970	53.2	49.6	38.5	52.5	47.6	53.6	49.3
1971	54.4	53.1	43.9	56.5	52.4	54.3	52.8
1972	63.1	62.7	53.0	65.4	60.3	59.4	58.8
1973	79.4	76.1	68.2	77.9	72.6	77.6	73.4
1974	92.3	84.5	82.3	84.9	82.8	96.5	87.7
1975	100.0	100.0	100.0	100.0	100.0	100.0	100.0
1976	102.7	104.6	104.9	104.3	99.7	100.1	102.1
1977	116.3	118.8	127.3	119.8	109.5	107.8	110.5

10A. IMPLICIT PRICE DEFLATOR INDEX OF GROSS DOMESTIC PRODUCT AND EXPENDITURE

	GROSS DOMESTIC PRODUCT	FINAL CONSUMPTION AND GROSS CAPITAL FORMATION				EXPORTS OF GOODS AND SERVICES	IMPORTS OF GOODS AND SERVICES
		TOTAL	GOVERNMENT FINAL CONSUMPTION EXPENDITURE	PRIVATE FINAL CONSUMPTION EXPENDITURE	GROSS FIXED CAPITAL FORMATION		
B. INDEX FROM DATA IN U.S. DOLLARS 1975 = 100							
MALAWI 7/							
1964	100.0	100.0	100.0	100.0	100.0	...	...
1965	103.8	103.5	100.0	103.8	103.1	...	...
1966	106.9	106.8	121.0	104.8	101.6	...	...
1967	99.8	102.0	103.1	101.5	100.0	...	...
1968	92.6	94.2	87.2	93.7	101.0	...	...
1969	94.1	95.3	84.1	100.0	88.9	...	...
1970	101.3	100.6	91.1	98.6	115.9	...	...
1971	111.7	111.5	102.2	112.8	103.8	...	...
1972	115.3	115.1	87.4	117.1	114.4	...	...
MALAYSIA							
1971	61.6	60.5	66.0	59.9	57.8	53.7	51.2
1972	66.5	68.3	76.7	66.7	64.5	55.4	59.8
1973	89.5	84.9	89.8	84.8	81.4	84.4	74.4
1974	102.9	96.9	95.5	96.5	95.6	105.1	90.3
1975	100.0	100.0	100.0	100.0	100.0	100.0	100.0
1976	106.5	98.7	95.4	99.3	99.7	115.6	99.9
1977	118.0	107.6	112.5	107.0	107.7	128.3	105.4
MALTA							
1960	77.2	74.8	57.9	75.4	82.8	47.3	51.8
1961	80.9	75.3	59.3	76.6	79.8	47.0	49.0
1962	82.0	75.2	59.1	75.8	82.0	47.5	48.1
1963	81.5	74.7	58.4	74.6	83.1	47.8	48.3
1964	81.5	75.4	61.5	75.7	82.0	49.2	50.5
1965	81.6	76.4	62.6	76.3	85.2	50.6	52.0
1966	82.3	77.4	63.2	77.0	86.8	50.0	52.3
1967	81.6	77.4	64.9	76.5	87.4	50.7	53.1
1968	72.5	69.5	61.3	68.5	76.4	45.2	48.5
1969	78.3	72.1	66.2	70.6	77.8	49.6	49.9
1970	80.5	76.8	67.6	73.4	93.5	50.4	53.2
1971	83.0	80.3	73.6	76.1	100.3	52.3	56.4
1972	87.1	86.6	78.7	83.4	107.0	61.2	66.2
1973	95.6	87.0	91.0	89.4	76.1	80.0	72.3
1974	94.2	94.4	99.4	94.8	93.5	95.6	93.7
1975	100.0	100.0	100.0	100.0	100.0	100.0	100.0
1976	94.4	94.5	91.0	92.2	104.2	97.3	98.1
1977	99.7	102.9	100.2	102.7	109.1	102.9	107.8

10A. IMPLICIT PRICE DEFLATOR INDEX OF GROSS DOMESTIC PRODUCT AND EXPENDITURE

	GROSS DOMESTIC PRODUCT	FINAL CONSUMPTION AND GROSS CAPITAL FORMATION				EXPORTS OF GOODS AND SERVICES	IMPORTS OF GOODS AND SERVICES
		TOTAL	GOVERNMENT FINAL CONSUMPTION EXPENDITURE	PRIVATE FINAL CONSUMPTION EXPENDITURE	GROSS FIXED CAPITAL FORMATION		
B. INDEX FROM DATA IN U.S. DOLLARS 1975 = 100							
MAURITIUS 7/							
1960	97.7	98.2	96.0	99.2	96.5	96.7	98.1
1961	94.0	98.4	99.0	98.3	98.1	90.1	99.4
1962	96.4	99.2	99.1	99.0	100.0	91.9	98.4
1963	108.4	99.5	99.1	98.2	105.3	116.9	98.4
1964	100.0	100.0	100.0	100.0	100.0	100.0	100.0
1965	92.6	102.0	100.0	101.8	104.7	85.0	103.8
1966	98.4	104.0	101.3	104.5	104.7	88.8	101.0
MEXICO							
1960	39.5	40.6	36.1	41.1	40.9	39.2	50.1
1961	40.8	42.0	36.9	42.9	40.8	39.0	50.2
1962	42.0	43.2	37.7	44.3	41.4	40.2	50.5
1963	43.3	44.4	38.8	45.2	44.1	41.4	50.7
1964	45.8	47.0	40.3	48.6	44.6	40.2	51.2
1965	46.9	47.8	41.6	49.2	46.4	43.0	51.9
1966	48.7	49.8	44.2	51.0	48.3	44.3	53.4
1967	50.1	51.1	45.8	52.2	50.1	45.9	54.3
1968	51.3	52.2	47.7	53.4	50.7	47.8	55.8
1969	53.3	54.4	50.8	55.7	52.3	48.8	57.9
1970	55.7	56.7	53.0	58.0	54.6	52.2	60.6
1971	58.2	59.3	54.9	60.9	56.3	55.2	64.5
1972	61.5	62.8	58.4	64.3	59.5	57.0	68.3
1973	69.1	69.9	68.1	71.3	66.3	67.0	74.4
1974	85.7	85.9	83.2	87.6	83.7	86.7	90.4
1975	100.0	100.0	100.0	100.0	100.0	100.0	100.0
1976	99.0	100.0	103.2	98.0	104.4	108.6	113.7
1977	89.5	90.7	90.8	89.1	97.2	116.0	123.4

10A. IMPLICIT PRICE DEFLATOR INDEX OF GROSS DOMESTIC PRODUCT AND EXPENDITURE

	GROSS DOMESTIC PRODUCT	FINAL CONSUMPTION AND GROSS CAPITAL FORMATION				EXPORTS OF GOODS AND SERVICES	IMPORTS OF GOODS AND SERVICES
		TOTAL	GOVERNMENT FINAL CONSUMPTION EXPENDITURE	PRIVATE FINAL CONSUMPTION EXPENDITURE	GROSS FIXED CAPITAL FORMATION		
B. INDEX FROM DATA IN U.S. DOLLARS 1975 = 100							
MOROCCO							
1960	56.0	52.9	43.1	61.0	44.1	38.1	37.7
1961	46.3	43.5	16.1	62.5	44.1	44.0	40.4
1962	47.3	44.5	16.9	62.4	44.1	43.9	40.5
1963	45.5	42.7	15.3	62.5	44.1	45.0	40.8
1964	45.6	42.5	15.6	62.4	44.1	44.7	40.7
1965	48.2	44.8	17.9	62.2	44.1	44.5	40.8
1966	48.8	45.4	19.0	62.4	44.1	45.9	40.7
1967	49.5	45.7	19.7	61.7	44.1	48.0	40.5
1968	52.2	48.3	19.4	62.5	44.1	48.1	40.9
1969	49.4	45.6	19.0	62.7	44.1	49.2	41.4
1970	55.4	54.1	58.3	56.3	54.1	37.6	43.4
1971	58.1	57.2	60.9	59.1	59.6	39.1	46.8
1972	65.9	65.0	70.7	66.9	71.1	43.6	53.5
1973	78.1	76.3	79.3	78.3	87.5	53.9	64.5
1974	93.4	89.5	72.3	85.8	125.7	92.4	92.1
1975	100.0	100.0	100.0	100.0	100.0	100.0	100.0
1976	93.0	100.2	96.0	99.5	98.3	75.9	97.4
1977	97.6	107.7	104.6	109.9	103.2	75.3	107.8
NETHERLANDS							
1960	26.2	25.8	15.6	28.3	29.0	40.3	39.8
1961	27.9	27.5	17.2	30.1	30.7	41.2	40.6
1962	29.1	28.5	18.6	31.2	31.6	41.5	40.6
1963	30.5	29.7	20.0	32.3	33.1	42.6	41.1
1964	33.0	32.4	23.3	34.5	35.0	43.5	42.1
1965	34.6	34.2	25.5	36.0	36.8	44.0	42.3
1966	36.7	36.3	28.0	38.0	38.9	44.4	42.7
1967	38.3	37.7	30.7	39.3	39.5	44.4	42.3
1968	39.7	38.6	32.4	40.2	39.7	44.1	41.0
1969	42.3	41.2	35.4	42.6	42.0	45.1	42.4
1970	44.6	43.7	38.4	44.5	45.4	47.4	45.1
1971	50.2	49.3	44.6	49.9	51.6	50.6	48.9
1972	59.8	58.4	53.9	59.2	60.1	55.8	52.9
1973	74.4	72.8	68.9	74.2	73.6	68.5	65.4
1974	84.6	84.7	83.0	84.9	85.1	89.6	90.2
1975	100.0	100.0	100.0	100.0	100.0	100.0	100.0
1976	103.9	104.0	104.4	104.4	103.8	101.8	101.9
1977	120.0	119.8	119.7	120.2	119.5	113.7	113.2

10A. IMPLICIT PRICE DEFLATOR INDEX OF GROSS DOMESTIC PRODUCT AND EXPENDITURE

B. INDEX FROM DATA IN U.S. DOLLARS 1975 = 100

	GROSS DOMESTIC PRODUCT	FINAL CONSUMPTION AND GROSS CAPITAL FORMATION: TOTAL	GOVERNMENT FINAL CONSUMPTION EXPENDITURE	PRIVATE FINAL CONSUMPTION EXPENDITURE	GROSS FIXED CAPITAL FORMATION	EXPORTS OF GOODS AND SERVICES	IMPORTS OF GOODS AND SERVICES
NICARAGUA							
1960	54.1	47.9	41.3	49.6	46.7	61.0	42.3
1961	54.2	47.1	40.9	48.8	45.2	61.9	39.8
1962	53.8	46.3	41.4	47.6	45.7	65.1	40.2
1963	53.6	47.1	45.5	48.2	46.4	62.0	41.3
1964	56.0	49.1	47.2	50.9	45.3	60.8	40.0
1965	56.5	49.3	54.2	50.3	46.2	63.8	41.4
1966	58.6	52.3	62.8	52.9	49.4	64.2	45.3
1967	59.3	52.6	65.6	53.3	47.9	61.5	42.9
1968	62.0	55.3	69.6	56.1	50.1	65.9	46.3
1969	62.7	57.0	68.9	58.7	49.9	63.7	48.3
1970	64.2	58.2	72.1	59.7	49.7	68.6	50.5
1971	65.1	59.6	75.5	61.6	48.6	69.2	52.9
1972	67.3	61.6	72.9	62.1	56.6	75.4	55.6
1973	79.4	72.3	81.9	74.4	65.4	83.5	62.3
1974	97.9	90.3	96.9	91.2	90.5	106.6	81.9
1975	100.0	100.0	100.0	100.0	100.0	100.0	100.0
1976	110.6	101.1	108.1	102.8	98.7	131.3	98.3
1977	125.7	109.6	111.1	114.8	105.4	162.4	103.4
NORWAY							
1960	31.2	31.0	26.2	32.0	32.1	42.9	41.9
1961	31.9	31.9	26.8	33.0	32.4	42.0	41.3
1962	33.2	33.1	28.9	34.4	33.0	41.2	40.4
1963	34.1	34.1	30.3	35.3	33.4	40.9	40.1
1964	35.8	35.3	31.9	37.1	33.6	42.5	40.6
1965	37.8	36.9	33.7	38.6	35.7	43.5	41.0
1966	39.4	38.5	35.8	40.0	37.1	44.0	41.5
1967	40.2	39.7	37.0	41.6	39.5	43.3	42.3
1968	42.0	40.8	38.9	43.0	39.4	44.2	41.5
1969	43.7	43.0	41.0	44.5	42.5	44.9	43.3
1970	49.3	47.7	44.7	48.9	46.5	51.0	47.1
1971	53.4	51.5	50.4	52.8	49.6	54.8	50.5
1972	59.9	59.0	57.6	60.2	57.1	57.4	55.4
1973	74.7	72.8	71.3	74.2	68.8	73.7	69.4
1974	85.7	84.0	83.3	84.4	82.4	93.8	89.2
1975	100.0	100.0	100.0	100.0	100.0	100.0	100.0
1976	103.1	104.8	105.5	104.4	103.9	98.7	102.7
1977	113.6	119.0	117.4	116.2	119.8	102.8	114.9

10A. IMPLICIT PRICE DEFLATOR INDEX OF GROSS DOMESTIC PRODUCT AND EXPENDITURE

	GROSS DOMESTIC PRODUCT	FINAL CONSUMPTION AND GROSS CAPITAL FORMATION: TOTAL	GOVERNMENT FINAL CONSUMPTION EXPENDITURE	PRIVATE FINAL CONSUMPTION EXPENDITURE	GROSS FIXED CAPITAL FORMATION	EXPORTS OF GOODS AND SERVICES	IMPORTS OF GOODS AND SERVICES
B. INDEX FROM DATA IN U.S. DOLLARS 1975 = 100							
PAKISTAN 4/							
1960	71.8	69.2	62.9	71.8	58.6	57.2	41.5
1961	71.2	69.4	64.7	71.5	61.3	50.8	45.4
1962	72.8	71.0	64.7	73.0	64.0	50.2	45.8
1963	71.8	70.8	63.9	72.9	62.7	46.4	47.7
1964	76.2	74.9	68.7	77.8	63.1	50.4	47.6
1965	79.4	77.1	71.8	79.4	67.1	52.7	46.1
1966	88.7	85.5	81.8	88.5	71.8	59.1	47.4
1967	87.4	84.6	78.6	87.0	74.8	54.3	47.7
1968	91.4	88.6	83.1	91.0	79.1	54.0	48.2
1969	93.1	90.5	85.5	92.6	82.4	53.3	50.7
1970	97.7	94.7	88.9	96.6	88.7	56.3	51.8
1971	104.1	100.1	101.2	101.8	90.9	65.5	55.7
1972	64.2	60.6	67.0	61.4	53.7	73.6	54.3
1973	70.5	67.7	70.3	68.9	60.8	105.8	70.1
1974	89.0	90.5	89.6	90.8	93.4	99.7	105.4
1975	100.0	100.0	100.0	100.0	100.0	100.0	100.0
1976	109.3	108.0	110.0	107.7	108.4	118.9	100.5
1977	117.4	116.5	117.2	116.7	115.5	123.7	107.8
PANAMA							
1960	58.8	56.9	50.7	61.4	51.8	45.3	43.2
1961	59.1	56.7	50.7	60.9	53.3	45.3	42.2
1962	59.5	56.6	49.8	60.9	53.0	46.2	42.2
1963	60.7	57.8	55.7	61.8	52.2	45.7	41.8
1964	62.4	58.8	51.9	63.7	53.5	48.7	43.1
1965	62.8	58.8	54.8	63.3	53.4	48.7	42.6
1966	63.7	59.7	59.0	63.6	54.5	49.5	43.8
1967	65.3	60.8	63.2	64.1	55.4	50.7	43.8
1968	65.7	61.1	62.7	64.4	55.7	51.6	44.3
1969	66.4	61.2	68.3	63.5	56.6	53.1	44.6
1970	68.7	63.6	74.2	64.7	59.6	54.4	46.2
1971	70.0	64.0	73.2	64.8	61.1	57.5	47.3
1972	73.8	67.9	78.2	68.6	64.2	61.2	50.7
1973	78.6	73.6	82.0	73.9	72.7	66.8	57.6
1974	95.4	95.1	98.2	97.7	92.4	91.3	90.1
1975	100.0	100.0	100.0	100.0	100.0	100.0	100.0
1976	103.9	106.0	103.2	106.4	104.5	94.2	100.6
1977	113.7	114.8	103.4	121.1	110.6	109.2	113.9

10A. IMPLICIT PRICE DEFLATOR INDEX OF GROSS DOMESTIC PRODUCT AND EXPENDITURE

	GROSS DOMESTIC PRODUCT	FINAL CONSUMPTION AND GROSS CAPITAL FORMATION				EXPORTS OF GOODS AND SERVICES	IMPORTS OF GOODS AND SERVICES
		TOTAL	GOVERNMENT FINAL CONSUMPTION EXPENDITURE	PRIVATE FINAL CONSUMPTION EXPENDITURE	GROSS FIXED CAPITAL FORMATION		
B. INDEX FROM DATA IN U.S. DOLLARS 1975 = 100							
PAPUA NEW GUINEA 4/							
1965	45.3	37.1	33.8	42.2	29.2	67.8	41.9
1966	50.4	41.0	36.4	48.3	30.5	66.8	43.1
1967	53.6	42.7	37.8	50.6	31.5	72.8	43.6
1968	55.9	44.3	39.1	52.5	32.7	73.7	44.1
1969	58.9	46.3	41.3	54.6	34.3	75.8	45.1
1970	62.3	49.4	47.2	57.0	36.0	75.6	47.6
1971	64.5	53.3	51.0	61.1	39.4	78.9	55.8
1972	75.9	62.9	61.0	71.0	44.5	90.6	61.2
1973	106.6	86.0	86.8	90.8	73.0	137.2	84.4
1974	103.0	102.7	101.2	102.3	91.6	105.2	97.5
1975	100.0	100.0	100.0	100.0	100.0	100.0	100.0
1976	103.9	102.3	103.7	101.6	103.7	121.4	117.9
PARAGUAY							
1960	39.8	40.9	46.9	40.7	39.2	33.6	41.8
1961	42.1	43.3	49.7	43.1	41.5	35.6	44.3
1962	44.8	46.5	56.2	45.7	47.2	32.6	44.1
1963	46.4	47.7	57.1	47.2	47.0	35.4	44.7
1964	47.3	47.3	58.1	46.7	46.8	40.3	42.1
1965	48.6	50.0	60.4	49.2	51.2	40.3	50.7
1966	50.4	51.0	62.2	50.8	50.5	43.2	48.8
1967	50.1	50.7	63.0	50.3	49.5	41.6	46.9
1968	50.9	51.3	63.4	50.7	51.0	45.3	49.6
1969	52.6	53.0	64.9	52.3	52.4	46.3	50.7
1970	53.0	54.5	64.3	53.7	57.3	47.7	59.3
1971	56.7	58.0	67.5	57.7	57.9	49.1	59.0
1972	62.4	64.2	73.7	63.9	61.5	52.7	65.7
1973	74.9	74.5	83.1	75.0	68.4	71.8	70.7
1974	92.7	92.0	94.3	91.1	93.2	99.9	95.9
1975	100.0	100.0	100.0	100.0	100.0	100.0	100.0
1976	104.6	101.0	110.0	103.3	94.5	101.3	84.4
1977	115.2	109.1	129.4	113.9	95.1	129.7	96.1

10A. IMPLICIT PRICE DEFLATOR INDEX OF GROSS DOMESTIC PRODUCT AND EXPENDITURE

	GROSS DOMESTIC PRODUCT	FINAL CONSUMPTION AND GROSS CAPITAL FORMATION				EXPORTS OF GOODS AND SERVICES	IMPORTS OF GOODS AND SERVICES
		TOTAL	GOVERNMENT FINAL CONSUMPTION EXPENDITURE	PRIVATE FINAL CONSUMPTION EXPENDITURE	GROSS FIXED CAPITAL FORMATION		
B. INDEX FROM DATA IN U.S. DOLLARS 1975 = 100							
PERU							
1960	55.3	61.7	44.7	59.4	77.8	54.8	93.1
1961	55.2	61.9	46.4	60.0	76.2	51.4	88.7
1962	56.8	63.4	49.6	60.7	79.7	51.7	85.9
1963	56.8	62.2	51.0	59.5	77.9	51.4	80.0
1964	59.3	62.8	54.4	60.5	75.7	54.0	73.4
1965	59.8	63.4	54.4	62.7	70.4	47.8	66.8
1966	61.8	64.2	60.1	63.2	67.9	51.4	63.6
1967	64.2	66.2	59.9	64.5	70.8	52.5	64.2
1968	67.4	68.6	58.4	68.2	76.1	59.7	71.7
1969	70.5	70.8	59.8	70.5	77.4	64.2	69.9
1970	72.0	71.6	72.6	69.5	79.9	70.2	68.5
1971	76.2	76.8	81.2	74.3	85.1	66.1	70.2
1972	78.6	80.4	87.0	77.8	85.9	62.1	72.4
1973	84.0	83.0	88.9	80.9	86.9	82.8	78.3
1974	91.8	90.4	90.6	89.5	92.4	111.3	97.2
1975	100.0	100.0	100.0	100.0	100.0	100.0	100.0
1976	105.5	105.6	96.6	105.7	112.3	114.7	113.2
1977	110.8	111.9	107.7	109.9	126.4	136.8	141.6
PHILIPPINES							
1960	67.6	65.7	70.2	68.4	58.4	34.0	27.0
1961	66.5	65.9	72.9	68.4	58.9	36.0	33.7
1962	68.9	67.4	77.6	68.5	65.2	45.4	49.8
1963	68.3	66.8	80.1	67.7	63.3	44.4	48.9
1964	67.3	67.1	80.3	68.6	61.8	41.7	45.1
1965	69.2	69.0	84.5	70.6	62.6	42.4	47.2
1966	71.3	70.5	89.1	72.0	63.2	45.5	46.9
1967	72.9	71.6	92.7	73.6	62.8	44.3	46.6
1968	77.2	74.8	94.1	77.4	64.7	48.5	46.3
1969	80.5	76.9	94.1	80.3	64.9	48.9	45.7
1970	59.5	56.9	64.0	57.9	54.9	52.0	46.0
1971	63.1	61.5	68.1	63.2	57.3	54.3	50.6
1972	64.8	63.8	69.7	65.8	58.7	50.8	50.5
1973	75.6	72.8	73.8	74.3	70.8	70.9	62.0
1974	99.2	97.2	92.9	98.2	94.8	111.7	98.1
1975	100.0	100.0	100.0	100.0	100.0	100.0	100.0
1976	105.2	107.3	116.6	106.6	106.0	89.8	105.7
1977	115.0	118.7	130.1	117.8	117.3	90.1	112.3

10A. IMPLICIT PRICE DEFLATOR INDEX OF GROSS DOMESTIC PRODUCT AND EXPENDITURE

	GROSS DOMESTIC PRODUCT	FINAL CONSUMPTION AND GROSS CAPITAL FORMATION				EXPORTS OF GOODS AND SERVICES	IMPORTS OF GOODS AND SERVICES
		TOTAL	GOVERNMENT FINAL CONSUMPTION EXPENDITURE	PRIVATE FINAL CONSUMPTION EXPENDITURE	GROSS FIXED CAPITAL FORMATION		
B. INDEX FROM DATA IN U.S. DOLLARS 1975 = 100							
PORTUGAL							
1960	34.9	31.6	42.0	31.0	28.9	31.6	25.5
1961	35.5	32.1	42.2	31.5	29.3	32.6	25.7
1962	35.5	32.0	42.7	31.1	29.7	33.3	25.5
1963	36.5	32.4	43.1	31.5	29.9	36.6	26.0
1964	37.1	34.3	43.6	34.1	29.8	33.6	27.4
1965	38.6	35.9	44.2	36.2	30.1	35.3	29.4
1966	40.6	38.4	46.6	39.3	30.9	33.6	29.3
1967	42.2	40.4	50.8	40.4	34.7	36.5	33.1
1968	47.4	46.1	51.8	46.7	40.2	41.2	38.3
1969	50.9	48.5	54.2	49.5	41.2	42.8	37.6
1970	51.9	50.5	60.3	51.1	42.3	48.4	44.7
1971	55.6	53.6	63.3	53.6	46.8	51.7	46.3
1972	62.5	60.8	70.1	60.6	54.9	57.6	52.9
1973	74.9	71.6	82.9	70.8	66.1	72.2	62.5
1974	86.5	84.6	90.9	84.5	80.5	100.6	87.1
1975	100.0	100.0	100.0	100.0	100.0	100.0	100.0
1976	98.3	98.0	90.2	99.9	100.1	88.1	91.1
PUERTO RICO 4/							
1960	51.0	51.6	50.0	52.7	48.3	40.7	44.7
1961	53.3	52.5	51.6	53.4	49.3	42.2	44.6
1962	53.8	53.2	53.4	53.9	50.5	43.9	46.1
1963	55.3	54.3	54.4	54.7	51.4	44.7	46.6
1964	56.8	55.3	55.6	55.6	53.5	46.4	47.6
1965	58.4	56.4	57.2	56.6	54.4	48.0	48.5
1966	61.2	58.8	58.5	59.5	55.2	49.9	50.0
1967	65.2	60.3	59.0	61.0	57.2	53.2	50.1
1968	71.1	62.4	60.2	63.1	59.8	61.3	51.8
1969	70.4	65.9	64.4	65.9	63.6	56.1	54.3
1970	74.3	69.2	70.5	68.6	66.9	58.0	56.0
1971	77.6	72.3	76.0	70.8	71.3	60.2	58.1
1972	79.6	74.3	81.4	73.3	74.3	60.3	59.1
1973	87.9	84.5	89.7	81.6	84.2	80.4	78.3
1974	95.4	95.7	98.9	93.1	97.9	93.6	94.7
1975	100.0	100.0	100.0	100.0	100.0	100.0	100.0
1976	103.6	102.5	100.6	103.6	102.1	105.6	104.8
1977	108.8	107.7	106.1	108.2	111.8	112.7	111.4

10A. IMPLICIT PRICE DEFLATOR INDEX OF GROSS DOMESTIC PRODUCT AND EXPENDITURE

B. INDEX FROM DATA IN U.S. DOLLARS 1975 = 100

	GROSS DOMESTIC PRODUCT	FINAL CONSUMPTION AND GROSS CAPITAL FORMATION: TOTAL	GOVERNMENT FINAL CONSUMPTION EXPENDITURE	PRIVATE FINAL CONSUMPTION EXPENDITURE	GROSS FIXED CAPITAL FORMATION	EXPORTS OF GOODS AND SERVICES	IMPORTS OF GOODS AND SERVICES
SINGAPORE							
1960	48.4	48.0	47.0	48.7	45.8	...	...
1961	48.4	47.0	49.1	48.9	46.1	...	...
1962	48.9	48.2	51.3	49.0	46.7	...	...
1963	49.3	48.5	51.4	49.5	46.9	...	...
1964	49.7	49.5	51.4	50.1	47.4	...	...
1965	50.4	49.6	51.5	50.5	48.0	...	...
1966	51.0	50.7	51.7	51.5	48.9	...	...
1967	51.3	51.3	51.9	52.7	48.3	...	...
1968	51.9	52.0	51.9	53.4	49.2	...	...
1969	53.1	52.6	52.6	53.3	50.7	...	...
1970	53.0	53.0	54.2	54.4	50.3	...	...
1971	56.0	56.1	58.3	56.8	54.3	...	...
1972	63.6	63.3	63.7	62.8	62.9	...	...
1973	82.0	82.4	78.4	83.6	77.8	...	...
1974	95.0	94.8	91.2	95.0	93.3	...	...
1975	100.0	100.0	100.0	100.0	100.0	...	...
1976	97.3	97.1	99.0	95.7	100.0	...	...
1977	100.0	100.2	102.2	99.6	102.2	...	...

10A. IMPLICIT PRICE DEFLATOR INDEX OF GROSS DOMESTIC PRODUCT AND EXPENDITURE

	GROSS DOMESTIC PRODUCT	FINAL CONSUMPTION AND GROSS CAPITAL FORMATION				EXPORTS OF GOODS AND SERVICES	IMPORTS OF GOODS AND SERVICES
		TOTAL	GOVERNMENT FINAL CONSUMPTION EXPENDITURE	PRIVATE FINAL CONSUMPTION EXPENDITURE	GROSS FIXED CAPITAL FORMATION		
B. INDEX FROM DATA IN U.S. DOLLARS 1975 = 100							
SOUTH AFRICA 8/							
1960	45.4	44.6	36.9	47.9	42.9	42.3	44.4
1961	46.0	45.2	37.5	48.8	43.2	42.6	44.0
1962	46.5	46.0	38.2	49.7	44.5	42.4	44.4
1963	47.8	47.5	40.7	50.8	45.6	43.2	45.0
1964	49.1	49.0	42.6	52.1	47.0	44.0	45.4
1965	50.4	50.9	43.6	54.4	48.9	44.6	47.5
1966	52.4	53.3	47.0	56.5	51.6	45.2	49.5
1967	54.0	55.2	48.2	58.7	53.5	44.6	48.8
1968	55.8	56.4	49.9	60.1	54.5	44.6	47.5
1969	58.9	58.7	53.3	62.4	55.7	46.7	49.3
1970	61.1	61.4	57.9	65.0	58.6	46.5	50.9
1971	64.6	66.7	65.1	70.2	62.0	47.9	53.1
1972	65.0	66.3	64.7	69.4	62.8	50.4	55.5
1973	85.0	82.4	81.8	84.9	77.5	72.8	67.5
1974	98.2	94.2	94.8	96.3	90.6	99.8	88.0
1975	100.0	100.0	100.0	100.0	100.0	100.0	100.0
1976	93.5	94.5	95.4	92.5	98.1	91.0	102.2
1977	105.5	104.0	107.2	102.5	108.3	100.0	113.8
SOUTHERN RHODESIA							
1965	58.3	55.5	57.0	60.6	50.2	...	...
1966	57.0	57.3	59.9	62.3	51.6	...	...
1967	58.0	58.6	59.9	63.7	53.9	...	...
1968	59.8	59.7	62.2	65.0	54.8	...	...
1969	61.8	61.0	63.1	65.9	55.9	...	...
1970	64.0	63.6	65.9	68.8	58.8	...	...
1971	71.6	71.9	73.9	76.4	68.0	...	...
1972	74.5	74.5	76.3	78.4	71.9	...	...
1973	86.5	85.7	87.6	89.5	83.0	...	...
1974	104.7	103.9	104.9	105.9	102.0	...	...
1975	100.0	100.0	100.0	100.0	100.0	...	...
1976	110.7	111.8	110.7	111.2	113.5	...	...
1977	121.1	124.3	122.4	122.7	127.1	...	...

10A. IMPLICIT PRICE DEFLATOR INDEX OF GROSS DOMESTIC PRODUCT AND EXPENDITURE

B. INDEX FROM DATA IN U.S. DOLLARS 1975 = 100

	GROSS DOMESTIC PRODUCT	FINAL CONSUMPTION AND GROSS CAPITAL FORMATION				EXPORTS OF GOODS AND SERVICES	IMPORTS OF GOODS AND SERVICES
		TOTAL	GOVERNMENT FINAL CONSUMPTION EXPENDITURE	PRIVATE FINAL CONSUMPTION EXPENDITURE	GROSS FIXED CAPITAL FORMATION		
SPAIN							
1960	31.0	29.8	19.6	29.9	36.2	36.9	31.7
1961	31.7	30.8	20.7	30.4	36.6	37.7	32.4
1962	33.5	32.7	22.4	32.0	38.8	39.5	33.0
1963	36.3	35.2	25.0	34.5	41.6	42.0	33.7
1964	38.6	37.4	26.9	36.8	43.6	43.1	34.4
1965	42.6	41.2	30.0	41.1	45.4	46.6	35.7
1966	45.2	43.7	34.7	43.7	46.4	49.1	37.1
1967	47.0	45.1	40.0	45.4	46.4	49.1	37.6
1968	43.0	41.6	37.6	41.7	42.9	45.6	36.9
1969	44.5	43.2	40.9	43.0	44.6	46.6	38.2
1970	46.7	45.8	43.6	46.1	45.9	48.8	43.2
1971	50.9	49.9	47.7	50.3	49.5	52.4	45.7
1972	59.3	57.9	56.6	58.7	56.8	60.3	51.4
1973	73.0	71.2	70.6	71.9	70.2	74.0	62.8
1974	85.1	85.6	84.3	85.6	85.7	90.2	91.6
1975	100.0	100.0	100.0	100.0	100.0	100.0	100.0
1976	99.6	100.0	99.7	100.7	98.1	99.2	101.2
1977	107.5	108.2	105.6	110.5	102.9	105.4	109.4
SRI LANKA							
1963	91.4	87.6	82.4	86.3	97.0	94.5	71.2
1964	93.7	90.1	83.0	89.5	97.8	96.2	73.4
1965	94.0	89.9	83.1	89.6	95.9	98.0	73.6
1966	93.3	90.4	83.0	89.6	99.7	92.8	73.5
1967	92.4	91.2	83.4	90.0	103.7	84.3	73.0
1968	83.9	81.1	77.9	79.4	92.6	82.8	65.0
1969	86.3	84.7	81.1	82.1	99.2	81.1	69.1
1970	90.8	87.6	87.7	85.1	101.6	81.1	64.3
1971	92.2	90.0	88.2	88.6	99.6	83.2	69.8
1972	93.9	91.6	85.2	91.5	97.4	83.6	70.1
1973	101.8	100.9	97.5	99.8	103.2	95.2	87.5
1974	112.6	118.0	120.3	121.7	105.9	147.3	200.7
1975	100.0	100.0	100.0	100.0	100.0	100.0	100.0
1976	88.4	84.1	85.2	81.4	94.9	105.3	78.3
1977	94.1	81.1	85.3	76.4	91.1	146.8	63.3

10A. IMPLICIT PRICE DEFLATOR INDEX OF GROSS DOMESTIC PRODUCT AND EXPENDITURE

	GROSS DOMESTIC PRODUCT	FINAL CONSUMPTION AND GROSS CAPITAL FORMATION				EXPORTS OF GOODS AND SERVICES	IMPORTS OF GOODS AND SERVICES
		TOTAL	GOVERNMENT FINAL CONSUMPTION EXPENDITURE	PRIVATE FINAL CONSUMPTION EXPENDITURE	GROSS FIXED CAPITAL FORMATION		
B. INDEX FROM DATA IN U.S. DOLLARS 1975 = 100							
SWEDEN							
1960	34.6	34.6	25.6	36.6	37.2	38.9	37.3
1961	35.7	35.6	27.0	37.4	38.4	39.0	37.5
1962	37.1	37.1	28.9	38.9	40.1	38.4	37.8
1963	38.2	38.1	29.6	40.3	41.4	38.8	38.6
1964	39.8	40.0	31.8	41.6	43.5	39.3	39.9
1965	42.2	42.3	34.4	43.9	46.2	40.1	40.6
1966	44.9	45.0	37.8	46.6	48.2	40.8	41.3
1967	46.9	47.0	40.4	48.7	49.8	41.3	41.8
1968	48.0	48.1	42.4	49.5	50.5	41.7	42.1
1969	49.7	49.7	44.2	51.2	51.1	43.0	43.2
1970	52.5	52.4	47.3	54.3	53.7	46.9	46.8
1971	57.0	57.1	53.0	59.1	57.8	49.7	49.6
1972	65.2	65.3	61.6	66.9	65.6	54.7	54.4
1973	76.1	76.7	73.4	78.0	76.0	65.9	66.8
1974	81.6	83.9	81.9	84.5	84.3	81.6	89.1
1975	100.0	100.0	100.0	100.0	100.0	100.0	100.0
1976	105.7	106.0	107.5	105.2	106.9	100.8	101.9
1977	114.6	116.3	122.4	113.4	115.8	104.3	110.2
SWITZERLAND							
1960	26.0	26.9	22.0	27.6	27.2	33.1	37.6
1961	27.0	27.9	23.1	28.4	29.2	33.7	37.7
1962	28.6	29.4	24.8	29.8	30.9	34.8	38.2
1963	30.0	30.8	26.1	30.9	33.0	36.0	39.2
1964	31.6	32.2	28.0	32.2	34.6	37.5	40.1
1965	32.8	33.3	28.8	33.5	35.5	38.2	40.5
1966	34.4	34.7	30.1	35.0	36.7	39.9	41.6
1967	35.9	36.1	31.5	36.6	37.5	41.2	42.1
1968	37.0	37.0	32.7	37.5	38.2	42.3	42.4
1969	38.0	38.1	34.2	38.6	39.4	42.9	43.7
1970	39.7	40.2	36.2	40.1	43.0	44.8	46.9
1971	46.1	46.2	43.0	45.6	50.2	49.5	50.5
1972	54.5	54.1	50.9	52.8	59.2	55.9	55.5
1973	71.1	71.0	68.9	69.5	76.6	70.3	71.1
1974	80.8	81.9	80.9	81.2	86.5	84.4	89.2
1975	100.0	100.0	100.0	100.0	100.0	100.0	100.0
1976	106.0	104.4	106.1	105.6	100.2	102.3	98.1
1977	110.6	109.9	111.0	111.0	106.1	108.7	107.8

10A. IMPLICIT PRICE DEFLATOR INDEX OF GROSS DOMESTIC PRODUCT AND EXPENDITURE

	GROSS DOMESTIC PRODUCT	FINAL CONSUMPTION AND GROSS CAPITAL FORMATION				EXPORTS OF GOODS AND SERVICES	IMPORTS OF GOODS AND SERVICES
		TOTAL	GOVERNMENT FINAL CONSUMPTION EXPENDITURE	PRIVATE FINAL CONSUMPTION EXPENDITURE	GROSS FIXED CAPITAL FORMATION		
B. INDEX FROM DATA IN U.S. DOLLARS 1975 = 100							
SYRIAN ARAB REPUBLIC							
1963	46.6	47.6	54.4	50.7	35.2	28.2	37.7
1964	49.2	51.2	55.1	55.6	36.9	26.4	38.9
1965	48.3	49.8	54.7	53.5	37.3	26.8	37.8
1966	50.6	52.4	56.2	57.0	36.9	27.0	38.9
1967	55.7	58.0	58.4	64.8	38.3	26.7	41.0
1968	54.1	56.4	58.2	62.9	38.7	28.4	42.5
1969	50.9	51.6	60.6	54.4	38.8	31.5	40.6
1970	53.3	55.0	59.2	58.5	44.2	30.8	43.1
1971	56.1	57.7	60.9	61.5	47.1	37.1	50.2
1972	61.0	63.2	60.3	68.1	55.7	43.8	60.8
1973	63.2	63.7	66.5	63.4	68.4	54.4	65.7
1974	86.1	85.1	68.2	92.2	91.6	112.5	100.0
1975	100.0	100.0	100.0	100.0	100.0	100.0	100.0
1976	106.1	108.0	103.9	97.0	148.4	120.3	117.4
1977	113.0	114.6	106.2	106.1	132.0	126.0	115.2
THAILAND							
1960	51.7	51.1	56.1	51.6	48.7	...	...
1961	54.0	52.6	57.2	53.3	50.8	...	...
1962	54.5	54.7	58.9	55.6	52.2	...	...
1963	53.6	54.5	59.3	55.5	52.4	...	...
1964	55.1	54.9	60.4	56.0	51.4	...	...
1965	57.7	55.9	60.9	57.2	52.1	...	...
1966	61.9	58.5	62.9	59.8	54.3	...	...
1967	61.3	60.2	65.1	62.5	54.0	...	...
1968	60.9	60.9	66.1	63.0	54.7	...	...
1969	62.2	60.7	67.1	63.7	54.5	...	...
1970	61.8	61.9	68.1	63.5	57.7	50.3	44.1
1971	60.3	61.7	67.1	63.6	56.9	48.4	45.9
1972	65.9	65.2	69.6	66.1	60.2	50.3	48.3
1973	79.6	76.8	76.1	77.7	74.2	76.9	56.8
1974	96.1	95.2	94.6	96.7	93.9	112.9	91.7
1975	100.0	100.0	100.0	100.0	100.0	100.0	100.0
1976	103.5	103.2	103.2	103.8	105.7	101.6	97.0
1977	108.7	110.3	107.5	111.8	111.7	95.9	101.6

10A. IMPLICIT PRICE DEFLATOR INDEX OF GROSS DOMESTIC PRODUCT AND EXPENDITURE

		Final consumption and gross capital formation					
	GROSS DOMESTIC PRODUCT	TOTAL	GOVERNMENT FINAL CONSUMPTION EXPENDITURE	PRIVATE FINAL CONSUMPTION EXPENDITURE	GROSS FIXED CAPITAL FORMATION	EXPORTS OF GOODS AND SERVICES	IMPORTS OF GOODS AND SERVICES
			B. INDEX FROM DATA IN U.S. DOLLARS 1975 = 100				
TUNISIA							
1960	45.9	48.4	51.7	52.5	39.6	33.3	44.0
1961	49.1	49.0	50.2	54.3	39.1	33.7	36.5
1962	49.7	49.4	50.3	54.2	42.5	34.5	37.0
1963	52.4	52.4	52.0	58.5	43.3	34.8	38.4
1964	50.3	51.6	51.0	58.4	45.1	31.5	39.2
1965	46.9	48.2	46.9	52.5	43.9	31.8	38.9
1966	47.7	48.6	48.6	53.4	42.5	32.7	38.6
1967	49.7	50.6	50.1	55.9	43.5	33.6	39.6
1968	49.8	50.6	51.5	55.4	43.5	33.2	38.6
1969	51.7	52.8	53.2	58.3	45.0	34.0	40.7
1970	53.1	54.1	54.0	59.6	46.5	34.7	40.9
1971	57.5	57.9	58.0	64.4	47.9	38.6	43.5
1972	63.3	64.4	65.5	70.7	54.8	42.6	49.7
1973	77.4	77.6	77.9	84.5	69.3	59.0	65.2
1974	88.8	83.3	81.5	87.7	79.6	97.4	81.8
1975	100.0	100.0	100.0	100.0	100.0	100.0	100.0
1976	94.8	96.5	92.9	97.5	101.6	85.7	91.9
1977	102.1	103.4	99.4	106.1	108.3	93.9	97.4
TURKEY 33/				27/			
1960	65.8	66,2	59.9	66.5	69.5	...	...
1961	68.6	69.0	68.1	68.9	70.1	...	...
1962	75.1	75.5	69.7	76.9	73.3	...	...
1963	79.4	79.8	73.7	81.3	77.3	...	...
1964	81.4	81.7	80.0	82.1	81.1	...	...
1965	84.9	85.0	83.7	85.4	84.5	...	...
1966	90.2	90.1	90.7	90.1	89.6	...	...
1967	96.2	96.2	94.4	96.4	96.6	...	...
1968	100.0	100.0	100.0	100.0	100.0	...	...
1969	105.3	105.3	103.1	105.8	104.9	...	...
1970	92.9	93.2	95.3	93.4	91.0	...	...
1971	83.8	85.4	92.1	84.1	86.1	...	...
1972	102.5	104.0	114.9	103.1	100.2	...	...
1973	124.9	124.2	141.1	122.8	117.9	...	...

10A. IMPLICIT PRICE DEFLATOR INDEX OF GROSS DOMESTIC PRODUCT AND EXPENDITURE

	GROSS DOMESTIC PRODUCT	FINAL CONSUMPTION AND GROSS CAPITAL FORMATION				EXPORTS OF GOODS AND SERVICES	IMPORTS OF GOODS AND SERVICES
		TOTAL	GOVERNMENT FINAL CONSUMPTION EXPENDITURE	PRIVATE FINAL CONSUMPTION EXPENDITURE	GROSS FIXED CAPITAL FORMATION		
B. INDEX FROM DATA IN U.S. DOLLARS 1975 = 100							
UNITED KINGDOM							
1960	44.9	43.6	34.1	46.7	43.4	49.1	43.4
1961	46.3	44.8	35.5	48.0	44.4	49.7	43.5
1962	48.2	46.3	36.9	49.9	45.5	50.1	48.3
1963	49.3	47.6	38.3	50.8	47.1	50.7	44.3
1964	51.2	49.4	40.1	52.6	48.1	51.9	45.5
1965	53.7	51.7	42.8	55.2	49.4	53.1	46.2
1966	56.1	53.8	45.4	57.4	51.3	54.7	47.0
1967	56.6	54.1	46.6	57.9	50.5	54.9	46.6
1968	51.5	49.5	43.0	52.9	45.9	52.0	45.3
1969	54.3	52.3	45.8	55.9	47.9	53.3	46.6
1970	58.3	56.0	50.7	59.2	51.4	57.9	50.0
1971	65.0	62.2	57.2	65.5	57.3	61.9	53.0
1972	71.7	68.6	64.0	71.4	64.5	65.8	56.0
1973	75.1	73.5	68.6	76.0	72.2	72.8	67.6
1974	82.5	84.0	80.1	85.2	84.0	87.6	92.1
1975	100.0	100.0	100.0	100.0	100.0	100.0	100.0
1976	93.4	93.9	92.3	94.4	93.8	97.2	98.7
1977	102.3	102.4	98.1	104.6	101.2	108.8	109.7
UNITED REP. OF CAMEROON							
1969	45.7	...	44.9	...	34.2	56.9	42.1
1970	44.4	...	44.7	...	36.9	54.9	46.5
1971	47.5	...	47.4	...	42.8	51.1	45.2
1972	57.6	...	55.5	...	78.2	59.5	57.1
1973	76.8	...	72.1	...	80.1	91.0	68.5
1974	79.7	...	78.5	...	84.2	98.4	89.2
1975	100.0	...	100.0	...	100.0	100.0	100.0
1976	101.5	...	99.4	...	124.9	124.9	112.0

10A. IMPLICIT PRICE DEFLATOR INDEX OF GROSS DOMESTIC PRODUCT AND EXPENDITURE

	GROSS DOMESTIC PRODUCT	FINAL CONSUMPTION AND GROSS CAPITAL FORMATION				EXPORTS OF GOODS AND SERVICES	IMPORTS OF GOODS AND SERVICES
		TOTAL	GOVERNMENT FINAL CONSUMPTION EXPENDITURE	PRIVATE FINAL CONSUMPTION EXPENDITURE	GROSS FIXED CAPITAL FORMATION		
B. INDEX FROM DATA IN U.S. DOLLARS 1975 = 100							
UNITED STATES							
1960	54.4	53.8	44.9	56.8	52.5	48.1	40.4
1961	54.9	54.3	46.0	57.5	52.4	48.8	40.0
1962	55.9	55.3	47.6	58.4	52.8	48.6	39.2
1963	56.7	56.1	48.6	59.3	53.1	48.8	39.7
1964	57.6	57.0	49.9	60.1	53.6	49.1	40.6
1965	58.8	58.1	51.3	61.1	54.6	50.6	41.0
1966	60.7	60.0	53.9	62.8	56.3	52.1	41.9
1967	62.6	61.8	56.4	64.4	58.1	52.9	42.1
1968	65.2	64.5	59.4	66.9	60.7	53.9	42.5
1969	68.6	67.7	62.9	69.9	64.3	55.6	43.6
1970	72.1	71.2	67.8	73.2	67.9	58.8	46.7
1971	75.8	74.9	72.9	76.4	71.8	60.9	49.1
1972	78.9	78.2	78.0	79.1	74.9	62.6	52.7
1973	83.4	82.8	83.4	83.5	79.5	72.2	62.3
1974	91.3	91.7	91.3	92.5	88.7	90.2	91.0
1975	100.0	100.0	100.0	100.0	100.0	100.0	100.0
1976	105.3	105.5	106.0	105.5	105.0	104.3	102.7
1977	111.4	112.3	113.4	111.6	112.9	108.9	111.7
URUGUAY							
1960	50.1	47.8	43.1	46.2	57.9	79.6	55.5
1961	50.7	47.8	51.5	45.6	57.6	67.0	46.1
1962	51.9	48.2	64.6	44.8	54.8	63.4	40.2
1963	52.6	49.3	65.2	46.0	56.0	67.3	44.8
1964	55.3	51.2	67.8	47.7	55.7	68.3	41.1
1965	55.8	52.0	68.4	48.1	61.2	83.3	56.2
1966	56.9	52.2	59.1	48.7	66.5	87.0	50.3
1967	59.3	55.4	64.1	51.5	72.5	80.0	51.8
1968	57.5	54.6	54.3	53.7	58.6	71.5	51.0
1969	60.4	56.6	68.6	54.6	55.3	70.1	45.7
1970	69.8	65.4	75.0	63.8	63.2	73.0	49.7
1971	81.4	74.4	99.6	70.7	70.3	73.8	43.8
1972	65.6	59.5	68.4	57.1	58.3	92.7	49.5
1973	87.1	77.4	87.0	73.0	82.3	116.7	54.3
1974	108.6	104.5	109.6	101.4	113.3	124.3	98.5
1975	100.0	100.0	100.0	100.0	100.0	100.0	100.0
1976	102.5	104.3	115.8	103.4	97.1	101.0	99.9
1977	108.6	109.2	87.7	116.9	101.8	124.6	116.7

10A. IMPLICIT PRICE DEFLATOR INDEX OF GROSS DOMESTIC PRODUCT AND EXPENDITURE

	GROSS DOMESTIC PRODUCT	FINAL CONSUMPTION AND GROSS CAPITAL FORMATION				EXPORTS OF GOODS AND SERVICES	IMPORTS OF GOODS AND SERVICES
		TOTAL	GOVERNMENT FINAL CONSUMPTION EXPENDITURE	PRIVATE FINAL CONSUMPTION EXPENDITURE	GROSS FIXED CAPITAL FORMATION		
B. INDEX FROM DATA IN U.S. DOLLARS 1975 = 100							
VENEZUELA 9/							
1960	120.1	133.3	151.0	131.0	128.8	105.4	152.4
1961	94.4	106.7	117.9	104.5	106.1	82.9	131.0
1962	88.7	104.5	110.6	103.6	103.2	75.5	137.9
1963	90.7	107.8	111.2	106.8	108.6	73.8	133.4
1964	92.3	112.7	111.7	112.4	114.4	71.3	137.1
1965	92.8	116.4	115.0	116.0	118.5	69.5	150.1
1966	94.5	118.4	115.3	117.5	123.6	68.3	153.7
1967	95.7	120.6	117.9	119.1	127.7	68.1	151.2
1968	97.9	125.0	118.2	121.1	132.1	68.2	150.3
1969	98.8	125.6	118.0	124.0	136.2	66.5	156.2
VIET NAM 29/ 34/							
1960	100.0	100.0	100.0	100.0	100.0	100.0	100.0
1961	103.6	105.2	103.3	106.0	101.0	88.8	109.0
1962	85.5	88.1	86.6	88.6	86.6	73.8	98.3
1963	91.1	93.9	89.7	95.9	86.3	82.1	103.2
1964	94.6	97.4	94.1	99.2	87.4	85.9	108.9
1965	101.3	102.8	97.8	105.6	86.1	90.9	104.8
1966	117.9	108.8	83.8	123.1	86.1	112.1	89.8
1967	148.1	127.5	90.2	150.3	86.9	127.4	89.7
1968	153.2	134.4	84.4	169.8	83.7	128.4	94.1
1969	179.4	139.5	93.9	177.9	82.1	145.1	74.7
1970	206.4	159.5	97.7	207.4	110.3	174.0	69.4
1971	154.6	115.7	69.9	155.4	83.3	211.2	48.6
1972	116.6	98.2	59.4	131.2	66.6	166.9	73.3

10A. IMPLICIT PRICE DEFLATOR INDEX OF GROSS DOMESTIC PRODUCT AND EXPENDITURE

	GROSS DOMESTIC PRODUCT	FINAL CONSUMPTION AND GROSS CAPITAL FORMATION				EXPORTS OF GOODS AND SERVICES	IMPORTS OF GOODS AND SERVICES
		TOTAL	GOVERNMENT FINAL CONSUMPTION EXPENDITURE	PRIVATE FINAL CONSUMPTION EXPENDITURE	GROSS FIXED CAPITAL FORMATION		
B. INDEX FROM DATA IN U.S. DOLLARS 1975 = 100							
ZAIRE					27/		
1968	51.4	40.5	45.0	33.9	51.3	92.2	48.9
1969	58.5	43.8	52.0	36.2	53.3	108.2	50.6
1970	60.6	47.2	56.5	38.0	59.9	107.4	55.6
1971	60.9	50.6	63.7	40.1	63.2	88.1	54.4
1972	66.3	58.5	70.5	48.1	71.3	82.6	59.8
1973	81.6	68.0	72.6	62.6	75.0	117.8	72.0
1974	94.2	79.0	85.8	73.8	86.2	146.6	89.0
1975	100.0	100.0	100.0	100.0	100.0	100.0	100.0
ZAMBIA							
1960	53.9	46.3	44.2	45.5	38.4	...	...
1961	52.2	46.8	46.5	45.3	39.8	...	...
1962	52.0	47.6	49.2	47.1	40.5	...	...
1963	53.3	48.1	50.2	46.8	42.1	...	...
1964	54.9	48.8	47.3	48.1	44.1	...	...
1965	53.8	48.7	50.1	48.6	44.1	...	...
1966	66.5	52.7	51.3	52.3	48.4	...	...
1967	66.7	55.8	58.3	54.9	51.3	...	...
1968	77.2	60.0	60.1	59.4	56.3	...	...
1969	95.0	58.4	63.8	61.1	56.3	...	...
1970	84.4	59.9	59.4	62.5	57.5	106.8	46.4
1971	77.8	65.3	65.5	66.2	63.8	83.5	48.9
1972	80.6	69.1	69.5	69.9	67.3	85.9	51.7
1973	107.5	81.2	82.8	83.1	76.0	137.7	64.5
1974	118.0	92.6	91.3	91.8	91.5	158.6	80.7
1975	100.0	100.0	100.0	100.0	100.0	100.0	100.0
1976	102.2	105.6	101.9	106.0	106.4	107.3	100.7
1977	99.4	113.2	107.4	113.8	116.9	93.8	122.5

108. IMPLICIT PRICE DEFLATOR INDEX OF GROSS DOMESTIC PRODUCT BY KIND OF ECONOMIC ACTIVITY

	GROSS DOMESTIC PRODUCT	AGRICULTURE 11/	INDUSTRIAL ACTIVITY: TOTAL 12/	INDUSTRIAL ACTIVITY: MANUFACTURING INDUSTRIES	CONSTRUCTION	WHOLESALE AND RETAIL TRADE	TRANSPORT AND COMMUNICATION	OTHER 13/
ISIC	1 - 9	1	2 - 4	3	5	6	7	8 - 9

A. INDEX FROM DATA IN NATIONAL CURRENCY 1975 = 100

ARGENTINA								
1960	1.4	1.2	1.4	1.4	1.2	2.3	1.1	0.9
1961	1.5	1.2	1.6	1.5	1.5	2.3	1.2	1.2
1962	1.9	1.6	2.1	2.0	1.9	2.8	1.6	1.5
1963	2.5	2.2	2.6	2.5	2.3	3.6	2.2	1.8
1964	3.1	3.1	3.2	3.1	2.9	4.6	2.7	2.3
1965	4.0	3.6	4.3	4.1	4.0	5.7	3.3	3.1
1966	5.0	4.0	5.1	4.9	5.2	6.8	4.5	4.0
1967	6.4	4.8	6.2	5.9	6.6	8.7	5.9	5.0
1968	7.0	5.4	6.6	6.2	7.1	9.2	6.7	5.8
1969	7.6	6.1	7.0	6.6	7.8	9.8	7.4	6.6
1970	8.5	7.1	7.6	7.3	8.7	10.3	8.8	7.7
1971	11.3	11.2	9.9	9.5	11.3	13.2	12.7	10.5
1972	18.2	22.3	16.0	15.8	17.5	21.4	18.7	16.0
1973	28.5	31.3	24.8	24.3	30.1	33.1	30.5	26.3
1974	36.5	34.5	31.4	30.4	40.7	39.7	37.8	36.7
1975	100.0	100.0	100.0	100.0	100.0	100.0	100.0	100.0

10B. IMPLICIT PRICE DEFLATOR INDEX OF GROSS DOMESTIC PRODUCT BY KIND OF ECONOMIC ACTIVITY

	GROSS DOMESTIC PRODUCT	AGRICULTURE 11/	INDUSTRIAL ACTIVITY: TOTAL 12/	INDUSTRIAL ACTIVITY: MANUFACTURING INDUSTRIES	CONSTRUCTION	WHOLESALE AND RETAIL TRADE	TRANSPORT AND COMMUNICATION	OTHER 13/
ISIC	1 - 9	1	2 - 4	3	5	6	7	8 - 9
A. INDEX FROM DATA IN NATIONAL CURRENCY 1975 = 100								
AUSTRIA								
1960	48.0	66.6	59.9	...	50.8	50.0	63.7	32.4
1961	50.3	71.1	61.3	...	52.5	52.1	73.9	34.7
1962	52.2	71.9	63.2	...	53.2	56.8	74.3	36.3
1963	54.1	71.6	64.8	...	58.0	59.0	74.6	38.3
1964	55.7	73.3	65.8	...	57.6	61.7	74.6	40.2
1965	58.8	81.3	68.4	...	65.2	63.7	76.1	43.7
1966	60.6	79.2	70.6	...	65.7	65.4	79.0	47.0
1967	62.6	75.4	72.7	...	65.9	67.6	87.3	50.7
1968	64.4	72.1	73.2	...	65.8	71.9	86.6	54.3
1969	66.2	77.1	73.6	...	64.2	75.0	86.1	59.0
1970	69.3	82.1	77.0	...	68.8	78.8	86.5	62.2
1971	73.2	86.7	80.2	...	74.0	83.8	88.0	67.7
1972	78.5	95.8	84.6	...	86.1	89.6	93.7	73.4
1973	83.9	101.8	84.8	...	84.2	80.7	90.4	80.6
1974	92.0	104.2	93.4	...	92.6	90.3	90.8	89.5
1975	100.0	100.0	100.0	...	100.0	100.0	100.0	100.0
1976	104.4	106.4	105.0	...	104.6	105.0	105.7	109.7
1977	109.6	108.7	110.2	...	116.0	109.4	114.3	116.0
BANGLADESH 4/								
1972	53.9	55.6	71.9	71.9	31.6	71.2	44.8	40.4
1973	76.3	80.0	90.2	90.2	53.5	90.2	62.0	58.7
1974	131.8	153.1	109.8	109.8	97.7	134.5	89.0	95.4
1975	100.0	100.0	100.0	100.0	100.0	100.0	100.0	100.0
1976	96.6	96.2	101.8	101.8	89.2	93.5	99.3	94.7
1977	100.2	103.6	100.0	100.1	88.9	94.3	96.3	95.8

10B. IMPLICIT PRICE DEFLATOR INDEX OF GROSS DOMESTIC PRODUCT BY KIND OF ECONOMIC ACTIVITY

	GROSS DOMESTIC PRODUCT	AGRICULTURE 11/	INDUSTRIAL ACTIVITY: TOTAL 12/	INDUSTRIAL ACTIVITY: MANUFACTURING INDUSTRIES	CONSTRUCTION	WHOLESALE AND RETAIL TRADE	TRANSPORT AND COMMUNICATION	OTHER 13/
ISIC	1 - 9	1	2 - 4	3	5	6	7	8 - 9
A. INDEX FROM DATA IN NATIONAL CURRENCY 1975 = 100								
BELGIUM								26/
1960	47.7	52.6	62.1	62.0	33.6	...	36.3	43.1
1961	48.3	55.0	62.7	62.8	35.5	...	36.1	43.4
1962	49.1	54.5	62.6	62.7	37.1	...	37.3	43.6
1963	50.6	60.1	64.4	64.7	40.0	...	38.0	44.7
1964	53.0	61.1	66.9	67.3	43.4	...	40.1	46.7
1965	55.6	69.1	68.3	69.0	45.9	...	42.1	49.9
1966	58.0	72.5	70.5	71.3	47.9	...	44.3	52.5
1967	59.7	63.8	72.2	73.2	50.9	...	47.3	54.8
1968	61.3	66.2	73.1	74.4	52.2	...	48.1	57.1
1969	63.9	74.1	75.6	77.3	55.2	...	49.8	59.3
1970	66.8	67.7	77.0	78.7	60.5	...	53.4	62.3
1971	70.3	68.5	77.3	78.1	64.1	...	58.9	66.5
1972	74.1	86.5	79.3	80.6	67.6	...	65.8	71.7
1973	79.2	91.3	82.4	84.3	74.4	...	71.5	77.4
1974	88.8	77.7	93.4	95.4	88.3	...	84.2	87.0
1975	100.0	100.0	100.0	100.0	100.0	...	100.0	100.0
1976	107.6	115.8	106.3	107.1	110.2	...	108.7	109.1
1977	115.0	99.1	110.7	111.6	118.4	...	118.5	119.4
BELIZE	6/							
1970	50.2	39.7	...	...	...	51.6	56.2	67.3
1971	57.1	44.2	...	...	...	63.1	63.8	71.4
1972	62.8	50.3	...	...	...	67.2	73.8	77.8
1973	64.9	46.3	...	...	66.7	73.2	83.2	86.1
1974	83.3	73.2	...	...	94.2	82.6	95.3	90.8
1975	100.0	100.0	...	...	100.0	100.0	100.0	100.0
1976	96.0	76.5	...	...	92.2	119.3	118.9	108.3
BENIN								
1970	72.5	69.2	...	...	63.1	69.2	69.4	68.7
1971	70.9	71.6	...	...	64.7	71.0	71.3	70.5
1972	73.3	73.8	...	...	69.0	73.7	74.2	73.4
1973	78.6	79.1	...	...	75.1	74.8	75.1	71.9
1974	87.9	95.4	...	...	90.5	84.2	84.5	82.7
1975	100.0	100.0	...	...	100.0	100.0	100.0	100.0
1976	118.5	109.7	...	...	113.9	117.3	117.8	116.5
1977	130.9	117.6	...	...	127.4	124.5	125.0	123.6

10B. IMPLICIT PRICE DEFLATOR INDEX OF GROSS DOMESTIC PRODUCT BY KIND OF ECONOMIC ACTIVITY

	GROSS DOMESTIC PRODUCT	AGRICULTURE 11/	INDUSTRIAL ACTIVITY		CONSTRUCTION	WHOLESALE AND RETAIL TRADE	TRANSPORT AND COMMUNICATION	OTHER 13/
			TOTAL 12/	MANUFACTURING INDUSTRIES				
ISIC	1 - 9	1	2 - 4	3	5	6	7	8 - 9
A. INDEX FROM DATA IN NATIONAL CURRENCY 1975 = 100								
BOLIVIA								
1960	23.6	34.9	25.2	31.6	21.9	21.4	28.5	18.4
1961	25.5	37.0	26.4	32.4	21.9	22.3	29.7	20.7
1962	26.4	36.4	27.4	34.4	22.6	22.8	30.6	22.6
1963	26.7	36.4	28.0	35.2	22.7	23.0	30.9	23.2
1964	28.7	37.0	32.5	37.5	23.1	23.6	33.2	24.8
1965	29.8	37.9	35.1	39.0	25.3	25.4	34.3	24.5
1966	30.8	38.4	34.7	40.1	25.6	26.5	35.4	26.7
1967	32.8	39.5	35.7	42.6	28.2	29.3	39.7	28.4
1968	34.7	41.0	36.8	44.8	30.1	30.5	42.1	31.6
1969	36.0	42.9	37.9	45.9	31.0	31.1	42.9	33.2
1970	36.9	38.9	39.3	43.7	28.7	31.3	45.3	37.3
1971	38.3	39.1	41.3	45.4	30.4	33.0	43.3	37.9
1972	42.0	39.5	43.8	46.5	32.7	38.9	49.5	40.3
1973	55.2	54.6	55.9	57.4	72.7	45.6	60.7	53.6
1974	90.5	91.5	104.6	89.1	89.5	75.8	95.0	79.2
1975	100.0	100.0	100.0	100.0	100.0	100.0	100.0	100.0
BOTSWANA 4/28/								
1967	92.4	87.6	...	...	51.3	200.0	82.8	100.0
1968	94.3	97.5	...	...	54.3	134.2	79.1	110.9
1969	97.1	98.5	...	...	81.2	110.4	85.5	105.9
1970	98.8	99.3	...	...	93.2	103.4	92.4	102.5
1971	100.0	100.0	...		100.0	100.0	100.0	100.0

10B. IMPLICIT PRICE DEFLATOR INDEX OF GROSS DOMESTIC PRODUCT BY KIND OF ECONOMIC ACTIVITY

	GROSS DOMESTIC PRODUCT	AGRICULTURE 11/	INDUSTRIAL ACTIVITY: TOTAL 12/	INDUSTRIAL ACTIVITY: MANUFACTURING INDUSTRIES	CONSTRUCTION	WHOLESALE AND RETAIL TRADE	TRANSPORT AND COMMUNICATION	OTHER 13/
ISIC	1 - 9	1	2 - 4	3	5	6	7	8 - 9
A. INDEX FROM DATA IN NATIONAL CURRENCY 1975 = 100								
BURMA 2/								
1962	49.0	38.4	53.7	52.9	96.4	40.7	81.5	95.3
1963	49.5	39.7	53.7	53.9	96.4	41.7	72.4	95.2
1964	48.4	36.3	55.8	54.8	96.4	41.8	78.0	95.3
1965	48.8	35.9	56.7	55.5	96.4	42.1	88.4	95.3
1966	50.2	37.6	60.7	58.9	96.4	42.8	83.5	95.3
1967	56.3	46.1	63.1	60.8	96.4	48.4	91.7	95.3
1968	58.2	47.8	67.3	65.0	96.4	49.6	103.8	95.4
1969	59.8	48.6	76.8	74.4	96.4	51.8	92.5	95.3
1970	59.0	48.0	73.1	70.3	96.4	51.7	88.6	95.3
1971	57.7	45.8	71.4	68.6	96.4	51.0	89.9	95.3
1972	58.1	45.8	73.4	68.6	96.4	52.0	87.7	95.3
1973	63.9	55.1	74.4	68.1	98.4	56.2	88.6	...
1974	78.0	69.2	87.0	85.0	100.6	76.2	94.1	...
1975	100.0	100.0	100.0	100.0	100.0	100.0	100.0	...
1976	116.5	119.5	118.9	123.2	106.6	119.3	105.1	...
1977	126.6	131.2	130.4	136.2	108.8	131.0	106.7	...

10B. IMPLICIT PRICE DEFLATOR INDEX OF GROSS DOMESTIC PRODUCT BY KIND OF ECONOMIC ACTIVITY

	GROSS DOMESTIC PRODUCT	AGRICULTURE 11/	INDUSTRIAL ACTIVITY: TOTAL 12/	INDUSTRIAL ACTIVITY: MANUFACTURING INDUSTRIES	CONSTRUCTION	WHOLESALE AND RETAIL TRADE	TRANSPORT AND COMMUNICATION	OTHER 13/
ISIC	1 - 9	1	2 - 4	3	5	6	7	8 - 9
A. INDEX FROM DATA IN NATIONAL CURRENCY 1975 = 100								
CENTRAL AFRICAN EMPIRE								32/
1967	...	100.0	...	...	100.0	100.0	100.0	100.0
1968	...	109.2	...	...	106.2	96.6	114.2	94.9
1969	...	110.2	...	...	112.1	86.9	115.7	89.5
1970	...	107.4	...	...	80.9	85.8	128.2	85.3
CHILE								
1960	0.0	0.0	0.0	0.0	0.0	0.0	0.0	0.0
1961	0.0	0.0	0.0	0.0	0.0	0.0	0.0	0.0
1962	0.0	0.0	0.0	0.0	0.0	0.0	0.0	0.0
1963	0.0	0.0	0.0	0.0	0.0	0.0	0.0	0.0
1964	0.0	0.1	0.0	0.0	0.1	0.0	0.0	0.0
1965	0.1	0.1	0.1	0.0	0.1	0.0	0.1	0.1
1966	0.1	0.1	0.1	0.1	0.1	0.0	0.1	0.1
1967	0.1	0.1	0.1	0.1	0.1	0.1	0.1	0.1
1968	0.1	0.1	0.1	0.1	0.2	0.1	0.1	0.1
1969	0.2	0.2	0.2	0.2	0.2	0.1	0.2	0.2
1970	0.2	0.3	0.3	0.2	0.3	0.1	0.2	0.3
1971	0.3	0.4	0.3	0.3	0.4	0.2	0.3	0.4
1972	0.5	0.7	0.5	0.5	0.9	0.3	0.6	0.6
1973	2.7	4.0	2.8	2.6	3.2	2.0	2.9	2.9
1974	20.4	23.2	20.6	18.9	22.6	17.7	20.6	22.0
1975	100.0	100.0	100.0	100.0	100.0	100.0	100.0	100.0
1976	334.7	478.3	332.4	342.9	364.7	310.1	312.1	338.9
1977	675.0	1175.7	577.0	632.5	757.3	586.6	645.1	775.3

10B. IMPLICIT PRICE DEFLATOR INDEX OF GROSS DOMESTIC PRODUCT BY KIND OF ECONOMIC ACTIVITY

	GROSS DOMESTIC PRODUCT	AGRICULTURE [11/]	INDUSTRIAL ACTIVITY: TOTAL [12/]	INDUSTRIAL ACTIVITY: MANUFACTURING INDUSTRIES	CONSTRUCTION	WHOLESALE AND RETAIL TRADE	TRANSPORT AND COMMUNICATION	OTHER [13/]
ISIC	1 - 9	1	2 - 4	3	5	6	7	8 - 9
A. INDEX FROM DATA IN NATIONAL CURRENCY 1975 = 100								
COLOMBIA								[26/]
1960	14.5	14.0	14.3	13.8	11.1	12.7	19.9	16.1
1961	15.7	15.0	15.5	14.9	12.3	13.3	21.1	18.3
1962	16.7	15.5	17.0	16.5	14.2	13.5	24.1	19.7
1963	20.6	19.0	21.4	21.3	17.8	16.4	30.1	23.9
1964	24.0	23.9	23.0	22.9	20.2	20.4	32.0	26.9
1965	26.2	25.3	25.4	25.4	22.4	23.8	32.0	29.5
1966	30.1	28.8	28.1	28.3	26.0	28.9	37.0	34.0
1967	32.6	30.8	30.1	30.1	28.8	30.9	41.0	37.6
1968	35.6	33.3	32.8	31.7	31.4	34.0	46.8	41.1
1969	38.6	36.1	35.0	34.3	34.1	36.0	53.5	44.8
1970	42.4	38.9	38.3	37.7	39.5	40.7	58.7	49.3
1971	46.9	43.3	43.3	42.3	46.3	42.3	63.6	54.7
1972	53.1	50.6	49.1	48.0	50.4	49.0	66.0	61.5
1973	64.9	66.2	60.1	59.8	61.5	60.6	71.7	70.7
1974	82.8	82.6	80.8	80.9	82.9	80.2	93.1	84.1
1975	100.0	100.0	100.0	100.0	100.0	100.0	100.0	100.0
1976	123.7	128.2	123.7	123.1	120.8	126.9	126.0	116.4
1977	158.4	178.7	151.9	149.9	154.6	161.9	163.1	140.5
COSTA RICA								
1960	41.1	44.3	...	...	39.3	38.3	44.8	35.7
1961	42.5	43.2	...	...	41.3	40.5	48.3	38.2
1962	42.7	44.5	...	...	42.3	39.5	50.2	38.6
1963	43.5	45.1	...	...	43.0	40.3	53.4	39.2
1964	44.3	46.0	...	...	43.4	41.5	55.9	39.4
1965	43.9	47.0	...	...	44.2	39.8	54.7	40.0
1966	44.5	46.4	...	...	44.3	40.2	54.8	41.8
1967	45.5	46.1	...	...	45.4	41.2	54.5	43.6
1968	46.4	46.8	...	...	46.4	42.1	54.1	44.8
1969	48.5	46.9	...	...	49.5	45.9	57.3	48.2
1970	52.1	50.8	...	...	53.6	49.7	60.7	51.4
1971	53.3	47.7	...	...	56.6	52.1	62.8	53.7
1972	56.7	50.2	...	...	57.3	53.2	64.5	59.2
1973	65.2	58.2	...	...	66.5	61.0	66.9	66.3
1974	80.3	76.1	...	...	84.2	82.3	79.5	77.9
1975	100.0	100.0	...	...	100.0	100.0	100.0	100.0
1976	116.6	122.7	...	...	113.7	109.9	114.4	121.0
1977	137.5	167.5	...	...	128.4	120.9	124.9	143.4

10B. IMPLICIT PRICE DEFLATOR INDEX OF GROSS DOMESTIC PRODUCT BY KIND OF ECONOMIC ACTIVITY

	GROSS DOMESTIC PRODUCT	AGRICULTURE 11/	INDUSTRIAL ACTIVITY: TOTAL 12/	INDUSTRIAL ACTIVITY: MANUFACTURING INDUSTRIES	CONSTRUCTION	WHOLESALE AND RETAIL TRADE	TRANSPORT AND COMMUNICATION	OTHER 13/
ISIC	1 - 9	1	2 - 4	3	5	6	7	8 - 9
A. INDEX FROM DATA IN NATIONAL CURRENCY 1975 = 100								
CYPRUS								
1960	57.2	52.4	57.6	57.5	33.3	56.4	55.8	...
1961	57.5	58.0	58.9	57.6	33.0	58.8	57.4	...
1962	58.9	58.8	58.7	55.2	37.6	58.9	60.0	...
1963	58.5	54.3	58.8	58.7	38.9	57.8	61.6	...
1964	59.4	50.4	66.1	60.2	38.9	58.0	63.2	...
1965	61.6	54.0	68.6	61.3	39.6	57.7	65.3	...
1966	62.7	55.4	68.8	60.2	43.8	58.7	67.5	...
1967	63.3	57.4	67.8	58.7	45.8	59.3	66.4	...
1968	65.2	57.4	71.3	59.6	46.1	61.4	68.1	...
1969	68.3	60.7	76.4	62.9	51.0	64.1	70.8	...
1970	71.3	61.2	77.7	65.4	57.3	66.1	76.0	...
1971	72.8	63.6	74.4	68.5	59.2	67.4	79.4	...
1972	77.4	71.0	75.0	73.2	65.0	69.9	80.7	...
1973	85.3	85.2	82.7	78.9	80.1	73.4	90.5	...
1974	92.7	85.6	94.7	91.6	100.0	84.4	91.1	...
1975	100.0	100.0	100.0	100.0	100.0	100.0	100.0	...
1976	107.8	118.0	113.4	113.4	102.5	101.7	107.2	...
1977	115.8	123.1	123.2	122.5	108.3	113.9	112.7	...
DEMOCRATIC KAMPUCHEA 18/			19/		19/			
1962	83.4	84.3	82.6	...	...		80.0	
1963	85.3	85.5	90.0	...	...		82.6	
1964	92.0	84.4	104.5	...	...		92.6	
1965	97.1	94.8	102.1	...	...		96.7	
1966	100.0	100.0	100.0	...	...		100.0	

108. IMPLICIT PRICE DEFLATOR INDEX OF GROSS DOMESTIC PRODUCT BY KIND OF ECONOMIC ACTIVITY

	GROSS DOMESTIC PRODUCT	AGRICULTURE 11/	INDUSTRIAL ACTIVITY: TOTAL 12/	INDUSTRIAL ACTIVITY: MANUFACTURING INDUSTRIES	CONSTRUCTION	WHOLESALE AND RETAIL TRADE	TRANSPORT AND COMMUNICATION	OTHER 13/
ISIC	1 - 9	1	2 - 4	3	5	6	7	8 - 9
A. INDEX FROM DATA IN NATIONAL CURRENCY 1975 = 100								
DENMARK 35/								
1960	54.6	67.2	65.4	64.2	49.3	59.0	57.1	42.3
1961	57.0	68.0	68.9	67.7	54.4	61.3	59.7	47.8
1962	60.7	70.2	72.8	71.9	57.5	65.1	62.6	51.4
1963	64.2	77.7	74.5	73.8	60.1	67.6	66.4	54.8
1964	67.2	82.5	76.7	75.8	63.5	70.3	69.9	58.4
1965	72.2	80.3	80.8	79.6	69.2	74.6	75.6	66.1
1966	77.1	85.3	84.8	83.7	74.7	78.8	79.5	72.7
1967	81.2	80.7	88.2	86.7	78.9	81.3	88.8	77.6
1968	86.7	82.7	91.2	90.1	87.7	82.1	89.2	84.4
1969	92.6	95.6	95.0	94.8	94.0	87.6	93.9	91.6
1970	100.0	100.0	100.0	100.0	100.0	100.0	100.0	100.0
1971	107.9	98.6	105.7	105.7	108.5	104.7	105.5	112.1
1972	117.8	114.9	110.8	111.4	116.9	118.1	116.4	123.6
1973	129.1	147.8	122.9	123.8	136.1	121.6	128.5	137.2
1974	142.5	...	...	...	...	...	...	...
1975	160.4	...	...	...	...	...	...	...
1976	174.2	...	...	...	...	...	...	...
1977	189.8	...	...	...	...	...	...	...
DOMINICA 1/								
1967	100.0	100.0	100.0	...	100.0	100.0	100.0	100.0
1968	97.1	101.4	77.6	...	95.9	89.1	106.3	100.6
1969	96.0	100.7	76.7	...	94.4	83.4	110.3	101.0

10B. IMPLICIT PRICE DEFLATOR INDEX OF GROSS DOMESTIC PRODUCT BY KIND OF ECONOMIC ACTIVITY

	GROSS DOMESTIC PRODUCT	AGRICULTURE 11/	INDUSTRIAL ACTIVITY: TOTAL 12/	INDUSTRIAL ACTIVITY: MANUFACTURING INDUSTRIES	CONSTRUC-TION	WHOLESALE AND RETAIL TRADE	TRANSPORT AND COMMUNICA-TION	OTHER 13/
ISIC	1 - 9	1	2 - 4	3	5	6	7	8 - 9
				A. INDEX FROM DATA IN NATIONAL CURRENCY 1975 = 100				
DOMINICAN REPUBLIC								26/
1960	51.9	35.6	60.0	50.0	54.8	64.0	53.4	57.9
1961	51.7	37.4	57.7	47.0	54.3	60.9	54.7	56.5
1962	55.6	46.8	55.7	46.1	54.1	62.3	58.3	58.5
1963	59.6	48.9	62.9	52.5	58.1	67.2	60.1	62.2
1964	60.9	50.4	66.4	56.0	60.7	66.9	63.8	62.4
1965	60.3	50.0	67.2	56.8	59.4	70.0	55.8	61.0
1966	58.8	48.8	65.9	55.7	59.1	62.2	66.2	59.4
1967	59.9	47.8	66.8	56.4	61.6	63.9	71.0	56.2
1968	62.3	47.5	68.2	57.7	61.3	67.2	76.6	66.3
1969	64.1	50.5	69.0	58.5	61.5	64.7	83.0	68.6
1970	64.9	51.5	69.5	59.0	61.2	65.9	81.0	70.0
1971	65.9	52.5	68.4	57.9	63.0	66.6	79.5	73.1
1972	69.9	55.9	66.3	59.5	65.5	70.8	84.3	83.5
1973	73.6	65.9	65.7	61.5	70.3	74.5	90.3	84.3
1974	85.8	81.6	75.5	76.2	88.3	90.2	94.8	93.3
1975	100.0	100.0	100.0	100.0	100.0	100.0	100.0	100.0
1976	102.8	91.0	101.4	103.8	101.5	110.6	106.5	108.7
1977	111.7	109.5	99.8	101.9	99.1	124.3	114.3	120.8
ECUADOR								
1965	40.1	41.6	37.8	42.1	36.1	37.2	52.5	41.1
1966	42.1	38.2	40.1	44.2	38.0	42.6	60.1	47.1
1967	43.5	38.6	41.8	45.7	37.5	44.9	63.2	49.6
1968	44.7	39.4	43.4	47.4	37.0	45.6	64.4	50.4
1969	47.0	39.4	45.6	49.9	43.6	49.0	69.1	54.1
1970	51.3	49.9	48.9	53.4	47.7	49.3	69.5	54.4
1971	57.4	53.9	53.0	57.6	50.4	59.1	81.4	62.0
1972	62.8	59.2	61.4	66.0	58.2	63.4	81.9	65.8
1973	71.4	70.1	71.6	73.8	65.8	69.8	85.1	72.7
1974	89.4	86.8	91.2	87.9	85.5	89.0	96.9	88.3
1975	100.0	100.0	100.0	100.0	100.0	100.0	100.0	100.0
1976	109.6	104.1	110.5	110.6	120.4	111.3	111.6	109.4
1977	121.7	117.3	120.1	125.3	134.8	124.4	123.7	122.4

10B. IMPLICIT PRICE DEFLATOR INDEX OF GROSS DOMESTIC PRODUCT BY KIND OF ECONOMIC ACTIVITY

	GROSS DOMESTIC PRODUCT	AGRICULTURE 11/	INDUSTRIAL ACTIVITY: TOTAL 12/	INDUSTRIAL ACTIVITY: MANUFACTURING INDUSTRIES	CONSTRUCTION	WHOLESALE AND RETAIL TRADE	TRANSPORT AND COMMUNICATION	OTHER 13/
ISIC	1 - 9	1	2 - 4	3	5	6	7	8 - 9

A. INDEX FROM DATA IN NATIONAL CURRENCY 1975 = 100

EL SALVADOR								
1960	69.4	79.5	77.0	73.5	67.5	54.3	97.2	67.1
1961	68.2	77.8	76.5	72.8	63.4	54.5	95.3	64.1
1962	67.6	75.4	74.8	71.3	58.2	57.0	92.2	63.9
1963	68.5	76.0	76.4	72.7	57.9	58.6	91.7	64.3
1964	69.0	79.6	77.1	73.8	60.1	55.7	94.4	65.3
1965	70.0	84.5	78.5	75.4	60.0	54.0	90.9	66.6
1966	69.1	82.1	79.1	76.3	59.4	53.8	87.9	65.7
1967	68.8	81.1	77.6	74.9	58.7	53.7	87.8	66.9
1968	69.0	80.1	78.6	76.1	58.3	53.3	90.4	68.4
1969	69.3	77.8	81.0	78.7	61.3	53.5	95.2	68.2
1970	72.6	87.9	81.1	78.8	65.9	55.3	92.4	69.5
1971	72.9	84.5	80.9	78.9	64.6	58.4	93.6	70.0
1972	73.6	83.2	83.7	82.3	63.3	60.1	94.6	70.4
1973	81.1	103.5	84.7	83.4	74.8	64.5	95.1	75.1
1974	90.1	101.7	92.5	91.2	99.4	80.6	97.3	85.6
1975	100.0	100.0	100.0	100.0	100.0	100.0	100.0	100.0
1976	114.9	146.3	102.7	103.1	112.5	107.0	108.0	106.6
1977	131.2	199.3	107.7	107.9	123.5	116.2	112.0	114.8

10B. IMPLICIT PRICE DEFLATOR INDEX OF GROSS DOMESTIC PRODUCT BY KIND OF ECONOMIC ACTIVITY

	GROSS DOMESTIC PRODUCT	AGRICULTURE 11/	INDUSTRIAL ACTIVITY: TOTAL 12/	INDUSTRIAL ACTIVITY: MANUFACTURING INDUSTRIES	CONSTRUCTION	WHOLESALE AND RETAIL TRADE	TRANSPORT AND COMMUNICATION	OTHER 13/
ISIC	1 - 9	1	2 - 4	3	5	6	7	8 - 9
A. INDEX FROM DATA IN NATIONAL CURRENCY 1975 = 100								
ETHIOPIA 14/	6/							26/
1961	77.2	78.5	66.4	63.3	90.8	68.2	93.5	77.8
1962	78.1	77.4	67.6	65.4	90.8	66.8	91.1	89.3
1963	76.9	77.4	70.1	67.4	90.8	67.5	91.9	79.0
1964	81.2	84.1	67.8	66.0	90.8	75.0	96.0	76.6
1965	84.7	91.8	69.1	67.9	90.8	75.7	98.8	68.6
1966	85.9	93.9	68.7	67.6	90.8	77.0	95.6	70.7
1967	87.1	85.9	72.1	71.1	133.0	102.0	90.4	85.1
1968	86.9	90.0	77.2	75.4	90.8	76.0	93.9	87.9
1969	88.7	92.9	76.9	75.5	90.8	76.6	97.2	88.5
1970	93.4	99.6	77.8	76.4	90.8	80.6	96.8	92.1
1971	94.4	100.9	79.8	78.8	90.8	82.5	96.5	92.8
1972	90.3	92.6	80.7	79.4	90.8	82.1	96.6	93.1
1973	92.1	93.8	81.3	79.8	97.8	89.6	95.9	93.9
1974	100.8	105.4	88.9	88.2	99.6	101.2	96.8	98.0
1975	100.0	100.0	100.0	100.0	100.0	100.0	100.0	100.0
1976	105.9	110.0	103.6	103.9	104.5	103.7	99.3	101.2
FIJI 33/								
1965	98.1	99.9	110.5	115.2	77.5	95.8	87.1	...
1966	100.4	96.7	126.8	138.3	89.3	97.0	92.8	...
1967	96.8	96.5	97.8	98.1	93.4	97.0	92.8	...
1968	100.0	100.0	100.0	100.0	100.0	100.0	100.0	...
1969	106.0	102.7	113.6	117.6	112.5	104.2	112.5	...
1970	113.6	117.5	120.8	126.3	137.5	106.7	100.0	...
1971	117.8	123.7	112.0	104.8	144.4	114.7	109.1	...
1972	134.5	147.4	144.4	145.5	180.0	123.7	123.1	...
1973	156.5	180.0	178.6	178.3	227.3	140.9	140.0	...

108. IMPLICIT PRICE DEFLATOR INDEX OF GROSS DOMESTIC PRODUCT BY KIND OF ECONOMIC ACTIVITY

	GROSS DOMESTIC PRODUCT	AGRICULTURE [11]	INDUSTRIAL ACTIVITY: TOTAL [12]	INDUSTRIAL ACTIVITY: MANUFACTURING INDUSTRIES	CONSTRUCTION	WHOLESALE AND RETAIL TRADE	TRANSPORT AND COMMUNICATION	OTHER [13]
ISIC	1 - 9	1	2 - 4	3	5	6	7	8 - 9
A. INDEX FROM DATA IN NATIONAL CURRENCY 1975 = 100								
FINLAND								
1960	33.0	25.2	34.6	33.7	23.5	33.4	32.3	29.4
1961	34.0	27.1	35.3	34.6	24.8	34.3	33.8	31.0
1962	34.9	27.8	35.2	34.6	26.6	35.7	35.2	32.9
1963	37.1	30.5	36.8	36.1	28.2	38.6	37.0	36.0
1964	39.9	32.5	38.8	38.1	31.2	41.7	39.8	39.4
1965	41.6	35.0	39.5	38.7	32.6	43.0	41.2	42.1
1966	43.7	36.0	40.6	39.6	34.8	45.3	42.6	45.1
1967	46.2	36.5	42.4	41.4	37.1	46.6	45.7	48.6
1968	51.2	39.9	47.0	46.2	40.4	51.4	50.8	52.6
1969	52.9	41.9	51.8	51.5	42.7	52.8	51.7	54.7
1970	54.6	43.8	53.8	53.6	46.8	54.9	53.7	56.9
1971	58.3	48.0	54.6	54.7	52.6	57.9	58.9	60.8
1972	62.8	53.4	58.1	58.3	58.2	62.0	62.7	65.7
1973	71.7	64.0	68.1	68.6	67.2	69.8	70.4	72.9
1974	86.7	82.0	89.0	89.9	82.4	85.5	83.1	84.5
1975	100.0	100.0	100.0	100.0	100.0	100.0	100.0	100.0
1976	112.1	102.5	110.8	112.2	110.2	112.8	117.6	113.8
1977	123.2	109.0	120.5	122.0	116.2	127.2	128.3	123.2
FRANCE								
1960	42.7	47.1	51.0	50.5	35.5	45.7	46.4	29.4
1961	44.1	47.8	52.1	51.7	36.7	46.5	47.7	31.5
1962	46.2	52.2	53.5	53.3	38.3	48.6	49.1	34.3
1963	49.0	56.3	55.5	55.4	42.2	50.5	50.5	38.0
1964	51.0	54.8	57.2	57.2	45.2	52.5	51.4	40.6
1965	52.2	55.5	57.8	57.8	46.9	53.1	53.2	43.0
1966	53.8	58.9	58.4	58.5	47.9	53.8	55.6	45.8
1967	55.3	58.8	59.5	59.5	49.6	54.9	57.3	48.7
1968	57.8	59.2	61.0	61.1	53.2	57.1	62.8	52.9
1969	62.5	64.9	66.0	66.4	57.2	60.3	66.9	57.5
1970	65.7	70.0	68.9	69.3	59.1	62.9	70.2	61.7
1971	69.5	72.3	72.0	72.1	63.2	67.3	75.3	66.1
1972	73.8	85.9	75.3	75.3	68.2	70.1	75.4	71.0
1973	79.6	96.1	79.9	80.3	77.2	76.0	80.5	78.2
1974	88.4	93.8	87.5	88.0	86.4	89.1	87.4	87.6
1975	100.0	100.0	100.0	100.0	100.0	100.0	100.0	100.0
1976	110.0	114.6	107.2	107.5	114.6	103.3	110.5	112.4
1977	119.6	120.2	116.5	117.2	130.7	117.4	117.9	122.9

10B. IMPLICIT PRICE DEFLATOR INDEX OF GROSS DOMESTIC PRODUCT BY KIND OF ECONOMIC ACTIVITY

	GROSS DOMESTIC PRODUCT	AGRICULTURE 11/	INDUSTRIAL ACTIVITY TOTAL 12/	INDUSTRIAL ACTIVITY MANUFACTURING INDUSTRIES	CONSTRUCTION	WHOLESALE AND RETAIL TRADE	TRANSPORT AND COMMUNICATION	OTHER 13/
ISIC	1 - 9	1	2 - 4	3	5	6	7	8 - 9
A. INDEX FROM DATA IN NATIONAL CURRENCY 1975 = 100								
GERMANY, FEDERAL REPUBLIC OF								
1960	51.3	66.5	59.1	58.9	44.9	58.3	51.6	35.2
1961	53.5	71.5	60.9	61.1	48.4	60.1	52.3	37.7
1962	55.7	72.8	62.4	62.7	53.4	64.3	53.6	39.4
1963	57.3	73.2	63.2	63.6	55.8	66.1	56.4	41.6
1964	59.1	75.3	64.4	65.0	57.7	67.5	58.5	44.2
1965	61.1	82.2	66.0	66.5	59.0	68.7	59.5	47.5
1966	63.4	82.0	67.8	68.4	60.7	71.7	63.7	50.7
1967	64.3	73.4	69.2	69.9	59.2	72.7	65.0	52.7
1968	65.5	75.8	70.1	70.5	61.4	70.0	65.5	55.6
1969	67.7	84.8	71.0	71.6	66.1	69.7	66.0	60.5
1970	72.7	81.1	75.8	76.5	76.3	74.1	68.5	65.8
1971	78.3	83.4	80.2	81.0	83.4	80.8	74.1	73.7
1972	82.6	93.6	82.9	83.7	88.6	85.7	81.5	79.4
1973	87.6	91.4	86.7	87.6	94.0	89.3	87.3	87.4
1974	93.7	84.1	93.0	93.9	98.9	92.4	94.0	94.7
1975	100.0	100.0	100.0	100.0	100.0	100.0	100.0	100.0
1976	103.3	109.7	102.9	102.8	103.6	103.1	101.2	104.4
1977	107.0	104.7	106.4	106.6	108.7	105.6	101.8	109.7
GHANA 33/								
1968	100.0	100.0	100.0	100.0	100.0	100.0	100.0	100.0
1969	111.1	120.8	96.6	95.6	105.1	112.8	108.2	105.5
1970	117.5	129.7	94.1	93.5	105.9	120.6	122.2	113.0
1971	123.2	128.4	108.4	110.7	106.6	131.7	124.6	124.5
1972	142.3	146.8	131.5	135.5	121.9	146.1	133.4	143.0
1973	167.7	190.5	145.3	149.2	131.0	171.3	129.7	157.4
1974	212.2	250.5	178.6	187.3	163.7	219.1	174.4	171.6

10B. IMPLICIT PRICE DEFLATOR INDEX OF GROSS DOMESTIC PRODUCT BY KIND OF ECONOMIC ACTIVITY

	GROSS DOMESTIC PRODUCT	AGRICULTURE [11/]	INDUSTRIAL ACTIVITY: TOTAL [12/]	INDUSTRIAL ACTIVITY: MANUFACTURING INDUSTRIES	CONSTRUCTION	WHOLESALE AND RETAIL TRADE	TRANSPORT AND COMMUNICATION	OTHER [13/]
ISIC	1 - 9	1	2 - 4	3	5	6	7	8 - 9
A. INDEX FROM DATA IN NATIONAL CURRENCY 1975 = 100								
GREECE								26/
1960	41.7	36.5	51.4	49.6	28.3	43.8	45.7	41.0
1961	42.3	36.2	51.3	49.5	29.0	43.2	47.1	42.5
1962	44.3	40.8	52.1	50.2	31.2	44.9	48.4	43.2
1963	44.9	39.6	52.7	51.0	32.2	45.5	50.1	44.5
1964	46.6	43.3	53.8	51.9	33.6	46.4	51.3	46.3
1965	48.5	45.6	55.5	53.5	36.0	48.1	51.8	48.3
1966	50.8	48.4	57.2	55.3	40.7	49.6	54.1	50.2
1967	52.0	49.0	57.9	56.3	42.9	49.5	56.3	53.1
1968	53.0	49.9	58.4	56.1	45.2	49.6	54.0	55.3
1969	54.7	51.2	59.9	57.6	47.5	50.6	57.6	57.6
1970	56.9	51.1	62.2	60.1	53.8	52.1	59.7	60.1
1971	58.7	55.0	63.0	61.2	53.8	54.4	60.1	62.0
1972	61.6	61.0	64.2	63.2	58.0	57.9	61.8	64.4
1973	73.6	87.2	74.9	74.8	72.1	69.7	63.8	72.2
1974	89.0	95.6	91.5	91.7	92.5	90.7	76.8	87.6
1975	100.0	100.0	100.0	100.0	100.0	100.0	100.0	100.0
1976	115.4	124.4	113.1	112.9	117.4	114.2	114.9	114.4
1977	130.7	139.8	125.0	125.5	142.9	127.4	127.6	131.9
GUATEMALA 10/								
1960	99.5	92.6	98.1	98.2	100.0	113.1	84.1	96.9
1961	98.4	90.3	99.2	99.0	99.2	112.6	81.4	96.2
1962	100.9	91.4	98.8	98.4	102.3	119.4	80.6	98.8
1963	101.7	91.4	99.2	99.8	105.1	119.7	78.8	100.5

10B. IMPLICIT PRICE DEFLATOR INDEX OF GROSS DOMESTIC PRODUCT BY KIND OF ECONOMIC ACTIVITY

	GROSS DOMESTIC PRODUCT	AGRICULTURE 11/	INDUSTRIAL ACTIVITY: TOTAL 12/	INDUSTRIAL ACTIVITY: MANUFACTURING INDUSTRIES	CONSTRUC-TION	WHOLESALE AND RETAIL TRADE	TRANSPORT AND COMMUNICA-TION	OTHER 13/
ISIC	1 - 9	1	2 - 4	3	5	6	7	8 - 9
A. INDEX FROM DATA IN NATIONAL CURRENCY 1975 = 100								
GUYANA								
1960	41.9	32.4	...	...	55.9	69.6	55.0	53.1
1961	43.4	33.5	...	...	56.6	72.4	55.6	54.4
1962	45.1	34.3	...	...	58.8	74.6	57.8	55.4
1963	46.0	35.2	...	...	59.6	76.6	58.6	56.0
1964	45.6	33.3	...	...	60.1	70.0	59.1	56.8
1965	45.5	34.7	...	...	61.4	64.4	60.3	58.5
1966	46.0	34.8	...	...	62.9	63.3	61.8	59.7
1967	47.8	35.8	...	...	64.6	63.2	63.5	60.6
1968	51.4	36.6	...	...	66.6	77.1	65.4	62.9
1969	53.1	39.2	...	...	67.3	80.2	66.4	64.9
1970	54.6	40.5	57.7	55.5	69.0	77.5	67.8	67.2
1971	55.9	43.7	55.9	53.0	69.5	79.9	71.7	72.2
1972	60.6	48.9	60.3	54.6	72.8	86.1	80.7	78.0
1973	64.1	55.1	57.6	54.6	78.1	86.3	84.5	92.1
1974	88.7	85.3	82.7	84.5	94.3	107.2	101.2	95.5
1975	100.0	100.0	100.0	100.0	100.0	100.0	100.0	100.0
1976	91.4	77.5	94.2	77.6	106.1	108.8	105.2	103.1
HONDURAS								26/
1960	60.0	63.3	53.1	54.9	54.5	63.3	45.6	67.4
1961	61.7	65.2	53.5	54.6	57.8	63.6	47.6	68.8
1962	63.8	68.5	57.0	58.8	57.8	64.0	47.8	70.8
1963	64.9	68.3	58.7	60.2	59.5	66.5	50.6	71.3
1964	68.3	70.7	62.7	63.3	62.8	68.8	55.9	75.8
1965	68.9	72.4	60.4	61.1	66.4	69.2	56.1	75.7
1966	70.4	71.4	60.8	62.1	70.4	72.7	60.9	79.1
1967	73.1	73.7	63.3	63.5	73.2	74.3	64.5	83.4
1968	74.0	72.9	65.8	64.2	77.0	75.7	65.2	85.0
1969	76.6	73.1	66.2	64.5	78.5	80.6	68.6	92.4
1970	78.7	76.2	66.6	66.1	84.7	80.7	73.7	93.5
1971	79.0	74.6	69.5	69.1	87.3	80.6	74.7	92.8
1972	82.5	77.2	73.2	73.2	91.6	81.1	77.8	99.9
1973	86.8	85.9	79.7	79.3	88.6	86.3	83.6	95.6
1974	95.0	96.6	89.8	91.6	93.8	90.3	89.8	100.6
1975	100.0	100.0	100.0	100.0	100.0	100.0	100.0	100.0
1976	108.3	111.4	106.9	106.8	103.8	108.3	107.5	103.6
1977	121.0	127.8	116.4	116.8	120.4	124.0	121.7	111.7

10B. IMPLICIT PRICE DEFLATOR INDEX OF GROSS DOMESTIC PRODUCT BY KIND OF ECONOMIC ACTIVITY

	GROSS DOMESTIC PRODUCT	AGRICULTURE 11/	INDUSTRIAL ACTIVITY: TOTAL 12/	INDUSTRIAL ACTIVITY: MANUFACTURING INDUSTRIES	CONSTRUCTION	WHOLESALE AND RETAIL TRADE	TRANSPORT AND COMMUNICATION	OTHER 13/
ISIC	1 - 9	1	2 - 4	3	5	6	7	8 - 9
A. INDEX FROM DATA IN NATIONAL CURRENCY 1975 = 100								
INDIA 15/								
1960	34.3	34.5	36.7	37.3	35.0	29.8	40.3	42.5
1961	35.0	35.3	36.7	37.3	35.3	29.8	42.1	43.8
1962	36.2	37.0	37.7	38.3	35.8	30.5	44.1	45.1
1963	39.1	41.7	40.1	40.8	36.4	32.3	44.9	47.2
1964	42.5	46.7	41.1	41.7	39.9	36.7	46.8	50.1
1965	45.9	52.6	43.1	43.9	42.9	39.6	48.2	53.6
1966	52.9	63.3	47.6	48.6	46.6	45.9	51.9	56.8
1967	57.2	68.0	50.2	51.0	50.7	51.2	55.0	61.0
1968	56.9	66.0	51.7	52.3	53.0	49.7	60.2	62.7
1969	59.2	68.1	54.5	55.0	57.2	51.6	61.8	65.2
1970	63.3	67.8	57.6	58.2	61.9	57.3	66.0	67.6
1971	66.7	71.6	61.9	63.2	69.6	60.7	67.9	70.3
1972	74.1	84.3	66.2	67.9	73.8	66.0	75.5	74.0
1973	87.9	104.1	73.7	76.1	86.4	80.2	83.1	80.7
1974	104.2	119.1	95.0	97.2	91.9	102.0	94.7	93.5
1975	100.0	100.0	100.0	100.0	100.0	100.0	100.0	100.0
1976	104.4	107.5	101.7	101.8	105.6	101.8	106.4	100.4
INDONESIA								
1960	0.0	0.0	0.0	0.0	0.0	...	0.0	...
1961	0.0	0.0	0.0	0.0	0.0	...	0.0	...
1962	0.0	0.0	0.0	0.0	0.0	...	0.0	...
1963	0.0	0.1	0.0	0.0	0.1	...	0.1	...
1964	0.1	0.1	0.0	0.1	0.1	...	0.1	...
1965	0.2	0.3	0.1	0.3	0.2	...	0.2	...
1966	2.7	3.2	1.6	4.3	1.9	...	2.6	...
1967	7.1	8.8	4.6	9.7	8.6	...	8.3	...
1968	15.7	18.8	12.0	25.7	20.7	...	19.8	...
1969	33.7	41.6	21.0	47.7	40.7	...	29.3	...
1970	38.5	47.0	23.9	54.6	43.4	...	32.5	...
1971	40.0	47.3	27.1	47.3	46.3	...	44.8	...
1972	45.4	52.0	35.4	59.9	48.5	...	46.2	...
1973	60.4	70.2	46.7	75.5	61.9	...	58.1	...
1974	88.9	87.4	93.7	89.0	78.5	...	89.1	...
1975	100.0	100.0	100.0	100.0	100.0	...	100.0	...
1976	114.4	114.8	108.5	118.0	130.8	...	112.3	...
1977	131.1	137.7	121.6	131.3	139.3	...	123.9	...

10B. IMPLICIT PRICE DEFLATOR INDEX OF GROSS DOMESTIC PRODUCT BY KIND OF ECONOMIC ACTIVITY

	GROSS DOMESTIC PRODUCT	AGRICULTURE [11]	INDUSTRIAL ACTIVITY: TOTAL [12]	INDUSTRIAL ACTIVITY: MANUFACTURING INDUSTRIES	CONSTRUCTION	WHOLESALE AND RETAIL TRADE	TRANSPORT AND COMMUNICATION	OTHER [13]
ISIC	1 - 9	1	2 - 4	3	5	6	7	8 - 9
A. INDEX FROM DATA IN NATIONAL CURRENCY 1975 = 100								
IRAN [5]								[26]
1960	39.0	48.5	23.0	60.5	26.2	50.9	81.3	50.7
1961	37.3	49.0	19.0	59.3	24.5	51.9	75.3	54.4
1962	36.8	50.7	19.3	59.8	23.3	53.5	75.7	54.9
1963	36.4	51.0	19.8	59.5	22.8	54.6	69.2	56.6
1964	37.8	56.1	20.4	63.0	24.5	58.5	67.7	56.4
1965	37.3	56.7	19.6	63.4	25.2	58.8	71.4	56.1
1966	37.2	55.8	19.8	62.4	25.6	59.1	72.6	56.3
1967	37.0	54.6	20.1	62.1	27.1	58.7	66.7	56.5
1968	37.5	55.0	20.2	62.8	30.1	59.3	74.2	56.7
1969	37.7	56.5	19.9	65.1	34.6	61.2	73.9	56.4
1970	37.8	58.9	20.1	66.3	35.7	62.3	74.2	57.2
1971	40.5	65.2	24.8	69.0	36.7	65.9	75.4	58.4
1972	43.3	72.3	26.6	72.6	43.4	69.3	80.8	65.5
1973	57.1	79.3	44.9	83.4	52.8	77.5	90.9	72.1
1974	89.0	97.0	92.8	95.1	68.0	94.6	95.5	87.1
1975	100.0	100.0	100.0	100.0	100.0	100.0	100.0	100.0
1976	115.6	121.0	111.1	111.5	139.4	111.0	104.0	115.3
IRAQ	[6]							
1964	38.4	52.1	25.3	62.3	64.1	62.0	62.0	...
1965	39.2	53.0	25.3	64.1	64.6	61.8	63.8	...
1966	40.4	57.3	25.8	67.0	67.4	62.9	67.6	...
1967	43.4	59.9	27.1	74.4	70.4	65.1	71.2	...
1968	42.1	57.4	27.4	80.2	72.8	66.5	75.4	...
1969	42.5	55.0	27.4	76.5	75.7	70.3	78.1	...
1970	44.9	61.0	29.1	84.4	78.3	73.4	80.5	...
1971	48.7	65.2	34.5	74.0	82.5	76.0	82.0	...
1972	51.1	64.8	33.8	80.7	80.9	80.1	88.4	...
1973	48.2	68.8	33.5	84.0	85.5	83.9	93.1	...
1974	98.9	76.9	101.7	87.6	99.4	90.8	103.5	...
1975	100.0	100.0	100.0	100.0	100.0	100.0	100.0	...

10B. IMPLICIT PRICE DEFLATOR INDEX OF GROSS DOMESTIC PRODUCT BY KIND OF ECONOMIC ACTIVITY

	GROSS DOMESTIC PRODUCT	AGRICULTURE 4/	INDUSTRIAL ACTIVITY: TOTAL 12/	INDUSTRIAL ACTIVITY: MANUFACTURING INDUSTRIES	CONSTRUCTION	WHOLESALE AND RETAIL TRADE	TRANSPORT AND COMMUNICATION	OTHER 13/
ISIC	1 - 9	1	2 - 4	3	5	6	7	8 - 9
A. INDEX FROM DATA IN NATIONAL CURRENCY 1975 = 100								
IRELAND 35/			19/		19/	20/	20/	
1960	59.5	66.2	61.1	...	...	60.1	...	46.9
1961	61.2	68.8	63.3	...	...	63.0	...	49.0
1962	63.8	70.6	66.3	...	...	66.1	...	52.0
1963	65.5	71.0	68.3	...	...	69.4	...	54.9
1964	71.5	79.0	69.3	...	...	73.8	...	61.8
1965	74.6	83.1	72.7	...	...	77.2	...	65.5
1966	77.8	80.3	76.2	...	...	79.3	...	69.2
1967	80.9	84.1	80.2	...	...	80.6	...	73.0
1968	84.4	90.0	83.3	...	...	82.9	...	79.2
1969	91.9	95.5	92.2	...	...	91.2	...	88.6
1970	100.0	100.0	100.0	...	...	100.0	...	100.0
1971	110.0	104.1	107.2	...	...	108.9	...	108.9
1972	124.4	131.0	119.1	...	...	117.4	...	123.0
1973	141.6	167.6	123.1	...	...	129.1	...	143.6
ITALY								
1960	36.3	40.6	43.5	...	23.3	44.7	47.5	...
1961	37.4	43.4	43.8	...	24.3	45.5	48.2	...
1962	39.6	48.3	44.7	...	26.6	46.2	50.0	...
1963	43.0	50.2	47.8	...	29.6	49.9	54.5	...
1964	45.8	51.3	50.4	...	33.8	52.7	56.5	...
1965	47.8	52.8	51.0	...	36.2	55.6	59.4	...
1966	48.9	52.3	51.1	...	37.1	57.1	60.6	...
1967	50.3	52.0	52.2	...	39.2	58.4	64.9	...
1968	51.0	50.7	51.9	...	40.2	58.7	64.8	...
1969	53.2	54.2	53.7	...	43.6	59.4	66.1	...
1970	56.8	55.7	56.3	...	49.3	61.4	68.8	56.5
1971	60.8	57.3	60.0	...	53.0	65.0	71.1	63.0
1972	64.6	63.1	62.9	...	55.8	69.0	73.0	68.7
1973	72.1	76.2	69.2	...	64.2	74.1	77.0	76.3
1974	85.3	86.7	82.8	...	82.0	85.2	86.0	88.0
1975	100.0	100.0	100.0	...	100.0	100.0	100.0	100.0
1976	118.2	121.2	117.0	...	119.4	118.5	120.0	116.1
1977	139.8	144.2	136.9	...	144.6	138.9	140.9	138.2
IVORY COAST								
1975	100.0	100.0	100.0	100.0	100.0	...	100.0	100.0
1976	119.2	114.9	105.4	105.1	108.0	...	105.0	111.3
1977	155.9	154.7	123.3	124.0	118.9	...	118.2	125.6

10B. IMPLICIT PRICE DEFLATOR INDEX OF GROSS DOMESTIC PRODUCT BY KIND OF ECONOMIC ACTIVITY

	GROSS DOMESTIC PRODUCT	AGRICULTURE [11]	INDUSTRIAL ACTIVITY: TOTAL [12]	INDUSTRIAL ACTIVITY: MANUFACTURING INDUSTRIES	CONSTRUCTION	WHOLESALE AND RETAIL TRADE	TRANSPORT AND COMMUNICATION	OTHER [13]
ISIC	1 - 9	1	2 - 4	3	5	6	7	8 - 9
A. INDEX FROM DATA IN NATIONAL CURRENCY 1975 = 100								
JAMAICA								
1960	...	33.8	40.8	40.9	28.0	36.1	64.0	32.6
1961	...	35.8	41.9	42.8	30.3	36.9	67.8	34.1
1962	...	37.4	41.8	42.4	31.4	37.9	64.2	36.6
1963	...	42.6	43.7	45.4	30.3	39.2	60.6	37.1
1964	...	40.7	43.0	43.6	30.3	39.2	57.0	38.4
1965	...	39.8	43.6	44.0	30.6	38.2	54.0	40.2
1966	...	40.4	52.3	45.5	35.7	39.6	55.9	41.9
1967	...	43.1	53.0	46.3	36.2	40.5	57.1	42.8
1968	...	44.6	54.6	50.0	38.6	41.6	59.3	44.7
1969	47.1	44.2	50.3	42.8	46.6	43.0	51.9	47.9
1970	49.3	42.8	52.2	46.6	47.9	45.9	54.3	51.1
1971	52.6	48.4	51.9	51.2	48.3	50.5	61.8	57.5
1972	54.0	50.9	50.7	54.7	49.8	50.8	66.6	62.2
1973	65.4	65.6	59.1	67.4	65.5	62.0	82.6	72.7
1974	85.3	81.6	85.1	87.2	85.1	85.9	90.8	84.7
1975	100.0	100.0	100.0	100.0	100.0	100.0	100.0	100.0
1976	110.7	111.6	117.3	118.7	101.0	107.0	110.5	108.9
1977	125.7	122.4	134.9	139.4	103.6	117.3	131.2	126.2
JAPAN								
1970	63.2	63.8	76.7	76.9	52.8	63.8	72.1	...
1971	66.0	62.6	78.1	78.5	56.9	63.9	74.0	...
1972	69.2	66.0	79.3	79.8	61.5	64.2	77.1	...
1973	76.7	81.6	85.0	85.7	72.0	72.9	82.0	...
1974	92.1	91.3	96.3	97.4	92.6	95.2	87.8	...
1975	100.0	100.0	100.0	100.0	100.0	100.0	100.0	...
1976	105.5	109.6	103.2	102.2	112.1	104.9	111.6	...

10B. IMPLICIT PRICE DEFLATOR INDEX OF GROSS DOMESTIC PRODUCT BY KIND OF ECONOMIC ACTIVITY

	GROSS DOMESTIC PRODUCT	AGRICULTURE [11]	INDUSTRIAL ACTIVITY: TOTAL [12]	INDUSTRIAL ACTIVITY: MANUFACTURING INDUSTRIES	CONSTRUCTION	WHOLESALE AND RETAIL TRADE	TRANSPORT AND COMMUNICATION	OTHER [13]
ISIC	1 - 9	1	2 - 4	3	5	6	7	8 - 9
A. INDEX FROM DATA IN NATIONAL CURRENCY 1975 = 100								
KENYA								
1964	59.5	66.8	62.1	60.0	47.5	50.0	65.9	69.5
1965	59.1	66.2	63.8	61.9	48.9	50.6	63.6	67.6
1966	60.9	69.0	67.0	65.3	53.2	51.1	63.6	67.5
1967	61.2	67.1	69.1	66.3	59.7	52.3	61.3	68.9
1968	62.6	66.1	69.9	67.3	60.6	53.2	62.6	72.2
1969	63.5	64.4	72.5	70.1	61.9	54.1	64.6	74.7
1970	65.1	66.7	73.2	71.0	66.0	55.5	65.3	74.8
1971	67.9	68.2	74.7	72.5	67.8	57.7	66.5	80.5
1972	72.3	73.9	79.9	79.5	71.8	63.9	73.0	81.9
1973	77.7	76.8	83.7	83.8	77.4	69.2	78.2	84.2
1974	87.7	83.2	92.7	93.5	89.4	86.5	86.5	91.0
1975	100.0	100.0	100.0	100.0	100.0	100.0	100.0	100.0
1976	116.1	130.6	110.2	111.1	109.7	107.3	104.0	110.3
1977	138.1	179.2	121.0	118.5	119.1	127.6	110.4	121.8
KOREA, REPUBLIC OF								
1960	8.6	7.1	13.7	14.0	13.8	...	20.1	8.1
1961	9.8	8.0	15.7	15.9	14.8	...	24.0	9.0
1962	11.6	9.8	17.6	18.2	15.5	...	26.3	10.2
1963	15.0	14.9	21.5	22.6	16.6	...	26.0	11.2
1964	19.5	19.8	29.1	31.2	21.2	...	26.9	12.6
1965	20.7	18.2	32.2	33.5	23.2	...	30.1	14.4
1966	23.7	19.2	36.7	37.8	26.4	...	40.0	17.7
1967	27.5	22.0	38.4	39.3	28.9	...	47.3	21.8
1968	32.0	26.3	41.3	42.0	33.3	...	51.7	26.5
1969	36.7	30.3	45.5	45.7	37.2	...	53.9	31.4
1970	42.3	37.0	49.4	49.2	42.7	...	57.1	38.0
1971	47.6	44.6	51.9	51.3	48.2	...	61.4	44.7
1972	54.9	52.2	58.9	58.3	55.4	...	67.4	52.1
1973	62.2	60.7	65.2	65.4	60.8	...	72.0	57.3
1974	80.9	80.3	81.5	83.0	78.7	...	85.7	75.5
1975	100.0	100.0	100.0	100.0	100.0	...	100.0	100.0
1976	118.6	120.0	115.2	115.3	120.5	...	110.6	130.4
1977	137.2	141.3	128.4	126.4	154.6	...	120.9	159.7

10B. IMPLICIT PRICE DEFLATOR INDEX OF GROSS DOMESTIC PRODUCT BY KIND OF ECONOMIC ACTIVITY

	GROSS DOMESTIC PRODUCT	AGRICULTURE [11]	INDUSTRIAL ACTIVITY: TOTAL [12]	INDUSTRIAL ACTIVITY: MANUFACTURING INDUSTRIES	CONSTRUCTION	WHOLESALE AND RETAIL TRADE	TRANSPORT AND COMMUNICATION	OTHER [13]
ISIC	1 - 9	1	2 - 4	3	5	6	7	8 - 9
A. INDEX FROM DATA IN NATIONAL CURRENCY 1975 = 100								
LIBERIA								
1964	55.8	77.6	45.3	55.7	44.5	58.2	81.2	59.9
1965	56.0	75.0	46.3	54.6	44.3	59.4	78.5	61.2
1966	55.1	70.4	45.6	54.9	45.2	62.0	78.0	61.4
1967	55.3	70.5	45.1	56.4	46.0	63.5	82.3	61.9
1968	56.3	67.4	47.6	59.2	47.2	63.7	82.3	63.4
1969	57.8	73.6	45.9	61.9	49.8	71.1	81.3	65.5
1970	57.2	74.5	44.5	61.3	51.6	71.6	84.8	61.9
1971	57.4	70.5	46.3	63.3	48.9	67.9	87.3	65.1
1972	60.0	69.9	49.8	62.6	56.8	69.2	86.8	70.5
1973	67.6	93.4	52.7	68.8	57.4	69.6	87.3	82.7
1974	80.0	123.6	63.0	84.7	66.7	84.6	90.1	...
1975	100.0	100.0	100.0	100.0	100.0	100.0	100.0	...
1976	98.7	113.2	85.8	102.7	104.8	110.8	98.2	...
1977	106.3	151.7	75.3	100.8	121.3	124.7	91.3	...
LIBYAN ARAB JAMAHIRIYA	6/							
1962	57.1	13.1	82.8	35.6	22.1	36.4	46.0	56.8
1963	61.1	13.4	93.2	37.3	25.8	37.9	48.1	58.9
1964	65.0	15.5	99.7	39.6	27.2	39.4	52.4	61.2
1965	68.3	16.7	104.5	40.5	28.5	41.2	54.4	64.4
1966	74.0	19.0	111.8	41.0	33.9	43.2	58.7	70.5
1967	78.5	20.4	116.7	41.1	37.7	45.0	60.8	76.5
1968	83.4	23.2	124.3	41.9	44.5	46.5	61.8	79.8
1969	83.9	25.4	120.7	42.7	52.0	49.4	61.2	87.0
1970	84.3	29.4	122.6	43.5	57.1	49.4	62.0	82.0
1971	96.9	30.7	150.0	41.0	53.9	50.7	68.8	93.8
1972	86.5	39.6	111.8	54.1	70.6	56.7	66.7	92.0
1973	86.9	53.3	102.3	68.0	84.5	65.1	72.1	88.4
1974	124.6	56.2	158.1	90.3	99.9	84.8	90.4	104.4
1975	100.0	100.0	100.0	100.0	100.0	100.0	100.0	100.0
1976	106.6	107.3	109.0	104.6	105.9	104.8	105.2	...
1977	110.2	114.5	112.5	109.1	113.3	109.9	109.9	...

108. IMPLICIT PRICE DEFLATOR INDEX OF GROSS DOMESTIC PRODUCT BY KIND OF ECONOMIC ACTIVITY

	GROSS DOMESTIC PRODUCT	AGRICULTURE 11/	INDUSTRIAL ACTIVITY: TOTAL 12/	INDUSTRIAL ACTIVITY: MANUFACTURING INDUSTRIES	CONSTRUCTION	WHOLESALE AND RETAIL TRADE	TRANSPORT AND COMMUNICATION	OTHER 13/
ISIC	1 - 9	1	2 - 4	3	5	6	7	8 - 9
A. INDEX FROM DATA IN NATIONAL CURRENCY 1975 = 100								
LUXEMBOURG								
1970	72.4	85.5	85.7	87.9	56.5	69.7	81.8	61.6
1971	71.9	79.0	77.7	78.1	63.7	72.7	85.9	66.3
1972	75.5	89.9	80.3	80.5	67.6	75.8	92.1	71.5
1973	84.2	110.9	93.7	95.1	73.6	80.2	92.5	78.3
1974	97.8	102.6	113.6	117.8	86.9	90.5	95.7	89.0
1975	100.0	100.0	100.0	100.0	100.0	100.0	100.0	100.0
1976	107.8	111.7	105.1	104.6	107.9	108.4	114.1	111.2
MEXICO								
1960	39.5	37.5	42.7	39.7	31.9	41.8	52.0	32.9
1961	40.8	40.0	44.3	41.3	29.6	42.5	52.8	35.0
1962	42.1	41.9	45.7	42.5	29.9	42.5	52.7	37.5
1963	43.4	43.1	46.5	42.8	35.9	43.5	53.6	38.9
1964	45.8	45.4	48.4	44.7	34.3	47.6	56.2	40.9
1965	46.9	45.2	50.3	46.5	37.9	47.5	58.7	42.8
1966	48.7	45.4	51.2	47.5	41.7	49.9	57.9	45.8
1967	50.2	47.0	52.8	49.7	44.2	50.1	59.3	48.4
1968	51.3	47.0	54.5	51.3	43.4	51.4	59.5	50.5
1969	53.4	49.2	56.0	53.3	46.9	52.8	60.4	53.9
1970	55.8	51.6	57.8	55.5	50.3	55.3	61.3	57.1
1971	58.3	51.7	60.4	59.2	51.9	58.2	62.8	60.4
1972	61.5	56.1	63.1	62.3	56.0	60.3	68.2	64.6
1973	69.1	70.5	68.6	68.0	64.3	68.2	70.4	71.7
1974	85.7	85.1	86.9	85.9	83.0	87.0	81.8	83.8
1975	100.0	100.0	100.0	100.0	100.0	100.0	100.0	100.0
1976	122.2	122.5	121.9	124.3	125.8	120.8	118.8	124.2
1977	161.7	164.9	165.1	165.5	162.9	162.4	165.5	154.5

108. IMPLICIT PRICE DEFLATOR INDEX OF GROSS DOMESTIC PRODUCT
BY KIND OF ECONOMIC ACTIVITY

	GROSS DOMESTIC PRODUCT	AGRICULTURE 11/	INDUSTRIAL ACTIVITY TOTAL 12/	INDUSTRIAL ACTIVITY MANUFACTURING INDUSTRIES	CONSTRUCTION	WHOLESALE AND RETAIL TRADE	TRANSPORT AND COMMUNICATION	OTHER 13/
ISIC	1 - 9	1	2 - 4	3	5	6	7	8 - 9
			A. INDEX FROM DATA IN NATIONAL CURRENCY 1975 = 100					
MOROCCO								
1970	69.2	62.0	54.7	70.4	79.6	87.5	...	70.6
1971	72.0	68.0	57.5	73.3	77.9	90.8	...	77.7
1972	74.8	62.2	56.9	76.2	78.0	94.4	...	82.5
1973	79.1	84.3	58.7	79.5	87.8	93.8	...	82.0
1974	100.8	99.3	98.9	92.8	112.5	100.7	...	101.6
1975	100.0	100.0	100.0	100.0	100.0	100.0	...	100.0
1976	101.5	115.3	91.4	104.8	113.5	100.7	...	101.8
1977	108.5	126.0	95.3	112.0	126.9	103.9	...	110.7
NEPAL 16/								
1965	47.1	45.5	...	...	...	...	...	...
1966	54.2	53.5	...	...	...	...	...	...
1967	51.1	50.0	...	...	...	...	...	...
1968	56.8	56.5	...	...	...	...	...	...
1969	60.5	60.2	...	...	...	...	...	...
1970	64.8	64.3	...	...	...	...	...	...
1971	66.9	65.1	...	...	...	...	...	...
1972	75.2	76.0	...	...	...	...	...	...
1973	72.7	71.0	...	...	...	...	...	...
1974	87.8	90.5	...	...	...	...	...	...
1975	100.0	100.0	...	...	...	...	...	...
1976	100.6	100.0	...	...	...	...	...	...
1977	97.2	94.3	...	...	...	...	...	...

10B. IMPLICIT PRICE DEFLATOR INDEX OF GROSS DOMESTIC PRODUCT BY KIND OF ECONOMIC ACTIVITY

	GROSS DOMESTIC PRODUCT	AGRICULTURE 11/	INDUSTRIAL ACTIVITY: TOTAL 12/	INDUSTRIAL ACTIVITY: MANUFACTURING INDUSTRIES	CONSTRUCTION	WHOLESALE AND RETAIL TRADE	TRANSPORT AND COMMUNICATION	OTHER 13/
ISIC	1 - 9	1	2 - 4	3	5	6	7	8 - 9
A. INDEX FROM DATA IN NATIONAL CURRENCY 1975 = 100								
NICARAGUA								26/
1960	53.9	54.2	59.3	58.4	52.4	53.5	53.8	48.9
1961	54.0	54.2	59.0	58.1	53.1	53.5	53.8	49.3
1962	53.6	53.6	58.1	57.0	54.9	52.9	53.2	49.5
1963	53.4	52.8	56.7	55.5	54.3	52.0	52.3	51.9
1964	55.8	56.1	58.3	57.0	53.7	54.3	54.6	54.8
1965	56.3	55.6	57.2	55.9	52.9	53.6	53.9	59.2
1966	58.4	57.2	57.5	56.1	54.2	54.7	55.0	64.2
1967	59.1	60.5	55.4	53.7	54.9	55.2	55.5	65.7
1968	61.8	63.6	57.2	55.7	54.0	57.2	57.5	70.3
1969	62.5	63.3	58.5	57.1	55.3	57.8	58.1	72.1
1970	64.0	72.3	60.5	60.2	55.2	62.8	63.2	62.1
1971	64.9	71.0	62.6	62.4	57.8	63.5	63.8	63.8
1972	67.1	75.6	63.8	64.6	57.8	66.4	66.8	64.8
1973	79.2	87.6	74.8	76.1	75.9	78.3	78.7	77.6
1974	97.7	109.2	89.5	89.8	100.9	96.3	97.6	95.9
1975	100.0	100.0	100.0	100.0	100.0	100.0	100.0	100.0
1976	110.7	115.9	104.5	105.1	100.4	116.9	112.1	108.0
1977	125.8	134.4	110.2	109.9	105.1	143.4	138.8	118.7
NIGERIA 15/	6/							26/
1960	37.7	37.4	25.6	52.5	85.9	39.6	61.7	58.7
1961	39.4	39.7	25.5	50.6	79.6	42.2	63.2	60.5
1962	41.6	42.3	26.4	53.4	79.6	45.2	63.9	62.5
1963	40.5	40.7	25.3	51.2	79.5	43.3	64.7	64.8
1964	40.9	40.9	25.3	51.2	85.2	43.2	66.4	66.5
1965	41.1	41.1	25.5	51.9	87.8	43.9	66.6	66.3
1966	46.1	49.6	24.3	56.1	89.9	50.5	68.2	66.0
1967	44.5	47.6	22.3	54.6	91.1	48.4	69.6	66.0
1968	43.5	44.8	24.9	52.9	89.7	46.6	69.1	66.0
1969	45.8	47.3	27.7	57.2	91.3	50.2	70.0	67.4
1970	51.7	57.5	29.7	63.6	91.4	59.1	67.9	67.7
1971	58.8	65.4	37.2	72.2	100.4	66.1	70.7	70.7
1972	60.8	71.1	37.6	72.2	102.8	68.8	78.5	69.8
1973	67.4	75.1	48.9	74.8	107.7	72.3	83.2	69.8
1974	99.0	83.1	113.2	79.1	95.1	78.5	88.4	67.0
1975	100.0	100.0	100.0	100.0	100.0	100.0	100.0	100.0

108. IMPLICIT PRICE DEFLATOR INDEX OF GROSS DOMESTIC PRODUCT
BY KIND OF ECONOMIC ACTIVITY

	GROSS DOMESTIC PRODUCT	AGRICULTURE 11/	INDUSTRIAL ACTIVITY: TOTAL 12/	INDUSTRIAL ACTIVITY: MANUFACTURING INDUSTRIES	CONSTRUCTION	WHOLESALE AND RETAIL TRADE	TRANSPORT AND COMMUNICATION	OTHER 13/
ISIC	1 - 9	1	2 - 4	3	5	6	7	8 - 9
A. INDEX FROM DATA IN NATIONAL CURRENCY 1975 = 100								
NORWAY								
1960	42.6	41.0	41.4	40.8	36.8	49.8	64.3	34.7
1961	43.5	45.1	42.8	42.3	38.9	48.4	62.8	36.4
1962	45.4	45.1	44.5	44.1	42.2	51.5	63.3	38.3
1963	46.6	46.0	44.9	44.5	44.5	53.7	64.2	40.1
1964	48.9	49.7	46.3	45.8	44.8	57.7	66.9	42.6
1965	51.6	53.0	47.6	47.4	50.7	63.2	67.9	44.8
1966	53.8	54.9	49.4	49.0	56.4	65.9	68.1	47.4
1967	54.9	48.1	51.5	51.1	58.5	69.7	65.1	51.6
1968	57.3	50.1	53.6	53.9	61.1	71.9	71.5	54.7
1969	59.7	54.3	56.8	56.7	69.0	76.1	71.1	56.4
1970	67.4	69.4	63.5	62.7	67.5	71.4	83.7	61.4
1971	71.9	74.2	66.8	66.5	72.6	75.9	88.5	67.9
1972	75.5	72.6	70.6	71.3	77.1	79.9	89.5	73.1
1973	82.4	81.9	75.6	76.3	81.5	88.8	98.2	79.9
1974	90.8	87.4	84.2	83.3	92.6	93.7	105.4	88.3
1975	100.0	100.0	100.0	100.0	100.0	100.0	100.0	100.0
1976	107.7	114.6	104.2	103.3	108.4	111.6	102.0	109.5
1977	115.7	120.2	114.2	112.8	116.7	122.1	99.8	118.5
PAKISTAN 4/								26/
1960	34.4	37.9	32.7	31.1	30.8	32.2	32.4	35.2
1961	34.2	35.8	33.1	31.5	31.4	32.2	33.8	35.8
1962	34.9	35.5	34.4	32.8	32.8	31.7	32.8	35.7
1963	34.4	38.4	34.8	33.2	33.3	33.6	34.1	36.5
1964	36.5	40.1	35.1	33.3	33.3	36.4	36.4	38.2
1965	38.1	40.4	36.8	35.0	35.0	37.2	37.2	40.1
1966	42.5	45.2	38.4	36.4	36.4	41.3	41.2	43.4
1967	41.9	45.4	39.8	37.8	37.8	42.6	42.5	44.4
1968	43.8	43.6	42.2	40.3	40.3	43.0	43.0	45.4
1969	44.6	45.2	42.8	41.7	41.7	45.4	45.4	47.8
1970	46.9	47.5	45.1	44.3	44.3	47.6	47.5	50.2
1971	50.0	50.7	47.6	47.1	47.1	50.1	50.1	53.9
1972	57.8	60.9	53.3	53.0	53.0	56.5	56.5	60.7
1973	71.2	74.9	64.3	64.9	64.9	70.8	70.8	73.7
1974	89.0	91.4	87.4	88.5	88.5	89.8	89.8	86.5
1975	100.0	100.0	100.0	100.0	100.0	100.0	100.0	100.0
1976	109.3	111.1	108.2	110.4	110.4	109.1	109.1	106.8
1977	117.4	120.7	113.9	115.3	114.9	116.3	116.3	116.4

10B. IMPLICIT PRICE DEFLATOR INDEX OF GROSS DOMESTIC PRODUCT BY KIND OF ECONOMIC ACTIVITY

	GROSS DOMESTIC PRODUCT	AGRICULTURE 11/	INDUSTRIAL ACTIVITY: TOTAL 12/	INDUSTRIAL ACTIVITY: MANUFACTURING INDUSTRIES	CONSTRUCTION	WHOLESALE AND RETAIL TRADE	TRANSPORT AND COMMUNICATION	OTHER 13/
ISIC	1 - 9	1	2 - 4	3	5	6	7	8 - 9
A. INDEX FROM DATA IN NATIONAL CURRENCY 1975 = 100								
PANAMA								
1960	58.8	55.6	64.1	60.9	52.4	49.0	77.0	60.8
1961	59.1	59.1	62.3	59.4	54.4	47.8	73.7	60.7
1962	59.5	59.7	62.9	60.0	53.5	48.0	73.0	61.4
1963	60.7	61.6	64.1	61.4	53.5	49.1	72.4	62.8
1964	62.4	64.9	66.0	63.6	54.3	50.4	74.7	63.7
1965	62.8	66.3	64.5	62.9	52.8	51.5	72.1	64.6
1966	63.7	66.8	64.1	62.1	55.8	52.1	72.0	66.2
1967	65.3	69.1	64.7	62.7	57.1	53.2	72.0	68.9
1968	65.7	70.8	65.5	63.4	57.2	52.4	69.5	69.4
1969	66.4	68.6	64.7	63.4	56.6	54.7	73.9	72.2
1970	68.7	69.1	66.2	65.9	59.3	57.4	73.4	76.6
1971	70.0	69.9	67.5	67.7	61.2	59.3	72.2	78.1
1972	73.8	73.4	71.0	71.4	62.9	62.9	81.3	82.2
1973	78.6	78.3	73.2	74.0	73.8	68.3	85.7	86.9
1974	95.4	95.6	91.7	91.9	97.3	89.6	94.4	99.6
1975	100.0	100.0	100.0	100.0	100.0	100.0	100.0	100.0
1976	103.9	103.7	108.8	110.0	102.7	104.6	102.5	103.3
1977	113.7	...	...	...	...	...	...	...
PARAGUAY								26/
1960	39.1	36.7	38.7	37.9	35.7	39.5	44.6	44.2
1961	42.1	39.5	41.7	40.8	38.5	42.5	48.0	47.8
1962	44.8	37.9	47.2	46.1	50.7	48.0	54.2	53.6
1963	46.4	40.7	47.9	46.9	47.5	48.8	55.1	54.3
1964	47.3	41.4	48.9	47.8	50.7	49.7	56.2	55.3
1965	48.6	41.3	50.7	49.6	52.4	51.6	58.3	58.9
1966	50.4	43.3	52.3	51.1	53.6	53.1	60.0	60.6
1967	50.1	41.4	53.0	51.7	53.0	53.8	60.8	61.1
1968	50.9	42.5	53.3	52.1	53.6	54.2	61.2	61.4
1969	52.6	44.8	54.6	53.3	54.7	55.4	62.7	62.9
1970	53.0	44.4	55.7	54.4	54.7	56.6	62.1	63.2
1971	56.7	50.7	57.9	56.6	55.8	58.9	65.1	64.9
1972	62.4	58.6	61.7	60.5	57.0	62.9	71.1	70.7
1973	74.9	76.3	73.3	71.9	66.2	75.3	74.0	74.8
1974	92.7	87.6	99.8	99.9	90.4	95.5	91.9	92.4
1975	100.0	100.0	100.0	100.0	100.0	100.0	100.0	100.0
1976	104.6	100.2	108.7	109.1	107.3	107.2	106.5	104.7
1977	115.2	111.4	120.6	121.1	95.2	122.8	115.9	110.5

108. IMPLICIT PRICE DEFLATOR INDEX OF GROSS DOMESTIC PRODUCT BY KIND OF ECONOMIC ACTIVITY

	GROSS DOMESTIC PRODUCT	AGRICULTURE 11/	INDUSTRIAL ACTIVITY		CONSTRUCTION	WHOLESALE AND RETAIL TRADE	TRANSPORT AND COMMUNICATION	OTHER 13/
			TOTAL 12/	MANUFACTURING INDUSTRIES				
ISIC	1 - 9	1	2 - 4	3	5	6	7	8 - 9
A. INDEX FROM DATA IN NATIONAL CURRENCY 1975 = 100								
PERU								
1968	48.8	41.4	50.3	49.4	55.6	...	...	...
1969	52.4	43.8	56.4	54.9	58.7	...	...	...
1970	54.5	47.9	58.3	57.1	55.0	51.7	52.4	56.3
1971	57.0	49.5	59.2	59.7	59.0	54.4	55.1	60.8
1972	62.0	55.0	63.4	64.5	65.4	58.5	58.5	66.7
1973	71.0	65.1	75.4	72.9	73.2	65.6	64.5	73.5
1974	83.2	75.6	89.2	87.8	83.0	79.5	78.1	83.6
1975	100.0	100.0	100.0	100.0	100.0	100.0	100.0	100.0
1976	132.2	118.0	147.1	143.0	132.7	130.2	127.7	124.4
PHILIPPINES								
1960	27.1	19.6	23.3	23.1	40.5	35.8	43.3	31.2
1961	27.9	20.1	24.8	24.6	40.8	36.4	43.6	32.2
1962	29.8	21.6	26.7	26.2	41.4	37.5	44.6	35.0
1963	32.4	24.2	28.9	28.6	43.4	38.8	45.7	38.3
1964	33.9	25.7	29.3	28.9	44.0	40.8	46.5	40.8
1965	35.2	26.7	30.0	29.4	46.2	41.8	48.3	43.3
1966	37.2	28.5	31.4	30.3	49.0	44.1	51.1	46.3
1967	39.3	30.9	32.7	31.7	52.7	45.7	52.2	48.7
1968	41.2	33.7	33.5	32.6	56.8	46.0	54.2	51.3
1969	43.2	37.2	34.7	33.4	59.4	47.2	55.2	53.7
1970	49.6	43.2	42.2	40.2	65.2	53.6	60.2	58.8
1971	55;8	52.8	46.4	45.1	72.1	59.6	64.7	65.5
1972	59.7	59.1	50.2	48.9	76.2	65.4	70.7	71.4
1973	70.3	66.5	62.5	59.6	80.4	74.3	77.8	78.4
1974	92.7	93.8	94.4	91.9	93.7	92.6	91.3	91.3
1975	100.0	100.0	100.0	100.0	100.0	100.0	100.0	100.0
1976	107.8	104.8	107.7	107.9	108.2	107.4	107.8	112.8
1977	117.1	114.8	115.5	116.6	118.5	113.5	115.8	125.5

10B. IMPLICIT PRICE DEFLATOR INDEX OF GROSS DOMESTIC PRODUCT BY KIND OF ECONOMIC ACTIVITY

	GROSS DOMESTIC PRODUCT	AGRICULTURE 11/	INDUSTRIAL ACTIVITY: TOTAL 12/	INDUSTRIAL ACTIVITY: MANUFACTURING INDUSTRIES	CONSTRUCTION	WHOLESALE AND RETAIL TRADE	TRANSPORT AND COMMUNICATION	OTHER 13/
ISIC	1 - 9	1	2 - 4	3	5	6	7	8 - 9
A. INDEX FROM DATA IN NATIONAL CURRENCY 1975 = 100								
PORTUGAL								
1960	39.3	30.8	44.2	42.2	29.7	35.5	37.6	54.6
1961	40.2	30.6	45.6	43.5	31.4	36.0	40.6	54.7
1962	40.1	30.3	44.3	42.5	31.0	37.0	41.6	54.7
1963	41.0	31.0	46.0	44.3	31.1	37.8	42.9	54.7
1964	41.7	32.1	46.2	44.5	31.1	39.1	43.8	54.9
1965	43.4	34.4	48.1	46.6	30.8	40.4	43.8	55.1
1966	45.6	38.9	49.0	47.3	31.5	42.5	49.4	55.4
1967	47.5	39.9	49.2	47.2	36.7	44.8	50.2	65.2
1968	53.3	44.3	57.2	55.5	42.3	51.6	58.1	58.8
1969	57.3	51.3	59.8	58.2	43.1	56.1	63.6	62.3
1970	58.4	50.3	61.3	59.5	43.8	54.8	60.0	67.8
1971	61.3	55.8	63.3	61.6	48.4	58.0	61.2	69.6
1972	66.1	61.6	67.4	65.9	56.6	62.1	63.7	74.0
1973	72.4	71.4	72.6	71.3	62.6	68.6	68.8	79.4
1974	86.0	83.9	89.0	88.5	80.1	85.2	77.3	87.6
1975	100.0	100.0	100.0	100.0	100.0	100.0	100.0	100.0
1976	116.3	117.4	120.7	119.0	114.5	115.3	115.4	109.7
PUERTO RICO 4/								
1960	51.0	54.5	53.3	53.7	44.2	46.9	56.8	53.5
1961	53.3	57.0	53.6	54.1	46.1	46.5	57.8	54.8
1962	53.8	60.8	55.2	56.0	47.4	50.8	58.8	55.7
1963	55.3	57.6	55.2	56.1	48.3	51.8	58.3	56.5
1964	56.8	57.3	55.5	56.5	50.4	53.1	60.8	57.6
1965	58.4	55.1	56.0	57.7	51.0	54.3	61.9	58.7
1966	61.2	58.7	58.0	60.1	52.1	56.1	63.3	60.8
1967	65.2	61.5	58.5	60.7	54.1	58.4	64.8	61.8
1968	71.1	63.0	59.0	61.7	57.1	60.9	65.6	64.0
1969	70.4	64.5	59.7	62.7	61.0	63.0	66.9	69.8
1970	74.3	67.6	66.0	70.0	64.3	65.3	67.4	72.4
1971	77.6	73.0	68.5	72.8	69.3	68.0	68.3	76.6
1972	79.6	76.8	72.1	76.8	74.2	71.1	70.8	80.7
1973	87.9	98.0	81.2	83.3	84.8	83.3	75.5	86.6
1974	95.4	104.6	91.1	91.5	97.3	94.5	93.5	97.1
1975	100.0	100.0	100.0	100.0	100.0	100.0	100.0	100.0
1976	103.6	97.5	105.3	105.2	103.7	102.6	101.9	102.8
1977	108.8	104.4	109.1	108.7	113.4	107.8	101.9	108.8

10B. IMPLICIT PRICE DEFLATOR INDEX OF GROSS DOMESTIC PRODUCT BY KIND OF ECONOMIC ACTIVITY

	GROSS DOMESTIC PRODUCT	AGRICULTURE 11/	INDUSTRIAL ACTIVITY: TOTAL 12/	INDUSTRIAL ACTIVITY: MANUFACTURING INDUSTRIES	CONSTRUC-TION	WHOLESALE AND RETAIL TRADE	TRANSPORT AND COMMUNICA-TION	OTHER 13/
ISIC	1 - 9	1	2 - 4	3	5	6	7	8 - 9
A. INDEX FROM DATA IN NATIONAL CURRENCY 1975 = 100								
SAUDI ARABIA 4/								
1962	19.7	65.9	17.7	30.2	10.6	31.9	49.1	24.8
1963	19.4	67.9	16.9	30.9	11.2	32.4	49.1	25.4
1964	19.3	65.9	16.5	31.1	11.8	32.3	49.1	26.1
1965	19.7	63.9	16.9	31.5	12.3	33.1	49.1	26.9
1966	19.8	67.1	16.7	31.5	13.0	34.8	49.6	28.0
1967	20.3	66.9	17.2	31.5	13.7	35.0	48.5	28.8
1968	20.6	70.2	17.1	31.4	14.4	35.6	50.0	29.6
1969	20.5	70.2	16.8	32.1	15.1	36.4	48.6	30.0
1970	23.6	70.1	20.7	34.2	15.9	37.0	49.0	31.5
1971	25.2	70.9	22.1	34.5	16.9	37.4	49.3	34.1
1972	30.2	73.5	27.2	39.4	19.6	41.2	55.8	38.0
1973	64.5	77.2	67.9	78.2	23.7	52.9	59.4	46.9
1974	85.0	83.3	94.3	105.4	34.2	57.3	70.5	60.9
1975	92.0	91.2	97.1	106.4	71.9	77.3	84.0	85.0
1976	100.0	100.0	100.0	100.0	100.0	100.0	100.0	100.0
SIERRA LEONE 4/	6/							
1963	49.1	39.8	50.6	41.2	68.8	48.5	51.6	...
1964	51.8	42.0	52.7	43.4	70.6	50.4	57.9	...
1965	52.8	43.8	53.6	46.3	71.3	50.6	56.9	...
1966	54.6	44.2	55.8	47.4	71.7	56.9	57.8	...
1967	55.1	46.5	54.1	47.8	71.9	56.0	56.5	...
1968	56.5	45.9	58.3	47.3	72.1	59.3	57.8	...
1969	59.5	46.2	67.8	50.8	71.2	58.1	65.9	...
1970	60.8	48.4	72.7	88.6	71.4	60.0	60.7	74.8
1971	62.2	50.1	74.8	86.9	71.4	61.0	59.9	76.3
1972	66.4	54.9	80.9	84.7	72.0	65.8	62.3	77.0
1973	77.9	68.7	97.7	91.8	82.9	75.6	71.1	80.3
1974	91.2	92.0	96.4	97.2	92.3	96.6	82.8	86.7
1975	100.0	100.0	100.0	100.0	100.0	100.0	100.0	100.0
1976	118.5	121.8	119.3	106.0	120.2	133.2	110.0	103.2

10B. IMPLICIT PRICE DEFLATOR INDEX OF GROSS DOMESTIC PRODUCT BY KIND OF ECONOMIC ACTIVITY

	GROSS DOMESTIC PRODUCT	AGRICULTURE 11/	INDUSTRIAL ACTIVITY TOTAL 12/	INDUSTRIAL ACTIVITY MANUFACTURING INDUSTRIES	CONSTRUCTION	WHOLESALE AND RETAIL TRADE	TRANSPORT AND COMMUNICATION	OTHER 13/
ISIC	1 - 9	1	2 - 4	3	5	6	7	8 - 9
A. INDEX FROM DATA IN NATIONAL CURRENCY 1975 = 100								
SINGAPORE								
1960	62.5	47.7	51.3	47.9	51.9	66.3	75.7	66.7
1961	62.5	47.6	51.4	48.0	52.6	64.8	75.7	68.1
1962	63.1	49.2	53.0	49.6	53.2	63.6	76.1	70.2
1963	63.7	49.4	54.5	51.3	53.9	63.9	76.3	70.7
1964	64.1	49.4	56.0	53.0	54.6	64.1	77.2	71.1
1965	65.0	50.4	57.2	54.3	55.3	64.8	79.2	71.5
1966	65. 9	51.5	58.2	55.5	55.9	66.4	79.5	72.0
1967	66.3	52.4	59.2	56.1	56.6	66.0	79.6	72.0
1968	67.0	55.9	59.7	56.6	57.3	66.4	79.6	72.6
1969	68.6	56.7	60.4	57.4	58.3	69.9	79.6	73.3
1970	68.4	57.0	63.2	60.5	55.1	68.7	81.4	73.1
1971	71.4	60.9	65.4	62.7	61.4	70.6	84.5	77.3
1972	75.3	57.4	70.4	68.2	71.9	71.7	87.4	81.4
1973	84.5	80.9	78.9	76.9	82.7	86.1	87.9	88.1
1974	97.7	93.4	94.9	94.0	99.9	100.7	96.6	97.4
1975	100.0	100.0	100.0	100.0	100.0	100.0	100.0	100.0
1976	101.4	91.2	101.0	100.9	100.5	102.3	104.1	100.2
1977	102.9	99.5	103.1	103.3	102.2	105.0	105.0	100.3
SPAIN						30/		
1960	32.4	40.6	42.9	...	28.2	—— 26.3	——	16.8
1961	33.1	41.9	44.1	...	27.4	—— 26.6	——	17.6
1962	34.9	45.0	45.4	...	30.2	—— 28.5	——	19.2
1963	37.9	48.1	47.3	...	34.1	—— 30.6	——	21.3
1964	40.4	49.6	49.2	...	36.4	—— 34.3	——	23.7
1965	44.5	56.2	51.0	...	38.8	—— 39.1	——	27.0
1966	47.2	58.4	52.5	...	40.3	—— 42.3	——	32.5
1967	50.1	58.0	53.9	...	43.8	—— 45.5	——	39.3
1968	52.4	60.6	55.5	...	44.1	—— 48.0	——	43.6
1969	54.2	61.9	56.9	...	46.5	—— 49.8	——	47.3
1970	56.9	60.1	60.3	...	49.4	—— 55.0	——	51.8
1971	61.4	64.9	63.5	...	53.4	—— 60.6	——	56.3
1972	66.4	71.6	66.8	...	56.8	—— 66.3	——	62.3
1973	74.0	81.9	72.8	...	67.2	—— 72.7	——	71.1
1974	85.5	87.3	85.8	...	84.7	—— 85.3	——	84.2
1975	100.0	100.0	100.0	...	100.0	—— 100.0	——	100.0

10B. IMPLICIT PRICE DEFLATOR INDEX OF GROSS DOMESTIC PRODUCT BY KIND OF ECONOMIC ACTIVITY

	GROSS DOMESTIC PRODUCT	AGRICULTURE 11/	INDUSTRIAL ACTIVITY: TOTAL 12/	INDUSTRIAL ACTIVITY: MANUFACTURING INDUSTRIES	CONSTRUCTION	WHOLESALE AND RETAIL TRADE	TRANSPORT AND COMMUNICATION	OTHER 13/
ISIC	1 - 9	1	2 - 4	3	5	6	7	8 - 9
A. INDEX FROM DATA IN NATIONAL CURRENCY 1975 = 100								
SRI LANKA								
1963	61.8	54.5	59.8	58.5	48.5	58.9	70.4	72.7
1964	63.3	56.9	60.8	59.4	48.4	58.9	73.5	75.6
1965	63.5	55.9	60.8	59.4	48.1	58.6	73.8	77.2
1966	63.1	57.0	60.9	59.6	49.4	58.5	73.8	78.2
1967	64.2	58.4	63.0	62.1	52.7	60.3	75.6	78.2
1968	70.9	63.4	70.3	68.9	55.9	66.1	75.7	89.6
1969	72.9	64.8	77.8	77.1	59.8	69.5	79.0	91.9
1970	76.7	69.8	74.2	74.3	68.6	76.6	85.8	85.6
1971	77.9	68.0	79.2	78.5	70.6	79.6	88.1	89.4
1972	83.1	73.3	82.4	81.9	90.3	85.1	91.0	90.5
1973	92.6	90.4	90.0	89.8	89.5	91.0	87.9	90.6
1974	106.2	121.4	105.8	105.7	100.9	108.1	105.0	98.9
1975	100.0	100.0	100.0	100.0	100.0	100.0	100.0	100.0
1976	106.1	106.8	102.7	102.9	109.4	117.2	106.4	104.4
1977	122.2	129.2	108.8	108.1	115.2	127.8	120.1	112.3
SWEDEN								
1960	43.2	42.8	50.7	48.6	56.7	40.7	53.9	35.2
1961	44.4	45.0	51.4	49.3	58.6	43.5	55.7	37.0
1962	46.2	46.3	52.4	50.1	61.5	45.6	55.9	38.5
1963	47.6	46.0	52.8	51.0	64.5	48.5	57.5	39.2
1964	49.6	50.1	54.2	52.6	69.1	50.6	58.9	41.9
1965	52.5	53.3	55.6	54.1	73.8	54.9	61.0	45.5
1966	55.9	53.8	56.5	55.2	77.6	57.5	62.8	50.3
1967	58.4	51.0	57.4	56.6	81.4	61.4	69.8	53.7
1968	59.8	48.0	57.7	56.9	83.0	64.6	71.7	56.8
1969	61.9	48.8	59.0	58.2	82.4	62.9	74.8	60.2
1970	65.4	52.3	62.8	62.3	83.5	67.2	79.6	64.3
1971	70.1	56.4	64.5	63.7	84.3	73.4	78.0	69.4
1972	74.8	56.6	68.0	67.5	88.9	77.8	86.5	73.9
1973	80.0	62.4	74.9	75.1	89.7	83.8	92.4	79.4
1974	87.2	81.4	90.1	90.7	90.8	95.1	89.4	87.6
1975	100.0	100.0	100.0	100.0	100.0	100.0	100.0	100.0
1976	110.9	110.9	107.9	108.2	111.5	108.0	104.5	113.6
1977	123.7	125.0	112.2	112.5	127.2	116.6	110.7	131.8

10B. IMPLICIT PRICE DEFLATOR INDEX OF GROSS DOMESTIC PRODUCT BY KIND OF ECONOMIC ACTIVITY

	GROSS DOMESTIC PRODUCT	AGRICULTURE 11/	INDUSTRIAL ACTIVITY TOTAL 12/	INDUSTRIAL ACTIVITY MANUFACTURING INDUSTRIES	CONSTRUCTION	WHOLESALE AND RETAIL TRADE	TRANSPORT AND COMMUNICATION	OTHER 13/
ISIC	1 - 9	1	2 - 4	3	5	6	7	8 - 9
A. INDEX FROM DATA IN NATIONAL CURRENCY 1975 = 100								
SYRIAN ARAB REPUBLIC								26/
1963	48.1	46.9	43.6	72.6	24.8	40.3	80.5	56.0
1964	50.8	42.1	46.2	75.2	28.0	42.6	81.7	56.9
1965	49.9	45.1	48.9	77.4	32.2	45.8	85.4	57.3
1966	52.3	55.3	54.6	83.2	30.0	46.0	95.7	61.5
1967	57.5	48.1	56.3	82.4	37.8	50.9	100.2	65.6
1968	55.8	57.2	57.2	86.6	30.4	51.2	87.4	63.5
1969	52.6	45.1	51.3	81.0	31.8	45.9	88.3	65.5
1970	55.1	56.1	49.8	82.2	35.1	47.3	82.5	62.3
1971	57.9	64.3	52.6	85.1	36.0	51.3	82.0	61.8
1972	63.0	72.3	56.9	90.1	40.3	57.5	87.0	61.8
1973	65.3	72.4	60.1	103.0	49.0	62.9	88.5	67.1
1974	86.6	93.0	91.5	119.9	73.1	94.2	91.7	73.6
1975	100.0	100.0	100.0	100.0	100.0	100.0	100.0	100.0
1976	111.5	116.6	99.3	94.9	92.1	115.0	119.6	108.9
1977	120.7	139.0	91.4	79.5	106.9	139.4	113.0	113.5
THAILAND								
1960	53.5	48.3	60.7	56.9	40.6	49.1	60.6	58.5
1961	55.5	50.5	63.6	59.4	42.1	51.0	63.5	59.2
1962	55.6	48.1	65.7	61.7	45.0	53.1	63.4	60.5
1963	54.7	45.8	65.0	60.7	45.2	53.8	63.3	61.0
1964	56.3	46.1	66.4	60.4	45.3	58.4	64.8	62.3
1965	58.9	52.3	66.9	59.7	45.9	57.3	67.6	63.2
1966	63.2	57.9	68.7	62.1	49.6	63.2	66.7	65.3
1967	62.6	55.8	72.0	66.4	50.4	60.7	66.0	67.5
1968	62.2	53.7	71.0	66.3	51.4	61.5	67.9	68.6
1969	63.4	55.1	71.3	66.0	52.5	64.3	66.3	69.8
1970	63.1	51.2	72.5	66.9	52.9	66.2	68.4	70.8
1971	62.0	51.5	68.9	65.2	53.1	62.8	71.1	71.2
1972	67.7	63.5	68.8	65.8	55.7	67.8	74.9	73.9
1973	80.7	84.2	75.8	73.9	64.3	80.8	88.6	79.9
1974	96.1	95.4	95.8	94.8	81.2	98.7	99.7	96.1
1975	100.0	100.0	100.0	100.0	100.0	100.0	100.0	100.0
1976	103.6	106.0	99.6	98.8	104.2	103.3	105.4	104.0
1977	108.8	110.2	104.3	102.0	113.6	109.2	112.2	109.9

10B. IMPLICIT PRICE DEFLATOR INDEX OF GROSS DOMESTIC PRODUCT BY KIND OF ECONOMIC ACTIVITY

	GROSS DOMESTIC PRODUCT	AGRICULTURE 11/	INDUSTRIAL ACTIVITY: TOTAL 12/	INDUSTRIAL ACTIVITY: MANUFACTURING INDUSTRIES	CONSTRUCTION	WHOLESALE AND RETAIL TRADE	TRANSPORT AND COMMUNICATION	OTHER 13/
ISIC	1 - 9	1	2 - 4	3	5	6	7	8 - 9
A. INDEX FROM DATA IN NATIONAL CURRENCY 1975 = 100								
TRINIDAD AND TOBAGO	6/							
1966	31.4	37.0	19.4	44.3	34.5	46.1	50.5	49.8
1967	32.3	37.2	20.1	44.1	39.2	46.5	52.2	50.3
1968	35.3	41.6	21.3	48.4	55.2	50.2	59.3	52.9
1969	35.3	42.9	21.2	50.0	52.8	48.6	60.7	53.8
1970	35.0	42.4	20.8	51.7	45.5	49.9	61.0	54.4
1971	37.9	43.4	21.9	53.5	54.2	54.4	63.3	61.0
1972	40.9	49.0	23.7	56.3	58.0	58.8	66.9	65.6
1973	50.1	60.3	35.1	66.5	66.1	66.6	73.3	70.4
1974	79.9	87.4	73.0	83.5	87.6	84.7	81.3	89.5
1975	100.0	100.0	100.0	100.0	100.0	100.0	100.0	100.0
1976	108.4	110.3	103.8	103.8	119.8	120.2	108.6	110.9
1977	123.6	117.7	124.7	115.3	130.0	133.0	131.5	119.9
TUNISIA								
1960	48.0	...	...	...	...	...	...	...
1961	51.3	49.9	36.4	47.9	44.5	...	71.2	56.3
1962	51.9	50.9	38.9	53.3	48.1	...	69.4	56.0
1963	54.8	55.5	41.9	58.3	46.9	...	73.3	54.7
1964	55.8	52.8	41.6	55.0	49.9	...	80.3	60.3
1965	61.2	56.0	48.3	67.2	58.7	...	83.9	65.1
1966	62.2	56.8	46.2	61.9	58.7	...	84.8	67.4
1967	64.9	61.1	49.5	64.2	61.0	...	87.5	69.3
1968	65.0	62.3	47.8	67.0	61.1	...	85.4	70.7
1969	67.5	64.6	50.6	68.0	62.9	...	82.0	73.8
1970	69.4	70.6	52.9	71.8	63.3	...	78.9	74.3
1971	74.1	75.5	57.4	72.4	63.3	...	84.3	78.2
1972	75.2	75.8	57.8	75.3	62.7	...	76.3	81.8
1973	80.8	80.4	67.6	80.2	68.9	...	75.7	60.8
1974	96.6	94.9	103.7	101.4	86.3	...	90.4	61.5
1975	100.0	100.0	100.0	100.0	100.0	...	100.0	100.0
1976	101.1	100.7	93.3	101.7	106.0	...	102.1	104.7
1977	109.0	110.3	99.1	108.4	112.1	...	111.8	110.9

10B. IMPLICIT PRICE DEFLATOR INDEX OF GROSS DOMESTIC PRODUCT BY KIND OF ECONOMIC ACTIVITY

	GROSS DOMESTIC PRODUCT	AGRICULTURE 11/	INDUSTRIAL ACTIVITY: TOTAL 12/	INDUSTRIAL ACTIVITY: MANUFACTURING INDUSTRIES	CONSTRUCTION	WHOLESALE AND RETAIL TRADE	TRANSPORT AND COMMUNICATION	OTHER 13/
ISIC	1 - 9	1	2 - 4	3	5	6	7	8 - 9
A. INDEX FROM DATA IN NATIONAL CURRENCY 1975 = 100								
TURKEY								26/
1960	22.7	19.9	28.5	29.2	22.1	25.1	27.3	20.2
1961	23.7	20.8	28.4	28.8	24.2	25.8	28.0	22.0
1962	25.9	23.5	31.8	32.5	24.3	28.3	31.4	23.0
1963	27.4	24.8	32.8	33.5	26.7	29.2	32.8	24.8
1964	28.1	24.9	33.3	34.1	28.4	29.7	33.0	26.4
1965	29.3	25.4	34.5	35.5	30.6	30.9	34.4	27.6
1966	31.1	27.8	35.8	36.9	32.6	32.1	35.6	29.6
1967	33.2	29.1	38.6	38.8	38.6	34.3	36.4	31.3
1968	34.5	30.0	39.4	39.4	41.4	35.4	37.6	33.0
1969	36.3	31.9	40.6	40.5	45.8	37.2	39.2	34.6
1970	40.5	35.9	44.2	44.2	48.1	41.9	42.2	39.7
1971	47.7	41.0	52.5	52.3	53.7	49.9	49.3	48.2
1972	55.6	49.2	59.6	59.2	61.3	56.4	55.5	58.0
1973	67.7	67.1	67.5	67.8	69.1	67.0	68.3	69.7
1974	86.6	87.7	88.7	89.3	83.1	89.7	88.5	82.3
1975	100.0	100.0	100.0	100.0	100.0	100.0	100.0	100.0
1976	117.9	122.7	113.1	113.5	117.1	116.3	115.0	119.8
UGANDA	6/							
1960	29.4	20.9	40.8	39.6	32.8	38.2	71.7	64.9
1961	30.6	21.9	42.8	41.4	33.3	39.8	73.0	66.5
1962	30.5	21.8	41.0	40.0	31.6	40.1	73.0	67.3
1963	30.7	22.1	41.1	39.1	33.1	37.8	74.9	69.0
1964	32.5	23.9	41.6	36.9	34.5	41.6	70.1	70.6
1965	35.8	27.0	47.4	38.8	40.4	43.1	77.5	73.3
1966	35.4	26.4	45.1	38.3	40.0	44.1	74.9	74.7
1967	35.0	25.8	44.2	38.5	40.4	45.0	72.5	75.5
1968	36.3	26.4	48.1	42.2	41.9	47.7	72.7	77.6
1969	36.9	26.8	51.1	43.6	44.6	47.9	69.2	78.9
1970	41.4	32.1	54.1	47.4	50.5	51.4	71.4	80.6
1971	45.6	39.2	53.5	48.0	62.4	46.1	72.8	80.1
1972	47.8	40.0	53.0	47.3	55.6	47.6	72.7	93.7
1973	55.2	46.8	57.3	50.8	57.8	56.6	77.9	104.1
1974	67.1	59.1	78.5	74.1	94.1	73.8	87.9	102.4
1975	100.0	100.0	100.0	100.0	100.0	100.0	100.0	100.0
1976	115.7	115.9	114.3	113.6	109.6	126.2	108.3	109.0

10B. IMPLICIT PRICE DEFLATOR INDEX OF GROSS DOMESTIC PRODUCT BY KIND OF ECONOMIC ACTIVITY

	GROSS DOMESTIC PRODUCT	AGRICULTURE 11/	INDUSTRIAL ACTIVITY: TOTAL 12/	INDUSTRIAL ACTIVITY: MANUFACTURING INDUSTRIES	CONSTRUCTION	WHOLESALE AND RETAIL TRADE	TRANSPORT AND COMMUNICATION	OTHER 13/
ISIC	1 - 9	1	2 - 4	3	5	6	7	8 - 9
A. INDEX FROM DATA IN NATIONAL CURRENCY 1975 = 100								
UNITED REP. OF TANZANIA 17/	6/							
1964	56.0	54.6	51.5	47.9	47.1	48.8	61.9	61.3
1965	55.2	51.7	51.1	49.0	49.5	49.1	66.6	63.9
1966	56.2	51.3	55.2	50.9	53.3	49.5	68.6	66.1
1967	55.9	49.8	55.4	50.8	54.8	50.0	68.6	67.3
1968	56.7	49.9	57.3	54.0	55.7	50.5	69.0	69.4
1969	57.8	51.2	59.2	56.2	58.5	49.3	71.2	70.5
1970	60.2	54.1	62.0	58.8	65.9	52.6	67.1	71.4
1971	62.3	56.6	62.3	61.5	69.6	55.9	66.8	73.2
1972	66.1	60.2	68.6	68.5	62.1	64.1	67.9	76.7
1973	73.5	67.4	75.7	72.2	77.7	71.7	77.1	81.2
1974	87.3	84.2	85.4	83.8	88.1	88.6	91.8	91.1
1975	100.0	100.0	100.0	100.0	100.0	100.0	100.0	100.0
1976	114.5	124.7	109.8	108.4	106.1	106.5	103.4	106.9
1977	133.1	157.4	122.0	121.4	108.2	127.1	103.4	110.8
UNITED STATES								
1960	54.4	46.0	64.2	66.2	36.8	54.8	67.6	48.3
1961	54.9	46.2	64.4	66.5	37.6	55.5	68.8	49.3
1962	55.9	47.1	64.6	66.9	38.6	55.6	69.3	50.2
1963	56.7	46.6	63.3	65.5	40.1	58.1	69.3	52.5
1964	57.6	45.4	63.4	65.6	40.4	57.4	70.4	54.6
1965	58.8	50.0	63.6	66.1	42.0	57.9	70.5	56.0
1966	60.7	55.0	64.7	67.3	44.4	59.3	70.6	58.7
1967	62.6	51.7	66.1	69.0	46.0	62.0	72.6	61.2
1968	65.2	53.2	68.1	71.3	48.0	64.9	73.0	64.7
1969	68.6	58.2	69.6	72.9	55.3	68.9	75.8	67.9
1970	72.1	58.0	72.6	76.0	62.1	71.8	76.9	72.6
1971	75.8	59.0	74.8	78.4	67.8	75.1	84.4	77.6
1972	78.9	69.3	76.2	79.2	73.7	76.6	87.7	81.9
1973	83.4	103.8	78.7	81.4	81.7	80.8	89.0	86.1
1974	91.3	101.6	89.4	90.7	89.1	90.7	95.0	91.1
1975	100.0	100.0	100.0	100.0	100.0	100.0	100.0	100.0
1976	105.3	100.3	105.6	105.2	101.9	104.6	106.6	106.5
1977	111.4	101.9	112.2	110.9	108.5	110.2	111.8	113.2

10B. IMPLICIT PRICE DEFLATOR INDEX OF GROSS DOMESTIC PRODUCT BY KIND OF ECONOMIC ACTIVITY

	GROSS DOMESTIC PRODUCT	AGRICULTURE 11/	INDUSTRIAL ACTIVITY: TOTAL 12/	INDUSTRIAL ACTIVITY: MANUFACTURING INDUSTRIES	CONSTRUCTION	WHOLESALE AND RETAIL TRADE	TRANSPORT AND COMMUNICATION	OTHER 13/
ISIC	1 - 9	1	2 - 4	3	5	6	7	8 - 9
A. INDEX FROM DATA IN NATIONAL CURRENCY 1975 = 100								
URUGUAY								
1960	0.2	0.4	0.2	0.2	0.2	0.2	0.2	0.2
1961	0.2	0.3	0.2	0.2	0.3	0.2	0.3	0.2
1962	0.3	0.4	0.2	0.2	0.3	0.2	0.3	0.3
1963	0.3	0.4	0.3	0.3	0.4	0.3	0.4	0.4
1964	0.5	0.7	0.4	0.4	0.5	0.4	0.5	0.5
1965	0.7	0.9	0.8	0.8	0.9	0.6	0.8	0.8
1966	1.3	1.7	1.3	1.2	1.6	1.3	1.6	1.2
1967	2.4	2.7	2.3	2.3	3.2	2.3	2.8	2.4
1968	5.2	5.8	5.5	5.5	5.8	5.0	6.2	4.6
1969	6.6	6.8	6.4	6.4	6.8	6.3	8.3	6.7
1970	7.6	7.6	7.0	6.8	7.9	6.6	9.4	8.4
1971	9.2	9.5	7.8	7.8	10.4	7.9	11.2	10.8
1972	16.1	23.4	12.2	12.3	16.4	13.3	18.0	15.5
1973	33.1	52.3	29.2	29.2	36.2	30.3	33.1	30.2
1974	57.5	80.3	57.5	57.0	62.9	53.2	61.2	53.7
1975	100.0	100.0	100.0	100.0	100.0	100.0	100.0	100.0
1976	151.4	139.3	154.7	153.3	139.6	151.0	150.5	149.0
VENEZUELA								
1960	45.7	44.0	...	...	...	...	...	...
1961	45.8	46.2	...	...	...	...	...	...
1962	45.9	48.2	...	...	...	...	...	...
1963	46.8	50.7	...	...	...	...	...	...
1964	47.2	54.9	...	...	...	...	...	...
1965	47.4	55.1	...	...	...	...	...	...
1966	48.3	56.6	...	...	...	...	...	...
1967	48.9	57.7	...	...	...	...	...	...
1968	50.5	59.5	...	...	...	...	...	61.3
1969	50.1	63.9	...	...	...	...	...	61.2
1970	51.8	63.1	...	...	...	...	...	66.7
1971	55.7	64.1	...	...	...	...	...	71.0
1972	59.7	67.5	...	...	...	...	...	74.6
1973	67.6	74.6	...	...	...	...	...	78.4
1974	107.3	86.8	...	...	...	...	...	88.2
1975	100.0	100.0	...	...	...	...	...	100.0
1976	98.0	110.0	...	...	...	...	...	108.6
1977	105.9	128.4	...	...	...	...	...	118.9

10B. IMPLICIT PRICE DEFLATOR INDEX OF GROSS DOMESTIC PRODUCT BY KIND OF ECONOMIC ACTIVITY

	GROSS DOMESTIC PRODUCT	AGRICULTURE 11/	INDUSTRIAL ACTIVITY: TOTAL 12/	INDUSTRIAL ACTIVITY: MANUFACTURING INDUSTRIES	CONSTRUCTION	WHOLESALE AND RETAIL TRADE	TRANSPORT AND COMMUNICATION	OTHER 13/
ISIC	1 - 9	1	2 - 4	3	5	6	7	8 - 9
A. INDEX FROM DATA IN NATIONAL CURRENCY 1975 = 100								
ZAIRE								26/
1968	51.4	46.1	72.7	45.4	47.1	37.7	86.3	41.4
1969	58.5	48.7	84.5	53.5	49.9	43.8	100.1	50.5
1970	60.6	49.3	85.8	46.1	56.3	43.4	100.0	54.4
1971	60.9	52.7	68.9	50.6	64.6	46.9	103.1	62.9
1972	66.3	59.1	70.6	53.1	61.5	53.2	128.4	68.6
1973	81.6	74.2	113.6	57.3	64.9	59.2	142.9	70.2
1974	94.2	88.6	134.9	68.9	76.0	75.1	102.3	81.3
1975	100.0	100.0	100.0	100.0	100.0	100.0	100.0	100.0
ZAMBIA								
1965	59.7	63.5	68.5	40.9	50.9	59.2	54.6	59.4
1966	73.8	67.9	101.6	49.0	59.8	60.7	60.3	59.4
1967	74.0	70.5	92.5	52.2	68.0	72.6	64.2	67.3
1968	85.7	72.8	120.0	59.4	80.9	77.3	65.4	68.5
1969	105.5	74.6	160.6	60.3	78.7	80.7	67.9	78.1
1970	93.7	75.6	133.4	64.3	91.2	78.6	67.1	73.4
1971	86.3	84.2	101.7	66.2	100.8	78.4	71.6	77.3
1972	89.5	89.7	103.1	71.2	96.5	81.3	78.6	80.8
1973	108.5	96.1	148.2	74.5	94.2	95.3	84.5	84.4
1974	118.0	101.2	161.9	84.9	101.6	100.9	94.1	90.5
1975	100.0	100.0	100.0	100.0	100.0	100.0	100.0	100.0
1976	113.3	124.2	116.0	114.1	107.5	113.9	119.2	109.4
1977	122.0	145.2	107.4	138.6	112.0	145.9	147.0	123.4

10B. IMPLICIT PRICE DEFLATOR INDEX OF GROSS DOMESTIC PRODUCT BY KIND OF ECONOMIC ACTIVITY

	GROSS DOMESTIC PRODUCT	AGRICULTURE 11/	INDUSTRIAL ACTIVITY: TOTAL 12/	INDUSTRIAL ACTIVITY: MANUFACTURING INDUSTRIES	CONSTRUCTION	WHOLESALE AND RETAIL TRADE	TRANSPORT AND COMMUNICATION	OTHER 13/
ISIC	1 - 9	1	2 - 4	3	5	6	7	8 - 9

B. INDEX FROM DATA IN U.S. DOLLARS 1975 = 100

ARGENTINA								
1960	46.8	41.7	48.8	47.8	40.7	76.6	36.8	32.0
1961	47.5	36.7	49.0	47.7	45.0	72.2	37.9	35.5
1962	48.0	38.7	51.1	49.6	46.7	70.5	39.7	37.5
1963	50.4	44.1	53.7	51.6	47.3	74.2	45.5	36.1
1964	51.4	51.4	53.0	51.5	46.9	75.2	43.5	37.4
1965	52.3	46.4	55.4	53.6	51.5	74.7	42.4	40.1
1966	53.6	43.2	54.8	52.5	55.7	73.6	48.8	43.0
1967	55.4	42.1	54.0	51.3	57.7	75.9	50.9	43.9
1968	57.0	43.8	53.5	50.5	57.6	74.4	54.5	46.7
1969	59.9	48.0	54.9	51.9	60.8	77.0	57.7	51.5
1970	61.3	51.1	54.9	52.6	62.8	74.1	63.9	55.8
1971	67.6	66.9	58.9	56.7	67.6	78.9	75.6	62.5
1972	60.9	74.6	53.5	52.8	58.3	71.7	62.5	53.5
1973	83.0	91.3	72.4	70.7	87.8	96.6	89.0	76.6
1974	112.3	106.2	96.6	93.6	125.4	122.4	116.3	112.9
1975	100.0	100.0	100.0	100.0	100.0	100.0	100.0	100.0

10B. IMPLICIT PRICE DEFLATOR INDEX OF GROSS DOMESTIC PRODUCT BY KIND OF ECONOMIC ACTIVITY

	GROSS DOMESTIC PRODUCT	AGRICULTURE 11/	INDUSTRIAL ACTIVITY: TOTAL 12/	INDUSTRIAL ACTIVITY: MANUFACTURING INDUSTRIES	CONSTRUCTION	WHOLESALE AND RETAIL TRADE	TRANSPORT AND COMMUNICATION	OTHER 13/
ISIC	1 - 9	1	2 - 4	3	5	6	7	8 - 9
B. INDEX FROM DATA IN U.S. DOLLARS 1975 = 100								
AUSTRIA								
1960	32.2	44.6	40.1	...	34.1	33.5	42.7	21.7
1961	33.7	47.6	41.1	...	35.2	34.9	49.5	23.2
1962	35.0	48.2	42.3	...	35.6	38.0	49.8	24.4
1963	36.2	48.0	43.4	...	38.9	39.6	50.0	25.7
1964	37.3	49.1	44.1	...	38.6	41.3	50.0	26.9
1965	39.4	54.5	45.8	...	43.7	42.7	51.0	29.3
1966	40.6	53.1	47.3	...	44.0	43.8	52.9	31.5
1967	42.0	50.5	48.7	...	44.2	45.3	58.5	34.0
1968	43.2	48.3	49.1	...	44.1	48.2	58.0	36.4
1969	44.3	51.7	49.3	...	43.0	50.2	57.7	39.5
1970	46.4	55.0	51.6	...	46.1	52.8	58.0	41.7
1971	51.1	60.6	56.1	...	51.7	58.6	61.6	47.3
1972	59.1	72.2	63.7	...	64.8	67.5	70.7	55.3
1973	74.6	90.6	75.5	...	74.9	71.8	80.4	71.7
1974	85.7	97.2	87.1	...	86.3	84.2	84.7	83.4
1975	100.0	100.0	100.0	...	100.0	100.0	100.0	100.0
1976	101.3	103.4	102.0	...	101.5	101.9	102.6	106.5
1977	115.6	114.6	116.1	...	122.2	115.4	120.5	122.3
BANGLADESH 4/								
1972	85.3	88.0	113.8	113.8	50.0	112.7	70.9	63.9
1973	118.5	124.2	139.9	139.9	83.0	140.0	96.2	91.2
1974	195.2	226.8	162.8	162.8	144.7	199.3	131.8	141.3
1975	100.0	100.0	100.0	100.0	100.0	100.0	100.0	100.0
1976	75.6	75.4	79.7	79.7	69.9	73.3	77.7	74.1
1977	78.3	81.0	78.2	78.3	69.5	73.7	75.3	74.9

10B. IMPLICIT PRICE DEFLATOR INDEX OF GROSS DOMESTIC PRODUCT BY KIND OF ECONOMIC ACTIVITY

	GROSS DOMESTIC PRODUCT	AGRICULTURE [11/]	INDUSTRIAL ACTIVITY: TOTAL [12/]	INDUSTRIAL ACTIVITY: MANUFACTURING INDUSTRIES	CONSTRUCTION	WHOLESALE AND RETAIL TRADE	TRANSPORT AND COMMUNICATION	OTHER [13/]
ISIC	1 - 9	1	2 - 4	3	5	6	7	8 - 9
B. INDEX FROM DATA IN U.S. DOLLARS 1975 = 100								
BELGIUM								
1960	35.1	38.7	45.7	45.6	24.7	...	26.7	31.7 [26/]
1961	35.5	40.4	46.1	46.2	26.1	...	26.6	31.9
1962	36.1	40.1	46.0	46.1	27.3	...	27.4	32.1
1963	37.2	44.2	47.4	47.6	29.5	...	27.9	32.9
1964	39.0	45.0	49.2	49.5	31.9	...	29.5	34.4
1965	40.9	50.8	50.3	50.8	33.8	...	31.0	36.7
1966	42.7	53.3	51.9	52.4	35.2	...	32.6	38.6
1967	43.9	46.9	53.1	53.8	37.4	...	34.8	40.3
1968	45.1	48.7	53.8	54.7	38.4	...	35.4	42.0
1969	47.0	54.5	55.6	56.8	40.6	...	36.6	43.6
1970	49.1	49.8	56.7	57.9	44.5	...	39.3	45.8
1971	53.2	51.8	58.6	59.1	48.6	...	44.6	50.4
1972	62.0	72.3	66.3	67.4	56.5	...	55.0	59.9
1973	74.7	86.1	77.8	79.5	70.2	...	67.5	73.0
1974	83.8	73.3	88.2	90.1	83.4	...	79.5	82.1
1975	100.0	100.0	100.0	100.0	100.0	...	100.0	100.0
1976	102.6	110.3	101.3	102.0	104.9	...	103.6	103.9
1977	118.0	101.7	113.6	114.5	121.5	...	121.7	122.5
BELIZE								
1970	54.2 [6/]	42.8	...	...	...	55.7	60.6	72.6
1971	62.8	48.6	...	...	...	69.4	70.2	78.5
1972	70.8	56.6	...	...	...	75.5	83.1	87.6
1973	71.6	51.1	...	...	73.6	80.7	91.8	95.0
1974	87.7	77.1	...	...	99.1	86.9	100.4	95.6
1975	100.0	100.0	...	...	100.0	100.0	100.0	100.0
1976	78.0	62.2	...	...	74.9	96.9	96.6	87.9
BENIN								
1970	55.9	53.4	...	...	48.7	53.4	53.6	53.0
1971	55.2	55.7	...	...	50.3	55.3	55.5	54.9
1972	62.2	62.7	...	...	58.7	62.7	63.0	62.4
1973	75.6	76.1	...	...	72.3	72.0	72.3	69.2
1974	78.3	85.0	...	...	80.7	75.0	75.3	73.8
1975	100.0	100.0	...	...	100.0	100.0	100.0	100.0
1976	106.3	98.4	...	...	102.2	105.2	105.6	104.5
1977	114.3	102.7	...	...	111.1	108.6	109.1	107.9

10B. IMPLICIT PRICE DEFLATOR INDEX OF GROSS DOMESTIC PRODUCT BY KIND OF ECONOMIC ACTIVITY

	GROSS DOMESTIC PRODUCT	AGRICULTURE 11/	INDUSTRIAL ACTIVITY: TOTAL 12/	INDUSTRIAL ACTIVITY: MANUFACTURING INDUSTRIES	CONSTRUCTION	WHOLESALE AND RETAIL TRADE	TRANSPORT AND COMMUNICATION	OTHER 13/
ISIC	1 - 9	1	2 - 4	3	5	6	7	8 - 9

B. INDEX FROM DATA IN U.S. DOLLARS 1975 = 100

	GROSS DOMESTIC PRODUCT	AGRICULTURE	TOTAL	MANUFACTURING INDUSTRIES	CONSTRUCTION	WHOLESALE AND RETAIL TRADE	TRANSPORT AND COMMUNICATION	OTHER
BOLIVIA								
1960	39.7	58.7	42.5	53.2	36.9	35.9	47.9	31.1
1961	42.9	62.3	44.4	54.5	36.9	37.4	50.1	34.8
1962	44.4	61.2	46.2	57.8	38.1	38.4	51.5	38.0
1963	44.9	61.3	47.2	59.3	38.2	38.8	52.1	39.0
1964	48.3	62.3	54.7	63.2	38.9	39.7	55.8	41.7
1965	50.2	63.7	59.1	65.7	42.6	42.7	57.7	41.3
1966	51.9	64.6	58.4	67.5	43.1	44.6	59.7	45.0
1967	55.2	66.5	60.1	71.8	47.5	49.4	66.9	47.8
1968	58.4	69.1	61.9	75.4	50.6	51.3	71.0	53.2
1969	60.6	72.2	63.9	77.3	52.2	52.4	72.3	55.8
1970	62.2	65.4	66.1	73.6	48.4	52.8	76.3	62.7
1971	64.5	65.7	69.5	76.4	51.1	55.5	72.9	63.9
1972	63.5	59.7	66.1	70.4	49.5	58.8	74.9	60.9
1973	55.2	54.6	55.9	57.3	72.8	45.6	60.7	53.6
1974	90.5	91.5	104.7	89.1	89.5	75.8	95.0	79.1
1975	100.0	100.0	100.0	100.0	100.0	100.0	100.0	100.0
BOTSWANA 4/28/								
1967	92.3	87.4	...	...	51.2	199.7	82.6	99.9
1968	94.2	97.3	...	...	54.2	134.0	79.0	110.7
1969	96.9	98.4	...	...	81.1	110.2	85.4	105.8
1970	98.7	99.2	...	...	93.1	103.2	92.3	102.4
1971	100.0	100.0	...	...	100.0	100.0	100.0	100.0

108. IMPLICIT PRICE DEFLATOR INDEX OF GROSS DOMESTIC PRODUCT BY KIND OF ECONOMIC ACTIVITY

	GROSS DOMESTIC PRODUCT	AGRICULTURE 11/	INDUSTRIAL ACTIVITY: TOTAL 12/	INDUSTRIAL ACTIVITY: MANUFACTURING INDUSTRIES	CONSTRUCTION	WHOLESALE AND RETAIL TRADE	TRANSPORT AND COMMUNICATION	OTHER 13/
ISIC	1 - 9	1	2 - 4	3	5	6	7	8 - 9

B. INDEX FROM DATA IN U.S. DOLLARS 1975 = 100

BURMA 2/								
1962	66.4	52.0	72.8	71.6	130.7	55.2	110.3	129.2
1963	67.0	53.8	72.8	73.1	130.7	56.5	98.1	129.1
1964	65.6	49.2	75.6	74.3	130.7	56.7	105.6	129.2
1965	66.1	48.7	76.9	75.3	130.7	57.0	119.7	129.2
1966	68.0	51.0	82.2	79.8	130.7	58.0	113.1	129.2
1967	76.3	62.5	85.5	82.4	130.7	65.6	124.2	129.2
1968	78.9	64.8	91.2	88.0	130.7	67.2	140.6	129.3
1969	81.1	65.9	104.1	100.8	130.7	70.3	125.4	129.2
1970	79.9	65.1	99.0	95.2	130.7	70.2	120.0	129.2
1971	76.8	61.0	95.2	91.4	128.5	68.0	119.7	127.0
1972	68.7	54.2	86.8	81.2	114.1	61.6	103.6	112.8
1973	84.1	72.5	97.8	89.6	129.3	74.0	116.5	...
1974	103.7	91.9	115.6	112.9	133.6	101.4	125.0	...
1975	100.0	100.0	100.0	100.0	100.0	100.0	100.0	...
1976	111.0	113.9	113.4	117.4	101.6	113.8	100.1	...
1977	114.5	118.7	117.9	123.2	98.4	118.5	96.5	...

10B. IMPLICIT PRICE DEFLATOR INDEX OF GROSS DOMESTIC PRODUCT BY KIND OF ECONOMIC ACTIVITY

	GROSS DOMESTIC PRODUCT	AGRICULTURE[11]	INDUSTRIAL ACTIVITY		CONSTRUCTION	WHOLESALE AND RETAIL TRADE	TRANSPORT AND COMMUNICATION	OTHER[13]
			TOTAL[12]	MANUFACTURING INDUSTRIES				
ISIC	1 - 9	1	2 - 4	3	5	6	7	8 - 9
B. INDEX FROM DATA IN U.S. DOLLARS 1975 = 100								
CENTRAL AFRICAN EMPIRE								[32]
1967	...	100.0	...	...	100.0	100.0	100.0	100.0
1968	...	109.2	...	...	106.2	96.6	114.2	94.9
1969	...	104.7	...	...	106.5	82.6	110.0	85.1
1970	...	95.4	...	...	71.9	76.3	114.0	75.8
CHILE								[26]
1960	63.1	108.2	71.1	63.7	79.8	38.5	118.6	66.5
1961	67.8	111.9	72.2	65.8	83.3	43.1	123.3	76.0
1962	78.5	123.1	81.7	74.7	97.5	54.1	117.6	88.7
1963	75.1	118.4	81.1	73.1	99.0	49.4	97.7	81.1
1964	110.0	179.0	120.1	109.8	152.5	70.5	129.8	124.9
1965	111.4	191.2	121.8	105.5	163.9	68.2	122.5	127.9
1966	116.1	178.2	127.9	105.0	174.4	71.4	138.2	134.5
1967	124.2	184.1	136.2	116.4	173.8	77.6	152.2	145.7
1968	121.9	149.3	144.3	125.6	164.9	71.4	147.8	143.7
1969	137.1	180.5	166.7	139.9	171.3	78.0	162.4	156.3
1970	158.6	220.3	189.8	168.4	193.3	90.4	176.0	186.1
1971	147.0	216.3	147.4	138.6	220.2	87.0	160.7	201.3
1972	174.4	247.0	171.4	155.4	296.6	116.7	211.3	218.0
1973	63.8	95.6	67.2	62.2	76.4	47.2	69.5	69.7
1974	92.5	105.5	93.4	85.8	103.0	80.5	93.5	100.3
1975	100.0	100.0	100.0	100.0	100.0	100.0	100.0	100.0
1976	163.3	233.5	162.2	167.4	178.0	151.3	152.3	165.5
1977	205.1	357.6	175.4	192.3	230.3	178.3	196.2	235.8

10B. IMPLICIT PRICE DEFLATOR INDEX OF GROSS DOMESTIC PRODUCT BY KIND OF ECONOMIC ACTIVITY

	GROSS DOMESTIC PRODUCT	AGRICULTURE 11/	INDUSTRIAL ACTIVITY: TOTAL 12/	INDUSTRIAL ACTIVITY: MANUFACTURING INDUSTRIES	CONSTRUCTION	WHOLESALE AND RETAIL TRADE	TRANSPORT AND COMMUNICATION	OTHER 13/
ISIC	1 - 9	1	2 - 4	3	5	6	7	8 - 9
B. INDEX FROM DATA IN U.S. DOLLARS 1975 = 100								
COLOMBIA								26/
1960	65.8	63.8	64.9	62.6	50.5	57.8	90.5	73.2
1961	66.6	63.7	65.6	63.2	52.1	56.4	89.6	77.7
1962	67.4	62.4	68.4	66.6	57.5	54.6	97.1	79.3
1963	68.3	62.9	70.8	70.5	59.0	54.3	99.6	79.2
1964	69.5	69.1	66.6	66.4	58.4	58.9	92.6	78.0
1965	70.8	68.4	68.6	68.6	60.6	64.2	86.7	79.7
1966	72.7	69.7	67.8	68.3	62.8	69.7	89.4	82.1
1967	75.0	70.7	69.2	69.2	66.2	71.1	94.3	86.4
1968	77.7	72.7	71.6	69.2	68.6	74.1	102.1	89.6
1969	69.8	65.4	63.4	62.1	61.7	65.1	96.9	81.2
1970	72.2	66.1	65.2	64.0	67.1	69.1	99.8	83.9
1971	72.8	67.3	67.3	65.8	71.9	65.8	98.9	85.0
1972	75.3	71.8	69.5	68.0	71.4	69.4	93.6	87.2
1973	85.0	86.7	78.8	78.3	80.6	79.5	94.0	92.6
1974	95.3	95.1	92.9	93.2	95.4	92.3	107.3	96.9
1975	100.0	100.0	100.0	100.0	100.0	100.0	100.0	100.0
1976	110.3	114.4	110.3	109.8	107.8	113.2	112.4	103.8
1977	133.6	150.7	128.1	126.5	130.4	136.5	137.6	118.6
COSTA RICA								
1960	59.0	63.6	...	...	56.4	55.0	64.2	51.3
1961	59.1	60.1	...	...	57.4	56.3	67.3	53.2
1962	55.3	57.5	...	...	54.8	51.1	65.0	49.9
1963	56.3	58.3	...	...	55.6	52.2	69.1	50.8
1964	57.4	59.5	...	...	56.1	53.6	72.3	51.0
1965	56.8	60.8	...	...	57.2	51.4	70.7	51.8
1966	57.5	60.0	...	...	57.3	52.0	70.9	54.1
1967	58.9	59.7	...	...	58.7	53.3	70.4	56.5
1968	60.0	60.5	...	...	60.0	54.5	70.0	58.0
1969	62.8	60.6	...	...	64.1	59.4	74.1	62.3
1970	67.4	65.7	...	...	69.4	64.3	78.5	66.6
1971	68.9	61.5	...	...	73.1	67.3	81.1	69.4
1972	73.3	64.8	...	...	74.0	68.7	83.3	76.5
1973	84.1	75.0	...	...	85.7	78.6	86.3	85.5
1974	86.5	81.9	...	...	90.7	88.7	85.6	83.9
1975	100.0	100.0	...	...	100.0	100.0	100.0	100.0
1976	116.6	122.7	...	...	113.7	109.9	114.4	121.0
1977	137.6	167.5	...	...	128.5	120.9	124.9	143.4

10B. IMPLICIT PRICE DEFLATOR INDEX OF GROSS DOMESTIC PRODUCT BY KIND OF ECONOMIC ACTIVITY

	GROSS DOMESTIC PRODUCT	AGRICULTURE 11/	INDUSTRIAL ACTIVITY: TOTAL 12/	INDUSTRIAL ACTIVITY: MANUFACTURING INDUSTRIES	CONSTRUCTION	WHOLESALE AND RETAIL TRADE	TRANSPORT AND COMMUNICATION	OTHER 13/
ISIC	1 - 9	1	2 - 4	3	5	6	7	8 - 9
B. INDEX FROM DATA IN U.S. DOLLARS 1975 = 100								
CYPRUS								
1960	59.0	54.0	59.4	59.3	34.3	58.2	57.5	...
1961	59.2	59.8	60.7	59.4	34.0	60.6	59.2	...
1962	60.8	60.6	60.5	56.9	38.8	60.6	61.8	...
1963	60.3	55.9	60.7	60.5	40.1	59.6	63.4	...
1964	61.2	51.9	68.1	62.0	40.1	59.7	65.2	...
1965	63.5	55.6	70.7	63.2	40.9	59.5	67.2	...
1966	64.6	57.1	70.9	62.1	45.2	60.5	69.5	...
1967	64.0	58.1	68.5	59.3	46.3	59.9	67.1	...
1968	57.5	50.7	62.9	52.6	40.7	54.2	60.1	...
1969	60.3	53.5	67.4	55.5	45.1	56.6	62.6	...
1970	62.9	54.0	68.5	57.7	50.6	58.4	67.0	...
1971	65.5	57.2	67.0	61.7	53.3	60.6	71.4	...
1972	74.2	68.1	71.9	70.1	62.3	66.9	77.3	...
1973	89.7	89.6	87.0	83.0	84.2	77.2	95.1	...
1974	93.5	86.3	95.5	92.4	100.9	85.1	91.8	...
1975	100.0	100.0	100.0	100.0	100.0	100.0	100.0	...
1976	96.8	105.9	101.8	101.8	92.0	91.2	96.2	...
1977	104.4	111.1	111.1	110.5	97.7	102.8	101.6	...
DEMOCRATIC KAMPUCHEA 18/			19/		19/			
1962	83.4	84.3	82.6	...	...	----------80.0----------		
1963	85.3	85.5	90.0	...	...	----------82.6----------		
1964	92.0	84.4	104.5	...	...	----------92.6----------		
1965	97.1	94.8	102.1	...	...	----------96.7----------		
1966	100.0	100.0	100.0	...	...	----------100.0----------		

10B. IMPLICIT PRICE DEFLATOR INDEX OF GROSS DOMESTIC PRODUCT BY KIND OF ECONOMIC ACTIVITY

	GROSS DOMESTIC PRODUCT	AGRICULTURE 11/	INDUSTRIAL ACTIVITY: TOTAL 12/	INDUSTRIAL ACTIVITY: MANUFACTURING INDUSTRIES	CONSTRUCTION	WHOLESALE AND RETAIL TRADE	TRANSPORT AND COMMUNICATION	OTHER 13/
ISIC	1 - 9	1	2 - 4	3	5	6	7	8 - 9
				B. INDEX FROM DATA IN U.S. DOLLARS 1975 = 100				
DENMARK 35/								
1960	59.3	73.0	71.0	69.7	53.6	64.1	62.7	45.9
1961	61.8	73.9	74.8	73.5	59.0	66.6	64.8	51.9
1962	66.0	76.2	79.0	78.1	62.5	70.7	67.9	55.8
1963	69.8	84.3	80.9	80.1	65.3	73.5	72.1	59.5
1964	73.0	89.6	83.3	82.4	69.0	76.4	75.9	63.4
1965	78.4	87.2	87.7	86.5	75.2	81.0	82.1	71.8
1966	83.8	92.6	92.0	90.9	81.1	85.6	86.4	79.0
1967	87.4	86.8	94.8	93.3	84.9	87.4	95.5	83.5
1968	86.7	82.7	91.2	90.1	87.7	82.1	89.2	84.4
1969	92.6	95.6	95.0	94.8	94.0	87.6	93.9	91.6
1970	100.0	100.0	100.0	100.0	100.0	100.0	100.0	100.0
1971	109.3	99.8	107.0	107.0	109.9	106.0	106.8	113.5
1972	127.2	124.0	119.6	120.3	126.2	127.5	125.6	133.4
1973	160.0	183.2	152.3	153.5	168.7	150.7	159.3	170.1
1974	175.4	...	...	...	...	...	...	...
1975	209.4	...	...	...	...	...	...	...
1976	216.1	...	...	...	...	...	...	...
1977	237.1	...	...	...	...	...	...	...
DOMINICA 1/								
1967	100.0	100.0	100.0	...	100.0	100.0	100.0	100.0
1968	84.9	88.6	67.8	...	83.8	77.9	92.9	87.9
1969	83.9	88.0	67.0	...	82.5	72.9	96.4	88.2

10B. IMPLICIT PRICE DEFLATOR INDEX OF GROSS DOMESTIC PRODUCT BY KIND OF ECONOMIC ACTIVITY

	GROSS DOMESTIC PRODUCT	AGRICULTURE[11]	INDUSTRIAL ACTIVITY: TOTAL[12]	INDUSTRIAL ACTIVITY: MANUFACTURING INDUSTRIES	CONSTRUCTION	WHOLESALE AND RETAIL TRADE	TRANSPORT AND COMMUNICATION	OTHER[13]
ISIC	1 - 9	1	2 - 4	3	5	6	7	8 - 9
B. INDEX FROM DATA IN U.S. DOLLARS 1975 = 100								
DOMINICAN REPUBLIC								[26]
1960	51.9	35.6	60.0	50.0	54.8	64.0	53.4	57.9
1961	51.7	37.4	57.7	47.0	54.3	60.9	54.7	56.5
1962	55.6	46.8	55.7	46.1	54.1	62.3	58.3	58.5
1963	59.6	48.9	62.9	52.5	58.1	67.2	60.1	62.2
1964	60.9	50.4	66.4	56.0	60.7	66.9	63.8	62.4
1965	60.3	50.0	67.2	56.8	59.4	70.0	55.8	61.0
1966	58.8	48.8	65.9	55.7	59.1	62.2	66.2	59.4
1967	59.9	47.8	66.8	56.4	61.6	63.9	71.0	56.2
1968	62.3	47.5	68.2	57.7	61.3	67.2	76.6	66.3
1969	64.1	50.5	69.0	58.5	61.5	64.7	83.0	68.6
1970	64.9	51.5	69.5	59.0	61.2	65.9	81.0	70.0
1971	65.9	52.5	68.4	57.9	63.0	66.6	79.5	73.1
1972	69.9	55.9	66.3	59.5	65.5	70.8	84.3	83.5
1973	73.6	65.9	65.7	61.5	70.3	74.5	90.3	84.3
1974	85.8	81.6	75.5	76.2	88.3	90.2	94.8	93.3
1975	100.0	100.0	100.0	100.0	100.0	100.0	100.0	100.0
1976	102.8	91.0	101.4	103.8	101.5	110.6	106.5	108.7
1977	111.7	109.5	99.8	101.9	99.1	124.3	114.3	120.8
ECUADOR								
1965	54.5	56.6	51.4	57.2	49.1	50.6	71.3	55.9
1966	55.3	50.1	52.6	57.9	49.8	55.9	78.8	61.7
1967	56.9	50.5	54.5	59.7	49.0	58.6	82.6	64.7
1968	54.8	48.4	53.2	58.2	45.5	56.0	79.0	61.8
1969	65.3	54.8	63.4	69.4	60.5	68.0	96.0	75.2
1970	61.3	59.6	58.5	63.9	57.0	58.9	83.1	65.0
1971	57.4	53.9	53.0	57.6	50.4	59.1	81.5	62.0
1972	62.8	59.2	61.4	66.0	58.2	63.4	81.9	65.9
1973	71.4	70.1	71.6	73.8	65.8	69.6	85.0	72.8
1974	89.4	86.8	91.2	87.9	85.5	89.0	96.9	88.3
1975	100.0	100.0	100.0	100.0	100.0	100.0	100.0	100.0
1976	109.6	104.2	110.5	110.7	120.4	111.4	111.6	109.4
1977	121.7	117.3	120.1	125.3	134.8	124.4	123.8	122.4

108. IMPLICIT PRICE DEFLATOR INDEX OF GROSS DOMESTIC PRODUCT BY KIND OF ECONOMIC ACTIVITY

	GROSS DOMESTIC PRODUCT	AGRICULTURE[11/]	INDUSTRIAL ACTIVITY: TOTAL [12/]	INDUSTRIAL ACTIVITY: MANUFACTURING INDUSTRIES	CONSTRUCTION	WHOLESALE AND RETAIL TRADE	TRANSPORT AND COMMUNICATION	OTHER [13/]
ISIC	1 - 9	1	2 - 4	3	5	6	7	8 - 9
B. INDEX FROM DATA IN U.S. DOLLARS 1975 = 100								
EL SALVADOR								
1960	69.4	79.5	77.0	73.5	67.5	54.3	97.2	67.1
1961	68.2	77.8	76.5	72.8	63.4	54.5	95.3	64.1
1962	67.6	75.4	74.8	71.3	58.2	57.0	92.2	63.9
1963	68.5	76.0	76.4	72.7	57.9	58.6	91.7	64.3
1964	69.0	79.6	77.1	73.8	60.1	55.7	94.4	65.3
1965	70.0	84.5	78.5	75.4	60.0	54.0	90.9	66.6
1966	69.1	82.1	79.1	76.3	59.4	53.8	87.9	65.7
1967	68.8	81.1	77.6	74.9	58.7	53.7	87.8	66.9
1968	69.0	80.1	78.6	76.1	58.3	53.3	90.4	68.4
1969	69.3	77.8	81.0	78.7	61.3	53.5	95.2	68.2
1970	72.6	87.9	81.1	78.8	65.9	55.3	92.4	69.5
1971	72.9	84.5	80.9	78.9	64.6	58.4	93.6	70.0
1972	73.6	83.2	83.7	82.3	63.3	60.1	94.6	70.4
1973	81.1	103.5	84.7	83.4	74.8	64.5	95.1	75.1
1974	90.1	101.7	92.5	91.2	99.4	80.6	97.3	85.6
1975	100.0	100.0	100.0	100.0	100.0	100.0	100.0	100.0
1976	114.9	146.3	102.7	103.1	112.5	107.0	108.0	106.6
1977	131.2	199.3	107.7	107.9	123.5	116.2	112.0	114.8

10B. IMPLICIT PRICE DEFLATOR INDEX OF GROSS DOMESTIC PRODUCT BY KIND OF ECONOMIC ACTIVITY

	GROSS DOMESTIC PRODUCT	AGRICULTURE [11/]	INDUSTRIAL ACTIVITY: TOTAL [12/]	INDUSTRIAL ACTIVITY: MANUFACTURING INDUSTRIES	CONSTRUCTION	WHOLESALE AND RETAIL TRADE	TRANSPORT AND COMMUNICATION	OTHER [13/]
ISIC	1 - 9	1	2 - 4	3	5	6	7	8 - 9

B. INDEX FROM DATA IN U.S. DOLLARS 1975 = 100

ETHIOPIA [14/]	[6/]							[26/]
1961	64.4	65.4	55.3	52.8	75.6	56.8	78.0	64.9
1962	65.1	64.5	56.3	54.5	75.6	55.7	76.0	74.4
1963	64.1	64.5	58.4	56.1	75.6	56.2	76.6	65.8
1964	67.2	69.6	56.2	54.6	75.2	62.1	79.5	63.4
1965	70.1	76.0	57.3	56.2	75.2	62.6	81.9	56.9
1966	71.1	77.7	56.9	56.0	75.2	63.8	79.3	58.6
1967	72.1	71.1	59.7	58.9	110.1	84.4	74.9	70.5
1968	72.0	74.5	63.9	62.4	75.2	62.9	77.8	72.8
1969	73.4	77.0	63.6	62.5	75.2	63.4	80.5	73.3
1970	77.3	82.5	64.4	63.2	75.2	66.7	80.2	76.2
1971	78.7	84.2	66.6	65.8	75.6	68.8	80.5	77.3
1972	81.3	83.4	72.6	71.5	81.7	73.9	87.1	83.8
1973	91.3	93.0	80.6	79.1	96.9	88.8	95.1	93.1
1974	100.8	105.4	88.9	88.1	99.5	101.2	97.0	98.0
1975	100.0	100.0	100.0	100.0	100.0	100.0	100.0	100.0
1976	105.9	110.1	103.6	103.9	104.5	103.7	99.3	101.3
FIJI [33/]								
1965	98.1	99.9	110.5	115.2	77.5	95.8	87.1	...
1966	100.4	96.7	126.8	138.3	89.3	97.0	92.8	...
1967	96.8	96.5	97.8	98.1	93.4	97.0	92.8	...
1968	100.0	100.0	100.0	100.0	100.0	100.0	100.0	...
1969	106.0	102.7	113.6	117.6	112.5	104.2	112.5	...
1970	113.6	117.5	120.8	126.3	137.5	106.7	100.0	...
1971	120.0	126.0	114.1	106.7	147.1	116.9	111.1	...
1972	142.0	155.6	152.5	153.6	190.0	130.6	129.9	...
1973	171.7	197.5	195.9	195.5	249.3	154.6	153.6	...

10B. IMPLICIT PRICE DEFLATOR INDEX OF GROSS DOMESTIC PRODUCT BY KIND OF ECONOMIC ACTIVITY

	GROSS DOMESTIC PRODUCT	AGRICULTURE 11/	INDUSTRIAL ACTIVITY TOTAL 12/	INDUSTRIAL ACTIVITY MANUFACTURING INDUSTRIES	CONSTRUCTION	WHOLESALE AND RETAIL TRADE	TRANSPORT AND COMMUNICATION	OTHER 13/
ISIC	1 - 9	1	2 - 4	3	5	6	7	8 - 9
B. INDEX FROM DATA IN U.S. DOLLARS 1975 = 100								
FINLAND								
1960	37.9	28.9	39.8	38.8	27.0	38.3	37.1	33.8
1961	39.1	31.2	40.6	39.7	28.5	39.4	38.9	35.6
1962	40.1	32.0	40.5	39.7	30.5	41.0	40.4	37.9
1963	42.7	35.1	42.3	41.5	32.5	44.4	42.5	41.4
1964	45.9	37.3	44.6	43.8	35.9	48.0	45.7	45.3
1965	47.8	40.2	45.5	44.5	37.5	49.4	47.4	48.4
1966	50.3	41.4	46.7	45.5	40.0	52.1	49.0	51.8
1967	49.7	39.3	45.5	44.5	39.9	50.1	49.1	52.3
1968	44.8	34.9	41.2	40.5	35.4	45.1	44.5	46.1
1969	46.4	36.7	45.4	45.1	37.4	46.3	45.3	47.9
1970	47.8	38.4	47.1	46.9	41.0	48.1	47.0	49.9
1971	51.4	42.3	48.1	48.2	46.3	51.0	51.9	53.6
1972	55.7	47.4	51.6	51.7	51.7	55.1	55.7	58.3
1973	69.0	61.6	65.6	66.1	64.7	67.2	67.8	70.2
1974	84.5	80.0	86.8	87.6	80.3	83.3	81.0	82.3
1975	100.0	100.0	100.0	100.0	100.0	100.0	100.0	100.0
1976	106.7	97.6	105.5	106.8	105.0	107.4	112.0	108.3
1977	112.5	99.5	110.1	111.4	106.1	116.1	117.2	112.5
FRANCE								
1960	37.1	40.8	44.3	43.8	30.8	39.6	40.2	25.5
1961	38.3	41.5	45.3	44.9	31.9	40.4	41.4	27.4
1962	40.1	45.3	46.4	46.2	33.2	42.2	42.6	29.7
1963	42.5	48.8	48.2	48.1	36.6	43.9	43.9	33.0
1964	44.3	47.5	49.7	49.7	39.2	45.6	44.6	35.2
1965	45.3	48.2	50.1	50.2	40.7	46.1	46.2	37.3
1966	46.7	51.1	50.7	50.8	41.6	46.7	48.3	39.7
1967	48.0	51.1	51.6	51.7	43.1	47.7	49.8	42.3
1968	50.2	51.3	53.0	53.1	46.2	49.6	54.5	46.0
1969	51.6	53.5	54.5	54.8	47.2	49.8	55.3	47.5
1970	50.7	54.0	53.2	53.4	45.6	48.5	54.2	47.6
1971	54.1	56.2	56.0	56.1	49.2	52.3	58.6	51.4
1972	62.7	72.9	63.9	64.0	57.9	59.6	64.1	60.3
1973	76.5	92.4	77.0	77.3	74.2	73.2	77.5	75.2
1974	78.8	83.6	78.0	78.4	77.0	79.4	77.9	78.1
1975	100.0	100.0	100.0	100.0	100.0	100.0	100.0	100.0
1976	98.6	102.7	96.2	96.4	102.8	92.6	99.1	100.8
1977	104.3	104.8	101.6	102.2	114.0	102.4	102.9	107.2

10B. IMPLICIT PRICE DEFLATOR INDEX OF GROSS DOMESTIC PRODUCT BY KIND OF ECONOMIC ACTIVITY

	GROSS DOMESTIC PRODUCT	AGRICULTURE[11]	INDUSTRIAL ACTIVITY: TOTAL[12]	INDUSTRIAL ACTIVITY: MANUFACTURING INDUSTRIES	CONSTRUCTION	WHOLESALE AND RETAIL TRADE	TRANSPORT AND COMMUNICATION	OTHER[13]
ISIC	1 - 9	1	2 - 4	3	5	6	7	8 - 9
B. INDEX FROM DATA IN U.S. DOLLARS 1975 = 100								
GERMANY, FEDERAL REPUBLIC OF								
1960	30.1	38.9	34.6	34.5	26.3	34.2	30.3	20.6
1961	32.6	43.6	37.1	37.3	29.5	36.7	31.9	23.0
1962	34.3	44.8	38.4	38.6	32.8	39.6	33.0	24.2
1963	35.3	45.0	38.8	39.1	34.4	40.7	34.7	25.6
1964	36.4	46.3	39.7	40.0	35.5	41.6	36.0	27.2
1965	37.6	50.5	40.6	40.9	36.3	42.3	36.6	29.2
1966	39.0	50.4	41.7	42.1	37.4	44.1	39.2	31.2
1967	39.6	45.1	42.6	43.0	36.4	44.7	40.0	32.4
1968	40.3	46.6	43.1	43.4	37.8	43.1	40.4	34.2
1969	42.3	52.9	44.3	44.7	41.2	43.5	41.2	37.8
1970	48.9	54.5	51.0	51.5	51.3	49.8	46.1	44.3
1971	55.3	58.9	56.7	57.3	59.0	57.1	52.4	52.1
1972	63.8	72.2	64.0	64.6	68.4	66.2	62.9	61.3
1973	80.7	84.1	79.9	80.7	86.5	82.3	80.4	80.5
1974	89.0	79.9	88.3	89.1	93.9	87.7	89.3	89.9
1975	100.0	100.0	100.0	100.0	100.0	100.0	100.0	100.0
1976	101.0	107.2	100.5	100.5	101.2	100.8	98.9	102.1
1977	113.4	110.9	112.7	113.0	115.2	112.0	107.9	116.3
GHANA[33]								
1968	100.0	100.0	100.0	100.0	100.0	100.0	100.0	100.0
1969	111.1	120.8	96.6	95.6	105.1	112.8	108.2	105.5
1970	117.5	129.7	94.1	93.5	105.9	120.6	122.2	113.0
1971	118.4	123.5	104.2	106.4	102.5	126.6	119.7	119.8
1972	110.5	114.1	102.2	105.3	94.8	113.6	103.7	115.1
1973	147.3	167.5	127.8	131.2	115.2	150.6	114.0	138.4
1974	187.9	222.2	158.4	166.1	145.2	194.3	154.7	152.2

10B. IMPLICIT PRICE DEFLATOR INDEX OF GROSS DOMESTIC PRODUCT BY KIND OF ECONOMIC ACTIVITY

	GROSS DOMESTIC PRODUCT	AGRICULTURE[11]	INDUSTRIAL ACTIVITY: TOTAL[12]	INDUSTRIAL ACTIVITY: MANUFACTURING INDUSTRIES	CONSTRUCTION	WHOLESALE AND RETAIL TRADE	TRANSPORT AND COMMUNICATION	OTHER[13]
ISIC	1 - 9	1	2 - 4	3	5	6	7	8 - 9
B. INDEX FROM DATA IN U.S. DOLLARS 1975 = 100								
GREECE								[26]
1960	44.9	39.2	55.3	53.4	30.4	47.1	49.2	44.2
1961	45.6	39.0	55.2	53.2	31.2	46.5	50.7	45.7
1962	47.7	44.0	56.1	54.0	33.6	48.4	52.1	46.5
1963	48.4	42.6	56.7	54.9	34.7	48.9	53.9	47.9
1964	50.2	46.6	57.9	55.9	36.1	49.9	55.2	49.8
1965	52.2	49.0	59.7	57.6	38.7	51.8	55.7	51.9
1966	54.7	52.1	61.5	59.6	43.8	53.4	58.2	54.1
1967	56.0	52.8	62.3	60.5	46.2	53.3	60.6	57.1
1968	57.0	53.8	62.9	60.4	48.6	53.4	58.1	59.6
1969	58.9	55.1	64.4	62.0	51.1	54.5	62.0	62.0
1970	61.2	55.0	66.9	64.7	57.9	56.1	64.2	64.7
1971	63.2	59.2	67.8	65.8	57.8	58.6	64.7	66.8
1972	66.3	65.7	69.1	68.0	62.4	62.3	66.5	69.3
1973	80.2	95.0	81.6	81.5	78.5	76.0	69.6	78.8
1974	95.8	102.9	98.5	98.7	99.5	97.6	82.7	94.2
1975	100.0	100.0	100.0	100.0	100.0	100.0	100.0	100.0
1976	101.8	109.9	99.7	99.6	103.6	100.8	101.5	101.0
1977	114.6	122.6	109.6	110.0	125.1	111.7	111.8	115.5
GUATEMALA [10]								
1960	99.5	92.6	98.1	98.2	100.0	113.1	84.1	96.9
1961	98.4	90.3	99.2	99.0	99.2	112.6	81.4	96.2
1962	100.9	91.4	98.8	98.4	102.3	119.4	80.6	98.8
1963	101.7	91.4	99.2	99.8	105.1	119.7	78.8	100.5

10B. IMPLICIT PRICE DEFLATOR INDEX OF GROSS DOMESTIC PRODUCT BY KIND OF ECONOMIC ACTIVITY

	GROSS DOMESTIC PRODUCT	AGRICULTURE [11/]	INDUSTRIAL ACTIVITY: TOTAL [12/]	INDUSTRIAL ACTIVITY: MANUFACTURING INDUSTRIES	CONSTRUCTION	WHOLESALE AND RETAIL TRADE	TRANSPORT AND COMMUNICATION	OTHER [13/]
ISIC	1 - 9	1	2 - 4	3	5	6	7	8 - 9
B. INDEX FROM DATA IN U.S. DOLLARS 1975 = 100								
GUYANA								
1960	57.6	44.5	...	...	76.8	95.7	75.5	72.9
1961	59.6	46.0	...	...	77.6	99.5	76.3	74.8
1962	61.9	47.1	...	...	80.8	102.5	79.5	76.2
1963	63.3	48.4	...	...	81.9	105.3	80.5	77.0
1964	62.6	45.8	...	...	82.5	96.3	81.2	78.1
1965	62.6	47.6	...	...	84.3	88.6	82.9	80.4
1966	63.2	47.6	...	...	86.4	87.0	84.9	82.1
1967	64.5	48.3	...	...	86.9	85.2	85.5	81.6
1968	60.5	43.2	...	...	78.3	90.9	77.0	74.1
1969	62.6	46.2	...	...	79.2	94.4	78.1	76.4
1970	64.3	47.7	68.0	65.3	81.2	91.3	79.8	79.2
1971	66.6	52.0	66.6	63.1	82.7	95.2	85.4	86.0
1972	68.4	55.1	68.0	61.6	82.1	97.3	91.1	88.1
1973	71.0	61.0	63.8	60.4	86.4	95.5	93.5	102.0
1974	93.8	90.1	87.4	89.2	99.6	113.3	106.9	101.0
1975	100.0	100.0	100.0	100.0	100.0	100.0	100.0	100.0
1976	84.4	71.6	87.0	71.6	98.0	100.5	97.1	95.2
HONDURAS								
1960	60.0	63.3	53.1	54.9	54.5	63.3	45.6	[26/] 67.4
1961	61.7	65.2	53.5	54.6	57.8	63.6	47.6	63.8
1962	63.8	68.5	57.0	58.8	57.8	64.0	47.8	70.8
1963	64.9	68.3	58.7	60.2	59.5	66.5	50.6	71.3
1964	68.3	70.7	62.7	63.3	62.8	68.8	55.9	75.8
1965	68.9	72.4	60.4	61.1	66.4	69.2	56.1	75.7
1966	70.4	71.4	60.8	62.1	70.4	72.7	60.9	79.1
1967	73.1	73.7	63.3	63.5	73.2	74.3	64.5	83.4
1968	74.0	72.9	65.8	64.2	77.0	75.7	65.2	85.0
1969	76.6	73.1	66.2	64.5	78.5	80.6	68.6	92.4
1970	78.7	76.2	66.6	66.1	84.7	80.7	73.7	93.5
1971	79.0	74.6	69.5	69.1	87.3	80.6	74.7	92.8
1972	82.5	77.2	73.2	73.2	91.6	81.1	77.8	99.9
1973	86.8	85.9	79.7	79.3	88.6	86.3	83.6	95.6
1974	95.0	96.6	89.8	91.6	93.8	90.3	89.8	100.6
1975	100.0	100.0	100.0	100.0	100.0	100.0	100.0	100.0
1976	108.3	111.4	106.9	106.8	103.8	108.3	107.5	103.6
1977	121.0	127.8	116.4	116.8	120.4	124.0	121.7	111.7

10B. IMPLICIT PRICE DEFLATOR INDEX OF GROSS DOMESTIC PRODUCT BY KIND OF ECONOMIC ACTIVITY

	GROSS DOMESTIC PRODUCT	AGRICULTURE 11/	INDUSTRIAL ACTIVITY: TOTAL 12/	INDUSTRIAL ACTIVITY: MANUFACTURING INDUSTRIES	CONSTRUCTION	WHOLESALE AND RETAIL TRADE	TRANSPORT AND COMMUNICATION	OTHER 13/
ISIC	1 - 9	1	2 - 4	3	5	6	7	8 - 9
B. INDEX FROM DATA IN U.S. DOLLARS 1975 = 100								
INDIA 15/								
1960	60.4	60.6	64.6	65.6	61.6	52.4	70.9	74.7
1961	61.5	62.2	64.6	65.6	62.1	52.5	74.1	77.0
1962	63.6	65.1	66.3	67.3	62.9	53.7	77.5	79.3
1963	68.7	73.3	70.5	71.8	64.0	56.9	79.0	83.0
1964	74.8	82.0	72.3	73.4	70.2	64.6	82.3	88.1
1965	80.7	92.5	75.8	77.2	75.4	69.6	84.8	94.2
1966	69.9	83.7	63.0	64.2	61.6	60.7	68.7	75.2
1967	63.9	75.9	56.0	57.0	56.6	57.1	61.4	68.1
1968	63.5	73.7	57.7	58.4	59.2	55.5	67.3	70.0
1969	66.1	76.1	60.9	61.5	63.9	57.7	69.0	72.8
1970	70.7	75.7	64.4	65.0	69.1	64.0	73.6	75.5
1971	74.8	80.4	69.5	70.9	78.1	68.1	76.2	79.0
1972	81.8	93.0	73.0	74.9	81.3	72.8	83.3	81.6
1973	95.1	112.6	79.7	82.4	93.5	86.8	89.9	87.3
1974	107.7	123.1	98.3	100.5	95.0	105.4	97.9	96.7
1975	100.0	100.0	100.0	100.0	100.0	100.0	100.0	100.0
1976	97.6	100.5	95.0	95.2	98.7	95.2	99.5	93.9
INDONESIA								
1960	26.6	31.7	20.2	41.4	31.3	...	49.2	...
1961	25.8	28.5	20.2	45.1	27.8	...	49.9	...
1962	26.1	34.9	14.2	37.0	20.2	...	35.4	...
1963	26.6	35.5	16.6	31.6	35.3	...	27.2	...
1964	27.3	34.3	26.7	38.3	41.8	...	24.5	...
1965	27.6	36.9	16.1	39.4	34.8	...	31.9	...
1966	28.2	33.6	16.5	45.0	19.4	...	27.0	...
1967	29.4	36.5	18.8	40.0	35.3	...	34.1	...
1968	30.4	36.4	23.2	49.8	40.0	...	38.3	...
1969	42.9	53.0	26.7	60.8	51.9	...	37.3	...
1970	43.8	53.4	27.3	62.1	49.4	...	36.9	...
1971	42.2	49.9	28.6	49.9	48.9	...	47.3	...
1972	45.4	52.0	35.4	59.9	48.5	...	46.2	...
1973	60.4	70.2	46.7	75.5	61.9	...	58.1	...
1974	88.9	87.4	93.7	89.0	78.5	...	89.1	...
1975	100.0	100.0	100.0	100.0	100.0	...	100.0	...
1976	114.4	114.8	108.5	118.0	130.8	...	112.3	...
1977	131.1	137.7	121.6	131.3	139.3	...	123.9	...

10B. IMPLICIT PRICE DEFLATOR INDEX OF GROSS DOMESTIC PRODUCT BY KIND OF ECONOMIC ACTIVITY

	GROSS DOMESTIC PRODUCT	AGRICULTURE [11]	INDUSTRIAL ACTIVITY: TOTAL [12]	INDUSTRIAL ACTIVITY: MANUFACTURING INDUSTRIES	CONSTRUCTION	WHOLESALE AND RETAIL TRADE	TRANSPORT AND COMMUNICATION	OTHER [13]
ISIC	1 - 9	1	2 - 4	3	5	6	7	8 - 9
B. INDEX FROM DATA IN U.S. DOLLARS 1975 = 100								
IRAN 5/								26/
1960	34.8	43.3	20.6	54.0	23.4	45.4	72.6	45.3
1961	33.3	43.8	17.0	52.9	21.9	46.4	67.2	48.0
1962	32.9	45.3	17.3	53.3	20.8	47.8	67.0	49.0
1963	32.5	45.6	17.6	53.1	20.3	48.7	61.8	50.5
1964	33.7	50.1	18.2	56.2	21.8	52.2	60.5	50.3
1965	33.3	50.7	17.4	56.5	22.5	52.5	63.8	50.1
1966	33.2	49.8	17.6	55.8	22.9	52.8	64.9	50.3
1967	32.9	48.7	18.0	55.5	24.2	52.3	59.5	50.4
1968	33.5	49.1	18.0	56.0	26.9	53.0	66.3	50.7
1969	33.6	50.6	17.8	58.0	30.9	54.6	66.0	50.3
1970	33.8	52.6	18.0	59.2	31.9	55.6	66.2	51.1
1971	35.9	57.8	21.9	61.1	32.5	58.4	66.7	51.7
1972	38.3	64.0	23.6	64.2	38.5	61.4	71.5	58.0
1973	56.2	78.2	44.2	82.1	51.9	76.3	89.5	70.9
1974	89.0	97.1	92.8	95.1	68.0	94.6	95.5	87.1
1975	100.0	100.0	100.0	100.0	100.0	100.0	100.0	100.0
1976	111.3	116.7	107.0	107.4	134.3	106.9	100.2	111.1
IRAQ	6/							
1964	31.8	43.0	21.0	51.4	53.0	51.3	51.2	...
1965	32.3	43.7	21.0	52.9	53.4	51.0	52.7	...
1966	33.3	47.3	21.3	55.3	55.7	52.0	55.9	...
1967	35.9	49.5	22.4	61.5	58.2	53.8	58.9	...
1968	34.8	47.4	22.6	66.3	60.1	55.0	62.2	...
1969	35.2	45.5	22.6	63.2	62.6	58.1	64.5	...
1970	37.1	50.4	24.0	69.7	64.7	60.7	66.6	...
1971	40.7	54.5	28.8	61.8	69.0	63.5	68.5	...
1972	45.3	57.4	29.9	71.5	71.7	71.0	78.3	...
1973	47.1	67.2	32.8	82.0	83.5	81.9	91.0	...
1974	98.9	76.9	101.7	87.6	99.4	90.8	103.5	...
1975	100.0	100.0	100.0	100.0	100.0	100.0	100.0	...

10B. IMPLICIT PRICE DEFLATOR INDEX OF GROSS DOMESTIC PRODUCT BY KIND OF ECONOMIC ACTIVITY

	GROSS DOMESTIC PRODUCT	AGRICULTURE 11/	INDUSTRIAL ACTIVITY: TOTAL 12/	INDUSTRIAL ACTIVITY: MANUFACTURING INDUSTRIES	CONSTRUCTION	WHOLESALE AND RETAIL TRADE	TRANSPORT AND COMMUNICATION	OTHER 13/
ISIC	1 - 9	1	2 - 4	3	5	6	7	8 - 9
B. INDEX FROM DATA IN U.S. DOLLARS 1975 = 100								
IRELAND 35/			19/		19/	20/	20/	
1960	69.5	77.4	71.4	...	...	70.3	...	54.7
1961	71.4	80.4	73.9	...	...	73.6	...	57.3
1962	74.6	82.5	77.4	...	...	77.3	...	60.7
1963	76.5	83.0	79.8	...	...	81.1	...	64.1
1964	83.5	92.3	80.9	...	...	86.2	...	72.2
1965	87.2	97.0	85.0	...	...	90.1	...	76.5
1966	90.9	93.7	89.0	...	...	92.6	...	80.8
1967	92.6	96.3	91.8	...	...	92.4	...	83.6
1968	84.4	90.0	83.3	...	...	82.9	...	79.2
1969	91.9	95.5	92.2	...	...	91.2	...	88.6
1970	100.0	100.0	100.0	...	...	100.0	...	100.0
1971	112.2	106.2	109.3	...	...	111.0	...	111.0
1972	129.7	136.5	124.1	...	...	122.4	...	128.3
1973	144.7	171.3	125.8	...	...	132.0	...	146.8
ITALY								
1960	37.9	42.4	45.4	...	24.3	46.7	49.6	...
1961	39.1	45.3	45.7	...	25.3	47.5	50.4	...
1962	41.4	50.4	46.7	...	27.8	48.2	52.2	...
1963	44.9	52.4	49.9	...	30.9	52.1	57.0	...
1964	47.8	53.5	52.7	...	35.3	55.0	59.0	...
1965	49.9	55.2	53.3	...	37.8	58.1	62.0	...
1966	51.0	54.7	53.4	...	38.8	59.6	63.3	...
1967	52.5	54.3	54.5	...	41.0	61.0	67.8	...
1968	53.3	53.0	54.2	...	42.0	61.3	67.7	...
1969	55.5	56.6	56.1	...	45.5	62.0	69.0	...
1970	59.3	58.1	58.8	...	51.5	64.1	71.8	59.1
1971	64.2	60.5	63.4	...	56.0	68.6	75.1	66.5
1972	72.3	70.6	70.4	...	62.5	77.2	81.8	77.0
1973	80.8	85.2	77.5	...	71.9	82.9	86.3	85.4
1974	85.7	87.0	83.2	...	82.4	85.5	86.3	88.3
1975	100.0	100.0	100.0	...	100.0	100.0	100.0	100.0
1976	92.7	95.0	91.8	...	93.7	92.9	94.1	91.1
1977	103.4	106.6	101.4	...	107.0	102.7	104.3	102.2
IVORY COAST								
1975	100.0	100.0	100.0	100.0	100.0	...	100.0	100.0
1976	106.9	103.1	94.5	94.3	96.9	...	94.1	99.6
1977	136.0	134.9	107.5	108.2	103.7	...	103.1	109.6

10B. IMPLICIT PRICE DEFLATOR INDEX OF GROSS DOMESTIC PRODUCT BY KIND OF ECONOMIC ACTIVITY

	GROSS DOMESTIC PRODUCT	AGRICULTURE 11/	INDUSTRIAL ACTIVITY: TOTAL 12/	INDUSTRIAL ACTIVITY: MANUFACTURING INDUSTRIES	CONSTRUCTION	WHOLESALE AND RETAIL TRADE	TRANSPORT AND COMMUNICATION	OTHER 13/
ISIC	1 - 9	1	2 - 4	3	5	6	7	8 - 9
B. INDEX FROM DATA IN U.S. DOLLARS 1975 = 100								
JAMAICA								
1960	...	42.9	51.9	52.1	35.7	45.9	81.6	41.5
1961	...	45.6	53.3	54.5	38.6	47.1	86.3	43.4
1962	...	47.6	53.2	54.0	40.0	48.3	81.7	46.6
1963	...	54.2	55.6	57.9	38.6	49.9	77.1	47.2
1964	...	51.9	54.7	55.5	38.6	49.8	72.7	48.8
1965	...	50.8	55.5	56.1	38.9	48.7	68.7	51.2
1966	...	51.4	66.5	58.0	45.4	50.4	71.1	53.3
1967	...	53.8	66.2	57.9	45.1	50.5	71.4	53.4
1968	...	48.7	59.7	54.7	42.2	45.4	64.8	48.8
1969	51.4	48.3	54.8	46.7	50.9	46.9	56.6	52.2
1970	53.8	46.6	56.9	50.7	52.3	50.1	59.2	55.7
1971	58.2	53.6	57.4	56.7	53.4	55.9	68.3	63.7
1972	61.5	57.9	57.7	62.2	56.6	57.7	75.7	70.6
1973	65.4	65.6	59.1	67.4	65.5	62.0	82.6	72.7
1974	85.3	81.6	85.1	87.2	85.1	85.9	90.8	84.7
1975	100.0	100.0	100.0	100.0	100.0	100.0	100.0	100.0
1976	110.7	111.6	117.3	118.7	101.0	107.0	110.5	108.9
1977	125.7	122.4	134.9	139.4	103.6	117.3	131.2	126.2
JAPAN								
1970	52.1	52.6	63.3	63.3	43.5	52.6	59.5	...
1971	56.4	53.3	66.5	66.9	48.5	54.5	63.2	...
1972	67.7	64.6	77.6	78.1	60.2	62.9	75.6	...
1973	83.9	89.3	92.9	93.7	78.8	79.8	89.7	...
1974	93.8	92.9	98.0	99.1	94.3	97.0	89.4	...
1975	100.0	100.0	100.0	100.0	100.0	100.0	100.0	...
1976	105.7	109.7	103.2	102.2	112.2	105.0	111.7	...

108. IMPLICIT PRICE DEFLATOR INDEX OF GROSS DOMESTIC PRODUCT BY KIND OF ECONOMIC ACTIVITY

	GROSS DOMESTIC PRODUCT	AGRICULTURE[11]	INDUSTRIAL ACTIVITY: TOTAL[12]	INDUSTRIAL ACTIVITY: MANUFACTURING INDUSTRIES	CONSTRUCTION	WHOLESALE AND RETAIL TRADE	TRANSPORT AND COMMUNICATION	OTHER[13]
ISIC	1 - 9	1	2 - 4	3	5	6	7	8 - 9
B. INDEX FROM DATA IN U.S. DOLLARS 1975 = 100								
KENYA								
1964	61.2	68.6	63.8	61.6	48.8	51.4	67.8	71.4
1965	60.8	68.0	65.6	63.6	50.3	52.0	65.4	69.5
1966	62.6	70.9	68.9	67.1	54.7	52.5	65.4	69.4
1967	62.9	68.9	71.1	68.1	61.3	53.8	63.1	70.9
1968	64.3	67.9	71.9	69.2	62.3	54.8	64.4	74.2
1969	65.3	66.2	74.5	72.1	63.6	55.7	66.4	76.8
1970	66.9	68.5	75.2	73.0	67.9	57.1	67.2	76.9
1971	69.8	70.0	76.8	74.5	69.7	59.4	68.4	82.7
1972	74.4	75.9	82.1	81.7	73.8	65.7	75.1	84.1
1973	81.5	80.5	87.8	87.8	81.2	72.6	82.0	88.3
1974	90.2	85.5	95.3	96.1	91.8	88.9	89.0	93.6
1975	100.0	100.0	100.0	100.0	100.0	100.0	100.0	100.0
1976	101.9	114.6	96.7	97.5	96.3	94.3	91.3	96.8
1977	122.4	158.8	107.3	105.0	105.6	113.1	97.9	107.9
KOREA, REPUBLIC OF								
1960	64.2	52.7	101.7	103.9	102.6	...	149.6	60.6
1961	36.4	30.0	58.3	59.2	55.1	...	89.3	33.4
1962	43.1	36.5	65.7	67.6	57.8	...	98.0	38.2
1963	55.9	55.5	80.0	84.1	61.7	...	96.9	41.6
1964	42.1	42.7	62.9	67.3	45.8	...	58.1	27.3
1965	37.3	32.7	58.0	60.3	41.9	...	54.3	26.0
1966	42.4	34.3	65.7	67.7	47.4	...	71.7	31.8
1967	49.4	39.6	68.9	70.6	52.0	...	85.0	39.1
1968	55.8	46.0	72.2	73.5	58.1	...	90.3	46.3
1969	61.6	50.9	76.4	76.8	62.4	...	90.4	52.6
1970	65.8	57.6	76.9	76.5	66.5	...	88.9	59.2
1971	65.6	61.5	71.6	70.8	66.5	...	84.7	61.6
1972	67.5	64.1	72.3	71.6	68.1	...	82.8	64.1
1973	75.6	73.8	79.2	79.5	73.8	...	87.5	69.6
1974	96.5	95.7	97.1	99.0	93.9	...	102.2	90.0
1975	100.0	100.0	100.0	100.0	100.0	...	100.0	100.0
1976	118.6	120.0	115.2	115.3	120.5	...	110.6	130.4
1977	137.2	141.3	128.4	126.4	154.6	...	120.9	159.7

10B. IMPLICIT PRICE DEFLATOR INDEX OF GROSS DOMESTIC PRODUCT BY KIND OF ECONOMIC ACTIVITY

	GROSS DOMESTIC PRODUCT	AGRICULTURE 11/	INDUSTRIAL ACTIVITY: TOTAL 12/	INDUSTRIAL ACTIVITY: MANUFACTURING INDUSTRIES	CONSTRUC- TION	WHOLESALE AND RETAIL TRADE	TRANSPORT AND COMMUNICA- TION	OTHER 13/
ISIC	1 - 9	1	2 - 4	3	5	6	7	8 - 9
B. INDEX FROM DATA IN U.S. DOLLARS 1975 = 100								
LIBERIA								
1964	55.8	77.6	45.3	55.7	44.5	58.2	81.2	59.9
1965	56.0	75.0	46.3	54.6	44.3	59.4	78.5	61.2
1966	55.1	70.4	45.6	54.9	45.2	62.0	78.0	61.4
1967	55.3	70.5	45.1	56.4	46.0	63.5	82.3	61.9
1968	56.3	67.4	47.6	59.2	47.2	63.7	82.3	63.4
1969	57.8	73.6	45.9	61.9	49.8	71.1	81.3	65.5
1970	57.2	74.5	44.5	61.3	51.6	71.6	84.8	61.9
1971	57.4	70.5	46.3	63.3	48.9	67.9	87.3	65.1
1972	60.0	69.9	49.8	62.6	56.8	69.2	86.8	70.5
1973	67.6	93.4	52.7	68.8	57.4	69.6	87.3	82.7
1974	80.0	123.6	63.0	84.7	66.7	84.6	90.1	...
1975	100.0	100.0	100.0	100.0	100.0	100.0	100.0	...
1976	98.7	113.2	85.8	102.7	104.8	110.8	98.2	...
1977	106.3	151.7	75.3	100.8	121.3	124.7	91.3	...
LIBYAN ARAB JAMAHIRIYA								
1962	47.3 6/	10.9	68.6	29.5	18.3	30.1	38.1	51.7
1963	50.6	11.1	77.3	30.9	21.4	31.4	39.9	53.6
1964	53.9	12.9	82.6	32.8	22.6	32.7	43.4	55.7
1965	56.6	13.9	86.6	33.6	23.6	34.2	45.1	58.7
1966	61.4	15.8	92.6	34.0	28.1	35.8	48.7	64.2
1967	65.1	16.9	96.8	34.1	31.2	37.3	50.5	69.6
1968	69.2	19.2	103.1	34.7	36.9	38.5	51.2	72.7
1969	69.6	21.0	100.1	35.4	43.1	41.0	50.8	79.2
1970	69.9	24.3	101.7	36.0	47.4	41.0	51.4	74.7
1971	80.8	25.6	125.0	34.2	44.9	42.3	57.4	86.0
1972	77.8	35.7	100.6	48.7	63.5	51.0	60.0	91.0
1973	86.0	52.8	101.2	67.3	83.6	64.5	71.4	96.2
1974	124.7	56.2	158.1	90.4	99.9	84.8	90.4	114.7
1975	100.0	100.0	100.0	100.0	100.0	100.0	100.0	100.0
1976	106.6	107.3	108.9	104.6	105.9	104.8	105.2	...
1977	110.2	114.5	112.5	109.1	113.3	109.9	110.0	...

10B. IMPLICIT PRICE DEFLATOR INDEX OF GROSS DOMESTIC PRODUCT BY KIND OF ECONOMIC ACTIVITY

	GROSS DOMESTIC PRODUCT	AGRICULTURE 11/	INDUSTRIAL ACTIVITY: TOTAL 12/	INDUSTRIAL ACTIVITY: MANUFACTURING INDUSTRIES	CONSTRUCTION	WHOLESALE AND RETAIL TRADE	TRANSPORT AND COMMUNICATION	OTHER 13/
ISIC	1 - 9	1	2 - 4	3	5	6	7	8 - 9
B. INDEX FROM DATA IN U.S. DOLLARS 1975 = 100								
LUXEMBOURG								
1970	53.2	62.9	63.1	64.6	41.6	51.3	60.2	45.3
1971	54.4	59.8	58.8	59.1	48.3	55.0	65.1	50.2
1972	63.1	75.1	67.2	67.2	56.5	63.4	76.9	59.7
1973	79.4	104.6	88.5	89.7	69.5	75.7	87.3	73.8
1974	92.3	96.8	107.3	111.1	82.1	85.4	90.4	84.1
1975	100.0	100.0	100.0	100.0	100.0	100.0	100.0	100.0
1976	102.7	106.5	100.1	99.6	102.8	103.2	108.7	106.0
MEXICO								
1960	39.5	37.5	42.7	39.6	31.9	41.8	52.0	32.9
1961	40.8	40.0	44.2	41.3	29.6	42.5	52.8	35.0
1962	42.0	41.9	45.7	42.5	29.9	42.4	52.7	37.5
1963	43.3	43.1	46.5	42.8	35.9	43.5	53.6	38.9
1964	45.8	45.4	48.4	44.7	34.3	47.5	56.2	40.9
1965	46.9	45.2	50.3	46.5	37.9	47.4	58.7	42.8
1966	48.7	45.4	51.2	47.4	41.7	49.9	57.9	45.8
1967	50.1	47.0	52.8	49.7	44.1	50.1	59.3	48.4
1968	51.3	47.0	54.5	51.3	43.4	51.3	59.5	50.5
1969	53.3	49.2	56.0	53.3	46.9	52.8	60.4	53.9
1970	55.7	51.6	57.7	55.4	50.3	55.3	61.3	57.1
1971	58.2	51.7	60.4	59.2	51.9	58.2	62.8	60.4
1972	61.5	56.1	63.1	62.2	56.0	60.3	68.2	64.6
1973	69.1	70.5	68.6	67.9	64.3	68.1	70.4	71.7
1974	85.7	85.1	86.8	85.9	82.9	87.0	81.8	83.8
1975	100.0	100.0	100.0	100.0	100.0	100.0	100.0	100.0
1976	99.0	99.3	98.7	100.7	101.9	97.8	96.3	100.7
1977	89.5	91.3	91.4	91.6	90.2	89.9	91.7	85.6

10B. IMPLICIT PRICE DEFLATOR INDEX OF GROSS DOMESTIC PRODUCT BY KIND OF ECONOMIC ACTIVITY

	GROSS DOMESTIC PRODUCT	AGRICULTURE[11]	INDUSTRIAL ACTIVITY TOTAL[12]	INDUSTRIAL ACTIVITY MANUFACTURING INDUSTRIES	CONSTRUCTION	WHOLESALE AND RETAIL TRADE	TRANSPORT AND COMMUNICATION	OTHER[13]
ISIC	1 - 9	1	2 - 4	3	5	6	7	8 - 9
B. INDEX FROM DATA IN U.S. DOLLARS 1975 = 100								
MOROCCO								
1970	55.4	49.6	43.8	56.4	63.8	70.0	...	56.6
1971	58.1	54.8	46.4	59.2	62.8	73.2	...	62.7
1972	65.9	54.8	50.2	67.2	68.8	83.3	...	72.8
1973	78.1	83.2	58.0	78.4	86.6	92.5	...	80.9
1974	93.4	92.1	91.8	86.1	104.3	93.4	...	94.2
1975	100.0	100.0	100.0	100.0	100.0	100.0	...	100.0
1976	93.0	105.8	83.8	96.1	104.1	92.4	...	93.4
1977	97.6	113.4	85.8	100.8	114.1	93.5	...	99.6
NEPAL[16]								
1965	68.2	66.0	...	...	...	...	...	...
1966	78.6	77.6	...	...	...	...	...	...
1967	72.7	71.1	...	...	...	...	...	...
1968	61.9	61.7	...	...	...	...	...	...
1969	66.0	65.7	...	...	...	...	...	...
1970	70.7	70.2	...	...	...	...	...	...
1971	72.9	71.0	...	...	...	...	...	...
1972	82.1	83.0	...	...	...	...	...	...
1973	76.3	74.5	...	...	...	...	...	...
1974	91.8	94.6	...	...	...	...	...	...
1975	100.0	100.0	...	...	...	...	...	...
1976	88.8	88.3	...	...	...	...	...	...
1977	85.8	83.3	...	...	...	...	...	...

10B. IMPLICIT PRICE DEFLATOR INDEX OF GROSS DOMESTIC PRODUCT BY KIND OF ECONOMIC ACTIVITY

	GROSS DOMESTIC PRODUCT	AGRICULTURE [11/]	INDUSTRIAL ACTIVITY: TOTAL [12/]	INDUSTRIAL ACTIVITY: MANUFACTURING INDUSTRIES	CONSTRUC-TION	WHOLESALE AND RETAIL TRADE	TRANSPORT AND COMMUNICA-TION	OTHER [13/]
ISIC	1 - 9	1	2 - 4	3	5	6	7	8 - 9
B. INDEX FROM DATA IN U.S. DOLLARS 1975 = 100								
NICARAGUA								[26/]
1960	54.1	54.4	59.5	58.6	52.6	53.7	54.0	49.1
1961	54.2	54.4	59.2	58.3	53.3	53.7	54.0	49.5
1962	53.8	53.7	58.4	57.2	55.1	53.1	53.4	49.7
1963	53.6	52.9	56.9	55.6	54.5	52.2	52.5	52.1
1964	56.0	56.3	58.5	57.2	53.8	54.5	54.8	55.1
1965	56.5	55.8	57.4	56.1	53.1	53.8	54.1	59.4
1966	58.6	57.4	57.8	56.3	54.4	54.9	55.2	64.5
1967	59.3	60.7	55.6	53.9	55.1	55.5	55.8	66.0
1968	62.0	63.9	57.4	55.9	54.2	57.4	57.8	70.6
1969	62.7	63.5	58.7	57.3	55.5	58.0	58.4	72.4
1970	64.2	72.6	60.7	60.4	55.4	63.1	63.4	62.3
1971	65.1	71.3	62.9	62.6	58.0	63.7	64.1	64.1
1972	67.3	75.8	64.0	64.8	58.0	66.6	67.0	65.1
1973	79.4	87.9	75.1	76.4	76.2	78.6	79.0	77.9
1974	97.9	109.3	89.7	90.0	101.0	96.5	97.8	96.1
1975	100.0	100.0	100.0	100.0	100.0	100.0	100.0	100.0
1976	110.6	115.9	104.5	105.1	100.4	116.9	112.2	106.1
1977	125.7	134.3	110.2	109.8	105.1	143.4	138.9	118.7
NIGERIA [15/]	[6/]							[26/]
1960	32.4	32.2	22.1	45.2	74.0	34.2	53.1	50.5
1961	34.0	34.2	21.9	43.6	68.5	36.4	54.4	52.1
1962	35.9	36.4	22.8	46.0	68.5	38.9	55.0	53.9
1963	34.9	35.1	21.8	44.1	68.4	37.3	55.7	55.8
1964	35.2	35.3	21.8	44.1	73.4	37.2	57.2	57.2
1965	35.4	35.4	22.0	44.7	75.6	37.8	57.3	57.1
1966	39.7	42.7	20.9	48.4	77.4	43.5	58.8	56.9
1967	38.4	41.0	19.2	47.0	78.4	41.7	60.0	56.9
1968	37.4	38.5	21.4	45.6	77.2	40.1	59.5	56.8
1969	39.4	40.7	23.9	49.2	78.6	43.2	60.3	58.1
1970	44.6	49.5	25.6	54.8	78.7	50.9	58.5	58.3
1971	50.8	56.5	32.1	62.4	86.7	57.1	61.1	61.0
1972	56.8	66.4	35.1	67.5	96.1	64.3	73.4	65.2
1973	63.1	70.3	45.8	70.1	100.7	67.7	77.9	65.3
1974	96.7	81.2	110.7	77.4	93.0	76.8	86.4	65.5
1975	100.0	100.0	100.0	100.0	100.0	100.0	100.0	100.0

108. IMPLICIT PRICE DEFLATOR INDEX OF GROSS DOMESTIC PRODUCT BY KIND OF ECONOMIC ACTIVITY

	GROSS DOMESTIC PRODUCT	AGRICULTURE 11/	INDUSTRIAL ACTIVITY: TOTAL 12/	INDUSTRIAL ACTIVITY: MANUFACTURING INDUSTRIES	CONSTRUCTION	WHOLESALE AND RETAIL TRADE	TRANSPORT AND COMMUNICATION	OTHER 13/
ISIC	1 - 9	1	2 - 4	3	5	6	7	8 - 9
B. INDEX FROM DATA IN U.S. DOLLARS 1975 = 100								
NORWAY								
1960	31.2	30.0	30.3	29.9	26.9	36.4	47.0	25.4
1961	31.9	33.0	31.3	31.0	28.4	35.4	46.0	26.6
1962	33.2	33.0	32.5	32.2	30.9	37.7	46.4	28.0
1963	34.1	33.7	32.8	32.6	32.5	39.3	47.0	29.3
1964	35.8	36.3	33.8	33.5	32.8	42.2	48.9	31.2
1965	37.8	38.8	34.8	34.7	37.1	46.3	49.7	32.7
1966	39.4	40.2	36.2	35.8	41.3	48.2	49.8	34.7
1967	40.2	35.2	37.7	37.4	42.8	51.0	47.6	37.7
1968	42.0	36.6	39.2	39.4	44.7	52.6	52.3	40.0
1969	43.7	39.7	41.6	41.5	50.4	55.7	52.1	41.2
1970	49.3	50.8	46.5	45.9	49.4	52.3	61.2	44.9
1971	53.4	55.1	49.6	49.4	53.8	56.4	65.7	50.4
1972	59.9	57.6	56.1	56.6	61.1	63.4	71.0	58.0
1973	74.7	74.2	68.6	69.1	73.8	80.5	89.0	72.4
1974	85.7	82.5	79.5	78.6	87.3	88.4	99.4	83.3
1975	100.0	100.0	100.0	100.0	100.0	100.0	100.0	100.0
1976	103.1	109.8	99.8	98.9	103.8	106.8	97.7	104.8
1977	113.6	118.0	112.2	110.7	114.6	120.0	98.0	116.4
PAKISTAN 4/								26/
1960	71.8	79.0	68.1	64.8	64.3	67.2	67.6	73.4
1961	71.2	74.7	69.1	65.7	65.5	67.2	70.4	74.7
1962	72.8	74.0	71.7	68.3	68.4	66.1	68.5	74.4
1963	71.8	80.1	72.6	69.2	69.3	70.1	71.2	76.2
1964	76.2	83.6	73.3	69.5	69.5	76.0	75.9	79.7
1965	79.4	84.3	76.8	73.0	73.0	77.7	77.5	83.6
1966	88.7	94.2	80.0	75.8	75.8	86.1	86.0	90.4
1967	87.4	94.7	82.9	78.9	78.9	88.8	88.6	92.5
1968	91.4	90.9	88.0	84.1	84.1	89.6	89.7	94.7
1969	93.1	94.4	89.3	87.0	87.0	94.7	94.7	99.6
1970	97.7	99.0	94.0	92.3	92.3	99.2	99.1	104.6
1971	104.1	105.6	99.1	98.1	98.1	104.4	104.4	112.1
1972	64.2	67.5	59.1	58.8	58.8	62.7	62.7	67.3
1973	70.5	74.2	63.8	64.4	64.4	70.1	70.1	73.1
1974	89.0	91.4	87.4	88.5	88.5	89.8	89.8	86.5
1975	100.0	100.0	100.0	100.0	100.0	100.0	100.0	100.0
1976	109.3	111.1	108.2	110.4	110.4	109.1	109.1	106.8
1977	117.4	120.7	113.9	115.3	115.0	116.4	116.4	116.4

10B. IMPLICIT PRICE DEFLATOR INDEX OF GROSS DOMESTIC PRODUCT BY KIND OF ECONOMIC ACTIVITY

	GROSS DOMESTIC PRODUCT	AGRICULTURE 11/	INDUSTRIAL ACTIVITY: TOTAL 12/	INDUSTRIAL ACTIVITY: MANUFACTURING INDUSTRIES	CONSTRUCTION	WHOLESALE AND RETAIL TRADE	TRANSPORT AND COMMUNICATION	OTHER 13/
ISIC	1 - 9	1	2 - 4	3	5	6	7	8 - 9
B. INDEX FROM DATA IN U.S. DOLLARS 1975 = 100								
PANAMA								
1960	58.8	55.6	64.1	60.9	52.4	49.0	77.0	60.8
1961	59.1	59.1	62.3	59.4	54.4	47.8	73.7	60.7
1962	59.5	59.7	62.9	60.0	53.5	48.0	73.0	61.4
1963	60.7	61.6	64.1	61.4	53.5	49.1	72.4	62.8
1964	62.4	64.9	66.0	63.6	54.3	50.4	74.7	63.7
1965	62.8	66.3	64.5	62.9	52.8	51.5	72.1	64.6
1966	63.7	66.8	64.1	62.1	55.8	52.1	72.0	66.2
1967	65.3	69.1	64.7	62.7	57.1	53.2	72.0	68.9
1968	65.7	70.8	65.5	63.4	57.2	52.4	69.5	69.4
1969	66.4	68.6	64.7	63.4	56.6	54.7	73.9	72.2
1970	68.7	69.1	66.2	65.9	59.3	57.4	73.4	76.6
1971	70.0	69.9	67.5	67.7	61.2	59.3	72.2	78.1
1972	73.8	73.4	71.0	71.4	62.9	62.9	81.3	82.2
1973	78.6	78.3	73.2	74.0	73.8	68.3	85.7	86.9
1974	95.4	95.6	91.7	91.9	97.3	89.6	94.4	99.6
1975	100.0	100.0	100.0	100.0	100.0	100.0	100.0	100.0
1976	103.9	103.7	108.8	110.0	102.7	104.6	102.5	103.3
1977	113.7	...	...	...	...	...	...	...
PARAGUAY								
1960	39.8	37.3	39.3	38.5	36.3	40.1	45.3	26/ 44.9
1961	42.1	39.5	41.7	40.8	38.5	42.5	48.0	47.8
1962	44.8	37.9	47.2	46.1	50.7	48.0	54.2	53.6
1963	46.4	40.7	47.9	46.9	47.5	48.8	55.1	54.3
1964	47.3	41.4	48.9	47.8	50.7	49.7	56.2	55.3
1965	48.6	41.3	50.7	49.6	52.4	51.6	58.3	58.9
1966	50.4	43.3	52.3	51.1	53.6	53.1	60.0	60.6
1967	50.1	41.4	53.0	51.7	53.0	53.8	60.8	61.1
1968	50.9	42.5	53.3	52.1	53.6	54.2	61.2	61.4
1969	52.6	44.8	54.6	53.3	54.7	55.4	62.7	62.9
1970	53.0	44.4	55.7	54.4	54.7	56.6	62.1	63.2
1971	56.7	50.7	57.9	56.6	55.8	58.9	65.1	64.9
1972	62.4	58.6	61.7	60.5	57.0	62.9	71.1	70.7
1973	74.9	76.3	73.3	71.9	66.2	75.3	74.0	74.8
1974	92.7	87.6	99.8	99.9	90.4	95.5	91.9	92.4
1975	100.0	100.0	100.0	100.0	100.0	100.0	100.0	100.0
1976	104.6	100.2	108.7	109.1	107.3	107.2	106.5	104.7
1977	115.2	111.4	120.6	121.1	95.2	122.8	115.9	110.5

108. IMPLICIT PRICE DEFLATOR INDEX OF GROSS DOMESTIC PRODUCT BY KIND OF ECONOMIC ACTIVITY

	GROSS DOMESTIC PRODUCT	AGRICULTURE [11]	INDUSTRIAL ACTIVITY: TOTAL [12]	INDUSTRIAL ACTIVITY: MANUFACTURING INDUSTRIES	CONSTRUCTION	WHOLESALE AND RETAIL TRADE	TRANSPORT AND COMMUNICATION	OTHER [13]
ISIC	1 - 9	1	2 - 4	3	5	6	7	8 - 9
B. INDEX FROM DATA IN U.S. DOLLARS 1975 = 100								
PERU								
1968	66.2	57.2	69.4	68.3	76.8	...	...	...
1969	69.6	58.8	75.8	73.9	78.9	...	...	...
1970	72.0	63.4	77.0	75.6	72.7	68.4	69.3	74.4
1971	76.2	66.2	79.2	79.9	78.8	72.7	73.7	81.1
1972	78.6	69.6	80.3	81.8	83.0	74.2	74.1	64.6
1973	84.0	77.0	89.1	86.3	86.5	77.6	76.3	86.9
1974	91.8	83.4	98.5	96.9	91.5	87.8	86.2	92.3
1975	100.0	100.0	100.0	100.0	100.0	100.0	100.0	100.0
1976	105.5	94.2	117.5	114.2	106.0	104.0	102.0	99.3
PHILIPPINES								
1960	67.6	48.9	58.0	57.5	101.1	89.3	107.7	77.7
1961	66.5	47.7	58.8	58.4	97.0	86.4	103.7	76.7
1962	68.9	50.0	61.7	60.6	95.6	86.6	103.0	80.7
1963	68.3	51.0	61.0	60.4	91.6	81.9	96.3	80.8
1964	67.3	51.0	58.3	57.5	87.7	81.1	92.4	81.0
1965	69.2	52.6	59.0	57.8	90.9	82.2	94.9	85.2
1966	71.3	54.7	60.2	58.2	94.1	84.7	98.2	88.9
1967	72.9	57.4	60.6	58.9	97.9	84.8	96.8	90.4
1968	77.2	63.1	62.9	61.1	106.6	86.3	101.5	96.3
1969	80.5	69.5	64.6	62.4	110.9	88.0	102.9	100.3
1970	59.5	51.9	50.6	48.2	78.4	64.3	72.1	70.5
1971	63.1	59.7	52.3	50.9	81.5	67.3	73.0	74.0
1972	64.8	64.2	54.5	53.1	82.8	71.0	76.7	77.5
1973	75.6	71.5	67.3	64.1	86.5	80.0	83.6	84.4
1974	99.2	100.4	101.1	98.4	100.3	99.2	97.7	97.8
1975	100.0	100.0	100.0	100.0	100.0	100.0	100.0	100.0
1976	105.2	102.4	105.2	105.4	105.7	104.8	105.2	110.2
1977	115.0	112.8	113.4	114.5	116.5	111.5	113.6	123.3

10B. IMPLICIT PRICE DEFLATOR INDEX OF GROSS DOMESTIC PRODUCT BY KIND OF ECONOMIC ACTIVITY

	GROSS DOMESTIC PRODUCT	AGRICULTURE 11/	INDUSTRIAL ACTIVITY: TOTAL 12/	INDUSTRIAL ACTIVITY: MANUFACTURING INDUSTRIES	CONSTRUCTION	WHOLESALE AND RETAIL TRADE	TRANSPORT AND COMMUNICATION	OTHER 13/
ISIC	1 - 9	1	2 - 4	3	5	6	7	8 - 9
B. INDEX FROM DATA IN U.S. DOLLARS 1975 = 100								
PORTUGAL								
1960	34.9	27.3	39.3	37.5	26.3	31.5	33.3	48.5
1961	35.5	27.1	40.4	38.6	27.8	31.9	35.9	48.4
1962	35.5	26.9	39.3	37.6	27.5	32.8	36.9	48.5
1963	36.5	27.6	40.9	39.4	27.6	33.6	38.1	48.6
1964	37.1	28.5	41.1	39.5	27.6	34.7	38.9	48.8
1965	38.6	30.6	42.8	41.4	27.4	35.9	38.9	49.0
1966	40.6	34.6	43.5	42.0	28.0	37.8	43.9	49.2
1967	42.2	35.5	43.7	42.0	32.6	39.8	44.7	57.9
1968	47.4	39.4	50.8	49.3	37.6	45.8	51.6	52.2
1969	50.9	45.6	53.2	51.7	38.3	49.9	56.6	55.3
1970	51.9	44.7	54.5	52.9	38.9	48.7	53.3	60.2
1971	55.6	50.5	57.3	55.8	43.8	52.5	55.4	63.0
1972	62.5	58.2	63.8	62.4	53.6	58.7	60.3	69.9
1973	74.9	74.0	75.2	73.9	64.8	71.0	71.3	82.2
1974	86.5	84.4	89.5	89.1	80.6	85.6	77.8	88.1
1975	100.0	100.0	100.0	100.0	100.0	100.0	100.0	100.0
1976	98.3	99.2	102.0	100.6	96.8	97.5	97.6	92.8
PUERTO RICO 4/								
1960	51.0	54.5	53.3	53.7	44.2	46.9	56.8	53.5
1961	53.3	57.0	53.6	54.1	46.1	46.5	57.8	54.8
1962	53.8	60.8	55.2	56.0	47.4	50.8	58.8	55.7
1963	55.3	57.6	55.2	56.1	48.3	51.8	58.3	56.5
1964	56.8	57.3	55.5	56.5	50.4	53.1	60.8	57.6
1965	58.4	55.1	56.0	57.7	51.0	54.3	61.9	58.7
1966	61.2	58.7	58.0	60.1	52.1	56.1	63.3	60.8
1967	65.2	61.5	58.5	60.7	54.1	58.4	64.8	61.8
1968	71.1	63.0	59.0	61.7	57.1	60.9	65.6	64.0
1969	70.4	64.5	59.7	62.7	61.0	63.0	66.9	69.8
1970	74.3	67.6	66.0	70.0	64.3	65.3	67.4	72.4
1971	77.6	73.0	68.5	72.8	69.3	68.0	68.3	76.6
1972	79.6	76.8	72.1	76.8	74.2	71.1	70.8	80.7
1973	87.9	98.0	81.2	83.3	84.8	83.3	75.5	86.6
1974	95.4	104.6	91.1	91.5	97.3	94.5	93.5	97.1
1975	100.0	100.0	100.0	100.0	100.0	100.0	100.0	100.0
1976	103.6	97.5	105.3	105.2	103.7	102.6	101.9	102.8
1977	108.8	104.4	109.1	108.7	113.4	107.8	101.9	108.8

108. IMPLICIT PRICE DEFLATOR INDEX OF GROSS DOMESTIC PRODUCT BY KIND OF ECONOMIC ACTIVITY

	GROSS DOMESTIC PRODUCT	AGRICULTURE 11/	INDUSTRIAL ACTIVITY: TOTAL 12/	INDUSTRIAL ACTIVITY: MANUFACTURING INDUSTRIES	CONSTRUCTION	WHOLESALE AND RETAIL TRADE	TRANSPORT AND COMMUNICATION	OTHER 13/
ISIC	1 - 9	1	2 - 4	3	5	6	7	8 - 9
B. INDEX FROM DATA IN U.S. DOLLARS 1975 = 100								
SAUDI ARABIA 4/								
1962	15.4	51.7	13.9	23.7	8.3	25.0	38.5	19.4
1963	15.2	53.3	13.2	24.2	8.8	25.4	38.5	19.9
1964	15.1	51.7	12.9	24.4	9.2	25.4	38.5	20.5
1965	15.4	50.1	13.2	24.7	9.7	26.0	38.5	21.1
1966	15.6	52.7	13.1	24.7	10.2	27.3	38.9	22.0
1967	15.9	52.5	13.5	24.7	10.7	27.4	38.0	22.6
1968	16.1	55.1	13.4	24.6	11.3	27.9	39.2	23.2
1969	16.1	55.1	13.2	25.2	11.9	28.6	38.1	23.5
1970	18.5	55.0	16.2	26.8	12.5	29.0	38.4	24.7
1971	19.9	55.9	17.5	27.2	13.3	29.6	38.9	26.9
1972	25.7	62.5	23.1	33.5	16.7	35.0	47.4	32.3
1973	61.7	73.8	65.0	74.8	22.7	50.6	56.8	44.9
1974	84.5	82.8	93.7	104.8	34.0	57.0	70.1	60.6
1975	92.3	91.6	97.4	106.8	72.1	77.6	84.3	85.3
1976	100.0	100.0	100.0	100.0	100.0	100.0	100.0	100.0
SIERRA LEONE 4/	6/							
1963	61.9	50.2	63.8	51.8	86.7	61.1	65.0	...
1964	65.2	52.9	66.5	54.6	89.1	63.6	73.0	...
1965	66.4	55.2	67.6	58.3	89.8	63.8	71.6	...
1966	68.8	55.8	70.5	59.7	90.4	71.7	72.8	...
1967	68.2	57.5	67.0	59.2	89.1	69.4	70.0	...
1968	61.1	49.7	63.0	51.1	77.9	64.1	62.5	...
1969	64.3	49.9	73.3	54.8	77.0	62.8	71.2	...
1970	65.7	52.3	78.6	95.6	77.2	64.8	65.5	80.8
1971	68.5	55.2	82.3	95.6	78.6	67.1	65.9	84.0
1972	74.7	61.9	91.2	95.3	81.1	74.2	70.2	86.8
1973	85.9	75.9	107.8	101.1	91.4	83.4	78.5	88.6
1974	96.0	96.8	101.5	102.3	97.2	101.8	87.2	91.3
1975	100.0	100.0	100.0	100.0	100.0	100.0	100.0	100.0
1976	96.3	99.1	97.1	86.2	97.7	108.3	89.4	83.9

10B. IMPLICIT PRICE DEFLATOR INDEX OF GROSS DOMESTIC PRODUCT
BY KIND OF ECONOMIC ACTIVITY

	GROSS DOMESTIC PRODUCT	AGRICULTURE 11/	INDUSTRIAL ACTIVITY TOTAL 12/	INDUSTRIAL ACTIVITY MANUFACTURING INDUSTRIES	CONSTRUCTION	WHOLESALE AND RETAIL TRADE	TRANSPORT AND COMMUNICATION	OTHER 13/
ISIC	1 - 9	1	2 - 4	3	5	6	7	8 - 9
B. INDEX FROM DATA IN U.S. DOLLARS 1975 = 100								
SINGAPORE								
1960	48.4	37.0	39.7	37.1	40.2	51.4	58.7	51.7
1961	48.4	36.9	39.8	37.2	40.7	50.2	58.7	52.8
1962	48.9	38.1	41.1	38.4	41.2	49.3	59.0	54.4
1963	49.3	38.2	42.2	39.7	41.8	49.5	59.1	54.8
1964	49.7	38.2	43.4	41.1	42.3	49.6	59.8	55.1
1965	50.4	39.0	44.3	42.1	42.8	50.2	61.4	55.3
1966	51.0	39.9	45.1	43.0	43.3	51.4	61.6	55.7
1967	51.3	40.6	45.8	43.4	43.9	51.1	61.6	55.8
1968	51.9	43.3	46.2	43.8	44.4	51.4	61.6	56.2
1969	53.1	44.0	46.8	44.5	45.1	54.1	61.6	56.8
1970	52.9	44.2	49.0	46.8	42.7	53.2	63.0	56.6
1971	56.0	47.7	51.2	49.1	48.1	55.3	66.2	60.5
1972	63.6	48.4	59.4	57.5	60.6	60.5	73.8	68.7
1973	82.0	78.5	76.6	74.6	80.2	83.4	85.2	85.4
1974	95.0	90.9	92.3	91.5	97.2	97.9	94.0	94.8
1975	100.0	100.0	100.0	100.0	100.0	100.0	100.0	100.0
1976	97.3	87.5	97.0	96.8	96.4	98.1	99.9	96.2
1977	100.0	96.8	100.2	100.4	99.4	102.1	102.0	97.5
SPAIN						30/		
1960	31.0	38.8	41.0	...	27.0	—— 25.1	——	16.1
1961	31.7	40.1	42.2	...	26.3	—— 25.5	——	16.9
1962	33.5	43.0	43.4	...	28.9	—— 27.2	——	18.4
1963	36.3	46.0	45.3	...	32.6	—— 29.3	——	20.4
1964	38.6	47.5	47.0	...	34.9	—— 32.8	——	22.7
1965	42.6	53.7	48.8	...	37.1	—— 37.4	——	25.8
1966	45.2	55.9	50.2	...	38.6	—— 40.5	——	31.1
1967	47.0	54.4	50.5	...	41.1	—— 42.8	——	36.9
1968	43.0	49.7	45.5	...	36.2	—— 39.3	——	35.8
1969	44.5	50.8	46.6	...	38.1	—— 40.8	——	36.8
1970	46.7	49.3	49.5	...	40.5	—— 45.1	——	42.5
1971	50.9	53.8	52.6	...	44.2	—— 50.2	——	46.7
1972	59.3	64.0	59.6	...	50.7	—— 59.3	——	55.7
1973	73.0	80.7	71.8	...	66.2	—— 71.6	——	70.1
1974	85.1	86.8	85.4	...	84.3	—— 84.9	——	83.8
1975	100.0	100.0	100.0	...	100.0	—— 100.0	——	100.0

10B. IMPLICIT PRICE DEFLATOR INDEX OF GROSS DOMESTIC PRODUCT BY KIND OF ECONOMIC ACTIVITY

	GROSS DOMESTIC PRODUCT	AGRICULTURE [11]	INDUSTRIAL ACTIVITY: TOTAL [12]	INDUSTRIAL ACTIVITY: MANUFACTURING INDUSTRIES	CONSTRUCTION	WHOLESALE AND RETAIL TRADE	TRANSPORT AND COMMUNICATION	OTHER [13]
ISIC	1 - 9	1	2 - 4	3	5	6	7	8 - 9
B. INDEX FROM DATA IN U.S. DOLLARS 1975 = 100								
SRI LANKA								
1963	91.4	80.7	88.5	86.7	71.7	87.3	104.2	107.6
1964	93.7	84.3	90.0	88.0	71.7	87.3	108.8	111.9
1965	94.0	82.8	90.0	88.0	71.2	86.7	109.2	114.3
1966	93.3	84.4	90.2	88.3	73.1	86.6	109.2	115.8
1967	92.4	84.1	90.7	89.5	75.8	86.6	108.8	112.7
1968	83.9	75.1	83.3	81.6	66.1	78.3	89.7	106.1
1969	86.3	76.8	92.1	91.3	70.8	82.4	93.5	108.8
1970	90.8	82.7	87.9	88.0	81.2	90.8	101.6	101.4
1971	92.2	80.5	93.7	92.9	83.5	94.2	104.3	105.8
1972	93.9	82.9	93.1	92.6	102.0	96.2	102.8	102.3
1973	101.8	99.6	99.0	99.0	98.5	100.2	96.7	99.7
1974	112.6	128.7	112.2	112.1	106.9	114.7	111.3	105.0
1975	100.0	100.0	100.0	100.0	100.0	100.0	100.0	100.0
1976	88.4	89.0	85.6	85.8	91.1	97.7	88.6	87.1
1977	94.1	99.6	83.8	83.3	88.7	98.4	92.5	86.5
SWEDEN								
1960	34.6	34.3	40.7	39.0	45.5	32.7	43.3	28.2
1961	35.7	36.1	41.3	39.6	47.0	34.9	44.7	29.7
1962	37.1	37.1	42.1	40.2	49.4	36.6	44.9	30.9
1963	38.2	36.9	42.4	40.9	51.8	38.9	46.1	31.4
1964	39.8	40.2	43.5	42.2	55.5	40.6	47.3	33.7
1965	42.2	42.8	44.6	43.5	59.2	44.0	49.0	36.5
1966	44.9	43.2	45.3	44.3	62.3	46.1	50.4	40.4
1967	46.9	40.9	46.1	45.4	65.3	49.3	56.0	43.1
1968	48.0	38.6	46.3	45.7	66.6	51.9	57.5	45.6
1969	49.7	39.1	47.3	46.7	66.1	50.5	60.0	48.3
1970	52.5	42.0	50.4	50.0	67.0	53.9	63.9	51.6
1971	57.0	45.9	52.4	51.8	68.5	59.6	63.4	56.4
1972	65.2	49.4	59.3	58.9	77.5	67.8	75.4	64.4
1973	76.1	59.3	71.3	71.4	85.3	79.7	87.9	75.5
1974	81.6	76.1	84.3	84.9	84.9	88.9	83.6	81.9
1975	100.0	100.0	100.0	100.0	100.0	100.0	100.0	100.0
1976	105.7	105.7	102.9	103.1	106.3	102.9	99.6	108.2
1977	114.6	115.8	104.0	104.2	117.9	108.0	102.5	122.1

10B. IMPLICIT PRICE DEFLATOR INDEX OF GROSS DOMESTIC PRODUCT BY KIND OF ECONOMIC ACTIVITY

	GROSS DOMESTIC PRODUCT	AGRICULTURE 11/	INDUSTRIAL ACTIVITY: TOTAL 12/	INDUSTRIAL ACTIVITY: MANUFACTURING INDUSTRIES	CONSTRUCTION	WHOLESALE AND RETAIL TRADE	TRANSPORT AND COMMUNICATION	OTHER 13/
ISIC	1 - 9	1	2 - 4	3	5	6	7	8 - 9
B. INDEX FROM DATA IN U.S. DOLLARS 1975 = 100								
SYRIAN ARAB REPUBLIC								26/
1963	46.6	45.4	42.3	70.3	24.0	39.0	77.9	54.2
1964	49.2	40.7	44.7	72.8	27.1	41.2	79.1	55.1
1965	48.3	43.7	47.4	75.0	31.2	44.4	82.7	55.5
1966	50.6	53.5	52.9	80.6	29.1	44.6	92.7	59.6
1967	55.7	46.5	54.5	79.8	36.6	49.3	97.1	63.6
1968	54.1	55.4	55.4	83.9	29.4	49.6	84.7	61.6
1969	50.9	43.7	49.7	78.4	30.8	44.5	85.5	63.5
1970	53.3	54.4	48.2	79.6	34.0	45.8	80.0	60.4
1971	56.1	62.3	50.9	82.4	34.8	49.7	79.4	59.9
1972	61.0	70.0	55.1	87.2	39.0	55.7	84.3	59.9
1973	63.2	70.2	58.2	99.7	47.5	60.9	85.7	65.0
1974	86.1	92.4	91.0	119.1	72.6	93.6	91.1	73.2
1975	100.0	100.0	100.0	100.0	100.0	100.0	100.0	100.0
1976	106.1	111.0	94.5	90.4	87.6	109.4	113.9	103.7
1977	113.0	130.2	85.6	74.4	100.1	130.6	105.8	106.4
THAILAND								
1960	51.7	46.7	58.7	55.0	39.2	47.4	58.6	56.5
1961	54.0	49.1	61.9	57.8	41.0	49.6	61.8	57.6
1962	54.5	47.2	64.5	60.5	44.1	52.1	62.2	59.3
1963	53.6	44.9	63.8	59.4	44.3	52.7	62.0	59.8
1964	55.1	45.2	65.1	59.2	44.3	57.2	63.5	61.0
1965	57.7	51.2	65.5	58.6	44.9	56.1	66.2	61.9
1966	61.9	56.7	67.3	60.9	48.6	61.9	65.3	63.9
1967	61.3	54.7	70.6	65.1	49.3	59.5	64.7	66.1
1968	60.9	52.7	69.5	65.0	50.4	60.3	66.0	67.2
1969	62.2	53.9	69.8	64.7	51.4	63.0	65.0	68.3
1970	61.8	50.2	71.0	65.6	51.8	64.8	67.0	69.4
1971	60.3	50.1	67.1	63.5	51.7	61.2	69.3	69.3
1972	65.9	61.8	67.0	64.1	54.2	66.0	72.9	71.9
1973	79.6	83.1	74.8	72.9	63.4	79.8	87.4	78.8
1974	96.1	95.4	95.8	94.8	81.2	98.7	99.7	96.1
1975	100.0	100.0	100.0	100.0	100.0	100.0	100.0	100.0
1976	103.5	105.8	99.5	98.7	104.1	103.3	105.3	103.9
1977	108.7	110.1	104.3	101.9	113.5	109.2	112.1	109.8

108. IMPLICIT PRICE DEFLATOR INDEX OF GROSS DOMESTIC PRODUCT BY KIND OF ECONOMIC ACTIVITY

	GROSS DOMESTIC PRODUCT	AGRICULTURE 11/	INDUSTRIAL ACTIVITY: TOTAL 12/	INDUSTRIAL ACTIVITY: MANUFACTURING INDUSTRIES	CONSTRUCTION	WHOLESALE AND RETAIL TRADE	TRANSPORT AND COMMUNICATION	OTHER 13/
ISIC	1 - 9	1	2 - 4	3	5	6	7	8 - 9
B. INDEX FROM DATA IN U.S. DOLLARS 1975 = 100								
TRINIDAD AND TOBAGO	6/							
1966	39.8	46.8	24.6	56.1	43.7	58.4	63.9	63.0
1967	40.2	46.3	24.9	54.8	48.7	57.9	64.9	62.6
1968	38.3	45.2	23.1	52.6	59.9	54.5	64.3	57.4
1969	38.3	46.6	23.0	54.3	57.3	52.7	65.9	58.4
1970	38.0	46.0	22.5	56.1	49.4	54.1	66.2	59.0
1971	41.9	48.0	24.2	59.1	59.9	60.1	70.0	67.5
1972	46.2	55.4	26.8	63.6	65.5	66.4	75.5	74.0
1973	55.5	66.8	38.8	73.7	73.3	73.8	81.2	78.0
1974	84.4	92.4	77.1	88.3	92.6	89.6	85.9	94.6
1975	100.0	100.0	100.0	100.0	100.0	100.0	100.0	100.0
1976	96.5	98.2	92.4	92.4	106.6	107.0	96.6	98.7
1977	111.8	106.4	112.8	104.3	117.6	120.2	118.9	108.4
TUNISIA								
1960	45.9	...	...	...	...	...	...	...
1961	49.1	47.8	34.8	45.9	42.7	...	68.1	53.9
1962	49.7	48.8	37.2	51.0	46.1	...	66.4	55.6
1963	52.4	53.1	40.1	55.8	44.9	...	70.1	52.3
1964	50.3	47.6	37.4	49.6	45.0	...	72.4	54.3
1965	46.9	42.9	37.0	51.4	44.9	...	64.2	49.8
1966	47.7	43.5	35.3	47.4	44.9	...	64.9	51.6
1967	49.7	46.8	37.9	49.2	46.7	...	67.0	53.0
1968	49.8	47.7	36.6	51.3	46.8	...	65.4	54.2
1969	51.7	49.5	38.7	52.1	48.1	...	62.8	56.5
1970	53.1	54.1	40.5	55.0	48.5	...	60.4	56.9
1971	57.5	58.6	44.6	56.2	49.2	...	65.4	60.7
1972	63.3	63.8	48.7	63.5	52.9	...	64.2	68.9
1973	77.4	76.9	64.7	76.8	65.9	...	72.5	58.2
1974	88.8	87.4	95.4	93.3	79.4	...	83.2	56.6
1975	100.0	100.0	100.0	100.0	100.0	...	100.0	100.0
1976	94.8	94.4	87.4	95.3	99.4	...	95.7	98.1
1977	102.1	103.4	92.9	101.6	105.1	...	104.7	103.9

10B. IMPLICIT PRICE DEFLATOR INDEX OF GROSS DOMESTIC PRODUCT BY KIND OF ECONOMIC ACTIVITY

	GROSS DOMESTIC PRODUCT	AGRICULTURE 11/	INDUSTRIAL ACTIVITY: TOTAL 12/	INDUSTRIAL ACTIVITY: MANUFACTURING INDUSTRIES	CONSTRUCTION	WHOLESALE AND RETAIL TRADE	TRANSPORT AND COMMUNICATION	OTHER 13/
ISIC	1 - 9	1	2 - 4	3	5	6	7	8 - 9
B. INDEX FROM DATA IN U.S. DOLLARS 1975 = 100								
TURKEY								26/
1960	36.4	32.0	45.8	46.9	35.4	40.3	43.7	32.5
1961	38.0	33.4	45.5	46.3	38.8	41.4	44.9	35.3
1962	41.6	37.7	51.0	52.2	38.9	45.4	50.3	37.0
1963	43.9	39.7	52.6	53.7	42.8	46.9	52.6	39.8
1964	45.0	39.9	53.4	54.7	45.5	47.7	53.0	42.4
1965	47.0	40.8	55.4	56.9	49.0	49.5	55.2	44.4
1966	49.9	44.6	57.4	59.2	52.4	51.5	57.2	47.6
1967	53.2	46.7	62.0	62.3	62.0	55.1	58.4	50.2
1968	55.3	48.1	63.3	63.1	66.4	56.9	60.2	53.0
1969	58.3	51.1	65.1	65.0	73.5	59.7	62.8	55.5
1970	51.4	45.6	56.2	56.1	61.1	53.2	53.6	50.4
1971	46.4	39.8	51.0	50.9	52.2	48.5	48.0	46.8
1972	56.7	50.2	60.8	60.4	62.6	57.6	56.6	59.2
1973	69.1	68.5	68.9	69.1	70.6	68.4	69.7	71.1
1974	89.8	91.0	92.0	92.6	86.2	93.0	91.8	85.4
1975	100.0	100.0	100.0	100.0	100.0	100.0	100.0	100.0
1976	106.0	110.4	101.8	102.1	105.3	104.6	103.4	107.8
UGANDA	6/							
1960	30.5	21.7	42.3	41.1	34.1	39.6	74.4	67.4
1961	31.8	22.7	44.4	43.0	34.5	41.3	75.8	69.0
1962	31.7	22.6	42.5	41.5	32.8	41.6	75.8	69.8
1963	31.9	22.9	42.7	40.6	34.4	39.2	77.7	71.6
1964	33.7	24.8	43.1	38.3	35.8	43.1	72.7	73.3
1965	37.2	28.0	49.1	40.2	41.9	44.7	80.3	76.0
1966	36.7	27.4	46.8	39.7	41.5	45.8	77.7	77.5
1967	36.3	26.8	45.9	40.0	41.9	46.7	75.2	78.4
1968	37.7	27.4	49.9	43.8	43.5	49.5	75.4	80.5
1969	38.3	27.8	53.0	45.3	46.3	49.7	71.8	81.9
1970	43.0	33.3	56.2	49.2	52.4	53.3	74.0	83.6
1971	47.3	40.6	55.5	49.8	64.8	47.9	75.5	83.2
1972	49.6	41.5	54.9	49.1	57.7	49.4	75.4	97.3
1973	58.2	49.4	60.5	53.7	61.0	59.8	82.2	109.9
1974	69.7	61.3	81.4	76.8	97.6	76.5	91.1	106.3
1975	100.0	100.0	100.0	100.0	100.0	100.0	100.0	100.0
1976	102.5	102.7	101.3	100.6	97.1	111.8	95.9	96.6

10B. IMPLICIT PRICE DEFLATOR INDEX OF GROSS DOMESTIC PRODUCT BY KIND OF ECONOMIC ACTIVITY

	GROSS DOMESTIC PRODUCT	AGRICULTURE 11/	INDUSTRIAL ACTIVITY: TOTAL 12/	INDUSTRIAL ACTIVITY: MANUFACTURING INDUSTRIES	CONSTRUCTION	WHOLESALE AND RETAIL TRADE	TRANSPORT AND COMMUNICATION	OTHER 13/
ISIC	1 - 9	1	2 - 4	3	5	6	7	8 - 9
B. INDEX FROM DATA IN U.S. DOLLARS 1975 = 100								
UNITED REP. OF TANZANIA 17/ 6/								
1964	58.1	56.7	53.4	49.8	48.9	50.7	64.2	63.6
1965	57.3	53.7	53.1	50.8	51.4	50.9	69.1	66.3
1966	58.4	53.3	57.3	52.8	55.4	51.3	71.2	68.6
1967	58.0	51.7	57.5	52.7	56.9	51.9	71.2	69.8
1968	58.8	51.8	59.5	56.0	57.9	52.5	71.6	72.0
1969	60.0	53.1	61.5	58.3	60.7	51.2	73.9	73.1
1970	62.5	56.2	64.4	61.1	68.4	54.6	69.7	74.1
1971	64.6	58.8	64.7	63.8	72.3	58.0	69.4	75.9
1972	68.6	62.5	71.2	71.1	64.5	66.6	70.5	79.6
1973	77.5	71.1	80.0	76.3	82.1	75.7	81.4	85.8
1974	90.7	87.4	88.7	87.0	91.4	91.9	95.3	94.6
1975	100.0	100.0	100.0	100.0	100.0	100.0	100.0	100.0
1976	101.3	110.4	97.2	95.9	93.9	94.2	91.5	94.7
1977	119.3	141.1	109.4	108.8	97.0	113.9	92.7	99.2
UNITED STATES								
1960	54.4	46.0	64.2	66.2	36.8	54.8	67.6	48.3
1961	54.9	46.2	64.4	66.5	37.6	55.5	68.8	49.3
1962	55.9	47.1	64.6	66.9	38.8	55.6	69.3	50.2
1963	56.7	46.6	63.3	65.5	40.1	58.1	69.3	52.5
1964	57.6	45.4	63.4	65.6	40.4	57.4	70.4	54.6
1965	58.8	50.0	63.6	66.1	42.0	57.9	70.5	56.0
1966	60.7	55.0	64.7	67.3	44.4	59.3	70.6	58.7
1967	62.6	51.7	66.1	69.0	46.0	62.0	72.6	61.2
1968	65.2	53.2	68.1	71.3	48.0	64.9	73.0	64.7
1969	68.6	58.2	69.6	72.9	55.3	68.9	75.8	67.9
1970	72.1	58.0	72.6	76.0	62.1	71.8	78.9	72.6
1971	75.8	59.0	74.8	78.4	67.8	75.1	84.4	77.6
1972	78.9	69.3	76.2	79.2	73.7	76.6	87.7	81.9
1973	83.4	103.8	78.7	81.4	81.7	80.8	89.0	86.1
1974	91.3	101.6	89.4	90.7	89.1	90.7	95.0	91.1
1975	100.0	100.0	100.0	100.0	100.0	100.0	100.0	100.0
1976	105.3	100.3	105.6	105.2	101.9	104.6	106.6	106.5
1977	111.4	101.9	112.2	110.9	108.5	110.2	111.8	113.2

10B. IMPLICIT PRICE DEFLATOR INDEX OF GROSS DOMESTIC PRODUCT BY KIND OF ECONOMIC ACTIVITY

	GROSS DOMESTIC PRODUCT	AGRICULTURE 11/	INDUSTRIAL ACTIVITY: TOTAL 12/	INDUSTRIAL ACTIVITY: MANUFACTURING INDUSTRIES	CONSTRUCTION	WHOLESALE AND RETAIL TRADE	TRANSPORT AND COMMUNICATION	OTHER 13/
ISIC	1 - 9	1	2 - 4	3	5	6	7	8 - 9
B. INDEX FROM DATA IN U.S. DOLLARS 1975 = 100								
URUGUAY								
1960	50.1	94.0	44.2	42.5	53.0	54.8	51.7	46.4
1961	50.7	67.8	47.2	45.2	61.5	48.6	59.7	49.8
1962	51.9	72.0	44.9	42.6	66.0	47.1	63.2	57.9
1963	52.6	64.2	48.9	46.4	70.4	47.5	67.5	59.1
1964	55.3	79.5	50.5	48.6	64.9	49.2	65.4	59.2
1965	55.8	71.8	62.3	61.4	66.6	49.8	59.5	57.8
1966	56.9	73.6	53.3	52.8	67.1	53.6	68.7	51.4
1967	59.3	67.5	57.2	56.4	79.5	58.6	70.8	59.0
1968	57.5	65.0	61.5	61.7	64.7	56.0	69.6	51.8
1969	60.4	62.6	58.9	59.1	62.6	57.6	76.8	62.1
1970	69.8	69.7	64.1	62.4	72.3	60.8	86.2	76.9
1971	81.4	83.7	69.1	69.0	92.3	69.6	99.2	95.7
1972	65.6	95.4	49.8	50.0	66.9	54.3	73.4	63.2
1973	87.1	137.4	76.7	76.8	95.2	79.6	87.0	79.5
1974	108.6	151.8	108.8	107.8	119.0	100.5	115.6	101.5
1975	100.0	100.0	100.0	100.0	100.0	100.0	100.0	100.0
1976	102.5	94.3	104.8	103.8	94.5	102.3	101.9	100.8
VENEZUELA								
1960	58.4	56.3	...	...	...	...	...	...
1961	45.9	46.3	...	...	...	...	...	...
1962	43.2	45.3	...	...	...	...	...	...
1963	44.2	47.9	...	...	...	...	...	...
1964	44.9	52.2	...	...	...	...	...	...
1965	45.2	52.5	...	...	...	...	...	...
1966	46.0	53.9	...	...	...	...	...	...
1967	46.6	54.9	...	...	...	...	...	...
1968	48.1	56.7	...	...	...	...	...	58.3
1969	47.7	60.8	...	...	...	...	...	58.2
1970	49.3	60.1	...	...	...	...	...	63.5
1971	53.1	61.0	...	...	...	...	...	67.6
1972	58.2	65.7	...	...	...	...	...	72.7
1973	67.2	74.2	...	...	...	...	...	78.0
1974	107.3	86.7	...	...	...	...	...	88.2
1975	100.0	100.0	...	...	...	...	...	100.0
1976	97.9	109.9	...	...	...	...	...	108.4
1977	105.6	128.2	...	...	...	...	...	118.7

10B. IMPLICIT PRICE DEFLATOR INDEX OF GROSS DOMESTIC PRODUCT BY KIND OF ECONOMIC ACTIVITY

	GROSS DOMESTIC PRODUCT	AGRICULTURE 11/	INDUSTRIAL ACTIVITY		CONSTRUC-TION	WHOLESALE AND RETAIL TRADE	TRANSPORT AND COMMUNICA-TION	OTHER 13/
			TOTAL 12/	MANUFACTURING INDUSTRIES				
ISIC	1 - 9	1	2 - 4	3	5	6	7	8 - 9
B. INDEX FROM DATA IN U.S. DOLLARS 1975 = 100								
ZAIRE								26/
1968	51.4	46.1	72.7	45.4	47.1	37.7	86.3	41.4
1969	58.5	48.7	84.5	53.5	49.9	43.8	100.1	50.5
1970	60.6	49.3	85.8	46.1	56.3	43.4	100.0	54.4
1971	60.9	52.7	68.9	50.6	64.6	46.9	103.1	62.9
1972	66.3	59.1	70.6	53.1	61.5	53.2	128.4	68.6
1973	81.6	74.2	113.6	57.3	64.9	59.2	142.9	70.2
1974	94.2	88.6	134.9	68.9	76.0	75.1	102.3	81.3
1975	100.0	100.0	100.0	100.0	100.0	100.0	100.0	100.0
ZAMBIA								
1965	53.8	57.2	61.7	36.8	45.8	53.3	49.1	53.5
1966	66.5	61.1	91.4	44.2	53.8	54.7	54.3	53.5
1967	66.7	63.5	83.3	47.0	61.2	65.4	57.9	60.6
1968	77.2	65.6	108.1	53.5	72.8	69.6	58.9	61.7
1969	95.0	67.2	144.5	54.3	70.9	72.7	61.1	70.3
1970	84.4	68.1	120.1	57.9	82.1	70.8	60.5	66.1
1971	77.8	75.8	91.5	59.6	90.8	70.6	64.5	69.6
1972	80.6	80.8	92.8	64.1	86.9	73.2	70.8	72.8
1973	107.5	95.2	146.8	73.8	93.3	94.5	83.7	83.6
1974	118.0	101.2	161.9	84.8	101.5	101.0	94.1	90.5
1975	100.0	100.0	100.0	100.0	100.0	100.0	100.0	100.0
1976	102.2	111.9	104.6	102.9	96.9	102.8	107.6	98.7
1977	99.4	118.4	87.5	112.9	91.3	118.9	119.8	100.5

10C. IMPLICIT PRICE DEFLATOR INDEX OF GROSS FIXED CAPITAL FORMATION BY KIND OF ECONOMIC ACTIVITY OF OWNER

	GROSS FIXED CAPITAL FORMATION	AGRICULTURE[11]	INDUSTRIAL ACTIVITY: TOTAL[12]	INDUSTRIAL ACTIVITY: MANUFACTURING INDUSTRIES	CONSTRUCTION	WHOLESALE AND RETAIL TRADE	TRANSPORT AND COMMUNICATION	OTHER[13]
ISIC	1 - 9	1	2 - 4	3	5	6	7	8 - 9
				A. INDEX FROM DATA IN NATIONAL CURRENCY 1975 = 100				
BELGIUM								
1960	42.8	41.4	49.2	50.8	57.0	45.9	50.8	36.4
1961	43.3	42.7	49.7	51.3	57.1	46.1	50.0	36.9
1962	45.0	45.2	51.6	53.5	58.6	47.6	50.8	38.3
1963	46.9	47.1	54.0	55.6	60.4	49.5	51.8	40.3
1964	49.6	50.3	56.8	58.5	62.3	52.8	54.0	43.3
1965	51.8	52.0	58.6	60.2	63.8	54.8	55.3	45.8
1966	53.4	54.3	59.8	61.3	64.8	56.0	57.7	47.5
1967	55.6	56.2	61.2	62.6	64.7	57.6	60.7	50.2
1968	56.5	57.2	61.7	63.0	65.1	58.5	62.0	51.3
1969	58.9	59.8	63.9	65.4	68.2	60.7	65.5	53.7
1970	64.5	64.9	70.7	72.3	73.3	67.0	72.7	58.0
1971	69.9	71.4	75.4	77.0	77.1	71.3	77.6	64.3
1972	72.9	75.6	77.7	79.0	78.6	73.8	80.1	67.9
1973	77.8	82.3	80.6	81.9	81.5	77.8	83.6	74.4
1974	90.0	93.0	91.9	93.0	91.4	89.5	93.9	87.8
1975	100.0	100.0	100.0	100.0	100.0	100.0	100.0	100.0
1976	108.5	104.4	104.7	104.1	104.6	107.2	105.7	109.4
1977	115.7	109.4	109.7	108.3	109.1	113.9	110.7	117.3
BOLIVIA[10]					31/	22/		22/31/
1960	108.0	116.7	107.9	109.1	...	...	108.1	106.5
1961	107.9	112.5	108.1	109.1	...	...	107.9	106.4
1962	106.8	109.5	106.7	107.4	...	...	106.7	63.1
1963	113.2	113.6	92.1	113.5	...	...	113.2	235.8
1964	115.1	114.3	115.3	116.3	...	...	114.9	115.6
1965	116.9	117.6	116.7	115.4	...	...	117.0	117.4
1966	118.5	116.7	118.7	119.0	...	...	118.5	117.9
1967	126.6	127.7	126.4	125.5	...	...	126.5	127.0
1968	130.7	130.5	130.7	130.4	...	...	130.6	130.9
1969	135.0	133.3	135.0	135.7	...	...	135.1	135.2

10C. IMPLICIT PRICE DEFLATOR INDEX OF GROSS FIXED CAPITAL FORMATION BY KIND OF ECONOMIC ACTIVITY OF OWNER

	GROSS FIXED CAPITAL FORMATION	AGRICULTURE 11/	INDUSTRIAL ACTIVITY		CONSTRUCTION	WHOLESALE AND RETAIL TRADE	TRANSPORT AND COMMUNICATION	OTHER 13/
			TOTAL 12/	MANUFACTURING INDUSTRIES				
ISIC	1 - 9	1	2 - 4	3	5	6	7	8 - 9
A. INDEX FROM DATA IN NATIONAL CURRENCY 1975 = 100								
CYPRUS								
1960	37.3	47.3	41.8	42.9	40.0	...	43.7	46.7
1961	38.2	49.8	43.5	45.0	40.0	...	45.3	48.5
1962	39.8	51.2	44.7	45.6	43.3	...	48.5	49.4
1963	40.5	53.0	46.9	48.5	45.7	...	48.1	50.5
1964	36.2	51.4	46.7	48.4	48.0	...	48.4	37.2
1965	39.6	49.2	44.1	45.5	45.0	...	47.7	51.2
1966	40.3	52.2	46.7	47.2	48.9	...	46.7	50.5
1967	44.2	47.3	41.8	42.9	40.0	43.5	43.7	46.1
1968	46.6	51.6	44.4	45.6	44.0	45.4	46.2	47.9
1969	50.4	53.3	47.8	49.3	45.7	49.7	51.0	52.1
1970	54.8	56.7	52.2	53.9	49.2	55.9	54.9	56.7
1971	59.5	60.8	58.2	59.6	56.0	62.1	59.8	60.6
1972	65.4	69.2	64.8	67.0	64.6	63.6	67.0	66.2
1973	79.3	82.0	75.4	77.5	72.0	75.3	82.2	82.3
1974	95.4	90.9	88.8	90.1	80.0	99.0	94.8	102.3
1975	100.0	100.0	100.0	100.0	100.0	100.0	100.0	100.0
1976	115.2	124.1	119.4	123.0	120.0	121.7	118.9	108.1
1977	126.9	133.9	129.2	132.9	134.6	133.8	136.9	117.3
DENMARK								
1960	36.3	31.2	32.5	30.5	...	...	42.1	36.4
1961	38.0	33.5	34.3	32.3	...	...	41.7	38.6
1962	40.0	38.5	36.2	33.9	...	...	42.9	40.2
1963	41.5	39.9	37.4	35.3	...	...	43.9	42.0
1964	42.8	39.4	39.3	37.0	...	...	46.0	43.1
1965	45.2	41.6	41.7	38.9	...	...	48.2	45.6
1966	47.6	44.3	43.7	40.6	...	...	50.9	48.0
1967	49.4	47.1	44.7	41.3	...	...	54.4	49.6
1968	52.1	49.5	46.7	43.0	...	...	58.3	52.2
1969	54.8	50.4	48.4	44.5	...	...	62.4	54.7
1970	58.7	55.2	51.5	47.1	...	...	68.0	58.4
1971	61.9	60.2	54.1	49.2	...	...	71.3	61.6
1972	65.9	64.8	58.0	52.6	...	...	74.1	65.8
1973	74.2	74.1	62.6	56.6	...	...	82.0	74.6
1974	87.7	86.9	73.8	66.7	...	...	89.0	90.9
1975	100.0	100.0	100.0	100.0	...	...	100.0	100.0
1976	107.1	...	...	...	...	...	...	...

10C. IMPLICIT PRICE DEFLATOR INDEX OF GROSS FIXED CAPITAL FORMATION BY KIND OF ECONOMIC ACTIVITY OF OWNER

	GROSS FIXED CAPITAL FORMATION	AGRICULTURE [11]	INDUSTRIAL ACTIVITY: TOTAL [12]	INDUSTRIAL ACTIVITY: MANUFACTURING INDUSTRIES	CONSTRUC-TION	WHOLESALE AND RETAIL TRADE	TRANSPORT AND COMMUNICA-TION	OTHER [13]
ISIC	1 - 9	1	2 - 4	3	5	6	7	8 - 9
A. INDEX FROM DATA IN NATIONAL CURRENCY 1975 = 100								
ECUADOR								
1970	47.1	...	...	...	...	...	...	44.4
1971	56.1	...	...	...	...	...	...	55.6
1972	61.2	...	...	...	...	...	...	53.3
1973	69.2	...	...	...	...	...	...	74.1
1974	87.1	...	...	...	...	...	...	77.8
1975	100.0	...	...	...	...	...	...	100.0
1976	107.7	...	...	...	...	...	...	97.8
FINLAND								
1960	27.7	29.1	27.9	27.4	32.7	27.4	28.5	26.2
1961	28.6	30.1	28.6	28.0	32.6	28.1	29.6	27.2
1962	29.7	31.1	29.5	29.0	34.0	30.7	30.3	28.5
1963	31.1	31.8	31.6	31.4	34.1	32.8	31.0	30.1
1964	32.9	33.9	32.9	32.5	35.5	34.0	33.2	32.1
1965	34.6	35.0	34.7	34.3	36.6	36.0	35.0	33.9
1966	35.9	36.6	35.7	35.2	37.4	37.4	36.1	35.2
1967	37.9	38.8	37.6	37.0	38.3	39.1	38.7	37.2
1968	42.1	43.5	41.6	41.0	43.4	43.4	43.4	40.8
1969	44.2	44.7	44.0	43.2	46.1	45.6	45.6	43.2
1970	48.1	47.4	48.4	47.8	50.2	50.0	49.2	47.0
1971	53.5	51.4	54.4	54.2	56.0	54.9	54.8	52.2
1972	58.6	54.6	59.0	58.7	63.1	60.6	60.8	57.2
1973	68.1	64.0	69.5	69.6	70.4	70.7	69.8	66.4
1974	84.9	80.5	86.2	85.9	85.6	87.3	86.4	83.3
1975	100.0	100.0	100.0	100.0	100.0	100.0	100.0	100.0
1976	110.4	112.3	110.2	112.0	110.0	110.8	112.5	108.9
1977	127.6	131.4	128.7	129.7	129.5	126.9	129.0	125.3

10C. IMPLICIT PRICE DEFLATOR INDEX OF GROSS FIXED CAPITAL FORMATION BY KIND OF ECONOMIC ACTIVITY OF OWNER

	GROSS FIXED CAPITAL FORMATION	AGRICULTURE 11/	INDUSTRIAL ACTIVITY		CONSTRUCTION	WHOLESALE AND RETAIL TRADE	TRANSPORT AND COMMUNICATION	OTHER 13/
			TOTAL 12/	MANUFACTURING INDUSTRIES				
ISIC	1 - 9	1	2 - 4	3	5	6	7	8 - 9
A. INDEX FROM DATA IN NATIONAL CURRENCY 1975 = 100								
FRANCE								
1960	44.1	44.1	47.5	...	...	--------	42.5	--------
1961	45.4	45.4	48.9	...	...	--------	43.9	--------
1962	47.1	47.0	50.6	...	...	--------	45.6	--------
1963	49.8	49.1	53.0	...	...	--------	48.7	--------
1964	51.9	50.5	54.5	...	...	--------	51.2	--------
1965	53.4	51.7	55.6	...	...	--------	52.9	--------
1966	54.4	52.7	56.7	...	...	--------	54.0	--------
1967	55.9	53.8	58.1	...	...	--------	55.5	--------
1968	57.5	54.1	58.8	...	...	--------	57.7	--------
1969	60.6	57.2	62.0	...	...	--------	60.8	--------
1970	64.6	61.3	67.0	...	67.6	--------	64.6	--------
1971	67.9	65.7	69.5	...	68.9	--------	67.9	--------
1972	71.4	69.8	71.8	...	71.9	--------	71.9	--------
1973	76.8	76.6	76.5	...	78.3	--------	77.2	--------
1974	89.3	89.2	89.6	...	93.2	--------	89.1	--------
1975	100.0	100.0	100.0	...	100.0	--------	100.0	--------
1976	111.1	112.3	107.2	...	105.4	--------	113.5	--------
1977	120.7	110.5	125.1	...	126.1	--------	120.9	--------

10C. IMPLICIT PRICE DEFLATOR INDEX OF GROSS FIXED CAPITAL FORMATION BY KIND OF ECONOMIC ACTIVITY OF OWNER

	GROSS FIXED CAPITAL FORMATION	AGRICULTURE [11]	INDUSTRIAL ACTIVITY: TOTAL [12]	INDUSTRIAL ACTIVITY: MANUFACTURING INDUSTRIES	CONSTRUCTION	WHOLESALE AND RETAIL TRADE	TRANSPORT AND COMMUNICATION	OTHER [13]
ISIC	1 - 9	1	2 - 4	3	5	6	7	8 - 9
A. INDEX FROM DATA IN NATIONAL CURRENCY 1975 = 100								
GREECE					[21]	[22]	[21]	[22]
1960	36.7	35.3	35.2	35.2	...	...	40.3	36.6
1961	36.7	35.3	35.5	35.5	...	...	40.2	36.7
1962	39.6	37.8	39.6	40.0	...	...	44.3	39.0
1963	40.1	38.0	39.8	39.8	...	...	46.2	39.3
1964	40.8	38.7	41.0	41.0	...	...	46.4	39.9
1965	42.2	39.9	40.9	40.7	...	...	47.9	41.6
1966	45.7	42.9	43.2	43.1	...	...	50.6	45.8
1967	47.0	45.2	44.6	44.6	...	...	52.4	46.7
1968	48.0	46.2	46.6	46.5	...	...	54.2	47.2
1969	48.8	47.2	45.7	45.6	...	...	54.8	48.5
1970	53.4	52.2	49.6	49.4	...	...	58.3	53.4
1971	55.2	53.3	54.8	54.8	...	...	60.5	54.1
1972	60.2	57.1	62.3	62.3	...	...	64.8	59.0
1973	72.4	69.3	71.5	71.5	...	...	75.0	72.7
1974	89.9	87.6	86.2	86.0	...	...	87.7	92.8
1975	100.0	100.0	100.0	100.0	...	...	100.0	100.0
1976	117.1	117.5	116.7	116.8	...	...	117.7	117.4
1977	137.0	136.8	132.7	132.5	...	...	137.7	139.0
GUATEMALA								
1960	44.9	47.1	...	43.0	48.4	...	36.1	52.2
1961	45.5	47.3	...	44.1	48.3	...	37.8	51.6
1962	46.5	48.7	...	45.3	47.8	...	39.1	53.1
1963	46.0	48.3	...	44.5	47.0	...	39.1	54.8
1964	47.9	50.8	...	46.9	47.8	...	41.3	54.9
1965	49.7	51.6	...	49.4	48.6	...	43.8	56.5
1966	47.8	51.4	...	46.1	47.5	...	43.7	55.8
1967	49.3	51.7	...	48.9	46.9	...	43.5	56.1
1968	50.0	52.2	...	50.0	47.3	...	43.9	55.9
1969	51.5	53.6	...	51.5	49.6	...	45.1	57.3
1970	54.0	55.6	...	53.3	54.3	...	47.5	60.6
1971	55.0	56.5	...	54.1	54.3	...	48.9	61.3
1972	57.1	58.9	...	57.5	53.1	...	54.2	60.6
1973	67.1	69.1	...	67.7	65.6	...	65.8	68.2
1974	89.8	87.7	...	88.7	99.4	...	89.6	90.1
1975	100.0	100.0	...	100.0	100.0	...	100.0	100.0
1976	114.9	114.7	...	117.3	115.6	...	115.2	112.5
1977	128.0	128.8	...	128.3	135.6	...	125.9	127.3

10C. IMPLICIT PRICE DEFLATOR INDEX OF GROSS FIXED CAPITAL FORMATION BY KIND OF ECONOMIC ACTIVITY OF OWNER

	GROSS FIXED CAPITAL FORMATION	AGRICULTURE 11/	INDUSTRIAL ACTIVITY: TOTAL 12/	INDUSTRIAL ACTIVITY: MANUFACTURING INDUSTRIES	CONSTRUCTION	WHOLESALE AND RETAIL TRADE	TRANSPORT AND COMMUNICATION	OTHER 13/
ISIC	1 - 9	1	2 - 4	3	5	6	7	8 - 9
A. INDEX FROM DATA IN NATIONAL CURRENCY 1975 = 100								
ICELAND								
1960	9.2	11.1	8.9	...	10.7	8.6	9.6	7.7
1961	10.2	12.0	10.1	...	12.5	9.7	10.8	8.8
1962	11.2	12.9	11.3	...	14.2	10.7	11.9	9.7
1963	11.7	13.4	11.9	...	13.7	11.2	12.1	10.4
1964	13.1	14.5	13.5	...	14.7	12.6	13.2	11.9
1965	14.7	16.0	15.1	...	15.3	14.5	14.2	13.9
1966	16.0	16.6	16.2	...	15.7	16.5	14.8	16.0
1967	16.3	16.8	16.3	...	15.5	16.8	15.3	16.4
1968	19.4	21.9	19.3	...	21.6	19.2	19.2	18.4
1969	25.0	27.9	25.5	...	31.2	24.0	25.0	22.6
1970	28.3	30.8	28.8	...	32.6	27.8	27.6	26.5
1971	30.5	34.9	31.0	...	34.2	30.1	28.8	29.6
1972	36.7	38.5	37.3	...	37.1	36.1	34.9	36.2
1973	45.7	45.4	47.6	...	46.1	45.9	43.5	46.3
1974	65.1	61.7	68.5	...	58.9	67.9	59.5	70.5
1975	100.0	100.0	100.0	...	100.0	100.0	100.0	100.0
1976	126.0	139.0	121.9	...	126.3	122.9	127.2	123.3
1977	156.0	154.0	153.9	...	156.0	151.9	157.6	160.3
INDIA 15/								
1960	35.0	33.1	36.7	37.7	49.4	35.3	39.0	31.3
1961	36.3	34.3	37.6	38.3	49.4	36.3	40.2	33.0
1962	37.5	35.3	38.9	39.3	51.1	38.1	41.5	34.3
1963	38.7	36.2	40.5	41.3	53.8	38.8	43.3	35.0
1964	40.2	38.3	41.7	42.5	56.3	40.7	44.6	36.4
1965	42.5	39.4	44.4	45.1	59.8	43.1	47.3	38.9
1966	46.6	47.4	47.8	48.5	65.4	46.0	50.8	41.7
1967	49.3	50.3	50.4	50.5	69.9	48.7	53.3	44.0
1968	51.2	51.3	52.1	53.2	71.2	49.7	54.4	46.5
1969	54.1	53.6	54.5	56.0	76.2	52.2	57.1	50.2
1970	57.2	57.4	58.9	59.9	62.8	55.8	61.2	52.4
1971	60.2	57.2	60.7	60.9	86.6	61.0	64.4	57.0
1972	63.6	61.3	64.9	65.7	71.2	71.9	67.2	60.0
1973	73.5	68.9	70.2	70.5	85.0	69.1	74.2	77.4
1974	92.0	91.3	92.0	92.2	90.7	90.7	92.9	91.9
1975	100.0	100.0	100.0	100.0	100.0	100.0	100.0	100.0

10C. IMPLICIT PRICE DEFLATOR INDEX OF GROSS FIXED CAPITAL FORMATION BY KIND OF ECONOMIC ACTIVITY OF OWNER

	GROSS FIXED CAPITAL FORMATION	AGRICULTURE 11/	INDUSTRIAL ACTIVITY: TOTAL 12/	INDUSTRIAL ACTIVITY: MANUFACTURING INDUSTRIES	CONSTRUCTION	WHOLESALE AND RETAIL TRADE	TRANSPORT AND COMMUNICATION	OTHER 13/
ISIC	1 - 9	1	2 - 4	3	5	6	7	8 - 9
A. INDEX FROM DATA IN NATIONAL CURRENCY 1975 = 100								
IRAN 5/25/								
1965	...	57.9	54.9	67.7	46.4	...	...	52.7
1966	...	60.2	57.4	68.7	46.4	...	...	53.4
1967	...	57.4	59.1	69.7	47.7	...	...	57.2
1968	...	58.4	59.0	64.0	50.5	...	...	57.9
1969	...	64.6	64.3	67.2	57.3	...	...	63.4
1970	...	64.3	66.0	68.2	57.5	...	...	64.3
1971	...	64.3	68.0	73.0	58.8	...	...	65.3
1972	...	71.7	71.4	75.0	64.6	...	...	69.5
1973	...	80.7	78.7	79.0	78.2	...	...	79.9
1974	...	100.0	100.0	100.0	100.0	...	...	100.0
1975	...	117.1	125.7	133.3	115.0	...	...	119.6
1976	...	137.4	145.8	145.7	145.3	...	...	136.3
IRAQ								
1960	76.1	76.6	75.2	71.8	70.0	78.2	75.2	77.7
1961	75.0	74.9	74.6	73.2	72.0	76.2	74.4	76.0
1962	74.5	74.3	74.3	74.3	73.8	75.9	74.5	75.0
1963	74.2	74.4	74.5	74.6	74.6	74.6	74.2	74.1
1964	77.4	76.3	76.5	76.5	77.7	78.2	79.6	76.9
1965	76.9	76.2	76.3	76.4	77.2	76.3	79.9	76.1
1966	79.4	77.6	77.9	78.1	79.8	80.1	85.8	77.8
1967	81.5	79.8	80.4	80.6	82.8	83.1	89.1	79.6
1968	82.2	81.6	81.8	82.0	83.5	83.0	84.7	81.6
1969	83.2	82.8	83.1	83.2	83.9	84.0	84.0	82.8
1970	85.5	85.2	85.1	85.1	85.5	86.5	86.5	85.4
1971	86.3	86.2	86.3	86.3	86.6	86.8	86.5	86.3
1972	87.7	87.5	87.5	87.7	88.0	88.3	88.0	87.7
1973	89.1	89.0	89.0	89.1	89.4	89.8	89.8	89.1
1974	90.6	90.3	90.4	90.6	91.0	91.3	91.1	90.4
1975	100.0	100.0	100.0	100.0	100.0	100.0	100.0	100.0

10C. IMPLICIT PRICE DEFLATOR INDEX OF GROSS FIXED CAPITAL FORMATION BY KIND OF ECONOMIC ACTIVITY OF OWNER

	GROSS FIXED CAPITAL FORMATION	AGRICULTURE [11]	INDUSTRIAL ACTIVITY: TOTAL [12]	INDUSTRIAL ACTIVITY: MANUFACTURING INDUSTRIES	CONSTRUCTION	WHOLESALE AND RETAIL TRADE	TRANSPORT AND COMMUNICATION	OTHER [13]
ISIC	1 - 9	1	2 - 4	3	5	6	7	8 - 9
A. INDEX FROM DATA IN NATIONAL CURRENCY 1975 = 100								
IRELAND								
1960	31.7	33.8	35.2	36.5	42.9	37.0	30.8	26.8
1961	33.1	34.4	36.7	37.7	42.7	37.5	32.1	28.5
1962	34.1	35.0	38.1	39.0	41.6	38.1	33.2	29.6
1963	34.8	35.1	38.7	39.8	43.4	38.3	33.4	31.1
1964	36.6	37.2	40.0	41.0	44.1	39.9	35.3	33.3
1965	38.0	39.0	41.2	41.8	45.9	40.7	36.8	35.0
1966	39.1	38.8	42.9	43.7	46.1	41.9	37.9	36.2
1967	40.6	41.1	43.9	44.8	48.1	43.2	39.4	37.7
1968	42.0	42.3	45.7	46.3	48.5	44.5	40.5	39.1
1969	45.7	45.2	49.3	50.0	51.4	47.9	44.7	42.8
1970	49.5	46.1	53.5	54.0	54.8	51.7	48.4	47.3
1971	54.3	50.2	57.6	57.8	57.9	56.3	52.6	53.4
1972	60.8	60.5	62.1	62.5	62.0	61.2	58.2	59.6
1973	67.5	68.4	69.3	69.2	69.3	68.5	63.8	66.2
1974	83.4	81.5	84.4	84.1	84.5	82.3	82.0	83.0
1975	100.0	100.0	100.0	100.0	100.0	100.0	100.0	100.0
1976	119.1	116.7	119.8	120.4	127.9	122.3	117.9	116.7
ISRAEL								
1960	16.0	17.1	15.7	...	...	16.0	16.1	15.6
1961	17.5	18.5	17.2	...	...	17.5	16.7	17.4
1962	21.3	22.1	21.8	...	21.7	20.9	22.6	20.1
1963	22.7	23.6	23.1	...	23.2	22.3	23.5	21.4
1964	23.9	24.8	24.0	...	23.6	23.6	24.1	23.0
1965	24.9	26.4	24.9	...	24.0	24.7	25.0	24.2
1966	25.2	28.0	25.3	...	24.7	24.9	25.4	24.1
1967	25.5	29.2	25.6	...	27.5	25.0	25.7	24.1
1968	27.4	30.3	27.8	...	27.7	27.3	27.6	25.7
1969	29.1	31.2	29.4	...	29.3	29.0	28.6	28.2
1970	32.2	34.0	32.0	...	30.9	32.2	30.9	32.5
1971	36.6	38.3	37.3	...	35.0	36.5	35.1	36.7
1972	42.8	44.4	43.3	...	40.4	41.9	42.3	42.9
1973	53.2	54.5	53.5	...	50.3	52.6	50.8	54.1
1974	75.7	73.0	71.6	...	69.4	74.5	70.0	81.4
1975	100.0	100.0	100.0	...	100.0	100.0	100.0	100.0
1976	131.4	136.9	128.2	...	120.5	137.8	134.2	128.5
1977	181.8	189.2	175.4	...	169.4	191.8	198.8	170.4

10C. IMPLICIT PRICE DEFLATOR INDEX OF GROSS FIXED CAPITAL FORMATION BY KIND OF ECONOMIC ACTIVITY OF OWNER

	GROSS FIXED CAPITAL FORMATION	AGRICULTURE 11/	INDUSTRIAL ACTIVITY: TOTAL 12/	INDUSTRIAL ACTIVITY: MANUFACTURING INDUSTRIES	CONSTRUCTION	WHOLESALE AND RETAIL TRADE	TRANSPORT AND COMMUNICATION	OTHER 13/
ISIC	1 - 9	1	2 - 4	3	5	6	7	8 - 9
A. INDEX FROM DATA IN NATIONAL CURRENCY 1975 = 100								
ITALY			19/		19/	23/		23/
1960	31.4	32.5	30.1	...	...	36.7	43.1	...
1961	32.2	33.5	31.2	...	...	37.1	43.0	...
1962	33.6	34.9	32.4	...	...	38.3	42.8	...
1963	36.1	37.7	35.0	...	...	40.4	44.5	...
1964	38.8	39.8	37.0	...	...	42.9	45.7	...
1965	39.6	41.0	38.0	...	...	43.5	46.4	...
1966	40.2	41.5	38.6	...	...	43.6	47.3	...
1967	41.1	43.0	39.3	...	...	44.2	47.4	...
1968	42.0	44.0	40.0	...	...	45.0	47.9	...
1969	44.6	45.9	42.0	...	...	47.4	49.2	...
1970	49.3	50.7	46.2	...	...	51.4	53.9	...
1971	52.8	53.2	50.7	...	...	54.5	57.6	...
1972	55.6	55.7	53.9	...	...	57.6	59.7	...
1973	65.1	63.7	63.7	...	...	67.0	69.0	...
1974	83.6	82.4	82.4	...	...	84.2	83.5	...
1975	100.0	100.0	100.0	...	...	100.0	100.0	...
1976	118.7	119.2	118.8	...	...	120.8	116.2	...
1977	141.2	139.5	...	...	...	...	...	...
KENYA								
1964	43.2	44.9	44.0	45.4	45.0	45.2	43.7	41.4
1965	44.2	43.4	45.4	47.0	46.7	46.7	45.3	43.2
1966	46.6	47.0	47.4	48.9	48.0	48.5	46.8	45.6
1967	49.6	51.3	49.6	50.0	48.8	50.6	47.8	50.2
1968	50.0	49.0	49.9	50.9	49.7	52.3	48.6	50.6
1969	50.8	50.0	50.3	51.0	49.9	52.5	48.2	51.7
1970	51.0	51.4	46.9	47.8	47.8	51.8	47.0	54.6
1971	54.7	53.7	52.9	53.8	52.6	56.1	51.5	57.2
1972	63.3	65.3	62.6	63.8	63.4	64.2	62.3	63.0
1973	69.6	71.1	69.2	69.8	68.8	70.4	67.9	69.8
1974	82.1	80.3	81.2	81.0	79.9	80.3	79.6	84.0
1975	100.0	100.0	100.0	100.0	100.0	100.0	100.0	100.0
1976	118.7	117.6	121.5	124.4	126.4	126.2	113.0	117.1
1977	130.8	133.3	131.0	142.3	140.8	140.9	125.3	126.7

10C. IMPLICIT PRICE DEFLATOR INDEX OF GROSS FIXED CAPITAL FORMATION BY KIND OF ECONOMIC ACTIVITY OF OWNER

	GROSS FIXED CAPITAL FORMATION	AGRICULTURE 11/	INDUSTRIAL ACTIVITY: TOTAL 12/	INDUSTRIAL ACTIVITY: MANUFACTURING INDUSTRIES	CONSTRUCTION	WHOLESALE AND RETAIL TRADE	TRANSPORT AND COMMUNICATION	OTHER 13/
ISIC	1 - 9	1	2 - 4	3	5	6	7	8 - 9
A. INDEX FROM DATA IN NATIONAL CURRENCY 1975 = 100								
KOREA, REPUBLIC OF								
1960	10.9	12.6	9.2	8.8	9.5	12.0	12.1	11.1
1961	13.6	14.8	12.7	12.4	11.3	14.4	14.5	13.3
1962	15.0	15.5	14.3	13.7	12.1	15.4	15.6	15.5
1963	16.5	17.7	16.1	15.6	14.1	17.7	16.8	16.2
1964	21.7	21.5	21.6	21.3	20.6	24.2	23.2	20.2
1965	25.0	24.7	24.5	24.1	22.5	27.0	26.5	24.0
1966	27.6	27.0	26.9	26.6	25.4	29.2	29.8	26.5
1967	29.5	30.6	29.6	29.4	26.2	32.3	28.3	29.8
1968	32.3	34.5	31.6	30.8	27.0	36.8	31.8	33.1
1969	34.8	36.7	32.7	31.4	28.6	38.2	35.9	35.8
1970	40.6	43.7	37.6	35.2	33.1	42.7	41.7	42.2
1971	43.0	44.7	39.0	37.0	35.8	44.9	43.6	46.5
1972	48.3	49.0	43.6	42.0	40.1	51.0	49.3	52.3
1973	57.9	59.7	56.1	55.6	52.4	60.2	57.4	60.1
1974	80.4	80.1	79.5	79.0	78.9	135.6	81.0	80.8
1975	100.0	100.0	100.0	100.0	100.0	100.0	100.0	100.0
1976	108.0	108.8	108.3	104.7	104.7	108.1	104.0	111.6
1977	119.6	129.2	114.2	118.1	114.1	129.2	111.3	128.6
LIBYAN ARAB JAMAHIRIYA 7/						22/		22/
1962	93.5	92.3	96.5	100.0	100.0	...	91.8	80.9
1963	98.8	100.0	99.6	104.3	105.3	...	99.0	92.2
1964	100.0	100.0	100.0	100.0	100.0	...	100.0	100.0
1965	109.1	109.8	108.0	110.4	110.3	...	110.3	111.9
1966	120.1	120.3	116.2	120.3	117.9	...	121.1	125.4
1967	120.6	117.4	113.4	106.0	100.0	...	122.6	136.7
1968	135.6	124.7	129.1	113.9	105.4	...	135.1	161.2
1969	148.7	140.7	140.6	134.7	125.0	...	152.3	183.4
1970	159.8	173.1	146.8	134.3	122.2	...	163.4	197.9
MAURITIUS								
1970	39.1	46.7	40.8	40.7	45.5	37.8	39.1	33.0
1971	41.8	40.8	46.0	47.6	54.5	44.2	47.2	33.8
1972	46.1	51.8	51.2	50.2	60.6	44.2	48.3	36.2
1973	61.9	68.2	65.2	67.1	70.7	61.1	60.9	57.5
1974	81.7	100.5	79.8	86.1	86.8	79.5	78.2	76.5
1975	100.0	100.0	100.0	100.0	100.0	100.0	100.0	100.0

10C. IMPLICIT PRICE DEFLATOR INDEX OF GROSS FIXED CAPITAL FORMATION BY KIND OF ECONOMIC ACTIVITY OF OWNER

	GROSS FIXED CAPITAL FORMATION	AGRICULTURE 11/	INDUSTRIAL ACTIVITY: TOTAL 12/	INDUSTRIAL ACTIVITY: MANUFACTURING INDUSTRIES	CONSTRUCTION	WHOLESALE AND RETAIL TRADE	TRANSPORT AND COMMUNICATION	OTHER 13/
ISIC	1 - 9	1	2 - 4	3	5	6	7	8 - 9
A. INDEX FROM DATA IN NATIONAL CURRENCY 1975 = 100								
NETHERLANDS			19/		19/			
1960	43.6	43.6	53.0	...	...	54.0	56.4	36.5
1961	44.3	44.2	53.9	...	...	53.4	56.5	37.7
1962	45.2	44.6	54.5	...	...	53.8	57.3	39.0
1963	47.3	46.6	57.2	...	...	55.0	58.9	41.1
1964	50.1	49.2	60.1	...	...	57.3	61.7	44.0
1965	52.7	49.8	63.5	...	...	59.8	63.5	52.1
1966	55.6	53.9	66.1	...	...	60.9	66.0	55.3
1967	56.5	54.7	66.5	...	...	63.0	66.9	49.3
1968	56.8	57.0	64.6	...	...	63.8	65.1	51.3
1969	60.1	60.2	66.7	...	...	66.0	66.9	55.3
1970	65.0	63.4	71.4	...	...	70.8	71.4	59.8
1971	71.3	71.2	77.3	...	...	75.0	76.1	67.2
1972	76.2	78.6	79.8	...	...	80.1	79.3	73.7
1973	81.3	85.9	80.5	...	...	82.3	81.8	81.1
1974	90.4	90.6	89.3	...	...	91.0	90.5	90.9
1975	100.0	100.0	100.0	...	...	100.0	100.0	100.0
1976	108.5	108.7	106.7	...	...	109.4	107.8	109.4
1977	116.0	116.2	110.7	...	...	116.8	112.7	119.4
NORWAY								
1960	43.9	48.9	45.1	49.6	59.5	47.8	34.9	43.2
1961	44.3	45.9	44.7	48.0	52.4	55.3	34.3	45.3
1962	45.0	48.1	46.6	50.2	53.9	57.4	33.2	47.3
1963	45.7	48.9	47.5	51.1	53.9	58.3	33.0	48.9
1964	45.9	50.4	48.9	51.9	53.5	58.1	32.4	49.6
1965	48.8	52.8	52.6	56.3	55.6	57.3	34.3	53.3
1966	50.7	53.0	54.8	58.0	58.8	59.9	35.4	57.0
1967	54.0	55.3	55.9	58.8	60.7	65.7	39.7	55.9
1968	53.9	55.4	56.8	59.4	60.0	63.7	38.3	57.3
1969	58.0	59.8	60.0	62.5	63.4	67.6	45.4	60.3
1970	63.5	66.4	66.4	69.2	70.7	75.1	45.5	66.8
1971	66.8	67.7	70.1	73.1	74.5	79.6	48.5	69.7
1972	71.9	72.7	73.8	76.9	78.8	84.5	58.9	73.0
1973	75.9	77.8	77.8	78.6	78.7	89.0	59.0	78.9
1974	87.3	89.4	89.6	90.6	90.3	95.2	73.0	91.1
1975	100.0	100.0	100.0	100.0	100.0	100.0	100.0	100.0
1976	108.4	107.0	108.0	108.2	110.9	105.7	105.1	108.2
1977	122.0	119.2	117.3	117.6	121.1	117.7	185.7	117.6

10C. IMPLICIT PRICE DEFLATOR INDEX OF GROSS FIXED CAPITAL FORMATION BY KIND OF ECONOMIC ACTIVITY OF OWNER

	GROSS FIXED CAPITAL FORMATION	AGRICULTURE 11/	INDUSTRIAL ACTIVITY: TOTAL 12/	INDUSTRIAL ACTIVITY: MANUFACTURING INDUSTRIES	CONSTRUCTION	WHOLESALE AND RETAIL TRADE	TRANSPORT AND COMMUNICATION	OTHER 13/
ISIC	1 - 9	1	2 - 4	3	5	6	7	8 - 9
A. INDEX FROM DATA IN NATIONAL CURRENCY 1975 = 100								
PORTUGAL								
1960	32.5	36.7	34.2	35.1	36.8	34.4	32.7	29.6
1961	33.1	37.6	34.4	35.4	37.1	34.7	33.0	30.4
1962	33.5	38.4	34.6	35.6	37.3	34.9	33.1	31.1
1963	33.7	38.8	34.8	35.8	37.6	35.0	33.2	31.1
1964	33.5	39.1	34.7	35.7	37.7	35.0	32.9	30.9
1965	33.9	40.0	35.2	36.3	38.7	35.7	33.5	30.9
1966	34.8	42.3	36.1	37.2	40.5	36.6	34.5	31.5
1967	39.0	46.2	40.0	40.8	42.6	40.2	38.1	36.3
1968	45.2	50.4	46.2	47.2	49.2	46.4	44.5	42.6
1969	46.3	52.0	47.5	48.6	50.8	47.6	45.6	43.5
1970	47.6	55.3	48.8	50.0	52.5	48.9	46.7	44.2
1971	51.7	59.2	52.6	53.7	56.0	52.8	50.8	48.9
1972	58.0	63.4	58.5	59.1	61.0	59.0	57.2	56.7
1973	63.8	69.8	64.1	64.7	66.3	65.0	62.9	62.6
1974	80.0	82.7	80.1	80.5	80.6	80.8	78.8	79.8
1975	100.0	100.0	100.0	100.0	100.0	100.0	100.0	100.0
1976	118.4	97.3	120.8	119.3	115.1	114.5	121.4	120.7
SOUTHERN RHODESIA								
1968	62.5	60.2	64.0	61.6	60.0	64.4	62.6	63.0
1969	60.4	58.2	62.6	61.3	62.6	64.1	63.9	57.9
1970	64.4	60.0	65.2	63.7	66.7	65.2	66.3	65.1
1971	68.3	64.4	70.8	69.0	73.9	70.6	70.9	65.7
1972	73.0	69.6	73.4	73.5	71.7	75.5	78.1	71.8
1973	79.6	69.0	77.3	76.7	79.1	79.8	83.0	84.8
1974	101.3	98.8	104.2	97.3	90.5	82.7	145.3	91.7
1975	100.0	100.0	100.0	100.0	100.0	100.0	100.0	100.0

10C. IMPLICIT PRICE DEFLATOR INDEX OF GROSS FIXED CAPITAL FORMATION BY KIND OF ECONOMIC ACTIVITY OF OWNER

	GROSS FIXED CAPITAL FORMATION	AGRICULTURE[11/]	INDUSTRIAL ACTIVITY: TOTAL[12/]	INDUSTRIAL ACTIVITY: MANUFACTURING INDUSTRIES	CONSTRUC-TION	WHOLESALE AND RETAIL TRADE	TRANSPORT AND COMMUNICA-TION	OTHER[13/]
ISIC	1 - 9	1	2 - 4	3	5	6	7	8 - 9
A. INDEX FROM DATA IN NATIONAL CURRENCY 1975 = 100								
SWEDEN								
1960	46.3	54.0	45.4	44.4	47.4	48.0	44.3	46.9
1961	47.9	55.0	46.9	45.9	49.0	49.6	45.6	48.4
1962	49.9	57.5	49.0	48.2	51.0	52.2	47.0	50.6
1963	51.5	57.0	50.5	49.3	52.1	53.5	48.6	52.7
1964	54.2	57.4	52.7	51.4	53.5	55.7	50.0	56.4
1965	57.5	59.7	54.9	54.2	55.2	58.6	52.4	60.9
1966	60.1	62.1	57.0	56.4	57.3	61.9	53.0	65.0
1967	62.0	63.4	59.0	58.4	58.1	64.0	54.4	67.0
1968	62.9	64.2	60.1	59.3	60.6	64.0	56.7	66.7
1969	63.6	62.3	59.5	58.1	59.9	62.8	58.7	68.3
1970	66.9	66.7	63.8	62.7	64.4	65.6	61.5	71.1
1971	71.1	70.9	68.0	67.0	68.0	68.7	68.1	74.6
1972	75.2	75.9	72.0	70.8	71.6	72.7	72.9	78.8
1973	80.0	81.9	77.5	76.4	77.1	79.3	76.6	83.3
1974	90.1	93.1	89.2	88.7	87.7	90.0	89.4	91.1
1975	100.0	100.0	100.0	100.0	100.0	100.0	100.0	100.0
1976	112.1	109.9	110.6	110.7	110.8	109.6	111.6	114.6
1977	125.0	121.0	122.1	122.5	123.7	120.7	121.6	130.2
SYRIAN ARAB REPUBLIC			19/24/		19/	24/		
1963	36.4	36.2	39.2	...	...	...	38.4	31.7
1964	38.1	37.4	39.9	...	...	...	40.2	34.0
1965	38.5	38.4	41.1	...	...	...	40.8	33.7
1966	38.1	40.0	39.0	...	...	...	39.3	34.8
1967	39.5	39.1	43.4	...	...	...	39.6	35.2
1968	39.9	39.0	42.9	...	...	...	41.2	35.6
1969	40.0	39.3	42.2	...	...	...	41.4	36.3
1970	45.7	42.8	45.9	...	...	...	44.9	44.3
1971	48.6	46.9	49.5	...	...	...	49.2	46.1
1972	57.5	54.6	59.4	...	...	...	57.8	55.4
1973	70.7	69.7	73.3	...	...	...	73.8	64.5
1974	92.2	90.5	95.5	...	...	...	96.9	85.9
1975	100.0	100.0	100.0	...	...	...	100.0	100.0
1976	155.9	137.9	192.2	...	...	...	178.6	113.5
1977	140.9	133.8	152.1	...	...	...	149.9	123.7

10C. IMPLICIT PRICE DEFLATOR INDEX OF GROSS FIXED CAPITAL FORMATION BY KIND OF ECONOMIC ACTIVITY OF OWNER

	GROSS FIXED CAPITAL FORMATION	AGRICULTURE 11/	INDUSTRIAL ACTIVITY: TOTAL 12/	INDUSTRIAL ACTIVITY: MANUFACTURING INDUSTRIES	CONSTRUCTION	WHOLESALE AND RETAIL TRADE	TRANSPORT AND COMMUNICATION	OTHER 13/
ISIC	1 - 9	1	2 - 4	3	5	6	7	8 - 9
A. INDEX FROM DATA IN NATIONAL CURRENCY 1975 = 100								
UNITED KINGDOM								
1960	34.5	35.1	35.3	36.0	38.9	41.7	39.4	35.9
1961	35.2	35.5	36.4	37.1	40.2	42.5	39.9	37.0
1962	36.1	37.1	37.2	37.9	40.7	43.9	40.4	37.3
1963	37.4	36.6	38.1	39.2	40.9	44.9	40.9	38.6
1964	38.2	37.0	38.9	40.1	41.1	45.5	42.2	38.6
1965	39.2	38.4	40.3	41.8	42.1	46.7	43.1	38.5
1966	40.7	39.3	42.1	43.4	43.7	48.2	44.5	40.1
1967	40.8	39.5	42.2	43.5	43.8	48.2	45.0	41.2
1968	42.5	41.0	43.1	43.7	46.1	49.7	47.0	43.1
1969	44.4	41.9	46.8	48.1	47.9	51.7	49.4	45.4
1970	47.6	45.3	50.0	50.8	50.6	54.8	53.2	48.9
1971	52.0	49.5	54.9	55.8	56.7	59.2	57.9	54.0
1972	57.3	54.7	59.4	60.1	60.3	63.2	62.9	60.0
1973	65.5	62.7	66.1	67.0	68.2	68.3	70.0	68.7
1974	79.9	77.3	80.0	80.2	78.6	80.3	81.2	79.0
1975	100.0	100.0	100.0	100.0	100.0	100.0	100.0	100.0
1976	115.5	117.8	116.1	118.3	120.0	115.3	119.0	116.5
1977	128.8	137.6	130.8	136.1	142.7	132.9	135.1	121.6
UNITED STATES					31/	22/		22/31/
1960	52.5	54.3	54.3	54.3	...	...	54.3	54.4
1961	52.4	54.1	54.1	54.1	...	...	54.1	54.2
1962	52.8	54.4	54.4	54.4	...	...	54.4	54.4
1963	53.1	54.5	54.5	54.5	...	...	54.5	54.5
1964	53.6	55.0	55.0	55.0	...	...	55.0	54.9
1965	54.6	55.8	55.8	55.8	...	...	55.8	55.8
1966	56.3	57.6	57.6	57.6	...	...	57.6	57.5
1967	58.1	59.5	59.5	59.5	...	...	59.5	59.5
1968	60.7	62.1	62.1	62.1	...	...	62.1	62.0
1969	64.3	65.7	65.7	65.7	...	...	65.7	65.7
1970	67.9	68.9	68.9	68.9	...	...	68.9	68.8
1971	71.8	72.5	72.5	72.5	...	...	72.5	72.4
1972	74.9	75.6	75.6	75.6	...	...	75.6	75.6
1973	79.5	80.1	80.2	80.2	...	...	80.2	80.0
1974	88.7	88.5	88.5	88.5	...	...	88.5	88.5
1975	100.0	100.0	100.0	100.0	...	...	100.0	100.0
1976	105.0	105.5	105.5	105.5	...	...	105.5	105.4
1977	112.9	113.8	113.8	113.8	...	...	113.8	113.8

10C. IMPLICIT PRICE DEFLATOR INDEX OF GROSS FIXED CAPITAL FORMATION BY KIND OF ECONOMIC ACTIVITY OF OWNER

	GROSS FIXED CAPITAL FORMATION	AGRICULTURE[11]	INDUSTRIAL ACTIVITY: TOTAL[12]	INDUSTRIAL ACTIVITY: MANUFACTURING INDUSTRIES	CONSTRUCTION	WHOLESALE AND RETAIL TRADE	TRANSPORT AND COMMUNICATION	OTHER[13]
ISIC	1 - 9	1	2 - 4	3	5	6	7	8 - 9
A. INDEX FROM DATA IN NATIONAL CURRENCY 1975 = 100								
VENEZUELA								
1968	62.1	101.1	62.1	62.1	...	62.0	62.1	60.9
1969	63.9	107.3	63.4	63.4	...	63.3	63.4	62.1
1970	65.3	109.1	65.4	65.4	...	65.3	65.5	64.2
1971	67.2	112.0	67.2	67.2	...	67.1	67.3	66.1
1972	69.6	107.2	69.6	69.6	...	69.5	69.6	68.3
1973	74.6	79.2	74.6	74.6	...	74.5	74.7	73.4
1974	86.1	88.5	86.2	86.1	...	85.9	86.1	85.3
1975	100.0	100.0	100.0	100.0	...	100.0	100.0	100.0
1976	108.8	107.9	108.8	108.9	...	108.7	108.9	108.0
1977	119.7	121.3	119.7	119.7	...	119.4	119.8	118.2

10C. IMPLICIT PRICE DEFLATOR INDEX OF GROSS FIXED CAPITAL FORMATION BY KIND OF ECONOMIC ACTIVITY OF OWNER

	GROSS FIXED CAPITAL FORMATION	AGRICULTURE 11/	INDUSTRIAL ACTIVITY: TOTAL 12/	INDUSTRIAL ACTIVITY: MANUFACTURING INDUSTRIES	CONSTRUC-TION	WHOLESALE AND RETAIL TRADE	TRANSPORT AND COMMUNICA-TION	OTHER 13/
ISIC	1 - 9	1	2 - 4	3	5	6	7	8 - 9
B. INDEX FROM DATA IN U.S. DOLLARS 1975 = 100								
BELGIUM								
1960	31.5	30.5	36.2	37.4	41.9	33.8	37.4	26.8
1961	31.8	31.4	36.6	37.7	42.0	33.9	36.8	27.1
1962	33.1	33.3	38.0	39.3	43.1	35.0	37.4	28.2
1963	34.5	34.6	39.7	40.9	44.5	36.4	38.1	29.6
1964	36.5	37.0	41.8	43.0	45.9	38.9	39.7	31.8
1965	38.1	38.3	43.1	44.3	47.0	40.3	40.7	33.7
1966	39.3	39.9	44.0	45.1	47.7	41.2	42.5	35.0
1967	40.9	41.4	45.0	46.1	47.6	42.4	44.7	36.9
1968	41.6	42.1	45.4	46.4	47.9	43.0	45.6	37.7
1969	43.4	44.0	47.0	48.1	50.2	44.7	48.2	39.5
1970	47.4	47.8	52.0	53.2	53.9	49.3	53.5	42.7
1971	52.9	54.1	57.1	58.3	58.4	54.0	58.7	48.7
1972	60.9	63.2	64.9	66.1	65.7	61.6	66.9	56.8
1973	73.4	77.6	76.1	77.3	76.9	73.4	78.9	70.3
1974	85.0	87.8	86.8	87.8	86.3	84.5	88.7	82.9
1975	100.0	100.0	100.0	100.0	100.0	100.0	100.0	100.0
1976	103.4	99.5	99.8	99.3	99.7	102.2	100.7	104.2
1977	118.8	112.3	112.5	111.2	112.0	117.0	113.6	120.5
BOLIVIA 10/					31/	22/		22/31/
1960	88.2	95.3	88.1	89.1	...	...	88.3	87.0
1961	88.1	91.9	88.2	89.1	...	...	88.1	86.9
1962	87.2	89.4	87.1	87.7	...	...	87.1	51.5
1963	92.5	92.8	75.2	92.7	...	...	92.4	192.5
1964	94.0	93.3	94.1	94.9	...	...	93.8	94.4
1965	95.5	96.1	95.3	94.2	...	...	95.6	95.9
1966	96.7	95.3	96.9	97.2	...	...	96.8	96.3
1967	103.4	104.2	103.2	102.5	...	...	103.3	103.7
1968	106.7	106.6	106.7	106.5	...	...	106.7	106.9
1969	110.2	108.9	110.2	110.8	...	...	110.3	110.4

10C. IMPLICIT PRICE DEFLATOR INDEX OF GROSS FIXED CAPITAL FORMATION BY KIND OF ECONOMIC ACTIVITY OF OWNER

	GROSS FIXED CAPITAL FORMATION	AGRICULTURE[11/]	INDUSTRIAL ACTIVITY: TOTAL[12/]	INDUSTRIAL ACTIVITY: MANUFACTURING INDUSTRIES	CONSTRUCTION	WHOLESALE AND RETAIL TRADE	TRANSPORT AND COMMUNICATION	OTHER[13/]
ISIC	1 - 9	1	2 - 4	3	5	6	7	8 - 9
B. INDEX FROM DATA IN U.S. DOLLARS 1975 = 100								
CYPRUS								
1960	38.4	48.8	43.1	44.2	41.2	...	45.1	48.2
1961	39.4	51.3	44.9	46.4	41.2	...	46.7	50.0
1962	41.1	52.8	46.1	47.0	44.7	...	50.0	50.9
1963	41.8	54.6	48.3	50.0	47.1	...	49.6	52.1
1964	37.4	53.0	48.1	50.0	49.5	...	49.9	38.3
1965	40.8	50.7	45.5	46.8	46.4	...	49.2	52.8
1966	41.5	53.8	48.2	48.7	50.4	...	48.2	52.1
1967	44.7	47.8	42.2	43.3	40.4	44.0	44.2	46.7
1968	41.1	45.5	39.2	40.2	38.8	40.1	40.8	42.3
1969	44.5	47.1	42.2	43.5	40.4	43.9	45.0	46.1
1970	48.4	50.0	46.1	47.6	43.4	49.3	48.5	50.0
1971	53.5	54.7	52.3	53.6	50.4	55.9	53.8	54.5
1972	62.7	66.3	62.1	64.1	61.9	60.9	64.3	63.4
1973	83.4	86.3	79.2	81.5	75.7	79.3	86.4	86.5
1974	96.2	91.7	89.5	90.8	80.7	99.9	95.6	103.2
1975	100.0	100.0	100.0	100.0	100.0	100.0	100.0	100.0
1976	103.4	111.4	107.2	110.4	107.7	109.3	106.7	97.0
1977	114.5	120.8	116.5	119.8	121.4	120.7	123.5	105.8
DENMARK								
1960	30.2	25.9	27.1	25.4	...	...	35.0	30.3
1961	31.6	27.8	28.6	26.9	...	...	34.7	32.1
1962	33.2	32.0	30.1	28.2	...	...	35.7	33.4
1963	34.5	33.2	31.1	29.4	...	...	36.5	34.9
1964	35.6	32.8	32.7	30.8	...	...	38.2	35.9
1965	37.6	34.6	34.7	32.4	...	...	40.1	37.9
1966	39.5	36.8	36.4	33.8	...	...	42.3	40.0
1967	40.7	38.8	36.8	34.1	...	...	44.8	40.8
1968	39.9	37.9	35.8	33.0	...	...	44.7	40.0
1969	42.0	38.6	37.1	34.1	...	...	47.8	41.9
1970	45.0	42.2	39.5	36.1	...	...	52.1	44.7
1971	48.0	46.7	42.0	38.1	...	...	55.3	47.8
1972	54.5	53.5	48.0	43.6	...	...	61.2	54.4
1973	70.4	70.3	59.5	53.8	...	...	77.9	70.8
1974	82.6	82.0	69.6	62.9	...	...	83.9	85.6
1975	100.0	100.0	100.0	100.0	...	...	100.0	100.0
1976	101.8	...	...	...	...	...	...	...

10C. IMPLICIT PRICE DEFLATOR INDEX OF GROSS FIXED CAPITAL FORMATION BY KIND OF ECONOMIC ACTIVITY OF OWNER

	GROSS FIXED CAPITAL FORMATION	AGRICULTURE 11/	INDUSTRIAL ACTIVITY: TOTAL 12/	INDUSTRIAL ACTIVITY: MANUFACTURING INDUSTRIES	CONSTRUCTION	WHOLESALE AND RETAIL TRADE	TRANSPORT AND COMMUNICATION	OTHER 13/
ISIC	1 - 9	1	2 - 4	3	5	6	7	8 - 9
			B. INDEX FROM DATA IN U.S. DOLLARS 1975 = 100					
ECUADOR								
1970	56.3	...	...	...	...	...	...	53.1
1971	56.1	...	...	...	...	...	...	55.5
1972	61.1	...	...	...	...	...	...	53.3
1973	69.1	...	...	...	...	...	...	74.0
1974	87.0	...	...	...	...	...	...	77.7
1975	100.0	...	...	...	...	...	...	100.0
1976	107.7	...	...	...	...	...	...	97.8
FINLAND								
1960	31.8	33.5	32.1	31.5	37.7	31.4	32.8	30.1
1961	32.8	34.6	32.9	32.2	37.5	32.3	34.0	31.3
1962	34.1	35.8	34.0	33.3	39.0	35.3	34.8	32.8
1963	35.8	36.6	36.3	36.1	39.2	37.7	35.6	34.6
1964	37.9	39.0	37.8	37.3	40.8	39.1	38.1	37.0
1965	39.8	40.2	39.9	39.4	42.0	41.3	40.2	39.0
1966	41.2	42.0	41.1	40.4	43.0	43.0	41.6	40.6
1967	40.8	41.7	40.4	39.8	41.2	42.1	41.6	40.0
1968	36.9	38.1	36.5	35.9	38.1	38.0	38.0	35.8
1969	38.8	39.1	38.5	37.8	40.4	39.9	39.9	37.8
1970	42.2	41.5	42.4	41.9	44.0	43.8	43.1	41.2
1971	47.2	45.4	47.9	47.7	49.4	48.4	48.3	45.9
1972	52.0	48.4	52.4	52.1	56.0	53.7	53.9	50.8
1973	65.6	61.7	66.9	66.9	67.8	68.0	67.2	63.9
1974	82.8	78.5	84.0	83.7	83.5	85.1	84.2	81.2
1975	100.0	100.0	100.0	100.0	100.0	100.0	100.0	100.0
1976	105.1	107.0	104.9	106.5	104.8	105.4	107.1	103.7
1977	116.6	120.0	117.5	118.4	118.3	115.9	117.8	114.4

10C. IMPLICIT PRICE DEFLATOR INDEX OF GROSS FIXED CAPITAL FORMATION BY KIND OF ECONOMIC ACTIVITY OF OWNER

	GROSS FIXED CAPITAL FORMATION	AGRICULTURE[11]	INDUSTRIAL ACTIVITY: TOTAL[12]	INDUSTRIAL ACTIVITY: MANUFACTURING INDUSTRIES	CONSTRUCTION	WHOLESALE AND RETAIL TRADE	TRANSPORT AND COMMUNICATION	OTHER[13]
ISIC	1 - 9	1	2 - 4	3	5	6	7	8 - 9
B. INDEX FROM DATA IN U.S. DOLLARS 1975 = 100								
FRANCE								
1960	38.3	38.3	41.2	...	...	----	36.9	----
1961	39.5	39.4	42.5	...	...	----	38.1	----
1962	40.9	40.7	44.0	...	...	----	39.6	----
1963	43.3	42.6	46.0	...	...	----	42.3	----
1964	45.1	43.8	47.3	...	...	----	44.4	----
1965	46.4	44.8	48.3	...	...	----	46.0	----
1966	47.3	45.7	49.3	...	...	----	46.9	----
1967	48.5	46.7	50.4	...	...	----	48.2	----
1968	49.9	47.0	51.0	...	...	----	50.0	----
1969	50.0	47.2	51.2	...	...	----	50.2	----
1970	49.9	47.3	51.7	...	52.1	----	49.9	----
1971	52.8	51.1	54.1	...	53.6	----	52.8	----
1972	60.6	59.3	61.0	...	61.1	----	61.0	----
1973	73.9	73.7	73.6	...	75.3	----	74.3	----
1974	79.5	79.5	79.7	...	83.1	----	79.4	----
1975	100.0	100.0	100.0	...	100.0	----	100.0	----
1976	99.6	100.6	96.1	...	94.5	----	101.7	----
1977	105.3	96.4	109.0	...	110.0	----	105.5	----

10C. IMPLICIT PRICE DEFLATOR INDEX OF GROSS FIXED CAPITAL FORMATION
BY KIND OF ECONOMIC ACTIVITY OF OWNER

	GROSS FIXED CAPITAL FORMATION	AGRICULTURE 11/	INDUSTRIAL ACTIVITY		CONSTRUCTION	WHOLESALE AND RETAIL TRADE	TRANSPORT AND COMMUNICATION	OTHER 13/
			TOTAL 12/	MANUFACTURING INDUSTRIES				
ISIC	1 - 9	1	2 - 4	3	5	6	7	8 - 9

B. INDEX FROM DATA IN U.S. DOLLARS 1975 = 100

GREECE								
					21/	22/	21/	22/
1960	39.4	38.0	37.9	37.9	...	...	43.4	39.4
1961	39.4	38.0	38.2	38.2	...	...	43.3	39.4
1962	42.6	40.7	42.7	43.0	...	...	47.6	42.0
1963	43.2	40.9	42.9	42.9	...	...	49.7	42.3
1964	43.9	41.6	44.2	44.2	...	...	49.9	42.9
1965	45.4	42.9	44.0	43.8	...	...	51.6	44.8
1966	49.2	46.2	46.4	46.4	...	...	54.5	49.2
1967	50.6	48.6	48.1	48.0	...	...	56.4	50.3
1968	51.7	49.7	50.2	50.1	...	...	58.4	50.8
1969	52.5	50.8	49.2	49.0	...	...	58.9	52.2
1970	57.4	56.1	53.4	53.1	...	...	62.8	57.5
1971	59.4	57.4	59.0	59.0	...	...	65.1	58.3
1972	64.8	61.4	67.0	67.1	...	...	69.8	63.4
1973	78.8	75.5	77.9	77.9	...	...	81.7	79.3
1974	96.7	94.3	92.8	92.6	...	...	94.4	99.9
1975	100.0	100.0	100.0	100.0	...	...	100.0	100.0
1976	103.3	103.7	103.0	103.1	...	...	103.9	103.6
1977	120.0	119.9	116.3	116.1	...	...	120.8	121.7
GUATEMALA								
1960	44.9	47.1	...	43.0	48.4	...	36.1	52.2
1961	45.5	47.3	...	44.1	48.3	...	37.8	51.6
1962	46.5	48.7	...	45.3	47.8	...	39.1	53.1
1963	46.0	48.3	...	44.5	47.0	...	39.1	54.8
1964	47.9	50.8	...	46.9	47.8	...	41.3	54.9
1965	49.7	51.6	...	49.4	48.6	...	43.8	56.5
1966	47.8	51.4	...	46.1	47.5	...	43.7	55.8
1967	49.3	51.7	...	48.9	46.9	...	43.5	56.1
1968	50.0	52.2	...	50.0	47.3	...	43.9	55.9
1969	51.5	53.6	...	51.5	49.6	...	45.1	57.3
1970	54.0	55.6	...	53.3	54.3	...	47.5	60.6
1971	55.0	56.5	...	54.1	54.3	...	48.9	61.3
1972	57.1	58.9	...	57.5	53.1	...	54.2	60.6
1973	67.1	69.1	...	67.7	65.6	...	65.8	68.2
1974	89.8	87.7	...	88.7	99.4	...	89.6	90.1
1975	100.0	100.0	...	100.0	100.0	...	100.0	100.0
1976	114.9	114.7	...	117.3	115.6	...	115.2	112.5
1977	128.0	128.8	...	128.3	135.6	...	125.9	127.3

10C. IMPLICIT PRICE DEFLATOR INDEX OF GROSS FIXED CAPITAL FORMATION BY KIND OF ECONOMIC ACTIVITY OF OWNER

	GROSS FIXED CAPITAL FORMATION	AGRICULTURE[11/]	INDUSTRIAL ACTIVITY TOTAL[12/]	INDUSTRIAL ACTIVITY MANUFACTURING INDUSTRIES	CONSTRUCTION	WHOLESALE AND RETAIL TRADE	TRANSPORT AND COMMUNICATION	OTHER[13/]
ISIC	1 - 9	1	2 - 4	3	5	6	7	8 - 9
			B. INDEX FROM DATA IN U.S. DOLLARS 1975 = 100					
ICELAND								
1960	40.4	49.0	39.4	...	47.0	37.7	42.4	34.0
1961	39.2	46.1	38.9	...	48.1	37.4	41.4	33.6
1962	40.1	46.0	40.3	...	50.8	38.2	42.5	34.5
1963	42.0	47.9	42.4	...	49.1	40.1	43.2	37.2
1964	47.0	52.0	48.2	...	52.5	45.2	47.2	42.7
1965	52.6	57.4	54.1	...	54.8	51.9	50.7	49.7
1966	57.1	59.1	57.9	...	56.1	58.8	53.0	57.1
1967	56.3	58.3	56.6	...	53.9	58.2	53.1	56.9
1968	48.8	55.0	48.5	...	54.4	48.1	48.2	46.1
1969	43.7	48.7	44.6	...	54.5	42.0	43.7	39.4
1970	49.5	53.9	50.3	...	57.0	48.5	48.2	46.2
1971	53.4	61.1	54.3	...	59.7	52.7	50.4	51.9
1972	64.2	67.3	65.3	...	65.1	63.3	61.1	63.4
1973	77.9	77.5	81.2	...	78.5	78.3	74.1	78.9
1974	100.0	94.8	105.4	...	90.5	104.4	91.5	108.4
1975	100.0	100.0	100.0	...	100.0	100.0	100.0	100.0
1976	106.3	117.2	102.9	...	106.5	103.7	107.3	104.1
1977	120.5	119.0	119.0	...	120.5	117.4	121.8	123.9
INDIA[15/]								
1960	61.5	58.3	64.5	66.3	86.8	62.2	68.6	55.1
1961	63.8	60.4	66.0	67.3	86.8	63.8	70.7	58.0
1962	65.9	62.1	68.4	69.1	89.9	66.9	73.0	60.3
1963	68.0	63.7	71.2	72.7	94.6	68.2	76.3	61.5
1964	70.6	67.4	73.3	74.7	99.0	71.5	76.5	64.0
1965	74.8	69.3	78.1	79.4	105.2	75.9	83.3	68.4
1966	61.7	62.8	63.2	64.2	86.5	60.8	67.1	55.2
1967	55.0	56.2	56.3	56.3	78.0	54.3	59.4	49.1
1968	57.1	57.3	58.2	59.4	79.5	55.5	60.7	52.0
1969	60.4	59.9	60.8	62.5	85.1	58.2	63.8	56.0
1970	63.8	64.1	65.8	66.9	70.1	62.3	68.4	58.6
1971	67.6	64.2	68.1	68.4	97.2	68.4	72.3	64.0
1972	70.1	67.6	71.6	72.4	78.5	79.2	74.1	66.1
1973	79.5	74.5	75.9	76.3	92.0	74.7	80.2	83.7
1974	95.1	94.3	95.1	95.3	93.8	93.7	96.0	94.9
1975	100.0	100.0	100.0	100.0	100.0	100.0	100.0	100.0

10C. IMPLICIT PRICE DEFLATOR INDEX OF GROSS FIXED CAPITAL FORMATION BY KIND OF ECONOMIC ACTIVITY OF OWNER

	GROSS FIXED CAPITAL FORMATION	AGRICULTURE 11/	INDUSTRIAL ACTIVITY: TOTAL 12/	INDUSTRIAL ACTIVITY: MANUFACTURING INDUSTRIES	CONSTRUCTION	WHOLESALE AND RETAIL TRADE	TRANSPORT AND COMMUNICATION	OTHER 13/
ISIC	1 - 9	1	2 - 4	3	5	6	7	8 - 9
B. INDEX FROM DATA IN U.S. DOLLARS 1975 = 100								
IRAN 5/25/								
1965	...	51.7	49.0	60.5	41.4	...	...	47.1
1966	...	53.8	51.2	61.4	41.5	...	...	47.7
1967	...	51.3	52.7	62.2	42.6	...	...	51.1
1968	...	52.1	52.6	57.1	45.1	...	...	51.7
1969	...	57.7	57.4	60.0	51.1	...	...	56.6
1970	...	57.4	58.9	60.9	51.4	...	...	57.4
1971	...	56.9	60.2	64.7	52.0	...	...	57.8
1972	...	63.5	63.2	66.4	57.2	...	...	61.6
1973	...	79.4	77.5	77.8	76.9	...	...	78.6
1974	...	100.0	100.0	100.0	100.0	...	...	100.0
1975	...	117.1	125.7	133.3	115.0	...	...	119.6
1976	...	132.3	140.4	140.3	139.9	...	...	131.2
IRAQ								
1960	62.9	63.2	62.2	59.3	57.9	64.6	62.1	64.2
1961	62.0	61.9	61.7	60.5	59.5	62.9	61.5	62.8
1962	61.6	61.4	61.4	61.4	61.0	62.7	61.5	61.9
1963	61.3	61.5	61.6	61.7	61.6	61.6	61.3	61.2
1964	63.9	63.1	63.2	63.2	64.2	64.7	65.8	63.6
1965	63.5	63.0	63.1	63.1	63.8	63.1	66.1	62.9
1966	65.7	64.1	64.5	64.5	65.9	66.2	70.9	64.3
1967	67.4	65.9	66.5	66.6	68.4	68.7	73.5	65.7
1968	67.9	67.4	67.6	67.8	69.0	68.6	70.0	67.5
1969	68.7	68.5	68.6	68.8	69.3	69.4	69.4	68.4
1970	70.7	70.4	70.3	70.4	70.7	71.5	71.4	70.6
1971	72.1	72.0	72.1	72.2	72.4	72.5	72.4	72.1
1972	77.7	77.6	77.6	77.7	78.0	78.3	78.0	77.7
1973	87.0	86.9	86.9	87.0	87.4	87.7	87.7	87.0
1974	90.6	90.3	90.4	90.6	91.0	91.3	91.1	90.4
1975	100.0	100.0	100.0	100.0	100.0	100.0	100.0	100.0

10C. IMPLICIT PRICE DEFLATOR INDEX OF GROSS FIXED CAPITAL FORMATION BY KIND OF ECONOMIC ACTIVITY OF OWNER

	GROSS FIXED CAPITAL FORMATION	AGRICULTURE[11]	INDUSTRIAL ACTIVITY: TOTAL[12]	INDUSTRIAL ACTIVITY: MANUFACTURING INDUSTRIES	CONSTRUCTION	WHOLESALE AND RETAIL TRADE	TRANSPORT AND COMMUNICATION	OTHER[13]
ISIC	1 - 9	1	2 - 4	3	5	6	7	8 - 9
B. INDEX FROM DATA IN U.S. DOLLARS 1975 = 100								
IRELAND								
1960	39.9	42.6	44.3	46.0	54.1	46.7	38.7	33.8
1961	41.7	43.3	46.2	47.6	53.7	47.3	40.5	35.9
1962	43.1	44.1	46.1	49.2	52.4	48.1	41.9	37.3
1963	43.9	44.4	48.7	50.2	54.7	48.3	42.1	39.1
1964	46.2	46.9	50.5	51.7	55.6	50.4	44.5	41.9
1965	47.9	49.1	51.9	52.7	57.8	51.4	46.4	44.1
1966	49.4	48.9	54.0	55.1	58.1	52.8	47.7	45.6
1967	50.2	50.8	54.2	55.4	59.5	53.5	48.8	46.6
1968	45.3	45.6	49.4	50.0	52.4	48.0	43.7	42.1
1969	49.3	48.7	53.2	54.0	55.5	51.7	48.3	46.2
1970	53.4	49.8	57.7	58.3	59.2	55.8	52.2	51.0
1971	59.8	55.3	63.3	63.6	63.8	62.0	57.9	58.8
1972	68.4	68.0	69.9	70.3	69.8	68.9	65.6	67.0
1973	74.5	75.5	76.5	76.3	76.4	75.5	70.4	73.1
1974	87.7	85.7	88.7	88.4	88.8	86.5	86.2	87.3
1975	100.0	100.0	100.0	100.0	100.0	100.0	100.0	100.0
1976	96.8	94.8	97.3	97.8	103.9	99.3	95.8	94.8
ISRAEL								
1960	46.0	48.9	45.1	...	...	45.8	46.2	44.9
1961	50.1	53.0	49.5	...	...	50.3	47.9	50.0
1962	45.4	47.0	46.3	...	46.1	44.6	48.1	42.7
1963	48.3	50.2	49.2	...	49.4	47.6	50.0	45.6
1964	50.9	52.8	51.1	...	50.3	50.3	51.3	49.0
1965	53.1	56.3	53.1	...	51.1	52.6	53.3	51.5
1966	53.7	59.7	53.9	...	52.7	52.9	54.1	51.5
1967	53.3	61.0	53.4	...	57.5	52.2	53.7	50.4
1968	50.1	55.3	50.8	...	50.5	49.9	50.4	47.0
1969	53.0	56.9	53.7	...	53.4	53.0	52.2	51.6
1970	58.7	62.0	58.5	...	56.3	58.7	56.4	59.4
1971	61.7	64.5	62.8	...	59.0	61.4	59.2	61.8
1972	65.1	67.6	65.9	...	61.5	63.8	64.3	65.4
1973	80.8	82.9	81.5	...	76.5	80.0	77.3	82.2
1974	107.4	103.6	101.7	...	98.5	105.8	99.3	115.5
1975	100.0	100.0	100.0	...	100.0	100.0	100.0	100.0
1976	105.2	109.6	102.7	...	96.5	110.3	107.4	102.9
1977	111.0	115.6	107.1	...	103.5	117.1	121.4	104.1

10C. IMPLICIT PRICE DEFLATOR INDEX OF GROSS FIXED CAPITAL FORMATION BY KIND OF ECONOMIC ACTIVITY OF OWNER

	GROSS FIXED CAPITAL FORMATION	AGRICULTURE 11/	INDUSTRIAL ACTIVITY: TOTAL 12/	INDUSTRIAL ACTIVITY: MANUFACTURING INDUSTRIES	CONSTRUCTION	WHOLESALE AND RETAIL TRADE	TRANSPORT AND COMMUNICATION	OTHER 13/
ISIC	1 - 9	1	2 - 4	3	5	6	7	8 - 9
B. INDEX FROM DATA IN U.S. DOLLARS 1975 = 100								
ITALY			19/		19/	23/		23/
1960	32.8	33.9	31.5	...	...	38.3	45.1	...
1961	33.7	35.0	32.6	...	...	38.8	44.9	...
1962	35.1	36.4	33.9	...	...	40.0	44.7	...
1963	37.7	39.4	36.6	...	...	42.2	46.5	...
1964	40.6	41.5	38.6	...	...	44.8	47.8	...
1965	41.4	42.8	39.7	...	...	45.4	48.5	...
1966	42.0	43.3	40.3	...	...	45.5	49.4	...
1967	42.9	44.9	41.0	...	...	46.2	49.6	...
1968	43.8	45.9	41.8	...	...	47.0	50.0	...
1969	46.6	47.9	43.9	...	...	49.5	51.4	...
1970	51.5	53.0	48.3	...	...	53.7	56.3	...
1971	55.7	56.1	53.5	...	...	57.5	60.8	...
1972	62.3	62.3	60.4	...	...	64.5	66.9	...
1973	72.9	71.3	71.4	...	...	75.1	77.3	...
1974	83.9	82.7	82.7	...	...	84.5	83.8	...
1975	100.0	100.0	100.0	...	...	100.0	100.0	...
1976	93.1	93.5	93.2	...	...	94.7	91.2	...
1977	104.4	103.2	...	...	...	...	...	...
KENYA								
1964	44.4	46.2	45.2	46.7	46.2	46.4	44.9	42.6
1965	45.4	44.6	46.7	48.3	48.0	48.0	46.5	44.4
1966	47.9	48.3	48.8	50.2	49.4	49.9	48.1	46.9
1967	51.0	52.7	51.0	51.4	50.2	52.0	49.2	51.6
1968	51.4	50.4	51.3	52.3	51.1	53.8	49.9	52.0
1969	52.2	51.4	51.7	52.5	51.3	53.9	49.6	53.1
1970	52.4	52.8	48.3	49.1	49.1	53.2	48.3	56.1
1971	56.3	55.2	54.4	55.3	54.0	57.7	52.9	58.8
1972	65.1	67.2	64.4	65.5	65.2	66.0	64.0	64.8
1973	73.0	74.6	72.5	73.2	72.2	73.8	71.2	73.2
1974	84.4	82.6	83.5	83.2	82.1	82.5	81.8	86.4
1975	100.0	100.0	100.0	100.0	100.0	100.0	100.0	100.0
1976	104.2	103.3	106.7	109.2	111.0	110.8	99.2	102.9
1977	115.9	118.3	116.2	126.1	124.8	124.9	111.1	112.3

10C. IMPLICIT PRICE DEFLATOR INDEX OF GROSS FIXED CAPITAL FORMATION BY KIND OF ECONOMIC ACTIVITY OF OWNER

	GROSS FIXED CAPITAL FORMATION	AGRICULTURE 11/	INDUSTRIAL ACTIVITY: TOTAL 12/	INDUSTRIAL ACTIVITY: MANUFACTURING INDUSTRIES	CONSTRUCTION	WHOLESALE AND RETAIL TRADE	TRANSPORT AND COMMUNICATION	OTHER 13/
ISIC	1 - 9	1	2 - 4	3	5	6	7	8 - 9
B. INDEX FROM DATA IN U.S. DOLLARS 1975 = 100								
KOREA, REPUBLIC OF								
1960	81.2	93.6	68.4	65.2	71.1	89.1	90.4	82.4
1961	50.7	55.0	47.4	46.0	42.0	53.5	53.9	49.4
1962	55.8	57.8	53.4	50.9	44.9	57.5	57.9	57.9
1963	61.3	65.7	59.9	58.0	52.6	65.9	62.4	60.3
1964	46.9	46.4	46.6	46.1	44.6	52.4	50.0	43.8
1965	45.0	44.4	44.2	43.4	40.5	48.7	47.8	43.2
1966	49.4	48.3	48.2	47.7	45.5	52.3	53.3	47.4
1967	52.9	55.0	53.1	52.9	47.0	58.0	50.7	53.6
1968	56.4	60.3	55.2	53.9	47.1	64.3	55.6	57.9
1969	58.4	61.5	54.9	52.7	48.0	64.1	60.3	60.0
1970	63.1	68.0	58.6	54.7	51.5	66.5	64.9	65.7
1971	59.3	61.7	53.8	51.1	49.4	62.0	60.2	64.2
1972	59.3	60.2	53.6	51.6	49.3	62.6	60.6	64.3
1973	70.3	72.5	68.1	67.6	63.7	73.1	69.8	73.1
1974	95.8	95.5	94.8	94.2	94.0	161.7	96.5	96.3
1975	100.0	100.0	100.0	100.0	100.0	100.0	100.0	100.0
1976	108.0	108.8	108.3	104.7	104.7	108.1	104.0	111.6
1977	119.6	129.2	114.2	118.1	114.1	129.2	111.3	128.6
LIBYAN ARAB JAMAHIRIYA 7/						22/		22/
1962	93.5	92.3	96.5	100.0	100.0	...	91.8	80.9
1963	98.8	100.0	99.6	104.3	105.3	...	99.0	92.2
1964	100.0	100.0	100.0	100.0	100.0	...	100.0	100.0
1965	109.1	109.8	108.0	110.4	110.3	...	110.3	111.9
1966	120.1	120.3	116.2	120.3	117.9	...	121.1	125.4
1967	120.6	117.4	113.4	106.0	100.0	...	122.6	136.7
1968	135.6	124.7	129.1	113.9	105.4	...	135.1	161.2
1969	148.7	140.7	140.6	134.7	125.0	...	152.3	183.4
1970	159.8	173.1	146.8	134.3	122.2	...	163.4	197.9
MAURITIUS								
1970	42.4	50.6	44.2	44.2	49.3	41.1	42.4	35.8
1971	46.2	45.1	50.8	52.5	60.3	48.8	52.2	37.3
1972	52.1	58.5	57.8	56.7	68.4	49.8	54.6	40.9
1973	68.6	75.5	72.3	74.3	78.3	67.7	67.4	63.7
1974	86.3	106.2	84.3	91.0	91.7	84.0	82.7	80.8
1975	100.0	100.0	100.0	100.0	100.0	100.0	100.0	100.0

10C. IMPLICIT PRICE DEFLATOR INDEX OF GROSS FIXED CAPITAL FORMATION BY KIND OF ECONOMIC ACTIVITY OF OWNER

	GROSS FIXED CAPITAL FORMATION	AGRICULTURE 11/	INDUSTRIAL ACTIVITY: TOTAL 12/	INDUSTRIAL ACTIVITY: MANUFACTURING INDUSTRIES	CONSTRUCTION	WHOLESALE AND RETAIL TRADE	TRANSPORT AND COMMUNICATION	OTHER 13/
ISIC	1 - 9	1	2 - 4	3	5	6	7	8 - 9
B. INDEX FROM DATA IN U.S. DOLLARS 1975 = 100								
NETHERLANDS			19/		19/			
1960	29.0	29.0	35.3	...	...	35.9	37.5	24.3
1961	30.7	30.6	37.4	...	...	37.0	39.1	26.1
1962	31.6	31.2	38.1	...	...	37.6	40.0	27.2
1963	33.1	32.6	40.0	...	...	38.4	41.1	28.7
1964	35.0	34.4	42.0	...	...	40.0	43.1	30.7
1965	36.6	34.8	44.3	...	...	41.8	44.3	36.4
1966	38.9	37.7	46.2	...	...	42.5	46.1	38.6
1967	39.5	38.2	46.4	...	...	44.0	46.7	34.5
1968	39.7	39.8	45.1	...	...	44.6	45.5	35.8
1969	42.0	42.0	46.6	...	...	46.1	46.7	38.6
1970	45.4	44.3	49.9	...	...	49.5	49.8	41.8
1971	51.6	51.5	55.9	...	...	54.3	55.0	48.6
1972	60.1	61.9	62.9	...	...	63.1	62.5	58.1
1973	73.6	77.7	72.8	...	...	74.5	74.0	73.3
1974	85.1	85.2	84.0	...	...	85.6	85.1	85.5
1975	100.0	100.0	100.0	...	...	100.0	100.0	100.0
1976	103.8	103.9	102.1	...	...	104.6	103.1	104.6
1977	119.5	119.7	114.1	...	...	120.3	116.2	123.0
NORWAY								
1960	32.1	35.8	33.0	36.3	43.6	35.0	25.5	31.6
1961	32.4	33.6	32.7	35.1	38.4	40.5	25.1	33.2
1962	33.0	35.2	34.1	36.7	39.4	42.0	24.3	34.6
1963	33.4	35.8	34.8	37.4	39.4	42.7	24.1	35.8
1964	33.6	36.9	35.8	38.0	39.2	42.5	23.7	36.3
1965	35.7	38.6	38.5	41.2	40.7	41.9	25.1	39.0
1966	37.1	38.8	40.1	42.4	43.1	43.8	25.9	41.7
1967	39.5	40.5	40.9	43.0	44.4	48.1	29.0	40.9
1968	39.4	40.6	41.6	43.5	43.9	46.6	28.0	41.9
1969	42.5	43.8	43.9	45.7	46.4	49.5	33.3	44.1
1970	46.5	48.6	48.6	50.6	51.8	54.9	33.3	48.9
1971	49.6	50.2	52.0	54.2	55.3	59.0	36.0	51.7
1972	57.1	57.6	58.6	61.0	62.5	67.1	46.8	57.9
1973	68.8	70.5	70.6	71.3	71.4	80.6	53.4	71.5
1974	82.4	84.4	84.5	85.5	85.2	89.7	68.8	86.0
1975	100.0	100.0	100.0	100.0	100.0	100.0	100.0	100.0
1976	103.9	102.5	103.4	103.6	106.3	101.2	100.7	103.7
1977	119.8	117.1	115.1	115.5	118.9	115.5	182.3	115.5

10C. IMPLICIT PRICE DEFLATOR INDEX OF GROSS FIXED CAPITAL FORMATION BY KIND OF ECONOMIC ACTIVITY OF OWNER

	GROSS FIXED CAPITAL FORMATION	AGRICULTURE 11/	INDUSTRIAL ACTIVITY: TOTAL 12/	INDUSTRIAL ACTIVITY: MANUFACTURING INDUSTRIES	CONSTRUC-TION	WHOLESALE AND RETAIL TRADE	TRANSPORT AND COMMUNICA-TION	OTHER 13/
ISIC	1 - 9	1	2 - 4	3	5	6	7	8 - 9
B. INDEX FROM DATA IN U.S. DOLLARS 1975 = 100								
PORTUGAL								
1960	28.9	32.5	30.3	31.1	32.7	30.5	29.0	26.2
1961	29.3	33.3	30.5	31.3	32.9	30.7	29.2	26.9
1962	29.7	34.1	30.7	31.5	33.1	31.0	29.4	27.6
1963	29.9	34.5	30.9	31.8	33.4	31.1	29.5	27.6
1964	29.8	34.8	30.8	31.7	33.5	31.1	29.2	27.4
1965	30.1	35.5	31.3	32.3	34.4	31.7	29.8	27.4
1966	30.9	37.6	32.1	33.0	36.0	32.5	30.7	28.0
1967	34.7	41.1	35.5	36.3	37.9	35.7	33.9	32.3
1968	40.2	44.8	41.1	42.0	43.7	41.3	39.5	37.9
1969	41.2	46.2	42.2	43.2	45.2	42.3	40.6	38.6
1970	42.3	49.2	43.4	44.5	46.7	43.5	41.5	39.3
1971	46.8	53.6	47.6	48.6	50.7	47.9	46.0	44.3
1972	54.9	59.9	55.4	55.9	57.7	55.9	54.1	53.6
1973	66.1	72.3	66.3	67.0	68.7	67.3	65.1	64.9
1974	80.5	83.2	80.5	81.0	81.1	81.3	79.2	80.3
1975	100.0	100.0	100.0	100.0	100.0	100.0	100.0	100.0
1976	100.1	82.2	102.1	100.8	97.3	96.8	102.6	102.1
SOUTHERN RHODESIA								
1968	54.7	52.7	56.0	53.9	52.5	56.3	54.8	55.2
1969	52.9	50.9	54.8	53.6	54.8	56.1	55.9	50.6
1970	56.4	52.6	57.1	55.8	58.4	57.1	58.0	57.0
1971	64.9	61.2	67.2	65.5	70.2	67.0	67.3	62.4
1972	69.4	66.2	69.8	69.8	68.1	71.7	74.1	68.2
1973	82.8	71.7	80.4	79.7	82.3	82.9	86.3	88.1
1974	116.2	113.3	119.5	111.6	103.8	94.7	166.7	105.1
1975	100.0	100.0	100.0	100.0	100.0	100.0	100.0	100.0

10C. IMPLICIT PRICE DEFLATOR INDEX OF GROSS FIXED CAPITAL FORMATION BY KIND OF ECONOMIC ACTIVITY OF OWNER

	GROSS FIXED CAPITAL FORMATION	AGRICULTURE 11/	INDUSTRIAL ACTIVITY: TOTAL 12/	INDUSTRIAL ACTIVITY: MANUFACTURING INDUSTRIES	CONSTRUCTION	WHOLESALE AND RETAIL TRADE	TRANSPORT AND COMMUNICATION	OTHER 13/
ISIC	1 - 9	1	2 - 4	3	5	6	7	8 - 9
B. INDEX FROM DATA IN U.S. DOLLARS 1975 = 100								
SWEDEN								
1960	37.2	43.3	36.4	35.7	38.0	38.5	35.6	37.6
1961	38.4	44.2	37.6	36.9	39.3	39.8	36.6	38.8
1962	40.1	46.1	39.4	38.7	41.0	41.9	37.7	40.6
1963	41.4	45.7	40.5	39.6	41.8	42.9	39.0	42.3
1964	43.5	46.1	42.3	41.3	42.9	44.7	40.1	45.2
1965	46.2	47.9	44.1	43.5	44.3	47.0	42.1	48.9
1966	48.2	49.9	45.7	45.3	46.0	49.7	42.5	52.2
1967	49.8	50.9	47.3	46.9	46.6	51.3	43.7	53.8
1968	50.5	51.5	48.2	47.6	48.7	51.4	45.5	53.6
1969	51.1	50.0	47.7	46.7	48.1	50.4	47.1	54.9
1970	53.7	53.6	51.2	50.3	51.7	52.6	49.4	57.1
1971	57.8	57.6	55.3	54.4	55.3	55.9	55.3	60.6
1972	65.6	66.2	62.8	61.7	62.4	63.3	63.6	68.7
1973	76.0	77.9	73.7	72.6	73.3	75.4	72.8	79.2
1974	84.3	87.1	83.4	83.0	82.1	84.1	83.7	85.2
1975	100.0	100.0	100.0	100.0	100.0	100.0	100.0	100.0
1976	106.9	104.7	105.4	105.5	105.6	104.4	106.4	109.2
1977	115.8	112.0	113.2	113.5	114.6	111.9	112.7	120.6
SYRIAN ARAB REPUBLIC			19/24/		19/	24/		
1963	35.2	35.1	38.0	...	...	...	37.2	30.8
1964	36.9	36.2	38.6	...	...	...	38.9	32.9
1965	37.3	37.2	39.8	...	...	...	39.5	32.7
1966	36.9	38.8	37.8	...	...	...	38.1	33.7
1967	38.3	37.8	42.0	...	...	...	38.3	34.1
1968	38.7	37.8	41.5	...	...	...	39.9	34.4
1969	38.8	38.0	40.8	...	...	...	40.1	35.2
1970	44.2	41.5	44.5	...	...	...	43.5	42.9
1971	47.1	45.4	47.9	...	...	...	47.6	44.6
1972	55.7	52.9	57.5	...	...	...	56.0	53.7
1973	68.4	67.5	70.9	...	...	...	71.5	62.5
1974	91.6	89.9	94.9	...	...	...	96.3	85.4
1975	100.0	100.0	100.0	...	...	...	100.0	100.0
1976	148.4	131.2	182.9	...	...	...	170.0	108.0
1977	132.0	125.3	142.5	...	...	...	140.4	115.9

10C. IMPLICIT PRICE DEFLATOR INDEX OF GROSS FIXED CAPITAL FORMATION BY KIND OF ECONOMIC ACTIVITY OF OWNER

	GROSS FIXED CAPITAL FORMATION	AGRICULTURE 11/	INDUSTRIAL ACTIVITY: TOTAL 12/	INDUSTRIAL ACTIVITY: MANUFACTURING INDUSTRIES	CONSTRUCTION	WHOLESALE AND RETAIL TRADE	TRANSPORT AND COMMUNICATION	OTHER 13/
ISIC	1 - 9	1	2 - 4	3	5	6	7	8 - 9
B. INDEX FROM DATA IN U.S. DOLLARS 1975 = 100								
UNITED KINGDOM								
1960	43.4	44.3	44.5	45.4	49.0	52.6	49.6	45.3
1961	44.4	44.8	45.9	46.7	50.7	53.6	50.3	46.5
1962	45.5	46.7	46.9	47.8	51.3	55.3	50.9	47.1
1963	47.1	46.0	48.1	49.4	51.6	56.6	51.6	48.5
1964	48.1	46.6	49.1	50.5	51.9	57.4	53.2	49.0
1965	49.4	48.4	50.8	52.6	53.1	58.9	54.3	48.5
1966	51.3	49.6	53.0	54.7	55.1	60.7	56.1	50.5
1967	50.5	48.9	52.1	53.8	54.1	59.6	55.6	50.9
1968	45.9	44.3	46.5	47.2	49.7	53.6	50.7	46.4
1969	47.9	45.2	50.5	52.0	51.7	55.8	53.3	49.0
1970	51.4	48.9	54.0	54.8	54.6	59.2	57.4	52.7
1971	57.3	54.4	60.4	61.4	62.3	65.1	63.7	59.3
1972	64.5	61.5	66.9	67.7	67.9	71.1	70.7	67.5
1973	72.2	69.2	72.9	73.9	75.3	75.4	77.2	75.8
1974	84.0	81.3	84.2	84.4	82.6	84.4	85.4	83.0
1975	100.0	100.0	100.0	100.0	100.0	100.0	100.0	100.0
1976	93.6	95.7	94.3	96.1	97.5	93.6	96.7	94.7
1977	101.2	108.1	102.7	106.9	112.0	104.4	106.1	95.4
UNITED STATES					31/	22/		22/31/
1960	52.5	54.3	54.3	54.3	...	...	54.3	54.4
1961	52.4	54.1	54.1	54.1	...	...	54.1	54.2
1962	52.8	54.4	54.4	54.4	...	...	54.4	54.4
1963	53.1	54.5	54.5	54.5	...	...	54.5	54.5
1964	53.6	55.0	55.0	55.0	...	...	55.0	54.9
1965	54.6	55.8	55.8	55.8	...	...	55.8	55.8
1966	56.3	57.6	57.6	57.6	...	...	57.6	57.5
1967	58.1	59.5	59.5	59.5	...	...	59.5	59.5
1968	60.7	62.1	62.1	62.1	...	...	62.1	62.0
1969	64.3	65.7	65.7	65.7	...	...	65.7	65.7
1970	67.9	68.9	68.9	68.9	...	...	68.9	68.8
1971	71.8	72.5	72.5	72.5	...	...	72.5	72.4
1972	74.9	75.6	75.6	75.6	...	...	75.6	75.6
1973	79.5	80.1	80.2	80.2	...	...	80.2	80.0
1974	88.7	88.5	88.5	88.5	...	...	88.5	88.5
1975	100.0	100.0	100.0	100.0	...	...	100.0	100.0
1976	105.0	105.5	105.5	105.5	...	...	105.5	105.4
1977	112.9	113.8	113.8	113.8	...	...	113.8	113.8

10C. IMPLICIT PRICE DEFLATOR INDEX OF GROSS FIXED CAPITAL FORMATION BY KIND OF ECONOMIC ACTIVITY OF OWNER

	GROSS FIXED CAPITAL FORMATION	AGRICULTURE 11/	INDUSTRIAL ACTIVITY: TOTAL 12/	INDUSTRIAL ACTIVITY: MANUFACTURING INDUSTRIES	CONSTRUCTION	WHOLESALE AND RETAIL TRADE	TRANSPORT AND COMMUNICATION	OTHER 13/
ISIC	1 - 9	1	2 - 4	3	5	6	7	8 - 9
B. INDEX FROM DATA IN U.S. DOLLARS 1975 = 100								
VENEZUELA								
1968	59.1	96.3	59.1	59.1	...	59.1	59.1	58.0
1969	60.8	102.2	60.3	60.3	...	60.3	60.3	59.2
1970	62.2	104.0	62.2	62.3	...	62.3	62.3	61.1
1971	63.9	106.6	63.9	63.9	...	63.9	64.0	62.9
1972	67.8	104.4	67.8	67.8	...	67.7	67.8	66.5
1973	74.2	78.8	74.2	74.2	...	74.2	74.3	73.1
1974	86.1	88.5	86.1	86.1	...	86.0	86.2	85.3
1975	100.0	100.0	100.0	100.0	...	100.0	100.0	100.0
1976	108.7	107.8	108.7	108.7	...	108.6	108.8	107.9
1977	119.4	121.1	119.4	119.4	...	119.3	119.5	118.0

10C. IMPLICIT PRICE DEFLATOR INDEX OF GROSS FIXED CAPITAL FORMATION BY KIND OF ECONOMIC ACTIVITY OF OWNER

General note. The figures shown in Tables 10A, 10B and 10C are computed as implicit price deflator index numbers for the market economies. These index numbers are based on the estimates which appear in the standard tables "Expenditure on the Gross Domestic Product", "Gross Domestic Product by kind of economic activity", and "Gross fixed capital formation by kind of economic activity of owner" in Vol. I of this Yearbook. The index numbers are calculated both from data in national currency and from data converted into US dollars. The figures shown in these tables are arrived at by dividing data at current prices by the corresponding data at constant prices for each item and year. It should be noted that the data in constant prices used in the calculations for the different countries refer to different weightbase periods; all index numbers are shown on a common base year 1975=100, unless otherwise specified.

In converting from national currency units into US dollars for a given country a single exchange rate was used for all items. Prior to 1971, for countries with a single fixed exchange rate system, the conversion rate used was normally the par value of the currency. For countries with a single fluctuating rate, the conversion rate was normally the period average of the official rates. Since 1971, annual average of market or official rates as reported by the International Monetary Fund (IMF) has been used. For sources and additional details, see Volume I of this Yearbook.

1/ Base: 1967=100.
2/ Year ending 30 September.
3/ Private final consumption expenditure is included in Government final consumption expenditure.
4/ Year beginning 1 July.
5/ Year beginning 21 March.
6/ Domestic product excluding import duties.
7/ Base: 1964=100.
8/ Includes Namibia.
9/ Base: 1957=100.
10/ Base: 1958=100.
11/ Agriculture, forestry, hunting and fishing.
12/ Mining, manufacturing, electricity, gas and water.
13/ Financing, insurance, real estate and business services, community, social and personal services and public administration and defence.
14/ Year ending 7 July.
15/ Year beginning 1 April.
16/ Year ending 15 July.
17/ Former Tanganyika only.
18/ Base: 1966=100.
19/ Construction is included in Total industrial activity.
20/ Transport and communication is included in Wholesale and retail trade.
21/ Construction is included in Transport and communication.
22/ Wholesale and retail trade is included in Other.
23/ Community, social and personal services are included in Wholesale and retail trade.
24/ Wholesale and retail trade is included in Total industrial activity.
25/ Base: 1974=100.
26/ Includes Restaurants and hotels.
27/ Includes Increase in stocks.
28/ Base: 1971=100.
29/ Data are for the former Rep. of South Viet Nam only.
30/ Also includes financing, insurance, real estate and business services community, social and personal services.
31/ Construction is included in Other.
32/ Financing, insurance, real estate and business services, community, social and personal services.
33/ Base: 1968=100.
34/ Base: 1960=100.
35/ Base: 1970=100.

11. THE FINANCE OF GROSS ACCUMULATION

COUNTRY OR AREA AND CURRENCY UNIT	YEAR	GROSS ACCUMULATION 1/	PERCENTAGE OF GROSS ACCUMULATION FINANCED BY - SAVING	CONSUMPTION OF FIXED CAPITAL	CAPITAL TRANSFERS RECEIVED - NET
AFRICA					
BENIN	1964 2/5/	7.0	35	29	36
(1000 MILLION CFA FRANCS)	1965	5.9	17	40	43
	1966	5.8	27	43	30
	1967	7.6	58	42	0
SOUTH AFRICA 7/	1960 2/	1194.0	53	47	...
(MILLION SOUTH AFRICAN RAND)	1961	1354.0	56	44	...
	1962	1424.0	56	44	...
	1963	1686.0	60	40	...
	1964	1699.0	57	43	...
	1965	1880.0	56	44	...
	1966	2065.0	55	45	...
	1967	2564.0	60	40	...
	1968	2555.0	57	43	...
	1969	2747.0	56	44	...
	1970	2834.0	52	48	...
	1971	3158.0	51	49	...
	1972	3931.0	53	47	...
	1973	4969.0	57	43	...
	1974	6034.0	57	43	...
	1975	6728.0	51	49	...
	1976	7035.0	42	58	...
	1977	9017.0	48	52	...
ZAMBIA	1965	244.2	77	23	0
(MILLION ZAMBIAN KWACHA)	1966	304.8	80	20	0
	1967	306.8	76	24	0
	1968	334.6	73	27	0
	1969	574.8	81	19	0
	1970 2/6/	444.6	69	31	0
	1971 2/	264.3	38	62	0
	1972 2/	327.6	41	59	0
	1973 2/	546.5	61	39	0
	1974 2/	702.3	69	31	0
	1975 2/	178.2	-36	136	0
	1976 2/	510.8	48	52	0
	1977 2/	504.3	40	60	0

11. THE FINANCE OF GROSS ACCUMULATION (CONTINUED)

COUNTRY OR AREA AND CURRENCY UNIT	YEAR	GROSS ACCUMULATION [1/]	PERCENTAGE OF GROSS ACCUMULATION FINANCED BY - SAVING	CONSUMPTION OF FIXED CAPITAL	CAPITAL TRANSFERS RECEIVED - NET
NORTH AMERICA					
CANADA................................	1960 [2/]	7454.0 [3/]	35	64	-1
(MILLION CANADIAN DOLLARS)	1961	7438.0	33	66	-1
	1962	8848.0	43	59	-1
	1963	9743.0	43	58	0
	1964	11284.0	46	54	0
	1965	13088.0	48	51	0
	1966	15242.0	50	48	0
	1967	15356.0	48	51	1
	1968	16382.0	48	51	1
	1969	18225.0	52	49	1
	1970	18881.0	45	52	1
	1971	20732.0	44	51	1
	1972	23019.0	48	50	1
	1973	29589.0	54	45	1
	1974	36881.0	57	43	1
	1975	35368.0	48	52	1
	1976	42411.0	49	49	1
	1977	44789.0	48	52	1
UNITED STATES.........................	1960 [2/]	95.0 [3/]	41	60	0
(1000 MILLION US DOLLARS)	1961	95.4	37	61	0
	1962	107.5	40	56	0
	1963	114.9	42	54	0
	1964	125.4	46	52	0
	1965	141.5	51	49	0
	1966	152.5	50	48	0
	1967	151.4	46	53	0
	1968	163.6	47	54	0
	1969	177.2	47	55	0
	1970	173.2	38	62	1
	1971	191.7	38	61	0
	1972	214.0	40	59	0
	1973	254.3	44	55	0
	1974	253.3	33	65	1
	1975	252.1	21	77	0
	1976	288.3	26	73	0
	1977	326.0	28	70	0

11. THE FINANCE OF GROSS ACCUMULATION (CONTINUED)

COUNTRY OR AREA AND CURRENCY UNIT	YEAR	GROSS ACCUMULATION [1/]	PERCENTAGE OF GROSS ACCUMULATION FINANCED BY - SAVING	CONSUMPTION OF FIXED CAPITAL	CAPITAL TRANSFERS RECEIVED - NET
CARIBBEAN AND LATIN AMERICA					
ECUADOR..............................	1970 [2/]	4578.0	57	42	1
(MILLION ECUADORAN SUCRES)	1971	6715.0	62	38	0
	1972	8129.0	63	36	0
	1973	14130.0	74	25	0
	1974	19872.0	74	25	0
	1975	20635.0	69	30	0
	1976	28030.0	73	27	0
HONDURAS..............................	1960	102.0	57	43	...
(MILLION HONDURAN LEMPIRAS)	1961	91.0	49	51	...
	1962	111.0	64	36	...
	1963	101.0	61	39	...
	1964	111.0	59	41	...
	1965	134.0	67	33	...
	1966	149.0	70	30	...
	1967	189.0	76	24	...
	1968	199.0	74	26	...
	1969	197.0	74	26	...
	1970	185.0	71	29	...
	1971	199.0	72	28	...
	1972	231.0	75	25	...
	1973	272.0	78	22	...
	1974	307.0	62	38	...
	1975	204.0	53	47	...
JAMAICA..............................	1960	87.2 [3/]	60	37	...
(MILLION JAMAICAN DOLLARS)	1961	99.3	61	35	...
	1962	98.0	59	37	...
	1963	106.4	60	39	...
	1964	90.3	54	47	...
	1965	107.1	59	43	...
	1966	120.9	60	41	...
	1967	130.1	60	40	...
	1968	157.0	64	37	...
	1969	167.8	61	40	...
	1970	195.4	59	42	...
	1971	178.5	51	48	...
	1972	208.1	49	50	...
	1973	237.1	48	51	...
	1974	392.8	65	35	...

11. THE FINANCE OF GROSS ACCUMULATION (CONTINUED)

COUNTRY OR AREA AND CURRENCY UNIT	YEAR	GROSS ACCUMULATION 1/	PERCENTAGE OF GROSS ACCUMULATION FINANCED BY -		
			SAVING	CONSUMPTION OF FIXED CAPITAL	CAPITAL TRANSFERS RECEIVED - NET
CARIBBEAN AND LATIN AMERICA (CONTINUED)					
NICARAGUA.............................. (MILLION NICARAGUAN CORDOBAS)	1960 2/	351.8	59	27	15
	1961	374.1	67	27	6
	1962	482.4	63	23	14
	1963	536.1	72	23	5
	1964	705.8	72	20	8
	1965	829.6	62	19	19
	1966	976.3	47	17	35
	1967	965.7	34	19	47
	1968	864.0	44	23	34
	1969	993.2	53	21	26
	1970	1010.8	52	22	26
	1971	1025.0	48	23	29
	1972	792.2	88	31	-19
	1973	1835.8	58	17	25
	1974	3353.3	34	13	54
	1975	2384.6	27	19	54
	1976	2379.6	65	22	13
	1977	4265.0	50	15	35
PANAMA................................. (MILLION PANAMANIAN BALBOAS)	1960	32.9	2	98	0
	1961	61.2	41	59	0
	1962	75.0	43	57	0
	1963	76.6	37	63	0
	1964	82.0	38	62	0
	1965	90.8	39	61	0
	1966	125.0	52	48	0
	1967	140.9	51	49	0
	1968	174.9	55	45	0
	1969	187.8	54	46	0
	1970	218.2	56	44	0
	1971	250.0	58	42	0
	1972	310.5	61	39	0
	1973	324.7	58	42	0
	1974	272.7	37	63	0
	1975	443.2	59	41	0
	1976	482.6	60	40	0

11. THE FINANCE OF GROSS ACCUMULATION (CONTINUED)

COUNTRY OR AREA AND CURRENCY UNIT	YEAR	GROSS ACCUMULATION 1/	PERCENTAGE OF GROSS ACCUMULATION FINANCED BY – SAVING	CONSUMPTION OF FIXED CAPITAL	CAPITAL TRANSFERS RECEIVED – NET
CARIBBEAN AND LATIN AMERICA (CONTINUED)					
PARAGUAY (MILLION P GUARANIES)	1962	4505.2	42	58	0
	1963	4333.4	33	67	0
	1964	4475.0	29	71	0
	1965	7376.1	54	46	0
	1966	7021.0	42	58	0
	1967	7173.7	39	61	0
	1968	6405.1	29	71	0
	1969	6454.5	32	68	0
	1970	8315.6	52	48	0
	1971	8415.3	50	50	0
	1972	12570.0	60	40	0
	1973	22612.0	71	29	0
	1974	30471.0	75	25	0
	1975	35511.0	72	28	0
	1976	38546.0	64	36	0
	1977	47092.0	48	52	0
ASIA EAST AND SOUTHEAST					
INDIA (1000 MILLION INDIAN RUPEES)	2/4/ 1960	20.9	63	35	2
	1961	21.0	60	39	1
	1962	25.3	61	37	2
	1963	28.9	63	35	3
	1964	32.4	62	34	4
	1965	38.5	66	32	2
	1966	45.8	68	31	2
	1967	45.1	65	35	0
	1968	47.3	63	36	1
	1969	60.3	68	32	0
	1970	68.8	67	33	1
	1971	75.2	66	33	1
	1972	81.3	65	34	1
	1973	120.3	59	27	14
	1974	125.7	70	30	0
	1975	145.4	69	30	1

11. THE FINANCE OF GROSS ACCUMULATION (CONTINUED)

COUNTRY OR AREA AND CURRENCY UNIT	YEAR	GROSS ACCUMULATION 1/	PERCENTAGE OF GROSS ACCUMULATION FINANCED BY - SAVING	CONSUMPTION OF FIXED CAPITAL	CAPITAL TRANSFERS RECEIVED - NET
ASIA EAST AND SOUTHEAST (CONTINUED)					
JAPAN.................................. (1000 MILLION JAPANESE YEN)	1960	3/ 5272.7	74	30	...
	1961	7397.6	68	28	...
	1962	7580.9	71	32	...
	1963	8490.2	68	34	...
	1964	10298.2	61	34	...
	1965	10875.5	62	37	...
	1966	12824.3	61	37	...
	1967	16176.8	64	34	...
	1968	19993.0	66	33	...
	1969	23296.4	66	35	...
	1970	28520.4	68	33	...
	1971	31088.0	68	34	...
	1972	35146.0	68	35	...
	1973	44224.0	68	33	...
	1974	49106.7	64	35	...
	1975	46911.4	74	39	...
	1976	52925.4	71	37	...
KOREA, REPUBLIC OF.................... (1000 MILLION KOREAN WON)	1960	3/ 27.7	30	44	13
	1961	42.9	44	34	10
	1962	38.3	56	49	5
	1963	72.5	69	36	2
	1964	95.5	72	39	1
	1965	123.3	55	37	0
	1966	195.9	63	30	0
	1967	228.8	57	34	0
	1968	305.9	67	34	0
	1969	463.2	73	30	0
	1970	525.7	67	32	0
	1971	536.9	67	39	0
	1972	729.7	56	40	0
	1973	1219.1	71	36	0
	1974	1455.7	65	44	0
	1975	1965.8	58	40	0
	1976	3220.0	67	33	0
	1977	4651.5	64	30	0

11. THE FINANCE OF GROSS ACCUMULATION (CONTINUED)

COUNTRY OR AREA AND CURRENCY UNIT	YEAR	GROSS ACCUMULATION 1/	PERCENTAGE OF GROSS ACCUMULATION FINANCED BY - SAVING	CONSUMPTION OF FIXED CAPITAL	CAPITAL TRANSFERS RECEIVED - NET
ASIA EAST AND SOUTHEAST (CONTINUED)					
PHILIPPINES (MILLION PHILIPPINE PESOS)	1960	2299.0	67	33	...
	1961	2668.0	67	33	...
	1962	2924.0	64	36	...
	1963	4327.0	70	30	...
	1964	4715.0	68	32	...
	1965	5105.0	66	34	...
	1966	5628.0	65	35	...
	1967	5954.0	59	37	4
	1968	5937.0	57	41	2
	1969	6298.0	54	44	2
	1970	8856.0	57	42	1
	1971	10405.0	54	45	2
	1972	11817.0	54	45	1
	1973	19394.0	65	33	2
	1974	25875.0	66	33	1
	1975	29869.0	61	38	1
	1976	33235.0	61	39	0
	1977	41122.0	62	35	3
EUROPE MARKET ECONOMIES					
AUSTRIA (1000 MILLION A SCHILLINGS)	1960	45.7	65	37	-2
	1961	52.6	66	36	-1
	1962	53.7	63	38	0
	1963	54.4	59	41	0
	1964 2/6/	63.5	59	41	0
	1965 2/	67.7	57	43	0
	1966 2/	76.5	59	41	0
	1967 2/	76.9	55	45	0
	1968 2/	82.3	56	44	0
	1969 2/	94.9	59	41	0
	1970 2/	113.6	62	38	0
	1971 2/	125.5	61	39	0
	1972 2/	143.9	62	38	0
	1973 2/	158.2	62	38	0
	1974 2/	181.0	61	39	0
	1975 2/	170.6	54	46	0
	1976 2/	184.5	54	46	0
	1977 2/	191.6	52	48	0

11. THE FINANCE OF GROSS ACCUMULATION (CONTINUED)

COUNTRY OR AREA AND CURRENCY UNIT	YEAR	GROSS ACCUMULATION 1/	PERCENTAGE OF GROSS ACCUMULATION FINANCED BY – SAVING	CONSUMPTION OF FIXED CAPITAL	CAPITAL TRANSFERS RECEIVED – NET
EUROPE MARKET ECONOMIES (CONTINUED)					
BELGIUM (1000 MILLION BELGIAN FRANCS)	1960	107.9	49	52	-1
	1961	125.3	53	47	0
	1962	139.2	55	45	0
	1963	138.5	53	49	-1
	1964	182.6	60	41	0
	1965	197.1	60	41	-1
	1966	209.1	60	41	-1
	1967	229.2	60	40	-1
	1968	235.9	59	42	-1
	1969	275.7	61	39	-1
	1970	340.6	64	37	-1
	1971	356.5	61	39	0
	1972	397.2	63	38	-1
	1973	441.0	63	37	0
	1974	532.9	64	37	0
	1975	512.2	59	42	0
	1976	581.6	61	40	0
	1977	602.8	59	42	-1
DENMARK (MILLION DANISH KRONER)	1960 2/	8847.0	65	36	0
	1961	9176.0	62	39	-1
	1962	10053.0	62	39	-1
	1963	10798.0	60	41	-1
	1964	13013.0	63	38	-1
	1965	15126.0	64	37	-1
	1966 6/	17082.0	69	32	-1
	1967	17951.0	68	33	-1
	1968	20417.0	69	32	-1
	1969	24294.0	71	30	-1
	1970	26214.0	70	31	-1
	1971	29392.0	70	31	-1
	1972	37434.0	73	28	-1
	1973	43645.0	73	28	-1
	1974	43595.0	66	35	-1
	1975	40846.0	57	43	-1
	1976	49332.0	60	40	-1
	1977	53968.0	59	42	-1

11. THE FINANCE OF GROSS ACCUMULATION (CONTINUED)

COUNTRY OR AREA AND CURRENCY UNIT	YEAR	GROSS ACCUMULATION 1/	PERCENTAGE OF GROSS ACCUMULATION FINANCED BY -		
			SAVING	CONSUMPTION OF FIXED CAPITAL	CAPITAL TRANSFERS RECEIVED - NET
EUROPE MARKET ECONOMIES (CONTINUED)					
FINLAND (MILLION FINNISH MARKKAA)	1960	4622.0	65	35	0
	1961	5294.0	65	35	0
	1962	5233.0	64	36	0
	1963	5496.0	63	37	0
	1964	6396.0	65	35	0
	1965	6972.0	65	35	0
	1966	7537.0	66	34	0
	1967	7856.0	65	35	0
	1968	9493.0	67	33	0
	1969	11551.0	65	34	1
	1970	13371.0	66	34	0
	1971	14330.0	68	32	0
	1972	16102.0	68	32	1
	1973	20797.0	70	30	0
	1974	27896.0	70	30	0
	1975	28328.0	68	32	0
	1976	29984.0	67	33	0
	1977	32324.0	65	35	0
FRANCE (1000 MILLION FRENCH FRANCS)	1960	72.6	58	42	0
	1961	78.2	57	43	0
	1962	89.3	57	41	1
	1963	98.9	58	42	0
	1964	114.9	60	40	0
	1965	124.8	60	40	0
	1966	139.4	61	39	0
	1967	149.4	60	40	0
	1968	162.1	60	40	0
	1969	201.8	64	36	0
	1970 2/6/	203.9	61	40	0
	1971 2/	222.6	60	40	0
	1972 2/	254.1	61	39	0
	1973 2/	289.3	61	39	0
	1974 2/	310.8	56	45	-1
	1975 2/	329.7	51	49	0
	1976 2/	372.9	50	51	-1
	1977 2/	418.1	49	51	0

11. THE FINANCE OF GROSS ACCUMULATION (CONTINUED)

COUNTRY OR AREA AND CURRENCY UNIT	YEAR	GROSS ACCUMULATION 1/	PERCENTAGE OF GROSS ACCUMULATION FINANCED BY -		
			SAVING	CONSUMPTION OF FIXED CAPITAL	CAPITAL TRANSFERS RECEIVED - NET
EUROPE MARKET ECONOMIES (CONTINUED)					
GERMANY,FEDERAL REPUBLIC OF.......... (1000 MILLION DEUTSCHE MARK)	1960 2/	86.4	74	27	-1
	1961	92.2	72	29	-1
	1962	97.0	69	32	-1
	1963	100.2	66	35	-1
	1964	117.8	67	33	0
	1965	123.5	66	35	-1
	1966	129.4	64	37	-1
	1967	123.4	60	41	0
	1968	142.7	63	37	0
	1969	162.9	65	36	0
	1970	192.3	65	36	0
	1971	205.7	62	38	0
	1972	219.9	61	39	0
	1973	244.1	61	39	0
	1974	247.2	57	43	0
	1975	221.5	48	53	0
	1976	255.5	51	49	-1
	1977	269.2	51	50	0
IRELAND.............................. (MILLION IRISH POUNDS)	1960	102.7	61	39	0
	1961	121.5	63	37	0
	1962	129.9	60	40	0
	1963	139.9	58	42	0
	1964	163.9	60	40	0
	1965	185.6	61	39	0
	1966	191.7	59	41	0
	1967	231.6	62	38	0
	1968	258.2	61	39	0
	1969	300.5	60	40	0
	1970	330.7	60	40	0
	1971	368.8	60	40	0
	1972	463.6	64	36	0
	1973	587.0	67	33	0

11. THE FINANCE OF GROSS ACCUMULATION (CONTINUED)

COUNTRY OR AREA AND CURRENCY UNIT	YEAR	GROSS ACCUMULATION 1/	PERCENTAGE OF GROSS ACCUMULATION FINANCED BY - SAVING	CONSUMPTION OF FIXED CAPITAL	CAPITAL TRANSFERS RECEIVED - NET
EUROPE MARKET ECONOMIES (CONTINUED)					
ITALY................................ (1000 MILLION ITALIAN LIRE)	1960	5390.0	66	34	0
	1961	6339.0	68	33	0
	1962	6966.0	68	33	-1
	1963	7309.0	65	35	0
	1964	8023.0	64	36	0
	1965	8595.0	64	36	0
	1966	8992.0	63	37	0
	1967	9956.0	64	36	0
	1968	11044.0	65	35	0
	1969	12614.0	66	34	0
	1970 2/6/	14097.0	65	35	0
	1971 2/	14414.0	63	38	0
	1972 2/	15251.0	61	39	0
	1973 2/	18591.0	60	39	0
	1974 2/	21676.0	55	45	0
	1975 2/	22493.0	49	52	0
	1976 2/	30857.0	54	46	0
MALTA................................ (MILLION MALTA POUNDS)	1969	26.0	64	11	25
	1970	28.7	57	10	33
	1971	30.8	53	11	36
	1972	35.1	41	11	48
	1973	38.8	38	10	51
	1974	40.8	36	11	53
	1975	64.0	63	8	29
	1976	82.6	71	8	21
	1977	81.7	67	10	22

11. THE FINANCE OF GROSS ACCUMULATION (CONTINUED)

COUNTRY OR AREA AND CURRENCY UNIT	YEAR	GROSS ACCUMULATION 1/	PERCENTAGE OF GROSS ACCUMULATION FINANCED BY - SAVING	CONSUMPTION OF FIXED CAPITAL	CAPITAL TRANSFERS RECEIVED - NET
EUROPE MARKET ECONOMIES (CONTINUED)					
NETHERLANDS (MILLION GUILDERS)	1960	12700.0	69	31	0
	1961	12723.0	67	33	0
	1962	12730.0	65	36	-1
	1963	13258.0	62	37	1
	1964	16731.0	67	33	1
	1965	18470.0	67	33	1
	1966	19577.0	66	34	0
	1967	21686.0	67	33	0
	1968 2/6/	24794.0	69	31	0
	1969 2/	27456.0	69	31	0
	1970 2/	30421.0	69	32	-1
	1971 2/	34730.0	67	33	0
	1972 2/	40020.0	68	32	0
	1973 2/	48320.0	70	30	0
	1974 2/	52820.0	68	32	0
	1975 2/	48330.0	59	41	0
	1976 2/	56560.0	62	39	-1
	1977 2/	59670.0	60	41	-1
NORWAY (MILLION NORWEGIAN KRONER)	1960	8943.0	50	49	1
	1961	9776.0	52	48	1
	1962	10097.0	50	49	1
	1963	11038.0	52	47	1
	1964	12461.0	55	45	1
	1965	14425.0	56	44	1
	1966	15850.0	56	44	1
	1967 2/6/	16652.0	49	51	0
	1968 2/	17499.0	50	50	0
	1969 2/	18071.0	47	53	0
	1970 2/	22761.0	51	49	0
	1971 2/	24678.0	50	50	0
	1972 2/	27118.0	50	50	0
	1973 2/	31978.0	52	48	0
	1974 2/	37791.0	50	50	0
	1975 2/	40021.0	47	53	0
	1976 2/	42000.0	41	59	0
	1977 2/	41316.0	30	70	0

11. THE FINANCE OF GROSS ACCUMULATION (CONTINUED)

COUNTRY OR AREA AND CURRENCY UNIT	YEAR	GROSS ACCUMULATION 1/	PERCENTAGE OF GROSS ACCUMULATION FINANCED BY – SAVING	CONSUMPTION OF FIXED CAPITAL	CAPITAL TRANSFERS RECEIVED – NET
EUROPE MARKET ECONOMIES (CONTINUED)					
PORTUGAL (1000 MILLION PORTUGUESE ESCUDOS)	1960	10.7	64	36	...
	1961	8.8	53	47	...
	1962	12.6	65	35	...
	1963	14.8	67	33	...
	1964	19.8	74	26	...
	1965	22.9	75	25	...
	1966	25.3	76	24	...
	1967	32.1	79	21	...
	1968 6/	31.2	75	25	...
	1969	35.8	76	24	...
	1970	45.2	79	21	...
	1971	48.6	78	22	...
	1972	68.5	82	18	...
	1973	82.5	83	17	...
	1974	63.4	75	25	...
	1975	40.6	56	44	...
	1976	49.6	59	41	...
SPAIN (1000 MILLION SPANISH PESETAS)	1960	141.5	69	31	0
	1961	169.4	72	28	0
	1962	202.3	72	26	2
	1963	224.8	72	26	2
	1964	269.7	73	25	2
	1965	309.2	73	26	1
	1966	355.9	72	26	1
	1967	352.2	67	31	2
	1968	397.1	67	31	2
	1969	454.7	67	31	2
	1970 2/6/	649.7	62	36	2
	1971 2/	740.0	63	35	2
	1972 2/	868.2	66	32	2
	1973 2/	1099.1	68	29	3
	1974 2/	1218.0	65	33	1
	1975 2/	1345.0	63	36	1
	1976 2/	1455.7	61	39	1
	1977 2/	1847.5	64	36	0

11. THE FINANCE OF GROSS ACCUMULATION (CONTINUED)

COUNTRY OR AREA AND CURRENCY UNIT	YEAR	GROSS ACCUMULATION 1/	PERCENTAGE OF GROSS ACCUMULATION FINANCED BY –		
			SAVING	CONSUMPTION OF FIXED CAPITAL	CAPITAL TRANSFERS RECEIVED – NET
EUROPE MARKET ECONOMIES (CONTINUED)					
SWEDEN (1000 MILLION SWEDISH KRONOR)	1960 2/	17.4	58	42	0
	1961	19.4	59	41	0
	1962	20.8	58	42	0
	1963	22.3	58	42	0
	1964	26.9	62	38	0
	1965	29.2	61	39	0
	1966	30.3	59	41	0
	1967	32.4	58	42	0
	1968	33.0	57	43	0
	1969	35.9	60	40	0
	1970	41.4	61	39	0
	1971	42.4	59	41	0
	1972	45.0	57	43	0
	1973	51.4	58	42	0
	1974	55.7	54	46	0
	1975	63.1	53	47	0
	1976	62.6	46	54	0
	1977	54.4	29	71	0
UNITED KINGDOM (MILLION POUNDS)	1960 2/	4489.0 3/	57	45	0
	1961	4968.0	53	44	0
	1962	4916.0	51	47	0
	1963	5328.0	52	47	0
	1964	6346.0	55	42	0
	1965	6925.0	59	41	0
	1966	7278.0	55	42	0
	1967	7466.0	51	44	0
	1968	8272.0	54	43	0
	1969	9287.0	63	42	0
	1970	10449.0	61	42	0
	1971	11536.0	54	44	0
	1972	11607.0	53	50	0
	1973	14056.0	50	49	0
	1974	13837.0	34	61	-1
	1975	16899.0	32	65	0
	1976	21705.0	33	63	0

11. THE FINANCE OF GROSS ACCUMULATION (CONTINUED)

COUNTRY OR AREA AND CURRENCY UNIT	YEAR	GROSS ACCUMULATION 1/	PERCENTAGE OF GROSS ACCUMULATION FINANCED BY -		
			SAVING	CONSUMPTION OF FIXED CAPITAL	CAPITAL TRANSFERS RECEIVED - NET
OCEANIA					
AUSTRALIA (MILLION AUSTRALIAN DOLLARS)	1960 2/5/	3539.0	66	34	0
	1961	3452.0	63	37	0
	1962	3813.0	64	36	0
	1963	4611.0	67	33	0
	1964	5161.0	67	33	0
	1965	4942.0	62	38	0
	1966	5563.0	63	37	0
	1967	5402.0	59	41	0
	1968	6913.0	65	35	0
	1969	7685.0	65	35	0
	1970	8398.0	66	34	0
	1971	9456.0	67	33	0
	1972	11052.0	70	30	0
	1973	14021.0	74	26	0
	1974	15632.0	74	26	0
	1975	17400.0	73	27	0
	1976	19959.0	74	26	0
FIJI (MILLION FIJI DOLLARS)	1963	20.2	60	40	...
	1964	26.4	68	32	...
	1965	29.7	20	29	51
	1966	30.4	42	30	28
	1967	33.6	45	28	27
	1968	44.6	59	22	19
GILBERT ISLANDS (MILLION AUSTRALIAN DOLLARS)	1972 2/	3.9 3/	11	44	47
	1973	9.1	57	19	21
	1974	20.0	80	8	10
PAPUA NEW GUINEA (MILLION KINA)	1960 2/ 5/	41.2 3/	58	12	32
	1961	45.6	56	13	32
	1962	58.5	60	11	30
	1963	70.9	54	10	34
	1964	83.1	61	9	31
	1965	91.2	60	10	30
	1966	105.0	60	11	29
	1967	115.7	57	12	30
	1968	121.3	55	14	30
	1969	146.7	57	15	28
	1970	164.4	61	17	22
	1971	144.5	54	25	26
	1972	258.4	62	22	17
	1973	434.7	71	15	11
	1974	271.4	58	26	12
	1975	261.0	67	29	8
	1976	376.3	74	21	8

11. THE FINANCE OF GROSS ACCUMULATION (continued)

General note. This table shows the percentage distribution of gross accumulation by source of finance. The figures are based on the data which appear for countries in the table "Distribution of Capital Flows" in Vol. I of this *Yearbook*. The data are in terms of the former SNA unless otherwise indicated. Further details concerning the basic data may be obtained by reference to this table.

1/ Gross accumulation at current prices.
2/ Estimates relate to the present SNA.
3/ Includes a statistical discrepancy.
4/ Year beginning 1 April.
5/ Year beginning 1 July.
6/ Data not strictly comparable with those of previous years.
7/ Includes Namibia.

12. SAVING AS PERCENTAGE OF DISPOSABLE INCOME AND BY PERCENTAGE DISTRIBUTION BY SECTOR

COUNTRY OR AREA AND CURRENCY UNIT	YEAR	TOTAL SAVING		SAVING BY INSTITUTIONAL SECTOR					
		AMOUNT	PERCENT OF TOTAL DISPOSABLE INCOME	CORPORATE AND QUASI-CORPORATE ENTERPRISES		GENERAL GOVERNMENT		HOUSEHOLDS AND PRIVATE NON-PROFIT INSTITUTIONS SERVING HOUSEHOLDS	
				PERCENT OF		PERCENT OF		PERCENT OF	
				TOTAL SAVING	DISP. INCOME	TOTAL SAVING	DISP. INCOME	TOTAL SAVING	DISP. INCOME
AFRICA									
BENIN	1964 2/9/	2.4	...	33	...	-17	...	83	...
(1000 MILLION CFA FRANCS)	1965	1.0	...	105	...	-60	...	54	...
	1966	1.6	...	85	...	-19	...	33	...
	1967	4.4	...	31	...	52	...	17	...
SOUTH AFRICA 1/	1960 2/	634.0	14	24	100	31	29	45	8
(MILLION SOUTH AFRICAN RAND)	1961	764.0	16	15	100	20	22	65	13
	1962	795.0	16	18	100	10	12	71	14
	1963	1013.0	18	15	100	27	28	57	13
	1964	962.0	15	28	100	30	27	42	8
	1965	1059.0	15	22	100	25	23	53	11
	1966	1142.0	15	20	100	19	18	60	12
	1967	1551.0	19	12	100	28	29	60	14
	1968	1459.0	16	15	100	29	27	56	12
	1969	1550.0	15	22	100	31	26	47	10
	1970	1483.0	13	16	100	30	22	54	9
	1971	1600.0	13	16	100	18	13	67	11
	1972	2101.0	15	17	100	18	16	65	12
	1973	2842.0	17	27	100	33	29	40	9
	1974	3460.0	17	31	100	34	29	35	8
	1975	3457.0	15	12	100	24	18	64	12
	1976	2958.0	12	19	100	17	10	64	10
	1977	4325.0	15	32	100	16	12	51	10

12. SAVING AS PERCENTAGE OF DISPOSABLE INCOME AND BY PERCENTAGE DISTRIBUTION BY SECTOR (CONTINUED)

COUNTRY OR AREA AND CURRENCY UNIT	YEAR	TOTAL SAVING		SAVING BY INSTITUTIONAL SECTOR					
		AMOUNT	PERCENT OF TOTAL DISPOSABLE INCOME	CORPORATE AND QUASI-CORPORATE ENTERPRISES		GENERAL GOVERNMENT		HOUSEHOLDS AND PRIVATE NON-PROFIT INSTITUTIONS SERVING HOUSEHOLDS	
				PERCENT OF		PERCENT OF		PERCENT OF	
				TOTAL SAVING	DISP. INCOME	TOTAL SAVING	DISP. INCOME	TOTAL SAVING	DISP. INCOME
AFRICA (CONTINUED)									
ZAMBIA............................ (MILLION ZAMBIAN KWACHA)	1965	187.6	30	...	...	...	...	...	...
	1966	243.2	34	...	...	...	...	...	...
	1967	233.2	29	...	...	39	44	...	...
	1968	244.1	27	...	...	57	52	...	...
	1969	465.8	42	...	...	49	64	...	...
	1970 2/	307.9	31	63	100	44	40	-7	-4
	1971 2/	101.1	12	65	100	-29	-12	64	12
	1972 2/	133.0	14	103	100	-63	-38	60	13
	1973 2/	334.6	28	...	...	-7	...	38	18
	1974 2/	483.7	33	...	...	40	...	31	19
	1975 2/	-64.8	-6	...	...	...	...	...	...
	1976 2/	242.8	17	...	...	...	...	...	...
	1977 2/	199.3	13	...	...	...	...	...	...
NORTH AMERICA									
CANADA............................ (MILLION CANADIAN DOLLARS)	1960 2/	2601.0 3/	8	53	100	9	4	39	4
	1961	2485.0	7	57	100	6	3	37	3
	1962	3788.0	10	42	100	13	7	48	6
	1963	4213.0	10	43	100	15	8	47	6
	1964	5157.0	12	45	100	25	15	32	5
	1965	6222.0	13	43	100	28	17	35	6
	1966	7668.0	14	36	100	29	19	39	8
	1967	7421.0	13	38	100	28	16	38	7
	1968	7903.0	12	41	100	30	16	33	6
	1969	9487.0	13	35	100	39	21	31	6
	1970	8540.0	11	34	100	30	14	38	6
	1971	9094.0	11	38	100	27	12	42	7
	1972	11074.0	12	39	100	23	11	47	8
	1973	15928.0	15	44	100	25	15	46	9
	1974	20925.0	16	42	100	30	18	48	11
	1975	16850.0	12	46	100	1	0	71	11
	1976	20864.0	12	43	100	2	1	65	11
	1977	21569.0	12	52	100	-6	-3	69	11

12. SAVING AS PERCENTAGE OF DISPOSABLE INCOME AND BY PERCENTAGE DISTRIBUTION BY SECTOR (CONTINUED)

COUNTRY OR AREA AND CURRENCY UNIT	YEAR	TOTAL SAVING: AMOUNT	TOTAL SAVING: PERCENT OF TOTAL DISPOSABLE INCOME	CORPORATE AND QUASI-CORPORATE ENTERPRISES: PERCENT OF TOTAL SAVING	CORPORATE AND QUASI-CORPORATE ENTERPRISES: PERCENT OF DISP. INCOME	GENERAL GOVERNMENT: PERCENT OF TOTAL SAVING	GENERAL GOVERNMENT: PERCENT OF DISP. INCOME	HOUSEHOLDS AND PRIVATE NON-PROFIT INSTITUTIONS SERVING HOUSEHOLDS: PERCENT OF TOTAL SAVING	HOUSEHOLDS AND PRIVATE NON-PROFIT INSTITUTIONS SERVING HOUSEHOLDS: PERCENT OF DISP. INCOME
NORTH AMERICA (CONTINUED)									
UNITED STATES...................... (1000 MILLION US DOLLARS)	1960 2/	38.7	9	26	100	24	10	50	6
	1961	35.2	8	27	100	9	3	64	6
	1962	43.1	9	35	100	11	5	53	6
	1963	48.7	9	35	100	21	9	44	5
	1964	58.1	10	36	100	14	7	51	7
	1965	71.9	12	37	100	16	9	47	7
	1966	75.6	11	38	100	13	7	49	7
	1967	69.8	10	38	100	-2	-1	64	8
	1968	76.6	10	32	100	13	6	55	7
	1969	82.5	10	23	100	29	12	48	6
	1970	66.5	8	14	100	3	1	83	8
	1971	71.9	8	21	100	-9	-3	88	9
	1972	85.8	8	29	100	6	2	65	7
	1973	111.6	10	17	100	14	6	69	9
	1974	84.6	7	-3	100	11	3	92	8
	1975	51.7	4	20	100	-94	-20	174	8
	1976	74.0	5	31	100	-32	-8	102	6
	1977	91.6	6	28	100	-11	-3	83	6
CARIBBEAN AND LATIN AMERICA									
ECUADOR........................... (MILLION ECUADORAN SUCRES)	1970 2/	2624.0	8	53	100	56	26	-9	-1
	1971	4140.0	11	53	100	13	11	34	5
	1972	5134.0	12	36	100	36	26	28	4
	1973	10516.0	18	27	100	64	50	9	2
	1974	14793.0	18	23	100	80	55	-2	-1
	1975	14327.0	14	28	100	75	49	-3	-1
	1976	20430.0	18	37	100	50	45	13	3

12. SAVING AS PERCENTAGE OF DISPOSABLE INCOME AND BY PERCENTAGE DISTRIBUTION BY SECTOR (CONTINUED)

COUNTRY OR AREA AND CURRENCY UNIT	YEAR	TOTAL SAVING		SAVING BY INSTITUTIONAL SECTOR					
		AMOUNT	PERCENT OF TOTAL DISPOSABLE INCOME	CORPORATE AND QUASI-CORPORATE ENTERPRISES		GENERAL GOVERNMENT		HOUSEHOLDS AND PRIVATE NON-PROFIT INSTITUTIONS SERVING HOUSEHOLDS	
				PERCENT OF		PERCENT OF		PERCENT OF	
				TOTAL SAVING	DISP. INCOME	TOTAL SAVING	DISP. INCOME	TOTAL SAVING	DISP. INCOME
CARIBBEAN AND LATIN AMERICA (CONTINUED)									
HONDURAS............................ (MILLION HONDURAN LEMPIRAS)	1960	58.0	...	26	...	12	...	62	...
	1961	45.0	...	13	...	9	...	78	...
	1962	71.0	...	45	...	6	...	49	...
	1963	62.0	...	39	...	5	...	56	...
	1964	65.0	...	51	...	9	...	40	...
	1965	90.0	...	39	...	18	...	43	...
	1966	105.0	...	30	...	21	...	50	...
	1967	143.0	...	40	...	19	...	41	...
	1968	148.0	...	31	...	24	...	45	...
	1969	146.0	...	40	...	15	...	45	...
	1970	132.0	...	46	...	18	...	36	...
	1971	144.0	...	44	...	13	...	44	...
	1972	174.0	...	50	...	2	...	48	...
	1973	211.0	...	41	...	19	...	39	...
	1974	189.0	...	32	...	48	...	20	...
	1975	109.0	...	37	...	75	...	-11	...
JAMAICA............................ (MILLION JAMAICAN DOLLARS)	1960	52.6	...	47	...	23	...	30	...
	1961	60.5	...	42	...	17	...	41	...
	1962	57.9	...	40	...	16	...	44	...
	1963	63.8	...	45	...	9	...	47	...
	1964	48.5	...	68	...	26	...	6	...
	1965	62.8	...	57	...	26	...	17	...
	1966	72.7	...	51	...	34	...	15	...
	1967	78.1	...	47	...	28	...	25	...
	1968	99.7	...	40	...	26	...	34	...
	1969	102.3	...	42	...	43	...	14	...
	1970	114.7	...	38	...	44	...	18	...
	1971	90.2	...	68	...	50	...	-18	...
	1972	102.5	...	123	...	26	...	-48	...
	1973	113.7	...	92	...	35	...	-26	...
	1974	256.0	...	53	...	72	...	-24	...

12. SAVING AS PERCENTAGE OF DISPOSABLE INCOME AND BY PERCENTAGE DISTRIBUTION BY SECTOR (CONTINUED)

COUNTRY OR AREA AND CURRENCY UNIT	YEAR	TOTAL SAVING		SAVING BY INSTITUTIONAL SECTOR					
		AMOUNT	PERCENT OF TOTAL DISPOSABLE INCOME	CORPORATE AND QUASI-CORPORATE ENTERPRISES		GENERAL GOVERNMENT		HOUSEHOLDS AND PRIVATE NON-PROFIT INSTITUTIONS SERVING HOUSEHOLDS	
				PERCENT OF		PERCENT OF		PERCENT OF	
				TOTAL SAVING	DISP. INCOME	TOTAL SAVING	DISP. INCOME	TOTAL SAVING	DISP. INCOME
CARIBBEAN AND LATIN AMERICA (CONTINUED)									
NICARAGUA......................... (MILLION NICARAGUAN CORDOBAS)	2/ 1960	206.1	9	71	100	31	25	-2	0
	1961	249.9	10	63	100	26	24	11	1
	1962	303.2	11	57	100	29	30	13	2
	1963	387.2	13	49	100	35	40	16	2
	1964	504.8	15	45	100	27	37	28	5
	1965	516.3	14	48	100	32	38	20	3
	1966	462.7	11	58	100	32	33	10	1
	1967	327.4	8	89	100	30	22	-19	-2
	1968	376.5	8	82	100	25	20	-7	-1
	1969	526.9	11	63	100	18	20	19	2
	1970	526.5	10	65	100	15	14	20	3
	1971	494.1	9	74	100	15	12	12	1
	1972	698.6	12	56	100	16	18	28	4
	1973	1073.6	14	44	100	29	38	26	4
	1974	1130.4	11	58	100	53	48	-11	-2
	1975	650.0	6	107	100	67	36	-74	-6
	1976	1550.8	13	53	100	32	35	15	2
	1977	2125.4	15	46	100	25	31	29	5
PANAMA............................ (MILLION PANAMANIAN BALBOAS)	1960	0.6	0	5067	100	2317	23	-7283	-16
	1961	24.8	6	138	100	75	27	-113	-9
	1962	32.0	7	116	100	56	24	-73	-7
	1963	28.6	6	177	100	60	20	-137	-11
	1964	31.5	6	163	100	78	27	-142	-11
	1965	35.0	6	163	100	87	30	-149	-12
	1966	64.9	10	85	100	45	25	-30	-4
	1967	72.4	10	82	100	35	20	-16	-2
	1968	96.2	13	55	100	23	17	23	4
	1969	101.6	12	46	100	26	18	28	4
	1970	123.1	13	59	100	16	11	25	4
	1971	143.8	14	65	100	20	15	16	3
	1972	190.2	17	59	100	14	12	27	6
	1973	186.9	14	48	100	19	14	32	6
	1974	100.2	6	193	100	17	6	-110	-10
	1975	261.4	15	105	100	6	5	-12	-3
	1976	291.3	16	100	100	1	1	-1	0

12. SAVING AS PERCENTAGE OF DISPOSABLE INCOME AND BY PERCENTAGE DISTRIBUTION BY SECTOR (CONTINUED)

COUNTRY OR AREA AND CURRENCY UNIT	YEAR	TOTAL SAVING		SAVING BY INSTITUTIONAL SECTOR					
		AMOUNT	PERCENT OF TOTAL DISPOSABLE INCOME	CORPORATE AND QUASI-CORPORATE ENTERPRISES		GENERAL GOVERNMENT		HOUSEHOLDS AND PRIVATE NON-PROFIT INSTITUTIONS SERVING HOUSEHOLDS	
				PERCENT OF		PERCENT OF		PERCENT OF	
				TOTAL SAVING	DISP. INCOME	TOTAL SAVING	DISP. INCOME	TOTAL SAVING	DISP. INCOME
CARIBBEAN AND LATIN AMERICA (CONTINUED)									
PARAGUAY.......................... (MILLION P GUARANIES)	1962	1899.8	...	3	...	44	...	53	...
	1963	1408.9	...	7	...	66	...	27	...
	1964	1313.7	...	9	...	48	...	42	...
	1965	3964.8	...	5	...	24	...	71	...
	1966	2916.0	...	7	...	24	...	70	...
	1967	2791.2	...	7	...	58	...	34	...
	1968	1888.8	...	12	...	86	...	2	...
	1969	2054.5	...	11	...	51	...	37	...
	1970	4353.6	...	6	...	19	...	75	...
	1971	4225.3	...	5	...	36	...	59	...
	1972	7490.0	...	7	...	12	...	81	...
	1973	16102.0	...	4	...	9	...	86	...
	1974	22833.0	...	7	...	5	...	88	...
	1975	25711.0	...	11	...	2	...	88	...
	1976	24566.0	...	12	...	5	...	84	...
	1977	22471.0	...	18	...	17	...	65	...
ASIA EAST AND SOUTHEAST									
INDIA.......................... (1000 MILLION INDIAN RUPEES)	2/4/ 1960	13.1	...	16	...	15	...	69	...
	1961	12.6	...	19	...	19	...	62	...
	1962	15.4	...	18	...	18	...	65	...
	1963	18.2	...	19	...	19	...	63	...
	1964	20.0	...	11	...	23	...	65	...
	1965	25.4	...	11	...	16	...	74	...
	1966	31.0	...	8	...	9	...	84	...
	1967	29.3	...	5	...	9	...	86	...
	1968	30.0	...	6	...	13	...	80	...
	1969	41.0	...	8	...	11	...	81	...
	1970	45.9	...	9	...	12	...	79	...
	1971	49.8	...	9	...	10	...	80	...
	1972	53.2	...	8	...	9	...	82	...
	1973	71.3	...	8	...	13	...	79	...
	1974	87.8	...	14	...	19	...	67	...
	1975	99.6	...	8	...	21	...	71	...

12. SAVING AS PERCENTAGE OF DISPOSABLE INCOME AND BY PERCENTAGE DISTRIBUTION BY SECTOR (CONTINUED)

COUNTRY OR AREA AND CURRENCY UNIT	YEAR	TOTAL SAVING		SAVING BY INSTITUTIONAL SECTOR					
		AMOUNT	PERCENT OF TOTAL DISPOSABLE INCOME	CORPORATE AND QUASI-CORPORATE ENTERPRISES		GENERAL GOVERNMENT		HOUSEHOLDS AND PRIVATE NON-PROFIT INSTITUTIONS SERVING HOUSEHOLDS	
				PERCENT OF		PERCENT OF		PERCENT OF	
				TOTAL SAVING	DISP. INCOME	TOTAL SAVING	DISP. INCOME	TOTAL SAVING	DISP. INCOME
ASIA EAST AND SOUTHEAST (CONTINUED)									
JAPAN............................. (1000 MILLION JAPANESE YEN)	1960	3914.1	...	24	...	28	...	48	...
	1961	4994.7	...	21	...	31	...	48	...
	1962	5402.7	...	18	...	32	...	50	...
	1963	5790.5	...	16	...	32	...	52	...
	1964	6264.9	...	19	...	31	...	50	...
	1965	6777.7	...	14	...	29	...	57	...
	1966	7881.2	...	18	...	27	...	55	...
	1967	10404.2	...	22	...	25	...	53	...
	1968	13187.4	...	24	...	25	...	51	...
	1969	15456.2	...	24	...	28	...	48	...
	1970	19496.8	...	24	...	28	...	48	...
	1971	21190.4	...	21	...	28	...	51	...
	1972	23821.2	...	19	...	27	...	55	...
	1973	30203.0	...	9	...	28	...	63	...
	1974	31355.7	...	-6	...	28	...	77	...
	1975	34561.0	...	8	...	12	...	80	...
	1976	37809.0	...	12	...	9	...	79	...
KOREA, REPUBLIC OF................ (1000 MILLION KOREAN WON)	1960	8.2	3	32	100	123	22	-55	-2
	1961	19.0	6	26	100	77	27	-3	0
	1962	21.5	6	44	100	71	24	-16	-1
	1963	50.0	10	25	100	41	27	34	4
	1964	69.1	10	19	100	45	34	36	4
	1965	67.8	8	30	100	67	38	2	0
	1966	123.3	12	19	100	46	35	35	5
	1967	129.5	10	23	100	64	39	13	2
	1968	206.4	13	16	100	61	42	23	4
	1969	340.1	16	12	100	43	40	45	9
	1970	353.2	14	12	100	54	40	34	6
	1971	357.4	11	15	100	52	34	33	5
	1972	406.8	11	22	100	36	25	42	5
	1973	868.0	18	21	100	24	30	55	12
	1974	948.2	14	29	100	17	18	54	9
	1975	1138.3	13	32	100	33	27	35	6
	1976	2164.4	18	22	100	38	36	40	9
	1977	2988.7	19	18	100	30	31	51	13

12. SAVING AS PERCENTAGE OF DISPOSABLE INCOME AND BY PERCENTAGE DISTRIBUTION BY SECTOR (CONTINUED)

COUNTRY OR AREA AND CURRENCY UNIT	YEAR	TOTAL SAVING		SAVING BY INSTITUTIONAL SECTOR					
				CORPORATE AND QUASI-CORPORATE ENTERPRISES		GENERAL GOVERNMENT		HOUSEHOLDS AND PRIVATE NON-PROFIT INSTITUTIONS SERVING HOUSEHOLDS	
				PERCENT OF		PERCENT OF		PERCENT OF	
		AMOUNT	PERCENT OF TOTAL DISPOSABLE INCOME	TOTAL SAVING	DISP. INCOME	TOTAL SAVING	DISP. INCOME	TOTAL SAVING	DISP. INCOME
ASIA EAST AND SOUTHEAST (CONTINUED)									
PHILIPPINES........................ (MILLION PHILIPPINE PESOS)	1960	1533.0	12	11	...	20	32	69	...
	1961	1796.0	12	11	...	17	29	71	...
	1962	1876.0	11	23	...	19	30	58	...
	1963	3023.0	16	17	...	13	28	71	...
	1964	3210.0	16	16	...	13	28	71	...
	1965	3370.0	15	11	...	6	14	83	...
	1966	3673.0	15	18	...	6	14	76	...
	1967	3525.0	13	20	...	10	19	69	...
	1968	3401.0	11	26	...	12	20	61	...
	1969	3405.0	10	22	...	8	13	70	...
	1970	5067.0	13	23	...	20	34	58	...
	1971	5583.0	12	12	...	24	37	65	...
	1972	6326.0	12	13	...	15	23	72	...
	1973	12618.0	19	12	...	33	68	56	...
	1974	17021.0	18	15	...	29	49	57	...
	1975	18330.0	17	18	...	25	41	57	...
	1976	20262.0	17	20	...	12	22	67	...
	1977	25532.0	18	20	...	12	22	68	...
EUROPE MARKET ECONOMIES									
AUSTRIA............................ (1000 MILLION A SCHILLINGS)	1960	29.7	20	32	100	30	45	38	10
	1961	34.5	21	20	100	38	55	42	11
	1962	33.6	19	23	100	38	53	39	9
	1963	32.1	17	23	100	34	45	44	9
	1964 2/	37.2	19	24	100	40	33	36	9
	1965 2/	38.5	18	22	100	45	35	33	8
	1966 2/	44.8	19	20	100	45	35	36	9
	1967 2/	42.5	17	21	100	39	28	40	9
	1968 2/	46.4	17	25	100	33	26	41	10
	1969 2/	56.2	19	29	100	32	26	39	10
	1970 2/	70.6	21	29	100	35	31	37	11
	1971 2/	76.7	21	26	100	38	32	36	11
	1972 2/	88.5	21	28	100	42	34	30	9
	1973 2/	98.4	21	35	100	41	33	24	7
	1974 2/	109.6	20	38	100	40	31	22	7
	1975 2/	91.3	16	37	100	29	19	33	8
	1976 2/	99.6	16	42	100	20	13	39	9
	1977 2/	99.0	14	47	100	25	15	28	6

12. SAVING AS PERCENTAGE OF DISPOSABLE INCOME AND BY PERCENTAGE DISTRIBUTION BY SECTOR (CONTINUED)

COUNTRY OR AREA AND CURRENCY UNIT	YEAR	TOTAL SAVING		SAVING BY INSTITUTIONAL SECTOR					
		AMOUNT	PERCENT OF TOTAL DISPOSABLE INCOME	CORPORATE AND QUASI-CORPORATE ENTERPRISES		GENERAL GOVERNMENT		HOUSEHOLDS AND PRIVATE NON-PROFIT INSTITUTIONS SERVING HOUSEHOLDS	
				PERCENT OF		PERCENT OF		PERCENT OF	
				TOTAL SAVING	DISP. INCOME	TOTAL SAVING	DISP. INCOME	TOTAL SAVING	DISP. INCOME
EUROPE MARKET ECONOMIES (CONTINUED)									
BELGIUM............................ (1000 MILLION BELGIAN FRANCS)	1960	52.7	10	22	100	-10	-8	88	11
	1961	66.9	12	20	100	7	6	73	11
	1962	76.9	13	15	100	8	7	77	12
	1963	72.7	12	19	100	4	3	77	11
	1964	109.2	15	15	100	15	14	69	13
	1965	118.4	15	14	100	6	7	79	15
	1966	124.7	15	9	100	13	12	77	14
	1967	138.5	16	11	100	13	12	76	15
	1968	138.8	15	15	100	7	6	78	14
	1969	168.7	16	16	100	10	9	75	15
	1970	218.0	19	14	100	13	14	73	17
	1971	219.0	17	12	100	11	11	77	17
	1972	249.3	17	14	100	4	4	82	18
	1973	279.1	17	17	100	4	4	79	17
	1974	339.9	18	13	100	9	9	78	17
	1975	300.4	14	5	100	-5	-4	100	18
	1976	352.0	15	9	100	-10	-9	101	18
	1977	353.7	14	8	100	-14	-11	106	17
DENMARK............................ (MILLION DANISH KRONER)	1960 2/	5735.0	15	... 6/	... 7/	42	32	58 6/	11 7/
	1961	5685.0	14	...	...	26	19	74	12
	1962	6192.0	13	...	...	32	22	68	11
	1963	6456.0	13	...	...	42	26	58	10
	1964	8235.0	14	...	...	39	27	61	11
	1965	9694.0	15	...	...	40	27	60	12
	1966	11763.0	17	...	...	40	28	39	9
	1967 5/	12193.0	16	...	...	...	...	...	...
	1968	14052.0	16	...	...	...	...	...	...
	1969	17289.0	17	...	...	...	...	...	...
	1970	18335.0	17	...	...	...	...	...	...
	1971	20540.0	17	...	...	...	...	...	...
	1972	27251.0	19	...	...	...	...	...	...
	1973	31753.0	19	...	...	...	...	...	...
	1974	28602.0	16	...	...	...	...	...	...
	1975	23436.0	12	...	...	...	...	...	...
	1976	29844.0	13	...	...	...	...	...	...
	1977	31809.0	13	...	...	...	...	...	...

12. SAVING AS PERCENTAGE OF DISPOSABLE INCOME AND BY PERCENTAGE DISTRIBUTION BY SECTOR (CONTINUED)

COUNTRY OR AREA AND CURRENCY UNIT	YEAR	TOTAL SAVING		SAVING BY INSTITUTIONAL SECTOR					
				CORPORATE AND QUASI-CORPORATE ENTERPRISES		GENERAL GOVERNMENT		HOUSEHOLDS AND PRIVATE NON-PROFIT INSTITUTIONS SERVING HOUSEHOLDS	
				PERCENT OF		PERCENT OF		PERCENT OF	
		AMOUNT	PERCENT OF TOTAL DISPOSABLE INCOME	TOTAL SAVING	DISP. INCOME	TOTAL SAVING	DISP. INCOME	TOTAL SAVING	DISP. INCOME
EUROPE MARKET ECONOMIES (CONTINUED)									
FINLAND.......................... (MILLION FINNISH MARKKAA)	1960	3004.0	21	18	100	51	44	31	9
	1961	3460.0	22	14	100	42	40	44	13
	1962	3331.0	20	12	100	48	39	41	11
	1963	3440.0	19	14	100	32	28	54	13
	1964	4128.0	19	12	100	43	35	45	12
	1965	4518.0	19	10	100	44	35	46	12
	1966	4970.0	20	9	100	46	35	45	12
	1967	5108.0	19	11	100	47	33	42	11
	1968	6374.0	21	14	100	42	32	44	13
	1969	7547.0	22	25	100	39	32	36	11
	1970	8847.0	23	24	100	41	35	35	12
	1971	9761.0	23	15	100	42	34	43	14
	1972	10901.0	22	18	100	43	34	39	13
	1973	14486.0	24	21	100	47	38	32	12
	1974	19435.0	26	24	100	35	32	41	16
	1975	19198.0	22	19	100	36	27	45	15
	1976	19941.0	20	16	100	53	33	31	10
	1977	21075.0	20	17	100	46	28	37	11
FRANCE.......................... (1000 MILLION FRENCH FRANCS)	1960	42.3	16	26	100	27	23	47	10
	1961	44.9	16	24	100	29	24	47	9
	1962	51.2	16	21	100	23	20	56	11
	1963	57.7	16	20	100	26	22	54	11
	1964	69.5	17	22	100	31	27	47	11
	1965	74.9	17	19	100	31	27	50	11
	1966	85.0	18	22	100	30	28	47	11
	1967	89.7	18	21	100	28	26	51	12
	1968	97.3	17	28	100	23	22	50	11
	1969	128.5	20	33	100	28	28	39	10
	1970 2/	124.2	18	17	100	27	24	56	13
	1971 2/	134.3	17	15	100	25	22	59	13
	1972 2/	155.8	18	17	100	25	23	58	13
	1973 2/	177.7	18	16	100	24	22	60	14
	1974 2/	173.7	15	3	100	26	20	71	14
	1975 2/	168.0	13	-3	100	9	7	94	15
	1976 2/	185.7	13	-3	100	25	16	78	12
	1977 2/	206.0	13	2	100	11	8	86	13

12. SAVING AS PERCENTAGE OF DISPOSABLE INCOME AND BY PERCENTAGE DISTRIBUTION BY SECTOR (CONTINUED)

COUNTRY OR AREA AND CURRENCY UNIT	YEAR	TOTAL SAVING		SAVING BY INSTITUTIONAL SECTOR					
				CORPORATE AND QUASI-CORPORATE ENTERPRISES		GENERAL GOVERNMENT		HOUSEHOLDS AND PRIVATE NON-PROFIT INSTITUTIONS SERVING HOUSEHOLDS	
				PERCENT OF		PERCENT OF		PERCENT OF	
		AMOUNT	PERCENT OF TOTAL DISPOSABLE INCOME	TOTAL SAVING	DISP. INCOME	TOTAL SAVING	DISP. INCOME	TOTAL SAVING	DISP. INCOME
EUROPE MARKET ECONOMIES (CONTINUED)									
GERMANY,FEDERAL REPUBLIC OF....... (1000 MILLION DEUTSCHE MARK)	1960 2/	63.6	...	41	...	34	...	25	...
	1961	66.0	...	33	...	39	...	28	...
	1962	66.8	...	33	...	39	...	29	...
	1963	65.8	...	27	...	37	...	36	...
	1964	79.4	...	27	...	35	...	37	...
	1965	80.9	...	28	...	28	...	44	...
	1966	82.3	...	27	...	29	...	44	...
	1967	73.5	...	29	...	22	...	49	...
	1968	89.9	...	30	...	22	...	48	...
	1969	105.4	...	17	...	35	...	48	...
	1970	124.6	...	21	...	32	...	47	...
	1971	127.9	...	18	...	32	...	50	...
	1972	134.2	...	14	...	29	...	57	...
	1973	149.0	...	9	...	38	...	54	...
	1974	140.6	...	6	...	28	...	66	...
	1975	105.2	...	8	...	-7	...	99	...
	1976	131.2	...	15	...	11	...	74	...
	1977	136.0	...	11	...	19	...	70	...
IRELAND............................ (MILLION IRISH POUNDS)	1960	62.8 3/	10	36	100	1	1	66	8
	1961	76.4	11	30	100	-2	-2	76	10
	1962	77.9	11	29	100	-2	-2	78	10
	1963	81.0	10	31	100	4	3	70	9
	1964	98.7	11	25	100	3	2	83	11
	1965	113.1	12	26	100	3	2	76	11
	1966	113.7	11	20	100	14	10	75	10
	1967	144.7	13	29	100	12	10	65	11
	1968	157.5	13	32	100	12	10	67	10
	1969	179.2	13	31	100	10	9	67	10
	1970	197.7	13	20	100	7	5	80	12
	1971	220.4	12	19	100	11	8	78	12
	1972	296.6	14	23	100	2	2	85	15
	1973	395.0	15	20	100	2	2	99	18

12. SAVING AS PERCENTAGE OF DISPOSABLE INCOME AND BY PERCENTAGE DISTRIBUTION BY SECTOR (CONTINUED)

COUNTRY OR AREA AND CURRENCY UNIT	YEAR	TOTAL SAVING: AMOUNT	TOTAL SAVING: PERCENT OF TOTAL DISPOSABLE INCOME	CORPORATE AND QUASI-CORPORATE ENTERPRISES: PERCENT OF TOTAL SAVING	CORPORATE AND QUASI-CORPORATE ENTERPRISES: PERCENT OF DISP. INCOME	GENERAL GOVERNMENT: PERCENT OF TOTAL SAVING	GENERAL GOVERNMENT: PERCENT OF DISP. INCOME	HOUSEHOLDS AND PRIVATE NON-PROFIT INSTITUTIONS SERVING HOUSEHOLDS: PERCENT OF TOTAL SAVING	HOUSEHOLDS AND PRIVATE NON-PROFIT INSTITUTIONS SERVING HOUSEHOLDS: PERCENT OF DISP. INCOME
EUROPE MARKET ECONOMIES (CONTINUED)									
ITALY..............................	1960	3549.0	...	...	...	20	...	...	...
(1000 MILLION ITALIAN LIRE)	1961	4296.0	...	13	...	21	...	66	...
	1962	4716.0	...	9	...	21	...	71	...
	1963	4741.0	...	6	...	20	...	74	...
	1964	5135.0	...	5	...	23	...	72	...
	1965	5483.0	...	11	...	4	...	85	...
	1966	5653.0	...	15	...	2	...	83	...
	1967	6378.0	...	12	...	14	...	74	...
	1968	7224.0	...	16	...	9	...	75	...
	1969	8382.0	...	15	...	5	...	80	...
	1970 2/	9116.0	17	2	...	5	...	93	...
	1971 2/	9021.0	16	-3	...	-12	...	115	...
	1972 2/	9312.0	15	-2	...	-28	...	129	...
	1973 2/	11245.0	15	0	...	-24	...	124	...
	1974 2/	11912.0	13	-8	...	-22	...	130	...
	1975 2/	10964.0	11	-33	...	-70	...	202	...
	1976 2/	16722.0	13	-26	...	-38	...	163	...
MALTA..............................	1969	16.7	...	23	...	12	...	65	...
(MILLION MALTA POUNDS)	1970	16.4	...	25	...	-9	...	83	...
	1971	16.4	...	15	...	-15	...	99	...
	1972	14.4	...	24	...	1	...	75	...
	1973	14.9	...	24	...	39	...	37	...
	1974	14.7	...	46	...	2	...	51	...
	1975	40.3	...	36	...	5	...	60	...
	1976	58.2	...	34	...	5	...	62	...
	1977	54.8	...	41	...	13	...	46	...

12. SAVING AS PERCENTAGE OF DISPOSABLE INCOME AND BY PERCENTAGE DISTRIBUTION BY SECTOR (CONTINUED)

COUNTRY OR AREA AND CURRENCY UNIT	YEAR	TOTAL SAVING		SAVING BY INSTITUTIONAL SECTOR					
		AMOUNT	PERCENT OF TOTAL DISPOSABLE INCOME	CORPORATE AND QUASI-CORPORATE ENTERPRISES		GENERAL GOVERNMENT		HOUSEHOLDS AND PRIVATE NON-PROFIT INSTITUTIONS SERVING HOUSEHOLDS	
				PERCENT OF		PERCENT OF		PERCENT OF	
				TOTAL SAVING	DISP. INCOME	TOTAL SAVING	DISP. INCOME	TOTAL SAVING	DISP. INCOME
EUROPE MARKET ECONOMIES (CONTINUED)									
NETHERLANDS (MILLION GUILDERS)	1960	8765.0	...	29	...	25	...	46	...
	1961	8539.0 3/	...	26	...	29	...	46	...
	1962	8272.0 3/	...	28	...	25	...	48	...
	1963	8222.0	...	27	...	21	...	52	...
	1964	11162.0 3/	...	26	...	18	...	57	...
	1965	12353.0 3/	...	23	...	21	...	57	...
	1966	12947.0	...	22	...	22	...	55	...
	1967	14547.0	...	25	...	20	...	55	...
	1968 2/	17108.0	21	24	100	24	22	52	15
	1969 2/	19023.0 3/	20	24	100	24	22	52	14
	1970 2/	20933.0 3/	20	25	100	23	21	51	14
	1971 2/	23420.0	20	19	100	26	22	55	15
	1972 2/	27230.0	20	20	100	25	22	55	15
	1973 2/	33890.0	22	19	100	27	25	54	17
	1974 2/	35850.0	21	21	100	21	19	58	17
	1975 2/	28740.0	15	12	100	16	11	72	15
	1976 2/	34900.0	16	17	100	12	9	71	15
	1977 2/	35870.0	15	20	100	12	8	68	14
NORWAY (MILLION NORWEGIAN KRONER)	1960	4504.0	...	8/ 53	...	47	...	8/ ...	...
	1961	5052.0	...	47	...	53	...	...	...
	1962	5079.0	...	43	...	57	...	...	...
	1963	5725.0	...	54	...	46	...	...	...
	1964	6794.0	...	59	...	41	...	...	...
	1965	8029.0	...	63	...	37	...	...	...
	1966	8839.0	...	58	...	42	...	...	...
	1967 2/	8241.0	16	38	...	62	78	...	...
	1968 2/	8778.0	16	45	...	55	73	...	...
	1969 2/	8550.0	14	34	...	66	73	...	...
	1970 2/	11715.0	17	52	...	48	53	...	...
	1971 2/	12292.0	16	40	...	60	63	...	...
	1972 2/	13634.0	16	36	...	64	69	...	...
	1973 2/	16765.0	18	35	...	65	77	...	...
	1974 2/	19072.0	18	42	...	58	74	...	...
	1975 2/	18906.0	15	38	...	62	69	...	...
	1976 2/	17233.0	12	33	...	67	64	...	...
	1977 2/	12555.0	8	24	...	76	50	...	...

12. SAVING AS PERCENTAGE OF DISPOSABLE INCOME AND BY PERCENTAGE DISTRIBUTION BY SECTOR (CONTINUED)

COUNTRY OR AREA AND CURRENCY UNIT	YEAR	TOTAL SAVING		SAVING BY INSTITUTIONAL SECTOR					
		AMOUNT	PERCENT OF TOTAL DISPOSABLE INCOME	CORPORATE AND QUASI-CORPORATE ENTERPRISES		GENERAL GOVERNMENT		HOUSEHOLDS AND PRIVATE NON-PROFIT INSTITUTIONS SERVING HOUSEHOLDS	
				PERCENT OF		PERCENT OF		PERCENT OF	
				TOTAL SAVING	DISP. INCOME	TOTAL SAVING	DISP. INCOME	TOTAL SAVING	DISP. INCOME
EUROPE MARKET ECONOMIES (CONTINUED)									
PORTUGAL.......................... (1000 MILLION PORTUGUESE ESCUDOS)	1960	6.9	10	76 8/	...	24	18	... 8/	...
	1961	4.7	6	86 8/	...	14	6	... 8/	...
	1962	8.2	10	87 8/	...	13	9	... 8/	...
	1963	9.9	12	86 8/	...	14	11	... 8/	...
	1964	14.6	15	89 8/	...	11	12	... 8/	...
	1965	17.2	16	33	100	16	18	51	10
	1966	19.1	16	32	100	18	19	50	10
	1967	25.2	19	23	100	13	15	65	15
	1968 5/	23.5	16	28	100	18	18	54	11
	1969	27.3	17	23	100	25	24	52	11
	1970	35.8	20	21	100	24	25	56	14
	1971	38.1	18	24	100	23	24	53	13
	1972	56.2	23	17	100	14	20	69	20
	1973	68.7	23	20	100	13	20	68	20
	1974	47.8	13	18	100	3	2	79	13
	1975	22.6	6	-58	100	-41	-19	196	13
	1976	29.4	6	-19	100	-44	-24	158	11
SPAIN.............................. (1000 MILLION SPANISH PESETAS)	1960	97.8	17	34	100	28	33	38	8
	1961	121.2	18	33	100	27	35	40	9
	1962	145.6	19	33	100	27	36	40	9
	1963	162.7	18	30	100	22	30	47	10
	1964	197.3	19	28	100	26	35	46	11
	1965	226.2	18	27	100	25	34	48	11
	1966	257.9	18	25	100	25	33	50	11
	1967	236.5	15	21	100	35	33	44	8
	1968	266.0	16	27	100	29	29	44	9
	1969	302.4	16	25	100	32	31	43	9
	1970 2/	401.3	17	26	...	18	...	56	...
	1971 2/	466.8	17	29	...	11	...	60	...
	1972 2/	572.5	18	27	...	15	...	58	...
	1973 2/	750.6	19	27	...	15	...	59	...
	1974 2/	793.5	17	28	...	11	...	61	...
	1975 2/	849.3	16	26	...	14	...	60	...
	1976 2/	882.7	14	22	...	18	...	60	...
	1977 2/	1179.9	14	22	...	24	...	54	...

12. SAVING AS PERCENTAGE OF DISPOSABLE INCOME AND BY PERCENTAGE DISTRIBUTION BY SECTOR (CONTINUED)

COUNTRY OR AREA AND CURRENCY UNIT	YEAR	TOTAL SAVING: AMOUNT	TOTAL SAVING: PERCENT OF TOTAL DISPOSABLE INCOME	CORPORATE AND QUASI-CORPORATE ENTERPRISES: PERCENT OF TOTAL SAVING	CORPORATE AND QUASI-CORPORATE ENTERPRISES: PERCENT OF DISP. INCOME	GENERAL GOVERNMENT: PERCENT OF TOTAL SAVING	GENERAL GOVERNMENT: PERCENT OF DISP. INCOME	HOUSEHOLDS AND PRIVATE NON-PROFIT INSTITUTIONS SERVING HOUSEHOLDS: PERCENT OF TOTAL SAVING	HOUSEHOLDS AND PRIVATE NON-PROFIT INSTITUTIONS SERVING HOUSEHOLDS: PERCENT OF DISP. INCOME
EUROPE MARKET ECONOMIES (CONTINUED)									
SWEDEN.............................. (1000 MILLION SWEDISH KRONOR)	1960 2/	10.1	16	26	100	38	25	36	8
	1961	11.4	16	21	100	46	30	33	7
	1962	12.1	16	13	100	54	31	33	7
	1963	12.9	16	17	100	52	30	30	7
	1964	16.6	18	22	100	47	31	31	8
	1965	17.8	17	17	100	59	34	24	6
	1966	17.8	16	13	100	63	33	24	6
	1967	18.9	16	19	100	64	32	17	4
	1968	18.8	15	13	100	73	32	15	3
	1969	21.4	15	16	100	71	32	14	3
	1970	25.4	16	19	100	65	31	16	4
	1971	24.9	15	-1	100	75	31	26	6
	1972	25.8	15	6	100	74	30	20	5
	1973	29.7	15	18	100	58	25	24	6
	1974	30.0	14	17	100	44	18	39	8
	1975	33.3	13	2	100	51	19	46	9
	1976	28.6	10	-36	100	85	23	50	8
	1977	15.8	5	-160	100	117	16	142	11
UNITED KINGDOM.................... (MILLION POUNDS)	1960 2/	2574.0	11	65	100	4	2	31	4
	1961	2629.0	10	47	100	9	5	44	6
	1962	2496.0	9	39	100	23	11	38	5
	1963	2783.0	10	56	100	6	3	37	5
	1964	3500.0	11	49	100	16	9	35	5
	1965	4056.0	12	41	100	21	13	38	6
	1966	4025.0	12	28	100	29	15	43	7
	1967	3837.0	10	26	100	32	15	42	6
	1968	4459.0	11	28	100	39	19	33	5
	1969	5886.0	14	22	100	53	28	26	5
	1970	6369.0	14	10	100	61	30	29	5
	1971	6186.0	12	18	100	51	24	31	5
	1972	6100.0	11	27	100	25	12	48	7
	1973	7055.0	11	27	100	22	10	51	7
	1974	4746.0	6	-33	100	17	5	116	10
	1975	5485.0	6	-41	100	-4	-1	145	11
	1976	7140.0	7	-7	100	-15	-4	122	11

12. SAVING AS PERCENTAGE OF DISPOSABLE INCOME AND BY PERCENTAGE DISTRIBUTION BY SECTOR (CONTINUED)

COUNTRY OR AREA AND CURRENCY UNIT	YEAR	TOTAL SAVING		SAVING BY INSTITUTIONAL SECTOR					
				CORPORATE AND QUASI-CORPORATE ENTERPRISES		GENERAL GOVERNMENT		HOUSEHOLDS AND PRIVATE NON-PROFIT INSTITUTIONS SERVING HOUSEHOLDS	
				PERCENT OF		PERCENT OF		PERCENT OF	
		AMOUNT	PERCENT OF TOTAL DISPOSABLE INCOME	TOTAL SAVING	DISP. INCOME	TOTAL SAVING	DISP. INCOME	TOTAL SAVING	DISP. INCOME
OCEANIA									
AUSTRALIA (MILLION AUSTRALIAN DOLLARS)	1960 2/9/	2334.0	18	18	100	41	40	41	9
	1961	2173.0	16	17	100	34	33	48	10
	1962	2438.0	17	26	100	30	31	45	10
	1963	3078.0	19	26	100	28	32	46	11
	1964	3461.0	20	23	100	34	36	43	11
	1965	3088.0	17	21	100	38	33	42	9
	1966	3531.0	17	22	100	30	28	48	11
	1967	3181.0	15	31	100	37	28	32	6
	1968	4482.0	18	26	100	33	31	41	10
	1969	5032.0	19	27	100	37	34	36	9
	1970	5564.0	19	21	100	36	32	43	11
	1971	6343.0	19	19	100	36	32	46	12
	1972	7700.0	20	21	100	25	26	54	14
	1973	10356.0	22	14	100	27	29	59	17
	1974	11562.0	21	9	100	24	23	68	18
	1975	12734.0	19	15	100	20	18	65	17
	1976	14718.0	19	18	100	17	16	64	17
FIJI (MILLION FIJI DOLLARS)	1963	12.1	12	...	...	...	...	...	...
	1964	18.0	16	...	...	...	...	...	...
	1965	6.0	5	...	...	...	...	...	...
	1966	12.7	10	...	...	...	...	...	...
	1967	15.0	11	...	...	...	...	...	...
	1968	26.3	18	...	...	...	...	...	...

12. SAVING AS PERCENTAGE OF DISPOSABLE INCOME AND BY PERCENTAGE DISTRIBUTION BY SECTOR (CONTINUED)

COUNTRY OR AREA AND CURRENCY UNIT	YEAR	TOTAL SAVING: AMOUNT	TOTAL SAVING: PERCENT OF TOTAL DISPOSABLE INCOME	CORPORATE AND QUASI-CORPORATE ENTERPRISES: PERCENT OF TOTAL SAVING	CORPORATE AND QUASI-CORPORATE ENTERPRISES: PERCENT OF DISP. INCOME	GENERAL GOVERNMENT: PERCENT OF TOTAL SAVING	GENERAL GOVERNMENT: PERCENT OF DISP. INCOME	HOUSEHOLDS AND PRIVATE NON-PROFIT INSTITUTIONS SERVING HOUSEHOLDS: PERCENT OF TOTAL SAVING	HOUSEHOLDS AND PRIVATE NON-PROFIT INSTITUTIONS SERVING HOUSEHOLDS: PERCENT OF DISP. INCOME
OCEANIA (CONTINUED)									
GILBERT ISLANDS.................... (MILLION AUSTRALIAN DOLLARS)	2/ 1972	0.4	...	-159	...	218	...	41	...
	1973	5.2	...	59	...	22	...	19	...
	1974	16.1	...	33	...	64	...	3	...
PAPUA NEW GUINEA.................. (MILLION KINA)	2/9/ 1960	23.9	10						
	1961	25.4	10	...	...	1	1	...	...
	1962	34.9	13	...	...	2	1	...	...
	1963	38.5	13	...	...	-1	0	...	...
	1964	50.5	15	...	...	-8	-4	...	...
	1965	55.0	15	...	...	-11	-6	...	...
	1966	62.6	14	13	100	-4	-2	90	19
	1967	65.9	14	23	100	-2	-1	79	17
	1968	67.0	13	25	100	-6	-3	81	16
	1969	84.1	14	22	100	-2	-1	80	15
	1970	99.7	15	23	100	2	1	75	15
	1971	77.8	11	15	100	9	4	77	17
	1972	160.0	20	-13	100	-4	-1	107	17
	1973	308.6	30	...	...	-5	-4	...	...
	1974	158.4	16	...	...	...	...	...	...
	1975	173.9	16	...	...	...	...	...	...
	1976	277.3	22	...	...	...	...	...	...

General note. This table shows total saving and saving by institutional sector as per cent of total saving and of disposable income. The figures are based on the data which appear for many countries in the tables "Distribution of Income" and "Distribution of Capital Flows" in Vol. I of this Yearbook. The data are in terms of the former SNA unless otherwise indicated. Further details concerning the basic data may be obtained by reference to these tables.

1/ Includes Namibia.
2/ Estimates relate to the present SNA.
3/ Includes a statistical discrepancy.
4/ Year beginning 1 April.
5/ Data not strictly comparable with those of previous years.
6/ Saving by corporate and quasi-corporate enterprises are included in "Households and private non-profit institutions serving households".
7/ Disposable income of corporate and quasi-corporate enterprises are included in "Households and private non-profit institutions serving households".
8/ Saving by households and private non-profit institutions serving households is included in "Corporate and quasi-corporate enterprises".
9/ Year beginning 1 July.

13. PRINCIPAL AGGREGATES AND THEIR INTERRELATIONSHIPS

AT CURRENT PRICES

COUNTRY OR AREA AND CURRENCY UNIT	YEAR	DOMESTIC FACTOR INCOME	PLUS: COMPENSATION OF EMPLOYEES FROM ABROAD, NET	PLUS: PROPERTY AND ENTREPRENEURIAL INCOME FROM ABROAD, NET	PLUS: INDIRECT TAXES NET OF SUBSIDIES	EQUALS: NATIONAL INCOME AT MARKET PRICES	PLUS: OTHER CURRENT TRANSFERS FROM ABROAD, NET	EQUALS: NATIONAL DISPOSABLE INCOME	PLUS: CONSUMPTION OF FIXED CAPITAL	LESS: COMPENSATION OF EMPLOYEES FROM ABROAD, NET	LESS: PROPERTY AND ENTREPRENEURIAL INCOME FROM ABROAD, NET	LESS: OTHER CURRENT TRANSFERS FROM ABROAD, NET	EQUALS: GROSS DOMESTIC PRODUCT AT PURCHASERS' VALUES
AFGHANISTAN (MILLION AFGHANIS)	1975	...	...	...	...	...	...	...	...	...	...	...	126400
	1976	...	...	...	...	...	...	...	...	...	...	...	137700
	1977	...	...	...	...	...	...	...	...	...	...	...	146700
ALGERIA (1 000 MILLION DINARS)	1973	24.0	1.3	-0.3	7.3	32.3	0.2	32.5	3.2	1.3	-0.3	0.2	34.5
	1974	38.0	1.5	-0.3	10.8	50.1	-1.6	48.5	3.5	1.5	-0.3	-1.6	52.4
	1975	40.0	1.7	-0.6	12.1	53.2	0.1	53.3	4.6	1.7	-0.6	0.1	56.8
	1976	47.8	1.7	-1.3	14.8	63.1	0.1	63.3	6.1	1.7	-1.3	0.1	68.7
ANTIGUA (MILLION EC DOLLARS)	1963	...	...	...	...	...	...	...	...	...	...	...	24.8 3/
	1964	...	...	...	...	...	...	...	...	...	...	...	25.1
	1966 2/	...	...	...	...	...	...	...	...	...	...	...	42.2
	1967	...	...	...	...	...	...	...	...	...	...	...	34.0
	1968	...	...	...	...	...	...	...	...	...	...	...	37.0
ARGENTINA (1 000 MILLION PESOS)	1960	9.0			0.9	9.8	...	...	0.2			...	10.1
	1961	10.5	-0.1		1.2	11.6	...	...	0.4	-0.1		...	12.1
	1962	13.2	-0.1		1.2	14.3	...	...	0.6	-0.1		...	14.9
	1963	16.4	-0.1		1.5	17.8	...	...	0.8	-0.1		...	18.7
	1964	23.2	-0.1		1.8	24.8	...	...	1.0	-0.1		...	26.0
	1965	32.3	-0.1		2.8	34.9	...	...	1.3	-0.1		...	36.4
	1966	39.7	-0.6		3.9	43.0	...	...	1.8	-0.6		...	45.4
	1967	50.6	-0.8		6.6	56.4	...	...	2.4	-0.8		...	59.6
	1968	57.5	-0.9		8.1	64.6	...	...	3.1	-0.9		...	68.7
	1969	67.8	-1.0		9.2	75.9	...	...	4.1	-1.0		...	81.0
	1970	79.5	-1.1		10.2	88.6	...	...	5.1	-1.1		...	94.8
	1971	113.9	-2.0		12.5	124.5	...	...	6.2	-2.0		...	132.7
	1972	193.1	-2.9		19.2	209.5	...	...	7.6	-2.9		...	219.9
	1973	323.9	-4.0		30.4	350.4	...	...	10.2	-4.0		...	364.6
	1974	432.6	-12.9		49.3	469.0	...	...	15.1	-12.9		...	497.1
	1975	1248.6	-34.3		75.0	1289.3	...	...	21.4	-34.3		...	1345.0

13. PRINCIPAL AGGREGATES AND THEIR INTERRELATIONSHIPS (CONTINUED)

AT CURRENT PRICES

COUNTRY OR AREA AND CURRENCY UNIT	YEAR	DOMESTIC FACTOR INCOME	PLUS: COMPENSATION OF EMPLOYEES FROM ABROAD, NET	PLUS: PROPERTY AND ENTREPRENEURIAL INCOME FROM ABROAD, NET	PLUS: INDIRECT TAXES NET OF SUBSIDIES	EQUALS: NATIONAL INCOME AT MARKET PRICES	PLUS: OTHER CURRENT TRANSFERS FROM ABROAD, NET	EQUALS: NATIONAL DISPOSABLE INCOME	PLUS: CONSUMPTION OF FIXED CAPITAL	LESS: COMPENSATION OF EMPLOYEES FROM ABROAD, NET	LESS: PROPERTY AND ENTREPRENEURIAL INCOME FROM ABROAD, NET	LESS: OTHER CURRENT TRANSFERS FROM ABROAD, NET	EQUALS: GROSS DOMESTIC PRODUCT AT PURCHASERS' VALUES
AUSTRALIA 4/ (MILLION AUSTRALIAN DOLLARS)	1960 5/	11777	--	-158	1571	13190	-43	13147	1205	--	-158	-43	14553
	1961	12056	--	-160	1546	13442	-50	13392	1279	--	-160	-50	14881
	1962	13071	--	-184	1643	14530	-58	14472	1375	--	-184	-58	16089
	1963	14541	--	-180	1772	16133	-45	16088	1533	--	-180	-45	17846
	1964	15940	--	-187	1961	17714	-58	17656	1700	--	-187	-58	19601
	1965	16549	--	-212	2142	18479	-79	18400	1854	--	-212	-79	20545
	1966	18233	--	-240	2268	20261	-77	20184	2032	--	-240	-77	22533
	1967	19329	--	-265	2481	21545	-63	21482	2221	--	-265	-63	24031
	1968	21938	--	-292	2739	24385	-67	24318	2431	--	-292	-67	27108
	1969	24295	--	-379	3021	26937	-92	26845	2653	--	-379	-92	29969
	1970	26958	--	-379	3308	29887	-119	29768	2834	--	-379	-119	33100
	1971	30108	--	-375	3699	33432	-129	33303	3113	--	-375	-129	36920
	1972	34329	--	-417	4242	38154	-212	37942	3352	--	-417	-212	41923
	1973	41649	--	-317	5317	46649	-282	46367	3665	--	-317	-282	50631
	1974	49886	--	-469	6619	56036	-197	55839	4070	--	-469	-197	60575
	1975	58086	--	-653	8526	65959	-341	65618	4666	--	-653	-341	71278
	1976	67231	--	-776	9752	76207	-426	75781	5241	--	-776	-426	82224
	1977	...	...	...	...	...	...	...	...	...	...	...	...

13. PRINCIPAL AGGREGATES AND THEIR INTERRELATIONSHIPS (CONTINUED)

AT CURRENT PRICES

COUNTRY OR AREA AND CURRENCY UNIT	YEAR	DOMESTIC FACTOR INCOME	PLUS: COMPENSATION OF EMPLOYEES FROM ABROAD, NET	PLUS: PROPERTY AND ENTREPRENEURIAL INCOME FROM ABROAD, NET	PLUS: INDIRECT TAXES NET OF SUBSIDIES	EQUALS: NATIONAL INCOME AT MARKET PRICES	PLUS: OTHER CURRENT TRANSFERS FROM ABROAD, NET	EQUALS: NATIONAL DISPOSABLE INCOME	PLUS: CONSUMPTION OF FIXED CAPITAL	LESS: COMPENSATION OF EMPLOYEES FROM ABROAD, NET	LESS: PROPERTY AND ENTREPRENEURIAL INCOME FROM ABROAD, NET	LESS: OTHER CURRENT TRANSFERS FROM ABROAD, NET	EQUALS: GROSS DOMESTIC PRODUCT AT PURCHASERS' VALUES
AUSTRIA	1960	125.6	--	--	20.6	146.2	1.0	147.2	17.1	--	--	1.0	163.2
(1 000 MILLION SCHILLINGS)	1961	138.8	--	--	23.3	162.0	0.7	162.7	18.7	--	--	0.7	180.8
	1962	147.5	--	--	24.4	172.0	1.9	173.9	20.4	--	--	1.9	192.3
	1963	158.6	--	--	26.2	184.8	0.6	185.3	22.6	--	--	0.6	207.3
	1964	173.1	--	--	29.7	202.8	1.4	204.2	24.3	--	--	1.4	227.1
	1965	187.7	--	--	32.6	220.3	1.4	221.7	27.1	--	--	1.4	247.4
	1966	201.7	--	--	36.6	238.4	1.5	239.9	29.2	--	--	1.5	267.6
	1967	213.7	--	--	38.3	252.0	1.3	253.3	31.1	--	--	1.3	283.2
	1968	226.9	--	--	43.3	270.2	1.0	271.2	32.6	--	--	1.0	302.8
	1969	248.9	--	--	47.6	296.5	1.2	297.7	35.2	--	--	1.2	331.7
	1970	278.6	--	--	53.8	332.4	0.9	333.3	38.8	--	--	0.9	371.2
	1971	308.7	--	--	60.7	369.4	1.0	370.4	43.3	--	--	1.0	412.7
	1972	349.3	--	--	70.9	420.2	0.6	420.8	49.2	--	--	0.6	469.4
	1973	396.6	--	--	80.1	476.7	-0.3	476.4	56.5	--	--	-0.3	533.3
	1974	460.1	--	--	87.7	547.9	0.3	548.1	65.6	--	--	0.3	613.5
	1975	483.4	--	--	97.6	581.0	0.5	581.5	73.5	--	--	0.5	654.4
	1976	539.9	--	--	109.8	649.7	...	...	79.0	--	--	...	728.7
	5/ 1964	169.4	-0.8		30.9	199.5	0.9	200.4	26.3	-0.8		0.9	226.6
	1965	183.4	-0.9		33.7	216.2	1.0	217.3	29.2	-0.9		1.0	246.3
	1966	198.8	-0.9		37.7	235.6	1.4	237.0	31.7	-0.9		1.4	268.3
	1967	211.5	-1.3		39.5	249.8	1.5	251.3	34.4	-1.3		1.5	285.4
	1968	225.7	-1.9		44.7	268.5	1.4	269.9	36.3	-1.9		1.4	306.7
	1969	247.7	-1.7		48.5	294.6	1.6	296.1	38.7	-1.7		1.6	334.9
	1970	278.0	-2.0		54.8	330.8	0.5	331.3	43.0	-2.0		0.5	375.7
	1971	308.2	-1.9		61.8	368.1	0.9	369.0	48.8	-1.9		0.9	418.8
	1972	349.0	-2.7		71.8	418.0	0.6	418.6	55.4	-2.7		0.6	476.2
	1973	395.3	-3.4		80.6	472.5	-0.2	472.3	59.7	-3.4		-0.2	535.7
	1974	453.2	-3.0		88.5	538.8	-0.8	537.9	71.3	-3.0		-0.8	613.0
	1975	484.0	-3.6		92.9	573.3	-1.0	572.4	79.3	-3.6		-1.0	656.3
	1976	539.5	-5.0		103.2	637.7	-0.3	637.4	84.9	-5.0		-0.3	727.6
	1977	589.9	-6.9		110.0	693.1	-1.5	691.5	92.6	-6.9		-1.5	792.5
BANGLADESH 4/	1972	...	...	...	...	...	...	...	...	...	...	...	43898
(MILLION TAKA)	1973	...	...	...	...	...	...	...	...	...	...	...	69820
	1974	...	...	...	...	...	...	...	...	...	...	...	124551
	1975	...	...	...	...	...	...	...	...	...	...	...	107129
	1976	...	...	...	...	...	...	...	...	...	...	...	104942
	1977	...	...	...	...	...	...	...	...	...	...	...	117820

13. PRINCIPAL AGGREGATES AND THEIR INTERRELATIONSHIPS (CONTINUED)

AT CURRENT PRICES

COUNTRY OR AREA AND CURRENCY UNIT	YEAR	DOMESTIC FACTOR INCOME	PLUS: COMPENSATION OF EMPLOYEES FROM ABROAD, NET	PLUS: PROPERTY AND ENTREPRENEURIAL INCOME FROM ABROAD, NET	PLUS: INDIRECT TAXES NET OF SUBSIDIES	EQUALS: NATIONAL INCOME AT MARKET PRICES	PLUS: OTHER CURRENT TRANSFERS FROM ABROAD, NET	EQUALS: NATIONAL DISPOSABLE INCOME	PLUS: CONSUMPTION OF FIXED CAPITAL	LESS: COMPENSATION OF EMPLOYEES FROM ABROAD, NET	LESS: PROPERTY AND ENTREPRENEURIAL INCOME FROM ABROAD, NET	LESS: OTHER CURRENT TRANSFERS FROM ABROAD, NET	EQUALS: GROSS DOMESTIC PRODUCT AT PURCHASERS' VALUES
BARBADOS	1960	115.2	0.9		15.8	131.9	9.4	141.3	4.6	0.9		9.4	135.6
(MILLION DOLLARS)	1961	123.7	0.7		15.6	140.0	10.3	150.3	5.0	0.7		10.3	144.3
	1962	129.3	1.0		16.9	147.2	11.1	158.3	5.9	1.0		11.1	152.1
	1963	145.3	0.8		15.8	161.9	10.8	172.7	6.1	0.8		10.8	167.2
	1964	141.2	1.2		17.8	160.2	3.6	163.8	6.1	1.2		3.6	165.1
	5/ 1974	...	...	...	...	...	...	...	...	...	...	...	639.1
	1975	...	...	...	...	...	...	...	...	...	...	...	745.0
	1976	...	...	...	...	...	...	...	...	...	...	...	758.6
BELGIUM	1960	449.9	5.2	2.3	57.7	515.2	--	515.2	56.3	5.2	2.3	--	564.0
(1 000 MILLION FRANCS)	1961	475.1	4.9	1.3	66.5	547.8	0.1	547.9	58.6	4.9	1.3	0.1	600.2
	1962	509.1	5.3	0.1	71.6	586.1	0.5	586.6	62.0	5.3	0.1	0.5	642.7
	1963	546.1	5.9	-1.0	77.8	628.8	0.3	629.1	67.2	5.9	-1.0	0.3	691.1
	1964	612.7	5.8	-0.9	86.4	704.0	1.0	705.0	74.3	5.8	-0.9	1.0	773.4
	1965	669.9	6.2	0.6	92.2	768.9	0.6	769.5	80.0	6.2	0.6	0.6	842.1
	1966	711.7	5.7	1.2	107.2	825.8	-0.2	825.6	86.1	5.7	1.2	-0.2	905.0
	1967	759.4	6.2	1.4	117.9	884.9	-1.5	883.4	92.4	6.2	1.4	-1.5	969.7
	1968	815.7	6.4	2.0	122.9	946.9	-1.4	945.5	99.0	6.4	2.0	-1.4	1037.5
	1969	908.1	6.9	1.5	134.4	1050.8	-3.9	1046.9	108.9	6.9	1.5	-3.9	1151.3
	1970	1008.1	6.6	4.3	148.2	1167.3	-4.9	1162.4	124.6	6.6	4.3	-4.9	1280.9
	1971	1104.9	7.3	5.0	159.7	1276.9	-8.0	1268.9	138.7	7.3	5.0	-8.0	1403.3
	1972	1251.3	8.9	8.5	165.1	1433.7	-6.3	1427.4	150.5	8.9	8.5	-6.3	1566.8
	1973	1436.2	9.6	8.7	181.1	1635.6	-10.7	1624.9	163.5	9.6	8.7	-10.7	1780.7
	1974	1681.3	11.0	13.5	215.5	1921.4	-12.3	1909.1	195.2	11.0	13.5	-12.3	2092.0
	1975	1857.9	12.8	17.8	233.4	2121.9	-20.4	2101.5	214.2	12.8	17.8	-20.4	2305.5
	1976	2116.9	14.3	24.7	272.5	2428.4	-17.6	2410.8	232.3	14.3	24.7	-17.6	2621.7
	1977	2290.5	16.7	21.5	295.7	2624.4	-19.3	2605.1	252.6	16.7	21.5	-19.3	2838.8
BELIZE	1962	...	...	...	...	...	...	...	...	...	...	...	47.8
(MILLION BELIZE DOLLARS)	1963	...	...	...	...	...	...	...	...	...	...	...	50.9
	1964	...	...	...	...	...	...	...	...	...	...	...	52.7
	5/ 1973	91.9	0.1	-3.9	13.4	101.5	3.6	105.1	9.5	0.1	-3.9	3.6	114.7
	1974	128.5	--	-13.5	17.4	132.4	5.3	137.7	12.8	--	-13.5	5.3	158.6
	1975	155.1	--	-16.7	22.7	161.1	6.2	167.3	15.3	--	-16.7	6.2	193.1
	1976	149.6	--	-4.5	22.0	167.1	6.8	173.9	13.7	--	-4.5	6.8	185.4

AT CURRENT PRICES

COUNTRY OR AREA AND CURRENCY UNIT	YEAR	DOMESTIC FACTOR INCOME	PLUS: COMPENSATION OF EMPLOYEES FROM ABROAD, NET	PLUS: PROPERTY AND ENTREPRENEURIAL INCOME FROM ABROAD, NET	PLUS: INDIRECT TAXES NET OF SUBSIDIES	EQUALS: NATIONAL INCOME AT MARKET PRICES	PLUS: OTHER CURRENT TRANSFERS FROM ABROAD, NET	EQUALS: NATIONAL DISPOSABLE INCOME	PLUS: CONSUMPTION OF FIXED CAPITAL	LESS: COMPENSATION OF EMPLOYEES FROM ABROAD, NET	LESS: PROPERTY AND ENTREPRENEURIAL INCOME FROM ABROAD, NET	LESS: OTHER CURRENT TRANSFERS FROM ABROAD, NET	EQUALS: GROSS DOMESTIC PRODUCT AT PURCHASERS' VALUES
BENIN 5/	1963 4/	...	...	...	...	...	...	...	...	...	...	...	41.8
(1 000 MILLION CFA FRANCS)	1964 4/	36.9	--	-0.1	3.8	40.6	2.5	43.1	2.0	--	-0.1	2.5	42.7
	1965 4/	40.0	--	-0.1	4.1	44.0	2.5	46.4	2.4	--	-0.1	2.5	46.5
	1966 4/	41.8	--	-0.1	3.8	45.5	3.0	48.6	2.5	--	-0.1	3.0	48.2
	1967 4/	40.6	0.1	-0.1	4.9	45.4	5.4	50.9	3.2	0.1	-0.1	5.4	48.7
	1968 4/	...	...	...	...	...	...	...	...	...	...	...	51.3
	1969 4/	...	...	...	...	...	...	...	...	...	...	...	55.1
	1970	...	...	...	...	...	...	...	...	...	...	...	68.7
	1971	...	...	...	...	...	...	...	...	...	...	...	72.7
	1972	...	...	...	...	...	...	...	...	...	...	...	82.1
	1973	...	...	...	...	...	...	...	...	...	...	...	89.0
	1974	93.5	0.2	0.5	9.3	103.5	7.5	111.0	4.8	0.2	0.5	7.5	107.6
	1975	97.6	0.2	0.3	9.6	107.7	8.7	116.5	5.5	0.2	0.3	8.7	112.8
	1976	...	...	...	...	...	...	...	...	...	...	...	133.5
	1977	...	...	...	...	...	...	...	...	...	...	...	148.5
BOLIVIA	1960	3794	7	-14	246	4033	79	4112	379	7	-14	79	4419
(MILLION PESOS)	1961	4209	4	-9	266	4470	84	4554	397	4	-9	84	4872
	1962	4659	8	-8	329	4988	86	5074	339	8	-8	86	5327
	1963	5042	6	-21	358	5385	96	5481	336	6	-21	96	5736
	1964	5704	5	-37	416	6088	98	6186	343	5	-37	98	6463
	1965	6228	2	-37	537	6730	107	6837	415	2	-37	107	7180
	1966	6853	3	-1	651	7506	55	7561	446	3	-1	55	7950
	1967	7821	1	-193	670	8299	85	8384	488	1	-193	85	8979
	1968	8960	4	-257	701	9408	60	9468	531	4	-257	60	10192
	1969	9757	2	-254	754	10259	97	10356	563	2	-254	97	11074
	1970	...	...	...	...	...	...	...	...	...	...	...	12080
	1971	...	...	...	...	...	...	...	...	...	...	...	13145
	1972	...	...	...	...	...	...	...	...	...	...	...	15268
	1973	...	...	...	...	...	...	...	...	...	...	...	21459
	1974	...	...	...	...	...	...	...	...	...	...	...	37317
	5/ 1970	10762	13	-298	1041	11518	43	11561	...	13	-298	43	12505
	1971	11764	14	-192	1098	12684	82	12766	...	14	-192	82	13677
	1972	14854	15	-315	1410	15964	163	16127	...	15	-315	163	17413
	1973	22219	2	-490	2645	24376	280	24656	...	2	-490	280	26466
	1974	36548	-8	-748	5599	41391	252	41643	...	-8	-748	252	44339
	1975	41543	-2	-636	5773	46678	240	46918	...	-2	-636	240	50156

13. PRINCIPAL AGGREGATES AND THEIR INTERRELATIONSHIPS (CONTINUED)

AT CURRENT PRICES

COUNTRY OR AREA AND CURRENCY UNIT	YEAR	DOMESTIC FACTOR INCOME	PLUS: COMPENSATION OF EMPLOYEES FROM ABROAD, NET	PLUS: PROPERTY AND ENTREPRENEURIAL INCOME FROM ABROAD, NET	PLUS: INDIRECT TAXES NET OF SUBSIDIES	EQUALS: NATIONAL INCOME AT MARKET PRICES	PLUS: OTHER CURRENT TRANSFERS FROM ABROAD, NET	EQUALS: NATIONAL DISPOSABLE INCOME	PLUS: CONSUMPTION OF FIXED CAPITAL	LESS: COMPENSATION OF EMPLOYEES FROM ABROAD, NET	LESS: PROPERTY AND ENTREPRENEURIAL INCOME FROM ABROAD, NET	LESS: OTHER CURRENT TRANSFERS FROM ABROAD, NET	EQUALS: GROSS DOMESTIC PRODUCT AT PURCHASERS' VALUES
BOTSWANA 5/	1965	28.9	...	...	2.0	...	...	...	1.9	...	...	...	32.8
(MILLION PULA)	1966	32.9	...	...	1.9	...	...	...	2.0	...	...	...	36.8
	1967 4/	38.5	...	...	2.6	...	...	...	2.7	...	...	...	43.8
	1968 4/	46.0	...	...	2.1	...	...	...	3.0	...	...	...	51.2
	1971 4/	86.6	—	—	10.6	97.2	...	...	5.2	—	—	...	102.6
	1973 4/	166.2	14.8	-5.5	15.4	190.9	...	...	15.9	14.8	-5.5	...	197.5
	1974 4/	176.5	6.7	8.4	18.5	210.1	...	...	18.1	6.7	8.4	...	213.1
	1975 4/	227.9	9.5	-0.5	23.3	260.2	...	...	25.0	9.5	-0.5	...	276.2
	1976 4/	245.8	12.5	-3.0	27.9	283.2	...	...	25.5	12.5	-3.0	...	299.2
BRAZIL	1960	2.2			0.4	2.6	...	...	0.1			...	2.8
(1 000 MILLION	1961	3.4	—		0.5	3.8	...	...	0.2	—		...	4.1
BRAZILIAN CRUZEIROS)	1962	5.5	-0.1		0.7	6.2	...	...	0.3	-0.1		...	6.6
	1963	10.0	-0.1		1.3	11.3	...	...	0.6	-0.1		...	11.9
	1964	19.1	-0.2		2.8	21.8	...	...	1.1	-0.2		...	23.1
	1965 2/	36.7	-0.4		5.2	34.6	...	...	2.2	-0.4		...	44.1
	1966	51.5	-0.5		9.1	60.1	...	...	3.2	-0.5		...	63.7
	1967	70.7	-0.8		11.2	81.1	...	...	4.3	-0.8		...	86.2
	1968	98.2	-0.9		18.1	115.4	...	...	6.1	-0.9		...	122.4
	1969	129.2	-1.2		24.7	152.6	...	...	8.0	-1.2		...	161.9
	1970	167.2	-1.8		30.8	196.1	...	...	10.3	-1.8		...	208.3
	1971	224.4	-2.5		38.7	260.6	...	...	13.7	-2.5		...	276.8
	1972	293.4	-3.3		51.8	341.9	...	...	18.0	-3.3		...	363.2
	1973	402.4	-4.5		71.2	469.2	...	...	24.7	-4.5		...	498.3
	1974	586.8	-6.2		97.1	677.7	...	...	35.6	-6.2		...	719.5
	1975	834.0	-14.0		125.7	945.6	...	...	49.7	-14.0		...	1009.4
	1976	1283.4	-24.8		200.1	1458.7	...	...	76.7	-24.8		...	1560.3
	1977	1939.4	-40.2		297.8	2197.0	...	...	115.6	-40.2		...	2352.8
BRITISH VIRGIN ISLANDS 5/	1969	...	...	...	...	...	...	...	...	...	...	...	13.5
(MILLION US DOLLARS)	1970	...	...	...	...	...	...	...	...	...	...	...	15.9
	1971	...	...	...	...	...	...	...	...	...	...	...	13.8
	1972	...	...	...	...	...	...	...	...	...	...	...	14.4
	1973	...	...	...	...	...	...	...	...	...	...	...	16.3
	1974	...	...	...	...	...	...	...	...	...	...	...	19.5
	1975	...	...	...	...	...	...	...	...	...	...	...	21.4
	1976	...	...	...	...	...	...	...	...	...	...	...	23.3
	1977	...	...	...	...	...	...	...	...	...	...	...	24.1

13. PRINCIPAL AGGREGATES AND THEIR INTERRELATIONSHIPS (CONTINUED)

AT CURRENT PRICES

COUNTRY OR AREA AND CURRENCY UNIT	YEAR	DOMESTIC FACTOR INCOME	PLUS: COMPENSATION OF EMPLOYEES FROM ABROAD, NET	PLUS: PROPERTY AND ENTREPRENEURIAL INCOME FROM ABROAD, NET	PLUS: INDIRECT TAXES NET OF SUBSIDIES	EQUALS: NATIONAL INCOME AT MARKET PRICES	PLUS: OTHER CURRENT TRANSFERS FROM ABROAD, NET	EQUALS: NATIONAL DISPOSABLE INCOME	PLUS: CONSUMPTION OF FIXED CAPITAL	LESS: COMPENSATION OF EMPLOYEES FROM ABROAD, NET	LESS: PROPERTY AND ENTREPRENEURIAL INCOME FROM ABROAD, NET	LESS: OTHER CURRENT TRANSFERS FROM ABROAD, NET	EQUALS: GROSS DOMESTIC PRODUCT AT PURCHASERS' VALUES
BULGARIA (MILLION LEVA)	1960	...	...	...	...	4488 6/	...	...	...	...	...	...	...
	1961	...	...	...	...	4715	...	...	...	...	...	...	...
	1962	...	...	...	...	5158	...	...	...	...	...	...	...
	1963	...	...	...	...	5675	...	...	...	...	...	...	...
	1964	...	...	...	...	6203	...	...	...	...	...	...	...
	1965	...	...	...	...	6635	...	...	...	...	...	...	...
	1966	...	...	...	...	7273	...	...	...	...	...	...	...
	1967	...	...	...	...	7853	...	...	...	...	...	...	...
	1968	...	...	...	...	8556	...	...	...	...	...	...	...
	1969	...	...	...	...	9349	...	...	...	...	...	...	...
	1970	...	...	...	...	10527	...	...	...	...	...	...	...
	1971	...	...	...	...	10411	...	...	...	...	...	...	...
	1972	...	...	...	...	11241	...	...	...	...	...	...	...
	1973	...	...	...	...	12147	...	...	...	...	...	...	...
	1974	...	...	...	...	13092	...	...	...	...	...	...	...
	1975	...	...	...	...	14288	...	...	...	...	...	...	...
	1976	...	...	...	...	15145	...	...	...	...	...	...	...
	1977	...	...	...	...	15486	...	...	...	...	...	...	...
BURMA 7/ (MILLION KYATS)	1962	...	...	...	...	...	...	...	540	...	...	...	6658
	1963	...	...	...	...	...	...	...	580	...	...	...	7590
	1964	...	...	...	...	...	...	...	577	...	...	...	6977
	1965	...	...	...	...	...	...	...	615	...	...	...	7742
	1966	...	...	...	...	...	...	...	626	...	...	...	7627
	1967	...	...	...	...	...	...	...	625	...	...	...	8198
	1968	...	...	...	...	...	...	...	678	...	...	...	9341
	1969	...	...	...	...	...	...	...	698	...	...	...	9915
	1970	...	...	...	...	...	...	...	711	...	...	...	10260
	1971	...	...	...	...	...	...	...	729	...	...	...	10437
	1972	...	...	...	...	...	...	...	810	...	...	...	10772
	1973	...	...	...	...	...	...	...	830	...	...	...	11735
	1974	...	...	...	...	...	...	...	982	...	...	...	14700
	1975	...	...	...	...	...	...	...	1669	...	...	...	19348
	1976	...	...	...	...	...	...	...	1903	...	...	...	23477
	1977	...	...	...	...	...	...	...	1992	...	...	...	27016
BURUNDI 8/ (MILLION B. FRANCS)	1965	...	...	...	...	...	...	...	...	...	...	...	13436

13. PRINCIPAL AGGREGATES AND THEIR INTERRELATIONSHIPS (CONTINUED)

AT CURRENT PRICES

COUNTRY OR AREA AND CURRENCY UNIT	YEAR	DOMESTIC FACTOR INCOME	PLUS: COMPENSATION OF EMPLOYEES FROM ABROAD, NET	PLUS: PROPERTY AND ENTREPRENEURIAL INCOME FROM ABROAD, NET	PLUS: INDIRECT TAXES NET OF SUBSIDIES	EQUALS: NATIONAL INCOME AT MARKET PRICES	PLUS: OTHER CURRENT TRANSFERS FROM ABROAD, NET	EQUALS: NATIONAL DISPOSABLE INCOME	PLUS: CONSUMPTION OF FIXED CAPITAL	LESS: COMPENSATION OF EMPLOYEES FROM ABROAD, NET	LESS: PROPERTY AND ENTREPRENEURIAL INCOME FROM ABROAD, NET	LESS: OTHER CURRENT TRANSFERS FROM ABROAD, NET	EQUALS: GROSS DOMESTIC PRODUCT AT PURCHASERS' VALUES
CANADA	5/ 1960	29198	——	-616 ——	4587	33169	-63	33106	4935	——	-616 ——	-63	38720
(MILLION CANADIAN DOLLARS)	1961	30252		-722	4838	34368	--	34368	5025		-722	--	40115
	1962	32876		-771	5446	37551	32	37583	5111		-771	32	43433
	1963	35264		-847	5714	40131	6	40137	5564		-847	6	46542
	1964	38284		-908	6441	43817	18	43835	6159		-908	18	50884
	1965	41895		-1020	7284	48159	24	48183	6861		-1020	24	56040
	1966	47063		-1148	8030	53945	-18	53927	7504		-1148	-18	62597
	1967	50587		-1269	8852	58170	-44	58126	7819		-1269	-44	67258
	1968	55345		-1251	9662	63756	23	63779	8318		-1251	23	73325
	1969	61195		-1242	10722	70675	-19	70656	8576		-1242	-19	80493
	1970	65004		-1386	11299	74917	-37	74880	10151		-1386	-37	86454
	1971	71698		-1584	12276	82390	19	82409	11391		-1584	19	95365
	1972	80465		-1551	13876	92790	3	92793	11664		-1551	3	106005
	1973	95597		-1824	15598	109371	-6	109365	13311		-1824	-6	124506
	1974	115217		-2355	18257	131119	18	131137	15417		-2355	18	148891
	1975	131230		-2667	17581	146144	-115	146029	18023		-2667	-115	166834
	1976	151133		-3313	21269	169089	-35	169054	21001		-3313	-35	193403
	1977	166490		-4447	23679	185722	-64	185658	22790		-4447	-64	212959
CENTRAL AFRICAN EMPIRE	1962	...	...	...	...	...	...	...	...	...	...	...	34.2
(1 000 MILLION CFA FRANCS)	1964	...	...	...	...	...	...	...	...	...	...	...	39.0
	1967	...	...	...	...	...	...	...	...	...	...	...	46.6
	1968	...	...	...	...	...	...	...	...	...	...	...	49.8
	1970	...	...	...	...	...	...	...	...	...	...	...	57.0
CHAD	1961	...	...	...	...	...	...	...	...	...	...	...	47.3
(1 000 MILLION CFA FRANCS)	1962	...	...	...	...	...	...	...	...	...	...	...	50.6
	1963	...	...	...	...	...	...	...	...	...	...	...	52.6
	1968	50.5	——	-2.1 ——	6.2	54.5	7.1	61.6	1.8	——	-2.1 ——	7.1	58.5
	5/ 1970	...	...	...	...	...	...	...	...	...	...	...	90.5
	1971	...	...	...	...	...	...	...	...	...	...	...	98.4
	1972	...	...	...	...	...	...	...	...	...	...	...	93.6
	1973	...	...	...	...	...	...	...	...	...	...	...	91.8
	1974	...	...	...	...	...	...	...	...	...	...	...	115.5
	1975	135.9	-0.2	-0.5	7.3	142.5	7.7	150.3	5.3	-0.2	-0.5	7.7	148.6
	1976	...	...	...	...	...	...	...	...	...	...	...	155.5

13. PRINCIPAL AGGREGATES AND THEIR INTERRELATIONSHIPS (CONTINUED)

AT CURRENT PRICES

COUNTRY OR AREA AND CURRENCY UNIT	YEAR	DOMESTIC FACTOR INCOME	PLUS: COMPENSATION OF EMPLOYEES FROM ABROAD, NET	PLUS: PROPERTY AND ENTREPRENEURIAL INCOME FROM ABROAD, NET	PLUS: INDIRECT TAXES NET OF SUBSIDIES	EQUALS: NATIONAL INCOME AT MARKET PRICES	PLUS: OTHER CURRENT TRANSFERS FROM ABROAD, NET	EQUALS: NATIONAL DISPOSABLE INCOME	PLUS: CONSUMPTION OF FIXED CAPITAL	LESS: COMPENSATION OF EMPLOYEES FROM ABROAD, NET	LESS: PROPERTY AND ENTREPRENEURIAL INCOME FROM ABROAD, NET	LESS: OTHER CURRENT TRANSFERS FROM ABROAD, NET	EQUALS: GROSS DOMESTIC PRODUCT AT PURCHASERS' VALUES
CHILE	1960	3	—		--	3	--	3	--	—		--	4
(MILLION PESOS)	1961	3	--		--	4	--	4	--	--		--	4
	1962	4	--		--	5	--	5	--	--		--	5
	1963	7	--		--	7	--	7	--	--		--	8
	1964	10	--		1	11	--	11	1	--		--	13
	1965	15	--		1	16	--	16	1	--		--	18
	1966	21	--		2	23	--	23	2	--		--	26
	1967	27	-1		3	30	--	30	2	-1		--	34
	1968	37	-1		4	40	--	40	4	-1		--	46
	1969	55	-2		6	59	--	59	5	-2		--	67
	1970	78	-2		10	86	--	86	8	-2		--	96
	1971	105	-1		12	116	--	116	11	-1		--	129
	1972	199	-1		19	218	--	218	19	-1		--	238
	1973	963	-12		120	1071	3	1074	129	-12		3	1213
	1974	7601	-126		1208	8682	26	8709	851	-126		26	9660
	1975	33385	-1344		4669	36710	165	36876	4036	-1344		165	42090
	1976	116452	-4287		17448	129614	452	130067	12746	-4287		452	146648
	1977	...	...	...	...	...	...	...	...	...	...	...	321188
COLOMBIA	1960	22407	—	-302	1673	23778	...	...	2667	—	-302	...	26747
(MILLION PESOS)	1961	25871		-395	1746	27222	...	...	2804		-395	...	30421
	1962	29317		-500	1749	30566	...	...	3133		-500	...	34199
	1963	37213		-811	2231	38633	...	...	4081		-811	...	43525
	1964	46152		-797	3304	48659	...	...	4304		-797	...	53760
	1965	51898		-898	3904	54904	...	...	4996		-898	...	60798
	1966	61604		-1243	5719	66080	...	...	6289		-1243	...	73612
	1967	69830		-1471	6142	74501	309	74810	7111		-1471	309	83083
	1968	80634		-2003	7658	86289	508	86797	8130		-2003	508	96422
	1969	92723		-2676	9217	99264	663	99927	9013		-2676	663	110953
	1970	109688		-3592	10565	116660	486	117147	10109		-3592	486	130361
	1971	128638		-3690	11731	136679	656	137335	11894		-3690	656	152263
	1972	158436		-4448	13861	167848	749	168597	13796		-4448	749	186092
	1973	209734		-5266	16851	221319	809	222128	16651		-5266	809	243236
	1974	281223		-5200	21358	297381	1410	298791	26574		-5200	1410	329155
	1975	349621		-8043	26457	368035	1420	369455	36751		-8043	1420	412829
	1976	448859		-10909	39743	477693	1717	479410	45413		-10909	1717	534015
	1977	603095		-10802	55861	648154	2069	650223	58015		-10802	2069	716971

13. PRINCIPAL AGGREGATES AND THEIR INTERRELATIONSHIPS (CONTINUED)

AT CURRENT PRICES

COUNTRY OR AREA AND CURRENCY UNIT	YEAR	DOMESTIC FACTOR INCOME	PLUS: COMPENSATION OF EMPLOYEES FROM ABROAD, NET	PLUS: PROPERTY AND ENTREPRENEURIAL INCOME FROM ABROAD, NET	PLUS: INDIRECT TAXES NET OF SUBSIDIES	EQUALS: NATIONAL INCOME AT MARKET PRICES	PLUS: OTHER CURRENT TRANSFERS FROM ABROAD, NET	EQUALS: NATIONAL DISPOSABLE INCOME	PLUS: CONSUMPTION OF FIXED CAPITAL	LESS: COMPENSATION OF EMPLOYEES FROM ABROAD, NET	LESS: PROPERTY AND ENTREPRENEURIAL INCOME FROM ABROAD, NET	LESS: OTHER CURRENT TRANSFERS FROM ABROAD, NET	EQUALS: GROSS DOMESTIC PRODUCT AT PURCHASERS' VALUES
COMOROS[14]	1960	...	...	...	...	...	...	...	...	...	...	...	3.5
(1 000 MILLION CFA FRANCS)	1961	...	...	...	...	...	...	...	...	...	...	...	3.5
	1962	...	...	...	...	...	...	...	...	...	...	...	4.0
	1963	...	...	...	...	...	...	...	...	...	...	...	5.0
	1964	...	...	...	...	...	...	...	...	...	...	...	5.6
	1965	...	...	...	...	...	...	...	...	...	...	...	7.0
	1966	...	...	...	...	...	...	...	...	...	...	...	6.7
	1967	...	...	...	...	...	...	...	...	...	...	...	7.1
	1968	...	...	...	...	...	...	...	...	...	...	...	7.1
COOK ISLANDS	[5] 1970	...	...	...	...	...	...	...	...	...	...	...	8300
(1 000 NEW ZEALAND DOLLARS)	1972	...	...	...	...	...	...	...	...	...	...	...	8110
	1976	...	...	...	...	...	...	...	...	...	...	...	13730
	1977	...	...	...	...	...	...	...	...	...	...	...	16371
COSTA RICA	[5] 1960	2366.6	1.3	-24.4	326.4	2669.9	28.4	2698.3	196.0	1.3	-24.4	28.4	2860.5
(MILLION COLONES)	1961	2461.6	1.8	-28.1	291.6	2726.9	36.4	2763.3	187.0	1.8	-28.1	36.4	2929.3
	1962	2679.0	3.4	-59.7	316.2	2938.9	33.1	2972.0	191.4	3.4	-59.7	33.1	3186.6
	1963	2857.4	3.7	-54.5	341.4	3148.0	50.3	3198.3	205.4	3.7	-54.5	50.3	3404.2
	1964	3039.2	4.4	-71.4	350.2	3322.4	58.1	3380.5	218.8	4.4	-71.4	58.1	3608.2
	1965	3298.5	5.3	-88.7	391.8	3606.9	50.2	3657.1	238.2	5.3	-88.7	50.2	3928.5
	1966	3614.8	6.0	-99.3	417.8	3939.3	50.1	3989.4	255.8	6.0	-99.3	50.1	4288.4
	1967	3892.1	6.7	-116.0	457.3	4240.1	52.7	4292.8	314.4	6.7	-116.0	52.7	4633.9
	1968	4259.9	5.7	-130.6	542.8	4677.8	39.9	4717.7	370.9	5.7	-130.6	39.9	5126.7
	1969	4726.0	4.2	-110.6	575.8	5195.4	25.3	5220.7	373.1	4.2	-110.6	25.3	5655.3
	1970	5383.8	2.7	-90.3	725.2	6021.4	23.1	6044.5	415.5	2.7	-90.3	23.1	6524.5
	1971	5872.7	3.0	-101.3	814.6	6589.0	38.1	6627.1	494.5	3.0	-101.3	38.1	7137.0
	1972	6683.0	2.6	-255.7	1029.2	7459.1	32.3	7491.4	649.7	2.6	-255.7	32.3	8215.8
	1973	8117.1	4.0	-288.8	1478.2	9310.5	51.5	9362.0	878.3	4.0	-288.8	51.5	10162.4
	1974	10707.9	2.2	-330.1	1810.0	12190.0	80.3	12270.3	846.1	2.2	-330.1	80.3	13215.7
	1975	13795.3	0.8	-544.4	2117.4	15369.1	82.8	15451.9	891.9	0.8	-544.4	82.8	16804.6
	1976	16987.3	-5.5	-621.4	2565.1	18925.5	113.4	19038.9	1123.2	-5.5	-621.4	113.4	20675.6
	1977	21621.0	-5.1	-669.0	3292.1	24239.0	126.2	24365.2	1359.5	-5.1	-669.0	126.2	26272.6
CUBA	1962	...	...	...	...	[6] 3020.5	...	...	...	...	...	...	...
(MILLION PESOS)	1963	...	...	...	...	3449.6	...	...	...	...	...	...	...
	1964	...	...	...	...	4202.3	...	...	...	...	...	...	...
	1965	...	...	...	...	4137.5	...	...	...	...	...	...	...
	1966	...	...	...	...	4039.3	...	...	...	...	...	...	...
	1967	...	...	...	...	4082.8	...	...	...	...	...	...	...
	1968	...	...	...	...	4376.5	...	...	...	...	...	...	...
	1969	...	...	...	...	4180.6	...	...	...	...	...	...	...
	1970	...	...	...	...	4203.9	...	...	...	...	...	...	...
	1971	...	...	...	...	4818.2	...	...	...	...	...	...	...
	1972	...	...	...	...	6026.9	...	...	...	...	...	...	...
	1973	...	...	...	...	6710.4	...	...	...	...	...	...	...
	1974	...	...	...	...	7414.1	...	...	...	...	...	...	...

13. PRINCIPAL AGGREGATES AND THEIR INTERRELATIONSHIPS (CONTINUED)

AT CURRENT PRICES

COUNTRY OR AREA AND CURRENCY UNIT	YEAR	DOMESTIC FACTOR INCOME	PLUS: COMPENSATION OF EMPLOYEES FROM ABROAD, NET	PLUS: PROPERTY AND ENTREPRENEURIAL INCOME FROM ABROAD, NET	PLUS: INDIRECT TAXES NET OF SUBSIDIES	EQUALS: NATIONAL INCOME AT MARKET PRICES	PLUS: OTHER CURRENT TRANSFERS FROM ABROAD, NET	EQUALS: NATIONAL DISPOSABLE INCOME	PLUS: CONSUMPTION OF FIXED CAPITAL	LESS: COMPENSATION OF EMPLOYEES FROM ABROAD, NET	LESS: PROPERTY AND ENTREPRENEURIAL INCOME FROM ABROAD, NET	LESS: OTHER CURRENT TRANSFERS FROM ABROAD, NET	EQUALS: GROSS DOMESTIC PRODUCT AT PURCHASERS' VALUES
CYPRUS	1960	77.8	5.0	-2.4	9.6	90.0	7.1	97.1	4.2	5.0	-2.4	7.1	91.6
(MILLION CYPRUS POUNDS)	1961	87.0	5.0	-1.7	8.7	99.0	7.9	106.9	4.7	5.0	-1.7	7.9	100.4
	1962	97.7	5.0	-1.3	9.9	111.3	7.8	119.1	5.2	5.0	-1.3	7.8	112.8
	1963	101.9	4.9	-0.8	10.3	116.3	6.5	122.8	5.5	4.9	-0.8	6.5	117.7
	1964	93.7	4.6	-0.2	9.1	107.2	4.2	111.4	5.1	4.6	-0.2	4.2	107.9
	1965	119.1	4.6	0.5	10.4	134.6	6.1	140.7	6.3	4.6	0.5	6.1	135.8
	1966	128.8	4.4	-1.4	12.3	144.1	4.7	148.8	6.8	4.4	-1.4	4.7	147.9
	1967	148.2	4.4	-0.1	12.7	165.2	4.6	169.8	7.8	4.4	-0.1	4.6	168.7
	1968	160.6	4.2	0.1	14.4	179.3	4.6	183.9	8.4	4.2	0.1	4.6	183.4
	1969	185.2	5.3	1.3	15.9	207.7	4.9	212.6	9.8	5.3	1.3	4.9	210.9
	1970	198.5	5.7	1.7	17.6	223.5	7.1	230.6	10.5	5.7	1.7	7.1	226.6
	1971	229.5	6.1	2.0	19.9	257.5	7.9	265.4	12.1	6.1	2.0	7.9	261.5
	1972	260.2	6.8	2.1	22.9	292.0	7.2	299.2	13.8	6.8	2.1	7.2	296.9
	1973	294.5	8.9	2.3	25.6	331.3	5.2	336.5	15.6	8.9	2.3	5.2	335.7
	1974	267.8	9.7	2.2	17.1	296.8	22.2	319.0	14.0	9.7	2.2	22.2	298.9
	1975	229.0	9.9	4.2	12.3	255.4	26.6	282.0	12.0	9.9	4.2	26.6	253.3
	1976	295.0	10.1	3.9	19.6	328.6	24.9	353.5	15.5	10.1	3.9	24.9	330.1
	1977	372.5	10.2	9.6	32.8	425.1	29.7	454.8	20.0	10.2	9.6	29.7	425.3
CZECHOSLOVAKIA	1960	...	...	...	...	6/ 161.9	...	...	...	...	...	...	...
(1 000 MILLION KORUNY)	1961	...	...	...	...	170.9	...	...	...	...	...	...	...
	1962	...	...	...	...	174.1	...	...	...	...	...	...	...
	1963	...	...	...	...	171.4	...	...	...	...	...	...	...
	1964	...	...	...	...	168.1	...	...	...	...	...	...	...
	1965	...	...	...	...	172.3	...	...	...	...	...	...	...
	1966 2/	...	...	...	...	195.5	...	...	...	...	...	...	...
	1967	...	...	...	...	233.0	...	...	...	...	...	...	...
	1968	...	...	...	...	257.0	...	...	...	...	...	...	...
	1969	...	...	...	...	292.6	...	...	...	...	...	...	...
	1970	...	...	...	...	311.1	...	...	...	...	...	...	...
	1971	...	...	...	...	325.4	...	...	...	...	...	...	...
	1972	...	...	...	...	342.2	...	...	...	...	...	...	...
	1973	...	...	...	...	357.7	...	...	...	...	...	...	...
	1974	...	...	...	...	384.7	...	...	...	...	...	...	...
	1975	...	...	...	...	404.0	...	...	...	...	...	...	...
	1976	...	...	...	...	412.2	...	...	...	...	...	...	...
	1977	...	...	...	...	409.3	...	...	...	...	...	...	...

13. PRINCIPAL AGGREGATES AND THEIR INTERRELATIONSHIPS (CONTINUED)

AT CURRENT PRICES

COUNTRY OR AREA AND CURRENCY UNIT	YEAR	DOMESTIC FACTOR INCOME	PLUS: COMPENSATION OF EMPLOYEES FROM ABROAD, NET	PLUS: PROPERTY AND ENTREPRENEURIAL INCOME FROM ABROAD, NET	PLUS: INDIRECT TAXES NET OF SUBSIDIES	EQUALS: NATIONAL INCOME AT MARKET PRICES	PLUS: OTHER CURRENT TRANSFERS FROM ABROAD, NET	EQUALS: NATIONAL DISPOSABLE INCOME	PLUS: CONSUMPTION OF FIXED CAPITAL	LESS: COMPENSATION OF EMPLOYEES FROM ABROAD, NET	LESS: PROPERTY AND ENTREPRENEURIAL INCOME FROM ABROAD, NET	LESS: OTHER CURRENT TRANSFERS FROM ABROAD, NET	EQUALS: GROSS DOMESTIC PRODUCT AT PURCHASERS' VALUES
DEMOCRATIC KAMPUCHEA	1962	19.3	—	-0.2	2.6	21.7	...	...	1.2	—	-0.2	...	23.1
(1 000 MILLION RIELS)	1963	21.6		-0.2	2.7	24.1	...	...	1.2		-0.2	...	25.5
	1964	23.3		-0.1	2.8	26.0	...	...	1.4		-0.1	...	27.5
	1965	24.7		--	4.2	28.9	...	...	1.5		--	...	30.4
	1966	26.4		0.1	4.0	30.5	...	...	1.6		0.1	...	32.0
DENMARK 5/	1960	32808	--	33	4833	37674	-123	37551	3145	--	33	-123	40786
(MILLION KRONER)	1961	36670	--	-35	5033	41668	-145	41523	3554	--	-35	-145	45257
	1962	41008	--	-17	6025	47016	-163	46853	3962	--	-17	-163	50995
	1963	42929	--	-58	6907	49778	-191	49587	4446	--	-58	-191	54282
	1964	49250	--	-65	7894	57079	-239	56840	4905	--	-65	-239	62049
	1965	55052	--	-89	9083	64046	-320	63726	5565	--	-89	-320	69700
	1966	59746	--	-122	10550	70174	-375	71144	5466	--	-122	-375	76798
	1967	67175	57	-166	11462	78528	-156	78372	5960	57	-166	-156	84597
	1968	73837	70	-211	13659	87355	37	87392	6605	70	-211	37	94101
	1969	84507	76	-296	15630	99917	-310	99607	7252	76	-296	-310	107389
	1970	93552	74	-334	17354	110646	-185	110461	8161	74	-334	-185	119067
	1971	103219	62	-543	19277	122015	-259	121756	9137	62	-543	-259	131633
	1972	119122	47	-838	21885	140216	-234	139982	10477	47	-838	-234	151484
	1973	138657	43	-956	23808	161552	1736	163288	12169	43	-956	1736	174634
	1974	154334	72	-1463	24294	177237	1754	178991	15341	72	-1463	1754	193969
	1975	170115	71	-1866	27799	196119	849	196968	17752	71	-1866	849	215666
	1976	195588	81	-2179	33543	227033	2266	229299	19851	81	-2179	2266	248982
	1977	214110	81	-3240	39581	250532	2924	253456	22552	81	-3240	2924	276243
DJIBOUTI 13/	1960	...	...	...	...	...	...	...	...	...	...	...	5.1
(1 000 MILLION	1961	...	...	...	...	...	...	...	...	...	...	...	6.4
DJIBOUTI FRANCS)	1962	...	...	...	...	...	...	...	...	...	...	...	7.7
	1963	...	...	...	...	...	...	...	...	...	...	...	8.8
	1965	...	...	...	...	...	...	...	...	...	...	...	10.4
	1966	...	...	...	...	...	...	...	...	...	...	...	10.9
	1967	...	...	...	...	...	...	...	...	...	...	...	11.6
	1968	...	...	...	...	...	...	...	...	...	...	...	12.4

13. PRINCIPAL AGGREGATES AND THEIR INTERRELATIONSHIPS (CONTINUED)

AT CURRENT PRICES

COUNTRY OR AREA AND CURRENCY UNIT	YEAR	DOMESTIC FACTOR INCOME	PLUS: COMPENSATION OF EMPLOYEES FROM ABROAD, NET	PLUS: PROPERTY AND ENTREPRENEURIAL INCOME FROM ABROAD, NET	PLUS: INDIRECT TAXES NET OF SUBSIDIES	EQUALS: NATIONAL INCOME AT MARKET PRICES	PLUS: OTHER CURRENT TRANSFERS FROM ABROAD, NET	EQUALS: NATIONAL DISPOSABLE INCOME	PLUS: CONSUMPTION OF FIXED CAPITAL	LESS: COMPENSATION OF EMPLOYEES FROM ABROAD, NET	LESS: PROPERTY AND ENTREPRENEURIAL INCOME FROM ABROAD, NET	LESS: OTHER CURRENT TRANSFERS FROM ABROAD, NET	EQUALS: GROSS DOMESTIC PRODUCT AT PURCHASERS' VALUES
DOMINICAN REPUBLIC (MILLION PESOS)	1960	584.2	-9.6		96.0	670.6	...	...	43.4	-9.6		...	723.6
	1961	586.0	-18.4		75.9	643.6	...	...	42.3	-18.4		...	704.2
	1962	725.1	-21.3		108.9	812.6	...	...	53.2	-21.3		...	887.2
	1963	832.8	-19.9		119.2	932.0	...	...	60.7	-19.9		...	1012.7
	1964	905.4	-18.8		132.5	1019.1	...	...	66.3	-18.8		...	1104.2
	1965	815.2	-12.0		84.5	887.4	...	...	57.4	-12.0		...	957.1
	1966	879.1	-18.4		116.8	977.5	...	...	63.6	-18.4		...	1059.5
	1967	927.8	-19.7		119.9	1028.0	...	...	66.9	-19.7		...	1114.6
	1968	954.7	-19.0		137.8	1073.4	...	...	69.7	-19.0		...	1162.2
	1969	1094.8	-23.4		151.1	1222.5	...	...	79.5	-23.4		...	1325.4
	1970	1236.2	-25.9		160.2	1370.5	...	...	89.1	-25.9		...	1485.5
	1971	1386.0	-28.8		180.5	1537.7	...	...	100.0	-28.8		...	1666.5
	1972	1663.1	-46.9		205.1	1821.3	...	...	119.2	-46.9		...	1987.4
	1973	1975.5	-76.8		228.6	2127.3	...	...	140.7	-76.8		...	2344.8
	1974	2349.6	-89.9		397.6	2657.3	...	...	175.4	-89.9		...	2922.6
	1975	2951.8	-112.8		432.1	3271.1	...	...	216.0	-112.8		...	3599.9
	1976	3313.0	-123.8		386.1	3575.3	...	...	236.1	-123.8		...	3935.2
	1977	3748.3	-123.4		449.5	4074.4	...	...	268.8	-123.4		...	4466.6
DOMINICA (MILLION EC DOLLARS)	1961	...	...	...	...	...	...	...	...	...	...	...	21.1
	1962	...	...	...	...	...	...	...	...	...	...	...	20.2
	1963	...	...	...	...	...	...	...	...	...	...	...	21.7
	1964	...	...	...	...	...	...	...	...	...	...	...	24.0
	1965	...	...	...	...	...	...	...	...	...	...	...	24.5
	1966	...	...	...	...	...	...	...	...	...	...	...	25.1
	1967	...	...	...	...	...	...	...	...	...	...	...	27.0
	1971 10/	40.4	0.8	0.3	8.2	49.8	4.7	54.5	2.2	0.8	0.3	4.7	50.9
	1973 10/	52.4	0.4	--	7.9	60.7	4.2	64.8	2.0	0.4	--	4.2	62.3
	5/ 1974	...	...	...	...	...	...	...	...	...	...	...	56.5
	1975	...	...	...	...	...	...	...	...	...	...	...	62.9
	1976	...	...	...	...	...	...	...	...	...	...	...	73.9
	1977	...	...	...	...	...	...	...	...	...	...	...	85.0

13. PRINCIPAL AGGREGATES AND THEIR INTERRELATIONSHIPS (CONTINUED)

AT CURRENT PRICES

COUNTRY OR AREA AND CURRENCY UNIT	YEAR	DOMESTIC FACTOR INCOME	PLUS: COMPENSATION OF EMPLOYEES FROM ABROAD, NET	PLUS: PROPERTY AND ENTREPRENEURIAL INCOME FROM ABROAD, NET	PLUS: INDIRECT TAXES NET OF SUBSIDIES	EQUALS: NATIONAL INCOME AT MARKET PRICES	PLUS: OTHER CURRENT TRANSFERS FROM ABROAD, NET	EQUALS: NATIONAL DISPOSABLE INCOME	PLUS: CONSUMPTION OF FIXED CAPITAL	LESS: COMPENSATION OF EMPLOYEES FROM ABROAD, NET	LESS: PROPERTY AND ENTREPRENEURIAL INCOME FROM ABROAD, NET	LESS: OTHER CURRENT TRANSFERS FROM ABROAD, NET	EQUALS: GROSS DOMESTIC PRODUCT AT PURCHASERS' VALUES
ECUADOR........................	1960	...	...	...	...	...	...	...	...	...	...	...	14140
(MILLION SUCRES)	1961	...	...	...	...	...	...	...	...	...	...	...	15075
	1962	...	...	...	...	...	...	...	...	...	...	...	16104
	1963	...	...	...	...	...	...	...	...	...	...	...	17437
	1964	...	...	...	...	...	...	...	...	...	...	...	19414
	1965	...	...	...	...	...	...	...	...	...	...	...	21675
	1966	...	...	...	...	...	...	...	...	...	...	...	23542
	1967	...	...	...	...	...	...	...	...	...	...	...	26012
	5/												
	1960	12389	-55	-343	1285	13276	117	13393	684	-55	-343	117	14358
	1961	13397	-64	-396	1237	14174	133	14307	763	-64	-396	133	15397
	1962	14740	-61	-378	1212	15513	142	15655	782	-61	-378	142	16734
	1963	15920	-46	-287	1524	17111	117	17228	817	-46	-287	117	18261
	1964	16361	-67	-421	1816	17689	201	17890	1027	-67	-421	201	19204
	1965	16905	4	-458	2174	18625	156	18781	1067	4	-458	156	20146
	1966	19302	4	-473	2353	21186	165	21351	1196	4	-473	165	22851
	1967	21349	6	-473	2812	23694	220	23914	1309	6	-473	220	25470
	1968	22841	-121	-536	3082	25266	237	25503	1456	-121	-536	237	27379
	1969	25059	-141	-553	3244	27609	220	27829	1618	-141	-553	220	29921
	1970	28389	-454	-580	3976	31331	292	31623	1910	-454	-580	292	34275
	1971	33563	-76	-906	4441	37022	366	37388	2243	-76	-906	366	40247
	1972	39176	-358	-1677	5301	42442	361	42803	2625	-358	-1677	361	47102
	1973	52326	-365	-3449	7706	56218	639	56857	3543	-365	-3449	639	63575
	1974	77320	-325	-5050	11048	82993	709	83702	5215	-325	-5050	709	93583
	1975	90587	-665	-1710	11627	99839	746	100585	6032	-665	-1710	746	108246
	1976	109563	-587	-3113	13365	119228	721	119949	7255	-587	-3113	721	130183
	1977	131341	-1385	-3779	13900	140077	397	140474	8571	-1385	-3779	397	153812

13. PRINCIPAL AGGREGATES AND THEIR INTERRELATIONSHIPS (CONTINUED)

AT CURRENT PRICES

COUNTRY OR AREA AND CURRENCY UNIT	YEAR	DOMESTIC FACTOR INCOME	PLUS: COMPENSATION OF EMPLOYEES FROM ABROAD, NET	PLUS: PROPERTY AND ENTREPRENEURIAL INCOME FROM ABROAD, NET	PLUS: INDIRECT TAXES NET OF SUBSIDIES	EQUALS: NATIONAL INCOME AT MARKET PRICES	PLUS: OTHER CURRENT TRANSFERS FROM ABROAD, NET	EQUALS: NATIONAL DISPOSABLE INCOME	PLUS: CONSUMPTION OF FIXED CAPITAL	LESS: COMPENSATION OF EMPLOYEES FROM ABROAD, NET	LESS: PROPERTY AND ENTREPRENEURIAL INCOME FROM ABROAD, NET	LESS: OTHER CURRENT TRANSFERS FROM ABROAD, NET	EQUALS: GROSS DOMESTIC PRODUCT AT PURCHASERS' VALUES
		11/				11/		11/					
EGYPT (MILLION EGYPTIAN POUNDS)	1960	4/ 1363.5		1.8	95.8	1461.1	1.3	1462.4	...	——	-1.8	—— 1.3	1459.3
	1961	4/ 1411.1		-0.5	102.2	1512.8	0.4	1513.2	...		-0.5	0.4	1513.3
	1962	4/ 1562.8		-5.6	121.8	1679.0	5.2	1684.2	...		-5.6	5.2	1684.6
	1963	4/ 1739.6		-6.4	148.3	1881.5	4.0	1885.5	...		-6.4	4.0	1887.9
	1964	4/ 1975.0		-21.7	238.5	2191.8	3.3	2195.1	...		-21.7	3.3	2213.5
	1965	4/ 2124.1		-14.7	278.8	2388.2	0.2	2388.4	...		-14.7	0.2	2402.9
	1966	4/ 2180.4		-21.8	300.3	2458.9	30.6	2489.5	...		-21.8	30.6	2480.7
	1967	4/ 2187.8		-23.3	345.2	2509.7	85.5	2595.2	...		-23.3	85.5	2535.0
	1968	4/ 2339.4		-39.4	357.0	2657.0	127.8	2784.8	...		-39.4	127.8	2696.4
	1969	4/ 2552.8		-44.5	418.5	2926.8	144.9	3071.7	...		-44.5	144.9	2971.3
	1970	4/ 2700.5		-59.2	445.0	3086.3	122.9	3209.2	...		-59.2	122.9	3145.5
	1971	4/ 2884.0		-62.2	452.7	3274.5	128.7	3403.2	...		-62.2	128.7	3336.7
	1972	2957.0		-14.0	460.0	3403.0	131.0	3534.0	...		-14.0	131.0	3417.0
	1973	3217.0		-29.0	446.0	3634.0	258.0	3892.0	...		-29.0	258.0	3663.0
	1974	4111.0		-111.9	86.0	4085.1	489.5	4574.6	...		-111.9	489.5	4197.0
	1975	4778.8		-148.3	82.0	4712.5	573.7	5286.2	...		-148.3	573.7	4860.8
	1976	5787.0		-158.1	488.8	6117.7	303.6	6421.3	...		-158.1	303.6	6275.8
	1977	6483.4		-201.9	857.6	7139.1	501.9	7641.0	...		-201.9	501.9	7341.0
EL SALVADOR (MILLION COLONES)	1960	1232	——	-7 ——	116	1341	3	1344	72	——	-7	—— 3	1420
	1961	1270		-8	102	1364	6	1370	72		-8	6	1444
	1962	1408		-12	117	1513	11	1524	78		-12	11	1602
	1963	1481		-13	129	1597	18	1615	84		-13	18	1693
	1964	1625		-14	147	1758	22	1780	95		-14	22	1866
	1965	1724		-17	169	1876	33	1909	99		-17	33	1992
	1966	1843		-17	163	1989	25	2014	104		-17	25	2109
	1967	1943		-18	163	2088	29	2117	110		-18	29	2215
	1968	2031		-18	148	2161	21	2182	113		-18	21	2291
	1969	2100		-20	162	2242	34	2276	120		-20	34	2381
	1970	2249		-21	197	2425	36	2461	125		-21	36	2571
	1971	2371		-25	199	2545	43	2588	134		-25	43	2703
	1972	2522		-27	223	2718	30	2748	137		-27	30	2881
	1973	2916		-38	268	3146	34	3180	148		-38	34	3331
	1974	3438		-53	329	3714	46	3760	176		-53	46	3943
	1975	3993		-69	353	4277	71	4348	214		-69	71	4559
	1976	4653		-34	562	5181	75	5256	246		-34	75	5463
	1977	...	...	...	...	...	...	...	...	...	...	...	6548

13. PRINCIPAL AGGREGATES AND THEIR INTERRELATIONSHIPS (CONTINUED)

AT CURRENT PRICES

COUNTRY OR AREA AND CURRENCY UNIT	YEAR	DOMESTIC FACTOR INCOME	PLUS: COMPENSATION OF EMPLOYEES FROM ABROAD, NET	PLUS: PROPERTY AND ENTREPRENEURIAL INCOME FROM ABROAD, NET	PLUS: INDIRECT TAXES NET OF SUBSIDIES	EQUALS: NATIONAL INCOME AT MARKET PRICES	PLUS: OTHER CURRENT TRANSFERS FROM ABROAD, NET	EQUALS: NATIONAL DISPOSABLE INCOME	PLUS: CONSUMPTION OF FIXED CAPITAL	LESS: COMPENSATION OF EMPLOYEES FROM ABROAD, NET	LESS: PROPERTY AND ENTREPRENEURIAL INCOME FROM ABROAD, NET	LESS: OTHER CURRENT TRANSFERS FROM ABROAD, NET	EQUALS: GROSS DOMESTIC PRODUCT AT PURCHASERS' VALUES
EQUATORIAL GUINEA 12/ (MILLION E.G. EKUELES)	1960	...	...	...	...	...	...	...	...	...	...	...	2119
	1961	...	...	...	...	...	...	...	...	...	...	...	1904
	1962	...	...	...	...	...	...	...	...	...	...	...	2301
	1964	...	...	...	...	...	...	...	...	...	...	...	2662
	1965	...	...	...	...	...	...	...	...	...	...	...	2862
	1966	...	...	...	...	...	...	...	...	...	...	...	3078
	1967	...	...	...	...	...	...	...	...	...	...	...	3311
ETHIOPIA 26/ (MILLION BIRR)	1961	...	...	...	...	...	...	...	...	...	...	...	2446
	1962	...	...	...	...	...	...	...	...	...	...	...	2534
	1963	...	...	...	...	...	...	...	...	...	...	...	2656
	1964	...	...	...	...	...	...	...	...	...	...	...	2927
	1965	...	...	...	...	...	...	...	...	...	...	...	3258
	1966	...	...	...	...	...	...	...	...	...	...	...	3382
	1967	...	...	...	...	...	...	...	...	...	...	...	3604
	1968	...	...	...	...	...	...	...	...	...	...	...	3837
	1969	...	...	...	...	...	...	...	...	...	...	...	4063
	1970	...	...	...	...	...	...	...	...	...	...	...	4460
	1971	...	...	...	...	...	...	...	...	...	...	...	4710
	1972	...	...	...	...	...	...	...	...	...	...	...	4743
	1973	...	...	...	...	...	...	...	...	...	...	...	5005
	1974	...	...	...	...	...	...	...	...	...	...	...	5551
	1975	...	...	...	...	...	...	...	...	...	...	...	5524
	1976	...	...	...	...	...	...	...	...	...	...	...	6004

13. PRINCIPAL AGGREGATES AND THEIR INTERRELATIONSHIPS (CONTINUED)

AT CURRENT PRICES

COUNTRY OR AREA AND CURRENCY UNIT	YEAR	DOMESTIC FACTOR INCOME	PLUS: COMPENSATION OF EMPLOYEES FROM ABROAD, NET	PLUS: PROPERTY AND ENTREPRENEURIAL INCOME FROM ABROAD, NET	PLUS: INDIRECT TAXES NET OF SUBSIDIES	EQUALS: NATIONAL INCOME AT MARKET PRICES	PLUS: OTHER CURRENT TRANSFERS FROM ABROAD, NET	EQUALS: NATIONAL DISPOSABLE INCOME	PLUS: CONSUMPTION OF FIXED CAPITAL	LESS: COMPENSATION OF EMPLOYEES FROM ABROAD, NET	LESS: PROPERTY AND ENTREPRENEURIAL INCOME FROM ABROAD, NET	LESS: OTHER CURRENT TRANSFERS FROM ABROAD, NET	EQUALS: GROSS DOMESTIC PRODUCT AT PURCHASERS' VALUES
FIJI	1963	100.4	——	-7.7	8.9	101.6	-0.3	101.3	8.1	——	-7.7	-0.3	117.4
(MILLION FIJI DOLLARS)	1964	106.7		-7.5	11.6	110.8	-0.4	110.4	8.4		-7.5	-0.4	126.7
	1965	112.3		-5.2	12.1	119.2	-1.1	118.1	8.7		-5.2	-1.1	133.1
	1966	116.6		-3.3	10.9	124.2	-0.5	123.7	9.1		-3.3	-0.5	136.6
	1967	126.0		-5.2	13.5	134.3	-0.9	133.4	9.5		-5.2	-0.9	149.0
	1968	139.9		-6.0	14.7	148.6	-0.1	148.5	10.0		-6.0	-0.1	164.6
	5/ 1968	123.0	--	-7.0	17.0	132.0	3.0	135.0	7.0	--	-7.0	3.0	146.0
	1969	132.0	--	-8.0	19.0	143.0	4.0	147.0	8.0	--	-8.0	4.0	159.0
	1970	160.0	--	-8.0	23.0	175.0	2.0	177.0	9.0	--	-8.0	2.0	192.0
	1971	175.0	--	-10.0	28.0	192.0	3.0	195.0	10.0	--	-10.0	3.0	212.0
	1972	218.0	--	-9.0	31.0	240.0	7.0	247.0	13.0	--	-9.0	7.0	261.0
	1973	...	——	-5.0	37.0	...	5.0	...	...	——	-5.0	5.0	338.0
	1974	...		-2.0	48.0	...	1.0	...	...		-2.0	1.0	450.0
	1975	...		-6.0	60.0	...	--	...	...		-6.0	--	564.0
	1976	...	...	...	...	...	...	...	...	...	...	...	625.0
	1977	...	...	...	...	...	...	...	...	...	...	...	708.0
FINLAND	1960	12464	——	-17	1742	14189	7	14196	1618	——	-17	7	15824
(MILLION MARKKAA)	1961	13874		-31	1917	15760	3	15763	1834		-31	3	17625
	1962	14868		-47	2086	16907	--	16907	1902		-47	--	18856
	1963	16476		-70	2009	18415	1	18416	2056		-70	1	20541
	1964	18872		-101	2413	21184	3	21187	2268		-101	3	23553
	1965	20692		-132	2682	23242	18	23260	2454		-132	18	25828
	1966	22179		-150	3031	25060	6	25066	2567		-150	6	27777
	1967	23932		-209	3429	27152	-3	27149	2748		-209	-3	30109
	1968	26945		-275	4084	30754	-5	30749	3119		-275	-5	34148
	1969	30676		-323	4414	34767	-9	34757	3923		-323	-9	39013
	1970	34383	10	-397	4685	38681	-18	38663	4524	10	-397	-18	43592
	1971	37652	25	-477	5440	42640	-2	42639	4569	25	-477	-2	47661
	1972	43589	18	-586	6207	49228	-46	49182	5113	18	-586	-46	54909
	1973	52847	49	-753	7588	59731	-57	59673	6311	49	-753	-57	66746
	1974	67912	81	-1006	7801	74788	-69	74719	8461	81	-1006	-69	84174
	1975	80514	5	-1415	8317	87421	-108	87313	9130	5	-1415	-108	97961
	1976	90115	125	-1749	9964	98455	-118	98337	10043	125	-1749	-118	110122
	1977	98012	211	-2434	12296	108085	-147	107938	11249	211	-2434	-147	121557

13. PRINCIPAL AGGREGATES AND THEIR INTERRELATIONSHIPS (CONTINUED)

AT CURRENT PRICES

COUNTRY OR AREA AND CURRENCY UNIT	YEAR	DOMESTIC FACTOR INCOME	PLUS: COMPENSATION OF EMPLOYEES FROM ABROAD, NET	PLUS: PROPERTY AND ENTREPRENEURIAL INCOME FROM ABROAD, NET	PLUS: INDIRECT TAXES NET OF SUBSIDIES	EQUALS: NATIONAL INCOME AT MARKET PRICES	PLUS: OTHER CURRENT TRANSFERS FROM ABROAD, NET	EQUALS: NATIONAL DISPOSABLE INCOME	PLUS: CONSUMPTION OF FIXED CAPITAL	LESS: COMPENSATION OF EMPLOYEES FROM ABROAD, NET	LESS: PROPERTY AND ENTREPRENEURIAL INCOME FROM ABROAD, NET	LESS: OTHER CURRENT TRANSFERS FROM ABROAD, NET	EQUALS: GROSS DOMESTIC PRODUCT AT PURCHASERS' VALUES
FRANCE........................	1960	226.8	-0.1	0.4	44.0	271.1	-5.1	266.0	30.5	-0.1	0.4	-5.1	301.4
(1 000 MILLION FRANCS)	1961	247.3	-0.1	0.3	47.5	295.0	-5.4	289.5	33.3	-0.1	0.3	-5.4	328.1
	1962	276.9	-0.1	0.6	53.0	330.4	-5.3	325.1	36.8	-0.1	0.6	-5.3	366.7
	1963	309.8	--	0.7	60.3	370.7	-4.9	365.8	41.3	--	0.7	-4.9	411.4
	1964	342.0	-0.1	0.8	68.4	411.0	-5.4	405.7	45.6	-0.1	0.8	-5.4	456.0
	1965	366.9	-0.1	0.9	72.0	439.8	-5.7	434.1	50.0	-0.1	0.9	-5.7	489.0
	1966	398.9	-0.1	0.9	78.2	478.0	-5.9	472.0	54.6	-0.1	0.9	-5.9	531.7
	1967	432.3	-0.1	1.1	81.7	515.0	-6.5	508.5	59.8	-0.1	1.1	-6.5	573.8
	1968	482.0	-0.3	1.0	82.4	565.1	-7.1	558.0	64.9	-0.3	1.0	-7.1	629.3
	1969	561.3	-0.4	1.1	98.5	660.4	-8.0	652.4	73.6	-0.4	1.1	-8.0	733.3
	1970	629.8	-0.4	1.4	104.7	735.5	-7.9	727.6	84.7	-0.4	1.4	-7.9	819.2
	1971	693.3	-0.5	1.0	115.0	808.8	-8.9	799.9	95.3	-0.5	1.0	-8.9	903.7
	5/												
	1970	598.3	-0.5	4.8	103.7	706.3	-7.6	698.7	80.6	-0.5	4.8	-7.6	782.6
	1971	669.0	-0.4	5.6	114.1	788.3	-8.7	779.5	89.4	-0.4	5.6	-8.7	872.4
	1972	753.3	-0.9	4.9	128.6	886.0	-8.8	877.1	99.2	-0.9	4.9	-8.8	981.1
	1973	859.1	-0.8	3.9	142.7	1004.8	-11.4	993.4	112.4	-0.8	3.9	-11.4	1114.2
	1974	979.8	-1.0	5.9	159.7	1144.4	-15.4	1129.0	138.8	-1.0	5.9	-15.4	1278.3
	1975	1111.2	-1.3	5.3	176.8	1292.0	-16.1	1275.9	162.9	-1.3	5.3	-16.1	1450.9
	1976	1272.3	-1.9	7.5	207.9	1485.8	-16.1	1469.7	189.2	-1.9	7.5	-16.1	1669.3
	1977	1437.7	-1.8	9.1	218.7	1663.7	-19.7	1644.0	213.9	-1.8	9.1	-19.7	1870.3
FRENCH POLYNESIA..............	1960	...	...	...	...	...	...	...	0.4	...	...	...	4.3
(1 000 MILLION CFP FRANCS)	1961	...	...	...	...	...	...	...	0.8	...	...	...	4.8
	1962	...	...	...	...	...	...	...	0.8	...	...	...	5.0
	1963	...	...	...	...	...	...	...	1.5	...	...	...	6.0
	1964	...	...	...	...	...	...	...	2.3	...	...	...	9.2
	1965	...	...	...	...	...	...	...	2.4	...	...	...	13.3
	1966	...	...	...	...	...	...	...	1.7	...	...	...	16.2
	1967	...	...	...	...	...	...	...	2.3	...	...	...	16.6
	1968	...	...	...	...	...	...	...	3.0	...	...	...	19.5
	1969	...	...	...	...	...	...	...	3.2	...	...	...	19.2
	1970	...	...	...	...	...	...	...	3.5	...	...	...	21.5
	1971	...	...	...	...	...	...	...	3.9	...	...	...	25.0
	1972	...	...	...	...	...	...	...	3.8	...	...	...	25.0
	1973	...	...	...	...	...	...	...	5.5	...	...	...	29.3
	1974	...	...	...	...	...	...	...	14.0	...	...	...	40.7
	1975	...	...	...	...	...	...	...	10.8	...	...	...	45.0
	1976	...	...	...	...	...	...	...	9.9	...	...	...	51.7

13. PRINCIPAL AGGREGATES AND THEIR INTERRELATIONSHIPS (CONTINUED)

AT CURRENT PRICES

COUNTRY OR AREA AND CURRENCY UNIT	YEAR	DOMESTIC FACTOR INCOME	PLUS: COMPENSATION OF EMPLOYEES FROM ABROAD, NET	PLUS: PROPERTY AND ENTREPRENEURIAL INCOME FROM ABROAD, NET	PLUS: INDIRECT TAXES NET OF SUBSIDIES	EQUALS: NATIONAL INCOME AT MARKET PRICES	PLUS: OTHER CURRENT TRANSFERS FROM ABROAD, NET	EQUALS: NATIONAL DISPOSABLE INCOME	PLUS: CONSUMPTION OF FIXED CAPITAL	LESS: COMPENSATION OF EMPLOYEES FROM ABROAD, NET	LESS: PROPERTY AND ENTREPRENEURIAL INCOME FROM ABROAD, NET	LESS: OTHER CURRENT TRANSFERS FROM ABROAD, NET	EQUALS: GROSS DOMESTIC PRODUCT AT PURCHASERS' VALUES
GABON	1960	...	...	...	...	...	...	...	...	...	...	...	31.3
(1 000 MILLION CFA FRANCS)	1961	...	...	...	...	...	...	...	...	...	...	...	37.6
	1962	...	...	...	...	...	...	...	...	...	...	...	41.0
	1963	...	...	...	...	...	...	...	...	...	...	...	44.0
	1964	...	...	...	...	...	...	...	...	...	...	...	47.7
	1965	...	...	...	...	...	...	...	...	...	...	...	50.8
	1966	...	...	...	...	...	...	...	...	...	...	...	56.5
	1967	...	...	...	...	...	...	...	...	...	...	...	58.8
	1968	...	...	...	...	...	...	...	18.7	...	...	...	75.9
	1969	...	...	...	...	...	...	...	20.4	...	...	...	85.1
	1970	...	...	...	...	...	...	...	21.6	...	...	...	93.1
	5/ 1972	66.1	-2.0	-7.6	18.6	75.0	2.5	77.5	23.8	-2.0	-7.6	2.5	108.5
	1973	115.2	-2.5	-12.0	23.1	123.8	3.8	127.6	22.7	-2.5	-12.0	3.8	161.1
	1974	258.3	-5.3	-21.9	67.4	298.5	-0.8	297.7	46.0	-5.3	-21.9	-0.8	371.7
	1975	305.7	-8.3	-21.3	90.2	366.3	-0.8	365.5	66.5	-8.3	-21.3	-0.8	462.4
	1976	515.6	-7.5	-26.3	115.2	596.9	-1.9	595.0	88.3	-7.5	-26.3	-1.9	719.1
GERMAN DEMOCRATIC REPUBLIC	1960	...	...	...	...	6/15/ 71.5	...	...	...	...	...	...	...
(1 000 MILLION GDR MARKS)	1961	...	...	...	...	72.7	...	...	...	...	...	...	...
	1962	...	...	...	...	74.6	...	...	...	...	...	...	...
	1963	...	...	...	...	77.3	...	...	...	...	...	...	...
	1964	...	...	...	...	81.0	...	...	...	...	...	...	...
	1965	...	...	...	...	84.8	...	...	...	...	...	...	...
	1966	...	...	...	...	88.9	...	...	...	...	...	...	...
	1967	...	...	...	...	93.8	...	...	...	...	...	...	...
	1968	...	...	...	...	98.5	...	...	...	...	...	...	...
	1969	...	...	...	...	103.6	...	...	...	...	...	...	...
	1970	...	...	...	...	109.5	...	...	...	...	...	...	...
	1971	...	...	...	...	114.4	...	...	...	...	...	...	...
	1972	...	...	...	...	120.9	...	...	...	...	...	...	...
	1973	...	...	...	...	127.6	...	...	...	...	...	...	...
	1974	...	...	...	...	135.8	...	...	...	...	...	...	...
	1975	...	...	...	...	142.4	...	...	...	...	...	...	...
	1976	...	...	...	...	147.5	...	...	...	...	...	...	...
	1977	...	...	...	...	155.2	...	...	...	...	...	...	...

13. PRINCIPAL AGGREGATES AND THEIR INTERRELATIONSHIPS (CONTINUED)

AT CURRENT PRICES

COUNTRY OR AREA AND CURRENCY UNIT	YEAR	DOMESTIC FACTOR INCOME	PLUS: COMPENSATION OF EMPLOYEES FROM ABROAD, NET	PLUS: PROPERTY AND ENTREPRENEURIAL INCOME FROM ABROAD, NET	PLUS: INDIRECT TAXES NET OF SUBSIDIES	EQUALS: NATIONAL INCOME AT MARKET PRICES	PLUS: OTHER CURRENT TRANSFERS FROM ABROAD, NET	EQUALS: NATIONAL DISPOSABLE INCOME	PLUS: CONSUMPTION OF FIXED CAPITAL	LESS: COMPENSATION OF EMPLOYEES FROM ABROAD, NET	LESS: PROPERTY AND ENTREPRENEURIAL INCOME FROM ABROAD, NET	LESS: OTHER CURRENT TRANSFERS FROM ABROAD, NET	EQUALS: GROSS DOMESTIC PRODUCT AT PURCHASERS' VALUES
GERMANY, FEDERAL REPUBLIC OF (1 000 MILLION DEUTSCHE MARK)	5/ 1960	239.9	1.1	-0.9	39.3	279.4	-3.2	276.2	23.6	1.1	-0.9	-3.2	302.8
	1961	261.1	1.1	-1.5	43.5	304.3	-3.9	300.4	27.1	1.1	-1.5	-3.9	331.8
	1962	282.5	1.2	-1.6	47.2	329.3	-4.5	324.7	31.2	1.2	-1.6	-4.5	360.9
	1963	298.3	1.2	-1.6	49.2	347.1	-4.8	342.3	35.0	1.2	-1.6	-4.8	382.5
	1964	328.0	1.1	-1.8	53.3	380.6	-5.2	375.4	39.0	1.1	-1.8	-5.2	420.3
	1965	359.6	1.1	-2.1	56.3	414.9	-6.2	408.7	43.3	1.1	-2.1	-6.2	459.3
	1966	380.9	1.1	-2.1	59.7	439.6	-6.2	433.4	47.8	1.1	-2.1	-6.2	488.3
	1967	381.6	1.4	-2.1	62.3	443.2	-6.4	436.7	50.5	1.4	-2.1	-6.4	494.5
	1968	419.6	1.4	-1.1	61.9	481.8	-7.4	474.4	53.4	1.4	-1.1	-7.4	534.9
	1969	462.1	1.3	-0.6	76.8	539.6	-9.0	530.5	58.1	1.3	-0.6	-9.0	596.9
	1970	532.9	1.2	-1.0	77.5	610.6	-10.4	600.3	68.3	1.2	-1.0	-10.4	678.7
	1971	589.9	1.2	-0.1	86.5	677.5	-12.5	665.0	78.4	1.2	-0.1	-12.5	754.9
	1972	644.3	1.0	0.2	95.4	740.9	-14.9	725.9	86.3	1.0	0.2	-14.9	826.0
	1973	719.4	0.9	0.6	103.4	824.4	-17.0	807.4	95.7	0.9	0.6	-17.0	918.6
	1974	772.6	0.9	-1.1	107.3	879.6	-17.4	862.2	107.3	0.9	-1.1	-17.4	987.1
	1975	803.5	1.0	—	111.3	915.9	-18.8	897.1	117.0	1.0	—	-18.8	1031.8
	1976	878.7	1.1	1.2	121.4	1002.4	-19.0	983.3	125.5	1.1	1.2	-19.0	1125.6
	1977	934.3	1.0	-0.8	129.8	1064.3	-19.6	1044.7	134.4	1.0	-0.8	-19.6	1198.5
GHANA (MILLION GHANAIAN CEDIS)	1960	...	...	...	...	...	...	...	...	...	...	...	956
	1961	...	...	...	...	...	...	...	...	...	...	...	1022
	1962	...	...	...	...	...	...	...	...	...	...	...	1094
	1963	...	...	...	...	...	...	...	...	...	...	...	1208
	1964	...	...	...	...	...	...	...	...	...	...	...	1357
	1965	...	...	...	...	...	...	...	...	...	...	...	1608
	1966	...	...	...	...	...	...	...	...	...	...	...	1793
	1967	...	...	...	...	...	...	...	...	...	...	...	1778
	1968	...	...	...	...	...	...	...	...	...	...	...	2067
	1969	...	...	...	...	...	...	...	...	...	...	...	2335
	1970	...	...	...	...	...	...	...	...	...	...	...	2568
	5/ 1968	1396		-50	194	1540	-16	1524	109		-50	-16	1700
	1969	1628		-58	240	1811	-14	1796	129		-58	-14	1998
	1970	1815		-47	308	2076	-4	2072	134		-47	-4	2258
	1971	2055		-64	300	2290	-1	2288	145		-64	-1	2500
	1972	2307		-40	337	2604	14	2619	170		-40	14	2815
	1973	2903		-30	381	3254	11	3266	216		-30	11	3501
	1974	3847		-46	557	4357	16	4373	256		-46	16	4660

13. PRINCIPAL AGGREGATES AND THEIR INTERRELATIONSHIPS (CONTINUED)

AT CURRENT PRICES

COUNTRY OR AREA AND CURRENCY UNIT	YEAR	DOMESTIC FACTOR INCOME	PLUS: COMPENSATION OF EMPLOYEES FROM ABROAD, NET	PLUS: PROPERTY AND ENTREPRENEURIAL INCOME FROM ABROAD, NET	PLUS: INDIRECT TAXES NET OF SUBSIDIES	EQUALS: NATIONAL INCOME AT MARKET PRICES	PLUS: OTHER CURRENT TRANSFERS FROM ABROAD, NET	EQUALS: NATIONAL DISPOSABLE INCOME	PLUS: CONSUMPTION OF FIXED CAPITAL	LESS: COMPENSATION OF EMPLOYEES FROM ABROAD, NET	LESS: PROPERTY AND ENTREPRENEURIAL INCOME FROM ABROAD, NET	LESS: OTHER CURRENT TRANSFERS FROM ABROAD, NET	EQUALS: GROSS DOMESTIC PRODUCT AT PURCHASERS' VALUES
GILBERT ISLANDS	5/ 1972	13397	30	-249	692	13870	800	14670	1723	30	-249	800	15812
(1 000 AUSTRALIAN DOLLARS)	1973	19318	10	-173	1166	20321	1236	21557	1742	10	-173	1236	22226
	1974	33175	10	-1330	1684	33539	1876	35415	1640	10	-1330	1876	36499
GREECE	1960	87.9	0.9	1.0	11.9	101.8	3.0	104.8	5.3	0.9	1.0	3.0	105.2
(1 000 MILLION DRACHMAS)	1961	99.2	1.1	1.3	13.7	115.3	3.4	118.7	5.7	1.1	1.3	3.4	118.6
	1962	104.2	1.1	1.5	15.1	121.9	4.5	126.3	6.7	1.1	1.5	4.5	126.0
	1963	116.1	1.1	1.9	17.2	136.3	5.2	141.5	7.3	1.1	1.9	5.2	140.7
	1964	130.5	0.8	2.5	19.3	153.2	5.4	158.6	8.1	0.8	2.5	5.4	158.0
	1965	148.8	1.1	2.5	21.8	174.3	6.2	180.5	9.1	1.1	2.5	6.2	179.8
	1966	164.3	1.0	2.9	25.2	193.4	7.0	200.4	10.5	1.0	2.9	7.0	200.0
	1967	176.7	1.4	3.0	27.7	208.7	6.9	215.6	11.7	1.4	3.0	6.9	216.1
	1968	189.7	1.7	3.3	31.9	226.6	7.1	233.7	12.9	1.7	3.3	7.1	234.5
	1969	214.6	1.7	3.3	37.5	257.1	8.2	265.3	14.3	1.7	3.3	8.2	266.5
	1970	241.1	2.0	3.5	40.9	287.6	10.2	297.8	16.9	2.0	3.5	10.2	298.9
	1971	267.8	3.3	4.6	42.9	318.5	14.0	332.5	19.6	3.3	4.6	14.0	330.3
	1972	306.2	4.3	5.3	47.7	363.6	17.1	380.7	23.7	4.3	5.3	17.1	377.7
	1973	397.6	5.1	8.0	55.9	466.7	21.6	488.3	30.6	5.1	8.0	21.6	484.2
	1974	468.0	6.7	11.2	56.9	542.8	20.3	563.1	39.3	6.7	11.2	20.3	564.2
	1975	545.7	8.9	10.3	79.0	643.9	23.3	667.2	47.5	8.9	10.3	23.3	672.2
	1976	668.0	10.6	14.3	96.2	789.2	27.4	816.6	59.2	10.6	14.3	27.4	823.4
	1977	774.1	12.2	18.1	119.1	923.5	32.3	955.7	72.4	12.2	18.1	32.3	965.6
GRENADA	1970	...	...	...	...	...	...	...	...	...	...	...	3/ 60.0
(MILLION EC DOLLARS)	1971	...	...	...	...	...	...	...	...	...	...	...	59.7
	1972	...	...	...	...	...	...	...	...	...	...	...	64.2
	1973	...	...	...	...	...	...	...	...	...	...	...	65.8
	1974	...	...	...	...	...	...	...	...	...	...	...	65.4
	1975	...	...	...	...	...	...	...	...	...	...	...	80.5

13. PRINCIPAL AGGREGATES AND THEIR INTERRELATIONSHIPS (CONTINUED)

AT CURRENT PRICES

COUNTRY OR AREA AND CURRENCY UNIT	YEAR	DOMESTIC FACTOR INCOME	PLUS: COMPENSATION OF EMPLOYEES FROM ABROAD, NET	PLUS: PROPERTY AND ENTREPRENEURIAL INCOME FROM ABROAD, NET	PLUS: INDIRECT TAXES NET OF SUBSIDIES	EQUALS: NATIONAL INCOME AT MARKET PRICES	PLUS: OTHER CURRENT TRANSFERS FROM ABROAD, NET	EQUALS: NATIONAL DISPOSABLE INCOME	PLUS: CONSUMPTION OF FIXED CAPITAL	LESS: COMPENSATION OF EMPLOYEES FROM ABROAD, NET	LESS: PROPERTY AND ENTREPRENEURIAL INCOME FROM ABROAD, NET	LESS: OTHER CURRENT TRANSFERS FROM ABROAD, NET	EQUALS: GROSS DOMESTIC PRODUCT AT PURCHASERS' VALUES
GUADELOUPE	1965	...	...	...	...	...	...	...	...	...	...	...	957.5
(MILLION FRANCS)	1966	...	...	...	...	...	...	...	...	...	...	...	1062.5
	1967	...	...	...	...	...	...	...	...	...	...	...	1111.6
	1968	...	...	...	...	...	...	...	...	...	...	...	1244.0
	1969	...	...	...	...	...	...	...	...	...	...	...	1372.2
	1970	...	...	...	...	...	...	...	...	...	...	...	1578.5
	1971	...	...	...	...	...	...	...	...	...	...	...	1777.2
	1972	...	...	...	...	...	...	...	...	...	...	...	1898.4
	1973	...	...	...	...	...	...	...	...	...	...	...	2271.9
	1974	...	...	...	...	...	...	...	...	...	...	...	2602.6
	1975	...	...	...	...	...	...	...	...	...	...	...	3142.2
	1976	...	...	...	...	...	...	...	...	...	...	...	3438.8
	1977	...	...	...	...	...	...	...	...	...	...	...	3888.2
GUATEMALA	1960	...	...	...	...	...	...	...	...	...	...	...	1043.6
(MILLION QUETZALES)	1961	...	...	...	...	...	...	...	...	...	...	...	1076.7
	1962	...	...	...	...	...	...	...	...	...	...	...	1143.6
	1963	...	...	...	...	...	...	...	...	...	...	...	1262.7
	1964	...	...	...	...	...	...	...	...	...	...	...	1288.0
	1965	...	...	...	...	...	...	...	...	...	...	...	1331.4
	1966	...	...	...	...	...	...	...	...	...	...	...	1390.7
	1967	...	...	...	...	...	...	...	...	...	...	...	1453.5
	1968	...	...	...	...	...	...	...	...	...	...	...	1610.6
	1969	...	...	...	...	...	...	...	...	...	...	...	1715.4
	1970	...	...	...	...	...	...	...	...	...	...	...	1904.0
	1971	...	...	...	...	...	...	...	...	...	...	...	1984.8
	1972	...	...	...	...	...	...	...	...	...	...	...	2101.6
	1973	...	...	...	...	...	...	...	...	...	...	...	2569.3
	1974	...	...	...	...	...	...	...	...	...	...	...	3161.5
	1975	...	...	...	...	...	...	...	...	...	...	...	3646.0
	1976	...	...	...	...	...	...	...	...	...	...	...	4365.3
	1977	...	...	...	...	...	...	...	...	...	...	...	5593.4

13. PRINCIPAL AGGREGATES AND THEIR INTERRELATIONSHIPS (CONTINUED)

AT CURRENT PRICES

COUNTRY OR AREA AND CURRENCY UNIT	YEAR	DOMESTIC FACTOR INCOME	PLUS: COMPENSATION OF EMPLOYEES FROM ABROAD, NET	PLUS: PROPERTY AND ENTREPRENEURIAL INCOME FROM ABROAD, NET	PLUS: INDIRECT TAXES NET OF SUBSIDIES	EQUALS: NATIONAL INCOME AT MARKET PRICES	PLUS: OTHER CURRENT TRANSFERS FROM ABROAD, NET	EQUALS: NATIONAL DISPOSABLE INCOME	PLUS: CONSUMPTION OF FIXED CAPITAL	LESS: COMPENSATION OF EMPLOYEES FROM ABROAD, NET	LESS: PROPERTY AND ENTREPRENEURIAL INCOME FROM ABROAD, NET	LESS: OTHER CURRENT TRANSFERS FROM ABROAD, NET	EQUALS: GROSS DOMESTIC PRODUCT AT PURCHASERS' VALUES
GUYANA (MILLION GUYANA DOLLARS)	1960	250.1	-23.6		29.4	255.9	-1.1	254.9	12.2	-23.6		-1.1	291.8
	1961	269.9	-23.2		30.7	277.4	--	277.4	17.9	-23.2		--	318.5
	1962	285.7	-37.0		29.0	277.7	-0.6	277.0	19.5	-37.0		-0.6	334.2
	1963	256.9	-28.5		28.4	256.8	-1.6	255.2	16.2	-28.5		-1.6	301.4
	1964	282.9	-29.8		33.6	286.7	-0.1	286.6	17.2	-29.8		-0.1	333.7
	1965	306.3	-27.3		37.2	316.2	0.3	316.6	18.8	-27.3		0.3	362.3
	1966	321.3	-32.6		46.7	335.4	0.6	336.0	20.8	-32.6		0.6	388.7
	1967	351.5	-31.8		50.3	370.1	0.6	370.7	23.3	-31.8		0.6	425.2
	1968	378.8	-35.4		54.2	397.6	1.1	398.7	26.4	-35.4		1.1	459.4
	1969	409.2	-41.8		60.6	428.1	0.8	428.9	29.2	-41.8		0.8	499.0
	1970	436.2	-42.5		65.6	459.3	0.1	459.4	33.8	-42.5		0.1	535.5
	1971	465.0	-36.0		65.7	494.7	-0.9	493.9	33.4	-36.0		-0.9	564.1
	1972	497.3	-22.2		68.6	543.7	-0.9	542.7	33.4	-22.2		-0.9	599.3
	1973	540.5	-25.6		68.4	583.2	-1.3	581.9	35.9	-25.6		-1.3	644.8
	1974	829.8	-48.2		85.0	866.6	-8.0	858.6	40.0	-48.2		-8.0	954.8
	1975	1051.4	-33.0		90.0	1108.4	-9.0	1099.4	46.5	-33.0		-9.0	1187.9
	1976	970.0	-57.0		92.5	1005.5	-16.0	989.5	55.0	-57.0		-16.0	1117.5
HAITI 7/ (MILLION GOURDES)	1960 5/	...	...	...	...	...	...	...	...	...	...	...	1365.9
	1961	...	...	...	...	...	...	...	...	...	...	...	1355.3
	1962	...	...	...	...	...	...	...	...	...	...	...	1409.5
	1963	...	...	...	...	...	...	...	...	...	...	...	1474.4
	1964	...	...	...	...	...	...	...	...	...	...	...	1626.4
	1965	...	...	...	...	...	...	...	...	...	...	...	1766.3
	1966	...	...	...	...	...	...	...	...	...	...	...	1844.7
	1967	1643.6	-0.2	-14.6	142.6	1771.4	66.1	1838.5	59.4	-0.2	-14.6	66.1	1845.6
	1968	1616.4	-0.2	-15.6	169.7	1770.3	44.7	1815.0	53.8	-0.2	-15.6	44.7	1839.8
	1969	1713.4	-0.5	-13.0	183.6	1883.5	54.4	1937.9	62.0	-0.5	-13.0	54.4	1959.1
	1970	1800.0	-0.8	-14.0	207.7	1992.8	74.9	2067.7	47.0	-0.8	-14.0	74.9	2054.6
	1971	1939.9	-0.1	-15.7	246.0	2170.0	94.5	2266.5	56.2	-0.1	-15.7	94.5	2242.0
	1972	1999.3	1.8	-22.2	258.1	2237.0	142.2	2379.2	51.0	1.8	-22.2	142.2	2308.5
	1973	2531.7	0.8	-23.0	274.2	2783.7	120.6	2904.3	56.3	0.8	-23.0	120.6	2862.2
	1974	3051.1	0.9	-29.6	299.8	3322.2	123.6	3445.8	60.4	0.9	-29.6	123.6	3411.3
	1975	3610.9	-34.8		416.8	3992.9	197.1	4190.0	79.5	-34.8		197.1	4107.2
	1976	4823.1	-34.8		526.1	5314.5	325.4	5639.9	98.8	-34.8		325.4	5448.1
	1977	5742.3	-54.4		673.7	6361.7	538.0	6899.7	94.6	-54.4		538.0	6510.7

13. PRINCIPAL AGGREGATES AND THEIR INTERRELATIONSHIPS (CONTINUED)

AT CURRENT PRICES

COUNTRY OR AREA AND CURRENCY UNIT	YEAR	DOMESTIC FACTOR INCOME	PLUS: COMPENSATION OF EMPLOYEES FROM ABROAD, NET	PLUS: PROPERTY AND ENTREPRENEURIAL INCOME FROM ABROAD, NET	PLUS: INDIRECT TAXES NET OF SUBSIDIES	EQUALS: NATIONAL INCOME AT MARKET PRICES	PLUS: OTHER CURRENT TRANSFERS FROM ABROAD, NET	EQUALS: NATIONAL DISPOSABLE INCOME	PLUS: CONSUMPTION OF FIXED CAPITAL	LESS: COMPENSATION OF EMPLOYEES FROM ABROAD, NET	LESS: PROPERTY AND ENTREPRENEURIAL INCOME FROM ABROAD, NET	LESS: OTHER CURRENT TRANSFERS FROM ABROAD, NET	EQUALS: GROSS DOMESTIC PRODUCT AT PURCHASERS' VALUES
HONDURAS	1960	572.0	15.0		64.0	651.0	5.0	656.0	44.0	15.0		5.0	680.0
(MILLION LEMPIRAS)	1961	607.0	-8.0		65.0	664.0	9.0	673.0	46.0	-8.0		9.0	718.0
	1962	674.0	-16.0		67.0	725.0	7.0	732.0	40.0	-16.0		7.0	781.0
	1963	711.0	-12.0		70.0	769.0	6.0	775.0	39.0	-12.0		6.0	820.0
	1964	787.0	-27.0		81.0	841.0	13.0	854.0	46.0	-27.0		13.0	914.0
	1965	882.0	-35.0		91.0	938.0	8.0	946.0	44.0	-35.0		8.0	1017.0
	1966	961.0	-28.0		95.0	1028.0	9.0	1037.0	44.0	-28.0		9.0	1100.0
	1967	1049.0	-39.0		101.0	1111.0	9.0	1120.0	46.0	-39.0		9.0	1196.0
	1968	1135.0	-47.0		113.0	1201.0	12.0	1213.0	51.0	-47.0		12.0	1299.0
	1969	1180.0	-45.0		117.0	1252.0	15.0	1267.0	51.0	-45.0		15.0	1348.0
	1970	1238.0	-31.0		139.0	1346.0	13.0	1359.0	53.0	-31.0		13.0	1430.0
	1971	1318.0	-20.0		143.0	1441.0	14.0	1455.0	55.0	-20.0		14.0	1516.0
	1972	1440.0	-50.0		151.0	1541.0	13.0	1554.0	57.0	-50.0		13.0	1648.0
	1973	1583.0	-62.0		169.0	1690.0	14.0	1704.0	61.0	-62.0		14.0	1813.0
	1974	1677.0	-22.0		200.0	1855.0	65.0	1920.0	118.0	-22.0		65.0	1995.0
	1975	1797.0	-51.0		220.0	1966.0	35.0	2001.0	95.0	-51.0		35.0	2112.0
	1976	...	-93.0		...	...	...	...	...	-93.0		...	2438.0
	1977	...	-97.0		...	...	...	...	...	-97.0		...	2940.0
HONG KONG	1961	...	...	...	...	...	...	...	...	...	...	...	6050
(MILLION HONG KONG DOLLARS)	1962	...	...	...	...	...	...	...	...	...	...	...	6882
	1963	...	...	...	...	...	...	...	...	...	...	...	7994
	1964	...	...	...	...	...	...	...	...	...	...	...	8894
	1965	...	...	...	...	...	...	...	...	...	...	...	10516
	1966	...	...	...	...	...	...	...	...	...	...	...	11091
	1967	...	...	...	...	...	...	...	...	...	...	...	12411
	1968	...	...	...	...	...	...	...	...	...	...	...	13356
	1969	...	...	...	...	...	...	...	...	...	...	...	15791
	1970	...	...	...	...	...	...	...	82	...	...	...	18670
	1971	...	...	...	...	...	...	...	-1264	...	...	...	20976
	1972	...	...	...	...	...	...	...	-2935	...	...	...	24156
	1973	...	...	...	...	...	...	...	-2810	...	...	...	30736
	1974	...	...	...	...	...	...	...	1447	...	...	...	35252
	1975	...	...	...	...	...	...	...	2966	...	...	...	37268
	1976	...	...	...	...	...	...	...	...	...	...	...	47226
	1977	...	...	...	...	...	...	...	...	...	...	...	54599

13. PRINCIPAL AGGREGATES AND THEIR INTERRELATIONSHIPS (CONTINUED)

AT CURRENT PRICES

COUNTRY OR AREA AND CURRENCY UNIT	YEAR	DOMESTIC FACTOR INCOME	PLUS: COMPENSATION OF EMPLOYEES FROM ABROAD, NET	PLUS: PROPERTY AND ENTREPRENEURIAL INCOME FROM ABROAD, NET	PLUS: INDIRECT TAXES NET OF SUBSIDIES	EQUALS: NATIONAL INCOME AT MARKET PRICES	PLUS: OTHER CURRENT TRANSFERS FROM ABROAD, NET	EQUALS: NATIONAL DISPOSABLE INCOME	PLUS: CONSUMPTION OF FIXED CAPITAL	LESS: COMPENSATION OF EMPLOYEES FROM ABROAD, NET	LESS: PROPERTY AND ENTREPRENEURIAL INCOME FROM ABROAD, NET	LESS: OTHER CURRENT TRANSFERS FROM ABROAD, NET	EQUALS: GROSS DOMESTIC PRODUCT AT PURCHASERS' VALUES
HUNGARY	1960	...	...	...	...	142.0 6/	...	...	...	...	...	...	...
(1 000 MILLION FORINTS)	1961	...	...	...	...	148.9	...	...	...	...	...	...	...
	1962	...	...	...	...	156.7	...	...	...	...	...	...	...
	1963	...	...	...	...	165.1	...	...	...	...	...	...	...
	1964	...	...	...	...	173.5	...	...	...	...	...	...	...
	1965	...	...	...	...	170.5	...	...	...	...	...	...	...
	1966	...	...	...	...	189.7	...	...	...	...	...	...	...
	1967	...	...	...	...	207.5	...	...	...	...	...	...	...
	1968	...	...	...	...	224.7	...	...	...	...	...	...	...
	1969	...	...	...	...	253.1	...	...	...	...	...	...	...
	1970	...	...	...	...	274.9	...	...	...	...	...	...	...
	1971	...	...	...	...	295.6	...	...	...	...	...	...	...
	1972	...	...	...	...	320.8	...	...	...	...	...	...	...
	1973	...	...	...	...	354.4	...	...	...	...	...	...	...
	1974	...	...	...	...	369.0	...	...	...	...	...	...	...
	1975	...	...	...	...	396.1	...	...	...	...	...	...	...
	1976	...	...	...	...	434.9	...	...	...	...	...	...	...
	1977	...	...	...	...	479.2	...	...	...	...	...	...	...
ICELAND	1960	5749	-123		1611	7237	--	7237	1149	-123		--	8509
(MILLION KRONUR)	1961	7100	-128		1267	8239	-6	8233	1363	-128		-6	9730
	1962	8421	-106		1713	10028	-2	10026	1539	-106		-2	11673
	1963	10142	-110		2101	12133	-6	12127	1648	-110		-6	13891
	1964	13497	-137		2314	15674	-7	15667	1937	-137		-7	17748
	1965	15891	-176		3175	18890	-8	18882	2367	-176		-8	21433
	1966	19050	-202		4015	22863	-13	22850	2632	-202		-13	25697
	1967	19080	-252		3855	22683	-18	22665	3049	-252		-18	25984
	1968	19651	-410		4330	23571	-17	23554	3958	-410		-17	27939
	1969	24158	-612		5250	28796	-24	28772	5400	-612		-24	34808
	1970	29832	-481		7770	37121	-32	37089	6061	-481		-32	43663
	1971	39123	-509		9690	48304	-30	48274	6703	-509		-30	55516
	1972	48532	-890		12380	60022	-55	59967	8458	-890		-55	69370
	1973	67263	-1180		18330	84413	-64	84349	11353	-1180		-64	96946
	1974	95958	-1915		28560	122603	-86	122517	17175	-1915		-86	141693
	1975	127221	-4863		39360	161718	-176	161542	28332	-4863		-176	194913
	1976	175969	-7283		56350	225036	-155	224881	37144	-7283		-155	269463
	1977	253755	-8830		78900	323825	-149	323676	48650	-8830		-149	381305

13. PRINCIPAL AGGREGATES AND THEIR INTERRELATIONSHIPS (CONTINUED)

AT CURRENT PRICES

COUNTRY OR AREA AND CURRENCY UNIT	YEAR	DOMESTIC FACTOR INCOME	PLUS: COMPENSATION OF EMPLOYEES FROM ABROAD, NET	PLUS: PROPERTY AND ENTREPRENEURIAL INCOME FROM ABROAD, NET	PLUS: INDIRECT TAXES NET OF SUBSIDIES	EQUALS: NATIONAL INCOME AT MARKET PRICES	PLUS: OTHER CURRENT TRANSFERS FROM ABROAD, NET	EQUALS: NATIONAL DISPOSABLE INCOME	PLUS: CONSUMPTION OF FIXED CAPITAL	LESS: COMPENSATION OF EMPLOYEES FROM ABROAD, NET	LESS: PROPERTY AND ENTREPRENEURIAL INCOME FROM ABROAD, NET	LESS: OTHER CURRENT TRANSFERS FROM ABROAD, NET	EQUALS: GROSS DOMESTIC PRODUCT AT PURCHASERS' VALUES
INDIA 19/ (1 000 MILLION RUPEES)	1960 5/	133.3	-0.1	-0.6	9.5	142.1	0.3	142.4	7.4	-0.1	-0.6	0.3	150.2
	1961	140.8	-0.1	-0.8	10.8	150.7	0.3	151.0	8.1	-0.1	-0.8	0.3	159.8
	1962	149.0	-0.2	-0.9	12.6	160.6	0.3	160.9	9.3	-0.2	-0.9	0.3	171.0
	1963	170.9	-0.1	-1.0	15.7	185.4	0.4	185.8	10.0	-0.1	-1.0	0.4	196.6
	1964	201.5	-0.2	-1.3	17.8	217.8	0.4	218.2	11.1	-0.2	-1.3	0.4	230.4
	1965	208.0	-0.2	-1.4	20.8	227.2	0.8	228.0	12.3	-0.2	-1.4	0.8	241.1
	1966	240.8	-0.3	-2.0	21.8	260.3	0.9	261.2	14.0	-0.3	-2.0	0.9	276.6
	1967	283.1	-0.4	-2.2	24.2	304.8	1.0	305.8	15.6	-0.4	-2.2	1.0	322.9
	1968	288.6	-0.3	-2.3	27.3	313.4	1.3	314.7	16.9	-0.3	-2.3	1.3	332.8
	1969	318.8	-0.3	-2.5	30.6	346.6	1.3	347.9	19.1	-0.3	-2.5	1.3	368.5
	1970	347.0	—	-2.8	35.2	379.3	1.2	380.6	22.4	—	-2.8	1.2	404.6
	1971	370.2	—	-2.9	40.7	408.0	1.6	409.6	24.7	—	-2.9	1.6	435.6
	1972	406.9	—	-3.0	46.0	449.9	1.5	451.4	27.7	—	-3.0	1.5	480.6
	1973	508.2	-0.1	-3.1	51.6	556.6	1.9	558.5	32.1	-0.1	-3.1	1.9	591.9
	1974	597.0	-0.1	-2.7	65.5	659.7	2.7	662.4	37.9	-0.1	-2.7	2.7	700.3
	1975	608.5	-0.1	-2.5	77.0	683.0	5.3	688.3	44.0	-0.1	-2.5	5.3	729.5
	1976	...	...	...	78.9	721.7	...	...	47.7	...	...	...	771.9
INDONESIA (1 000 MILLION INDONESIAN RUPIAHS)	1960	0.3			—	0.4	...	...	—			...	0.4
	1961	0.4	—		—	0.4	...	...	—	—		...	0.5
	1962	1.2	—		—	1.2	...	...	0.1	—		...	1.3
	1963	2.9	—		0.1	3.0	...	...	0.2	—		...	3.2
	1964	6.5	-0.1		0.2	6.5	...	...	0.5	-0.1		...	7.1
	1965	21.7	-0.2		0.6	22.1	...	...	1.4	-0.2		...	23.7
	1966	291.1	-4.9		7.6	293.8	...	...	17.2	-4.9		...	315.9
	1967	762.1	-9.6		31.0	783.5	...	...	54.7	-9.6		...	847.8
	1968	1775.3	-28.8		94.0	1840.5	...	...	124.6	-28.8		...	1993.9
	1969 2/	2407.0	-35.0		135.0	2507.0	...	...	176.0	-35.0		...	2718.0
	1970	2933.0	-50.0		188.0	3071.0	...	...	219.0	-50.0		...	3340.0
	1971	3204.3	-66.7		229.0	3366.6	...	...	238.7	-66.7		...	3672.0
	1972	4031.3	-159.4		236.0	4107.9	...	...	296.7	-159.4		...	4564.0
	1973	5986.4	-245.7		328.0	6068.7	...	...	439.0	-245.7		...	6753.4
	1974	9565.0	-507.1		447.0	9504.9	...	...	696.0	-507.1		...	10708.0
	1975	11301.5	-555.7		519.2	11265.0	...	...	821.8	-555.7		...	12642.5
	1976	13769.9	-432.2		690.5	14028.2	...	...	1006.3	-432.2		...	15466.7
	1977	16963.1	-627.1		845.6	17181.6	...	...	1238.0	-627.1		...	19046.7

13. PRINCIPAL AGGREGATES AND THEIR INTERRELATIONSHIPS (CONTINUED)

AT CURRENT PRICES

COUNTRY OR AREA AND CURRENCY UNIT	YEAR	DOMESTIC FACTOR INCOME	PLUS: COMPENSATION OF EMPLOYEES FROM ABROAD, NET	PLUS: PROPERTY AND ENTREPRENEURIAL INCOME FROM ABROAD, NET	PLUS: INDIRECT TAXES NET OF SUBSIDIES	EQUALS: NATIONAL INCOME AT MARKET PRICES	PLUS: OTHER CURRENT TRANSFERS FROM ABROAD, NET	EQUALS: NATIONAL DISPOSABLE INCOME	PLUS: CONSUMPTION OF FIXED CAPITAL	LESS: COMPENSATION OF EMPLOYEES FROM ABROAD, NET	LESS: PROPERTY AND ENTREPRENEURIAL INCOME FROM ABROAD, NET	LESS: OTHER CURRENT TRANSFERS FROM ABROAD, NET	EQUALS: GROSS DOMESTIC PRODUCT AT PURCHASERS' VALUES
IRAN 21/	1960	...	...	...	...	...	...	...	21.6	...	...	...	332.4
(1 000 MILLION RIALS)	1961	...	...	...	...	...	...	...	20.1	...	...	...	328.2
	1962	...	...	...	...	...	...	...	21.4	...	...	...	351.2
	1963	...	...	...	...	...	...	...	22.6	...	...	...	373.1
	1964	...	...	...	...	...	...	...	25.4	...	...	...	420.0
	1965	...	...	...	...	...	...	...	28.9	...	...	...	478.2
	1966	...	...	...	...	...	...	...	31.4	...	...	...	522.6
	1967	...	...	...	...	...	...	...	34.4	...	...	...	577.1
	1968	...	...	...	...	...	...	...	39.1	...	...	...	658.8
	1969	...	...	...	...	...	...	...	43.6	...	...	...	741.9
	1970	...	...	...	...	...	...	...	49.1	...	...	...	841.5
	1971	...	...	...	...	...	...	...	56.1	...	...	...	1014.3
	1972	...	...	...	...	...	...	...	71.4	...	...	...	1264.4
	1973	...	...	...	...	...	...	...	91.0	...	...	...	1860.9
	1974	...	...	...	...	...	...	...	114.0	...	...	...	3159.8
	1975	...	...	...	...	...	...	...	147.1	...	...	...	3589.0
	1976	...	...	...	...	...	...	...	198.7	...	...	...	4689.2
IRAQ	1960	...	...	...	...	...	...	...	...	...	...	...	601.4
(MILLION DINARS)	1961	...	...	...	...	...	...	...	...	...	...	...	653.9
	1962	...	...	...	...	...	...	...	...	...	...	...	695.9
	1963	...	...	...	...	...	...	...	...	...	...	...	706.5
	1964	717.2	-118.3		42.1	641.0	1.2	642.2	50.5	-118.3		1.2	809.8
	1965	786.1	-129.4		46.2	702.9	0.3	703.2	53.7	-129.4		0.3	886.0
	1966	852.0	-138.6		51.9	765.3	-0.5	764.8	57.7	-138.6		-0.5	961.6
	1967	852.5	-122.6		56.3	786.2	5.0	791.2	60.9	-122.6		5.0	969.7
	1968	969.3	-156.8		66.2	878.7	1.6	880.3	65.2	-156.8		1.6	1100.7
	1969	1004.3	-154.7		76.2	925.8	1.9	927.7	69.9	-154.7		1.9	1150.4
	1970	1091.6	-166.0		85.2	1010.8	0.7	1011.5	74.4	-166.0		0.7	1251.2
	1971	1264.9	-214.9		90.1	1140.1	0.7	1140.8	78.8	-214.9		0.7	1433.8
	1972	1269.3	-136.5		86.2	1219.0	1.0	1220.0	85.4	-136.5		1.0	1440.9
	1973	1456.4	-82.0		76.6	1451.0	-2.7	1448.3	93.4	-82.0		-2.7	1626.4
	1974	3244.5	-242.0		30.3	3032.8	-69.3	2963.5	103.2	-242.0		-69.3	3378.0
	1975	3865.5	-115.0		51.9	3802.4	-135.0	3667.4	105.0	-115.0		-135.0	4022.4

13. PRINCIPAL AGGREGATES AND THEIR INTERRELATIONSHIPS (CONTINUED)

AT CURRENT PRICES

COUNTRY OR AREA AND CURRENCY UNIT	YEAR	DOMESTIC FACTOR INCOME	PLUS: COMPENSATION OF EMPLOYEES FROM ABROAD, NET	PLUS: PROPERTY AND ENTREPRENEURIAL INCOME FROM ABROAD, NET	PLUS: INDIRECT TAXES NET OF SUBSIDIES	EQUALS: NATIONAL INCOME AT MARKET PRICES	PLUS: OTHER CURRENT TRANSFERS FROM ABROAD, NET	EQUALS: NATIONAL DISPOSABLE INCOME	PLUS: CONSUMPTION OF FIXED CAPITAL	LESS: COMPENSATION OF EMPLOYEES FROM ABROAD, NET	LESS: PROPERTY AND ENTREPRENEURIAL INCOME FROM ABROAD, NET	LESS: OTHER CURRENT TRANSFERS FROM ABROAD, NET	EQUALS: GROSS DOMESTIC PRODUCT AT PURCHASERS' VALUES
IRELAND........................	1960	517.8	0.8	15.0	84.6	618.2	17.6	635.8	39.9	0.8	15.0	17.6	642.3
(MILLION IRISH POUNDS)	1961	560.2	0.8	16.9	85.8	663.7	18.5	682.2	45.1	0.8	16.9	18.5	691.1
	1962	604.8	0.8	17.1	90.8	713.5	17.7	731.2	52.0	0.8	17.1	17.7	747.6
	1963	642.6	0.9	16.9	102.4	762.8	17.3	780.1	58.9	0.9	16.9	17.3	803.9
	1964	728.3	1.2	17.3	121.0	867.8	18.6	886.4	65.2	1.2	17.3	18.6	914.5
	1965	771.3	1.2	24.3	130.3	927.1	19.4	946.5	72.5	1.2	24.3	19.4	974.1
	1966	803.4	1.2	22.0	148.1	974.7	20.7	995.4	78.0	1.2	22.0	20.7	1029.5
	1967	881.2	1.3	23.3	157.1	1062.9	24.3	1087.2	86.9	1.3	23.3	24.3	1125.2
	1968	990.4	1.7	30.0	177.9	1200.0	31.7	1231.7	100.7	1.7	30.0	31.7	1269.0
	1969	1129.1	2.0	26.3	215.0	1372.4	31.8	1404.2	121.3	2.0	26.3	31.8	1465.4
	1970	1266.3	1.8	26.5	247.2	1541.8	36.0	1577.8	133.0	1.8	26.5	36.0	1646.8
	1971	...	...	...	...	...	...	...	...	...	...	...	1869.7
	1972	...	...	...	...	...	...	...	...	...	...	...	2213.2
	1973	...	...	...	...	...	...	...	...	...	...	...	2653.0
	1974	...	...	...	...	...	...	...	...	...	...	...	2878.0
	5/												
	1960	510.9	0.8	15.0	79.9	606.6	17.6	624.2	40.5	0.8	15.0	17.6	631.3
	1961	553.4	0.8	16.9	80.6	651.7	18.5	670.2	45.7	0.8	16.9	18.5	679.7
	1962	597.8	0.8	17.1	85.3	701.0	17.7	718.7	52.7	0.8	17.1	17.7	735.8
	1963	635.1	0.9	16.9	96.5	749.4	17.3	766.7	59.7	0.9	16.9	17.3	791.3
	1964	719.8	1.2	17.3	114.7	853.0	18.6	871.6	66.1	1.2	17.3	18.6	900.6
	1965	761.8	1.2	24.3	123.6	910.9	19.4	930.3	73.5	1.2	24.3	19.4	958.9
	1966	790.5	1.2	22.0	140.8	954.5	20.7	975.2	79.1	1.2	22.0	20.7	1010.4
	1967	866.6	1.3	23.3	148.9	1040.1	24.3	1064.4	88.1	1.3	23.3	24.3	1103.6
	1968	974.3	1.7	30.0	168.8	1174.8	31.7	1206.5	102.1	1.7	30.0	31.7	1245.2
	1969	1110.4	2.0	26.3	204.9	1343.6	31.8	1375.4	123.0	2.0	26.3	31.8	1438.3
	1970	1249.7	1.8	26.5	235.6	1513.6	36.0	1549.6	134.9	1.8	26.5	36.0	1620.2
	1971	1426.9	2.0	24.6	271.8	1725.3	37.2	1762.5	155.4	2.0	24.6	37.2	1854.1
	1972	1715.8	2.0	27.6	319.5	2064.9	41.9	2106.8	184.6	2.0	27.6	41.9	2219.9
	1973	2091.6	2.5	21.0	373.6	2488.7	47.5	2536.2	215.9	2.5	21.0	47.5	2681.1
	1974	2303.9	3.3	35.6	368.3	2711.1	64.7	2775.8	257.4	3.3	35.6	64.7	2929.6
	1975	2990.5	4.7	19.2	389.4	3403.8	78.3	3482.1	283.7	4.7	19.2	78.3	3663.6
	1976	3556.0	4.0	15.0	582.0	4157.0	80.0	4237.0	354.0	4.0	15.0	80.0	4492.0
	1977	4403.0	5.0	15.0	532.0	4955.0	...	...	445.0	5.0	15.0	...	5380.0

13. PRINCIPAL AGGREGATES AND THEIR INTERRELATIONSHIPS (CONTINUED)

AT CURRENT PRICES

COUNTRY OR AREA AND CURRENCY UNIT	YEAR	DOMESTIC FACTOR INCOME	PLUS: COMPENSATION OF EMPLOYEES FROM ABROAD, NET	PLUS: PROPERTY AND ENTREPRENEURIAL INCOME FROM ABROAD, NET	PLUS: INDIRECT TAXES NET OF SUBSIDIES	EQUALS: NATIONAL INCOME AT MARKET PRICES	PLUS: OTHER CURRENT TRANSFERS FROM ABROAD, NET	EQUALS: NATIONAL DISPOSABLE INCOME	PLUS: CONSUMPTION OF FIXED CAPITAL	LESS: COMPENSATION OF EMPLOYEES FROM ABROAD, NET	LESS: PROPERTY AND ENTREPRENEURIAL INCOME FROM ABROAD, NET	LESS: OTHER CURRENT TRANSFERS FROM ABROAD, NET	EQUALS: GROSS DOMESTIC PRODUCT AT PURCHASERS' VALUES
ISRAEL..........................	1960	3449	-1	-25	766	4189	...	...	565	-1	-25	...	4577
(MILLION ISRAEL POUNDS)	1961	4090	-1	-53	1000	5036	...	...	686	-1	-53	...	5528
	1962	4876	2	-86	1133	5925	...	...	841	2	-86	...	6632
	1963	5993	10	-49	1165	7119	...	...	873	10	-49	...	7906
	1964 2/	7096	10	-60	1187	8279	...	...	717	10	-60	...	9031
	1965	8452	14	-106	1321	9681	...	...	975	14	-106	...	10768
	1966	9181	7	-103	1435	10520	...	...	1107	7	-103	...	11730
	1967	9641	23	-155	1245	10754	...	...	1154	23	-155	...	12092
	1968	11191	-8	-232	1883	12834	...	...	1638	-8	-232	...	14420
	1969	12990	-85	-195	2354	15064	...	...	1775	-85	-195	...	16870
	1970	15285	-119	-233	2484	17417	...	...	1924	-119	-233	...	19610
	1971	19135	-219	-209	3381	22088	...	...	2419	-219	-209	...	24829
	1972	24514	-407	-165	4857	28799	...	...	3301	-407	-165	...	32359
	1973	31119	-567	-545	6433	36440	...	...	4719	-567	-545	...	41640
	1974	42801	-794	-783	10594	51818	...	...	7645	-794	-783	...	59668
	1975	61778	-1210	-1543	12427	71452	...	...	9658	-1210	-1543	...	83434
	1976	79530	-1430	-1921	17151	93330	...	...	11347	-1430	-1921	...	109410
	1977	112562	-1923	-2215	22198	130622	...	...	17120	-1923	-2215	...	154000

13. PRINCIPAL AGGREGATES AND THEIR INTERRELATIONSHIPS (CONTINUED)

AT CURRENT PRICES

COUNTRY OR AREA AND CURRENCY UNIT	YEAR	DOMESTIC FACTOR INCOME	PLUS: COMPENSATION OF EMPLOYEES FROM ABROAD, NET	PLUS: PROPERTY AND ENTREPRENEURIAL INCOME FROM ABROAD, NET	PLUS: INDIRECT TAXES NET OF SUBSIDIES	EQUALS: NATIONAL INCOME AT MARKET PRICES	PLUS: OTHER CURRENT TRANSFERS FROM ABROAD, NET	EQUALS: NATIONAL DISPOSABLE INCOME	PLUS: CONSUMPTION OF FIXED CAPITAL	LESS: COMPENSATION OF EMPLOYEES FROM ABROAD, NET	LESS: PROPERTY AND ENTREPRENEURIAL INCOME FROM ABROAD, NET	LESS: OTHER CURRENT TRANSFERS FROM ABROAD, NET	EQUALS: GROSS DOMESTIC PRODUCT AT PURCHASERS' VALUES
ITALY........................	1960	17429	96	-19	2464	19971	181	20152	1857	96	-19	181	21751
(1 000 MILLION LIRE)	1961	19355	123	-32	2780	22226	228	22454	2063	123	-32	228	24198
	1962	21850	164	-56	3059	25017	245	25262	2286	164	-56	245	27195
	1963	25094	192	-71	3461	28676	235	28911	2585	192	-71	235	31140
	1964	27439	214	-62	3684	31275	211	31486	2904	214	-62	211	34027
	1965	29457	263	-55	4017	33682	240	33922	3136	263	-55	240	36610
	1966	31964	295	-24	4225	36460	275	36735	3369	295	-24	275	39558
	1967	35124	258	-9	4816	40189	264	40453	3615	258	-9	264	43555
	1968	38091	280	21	5039	43431	241	43672	3849	280	21	241	46979
	1969	42036	325	66	5393	47820	296	48116	4271	325	66	296	51700
	1970	46898	335	-14	6051	53270	142	53412	4991	335	-14	142	57940
	1971	51147	397	-19	6187	57712	185	57897	5415	397	-19	185	62749
	1972	56444	424	-50	6109	62927	278	63205	5953	424	-50	278	68506
	1973	66268	404	-142	6850	73380	144	73524	7194	404	-142	144	80312
	5/												
	1960	17278	96	-36	2496	19834	173	20007	1858	96	-36	173	21632
	1961	19210	123	-68	2843	22108	220	22328	2065	123	-68	220	24118
	1962	21730	164	-113	3098	24879	240	25119	2289	164	-113	240	27117
	1963	24979	192	-138	3486	28519	231	28750	2588	192	-138	231	31053
	1964	27270	214	-137	3763	31110	208	31318	2908	214	-137	208	33941
	1965	29380	263	-124	4009	33528	237	33765	3141	263	-124	237	36530
	1966	31859	295	-109	4287	36332	269	36601	3375	295	-109	269	39521
	1967	34951	258	-93	4944	40060	264	40324	3622	258	-93	264	43517
	1968	38001	281	-77	5095	43300	238	43538	3857	281	-77	238	46953
	1969	41985	325	-65	5425	47670	295	47965	4281	325	-65	295	51691
	1970	46842	365	-121	6092	53178	148	53326	5003	365	-121	148	57937
	1971	51318	397	-134	6323	57904	189	58093	5415	397	-134	189	63056
	1972	56986	410	-167	6141	63370	270	63640	5953	410	-167	270	69080
	1973	67960	473	-276	7207	75364	131	75495	7336	473	-276	131	82503
	1974	82682	448	-631	9137	91636	31	91667	9904	448	-631	31	101723
	1975	94516	414	-956	7982	101956	208	102164	12574	414	-956	208	115072
	1976	116214	476	-1092	11886	127484	189	127673	15749	476	-1092	189	143849
	1977	138265	671	-1262	15557	153231	295	153526	19166	671	-1262	295	172988

13. PRINCIPAL AGGREGATES AND THEIR INTERRELATIONSHIPS (CONTINUED)

AT CURRENT PRICES

COUNTRY OR AREA AND CURRENCY UNIT	YEAR	DOMESTIC FACTOR INCOME	PLUS: COMPENSATION OF EMPLOYEES FROM ABROAD, NET	PLUS: PROPERTY AND ENTREPRENEURIAL INCOME FROM ABROAD, NET	PLUS: INDIRECT TAXES NET OF SUBSIDIES	EQUALS: NATIONAL INCOME AT MARKET PRICES	PLUS: OTHER CURRENT TRANSFERS FROM ABROAD, NET	EQUALS: NATIONAL DISPOSABLE INCOME	PLUS: CONSUMPTION OF FIXED CAPITAL	LESS: COMPENSATION OF EMPLOYEES FROM ABROAD, NET	LESS: PROPERTY AND ENTREPRENEURIAL INCOME FROM ABROAD, NET	LESS: OTHER CURRENT TRANSFERS FROM ABROAD, NET	EQUALS: GROSS DOMESTIC PRODUCT AT PURCHASERS' VALUES
IVORY COAST (1 000 MILLION CFA FRANCS)	1966	...	...	...	...	...	...	...	9.0	...	...	...	257.3
	1967	...	...	...	...	...	...	...	9.5	...	...	...	274.4
	1968	...	...	...	...	...	...	...	11.0	...	...	...	325.1
	1969	...	...	...	...	...	...	...	13.0	...	...	...	363.4
	5/ 1970	316.0	0.2	-11.7	23/ 83.8	388.4	-8.0	380.4	15.0	0.2	-11.7	-8.0	414.9
	1971	342.0	0.1	-15.3	78.8	405.6	-8.2	397.4	19.0	0.1	-15.3	-8.2	439.8
	1972	365.6	0.1	-12.9	84.3	437.1	-14.1	423.0	22.0	0.1	-12.9	-14.1	471.8
	1973	430.4	0.2	-12.8	110.8	528.6	-10.9	517.7	25.0	0.2	-12.8	-10.9	566.2
	1974	544.5	0.2	-20.7	164.6	688.5	-24.3	664.2	30.0	0.2	-20.7	-24.3	739.0
	1975	644.8	0.3	-27.6	149.7	767.3	-31.5	735.8	40.0	0.3	-27.6	-31.5	834.5
	1976	759.3	--	-41.1	299.7	1017.9	-41.2	976.7	55.0	--	-41.1	-41.2	1114.0
	1977	1006.3	--	-62.5	511.1	1455.0	-52.3	1402.7	65.0	--	-62.5	-52.3	1582.5
JAMAICA (MILLION JAMAICAN DOLLARS)	1960	402.5	-16.7		36.8	422.6	12.0	434.5	29.3	-16.7		12.0	471.3
	1961	430.3	-18.3		38.5	450.5	9.6	460.1	31.2	-18.3		9.6	503.8
	1962	448.0	-17.3		39.8	470.5	12.7	483.1	32.8	-17.3		12.7	524.3
	1963	471.2	-17.1		44.7	498.7	13.0	511.8	40.4	-17.1		13.0	557.4
	1964	505.2	-16.2		57.7	546.7	11.0	557.8	42.7	-16.2		11.0	605.2
	1965	547.1	-18.7		63.3	591.6	9.8	601.4	47.2	-18.7		9.8	656.1
	1966	630.1	-55.6		68.0	642.6	7.2	649.8	51.9	-55.6		7.2	748.1
	1967	670.2	-51.9		74.5	692.9	6.3	699.2	52.9	-51.9		6.3	797.1
	1968	724.1	-46.0		84.6	762.7	12.2	774.9	60.4	-46.0		12.2	867.6
	1969	800.9	-52.9		101.3	849.3	14.1	863.5	68.0	-52.9		14.1	969.0
	1970	893.0	-53.2		93.8	933.7	20.2	953.9	81.8	-53.2		20.2	1068.2
	1971	1010.9	-75.3		99.1	1034.8	19.3	1054.0	82.6	-75.3		19.3	1195.5
	1972	1163.4	-20.7		91.0	1233.7	17.0	1250.7	101.1	-20.7		17.0	1377.6
	1973	1349.6	-29.5		139.8	1460.0	28.6	1488.6	116.8	-29.5		28.6	1609.7
	1974	1779.8	-43.6		200.9	1937.2	27.9	1965.2	140.6	-43.6		27.9	2119.5
	5/ 1969	810.1	13.9	-65.1	87.7	846.6	14.8	861.4	92.8	13.9	-65.1	14.8	990.6
	1970	952.7	14.2	-65.2	98.0	999.8	22.3	1022.1	116.8	14.2	-65.2	22.3	1167.5
	1971	1040.3	16.6	-90.9	113.7	1079.8	21.8	1101.6	121.8	16.6	-90.9	21.8	1275.9
	1972	1164.9	19.4	-44.6	125.4	1265.1	27.7	1292.8	143.8	19.4	-44.6	27.7	1434.1
	1973	1414.7	27.8	-55.3	146.2	1533.5	30.7	1564.1	172.7	27.8	-55.3	30.7	1733.6
	1974	1881.9	26.3	-63.8	178.5	2022.9	29.6	2052.4	205.0	26.3	-63.8	29.6	2265.4
	1975	2158.2	35.4	-97.6	238.7	2334.7	19.1	2353.7	235.6	35.4	-97.6	19.1	2632.5
	1976	2233.9	35.7	-109.1	234.6	2395.1	1.8	2396.9	249.1	35.7	-109.1	1.8	2717.6
	1977	2481.0	40.8	-161.5	214.6	2575.0	17.3	2592.3	269.9	40.8	-161.5	17.3	2965.5

13. PRINCIPAL AGGREGATES AND THEIR INTERRELATIONSHIPS (CONTINUED)

AT CURRENT PRICES

COUNTRY OR AREA AND CURRENCY UNIT	YEAR	DOMESTIC FACTOR INCOME	PLUS: COMPENSATION OF EMPLOYEES FROM ABROAD, NET	PLUS: PROPERTY AND ENTREPRENEURIAL INCOME FROM ABROAD, NET	PLUS: INDIRECT TAXES NET OF SUBSIDIES	EQUALS: NATIONAL INCOME AT MARKET PRICES	PLUS: OTHER CURRENT TRANSFERS FROM ABROAD, NET	EQUALS: NATIONAL DISPOSABLE INCOME	PLUS: CONSUMPTION OF FIXED CAPITAL	LESS: COMPENSATION OF EMPLOYEES FROM ABROAD, NET	LESS: PROPERTY AND ENTREPRENEURIAL INCOME FROM ABROAD, NET	LESS: OTHER CURRENT TRANSFERS FROM ABROAD, NET	EQUALS: GROSS DOMESTIC PRODUCT AT PURCHASERS' VALUES
													22/
JAPAN	1960	12832	28	-44	1311	14128	-9	14119	1358	28	-44	-9	15502
(1 000 MILLION YEN)	1961	15192	27	-64	1566	16721	-15	16706	2403	27	-64	-15	19161
	1962	17397	29	-78	1676	19024	-10	19013	2178	29	-78	-10	21252
	1963	19970	30	-96	1872	21775	-16	21759	2699	30	-96	-16	24541
	1964	22897	31	-129	2083	24883	-25	24857	4033	31	-129	-25	29014
	1965	25705	31	-130	2249	27856	-30	27825	4099	31	-130	-30	32052
	1966	29481	35	-134	2496	31878	-48	31829	4942	35	-134	-48	36920
	1967	35056	38	-145	2846	37796	-64	37732	5772	38	-145	-64	43676
	1968	41665	43	-193	3278	44793	-63	44730	6805	43	-193	-63	51749
	1969	48106	48	-217	3891	51829	-65	51763	7840	48	-217	-65	59833
	1970	57298	51	-210	4545	61684	-75	61609	9023	51	-210	-75	70867
	1971	64525	42	-157	4964	69375	-87	69287	9897	42	-157	-87	79387
	1972	73609	59	-42	5699	79326	-140	79184	11325	59	-42	-140	90634
	1973	90075	68	-38	6964	97069	-84	96985	14021	68	-38	-84	111061
	1974	107465	74	-327	7398	114611	-83	114528	17751	74	-327	-83	132614
	1975	125759	84	-258	7718	133303	-105	133198	12350	84	-258	-105	145827
	1976	140405	84	-268	9082	149303	-101	149202	15117	84	-268	-101	164604
	5/												
	1965	25673	29	-122	2221	27801	-2	27798	4268	29	-122	-2	32163
	1966	29882	31	-128	2433	32219	-14	32204	5147	31	-128	-14	37463
	1967	35719	34	-138	2777	38392	-18	38373	5700	34	-138	-18	44197
	1968	42036	36	-186	3177	45063	-25	45038	7539	36	-186	-25	52752
	1969	49126	47	-210	3549	52512	-25	52487	9102	47	-210	-25	61778
	1970	59242	47	-204	4396	63483	-39	63443	10026	47	-204	-39	73665
	1971	64234	50	-160	4807	68932	-52	68879	11986	50	-160	-52	81027
	1972	73561	43	-36	5424	78992	-64	78928	13765	43	-36	-64	92751
	1973	90784	56	-34	6708	97514	-40	97474	15590	56	-34	-40	113084
	1974	107810	78	-325	7130	114694	-38	114655	20403	78	-325	-38	135344
	1975	120437	96	-254	7419	127699	-56	127642	21124	96	-254	-56	148981
	1976	135212	101	-257	8519	143575	-61	143514	23534	101	-257	-61	167266

13. PRINCIPAL AGGREGATES AND THEIR INTERRELATIONSHIPS (CONTINUED)

AT CURRENT PRICES

COUNTRY OR AREA AND CURRENCY UNIT	YEAR	DOMESTIC FACTOR INCOME	PLUS: COMPENSATION OF EMPLOYEES FROM ABROAD, NET	PLUS: PROPERTY AND ENTREPRENEURIAL INCOME FROM ABROAD, NET	PLUS: INDIRECT TAXES NET OF SUBSIDIES	EQUALS: NATIONAL INCOME AT MARKET PRICES	PLUS: OTHER CURRENT TRANSFERS FROM ABROAD, NET	EQUALS: NATIONAL DISPOSABLE INCOME	PLUS: CONSUMPTION OF FIXED CAPITAL	LESS: COMPENSATION OF EMPLOYEES FROM ABROAD, NET	LESS: PROPERTY AND ENTREPRENEURIAL INCOME FROM ABROAD, NET	LESS: OTHER CURRENT TRANSFERS FROM ABROAD, NET	EQUALS: GROSS DOMESTIC PRODUCT AT PURCHASERS' VALUES
JORDAN..........................	1960 5/	85.4	——	1.2	8.9	95.5	27.1	122.6	4.0	——	1.2	27.1	98.3
(MILLION DINARS)	1961	106.5		1.8	9.2	117.5	25.6	143.1	4.4		1.8	25.6	120.1
	1962	103.4		5.7	10.3	119.4	25.2	144.6	5.2		5.7	25.2	118.9
	1963	112.2		2.4	11.4	126.1	23.6	149.7	5.4		2.4	23.6	129.1
	1964	129.5		2.4	13.4	145.3	27.6	172.9	6.0		2.4	27.6	148.9
	1965	144.3		3.8	16.6	164.7	25.2	189.9	6.7		3.8	25.2	167.6
	1966	142.5		4.6	20.9	168.0	27.1	195.1	7.2		4.6	27.1	170.6
	1967 1/	109.3		4.7	15.6	129.6	60.5	190.1	6.3		4.7	60.5	131.2
	1968 1/	130.6		6.2	17.9	154.7	58.6	213.3	7.6		6.2	58.6	156.1
	1969 1/	154.8		7.1	20.9	182.8	54.3	237.1	7.7		7.1	54.3	183.4
	1970 1/	147.0		7.1	19.7	173.8	46.2	220.0	7.7		7.1	46.2	174.4
	1971 1/	158.1		8.2	20.2	186.5	41.6	228.1	7.9		8.2	41.6	186.2
	1972 1/	174.7		6.4	24.4	205.5	75.7	281.2	8.1		6.4	75.7	207.2
	1973 1/	180.6		8.5	29.4	218.5	79.3	297.8	8.3		8.5	79.3	218.3
	1974 1/	233.9		7.9	4.9	246.7	110.8	357.5	8.5		7.9	110.8	247.3
	1975 1/	260.4		10.6	9.2	280.2	193.1	473.3	9.0		10.6	193.1	278.6
	1976 1/	...	...	...	...	...	...	...	10.0	...	...	...	401.7
	1977 1/	...	...	...	...	...	...	...	11.0	...	...	...	477.6
KENYA...........................	1964 5/	330.1 11/	——	-10.6	26.6	346.1 11/	12.5	358.6 11/	...	——	-10.6	12.5	356.7
(MILLION POUNDS)	1965	329.7		-9.6	28.9	349.0	5.7	354.8	...		-9.6	5.7	358.7
	1966	382.1		-16.2	34.8	400.6	3.3	403.8	...		-16.2	3.3	416.8
	1967	405.7		-16.6	34.4	423.5	1.0	424.5	...		-16.6	1.0	440.1
	1968	442.9		-22.7	40.4	460.7	9.0	469.6	...		-22.7	9.0	483.3
	1969	476.3		-18.4	44.5	502.4	8.1	510.5	...		-18.4	8.1	520.8
	1970	518.9		-21.0	53.7	551.7	9.1	560.8	...		-21.0	9.1	572.7
	1971	570.1		-19.1	65.1	616.0	20.8	636.9	...		-19.1	20.8	635.1
	1972 2/	657.6		-21.7	63.8	699.7	8.7	703.7	--		-21.7	8.7	711.8
	1973	724.8		-44.0	88.8	784.0	7.8	778.7	--		-44.0	7.8	828.0
	1974	835.0		-43.0	117.2	909.2	6.9	982.7	--		-43.0	6.9	1017.1
	1975	1028.0		-41.4	139.1	1125.7	18.5	1144.2	--		-41.4	18.5	1167.1
	1976	1262.8		-54.6	166.2	1374.5	13.5	1388.0	--		-54.6	13.5	1429.1
	1977	1620.2		-70.7	212.5	1762.0	29.5	1791.5	...		-70.7	29.5	1832.7

13. PRINCIPAL AGGREGATES AND THEIR INTERRELATIONSHIPS (CONTINUED)

AT CURRENT PRICES

COUNTRY OR AREA AND CURRENCY UNIT	YEAR	DOMESTIC FACTOR INCOME	PLUS: COMPENSATION OF EMPLOYEES FROM ABROAD, NET	PLUS: PROPERTY AND ENTREPRENEURIAL INCOME FROM ABROAD, NET	PLUS: INDIRECT TAXES NET OF SUBSIDIES	EQUALS: NATIONAL INCOME AT MARKET PRICES	PLUS: OTHER CURRENT TRANSFERS FROM ABROAD, NET	EQUALS: NATIONAL DISPOSABLE INCOME	PLUS: CONSUMPTION OF FIXED CAPITAL	LESS: COMPENSATION OF EMPLOYEES FROM ABROAD, NET	LESS: PROPERTY AND ENTREPRENEURIAL INCOME FROM ABROAD, NET	LESS: OTHER CURRENT TRANSFERS FROM ABROAD, NET	EQUALS: GROSS DOMESTIC PRODUCT AT PURCHASERS' VALUES
KOREA,REPUBLIC OF............ (1 000 MILLION WON)	1960	212.3	1.5	0.3	18.5	232.6	18.5	251.1	12.3	1.5	0.3	18.5	243.1
	1961	258.8	2.2	0.6	18.2	279.7	25.1	304.8	14.4	2.2	0.6	25.1	291.4
	1962	306.7	2.5	0.7	26.7	336.6	28.8	365.4	18.9	2.5	0.7	28.8	352.4
	1963	443.1	3.0	0.3	30.2	476.6	32.5	509.1	26.3	3.0	0.3	32.5	499.6
	1964	641.2	4.9	0.3	33.0	679.4	43.4	722.8	36.9	4.9	0.3	43.4	711.1
	1965	705.2	7.3	0.4	47.3	760.2	53.9	814.1	45.5	7.3	0.4	53.9	798.1
	1966	892.3	13.1	0.3	72.3	977.9	59.6	1037.5	59.1	13.1	0.3	59.6	1023.7
	1967	1081.7	22.3	-0.4	100.3	1204.0	60.9	1264.9	77.2	22.3	-0.4	60.9	1259.3
	1968	1372.8	24.6	-1.4	151.4	1547.5	62.5	1610.0	105.5	24.6	-1.4	62.5	1629.7
	1969	1792.0	26.1	-1.1	201.6	2018.6	70.9	2089.5	136.7	26.1	-1.1	70.9	2130.2
	1970	2235.7	23.1	-11.2	258.5	2506.1	56.1	2562.2	169.3	23.1	-11.2	56.1	2663.5
	1971	2768.6	28.6	-32.1	303.2	3068.3	58.5	3126.8	207.9	28.6	-32.1	58.5	3279.7
	1972	3382.8	40.0	-55.5	341.5	3708.7	66.8	3775.6	293.4	40.0	-55.5	66.8	4017.7
	1973	4366.9	31.9	-68.9	427.5	4757.4	75.7	4833.2	441.7	31.9	-68.9	75.7	5236.1
	1974	6197.5	32.6	-98.2	501.0	6632.8	90.4	6723.2	646.7	32.6	-98.2	90.4	7345.2
	1975	8066.0	36.7	-195.6	947.6	8854.7	109.7	8964.5	789.5	36.7	-195.6	109.7	9803.1
	1976	10609.8	66.4	-150.3	1475.7	12001.6	168.8	12170.3	1049.7	66.4	-150.3	168.8	13135.2
	1977	13471.2	139.2	-240.5	1899.6	15269.5	107.9	15377.4	1382.8	139.2	-240.5	107.9	16753.6
KUWAIT 19/ .... (MILLION DINARS)	1962	...	...	...	...	...	...	...	...	...	...	...	653
	1963	...	...	...	...	...	...	...	...	...	...	...	679
	1964	...	...	...	...	...	...	...	...	...	...	...	740
	1965 2/	...	...	...	...	...	...	...	...	...	...	...	751
	1966	811	—	-172	3	642	...	...	40	—	-172	...	854
	1967	826		-138	4	692	...	...	42		-138	...	872
	1968	902		-158	4	748	...	...	45		-158	...	951
	1969	935		-149	4	790	...	...	50		-149	...	989
	1970	1026		-175	3	854	...	...	55		-175	...	1084
	1971	1355		-266	2	1091	...	...	60		-266	...	1417
	5/ 1970	764	—	-110	89	743	-76	667	108	—	-110	-76	961
	1971	1119		-265	112	966	-118	847	116		-265	-118	1347
	1972	1313		-362	129	1080	-40	1040	120		-362	-40	1562
	1973	1837		-342	131	1626	-128	1498	143		-342	-128	2111
	1974	2821		-281	451	2992	-383	2609	177		-281	-383	3450
	1975	3059		224	32	3315	-198	3117	188		224	-198	3279

13. PRINCIPAL AGGREGATES AND THEIR INTERRELATIONSHIPS (CONTINUED)

AT CURRENT PRICES

COUNTRY OR AREA AND CURRENCY UNIT	YEAR	DOMESTIC FACTOR INCOME	PLUS: COMPENSATION OF EMPLOYEES FROM ABROAD, NET	PLUS: PROPERTY AND ENTREPRENEURIAL INCOME FROM ABROAD, NET	PLUS: INDIRECT TAXES NET OF SUBSIDIES	EQUALS: NATIONAL INCOME AT MARKET PRICES	PLUS: OTHER CURRENT TRANSFERS FROM ABROAD, NET	EQUALS: NATIONAL DISPOSABLE INCOME	PLUS: CONSUMPTION OF FIXED CAPITAL	LESS: COMPENSATION OF EMPLOYEES FROM ABROAD, NET	LESS: PROPERTY AND ENTREPRENEURIAL INCOME FROM ABROAD, NET	LESS: OTHER CURRENT TRANSFERS FROM ABROAD, NET	EQUALS: GROSS DOMESTIC PRODUCT AT PURCHASERS' VALUES
LEBANON........................	1964	...	...	...	...	...	...	...	...	...	...	...	3200
(MILLION LEBANESE POUNDS)	1965	3037	116		271	3426	...	...	213	116		...	3523
	1966	3332	128		299	3760	...	...	234	128		...	3866
	1967	3302	140		266	3709	...	...	251	140		...	3820
	1968	3706	154		302	4164	...	...	263	154		...	4273
	1969	3951	160		342	4454	...	...	270	160		...	4564
	1970	4246	165		344	4755	...	...	275	165		...	4865
	1971	4707	196		412	5315	...	...	280	196		...	5399
	1972	5566	230		489	6285	...	...	310	230		...	6365
LESOTHO 19/........................	1964 5/	32.1	4.2		2.8	39.0	...	...	2.3	4.2		...	37.1
(MILLION RAND)	1965	35.1	4.2		1.7	41.0	11.6	52.6	2.3	4.2		11.6	39.2
	1966	38.7	10.8		1.8	51.3	...	...	...	10.8		...	40.5
	1967	40.1	10.6		2.2	53.0	...	...	...	10.6		...	42.3
	1968	41.7	11.7		2.2	55.6	...	...	...	11.7		...	43.9
	1969	43.4	12.5		3.7	59.6	...	...	...	12.5		...	47.1
	1970	42.5	14.1		6.6	63.1	...	...	...	14.1		...	49.1
	1971	48.4	15.5		6.2	70.2	...	...	...	15.5		...	54.7
	1972	53.9	20.9	-0.2	7.1	81.7	...	...	1.2	20.9	-0.2	...	62.2
	1973	68.0	29.7	--	15.2	112.9	...	...	0.9	29.7	--	...	84.1
	1974	74.1	55.3	--	19.2	148.7	...	...	1.6	55.3	--	...	95.0
LIBERIA........................	1964 5/	216.8	-49.1		20.1	187.8	-3.9	183.9	38.5	-49.1		-3.9	275.4
(MILLION LIBERIAN DOLLARS)	1965	234.6	-51.8		22.7	205.5	-3.6	201.9	32.1	-51.8		-3.6	289.4
	1966	246.2	-51.3		21.7	216.6	-5.1	211.5	39.2	-51.3		-5.1	307.1
	1967	256.1	-51.6		23.8	228.3	-5.1	223.2	49.6	-51.6		-5.1	329.5
	1968	286.0	-49.7		27.0	263.3	-7.4	255.9	38.2	-49.7		-7.4	351.2
	1969	316.1	-51.4		27.4	292.1	-9.9	282.2	43.4	-51.4		-9.9	386.9
	1970	324.5	-65.6		28.5	287.4	-8.8	278.6	54.8	-65.6		-8.8	407.8
	1971	342.0	-54.9		30.0	317.1	-5.8	311.3	58.0	-54.9		-5.8	430.0
	1972	369.6	-68.0		33.7	335.3	-6.5	328.8	62.7	-68.0		-6.5	466.0
	1973 2/	435.8	-56.0		39.4	419.2	-21.7	397.5	69.7	-56.0		-21.7	414.6
	1974	574.5	-85.4		47.5	536.6	-24.2	512.4	...	-85.4		-24.2	507.2
	1975	687.6	-122.9		50.5	615.2	-30.0	585.2	...	-122.9		-30.0	609.6
	1976	754.9	-80.3		62.4	739.0	-32.4	706.6	...	-80.3		-32.4	632.4
	1977	...	...	...	...	...	...	...	...	...	...	...	699.7

13. PRINCIPAL AGGREGATES AND THEIR INTERRELATIONSHIPS (CONTINUED)

AT CURRENT PRICES

COUNTRY OR AREA AND CURRENCY UNIT	YEAR	DOMESTIC FACTOR INCOME	PLUS: COMPENSATION OF EMPLOYEES FROM ABROAD, NET	PLUS: PROPERTY AND ENTREPRENEURIAL INCOME FROM ABROAD, NET	PLUS: INDIRECT TAXES NET OF SUBSIDIES	EQUALS: NATIONAL INCOME AT MARKET PRICES	PLUS: OTHER CURRENT TRANSFERS FROM ABROAD, NET	EQUALS: NATIONAL DISPOSABLE INCOME	PLUS: CONSUMPTION OF FIXED CAPITAL	LESS: COMPENSATION OF EMPLOYEES FROM ABROAD, NET	LESS: PROPERTY AND ENTREPRENEURIAL INCOME FROM ABROAD, NET	LESS: OTHER CURRENT TRANSFERS FROM ABROAD, NET	EQUALS: GROSS DOMESTIC PRODUCT AT PURCHASERS' VALUES
LIBYAN ARAB JAMAHIRIYA....... (MILLION DINARS)	1962	136	-8	--	16	145	9	154	19	-8	--	9	172
	1963	208	-10	-2	18	214	10	224	26	-10	-2	10	253
	1964	330	-13	-64	20	272	4	277	33	-13	-64	4	384
	1965	444	-19	-62	25	388	1	389	47	-19	-62	1	517
	1966	576	-28	-76	29	501	-5	495	58	-28	-76	-5	664
	1967	674	-32	-96	30	575	-34	541	73	-32	-96	-34	777
	1968	985	-45	-182	38	795	-35	760	86	-45	-182	-35	1110
	1969	1124	-53	-160	44	955	-46	908	98	-53	-160	-46	1267
	1970	1179	-51	-164	41	1004	-42	961	109	-51	-164	-42	1329
	5/												
	1971	1486	-54	-156	40	1316	-35	1280	99	-54	-156	-35	1626
	1972	1642	-94	-179	45	1413	-40	1372	110	-94	-179	-40	1798
	1973	2069	-78	-239	63	1815	-105	1710	112	-78	-239	-105	2246
	1974	3721	-71	-367	97	3380	-21	3358	153	-71	-367	-21	3973
	1975	3623	-84	-315	111	3335	-50	3285	161	-84	-315	-50	3896
	1976	4746	-485 (both columns)		115	4376	-45	4332	175	-485 (both columns)		-45	5037
	1977	5401	-550 (both columns)		130	4981	-39	4942	200	-550 (both columns)		-39	5731
	5/												
LUXEMBOURG................. (MILLION L FRANCS)	1960	20297	-77	139	2019	22378	-152	22226	3613	-77	139	-152	25929
	1961	21583	-82	210	2056	23767	-152	23615	3513	-82	210	-152	27152
	1962	21583	-98	341	2032	23858	-141	23717	3605	-98	341	-141	27220
	1963	23359	-137	361	2115	25698	-124	25574	3800	-137	361	-124	29274
	1964	26448	-173	275	2131	28681	-120	28561	4646	-173	275	-120	33225
	1965	27302	-139	437	2378	29978	-182	29796	5200	-139	437	-182	34880
	1966	28718	-230	846	2416	31750	-148	31602	5369	-230	846	-148	36503
	1967	29105	-141	1486	2477	32927	-269	32658	5844	-141	1486	-269	37426
	1968	31650	-193	1816	2700	35973	-361	35612	6693	-193	1816	-361	41043
	1969	36167	-155	1668	3280	40960	-449	40511	7763	-155	1668	-449	47210
	1970	41171	-420	1747	3836	46334	-584	45750	8540	-420	1747	-584	53547
	1971	42705	-538	2791	4537	49495	-629	48866	8220	-538	2791	-629	55462
	1972	46858	-619	5163	5544	56946	-689	56257	9040	-619	5163	-689	61442
	1973	58028	-796	8998	6456	72686	-560	72126	11120	-796	8998	-560	75604
	1974	71897	-1396	12750	6776	90027	-456	89571	12700	-1396	12750	-456	91373
	1975	65783	-1411	17965	7432	89769	-593	89176	11300	-1411	17965	-593	84515
	1976	72819	-1439	16115	7531	95026	-795	94231	13000	-1439	16115	-795	93350
	1977	78212	-1450	24400	7864	109026	-810	108216	13500	-1450	24400	-810	99576

13. PRINCIPAL AGGREGATES AND THEIR INTERRELATIONSHIPS (CONTINUED)

AT CURRENT PRICES

COUNTRY OR AREA AND CURRENCY UNIT	YEAR	DOMESTIC FACTOR INCOME	PLUS: COMPENSATION OF EMPLOYEES FROM ABROAD, NET	PLUS: PROPERTY AND ENTREPRENEURIAL INCOME FROM ABROAD, NET	PLUS: INDIRECT TAXES NET OF SUBSIDIES	EQUALS: NATIONAL INCOME AT MARKET PRICES	PLUS: OTHER CURRENT TRANSFERS FROM ABROAD, NET	EQUALS: NATIONAL DISPOSABLE INCOME	PLUS: CONSUMPTION OF FIXED CAPITAL	LESS: COMPENSATION OF EMPLOYEES FROM ABROAD, NET	LESS: PROPERTY AND ENTREPRENEURIAL INCOME FROM ABROAD, NET	LESS: OTHER CURRENT TRANSFERS FROM ABROAD, NET	EQUALS: GROSS DOMESTIC PRODUCT AT PURCHASERS' VALUES
MADAGASCAR..................	1960	...	...	...	...	...	...	...	...	...	...	...	134.2
(1 000 MILLION M FRANCS)	1962	...	...	...	...	...	...	...	...	...	...	...	147.4
	1964	...	...	...	...	...	...	...	...	...	...	...	160.0
	1965	...	...	...	...	...	...	...	...	...	...	...	166.2
	1966	152.3	-0.5	-1.8	20.8	170.7	1.4	172.1	8.5	-0.5	-1.8	1.4	181.6
	1967	162.4	...	...	21.6	183.9	-3.4	180.6	9.0	...	...	-3.4	192.9
	1968	173.1	...	...	25.1	198.2	-5.3	192.9	10.1	...	...	-5.3	208.2
	1969	...	...	...	...	...	...	...	...	...	...	...	224.3
	1970	...	...	...	...	...	...	...	0.1	...	...	...	249.8
	1971	...	...	...	...	...	...	...	—	...	...	...	268.5
	1972	...	...	...	...	...	...	...	—	...	...	...	273.1
	1973	251.1	-0.5	-1.4	33.9	283.0	6.8	289.8	12.7	-0.5	-1.4	6.8	297.6
	1974	...	...	...	...	...	...	...	—	...	...	...	372.9
	1975	...	...	...	...	...	...	...	...	...	...	...	398.2
	1976	...	...	...	...	...	...	...	...	...	...	...	419.9
	1977	...	...	...	...	...	...	...	...	...	...	...	456.3
MALAWI......................	1964	11/ 148.5	-1.5	-4.6	4.9	11/ 147.2	12.8	11/ 160.0	...	-1.5	-4.6	12.8	153.4
(MILLION KWACHAS)	1965	173.9	0.8	-5.1	6.9	176.4	14.2	190.6	...	0.8	-5.1	14.2	180.7
	1966	195.3	0.3	-5.9	9.9	199.6	10.5	210.2	...	0.3	-5.9	10.5	205.2
	1967	202.6	-0.6	-7.1	10.9	205.7	11.0	216.7	...	-0.6	-7.1	11.0	215.5
	1968	214.9	-0.6	-6.4	11.1	219.1	9.6	228.6	...	-0.6	-6.4	9.6	226.0
	1969	230.6	1.9	-7.6	13.8	238.7	8.6	247.3	...	1.9	-7.6	8.6	244.4
	1970	249.3	3.3	-9.4	17.8	261.0	7.3	268.3	...	3.3	-9.4	7.3	267.1
	1971	312.0	6.4	-9.1	23.0	332.3	3.9	336.2	...	6.4	-9.1	3.9	335.0
	1972	345.4	8.6	-11.7	23.9	366.3	2.6	368.9	...	8.6	-11.7	2.6	369.3
	1973	375.2	14.5	-12.6	26.2	403.2	2.7	405.9	...	14.5	-12.6	2.7	401.3

13. PRINCIPAL AGGREGATES AND THEIR INTERRELATIONSHIPS (CONTINUED)

AT CURRENT PRICES

COUNTRY OR AREA AND CURRENCY UNIT	YEAR	DOMESTIC FACTOR INCOME	PLUS: COMPENSATION OF EMPLOYEES FROM ABROAD, NET	PLUS: PROPERTY AND ENTREPRENEURIAL INCOME FROM ABROAD, NET	PLUS: INDIRECT TAXES NET OF SUBSIDIES	EQUALS: NATIONAL INCOME AT MARKET PRICES	PLUS: OTHER CURRENT TRANSFERS FROM ABROAD, NET	EQUALS: NATIONAL DISPOSABLE INCOME	PLUS: CONSUMPTION OF FIXED CAPITAL	LESS: COMPENSATION OF EMPLOYEES FROM ABROAD, NET	LESS: PROPERTY AND ENTREPRENEURIAL INCOME FROM ABROAD, NET	LESS: OTHER CURRENT TRANSFERS FROM ABROAD, NET	EQUALS: GROSS DOMESTIC PRODUCT AT PURCHASERS' VALUES
MALAYSIA 18/ (MILLION MALAYSIAN RINGGITS)	1960	4952		-250	914	5616	-213	5403	...		-250		-213	5866
	1961	5014		-189	808	5633	-201	5432	...		-189		-201	5822
	1962	5287		-142	840	5985	-211	5774	...		-142		-211	6127
	1963	5625		-160	880	6345	-200	6145	...		-160		-200	6505
	1964	6047		-182	921	6786	-109	6677	...		-182		-109	6968
	1965	6553		-200	1037	7390	-143	7247	...		-200		-143	7590
	1966	6857		-219	1120	7758	-144	7614	...		-219		-144	7977
	1967	7043		-106	1186	8123	-158	7965	...		-106		-158	8229
	1968	7245		-113	1267	8399	-166	8233	...		-113		-166	8512
	1969	8400		-301	1411	9510	-243	9267	...		-301		-243	9811
	1970	9039		-317	1549	10271	-194	10077	...		-317		-194	10588
	1971	11071		-363	1884	12592	-188	12404	...		-363		-188	12955
	1972	12090		-378	2130	13842	...	...	...		-378		...	14220
	1973	15770		-659	2852	17963	...	...	...		-659		...	18622
	1974	19120		-997	3738	21861	...	...	...		-997		...	22858
	1975	18966		-726	3366	21606	...	...	...		-726		...	22332
	1976	23398		-931	4566	27033	...	...	...		-931		...	27964
	1977	26660		-1189	5603	31074	...	...	...		-1189		...	32263
MALI (1 000 MILLION M FRANCS)	1964	...	...	...	...	...	...	...	...	...	...	...	84.5
	1969	...	...	...	...	127.1	...	...	...	...	...	...	135.5
	1971	144.6		1.8	15.8	162.2	...	...	6.5		1.8		...	166.9

13. PRINCIPAL AGGREGATES AND THEIR INTERRELATIONSHIPS (CONTINUED)

AT CURRENT PRICES

COUNTRY OR AREA AND CURRENCY UNIT	YEAR	DOMESTIC FACTOR INCOME	PLUS: COMPENSATION OF EMPLOYEES FROM ABROAD, NET	PLUS: PROPERTY AND ENTREPRENEURIAL INCOME FROM ABROAD, NET	PLUS: INDIRECT TAXES NET OF SUBSIDIES	EQUALS: NATIONAL INCOME AT MARKET PRICES	PLUS: OTHER CURRENT TRANSFERS FROM ABROAD, NET	EQUALS: NATIONAL DISPOSABLE INCOME	PLUS: CONSUMPTION OF FIXED CAPITAL	LESS: COMPENSATION OF EMPLOYEES FROM ABROAD, NET	LESS: PROPERTY AND ENTREPRENEURIAL INCOME FROM ABROAD, NET	LESS: OTHER CURRENT TRANSFERS FROM ABROAD, NET	EQUALS: GROSS DOMESTIC PRODUCT AT PURCHASERS' VALUES
MALTA........................	1960	41.2	———	3.4 ———	4.7	49.4	2.2	51.6	2.2	———	3.4 ———	2.2	48.1
(MILLION POUNDS)	1961	42.4		3.2	5.5	51.1	1.8	52.9	2.1		3.2	1.8	50.0
	1962	41.3		3.8	5.4	50.4	1.8	52.3	1.9		3.8	1.8	48.6
	1963	41.0		4.0	5.6	50.6	1.5	52.1	1.6		4.0	1.5	48.2
	1964	41.8		4.1	5.6	51.6	2.0	53.6	1.8		4.1	2.0	49.2
	1965	44.5		4.3	6.0	54.8	3.8	58.6	2.2		4.3	3.8	52.7
	1966	49.4		4.4	7.1	60.9	5.1	66.0	2.3		4.4	5.1	58.8
	1967	53.3		4.8	8.0	66.1	5.2	71.3	2.4		4.8	5.2	63.7
	1968	59.5		5.8	9.2	74.5	7.1	81.7	2.6		5.8	7.1	71.3
	1969	68.0		6.5	11.2	85.7	8.6	94.3	2.8		6.5	8.6	82.0
	1970	79.3		7.3	12.6	99.2	9.4	108.6	2.9		7.3	9.4	94.8
	1971	81.8		7.5	12.6	101.9	9.1	110.9	3.4		7.5	9.1	97.8
	1972	86.0		8.3	12.6	106.8	7.8	114.6	3.7		8.3	7.8	102.2
	1973	96.8		7.5	14.8	119.2	8.6	127.7	4.0		7.5	8.6	115.7
	1974	114.0		12.5	13.0	139.4	9.2	148.6	4.6		12.5	9.2	131.6
	1975	147.5		18.3	12.8	178.6	10.9	189.5	5.4		18.3	10.9	165.8
	1976	182.6		18.1	14.3	215.0	14.9	229.9	6.9		18.1	14.9	203.7
	1977	211.4		19.1	19.9	250.4	16.6	267.0	8.5		19.1	16.6	239.8
MARTINIQUE...................	1960	...	...	...	...	...	...	...	...	...	...	...	541.0
(MILLION FRANCS)	1961	...	...	...	...	...	...	...	...	...	...	...	637.0
	1963	...	...	...	...	...	...	...	...	...	...	...	819.0
	1965	...	...	...	...	...	...	...	...	...	...	...	1112.9
	1966	...	...	...	...	...	...	...	...	...	...	...	1191.1
	1967	...	...	...	...	...	...	...	...	...	...	...	1247.9
	1968	...	...	...	...	...	...	...	...	...	...	...	1413.1
	1969	...	...	...	...	...	...	...	...	...	...	...	1586.6
	1970	...	...	...	...	...	...	...	...	...	...	...	1730.1
	1971	...	...	...	...	...	...	...	...	...	...	...	1970.4
	1972	...	...	...	...	...	...	...	...	...	...	...	2234.4
	1973	...	...	...	...	...	...	...	...	...	...	...	2666.4
	1974	...	...	...	...	...	...	...	...	...	...	...	3397.7
	1975	...	...	...	...	...	...	...	...	...	...	...	3760.1
	1976	...	...	...	...	...	...	...	...	...	...	...	4526.9
	1977	...	...	...	...	...	...	...	...	...	...	...	5264.5

13. PRINCIPAL AGGREGATES AND THEIR INTERRELATIONSHIPS (CONTINUED)

AT CURRENT PRICES

COUNTRY OR AREA AND CURRENCY UNIT	YEAR	DOMESTIC FACTOR INCOME	PLUS: COMPENSATION OF EMPLOYEES FROM ABROAD, NET	PLUS: PROPERTY AND ENTREPRENEURIAL INCOME FROM ABROAD, NET	PLUS: INDIRECT TAXES NET OF SUBSIDIES	EQUALS: NATIONAL INCOME AT MARKET PRICES	PLUS: OTHER CURRENT TRANSFERS FROM ABROAD, NET	EQUALS: NATIONAL DISPOSABLE INCOME	PLUS: CONSUMPTION OF FIXED CAPITAL	LESS: COMPENSATION OF EMPLOYEES FROM ABROAD, NET	LESS: PROPERTY AND ENTREPRENEURIAL INCOME FROM ABROAD, NET	LESS: OTHER CURRENT TRANSFERS FROM ABROAD, NET	EQUALS: GROSS DOMESTIC PRODUCT AT PURCHASERS' VALUES
MAURITANIA (1 000 MILLION OUGUIYAS)	1964	5.2	...	...	0.6	...	...	...	0.6	...	...	...	6.3
	1968 5/	5.6	-0.1	——	0.8	6.3	0.1	6.5	0.1	-0.1	——	0.1	6.5
	1972	9.7	--	-0.7	1.3	10.3	0.4	10.7	1.3	--	-0.7	0.4	12.3
	1973	9.7	-0.6	-0.1	1.4	10.3	1.5	11.8	2.0	-0.6	-0.1	1.5	13.0
MAURITIUS (MILLION RUPEES)	1960	16/ 572		4	78	16/ 654	-4	16/ 650	...		4	-4	650
	1961	679		-8	90	761	-8	753	...		-8	-8	769
	1962	694		-4	99	789	-5	784	...		-4	-5	793
	1963	906		-6	112	1012	-6	1006	...		-6	-6	1018
	1964	760		-2	118	876	-7	869	...		-2	-7	878
	1965	808		-6	114	916	-5	911	...		-6	-5	922
	1966	792		-1	120	911	-3	908	...		-1	-3	912
	1967	841		-5	128	964	3	967	...		-5	3	969
	1968	827		-3	139	963	3	966	...		-3	3	966
	1969	887		1	149	1037	6	1043	...		1	6	1036
	1970	912		7	137	1055	11	1066	...		7	11	1048
	1971	1016		7	145	1168	9	1177	...		7	9	1161
	1972	1279		2	153	1434	19	1453	...		2	19	1432
	1973	1650		16	202	1868	31	1899	...		16	31	1852
	1974	2941		10	275	3226	29	3255	...		10	29	3516
	1975	3090		17	326	3433	35	3467	...		17	35	3778
	1976 2/	3455	15	39	306	3830	40	4066	438	15	39	40	4423
	1977	...	...	...	...	...	...	...	...	...	...	...	5073

13. PRINCIPAL AGGREGATES AND THEIR INTERRELATIONSHIPS (CONTINUED)

AT CURRENT PRICES

COUNTRY OR AREA AND CURRENCY UNIT	YEAR	DOMESTIC FACTOR INCOME	PLUS: COMPENSATION OF EMPLOYEES FROM ABROAD, NET	PLUS: PROPERTY AND ENTREPRENEURIAL INCOME FROM ABROAD, NET	PLUS: INDIRECT TAXES NET OF SUBSIDIES	EQUALS: NATIONAL INCOME AT MARKET PRICES	PLUS: OTHER CURRENT TRANSFERS FROM ABROAD, NET	EQUALS: NATIONAL DISPOSABLE INCOME	PLUS: CONSUMPTION OF FIXED CAPITAL	LESS: COMPENSATION OF EMPLOYEES FROM ABROAD, NET	LESS: PROPERTY AND ENTREPRENEURIAL INCOME FROM ABROAD, NET	LESS: OTHER CURRENT TRANSFERS FROM ABROAD, NET	EQUALS: GROSS DOMESTIC PRODUCT AT PURCHASERS' VALUES
MEXICO........................	1960 5/	134.0	1.0	-1.8	6.3	139.6	0.4	140.0	10.2	1.0	-1.8	0.4	150.5
(1 000 MILLION PESOS)	1961	145.6	1.0	-1.7	6.8	151.7	0.2	152.0	10.9	1.0	-1.7	0.2	163.3
	1962	156.6	1.0	-1.9	7.7	163.5	0.2	163.7	11.7	1.0	-1.9	0.2	176.0
	1963	174.5	1.1	-2.2	8.7	182.1	0.2	182.3	12.8	1.1	-2.2	0.2	196.0
	1964	207.2	1.1	-2.6	9.9	215.6	0.2	215.9	14.2	1.1	-2.6	0.2	231.4
	1965	225.0	1.1	-2.6	11.1	234.5	0.1	234.6	16.0	1.1	-2.6	0.1	252.0
	1966	250.7	1.2	-3.2	11.6	260.2	0.1	260.3	17.9	1.2	-3.2	0.1	280.1
	1967	273.7	1.2	-3.6	12.5	283.9	0.3	284.2	20.1	1.2	-3.6	0.3	306.3
	1968	300.9	1.3	-4.4	15.9	313.6	0.4	314.0	22.4	1.3	-4.4	0.4	339.1
	1969	332.0	1.6	-4.8	17.7	346.4	0.4	346.9	25.2	1.6	-4.8	0.4	374.9
	1970	369.9	1.5	-5.7	20.1	385.9	0.7	386.6	28.7	1.5	-5.7	0.7	418.7
	1971	397.0	1.4	-6.2	23.4	415.7	0.7	416.4	32.0	1.4	-6.2	0.7	452.4
	1972	447.8	1.6	-7.2	28.1	470.2	0.8	471.0	36.4	1.6	-7.2	0.8	512.3
	1973	535.7	1.8	-10.0	40.3	567.7	0.9	568.6	43.6	1.8	-10.0	0.9	619.6
	1974	699.4	2.0	-14.1	56.3	743.6	1.5	745.1	58.0	2.0	-14.1	1.5	813.7
	1975	829.2	2.2	-18.4	82.2	895.2	1.8	897.0	76.9	2.2	-18.4	1.8	988.3
	1976	1023.9	3.7	-30.2	94.1	1091.6	2.4	1094.0	109.9	3.7	-30.2	2.4	1227.9
	1977	1388.7	5.7	-46.6	125.4	1473.1	3.9	1477.1	162.0	5.7	-46.6	3.9	1676.0
MONTSERRAT....................	1961	...	...	...	...	...	...	...	...	...	...	...	3/ 3.5
(MILLION EC DOLLARS)	1962	...	...	...	...	...	...	...	...	...	...	...	3.8
	1963	...	...	...	...	...	...	...	...	...	...	...	3.9
	1964 2/	...	...	...	...	...	...	...	...	...	...	...	4.5
	1965	...	...	...	...	...	...	...	...	...	...	...	5.9
	1966	...	...	...	...	...	...	...	...	...	...	...	7.4
	1967	...	...	...	...	...	...	...	...	...	...	...	8.6
	1968	...	...	...	...	...	...	...	...	...	...	...	9.2
	1969	...	...	...	...	...	...	...	...	...	...	...	9.8
	1970	...	...	...	...	...	...	...	...	...	...	...	11.8
	1975	...	...	...	...	...	...	...	...	...	...	...	14.5
	1976	...	...	...	...	...	...	...	...	...	...	...	16.9

13. PRINCIPAL AGGREGATES AND THEIR INTERRELATIONSHIPS (CONTINUED)

AT CURRENT PRICES

COUNTRY OR AREA AND CURRENCY UNIT	YEAR	DOMESTIC FACTOR INCOME	PLUS: COMPENSATION OF EMPLOYEES FROM ABROAD, NET	PLUS: PROPERTY AND ENTREPRENEURIAL INCOME FROM ABROAD, NET	PLUS: INDIRECT TAXES NET OF SUBSIDIES	EQUALS: NATIONAL INCOME AT MARKET PRICES	PLUS: OTHER CURRENT TRANSFERS FROM ABROAD, NET	EQUALS: NATIONAL DISPOSABLE INCOME	PLUS: CONSUMPTION OF FIXED CAPITAL	LESS: COMPENSATION OF EMPLOYEES FROM ABROAD, NET	LESS: PROPERTY AND ENTREPRENEURIAL INCOME FROM ABROAD, NET	LESS: OTHER CURRENT TRANSFERS FROM ABROAD, NET	EQUALS: GROSS DOMESTIC PRODUCT AT PURCHASERS' VALUES
MOROCCO 5/	1960	7.8	0.2	-0.1	0.8	8.8	0.1	8.9	0.4	0.2	-0.1	0.1	9.1
(1 000 MILLION DIRHAMS)	1961	7.8	0.2	-0.1	0.9	8.7	--	8.8	0.4	0.2	-0.1	--	9.0
	1962	9.2	0.2	-0.1	1.0	10.2	--	10.2	0.4	0.2	-0.1	--	10.6
	1963	10.4	0.2	-0.1	1.1	11.6	--	11.6	0.4	0.2	-0.1	--	11.9
	1964	11.0	0.2	-0.1	1.0	12.2	-0.1	12.1	0.4	0.2	-0.1	-0.1	12.5
	1965	11.7	0.2	-0.1	1.0	12.8	-0.1	12.8	0.4	0.2	-0.1	-0.1	13.2
	1966	11.3	0.3	-0.2	1.2	12.5	--	12.5	0.4	0.3	-0.2	--	12.8
	1967	11.9	0.3	-0.2	1.2	13.3	--	13.3	0.4	0.3	-0.2	--	13.6
	1968	13.6	0.3	-0.2	1.3	14.9	0.1	15.1	0.4	0.3	-0.2	0.1	15.3
	1969	14.0	0.4	-0.2	1.5	15.7	0.1	15.8	0.4	0.4	-0.2	0.1	15.9
	1970 2/	17.0	--	-0.3	2.5	19.1	0.3	19.5	...	--	-0.3	0.3	19.4
	1971	18.8	--	-0.3	2.6	21.1	0.4	21.6	...	--	-0.3	0.4	21.4
	1972	19.9	--	-0.3	2.8	22.4	0.5	22.9	...	--	-0.3	0.5	22.7
	1973	21.8	0.1	-0.3	3.1	24.7	0.8	25.5	...	0.1	-0.3	0.8	24.9
	1974	31.4	0.1	-0.3	2.2	33.5	1.2	34.7	...	0.1	-0.3	1.2	33.6
	1975	33.7	0.2	-0.4	2.7	36.2	1.6	37.9	...	0.2	-0.4	1.6	36.4
	1976	37.3	0.2	-0.5	4.0	41.0	2.0	43.1	...	0.2	-0.5	2.0	41.3
	1977	41.0	0.3	-1.0	5.8	46.0	2.1	48.2	...	0.3	-1.0	2.1	46.8
NEPAL 24/	1965	...	...	...	...	...	...	...	...	...	...	...	5602
(MILLION RUPEES)	1966	...	...	...	...	...	...	...	...	...	...	...	6909
	1967	...	...	...	...	...	...	...	...	...	...	...	6411
	1968	...	...	...	...	...	...	...	...	...	...	...	7173
	1969	...	...	...	...	...	...	...	...	...	...	...	7985
	1970	...	...	...	...	...	...	...	...	...	...	...	8768
	1971	...	...	...	...	...	...	...	...	...	...	...	8938
	1972	...	...	...	...	...	...	...	...	...	...	...	10369
	1973	...	...	...	...	...	...	...	...	...	...	...	9969
	1974	...	...	...	...	...	...	...	...	...	...	...	12808
	1975	...	...	...	...	...	...	...	...	...	...	...	14802
	1976	...	...	...	...	...	...	...	...	...	...	...	17394
	1977	...	...	...	...	...	...	...	...	...	...	...	17344

13. PRINCIPAL AGGREGATES AND THEIR INTERRELATIONSHIPS (CONTINUED)

AT CURRENT PRICES

COUNTRY OR AREA AND CURRENCY UNIT	YEAR	DOMESTIC FACTOR INCOME	PLUS: COMPENSATION OF EMPLOYEES FROM ABROAD, NET	PLUS: PROPERTY AND ENTREPRENEURIAL INCOME FROM ABROAD, NET	PLUS: INDIRECT TAXES NET OF SUBSIDIES	EQUALS: NATIONAL INCOME AT MARKET PRICES	PLUS: OTHER CURRENT TRANSFERS FROM ABROAD, NET	EQUALS: NATIONAL DISPOSABLE INCOME	PLUS: CONSUMPTION OF FIXED CAPITAL	LESS: COMPENSATION OF EMPLOYEES FROM ABROAD, NET	LESS: PROPERTY AND ENTREPRENEURIAL INCOME FROM ABROAD, NET	LESS: OTHER CURRENT TRANSFERS FROM ABROAD, NET	EQUALS: GROSS DOMESTIC PRODUCT AT PURCHASERS' VALUES
NETHERLANDS....................	1960	34771	10	368	3674	38823	-28	38795	3909	10	368	-28	42354
(MILLION GUILDERS)	1961	36449	15	581	4037	41082	-69	41013	4206	15	581	-69	44692
	1962	39207	49	335	4381	43972	-38	43934	4545	49	335	-38	48133
	1963	42503	40	587	4788	47918	79	47997	4940	40	587	79	52231
	1964	50388	33	658	5616	56695	-87	56608	5459	33	658	-87	61463
	1965	56291	30	628	6409	63358	-205	63153	6010	30	628	-205	68710
	1966	61109	35	424	7232	68800	-222	68578	6595	35	424	-222	74936
	1967	67064	-36	731	8072	75831	-336	75495	7166	-36	731	-336	82302
	1968	74048	-40	505	9416	83929	-307	83622	7749	-40	505	-307	91213
	1969	85060	-36	499	9766	95289	-291	94998	8533	-36	499	-291	103359
	1970	94380	30	70	11710	106190	-310	105880	9650	30	70	-310	115740
	1971	105580	90	-310	14050	119410	-400	119010	10800	90	-310	-400	130430
	5/ 1968	72727	-40	633	9335	82655	-307	82348	7749	-40	633	-307	89811
	1969	83463	-36	802	9684	93913	-291	93622	8568	-36	802	-291	101715
	1970	93293	34	497	11553	105377	-149	105228	9727	34	497	-149	114573
	1971	104520	90	300	13790	118700	-420	118280	11340	90	300	-420	129650
	1972	118050	170	530	15770	134520	-620	133900	12910	170	530	-620	146730
	1973	136530	240	1060	17020	154850	-220	154630	14560	240	1060	-220	168110
	1974	155240	160	1300	17960	174660	-920	173740	17090	160	1300	-920	190290
	1975	169670	90	-430	20210	189540	-1870	187670	19810	90	-430	-1870	209690
	1976	193350	100	190	22510	216150	-1110	215040	22130	100	190	-1110	237990
	1977	210450	150	520	26430	237550	-1520	236030	24240	150	520	-1520	261120
NETHERLANDS ANTILLES..........	1960	395	--	6	31	432	--	432	30	--	6	--	456
(MILLION GUILDERS)	1961	389	--	5	33	427	--	427	31	--	5	--	453
	1962	391	--	2	34	427	--	427	31	--	2	--	456
	1963	384	--	3	37	424	--	424	32	--	3	--	453
	1964	380	--	2	37	419	--	419	34	--	2	--	451
	1965	375	--	3	37	415	--	415	35	--	3	--	447
	1966	385	--	2	37	423	--	423	35	--	2	--	457
	1967	388	--	2	43	433	--	433	37	--	2	--	468
	1968	407	--	3	52	462	--	462	40	--	3	--	499
	5/ 1972	651	-95		61	618	-13	605	...	-95		-13	713
	1973	752	-127		64	689	-31	657	...	-127		-31	816

13. PRINCIPAL AGGREGATES AND THEIR INTERRELATIONSHIPS (CONTINUED)

AT CURRENT PRICES

COUNTRY OR AREA AND CURRENCY UNIT	YEAR	DOMESTIC FACTOR INCOME	PLUS: COMPENSATION OF EMPLOYEES FROM ABROAD, NET	PLUS: PROPERTY AND ENTREPRENEURIAL INCOME FROM ABROAD, NET	PLUS: INDIRECT TAXES NET OF SUBSIDIES	EQUALS: NATIONAL INCOME AT MARKET PRICES	PLUS: OTHER CURRENT TRANSFERS FROM ABROAD, NET	EQUALS: NATIONAL DISPOSABLE INCOME	PLUS: CONSUMPTION OF FIXED CAPITAL	LESS: COMPENSATION OF EMPLOYEES FROM ABROAD, NET	LESS: PROPERTY AND ENTREPRENEURIAL INCOME FROM ABROAD, NET	LESS: OTHER CURRENT TRANSFERS FROM ABROAD, NET	EQUALS: GROSS DOMESTIC PRODUCT AT PURCHASERS' VALUES
NEW CALEDONIA (MILLION CFP FRANCS)	1960	...	...	...	...	...	...	...	1387	...	...	...	9292
	1961	...	...	...	...	...	...	...	2150	...	...	...	10547
	1962	...	...	...	...	...	...	...	1761	...	...	...	9054
	1963	...	...	...	...	...	...	...	1191	...	...	...	10129
	1964	...	...	...	...	...	...	...	1540	...	...	...	11851
	1965	...	...	...	...	...	...	...	3589	...	...	...	14326
	1966	...	...	...	...	...	...	...	1938	...	...	...	14740
	1967	...	...	...	...	...	...	...	3218	...	...	...	16161
	1968	...	...	...	...	...	...	...	3541	...	...	...	19345
	1969	...	...	...	...	...	...	...	5449	...	...	...	24848
	1970	...	...	...	...	...	...	...	16699	...	...	...	36389
	1971	...	...	...	...	...	...	...	13517	...	...	...	41684
	1972	...	...	...	...	...	...	...	10145	...	...	...	46477
	1973	...	...	...	...	...	...	...	7437	...	...	...	43953
	1974	...	...	...	...	...	...	...	10122	...	...	...	55791
	1975	...	...	...	...	...	...	...	11911	...	...	...	63007
	1976	...	...	...	...	...	...	...	9930	...	...	...	67500

13. PRINCIPAL AGGREGATES AND THEIR INTERRELATIONSHIPS (CONTINUED)

AT CURRENT PRICES

COUNTRY OR AREA AND CURRENCY UNIT	YEAR	DOMESTIC FACTOR INCOME	PLUS: COMPENSATION OF EMPLOYEES FROM ABROAD, NET	PLUS: PROPERTY AND ENTREPRENEURIAL INCOME FROM ABROAD, NET	PLUS: INDIRECT TAXES NET OF SUBSIDIES	EQUALS: NATIONAL INCOME AT MARKET PRICES	PLUS: OTHER CURRENT TRANSFERS FROM ABROAD, NET	EQUALS: NATIONAL DISPOSABLE INCOME	PLUS: CONSUMPTION OF FIXED CAPITAL	LESS: COMPENSATION OF EMPLOYEES FROM ABROAD, NET	LESS: PROPERTY AND ENTREPRENEURIAL INCOME FROM ABROAD, NET	LESS: OTHER CURRENT TRANSFERS FROM ABROAD, NET	EQUALS: GROSS DOMESTIC PRODUCT AT PURCHASERS' VALUES
NEW ZEALAND 19/ (MILLION NEW ZEALAND DOLLARS)	1960	2307	—	-37	195	2465	-10	2455	185	—	-37	-10	2687
	1961	2377		-31	203	2548	-12	2536	204		-31	-12	2783
	1962	2581		-46	199	2734	-11	2723	219		-46	-11	2999
	1963	2816		-42	224	2999	-10	2989	232		-42	-10	3273
	1964	3099		-59	241	3281	-13	3268	249		-59	-13	3589
	1965	3354		-54	250	3550	-20	3530	273		-54	-20	3877
	1966	3477		-66	262	3673	-20	3653	300		-66	-20	4039
	1967	3568		-55	295	3808	-16	3792	319		-55	-16	4183
	1968	3778		-81	324	4022	-11	4011	333		-81	-11	4436
	1969	4195		-98	349	4445	-14	4431	364		-98	-14	4907
	1970	4759		-75	410	5094	-8	5086	440		-75	-8	5609
	1971	5614		-74	448	5988	9	5997	465		-74	9	6526
	1972	6600		-119	502	6983	31	7014	515		-119	31	7617
	1973	7645		-131	553	8066	34	8100	615		-131	34	8813
	1974	8310		-126	593	8777	1	8778	675		-126	1	9578
	1975	9779		-238	632	10173	1	10174	741		-238	1	11152
	1976	11552		-403	810	11959	-16	11943	827		-403	-16	13189
	5/ 1971	5801	—	-35	-552	6318	13	6331	571	—	-35	13	6924
	1972	6730		-47	622	7305	40	7345	630		-47	40	7982
	1973	7861		-21	686	8526	45	8571	710		-21	45	9257
	1974	8540		-77	663	9126	17	9143	807		-77	17	10010
	1975	9768		-156	728	10340	18	10358	947		-156	18	11443
	1976	11444		-255	1082	12271	2	12273	1099		-255	2	13625

13. PRINCIPAL AGGREGATES AND THEIR INTERRELATIONSHIPS (CONTINUED)

AT CURRENT PRICES

COUNTRY OR AREA AND CURRENCY UNIT	YEAR	DOMESTIC FACTOR INCOME	PLUS: COMPENSATION OF EMPLOYEES FROM ABROAD, NET	PLUS: PROPERTY AND ENTREPRENEURIAL INCOME FROM ABROAD, NET	PLUS: INDIRECT TAXES NET OF SUBSIDIES	EQUALS: NATIONAL INCOME AT MARKET PRICES	PLUS: OTHER CURRENT TRANSFERS FROM ABROAD, NET	EQUALS: NATIONAL DISPOSABLE INCOME	PLUS: CONSUMPTION OF FIXED CAPITAL	LESS: COMPENSATION OF EMPLOYEES FROM ABROAD, NET	LESS: PROPERTY AND ENTREPRENEURIAL INCOME FROM ABROAD, NET	LESS: OTHER CURRENT TRANSFERS FROM ABROAD, NET	EQUALS: GROSS DOMESTIC PRODUCT AT PURCHASERS' VALUES
NICARAGUA	5/ 1960	2039	—	-12	215	2241	21	2262	93	—	-12	21	2348
(MILLION CORDOBAS)	1961	2199		-13	226	2412	27	2439	101		-13	27	2526
	1962	2419		-19	252	2652	24	2676	111		-19	24	2783
	1963	2653		-6	299	2946	28	2975	123		-6	28	3075
	1964	3120		-23	326	3423	37	3461	143		-23	37	3590
	1965	3437		-77	370	3730	45	3775	158		-77	45	3965
	1966	3700		-95	376	3981	49	4030	169		-95	49	4246
	1967	4029		-100	386	4316	40	4356	184		-100	40	4600
	1968	4291		-156	385	4520	44	4564	194		-156	44	4871
	1969	4615		-156	410	4870	45	4915	209		-156	45	5235
	1970	4759		-176	459	5042	43	5085	217		-176	43	5436
	1971	5051		-205	502	5349	35	5384	231		-205	35	5786
	1972	5391		-244	527	5675	49	5724	246		-244	49	6165
	1973	6587		-345	761	7003	401	7405	306		-345	401	7655
	1974	9152		-464	1067	9755	108	9864	425		-464	108	10646
	1975	9654		-415	1032	10271	117	10388	445		-415	117	11133
	1976	11310		-491	1205	12024	71	12096	521		-491	71	13037
	1977	13583		-604	1480	14459	77	14536	627		-604	77	15691
NIGER	1960	...	...	...	...	...	...	...	...	...	...	...	
(MILLION CFA FRANCS)	1961	...	...	...	...	...	...	...	...	...	...	...	50100
	1962	...	...	...	...	...	...	...	...	...	...	...	54100
	1963	...	...	...	...	...	...	...	...	...	...	...	61600
	1964	...	...	...	...	...	...	...	...	...	...	...	66022
	1965	...	...	...	...	...	...	...	...	...	...	...	66398
	1966	...	...	...	...	...	...	...	...	...	...	...	74138
	5/ 1966	...	...	...	...	...	...	...	...	...	...	...	78842
	1966	86800	—	5100	...	91900	2600	94500	...	—	5100	2600	96000
	1967	88200		5100	...	93300	2600	95900	...		5100	2600	97500
	1968	85700		5300	...	91000	2800	93800	...		5300	2800	95500
	1969	87900		5200	...	93100	3200	96300	...		5200	3200	97800

13. PRINCIPAL AGGREGATES AND THEIR INTERRELATIONSHIPS (CONTINUED)

AT CURRENT PRICES

COUNTRY OR AREA AND CURRENCY UNIT	YEAR	DOMESTIC FACTOR INCOME	PLUS: COMPENSATION OF EMPLOYEES FROM ABROAD, NET	PLUS: PROPERTY AND ENTREPRENEURIAL INCOME FROM ABROAD, NET	PLUS: INDIRECT TAXES NET OF SUBSIDIES	EQUALS: NATIONAL INCOME AT MARKET PRICES	PLUS: OTHER CURRENT TRANSFERS FROM ABROAD, NET	EQUALS: NATIONAL DISPOSABLE INCOME	PLUS: CONSUMPTION OF FIXED CAPITAL	LESS: COMPENSATION OF EMPLOYEES FROM ABROAD, NET	LESS: PROPERTY AND ENTREPRENEURIAL INCOME FROM ABROAD, NET	LESS: OTHER CURRENT TRANSFERS FROM ABROAD, NET	EQUALS: GROSS DOMESTIC PRODUCT AT PURCHASERS' VALUES
NIGERIA 19/	1960	...	...	...	...	...	...	...	...	...	...	...	2413.5
(MILLION NAIRAS)	1961	...	...	...	...	...	...	...	...	...	...	...	2544.1
	1962	...	...	...	...	...	...	...	...	...	...	...	2791.3
	1963	...	...	...	...	...	...	...	...	...	...	...	2945.7
	1964	...	...	...	...	...	...	...	...	...	...	...	3144.9
	1965	...	...	...	...	...	...	...	...	...	...	...	3360.9
	1966	...	...	...	...	...	...	...	...	...	...	...	3614.5
	1967 28/	...	...	...	...	...	...	...	...	...	...	...	2950.2
	1968 28/	...	...	...	...	...	...	...	...	...	...	...	2877.8
	1969 28/	...	...	...	...	...	...	...	...	...	...	...	3851.3
	1970	...	...	...	...	...	...	...	...	...	...	...	5620.5
	1971	...	...	...	...	...	...	...	...	...	...	...	7098.3
	1972	...	...	...	...	...	...	...	...	...	...	...	7703.2
	1973	...	...	...	...	...	...	...	...	...	...	...	9001.2
	1974	...	...	...	...	...	...	...	...	...	...	...	14424.3
	1975	...	...	...	...	...	...	...	...	...	...	...	15448.7

13. PRINCIPAL AGGREGATES AND THEIR INTERRELATIONSHIPS (CONTINUED)

AT CURRENT PRICES

COUNTRY OR AREA AND CURRENCY UNIT	YEAR	DOMESTIC FACTOR INCOME	PLUS: COMPENSATION OF EMPLOYEES FROM ABROAD, NET	PLUS: PROPERTY AND ENTREPRENEURIAL INCOME FROM ABROAD, NET	PLUS: INDIRECT TAXES NET OF SUBSIDIES	EQUALS: NATIONAL INCOME AT MARKET PRICES	PLUS: OTHER CURRENT TRANSFERS FROM ABROAD, NET	EQUALS: NATIONAL DISPOSABLE INCOME	PLUS: CONSUMPTION OF FIXED CAPITAL	LESS: COMPENSATION OF EMPLOYEES FROM ABROAD, NET	LESS: PROPERTY AND ENTREPRENEURIAL INCOME FROM ABROAD, NET	LESS: OTHER CURRENT TRANSFERS FROM ABROAD, NET	EQUALS: GROSS DOMESTIC PRODUCT AT PURCHASERS' VALUES
NORWAY (MILLION KRONER)	1960	25016	-65	-271	3274	27954	90	28044	4386	-65	-271	90	32676
	1961	27290	-106	-287	3672	30569	58	30627	4670	-106	-287	58	35632
	1962	29458	-117	-337	4042	33046	19	33065	4942	-117	-337	19	38442
	1963	32132	-148	-413	4167	35738	-4	35734	5232	-148	-413	-4	41531
	1964	35434	-166	-463	4904	39709	-20	39689	5591	-166	-463	-20	45929
	1965	39347	-195	-503	5244	43893	-27	43866	6318	-195	-503	-27	50909
	1966	42584	-227	-553	5951	47755	-52	47703	6924	-227	-553	-52	55459
	1967	46821	-266	-628	6593	52520	-48	52472	7612	-266	-628	-48	61026
	1968	50147	-258	-606	6923	56206	-76	56130	8408	-258	-606	-76	65478
	1969	54216	-251	-472	7787	61280	-184	61096	8892	-251	-472	-184	70895
	1970	60340	-220	-484	11322	70958	-214	70744	10124	-220	-484	-214	81786
	1971	67533	-286	-613	12780	79414	-273	79141	11537	-286	-613	-273	91850
	5/												
	1967	44806	-23	-673	6483	50593	64	50657	8411	-23	-673	64	59700
	1968	48470	-26	-657	6558	54345	65	54410	8721	-26	-657	65	63749
	1969	52275	-36	-530	7622	59331	-33	59298	9521	-36	-530	-33	69418
	1970	58380	-53	-568	10450	68209	-79	68130	11046	-53	-568	-79	79876
	1971	64839	-50	-698	11882	75973	-1	75972	12386	-50	-698	-1	89107
	1972	71959	-37	-991	12960	83891	-124	83767	13484	-37	-991	-124	98403
	1973	82285	-13	-1173	14356	95455	-274	95181	15213	-13	-1173	-274	111854
	1974	95782	-17	-1830	15227	109162	-558	108604	18719	-17	-1830	-558	129728
	1975	110389	-24	-1891	17197	125671	-827	124844	21115	-24	-1891	-827	148701
	1976	125406	-14	-3018	19246	141620	-1083	140537	24767	-14	-3018	-1083	169419
	1977	139219	-1	-4702	21495	156011	-1602	154409	28761	-1	-4702	-1602	189475
OMAN (MILLION RIALS OMANI)	1970	105	——	-25	1	81	...	...	...	——	-25	...	106
	1971	124		-24	1	101	...	...	...		-24	...	125
	1972	139		-35	1	105	...	...	...		-35	...	140
	1973	167		-40	2	129	...	...	...		-40	...	169
	1974	565		-122	2	445	...	...	...		-122	...	568
	1975 2/	721		-158	2	566	...	...	...		-158	...	724
	1976	822		-152	4	674	...	...	...		-152	...	827

13. PRINCIPAL AGGREGATES AND THEIR INTERRELATIONSHIPS (CONTINUED)

AT CURRENT PRICES

COUNTRY OR AREA AND CURRENCY UNIT	YEAR	DOMESTIC FACTOR INCOME	PLUS: COMPENSATION OF EMPLOYEES FROM ABROAD, NET	PLUS: PROPERTY AND ENTREPRENEURIAL INCOME FROM ABROAD, NET	PLUS: INDIRECT TAXES NET OF SUBSIDIES	EQUALS: NATIONAL INCOME AT MARKET PRICES	PLUS: OTHER CURRENT TRANSFERS FROM ABROAD, NET	EQUALS: NATIONAL DISPOSABLE INCOME	PLUS: CONSUMPTION OF FIXED CAPITAL	LESS: COMPENSATION OF EMPLOYEES FROM ABROAD, NET	LESS: PROPERTY AND ENTREPRENEURIAL INCOME FROM ABROAD, NET	LESS: OTHER CURRENT TRANSFERS FROM ABROAD, NET	EQUALS: GROSS DOMESTIC PRODUCT AT PURCHASERS' VALUES
PAKISTAN 4/ 27/	1960	...	...	...	...	...	...	...	2363	...	...	...	36717
(MILLION RUPEES)	1961	...	...	...	...	...	...	...	2443	...	...	...	38630
	1962	...	...	...	...	...	...	...	2622	...	...	...	41011
	1963	...	...	...	...	...	...	...	2859	...	...	...	44161
	1964	...	...	...	...	...	...	...	3069	...	...	...	49317
	1965	...	...	...	...	...	...	...	3368	...	...	...	54042
	1966	...	...	...	...	...	...	...	3915	...	...	...	61318
	1967	...	...	...	...	...	...	...	4151	...	...	...	65257
	1968	...	...	...	...	...	...	...	4607	...	...	...	71338
	1969	...	...	...	...	...	...	...	4947	...	...	...	77395
	1970	...	...	...	...	...	...	...	...	...	...	...	50388
	1971	...	...	...	...	...	...	...	...	...	...	...	53845
	1972	...	...	...	...	...	...	...	...	...	...	...	66515
	1973	...	...	...	...	...	...	...	...	...	...	...	86208
	1974	...	...	...	...	...	...	...	...	...	...	...	111130
	1975	...	...	...	...	...	...	...	...	...	...	...	130438
	1976	...	...	...	...	...	...	...	...	...	...	...	146861
	1977	...	...	...	...	...	...	...	...	...	...	...	168526
PANAMA	1960	348.9		-12.4	34.6	371.1	-0.7	370.4	32.3		-12.4	-0.7	415.8
(MILLION BALBOAS)	1961	388.7		-10.6	38.6	416.7	1.2	417.9	36.4		-10.6	1.2	463.7
	1962	420.6		-9.2	41.2	452.6	-3.9	448.7	43.0		-9.2	-3.9	504.8
	1963	470.8		-8.6	40.6	502.8	0.1	502.9	48.0		-8.6	0.1	559.5
	1964	507.2		-5.4	43.1	544.9	0.1	545.0	50.5		-5.4	0.1	600.8
	1965	555.0		-15.9	49.1	588.2	4.1	592.3	55.8		-15.9	4.1	659.9
	1966	605.3		-16.3	53.6	642.6	1.9	644.5	60.1		-16.3	1.9	719.0
	1967	672.8		-22.7	59.4	709.5	1.8	711.3	68.5		-22.7	1.8	800.7
	1968	721.0		-25.3	61.7	757.4	0.3	757.7	78.7		-25.3	0.3	861.4
	1969	787.8		-25.3	71.4	833.9	0.8	834.7	86.2		-25.3	0.8	945.4
	1970	867.2		-26.4	83.5	924.3	3.3	927.6	95.1		-26.4	3.3	1045.8
	1971	955.0		-31.3	95.8	1019.5	4.4	1023.9	106.2		-31.3	4.4	1157.0
	1972	1066.7		-33.7	110.8	1143.8	4.7	1148.5	120.3		-33.7	4.7	1297.8
	1973	1213.0		-42.3	121.7	1292.4	0.2	1292.6	137.8		-42.3	0.2	1472.5
	1974	1519.2		-55.0	143.0	1607.2	-4.2	1603.0	172.5		-55.0	-4.2	1834.7
	1975	1607.9		-20.6	144.5	1731.8	-5.0	1726.8	181.8		-20.6	-5.0	1934.2
	1976	1661.7		-39.8	151.3	1773.2	-3.9	1769.3	191.3		-39.8	-3.9	2004.3
	1977	1814.4		-39.0	186.6	1962.0	...	...	211.9		-39.0	...	2212.9

AT CURRENT PRICES

COUNTRY OR AREA AND CURRENCY UNIT	YEAR	DOMESTIC FACTOR INCOME	PLUS: COMPENSATION OF EMPLOYEES FROM ABROAD, NET	PLUS: PROPERTY AND ENTREPRENEURIAL INCOME FROM ABROAD, NET	PLUS: INDIRECT TAXES NET OF SUBSIDIES	EQUALS: NATIONAL INCOME AT MARKET PRICES	PLUS: OTHER CURRENT TRANSFERS FROM ABROAD, NET	EQUALS: NATIONAL DISPOSABLE INCOME	PLUS: CONSUMPTION OF FIXED CAPITAL	LESS: COMPENSATION OF EMPLOYEES FROM ABROAD, NET	LESS: PROPERTY AND ENTREPRENEURIAL INCOME FROM ABROAD, NET	LESS: OTHER CURRENT TRANSFERS FROM ABROAD, NET	EQUALS: GROSS DOMESTIC PRODUCT AT PURCHASERS' VALUES
PAPUA NEW GUINEA 4/ (MILLION KINA)	1960 5/	200.9	--	-2.4	4.6	203.0	26.7	229.8	5.0	--	-2.4	26.7	210.5
	1961	215.7	--	-2.6	5.0	218.2	32.7	250.9	5.9	--	-2.6	32.7	226.6
	1962	227.3	--	-1.2	5.8	232.0	35.9	267.9	6.6	--	-1.2	35.9	239.7
	1963	239.4	--	-2.9	6.7	243.2	43.3	286.4	7.1	--	-2.9	43.3	253.1
	1964	277.1	--	-2.5	7.9	282.4	49.5	332.0	7.1	--	-2.5	49.5	292.1
	1965	303.0	--	-3.3	10.4	310.1	67.3	377.4	9.1	--	-3.3	67.3	322.5
	1966	349.8	--	-0.7	13.9	363.0	81.6	444.6	12.0	--	-0.7	81.6	375.7
	1967	383.3	--	-2.6	15.4	396.1	80.0	476.1	14.2	--	-2.6	80.0	413.0
	1968	419.9	--	-4.0	16.7	432.6	88.3	521.0	16.8	--	-4.0	88.3	453.3
	1969	486.0	--	-8.6	22.3	499.7	94.6	594.3	22.7	--	-8.6	94.6	531.0
	1970	562.7	--	-26.6	30.2	566.4	103.5	669.9	28.7	--	-26.6	103.5	621.7
	1971	578.1	--	-35.4	31.5	574.1	118.2	692.3	35.9	--	-35.4	118.2	645.4
	1972	698.3	0.2	-37.4	33.5	694.5	121.3	815.8	57.0	0.2	-37.4	121.3	788.8
	1973	934.1	0.6	-79.1	39.6	895.3	129.3	1024.6	66.8	0.6	-79.1	129.3	1040.6
	1974	881.6	1.0	-72.7	52.1	862.0	145.5	1007.5	70.2	1.0	-72.7	145.5	1004.0
	1975	923.8	1.2	-40.2	58.0	943.5	165.2	1108.7	74.4	1.2	-40.2	165.2	1056.9
	1976	1050.0	1.5	-37.9	71.8	1085.4	156.2	1241.7	80.2	1.5	-37.9	156.2	1202.0
PARAGUAY (MILLION GUARANIES)	1960	31162	-187		2202	33177	--	33177	2216	-187		--	35580
	1961	35212	-293		2511	37430	--	37430	2855	-293		--	40578
	1962	40107	-261		2735	42580	--	42580	2605	-261		--	45447
	1963	42652	-383		2795	45064	--	45064	2924	-383		--	48372
	1964	45581	-555		2709	47736	--	47736	3161	-555		--	51452
	1965	49312	-609		3168	51870	--	51870	3411	-609		--	55891
	1966	51062	-558		3534	54038	--	54038	4105	-558		--	58701
	1967	53206	-975		4488	56719	--	56719	4382	-975		--	62077
	1968	55639	-1060		5068	59647	--	59647	4516	-1060		--	65224
	1969	60416	-1544		5276	64149	--	64149	4400	-1544		--	70093
	1970	65473	-1816		5485	69143	--	69143	3962	-1816		--	74921
	1971	73660	-1630		5885	77915	--	77915	4190	-1630		--	83735
	1972	85801	-1949		6017	89869	--	89869	5080	-1949		--	96899
	1973	112539	-2120		6388	116807	--	116807	6510	-2120		--	125437
	1974	153556	-2027		6823	158352	--	158352	7638	-2027		--	168017
	1975	172759	-1536		7879	179102	--	179102	9800	-1536		--	190438
	1976	191218	-3470		8871	196619	--	196619	13980	-3470		--	214069
	1977	228721	-4570		10270	234421	--	234421	24621	-4570		--	263612

13. PRINCIPAL AGGREGATES AND THEIR INTERRELATIONSHIPS (CONTINUED)

AT CURRENT PRICES

COUNTRY OR AREA AND CURRENCY UNIT	YEAR	DOMESTIC FACTOR INCOME	PLUS: COMPENSATION OF EMPLOYEES FROM ABROAD, NET	PLUS: PROPERTY AND ENTREPRENEURIAL INCOME FROM ABROAD, NET	PLUS: INDIRECT TAXES NET OF SUBSIDIES	EQUALS: NATIONAL INCOME AT MARKET PRICES	PLUS: OTHER CURRENT TRANSFERS FROM ABROAD, NET	EQUALS: NATIONAL DISPOSABLE INCOME	PLUS: CONSUMPTION OF FIXED CAPITAL	LESS: COMPENSATION OF EMPLOYEES FROM ABROAD, NET	LESS: PROPERTY AND ENTREPRENEURIAL INCOME FROM ABROAD, NET	LESS: OTHER CURRENT TRANSFERS FROM ABROAD, NET	EQUALS: GROSS DOMESTIC PRODUCT AT PURCHASERS' VALUES
PERU........................	1960	49.6	——	-1.4 ——	4.1	52.2	0.6	52.8	3.3	——	-1.4 ——	0.6	56.9
(1 000 MILLION SOLES)	1961	55.3		-1.6	5.0	58.7	0.7	59.4	3.6		-1.6	0.7	63.9
	1962	63.7		-1.7	5.5	67.6	0.5	68.1	4.1		-1.7	0.5	73.4
	1963	69.3		-1.8	6.5	74.0	0.5	74.5	4.7		-1.8	0.5	80.5
	1964	82.9		-1.7	8.6	89.8	0.4	90.2	5.2		-1.7	0.4	96.7
	1965	97.7		-1.9	10.8	106.6	0.6	107.3	6.4		-1.9	0.6	114.9
	1966	115.5		-2.8	13.4	126.2	0.7	126.9	7.8		-2.8	0.7	136.8
	1967	133.5		-4.1	13.7	143.1	0.9	144.0	9.7		-4.1	0.9	156.9
	1968	156.0		-4.5	16.7	168.2	1.4	169.6	13.1		-4.5	1.4	185.8
	1969	173.7		-4.9	21.3	190.1	1.2	191.3	14.0		-4.9	1.2	209.0
	1970	203.3		-3.3	22.1	222.1	3.2	225.2	15.2		-3.3	3.2	240.7
	1971	221.6		-1.9	25.1	244.7	1.5	246.2	17.8		-1.9	1.5	264.4
	1972	247.9		-2.4	27.8	273.3	1.5	274.8	19.0		-2.4	1.5	294.7
	1973	309.7		-4.0	30.3	336.0	1.6	337.7	19.2		-4.0	1.6	359.2
	1974	389.0		-3.2	36.2	422.0	1.7	423.7	22.4		-3.2	1.7	447.5
	1975	481.3		-3.6	49.6	527.3	2.0	529.3	24.7		-3.6	2.0	555.5
	1976	...	...	...	...	...	...	...	...	...	...	...	771.9
	5/												
	1970	...	...	...	...	...	...	...	...	...	...	...	256.3
	1971	...	...	...	...	...	...	...	...	...	...	...	281.8
	1972	...	...	...	...	...	...	...	...	...	...	...	317.4
	1973	...	...	...	...	...	...	...	...	...	...	...	381.9
	1974	...	...	...	...	...	...	...	...	...	...	...	483.3
	1975	...	...	...	...	...	...	...	...	...	...	...	605.8
	1976	...	...	...	...	...	...	...	...	...	...	...	827.7
	1977	...	...	...	...	...	...	...	...	...	...	...	1157.7

13. PRINCIPAL AGGREGATES AND THEIR INTERRELATIONSHIPS (CONTINUED)

AT CURRENT PRICES

COUNTRY OR AREA AND CURRENCY UNIT	YEAR	DOMESTIC FACTOR INCOME	PLUS: COMPENSATION OF EMPLOYEES FROM ABROAD, NET	PLUS: PROPERTY AND ENTREPRENEURIAL INCOME FROM ABROAD, NET	PLUS: INDIRECT TAXES NET OF SUBSIDIES	EQUALS: NATIONAL INCOME AT MARKET PRICES	PLUS: OTHER CURRENT TRANSFERS FROM ABROAD, NET	EQUALS: NATIONAL DISPOSABLE INCOME	PLUS: CONSUMPTION OF FIXED CAPITAL	LESS: COMPENSATION OF EMPLOYEES FROM ABROAD, NET	LESS: PROPERTY AND ENTREPRENEURIAL INCOME FROM ABROAD, NET	LESS: OTHER CURRENT TRANSFERS FROM ABROAD, NET	EQUALS: GROSS DOMESTIC PRODUCT AT PURCHASERS' VALUES
PHILIPPINES (MILLION PESOS)	1960	12282		-196	981	13067	219	13286	766		-196	219	14029
	1961	13272		-107	1124	14289	256	14545	872		-107	256	15268
	1962	14803		-53	1232	15982	333	16315	1048		-53	333	17083
	1963	17091		-63	1461	18489	283	18772	1304		-63	283	19856
	1964	18419		-84	1543	19878	405	20283	1505		-84	405	21467
	1965	20266		-114	1495	21647	330	21977	1735		-114	330	23496
	1966	22202		-137	1725	23790	255	24045	1955		-137	255	25882
	1967	24820	31	-321	2008	26538	494	27032	2196	31	-321	494	29024
	1968	27534	75	-413	2166	29362	415	29777	2429	75	-413	415	32129
	1969	30242	41	-325	2299	32257	464	32721	2755	41	-325	464	35296
	1970	35545	120	-817	3189	38037	627	38664	3714	120	-817	627	42448
	1971	41481	152	-673	3988	44948	689	45637	4651	152	-673	689	50120
	1972	46340	312	-861	4382	50173	1112	51285	5353	312	-861	1112	56075
	1973	58902	642	-812	6418	65150	1270	66420	6466	642	-812	1270	71786
	1974	80728	762	-452	10360	91398	1563	92961	8550	762	-452	1563	99638
	1975	91310	682	-1020	11989	102961	2052	105013	11304	682	-1020	2052	114603
	1976	107598	780	-1996	12315	118697	1889	120586	12873	780	-1996	1889	132786
	1977	123756	1147	-2307	14922	137518	1847	139365	14460	1147	-2307	1847	153138
POLAND (1 000 MILLION ZLOTYS)	1960	...	...	...	...	6/ 375.6	...	...	...	...	...	...	...
	1961	...	...	...	...	410.7	...	...	...	...	...	...	...
	1962	...	...	...	...	426.1	...	...	...	...	...	...	...
	1963	...	...	...	...	460.1	...	...	...	...	...	...	...
	1964	...	...	...	...	497.0	...	...	...	...	...	...	...
	1965 2/	...	...	...	...	531.3	...	...	...	...	...	...	...
	1966	...	...	...	...	567.2	...	...	...	...	...	...	...
	1967	...	...	...	...	605.6	...	...	...	...	...	...	...
	1968	...	...	...	...	668.8	...	...	...	...	...	...	...
	1969	...	...	...	...	696.1	...	...	...	...	...	...	...
	1970 2/	...	...	...	...	749.2	...	...	...	...	...	...	...
	1971	...	...	...	...	855.0	...	...	...	...	...	...	...
	1972	...	...	...	...	951.0	...	...	...	...	...	...	...
	1973	...	...	...	...	1064.8	...	...	...	...	...	...	...
	1974	...	...	...	...	1209.3	...	...	...	...	...	...	...
	1975	...	...	...	...	1349.7	...	...	...	...	...	...	...
	1976	...	...	...	...	1593.3	...	...	...	...	...	...	...
	1977	...	...	...	...	1736.1	...	...	...	...	...	...	...

13. PRINCIPAL AGGREGATES AND THEIR INTERRELATIONSHIPS (CONTINUED)

AT CURRENT PRICES

COUNTRY OR AREA AND CURRENCY UNIT	YEAR	DOMESTIC FACTOR INCOME	PLUS: COMPENSATION OF EMPLOYEES FROM ABROAD, NET	PLUS: PROPERTY AND ENTREPRENEURIAL INCOME FROM ABROAD, NET	PLUS: INDIRECT TAXES NET OF SUBSIDIES	EQUALS: NATIONAL INCOME AT MARKET PRICES	PLUS: OTHER CURRENT TRANSFERS FROM ABROAD, NET	EQUALS: NATIONAL DISPOSABLE INCOME	PLUS: CONSUMPTION OF FIXED CAPITAL	LESS: COMPENSATION OF EMPLOYEES FROM ABROAD, NET	LESS: PROPERTY AND ENTREPRENEURIAL INCOME FROM ABROAD, NET	LESS: OTHER CURRENT TRANSFERS FROM ABROAD, NET	EQUALS: GROSS DOMESTIC PRODUCT AT PURCHASERS' VALUES
PORTUGAL	1960	62.3		0.1	5.1	67.5	1.6	69.1	3.8		0.1	1.6	71.3
(1 000 MILLION ESCUDOS)	1961	66.7		-0.1	5.8	72.4	1.2	73.6	4.2		-0.1	1.2	76.7
	1962	70.6		-0.1	6.6	77.1	1.4	78.5	4.4		-0.1	1.4	81.6
	1963	76.7		-0.1	7.0	83.5	2.0	85.5	4.9		-0.1	2.0	88.5
	1964	82.9		0.5	7.9	91.3	4.0	95.3	5.2		0.5	4.0	96.0
	1965	92.6		0.7	8.9	102.2	4.3	106.6	5.7		0.7	4.3	107.2
	1966	101.1		0.3	10.1	111.6	5.7	117.3	6.2		0.3	5.7	117.5
	1967	112.2		0.6	12.2	125.1	7.8	132.8	6.8		0.6	7.8	131.3
	1968 2/	124.0		0.6	13.6	138.2	9.0	147.3	7.7		0.6	9.0	145.3
	1969	135.3		0.9	15.5	151.8	12.0	163.8	8.5		0.9	12.0	159.4
	1970	149.7		0.9	18.3	168.9	14.6	183.4	9.4		0.9	14.6	177.3
	1971	168.4		0.4	19.7	188.5	19.1	207.6	10.5		0.4	19.1	198.6
	1972	196.3		0.6	22.6	219.5	23.8	243.3	12.3		0.6	23.8	231.2
	1973	240.8		2.1	26.9	269.8	27.1	296.9	13.8		2.1	27.1	281.5
	1974	293.4		3.3	29.5	326.1	28.2	354.3	15.6		3.3	28.2	338.4
	1975	324.1		-0.4	34.1	357.8	26.5	384.3	18.0		-0.4	26.5	376.2
	1976	399.5		-4.0	45.0	440.5	29.4	469.9	20.2		-4.0	29.4	464.7
PUERTO RICO 4/	1960	1544.0	102.3	-133.4	188.5	1701.4	111.0	1812.4	157.5	102.3	-133.4	111.0	1865.1
(MILLION US DOLLARS)	1961	1742.9	106.0	-153.0	209.4	1905.3	133.2	2038.5	172.8	106.0	-153.0	133.2	2094.3
	1962	1969.1	111.0	-173.5	193.5	2100.1	148.2	2248.3	168.2	111.0	-173.5	148.2	2333.7
	1963	2134.7	126.1	-208.5	254.5	2306.8	151.5	2458.3	218.6	126.1	-208.5	151.5	2570.4
	1964	2357.0	124.1	-241.3	316.9	2556.7	192.7	2749.4	287.5	124.1	-241.3	192.7	2881.2
	1965	2601.6	138.3	-288.6	339.7	2791.0	243.8	3034.8	288.4	138.3	-288.6	243.8	3169.8
	1966	2876.6	146.7	-371.9	395.5	3046.9	260.5	3307.4	358.6	146.7	-371.9	260.5	3532.7
	1967	3181.5	166.4	-424.5	464.8	3388.2	297.3	3685.5	432.7	166.4	-424.5	297.3	3941.7
	1968	3557.8	169.7	-463.4	574.2	3838.3	331.6	4169.9	522.6	169.7	-463.4	331.6	4460.7
	1969	4027.7	190.5	-537.7	641.2	4321.7	367.0	4688.7	597.0	190.5	-537.7	367.0	5034.7
	1970	4574.3	200.9	-625.9	698.4	4847.7	464.2	5311.9	663.4	200.9	-625.9	464.2	5678.5
	1971	5174.6	189.0	-795.7	704.4	5272.3	553.4	5825.7	635.8	189.0	-795.7	553.4	6333.5
	1972	5845.2	204.8	-965.2	688.6	5773.4	664.1	6437.5	642.6	204.8	-965.2	664.1	7030.4
	1973	6560.1	205.1	-1165.9	665.2	6264.5	690.2	6954.7	704.1	205.1	-1165.9	690.2	7758.6
	1974	7012.0	220.3	-1292.3	631.1	6571.1	1245.4	7816.5	579.2	220.3	-1292.3	1245.4	8207.7
	1975	7664.6	231.9	-1669.4	676.8	6903.9	1830.6	8734.5	435.1	231.9	-1669.4	1830.6	8946.0
	1976	8427.7	216.6	-1970.4	764.6	7438.5	1989.2	9427.7	531.6	216.6	-1970.4	1989.2	9848.2
	1977	9334.4	230.6	-2194.0	854.0	8225.0	2173.9	10398.9	602.2	230.6	-2194.0	2173.9	10902.5

13. PRINCIPAL AGGREGATES AND THEIR INTERRELATIONSHIPS (CONTINUED)

AT CURRENT PRICES

COUNTRY OR AREA AND CURRENCY UNIT	YEAR	DOMESTIC FACTOR INCOME	PLUS: COMPENSATION OF EMPLOYEES FROM ABROAD, NET	PLUS: PROPERTY AND ENTREPRENEURIAL INCOME FROM ABROAD, NET	PLUS: INDIRECT TAXES NET OF SUBSIDIES	EQUALS: NATIONAL INCOME AT MARKET PRICES	PLUS: OTHER CURRENT TRANSFERS FROM ABROAD, NET	EQUALS: NATIONAL DISPOSABLE INCOME	PLUS: CONSUMPTION OF FIXED CAPITAL	LESS: COMPENSATION OF EMPLOYEES FROM ABROAD, NET	LESS: PROPERTY AND ENTREPRENEURIAL INCOME FROM ABROAD, NET	LESS: OTHER CURRENT TRANSFERS FROM ABROAD, NET	EQUALS: GROSS DOMESTIC PRODUCT AT PURCHASERS' VALUES
REUNION........................	1965	...	...	...	...	...	...	...	...	...	...	...	1321
(MILLION CFA FRANCS)	1966	...	...	...	...	...	...	...	...	...	...	...	1473
	1967	...	...	...	...	...	...	...	...	...	...	...	1592
	1968	...	...	...	...	...	...	...	...	...	...	...	1848
	1969	...	...	...	...	...	...	...	...	...	...	...	2090
	1970	...	...	...	...	...	...	...	...	...	...	...	2358
	1971	...	...	...	...	...	...	...	...	...	...	...	2682
	1972	...	...	...	...	...	...	...	...	...	...	...	3184
	1973	...	...	...	...	...	...	...	...	...	...	...	3585
	1974	...	...	...	...	...	...	...	...	...	...	...	4347
	1975	...	...	...	...	...	...	...	...	...	...	...	5004
	1976	...	...	...	...	...	...	...	...	...	...	...	6042
	1977	...	...	...	...	...	...	...	...	...	...	...	6836
	5/												
RWANDA........................	1967	...	...	...	...	...	...	...	...	...	...	...	15960
(MILLION FRANCS)	1968	...	...	...	...	...	...	...	...	...	...	...	17220
	1969	...	...	...	...	...	...	...	...	...	...	...	18870
	1970	...	...	...	...	...	...	...	...	...	...	...	21990
	1971	...	...	...	...	...	...	...	...	...	...	...	22230
	1972	...	...	...	...	...	...	...	...	...	...	...	22700
	1973	...	...	...	...	...	...	...	...	...	...	...	24400
	1974	...	...	...	...	...	...	...	...	...	...	...	28680
	1975	48020	———	-10 ———	3250	51260	4650	55910	1490	———	-10 ———	4650	52760
	1976	54430		-30	5610	60010	4010	64020	1810		-30	4010	61850
	5/												
ST.KITTS-NEVIS-ANGUILLA......	1973	...	...	...	...	—	...	...	2.9	...	...	...	48.6
(MILLION EC DOLLARS)	1975	...	...	...	...	...	...	...	2.6	...	...	...	74.1
	1976	...	...	...	...	...	...	...	...	...	...	...	75.5
	1977	...	...	...	...	...	...	...	...	...	...	...	81.7

13. PRINCIPAL AGGREGATES AND THEIR INTERRELATIONSHIPS (CONTINUED)

AT CURRENT PRICES

COUNTRY OR AREA AND CURRENCY UNIT	YEAR	DOMESTIC FACTOR INCOME	PLUS: COMPENSATION OF EMPLOYEES FROM ABROAD, NET	PLUS: PROPERTY AND ENTREPRENEURIAL INCOME FROM ABROAD, NET	PLUS: INDIRECT TAXES NET OF SUBSIDIES	EQUALS: NATIONAL INCOME AT MARKET PRICES	PLUS: OTHER CURRENT TRANSFERS FROM ABROAD, NET	EQUALS: NATIONAL DISPOSABLE INCOME	PLUS: CONSUMPTION OF FIXED CAPITAL	LESS: COMPENSATION OF EMPLOYEES FROM ABROAD, NET	LESS: PROPERTY AND ENTREPRENEURIAL INCOME FROM ABROAD, NET	LESS: OTHER CURRENT TRANSFERS FROM ABROAD, NET	EQUALS: GROSS DOMESTIC PRODUCT AT PURCHASERS' VALUES
ST.LUCIA	1962	...	...	...	...	...	...	...	...	...	...	...	3/ 28.3
(MILLION EC DOLLARS)	1963	...	...	...	...	...	...	...	...	...	...	...	29.3
	1964	...	...	...	...	...	...	...	...	...	...	...	31.4
	1965 2/	...	...	...	...	...	...	...	...	...	...	...	34.9
	1966	...	...	...	...	...	...	...	...	...	...	...	39.6
	1967	...	...	...	...	...	...	...	...	...	...	...	39.7
	1968	...	...	...	...	...	...	...	...	...	...	...	43.2
	1969	...	...	...	...	...	...	...	...	...	...	...	49.1
	1970	...	...	...	...	...	...	...	...	...	...	...	62.9
	1975	...	...	...	...	...	...	...	...	...	...	...	123.2
	1976	...	...	...	...	...	...	...	...	...	...	...	152.5
	1977	...	...	...	...	...	...	...	...	...	...	...	176.1
ST.VINCENT	1961	...	...	...	...	...	...	...	...	...	...	...	3/ 24.6
(MILLION EC DOLLARS)	1962	...	...	...	...	...	...	...	...	...	...	...	25.7
	1963 10/	...	...	...	...	...	...	...	...	...	...	...	24.2
	1964	...	...	...	...	...	...	...	...	...	...	...	25.6
	1965	...	...	...	...	...	...	...	...	...	...	...	26.6
	1966	...	...	...	...	...	...	...	...	...	...	...	28.2
	1967	...	...	...	...	...	...	...	...	...	...	...	28.4
	1968	...	...	...	...	...	...	...	...	...	...	...	31.4
	1969	...	...	...	...	...	...	...	...	...	...	...	33.9
	1970	...	...	...	...	...	...	...	...	...	...	...	37.0
	1971	...	...	...	...	...	...	...	...	...	...	...	39.6
	1972	...	...	...	...	...	...	...	...	...	...	...	41.4

13. PRINCIPAL AGGREGATES AND THEIR INTERRELATIONSHIPS (CONTINUED)

AT CURRENT PRICES

COUNTRY OR AREA AND CURRENCY UNIT	YEAR	DOMESTIC FACTOR INCOME	PLUS: COMPENSATION OF EMPLOYEES FROM ABROAD, NET	PLUS: PROPERTY AND ENTREPRENEURIAL INCOME FROM ABROAD, NET	PLUS: INDIRECT TAXES NET OF SUBSIDIES	EQUALS: NATIONAL INCOME AT MARKET PRICES	PLUS: OTHER CURRENT TRANSFERS FROM ABROAD, NET	EQUALS: NATIONAL DISPOSABLE INCOME	PLUS: CONSUMPTION OF FIXED CAPITAL	LESS: COMPENSATION OF EMPLOYEES FROM ABROAD, NET	LESS: PROPERTY AND ENTREPRENEURIAL INCOME FROM ABROAD, NET	LESS: OTHER CURRENT TRANSFERS FROM ABROAD, NET	EQUALS: GROSS DOMESTIC PRODUCT AT PURCHASERS' VALUES
SAUDI ARABIA 29/	1962	...	...	...	...	...	...	...	648	...	...	...	8673
(MILLION RIYALS)	1963	...	...	...	...	...	...	...	726	...	...	...	9319
	1964	...	...	...	...	...	...	...	806	...	...	...	10404
	1965	...	...	...	...	...	...	...	894	...	...	...	11939
	1966	...	...	...	...	...	...	...	...	...	...	...	13228
	1967	...	...	...	...	...	...	...	...	...	...	...	14639
	5/	11/				11/		11/					
	1966	12999	-304	-2407	143	10431	-818	9613	...	-304	-2407	-818	13143
	1967	14513	-334	-2698	143	11625	-1223	10402	...	-334	-2698	-1223	14657
	1968	15798	-322	-2926	177	12728	-1277	11451	...	-322	-2926	-1277	15975
	1969	17235	-392	-3433	163	13574	-1279	12295	...	-392	-3433	-1279	17399
	1970	22571	-528	-5152	350	17242	-1515	15727	...	-528	-5152	-1515	22921
	1971	27901	-573	-7096	356	20589	-1658	18931	...	-573	-7096	-1658	28257
	1972	40024	-673	-9784	527	30095	-2794	27301	...	-673	-9784	-2794	40551
	1973	98810	-877	-16088	506	82350	-4867	77483	...	-877	-16088	-4867	99315
	1974	134585	-1052	-13149	-375	120009	-7084	112925	...	-1052	-13149	-7084	134210
	1975	158024	-1316	-8306	-163	148240	-10376	137864	...	-1316	-8306	-10376	157861
	1976	201240	-1644	-2159	-489	196948	-15179	181769	...	-1644	-2159	-15179	200752
SENEGAL	1961	...	...	...	...	...	...	...	...	...	...	...	161.6
(1 000 MILLION CFA FRANCS)	1962	...	...	...	...	...	...	...	...	...	...	...	171.2
	1963	...	...	...	...	...	...	...	...	...	...	...	178.2
	1964	...	...	...	...	...	...	...	...	...	...	...	189.5
	1965	...	...	...	...	...	...	...	...	...	...	...	198.8
	1966	...	...	...	...	...	...	...	...	...	...	...	205.3
	1967	...	...	...	...	...	...	...	...	...	...	...	205.4
	1968	...	...	...	...	...	...	...	...	...	...	...	217.2
	1969	...	...	...	...	...	...	...	...	...	...	...	216.6
	1970	...	...	...	...	...	...	...	...	...	...	...	240.1
	1971	...	...	...	...	...	...	...	...	...	...	...	247.2
	1972	...	...	...	...	...	...	...	...	...	...	...	273.6
	1973	...	...	...	...	...	...	...	...	...	...	...	278.2
	1974	...	...	...	...	...	...	...	...	...	...	...	338.8
	1975	...	...	...	...	...	...	...	...	...	...	...	406.4

13. PRINCIPAL AGGREGATES AND THEIR INTERRELATIONSHIPS (CONTINUED)

AT CURRENT PRICES

COUNTRY OR AREA AND CURRENCY UNIT	YEAR	DOMESTIC FACTOR INCOME	PLUS: COMPENSATION OF EMPLOYEES FROM ABROAD, NET	PLUS: PROPERTY AND ENTREPRENEURIAL INCOME FROM ABROAD, NET	PLUS: INDIRECT TAXES NET OF SUBSIDIES	EQUALS: NATIONAL INCOME AT MARKET PRICES	PLUS: OTHER CURRENT TRANSFERS FROM ABROAD, NET	EQUALS: NATIONAL DISPOSABLE INCOME	PLUS: CONSUMPTION OF FIXED CAPITAL	LESS: COMPENSATION OF EMPLOYEES FROM ABROAD, NET	LESS: PROPERTY AND ENTREPRENEURIAL INCOME FROM ABROAD, NET	LESS: OTHER CURRENT TRANSFERS FROM ABROAD, NET	EQUALS: GROSS DOMESTIC PRODUCT AT PURCHASERS' VALUES
SEYCHELLES (MILLION RUPEES)	1972	...	...	...	...	...	...	...	...	...	...	...	172
	1973	...	...	...	...	...	...	...	...	...	...	...	209
	1974	...	...	...	...	...	...	...	...	...	...	...	241
	1975	...	...	...	...	...	...	...	...	...	...	...	292
	5/												
	1976	334	-3	-5	39	364	16	380	...	-3	-5	16	373
	1977	...	...	...	...	...	...	...	...	...	...	...	482
SIERRA LEONE (MILLION LEONES)	1963 19/	188.9	—— -5.5	——	15.0	198.4	0.2	198.6	14.0	—— -5.5	——	0.2	217.9
	1964 19/	211.2	-6.5		19.0	223.7	-0.1	223.6	16.4	-6.5		-0.1	246.6
	1965 19/	227.3	-8.5		20.4	239.2	0.3	239.5	19.0	-8.5		0.3	266.7
	1966 19/	223.8	-5.4		23.5	241.9	3.3	245.2	22.3	-5.4		3.3	269.6
	1967 4/	223.3	-8.2		23.0	238.1	1.5	239.6	23.4	-8.2		1.5	269.7
	1968 4/	251.2	-8.1		32.8	275.9	3.0	278.9	26.9	-8.1		3.0	310.9
	1969 4/	286.9	-6.6		34.3	314.6	3.6	318.2	32.1	-6.6		3.6	353.3
	1970 4/	289.7	-3.4		31.8	318.1	4.3	322.4	33.4	-3.4		4.3	354.9
	1971 4/	291.3	-7.6		35.9	319.6	4.8	324.4	32.7	-7.6		4.8	359.9
	1972 4/	319.0	-5.8		38.4	351.6	2.6	354.2	34.0	-5.8		2.6	391.4
	1973 4/	392.8	-6.6		50.4	436.6	5.3	441.9	39.4	-6.6		5.3	482.6
	1974 4/	488.7	-6.8		51.5	533.4	18.9	552.3	45.1	-6.8		18.9	585.3
	5/												
	1970 4/	285.6	-3.4		32.0	314.2	4.3	318.5	30.9	-3.4		4.3	348.6
	1971 4/	289.0	-7.6		35.9	317.3	4.8	322.1	30.9	-7.6		4.8	355.8
	1972 4/	321.2	-5.8		39.8	355.2	2.6	357.8	32.3	-5.8		2.6	393.3
	1973 4/	387.8	-6.6		52.0	433.2	5.3	438.5	38.0	-6.6		5.3	477.8
	1974 4/	476.5	-6.8		51.6	521.3	18.9	540.2	44.5	-6.8		18.9	572.7
	1975 4/	509.3	-9.8		54.9	554.4	9.4	563.8	49.3	-9.8		9.4	613.5
	1976 4/	601.3	-11.2		75.6	665.7	11.9	677.6	60.4	-11.2		11.9	737.3

13. PRINCIPAL AGGREGATES AND THEIR INTERRELATIONSHIPS (CONTINUED)

AT CURRENT PRICES

COUNTRY OR AREA AND CURRENCY UNIT	YEAR	DOMESTIC FACTOR INCOME	PLUS: COMPENSATION OF EMPLOYEES FROM ABROAD, NET	PLUS: PROPERTY AND ENTREPRENEURIAL INCOME FROM ABROAD, NET	PLUS: INDIRECT TAXES NET OF SUBSIDIES	EQUALS: NATIONAL INCOME AT MARKET PRICES	PLUS: OTHER CURRENT TRANSFERS FROM ABROAD, NET	EQUALS: NATIONAL DISPOSABLE INCOME	PLUS: CONSUMPTION OF FIXED CAPITAL	LESS: COMPENSATION OF EMPLOYEES FROM ABROAD, NET	LESS: PROPERTY AND ENTREPRENEURIAL INCOME FROM ABROAD, NET	LESS: OTHER CURRENT TRANSFERS FROM ABROAD, NET	EQUALS: GROSS DOMESTIC PRODUCT AT PURCHASERS' VALUES
SINGAPORE	1960	...	...	...	...	...	...	...	...	...	...	...	2149
(MILLION SINGAPORE DOLLARS)	1961	...	...	...	...	...	...	...	...	...	...	...	2329
	1962	...	...	...	...	...	...	...	...	...	...	...	2513
	1963	...	...	...	...	...	...	...	...	...	...	...	2789
	1964	...	...	...	...	...	...	...	...	...	...	...	2714
	1965	...	...	...	...	...	...	...	...	...	...	...	2956
	1966	...	...	...	...	...	...	...	...	...	...	...	3330
	1967	...	...	...	...	...	...	...	...	...	...	...	3745
	1968	...	...	...	...	...	...	...	...	...	...	...	4315
	1969	...	...	...	...	...	...	...	...	...	...	...	5019
	5/ 1970	...	...	...	...	...	...	...	...	...	...	...	5804
	1971	...	...	...	...	...	...	...	...	...	...	...	6823
	1972	...	...	...	...	...	...	...	...	...	...	...	8155
	1973	...	...	...	...	...	...	...	...	...	...	...	10205
	1974	...	...	...	...	...	...	...	...	...	...	...	12543
	1975	...	...	...	...	...	...	...	...	...	...	...	13373
	1976	...	...	...	...	...	...	...	...	...	...	...	14575
	1977	...	...	...	...	...	...	...	...	...	...	...	15974
SOLOMON ISLANDS	1960	...	...	...	...	...	...	...	0.8	...	...	...	15.0
(MILLION	1961	...	...	...	...	...	...	...	0.8	...	...	...	15.3
AUSTRALIAN DOLLARS)	1962	...	...	...	...	...	...	...	0.9	...	...	...	15.4
	1963	...	...	...	...	...	...	...	1.0	...	...	...	16.9
	1964	...	...	...	...	...	...	...	1.1	...	...	...	19.0
	1965	...	...	...	...	...	...	...	1.2	...	...	...	20.4
	1966	...	...	...	...	...	...	...	1.6	...	...	...	21.2
	1967	...	...	...	...	...	...	...	1.9	...	...	...	22.5
	1968	...	...	...	...	...	...	...	2.3	...	...	...	25.2
	1969	...	...	...	...	...	...	...	2.5	...	...	...	25.7
	1970	...	...	...	...	...	...	...	2.8	...	...	...	28.6
	1971	...	...	...	...	...	...	...	2.9	...	...	...	30.5
	1972	25.8	0.5 (comp. + property combined)		2.1	27.4	1.9	29.3	3.3	0.5 (comp. + property combined)		1.9	31.6
	1973	...	...	...	...	...	...	...	3.2	...	...	...	35.6
	1974	...	...	...	...	...	...	...	3.8	...	...	...	50.9
	1975	...	...	...	...	...	...	...	4.7	...	...	...	49.5
	1976	...	...	...	...	...	...	...	5.2	...	...	...	59.0
	1977	...	...	...	...	...	...	...	6.2	...	...	...	69.5

13. PRINCIPAL AGGREGATES AND THEIR INTERRELATIONSHIPS (CONTINUED)

AT CURRENT PRICES

COUNTRY OR AREA AND CURRENCY UNIT	YEAR	DOMESTIC FACTOR INCOME	PLUS: COMPENSATION OF EMPLOYEES FROM ABROAD, NET	PLUS: PROPERTY AND ENTREPRENEURIAL INCOME FROM ABROAD, NET	PLUS: INDIRECT TAXES NET OF SUBSIDIES	EQUALS: NATIONAL INCOME AT MARKET PRICES	PLUS: OTHER CURRENT TRANSFERS FROM ABROAD, NET	EQUALS: NATIONAL DISPOSABLE INCOME	PLUS: CONSUMPTION OF FIXED CAPITAL	LESS: COMPENSATION OF EMPLOYEES FROM ABROAD, NET	LESS: PROPERTY AND ENTREPRENEURIAL INCOME FROM ABROAD, NET	LESS: OTHER CURRENT TRANSFERS FROM ABROAD, NET	EQUALS: GROSS DOMESTIC PRODUCT AT PURCHASERS' VALUES
SOUTH AFRICA [9/] (MILLION RAND)	1960 [5/]	4423	-95	-146	321	4503	-4	4499	560	-95	-146	-4	5304
	1961	4690	-97	-175	312	4730	-13	4717	590	-97	-175	-13	5592
	1962	5000	-96	-148	335	5091	9	5100	629	-96	-148	9	5964
	1963	5583	-92	-147	377	5721	13	5734	673	-92	-147	13	6633
	1964	6126	-106	-172	437	6285	18	6303	737	-106	-172	18	7300
	1965	6707	-113	-201	449	6842	23	6865	821	-113	-201	23	7977
	1966	7267	-124	-208	482	7417	32	7449	923	-124	-208	32	8672
	1967	8138	-126	-222	542	8332	42	8374	1013	-126	-222	42	9693
	1968	8759	-132	-268	612	8971	73	9044	1096	-132	-268	73	10467
	1969	9761	-144	-318	800	10099	61	10160	1197	-144	-318	61	11758
	1970	10598	-161	-348	885	10974	49	11023	1351	-161	-348	49	12834
	1971	11666	-190	-318	990	12148	41	12189	1558	-190	-318	41	14214
	1972	13029	-194	-390	1068	13513	47	13560	1830	-194	-390	47	15927
	1973	16207	-277	-433	1243	16740	14	16754	2127	-277	-433	14	19577
	1974	20010	-370	-533	1389	20496	84	20580	2574	-370	-533	84	23973
	1975	22212	-470	-750	1605	22597	138	22735	3271	-470	-750	138	27088
	1976	24591	-484	-900	1898	25105	96	25201	4077	-484	-900	96	30566
	1977	27571	-532	-1094	2357	28302	55	28357	4692	-532	-1094	55	34620

13. PRINCIPAL AGGREGATES AND THEIR INTERRELATIONSHIPS (CONTINUED)

AT CURRENT PRICES

COUNTRY OR AREA AND CURRENCY UNIT	YEAR	DOMESTIC FACTOR INCOME	PLUS: COMPENSATION OF EMPLOYEES FROM ABROAD, NET	PLUS: PROPERTY AND ENTREPRENEURIAL INCOME FROM ABROAD, NET	PLUS: INDIRECT TAXES NET OF SUBSIDIES	EQUALS: NATIONAL INCOME AT MARKET PRICES	PLUS: OTHER CURRENT TRANSFERS FROM ABROAD, NET	EQUALS: NATIONAL DISPOSABLE INCOME	PLUS: CONSUMPTION OF FIXED CAPITAL	LESS: COMPENSATION OF EMPLOYEES FROM ABROAD, NET	LESS: PROPERTY AND ENTREPRENEURIAL INCOME FROM ABROAD, NET	LESS: OTHER CURRENT TRANSFERS FROM ABROAD, NET	EQUALS: GROSS DOMESTIC PRODUCT AT PURCHASERS' VALUES
SOUTHERN RHODESIA	1960	11/ 566.5	— -18.7	—	35.6	11/ 583.3	...	...	...	— -18.7	—	...	601.8
(MILLION RHODESIAN DOLLARS)	1961	597.9	-22.9		39.2	614.1	...	...	...	-22.9		...	636.9
	1962	606.8	-25.7		41.0	622.0	...	...	...	-25.7		...	647.6
	1963	623.4	-30.1		44.4	637.7	...	...	...	-30.1		...	667.8
	1964	652.2	-32.1		51.0	671.0	...	...	...	-32.1		...	703.2
	1965	679.5	-26.1		54.0	707.4	...	...	...	-26.1		...	738.7
	1966	680.6	-19.2		48.8	710.2	...	...	...	-19.2		...	736.3
	1967	744.5	-13.4		55.2	786.3	...	...	...	-13.4		...	799.0
	1968	782.2	-14.9		61.7	828.9	...	...	...	-14.9		...	843.6
	5/ 1963	11/ ...	...	...	...	11/ ...	...	...	...	...	...	...	660.2
	1964	...	...	...	...	...	...	...	...	...	...	...	684.3
	1965	...	...	...	...	...	...	...	...	...	...	...	737.0
	1966	...	...	...	...	...	...	...	...	...	...	...	733.0
	1967	...	...	...	...	...	...	...	...	...	...	...	804.8
	1968	785.7	— -14.9	—	61.7	832.5	...	...	...	— -14.9	—	...	847.4
	1969	934.1	-17.8		68.1	984.4	...	...	...	-17.8		...	1002.2
	1970	995.0	-21.0		84.4	1058.4	...	...	...	-21.0		...	1079.4
	1971	1145.5	-30.4		97.9	1213.0	...	...	...	-30.4		...	1243.4
	1972	1311.5	-35.1		101.6	1378.0	...	...	...	-35.1		...	1413.1
	1973	1440.3	-38.5		112.8	1514.6	...	...	...	-38.5		...	1553.1
	1974	1753.4	-39.8		109.6	1823.2	...	...	...	-39.8		...	1863.0
	1975	1883.0	-37.5		127.8	1973.3	...	...	...	-37.5		...	2010.8
	1976	2007.9	-48.6		158.2	2117.5	...	...	...	-48.6		...	2166.1
	1977	2009.3	-43.5		210.6	2176.4	...	...	...	-43.5		...	2219.9

13. PRINCIPAL AGGREGATES AND THEIR INTERRELATIONSHIPS (CONTINUED)

AT CURRENT PRICES

COUNTRY OR AREA AND CURRENCY UNIT	YEAR	DOMESTIC FACTOR INCOME	PLUS: COMPENSATION OF EMPLOYEES FROM ABROAD, NET	PLUS: PROPERTY AND ENTREPRENEURIAL INCOME FROM ABROAD, NET	PLUS: INDIRECT TAXES NET OF SUBSIDIES	EQUALS: NATIONAL INCOME AT MARKET PRICES	PLUS: OTHER CURRENT TRANSFERS FROM ABROAD, NET	EQUALS: NATIONAL DISPOSABLE INCOME	PLUS: CONSUMPTION OF FIXED CAPITAL	LESS: COMPENSATION OF EMPLOYEES FROM ABROAD, NET	LESS: PROPERTY AND ENTREPRENEURIAL INCOME FROM ABROAD, NET	LESS: OTHER CURRENT TRANSFERS FROM ABROAD, NET	EQUALS: GROSS DOMESTIC PRODUCT AT PURCHASERS' VALUES
SPAIN.........................	1960	533.0	0.5	-0.7	44.2	576.8	5.2	582.0	43.5	0.5	-0.7	5.2	620.7
(1 000 MILLION PESETAS)	1961	609.9	0.5	-0.7	48.9	658.4	9.7	668.1	48.2	0.5	-0.7	9.7	707.0
	1962	709.9	0.6	-0.7	54.2	763.9	8.7	772.6	52.9	0.6	-0.7	8.7	817.0
	1963	841.6	0.7	-0.8	63.9	905.2	11.5	916.7	58.7	0.7	-0.8	11.5	964.2
	1964	946.8	0.8	-1.3	74.0	1020.3	14.3	1034.6	67.6	0.8	-1.3	14.3	1088.6
	1965	1118.9	0.8	-1.7	89.7	1207.6	17.8	1225.4	79.4	0.8	-1.7	17.8	1288.0
	1966	1278.7	0.2	-4.3	109.0	1383.5	20.6	1404.2	93.8	0.2	-4.3	20.6	1481.5
	1967	1405.9	0.3	-5.3	123.4	1524.2	19.2	1543.4	108.1	0.3	-5.3	19.2	1637.4
	1968	1559.0	0.8	-7.7	130.6	1682.7	21.0	1703.7	121.9	0.8	-7.7	21.0	1811.8
	1969	1718.7	0.6	-11.6	161.0	1868.7	26.8	1895.5	142.0	0.6	-11.6	26.8	2021.5
	1970	1919.3	0.5	-12.2	181.7	2089.3	32.1	2121.4	163.0	0.5	-12.2	32.1	2264.1
	1971	2170.4	0.5	-10.4	187.1	2347.6	38.4	2386.0	190.2	0.5	-10.4	38.4	2547.7
	1972	2529.8	2.0	-11.0	229.3	2750.1	38.3	2788.4	241.0	2.0	-11.0	38.3	3000.4
	1973	3028.2	——	-11.0 ——	242.9	3260.1	...	...	282.9	——	-11.0 ——	...	3554.1
	5/												
	1970	2189.4	0.5	-11.8	150.2	2328.2	32.1	2360.3	235.0	0.5	-11.8	32.1	2574.5
	1971	2502.4	0.5	-10.3	151.3	2644.0	38.0	2681.9	257.5	0.5	-10.3	38.0	2911.2
	1972	2953.5	2.0	-11.1	186.0	3130.4	37.8	3168.2	277.8	2.0	-11.1	37.8	3417.3
	1973	3575.9	1.9	-4.3	234.1	3807.6	51.8	3859.4	318.9	1.9	-4.3	51.8	4128.9
	1974	4385.0	2.5	7.8	228.9	4624.5	47.8	4672.4	407.7	2.5	7.8	47.8	5021.9
	1975	5168.6	2.8	-11.0	256.3	5416.8	53.6	5470.4	484.8	2.8	-11.0	53.6	5909.7
	1976	6128.9	3.0	-33.5	309.5	6407.9	63.1	6471.0	561.0	3.0	-33.5	63.1	6999.4
	1977	7713.8	4.9	-58.0	408.0	8068.7	79.3	8148.0	659.2	4.9	-58.0	79.3	8781.0
SRI LANKA.....................	1963	7015	——	-52 ——	373	7336	13	7349	-129	——	-52 ——	13	7259
(MILLION RUPEES)	1964	7035		-35	484	7484	40	7524	384		-35	40	7904
	1965	7221		-15	529	7735	40	7775	367		-15	40	8118
	1966	7440		-36	629	8033	36	8069	404		-36	36	8474
	1967	7944		-53	753	8644	21	8666	454		-53	21	9152
	1968	9361		-60	663	9964	9	9973	519		-60	9	10544
	1969	10045		-109	899	10835	39	10875	779		-109	39	11724
	1970	10937		-141	1442	12237	69	12306	1127		-141	69	13173
	1971	11413		-120	1133	12425	85	12511	945		-120	85	13296
	1972	12695		-136	1016	13575	73	13649	863		-136	73	14538
	1973	14657		-110	1481	16027	84	16112	734		-110	84	17053
	1974	18388		-111	1890	20167	280	20448	1259		-111	280	21271
	5/												
	1975	20612	——	-128 ——	2179	22662	560	23223	1556	——	-128 ——	560	23971
	1976	22752		-170	2320	24902	547	25449	1857		-170	547	26564
	1977	27850		-142	1832	29540	550	30090	1345		-142	550	31232

AT CURRENT PRICES

COUNTRY OR AREA AND CURRENCY UNIT	YEAR	DOMESTIC FACTOR INCOME	PLUS: COMPENSATION OF EMPLOYEES FROM ABROAD, NET	PLUS: PROPERTY AND ENTREPRENEURIAL INCOME FROM ABROAD, NET	PLUS: INDIRECT TAXES NET OF SUBSIDIES	EQUALS: NATIONAL INCOME AT MARKET PRICES	PLUS: OTHER CURRENT TRANSFERS FROM ABROAD, NET	EQUALS: NATIONAL DISPOSABLE INCOME	PLUS: CONSUMPTION OF FIXED CAPITAL	LESS: COMPENSATION OF EMPLOYEES FROM ABROAD, NET	LESS: PROPERTY AND ENTREPRENEURIAL INCOME FROM ABROAD, NET	LESS: OTHER CURRENT TRANSFERS FROM ABROAD, NET	EQUALS: GROSS DOMESTIC PRODUCT AT PURCHASERS' VALUES
SUDAN (MILLION SUDANESE POUNDS)	1960	341.8	-1.8		32.8	372.8	...	...	12.2	-1.8		...	386.8
	1961	367.3	-4.3		37.1	400.1	...	...	15.6	-4.3		...	420.0
	1962	393.3	-6.2		43.8	430.9	...	...	19.1	-6.2		...	456.2
	1963	396.9	-4.5		46.0	438.4	...	...	21.2	-4.5		...	464.1
	1964	408.2	-5.3		45.1	448.0	...	...	23.5	-5.3		...	476.8
	1965	425.1	-4.9		45.6	465.8	...	...	26.2	-4.9		...	496.9
	5/												
	1966 4/	475.4	0.3	-2.3	63.9	537.3	-2.7	534.6	35.7	0.3	-2.3	-2.7	575.0
	1967 4/	500.3	1.2	-3.9	73.5	570.1	-2.3	568.8	39.4	1.2	-3.9	-2.3	613.2
	1968 4/	526.9	1.0	-4.4	79.0	602.5	-1.2	601.3	41.9	1.0	-4.4	-1.2	647.8
	1969 4/	556.2	0.7	-5.1	95.8	647.6	-4.0	643.6	49.5	0.7	-5.1	-4.0	701.5
	1970 4/	597.8	1.2	-4.4	110.1	704.7	-3.7	701.0	53.2	1.2	-4.4	-3.7	761.1
	1971 4/	662.0	1.8	-5.5	119.7	778.0	-4.0	774.0	50.7	1.8	-5.5	-4.0	832.4
	1972 4/	730.7	0.9	-9.2	110.3	832.7	-2.0	830.7	55.8	0.9	-9.2	-2.0	896.8
	1973 4/	1016.2	-0.7	-9.1	130.5	1136.9	-6.5	1130.7	99.5	-0.7	-9.1	-6.5	1246.2
	1974 4/	1226.7	-0.7	-15.0	168.7	1379.7	-9.2	1370.5	115.4	-0.7	-15.0	-9.2	1510.8
													3/
SURINAME (MILLION SURINAM GUILDERS)	1960	...	...	...	...	...	...	...	...	...	...	...	174.3
	1961	...	...	...	...	...	...	...	...	...	...	...	189.1
	1962	...	...	...	...	...	...	...	...	...	...	...	205.3
	1963	...	...	...	...	...	...	...	...	...	...	...	222.9
	1964	...	...	...	...	...	...	...	...	...	...	...	235.9
	1965	...	...	...	...	...	...	...	...	...	...	...	270.0
	5/												
	1972	500.6	0.9	-84.3	59.3	476.5	6.8	483.3	59.4	0.9	-84.3	6.8	619.3
	1973	540.5	0.9	-70.3	66.7	537.8	9.7	547.5	69.0	0.9	-70.3	9.7	676.2
	1974	558.6	1.6	-44.2	152.4	668.8	6.4	675.2	85.0	1.6	-44.2	6.4	796.4
	1975	643.3	-0.6	-21.0	159.6	781.8	6.3	787.6	94.4	-0.6	-21.0	6.3	897.3
4/	5/												
SWAZILAND (MILLION EMALANGENI)	1965	43.8	-7.5		2.3	38.5	...	...	4.1	-7.5		...	50.2
	1966	48.1	-6.6		2.5	43.9	...	...	4.3	-6.6		...	54.9
	1967	45.4	-7.4		2.8	40.7	...	...	5.2	-7.4		...	53.4
	1968	48.7	-0.5	-6.1	2.4	44.5	5.6	50.1	5.9	-0.5	-6.1	5.6	57.0
	1969	61.3	-0.7	-8.9	8.0	59.7	9.1	68.8	6.8	-0.7	-8.9	9.1	76.1
	1970	61.5	-0.7	-8.7	7.3	59.4	8.0	67.4	7.7	-0.7	-8.7	8.0	81.0
	1971	79.7	-0.6	-8.9	9.4	79.6	8.5	88.1	8.5	-0.6	-8.9	8.5	97.6
	1972	91.5	-0.5	-13.0	11.5	89.5	10.7	100.2	9.9	-0.5	-13.0	10.7	112.9
	1973	125.5	-0.4	-18.9	15.6	121.9	...	...	11.4	-0.4	-18.9	...	152.5

13. PRINCIPAL AGGREGATES AND THEIR INTERRELATIONSHIPS (CONTINUED)

AT CURRENT PRICES

COUNTRY OR AREA AND CURRENCY UNIT	YEAR	DOMESTIC FACTOR INCOME	PLUS: COMPENSATION OF EMPLOYEES FROM ABROAD, NET	PLUS: PROPERTY AND ENTREPRENEURIAL INCOME FROM ABROAD, NET	PLUS: INDIRECT TAXES NET OF SUBSIDIES	EQUALS: NATIONAL INCOME AT MARKET PRICES	PLUS: OTHER CURRENT TRANSFERS FROM ABROAD, NET	EQUALS: NATIONAL DISPOSABLE INCOME	PLUS: CONSUMPTION OF FIXED CAPITAL	LESS: COMPENSATION OF EMPLOYEES FROM ABROAD, NET	LESS: PROPERTY AND ENTREPRENEURIAL INCOME FROM ABROAD, NET	LESS: OTHER CURRENT TRANSFERS FROM ABROAD, NET	EQUALS: GROSS DOMESTIC PRODUCT AT PURCHASERS' VALUES
SWEDEN....................... (1 000 MILLION KRONOR)	5/ 1960	58.3	--	0.1	6.5	64.9	-0.1	64.8	7.3	--	0.1	-0.1	72.2
	1961	63.3	--	0.1	7.2	70.6	-0.1	70.5	8.0	--	0.1	-0.1	78.5
	1962	67.8	--	0.1	8.6	76.5	-0.1	76.4	8.8	--	0.1	-0.1	85.2
	1963	73.4	--	0.1	9.4	83.0	-0.1	82.9	9.4	--	0.1	-0.1	92.3
	1964	82.2	--	0.2	10.4	92.8	-0.2	92.7	10.3	--	0.2	-0.2	102.9
	1965	90.0	--	0.2	12.0	102.2	-0.1	102.1	11.4	--	0.2	-0.1	113.5
	1966	97.2	--	0.1	13.6	111.0	-0.2	110.8	12.5	--	0.1	-0.2	123.4
	1967	105.1	--	--	14.9	120.0	-0.2	119.8	13.4	--	--	-0.2	133.4
	1968	110.8	--	--	16.7	127.4	-0.3	127.1	14.1	--	--	-0.3	141.7
	1969	121.3	--	-0.1	17.8	139.0	-0.4	138.6	14.5	--	-0.1	-0.4	153.6
	1970	135.3	--	-0.1	19.6	154.8	-0.4	154.4	16.0	--	-0.1	-0.4	170.8
	1971	140.1	--	-0.3	25.4	165.2	-0.6	164.6	17.4	--	-0.3	-0.6	182.9
	1972	152.6	--	-0.3	26.6	178.9	-1.0	177.9	19.2	--	-0.3	-1.0	198.4
	1973	167.9	--	-0.1	29.8	197.5	-1.2	196.3	21.6	--	-0.1	-1.2	219.3
	1974	192.9	--	-0.4	30.3	222.9	-1.8	221.1	25.8	--	-0.4	-1.8	249.0
	1975	222.3	--	-0.5	35.3	257.1	-2.5	254.6	29.8	--	-0.5	-2.5	287.4
	1976	250.2	0.1	-1.1	38.4	287.5	-2.9	284.6	34.0	0.1	-1.1	-2.9	322.6
	1977	268.6	0.1	-2.3	43.5	309.8	-3.8	306.0	38.6	0.1	-2.3	-3.8	350.8
SWITZERLAND.................. (MILLION FRANCS)	1960	31050	-130	1030	2345	34295	-385	33910	3975	-130	1030	-385	37370
	1961	34805	-150	1110	2730	38495	-615	37880	4505	-150	1110	-615	42040
	1962	38700	-180	1210	3030	42760	-830	41930	4890	-180	1210	-830	46620
	1963	42585	-215	1290	3350	47010	-990	46020	5330	-215	1290	-990	51265
	1964	47080	-250	1400	3675	51905	-1070	50835	6070	-250	1400	-1070	56825
	1965	50490	-235	1565	3780	55600	-1115	54485	6590	-235	1565	-1115	60860
	1966	54105	-255	1875	4015	59740	-1135	58605	7235	-255	1875	-1135	65355
	1967	58340	-360	2120	4200	64300	-1070	63230	7810	-360	2120	-1070	70350
	1968	62200	-385	2655	4395	68865	-1095	67770	8525	-385	2655	-1095	75120
	1969	67060	-505	3070	5045	74670	-1290	73380	9290	-505	3070	-1290	81395
	1970	74280	-640	3905	5615	83160	-1395	81765	10770	-640	3905	-1395	90665
	1971	84740	-915	4405	6005	94235	-1495	92740	12250	-915	4405	-1495	102995
	1972	95605	-1210	5035	7015	106445	-1845	104600	14090	-1210	5035	-1845	116710
	1973	107265	-1410	5890	7545	119290	-1995	117295	15250	-1410	5890	-1995	130060
	1974	117475	-1695	7090	7400	130270	-1980	128290	16225	-1695	7090	-1980	141100
	1975	117475	-1780	6250	7435	129380	-1650	127730	15245	-1780	6250	-1650	140155
	1976	119435	-1315	6535	7625	132280	-1340	130940	14900	-1315	6535	-1340	141960
	1977	121465	-1205	7315	8130	135705	-1445	134260	16035	-1205	7315	-1445	145630

13. PRINCIPAL AGGREGATES AND THEIR INTERRELATIONSHIPS (CONTINUED)

AT CURRENT PRICES

COUNTRY OR AREA AND CURRENCY UNIT	YEAR	DOMESTIC FACTOR INCOME	PLUS: COMPENSATION OF EMPLOYEES FROM ABROAD, NET	PLUS: PROPERTY AND ENTREPRENEURIAL INCOME FROM ABROAD, NET	PLUS: INDIRECT TAXES NET OF SUBSIDIES	EQUALS: NATIONAL INCOME AT MARKET PRICES	PLUS: OTHER CURRENT TRANSFERS FROM ABROAD, NET	EQUALS: NATIONAL DISPOSABLE INCOME	PLUS: CONSUMPTION OF FIXED CAPITAL	LESS: COMPENSATION OF EMPLOYEES FROM ABROAD, NET	LESS: PROPERTY AND ENTREPRENEURIAL INCOME FROM ABROAD, NET	LESS: OTHER CURRENT TRANSFERS FROM ABROAD, NET	EQUALS: GROSS DOMESTIC PRODUCT AT PURCHASERS' VALUES
SYRIAN ARAB REPUBLIC......... (MILLION SYRIAN POUNDS)	1963	...	...	...	...	...	...	...	170	...	...	...	3980
	1964	...	...	...	...	...	...	...	179	...	...	...	4596
	1965	...	...	...	...	...	...	...	192	...	...	...	4614
	1966	...	...	...	...	...	...	...	200	...	...	...	4698
	1967	...	...	...	...	...	...	...	215	...	...	...	5437
	1968	...	...	...	...	...	...	...	227	...	...	...	5514
	1969	...	...	...	...	...	...	...	241	...	...	...	5997
	1970	...	...	...	...	...	...	...	...	...	...	...	6433
	1971	...	...	...	...	...	...	...	...	...	...	...	7448
	1972	...	...	...	...	...	...	...	...	...	...	...	8891
	1973	...	...	...	...	...	...	...	...	...	...	...	9413
	1974	...	...	...	...	...	...	...	...	...	...	...	14870
	1975	...	...	...	...	...	...	...	...	...	...	...	19536
	1976	...	...	...	...	...	...	...	...	...	...	...	23409
	1977	...	...	...	...	...	...	...	...	...	...	...	25993
THAILAND....................... (1 000 MILLION BAHT)	1960	46.5	-0.1		5.8	52.3	0.8	53.0	1.6	-0.1		0.8	54.0
	1961	50.5	-0.1		6.5	56.9	0.5	57.5	2.0	-0.1		0.5	59.0
	1962	54.4	-0.1		7.0	61.3	0.9	62.2	2.4	-0.1		0.9	63.8
	1963	57.5	—		7.6	65.1	1.1	66.3	2.9	—		1.1	68.1
	1964	62.3	-0.1		8.8	71.0	0.8	71.8	3.6	-0.1		0.8	74.7
	1965	70.3	—		9.7	80.0	0.8	80.8	4.2	—		0.8	84.3
	1966	85.1	—		11.1	96.2	1.0	97.2	5.2	—		1.0	101.4
	1967	89.4	0.2		12.6	102.1	1.2	103.3	6.3	0.2		1.2	108.3
	1968	95.1	0.3		14.2	109.5	1.5	111.0	7.5	0.3		1.5	116.8
	1969	104.3	0.2		15.4	119.9	1.2	121.1	8.9	0.2		1.2	128.6
	1970	110.0	0.4		15.8	126.2	1.0	127.2	10.3	0.4		1.0	136.1
	1971	116.8	—		16.2	133.1	0.9	134.0	11.6	—		0.9	144.6
	1972	134.0	-0.3		17.8	151.5	1.2	152.7	12.8	-0.3		1.2	164.6
	1973	179.0	-0.4		22.7	201.3	3.0	204.3	14.8	-0.4		3.0	216.5
	1974	219.5	1.1		32.4	253.0	5.1	258.1	17.8	1.1		5.1	269.7
	1975	244.1	0.1		31.4	275.6	1.7	277.3	20.8	0.1		1.7	296.3
	1976	274.1	-0.8		33.9	307.2	0.8	308.0	24.1	-0.8		0.8	332.2
	1977	300.2	-1.5		42.0	340.6	1.0	341.6	28.3	-1.5		1.0	370.4

13. PRINCIPAL AGGREGATES AND THEIR INTERRELATIONSHIPS (CONTINUED)

AT CURRENT PRICES

COUNTRY OR AREA AND CURRENCY UNIT	YEAR	DOMESTIC FACTOR INCOME	PLUS: COMPENSATION OF EMPLOYEES FROM ABROAD, NET	PLUS: PROPERTY AND ENTREPRENEURIAL INCOME FROM ABROAD, NET	PLUS: INDIRECT TAXES NET OF SUBSIDIES	EQUALS: NATIONAL INCOME AT MARKET PRICES	PLUS: OTHER CURRENT TRANSFERS FROM ABROAD, NET	EQUALS: NATIONAL DISPOSABLE INCOME	PLUS: CONSUMPTION OF FIXED CAPITAL	LESS: COMPENSATION OF EMPLOYEES FROM ABROAD, NET	LESS: PROPERTY AND ENTREPRENEURIAL INCOME FROM ABROAD, NET	LESS: OTHER CURRENT TRANSFERS FROM ABROAD, NET	EQUALS: GROSS DOMESTIC PRODUCT AT PURCHASERS' VALUES
TOGO (MILLION CFA FRANCS)	1963	26960	125	78	2781	29944	1086	31030	2639	125	78	1086	32381
	1964	32041	66	-98	3721	35729	659	36389	2668	66	-98	659	38431
	1965	36831	-363	-1472	3679	38674	3339	42013	2963	-363	-1472	3339	43473
	1966	45764	-373	-1213	3973	48151	2426	50577	3346	-373	-1213	2426	53084
	1967	48630	-320	-1408	4277	51178	2381	53559	4118	-320	-1408	2381	57025
	1968	51148	-403	-1461	4367	53650	2820	56470	4387	-403	-1461	2820	59903
	1969	59072	-744	-1055	5586	62859	4702	67562	4985	-744	-1055	4702	69643
	5/ 1970	61615	-12	-1254	7637	67986	2041	70027	4183	-12	-1254	2041	73436
	1971	67439	-208	-1262	8143	74111	3038	77150	4303	-208	-1262	3038	79885
	1972	72218	-28	-1797	9229	79622	2735	82357	5267	-28	-1797	2735	86716
	1973	...	...	...	...	84200	...	...	...	...	...	...	91800
	1974	...	...	...	...	121800	...	...	...	...	...	...	127900
	1975	...	...	...	...	117500	...	...	...	...	...	...	123600
	1976	...	...	...	...	...	...	...	...	...	...	...	133829
TONGA 4/ (MILLION TONGAN PA'ANGA)	1969	...	...	...	...	...	...	...	...	...	...	...	12
	1970	11	--	--	1	13	1	14	--	--	--	1	13
	1972	...	...	...	...	16	...	...	...	...	...	...	16
	1973	...	...	...	...	20	...	...	...	...	...	...	21
	1974	...	...	...	...	27	...	...	...	...	...	...	27
	1975	...	...	...	...	27	...	...	...	...	...	...	28

13. PRINCIPAL AGGREGATES AND THEIR INTERRELATIONSHIPS (CONTINUED)

AT CURRENT PRICES

COUNTRY OR AREA AND CURRENCY UNIT	YEAR	DOMESTIC FACTOR INCOME	PLUS: COMPENSATION OF EMPLOYEES FROM ABROAD, NET	PLUS: PROPERTY AND ENTREPRENEURIAL INCOME FROM ABROAD, NET	PLUS: INDIRECT TAXES NET OF SUBSIDIES	EQUALS: NATIONAL INCOME AT MARKET PRICES	PLUS: OTHER CURRENT TRANSFERS FROM ABROAD, NET	EQUALS: NATIONAL DISPOSABLE INCOME	PLUS: CONSUMPTION OF FIXED CAPITAL	LESS: COMPENSATION OF EMPLOYEES FROM ABROAD, NET	LESS: PROPERTY AND ENTREPRENEURIAL INCOME FROM ABROAD, NET	LESS: OTHER CURRENT TRANSFERS FROM ABROAD, NET	EQUALS: GROSS DOMESTIC PRODUCT AT PURCHASERS' VALUES
TRINIDAD AND TOBAGO..........	1960	...	...	...	...	...	...	...	...	...	...	...	918.3
(MILLION TT DOLLARS)	1961	...	...	...	...	...	...	...	...	...	...	...	1002.8
	1962	...	...	...	...	...	...	...	...	...	...	...	1061.7
	1963	...	...	...	...	...	...	...	...	...	...	...	1144.6
	1964	...	...	...	...	...	...	...	...	...	...	...	1220.4
	1965	...	...	...	...	...	...	...	...	...	...	...	1262.7
	1966	...	...	...	...	...	...	...	...	...	...	...	1334.0
	1967	...	...	...	...	...	...	...	...	...	...	...	1420.0
	1968	...	...	...	...	...	...	...	...	...	...	...	1631.0
	1969	...	...	...	...	...	...	...	...	...	...	...	1684.0
	1970	...	...	...	...	...	...	...	...	...	...	...	1735.0
	1971	...	...	...	...	...	...	...	...	...	...	...	1919.0
	1972	...	...	...	...	...	...	...	...	...	...	...	2205.0
	1973	...	...	...	...	...	...	...	...	...	...	...	2715.0
	1974	...	...	...	...	...	...	...	...	...	...	...	4260.0
	1975	...	...	...	...	...	...	...	...	...	...	...	5702.0
	1976	...	...	...	...	...	...	...	...	...	...	...	6758.0
	1977	...	...	...	...	...	...	...	...	...	...	...	8422.0
TUNISIA....................	1960	279.2	0.4	0.9	50.1	330.6	-1.8	328.8	4.9	0.4	0.9	-1.8	334.2
(MILLION DINARS)	1961	318.5	-2.1	0.4	47.1	363.9	4.0	367.9	2.8	-2.1	0.4	4.0	368.4
	1962	327.2	-3.2	-1.0	46.4	369.4	3.3	372.7	5.0	-3.2	-1.0	3.3	378.6
	1963	385.1	-4.6	-2.1	51.7	430.1	-0.8	429.3	6.6	-4.6	-2.1	-0.8	443.3
	1964	399.5	-5.2	-2.8	60.6	452.1	1.8	453.9	9.0	-5.2	-2.8	1.8	469.0
	1965	459.1	-6.4	-8.2	65.4	509.9	2.9	512.8	9.2	-6.4	-8.2	2.9	533.7
	1966	468.9	-7.7	-7.0	74.1	528.3	3.3	531.6	16.6	-7.7	-7.0	3.3	559.6
	1967	482.7	-8.3	-11.3	75.7	538.8	4.5	543.3	24.3	-8.3	-11.3	4.5	582.7
	1968	528.1	-8.1	-17.0	77.4	580.4	5.9	586.3	28.4	-8.1	-17.0	5.9	633.9
	1969	561.5	-5.2	-18.7	92.0	629.6	4.1	633.7	32.8	-5.2	-18.7	4.1	686.3
	1970	619.0	0.3	-20.7	101.7	700.3	5.3	705.6	37.3	0.3	-20.7	5.3	758.0
	1971	730.7	6.8	-18.7	114.3	833.1	8.5	841.6	42.5	6.8	-18.7	8.5	887.5
	1972	898.4	16.7	-27.5	130.3	1017.9	2.9	1020.8	48.9	16.7	-27.5	2.9	1077.6
	1973	958.0	25.8	-39.2	148.8	1093.4	1.5	1094.9	56.0	25.8	-39.2	1.5	1162.8
	1974	1273.3	36.2	-45.1	187.3	1451.7	0.3	1452.0	66.0	36.2	-45.1	0.3	1527.0
	1975	1431.2	47.4	-51.2	214.7	1642.1	-1.2	1640.9	98.3	47.4	-51.2	-1.2	1744.2
	1976	1504.3	45.9	-70.9	269.7	1749.0	-0.2	1748.8	130.0	45.9	-70.9	-0.2	1904.0
	1977	1658.0	58.6	-77.0	339.0	1978.6	-0.4	1978.2	140.0	58.6	-77.0	-0.4	2137.0

13. PRINCIPAL AGGREGATES AND THEIR INTERRELATIONSHIPS (CONTINUED)

AT CURRENT PRICES

COUNTRY OR AREA AND CURRENCY UNIT	YEAR	DOMESTIC FACTOR INCOME	PLUS: COMPENSATION OF EMPLOYEES FROM ABROAD, NET	PLUS: PROPERTY AND ENTREPRENEURIAL INCOME FROM ABROAD, NET	PLUS: INDIRECT TAXES NET OF SUBSIDIES	EQUALS: NATIONAL INCOME AT MARKET PRICES	PLUS: OTHER CURRENT TRANSFERS FROM ABROAD, NET	EQUALS: NATIONAL DISPOSABLE INCOME	PLUS: CONSUMPTION OF FIXED CAPITAL	LESS: COMPENSATION OF EMPLOYEES FROM ABROAD, NET	LESS: PROPERTY AND ENTREPRENEURIAL INCOME FROM ABROAD, NET	LESS: OTHER CURRENT TRANSFERS FROM ABROAD, NET	EQUALS: GROSS DOMESTIC PRODUCT AT PURCHASERS' VALUES
TURKEY 5/ (1 000 MILLION TURKISH LIRAS)	1960	40.4	--	-0.3	4.0	44.1	...	...	2.5	--	-0.3	...	47.0
	1961	42.6	--	-0.3	4.4	46.7	...	...	2.8	--	-0.3	...	49.8
	1962	49.4	--	-0.3	5.1	54.3	...	...	3.3	--	-0.3	...	57.9
	1963	57.1	--	-0.1	6.0	63.0	...	...	3.8	--	-0.1	...	66.9
	1964	60.7	0.1	-0.2	6.6	67.2	...	...	4.1	0.1	-0.2	...	71.5
	1965	64.4	0.6	-0.3	7.5	72.2	...	...	4.5	0.6	-0.3	...	76.4
	1966	77.1	1.0	-0.4	8.5	86.3	0.2	86.4	5.2	1.0	-0.4	0.2	90.8
	1967	84.6	0.8	-0.5	10.7	95.6	0.1	95.7	5.9	0.8	-0.5	0.1	101.2
	1968	94.2	0.9	-0.6	11.3	105.8	0.5	106.3	6.7	0.9	-0.6	0.5	112.2
	1969	103.9	1.1	-0.7	12.8	117.1	0.3	117.4	7.8	1.1	-0.7	0.3	124.5
	1970	122.1	3.4	-1.1	14.4	138.7	0.7	139.4	9.1	3.4	-1.1	0.7	145.5
	1971	156.9	6.7	-1.2	19.2	181.6	1.4	182.9	11.0	6.7	-1.2	1.4	187.1
	1972	192.9	10.1	-1.4	25.6	227.2	0.8	228.0	13.6	10.1	-1.4	0.8	232.1
	1973	248.4	16.2	-1.9	29.8	292.5	1.1	293.5	17.3	16.2	-1.9	1.1	295.5
	1974	...	...	...	...	...	...	...	...	...	...	...	409.7
	1975	...	...	...	...	...	...	...	...	...	...	...	515.0
	1976	...	...	...	...	...	...	...	...	...	...	...	659.0
TURKS AND CAICOS ISLANDS (MILLION POUNDS)	1962	...	...	...	...	...	...	...	...	...	...	...	3/ 0.3
	1963	...	...	...	...	...	...	...	...	...	...	...	0.4
	1964	...	...	...	...	...	...	...	...	...	...	...	0.4
	1965	...	...	...	...	...	...	...	...	...	...	...	0.4
	1966	...	...	...	...	...	...	...	...	...	...	...	0.4
	1967	...	...	...	...	...	...	...	...	...	...	...	0.5
	1968	...	...	...	...	...	...	...	...	...	...	...	0.7
	1969	...	...	...	...	...	...	...	...	...	...	...	0.8
UGANDA (MILLION SHILLINGS)	5/ 1968	11/ 6626	—	-120	780	11/ 7286	-3	11/ 7283	...	—	-120	-3	7406
	1969	7479		-126	863	8216	-17	8199	...		-126	-17	8342
	1970	8528		-107	921	9342	-39	9303	...		-107	-39	9449
	1971	9316		-158	1051	10209	-30	10179	...		-158	-30	10367

13. PRINCIPAL AGGREGATES AND THEIR INTERRELATIONSHIPS (CONTINUED)

AT CURRENT PRICES

COUNTRY OR AREA AND CURRENCY UNIT	YEAR	DOMESTIC FACTOR INCOME	PLUS: COMPENSATION OF EMPLOYEES FROM ABROAD, NET	PLUS: PROPERTY AND ENTREPRENEURIAL INCOME FROM ABROAD, NET	PLUS: INDIRECT TAXES NET OF SUBSIDIES	EQUALS: NATIONAL INCOME AT MARKET PRICES	PLUS: OTHER CURRENT TRANSFERS FROM ABROAD, NET	EQUALS: NATIONAL DISPOSABLE INCOME	PLUS: CONSUMPTION OF FIXED CAPITAL	LESS: COMPENSATION OF EMPLOYEES FROM ABROAD, NET	LESS: PROPERTY AND ENTREPRENEURIAL INCOME FROM ABROAD, NET	LESS: OTHER CURRENT TRANSFERS FROM ABROAD, NET	EQUALS: GROSS DOMESTIC PRODUCT AT PURCHASERS' VALUES
UKRAINIAN SSR .... (MILLION RUBLES)	1960	...	...	...	...	27000 [6]	...	...	...	...	...	...	...
	1961	...	...	...	...	29400	...	...	...	...	...	...	...
	1962	...	...	...	...	31700	...	...	...	...	...	...	...
	1963	...	...	...	...	31700	...	...	...	...	...	...	...
	1964	...	...	...	...	34800	...	...	...	...	...	...	...
	1965	...	...	...	...	38200	...	...	...	...	...	...	...
	1966	...	...	...	...	40000	...	...	...	...	...	...	...
	1967	...	...	...	...	42600	...	...	...	...	...	...	...
	1968	...	...	...	...	46700	...	...	...	...	...	...	...
	1969	...	...	...	...	50900	...	...	...	...	...	...	...
	1970	...	...	...	...	54800	...	...	...	...	...	...	...
	1971	...	...	...	...	57000	...	...	...	...	...	...	...
	1972	...	...	...	...	59000	...	...	...	...	...	...	...
	1973	...	...	...	...	63500	...	...	...	...	...	...	...
	1974	...	...	...	...	65100	...	...	...	...	...	...	...
	1975	...	...	...	...	65800	...	...	...	...	...	...	...
	1976	...	...	...	...	69800	...	...	...	...	...	...	...
	1977	...	...	...	...	73500	...	...	...	...	...	...	...
USSR .... (1 000 MILLION RUBLES)	1960	...	...	...	...	145.0 [6]	...	...	...	...	...	...	...
	1961	...	...	...	...	152.9	...	...	...	...	...	...	...
	1962	...	...	...	...	164.6	...	...	...	...	...	...	...
	1963	...	...	...	...	168.8	...	...	...	...	...	...	...
	1964	...	...	...	...	181.3	...	...	...	...	...	...	...
	1965	...	...	...	...	193.5	...	...	...	...	...	...	...
	1966	...	...	...	...	207.4	...	...	...	...	...	...	...
	1967	...	...	...	...	225.5	...	...	...	...	...	...	...
	1968	...	...	...	...	244.1	...	...	...	...	...	...	...
	1969	...	...	...	...	261.9	...	...	...	...	...	...	...
	1970	...	...	...	...	289.9	...	...	...	...	...	...	...
	1971	...	...	...	...	305.0	...	...	...	...	...	...	...
	1972	...	...	...	...	313.6	...	...	...	...	...	...	...
	1973	...	...	...	...	337.8	...	...	...	...	...	...	...
	1974	...	...	...	...	354.0	...	...	...	...	...	...	...
	1975	...	...	...	...	363.3	...	...	...	...	...	...	...
	1976	...	...	...	...	385.7	...	...	...	...	...	...	...
	1977	...	...	...	...	403.0	...	...	...	...	...	...	...

13. PRINCIPAL AGGREGATES AND THEIR INTERRELATIONSHIPS (CONTINUED)

AT CURRENT PRICES

COUNTRY OR AREA AND CURRENCY UNIT	YEAR	DOMESTIC FACTOR INCOME	PLUS: COMPENSATION OF EMPLOYEES FROM ABROAD, NET	PLUS: PROPERTY AND ENTREPRENEURIAL INCOME FROM ABROAD, NET	PLUS: INDIRECT TAXES NET OF SUBSIDIES	EQUALS: NATIONAL INCOME AT MARKET PRICES	PLUS: OTHER CURRENT TRANSFERS FROM ABROAD, NET	EQUALS: NATIONAL DISPOSABLE INCOME	PLUS: CONSUMPTION OF FIXED CAPITAL	LESS: COMPENSATION OF EMPLOYEES FROM ABROAD, NET	LESS: PROPERTY AND ENTREPRENEURIAL INCOME FROM ABROAD, NET	LESS: OTHER CURRENT TRANSFERS FROM ABROAD, NET	EQUALS: GROSS DOMESTIC PRODUCT AT PURCHASERS' VALUES
UNITED KINGDOM (MILLION POUNDS)	5/ 1960	20751	-50	267	2699	23667	-133	23534	1915	-50	267	-133	22/ 25490
	1961	21914	-52	278	3112	25252	-162	25090	2341	-52	278	-162	27215
	1962	22889	-54	367	3278	26480	-181	26299	2419	-54	367	-181	28488
	1963	24389	-56	448	3435	28216	-215	28001	2553	-56	448	-215	30298
	1964	26418	-54	379	4007	30750	-227	30523	2844	-54	379	-227	33073
	1965	28437	-54	448	4244	33075	-246	32829	2836	-54	448	-246	35528
	1966	29892	-60	403	4911	35146	-302	34844	3288	-60	403	-302	37887
	1967	31298	-59	404	5444	37087	-350	36737	3686	-59	404	-350	40008
	1968	33686	-70	454	5914	39984	-460	39524	3795	-70	454	-460	43167
	1969	36074	-76	573	6255	42826	-485	42341	3455	-76	573	-485	46221
	1970	39443	-83	751	6917	47028	-532	46496	4085	-83	751	-532	50794
	1971	43856	-94	696	7975	52433	-549	51884	5502	-94	696	-549	56926
	1972	49516	-93	761	7490	57674	-654	57020	5540	-93	761	-654	62872
	1973	56528	-117	1245	9019	66675	-985	65690	7535	-117	1245	-985	72437
	1974	64173	-148	1221	9354	74600	-988	73612	9697	-148	1221	-988	82019
	1975	81034	-173	751	10534	92146	-1154	90992	11646	-173	751	-1154	102659
	1976	94975	-232	1204	13844	109791	-1688	108103	14756	-232	1204	-1688	122263
	1977	106714	-245	705	17559	124733	-2122	122611	16884	-245	705	-2122	140074
UNITED REPUBLIC OF CAMEROON (1 000 MILLION CFA FRANCS)	4/ 1962	...	...	...	...	...	...	...	...	...	...	...	144.7
	1963	...	...	...	...	...	...	...	...	...	...	...	156.5
	1964	...	...	...	...	...	...	...	...	...	...	...	167.7
	1965	...	...	...	...	...	...	...	4.0	...	...	...	176.0
	1966	...	...	...	...	...	...	...	8.6	...	...	...	194.5
	1967	...	...	...	...	...	...	...	10.0	...	...	...	219.4
	1968	...	...	...	...	...	...	...	13.2	...	...	...	247.3
	1969	...	...	...	...	...	...	...	11.4	...	...	...	280.0
	1970	...	...	...	...	...	...	...	10.0	...	...	...	302.9
	1971	...	...	...	...	...	...	...	—	...	...	...	326.3
	5/ 1969	...	...	...	...	...	...	...	...	...	...	...	300.4
	1970	...	...	...	...	...	...	...	...	...	...	...	321.3
	1971	...	...	...	...	...	...	...	...	...	...	...	355.9
	1972	...	...	...	...	...	...	...	...	...	...	...	400.5
	1973	...	...	...	...	...	...	...	...	...	...	...	492.6
	1974	472.6	-7.6	-8.6	60.1	516.5	2.8	519.4	47.4	-7.6	-8.6	2.8	580.2
	1975	534.8	-6.8	-10.0	73.3	591.3	5.7	596.9	53.6	-6.8	-10.0	5.7	661.7
	1976	...	...	...	...	...	...	...	...	...	...	...	790.9

13. PRINCIPAL AGGREGATES AND THEIR INTERRELATIONSHIPS (CONTINUED)

AT CURRENT PRICES

COUNTRY OR AREA AND CURRENCY UNIT	YEAR	DOMESTIC FACTOR INCOME	PLUS: COMPENSATION OF EMPLOYEES FROM ABROAD, NET	PLUS: PROPERTY AND ENTREPRENEURIAL INCOME FROM ABROAD, NET	PLUS: INDIRECT TAXES NET OF SUBSIDIES	EQUALS: NATIONAL INCOME AT MARKET PRICES	PLUS: OTHER CURRENT TRANSFERS FROM ABROAD, NET	EQUALS: NATIONAL DISPOSABLE INCOME	PLUS: CONSUMPTION OF FIXED CAPITAL	LESS: COMPENSATION OF EMPLOYEES FROM ABROAD, NET	LESS: PROPERTY AND ENTREPRENEURIAL INCOME FROM ABROAD, NET	LESS: OTHER CURRENT TRANSFERS FROM ABROAD, NET	EQUALS: GROSS DOMESTIC PRODUCT AT PURCHASERS' VALUES
UNITED REPUBLIC OF TANZANIA 30/ (MILLION T SHILLINGS)	1964 5/	5296	——	-76 ——	436	5656	22	5678	298	——	-76 ——	22	6030
	1965	5349		-74	469	5744	40	5784	322		-74	40	6149
	1966	6149		-137	528	6540	-9	6531	365		-137	-9	7042
	1967	6323		-94	608	6837	52	6889	412		-94	52	7343
	1968	6729		-33	692	7388	76	7464	453		-33	76	7874
	1969	6991		-39	811	7763	76	7839	469		-39	76	8271
	1970	7703		-25	958	8636	92	8728	512		-25	92	9173
	1971	8302		-48	957	9211	41	9252	555		-48	41	9814
	1972	9420		-42	1140	10518	-30	10488	612		-42	-30	11172
	1973	10618		-52	1613	12179	35	12214	872		-52	35	13103
	1974	13176		-37	1984	15123	323	15446	834		-37	323	15994
	1975	16081		-54	2023	18050	689	18739	907		-54	689	19011
	1976	19356		-180	2785	21961	464	22425	998		-180	464	23139
	1977	23906		-155	3222	26973	961	27934	1142		-155	961	28270
UNITED STATES (MILLION DOLLARS)	1960 5/	406199	-142	2619	43467	452143	-3995	448148	56347	-142	2619	-3995	22/ 506696
	1961	417514	-130	3215	47495	468094	-3979	464115	60212	-130	3215	-3979	523624
	1962	450347	-80	3650	53163	507080	-4165	502915	64409	-80	3650	-4165	563914
	1963	476074	-48	3726	56053	535805	-4304	531501	66111	-48	3726	-4304	594501
	1964	511764	-39	4388	58179	574292	-4109	570183	67324	-39	4388	-4109	635030
	1965	558121	23	4658	60378	623180	-4477	618703	69530	23	4658	-4477	687138
	1966	614101	47	4147	64471	682766	-4809	677957	76903	47	4147	-4809	752292
	1967	647418	57	4504	68078	720057	-5146	714911	81593	57	4504	-5146	795354
	1968	705632	47	4706	73932	784317	-5480	778837	87024	47	4706	-5480	867219
	1969	757970	60	4404	78491	840925	-5586	835339	94616	60	4404	-5586	934346
	1970	786157	73	4543	87087	877860	-5961	871899	105879	73	4543	-5961	981199
	1971	843471	67	6547	99915	950000	-7188	942812	119053	67	6547	-7188	1061113
	1972	936718	45	7004	105852	1049619	-8271	1041348	127437	45	7004	-8271	1168326
	1973	1044769	44	9014	117349	1171176	-6692	1164484	142646	44	9014	-6692	1302135
	1974	1111075	46	13006	130795	1254922	-6059	1248863	170670	46	13006	-6059	1406777
	1975	1191894	57	10477	141651	1344079	-6186	1337893	200334	57	10477	-6186	1526508
	1976	1335139	-1	14417	149786	1499341	-4532	1494809	214253	-1	14417	-4532	1694968
	1977	1487105	-40	17308	162116	1666489	-4402	1662087	234355	-40	17308	-4402	1878835

13. PRINCIPAL AGGREGATES AND THEIR INTERRELATIONSHIPS (CONTINUED)

AT CURRENT PRICES

COUNTRY OR AREA AND CURRENCY UNIT	YEAR	DOMESTIC FACTOR INCOME	PLUS: COMPENSATION OF EMPLOYEES FROM ABROAD, NET	PLUS: PROPERTY AND ENTREPRENEURIAL INCOME FROM ABROAD, NET	PLUS: INDIRECT TAXES NET OF SUBSIDIES	EQUALS: NATIONAL INCOME AT MARKET PRICES	PLUS: OTHER CURRENT TRANSFERS FROM ABROAD, NET	EQUALS: NATIONAL DISPOSABLE INCOME	PLUS: CONSUMPTION OF FIXED CAPITAL	LESS: COMPENSATION OF EMPLOYEES FROM ABROAD, NET	LESS: PROPERTY AND ENTREPRENEURIAL INCOME FROM ABROAD, NET	LESS: OTHER CURRENT TRANSFERS FROM ABROAD, NET	EQUALS: GROSS DOMESTIC PRODUCT AT PURCHASERS' VALUES
UPPER VOLTA (1 000 MILLION CFA FRANCS)	1965	46.4	1.7		5.7	53.8	2.4	56.2	4.4	1.7		2.4	56.4
	1966	48.6	2.2		4.9	55.7	3.0	58.7	4.7	2.2		3.0	58.2
	1968	...	...	...	...	...	...	...	...	...	...	...	77.9
	1968 5/	68.7	0.1	-2.2	5.7	72.3	5.5	77.8	4.6	0.1	-2.2	5.5	79.0
	1970	...	...	...	...	...	...	...	...	...	...	...	88.8
	1972	79.3	--	-0.2	7.8	86.8	13.6	100.4	5.7	--	-0.2	13.6	92.8
	1974	91.6	-0.9	-0.1	10.8	101.4	24.1	125.6	7.2	-0.9	-0.1	24.1	109.6
URUGUAY (MILLION NEW PESOS)	1960	12.1	-0.1		1.0	13.0	--	13.0	0.5	-0.1		--	13.6
	1961	14.8	-0.1		1.8	16.6	--	16.6	0.6	-0.1		--	17.3
	1962	16.4	-0.1		1.6	18.0	--	18.0	0.8	-0.1		--	18.8
	1963	19.7	-0.1		1.8	21.3	--	21.3	0.9	-0.1		--	22.4
	1964	28.6	-0.3		2.9	31.2	--	31.2	1.1	-0.3		--	32.6
	1965	47.2	-0.6		3.8	50.3	-0.1	50.3	1.6	-0.6		-0.1	52.5
	1966	83.2	-1.2		13.1	95.1	-0.1	94.9	3.4	-1.2		-0.1	99.6
	1967	146.5	-2.7		17.8	161.6	-0.2	161.4	5.4	-2.7		-0.2	169.8
	1968	319.5	-5.9		42.5	356.1	-0.2	356.0	12.5	-5.9		-0.2	374.5
	1969	430.5	-7.2		58.2	481.5	-0.3	481.2	17.4	-7.2		-0.3	506.1
	1970	510.0	-6.2		80.5	584.4	-0.3	584.1	21.6	-6.2		-0.3	612.2
	1971	616.3	-6.1		93.3	703.6	-0.2	703.4	26.1	-6.1		-0.2	735.7
	1972	986.4	-14.9		213.2	1184.7	-0.1	1184.6	38.2	-14.9		-0.1	1237.8
	1973	2160.3	-21.7		343.6	2482.2	-0.9	2481.3	72.2	-21.7		-0.9	2576.1
	1974	3948.6	-53.8		509.7	4404.5	-0.4	4404.0	146.2	-53.8		-0.4	4604.4
	1975	6940.5	-167.6		1094.7	7867.7	-1.2	7866.5	333.5	-167.6		-1.2	8368.8
	1976	10647.0	-244.0		1826.0	12229.0	...	...	530.0	-244.0		...	13003.0
	1977	16563.0	-317.0		2445.0	18691.0	...	...	914.0	-317.0		...	19922.0

13. PRINCIPAL AGGREGATES AND THEIR INTERRELATIONSHIPS (CONTINUED)

AT CURRENT PRICES

COUNTRY OR AREA AND CURRENCY UNIT	YEAR	DOMESTIC FACTOR INCOME	PLUS: COMPENSATION OF EMPLOYEES FROM ABROAD, NET	PLUS: PROPERTY AND ENTREPRENEURIAL INCOME FROM ABROAD, NET	PLUS: INDIRECT TAXES NET OF SUBSIDIES	EQUALS: NATIONAL INCOME AT MARKET PRICES	PLUS: OTHER CURRENT TRANSFERS FROM ABROAD, NET	EQUALS: NATIONAL DISPOSABLE INCOME	PLUS: CONSUMPTION OF FIXED CAPITAL	LESS: COMPENSATION OF EMPLOYEES FROM ABROAD, NET	LESS: PROPERTY AND ENTREPRENEURIAL INCOME FROM ABROAD, NET	LESS: OTHER CURRENT TRANSFERS FROM ABROAD, NET	EQUALS: GROSS DOMESTIC PRODUCT AT PURCHASERS' VALUES
VENEZUELA................... (MILLION BOLIVARES)	1960	21469	2097		1780	21152	--	21152	2422	-2097		--	25671
	1961	22310	-2322		2143	22131	--	22131	2544	-2322		--	26997
	1962	24242	-2725		2428	23945	--	23945	2855	-2725		--	29525
	1963	26416	-2853		2848	26411	--	26411	2922	-2853		--	32186
	1964	30818	-3223		1768	29363	--	29363	3051	-3223		--	35637
	1965	32959	-3492		1755	31222	--	31222	3211	-3492		--	37925
	1966	34062	-3393		1958	32627	--	32627	3496	-3393		--	39516
	1967	35780	-3272		1997	34505	--	34505	3848	-3272		--	41625
	1968	38485	-3532		2134	37087	--	37087	4229	-3532		--	44848
	1969	40103	-3488		2226	38841	--	38841	4538	-3488		--	46867
	5/ 1968	38872	-97	-3441	1842	37176	-255	36921	4108	-97	-3441	-255	44822
	1969	40206	-150	-3524	1972	38504	-277	38227	4242	-150	-3524	-277	46420
	1970	44546	-97	-2943	2112	43617	-308	43310	4785	-97	-2943	-308	51443
	1971	49903	-92	-3951	1909	47769	-273	47496	5282	-92	-3951	-273	57094
	1972	55910	-74	-4566	1773	53043	-336	52707	5429	-74	-4566	-336	63112
	1973	68311	-67	-6653	2048	63639	-399	63240	5738	-67	-6653	-399	76097
	1974	118679	-67	-19232	2560	101940	-748	101192	6502	-67	-19232	-748	127741
	1975	115170	-76	-8316	2535	109313	-664	108649	7642	-76	-8316	-664	125347
	1976	121091	--	951	2915	124957	-1073	123884	8490	--	951	-1073	132496
	1977	139085	--	954	3339	143378	-1289	142089	10372	--	954	-1289	152796
VIET NAM 25/................... (1 000 MILLION PIASTRES)	1960	69.6	...	...	9.2	78.0	6.7	84.8	3.9	...	...	6.7	82.8
	1961	70.4	-0.2	-0.5	11.0	80.7	5.9	86.5	3.9	-0.2	-0.5	5.9	85.3
	1962	78.7	-0.2	-0.4	11.1	89.2	10.3	99.5	4.7	-0.2	-0.4	10.3	94.5
	1963	84.6	-0.1	-0.3	12.0	96.2	12.9	109.1	4.7	-0.1	-0.3	12.9	101.4
	1964	96.6	-0.2	-0.3	14.6	110.6	13.3	123.9	4.7	-0.2	-0.3	13.3	115.8
	1965	124.5	3.4	-0.8	13.9	140.9	17.1	158.0	5.1	3.4	-0.8	17.1	143.4
	1966	186.4	17.2	0.2	25.2	229.0	43.9	273.0	8.6	17.2	0.2	43.9	220.2
	1967	279.3	21.9	-0.1	44.5	345.6	50.5	396.1	11.0	21.9	-0.1	50.5	334.8
	1968	300.8	25.7	0.7	45.0	372.2	47.7	419.9	13.0	25.7	0.7	47.7	358.8
	1969	431.5	23.0	0.8	79.9	535.3	56.7	592.0	22.2	23.0	0.8	56.7	533.7
	1970	610.2	23.8	2.2	134.7	770.8	58.8	829.6	33.6	23.8	2.2	58.8	778.5
	1971	744.8	21.4	0.5	167.4	934.0	59.8	993.9	43.9	21.4	0.5	59.8	956.0
	1972	887.8	7.5	-0.3	159.9	1054.9	160.6	1215.5	46.0	7.5	-0.3	160.6	1093.7

13. PRINCIPAL AGGREGATES AND THEIR INTERRELATIONSHIPS (CONTINUED)

AT CURRENT PRICES

COUNTRY OR AREA AND CURRENCY UNIT	YEAR	DOMESTIC FACTOR INCOME	PLUS: COMPENSATION OF EMPLOYEES FROM ABROAD, NET	PLUS: PROPERTY AND ENTREPRENEURIAL INCOME FROM ABROAD, NET	PLUS: INDIRECT TAXES NET OF SUBSIDIES	EQUALS: NATIONAL INCOME AT MARKET PRICES	PLUS: OTHER CURRENT TRANSFERS FROM ABROAD, NET	EQUALS: NATIONAL DISPOSABLE INCOME	PLUS: CONSUMPTION OF FIXED CAPITAL	LESS: COMPENSATION OF EMPLOYEES FROM ABROAD, NET	LESS: PROPERTY AND ENTREPRENEURIAL INCOME FROM ABROAD, NET	LESS: OTHER CURRENT TRANSFERS FROM ABROAD, NET	EQUALS: GROSS DOMESTIC PRODUCT AT PURCHASERS' VALUES
YEMEN 5/	1969	2123.9	...	...	39.6	...	...	...	51.1	...	...	...	2214.6
(MILLION YEMENI RIALS)	1970	2305.7	...	...	53.3	...	...	...	57.5	...	...	...	2416.5
	1971	2745.4	...	...	78.0	...	...	...	71.6	...	...	...	2895.0
	1972	3195.4	0.7	13.9	121.8	3331.8	448.6	3780.4	82.3	0.7	13.9	448.6	3399.8
	1973	3450.1	1.1	17.4	171.2	3639.8	599.5	4239.3	88.4	1.1	17.4	599.5	3709.7
YEMEN, DEMOCRATIC	1969	...	...	...	...	55.4	...	...	...	...	...	...	68.9
(MILLION S.Y.DINARS)	1970	...	...	...	...	55.1	...	...	...	...	...	...	68.4
	1971	...	...	...	...	56.3	...	...	...	...	...	...	62.6
	1972	...	...	...	...	58.0	...	...	...	...	...	...	64.8
	1973	...	...	...	...	59.0	...	...	...	...	...	...	68.0
	1974	...	...	...	...	62.5	...	...	...	...	...	...	77.9
YUGOSLAVIA	1960	...	...	...	...	17/ 28.9	...	...	...	...	...	...	...
(1 000 MILLION DINARS)	1961	...	...	...	...	33.7	...	...	...	...	...	...	...
	1962	...	...	...	...	37.7	...	...	...	...	...	...	...
	1963	...	...	...	...	45.8	...	...	...	...	...	...	...
	1964	...	...	...	...	61.0	...	...	...	...	...	...	...
	1965	...	...	...	...	79.5	...	...	...	...	...	...	...
	1966	...	...	...	...	99.0	...	...	...	...	...	...	...
	1967	...	...	...	...	103.7	...	...	...	...	...	...	...
	1968	...	...	...	...	112.0	...	...	...	...	...	...	...
	1969	...	...	...	...	132.0	...	...	...	...	...	...	...
	1970	...	...	...	...	157.2	...	...	...	...	...	...	...
	1971	...	...	...	...	204.5	...	...	...	...	...	...	...
	1972	...	...	...	...	245.4	...	...	...	...	...	...	...
	1973	...	...	...	...	306.4	...	...	...	...	...	...	...
	1974	...	...	...	...	407.3	...	...	...	...	...	...	...
	1975	...	...	...	...	503.0	...	...	...	...	...	...	...
	1976	...	...	...	...	592.6	...	...	...	...	...	...	...
	1977	...	...	...	...	734.3	...	...	...	...	...	...	...

13. PRINCIPAL AGGREGATES AND THEIR INTERRELATIONSHIPS (CONTINUED)

AT CURRENT PRICES

COUNTRY OR AREA AND CURRENCY UNIT	YEAR	DOMESTIC FACTOR INCOME	PLUS: COMPENSATION OF EMPLOYEES FROM ABROAD, NET	PLUS: PROPERTY AND ENTREPRENEURIAL INCOME FROM ABROAD, NET	PLUS: INDIRECT TAXES NET OF SUBSIDIES	EQUALS: NATIONAL INCOME AT MARKET PRICES	PLUS: OTHER CURRENT TRANSFERS FROM ABROAD, NET	EQUALS: NATIONAL DISPOSABLE INCOME	PLUS: CONSUMPTION OF FIXED CAPITAL	LESS: COMPENSATION OF EMPLOYEES FROM ABROAD, NET	LESS: PROPERTY AND ENTREPRENEURIAL INCOME FROM ABROAD, NET	LESS: OTHER CURRENT TRANSFERS FROM ABROAD, NET	EQUALS: GROSS DOMESTIC PRODUCT AT PURCHASERS' VALUES
ZAIRE...........................	1967	...	...	...	...	...	...	...	75.3	...	...	...	540.4
(MILLION ZAIRES)	1968	583.3	-27.5	-7.3	55.6	604.1	17.5	621.6	89.6	-27.5	-7.3	17.5	728.5
	1969	730.4	-31.7	-10.8	75.4	763.3	23.7	787.0	96.6	-31.7	-10.8	23.7	902.4
	1970	831.0	-35.5	-17.2	81.3	859.6	26.2	885.8	113.9	-35.5	-17.2	26.2	1026.2
	1971	835.0	-34.5	-18.3	114.5	896.7	33.6	930.3	139.1	-34.5	-18.3	33.6	1088.6
	5/												
	1970	665.8	-38.7	-17.2	217.1	827.0	28.4	855.4	69.2	-38.7	-17.2	28.4	952.1
	1971	744.2	-37.4	-18.1	204.1	892.8	97.6	990.4	82.5	-37.4	-18.1	97.6	1030.8
	1972	809.7	-35.9	-21.6	214.4	966.6	38.8	1005.4	104.0	-35.9	-21.6	38.8	1128.1
	1973	1081.1	-41.2	-34.0	290.1	1296.0	54.5	1650.5	130.6	-41.2	-34.0	54.5	1501.8
	1974	1297.8	-47.3	-57.8	384.6	1577.3	49.0	1626.3	154.6	-47.3	-57.8	49.0	1837.0
	1975	1385.2	-32.5	-41.9	268.4	1579.2	57.3	1636.5	193.8	-32.5	-41.9	57.3	1847.4
ZAMBIA.........................	1960	377.2	-51.8		18.6	344.0	2.8	346.8	22.8	-51.8		2.8	418.6
(MILLION KWACHA)	1961	362.2	-46.0		19.6	335.8	...	...	24.4	-46.0		...	406.2
	1962	356.2	-49.0		19.4	326.6	...	...	25.4	-49.0		...	401.0
	1963	372.8	-48.6		20.8	345.0	-1.0	344.0	26.2	-48.6		-1.0	419.8
	1964	424.0	-69.2		37.2	392.0	...	...	28.4	-69.2		...	489.6
	1965 2/	571.0	-46.0		103.0	628.0	-4.0	625.0	57.0	-46.0		-4.0	730.0
	1966	669.0	-58.0		123.0	733.0	-10.0	724.0	62.0	-58.0		-10.0	853.0
	1967	708.0	-51.0		141.0	799.0	...	799.0	74.0	-51.0		...	923.0
	1968	798.0	-52.0		194.0	941.0	-25.0	916.0	91.0	-52.0		-25.0	1083.0
	1969	950.0	-48.0		267.0	1170.0	-51.0	1119.0	109.0	-48.0		-51.0	1326.0
	1970	950.0	-33.0		166.0	1083.0	-105.0	979.0	115.0	-33.0		-105.0	1231.0
	5/												
	1970	948.0	-33.0		186.0	1101.0	-105.0	996.0	136.0	-33.0		-105.0	1271.0
	1971	926.0	-44.0		92.0	974.0	-108.0	866.0	163.0	-44.0		-108.0	1181.0
	1972	1047.0	-74.0		96.0	1069.0	-96.0	973.0	195.0	-74.0		-96.0	1338.0
	1973	1184.0	-83.0		192.0	1294.0	-81.0	1213.0	212.0	-83.0		-81.0	1588.0
	1974	1401.0	-87.0		254.0	1567.0	-81.0	1486.0	219.0	-87.0		-81.0	1873.0
	1975	1253.0	-75.0		75.0	1253.0	-80.0	1173.0	243.0	-75.0		-80.0	1571.0
	1976	1451.0	-110.0		205.0	1546.0	-80.0	1466.0	268.0	-110.0		-80.0	1924.0
	1977	1541.0	-105.0		165.0	1601.0	-65.0	1536.0	305.0	-105.0		-65.0	2011.0

General Note. This table shows the principal national accounts aggregates and their interrelationships at current prices.

Data for all years which countries have submitted are arrayed in the table; where both the former and present SNA series are available for a given country, they are separated by a space.

For most countries, the data are extracted from national accounts aggregates which appear in the two standard tables in Volume I of this Yearbook: (1) "The Gross Domestic Product and Expenditure at Current Purchasers' Values," and (2) "National Income and National Disposable Income". For those countries which did not fill in the foregoing tables, the data are based on the two standard tables: (1) "The Gross Domestic Product by Kind of Economic Activity," and (2) "Distribution of Income".

For additional details concerning the differences between actual concepts used and the standard ones, reference is made to the footnotes in the tables shown in each country chapter in Volume I of this Yearbook.

1/ Excluding the West Bank.
2/ Data not strictly comparable with those of previous years.
3/ Gross domestic product in factor values
4/ Fiscal years beginning 1 July.
5/ Estimates related to the present SNA
6/ Net material product
7/ Fiscal years ending 30 September.
8/ Source: Comptes économiques, 1965, supplement to Bulletin of Statistics, December 1967, Institut Rundi des Statistique.
9/ Including Namibia.
10/ Data not strictly comparable with those shown for other years.
11/ Including consumption of fixed capital.
12/ Source: Plan de Desarrollo Económico de la Guinea Ecuatorial, Comisión para el Desarrollo Económico de Fernando Poo y Río Muni. Estimates are at 1962 prices.
13/ Source: Annuire statistique des territoires d'outre-mer, Institut national de la statistique et des études économiques, Paris.
14/ Source: Etude sur les comptes économiques du territoire des Comores, 1964-1968. Institut national de la statistique et des études économiques, Paris.
15/ At constant prices of 1975.
16/ For 1960-1975, including consumption of fixed capital.
17/ Gross material product.
18/ Peninsular Malaysia only.
19/ Fiscal years beginning 1 April.
20/ Reply to the United Nations National Accounts Questionnaire from the Department of Economic Development, Planning and Housing, Unity House.
21/ Fiscal years beginning 21 March.
22/ Including a statistical discrepancy.
23/ Including the profit or loss of the Market Board.
24/ Fiscal years ending 15 July.
25/ Data relate to the former Republic of South Viet-Nam only.
26/ Fiscal years ending 7 July.
27/ For 1960-1968 including data for Bangladesh.
28/ Excludes three eastern states.
29/ Hejra fiscal years.
30/ Former Tanganyika only.

كيفية الحصول على منشورات الامم المتحدة

يمكن الحصول على منشورات الامم المتحدة من المكتبات ودور التوزيع في جميع انحاء العالم . استعلم عنها من المكتبة التي تتعامل معها
أو اكتب الى : الامم المتحدة ،قسم البيع في نيويورك او في جنيف .

如何购取联合国出版物

联合国出版物在全世界各地的书店和经售处均有发售。请向书店询问或写信到纽约或日内瓦的联合国销售组。

HOW TO OBTAIN UNITED NATIONS PUBLICATIONS

United Nations publications may be obtained from bookstores and distributors throughout the world. Consult your bookstore or write to: United Nations, Sales Section, New York or Geneva.

COMMENT SE PROCURER LES PUBLICATIONS DES NATIONS UNIES

Les publications des Nations Unies sont en vente dans les librairies et les agences dépositaires du monde entier. Informez-vous auprès de votre libraire ou adressez-vous à : Nations Unies, Section des ventes, New York ou Genève.

КАК ПОЛУЧИТЬ ИЗДАНИЯ ОРГАНИЗАЦИИ ОБЪЕДИНЕННЫХ НАЦИЙ

Издания Организации Объединенных Наций можно купить в книжных магазинах и агентствах во всех районах мира. Наводите справки об изданиях в вашем книжном магазине или пишите по адресу: Организация Объединенных Наций, Секция по продаже изданий, Нью-Йорк или Женева.

COMO CONSEGUIR PUBLICACIONES DE LAS NACIONES UNIDAS

Las publicaciones de las Naciones Unidas están en venta en librerías y casas distribuidoras en todas partes del mundo. Consulte a su librero o diríjase a: Naciones Unidas, Sección de Ventas, Nueva York o Ginebra.

Printed in U.S.A.
79-35503–August 1979–4,100

Price: $U.S. 70.00 (Vols. I and II)
(or equivalent in other currencies)
(only clothbound edition for sale)

United Nations publication
Sales No. E.79.XVII.8, Vol. II

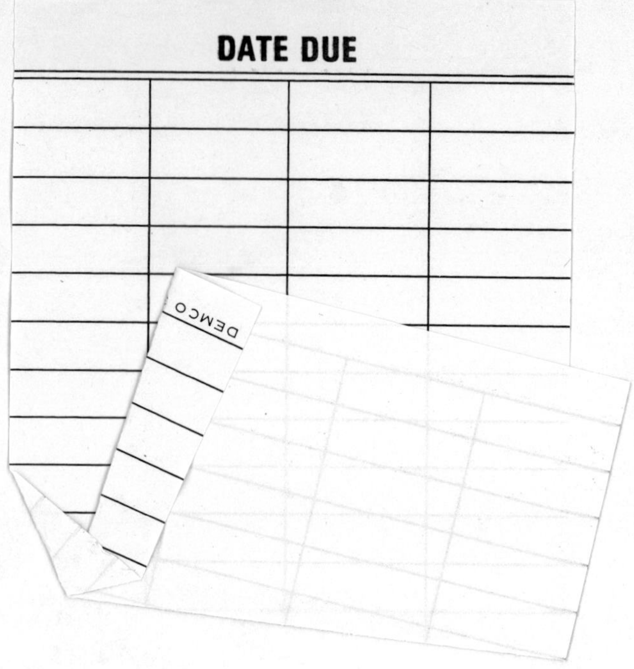
DATE DUE
DEMCO